Walz/Eichen/Sohm
Soldatengesetz

Soldatengesetz

Kommentar
von

Dr. Dieter Walz
Ministerialrat a.D.

Klaus Eichen
Stefan Sohm
Ministerialräte im
Bundesministerium der Verteidigung

unter Mitarbeit von
Stefan Hucul
Regierungsdirektor im
Bundesministerium der Verteidigung

und
Jürgen Ewald
Oberamtsrat im
Bundesministerium der Verteidigung

2., neu bearbeitete Auflage 2010

::rehm

Bibliografische Information der Deutschen Nationalbibliothek

Die Deutsche Nationalbibliothek verzeichnet diese Publikation in der Deutschen Nationalbibliografie; detaillierte bibliografische Daten sind im Internet über <http://dnb.d-nb.de> abrufbar.

ISBN: 978-3-8073-0228-7

© 2010 Rehm, Verlagsgruppe Hüthig Jehle Rehm GmbH,
Heidelberg/München/Landsberg/Frechen/Hamburg

Jede Verwertung außerhalb der engen Grenzen des Urheberrechtsgesetzes ist ohne Zustimmung des Verlags unzulässig und strafbar. Das gilt insbesondere für Vervielfältigungen, Übersetzungen, Mikroverfilmungen und die Einspeicherung und Bearbeitung in elektronischen Systemen.

Printed in Germany
Satz: TypoScript GmbH, München
Druck: Fuldaer Verlagsanstalt, Fulda

Vorwort zur 2. Auflage

In den vier Jahren seit dem Erscheinen der 1. Auflage dieses neuen Kommentars hat das Soldatengesetz substantielle Änderungen insbesondere durch das Wehrrechtsänderungsgesetz 2008 vom 31. Juli 2008 (BGBl. I S. 1629) und das Dienstrechtsneuordnungsgesetz vom 5. Februar 2009 (BGBl. I S. 160) erfahren. Mehr als die Hälfte des Normenbestandes des Soldatengesetzes war hiervon betroffen. Diese Novellierungen sind in die vorliegende Neubearbeitung aufgenommen und eingehend erläutert worden. Literatur und Rechtsprechung wurden bis Ende 2009 berücksichtigt. Wir hoffen, dass das Buch erneut eine freundliche Aufnahme finden wird. Jeder Autor verantwortet seinen Teil als persönliche Auffassung selbst. Für Berichtigungen und Verbesserungsvorschläge sind die Autoren dankbar. Soweit Änderungsvorschläge zur 1. Auflage bei den Autoren eingingen, wurden diese berücksichtigt.

Swisttal, Bonn und Berlin, im Frühjahr 2010
Dieter Walz
Klaus Eichen
Stefan Sohm

Bearbeiterverzeichnis

Walz: § 1 Abs. 1, 2 und 4, §§ 2, 4a, 6 bis 9, § 10 Abs. 3 und 6, §§ 11 bis 19 (ausg. § 17 Abs. 4), 22 bis 24, 26, 30, 31 bis 36, 48, 49, 51 bis 53, 57 bis 95, 98

Eichen: §§ 3, 5, § 17 Abs. 4, §§ 20 bis 21, 25, 27 bis 29, 30a, 30b, 44 bis 45a, 50

Sohm: § 4, § 10 Abs. 4, §§ 37 bis 43, 46, 47, 54 bis 56

Hucul: § 1 Abs. 3, § 10 Abs. 1, 2 und 5, §§ 96, 97; VorgV (nach § 1)

Ewald: Verzeichnis der Änderungsgesetze, Gesetzestext

Walz/Eichen: Sachregister

Zitiervorschlag

Walz in: Walz/Eichen/Sohm, SG § 1 Rn. 5

Inhaltsverzeichnis

Vorwort zur 2. Auflage V
Bearbeiterverzeichnis VII
Abkürzungs- und Literaturverzeichnis XV
Liste der im Kommentar abgedruckten Rechtsverordnungen XXIX

Gesetz über die Rechtsstellung der Soldaten (Soldatengesetz – SG) – Text

Übersicht über die Erstfassung, Änderungsgesetze, Neufassungen und Neubekanntmachungen des Soldatengesetzes 3

Gesetz über die Rechtsstellung der Soldaten (Soldatengesetz – SG) – Kommentar

Erster Abschnitt
Gemeinsame Vorschriften

1. Allgemeines 77
§ 1   Begriffsbestimmungen 77
Nach § 1 97
§ 2   Dauer des Wehrdienstverhältnisses; Dienstzeitberechnung 112
§ 3   Ernennungs- und Verwendungsgrundsätze 119
§ 4   Ernennung, Dienstgradbezeichnungen, Uniform 164
§ 4a Berechtigung zum Tragen der Uniform außerhalb eines Wehrdienstverhältnisses 177
§ 5   Gnadenrecht 182

2. Pflichten und Rechte der Soldaten 191
§ 6   Staatsbürgerliche Rechte des Soldaten 191
§ 7   Grundpflicht des Soldaten 198
§ 8   Eintreten für die demokratische Grundordnung 209
§ 9   Eid und feierliches Gelöbnis 217
§ 10 Pflichten des Vorgesetzten 233
§ 11 Gehorsam 265
§ 12 Kameradschaft 275
§ 13 Wahrheit 284
§ 14 Verschwiegenheit 292
§ 15 Politische Betätigung 300

§ 16	Verhalten in anderen Staaten	315
§ 17	Verhalten im und außer Dienst	319
§ 18	Gemeinschaftsunterkunft und Gemeinschaftsverpflegung	341
§ 19	Verbot der Annahme von Belohnungen oder Geschenken, Herausgabe- und Auskunftspflicht	346
§ 20	Nebentätigkeit	352
§ 20a	Tätigkeit nach dem Ausscheiden aus dem Wehrdienst	403
§ 21	Vormundschaft und Ehrenämter	416
§ 22	Verbot der Ausübung des Dienstes	422
§ 23	Dienstvergehen	429
§ 24	Haftung	437
§ 25	Wahlrecht; Amtsverhältnisse	446
§ 26	Verlust des Dienstgrades	465
§ 27	Laufbahnvorschriften	468
§ 28	Urlaub	486
§ 28a	Urlaub bis zum Beginn des Ruhestandes	508
§ 29	Personalakten	515
§ 30	Geld- und Sachbezüge, Versorgung	561
§ 30a	Teilzeitbeschäftigung	567
§ 30b	Zusammentreffen von Urlaub und Teilzeitbeschäftigung	583
§ 31	Fürsorge	585
§ 32	Dienstzeitbescheinigung und Dienstzeugnis	594
§ 33	Staatsbürgerlicher und völkerrechtlicher Unterricht	599
§ 34	Beschwerde	604
§ 35	Beteiligungsrechte der Soldaten	608
§ 35a	Beteiligung an der Gestaltung des Dienstrechts	613
§ 36	Seelsorge	618

Zweiter Abschnitt
Rechtsstellung der Berufssoldaten und der Soldaten auf Zeit

1.	**Begründung des Dienstverhältnisses**	**626**
§ 37	Voraussetzung der Berufung	626
§ 38	Hindernisse der Berufung	648
§ 39	Begründung des Dienstverhältnisses eines Berufssoldaten	654
§ 40	Begründung des Dienstverhältnisses eines Soldaten auf Zeit	664
§ 41	Form der Begründung und der Umwandlung	679
2.	**Beförderung**	**686**
§ 42	Form der Beförderung	686

3. Beendigung des Dienstverhältnisses ... 691

§ 43	Beendigungsgründe	691
§ 44	Eintritt oder Versetzung in den Ruhestand	693
§ 45	Altersgrenzen	720
§ 45a	Umwandlung	732
§ 46	Entlassung	740
§ 47	Zuständigkeit, Anhörungspflicht und Fristen bei der Entlassung	772
§ 48	Verlust der Rechtsstellung eines Berufssoldaten	776
§ 49	Folgen der Entlassung und des Verlustes der Rechtsstellung eines Berufssoldaten	783
§ 50	Versetzung in den einstweiligen Ruhestand	792
§ 51	Wiederverwendung	806
§ 52	Wiederaufnahme des Verfahrens	816
§ 53	Verurteilung nach Beendigung des Dienstverhältnisses	820
§ 54	Beendigungsgründe	824
§ 55	Entlassung	828
§ 56	Folgen der Entlassung und des Verlustes der Rechtsstellung eines Soldaten auf Zeit	854
§ 57	Wiederaufnahme des Verfahrens, Verurteilungen nach Beendigung des Dienstverhältnisses	863

Dritter Abschnitt
Rechtsstellung der Soldaten, die nach Maßgabe des Wehrpflichtgesetzes Wehrdienst leisten

§ 58	Regelung durch Gesetz; Form der Beförderung	865

Vierter Abschnitt
Dienstleistungspflicht

1. Umfang und Arten der Dienstleistungen ... 869

§ 59	Personenkreis	869
§ 60	Arten der Dienstleistungen	877
§ 61	Übungen	880
§ 62	Besondere Auslandsverwendungen	884
§ 63	Hilfeleistungen im Innern	889
§ 63a	Hilfeleistungen im Ausland	894

2. Dienstleistungsausnahmen ... 895

§ 64	Dienstunfähigkeit	895
§ 65	Ausschluss von Dienstleistungen	900

§ 66	Befreiung von Dienstleistungen	902
§ 67	Zurückstellung von Dienstleistungen	906
§ 68	Unabkömmlichstellung	912
3.	**Heranziehungsverfahren**	**918**
§ 69	Zuständigkeit	918
§ 70	Verfahren	920
§ 71	Ärztliche Untersuchung, Anhörung	925
§ 72	Heranziehung von ungedienten Dienstleistungspflichtigen	928
§ 73	Heranziehung von gedienten Dienstleistungspflichtigen	932
4.	**Beendigung der Dienstleistungen und Verlust des Dienstgrades**	**933**
§ 74	Beendigung der Dienstleistungen	933
§ 75	Entlassung aus den Dienstleistungen	935
§ 76	Ausschluss von Dienstleistungen und Verlust des Dienstgrades	941
5.	**Überwachung und Durchsetzung der Dienstleistungspflicht**	**943**
§ 77	Dienstleistungsüberwachung; Haftung	943
§ 78	Aufenthaltsfeststellungsverfahren	950
§ 79	Vorführung und Zuführung	952
6.	**Verhältnis zur Wehrpflicht**	**955**
§ 80	Konkurrenzregelung	955

Fünfter Abschnitt
Dienstliche Veranstaltungen

§ 81	Zuziehung zu dienstlichen Veranstaltungen	957

Sechster Abschnitt
Rechtsschutz

1.	**Rechtsweg**	**964**
§ 82	Zuständigkeiten	964
2.	**Rechtsbehelfe und Rechtsmittel gegen Verwaltungsakte nach dem Vierten Abschnitt**	**974**
§ 83	Besondere Vorschriften für das Vorverfahren	974
§ 84	Rechtsmittel gegen Entscheidungen des Verwaltungsgerichts	978
§ 85	Besondere Vorschriften für die Anfechtungsklage	983

Siebter Abschnitt
Bußgeldvorschriften; Übergangs- und Schlussvorschriften

§ 86	Bußgeldvorschriften	985
§ 87	Einstellung von anderen Bewerbern	988
§ 88	Entlassung von anderen Bewerbern	994
§ 89	Mitteilungen in Strafsachen	999

§ 90	Organisationsgesetz	1003
§ 91	Personalvertretung der Beamten, Angestellten und Arbeiter	1010
§ 92	Übergangsvorschriften für die Laufbahnen	1016
§ 93	Zuständigkeit für den Erlass der Rechtsverordnungen	1018
§ 94	Übergangsvorschrift aus Anlass des Änderungsgesetzes vom 24. Februar 1983 (BGBl. I S. 179)	1023
§ 95	Übergangsvorschrift aus Anlass des Änderungsgesetzes vom 6. Dezember 1990 (BGBl. I S. 2588)	1025
§ 96	Übergangsvorschrift aus Anlass des Dienstrechtsneuordnungsgesetzes	1026
§ 97	Übergangsvorschrift aus Anlass des Änderungsgesetzes vom 19. Dezember 2000 (BGBl. I S. 1815)	1038
§ 98	Übergangsvorschrift aus Anlass des Änderungsgesetzes vom 22. April 2005 (BGBl. I S. 1106)	1040

Stichwortverzeichnis 1043

Abkürzungs- und Literaturverzeichnis

a.A.	anderer Ansicht
a.a.O.	am angegebenen Ort
Abg.	Abgeordnete(r)
AbgG	Abgeordnetengesetz
Abs.	Absatz/Absätze
abw.	abweichend
a.D.	außer Dienst
a.E.	am Ende
AEUV	Vertrag über die Arbeitsweise der Europäischen Union
a.F.	alte Fassung
AG	Aktiengesellschaft
AGG	Allgemeines Gleichbehandlungsgesetz (AGG)
a.M.	anderer Meinung
allg.	allgemein
Alt.	Alternative
amtl.	amtlich
Änd.	Änderung(en)
ÄndG	Änderungsgesetz
Ang.	Angestellte(r)
Anl.	Anlage
Anm.	Anmerkung
AÖR	Archiv des öffentlichen Rechts (Jahr und Seite)
AP	Arbeitsrechtliche Praxis (Nachschlagewerk des BAG)
ArbPlSchG	Arbeitsplatzschutzgesetz
arg.	argumentum
Art.	Artikel
Aufl.	Auflage
AusfBest	Ausführungsbestimmungen
AusfBestEltZSoldV	Ausführungsbestimmungen zur Elternzeitverordnung für Soldatinnen und Soldaten
AusfBestSGleiG	Ausführungsbestimmungen zum Soldatinnen- und Soldatengleichstellungsgesetz
AusfBestSUV	Ausführungsbestimmungen zur Soldatinnen- und Soldatenurlaubsverordnung
AuslVZV	Auslandsverwendungszuschlagsverordnung
AVV	Allg. Verwaltungsvorschrift
Az	Aktenzeichen
Bader, VwGO	*Bader, Johann/Funke-Kaiser, Michael/Kuntze, Stefan/v. Albedyll, Jörg*, Verwaltungsgerichtsordnung, Kommentar, 4. Aufl. 2007
BAG	Bundesarbeitsgericht
BAGE	Entscheidungen des Bundesarbeitsgerichts (Band und Seite)

Abkürzungs- und Literaturverzeichnis

BA-MA	Bundesarchiv – Militärarchiv
BAT	Bundesangestelltentarif
Battis, BBG	*Battis, Ulrich*, Bundesbeamtengesetz, Kommentar, 4. Aufl. 2009
BAWV	Bundesamt für Wehrverwaltung
BayObLG	Bayerisches Oberstes Landesgericht
BayVBl.	Bayerische Verwaltungsblätter (Jahr und Seite)
BayVGH	Bayerischer Verwaltungsgerichtshof
BAZ	Bundesamt für den Zivildienst
BBesG	Bundesbesoldungsgesetz
BBG	Bundesbeamtengesetz
BBhV	Bundesbeihilfeverordnung
BDG	Bundesdisziplinargesetz
BDH	Bundesdisziplinarhof
BDHE	Entscheidungen des Bundesdisziplinarhofes (Band und Seite)
BDSG	Bundesdatenschutzgesetz
BeamtStG	Beamtenstatusgesetz
BeamtVG	Beamtenversorgungsgesetz
Bearb.	Bearbeiter(in)
BEEG	Bundeselterngeld- und Elternzeitgesetz
Begr.	Begründung
ber.	berichtigt
Ber.	Bericht
Beschl.	Beschluss
BesGr	Besoldungsgruppe
Best.	Bestimmung
betr.	betreffend, betreffen, betrifft
BGB	Bürgerliches Gesetzbuch
BGBl.	Bundesgesetzblatt
BGH	Bundesgerichtshof
BGHZ	Entscheidungen des Bundesgerichtshofs in Zivilsachen (Band und Seite)
BGS	Bundesgrenzschutz
BHO	Bundeshaushaltsordnung
BK	Bundeskanzler(in)
BLV	Bundeslaufbahnverordnung
BMF	Bundesminister(in)/Bundesministerium der Finanzen
BMI	Bundesminister(in)/Bundesministerium des Innern
BMinG	Bundesministergesetz
BMJ	Bundesminister(in)/Bundesministerium der Justiz
BMVg	Bundesminister(in)/Bundesministerium der Verteidigung
BMVtg	Bundesministerium der Verteidigung (frühere Abkürzung)
BND	Bundesnachrichtendienst
BNV	Bundesnebentätigkeitsverordnung
Boehm-Tettelbach, WPflG	*Boehm-Tettelbach, Wolfgang*, Wehrpflichtgesetz, Kommentar, 2009
Bornemann, RuP	*Bornemann, Peter*, Rechte und Pflichten des Soldaten, 1989
BPA	Bundespersonalausschuss
BPersVG	Bundespersonalvertretungsgesetz

Abkürzungs- und Literaturverzeichnis

BPolBG	Bundespolizeibeamtengesetz
BPolG	Bundespolizeigesetz
BPräs	Bundespräsident(in)
BR	Bundesrat
BRAO	Bundesrechtsanwaltsordnung
BR-Drs.	Bundesratsdrucksache
Brecht, ZDG	Brecht, Hans-Theo, Kriegsdienstverweigerung und Zivildienst, 5. Aufl. 2004
BReg	Bundesregierung
BrigKdr	Brigadekommandeur
BRKG	Bundesreisekostengesetz
BRRG	Beamtenrechtsrahmengesetz
BS	Berufssoldat/Berufssoldaten/Berufssoldatin(nen)
BSG	Bundessozialgericht
BT	Bundestag
BT-Drs.	Bundestagsdrucksache
BtlKdr	Bataillonskommandeur
Buchholz	Entscheidungssammlung des Bundesverwaltungsgerichts (zit. nach Gliederungsnummer, Gesetzesstelle, fortlaufender Nummer)
Buchst.	Buchstabe
BVerfG	Bundesverfassungsgericht
BVerfGE	Entscheidungen des Bundesverfassungsgerichts (Band und Seite)
BVerfGG	Gesetz über das Bundesverfassungsgericht
BVerfSchG	Bundesverfassungsschutzgesetz
BVerwG	Bundesverwaltungsgericht
BVerwGE	Entscheidungen des Bundesverwaltungsgerichts (Band und Seite)
Bw	Bundeswehr
BWDA	Bundeswehrdisziplinaranwalt
BWG	Bundeswahlgesetz
BwKrhs	Bundeswehrkrankenhaus
BwNeuAusrG	Gesetz zur Neuausrichtung der Bundeswehr (Bundeswehrneuausrichtungsgesetz)
BwSW	Bundeswehr-Sozialwerk e. V.
BWV	Bundeswehrverwaltung (Jahr und Seite)
BwVollzO	Bundeswehrvollzugsordnung
bzgl.	bezüglich
BZRG	Bundeszentralregistergesetz
bzw.	beziehungsweise
Dau, WBO	Dau, Klaus, Wehrbeschwerdeordnung, Kommentar, 5. Aufl. 2009
Dau, WDO	Dau, Klaus, Wehrdisziplinarordnung, Kommentar, 5. Aufl. 2009
Dau, WStG	Dau, Klaus, Wehrstrafgesetz, in: Erbs/Kohlhaas, Strafrechtliche Nebengesetze, Band 4, W 50, 2009
DBB	Deutscher Beamtenbund

Abkürzungs- und Literaturverzeichnis

DBest.	Durchführungsbestimmung
DBwV	Deutscher Bundeswehr-Verband e. V.
DDR	Deutsche Demokratische Republik
ders.	derselbe
DGB	Deutscher Gewerkschaftsbund
d. h.	das heißt
dienstl.	dienstlich
dies.	dieselbe
DiszVorg.	Disziplinarvorgesetzte(r)
DivKdr	Divisionskommandeur
DNeuG	Gesetz zur Neuordnung und Modernisierung des Bundesdienstrechts (Dienstrechtsneuordnungsgesetz)
DöD	Der öffentliche Dienst (Jahr und Seite)
DokBer	Dokumentarische Berichte aus dem BVerwG (Jahr und Seite)
DÖV	Die Öffentliche Verwaltung (Jahr und Seite)
d.R.	der Reserve
Dreier	*Dreier, Horst* (Hrsg.), Grundgesetz, Kommentar,
I	Band 1, 2. Aufl. 2004
II	Band 2, 2. Aufl. 2006 (Supplementum 2007)
DRiG	Deutsches Richtergesetz
Drs.	Drucksache
DVag	Dienstliche Veranstaltung
DVBl.	Deutsches Verwaltungsblatt (Jahr und Seite)
ebd.	ebenda
EG	Einführungsgesetz
EGV	Vertrag zur Gründung der Europäischen Gemeinschaft
ehem.	ehemalig
Eichen, SoldGG	*Eichen, Klaus,* Gesetz über die Gleichbehandlung der Soldatinnen und Soldaten, Kommentierung, 2008, in: Das Deutsche Bundesrecht, Gliederungs-Nr. I P 16
Einf.	Einführung
EinsatzWVG	Gesetz zur Regelung der Weiterverwendung nach Einsatzunfällen (Einsatz-Weiterverwendungsgesetz)
einschl.	einschließlich
EKD	Evangelische Kirche in Deutschland
EltZSoldV	Elternzeitverordnung für Soldatinnen und Soldaten
EMRK	Europäische Konvention zum Schutze der Menschenrechte und Grundfreiheiten
Entsch.	(gerichtliche) Entscheidung
entspr.	entsprechend
Entw.	Entwurf
Erl.	Erlass/Erläuterung
ES	Entscheidungssammlung
EStG	Einkommensteuergesetz
ESVGH	Entscheidungssammlung der VGH (Jahrgang und Seite)
EU	Europäische Union
EuAbgG	Europaabgeordnetengesetz

Abkürzungs- und Literaturverzeichnis

EUF	Eignungsuntersuchung und -feststellung
EÜG	Eignungsübungsgesetz
EuGH	Europäischer Gerichtshof
EuGRZ	Europäische Grundrechte-Zeitschrift (Jahr und Seite)
EUrlV	Erholungsurlaubsverordnung
europ.	europäisch
e. V.	eingetragener Verein
EVG	Europäische Verteidigungsgemeinschaft
evtl.	eventuell
f.	folgende Seite, folgender Paragraph
FA	Feldwebelanwärter(in)
fachl.	fachlich
FdGO	Freiheitliche demokratische Grundordnung
ff.	folgende Seiten, Paragraphen
Fn.	Fußnote
Fs	Festschrift
FüAkBw	Führungsakademie der Bundeswehr
Fw	Feldwebel
FWDL	Freiwilligen zusätzlichen Wehrdienst leistender Soldat
G	Gesetz
GA	Genfer Abkommen
Gareis/Klein, HdBMilSoWi	*Gareis, Sven Bernhard/Klein, Paul* (Hrsg.), Handbuch Militär und Sozialwissenschaft, 2. Aufl. 2006
geä.	geändert
Gefr	Gefreiter
gem.	gemäß
GenInspBw	Generalinspekteur der Bundeswehr
gerichtl.	gerichtlich
gesetzl.	gesetzlich
GewO	Gewerbeordnung
GG	Grundgesetz für die Bundesrepublik Deutschland
ggf.	gegebenenfalls
GGO	Gemeinsame Geschäftsordnung der Bundesministerien
GiP	Gleichstellung in der Praxis (Jahr und Seite)
GKÖD I	*Fürst, Walther* (Hrsg.), Gesamtkommentar Öffentliches Dienstrecht, Band I (Beamtenrecht des Bundes und der Länder, Richterrecht und Wehrrecht) 1973 ff. Teil 2a und 2b (Allgemeines Beamtenrecht) Kennzahl K, verschiedene Bearb.; Teil 5 (Wehrrecht, Soldatengesetz) Kennzahl Yk, Bearb.: *Fürst/Arndt/Vogelgesang*
GmbH	Gesellschaft mit beschränkter Haftung
GMBl.	Gemeinsames Ministerialblatt
GO	Geschäftsordnung
GOBReg	Geschäftsordnung der Bundesregierung
GOBT	Geschäftsordnung des Deutschen Bundestages

Abkürzungs- und Literaturverzeichnis

Grds.	Grundsatz
grds.	grundsätzlich
GVG	Gerichtsverfassungsgesetz
GVPA	Gesamtvertrauenspersonenausschuss
GWD	Grundwehrdienst
GWDL	Grundwehrdienst leistender Soldat
h.A.	herrschende Ansicht
Halbs.	Halbsatz
HFw	Hauptfeldwebel
HGB	Handelsgesetzbuch
hins.	hinsichtlich
Hinw.	Hinweis
h.L.	herrschende Lehre
h.M.	herrschende Meinung
Hptm	Hauptmann
Hrsg.	Herausgeber
HStR II	*Isensee, Josef/Kirchhof, Paul* (Hrsg.), Handbuch des Staatsrechts der Bundesrepublik Deutschland, Band II, 2. Aufl. 1998/ 3. Aufl. 2004;
HStR III	Band III, 3. Aufl. 2005;
HStR IV	Band IV, 3. Aufl. 2006;
HStR V	Band V, 3. Aufl. 2007
HUrlV	Heimaturlaubsverordnung
i.d.F.	in der Fassung
i.d.R.	in der Regel
i.d.S.	in diesem Sinne
IfdT	Information für die Truppe (Jahr, Heft und Seite)
inhaltl.	inhaltlich
insbes.	insbesondere
Insp	Inspekteur
IÖD	Informationsdienst Öffentliches Dienstrecht
i.S.	im Sinne
i.S.d.	im Sinne des/der
i.S.v.	im Sinne von
i.V.m.	in Verbindung mit
JA	Juristische Ausbildung (Jahr und Seite)
Jarass/Pieroth, GG	*Jarass, Hans D./Pieroth, Bodo*, Grundgesetz für die Bundesrepublik Deutschland, Kommentar, 10. Aufl. 2009
JB	Jahresbericht
jew.	jeweils; jeweilig
JGG	Jugendgerichtsgesetz
JuMiG	Justizmitteilungsgesetz
JuS	Juristische Schulung (Jahr und Seite)
JZ	Juristenzeitung (Jahr und Seite)

Abkürzungs- und Literaturverzeichnis

Kap.	Kapitel
Kdr	Kommandeur
KDV	Kriegsdienstverweigerung, Kriegsdienstverweigerer
KDVG	Kriegsdienstverweigerungsgesetz
Komm.	Kommentierung
Kopp/Ramsauer, VwfG	Kopp, Ferdinand O./Ramsauer, Ulrich, Verwaltungsverfahrensgesetz, 10. Aufl. 2008
Kopp/Schenke, VwGO	Kopp, Ferdinand O./Schenke, Wolf-Rüdiger, Verwaltungsgerichtsordnung, 16. Aufl. 2009
KpChef	Kompaniechef(in)
krit.	kritisch
KWEA	Kreiswehrersatzamt
LBG	Landesbeamtengesetz
Lit.	Literatur
Ls	Leitsatz
Lt	Leutnant
LuftSiG	Luftsicherheitsgesetz
MAD	Militärischer Abschirmdienst
MADG	Gesetz über den Militärischen Abschirmdienst
Maunz/Dürig, GG	*Maunz, Theodor/Dürig, Günter/Herzog, Roman/Scholz, Rupert* u. a., Grundgesetz, Kommentar, 1958 ff.
MdB	Mitglied des Deutschen Bundestages
MfS	Ministerium für Staatssicherheit (der ehem. DDR)
mil.	militärisch
Milseels	Militärseelsorge
Min.	Minister(in)/Ministerium
MiStra	Anordnung über Mitteilungen in Strafsachen
vM/K/S, GG II	*von Mangoldt, Hermann/Klein, Friedrich/Starck, Christian,* Das Bonner Grundgesetz, Kommentar, Band 2: Artikel 20 bis 82, 5. Aufl. 2005
MSV	Militärseelsorgevertrag
v. Münch/Kunig, GGK I	*von Münch, Ingo/Kunig, Philip* (Hrsg.), Grundgesetz-Kommentar Band 1: 5. Aufl. 2000 (mit Nachtrag 2003)
GGK II	Band 2: 5. Aufl. 2001 (mit Nachtrag 2003)
GGK III	Band 3: 5. Aufl. 2003
MuSchSoldV	Mutterschutzverordnung für Soldatinnen
m. w. N.	mit weiteren Nachweisen
NATO	Nordatlantische Verteidigungsorganisation
n. F.	neue Fassung
NJ	Neue Justiz (Jahr und Seite)
NJW	Neue Juristische Wochenschrift (Jahr und Seite)
NPD	Nationaldemokratische Partei Deutschlands
Nr.	Nummer
NRW	Nordrhein-Westfalen
NStZ	Neue Zeitschrift für Strafrecht (Jahr und Seite)

XXI

Abkürzungs- und Literaturverzeichnis

NStZ-RR	Neue Zeitschrift für Strafrecht – Rechtsprechungsreport (Jahr und Seite)
NTS	NATO-Truppenstatut
NVA	Nationale Volksarmee
NVwZ	Neue Zeitschrift für Verwaltungsrecht (Jahr und Seite)
NVwZ-RR	Neue Zeitschrift für Verwaltungsrecht – Rechtsprechungsreport (Jahr und Seite)
NZWehrr	Neue Zeitschrift für Wehrrecht (Jahr und Seite)
o.	oder; oben
OA	Offizieranwärter(in)
o.Ä.	oder Ähnliches
öff.	öffentlich
Offz	Offizier
OFw	Oberfeldwebel
o.g.	oben genannte
OGefr	Obergefreiter
OHG	Offizierheimgesellschaft
OLG	Oberlandesgericht
OLt	Oberleutnant
OrgG	Organisationsgesetz
OStFw	Oberstabsfeldwebel
OTL	Oberstleutnant
OVG	Oberverwaltungsgericht
OWiG	Gesetz über Ordnungswidrigkeiten
PA	Personalakte
ParlSts	Parlamentarische(r) Staatssekretär(in)
PersAnpassG	Personalanpassungsgesetz
PersR	Der Personalrat (Jahr und Seite)
PersStärkeG	Personalstärkegesetz
PersStruktG-SK	Gesetz zur Verbesserung der Personalstruktur in den Streitkräften
PersV	Die Personalvertretung (Jahr und Seite)
Pieroth/Schlink, GR II	*Pieroth, Bodo/Schlink, Bernhard*, Grundrechte Staatsrecht II, 21. Aufl. 2005
Plog/Wiedow/Lemhöfer, BBG	*Plog, Ernst/Wiedow, Alexander/Lemhöfer, Bernt/Bayer, Detlef*, Kommentar zum Bundesbeamtengesetz mit Beamtenversorgungsgesetz, 1986 (Stand: 11/2009), Bearb. BBG: Lemhöfer; Bearb. BeamtVG: Groepper/Tegethoff
PlProt.	Plenarprotokoll
polit.	politisch
Prot.	Protokoll
PZU	Postzustellungsurkunde
R./Res	Reserve/Reservist(in)
RdA	Recht der Arbeit (Jahr und Seite)
RdSchr.	Rundschreiben

rechtl.	rechtlich
REntw.	Regierungsentwurf „Entwurf eines Gesetzes über die Rechtsstellung der Soldaten (Soldatengesetz)", BT-Drs. II/1700
RGBl.	Reichsgesetzblatt
RgtKdr	Regimentskommandeur
Riehl, Meinungsäußerung	*Riehl, Klaus*, Freie Meinungsäußerung in der Bundeswehr, 1987
RiA	Recht im Amt (Jahr und Seite)
Rittau, SG	*Rittau, Martin*, Soldatengesetz, Kommentar, 1957, mit Nachtrag I 1959, Nachtrag II 1960
RK	Reichskonkordat
RL	Richtlinie(n)
RMG	Reichsmilitärgericht
Rn.	Randnummer
Rspr.	Rechtsprechung
RVO	Rechtsverordnung
s.	siehe
S.	Seite/Siehe
s.a.	siehe auch
Sachs, GG	*Sachs, Michael* (Hrsg.), Grundgesetz, Kommentar, 5. Aufl. 2009
San	Sanitäts-
SanOA	Sanitätsoffizieranwärter(in)
SanOAAusbgV	Verordnung über das Ausbildungsgeld für SanOA
SanOffz	Sanitätsoffizier
SanSold	Sanitätssoldat(in)
SaZ	Soldat/Soldatin auf Zeit, Soldatinnen/Soldaten auf Zeit
SB	Schadensbestimmungen
SBG	Soldatenbeteiligungsgesetz
Schenke, VwPR	*Schenke, Wolf-Rüdiger*, Verwaltungsprozessrecht, 11. Aufl. 2007
Scherer/Alff/ Poretschkin, SG	*Scherer, Werner/Alff, Richard, Poretschkin, Alexander*, Soldatengesetz, Kommentar, 8. Aufl. 2008
Schölz/Lingens, WStG	*Schölz, Joachim/Lingens, Eric*, Wehrstrafgesetz, 4. Aufl. 2000
schriftl.	schriftlich
Schwenck	*Schwenck, Hans-Günter*, Rechtsordnung und Bundeswehr, 1978
SDGleiG	Gesetz zur Durchsetzung der Gleichstellung von Soldatinnen und Soldaten der Bundeswehr (Soldatinnen- und Soldatengleichstellungsdurchsetzungsgesetz – SDGleiG)
SG	Gesetz über die Rechtsstellung der Soldaten (Soldatengesetz)
SGÄndG	Gesetz zur Änderung des Soldatengesetzes und anderer Vorschriften vom 19.12.2000 (BGBl. I S. 1815)
SGB	Sozialgesetzbuch
SGleibWV	Gleichstellungsbeauftragten-Wahlverordnung Soldatinnen
SGleiG	Gesetz zur Gleichstellung der Soldatinnen und Soldaten der Bundeswehr (Soldatinnen- und Soldatengleichstellungsgesetz – SGleiG) = Artikel 1 des SDGleiG
SJubV	Soldatenjubiläumsverordnung

Abkürzungs- und Literaturverzeichnis

SK	Streitkräfte
SkResNOG	Gesetz über die Neuordnung der Reserve der Streitkräfte und zur Rechtsbereinigung des Wehrpflichtgesetzes (Streitkräftereserve-Neuordnungsgesetz)
SLV	Verordnung über die Laufbahnen der Soldatinnen und Soldaten (Soldatenlaufbahnverordnung – SLV)
s. o.	siehe oben
sog.	sogenannte(r)
SoldGG	Gesetz über die Gleichbehandlung der Soldatinnen und Soldaten (Soldatinnen- und Soldaten-Gleichbehandlungsgesetz – SoldGG)
SPersAFüBest	Bestimmungen über die Führung der Personalakten der Soldaten und der Personalunterlagen mit Personalaktenqualität
SPersAV	Verordnung über die Führung der Personakten der Soldaten und der ehemaligen Soldaten
SRP	Sozialistische Reichspartei
StAG	Staatsangehörigkeitsgesetz
STAN	Stärke- und Ausrüstungsnachweisung
Stauf I	*Stauf, Wolfgang*, Wehrrecht I, SG/PersAnpassG/SBG/WSG, 1. Aufl. 2002
Stauf II	*Stauf, Wolfgang*, Wehrrecht II, WBO/WDO/WStG/UZwGBw, *1. Aufl. 2002*
Stauf III	*Stauf, Wolfgang*, Wehrrecht III, WPflG/SVG, 1. Aufl. 2002
Steinlechner/Walz, WPflG	*Steinlechner, Wolfgang/Walz, Dieter*, Wehrpflichtgesetz, Kommentar, 7. Aufl. 2009
Stelkens/Bonk/ Sachs, VwVfG	*Stelkens, Paul/Bonk, Heinz Joachim/Sachs, Michael*, Verwaltungsverfahrensgesetz, Kommentar, 7. Aufl. 2008
Sten.Ber.	Stenografische Berichte (BT)
StGB	Strafgesetzbuch
StOffz	Stabsoffizier
StPO	Strafprozessordnung
str.	streitig
st.Rspr.	ständige Rechtsprechung
Sts	Staatssekretär(in)
StUffz	Stabsunteroffizier
StUG	Stasiunterlagengesetz
STzV	Soldatinnen- und Soldatenteilzeitbeschäftigungsverordnung
s.u.	siehe unten
SÜG	Sicherheitsüberprüfungsgesetz
SUrlV	Sonderurlaubsverordnung
SUV	Soldatinnen- und Soldatenurlaubsverordnung
SVG	Soldatenversorgungsgesetz
TDG	Truppendienstgericht
TSK	Teilstreitkraft/Teilstreitkräfte
TVöD	Tarifvertrag für den öffentlichen Dienst

Abkürzungs- und Literaturverzeichnis

u.	und; unten
u. a.	unter anderem; und andere
UA	Unteroffizieranwärter(in)
UBwV	Unterrichtsblätter für die Bundeswehrverwaltung (Jahr und Seite)
Uffz	Unteroffizier(in)
UHG	Unteroffizierheimgesellschaft
Uk-/uk-	Unabkömmlich-/unabkömmlich-
UkV/Uk-VO	Verordnung über die Zuständigkeit und das Verfahren bei der Unabkömmlichstellung (Unabkömmlichstellungsverordnung)
umstr.	umstritten
unbest.	unbestimmt
UNO	Vereinte Nationen
unstr.	unstreitig
unzutr.	unzutreffend
Urt.	Urteil
USG	Unterhaltssicherungsgesetz
usw.	und so weiter
u. U.	unter Umständen
UZwGBw	Gesetz über die Anwendung unmittelbaren Zwanges und die Ausübung besonderer Befugnisse durch Soldaten der Bundeswehr und verbündeter Streitkräfte sowie zivile Wachpersonen
v.	vom, von
VA	Verwaltungsakt
VB	Verfassungsbeschwerde
VdRBw	Verband der Reservisten der Deutschen Bundeswehr e. V.
VertA	Verteidigungsausschuss
VerwArch	Verwaltungsarchiv (Jahr und Seite)
VerwRdsch.	Verwaltungsrundschau (Jahr und Seite)
V-Fall	Verteidigungsfall
VG	Verwaltungsgericht
VGH	Verwaltungsgerichtshof
vgl.	vergleiche
VMBl.	Ministerialblatt des Bundesministeriums der Verteidigung
VMWG	Vertrauensmänner-Wahlgesetz
VN	Vereinte Nationen
VO	Verordnung
Vorb.	Vorbemerkung
Vorg.	Vorgesetzte(r)
VorgV	Verordnung über die Regelung des militärischen Vorgesetztenverhältnisses (Vorgesetztenverordnung)
VP	Vertrauensperson
VStGB	Völkerstrafgesetzbuch
VV	Verwaltungsvorschrift
VwGO	Verwaltungsgerichtsordnung
VwVfG	Verwaltungsverfahrensgesetz
VwVG	Verwaltungsvollstreckungsgesetz
VwZG	Verwaltungszustellungsgesetz

Abkürzungs- und Literaturverzeichnis

WBeauftr	Wehrbeauftragte(r) des Deutschen Bundestages
WBeauftrG	Gesetz über den Wehrbeauftragten des Deutschen Bundestages
WBO	Wehrbeschwerdeordnung
WBV	Wehrbereichsverwaltung
WDA	Wehrdisziplinaranwalt
WDB	Wehrdienstbeschädigung
WDErstattV	Wehrdienst-Erstattungsverordnung
WDO	Wehrdisziplinarordnung
WDS	Wehrdienstsenat
Weber/Banse	*Weber, Gerhard/Banse, Jürgen,* Das Urlaubsrecht des öffentlichen Dienstes, München 1978 ff.
WehrRÄndG 2008	Gesetz zur Änderung wehrrechtlicher und anderer Vorschriften
Weniger, SG	*Weniger, Frank,* Soldatengesetz, Kommentar, 2008
WEU	Westeuropäische Union
WG 1921	Wehrgesetz 1921 vom 23.3.1921/15.6.1921 (RGBl. 329, 787)
WG 1935	Wehrgesetz 1935 vom 21.5.1935 (RGBl. I S. 609)
Wipfelder, Wehrrecht	*Wipfelder, Hans-Jürgen,* Wehrrecht in der Bundesrepublik Deutschland, 1991
WP	Wahlperiode
WPersAV	Personalaktenverordnung Wehrpflichtige
wpfl	wehrpflichtig
WPfl	Wehrpflicht/Wehrpflichtiger
WPflG	Wehrpflichtgesetz
WPflV	Wehrpflichtverordnung
WRV	Weimarer Reichsverfassung
WSG	Wehrsoldgesetz
WStG	Wehrstrafgesetz
ZA	Zusatzabkommen zum NTS
ZAW	zivilberufliche Aus- und Weiterbildung
z. B.	zum Beispiel
ZBR	Zeitschrift für Beamtenrecht (Jahr und Seite)
zbV	zur besonderen Verwendung
ZDG	Zivildienstgesetz
ZDL	Zivildienstleistender
ZDv	Zentrale Dienstvorschrift
ZDVG	Zivildienstvertrauensmann-Gesetz
Zetzsche/Weber	*Zetzsche, Holger/Weber, Stephan,* Recht und Militär, 2006
Ziff.	Ziffer
zit.	zitiert
ziv.	zivil
ZP I	Zusatzprotokoll I zu den Genfer Abkommen vom 12.8.1949 über den Schutz der Opfer internationaler bewaffneter Konflikte vom 10.6.1977
ZPO	Zivilprozessordnung
ZRP	Zeitschrift für Rechtspolitik (Jahr und Seite)
z.T.	zum Teil
ZTR	Zeitschrift für Tarifrecht (Jahr und Seite)

Abkürzungs- und Literaturverzeichnis

zul.	zuletzt
zust.	zustimmend
zutr.	zutreffend
zw.	zweifelnd/zweifelhaft
2. ZDGÄndG	Zweites Gesetz zur Änderung des Zivildienstgesetzes und anderer Vorschriften (Zweites Zivildienstgesetzänderungsgesetz)
zzt.	zurzeit

Die wichtigsten im folgenden Kommentar zit. wehrrechtl. Dienstvorschriften und Erlasse sind abgedruckt bei *Schnell, Karl Helmut* (Hrsg.): Deutscher Bundeswehr-Kalender, Loseblattausgabe, Grundwerk

Liste der im Kommentar abgedruckten Rechtsverordnungen

Nach	Rechtsverordnung
§ 1	Vorgesetztenverordnung
§ 20	Bundesnebentätigkeitsverordnung
§ 29	Personalaktenverordnung Soldaten
§ 30a	Soldatinnen- und Soldatenteilzeitbeschäftigungsverordnung
§ 68	Unabkömmlichstellungsverordnung
§ 70	Wehrdienst-Erstattungsverordnung

Gesetz über die Rechtsstellung der Soldaten (Soldatengesetz – SG)

i.d.F. der Bek. vom 30.5.2005 (BGBl. I S. 1482),
zuletzt geändert durch Art. 10 G vom 5.2.2009 (BGBl. I S. 160)

Übersicht über die Änderungsgesetze des Soldatengesetzes

Übersicht über die Erstfassung, Änderungsgesetze, Neufassungen und Neubekanntmachungen des Soldatengesetzes

Nr.	Titel / Inkrafttreten	Fundstelle	geänderte/eingefügte Vorschriften/wesentliche Inhalte der Änderungen
1	Gesetz über die Rechtsstellung der Soldaten (Soldatengesetz) vom 19. März 1956 Inkrafttreten: 1. April 1956	BGBl. I S. 114	**Erstfassung**
2	**Gesetz zur Änderung des Soldatengesetzes** und des Besoldungsangleichungsgesetzes für den Bundesgrenzschutz vom 20. Dezember 1956 Inkrafttreten: 1. April 1956	BGBl. I S. 925	§§ 62 und 72 Änderung hinsichtlich der Zuordnung der Soldaten zu Besoldungsgruppen und Dienstaltersstufen
3	Gesetz über die Versorgung für die ehemaligen Soldaten der Bundeswehr und ihre Hinterbliebenen (Soldatenversorgungsgesetz – SVG) vom 26. Juli 1957 Inkrafttreten: 1. April 1956	BGBl. I S. 785	§ 63 Außerkraftsetzung
4	§ 62 des Bundesbesoldungsgesetzes (BBesG) vom 27. Juli 1957 Inkrafttreten: 1. April 1957	BGBl. I S. 993	§ 30 Änderung eines Verweises
5	**Zweites Gesetz zur Änderung des Soldatengesetzes** vom 5. Dezember 1958 Inkrafttreten: 11. Dezember 1958	BGBl. I S. 898	§ 27 Einfügung der Mindestanforderungen für die Laufbahnen der Sanitätsoffiziere
6	**Drittes Gesetz zur Änderung des Soldatengesetzes** vom 28. März 1960 Inkrafttreten: 1. April 1960	BGBl. I S. 206	§§ 24, 30, 40, 41, 42, 46, 47, 55, 59, 60, 61, 62, 64, 65, 71 und 72 Vereinfachung der Rechtsförmlichkeiten bei der Berufung in das Dienstverhältnis eines Berufssoldaten und Soldaten auf Zeit und bei der Beförderung. Einige andere Änderungen dienen der Klarstellung oder der Verbesserung der bisherigen Regelung. Einführung einer Mindeststehzeit für Berufsoffiziere.

Übersicht über die Änderungsgesetze des Soldatengesetzes

Nr.	Titel / Inkrafttreten	Fundstelle	geänderte/eingefügte Vorschriften/wesentliche Inhalte der Änderungen
7	§ 2 des Gesetzes über die Zuständigkeit auf dem Gebiet des Rechts des öffentlichen Dienstes vom 20. August 1960 Inkrafttreten: 26. August 1960	BGBl. I S. 705	§ 27 Einfügung von Vorschriften zur Zusammensetzung des Bundespersonalausschusses, Übergang Zuständigkeiten BMF auf BMI
8	Artikel 3 des Gesetzes zur Änderung des Wehrpflichtgesetzes vom 28. November 1960 Inkrafttreten: 3. Dezember 1960	BGBl. I S. 853	§ 56 Aufnahme einer Regelung, wie lange der im Falle einer Entlassung aus dem Dienstverhältnis eines Soldaten auf Zeit noch zu leistende Grundwehrdienst dauert
9	Artikel 1 des Gesetzes über die Altersgrenzen der Berufssoldaten vom 9. Juni 1961 Inkrafttreten: 16. Juni 1961	BGBl. I S. 723	§§ 44, 45, 46, 51 und 55 Nach § 45 waren die Altersgrenzen für Berufssoldaten innerhalb von fünf Jahren nach Inkrafttreten des Soldatengesetzes gesetzlich zu bestimmen – das ist erfolgt
10	§ 81 des Gesetzes zur Verhütung und Bekämpfung übertragbarer Krankheiten beim Menschen (Bundes-Seuchengesetz) vom 18. Juli 1961 Inkrafttreten: 1. Januar 1962	BGBl. I S. 1012, 1300	§ 17 Änderung der Regelung zur Pflicht der Duldung von Eingriffen in die körperliche Unversehrtheit im Hinblick auf die Regelungen des Bundes-Seuchengesetzes
11	Artikel V des Zweiten Gesetzes zur Änderung des Wehrpflichtgesetzes vom 22. März 1962 Inkrafttreten: 29. März 1962	BGBl. I S. 169	§ 56 Änderung der Regelung, wie lange der im Falle einer Entlassung aus dem Dienstverhältnis eines Soldaten auf Zeit noch zu leistende Grundwehrdienst dauert

Übersicht über die Änderungsgesetze des Soldatengesetzes

Nr.	Titel / Inkrafttreten	Fundstelle	geänderte/eingefügte Vorschriften/wesentliche Inhalte der Änderungen
12	**Viertes Gesetz zur Änderung des Soldatengesetzes** vom 9. Juli 1962 Inkrafttreten: 1. März 1962 (Nr. 1 und 3) 1. Oktober 1961 (Nr. 2 und 4)	BGBl. I S. 447	§ 25 (Nr. 1), § 30 (Nr. 2), § 46 (Nr. 3) und § 72 (Nr. 4) Änderung der Vorschrift zur Wahl eines Soldaten zum Bundestag, Landtag oder einer kommunalen Vertretungskörperschaft, Ermächtigungsgrundlage für Jubiläumsverordnung und Zuständigkeit hierfür
13	**Fünftes Gesetz zur Änderung des Soldatengesetzes** vom 6. April 1965 Inkrafttreten: 22. April 1965	BGBl. I S. 305	§§ 40, 42, 51 und 71 Verlängerung der zulässigen Gesamtdienstzeit auf 15 Jahre, Vereinfachung der Rechtsförmlichkeiten bei der Beförderung der Offizieranwärter
14	Artikel 2 des Gesetzes zur Aufhebung des Personalgutachterausschuß-Gesetzes vom 4. September 1967 Inkrafttreten: 13. September 1967	BGBl. I S. 965	Aufhebung § 67 (Personalgutachterausschuß)
15	**Sechstes Gesetz zur Änderung des Soldatengesetzes** vom 10. Januar 1968 Inkrafttreten: 14. Januar 1968	BGBl. I S. 56	§ 46 Normierung einer Kostenerstattungspflicht für Berufssoldaten, die vor Ablauf einer bestimmten Stehzeit die Bundeswehr verlassen
16	Artikel 6 des Achten Strafrechtsänderungsgesetzes vom 25. Juni 1968 Inkrafttreten: 1. August 1968	BGBl. I S. 741	§§ 38, 53 Übernahme neuer Straftatbezeichnungen
17	Artikel IV des Ersten Abschnitts des Fünften Gesetzes zur Änderung beamtenrechtlicher und besoldungsrechtlicher Vorschriften vom 19. Juli 1968 Inkrafttreten: 1. Juli 1968	BGBl. I S. 848	§ 30 Änderung eines Verweises

Übersicht über die Änderungsgesetze des Soldatengesetzes

Nr.	Titel / Inkrafttreten	Fundstelle	geänderte/eingefügte Vorschriften/wesentliche Inhalte der Änderungen
18	**Siebentes Gesetz zur Änderung des Soldatengesetzes** vom 24. März 1969 Inkrafttreten: 28. März 1969	BGBl. I S. 221	§§ 44, 45 Einführung einer Altersgrenze für Strahlflugzeugführer
19	**Achtes Gesetz zur Änderung des Soldatengesetzes** vom 1. April 1969 Inkrafttreten: 4. April 1969	BGBl. I S. 277	§§ 35, 45 Einführung einer Altersgrenze für die neue Laufbahn der Offiziere des militärfachl. Dienstes
20	Bekanntmachung der Neufassung des Gesetzes über die Rechtsstellung der Soldaten (Soldatengesetz) vom 22. April 1969	BGBl. I S. 313, 429	**Neufassung**
21	Artikel 61 des Ersten Gesetzes zur Reform des Strafrechts (1. StrRG) vom 25. Juni 1969 Inkrafttreten: 1. April 1970	BGBl. I S. 645	§§ 38, 48 und 53 Anpassung der Begriffe (Zuchthaus, Gefängnis)
22	Artikel 2 des Eingliederungsgesetzes für Soldaten auf Zeit (EinglG) vom 25. August 1969 Inkrafttreten: 1. Januar 1970	BGBl. I S. 1347	§§ 40, 54, 55 Aufnahme von Vorschriften im Hinblick auf die Erteilung eines Eingliederungsscheines
23	**Neuntes Gesetz zur Änderung des Soldatengesetzes** vom 21. Juli 1970 Inkrafttreten: 1. Juli 1969	BGBl. I S. 1120	§§ 27, 30, 39, 46, 55, 56 und 72 Schaffung der gesetzlichen Voraussetzungen für die Neuordnung der Laufbahn der Sanitätsoffiziere
24	**Zehntes Gesetz zur Änderung des Soldatengesetzes** vom 21. Dezember 1970 Inkrafttreten: 25. Dezember 1970	BGBl. I S. 1778	§ 71 Aufrechterhaltung einer Übergangsregelung, nach der ein Offizier des Truppendienstes vor Ablauf einer Dienstzeit von drei Jahren zum Leutnant ernannt werden kann (bis 31.12.1974)

Übersicht über die Änderungsgesetze des Soldatengesetzes

Nr.	Titel / Inkrafttreten	Fundstelle	geänderte/eingefügte Vorschriften/wesentliche Inhalte der Änderungen
25	Artikel IV des Gesetzes zur Neuordnung des Wehrdisziplinarrechts vom 21. August 1972 Inkrafttreten: 24. November 1972	BGBl. I S. 1481	§§ 17, 23 Aufnahme der Pflicht, sich außer Dienst und außerhalb dienstlicher Unterkünfte so zu verhalten, dass Ansehen, Achtung und Vertrauen nicht geschädigt werden, Anpassung der Begriffe (Bestrafung bei Dienstvergehen)
26	Artikel 154 des Einführungsgesetzes zum Strafgesetzbuch (EGStGB) vom 2. März 1974 Inkrafttreten: 1. Januar 1975	BGBl. I S. 469	§§ 11, 14, 38 und 46 Anpassung an neue strafrechtliche Begriffe, Bildung von Oberbegriffen (Straftaten statt Verbrechen, Vergehen, strafbare Handlungen). Nach Artikel 326 Abs. 5 Nr. 8 EGStGB war § 38 Abs. 1 Nr. 3 SG für die Zeit vom 01.01.1975 bis 31.12.1977 in der dort genannten Fassung anzuwenden
27	§ 1 des Gesetzes zur Bereinigung von Verfahrensmängeln beim Erlaß einiger Gesetze vom 25. März 1974 Inkrafttreten: 28. März 1974	BGBl. I S. 769	Das Soldatengesetz gilt als am Tag nach dem Inkrafttreten des Gesetzes zur Ergänzung des Grundgesetzes vom 19. März 1956 (BGBl. I S. 111) erlassen (SG gilt also als am 23. März 1956 erlassen)
28	**Elftes Gesetz zur Änderung des Soldatengesetzes** vom 20. Dezember 1974 Inkrafttreten: 25. Dezember 1974	BGBl. I S. 3649	§§ 1, 71 Änderung des Begriffs Disziplinarstrafgewalt und Verlängerung der Übergangsregelung, nach der ein Offizier des Truppendienstes vor Ablauf einer Dienstzeit von drei Jahren zum Leutnant ernannt werden kann (bis 31.12.1977)

Ewald

Übersicht über die Änderungsgesetze des Soldatengesetzes

Nr.	Titel / Inkrafttreten	Fundstelle	geänderte/eingefügte Vorschriften/wesentliche Inhalte der Änderungen
29	Artikel 1 des Gesetzes zur Änderung des Soldatengesetzes und des Vertrauensmänner-Wahlgesetzes vom 25. April 1975 Inkrafttreten: 1. Mai 1975	BGBl. I S. 1005	§§ 35, 35a, 35b und 70 Aufnahme vertretungsrechtlicher Vorschriften im Hinblick auf den Erlass des Bundespersonalvertretungsgesetzes
30	Artikel 2 des Neunten Gesetzes zur Änderung des Wehrpflichtgesetzes vom 2. Mai 1975 Inkrafttreten: 8. Mai 1975	BGBl. I S. 1046	§§ 54, 56 Anpassungen aufgrund der Einführung des Wehrdienstes in der Verfügungsbereitschaft
31	Artikel 1 des Gesetzes zur Änderung des Soldatengesetzes, des Soldatenversorgungsgesetzes und der Wehrdisziplinarordnung vom 6. August 1975 Inkrafttreten: 10. August 1975	BGBl. I S. 2113	§§ 1, 3, 28, 30, 51, 54, und 72 Anpassungen im Hinblick auf die Einstellung von Frauen in der Laufbahn der Offiziere des Sanitätsdienstes
32	Bekanntmachung der Neufassung des Gesetzes über die Rechtsstellung der Soldaten (Soldatengesetz) vom 19. August 1975	BGBl. I S. 2273	**Neufassung** in der ab 10. August 1975 geltenden Fassung
33	Artikel 9 des Gesetzes zur Verbesserung der Haushaltsstruktur (Haushaltsstrukturgesetz – HStruktG) vom 18. Dezember 1975 Inkrafttreten: 1. Januar 1976	BGBl. I S. 3091	§ 45 Anhebung der besonderen Altersgrenzen
34	§ 98 des Gesetzes über die Versorgung der Beamten und Richter in Bund und Ländern (Beamtenversorgungsgesetz – BeamtVG) vom 24. August 1976 Inkrafttreten: 1. Januar 1977	BGBl. I S. 2485	§§ 30, 44, 48, 50 und 53 Anpassungen an die neuen beamtenversorgungsrechtlichen Regelungen
35	Artikel VI des Gesetzes zur Neuregelung der Rechtsverhältnisse der Mitglieder des Deutschen Bundestages vom 18. Februar 1977 Inkrafttreten: 1. April 1977	BGBl. I S. 297	§§ 4, 25 und 28 Beförderungsverbot für in den Bundestag gewählte Soldaten und Einfügung einer Vorschrift über Urlaub zur Wahlvorbereitung

Übersicht über die Änderungsgesetze des Soldatengesetzes

Nr.	Titel / Inkrafttreten	Fundstelle	geänderte/eingefügte Vorschriften/wesentliche Inhalte der Änderungen
36	§ 2 des Gesetzes über das Inkrafttreten der Vorschriften über die Unterbringung in einer sozialtherapeutischen Anstalt vom 22. Dezember 1977 Inkrafttreten: 31. Dezember 1977	BGBl. I S. 3104	In Artikel 326 Abs. 5 des Einführungsgesetzes zum Strafgesetzbuch wird die Jahreszahl „1977" durch die Jahreszahl „1984" ersetzt
37	**Zwölftes Gesetz zur Änderung des Soldatengesetzes** vom 23. Dezember 1977 Inkrafttreten: 1. Januar 1978	BGBl. I S. 3114	§§ 46, 56 Einführung einer Mindestabdienzeit für alle Berufssoldaten mit Studium oder Fachausbildung
38	Artikel 6 des Zweiten Gesetzes zur Änderung dienstrechtlicher Vorschriften (Angehörige des öffentlichen Dienstes in Landesparlamenten) vom 30. Juli 1979 Inkrafttreten: 1. Oktober 1979	BGBl. I S. 1301	§§ 4, 25 Nähere Ausgestaltung der die Rechtsstellung eines in ein Landesparlament gewählten Berufssoldaten oder Soldaten auf Zeit regelnden Vorschriften (entsprechende Anwendung des Abgeordnetengesetzes)
39	**Dreizehntes Gesetz zur Änderung des Soldatengesetzes** vom 22. Mai 1980 Inkrafttreten: 1. Juni 1980	BGBl. I S. 581	§§ 4, 27, 35b, 40, 44, 45, 47, 51, 54 und 72 Einbeziehung Kampfbeobachter in die Altersgrenze für Strahlflugzeugführer, Einführung einer Möglichkeit, die Dienstzeit bei Sanitätsoffizieren auf 20 Jahre festzusetzen, sowie terminologische und redaktionelle Änderungen
40	Artikel 4 des Siebenten Gesetzes zur Änderung des Soldatenversorgungsgesetzes vom 7. Juli 1980 Inkrafttreten: 1. August 1980	BGBl. I S. 851	§ 54 Anpassung eines Verweises auf Vorschriften des Soldatenversorgungsgesetzes (§ 9 Abs. 3 Satz 2 Nr. 1 bis 3)
41	§ 30 des Staatshaftungsgesetzes vom 26. Juni 1981 Inkrafttreten: 1. Januar 1982	BGBl. I S. 553	§ 24 Anpassung der Haftungsvorschriften an die Vorschriften des Staatshaftungsgesetzes

Übersicht über die Änderungsgesetze des Soldatengesetzes

Nr.	Titel / Inkrafttreten	Fundstelle	geänderte/eingefügte Vorschriften/wesentliche Inhalte der Änderungen
42	Entscheidung des Bundesverfassungsgerichts vom 19. Oktober 1982	BGBl. I S. 1493	Das Staatshaftungsgesetz ist nichtig
43	Artikel 2 des Gesetzes zur Änderung des Wehrrechts und des Zivildienstrechts vom 24. Februar 1983 Inkrafttreten: 2. März 1983	BGBl. I S. 179	§§ 17, 25, 35c, 46, 49, 55, 56 und 73 Normierung einer Pflicht zur Erstattung von Ausbildungskosten und des als Sanitätsoffizier-Anwärter gewährten Ausbildungsgelds für alle Berufssoldaten und Soldaten auf Zeit, die vor Ablauf einer bestimmten Dienstzeit entlassen werden. Änderung der Vorschrift über die Entlassung wegen besonderer Härte (Anspruch auf Entlassung) und Regelungen für den Fall, dass ein Berufssoldat oder Soldat auf Zeit zum Mitglied der Bundesregierung, Landesregierung oder zum Parlamentarischen Staatssekretär ernannt wird.
44	Artikel 4 des Vierten Gesetzes zur Änderung dienstrechtlicher Vorschriften vom 12. Juli 1984 Inkrafttreten: 15. Juli 1984	BGBl. I S. 875	§ 28 Änderung der Vorschriften über den Betreuungsurlaub
45	Artikel 4 des Fünften Gesetzes zur Änderung dienstrechtlicher Vorschriften vom 25. Juli 1984 Inkrafttreten: 1. August 1984	BGBl. I S. 998	§§ 28, 28a Einführung eines Urlaubs bis zum Beginn des Ruhestandes

Übersicht über die Änderungsgesetze des Soldatengesetzes

Nr.	Titel / Inkrafttreten	Fundstelle	geänderte/eingefügte Vorschriften/wesentliche Inhalte der Änderungen
46	Artikel 3 Nr. 9 des Gesetzes zur Änderung des Strafvollzugsgesetzes (StVollzÄndG) vom 20. Dezember 1984 Inkrafttreten: 1. Januar 1985	BGBl. I S. 1654	Änderung des Einführungsgesetzes zum Strafgesetzbuch, in Artikel 154 – Soldatengesetz – Nummer 3 wird in § 38 Abs. 1 Nr. 3 die Verweisung „§§ 64, 65 Abs. 1, 2 oder § 66 des Strafgesetzbuches" durch die Verweisung „§§ 64 oder 66 des Strafgesetzbuches" ersetzt
47	Artikel 3 des Sechsten Gesetzes zur Änderung dienstrechtlicher Vorschriften (Nebentätigkeitsbegrenzungsgesetz) vom 21. Februar 1985 Inkrafttreten: 1. März 1985	BGBl. I S. 371	Inhaltsübersicht, §§ 20, 20a, 21 und 23 Erweiterung der Vorschriften über die Ausübung von Nebentätigkeiten im Hinblick auf eine Begrenzung der Ausübung solcher Tätigkeiten
48	§ 31 des Gesetzes über die Gewährung von Erziehungsgeld und Erziehungsurlaub (Bundeserziehungsgeldgesetz – BErzGG) vom 6. Dezember 1985 Inkrafttreten: 1. Januar 1986	BGBl. I S. 2154	§§ 28a, 30 und 72 Aufnahme einer Ermächtigung zum Erlass einer Rechtsverordnung über den Erziehungsurlaub für Frauen in der Laufbahn der Offiziere des Sanitätsdienstes
49	Artikel 2 des Gesetzes zur Verbesserung der Wehrgerechtigkeit und Verlängerung der Dauer des Grundwehrdienstes vom 13. Juni 1986 Inkrafttreten: 1. Juli 1986	BGBl. I S. 873	Inhaltsübersicht, §§ 4a, 46, 49, 55, 56 und 72 Aufnahme einer Vorschrift über das Tragen der Uniform nach Ausscheiden aus dem Wehrdienst, Aufnahme einer Entlassungsnorm für anerkannte Kriegsdienstverweigerer und Regelung der Rechtsfolgen
50	Artikel 4 des Achten Gesetzes zur Änderung dienstrechtlicher Vorschriften vom 30. Juni 1989 Inkrafttreten: 1. August 1989	BGBl. I S. 1282	§§ 28, 28a, 46, 49, 55 und 56 Änderungen in den Vorschriften über Betreuungsurlaub für Frauen in der Laufbahn der Sanitätsoffiziere und in den Vorschriften über Wohnsitznahme im Ausland

Übersicht über die Änderungsgesetze des Soldatengesetzes

Nr.	Titel / Inkrafttreten	Fundstelle	geänderte/eingefügte Vorschriften/wesentliche Inhalte der Änderungen
51	Artikel 3 des Gesetzes zur Änderung des Beamtenversorgungsgesetzes und sonstiger dienst- und versorgungsrechtlicher Vorschriften (BeamtVGÄndG) vom 18. Dezember 1989 Inkrafttreten: 1. Januar 1992/ 1. Januar 2002	BGBl. I S. 2218	§ 44 (ab 1. Januar 1992) Aufnahme von Vorschriften zum Verbleiben im Dienst über die Altersgrenzen hinaus auf Antrag des Soldaten, Verkürzung der Hinausschiebenszeit von fünf auf vier Jahre § 45 (ab 1. Januar 2002) Heraufsetzung der Altersgrenzen für Berufssoldaten
52	Artikel 7 § 37 des Gesetzes zur Reform des Rechts der Vormundschaft und Pflegschaft für Volljährige (Betreuungsgesetz – BtG) vom 12. September 1990 Inkrafttreten: 1. Januar 1992	BGBl. I S. 2002	§§ 20, 21 Anpassung der Begriffe
53	**Vierzehntes Gesetz zur Änderung des Soldatengesetzes** vom 6. Dezember 1990 Inkrafttreten: 13. Dezember 1990	BGBl. I S. 2588	Inhaltsübersicht, §§ 1, 2, 28, 28a, 30, 37, 39, 40, 43, 45, 46, 51, 51a, 54, 55, 58, 60, 61, 72 und 74 Aufnahme von Vorschriften zur Einstellung von Frauen in allen Laufbahnen im Sanitätsdienst und im Militärmusikdienst und von Vorschriften zur Heranziehung nicht wehrpflichtiger früherer Berufssoldaten und Soldaten auf Zeit, Erweiterung des Anspruchs auf Erziehungsurlaub für alle Soldaten sowie Klarstellungen (z. B. Beginn des Wehrdienstverhältnisses).

Übersicht über die Änderungsgesetze des Soldatengesetzes

Nr.	Titel / Inkrafttreten	Fundstelle	geänderte/eingefügte Vorschriften/wesentliche Inhalte der Änderungen
			Durch Artikel 5 Nr. 2 des Vierzehnten Gesetzes zur Änderung des Soldatengesetzes wird Artikel 20 Abs. 2 des Gesetzes zur Änderung des Beamtenversorgungsgesetzes und sonstiger dienst- und versorgungsrechtlicher Vorschriften (siehe Nr. 51) mit der Folge geändert, dass das Inkrafttreten der in Artikel 3 Abs. 1 Nr. 1 Buchstabe a Doppelbuchstabe aa dieses Gesetzes normierten Verkürzung der Hinausschiebenszeit auf den 1. Januar 2002 verschoben wird
54	Artikel 3 Nr. 1 des Gesetzes über die Beteiligung der Soldaten und der Zivildienstleistenden (Beteiligungsgesetz – BG) vom 16. Januar 1991 Inkrafttreten: 22. Januar 1991	BGBl. I S. 47	§§ 35, 35a, 35b, 35c und 72 Folgeänderungen im Hinblick auf die Neuregelung des Beteiligungsrechts
55	Artikel 6 des Zweiten Gesetzes zur Änderung des Bundeserziehungsgeldgesetzes und anderer Vorschriften vom 6. Dezember 1991 Inkrafttreten: 1. Januar 1992	BGBl. I S. 2142	§§ 28, 72 Normierung eines Anspruchs auf Erziehungsurlaub unabhängig von den Regelungen des BErzGG
56	Artikel 9 Nr. 2 des Gesetzes über die Anpassung von Dienst- und Versorgungsbezügen in Bund und Ländern 1991 (Bundesbesoldungs- und -versorgungsanpassungsgesetz 1991 – BBVAnpG 91) vom 21. Februar 1992 Inkrafttreten: 1. Januar 1992	BGBl. I S. 266	Änderung des Gesetzes zur Änderung des Beamtenversorgungsgesetzes und sonstiger dienst- und versorgungsrechtlicher Vorschriften (siehe Nr. 51 und 54) Ersatz der Wörter „Soweit dienstliche Belange nicht entgegenstehen" durch die Wörter „Wenn es im dienstlichen Interesse liegt" in § 44 SG

Übersicht über die Änderungsgesetze des Soldatengesetzes

Nr.	Titel / Inkrafttreten	Fundstelle	geänderte/eingefügte Vorschriften/wesentliche Inhalte der Änderungen
57	Artikel 5 des Neunten Gesetzes zur Änderung dienstrechtlicher Vorschriften vom 11. Juni 1992 Inkrafttreten: 1. Januar 1993	BGBl. I S. 1030	§§ 24, 28, 29 und 72 Änderung der Haftungsvorschriften und Aufnahme umfangreicher Bestimmungen zum Personalaktenrecht
58	Artikel 5 des Zehnten Gesetzes zur Änderung dienstrechtlicher Vorschriften vom 20. Dezember 1993 Inkrafttreten: 24. Dezember 1993	BGBl. I S. 2136	§ 28a Verlängerung der Möglichkeit, Urlaub bis zum Beginn des Ruhestandes in Anspruch zu nehmen
59	Artikel 5 des Elften Gesetzes zur Änderung dienstrechtlicher Vorschriften vom 20. Mai 1994 Inkrafttreten: 1. Juni 1994	BGBl. I S. 1078	§ 28a Normierung einer zeitlich unbefristeten Möglichkeit zur Inanspruchnahme von Urlaub bis zum Beginn des Ruhestandes
60	Artikel 4 des Gesetzes zur Vereinheitlichung und Flexibilisierung des Arbeitszeitrechts (Arbeitszeitrechtsgesetz – ArbZRG) vom 6. Juni 1994 Inkrafttreten: 1. Juli 1994	BGBl. I S. 1170	§ 69 Aufhebung
61	Artikel 2 des Gesetzes zur Änderung wehrpflichtrechtlicher, soldatenrechtlicher, beamtenrechtlicher und anderer Vorschriften vom 24. Juli 1995 Inkrafttreten: 29. Juli 1995	BGBl. I S. 962	§§ 1, 17, 40, 44, 51 und 51a Aufnahme soldatenrechtlicher Vorschriften im Hinblick auf die Teilnahme an besonderen Auslandsverwendungen („LL" lesson learnt)
62	Artikel 3 des Gesetzes zur Änderung wehrrechtlicher Vorschriften vom 15. Dezember 1995 Inkrafttreten: 1. Januar 1996	BGBl. I S. 1726	§ 40 Erweiterung der Gesamtverpflichtungszeit auf 20 Jahre für Soldaten aller Laufbahnen („KLL" Umsetzung Konzeptionelle Leitlinie)
63	Bekanntmachung der Neufassung des Soldatengesetzes vom 15. Dezember 1995	BGBl. I S. 1737	**Neufassung** in der ab 1. Januar 1996 geltenden Fassung

Übersicht über die Änderungsgesetze des Soldatengesetzes

Nr.	Titel / Inkrafttreten	Fundstelle	geänderte/eingefügte Vorschriften/wesentliche Inhalte der Änderungen
64	Artikel 2 Abs. 1 des Ersten Gesetzes zur Änderung des Soldatenbeteiligungsgesetzes vom 20. Februar 1997 Inkrafttreten: 28. Februar 1997	BGBl. I S. 298	§ 70 Änderung eines Verweises
65	Artikel 20 des Justizmitteilungsgesetzes und Gesetzes zur Änderung kostenrechtlicher Vorschriften und anderer Gesetze (JuMiG) vom 18. Juni 1997 Inkrafttreten: 1. Juni 1998	BGBl. I S. 1430	§ 62 Einfügung von Vorschriften über Mitteilungen in Strafsachen
66	Artikel 12 des Gesetzes zur Bekämpfung der Korruption vom 13. August 1997 Inkrafttreten: 20. August 1997	BGBl. I S. 2038	§ 19 Neufassung, grundsätzliches Verbot der Annahme von Belohnungen und Geschenken
67	Artikel 3 des Dreizehnten Gesetzes zur Änderung dienstrechtlicher Vorschriften (Zweites Nebentätigkeitsbegrenzungsgesetz) vom 9. September 1997 Inkrafttreten: 18. September 1997	BGBl. I S. 2294	§ 20 Änderung der Vorschriften über die Ausübung von Nebentätigkeiten
68	Artikel 5 § 4 des Gesetzes zur Abschaffung der gesetzlichen Amtspflegschaft und Neuordnung des Rechts der Beistandschaft (Beistandschaftsgesetz) vom 4. Dezember 1997 Inkrafttreten: 1. Juli 1998	BGBl. I S. 2846	§ 21 Streichung der Wörter „Beistandes oder"
69	Artikel 4 des Gesetzes zur Umsetzung des Versorgungsberichts (Versorgungsreformgesetz 1998 – VReformG) vom 29. Juni 1998 Inkrafttreten: 1. Januar 1999/ 1. Januar 2007	BGBl. I S. 1666, 3128	§ 44 (ab 1. Januar 1999) Änderung eines Verweises §§ 44, 45 und 75 (ab 1. Januar 2007) Verkürzung der Hinausschiebenszeit, Erhöhung der Altersgrenzen, Übergangsvorschriften

Ewald

Übersicht über die Änderungsgesetze des Soldatengesetzes

Nr.	Titel / Inkrafttreten	Fundstelle	geänderte/eingefügte Vorschriften/wesentliche Inhalte der Änderungen
70	Artikel 2 § 20 des Gesetzes zur Neuordnung seuchenrechtlicher Vorschriften (Seuchenrechtsneuordnungsgesetz – SeuchRNeuG) vom 20. Juli 2000 Inkrafttreten: 1. Januar 2001	BGBl. I S. 1045	§ 17 (Folgeänderung zu einem Verweis)
71	Artikel 8 des Gesetzes zur Änderung des Begriffs „Erziehungsurlaub" vom 30. November 2000 Inkrafttreten: 2. Januar 2001	BGBl. I S. 1638	§§ 28, 40, 46, 72 und 74 Ersetzung des Begriffs „Erziehungsurlaub" durch den Begriff „Elternzeit"
72	Artikel 1 des Gesetzes zur Änderung des Soldatengesetzes und anderer Vorschriften (SGÄndG) vom 19. Dezember 2000 Inkrafttreten: 24. Dezember 2000	BGBl. I S. 1815	Inhaltsübersicht, §§ 1, 2, 4, 5, 13, 17, 18, 19, 20a, 23, 25, 26, 28, 28a, 29, 30, 32, 33, 34, 37, 38, 40, 41, 42, 43, 44, 45, 45a, 46, 47, 48, 49, 50, 51, 51a, 54, 55, 56, 58, 58a, 59, 60, 71, 72, 76 Öffnung aller Laufbahnen für Frauen, monatliche Zurruhesetzung, Probezeit für alle Soldaten auf Zeit in den ersten vier Dienstjahren, Erweiterung und Vereinheitlichung der Vorschriften zur Erstattung von Ausbildungskosten, Änderung der Vorschrift zur Beurlaubung kommunaler Mandatsträger, grundlegende redaktionelle Überarbeitung
73	Bekanntmachung der Neufassung des Soldatengesetzes vom 14. Februar 2001	BGBl. I S. 232	**Neufassung** in der ab 24. Dezember 2000 geltenden Fassung
74	Berichtigung der Bekanntmachung der Neufassung vom 29. März 2001	BGBl. I S. 478	Berichtigung
75	Artikel 8c des Gesetzes zur Änderung des Bundesdatenschutzgesetzes und anderer Gesetze vom 18. Mai 2001 Inkrafttreten: 23. Mai 2001	BGBl. I S. 904	§ 29 Änderung einer Verweisung auf Vorschriften des Bundesdatenschutzgesetzes (Folgeänderung)

Übersicht über die Änderungsgesetze des Soldatengesetzes

Nr.	Titel / Inkrafttreten	Fundstelle	geänderte/eingefügte Vorschriften/wesentliche Inhalte der Änderungen
76	Artikel 4 des Zweiten Gesetzes zur Neuordnung des Wehrdisziplinarrechts und zur Änderung anderer Vorschriften (2. WehrDiszNOG) vom 16. August 2001 Inkrafttreten: 1. Januar 2002	BGBl. I S. 2093	§§ 53, 57 Wegfall des automatischen Dienstgradverlustes bei früheren Berufssoldaten und Soldaten auf Zeit (Unteroffiziere und Offiziere) bei Verurteilungen nach Beendigung des Dienstverhältnisses zu mindestens einem und weniger als zwei Jahren
77	Artikel 2 des Gesetzes zur Neuausrichtung der Bundeswehr (Bundeswehrneuausrichtungsgesetz – BwNeuAusrG) vom 20. Dezember 2001 Inkrafttreten: 1. Januar 2002 / 1. März 2002	BGBl. I S. 4013, 2002 S. 1542	§§ 1, 3, 27, 45, 47, 55 Schaffung einfachgesetzlicher Grundlagen für die Neuordnung der Laufbahnen, Sonderregelung für bestimmte wehrdienstbeschädigte Soldaten und redaktionelle Änderungen
78	Artikel 65 des Dritten Gesetzes zur Änderung verwaltungsverfahrensrechtlicher Vorschriften vom 21. August 2002 Inkrafttreten: 1. Februar 2003	BGBl. I S. 3322	§§ 4, 41, 44, 46, 47, 49 und 55 Folgeänderungen im Rahmen der Eröffnung der rechtsverbindlichen elektronischen Kommunikation zwischen Bürger und Verwaltung; redaktionelle Änderungen in § 46
79	Artikel 3 des Gesetzes zur Regelung der Versorgung bei besonderen Auslandsverwendungen (Einsatzversorgungsgesetz – EinsatzVG) vom 21. Dezember 2004 Inkrafttreten: rückwirkend zum 1. Dezember 2002	BGBl. I S. 3592	§ 3 Folgeänderung zur Neuregelung des Einsatzversorgungsrechts
80	Artikel 2 des Gesetzes zur Durchsetzung der Gleichstellung von Soldatinnen und Soldaten der Bundeswehr (Soldatinnen- und Soldatengleichstellungsdurchsetzungsgesetz – SDGleiG) vom 27. Dezember 2004 Inkrafttreten: 1. Januar 2005	BGBl. I S. 3822	Inhaltsübersicht, §§ 28a, 30a, 30b, 40, 46 und 72 Schaffung einer Möglichkeit zur Teilzeitbeschäftigung; Folgeänderung in Form von möglichen Dienstzeitverlängerungen für SaZ und BS

Ewald

Übersicht über die Änderungsgesetze des Soldatengesetzes

Nr.	Titel / Inkrafttreten	Fundstelle	geänderte/eingefügte Vorschriften/wesentliche Inhalte der Änderungen
81	Artikel 2 des Gesetzes über die Neuordnung der Reserve der Streitkräfte und zur Rechtsbereinigung des Wehrpflichtgesetzes (Streitkräftereserve-Neuordnungsgesetz – SkResNOG) vom 22. April 2005 Inkrafttreten: 30. April 2005	BGBl. I S. 1106	Inhaltsübersicht, §§ 1, 2, 4, 9, 17, 20, 22, 25, 27, 28, 31, 40, 43, 44, 49, 51, 51a, 54, 56, 57, 58, 58a, 59, 60, 61, 62, 63, 64, 65, 66, 67, 68, 69, 70, 71, 72, 73, 74, 75, 76, 77, 78, 79, 80, 81, 82, 83, 84, 85, 86, 87, 88, 89, 90, 91, 92, 93, 94, 95, 96, 97, 98 Gesetzessystematische Bereinigung des Soldatengesetzes. Einfügung von an das Wehrpflichtgesetz angelehnten Vorschriften zu den Dienstleistungsarten, den Dienstleistungspflichten und deren Durchsetzung, den Dienstleistungsausnahmen, dem Heranziehungsverfahren, der Beendigung der Dienstleistung und zum Rechtsschutz (Vierter bis Sechster Abschnitt). Vielfältige weitere Änderungen [beispielsweise: Definition, welche Maßnahmen nicht als Eingriff in die körperliche Unversehrtheit gelten (§ 17), Ermächtigungsgrundlage für Laufbahnprüfungsordnung (§ 27), SaZ 25 für Sanitätsoffiziere (§ 40)].
82	Bekanntmachung der Neufassung des Soldatengesetzes vom 30. Mai 2005	BGBl. I S. 1482	**Neufassung** in der ab dem 30. April 2005 geltenden Fassung

Übersicht über die Änderungsgesetze des Soldatengesetzes

Nr.	Titel / Inkrafttreten	Fundstelle	geänderte/eingefügte Vorschriften/wesentliche Inhalte der Änderungen
83	Artikel 3 Abs. 12 des Gesetzes zur Umsetzung europäischer Richtlinien zur Verwirklichung des Grundsatzes der Gleichbehandlung vom 14. August 2006 Inkrafttreten: 18. August 2006	BGBl. I S. 1897	§ 3 Folgeänderung zum Soldatinnen- und Soldaten-Gleichbehandlungs-Gesetz (SoldGG = Artikel 2 des in Spalte 2 bezeichneten Gesetzes). Aufnahme der Kategorien „sexuelle Identität", „Weltanschauung" und „ethnische Herkunft" bei den Benachteiligungsverboten für Ernennungen und Verwendungen
84	Artikel 6 des Gesetzes über die Anpassung von Dienst- und Versorgungsbezügen im Bund 2008/2009 (Bundesbesoldungs- und -versorgungsanpassungsgesetz 2008/2009 – BBVAnpG 2008/2009) vom 29. Juli 2008 Inkrafttreten: 1. Januar 2009	BGBl. I S. 1582	§ 30 Schaffung einer Rechtsgrundlage für die Gewährung von Einmalzahlungen im Rahmen von Besoldungsanpassungen für SanOA
85	Artikel 3 des Gesetzes zur Änderung wehrrechtlicher und anderer Vorschriften (Wehrrechtsänderungsgesetz 2008 – WehrRÄndG 2008) vom 31. Juli 2008 Inkrafttreten 9. August 2008/ 1. Juli 2006 (Art. 3 Nr. 6, § 30 SG)	BGBl. I S. 1629	Inhaltsübersicht, §§ 1, 2, 20, 23, 30, 31, 38, 40, 44, 45a, 47, 49, 55, 56, 59, 60, 63, 63a, 64, 66, 67, 68, 70, 72, 75, 76, 77, 79, 86, 93 Schaffung von Rechtsgrundlagen zur Erstattung von Studiengebühren für SanOA (§ 30, rückwirkend in Kraft getreten), Schaffung neuer Wehrdienstart (Hilfeleistung im Ausland – § 63a), Neuregelung der Zurückstellungsgründe von Dienstleistungen für Studierende (§ 67), Umstellung des Unabkömmlichstellungsverfahrens im Frieden (§ 68), redaktionelle Änderungen und weitere Folgeänderungen zu den Änderungen im WPflG

Ewald

Übersicht über die Änderungsgesetze des Soldatengesetzes

Nr.	Titel / Inkrafttreten	Fundstelle	geänderte/eingefügte Vorschriften/wesentliche Inhalte der Änderungen
86	Artikel 10 des Gesetzes zur Neuordnung und Modernisierung des Bundesdienstrechts (Dienstrechtsneuordnungsgesetz – DNeuG) vom 5. Februar 2009 Inkrafttreten 12. Februar 2009	BGBl. I S. 160	Inhaltsübersicht, §§ 4, 5, 14, 19, 20, 20a, 21, 22, 24, 25, 27, 28, 28a, 29, 30, 30b, 31, 35a, 41, 42, 44, 45, 46, 47, 48, 50, 52, 55, 89, 96 Neufassung der Verschwiegenheitspflicht im Rahmen der Korruptionsprävention (§ 14), Normierung der Herausgabepflicht von Schmiergeldern (§ 19), Einführung einer Ruhensregelung für BS und SaZ, die zu kommunalen Wahlbeamten ernannt werden (§ 25), Angleichung der personalaktenrechtlichen Regelungen an das Beamtenrecht (§ 29), Normierung der Beihilfevorschriften (§ 31), Anhebung der Altersgrenzen, Änderung bei der Entlassung von BS und SaZ, die zu Beamten ernannt werden (§§ 46, 55 – keine automatische Beendigung des Wehrdienstverhältnisses mehr).

Erster Abschnitt
Gemeinsame Vorschriften

1.
Allgemeines

§ 1 Begriffsbestimmungen

(1) ¹Soldat ist, wer auf Grund der Wehrpflicht oder freiwilliger Verpflichtung in einem Wehrdienstverhältnis steht. ²Staat und Soldaten sind durch gegenseitige Treue miteinander verbunden.

(2) ¹In das Dienstverhältnis eines Berufssoldaten kann berufen werden, wer sich freiwillig verpflichtet, auf Lebenszeit Wehrdienst zu leisten. ²In das Dienstverhältnis eines Soldaten auf Zeit kann berufen werden, wer sich freiwillig verpflichtet, für begrenzte Zeit Wehrdienst zu leisten. ³Zu einem Wehrdienst in Form von Dienstleistungen kann außer Personen, die in einem Wehrdienstverhältnis nach Satz 1 oder 2 gestanden haben, auch herangezogen werden, wer sich freiwillig zu Dienstleistungen verpflichtet.

(3) ¹Vorgesetzter ist, wer befugt ist, einem Soldaten Befehle zu erteilen. ²Durch Rechtsverordnung wird bestimmt, wer auf Grund seiner Dienststellung, seines Dienstgrades, besonderer Anordnung oder eigener Erklärung befehlen kann. ³Auf Grund des Dienstgrades allein besteht keine Befehlsbefugnis außerhalb des Dienstes. ⁴Durch eigene Erklärung darf eine Befehlsbefugnis nur zur Hilfeleistung in Notfällen, zur Aufrechterhaltung der Disziplin oder Sicherheit oder zur Herstellung einer einheitlichen Befehlsbefugnis in kritischer Lage begründet werden.

(4) ¹Disziplinarvorgesetzter ist, wer Disziplinarbefugnis über Soldaten seines Befehlsbereichs hat. ²Das Nähere regelt die Wehrdisziplinarordnung.

§ 2 Dauer des Wehrdienstverhältnisses; Dienstzeitberechnung

(1) Das Wehrdienstverhältnis beginnt
1. bei einem Soldaten, der auf Grund des Wehrpflichtgesetzes zum Wehrdienst einberufen wird, mit dem Zeitpunkt, der nach Maßgabe des Wehrpflichtgesetzes für den Diensteintritt festgesetzt wird,
2. bei einem Soldaten, der nach dem Vierten Abschnitt zur Dienstleistung herangezogen wird, mit dem Zeitpunkt, der im Heranziehungsbescheid für den Diensteintritt festgesetzt wird,
3. bei einem Berufssoldaten oder Soldaten auf Zeit mit dem Zeitpunkt der Ernennung,
4. in allen übrigen Fällen mit dem Dienstantritt.

(2) Das Wehrdienstverhältnis endet mit dem Ablauf des Tages, an dem der Soldat aus der Bundeswehr ausscheidet.

(3) ¹Als Dienstzeit im Sinne dieses Gesetzes oder der auf Grund dieses Gesetzes erlassenen Rechtsverordnungen kann zu Gunsten des Soldaten die Zeit vom 1. oder 16. eines Monats an gerechnet werden, wenn wegen eines Wochenendes, gesetzlichen Feiertages oder eines unmittelbar vorhergehenden Werktages ein anderer Tag für den

Beginn des Wehrdienstverhältnisses bestimmt worden ist und der Soldat den Dienst an diesem Tag angetreten hat. ²§ 44 Abs. 5 Satz 2 bleibt unberührt.

§ 3 Ernennungs- und Verwendungsgrundsätze

(1) Der Soldat ist nach Eignung, Befähigung und Leistung ohne Rücksicht auf Geschlecht, sexuelle Identität, Abstammung, Rasse, Glauben, Weltanschauung, religiöse oder politische Anschauungen, Heimat, ethnische oder sonstige Herkunft zu ernennen und zu verwenden.

(2) Von einem Soldaten, der sich ohne grobes Verschulden
1. eine Wehrdienstbeschädigung durch eine Wehrdienstverrichtung oder durch einen Unfall während der Ausübung des Wehrdienstes im Sinne des § 81 Abs. 1 des Soldatenversorgungsgesetzes,
2. eine Wehrdienstbeschädigung im Sinne des § 81 Abs. 2 Nr. 1 oder 3 des Soldatenversorgungsgesetzes oder
3. eine gesundheitliche Schädigung durch einen Einsatzunfall im Sinne des § 63c Abs. 2 des Soldatenversorgungsgesetzes

zugezogen hat, deren Folge Zweifel an seiner Dienstfähigkeit begründet, kann bei der Feststellung der Dienstfähigkeit sowie bei späteren Ernennungs- und Verwendungsentscheidungen ein geringeres Maß an körperlicher Eignung verlangt werden.

§ 4 Ernennung, Dienstgradbezeichnungen, Uniform

(1) Einer Ernennung bedarf es
1. zur Begründung des Dienstverhältnisses eines Berufssoldaten oder eines Soldaten auf Zeit (Berufung),
2. zur Umwandlung des Dienstverhältnisses eines Soldaten auf Zeit in das Dienstverhältnis eines Berufssoldaten oder umgekehrt (Umwandlung),
3. zur Verleihung eines höheren Dienstgrades (Beförderung).

(2) ¹Der Bundespräsident ernennt die Berufssoldaten, die Soldaten auf Zeit und die Offiziere der Reserve. ²Die übrigen Soldaten ernennt der Bundesminister der Verteidigung. ³Die Ausübung dieser Befugnisse kann auf andere Stellen übertragen werden.

(3) ¹Der Bundespräsident setzt, soweit gesetzlich nichts anderes bestimmt ist, die Dienstgradbezeichnungen der Soldaten fest. ²Er erlässt die Bestimmungen über die Uniform der Soldaten. ³Er kann die Ausübung dieser Befugnisse auf andere Stellen übertragen.

(4) ¹Legt ein Soldat sein Mandat nieder und bewirbt er sich zu diesem Zeitpunkt erneut um einen Sitz im Deutschen Bundestag oder im Europäischen Parlament, so ist die Verleihung eines höheren Dienstgrades nicht zulässig. ²Satz 1 gilt sinngemäß für Soldaten, die in die gesetzgebende Körperschaft eines Landes gewählt worden sind, und zwar auch für die Zeit zwischen zwei Wahlperioden. ³Die Verleihung eines höheren Dienstgrades ist auch nicht zulässig, wenn ein Berufssoldat oder Soldat auf Zeit, dessen Rechte und Pflichten auf Grund der §§ 5, 6, 8 und 36 des Abgeordnetengesetzes oder entsprechender Rechtsvorschriften ruhen, einen Dienst nach § 51 Abs. 6 oder § 54 Abs. 4 leistet.

§ 4a Berechtigung zum Tragen der Uniform außerhalb eines Wehrdienstverhältnisses

[1]Soldaten der Bundeswehr kann nach ihrem Ausscheiden aus dem Wehrdienst genehmigt werden, außerhalb eines Wehrdienstverhältnisses die Uniform der Soldaten mit dem Abzeichen des Dienstgrades, den zu führen sie berechtigt sind, und mit der für ausgeschiedene Soldaten vorgesehenen Kennzeichnung zu tragen. [2]Näheres regelt eine Rechtsverordnung.

§ 5 Gnadenrecht

(1) [1]Dem Bundespräsidenten steht hinsichtlich des Verlustes der Soldatenrechte und der Rechte aus einem früheren Soldatenverhältnis das Gnadenrecht zu. [2]Er kann die Ausübung anderen Stellen übertragen.

(2) Wird im Gnadenweg der Verlust der Soldatenrechte in vollem Umfang beseitigt, so gilt von diesem Zeitpunkt ab § 42 Abs. 1, 2 und 4 des Bundesbeamtengesetzes entsprechend.

2.
Pflichten und Rechte der Soldaten

§ 6 Staatsbürgerliche Rechte des Soldaten

[1]Der Soldat hat die gleichen staatsbürgerlichen Rechte wie jeder andere Staatsbürger. [2]Seine Rechte werden im Rahmen der Erfordernisse des militärischen Dienstes durch seine gesetzlich begründeten Pflichten beschränkt.

§ 7 Grundpflicht des Soldaten

Der Soldat hat die Pflicht, der Bundesrepublik Deutschland treu zu dienen und das Recht und die Freiheit des deutschen Volkes tapfer zu verteidigen.

§ 8 Eintreten für die demokratische Grundordnung

Der Soldat muss die freiheitliche demokratische Grundordnung im Sinne des Grundgesetzes anerkennen und durch sein gesamtes Verhalten für ihre Erhaltung eintreten.

§ 9 Eid und feierliches Gelöbnis

(1) [1]Berufssoldaten und Soldaten auf Zeit haben folgenden Diensteid zu leisten: „Ich schwöre, der Bundesrepublik Deutschland treu zu dienen und das Recht und die Freiheit des deutschen Volkes tapfer zu verteidigen, so wahr mir Gott helfe."
[2]Der Eid kann auch ohne die Worte „so wahr mir Gott helfe" geleistet werden.
[3]Gestattet ein Bundesgesetz den Mitgliedern einer Religionsgesellschaft, an Stelle der Worte „ich schwöre" andere Beteuerungsformeln zu gebrauchen, so kann das Mitglied einer solchen Religionsgesellschaft diese Beteuerungsformel sprechen.

(2) Soldaten, die nach Maßgabe des Wehrpflichtgesetzes Wehrdienst leisten, bekennen sich zu ihren Pflichten durch das folgende feierliche Gelöbnis:
„Ich gelobe, der Bundesrepublik Deutschland treu zu dienen und das Recht und die Freiheit des deutschen Volkes tapfer zu verteidigen."

§ 10   Pflichten des Vorgesetzten

(1) Der Vorgesetzte soll in seiner Haltung und Pflichterfüllung ein Beispiel geben.

(2) Er hat die Pflicht zur Dienstaufsicht und ist für die Disziplin seiner Untergebenen verantwortlich.

(3) Er hat für seine Untergebenen zu sorgen.

(4) Er darf Befehle nur zu dienstlichen Zwecken und nur unter Beachtung der Regeln des Völkerrechts, der Gesetze und der Dienstvorschriften erteilen.

(5) [1]Er trägt für seine Befehle die Verantwortung. [2]Befehle hat er in der den Umständen angemessenen Weise durchzusetzen.

(6) Offiziere und Unteroffiziere haben innerhalb und außerhalb des Dienstes bei ihren Äußerungen die Zurückhaltung zu wahren, die erforderlich ist, um das Vertrauen als Vorgesetzte zu erhalten.

§ 11   Gehorsam

(1) [1]Der Soldat muss seinen Vorgesetzten gehorchen. [2]Er hat ihre Befehle nach besten Kräften vollständig, gewissenhaft und unverzüglich auszuführen. [3]Ungehorsam liegt nicht vor, wenn ein Befehl nicht befolgt wird, der die Menschenwürde verletzt oder der nicht zu dienstlichen Zwecken erteilt worden ist; die irrige Annahme, es handele sich um einen solchen Befehl, befreit den Soldaten nur dann von der Verantwortung, wenn er den Irrtum nicht vermeiden konnte und ihm nach den ihm bekannten Umständen nicht zuzumuten war, sich mit Rechtsbehelfen gegen den Befehl zu wehren.

(2) [1]Ein Befehl darf nicht befolgt werden, wenn dadurch eine Straftat begangen würde. [2]Befolgt der Untergebene den Befehl trotzdem, so trifft ihn eine Schuld nur, wenn er erkennt oder wenn es nach den ihm bekannten Umständen offensichtlich ist, dass dadurch eine Straftat begangen wird.

§ 12   Kameradschaft

[1]Der Zusammenhalt der Bundeswehr beruht wesentlich auf Kameradschaft. [2]Sie verpflichtet alle Soldaten, die Würde, die Ehre und die Rechte des Kameraden zu achten und ihm in Not und Gefahr beizustehen. [3]Das schließt gegenseitige Anerkennung, Rücksicht und Achtung fremder Anschauungen ein.

§ 13   Wahrheit

(1) Der Soldat muss in dienstlichen Angelegenheiten die Wahrheit sagen.

(2) Eine Meldung darf nur gefordert werden, wenn der Dienst dies rechtfertigt.

§ 14 Verschwiegenheit

(1) ¹Der Soldat hat, auch nach seinem Ausscheiden aus dem Wehrdienst, über die ihm bei oder bei Gelegenheit seiner dienstlichen Tätigkeit bekannt gewordenen Angelegenheiten Verschwiegenheit zu bewahren. ²Dies gilt nicht, soweit
1. Mitteilungen im dienstlichen Verkehr geboten sind,
2. Tatsachen mitgeteilt werden, die offenkundig sind oder ihrer Bedeutung nach keiner Geheimhaltung bedürfen, oder
3. gegenüber der zuständigen obersten Dienstbehörde, einer Strafverfolgungsbehörde oder einer von der obersten Dienstbehörde bestimmten weiteren Behörden oder außerdienstlichen Stelle ein durch Tatsachen begründeter Verdacht einer Korruptionsstraftat nach den §§ 331 bis 337 des Strafgesetzbuches angezeigt wird.

³Im Übrigen bleiben die gesetzlich begründeten Pflichten, geplante Straftaten anzuzeigen und für die Erhaltung der freiheitlichen demokratischen Grundordnung einzutreten, von Satz 1 unberührt.

(2) ¹Der Soldat darf ohne Genehmigung über solche Angelegenheiten weder vor Gericht noch außergerichtlich aussagen oder Erklärungen abgeben. ²Die Genehmigung erteilt der Disziplinarvorgesetzte, nach dem Ausscheiden aus dem Wehrdienst der letzte Disziplinarvorgesetzte. ³Die §§ 68 und 69 des Bundesbeamtengesetzes gelten entsprechend.

(3) ¹Der Soldat hat, auch nach seinem Ausscheiden aus dem Wehrdienst, auf Verlangen seines Disziplinarvorgesetzten oder des letzten Disziplinarvorgesetzten dienstliche Schriftstücke, Zeichnungen, bildliche Darstellungen und, wenn es im Einzelfall aus Gründen der Geheimhaltung erforderlich ist, Aufzeichnungen jeder Art über dienstliche Vorgänge, auch soweit es sich um Wiedergaben handelt, herauszugeben. ²Die gleiche Pflicht trifft seine Hinterbliebenen und seine Erben.

§ 15 Politische Betätigung

(1) ¹Im Dienst darf sich der Soldat nicht zu Gunsten oder zuungunsten einer bestimmten politischen Richtung betätigen. ²Das Recht des Soldaten, im Gespräch mit Kameraden seine eigene Meinung zu äußern, bleibt unberührt.

(2) ¹Innerhalb der dienstlichen Unterkünfte und Anlagen findet während der Freizeit das Recht der freien Meinungsäußerung seine Schranken an den Grundregeln der Kameradschaft. ²Der Soldat hat sich so zu verhalten, dass die Gemeinsamkeit des Dienstes nicht ernstlich gestört wird. ³Der Soldat darf insbesondere nicht als Werber für eine politische Gruppe wirken, indem er Ansprachen hält, Schriften verteilt oder als Vertreter einer politischen Organisation arbeitet. ⁴Die gegenseitige Achtung darf nicht gefährdet werden.

(3) Der Soldat darf bei politischen Veranstaltungen keine Uniform tragen.

(4) Ein Soldat darf als Vorgesetzter seine Untergebenen nicht für oder gegen eine politische Meinung beeinflussen.

§ 16 Verhalten in anderen Staaten

Außerhalb des Geltungsbereichs des Grundgesetzes ist dem Soldaten jede Einmischung in die Angelegenheiten des Aufenthaltsstaates versagt.

§ 17 Verhalten im und außer Dienst

(1) Der Soldat hat Disziplin zu wahren und die dienstliche Stellung des Vorgesetzten in seiner Person auch außerhalb des Dienstes zu achten.

(2) [1]Sein Verhalten muss dem Ansehen der Bundeswehr sowie der Achtung und dem Vertrauen gerecht werden, die sein Dienst als Soldat erfordert. [2]Außer Dienst hat sich der Soldat außerhalb der dienstlichen Unterkünfte und Anlagen so zu verhalten, dass er das Ansehen der Bundeswehr oder die Achtung und das Vertrauen, die seine dienstliche Stellung erfordert, nicht ernsthaft beeinträchtigt.

(3) Ein Offizier oder Unteroffizier muss auch nach seinem Ausscheiden aus dem Wehrdienst der Achtung und dem Vertrauen gerecht werden, die für seine Wiederverwendung in seinem Dienstgrad erforderlich sind.

(4) [1]Der Soldat hat alles in seinen Kräften Stehende zu tun, um seine Gesundheit zu erhalten oder wiederherzustellen. [2]Er darf seine Gesundheit nicht vorsätzlich oder grob fahrlässig beeinträchtigen. [3]Der Soldat muss ärztliche Eingriffe in seine körperliche Unversehrtheit gegen seinen Willen nur dann dulden, wenn es sich um Maßnahmen handelt, die der Verhütung oder Bekämpfung übertragbarer Krankheiten oder der Feststellung seiner Dienst- oder Verwendungsfähigkeit dienen; das Grundrecht nach Artikel 2 Abs. 2 Satz 1 des Grundgesetzes wird insoweit eingeschränkt. [4]Die Vorschrift des § 26 Abs. 2 Satz 3 des Infektionsschutzgesetzes vom 20. Juli 2000 (BGBl. I S. 1045) bleibt unberührt. [5]Lehnt der Soldat eine zumutbare ärztliche Behandlung ab und wird dadurch seine Dienst- oder Erwerbsfähigkeit ungünstig beeinflusst, so kann ihm eine sonst zustehende Versorgung insoweit versagt werden. [6]Nicht zumutbar ist eine ärztliche Behandlung, die mit einer erheblichen Gefahr für Leben oder Gesundheit des Soldaten verbunden ist, eine Operation auch dann, wenn sie einen erheblichen Eingriff in die körperliche Unversehrtheit bedeutet. [7]Ärztliche Untersuchungsmaßnahmen, die einer ärztlichen Behandlung oder einer Operation im Sinne des Satzes 6 gleichkommen, dürfen nicht ohne Zustimmung des Soldaten vorgenommen werden. [8]Nicht als ärztliche Behandlung oder als Operation im Sinne des Satzes 6 und nicht als Eingriffe in die körperliche Unversehrtheit gelten einfache ärztliche Maßnahmen, wie Blutentnahmen aus dem Ohrläppchen, dem Finger oder einer Blutader oder eine röntgenologische Untersuchung.

§ 18 Gemeinschaftsunterkunft und Gemeinschaftsverpflegung

[1]Der Soldat ist auf dienstliche Anordnung verpflichtet, in einer Gemeinschaftsunterkunft zu wohnen und an einer Gemeinschaftsverpflegung teilzunehmen. [2]Die zur Durchführung erforderlichen Verwaltungsvorschriften erlässt das Bundesministerium der Verteidigung im Einvernehmen mit dem Bundesministerium des Innern.

§ 19 Verbot der Annahme von Belohnungen oder Geschenken, Herausgabe- und Auskunftspflicht

(1) ¹Der Soldat darf, auch nach seinem Ausscheiden aus dem Wehrdienst, keine Belohnungen, Geschenke oder sonstigen Vorteile für sich oder einen Dritten in Bezug auf seine dienstliche Tätigkeit fordern, sich versprechen lassen oder annehmen. ²Ausnahmen bedürfen der Zustimmung der obersten oder der letzten obersten Dienstbehörde. ³Die Befugnis zur Zustimmung kann auf andere Stellen übertragen werden.

(2) ¹Wer gegen das in Absatz 1 genannte Verbot verstößt, hat auf Verlangen das auf Grund des pflichtwidrigen Verhaltens Erlangte dem Dienstherrn herauszugeben, soweit nicht im Strafverfahren der Verfall angeordnet worden oder es auf andere Weise auf den Staat übergegangen ist. ²Für den Umfang des Herausgabeanspruchs gelten die Vorschriften des Bürgerlichen Gesetzbuchs über die Herausgabe einer ungerechtfertigten Bereicherung entsprechend. ³Die Herausgabepflicht nach Satz 1 umfasst auch die Pflicht, dem Dienstherrn Auskunft über Art, Umfang und Verbleib des Erlangten zu geben.

§ 20 Nebentätigkeit

(1) ¹Der Berufssoldat und der Soldat auf Zeit bedürfen zur Ausübung jeder entgeltlichen Nebentätigkeit, mit Ausnahme der in Absatz 6 abschließend aufgeführten, der vorherigen Genehmigung, soweit sie nicht nach Absatz 7 entsprechend § 98 des Bundesbeamtengesetzes zu ihrer Ausübung verpflichtet sind. ²Gleiches gilt für folgende unentgeltliche Nebentätigkeiten:
1. gewerbliche oder freiberufliche Tätigkeiten oder die Mitarbeit bei einer dieser Tätigkeiten und
2. Eintritt in ein Organ eines Unternehmens mit Ausnahme einer Genossenschaft.

³Als Nebentätigkeit gilt nicht die Wahrnehmung öffentlicher Ehrenämter; ihre Übernahme hat der Soldat vor Aufnahme seinem Disziplinarvorgesetzten schriftlich anzuzeigen.

(2) ¹Die Genehmigung ist zu versagen, wenn zu besorgen ist, dass durch die Nebentätigkeit dienstliche Interessen beeinträchtigt werden. ²Ein solcher Versagungsgrund liegt insbesondere vor, wenn die Nebentätigkeit
1. nach Art und Umfang den Soldaten in einem Maße in Anspruch nimmt, dass die ordnungsgemäße Erfüllung der dienstlichen Pflichten behindert werden kann,
2. den Soldaten in einen Widerstreit mit seinen dienstlichen Pflichten bringen, dem Ansehen der Bundeswehr abträglich sein kann oder in einer Angelegenheit ausgeübt wird, in der die Dienststelle oder Einheit, welcher der Soldat angehört, tätig wird oder tätig werden kann,
3. die Unparteilichkeit oder Unbefangenheit des Soldaten beeinflussen kann,
4. zu einer wesentlichen Einschränkung der künftigen dienstlichen Verwendbarkeit des Soldaten führen kann.

³Ein solcher Versagungsgrund liegt in der Regel auch vor, wenn sich die Nebentätigkeit wegen gewerbsmäßiger Dienst- oder Arbeitsleistung oder sonst nach Art, Umfang, Dauer oder Häufigkeit als Ausübung eines Zweitberufs darstellt. ⁴Die Voraussetzung des Satzes 2 Nr. 1 gilt in der Regel als erfüllt, wenn die zeitliche Bean-

Ewald

spruchung durch eine oder mehrere Nebentätigkeiten in der Woche acht Stunden überschreitet. ⁵Soweit der Gesamtbetrag der Vergütung für eine oder mehrere Nebentätigkeiten 40 Prozent des jährlichen Endgrundgehalts des Dienstgrades des Soldaten übersteigt, liegt ein Versagungsgrund vor. ⁶Der zuständige Disziplinarvorgesetzte kann Ausnahmen zulassen, wenn der Soldat durch Angabe bestimmter Tatsachen nachweist, dass die zeitliche Beanspruchung in der Woche acht Stunden nicht übersteigt oder die Versagung unter Berücksichtigung der Umstände des Einzelfalls nicht angemessen wäre oder wenn dienstliche Interessen die Genehmigung einer Nebentätigkeit rechtfertigen. ⁷Bei Anwendung der Sätze 4 bis 6 sind genehmigungs- und anzeigepflichtige Nebentätigkeiten zusammen zu berücksichtigen. ⁸Die Genehmigung ist auf längstens fünf Jahre zu befristen; sie kann mit Auflagen und Bedingungen versehen werden. ⁹Ergibt sich eine Beeinträchtigung dienstlicher Interessen nach Erteilung der Genehmigung, ist diese zu widerrufen.

(3) ¹Der Soldat darf Nebentätigkeiten nur außerhalb des Dienstes ausüben, es sei denn, sie werden auf Verlangen seines Disziplinarvorgesetzten ausgeübt oder es besteht ein dienstliches Interesse an der Ausübung der Nebentätigkeit. ²Das dienstliche Interesse ist aktenkundig zu machen. ³Ausnahmen dürfen nur in besonders begründeten Fällen, insbesondere im öffentlichen Interesse, auf schriftlichen Antrag zugelassen werden, wenn dienstliche Gründe dem nicht entgegenstehen und die versäumte Dienstzeit nachgeleistet wird.

(4) ¹Der Soldat darf bei der Ausübung von Nebentätigkeiten Einrichtungen, Personal oder Material des Dienstherrn nur bei Vorliegen eines öffentlichen oder wissenschaftlichen Interesses mit dessen Genehmigung und gegen Entrichtung eines angemessenen Entgelts in Anspruch nehmen. ²Das Entgelt ist nach den dem Dienstherrn entstehenden Kosten zu bemessen und muss den besonderen Vorteil berücksichtigen, der dem Soldaten durch die Inanspruchnahme entsteht.

(5) ¹Die Genehmigung erteilt das Bundesministerium der Verteidigung; es kann diese Befugnis auf andere Stellen übertragen. ²Anträge auf Erteilung einer Genehmigung sowie Entscheidungen über diese Anträge bedürfen der Schriftform. ³Der Soldat hat die für die Entscheidung erforderlichen Nachweise zu führen, insbesondere über Art und Umfang der Nebentätigkeit sowie die Entgelte und geldwerten Vorteile hieraus; jede Änderung ist unverzüglich schriftlich anzuzeigen.

(6) ¹Nicht genehmigungspflichtig sind
1. die Verwaltung eigenen oder der Nutznießung des Soldaten unterliegenden Vermögens,
2. schriftstellerische, wissenschaftliche, künstlerische oder Vortragstätigkeiten,
3. mit Lehr- oder Forschungsaufgaben zusammenhängende selbstständige Gutachtertätigkeiten von Soldaten als Lehrer an öffentlichen Hochschulen und an Hochschulen der Bundeswehr sowie von Soldaten an wissenschaftlichen Instituten und Anstalten und
4. Tätigkeiten zur Wahrung von Berufsinteressen in Gewerkschaften oder Berufsverbänden oder in Selbsthilfeeinrichtungen der Soldaten.

²Tätigkeiten nach Satz 1 Nr. 2 und 3 sowie eine Tätigkeit in Selbsthilfeeinrichtungen nach Satz 1 Nr. 4 hat der Soldat der zuständigen Stelle schriftlich vor ihrer Aufnahme anzuzeigen, wenn für sie ein Entgelt oder ein geldwerter Vorteil geleistet wird. ³Hierbei hat er insbesondere Art und Umfang der Nebentätigkeit sowie die voraussichtli-

che Höhe der Entgelte und geldwerten Vorteile anzugeben. ⁴Der Soldat hat jede Änderung unverzüglich schriftlich mitzuteilen. ⁵Der zuständige Disziplinarvorgesetzte kann im Übrigen aus begründetem Anlass verlangen, dass der Soldat über eine ausgeübte nicht genehmigungspflichtige Nebentätigkeit schriftlich Auskunft erteilt, insbesondere über deren Art und Umfang. ⁶Eine nicht genehmigungspflichtige Nebentätigkeit ist ganz oder teilweise zu untersagen, wenn der Soldat bei ihrer Ausübung dienstliche Pflichten verletzt.

(7) § 97 Abs. 1 bis 3, §§ 98 und 102 bis 104 des Bundesbeamtengesetzes gelten entsprechend.

(8) ¹Einem Soldaten, der nach Maßgabe des Wehrpflichtgesetzes Wehrdienst leistet, darf die Ausübung einer Nebentätigkeit nur untersagt werden, wenn sie seine Dienstfähigkeit gefährdet oder den dienstlichen Erfordernissen zuwiderläuft. ²Gleiches gilt bei einem Soldaten, der zu einer Dienstleistung nach dem Vierten Abschnitt herangezogen worden ist.

§ 20a Tätigkeit nach dem Ausscheiden aus dem Wehrdienst

(1) ¹Ein Berufssoldat im Ruhestand oder ein früherer Soldat mit Anspruch auf Dienstzeitversorgung hat eine Erwerbstätigkeit oder sonstige Beschäftigung außerhalb des öffentlichen Dienstes, die mit seiner dienstlichen Tätigkeit in den letzten fünf Jahren vor seinem Ausscheiden aus dem Wehrdienst im Zusammenhang steht und durch die dienstliche Interessen beeinträchtigt werden können, vor ihrer Aufnahme schriftlich anzuzeigen. ²Die Anzeigepflicht endet fünf Jahre nach dem Ausscheiden aus dem Wehrdienst.

(2) ¹Die Erwerbstätigkeit oder sonstige Beschäftigung ist zu untersagen, soweit zu besorgen ist, dass durch sie dienstliche Interessen beeinträchtigt werden. ²Die Untersagung ist für den Zeitraum bis zum Ende der Anzeigepflicht auszusprechen, es sei denn, die Voraussetzungen für eine Untersagung liegen nur für einen kürzeren Zeitraum vor.

(3) ¹Die Anzeige nach Absatz 1 ist an das Bundesministerium der Verteidigung zu richten, das auch für die Untersagung nach Absatz 2 zuständig ist. ²Es kann seine Zuständigkeit auf andere Stellen übertragen.

§ 21 Vormundschaft und Ehrenämter

¹Der Soldat bedarf zur Übernahme einer Vormundschaft, Betreuung oder Pflegschaft sowie zur Übernahme des Amtes eines Testamentsvollstreckers der Genehmigung seines Disziplinarvorgesetzten. ²Sie ist zu erteilen, wenn nicht zwingende dienstliche Gründe entgegenstehen. ³Der Soldat darf die Übernahme eines solchen Amtes ablehnen. ⁴Einer Genehmigung nach Satz 1 bedarf es nicht bei einer unentgeltlichen Vormundschaft, Betreuung oder Pflegschaft eines Angehörigen; die Übernahme dieser Tätigkeiten hat der Soldat vor Aufnahme seinem Disziplinarvorgesetzten schriftlich anzuzeigen.

Ewald

§ 22 Verbot der Ausübung des Dienstes

¹Der Bundesminister der Verteidigung oder die von ihm bestimmte Stelle kann einem Soldaten aus zwingenden dienstlichen Gründen die Ausübung des Dienstes verbieten. ²Das Verbot erlischt, sofern nicht bis zum Ablauf von drei Monaten gegen den Soldaten ein gerichtliches Disziplinarverfahren, ein Strafverfahren oder ein Entlassungsverfahren eingeleitet ist.

§ 23 Dienstvergehen

(1) Der Soldat begeht ein Dienstvergehen, wenn er schuldhaft seine Pflichten verletzt.

(2) Es gilt als Dienstvergehen,
1. wenn ein Soldat nach seinem Ausscheiden aus dem Wehrdienst seine Pflicht zur Verschwiegenheit verletzt oder gegen das Verbot verstößt, Belohnungen oder Geschenke anzunehmen oder eine Tätigkeit nach § 20a nicht anzeigt oder entgegen einem Verbot ausübt,
2. wenn sich ein Offizier oder Unteroffizier nach seinem Ausscheiden aus dem Wehrdienst gegen die freiheitliche demokratische Grundordnung im Sinne des Grundgesetzes betätigt oder durch unwürdiges Verhalten nicht der Achtung und dem Vertrauen gerecht wird, die für seine Wiederverwendung als Vorgesetzter erforderlich sind,
3. wenn ein Berufssoldat nach Eintritt oder Versetzung in den Ruhestand einer erneuten Berufung in das Dienstverhältnis schuldhaft nicht nachkommt.

(3) Das Nähere über die Verfolgung von Dienstvergehen regelt die Wehrdisziplinarordnung.

§ 24 Haftung

(1) ¹Verletzt ein Soldat vorsätzlich oder grob fahrlässig die ihm obliegenden Pflichten, so hat er dem Dienstherrn, dessen Aufgaben er wahrgenommen hat, den daraus entstehenden Schaden zu ersetzen. ²Haben mehrere Soldaten gemeinsam den Schaden verursacht, so haften sie als Gesamtschuldner.

(2) Hat der Dienstherr Dritten Schadensersatz geleistet, gilt als Zeitpunkt, in dem der Dienstherr Kenntnis im Sinne der Verjährungsvorschriften des Bürgerlichen Gesetzbuchs erlangt, der Zeitpunkt, in dem der Ersatzanspruch gegenüber Dritten vom Dienstherrn anerkannt oder dem Dienstherrn gegenüber rechtskräftig festgestellt wird.

(3) Leistet der Soldat dem Dienstherrn Ersatz und hat dieser einen Ersatzanspruch gegen einen Dritten, so geht der Ersatzanspruch auf den Soldaten über.

§ 25 Wahlrecht; Amtsverhältnisse

(1) Stimmt ein Soldat seiner Aufstellung als Bewerber für die Wahl zum Deutschen Bundestag, zu der gesetzgebenden Körperschaft eines Landes oder zu einer kommunalen Vertretung zu, so hat er dies unverzüglich seinem nächsten Disziplinarvorgesetzten mitzuteilen.

(2) Für die Rechtsstellung der nach dem 1. Juni 1978 in die gesetzgebende Körperschaft eines Landes gewählten Berufssoldaten und Soldaten auf Zeit gelten die für in den Deutschen Bundestag gewählte Berufssoldaten und Soldaten auf Zeit maßgebenden Vorschriften in den §§ 5 bis 7, 8 Abs. 2, § 23 Abs. 5 und in § 36 Abs. 1 des Abgeordnetengesetzes entsprechend.

(3) [1]Für die Tätigkeit als Mitglied einer kommunalen Vertretung, eines nach Kommunalverfassungsrecht gebildeten Ausschusses oder vergleichbarer Einrichtungen in Gemeindebezirken ist dem Soldaten der erforderliche Urlaub unter Belassung der Geld- und Sachbezüge zu gewähren. [2]Satz 1 gilt auch für die von einer kommunalen Vertretung gewählten ehrenamtlichen Mitglieder von Ausschüssen, die auf Grund eines Gesetzes gebildet worden sind. [3]Urlaub nach Satz 1 oder 2 kann nur versagt werden, wenn nach Abwägung den Interessen des Dienstherrn gegenüber den Interessen der kommunalen Selbstverwaltung ausnahmsweise der Vorrang einzuräumen ist; in diesen Fällen liegt die Entscheidung beim Bundesministerium der Verteidigung.

(4) [1]Wird ein Berufssoldat zum Mitglied der Bundesregierung oder zum Parlamentarischen Staatssekretär bei einem Mitglied der Bundesregierung ernannt, gelten § 18 Abs. 1 und 2 und § 20 des Bundesministergesetzes entsprechend. [2]Das gilt auch für die Ernennung zum Mitglied der Regierung eines Landes oder für den Eintritt in ein Amtsverhältnis, das dem eines Parlamentarischen Staatssekretärs im Sinne des Gesetzes über die Rechtsverhältnisse der Parlamentarischen Staatssekretäre entspricht. [3]Die Sätze 1 und 2 gelten für Soldaten auf Zeit entsprechend mit der Maßgabe, dass bei Anwendung des § 18 Abs. 2 des Bundesministergesetzes an die Stelle des Eintritts in den Ruhestand die Beendigung des Dienstverhältnisses tritt.

(5) [1]Tritt ein Berufssoldat in ein kommunales Wahlbeamtenverhältnis auf Zeit ein, ruhen mit dessen Beginn die in dem Dienstverhältnis als Berufssoldat begründeten Rechte und Pflichten mit Ausnahme der Pflicht zur Verschwiegenheit (§ 14) und des Verbots der Annahme von Belohnungen oder Geschenken (§ 19). [2]Nach Beendigung des kommunalen Wahlbeamtenverhältnisses ruhen die in dem Dienstverhältnis als Berufssoldat begründeten Rechte und Pflichten für längstens weitere drei Monate. [3]Sie leben auf Antrag des Berufssoldaten, der innerhalb von zwei Monaten nach Beendigung des kommunalen Wahlbeamtenverhältnisses zu stellen ist, wieder auf. [4]Stellt der Berufssoldat den Antrag nicht oder nicht zeitgerecht, ist er nach Ablauf der drei Monate als Berufssoldat entlassen. [5]Die Vorschriften über die Beendigung des Dienstverhältnisses eines Berufssoldaten bleiben unberührt. [6]Die Sätze 1 bis 5 gelten für den Soldaten auf Zeit entsprechend.

§ 26 Verlust des Dienstgrades

[1]Der Soldat verliert seinen Dienstgrad nur kraft Gesetzes oder durch Richterspruch. [2]Das Nähere über den Verlust des Dienstgrades durch Richterspruch regelt die Wehrdisziplinarordnung.

§ 27 Laufbahnvorschriften

(1) Vorschriften über die Laufbahnen der Soldaten werden nach den Grundsätzen der Absätze 2 bis 6 durch Rechtsverordnung erlassen.

(2) Bei Berufssoldaten und Soldaten auf Zeit sind mindestens zu fordern
1. für die Laufbahnen der Unteroffiziere
   a) der erfolgreiche Besuch einer Hauptschule oder ein als gleichwertig anerkannter Bildungsstand,
   b) eine Dienstzeit von einem Jahr,
   c) die Ablegung einer Unteroffizierprüfung,
2. für die Laufbahnen der Offiziere
   a) eine zu einem Hochschulstudium berechtigende Schulbildung oder ein als gleichwertig anerkannter Bildungsstand,
   b) eine Dienstzeit von drei Jahren,
   c) die Ablegung einer Offizierprüfung,
3. für die Laufbahn der Offiziere des Sanitätsdienstes die Approbation als Arzt, Zahnarzt, Tierarzt oder Apotheker.

(3) In der Laufbahngruppe der Unteroffiziere soll für die Laufbahnen der Feldwebel der Abschluss einer Realschule oder der erfolgreiche Besuch einer Hauptschule und eine förderliche abgeschlossene Berufsausbildung oder ein als gleichwertig anerkannter Bildungsstand nachgewiesen werden.

(4) [1]Für die Beförderungen von Soldaten sind die allgemeinen Voraussetzungen und die Mindestdienstzeiten festzusetzen. [2]Dienstgrade, die bei regelmäßiger Gestaltung der Laufbahn zu durchlaufen sind, sollen nicht übersprungen werden. [3]Über Ausnahmen entscheidet der Bundespersonalausschuss.

(5) [1]Der Aufstieg aus den Laufbahnen der Unteroffiziere in die Laufbahnen der Offiziere ist auch ohne Erfüllung der Eingangsvoraussetzungen möglich. [2]Für den Aufstieg ist die Ablegung einer Offizierprüfung zu verlangen.

(6) [1]Die Rechtsverordnung trifft ferner Bestimmungen für die Fälle, in denen für eine bestimmte militärische Verwendung ein abgeschlossenes Studium an einer wissenschaftlichen Hochschule oder Fachhochschule oder eine abgeschlossene Fachschulausbildung erforderlich ist, sowie darüber, inwieweit an Stelle der allgemeinen Vorbildung eine gleichwertige technische oder sonstige Fachausbildung gefordert werden kann. [2]Sie kann für einzelne Gruppen von Offizierbewerbern bestimmen, dass der erfolgreiche Besuch einer Realschule oder ein als gleichwertig anerkannter Bildungsstand genügt und dass die Dienstzeit nach Absatz 2 Nr. 2 Buchstabe b bis auf zwei Jahre gekürzt wird.

(7) Die besonderen Vorschriften für die Unteroffizierprüfungen und die Offizierprüfungen werden nach den Grundsätzen der Absätze 2 bis 6 in einer Rechtsverordnung bestimmt.

(8) [1]Auf den Bundespersonalausschuss in der Zusammensetzung für die Angelegenheiten der Soldaten sind die Vorschriften des Abschnittes 8 des Bundesbeamtengesetzes entsprechend anzuwenden, § 120 Abs. 2 und 3 mit folgender Maßgabe:
[2]Ständige ordentliche Mitglieder sind der Präsident des Bundesrechnungshofes als Vorsitzender, der Leiter der Dienstrechtsabteilung des Bundesministeriums des Innern und der Leiter der Personalabteilung des Bundesministeriums der Verteidigung. [3]Nichtständige ordentliche Mitglieder sind der Leiter der Personalabteilung einer anderen obersten Bundesbehörde und drei Berufssoldaten. [4]Stellvertretende Mitglieder sind je ein Beamter des Bundesrechnungshofes und des Bundesministeri-

ums des Innern, der Leiter der Personalabteilung einer anderen obersten Bundesbehörde, ein Beamter oder Berufssoldat des Bundesministeriums der Verteidigung und drei weitere Berufssoldaten. ⁵Der Beamte oder Berufssoldat des Bundesministeriums der Verteidigung und die übrigen Berufssoldaten werden vom Bundespräsidenten auf Vorschlag des Bundesministers der Verteidigung bestellt.

§ 28 Urlaub

(1) Dem Soldaten steht alljährlich ein Erholungsurlaub unter Belassung der Geld- und Sachbezüge zu.

(2) Der Urlaub darf versagt werden, soweit und solange zwingende dienstliche Erfordernisse einer Urlaubserteilung entgegenstehen.

(3) Dem Soldaten kann aus besonderen Anlässen Urlaub erteilt werden.

(4) ¹Die Erteilung und die Dauer des Urlaubs regelt eine Rechtsverordnung. ²Sie bestimmt, ob und inwieweit die Geld- und Sachbezüge während eines Urlaubs aus besonderen Anlässen zu belassen sind.

(5) ¹Einem Berufssoldaten oder Soldaten auf Zeit kann auf Antrag unter Wegfall der Geld- und Sachbezüge mit Ausnahme der unentgeltlichen truppenärztlichen Versorgung Urlaub bis zur Dauer von drei Jahren mit der Möglichkeit der Verlängerung auf längstens 15 Jahre gewährt werden, wenn er
1. mindestens ein Kind unter 18 Jahren oder
2. einen nach ärztlichem Gutachten pflegebedürftigen sonstigen Angehörigen

tatsächlich betreut oder pflegt. ²Bei einem Soldaten auf Zeit ist die Gewährung nur insoweit zulässig, als er nicht mehr verpflichtet ist, auf Grund der Wehrpflicht Grundwehrdienst zu leisten. ³Der Antrag auf Verlängerung einer Beurlaubung ist spätestens sechs Monate vor Ablauf der genehmigten Beurlaubung zu stellen. ⁴Während der Beurlaubung dürfen nur solche Nebentätigkeiten genehmigt werden, die dem Zweck der Beurlaubung nicht zuwiderlaufen. ⁵Ein bereits bewilligter Urlaub kann aus zwingenden Gründen der Verteidigung widerrufen werden.

(6) Stimmt ein Berufssoldat oder Soldat auf Zeit seiner Aufstellung als Bewerber für die Wahl zum Deutschen Bundestag, zum Europäischen Parlament oder zu der gesetzgebenden Körperschaft eines Landes zu, ist ihm auf Antrag innerhalb der letzten zwei Monate vor dem Wahltag der zur Vorbereitung seiner Wahl erforderliche Urlaub unter Wegfall der Geld- und Sachbezüge zu gewähren.

(7) ¹Soldaten haben Anspruch auf Elternzeit unter Wegfall der Geld- und Sachbezüge mit Ausnahme der unentgeltlichen truppenärztlichen Versorgung. ²Das Nähere wird durch eine Rechtsverordnung geregelt, die die Eigenart des militärischen Dienstes berücksichtigt.

§ 28a Urlaub bis zum Beginn des Ruhestandes

(1) ¹Einem Berufssoldaten kann nach einer Beschäftigung im öffentlichen Dienst von mindestens 20 Jahren und nach Vollendung des 50. Lebensjahres auf Antrag, der sich auf die Zeit bis zum Beginn des Ruhestandes erstrecken muss, Urlaub unter Wegfall der Geld- und Sachbezüge gewährt werden, wenn dienstliche Belange nicht entgegenstehen. ²Über den Urlaubsantrag entscheidet das Bundesministerium der Verteidigung.

(2) ¹Dem Antrag nach Absatz 1 darf nur entsprochen werden, wenn der Berufssoldat erklärt, während der Dauer des Urlaubs auf die Ausübung genehmigungspflichtiger Nebentätigkeiten zu verzichten und nicht genehmigungspflichtige Nebentätigkeiten nach § 20 Abs. 6 nur in dem Umfang auszuüben, wie er sie bei Vollzeitbeschäftigung ohne Verletzung dienstlicher Pflichten ausüben könnte. ²Wird diese Verpflichtung schuldhaft verletzt, ist der Urlaub zu widerrufen. ³Trotz der Erklärung des Berufssoldaten nach Satz 1 dürfen Nebentätigkeiten genehmigt werden, soweit sie dem Zweck der Gewährung des Urlaubs nicht zuwiderlaufen. ⁴Das Bundesministerium der Verteidigung kann in besonderen Härtefällen eine Rückkehr aus dem Urlaub zulassen, wenn dem Soldaten die Fortsetzung des Urlaubs nicht zugemutet werden kann.

(3) Das Bundesministerium der Verteidigung kann den Urlaub aus zwingenden dienstlichen Gründen widerrufen.

§ 29 Personalakten

(1) ¹Über jeden Soldaten ist eine Personalakte zu führen; sie ist vertraulich zu behandeln und durch technische und organisatorische Maßnahmen vor unbefugter Einsichtnahme zu schützen. ²Die Akte kann in Teilen oder vollständig automatisiert geführt werden. ³Zur Personalakte gehören alle Unterlagen, die den Soldaten betreffen, soweit sie mit seinem Dienstverhältnis in einem unmittelbaren Zusammenhang stehen (Personalaktendaten). ⁴Nicht Bestandteil der Personalakte sind Unterlagen, die besonderen, von der Person und dem Dienstverhältnis sachlich zu trennenden Zwecken dienen, insbesondere Prüfungs-, Sicherheits- und Kindergeldakten. ⁵Personalaktendaten dürfen ohne Einwilligung des Soldaten nur für Zwecke der Personalführung und -bearbeitung sowie der Personalwirtschaft verwendet werden. ⁶Eine Verwendung für andere als die in Satz 5 genannten Zwecke liegt nicht vor, wenn Personalaktendaten im Rahmen einer Datenschutzkontrolle den mit ihrer Durchführung Betrauten bekannt werden. ⁷Gleiches gilt, soweit im Rahmen der Datensicherung oder der Sicherung des ordnungsgemäßen Betriebes einer Datenverarbeitungsanlage eine nach dem Stand der Technik nicht oder nur mit unverhältnismäßigem Aufwand zu vermeidende Kenntnisnahme von Personalaktendaten erfolgt.

(2) ¹Der Dienstherr darf personenbezogene Daten über Bewerber, Soldaten und frühere Soldaten nur erheben und verwenden, soweit dies zur Begründung, Durchführung, Beendigung oder Abwicklung des Dienstverhältnisses oder zur Durchführung organisatorischer, personeller oder sozialer Maßnahmen, insbesondere zu Zwecken der Personalplanung und des Personaleinsatzes, erforderlich ist oder eine Rechtsvorschrift dies erlaubt. ²Fragebogen, mit denen solche personenbezogenen Daten erhoben werden, bedürfen der Genehmigung durch das Bundesministerium der Verteidigung.

(3) ¹Zugang zur Personalakte dürfen nur Personen haben, die für Personalangelegenheiten zuständig sind, und nur soweit dies zu Zwecken der Personalführung oder -bearbeitung erforderlich ist. ²Zugang zu entscheidungsrelevanten Teilen der Personalakte haben auch Gleichstellungsbeauftragte, soweit dies zur Wahrnehmung ihrer Aufgaben erforderlich ist. ³Auf Verlangen ist Beauftragten für den Datenschutz nach § 4f des Bundesdatenschutzgesetzes Zugang zur Personalakte zu gewähren. ⁴Zugang

§ 29 Soldatengesetz – SG

haben ferner die mit Angelegenheiten der Innenrevision beauftragten Beschäftigten, soweit sie die zur Durchführung ihrer Aufgaben erforderlichen Erkenntnisse nur auf diesem Weg und nicht durch Auskunft aus der Personalakte gewinnen können. [5]Jede Einsichtnahme nach Satz 4 ist aktenkundig zu machen. [6]Ohne Einwilligung des Soldaten darf die Personalakte an andere Stellen oder an Ärzte im Geschäftsbereich des Bundesministeriums der Verteidigung weitergegeben werden, soweit dies im Rahmen der Zweckbestimmung des Dienstverhältnisses erforderlich ist. [7]Für Auskünfte aus der Personalakte gilt Entsprechendes. [8]Soweit eine Auskunft ausreicht, ist von der Weitergabe der Personalakte abzusehen. [9]Auskünfte an Stellen außerhalb des Geschäftsbereichs des Bundesministeriums der Verteidigung dürfen nur mit Einwilligung des Soldaten erteilt werden, es sei denn, dass zwingende Gründe der Verteidigung, die Abwehr einer erheblichen Beeinträchtigung des Gemeinwohls oder der Schutz berechtigter, höherrangiger Interessen Dritter dies erfordern. [10]Inhalt und Empfänger sind dem Soldaten schriftlich mitzuteilen. [11]Ein automatisierter Datenabruf durch andere Behörden ist unzulässig, soweit durch besondere Rechtsvorschrift nichts anderes bestimmt ist.

(4) [1]Daten über medizinische und über psychologische Untersuchungen und Tests dürfen nur im jeweiligen Dienst der Bundeswehr in automatisierten Verfahren verarbeitet werden, soweit sie für die Beurteilung der Dienst- und der Verwendungsfähigkeit des Soldaten erforderlich sind. [2]Nur die Ergebnisse solcher Untersuchungen und Tests dürfen an für Personalangelegenheiten zuständige Stellen der Bundeswehr weitergegeben und dort verwendet werden, soweit dies für Zwecke der Personalführung und -bearbeitung erforderlich ist. [3]Daten über psychologische Untersuchungen und Tests dürfen, in der Regel in Form von Stichproben, durch den psychologischen Dienst auch automatisiert verarbeitet werden, soweit dies erforderlich ist, um die Aussagefähigkeit des psychologischen Eignungsfeststellungsverfahrens zu verbessern; zu diesem Zwecke dürfen ihm auf sein Ersuchen die erforderlichen Daten zur Verarbeitung übermittelt werden, soweit sie sich auf die Ergebnisse der Untersuchungen und Tests beziehen. [4]§ 40 Abs. 2 des Bundesdatenschutzgesetzes gilt entsprechend. [5]Die die Dienst- und die Verwendungsfähigkeit bestimmenden ärztlichen Informationen können einer zentralen Stelle zur Erfüllung der ärztlichen Dokumentationspflicht und zum Zwecke der Beweissicherung übermittelt und dort aufbewahrt werden.

(5) [1]Der Soldat ist zu Beschwerden, Behauptungen und Bewertungen, die für ihn ungünstig sind oder ihm nachteilig werden können, vor deren Aufnahme in die Personalakte zu hören. [2]Seine Äußerung ist zur Personalakte zu nehmen. [3]Die Vorgänge nach den Sätzen 1 und 2 sind mit Zustimmung des Soldaten nach zwei Jahren aus der Personalakte zu entfernen, es sei denn, sie sind in eine dienstliche Beurteilung aufgenommen oder unterliegen nach anderen gesetzlichen Bestimmungen einer längeren Tilgungsfrist. [4]Die Frist für die Entfernung wird regelmäßig durch erneute Sachverhalte im Sinne dieser Vorschrift oder durch Einleitung eines Straf- oder Disziplinarverfahrens unterbrochen. [5]Stellt sich der erneute Vorwurf als unbegründet oder falsch heraus, gilt die Frist als nicht unterbrochen.

(6) [1]Die Personalakte des Soldaten ist nach Beendigung des Wehrdienstverhältnisses aufzubewahren, soweit dies insbesondere zur Erfüllung der Wehrpflicht, aus besoldungs- oder aus versorgungsrechtlichen Gründen erforderlich ist. [2]Die für eine Heranziehung zum Wehrdienst erforderlichen Personalunterlagen abgelehnter Bewerber

sind dem zuständigen Kreiswehrersatzamt zuzuleiten; gespeicherte Daten sind zu löschen, soweit sie nicht für eine erneute Bewerbung oder für eine Heranziehung zum Wehrdienst nach dem Wehrpflichtgesetz von Bedeutung sind.

(7) [1]Der Soldat hat, auch nach seinem Ausscheiden aus dem Wehrdienstverhältnis, ein Recht auf Einsicht in seine vollständige Personalakte. [2]Einem Bevollmächtigten ist Einsicht zu gewähren, soweit dienstliche Gründe nicht entgegenstehen. [3]Dies gilt auch für Hinterbliebene und deren Bevollmächtigte, wenn ein berechtigtes Interesse glaubhaft gemacht wird. [4]Für Auskünfte aus der Personalakte gelten die Sätze 2 und 3 entsprechend.

(8) [1]Der Soldat hat ein Recht auf Einsicht auch in andere Akten, die personenbezogene Daten über ihn enthalten und für sein Dienstverhältnis verwendet werden, soweit gesetzlich nichts anderes bestimmt ist; dies gilt nicht für Sicherheitsakten. [2]Die Einsichtnahme ist unzulässig, wenn die Daten des Betroffenen mit Daten Dritter oder geheimhaltungsbedürftigen nicht personenbezogenen Daten derart verbunden sind, dass ihre Trennung nicht oder nur mit unverhältnismäßig großem Aufwand möglich ist. [3]In diesem Fall ist dem Soldaten Auskunft zu erteilen.

(9) Näheres bestimmt eine Rechtsverordnung über
1. die Anlage und Führung von Personalakten des Soldaten während des Wehrdienstverhältnisses und nach seinem Ausscheiden aus dem Wehrdienstverhältnis,
2. das Verfahren der Weitergabe, Aufbewahrung und Vernichtung oder den Verbleib der Personalakten einschließlich der Übermittlung und Löschung oder des Verbleibs der in automatisierten Verfahren gespeicherten Informationen sowie die hieran beteiligten Stellen,
3. die Einrichtung und den Betrieb automatisierter Verfahren einschließlich der Zugriffsmöglichkeiten auf die gespeicherten Informationen,
4. die Einzelheiten der Art und Weise der Einsichtgewährung und Auskunftserteilung aus der Personalakte und
5. die Befugnis von Personen im Sinne des § 203 Abs. 1 Nr. 1 und 2 des Strafgesetzbuches, die im Rahmen der unentgeltlichen truppenärztlichen Versorgung des Soldaten tätig werden, vom Dienstherrn mit der Untersuchung des Soldaten oder mit der Erstellung von Gutachten über ihn beauftragt worden sind, dem Arztgeheimnis unterliegende personenbezogene Daten zu offenbaren.

§ 30 Geld- und Sachbezüge, Versorgung

(1) [1]Der Soldat hat Anspruch auf Geld- und Sachbezüge, Versorgung, Reise- und Umzugskostenvergütung nach Maßgabe besonderer Gesetze. [2]Zu den Sachbezügen gehört auch die unentgeltliche truppenärztliche Versorgung. [3]Die Weiterführung der sozialen Krankenversicherung für seine Angehörigen, die Arbeitslosenversicherung und Versicherung in den gesetzlichen Rentenversicherungen werden gesetzlich geregelt.

(2) [1]Anwärter für die Laufbahn der Offiziere des Sanitätsdienstes (Sanitätsoffizier-Anwärter), die unter Wegfall der Geld- und Sachbezüge zum Studium beurlaubt sind, erhalten unentgeltliche truppenärztliche Versorgung, ein Ausbildungsgeld (Grundbetrag, Familienzuschlag) sowie Einmalzahlungen im Rahmen von Besoldungsanpassungen nach dem Bundesbesoldungsgesetz und haben Anspruch auf Erstattung der auf Grundlage der jeweiligen Landesgesetzgebung erhobenen Studienbeiträge oder Studi-

engebühren. ²Die Höhe des Ausbildungsgeldes wird durch Rechtsverordnung unter Berücksichtigung der Dienstbezüge derjenigen Dienstgrade festgesetzt, die die Sanitätsoffizier-Anwärter während ihrer Ausbildung durchlaufen. ³Die Rechtsverordnung regelt ferner das Nähere über die Gewährung des Ausbildungsgeldes sowie über die Anrechnung von Einkünften aus einer mit der Ausbildung zusammenhängenden Tätigkeit.

(3) Die §§ 76 und 96 Abs. 2 des Bundesbeamtengesetzes gelten entsprechend.

(4) ¹Den Soldaten kann bei Dienstjubiläen eine Jubiläumszuwendung gewährt werden. ²Das Nähere regelt eine Rechtsverordnung.

(5) ¹Soldatinnen haben Anspruch auf Mutterschutz in entsprechender Anwendung des Mutterschutzgesetzes. ²Das Nähere regelt eine Rechtsverordnung, die die Eigenart des militärischen Dienstes berücksichtigt.

§ 30a Teilzeitbeschäftigung

(1) Einem Berufssoldaten oder Soldaten auf Zeit kann grundsätzlich erst nach vier Jahren seiner Dienstzeit auf Antrag Teilzeitbeschäftigung im Umfang von mindestens der Hälfte der Rahmendienstzeit und bis zur jeweils beantragten Dauer, längstens für zwölf Jahre bewilligt werden, soweit wichtige dienstliche Gründe nicht entgegenstehen, wenn er mindestens ein Kind unter 18 Jahren oder einen nach ärztlichem Gutachten pflegebedürftigen sonstigen Angehörigen tatsächlich betreut oder pflegt.

(2) ¹Über den Antrag entscheidet das Bundesministerium der Verteidigung oder die von ihm beauftragte Stelle. ²Die Ablehnung von Anträgen ist im Einzelnen zu begründen. ³Einem Antrag darf nur entsprochen werden, wenn der Soldat sich verpflichtet, während des Bewilligungszeitraumes Nebentätigkeiten nur in dem Umfang einzugehen, in dem nach § 20 den in Vollzeit beschäftigten Soldaten die Ausübung von Nebentätigkeiten gestattet ist. ⁴Es dürfen nur solche Nebentätigkeiten genehmigt werden, die dem Zweck der Teilzeitbewilligung nicht zuwiderlaufen. ⁵Wird die Verpflichtung nach Satz 3 schuldhaft verletzt, soll die Bewilligung widerrufen werden.

(3) ¹Die zuständige Stelle kann auch nachträglich die Dauer der Teilzeitbeschäftigung beschränken, den Umfang der zu leistenden Arbeitszeit erhöhen oder deren Bewilligung widerrufen, soweit zwingende dienstliche Gründe dies erfordern. ²Sie soll den Übergang zur Vollzeitbeschäftigung zulassen, wenn dem Soldaten die Teilzeitbeschäftigung nicht mehr zugemutet werden kann und dienstliche Belange nicht entgegenstehen.

(4) Bemessungsgrundlage für die Arbeitszeit im Sinne von § 6 Abs. 1 des Bundesbesoldungsgesetzes ist bei teilzeitbeschäftigten Soldaten die Rahmendienstzeit.

(5) Das Nähere zur Teilzeitbeschäftigung der Soldaten wird in einer Rechtsverordnung geregelt, in der auch bestimmte Verwendungen oder Truppenteile festgelegt werden können, für die Teilzeitbeschäftigung nicht in Frage kommt.

§ 30b Zusammentreffen von Urlaub und Teilzeitbeschäftigung

Urlaube nach § 28 Abs. 5 und § 28a sowie Zeiten einer Teilzeitbeschäftigung nach § 30a dürfen zusammen eine Dauer von 15 Jahren nicht überschreiten.

§ 31 Fürsorge

(1) ¹Der Bund hat im Rahmen des Dienst- und Treueverhältnisses für das Wohl des Berufssoldaten und des Soldaten auf Zeit sowie ihrer Familien, auch für die Zeit nach Beendigung des Dienstverhältnisses, zu sorgen. ²Er hat auch für das Wohl des Soldaten zu sorgen, der nach Maßgabe des Vierten oder Fünften Abschnittes oder des Wehrpflichtgesetzes Wehrdienst leistet; die Fürsorge für die Familie des Soldaten während des Wehrdienstes und seine Eingliederung in das Berufsleben nach dem Ausscheiden aus dem Wehrdienst werden gesetzlich geregelt.

(2) ¹§ 80 des Bundesbeamtengesetzes und die auf der Grundlage von § 80 Abs. 4 des Bundesbeamtengesetzes erlassene Rechtsverordnung sind auf
1. Soldaten, die Anspruch auf Dienstbezüge oder Ausbildungsgeld haben oder Elternzeit in Anspruch nehmen, und
2. Versorgungsempfänger mit Anspruch auf Versorgungsbezüge nach dem Zweiten Teil des Soldatenversorgungsgesetzes

entsprechend anzuwenden. ²Dies gilt auch für einen Zeitraum, in dem nach § 11 Abs. 7 des Soldatenversorgungsgesetzes Übergangsgebührnisse nicht zustehen, weil Versorgungskrankengeld nach § 16 des Bundesversorgungsgesetzes oder nach anderen Gesetzen gewährt wird, die das Bundesversorgungsgesetz für anwendbar erklären.

(3) Auf Soldaten, die sich in Betreuungsurlaub nach § 28 Abs. 5 befinden, ist § 92 Abs. 5 des Bundesbeamtengesetzes entsprechend anzuwenden.

(4) Nicht beihilfefähig sind Aufwendungen von Berufssoldaten und Soldaten auf Zeit, denen auf Grund von § 69 Abs. 2 des Bundesbesoldungsgesetzes unentgeltliche truppenärztliche Versorgung zusteht.

(5) Beihilfe wird nicht gewährt
1. Soldaten, solange sie sich in einer Eignungsübung befinden, es sei denn, dass sie ohne Einberufung zur Eignungsübung im öffentlichen Dienst beihilfeberechtigt wären, und
2. Versorgungsempfängern für die Dauer einer Beschäftigung im öffentlichen Dienst, durch die eine Beihilfeberechtigung auf Grund beamtenrechtlicher Vorschriften begründet wird.

(6) Beim Zusammentreffen mehrerer Beihilfeberechtigungen schließt eine Beihilfeberechtigung auf Grund eines neuen Versorgungsbezuges die Beihilfeberechtigung aufgrund früherer Versorgungsbezüge aus.

(7) Abweichend von Absatz 5 Nr. 1 sind von Berufssoldaten und Soldaten auf Zeit, die nach der Eignungsübung in das Dienstverhältnis eines Berufssoldaten oder Soldaten auf Zeit berufen worden sind, auch die während der Eignungsübung entstandenen Aufwendungen beihilfefähig.

§ 32 Dienstzeitbescheinigung und Dienstzeugnis

(1) ¹Der Soldat erhält nach Beendigung seines Wehrdienstes eine Dienstzeitbescheinigung. ²Auf Antrag ist ihm bei einer Dienstzeit von mindestens vier Wochen von seinem nächsten Disziplinarvorgesetzten ein Dienstzeugnis zu erteilen, das über die Art und Dauer der wesentlichen von ihm bekleideten Dienststellungen, über seine Füh-

rung, seine Tätigkeit und seine Leistung im Dienst Auskunft gibt. ³Das Bundesministerium der Verteidigung kann die Zuständigkeit nach Satz 2 anders bestimmen.

(2) Der Soldat kann eine angemessene Zeit vor dem Ende des Wehrdienstes ein vorläufiges Dienstzeugnis beantragen.

§ 33 Staatsbürgerlicher und völkerrechtlicher Unterricht

(1) ¹Die Soldaten erhalten staatsbürgerlichen und völkerrechtlichen Unterricht. ²Der für den Unterricht verantwortliche Vorgesetzte darf die Behandlung politischer Fragen nicht auf die Darlegung einer einseitigen Meinung beschränken. ³Das Gesamtbild des Unterrichts ist so zu gestalten, dass die Soldaten nicht zu Gunsten oder zu Ungunsten einer bestimmten politischen Richtung beeinflusst werden.

(2) Die Soldaten sind über ihre staatsbürgerlichen und völkerrechtlichen Pflichten und Rechte im Frieden und im Krieg zu unterrichten.

§ 34 Beschwerde

¹Der Soldat hat das Recht, sich zu beschweren. ²Das Nähere regelt die Wehrbeschwerdeordnung.

§ 35 Beteiligungsrechte der Soldaten

Die Beteiligung der Soldaten regelt das Soldatenbeteiligungsgesetz.

§ 35a Beteiligung an der Gestaltung des Dienstrechts

Für die Beteiligung bei der Gestaltung des Dienstrechts der Soldaten gilt § 118 des Bundesbeamtengesetzes sinngemäß.

§ 36 Seelsorge

¹Der Soldat hat einen Anspruch auf Seelsorge und ungestörte Religionsausübung. ²Die Teilnahme am Gottesdienst ist freiwillig.

Zweiter Abschnitt
Rechtsstellung der Berufssoldaten und der Soldaten auf Zeit

1.
Begründung des Dienstverhältnisses

§ 37 Voraussetzung der Berufung

(1) In das Dienstverhältnis eines Berufssoldaten oder eines Soldaten auf Zeit darf nur berufen werden, wer
1. Deutscher im Sinne des Artikels 116 des Grundgesetzes ist,
2. Gewähr dafür bietet, dass er jederzeit für die freiheitliche demokratische Grundordnung im Sinne des Grundgesetzes eintritt,

3. die charakterliche, geistige und körperliche Eignung besitzt, die zur Erfüllung seiner Aufgaben als Soldat erforderlich ist.

(2) Das Bundesministerium der Verteidigung kann in Einzelfällen Ausnahmen von Absatz 1 Nr. 1 zulassen, wenn dafür ein dienstliches Bedürfnis besteht.

§ 38 Hindernisse der Berufung

(1) In das Dienstverhältnis eines Berufssoldaten oder eines Soldaten auf Zeit darf nicht berufen werden, wer
1. durch ein deutsches Gericht wegen eines Verbrechens zu Freiheitsstrafe von mindestens einem Jahr oder wegen einer vorsätzlichen Tat, die nach den Vorschriften über Friedensverrat, Hochverrat, Gefährdung des demokratischen Rechtsstaates oder Landesverrat und Gefährdung der äußeren Sicherheit strafbar ist, zu Freiheitsstrafe verurteilt ist,
2. infolge Richterspruchs die Fähigkeit zur Bekleidung öffentlicher Ämter nicht besitzt,
3. einer Maßregel der Besserung und Sicherung nach den §§ 64 oder 66 des Strafgesetzbuches unterworfen ist, solange die Maßregel nicht erledigt ist.

(2) Das Bundesministerium der Verteidigung kann in Einzelfällen Ausnahmen von Absatz 1 Nr. 1 zulassen.

§ 39 Begründung des Dienstverhältnisses eines Berufssoldaten

In das Dienstverhältnis eines Berufssoldaten können berufen werden
1. Unteroffiziere mit der Beförderung zum Feldwebel,
2. Offizieranwärter nach Abschluss des für ihre Laufbahn vorgesehenen Ausbildungsganges mit der Beförderung zum Leutnant, Sanitätsoffizier-Anwärter jedoch erst mit der Beförderung zum Stabsarzt, Stabsveterinär oder Stabsapotheker sowie Militärmusikoffizier-Anwärter erst mit der Beförderung zum Hauptmann,
3. Offiziere auf Zeit,
4. Offiziere der Reserve.

§ 40 Begründung des Dienstverhältnisses eines Soldaten auf Zeit

(1) In das Dienstverhältnis eines Soldaten auf Zeit können berufen werden
1. Bewerber für die Laufbahnen der Mannschaften und der Unteroffiziere bis zu einer Dienstzeit von 20 Jahren, jedoch nicht über das 40. Lebensjahr hinaus,
2. Bewerber für die Laufbahnen der Offiziere mindestens bis zum Abschluss des für sie vorgesehenen Ausbildungsganges oder für eine fest bestimmte Zeit von mindestens drei Jahren und höchstens bis zu einer Dienstzeit von 20 Jahren, für die Laufbahn der Offiziere des Sanitätsdienstes bis zu eine Dienstzeit von 25 Jahren.

(2) Die Zeitdauer der Berufung kann auf Grund freiwilliger Weiterverpflichtung innerhalb der Grenzen des Absatzes 1 verlängert werden.

(3) Die Zeitdauer der Berufung eines Soldaten, der Inhaber eines Eingliederungsscheins (§ 9 Abs. 1 Satz 1 Nr. 1 des Soldatenversorgungsgesetzes) ist, verlängert sich

ohne die Beschränkungen des Absatzes 1 bis zur Ernennung zum Beamten, längstens jedoch um eineinhalb Jahre.

(4) ¹Die Zeitdauer der Berufung eines Soldaten, dessen militärische Ausbildung mit einem Studium oder einer Fachausbildung von mehr als sechs Monaten Dauer verbunden war und der danach Elternzeit nach § 28 Abs. 7 in Anspruch genommen hat, verlängert sich ohne die Beschränkungen des Absatzes 1 um die Dauer der Elternzeit. ²Gleiches gilt für einen Soldaten, der eine Teilzeitbeschäftigung nach § 30a in Anspruch genommen hat; die Zeitdauer der Berufung verlängert sich um die Differenz der Teilzeitbeschäftigung zur Vollzeitbeschäftigung.

(5) ¹Ist ein Soldat auf Zeit während einer besonderen Auslandsverwendung zum Zeitpunkt des Ablaufs seiner Dienstzeit wegen Verschleppung, Gefangenschaft oder aus sonstigen mit dem Dienst zusammenhängenden Gründen, die er nicht zu vertreten hat, dem Einflussbereich des Dienstherrn entzogen, verlängert sich die Zeitdauer der Berufung ohne die Beschränkungen des Absatzes 1 bis zum Ablauf des auf die Beendigung dieses Zustands folgenden Monats. ²Dies gilt auch bei anderen Verwendungen im Ausland mit vergleichbarer Gefährdungslage.

(6) In die Dienstzeit wird der Wehrdienst eingerechnet, der in der Bundeswehr bis zur Berufung in das Dienstverhältnis eines Soldaten auf Zeit geleistet worden ist.

(7) ¹Die Dienstzeit eines Soldaten auf Zeit kann auf dessen Antrag verkürzt werden, wenn dies im dienstlichen Interesse liegt. ²Die verkürzte Dienstzeit soll die zur Durchführung der Berufsförderung notwendige Zeit der Freistellung vom militärischen Dienst umfassen.

§ 41 Form der Begründung und der Umwandlung

(1) ¹Die Begründung des Dienstverhältnisses und seine Umwandlung erfolgen durch Aushändigung einer Ernennungsurkunde. ²In der Urkunde müssen enthalten sein
1. bei der Begründung die Worte „unter Berufung in das Dienstverhältnis eines Berufssoldaten" oder „unter Berufung in das Dienstverhältnis eines Soldaten auf Zeit",
2. bei der Umwandlung die die Art des Dienstverhältnisses bestimmenden Worte nach Nummer 1.

³An Stelle der Worte „unter Berufung" können die Worte „ich berufe" verwendet werden.

(2) Die Begründung und die Umwandlung werden mit dem Tag der Aushändigung der Ernennungsurkunde wirksam, wenn nicht in der Urkunde ausdrücklich ein späterer Tag bestimmt ist.

(3) ¹Wird bei der Berufung in das Dienstverhältnis eines Soldaten auf Zeit ein späterer Tag als der Tag der Aushändigung der Urkunde für das Wirksamwerden der Ernennung bestimmt, so hat der Soldat an diesem Tag seinen Dienst anzutreten. ²Die Ernennung ist vor ihrem Wirksamwerden zurückzunehmen, wenn sich herausstellt, dass die Berufung in das Dienstverhältnis eines Soldaten auf Zeit nach § 37 Abs. 1 und § 38 unzulässig ist.

Ewald

(4) ¹Die Ernennungen mehrerer Soldaten können in einer Urkunde verfügt werden. ²An die Stelle der Aushändigung der Ernennungsurkunde tritt die Aushändigung einer Ausfertigung des Teils der Urkunde, der sich auf den Soldaten bezieht.

(5) Entspricht die Urkunde nicht der in Absatz 1 Satz 2 oder 3 vorgeschriebenen Form, gilt die Ernennung als von Anfang an in der beabsichtigten Form wirksam, wenn aus der Urkunde oder aus dem Akteninhalt eindeutig hervorgeht, dass die nach § 4 Abs. 2 für die Ernennung zuständige Stelle ein bestimmtes Soldatenverhältnis begründen oder ein bestehendes Soldatenverhältnis in ein solches anderer Art umwandeln wollte, für das die sonstigen Voraussetzungen vorliegen.

2.
Beförderung

§ 42   Form der Beförderung

(1) ¹Die Beförderung eines Berufssoldaten und eines Soldaten auf Zeit wird in einer Ernennungsurkunde verfügt, in der die Bezeichnung des höheren Dienstgrades enthalten sein muss. ²Die Beförderungen mehrerer Soldaten können in einer Urkunde verfügt werden.

(2) ¹Die Beförderung zu einem Mannschaftsdienstgrad, die Beförderung eines Offizieranwärters zu einem Unteroffizierdienstgrad und die Beförderung eines Feldwebelanwärters zum Unteroffizier und Stabsunteroffizier werden mit der dienstlichen Bekanntgabe an den zu Ernennenden, jedoch nicht vor dem in der Ernennungsurkunde bestimmten Tag wirksam. ²Dem Soldaten ist der Tag der dienstlichen Bekanntgabe seiner Beförderung zu bescheinigen.

(3) ¹Für die Beförderung durch Aushändigung einer Urkunde gilt § 41 Abs. 2 und, wenn die Beförderung mehrerer Soldaten in einer Urkunde verfügt wird, § 41 Abs. 4 Satz 2 entsprechend. ²In Ausnahmefällen, insbesondere bei Aufenthalt des zu Befördernden außerhalb des Bundesgebietes, kann die ernennende Stelle die dienstliche Bekanntgabe der Beförderung anordnen. ³Insoweit gilt Absatz 2 entsprechend mit der Maßgabe, dass dem Soldaten die Urkunde oder die Ausfertigung alsbald auszuhändigen ist.

3.
Beendigung des Dienstverhältnisses

a) Beendigung des Dienstverhältnisses eines Berufssoldaten

§ 43   Beendigungsgründe

(1) Das Dienstverhältnis eines Berufssoldaten endet durch Eintritt oder Versetzung in den Ruhestand nach Maßgabe der Vorschriften über die rechtliche Stellung der Berufssoldaten im Ruhestand.

(2) Das Dienstverhältnis endet ferner durch
1. Umwandlung,
2. Entlassung,
3. Verlust der Rechtsstellung eines Berufssoldaten oder
4. Entfernung aus dem Dienstverhältnis durch Urteil in einem gerichtlichen Disziplinarverfahren.

§ 44 Eintritt oder Versetzung in den Ruhestand

(1) ¹Ein Berufssoldat tritt in den Ruhestand mit Ablauf des Monats, in dem er die nach § 45 Abs. 1 festgesetzte allgemeine Altersgrenze erreicht hat. ²Der Eintritt in den Ruhestand kann aus dienstlichen Gründen bis zum Ablauf des 31. März oder 30. September, der dem Erreichen der allgemeinen Altersgrenze folgt, hinausgeschoben werden. ³Wenn dringende dienstliche Gründe im Einzelfall die Fortführung des Dienstes erfordern, kann das Bundesministerium der Verteidigung den Eintritt in den Ruhestand hinausschieben, jedoch für nicht mehr als drei Jahre. ⁴Der Eintritt in den Ruhestand kann auf Antrag des Berufssoldaten um bis zu einem Jahr hinausgeschoben werden, wenn dies im dienstlichen Interesse liegt. ⁵Der Antrag soll spätestens drei Jahre vor dem Erreichen der allgemeinen Altersgrenze gestellt werden. ⁶Ist ein Berufssoldat während einer besonderen Auslandsverwendung zum Zeitpunkt des vorgesehenen Eintritts in den Ruhestand wegen Verschleppung, Gefangenschaft oder aus sonstigen mit dem Dienst zusammenhängenden Gründen, die er nicht zu vertreten hat, dem Einflussbereich des Dienstherrn entzogen, ist der Eintritt in den Ruhestand bis zum Ablauf des auf die Beendigung dieses Zustands folgenden Monats hinauszuschieben; dies gilt auch bei anderen Verwendungen im Ausland mit vergleichbarer Gefährdungslage.

(2) ¹Ein Berufssoldat kann mit Ablauf eines Monats in den Ruhestand versetzt werden, wenn er die nach § 45 Abs. 2 festgesetzte besondere Altersgrenze überschritten hat. ²Einem Antrag des Berufssoldaten, das Dienstverhältnis bis zu einem Zeitraum von zwei Jahren nach Überschreiten der besonderen Altersgrenze fortzusetzen, ist zu entsprechen, wenn dies im dienstlichen Interesse liegt. ³Für den Antrag gilt Absatz 1 Satz 5 entsprechend. ⁴Die Zurruhesetzung erfolgt auch in diesen Fällen zu dem in Satz 1 angegebenen Zeitpunkt.

(3) ¹Ein Berufssoldat ist in den Ruhestand zu versetzen, wenn er wegen seines körperlichen Zustandes oder aus gesundheitlichen Gründen zur Erfüllung seiner Dienstpflichten dauernd unfähig (dienstunfähig) ist. ²Als dienstunfähig kann er auch dann angesehen werden, wenn auf Grund der in Satz 1 genannten Umstände die Wiederherstellung seiner Fähigkeit zur Erfüllung seiner Dienstpflichten nicht innerhalb eines Jahres zu erwarten ist.

(4) ¹Die Dienstunfähigkeit wird auf Grund des Gutachtens eines Arztes der Bundeswehr von Amts wegen oder auf Antrag festgestellt. ²Hat der Berufssoldat nicht selbst den Antrag auf Versetzung in den Ruhestand gestellt, so ist ihm unter Angabe der Gründe mitzuteilen, dass seine Versetzung in den Ruhestand beabsichtigt ist; er ist hierüber zu hören. ³Der Berufssoldat ist verpflichtet, sich von Ärzten der Bundeswehr oder von hierzu bestimmten Ärzten untersuchen und, falls sie es für notwendig erklären, beobachten zu lassen. ⁴Die über die Versetzung in den Ruhestand entscheidende Stelle kann auch andere Beweise erheben. ⁵Ob die Wiederherstellung der Dienstfähigkeit innerhalb eines Jahres nicht zu erwarten ist, soll, abgesehen von den Fällen, in denen dies offensichtlich ist, erst nach sechsmonatiger Heilbehandlung festgestellt werden.

(5) ¹Der Eintritt oder die Versetzung in den Ruhestand setzt voraus, dass der Berufssoldat
1. eine Dienstzeit von mindestens fünf Jahren abgeleistet hat oder
2. infolge einer Wehrdienstbeschädigung, die er sich ohne grobes Verschulden zugezogen hat, dienstunfähig geworden ist oder als dienstunfähig angesehen werden kann.

²Die Berechnung der Dienstzeit im Sinne der Nummer 1 regelt das Soldatenversorgungsgesetz.

(6) ¹Die Versetzung in den Ruhestand wird von der Stelle verfügt, die nach § 4 Abs. 2 für die Ernennung des Berufssoldaten zuständig wäre. ²Die Verfügung ist dem Berufssoldaten schriftlich zuzustellen. ³Sie kann bis zum Beginn des Ruhestandes widerrufen werden, wenn die Fortsetzung des Dienstverhältnisses unter Berücksichtigung der persönlichen, insbesondere häuslichen, beruflichen oder wirtschaftlichen Verhältnisse zumutbar ist oder wenn der Spannungs- oder Verteidigungsfall festgestellt ist. ⁴In den Fällen des Absatzes 2 ist dem Berufssoldaten wenigstens ein Jahr vor dem Tag des Ausscheidens mitzuteilen, dass seine Versetzung in den Ruhestand beabsichtigt ist; die Entscheidung, durch die er in den Ruhestand versetzt wird, muss ihm wenigstens drei Monate vor dem Tag des Ausscheidens zugestellt werden. ⁵In den Fällen des Absatzes 3 beginnt der Ruhestand mit dem Ende der drei Monate, die auf den Monat folgen, in dem die Versetzung in den Ruhestand dem Berufssoldaten mitgeteilt worden ist.

(7) Mit dem Eintritt oder der Versetzung in den Ruhestand hat der Berufssoldat das Recht, seine Dienstgradbezeichnung mit dem Zusatz „außer Dienst (a. D.)" weiterzuführen.

§ 45 Altersgrenzen

(1) Für Berufssoldaten werden folgende allgemeine Altersgrenzen festgesetzt:
1. die Vollendung des 65. Lebensjahres für Generale und Oberste sowie für Offiziere in den Laufbahnen des Sanitätsdienstes, des Militärmusikdienstes und des Geoinformationsdienstes der Bundeswehr,
2. die Vollendung des 62. Lebensjahres für alle anderen Berufssoldaten.

(2) Als besondere Altersgrenzen der Berufssoldaten werden festgesetzt:
1. die Vollendung des 62. Lebensjahres für die in Absatz 1 Nr. 1 genannten Offiziere,
2. die Vollendung des 61. Lebensjahres für Oberstleutnante,
3. die Vollendung des 59. Lebensjahres für Majore und Stabshauptleute,
4. die Vollendung des 56. Lebensjahres für Hauptleute, Oberleutnante und Leutnante,
5. die Vollendung des 55. Lebensjahres für Berufsunteroffiziere,
6. die Vollendung des 41. Lebensjahres für Offiziere, die in strahlgetriebenen Kampfflugzeugen als Flugzeugführer oder Waffensystemoffizier verwendet werden, die Vollendung des 40. Lebensjahres, soweit sie wehrfliegerverwendungsunfähig sind.

(3) Die Altersgrenzen nach den Absätzen 1 und 2 gelten auch für die Berufssoldaten der Marine mit entsprechenden Dienstgraden.

(4) ¹Das durchschnittliche Zurruhesetzungsalter aller Berufssoldaten liegt ab 2024 um mindestens zwei Jahre über dem Zurruhesetzungsalter nach dem Stand vom 1. Januar 2007. ²Das Bundesministerium der Verteidigung berichtet hierüber alle vier Jahre dem Deutschen Bundestag, erstmals im Jahr 2018.

(5) § 147 Abs. 3 des Bundesbeamtengesetzes gilt entsprechend.

§ 45a Umwandlung

(1) ¹Beantragt ein Berufssoldat die Umwandlung seines Dienstverhältnisses in das eines Soldaten auf Zeit, kann dem Antrag bei Vorliegen eines dienstlichen Interesses stattgegeben werden. ²Dies gilt auch, wenn die Dienstzeit abweichend von § 40 Abs. 1 bei einem Unteroffizier über dessen 40. Lebensjahr hinaus festgesetzt werden muss.

(2) Die Umwandlung ist ausgeschlossen, wenn eine Dienstzeit von 20 Jahren überschritten wird.

(3) Die Dienstzeit soll die zur Durchführung der Berufsförderung notwendige Zeit der Freistellung vom militärischen Dienst umfassen.

(4) Bei der Umwandlung müssen die Voraussetzungen des § 46 Abs. 3 nicht vorliegen.

§ 46 Entlassung

(1) ¹Ein Berufssoldat ist entlassen, wenn er die Eigenschaft als Deutscher im Sinne des Artikels 116 des Grundgesetzes verliert. ²Das Bundesministerium der Verteidigung entscheidet darüber, ob diese Voraussetzung vorliegt, und stellt den Tag der Beendigung des Dienstverhältnisses fest.

(2) ¹Ein Berufssoldat ist zu entlassen,
1. wenn er aus einem der in § 38 genannten Gründe nicht hätte ernannt werden dürfen und das Hindernis noch fortbesteht,
2. wenn er seine Ernennung durch Zwang, arglistige Täuschung oder Bestechung herbeigeführt hat,
3. wenn sich herausstellt, dass er vor seiner Ernennung eine Straftat begangen hat, die ihn der Berufung in das Dienstverhältnis eines Berufssoldaten unwürdig erscheinen lässt, und er deswegen zu einer Strafe verurteilt war oder wird,
4. wenn er sich weigert, den Eid abzulegen,
5. wenn er zur Zeit der Ernennung Mitglied des Europäischen Parlaments, des Bundestages oder eines Landtages war und nicht innerhalb der vom Bundesministerium der Verteidigung gesetzten angemessenen Frist sein Mandat niederlegt,
6. wenn in den Fällen des § 44 Abs. 1 bis 3 die Voraussetzungen des § 44 Abs. 5 nicht erfüllt sind,
7. wenn er als Kriegsdienstverweigerer anerkannt ist; diese Entlassung gilt als Entlassung auf eigenen Antrag, oder
8. wenn er ohne Genehmigung des Bundesministeriums der Verteidigung seinen Wohnsitz oder dauernden Aufenthalt außerhalb des Geltungsbereichs dieses Gesetzes nimmt.

²In den Fällen der Nummer 2 kann das Bundesministerium der Verteidigung wegen besonderer Härte eine Ausnahme zulassen.

(3) ¹Der Berufssoldat kann jederzeit seine Entlassung verlangen; soweit seine militärische Ausbildung mit einem Studium oder einer Fachausbildung verbunden war, gilt dies jedoch erst nach einer sich daran anschließenden Dienstzeit, die der dreifachen Dauer des Studiums oder der Fachausbildung entspricht, längstens nach zehn Jahren. ²In einer Rechtsverordnung kann für bestimme Verwendungen wegen der Höhe der mit dem Studium oder der Fachausbildung verbundenen Kosten oder auf Grund sonstiger studien- oder ausbildungsbedingter Besonderheiten eine längere als

Ewald

die dreifache Dauer bestimmt werden; die in Satz 1 genannte Höchstdauer darf nicht überschritten werden.

(3a) ¹Ein Berufssoldat ist entlassen, wenn er zum Beamten ernannt wird. ²Die Entlassung gilt als solche auf eigenen Antrag. ³Satz 1 gilt nicht, wenn der Berufssoldat
1. in ein Beamtenverhältnis als Ehrenbeamter oder
2. als Professor, Juniorprofessor, wissenschaftlicher oder künstlerischer Mitarbeiter an einer nach Landesrecht staatlich anerkannten oder genehmigten Hochschule, deren Personal im Dienste des Bundes steht, in ein Beamtenverhältnis auf Zeit berufen wird. ⁴Satz 1 gilt ebenfalls nicht, solange das Bundesministerium der Verteidigung oder eine von ihm bestimmte Stelle in seinem Geschäftsbereich der Entlassung nach Satz 1 nicht zugestimmt hat. ⁵Die Zustimmung ist zu erteilen, wenn der Soldat nach Absatz 3 seine Entlassung verlangen könnte. ⁶Im Übrigen kann die Zustimmung unter Berücksichtigung der dienstlichen Interessen der Bundeswehr erteilt werden.

(4) ¹Hat der Berufssoldat Elternzeit nach § 28 Abs. 7 im Anschluss an ein Studium oder eine Fachausbildung in Anspruch genommen, verlängert sich die Dienstzeit nach Absatz 3 um diese Zeit entsprechend, soweit das Studium oder die Fachausbildung mehr als sechs Monate gedauert hat; die Höchstdauer von zehn Jahren bleibt unberührt. ²Gleiches gilt für einen Berufssoldaten, der eine Teilzeitbeschäftigung nach § 30a in Anspruch genommen hat; die Dienstzeit nach Absatz 3 verlängert sich um die Differenz der Teilzeitbeschäftigung zur Vollzeitbeschäftigung.

(5) Der Berufsoffizier kann auch dann, wenn er weder ein Studium noch eine Fachausbildung erhalten hat, seine Entlassung erst nach Ende des sechsten Dienstjahres als Offizier verlangen.

(6) Vor Ablauf der in den Absätzen 3, 4 und 5 genannten Dienstzeiten ist der Berufssoldat auf seinen Antrag zu entlassen, wenn das Verbleiben im Dienst für ihn wegen persönlicher, insbesondere häuslicher, beruflicher oder wirtschaftlicher Gründe eine besondere Härte bedeuten würde.

(7) ¹Das Verlangen auf Entlassung muss dem Disziplinarvorgesetzten schriftlich erklärt werden. ²Die Erklärung kann, solange die Entlassungsverfügung dem Soldaten noch nicht zugegangen ist, innerhalb zweier Wochen nach Zugang bei dem Disziplinarvorgesetzten zurückgenommen werden, mit Zustimmung der für die Entlassung zuständigen Stelle auch nach Ablauf dieser Frist. ³Die Entlassung ist für den beantragten Zeitpunkt auszusprechen; sie kann jedoch so lange hinausgeschoben werden, bis der Berufssoldat seine dienstlichen Obliegenheiten ordnungsgemäß erledigt hat, längstens drei Monate.

(8) ¹Ein Leutnant kann in Ausnahmefällen bis zum Ende des dritten Dienstjahres als Offizier, spätestens vor dem Ende des zehnten Jahres der Gesamtdienstzeit in der Bundeswehr, wegen mangelnder Eignung als Berufsoffizier entlassen werden. ²Die in diesen Fällen zu gewährende Dienstzeitversorgung regelt das Soldatenversorgungsgesetz.

§ 47 Zuständigkeit, Anhörungspflicht und Fristen bei der Entlassung

(1) Soweit gesetzlich nichts anderes bestimmt ist, wird die Entlassung von der Stelle verfügt, die nach § 4 Abs. 2 für die Ernennung des Berufssoldaten zuständig wäre.

(2) Der Berufssoldat ist vor der Entscheidung über seine Entlassung zu hören.

(3) Die Entlassung muss in den Fällen des § 46 Abs. 2 Satz 1 Nr. 2 und 3 innerhalb einer Frist von sechs Monaten verfügt werden, nachdem das Bundesministerium der Verteidigung oder die Stelle, der die Ausübung der Befugnis zur Entlassung übertragen worden ist, von dem Entlassungsgrund Kenntnis erhalten hat.

(4) Die Entlassungsverfügung muss dem Soldaten in den Fällen des § 46 Abs. 2 Satz 1 Nr. 6 bei Dienstunfähigkeit wenigstens drei Monate vor dem Entlassungstag und in den Fällen des § 46 Abs. 8 wenigstens sechs Wochen vor dem Entlassungstag zum Schluss eines Kalendervierteljahres unter schriftlicher Angabe der Gründe zugestellt werden.

§ 48 Verlust der Rechtsstellung eines Berufssoldaten

¹Der Berufssoldat verliert seine Rechtsstellung, wenn gegen ihn durch Urteil eines deutschen Gerichts im Geltungsbereich des Grundgesetzes erkannt ist
1. auf die in § 38 bezeichneten Strafen, Maßregeln oder Nebenfolgen,
2. auf Freiheitsstrafe von mindestens einem Jahr wegen vorsätzlich begangener Tat oder
3. auf Freiheitsstrafe von mindestens sechs Monaten wegen Bestechlichkeit, soweit sich die Tat auf eine Diensthandlung im Wehrdienst bezieht.

²Entsprechendes gilt, wenn der Berufssoldat auf Grund einer Entscheidung des Bundesverfassungsgerichts gemäß Artikel 18 des Grundgesetzes ein Grundrecht verwirkt hat.

§ 49 Folgen der Entlassung und des Verlustes der Rechtsstellung eines Berufssoldaten

(1) ¹Die Zugehörigkeit des Berufssoldaten zur Bundeswehr endet mit der Beendigung seines Dienstverhältnisses durch Entlassung nach § 46 oder durch Verlust seiner Rechtsstellung als Berufssoldat nach § 48. ²In den Fällen des § 46 Abs. 2 Satz 1 Nr. 1 bis 4 und Abs. 3 sowie des § 48 bleibt der Soldat in der Bundeswehr, soweit er auf Grund der Wehrpflicht hierzu verpflichtet ist.

(2) In den Fällen des § 46 Abs. 1 und Abs. 2 Satz 1 Nr. 1 bis 4, 7 und 8 und des § 48 verliert der Soldat seinen Dienstgrad.

(3) Nach dem Verlust seiner Rechtsstellung als Berufssoldat und nach der Entlassung hat der frühere Berufssoldat keinen Anspruch auf Dienstbezüge und Versorgung mit Ausnahme der Beschädigtenversorgung, soweit gesetzlich nichts anderes bestimmt ist.

(4) ¹Ein früherer Berufssoldat, der vor Ablauf der nach § 46 Abs. 3 sich bestimmenden Mindestdienstzeit
1. auf seinen Antrag entlassen worden ist oder als auf eigenen Antrag entlassen gilt,
2. seine Entlassung nach § 46 Abs. 8 vorsätzlich oder grob fahrlässig herbeigeführt hat,
3. seine Rechtsstellung verloren hat oder
4. durch Urteil in einem gerichtlichen Disziplinarverfahren aus dem Dienstverhältnis entfernt worden ist,

Ewald

muss die entstandenen Kosten des Studiums oder der Fachausbildung erstatten. ²Unter den gleichen Voraussetzungen muss ein früherer Berufssoldat in der Laufbahn der Offiziere des Sanitätsdienstes das ihm als Sanitätsoffizier-Anwärter gewährte Ausbildungsgeld erstatten. ³Auf die Erstattung kann ganz oder teilweise verzichtet werden, wenn sie für den früheren Soldaten eine besondere Härte bedeuten würde.

(5) ¹Einem entlassenen Berufssoldaten kann das Bundesministerium der Verteidigung die Erlaubnis erteilen, seinen Dienstgrad mit dem Zusatz „außer Dienst (a. D.)" zu führen. ²Die Erlaubnis ist zurückzunehmen, wenn der frühere Berufssoldat sich ihrer als nicht würdig erweist.

§ 50 Versetzung in den einstweiligen Ruhestand

(1) Der Bundespräsident kann die Berufsoffiziere vom Brigadegeneral und den entsprechenden Dienstgraden an aufwärts jederzeit in den einstweiligen Ruhestand versetzen.

(2) ¹Die für den einstweiligen Ruhestand der Beamten geltenden Vorschriften der §§ 56, 57 und 58 Abs. 1 des Bundesbeamtengesetzes finden entsprechende Anwendung. ²Der in den einstweiligen Ruhestand versetzte Berufsoffizier gilt mit Erreichen der Altersgrenze als dauernd in den Ruhestand versetzt.

§ 51 Wiederverwendung

(1) Ein früherer Berufssoldat, der wegen Erreichens der Altersgrenze in den Ruhestand getreten ist oder versetzt worden ist, kann bis zum Ablauf des Monats, in dem das 65. Lebensjahr vollendet, unter erneuter Berufung in das Dienstverhältnis eines Berufssoldaten zu einer Wiederverwendung von wenigstens einem Jahr und höchstens zwei Jahren herangezogen werden, wenn die Wiederverwendung unter Berücksichtigung der persönlichen, insbesondere häuslichen, beruflichen oder wirtschaftlichen Verhältnisse zumutbar ist und seit Eintritt oder Versetzung in den Ruhestand noch keine fünf Jahre vergangen sind.

(2) In den Fällen des Absatzes 1 tritt der Berufssoldat mit Ablauf der für die Wiederverwendung festgesetzten Zeit in den Ruhestand.

(3) § 44 Abs. 1 Satz 6 gilt entsprechend.

(4) ¹Ist ein wegen Dienstunfähigkeit in den Ruhestand versetzter Berufssoldat wieder dienstfähig geworden, kann er erneut in das Dienstverhältnis eines Berufssoldaten berufen werden, wenn seit der Versetzung in den Ruhestand noch keine fünf Jahre vergangen sind und die allgemeine Altersgrenze noch nicht überschritten ist. ²Beantragt er seine erneute Berufung in das Dienstverhältnis eines Berufssoldaten, ist diesem Antrag stattzugeben, falls nicht zwingende dienstliche Gründe entgegenstehen. ³§ 44 Abs. 4 Satz 3 und 4 gilt entsprechend.

(5) In den Fällen der Absätze 1 und 4 endet der Ruhestand mit der erneuten Berufung in das Dienstverhältnis eines Berufssoldaten.

(6) Ein Berufssoldat, dessen Rechte und Pflichten auf Grund der §§ 5, 6, 8 und 36 des Abgeordnetengesetzes oder entsprechender Rechtsvorschriften ruhen, kann auf seinen Antrag zu Dienstleistungen nach § 60 bis zu drei Monaten Dauer herangezogen werden.

§ 51a

(weggefallen)

§ 52 Wiederaufnahme des Verfahrens

Wird ein Urteil mit den Folgen des § 48 im Wiederaufnahmeverfahren durch ein Urteil ersetzt, das diese Folgen nicht hat, so gilt § 42 Abs. 1, 2 und 4 des Bundesbeamtengesetzes entsprechend.

§ 53 Verurteilung nach Beendigung des Dienstverhältnisses

(1) ¹Ein Berufssoldat im Ruhestand oder ein früherer Berufssoldat,
1. gegen den wegen einer Tat, die er vor der Beendigung seines Dienstverhältnisses begangen hat, eine Entscheidung ergangen ist, die nach § 48 zum Verlust seiner Rechtsstellung als Berufssoldat geführt hätte, oder
2. der wegen einer nach Beendigung seines Dienstverhältnisses begangenen Tat durch ein deutsches Gericht im Geltungsbereich des Grundgesetzes
    a) wegen einer vorsätzlichen Tat zu Freiheitsstrafe von mindestens zwei Jahren oder
    b) wegen einer vorsätzlichen Tat, die nach den Vorschriften über Friedensverrat, Hochverrat, Gefährdung des demokratischen Rechtsstaates oder Landesverrat und Gefährdung der äußeren Sicherheit strafbar ist, zu Freiheitsstrafe von mindestens sechs Monaten

verurteilt worden ist,

verliert seinen Dienstgrad und seine Ansprüche auf Versorgung mit Ausnahme der Beschädigtenversorgung. ²Entsprechendes gilt, wenn ein Berufssoldat im Ruhestand oder ein früherer Berufssoldat auf Grund einer Entscheidung des Bundesverfassungsgerichts gemäß Artikel 18 des Grundgesetzes ein Grundrecht verwirkt hat. ³§ 52 gilt entsprechend.

(2) § 30 Abs. 2 des Wehrpflichtgesetzes findet keine Anwendung.

b) Beendigung des Dienstverhältnisses eines Soldaten auf Zeit

§ 54 Beendigungsgründe

(1) ¹Das Dienstverhältnis eines Soldaten auf Zeit endet mit dem Ablauf der Zeit, für die er in das Dienstverhältnis berufen ist. ²Das Dienstverhältnis endet auch mit Ablauf des Monats, in dem das Erlöschen des Rechts aus dem Eingliederungsschein (§ 9 Abs. 3 Satz 2 Nr. 1 bis 3 des Soldatenversorgungsgesetzes) unanfechtbar festgestellt worden ist.

(2) Das Dienstverhältnis endet ferner durch
1. Entlassung,
2. Verlust der Rechtsstellung eines Soldaten auf Zeit entsprechend dem § 48,
3. Entfernung aus dem Dienstverhältnis eines Soldaten auf Zeit.

(3) Wenn zwingende Gründe der Verteidigung es erfordern, kann die für das Dienstverhältnis festgesetzte Zeit
1. allgemein durch Rechtsverordnung oder
2. in Einzelfällen durch das Bundesministerium der Verteidigung

um einen Zeitraum von bis zu drei Monaten verlängert werden.

(4) Ein Soldat auf Zeit, dessen Rechte und Pflichten auf Grund der §§ 5, 6, 8 und 36 des Abgeordnetengesetzes oder entsprechender Rechtsvorschriften ruhen, kann auf seinen Antrag zu Dienstleistungen nach § 60 bis zu drei Monaten Dauer herangezogen werden.

§ 55 Entlassung

(1) [1]Für den Soldaten auf Zeit gilt § 46 Abs. 1 und 2 Satz 1 Nr. 1 bis 5 sowie 7 und 8 entsprechend. [2]§ 46 Abs. 3a gilt mit Ausnahme des Satzes 5 mit der Maßgabe entsprechend, dass ein Soldat auf Zeit auch nicht entlassen ist, wenn er zum Beamten auf Widerruf im Vorbereitungsdienst oder zum Zwecke der Ausbildung zum Polizeivollzugsbeamten oder zum Beamten des Einsatzdienstes der Berufsfeuerwehr ernannt wird. [3]Für einen Soldaten auf Zeit, der auf Grund eines Eingliederungsscheines zum Beamten ernannt wird, gelten Satz 2 und § 46 Abs. 3a Satz 2 nicht.

(2) [1]Ein Soldat auf Zeit ist zu entlassen, wenn er dienstunfähig ist. [2]§ 44 Abs. 3 Satz 2 und Abs. 4 gilt entsprechend.

(3) Ein Soldat auf Zeit ist auf seinen Antrag zu entlassen, wenn das Verbleiben im Dienst für ihn wegen persönlicher, insbesondere häuslicher, beruflicher oder wirtschaftlicher Gründe eine besondere Härte bedeuten würde.

(4) [1]Ein Soldat auf Zeit kann in den ersten vier Jahren seiner Dienstzeit entlassen werden, wenn er die Anforderungen, die an ihn in seiner Laufbahn zu stellen sind, nicht mehr erfüllt. [2]Ein Offizieranwärter, der sich nicht zum Offizier, ein Sanitätsoffizier-Anwärter, der sich nicht zum Sanitätsoffizier, ein Militärmusikoffizier-Anwärter, der sich nicht zum Militärmusikoffizier, ein Feldwebelanwärter, der sich nicht zum Feldwebel, und ein Unteroffizieranwärter, der sich nicht zum Unteroffizier eignen wird, soll unbeschadet des Satzes 1 entlassen werden. [3]Ist er zuvor in einer anderen Laufbahn verwendet worden, soll er nicht entlassen, sondern in diese zurückgeführt werden, soweit er noch einen dieser Laufbahn entsprechenden Dienstgrad führt.

(5) Ein Soldat auf Zeit kann während der ersten vier Dienstjahre fristlos entlassen werden, wenn er seine Dienstpflichten schuldhaft verletzt hat und sein Verbleiben in seinem Dienstverhältnis die militärische Ordnung oder das Ansehen der Bundeswehr ernstlich gefährden würde.

(6) [1]Für die Zuständigkeit, die Anhörungspflicht und die Fristen bei der Entlassung gilt § 47 Abs. 1 bis 3 entsprechend. [2]Die Entlassungsverfügung muss dem Soldaten in den Fällen des Absatzes 2 wenigstens drei Monate und in den Fällen des Absatzes 4 wenigstens einen Monat vor dem Entlassungstag unter schriftlicher Angabe der Gründe zugestellt werden. [3]Für Soldaten, die einen Eingliederungsschein (§ 9 Abs. 1 Satz 1 Nr. 2 des Soldatenversorgungsgesetzes) erhalten können und die Erteilung beantragt haben, beträgt die Frist in den Fällen des Absatzes 2 ein Jahr. [4]In den Fällen des Absatzes 3 gilt § 46 Abs. 7 entsprechend.

§ 56 Folgen der Entlassung und des Verlustes der Rechtsstellung eines Soldaten auf Zeit

(1) ¹Mit der Beendigung seines Dienstverhältnisses durch Zeitablauf nach § 54 Abs. 1, durch Entlassung nach § 55 oder durch Verlust seiner Rechtsstellung als Soldat auf Zeit nach § 54 Abs. 2 Nr. 2 endet die Zugehörigkeit des Soldaten auf Zeit zur Bundeswehr. ²Der Soldat bleibt jedoch in den dem § 46 Abs. 2 Satz 1 Nr. 1 bis 4 und dem § 48 entsprechenden Fällen sowie in den Fällen des § 55 Abs. 4 und 5 in der Bundeswehr, soweit er auf Grund der Wehrpflicht Grundwehrdienst zu leisten hat.

(2) Mit der Entlassung entsprechend dem § 46 Abs. 1 und 2 Satz 1 Nr. 1 bis 4, 7 und 8 und nach § 55 Abs. 5 sowie mit dem Verlust seiner Rechtsstellung als Soldat auf Zeit verliert der Soldat seinen Dienstgrad.

(3) Nach dem Verlust seiner Rechtsstellung als Soldat auf Zeit und, soweit gesetzlich nichts anderes bestimmt ist, nach der Entlassung hat der frühere Soldat auf Zeit keinen Anspruch auf Dienstbezüge und Versorgung mit Ausnahme der Beschädigtenversorgung.

(4) ¹Ein früherer Soldat auf Zeit, dessen militärische Ausbildung mit einem Studium oder einer Fachausbildung verbunden war und der
1. auf seinen Antrag entlassen worden ist oder als auf eigenen Antrag entlassen gilt,
2. seine Entlassung nach § 55 Abs. 4 vorsätzlich oder grob fahrlässig herbeigeführt hat,
3. nach § 55 Abs. 5 entlassen worden ist,
4. seine Rechtsstellung verloren hat oder
5. durch Urteil in einem gerichtlichen Disziplinarverfahren aus dem Dienstverhältnis entfernt worden ist,

muss die entstandenen Kosten des Studiums oder der Fachausbildung erstatten. ²Unter den gleichen Voraussetzungen muss ein früherer Soldat auf Zeit in der Laufbahn der Offiziere des Sanitätsdienstes das ihm als Sanitätsoffizier-Anwärter gewährte Ausbildungsgeld erstatten. ³Auf die Erstattung kann ganz oder teilweise verzichtet werden, wenn sie für den früheren Soldaten eine besondere Härte bedeuten würde.

§ 57 Wiederaufnahme des Verfahrens, Verurteilungen nach Beendigung des Dienstverhältnisses

(1) Für die Wiederaufnahme des Verfahrens und für die Folgen von Verurteilungen nach Beendigung des Dienstverhältnisses als Soldat auf Zeit gelten die §§ 52 und 53 entsprechend.

(2) ¹Auf einen früheren Soldaten auf Zeit, der einen Mannschaftsdienstgrad führt, findet § 53 Abs. 2 keine Anwendung. ²Unterliegt er nicht der Wehrpflicht, so verliert er, abgesehen von den in § 53 Abs. 1 genannten Fällen, seinen Dienstgrad, wenn er die in § 59 Abs. 2 Satz 1 Nr. 2 bestimmte Altersgrenze nicht überschritten hat und gegen ihn auf eine der § 48 Satz 1 bezeichneten Strafen, Maßregeln oder Nebenfolgen erkannt wird.

Dritter Abschnitt
Rechtsstellung der Soldaten, die nach Maßgabe des Wehrpflichtgesetzes Wehrdienst leisten

§ 58 Regelung durch Gesetz; Form der Beförderung

(1) Die Begründung der Wehrpflicht, die Heranziehung der Wehrpflichtigen zum Wehrdienst und die Beendigung ihres Wehrdienstes regelt das Wehrpflichtgesetz.

(2) ¹Die Beförderung eines Soldaten, der nach Maßgabe des Wehrpflichtgesetzes Wehrdienst leistet, wird mit der dienstlichen Bekanntgabe an den Soldaten, jedoch nicht vor dem in der Ernennungsverfügung bestimmten Tag wirksam. ²§ 42 Abs. 2 Satz 2 gilt entsprechend. ³Die Sätze 1 und 2 gelten entsprechend für diejenigen, die zu den in § 60 genannten Dienstleistungen herangezogen werden.

Vierter Abschnitt
Dienstleistungspflicht

1.
Umfang und Arten der Dienstleistungen

§ 59 Personenkreis

(1) ¹Ein früherer Berufssoldat, der wegen Erreichens der Altersgrenze in den Ruhestand getreten ist oder versetzt worden ist, kann bis zum Ablauf des Monats, in dem er das 65. Lebensjahr vollendet hat, zu den in § 60 genannten Dienstleistungen herangezogen werden. ²Zu den in § 60 Nr. 2 bis 4 genannten Dienstleistungen kann er nur mit seiner freiwilligen schriftlichen Verpflichtung herangezogen werden.

(2) ¹Ein früherer Berufssoldat oder ein früherer Soldat auf Zeit, der mindestens zwei Jahre in einem Dienstverhältnis als Berufssoldat oder Soldat auf Zeit gestanden hat, kann
1. bis zum Ablauf des Monats, in dem er das 60. Lebensjahr vollendet hat,
2. außerhalb des Spannungs- und Verteidigungsfalles bis zum Ablauf des Monats, in dem er das 45. Lebensjahr vollendet hat, wenn er einen Mannschaftsdienstgrad führt, und
3. mit seiner freiwilligen schriftlichen Verpflichtung und nach Zustimmung durch das Bundesministerium der Verteidigung auch bis zum Ablauf des Monats, in dem er das 65. Lebensjahr vollendet hat,

zu den in § 60 genannten Dienstleistungen herangezogen werden. ²Absatz 1 Satz 2 gilt entsprechend.

(3) ¹Eine Person, die nicht als Berufssoldat oder als Soldat auf Zeit in einem Wehrdienstverhältnis gestanden hat, kann auf Grund freiwilliger schriftlicher Verpflichtung bis zum Ablauf des Monats, in dem sie das 65. Lebensjahr vollendet hat, zu den in § 60 genannten Dienstleistungen herangezogen werden. ²§ 9 Abs. 2 gilt entsprechend. ³Wird ihr ein höherer Dienstgrad nicht nur für die Dauer der Verwendung verliehen, kann sie auch ohne freiwillige Verpflichtung
1. bis zum Ablauf des Monats, in dem sie das 60. Lebensjahr vollendet hat, zu den in § 60 Nr. 1, 5 und 6 genannten Dienstleistungen und

2. außerhalb des Spannungs- und Verteidigungsfalles bis zum Ablauf des Monats, in dem sie das 45. Lebensjahr vollendet hat, wenn sie einen Mannschaftsdienstgrad führt, zu den in § 60 Nr. 1 und 5 genannten Dienstleistungen

herangezogen werden.

(4) ¹Vor Bestandskraft des Heranziehungsbescheides kann die gemäß Absatz 1 Satz 2, Absatz 2 oder Absatz 3 Satz 1 abgegebene freiwillige schriftliche Verpflichtung allgemein oder für den Einzelfall jederzeit und ohne Angabe von Gründen widerrufen werden. ²Der Widerruf ist schriftlich gegenüber der für die Heranziehung zuständigen Stelle zu erklären.

(5) ¹Nach Bestandskraft des Heranziehungsbescheides ist der Widerruf der Verpflichtungserklärung ausgeschlossen. ²Die auf Grund einer freiwilligen Verpflichtung Herangezogenen können beantragen, von der Teilnahme entpflichtet zu werden, soweit sie ihren Dienst noch nicht angetreten haben; dem Antrag ist stattzugeben, wenn die Heranziehung zur Dienstleistung für sie wegen persönlicher, insbesondere häuslicher, wirtschaftlicher oder beruflicher Gründe eine besondere, im Bereitschafts-, Spannungs- und Verteidigungsfall eine unzumutbare Härte bedeuten würde.

§ 60 Arten der Dienstleistungen

Dienstleistungen sind
1. befristete Übungen (§ 61),
2. besondere Auslandsverwendungen (§ 62),
3. Hilfeleistungen im Innern (§ 63),
4. Hilfeleistungen im Ausland (§ 63a),
5. unbefristete Übungen, die von der Bundesregierung als Bereitschaftsdienst angeordnet worden sind, und
6. unbefristeter Wehrdienst im Spannungs- und Verteidigungsfall.

§ 61 Übungen

(1) ¹Befristete Übungen dauern grundsätzlich höchstens drei Monate. ²Über Ausnahmen entscheidet das Bundesministerium der Verteidigung.

(2) Die Gesamtdauer der Übungen beträgt bei Mannschaften höchstens sechs, bei Unteroffizieren höchstens neun und bei Offizieren höchstens zwölf Monate.

(3) ¹Übungen, die von der Bundesregierung als Bereitschaftsdienst angeordnet werden, sind unbefristet. ²Auf die Gesamtdauer der Übungen nach Absatz 2 werden sie nicht angerechnet; das Bundesministerium der Verteidigung kann eine Anrechnung anordnen.

§ 62 Besondere Auslandsverwendungen

(1) Besondere Auslandsverwendungen sind Verwendungen, die auf Grund eines Übereinkommens, eines Vertrages oder einer Vereinbarung mit einer über- oder zwischenstaatlichen Einrichtung oder mit einem auswärtigen Staat auf Beschluss der Bundesregierung im Ausland oder außerhalb des deutschen Hoheitsgebietes auf Schiffen oder in Luftfahrzeugen stattfinden.

Ewald

(2) ¹Eine besondere Auslandsverwendung ist grundsätzlich jeweils für höchstens sieben Monate zulässig. ²Sie wird auf die Gesamtdauer der Übungen nach § 61 Abs. 2 nicht angerechnet. ³Soweit die Dauer drei Monate übersteigt, wirkt das für die Heranziehung zuständige Kreiswehrersatzamt auf die Zustimmung des Arbeitgebers oder der Dienstbehörde hin.

(3) ¹Ist ein Soldat auf seinen Antrag von der Teilnahme an besonderen Auslandsverwendungen allgemein oder für den Einzelfall entpflichtet worden (§ 59 Abs. 5), kann er aus vorbereitenden Übungen entlassen werden, wenn dies im dienstlichen Interesse liegt. ²§ 75 Abs. 1 Satz 2 Nr. 9 bleibt unberührt.

(4) § 75 Abs. 2 Nr. 1 ist mit der Maßgabe anzuwenden, dass der Soldat zu entlassen ist.

§ 63 Hilfeleistungen im Innern

(1) Hilfeleistungen im Innern sind Verwendungen der Streitkräfte im Rahmen der Amtshilfe oder bei einer Naturkatastrophe oder einem besonders schweren Unglücksfall nach Artikel 35 des Grundgesetzes.

(2) ¹Die Hilfeleistung im Innern ist grundsätzlich jeweils für höchstens drei Monate jährlich zulässig. ²Das Bundesministerium der Verteidigung kann mit Zustimmung der zur Dienstleistung heranzuziehenden Person und ihres Arbeitgebers oder ihrer Dienstbehörde Ausnahmen zulassen. ³Hilfeleistungen im Innern werden auf die Gesamtdauer der Übungen nach § 61 Abs. 2 nicht angerechnet.

(3) Als Hilfeleistungen im Innern gelten auch vorbereitende Übungen im Rahmen der zivil-militärischen Zusammenarbeit.

§ 63a Hilfeleistungen im Ausland

(1) Hilfeleistungen im Ausland sind Verwendungen der Streitkräfte im Rahmen von humanitären Hilfeleistungen.

(2) ¹Die Hilfeleistung im Ausland ist grundsätzlich jeweils für höchstens drei Monate jährlich zulässig. ²Das Bundesministerium der Verteidigung kann mit Zustimmung der zur Dienstleistung heranzuziehenden Person und ihres Arbeitgebers oder ihrer Dienstbehörde Ausnahmen zulassen. ³Hilfeleistungen im Ausland werden auf die Gesamtdauer der Übungen nach § 61 Abs. 2 nicht angerechnet.

2. Dienstleistungsausnahmen

§ 64 Dienstunfähigkeit

Zu Dienstleistungen wird nicht herangezogen, wer dienstunfähig ist.

§ 65 Ausschluss von Dienstleistungen

Von Dienstleistungen ist derjenige ausgeschlossen, gegen den durch ein deutsches Gericht auf die in § 38 Abs. 1 bezeichneten Strafen, Maßregeln oder Nebenfolgen erkannt worden ist.

§ 66 Befreiung von Dienstleistungen

Von Dienstleistungen sind befreit
1. ordinierte Geistliche evangelischen Bekenntnisses,
2. Geistliche römisch-katholischen Bekenntnisses, die die Diakonatsweihe empfangen haben,
3. hauptamtlich tätige Geistliche anderer Bekenntnisse, deren Amt dem eines ordinierten Geistlichen evangelischen oder eines Geistlichen römisch-katholischen Bekenntnisses, der die Diakonatsweihe empfangen hat, entspricht,
4. schwerbehinderte Menschen und
5. Dienstleistungspflichtige, die auf Grund eines völkerrechtlichen Vertrages für die Dauer einer Tätigkeit in einer internationalen Behörde eine entsprechende Befreiung genießen.

§ 67 Zurückstellung von Dienstleistungen

(1) Von Dienstleistungen wird zurückgestellt,
1. wer vorübergehend nicht dienstfähig ist oder
2. wer, abgesehen von den Fällen des § 65, Freiheitsstrafe, Strafarrest, Jugendstrafe oder Jugendarrest verbüßt, sich in Untersuchungshaft befindet oder nach § 63 des Strafgesetzbuches in einem psychiatrischen Krankenhaus untergebracht ist.

(1a) Von Dienstleistungen wird ferner zurückgestellt, wer auf Grund eines völkerrechtlichen Vertrages für die Dauer einer Tätigkeit in einer internationalen Behörde nicht zum Wehrdienst herangezogen werden kann.

(2) ¹Von Dienstleistungen werden Dienstleistungspflichtige, die sich auf das geistliche Amt (§ 66) vorbereiten, auf Antrag zurückgestellt. ²Hierzu sind beizubringen:
1. der Nachweis eines ordentlichen theologischen Studiums oder einer ordentlichen theologischen Ausbildung und
2. eine Erklärung des zuständigen Landeskirchenamtes, der bischöflichen Behörde, des Ordensoberen oder der entsprechenden Oberbehörde einer anderen Religionsgemeinschaft, dass sich der Dienstleistungspflichtige auf das geistliche Amt vorbereitet.

(3) ¹Hat ein Dienstleistungspflichtiger seiner Aufstellung für die Wahl zum Deutschen Bundestag, zu einem Landtag oder zum Europäischen Parlament zugestimmt, ist er bis zur Wahl zurückzustellen. ²Hat er die Wahl angenommen, kann er für die Dauer des Mandats nur auf seinen Antrag herangezogen werden.

(4) ¹Auf Antrag soll ein Dienstleistungspflichtiger von einer Dienstleistung zeitlich befristet zurückgestellt werden, wenn und solange die Heranziehung zur Dienstleistung für ihn wegen persönlicher, insbesondere häuslicher, wirtschaftlicher oder beruflicher Gründe eine besondere, im Bereitschafts-, Spannungs- und Verteidigungsfall eine unzumutbare Härte bedeuten würde. ²Eine besondere Härte liegt in der Regel vor, wenn
1. im Fall der Heranziehung des Dienstleistungspflichtigen
   a) die Versorgung seiner Familie, hilfsbedürftiger Angehöriger oder anderer hilfsbedürftiger Personen, für deren Lebensunterhalt er aus rechtlicher oder sittlicher Verpflichtung aufzukommen hat, gefährdet würde oder
   b) für Verwandte ersten Grades besondere Notstände zu erwarten sind,

Ewald

2. der Dienstleistungspflichtige für die Erhaltung und Fortführung eines eigenen Betriebes unentbehrlich ist,
3. die Heranziehung des Dienstleistungspflichtigen
   a) eine zu einem schulischen Abschluss führende Ausbildung,
   b) ein Hochschulstudium, bei dem zum vorgesehenen Diensteintritt das dritte Semester erreicht ist,
   c) einen zum vorgesehenen Diensteintritt begonnenen dualen Bildungsgang (Studium mit studienbegleitender betrieblicher Ausbildung), dessen Regelstudienzeit acht Semester nicht überschreitet und bei dem das Studium spätestens drei Monate nach Beginn der betrieblichen Ausbildung aufgenommen wird,
   d) einen zum vorgesehenen Diensteintritt zu einem Drittel absolvierten sonstigen Ausbildungsabschnitt oder
   e) eine bereits begonnene Berufsausbildung
   unterbrechen oder die Aufnahme einer rechtsverbindlich zugesagten oder vertraglich gesicherten Berufsausbildung verhindern würde.

(5) Von Dienstleistungen kann ein Dienstleistungspflichtiger ferner zurückgestellt werden, wenn gegen ihn ein Strafverfahren anhängig ist, in dem Freiheitsstrafe, Strafarrest, Jugendstrafe oder eine freiheitsentziehende Maßregel der Besserung und Sicherung zu erwarten ist, oder wenn seine Heranziehung die militärische Ordnung oder das Ansehen der Bundeswehr ernstlich gefährden würde.

(6) [1]Von einer Dienstleistung soll ein Dienstleistungspflichtiger auf Antrag auch zurückgestellt werden, wenn er für die Erhaltung und Fortführung des elterlichen Betriebes oder des Betriebes seines Arbeitgebers oder für die ordnungsgemäße Aufgabenerfüllung seiner Dienstbehörde unentbehrlich ist. [2]In diesem Fall sind die Eltern, der Arbeitgeber oder die Dienstbehörde des Dienstleistungspflichtigen antragsberechtigt und verpflichtet, den Wegfall der Voraussetzungen für die Unentbehrlichkeit der zuständigen Wehrersatzbehörde anzuzeigen. [3]Die Zurückstellung bedarf der Zustimmung des Dienstleistungspflichtigen. [4]Die Heranziehung des Dienstleistungspflichtigen ist bis zur Entscheidung über den Antrag auszusetzen.

§ 68 Unabkömmlichstellung

(1) Zum Ausgleich des personellen Kräftebedarfs für die Aufgaben der Bundeswehr und andere Aufgaben kann ein Dienstleistungspflichtiger im Spannungs- und Verteidigungsfall im öffentlichen Interesse für Dienstleistungen unabkömmlich gestellt werden, wenn und solange er für die von ihm ausgeübte Tätigkeit nicht entbehrt werden kann.

(2) [1]Über die Unabkömmlichstellung entscheidet die Wehrersatzbehörde auf Vorschlag der zuständigen Verwaltungsbehörde. [2]Das Vorschlagsrecht steht auch den Kirchen und Religionsgemeinschaften, soweit sie Körperschaften des öffentlichen Rechts sind, für ihre Bediensteten zu. [3]Die Zuständigkeit und das Verfahren regelt eine Rechtsverordnung. [4]In der Rechtsverordnung kann die Befugnis zur Bestimmung der zuständigen Behörden auf oberste Bundesbehörden oder auf die Landesregierungen mit der Befugnis zur Weiterübertragung auf oberste Landesbehörden übertragen werden; die nach dieser Verordnung vorschlagsberechtigte oberste Bundesbehörde oder die Landesregierung kann, soweit Landesrecht dies zulässt, das Vorschlagsrecht auch durch allgemeine Verwaltungsvorschrift regeln. [5]Die Rechtsverordnung regelt auch,

wie Meinungsverschiedenheiten zwischen der Wehrersatzbehörde und der vorschlagenden Verwaltungsbehörde unter Abwägung der verschiedenen Belange auszugleichen sind. [6]Die Rechtsverordnung regelt ferner, für welche Fristen die Unabkömmlichstellung ausgesprochen werden kann und welche sachverständigen Stellen der öffentlichen Verwaltung und Wirtschaft zu hören sind.

(3) [1]Die Dienstbehörde oder der Arbeitgeber des Dienstleistungspflichtigen ist verpflichtet, den Wegfall der Voraussetzungen für die Unabkömmlichstellung der zuständigen Wehrersatzbehörde anzuzeigen. [2]Dienstleistungspflichtige, die in keinem Arbeits- oder Dienstverhältnis stehen, haben den Wegfall der Voraussetzungen selbst anzuzeigen.

3.
Heranziehungsverfahren

§ 69 Zuständigkeit

Zuständig für die Heranziehung von Dienstleistungspflichtigen zu Dienstleistungen und das damit in Zusammenhang stehende Verfahren nach diesem Abschnitt sind die Wehrersatzbehörden.

§ 70 Verfahren

(1) [1]Das Verfahren nach diesem Abschnitt ist kostenfrei. [2]Notwendige Auslagen sind zu erstatten. [3]Zu den notwendigen Auslagen gehören auch die Kosten für die Beschaffung von Unterlagen, deren Beibringung dem Dienstleistungspflichtigen aufgegeben wird. [4]Einem Arbeitnehmer, der nicht unter das Arbeitsplatzschutzgesetz fällt, wird auch der durch eine angeordnete ärztliche Untersuchung oder eine angeordnete sonstige Vorstellung bei der Wehrersatzbehörde entstehende Verdienstausfall erstattet. [5]Einem Dienstleistungspflichtigen, der nicht Arbeitnehmer ist, werden notwendige Aufwendungen, die ihm durch die Bestellung eines Vertreters entstehen, erstattet. [6]Das Nähere über die Erstattung von notwendigen Auslagen, Verdienstausfall und Vertretungskosten regelt eine Rechtsverordnung.

(2) Anträge nach diesem Abschnitt sind schriftlich oder elektronisch zu stellen und durch die Wehrersatzbehörde schriftlich zu bescheiden.

(3) [1]Ein Bescheid, der in Ausführung dieses Abschnitts ergeht, ist zuzustellen. [2]Dies gilt nicht für begünstigende Verwaltungsakte. [3]Ein Heranziehungsbescheid zu Hilfeleistungen im Innern (§ 63), zu Hilfeleistungen im Ausland (§ 63a), zu einer Übung, die von der Bundesregierung als Bereitschaftsdienst angeordnet ist (§ 61 Abs. 3) oder die als Alarmübung nicht länger als drei Tage dauert, kann auch mit gewöhnlichem Standardbrief mit dem Vermerk „Vorrangpost" oder in entsprechender Anwendung des § 5 des Verwaltungszustellungsgesetzes unmittelbar durch die Truppe zugestellt werden.

§ 71 Ärztliche Untersuchung, Anhörung

[1]Ungediente Personen, die sich gemäß § 59 Abs. 3 Satz 1 freiwillig zu Dienstleistungen verpflichten wollen, sind vor der Annahme ihrer Verpflichtung hinsichtlich ihrer Dienstfähigkeit zu untersuchen. [2]Ungediente Dienstleistungspflichtige, die nicht innerhalb von

zwei Jahren nach dieser oder nach einer erneuten ärztlichen Untersuchung zu einer Dienstleistung herangezogen worden sind, sind vor ihrer Heranziehung zu hören und auf Antrag oder, wenn Anhaltspunkte für eine Veränderung des Gesundheitszustandes vorliegen oder dies für eine vorgesehene Verwendung im Wehrdienst erforderlich ist, erneut ärztlich zu untersuchen. ³Sie haben sich hierzu nach Aufforderung durch die Kreiswehrersatzämter vorzustellen und ärztlich untersuchen zu lassen. ⁴Auf die Untersuchung findet § 17 Abs. 4 Satz 3 und 6 bis 8 entsprechende Anwendung. ⁵Das Ergebnis der Untersuchung und die sich daraus ergebenden Rechtsfolgen sind durch einen schriftlichen Untersuchungsbescheid mitzuteilen. ⁶Das gilt auch dann, wenn eine beantragte Überprüfung der Dienstfähigkeit ohne ärztliche Untersuchung durchgeführt wird.

§ 72 Heranziehung von ungedienten Dienstleistungspflichtigen

(1) ¹Ungediente Dienstleistungspflichtige (§ 59 Abs. 3 Satz 1), die nach § 71 verfügbar sind, werden durch die Kreiswehrersatzämter zu Dienstleistungen herangezogen. ²Die Art der Dienstleistung sowie Ort und Zeit des Diensteintritts werden durch Heranziehungsbescheid bekannt gegeben. ³Im Heranziehungsbescheid ist die Dauer der zu leistenden Dienstleistung anzugeben; dies gilt nicht für die Heranziehung zum Wehrdienst im Spannungs- oder Verteidigungsfall nach § 60 Nr. 6 und zu Übungen als Bereitschaftsdienst nach § 61 Abs. 3.

(2) Die Dienstleistungspflichtigen haben sich entsprechend dem Heranziehungsbescheid zu Dienstleistungen in der Bundeswehr zu stellen.

(3) ¹Der Heranziehungsbescheid soll vier Wochen vor dem Beginn der Dienstleistung zugestellt sein. ²Dienstleistungspflichtige können ohne Einhaltung einer Frist einberufen werden, wenn
1. Übungen als Bereitschaftsdienst angeordnet sind,
2. die Heranziehung zu einer nach den Umständen gebotenen Erhöhung der Einsatzbereitschaft der Streitkräfte notwendig ist,
3. der Spannungs- oder Verteidigungsfall eingetreten ist,
4. das Bundesministerium der Verteidigung oder die von ihm bestimmte Stelle Übungen von kurzer Dauer als Alarmübungen angeordnet hat oder
5. Hilfeleistungen im Innern zu erbringen sind.

§ 73 Heranziehung von gedienten Dienstleistungspflichtigen

¹Dienstleistungspflichtige, die bereits in der Bundeswehr gedient haben, werden nach Feststellung ihrer Verfügbarkeit durch die Wehrersatzbehörden zu Dienstleistungen herangezogen. ²Sie sind zu hören, wenn seit dem Ausscheiden aus dem Wehrdienst mehr als zwei Jahre verstrichen sind, und auf Antrag oder, wenn Anhaltspunkte für eine Veränderung des Gesundheitszustandes vorliegen oder dies für eine vorgesehene Verwendung im Wehrdienst erforderlich ist, erneut ärztlich zu untersuchen. ³Auf die Untersuchung finden § 17 Abs. 4 Satz 3 und 6 bis 8 sowie § 71 Satz 5 und 6 entsprechende Anwendung. ⁴Die Dienstleistungspflichtigen haben sich nach Aufforderung durch die Kreiswehrersatzämter vorzustellen und ärztlich untersuchen zu lassen. ⁵Sie haben sich entsprechend dem Heranziehungsbescheid zu Dienstleistungen in der Bundeswehr zu stellen. ⁶§ 72 Abs. 1 und 3 gilt entsprechend.

4. Beendigung der Dienstleistungen und Verlust des Dienstgrades

§ 74 Beendigung der Dienstleistungen

Die Dienstleistungen enden
1. durch Entlassung (§ 75),
2. durch Ablauf der für den Wehrdienst festgesetzten Zeit, wenn der Endzeitpunkt kalendermäßig bestimmt ist oder
3. durch Ausschluss (§ 76).

§ 75 Entlassung aus den Dienstleistungen

(1) ¹Der Soldat ist entlassen mit Ablauf des Monats, in dem er das für ihn nach § 59 Abs. 1, 2 oder 3 festgesetzte Höchstalter für eine Heranziehung erreicht hat. ²Im Übrigen ist er zu entlassen, wenn
1. die für die Dienstleistung festgesetzte Zeit abgelaufen ist, es sei denn, Bereitschaftsdienst nach § 61 Abs. 3 wird angeordnet oder der Spannungs- oder Verteidigungsfall ist eingetreten,
2. die Anordnung des Bereitschaftsdienstes nach § 61 Abs. 3 aufgehoben wird, es sei denn, dass der Spannungs- oder Verteidigungsfall eingetreten ist,
3. seine Verwendung während des Spannungs- oder Verteidigungsfalles endet,
4. der Heranziehungsbescheid aufgehoben wird, eine zwingende Dienstleistungsausnahme vorliegt – in den Fällen des § 66 erst nach Befreiung durch das Kreiswehrersatzamt – oder wenn innerhalb des ersten Monats der Dienstleistung im Rahmen der Einstellungsuntersuchung festgestellt wird, dass der Soldat wegen einer Gesundheitsstörung dauernd oder voraussichtlich für einen Zeitraum von mehr als einem Monat, bei kürzerer Verwendung für den Zeitraum dieser Verwendung, vorübergehend zur Erfüllung seiner Dienstpflichten unfähig ist,
5. nach dem bisherigen Verhalten durch sein Verbleiben in der Bundeswehr die militärische Ordnung oder die Sicherheit der Truppe ernstlich gefährdet würde,
6. er als Kriegsdienstverweigerer anerkannt ist,
7. er seiner Aufstellung für die Wahl zum Deutschen Bundestag, zu einem Landtag oder zum Europäischen Parlament zugestimmt hat,
8. er unabkömmlich gestellt ist,
9. der mit der Dienstleistung verfolgte Zweck entfallen ist und im Fall einer befristeten Übung eine andere Verwendung im Hinblick auf die Ausbildung für die bestehende oder eine künftige Verwendung nicht erfolgen kann,
10. er dienstunfähig ist oder die Wiederherstellung seiner Dienstfähigkeit innerhalb der Wehrdienstzeit nicht zu erwarten ist. ³§ 44 Abs. 4 Satz 1 und 3 gilt entsprechend, oder
11. er nach § 67 Abs. 6 zurückgestellt ist.

(2) Der Soldat kann entlassen werden, wenn
1. das Verbleiben in der Bundeswehr für ihn wegen persönlicher, insbesondere häuslicher, beruflicher oder wirtschaftlicher Gründe eine besondere, im Bereitschafts-, Spannungs- und Verteidigungsfall eine unzumutbare Härte bedeuten würde und er seine Entlassung beantragt hat,

2. gegen ihn auf Freiheitsstrafe oder Strafarrest von drei Monaten oder mehr oder auf eine nicht zur Bewährung ausgesetzte Jugendstrafe erkannt ist oder
3. die Aussetzung einer Jugendstrafe zur Bewährung widerrufen wird.

(3) Die Entlassung wird von der Stelle verfügt, die nach § 4 Abs. 2 für die Ernennung des Soldaten zuständig wäre.

(4) Ein Soldat, der sich schuldhaft von seiner Truppe oder Dienststelle fern hält, gilt mit dem Tag als entlassen, an dem er hätte entlassen werden müssen, wenn er Dienst geleistet hätte.

(5) ¹Ist ein Soldat während einer besonderen Auslandsverwendung wegen Verschleppung, Gefangenschaft oder aus sonstigen mit dem Dienst zusammenhängenden Gründen, die er nicht zu vertreten hat, dem Einflussbereich des Dienstherrn entzogen, ist die Entlassung bis zum Ablauf des auf die Beendigung dieses Zustandes folgenden Monats hinauszuschieben. ²Dies gilt auch bei anderen Verwendungen im Ausland mit vergleichbarer Gefährdungslage.

(6) Befindet sich ein Soldat, der eine Dienstleistung erbringt, im Entlassungszeitpunkt in stationärer truppenärztlicher Behandlung, endet der Wehrdienst, zu dem er herangezogen wurde, wenn
1. die stationäre truppenärztliche Behandlung beendet ist, spätestens jedoch drei Monate nach dem Entlassungszeitpunkt, oder
2. er innerhalb der drei Monate schriftlich erklärt, dass er mit der Fortsetzung des Wehrdienstverhältnisses nicht einverstanden ist, mit dem Tag der Abgabe der Erklärung.

§ 76 Ausschluss von Dienstleistungen und Verlust des Dienstgrades

(1) ¹Ein Soldat ist von Dienstleistungen ausgeschlossen, wenn gegen ihn durch ein deutsches Gericht auf die in § 38 Abs. 1 bezeichneten Strafen, Maßregeln oder Nebenfolgen erkannt wird. ²Er verliert seinen Dienstgrad; dies gilt auch, wenn er wegen schuldhafter Verletzung seiner Dienstpflichten nach § 75 Abs. 1 Satz 2 Nr. 5 entlassen wird.

(2) Wird ein Urteil mit der Folge des Dienstgradverlustes nach Absatz 1 Satz 2 im Wiederaufnahmeverfahren durch ein Urteil ersetzt, das diese Folgen nicht hat, gilt der Verlust des Dienstgrades als nicht eingetreten.

(3) Ein Soldat verliert seinen Dienstgrad ferner, wenn er als Kriegsdienstverweigerer anerkannt wird.

5. Überwachung und Durchsetzung der Dienstleistungspflicht

§ 77 Dienstleistungsüberwachung; Haftung

(1) ¹Der Dienstleistungsüberwachung unterliegen die in § 59 Abs. 1 bis 3 genannten Personen. ²Die Dienstleistungsüberwachung beginnt im Anschluss an das Dienstverhältnis als Berufssoldat oder Soldat auf Zeit, im Fall des § 59 Abs. 3 Satz 1 mit der Annahme der Verpflichtung, und endet zu dem in § 59 Abs. 1 bis 3 genannten, jeweils einschlägigen Zeitpunkt.

(2) Von der Dienstleistungsüberwachung sind diejenigen Dienstleistungspflichtigen ausgenommen, die
1. dauerhaft nicht dienstfähig sind (§ 64),
2. von Dienstleistungen dauernd ausgeschlossen sind (§ 65),
3. von Dienstleistungen befreit sind (§ 66) oder
4. als Kriegsdienstverweigerer anerkannt sind.

(3) *(aufgehoben)*

(4) Während der Dienstleistungsüberwachung haben die Dienstleistungspflichtigen
1. jede Änderung ihrer Wohnung binnen einer Woche, im Spannungs- und Verteidigungsfall binnen 48 Stunden, der zuständigen Wehrersatzbehörde zu melden,
2. Vorsorge zu treffen, dass Mitteilungen der Wehrersatzbehörde sie unverzüglich erreichen,
3. sich auf Aufforderung der zuständigen Wehrersatzbehörde persönlich zu melden,
4. ausgehändigte Bekleidungs- und Ausrüstungsstücke ohne Entschädigung jederzeit erreichbar sorgfältig aufzubewahren und zu pflegen, sie nicht außerhalb des Wehrdienstes zu verwenden, ihre missbräuchliche Benutzung durch Dritte auszuschließen, den Weisungen zur Behandlung der Gegenstände nachzukommen, sie der zuständigen Dienststelle auf Aufforderung vorzulegen oder zurückzugeben und ihr Schäden sowie Verluste unverzüglich zu melden,
5. die Dienstleistungsbescheide für Hilfeleistungen im Innern nach § 63 Abs. 1, für den Wehrdienst im Spannungsfall und für den Wehrdienst im Verteidigungsfall sorgfältig aufzubewahren, nicht missbräuchlich zu verwenden, auf Aufforderung der zuständigen Dienststelle vorzulegen sowie der Wehrersatzbehörde einen Verlust unverzüglich zu melden,
6. sich zur Verhütung übertragbarer Krankheiten impfen zu lassen und insoweit ärztliche Eingriffe in ihre körperliche Unversehrtheit zu dulden; das Grundrecht nach Artikel 2 Abs. 2 Satz 1 des Grundgesetzes wird insoweit eingeschränkt,
7. sich auf Verlangen der zuständigen Wehrersatzbehörde im Hinblick auf eine für sie vorgesehene sicherheitsempfindliche Tätigkeit in der Bundeswehr einer erstmaligen Sicherheitsüberprüfung und weiteren Sicherheitsüberprüfungen zu unterziehen, deren Durchführung sich nach dem Sicherheitsüberprüfungsgesetz bestimmt und für die es einer Zustimmung des Dienstleistungspflichtigen nicht bedarf.

(5) ¹Die Dienstleistungspflichtigen haben für vorsätzlich oder grob fahrlässig verursachte Schäden und Verluste an ausgehändigten Bekleidungs- und Ausrüstungsstücken Geldersatz zu leisten. ²Die Schadensersatzansprüche verjähren in drei Jahren von dem Zeitpunkt an, in dem die zuständigen Behörden von dem Schaden Kenntnis erlangen, ohne Rücksicht auf diese Kenntnis in zehn Jahren von der Begehung der Handlung an.

(6) Während der Dienstleistungsüberwachung haben die Dienstleistungspflichtigen ferner der zuständigen Wehrersatzbehörde unverzüglich schriftlich, elektronisch oder mündlich zu melden:
1. den Eintritt von Tatsachen, die eine Dienstleistungsausnahme nach den §§ 64 bis 66 begründen,
2. den Eintritt von Tatsachen, die eine vorübergehende Unfähigkeit zur Erfüllung der Dienstpflichten von voraussichtlich mindestens neun Monaten begründen,

3. Erkrankungen und Verletzungen sowie Verschlimmerungen von Erkrankungen und Verletzungen seit der Untersuchung gemäß § 71 Satz 1, der letzten Überprüfungsuntersuchung gemäß § 71 Satz 2 und § 73 Satz 2, der Prüfung der Verfügbarkeit oder der Entlassungsuntersuchung, von denen der Dienstleistungspflichtige oder sein Arzt annimmt, dass sie für die Beurteilung seiner Dienstfähigkeit von Belang sind, soweit sie hierzu von der zuständigen Wehrersatzbehörde aufgefordert werden,
4. den vorzeitigen Wegfall der Voraussetzungen für eine Zurückstellung,
5. den Abschluss und einen Wechsel ihrer beruflichen Ausbildung, einen Wechsel ihres Berufes sowie eine weitergehende berufliche Qualifikation; hierüber in ihrem Besitz befindliche Nachweise haben die Dienstleistungspflichtigen auf Aufforderung unverzüglich vorzulegen.

§ 78 Aufenthaltsfeststellungsverfahren

(1) ¹Kann die für die Dienstleistungsüberwachung zuständige Wehrersatzbehörde (ausschreibende Behörde) den ständigen Aufenthaltsort eines Dienstleistungspflichtigen nicht feststellen, übermittelt sie dem Bundesverwaltungsamt zum Zweck der Feststellung des Aufenthaltsortes folgende Daten zur Person des Dienstleistungspflichtigen:
1. Familienname, frühere Namen, Vornamen,
2. Geburtsdatum und Geburtsort,
3. letzte, der ausschreibenden Behörde bekannte Anschrift und
4. das Geschäftszeichen.

²Das Bundesverwaltungsamt hat diese Daten jeweils unter Angabe der ausschreibenden Behörde zu speichern.

(2) ¹Das Bundesverwaltungsamt hat die Daten zu dem in Absatz 1 genannten Zweck in regelmäßigen Abständen in einer Datei zusammengefasst folgenden Stellen zu übermitteln:
1. den Wehrersatzbehörden,
2. dem Bundesamt für den Zivildienst,
3. dem Auswärtigen Amt, das sie zu dem in Absatz 1 genannten Zweck an die Auslandsvertretungen weiterübermittelt,
4. den Behörden, die für die polizeiliche Kontrolle des grenzüberschreitenden Verkehrs zuständig sind.

²Diese Stellen dürfen die Daten zu dem Zweck, zu dem sie ihnen übermittelt worden sind, speichern und nutzen. ³Wird diesen Stellen der Aufenthaltsort eines Dienstleistungspflichtigen bekannt, haben sie ihn der ausschreibenden Behörde mitzuteilen, soweit keine besonderen Verwendungsregelungen entgegenstehen. ⁴Sodann löschen sie unverzüglich die ihnen vom Bundesverwaltungsamt übermittelten Daten des Betroffenen. ⁵Die ausschreibende Behörde unterrichtet das Bundesverwaltungsamt sowie die übrigen Stellen nach Satz 1 davon, dass der Aufenthaltsort festgestellt worden und eine weitere Speicherung nicht mehr erforderlich ist. ⁶Diese Stellen haben die Daten des Betroffenen nach der Unterrichtung zu löschen.

(3) ¹Die ausschreibende Behörde unterrichtet das Bundesverwaltungsamt rechtzeitig, wenn für einen Betroffenen die Dienstleistungspflicht nach § 59 Abs. 1 bis 3 endet.
²Das Bundesverwaltungsamt hat die Daten des Betroffenen spätestens mit Ende der

Dienstleistungspflicht zu löschen; Gleiches gilt für die übrigen Stellen nach Absatz 2 Satz 1, die durch das Bundesverwaltungsamt über das Ende der Dienstleistungspflicht unverzüglich zu unterrichten sind.

(4) Sobald das Bundesverwaltungsamt eine Datei nach Absatz 2 Satz 1 übermittelt, haben die in Absatz 2 Satz 1 Nr. 1 bis 4 genannten Stellen die ihnen zuvor übermittelte Datei zu löschen.

§ 79 Vorführung und Zuführung

(1) ¹Bei Dienstleistungspflichtigen, die einer angeordneten ärztlichen Untersuchung (§ 71 Satz 3 oder § 73 Satz 4) fernbleiben oder einer Aufforderung der Wehrersatzbehörde, sich persönlich zu melden (§ 77 Abs. 4 Nr. 3), unentschuldigt nicht nachkommen, kann die Vorführung angeordnet werden. ²Die Polizei ist um Durchführung zu ersuchen.

(2) Die Polizei kann ersucht werden, Dienstleistungspflichtige, die ihrer Heranziehung unentschuldigt nicht Folge leisten, dem nächsten Feldjägerdienstkommando zuzuführen.

(3) ¹Die Polizei ist befugt, zum Zweck der Vorführung oder Zuführung die Wohnung und andere Räume des Dienstleistungspflichtigen zu betreten und nach ihm zu suchen. ²Das Gleiche gilt, außer zur Nachtzeit, für andere Wohnungen und Räume, wenn sich der Dienstleistungspflichtige einem unmittelbar bevorstehenden Zugriff der Polizei durch Betreten solcher Wohnungen und Räume entzieht. ³Maßnahmen nach den Sätzen 1 und 2 bedürfen einer durch die Wehrersatzbehörde einzuholenden richterlichen Anordnung. ⁴Dabei kann das Gericht von einer vorherigen Anhörung des Dienstleistungspflichtigen oder Wohnungsinhabers absehen, wenn es dies für erforderlich hält, um den Zweck der Maßnahme nicht zu gefährden. ⁵Personen, die Mitgewahrsam an der Wohnung des Dienstleistungspflichtigen haben, haben das Betreten und Durchsuchen der Wohnung und anderer Räume zu dulden. ⁶Unbillige Härten gegenüber Mitgewahrsamsinhabern sind zu vermeiden. ⁷Die Anordnung ist bei der Durchsuchung vorzuzeigen. ⁸Für die richterliche Anordnung einer Durchsuchung ist das Verwaltungsgericht zuständig, in dessen Bezirk die Durchsuchung vorgenommen werden soll. ⁹Das Grundrecht der Unverletzlichkeit der Wohnung (Artikel 13 des Grundgesetzes) wird insoweit eingeschränkt.

6.
Verhältnis zur Wehrpflicht

§ 80 Konkurrenzregelung

Unterliegen die in § 59 genannten Personen der Wehrpflicht (§§ 1 und 3 des Wehrpflichtgesetzes), sind die dafür geltenden Bestimmungen vorrangig anzuwenden.

Fünfter Abschnitt
Dienstliche Veranstaltungen

§ 81 Zuziehung zu dienstlichen Veranstaltungen

(1) Dienstliche Veranstaltungen sind dienstliche Vorhaben der Streitkräfte insbesondere zur militärischen Aus-, Fort- und Weiterbildung, zu denen Personen mit ihrem Einverständnis zugezogen werden können.

(2) ¹Zu dienstlichen Veranstaltungen können Personen, die dienstfähig sind und das 65. Lebensjahr noch nicht vollendet haben, durch das Bundesministerium der Verteidigung oder die von ihm bestimmte Stelle zugezogen werden. ²Während der Wehrdienstleistung stehen sie in einem Wehrdienstverhältnis.

Sechster Abschnitt
Rechtsschutz

1.
Rechtsweg

§ 82 Zuständigkeiten

(1) Für Klagen der Soldaten, der Soldaten im Ruhestand, der früheren Soldaten, der Dienstleistungspflichtigen gemäß § 59 Abs. 3 Satz 1 und der Hinterbliebenen aus dem Wehrdienstverhältnis ist der Verwaltungsrechtsweg gegeben, soweit nicht ein anderer Rechtsweg gesetzlich vorgeschrieben ist.

(2) Für Klagen des Bundes gilt das Gleiche.

(3) ¹Der Bund wird durch das Bundesministerium der Verteidigung vertreten. ²Dieses kann die Vertretung durch allgemeine Anordnung anderen Stellen übertragen; die Anordnung ist im Bundesgesetzblatt zu veröffentlichen.

2.
Rechtsbehelfe und Rechtsmittel gegen Verwaltungsakte nach dem Vierten Abschnitt

§ 83 Besondere Vorschriften für das Vorverfahren

(1) ¹Der Widerspruch gegen Verwaltungsakte, die auf Grund des Vierten Abschnitts dieses Gesetzes durch die Wehrersatzbehörden ergehen, ist binnen zwei Wochen nach Zustellung des Bescheides schriftlich oder zur Niederschrift bei der Behörde zu erheben, die den Verwaltungsakt erlassen hat. ²Die Frist wird auch durch Einlegung bei der Behörde, die den Widerspruchsbescheid zu erlassen hat, gewahrt.

(2) ¹Über den Widerspruch gegen den Heranziehungsbescheid (§ 72 Abs. 1 Satz 1 und § 73 Satz 1), den Widerspruch gegen die Aufhebung eines Heranziehungsbescheides und den Widerspruch gegen den Untersuchungsbescheid (§ 71 Satz 5 und § 73 Satz 3) entscheidet die Wehrbereichsverwaltung. ²Der Widerspruch gegen den Heranziehungsbescheid der Widerspruch gegen die Aufhebung eines Heranziehungsbescheides und der Widerspruch gegen den Untersuchungsbescheid haben keine aufschiebende Wirkung.

§ 84 Rechtsmittel gegen Entscheidungen des Verwaltungsgerichts

¹Die Berufung gegen ein Urteil und die Beschwerde gegen eine andere Entscheidung des Verwaltungsgerichts sind ausgeschlossen. ²Das gilt nicht für die Beschwerde gegen die Nichtzulassung der Revision nach § 135 in Verbindung mit § 133 der Verwaltungsgerichtsordnung und die Beschwerde gegen Beschlüsse über den Rechtsweg nach § 17a Abs. 2 und 3 des Gerichtsverfassungsgesetzes. ³Auf die Beschwerde gegen

Beschlüsse über den Rechtsweg findet § 17a Abs. 4 Satz 4 bis 6 des Gerichtsverfassungsgesetzes entsprechende Anwendung.

§ 85 Besondere Vorschriften für die Anfechtungsklage

[1]Die Anfechtungsklage gegen den Untersuchungsbescheid (§ 71 Satz 5 und § 73 Satz 3), die Anfechtungsklage gegen den Heranziehungsbescheid (§ 72 Abs. 1 Satz 1 und § 73 Satz 1) und die Anfechtungsklage gegen die Aufhebung des Heranziehungsbescheides haben keine aufschiebende Wirkung. [2]Das Gericht kann auf Antrag die aufschiebende Wirkung anordnen. [3]Vor der Anordnung ist die Wehrbereichsverwaltung zu hören.

Siebter Abschnitt
Bußgeldvorschriften; Übergangs- und Schlussvorschriften

§ 86 Bußgeldvorschriften

(1) Ordnungswidrig handelt, wer vorsätzlich oder fahrlässig
1. entgegen § 71 Satz 3, § 73 Satz 4 oder § 77 Abs. 4 Nr. 7 sich einer dort genannten Untersuchung oder Überprüfung nicht oder nicht rechtzeitig unterzieht,
2. entgegen § 77 Abs. 4 Nr. 1 oder Abs. 6 Nr. 1, 2 oder 3 eine Meldung nicht oder nicht rechtzeitig macht,
3. entgegen § 77 Abs. 4 Nr. 2 keine Vorsorge trifft,
4. entgegen § 77 Abs. 4 Nr. 3 sich nicht oder nicht rechtzeitig meldet oder
5. entgegen § 77 Abs. 4 Nr. 5 einen dort genannten Bescheid nicht sorgfältig oder nicht für die vorgeschriebene Dauer aufbewahrt, ihn missbräuchlich verwendet oder nicht oder nicht rechtzeitig vorgelegt oder eine Meldung nicht oder nicht rechtzeitig macht.

(2) Die Ordnungswidrigkeit kann mit einer Geldbuße geahndet werden.

(3) Verwaltungsbehörde im Sinne des § 36 Abs. 1 Nr. 1 des Gesetzes über Ordnungswidrigkeiten ist das Kreiswehrersatzamt.

§ 87 Einstellung von anderen Bewerbern

(1) [1]Ein Bewerber, der die für einen höheren Dienstgrad erforderliche militärische Eignung durch Lebens- und Berufserfahrung außerhalb der Bundeswehr erworben hat, kann auf Grund freiwilliger Verpflichtung zu einer Eignungsübung von vier Monaten einberufen werden; er kann die Eignungsübung freiwillig fortsetzen. [2]Während der Übung kann er mit dem 15. oder Letzten eines jeden Monats entlassen werden. [3]Die Entlassungsverfügung ist ihm wenigstens zwei Wochen vor dem Entlassungstag bekannt zu geben. [4]Auf seinen Antrag muss er jederzeit entlassen werden. [5]Im Übrigen hat er für die Dauer der Eignungsübung die Rechtsstellung eines Soldaten auf Zeit mit dem Dienstgrad, für den er nach erfolgreicher Ableistung der Eignungsübung vorgesehen ist.

(2) Nach der Eignungsübung kann der Bewerber zum Berufssoldaten oder zum Soldaten auf Zeit ernannt werden.

(3) Für die Ernennung zum Soldaten auf Zeit findet die Beschränkung auf ein Lebensalter von 40 Jahren keine Anwendung.

§ 88 Entlassung von anderen Bewerbern

[1]Ein Bewerber nach § 87 Abs. 1, der in das Dienstverhältnis eines Berufssoldaten oder eines Soldaten auf Zeit berufen ist, kann auf Grund eines Verhaltens vor der Ernennung, das ihn der Berufung in sein Dienstverhältnis unwürdig erscheinen lässt, entlassen werden, nachdem ein Disziplinargericht den Sachverhalt festgestellt hat. [2]Die Entlassung hat dieselben Folgen wie eine Entlassung nach § 46 Abs. 2 Satz 2 Nr. 3.

§ 89 Mitteilungen in Strafsachen

(1) In Strafsachen gegen Soldaten gilt § 115 des Bundesbeamtengesetzes entsprechend.

(2) [1]In Strafsachen gegen Berufssoldaten im Ruhestand, frühere Berufssoldaten und frühere Soldaten auf Zeit sollen personenbezogene Daten außer in den Fällen des § 14 Abs. 1 Nr. 6 des Einführungsgesetzes zum Gerichtsverfassungsgesetz übermittelt werden, wenn deren Kenntnis für Disziplinarmaßnahmen mit anderen als versorgungsrechtlichen Folgen erforderlich ist, soweit nicht für die übermittelnde Stelle erkennbar ist, dass schutzwürdige Interessen des Betroffenen an dem Ausschluss der Übermittlung überwiegen. [2]§ 14 Abs. 2 des Einführungsgesetzes zum Gerichtsverfassungsgesetz ist anzuwenden.

(3) [1]Die Mitteilungen sind zu richten
1. bei Erlass und Vollzug eines Haftbefehls oder Unterbringungsbefehls an den nächsten Disziplinarvorgesetzten des Soldaten oder dessen Vertreter im Amt,
2. in den übrigen Fällen zum Zwecke der Weiterleitung an die zuständige Stelle an den Befehlshaber des Wehrbereichs, in dem die mitteilungspflichtige Stelle liegt.

[2]Die Mitteilungen sind als „Vertrauliche Personalsache" zu kennzeichnen. [3]Im Fall des Satzes 1 Nr. 2 dürfen nur die Personendaten des Beschuldigten, die für die Ermittlung der zuständigen Stelle erforderlich sind, dem Befehlshaber im Wehrbereich zugänglich gemacht werden; die übrigen Daten sind ihm zur Weiterleitung in einem verschlossenen Umschlag zu übermitteln.

§ 90 Organisationsgesetz

Die Organisation der Verteidigung, insbesondere die Spitzengliederung der Bundeswehr und die endgültige Organisation des Bundesministeriums der Verteidigung, bleiben besonderer gesetzlicher Regelung vorbehalten.

§ 91 Personalvertretung der Beamten, Angestellten und Arbeiter

(1) Für die bei militärischen Dienststellen und Einrichtungen der Bundeswehr beschäftigten Beamten, Angestellten und Arbeiter gilt das Bundespersonalvertretungsgesetz.

(2) § 53 Abs. 2 des Soldatenbeteiligungsgesetzes gilt entsprechend.

§§ 92, 93 Soldatengesetz – SG

(3) ¹§ 76 Abs. 2 Satz 1 Nr. 4 des Bundespersonalvertretungsgesetzes gilt entsprechend bei der Bestellung von Soldaten zu Vertrauens- oder Betriebsärzten. ²Hierbei ist nach § 38 Abs. 1 des Bundespersonalvertretungsgesetzes zu verfahren.

(4) § 78 Abs. 1 Nr. 2 des Bundespersonalvertretungsgesetzes findet bei der Auflösung, Einschränkung, Verlegung oder Zusammenlegung von militärischen Dienststellen und Einrichtungen oder wesentlichen Teilen von ihnen keine Anwendung, soweit militärische Gründe entgegenstehen.

§ 92 Übergangsvorschriften für die Laufbahnen

In der Rechtsverordnung nach § 27 Abs. 1 kann für die Dauer des Spannungs- oder Verteidigungsfalles bestimmt werden, dass für die bei Eintritt des Spannungs- oder Verteidigungsfalles vorhandenen Berufssoldaten und Soldaten auf Zeit die Dienstzeit nach § 27 Abs. 2 Nr. 1 Buchstabe b bis auf sechs Monate und die Dienstzeit nach Nr. 2 Buchstabe b bis auf ein Jahr verkürzt wird.

§ 93 Zuständigkeit für den Erlass der Rechtsverordnungen

(1) Die Bundesregierung erlässt die Rechtsverordnungen über
1. die Nebentätigkeit der Soldaten nach § 20 Abs. 7,
2. die Laufbahnen der Soldaten nach § 27,
3. den Urlaub der Soldaten nach § 28 Abs. 4,
4. die Regelungen zur Elternzeit der Soldaten nach § 28 Abs. 7 Satz 2,
5. die Jubiläumszuwendung nach § 30 Abs. 4,
6. die Regelungen zum Mutterschutz für Soldatinnen nach § 30 Abs. 5 Satz 2,
7. die Verlängerung der Dienstzeit von Soldaten auf Zeit nach § 54 Abs. 3 Nr. 1,
8. die Erstattung von Auslagen, Verdienstausfall und Vertretungskosten nach § 70 Abs. 1 Satz 6,
9. die Zuständigkeit und das Verfahren bei der Unabkömmlichstellung nach § 68 Abs. 2 Satz 3.

(2) Das Bundesministerium der Verteidigung erlässt die Rechtsverordnungen über
1. die Regelung des Vorgesetztenverhältnisses nach § 1 Abs. 3,
2. die Berechtigung zum Tragen der Uniform außerhalb eines Wehrdienstverhältnisses nach § 4a,
3. die Unteroffizierprüfungen und die Offizierprüfungen nach § 27 Abs. 7,
4. die Ausgestaltung des Personalaktenwesens nach § 29,
5. die Ausgestaltung der Teilzeitbeschäftigung nach § 30a,
6. die verwendungsbezogenen Mindestdienstzeiten nach § 46 Abs. 3.

(3) Das Bundesministerium der Verteidigung erlässt im Einvernehmen mit den Bundesministerien des Innern und der Finanzen die Rechtsverordnung über das Ausbildungsgeld nach § 30 Abs. 2.

(4) Die Rechtsverordnung nach Absatz 1 Nr. 9 bedarf der Zustimmung des Bundesrates.

Soldatengesetz – SG §§ 94-96

§ 94 Übergangsvorschrift aus Anlass des Änderungsgesetzes vom 24. Februar 1983 (BGBl. I S. 179)

Auf Berufssoldaten und Soldaten auf Zeit, die vor dem 2. März 1983 ein Studium oder eine Fachausbildung im Rahmen ihrer militärischen Ausbildung abgeschlossen haben, sind die bisherigen Vorschriften anzuwenden.

§ 95 Übergangsvorschrift aus Anlass des Änderungsgesetzes vom 6. Dezember 1990 (BGBl. I S. 2588)

Die Vorschriften des § 40 Abs. 4, § 46 Abs. 4 finden nur auf Soldaten auf Zeit und Berufssoldaten Anwendung, die Elternzeit nach Inkrafttreten des Vierzehnten Gesetzes zur Änderung des Soldatengesetzes vom 6. Dezember 1990 (BGBl. I S. 2588) beantragt haben.

§ 96 Übergangsvorschrift aus Anlass des Dienstrechtsneuordnungsgesetzes

(1) Abweichend von § 45 Abs. 1 Nr. 1 wird die allgemeine Altersgrenze in den Jahren 2008 bis 2012 auf das vollendete 62. Lebensjahr festgesetzt und ab dem Jahr 2013 wie folgt angehoben:

im Jahr	Anhebung um Monate	Anspruch ab Alter	
		Jahr	Monat
2013	3	62	3
2014	6	62	6
2015	9	62	9
2016	12	63	0
2017	15	63	3
2018	18	63	6
2019	21	63	9
2020	24	64	0
2021	27	64	3
2022	30	64	6
2023	33	64	9

(2) Abweichend von § 45 Abs. 2 werden die besonderen Altersgrenzen wie folgt festgesetzt:
1. für Generale sowie für Offiziere in den Laufbahnen des Sanitätsdienstes, des Militärmusikdienstes und des Geoinformationsdienstes der Bundeswehr wird bis zum 31. Dezember 2012 keine besondere Altersgrenze festgesetzt,
2. für nicht von Nummer 1 erfasste Oberste
    a) in den Jahren 2008 bis 2012 die Vollendung des 61. Lebensjahres, hiervon abweichend des 60. Lebensjahres für vor dem 1. Januar 1999 zum Berufssoldaten ernannte Oberste in der Besoldungsgruppe A 16,

b) ab dem Jahr 2013 die Vollendung des 61. Lebensjahres mit folgenden Anhebungen:

im Jahr	Anhebung um Monate	Erreichen mit Alter	
		Jahr	Monat
2013	1	61	1
2014	2	61	2
2015	3	61	3
2016	4	61	4
2017	5	61	5
2018	6	61	6
2019	7	61	7
2020	8	61	8
2021	9	61	9
2022	10	61	10
2023	11	61	11

Dies gilt mit der Maßgabe, dass vor dem 1. Januar 1999 zum Berufssoldaten ernannte Oberste in der Besoldungsgruppe A 16 die besondere Altersgrenze
aa) in den Jahren 2013 und 2014 mit Vollendung des 60. Lebensjahres,
bb) in den Jahren 2015 bis 2023 mit Vollendung des 61. Lebensjahres mit folgenden Anhebungen erreichen:

im Jahr	Anhebung um Monate	Erreichen mit Alter	
		Jahr	Monat
2015	0	61	0
2016	1	61	1
2017	2	61	2
2018	3	61	3
2019	4	61	4
2020	5	61	5
2021	6	61	6
2022	8	61	8
2023	10	61	10

3. für nicht von Nummer 1 erfasste Oberstleutnante
   a) in den Jahren 2008 bis 2012 die Vollendung des 59. Lebensjahres, hiervon abweichend des 58. Lebensjahres für vor dem 1. Januar 1999 zum Berufssoldaten ernannte Oberstleutnante in der Besoldungsgruppe A 14,

Ewald

Soldatengesetz – SG § 96

b) ab dem Jahr 2013 die Vollendung des 59. Lebensjahres mit folgenden Anhebungen:

im Jahr	Anhebung um Monate	Erreichen mit Alter	
		Jahr	Monat
2013	2	59	2
2014	4	59	4
2015	6	59	6
2016	8	59	8
2017	10	59	10
2018	12	60	0
2019	14	60	2
2020	16	60	4
2021	18	60	6
2022	20	60	8
2023	22	60	10

Dies gilt mit der Maßgabe, dass vor dem 1. Januar 1999 zum Berufssoldaten ernannte Oberstleutnante in der Besoldungsgruppe A 14 die besondere Altersgrenze
  aa) in den Jahren 2013 und 2014 mit Vollendung des 58. Lebensjahres,
  bb) in den Jahren 2015 bis 2023 mit Vollendung des 59. Lebensjahres mit folgenden Anhebungen erreichen:

im Jahr	Anhebung um Monate	Erreichen mit Alter	
		Jahr	Monat
2015	0	59	0
2016	2	59	2
2017	4	59	4
2018	6	59	6
2019	8	59	8
2020	10	59	10
2021	12	60	0
2022	16	60	4
2023	20	60	8

4. für nicht von Nummer 1 erfasste Majore und Stabshauptleute
  a) in den Jahren 2008 bis 2012 die Vollendung des 57. Lebensjahres, hiervon abweichend des 56. Lebensjahres für vor dem 1. Januar 1999 zum Berufssoldaten ernannte Majore,

b) ab dem Jahr 2013 die Vollendung des 57. Lebensjahres mit folgenden Anhebungen:

im Jahr	Anhebung um Monate	Erreichen mit Alter	
		Jahr	Monat
2013	2	57	2
2014	4	57	4
2015	6	57	6
2016	8	57	8
2017	10	57	10
2018	12	58	0
2019	14	58	2
2020	16	58	4
2021	18	58	6
2022	20	58	8
2023	22	58	10

Dies gilt mit der Maßgabe, dass vor dem 1. Januar 1999 zum Berufssoldaten ernannte Majore die besondere Altersgrenze
aa) in den Jahren 2013 und 2014 mit Vollendung des 56. Lebensjahres,
bb) in den Jahren 2015 bis 2023 mit Vollendung des 57. Lebensjahres mit folgenden Anhebungen erreichen:

im Jahr	Anhebung um Monate	Erreichen mit Alter	
		Jahr	Monat
2015	0	57	0
2016	2	57	2
2017	4	57	4
2018	6	57	6
2019	8	57	8
2020	10	57	10
2021	12	58	0
2022	16	58	4
2023	20	58	8

5. für nicht von Nummer 1 erfasste Hauptleute, Oberleutnante und Leutnante
   a) in den Jahren 2008 bis 2012 die Vollendung des 55. Lebensjahres, hiervon abweichend in den Jahren 2008 bis 2010 des 54. Lebensjahres für vor dem 1. Januar 1999 zum Berufssoldaten Ernannte,

b) ab dem Jahr 2013 die Vollendung des 55. Lebensjahres mit folgenden Anhebungen:

im Jahr	Anhebung um Monate	Erreichen mit Alter	
		Jahr	Monat
2013	1	55	1
2014	2	55	2
2015	3	55	3
2016	4	55	4
2017	5	55	5
2018	6	55	6
2019	7	55	7
2020	8	55	8
2021	9	55	9
2022	10	55	10
2023	11	55	11

6. für Berufsunteroffiziere
   a) in den Jahren 2008 bis 2012 die Vollendung des 54. Lebensjahres, hiervon abweichend des 53. Lebensjahres für vor dem 1. Januar 1999 zum Berufssoldaten ernannte Berufsunteroffiziere,
   b) ab dem Jahr 2013 die Vollendung des 54. Lebensjahres mit folgenden Anhebungen:

im Jahr	Anhebung um Monate	Erreichen mit Alter	
		Jahr	Monat
2013	1	54	1
2014	2	54	2
2015	3	54	3
2016	4	54	4
2017	5	54	5
2018	6	54	6
2019	7	54	7
2020	8	54	8
2021	9	54	9
2022	10	54	10
2023	11	54	11

(3) Die Altersgrenzen nach Absatz 2 gelten auch für die Berufssoldaten der Marine mit entsprechenden Dienstgraden.

§ 97 Übergangsvorschrift aus Anlass des Änderungsgesetzes vom 19. Dezember 2000 (BGBl. I S. 1815)

(1) Auf Berufssoldaten und Soldaten auf Zeit, die vor Inkrafttreten des Gesetzes zur Änderung des Soldatengesetzes und anderer Vorschriften vom 19. Dezember 2000 (BGBl. I S. 1815) ein Studium oder eine Fachausbildung begonnen haben, sind § 49 Abs. 4 und § 56 Abs. 4 in der bisherigen Fassung anzuwenden.

(2) Auf die bei Inkrafttreten des Gesetzes zur Änderung des Soldatengesetzes und anderer Vorschriften vom 19. Dezember 2000 (BGBl. I S. 1815) vorhandenen Soldaten auf Zeit ist § 55 Abs. 4 in der bisherigen Fassung anzuwenden.

§ 98 Übergangsvorschrift aus Anlass des Änderungsgesetzes vom 22. April 2005 (BGBl. I S. 1106)

Die Vorschriften des Vierten Abschnitts sind nur auf Personen anzuwenden, die nach Inkrafttreten des Vierzehnten Gesetzes zur Änderung des Soldatengesetzes vom 6. Dezember 1990 (BGBl. I S. 2588) in das Dienstverhältnis eines Soldaten berufen worden sind.

Kommentar zum Soldatengesetz

Erster Abschnitt
Gemeinsame Vorschriften

1. Allgemeines

§ 1 Begriffsbestimmungen

(1) ¹Soldat ist, wer auf Grund der Wehrpflicht oder freiwilliger Verpflichtung in einem Wehrdienstverhältnis steht. ²Staat und Soldaten sind durch gegenseitige Treue miteinander verbunden.

(2) ¹In das Dienstverhältnis eines Berufssoldaten kann berufen werden, wer sich freiwillig verpflichtet, auf Lebenszeit Wehrdienst zu leisten. ²In das Dienstverhältnis eines Soldaten auf Zeit kann berufen werden, wer sich freiwillig verpflichtet, für begrenzte Zeit Wehrdienst zu leisten. ³Zu einem Wehrdienst in Form von Dienstleistungen kann außer Personen, die in einem Wehrdienstverhältnis nach Satz 1 oder 2 gestanden haben, auch herangezogen werden, wer sich freiwillig zu Dienstleistungen verpflichtet.

(3) ¹Vorgesetzter ist, wer befugt ist, einem Soldaten Befehle zu erteilen. ²Durch Rechtsverordnung wird bestimmt, wer auf Grund seiner Dienststellung, seines Dienstgrades, besonderer Anordnung oder eigener Erklärung befehlen kann. ³Auf Grund des Dienstgrades allein besteht keine Befehlsbefugnis außerhalb des Dienstes. ⁴Durch eigene Erklärung darf eine Befehlsbefugnis nur zur Hilfeleistung in Notfällen, zur Aufrechterhaltung der Disziplin oder Sicherheit oder zur Herstellung einer einheitlichen Befehlsbefugnis in kritischer Lage begründet werden.

(4) ¹Disziplinarvorgesetzter ist, wer Disziplinarbefugnis über Soldaten seines Befehlsbereichs hat. ²Das Nähere regelt die Wehrdisziplinarordnung.

Übersicht

	Rn		Rn
I. Allgemeines	1	d) Vorgesetzteneigenschaft der Festnehmenden (§ 21 WDO)	60
1. Entstehung der Vorschrift	1	e) Vorgesetztenverhältnisse zwischen Soldaten und Nichtsoldaten	64
2. Änderungen der Vorschrift	9		
3. Bezüge zum Beamtenrecht bzw. zu sonstigen rechtl. Vorschriften; ergänzende Dienstvorschriften	19	f) Vorgesetztenverhältnis eines Soldaten gegenüber Beamten	66
II. Erläuterungen im Einzelnen	25	g) Vorgesetztenverhältnis eines Soldaten gegenüber Arbeitnehmern	68
1. Absatz 1	25		
2. Absatz 2	32		
a) Satz 1	32	h) Vorgesetztenverhältnis eines Nichtsoldaten gegenüber Soldaten	69
b) Satz 2	33		
c) Satz 3	35		
d) Faktisches Dienstverhältnis	37	i) Befehlsbefugnisse und Vorgesetzteneigenschaft	72
3. Absatz 3	47		
a) Satz 1	47	4. Absatz 4	75
b) Sätze 2 bis 4	51		
c) Befehls- und Kommandogewalt des Bundesministers der Verteidigung und dessen Vertretung	57		

§ 1 Begriffsbestimmungen

Literatur: Zu Veröffentlichungen insbes. aus den 60er und 70er Jahren des letzten Jh. vgl. GKÖD I Yk, § 1; *Scherer/Alff/Poretschkin*, SG, 67.

Aktuellere Literatur zu den Abs. 1 und 2: *Burmester, Gabriele*: Verfassungsrechtliche Grundlagen beim Einsatz der Bundeswehr zur Verteidigung, NZWehrr 1993, 133; *Dreist, Peter*: Dürfen Sanitätssoldaten Dienst an der Waffe leisten?, UBwV 2008, 382; *Eichen, Klaus*: Erosion der deutschen Wehrverfassung durch sekundäres Gemeinschaftsrecht? NZWehrr 2000, 45; *ders.*: Das „Gesetz zur Änderung des Soldatengesetzes und anderer Vorschriften (SGÄndG)" vom 19. Dezember 2000, NZWehrr 2001, 45; *Mutschler, Bernd*: Die Grundrechte der „Staatsbürger in Uniform", NZWehrr 1998, 1; *Laubinger, Hans-Werner/Repkewitz, Ulrich*: Freiwilliger Waffendienst von Frauen in der Bundeswehr, VerwArch 2000, 297; *Lingens, Eric*: Befehlsbefugnis und Vorgesetzteneigenschaft, NZWehrr 1993, 19; *Spranger, Tade Matthias*: Die Entscheidungen „Sidar" und „Kreil" des EuGH – Diskriminierung oder Gleichberechtigung de luxe? NZWehrr 2000, 117; *Walz, Dieter*: Der „neue Auftrag" der deutschen Streitkräfte und das Prinzip der allgemeinen Wehrpflicht, NZWehrr 1993, 89; *ders.*: Der minderjährige Wehrpflichtige, NZWehrr 1995, 106; *ders.*: Wehrpflicht und „Landes"verteidigung, NZWehrr 1998, 110; *ders.*: Die Besonderheiten des gesetzlichen Status des Soldaten, in: Gareis/Klein, HdBMilSoWi, 482.

Literatur zu den Abs. 3 und 4: *Burmester, Wilhelm*: Das militärische Vorgesetzten-Untergebenen-Verhältnis, NZWehrr 1990, 89; *Dau, Klaus*: Der Parlamentarische Staatssekretär – Stellvertreter im Oberbefehl? Zugleich ein Beitrag zur Ressortkompetenz des Bundesministers der Verteidigung, in: Fs für Dieter Fleck, 81; *Deiseroth, Dieter*: Rechtliche Grenzen der Öffentlichkeitsarbeit im Bereich der Bundeswehrstreitkräfte, jurisPR-BVerwG 4/2007 Anm. 2; *Erbs/Kohlhaas*: Strafrechtliche Nebengesetze (Komm. der VorgV bei § 2 WStG unter W 50 – Bearb.: *Dau, Klaus*); *Franke, Peter*: Zur Stellvertretung des Bundesministers der Verteidigung in der Befehls- und Kommandogewalt, NZWehrr 1977, 45; *Hahnenfeld, Günter*: Die Befehls- und Kommandogewalt im Verteidigungsfall, BWV 1965, 73; *Hennings, Jürgen*: Zur Vorgesetzteneigenschaft im Sinne der VorgV, NZWehrr 1977, 114; *ders.*: Gibt es im Wehrrecht zwei verschiedene Vorgesetztenbegriffe: § 41 WStG und § 10 SG?, NZWehrr 1962, 50; *Kirchhof, Ferdinand*: Deutsche Verfassungsvorgaben zur Befehlsgewalt und Wehrverwaltung in multinationalen Verbänden, NZWehrr 1998, 152; *Klein, Hans*: Ministerielle Weisungsbefugnis und Stellvertretung in der Befehls- und Kommandogewalt, JuS 1974, 362; *Laber, Jörg*: Besonderheiten des Direktionsrechts im öffentlichen Dienst, ArbRB (Der Arbeits-Rechts-Berater) 2006, 364; *Lingens, Eric*: Zur Befehlsbefugnis militärischer Dienststellen, NZWehrr 1997, 248; *ders.*: Befehlsbefugnis und Vorgesetzteneigenschaft, NZWehrr 1993, 19; *ders.*: Wann entscheidet der Vertreter?, NZWehrr 1985, 92; *ders.*: Die Befugnis des Wachsoldaten zur vorläufigen Festnahme nach § 17 WDO, NZWehrr 1985, 18; *ders.*: Zur Vorgesetzteneigenschaft des Leiters einer Stabsabteilung, NZWehrr 1984, 114; *ders.*: Wie ist der Begriff „Dienst" in der Vorgesetztenverordnung zu verstehen?, NZWehrr 1982,. 82; *ders.*: Können Vertreter und Vertretener Vorgesetzte nach § 1 VorgVO sein?, NZWehrr 1980, 133; *ders.*: Die Überschreitung der Befehlsbefugnis und ihre Auswirkung auf die Vorgesetzteneigenschaft, NZWehrr 1978, 55; *Lingens/Marignoni*: Vorgesetzter und Untergebener. Ein Grundriß zum Befehlsrecht, 3. Aufl. 1987; *Lorse, Jürgen*: Die Befehls- und Kommandogewalt des Art. 65a GG im Lichte terroristischer Herausforderungen, DÖV 2004, 329; *Peterson, Detlef P.*: Das Problem der gleichzeitigen wechselseitigen Vorgesetzten-Untergebenen-Verhältnisse, NZWehrr 1983,161; *Peterson, Volker K.*: Wann entscheidet der Vertreter?, NZWehrr 1986, 243; *Poretschkin, Alexander*: Befehlsgewalt internationaler Kommandeure, NZWehrr 2005, 247; *ders.*: Ist militärisches Befehlsrecht noch verfassungsgemäß?, NZWehrr 2007, 138; *Scherer, Werner*: Zur Änderung der Vorgesetztenverordnung, NZWehrr 1959, 92; *Scherübl/Dürig/von der Heydte/Böckenförde*: Stellvertretung im Oberbefehl, Referate auf einer Arbeitstagung der Hochschule für Politik (Hrsg.), 1966; *Schreiber, Jürgen*: Vorläufige Dienstgrade, NZWehrr 1974, 23; *ders.*: Das Problem überschneidender Vorgesetztenverhältnisse,

NZWehrr 1964, 156; *ders.*: Die Rechtsstellung des verantwortlichen Flugzeugführers in militärischen Luftfahrzeugen, NZWehrr 1961, 149; *Schwaiger, Konrad*: Zur zweiten Änderung der Vorgesetztenverordnung, NZWehrr 1961, 11; *Stein, Torsten*: Rechtsformen multinationaler Verbände, NZWehrr 1998, 143; *v. Steinau-Steinrück, Robert*: Das Weisungsrecht im Öffentlichen Dienst, NJW-Spezial 2008, 658; *Wieland, Joachim*: Ausländische Vorgesetzte deutscher Soldaten in multinationalen Verbänden, NZWehrr 1999, 133.

I. Allgemeines

1. Entstehung der Vorschrift. Der REntw.[1] sah folgende Fassung des § 1 vor: 1

(1) **Soldat ist, wer auf Grund der Wehrpflicht oder freiwilliger Verpflichtung Wehrdienst leistet.**

(2) **Auf Grund freiwilliger Verpflichtung kann der Soldat in das Dienstverhältnis eines Berufssoldaten oder eines Soldaten auf Zeit berufen werden.**

(3) **Vorgesetzter ist, wer einem Soldaten auf Grund seiner Dienststellung, seines Dienstgrades, besonderer Anordnung oder eigener Erklärung befehlen kann. Das Nähere regelt eine Rechtsverordnung.**

(4) **Disziplinarvorgesetzter ist, wer Disziplinarstrafgewalt über Soldaten seines Befehlsbereichs hat. Das Nähere regelt ein Gesetz.**

Die **Begr.**[2] wiederholt im Wesentlichen den Gesetzestext in Prosaform. Erwähnenswert ist die Ausgangsprämisse der BReg: „Die Streitkräfte haben die allgemeine Wehrpflicht zur Grundlage."[3] Nur „Ausbilder, Fachleute und die militärischen Führer" sollten länger dienende Soldaten sein. Der Versuch der BReg – vor dem Hintergrund, dass das WPflG zum damaligen Zeitpunkt noch nicht beraten war – „vier ganz verschiedene Personengruppen in einem Gesetz zusammenzufassen", BS, SaZ, WPfl und „Zivilangestellte" der SK, löste während der 1. Lesung des Entw. im BT **Kritik** aus.[4] Das mit dem REntw. angelegte **konzeptionelle Problem**, „die Rechtsverhältnisse von Menschen in *einem* Gesetz zu regeln, die zwar ziemlich gleichartige Pflichten, aber ganz verschiedene Rechte haben"[5], besteht grds. bis heute fort.[6] 2

In seiner Stellungnahme zum REntw. schlug der **BR**[7] vor, **Abs. 1** wie folgt „klarer zu fassen": 3

Soldat ist, wer auf Grund der Wehrpflicht oder freiwilliger Verpflichtung in einem Wehrdienstverhältnis steht.

In ihrer Gegenäußerung stimmte die **BReg**[8] diesem Änderungsvorschlag zu. 4

Im **Rechtsausschuss** des BT wiesen mehrere Redner darauf hin, dass die Fassung des **Abs. 3** mit Art. 80 GG nicht zu vereinbaren sei.[9] Diese Bedenken wurden bei Stimmengleichheit von 7:7 zurückgewiesen.[10] 5

---

1 BT-Drs. II/1700, 4.
2 BT-Drs. II/1700, 17.
3 Ebenso der VertA in seinem Ber. über den Entw. des SG, BT-Drs. II/2140, 3.
4 Vgl. den Redebeitrag des Abg. *Merten* (SPD), Sten. Ber. 5785 (C).
5 Abg. *Merten*, Sten. Ber. 5785.
6 Vgl. die Komm. zu §§ 58, 91.
7 BT-Drs. II/1700, 37.
8 BT-Drs. II/1700, 43.
9 Prot. Nr. 86 der 86. Sitzung v. 18.11.1955, 7 ff.
10 Prot. Nr. 86 der 86. Sitzung v. 18.11.1955, 10.

6 Auch im **Ausschuss für Beamtenrecht** des BT löste **Abs. 3** eine kontroverse Debatte aus.[11] Die BReg wurde aufgefordert, eine **andere Fassung** vorzulegen.[12] Hieraus entstand folgende Ergänzung des Abs. 3:

Der Dienstgrad verleiht keine allgemeine Befehlsbefugnis. Durch eigene Erklärung wird eine Befehlsbefugnis nur zur Hilfeleistung in Notfällen, zur Aufrechterhaltung der Disziplin oder der Sicherheit oder zur Herstellung einheitlicher Befehlsgebung in kritischer Lage begründet.[13]

Diesem Vorschlag stimmte der Ausschuss für Beamtenrecht zu, verbunden mit der Ergänzung des ersten Satzes um die Wörter „außerhalb des Dienstes".[14] Außerdem fügte der Ausschuss einen **neuen Abs. 1a**, den späteren Abs. 2, ein.

7 Der VertA übernahm die Änderungsvorschläge des BR und des Ausschusses für Beamtenrecht. Darüber hinaus fügte er in Abs. 1 einen **neuen Satz 2** ein („Staat und Soldaten sind durch gegenseitige Treue miteinander verbunden").[15] Diesen Einschub begründete der VertA mit der sich aus einer evtl. Verminderung der Planstellen für Soldaten ergebenden Problematik. Die Betonung des Treueverhältnisses sollte den Soldaten „Sicherheiten für die wirtschaftlichen Grundlagen ihrer Existenz geben".[16]

8 In der **Erstfassung** des SG bestimmte § 1 demnach:

(1) Soldat ist, wer auf Grund der Wehrpflicht oder freiwilliger Verpflichtung in einem Wehrdienstverhältnis steht. Staat und Soldaten sind durch gegenseitige Treue miteinander verbunden.

(2) Auf Grund der Wehrpflicht stehen auch noch die Angehörigen der Reserve, die zu einem Dienstgrad befördert sind, in einem Wehrdienstverhältnis, solange sie zum Wehrdienst einberufen sind.

(3) Der Soldat kann

1. auf Grund freiwilliger Verpflichtung, auf Lebenszeit Wehrdienst zu leisten, in das Dienstverhältnis eines Berufssoldaten oder

2. auf Grund freiwilliger Verpflichtung, für begrenzte Zeit Wehrdienst zu leisten, in das Dienstverhältnis eines Soldaten auf Zeit

berufen werden.

(4) Vorgesetzter ist, wer befugt ist, einem Soldaten Befehle zu erteilen. Durch Rechtsverordnung wird bestimmt, wer auf Grund seiner Dienststellung, seines Dienstgrades, besonderer Anordnung oder eigener Erklärung befehlen kann. Auf Grund des Dienstgrades allein besteht keine Befehlsbefugnis außerhalb des Dienstes. Durch eigene Erklärung darf eine Befehlsbefugnis nur zur Hilfeleistung in Notfällen, zur

---

11 Vgl. Prot. Nr. 37 der 37. Sitzung v. 28.11.1955, 3 f.
12 Vgl. Fn. 15; Drs. 21 des Ausschusses für Beamtenrecht v. 4.1.1956, 2.
13 Formulierungsvorschlag des Referatsleiters VIII A 1 des BMVg v. 1.12.1955.
14 Prot. Nr. 45 der 45. Sitzung v. 16.1.1956, 7. Historische Reminiszenz am Rande: In der gleichen Sitzung fragte der Abg. *Kühn* (FDP), wie sich das BMVg verhalten werde, wenn sich eine Frau unter Berufung auf Art. 3 GG als Freiwillige melden werde. Der Vertreter des BMVg, *Barth*, erwiderte, Art. 73 GG spreche nur von einer Wehrpflicht (!) für Männer. Ob es allerdings „tunlich sein, in dieser Sache einen Musterprozess durchführen zu lassen, erscheine fraglich" (Prot. Nr. 45, 8).
15 BT-Drs. II/2140, 28 f.
16 BT-Drs. II/2140, 3.

Aufrechterhaltung der Disziplin oder Sicherheit oder zur Herstellung einer einheitlichen Befehlsbefugnis in kritischer Lage begründet werden.

(5) Disziplinarvorgesetzter ist, wer Disziplinarstrafgewalt über Soldaten seines Befehlsbereichs hat. Das Nähere regelt ein Gesetz.

2. **Änderungen der Vorschrift.** Durch Art. 1 Nr. 1 des G vom **20.12.1974**[17] wurde in Abs. 5 a. F. der Begriff „Disziplinarstrafgewalt" durch „Disziplinargewalt" ersetzt, eine Folge der grundlegenden Novellierung des Wehrdisziplinarrechts des Jahres 1972.[18]

9

Die erstmalige **Zulassung von Frauen** zur (freiwilligen) Dienstleistung als Soldatinnen (in der Laufbahn der Offz des SanDienstes) wurde durch die mit Art. 1 Nr. 1 des G vom **6.8.1975**[19] verfügte Ergänzung des Abs. 3 um die Wörter „Frauen jedoch nur für die Laufbahn der Offiziere des Sanitätsdienstes" ermöglicht.

10

Mit Art. 1 Nr. 2 des G vom **6.12.1990**[20] wurde der bisherige Abs. 2 gestrichen, da dieser ohnehin keinen Regelungscharakter hatte[21] und mehr Fragen als Antworten aufwarf.[22] Mit dem Ziel, die gesetzl. Voraussetzungen für die Einstellung von **Frauen** für den freiwilligen Dienst als Soldatinnen in **allen Laufbahnen des San- und Militärmusikdienstes** zu schaffen[23], wurde Abs. 3 als Abs. 2 (neu) wie folgt gefasst:

11

In das Dienstverhältnis eines Berufssoldaten kann berufen werden, wer sich freiwillig verpflichtet, auf Lebenszeit Wehrdienst zu leisten. In das Dienstverhältnis eines Soldaten auf Zeit kann berufen werden, wer sich freiwillig verpflichtet, für begrenzte Zeit Wehrdienst zu leisten. In ein Wehrdienstverhältnis nach Satz 1 und 2 können auch Frauen für Verwendungen im Sanitäts- und Militärmusikdienst berufen werden.

Für nicht wpfl Personen[24] wurde mit dem neuen Abs. 3 eine „klarstellende" Regelung bzgl. der nachwirkenden Dienstleistungspflichten wie folgt geschaffen:

Bei Soldaten, die nicht der Wehrpflicht unterliegen (§ 1 Abs. 1 des Wehrpflichtgesetzes), umfasst die freiwillig eingegangene Verpflichtung die im folgenden Absatz 4, in § 51 Abs. 1 Nr. 1, § 51a sowie in § 54 Abs. 5 aufgeführten weiteren Dienstleistungen.

Als Abs. 4 (neu) schließlich wurden die vorher in § 4 Abs. 4 a. F. WPflG geregelten DVag übernommen:

Angehörige der Reserve im Sinne des § 4 Abs. 2 Satz 2 und Satz 3 des Wehrpflichtgesetzes, ehemalige Angehörige der Reserve sowie frühere nicht wehrpflichtige Soldaten auf Zeit und Berufssoldaten, die wehrdienstfähig sind und das fünfundsechzigste Lebensjahr noch nicht vollendet haben, können mit ihrem Einverständnis zu dienstlichen Veranstaltungen durch den Bundesminister der Verteidigung oder die von ihm bestimmte Stelle zugezogen werden. Während der Dienstleistung sind sie Soldat. Absatz 2 Satz 3 gilt entsprechend.

---

17 BGBl. I S. 3649.
18 G v. 21.8.1972 (BGBl. I S. 1481).
19 BGBl. I S. 2113.
20 BGBl. I S. 2588.
21 BT-Drs. 11/6906, 13.
22 *Rittau*, SG, 64, bezeichnete Abs. 2 als „völlig missglückt".
23 BT-Drs. 11/6906, 12.
24 Die amtl. Begr. (BT-Drs. 11/6906, 14) nennt Ausländer, Staatenlose u. Frauen.

12 Durch Art. 2 Nr. 1 des G vom **24.7.1995**[25] erhielt Abs. 3 folgende Neufassung:

Bei Soldaten, die nicht der Wehrpflicht unterliegen (§§ 1 bis 3 des Wehrpflichtgesetzes), umfasst die freiwillig eingegangene Verpflichtung die im Absatz 4, in § 51 Abs. 1 Nr. 1, § 51a sowie in § 54 Abs. 5 aufgeführten weiteren Dienstleistungen nach Maßgabe der Sätze 2 bis 6. Zu Verwendungen, die auf Grund eines Übereinkommens, eines Vertrages oder einer Vereinbarung mit einer über- oder zwischenstaatlichen Einrichtung oder mit einem auswärtigen Staat auf Beschluss der Bundesregierung im Ausland oder außerhalb des deutschen Hoheitsgebietes auf Schiffen oder in Luftfahrzeugen stattfinden (besondere Auslandsverwendung), werden nicht wehrpflichtige frühere Soldaten nur herangezogen, wenn sie sich dazu schriftlich bereiterklärt haben. Vor Bestandskraft des Heranziehungsbescheides kann der nicht wehrpflichtige frühere Soldat seine Erklärung zur Teilnahme an einer besonderen Auslandsverwendung allgemein oder für den Einzelfall jederzeit und ohne Angabe von Gründen widerrufen. Der Widerruf ist schriftlich gegenüber der für die Heranziehung zuständigen Stelle zu erklären. Nach Bestandskraft des Heranziehungsbescheides ist der Widerruf ausgeschlossen. Auf seinen Antrag ist der nicht wehrpflichtige frühere Soldat von der Teilnahme an besonderen Auslandsverwendungen zu entpflichten, wenn wichtige persönliche Gründe dies rechtfertigen.

13 Durch das **SGÄndG** erfolgten – neben einigen redaktionellen Änd. in Abs. 4 und 6 – die **Öffnung aller Laufbahnen für Frauen** als Soldatinnen auf freiwilliger Grundlage[26] und die Einfügung einer gesetzl. Regelung für die freiwillige Dienstleistung ungedienter Frauen (§ 58a a. F.). Hierzu erhielt Abs. 2 Satz 3 folgende Fassung:

Zu einem Wehrdienst kann auch herangezogen werden, wer sich, ohne der Wehrpflicht (§§ 1 bis 3 des Wehrpflichtgesetzes) zu unterliegen, freiwillig zu Dienstleistungen verpflichtet.

In Abs. 3 Satz 1 wurde die Angabe „§ 51 Abs. 1 Nr. 1, § 51a sowie in § 54 Abs. 5" durch die Angabe „§ 51 Abs. 2, §§ 51a, 54 Abs. 5 sowie § 58a Abs. 2" ersetzt. Der erste Satzteil von Abs. 4 Satz 1 wurde umformuliert in „Frühere Soldaten der Bundeswehr sowie Angehörige der Reserve i. S. d. § 4 Abs. 2 Satz 3 des Wehrpflichtgesetzes".

14 Mit Art. 2 Nr. 1 des **BwNeuAusrG** wurden Abs. 4 Satz 3 aufgehoben und in Abs. 6 der Begriff „Disziplinargewalt" durch „Disziplinarbefugnis" ersetzt.

15 Durch Art. 2 Nr. 2 des **SkResNOG** wurden die Abs. 3 und 4 aufgehoben. Ihr Inhalt wurde in die neu gefassten Abschnitte IV und V verlagert. Die Abs. 5 und 6 wurden die Abs. 3 und 4.

16 Art. 3 Nr. 2 des **WehrRÄndG 2008** passte die Gesetzesterminologie in Abs. 2 Satz 3 an die des SkResNOG an. Die – überflüssige – Verweisung auf die §§ 1 bis 3 WPflG fiel weg.

17 **Zusammenfassend** lässt sich feststellen:

Die **geltende Fassung** des § 1 entspricht fast wieder der **Erstfassung** von 1956:

Abs. 1 und Abs. 4 (jetzt Abs. 3) wurden seit 1956 überhaupt nicht geändert. Die Streichung des Abs. 2 der Erstfassung war materiell bedeutungslos. Abs. 3 der Erstfassung

---

25 BGBl. I S. 962. Im internen Sprachgebrauch als „LL" (lesson learnt) bezeichnet. Dahinter verbargen sich die Erfahrungen aus den ersten Auslandseinsätzen der deutschen SK.
26 BT-Drs. 14/4062, 18.

und der heutige Abs. 2 sind sprachlich nahezu identisch. Betrachtet man den Begriff „Soldat" als geschlechtsneutral, hätten sich – abhängig von der Verfassungsrechtslage – bereits 1956 Frauen freiwillig als BS oder SaZ verpflichten können. Abs. 2 Satz 3 der geltenden Fassung hat lediglich klarstellende Funktion. Abs. 5 der Erstfassung und der heutige Abs. 4 sind inhaltsgleich.

Änderungsbedarf besteht zzt. nur noch wie folgt:[27] **18**
– In Abs. 1 Satz 2 ist das Wort „miteinander" zu streichen. Die in den Wörtern „miteinander verbunden" enthaltene Tautologie dient nicht der sprachlichen Klarheit.
– Derzeit wird im BMVg erwogen, eine Änd. des Abs. 4 (Streichung der Wörter „seines Befehlsbereichs") zu initiieren. Grund ist, dass das BVerwG[28] jüngst zwar eine truppendienstl. Unterstellung der Soldaten im BND unter den BMVg nebst dazu gehörender Disziplinarbefugnis angenommen hat, gleichwohl aber (so das Gericht) die beim BND (d. h. in einer nichtmil. Dienststelle im Geschäftsbereich des Bundeskanzleramtes) verwendeten Soldaten nicht mehr der Befehlsgewalt des BMVg unterstünden und somit aus den Befehlsstrukturen der SK i. S. d. Art. 87a GG herausgelöst seien.

3. Bezüge zum Beamtenrecht bzw. zu sonstigen rechtl. Vorschriften; ergänzende Dienstvorschriften. Der **Beamte** steht zu seinem Dienstherrn in einem „öffentlich- **19** rechtlichen Dienst- und Treueverhältnis" (§ 3 Abs. 1 BeamtStG, § 4 BBG). Diese Legaldefinition des „Beamtenverhältnisses" entspricht inhaltl. der Regelung des § 1 Abs. 1 Satz 2 SG; auch das Beamtenverhältnis ist durch gegenseitige Treue gekennzeichnet.

§ 1 Abs. 2 Satz 1 und 2 entsprechen **§ 4 Abs. 1 und 2 BeamtStG** sowie grds. **§ 6 Abs. 1 20 und 2 BBG**.

Abs. 3 enthält Spezialbest., die sich in ihrem Detaillierungsgrad wesentlich von den **21** Regelungen des § 3 Abs. 2 bis 4 BBG unterscheiden. Eine mit der VorgV vergleichbare **RVO** kennt das **Bundesbeamtenrecht nicht.** Vorg. eines Beamten ist, wer diesem dienstl. Anordnungen erteilen darf (§ 3 Abs. 3 BBG). Dienstvorg. ist, wer für beamtenrechtl. Entscheidungen über die persönlichen Angelegenheiten der ihm nachgeordneten Beamten zuständig ist (§ 3 Abs. 2 BBG). Wer Dienstvorgesetzten- und Vorgesetzteneigenschaft hat, bestimmt sich lediglich nach dem „Aufbau der Verwaltung" (§ 3 Abs. 4 BBG).[29] Der Dienstvorg. des Beamten, i. d. R. der Leiter einer Dienststelle, entspricht in etwa dem DiszVorg. des Soldaten; der Vorg. des Beamten ist grds. mit dem Vorg. des Soldaten vergleichbar.

Die Begriffsbestimmung in Abs. 3 ist über das Dienstrecht hinaus insbes. von tatbestandsbegründender **(wehr-)strafrechtl. Bedeutung.** Einerseits hat der Gesetzgeber durch besondere Straftatbestände zum Schutz der Vorg. und der mil. Ordnung der besonderen Bedeutung des mil. Vorg.-Untergebenenverhältnisses Rechnung getragen (vgl. die Strafbarkeit der Nötigung eines Vorg. nach § 24 WStG, des tätlichen Angriffs

---

27 Die in der Voraufl. angesprochen Klarstellung des Abs. 2 Satz 3 ist inzwischen durch das WehrRÄndG 2008 vollzogen worden (vgl. Rn. 16).
28 BVerwGE 132, 110 = ZBR 2009, 199. Die einschlägigen Ausführungen finden sich bei juris Rn. 68 ff.
29 Die frühere Formulierung „Aufbau der öffentlichen Verwaltung" war wie die heute geltende unpräzise u. inhaltsleer.

gegen einen Vorg. nach § 25 WStG und der sog. Verabredung zur Unbotmäßigkeit nach § 28 WStG). Andererseits korrespondiert die starke Stellung der mil. Vorg. mit besonderen Strafandrohungen zum Schutz der untergebenen Soldaten und der Rechtsordnung (vgl. die Straftatbestände der Misshandlung nach § 30 WStG, der entwürdigenden Behandlung nach § 31 WStG, des Missbrauchs der Befehlsbefugnis zu unzulässigen Zwecken nach § 32 WStG, des Verleitens zu einer rechtswidrigen Tat nach §§ 33 und 34 WStG, des Unterdrückens von Beschwerden nach § 35, der Beeinflussung der Rechtspflege nach § 37, des Anmaßens von Befehlsbefugnissen nach § 38 WStG, der unterlassenen Mitwirkung bei Strafverfahren nach § 40 WStG und der mangelhaften Dienstaufsicht nach § 41 WStG; hinzu kommt für DiszVorg. nach Abs. 4 i. V. m. den Regelungen der WDO die Strafbarkeit des Missbrauchs der Disziplinarbefugnis gem. § 39 WStG).

22 Abs. 4 entspricht grds. § 3 Abs. 2 BBG. An die Stelle des BDG tritt die WDO.

23 Für **ZDL** bestimmt § 30 Abs. 1 Satz 1 ZDG diejenigen Personen, die Vorg. eines ZDL sind. Der ZDL hat deren dienstl. Anordnungen zu befolgen.[30] § 61 **ZDG** definiert die DiszVorg. eines ZDL.

24 Bzgl. der Behandlung sog. de-facto-Soldaten ist ergänzend der Erl. des BMVg **ZDv 14/5 B 129** zu beachten.

II. Erläuterungen im Einzelnen

25 **1. Absatz 1.** Das in Satz 1 als „Wehrdienstverhältnis" bezeichnete Rechtsverhältnis des Soldaten zu seinem Dienstherrn, dem Staat, d. h. der Bundesrepublik Deutschland, ist ebenso ein **öff.-rechtl. Sonderrechtsverhältnis**[31] wie das des Bundesbeamten.

26 **Alle Soldaten** befinden sich in einem Wehrdienstverhältnis, unabhängig von ihrem jew. Status. Dies bedeutet, dass alle Soldaten „Wehrdienst" leisten. Es ist daher verfehlt, z. B. nur die GWDL als die „Wehrdienst Leistenden" zu bezeichnen.

27 Das Wehrdienstverhältnis muss regelmäßig durch **VA** und nicht etwa durch Vertrag[32] begründet werden. Dieser VA heißt bei BS und SaZ **„Berufung"** (§ 4 Abs. 1 Satz 1 Nr. 1), bei WPfl und Eignungsübenden **„Einberufung"** (§§ 21, 23 WPflG; § 87 SG) und bei Dienstleistungspflichtigen **„Heranziehung"** (§§ 72, 73).[33]

28 Für diese VA gelten die Best. des **VwVfG**, soweit das SG oder das WPflG nicht Sonderregelungen enthält (§ 1 Abs. 1 VwVfG).[34] Diese VA sind **empfangsbedürftig** und,

---

30 Es ist begrifflich verfehlt, das Zivildienstverhältnis ebenso wie das Wehrdienstverhältnis als „durch Befehl und Gehorsam geprägt" zu bezeichnen. So ist die Versetzungsverfügung eines ZDL kein „Dienstbefehl", sondern ein VA. Die von *Brecht*, ZDG, 147, zit. Entsch. des BVerwG (NJW 1977, 1165) ist vor dem Inkrafttreten des VwVfG ergangen u. verkennt die nicht unwesentlichen Unterschiede zwischen dienstl. Anordnung u. Befehl.
31 *Stauf* I, § 1 SG Rn. 2.
32 Ein solches Missverständnis unterläuft selbst so profilierten Kennern der Bw wie *Rolf Clement* (vgl. Europäische Sicherheit 8/2005, 41).
33 Bzgl. der Rechtsqualität der Zuziehung i. S. v. § 81 vgl. die Komm. zu § 81 Rn. 32. Das Einladungsschreiben selbst ist noch kein VA. Mit der freiwilligen Meldung des Teilnehmers an der DVag bei der Truppe wird aus diesem Schreiben ein VA. Ohne einen solchen – atypisch zu Stande gekommenen – VA wird kein Wehrdienstverhältnis begründet.
34 Vgl. *Scherer/Alff/Poretschkin*, SG, Vorb. Rn. 9 m. w. N.

Begriffsbestimmungen § 1

soweit es sich um eine freiwillige Dienstleistung handelt, entweder **antrags- oder zustimmungsbedürftig**. Die Einberufung zu einem Wehrdienst nach Maßgabe des WPflG setzt darüber hinaus das **Bestehen der WPfl** voraus.[35]

Beginn und **Ende** des Wehrdienstverhältnisses bestimmen sich nach § 2. **29**

Der **Inhalt** des Wehrdienstverhältnisses folgt aus den verfassungsrechtl. den SK zugewiesenen Aufgaben (Art. 24 Abs. 2, Art. 35, Art. 87a GG). Eine **Differenzierung** zwischen den verschiedenen Statusgruppen ist dabei verfassungsrechtl. **nicht geboten**.[36] Die primäre Aufgabe des Soldaten wird allg. als „**Waffendienst**" bezeichnet.[37] **30**

Das Wehrdienstverhältnis ist ein auf Gegenseitigkeit beruhendes **Treueverhältnis**. Der Soldat erfüllt seine Treuepflicht insbes. durch § 7; der Staat kommt ihr über § 31 und die Erfüllung seiner Alimentationspflicht nach. **31**

2. Absatz 2. – a) Satz 1. Der **BS** leistet Wehrdienst „auf Lebenszeit". Dies bedeutet, dass der BS grds. bis zur allg. Altersgrenze verpflichtet ist, Dienst zu leisten (§ 44 Abs. 1 Satz 1, § 45 Abs. 1), sofern er nicht vorher mit dem Überschreiten der besonderen Altersgrenze (§ 45 Abs. 2) in den Ruhestand versetzt wird (§ 44 Abs. 2 Satz 1). Darüber hinaus ist er verpflichtet, einer Wiederverwendung bis zum **65.** Lebensjahr (§ 51 Abs. 1) und der Heranziehung zu Dienstleistungen (§ 59 Abs. 1 und 2) bis zum **65.** bzw. **60.** Lebensjahr Folge zu leisten. Ein „**lebenslanger Dienst**"[38] wird von ihm **nicht** verlangt. Vor Vollendung dieser Altersgrenzen kann er seine Entlassung verlangen (§ 46 Abs. 3); Dienstleistungspflichtige können beantragen, entweder entpflichtet (§ 59 Abs. 5 Satz 2) oder entlassen zu werden (§ 75 Abs. 2 Nr. 1). Lebenslang unterliegt der ehem. BS lediglich den **nachwirkenden Pflichten** gem. § 23 Abs. 2 Nr. 1 und Nr. 2, 1. Alt. **32**

b) Satz 2. Der **SaZ** leistet zeitlich begrenzt Wehrdienst (mindestens ein Jahr gem. § 32 Abs. 1 Nr. 2 SLV, höchstens 25 Jahre gem. § 40 Abs. 1 Nr. 2). Ab einer Verpflichtungsdauer von drei Jahren geht der Gesetzgeber davon aus, dass der Soldat damit eine (neue) Berufsentscheidung getroffen hat. Aus diesem Grund gilt das ArbPlSchG nur für SaZ bis zu einer Dienstzeit von zwei Jahren (§ 16a Abs. 1 Nr. 2 ArbPlSchG). **33**

Der SaZ ist auf Antrag unter den Voraussetzungen des § 55 Abs. 3 zu entlassen. Darüber hinaus kann seine Dienstzeit gem. § 40 Abs. 7 auf Antrag verkürzt werden.

Ein „rechtlicher Zwitter" ist der **FWDL**: Der FWDL leistet Wehrdienst gem. § 6b WPflG auf freiwilliger Grundlage nach Abschluss des GWD nach Maßgabe des WPflG. Statusrechtl. steht er dem SaZ i. S. v. § 1 Abs. 2 Satz 2 näher als dem WPfl. Der FWDL wurde im WPflG verankert, weil eine Einfügung in das SG zusätzliche Haushaltsstellen für SaZ blockiert hätte.[39] **Rechtssystematisch** ist diese Lösung als **verfehlt** zu bewerten. **34**

c) Satz 3. Mit Satz 3 werden, wenn auch in verklausulierter Form, **Frauen** zu allen Laufbahnen der SK zugelassen. Frauen können sich als BS, SaZ oder zu Dienstleistungen verpflichten. **35**

---

35 BayObLG NZWehr 1984, 78 (79).
36 Vgl. *Walz*, NZWehrr 1998, 110.
37 *Scherer/Alff/Poretschkin*, SG, § 1 Rn. 4; *Wipfelder*, Wehrrecht, 42. Zum Waffendienst von SanSoldaten vgl. *Dreist*, UBwV 2008, 382.
38 *Scherer/Alff/Poretschkin*, SG, § 1 Rn. 15.
39 Vgl. *Steinlechner/Walz*, WPflG, § 6b Rn. 1.

36 Die Debatten des ausgehenden 20. Jh. bzgl. der Öffnung der „Männerdomäne" des Soldatenberufs für Frauen, die auch juristisch sehr kontrovers geführt wurden[40], sind verebbt. Spätestens nach der Änd. des Art. 12a Abs. 4 Satz 2 GG und dem Erlass des SGÄndG und des SDGleiG war die **Rechtslage klar** gestellt. Inzwischen machen Soldatinnen einen **Anteil von ca. 9 %** der BS und SaZ aus; ihre Zahl wird weiter wachsen.

37 **d) Faktisches Dienstverhältnis.** Leistet jemand aufgrund eines **rechtswidrigen Einberufungs- oder Heranziehungsbescheides** Wehrdienst, ist er de facto und de iure **Soldat** geworden. Er bleibt Soldat, bis der Bescheid aufgehoben wird.

38 Hat jemand aufgrund eines Einberufungsbescheides, der gem. § 44 Abs. 2 VwVfG **nichtig** ist, den Wehrdienst angetreten, ist er nicht de iure Soldat geworden. Ist jemand nach der Beendigung seines Wehrdienstverhältnisses in der Truppe belassen worden, ist er de iure nicht mehr Soldat. In beiden Fällen spricht man von einem **de-facto-Soldaten**.

Dasselbe gilt für den Fall, dass die **Ernennung** eines BS oder SaZ **rechtsfehlerhaft** ist. Als Beispiel nennt der Erl. ZDv 14/5 B 129 die Ernennung eines Minderjährigen ohne die Zustimmung des gesetzl. Vertreters.

39 Liegt überhaupt **kein Statusakt** vor, d.h. ist jemand in die Truppe eingegliedert worden, ohne dass ein entspr. VA ergangen ist, handelt es sich um einen **Nicht-Soldaten** („Hauptmann von Köpenick"). Meldet sich z.B. ein Angehöriger d.R. bei der Truppe zur Dienstleistung, ohne dass das KWEA einen Einberufungsbescheid erlassen hat, wird kein Soldatenverhältnis begründet, auch kein faktisches. Dasselbe gilt, wenn sich jemand vor dem Diensteintrittstermin bei der Truppe meldet.[41] Für den Nicht-Soldaten werden keinerlei Pflichten oder Rechte begründet.

40 Die für einen faktischen Soldaten eintretenden **Rechtsfolgen** sind **ambivalent** und entbehren der Logik:

41 Der de-facto-Soldat soll **nicht** den **soldatischen Dienstpflichten** und dem WStG unterliegen.[42] Gleichwohl soll er wegen eines Dienstvergehens gem. § 23 Abs. 2 gemaßregelt werden können.[43]

42 Die **Beförderung** eines faktischen Soldaten soll wirksam sein.[44]

---

40 Vgl. *Eichen*, NZWehrr 2000, 45; GKÖD I Yk, vor § 1 Rn. 5 f., § 1 Rn. 12 f.; *Scherer/Alff/Poretschkin*, SG, § 1 Rn. 17, jew. m.w.N.
41 Vgl. die Komm. zu § 2 Rn. 10.
42 BVerwGE 43, 200; ZDv 14/5 B 129 Nr. 12; GKÖD I Yk, § 1 Rn. 22; *Stauf* I, § 1 SG Rn. 5.
43 BDHE 7, 153; BVerwGE 43, 200; ZDv 14/5 B 129 Nr. 12; *Scherer/Alff/Poretschkin*, SG, § 1 Rn. 21. Ein Dienstvergehen gem. § 23 Abs. 2 ist bei Vorliegen der dortigen Tatbestandsvoraussetzungen gegeben, unabhängig davon, ob der Betreffende zur Tatzeit de-facto-Soldat o. Nicht-Soldat war.
44 BDHE 7, 153; *Scherer/Alff/Poretschkin*, SG, § 1 Rn. 22; ZDv 14/5 B 129 Nr. 13. Der BDH hatte seine Auffassung seinerzeit mit § 39 WPflG a.F. begründet. Danach hätte auch ein WPfl außerhalb des Wehrdienstverhältnisses befördert werden können. Diese Auslegung des § 39 WPflG a.F. war zu keiner Zeit zutr. Eine Beförderung setzt immer ein bereits bestehendes Wehrdienstverhältnis voraus (vgl. § 42 Abs. 1 Satz 1 SG).

Der von dem faktischen Soldaten geleistete Dienst soll auf den GWD **angerechnet** werden.[45] 43

Hat der faktische Soldat seine Eingliederung in die SK nicht erschlichen, soll er Anspruch auf geldliche Abfindung in Höhe der **Bezüge** oder des **Wehrsoldes**[46] sowie auf **Urlaub** und **Versorgung**[47] haben. 44

Befehle eines faktischen Soldaten sollen, bei Vorliegen der sonstigen Voraussetzungen, rechtswirksam sein.[48] Zur Begründung wird auf § 14 BBG a.F. (jetzt: § 15 BBG) verwiesen.[49] 45

Rechte und Pflichten des Soldaten **bedingen** einander; hierauf beruht die Gesamtkonzeption des SG. Wer alle Rechte für sich in Anspruch nehmen darf, ohne sich in einem rechtswirksam begründeten Wehrdienstverhältnis zu befinden, muss die soldatischen Pflichten befolgen und bei schuldhaften Pflichtverletzungen dafür einstehen – und umgekehrt! Die von der h.M. vertretene **differenzierende Auffassung** ist daher **abzulehnen**. Der faktische Soldat ist Soldat wie jeder andere Soldat. 46

3. Absatz 3. – a) Satz 1. Satz 1 enthält die Legaldefinition des Begriffs „**Vorgesetzter**". Die Regelung ist über die diesen Begriff enthaltenden Normen des SG (§§ 10, 11, 15, 17, 23, 33) hinaus insbes. für das Wehrstrafrecht[50] von Bedeutung. Nach § 1 Abs. 1 Satz 1 WBO kann ein Soldat sich beschweren, wenn er glaubt, von mil. Vorg.[51] unrichtig behandelt zu sein. Die Vorgesetzteneigenschaft wird durch Satz 1 mit der **Befehlsbefugnis** gleichgesetzt. Regelungsgegenstand ist somit nur der Vorg., der Soldaten mil. Befehle[52] erteilen kann, ohne das Bestehen sonstiger Vorgesetztenverhältnisse auszuschließen.[53] 47

Befehlsbefugt kann nach dem Wortlaut der Norm nur eine **natürliche Person**[54] sein. Mangels entspr. Regelung an anderer Stelle können juristische Personen ebenso wenig wie **Behörden/Dienststellen** „Vorgesetzte" i.S.d. Abs. 3[55] sein und somit keine Befehle 48

---

45 *Scherer/Alff/Poretschkin*, SG, § 1 Rn. 25.
46 GKÖD I Yk, § 1 Rn. 23; *Scherer/Alff/Poretschkin*, SG, § 1 Rn. 26.
47 GKÖD I Yk, § 1 Rn. 23.
48 *Scherer/Alff/Poretschkin*, SG, § 1 Rn. 47.
49 GKÖD I Yk, § 1 Rn. 24; *Stauf* I, § 1 SG Rn. 5.
50 Vgl. Rn. 21.
51 Zum Begriff i.S.d. WBO vgl. *Dau*, WBO, § 1 Rn. 60, 63.
52 Auch die beamtenrechtl. Lit. u. Rspr. verwenden gelegentlich den Begriff „Befehl"; gemeint ist jedoch die beamtenrechtl. Anordnung, die dem Befehl im mil. Bereich entspricht (vgl. § 3 Abs. 3 BBG; GKÖD I Yk, § 1 Rn. 25).
53 Insofern war die urspr. Formulierung des REntw. „*Vorgesetzter ist, wer einem Soldaten ... befehlen kann.*" prägnanter u. zweckorientierter.
54 Vgl. zum Personenbezug *Scherer/Alff/Poretschkin*, SG, § 1 Rn. 44, die jedoch gegen Wortlaut u. Motive des Gesetzgebers (BT-Drs. II/2140, 3) in Rn. 30 ein Soldatenerfordernis behaupten. Die VO-Ermächtigung ließe die Übertragung von Befehlsbefugnis auf Nichtsoldaten zu.
55 Gem. BVerwG NZWehrr 2007, 217 kann der Begriff des Vorg. jedoch im Rahmen des § 17 Abs. 1, Abs. 3 Satz 1 WBO erweiternd auf Dienststellen der Bw erstreckt werden, wenn diesen Dienststellen einem Vorg. vergleichbare Weisungsbefugnisse zustehen. Deshalb hat das BVerwG wiederholt Handlungen einer Dienststelle der Bw, in dem Verhältnis der Über-/Unterordnung getroffen o. erbeten wurden, in den Geltungsbereich des § 17 Abs. 1, Abs. 3 Satz 1 WBO einbezogen (BVerwG 1 WB 30.04; BVerwGE 123, 165 = NZWehrr 2005, 168; BVerwG 1 WB 53.05; *Dau*, WBO, § 1 Rn. 51).

erteilen.[56] Die Vorgesetzteneigenschaft ist **nicht delegierbar**.[57] Allenfalls kann ein Vorg. im Rahmen der rechtl. Best. Befehlsbefugnis übertragen, sofern er dies zur Wahrnehmung bestimmter Aufgaben als hilfreich oder sogar geboten ansieht (vgl. § 5 VorgV). Soweit Vorg., die einen umfangreichen Verantwortungsbereich abzudecken haben, durch die Angehörigen ihrer Dienststelle (im mil. Bereich regelmäßig ein Stab) unterstützt werden, sind Anordnungen durch **unterschriftsberechtigte Angehörige der Dienststelle** – auch „im Auftrag" unterzeichnete – dem Vorg. nur dann persönlich zuzurechnen, wenn hinreichend klar wird, dass es sich trotz Ausarbeitung durch eine andere Person um eine unmittelbar geltende Anordnung des Vorg. selbst handelt. Denn ein Befehl ist i. d. R. dem zuzurechnen, der ihn ausspricht.[58] Dienststellenzugehörigkeit und Unterschriftsbefugnis können nicht contra legem mit der Dienststellung des Dienststellenleiters gleichgesetzt werden. Die Entscheidung eines unterschriftsberechtigten Stabsangehörigen kann daher die Entscheidung des Vorg. nicht ersetzen. Ein Dienststellenangehöriger kann somit für Befehle nur als Bote handeln, wenn er nicht ausnahmsweise selbst, z. B. nach §§ 3 oder 5 VorgV, Vorgesetzteneigenschaft gegenüber dem Befehlsempfänger hat. Insbes. im Hinblick auf weitgehende Unterschriftsbefugnisse im jew. Aufgabenbereich können daher auch ministerielle Erl. nicht ohne Weiteres dem Min. in seiner Eigenschaft als Inhaber der Befehls- und Kommandogewalt über die SK und somit als mil. Vorg. zugerechnet werden.[59] Soweit die getroffene Anordnung ausnahmsweise dem Min. oder einem sonstigen Vorg. selbst zuzurechnen ist, ist der Status (Soldat, Beamter oder Arbeitnehmer) des im Auftrag Unterzeichnenden unerheblich, da er

---

56 Vgl. BVerwG 2 WD 54/80; BVerwG 2 WD 9/81; *Stauf* I, § 1 SG Rn. 22; *Lingens*, NZWehrr 1997, 248 f., der jedoch Personalverfügungen einer personalbearbeitenden Dienststelle als Befehl ansieht, soweit Anordnungen truppendienstl. Natur getroffen werden (ebenso *Walz*, Truppenpraxis 1977, 573). Das BVerwG (BVerwGE 132, 1 = NZWehrr 2009, 69) unterscheidet hingegen zutr. ausdrücklich zwischen der Verkürzung eines Kommandierungszeitraums durch eine personalbearbeitende Stelle (kein Befehl) u. der Entscheidung über die vorzeitige Beendigung eines Auslandseinsatzes durch den mil. Führer des Einsatzkontingents „im Rahmen einer unmittelbaren (personalen) Vorgesetzten-Untergebenen-Beziehung". Krit. wäre es, wenn das Gericht dem Führer des Einsatzverbands das Recht zur endgültigen Beendigung einer Verwendung zubilligen wollte. Trotz Notwendigkeit schneller Maßnahmen sind die durch Erl. des BMVg angeordneten Zuständigkeiten der personalbearbeitenden Stellen einer davon abw. Entscheidung eines mil. Führers o. Dienststellenleiters auch dann nicht zugänglich, wenn dieser unmittelbarer Vorg. nach § 1 VorgV ist. Er hat das Personal zu führen, das ihm zugewiesen ist. Insoweit sind Einschränkungen der Kommandierungsbefugnis durch höherrangige Befehle o. Dienstvorschriften zu beachten (§ 10 Abs. 4 SG).
57 Vgl. Rn 59 zur Abgrenzung der Art. 65 u. 65a GG.
58 Vgl. BVerwG 1 WB 97/78. Unzureichend *Scherer/Alff/Poretschkin*, SG, § 1 Rn. 39, wonach nur dann anzugeben sei, in wessen Namen gehandelt werde, wenn hierfür verschiedene Vorg. in Betracht kämen. Wer „im Auftrag" handelt, signalisiert ohne Klarstellung grds., dass er selbst keine Befehlsbefugnis hat u. bestenfalls einen fremden Befehl bekannt gibt. Der Befehl muss jedoch immer zuordenbar sein, um die Gehorsamspflicht auslösen zu können.
59 Wie in der 1. Aufl. der Komm. jetzt auch BVerwGE 127, 203 = NZWehrr 2007, 160; *Scherer/Alff/Poretschkin*, SG, § 1 Rn. 39. A.A. GKÖD I Yk, § 1 Rn. 26; *Stauf* I, § 1 SG Rn. 23 unter Hinw. auf BVerwG 1 WB 114/82; *Schölz/Lingens*, WStG, § 1 Rn. 24; *Lingens* NZWehrr 1997, 248 f., der sich auf BVerwG 1 WB 111/82 beruft, obwohl diese Entsch. lediglich belastende Aussagen zur Unterschriftsbefugnis für Schriftsätze an das Gericht enthält; missverständlich *Dau*, WBO, § 1 Rn. 74, 167 (zutr. jedoch Rn. 67).

nicht seinen eigenen Befehl unterschreibt, sondern mit der Unterschrift nur die Verantwortung für die richtige Weitergabe des Befehls eines Vorg. übernimmt.[60]
Im BMVg tätige Beamte und Soldaten haben zwar keine Befehlsbefugnis.[61] Gleichwohl können sie im Rahmen ihres vom Min. abgeleiteten innerbehördlichen Mandats, das durch die Zeichnung „im Auftrag" kundgetan wird, verbindliche Anordnungen im Außenverhältnis treffen.[62]

Befehlsbefugnis allein begründet, gelöst von ihrer tatsächlichen Ausübung, ein Vorgesetztenverhältnis. Das SG stellt an diese Rechtsposition anknüpfend in § 10 Abs. 2, 3 und 6, § 15 Abs. 4, § 17 Abs. 1, § 23 Abs. 2 sowie in § 33 Abs. 1 Verhaltensregeln für Vorg. und Untergebene auf. Deshalb kann zwischen abstrakter und konkreter Vorgesetzteneigenschaft unterschieden werden. Schließlich geht das SG in § 10 Abs. 6 für alle Offz und Uffz von einer abstrakten Vorgesetzteneigenschaft aus, zumal die Zurückhaltungspflicht nicht auf Äußerungen gegenüber konkret Befehlsunterworfenen beschränkt ist. **49**

Eine Legaldefinition des Begriffs „**Befehl**" enthält das SG nicht. Die Definition des § 2 Nr. 2 WStG ist in ihrem Geltungsbereich zwar ausdrücklich auf das WStG beschränkt („Im Sinne dieses Gesetzes..."). Es wäre jedoch abwegig, anzunehmen, für das Dienstrecht solle ein anderer Befehlsbegriff maßgeblich sein als für das Wehrstrafrecht. Das SG setzt den Begriff des Befehls vielmehr mit dem gleichen Inhalt voraus.[63] Somit ist ein Befehl eine **Anweisung zu einem bestimmten Verhalten**, die ein mil. Vorg. (**Befehlsbefugter**) einem Untergebenen schriftl., mündlich oder in anderer Weise, allg. oder für den Einzelfall (also egal wie) **mit dem Anspruch auf Gehorsam** erteilt.[64] **50**

b) Sätze 2 bis 4. Satz 2 i. V. m. § 93 Abs. 2 Nr. 1 ermächtigt das BMVg zum Erlass einer **RVO** zur Regelung des Vorgesetztenverhältnisses und somit zur Übertragung von Befehlsbefugnissen über Soldaten.[65] Danach darf der Verordnungsgeber **Vorgesetztenverhältnisse** (Befehlsbefugnisse) aufgrund **51**

– einer **Dienststellung**,
– des **Dienstgrades**,
– **besonderer Anordnung** oder
– **eigener Erklärung** regeln.

Die gerade noch dem Mindestmaß an die Bestimmtheit einer Verordnungsermächtigung i. S. v. Art. 80 Abs. 1 Satz 2 GG genügende Regelung schließt nicht aus, dass die darauf basierende RVO ihrerseits einen gewissen Spielraum für eine administrative Begründung von Vorgesetztenverhältnissen eröffnet. **52**

---

60 Vgl. auch *Stauf* I, § 1 SG Rn. 23.
61 *Dau*, WBO, § 1 Rn. 65.
62 BVerwGE 127, 1 = NZWehrr 2007, 79 Ls 7; BVerwGE 127, 203 = NZWehrr 2007, 160.
63 So auch *Scherer/Alff/Poretschkin*, SG, § 10 Rn. 40 unter Hinw. auf die st. Rspr. des BVerwG; *Lingens*, NZWehrr 1993, 19 ff.; a. A. *Burmester*, NZWehrr 1990, 89 ff.; *Stauf* I, § 10 SG Rn. 18; offen *Dau*, WStG, § 2 Rn. 1.
64 Zu Einzelheiten vgl. die Komm. zu §§ 10 u. 11.
65 Unzutr. *Scherer/Alff/Poretschkin*, SG, § 1 Rn. 34, wonach die Befehlsbefugnis durch die VorgV „beschränkt" werde. Ohne VorgV gäbe es mit Ausnahme des Min. (Art. 65a GG) keine Vorg. Nur wenn die Tatbestandsvoraussetzungen vorliegen, besteht eine wie auch immer beschränkte Befehlsbefugnis.

53 Die Sätze 3 und 4 enthalten **Beschränkungen der Ermächtigung** hins. der Vorgesetztenverhältnisse aufgrund des Dienstgrades und eigener Erklärung.

54 Eine Regelung, nach der allein ein höherer **Dienstgrad** Befehlsbefugnis außerhalb des Dienstes verleiht, ist nach Satz 3 unzulässig. Ohne konkrete Vorgaben ist der Verordnungsgeber daher gehalten, Befehlsbefugnisse neben dem Dienstgrad an weitere Voraussetzungen zu knüpfen, sofern Befehle auch außerhalb des Dienstes möglich sein sollen, egal ob Vorg. und Untergebener oder nur einer von beiden sich außerhalb des Dienstes befinden.[66]

55 Satz 4 selbst regelt kein Vorgesetztenverhältnis. Er enthält eine abschließende Aufzählung der Fälle, für die der Verordnungsgeber neben der gesetzl. Sonderregelung des § 21 Abs. 2 Satz 1 Nr. 2 Buchst. b WDO die Begründung einer Befehlsbefugnis durch **eigene Erklärung** regeln darf (zur Hilfeleistung in Notfällen, zur Aufrechterhaltung der Disziplin oder Sicherheit oder zur Herstellung einer einheitlichen Befehlsbefugnis in krit. Lage). Der Verordnungsgeber hat mit § 6 VorgV umfassend von diesen Möglichkeiten Gebrauch gemacht.

56 Der Gesetzgeber wollte mit der Verordnungsermächtigung des Abs. 3 grds. auch die Übertragung von Befehlsbefugnissen über Soldaten auf **Nichtsoldaten** ermöglichen.[67] Nichtsoldaten i.d.S. sind insbes. **Soldaten verbündeter SK**, da sie nicht in einem Wehrdienstverhältnis zur Bundesrepublik Deutschland stehen und somit keine Soldaten i. S. d. hierfür maßgeblichen Begriffsbest. des Abs. 1 sind.[68] Eine dienstrechtl. Übertragung deutscher Befehls- und somit Hoheitsbefugnisse[69] auf Soldaten verbündeter Nationen im Verordnungswege wäre verfassungsrechtl. nicht ausgeschlossen.[70] Dabei müssten jedoch die umfassende Befehls- und Kommandogewalt des BMVg nach Art. 65a GG durch Eingliederung der ausländischen Soldaten in die deutsche Befehlskette uneingeschränkt bleiben und diese Soldaten auch ansonsten dem deutschen Recht unterworfen werden.[71]

---

66 Zum Begriff „Dienst" in der VorgV *Lingens*, NZWehrr 1982, 82.
67 Vgl. hierzu BT-Drs. II/2140, 3.
68 So auch *Dau*, WBO, § 1 Rn. 61; *ders.*, WStG, § 2 Rn. 10i; unzutr. *Weniger*, SG, § 1 Rn. 14, der zwar zutr. eine Vorgesetzteneigenschaft ausländischer Soldaten verneint, gleichwohl entgegen § 1 Abs. 3 eine aus einem Befehl eines deutschen Soldaten abgeleitete Befehlsbefugnis ausländischer Soldaten annimmt. Befehlsbefugnis lässt sich jedoch nicht befehlen.
69 Ein Beispiel für die Übertragung deutscher Hoheitsbefugnisse auf Soldaten verbündeter SK enthält § 1 Abs. 2 UZwGBw. Diese können im Einzelfall mit der Wahrnehmung mil. Wach- o. Sicherheitsaufgaben betraut werden u. die Rechte nach dem UZwGBw ausüben. Trotz Wahrnehmung mil. Wach- u. Sicherheitsaufgaben sind sie nur anordnungs-, nicht befehlsbefugt gegenüber deutschen Soldaten.
70 So auch *Kirchhof*, NZWehrr 1998, 152; vgl. hierzu *Stein*, NZWehrr 1998, 143.
71 Angesichts der hierfür erforderlich erscheinenden einfachrechtl. u. völkerrechtl. Begleitregelungen (schon aus Gründen der Gleichbehandlung müsste auch das Sanktionssystem für fehlerhafte Ausübung o. Überschreitung von Befugnissen auf die ausländischen Soldaten erstreckt werden) dürfte die Ausstattung ausländischer Soldaten mit Befehlsbefugnis trotz aller Probleme, die das Fehlen einer Befehlsbefugnis im mil. Alltag integrierter Verbände verursachen mag, auf absehbare Zeit ausgeschlossen sein.

c) Befehls- und Kommandogewalt des Bundesministers der Verteidigung und dessen Vertretung[72]. Der BMVg hat nach Art 65a GG die uneingeschränkte **Befehls- und Kommandogewalt über die SK**. Durch das Begriffspaar „Befehls- und Kommandogewalt" ist der Min. mit vollumfänglicher Befehlsbefugnis über die SK ausgestattet worden.[73] Als Befehlsbefugter ist er Vorg. i. S. v. Abs. 3 und – obwohl selbst kein Soldat[74] – **höchster „mil. Vorg."**[75] i. S. d. § 1 Abs. 2 und § 2 Nr. 2 WStG. Wegen der Regelung durch den Verfassungsgesetzgeber bedarf es hierfür außerhalb des V-Falles keiner weiteren Regelung durch Gesetz oder RVO. Lediglich die Stellung als **oberster DiszVorg.** musste durch § 27 Abs. 1 Satz 2 WDO einfachgesetzl. geregelt werden.

57

Die Verfassung enthält keine unmittelbare Beschränkung der Befehlsbefugnis des Min. Als Teil der vollziehenden Gewalt binden ihn jedoch die Grundrechte (Art. 1 Abs. 3 GG) sowie Recht und Gesetz (Art. 20 Abs. 3 GG) bei der Ausübung der Befehlsbefugnis. Mithin hat der Min. bei seiner Befehlsgebung die einschlägigen Normen des Befehlsrechts (insbes. § 10 Abs. 4) zu befolgen. Dabei unterliegt er im Falle eines Fehlgebrauchs seiner Befugnisse den gleichen strafrechtl. Sanktionen wie andere, ihm nachgeordnete Vorg. (vgl. § 1 Abs. 2 WStG).

58

Bei der **Vertretung** des Min. ist zu unterscheiden, ob er als **Mitglied der BReg** oder als Ressortchef vertreten wird.[76] Als dem Parlament verantwortliches Mitglied der BReg kann er nur von einem anderen Mitglied der BReg – zzt. durch den Außenmin. – vertreten werden (§ 14 Abs. 1 GOBReg). Regierungsaufgaben i.d.S. sind insbes. die Stimmabgabe bei Entscheidungen des Bundeskabinetts, die Vorlage eines Gesetzentw. und die Gegenzeichnung von Gesetzen (Art. 58 Satz 1 GG). Da Art. 65a GG an die Funktion des Min. auch die Befehls- und Kommandogewalt knüpft und die Vertretung in der BReg der umfänglichen Wahrnehmung der Funktion eines BMin. dient, schließt die Vertretung des Min. die Befehls- und Kommandogewalt ein. Dies gilt auch, soweit der Min. als **Ressortchef** durch einen Sts vertreten wird (§ 14 Abs. 3 i. V. m. § 14a GOBReg)[77], da die alleinige und uneingeschränkte Weisungsbefugnis eines Min. gegenüber allen Angehörigen seines Ressorts ein zwingendes Gebot des GG ist und Art. 65a GG lediglich klarstellt, dass dies auch für die SK gilt. Mithin ist die Befehls- und Kommandogewalt nichts anderes als ein ressorttypischer Bestandteil

59

---

72 Vgl. hierzu die Komm. zu § 90.
73 Wollte man annehmen, die deutsche Rechtsordnung kenne neben der Befehls- auch eine Kommandogewalt, sind durch den Verfassungsgesetzgeber jegliche Zweifel hins. der Stellung des Min. ausgeräumt worden.
74 Das öff.-rechtl. Amtsverhältnis des BMVg ergibt sich aus dem BMinG. Nach Art. 66 GG u. § 5 BMinG darf neben dem Ministeramt kein anderes besoldetes Amt ausgeübt werden. Es ist daher ausgeschlossen, dass der Min. zugleich als Soldat in einem Wehrdienstverhältnis steht o. umgekehrt ein Soldat das Amt des Min. bekleidet.
75 Nicht „oberster Dienstherr"; die Soldaten der Bw haben nur einen Dienstherrn, die Bundesrepublik Deutschland (den Bund).
76 Soweit Angehörige des BMVg aufgrund ihres innerbehördlichen Mandats „im Auftrag" des Min. handeln (s. o. Rn. 48), sind ihre Anordnungen stets dem Min. als Inhaber der Befehls- u. Kommandogewalt zuzurechnen (so auch *Dau*, WBO, § 1 Rn. 74, 167).
77 Als „alter ego" des Min. hat der Sts die Befehlsbefugnis des Min. (BVerwGE 46, 55; BVerwGE 127, 203 = NZWehrr 2007, 160); vgl. *Dau*, WBO, § 1 Rn. 63; *ders.*, WStG, § 2 Rn. 10i; BVerwG DokBer B 2008, 174 zur Zulässigkeit der Entscheidung des vertretenden Sts über eine Beschwerde gegen einen Insp.

des Weisungsrechts des Min.[78], die jedoch anders als die allg. Weisungsbefugnis anderer Min. (Art. 65 Satz 2 GG) nicht nach unten an innerbehördlich mandatierte und „im Auftrag" handelnde Angehörige seiner obersten Bundesbehörde abgegeben werden kann.[79] Das BVerwG prüft zur Feststellung der Befehlsqualität einer ZDv daher zutr., ob diese vom Min. oder von dem ihn vertretenden Sts erlassen (gezeichnet) worden ist. In der Praxis werden solche Vorschriften danach durch nachgeordnete Mitarbeiter „im Auftrag" geändert. Außer bei redaktionellen Änd. wird der Vorschrift damit zumindest partiell die Befehlseigenschaft genommen, da sie insoweit nicht von einem mil. Vorg. stammt. Bei der Beurteilung eines Verstoßes gegen die ZDv ist zu berücksichtigen, dass deren Adressaten i. d. R. nicht erkennen können, ob es sich noch um den Befehl ihres obersten mil. Vorg. oder um eine spätere ministerielle Weisung mit Bindungswirkung, aber ohne Befehlsqualität handelt.

60   **d) Vorgesetzteneigenschaft der Festnehmenden (§ 21 WDO).**   § 21 WDO regelt, wer Soldaten unter welchen Voraussetzungen zur Aufrechterhaltung der Disziplin festnehmen kann. Wenn in einer solchen Situation zunächst kein Vorgesetztenverhältnis vorliegt, können sich Offz und Uffz nach § 6 Abs. 1 VorgV in und außer Dienst über andere dienstgradniedrigere und dienstgradgleiche Soldaten zum Vorg. erklären, wenn sie zur Aufrechterhaltung der Disziplin ein sofortiges Eingreifen für unerlässlich halten. Nach § 21 Abs. 2 Satz 1 Nr. 2 Buchst. a WDO können sie die Soldaten, die daraufhin ihrer Befehlsbefugnis unterstehen, wegen eines Dienstvergehens **vorläufig festnehmen**, wenn die Aufrechterhaltung der Disziplin dies gebietet und die zuständigen DiszVorg. oder Angehörige des mil. Ordnungsdienstes einschl. der mil. Wachen nicht auf der Stelle erreichbar sind. Gegenüber Soldaten, die im Dienstgrad unter ihnen stehen (also nur gegenüber Dienstgradniedrigeren), haben alle Offz und Uffz auch auf der Grundlage des § 21 Abs. 2 Satz 1 Nr. 2 Buchst. b WDO diese Festnahmebefugnis, ohne sich vorher zum Vorg. erklären zu müssen. Die Festnehmenden werden allein durch die Erklärung der Festnahme Vorg. der Festgenommenen und können in der Folge sachdienliche Befehle zur Aufrechterhaltung bzw. Wiederherstellung der Disziplin erteilen.

61   Die Befehlsbefugnis der Festnehmenden nach § 21 Abs. 2 Satz 1 Nr. 2 Buchst. b WDO **beschränkt** sich auf Maßnahmen zur Durchführung der Festnahme. Sie endet, sobald die Festhaltung nicht mehr erforderlich oder wegen Fristablaufs unzulässig ist (vgl. § 21 Abs. 4 WDO) und der Festgenommene deshalb auf freien Fuß zu setzen ist. Eine mangels Erfüllung der Festnahmevoraussetzungen illegale Festnahme ist nicht geeignet, ein mil. Vorgesetztenverhältnis zu begründen oder aufrecht zu erhalten.

62   Mit § 21 Abs. 2 Satz 1 Nr. 2 Buchst. b WDO hat der Gesetzgeber außerhalb der VorgV selbst eine Norm zur Begründung eines Vorgesetztenverhältnisses aufgrund eigener Erklärung geschaffen. Da § 6 VorgV einen weitergehenden Anwendungsbereich hat, kommt § 21 Abs. 2 Satz 1 Nr. 2 Buchst. b WDO zwar keine praktische, wohl aber erhebliche rechtspolit. Bedeutung zu. Der Gesetzgeber hat durch diese (Mindest-)Regelung die Bedeutung der Aufrechterhaltung der Disziplin unterstrichen.

63   Nach § 21 Abs. 3 WDO können Angehörige mil. Wachen nur von ihren Wachvorg. festgenommen werden. Durch Erl. ist geregelt, wer Wachvorg. ist. Dies können auch

---

78 Vgl. BVerwGE 46, 55.
79 BVerwGE 127, 1 = NZWehrr 2007, 79.

ziv. Angehörige der Bw sein, allerdings – mangels gesetzl. Grundlage – nur mit Weisungsrecht, nicht mit Befehlsbefugnis.[80] Wären sie auch Wachvorg. i. S. d. § 21 Abs. 3 WDO, müssten sie konsequent die Festnahmebefugnis des § 21 Abs. 3 WDO besitzen und im Fall der Festnahme kraft Gesetzes zum mil. Vorg. werden.[81] § 21 Abs. 3 WDO („nur") schränkt jedoch lediglich die Befugnisse nach § 21 Abs. 1 und 2 WDO ein. Daher hat nur ein Wachvorg. Festnahmebefugnis, der Offz oder Uffz ist.

e) **Vorgesetztenverhältnisse zwischen Soldaten und Nichtsoldaten**[82]. § 1 Abs. 3 betrifft nur die Befehlsbefugnis **gegenüber Soldaten** („... einem Soldaten Befehle zu erteilen"). Wollte man eine derartige Befehlsbefugnis gegenüber Nichtsoldaten konstituieren, bedürfte dies einer speziellen gesetzl. Regelung. Allerdings ist im Rahmen der bestehenden beamtenrechtl. und tariflichen Best. die Herstellung eines allg. Vorgesetztenverhältnisses eines Soldaten gegenüber Nichtsoldaten möglich.

Die Übertragung von Befehlsbefugnissen über Soldaten der Bw auf Nichtsoldaten hat der Gesetzgeber zutr. im Rahmen der geschaffenen Verordnungsermächtigung als möglich angesehen.[83] Allerdings hat der Verordnungsgeber davon bislang keinen Gebrauch gemacht. Im Wehrstrafrecht wurden entspr. Vorkehrungen getroffen. § 1 Abs. 2 WStG erstreckt den Geltungsbereich des WStG auch auf mil. Vorg., die nicht Soldaten sind. Dies trifft zzt. nur auf den Min. und den als dessen alter ego handelnden Sts zu.

f) **Vorgesetztenverhältnis eines Soldaten gegenüber Beamten.** Ein Bedarf für eine mil. Befehlsbefugnis ist bei funktionsbezogener Betrachtung der jew. wahrzunehmenden Aufgaben selbst in gemischten Dienststellen nicht gegeben. Der mil. Befehlsbefugnis entspricht im Beamtenrecht die **Anordnungsbefugnis**. Völlig ausreichend können daher Soldaten Vorg. von Beamten nach § 3 Abs. 3 und 4 BBG mit entspr. **Anordnungsbefugnis** für deren dienstl. Tätigkeit sein. Wer Vorg. i. d. S. ist, bestimmt sich gem. § 3 Abs. 4 BBG nach dem Aufbau der öff. Verwaltung und wird somit regelmäßig im Verwaltungsweg festgesetzt. Mit der Übertragung von Anordnungsbefugnissen auf Soldaten ist die beamtenrechtl. Folgepflicht (§§ 62, 63 BBG) verbunden, die im Wesentlichen der soldatischen Gehorsamspflicht nach § 11 entspricht. Auch die **Dienstvorgesetzteneigenschaft** nach § 3 Abs. 2 BBG und damit die Zuständigkeit für

---

80 Gem. ZDv 10/6 Nr. 212, 218 können neben Dienststellenleitern der SK auch solche der Bundeswehrverwaltung u. der Rechtspflege Kasernenkommandant u. damit Wachvorg. sein.
81 *Dau*, WDO, § 21 Rn. 29, bejaht die Wachvorgesetzteneigenschaft, ohne die möglichen Folgen zu kommentieren.
82 Vgl. hierzu den Erl. des BMVg VMBl 1959 S. 239.
83 Vgl. hierzu BT-Drs. II/2140, 3; *Dau*, WBO, § 1 Rn. 63. A.A. gegen den Wortlaut u. gegen die in den Motiven dokumentierte Auffassung des Gesetzgebers *Scherer/Alff/Poretschkin*, SG, § 1 Rn. 30 f., 57; *Weniger*, SG, § 1 Rn. 14; mit dem Versuch, die Ablehnung ziv. Führungspersonals rechtl. zu begründen. Dabei wird negiert, dass bei Übertragung von Befehlsbefugnis (also mil. Vorgesetztenstellung) auch für Beamte die mil. Vorgesetztenpflichten gelten, die sich von beamtenrechtl. Vorgesetztenpflichten nicht unterscheiden. Die behauptete Besonderheit der wehrstrafrechtl. Behandlung mil. Vorg. besteht nicht. § 1 Abs. 2 WStG ordnet sie für mil. Vorgesetzte (also Befehlsbefugte), die nicht Soldaten sind, ausdrücklich an. Unzutr. auch *Scherer/Alff/Poretschkin*, § 1 Rn. 58, wonach ziv. Vorg. keine Wachvorg. sein können (siehe nur ZDv 10/6 Nr. 212, 218; vgl. auch *Dau*, WDO, § 21 Rn. 29).

beamtenrechtl. Entscheidungen über die persönlichen Angelegenheiten nachgeordneter Beamter als Wahrnehmung hoheitlicher Aufgaben des Dienstherrn kann Soldaten übertragen werden, da diese in einem öff.-rechtl. Dienst- und Treueverhältnis stehen (Art. 33 Abs. 4 GG).

67 Bei der Übertragung von Anordnungsbefugnissen gegenüber Beamten ist das Verfassungsgebot zur organisatorischen Trennung zwischen SK (Art. 87a GG) und Bundeswehrverwaltung (Art. 87b GG) zu beachten. Dies schließt es jedenfalls aus, die Leitung ziv. Dienststellen, die Aufgaben des Art. 87b GG wahrnehmen, Soldaten zu übertragen. Im Einzelfall kann es unerlässlich sein, solche Aufgaben der Bundeswehrverwaltung durch die SK wahrnehmen zu lassen und hierfür Beamte in mil. Dienststellen zu verwenden (ziv. STAN-Personal). Soweit dieses Personal dem Art. 87b GG zuzurechnende Aufgaben wahrzunehmen hat (z. B. in den Auslandseinsatzkontingenten), ist einer sachfremden Einflussnahme durch die mil. Vorg. vergleichbar mit der Regelung für den Fachdienst von Soldaten i. S. v. § 1 Abs. 2 VorgV i. V. m. § 2 VorgV entgegenzuwirken.[84]

68 **g) Vorgesetztenverhältnis eines Soldaten gegenüber Arbeitnehmern.** Auch gegenüber Arbeitnehmern hat der Gesetzgeber keine Befehlsbefugnis geschaffen. Anordnungsbefugnisse der „Vorgesetzten" ergeben sich aus dem in § 106 GewO gesetzl. geregelten **Direktionsrecht des Arbeitgebers.** Danach kann der Arbeitgeber Inhalt, Ort und Zeit der Arbeit nach billigem Ermessen gemäß § 315 BGB selbst bestimmen, soweit dem keine vorrangigen Regelungen (Arbeitsvertrag, Betriebsvereinbarung, Tarifvertrag oder gesetzl. Vorschriften) entgegenstehen.

69 **h) Vorgesetztenverhältnis eines Nichtsoldaten gegenüber Soldaten.** Die Verwendung von Soldaten ist nicht auf mil. Einheiten, Verbände und Dienststellen der SK beschränkt. Ihr mil. Sachverstand wird in ziv. Behörden (z. B. im BMVg, im BND[85], im Bundesamt für Informationsmanagement und -technik der Bw (IT-AmtBw) oder in Botschaften[86]), in internationalen Einrichtungen und Verbänden (z. B. in NATO-Stäben, im Eurocorps, im NATO-E-3A-Verband mit international zusammengesetzten Besatzungen von AWACS-Flugzeugen oder bei internationalen Friedenstruppen in Auslandseinsätzen) sowie in privatrechtl. organisierten Unternehmen genutzt. Der hierarchische Aufbau staatlicher Einrichtungen und die organisatorische Ausgestaltung nichtstaatlicher Einrichtungen bedingen und bewirken gleichermaßen die Unterstellung eingegliederter Soldaten unter nichtmil. Vorg., auch wenn diese keine Befehlsbefugnis[87] nach § 1 Abs. 3 besitzen. Mithin folgt aus einer dienstl. begründeten Eingliederung in eine Einrichtung außerhalb der SK bzw. in ein ziv. geführtes Organisationselement in den SK ein Weisungs-/Anordnungsrecht der dort in übergeordneter

---

84 Dem entspricht die Führungsweisung des BMVg v. 30.5.2008, Teil C Nr. 1d. Danach ist Personal der Einsatzwehrverwaltungsstellen unabhängig vom Status im Einsatzkontingent im fachl. Aufgabenbereich dem BAWV (einer Oberbehörde der Bundeswehrverwaltung) unterstellt. Allgemeindienstl. o. truppendienstl. Befugnisse der mil. Vorg. bestehen nur, soweit diese den fachl. Bereich nicht berühren.
85 Vgl. zur Unterstellung unter dessen ziv. Präsidenten z. B. BVerwG DokBer B 2007, 312; BVerwGE 132, 110 = ZBR 2009, 199; BVerwG NZWehrr 1998, 29.
86 Für den Dienst im Militärattachéstab einer deutschen Auslandsvertretung gilt das G über den Auswärtigen Dienst. Dieser Dienst unterliegt keiner truppendienstl. Führung durch einen mil. Vorg. nach § 1 Abs. 3. Vgl. Fn. 15 zu § 1 VorgV.
87 So auch *Dau*, WStG, § 2 Rn. 10i.

Funktion befindlichen Nichtsoldaten.[88] Die Vorgesetztenbeschwerde nach § 1 Abs. 1 Satz 1 WBO setzt allerdings einen mil. Vorg. voraus.[89]

Die Gehorsamspflicht und deren Reichweite bzgl. Anordnungen nichtmil. Vorg. folgen aus der Pflicht zum treuen Dienen (§ 7)[90], nicht aus § 11 aufgrund eines Befehls eines mil. Vorg., diesen Anordnungen zu folgen.[91] Da somit kein strafbewehrter Befehl vorliegt und bei „Ungehorsam" gegen eine Anordnung des Nichtsoldaten[92] kein Verstoß gegen § 11 möglich ist, können sich untergebene Soldaten, denen eine rechtswidrige Handlung abverlangt wird, andererseits nicht ohne Weiteres auf ein „Handeln auf Befehl" berufen und auf die Verantwortung des Vorg. (§ 10 Abs. 5) verweisen. Für die Gehorsamspflicht gegenüber einem nicht Befehlsbefugten sind die Regelungen des Beamtenrechts einschl. der „Pflicht zur Gegenvorstellung" sinngemäß anzuwenden.[93] **70**

Werden Soldaten ohne Eingliederung in eine privatrechtl. organisierte Gesellschaft im Rahmen eines Kooperationsvorhabens mit der Wirtschaft oder zur Unterstützung eines privaten Auftragnehmers der Bw lediglich „beigestellt", um einen amtl. Beitrag zu leisten, liegen nur im amtl. Bereich allg. oder mil. Vorgesetztenverhältnisse vor. Im Regelfall erfordert die Pflicht zum treuen Dienen es gleichwohl, der Anweisung eines Firmenvertreters zu folgen, dessen Unterstützung die Beistellung dient. **71**

i) Befehlsbefugnisse und Vorgesetzteneigenschaft. Jeder Vorg. ist nur befugt, rechtmäßige Befehle zu erteilen (vgl. hierzu insbes. § 10 Abs. 4). Nicht jede Überschreitung gesetzl. Vorgaben für die Befehlsgebung führt jedoch dazu, dass mangels Befehlsbefugnis das gesetzl. Vorgesetztenverhältnis entfällt und somit die Befehlseigenschaft einer hinreichend bestimmten und mit Anspruch auf Gehorsam erteilten Anweisung in Frage gestellt werden müsste.[94] **72**

---

88   Vgl. VMBl 1959 S. 239.
89   *Dau*, WBO, § 1 Rn. 63 f. mit Hinw. auf alternative Rechtsschutzmöglichkeiten gegen Fehlverhalten ziv. Vorg. Vgl. Fn. 55 zu § 1.
90   So auch *Dau*, WBO, § 1 Rn. 64; *Scherer/Alff/Poretschkin*, SG, § 1 Rn. 55, § 7 Rn. 16; zur Unterstellung unter ausländische Soldaten *Dau*, NZWehrr 1989, 177; *Poretschkin*, NZWehrr 2005, 247; *Wieland*, NZWehrr 1999, 133.
91   A.A. GKÖD I Yk, § 1 Rn. 25; *Weniger*, SG, § 1 Rn. 14, denen entgegenzuhalten ist, dass ein derartiger Befehl, die Anordnungen ziv. Vorg. zu beachten, nicht hinreichend bestimmt wäre, da Art u. Umfang der Anordnungen regelmäßig nicht abschätzbar sein werden. Zudem würde über den Umweg der allg. Anweisung eines mil. Vorg. ein wehrstrafrechtl. relevanter Ungehorsam aus der Nichtbeachtung ziv. Anordnungen konstruiert. Dies ist dem Gesetz-/Verordnungsgeber vorbehalten. Allerdings können durch Weisung eines mil. Vorg. temporäre Befehlsbefugnisse für Soldaten geschaffen werden (§ 5 VorgV).
92   Dies gilt entspr. für mit Befehlen vergleichbare verbindliche Anordnungen durch weisungs-, aber nicht befehlsbefugte Soldaten (z. B. in Erl. des BMVg).
93   Vgl. BVerwG DVBl. 2006, 50, wonach Soldaten, die in die Bundeswehrverwaltung eingegliedert sind (im konkreten Fall das Zentrum für Informationstechnik der Bw), keinen Dienst nach dem Befehl eines mil. Vorg. leisten, sondern wie die ziv. Beschäftigten tätig werden, u. somit für die Anerkennung von Reisezeiten als Dienstzeit der Rechtsweg zu den VG gegeben ist. Aus der Entsch. muss wohl geschlossen werden, dass für Anordnungen im „Verwaltungsdienst" der Bundeswehrverwaltung selbst ein vorg. Soldat keine Befehlsbefugnis i. S. d. § 1 Abs. 3 hätte.
94   Soweit auf § 10 Abs. 4 Bezug genommen wird, zutr. *Scherer/Alff/Poretschkin*, SG, § 1 Rn. 34.

73 Im Umkehrschluss gilt, dass nicht befehlen kann, wer zur Befehlsgebung nicht befugt ist. Die Befehlsbefugnis ist somit unabdingbare Voraussetzung für einen Befehl. Es ist zu unterscheiden zwischen der (Nicht-)Erfüllung der Tatbestandsvoraussetzungen der Normen der VorgV, welche die **Befugnis zur Befehlserteilung** (ein Vorgesetztenverhältnis) begründen, und der Verletzung gesetzl. und untergesetzl. Regelungen, welche die **Ausübung der (bestehenden) Befehlsbefugnis** inhaltl. beschränken. Nicht ausreichend ist, lediglich den zeitlichen und örtlichen Grenzen der VorgV (vgl. insbes. § 4 VorgV) konstitutive Bedeutung für das Vorliegen eines Vorgesetztenverhältnisses beizumessen.[95] Genauso müssen die inhaltl. **Begrenzungen der Befehlsbefugnis** (vgl. §§ 2, 3 und 5 VorgV) beachtet werden. So ist z. B. ein Kompaniefeldwebel gegenüber einem ihm nach § 3 VorgV nur für Fragen des Innendienstes unterstellten Fw nicht befugt, diesem die Instandsetzung eines Kampfpanzers zu befehlen. Obwohl zwischen beiden Soldaten ein abstraktes Vorg.-Untergebenenverhältnis nach § 3 VorgV besteht, stellt eine solche Anweisung mangels konkreter Befehlsbefugnis und somit mangels konkreten Vorgesetztenverhältnisses keinen Befehl dar, der die Gehorsamspflicht nach § 11 auslöst. Verstößt hingegen eine Innendienstanweisung des Kompaniefeldwebels gegen Regelungen zur **Begrenzung der Ausübung** der grds. bestehenden Befehlsbefugnis, handelt er gleichwohl als Vorg., der einen rechtwidrigen Befehl erteilt hat, dessen Verbindlichkeit befehlsrechtl. zu prüfen ist.[96]

74 Die Überschreitung der durch die VorgV gesetzten Grenzen lässt die Vorgesetzteneigenschaft und somit die Qualität einer Anweisung als Befehl nicht unberührt. Andere Auffassungen[97] bauen auf einem vermeintlich eigenständigen Begriff der Befehlsbefugnis auf. Sie verkennen, dass Befehlsbefugnis und Vorgesetzteneigenschaft gleichzusetzen sind. Fehlt Befehlsbefugnis, so handelt kein mil. Vorg.

75 **4. Absatz 4.** Abs. 4 definiert den Begriff **„Disziplinarvorgesetzter"**. Weitere Einzelheiten regeln die §§ 27 ff. WDO und Erl. des BMVg.

76 Gem. § 27 Abs. 1 Satz 1 WDO haben Disziplinarbefugnis „die Offiziere, denen sie nach diesem Gesetz zusteht, und deren truppendienstliche Vorgesetzte, sowie die Vorgesetzten in vergleichbaren Dienststellungen ...".

77 Ergänzend ist § 1 Abs. 4 Satz 1 zu entnehmen, dass der DiszVorg. stets einen **„Befehlsbereich"** haben muss; die Disziplinarbefugnis folgt letztlich aus der Befehls- und Kommandogewalt des BMVg i. S. v. Art. 65a GG. Dies bedeutet, dass DiszVorg. nur ein (deutscher[98]) **Offz** sein kann, der i. d. R. die Dienststellung eines **unmittelbaren Vorg.** gem. § 1 Abs. 1 VorgV hat.[99] Offz, die entgegen Art. 87b GG keine mil. Dienststelle leiten, sondern z. B. eine Dienststelle der Bundeswehrverwaltung i. S. v. Art. 87b GG, können folglich nicht DiszVorg. der dort tätigen Soldaten sein.

---

95 So jedoch *Schölz/Lingens*, WStG, § 2 Rn. 14.
96 Vgl. die Komm. zu § 11.
97 Vgl. *Dau*, WBO, § 1 Rn. 168; *ders.*, in: Erbs/Kohlhaas, W 50 (WStG) § 2 Rn. 10a; *Scherer/Alff/Poretschkin*, SG, § 1 Rn. 34, § 10 Rn. 43; *Stauf* I, § 10 SG Rn. 18. Vertiefend hierzu die Komm. zu § 10 Abs. 4 Rn. 63 f.
98 *Dau*, WDO, § 27 Rn. 2a.
99 *Dau*, WDO, § 27 Rn. 5; *Scherer/Alff/Poretschkin*, SG, § 1 Rn. 120; *Stauf* I, § 1 SG Rn. 24. Ausnahmsweise können auch Vorg. gem. § 3 VorgV DiszVorg. sein (§ 31 WDO).

Nach § 1

Verordnung über die Regelung des militärischen Vorgesetztenverhältnisses (Vorgesetztenverordnung – VorgV)

vom 4. Juni 1956[1]

Auf Grund des § 1 Abs. 4[2] in Verbindung mit § 72 Abs. 2[3] des Soldatengesetzes vom 19. März 1956 (Bundesgesetzbl. I S. 114)[4] wird verordnet[5]:

I. Vorgesetztenverhältnis auf Grund der Dienststellung

§ 1 Unmittelbare Vorgesetzte

(1) Ein Soldat, der einen militärischen Verband, eine militärische Einheit oder Teileinheit führt oder der eine militärische Dienststelle leitet, hat die allgemeine Befugnis, den ihm unterstellten Soldaten in und außer Dienst Befehle zu erteilen.

(2) In den Fachdienst der Untergebenen, die der Leitung und Dienstaufsicht von Fachvorgesetzten unterstehen, soll der unmittelbare Vorgesetzte nicht eingreifen.

§ 2 Fachvorgesetzte

Ein Soldat, dem nach seiner Dienststellung die Leitung des Fachdienstes von Soldaten obliegt, hat die Befugnis, ihnen im Dienst zu fachdienstlichen Zwecken Befehle zu erteilen.

§ 3 Vorgesetzte mit besonderem Aufgabenbereich

[1]Ein Soldat, dem nach seiner Dienststellung ein besonderer Aufgabenbereich zugewiesen ist, hat im Dienst die Befugnis, anderen Soldaten Befehle zu erteilen, die zur Erfüllung seiner Aufgaben notwendig sind. [2]Wenn sich dies aus seinem Aufgabenbereich ergibt, hat er Befehlsbefugnis auch gegenüber Soldaten, die sich nicht im Dienst befinden.

II. Vorgesetztenverhältnis auf Grund des Dienstgrades

§ 4

(1) In den Kompanien und in den entsprechenden Einheiten sowie innerhalb der Besatzung eines Schiffes steht die Befugnis, im Dienst Befehle zu erteilen, zu
1. den Offizieren gegenüber allen Unteroffizieren und Mannschaften,
2. den Unteroffizieren vom Feldwebel an aufwärts gegenüber allen Stabsunteroffizieren, Unteroffizieren und Mannschaften,
3. den Stabsunteroffizieren und den Unteroffizieren gegenüber allen Mannschaften.

An Bord von Schiffen haben die Angehörigen der Besatzung und deren unmittelbare Vorgesetzte in und außer Dienst Befehlsbefugnis nach Satz 1 auch gegenüber Soldaten, die sich nicht im Dienst befinden oder nicht zu bestimmtem Dienst eingeteilt sind, und gegenüber Soldaten, die nicht zur Besatzung gehören.

---

1 BGBl. I S. 459, zul. geä. durch VO v. 7.10.1981 (BGBl. I S. 1129).
2 Jetzt: § 1 Abs. 3.
3 Jetzt: § 93 Abs. 2 Nr. 1.
4 Jetzt: I.d.F. der Bekanntmachung v. 30.5.2005 (BGBl. I S. 1482).
5 Jetzt: verordnet das Bundesministerium der Verteidigung.

(2) In Stäben und anderen militärischen Dienststellen gilt Absatz 1 Satz 1 entsprechend, jedoch kann der Kommandeur oder der Leiter der Dienststelle die Befehlsbefugnis auf Untergliederungen des Stabes oder der Dienststelle beschränken.

(3) Innerhalb umschlossener militärischer Anlagen können Soldaten einer höheren Dienstgradgruppe den Soldaten einer niedrigeren Dienstgradgruppe in und außer Dienst Befehle erteilen.

III. Vorgesetztenverhältnis auf Grund besonderer Anordnung

§ 5

(1) ¹Ein Vorgesetzter kann innerhalb seiner Befehlsbefugnis Untergebene einem Soldaten für eine bestimmte Aufgabe vorübergehend unterstellen. ²Dabei soll ein im Dienstgrad niedrigerer Soldat einem im Dienstgrad höheren Soldaten nur vorgesetzt werden, wenn besondere dienstliche Gründe dies erfordern.

(2) Durch die Anordnung der Unterstellung, die den Untergebenen dienstlich bekanntzugeben ist, erhält der Soldat die Befugnis, den unterstellten Soldaten Befehle zu erteilen, die zur Erfüllung seiner Aufgabe notwendig sind.

IV. Vorgesetztenverhältnis auf Grund eigener Erklärung

§ 6

(1) Ein Offizier oder Unteroffizier kann sich in und außer Dienst über andere Soldaten, die im Dienstgrad nicht über ihm stehen, zum Vorgesetzten erklären, wenn er dies für notwendig hält, weil

1. eine Notlage sofortige Hilfe erfordert,
2. zur Aufrechterhaltung der Disziplin oder Sicherheit ein sofortiges Eingreifen unerläßlich ist oder
3. eine einheitliche Befehlsgebung an Ort und Stelle unabhängig von der gliederungsmäßigen Zusammengehörigkeit der Soldaten zur Behebung einer kritischen Lage hergestellt werden muß.

(2) Niemand kann sich zum Vorgesetzten von Soldaten erklären, die auf Grund der §§ 1 bis 3 und 5 Befehlsbefugnis über ihn haben.

(3) ¹Mit der Erklärung erhält der Offizier oder Unteroffizier die Befugnis, den Soldaten, an die er die Erklärung gerichtet hat, Befehle zu erteilen, die nach der Lage erforderlich sind. ²In eine fachliche Tätigkeit soll nur ein facherfahrener Offizier oder Unteroffizier eingreifen.

V. Inkrafttreten

§ 7

Diese Verordnung tritt am Tage nach ihrer Verkündung in Kraft.

Übersicht

	Rn		Rn
I. Allgemeines	1	VI. § 5 VorgV	43
II. § 1 VorgV	2	VII. § 6 VorgV	49
III. § 2 VorgV	17	VIII. Wechselseitige Vorgesetzten-	
IV. § 3 VorgV	21	verhältnisse	55
V. § 4 VorgV	30		

I. Allgemeines

Mit der ursprünglich aufgrund des § 1 Abs. 4 a.F. i. V. m. § 72 Abs. 2 a.F. erlassenen **1** „Verordnung zur Regelung des militärischen Vorgesetztenverhältnisses" vom 4.6.1956[6] hat das BMVg von der Ermächtigung Gebrauch gemacht, mil. Vorgesetztenverhältnisse durch RVO zu regeln. Die RVO ist **geändert** worden durch die
- VO zur Änd. der VO zur Regelung des mil. Vorgesetztenverhältnisses vom **31.1.1959**[7], durch die § 4 Abs. 1 neu gefasst wurde
- Zweite VO zur Änd. der VO zur Regelung des mil. Vorgesetztenverhältnisses vom **6.8.1960**[8], durch die § 1 Abs. 1 neu gefasst und dem § 4 ein Abs. 3 angefügt wurden
- Dritte VO zur Änd. der VO zur Regelung des mil. Vorgesetztenverhältnisses vom **7.10.1981**[9], durch welche die Überschrift den Zusatz „(Vorgesetztenverordnung – VorgV)" erhalten hat und § 4 Abs. 1 Satz 2 neu gefasst wurde.

Der systematischen Unterscheidung des Gesetzgebers folgend, regelt die RVO mil. Vorgesetztenverhältnisse aufgrund der Dienststellung (Abschnitt I), des Dienstgrades (Abschnitt II), besonderer Anordnung (Abschnitt III) oder eigener Erklärung (Abschnitt IV).

II. § 1 VorgV

Das Vorgesetztenverhältnis eines Soldaten nach **Abs. 1** ist umfassend, denn die VorgV **2** nimmt keine örtliche, zeitliche oder sachliche Beschränkung vor. Unmittelbare Vorg. können im Rahmen des gesetzl. Zulässigen unbeschränkt das Führungsmittel des mil. Befehls einsetzen (**allg. Befehlsbefugnis**).˙

Mit dem Begriff des unmittelbaren Vorg. korrespondiert grds. die **truppendienstl.** **3** **Unterstellung** (ZDv 1/50 Nr. 201).[10] Sie ist das typische Unterstellungsverhältnis in den

---

6 BGBl. I S. 459.
7 BGBl. I S. 34.
8 BGBl. S. 684.
9 BGBl. I S. 1129.
10 Vgl. auch *Dau*, WDO, § 27 Rn. 5. Das BVerwG scheint jedoch die unmittelbare Unterstellung nach § 1 VorgV (mit unbegrenzter Befehlsbefugnis) u. die truppendienstl. Unterstellung zu unterscheiden. Zutr. hat es für außerhalb des Geschäftsbereichs des BMVg verwendete Soldaten festgestellt, dass diese aus den Befehlsstrukturen der SK herausgelöst u. in den anderen Geschäftsbereich eingegliedert werden. Dies hat zur Folge, dass sie nicht mehr der Befehlsgewalt des BMVg unterstehen (BVerwG DokBer B 2007, 312; BVerwGE 132, 110 = ZBR 2009, 199). Andererseits soll die Disziplinarbefugnis (mit Disziplinarbefugnis u. der Befugnis zur Rückkommandierung in die eigene Befehls- u. Kommandogewalt) unter den BMVg unangetastet bleiben (BVerwG a.a.O.). Die truppendienstl. Unterstellung ist daher im Extremfall losgelöst von der Befehlsbefugnis nach Art. 65a GG o. § 1 VorgV. Im gleichen Sinn schon BVerwG DVBl 2006, 50 zu im IT-AmtBw eingesetzten Soldaten. Ebenso OVG Münster 1 E 825/09.

SK. Sie umfasst alle Aufgaben eines Vorg., deren Erledigung der Herstellung und Erhaltung der Einsatzbereitschaft des ihm anvertrauten Personals und Materials dient. Hierzu gehören die persönlichen, insbes. die disziplinaren Angelegenheiten, die Ausbildung, die Versorgung sowie fachl. Angelegenheiten der Dienststelle. Obwohl grds. umfassend ausgelegt, kann die truppendienstl. Unterstellung von spezielleren Unterstellungsformen **überlagert** werden, z. B. von der auf § 2 VorgV beruhenden fachdienstl. Unterstellung (ZDv 1/50 Nr. 205), von auf § 3 VorgV beruhenden Unterstellungen im besonderen Aufgabenbereich (ZDv 1/50 Nr. 204) sowie von einer Unterstellung für den Einsatz (ZDv 1/50 Nr. 203) und anderen Weisungsbefugnissen.

4 Wer unmittelbarer bzw. truppendienstl. Vorg. ist, ergibt sich aus dem organisatorischen Aufbau[11] der SK und der Übertragung einer der in § 1 Abs. 1 VorgV genannten **Dienststellungen** (Führer eines mil. Verbandes, einer mil. Einheit oder Teileinheit oder Leiter einer mil. Dienststelle).[12] § 1 VorgV enthält keine Regelung, in welcher **Form** einem Soldaten die entspr. Dienststellung zu übertragen ist; ein förmlicher Organisationsakt ist nicht erforderlich.[13] Dem institutionellen Unterstellungsverhältnis einer mil. Dienststelle folgend werden persönliche Unterstellungsverhältnisse begründet, die eine durchgängige Befehlskette vom Min. bis zum letzten Soldaten sicherstellen. Die notwendige organisatorische Zugehörigkeit zu einer Dienststelle wird durch Versetzung oder Kommandierung bewirkt. Ein Soldat hat also, abhängig von seiner so verfügten organisatorischen Einbindung, eine Vielzahl unmittelbarer (truppendienstl.) Vorg.[14]

---

11 Durch Organisationsakt/-befehl wird bestimmt, welche Dienstposten zu welchem Befehlsbereich gehören. Die unmittelbare/truppendienstl. Unterstellung ergibt sich aus der Versetzung auf einen Dienstposten o. durch Kommandierung in den jew. Befehlsbereich (vgl. auch *Scherer/Alff/ Poretschkin*, SG, § 1 Rn. 42 u. 94). Durch bloßen Organisationsakt/-befehl kann jedoch nicht (z. B. mit dem Ziel einer abw. disziplinaren Unterstellung) angeordnet werden, dass die truppendienstl. Unterstellung in den SK von der unmittelbaren Unterstellung unter den Führer der Einheit, Teileinheit o. Dienststelle, zu der versetzt o. kommandiert wird, abweicht. Ein hierzu notwendiges – eigenständiges – truppendienstl. Unterstellungsverhältnis ist in der VorgV nicht abgebildet.

12 Ein Soldat ausländischer SK, der einen multinationalen Verband o. Stab führt, dem auch deutsche Soldaten angehören, kann kein truppendienstl. Vorg. der deutschen Soldaten sein (vgl. Rn. 56 u. 69 zu § 1 SG; *Dau*, WStG § 2 Rn. 10i). Die Beteiligung Deutschlands an multinationalen mil. Verbänden (z. B. am Eurokorps) bringt darüber hinaus die Besonderheit mit, dass auch ein deutscher Soldat als Führer des multinationalen Verbandes nicht unmittelbarer Vorg. sein kann. Verband i. S. d. § 1 Abs. 1 VorgV ist nur ein solcher der Bw. Als Einzelperson (vgl. zum Personenbezug der VorgV Rn. 48 zu § 1 SG) könnte ihm Befehlsbefugnis über deutsche Soldaten nur übertragen werden, soweit dies mit seiner multinationalen Funktion vereinbar ist u. Aufgaben der Verbandsführung, die auch der Befehlbefugnis des BMVg gem. Art. 65a GG nicht zugänglich ist, ausgenommen werden.

13 Die Zuteilung einer Dienststellennummer hat keine konstitutive Bedeutung für ein Unterstellungsverhältnis nach § 1 VorgV (BVerwG DöD 2003, 204; vgl. Rn. 8). Daraus darf jedoch nicht abgeleitet werden, ein eindeutiger Organisationsakt, mit dem eine Einheit o. Teileinheit eingerichtet wird, sei entbehrlich.

14 So reicht das truppendienstl. Unterstellungsverhältnis eines Soldaten in einer Kampfeinheit des Heeres z. B. über den Gruppenführer, Zugführer, KpChef, BtlKdr, BrigKdr, DivKdr u. Befehlshaber des Heeresführungskommandos bis zum Insp des Heeres, der immer noch sein „unmittelbarer" Vorg. gem. § 1 Abs. 1 VorgV ist u. seinerseits „truppendienstl." nach Art. 65a GG nur noch dem BMVg untersteht.

Die Regelung berücksichtigt die Organisationsgewalt des Min., der nach Art. 65 Satz 2 GG seinen Geschäftsbereich unter eigener Verantwortung leitet (Ressortprinzip). Neben dem Min. selbst gehören zum Geschäftsbereich des BMVg die auf der Grundlage des Art. 87a GG aufgestellten SK mit zzt. fünf mil. OrgBereichen (Heer, Luftwaffe, Marine, Streitkräftebasis und Zentraler SanDienst der Bw), die auf Art. 87b GG beruhende Bundeswehrverwaltung mit ihren beiden OrgBereichen Territoriale Bundeswehrverwaltung und Rüstungsbereich sowie zwei weitere ziv. OrgBereiche (Rechtspflege und Milseels). Mil. Verbände, Einheiten und Teileinheiten sowie (sonstige) mil. Dienststellen sind im Hinblick auf die Verfassungsrechtslage nur im Bereich der SK[15] vorstellbar. Zur Regelung der Grundbegriffe der mil. Organisation hat das BMVg die **ZDv 1/50** erlassen. Ihr Geltungsbereich ist ausdrücklich auf die SK beschränkt.

Eine **Einheit** ist danach die unterste mil. Gliederungsform, deren Führer grds. Disziplinarbefugnis hat (ZDv 1/50 Nr. 109). Die Grundform der Einheit ist die Kompanie. Dienststellung i. S. d. § 1 Abs. 1 VorgV ist somit die des KpChef. Vergleichbare Dienststellungen sind Staffel-, Batterie- und Sektorchef sowie Staffelkapitän („Chef" einer fliegenden Staffel) und Bootskommandant. Eine **Teileinheit** ist jede Gliederungsform unterhalb der Einheit, deren Führer grds. keine Disziplinarbefugnis hat (ZDv 1/50 Nr. 110). Entspr. Dienststellungen i. S. d. § 1 Abs. 1 VorgV sind insbes. Zug-, Gruppen- und Truppführer. Keine Teileinheit i. S. d. § 1 Abs. 1 VorgV sind „Untergliederungen" (zur Abgrenzung vgl. § 4 Abs. 2 VorgV) von Stäben und „sonstigen Dienststellen." Soldaten, die eine solche Untergliederung leiten, können grds. Vorg. nach § 3 oder § 4 Abs. 2 VorgV sein.[16]

Ein **Verband** ist die gliederungsmäßige und/oder zeitlich begrenzte Zusammenfassung mehrerer Einheiten in der Stärke eines Bataillons oder Regiments (ZDv 1/50 Nr. 111). Einem Bataillon vergleichbare Gliederungsformen sind die Gruppe (z. B. Fliegerhorstgruppe), Abteilung, Lehrgruppe, das Lazarett und das Schiff. Einem Regiment vergleichbar ist ein Geschwader. Gliederungsmäßig und/oder zeitlich begrenzt zusammengefasste Truppenteile (allg. Bezeichnung für Einheiten, Verbände und Großverbände) von der Stärke einer Brigade (in der Marine Flottille) an aufwärts werden als **Großverband** (ZDv 1/50 Nr. 112) bezeichnet. Dienststellungen i. S. d. Abs. 1 sind Kdr, Kommodore, Kommandierender General, Befehlshaber.

---

15 In andere Ressorts eingegliederte Soldaten gehören nicht mehr den SK an u. unterstehen nicht mehr der Befehlsbefugnis des BMVg o. anderer mil. Vorg. Die Befugnis des BMVg zur Rückkommandierung in die eigene Befehls- u. Kommandogewalt bleibt unangetastet (BVerwG DokBer B 2007, 312; BVerwGE 132, 110 = ZBR 2009, 199). Gleiches muss gem. BVerwG DVBl. 2006, 50 wohl für Verwendungen außerhalb der SK im Bereich der Bundeswehrverwaltung angenommen werden. (vgl. auch OVG Münster 1 E 825/09).

16 So auch *Dau*, WStG, § 2 Rn. 10g; *Dau*, WDO, § 27 Rn. 6. u. 15. Allerdings nimmt *Dau*,WDO, § 27 Rn. 17 inkonsequent an, innerhalb jeglicher Dienststelle sei die Schaffung einer truppendienstl. Hierarchie mit Übertragung von Disziplinarbefugnissen möglich. Wer jedoch meint, nur truppendienstl. Vorg. könnten DiszVorg. sein, müsste hierzu auch die These vertreten, dass jede Dienststelle in Teileinheiten i. S. d. § 1 VorgV gegliedert werden kann. Dies scheint *Dau* nicht zu vertreten (zutr. insbes. *Dau*, WDO, § 27 Rn. 17; OVG Münster 1 E 825/09). Nur Einheiten, die ihrerseits Teile von Verbänden sind, können Teileinheiten haben.

8   **Mil. Dienststelle** ist nach der ZDv 1/50 Nr. 105 „ein durch Organisationsbefehl oder -weisung aufgestelltes selbstständiges organisatorisches Element im Geschäftsbereich des BMVg, das einen zugewiesenen Aufgabenbereich im Rahmen erteilter Befugnisse eigenverantwortlich wahrnimmt."[17] Diese Voraussetzungen sind erfüllt, wenn ein Mindestmaß an Selbstständigkeit besteht und in Abgrenzung zu **ziv. Dienststellen der Bw** allenfalls untergeordnete ziv. Aufgaben (z. B. durch eine eingegliederte Truppenverwaltung) erfüllt werden. Die bloß formale Vergabe einer Dienststellennummer in den mil. Organisationsgrundlagen (STAN) reicht nicht aus. Offz und Uffz, die unselbstständige Teile einer mil. Dienststelle leiten, sind im Gegensatz zu Teileinheitsführern keine unmittelbaren Vorg. Dienststellung i. S. d. § 1 Abs. 1 VorgV ist z. B. die des Amtschefs Streitkräfteamt.

9   Die Verwendung von Soldaten in **ziv. Dienststellen,** z. B. dem Bundesamt für Informationstechnik und -management der Bw (IT-AmtBw), führt nicht dazu, dass diese Dienststellen zugleich mil. Dienststellen i. S. d. § 1 VorgV werden. Um eine lückenlose Eingliederung in die nationale mil. Hierarchie und in die Regelungen für personalrechtl. Angelegenheiten, für deren Erledigung die truppendienstl. Vorg. der Soldaten zuständig sind, zu gewährleisten, werden diese Soldaten einem mil. Vorg. unterstellt.[18] Die Soldaten des IT-AmtBw werden aus diesem Grund zu der mil. „Dienststelle" „Dienstältester Offizier/Militärischer Anteil IT-AmtBw" versetzt. Sie leisten Dienst unter der Leitung des ziv. Präsidenten. Innerhalb der ziv. Dienststelle sind die aus dem Behördenaufbau resultierenden Anordnungsbefugnisse in fachl. Angelegenheiten zu beachten.[19] Eigenständiger Raum für truppendienstl. Maßnahmen zur Regelung des „Verwaltungsdienstes" besteht nicht. Dass die mil. „Schattendienststelle" über das notwendige Maß eigenverantwortlich wahrzunehmender Aufgaben i.S.d. ZDv 10/5 Nr. 105 verfügt, muss wohl verneint werden.

Soldaten, die in **internationalen mil. Einrichtungen** verwendet werden, werden truppendienstl. einer nationalen Dienststelle mit einem sog. „Dienstältesten Deutschen Offizier (DDO)" zugeordnet.[20]

10 Die **Militärattachéstäbe** im Ausland sind Organisationselemente der Auslandsvertretungen und damit des Geschäftsbereichs des Auswärtigen Amtes.[21] Mit gleicher Bezeichnung werden Dienststellen im OrgBereich Streitkräftebasis eingerichtet, auf denen das mil. Personal geführt wird (also auf Dienstposten einer „mil. Dienststelle"). Der Dienst wird in der Dienststelle des Auswärtigen Amtes (im Militärattachéstab der Botschaft) geleistet. Da die truppendienstl. Unterstellung das grundlegende Unterstellungsverhältnis (nur) in den SK ist (vgl. ZDv 1/50 Nr. 202), kann der (fachl.) Aus-

---

17 Z. B. das Personalamt der Bw, das Streitkräfteamt o. die Lehrgruppe einer Truppenschule (ein Bataillonsäquivalent, das von einem Kdr geführt wird).
18 Bei nichtmil. Dienststellen im Inland ist dies der „Dienstälteste Offizier".
19 Vgl. hierzu BVerwG DVBl. 2006, 50.
20 Vgl. hierzu *Scherer/Alff/Poretschkin,* SG, § 1 Rn 95.
21 Nach § 2 des G über den Auswärtigen Dienst (GAD) besteht dieser aus dem Auswärtigen Amt (Zentrale) u. den Auslandsvertretungen, die zusammen eine einheitliche Bundesbehörde unter Leitung des Bundesmin. des Auswärtigen bilden. Das Personal der Militärattachéstäbe wird nach § 13 GAD zeitlich befristet in den Auswärtigen Dienst übernommen.

wärtige Dienst im Militärattachéstab einer Auslandsvertretung nicht Gegenstand truppendienstl. Führung sein.²²

Das **Min.** selbst gehört ebenfalls zum Geschäftsbereich des BMVg. Als oberste Bundesbehörde dient es in erster Linie der unmittelbaren Unterstützung des Min. als Regierungsmitglied; es ist somit trotz Integration der mil. Spitzen der SK kein Verband, keine Einheit und keine mil. Dienststelle i. S. d. § 1 Abs. 1 VorgV. Mangels organisatorischer Selbstständigkeit gilt dies auch für die mil. Führungsstäbe im BMVg. Diese entsprechen – obwohl sie die Insp in deren truppendienstl. Führungsfunktion funktional wie eine Kommandobehörde unterstützen – organisatorisch einer ministeriellen Abteilung. Unmittelbare Vorgesetztenverhältnisse innerhalb des Min. sind damit ausgeschlossen. Durch Ministerweisung vom 21.1.2005²³ wurde allerdings die seit 1970 bestehende truppendienstl. Unterstellung der mil. OrgBereiche (ohne die Führungsstäbe des Min.) unter die **Insp** bestätigt. Diese sind damit – unterhalb des Min. und dessen Stellvertreter, die ihre Befehlsbefugnis unmittelbar aus Art. 65a GG ableiten – die höchsten unmittelbaren Vorg. nach § 1 Abs. 1 VorgV gegenüber den Soldaten des jew. OrgBereichs, der seinerseits aus mil. Verbänden, Einheiten und Dienststellen besteht. Trotz seiner Stellung als ranghöchster Soldat ist der **GenInspBw** mangels truppendienstl. unterstellten Bereichs kein unmittelbarer Vorg. 11

Nach **Abs. 2** sollen unmittelbare Vorg. nicht in den „Fachdienst" Untergebener eingreifen, die der Leitung und Dienstaufsicht von „Fachvorgesetzten" unterstehen. Nach Wortlaut und Systematik der Norm sind die Begriffe „Fachdienst" und „Fachvorgesetzte" mit denen des § 2 VorgV identisch. 12

Durch den Verzicht auf ein ausdrückliches Eingriffsverbot hat der Verordnungsgeber bestätigt, dass die allg. Befehlsbefugnis der unmittelbaren Vorg. umfassend ist und grds. jeden Dienst – auch den Fachdienst – einschließt. Andererseits soll der Fachdienst, der besonderen Umständen unterworfen ist und dessen Leitung besonderer Kenntnisse/Fähigkeiten bedarf, vor einer fachfremden Einflussnahme durch den truppendienstl. Führer (der selbst keinen Fachdienst versieht) geschützt werden. Der Gesetzgeber hat darüber hinaus mit § 27 Abs. 3 WDO (hins. des SanDienstes) und mit § 10 Abs. 2 WBO den Besonderheiten des Fachdienstes Rechnung getragen. 13

Der Ausdruck „soll nicht" stellt eine **Verhaltensvorgabe für Zweifelsfälle** auf. Es ist grds. verboten, in den Fachdienst einzugreifen, sofern nicht ein besonderer Ausnah- 14

---

22 Vgl. BVerwG DokBer B 2007, 312; BVerwGE 132, 110 = ZBR 2009, 199. Danach gehören in andere Ressorts eingegliederte Soldaten nicht mehr den SK an. Die Befehls- u. Kommandogewalt des BMVg ist jedoch auf die SK (nicht „Soldaten") beschränkt. Jeder Min. ist für seinen Geschäftsbereich dem Parlament gegenüber verantwortlich. Andere Geschäftsbereiche können nicht dadurch in die Befehlskette des BMVg eingegliedert werden, dass Soldaten, die neben Beamten, Richtern u. Tarifbeschäftigten lediglich eine weitere Statusgruppe des öffentl. Dienstes darstellen, temporär außerhalb der SK verwendet werden (vgl. § 1 Abs. 1 Nr. 2 PersAnpassG, der diese Option sogar dauerhaft unterstellt). Die Verantwortung für den Dienst solcher Soldaten geht dann auf den zuständigen Min. über. Verfehlt *Scherer/Alff/Poretschkin*, SG, § 1 Rn 49, 67f u. § 90 Rn. 3; *Leckebusch*, NZWehrr 2009, 285, 287. Eine Befehlskette zu jedem Soldaten, egal wo er verwendet wird, ist nicht verfassungsrechtl. geboten. Im Gegenteil ist das für die SK gebotene Prinzip von Befehl u. Gehorsam auf die SK beschränkt. Überzeugend kommt das BVerwG a.a.O. zur ausreichenden Befugnis der Rückholung fremdverwendeter Soldaten in die SK.
23 Sog. Berliner Erlass.

mefall vorliegt.²⁴ I.d.R. ist daher der in den Fachdienst eingreifende Befehl eines unmittelbaren Vorg. rechtswidrig.

15 Nicht jede **mittelbare Auswirkung** auf einen Fachdienst kann als **Eingriff** gewertet werden. Anderenfalls wären Dienststellen, die fachdienstl. Aufgaben zu erfüllen haben, der truppendienstl. Führung in nicht vertretbarer Weise entzogen. Nähme man bei jeder mittelbaren Auswirkung einen Eingriff an, bedürfte es auch für die anderen Vorgesetztenverhältnisse einer dem § 1 Abs. 2 VorgV entspr. Regelung. Aus Sicht des Befehlsempfängers macht es keinen Unterschied, ob eine Beeinträchtigung des Fachdienstes zu truppendienstl. Zwecken oder für einen besonderen Aufgabenbereich (§ 3 VorgV) erfolgt.

16 Der Befehl des Verbandsführers an den Leiter eines ihm unterstellten Standortsanitätszentrums, an einer abendlichen Informationsveranstaltung teilzunehmen, ist daher grds. kein Eingriff in dessen Fachdienst.²⁵ Zudem wird es für die Frage eines zulässigen Eingriffs auf Art und Gewicht des beeinträchtigten Fachdienstes ankommen. Beim Befehl an einen Militärmusiker, für eine allgemeindienstl. Maßnahme das Üben eines Musikstücks zu unterbrechen, ist schon der Eingriff in den Fachdienst zweifelhaft. Anders wird der Befehl an einen SanSoldaten, für die gleiche Maßnahme eine ärztliche Behandlung zu unterbrechen, zu beurteilen sein.

III. § 2 VorgV

17 Fachvorg. mit Befehlsbefugnis können nur **Soldaten** sein. Ihre Dienststellung muss mit der Leitung eines **Fachdienstes** verbunden sein.²⁶ Die Befehlsbefugnis der Fachvorg. ist **zeitlich** auf den Dienst²⁷ (Vorg. und Untergebener müssen im Dienst sein) und **inhaltl.** auf fachdienstl. Zwecke **beschränkt**.

18 Die **fachdienstl. Unterstellung** i. S. d. § 2 VorgV (vgl. ZDv 1/50 Nr. 205) ist zu unterscheiden von der **fachl. Unterstellung im besonderen Aufgabenbereich** gem. § 3 VorgV (vgl. ZDv 1/50 Nr. 204). **Fachdienst** wird daher nicht allein durch die Zuordnung von Fachaufgaben bestimmt. Ob und welche Fachdienste als solche i. S. d. § 2 VorgV eingerichtet werden, obliegt der Organisationsentscheidung des BMVg.

19 Zzt. sind drei Fachdienste eingerichtet: **SanDienst, Militärmusikdienst und Geoinformationsdienst der Bw**. Aus § 3 SLV darf nicht geschlossen werden, dass Truppendienst, militärfachl. Dienst und allg. Fachdienst (Laufbahnbezeichnungen) Fachdienste i. S. d. § 2 VorgV seien.

20 Die fachdienstl. Unterstellung besteht unabhängig von und ggf. neben der truppendienstl. Unterstellung. Soldaten, die eine für fachdienstl. Aufgaben aufgestellte mil. Dienststelle, Einheit oder Teileinheit führen, sind, soweit sie den Fachdienst leiten, neben ihrer Eigenschaft als Fachvorg. auch unmittelbare Vorg. nach § 1 VorgV, z. B.

---

24 BVerwG NZWehr 2004, 169; *Scherer/Alff/Poretschkin*, SG, § 1 Rn. 75.
25 Offen gelassen durch BVerwG ZBR 2005, 256.
26 Ranghöchster Fachvorg. ist der Insp des SanDienstes der Bw; er ist zugleich höchster unmittelbarer Vorg. aller ihm im zentralen SanDienst der Bw truppendienstl. unterstellten Soldaten. Den mil. SanDienst in den den anderen Insp truppendienstl. unterstellten Organisationsbereichen kann er in seiner Eigenschaft als Fachvorg. durch Befehle regeln.
27 Zum Begriff „Dienst" vgl. *Lingens*, NZWehr 1982, 82.

der Leiter eines Standortsanitätszentrums.[28] Sie unterliegen nicht den zeitlichen und inhaltl. Beschränkungen des § 2 VorgV.

IV. § 3 VorgV

Auch § 3 VorgV eröffnet eine Befehlsbefugnis (hier im **besonderen Aufgabenbereich**) nur für **Soldaten**. Die Formulierung „**nach seiner Dienststellung**" stellt klar, dass die Übertragung eines besonderen Aufgabenbereichs für sich allein keine Befehlsbefugnis bewirkt. Die Übertragung eines besonderen Aufgabenbereichs folgt schon aus der Übertragung eines Dienstpostens. 21

Zur organisatorischen, auf Dauer oder auf ständige Wiederkehr angelegten, Einrichtung/Übertragung eines besonderen mil. Pflichtenkreises[29] muss die ausdrückliche oder konkludente **Übertragung von Befehlsbefugnissen** hinzutreten. Die Befehlsbefugnis ergibt sich nicht allein aus der Notwendigkeit, zur Erfüllung der übertragenen Aufgaben befehlen zu können. Sie muss übertragen werden und ist nach der ZDv 1/50 Nr. 204 anzuordnen, wenn die Unterstellung nicht nur vorübergehend (i. S. d. § 5 VorgV) in fachl. Angelegenheiten von der truppendienstl. Unterstellung abweicht. Dabei ist das Unterstellungsverhältnis nach dem konkreten Inhalt der Aufgaben zu bezeichnen (einschl. der Bezeichnung des Kreises der Unterstellten). 22

Um eine solche Dienststellung begründen und übertragen zu können, bedarf es hinreichender Organisationskompetenz, die über die Anordnungsbefugnis des § 5 VorgV hinausgeht. Anderenfalls könnte jeder Vorg. in seinem Befehlsbereich eine Vielzahl von Vorgesetztenverhältnissen schaffen, obwohl § 5 VorgV ausdrücklich nur eine zeitlich („vorübergehend") und inhaltl. („für eine bestimmte Aufgabe") beschränkte Übertragung von Befehlsbefugnissen durch nachgeordnete Vorg. zulässt. Mit Befehlsbefugnis versehene Dienststellungen i. S. d. § 3 VorgV sind z. B.: **Kompaniefeldwebel** (ZDv 10/5 Nr. 207)[30], **Feldwebel/Bootsmann vom Wochendienst** (ZDv 10/5 Nr. 225), **Unteroffizier vom Dienst** (ZDv 10/5 Nr. 225)[31], **Feldjäger** (ZDv 75/100 Nr. 201), **Kommandeur im Verteidigungsbezirk** (ZDv 40/1 Nr. 218), **Standortältester** (ZDv 40/1 Nr. 211), **Kasernenkommandant** (KasKdt, ZDv 40/1 Nr. 513) und **Feldlagerkommandant** (Allg. Umdruck [AU] 1/100 Nr. 1606)[32], **Wachsoldaten** und deren **Wachvorgesetzte** (ZDv 10/6 Nr. 218), d. h. Kasernenkommandant[33] und dessen truppendienstl. Vorg., Offz vom Wachdienst, stellvertretender Offz vom Wachdienst, Wachhabender und stellvertretender Wachhabender, **Truppenstreifen, Vollzugsleiter** und **Vollzugshelfer** (§ 4 Abs. 1 der Bundeswehrvollzugsordnung), **Kommandant** eines gepanzerten Fahrzeuges oder eines Flugzeuges (ZDv 1/50 Nr. 133). 23

---

28 BVerwG NZWehrr 2004, 169. *Scherer/Alff/Poretschkin*, SG, § 1 Rn. 77 verneinen die Fachvorgesetzteneigenschaft, weil sie hinter die Stellung nach § 1 VorgV zurücktreten könne, obwohl in Rn. 75 ein Verbot des Eingriffs in den in der Dienststelle zu leistenden Fachdienst angenommen wird. Folge wäre ein entmachteter Leiter. § 1 VorgV ist jedoch nicht lex specialis zu § 2 VorgV. Beide Normen u. beide Vorgesetztenverhältnisse stehen nebeneinander.
29 *Dau*, WStG, § 2 Rn. 10n; *Scherer/Alff/Poretschkin*, SG, § 1 Rn. 80.
30 Innerhalb seiner Teileinheit ist der Kompaniefeldwebel unmittelbarer Vorg. nach § 1.
31 Nicht jedoch der ihn unterstützende Gefreite/Matrose v. Dienst (ZDv 10/5 Nr. 225).
32 Nach AU 1/100 Nr. 1606 soll ein Feldlagerkommandant im Auslandseinsatz alle Befugnisse u. Aufgaben eines KasKdt haben, soweit für den Einsatz nichts Abweichendes festgelegt wird.
33 Kommandant eines Schiffes u. Kdr eines Bootsgeschwaders sind dem KasKdt vergleichbare Wachvorg. (ZDv 10/6 Nr. 215).

24 Ohne entspr. organisatorische Regelung ist der Leiter der (General-)Stabsabteilung (G 1/ S 1) auch für Aufgaben seines Führungsgrundgebietes kein Vorg. nach § 3 VorgV gegenüber Angehörigen nachgeordneter Dienststellen.[34] Er handelt trotz seiner „Dienststellung" als Leiter einer Organisationseinheit wie andere Angehörige von Dienststellen im Auftrag des Kdr oder Dienststellenleiters (vgl. zum Handeln „im Auftrag" die Komm. zu § 1 Abs. 3 SG). Ein Weisungsrecht – zumindest im jew. Führungsgrundgebiet – gegenüber nachgeordneten Stellen[35] muss jedoch angenommen werden.

25 Aufgrund des sog. Berliner Erlasses vom 21.1.2005[36] und der Führungsweisung[37] vom 30.5.2008 soll der **GenInspBw** in seinem Aufgabenbereich ministerielle Anordnungsbefugnis und Befehlsbefugnis nach § 3 VorgV gegenüber den Insp und dem Leiter des neu eingerichteten Einsatzführungsstabes (Teil des BMVg) haben. Der GenInspBw und die **Insp** sollen ferner Vorg. mit besonderem Aufgabenbereich gegenüber dem mil. Personal ihrer Führungsstäbe sein. Auch wenn diese eine Unterstützungsleistung erbringen, die der einer Kommandobehörde vergleichbar ist, handelt es sich doch um unselbstständige Teile der einheitlichen obersten Bundesbehörde BMVg, die nicht Teil der SK ist und in der Ministerialdienst geleistet wird. Das Erfordernis einer Befehlsbefugnis nach § 3 VorgV besteht nur, soweit fachl. Gründe ein Abweichen vom umfassenden truppendienstl. Unterstellungsverhältnis erfordern. Im Min. besteht kein Raum für ein truppendienstl. Unterstellungsverhältnis, von dem abgewichen werden könnte.[38] Dies schließt nicht aus, dem GenInspBw mil. Dienststellen des nachgeordneten Bereichs, die ihm grds. sogar truppendienstl. unterstellt werden könnten, „im besonderen Aufgabenbereich" (der konkret zu bestimmen wäre) zu unterstellen (z. B. das Zentrum für Transformation der Bw).

26 Die **Unterstellung für den Einsatz** dient gem. ZDv 1/50 Nr. 203 der Vorbereitung und Durchführung von Einsatzaufgaben. Dass es sich dabei um ein Unterstellungsverhältnis nach § 3 VorgV handelt, muss aufgrund der Führungsweisung vom 30.5.2008 wohl verneint werden[39], auch wenn die erforderliche Bestimmtheit des Umfangs der Unterstellung nach § 3 VorgV wohl noch vertreten werden könnte.

---

34 So auch *Scherer/Alff/Poretschkin*, SG, § 1 Rn. 87.
35 Einschl. nachgeordneter Kdr, Chefs u. sonstiger Dienststellenleiter, die als umfassend verantwortliche Vorg. nach § 1 VorgV gem. § 7 SG (§ 10 Abs. 5 scheidet wegen Nichtvorliegens eines Befehls aus) zur Durchsetzung der Weisungen übergeordneter Dienststellen im eigenen Bereich verpflichtet sind. *Scherer/Alff/Poretschkin*, SG, § 1 Rn. 87, lassen dies offen.
36 Vgl. die Komm. zu § 90.
37 Kurzbezeichnung der Ministerweisung: „Verantwortlichkeiten für Einsätze der Bundeswehr im Ausland sowie für Hilfeleistungen der Bundeswehr bei Naturkatastrophen und besonders schweren Unglücksfällen im In- und Ausland sowie bei sonstigen Fällen der Amtshilfe".
38 Vgl. hierzu BVerwG DVBl. 2006, 50. *Lingens*, NZWehrr 1984, 114, nimmt an, dass auch die mil. Stabsabteilungsleiter im Min. Vorg. nach § 3 VorgV sind.
39 Anders noch die 1. Aufl. dieser Komm. unter Bezugnahme auf die Führungsweisung v. 2.7.2003. Auch nach der Führungsweisung v. 30.5.2008 sind die Befehlshaber der zuständigen Führungskommandos dem GenInspBw „für den Einsatz" unterstellt. Anders als in der früheren Führungsweisung wird unter B.II.1. der neuen Weisung eindeutig zwischen der Unterstellung der Insp (nach § 3 VorgV) u. der Unterstellung der Befehlshaber unterschieden, denen der GenInspBw (wie andere Angehörige des BMVg) trotz Unterstellung für den Einsatz nur ministerielle Weisungen „im Auftrag" des Min. erteilen soll. So im Ergebnis auch *Scherer/Alff/Poretschkin*, SG, § 1 Rn. 115, die aus dem Unterstellungsverhältnis für den Einsatz allg. nur ein Weisungsrecht ableiten, da die ZDv 1/50 keine Aussagen zu Befehlsbefugnissen enthalte u. – obwohl nur § 3 o. § 5 VorgV in Frage kommen – unklar sei, welches Unterstellungsverhältnis nach der VorgV begründet werden könnte.

§ 3 Satz 1 VorgV enthält eine **inhaltl. Beschränkung**. Befehlsbefugnis besteht nur, soweit 27
sie „zur Erfüllung seiner Aufgaben notwendig" ist. Die Frage, ob dies der Fall ist, kann
gerichtl. unter Berücksichtigung eines gewissen Beurteilungsspielraums[40] des Vorg. überprüft werden. Es kann nicht dem Vorg. überlassen werden, selbst über den Umfang seiner
Befehlsbefugnis und über seine Vorgesetzteneigenschaft zu urteilen.[41] Allein der Verordnungsgeber und die organisationsbefugte Stelle, die eine Dienststellung nach § 3 VorgV
einrichtet, können über Zweck und Umfang der Befehlsbefugnis bestimmen. Kraft eigener Entscheidung kann Befehlsbefugnis nur nach § 6 VorgV begründet werden.

Satz 1 und 2 des § 3 VorgV enthalten **eine zeitliche Beschränkung**. Nach Satz 1 muss der 28
Vorg. im Dienst[42] sein. Dies gilt nach Satz 2 grds. auch für den Untergebenen. Nur wenn
die Dienststellung ausdrücklich oder konkludent Aufgaben gegenüber nicht im Dienst
befindlicher Soldaten einschließt (z.B. im Wachdienst), kann diesen befohlen werden.

Sofern der Vorg. und seine Dienststellung dem Untergebenen nicht bekannt sind, ist 29
der Vorg. gehalten, sich zu **legitimieren** (insbes. bevor er Maßnahmen zur Durchsetzung seiner Befehle ergreift)[43], da der Untergebene sich sonst auf einen Verbotsirrtum
berufen und sich gegen die Durchsetzung wehren könnte.

V. § 4 VorgV

Nach § 1 Abs. 3 Satz 2 SG kann die Befehlsbefugnis an den **Dienstgrad** geknüpft werden. § 1 Abs. 3 Satz 3 SG stellt jedoch klar, dass allein aufgrund des (höheren) Dienstgrades keine Befehlsbefugnis übertragen werden darf. Daher knüpft § 4 VorgV die
Befehlsbefugnis an weitere Voraussetzungen. Ob die weitreichende **Befehlsbefugnis
für Uffz** angesichts einer bei geringer ziv. Qualifikation erfolgenden Einstellung mit
einem Uffz-Dienstgrad noch dem Willen des Gesetzgebers entspricht und rechtspolit.
vertretbar ist, erscheint fraglich. 30

Die Aufgabenverteilung in Kompanien und vergleichbaren Einheiten sowie innerhalb 31
der Besatzungen von Schiffen und Booten mit überschaubaren Personalumfängen
rechtfertigt es, Vorgesetztenverhältnisse an den Dienstgrad zu knüpfen.

§ 4 Abs. 1 Satz 1 VorgV nimmt eine Aufteilung in folgende **vier Stufen**[44] vor: 32
1. Offiziere,
2. Unteroffiziere vom Fw an aufwärts (Uffz mit Portepee)
3. Stabsunteroffiziere und Unteroffiziere
4. Mannschaften.

---

40 Vgl. *Dau*, WBO, § 17 Rn. 82.
41 So jedoch *Scherer/Alff/Poretschkin*, SG, § 1 Rn. 84; GKÖD I Yk, § 1 Rn. 26 a. E.
42 Zum Begriff „Dienst" vgl. *Lingens*, NZWehr 1982, 82.
43 Zu weitgehend verneinen *Scherer/Alff/Poretschkin*, SG, § 1 Rn. 83, anderenfalls die Durchsetzbarkeit.
44 Diese entsprechen nicht der Unterteilung in „Dienstgradgruppen" nach § 4 Abs. 3 VorgV
(vgl. Rn. 37). *Weniger*, SG, § 1 Rn. 19, verwendet unzutr. den laufbahnrechtl. belegten
Begriff der „*Laufbahngruppe*" (§ 3 SLV). § 4 Abs. 1 VorgV stellt aber auf den Dienstgrad,
nicht auf die Laufbahnzugehörigkeit der Dienstgradinhaber ab. Viele Dienstgrade sind
mehreren Laufbahnen u. damit Laufbahngruppen zugeordnet (insbes. Mannschaftsdienstgrade, die es in allen Laufbahngruppen gibt). Unsauber daher *Wenigers* Fähnrich-Beispiel
(a.a.O.). Als Angehöriger einer Offizierlaufbahn ist ein Fhr der Laufbahngruppe der Offz
zuzuordnen (so schon BVerwG RiA 1989, 179) u. gleichwohl nur Angehöriger der Stufe
der Uffz mit Portepee.

Innerhalb der jew. Stufe besteht keine Befehlsbefugnis. **Innerhalb der Einheit/Schiffsbesatzung** können die Angehörigen der jew. höheren Stufe **im Dienst** (Vorg. und Untergebener) den Angehörigen der niedrigeren Stufe Befehle erteilen.

33 Den Besonderheiten des **Dienstes an Bord** trägt § 4 Abs. 1 **Satz 2** VorgV Rechnung. Er erweitert die Befehlsbefugnis der Besatzungsangehörigen und deren unmittelbarer Vorg. nach § 1 VorgV unter Beibehaltung der Stufeneinteilung des Satzes 1 **gegenüber nichtbesatzungsangehörigen Soldaten**.[45] Letztere haben umgekehrt auch als Angehörige einer höheren Stufe keine Befehlsbefugnis gegenüber Besatzungsangehörigen oder deren ebenfalls nicht zur Besatzung gehörenden unmittelbaren Vorgesetzten. Diese Sonderregelung unterliegt weder im Innenverhältnis der Besatzung noch im Verhältnis zu Nichtbesatzungsangehörigen der zeitlichen Beschränkung auf den Dienst („in und außer Dienst ... auch gegenüber Soldaten, die sich nicht im Dienst befinden oder nicht zu bestimmten Diensten eingeteilt sind").

34 § 4 Abs. 2 **VorgV** erstreckt die Regelung des Abs. 1 auf Stäbe und andere mil. Dienststellen.[46] In einem Stab (vgl. ZDv 1/50 Nr. 116) werden die Unterstützungselemente des mil. Führers zur Führung von unterstellten Einheiten, Verbänden, Großverbänden oder sonstigen Dienststellen der SK zusammengefasst. Die Führungsstäbe im BMVg sind keine Stäbe i.d.S. (vgl. Rn. 11).

35 Der Kdr oder Leiter der Dienststelle kann die innerhalb des gesamten Stabes oder der gesamten Dienststelle geltende Regelung auf Untergliederungen (z. B. Abteilungen, Dezernate) beschränken.

36 § 4 Abs. 3 **VorgV** schafft **innerhalb umschlossener mil. Anlagen** eine **zeitlich und inhaltl. nicht beschränkte** Befehlsbefugnis (wie bei Vorg. nach § 1 VorgV). Dienstgradgruppenhöhere sind im und außer Dienst gegenüber Dienstgradgruppenniedrigeren befehlsbefugt. Dass die VorgV nicht selbst Dienstgrade bestimmt, ist nicht zu beanstanden, weil dies anderweitig gesetzl. geregelt ist (danach setzt grds. der BPräs die Dienstgradbezeichnungen der Soldaten fest).[47]

37 Im Hinblick auf § 1 Abs. 3 Satz 3 SG, der eine Regelung der Befehlsbefugnis durch eine RVO fordert, ist es aber bedenklich, dass lediglich durch Erlass[48] **sieben Dienstgradgruppen** bestimmt worden sind (Generale, StOffz, Hauptleute, Leutnante, Uffz mit Portepee, Uffz ohne Portepee und Mannschaften). Auch wenn eine Änd. der wehrdienstgerichtl. Rspr[49] kaum zu erwarten ist, sollte daher eine unangreifbare Rechtsgrundlage geschaffen werden.

38 Eine **mil. Anlage** (dies ist eine Zusammenfassung bodenständiger Objekte zu einem mil. Zweck) ist **umschlossen**, wenn ihre (Außen-)Abgrenzung hinreichend gekenn-

---

45 Ein Bootsmann kann also z. B. einem OLt des Heeres keine Befehle erteilen, wohl aber ein Lt z.S. einem OStFw, der nicht zur Besatzung gehört.
46 Entgegen GKÖD I Yk, § 1 Rn. 28, werden dadurch Stäbe u. andere Dienststellen nicht Kompanien o. Einheiten gleichgestellt. Einheiten gliedern sich in Teileinheiten (§ 1 Abs. 1 VorgV) mit eigenen Teileinheitsführern. Stäbe haben hingegen gem. § 4 Abs. 2 VorgV „Untergliederungen". Keine Teileinheit i. S. d. § 1 Abs. 1 VorgV ist daher eine lediglich in der STAN ausgewiesene Organisationseinheit eines Stabes (vgl. *Dau*, WDO, § 27 Rn. 6).
47 Vgl. die Komm. zu § 4 Rn. 26 ff.
48 ZDv 14/5 B 185.
49 Vgl. BVerwG NZWehr 2004, 209 zu § 4 Abs. 3 VorgV.

zeichnet ist und Schutzvorkehrungen gegen unbefugtes Eindringen getroffen sind, deren Überwindung Kraft oder Geschicklichkeit erfordert.[50] I.d.R. wird hierfür ein Zaun, nicht nur eine Beschilderung verlangt. Ausnahmsweise genügt bei einem kleinen Objekt eine „dichte" Absicherung durch Posten, sofern die Begrenzung visuell wahrnehmbar ist (z. B. durch Trassierband).

Beispiele für umschlossene mil. Anlagen sind umzäunte oder ummauerte **Kasernen**[51], **Fliegerhorste, Truppenübungsplätze und mil. Hafenanlagen**, mangels Bodenständigkeit jedoch nicht Schiffe.[52] Auch entspr. abgesicherte Dienststellen der Bundeswehrverwaltung können umschlossene mil. Anlagen sein. Obwohl keine mil. Dienststelle i. S. d. § 1 VorgV, dient das **BMVg** auch mil. Zwecken, die eine Absicherung erfordern und das umschlossene Areal des BMVg zur mil. Anlage i.S.d. § 4 Abs. 3 VorgV machen. 39

Die **grds.** umfassende Befehlsbefugnis des § 4 Abs. 3 VorgV ist auf ihren **streitkräftefunktionalen Bezug** (insbes. die Aufrechterhaltung der mil. Ordnung) beschränkt. Soweit das BMVg eine mil. Anlage darstellt oder in einer solchen liegt, ist eine Einflussnahme auf ministerielle Vorgänge durch mil. Befehlsgebung auf der Grundlage des § 4 Abs. 3 VorgV ausgeschlossen. 40

„**Innerhalb**" bedeutet, dass Vorg. und Untergebener sich in der gleichen mil. Anlage befinden müssen (keine fernmündliche Befehlsbegebung von Kaserne zu Kaserne, da der offenkundig gewollte Ortsbezug sonst aufgelöst wäre). Ferner begrenzt § 4 Abs. 3 VorgV die räumliche Reichweite der Befehlsbefugnis (kein Befehl in der Kaserne zu einem Tun oder Unterlassen außerhalb der Kaserne).[53] 41

Mil. Anlagen nach § 4 Abs. 3 VorgV sind auch **Anlagen der Bw im Ausland**, insbes. unter deutscher Leitung stehende Feldlager, die trotz anderer Bezeichnung inländischen Kasernen entsprechen.[54] Keine mil. Anlagen i. S. d. Abs. 3 stellen mil. Anlagen im In- und Ausland dar, die unter der Leitung anderer Nationen stehen.[55] Abs. 3 regelt eine bundeswehrinterne Befehlsbefugnis, die eine Ausdehnung auf fremde Anlagen – auch solche verbündeter SK – nicht zulässt. Der Aufenthalt in solchen Liegenschaften entspricht einem Aufenthalt in der Öffentlichkeit. Zudem ist allein in deutschen Anlagen hinreichend sichergestellt, dass nur legitimiertes Personal Zugang hat. 42

VI. § 5 VorgV

Abs. 1 Satz 1 gibt einem Vorg. die Möglichkeit, Soldaten – wenn und soweit sie seiner Befehlsbefugnis unterstehen („**innerhalb seiner Befehlsbefugnis**") – einem anderen Soldaten zu unterstellen. Er kann also eigene Befehlsbefugnis unter gewissen Voraussetzungen delegieren. Der Soldat, dem unterstellt werden soll, muss weder selbst Vorgesetzteneigenschaft besitzen noch dem Unterstellenden unterstehen. Soweit er jedoch dem Unterstellenden nicht untersteht, können ihm aufgrund der damit verbundenen Verantwortung (§ 10 43

---

50 *Scherer/Alff/Poretschkin*, SG, § 1 Rn. 98.
51 Vgl. BVerwG PersV 2009, 424 (Feldlager im Ausland ist Kaserne i. S. d. SBG).
52 LG Flensburg NZWehr 1999, 126.
53 Vgl. BVerwG NZWehr 2004, 209.
54 Vgl. BVerwG PersV 2009, 424, wonach das Feldlager „Camp Marmal" in Afghanistan mit rund 2.600 überwiegend deutschen Soldaten eine Kaserne i. S. d. SBG darstellt. Abw. *Scherer/Alff/Poretschkin*, SG, § 1 Rn. 99, unter Berufung auf *Höges, Theodor*: Die Soldatenbeteiligung im Auslandseinsatz der Streitkräfte, NZWehr 2006, 221.
55 So auch *Scherer/Alff/Poretschkin*, SG, § 1 Rn. 99. Vgl. aber BVerwG 2 WD 16/08.

SG) gegen seinen Willen keine Untergebenen „aufgedrängt" werden.[56] Stimmt er nicht zu, ist die Unterstellung nur möglich, wenn ihm dies durch eigene Vorg. befohlen wird.

44 Die Begründung eines Unterstellungsverhältnisses, das nicht nur im Dienst wirksam sein soll, ist insoweit zulässig, als auch der Unterstellende den zu Unterstellenden außerhalb des Dienstes Befehle erteilen könnte. Die Unterstellung ist nur für eine **bestimmte Aufgabe** (also eine inhaltl. abgegrenzte und zu benennende Aufgabe) zulässig, die von der Befehlsbefugnis des Unterstellenden umfasst sein muss.

45 Die Aufgabe kann mil. Kreativität erfordern. In Frage kommt z. B. die Durchführung cines Erkundungsauftrags, ein Angriff auf ein bestimmtes Objekt, die Durchführung bestimmter Instandsetzungsarbeiten oder eines (Verlege-)Marsches. Unzulässig wäre eine pauschale Unterstellung, z. B. „für die Grundausbildung" oder „für den Tagesdienst".

46 § 5 VorgV soll eine **Ausnahme** vom grds. Unterstellungsgefüge der §§ 1 bis 4 VorgV ermöglichen. Um eine dauerhafte Veränderung/Konstituierung nicht vorgesehener Befehlsbefugnisse auszuschließen, darf die Unterstellung nur **vorübergehend** angeordnet werden. Was „vorübergehend" ist, muss im Einzelfall und bezogen auf die konkrete Aufgabe beurteilt werden. Ausbildungsabschnitte oder Übungen werden i. d. R. für einen Zeitraum angesetzt, der es rechtfertigt, „für die Dauer der Übung" zu unterstellen.[57] Andererseits es ist denkbar, die Dauer zunächst offen zu lassen (z. B. „bis zur Rückkehr des Vorg."), soweit sichergestellt ist, dass das Unterstellungsverhältnis zeitgerecht beendet wird. Eine Unterstellung „bis auf Weiteres" wäre unzulässig.[58]

47 Die Stellung eines Soldaten drückt sich äußerlich in seinem **Dienstgrad** aus. Deshalb sollen nach **§ 5 Abs. 1 Satz 2 VorgV** dienstgradniedrigere Soldaten nur vorgesetzt werden, wenn **besondere dienstl. Gründe** dies erfordern. Bloße Zweckmäßigkeitsüberlegungen reichen hierfür nicht aus. Die meisten dienstl. Aufgaben lassen sich ohne Begründung eines Vorgesetztenverhältnisses und ohne Gefährdung des dienstl. Zweckes erfüllen (z. B. durch Anweisung auf Zusammenarbeit).[59] Besondere dienstl. Gründe bestehen, wenn ausnahmsweise Erkenntnisse (z. B. über Disziplinlosigkeiten, mangelnde Dienstauffassung oder Unzuverlässigkeit des Dienstgradhöheren) vorliegen, die eine abw. Regelung der Befehlsbefugnis geboten erscheinen lassen.

48 Voraussetzung für die Wirksamkeit des Unterstellungsaktes ist dessen **dienstl. Bekanntgabe** an die Untergebenen (**§ 5 Abs. 2 VorgV**). Eine bestimmte Form der Bekanntgabe ist nicht vorgeschrieben. Der Verordnungsgeber wollte keinen formalistischen Akt statuieren. Die zu Unterstellenden und der Vorg., dem sie unterstellt werden, müssen indes genau bezeichnet werden. Ferner müssen die Aufgabe und die Dauer der Unterstellung bekanntgegeben werden.

---

56 Vgl. *Scherer/Alff/Poretschkin*, SG, § 1 Rn. 103; *Dau*, WStG, § 2 Rn. 10t.
57 So wohl auch *Weniger*, SG, § 1 Rn. 21.
58 *Dau*, WStG, § 2 Rn. 10u.
59 Z. B. müssen einem Spitzensportler mit Trainerlizenz im Unteroffizierrang Offz nicht für das Training unterstellt werden. Dass ziv. Sportlehrer die Sportausbildung ohne Befehlsbefugnis leiten, ist gängige Praxis.

VII. § 6 VorgV

Mit § 6 VorgV hat der Verordnungsgeber den vom Gesetzgeber zugelassenen Spielraum voll ausgeschöpft. Es handelt sich um ein Notvorgesetztenverhältnis für **krit. Lagen**, wenn 49
1. eine Notlage sofortige Hilfe erfordert,
2. ein sofortiges Eingreifen zur Aufrechterhaltung der Disziplin oder Sicherheit unerlässlich ist (vgl. § 1 SG Rn. 60 ff., § 10 SG Rn. 96) oder
3. eine einheitliche Befehlsgebung an Ort und Stelle unabhängig von der gliederungsmäßigen Zusammengehörigkeit der Soldaten zur Behebung einer krit. Lage hergestellt werden muss.

Um sich rechtmäßig zum Vorg. erklären zu können, muss keine der vorgenannten Notlagen auch tatsächlich gegeben sein. Bei der Erklärung muss der Soldat es subjektiv für notwendig erachten, so zu handeln. Objektiv müssen Umstände gegeben sein, die für ihn den Anschein erwecken können, eine der geschilderten Notsituationen liege vor.[60]

Offz und **Uffz** können sich zum Vorg. erklären, aber nur gegenüber Soldaten, die **höchstens den gleichen Dienstgrad (nicht Dienstgradgruppe)** wie sie selbst haben und **nicht ihre Vorg.** nach §§ 1, 2, 3 oder 5 VorgV sind (**§ 6 Abs. 2 VorgV**).[61] § 4 VorgV hat der Verordnungsgeber bewusst nicht aufgeführt, da in der Situation des § 4 VorgV immer ein höherer Dienstgrad des anderen Soldaten der Erklärung zum Vorg. entgegensteht. 50

Sofern ein dienstgradhöherer Offz oder Uffz anwesend ist, der nicht handelt, kann die Erklärung zum Vorg. auch gezielt an dienstgradgleiche und dienstgradniedrigere Soldaten gerichtet werden, unabhängig davon, ob sie **im Dienst oder außer Dienst** sind (das gilt auch für den Handelnden). Die Frage, ob die Soldaten im Dienst sind, kann jedoch für die Beurteilung der Notwendigkeit eines Einschreitens von Bedeutung sein (vgl. § 10 SG Rn. 96). 51

Die Inanspruchnahme der Befehlsbefugnis muss **unzweideutig** zum Ausdruck kommen. Der Gebrauch einer bestimmten Formel (z. B.: „Alles hört auf mein Kommando!") ist nicht erforderlich. Es genügt, dass sich die Inanspruchnahme der Befehlsbefugnis aus den Umständen des Falles ergibt.[62] 52

Die Erklärung zum Vorg. bewirkt nach **§ 6 Abs. 3 Satz 1 VorgV** die Befugnis, den Soldaten, die Adressaten der Erklärung waren, Befehle zu erteilen. Inhaltl. sind solche Befehle zulässig, die der Bereinigung der Notlage dienen. Ist dies geschehen, entfällt die Grundlage für das Vorgesetztenverhältnis. 53

---

60 Vgl. auch *Dau*, WStG, § 2 Rn. 10z; *Scherer/Alff/Poretschkin*, SG, § 1 Rn. 110; *Weniger*, SG § 1 Rn. 22 unter Hinw. auf BayObLG NZWehrr 1960, 136.
61 *Weniger*, SG, § 1 Rn. 22, stellt hins. Vorg. nach §§ 3 u. 5 VorgV darauf ab, ob die Notlage in den Aufgabenbereich der Vorg. fällt. Die Aufrechterhaltung der mil. Ordnung („Disziplin") fällt in den Aufgabenbereich jedes Vorg., weshalb ein solcher Ansatz nicht auf Vorg. nach §§ 3 u. 5 VorgV beschränkt werden dürfte. Der Wortlaut des § 6 Abs. 2 VorgV ist jedoch eindeutig. Ein Untergebener darf sich nie zum Vorg. eines eigenen Vorg. erklären. *Weniger* hat mit seinem Unglücks-Beispiel (a.a.O.) im Ergebnis Recht; er müsste aber die Vorgesetzteneigenschaft des KpFw in der Situation verneinen.
62 GKÖD I Yk, § 1 Rn. 30; BVerwG NZWehrr 1984, 118 (zur Abgrenzung Befehl/kameradschaftlicher Hinweis); BDHE 7, 182.

54 **Fachl. Tätigkeiten** sollen facherfahrenen Offz und Uffz vorbehalten sein. Dies schließt nicht aus (**§ 6 Abs. 3 Satz 2 VorgV**), sich zum Vorg. zu erklären und mit der fachl. Tätigkeit einen sodann unterstellten und hierfür besser geeigneten Soldaten (z. B. einen ausgebildeten Rettungssanitäter) zu beauftragen.

VIII. Wechselseitige Vorgesetztenverhältnisse[63]

55 Stehen sich zwei Soldaten gegenüber, die einander wechselseitig vorgesetzt sind, zieht das in der Situation jeweils speziellere Vorgesetztenverhältnis. I.d.R. wird dies in der Reihenfolge § 5 – § 3 – § 1 – § 2 – § 4 VorgV der Fall sein. § 5 Abs. 1 Satz 2 VorgV nimmt auf die Dienstgradstruktur Rücksicht (vgl. Rn. 47).[64] Im Außenverhältnis zu Dritten kommt eine widersprüchliche Befehlsgebung nicht zum Tragen. Es gilt das Prinzip „letzter Befehl zählt".

§ 2 Dauer des Wehrdienstverhältnisses; Dienstzeitberechnung

(1) Das Wehrdienstverhältnis beginnt

1. bei einem Soldaten, der auf Grund des Wehrpflichtgesetzes zum Wehrdienst einberufen wird, mit dem Zeitpunkt, der nach Maßgabe des Wehrpflichtgesetzes für den Diensteintritt festgesetzt wird,
2. bei einem Soldaten, der nach dem Vierten Abschnitt zur Dienstleistung herangezogen wird, mit dem Zeitpunkt, der im Heranziehungsbescheid für den Diensteintritt festgesetzt wird,
3. bei einem Berufssoldaten oder Soldaten auf Zeit mit dem Zeitpunkt der Ernennung,
4. in allen übrigen Fällen mit dem Dienstantritt.

(2) Das Wehrdienstverhältnis endet mit dem Ablauf des Tages, an dem der Soldat aus der Bundeswehr ausscheidet.

(3) [1]Als Dienstzeit im Sinne dieses Gesetzes oder der auf Grund dieses Gesetzes erlassenen Rechtsverordnungen kann zu Gunsten des Soldaten die Zeit vom 1. oder 16. eines Monats an gerechnet werden, wenn wegen eines Wochenendes, gesetzlichen Feiertages oder eines unmittelbar vorhergehenden Werktages ein anderer Tag für den Beginn des Wehrdienstverhältnisses bestimmt worden ist und der Soldat den Dienst an diesem Tag angetreten hat. [2]§ 44 Abs. 5 Satz 2 bleibt unberührt.

---

63 Vgl. hierzu *Lingens/Marignoni*, S. 28; *Peterson, Detlef P.*: Das Problem der gleichzeitigen wechselseitigen Vorgesetzten-Untergebenen-Verhältnisse, NZWehrr 1983, 161.
64 Im Gegensatz zu *Scherer/Alff/Poretschkin*, SG, § 1 Rn. 46, sind wechselseitige Vorg. keine das mil. System gefährdende Ausnahme, sondern unproblematische Routine. Sie beginnt schon am Kasernentor, wenn die Wache (§ 3 VorgV) auf dienstgradgruppenhöhere Soldaten (§ 4 Abs. 3 VorgV), den eigenen Teileinheitsführer (§ 1 VorgV) o. einen sonst ebenfalls nach § 3 VorgV vorgesetzten Kameraden trifft. Dem institutionellen Unterstellungsverhältnis folgend kommen im Außenverhältnis ggf. weitergehende Weisungsrechte gegenüber deutlich dienstgradhöheren Soldaten hinzu (Beispiel: Major im Stab einer höheren Kommandobehörde gibt „im Auftrag" seines Befehlshabers Weisung an nachgeordnete Dienststellen mit höherrangigem Kdr).

Dauer des Wehrdienstverhältnisses; Dienstzeitberechnung § 2

Übersicht

	Rn		Rn
I. Allgemeines	1	a) „Maßgabe des Wehrpflicht-	
1. Entstehung der Vorschrift	1	gesetzes"	10
2. Änderungen der Vorschrift	4	b) „Diensteintritt"	11
3. Bezüge zum Beamtenrecht bzw.		2. Absatz 1 Nr. 2	12
zu sonstigen rechtl. Vorschrif-		3. Absatz 1 Nr. 3	13
ten; ergänzende Dienstvor-		4. Absatz 1 Nr. 4	14
schriften und Erlasse	7	5. Absatz 2	15
II. Erläuterungen im Einzelnen	10	6. Absatz 3	16
1. Absatz 1 Nr. 1	10		

Literatur: Spezielle Veröffentlichungen zu § 2 sind nicht vorhanden.

I. Allgemeines

1. Entstehung der Vorschrift. Die Berechnung der Dauer der Zugehörigkeit eines **1** Mannes/einer Frau zu den SK ist von essentieller rechtl. und praktischer Bedeutung. Daher sah bereits der **REntw.**[1] in § 2 eine diesbezügliche Regelung vor:

Der Soldat gehört von dem Zeitpunkt an, der für seinen Diensteintritt festgesetzt ist, bis zum Ablauf des Tages, an dem er aus dem Wehrdienst ausscheidet, zu den Streitkräften.

Auch die **Begr.**[2] des REntw. enthält eine bis heute wesentliche Aussage: Für den Beginn des Dienstverhältnisses ist die festgesetzte Zeit des **Diensteintritts** maßgeblich, nicht der tatsächliche Diensteintritt (heute: **Dienstantritt**).

In seiner Stellungnahme[3] zum REntw. schlug der BR vor, § 2 „klarer" wie folgt zu fassen: „Das Wehrdienstverhältnis beginnt mit dem Zeitpunkt, der für den Diensteintritt des Soldaten festgesetzt ist; es endet mit dem Ablauf des Tages, an dem der Soldat aus den Streitkräften ausscheidet." Die BReg[4] stimmte dieser Formulierung zu.

In den **Ausschussberatungen** erhielt § 2 eine Bedeutung, die weit über seinen eigentli- **2** chen Regelungsgehalt hinausreicht: In der Sitzung des Rechtsausschusses vom 18.11.1955[5] machte der Abg. *Kihn* (CDU/CSU) darauf aufmerksam, dass an dieser Stelle des SG erstmals das Wort **„Streitkräfte"** erscheine und dass man sich entscheiden müsse, ob man diesen Begriff verwenden wolle oder **„Wehrmacht"** oder **„Bundeswehr"**. Hierüber solle der VertA befinden. Der Ausschuss für Beamtenrecht votierte in seiner Sitzung vom 28.11.1955[6] dafür, die Bezeichnung den Fraktionen zu überlassen. Der VertA folgte schließlich dem Antrag des Abg. *Dr. Jaeger* (CDU/CSU) vom 31.1.1956[7], in § 2 und allen übrigen einschlägigen Stellen des SG das Wort „Streitkräfte" durch **„Bundeswehr"** zu ersetzen. Man kann daher den Abg. *Dr. Jaeger* durchaus als „Vater der Bundeswehr" bezeichnen.

---

1 BT-Drs. II/1700, 4.
2 BT-Drs. II/1700, 17.
3 BT-Drs. II/1700, 37.
4 BT-Drs. II/1700, 43.
5 Prot. Nr. 86, 10.
6 Prot. Nr. 37, 4.
7 Drs. VertA Nr. 67/56. Im Plenum des BT (Sten. Ber. 5790) votierte auch der Abg. *Feller* (GB/BHE) für die Bezeichnung „Bundeswehr". Wer sich „wehre", habe allemal noch mehr Recht auf seiner Seite als der, der „streite".

3   Zu Ende gedacht war diese Terminologie nicht. Der Begriff „Bundeswehr" ist kein Verfassungs-, sondern ein bloßer Organisationsbegriff. Die wehrrechtl. Ergänzungen des GG vom 19.3.1956[8] verwendeten und verwenden z.T. bis heute in den Art. 12a, 17a, 65a, 87a, 87b und 143 den Begriff „Streitkräfte". Im Übrigen stand schon damals (mit Art. 87b GG) die Gründung einer „Bundeswehrverwaltung" fest. Auch diese war und ist Teil des OrgBereiches Bw. Die Entscheidungen des VertA[9] und des Plenums, dem Vorschlag des Abg. *Dr. Jaeger* zu folgen, bedachten diese Zusammenhänge nicht.[10]

Dementspr. bestimmte die Erstfassung von § 2:

Das Wehrdienstverhältnis beginnt mit dem Zeitpunkt, der für den Diensteintritt des Soldaten festgesetzt ist; es endet mit dem Ablauf des Tages, an dem der Soldat aus der Bundeswehr ausscheidet.

4   2. **Änderungen der Vorschrift.** Durch Art. 1 Nr. 3 des G vom **6.12.1990**[11] erhielt § 2 folgende Fassung:

(1) Das Wehrdienstverhältnis beginnt
1. bei einem Soldaten, der auf Grund der Wehrpflicht zum Wehrdienst einberufen wird, mit dem Zeitpunkt, der im Einberufungsbescheid für den Diensteintritt festgesetzt wird;
2. bei einem Berufssoldaten oder Soldaten auf Zeit mit dem Zeitpunkt der Ernennung;
3. in allen übrigen Fällen mit dem Dienstantritt.
(2) Das Wehrdienstverhältnis endet mit dem Ablauf des Tages, an dem der Soldat aus der Bundeswehr ausscheidet.

Mit der Neufassung sollte den unterschiedlichen Regelungen für Beginn und Ende des Wehrdienstverhältnisses der einzelnen Statusgruppen differenzierter Rechnung getragen werden.[12] Gleichzeitig wurde der **„Dienstantritt"** als Gesetzesbegriff eingeführt.

5   Art. 1 Nr. 9 des **SGÄndG** änderte die Überschrift von § 2, ersetzte in Abs. 1 Nr. 1 die Wörter „im Einberufungsbescheid" durch die Wörter „nach Maßgabe des Wehrpflichtgesetzes" und fügte Abs. 3 an. Die Änd. in Abs. 1 Nr. 1 und der neue Abs. 3 sollten der Klarstellung dienen.[13]

6   Art. 2 Nr. 3 des **SkResNOG** ersetzte in Abs. 1 Nr. 1 die Wörter „der Wehrpflicht" durch die Wörter „des Wehrpflichtgesetzes" und fügte die neue Nr. 2 ein. Die Änd. der Nr. 1 dient der Klarstellung, dass FWDL unter diese Regelung fallen.[14] In Nr. 2 ist durch Art. 3 Nr. 3 des **WehrRÄndG 2008** wegen des einheitlichen Sprachgebrauchs des Gesetzes das Wort „Dienstleistungsbescheid" durch „Heranziehungsbescheid" ersetzt worden.

---

8   BGBl. I S. 111.
9   BT-Drs. II/2140, 3-4, 29.
10 Hierauf wies bereits *Rittau*, SG, 71, hin. Vgl. zum heutigen Diskussionsstand *Jan-Peter Fiebig*, Der Einsatz der Bundeswehr im Innern, 2004, 65.
11 BGBl. I S. 2588.
12 BT-Drs. 11/6906, 14.
13 BT-Drs. 14/4062, 18.
14 BT-Drs. 15/4485, 36.

3. Bezüge zum Beamtenrecht bzw. zu sonstigen rechtl. Vorschriften; ergänzende Dienstvorschriften und Erlasse. § 2 Abs. 1 Nr. 1, 2 und 4 finden **keine Entsprechung** im Beamtenrecht. Dies liegt in der Natur der Sache, da es Zwangszugehörigkeiten zum Beamtenstatus nicht gibt. Auch § 2 Abs. 1 Nr. 3 ist nur bedingt mit beamtenrechtl. Regelungen vergleichbar. Aus § 8 Abs. 2 BeamtStG, § 12 Abs. 2 BBG kann indes gefolgert werden, dass ein Beamtenverhältnis mit dem Tag begründet wird, an dem die **Ernennungsurkunde ausgehändigt** wird. Rückwirkende Ernennungen sind unzulässig (vgl. § 8 Abs. 4 BeamtStG; § 12 Abs. 2 Satz 2 BBG). Die Beendigung des Beamtenverhältnisses ist in den §§ 30 ff. BBG geregelt. 7

Mit dem Tag der Ernennung entsteht für Beamte, Richter und Soldaten der Anspruch auf **Besoldung** (§ 3 Abs. 1 Satz 1 BBesG).

Für **ZDL** bestimmt § 25 ZDG, dass das Zivildienstverhältnis mit dem Zeitpunkt beginnt, der im Einberufungsbescheid für den Diensteintritt oder im Umwandlungsbescheid für die Umwandlung festgesetzt ist. Auch hier gilt, dass es unerheblich ist, ob der Zivildienstpflichtige diesen Termin einhält.[15] 8

In der **ZDv 14/5** finden sich mehrere Erl. des BMVg, die zur weiteren Anwendung von § 2 heranzuziehen sind: 9
– Nr. 4 des Erl. **B 127** (Berufungserl.) regelt die Festsetzung der Dienstzeit von SaZ.
– Weitere Einzelheiten findet man in dem Erl. **B 127a** (Berechnung der Dienstzeit von SaZ).
– Der Erl. **B 160** enthält die Best. über die Entlassung von Soldaten, die aufgrund der Wehrpflicht Wehrdienst leisten.

Die **AVV zum SVG**[16] haben bereits vor Jahren im Vorgriff auf die erst im Jahr 2000 erfolgte Änd. von § 2 (Einfügung von Abs. 3) die Wehrdienstzeit von BS und SaZ so berechnet, als ob der Soldat seinen Dienst am 1. bzw. am 16. des Monats angetreten hätte.

II. Erläuterungen im Einzelnen

1. Absatz 1 Nr. 1. – a) „Maßgabe des Wehrpflichtgesetzes". § 21 Abs. 1 Satz 2 WPflG[17] bestimmt, dass Ort und Zeit des Diensteintritts durch **Einberufungsbescheid** bekannt gegeben werden. 10

Der Einberufungsbescheid ist ein belastender VA mit „Doppelwirkung".[18] Er ist einerseits **gestaltender VA**, soweit er unabhängig von der Mitwirkung des WPfl, nur aufgrund von § 2 Abs. 1 Nr. 1, das Wehrdienstverhältnis begründet, auch wenn der Dienst nicht angetreten wird. Andererseits ist er **befehlender VA**, soweit er durch die Bekanntgabe von Ort und Zeit des Diensteintritts das Gebot an den WPfl konkretisiert, sich an einem bestimmten Ort zu einem bestimmten Zeitpunkt einzufinden.[19] Befehlende und gestaltende Wirkung des Einberufungsbescheides können zu **ver-**

---

15 *Brecht*, ZDG, 138.
16 V. 10.5.1973, VMBl. S. 207, geä. durch Erl. BMVg VMBl. 1983 S. 187.
17 Gleiches gilt für ZDL gem. § 19 Abs. 5 Satz 1 ZDG.
18 Die „Doppelwirkung" ist hier im übertragenen Sinne zu verstehen u. nicht förmlich i. S. v. § 80a VwGO.
19 BVerwGE 31, 324 = NJW 1969, 1822; BVerwG Buchholz 448.0 § 44 WPflG Nr. 5; BVerwGE 60, 106 = NZWehr 1981, 67.

schiedenen **Zeitpunkten** eintreten, wenn der WPfl beurlaubt oder der Vollzug des Einberufungsbescheides ausgesetzt[20] worden ist. In diesen Fällen sind Ort und Zeit des Dienstantritts neu festzusetzen, es sei denn, diese Angaben hätten sich nicht geändert.[21] Die **Dienstantrittsanordnung** ist ebenfalls ein VA; ein wiederholender Einberufungsbescheid ist nicht erforderlich.[22]

Der Einberufungsbescheid muss **schriftl.** ergehen; eine fernmündliche Mitteilung genügt nicht.[23] Ein telefonischer Befehl eines Einheitsführers an einen Res, sich sofort bei seinem Übungstruppenteil einzufinden[24], ist rechtl. unbeachtlich, solange dem kein Einberufungsbescheid vorausgegangen ist. Der Einberufungsbescheid muss wirksam **zugestellt** sein (§ 44 Abs. 1 Satz 1 und 2 WPflG i. V. m. § 2 Abs. 1 VwZG).[25]

Erst wenn sämtliche dieser Voraussetzungen vorliegen, und der Einberufungsbescheid auch nicht aus anderen Gründen nichtig, d. h. unwirksam ist (§ 43 Abs. 3 VwVfG), treten die Rechtswirkungen von § 2 Abs. 1 Nr. 1 ein. Liegen die Voraussetzungen des § 44 VwVfG für die Nichtigkeit des Einberufungsbescheides nicht vor, ist der VA lediglich rechtswidrig. In diesem Fall ist ihm Folge zu leisten.[26]

Unter „**Zeitpunkt**" (des Diensteintritts) sind Tag, Monat, Jahr und Uhrzeit zu verstehen. Nur dann, wenn keine Uhrzeit angegeben worden ist, lässt es sich vertreten, den fiktiven Beginn des Wehrdienstverhältnisses auf den festgelegten Tag um Null Uhr zu bestimmen. I.d.R. wird durch den Einberufungsbescheid für den tatsächlichen Dienstantritt eine bestimmte **Zeitspanne** (bis spätestens ... Uhr) verfügt.[27] Damit wird den Erfordernissen des Begriffes „Zeitpunkt"[28] und der Bestimmtheit eines VA Rechnung getragen. Erscheint der WPfl vorher bei seinem Truppenteil, wird er im Zeitpunkt seiner persönlichen Meldung Soldat, andernfalls mit dem Ende dieser Zeitspanne.[29] Übernachtet der WPfl vor dem für ihn angeordneten Zeitpunkt seines Diensteintritts in der Kaserne, ohne sich förmlich bei seiner Einheit zu melden, wird er noch nicht Soldat.[30]

---

20 BVerwG *Buchholz* 448.5 § 15 MustV Nr. 7; BVerwG *Buchholz* 448.0 § 21 WPflG Nr. 32.
21 BVerwGE 60, 106 = NZWehr 1981, 67.
22 BVerwGE 32, 243 (dort fälschlicherweise als „Diensteintrittsanordnung" bezeichnet); BVerwG *Buchholz* 448.0 § 44 WPflG Nr. 5; *Boehm-Tettelbach*, WPflG, § 21 Rn. 8c; *Steinlechner/Walz*, WPflG, § 21 Rn. 40.
23 BVerwGE 45, 189 = DÖV 1969, 756; BVerwG NZWehr 1984, 211.
24 Hiervon wurde etwa während des Elbe-Hochwassers im Jahre 2002 wiederholt Gebrauch gemacht.
25 BVerwG NZWehr 1984, 211.
26 Vgl. BayObLG NZWehr 1984, 78 (80); OLG Stuttgart NZWehr 1993, 39.
27 *Scherer/Alff/Poretschkin*, SG, § 2 Rn. 2; *Steinlechner/Walz*, WPflG, § 21 Rn. 20. Vgl. BVerwG NVwZ-RR 2007, 615 = *Buchholz* 448.3 § 7a USG Nr. 6 bzgl. der sich hieraus ergebenden Folgen für die Zahlung der Mietbeihilfe gem. § 7a USG.
28 Gem. § 72 Abs. 1 Satz 2 SG sind „Ort und Zeit" bekannt zu geben. „Zeitpunkt" i. S. v. § 2 Abs. 1 SG meint das Gleiche.
29 *Scherer/Alff/Poretschkin*, SG, § 2 Rn. 2. Die plastische Formulierung von *Dr. Scherer*, Prot. Rechtsausschuss des BT v. 12.12.1955, 23, der WPfl werde Soldat, sobald er das Kasernentor durchschritten habe, ist mit der heutigen Rechtslage nicht mehr zu vereinbaren.
30 BVerwG NZWehr 1995, 79.

Der Einberufungsbescheid kann **nur für die Zukunft** wirken. Ein auf ein zurückliegendes Datum datierter Einberufungsbescheid ist selbst dann unwirksam[31], wenn der WPfl zugestimmt hat. Auch wenn das WPflG insoweit keine explizite Regelung enthält, folgt dies aus dem Rechtsgedanken der § 8 Abs. 4 BeamtStG, § 41 Abs. 2 SG, wonach statusbegründende VA nicht auf einen zurückliegenden Zeitpunkt erlassen werden dürfen.

b) „Diensteintritt". Mit dem Zeitpunkt des Diensteintritts erhält der WPfl[32] von Gesetzes wegen (§ 2 Abs. 1 Nr. 1) den **Status eines Soldaten**. Er unterliegt fortan sämtlichen Verpflichtungen nach dem SG, auch wenn er den Dienst nicht angetreten hat (**gesetzl. Fiktion**). Gleichzeitig ist für diesen Soldaten das WStG anwendbar; auch dieses stellt auf den Zeitpunkt des Diensteintritts ab. Ab diesem Zeitpunkt kann sich der Soldat gem. §§ 15, 16 WStG **strafbar** machen.[33] Der Anspruch des Soldaten auf **Geld- und Sachbezüge** nach dem WSG entsteht im Regelfall mit dem für den Diensteintritt festgesetzten Tag (§ 1 Abs. 3 WSG). Das Gleiche gilt für **Leistungen nach dem USG** (§ 18 Abs. 1 USG i. V. m. Nr. 18.1 der Durchführungshinw. des BMVg zum USG).[34] Mit dem Datum des Diensteintritts besteht kein Anspruch mehr auf **Kindergeld**. 11

Mit letzter Konsequenz hat der Gesetzgeber den Begriff „Diensteintritt" nicht verwendet:

Gem. § 2 Abs. 1 Satz 1 SVG ist Wehrdienstzeit nach diesem Gesetz die Zeit vom Tag des **„tatsächlichen Diensteintritts"** in die Bw an. Gemeint ist hier offensichtlich der Tag der Dienstaufnahme, also des „Dienstantritts", so wie dieser Begriff in § 2 Abs. 1 Nr. 4 gebraucht wird. § 19 Abs. 1 SBG verpflichtet den DiszVorg., alle Soldaten nach „Diensteintritt" über die Rechte und Pflichten der **VP** zu unterrichten. Auch insoweit ist vom Dienstantritt[35] auszugehen, da abwesende Soldaten logischerweise nicht unterrichtet werden können.

2. Absatz 1 Nr. 2. Mit der Einfügung der neuen Nr. 2 durch das SkResNOG sollte eine rechtl. **Gleichstellung** der wpfl Soldaten und der zu weiteren Dienstleistungen verpflichteten früheren Soldatinnen und Soldaten erzielt werden. Die für beide Personengruppen durchzuführende gemeinsame Ausbildung beginne mit dem Diensteintritt und nicht erst mit dem Dienstantritt.[36] Dies bedeutet, dass versäumte Teile der Ausbildung nachzuholen sind. 12

3. Absatz 1 Nr. 3. Das Wehrdienstverhältnis von (künftigen) **BS** und **SaZ** beginnt mit dem Zeitpunkt ihrer **Ernennung**. Die Ernennung von BS und SaZ wird durch § 4 Abs. 1 Nr. 1 als „Berufung" bezeichnet. Hierfür sehen die §§ 37 ff. weitere Best. vor. Gem. § 41 Abs. 2 wird die Begründung (und Umwandlung) des Dienstverhältnisses mit dem Tag 13

---

31 BayObLG NJW 1968, 513; VG München M 15 K 06.3714; VG Aachen NZWehrr 2009, 172 mit Anm. *Walz*, ebd., 174.
32 Gem. § 2 Abs. 1 Nr. 1 beginnt das Wehrdienstverhältnis bei einem „Soldaten" mit dem Diensteintritt. Korrekterweise hätte der Gesetzgeber an Stelle des Wortes „Soldaten" das Wort „Wehrpflichtigen" verwenden müssen. Vor dem Beginn des Dienstverhältnisses ist der WPfl noch nicht Soldat.
33 *Lingens*, WStG, § 1 Rn. 2, 3; § 15 Rn. 9; § 16 Rn. 4.
34 V. 12.9.2006. Vgl. auch BVerwG NVwZ-RR 2007, 615 mit Anm. *Bier*, jurisPR-BVerwG 17/ 2007 Anm. 4.
35 So zutr. § 15 Abs. 1 ZDVG.
36 BT-Drs. 15/4485, 36.

§ 2 Dauer des Wehrdienstverhältnisses; Dienstzeitberechnung

der **Aushändigung der Ernennungsurkunde** wirksam, sofern nicht in dieser ausdrücklich ein späterer Tag festgelegt ist. Eine rückwirkende Ernennung ist unwirksam. Wird bei der Berufung in das Dienstverhältnis eines SaZ ein späterer Tag als der Tag der Aushändigung der Ernennungsurkunde bestimmt, hat der Soldat seinen Dienst an diesem Tag anzutreten (§ 41 Abs. 3 Satz 1). Tritt der künftige Soldat seinen Dienst vor seiner Ernennung an, befindet er sich **nicht** etwa in einem **faktischen Wehrdienstverhältnis**.[37] Er ist vielmehr Nicht-Soldat. Wegen weiterer Einzelheiten vgl. die Komm. zu §§ 1, 4, 41.

14 **4. Absatz 1 Nr. 4.** „**Dienstantritt**" meint im Unterschied zu „Diensteintritt" die tatsächliche **persönliche Meldung** und die Aufnahme der Dienstgeschäfte.

Unter die Nr. 4 fallen
- **Eignungsübende**: Diese haben gem. § 87 Abs. 1 Satz 5 „für die Dauer der Eignungsübung" die Rechtsstellung eines SaZ. Ihr Wehrdienstverhältnis beginnt mit ihrem Dienstantritt[38], frühestens mit dem im Einberufungsbescheid genannten Tag.[39] Tritt der Einberufene seinen Dienst nicht an, wird im Gegensatz zu WPfl kein (fiktives) Wehrdienstverhältnis begründet.
- Personen, die zu **DVag** i. S. v. § 81 Abs. 1 zugezogen werden. Diese sind nur während dieser Veranstaltung Soldat (§ 81 Abs. 2 Satz 2), d. h. ihr Wehrdienstverhältnis beginnt mit ihrem Dienstantritt, unbeschadet des in der Einladung genannten Zeitpunkts.[40]

Unterliegt ein **früherer BS der Wehrpflicht**, und wird er nach Maßgabe des WPflG einberufen (z. B. im V-Fall), gilt für ihn § 2 Abs. 1 Nr. 1. Dies folgt aus § 80.

15 **5. Absatz 2.** Das Wehrdienstverhältnis **endet** mit dem Ablauf des Tages, an dem der Soldat aus den SK[41] ausscheidet. „Ablauf des Tages" bedeutet **24 Uhr**[42], auch wenn der Soldat zu diesem Zeitpunkt die mil. Liegenschaft bereits verlassen hat.

Im Einzelnen ist das Ausscheiden aus dem Dienstverhältnis in folgenden Best. geregelt:
- Soldaten, die aufgrund der WPfl Wehrdienst leisten: §§ 28 ff. WPflG
- SaZ: §§ 54 ff.
- BS: §§ 43 ff.
- Eignungsübende: § 87 Abs. 1 Satz 2 bis 4; § 87 Abs. 2[43]; § 88
- Personen, die Dienstleistungen nach dem IV. Abschnitt des SG erbringen: §§ 74 ff.
- BS/SaZ bei Ernennung zum Beamten: § 46 Abs. 3 a., § 55 Abs. 1 Satz 2
- Teilnehmer an DVag: § 81 Abs. 2 Satz 2. Die Eigenschaft als Soldat endet spätestens am Schluss der Veranstaltung.[44]

---

[37] So jedoch *Scherer/Alff/Poretschkin*, SG, § 2 Rn. 4.
[38] *Rittau*, SG, 70; *Scherer/Alff/Poretschkin*, SG, § 2 Rn. 5; *Stauf* I, § 2 SG Rn. 5.
[39] ZDv 14/5 B 141 Nr. 5 Abs. 1.
[40] GKÖD I Yk, § 81 Rn. 21; *Scherer/Alff/Poretschkin*, SG, § 2 Rn. 5; *Stauf* I, § 2 SG Rn. 5.
[41] Die Bezeichnung „Bundeswehr" in § 2 Abs. 2 ist, wie o. dargestellt, entstehungsgeschichtlich zu erklären. Richtigerweise muss es „Streitkräfte" heißen, da ein Soldat nur aus diesen, nicht aber aus der Bundeswehrverwaltung, ausscheiden kann. Noch korrekter müsste es heißen: „aus dem Bundesdienst", da der Soldat Angehöriger des Bundes ist u. nicht (nur) einer Suborganisation des Bundes.
[42] GKÖD I Yk, § 2 Rn. 5; *Scherer/Alff/Poretschkin*, SG, § 2 Rn. 6.
[43] Zu Einzelheiten vgl. Erl. des BMVg– PSZ 1 (21) – Az 16-15-00/1 v. 27.11.2002, Nr. 4.
[44] *Stauf* I, § 2 SG Rn. 7.

Ausnahmen von § 2 Abs. 2 finden sich z. B. in § 29a und § 29b WPflG sowie in § 56 Abs. 2 Satz 3 WDO.

6. Absatz 3. Die im Jahre 2000 eingeführte Regelung, die nur auf aktive Soldaten Anwendung findet, wirkt sich insbes. bei der Berechnung der Dauer des GWD sowie bei der Festsetzung der Dienstzeiten von SaZ und Beförderungsdienstzeiten aus. 16

Zu Abs. 3 Satz 2 vgl. die Komm. zu § 44.

§ 3 Ernennungs- und Verwendungsgrundsätze

(1) Der Soldat ist nach Eignung, Befähigung und Leistung ohne Rücksicht auf Geschlecht, sexuelle Identität, Abstammung, Rasse, Glauben, Weltanschauung, religiöse oder politische Anschauungen, Heimat, ethnische oder sonstige Herkunft zu ernennen und zu verwenden.

(2) Von einem Soldaten, der sich ohne grobes Verschulden
1. eine Wehrdienstbeschädigung durch eine Wehrdienstverrichtung oder durch einen Unfall während der Ausübung des Wehrdienstes im Sinne des § 81 Abs. 1 des Soldatenversorgungsgesetzes,
2. eine Wehrdienstbeschädigung im Sinne des § 81 Abs. 2 Nr. 1 oder 3 des Soldatenversorgungsgesetzes oder
3. eine gesundheitliche Schädigung durch einen Einsatzunfall im Sinne des § 63c Abs. 2 des Soldatenversorgungsgesetzes

zugezogen hat, deren Folge Zweifel an seiner Dienstfähigkeit begründet, kann bei der Feststellung der Dienstfähigkeit sowie bei späteren Ernennungs- und Verwendungsentscheidungen ein geringeres Maß an körperlicher Eignung verlangt werden.

§ 81 SVG

(1) Wehrdienstbeschädigung ist eine gesundheitliche Schädigung, die durch eine Wehrdienstverrichtung, durch einen während der Ausübung des Wehrdienstes erlittenen Unfall oder durch die dem Wehrdienst eigentümlichen Verhältnisse herbeigeführt worden ist.

(2) Eine Wehrdienstbeschädigung ist auch eine gesundheitliche Schädigung, die herbeigeführt worden ist durch
1. einen Angriff auf den Soldaten
   a) wegen seines pflichtgemäßen dienstlichen Verhaltens,
   b) wegen seiner Zugehörigkeit zur Bundeswehr oder
   c) bei Kriegshandlungen, Aufruhr oder Unruhen, denen er am Ort seines dienstlich angeordneten Aufenthalts im Ausland besonders ausgesetzt war,
2. ...
3. gesundheitsschädigende Verhältnisse, denen der Soldat am Ort seines dienstlich angeordneten Aufenthalts im Ausland besonders ausgesetzt war.

(3) bis (7) ...

§ 3 Ernennungs- und Verwendungsgrundsätze

§ 63c SVG

(1) ...

(2) Erleidet ein Soldat während einer Verwendung im Sinne von Absatz 1 in Ausübung oder infolge eines militärischen Dienstes eine gesundheitliche Schädigung auf Grund eines Unfalls oder einer Erkrankung im Sinne von § 27, liegt ein Einsatzunfall vor. Satz 1 gilt auch, wenn eine Erkrankung oder ihre Folgen oder ein Unfall auf gesundheitsschädigende oder sonst vom Inland wesentlich abweichende Verhältnisse bei einer Verwendung im Sinne des Absatzes 1 zurückzuführen sind oder wenn eine gesundheitliche Schädigung bei dienstlicher Verwendung im Ausland auf einen Unfall oder eine Erkrankung im Zusammenhang mit einer Verschleppung oder einer Gefangenschaft zurückzuführen ist oder darauf beruht, dass der Soldat aus sonstigen mit dem Dienst zusammenhängenden Gründen dem Einflussbereich des Dienstherrn entzogen ist.

(3) bis (6) ...

Übersicht

	Rn			Rn
I. Allgemeines	1		ff) Politische Anschauungen	42
1. Zweck der Vorschrift	1		gg) Heimat	43
2. Entstehung und Änderungen der Vorschrift	3		hh) Ethnische oder sonstige Herkunft	44
3. Bezüge zum Beamtenrecht bzw. zu sonstigen rechtl. Vorschriften; ergänzende Dienstvorschriften	7		c) Dienstl. Beurteilungen	47
			d) Bestenauslese bei Ernennungen und Verwendungen	52
II. Erläuterungen im Einzelnen	9		aa) Ernennung und Verwendung	52
1. Absatz 1	9		bb) Versetzung, Kommandierung, Dienstpostenwechsel	60
a) Eignung, Befähigung, Leistung	9		cc) Bestenauslese	71
b) Im Rahmen des Leistungsgrundsatzes unbeachtliche Kriterien	33		dd) Vom Dienst freigestellte oder entlastete Soldaten	85
aa) Geschlecht	35		2. Absatz 2	87
bb) Sexuelle Identität	38		3. Exkurs: Einsatz-Weiterverwendungsgesetz	94
cc) Abstammung	39			
dd) Rasse	40			
ee) Glauben, Weltanschauung und religiöse Anschauungen	41			

Literatur: *Bornemann, Roland*: Zur Rechtsnatur der Entziehung der Bundeswehrfahrerlaubnis, NZWehrr 1984, 32; *Dautzenberg, Volker*: Differenzierungsmöglichkeiten bei Auswahlentscheidungen, NZWehrr 1999, 221; *Deiseroth, Dieter*: Konkurrenten-Rechtsschutz für Soldaten bei Stellenbesetzungen und anderen Verwendungsentscheidungen, jurisPR-BVerwG 25/2007 Anm. 5; *ders.*: Justizielle Überprüfbarkeit des personalplanerischen Instruments der „individuellen Förderperspektive" bei Berufsoffizieren der Bundeswehr, jurisPR-BVerwG 1/2009 Anm. 3; *ders.*: Gerichtliche Überprüfung des Beurteilungsspielraums bei einer Versetzung auf einen anderen Dienstposten wegen charakterlicher Nichteignung, jurisPR-BVerwG 5/2009 Anm. 3; *Demandt, Ecke*: Zur rechtlichen und systematischen Zuordnung der Versetzung von Soldaten, NZWehrr 1983, 1; *ders.*: Zur Versetzung von Soldaten, die Mitglieder eines Personalrates, Vertrauensmann oder kommunale Mandatsträger sind, NZWehrr 1984, 105; *Eckstein, Christoph*: Der Grundsatz der Bestenauslese nach Art. 33 Abs. 2 GG in der neuesten verfassungs- und verwaltungsgerichtlichen Rechtsprechung, ZBR 2009, 86; *Eichen, Klaus*: Das Gesetz zur Durchsetzung der Gleichstellung von Soldatinnen und Soldaten der Bundeswehr, UBwV 2005, 6; *Franz, Wolfgang*: Zur Geltung des Leistungsprinzips bei sog. politischen Beamten, DÖV 2009, 1141; *Gertz, Bernhard*: Gestaltung von Auswahlverfahren für Soldaten unter besonderer Berücksichtigung des Verfassungsauftrages aus Art. 87a GG, NZWehrr 1987, 203; *Heller, Robert*: Die Berücksichtigung des allgemeinen Dienst- oder Lebensalters bei der Beförderung von Beamten und Soldaten, NZWehrr 1991, 133; *Lucks, Ulrich*: Rechtliche Aspekte der vorzeitigen Beendigung einer Auslandsverwendung von Soldaten der Bundeswehr (sog. Repatriierung), NZWehrr 2008, 25; *Peterson, Volker P.*: Zur Rechtsnatur der Entziehung der Bundeswehrfahrerlaubnis, NZWehrr 1983, 98; *Sass, Wolfgang*: Zur Problematik der „Körperlichen Eignung" nach § 37 Abs. 1 Satz 3 SG bei Dienstzeitverlängerungen, NZWehrr 1984, 89; *Schmidt-Bremme, Götz*: Der Versetzungsschutz durch das kommunalpolitische Mandat, NZWehrr 1989, 68; *ders.*: § 7 Soldatengesetz und Erklärung der Versetzbarkeit: Ermächtigungsgrundlagen für eine militärische Versetzung?, NZWehrr 1991, 242; *ders.*: Konsequenzen einer fehlenden Versetzungsermächtigung, NZWehrr 1992, 249; *ders.*: Die Wehrverfassung als hinreichende Versetzungsermächtigung für Soldaten, NVwZ 1996, 455; *Schnellenbach, Helmut*: Die dienstliche Beurteilung der Beamten und der Richter, 3. Aufl. 1999 ff. (abgekürzt: Beurteilung); *ders.*: Richtwertvorgaben bei dienstlichen Beurteilungen, DöD 1999, 1; *Steege, Friedrich-W.*: Eignung – Befähigung – Leistung, NZWehrr 1978, 41; *Walz, Dieter*: Die Vorgesetzteneigenschaft der zentralen personalbearbeitenden Dienststellen, Truppenpraxis 1977, 573.

I. Allgemeines

1. Zweck der Vorschrift. Abs. 1 nennt in Konkretisierung des Art. 3 Abs. 2 und Abs. 3 Satz 1 GG und des Art. 33 Abs. 2 und 3 GG für Soldaten die Kriterien, die bei Ernennungen und Verwendungen berücksichtigt werden müssen oder die unbeachtlich bleiben müssen. Grds. sind die **am allg. Gleichheitssatz ausgerichteten Merkmale** in Abs. 1 bereits kraft Verfassungsrechts zu beachten. Insoweit kann Abs. 1 als eine vom Gesetzgeber bewusst vorgenommene Bekräftigung der verfassungsrechtl. Vorgaben für den rechts- und machtpolit. bedeutsamen Bereich der mil. Personalauswahl und -führung angesehen werden. 1

Abs. 2 schafft für Soldaten, die unter bestimmten Umständen im Einsatz verletzt worden sind, die Voraussetzungen, trotz einer Minderung der körperlichen Eignung weiterhin in den SK Dienst leisten zu können. 2

2. Entstehung und Änderungen der Vorschrift. Abs. 1 beruht auf § 3 des REntw., der weitgehend mit der heutigen Fassung übereinstimmte. Nach der Begr. zu § 3[1] sollte die Vorschrift die Ernennungs- und Verwendungsgrds. entspr. Art. 3 Abs. 3 GG i. V. m. § 8 Abs. 1 Satz 2 BBG a. F. (jetzt: § 9 BBG) bestimmen.[2] Ferner wurde darauf hingewiesen, dass damit – wie sich „aus § 4 Abs. 1 Nr. 2"[3] ergebe – zugleich Grds. für die Beförderung ausgesprochen würden. Bei den Merkmalen, die nicht bei einer Ernennung oder Verwendung berücksichtigt werden sollten, wurde auf das **Geschlecht** verzichtet, da „sich die Wehrpflicht nur auf Männer beziehe".[4] 3

---

1 BT-Drs. II/1700, 17.
2 Dass, anders als § 9 Satz 1 BBG, § 3 nach seinem Wortlaut nicht auf Bewerber Anwendung findet, ist bei den parlamentarischen Beratungen nicht zur Sprache gekommen.
3 Heute § 4 Abs. 1 Nr. 3.
4 Abg. *Dr. Kihn* (CDU/CSU) am 18.11.1955 im Rechtsausschuss, vgl. Prot. Nr. 86, 10.

4 In § 3 des REntw. war – wie heute in § 9 Satz 1 BBG – zunächst formuliert, dass ohne Rücksicht „auf Beziehungen" zu ernennen und zu verwenden sei. Auf Kritik an dieser Wortwahl hatte die BReg darauf hingewiesen, dieser Wortlaut stehe bereits in § 8 Abs. 1 BBG a. F.[5] Dennoch wurde in den parlamentarischen Beratungen auf diese Formulierung verzichtet.[6] Die Erstfassung des SG bestand nur aus dem heutigen Abs. 1.

5 Abs. 1 ist zweimal geä. worden:
– Durch Art. 1 Nr. 2 des G vom **6.8.1975**[7], mit dem sich die SK für **weibliche Soldaten**[8] öffneten, wurde als bei Ernennungen und Verwendungen nicht zu berücksichtigendes Merkmal das **Geschlecht** aufgenommen.
– Durch Art. 3 Abs. 12 des G vom **14.8.2006**[9] ist Abs. 1 um die Berücksichtigungsverbote **sexuelle Identität, Weltanschauung** und **ethnische Herkunft** ergänzt worden.

6 Abs. 2 wurde durch Art. 2 Nr. 2 des **BwNeuAusrG** mit Wirkung vom 1.1.2002 angefügt. Abs. 2 Nr. 3 wurde durch das G vom **21.12.2004**[10] wegen Änd. im SVG neu gefasst.

3. Bezüge zum Beamtenrecht bzw. zu sonstigen rechtl. Vorschriften; ergänzende
7 **Dienstvorschriften.** Als Kriterien für die **Auslese** von **Beamtenbewerbern** schreibt § 9 **BBG** (eine entspr. Best. enthält § 9 **BeamtStG**) Eignung, Befähigung und fachl. Leistung ohne Rücksicht auf Geschlecht, Abstammung, Rasse oder ethnische Herkunft, Behinderung, Religion oder Weltanschauung, polit. Anschauungen, Herkunft, Beziehungen oder sexuelle Identität vor. **§ 22 Abs. 1 Satz 1 BBG** macht auch **Beförderungen** von der Beachtung dieser Grds. abhängig.

8 Die verfassungsrechtl. und durch das SG (in Abs. 1) vorgegebenen Kriterien für Ernennungen und Verwendungen werden auf Verordnungsebene durch die **SLV** konkretisiert. Diese legt die (insbes. alters- und bildungsmäßigen sowie zeitlichen) Voraussetzungen für die Einstellung in soldatische Laufbahnen und Laufbahngruppen und den weiteren Aufstieg fest. Das BMVg hat in zahlreichen Erl. und VV[11] die Handhabung der einschlägigen rechtl. Best. erläutert und vorgegeben, um eine einheitliche Anwendung in den SK sicherzustellen. Besonders zu nennen sind die

---

5 Ebd. Pikanterweise hatte der Vorsitzende des Rechtsausschusses (Abg. *Hoogen* [CDU/CSU]), der die Wortwahl zunächst bemängelt hatte, die Streichung des Hinw. auf „Beziehungen" abgelehnt, weil Kommentatoren aus der Streichung folgern könnten, bei der Ernennung u. Verwendung der Soldaten dürften Beziehungen eine Rolle spielen. Warum der Hinweis später im VertA gestrichen wurde, ist den Motiven nicht zu entnehmen. Auch ohne das ausdrückliche Verbot der Berücksichtigung von Beziehungen in Abs. 1 wäre eine hierdurch motivierte Ernennung o. Verwendung jedoch unzulässig. Dies ergibt sich unmittelbar aus Art. 33 Abs. 2 GG.
6 Nach GKÖD I K, § 8 Rn. 89, sind die „Beziehungen" als verpöntes Auswahlkriterium ein Auffangtatbestand, der jede sachfremde Einflussnahme auszuschließen, die auf persönlichen Bindungen beruht. Die Auswahl sei rein leistungsbezogen zu treffen. Persönliche u. gesellschaftliche Kontakte, wie die Zugehörigkeit zu Vereinen (Parteien!) o. sonstige Beziehungen, sollten die Auswahl nicht beeinflussen (bei Parteizugehörigkeit hilft i. d. R. bereits das verpönte Merkmal der polit. Anschauungen). Dass dies auch im mil. Bereich gilt, bedarf keiner Begr.
7 BGBl. I S. 2113.
8 Zunächst nur als SanOffz.
9 G zur Umsetzung europäischer RL zur Verwirklichung des Grds. der Gleichbehandlung, BGBl. I S. 1897.
10 BGBl. I S. 3592.
11 Vgl. die Übersicht bei *Scherer/Alff/Poretschkin*, SG, § 3 Rn. 55.

– **ZDv 20/6** Bestimmungen über die Beurteilungen der Soldatinnen und Soldaten der Bundeswehr (sie reglementieren die Beurteilungen als wichtigstes Hilfsmittel zur Bewertung von Eignung, Befähigung und Leistung) sowie die
– **ZDv 20/7** Bestimmungen für die Beförderung und für die Einstellung, Übernahme und Zulassung von Soldatinnen und Soldaten.

II. Erläuterungen im Einzelnen

1. Absatz 1. – a) Eignung, Befähigung, Leistung. **Abs. 1** gilt nach seinem Wortlaut nur für **Soldaten**.[12] Erfasst werden auch wpfl Soldaten und Eignungsübende (vgl. § 87[13]). Nicht unter den Regelungsbereich des Abs. 1 fallen **Bewerber**[14], die sich um Übernahme in ein Wehrdienstverhältnis bemühen. Sie können ihre Rechte auf gleichen Zugang zum Soldatenberuf unmittelbar aus den in Art. 3 Abs. 2 und Abs. 3 Satz 1 GG niedergelegten Grundrechten und aus den in Art. 33 Abs. 2 und 3 GG verbrieften grundrechtsgleichen Rechten[15], notfalls nach erfolgloser Anrufung der VG im Wege der **VB** (vgl. Art. 93 Abs. 1 Nr. 4a GG), geltend machen. Vor Benachteiligungen bei Bewerbungen (d. h. bei Anbahnung eines Wehrdienstverhältnisses[16]) schützen zudem die Vorschriften des SoldGG. Bewerberinnen können sich zusätzlich auf §§ 5 ff. SGleiG berufen.

9

Zentrale Merkmale, an denen sich nach Abs. 1 Ernennungs- und Verwendungsentscheidungen der Soldaten zu orientieren haben, sind **Eignung, Befähigung** und **Leistung**. Die soldatengesetzl. Auslegung dieser Begriffe hat sich im Rahmen der Vorgaben zu bewegen, die für die in Art. 33 Abs. 2 GG für den Ämterzugang allg. vorgegebenen Zugangskriterien maßgeblich sind (Grds. der Einheitlichkeit des öff. Dienstrechts). Weniger Anforderungen als in Art. 33 Abs. 2 GG festgelegt dürfen bei Ernennungs- und Verwendungsentscheidungen der Soldaten nicht gestellt werden. Wohl aber dürfen soldatenrechtl. gebotene zusätzliche Erfordernisse im Rahmen der Auswahl nach Abs. 1 verlangt werden, auch wenn sie verfassungsrechtl. nicht notwendig sind.[17]

10

Die Begriffe Eignung, Befähigung und Leistung i. S. d. Art. 33 Abs. 2 GG (und entspr. des Abs. 1) können zusammengefasst als **Qualifikation** für ein öff. Amt[18] bezeichnet werden. Die Beachtung dieser Vorgaben wird als **Leistungsprinzip** und **Bestenauslese**

11

---

12 Wer Soldat ist, bestimmt § 1 Abs. 1 Satz 1.
13 Der in dieser Best. genannte „andere Bewerber" wird zu der Eignungsübung einberufen u. ist Soldat.
14 § 9 Abs. 1 BBG gilt (wie schon § 8 Abs. 1 BBG a. F.) ausdrücklich für Bewerber um ein Beamtenverhältnis. Die amtl. Begr. zu § 3 des REntw. nahm nur Bezug auf die für eine Auslese maßgeblichen entspr. Art. 3 Abs. 3 GG i. V. m. § 8 Abs. 1 Satz 2 BBG a. F. (vgl. o. Rn. 3). Deshalb ist aus systematischen Gründen nicht an eine Einbeziehung von Bewerbern außerhalb eines Soldatenverhältnisses zu denken. Der Entstehungsgeschichte des § 3 ist nichts Gegenteiliges zu entnehmen
15 Vgl. hins. Art. 33 Abs. 2. 3 GG: *Jarass*, in: Jarass/Pieroth, GG, Art. 33 Rn. 7, 22 m. w. N.
16 Vgl. *Eichen*, SoldGG, § 1 Rn. 3, § 6 Rn. 2.
17 So allg. *Dollinger/Umbach*, in: Umbach, Dieter C./Clemens, Thomas (Hrsg.): Grundgesetz, Mitarbeiterkommentar, Band I, 2002, Art. 33 Rn. 42.
18 Der Begriff des öff. Amtes in Art. 33 Abs. 2 GG ist nach allg. Ansicht nicht nur i. S. d. Beamtenrechts, sondern weit auszulegen. Erfasst werden alle beruflichen u. ehrenamtl. Funktionen öff.-rechtl. Art bei Bund, Ländern, Gemeinden u. anderen juristischen Personen des öff. Rechts, auch Soldaten (*Jarass*, in: Jarass/Pieroth, GG, Art. 33 Rn. 9).

umschrieben.[19] Str., aber praktisch wenig bedeutsam[20] ist das Verhältnis von Eignung, Befähigung und Leistung zueinander.[21] Hier wird die Eignung als das umfassende Qualifikationsmerkmal angesehen (**Eignung im weiteren Sinne**[22]), das die Merkmale Befähigung und Leistung als besonders hervorgehobene Teile der Eignung einschließt[23] und darüber hinaus die gesamte Persönlichkeit des Soldaten erfasst.[24]

12 Der **Befähigung** sind die für die dienstl. Verwendung wesentlichen, durch schulische, universitäre, berufliche oder sonstige Vor- oder Ausbildung, auch durch berufliche Tätigkeit erworbenen fachl. Kenntnisse, Fertigkeiten und Erfahrungen zuzurechnen.[25] Erfasst werden allg. und fachl. Wissen (Anhaltspunkte hierfür sind insbes. Schul-, Lehrgangs- und sonstige Prüfungszeugnisse, z. B. das Ergebnis der Laufbahn- oder der beruflichen Abschlussprüfung) und die Fähigkeit, dieses in die dienstl. Verwendung einzubringen (diese Fähigkeit muss im Wege einer Prognose bewertet werden, wobei es zu Überschneidungen zwischen den Kriterien Befähigung und Eignung kommen kann). Nicht ohne Weiteres mit der Befähigung nach Art. 33 Abs. 2 GG und Abs. 1 gleichzusetzen ist die **Laufbahnbefähigung** (vgl. z. B. § 6 Abs. 2 Satz 1 SLV). Diese betrifft nur das generelle Mindestanforderungsprofil, das der Soldat durch die Laufbahnprüfung förmlich nachweisen muss. Jene geht über die laufbahnbezogen geforderte fachl. Befähigung hinaus und umfasst zusätzliche Fähigkeiten oder Kenntnisse, die individuell erworben worden sind und die für die Anforderungen eines einzelnen Dienstpostens oder einer bestimmten Verwendung nützlich sein können (z. B. Fremdsprachenkenntnisse, berufspraktische Erfahrungen). Der Dienstherr ist grds. (es sei denn, es geht um den Zugang zu beruflichen Ausbildungsstätten nach Art. 12 Abs. 1 Satz 1 GG, wo der Staat für eine bestimmte Ausbildung ein rechtl. oder tatsächliches Monopol besitzt[26], z. B. im staatlichen Vorbereitungsdienst) berechtigt, ein über die laufbahnrechtl. vorgeschriebenen Anforderungen hinausgehendes Maß an Befähigung zu verlangen.[27] Es wäre z. B. erlaubt, für die Einstellung als SaZ für die Laufbahnen der Mannschaften trotz des in § 8 Abs. 1 Nr. 2 SLV auf die Erfüllung der Vollzeitschulpflicht abgesenkten schulischen Bildungsstandes nur Soldaten mit Hauptschulabschluss zu berücksichtigen, wenn es die Bewerbungslage zulässt.

13 Die (fachl.) **Leistung** beurteilt sich nach den an den dienstl. Anforderungen gemessenen Arbeitsergebnissen, der praktischen Arbeitsweise, dem Arbeits- und – soweit bewertbar – Führungsverhalten.[28] Sie ist aufgrund praktischer Tätigkeit und Bewäh-

---

19 *Dollinger/Umbach*, a.a.O. (Fn. 17), Art. 33 Rn. 41; vgl. *Schnellenbach*, Beurteilung, Rn. 79.
20 So *Scherer/Alff/Poretschkin*, SG, § 3 Rn. 21; *Masing*, in: Dreier II, Art. 33 Rn. 45.
21 Allg. wird von einer gewissen Überschneidung der Begriffe ausgegangen, vgl. *Kunig*, in: v. Münch/Kunig, GGK II, Art. 33 Rn. 26. Die nachfolgend definierten Begriffe Eignung, Befähigung u. Leistung stimmen z.T. nicht mit den in der ZDv 20/6 verwendeten Begriffsinhalten überein. Dies ist unschädlich, soweit Begrifflichkeiten in der Beurteilung einheitlich objektiv messbar (in Punktsummen o. Buchstaben-Wertungsstufen) ihren Ausdruck finden. Ob ein Merkmal z. B. eher der Befähigung o. der Leistung zuzurechnen ist, ist dann zweitrangig.
22 BVerwGE 47, 330 (336 f.); *Jarass*, in: Jarass/Pieroth, GG, Art. 33 Rn. 14.
23 *Plog/Wiedow/Lemhöfer*, BBG, § 8 Rn. 8; GKÖD I K, § 8 Rn. 36; *Battis*, BBG, § 9 Rn. 5.
24 Vgl. BVerwGE 53, 23 (Ls 4) = NZWehr 1976, 137 (141).
25 Vgl. § 2 Abs. 3 BLV. Die ZDv 20/6 definiert nicht, was im Rahmen der Beurteilung von Soldaten unter Befähigung zu verstehen sein soll.
26 *Jarass*, in: Jarass/Pieroth, GG, Art. 12 Rn. 76 m. w. N.
27 Vgl. GKÖD I K, § 8 Rn. 59.
28 Vgl. § 2 Abs. 4 BLV.

rung in der mil. Verwendung (also in einer Rückschau) zu ermitteln. Sie hat deshalb i. d. R. für Berufsanfänger keine Bedeutung[29] und ist erst mit steigendem Dienstalter und längerer Verwendung in den SK beachtlich. Maßgeblich für die fachl. Leistung ist nicht die individuelle Anstrengung, sondern das objektive Arbeitsergebnis.[30] Auch wenn das Merkmal der fachl. Leistung vergangenheitsorientiert ist, spielt es insbes. bei Beförderungen eine wichtige Rolle. Dabei treten die bisherigen dienstl. Leistungen als Grundlage für die künftige Leistungserwartung in den Vordergrund. Es ist zu bewerten, ob der Soldat aufgrund seiner gezeigten Leistungen auch einer ihm zu übertragenden neuen, anspruchsvolleren Aufgabe gewachsen sein wird. Diese Prognose ist vorrangiger Anlass für die Ermittlung der bisherigen dienstl. Leistungen des Soldaten bei einer förderlichen Maßnahme. Der Belohnungseffekt im Hinblick auf erbrachte Leistungen tritt dem gegenüber in den Hintergrund; wichtiger ist das öff. Interesse an einer optimalen Stellenbesetzung.

Zur **Eignung im engeren Sinne** nach Art. 33 Abs. 2 GG von Bewerbern um Einstellung **14** als Soldat oder nach Abs. 1 von zu ernennenden oder zu verwendenden Soldaten gehören alle sonstigen, die gesamte Persönlichkeit betreffenden Auswahlkriterien, die nicht bereits durch die Merkmale der Befähigung und der (fachl.) Leistung erfasst werden. Zu nennen sind hier vor allem **körperliche**, **geistige** und **charakterliche** Eigenschaften (vgl. § 37 Abs. 1 Nr. 3).[31]

Die Feststellung der **körperlichen Eignung** (vgl. zu Einzelheiten die Komm. zu § 37 **15** Rn. 37 ff., zum Sonderfall der Weiterverwendung Einsatzgeschädigter, die nicht dienstunfähig sind, als BS u. Rn. 94 ff.), der angesichts der Forderung nach ständiger Einsatzfähigkeit der Soldaten herausragende Bedeutung zukommt[32], spielt insbes. vor der erstmaligen Begr. eines Wehrdienstverhältnisses eine Rolle. Bewerber, die als BS oder SaZ eingestellt werden wollen, müssen sich einer entspr. **medizinischen Annahmeuntersuchung** unterziehen. Dies gilt auch für wpfl Soldaten, die SaZ oder BS, sowie für SaZ, die BS werden wollen.

Die körperliche Eignung des Soldaten hat mindestens den Anforderungen zu genü- **16** gen, die für Beamte gelten. Deshalb muss ein **Bewerber** um ein Soldatenverhältnis die körperliche Leistungsfähigkeit besitzen, die von ihm in den wesentlichen Dienststellungen der angestrebten Laufbahn und Laufbahngruppe, in den diesen zugeordneten Dienstgraden und in der konkret anzutretenden Verwendung erwartet werden muss.[33] Notwendig ist, dass sich die körperliche Eignung in einer angemessenen **gesundheitlichen Eignung** dokumentiert. Der aktuelle Gesundheitszustand[34] darf keinen Anlass zu der Prognose bieten (z. B. wegen bereits vorhandener gesundheitlicher Mängel), der Bewerber werde häufiger über das sozial adäquate Maß hinaus oder chronisch erkran-

---

29 Vgl. GKÖD I K, § 8 Rn. 64; *Battis*, BBG, § 9 Rn. 10.
30 *Scherer/Alff/Poretschkin*, SG, § 3 Rn. 20.
31 BVerfGE 92, 140 (151). Vgl. auch BVerwGE 11, 139 (142); BVerwG DokBer B 2006, 278.
32 Die gegenüber dem Beamtenbereich vorgezogenen Altersgrenzen der BS nach § 45 werden insbes. mit einem Leistungsabfall der körperlichen u. geistigen Kräfte ab dem 60. Lebensjahr begründet, vgl. die Komm. zu § 45 Rn. 6.
33 Vgl. entspr. für Beamte GKÖD I K, § 8 Rn. 38.
34 Das bezieht sich auch auf den Zahnstatus. Zahnerkrankungen, insbes. aufgrund mangelhafter Mundhygiene, sind häufig ursächlich dafür, dass Soldaten nicht im Auslandseinsatz verwendet werden können.

ken oder vor dem Erreichen der Altersgrenze dienstunfähig werden.³⁵ Auch **Soldaten**, die in die Auswahl für eine Ernennung oder Verwendung einbezogen werden, müssen nach Abs. 1 die notwendige körperliche Eignung für die neue Tätigkeit besitzen. Diese kann bereits fehlen, wenn der Soldat von seinem Aussehen her nicht den an ihn zu stellenden Anforderungen genügt (Beispiel: Ein unter Adipositas leidender Soldat wird als Kdr der Sportschule der Bw nicht in Frage kommen). **Schwerbehinderte Soldaten** werden durch § 18 Abs. 1 SoldGG bei Maßnahmen, insbes. bei Verwendungsentscheidungen und Beförderungen, vor Benachteiligungen wegen ihrer Behinderung geschützt, es sei denn, die Maßnahme hat die Art der auszuübenden soldatischen Tätigkeit zum Gegenstand, und eine bestimmte körperliche Funktion, geistige Fähigkeit oder seelische Gesundheit ist wesentliche und entscheidende berufliche Anforderung für diese Tätigkeit.³⁶

17 Wann körperliche Eignung gegeben ist, und welche gesundheitlichen Voraussetzungen für eine bestimmte Verwendung (z. B. als Offz des militärfachl. Dienstes im Flugsicherungskontrolldienst oder als Offz d.R. des Truppendienstes³⁷) zu fordern sind, hat das BMVg im Rahmen des ihm insoweit zustehenden **Ermessens** in Dienstvorschriften³⁸ und Erl. festgelegt. Welche Körperfehler für eine mil. Verwendung nicht mehr tragbar sind, unterliegt **mil. Zweckmäßigkeitserwägungen**, die gerichtl. nicht überprüft werden können.³⁹

18 Zur körperlichen Eignung gehören bei Auswahlverfahren für Soldaten die **sportliche Leistungsfähigkeit** und **Belastbarkeit**.⁴⁰ Es ist grds. zulässig, an **Frauen geringere Anforderungen** an die **körperliche Leistungsfähigkeit** zu stellen als an Männer (Beispiel: Frauen haben eine geringere Zahl an Liegestützen zu absolvieren als Männer, um ihre körperliche Eignung nachzuweisen). Angesichts hochtechnisierter SK, in denen Körperkraft i. d. R. kein vorrangiges Argument für die Eignung als Soldat mehr ist (auch männliche Soldaten können körperlich schmächtig sein, ohne dass dies ein Grund gewesen ist, sie von der Wehrdienstleistung nach dem WPflG auszunehmen), erscheint es sachlich geboten, verhältnismäßig und durch Art. 3 Abs. 2 Satz 2 GG vorgegeben, die Rahmenbedingungen in diesem Fall zu Gunsten von Frauen zu verändern. Nur in Verwendungen, in denen körperliche Kraft und Ausdauer zum wesentlichen Faktor des konkreten mil. Einsatzes gehören, z. B. bei Kommandosoldaten oder Kampfschwimmern, muss von Frauen dieselbe Leistungsfähigkeit wie von Männern verlangt werden, auch auf die Gefahr hin, dass möglicherweise kaum eine Frau den Anforderungen genügen kann.⁴¹

---

35 Vgl. *Battis*, BBG, § 9 Rn. 8 m.w.N.; GKÖD I K, § 8 Rn. 41, 44.
36 Vgl. *Eichen*, SoldGG, § 18 Rn. 1 ff.
37 Vgl. BVerwG *Buchholz* 236.1 § 10 SG Nr. 13; BVerwGE 86, 70 (Nichtzulassung zur Laufbahn der Offz d.R. des Truppendienstes nach Verlust einer Niere); weitere Beispiele aus der Rspr. bei *Scherer/Alff/Poretschkin*, SG, § 3 Rn. 16.
38 Zu nennen sind insbes. die Best. über die Feststellung der körperlichen Eignung vor der Berufung in das Dienstverhältnis eines BS o. SaZ (ZDv 14/5 B 130) u. die ZDv 46/1.
39 BVerwGE 73, 235. Möglich bleibt die gerichtl. Kontrolle auf Ermessensfehler bei Einzelfallentscheidungen, z. B. durch das Zugrundelegen eines unrichtigen Sachverhalts.
40 *Steege*, NZWehrr 1978, 41 (46).
41 So entspr. für Beamte GKÖD I K, § 8 Rn. 72 f.

Eine **Schwangerschaft** ist **kein Eignungsmangel** i. S. v. Art. 33 Abs. 2 GG, der es rechtfertigte, für eine Bewerberin die Begr. eines Wehrdienstverhältnisses bis zum Ablauf des absoluten Beschäftigungsverbots für Schwangere zurückzustellen.[42] Dies leitet das BVerfG aus Art. 6 Abs. 4 GG her. Entspr. diesem Schutzgedanken verbietet § 7 **Abs. 2 SGleiG** in Annahmegesprächen u. a. Fragen nach einer bestehenden oder geplanten Schwangerschaft; ärztliche Untersuchungen zur Feststellung der körperlichen Eignung dürfen sich ohne ausdrückliche Einwilligung der Bewerberin nach § 4a BDSG nicht gezielt auf das Bestehen einer Schwangerschaft erstrecken. Es ist aber medizinisch notwendig, die Bewerberinnen darauf hinzuweisen, dass bei einer Schwangerschaft sowohl die zur Feststellung der körperlichen Eignung notwendigen Tests der sportlichen Leistungsfähigkeit als auch sonstige Untersuchungen (z. B. Röntgenaufnahmen) fruchtschädigend sein können. Zudem ist die Aufklärung der Bewerberinnen unverzichtbar, dass es im Falle einer Schwangerschaft durch schwangerschaftsbedingte Veränderungen in ihrem Organismus nicht möglich ist, die gesundheitliche Eignung zutreffend festzustellen, weil u. a. ihre Laborwerte individuell von Normwerten abweichen. Teilt eine Bewerberin eine Schwangerschaft mit oder wird diese durch die ärztliche Begutachtung während der Eignungsfeststellung bekannt, ist der Bewerberin (diese Pflicht lässt sich aus Art. 3 Abs. 2 Satz 2 GG herleiten) verbindlich (entspr. § 38 VwVfG[43]) zuzusichern, dass sie unmittelbar nach Ablauf des mutterschutzrechtl. Beschäftigungsverbots[44] erneut zur Eignungsfeststellung zugelassen wird. Hat eine Bewerberin die Eignungsfeststellung erfolgreich absolviert und stellt sich vor der Begründung des Wehrdienstverhältnisses heraus, dass sie schwanger ist, ist sie gleichwohl zum Dienstantritt aufzufordern[45] und in das Wehrdienstverhältnis zu berufen. Ausnahmsweise darf hiervon abgesehen werden, wenn die Bewerberin nach der Berufung keinen mil. Dienst leisten, sondern Elternzeit oder Betreuungsurlaub in Anspruch nehmen will.[46] Das Absehen von der Berufung ist in diesen Fällen sachgerecht, weil der Zweck eines Wehrdienstverhältnisses von vornherein vereitelt wird, wenn schon bei seiner Begr. feststeht, dass es zu einer Dienstleistung in den SK auf absehbare Zeit nicht kommen wird.[47]

Für Soldatinnen bleibt es bei der **grds. Pflicht zur Meldung einer Schwangerschaft** nach § 1 MuSchSoldV.[48]

---

42 BVerfGE 44, 211 (215); *Plog/Wiedow/Lemhöfer*, BBG, § 8 Rn. 18 m. w. N.. Entspr. ist Schwangerschaft kein Fall der Dienstunfähigkeit, sondern der vorübergehend eingeschränkten Verwendungsfähigkeit, vgl. die Komm. zu § 44 Rn. 36.
43 Auch wenn die Zusage der erneuten Einladung zum Eignungstest eher auf einen Realakt (nicht, wie in § 38 Abs. 1 Satz 1 VwVfG gefordert, auf einen VA) gerichtet ist, sollte § 38 VwVfG als Ausdruck eines allg. Rechtsgedankens hier entspr. anwendbar sein; vgl. allg. *Kopp/Ramsauer*, VwVfG, § 38 Rn. 5.
44 Vgl. entspr. § 6 des Mutterschutzgesetzes u. § 5 MuSchSoldV.
45 Grds. gilt dies auch für die Einberufung zu einer Eignungsübung.
46 So BVerwG NJW 1996, 474 = ZBR 1996, 20.
47 Vgl. entspr. für Beamte GKÖD I K, § 8 Rn. 73. Das Problem ist eher ein theoretisches, weil die Bewerberin rechtl. nicht verpflichtet werden kann, sich vor der Berufung festzulegen.
48 Obwohl diese Pflicht auf § 13 Abs. 2 gestützt wird, ist sie entspr. § 5 Abs. 1 des Mutterschutzgesetzes als Sollvorschrift ausgestaltet. Eine Ausnahme von der Meldepflicht besteht, wenn der Soldatin im Einzelfall die Meldung nicht zumutbar ist (vgl. Abs. 3 des ergänzenden Erl. des BMVg Meldepflicht bei Schwangerschaft v. 23.8.2001, VMBl. S. 187).

20 Bei der Überprüfung der gesundheitlichen Eignung trifft den **Bewerber** eine **Mitwirkungspflicht**.[49] Dies ist sachgerecht. Der Dienstherr hat ein berechtigtes Interesse, nur Bewerber auszuwählen, die über die notwendige körperliche Eignung verfügen. Die Feststellung des aktuellen Gesundheitszustands auf der Basis einer ärztlichen Untersuchung und die Abklärung möglicher Anhaltspunkte für Risiken, die auf spätere Erkrankungen hindeuten (dies ist angesichts des auf Lebenszeit angelegten Wehrdienstverhältnisses bei BS besonders wichtig), sind deshalb vorgegeben. Dabei kommt dem **Grds. der Verhältnismäßigkeit** wesentliche Bedeutung zu. Dem öff. Interesse an der Auswahl körperlich geeigneter Bewerber steht deren Interesse am Schutz der Intimsphäre und der körperlichen Unversehrtheit entgegen. Die Ermittlung einer Anamnese durch Befragung (auch zu Erkrankungen in der Verwandtschaft) und lege artis durchgeführte medizinische Untersuchungen auch in Form zusätzlicher einfacher ärztlicher Routinemaßnahmen (Blutuntersuchungen nach Blutabnahme, Röntgenbilder)[50], um Krankheiten zu diagnostizieren, sind hinzunehmen.

21 In welcher Ausgestaltung und in Bezug auf welche Krankheiten die Untersuchung der Bewerber auf körperliche Eignung stattfindet, ist dem Dienstherrn aufgrund eines ihm zustehenden Entschließungsermessens überlassen.[51] Dieses ist gerichtl. nur auf Ermessensfehler, insbes. auf sachfremde Erwägungen hin überprüfbar. Das Ermessen schließt ein, gesonderte Untersuchungen auf bestimmte Krankheiten hin zu veranlassen, die zu einer gesundheitlichen Nichteignung führen könnten. Die Untersuchungsmaßnahmen dürfen allerdings nicht unverhältnismäßig, insbes. nicht willkürlich sein. Angesichts der nach heutigem Stand der Medizin negativen Prognose bei einer **HIV-Infektion** (der Krankheitsverlauf kann bisher nur verzögert, das Vollbild der Aids-Erkrankung jedoch nicht verhindert werden) und der weltweit stark zunehmenden Zahl infizierter Personen darf die ärztliche Untersuchung generell auch einen **Aids-Test** einschließen.[52]

22 Für **Soldaten** gelten bei Ermittlungen im Rahmen der körperlichen Eignung die Maßstäbe des § 17 Abs. 4 und ggf. des § 44 Abs. 4.

23 Vgl. zu den **geistigen Eigenschaften** im Rahmen der Ermittlung der Eignung im engeren Sinne die Komm. zu § 37 Rn. 36.[53]

24 Zu den **charakterlichen Eigenschaften** als Teil der Eignung im engeren Sinne vgl. die Komm. zu § 37 Rn. 32 ff. Zur charakterlichen Eignung gehört, dass der Dienstherr jederzeit von dem Soldaten die Erfüllung seiner Dienstpflichten erwarten kann. Deshalb handelt der Dienstherr nicht rechtswidrig, wenn er einem Soldaten wegen des zum **Gelöbnis** erklärten **Vorbehalts**, er fühle sich an die soldatischen Grundpflichten nur gebunden, wenn Deutschland und seine Verbündeten nicht als erste ABC-Waffen einsetzten, die Eignung für eine Beförderung zum Gefr abspricht.[54]

---

49 Vgl. für Beamte GKÖD I K, § 8 Rn. 52.
50 Deren Zulässigkeit für Soldaten ergibt sich aus § 17 Abs. 4 Satz 8.
51 Vgl. GKÖD I K, § 8 Rn. 46.
52 Vgl. *Battis*, BBG, § 9 Rn. 8; *Plog/Wiedow/Lemhöfer*, BBG, § 8 Rn. 17, jew. m. w. N. Die Frage ist str., vgl. zum Meinungsstand GKÖD I K, § 8 Rn. 47 f.
53 Vgl. auch GKÖD I K, § 8 Rn. 37.
54 BVerwG IÖD 1993, 266 = BWV 1994, 262.

Ernennungs- und Verwendungsgrundsätze § 3

Neben den körperlichen, geistigen und charakterlichen Eigenschaften sind zur Bestimmung der Eignung im engeren Sinne **weitere Merkmale** zu berücksichtigen. Beispielhaft zu nennen ist ein im Rahmen einer **Sicherheitsüberprüfung** festgestelltes **Sicherheitsrisiko**. Sicherheitsbedenken sind immer dann gegeben, wenn im Einzelfall die Besorgnis besteht, der Soldat könnte geheimhaltungsbedürftige Umstände preisgeben, namentlich, wenn er als potentielles Angriffsobjekt fremder Nachrichtendienste erscheint, insbes. weil er erpresst werden kann. Die Beurteilung des Sicherheitsrisikos, die sich zugleich als Prognose künftiger Entwicklung der Persönlichkeit des Soldaten und seiner Verhältnisse darstellt, ist durch den zuständigen Vorg. vorzunehmen. Dieser darf seine Entscheidung nicht nur auf eine vage Vermutung oder rein abstrakte Besorgnis stützen, sondern er muss sie auf der Grundlage tatsächlicher Anhaltspunkte treffen.[55] Im Zweifel hat das Sicherheitsinteresse Vorrang vor anderen Belangen.[56]

25

Vgl. zur **gleichgeschlechtlichen Orientierung** von Soldaten, die **kein negatives Eignungsmerkmal** mehr darstellt, Rn. 38 und die Komm. zu § 37 Rn. 35.

Zur Gewähr der künftigen **Verfassungstreue als Eignungskriterium** s. die Komm. zu § 37 Rn. 22 ff.

Das **Lebensalter** kann einen Bezug zur Eignung i. S. v. Art. 33 Abs. 2 GG und von Abs. 1 aufweisen. Es ist jedoch zu differenzieren.

26

Höchstaltersgrenzen für **Bewerber**, die sich um Einstellung in ein Wehrdienstverhältnis bemühen[57], sind nicht durch die (körperliche) Leistungsfähigkeit motiviert. Das Alter wird hier nicht als leistungsminderndes Merkmal verstanden. Die sachgerechte und zulässige Motivation des Gesetzgebers für Höchstaltersgrenzen ist eine andere: Der Dienstherr hat wie auch sonst im öff. Dienst[58] bei der Begr. eines Wehrdienstverhältnisses aus **fiskalischen Gründen**[59] zu beachten, wie lange der Soldat bis zum Ausscheiden aus dem SK Dienst leistet. Bei BS soll das begrenzte Einstellungsalter ein angemessenes Verhältnis zwischen geleisteter Dienstzeit und lebenslanger Versorgung sichern (ein angesichts der frühen Altersgrenzen der Soldaten besonders berechtigtes Interesse). Die Altersgrenze bei Einstellung als SaZ in den Laufbahnen der Mannschaften und der Uffz soll eine vertretbare Relation zwischen der dem Soldaten gewährten, u. U. erheblichen Ausbildungsdauer und der zeitlichen Verwendung in der Truppe gewährleisten (was wegen der Grenze des 40. Lebensjahres für Wehrdienstleistungen, § 40 Abs. 1 Nr. 1, angebracht ist).[60] Demselben Zweck dient das Höchstalter

---

55 BVerwGE 83, 90 (94); BVerwG NZWehrr 1998, 249 m. w. N.
56 BVerwGE 103, 182 = NZWehrr 1995, 27. Vgl. *Scherer/Alff/Poretschkin*, SG, § 3 Rn. 90.
57 Vgl. z. B. §§ 8 Abs. 1 Nr. 1, 11 Abs. 1 Nr. 1, 15 Abs. 1 Nr. 1, 23 Abs. 1 Nr. 1 SLV.
58 Vgl. zu Höchstaltersgrenzen bei Beamten BVerwG *Buchholz* 232 § 15 BBG Nr. 11.
59 Vgl. §§ 48, 115 Satz 1 BHO.
60 *Dolpp/Weniger*, SLV, meinen in der Komm. zu § 8 SLV Rn. 802, das Höchstalter zur Einstellung von SaZ für die Laufbahnen der Mannschaften sei im Hinblick auf die Einsatzfähigkeit der SK durch die bessere körperliche Belastbarkeit der Soldaten begründet. Hierfür gibt die amtl. Begr. der SLV nichts her. Aus Sicht der körperlichen Eignung wäre es verwunderlich, wenn dem 31 Jahre alten Bewerber für eine Laufbahn der Mannschaften noch die notwendige körperliche Leistungsfähigkeit bescheinigt werden dürfte, nicht aber dem 25 Jahre alten UA. Missverständlich auch *Dolpp/Weniger*, a.a.O., § 4 SLV, die einerseits (Rn. 413) auf die körperliche Leistungsfähigkeit, andererseits (Rn. 415) auf die Ausnutzung der Dienstzeit abstellen.

bei Berufung von Bewerbern in das Dienstverhältnis eines SaZ in den Laufbahnen der Offz. Diese Soldaten unterliegen zwar keinem Höchstalter, zu dem ihr Zeitdienstverhältnis beendet sein muss. Sie sollen aber in einem Alter aus den SK ausscheiden, in dem ihnen die Gründung einer neuen beruflichen Existenz noch möglich ist und mit dem die Trennung zwischen dem zeitlich befristeten Wehrdienst als SaZ und der lebenslangen Dienstleistung des BS nach außen noch deutlich wird. Soll dennoch eine angemessene Stehzeit in der Truppe erreicht werden (grds. sind längstens 20 Jahre Wehrdienst zulässig, § 40 Abs. 1 Nr. 2), ist die Festlegung eines niedrigen Höchstalters bei der Einstellung notwendig.

27 **Grds.** ist es **im öff. Dienst** unzulässig, Bewerber, die eine Höchstaltersgrenze für eine Einstellung noch nicht erreicht haben, nicht zur Eignungsfeststellung zuzulassen, weil es aus dem **Jahrgang des Bewerbers** bereits überproportional viele Bewerbungen gibt. Selbst wenn aus diesem Jahrgang besonders viele geeignete Bewerber ermittelt werden, wäre es bei Beamten unzulässig, sie wegen eines an strukturellen Überlegungen orientierten Altersaufbaus der Verwaltung gegenüber leistungsschwächeren Bewerbern aus schwach besetzten Jahrgängen nicht zu berücksichtigen. Ein Geburtsjahrgangsbedarf ist grds. nicht mit dem Leistungsgedanken des Art. 33 Abs. 2 GG zu vereinbaren.[61] Nur bei gleich leistungsstarken Bewerbern aus verschiedenen Jahrgängen ist es zulässig, als Hilfskriterium auf das Lebensalter abzustellen.

28 In den SK gilt dies nur **eingeschränkt**. Die Rspr. hat anerkannt, dass dort die **Zulassung** von **Bewerbern** grds. von deren **Lebensalter abhängig** gemacht werden darf.[62] Sie kann am mil. Bedarf ausgerichtet werden, d. h. an dem sich aus Art. 87a GG ergebenden Gebot, das Gefüge der SK so zu gestalten, dass sie ihren mil. Aufgaben gewachsen sind.[63] Daraus folgt generell, dass der Dienstherr auf der Grundlage des Bedarfs und unter Berücksichtigung eines **geordneten Altersaufbaus** die Zulassung von Bewerbern beschränken kann.[64] Dieser Aufbau ist z. B. im Hinblick auf die Ausbildungsorganisation der SK erforderlich, um den Personalersatz zeitgerecht steuern und sukzessiv ausbilden zu können. Das gilt auch für Bewerber, die sich um Einstellung in ein Wehrdienstverhältnis bemühen. Bereits in diesem Stadium wird die Grundlage für einen strukturell ausgewogenen Altersaufbau gelegt. Ob eine ausschließliche Beschränkung der Eignungsfeststellung auf einen einzigen Jahrgang je Kalenderjahr zulässig wäre oder ob es in diesem Fall einer der **Erstbewerberregelung**[65] bei der Übernahme von BS vergleichbaren Regelung bedürfte (dies wäre wohl zu bejahen), kann dahinstehen. Die SK eröffnen in ihren Annahmeverfahren Bewerbern aus einem breiten Altersband die Möglichkeit, sich für die Einstellung in ein Wehrdienstverhältnis zu qualifizieren. Damit wird in einem verhältnismäßigen Rahmen auch Lebensälteren die Chance eröffnet, an einem Auswahlverfahren teilzunehmen.

---

61 Dies gilt auch für Soldaten, soweit es um die Förderung innerhalb einer Laufbahn geht, vgl. BVerwGE 86, 169. S. a. BVerwGE 113, 76 = NZWehrr 1997, 160.
62 Die in der Komm. zu § 39 Rn. 15 f. (Übernahme zum BS) dargelegte Begr. gilt sinngem. bereits für die Einstellung von Bewerbern.
63 BVerfG NJW 1970, 1268; BVerwGE 73, 182 (184).
64 BVerwGE 83, 262 = NZWehrr 1987, 253; vgl. auch BVerwG ZBR 1981, 228. BVerwGE 133, 143, verlangt eine ausdrückliche gesetzl. Grundlage.
65 S. die Komm. zu § 39 Rn. 17.

Die allg. und die besonderen **Altersgrenzen der BS** sind Ausdruck der mit zunehmendem 29
Lebensalter sich verringernden (körperlichen und geistigen) Leistungsfähigkeit.[66] Der
Gesetzgeber geht davon aus, dass mit dem Erreichen dieser Altersgrenzen die körperlichen und geistigen Kräfte so weit abfallen, dass eine Ernennung oder förderliche Verwendung unter Leistungsgesichtspunkten nicht mehr zu erwarten ist, und zieht daraus die Konsequenz der Versetzung oder des Eintritts in den Ruhestand. Grds. ist es zulässig, im Rahmen einer förderlichen Verwendungsentscheidung im Vorfeld des wegen der Altersgrenze zu erwartenden Ruhestandes eine ausreichende **Restdienstzeit** zu berücksichtigen. Grund hierfür ist nicht die abnehmende körperliche und geistige Eignung, sondern die Forderung, dass der Soldat den neuen herausgehobenen und deshalb i. d. R. besonders wichtigen Dienstposten nach entspr. Einarbeitung noch angemessene Zeit ausfüllen soll.[67]

Bei sonstigen förderlichen Verwendungen und Ernennungen von Soldaten innerhalb 30
einer Laufbahn spielt das **Lebensalter** grds. nur eine Rolle, wenn eine Funktion ausgeübt werden soll, bei der eine erfahrungsgemäß nur in einem bestimmten Altersband mögliche körperliche Eignung gefordert wird. Zu denken ist z. B. an die Stellung als KpChef oder BtlKdr.[68] In diesen Funktionen muss schon im Friedensbetrieb eine einsatznahe Tätigkeit erbracht werden, die erhebliche physische und psychische Anstrengungen fordert.

Zulässig sind wie im sonstigen öff. Dienst[69] **Höchstaltersgrenzen** für die Übernahme in ein 31
Dienstverhältnis auf Lebenszeit, bei Soldaten als BS.[70] Dies gilt ebenso für die Berücksichtigung des Lebensalters von Soldaten bei förderlichen Ausbildungsmaßnahmen, wenn der Soldat aufgrund der Kosten-Nutzen-Relation keine ausreichende Restdienstzeit mehr hat.[71] Zur **jahrgangsbezogenen Übernahme**[72] **zum BS** u. U. zu Lasten von leistungsstärkeren Bewerbern aus anderen Jahrgängen vgl. die Komm. zu § 39 Rn. 15 f.

Zur Berücksichtigung von **Dienstzeiten** im Rahmen der Bestenauslese s. u. Rn. 78 ff. 32

---

66 Vgl. die Komm. zu § 45 Rn. 6.
67 Vgl. BVerwG *Buchholz* 236.1 § 3 SG Nr. 10; BVerwGE 86, 169 (etwa drei Jahre Restdienstzeit ausreichend); diese Frist dürfte angesichts BVerfGE 117, 372 = ZBR 2007, 204, wo das BVerfG die Einschätzung teilt, auch in den letzten drei Jahren vor Erreichen der gesetzl. Altersgrenze gebe noch ausreichend Möglichkeit, das höhere Amt u. die damit verbundenen Aufgaben effektiv zum Nutzen des Dienstherrn wahrzunehmen, entspr. zu kürzen sein.
68 Zum Grenzalter der Verwendung als BtlKdr BVerwG ZBR 1980, 324.
69 Vgl. für Beamtenbewerber BVerwG *Buchholz* 232 § 15 BBG Nr. 11.
70 BVerwG ZBR 1981, 228 = BWV 1981, 162.
71 BVerwG 1 WB 30.94.
72 Die geburtsjahrgangsweise Übernahme im sog. Anböschungsverfahren (der Bedarf aus einem Geburtsjahrgang wird nicht vollständig in einem Jahr gedeckt, sondern prozentual über mehrere Jahre gestreckt, so dass Soldaten aus einem Jahrgang mehrmals die Chance erhalten, sich zur Übernahme als BS zu bewerben) erscheint rechtl. zulässig, auch wenn die Gefahr nicht auszuschließen ist, dass jemand nur aufgrund der Zugehörigkeit zu einem bestimmten Jahrgang nicht berücksichtigt wird. Eine auf Einzeljahrgänge bezogene Personalplanung u. -bearbeitung muss angesichts des verfassungsrechtl. Grds. der Bestenauslese zwar ihre Notwendigkeit zur Erhaltung der verfassungsrechtl. gebotenen Einsatzfähigkeit der SK (Art. 87a Abs. 1 GG) mit stichhaltigen Argumenten belegen. Ein solches Argument ist aber, dass nur der Jahrgangsbezug sicherstellt, dass die Zahl der wegen Erreichens einer Altersgrenze aus dem Dienstverhältnis ausscheidenden Soldaten sich jährlich jew. in vergleichbaren Größenordnungen bewegt. Dies gewährleistet, dass nicht in einem Jahr durch Ruhestandseintritte ein größerer, personalmäßig nicht ausgleichbarer Aderlass eintritt.

Eichen

33 **b) Im Rahmen des Leistungsgrundsatzes unbeachtliche Kriterien.** Die nach Abs. 1 bei Ernennungen und Verwendungen unbeachtlichen Kriterien entsprechen weitestgehend den in Art. 3 Abs. 3 Satz 1 GG genannten. Deshalb kann zu ihren Begriffsinhalten auf die verfassungsrechtl. Definitionen zurückgegriffen werden. Auch wenn das Merkmal der **Sprache**, das in Art. 3 Abs. 3 Satz 1 GG ausdrücklich genannt wird, in Abs. 1 fehlt, ist nicht zw., dass z. B. ein Ausländer, der nach § 37 Abs. 2 ausnahmsweise in ein Wehrdienstverhältnis berufen worden ist, nicht wegen seiner Muttersprache etwa bei Beförderungen benachteiligt werden darf. Einerseits ist Sprache untrennbar mit der ethnischen Herkunft verknüpft[73], die inzwischen als verpöntes Merkmal Eingang in den Katalog dcs Abs. 1 gefunden hat.[74] Andererseits gilt Art. 3 Abs. 3 Satz 1 GG nach Art. 1 Abs. 3 GG als die vollziehende Gewalt unmittelbar bindendes Recht.[75] Deshalb schützt Art. 3 Abs. 3 Satz 1 GG über das Merkmal der Sprache auch Soldaten, wenn sie z. B. als Gastarbeiterkinder oder Flüchtlinge nur gebrochen deutsch oder in einem Dialekt sprechen.[76] Beherrscht ein deutscher Staatsangehöriger, der sich um Einstellung als Soldat in die SK bewirbt, die **deutsche Sprache** so **mangelhaft**, dass eine Kommunikation mit ihm nicht möglich ist, kann dies als Eignungsmangel nach Art. 33 Abs. 2 GG gelten. Diese Vorschrift geht als Spezialnorm dem Art. 3 Abs. 3 Satz 1 GG, auch bezogen auf das Merkmal der Sprache, vor.[77]

34 Weitere verpönte Merkmale sind:

35 **aa) Geschlecht.** Das in Art. 3 Abs. 3 Satz 1 GG genannte Diskriminierungsverbot wegen des Geschlechts wird unterstützt durch Art. 3 Abs. 2 Satz 1 GG, der die Gleichberechtigung von Männern und Frauen festlegt. Das Benachteiligungsverbot nach Abs. 1 ist unter Berücksichtigung dieser Best. auszulegen. In Bezug auf die **Wehrdienstleistung von Soldatinnen mit der Waffe** hat der EuGH[78] – gegen die nationale höchstrichterliche Rspr.[79] – entschieden, dass europ. Recht der Anwendung nationaler Vorschriften entgegensteht, die **Frauen** wegen ihres Geschlechts allg. in den SK vom Dienst mit der Waffe ausschließen und ihnen nur den Zugang zu den Laufbahnen des SanDienstes und des Militärmusikdienstes gewähren. Nicht zulässig wäre es, Frauen allg. den Zugang zu bestimmten Verwendungen deshalb zu verweigern, weil dabei eine typischerweise von Frauen nicht erreichbare Leistungsfähigkeit als unabdingbare Voraussetzung für die Ausübung der Tätigkeit gefordert werden müsste (z. B. bei Kommandosoldaten, Kampfschwimmern[80]). Maßgeblich ist nicht eine geschlechtsbezogene Differenzierung, sondern die objektiv messbare körperliche Leistungsfähigkeit[81], die – wenn auch möglicherweise nur in seltenen Ausnahmen – von Frauen erbracht werden kann.

---

73 Vgl. *Eichen*, SoldGG, § 1 Rn. 7.
74 S. Rn. 5, 44.
75 Vgl. *Scherer/Alff/Poretschkin*, SG, § 3 Rn. 1.
76 Vgl. allg. *Jarass*, in: Jarass/Pieroth, GG, Art. 3 Rn. 125 m. w. N.
77 So allg. BVerfGE 39, 334 (368 f.) zu den in Art. 33 GG für alle Berufe, die öff. Dienst sind, enthaltenen Sonderregelungen gegenüber Art. 3 Abs. 3 GG.
78 NJW 2000, 497 (*Fall Kreil*) = NZWehrr 2000, 28; dazu *Eichen, Klaus*, Erosion der deutschen Wehrverfassung durch sekundäres Gemeinschaftsrechts?, NZWehrr 2000, 45.
79 BVerwGE 103, 301; BVerwG NZWehrr 1999, 161.
80 Unrichtig *Dollinger/Umbach*, a.a.O. (Fn. 17), Art. 33 Rn. 53.
81 Ohne dass hier bei der Feststellung der körperlichen Leistungsfähigkeit Frauen eine günstigere Behandlung als Männer erfahren, vgl. Rn. 18.

Eine **an das Geschlecht anknüpfende Ungleichbehandlung** entgegen Art. 3 Abs. 2 Satz 1, Abs. 3 Satz 1 GG und entspr. entgegen Abs. 1 ist **nicht ausnahmslos unzulässig**. Das Grundrecht der Gleichbehandlung von Männern und Frauen unterliegt keinem Gesetzesvorbehalt, kann aber aufgrund kollidierenden Verfassungsrechts eingeschränkt werden.[82] Eine gleichrangige Verfassungsbest., die ausdrücklich in Bezug auf die Wehrdienstleistung eine Unterscheidung nach dem Geschlecht zulässt, ist Art. 12a Abs. 1 GG, der die Möglichkeit zur Schaffung einer Wehrpflicht auf Männer beschränkt. Nach der Rspr. des BVerfG sind außerdem unterschiedliche Regelungen für Männer und Frauen mit „objektiven biologischen Unterschieden" zu rechtfertigen, also damit, dass sie Probleme lösen, „die ihrer Natur nach nur entweder bei Männern oder Frauen auftreten".[83] Deshalb verstoßen Best. im Zusammenhang mit der Schwangerschaft, der Geburt oder dem Stillen eines Kindes[84] nicht gegen das Differenzierungsverbot wegen des Geschlechts; sie können im Übrigen direkt aus Art. 6 Abs. 4 GG begründet werden. Schließlich kann das Gebot aus Art. 3 Abs. 2 Satz 2 GG zur Förderung und Durchsetzung der Gleichberechtigung in einem verhältnismäßigen, Art. 3 Abs. 2 Satz 1 GG angemessen berücksichtigenden Rahmen[85] und auf gesetzl. Basis[86] zu Frauen bevorzugenden Regeln berechtigen. **36**

Die letztgenannte Ausnahme findet Anwendung insbes. im Rahmen der **Gleichstellung** von Soldatinnen und Soldaten auf der Grundlage des SGleiG. Nach § 8 Satz 1 und 3 SGleiG sind Frauen, wenn sie in einzelnen Bereichen unterrepräsentiert[87] sind, beim beruflichen Aufstieg bei **gleicher Qualifikation** bevorzugt zu berücksichtigen, es sei denn, dass ausnahmsweise in der Person eines männlichen Mitbewerbers liegende Gründe überwiegen. Diese gesetzl. Regelung ist mit der Rspr. des **EuGH** vereinbar.[88] Dieser hatte dienstrechtl. Vorschriften, nach denen bei gleicher Qualifikation Frauen in Bereichen, in denen sie unterrepräsentiert sind, **automatisch** Vorrang eingeräumt wird, als mit **europ. Gleichbehandlungsrecht unvereinbar** angesehen[89], entspr. Regelungen aber für **zulässig** erklärt, wenn sie wie in § 8 SGleiG durch eine **Härteklausel** abgemildert werden, die notfalls in der Person des männlichen Konkurrenten liegende, überwiegende Interessen als vorrangig anerkennt.[90] Auch **verfassungsrechtl.** ist die den Leistungsgrds. nicht beeinträchtigende, die **Frauenförderung** nur als **Hilfskriterium** anerkennende und zudem in Härtefällen überwiegende Gründe männlicher Mitbewerber berücksichtigende Bevorzugungsregelung des § 8 SGleiG als Ausfluss des Art. 3 Abs. 2 Satz 2 GG zulässig.[91] **37**

---

82 *Jarass*, in: Jarass/Pieroth, GG, Art. 3 Rn. 93 ff. m. w. N.
83 BVerfGE 85, 191 (207).
84 Vgl. die mutterschutzrechtl. Best., die auch für Soldatinnen gelten.
85 S. *Heun*, in: Dreier I, Art. 3 Rn. 112.
86 Vgl. *Jarass*, in: Jarass/Pieroth, GG, Art. 3 Rn. 94.
87 Die hierfür maßgeblichen Quoten legt § 4 Abs. 5 Satz 1 i. V. m. Abs. 2 SGleiG fest. Vgl. zu Einzelheiten *Eichen* UBwV 2005, 6 (9 ff.).
88 *Gubelt*, in: v. Münch/Kunig, GGK I, Art. 3 Rn. 93 f; *Masing*, in: Dreier II, Art. 33 Rn. 22, 52, jew. m. w. N.
89 EuGH NJW 1995, 3109 (Fall *Kalanke*).
90 EuGH NJW 1997, 3429 (Fall *Marschall*).
91 Vgl. *Heun*, in: Dreier I, Art. 3 Rn. 112 m. w. N.

38 bb) Sexuelle Identität. Im Vordergrund der sexuellen Identität steht die Beziehung zu anderen Personen im sexuellen Bereich, die Präferenz für den jeweiligen Sexualpartner. Erfasst werden homosexuelle und **bisexuelle Männer und Frauen, transsexuelle** und **zwischengeschlechtliche Menschen** (Zwitter).[92]
Durch die Einführung der sexuellen Identität in den Abs. 1 (im Jahr 2006, s. o. Rn. 5) als zusätzliches Merkmal, das bei Ernennungen und Verwendungen von Soldaten ausdrücklich nicht berücksichtigt werden darf, hat der Gesetzgeber einen Schlussstrich unter eine gegenteilige, bis vor wenigen Jahren noch höchstrichterlich[93] gebilligte Praxis gezogen, wonach es „rechtlich auch weiterhin nicht zu beanstanden" sein sollte, dass „gleichgeschlechtlich veranlagte Soldaten nicht als Ausbilder in der Truppe verwendet werden" und regelmäßig nicht zum BS ernannt wurden.[94]

39 cc) Abstammung. Unter dem Begriff der Abstammung ist „vornehmlich die natürliche **biologische Beziehung** eines Menschen **zu seinen Vorfahren**" gemeint.[95] Als verpöntes Kriterium erfasst es ein Anknüpfen an **Eigenschaften** der **Eltern** (z. B. die Religionszugehörigkeit oder Kriminalität); es richtet sich gegen Sippentum und **Vetternwirtschaft**.[96] Deshalb darf für die Übernahme in ein Wehrdienstverhältnis die Förderung als Soldat weder die Zugehörigkeit zum Adel noch zu einer einflussreichen Familie maßgebend sein; ebenso wenig dürfen förderliche Maßnahmen daran scheitern, dass die Eltern eines Soldaten keinen guten Ruf besitzen.[97]

40 dd) Rasse. Der Begriff der Rasse bezieht sich auf **Personengruppen** mit **bestimmten, wirklich oder vermeintlich biologisch vererbbaren Merkmalen**. Rasse ist nicht im wissenschaftlichen Sinne gemeint, sondern bestimmt sich nach dem allg. Sprachgebrauch, wie er insbes. im Nationalsozialismus angewendet worden ist.[98] Auch Differenzierungen aufgrund pseudowissenschaftlicher Rassenbegriffe sollen verhindert werden. Deshalb sind Diskriminierungen von Farbigen, Mischlingen, Juden, Sinti und Roma und anderen Gruppen verboten.[99]

41 ee) Glauben, Weltanschauung und religiöse Anschauungen. Der Glaube kann sich auf der Grundlage einer Religion oder einer Weltanschauung entfalten.[100] Diese Begriffe überschneiden sich und sind nicht trennscharf voneinander abzugrenzen.[101] Unter **Religion** (religiösen Anschauungen) oder **Weltanschauung** ist[102] eine mit der Person des Menschen verbundene Gewissheit über bestimmte Aussagen zum Weltganzen sowie zur Herkunft und zum Ziel des menschlichen Lebens zu verstehen. Dabei legt die Religion eine den Menschen überschreitende und umgreifende („transzendente") Wirklichkeit zugrunde, während sich die Weltanschauung auf innerweltli-

---

92 Vgl. *Eichen*, SoldGG, § 1 Rn. 15 m.w.N.; BT-Drs. 16/1780, 31 zum SoldGG.
93 BVerwG NZWehr 1998, 164.
94 Vgl. die Komm. zu § 37 Rn. 35.
95 BVerfGE 9, 124 (128).
96 Vgl. *Jarass*, in: Jarass/Pieroth, GG, Art. 3 Rn. 121 m.w. N.
97 Vgl. bei Beamten GKÖD I K, § 8 Rn. 81.
98 *Heun*, in: Dreier I, Art. 3 Rn. 128.
99 *Jarass*, in: Jarass/Pieroth, GG, Art. 3 Rn. 121. Nach *Jarass* ist Rasse ein Unterfall der Abstammung. Vgl. auch GKÖD I Yk, § 3 Rn. 14a.
100 *Jarass*, in: Jarass/Pieroth, GG, Art. 4 Rn. 7.
101 *Heun*, in: Dreier I, Art. 3 Rn. 132.
102 Zum Folgenden vgl. *Eichen*, SoldGG, § 1 Rn. 10 ff. m.w. N.

che ("immanente") Bezüge beschränkt.[103] Es muss nicht näher unterschieden werden, ob eine Lehre als Religion oder Weltanschauung einzustufen ist, weil die Weltanschauung religiösen Anschauungen in Abs. 1 – wie in Art. 4 Abs. 1 GG – rechtl. gleichgestellt ist. Beide bestimmen die Ziele des Menschen, sprechen ihn im Kern seiner Persönlichkeit an und erklären auf eine umfassende Weise den Sinn der Welt und des menschlichen Lebens.[104] Nicht unter die Weltanschauung einzuordnen sind polit. Anschauungen, Überzeugungen oder Einstellungen, wie die ausdrückliche Nennung der polit. Anschauungen in Abs. 1 zeigt.

Der weltanschaulich-religiösen Einstellung muss **kein ethischer Mindeststandard** bestimmter weltanschaulicher Prinzipien zu Grunde liegen, etwa nach den Maximen, die sich bei heutigen Kulturvölkern auf dem Boden gewisser übereinstimmender sittlicher Grundanschauungen im Laufe der geschichtlichen Entwicklung herausgebildet haben.[105] Unzulässig sind Religionen oder Weltanschauungen, die mit der FdGO kollidieren (die z. B. nationalsozialistisches Gedankengut pflegen).

Die Glaubensfreiheit ist nicht nur Mitgliedern anerkannter Kirchen und Religionsgemeinschaften (wie der **Weltreligionen**, z. B. Christentum, Islam, Hinduismus, Judentum einschließlich der jew. Unterformen) gewährleistet. Sie steht auch Angehörigen anderer religiöser Vereinigungen zu. Auf deren **zahlenmäßige Stärke** oder **soziale Relevanz** kommt es grds. nicht an. Für eine Religion oder Weltanschauung ist aber eine – wenn auch überschaubare – Gemeinschaft gleichgesinnter Mitglieder zu fordern. Individuelle, persönliche Überzeugungen Einzelner reichen nicht aus.

Die Einbeziehung von Glauben und religiöser Anschauung als unerlaubte Kriterien im Zusammenhang mit dem Zugang zu und der Förderung in öff. Ämtern in Art. 3 Abs. 3 Satz 1 GG und in Abs. 1 ist Zeichen der **staatlichen Neutralität in religiösen Fragen**, die beim Zugang zu öff. Ämtern erneut in Art. 33 Abs. 3 Satz 1 GG zum Ausdruck kommt. Allerdings wird im Hinblick auf den in § 36 verbrieften **Anspruch auf Seelsorge** die **Frage** nach der **Konfessionszugehörigkeit** der Soldaten zulässig sein; der Soldat kann, gestützt auf die negative Glaubensfreiheit des Art. 4 Abs. 1 GG[106], zu der Frage schweigen.[107]

ff) Politische Anschauungen. Das Verbot der Nichtberücksichtigung polit. Anschauungen beruht auf mehreren Aspekten.

42

Einerseits soll das **Leistungsprinzip** entscheidendes Gewicht beim Zugang zu öff. Ämtern und bei förderlichen Maßnahmen im Dienstverhältnis haben, nicht eine Seilschaft zu Fraktionen im BT, einzelnen Abg., Parteien oder parteinahen Organisationen. Dies zielt gegen eine mit dem Schlagwort **Ämterpatronage**[108] verbundene Personalpolitik im öff. Dienst, die nicht Eignung, Befähigung und Leistung, sondern die systematische Bevorzugung „eigener Leute" sowie die Benachteiligung polit. anders denkender Personen in den Vordergrund stellt und die – wie bei jedem Regierungswechsel unschwer erkennbar – auch im mil. Bereich weit verbreitet ist. Das mag in eini-

---

103 BVerfGE 32, 98 (108) = NJW 1972, 327; BVerwGE 90, 112 (115) = NJW 1992, 2496.
104 Vgl. BVerfGE 105, 279 (294) = NJW 2002, 2626.
105 BVerfGE 41, 29 (50) = NJW 1976, 947.
106 So bereits *Rittau*, SG, 74.
107 *Jarass*, in Jarass/Pieroth, GG, Art. 4 Rn. 11.
108 Vgl. für den Beamtenbereich *Battis*, BBG, § 9 Rn. 4; GKÖD I K, § 8 Rn. 84 ff., jew. m. w. N.

gen wenigen mil. Spitzenpositionen – etwa beim GenInspBw als dem mil. Berater der BReg – oder bei Soldaten in Schaltzentren der Regierungsarbeit – z. B. im Bundeskanzleramt – tragbar sein. Ansonsten ist diese Praxis rechts- und verfassungswidrig. Aus § 50, wonach Berufsoffz auf der Generalsebene jederzeit wie polit. Beamte in den einstweiligen Ruhestand versetzt werden können, kann nicht gefolgt werden, es sei legitim, die Auswahl der Angehörigen dieser Dienstgradgruppe nicht am Leistungsprinzip, sondern an polit. Zweckmäßigkeitserwägungen zu messen.[109] Es wäre aus Gründen der Einsatzbereitschaft der SK nicht verständlich, wollte man die gesamte mil. Führungsspitze zur Disposition wechselnder Regierungsmehrheiten stellen.[110]

Andererseits soll der Ausschluss polit. Anschauungen gewährleisten, dass Soldaten ihre Funktionen **parteipolit. neutral** ausüben. Wer durch polit. Protektion in eine hohe mil. Verwendung gelangt, wird zumindest in der Gefahr sein, nicht zu Gunsten des Dienstherrn, sondern der ihn fördernden Personen und Organisationen zu agieren und wesentliche soldatische Pflichten (z. B. zur Verschwiegenheit) zu verletzen.

Bei leistungsgleichen Bewerbern um eine förderliche Verwendung dürfen polit. Anschauungen als verpöntes Merkmal auch keine Rolle als Stichauswahlkriterium spielen.[111]

Ausnahmsweise können polit. Anschauungen (vor allem bei Bewerbern, die verfassungsfeindliche Tendenzen vertreten) als **zulässiges Indiz für** eine **fehlende Gewähr der Verfassungstreue** und damit als Indikator für einen persönlichen Eignungsmangel gewertet werden.[112] Vgl. zur Gewähr künftiger Verfassungstreue als Eignungskriterium die Komm. zu § 37 Rn. 19 ff.

43 **gg) Heimat.** Der Begriff „Heimat" gründet sich auf die „örtliche Herkunft eines Menschen nach Geburt oder Ansässigkeit im Sinne der emotionalen Beziehung zu einem geographisch begrenzten, einzelnen mitprägenden Raum (Ort, Landschaft)"[113]; maßgebend ist die identitätsstiftende Bedeutung der Umgebung während der Kindheit und Jugend.[114] Nach der Rspr. des BVerfG fällt Heimat nicht mit dem Wohnsitz oder gewöhnlichen Aufenthaltsort zusammen[115]; Differenzierungen nach diesen Merkmalen sind deshalb zulässig. Das Kriterium „Heimat" schützt vor allem Flüchtlinge, Vertriebene und Umsiedler gegen Diskriminierungen.[116]

44 **hh) Ethnische oder sonstige Herkunft.** Über den Begriff „Heimat" hinaus bezieht sich das Merkmal „Herkunft" auf die ständisch-soziale Abstammung und Verwurzelung. Das Merkmal soll die Bevorzugung oder Benachteiligung einer Person wegen

---

109 So jetzt ausdrücklich BVerwGE 128, 329 Ls 3 = DokBer B 2007, 231 Ls 3. Hierzu *Franz*, DÖV 2009, 1141.
110 Die in Teilen unterschiedliche Handhabung der Versetzung in den einstweiligen Ruhestand zeigt sich darin, dass § 50 den Kreis der Betroffenen nicht wie im Beamtenbereich von der Dienststellung, sondern vom Dienstgrad her beschreibt u. dass Generale/Admirale auch aus strukturellen Gründen in den einstweiligen Ruhestand versetzt werden können, vgl. die Komm. zu § 50 Rn. 3, 21.
111 Vgl. GKÖD I K, § 8 Rn. 85.
112 Ebd., Rn. 87.
113 BVerfGE 102, 41 (53); s.a. BVerfGE 5, 17 (22).
114 *Jarass*, in: Jarass/Pieroth, GG, Art. 3 Rn. 123 m. w. N.
115 BVerfGE 92, 26 (50 m. w. N.); BVerfGE 102, 41 (53 f.).
116 *Gubelt*, in: v. Münch/Kunig, GGK I, Art. 3 Rn. 99.

ihrer Zugehörigkeit zu einer sozialen Klasse oder Schicht (z. B. Arbeiterklasse, Adel) verbieten.[117] „Herkunft" ist deshalb als soziale Herkunft zu verstehen und bezieht sich vor allem auf die soziale Stellung der Eltern, in die jemand hineingeboren wird; nicht erfasst werden soll die gegenwärtige soziale Lebenssituation.[118] Die Begriffe „Heimat" und „Herkunft" überschneiden und ergänzen einander nach dem üblichen Sprachgebrauch wechselseitig. Ethnische Herkunft als Unterfall der Herkunft bedeutet Zugehörigkeit zu einer sprachlich[119] und kulturell einheitlichen Volksgruppe. Eine solche Kultur- und Lebensgemeinschaft äußert sich insbes. in gemeinsamer Geschichte, einheitlichen kulturellen Überlieferungen und sozialen Sitten und Gebräuchen. Maßgeblich für Benachteiligungen wegen der ethnischen Herkunft ist, dass die sie prägenden Merkmale wegen ihrer Andersartigkeit zu Vorurteilen führen. Eigene Ethnien sind z. B. Juden, Sinti und Roma sowie nationale ethnische Gruppen wie die Sorben. Die ethnische Herkunft ist ihrerseits eng mit dem ihr untergeordneten Merkmal Rasse verbunden. Während die Rasse insbes. am äußerlich erkennbaren Erscheinungsbild festgemacht wird, ergänzt die ethnische Herkunft das Fremdenbild durch weitere, auch nicht sofort wahrnehmbare, ein Fremdsein begründende Merkmale.[120]

45 Nicht in Art. 33 Abs. 2 GG, sondern in Art. 3 Abs. 3 Satz 2 GG findet sich ein verfassungsrechtl. Verbot der Benachteiligung wegen einer **Behinderung**. Gleichwohl können sich **Bewerber** um Einstellung in ein Wehrdienstverhältnis nicht auf diese Vorschrift berufen. Wegen des ebenfalls mit Verfassungsrang ausgestatteten Gebots (Art. 87a Abs. 1 GG) für den Bund, auf einen V-Fall ausgerichtete, einsatzfähige SK aufzustellen, ist die Bw nicht verpflichtet, schwerbehinderte Bewerber für die Einstellung als Soldat zu berücksichtigen. Entspr. sieht europarechtl. z. B. Art. 3 Abs. 4 der RL 2000/78/EG[121] für die Mitgliedstaaten die Möglichkeit vor, „diese Richtlinie hinsichtlich von Diskriminierungen wegen einer Behinderung ... nicht für die Streitkräfte" umzusetzen. Hiervon hat der Gesetzgeber Gebrauch gemacht und das Merkmal der Behinderung weder in den Abs. 1 noch in den § 1 Abs. 1 SoldGG einbezogen, sondern Schutz vor Benachteiligung wegen einer Behinderung nur schwerbehinderten Soldaten nach § 1 Abs. 2 Satz 2 SoldGG i. V. m. § 19 SoldGG[122] gewährleistet. Dies geschah wegen des überragenden Erfordernisses der Einsatzbereitschaft und Schlagkraft der SK.[123]

46 In den SK werden mehrere Hundert i. S. d. § 2 Abs. 2 und 3 SGB IX schwerbehinderte Soldaten verwendet. Zu diesem Personenkreis können die Soldaten gehören, zu deren Gunsten § 3 Abs. 2 geschaffen worden ist, die ihre körperliche Beeinträchtigung vor allem im Auslandseinsatz erlitten haben. Schwerbehinderte Soldaten können sich neben dem Schutz durch § 18 SoldGG auch – bei Vorliegen der notwendigen tatbestandlichen Voraussetzungen – auf das EinsatzWVG berufen.[124]

---

117 BVerfGE 5, 17 (22). Vgl. *Jarass*, in: Jarass/Pieroth, GG, Art. 3 Rn. 124; GKÖD I K, § 8 Rn. 88.
118 BVerfGE 9, 124 (128 f.).
119 S. zum Merkmal Sprache o. Rn. 33.
120 Vgl. *Eichen*, SoldGG, § 1 Rn. 6.
121 RL 2000/78/EG des Rates v. 27.11.2000 zur Festlegung eines allg. Rahmens für die Verwirklichung der Gleichbehandlung in Beschäftigung u. Beruf.
122 Zu Einzelheiten *Eichen*, SoldGG, § 18 Rn. 1 ff.
123 BT-Drs. 16/1780, 27.
124 S. u. Rn. 94 ff.

47 **c) Dienstl. Beurteilungen**[125]. Die bei Ernennungen und Verwendungen nach Abs. 1 nicht zu berücksichtigenden Kriterien geben i. d. R. klar umrissene Sachverhalte wieder, die relativ leicht zu ermitteln sind. Hingegen sind die Merkmale Eignung, Befähigung und Leistung **unbestimmte Rechtsbegriffe**, deren Erfassen nur im Wege einer Auslegung möglich ist. Diese Begriffe (die Eignung im weiteren Sinne) sind verfassungsrechtl. durch Art. 33 Abs. 2 GG vorgegeben. Ihre Inhalte sind teilweise objektiv (z. B. gesetzl. in § 27 und in der SLV zur Festlegung der Laufbahnbefähigung) vorgegeben. Darüber hinaus liegt es in der Organisationsgewalt des Dienstherrn, die Verwendungsmöglichkeiten der Soldaten allg. und abstrakt in Aufgabenkatalogen festzusetzen[126] und die hierzu geforderten Eignungskriterien (Verwendungsprofile) zu bestimmen. Maßgebend sind mil. Zweckmäßigkeitserwägungen des Dienstherrn, die oft in Dienstvorschriften und Erl. zum Ausdruck kommen und allg. die fachl. und persönlichen Anforderungen vorgeben, die generell für die Wahrnehmung mil. Tätigkeiten oder Verwendungen vorausgesetzt werden sollen. Die Zweckmäßigkeit der Festlegung solcher Verwendungsprofile ist gerichtl. nicht überprüfbar.[127] Eine gerichtl. Kontrolle ist nur nach den bei Beurteilungsspielräumen sonst zulässigen Maßstäben[128] rechtl. möglich.

48 Bei Bewerbern um Einstellung in ein Wehrdienstverhältnis werden zur Feststellung der Eignung im weiteren Sinne nach Art. 33 Abs. 2 GG die z. B. aus Zeugnissen ableitbare Befähigung und körperliche und geistige Eigenschaften i. d. R. für die Auswahl vorrangig zu berücksichtigen sein. Auf fachl. Leistungen und auf Bewertungen zu charakterlichen Eigenschaften wird mangels dienstl. Vorverwendungen noch nicht zurückgegriffen werden können. Bei Bewerbern um eine Ernennung oder Verwendung in einem Wehrdienstverhältnis spielt zur Eignungsfeststellung die umfassende **dienstl. Beurteilung** der Soldaten die entscheidende Rolle. Sie ist die wesentliche, am Leistungsgrds. ausgerichtete Basis für Personalentscheidungen der Soldaten.

49 Ihre ausdrückliche materiellgesetzl. Grundlage findet die dienstl. Beurteilung in **§ 2 SLV**.[129] Der Ermächtigung nach § 2 Abs. 2 Satz 1 SLV hat das BMVg durch den Erl. der ZDv 20/6[130] entsprochen. Die Arten der Beurteilungen (insbes. planmäßige Beurteilungen, Sonder- und Laufbahnbeurteilungen), die Grds. und das Verfahren zum Erstellen von Beurteilungen werden in dieser Dienstvorschrift nach Maßgabe der ein-

---

125 Eingehend zu Beurteilungen für Beamte u. Richter, jedoch auch auf Soldaten übertragbar, *Schnellenbach*, Beurteilung.
126 S. u. Rn. 58 f.
127 Vgl. z. B. Rn. 17 zur körperlichen Eignung.
128 Allg. hierzu *Kopp/Ramsauer*, VwVfG, § 40 Rn. 71 ff.
129 Vgl. hierzu die Komm. von *Dolpp/Weniger*, SLV, § 2. Nach BVerwG – 1 WB 48.07 – (Ls in: ZBR 2010, 66) ermächtigt § 2 Abs. 2 Satz 1 SLV das BMVg nur zum Erlass von Beurteilungsbest., die sich am **herkömmlichen** Bild dienstl. Beurteilungen orientieren. Die Einführung eines – grds. zulässigen – bindenden Richtwertesystems, das grundlegend von der herkömmlichen Konzeption dienstl. Beurteilungen abweiche, bedürfe nach dem Grds. des Vorbehalts des G einer zumindest verordnungsrechtl. Grundlage, aus der sich die wesentlichen Elemente des neuen Systems ergäben. Die BReg hat mit der 2. VO zur Änd. der SLV v. 23.9.2009 (BGBl. I S. 3128) in § 2 SLV eine entspr. Ermächtigung geschaffen, verbindliche Richtwerte festlegen zu können.
130 S. o. Rn. 8. Die ZDv 20/6 ist abgedruckt bei *Schnell, Karl Helmut* (Hrsg.), Deutscher Bundeswehr-Kalender, Loseblattausgabe, Grundwerk, C 07a.

schlägigen Rspr. ausführlich dargelegt. Es ist deshalb nicht notwendig, diese Ausführungen zu wiederholen. Zur Möglichkeit der **Beschwerde gegen dienstl. Beurteilungen** wird auf die Komm. von *Dau*[131] verwiesen.

Der Vorgang des Beurteilens besteht sachlich darin, dass der Beurteiler seine Erfahrungen und Bemühungen mit Bezug auf den Beurteilten zu einem wertenden Ergebnis zusammenfasst.[132] Beurteilungen sollen ein aussagefähiges, möglichst objektives Bild der **Persönlichkeit** und der dienstlichen **Eignung, Befähigung** und **Leistung** des Soldaten abgeben und Möglichkeiten für seine **Entwicklung** und **Ausbildung** aufzeigen. Sie sind für die Personalführung nur auswertbar, wenn die Aussagen und Wertungen für alle Soldaten konkret und genügend differenziert sind. Die Auswirkungen von Beurteilungen auf den Werdegang der einzelnen Soldaten stellen die beurteilenden Vorg. (Beurteilungen fertigt grds. der zum Vorlagetermin zuständige Vorg. an; dies ist i. d. R. der **nächste DiszVorg.**) in eine besondere Verantwortung. Beurteilen ist eine **Führungsaufgabe**. Von den beurteilenden Vorg. wird erwartet, dass sie Eignung, Befähigung und Leistung ihrer Soldaten richtig erkennen und sachgerecht, **auch im Eignungs- und Leistungsvergleich**, bewerten.[133]

50

Wegen der überragenden Bedeutung der dienstl. Beurteilung als der wesentlichen Grundlage für Auswahlverfahren zu Ernennungen und Verwendungen und damit für das berufliche Fortkommen der Soldaten ist verständlich, dass Soldaten oftmals die **Wehrdienstgerichte**[134] anrufen, um sich gegen ihre Beurteilung zu wehren. Dabei ist zu berücksichtigen, dass Beurteilungen naturgemäß sowohl in der Gewichtung der Einzelmerkmale als auch in ihrer Zusammenfassung **subjektive Wertungen** des Leistungsvermögens und Persönlichkeitsbildes des Soldaten darstellen. **Insoweit** sind sie grds. der **gerichtl. Nachprüfung entzogen**, obwohl bei den Beurteilenden die Anwendung unterschiedlicher Maßstäbe nicht völlig ausgeschlossen werden kann.[135] Zu dienstl. Beurteilungen findet nur eine **eingeschränkte gerichtl. Prüfung** statt. Die Rechtmäßigkeitskontrolle hat sich darauf zu beschränken, ob der beurteilende Vorg. die anzuwendenden Begriffe oder den gesetzl. Rahmen der Beurteilung, in dem er sich frei bewegen kann, verkannt hat, von einem unrichtigen Sachverhalt ausgegangen ist, allg. gültige Wertmaßstäbe nicht beachtet, sachfremde Erwägungen angestellt oder gegen

51

---

131 WBO, § 1 Rn. 143 ff.
132 BDH NZWehrr 1967, 24.
133 ZDv 20/6 Rn. 101 bis 103, 301.
134 Kritisch zum Rechtsweg bei Beschwerden gegen Beurteilungen zu den Wehrdienstgerichten GKÖD I Yk, § 3 Rn. 56 unter Hinw. auf die im Kern statusrechtl. Bedeutung der Beurteilung. Die Zuständigkeit der VG wird nur in einem Sonderfall anerkannt: gem. § 50 Abs. 1 Nr. 4 VwGO ist ein Revisionssenat des BVerwG bei Klagen gegen Beurteilungen von Soldaten, die beim BND eingesetzt sind, zuständig, vgl. BVerwGE 107, 360 = ZBR 1999, 169. Vgl. auch BVerwG DÖV 2004, 880; BVerwGE 83, 113 Ls 3: Die Frage, ob die Voraussetzungen für die Aufhebung einer Beurteilung im Dienstaufsichtsweg gegeben sind, unterliegt in vollem Umfang der Nachprüfung durch die Wehrdienstgerichte. Das BVerwG (NVwZ-RR 2009, 541) lässt nunmehr in einem weiteren Fall den Rechtsweg zu den allg. VG zu: Begehrt ein Soldat gerichtl. Rechtsschutz gegen eine dienstl. Beurteilung o. eine hierzu abgegebene Stellungnahme eines höheren Vorg., ist der Rechtsweg nicht zu den Wehrdienstgerichten, sondern zu den allg. VG eröffnet, wenn die Beurteilung o. Stellungnahme nicht von einem mil., sondern von einem ziv. Vorg. erstellt bzw. abgegeben worden ist.
135 BVerwG NZWehrr 1989, 200.

Verfahrensvorschriften verstoßen hat. Mit der ZDv 20/6 hat das BMVg RL für die Abgabe dienstl. Beurteilungen der Soldaten erlassen, an denen sich die Beurteilungspraxis im Hinblick auf das Gleichbehandlungsgebot (Art. 3 Abs. 1 GG) ständig zu orientieren hat. Daher kann das Gericht prüfen, ob diese RL eingehalten worden sind und ob die Beurteilung mit den gesetzl. Best. über dienstl. Beurteilungen[136], speziell § 2 SLV, und sonstigen Rechtsvorschriften in Einklang steht.[137] Gleichwohl haben die Gerichte zu zahlreichen, durch dienstl. Beurteilungen aufgeworfenen Rechtsfragen Stellung genommen. Die nachfolgend angeführten Problempunkte (ggf. unter Bezugnahme auf einschlägige Rspr.[138]) bedürfen einer Erwähnung:

– Die dienstl. Beurteilung eines Soldaten ist vorrangige Grundlage für am Leistungsprinzip[139] orientierte Entscheidungen über dessen Verwendung und dienstl. Fortkommen, weil und soweit sie maßgebliche und zuverlässige Aussagen zu seiner Eignung, Befähigung und Leistung enthält.[140] Daraus folgt, dass eine Beurteilungspraxis, die diesen Anforderungen nicht gerecht wird und ohne sachlichen Grund nicht hinreichend zwischen den zu Beurteilenden differenziert, den von Art. 33 Abs. 2 GG geschützten **Anspruch** des im Auswahlverfahren unterlegenen Bewerbers **auf beurteilungs- und ermessensfehlerfreie Entscheidung** über seine Bewerbung verletzt. Ist eine **große Zahl von Bewerbern** um eine Beförderungsstelle **ausnahmslos mit der Spitzennote beurteilt**, deutet dies auf eine mit Art. 33 Abs. 2 GG nicht vereinbare Beurteilungspraxis hin. In einem solchen Fall fehlt es insgesamt an einer tragfähigen, dem Gebot der Bestenauslese entspr. Grundlage für die Auswahlentscheidung.[141] Ein Ausweichen auf sonstige, nicht leistungsbezogene Hilfskriterien (Dienst- oder Lebensalter, soziale Erwägungen, Fraueneigenschaft im Rahmen des SGleiG) kann diesen Rechtsmangel nicht heilen.

– Um bei Beurteilungen **unverhältnismäßig große Vergleichsgruppen** zu **vermeiden**, liegt es im organisatorischen Gestaltungsspielraum des Dienstherrn, soweit sachlich vertretbar kleinere Gruppen von Soldaten einer vergleichenden Bewertung zu unterziehen und entspr. in einzelne Eignungsranglisten aufzunehmen. Eine auf die jew. **TSK** bezogene Unterteilung ist grds. zulässig. Um **homogene** Vergleichsgruppen zu

---

136 Zur Verletzung des Grds. des Vorbehalts des G s. BVerwG – 1 WB 48.07 (Ls in: ZBR 2010, 66).
137 Vgl. BVerwG DÖV 2004, 880 m. w. N.
138 Auch beamtenrechtl. Gerichtsentsch., deren Grds. auch auf Soldaten anwendbar sind.
139 Bestenauslese, vgl. o. Rn. 11; *Schnellenbach*, Beurteilung, Rn. 79.
140 Vgl. entspr. BVerwGE 111, 318 (320).
141 BVerfG ZBR 2004, 45 mit Anm. von *Otte*, ebd. S. 46. Bereits das OVG Bremen (ZBR 1993, 189 f.) stellt fest, dass eine Bewertung mit einer Gesamtnote, die nach Bruchteilen von Hundertsteln differenziert, zu einer zu feinen, in der Wirklichkeit kaum feststellbaren Unterscheidung zwischen Bewerbern führe. Eine solche Bewertungsmethode vermittele bei einer großen Bewerberzahl (im Streitfall 170 Bewerber) kein zutreffendes Leistungsbild, weil sie Leistungsunterschiede suggeriere, die tatsächlich nicht erkennbar seien o. nicht ins Gewicht fielen. Eine hieraus abgeleitete Rangfolge erscheine in der Feinheit ihrer Abstufungen zufällig, unverständlich u. nicht sachgerecht. Eine Unterscheidung in Noten erscheine nur so weit plausibel, als sie sprachlich zum Ausdruck gebracht werden könne. Das BVerwG (ZBR 2003, 420 = IÖD 2003, 170) führt aus, dass ein Beurteilungssystem, das an Stelle verbaler Binnendifferenzierungen den Gesamtnoten einen Bereich jew. mehrerer Punktwerte zuordne, hierdurch nach der maßgeblichen Einschätzung des Dienstherrn **messbare** u. **beachtliche** Bewertungsunterschiede zum Ausdruck bringen sollte.

erreichen, ist es sinnvoll, nach **Funktionsebenen** zu differenzieren, also danach, dass diese Soldaten auf Dienstposten mit im Wesentlichen identischen und deshalb vergleichbaren Leistungsanforderungen verwendet werden[142], oder nach **Tätigkeitsbereichen** (Ausbildungs- und Verwendungsreihen – AVR) zu unterscheiden. Letzteres ist sachgerecht, weil es z. B. wegen unterschiedlicher Ausbildungsgänge systembedingt zu einer ebenfalls unterschiedlich frühen oder späten Entfaltung von Fachwissen und -können sowie praktischer Bewährung in der Verwendung kommen wird. Die separate Bewertung z. B. technischer und nichttechnischer Verwendungen ist vor dem Hintergrund des Leistungsprinzips sogar vorrangig angebracht, weil die Beurteilung der Qualifikation im Rahmen der Bestenauslese nur vergleichbare Leistungen einbeziehen darf.[143]
– Grundlage für Beurteilungen sind nur dienstl. Verwendungen. Eindrücke aufgrund **außerdienstl. Geschehnisse**, die nicht mit der Verwendung des Soldaten zusammenhängen, dürfen **nicht berücksichtigt** werden. Dies gilt etwa für familiäre, häusliche oder sonstige außerdienstl. Belastungen, z. B. die Wahrnehmung eines öff. Ehrenamtes. Derartige zwangsläufig nur punktuelle Erkenntnisse über außerdienstl. Verhalten sind nicht geeignet und i. d. R. nicht hinreichend belastbar, um Rückschlüsse auf die dienstl. Verwendung ziehen zu können. Sie entziehen sich zudem einer einheitlichen Maßstabsfindung.[144]
– Wie im Beamtenbereich[145] sind auch für planmäßige Beurteilungen der Soldaten **Richtwerte**[146] des Dienstherrn rechtl. zulässig, nach denen für das anteilige Verhältnis der Gesamtnoten oder Leistungsgruppen in den Spitzenbereichen der dienstl. Beurteilung Quoten bindend vorgegeben werden.[147] Eine solche an Erfahrenswerten[148] ausgerichtete Quotenvorgabe ist geeignet, der inflationären Vergabe von Spitzennoten zu begegnen. Hinreichende Wirksamkeit wird nur eintreten, wenn die Quoten nicht nur zwei Spitzennoten oder -bereiche, sondern auch weitere darunter liegende Bewertungen erfassen. Unbedingt notwendig ist, dass den Beurteilenden übergeordnete Vorg. im Rahmen der Dienstaufsicht gegen jede Missachtung der Richtwertvorgaben einschreiten und notfalls Beurteilungen aufheben, um dem

---

142 Vgl. BVerwG 1 WB 48.07 (Ls in: ZBR 2010, 66), juris Rn. 61.
143 Aus der bei Auswahlverfahren sachlich gebotenen Unterscheidung zwischen verschiedenartigen, kaum vergleichbaren Tätigkeitsbereichen darf nicht im Gegenschluss gefolgert werden, dass die Zugehörigkeit zu einer bestimmten Verwendungs- o. Tätigkeitsgruppe automatisch zu einem Vorrang bei förderlichen Maßnahmen gegenüber Soldaten anderer Tätigkeitsbereiche führt. Dies gilt insbes. für Soldaten mit einer Ausbildung für die **Verwendung im Generalstabs-/Admiralstabsdienst**. Diese Ausbildung bezieht sich auf **eine** Verwendung u. begründet nicht per se einen Vorzug bei jeder Verwendungsentscheidung.
144 Vgl. *Schnellenbach*, Beurteilung, Rn. 299, 349.
145 Vgl. *Schnellenbach*, DöD 1999, 1; *ders.*, Beurteilung, Rn. 403 ff.; BVerwG IÖD 2009, 209 = ZBR 2009, 196, juris Rn. 11 m.w.N.; s.a. § 50 Abs. 2 BLV.
146 Vgl. *Dolpp/Weniger*, SLV, § 2 Rn. 213 m.w.N.; BVerwG ZBR 2002, 133. Vgl. jetzt BVerwG 1 WB 48.07 (Ls in: ZBR 2010, 66).
147 Beispiel: Höchstens 5 Prozent der zu Beurteilenden dürfen die Spitzennote, höchstens weitere 20 Prozent dürfen die zweitbeste Note erhalten. Entsprechendes kann für die Zugehörigkeit zur ersten Spitzengruppe, zweiten Spitzengruppe usw. gelten.
148 Vgl. *Schnellenbach*, DöD 1999, 1 (2 m. w. N.) mit dem zutr. Hinw., dass Durchschnittswerte am häufigsten, über- u. unterdurchschnittliche Werte weniger zahlreich u. die extremen Plus- u. Minusvarianten nur selten anzutreffen sind.

Gleichbehandlungsgrds. (Art. 3 Abs. 1 GG) zu genügen.[149] Richtwerte sind nach der Rspr.[150] nur zulässig, wenn sie sich auf einen hinreichend großen Exekutivbereich beziehen, auf eine im Großen und Ganzen vergleichbare (homogene) Aufgaben- und Personalstruktur (bei Soldaten kann das Tätigkeits-/Verwendungsgebiet bzw. die Funktionsebene maßgebend sein) anwendbar sind und wenn geringfügige Über- und Unterschreitungen der Prozentsätze möglich bleiben.
- Die planmäßige Beurteilung eines Soldaten erstreckt und beschränkt sich auf den **Beurteilungszeitraum**. Dieser sollte nicht zu lang bemessen sein, um **aktuelle** Leistungsvergleiche zu ermöglichen. Die Ausdehnung der Beurteilung auf eine nach dem Beurteilungsstichtag eingetretene neue Sachlage ist ausgeschlossen.[151] Der Gleichheitssatz und die dem Vorg. obliegende Fürsorgepflicht gebieten, dass ein Soldat grds. **zu den festgelegten Terminen beurteilt** wird. Es ist rechtl. nicht zu beanstanden, wenn das BMVg in besonders begründeten Fällen hiervon Ausnahmen zulässt.[152] Die Einleitung eines gerichtl. Disziplinarverfahrens rechtfertigt die Aufschiebung der Erstellung einer planmäßigen Beurteilung.[153]
- Ein Beurteilender kann bei der Erstellung der dienstl. Beurteilung u. a. Aussagen sachkundiger Mitarbeiter verwenden, die über die Arbeitsleistungen, Fähigkeiten und Eignungen des zu Beurteilenden Aufschluss geben können.[154] Feststellungen und Bewertungen in einem **Beurteilungsbeitrag** sind insoweit beachtlich, als sie bei der abschließenden Beurteilung zur Kenntnis genommen und bedacht werden müssen. Sie sind wie eigene Beobachtungen des Beurteilers unverzichtbare Grundlage der Regelbeurteilung. Dies schließt nicht aus, dass sich der Beurteilende weitere Erkenntnisse über den Beurteilten für den Zeitraum verschafft, der durch den Beurteilungsbeitrag erfasst wird, dass er die tatsächliche Entwicklung außerhalb dieses Zeitraumes besonders gewichtet oder dass er zu einer abw. Bewertung gelangt. Deshalb ist er an die im Beurteilungsbeitrag enthaltenen Werturteile nicht in der Weise gebunden, dass er sie in seiner Beurteilung fortschreibend übernehmen müsste.[155] Die Entscheidung, ob und mit welchem Gewicht der Beurteilungsbeitrag eines früheren Vorg. in der dienstl. Beurteilung zu berücksichtigen ist, wird vom Beurteiler in Wahrnehmung seiner Beurteilungsermächtigung, nicht nach Ermessen, getroffen.[156] Erst auf der Grundlage einer Gesamtwürdigung, welche die durch den Beurteilungsbeitrag vermittelten Erkenntnisse einzubeziehen hat, trifft der Beurteiler seine Bewertungen in eigener Verantwortung.[157]

---

149 Vgl. *Schnellenbach*, a.a.O., 5.
150 Vgl. zu Einzelheiten BVerwG DöD 1980, 224 = ZBR 1981, 197; BVerwG DVBl. 1998, 638. Vgl. *Schnellenbach*, Beurteilung, Rn. 403.
151 BVerwGE 118, 197 = ZBR 2004, 395.
152 BVerwG NZWehr 1983, 27.
153 BVerwG NZWehr 1997, 114.
154 BVerwGE 93, 174 = NZWehrr 1992, 164 (Beurteilung eines Offz durch einen nächsthöheren Vorg. [DivKdr] auf der Basis eines Beurteilungsbeitrags, den der Beurteilende in veränderter Form übernommen hat).
155 BVerwGE 86, 201 (203); BVerwGE 93, 281 = NZWehr 1993, 32.
156 BVerwGE 107, 360.
157 BVerwG NZWehrr 1999, 204 = ZBR 1999, 348.

- Die Internationale Beurteilung eines Soldaten (International Evaluation Report) stellt keine Beurteilung i. S. d. § 2 Abs. 1 Satz 1 SLV dar, sondern steht einem Beurteilungsbeitrag gleich.[158]
- Eine geringfügige **Verschlechterung der dienstl. Beurteilung** gegenüber der vorherigen bedarf keiner Begr. durch Anführen konkreter Umstände in der Beurteilung selbst. Diese ist nicht deshalb rechtswidrig, weil der Soldat nicht frühzeitig auf eine sich abzeichnende geringfügige Verschlechterung hingewiesen worden ist.[159] Allerdings hat der Dienstherr bei der Eröffnung und Besprechung (vgl. § 2 Abs. 1 Satz 2 SLV) dem Soldaten gegenüber die Ergebnisse der dienstl. Beurteilung sowie einzelne Werturteile und ihre Grundlagen näher zu erläutern und dadurch plausibel zu machen.[160]
- Die Bewertung der **Förderungswürdigkeit** eines Soldaten („Potenzialabschätzung") durch den nächsthöheren, zur Beurteilung Stellung nehmenden Vorg.[161] muss sich aus dessen Stellungnahme zur Leistungs- und Eignungsbeurteilung des Soldaten entwickeln und Leistungsstand und Eignungsgrad des Beurteilten widerspiegeln. Damit ist nicht vereinbar, dass der nächsthöhere Vorg. die Förderungswürdigkeit auf eine Wertungsstufe festsetzt, die eine ganze Stufe von der Bewertung der Leistung, Eignung und Befähigung durch den Beurteilenden abweicht, der sich der nächsthöhere Vorg. angeschlossen hatte.[162] Dieser hätte zunächst qualifiziert abw. zu den Aussagen und Wertungen des Beurteilenden Stellung nehmen müssen. Die Änderung von Einzelmerkmals- und Eignungswertungen ist nur dann ausreichend begründet, wenn der Stellung nehmende Vorg. plausibel und nachvollziehbar die Wertung des Erstbeurteilers, insbes. den von diesem angelegten Beurteilungsmaßstab, und ggf. dessen Eignungs- und Leistungsvergleich würdigt und zumindest in knapper Form zum Ausdruck bringt, ob, in welchem Umfang und aus welchem Grund er in seinem eigenen Eignungs- und Leistungsvergleich die Wertungen des Erstbeurteilers als nicht sachgerecht, als zu positiv oder zu kritisch bewertet.[163]

d) Bestenauslese bei Ernennungen und Verwendungen. – aa) Ernennung und Verwendung. Das **Leistungsprinzip** ist nach Abs. 1 anzuwenden auf **Ernennungs-** und **Verwendungsentscheidungen**. 52

Der **Begriff der Ernennung** ist identisch mit dem in § 4 Abs. 1 verwendeten Terminus. Insoweit wird auf die Komm. zu § 4 Rn. 7 ff. verwiesen. Förderliche Maßnahmen im Wege von Ernennungen, bei denen der Leistungsgrds. des Abs. 1 (bei Bewerbern des Art. 33 Abs. 2 GG[164]) berücksichtigt werden muss, sind demnach insbes. die Begründung von Wehrdienstverhältnissen eines BS oder SaZ (Berufung)[165] und jede Beförderung.[166] 53

---

158 BVerwG DokBer B 2008, 263.
159 BVerwG ZBR 2000, 269 = DöD 2000, 108.
160 Vgl. BVerwGE 60, 245 (251).
161 S. ZDv 20/6 Rn. 906.
162 BVerwG DÖV 2004, 880; ebenso BVerwG DokBer B 2005, 91. Vgl. zur Förderungswürdigkeit auch BVerwGE 114, 80 = ZBR 2002, 280.
163 BVerwG ZBR 2005, 255.
164 S. o. Rn. 9.
165 Nicht aber eines Wehrdienstverhältnisses aufgrund der WPfl, vgl. die Komm. zu § 4 Rn. 12.
166 Auch die der Soldaten, die nach Maßgabe des WPflG Wehrdienst leisten.

Eichen

54 Der **Begriff der Verwendung** ist **nicht gesetzl. definiert**. Das BVerwG[167] bezeichnet als „konkrete"[168] Verwendung „die Einweisung des Soldaten in einen bestimmten soldatischen Pflichtenkreis" (besser wird hier von einem Aufgaben- oder Tätigkeitskreis gesprochen, da Pflichtenkreis auf den Pflichtenkatalog der §§ 7 ff. hindeutet, was nicht gemeint ist). Letztlich ist die soldatische Verwendung die simplifizierende, auf die besonderen Bedürfnisse der SK zugeschnittene Variante zum beamtenrechtl. **Begriff des Amtes im funktionellen Sinne**, ohne mit diesem deckungsgleich zu sein.[169]

55 Die Übertragung des vielschichtigen beamtenrechtl. Amtsbegriffs[170] auf den Bereich der Soldaten wäre mit der für die Einsatzfähigkeit der SK notwendigen personellen Flexibilität und der bei dienstl. Bedürfnis unerlässlichen Ausnutzung der vollen Verwendungsbreite eines Soldaten, gemessen an seiner Eignung und Befähigung, nicht zu vereinbaren. Deshalb gibt es nur in Teilen Überschneidungen mit dem Beamtenrecht:

56 Unter dem beamtenrechtl. **Amt im statusrechtl. Sinne** ist die Rechtsstellung des **Beamten** zu verstehen, die durch die Zugehörigkeit zu einer Laufbahn und Laufbahngruppe, durch die besoldungsrechtl. Einstufung und die Amtsbezeichnung gekennzeichnet ist.[171] Die Ämter im statusrechtl. Sinne ergeben sich aus den dem BBesG als Anl. beigefügten Besoldungsordnungen (Beispiel: das statusrechtl. Amt eines Hauptsekretärs, Anl. I zum BBesG, Besoldungsordnung A, Besoldungsgruppe A 8). Durch die Einordnung in die entspr. Besoldungsgruppe werden Inhalt, Bedeutung und Wertigkeit des Amtes zum Ausdruck gebracht.

Für den soldatischen Bereich (BS und SaZ) wird eine dem statusrechtl. Amt in Teilen vergleichbare rechtl. Stellung[172] durch den Begriff des **Dienstgrades** geprägt.[173] Aus dem Dienstgrad sind die Zugehörigkeit zu einer Laufbahngruppe und die besoldungsrechtl. Einstufung ableitbar. Anders als bei Beamten, denen aus ihrem Status grds.[174] ein Anspruch auf eine **amtsangemessene Tätigkeit** zusteht[175], kann der Soldat i. d. R.

---

167 BVerwGE 69, 83 (86).
168 Dieses Wort darf nicht übersehen werden. Wenn *Scherer/Alff/Poretschkin*, SG, § 3 Rn. 3 unter Berufung auf BVerwGE 69, 83 (86) die Einweisung des Soldaten in einen bestimmten soldatischen Pflichtenkreis als Verwendung bezeichnen, vernachlässigen sie, dass das Gericht diese Einweisung als konkrete Verwendung definiert. Daneben gibt es noch die Festlegung abstrakter Verwendungen, s. Rn. 58.
169 Dass, wie das BVerwG a.a.O. ausführt, an „die Stelle des Begriffes des ‚Amtes im konkret-funktionellen Sinn' der Begriff der ‚Verwendung' des Soldaten" trete, ist angesichts der eigenen Begriffsbestimmung des Gerichts ebenfalls eine verkürzte Formulierung. Richtig wäre gewesen, auf die konkrete Verwendung abzustellen.
170 Es geht nur um den Vergleich zum beamtenrechtl. Amtsbegriff, nicht um den staatsrechtl. Amtsbegriffs des Art. 33 Abs. 2 GG (Zugang zu einem öff. Amt) als Gesamtheit der staatlichen Kompetenzen, die ein Amtswalter für den Staat wahrnimmt; dieser Amtsbegriff erfasst auch Soldaten (vgl. *Jarass*, in: Jarass/Pieroth, GG, Art. 33 Rn. 9).
171 BVerwGE 65, 270 (272 m. w. N.); 87, 310 (313).
172 Auch wenn BVerwGE 69, 83 (85) davon spricht, dass dem Soldatenrecht der Begriff des Amtes im statusrechtl. Sinne fremd sei. Vgl. *Scherer/Alff/Poretschkin*, SG, § 3 Rn. 3.
173 Vgl. *Battis*, BBG, § 10 Rn. 10.
174 Eine Ausnahme regelt § 27 Abs. 2 BBG.
175 Vgl. z. B. BVerwGE 49, 64 (67 f.); 60, 144 (150).

einer Ausweitung seiner Tätigkeit nicht unter Hinw. auf statusrechtl. Vorgaben entgegentreten. Eine nicht **dienstgradgerechte Verwendung**[176] findet ihre Grenze erst in der Unzumutbarkeit.[177]

Mit dem **beamtenrechtl. Amt im funktionellen** (auch **funktionalen**) **Sinne** werden zwei Amtsbegriffe zusammengefasst: Ein **Amt im abstrakt-funktionellen Sinn** kennzeichnet einen der Rechtsstellung des Beamten entspr. Aufgabenkreis in einer Behörde. Es wird dem Beamten mit der Zuweisung zu einer bestimmten Behörde übertragen (z. B. Aufgabenkreis eines Regierungsdirektors im BMVg) und ändert sich bei der Versetzung zu einer anderen Behörde. Das **Amt im konkret-funktionellen Sinn** ist ein dem Beamten nach dem Organisations- und Geschäftsverteilungsplan der Behörde speziell übertragener Aufgabenbereich (Dienstposten).[178] 57

Die Übertragung eines anderen Amtes im konkret-funktionellen Sinn, also die Zuweisung eines anderen geschäftsplanmäßigen Aufgabenbereichs (Dienstpostens) innerhalb einer Behörde, ist die **Umsetzung**.[179] Sie ändert das Amt im abstrakt-funktionellen Sinn nicht.

Soldaten wird **kein Amt im funktionellen Sinne** verliehen. Der Dienstherr hilft sich bei der Zuweisung von Aufgaben an Soldaten mit der Verwendung. Dabei hat auch der Begriff der **Verwendung einen abstrakten und einen konkreten Gehalt**. Das BVerwG[180] hat hierzu klargestellt, dass der BMVg kraft seiner Organisationsgewalt die **Verwendungsmöglichkeiten** allg. festsetzen und „dabei in Aufgabenkatalogen bestimmte soldatische Pflichtenkreise festlegen" könne. Daraus ergäben sich bestimmte, der Rechtsstellung des Soldaten entspr. „abstrakte Aufgabenkreise" im Rahmen der Organisation der Bw[181], die „dem abstrakten Amt im funktionellen Sinne im Beamtenrecht" entsprächen. Über „die **konkrete Verwendung**, d. h. die Einweisung des Soldaten in einen bestimmten soldatischen Pflichtenkreis", entscheide der zuständige Vorg. nach Maßgabe des dienstl. Bedürfnisses nach seinem Ermessen. **Aus diesen beiden Facetten ergibt sich folglich die Begriffsbestimmung der Verwendung.**[182] 58

Während bei der Abforderung von Leistungen gegenüber Beamten deren Amt vorrangig ist[183], steht für den Dienstherrn beim Einsatz von Soldaten die Erfüllung des 59

---

176 Von der dienstgradgerechten Verwendung ist der auch für Soldaten geltende **Grds. der funktionsbezogenen Besoldung** (§ 18 BBesG) zu unterscheiden. Dieser besagt, dass auch soldatische Funktionen nach den mit ihnen verbundenen Anforderungen sachgerecht zu bewerten u. Dienstgraden (vgl. § 16 BBesG) zuzuordnen sind. Die Dienstgrade sind nach ihrer Wertigkeit unter Berücksichtigung der gemeinsamen Belange aller Dienstherren den Besoldungsgruppen zuzuordnen. Dieser Grds. dient öff. (fiskalischen) Interessen.
177 BVerwGE 53, 115; BVerwG NZWehrr 1986, 121.
178 Vgl. *Battis*, BBG, § 10 Rn. 12.
179 *Battis*, BBG, § 28 Rn. 4 m. w. N.
180 BVerwGE 69, 83 (86).
181 Z. B. die Tätigkeit eines KpChefs einer Instandsetzungskompanie.
182 *Vogelgesang* (GKÖD I Yk, § 3 Rn. 1) beschreibt als Verwendung zutr. den „Einsatz jeder Art von Soldaten in einem bestimmten militärischen Aufgabenbereich oder für eine bestimmte Aufgabe". Vgl. *Deiseroth*, jurisPR-BVerwG 25/2007 Anm. 5, C.1.
183 So ist der Dienstherr grds. verpflichtet, den Beamten „so einzusetzen, dass zwischen den Anforderungen des Amtes und der Eignung des Inhabers weitgehende Übereinstimmung besteht" (BVerwG DöD 1965, 177); der Beamte darf grds. nur zu einer seinem Amt entspr. Tätigkeit an andere Dienststelle abgeordnet werden (§ 27 Abs. 1 u. 2 BBG).

Eichen 145

mil. Auftrags im Vordergrund. Das BVerwG[184] hat betont, wie bei der im Beamtenrecht entspr. Zuweisung eines bestimmten Dienstpostens (Amt im konkret-funktionellen Sinn) sei der Dienstherr nicht gänzlich frei, welche Funktionen er dem Aufgabenbereich des Soldaten zuordne. Das Gericht hat anerkannt, dass eine auf ständige Einsatzbereitschaft ausgerichtete hochtechnisierte Armee personelle Flexibilität verlange. Sie sei unerlässliche Voraussetzung für die Einsatzfähigkeit und Schlagkraft der Truppe. Daraus sei die Befugnis der Personalführung zu folgern, die Verwendungsbreite eines Soldaten voll auszunutzen und ihn im Rahmen der dienstl. Bedürfnisse dort einzusetzen, wo er entspr. seiner Eignung und Befähigung optimale Leistungen verspreche. Die Grenze des Ermessens sei erst überschritten, wenn die Verwendung dem Soldaten unter Berücksichtigung aller Umstände des Einzelfalls bei objektiver Beurteilung nicht mehr zumutbar und daher willkürlich sei.[185] Zu den Umständen des Einzelfalls gehören – so das BVerwG[186] – die vom BMVg aufgrund seiner Organisationsgewalt durch Erlasse festgelegten Aufgabenkreise der Soldaten. Diese bestehen nicht nur aus den Umschreibungen in der **STAN**. Diese ist nur eine planerische Grundlage für Stärke, Gliederung und Ausrüstung der Bw und eine Grundlage für die Haushaltsanforderungen und Stellenpläne. Gleichwohl stellt die STAN einen Anhaltspunkt für den Einsatz des Soldaten auf einem bestimmten Dienstposten dar. Der Personalführung, insbes. dem BMVg, steht es im Rahmen seiner Organisationsgewalt frei, die Verwendungsbreite einzelner Soldaten aufgrund ihrer besonderen Ausbildung zu vergrößern. Letztlich muss dies im Rahmen dienstl. Erfordernisse der zuständige mil. Vorg. nach pflichtgemäßem Ermessen anordnen können.[187]

60 **bb) Versetzung, Kommandierung, Dienstpostenwechsel.** Die dienstl. Anweisung zu einer bestimmten Verwendung[188] kann für den Soldaten insbes. in einer **Versetzung**, **Kommandierung** oder einem **Dienstpostenwechsel** bestehen. Gesetzl. Regelungen hierzu finden sich – anders als zur Abordnung und Versetzung für Beamte (vgl. §§ 27, 28 BBG) – auch außerhalb des SG nicht. Vielmehr ergibt sich die **Zulässigkeit** der **Versetzung** eines Soldaten **unmittelbar aus der Wehrverfassung**. Einer besonderen gesetzl. Grundlage bedarf es nicht.[189]

61 Die **Versetzung** ist nach der Vorschriftenlage der Bw der Befehl[190] zur nicht nur vorübergehenden Dienstleistung in einer anderen Dienststelle oder an einem anderen Dienstort.[191] Charakteristisch ist der **auf Dauer angelegte Wechsel der Dienstleistung**.

---

184 BVerwGE 69, 83 (86 m. w. N.).
185 BVerwGE 53, 115 (116 f.) = DÖV 1976, 287.
186 BVerwGE 69, 83 (86 f. m. w. N.).
187 Vgl. BVerwGE 53, 23 (26); GKÖD I Yk, § 3 Rn. 1; s.a. die Komm. zu § 20 Rn. 24 ff.
188 Diese kann auch eine mil. Ausbildung sein, z. B. eine Lehrgangsteilnahme, vgl. GKÖD I Yk, § 3 Rn. 1 m. w. N.
189 BVerwG NZWehr 1996, 65 = NVwZ 1996, 474; a.A. *Schmidt-Bremme*, NVwZ 1996, 455.
190 Die Rechtsnatur der Versetzung als Befehl ist umstr.; gegen den ausnahmslosen Befehlscharakter spricht, dass Versetzungen auch durch personalbearbeitende Dienststellen ausgesprochen werden (vgl. die Komm. zu § 1 Rn. 48 u. zu § 10 Abs. 4 Rn. 57 ff.). Das BVerwG behandelt sie weder als Befehl noch als VA, sondern als endgültige Personalmaßnahmen, auf welche die allg. Grds. des Verwaltungsrechts anwendbar seien (zum Meinungsstand *Scherer/Alff/Poretschkin*, SG, § 3 Rn. 62; GKÖD I Yk, § 3 Rn. 32, jew. m. w. N.).
191 Vgl. Nr. 1 der Best. über die Versetzung, den Dienstpostenwechsel u. die Kommandierung v. Soldatinnen u. Soldaten, ZDv 14/5 B 171.

Jeder durch Versetzungsverfügung angeordnete Wechsel der Dienststelle hat eine Herausnahme aus der bisherigen Dienststelle (Wegversetzung) und eine Einfügung in eine andere Dienststelle (Zuversetzung) zum Inhalt.[192] Aus dem Hinw. „**oder an einem anderen Standort**" ist zu folgern, dass eine Versetzung
- **ohne Wechsel des bisherigen Standorts** (Fw A wird von der 1. zur 2. Kp im selben Standort versetzt), aber auch
- **ohne Wechsel der Dienststelle** (Fw A wird auf einen Dienstposten in einem räumlich abgesetzten Zug seiner Kompanie, der in einem anderen Standort stationiert ist[193], versetzt)

möglich ist.

Die **Dienststelle**, zu der der Soldat versetzt wird, muss **nicht den SK**, **nicht** einmal **der Bw** zugehören. Es muss sich jedoch um eine **Dienststelle des Bundes** handeln. Anders als für Beamte (für sie gelten § 2 BBG und § 2 BeamtStG) ist die Dienstherrnfähigkeit bzgl. Soldaten nicht ausdrücklich gesetzl. geregelt. Aus der alleinigen Bundeskompetenz für die Aufstellung der SK in Art. 87a Abs. 1 Satz 1 GG folgt aber, dass ein (nur aus dieser Verfassungsbest. ableitbares) Wehrdienstverhältnis i. S. d. § 1 Abs. 1[194] als ein öff.-rechtl. Treueverhältnis des Soldaten nur zu dem **Dienstherrn Bundesrepublik Deutschland** rechtl. zulässig ist. Die Versetzung eines Soldaten in die Dienststelle eines Landes wäre deshalb verfassungsrechtl. nicht möglich. Hingegen ist die Versetzung eines Soldaten in ein anderes Bundesressort (z. B. das Auswärtige Amt) zulässig.

62

Eine **rückwirkende Versetzung** gibt es nicht; ein entspr. Antrag wäre auf eine **rechtl. unmögliche Leistung** gerichtet.[195]

Der Soldat darf nur versetzt werden, wenn hierfür ein **dienstl. Bedürfnis** besteht[196] oder wenn er seine Versetzung beantragt hat[197] und diese mit dienstl. Interessen in Einklang zu bringen ist. Andererseits gehört die **jederzeitige Versetzbarkeit** zu den von den BS und SaZ freiwillig übernommenen Pflichten und zum Inhalt ihres Wehrdienstverhältnisses. Grds. gilt diese Pflicht auch für Soldaten, die nach Maßgabe des WPflG Wehrdienst leisten.[198] Die jederzeitige Versetzbarkeit hat für die Erhaltung von Einsatzbereitschaft und Kampfkraft der SK besondere Bedeutung. Da die dienstl. Interessen Vorrang genießen, können i. d. R. nur schwerwiegende persönliche Gründe oder außergewöhnliche Härten eine im dienstl. Interesse notwendige Versetzung hindern.[199] Es gilt der Grds., dass der Soldat **keinen Anspruch auf eine bestimmte örtli-**

63

---

192 BVerwGE 43, 342 (343).
193 Handelte es sich um einen Dienstposten in derselben Dienststelle im selben Standort, läge ein Dienstpostenwechsel vor.
194 Vgl. die Komm. zu § 1 Rn. 25 f.
195 BVerwG RiA 1983, 77 = ZBR 1983, 167.
196 Fälle eines dienstl. Bedürfnisses für eine Versetzung sind aufgelistet in Nr. 5 der RL zur Versetzung, zum Dienstpostenwechsel u. zur Kommandierung von Soldaten (VMBl. 1988 S. 76 mit späteren Änd.).
197 Zu den Gründen hierfür siehe die vorgenannten RL, Nr. 6 u. 7. Über die Aufhebung einer auf Antrag eines Soldaten erlassenen Versetzungsverfügung entscheidet der zuständige mil. Vorg./die zuständige mil. Dienststelle auf der Grundlage des in § 49 Abs. 2 Nr. 3 VwVfG zum Ausdruck kommenden allg. Rechtsgedankens, vgl. BVerwG NZWehrr 2001, 215.
198 BVerwG 1 WB 138/85 = NZWehrr 1986, 173 (Ls).
199 BVerwG 1 WB 27/82.

§ 3 Ernennungs- und Verwendungsgrundsätze

che[200] **oder fachliche Verwendung oder auf Verwendung auf einem bestimmten Dienstposten** hat.[201] Ein solcher Anspruch lässt sich auch nicht aus der Fürsorgepflicht ableiten.[202]

64 Über die **Versetzung**[203] entscheiden die zuständigen Vorg. nach Maßgabe dienstl. Bedürfnisse (diese sind als **unbestimmter Rechtsbegriff** gerichtl. voll nachprüfbar[204]) im Wege einer **Ermessensentscheidung**.[205] Diese kann nur auf Ermessensfehler überprüft werden (ob der Vorg. den Soldaten durch Überschreiten oder Missbrauch dienstl. Befugnisse in seinen Rechten verletzt hat [§ 17 Abs. 3 Satz 2 WBO], ob die gesetzl. Grenzen des Ermessens überschritten sind oder ob von dem Ermessen in einer dem Zweck der Ermächtigung nicht entspr. Weise Gebrauch gemacht worden ist).[206]

Wie für alle Verwendungsentscheidungen ist für die **gerichtl. Nachprüfung der Versetzung** eines Soldaten der **Rechtsweg zu den Wehrdienstgerichten** gegeben.[207]

65 Zur Zulässigkeit von Versetzungen eines Soldaten sind Entsch. insbes. zu folgenden Problempunkten ergangen:[208]

– Zulässigkeit der **Rückversetzung** aus dem **Ausland**[209]
– **Haus** oder **Wohnungseigentum** am bisherigen Dienstort oder in dessen Nähe[210]
– **Weiterführen** eines **eigenen Gewerbebetriebs** am Standort[211]
– Versetzung **aus familiären Gründen** wegen **schwerbehinderter, erwerbsgeminderter Ehefrau**[212]

---

200 BVerwG 1 WB 10.96.
201 Vgl. *Scherer/Alff/Poretschkin*, SG, § 3 Rn. 9.
202 Vgl. nur BVerwGE 86, 244.
203 Dies gilt auch für eine Kommandierung.
204 Vgl. *Dau*, WBO, § 1 Rn. 139; *Scherer/Alff/Poretschkin*, SG, § 3 Rn. 9.
205 BVerwGE 43, 215 (217). Die Zweistufigkeit dieser Prüfung ist häufig: Es kann durchaus ein dienstl. Bedürfnis an einer Versetzung auf einen bestimmten Dienstposten geben, gleichwohl kann der Dienstherr den entspr. Versetzungsantrag eines Soldaten ohne Ermessensfehler ablehnen.
206 Vgl. BVerwGE 63, 210 (212); BVerwGE 73, 51; *Dau*, WBO, § 1 Rn. 138 m. w. N. aus der Rspr.; s. a. *Scherer/Alff/Poretschkin*, SG, § 3 Rn. 9.
207 *Dau*, WBO, § 17 Rn. 57.
208 Weitere Beispiele bei *Dau*, WBO, § 1 Rn. 138 ff.; GKÖD I Yk, § 3 Rn. 34; *Scherer/Alff/Poretschkin*, SG, § 3 Rn. 64 ff.
209 BVerwGE 53, 280 = DÖV 1977, 709; BVerwG NZWehr 1994, 24. BVerwG DokBer B 2007, 6. Zur Beendigung einer Kommandierung ins Ausland BVerwG NZWehr 2006, 157; zu rechtl. Problemen der Repatriierung *Lucks*, NZWehrr 2008, 25. Zur Rückversetzung eines im Geschäftsbereich des Auswärtigen Amtes (AA) im Ausland verwendeten Soldaten bei Wegfall der Zustimmung des AA zur Verwendung BVerwG NZWehr 2009, 32.
210 BVerwGE 63, 210 (215 m. w. N.) = NZWehr 1979, 154 (156); BVerwG 1 WB 32.89; BVerwG 1 WB 66.93.
211 BVerwG RiA 1982, 50 = ZBR 1982, 222.
212 BVerwG 1 WB 148.76.

Ernennungs- und Verwendungsgrundsätze § 3

- **Gesundheitszustand** der **Ehefrau**[213]
- **berufliche Situation** der **Ehefrau**[214]
- Berücksichtigung von **Pflege-/Betreuungsaktivitäten** am Standort für Eltern, Großeltern, Schwiegereltern[215]
- **Einschulung** eines Kindes, **Kindergartenplatz** eines Kindes am bisherigen Wohnort[216]
- kein Anspruch des Soldaten, nur in einem Standort verwendet zu werden, in dem eine **seinem Glaubensbekenntnis entspr. Glaubensgemeinschaft** vorhanden ist[217]
- Versetzung eines Soldaten als **Mitglied des Personalrats** ohne dessen Zustimmung[218]
- Versetzung einer **Vertrauensperson**[219]
- unterbliebene Anhörung der **Schwerbehindertenvertretung** vor Nichtversetzung eines Soldaten[220]
- Versetzung ohne **Gewährung rechtl. Gehörs**[221]
- Wegversetzung zur **Beseitigung von Spannungen** in der Dienststelle[222]
- Wegversetzung eines KpChefs wegen **entwürdigender Behandlung** eines Untergebenen[223]
- **Zurückstellung** einer förderlichen Versetzung während eines **gerichtl. Disziplinarverfahrens**[224]
- Wegversetzung eines Soldaten aufgrund fehlender Eignung wegen des **Verdachts** eines 15 Jahre zurückliegenden **Dienstvergehens**[225]

---

213 BVerwG NZWehrr 1996, 253 = ZBR 1996, 395. Vgl. allerdings die Selbstbindung des BMVg in Nr. 6 der RL zur Versetzung, zum Dienstpostenwechsel u. zur Kommandierung von Soldaten v. 3.3.1988 (VMBl S. 76), wonach von einer Versetzung abgesehen werden kann, wenn schwerwiegende persönliche Gründe vorliegen u. vorrangige dienstl. Belange nicht entgegenstehen. Schwerwiegende persönliche Gründe können im Gesundheitszustand des Soldaten, seiner mit ihm in häuslicher Gemeinschaft lebenden Ehefrau und seiner Kinder, in etwa gegebenen schulischen Schwierigkeiten der Kinder o. hiermit vergleichbaren Härtefällen liegen.
214 BVerwGE 73, 51; BVerwG 1 WB 24.95; BVerwG 1 WB 10.96 m. w. N.
215 BVerwG 1 WB 1.88 m.w.N.; BVerwG 1 WB 78.90; BVerwG 1 WB 30.92; BVerwG 1 WB 81.94.
216 BVerwG 1 WB 78.95.
217 BVerwG NZWehrr 1980, 65.
218 BVerwG ZBR 1987, 248; BVerwG NZWehrr 1998, 248 (entspr. zum Dienstpostenwechsel); BVerwG NZWehrr 2000, 161; BVerwG NZWehrr 2001, 215; BVerwG ZBR 2005, 392. Zur Versetzbarkeit der mil. Gleichstellungsbeauftragten s. § 18 Abs. 5 Satz 3 SGleiG.
219 BVerwG NZWehrr 1999, 249. S. a. § 15 SBG.
220 BVerwGE 86, 244 = NZWehrr 1990, 252. Zur Anhörung der Schwerbehindertenvertretung erst im Beschwerdeverfahren NZWehrr 1994, 26 (Ls).
221 BVerwGE 113, 112 = NZWehrr 1997, 252; BVerwG DokBer B 2006, 291.
222 BVerwG 1 WB 157/88; BVerwG 1 WB 39/98. Vgl. auch *Scherer/Alff/Poretschkin*, SG, § 3 Rn. 73; Nr. 5 Buchst. h der RL zur Versetzung, zum Dienstpostenwechsel u. zur Kommandierung von Soldaten v. 3.3.1988 (VMBl. S. 76).
223 BVerwG *Buchholz* 236.1 § 3 SG Nr. 8.
224 BVerwG *Buchholz* 236.1 § 10 SG Nr. 18 = NZWehrr 1997, 114.
225 BVerwG DokBer B 2009, 54.

Eichen

- Wegversetzung aus dem MAD wegen **Schulden**[226]
- Wegversetzung wegen **rechtmäßiger polit. Meinungsäußerung**[227]
- Wegversetzung wegen **Ungeeignetheit** (Mitgliedschaft in der Partei **Die Republikaner**)[228]
- Wegversetzung wegen **Mitgliedschaft** in einer **rechtsextremistischen Vereinigung**[229]
- Versetzung, die mit einer **gezielten Organisationsänderung** begründet wird[230]
- Versetzung auf **höherwertigen Dienstposten** bei **kurzer Restdienstzeit**[231]
- kein Anspruch auf Rückversetzung, wenn der ursprüngliche Dienstposten durch **Änderung** in der **Besoldungsstruktur** besser dotiert wird als zum Zeitpunkt der Wegversetzung[232]
- **kein Anspruch, nur** dann **versetzt** zu werden, wenn dies für den Soldaten mit einer **Förderung** in der Laufbahn verbunden ist[233]
- **Wegversetzung** von einem **höherdotierten Dienstposten** mangels ausreichender **Restdienstzeit**[234]
- Nichtausübung eines **Ehrenamtes** wegen Versetzung[235]
- Berücksichtigung der Ausübung eines **kommunalen Mandats** bei Wegversetzung.[236]

66 Die **Kommandierung**[237] ist der Befehl zur vorübergehenden (oder vorläufigen[238]) Dienstleistung bei einer anderen Einheit oder sonstigen Dienststelle oder an einem anderen Dienstort oder bei einer sonstigen Stelle, z. B. bei einem Privatunternehmen.[239] Der Befehlscharakter dieser Verwendungsentscheidung impliziert deren dienstl. Zweck; sie bedarf eines aktuellen dienstl. Bedürfnisses.[240] Hat der Soldat die Kommandierung beantragt, dürfen vorrangige dienstl. Belange nicht entgegenstehen.

---

226 BVerwGE 93, 95 = ZBR 1991, 375.
227 BVerwGE 46, 175 = NZWehrr 1974, 107.
228 BVerwGE 111, 22 = NZWehrr 2000, 82 (mit Anm. *Bachmann*, ebd. S. 83)
229 BVerwG NVwZ-RR 2005, 829 = ZBR 2005, 425.
230 BVerwGE 93, 232 = RiA 1992, 306.
231 BVerwG DokBer B 1995, 33; BVerwG ZBR 2005, 391.
232 BVerwG 1 WB 75.78.
233 BVerwG 1 WB 55.96; BVerwG 1 WB 73.98.
234 BVerwG 1 WB 8.92 = NZWehrr 1993, 124 (Ls).
235 BVerwG NZWehrr 1996, 208.
236 BVerwG NZWehrr 1995, 28; BVerwGE 83, 19 (21 f.) = NZWehrr 1986, 73. Der BMVg hat sein Ermessen durch Nr. 16 Buchst. c der RL zur Versetzung, zum Dienstpostenwechsel u. zur Kommandierung von Soldaten v. 3.3.1988 (VMBl S. 76) in der Weise gebunden, dass BS u. SaZ, die die Wahl zu einer kommunalen Vertretung angenommen haben, nur auf eigenen Antrag o., wenn es wegen der Versetzung nicht möglich wäre, das Mandat wahrzunehmen, aus zwingenden dienstl. Gründen versetzt werden dürfen. Diese Ermessensbindung ist rechtl. unbedenklich (vgl. BVerwGE 73, 51; BVerwGE 73, 246; BVerwGE 83, 333).
237 Sie ähnelt der Abordnung der Beamten, vgl. § 27 BBG.
238 Dieses Merkmal lässt wie im Beamtenrecht („Abordnung mit dem Ziel der Versetzung") die Kommandierung als vorgeschaltete Bewährungszeit vor einer Versetzung zu.
239 Vgl. Nr. 7 der Best. über die Versetzung, den Dienstpostenwechsel u. die Kommandierung von Soldatinnen u. Soldaten, ZDv 14/5 B 171; BVerwGE 130, 165 (174 f.) = PersR 2008, 367 (371).
240 *Scherer/Alff/Poretschkin*, SG, § 3 Rn. 80. Der ausnahmslose Befehlscharakter der Kommandierung begegnet denselben Bedenken wie der der Versetzung (vgl. o. Rn. 61). Auch als Weisung bedürfte sie jedoch eines dienstl. Zwecks.

Unter Dienststelle ist nicht nur eine solche der Bw, sondern jede deutsche oder nichtdeutsche Dienststelle zu verstehen. Dies ist rechtl. zulässig, weil der Soldat seinen Dienstherrn Bundesrepublik Deutschland nicht wechselt, sondern in dessen Auftrag (im dienstl. Interesse der SK) vorübergehend (ggf. auch außerhalb der Bundesexekutive) Dienst leistet. Die Kommandierung zu Privatunternehmen (insbes. Rüstungsfirmen) ist deshalb bedeutsam, weil so Soldaten steuernd und begleitend an verteidigungswichtigen Projekten mitarbeiten und die Interessen der SK unmittelbar einbringen können. Welchen zeitlichen Rahmen der Begriff der **vorübergehenden** Dienstleistung absteckt, ist nicht geregelt.[241] Die Festsetzung der Dauer der Kommandierung obliegt dem pflichtgemäßen Ermessen der kommandierenden Stellen. Diese haben einerseits das dienstl. Bedürfnis für die Kommandierung, andererseits die hierdurch für den Soldaten erwachsenden persönlichen und familiären Erschwernisse[242] zu berücksichtigen. 67

Von praktischer Bedeutung vor allem bei der Entsendung von Soldaten zur Dienstleistung bei Auslandskontingenten ist die **Abgrenzung** der **Kommandierung** von der **Dienstreise**. Da mit der Kommandierung ein Wechsel des Unterstellungsverhältnisses des Soldaten eintreten kann[243] (der Soldat wird Angehöriger des deutschen Auslandskontingents), entsteht ein Anspruch auf Zahlung des Auslandsverwendungszuschlags für die Zeit der Kommandierung; andernfalls steht (in den ersten 14 Tagen, § 58a Abs. 3 BBesG) nur reisekostenrechtl. Abfindung zu. 68

Angeordnet ist hierzu[244], dass eine Kommandierung zu verfügen sei, wenn die vorübergehende anderweitige Verwendung des Soldaten in einer allg. Dienstleistung bestehe. Bei der Kommandierung unterstehe der Soldat i. d. R. der Dienstaufsicht und Disziplinarbefugnis anderer Vorg. (bei deutschen Auslandskontingenten des nationalen Befehlshabers im Einsatzgebiet). Eine Dienstreise sei z. B. anzuordnen, wenn der Soldat einzelne, bestimmte Aufgaben aufgrund einer Dienststellung wahrnehme oder wenn er bestimmte Dienstgeschäfte im Auftrag seiner (entsendenden) Dienststelle auszuführen habe. Bei einer Dienstreise wechsle die disziplinare Unterstellung nicht.

Keinesfalls darf das Instrument der Dienstreise dazu dienen, über die vom BT für den jew. Auslandseinsatz erteilte Zustimmung hinaus, insbes. zur festgelegten Kontingentstärke, Personal im Einsatz verfügbar zu machen. Es ist unbeschadet dessen aber fraglich, ob es (trotz § 58a Abs. 3 Satz 1 BBesG) sachgerecht ist, längere Aufenthalte in Einsatzgebieten als Dienstreisen anzuordnen, selbst wenn die entsandten Soldaten dort Dienstgeschäfte ihrer Heimatdienststelle wahrnehmen sollen. Bei längerer Aufenthaltsdauer verwischen zunehmend die Grenzen zwischen den Aufgaben der Hei- 69

---

241 Die Annahme von *Scherer/Alff*, SG, 7. Aufl., § 3 Rn. 61, die Verwendung sei endgültig, wenn der Soldat länger als ein Jahr bei der neuen Dienststelle o. am neuen Standort Dienst leiste, war weder durch Vorschriften belegt noch entsprach sie der Praxis des BMVg. Auch beamtenrechtl. sind längere Abordnungszeiträume zulässig (vgl. § 27 Abs. 3 BBG).
242 Nach § 4 Abs. 1 Nr. 2 BUKG ist in besonderen Fällen eine Zusage der Umzugskostenvergütung bei Kommandierungen zulässig. Bei der Tätigkeit von Soldaten in einem Rüstungsbetrieb kommt eine Versetzung zu einer firmennahen Dienststelle der SK mit anschließender „heimatnaher" Kommandierung in Frage.
243 Vgl. z. B. § 29 Abs. 2 Satz 2 WDO; *Dau*, WDO, § 29 Rn. 15.
244 Nr. 10 der Best. über die Versetzung, den Dienstpostenwechsel u. die Kommandierung von Soldatinnen u. Soldaten, ZDv 14/5 B 171.

Eichen

matdienststelle und solchen des Auslandskontingents. Zudem sollten längere Verwendungen in Einsatzgebieten nur für Kontingentangehörige vorgesehen werden, weil (über das Recht zur Selbstverteidigung hinaus) nur sie (nicht Dienstreisende) die der Truppe im Einsatzland zustehenden Einsatzbefugnisse gebrauchen dürfen. Dienstreisen in Einsatzgebiete sollten sich auf adäquate Zeiträume (angemessen erscheinen bis zu zwei Wochen) beschränken.

70 Ein **Dienstpostenwechsel** ist eine Verwendungsentscheidung, mit der die Änderung der Verwendung eines Soldaten innerhalb seiner Dienststelle und innerhalb seines Dienstortes, ggf. unter Wechsel der Planstelle, angeordnet wird.[245] Für diesen Wechsel ist ein dienstl. Bedürfnis erforderlich; hat der Soldat ihn beantragt oder darum gebeten, von dem Dienstpostenwechsel abzusehen, dürfen vorrangige dienstl. Interessen nicht entgegenstehen. Eine Änderung der STAN, die allein dazu dient, die Förderung eines Soldaten gezielt zu verhindern, begründet kein dienstl. Bedürfnis für einen Dienstpostenwechsel.[246]

71 cc) **Bestenauslese.** Die Notwendigkeit zu einer durch Abs. 1 und das dort verankerte Leistungsprinzip bei Ernennungs- und Verwendungsentscheidungen vorgeschriebenen Bestenauslese (Gleiches gilt für die Ermittlung von bestgeeigneten Bewerbern nach Art. 33 Abs. 2 GG[247]) beruht i. d. R. darauf, dass einer großen Zahl von um Förderung bemühten Personen eine wesentlich kleinere Anzahl von Förderungsmöglichkeiten gegenübersteht. Zwar ist es grds. vorstellbar, dass eine Bestenauslese auch stattfindet, wenn keiner der zur Auswahl stehenden Kandidaten Interesse an einer Ernennung oder Verwendung hat, insbes. bei Querversetzungen.[248] Ganz überwiegend wird es aber aus Sicht der Betroffenen um förderliche Maßnahmen gehen.

72 Für den Zugang zu den SK vermittelt der hierfür einschlägige Art. 33 Abs. 2 GG **keinen Rechtsanspruch auf Einstellung als Soldat**.[249] Besteht **kein Bedarf**[250] an Neueinstellungen oder ist aus haushaltsrechtl. Gründen eine Personalaufstockung („Einstellungsstopp") nicht möglich, kann auch ein geeigneter Bewerber nicht die Begründung eines Wehrdienstverhältnisses durchsetzen. Entspr. gilt dies für förderliche Maßnahmen von Soldaten („Beförderungsstau"[251]).

---

245 Nr. 5 der Best. über die Versetzung, den Dienstpostenwechsel u. die Kommandierung von Soldatinnen u. Soldaten, ZDv 14/5 B 171. Der Dienstpostenwechsel entspricht der beamtenrechtl. Umsetzung (vgl. o. Rn. 57) innerhalb einer Behörde.
246 BVerwGE 93, 232 = RiA 1992, 306.
247 S. o. Rn. 9.
248 Hier muss mittels einer Bestenauslese ggf. ein Unwilliger ausgewählt werden.
249 BVerfGE 39, 334 (354).
250 Vgl. *Scherer/Alff/Poretschkin*, SG, § 3 Rn. 7 m. w. N.
251 Das Wort „Stau" impliziert in unzulässiger Weise, es gebe einen Rechtsanspruch auf Beförderung. Diese steht aber stets unter dem Primat der Bestenauslese. Nur der bestgeeignete u. leistungsstärkste Bewerber hat – eine Planstelle vorausgesetzt – einen Anspruch auf Beförderung, nicht schon der „grundsätzlich" geeignete Soldat. Die Rechtslage verkennend („Beförderungsstau") JB 2008 des WBeauftr. 4.1.2, wo zudem die nach dem Leistungsgrds. notwendige Bildung von Eignungsreihenfolgen für Bewerber offenbar krit. gesehen wird.

Ernennungs- und Verwendungsgrundsätze § 3

Die Einstellung von Bewerbern in ein Wehrdienstverhältnis und die Förderung von 73
Soldaten stehen – ungeachtet der Best. über das Leistungsprinzip – i. d. R. im **Ermessen** der zuständigen Stelle.[252] Dieses Ermessen unterliegt allg. rechtsstaatlichen Bindungen wie dem Verbot sachwidriger Erwägungen und dem Gebot zur Gleichbehandlung (vgl. § 40 VwVfG). Im Einzelfall kann die Ermessensausübung zulässigerweise dazu führen, angesichts des Ergebnisses eines Auswahlverfahrens ein neues Verfahren einzuleiten.

Auch sonstige, in der Natur der Sache liegende Hinderungsgründe für förderliche 74
Maßnahmen sind zu beachten. Selbst hierfür grds. Geeignete können in den SK Ausbildungswege nicht nach persönlichen Wünschen gestalten. Nicht der private Nutzen ist maßgeblich. Die **Aus- und Weiterbildung** der Soldaten ist kein Selbstzweck. Entscheidend ist, ob für sie ein **mil. Bedürfnis** besteht.[253] Sieht man diese Frage grds., müssten das generelle Hochschulstudium der Offz und das unverhältnismäßige Angebot an zivilberuflicher Aus- und Weiterbildung (ZAW) mit z.T. fragwürdiger Verwertbarkeit für militärfachl. Tätigkeiten kritisch hinterfragt werden. Maßstab müssen die Vorgaben der SLV und die Regelungen der demnächst durch das BMVg[254] auf der Basis des § 27 Abs. 7 als RVO zu erlassenden Prüfungsordnung[255] für die SK sein. Zu berücksichtigen ist auch, ob die Kosten-Nutzen-Relation in einem angemessenen Verhältnis steht (Stichwort Restdienstzeit).

Der Grds. der **Bestenauslese** besagt[256], dass der Dienstherr im Rahmen pflichtgemä- 75
ßen Ermessens **unter mehreren Bewerbern**[257] **den geeigneteren bzw. geeignetsten auswählt**. Dabei hat er sich am Leistungsprinzip zu orientieren und im Übrigen **nur bei im Wesentlichen gleicher Eignung** im Rahmen sachgerechter Erwägungen darüber zu befinden, welchen **sonstigen sachlichen Gesichtspunkten** er für die beabsichtigte Maßnahme Gewicht beimessen will, sofern dadurch das Leistungsprinzip als solches nicht in Frage gestellt wird.[258] Da es sich um Ermessensentscheidungen handelt, sind diese nur auf Ermessensfehler gerichtl. überprüfbar. Neben maßgeblichen Wertentscheidungen des GG und gesetzl. Vorgaben sind ermessensbindende Erlasse und Dienstvorschriften zu beachten. Die Entscheidung der personalführenden Stellen, wen sie für eine Förderungsmaßnahme unter den in Betracht kommenden Kandidaten für am besten geeignet halten, stellt ein ihnen vorbehaltenes Werturteil dar. Gerichtl. ist nur nachprüfbar, ob die Entscheidung auf sachfremden Erwägungen beruht, ob allg. gül-

---

252 Vgl. allg. *Kunig*, in: v. Münch/Kunig, GGK II, Art. 33 Rn. 33.
253 BVerwGE 53, 163 (165). Das gilt auch für die Weiterbildung der SanOffz, vgl. BVerwG ZBR 1998, 145.
254 § 93 Abs. 2 Nr. 3.
255 Diese RVO wird die bisher von der Rspr. gebilligte (vgl. BVerwG ZBR 1982, 223 [Ls]; BVerwGE 63, 15) Festlegung mil. Ausbildungsinhalte im Erlassweg u. allein nach mil. Zweckmäßigkeitserwägungen (mit z.T. in den TSK verschiedenen Anforderungen für Laufbahnausbildung u. -prüfung) beenden. Vgl. die Komm. zu § 27 Rn. 30.
256 Zum Folgenden BVerwGE 86, 169.
257 Ein Leistungsvergleich ist nur erforderlich, wenn über die Bewerbung mehrerer Soldaten zu entscheiden ist. Daran fehlt es, wenn der ausgewählte Soldat sich bereits früher nach einem Leistungsvergleich mit anderen Bewerbern auf einem dem höherwertigen Dienstposten entspr. Dienstposten bewähren konnte u. damit objektiv einen Vorsprung aufzuweisen hat, vgl. BVerwG NZWehrr 2001, 123 = ZBR 2001, 141.
258 BVerwG 1 WB 123.00 m. w. N.

Eichen

tige Wertmaßstäbe nicht beachtet sind, ob von einem unrichtigen Sachverhalt ausgegangen oder gegen Verfahrensvorschriften verstoßen worden ist.[259] Nach der Rspr. der VG[260] dienen beamtenrechtl. Vorschriften über Personalauslese und Beförderung vornehmlich dem öff. Interesse an einer bestmöglichen Stellenbesetzung im öff. Dienst. Sie berücksichtigen daneben das berechtigte Interesse des Bewerbers an einem angemessenen beruflichen Fortkommen und begründen einen **Anspruch auf rechtsfehlerfreie Anwendung** der gesetzl. Vorschriften. Dies hat ebenso für die **wehrdienstgerichtl. Kontrolle** mil. Verwendungsentscheidungen zu gelten, die der Dienstherr im mil. Unter- und Überordnungsverhältnis trifft. Solche vor den **Wehrdienstgerichten** zu entscheidenden truppendienstl. Streitigkeiten (**Konkurrentenklagen**[261]) sind von der Rspr. zugelassen.[262]

76 Die für Ernennungs- und Verwendungsentscheidungen maßgeblichen Kriterien Eignung, Befähigung und Leistung sind auf der Grundlage auch früherer[263] dienstl. Beurteilungen und sonstiger, auf die Eignung im weiteren Sinne bezogener Merkmale zu ermitteln. Sonstige Hilfskriterien (insbes. Fraueneigenschaft im Rahmen des § 8 SGleiG, soziale Kriterien[264], Dienst- oder Lebensalter) können erst entscheidend sein, wenn eine auch annähernd gleiche Eignung im weiteren Sinne festgestellt wird. Ansonsten verdient der besser geeignete Kandidat den Vorzug.

77 Der Dienstherr hat bei der Bewertung der Eignung, Befähigung und Leistung bezogen auf bestimmte Tätigkeitsbereiche einen Spielraum, wie er die einzelnen Merkmale gewichtet. Er ist nicht gezwungen, sie anteilig jew. zu einem Drittel in einer Gesamtbewertung anzurechnen. Dies wäre fragwürdig, weil sich die Kriterien über-

---

259 BVerwG NZWehrr 1998, 248.
260 Vgl. BVerwGE 80, 123 = ZBR 1989, 172.
261 Hierzu *Scherer/Alff/Poretschkin*, SG, § 3 Rn. 93; GKÖD I Yk, § 3 Rn. 47 ff.
262 Vgl. BVerwG NZWehrr 2001, 123 (124 m.w.N.) = ZBR 2001, 141. Vgl. die Komm. zu § 39 Rn. 23.
263 Das BVerwG hält es für zulässig, in die Auswahlentscheidung die beiden letzten planmäßigen Beurteilungen vor der aktuellen Beurteilung einzubeziehen (BVerwGE 117, 81 = NZWehrr 2003, 120 [121 m.w.N.]). Frühere Beurteilungen sind keine Hilfskriterien, sondern vor diesen unmittelbar leistungs- u. eignungsbezogen zu werten (BVerwG ZBR 2003, 359 = IÖD 2003, 147). Allg. ist beim Rückgriff auf frühere Beurteilungen Zurückhaltung angebracht, vor allem, wenn nicht alle Konkurrenten über derart weit zurückliegende Beurteilungen auf dem entspr. Dienstposten/ in der entspr. Verwendung verfügen.
264 Missverständlich BVerwG NZWehrr 2003, 120 = ZBR 2004, 260, wonach bei einer Auswahlentscheidung von mehreren nach Eignung, Befähigung u. Leistung im Wesentlichen gleich beurteilten Soldaten der BMVg berechtigt sei, die Häufigkeit der Standortwechsel u. deren Entfernung voneinander „als zusätzliches am Leistungsgrundsatz orientiertes Entscheidungskriterium zwischen den Bewerbern heranzuziehen". Es wird verkannt, dass für die fachl. Leistung nicht die individuelle Anstrengung, sondern nur das objektive Arbeitsergebnis maßgeblich ist (vgl. *Scherer/Alff/Poretschkin*, SG, § 3 Rn. 20). Einem wegen häufiger Standortwechsel schlechtere dienstl. Leistungen erbringenden Soldaten kann diese Ursache gegenüber einem wenig versetzten, bessere Leistungen zeigenden Soldaten nicht im Wege einer Kompensation bei der Bewertung seiner Eignung im Rahmen eines Auswahlverfahrens als Leistungsmerkmal zugute gehalten werden; dies muss vielmehr direkt in der Beurteilung Niederschlag finden. Häufige Standortwechsel sind nur als Hilfskriterium heranzuziehen. Dies hätte im entschiedenen Fall zu demselben Ergebnis geführt.

Ernennungs- und Verwendungsgrundsätze § 3

schneiden und teilweise bedingen. Außerdem besteht die dienstl. Beurteilung nicht nur aus bepunktbaren, objektiv nachzurechnenden Einzelmerkmalen, sondern auch aus freien Beschreibungen, die der Interpretation zugänglich sind. Es unterliegt daher der **Einschätzungsprärogative des Dienstherrn**, welchem Qualifikationsmerkmal er für seine Auswahlentscheidung größeres Gewicht beimisst.[265] Erst bei im Wesentlichen gleich bewerteten Personen (wie weit dieser Kreis zu ziehen ist, obliegt der sachgerechten Einschätzung des Dienstherrn) kann über die Eignung im weiteren Sinne hinaus auf Hilfskriterien zurückgegriffen werden.

Die durch die zentrale mil. Personalführung bedingten, unverhältnismäßig großen Bewerbergruppen und die bisherige Tatsache, dass die beurteilenden Vorg. ihre Soldaten durchweg mit Spitzennoten bewertet haben, dürfen nicht dazu führen, dass dem Leistungsprinzip fremde Gesichtspunkte bei der Bestenauslese den Ausschlag geben. Diese Gefahr besteht durch Berücksichtigung des **Dienst- oder Lebensalters**. Die Rspr. der Wehrdienstgerichte[266] hat dazu beigetragen, diese verfassungsrechtl. bedenkliche Praxis zu stützen. Gemessen an Art. 33 Abs. 2 GG und Abs. 1 ist es **rechtl. unzulässig, Mindestdienstzeiten** und damit implizit ein Mindestlebensalter **zur Schaffung eines altersgerechten Dienstgradgefüges, zur Verwirklichung eines** auch im polit. Raum propagierten **allg. Laufbahnziels**[267] oder **zur Erleichterung der mil. Personalführung** zu nutzen. 78

Dies bestätigt die Rspr. des BVerwG[268] zur Unzulässigkeit der Berücksichtigung nicht im verfassungsrechtl. Leistungsgrds. verankerter Kriterien (wie **Mindestverweildauer in einem Dienstgrad** oder **Mindestdienstzeiten**) bei einer Bewerberauswahl für eine Beförderung. Diese Rspr. muss zu einer kritischen Überprüfung der in der SLV und in Dienstvorschriften enthaltenen, z.T. in vielen Jahren bemessenen Wartezeiten führen.[269] Das BVerwG hebt hervor, nur so lange eine Wartezeit geeignet und erforderlich sei, „eine zuverlässige Beurteilung des Leistungsvermögens und eine fundierte Prognose über die voraussichtliche Bewährung in einem höheren Amt zu ermöglichen"[270], lägen ihr als **Bewährungszeit** leistungsabhängige Faktoren zugrunde. Der 79

---

265 BVerwG ZBR 2001, 31 m.w.N. Die Rspr., wonach ein Auswahlverfahren zur Besetzung einer Beförderungsstelle im ziv. öff. Dienst fehlerhaft ist, wenn die der Auswahlentscheidung zu Grunde liegenden wesentlichen Erwägungen nicht schriftl. niedergelegt sind (OVG Münster ZBR 2009, 274 = IÖD 2009, 88, im Anschluss an BVerfG ZBR 2008, 169), dürfte auch für Soldaten gelten.
266 So der 1. WDS des BVerwG (NZWehrr 1984, 214 [Ls] zit. nach juris): „Die Festlegung eines die Lebenserfahrung würdigenden Mindestlebensalters ist angesichts der großen Zahl geeigneter HFw sachgerecht, weil nur so eine befriedigende Anzahl von ihnen rechtzeitig vor ihrem Ausscheiden aus der Bundeswehr zum Oberstabsfeldwebel befördert werden kann." Diese Rspr. verkennt, dass es keine grds. o. absolute, sondern immer nur eine relative, an der Qualifikation der Bewerber gemessene Eignung gibt.
267 Die aus der „Philosophie der Kameradschaft" abgeleiteten Forderungen gehen so weit, selbst die Soldaten im unteren Leistungsdrittel grds. zum „Zieldienstgrad" zu führen.
268 BVerwG IÖD 2005, 74 (75) = DöD 2005, 162 (163 f.). Bestätigt durch BVerwG IÖD 2005, 158 = DÖV 2005, 694. Auch wenn diese Entsch. zum Beamtenrecht ergangen sind, müssen ihre Rechtsgedanken entspr. auf Soldaten Anwendung finden.
269 Die ZDv 20/7 Nr. 128 fordert z.B. für eine Beförderung zum StFw eine Wartezeit von 16 Jahren seit der Ernennung zum Fw. Reine Wartezeiten sind rechtwidrig u. müssen unverzüglich aufgehoben werden.
270 BVerwG IÖD 2005, 74 (76).

Eichen 155

Zweck der Bewährungszeit setze Wartezeiten Grenzen. Eine Wartezeit, die länger sei als zur Feststellung der Eignung notwendig, sei dem Anciennitätsprinzip zuzuordnen, das dem Leistungsgrds. widerspreche. Obergrenze für Bewährungszeiten ist nach Ansicht des BVerwG[271] i. d. R. der für eine Regelbeurteilung vorgesehene Zeitraum; bei Spitzendienstposten kann ein größerer Zeitrahmen angemessen sein.

80 Gravierende Auswirkungen hat diese Rspr. im Bereich der Fw-Dienstgrade. Wegen der derzeit breiten **Dienstpostenbündelung** (Fw bis StFw) finden dort grds. jew. nur Beförderungen mit besoldungsrechtl. Steigerung ohne Übertragung eines höher dotierten Dienstpostens statt. Die dienstl. Aufgaben bleiben unverändert. Die grds. Bewährung wird schon bei der erstmaligen Wahrnehmung des Dienstpostens im Dienstgrad Fw nachgewiesen. Bei weiteren Beförderungen ist, soweit die Bündelung reicht, eine erneute Bewährungszeit unnötig.

81 Eine Berufung auf das Dienst- oder Lebensalter[272] in Form von Wartezeiten bei Auswahlverfahren ist nur zulässig, wenn es sich um **echte Bewährungszeiten** handelt oder wenn eine vom Gesetzgeber nicht gewollte **Sprungbeförderung** (§ 27 Abs. 4 Satz 2[273]) **verhindert** werden soll. Als weitere Ausnahme von der Bestenauslese erkennt das BVerwG[274] nicht im Leistungsgrds. verankerte Belange an, die als immanente Grundrechtsschranke bei Auswahlverfahren berücksichtigt werden können, weil ihnen **selbst Verfassungsrang zukommt**. Hier ist an die bei mil. Auswahlverfahren zu beachtende **Einsatzbereitschaft der SK** zu denken, die verfassungsrechtl. in **Art. 87a Abs. 1 Satz 1 GG** zum Ausdruck kommt. Unbeschadet der Frage, ob es zur Anerkennung einer von Verfassungs wegen zu berücksichtigenden Wartezeit bei mil. Ernennungs- und Verwendungsentscheidungen hierfür zumindest einer gesetzl. Grundlage bedarf[275], reicht die auf Art. 87a Abs. 1 Satz 1 GG gestützte Berufung auf das personalpolit. Interesse der SK an einer ausgewogenen Altersstruktur nicht aus. Es ist sachlich nicht überzeugend begründbar, warum unter Verzicht auf den im öff. Dienst bei Beförderungen vorrangigen Leistungsgrds. im mil. Bereich dienstzeit- und lebensjüngere, leistungsstärkere Soldaten gegenüber älteren Soldaten vor förderlichen Maßnahmen lange Wartezeiten in Kauf nehmen sollen. Die **Altersstruktur in einzelnen Dienstgraden ist,** anders als eine altersgebundene Einstellung von Bewerbern und jahrgangsweise Übernahme zum BS, **für die Einsatzbereitschaft der SK nicht entscheidend.**

82 Nach Art. 87a Abs. 1 GG ist das innere Gefüge der SK so zu gestalten, dass diese ihren mil. Aufgaben gewachsen sind.[276] Wollte man die geforderten Mindestwartezeiten unter Zurückstellung des Leistungsgrds. mit Art. 87a GG rechtfertigen, wäre nachzuweisen, dass sie für die Funktionsfähigkeit der SK unabdingbar und für eine die Einsatzbereitschaft stützende Personalführung von ausschlaggebender Bedeutung seien. Hierfür ist **kein sachlicher Grund** ersichtlich. Wartezeiten machen im

---

271 Ebd.
272 Unberührt bleibt die Möglichkeit zur Berufung auf das Lebensalter, wenn es sich als leistungsbezogenes Kriterium darstellt, s. o. Rn. 30.
273 Vgl. die Komm. zu § 27 Rn. 26.
274 BVerwG IÖD 2005, 158 = DÖV 2005, 694.
275 Diese verlangt das BVerwG a.a.O. außer bei unmittelbar drohender Beeinträchtigung der Funktionsfähigkeit der Verwaltung (entspr. der SK).
276 BVerfGE 28, 36 (41).

Rahmen eines Laufbahnmodells Beförderungen von einem Mindestdienst- und damit erfahrungsgemäß Lebensalter abhängig. Sie bewirken, dass in bestimmte Dienstgrade Soldaten erst ab einem bestimmten Dienstalter (damit in einem bestimmten Altersband) befördert werden können. Wer 16 Jahre Fw-Dienstzeit benötigt, um StFw werden zu können, ist i. d. R. nicht jünger als 40 Jahre. Diese altersmäßige Exklusivität ist im Hinblick auf die Einsatzbereitschaft und einen homogenen Altersaufbau der SK ohne Belang. Ob ein Zug Soldaten seine Befehle von einem 37-jährigen oder einem 43-jährigen StFw erhält, ist für die Auftragserfüllung ohne Bedeutung. Keinem von beiden kann nur aufgrund des Alters die grds. Eignung als Vorg. mit diesem Dienstgrad abgesprochen werden. Das **Alter** ist in diesem Fall **kein Eignungskriterium**. Somit kann es die vorrangigen Leistungsmerkmale Eignung, Befähigung und Leistung nicht verdrängen. Auch die Alterspyramide der Uffz ändert sich nicht, weil eine Beförderung keinen Einfluss auf die besondere Altersgrenze für BerufsUffz (§ 45 Abs. 2 Nr. 5) hat.

Ein **längeres Dienstalter** wirkt sich **nicht per se leistungssteigernd** durch vermehrte Berufserfahrung aus. Dies **kann** (möglicherweise in der Mehrzahl der Fälle), **muss** aber **nicht** sein. Es gibt **keinen allg.** gültigen Erfahrungssatz, mit zunehmendem Alter erhöhten sich Leistungsfähigkeit und Fachwissen.[277] Sollte es im Einzelfall so sein, müsste sich dies im Ergebnis der Beurteilung des dienstälteren Soldaten widerspiegeln.[278] Ist dies nicht der Fall, kann größere Berufserfahrung aufgrund längerer Dienstzeit zwischen im Wesentlichen gleich gut beurteilten Soldaten **nur** als **Hilfskriterium** dienen.

83

Wartezeiten schwächen die **Motivation** insgesamt: Wer warten muss, sieht keinen Sinn darin, sich besonders anzustrengen, weil er während der Wartezeit auch durch Spitzenleistungen keine vorzeitige Förderung erreichen kann. Lebensältere werden keine besonderen Aktivitäten entfalten, weil sie früher oder später – die Wartezeit schließt die Konkurrenz aus – gleichwohl zum Zuge kommen. Nur Wettbewerb untereinander schafft Leistungsanreize und motiviert individuell. Leistungskonkurrenz führt zur bestmöglichen Besetzung von Dienstposten und gewährleistet die Schlagkraft der SK zur möglichst effektiven Aufgabenwahrnehmung. Die Besetzung höherwertiger Dienstposten mit Leistungsschwächeren, aber Lebensälteren führt zu einer schlechteren Aufgabenerledigung.

Reine Wartezeiten zu Gunsten älterer und zu Lasten jüngerer Soldaten sind ebenso unzulässig wie die bisher vom BMVg praktizierte „**L-Term-Regelung**"[279], mit der BerufsUffz mit dem „Laufbahnziel" StFw die Perspektive der Erreichung dieses Ziels

84

---

277 In der Tendenz wohl ebenso BVerwGE 80, 123 (126 – „von einem ... dienstälteren Beamten **typischerweise** mitgebrachte umfassendere praktische Berufserfahrung").
278 Vgl. GKÖD I K, § 23 Rn. 54.
279 Auch als „Aktion Abendsonne" bekannt. OVG Münster IÖD 2008, 30, unterstreicht, dass die Eignung für die Wahrnehmung eines Beförderungsamtes fehlt, wenn im zeitlich engen Anschluss an die Beförderung die Zurruhesetzung erfolgen soll. Vgl. BVerwGE 86, 169; BVerwGE 102, 33 (35).

Eichen

bis zum für die Ruhegehaltfähigkeit maßgeblichen Zeitpunkt eröffnet werden sollte.[280] Beförderungen sind keine Belohnung für in der Vergangenheit erbrachte Leistungen. Sie erfolgen mit Blick darauf, dass die mit dem höheren Dienstgrad verbundenen Kompetenzen für eine weitere Verwendung in den SK benötigt werden. Sie stellen ein Äquivalent für die zu leistenden Aufgaben und Tätigkeiten dar und dienen in erster Linie dem Interesse des Dienstherrn an der bestmöglichen Besetzung von Dienstposten. Zudem verursacht die **bevorzugte Beförderung Lebensälterer** in Spitzenämter **unnötige** und **unberechtigte Versorgungslasten**. Das BVerwG[281] hat festgestellt, dass das Vorziehen einer leistungsmäßig nicht anstehenden Beförderung eines Lebensälteren den Zweck des Leistungsgrds. „in sachfremder Weise zu Lasten sowohl der Allgemeinheit, die für die höheren Versorgungsbezüge aufkommen muss, als auch der Mitbewerber" unterläuft.

85   **dd) Vom Dienst freigestellte oder entlastete Soldaten.** Probleme bereitet eine **Bestenauslese** unter **Einbeziehung vom Dienst freigestellter oder entlasteter Soldaten**. Hierzu gehören insbes. **Soldatenvertreter in Personalvertretungen**, die von ihrer dienstl. Tätigkeit freigestellt werden, hierdurch aber keine Beeinträchtigung ihres beruflichen Werdegangs erleiden dürfen[282] (§ 8, § 46 Abs. 3 Satz 1 und 6 BPersVG i. V. m. § 51 Abs. 3 SBG). Entspr. gilt dies für **mil. Gleichstellungsbeauftragte**, die nach § 18 Abs. 2 SGleiG von ihrer dienstl. Tätigkeit grds. ganz zu entlasten sind und nach § 18 Abs. 5 SGleiG wegen ihrer Tätigkeit in ihrer beruflichen Entwicklung nicht benachteiligt oder begünstigt werden dürfen. Ihnen ist die **fiktive Nachzeichnung** ihres beruflichen Werdegangs im Hinblick auf die Einbeziehung in Personalauswahlentscheidungen zu gewährleisten.[283] In allen Fällen besteht die Schwierigkeit, dass diese Personen keine dienstl., einer Beurteilung zugängliche Tätigkeit ausüben und dass ihr Wirken als Interessenvertreter nicht bewertet werden darf.

86   Aus dem Benachteiligungsverbot folgt, dass ihnen weitgehend jene berufliche Entwicklung zu eröffnen ist, die sie ohne ihre Tätigkeit im Personalrat oder als Gleichstellungsbeauftragte nehmen könnten. Das gilt insbes. für die Teilnahme an Beförderungskonkurrenzen. Unberücksichtigt muss bleiben, dass diese Soldaten nach der Beförderung wegen der andauernden Freistellung oder Entlastung vom Dienst keinen mil. Dienst leisten können. Außerdem muss ihnen, sofern auf eine aktuelle Beurteilung nicht zurückgegriffen werden kann, zur Vergleichbarkeit mit den aktuellen Beurteilungen der Mitbewerber ein Ersatz bereitgestellt werden, der ihnen eine Konkur-

---

280 Vgl. JB des WBeauftr 2003, BT-Drs. 15/2600, 10. Der WBeauftr verkennt die verfassungsrechtl. Tragweite u. die ungeheure finanzpolit. Dimension dieser Verfahrensweise. Wer in dieser Weise öff. Laufbahnziele propagiert, muss sich darüber im Klaren sein, dass er sich auf Kollisionskurs mit dem verfassungsrechtl. Leistungsgrds. befindet. Es mag aus Sicht des DBwV als Soldatengewerkschaft vertretbar sein, für Thesen wie den von *Gertz* (NZWehr 1987, 203 [207]) für die „Masse gut durchschnittlich beurteilter Soldaten" entwickelten Vorschlag („Gesichtspunkte in Auswahlverfahren, die die Erhaltung der Leistungsbereitschaft der Masse der Soldaten sichern sollen, sind grundsätzlich sachgerechte Differenzierungskriterien.") zu werben. Verfassungs- u. dienstrechtl., aber auch aus Sicht junger, leistungsstarker Soldaten sind sie unakzeptabel.
281 BVerwG IÖD 1994, 74 f.
282 BVerwG ZBR 1998, 46 = DöD 1998, 31.
283 Vgl. zur fiktiven Nachzeichnung der Laufbahnentwicklung eines vom Dienst freigestellten ziv. Personalratsmitglieds VGH Mannheim RiA 2009, 41.

renz ermöglicht. Das BVerwG hat klargestellt, dass das **Verfahren** zur Verwirklichung einer Vergleichbarkeit, insbes. im Hinblick auf fehlende dienstl. Beurteilungen, **im pflichtgemäßen Ermessen** des Dienstherrn liegt.[284] Dieser darf in typisierender Weise vorgehen und den Aufwand zur Ermittlung einer fiktiven Laufbahnentwicklung in praktikablen Grenzen halten sowie die Erörterung von Personalangelegenheiten anderer Soldaten auf das unvermeidliche Maß beschränken. Die Praxis im Geschäftsbereich des BMVg geht dahin, für die Entscheidung über die Förderung eines vom Dienst freigestellten oder entlasteten Soldaten eine Laufbahnentwicklung nachzuzeichnen.[285] Dieses Verfahren hat die Billigung der Rspr. gefunden. Es berücksichtigt sowohl die letzten planmäßigen Beurteilungen des Soldaten (das Beurteilungsbild vor der Freistellung oder Entlastung), die fortgeschrieben werden, als auch den Werdegang vergleichbarer Soldaten (z. B. durch Vergleich mit Angehörigen der gleichen Ausbildungs- und Verwendungsreihe, die im gleichen Jahr wie der freigestellte oder entlastete Soldat [dieser ggf. nur fiktiv] auf einen nach der Verwendungsebene vergleichbaren Dienstposten versetzt worden sind). Dabei haben die personalführenden Stellen grds. ein weites Ermessen, welche Vergleichsgruppen sie für diese Betrachtung heranziehen.[286] Sachgerecht erscheint es, über die Berücksichtigung des Werdegangs hinaus insbes. auf dienstgradgleiche Soldaten abzustellen. Einzubeziehen sind auch die allg. üblichen Beförderungslaufzeiten in der jew. Laufbahn und im jew. mil. Organisationsbereich des Soldaten.

Dieses Verfahren zum Ausgleich von Nachteilen für vom Dienst freigestellte oder entlastete Soldaten kann **keine** für alle Bewerber **gesetzlich zwingend angeordneten Vorgaben ersetzen**. So dürfen z. B. Laufbahnbefähigungen oder sonstige erforderliche Qualifikationen nicht kompensiert werden.

2. Absatz 2. Abs. 2 enthält bzgl. der von Soldaten zu erbringenden **körperlichen Eignung** eine Erleichterung für wehrdienstbeschädigte oder einsatzverunfallte Soldaten. Er erlaubt es, von den Kriterien des Art. 33 Abs. 2 GG abzuweichen. Die Best. orientiert sich an den Regelungen über die Weiterbeschäftigung und die Beförderung der schwerbehinderten Beamten (§§ 81 Abs. 2 SGB IX i. V. m. §§ 1, 7 und 24 Nr. 1 AGG [Schutz von Beamten wegen einer Behinderung], § 128 Abs. 1 SGB IX, § 5 Abs. 1 BLV). 87

Abs. 2 war notwendig, weil § 81 SGB IX mit den daraus ableitbaren Pflichten des Dienstherrn gegenüber Schwerbehinderten für Soldaten nicht ohne Weiteres gilt (vgl. § 128 Abs. 4 SGB IX). Hier bietet schwerbehinderten Soldaten inzwischen allerdings § 18 SoldGG Schutz.[287] Es wäre möglich gewesen, ohne ausdrückliche gesetzl. Ermächtigung über die bisher im Erlassweg[288] vorgebene und änderbare Interpretation des Begriffs der Dienstunfähigkeit eine generelle Lockerung der Voraussetzun- 88

---

284 BVerwG ZBR 1998, 46 = DöD 1998, 31.
285 Vgl. zu Einzelheiten, auch zur (ggf. nur fiktiven) Versetzung des Soldaten auf einen höher bewerteten Dienstposten, um ihn in Auswahlentscheidungen für Beförderungen einbeziehen zu können, BMVg – PSZ I 1 – R 6/02 v. 11.7.2002 „Richtlinie für die Förderung von Dienst freigestellter Soldatinnen und Soldaten". Für den Antrag eines vom Dienst freigestellten Soldaten auf fiktive Versetzung auf einen höherwertigen Dienstposten ist der Rechtsweg zu den Wehrdienstgerichten gegeben, BVerwGE 93, 188 = NZWehr 1994, 244.
286 Ebd.
287 Vgl. *Eichen*, SoldGG, § 18 Rn. 1 ff.
288 Vgl. ZDv 14/5 B 153 Nr. 1 Abs. 3.

gen zur Belassung körperlich geschädigter Soldaten im Dienstverhältnis zu erreichen. Zur inhaltl. Ausgestaltung der Dienst(un)fähigkeit insbes. im Hinblick auf die körperliche Eignung und die gesundheitlichen Voraussetzungen für bestimmte dienstl. Verwendungen steht dem Dienstherrn ein Beurteilungsspielraum[289] zu. Da der Gesetzgeber aber nicht alle schädigenden Ereignisse im selben Maße als privilegierend anerkennen wollte, hat er mit Rücksicht auf Art. 33 Abs. 2 GG und § 3 Abs. 1 eine **gesetzl. Ausnahmeregelung** bevorzugt.

89 Abs. 2 erlaubt es unter Rückgriff auf den Aufopferungsgedanken, einen durch bestimmte Ursachen wehrdienstbeschädigten oder einsatzunfallgeschädigten Soldaten, bei dem aufgrund der Schädigung begründete Zweifel an seiner Dienstfähigkeit bestehen, so zu behandeln, dass er wegen seiner Schädigung keinen status- und dienstrechtl. Nachteil erleidet. Von ihm kann bei der Prüfung einer Entlassung oder Zurruhesetzung wegen Dienstunfähigkeit sowie bei späteren förderlichen Maßnahmen ein herabgesetztes Maß an **körperlicher Eignung** verlangt werden. Abs. 2 befreit den Soldaten nicht davon, sich – abgesehen von einer verringerten körperlichen Eignung – aufgrund des Leistungsprinzips einer Bestenauslese stellen zu müssen. Insgesamt besser qualifizierte Bewerber sind ihm vorzuziehen. Sein Bevorzugung besteht darin, dass er, auch wenn er in Bezug auf seinen körperlichen Zustand oder aus gesundheitlichen Gründen nicht mehr allen Anforderungen gerecht werden kann, die ihm in seiner gegenwärtigen Dienststellung **und in den wesentlichen Dienststellungen seines Dienstgrades** abverlangt werden[290], die Möglichkeit hat, im Dienst zu verbleiben. Es reicht aus, wenn er eine aus Sicht des Dienstherrn angemessen nutzbare Tätigkeit auf einem regulären Dienstposten in den SK ausüben kann. Bei der Bewertung, ob dies noch der Fall ist, hat der Dienstherr einen weiten Spielraum.[291] Dabei kann je nach Verwendung (insbes. bei Stabstätigkeiten oder in Ämtern der SK) ohne Weiteres z. B. ein arm- oder beinamputierter oder ein Soldat im Rollstuhl eingesetzt werden. Bringt der Soldat auch die notwendige geringere körperliche Eignung nicht auf, ist er dienstunfähig im Sinne der gesetzl. Vorschriften, und sein Dienstverhältnis muss beendet werden.

90 Abs. 2 gilt nur für geschädigte **Soldaten**. Ist der Soldat zwischenzeitlich aus dem Wehrdienstverhältnis ausgeschieden, gibt ihm Abs. 2 keinen Anspruch auf Wiedereinstellung auf der Grundlage einer verringerten körperlichen Eignung. Auf Ausnahmen nach dem EinsatzWVG wird verwiesen (vgl. zu diesem G Rn. 94 ff.).

91 Die Fälle der gesundheitlichen Schädigungen, die nach Abs. 2 privilegiert werden sollen, sind durch **Verweisungen auf das SVG** konkretisiert. Diese Methode führt dazu, dass die Vorschrift weder aus sich heraus verständlich noch anwenderfreundlich ist. War ursprünglich das erweiterte Aufgabenspektrum der SK, d. h. der vermehrte **Auslandseinsatz**, Anlass für die Neuregelung in Abs. 2, wurde dieser enge Ansatz bald zu Gunsten der Einbeziehung bestimmter Inlandsdienste aufgegeben. Erfasst werden folgende Fallgestaltungen:

---

289 Vgl. die Komm. zu § 44 Rn. 30, 35, § 55 Rn. 12.
290 Vgl. ZDv 14/5 B 153, Nr. 1 Abs. 3.
291 Um diesen weiten Spielraum nicht unnötig einzuengen, hat das BMVg bisher von der in der amtl. Begr. (BT-Drs. 14/6881, 27) vorgesehene Erlassregelung, um „die Möglichkeit zur Ausübung des Ermessens im Einzelfall" zu konkretisieren, abgesehen.

– **Abs. 2 Nr. 1:** Der Soldat hat (auch im **Inland**) eine **WDB** durch eine **Wehrdienstverrichtung** oder durch einen **Unfall während der Ausübung des Wehrdienstes** nach § 81 Abs. 1 SVG erlitten. Nach der Rspr. des BSG sind **Wehrdienstverrichtungen** Handlungen des Soldaten, die er zur Verrichtung des Wehrdienstes aufgrund besonderer Befehle oder allg. Dienstvorschriften oder ungeschriebener soldatischer Pflichten und mil. Grds. ausführt.[292] Die WDB ist nicht schon dann **durch** die Wehrdienstverrichtung entstanden, wenn ein zeitlicher Zusammenhang zwischen der gesundheitlichen Schädigung und der Wehrdienstverrichtung besteht. Nötig ist insofern vielmehr ein **ursächlicher Zusammenhang**. Für das Erleiden eines **Unfalls** (eines auf äußerer Einwirkung beruhenden plötzlichen, örtlich und zeitlich bestimmbaren, einen Körperschaden verursachenden Ereignisses, vgl. § 27 Abs. 2 SVG) **während der Ausübung des Wehrdienstes** ist nicht erforderlich, dass die Schädigung mit dem Wehrdienst ursächlich zusammenhängt. Es reicht ein zeitlicher Zusammenhang des Unfalls mit der Ausübung des Wehrdienstes aus, wobei allerdings **tatsächlich** mil. **Dienst ausgeübt** worden sein muss. Es genügt nicht, dass der Unfall während der Dienstzeit oder innerhalb des mil. Dienstverhältnisses eingetreten ist.[293]

– **Abs. 2 Nr. 2:** Der Soldat erleidet eine WDB i. S. d. **§ 81 Abs. 2 Nr. 1 oder 3 SVG**. Das sind zum einen die Fälle (**Nr. 1**), in denen er die gesundheitliche Schädigung **aufgrund eines Angriffs**
   a) wegen seines pflichtgemäßen dienstl. Verhaltens,
   b) wegen seiner Zugehörigkeit zur Bw oder
   c) bei Kriegshandlungen, Aufruhr oder Unruhen, denen er am Ort seines dienstl. angeordneten Aufenthalts **im Ausland** besonders ausgesetzt war,
   erlitten hat.

---

292 Vgl. zum Folgenden Landessozialgericht für das Saarland L 5 VS 19/01 m. w. N.
293 Abs. 2 erfasst nicht die dritte Variante der WDB nach § 81 Abs. 1 SVG, d. h. eine gesundheitliche Schädigung, die durch die **dem Wehrdienst eigentümlichen Verhältnisse** herbeigeführt worden ist. Solche Verhältnisse sind nach der Rspr. (vgl. Bayerisches Landessozialgericht, Urt. v. 19.10.2004, Az L 15 VS 15/00 m. w. N.) gegeben, wenn sie der Eigenart des Wehrdienstes entsprechen u. allg. eng mit ihm verbunden sind. Es muss sich um Lebensbedingungen handeln, die sich deutlich von denen des Zivillebens abheben u. sich aus der besonderen Rechtsnatur des Wehrdienstes u. aus der Beschränkung der persönlichen Freiheit des Soldaten ergeben. Wehrdiensteigentümliche Verhältnisse können sich daher außerhalb der Ausübung des Wehrdienstes in der Freizeit, in Dienstpausen o. während privater Verrichtungen ergeben. Letzteres mag der Grund sein, warum der Gesetzgeber davon abgesehen hat, eine so entstandene WDB nach Abs. 2 zu privilegieren. Überzeugend ist dies nicht. Fällt ein Soldat während der Nachtruhe auf seiner Stube schuldlos aus dem oberen eines doppelstöckigen Bettes (ein solches Bett ist wehrdiensteigentümlich) u. erleidet eine WDB, wird diese nicht durch Abs. 2 erfasst, weil sie weder durch eine Wehrdienstverrichtung noch durch einen Unfall während der Ausübung des Dienstes entstanden ist. Fällt der Soldat, weil er durch einen Alarmruf geweckt wird u. sich in Eile marschfertig machen muss, beim Aufstehen aus demselben Bett u. erleidet eine WDB, kann er sich auf einen während der Ausübung des Wehrdienstes erlittenen Unfall berufen (mit dem Befehl zum Aufstehen u. zur Herstellung der sofortigen Einsatzbereitschaft dürfte der Soldat im Dienst sein), der dem Abs. 2 unterfällt. Diese Unterscheidung zumindest ähnlicher Sachverhalte ist nicht vermittelbar. Der Gesetzgeber sollte seine unterschiedliche Regelung überdenken.

Zum anderen (**Nr. 3**) sind Situationen erfasst, in denen der Gesundheitsschaden durch die gesundheitsschädigenden Verhältnisse, denen der Soldat am Ort seines dienstl. angeordneten Aufenthalts **im Ausland** besonders ausgesetzt war, herbeigeführt worden ist.
Zu Nr. 1 Alt. a (Angriff auf den Soldaten wegen pflichtgemäßen dienstl. Verhaltens) sind Zweifel angebracht, ob dieser Fall bereits durch die in § 81 Abs. 1 SVG enthaltene, durch eine Wehrdienstverrichtung herbeigeführte gesundheitliche Schädigung erfasst wird, da ein ursächlicher Zusammenhang zwischen gesundheitlicher Schädigung und einer dienstl. angeordneten Verrichtung i. S. d. Rspr. des BSG wohl zu bejahen wäre. Dann läge versorgungsrechtl. eine unnötige Doppelregelung vor. Der Fall der Nr. 3 ist verständlich (Beispiel: Der Soldat erkrankt während eines Auslandseinsatzes an Malaria; diese Gesundheitsschädigung ist eine WDB), wobei diese Regelung nicht nur für besondere Auslandsverwendungen[294] und ähnlich gefährliche Verwendungen, sondern für jede Dienstleistung im Ausland, z. B. als Militärattaché, gilt.

- **Abs. 2 Nr. 3:** Der Soldat erleidet eine gesundheitliche Schädigung durch einen **Einsatzunfall** i. S. d. **§ 63c Abs. 2 SVG**.[295] Der Einsatzunfall erfasst dienstbedingte gesundheitliche Schädigungen aufgrund eines Unfalls oder einer Erkrankung während der besonderen Auslandsverwendung[296] oder gesundheitliche Schädigungen, die auf Erkrankungen und Unfälle aufgrund der besonderen **vom Inland** wesentlich **abweichenden Verhältnisse** zurückzuführen sind. Darüber hinaus liegt ein Einsatzunfall vor bei gesundheitlichen Schädigungen bei dienstl. Verwendung im Ausland, die im Zusammenhang mit einer Verschleppung, einer Gefangenschaft o. Ä. stehen.[297]

92 Voraussetzung ist in allen Fällen, dass die gesundheitliche Schädigung **nicht** auf **grobes Verschulden** (vorsätzliches oder grob fahrlässiges Fehlverhalten) zurückzuführen sein darf.[298]

93 Die Möglichkeit in Abs. 2, den Soldaten bei verringerter körperlicher Eignung zu privilegieren, ist als **Ermessensregelung** angelegt. Dabei wird einerseits sichergestellt, dass ein Soldat, der aufgrund seiner Schädigung nicht mehr den wesentlichen Anforderungen seines Dienstgrades gerecht wird und nach bisheriger Regelung als dienstunfähig anzusehen ist, **nicht** zum Verbleiben im Dienstverhältnis **gezwungen** werden kann. Wenn sich dieser Soldat wegen ihm zustehender Versorgungsansprüche ausreichend finanziell abgesichert sieht, soll er – wie jeder andere Soldat auch – wegen Dienstunfähigkeit aus dem Dienstverhältnis ausscheiden können.[299] Andererseits gibt die Vorschrift dem Dienstherrn notfalls die Handhabe, aus Gründen der Ersatzbereitschaft der SK von einer Weiterverwendung von tatbestandsmäßig nach Abs. 2 zu bevorzugenden Soldaten abzusehen.

---

294 Vgl. § 63c Abs. 1 SVG; § 62 SG.
295 Das ohnehin schwierige Verständnis dieser Regelung wird dadurch erschwert, dass sie ihrerseits auf zwei weitere Vorschriften verweist. Für die Soldaten in den personalbearbeitenden Stellen, die diese versorgungsrechtl. Best über den Abs. 2. anwenden sollen, ist diese Aufgabe ohne rechtl. Beratung nicht lösbar.
296 S. Fn. 294.
297 Vgl. BT-Drs. 15/3416, 18.
298 Ohnehin kann nach § 81 Abs. 7 SVG eine vom Beschädigten absichtlich herbeigeführte gesundheitliche Schädigung nicht als WDB gelten.
299 BT-Drs. 14/6881, 27.

3. Exkurs: Einsatz-Weiterverwendungsgesetz[300]. Auslandseinsatzbedingte Schädigungen können über Abs. 2 hinausgehende Ansprüche nach dem EinsatzWVG bewirken. Dieses G soll verhindern, dass durch eine Schädigung im Auslandseinsatz betroffene Soldaten, für die auf dem Arbeitsmarkt keine Perspektive mehr besteht, gänzlich aus dem Berufsleben ausscheiden müssen. Hierzu erhalten Maßnahmen zur Eingliederung in das Erwerbsleben Vorrang vor einer sonst nach § 44 Abs. 3, § 55 Abs. 2, § 75 Abs. 1 Satz 2 Nr. 10 oder (bei nach Maßgabe des WPflG Wehrdienst leistenden Personen) nach § 29 Abs. 2 Satz 1 WPflG wegen des gesundheitlichen Zustandes gebotenen Beendigung eines Wehrdienstverhältnisses.

94

Wer eine nicht nur geringfügige gesundheitliche Schädigung durch einen Einsatzunfall i. S. v. § 63c SVG erlitten hat, befindet sich als Einsatzgeschädigter (§ 1 Nr. 1 EinsatzWVG) kraft Gesetzes in einer sog. **Schutzzeit**. Das ist nach § 4 Abs. 1 EinsatzWVG die Zeit, in der medizinische Leistungen zur Behandlung der gesundheitlichen Schädigung oder Leistungen zur beruflichen Qualifizierung benötigt werden, um die Aufnahme der bisherigen beruflichen Tätigkeit, eine dauerhafte Weiterverwendung nach dem EinsatzWVG oder eine sonstige Eingliederung in das Arbeitsleben zu erreichen.

Während der Schutzzeit dürfen Einsatzgeschädigte wegen einer durch den Einsatzunfall bedingten Dienstunfähigkeit **nur auf eigenen Antrag in den Ruhestand versetzt oder entlassen** werden. Die Schutzzeit endet mit der Feststellung, dass die o.g. Ziele erreicht sind oder voraussichtlich nicht mehr erreicht werden können, spätestens fünf Jahre[301] nach dem Beginn beruflicher Qualifizierungsmaßnahmen oder mit Ablauf des Monats, in dem die Einsatzgeschädigten das 65. Lebensjahr vollenden.

Im Hinblick darauf, dass BS durch die Regelung des § 3 Abs. 2 und die finanzielle Absicherung durch das SVG hinreichend geschützt sind, sieht das EinsatzWVG für alle anderen Wehrdienstverhältnisse, die sonst während der Schutzzeit durch Zeitablauf (nicht wegen Dienstunfähigkeit) enden würden oder aus diesem Grund zu beenden wären, den Eintritt in ein **Wehrdienstverhältnis besonderer Art**[302] vor, in dem Einsatzgeschädigte die Rechtsstellung eines SaZ haben (§ 6 Abs. 1 und 2 EinsatzWVG). Hat das Wehrdienstverhältnis bereits durch Zeitablauf geendet oder ist es aus diesem Grund beendet worden und ist die gesundheitliche Schädigung erst danach erkannt worden (Stichwort: **posttraumatische Belastungsstörungen**), besteht nach § 6 Abs. 5 und 6 EinsatzWVG unter bestimmten Voraussetzungen ein Anspruch auf Wiedereinstellung in ein Wehrdienstverhältnis besonderer Art zur Gewährleistung der Schutzzeitregelung, wie sie bei rechtzeitigem Erkennen der Schädigung zu gewähren gewesen wäre.

95

Einsatzgeschädigte, deren Erwerbsfähigkeit infolge des Einsatzunfalls am Ende der Schutzzeit um mindestens 50 Prozent gemindert ist, haben – sofern sie keine für sie festgesetzte besondere oder allg. Altersgrenze erreicht oder überschritten haben – nach § 7 EinsatzWVG **bedarfsunabhängig** ungeachtet der in § 39 genannten Voraussetz-

96

---

300 G zur Regelung der Weiterverwendung nach Einsatzunfällen (Einsatz-Weiterverwendungsgesetz – EinsatzWVG) v. 12.12.2007 (BGBl. I S. 2861), zul. geä. durch Art. 2 Nr. 3 des G v. 29.7.2009 (BGBl. I S. 2350). Hierzu *Saalfeld, Michael*: Die Alternative zur Einsatzversorgung – Weiterbeschäftigung nach dem Einsatz-Weiterverwendungsgesetz, BWV 2008, 38.
301 Diese Frist kann um bis zu drei Jahre verlängert werden, wenn festgestellt wird, dass in dieser Zeit das Erreichen der Ziele des G zu erwarten ist.
302 Lex specialis zu § 75 Abs. 6 SG u. § 29a WPflG.

zungen **Anspruch auf Berufung in das Dienstverhältnis eines BS**[303], nachdem sie sich im unmittelbaren Anschluss an die Schutzzeit in einer Probezeit von sechs Monaten bewährt haben. An Stelle der körperlichen Eignung nach § 37 Abs. 1 Nr. 3 muss lediglich **Dienstfähigkeit**[304] vorliegen (vgl. § 7 Abs. 1 Satz 4 EinsatzWVG).

97 Wie bereits das Einsatzversorgungsgesetz[305], das die Einsatzversorgung nach dem SVG deutlich verbessert hat, ist das EinsatzWVG hins. des **Gleichbehandlungsgrds.** kritisch zu betrachten. Ein Inlandsdienstunfall mit gleichen oder sogar schwerwiegenderen Schädigungsfolgen wird wesentlich schlechter behandelt als eine im Ausland erlittene Schädigung. Dies gilt umso mehr, als nicht jede „besondere Auslandsverwendung" nach § 63c SVG[306] von einer besonderen Gefährdungslage geprägt sein muss.[307] Wenn dann noch aus falsch verstandener Fürsorge eine großzügige Praxis der Anerkennung von Schädigungen als Einsatzunfall hinzutritt, kann auch der Aufopferungsgedanke (vgl. die Komm. zu § 3 Abs. 2, o. Rn. 89) diese Privilegierung nicht rechtfertigen. Eigentlicher Grund für die Verabschiedung des EinsatzWVG war die hinter der Versorgung der BS deutlich zurückbleibende Versorgung für die nach dem WPflG und dem Vierten Abschnitt des SG Wehrdienst leistenden Soldaten. Dieser Lücke des Einsatzversorgungsgesetzes hätte systemkonform und rechtl. unbedenklich durch eine Gleichbehandlung von Dienstunfällen im In- und Ausland sowie durch Ausdehnung der BS-Versorgung auf alle Soldaten Rechnung getragen werden können.

§ 4 Ernennung, Dienstgradbezeichnungen, Uniform

(1) Einer Ernennung bedarf es
1. **zur Begründung des Dienstverhältnisses eines Berufssoldaten oder eines Soldaten auf Zeit (Berufung),**
2. **zur Umwandlung des Dienstverhältnisses eines Soldaten auf Zeit in das Dienstverhältnis eines Berufssoldaten oder umgekehrt (Umwandlung),**
3. **zur Verleihung eines höheren Dienstgrades (Beförderung).**

(2) ¹**Der Bundespräsident ernennt die Berufssoldaten, die Soldaten auf Zeit und die Offiziere der Reserve.** ²**Die übrigen Soldaten ernennt der Bundesminister der Verteidigung.** ³**Die Ausübung dieser Befugnisse kann auf andere Stellen übertragen werden.**

(3) ¹**Der Bundespräsident setzt, soweit gesetzlich nichts anderes bestimmt ist, die Dienstgradbezeichnungen der Soldaten fest.** ²**Er erlässt die Bestimmungen über die Uniform der Soldaten.** ³**Er kann die Ausübung dieser Befugnisse auf andere Stellen übertragen.**

---

303 Alternativ kommt nach § 8 EinsatzWVG eine Weiterverwendung im Beamten- o. Arbeitnehmerverhältnis in Betracht.
304 Nach der amtl. Begr. zu § 7 EinsatzWVG ist es ausreichend, wenn der Einsatzgeschädigte im Rahmen vorhandener – also nicht speziell für ihn geschaffener – Strukturen auch nur auf einem Dienstposten noch ausbildungs- u. dienstgradgerecht verwendet werden kann (BT-Drs. 16/6544, 19).
305 G zur Regelung der Versorgung bei besonderen Auslandsverwendungen (Einsatzversorgungsgesetz) v. 21.12.2004 (BGBl. I S. 3592), rückwirkend in Kraft ab 1.12.2002.
306 Die Begriffsbestimmung entspricht der besoldungsrechtl. Definition in § 58a Abs. 1 BBesG.
307 Vgl. § 3 Abs. 1 AuslVZV (Neufassung v. 8.4.2009 – BGBl. I S. 809), wonach erst für die dritte Stufe des Auslandsverwendungszuschlags gesundheitsrelevante Umstände beachtlich sind.

(4) ¹Legt ein Soldat sein Mandat nieder und bewirbt er sich zu diesem Zeitpunkt erneut um einen Sitz im Deutschen Bundestag oder im Europäischen Parlament, so ist die Verleihung eines höheren Dienstgrades nicht zulässig. ²Satz 1 gilt sinngemäß für Soldaten, die in die gesetzgebende Körperschaft eines Landes gewählt worden sind, und zwar auch für die Zeit zwischen zwei Wahlperioden. ³Die Verleihung eines höheren Dienstgrades ist auch nicht zulässig, wenn ein Berufssoldat oder Soldat auf Zeit, dessen Rechte und Pflichten auf Grund der §§ 5, 6, 8 und 36 des Abgeordnetengesetzes oder entsprechender Rechtsvorschriften ruhen, einen Dienst nach § 51 Abs. 6 oder § 54 Abs. 4 leistet.

Übersicht

	Rn		Rn
I. Allgemeines	1	c) Erfordernis der Ernennung	12
II. Erläuterungen im Einzelnen	3	2. Absatz 2	20
1. Absatz 1	3	3. Absatz 3	26
a) Zweck der Vorschrift, Entstehung und Änderungen der Vorschrift, Bezüge zum Beamtenrecht	3	a) Allgemeines	26
		b) Dienstgradbezeichnungen	29
		c) Uniform	38
b) Begriff der Ernennung	7	4. Absatz 4	43

Literatur: *Alff, Richard*: Zur Rechtsstellung der in ein Parlament gewählten Soldaten, NZWehrr 1980, 201; *Dau, Klaus*: Uniformen, Rang- und Tätigkeitsabzeichen der Bundeswehr im Schutz des § 132a StGB, NZWehrr 1987, 133; *Deiseroth, Dieter*: Gerichtliches Disziplinarverfahren gegen einen nicht rechtswirksam in sein Dienstverhältnis berufenen Zeitsoldaten?, jurisPR-BVerwG 24/2007 Anm. 6; *Demandt, Ecke*: Ist es zulässig, dem Soldaten das Tragen der Uniform während des Dienstes zu verbieten?, NZWehrr 1981, 182; *Dittrich, Karl-Heinz*: Der Bundespräsident und seine Bedeutung für die Streitkräfte, BWV 1999, 73; *Drescher, Alfred*: Die Neuregelung der Rechtsverhältnisse der in den Bundestag gewählten Angehörigen des öffentlichen Dienstes, RiA 1977, 51; *Fichte, Robby*: An den Haaren herbeigezogen – Die vermeintliche Verfassungswidrigkeit des sog. Haar- und Barterlasses der Bundeswehr, NZWehrr 2006, 139; *Kruck, Bernhard*: Staatsoberhaupt und Streitkräfte, 2. Aufl. 1998; *Nettesheim, Martin*: Die Aufgaben des Bundespräsidenten, HStR III, 3. Aufl. 2005, § 62; *Pötz, Susanne*: Die freie Entfaltung der Persönlichkeit im Dienst – Zur Frage, wie viel Schmuck bei der Verrichtung des Dienstes in Uniform erlaubt ist, NZWehrr 2003, 245; *Poretschkin, Alexander*: Dienstgradabzeichen und Uniformen, BWV 2008, 173; *Schlaich, Klaus*: Die Funktionen des Bundespräsidenten im Verfassungsgefüge, HStR II, 2. Aufl. 1998, § 49; *Schreiber, Jürgen*: Staatliche Ehrenzeichen außerhalb des Ordensgesetzes?, NZWehrr 1977, 17; *Wahlers, Wilhelm*: Das äußere Erscheinungsbild uniformierter Beamter, ZBR 2009, 116.

I. Allgemeines

Die Vorschrift **legt fest**, für welche Fälle im Bereich des Soldatenrechts eine Ernennung erforderlich ist. Im Zusammenhang damit werden die Begriffe der Berufung, Beförderung und Umwandlung definiert (Abs. 1). Weiterhin bestimmt § 4 die Befugnisse und Zuständigkeiten des BPräs für Ernennungen (Abs. 2) sowie für die Festlegung von Dienstgradbezeichnungen und Uniformen der Soldaten (Abs. 3). Schließlich wird eine Beförderungssperre für Soldaten im Hinblick auf eine bevorstehende Mitgliedschaft im BT, im Europ. Parlament oder in einer gesetzgebenden Körperschaft eines Landes sowie für Abg. während einer Wehrübung begründet (Abs. 4).

1

2 Die **Zusammenfassung** dieser unterschiedlichen Regelungsgegenstände in einem Paragraphen ist **keineswegs zwingend**. Hier dürften beim Gesetzgeber eher pragmatische als rechtssystematische Kriterien im Vordergrund gestanden haben. Dies zeigt der Vergleich zum Beamtenrecht.[1] Inhaltl. sind die einzelnen Abs. des § 4 zwar weitgehend an das Beamtenrecht angelehnt, folgen aber im Rahmen des SG einer anderen Regelungssystematik als die entspr. Best. im BBG.

§ 4 betrifft **vier verschiedene Regelungsbereiche**. Auf die Entstehungsgeschichte, den Vergleich zu anderen Best. sowie auf ergänzende RVO und Vorschriften wird daher – abw. von der sonstigen Systematik dieses Komm. – jew. bei der Komm. der einzelnen Abs. eingegangen.

II. Erläuterungen im Einzelnen

1. Absatz 1. – a) Zweck der Vorschrift, Entstehung und Änderungen der Vorschrift,
3 **Bezüge zum Beamtenrecht.** Abs. 1 bestimmt **abschließend** die statusrechtl. Maßnahmen, die einer **Ernennung** bedürfen. Damit erschöpft sich sein Regelungsgehalt. Rechtl. Maßstäbe für Ernennungen enthält Abs. 1 nicht; diese sind an anderen Stellen des SG normiert (vgl. § 3 Abs. 1, §§ 37, 38, 39). Allenfalls mittelbar bestimmt Abs. 1 den Anwendungsbereich des § 3 insoweit, als dieser sich auf Ernennungsentscheidungen bezieht.[2] Auch formelle Vorgaben für die Art und Weise, in der Ernennungen vorzunehmen sind, werden nicht in Abs. 1, sondern in den §§ 41 und 42 geregelt.

4 Der **REntw.**[3] sah in § 4 Abs. 1 lediglich zwei Fallgruppen der Ernennung vor: die Berufung in das Dienstverhältnis eines BS oder SaZ und die Beförderung. Erst auf Empfehlung des **Ausschusses für Beamtenrecht** des BT wurde die Umwandlung des Dienstverhältnisses eines SaZ in das eines BS oder umgekehrt gesondert als Nr. 1a (später Nr. 2) in den Entw. aufgenommen[4], obwohl es sich dabei um Sonderfälle der Berufung handelt.[5]

5 Seit dem Inkrafttreten des SG wurde Abs. 1 zweimal geä. Durch Art. 65 Nr. 1 des G vom **21.8.2002**[6] wurde Satz 2 eingefügt. Von der Einführung der elektronischen Kommunikation im Verwaltungs- und Dienstrecht sollte die Ernennung wegen ihres hohen Symbolwertes ausgenommen bleiben. Das besondere Näheverhältnis zwischen Soldat und Dienstherrn sei in elektronischer Form nicht so zu dokumentieren und hervorzuheben, wie durch Aushändigung einer Urkunde.[7] Durch Art. 10 Nr. 1 Buchst. a des **DNeuG** wurde Satz 2 wieder aufgehoben. Nunmehr soll mittels der qualifizierten elektronischen Signatur auch eine Ernennungsurkunde in elektronischer Form nicht mehr ausgeschlossen sein.[8] Ob hierfür ein praktisches Bedürfnis besteht, darf bezweifelt werden.

---

1 Vgl. u. Rn. 6.
2 BVerwG NVwZ-RR 1993, 635; OVG Lüneburg DVBl. 1999, 933.
3 BT-Drs. II/1700, 4.
4 Vgl. BT-Drs. II/2140, 4.
5 So auch *Scherer/Alff/Poretschkin*, SG, § 4 Rn. 3.
6 BGBl. I S. 3322.
7 BT-Drs. 14/9000, 39, 50 (zu Art. 63 in der Entwurfsfassung). Vgl. im Übrigen *Schmitz*, DÖV 2005, 885.
8 Vgl. BT-Drs. 16/7076, 101 (zu § 10 Abs. 2 BBG).

Abs. 1 entspricht inhaltl. den beamten- und richterrechtl. Best. der § 8 Abs. 1 **6**
BeamtStG, § 10 Abs. 1 BBG und § 17 Abs. 2 DRiG. Im Unterschied zum Soldatenrecht
werden dort die Fälle, in denen eine Ernennung zu erfolgen hat, und die Form der
Ernennung jew. in einer Best. zusammengefasst.

b) Begriff der Ernennung. Der Begriff der Ernennung wird im SG – anders als die **7**
Begriffe Berufung, Umwandlung und Beförderung – nicht definiert, sondern **vorausgesetzt**. Da bei der Schaffung des § 4 Abs. 1 ausdrücklich an die beamtenrechtl. Regelungen angeknüpft wurde[9], ist auch im Soldatenrecht der allg. dienstrechtl. Ernennungsbegriff zu Grunde zu legen.[10]

Bei einer Ernennung handelt es sich folglich um einen rechtsgestaltenden, formgebundenen, bedingungsfeindlichen und mitwirkungsbedürftigen **VA**, der die Grundlagen der Rechtsstellung des Soldaten (Status) festlegt.[11]

Als mitwirkungsbedürftiger VA setzt die Ernennung die **Zustimmung** des zu Ernen- **8**
nenden im Zeitpunkt der Vollzugs der Ernennung voraus. **Fehlt** es an der Zustimmung, ist die Ernennung **unwirksam**.[12] Bei der Zustimmung handelt es sich um eine öff.-rechtl. Willenserklärung[13], die – anders als die Ernennung selbst – ihrerseits **keinen Formerfordernissen** unterliegt. So wird die Zustimmung regelmäßig in der widerspruchslosen Entgegennahme der Ernennungsurkunde zu sehen sein.[14] Beförderungen können unter bestimmten Voraussetzungen (vgl. § 42 Abs. 2, § 58 Abs. 2) statt durch Aushändigung einer Urkunde durch dienstl. Bekanntgabe erfolgen.[15] Auch in diesen Fällen muss das Einverständnis des Betroffenen gegeben sein; es spricht nichts dagegen, dies zu unterstellen, so lange keine abw. Äußerung vorliegt.[16]

Die Mitwirkungsbedürftigkeit hat zur Konsequenz, dass der zu Ernennende bis zum **9**
wirksamen Vollzug der Ernennung den Eintritt der beabsichtigten Statusänderung verhindern kann. **Weigert** er sich, die Ernennungsurkunde anzunehmen oder äußert er auf sonstige Weise unmissverständlich seine Ablehnung, kommt die Ernennung nicht zu Stande. Die Zustimmung kann selbst dann **nicht fingiert** oder ersetzt werden, wenn der Betroffene kraft Gesetzes oder aufgrund eigener Erklärung verpflichtet ist, sich ernennen zu lassen.[17] Eine **Verpflichtung, sich (erneut) ernennen zu lassen,** konstituiert das SG unter bestimmten Voraussetzungen für in den einstweiligen Ruhestand versetzte Offz (§ 50 i. V. m. § 57 BBG) sowie für BS, die wegen Erreichens oder Überschreitens der Altersgrenze oder wegen Dienstunfähigkeit in den Ruhestand getreten bzw. versetzt worden sind (§ 51 Abs. 1 und Abs. 4). Gegen den Willen der ehem. Soldaten kann die erneute Berufung jedoch auch in diesen Fällen nicht vollzo-

---

9 BT-Drs. II/1700, 18.
10 So auch BVerwG NVwZ-RR 1993, 635.
11 Vgl. für das Beamtenrecht *Battis*, BBG, § 10 Rn. 2.
12 BVerwGE 34, 168 (171) = NZWehrr 1981, 144; GKÖD I K, § 6 Rn. 49 ff.; *Scherer/Alff/Poretschkin*, SG, § 4 Rn. 5; GKÖD I Yk, § 4 Rn. 9.
13 *Battis*, BBG, § 10 Rn. 6; OVG Münster NZWehrr 1987, 216.
14 *Battis*, ebd., m.w.N.; GKÖD I Yk, § 4 Rn. 9.
15 Vgl. § 7 der DBest. zur Anordnung des BPräs über die Ernennung u. Entlassung der Soldaten v. 21.6.2007 (VMBl. S. 82 = ZDv 14/5 B 111); ZDv 14/5 B 119.
16 *Scherer/Alff/Poretschkin*, SG, § 4 Rn. 9; GKÖD I Yk, § 4 Rn. 9.
17 Vgl. *Scherer/Alff/Poretschkin*, SG, § 4 Rn. 7.

gen werden.¹⁸ Wird die Verpflichtung, sich ernennen zu lassen, schuldhaft nicht erfüllt, kann allein mit dem Mittel des Disziplinarrechts (vgl. § 23 Abs. 2 Nr. 3) reagiert werden. Hinzu kommt der i. d. R. schwerwiegende Verlust der Versorgungsbezüge (§ 57 SVG). Andere Möglichkeiten – insbes. zur einseitigen Verfügung der Statusänd. – hat der Dienstherr nicht. Hier liegt einer der wesentlichen Unterschiede zu anderen statusrechtl. VA, die keine Ernennung voraussetzen, wie z. B. die Verlängerung der Dienstzeit eines SaZ¹⁹ oder die Heranziehung zu Dienstleistungen. Diese können gegen den Willen des Betreffenden vollzogen werden, sofern die gesetzl. Voraussetzungen erfüllt sind.

10 Für die Zustimmung zur Ernennung gelten die allg. **Grundsätze über Willenserklärungen**. Die Zustimmung eines Geschäftsunfähigen ist nichtig (§ 105 BGB)²⁰; eine Ernennung kommt nicht zustande. Für beschränkt Geschäftsfähige, insbes. Minderjährige, gelten die Best. der §§ 107, 108, 113 BGB, d. h. die Zustimmung ist zunächst schwebend unwirksam, kann aber durch den gesetzl. Vertreter oder den volljährig gewordenen Soldaten nachgeholt werden.²¹

Die Zustimmung kann unter den Voraussetzungen der §§ 119, 123 BGB **angefochten** werden, womit die Ernennung rückwirkend unwirksam wird.²² Die Anfechtung der Zustimmung stellt damit neben den Entlassungstatbeständen der §§ 46, 55 bzw. den disziplinarrechtl. Vorschriften über den Dienstgradverlust (vgl. § 26) eine weitere Möglichkeit dar, eine statusrechtl. Maßnahme rückgängig zu machen. Die engen Voraussetzungen der §§ 26, 46 und 55 schließen unter Konkurrenzgesichtspunkten die Anfechtung nicht aus²³, da die Rechtsfolgen jew. unterschiedlich sind. Entlassung und Dienstgradverlust wirken immer nur in die Zukunft, während die Anfechtung die eingetretene Statusänderung rückwirkend beseitigt (§ 142 BGB).²⁴

11 Im Gegensatz zum Beamtenrecht (vgl. § 13 BBG) stellt das SG keine Sonderregelungen auf, wann eine Ernennung **nichtig** ist. Eine analoge Anwendung von § 13 BBG wird angesichts der im Soldatenrecht anders geregelten Rechtsfolgen bei fehlerhaften Ernennungen nicht in Betracht kommen. Maßstab sind damit allein die allg. verwaltungsrechtl. Grundsätze des § 44 VwVfG.²⁵ Die Ernennung durch eine grds. zur Ernennung unzuständige Dienststelle wird danach regelmäßig nichtig sein. Wegen ihres konstitutiven Charakters ist eine rückwirkende Ernennung ausgeschlossen; ihr käme keine rechtsgestaltende Wirkung zu.²⁶ Zu **Rücknahme** und **Widerruf** der Ernennung wird auf die Komm. zu § 41 und § 42 verwiesen.

---

18 BVerwG DVBl. 1991, 1206.
19 Vgl. die Komm. zu § 40, § 54 Abs. 3.
20 *Battis*, BBG, § 10 Rn. 6.
21 BVerwGE 43, 71 = NZWehrr 1969, 227; BVerwG ZBR 1996, 258; GKÖD I Yk, § 4 Rn. 10. Zur völkerrechtl. Problematik der sog. Kindersoldaten vgl. Fakultativprot. v. 25.5.2000 zum Übereinkommen über die Rechte des Kindes betr. die Beteiligung v. Kindern an bewaffneten Konflikten (BGBl. 2004 II S. 1354).
22 OVG Münster NZWehrr 1987, 216.
23 So auch für das Beamtenrecht *Battis*, BBG, § 10 Rn. 7, der darauf abstellt, dass das Bestimmtheitserfordernis der Nichtigkeits- u. Rücknahmegründe nur zu Gunsten des Beamten gilt.
24 GKÖD I K, § 6 Rn. 51.
25 So auch *Scherer/Alff/Poretschkin*, SG, § 4 Rn. 12.
26 BVerwG ZBR 1980, 357.

c) Erfordernis der Ernennung. Erforderlich ist eine Ernennung bei der **Berufung**, 12
d. h. der Begründung des Dienstverhältnisses eines **BS oder SaZ**. Damit ist klargestellt, dass die Begründung eines Wehrdienstverhältnisses aufgrund der WPfl oder in anderen Fällen (vgl. § 2 Abs. 1 Nr. 4) keine Ernennung voraussetzt. Das Wehrdienstverhältnis aufgrund der **WPfl** wird vielmehr durch einseitigen **VA** nach den Best. des WPflG begründet und beginnt mit dem im Einberufungsbescheid festgesetzten Zeitpunkt (§ 2 Abs. 1 Nr. 1).

Keiner Ernennung bedarf die Rückführung eines ehem. **Abg.** in den mil. Dienst. Da 13
die Rechte und Pflichten aus dem Wehrdienstverhältnis während der Mitgliedschaft im Parlament lediglich ruhen, muss für die Rückführung des Abg., auf die er einen Anspruch hat, das Dienstverhältnis nicht neu begründet werden (vgl. § 25 Abs. 2 i. V. m. §§ 5, 6 AbgG).[27] Gleiches gilt für BS und SaZ nach Beendigung eines kommunalen Wahlbeamtenverhältnisses auf Zeit (vgl. § 25 Abs. 5).

Die Heranziehung zu **Dienstleistungen** in den SK (§§ 59 ff.) setzt ebenfalls **keine** 14
Ernennung voraus. Die Heranziehung hat zwar statusändernde Wirkung, da die Betroffenen Soldaten werden; sie werden jedoch nicht in das Dienstverhältnis eines BS oder SaZ berufen, sondern erhalten den Status eines „früheren Berufs- oder Zeitsoldaten", was im Grunde ein Wehrdienstverhältnis sui generis bedeutet.

Auch bei der Heranziehung zu einer **Eignungsübung** gem. § 87 Abs. 1 handelt es sich 15
nicht um eine **Ernennung**. Zwar hat der Eignungsübende für die Dauer der Eignungsübung den Status eines SaZ (§ 87 Abs. 1 Satz 5); sein Dienstverhältnis wird jedoch nicht durch Berufung, sondern durch den Heranziehungsbescheid bzw. durch den Dienstantritt (§ 2 Abs. 1 Nr. 4) begründet. Der Heranziehungsbescheid setzt zwar einen Antrag und damit die Zustimmung des Bewerbers voraus; er stellt rechtsdogmatisch jedoch keinen mitwirkungsbedürftigen VA dar.[28] Praktisch hat dies keine wesentlichen Konsequenzen, da der Bewerber durch den Heranziehungsbescheid nicht verpflichtet wird, die Eignungsübung anzutreten bzw. jederzeit seine Entlassung verlangen kann.

Die **Umwandlung** ist rechtsdogmatisch ein **Unterfall** der Berufung.[29] Da das SG in 16
§ 45a mittlerweile besondere gesetzl. Voraussetzungen für die Umwandlung des Dienstverhältnisses eines BS in das eines SaZ enthält, sind die früher in diesem Zusammenhang erörterten Probleme[30] obsolet.

Die **Beförderung** setzt grds. eine Ernennung voraus, auch bei Soldaten, die nach Maß- 17
gabe des WPflG Wehrdienst leisten. Die Verleihung eines vorläufigen oder zeitlich befristeten Dienstgrades für die Dauer einer Verwendung gem. § 5 Abs. 3 SLV fällt unter den Beförderungsbegriff und bedarf daher der Ernennung mit der Folge, dass sie nur mit Zustimmung des Soldaten erfolgen kann.[31]

Keine Beförderung ist die **Einweisung in eine Planstelle**. Die Verleihung eines sog. „temporary rank", d. h. die ausnahmsweise erteilte Befugnis an einen Soldaten, aus Gründen der internationalen Akzeptanz bei Auslandseinsätzen und in integrierten

---

27 GKÖD I K, § 6 Rn. 10.
28 A.A. *Scherer/Alff/Poretschkin*, SG, § 87 Rn. 3; *Walz*, Komm. zu § 87 Rn. 18.
29 *Scherer/Alff/Poretschkin*, SG, § 4 Rn. 3.
30 Vgl. *Walz*, NZWehrr 1973, 13.
31 BVerwG NVwZ 1986, 128 zu §§ 39, 40 WPflG a. F.

Verwendungen eine höhere Dienstgradbezeichnung zu führen und die entspr. Dienstgradabzeichen anzulegen, stellt ebenfalls keine Beförderung dar, da damit keinerlei statusrechtl. Veränderungen einhergehen.[32]

18 Möglich und in der Praxis üblich ist es, dass verschiedene Fälle von Ernennungen parallel in einer Urkunde **zusammengefasst** werden, z. B. wenn ein SaZ unter Berufung in das Dienstverhältnis eines BS (Umwandlung) einen höheren Dienstgrad verliehen bekommt (Beförderung).[33]

19 Bei allen Ernennungen handelt es sich um statusrechtl. Maßnahmen. Um **Rechtsschutz** kann daher nicht bei den TDG, sondern nur bei den VG nachgesucht werden.

20 2. Absatz 2. Abs. 2 **entspricht** dem REntw. und gilt seit der Erstfassung des SG **unverändert**. Mit der Best. sollte einerseits eine Parallelregelung zu § 10 BBG a. F. (jetzt: § 12 Abs. 1 BBG) geschaffen und andererseits die Zuständigkeit des BPräs auch für Soldaten entspr. der verfassungsrechtl. Vorgabe für Beamte in Art. 60 Abs. 1 GG geregelt werden.[34] Der **BR** hatte während des Gesetzgebungsverfahrens zunächst Bedenken gegen die Regelung, da sich Art. 60 Abs. 1 GG in der damaligen Fassung nur auf Beamte erstreckte.[35] Gegenüber den in § 4 Abs. 2 Satz 3 festgelegten Übertragungsbefugnissen machte er geltend, dass zu diesem Zeitpunkt für die administrativen Kompetenzen in Bezug auf die SK noch keine verfassungsrechtl. Grundlagen geschaffen worden waren.[36] Diese Einwände konnten durch den Hinw. auf die gleichzeitig zur Beratung anstehenden **Ergänzungen des GG** im Zusammenhang mit der Aufstellung der Bw entkräftet werden.[37] Dabei wurde u. a. Art. 60 Abs. 1 GG auf Offz und Uffz erweitert[38], obwohl die BReg zunächst eine Änd. des Art. 60 Abs. 1 GG nicht für erforderlich ansah und davon ausging, dem BPräs die Ernennungszuständigkeit für Soldaten durch einfaches Gesetz zuweisen zu können.[39]

21 Inhaltl. geht Abs. 2 **über Art. 60 Abs. 1 GG hinaus**, indem er dem BPräs die Zuständigkeit für die Ernennung aller BS und SaZ sowie der Offz d.R. zuweist, während Art. 60 Abs. 1 GG sich nur auf Offz und Uffz bezieht. Dies ist jedoch unproblematisch, da Art. 60 Abs. 1 GG nicht ausschließt, dem BPräs weitere Zuständigkeiten zu übertragen.[40] Ob dies rechtsdogmatisch aus dem Gesetzesvorbehalt des Art. 60 Abs. 1 GG folgt oder aus allg. Grundsätzen, kann dahinstehen. Angesichts der Übertragung einer Vielzahl von Ernennungszuständigkeiten durch den BPräs auf andere Stellen entbehrt diese Frage ohnehin der praktischen Relevanz.[41]

---

32 So *Scherer/Alff/Poretschkin*, SG, § 4 Rn. 4.
33 Vgl. GKÖD I K, § 6 Rn. 29.
34 BT-Drs. II/1700, 18.
35 BT-Drs. II/1700, 37.
36 BT-Drs. II/1700, 38.
37 Vgl. BT-Drs. II/2140, 4.
38 Gesetz zur Ergänzung des GG v. 19.3.1956 (BGBl. I S. 111).
39 BT-Drs. II/1700, 42.
40 *Schlaich*, HStR II, 2. Aufl. 1998, § 49 Rn. 22.
41 So auch GKÖD I Yk, § 4 Rn. 13 f.; *Scherer/Alff/Poretschkin*, SG, § 4 Rn. 10.

Die Ernennung ist eine Kompetenz des BPräs in seiner Funktion als Staatsoberhaupt mit der Folge, dass jeder Ernennungsakt durch den BPräs gem. Art. 58 Abs. 1 GG **gegenzeichnungspflichtig** ist.[42] Die Gegenzeichnung erfolgt durch den BMVg.[43] **22**

Aufgrund der allg. verfassungsrechtl. Stellung des BPräs ist dieser grds. zur Vornahme einer von der BReg oder dem BMVg beantragten Ernennung **verpflichtet**. Er kann allerdings – in Anlehnung an die Grundsätze über sein Prüfungsrecht bei der Ausfertigung von Gesetzen – eine Ernennung aus Rechtsgründen verweigern, z. B. wenn ein Verstoß gegen die Ernennungsgrundsätze des Art. 33 Abs. 2 GG vorliegt.[44]

Die Zuständigkeiten des BPräs für Versetzungen von Soldaten in den Ruhestand und Entlassungen (funktionell erstreckt sich die Kompetenz des BPräs, der nach Art. 60 Abs. 1 GG Offz und Uffz ernennt und „entlässt", auf jede Begründung und jede Beendigung dieser soldatischen Dienstverhältnisse, auch auf Ruhestandsversetzungen[45]) sind in § 44 Abs. 6 Satz 1, § 47 Abs. 1 und § 55 Abs. 6 geregelt. **23**

Hat der BPräs eine Ernennungsentscheidung getroffen oder abgelehnt, ist für den verwaltungsgerichtl. **Rechtsschutz** zu beachten, dass gem. § 68 Abs. 1 Satz 2 Nr. 1 VwGO eine Beschwerde nicht zulässig ist. Vielmehr ist unmittelbar Klage beim VG zu erheben. Die Ausnahmebest. des § 23 Abs. 5 WBO gilt nur bei Entscheidungen des BMVg.[46] **24**

Durch die **Anordnung des BPräs über die Ernennung und Entlassung der Soldaten** vom 10.7.1969[47] wurde von der Ermächtigung des Abs. 2 Satz 3, die Ernennungszuständigkeiten auf andere Stellen zu übertragen, Gebrauch gemacht. Danach hat sich der BPräs vorbehalten, die Offz zu ernennen (und zu entlassen), die der Besoldungsgruppe B angehören. Im Übrigen hat er seine Befugnisse auf den BMVg übertragen, der seinerseits durch die **Anordnung über die Ernennung und Entlassung von Soldatinnen und Soldaten und die Ernennung von Reservistinnen und Reservisten** vom 16.10.2008[48] seine Zuständigkeiten z.T. weiter übertragen hat. Der BMVg ernennt (und entlässt) die Offz ab dem Dienstgrad Oberst, alle Offz, Uffz und Anwärter für die Laufbahn der Offz des militärfachl. Dienstes, die im MAD oder im Amt für Militärkunde verwendet werden. Weiterhin befördert er längerdienende OA zum Lt. In allen anderen Fällen werden die Ernennungen von nachgeordneten Dienststellen[49] vorgenommen. **25**

3. Absatz 3. – a) Allgemeines. Abs. 3 hat seit der Erstfassung des SG **keine Änd.** erfahren. In Anlehnung an §§ 86 und 74 BBG regelt er die Befugnis des BPräs, die Dienstgradbezeichnungen der Soldaten festzusetzen (Satz 1) sowie Best. über die Uniform der Soldaten zu erlassen (Satz 2). **26**

---

42 Allg. Ansicht, vgl. *Pieroth*, in: Jarass/Pieroth, GG, Art. 60 Rn. 1.
43 Vgl. Erl. des BMVg – AL PSZ – Az 15-04-01 v. 8.11.2002; § 29 Abs. 2 Satz 1 GOBReg; *Pieroth*, in: Jarass/Pieroth, GG, Art. 58 Rn. 4.
44 *Pieroth*, in: Jarass/Pieroth, GG, Art. 60 Rn. 1; *Schlaich*, HStR II, 2. Aufl. 1998, § 49 Rn. 30, 42.
45 So *Pieroth*, in: Jarass/Pieroth, GG, Art. 60 Rn. 2 m. w. N.
46 OVG Münster NZWehrr 1992, 123; *Dau*, WBO, § 23 Rn. 56.
47 BGBl. I S. 775 = VMBl. 1969 S. 315. Aktuelle Fassung vgl. ZDv 14/5 B 107.
48 BGBl. I S. 2110 = ZDv 14/5 B 108, mit Änd.
49 Diese sind in der ZDv 14/5 B 108 aufgeführt.

27 Eine ausdrückliche verfassungsrechtl. Grundlage für die Zuweisung dieser Kompetenzen an den BPräs findet sich – anders als für die Ernennung (Art. 60 Abs. 1 GG) – nicht. Gleichwohl ist Abs. 3 **verfassungsrechtl. unproblematisch**. Die Festlegung von Dienstgradbezeichnungen und Uniformen kann als Teil der „Symbolsetzungsgewalt" qualifiziert werden, für die das GG keine speziellen Normen enthält, die aber traditionell dem BPräs zugestanden wird.[50] Es kommt hinzu, dass der Gesetzgeber jederzeit berechtigt ist, auch in diesem Bereich gesetzl. Vorgaben zu verabschieden und den Entscheidungsspielraum des BPräs einzuschränken bzw. ihm diesen ganz zu entziehen. So gesteht Abs. 3 Satz 1 die Festsetzung der Dienstgradbezeichnungen dem BPräs ohnehin nur insoweit zu, als gesetzl. nichts anderes bestimmt ist. Aber auch Abs. 3 Satz 2, der nicht unter Gesetzesvorbehalt steht, stellte kein Hindernis dar, durch Gesetz Best. über die Uniform der Soldaten festzulegen, an die dann auch der BPräs gebunden wäre.

28 Der BPräs hat mit der **Anordnung über die Dienstgradbezeichnungen und die Uniform der Soldaten** vom 14.7.1978[51] von seinen Befugnissen nach Abs. 3 Gebrauch gemacht. Von ihrer Rechtsnatur her handelt es sich dabei **nicht** um eine RVO – hierfür fehlt dem BPräs die formale Kompetenz –, sondern um eine Anordnung mit dem Charakter einer VV, was für Regelungen dieser Art ausreicht.[52] Die Verpflichtung des Soldaten, sich an die genannte Anordnung des BPräs und an die in deren Ausführung erlassene VV des BMVg über das Tragen von Schmuck zur Uniform zu halten, unterliegt grds. der rechtl. Kontrolle durch die Wehrdienstgerichte.[53]

Anordnungen des BPräs nach Abs. 3 unterliegen der **Gegenzeichnungspflicht** gem. Art. 58 Abs. 1 GG.[54]

29 b) Dienstgradbezeichnungen. Spezielle Titel (Dienstgrade), um Stellung und Funktion von Soldaten, insbes. von Offz, zum Ausdruck zu bringen, haben sich in allen europ. Armeen mit der Entwicklung der stehenden Heere im 17. Jahrhundert herausgebildet.[55] Die für die Bw geltenden Dienstgradbezeichnungen beruhen weitgehend auf dieser **Tradition** und weisen somit eine gewisse Vergleichbarkeit mit den Dienstgraden ausländischer SK auf.[56]

30 Der Status des Soldaten in der mil. Hierarchie definiert sich in erster Linie aus seinem **Dienstgrad**.[57] Anders als im Beamtenrecht wird bei Soldaten nicht zwischen dem Amt im statusrechtl. und dem Amt im funktionellen Sinne unterschieden. Dies hängt mit der besonderen Personalstruktur der SK, ihrem hohen Bedürfnis nach personeller Flexibilität und dem spezifisch mil. Verwendungsaufbau von Soldaten zusammen. Der Soldat hat keinen generellen Anspruch darauf, dass seine ihm zugewiesene konkrete

---

50 *Schlaich*, HStR II, 2. Aufl. 1998, § 49 Rn. 6. Einschränkend *Nettesheim*, HStR III, 3. Aufl. 2005, § 62 Rn. 46 ff.
51 BGBl. I S. 1067 = VMBl. 1978 S. 258, zul. geä. durch Anordnung v. 31.5.1996, BGBl. I S. 746 = VMBl S. 260.
52 BVerwGE 67, 222 (227); BVerwGE 84, 287 (289).
53 BVerwG NZWehrr 2001, 246.
54 *Nettesheim*, HStR III, 3. Aufl. 2005, § 62 Rn. 53.
55 *Black, Hans*, Die Grundzüge der Beförderungsordnungen, in: Meier-Welcker (Hrsg.): Untersuchungen zur Geschichte des Offizierkorps, 1962, 68.
56 MGFA (Hrsg.): Symbole und Zeremoniell in deutschen Streitkräften, 187.
57 Vgl. GKÖD I Yk, § 26 Rn. 1.

Aufgabe von der Bedeutung und Wertigkeit immer seinem Dienstgrad entsprechen muss.[58] Dennoch weist der Dienstgrad von Soldaten unter rechtl. Gesichtspunkten starke Parallelen zum beamtenrechtl. Amt im statusrechtl. Sinne auf. Für das Besoldungsrecht stellt § 16 BBesG klar, dass der Dienstgrad des Soldaten dem Amt des Beamten gleichsteht. Dementspr. sind die Dienstgradbezeichnungen der Soldaten als „Ämter" der Besoldungsordnungen A und B in der Anl. I zum BBesG festgelegt worden (vgl. § 20 BBesG). Auch wenn hiermit nur die besoldungsrechtl. Zuordnung der statusrechtl. Stellung innerhalb des Besoldungsgefüges erfasst ist[59], lässt sich daraus eine **allg. Vergleichbarkeit von Dienstgrad und Amt im statusrechtl. Sinne** ableiten. Damit entspricht die Dienstgradbezeichnung weitgehend der Amtsbezeichnung im Beamtenrecht, die dort an das Amt im statusrechtl. Sinne anknüpft.[60]

Von rechtl. Bedeutung ist, dass mit der gesetzl. Verankerung der Dienstgradbezeichnungen der Soldaten in der Anl. zum BBesG die Anordnung des BPräs vom 14.7.1978 (s. o. Rn. 28) hins. der Dienstgradbezeichnungen keine eigenständige rechtl. Bedeutung aufweist, da die gesetzl. Best. vorgehen.[61] Ob man die Festsetzungskompetenz des BPräs daher noch als eine Art **Interimskompetenz** bezeichnen kann, die so lange Bedeutung entfaltet, bis der neue Dienstgrad in das BBesG aufgenommen worden ist[62], scheint angesichts der abschließenden Regelung im BBesG zumindest fraglich. Vielmehr dürfte es dem BPräs verwehrt sein, neue mil. Dienstgradbezeichnungen einzuführen, bevor diese nicht vom Gesetzgeber anerkannt sind. Ohne eine besoldungsrechtl. Zuordnung kann jedenfalls für einen Dienstgrad keine Haushaltsstelle geschaffen werden, die Voraussetzung für die Ernennung zu dem entspr. Dienstgrad ist.[63] Da derzeit zwischen den Dienstgradbezeichnungen in der Anordnung des BPräs und denjenigen in der Anl. I zum BBesG keine Unterschiede bestehen, ergeben sich aus dem Nebeneinander der Regelungen keine praktischen Probleme. 31

Eine inhaltl. gesetzl. Regelung für die Dienstgradbezeichnungen der Soldaten ist mit § 1 Abs. 3 SGleiG eingeführt worden. Danach können **Dienstgradbezeichnungen in weiblicher Form** festgesetzt werden. Sollte von dieser Möglichkeit Gebrauch gemacht werden, wären nach den oben getroffenen Feststellungen nicht allein die Anordnung des BPräs, sondern in erster Linie die Anl. I zum BBesG zu ändern bzw. zu ergänzen. Auch für Beamtinnen ist im BBesG festgelegt, dass sie ihre Amtsbezeichnung soweit möglich in weiblicher Form führen sollen.[64] Ob sich die traditionell nur in maskuliner Form gebräuchlichen mil. Dienstgradbezeichnungen durchgängig allein durch Anfügung des Wortteils „-in" feminisieren lassen, muss bezweifelt werden. Ein längerer Klärungs- und Gewöhnungsprozess dürfte in jedem Fall erforderlich sein. 32

Keine Dienstgradbezeichnungen i. S. v. Abs. 3 sind sog. **Dienstgradzusätze**, wie Offizieranwärter (OA), Reserveoffizier-Anwärter (ROA), Feldwebelanwärter (FA), oder **Tätigkeits- und Verwendungsbezeichnungen** wie „im Generalstabsdienst" („i.G.)", die 33

---

58 GKÖD I Yk, § 26 Rn. 4.
59 GKÖD, BBesG, § 16 Rn. 1.
60 *Battis*, BBG, § 86 Rn. 2.
61 Zur vergleichbaren Situation im Beamtenrecht vgl. *Battis*, BBG, § 86 Rn. 6; GKÖD I K, § 81 Rn. 12.
62 So *Battis*, BBG, § 86 Rn. 6.
63 GKÖD I K, § 81 Rn. 12.
64 Vorb. Nr. 1 Abs. 1 zu den Besoldungsordnungen A u. B.

folglich auch von anderen Stellen als dem BPräs und ohne förmliches Gesetz festgelegt werden können (vgl. § 15 Abs. 3, § 23 Abs. 3 SLV). Dies ergibt sich daraus, dass das Führen des Dienstgradzusatzes nicht an eine Ernennung (Beförderung) anknüpft, sondern aus der Zugehörigkeit zu einer bestimmten Laufbahn folgt.

34　Nicht zu den Dienstgradbezeichnungen gehören die **Dienstgradabzeichen**, d. h. die Merkmale der Uniform, aus denen sich der Dienstgrad ablesen lässt (Schulterklappen/Ärmelstreifen); sie sind Bestandteil der Uniform, ihre Festlegung fällt unter Abs. 3 Satz 2.

35　Ohne dass es im SG ausdrücklich bestimmt ist, folgt aus der Festlegung der Dienstgradbezeichnungen, dass der Soldat berechtigt ist, diese im dienstl. wie im privaten Bereich zu **führen**. Dies ergibt sich aus § 44 Abs. 7, § 49 Abs. 5, wonach selbst in den Ruhestand getretene bzw. – nach Genehmigung – entlassene Soldaten ihren Dienstgrad mit dem Zusatz „außer Dienst" („a.D.") führen dürfen.[65]

36　Einen Anspruch auf **Anrede** mit der entspr. Dienstgradbezeichnung hat der Soldat nur im Dienst, sofern dies durch Befehl oder Vorschrift angeordnet ist. Im dienstl. Verkehr kann einem Soldaten **befohlen** werden, seinen Dienstgrad zu führen.

37　Das unbefugte Führen einer Dienstgradbezeichnung der Bw ist strafbar (§ 132a StGB).

38　**c) Uniform.** Gesetzl. Vorgaben für die Uniform der Soldaten bestehen nicht, so dass der **Anordnung des BPräs** vom 14.7.1978 (vgl. o. Rn. 28) – anders als im Bereich der Dienstgradbezeichnungen – **konstitutive Wirkung** zukommt. Der BPräs hat dabei – mit Ausnahme der unmittelbar in der Anordnung festgelegten allg. Kennzeichen, Anzugarten und Dienstgradabzeichen – die Befugnis zur Bestimmung der Uniform der Soldaten dem BMVg mit der Maßgabe übertragen, dass Änd. oder Neueinführungen erst nach seiner zust. Kenntnisnahme erfolgen.[66] Auf dieser Grundlage hat der BMVg die Anzugordnung für die Soldaten der Bw **(ZDv 37/10)** erlassen, in der Art, Ausgestaltung und das Tragen der Uniformen geregelt sind.

39　Im Unterschied zu den Beamten, die nur in Teilbereichen oder bei bestimmten Verwendungen Amtskleidung oder Amtstracht tragen, sind Soldaten grds. uniformiert. Rechtl. folgt dies in erster Linie aus den völkerrechtl. Vorgaben über die Erkennbarkeit als **Kombattant** (vgl. Art. 44 Abs. 3 ZP I). Es entspricht dabei nationaler wie internationaler Gepflogenheit, dass Soldaten auch in Friedenszeiten ihren **Dienst in Uniform** versehen.[67] Dies bringen die unterschiedlichen Regelungen im Beamten- und Soldatenrecht zum Ausdruck. Während § 74 BBG dem BPräs die Befugnis zur Bestimmung einer Dienstkleidung nur unter der Voraussetzung einräumt, dass diese Kleidung bei Ausübung des Amtes üblich oder erforderlich ist, stellt Abs. 3 Satz 2 keinerlei materielle Voraussetzungen auf. Es geht dabei nicht um das „Ob" der Uniform, sondern allein um deren Gestaltung. Dass Soldaten grds. Uniform zu tragen haben, setzt Abs. 3 Satz 2 voraus. Die Verpflichtung der Soldaten, im Dienst Uniform zu tragen, folgt aus § 7.[68]

65　GKÖD I Yk, § 26 Rn. 5; vgl. auch *Battis*, BBG § 86 Rn. 7 ff.
66　Art. 2 Abs. 2 der Anordnung.
67　Zur Geschichte der Uniformentwicklung vgl. *Knobel, Herbert/Sieg, Herbert*, Handbuch der Uniformenkunde, 1937, 116 f.; MGFA (Hrsg.), Symbole und Zeremoniell in deutschen Streitkräften, 187 ff.
68　BVerwG NZWehr 1983, 74; BVerwGE 43, 353 (357 f.); BVerwG NZWehr 1987, 25.

Welcher konkrete Anzug bei welcher Gelegenheit zu tragen ist, bestimmen die zuständigen mil. Vorg. bzw. wird in Dienstvorschriften geregelt, wobei ein sehr weitgehender Entscheidungsspielraum besteht.[69] Zuständig für eine gerichtl. Überprüfung sind die TDG, da es sich um eine truppendienstl. Angelegenheit handelt.[70]

Im Zusammenhang mit der Bestimmung der Uniform stehen andere Vorgaben über das äußere Erscheinungsbild von Soldaten, insbes. die Einschränkung des Tragens von **Schmuck** zur Uniform[71] sowie die Bestimmung der **Haar- und Barttracht**.[72] Soweit derartige Vorgaben der Hygiene und Unfallverhütung dienen, sind sie rechtl. unproblematisch. Sie enthalten aber z.T. unterschiedliche Regelungen für Soldatinnen und Soldaten. Derartige Differenzierungen sind mit dem Gleichheitsgrds. nur vereinbar, wenn sie sich mit dem Ansehen der Bw und ihrem Auftreten in der Öffentlichkeit begründen lassen. Im Gegensatz zum Beamtenrecht, wo das BVerwG Vorgaben für das äußere Auftreten unter dem Gesichtspunkt von Art. 2 Abs. 1 GG nur bedingt akzeptiert hat[73], hat sich im Soldatenrecht noch keine einheitliche Rspr. herausgebildet.[74] Die Thematik wird die Rspr. und den Erlasshalter wohl auch in Zukunft beschäftigen.[75]

Nach der ZDv 37/10 dürfen Soldaten auch außerhalb des Dienstes Uniform tragen. **40** Hierbei handelt es sich nicht um ein subjektives Recht, sondern lediglich um eine Erlaubnis, die jederzeit durch Einzelweisung/Befehl eingeschränkt oder aufgehoben werden kann, wenn nachvollziehbare Gründe gegeben sind.[76] So kann ein Uniformtrageverbot i.V.m. dem Verbot der Ausübung des Dienstes gem. § 22 ausgesprochen werden. Im Rahmen eines gerichtl. Disziplinarverfahrens kann die Einleitungsbehörde mit dem Verbot der Ausübung des Dienstes ein Verbot, Uniform zu tragen, verbinden (§ 126 Abs. 1 Satz 2 WDO). Unmittelbar durch Gesetz besteht ein Uniformtrageverbot bei polit. Veranstaltungen (§ 15 Abs. 3).

Liegt ein entspr. Anlass vor, ist es zulässig, Soldaten während des Dienstes das Tragen der Uniform im Einzelfall oder generell (z.B. für Ermittler des MAD) zu untersagen.[77]

Das Tragen der Uniform außerhalb eines Wehrdienstverhältnisses regelt § 4a. **41**

Das unbefugte Tragen von Uniformen der Bw ist durch § 132a StGB strafbewehrt. **42**

4. Absatz 4. Abs. 4 ist durch Art. VI Abs. 1 Nr. 1 des G vom **18.2.1977**[78] parallel zu den **43** inhaltsgleichen Best. des seinerzeitigen § 7a BRRG und des § 8a BBG a. F. eingeführt worden. Seither wurde Abs. 4 wie folgt ergänzt bzw. geä.:

---

69 BVerwGE 43, 353 (357 f.); BVerwG NZWehr 1987, 25. Die finanziellen Fragen des Tragens der Uniform sind in den AVV zu § 69 Abs. 1 BBesG (VMBl. 2007 S. 18) geregelt.
70 BVerwG NZWehr 2001, 246; TDG Nord N 8 Bla 13/07.
71 ZDv 37/10 Nr. 114.
72 ZDv 10/5 Anlage 1.
73 BVerwGE 125, 85 = ZBR 2006, 380.
74 Offen gelassen von BVerwG NZWehr 2001, 164; BVerwGE 127, 203 = NZWehr 2007, 160; unterschiedliche Positionen der TDG, vgl. TDG Süd NZWehr 2005, 257 einerseits, TDG Süd NZWehr 2008, 40 (Ls) mit Anm. *Dreist* andererseits.
75 Zum Ganzen *Wahlers*, ZBR 2009, 116.
76 BVerwGE 53, 106; BVerwGE 76, 30; GKÖD I Yk, § 15 Rn. 9; *Scherer/Alff/Poretschkin*, SG, § 15 Rn. 16.
77 Einschränkend *Demandt*, NZWehr 1983, 182; *Stauf* I, § 4 SG Rn. 11.
78 BGBl. I S. 297.

Durch Art. 6 Abs. 1 Nr. 1 des G vom **30.7.1979**[79] wurde Satz 2 – ebenfalls in Übereinstimmung mit Änd. des Beamtenrechts – angefügt. Damit wurde der Anwendungsbereich der Beförderungssperre auf Soldaten ausgedehnt, die in eine gesetzgebende Körperschaft eines Landes gewählt worden sind. Eine soldatenspezifische Ergänzung um Satz 3 erfolgte durch Art. 1 Nr. 1 des G vom **22.5.1980**[80], der eine Beförderungssperre auch während Wehrübungen von Abg. einführte. Satz 3 wurde durch Art. 1 Nr. 6 und Nr. 10 des **SGÄndG** redaktionell geändert. Durch Art. 2 Nr. 4 des **SkResNOG** wurden in Satz 3 die Wörter „eine Übung" durch die Angabe „einen Dienst nach § 51 Abs. 6 oder § 54 Abs. 4" ersetzt. Schließlich wurden durch Art. 10 Nr. 1 Buchst. b des **DNeuG** in Satz 1 die Wörter „oder im Europäischen Parlament" eingefügt.

44 Abs. 4 ist im Zusammenhang mit dem **AbgG** erlassen worden und nur i. V. m. diesem zu verstehen. Mit Abs. 4 sollen missbräuchliche Umgehungen des AbgG verhindert werden, die nach früherer Rechtslage möglich waren.

45 Nach § 5 Abs. 1 AbgG i. V. m. § 8 Abs. 1 AbgG **ruhen die Rechte und Pflichten** von in den BT gewählten BS und SaZ (bzw. von in einen Landtag gewählten BS und SaZ nach § 25 Abs. 2 i. V. m. § 5 Abs. 1 AbgG) mit wenigen Ausnahmen vom Tag der Feststellung des Bundeswahlausschusses nach § 42 Abs. 2 Satz 1 BWG oder vom Tag der Annahme der Wahl an. Infolge des Ruhens der Dienstpflichten kann der Soldat in dieser Zeit **nicht befördert** werden.[81] Nach der Beendigung der Mitgliedschaft im BT/Landtag ist der Soldat auf Antrag in das frühere Dienstverhältnis zurückzuführen, wobei das ihm zu übertragende Amt derselben oder einer gleichwertigen Laufbahn angehören und mindestens mit demselben Endgrundgehalt ausgestattet sein muss (§ 6 Abs. 1 AbgG). Nach dem **früheren Rechtsstellungsgesetz**[82] war es möglich, dass Abg. kurz vor Ende der WP ihr Mandat niederlegten, um in den aktiven Dienst als Beamter oder Soldat zurückzukehren. In dieser aktiven (Zwischen-)Phase konnten sie befördert werden, selbst wenn sie von vornherein beabsichtigten, für die kommende WP erneut zu kandidieren und ihr aktives Dienstverhältnis mit Beginn der neuen WP wieder ruhen zu lassen. Diese Möglichkeit der Niederlegung des Mandats, allein um befördert werden zu können, wurde allg. als **Umgehung** betrachtet, da der Beamte/Soldat dann mit dem höheren Dienstgrad in den BT/Landtag einzog und bei einem späteren endgültigen Ausscheiden aus dem Parlament in der entspr. höheren Dienststellung in den öff. Dienst zurückzuführen war.[83] Dies wird durch Abs. 4 Satz 1 verhindert.

46 Da gem. § 25 Abs. 2 die seit dem 1.6.1978 in die gesetzgebende **Körperschaft eines Landes** gewählten BS und SaZ ebenfalls unter das AbgG fallen, war es konsequent, mit Abs. 4 Satz 2 die Beförderungssperre auf diesen Personenkreis auszudehnen.[84] Die Formulierung im 2. Halbs., dass dies auch für die Zeit zwischen zwei WP gilt, trägt einzelnen landesverfassungsrechtl. Besonderheiten Rechnung. Auf Bundesebene gibt es gem. Art. 39 Abs. 1 GG keine parlamentsfreie Zeit.

---

79 BGBl. I S. 1301.
80 BGBl. I S. 581.
81 Vgl. GKÖD I K, § 8a Rn. 3; *Scherer/Alff/Poretschkin*, SG, § 4 Rn. 15.
82 G über die Rechtsstellung der in den Deutschen Bundestag gewählten Angehörigen des öff. Dienstes v. 4.8.1953 (BGBl. I S. 777).
83 Vgl. BT-Drs. 7/5531, 27.
84 BT-Drs. 8/819, 8, 11.

BS und SaZ, deren Rechte und Pflichten nach dem AbgG ruhen, können auf Antrag zu **Dienstleistungen** gem. § 51 Abs. 6 oder § 54 Abs. 4 herangezogen werden. Für diesen Zeitraum leben ihre Rechte und Pflichten wieder auf. Um insoweit Umgehungsmöglichkeiten zu verhindern, war es erforderlich, auch für den Zeitraum der Dienstleistung eine Beförderungssperre festzulegen.[85]   **47**

Voraussetzung der **Beförderungssperre** nach Abs. 4 Satz 1 und 2 ist, dass die Niederlegung des Mandats und die erneute Bewerbung um einen Parlamentssitz zeitlich parallel erfolgen. Steht fest, dass der Soldat den erneuten Einzug in ein Parlament verfehlt hat, **entfällt** die Beförderungssperre. Die bloße Chance, als Nachrücker auf einer Liste in das Parlament einzuziehen, begründet keine Beförderungssperre. Wird der Soldat erneut Abg., ist Abs. 4 gegenstandslos; die fehlende Beförderungsmöglichkeit ergibt sich dann daraus, dass die Pflichten und Rechte aus dem Soldatenverhältnis wieder ruhen.   **48**

Abs. 4 begründet **ausschließlich** ein **Beförderungsverbot**. Andere statusrechtl. Maßnahmen, z. B. die Festsetzung einer neuen Dienstzeit bei SaZ oder die Umwandlung des Dienstverhältnisses eines SaZ in das eines BS, sind während der aktiven Dienstzeit nicht ausgeschlossen, obwohl dies dem Sinn und Zweck der Best. widerspricht. Von derartigen begünstigenden Maßnahmen sollte daher abgesehen werden.   **49**

Von seinem Anwendungsbereich her bezieht sich Abs. 4 ausschließlich auf BS und SaZ. Soldaten, die aufgrund der WPfl Wehrdienst leisten, sind gem. § 29 Abs. 1 Satz 3 Nr. 7 WPflG zu entlassen, wenn sie ihrer Aufstellung für die Wahl zum BT, einem Landtag oder zum Europ. Parlament zugestimmt haben.   **50**

Gem. § 8 Abs. 3 EuAbgG gelten die Best. der §§ 5 und 6 AbgG für **Mitglieder des Europ. Parlaments** entspr. BS und SaZ, die in das Europ. Parlament gewählt sind, können daher nicht befördert werden, da ihre Rechte und Pflichten in gleicher Weise ruhen wie die von Soldaten, die Mitglied des BT oder eines Landtages sind. Dagegen setzte die **Beförderungssperre** des Abs. 4 Satz 1 bis zum DNeuG ausdrücklich die erneute Bewerbung um einen Sitz im BT voraus, so dass sie für Abg. des Europ. Parlaments **nicht** eingriff, mit der Folge, dass diese während einer aktiven Dienstphase befördert werden konnten.[86] Mit dem DNeuG hat der Gesetzgeber die Rechtslage in Abs. 4 Satz 1 insoweit angepasst.   **51**

Bei **Wehrübungen** gilt das Beförderungsverbot auch für BS und SaZ, die Mitglieder des Europ. Parlaments sind, da es sich beim EuAbgG um eine entspr. Rechtsvorschrift i. S. v. Abs. 4 Satz 3 handelt.[85]

§ 4a Berechtigung zum Tragen der Uniform außerhalb eines Wehrdienstverhältnisses

¹Soldaten der Bundeswehr kann nach ihrem Ausscheiden aus dem Wehrdienst genehmigt werden, außerhalb eines Wehrdienstverhältnisses die Uniform der Soldaten mit dem Abzeichen des Dienstgrades, den zu führen sie berechtigt sind, und mit der für ausgeschiedene Soldaten vorgesehenen Kennzeichnung zu tragen. ²Näheres regelt eine Rechtsverordnung.

---

85 Vgl. BT-Drs. 8/3360, 8/3728.
86 So auch GKÖD I K, § 8a Rn. 10a; *Scherer/Alff/Poretschkin*, SG, § 4 Rn. 16.

§ 4a Tragen der Uniform außerhalb eines Wehrdienstverhältnisses

Übersicht

	Rn		Rn
I. Allgemeines	1	2. Satz 1	9
1. Entstehung der Vorschrift	1	a) Halbsatz 1	9
2. Änderungen der Vorschrift	4	b) Halbsatz 2	14
3. Bezüge zum Beamtenrecht bzw. zu sonstigen rechtl. Vorschriften; ergänzende Best	5	c) Dienstrechtl. Folgen der Genehmigung	15
		d) Verhältnis zu § 132a StGB	18
II. Erläuterungen im Einzelnen	8	e) Rechtsweg	19
1. Zweck der Vorschrift	8	3. Satz 2	20

Literatur: *Dau, Klaus*: Uniformen, Rang- und Tätigkeitsabzeichen der Bundeswehr im Schutz des § 132a StGB, NZWehr 1987, 133.

I. Allgemeines

1. Entstehung der Vorschrift. Die **Erstfassung** des SG enthielt **keine Regelung** für das Uniformtragen durch frühere Soldaten. Offenbar wurde hierfür zunächst kein Bedarf gesehen, obwohl bereits **frühere wehrrechtl. Best.**[1] das Tragen der Uniform durch ausgeschiedene Soldaten geregelt hatten. 1

§ 4a wurde durch Art. 2 Nr. 2 des G vom **13.6.1986**[2] in das SG eingefügt. Der Gesetzgeber trug damit einer jahrelangen beharrlichen **Forderung des DBwV** und des VdRBw Rechnung. Deren Mitglieder, die sich nicht mehr in einem aktiven Wehrdienstverhältnis befanden, hatten es als „zunehmend unbefriedigend empfunden"[3], an „besonders herausgehobenen Veranstaltungen in der Familie oder in der Öffentlichkeit … nicht in Uniform" teilnehmen zu können. In der amtl. Begr.[3] und im Ber. des VertA[4] wird zusätzlich das „erhebliche öffentliche Interesse" daran betont, dass ehem. Soldaten durch das Tragen der Uniform die Integration der SK in die Gesellschaft weiter fördern und sichtbar machen sollen. 2

In einer frühen Fassung des Entw. eines § 4a war ein Abs. 2 vorgesehen, wonach ein Verstoß gegen die danach zu erlassende RVO oder die DBest. als **Ordnungswidrigkeit** geahndet werden sollte. Hierauf wurde „zunächst" verzichtet. Erst nach einer „Erprobungsphase" von einem Jahr nach dem Inkrafttreten sollte geprüft werden, ob hierfür ein Bedürfnis bestand. Später ist dieser Gedanke nicht erneut aufgegriffen worden. 3

2. Änderungen der Vorschrift. § 4a gilt noch i.d.F. von 1986. Überlegungen im BMVg, § 4a um eine Regelung zur **Dienstgradführung** außerhalb eines Wehrdienstverhältnisses zu ergänzen, haben bisher keinen Abschluss gefunden. 4

3. Bezüge zum Beamtenrecht bzw. zu sonstigen rechtl. Vorschriften; ergänzende Best.
§ 60 Abs. 1 Nr. 3 BeamtStG und § 74 BBG bestimmen allgemein, wann und wo Beamte „**Dienstkleidung**" zu tragen haben und wer die hierfür maßgeblichen Vorschriften erlässt (BPräs). Gesetzl. Sonderregelungen des Bundes für das Tragen der 5

---

1 § 7 Abs. 2 des ReichsmilitärG v. 2.5.1874, § 30 WG 1921, § 33 WG 1935; G über die Ausübung des Rechts zum Tragen einer Wehrmachtuniform v. 26.5.1934 (RGBl. I S. 447); DVO zu diesem G v. 21.6.1934 (RGBl. I S. 517).
2 BGBl. I S. 873.
3 BT-Drs. 10/4591, 11.
4 BT-Drs. 10/5299, 19.

Dienstkleidung durch ausgeschiedene Beamte bestehen nicht. Dies mag einerseits damit zu erklären sein, dass es „Beamte der Res" nicht gibt und dass andererseits Beamte, die mit Erreichen der Altersgrenze in den Ruhestand treten, kein Interesse daran haben werden, weiterhin in Dienstkleidung aufzutreten.

Die gem. § 4a Satz 2 zu erlassende RVO ist die VO über die Berechtigung zum Tragen 6
der Uniform außerhalb eines Wehrdienstverhältnisses (**Uniformverordnung – UnifV**); sie gilt jetzt i.d.F. vom 23.3.2008.[5] Die Best. zum Tragen der Uniform außerhalb eines Wehrdienstverhältnisses (**Uniformbestimmungen – UnifB**) wurden mit Erl. des BMVg vom 17.3.2009[6] neu gefasst. Ergänzend ist die **ZDv 37/10** (Nr. 427) heranzuziehen.

Von rechtl. Relevanz sind ferner die **§§ 132, 132a StGB** sowie – im weiteren Sinne – 7
§ 10 Abs. 2 VStGB.

II. Erläuterungen im Einzelnen

1. Zweck der Vorschrift. § 4a, dies folgt aus seiner systematischen Stellung im SG, 8
ergänzt § 4 Abs. 3 Satz 2.

Der oben beschriebenen amtl. Zielsetzung des § 4a (persönliches Interesse der Betroffenen, öffentl. Interesse mit Blick auf die Integration der SK in die Gesellschaft) ist hinzuzufügen, dass gem. § 132a Abs. 1 Nr. 4 StGB bestraft wird, wer „unbefugt" Uniformen trägt. Die **Befugnis** für die in § 4a genannten Personen ergibt sich aus dieser Best. unter der Voraussetzung, dass die nachfolgend komm. Durchführungsnormen eingehalten werden.

2. Satz 1. – a) Halbsatz 1. **Adressaten** der Vorschrift sind (nur) **ausgeschiedene Solda-** 9
ten. Die Formulierung „Soldaten der Bundeswehr" ist missverständlich. Ein ausgeschiedener Soldat kann logischerweise kein „Soldat der Bundeswehr" mehr sein.

Anträge können bereits **vor Beendigung** des Wehrdienstverhältnisses gestellt werden 10
(Nr. 5 Abs. 2 UnifB), obwohl der Gesetzeswortlaut „nach ihrem Ausscheiden" diese Fallkonstellation nicht umfasst. Ein zwingendes praktisches Bedürfnis, aktiven Soldaten für die Zeit nach Beendigung ihres Dienstverhältnisses eine solche Genehmigung zu erteilen, besteht im Übrigen nicht.

Die Genehmigung ist **antragsabhängig** (§ 3 Satz 1 UnifV). Sie kann **generell** oder für den **Einzelfall** erteilt werden.[7]

Die durch das Gesetz begründete Ermessensentscheidung wird in drei Richtungen 11
begrenzt:
– Gem. § 1 Abs. 2 UnifV darf eine Genehmigung nicht erteilt werden für **polit. Veranstaltungen**, Veranstaltungen, an denen der ehem. Soldat **beruflich** oder **ehrenamtl.**[8] teilnimmt und Gelegenheiten, bei denen auch aktive Soldaten keine Uniform tragen dürfen.

---

5 BGBl. I S. 778 = VMBl. 2008 S. 73.
6 VMBl. S. 68.
7 BT-Drs. 10/4591, 15.
8 Diese in § 1 Abs. 2 Nr. 2 UnifV vorgenommene Einschränkung des Uniformtragens ist vor dem Hintergrund der Rspr. des BVerwG zu § 15 Abs. 3 (BVerwGE 76, 30 = NZWehrr 1983, 105) rechtl. zw., da (aktive u. ehem.) Soldaten an Veranstaltungen ihrer Berufsorganisationen grds. ehrenamtl. teilnehmen, soweit sie bei diesen satzungsgemäße Funktionen ausüben.

– Gem. § 3 Satz 2 UnifV darf ferner keine Genehmigung erteilt werden, wenn der Antragsteller nicht die Gewähr dafür bietet, dass das **Ansehen der Bw** in der Öffentlichkeit nicht **gefährdet** oder die Trageberechtigung nicht missbraucht wird.
– Gem. Nr. 8 Abs. 1 UnifB schließlich darf Antragstellern, die vom Wehrdienst ausgeschlossen oder die wegen **mangelnder Eignung** vorzeitig entlassen worden sind oder deren Dienstverhältnis aus ähnlichen Gründen vorzeitig geendet hat oder die nicht mindestens die allg. Grundausbildung abgeschlossen haben, keine Genehmigung erteilt werden.

Ob sich diese Versagungsgründe noch im Rahmen einer zulässigen Ermessensausübung halten, kann wegen ihrer teilweisen **Unbestimmtheit** durchaus **zweifelhaft** sein. Dem Gesetz ist jedenfalls der Ausschließungstatbestand der nicht abgeschlossenen Grundausbildung nicht zu entnehmen. Soll der ehem. Soldat etwa vor Erhalt der Tragegenehmigung einen mil. Befähigungsnachweis erbringen?

Gerichtl. Entsch. zu diesem Komplex liegen nicht vor.

12 Der **Genehmigungsbescheid** ist während der Dauer des Uniformtragens **mitzuführen** und auf Verlangen der Polizei oder der Feldjäger **vorzuzeigen** (§ 5 UnifV). Auch diese Regelung ist **nicht unproblematisch**, da Feldjäger außerhalb mil. Sicherheitsbereiche nicht befugt sind, Personen zu überprüfen (§ 4 UZwGBw).[9] Insbes. bleibt offen, wie bei einem Verstoß zu verfahren ist.

13 Die **Zuständigkeiten** für die Erteilung, die Versagung und den Widerruf der Genehmigung ergeben sich aus Nr. 5, 8 und 9 UnifB. Die Genehmigung darf nur durch **mil. Stellen** ausgesprochen werden, die über hoheitliche Befugnisse verfügen. Dies ist z. B. bei Interessenvertretungen der Soldaten nicht der Fall.

14 **b) Halbsatz 2.** „**Uniform**" ist die jew. durch die ZDv 37/10 bestimmte Uniform der Soldaten der Bw (§ 6 UnifV).[10] Als **Kennzeichnung** sind für Heer und Luftwaffe eine schwarz-rot-goldene Kordel als Überziehschlaufe und für die Marine der Buchstabe „R" festgelegt worden (§ 6 Abs. 1 UnifV).[11]

Beide Kennzeichnungen leiden darunter, dass sie nicht ohne Weiteres erkannt werden können, so dass Missverständnisse nicht auszuschließen sind. Solche müssen jedoch insbes. in einem bewaffneten Konflikt vermieden werden. Für fremde SK ist nicht ohne Weiteres erkennbar, dass eine schwarz-rot-goldene Kordel bedeutet, dass der Uniformträger nicht zu den bewaffneten SK der Bundesrepublik gehört!

Rechtsdogmatisch ist bemerkenswert, dass die Best. über die Uniform der aktiven Soldaten vom **BPräs** erlassen werden (§ 4 Abs. 3 Satz 2)[12]; während es der – weniger bedeutsamen – Kennzeichnung der Angehörigen der Res einer **RVO** bedurfte.

15 **c) Dienstrechtl. Folgen der Genehmigung.** Die Genehmigung zum Uniformtragen begründet **kein soldatisches Dienstverhältnis**.

---

9 *Stauf* I, § 4a SG Rn. 5. Die Amtl. Begr. zu § 4a (BT-Drs. 10/4591, 15) vermag eine gesetzl. Regelung nicht zu ersetzen.
10 Gem. Nr. 10 Abs. 3 UnifB ist dies der Dienstanzug (Grundform) o. der Gesellschaftsanzug, ausnahmsweise auch der Feldanzug.
11 Zur Trageweise vgl. ZDv 37/10 Nr. 427.
12 Anordnung des BPräs über die Dienstgradbezeichnungen und die Uniform der Soldaten v. 14.7.1978 (ZDv 14/5 B 181).

Der die Uniform tragende ehem. Soldat kann insbes. aktiven Soldaten **keine Befehle erteilen**; Soldaten müssen ihm gegenüber die soldatischen Pflichten nicht einhalten; eine **Grußpflicht besteht nicht**.[13]

Maßt sich der ehem. Soldat eine **Befehlsbefugnis an**, verstößt er nicht gegen § 38 WStG, da Täter dieser Vorschrift nur ein Soldat sein kann.[14] Auch eine Bestrafung gem. § 132 StGB kommt nicht in Betracht. Der ehem. Soldat übt kein öff. Amt i. S. d. Vorschrift aus.[15]   **16**

Hält sich der ehem. Soldat nicht an die UnifV und die UnifB, kann darin für frühere Offz und Uffz ein **Dienstvergehen** gem. § 17 Abs. 3, § 23 Abs. 2 Nr. 2 begründet sein.[16]   **17**

d) Verhältnis zu § 132a StGB. Gem. § 132a Abs. 1 Nr. 4 StGB macht sich strafbar, wer unbefugt inländische oder ausländische Uniformen trägt.   **18**

Trägt ein ehem. Soldat die Uniform **ohne** die vorgeschriebene **Genehmigung**, begeht er eine **Straftat**.

Unterlässt der ehem. Soldat, der eine Tragegenehmigung besitzt, das Anlegen der vorgeschriebenen **Kennzeichnung**, verstößt er – insoweit ohne straf- oder ordnungswidrigkeitenrechtl. Relevanz – gegen § 4a und die UnifV.[17]

Ein Verstoß gegen § 132a StGB soll in solchen Fällen ausscheiden, da niemand irgendwelche Handlungen im Vertrauen auf das Erscheinungsbild der Uniform vornehme.[18] Diese Auffassung ist nicht nachvollziehbar. Dort wo keine individuelle Personenkenntnis vorherrscht, können andere Soldaten den ehem. Soldaten ohne die vorgeschriebene Kennzeichnung nicht als solchen erkennen. Die Gefahr, dass diese in die Irre geführt werden und möglicherweise „Befehle", die im Rechtssinne keine solchen sind, ausführen, ist durchaus real vorhanden. Der Schutzzweck des § 132a StGB erfasst daher auch solche Fälle.

Zum subjektiven Tatbestand reicht es aus, dass der Träger der Uniform billigend in Kauf nimmt, dass unbefangene außenstehende Beobachter das Tragen der Uniform als Ausdruck der Innehabung einer bestimmten Amts-/Vorgesetztenstellung verstehen könnten.[19]

e) Rechtsweg. Die Verpflichtung des (aktiven) Soldaten, sich an die aufgrund von § 4 Abs. 3 ergangenen Best. zu halten, ist eine **truppendienstl. Angelegenheit**, die der Kontrolle durch die **Wehrdienstgerichte** unterliegt.[20]   **19**

Entspr. gilt grds. für die Ausführung des § 4a, der § 4 Abs. 3 nachgebildet ist.

---

13 A.A. *Dau*, NZWehrr 1987, 139.
14 *Schölz/Lingens*, WStG, § 38 Rn. 1.
15 *Dau*, NZWehrr 1987, 140 Fn. 46; *Fischer*, StGB, 55. Aufl. 2008, § 132 Rn. 8.
16 BVerwG NZWehrr 2009, 73 = NVwZ-RR 2009, 339; *Scherer/Alff/Poretschkin*, SG, § 4a Rn. 1.
17 Im bewaffneten Konflikt kann zusätzlich ein Verstoß gegen Art. 39 Abs. 2 ZP I vorliegen.
18 *Dau*, NZWehrr 1987, 139.
19 BayObLG NStZ-RR 1997, 135. Vgl. auch BGH NZWehrr 1992, 169; BVerwG NZWehrr 2009, 73 = NVwZ-RR 2009, 339.
20 BVerwG NZWehrr 2001, 246; BVerwGE 118, 21 = NZWehrr 2003, 169.

Hierbei sind jedoch zwei Fallgruppen zu unterscheiden[21]:

Wird die Tragegenehmigung **vor Beendigung** des Wehrdienstverhältnisses beantragt, und wird dieser Antrag abgelehnt, kann **Beschwerde** eingelegt und nach weiterer Beschwerde abschließend die Entsch. des **TDG** beantragt werden. Der Umstand, dass der Antragsteller inzwischen aus dem Dienstverhältnis ausgeschieden ist, hindert die Fortführung des Wehrbeschwerdeverfahrens nicht (§ 15 WBO).

Wird die Tragegenehmigung **nach Beendigung** des Wehrdienstverhältnisses beantragt und abgelehnt, sind hiergegen **Widerspruch** und Klage vor dem **VG** statthaft, da der Beschwerdeanlass nicht mehr der aktiven Dienstzeit zuzurechnen ist.[22]

20 3. Satz 2. Die **Verordnungsermächtigung** des Satzes 2 ist **mit Art. 80 GG nicht vereinbar**. Gem. Art. 80 Abs. 1 Satz 2 GG müssen Inhalt, Zweck und Ausmaß der Ermächtigung im Gesetz selbst bestimmt werden. Das Wort „Näheres" entspricht dieser verfassungsrechtl. Vorgabe nicht einmal ansatzweise.[23]

Art. 80 Abs. 1 Satz 2 GG **verbietet Blanko- oder Pauschalermächtigungen**.[24] Der Gesetzgeber muss hinreichend genau bestimmen, was das Ausmaß der Ermächtigung betrifft, so dass der von der RVO Betroffene die Rechtslage aus dem Gesetz entnehmen kann. Dies gilt insbes. dann, wenn, wie oben aufgezeigt, schwierige Rechtsfragen im Raum stehen.

Der Rückgriff auf § 4a Satz 1 reicht zur Auslegung der Verordnungsermächtigung nicht aus.

21 **Zuständig** für den Erl. der RVO ist das **BMVg** (§ 93 Abs. 2 Nr. 2).

§ 5 Gnadenrecht

(1) ¹Dem Bundespräsidenten steht hinsichtlich des Verlustes der Soldatenrechte und der Rechte aus einem früheren Soldatenverhältnis das Gnadenrecht zu. ²Er kann die Ausübung anderen Stellen übertragen.

(2) Wird im Gnadenweg der Verlust der Soldatenrechte in vollem Umfang beseitigt, so gilt von diesem Zeitpunkt ab § 42 Abs. 1, 2 und 4 des Bundesbeamtengesetzes entsprechend.

§ 42 BBG Wirkung eines Wiederaufnahmeverfahrens

(1) Wird eine Entscheidung, die den Verlust der Beamtenrechte bewirkt hat, im Wiederaufnahmeverfahren durch eine Entscheidung ersetzt, die diese Wirkung nicht hat, gilt das Beamtenverhältnis als nicht unterbrochen. Beamtinnen und Beamte haben, sofern sie die Altersgrenze noch nicht erreicht haben und dienstfähig sind, Anspruch auf Übertragung eines Amtes derselben oder einer mindestens gleichwertigen Laufbahn wie ihr bisheriges Amt und mit mindestens demselben Endgrundgehalt. Bis zur Übertragung des neuen Amtes erhalten sie die Besoldung, die ihnen aus ihrem bisherigen Amt zugestanden hätte.

---

21 A.A. *Stauf* I, § 4a SG Rn. 7, der ausnahmslos nur den Verwaltungsrechtsweg für gegeben hält.
22 Vgl. *Dau*, WBO, § 15 Rn. 9.
23 Vgl. BVerfGE 1, 14 (59).
24 *Mann*, in: Sachs, GG, Art. 80 Rn. 24.

(2) Ist aufgrund des im Wiederaufnahmeverfahren festgestellten Sachverhalts oder aufgrund eines rechtskräftigen Strafurteils, das nach der früheren Entscheidung ergangen ist, ein Disziplinarverfahren mit dem Ziel der Entfernung aus dem Beamtenverhältnis eingeleitet worden, verliert die Beamtin oder der Beamte die ihr oder ihm nach Absatz 1 zustehenden Ansprüche, wenn auf Entfernung aus dem Beamtenverhältnis erkannt wird. Bis zur Rechtskraft der Entscheidung können die Ansprüche nicht geltend gemacht werden.

(4) Auf die Besoldung nach Absatz 1 Satz 3 wird ein anderes Arbeitseinkommen oder ein Unterhaltsbeitrag angerechnet. Die Beamtinnen und Beamten sind hierüber zur Auskunft verpflichtet.

Übersicht

	Rn		Rn
I. Allgemeines	1	1. Absatz 1	7
1. Zweck der Vorschrift	1	a) Verfassungsrechtl. Grundlage des Gnadenrechts in Art. 60 Abs. 2 GG	7
2. Entstehung der Vorschrift	2		
3. Änderungen der Vorschrift	3		
4. Bezüge zum Beamtenrecht bzw. zu sonstigen rechtl. Vorschriften; ergänzende Dienstvorschriften	4	b) Gnadenrecht nach Absatz 1 Satz 1	12
		c) Übertragung der Ausübung nach Absatz 1 Satz 2	18
II. Erläuterungen im Einzelnen	7	2. Absatz 2	19

Literatur: *Dittrich, Karl-Heinz*: Der Bundespräsident und seine Bedeutung für die Streitkräfte, BWV 1999, 73; *Hindrichs, Gunnar*: Autorität und Milde – Zum Begnadigungsrecht des Bundespräsidenten, JZ 2008, 242; *Schätzler, Johann-Georg*: Handbuch des Gnadenrechts, 2. Aufl. 1992; *Schütte, Matthias*: Gnade vor Recht? Eine Betrachtung zur Entwicklung des Gnadenrechts, UBwV 2007, 161.

I. Allgemeines

1. Zweck der Vorschrift. § 5 konkretisiert einen Teilbereich des dem BPräs gem. Art. 60 Abs. 2 GG zustehenden Begnadigungsrechts, das er „im Einzelfalle für den Bund" ausübt. Generell besteht das Begnadigungsrecht des BPräs in der Befugnis, im Einzelfall eine rechtskräftig erkannte Sanktion ganz oder teilweise zu erlassen, sie umzuwandeln oder ihre Vollstreckung auszusetzen.[1] 1

Aus dieser umfangreichen Kompetenz greift § 5 Abs. 1 Satz 1 speziell einen Bereich heraus: Die Zuständigkeit des BPräs zur Ausübung des Gnadenrechts gegenüber Soldaten und früheren Soldaten in den Fällen, in denen sich für deren dienstrechtl. Stellung **als Folge eines Strafurteils weitere Nachteile** deshalb ergeben, weil eine **wehrgesetzl. Vorschrift an die strafgerichtl. Verurteilung dienstrechtl. relevante Konsequenzen anknüpft.**[2]

---

1 BVerfGE 25, 352, 358.
2 Den ursprünglichen Bezug auf strafgerichtl. Entsch. belegt § 5 Satz 1 des REntw. Er lautete: „Dem Bundespräsidenten steht das Gnadenrecht zu, soweit sich Strafurteile auf die Rechtsstellung der Soldaten auswirken." Vgl. BT-Drs. II/1700, 18; BT-Drs. II/2140, 4. Zur Frage der Anwendbarkeit des § 5 auf die Verwirkung von Grundrechten nach Art. 18 GG s.u. Rn. 15.

Beispiel: Ein BS wird durch ein deutsches Gericht wegen einer vorsätzlich begangenen Straftat zu einer Freiheitsstrafe von einem Jahr verurteilt. Dienstrechtl. gesetzl. Folge dieser Verurteilung ist nach § 48 Satz 1 Nr. 2, dass der BS seine Rechtsstellung verliert.

Das Gnadenrecht des BPräs nach Abs. 1 Satz 1 bezieht sich ausschließlich auf die Beseitigung der kraft Wehrgesetzes eintretenden dienstrechtl. Folge (im Beispiel: Verlust der Rechtsstellung als BS), nicht auf die Beseitigung des Strafurt. und seiner Folgen (z. B. auf den Erlass der verhängten Freiheitsstrafe).

2 **2. Entstehung der Vorschrift.** Der **Rechtsausschuss des BR** hatte, um den Umfang des Gnadenrechts noch klarer zum Ausdruck zu bringen, zunächst vorgeschlagen, § 5 Satz 1 des **REntw**.[3] wie folgt zu fassen:

Dem Bundespräsidenten steht das Gnadenrecht bezüglich der Rechtsfolgen zu, die sich aus einem Strafurteil für die Rechtsstellung des Soldaten ergeben.[4]

Diese Fassung wurde im späteren Gesetzgebungsverfahren – ebenfalls auf Vorschlag des BR – durch die heutige Formulierung des § 5 Abs. 1 Satz 1, die § 43 Abs. 1 Satz 1 BBG weitgehend entspricht, ersetzt.[5] § 5 Abs. 2, der die entspr. Geltung des § 42 Abs. 1, 2 und 4 BBG anordnet, wurde in der **2. Lesung** des SG aufgrund eines Änderungsantrags des Abg. *Merten* (SPD) vom BT angenommen.[6]

3 **3. Änderungen der Vorschrift.** § 5 ist seit der Erstfassung des SG im Jahr 1956 zweimal geändert worden: Durch Art. 1 Nr. 11 des **SGÄndG** ist Abs. 2 lediglich sprachlich modifiziert worden, und durch Art. 10 Nr. 2 des **DNeuG** wurden die in Abs. 2 genannten Vorschriften des BBG wegen der Neufassung dieses Gesetzes umnummeriert.

4 **4. Bezüge zum Beamtenrecht bzw. zu sonstigen rechtl. Vorschriften; ergänzende Dienstvorschriften.** Eine dem § 5 entspr. Vorschrift für **aktive Beamte im Bundesdienst** enthält § 43 BBG. Für **Bundesbeamte im Ruhestand** erklärt § 59 Abs. 2 BeamtVG das Gnadenrecht des § 43 BBG in Bezug auf den Verlust von Rechten für entspr. anwendbar. Verstirbt der frühere Bundesbeamte vor dem Erlass eines Gnadenerweises, kann sich dieser ggf. an die versorgungsberechtigten Hinterbliebenen richten.[7] Zu beachten ist, dass sich § 61 Abs. 1 Satz 4 BeamtVG mit seiner entspr. Verweisung auf §§ 42, 43 BBG – Gnadenerweis hins. des Erlöschens des Anspruchs auf Versorgungsbezüge gegenüber Hinterbliebenen eines früheren Bundesbeamten – nicht auf eine Verurteilung des früheren Bundesbeamten bezieht, sondern auf die eigene Verurteilung eines berechtigten Hinterbliebenen selbst.[8]

---

3 Vgl. zu dessen Wortlaut Fn. 2.
4 Vgl. BR-Rechtsausschuss, Unterausschuss „Soldatengesetz", Prot. der Sitzung am 7.7.1955 v. 8.7.1955 (R 0055 – Nr. R 96/55), 10.
5 Vgl. BT-Drs. II/2140, 4, 30.
6 Vgl. Sten.Ber. v. 6.3.1956, 6830 f., 6884; BT-Drs. II/2186.
7 Vgl. *Battis*, BBG, § 43 Rn. 4.
8 Vgl. § 61 Abs. 1 Satz 1 Nr. 4 BeamtVG; *Plog/Wiedow/Lemhöfer*, BBG, § 50 Rn. 7.

Gnadenrecht § 5

Gesetzl., dem Art. 60 Abs. 2 GG entspr. Grundlagen für das Gnadenrecht in den **Bundesländern** enthalten die jew. Landesverfassungen.[9] Für die **Beamten in den Ländern** sehen die LBG dem § 43 BBG im Wesentlichen entspr. Vorschriften vor.[10]

Zur Übertragbarkeit des Gnadenrechts durch den BPräs „auf andere Behörden" (Art. 60 Abs. 3 GG) ist auf die **Anordnung des BPräs über die Ausübung des Begnadigungsrechts des Bundes** vom 5.10.1965[11] zu verweisen. 5

Dienstvorschriften zum Gnadenrecht gem. § 5 sind derzeit **nicht** erlassen.[12] 6

II. Erläuterungen im Einzelnen

1. Absatz 1. – a) Verfassungsrechtl. Grundlage des Gnadenrechts in Art. 60 Abs. 2 GG. Konstitutive rechtl. Grundlage für ein umfassendes Gnadenrecht des **BPräs** gegenüber Soldaten und früheren Soldaten, auch soweit sich Strafurt. auf deren Rechtsstellung auswirken, ist **Art. 60 Abs. 2 GG**. Der BPräs hat hins. des Gnadenrechts die grds. Trennung von Bundes- und Landeshoheit zu beachten. Er übt dieses Recht nur „für den Bund" aus. 7

Art. 60 Abs. 2 GG wird durch § 5 Abs. 1 in einem Teilbereich konkretisiert. Diese Vorschrift enthält einen Zuständigkeitshinweis hins. des Gnadenrechts bei Verlust von Soldatenrechten und Rechten aus einem früheren Soldatenverhältnis.[13] Eine weitere gesetzl. Konkretisierung des Art. 60 Abs. 2 GG findet sich in § 19 WDO (Begnadigung wegen nach der WDO verhängter Disziplinarmaßnahmen).[14]

Die rechtl. Vorgaben und Grenzen des Art. 60 Abs. 2 GG sind auch im Rahmen des **Abs. 1** zu beachten. 8

Demnach übt der BPräs das **Begnadigungsrecht** im **Einzelfall** für den **Bund** aus.

Wie bereits angesprochen (vgl. o. Rn. 1), besteht das **Begnadigungsrecht** in der Befugnis, im Einzelfall eine rechtskräftig erkannte Sanktion ganz oder teilweise zu erlassen, sie umzuwandeln oder ihre Vollstreckung auszusetzen. Dem BPräs als dem Träger des Begnadigungsrechts ist daher im Rahmen eines weiten Gestaltungsspielraums (er kann dem Gnadenersuchen in einem von ihm zu bestimmenden Umfang entsprechen) die Möglichkeit eröffnet, aufgrund einer **Ermessensentscheidung**[15], die allerdings gem. 9

---

9 Z. B. Art. 59 der Verfassung für das Land NRW. Vgl. *Plog/Wiedow/Lemhöfer*, BBG, § 50 Rn. 19; s.a. die Zusammenstellung der Texte bei *Schätzler*, 289 ff.
10 So lautet z. B. § 53 Abs. 1 LBG NRW: „Dem Ministerpräsidenten steht hinsichtlich des Verlustes der Beamtenrechte (§§ 51, 52) das Gnadenrecht zu. Er kann die Befugnis auf andere Stellen übertragen."
11 BGBl. I S. 1573, geä. am 3.11.1970 (BGBl. I S. 1513); abgedruckt bei *Schätzler*, 269–271.
12 Anders aber zum Gnadenrecht gem. § 19 WDO (zu Einzelheiten s. *Dau*, WDO, § 19), zu dem die Anordnung über das Verfahren in Disziplinargnadensachen der Soldaten (DiGnAS) ergangen ist (ZDv 14/3 B 104). Diese Anordnung findet im Rahmen des § 5 keine Anwendung.
13 *Schätzler*, S. 53.
14 Zu Einzelheiten *Dau*, WDO, Komm. zu § 19.
15 Aus dem Charakter des Gnadenerweises als Entscheidung im Einzelfall folgt, dass der BPräs die Voraussetzungen, Zwecke o. Gesichtspunkte, an denen er sich orientiert, nicht über den Einzelfall hinaus – etwa in Ermessensrichtlinien – festlegen u. sich dadurch i. S. einer gleichmäßigen Praxis binden darf, vgl. BVerwG NJW 1983, 187 f.; *Plog/Wiedow/Lemhöfer*, BBG, § 50 Rn. 4.

Eichen

Art. 58 Satz 1 GG gegenzeichnungsbedürftig ist[16], eine im Rechtsweg zustande gekommene und im Rechtsweg nicht mehr zu ändernde Entscheidung auf einem „anderen", „besonderen" Weg zu korrigieren.[17] Er kann so ggf. Härten des Gesetzes, Irrtümer der Entscheidungsfindung und Unbilligkeiten bei nachträglich veränderten allg. persönlichen Verhältnissen ausgleichen.[18] Eine Begnadigung ist erst nach Rechtskraft einer Entscheidung möglich. Der BPräs darf nicht in ein schwebendes Verfahren eingreifen und nicht bereits vor einer rechtskräftigen Entscheidung tätig werden. Ihm ist es nicht möglich, ein noch nicht abgeschlossenes Strafverfahren einzustellen[19]; hierzu ist vielmehr ein Gesetz zu erlassen.

Aus dem Charakter des Gnadenaktes als ein dem Grds. der Gewaltenteilung fremder Eingriff der Exekutive in die rechtsprechende Gewalt (eine „Gestaltungsmacht besonderer Art"[20]) folgern die Rspr.[21] und ihr zust. die h.M. in der Lit.[22], dass die **Ablehnung eines Gnadengesuchs gerichtl. nicht nachprüfbar** ist.[23] Die Gewährung oder Nichtgewährung eines Gnadenerweises bedarf auch keiner Begründung.[24] Einer gerichtl. Kontrolle nach Art. 19 Abs. 4 GG[25] unterliegt erst der Widerruf eines gewährten Gnadenerweises.[26]

10 Der BPräs kann das Gnadenrecht nur **in konkreten Einzelfällen** ausüben. Eine diesem Gnadenakt vergleichbare[27] allg., einen unbest., abstrakt umschriebenen Personenkreis betreffende **Begünstigung** bleibt dem Gesetzgeber in Form eines **Amnestiegesetzes**[28] vorbehalten.

---

16 H.M., vgl. *Hemmrich*, in: v. Münch/Kunig, GGK II, Art. 60 Rn. 21; *Pieroth*, in: Jarass/Pieroth, GG, Art. 60 Rn. 4, jew. m. w. N.
17 So BVerfGE 25, 352, 358.
18 Vgl. ebd., 360.
19 Sog. **Abolition**; vgl. *Hemmrich*, in: v. Münch/Kunig, GGK II, Art. 60 Rn. 18; GKÖD I Yk, § 5 Rn. 1.
20 So BVerfGE 25, 361.
21 BVerfGE 25, 352, 361 ff. (die Entsch. erging bei Stimmengleichheit von 4 zu 4 Stimmen; s. *Schätzler*, 126 ff.); BVerwG NJW 1983, 187 = ZBR 1983, 156.
22 Vgl. *Hemmrich*, in: v. Münch/Kunig, GGK II, Art. 60 Rn. 23; *Jarass*, in: Jarass/Pieroth, GG, Art. 19 Rn. 43, jew. m. w. N.
23 Vgl. *Scherer/Alff/Poretschkin*, SG, § 5 Rn. 6; *Stauf* I, § 5 SG Rn. 4; GKÖD I Yk, § 5 Rn. 7; *Dau*, WDO, § 19 Rn. 17; ausführlich *Schätzler*, 126 ff.
24 BVerwG NJW 1983, 187 f.; vgl. auch *Dau*, WDO, § 19 Rn. 13.
25 Str. ist, ob im Wege der VB vorzugehen ist (so *Scherer/Alff/Poretschkin*, SG, § 5 Rn. 6; *Stauf* I, § 5 SG Rn. 5; *Dau*, WDO, § 19 Rn. 17). Das BVerfG hat die Frage des Rechtsweges offen gelassen (BVerfGE 30, 108 = NJW 1971, 795). Hier wird der Auffassung gefolgt, dass Streitigkeiten über die Ausübung des Gnadenrechts, auch soweit Handlungen des BPräs betroffen sind, keine verfassungsrechtl. Streitigkeiten sind; vielmehr wird, insbes. wenn die rückwirkende Beseitigung statusrechtl. Rechtspositionen (z. B. in Bezug auf den Verlust der Rechtsstellung als BS) in Frage steht, der Rechtsweg zu den VG offen stehen (vgl. *Kopp/Schenke*, VwGO, § 40 Rn. 36; *Kopp/Ramsauer*, VwVfG, § 35 Rn. 46, jew. m. w. N.).
26 BVerfGE 30, 108 = NJW 1971, 795; s.a. *Bader*, VwGO, § 40 Rn. 8.
27 Weil ebenfalls auf rechtskräftig verhängte, noch nicht o. noch nicht ganz vollstreckte Strafen bezogen.
28 Vgl. hierzu BVerfGE 2, 213, 218 ff. Vgl. *Plog/Wiedow/Lemhöfer*, BBG, § 50 Rn. 4; *Dau*, WDO, § 19 Rn. 4.

Gnadenrecht § 5

Das Gnadenrecht kann der BPräs gem. Art. 60 Abs. 2 GG **nur für den Bund** ausüben. Begnadigungen in Bezug auf Strafurt. der Gerichte der Länder, soweit es um die Beseitigung der **strafrechtl.** Urteilsfolgen (der Hauptstrafen Geld-, Vermögens- und Freiheitsstrafe, §§ 38 ff. StGB, der Nebenstrafen, z. B. Fahrverbot, § 44 StGB, und der strafrechtl. Nebenfolgen, etwa des Verlusts des aktiven und passiven Wahlrechts, § 45 StGB) geht, sind unzulässig[29], wenn in Ausübung der Gerichtsbarkeit der Länder entschieden worden ist. Für solche Strafverfahren ist das Gnadenrecht des jew. Landes maßgeblich. Eine Ausnahme bilden die in Art. 96 Abs. 5 GG genannten Strafverfahren, in denen Gerichte der Länder (OLG) in Organleihe für den Bund tätig werden. Auch wenn der BPräs in diesen seltenen Fällen einer Bundeszuständigkeit für Strafurt. das Gnadenrecht hins. der Beseitigung strafrechtl. Urteilsfolgen ausübt[30], ist § 5 Abs. 1 nicht anwendbar, da die Vorschrift nicht die Beseitigung strafrechtl. Urteilsfolgen zulässt. Die Ausübung dieses Gnadenrechts beruht vielmehr direkt auf Art. 60 Abs. 2 GG. Ansonsten kann der BPräs nur bei Strafen begnadigen, die ein Bundesgericht bereits **in erster Instanz** ausgesprochen hat.[31] Art. 60 Abs. 2 GG erfasst somit keine Strafurt. des BGH in Revisionssachen.[32] **11**

b) Gnadenrecht nach Absatz 1 Satz 1. Das **Begnadigungsrecht nach Abs. 1** ist in seinem Zusammenspiel mit Art. 60 Abs. 2 GG zu sehen. Auch soweit ein Gnadenerweis des BPräs hins. der aus einer strafgerichtl. Verurteilung erwachsenden **strafrechtl. Urteilsfolgen** (zu Einzelheiten vgl. Rn. 11) nach Art. 60 Abs. 2 GG („für den Bund") zulässig wäre, also insbes. in einem Strafverfahren nach Art. 96 Abs. 5 GG, kann Abs. 1 nicht angewendet werden. Der Gnadenerweis des BPräs nach Abs. 1 beschränkt sich auf die **Beseitigung der aufgrund soldatenrechtl.** (also bundesrechtl.) **Vorschriften** als Folge rechtskräftiger **strafrechtl.** Verurteilungen **eingetretenen Rechtsverluste**. **12**

Die hins. dieser Verluste ausgesprochene Begnadigung durch den BPräs lässt also die strafgerichtl. Verurteilung unangetastet. Andererseits lässt eine Begnadigung wegen strafrechtl. Urteilsfolgen (durch Gnadenträger der Länder oder – falls der BPräs ausnahmsweise zuständig ist – durch diesen) den Verlust soldatenrechtl. Rechte unberührt. Es handelt sich hier um **zwei getrennte Rechtskreise**. **13**

Ausnahmsweise ist ein **Junktim** zwischen der Begnadigung durch den Gnadenträger eines Landes oder den BPräs (im Falle der Bundeszuständigkeit) hins. einer strafgerichtl. Verurteilung und der Begnadigung durch den BPräs hins. der Beseitigung der aufgrund soldatenrechtl. Vorschriften als Folge rechtskräftiger strafrechtl. Verurteilungen eingetretenen Rechtsverluste – entspr. der Rechtslage im Beamtenbereich[33] – dann anzunehmen, wenn ein Soldat als strafrechtl. Nebenfolge einer Verurteilung nach §§ 45 bis 45b StGB vorübergehend die **Fähigkeit verliert**, **öff. Ämter zu bekleiden**. Solange diese strafrechtl. Nebenfolge wirkt, kann der hierdurch kraft Gesetzes eingetretene Verlust der Rechtsstellung eines BS oder SaZ (vgl. für BS § 48 Satz 1 i. V. m. § 38 Abs. 1, für SaZ gelten diese Vorschriften gem. § 54 Abs. 2 Nr. 2) nicht durch den BPräs im Gnadenweg gem. § 5 beseitigt werden. **14**

---

29 Vgl. z. B. *Nierhaus*, in: Sachs, GG, Art. 60 Rn. 14.
30 Vgl. *Pieroth*, in: Jarass/Pieroth, GG, Art. 96 Rn. 4.
31 *Hemmrich*, in: v. Münch/Kunig, GGK II, Art. 60 Rn. 19; *Pieroth*, in: Jarass/Pieroth, GG, Art. 60 Rn. 5.
32 *Pernice*, in: Dreier II, Art. 60 Rn. 26 m. w. N.
33 Vgl. *Plog/Wiedow/Lemhöfer*, BBG, § 50 Rn. 5 a. E.

15 Stellt das BVerfG (im Verfahren nach §§ 36 ff. BVerfGG) gem. **Art. 18 GG**[34], § 13 Nr. 1 BVerfGG die **Verwirkung** von **Grundrechten** fest, kann auch diese Entscheidung Gegenstand einer Begnadigung durch den BPräs. gem. Art. 60 Abs. 2 GG sein.[35] Die Frage, ob kraft Gesetzes eintretende statusrechtl. Folgen der festgestellten Grundrechtsverwirkung (z. B. der Verlust der Rechtsstellung eines BS nach § 48 Satz 2) im Wege eines Gnadenerweises nach § 5 Abs. 1 beseitigt werden können, ohne auf Art. 60 Abs. 2 GG zurückgreifen zu müssen[36], wird nicht einheitlich beantwortet.[37] Wegen der Entstehungsgeschichte des § 5 (die zunächst ausdrücklich auf Strafurt. bezogenen Entwurfstexte wurden weiter gefasst[38], so dass der Wortlaut Folgen aus Entscheidungen des BVerfG gem. Art. 18 GG einbezieht[39]) erscheint es zulässig, § 5 auch hier anzuwenden. Darüber hinaus gibt der Gesetzgeber, auch wenn z. B. strafrechtl. Nebenstrafen wie der Verlust der Fähigkeit zur Bekleidung öff. Ämter (§ 45 StGB) eine andere Funktion als eine Grundrechtsverwirkung besitzen[40], durch die von ihm in § 48 verfügte identische Rechtsfolge (z. B. Verlust der Rechtsstellung als BS[41]) zu erkennen, dass er von einer gewissen Gleichwertigkeit (Grundrechtsverwirkung als „strafrechtsähnliche" Sanktion) ausgeht.[42]

16 Ausgeübt werden kann das Gnadenrecht aus Abs. 1 **gegenüber Soldaten** (BS, SaZ und WPfl), die **kraft Gesetzes**[43] **Soldatenrechte** aus einem **aktiven** Soldatenverhältnis, sowie gegenüber früheren Soldaten, die Rechte aus ihrem **früheren** Soldatenverhältnis **verlieren**. Verstirbt der frühere Soldat nach Beantragung, aber vor dem Erlass eines Gnadenerweises, kann sich dieser (entspr. zum Beamtenrecht, vgl. Rn. 4) ggf. an die versorgungsberechtigten Hinterbliebenen richten. Auch diese Personen werden durch Abs. 1 erfasst. Darüber hinaus gilt § 5 **entspr.** für **Hinterbliebene** von Soldaten, die als Witwen oder Waisen Ansprüche auf Versorgungsbezüge des früheren Soldaten besitzen, diese Ansprüche jedoch wegen einer **eigenen strafgerichtl. Verurteilung** oder wegen einer **ihnen gegenüber** durch das BVerfG **ausgesprochenen Verwirkung von Grundrechten** nach Art. 18 GG verlieren (§ 59 Abs. 1 Satz 1 Nr. 4 und 5, Satz 2 SVG[44]).

---

34 Die praktische Bedeutung der Vorschrift ist bisher gering, vgl. *Jarass*, in: Jarass/Pieroth, GG, Art. 18 Rn. 1.
35 H.M., vgl. *Hemmrich*, in: v. Münch/Kunig, GGK II, Art. 60 Rn. 20; *Nierhaus*, in: Sachs, GG, Art. 60 Rn. 12 m. w. N.
36 Diese Vorschrift wäre ansonsten subsidiär anwendbar.
37 Ablehnend *Scherer/Alff/Poretschkin*, SG, § 5 Rn. 1; vgl. auch GKÖD I Yk, § 5 Rn. 2.
38 S. o. Rn. 2.
39 *Scherer/Alff/Poretschkin*, SG, § 5 Rn. 1.
40 Vgl. *Pagenkopf*, in: Sachs, GG, Art. 18 Rn. 18.
41 S. § 48 Satz 1 Nr. 1 i. V. m. § 38 Abs. 1 Nr. 2 einerseits, § 48 Satz 2 andererseits.
42 Für den Beamtenbereich beziehen *Plog/Wiedow/Lemhöfer*, BBG, § 50 Rn. 7, Entsch. des BVerfG über die Verwirkung eines Grundrechts in den Anwendungsbereich des § 50 BBG ein.
43 Keiner Begnadigung nach § 5 Abs. 1 zugänglich sind Rechtsverluste aus einer Entlassung (§§ 46, 49 u. §§ 55, 56), vgl. GKÖD I Yk, § 5 Rn. 2 m. w. N. Deutlicher wird dies im Beamtenrecht in § 43 BBG durch die Verweisung auf § 42 BBG.
44 Die Rechtslage entspricht der nach § 61 Abs. 1 Satz 4 BeamtVG, vgl. o. Rn. 4.

Als Rechte aktiver und früherer Soldaten, deren Verlust im Gnadenweg nach Abs. 1 **17**
rückgängig gemacht werden kann, sind zu nennen[45]:
- der **Verlust der Rechtsstellung eines BS** aufgrund strafgerichtl. Verurteilung nach § 48 Satz 1 und wegen Grundrechtsverwirkung nach § 48 Satz 2 sowie der damit verbundene **Verlust des Dienstgrades** (§ 49 Abs. 2),
- der **Verlust der Rechtsstellung eines SaZ** aufgrund strafgerichtl. Verurteilung und wegen Grundrechtsverwirkung nach § 54 Abs. 2 Nr. 2 i. V. m. § 48 sowie der damit verbundene **Verlust des Dienstgrades** (§ 56 Abs. 2),
- bei einem **BS im Ruhestand** oder einem **früheren BS** der **Verlust des Anspruchs auf Versorgung und des Dienstgrades** wegen strafgerichtl. Verurteilung oder wegen Grundrechtsverwirkung (§ 53 Abs. 1 Satz 1 und 2; vgl. § 56 Satz 1 SVG),
- bei einem **früheren SaZ** der **Verlust des Anspruchs auf Berufsförderung und Dienstzeitversorgung sowie des Dienstgrades** wegen strafgerichtl. Verurteilung[46] (§ 57 i. V. m. § 53 Abs. 1 Satz 1; vgl. § 56 Satz 1 SVG),
- bei einem **WPfl** der **Ausschluss aus den SK** und der **Verlust des Dienstgrades** aufgrund strafgerichtl. Verurteilung (§ 30 Abs. 1 und 2 WPflG).

c) **Übertragung der Ausübung nach Absatz 1 Satz 2.** Die dem BPräs auch in Bezug **18**
auf das Begnadigungsrecht in Art. 60 Abs. 3 GG eingeräumte **Delegierungsmöglichkeit** wird in **Abs. 1 Satz 2** (ohne konstitutive Wirkung) wiederholt. Der BPräs hat von der Übertragungsmöglichkeit bisher keinen Gebrauch gemacht. Vielmehr hat er sich in Art. 1 Nr. 2 seiner Anordnung über die Ausübung des Begnadigungsrechts des Bundes[47] ausnahmslos Gnadenentschließungen zur Beseitigung der dienst- und versorgungsrechtl. Folgen einer strafgerichtl. Verurteilung und damit alle Entscheidungen nach § 5 vorbehalten. Allerdings ist der BMVg nach Art. 4 der genannten Anordnung verpflichtet, die in seinem Geschäftsbereich gem. § 5 anfallenden, dem BPräs vorbehaltenen Entscheidungen in Gnadensachen vorzubereiten. Über die Gegenzeichnung[48] positiver Gnadenerweise des BPräs durch den BMVg übernimmt dieser die polit. Verantwortung für die Entscheidung.[49]

2. Absatz 2. Die Vorschrift erklärt für den Fall, dass der BPräs im Gnadenweg den **19**
Verlust der Soldatenrechte **in vollem Umfang** beseitigt, § 42 Abs. 1, 2 und 4 BBG **von diesem Zeitpunkt** ab für entspr. anwendbar.

Kommt der BPräs dem Gnadenersuchen nur **teilweise** nach[50], findet § 42 BBG keine Anwendung. Der Gnadenerweis beschränkt sich dann auf die vom BPräs konkret festgelegten Rechtsfolgen.

Beseitigt der BPräs den **Verlust** der Soldatenrechte **völlig**, wird also insbes. ein been- **20**
detes Soldatenverhältnis wieder voll hergestellt, gilt dieser Rechtszustand **von diesem Zeitpunkt** ab. Diese Terminierung stellt auf das **Wirksamwerden des Gnadenerweises** ab. Wenn nichts Näheres bestimmt ist, ist dies der Zeitpunkt der Bekanntgabe des

---

45 Vgl. *Scherer/Alff/Poretschkin*, SG, § 5 Rn. 2; *Dittrich*, BWV 1999, 73, 77; GKÖD I Yk, § 5 Rn. 2; *Stauf* I, § 5 SG Rn. 2.
46 Die Verwirkung von Grundrechten wird bei diesem Personenkreis nicht als Grund für Rechtsverluste genannt.
47 S. o. Rn. 5.
48 Vgl. o. Rn. 9.
49 So *Dau*, WDO, § 19 Rn. 2.
50 Dies liegt in seinem Gestaltungsspielraum, vgl. Rn. 9.

Gnadenerweises an den Begnadigten.[51] Die Rechtsfolge der Wiederherstellung der Soldatenrechte tritt dann mit Wirkung **ex nunc** (also nicht rückwirkend) ein.[52]

21 Der BPräs kann jedoch in seiner Gnadenverfügung bestimmen, dass diese Rechtsfolge erst **zu einem späteren Zeitpunkt oder rückwirkend**, bestenfalls zum Zeitpunkt der Rechtskraft des Strafurt., dessen kraft Gesetzes eingetretene statusrechtl. Folgen beseitigt werden sollen[53], wirksam werden soll.[54]

Nur im Fall der Rückwirkung auf den Zeitpunkt der Rechtskraft des Strafurt. wäre der Soldat entspr. § 42 Abs. 1 Satz 1 BBG so zu stellen, als sei das Soldatenverhältnis nie unterbrochen gewesen. Dies bedeutete vor allem, dass der Soldat dann einen Anspruch auf Nachzahlung von Dienstbezügen oder Wehrsold hätte. Hierauf hätte er sich entspr. § 42 Abs. 4 BBG anderweitig erzieltes Arbeitseinkommen oder einen Unterhaltsbeitrag[55] anrechnen zu lassen und müsste hierüber Auskünfte erteilen. Allerdings wäre die gesamte Zeit als Wehrdienstzeit (z. B. als Dienstzeit für Beförderungen gem. § 5 Abs. 5 SLV und als ruhegehaltfähige Dienstzeit gem. § 20 SVG) anzurechnen. Im Übrigen hätte der Soldat, sofern er die Altersgrenze noch nicht erreicht hat und noch dienstfähig ist, einen Anspruch darauf, in demselben Dienstgrad wie zuvor verwendet und mit mindestens demselben Endgrundgehalt[56] besoldet zu werden. Wäre keine Planstelle verfügbar, erhielte er zwischenzeitlich die Dienstbezüge, die ihm aus seiner bisherigen Verwendung zugestanden hätten (vgl. den entspr. anzuwendenden § 42 Abs. 1 Satz 2 BBG).

22 Wirkt der Gnadenerweis **nur ex nunc**[57], hat der Soldat weder Anspruch auf Nachzahlung von Dienstbezügen[58] noch auf Berücksichtigung der Zwischenzeit als Wehrdienstzeit. Eine entspr. Anwendung des § 42 Abs. 4 BBG wäre in diesem Fall obsolet. Es entsteht jedoch ein Anspruch auf dienstgradgerechte Wiederverwendung entspr. § 42 Abs. 1 Satz 2 BBG.

Unabhängig davon, ob der Gnadenerweis rückwirkend oder ex nunc rechtl. Folgen zeigt, erhält der Begnadigte im Falle der Beseitigung des Verlusts der soldatischen Rechte in vollem Umfang seine Rechtsstellung als BS oder SaZ direkt aufgrund des Gnadenaktes des BPräs. zurück.[59] Eine **erneute Ernennung** (Berufung in das Dienstverhältnis eines BS oder eines SaZ, vgl. § 4 Abs. 1 Nr. 1) ist **nicht notwendig**.[60]

---

51 Vgl. *Plog/Wiedow/Lemhöfer*, BBG, § 50 Rn. 12.
52 Entspr. *Battis*, BBG, § 43 Rn. 4.
53 Dies bedeutete im Ergebnis eine voll rückwirkende Beseitigung, die den Soldaten so stellte, als ob die Verurteilung nicht ergangen wäre.
54 Wenig differenzierend z. B. *Stauf* I, § 5 SG Rn. 3; *Scherer/Alff/Poretschkin*, SG, § 5 Rn. 5. Vgl. hingegen *Plog/Wiedow/Lemhöfer*, BBG, § 50 Rn. 12.
55 Als solcher käme nur eine v. BPräs im Gnadenwege bewilligte Zahlung in Betracht; es lägen weder die gesetzl. Voraussetzungen für einen Unterhaltsbeitrag nach § 36 SVG noch nach § 63 Abs. 2, § 65 Abs. 2, § 109 WDO vor.
56 Stellenzulagen sind diesem nicht zuzurechnen, wohl aber Amtszulagen als Bestandteil des Grundgehaltes (§ 42 Abs. 2 Satz 2 BBesG).
57 S. o. Rn. 20.
58 Vgl. GKÖD I Yk, § 5 Rn. 4.
59 Dies impliziert bereits der Wortlaut des § 5 Abs. 2 („beseitigt").
60 Vgl. entspr. zum Beamtenbereich *Battis*, BBG, § 42 Rn. 3; *Plog/Wiedow/Lemhöfer*, BBG, § 50 Rn. 13.

Ausnahmsweise kann entspr. **§ 42 Abs. 2 Halbs. 1, 2. Alt.**[61] **BBG** ein Soldat die ihm wegen eines auf § 5 gestützten Gnadenerweises des BPräs. entspr. § 42 Abs. 1 BBG zukommenden Rechte nicht geltend machen, wenn im Anschluss an die Begnadigung gegen ihn aufgrund eines erneuten rechtskräftigen Strafurt. ein sachgleiches gerichtl. Disziplinarverfahren mit dem Ziel der Entfernung aus dem Dienstverhältnis eingeleitet worden ist[62] und wenn es dann zu dieser wehrdienstgerichtl. Verurteilung gekommen ist. Sie führt zum Verlust der Ansprüche aus § 42 Abs. 1 BBG, ohne dass eine gesonderte Aufhebung des Gnadenerweises notwendig ist.[63] Schon während des gerichtl. Disziplinarverfahrens können die Ansprüche aus § 42 Abs. 1 BBG nicht geltend gemacht werden.

23

Bei dem erneuten Strafurt. kann es sich nur um eine Entscheidung handeln, die nicht das soldatische Dienstverhältnis kraft Gesetzes (in Form des Verlusts der Rechtsstellung eines BS oder SaZ[64]) beendet, die also noch Raum für ein gerichtl. Disziplinarverfahren lässt.[65] Denn der Verlust der Rechtsstellung als Soldat wegen einer strafgerichtl. Verurteilung bildete ein Verfahrenshindernis; ein eingeleitetes oder schon anhängiges gerichtl. Disziplinarverfahren müsste eingestellt werden (§ 98 Abs. 1 Nr. 1, § 108 Abs. 3 WDO[66]). Andererseits muss es sich bei dem vorgeworfenen Sachverhalt, der neben der strafgerichtl. Verurteilung noch die Einleitung eines gerichtl. Disziplinarverfahrens rechtfertigt, um ein so schweres Dienstvergehen handeln, dass voraussichtlich mit der Entfernung aus dem Dienstverhältnis gerechnet werden kann.

2.
Pflichten und Rechte der Soldaten

§ 6 Staatsbürgerliche Rechte des Soldaten

¹Der Soldat hat die gleichen staatsbürgerlichen Rechte wie jeder andere Staatsbürger. ²Seine Rechte werden im Rahmen der Erfordernisse des militärischen Dienstes durch seine gesetzlich begründeten Pflichten beschränkt.

---

61 Die 1. Alt. („Ist auf Grund des im Wiederaufnahmeverfahren festgestellten Sachverhaltes oder") hat im Rahmen der von § 5 Abs. 2 angeordneten entspr. Anwendung des § 42 Abs. 2 BBG auf Soldaten keine Bedeutung.
62 Bei einem (z. B. wegen Erreichens der Altersgrenze) bereits ausgeschiedenen Soldaten gilt Entspr. bei Einleitung eines gerichtl. Disziplinarverfahrens mit dem Ziel der Aberkennung des Ruhegehalts, vgl. GKÖD I K, § 51 Rn. 29.
63 Vgl. GKÖD I Yk, § 5 Rn. 5.
64 Für BS § 48 Satz 1 i. V. m. § 38 Abs. 1, für SaZ gelten diese Vorschriften gem. § 54 Abs. 2 Nr. 2.
65 Vgl. GKÖD I K, § 51 Rn. 26.
66 Vgl. BVerwGE 83, 379 = NZWehr 1988, 165; BVerwGE 93, 363 = NZWehr 1993, 211; *Dau*, WDO, § 1 Rn. 35.

§ 6 Staatsbürgerliche Rechte des Soldaten

Übersicht

	Rn		Rn
I. Allgemeines	1	2. Rechtspolit. und forensische Bedeutung des § 6; Staatsbürger in Uniform	19
1. Entstehung der Vorschrift	1		
2. Änderungen der Vorschrift	5		
3. Bezüge zu anderen rechtl. Vorschriften; ergänzende Dienstvorschriften	7	3. Satz 1	23
		4. Satz 2	26
II. Erläuterungen im Einzelnen	11	a) „Erfordernisse des militärischen Dienstes"	26
1. § 6 und Grundgesetz	11	b) „Gesetzlich begründete Pflichten"	29
a) Art. 17a GG	11		
b) Art. 19 GG	14	5. Einzelfälle aus der Rechtsprechung	30

Literatur: Bzgl. der Lit. bis 2000/2001 kann auf das umfangreiche Schrifttumsverzeichnis im GKÖD I Yk, § 6, sowie bei *Scherer/Alff/Poretschkin*, SG, 183–185, verwiesen werden.

Neuere Veröffentlichungen zu § 6: *Deiseroth, Dieter*: Meinungsäußerungsfreiheit und Ehrenschutz bei Soldaten, jurisPR-BVerwG 11/2007 Anm. 6; *ders.*: Aussagegenehmigung für einen beabsichtigten Strafantrag, jurisPR-BVerwG 3/2009 Anm. 4; *Lucks, Ulrich*: Bedeutung und Grenzen der Meinungsfreiheit für Soldatinnen und Soldaten, UBwV 2008, 10; *Pötz, Susanne*: Die freie Entfaltung der Persönlichkeit im Dienst – Zur Frage, wie viel Schmuck bei der Verrichtung des Dienstes in Uniform erlaubt ist, NZWehrr 2003, 245; *Reeb, Hans-Joachim/Többicke, Peter*: Lexikon Innere Führung, 2. Aufl. 2003; *Tetzlaff, Thilo*: Das Soldatenrecht der Bundesrepublik Deutschland im Lichte neuerer Grundrechtsfunktionen, 2000, 85 ff.; *Walz, Dieter*: Die Geltung der Grundrechte für den Soldaten – ein Beitrag zur aktuellen Bedeutung des § 6 des Soldatengesetzes; in: Streitkräfte und Menschenrechte, hrsg. von Dieter Weingärtner, 2008, 25; *Widmaier, Ulrich*: Zum Grundrecht des Soldaten auf freie Meinungsäußerung als disziplinarrechtlicher Sicht unter Einbeziehung allgemeiner Aspekte des Europäischen Gerichtshofs für Menschenrechte und des Gerichtshofs der Europäischen Gemeinschaften, in: Fs für Walther Fürst, 2002, 407. *ders.*: Grundrechte des Soldaten – Entwicklungen in der Rechtsprechung, in: Streitkräfte und Menschenrechte, hrsg. von Dieter Weingärtner, 2008, 35; Zum Schutz der Grundrechte – Der Wehrbeauftragte des Deutschen Bundestages, 2006.

Weitere Lit. wird bei der Komm. der §§ 7 ff. zit.

I. Allgemeines

1 **1. Entstehung der Vorschrift.** Der REntw.[1] enthielt – abw. von früheren (Vor-)Entwürfen des BMVg – eine mit § 6 vergleichbare Vorschrift **nicht**. Verfassungsrechtl. Bedenken hatten wohl seinerzeit die Herausnahme dieser Best. aus den Entwürfen ausgelöst.

2 Bei der **1. Lesung** des REntw. am 12.10.1955[2] führte der BMVg, *Theodor Blank*, aus:

„Es muß im Rechtsstaat als selbstverständlicher Grundsatz gelten, daß Freiheit nur so weit eingeschränkt wird und auch die Soldaten der Befehlsgewalt nur so weit unterworfen werden, als der besondere Zweck und die Aufgabe des Soldaten es notwendig machen. Auch dieser Grundsatz wird hier zum erstenmal gesetzlich festgelegt. Wenn der Vorgesetzte Befehle nur zu dienstlichen Zwecken erteilen darf, wenn die Wahr-

---

1 BT-Drs. II/1700.
2 Sten. Ber. 5781 (A).

heitspflicht des Soldaten auf die Aussage im dienstlichen verkehr beschränkt wird, wenn der Soldat von der Befolgung eines verbrecherischen Befehls befreit wird, so leuchtet hier überall jener Grundgedanke hervor. Am deutlichsten wird das aber bei den polit. Rechten und Pflichten, d. h. dort, wo die allgemeinen Staatsbürgerrechte berührt werden."

Die **BReg** wollte es also dabei belassen, die Rechtsstellung des Soldaten in der **konkreten Einzelpflicht** zu regeln und darauf verzichten, eine Generalklausel vor die Klammer zu ziehen. 3

Auf Antrag des Abg. *Dr. Kliesing* (CDU/CSU) fügte der **VertA** einen neuen § **5a**, den späteren § 6, in den Gesetzentw. ein. Der VertA war der Auffassung, „daß durch die Aufnahme des § 5a in das Gesetz der Standort des Soldaten in einem demokratischen Staat noch besonders verdeutlicht werden" sollte.[3] 4

2. Änderungen der Vorschrift. § 6 gehört zu den wenigen Normen des SG, die seit ihrer Erstfassung **nie geändert** worden sind. Dabei hätte es nahe gelegen, die „staatsbürgerlichen Rechte" des Satzes 1 durch die „Grundrechte des GG" zu ersetzen, zumal auf die missverständliche Beschränkung auf Bürgerrechte bereits frühzeitig aufmerksam gemacht worden war.[4] 5

Im Zuge einer **Rechtsbereinigung** des SG sollte die unterschiedliche und sachlich nicht begründete Verwendung von **Singularformen** („Der Soldat . . ."), z. B. in §§ 6 bis 8, §§ 11, 13 bis 26, 28 bis 32 und **Pluralformen** („Berufssoldaten und Soldaten auf Zeit"; „Soldaten, die nach Maßgabe des Wehrpflichtgesetzes Wehrdienst leisten"; „alle Soldaten"; „die Soldaten") in §§ 9, 12, 33, 35, 35a weitgehend vereinheitlicht werden. Evident ist, dass die Überschrift des 2. Unterabschnitts („Pflichten und Rechte der Soldaten") mit der des § 6 („Staatsbürgerliche Rechte des Soldaten") nicht korrespondiert. 6

3. Bezüge zu anderen rechtl. Vorschriften; ergänzende Dienstvorschriften. Eine mit § 6 **vergleichbare Vorschrift** existiert im **Beamtenrecht nicht**. Dies bedeutet jedoch nicht, dass zur Auslegung einzelner Vorschriften des SG nicht – zumindest ergänzend – auf die für Beamte geltenden Best. zurückgegriffen werden könnte. Die Rechtsstellung des Soldaten ist **nicht im SG „abschließend geregelt"**.[5] Eine solche Sichtweise verkennt die Tatsache, dass zahlreiche soldatenrechtl. Normen dem Recht der Bundesbeamten entlehnt worden sind. Trotz einiger tradierter Besonderheiten des Soldatenrechts ist nicht zu bestreiten, dass auch die meisten Änd. des SG seit dem Jahre 1956 Folgeänderungen des öff. Dienstrechts waren.[6] Zur Auslegung des SG im Übrigen sind „die für den Staatsdiener im Beamtenrecht entwickelten Grundsätze heranzuziehen".[7] 7

Für **WPfl** ist ergänzend auf § **51 WPflG** hinzuweisen. 8

---

3 BT-Drs. II/2140, 4. Zur Kritik gegenüber diesen Überlegungen vgl. *Rittau*, SG, 78.
4 *Rittau*, SG, 78.
5 So jedoch BDHE 4, 171 = NZWehrr 1959, 67.
6 Vgl. *Walz*, in: Gareis/Klein, HdBMilSoWi, 482.
7 So bereits die amtl. Begr. zum REntw. (BT-Drs. II/1700, 16).

9   Für **ZDL** ist § 25c i. V. m. **§ 80 ZDG** einschlägig. § 25c ZDG ist mit § 6 identisch. Hätte der Gesetzgeber in das SG eine den § 51 WPflG oder § 80 ZDG entspr. **Sammelvorschrift** der nach Maßgabe des SG eingeschränkten Grundrechte aufgenommen, hätte es des § 6 nicht bedurft; zumindest hätte sich eine Komm. des § 6 erübrigt.[8]

10 Wesentliche Aussagen für die Anwendung des § 6 in der mil. Praxis enthalten die
    – **ZDv 10/1** „Innere Führung"
    – **ZDv 12/1** „Politische Bildung in der Bundeswehr".

II. Erläuterungen im Einzelnen

11 **1. § 6 und Grundgesetz. – a) Art. 17a GG.** Der Soldat ist **Grundrechtsträger** wie jede andere Person, die sich auf das GG berufen darf. Die Rechtsfigur des „**besonderen Gewaltverhältnisses**", in dem Grundrechte auch ohne Gesetzesvorbehalt einschränkbar sein sollten, hat sich **überlebt**.[9]

12 Für Soldaten sind diejenigen **Grundrechte** – gem. Art. 19 Abs. 1 Satz 1 GG – durch Gesetz oder aufgrund eines Gesetzes **einschränkbar**, die für **jedermann** einschränkbar sind. Gem. Art. 17a Abs. 1 GG können „Gesetze über Wehrdienst" darüber hinaus für Soldaten die Art. 5 Abs. 1 Satz 1, Art. 8 und Art. 17 GG einschränken. Das SG ist zweifelsohne ein Gesetz über Wehrdienst.[10] Gem. Art. 17a Abs. 2 schließlich können „Gesetze, die der Verteidigung dienen", die Grundrechte aus Art. 11 und Art. 13 GG einschränken. Die Einschränkungsvorbehalte des Art. 17a GG treten kumulativ und enumerativ[11] neben die allg. Vorbehalte, die für bestimmte Grundrechte ohnehin gelten.[12] Für **weitergehende Grundrechtseinschränkungen** für Soldaten, etwa aus der „Natur der Sache" oder aus dem Wehrdienstverhältnis als solchem, ist daneben **kein Raum**.[13] Die „**Erfordernisse des militärischen Dienstes**" i. S. v. § 6 Satz 2 oder die von der Rspr. entwickelte Formel von der „**Funktionsfähigkeit der Bundeswehr**"[14] können als **Interpretationshilfe** bei der Anwendung des Grds. der Verhältnismäßigkeit eines

---

8   So enthält die Komm. zu § 25c ZDG bei *Brecht*, ZDG, nur den Hinw. auf § 80 ZDG – mehr nicht. Im Zuge der Debatte im Rechtsausschuss des BT um § 11 des REntw. (später § 17) hatte die Abg. *Dr. Lüders* (FDP) die Auffassung vertreten, es solle eine „allgemeine Bestimmung über die Einschränkung von Grundrechten am Anfang des Gesetzes" niedergelegt werden (Prot. Nr. 86 der 86. Sitzung des Rechtsausschusses v. 18.11.1955, 38). Das Versprechen des Vorsitzenden (S. 39), diese Frage nach der Beratung des ganzen Gesetzes nochmals zur Diskussion zu stellen, ist wohl nicht eingelöst worden, obwohl diese Option auch im Ausschuss für Beamtenrecht thematisiert worden war (vgl. *Dr. Anders*, BMI, in der 37. Sitzung des Ausschusses für Beamtenrecht v. 5.12.1955, Prot. Nr. 38, 6).
9   Vgl. BVerfGE 33, 1. Rechtshistorisch stellt *Kokott*, in: Sachs, GG, Art. 17a Rn. 3, zutr. fest, dass Art. 17a GG (zunächst) eine „Relativierung der Lehre vom besonderen Gewaltverhältnis" darstellt(e).
10 BVerwGE 43, 48 (52).
11 *Kokott*, in: Sachs, GG, Art. 17a Rn. 6.
12 *Jarass*, in: Jarass/Pieroth, GG, Art. 17a Rn. 1.
13 So zutr. BVerwGE 43, 48 (53); BVerwG NVwZ-RR 2009, 426, bezogen auf Art. 5 Abs. 1 Satz 1 GG. Ebenso (allg.) *Bornemann*, RuP, 14; *Lingens*, NZWehr 1993, 200. Im Ergebnis ebenso *Stauf* I, § 6 SG Rn. 2.
14 Vgl. z. B. BVerfGE 44, 197 (202); BVerfG NZWehr 1992, 205 (206); BVerwG NZWehrr 1972, 221; BVerwGE 76, 267 = NZWehr 1985, 113 (114); BVerwGE 83, 60 = NZWehrr 1986, 161 (162); BVerwG NZWehr 1989, 80 (81); *Widmaier*, in: Fs für Fürst, 410.

gesetzl. Grundrechtseingriffes herangezogen werden.[15] So ist auch die verbreitete These zu verstehen, dass gesetzl. Einschränkungen der in Art. 17a GG aufgeführten Grundrechte nur zulässig seien, „wenn sie nach Eigenart und Besonderheit des Wehrdienstverhältnisses sachlogisch zu rechtfertigen sind".[16]

Aus § 6 selbst ist mithin **keinerlei Ermächtigung zur Einschränkung von Grundrechten** des Soldaten herzuleiten.[17]   **13**

b) Art. 19 GG. Gem. Art. 19 Abs. 2 GG darf in keinem Fall ein – durch Gesetz oder aufgrund eines Gesetzes – eingeschränktes Grundrecht in seinem Wesensgehalt angetastet werden. Diese **Wesensgehaltsgarantie** gilt auch für das soldatische Dienstrecht.   **14**

Das einschränkende Gesetz muss gem. Art. 19 Abs. 1 Satz 2 GG das Grundrecht unter Angabe des Artikels nennen (sog. **Zitiergebot**).   **15**

Expressis verbis hat der Gesetzgeber **im SG** nur an drei Stellen das Zitiergebot beachtet: **16**
– Im Rahmen der Verpflichtung zur Gesunderhaltung muss der Soldat bestimmte Eingriffe in seine körperliche Unversehrtheit dulden. Insoweit wird das Grundrecht des Art. 2 Abs. 2 Satz 1 GG eingeschränkt (**§ 17 Abs. 4 Satz 3 Halbs. 2**). Verfassungsrechtl. Grundlage hierfür war der allg. Gesetzesvorbehalt des Art. 2 Abs. 2 Satz 2 GG.
– Dienstleistungspflichtige haben sich im Rahmen der Dienstleistungsüberwachung zur Verhütung übertragbarer Krankheiten impfen zu lassen. Auch insoweit wird das Grundrecht des Art. 2 Abs. 2 Satz 1 GG eingeschränkt (**§ 77 Abs. 4 Nr. 6 Halbs. 2**).
– Die Polizei ist befugt, zum Zweck der Vorführung oder Zuführung eines Dienstleistungspflichtigen dessen Wohnung zu betreten. Das Grundrecht aus Art. 13 GG wird nach Maßgabe des § 79 Abs. 3 eingeschränkt (**§ 79 Abs. 3 Satz 9**). Die verfassungsrechtl. Ermächtigung für diese Regelung folgt aus Art. 17a Abs. 2 GG.

Str.[18] ist, ob das Zitiergebot verletzt ist, weil der Gesetzgeber ansonsten die mit den §§ 7 ff. verbundenen Einschränkungen oder Beschränkungen von Grundrechten nicht mit deren ausdrücklicher Zitierung verfügt hat. Dies gilt insbes. für die sich aus § 10 Abs. 6 und § 15 ergebenden Einschränkungen des Grundrechts aus Art. 5 Abs. 1 Satz 1 GG. Die **Rspr.** und ein Teil der Lit. **verneinen** die Anwendbarkeit des **Zitiergebots**, wenn dieses auch außerhalb des soldatischen Bereichs im Falle kollidierender Verfassungsrechtsgüter nicht zu beachten sei oder wenn es sich um nachkonstitutionelle Grundrechtseinschränkungen handele, die bereits vorher geltende lediglich wiederholten.[19] Dies sei u. a. der Fall bei Grundrechtsbeschränkungen für Soldaten im Rahmen des SG.   **17**

---

15 Vgl. *Jarass*, in: Jarass/Pieroth, GG, Art. 17a Rn. 7; *Kokott*, in: Sachs, GG, Art. 17a Rn. 10.
16 GKÖD I Yk, § 6 Rn. 8.
17 *Bornemann*, RuP, 14. Missverständlich BVerwG ZBR 2004, 359 (360): „Soldaten haben gemäß Art. 1 Abs. 3 GG i. V. m. § 6 Satz 1 SG – vorbehaltlich von Einschränkungen nach Art. 17a GG und (!) § 6 Satz 2 SG – die gleichen staatsbürgerlichen Rechte wie jeder andere Staatsbürger". Missverständlich auch BVerwG NZWehr 2007, 32 (33): „... ist zu untersuchen, ob und in welchem Umfang gemäß § 6 Satz 2 SG das Meinungsäußerungsgrundrecht des Soldaten ... durch gesetzlich begründete Pflichten ... beschränkt wird".
18 Vgl. zum Diskussionsstand *Kokott*, in: Sachs, GG, Art. 17a Rn. 12.
19 BVerfGE 28, 36 (46); 28, 282 = NZWehrr 1971, 23; BVerfG NZWehrr 1992, 205 (206); BVerwGE 43, 48 (54); GKÖD I Yk, § 6 Rn. 8; *Kokott*, in: Sachs, GG, Art. 17a Rn. 13; *Scherer/Alff/Poretschkin*, SG, § 6 Rn. 7. Offen gelassen in BVerwG 1 WD 1/08.

18 Auch wenn diese Auffassung mit dem **Wortlaut** von Art. 19 Abs. 1 Satz 2 GG **nicht zu vereinbaren** ist, ergibt sich aus der zit. Rspr. der obersten Gerichte[20] jedenfalls keine zwangsläufige Notwendigkeit für den einfachen Gesetzgeber, das SG entspr. zu ergänzen.

19 **2. Rechtspolit. und forensische Bedeutung des § 6; Staatsbürger in Uniform.** Die Vorschrift des § 6 ist primär vor dem Hintergrund der polit. Debatten um die **Wiederbewaffnung Deutschlands** und der wesentlich durch *Graf Baudissin* begründeten **Konzeption der Inneren Führung** zu begreifen. Der Soldat der Bw ist als „Staatsbürger in Uniform"[21] grds. Träger aller (Grund-)Rechte des GG. § 6 verdeutlicht somit die staatspolit. Wertentscheidung für das seinerzeit **neue soldatische Leitbild**.[22] Nach dem heutigen Verständnis fordert dieses Leitbild vom Soldaten, „eine freie Persönlichkeit zu sein, als verantwortungsbewusster Staatsbürger zu handeln, sich für den Auftrag einsatzbereit zu halten".[23] Seine Rechtsstellung gerät demgegenüber in den Hintergrund.

20 In zahlreichen Schriften zur Inneren Führung aus den Aufbaujahren der Bw ist denn auch § 6 als **gesetzl. Verankerung der Konzeption** der Inneren Führung zit. worden. In der aktuell geltenden Fassung der ZDv 10/1 findet § 6 keine Erwähnung mehr. Dies erklärt sich daraus, dass weite Teile der ursprünglichen Konzeption der Inneren Führung inzwischen **verrechtlicht** worden sind; der nicht-kodifizierte Bereich der Inneren Führung ist zunehmend verblasst.[24] Die Feststellung der ZDv 10/1[25], „Wesentliche Grundsätze der Inneren Führung sind ... im Grundgesetz, in den Wehrgesetzen sowie in Verordnungen und Erlassen verankert", unterstreicht die hier vertretene Auffassung.

21 Die rechtspolit. und mil.-praktische Bedeutung des § 6 ist heute weitgehend auf die einer **rechtshistorischen** und **wehrpolit. Quelle** reduziert.

22 Dies gilt auch für die **Judikative**. Auffallend oft wird in Entscheidungen zwar in der jew. Kopfleiste der amtl. Veröffentlichung u. a. § 6 zit.; in den Gründen wird dieses Zitat weder wiederholt noch wird darauf näher eingegangen.[26]

23 **3. Satz 1.** Der Gesetzeswortlaut führt in die Irre: Der Soldat hat nicht nur „die gleichen staatsbürgerlichen Rechte wie jeder andere Staatsbürger". Ihm stehen vielmehr **alle Rechte nach dem GG** zu, insbes. die Grundrechte und die grundrechtsgleichen Rechte. Dies folgt aus der Bindung der vollziehenden Gewalt und damit der SK als Teil derselben an die Grundrechte (Art. 1 Abs. 3 GG).[27]

---

20 *Schmidt-de Caluwe*, NZWehr 1992, 249, hat denn auch die Gerichte aufgefordert, ihre Position zu überprüfen.
21 Der Begriff geht auf *Beermann* zurück, der in den 50er Jahren des letzten Jh. wehrpolit. Berater der SPD war. Vgl. Lexikon Innere Führung, 226.
22 Vgl. z. B. BVerwGE 83, 60 = NZWehr 1986, 161 (162); BVerwG NZWehr 2006, 209 (211); GKÖD I Yk, § 6 Rn. 1; *Stauf* I, § 6 SG Rn. 1; *Widmaier*, in: Fs für Fürst, 410, jew. m. w. N.
23 ZDv 10/1 Nr. 203.
24 Vgl. *Walz*, NZWehr 1984, 133; *ders.*, Rechtliche Grundlagen der Konzeption der Inneren Führung, in: Innere Führung im Meinungsstreit, hrsg. von H. Rümmer, 1984, 22.
25 Nr. 327.
26 Vgl. z. B. BVerwGE 76, 363 = NZWehr 1985, 242; BVerwG NZWehr 1987, 210; BVerwG NZWehr 1996, 75; BVerwGE 113, 311 = NZWehr 1999, 169. Der Beschl. des BVerwG NZWehr 2006, 209, stellt insoweit ein begrüßenswerte Ausnahme dar. Vgl. auch BGH NJW 2009, 1360 (1364).
27 Vgl. BVerwGE 43, 88 (91); *Bornemann*, RuP, 13; GKÖD I Yk, § 6 Rn. 2; *Scherer/Alff/Poretschkin*, SG, § 6 Rn. 2; *Stauf* I, § 6 SG Rn. 1.

Jede andere Auslegung des Satzes 1 würde im Übrigen die **Legitimation von Art. 17a GG** in Frage stellen. Diese Best. erklärt sich aus der Erkenntnis, dass dem Soldaten grds. alle verfassungsmäßigen Rechte zustehen, es sei denn, diese wären auf einer allg. oder nur für Soldaten geltenden gesetzl. Basis eingeschränkt.

Auf der anderen Seite räumt Satz 1 dem Soldaten **keine zusätzlichen**, eigenständigen **Rechte** ein, die für andere Staatsbürger nicht bestehen.[28]

4. Satz 2. – a) „Erfordernisse des militärischen Dienstes". Wie bereits oben[29] näher ausgeführt, ist dieser unbestimmte Gesetzesbegriff als **Interpretationshilfe** für den (einfachen) Gesetzgeber zu begreifen, wenn dieser es für sachlich notwendig und gerechtfertigt erachtet, für Soldaten ein Grundrecht einzuschränken. Er ist damit eine gesetzl. Ausformung des Grds. der **Verhältnismäßigkeit** und des **Willkürverbots**.[30]

Ohne eine legislative Basis darf nicht in ein Grundrecht eingegriffen werden (Art. 19 Abs. 1 Satz 1 GG); eine bloße **Dienstvorschrift**, die nicht zumindest auf § 7 fußt, **genügt** dieser Anforderung **nicht**, und zwar unabhängig von der Schwere des Eingriffs.[31]

Die „Erfordernisse des militärischen Dienstes" werden durch die Rspr. i. d. R. als **Sicherung der „Funktionsfähigkeit der Bundeswehr"** und der „Erfüllung der ihr gestellten Verteidigungsaufgabe" verstanden.[32]

b) „Gesetzlich begründete Pflichten". Gesetzl. Pflichten des Soldaten finden sich primär in den §§ 7 ff., aber auch in anderen (Wehr-)Gesetzen, z. B. in der WDO. Die gesetzl. begründeten Pflichten des § 6 Satz 2 korrespondieren mit den Pflichten des Soldaten, deren schuldhafte Verletzung ein **Dienstvergehen** darstellt (§ 23 Abs. 1).[33]

5. Einzelfälle aus der Rechtsprechung. Gesetzl. begründete Einschränkungen einzelner Grundrechte oder grundrechtsgleicher Rechte für Soldaten werden unter der jew. Überschrift „§ ... und Grundgesetz" bei der Komm. der nachfolgenden Einzelvorschriften referiert. Zusammenfassende Übersichten vermitteln keine zusätzlichen Erkenntnisse für die Praxis. Wer solche dennoch benötigt, dem seien die umfänglichen Darstellungen im GKÖD I[34] oder bei *Scherer/Alff/Poretschkin*[35] empfohlen.

---

28 Die Feststellung des BVerwG (NZWehrr 2004, 259, 260), „nach § 6 Satz 1 SG hat jeder Soldat – ebenso wie jeder andere Staatsbürger (?) – einen Anspruch darauf, dass seine Anträge pflichtgemäß ... beschieden werden", verkennt, dass ein solcher Rechtsanspruch für jedermann aus Art. 17 GG abgeleitet wird (so bereits BVerfGE 2, 225). Der „Ehrenschutz" des Soldaten folgt ebenfalls nicht aus § 6 Satz 1 (so jedoch BVerwGE 123, 165 = NZWehrr 2005, 168, 171), sondern unmittelbar aus Art. 1 Abs. 1 GG.
29 Rn. 12.
30 Vgl. *Scherer/Alff/Poretschkin*, SG, § 6 Rn. 10.
31 Missverständlich BVerwGE 87, 25 = NZWehrr 1987, 25: „Solch geringfügige Eingriffe in seine persönliche Freiheit sind auch dann noch rechtmäßig durch die Erfordernisse des militärischen Dienstes gedeckt (§ 6 Satz 2 SG ...), wenn damit ein gewisser Verlust an Freizeit (gemeint: Freiheit) verbunden ist."
32 Vgl. z. B. BVerfG NZWehrr 1992, 205 (206).
33 Vgl. dort Rn. 24.
34 Yk, § 6 Rn. 10 ff.
35 SG, § 6 Rn. 11 ff.

§ 7 Grundpflicht des Soldaten

Der Soldat hat die Pflicht, der Bundesrepublik Deutschland treu zu dienen und das Recht und die Freiheit des deutschen Volkes tapfer zu verteidigen.

Übersicht

	Rn		Rn
I. Allgemeines	1	b) Die „Reichweite" der Tapferkeitspflicht	20
1. Entstehung der Vorschrift	1		
2. Änderungen der Vorschrift	7	4. Verhältnis von § 7 zu den §§ 8 ff	22
3. Bezüge zum Beamtenrecht bzw. zu sonstigen rechtl. Vorschriften; ergänzende Dienstvorschriften	8	5. „Bundesrepublik Deutschland"	25
		6. „treu zu dienen"	29
		7. „Recht und die Freiheit des deutschen Volkes"	32
II. Erläuterungen im Einzelnen	12	8. „tapfer zu verteidigen"	34
1. Grundpflicht und Grundgesetz	12	9. Einzelfälle von Verstößen gegen § 7 bzw. der Begründung von Einzelpflichten aus der Rechtsprechung	36
2. Geltung von § 7 im Frieden und im Krieg	14		
3. Einsätze der deutschen Streitkräfte „out of area"	15		
a) Heranziehung von Wehrpflichtigen	15		

Literatur: *Baldus, Manfred*: Wehrpflichtige bei Auslandseinsätzen der Bundeswehr? NJW 1995, 1134; *Dau, Klaus*: Rechtliche Rahmenbedingungen einer deutsch-französischen Brigade, NZWehrr 1989, 177; *Deiseroth, Dieter*: Auslegung und Anwendung der „Grundsätze der Wirtschaftlichkeit und Sparsamkeit" im Bereich der Bundeswehrstreitkräfte, jurisPR-BVerwG 12/2007 Anm. 1; *ders.*: Wehrdisziplinarrechtliche Ahndung von außerdienstlichem und nachdienstlichem Fehlverhalten eines früheren Soldaten, jurisPR-BVerwG 2/2009 Anm. 2; *Demandt, Ecke*: Zum Begriff „Deutsches Volk" und den Grundpflichten des Soldaten in § 7 Soldatengesetz (SG), NZWehrr 1982, 101; *Dreist, Peter*: Berufsarmee statt Wehrpflicht und zudem Einführung einer Allgemeinen Dienstpflicht? BWV 2004, 169; *Gauder, Janina*: Das Opfer des Soldaten – über den Lebenseinsatz auf Befehl und das Recht auf Leben, NZWehrr 2009, 98; *Goerlich, Helmut*: Soldatische Pflichten, provokative Meinungsäußerungen und die Vereinigungsfreiheit des Soldaten, Jura 1993, 471; *Graßhof, Malte*: Einschränkungen der „freien Rede" durch das Soldatengesetz, NZWehrr 1995, 177; *Heimann, Hans Markus*: Zur Verfassungsmäßigkeit des Einsatzes Wehrpflichtiger außerhalb der Landesverteidigung, ZRP 1996, 131; *Heuer, Knud*: Das Prinzip von Befehl und Gehorsam und der Einsatz von Kernwaffen, NZWehrr 1986, 98; *Kirchhof, Ferdinand*: Deutsche Verfassungsvorgaben zur Befehlsgewalt und Wehrverwaltung in multinationalen Verbänden, NZWehrr 1998, 152; *Knoche, Sebastian*: „Zwangsweise" Diensterfüllung bei Auslandseinsätzen? NZWehrr 1996, 21; *Lingens, Eric*: Die Rechte des Soldaten auf Leben und körperliche Unversehrtheit, NZWehrr 1982, 161; *Nettersheim, Gerd J.*: Inhalt und Grenzen der Treuepflicht des § 7 Soldatengesetz, NZWehrr 1975, 89; *Schlegtendal, Axel*: Die „Geschäftsgrundlage" für den Soldaten oder Inhalt und Reichweite seiner Treuepflicht, NZWehrr 1992, 177; *Schmidt-Bremme, Götz*: Die militärische Versetzung, 1. Aufl. 1991; *ders.*: § 7 Soldatengesetz und Erklärung der Versetzbarkeit: Ermächtigungsgrundlagen für eine militärische Versetzung? NZWehrr 1991, 242; *Schreiber, Jürgen*: Treudienstpflicht, Vorgesetztenpflichten, NZWehrr 1991, 105; *Schwandt, Eberhard Ulrich*: Dienstpflichten der Soldaten, ZBR 1993, 161; *ders.*: Freiheit und Grenzen der Meinungsäußerung von Soldaten, ZBR 1999, 402; *ders.*: Einsatz der Bundeswehr „out of area", in: Fs für Klaus Dau, 1999, 219; *von Unruh, Georg Christoph*: Befehls- und Kommandogewalt, in: Fs für Hans J. Wolff, München 1973, 109; *Walz, Dieter*: Anm. zu BVerwG 1 WB 283/77, 1 WB 13/78, NZWehrr 1980, 26; *ders.*: Die „Reichweite" der soldatischen Tapferkeitspflicht, NZWehrr 1992, 55; *ders.*: Wehrpflicht und „Landes"verteidigung, NZWehrr 1998, 110; *ders.*: Beamtinnen und Beamte der Bundeswehr im Auslandseinsatz – Statusrechtliche Problemstellungen, in: Fs für Dieter Fleck, 2004, 659; *Wieland, Joachim*: Ausländische Vorgesetzte deutscher Soldaten in multinationalen Verbänden, NZWehrr 1999, 133.

I. Allgemeines

1. Entstehung der Vorschrift. § 6 des REntw.[1] lautete:

Der Soldat hat die Pflicht, treu zu dienen und Vaterland und Freiheit unter Einsatz seiner Person tapfer zu verteidigen.

1

Die BReg betonte in ihrer **Begr.**[2], der Einsatz der Person verlange von dem Soldaten, „seiner Aufgabe mit allen geistigen und leiblichen Kräften und – wenn es sein muß – bis zum Opfer von Leib und Leben gerecht zu werden". „Vaterland" und „Freiheit" seien keine Rechtsbegriffe, sondern Werte, die zu den Grundlagen jedes Deutschen gehörten.

Bereits bei der **1. Lesung** im BT am 12.10.1955 wurde deutlich, dass die Fassung des REntw. nicht Gesetz werden würde. Der Abg. *Dr. Kliesing* (CDU/CSU) stellte die Frage, wem der Soldat die Treue zu schulden habe.[3] Auch dem Abg. *Merten* (SPD) schien die Formulierung des § 6 (und anderer Best.) nicht zu gefallen. Er forderte, diese in eine Form zu bringen, die als „Richtlinie für die Ausbildung" brauchbar sei.[4] Der Abg. *Feller* (GB/BHE) schließlich stieß sich an dem Begriff „Vaterland". In einem „gespaltenen Vaterland" sollte man nicht auf dieses schwören lassen.[5]

2

Im **Rechtsausschuss** des BT[6] warf der Abg. *Dr. Kihn* (CDU/CSU) die Frage auf, wem der Soldat treu zu dienen habe. Die Abg. *Schröter, Dr. Arndt* und *Rehs* (alle SPD) äußerten Bedenken bzgl. der Verwendung des Begriffes „Vaterland".[7] Nach eingehender Debatte beschloss der Rechtsausschuss mehrheitlich die vom Abg. *Dr. Arndt* vorgeschlagene folgende Formulierung:

3

Der Soldat hat die Pflicht, seinem Volke treu zu dienen und mit Leib und Leben das Recht und die Freiheit seines Vaterlandes tapfer zu verteidigen.[8]

Im Hinblick auf die gegenwärtige sicherheitspolit. Vision („Verteidigung der Bundesrepublik am Hindukusch") ist die im Laufe der seinerzeitigen Diskussion im Rechtsausschuss von dessen Vors., dem Abg. *Hoogen* (CDU/CSU), getroffene Feststellung, „der Soldat verteidige sein Vaterland auch in Nordafrika"[7], bemerkenswert, zeigt sie doch die Weitsicht der seinerzeitigen Parlamentariergeneration.

Der **Ausschuss für Beamtenrecht** des BT folgte dem Votum des Rechtsausschusses.[9] Der Einwand des Abg. *Arnholz* (SPD), man könne vom Soldaten nicht per Gesetz ein Tapfersein fordern, „da ja besondere Tapferkeit durch Ordensverleihungen belohnt würde"[10], wurde von der Mehrheit nicht aufgegriffen.

4

---

1 BT-Drs. II/1700, 4.
2 BT-Drs. II/1700, 18.
3 Sten. Ber. 5783 A.
4 Sten. Ber. 5786 B.
5 Sten. Ber. 5790 D-5791 A.
6 Sitzung v. 18.11.1955, Prot. Nr. 86, 13.
7 Prot. Nr. 86, 14.
8 Schreiben des Vors. des Rechtsausschusses an den Vors. des VertA v. 21.11.1955; Ausschussdrs. 18 des Ausschusses für Beamtenrecht.
9 Prot. Nr. 37 der Sitzung v. 28.11.1955, 6; Ausschussdrs. 21 v. 4.1.1956 u. 23 v. 20.1.1956.
10 Prot. Nr. 37, 6.

5   Der **VertA** schließlich fand nach ebenfalls längerer kontroverser Aussprache die später vom Plenum gebilligte Fassung des jetzigen § 7.[11] Aus seiner Begr.[12] sind folgende Punkte **hervorzuheben**:
   – Der Soldat habe (nur) Befehle und Anweisungen von **Organen der Bundesrepublik** entgegenzunehmen.
   – Wegen der **Teilung Deutschlands** – und so war wohl die Beschränkung der Weisungsunterworfenheit auf die Bundesrepublik zu verstehen – müsse klar sein, dass die Behörden der seinerzeitigen SBZ/DDR keine Befugnisse gegenüber dem Soldaten der Bw ausüben dürften.
   – Das Ziel der Erziehung des Soldaten zur **Tapferkeit** solle sein, dessen Wille zur treuen Pflichterfüllung stärker zu machen als seine Furcht.
   – Die Verteidigung von Recht und Freiheit mache den „**Einsatz der ganzen Person**" erforderlich.
   – Die Pflicht aus § 7 gelte nicht nur im **V-Fall**, sondern auch im **Frieden**.

6   Die gegen die gesetzl. Treuepflicht des Soldaten in der damaligen Lit. und von Soldatenverbänden vorgebrachten **Einwendungen** waren eher polemischer als rationaler Natur. So bemühte *Rittau*[13] auf mehreren Seiten seines Komm. seine persönlichen Erfahrungen aus der Zeit vor 1945, um zu dokumentieren, dass die weitgehende Abschaffung der Militärstrafgerichtsbarkeit (Art. 96 Abs. 2 GG) einen „schwerwiegenden Verstoß" des Dienstherrn gegen die dem Soldaten geschuldete Treuepflicht darstelle. Man könne den Soldaten der Bw nur bedauern. Für ihn bedeute dies, frei nach *Goethe*: „Ihr laßt den Armen schuldig werden, dann überlaßt ihr ihn der Pein."[14] Diese Kritik ist bald verhallt, spätestens nachdem erkannt worden war, dass der Gesetzgeber nicht gewillt war, ihr nachzugeben.

7   **2. Änderungen der Vorschrift.** § 7 gilt noch in der **Erstfassung** von 1956. Vorschläge/Forderungen mit dem Ziel einer Änd. der Eides-/Gelöbnisformel[15], hätten sich, wären sie realisiert worden, mit Sicherheit auch in einer Novellierung von § 7 niedergeschlagen. Zwischen beiden Normen besteht ein unmittelbarer Sachzusammenhang, unabhängig von der jew. Textfassung.

8   **3. Bezüge zum Beamtenrecht bzw. zu sonstigen rechtl. Vorschriften; ergänzende Dienstvorschriften.** § 7 wird allg., zumindest was die Verpflichtung des Soldaten zur Tapferkeit betrifft, als „**spezielle**, nur den Soldaten treffende **Pflicht**"[16] kategorisiert. Seine Grundpflicht unterscheide den Soldaten von allen anderen Angehörigen des öff. Dienstes.[17]

Diese Bewertung von § 7 war mit Auslöser der sog. **sui-generis-Debatte**[18] der 60er und 70er Jahre des letzten Jh.; sie bestimmt auch heute noch den „Standort" des Soldaten in der bundesrepublikanischen Gesellschaft.[19]

---

11 BT-Drs. II/2140, 30.
12 BT-Drs. II/2140, 4–5.
13 SG, 93–98.
14 *Rittau*, SG, 94.
15 Vgl. die Komm. zu § 9 Rn. 8–12.
16 GKÖD I Yk, § 7 Rn. 1.
17 *Bornemann*, RuP, 36; *Scherer/Alff/Poretschkin*, SG, § 7 Rn. 1.
18 Vgl. Stichwort „sui generis", in: *Reeb/Többicke*, Lexikon Innere Führung, 2003, 229.
19 Vgl. ZDv 10/1 „Innere Führung", Nr. 226.

Eine exaktere Analyse der Rechtslage ergibt indes ein **differenzierteres Bild**: 9

§ 34 Satz 1 BeamtStG, § 61 Abs. 1 Satz 1 BBG verpflichten den **Beamten**, sich mit vollem persönlichen Einsatz (früher: „mit voller Hingabe") seinem Beruf zu widmen. Beamte sind zwar grds. nicht verpflichtet, tapfer zu sein und ihre körperliche Unversehrtheit oder ihr Leben für ihren Dienstherrn einzusetzen. **Beamte der Bw** müssen sich jedoch darüber im Klaren sein, dass sie einem Ressort angehören, das einem „gefahrengeneigteren" Bereich zuzurechnen ist als die meisten anderen Bundesressorts. Ihre Funktionen sind insbes. im Krieg, aber auch bei Auslandseinsätzen der SK, per se mit Gefahren, die bis zur Lebensgefahr reichen können, verbunden, so wie dies im Übrigen bei **Polizeibeamten**, Beamten der **Berufsfeuerwehren**, des **Zolls** oder des **Strafvollzugs** der Fall ist. Diese Gefahren sind berufstypisch und müssen aus der gesetzl. Hingabepflicht heraus erduldet werden[20], soweit sie abstrakt-genereller Natur sind. Der Dienstherr hat dafür Sorge zu tragen, dass diese Gefahren konkret auf ein unvermeidbares Mindestmaß beschränkt bleiben. Diese Verpflichtung des Dienstherrn folgt aus seiner Fürsorgepflicht (§ 45 BeamtStG, § 78 BBG).

Solche Schutz- und Vorsorgemaßnahmen hat der Dienstherr auch für Soldaten bei besonders gefährlichen Einsätzen zu treffen.[21]

Weitgehend unbekannt geblieben ist die für **ZDL** geltende gesetzl. Regelung: § 27 10 Abs. 1 Satz 1 ZDG bestimmt zunächst, dass der ZDL seinen Dienst gewissenhaft zu erfüllen hat. Gem. § 27 Abs. 3 ZDG muss der ZDL die mit dem Dienst verbundenen Gefahren auf sich nehmen, insbes., wenn es zur Rettung anderer aus Lebensgefahr oder zur Abwendung von Schäden, die der Allgemeinheit drohen, erforderlich ist. Diese Pflicht reicht über die für alle Staatsbürger aus § 323c StGB resultierende Hilfeleistungspflicht hinaus und kann bedeuten, dass der ZDL Gefahren für Leib oder Leben hinnehmen muss, sofern die hauptamtl. Beschäftigten seiner Beschäftigungsstelle (z. B. Rettungssanitäter) solche Gefahren auf sich nehmen müssen.[22]

Erl. des BMVg speziell zu § 7 sind nicht herausgegeben worden.[23] 11

II. Erläuterungen im Einzelnen

1. Grundpflicht und Grundgesetz. § 7 schränkt insbes. die **Grundrechte** des Soldaten 12 aus **Art. 2 Abs. 2 Satz 1** und **Art. 5 Abs. 1 Satz 1 GG** ein.[24] Dies ist verfassungsrechtl. **unbedenklich**. § 7 genügt auch den Anforderungen, die **Art. 103 Abs. 2 GG** an die gesetzl. Bestimmtheit disziplinarrechtl. „Straftatbestände"[25] stellt.[26] Dennoch sollte bei

---

20 *Plog/Wiedow/Lemhöfer*, BBG, § 79 Rn. 15.
21 Vgl. im Einzelnen *Lingens*, NZWehrr 1982, 166–175.
22 *Brecht*, ZDG, 143.
23 Vgl. ergänzend jedoch die AO des BPräs bzgl. des Ehrenkreuzes der Bw für Tapferkeit v. 18.9.2008 (BGBl. I S. 1920); Erl. des BMVg über die Stiftung des Ehrenzeichens der Bw v. 13.8.2008 (VMBl. 2009 S. 12).
24 Zum Verhältnis von § 7 u. Art. 4 Abs. 1 GG vgl. BVerwG NZWehrr 2005, 254. Vgl. dazu *Schafranek*, NZWehrr 2005, 234.
25 Terminologie bis zur WDO-Novelle von 1972.
26 BVerfGE 28, 51 = NZWehrr 1970, 218; *Bornemann*, RuP, 37; GKÖD I Yk, § 7 Rn. 19; *Scherer/Alff/Poretschkin*, SG, § 7 Rn. 2. Zu den Grenzen u. Schutzmaßnahmen vgl. *Lingens*, NZWehrr 1982, 161; *Wipfelder*, Wehrrecht, 73.

einer grundlegenden (konstitutiven) Neufassung des SG überlegt werden, weitere konkrete Einzelpflichten des Soldaten gesetzl. zu verankern, die bisher ausschließlich aus der Generalklausel des § 7 abgeleitet werden.[27]

13 Als obiter dictum hatte das BVerwG in einem Beschl. von 1978[28] im Zusammenhang mit der Pflicht des Soldaten zur Dienstleistung judiziert, die Treuepflicht unterliege **"keinen Begrenzungen rechtlicher Art"**. Sie solle und müsse von dem Vorg. des Soldaten jederzeit realisiert werden können. Diese Behauptung ist so nicht haltbar. § 7 steht nicht im rechtsfreien Raum; die für alle Eingriffe des Staates in Grundrechte maßgeblichen Schranken (z. B. das Übermaßverbot, die Wesensgehaltsgarantie) gelten auch für das soldatische Dienstverhältnis.

14 **2. Geltung von § 7 im Frieden und im Krieg.** Unter Hinw. auf die oben dargestellte Entstehungsgeschichte und insbes. den abschließenden Ber. des VertA zum SG wird allg.[29] die Auffassung vertreten, die Treuepflicht und die Tapferkeitspflicht des Soldaten würden sowohl im Frieden als auch im Krieg gleichermaßen gelten. Eine gesteigerte Pflicht zur Gefahrtragung im **Frieden** wird beispielsweise im Wachdienst, im Katastrophennotstand oder im Auslandseinsatz[30] gesehen.

Ob diese Interpretation, die ausschließlich historisch begründet ist, in dieser Allgemeinheit einer näheren Prüfung Stand hält, muss bezweifelt werden. In jedem Fall muss zwischen der Verpflichtung aus § 7 und der jew. Tätigkeit des Soldaten ein verfassungsrechtl. begründbarer Zusammenhang bestehen. Nur dann, wenn der Soldat seinen Aufgaben aus Art. 87a Abs. 2 GG nachkommt, löst dies die Grundpflicht aus § 7 aus. Im **privaten Bereich**, auch bei Unglücksfällen, muss der Soldat keine weiter reichenden Gefahren auf sich nehmen als jeder andere Staatsbürger.[31]

15 **3. Einsätze der deutschen Streitkräfte "out of area". – a) Heranziehung von Wehrpflichtigen.** Mit der zunehmenden Bedeutung der Auslandseinsätze der deutschen SK stellte sich die Frage, welche Statusgruppen zwangsweise oder zumindest auf freiwilliger Basis hierzu herangezogen werden können.

16 Unbestritten sind **SaZ** und **BS** dienstrechtl. aus § 7 heraus verpflichtet, solchen Einsatzbefehlen Folge zu leisten. Zumindest die **Treuepflicht** unterliegt **keiner territorialen Begrenzung**, soweit der Einsatz als solcher materiell und formell verfassungsrechtl. legitimiert ist.

17 Mit der Einfügung von § 6a in das WPflG[32] wurde die Möglichkeit geschaffen, **gediente WPfl** zu solchen Missionen heranzuziehen, soweit sie sich dazu schriftl. bereit erklärt haben (§ 6a Abs. 1 WPflG). Diese Regelung zielt auf frühere Soldaten, WPfl, SaZ und BS bis zum Ende ihrer Wehrpflicht gem. § 3 Abs. 3 bis 5 WPflG und über diese Altersgrenzen hinaus gem. § 59 SG, d. h. längstens bis zum 65. Lebensjahr.

---

27 Dies gilt beispielsweise für den Komplex der Versetzungen u. Kommandierungen. Vgl. hierzu *Schmidt-Bremme*, NZWehr 1991, 242, mit beachtenswerten Ausführungen.
28 BVerwGE 63, 99 = NZWehrr 1979, 230 mit krit. Anm. *Walz*, NZWehrr 1980, 26.
29 *Bornemann*, RuP, 42; GKÖD I Yk, § 7 Rn. 78; *Schölz/Lingens*, WStG, § 6 Rn. 9; *Stauf* I, § 7 SG Rn. 3. A.A. *v. Unruh*, 143. Weitere Nachweise bei *Walz*, NZWehrr 1992, 57 Rn. 15.
30 Vgl. hierzu mehr unter Rn. 3.
31 *Scherer/Alff/Poretschkin*, SG, § 7 Rn. 32.
32 Durch das G v. 24.7.1995, BGBl. I S. 962.

Str.[33] ist, ob WPfl, GWDL ebenso wie Res, **gegen ihren Willen** verpflichtet wären, sich an Auslandseinsätzen zu beteiligen. Diese Frage bedarf einer juristischen Bewertung, unbeschadet der noch gültigen polit. Entscheidung, auf diesen Personenkreis[34] nur bei freiwilliger Meldung zurückzugreifen. **18**

Das **BVerfG** hat in seinem Urt. vom 12.7.1994[35] offen gelassen, wie die Bundesrepublik ihre völkerrechtl. Verpflichtungen im Rahmen von Art. 24 Abs. 2 GG zu erfüllen hat, ob etwa nur Soldaten in einem bestimmten Statusverhältnis bei einer solchen Aufgabe verwendet werden dürfen. Zwischen den Zeilen kann dieser Entscheidung allerdings entnommen werden, dass Soldaten – statusunabhängig – zu friedenssichernden Aufgaben grds. auch gegen ihren Willen herangezogen werden dürfen. Das **BVerwG**[36] hat hieraus den Schluss gezogen, dass „jedenfalls der Einsatz von Zeit- und Berufssoldaten für friedenssichernde Aufgaben auch außerhalb des im NATO-Vertrag festgelegten territorialen Bereichs zulässig" sei.

Der verfassungsrechtl. Befund ist **eindeutig**: Die grammatikalische Interpretation der Art. 12a Abs. 1 und 87a Abs. 1 und 2 GG führt zu der Erkenntnis, dass das GG einem verpflichtenden Einsatz von WPfl außerhalb der Landesgrenzen nicht im Wege steht.[37] Die Treuepflicht des § 7 ist weder territorial noch statusabhängig begrenzt[38]; die „Reichweite" der Tapferkeitspflicht unterliegt indes – ebenfalls statusunabhängig – territorialen Schranken. **19**

b) Die „Reichweite" der Tapferkeitspflicht. Die h.M.[39] betrachtet die Pflicht zur Tapferkeit als **Konkretisierung der Treuepflicht**, nicht als eigenständige Pflicht, und kommt damit zu dem Ergebnis, dass der deutsche Soldat von Gesetzes wegen weltweit tapfer seinen Auftrag zu erfüllen habe. Die seit Jahren sich inhaltl. und territorial permanent ändernde Aufgabenzuweisung an die deutschen SK müsse nicht zwangsläufig in einer Novellierung von § 7 nachvollzogen werden. „Recht und Freiheit des deutschen Volkes" seien **überall** (tapfer) zu verteidigen (Hindukuschphänomen), nicht nur dort, wo deutsche oder alliierte Rechtsgüter bedroht oder angegriffen seien. **20**

---

33 Bejahend: *Dau*, Truppenpraxis/Wehrausbildung 2000, 679; GKÖD I Yk, § 7 Rn. 5, 7; *Knoche*, NZWehrr 1996, 21; *Walz*, NZWehrr 1998, 110, jew. m. w. N. Verneinend *Baldus*, NJW 1995, 1134; *Heimann*, ZRP 1996, 20.
34 WPfl, die den gesetzl. GWD leisten, werden auch nicht auf freiwilliger Grundlage zu Auslandseinsätzen herangezogen. An dieser Praxis, die der seinerzeitige BM *Rühe* begründet hatte, wird bis heute trotz z.T. anders lautender Forderungen aus dem parl. Raum u. den SK festgehalten.
35 BVerfGE 90, 286 = NZWehrr 1994, 202.
36 BVerwGE 103, 361 = NZWehrr 1997, 117. Vgl. dazu *Schwandt*, in: Fs für Dau, 224.
37 *Walz*, NZWehrr 1998, 117. Vgl. zum aktuellen Diskussionsstand *Jarass*, in: Jarass/Pieroth, GG, Art. 12a Rn. 2.
38 *Walz*, NZWehrr 1992, 55; *ders.*, NZWehrr 1998, 117.
39 BVerwGE 103, 361 = NZWehrr 1997, 117; *Dau*, Truppenpraxis/Wehrausbildung 2000, 679; *Dreist*, BWV 2004, 172; GKÖD I Yk, § 7 Rn. 78; *Scherer/Alff/Poretschkin*, SG, § 7 Rn. 31; *Schlegtendal*, NZWehrr 1992, 177; *Schwandt*, in: Fs für Dau, 222; *Stauf* I, § 7 SG Rn. 3; *Weniger*, SG, § 7 Rn. 11.

| § 7 | Grundpflicht des Soldaten |

21 Diese Position ist pragmatisch nachvollziehbar; rechtl. haltbar ist sie nicht.[40] Der **Wortlaut** von § 7 ist eindeutig und einer unterschiedlichen Interpretation nicht zugänglich: Die Pflicht zur Tapferkeit beschränkt sich auf deutsche und – allenfalls – alliierte Rechtsgüter. Bloße deutsche „Interessen" oder gar solche anderer Staaten oder die Aufgabenwahrnehmung internationaler Organisationen sind nicht in den Schutzbereich einbezogen, für den die Soldaten der Bw mit ihrem Leben einzutreten haben. Wer dies polit. für opportun hält, muss den **Gesetzgeber** bemühen. **Textvorschläge** für eine Ergänzung von § 7 (und ggf. § 9) liegen seit längerem auf dem Tisch.

22 **4. Verhältnis von § 7 zu den §§ 8 ff.** Nach der **früheren Rspr.** des BVerwG[41] war ein Verstoß gegen die §§ 8 ff. zugleich ein solcher gegen die Treuepflicht. Die §§ 8 ff. wurden lediglich als **beispielhafte Ausprägungen** der Grundpflicht angesehen.

23 Nach und nach setzte sich die Auffassung durch, dass § 7 durch die besonderen Pflichten ausgeschlossen wird; die Grundpflicht hat lediglich eine **Auffangfunktion** i. S. einer **Generalklausel**.[42] Dies ist inzwischen allg. Auffassung.[43]

24 **Konsequent** ist die Rspr. des BVerwG indes **nicht**. In zahlreichen Entscheidungen zitieren beide WDS bis heute „zur Bekräftigung" neben den Einzelpflichten aus den §§ 8 ff. zusätzlich die Grundpflicht aus § 7, ohne dass immer deutlich wird, zu welchem Zweck dies geschieht.[44] Lediglich im Zusammenhang mit Verstößen gegen § 10 Abs. 3, § 31 Abs. 1 sowie § 12 Satz 2 lässt das BVerwG[45] die Grundpflichtverletzung in den Hintergrund treten. Insbes. bei Verstößen gegen § 17 Abs. 2 Satz 1 schließen die WDS eine Verletzung der Grundpflicht nicht vollständig aus.[46]

Für die Praxis ist das Beziehungsgeflecht der Einzelpflichten zur Grundpflicht von **geringer Relevanz**.

25 **5. „Bundesrepublik Deutschland".** Die in A.1. zit. Feststellung des VertA, der deutsche Soldat habe nur Befehle und Anweisungen von „Organen" der Bundesrepublik entgegen zu nehmen, führt zu der Konsequenz, dass nur Vertreter dieses Staates dem deutschen Soldaten gegenüber weisungs-/befehlsbefugt sind.

26 **Ausländische Soldaten**, auch soweit sie Angehörige des NATO-Bündnisses sind, haben gegenüber deutschen Soldaten keine Befehlsbefugnis i. S. v. § 2 Nr. 2 WStG; sie können nicht mil. Vorg. i. S. v. § 1 Abs. 3 Satz 1 sein.[47] Die Befehlsbefugnis ist Teil der Souveränität; eine (gesetzl.) Übertragung deutscher Hoheitsrechte auf ausländische Soldaten hat bisher nicht stattgefunden.

---

40 Vgl. im Einzelnen *Walz*, NZWehr 1992, 55; *ders.*, in: Klein/Walz (Hrsg.), Der Widerstand gegen den Nationalsozialismus und seine Bedeutung für Gesellschaft und Bundeswehr heute, 1995, 55. Vgl. im Übrigen die Komm. zu § 9 Rn. 34. Krit. *Fischer*, NZWehrr 2004, 218.
41 Vgl. die Nachweise bei *Nettersheim*, NZWehrr 1975, 92 Rn. 12.
42 *Schmidt-Bremme*, NZWehrr 1991, 247, bezeichnet § 7 als „Metageneralklausel".
43 St. Rspr. seit BVerwGE 73, 187 = NZWehrr 1982, 68; *Bornemann*, RuP, 37; GKÖD I Yk, § 7 Rn. 20; *Graßhof*, NZWehrr 1995, 181; *Schwandt*, ZBR 1993, 163; *Wipfelder*, Wehrrecht, 73.
44 Vgl. z. B. BVerwGE 103, 275 = NZWehrr 1996, 33.
45 BVerwGE 73, 187 = NZWehrr 1982, 68; BVerwG DokBer B 1990, 275.
46 Nachweise bei GKÖD I Yk, § 7 Rn. 21 a. E.
47 *Dau*, NZWehrr 1989, 185; *Schölz/Lingens*, WStG, § 2 Rn. 13. Vgl. auch die Komm. zu § 1 Abs. 3 u. der VorgV.

Befehlsbefugnisse gegenüber den Soldaten haben auch **zivile Angehörige der Bw** 27
nicht. Mil. Vorg. muss immer ein anderer (deutscher) Soldat sein. Einzige Ausnahme
ist der BMVg als Inhaber der Befehls- und Kommandogewalt gem. Art. 65a GG.

Alliierte und andere **ausländische Soldaten** sowie **zivile Angehörige der Bw** sind – 28
funktionsbezogen – gegenüber deutschen Soldaten **weisungsbefugt**. Die Verpflichtung
der Soldaten, solchen Weisungen Folge zu leisten, wird allg.[48] aus der Treuepflicht des
§ 7 abgeleitet. Diese Auffassung lässt sich begründen, wenn ihr eine zuvor erfolgte
Delegation deutscher Weisungsbefugnis zu Grunde gelegt wird. Eine solche Delegation erfolgt für alliierte Kommandobehörden oder andere internationale Stäbe usw.
durch völkerrechtl. Vertrag oder Regierungsabkommen, für zivile Vorg. der Bw durch
OrgErl. des BMVg.

6. „treu zu dienen". Eine **Definition** des unbestimmten Rechtsbegriffes „treu zu die- 29
nen" ist bisher weder durch die Rspr. noch durch die Lit. erfolgt. Ähnlich wie bei der
„Würde des Menschen" i. S. v. Art. 1 Abs. 1 Satz 1 GG begnügt man sich mit einer
Inhaltsbeschreibung und einer **kasuistischen Aufzählung** denkbarer Verstöße.

Die WDS[49] und der 6. Senat des BVerwG[50] verwenden dazu folgende **Standardformel**:

„Gegenstand der in § 7 normierten Treuepflicht ist es, zur Erhaltung der Funktionsfähigkeit der Bundeswehr als eines militärischen Verbandes beizutragen und alles zu unterlassen, was die Wahrnehmung ihrer durch die Verfassung festgelegten Aufgabenstellung
beeinträchtigen oder zumindest in Frage stellen könnte. Denn die Bundeswehr kann
den ihr in Art. 87a Abs. 1 Satz 1 GG erteilten Auftrag zur Verteidigung nur dann erfüllen, wenn einerseits ihre Angehörigen, ihr Gerät und ihre Mittel jederzeit präsent und
voll einsatzbereit sind und andererseits das innere Gefüge der Streitkräfte so gestaltet
ist, dass sie ihren militärischen Aufgaben gewachsen sind." Dazu soll „neben den Pflichten zur Anwesenheit, zu sorgsamem Umgang mit dienstl. anvertrauten Sachgütern und
einer gewissenhaften Dienstleistung vor allem die Verpflichtung zur Loyalität gegenüber dem Staat, seinen Organen und seiner Rechtsordnung" gehören.[51]

Der **weiteren Interpretation** ist damit jeder Raum geöffnet.[52] 30

Für den **Soldaten störend** ist, dass die „Bundeswehr" als „militärischer Verband" 31
bezeichnet wird, obwohl jeder Soldat rasch lernt, dass „militärische Verbände" nach
der ZDv 1/50[53] nur die Bataillone und Regimenter sind. Für den **Juristen störend** ist,
dass die „Bundeswehr" und die „Streitkräfte" als Synonymbegriffe gebraucht werden,
was insbes. im Zusammenhang mit der Zitierung von Art. 87a GG formal-rechtl.
falsch ist.

---

48 *Scherer/Alff/Poretschkin*, SG, § 7 Rn. 16 m. w. N. Krit. *Wieland*, NZWehr 1999, 133. A. A.
  Kirchhof, NZWehr 1998, 152.
49 Vgl. etwa BVerwGE 103, 275 = NZWehr 1996, 33 m.w.N.; BVerwG NZWehr 2005, 254.
50 BVerwGE 69, 331 = DokBer B 1984, 281.
51 BVerwG NZWehr 2004, 80; BVerwGE 120, 105 = NZWehr 2004, 169; BVerwG *Buchholz*
  449 § 7 SG Nr. 50; BVerwGE 129, 181 = NZWehr 2008, 75 (80).
52 Zum Versuch des 2. WDS des BVerwG, die sich aus § 7 ergebenden Pflichten zu konkretisieren vgl. BVerwG NVwZ-RR 2007, 27, mit Anm. *Deiseroth*, jurisPR-BVerwG 23/2008
  Anm. 1.
53 „Grundbegriffe zur militärischen Organisation; Unterstellungsverhältnisse; Dienstliche
  Anweisungen", Mai 1996, Nr. 111.

32 **7. „Recht und die Freiheit des deutschen Volkes".** **„Recht und Freiheit"** sind wegen ihrer besonderen Bedeutung beispielhaft genannte **Rechtsgüter**[54], die der Soldat zu verteidigen hat. Die gelegentlich[55] hergestellte Beziehung dieser beiden Rechtsgüter zur **FdGO** lässt sich entstehungsgeschichtlich nicht nachweisen. Sie ist auch wegen derer besonderer Nennung in § 8 im Zusammenhang mit § 7 nicht notwendig. Die gelegentlich zu hörende Behauptung, das „Recht" schließe (weltweit) jedes Recht ein, und die „Freiheit" beziehe sich nur auf das deutsche Volk, ist weder entstehungsgeschichtlich noch völkerrechtl. begründbar. Unter „Recht und Freiheit" sind Rechtsgüter des deutschen Volkes zu verstehen, mehr nicht.

33 Unter dem **„deutschen Volk"** sind alle **deutschen Staatsangehörigen** i. S. d. Präambel und Art. 116 GG zu verstehen. Die Auffassung, „deutsches Volk" seien die **Einwohner** der Bundesrepublik Deutschland[56], ist rechtl. nicht haltbar, da sie mit dem GG nicht zu vereinbaren ist. Der Pflichtenkreis des deutschen Soldaten erstreckt sich auf das deutsche Staatsvolk[57],[58]; in der Bundesrepublik Deutschland lebende fremde Staatsangehörige werden bei einem Angriff auf das Bundesgebiet, abhängig von ihrem humanitärvölkerrechtl. Status, ggf. in diesen Schutzbereich einbezogen, mehr jedoch nicht.

Die Bezeichnung „Einwohner der Bundesrepublik Deutschland" mag aus der früheren Streitfrage[59] herrühren, ob der Soldat der Bw verpflichtet sei, auch die Bewohner der früheren **DDR** zu verteidigen. Diese Problematik hat sich mit der Wiedervereinigung **erledigt**.

34 **8. „tapfer zu verteidigen".** Der 2. Halbs. von § 7 definiert die Pflicht des Soldaten zur Tapferkeit. Es handelt sich dabei um eine **eigenständige Dienstpflicht** des Soldaten und nicht, wie von der h.M. angenommen, lediglich um eine „gesteigerte" Treuepflicht.[60] Wortlaut und Entstehungsgeschichte lassen eine solche Deutung nicht zu. Folge dieser selbstständigen Bedeutung der Tapferkeitspflicht ist, dass diese eine **andere räumliche oder/und personelle Geltung** aufweisen kann als die Treuepflicht. Dies kann im Ergebnis dazu führen, dass der Soldat zwar aus der Treuepflicht heraus verpflichtet ist, einem bestimmten Einsatzbefehl Folge zu leisten, sich bei der Durchführung aber nicht „tapferer" als etwa ein Beamter zeigen muss.[61]

35 „Tapfer" wird gemeinhin **definiert** mit „besonnen, furchtlos, mutig, unerschrocken".[62] Mit diesen Umschreibungen allein, auch nicht mit der Forderung nach Zivilcourage[63], nach Eintreten für die „peinliche Achtung der Menschenwürde"[64] usw. ist die gesetzl. normierte Verpflichtung des Soldaten nicht ausgeschöpft. Wenn *Kant* Tapferkeit erklärt als „gesetzmäßiger Mut, in dem, was Pflicht gebietet, selbst den Verlust des

---

54 *Scherer/Alff/Poretschkin*, SG, § 7 Rn. 34.
55 GKÖD I Yk, § 7 Rn. 81.
56 *Bornemann*, RuP, 42; GKÖD I Yk, § 7 Rn. 81; *Scherer/Alff/Poretschkin*, SG, § 7 Rn. 34.
57 Vgl. hierzu *Huber*, in: Sachs, GG, Präambel Rn. 29.
58 Zur „Reichweite" von § 7 im Übrigen vgl. o. Rn. 20 f.
59 Vgl. *Demandt*, NZWehrr 1982, 101 m. w. N.
60 *Bornemann*, RuP, 42; *Schlegtendal*, NZWehrr 1992, 177.
61 Vgl. *Walz*, NZWehrr 1992, 55.
62 Großer Brockhaus; Duden, zit. bei *Walz*, NZWehrr 1992, 56.
63 GKÖD I Yk, § 7 Rn. 80.
64 *Graf v. Baudissin*, zit. bei *Walz*, NZWehrr 1992, 56.

Lebens nicht zu scheuen"[65], muss dieser Gedanke in eine vollständige Interpretation des 2. Halbs. von § 7 einbezogen werden.[66] Hierüber müssen sich alle Soldaten im Klaren sein.

9. Einzelfälle von Verstößen gegen § 7 bzw. der Begründung von Einzelpflichten aus der Rechtsprechung[67]. Versuche, die Rspr. insbes. der beiden WDS des BVerwG, zu systematisieren oder zu kategorisieren, führen nur zu der Erkenntnis, dass die Gerichte fallbezogen und daher **kasuistisch** judizieren. Die nachstehende **alphabetische Auflistung** hat damit Beispielscharakter – mehr nicht: 36

- Verstoß gegen das **Alkoholverbot**/Missbrauch des Genusses von Alkohol[68]
- **Anborgen** von Untergebenen[69]
- **Ankündigung** einer **Gehorsamsverweigerung**[70]
- Pflicht zum Tragen des vorgeschriebenen **Anzugs**[71]
- **Aufruf** in Flugblättern zum Widerstand[72]
- Missbrauch der **Befehlsbefugnis**[73]
- **Betrug** zum Nachteil des Dienstherrn[74]
- **Diebstahl** von Eigentum des Bundes[75]
- Pflicht zur **Dienstleistung**/„schlechte"[76]
- Abgabe falscher **dienstl. Erklärungen**[77]
- Verstoß gegen die Verpflichtung zur Einhaltung des **Dienstwegs**[78]
- **Diffamierende Äußerungen** in einem Leserbrief[79]
- **Ehebruch** (durch einen BS)[80]
- **Ehrverletzende Behandlung** eines Untergebenen[81]

---

65 Zit. nach *Oberhem*, Truppenpraxis 1987, 447.
66 Vgl. *Haas*, in: Fs für Fürst, 2002, 164. Die frühere Auffassung von *Picht*, zit. bei *Rittau*, SG, 135, der Soldat sei „ein Mensch, dem sein Leben nicht mehr zu eigen gehört. Der Soldatentod ist ... apriorischer Inhalt des soldatischen Daseins ..." hat zum Glück keine Renaissance erfahren. Sie wäre zumindest mit dem Menschenbild des GG nicht konform.
67 Vgl. auch die Übersichten bei GKÖD I Yk, § 7 Rn. 30–76; *Scherer/Alff/Poretschkin*, SG, § 7 Rn. 7–29. Straftaten stellen grds. auch dann einen Verstoß gegen § 7 dar, wenn es sich um **Versuchsstraftaten** handelt (BVerwG NVwZ-2009, 27 m.w.N.).
68 BVerwGE 53, 200; BVerwG 2 WD 23/84; BVerwGE 83, 295 = NZWehrr 1987, 214; BVerwGE 93, 196; BVerwG NZWehrr 1995, 211.
69 BVerwGE 43, 1; BVerwG ZBR 1982, 383.
70 BVerwGE 120, 105 = NZWehrr 2004, 169.
71 BVerwGE 43, 353; BVerwGE 118, 21 = NZWehrr 2003, 169.
72 BVerwGE 43, 9.
73 BVerwGE 76, 54 = NZWehrr 1984, 69.
74 BVerwG 2 WD 79/87; BVerwGE 86, 145 = NZWehrr 1989, 203; BVerwG 2 WD 36/94; BVerwGE 103, 280 = NZWehrr 1996, 127; BVerwGE 113, 235.
75 BVerwG DokBer B 1980, 7; BVerwGE 83, 278 = NZWehrr 1987, 168; BVerwG 2 WD 18/88; BVerwG DokBer B 1995, 289; 2004, 299.
76 BVerwG I WB 97/78; BVerwGE 83, 216 = NZWehrr 1987, 29; BVerwG DokBer B 1999, 53.
77 BVerwGE 113, 131 = NZWehrr 1998, 31.
78 BVerwGE 33, 105.
79 BVerwGE 76, 267 = NZWehrr 1985, 113.
80 BDHE 6, 139.
81 BVerwG DokBer B 1990, 275.

§ 7 Grundpflicht des Soldaten

- **Eigenmächtige Abwesenheit**[82]
- **Entwürdigende Behandlung** von Untergebenen[83]
- **Exhibitionismus**[84]
- **Fahnenflucht**[85]
- **Feierliches Gelöbnis** darf nicht mit Einschränkungen oder **Vorbehalten** versehen werden[86]
- **Widerruf des feierlichen Gelöbnisses** ist unzulässig[87]
- Missbrauch einer **Freistellung vom Dienst** gem. SVG[88]
- Pflicht zur **Gesunderhaltung**[89]
- **Homosexuelle Belästigung** von Untergebenen[90]
- **Informationspflicht** gegenüber Vorgesetzten[91]
- **Kameradenbetrug**[92]
- Leugnung/Verbreitung/Verwendung von **NS-Gedankengut**[93]
- **Privater Einsatz** von Personal/Material der Bw[94]
- **Manipulation** bei Prüfungen[95]
- Ausübung einer nicht genehmigten **Nebentätigkeit**[96]
- Genuss/Anbieten von **Rauschgift**[97]
- Einschränkungen der **Reisefreiheit** für Geheimnisträger[98]

---

82 BVerwGE 76, 317 = NZWehrr 1986, 40 (Wehrübung); BVerwG DokBer B 1987, 53; BVerwG 2 WD 10/87; BVerwGE 83, 265 = NZWehrr 1987, 122; BVerwGE 86, 258 = NZWehrr 1991, 76; BVerwGE 86, 300; BVerwG DokBer B 1993, 273; BVerwGE 113, 263 = NZWehrr 1999, 77; BVerwGE 113, 317 = NZWehrr 1999, 211; BVerwG ZBR 2000, 279; BVerwG DokBer B 2001, 173; BVerwG NZWehrr 2004, 34.
83 BVerwG DokBer B 1999, 88; BVerwG NZWehrr 2001, 30.
84 BDHE 7, 202.
85 BVerwG 2 WD 18/87.
86 BVerwGE 83, 285 = NZWehrr 1987, 120 (mit Anm. *Koch*, JA 1988, 291; *Stauf*, NZWehrr 1991, 111); BVerwG DokBer B 1993, 257.
87 BVerwG NZWehrr 1990, 174.
88 BVerwGE 43, 154; 73, 222.
89 BVerwGE 63, 278 = NZWehrr 1980, 137.
90 BVerwG 2 WD 69/87; BVerwGE 103, 192 = NZWehrr 1995, 213.
91 BVerwGE 86, 18 = NZWehrr 1989, 35.
92 BVerwG DokBer B 1993, 231.
93 BVerwGE 86, 321 = NZWehrr 1991, 32; BVerwGE 113, 13 = NZWehrr 1997, 83; BVerwGE 113, 48 = NZWehrr 1997, 161; BVerwGE 111, 25 = NZWehrr 2000, 126; BVerwGE 111, 45 = NZWehrr 2000, 255; BVerwG NZWehrr 2001, 168; BVerwG NZWehrr 2001, 171; BVerwG NZWehrr 2002, 257; BVerwG NZWehrr 2003, 214.
94 BVerwG NZWehrr 1986, 249; BVerwG 2 WD 81/87; BVerwG DokBer B 1990, 13; BVerwGE 86, 218 = NZWehrr 1990, 119; BVerwGE 86, 366; BVerwG DokBer B 1993, 248; BVerwG NZWehrr 1994, 78; BVerwGE 103, 226 = NZWehrr 1995, 252; BVerwGE 103, 275 = NZWehrr 1996, 33; BVerwG *Buchholz* 235.0 § 34 WDO Nr. 29; BVerwG NZWehrr 2007, 79.
95 BDHE 4, 147; BVerwG DokBer B 2002, 119.
96 BVerwG DokBer B 2004, 333 = ZBR 2005, 333.
97 BVerwGE 73, 81; BVerwGE 93, 3 = NZWehrr 1991, 118; TDG Süd NVwZ-RR 1993, 255; OVG Koblenz NVwZ-RR 1993, 257; BVerwGE 103, 148 = NZWehrr 1995, 166; BVerwG *Buchholz* 236.1 § 7 SG Nr. 29; BVerwGE 113, 367 = NZWehrr 2000, 162.
98 BVerwGE 76, 363 = NZWehrr 1985, 242; BVerwG 1 WB 111/87.

- **Reisekostenbetrug**[99]
- **Umzugskostenbetrug**[100]
- **Unterschlagung** von Eigentum des Bundes[101]
- **Urkundenfälschung**[102]
- **Vermögensdelikte** zum Nachteil des Dienstherrn[103]
- „**Veruntreuung**" dienstl. Gelder/dienstl. Materials[104]
- **Versetzungen**[105]
- „**vorsorgliche Dienstverweigerung**"[106]
- **Vorteilsannahme** (§ 331 StGB)[107]
- **Wachverfehlung im Auslandseinsatz**[108]
- Leichtfertiger Umgang mit **Waffen** und Munition[109]
- Verpflichtung des Soldaten, seine **Wohnung** so zu nehmen, dass er nicht in der Wahrnehmung seiner Dienstgeschäfte beeinträchtigt wird.[110]

§ 8   Eintreten für die demokratische Grundordnung

Der Soldat muss die freiheitliche demokratische Grundordnung im Sinne des Grundgesetzes anerkennen und durch sein gesamtes Verhalten für ihre Erhaltung eintreten.

---

99 BVerwG NZWehrr 1986, 74; BVerwG 2 WD 60/87; 2 WD 51/87; BVerwG DokBer B 1989, 237; BVerwG DokBer B 1991, 77; BVerwGE 103, 12 = NZWehrr 1994, 27; BVerwGE 103, 140 = NZWehrr 1995, 78; BVerwG DokBer B 1996, 303; BVerwG DokBer B 1997, 105; BVerwG NZWehrr 1997, 210; BVerwG NZWehrr 2001, 33, 79, 127; BVerwG NZWehrr 2002, 215; BVerwG NVwZ-RR 2009, 27.
100 BVerwG NZWehrr 1986, 211; BVerwGE 83, 339 = NZWehrr 1988, 167; BVerwG 2 WD 8/93.
101 BVerwGE 86, 341 = NZWehrr 1991, 79; BVerwGE 93, 126; BVerwGE 118, 161 = NZWehrr 2004, 31.
102 BVerwG 2 WD 59/87; BVerwGE 86, 293; BVerwG DokBer B 2001, 254; BVerwG NZWehrr 2002, 211; BVerwG NZWehrr 2003, 172.
103 BVerwG 2 WD 23/84; BVerwGE 53, 201; BVerwGE 103, 273 = NZWehrr 1996, 163; BVerwGE 103, 290 = NZWehrr 1996, 126; BVerwGE 113, 182; BVerwG DokBer B 1999, 93, 124; BVerwG 2 WD 29/02.
104 BVerwG NZWehrr 1986, 173; BVerwG 2 WD 81/87; BVerwGE 83, 273 = NZWehrr 1987, 256; BVerwGE 103, 265 = NZWehrr 1996, 164.
105 Vgl. die Komm. zu § 3.
106 BVerwGE 83, 60; 93, 323; 103, 361.
107 BVerwGE 73, 195.
108 BVerwG NZWehrr 2004, 80; OVG Lüneburg IÖD 2006, 223 (im Inland).
109 BVerwGE 93, 100 = NZWehrr 1992, 34; BVerwG NZWehrr 1994, 75.
110 BVerwG 61, 241; VGH Kassel ESVGH 31, 233. Eine generelle Residenzpflicht des Soldaten lässt sich weder aus § 7 noch einer Best. des SG begründen. Der BS und SaZ hat gem. § 9 Abs. 1 Satz 1 BGB seinen (gesetzl.) Wohnsitz am Standort. § 9 BGB verpflichtet den Soldaten jedoch dienstrechtl. nicht zu einer Verlegung seines Wohnsitzes an den Standort. Er entscheidet selbst, wo der „Schwerpunkt seiner Lebensbeziehungen" liegt. Vgl. Erl. des BMVg „Meldepflichten der Soldaten" (VMBl. 1997 S. 42).

§ 8 Eintreten für die demokratische Grundordnung

Übersicht

	Rn		Rn
I. Allgemeines	1	2. „Der Soldat muss … anerkennen"	12
1. Entstehung der Vorschrift	1	3. Freiheitliche demokratische Grundordnung	20
2. Änderungen der Vorschrift	6	4. „durch sein gesamtes Verhalten für ihre Erhaltung eintreten"	22
3. Bezüge zum Beamtenrecht bzw. zu sonstigen rechtl. Vorschriften; ergänzende Dienstvorschriften und Erlasse	7	5. Einzelfälle von Verstößen gegen § 8 aus der Rechtsprechung	24
II. Erläuterungen im Einzelnen	10		
1. § 8 und Art. 5 Abs. 1 Satz 1, Art. 21 Abs. 2 GG	10		

Literatur: *Cuntz, Eckart*: Verfassungstreue der Soldaten, 1985; *Graßhof, Malte*: Einschränkungen der „freien Rede" durch das Soldatengesetz, NZWehrr 1995, 177; *Hufen, Friedhelm*: Grenzen der Meinungsfreiheit für Offiziere der Bundeswehr, JuS 1992, 517; *Kortz, Benedikt/Lubig, Sebastian*: Parteienprivileg und öffentlicher Dienst, ZBR 2006, 397, 412; *Lindner, Josef Franz*: Verfassungstreue und Parteienprivileg, ZBR 2006, 402; *Lingens, Eric*: Das Grundrecht des Soldaten auf freie Meinungsäußerung, UBwV 1980, 298; *Lucks, Ulrich*: Bedeutung und Grenzen der Meinungsfreiheit für Soldatinnen und Soldaten, UBwV 2008, 10; *Makowski, Gösta Christian*: Zur Betätigung von Soldaten in Parteien mit verfassungsfeindlichen Tendenzen, NZWehrr 2000, 194; *Münker, Matthias*: Extremistische Soldaten und die Vereinigungsfreiheit des Grundgesetzes, NZWehrr 2001, 89; *Schafranek, Frank*: Art. 21 Abs. 2 GG und die disziplinare Ahndung der Betätigung von Soldaten in verfassungsfeindlichen, aber nicht verbotenen politischen Parteien, NZWehrr 1998, 79; *Schwandt, Eberhard*: Ahndung von Dienstvergehen im Wehrdisziplinarverfahren, ZBR 2002, 297; *Spranger, Tade Matthias*: Die verfassungsrechtlich gebotene Beschränkung des Eingaberechts nach Art. 45b GG, § 7 Satz 1 WBeauftrG, NZWehrr 1998, 8.

I. Allgemeines

1. Entstehung der Vorschrift. § 7 des REntw.[1] sah unter der Überschrift „Bekenntnis zur demokratischen Grundordnung" folgende Fassung des späteren § 8 vor:

Der Soldat muß sich durch sein gesamtes Verhalten zu der freiheitlichen demokratischen Grundordnung i. S. d. Grundgesetzes bekennen und für deren Erhaltung eintreten.

In der **Begr.**[2] wurde auf die Entsprechung dieser Vorschrift zu § 52 Abs. 2 BBG a. F. verwiesen. Die BReg hatte damit die ursprüngliche Absicht (des BMVg), diese Best. für BS anders zu fassen als für WPfl[3], wieder fallen gelassen.

In der **1. Lesung** im BT[4] unterstrich auch der damalige BMVg, *Blank*, die „Nähe" des SG zum **Beamtentum**. Als Beispiel hierfür nannte er u. a. das „Bekenntnis" zur demokratischen Grundordnung. In der gleichen Sitzung des BT[5] kritisierte der Abg. v. *Manteuffel* (FDP) die Verwendung des Begriffes „bekennen" als zu schwache Formulierung. Der Soldat solle die Demokratie „schöpferisch bejahen". Dies gelte „vornehmlich" für die BS und SaZ. Nur wer diese Verpflichtung erkenne und bejahe, habe ein Recht, als BS in den SK zu dienen.

---

1 BT-Drs. II/1700, 4.
2 BT-Drs. II/1700, 19.
3 So *Barth*, Prot. der 86. Sitzung des Rechtsausschusses des BT v. 18.11.1955, 22.
4 Sten.Ber. v. 12.10.1955, 5780.
5 Sten.Ber., 5793.

Eintreten für die demokratische Grundordnung § 8

Gegen die rechtl. gleichlautende Verpflichtung von länger dienenden und wpfl Solda- 2
ten wurden im **Rechtsausschuss**[6] des BT Bedenken erhoben. Mit Zustimmung von
Abg. der CDU/CSU wandte sich insbes. der Abg. *Dr. Arndt* (SPD) dagegen, „gezogene" und freiwillige Soldaten in einem Gesetz zu behandeln. Von einem WPfl, der
vielleicht Rechtsradikaler oder Kommunist sei, könne man kein Bekenntnis zur
demokratischen Grundordnung erwarten. Als Alt. zu der Formulierung „bekennen"
wurden die Begriffe „wahren", „achten", „eintreten" und „anerkennen" diskutiert.
Allg. wurde angenommen, dass **„anerkennen"** gegenüber **„bekennen"** als **Minus** zu
qualifizieren sei.

Auf Vorschlag der Abg. *Dr. Lüders* (FDP) einigte man sich schließlich darauf, im Text
das Wort „bekennen" durch „anerkennen" zu ersetzen und in der Überschrift durch
„eintreten".[7] Die Absicht des Rechtsausschusses, diese Debatte bei der Beratung des
§ 32 (des heutigen § 37) wieder aufzunehmen, wurde nicht realisiert.[8]

Der **Ausschuss für Beamtenrecht** übernahm wiederum die Fassung der Regierungs- 3
vorlage.[9]

Der **VertA**[10] (und anschließend das Plenum) akzeptierte den Formulierungsvorschlag 4
des Rechtsausschusses mit der in sich widersprüchlichen Begr., § 7 (jetzt § 8) sei auf
alle Soldaten, also auch die WPfl, anwendbar. Von den WPfl könne „ernstlich" kein
Bekenntnis zur FdGO verlangt werden. Der Ausschuss war hingegen übereinstimmend der Auffassung, dass an BS und SaZ die Anforderungen gestellt werden müssten, die dem Bundesbeamtenrecht entsprächen.

Aus Sicht des historischen Gesetzgebers legt der BS und SaZ mit seinem freiwilligen 5
Eintritt in das Dienstverhältnis daher ein dauerhaftes „Bekenntnis" zur FdGO ab[11];
der WPfl braucht diese nur „anzuerkennen". Das bis heute relevante **dogmatische
Problem**[12] besteht darin, dass die grammatikalische Auslegung von § 8 eine derartige
Differenzierung nicht zu begründen vermag.

2. Änderungen der Vorschrift. § 8 entspricht materiellrechtl. noch der **Erstfassung** 6
von 1956. Soweit feststellbar, wurden auch keine inhaltl. Änderungsvorschläge formuliert. Mit der Neubekanntmachung des SG vom 14.2.2001[13] wurde, der neuen Rechtschreibung folgend, das Wort „muß" durch das Wort „muss" ersetzt.

**3. Bezüge zum Beamtenrecht bzw. zu sonstigen rechtl. Vorschriften; ergänzende
Dienstvorschriften und Erlasse.** Ein **Beamter** muss sich durch sein gesamtes Verhal- 7
ten zu der FdGO i. S. d. GG **„bekennen"** und für deren Erhaltung eintreten (§ 33
Abs. 1 Satz 3 BeamtStG; § 60 Abs. 1 Satz 3 BBG). Für **Richter** im Bundesdienst gilt
dies entspr. (§ 46 DRiG).

---

6 86. Sitzung v. 18.11.1955, Prot. Nr. 86.
7 Prot. Nr. 86, 23; Ausschussdrs. 18 des Rechtsausschusses.
8 Vgl. *Cuntz*, 145.
9 Prot. Nr. 37 der Sitzung v. 28.11.1955, 7; Ausschussdrs. 21 v. 4.1.1956.
10 BT-Drs. II/2140, 5, 31.
11 *Cuntz*, 146.
12 Weitere Einzelheiten u. Rn. 12 ff.
13 BGBl. I S. 232.

8 Ein **ZDL** hat die FdGO in seinem gesamten Verhalten zu „achten" (§ 26 ZDG). Begründet wird dies damit, dass der Zivildienst „in gleicher Weise staatlicher Dienst in einem besonderen auf Befehl und Gehorsam aufbauenden Zwangsverhältnis" sei wie der Wehrdienst.[14] Für die Praxis ist diese Best. wohl bedeutungslos. Eine Entsch. des BVerwG ist jedenfalls hierzu bisher nicht veröff. worden.

9 Hinw. zu den sich aus § 8 ableitenden konkreten Maßnahmen des Dienstherrn finden sich verstreut in **Dienstvorschriften** und Einzelerl.[15] So liegt nach der **ZDv 2/30**[16] „Sicherheit in der Bundeswehr" statusunabhängig ein „Sicherheitsrisiko" vor, wenn u. a. tatsächliche Anhaltspunkte Zweifel am „Bekenntnis" des Betroffenen zur FdGO begründen.[17] In der **ZDv 12/1** „Politische Bildung in der Bundeswehr" werden die FdGO definiert[18] und ihre Inhalte als „Themenkreis 1"[19] in Form von Unterrichtsthemen vorgegeben.

II. Erläuterungen im Einzelnen

10 1. **§ 8 und Art. 5 Abs. 1 Satz 1, Art. 21 Abs. 2 GG.** Die Meinungsäußerungsfreiheit nach **Art. 5 Abs. 1 Satz 1 GG** wird durch § 8 in verfassungsrechtl. zulässiger Weise begrenzt.[20] Das SG ist ein allgemeines Gesetz i. S. v. Art. 5 Abs. 2 GG.

11 Das Parteienprivileg nach **Art. 21 Abs. 2 GG** hindert die Anwendung von § 8 nicht.[21] Die Mitgliedschaft in einer verfassungsfeindlichen Partei kann gegen § 8 verstoßen, auch wenn das BVerfG diese Partei noch nicht verboten hat.

12 2. „**Der Soldat muss ... anerkennen**". § 8 richtet sich seinem Wortlaut und seiner systematischen Stellung im SG nach an **alle Soldaten**, unabhängig von ihrem Status. Anders als in § 9 hat der Gesetzgeber, zumindest dem Normtext zufolge, keine Differenzierung zwischen BS/SaZ einerseits und WPfl andererseits[22] vorgenommen. Andere Aufschlüsse verschafft auch nicht die Heranziehung von **§ 23 Abs. 2 Nr. 2**. Danach gilt als Dienstvergehen, wenn sich ein Offz oder Uffz nach seinem Ausscheiden aus dem Wehrdienst gegen die FdGO betätigt. Rechtl. unbeachtlich ist dabei, aus welchem Status dieser ehem. Soldat entlassen worden und welchem Personenkreis er jetzt zuzuordnen ist, d. h. ob er der Wehrpflicht unterliegt oder nicht. Auch der Verweis auf § 37 Abs. 1 Nr. 2 führt nicht weiter. In das Dienstverhältnis eines BS oder SaZ darf nur berufen werden, wer Gewähr dafür bietet, jederzeit für die FdGO einzutreten. Mit dieser Formulierung wird lediglich der 2. Halbs. von § 8 wiederholt und nicht mehr.

---

14 *Brecht*, ZDG, 142.
15 Die G 1-Hinweise, Grundwerk, 2520, 2530, sind überholt.
16 Nr. 2414; Anl. C 18 Nr. 1.
17 Vgl. hierzu BVerwGE 83, 345 = NJW 1988, 2907.
18 Nr. 101.
19 Anl. 2.
20 BVerfGE 28, 51 = NZWehrr 1970, 218; *Scherer/Alff/Poretschkin*, SG, § 6 Rn. 32 m. w. N.
21 GKÖD I Yk, § 8 Rn. 12; *Makowski*, NZWehrr 2000, 195; *Scherer/Alff/Poretschkin*, SG, § 8 Rn. 2; *Schafranek*, NZWehrr 1998, 82, jew. m. w. N. Vgl. auch *Pieroth*, in: Jarass/Pieroth, GG, Art. 21 Rn. 38.
22 Wenn das BVerwG in anderem Zusammenhang ausführt, der Dienstherr könne von BS „mehr Loyalität" erwarten als von WPfl (BVerwGE 103, 361 = NZWehrr 1997, 117), bewegt sich das Gericht auf einem schmalen Grat zwischen zulässiger Gesetzesauslegung u. verfassungswidriger (Art. 20 Abs. 3 GG) Betrachtung.

Der **1. WDS** des BVerwG[23] hatte zunächst – pauschal und ohne weitere Begr. oder **13** Differenzierung – die Entsch. des BVerfG zum sog. Radikalenerl.[24] für den Bereich der Soldaten übernommen und damit Beamte und Soldaten im Wesentlichen ders. polit. Treuepflicht unterworfen. In einem zweiten Schritt hat der **2. WDS** anschließend[25] diese Treuepflicht als solche definiert, „sich mit der Idee der freiheitlichen demokratischen ... Ordnung der Bundesrepublik Deutschland ... zu identifizieren ... Identifizieren bedeutet dabei nicht nur, die Grundordnung dieses Staates anzuerkennen, sondern verlangt ein Mehr an staatsbürgerlicher Verpflichtung, das dem Soldaten, wie auch dem Richter und Beamten, auferlegt ist ... Die politische Treuepflicht nach § 8, die von jedem Soldaten die Bereitschaft verlangt, sich zu der Idee des Staates, dem er dient, zu bekennen und aktiv für ihn einzutreten, gehört zu den elementarsten soldatischen Pflichten ...". Nahezu **formelhaft** finden sich diese Ausführungen in allen einschlägigen Entsch. des 2. WDS bis heute wieder.[26] Der Wortlaut von § 8 tritt dabei völlig in den Hintergrund; selbst eine nach Statusgruppen abgestufte Treueverpflichtung wird nicht mehr erkennbar.

Diese Rspr. ist von der Lit. mit Blick auf SaZ und BS im Wesentlichen ohne Einschränkungen übernommen worden: *Cuntz*[27] setzt sich zwar zunächst krit. mit dem seinerzeitigen Meinungsbild auseinander und beklagt das „Abweichen" vom „Anerkennen" des Gesetzestextes zum „Bekennen", ohne dass dies begründet werde. Unter Berufung auf die Entstehungsgeschichte der Norm votiert er dann doch für eine Gleichsetzung von BS und SaZ mit Beamten und eine „eingeschränkte" Verfassungstreuepflicht für wpfl Soldaten. *Fürst/Arndt*[28] wollten „allenfalls" BS in die beamtenrechtl. Grds. einbezogen sehen. Eine am Wortlaut orientierte Auslegung von § 8 findet in der Lit. i. d. R.[29] nicht statt. **14**

Gegen die insbes. vom 2. WDS aufgestellten Grds. sprechen folgende Argumente:
– Der **Wortlaut** von § 8 ist **eindeutig.** „Soldat" meint **alle Soldaten** gleichermaßen; **15** eine rechtl. unterschiedliche Einstufung der Statusgruppen hätte analog § 9 vom

---

23 1 WB 81/83; BVerwGE 83, 345 = NJW 1988, 2907. In einer früheren Entsch. (BVerwGE 43, 48, 50) hatte der 1. WDS noch betont, der Gesetzgeber fordere nicht die volle Hingabe des Soldaten an den Soldatenberuf, hatte diese Feststellung jedoch – ohne Begr. – auf WPfl begrenzt.
24 BVerfGE 39, 334 = NJW 1975, 1641.
25 BVerwGE 86, 321 = NZWehrr 1991, 32.
26 BVerwGE 113, 48 = NZWehrr 1997, 161; BVerwGE 111, 22 = NZWehrr 2000, 82; BVerwGE 111, 25 = NZWehrr 2000, 126; BVerwGE 111, 45 = NZWehrr 2000, 255; BVerwG NVwZ 2001, 1413 = NZWehrr 2001, 168; BVerwG DokBer B 2002, 192 = NZWehrr 2002, 257; BVerwGE 114, 258 = NJW 2002, 980. Wenn es dort heißt: „Nach den für alle Gerichte bindenden Entscheidungen des BVerfG ... verlangt die politische Treuepflicht von dem Beamten bzw. Soldaten die Bereitschaft, sich mit ... der freiheitlichen demokratischen ... Ordnung des Staates zu identifizieren", hätte es die Redlichkeit geboten, darauf hinzuweisen, dass das BVerfG eine auf die Soldaten bezogene Entsch. dieses Inhalts bisher nicht getroffen hat. Etwas abgeschwächt in BVerwGE 123, 346 = NZWehrr 2006, 85.
27 146–151. Für diese „abgestufte" polit. Treuepflicht votieren auch *Bornemann*, RuP, 98; *Graßhof*, NZWehrr 1995, 184; *Makowski*, NZWehrr 2000, 197; *Rittau*, SG, 98; *Stauf* I, § 8 SG Rn. 1, jew. unter Hinw. auf die Entstehungsgeschichte der Norm. Unklar *Scherer/Alff/Poretschkin*, SG, § 8 Rn. 1.
28 GKÖD I Yk, § 8 Rn. 1. Ähnlich *Vogelgesang*, GKÖD I Yk, § 8 Rn. 2.
29 Ausgenommen *Nettersheim*, NZWehrr 1975, 89 (97/98); *Weniger*, SG, § 8 Rn. 1.

Gesetzgeber vorgenommen werden müssen. Die vom VertA und Rechtsausschuss des BT – anders als vom Beamtenrechtsausschuss! – während der Beratungen des Gesetzentw. angestellten Überlegungen haben sich im Wortlaut des SG nicht niedergeschlagen; sie sind daher irrelevant. „Anerkennen" ist gegenüber „bekennen" ein Minus. Die Soldaten müssen die FdGO als verbindlich ansehen.[30] „Anerkennen" ist ein innerer Vorgang ohne jede Außenwirkung, eine Frage der **inneren Einstellung**[31] – mehr nicht. Eine Identifikation mit der FdGO ist durch den Begriff „anerkennen" nicht begründbar.

Die von den WDS des BVerwG angestellten Überlegungen sind mit der Bindung der Judikative an Gesetz und Recht (**Art. 20 Abs. 3 GG**) nicht zu vereinbaren. Es ist nicht Sache der rechtsprechenden Gewalt, ein formelles Gesetz contra legem zu interpretieren. Diese Art „richterlicher Rechtsfortbildung" ist wegen des verfassungsrechtl. Vorrangs des Gesetzes wirkungslos.[32]

16 – Die pauschale Übertragung der beamtenrechtl. Staatstreuepflicht und damit der Pflicht, sich zu der FdGO zu „bekennen", auf (alle) Soldaten lässt sich auch aus Art. 33 Abs. 5 GG nicht begründen.

Die Pflicht des Beamten zur Verfassungstreue gilt unbestritten als hergebrachter Grds. des Berufsbeamtentums i. S. v. Art. 33 Abs. 5 GG.[33] Auf ihr beruht letztlich die Bekenntnispflicht des § 60 Abs. 1 Satz 3 BBG.

Art. 33 Abs. 5 GG gilt nur für Beamte, nicht für Soldaten. Hergebrachte Grds. des Berufssoldatentums sind nicht existent.[34] Gleichwohl halten das BVerwG[35] und mit ihm ein Teil der Lit. es für zulässig, bestimmte hergebrachte Grds. des Berufsbeamtentums, wie etwa die polit. Treuepflicht, auf (Berufs-)Soldaten zu übertragen. Dabei bleibt letztlich offen, ob von dieser Treuepflicht alle Soldaten oder nur SaZ und BS oder ausschließlich BS erfasst sein sollen. Zudem ist aus Gründen der Logik nicht einzusehen, weshalb den (Berufs-)Soldaten an sich keine hergebrachten Grds. i. S. v. Art. 33 Abs. 5 GG zugebilligt werden, sie aber andererseits in eine den Beamten analoge Treueverpflichtung hineingezwungen werden sollen.

17 – Einen anderen Begründungsansatz hat das BVerfG gewählt. In mehreren Entsch.[36] hat das Gericht einen Zusammenhang zwischen der „streitbaren" oder „wehrhaften" Demokratie und der „inneren Ordnung" der Bw hergestellt. Die Bundesrepublik sei eine Demokratie, deren Verfassung von ihren Bürgern eine Verteidigung der demokratischen Ordnung erwarte. Dies gelte in besonderem Maße für diejenigen Bürger, die in einem Dienst- und Treueverhältnis zum Staat stünden, also

---

30 *Cuntz*, 149.
31 A.A. GKÖD I Yk, § 8 Rn. 8: Anerkennen bedeute, dass der Betroffene mit dem, was er anerkenne, inhaltl. übereinstimme.
32 *Sachs*, in: Sachs, GG, Art. 20 Rn. 120 m. w. N.
33 BVerfGE 39, 334; *Battis*, in: Sachs, GG, Art. 33 Rn. 32; GKÖD I Yk, § 8 Rn. 2; *Jarass*, in: Jarass/Pieroth, GG, Art. 33 Rn. 40; *Schafranek*, NZWehrr 1998, 80, jew. m. w. N.
34 So bereits BVerfGE 3, 288 („Soldatenurteil"). Ebenso der 8. Senat des BVerwG (E 21, 270 (274) = NJW 1966, 364); *Battis*, in: Sachs, GG, Art. 33 Rn. 69 m.w.N.; GKÖD I Yk, § 8 Rn. 2.
35 BVerwGE 83, 136; 83, 345; *Battis*, in: Sachs, GG, Art. 33 Rn. 69; *Jarass/Pieroth*, GG, Art. 33 Rn. 34 („Soldaten, einschl. der Zeitsoldaten"(!)); *Scherer/Alff/Poretschkin*, SG, § 8 Rn. 1. Ablehnend *Cuntz*, 108.
36 BVerfGE 28, 36 = NZWehrr 1970, 177; BVerfGE 28, 51 = NZWehrr 1970, 218. Zust. GKÖD I Yk, § 8 Rn. 1; *Scherer/Alff/Poretschkin*, SG, § 8 Rn. 1. Das BVerfG hat sich indes mit der hier relevanten Fragestellung nicht auseinander gesetzt.

Beamte, Richter und Soldaten. § 8 trage diesem Gedanken deutlich Rechnung. Es sei eine „Grundpflicht" der Soldaten, durch ihr gesamtes Verhalten für die Erhaltung der FdGO einzutreten. Folgt man diesen Überlegungen, steht nur fest, dass sich die polit. Treuepflicht des Soldaten (irgendwie) aus dem GG ergibt. Sie wird durch § 8 auf einfachgesetzl. Grundlage konkretisiert.[37] Für die Auslegung von § 8 ist dieser Ansatz nicht hilfreich.

Eine Einbeziehung wpfl Soldaten in die beamtenrechtl. Treueverpflichtung – ohne Textänderung von § 8 – würde schließlich mit Blick auf die Anwendung des WPflG zu einer nicht hinnehmbaren **Rechtsunsicherheit** führen. Gem. § 12 Abs. 5 WPflG kann ein WPfl zurückgestellt werden, wenn seine Einberufung die mil. Ordnung oder das Ansehen der Bw ernstlich gefährden würde. Gem. § 29 Abs. 1 Satz 3 Nr. 5 WPflG ist ein WPfl zu entlassen, wenn durch sein Verbleiben in der Bw die mil. Ordnung oder die Sicherheit der Truppe ernstlich gefährdet würde. Unstr. kann ein WPfl zurückgestellt werden bzw. ist ein WPfl zu entlassen, wenn er durch seine extremistische Haltung das Ansehen der Bw in der Öffentlichkeit schädigen würde.[38] Es reicht danach aus, dass der WPfl die FdGO nicht anerkennt; ein Bekenntnis zur FdGO wird nicht verlangt. Die Messlatte für die Anwendung dieser wehrpflichtrechtl. Vorschriften darf nicht zu hoch gelegt werden! 18

Fazit: Nach der hier vertretenen Auffassung ist aufgrund der Textexegese von § 8 eine nach Statusgruppen vorgenommene Differenzierung nicht zulässig. **§ 8 gilt für alle Soldaten** gleichermaßen. WPfl, SaZ und BS sind verpflichtet, die FdGO **anzuerkennen**. Dies meint, diese zu akzeptieren, zu achten. Ein **Bekenntnis** zur FdGO kann de lege lata von **keinem Soldaten** verlangt werden. Wer, insbes. von BS und SaZ, mehr verlangen will, muss den Gesetzgeber, zumindest in Form einer „klarstellenden Änd.", bemühen. 19

3. Freiheitliche demokratische Grundordnung. In einer seiner ersten Entsch. (SRP-Urt.)[39] hat das BVerfG die FdGO **definiert** als ein Prinzip, das „unter Ausschluss jeglicher Gewalt- und Willkürherrschaft eine rechtsstaatliche Herrschaftsordnung auf der Grundlage des Selbstbestimmungsrechts des Volkes nach dem Willen der jeweiligen Mehrheit und der Freiheit und Gleichheit darstellt". Als wesentliche Elemente dieser Ordnung nennt das BVerfG die Achtung vor den im GG konkretisierten Menschenrechten, vor allem vor dem Recht der Persönlichkeit auf Leben und freie Entfaltung, die Volkssouveränität, die Gewaltenteilung, die Verantwortlichkeit der Regierung, die Gesetzmäßigkeit der Verwaltung, die Unabhängigkeit der Gerichte, das Mehrparteienprinzip und die Chancengleichheit aller polit. Parteien mit dem Recht auf verfassungsmäßige Bildung und Ausübung einer Opposition. Zusammengefasst sind unter **FdGO die in Art. 1 und 20 GG enthaltenen Grundsätze**, die gem. Art. 79 Abs. 3 GG einer Verfassungsänderung entzogen sind, zu verstehen. Diese Definition der FdGO gilt unangefochten bis heute.[40] 20

---

37 *Schafranek*, NZWehrr 1998, 82. Krit. *Cuntz*, 116.
38 *Steinlechner/Walz*, WPflG, § 12 Rn. 146, § 29 Rn. 18. Vgl. BVerwG NJW 2005, 85.
39 BVerfGE 2, 1 = NJW 1952, 1407.
40 Vgl. etwa *Bornemann*, RuP, 98; GKÖD I Yk, § 8 Rn. 3; *Pieroth*, in: Jarass/Pieroth, GG, Art. 21 Rn. 33; *Pagenkopf*, in: Sachs, GG, Art. 18 Rn. 12; *Scherer/Alff/Poretschkin*, SG, § 8 Rn. 3; *Stauf* I, § 8 SG Rn. 3. Vgl. auch die Aufzählungen in § 92 Abs. 2 StGB; § 4 Abs. 2 BVerfSchG; ZDv 12/1 Nr. 101.

21 Die **SK** sind gem. Art. 12a, 87a GG Bestandteil der verfassungsmäßigen Ordnung. Sie gehören nicht zu den Institutionen, welche die FdGO konstituieren.[41]

22 4. „**durch sein gesamtes Verhalten für ihre Erhaltung eintreten**". Während sich die „**Anerkennung**" der FdGO als **innerer Vorgang** darstellt, verlangt der 2. Halbs. des § 8 mehr: Das bloße Haben einer Überzeugung und die bloße Mitteilung, dass man diese habe, verstoßen nicht gegen § 8[42]. Der Soldat handelt dann pflichtwidrig, wenn er durch sein Verhalten **nach außen** zu erkennen gibt, dass er die FdGO, den Staat und seine verfassungsmäßige Grundlage, **ablehnt**[43], wenn er also aus einer polit. Einstellung Folgerungen zieht, sich beispielsweise in einer verfassungsfeindlichen Partei engagiert. Ob der Soldat darüber hinausgehend gem. § 8 verpflichtet ist, sich von Gruppen zu **distanzieren**[44], welche diese Ordnung bekämpfen, lässt sich aus § 8 nicht eindeutig entnehmen. Zu diesem Ergebnis kommt nur, wer die Rspr. des BVerfG zu § 52 Abs. 2 BBG a. F. (jetzt: § 60 Abs. 1 Satz 3 BBG) ohne Einschränkung auf die (alle?) Soldaten überträgt. So ist die gelegentlich aufgestellte Forderung, Soldaten sollten (müssten?) Veranstaltungen, bei denen gegen die FdGO agitiert werde, „unter Protest" verlassen[45], auch unter dem Blickwinkel der Zumutbarkeit durchaus krit. zu sehen.

23 Gegen die Verpflichtung, für die FdGO einzutreten, kann der Soldat durch **aktives Tun** oder **Unterlassen** verstoßen.[46]

   5. **Einzelfälle von Verstößen gegen § 8 aus der Rechtsprechung**[47]

24 – Verunglimpfung von hier lebenden **ausländischen Mitbürgern** (Türken) durch Uffz (SaZ). Verletzung der Menschenwürde; Verstoß gegen die Pflicht, die FdGO anzuerkennen[48]
   – Leugnung des **Holocaust** durch KKpt (BS). Verletzung des Achtungsanspruchs der Juden und damit der Menschenwürde; Verstoß gegen die Pflicht, „aktiv" für die geltende Verfassungsordnung einzutreten[49]
   – Verbreitung sog. **Judenwitze** durch OFw (SaZ). Missachtung der Menschenwürde und damit der FdGO[50]
   – Mitgliedschaft in der „Artgemeinschaft Germanische Glaubensgemeinschaft wesensgemäßer Lebensgestaltung" (Zugführer)[51]

---

41 BVerwG 2 WD 25/77; GKÖD I Yk, § 8 Rn. 4; *Scherer/Alff/Poretschkin*, SG, § 8 Rn. 3.
42 BVerwGE 61, 176; BVerwGE 114, 258 = NJW 2002, 980.
43 BVerwGE 83, 136 = NJW 1984, 813; GKÖD I Yk, § 8 Rn. 9.
44 *Bornemann*, RuP, 99; GKÖD I Yk, § 8 Rn. 10; *Makowski*, NZWehrr 2000, 198; *Scherer/Alff/Poretschkin*, SG, § 8 Rn. 4.
45 *Bornemann*, RuP, 99. Dieses Beispiel ist der Komm. zu § 52 Abs. 2 BBG a. F. entnommen worden.
46 GKÖD I Yk, § 8 Rn. 10; *Makowski*, NZWehrr 2000, 197; *Scherer/Alff/Poretschkin*, SG, § 8 Rn. 6.
47 Vgl. auch die Übersichten bei GKÖD I Yk, § 8 Rn. 13; *Scherer/Alff/Poretschkin*, SG, § 8 Rn. 7–9; *Stauf* I, § 8 SG Rn. 4–10.
48 BVerwG NZWehrr 1984, 167.
49 BVerwGE 86, 321 = NZWehrr 1991, 32. Ähnlich BVerwGE 111, 25 = NZWehrr 2000, 126 (Leugnung des Holocaust durch OLt d.R. während einer DVag gem. § 81 Abs. 1).
50 BVerwGE 63, 69 = NZWehrr 1978, 147.
51 BVerwGE 123, 346 = NZWehrr 2006, 85.

- Mitgliedschaft und Funktionärstätigkeit durch Offz (SaZ) in der **NPD**[52]
- Propagierung der **NS-Ideologie** durch wehrübenden KLt d.R. Verstoß gegen die Menschenwürde und damit der FdGO[53]
- Einbringen von **NS-Propagandamaterial** in den dienstl. Bereich durch StUffz[54]
- Postieren vor **Hakenkreuzfahne** durch OFw. Verletzung der Pflicht zum Eintreten für die FdGO „in eklatanter Weise"[55]
- Mitgliedschaft in der Partei **DIE REPUBLIKANER** durch Offz (Hörfunkredakteur in einer Rundfunkkompanie der Bw). Zweifel am Bekenntnis zur FdGO. Dienstl. Bedürfnis für Versetzung gegeben[56]
- Mitgliedschaft und Funktionärstätigkeit durch Hptm und OFw in der Partei **DIE REPUBLIKANER** kein Verstoß gegen § 8[57]
- Aufhebung des Einberufungsbescheides Alarmreserve für einen OLt d.R., der Mitglied und Funktionär in der Partei **DIE REPUBLIKANER** ist, auch mit § 8 begründet.[58]

§ 9 Eid und feierliches Gelöbnis

(1) ¹**Berufssoldaten und Soldaten auf Zeit haben folgenden Diensteid zu leisten:**
„**Ich schwöre, der Bundesrepublik Deutschland treu zu dienen und das Recht und die Freiheit des deutschen Volkes tapfer zu verteidigen, so wahr mir Gott helfe.**"
²**Der Eid kann auch ohne die Worte „so wahr mir Gott helfe" geleistet werden.**
³**Gestattet ein Bundesgesetz den Mitgliedern einer Religionsgesellschaft, an Stelle der Worte „ich schwöre" andere Beteuerungsformeln zu gebrauchen, so kann das Mitglied einer solchen Religionsgesellschaft diese Beteuerungsformel sprechen.**

(2) Soldaten, die nach Maßgabe des Wehrpflichtgesetzes Wehrdienst leisten, bekennen sich zu ihren Pflichten durch das folgende feierliche Gelöbnis:
„**Ich gelobe, der Bundesrepublik Deutschland treu zu dienen und das Recht und die Freiheit des deutschen Volkes tapfer zu verteidigen.**"

---

52 BVerwGE 83, 345 = NJW 1988, 2907. Zur amtl. Bezeichnung „Rechtsextremist" für einen Soldaten vgl. OVG Koblenz NVwZ 2000, 1442.
53 BVerwGE 113, 48 = NZWehrr 1997, 161. Ähnlich BVerwGE 111, 45 = NZWehrr 2000, 255 (Ausführen des Hitlergrußes u. Rufen von „Sieg Heil"); BVerwG NZWehrr 2001, 168 (Posieren vor Hitler-Bild u. NS-Symbolen); BVerwG NZWehrr 2002, 257 (Zeigen des Hitlergrußes); BVerwG 2 WDB 2/03 (Einbringen von NS-Propagandamaterialien in den Unterkunftsbereich).
54 BVerwGE 119, 206.
55 BVerwG NZWehrr 2003, 214.
56 BVerwGE 111, 22 = NZWehrr 2000, 82 mit Anm. *Bachmann*, NZWehrr 2000, 83; BVerwG 1 WB 43/04.
57 BVerwGE 114, 258 = NJW 2002, 980.
58 BVerwG NVwZ-RR 2004, 269. Die hiergegen eingelegte VB wurde nicht zur Entsch. angenommen (BVerfG NVwZ-RR 2004, 862). Vgl. auch VG Gießen 4 E 2173/06.

§ 9 Eid und feierliches Gelöbnis

Übersicht

	Rn		Rn
I. Allgemeines	1	f) Einzelfragen	36
1. Entstehung der Vorschrift	1	aa) Eignungsübende	36
2. Änderungen der Vorschrift	8	bb) Eidesleistung unter Vorbehalt	37
3. Bezüge zum Beamtenrecht bzw. zu sonstigen rechtl. Vorschriften; ergänzende Dienstvorschriften	15	cc) Widerruf des Eides	38
		dd) Dokumentation	39
II. Erläuterungen im Einzelnen	18	2. Feierliches Gelöbnis (Absatz 2)	40
1. Eid (Absatz 1)	18	a) Dienstpflicht?	41
a) Funktion des Soldateneides	18	b) Durchsetzung per Befehl?	42
b) Eid und Grundgesetz	23	c) Folgen der Gelöbnisverweigerung	43
c) Rechtsnatur des Eides	26	aa) Keine Entlassung	43
d) Folgen der Eidesverweigerung	30	bb) Disziplinare Sanktionen	44
e) Inhalt der Eidesformel	33	cc) Beförderungsverbot	45
aa) „Deutsches Volk".	34	dd) Wehrübungen	46
bb) „Tapfer zu verteidigen" – out of area?	35	ee) Vorläufige Dienstgrade	47
		3. Internationaler Vergleich	48

Literatur: *Anonym*: Eid, Feierliches Gelöbnis und Großer Zapfenstreich, IfdT Heft 5/1981, 92; *Bahlmann, Kai*: Der Eideszwang als verfassungsrechtliches Problem, in: Fs für Adolf Arndt, 1969, 37; *Berg, Wilfried*: Soldateneid und Gelöbnis – ohne Funktion?, ZRP 1971, 79; *Brammer, Uwe*: Eid auf die Fahne – Soldateneide in Deutschland und NATO-Staaten, IfdT Heft 6/1994, 58; *Bundesministerium der Verteidigung*: Eid und feierliches Gelöbnis, Reihe „Stichworte", 1993; *Busch, Eckart*: Ist die Ablegung des Feierlichen Gelöbnisses eine Dienstpflicht?, NZWehrr 1969, 137; *Cuntz, Eckart*: Verfassungstreue der Soldaten, 1985; *Demandt, Ecke*: Zum Begriff „Deutsches Volk" und den Grundpflichten des Soldaten in § 7 Soldatengesetz (SG), NZWehrr 1982, 101; *Dittrich, Karl-Heinz*: Kann ein Verteidigungsminister vor Ableistung des Amtseides Inhaber der Befehls- und Kommandogewalt sein?, BWV 2002, 169; v *Gadow, N.*: Eid und Gelöbnis von Soldaten – Internationaler Vergleich, Wissenschaftliche Dienste des Deutschen Bundestages, 1989; *Hennen, Harald*: Zur (Selbst-)Bindungswirkung des feierlichen Gelöbnisses und des Eides des Soldaten angesichts der neuen Aufträge der Streitkräfte, Lehrgangsarbeit FüAkBw, 1995; *Lange, Sven*: Der Fahneneid – Die Geschichte der Schwurverpflichtung im deutschen Militär, 2002; *v. Lepel, Oskar-Matthias*: Recht und Gehorsam im Auslandseinsatz als Legitimationsproblem, Truppenpraxis/Wehrausbildung 1996, 840; *Lücken, Claus-Joachim*: Treu und tapfer – Eid und Gelöbnis in der Bundeswehr, IfdT Heft 10/11/1995, 107; *Nagel, Ernst J.*: Der Eid – Verpflichtung und Grenzen aus ethischer Sicht, Die neue Ordnung 1993, 367; *Noack, Peter*: Der Fahneneid der Wehrmacht – ein unauflösbares Versprechen?, IfdT 2/2004, 11; *Proksa, Alexander*: Treu zu dienen …, Truppenpraxis 1992, 547; *v. Rabenau, Hans-Wendel*: Der Fahneneid als ethische Grundlage des Gehorsams, NZWehrr 1984, 199; *ders.*: Der Eid in Geschichte und Gegenwart, IfdT Heft 8/9/1984, 84; *Schlegtendal, Axel*: Die „Geschäftsgrundlage" für den Soldaten oder Inhalt und Reichweite seiner Treuepflicht, NZWehrr 1992, 177; *Stauf, Wolfgang*: Befohlene Teilnahme am feierlichen Gelöbnis – ein Verstoß gegen Art. 1 Abs. 1 Satz 1 GG?, NZWehrr 1978, 92; *ders.*: Die Verweigerung des feierlichen Gelöbnisses und seine statusrechtlichen Folgen, NZWehrr 1987, 89; *ders.*: Das feierliche Gelöbnis im Spiegel der Rechtsprechung des Bundesverwaltungsgerichts, NZWehrr 1991, 111; *Steinlechner, Wolfgang*: Zur Kriegsdienstverweigerung von Ärzten, NZWehrr 1986, 193; *Walz, Dieter*: Die „Reichweite" der soldatischen Tapferkeitspflicht, NZWehrr 1992, 55; *ders.*: Eid und feierliches Gelöbnis des Soldaten der Bundeswehr, in: Klein/Walz: Der

Eid und feierliches Gelöbnis § 9

Widerstand gegen den Nationalsozialismus und seine Bedeutung für Gesellschaft und Bundeswehr heute, 1995, 51; *Waßmann, Konrad*: Eid und feierliches Gelöbnis heute – Inhalt und Funktion dieser Soldatenpflicht aus rechtlicher Sicht, Jahresarbeit FüAkBw, 1988; *Weißbuch 1970*: Zur Sicherheit der Bundesrepublik Deutschland und zur Lage der Bundeswehr, 1970; *Weißbuch 1971/1972*: Zur Sicherheit der Bundesrepublik Deutschland und zur Entwicklung der Bundeswehr, 1971; *Weißbuch 1973/1974*: Zur Sicherheit der Bundesrepublik Deutschland und zur Entwicklung der Bundeswehr, 1973; *Zentrum Innere Führung*: Der militärische Eid – Bedeutung und Wandel, Ausbildungshilfe für die Offizierweiterbildung, 1982.

I. Allgemeines

1. Entstehung der Vorschrift. Die Frage eines Eides, eines Gelöbnisses oder einer anderen Versprechensformel war seit den Anfängen einer deutschen Wiederbewaffnung nach dem 2. Weltkrieg eine der **umstrittensten** des späteren SG[1] überhaupt. Aus heutiger Sicht ist bemerkenswert, mit welcher Leidenschaft das Für und Wider einer Eidesleistung diskutiert wurden. Diese Debatte setzte bereits zu einem Zeitpunkt ein, als die ersten Konturen einer neuen „Wehrmacht", der späteren Bw, erst schattenhaft am Horizont erkennbar waren. So kamen etwa die Teilnehmer einer Tagung „Gehorsam – Verantwortung – Eid des Soldaten" des Instituts für Europäische Politik und Wirtschaft im Jahre 1952 zu dem Ergebnis, eine Eidespflicht sei nicht zweckmäßig[2], eine Auffassung, die auch während der Beratungen des EVG-Vertrages in den späteren Vertragsstaaten viele Anhänger fand. Das Militärprot. zum EVG-Vertrag sah in Art. 17 vor, den „europäischen Soldaten deutscher Nationalität" feierlich zu verpflichten. Die Leistung eines Eides würde, so die BReg[3], bei vielen Soldaten schwere Gewissenskonflikte hervorrufen, da nicht bei allen Angehörigen der zukünftigen europ. SK „ein persönliches Verantwortungsgefühl dem lebendigen Gott gegenüber" vorauszusetzen sei[4].

Zum Verständnis auch aktueller und künftiger Überlegungen seien hier die wichtigsten Stationen von § 9 referiert. Hieraus wird deutlich werden, dass **Vorsicht** geboten ist, wenn der historische Gesetzgeber zur Interpretation von § 9 bemüht wird. Eine klare, durchgängige Linie ist weder den amtl. Materialien noch den Debatten in den Ausschüssen oder im Plenum des BT zu entnehmen. Vielmehr war es so, dass persönlich erlebte und geprägte **Einzelmeinungen** von Parlamentariern letztlich den Ausschlag für die noch heute geltende Gesetzesfassung gaben.

In den **Ressortentwürfen** eines SG vom 14.3.1955[5], 21.4.1955 und 7.5.1955 war (in § 17 bzw. § 16 bzw. § 20) für **alle** Soldaten eine feierliche Verpflichtung in Form eines **Gelöbnisses** vorgesehen („Ich gelobe, als Soldat treu und tapfer zu dienen, gehorsam zu sein, Menschenwürde und Recht zu wahren und für mein Vaterland und die Freiheit mein Leben einzusetzen"). Damit sollte „klargestellt werden, dass es sich mit dem

---

1 *Cuntz*, 174; *Lange*, 191- 219; *Walz*, Eid und feierliches Gelöbnis, 52.
2 *Anonym*, 92.
3 Denkschrift des Bundeskanzleramtes „Der Europäische Soldat deutscher Nationalität", Juli 1954, 15 f.
4 Hieran knüpft die Kritik von *Rittau*, SG, 101, an, der es für besser gehalten hätte, alle Soldaten ein Gelöbnis ablegen zu lassen. So nehme man in Kauf, dass jemand den Soldateneid unter Anrufung Gottes leiste, der gar nicht an Gott glaube.
5 BA-MA Bw 9/161.

Ablegen des Gelöbnisses nicht um das Eingehen einer rechtlichen Verpflichtung handelt, sondern um ihre Bekräftigung"[6]. Offenbar aufgrund von Änderungsvorschlägen aus der anschließenden Ressortbeteiligung[7] wurde in der **Kabinettvorlage** vom 7.6.1955[8] (in § 16) erstmals zwischen längerdienenden Soldaten, die einen **Diensteid** leisten und WPfl, die ein **feierliches Gelöbnis** ablegen sollten, differenziert. Das **Kabinett** beschloss indes in seiner Sitzung vom 27.6.1955, einen **einheitlichen Diensteid** für alle Soldaten einzuführen („Ich schwöre, das Grundgesetz für die Bundesrepublik Deutschland zu wahren, treu zu dienen und Vaterland und Freiheit unter Einsatz meiner Person tapfer zu verteidigen, so wahr mir Gott helfe"). Auf Nachfrage im BR am 30.6.1955 erklärte Bundesminister *Blank*, das Kabinett habe damit zwei Kategorien von Soldaten vermeiden wollen.[9] Mit Schreiben des Präs des BR vom 22.7.1955 an den BK forderte der BR auf Antrag des Landes NRW schließlich, von **allen** Soldaten eine **„Verpflichtung"** abzuverlangen. Durch die Abnahme eines Eides werde eine Unterschiedlichkeit zwischen der Zugehörigkeit zur „Wehrmacht" und allen anderen Lebensbereichen herausgearbeitet, die nicht gerechtfertigt sei.

3   Während diese Überlegungen andauerten, musste mit Blick auf die ersten freiwilligen Soldaten (die am 10.10.1955 durch BPräs *Heuss* ernannt wurden) gehandelt werden. Das **Freiwilligengesetz** vom 23.7.1955[10] sah in § 2 Abs. 2 eine schriftl. Verpflichtung dieser Soldaten vor („Ich verpflichte mich, das Grundgesetz für die Bundesrepublik Deutschland zu wahren und meine Dienstpflichten gewissenhaft zu erfüllen."). Die inhaltl. Nähe zum Beamteneid (§ 64 Abs. 1 BBG) ist leicht erkennbar.

4   § 16 Abs. 1 des **REntw.** zum SG[11] vom 23.9.1955 übernahm den Kabinettsbeschl. vom 27.6.1955. Es entspreche der „Einheit des Soldatentums", dass **alle** Soldaten den gleichen **Eid** leisteten[12]. Der BR wiederholte in seiner Stellungnahme[13] seine Forderung nach einer „Verpflichtung" aller Soldaten, die von der BReg erneut[14] verworfen wurde.

5   Bereits bei der **1. Lesung** des Gesetzentw. im BT[15] schälten sich die gegensätzlichen Positionen der dort vertretenen polit. Parteien heraus: Während der Abg. *Dr. Kliesing* (CDU/CSU) die Einheit des Soldatentums verteidigte[16], votierten der Abg. *Merten* (SPD) gegen einen Eid für alle Soldaten[17], der Abg. *Feller* (GB/BHE) ähnlich wie der BR für eine bloße Verpflichtung der Soldaten[18] und der Abg. *v. Manteuffel* (FDP) für den REntw.[19]

---

6   Begr. des Entw. v. 7.5.1995, 22.
7   Einzelheiten sind den zugänglichen Materialien nicht zu entnehmen.
8   BA-MA Bw 2/1320.
9   Prot. BR, Ausschuss für Fragen der europäischen Sicherheit, v. 30.6.1955, 3; ebenso *Blank*, 145. Sitzung des BR v. 22.7.1955, Prot., 234.
10 BGBl. I S. 449.
11 BT-Drs. II/1700, 6.
12 BT-Drs. II/1700, 24.
13 BT-Drs. II/1700, 39.
14 BT-Drs. II/1700, 44.
15 Sten. Ber. v. 12.10.1955, 5780.
16 Sten. Ber. 5782 D.
17 Sten. Ber. 5786 C.
18 Sten. Ber. 5791 A.
19 Sten. Ber. 5794 B.

Mit welcher Intensität und welchem Ernst sich die Parlamentarier gerade des Eidesthemas annahmen, spiegelt auch der **Ber. des VertA** zum Entw. des SG vom 29.2.1956[20] wider. Dieses Dokument ist ein bedeutsames Zeitzeugnis. Die ihm beigefügten[21] gutachterlichen Stellungnahmen von kirchlicher Seite[22] sind noch heute lesenswert. Der VertA beschloss schließlich mit großer Mehrheit, in § 7a ein feierliches **Gelöbnis** für **alle** Soldaten zu verankern mit dem Text[23] des heutigen § 9 („Ich gelobe, der Bundesrepublik Deutschland treu zu dienen und das Recht und die Freiheit des deutschen Volkes tapfer zu verteidigen."). 6

Die Debatte war damit noch nicht beendet. In der **2. Lesung** des SG im Plenum am 6.3.1956 brachte der Abg. *Dr. Kliesing* die dann beschlossene[24] und bis heute geltende Fassung des § 9 ein mit der Begr., sonst würde im Verteidigungsministerium „die groteske Situation entstehen, dass der Hausmeister als Beamter des einfachen Dienstes den Treueid leisten muss, während die gesamte Generalität unvereidigt bleibt".[25] Mit *Cuntz*[26] ist anzumerken, dass mit der im Plenum erzielten Lösung genau die groteske Situation erzielt wurde, die man vermeiden wollte: Der Pförtner, wenn er denn Beamter ist, wird auf das GG vereidigt, der GenInspBw nicht! Von den Soldaten wird nämlich **kein Verfassungseid** abverlangt. 7

2. Änderungen der Vorschrift. In der Zeit nach dem Inkrafttreten des SG wurden (und werden) immer wieder Vorstöße, insbes. aus dem polit. Raum, mit dem Ziel einer Änd. des § 9 unternommen. Einige wesentliche[27] seien hier aufgeführt: 8

Auf Anregung des BPräs *Heinemann*[28], der ein entschiedener Gegner jedweder Eidesleistung war, und nach mehreren Initiativen aus dem Bereich der Kirchen kündigte die BReg im **Weißbuch 1970**[29] an, dem BT vorschlagen zu wollen, das feierliche Gelöbnis der WPfl durch eine „förmliche Belehrung" über Rechte und Pflichten ersetzen zu wollen. Am Eid sollte dagegen grds. festgehalten werden; die Eidesformel sollte „deutlicher" gefasst werden. 9

In der Folgezeit wurde im BMVg ein **Entw. eines 11. G zur Änd. des SG** erarbeitet. Dieser sah mit dem Stand vom **30.7.1970** vor, in § 7 (und § 9) die Worte „des deutschen Volkes" durch die Worte „ihrer Bürger" zu ersetzen[30] und das feierliche Gelöbnis

---

20 BT-Drs. II/2140 v. 29.2.1956.
21 BT-Drs. II/2140, 16.
22 Pater *Dr. Hirschmann* für die kath. Kirche, Staatsminister *Osterloh* als persönliche Meinung, Prälat *D. Kunst* für die ev. Kirche, Staatsrat *Schäfer* für den Deutschen Volksbund für Geistesfreiheit.
23 Geistiger „Vater" dieser Textformel war der Abg. *Merten* (SPD), der an sich ein entschiedener Gegner des Soldateneides war, den er als „entscheidendes Merkmal des Söldnertums" qualifizierte (Sten. Ber. v. 6.3.1956, 6834). Vgl. auch *Lücken*, IfdT 1995, 110.
24 Vgl. BT-Drs. II/2186.
25 Sten. Ber. v. 6.3.1956, 6832. Im Übrigen kamen in der 2. u. 3. Lesung keine neuen Argumente zur Sprache.
26 175.
27 Vgl. detailliert *Lange*, 224–229.
28 Vgl. dessen Vorwort zu dem Beitrag von *Bahlmann*, in: Fs für Arndt, 37.
29 Nr. 166 (S. 127).
30 Bzgl. des „deutschen Volkes" war Kritik laut geworden, weil damit auch die Pflicht zur Verteidigung der Deutschen außerhalb des Geltungsbereiches des GG, d. h. vor allem der Bürger der DDR, hätte gemeint sein können (vgl. u. Rn. 34).

wegfallen zu lassen. Die an seine Stelle tretende Belehrung über die Rechte und Pflichten bedürfe keiner gesetzl. Regelung. Wie die anschließende, z. T. öff. geführte[31], Diskussion zeigte, war diese Verquickung von Änd. der Eidesformel und Wegfall des Gelöbnisses nicht glücklich: Im Rahmen der am 20.11.1970 eingeleiteten Ressortbeteiligung erhob das BMI mit Schreiben vom 16.12.1970, das offensichtlich mit Billigung des Min. (*Genscher*) versandt worden war, gegen die Änd. der Eidesformel „verfassungspolitische Bedenken". Es könne, so das BMI, der Eindruck entstehen, die BReg wolle mit dieser Änd. die sich aus der Verfassung ergebenden gesamtdeutschen Verpflichtungen abbauen. Die Absicht, das feierliche Gelöbnis zu streichen, fand hingegen die Billigung des BMI.

Aufgrund der Einwendungen des BMI war danach ein Gespräch auf Ministerebene (*Schmidt/Genscher*) vorgesehen. Da dieses aus unbekannten Gründen nicht stattfand, die BReg andererseits im **Weißbuch 1971/1972**[32] ihre Absicht, das feierliche Gelöbnis durch eine Belehrung zu ersetzen, wiederholt hatte, verlangte der GenInspBw (*de Maizière*) mit Schreiben vom 29.2.1972[33], (nur) § 9 Abs. 2 zu ändern („Soldaten, die auf Grund der Wehrpflicht Wehrdienst leisten, erhalten nach ihrer Einberufung eine Belehrung über ihre Pflichten und Rechte.").

An sich war geplant, dieses Thema nach der Neuwahl des BT erneut auf die Tagesordnung zu setzen.[34] Die Motivation für eine Gesetzesänd. war jedoch mittlerweile, möglicherweise wegen der langen Zeitdauer, erschöpft. Mit § 54 Abs. 2 des G über den Bundesgrenzschutz (BGSG) vom 18.8.1972[35] war zudem für die Grenzschutzdienstpflichtigen ein dem § 9 Abs. 2 SG nachgebildetes feierliches Gelöbnis eingeführt worden. Dies nahm die BReg zum Anlass, im **Weißbuch 1973/1974**[36] zu erklären, die Ankündigung des Weißbuchs 1970 werde „nicht mehr verfolgt".

10 Erst in den 90er Jahren des letzten Jh. erfuhr § 9 (und gelegentlich auch § 7) erneut öff. Aufmerksamkeit. Ausgangspunkt für die sog. **„Reichweite"-Debatte**[37] waren die vermehrten Auslandseinsätze der SK. Die BReg erklärte dabei stets[38], sie beabsichtige nicht, die Gelöbnis- oder Eidesformel zu verändern. Die Pflicht zur Tapferkeit sei lediglich ein besonderer „Aspekt" der Treuepflicht, und diese wiederum gelte weltweit.

---

31 Vgl. etwa die Frage des Abg. *Dr. Klepsch* im BT am 15.10.1970, Sten. Ber. 4083; „Die Welt" v. 3.12. u. 24.12.1970.
32 Nr. 112 (S. 190).
33 Ausweislich eines Schreibens des nachfolgenden GenInspBw (*Zimmermann*) v. 10.5.1972 hatte sich die polit. Leitung des BMVg im sog. Kollegium zu diesem Schritt entschlossen.
34 Vgl. Verteidigungspolit. Information für Politik u. Presse v. 22.11.1972, 5.
35 BGBl. I S. 1834. Vgl. hierzu die inzwischen aufgehobene VO über die Laufbahnen, das Vorgesetztenverhältnis u. das Gelöbnis der Dienstleistenden im BGS v. 20.6.1969 (BGBl. I S. 640). Mit Art. 3 Abs. 2 des G zur Neuregelung der Vorschriften über den BGS v. 19.10.1994 (BGBl. I S. 2978) wurden die §§ 48 bis 61 des G von 1972 nur noch für den Fall für anwendbar erklärt, dass der BT der Anwendung zuvor durch Beschl. zugestimmt hat.
36 Nr. 18 der Anl. (S. 228).
37 Vgl. u. Rn. 35.
38 Vgl. ParlSts,in *Schulte* in der Fragestunde des BT v. 7.11.2001, Sten. Ber. 19253; Die Bundeswehr 6/2002, 19.

Eid und feierliches Gelöbnis § 9

Ein Gesetzentw. der Gruppe der **PDS** im BT vom 1.4.1998[39], Eid und Gelöbnis in § 9 durch ein für alle Soldaten geltendes „Versprechen" zu ersetzen („Ich verspreche, meinem Land treu zu dienen, das Grundgesetz und die Freiheit zu achten und zu verteidigen. Nie wieder sollen Krieg und Völkermord von Deutschland ausgehen."), löste keine feststellbaren Aktivitäten aus. Infolge der BT-Wahl im Herbst 1998 verfiel dieser Gesetzentw. dem Grds. der parlamentarischen Diskontinuität. **11**

Das gleiche Schicksal erlitt ein am 23.3.1999 von der Fraktion der **PDS** gestellter Antrag[40], nachdem dieser bereits im VertA mit allen Stimmen gegen die PDS abgelehnt worden war[41]. **12**

Durch Art. 2 Nr. 5 des **SkResNOG** wurden in Abs. 2 die Wörter „auf Grund der Wehrpflicht" durch die Wörter „nach Maßgabe des Wehrpflichtgesetzes" ersetzt. Damit sollte klar gestellt werden, dass auch FWDL ein feierliches Gelöbnis abzulegen haben.[42] **13**

Abschließend ist noch auf § 59 Abs. 3 Satz 2 hinzuweisen. Danach legen Personen, die nicht BS oder SaZ gewesen sind (i. d. R. **ungediente Frauen**, die sich freiwillig zu Dienstleistungen i. S. v. § 60 verpflichten), wie wpfl Männer ein feierliches Gelöbnis entspr. § 9 Abs. 2 ab. Man wollte damit vermeiden, dass es in den SK eine Personengruppe gibt, die keine feierliche Verpflichtungsformel ausspricht.[43] Weil die freiwillige Dienstleistung gem. § 58a a. F. (jetzt: § 59 Abs. 3) „nicht durch den Berufscharakter der Wehrdienstverhältnisse der Berufssoldaten und Soldaten auf Zeit[44] geprägt ist"[45], griff der Gesetzgeber auf das feierliche Gelöbnis und nicht den Eid zurück. Ob § 9 mit der Verweisungsvorschrift in § 59 Abs. 3 Satz 2 eine rechtspolit. Bestätigung oder gar Aufwertung erfahren hat, wird die Zukunft erweisen müssen. **14**

3. Bezüge zum Beamtenrecht bzw. zu sonstigen rechtl. Vorschriften; ergänzende Dienstvorschriften. Außer den BS und SaZ hat eine Vielzahl von Repräsentanten der Bundesrepublik Deutschland und Angehörigen des öff. Dienstes bei Amts-/Dienstantritt einen **(Amts-)Eid** zu leisten, u. a.: **15**

– der Bundespräsident gem. Art. 56 GG
– der Bundeskanzler und die Bundesminister gem. Art. 64 GG
– die Parlamentarischen Staatssekretäre gem. § 3 des Gesetzes über die Rechtsverhältnisse der ParlSts

---

39 BT-Drs. 13/10352.
40 „Keine feierlichen Gelöbnisse der Bundeswehr in der Öffentlichkeit", BT-Drs. 14/642. Im Zusammenhang mit diesem Antrag hatte die PDS erneut deutlich gemacht, dass sie Gelöbnisse für ein „Relikt aus vergangenen Zeiten" halte.
41 BT-Drs. 14/6276.
42 BT-Drs. 15/4485, 36.
43 Diese Zielvorstellung ist ohnehin nicht lückenlos geglückt. Eignungsübende (u. Rn. 36) leisten weder einen Eid noch legen sie ein feierliches Gelöbnis ab.
44 Ganz konsequent ist diese Argumentation nicht: Wie sich aus § 8a Abs. 5 SVG, § 16a Abs. 1 Nr. 2 ArbPlSchG ergibt, hat der Gesetzgeber an anderer Stelle WPfl u. SaZ 2 weitgehend gleichbehandelt. Eine Erweiterung dieser Best. auf SaZ 3 wurde stets mit der Begr. abgelehnt, ein SaZ 2 habe im Unterschied zu SaZ 3 u. mehr noch keine Berufsentscheidung getroffen. Zumindest das Dienstverhältnis eines SaZ 2 hat damit keinen „Berufscharakter" (vgl. zu diesem Begriff auch *Scherer/Alff/Poretschkin*, SG, § 1 Rn. 13 m.w. N.).
45 BT-Drs. 14/4062, 23.

- die Richter des BVerfG gem. § 11 BVerfGG.
- der Bundesbeauftragte für den Datenschutz gem. § 22 Abs. 2 BDSG
- die Bundesbeamten gem. § 64 BBG[46]
- die Richter gem. § 38 DRiG
- die Notare gem. § 13 der Bundesnotarordnung
- die Rechtsanwälte gem. § 26 BRAO.

Die Eidesformel ist der jew. Amts-/Berufsgruppe angepasst. Die Formulierung des § 9 Abs. 1 Satz 2 findet sich in fast allen Eidesvorschriften wieder.

16   Das **Gelöbnis** ist nach geltendem Recht[47] sehr viel seltener. Es ist u. a. vorgesehen für:
- Nichtdeutsche, die in ein Beamtenverhältnis berufen werden sollen, gem. § 38 Abs. 3 i. V. m. § 7 Abs. 3 BeamtStG
- Nichtdeutsche, die zu Honorarkonsularbeamten ernannt werden sollen, gem. § 21 Abs. 2 Satz 2 des Konsulargesetzes
- Ehrenamtl. Richter, die aus Glaubens- oder Gewissensgründen keinen Eid leisten wollen, gem. § 45 Abs. 4 DRiG
- Wäger, die aus Glaubens- oder Gewissensgründen keinen Eid leisten wollen, gem. § 67 Abs. 6 der Eichordnung.

17   An **Erlassregelungen** des BMVg zu § 9 sind zu nennen:
- Fernschreiberl. des GenInspBw vom 30.4.1968 „Weigerung wehrpflichtiger Soldaten, das feierliche Gelöbnis abzulegen".
- ZDv 14/5 B 193.

II. Erläuterungen im Einzelnen

18   **1. Eid (Absatz 1). – a) Funktion des Soldateneides.** Es ist hier nicht der Ort, Sinn und Zweck von Eiden ausführlich zu referieren. Insoweit kann auf die einschlägige Lit.[48] verwiesen werden. Hier mögen einige wenige Anmerkungen genügen:

19   In seiner ursprünglichen Bedeutung stellt der Eid eine **Anrufung Gottes** als Zeugen für die Ernsthaftigkeit eines Versprechens dar. Der ohne Anrufung Gottes geleistete Eid hat nach der Vorstellung des deutschen Verfassungsgebers keinen religiösen oder in anderer Weise transzendenten Bezug.[49]

20   Der Eid wird vom **Eidgeber** (Soldat) gegenüber einem **Eidnehmer** (Bundesrepublik Deutschland) geleistet; bei der Anrufung Gottes übernimmt dieser die Funktion des **Eidwächters**. Die Bedeutung des Eides liegt weniger im rechtl. als im ethischen Bereich.

21   Unterschieden wird zwischen dem **assertorischen** oder Aussageeid und dem **promissorischen** oder Versprechenseid.[50] Der Eid des Beamten oder Soldaten ist ein promissorischer Eid, da im Gegensatz zum assertorischen Eid, der beispielsweise durch Zeugen oder Sachverständige vor Gericht geleistet wird, der Eidesbruch als solcher keine Strafbarkeit etwa wegen Meineids (§ 154 StGB) nach sich zieht. Deshalb wird der Soldateneid auch gelegentlich[51] als „politische Erklärung" bezeichnet.

---

46   Durch § 38 Abs. 1 BeamtStG auch für die Landesbeamten vorgeschrieben.
47   Auf die zzt. nicht anwendbare Best. des § 54 Abs. 2 BGSG wurde in Fn. 35 hingewiesen.
48   Immer noch aktuell u. lesenswert: *Friesenhahn*, Der politische Eid, 1928.
49   BVerfGE 33, 23; a.A. *Bahlmann*, in: Fs für Arndt, 37, 49, 53.
50   Vgl. etwa *Cuntz*, 178 f.; *Nagel*, 368.
51   *Cuntz*, 177.

Trotz der fehlenden Strafbewehrtheit des promissorischen Eides werden dem Soldateneid fünf überwiegend psychologische Funktionen[52] unterlegt: **22**
- Eine **Angleichungsfunktion**, d. h. die Vergleichbarkeit des Dienstverhältnisses der längerdienenden Soldaten mit dem der Beamten,
- eine **Integrationsfunktion**, mit deren Hilfe die Eingliederung des Einzelnen in die soldatische Gemeinschaft erleichtert werden soll,
- eine **Sicherungsfunktion**, die den Eidgeber auf einer emotionalen Ebene enger an die soldatischen Pflichten binde,
- eine **Bewusstmachungsfunktion** als erzieherische Wirkung auf den Soldaten i. S. seiner Funktion im Staat (nach vorheriger Unterrichtung über die Eidesthematik),
- eine **religiös-ethische Funktion** als zusätzliche individuelle Pflichtenbindung.

Ob der Soldateneid in der Praxis diese Funktionen zu erfüllen vermag, kann hier dahinstehen.[53] Dies haben in erster Linie die jew. aktiven Soldaten insbes. in Vorgesetztenstellungen zu beurteilen.

b) Eid und Grundgesetz. Konkrete Aussagen zum Eid findet man im **GG** nur – etwas versteckt – in Art. 140, der u. a. Art. 136 Abs. 4 WRV in das GG inkorporiert hat. Danach darf niemand zur Benutzung einer religiösen Eidesform gezwungen werden. Dieser verfassungsrechtl. Vorgabe hat der Gesetzgeber des SG mit § 9 Abs. 1 Satz 2 und 3 entsprochen.[54] **23**

Das Verhältnis von Eidesvorschriften zur Glaubens- und Gewissensfreiheit nach **Art. 4 Abs. 1 GG** ist weniger klar: **24**

Ausgehend vom religiösen oder metaphysischen Bezug des Eides plädierte *Bahlmann*[55] mit ausdrücklicher Unterstützung von *Heinemann*[56] für die Ersetzung des Eides durch eine „feierliche Beteuerung". So weit wollte das BVerfG (noch) nicht gehen. In seiner Entsch. vom 11.4.1972[57] gestand der 2. Senat dem Beschwerdeführer aus Art. 4 Abs. 1 GG das Recht zu, von der **Eidespflicht** generell **befreit** zu werden, wenn er wegen seiner Glaubensüberzeugung keinen Eid leisten könne. Das Gesetz, hier die StPO, müsse so geändert werden, dass in diesen Fällen an die Stelle des Eides eine eidesgleiche Bekräftigung treten dürfe. Der Gesetzgeber ist dem mit der Änd. des § 66d StPO[58] (jetzt: § 65 StPO) gefolgt.

---

52 *Berg*, ZRP 19971, 79 f.; *Bundesministerium der Verteidigung*, 3 f.; *Zentrum Innere Führung*, 39 f. Zu weitgehend *Denninger*, in: Handbuch des Verfassungsrechts, 2. Aufl. 1994, § 16 Rn. 27: „Mit dem Eid oder feierlichen Gelöbnis bekräftigen der Beamte, der Soldat und der Richter, was das Gesetz von ihnen erwartet: Treue zum Staat und zur Verfassung (Art. 33 Abs. 4, 5 GG)." Diese Aussage ist zw., weil die hergebrachten Grundsätze des Berufsbeamtentums i. S. v. Art. 33 Abs. 5 GG nur für Beamte gelten (vgl. BVerfGE 31, 212; BVerwGE 21, 270, 274; *Battis*, in: Sachs, GG, Art. 33 Rn. 69).
53 Krit. *Berg*, ZRP 1971, 80 f.
54 Vgl. den G 1-Hinweis, Grundwerk, 2540, „Eidesleistung für Soldaten nichtchristlichen Glaubens".
55 In: Fs für Arndt, 53.
56 In: *Bahlmann*, 37.
57 BVerfGE 33, 23.
58 I.d.F. v. 7.4.1987, BGBl. I S. 1074. Ersetzt durch § 65 StPO (vgl. Art. 3 Nr. 3 des G v. 24.8.2004 (BGBl. I S. 2198).

Das VG Freiburg hat in einem Beschl. vom 21.8.1974[59] diese für die Zeugenvereidigung getroffene Entsch. des BVerfG unmittelbar auf die beamtenrechtl. Vereidigung übertragen. Die **Glaubens- und Gewissensfreiheit** eines Beamten hätte **Vorrang** vor der Eidespflicht. Das BVerfG selbst hob mit Beschl. vom 25.10.1988[60] eine Entsch. des VGH München[61] auf, mit der die in der Landkreisordnung von Bayern statuierte Eidespflicht für einen Kreisrat als vereinbar mit Art. 4 Abs. 1 GG angesehen worden war. Die Ausübung eines Kommunalmandates, so das BVerfG, dürfe nicht aus Gründen verwehrt werden, die auch unter Berücksichtigung von aus dem Amt sich ergebenden zwingenden Erfordernissen mit Art. 4 Abs. 1 GG unvereinbar seien.

Weiter ist das BVerfG bisher nicht gegangen; insbes. hat es **freiwillig** begründete Verpflichtungen (hier: in das Amt eines Verfassungsorgans)[62] nicht in seine an Art. 4 Abs. 1 GG orientierten Überlegungen einbezogen. Hieraus wird überwiegend[63] gefolgert, der Beamte und der längerdienende Soldat könnten sich nicht auf Art. 4 Abs. 1 GG berufen und an Stelle des Diensteides eine andere Form der Beteuerung oder Bekräftigung ihrer Pflichten wählen, sofern ihnen ihr Gewissen oder ihre Glaubensüberzeugung jegliche Eidesleistung verbieten würde. Die gegenteilige Auffassung von *Alff*[64] ist eine Einzelmeinung geblieben.

Solange der Gesetzgeber § 64 BBG, § 9 SG nicht analog § 65 StPO geändert hat, ist der h.M. zu folgen. Wer ohne Zwang ein Dienstverhältnis begründet, unterwirft sich den für dieses geltenden Regeln, zu denen (noch) die Leistung eines Diensteides gehört. Ein Verstoß gegen Art. 4 Abs. 1 GG ist insoweit nicht erkennbar.

25 Vereinzelt[65] wird die Auffassung vertreten, die Verpflichtung des längerdienenden Soldaten, einen Eid abzulegen, beschränke die negative Meinungsäußerungsfreiheit i. S. v. **Art. 5 Abs. 1 Satz 1 GG**. Dies kann man bei öff. Vereidigungen durchaus so sehen. § 9 Abs. 1 ist dann ein allg. Gesetz i. S. v. Art. 5 Abs. 2 GG und damit verfassungsrechtl. nicht zu beanstanden. Auf Art. 17a Abs. 1 GG braucht nicht zurückgegriffen zu werden[66].

26 **c) Rechtsnatur des Eides.** Das Ablegen des Eides ist für den Soldaten[67] (und den Beamten[68]) eine **Dienstpflicht**. Dies folgt aus dem eindeutigen Gesetzeswortlaut in § 9 Abs. 1 Satz 1 („... haben ... zu leisten ...") und der systematischen Stellung des § 9 im 2. Unterabschnitt „Pflichten und Rechte der Soldaten".

---

59 DÖV 1975, 434 f. = ZBR 1974, 360.
60 BVerfGE 79, 69.
61 BayVBl. 1988, 400.
62 BVerfGE 33, 23 (31).
63 GKÖD I Yk, § 9 Rn. 3; *Plog/Wiedow/Lemhöfer*, BBG, § 58 Rn. 5.
64 In: *Scherer/Alff*, SG, 7. Aufl., § 9 Rn. 3.
65 *Riehl*, Meinungsäußerung, 103 f.
66 Dies würde wegen des Zitiergebots des Art. 19 Abs. 1 Satz 2 GG auch nur zusätzliche Probleme aufwerfen.
67 Allg. Meinung: *Bornemann*, RuP, 43; GKÖD I Yk, § 9 Rn. 6; *Riehl*, Meinungsäußerung, 103; *Scherer/Alff/Poretschkin*, SG, § 9 Rn. 4.
68 *Plog/Wiedow/Lemhöfer*, BBG, § 58 Rn. 4.

27 Die Erfüllung dieser Dienstpflicht könnte per **Befehl** durchgesetzt werden. Hiervon wird, deutscher mil. Tradition[69] folgend, wegen des ethisch/religiösen Gehalts des Eides, abgesehen. Der Eidesverweigerer muss daher nicht mit disziplinaren[70] oder wehrstrafrechtl. Konsequenzen rechnen. Die aus § 9 Abs. 1 Satz 1 resultierende Dienstpflicht ist eine sog. lex imperfecta.

28 Dieser Bewertung folgend entfaltet der Diensteid auch **keine konstitutive**, also statusbegründende, sondern lediglich eine **deklaratorische**[71] Wirkung. Die soldatischen Pflichten entstehen auch für den Eidesverweigerer. Rechtl. betrachtet geht jede andere Bewertung des Eides fehl. Religiös/ethisch-moralische Überhöhungen des Eides, wie sie in Gesprächen mit Soldaten gelegentlich zum Ausdruck kommen, sind für die mil. und rechtl. Praxis kein Maßstab.

Verstößt ein Soldat (schuldhaft) gegen den von ihm abgelegten Eid, begeht er **kein (isoliertes) Dienstvergehen** i. S. v. § 23 Abs. 1. Zu prüfen ist in diesen Fällen jedoch eine Dienstpflichtverletzung gem. § 7, § 23 Abs. 1.

29 Für die **Reihenfolge** der Ernennung eines Soldaten und dessen Eidesleistung gilt:

Zuerst erfolgt die Aushändigung der Ernennungsurkunde gem. § 41 Abs. 1 Satz 1; danach wird der (ernannte) Soldat vereidigt.[72] Diese Abfolge ergibt sich zwingend aus der Formulierung des § 9 Abs. 1 Satz 1 („Berufssoldaten und Soldaten auf Zeit haben …"). Handelt es sich um eine sog. Wirkungsurkunde, darf der Soldat erst nach dem Wirksamwerden des Statusaktes vereidigt werden. Wird er vorher vereidigt, ist diese Eidesleistung rechtl. unwirksam. Mit dieser Auffassung folgt der Komm. im Übrigen der jahrzehntelangen Verwaltungspraxis im Bereich der Beamten des Bundes und der Länder.

30 **d) Folgen der Eidesverweigerung.** Ein BS[73], der sich weigert, den Eid abzulegen, ist gem. § 46 Abs. 2 Satz 1 Nr. 4 zu **entlassen**; das Gleiche gilt für einen SaZ aufgrund der Verweisungsvorschrift des § 55 Abs. 1.

Mit der Entlassung verliert der Soldat seinen **Dienstgrad** (§ 49 Abs. 2, § 56 Abs. 2). Gem. § 49 Abs. 3, § 56 Abs. 3 hat der entlassene Soldat keinen Anspruch auf Dienstbezüge und **Versorgung** mit Ausnahme der Beschädigtenversorgung.

---

69 Erl. des Preuss. Kriegsministers betr. das Verfahren gegen Rekruten bei Verweigerung der Ableistung des Soldateneides v. 27.12.1866 (zit. nach *Stauf*, NZWehrr 1987, 91): „Die Anwendung von Zwangsmitteln zur Herbeiführung der Eidesleistung erscheint gesetzlich genauso unstatthaft als die etwaige Verhängung von Strafen wegen Eidesverweigerung."
70 Allg. Meinung. A.A. lediglich *Rittau*, SG, 101.
71 So bereits RMG 2, 222; 8, 235; 19, 132; *Anonym*, 4; *Bornemann*, RuP, 43; GKÖD I Yk, § 9 Rn. 1; *Koch*, JA 1988, 292; *Plog/Wiedow/Lemhöfer*, BBG, § 58 Rn. 4 (für Beamte); *Riehl*, Meinungsäußerung, 103; *Scherer/Alff/Poretschkin*, SG, § 9 Rn. 6; TDG Süd, S7 VL 26/95; *Walz*, Eid und feierliches Gelöbnis, 51 m. w. N. in Fn. 4.
72 ZDv 14/5 B 193 Nr. 1.
73 Für Beamte gilt § 32 Abs. 1 Nr. 1 BBG. Auch für sie wird auf ein Disziplinarverfahren verzichtet (*Plog/Wiedow/Lemhöfer*, BBG, § 58 Rn. 4). Ein BMin., der sich nach Aushändigung der Ernennungsurkunde weigert, den nach Art. 64 GG vorgeschriebenen Amtseid abzulegen, kann u. U. ein Organstreitverfahren gem. Art. 93 Abs. 1 Nr. 1 GG auslösen – mehr nicht (vgl. *Dittrich*, BWV 2002, 170).

31 Weigert sich ein früherer SaZ oder BS nach einer **Wiedereinstellung**, erneut den Diensteid zu leisten, ist er ebenfalls zu entlassen. Der Eid bindet nur für die Dauer eines bestehenden Dienstverhältnisses, abgesehen von nachwirkenden Dienstpflichten nicht darüber hinaus[74].

32 Erklärt ein **Bewerber** für den freiwilligen Dienst in der Bw, er werde nach seiner Ernennung den Diensteid nicht ablegen, darf er nicht gem. § 41 ernannt werden.[75]

33 e) **Inhalt der Eidesformel.** An dieser Stelle reicht es aus, auf zwei Probleme näher einzugehen, die in erster Linie im Zusammenhang mit § 9 und weniger mit § 7 diskutiert worden sind bzw. werden. Im Übrigen wird auf die Komm. zu § 7 verwiesen.

34 aa) „**Deutsches Volk**". Von Anfang an bereitete es Schwierigkeiten, den Soldaten zu erklären, weshalb sie sich auch über die Eidesformel verpflichten sollten, der „Bundesrepublik Deutschland" treu zu dienen und das Recht und die Freiheit des „deutschen Volkes" tapfer zu verteidigen. Die Ausführungen des VertA aus dem Jahre 1956[76] zu § 6 (dem späteren § 7) in der von ihm beschlossenen Fassung waren nicht geeignet, diese Probleme zu beheben. Der Wille, den deutschen Soldaten besonders dem Verfassungsgebot der **Wiedervereinigung** zu verpflichten und dem Dienst am gesamten deutschen Volk zu verschreiben[77], war angesichts der polit. Realitäten insbes. nach der sog. Ostannäherung kaum zu vermitteln. Der Versuch in der Lit.[78], diese Verpflichtung des Soldaten bis zu einer Wiedervereinigung auf die **Bewohner der Bundesrepublik Deutschland** (und nicht auch auf die der DDR) zu begrenzen, fand keine einhellige Zustimmung.[79] Nach Abschluss der Ostverträge glaubten denn auch einige Offz, sie müssten jetzt „neu" vereidigt werden, da sie ihren Dienst unter einer anderen „Geschäftsgrundlage" angetreten hätten. Mit der Wiedervereinigung hat sich diese Debatte erledigt.

35 bb) „**Tapfer zu verteidigen**" – out of area? Nach der Wiedervereinigung „erweiterte" sich das Aufgabenspektrum der Bw. Jetzt wird im amtl. Schrifttum[80] ausgeführt, das Recht des deutschen Volkes umfasse „auch das hier geltende Völkerrecht sowie die völkerrechtlichen Verträge, die die Bundesrepublik Deutschland z. B. zum Zwecke kollektiver Sicherheitsmaßnahmen eingegangen ist". Damit soll wohl einer territorial unbegrenzten Reichweite der Grundpflicht des Soldaten und seines Eides das Wort geredet werden. So einfach sind die damit verbundenen Fragestellungen nicht zu beantworten!

---

74 BVerwG DöD 1966, 109 f. (für Beamte); *Plog/Wiedow/Lemhöfer*, BBG, § 58 Rn. 3; ZDv 14/5 B 193 Nr. 1.
75 *Plog/Wiedow/Lemhöfer*, BBG, § 58 Rn. 4 (für Beamte).
76 BT-Drs. II/2140, 4 f.: „Der Ausschuss wünschte klarzustellen, daß der Soldat Befehle und Anweisungen von den Organen der Bundesrepublik entgegenzunehmen und treu zu erfüllen hat, daß er sich dabei aber für das Schicksal des gesamten deutschen Volkes, auch soweit es nicht im Geltungsbereich des Grundgesetzes lebt, verantwortlich weiß. Es mußte klar herausgestellt werden, daß Recht und Freiheit des gesamten deutschen Volkes von dem Soldaten verteidigt werden müssen, daß aber andererseits der Begriff des deutschen Volkes bei der Gehorsamspflicht zu Schwierigkeiten führen kann."
77 *Lücken*, IfdT 1995, 111; *ders.*: Die Deutsche Frage im Selbstverständnis der Bundeswehr – Die Nation, das vergessene Wehrmotiv? Frankfurt 1995.
78 *Berg*, ZPD 1971, 79; *Scherer/Alff*, SG, 7. Aufl., § 7 Rn. 33; *Stauf* I, § 6 SG Rn. 2.
79 *Demandt*, NZWehr 1982, 101; vgl. auch JB 1968 des WBeauftr, BT-Drs. V/3912, 9.
80 Bundesministerium der Verteidigung, 5.

Ausgelöst durch einen Beitrag des *Komm.*[81] wird seit 1992 die Frage kontrovers diskutiert, ob eine „**Neuvereidigung**" der Soldaten vorzunehmen sei, nachdem diese weit außerhalb der Bundesrepublik eingesetzt werden. Unstr. reicht, grammatikalisch interpretiert, die Pflicht des Soldaten, Recht und Freiheit des deutschen Volkes tapfer zu verteidigen, nicht bis Afghanistan. Es hat nicht an Versuchen gefehlt, die §§ 7 und 9 „**dynamisch**" zu interpretieren.[82] Die sog. amtl. Auffassung[83], die vom BMVg vertreten wird, lässt sich so zusammenfassen: Das in der Eidesformel zum Ausdruck kommende Bekenntnis des Soldaten umfasst **jeden Einsatz**, der im Einklang mit dem GG steht. Der oben zit. Passus aus § 9 (und § 7) beschränkt die Einsatzmöglichkeiten des Soldaten der Bw weder auf das Gebiet der Bundesrepublik noch auf das deutsche Volk. Die Formulierung des Gesetzes hat nur den Zweck, die Tapferkeit besonders hervorzuheben; sie ist ein Wesensmerkmal der Treuepflicht und keine selbstständige Verpflichtung des Soldaten.

So eindeutig, wie dies solchen Verlautbarungen zu entnehmen ist, ist die Rechtslage[84] indes nicht. Die Entstehungsgeschichte der §§ 7 und 9 gibt für beide Positionen etwas her; der Wortlaut der Normen spricht gegen die Auffassung des BMVg. Hieran ändert sich auch nichts dadurch, dass das BVerwG in einem Beschl. vom 8.11.1993[85] ausgeführt hat, eine „zusätzliche rechtsgrundsätzliche Klärung" sei durch die seit 1990 veränderte polit. Situation nicht geboten.

f) Einzelfragen. – aa) Eignungsübende. Eignungsübende haben gem. § 87 Abs. 1 Satz 5 für die Dauer der Eignungsübung die Rechtsstellung eines SaZ. Da – im Gegensatz zu Personen, die zu Dienstleistungen gem. § 60 herangezogen werden – im Gesetz nicht ausdrücklich vorgesehen ist, dass sie zu vereidigen sind oder ein feierliches Gelöbnis abzulegen haben, sind sie von beidem **befreit**.[86] Dies ist bemerkenswert, da eine Eignungsübung länger als vier Monate dauern kann (§ 87 Abs. 1 Satz 1 Halbs. 2), der Eignungsübende ansonsten wie ein SaZ behandelt wird (§ 87 Abs. 1 Satz 5) und infolgedessen auch der Grundpflicht des § 7 unterliegt. Eignungsübende sind – abgesehen von Rekruten in den ersten Wochen der Grundausbildung – die einzigen Soldaten der Bw, die in keinerlei Form die Einhaltung ihrer gesetzl. Pflichten (feierlich) bekräftigen müssen. Die Verfahrenspraxis des BMVg ist daher nur schwer mit dem SG in Einklang zu bringen.

Wird der Eignungsübende nach der Eignungsübung zum SaZ oder BS ernannt (§ 87 Abs. 2), ist **nachzuvereidigen**.

36

---

81 *Walz*, NZWehrr 1992, 55.
82 Vgl. die Antwort der ParlSts'in *Geiger* an den Abg. *Kolbow* v. 14.4.1993, BT-Drs. 12/4735, 26 f.; *Bundesministerium der Verteidigung*, 5.
83 Antwort der ParlSts'in *Schulte* an den Abg. *Hohmann* v. 7.11.2001, PlProt. 1/197, 19253; vgl. auch *Lange*, 229; v. *Lepel*, 843; *Walz*, in: Klein/Walz, 56 f. m. w. N..
84 Zu weiteren Einzelheiten kann auf die Komm. zu § 7 verwiesen werden.
85 NJW 1994, 603 f. Vgl. auch (zu § 7) BVerwGE 103, 361 = NZWehrr 1997, 117.
86 ZDv 14/5 B 193 Nr. 3 Abs. 2; *Scherer/Alff/Poretschkin*, SG, § 9 Rn. 2a; *Stauf* I, § 9 SG Rn. 1. Auch Teilnehmer an einer **DVag** i. S. v. § 81 legen weder ein feierliches Gelöbnis noch einen Diensteid ab, da für diese Personen eine dem § 9 entspr. gesetzl. Vorschrift fehlt.

37 bb) Eidesleistung unter Vorbehalt. Leistet der längerdienende Soldat den Eid unter einem insgeheimen Vorbehalt (reservatio mentalis), ist dies rechtl. unbeachtlich (§ 116 Satz 1 BGB). Äußert er diesen Vorbehalt offen, beispielsweise gegenüber einem Vorg., ist die Eidesleistung **nichtig** (§ 116 Satz 2 BGB).[87] Der Soldat ist dann so zu behandeln, als ob er sich geweigert hätte, den Eid überhaupt abzulegen.[88]

38 cc) Widerruf des Eides. Gelegentlich versuchen Soldaten, ihr Dienstverhältnis dadurch aufzulösen, dass sie den früher geleisteten Eid widerrufen oder „aufkündigen". Das SG sieht eine solche Möglichkeit nicht vor; der Widerruf ist daher **rechtl. bedeutungslos.**[89] Der Soldat sollte auf die Entlassungsvorschriften der § 46 Abs. 3 und 6 bzw. § 55 Abs. 3 verwiesen werden. Die Bindungswirkung des Eides ruht, solange sich der Soldat nicht in einem aktiven Dienstverhältnis befindet. Dies folgt daraus, dass § 7 für Res nicht (mehr) gilt. Die Verpflichtungen aus § 7 (und § 9) leben erst wieder auf, wenn der Res erneut zum Wehrdienst einberufen wird.

39 dd) Dokumentation. Über die Vereidigung eines BS oder SaZ ist eine **Niederschrift** aufzunehmen. Diese ist von dem DiszVorg. und dem Soldaten zu unterschreiben und zu den Personalunterlagen zu nehmen.[90] Verweigert der Soldat seine Unterschrift, gilt der Eid als nicht geleistet.

40 2. Feierliches Gelöbnis (Absatz 2). Die obigen Ausführungen zum Eid gelten grds. auch für das feierliche Gelöbnis gem. Abs. 2.

41 a) Dienstpflicht? Das BMVg vertritt seit Jahrzehnten den Standpunkt, das Ablegen des feierlichen Gelöbnisses gehöre zu den **gesetzl. Dienstpflichten** des Soldaten.[91] Weder bei den Beratungen im VertA noch im Plenum des BT sei bezweifelt worden, dass das Gelöbnis zum Pflichtenkatalog des Soldaten zu rechnen sei.

Die Lit.[92] folgt überwiegend dieser Auffassung.

Das OVG Münster[93] leitete die Dienstpflicht zur Ablegung des Gelöbnisses aus dem Wortlaut von § 9, der Stellung dieser Norm im Gesetz, aus ihrem Sinn und Zweck und ihrer Entstehungsgeschichte ab.

Die Gegenmeinung[94] argumentiert ebenfalls mit dem Wortlaut von § 9 Abs. 2. Die Formulierung „bekennen sich ..." sei nicht „imperativisch"; sie könne keine Dienstpflicht begründen.

---

87 BVerwGE 83, 285 = NZWehrr 1987, 120 (Vorbehalt von WPfl bzgl. des Einsatzes von ABC-Waffen); TDG Süd, S7 VL 26/95 (Vorbehalt eines SaZ bzgl. des Einsatzes der Bw außerhalb der NATO).
88 Vgl. o. Rn. 30 ff.
89 Die Ansicht des BVerwG (NZWehrr 1990, 174 = *Buchholz* 448.0 § 37 WPflG Nr. 1), der Widerruf (eines feierlichen Gelöbnisses) verstoße gegen § 7, liegt neben der Sache. Auf die allg. Treuepflicht braucht hier nicht zurückgegriffen zu werden.
90 ZDv 14/5 B 193 Nr. 5 Abs. 2. Für Beamte vgl. *Plog/Wiedow/Lemhöfer*, BBG, § 58 Rn. 7.
91 Vgl. Antwort der BReg auf die Kleine Anfrage der Fraktion BÜNDNIS 90/DIE GRÜNEN v. 6.9.1996, BT-Drs. 13/5497, Nr. 12.
92 *Bornemann*, RuP, 44; GKÖD I Yk, § 9 Rn. 8; *Scherer/Alff/Poretschkin*, SG, § 9 Rn. 9; *Weniger*, SG, § 9 Rn. 8.
93 NJW 1976, 2226.
94 JB 1968 des WBeauftr, BT-Drs. V/3912, 9; *Busch*, NZWehrr 1969, 138; *Stauf*, NZWehrr 1978, 94; *ders.*, NZWehrr 1987, 90 f.; *ders.* I, § 9 SG Rn. 5.

Der h.M. ist zuzustimmen. Die zit. Gesetzespassage lässt auf eine Dienstpflicht schließen. „**Bekennen sich**" meint nichts anderes als „haben sich zu bekennen". Dies ergibt sich auch aus einem Vergleich mit der beamtenrechtl. Regelung, wenn es in § 38 Abs. 3 BeamtStG heißt: „... kann an Stelle des Eides ein Gelöbnis *vorgeschrieben* werden". Dem Gesetzgeber des SG kann nicht unterstellt werden, er habe es der Entscheidung des Soldaten überlassen wollen, ob dieser ein Gelöbnis ablegen wolle oder nicht. Dass der Erlass-/Befehlsgeber diese Dienstpflicht nicht wie die anderen Pflichten des Soldaten konsequent („mit der Härte des Gesetzes") umgesetzt hat[95], lässt einen Rückschluss auf den Rechtscharakter des feierlichen Gelöbnisses nicht zu.[96]

b) Durchsetzung per Befehl? Die Einhaltung der soldatischen Pflichten kann durch Befehl erzwungen werden. Ein solcher Befehl würde dienstl. Zwecken dienen und entspräche § 10 Abs. 4[97]. Deswegen ist auch früher[98] angenommen worden, dem Soldaten könne befohlen werden, das feierliche Gelöbnis abzulegen.

42

Spätestens seit einem Erl. des **GenInspBw** vom 30.4.1968[99] wird die Durchsetzung eines solchen Befehls für unvereinbar mit dem „ethischen und religiösen Gehalt (des feierlichen Gelöbnisses) sowie der unserem freiheitlich-demokratischen Rechtsstaat eigenen Rücksichtnahme auf die Gewissensfreiheit des Staatsbürgers" angesehen. Der sich weigernde Soldat sei lediglich zu belehren, dass er gleichwohl in vollem Umfang den soldatischen Pflichten unterliege. Klarer wäre allerdings gewesen, wenn in diesem Erl. nicht die Erteilung eines solchen Befehls unzulässigerweise mit dessen Durchsetzung vermischt worden wäre. Solange ein Befehl nicht entspr. § 10 Abs. 4 erteilt werden soll/darf, kommt es auf die Frage einer Durchsetzung dieses (nicht erteilten) Befehls gem. § 10 Abs. 5 Satz 2 nicht an.

c) Folgen der Gelöbnisverweigerung. – aa) Keine Entlassung. Das Dienstverhältnis eines Soldaten, der nach Maßgabe des WPflG Wehrdienst leistet, bleibt von der Gelöbnisverweigerung unberührt.[100] Er wird im Regelfall **nicht entlassen**[101], es sei denn, es läge eine über die bloße Gelöbnisverweigerung hinausgehende Dienstpflichtverletzung i. S. v. § 29 Abs. 1 Satz 3 Nr. 5 WPflG vor[102]. Die Begr. für diese Verfahrensweise ist formal darin zu sehen, dass das WPflG im Gegensatz zum SG bei längerdienenden Soldaten keinen besonderen Entlassungstatbestand für Gelöbnisverweigerer enthält.

43

bb) Disziplinare Sanktionen. Heute[103] muss der Gelöbnisverweigerer **nicht** mehr mit disziplinaren (oder wehrstrafrechtl.) Konsequenzen rechnen.[104] Auch diese langjährige Praxis des BMVg wird mit dem „ethischen Gehalt" des feierlichen Gelöbnisses und

44

---

95 Vgl. Rn. 43 ff.
96 So auch OVG Münster NJW 1976, 2228.
97 A.A. *Stauf*, NZWehrr 1978, 94; *ders.* I § 9 SG Rn. 7.
98 *Rittau*, SG, 102. Mehrdeutig *Scherer/Alff/Poretschkin*, SG, § 9 Rn. 9.
99 Fernschreiben BMVg – Fü S I 3 – mbhu 7036. Ob dieser Erl. formal noch heute gültig ist, ist unklar. Fest steht aber, dass grds. nach wie vor danach verfahren wird.
100 ZDv 14/5 B 193 Nr. 4 Abs. 2.
101 So schon *Rittau*, SG, 102.
102 Erl. GenInspBw v. 30.4.1968.
103 Zur früheren Rechtslage vgl. *Rittau*, SG, 102.
104 *Walz*, in: Klein/Walz, 51, m. w. N. in Fn. 5.

damit begründet, dass dieses lediglich die wortgleiche Dienstpflicht des § 7 bekräftige.[105] Vor diesem Hintergrund muss im Hinblick auf Art. 3 Abs. 1 GG die in § 35 Abs. 1 WDO verankerte Selbstständigkeit des zuständigen DiszVorg. zurücktreten.[106]

45 cc) **Beförderungsverbot.** Der Erl. des GenInspBw vom 30.4.1968 bestimmte kurz und bündig: „Solange der Soldat das feierliche Gelöbnis nicht ablegt, ist er von jeglicher Beförderung auszuschließen."

Hiergegen sind schon bald von herausragender Stelle[107] rechtl. Bedenken erhoben worden. Obwohl die Lit. mehrheitlich[108] der Erlasslage gefolgt ist, und diese letztlich durch das OVG Münster[109] bestätigt wurde, änderte sich die Praxis des BMVg im Laufe der Zeit. So wurde etwa 1985[110] und 1995[111] ausgeführt, der Gelöbnisverweigerer werde „regelmäßig" nicht befördert. 1996[112] erfolgte eine weitere Lockerung in Gestalt der Formulierung: „Weigert sich ein Wehrpflichtiger, das feierliche Gelöbnis abzulegen, muß er damit rechnen, nicht befördert zu werden."

Eine solche Verfahrensweise ist rechtl. **nicht zu beanstanden.** Sie lässt eine an § 3[113] orientierte Einzelfallprüfung zu. Wenn sich bei dieser herausstellt, dass sich der Soldat aus nachvollziehbar begründeten ethisch/religiösen Motiven heraus weigert, das feierliche Gelöbnis abzulegen, kann er trotz der Gelöbnisverweigerung für den nächsthöheren Dienstgrad geeignet sein.

Legt der wpfl Soldat das Gelöbnis unter einem Vorbehalt ab, kann dies ebenfalls Anlass sein, ihn nicht zu befördern.[114]

46 dd) **Wehrübungen.** Ein Gelöbnisverweigerer unterliegt weiterhin uneingeschränkt seinen sich aus der Wehrpflicht ergebenden Pflichten. So kann er beispielsweise gem. § 6 WPflG zu Wehrübungen einberufen werden. Ob der dann für ihn zuständige DiszVorg. versucht, ihn zum Ablegen des feierlichen Gelöbnisses zu bewegen, hängt vom Einzelfall und den handelnden Personen ab.

47 ee) **Vorläufige Dienstgrade.** Ist ein ungedienter WPfl mit einem vorläufigen Dienstgrad einberufen worden und weigert er sich, das feierliche Gelöbnis abzulegen, ist analog Rn. 43 ff. zu verfahren. Im Regelfall ist von der Verleihung des endgültigen Dienstgrades, d. h. der Ernennung, abzusehen. Der Soldat behält den vorläufigen Dienstgrad für die Dauer seines Wehrdienstes.

---

105 BMVg – R I 1 – Az 16-02-05/09 v. 16.2.1999.
106 Zugegebenermaßen bedürfte diese Rechtsfrage einer vertiefenden Betrachtung.
107 BPräs *Heinemann* in einem Schreiben v. 11.3.1970 an Pfarrer *Stammler*; JB 1968 des WBeauftr, BT-Drs. V/3912, 9.
108 GKÖD I Yk, § 9 Rn. 11; *Lange*, 362; *Scherer/Alff/Poretschkin*, SG, § 9 Rn. 10; a.A. *Stauf*, NZWehr 1987, 89; *ders.* I, § 9 SG Rn. 8, § 58 SG Rn. 5.
109 NJW 1976, 2226.
110 Schreiben BMVg – VR I 1 – Az 16-02-05 v. 16.12.1985, zit. bei *Bornemann*, RuP, 44.
111 Schreiben BMVg – VR I 1 – Az 16-02-05/176-4 v. 2.3.1995.
112 BT-Drs. 13/5497, Nr. 12.
113 Vgl. auch ZDv 20/7 Nr. 102.
114 BVerwGE 83, 285 = NZWehr 1987, 120 mit Anm. *Koch*, JA 1988, 292; BVerwG DokBer B 1993, 257. Die hiergegen eingelegte VB hat das BVerfG nicht zur Entsch. angenommen (Beschl. v. 23.9.1993, 2 BvR 1861/93). A.A. *Stauf*, NZWehr 1991, 112.

Pflichten des Vorgesetzten § 10

3. Internationaler Vergleich. Aktuelle Erhebungen sind nicht bekannt. Die Zusammenstellung von *Gadow* datiert von 1989, die Abhandlung von *Brammer* von 1994. Nachdem inzwischen in einigen der darin aufgeführten Staaten die allg. Wehrpflicht entweder weggefallen oder ausgesetzt worden ist, ist ein Vergleich mit der Bw nur noch bedingt möglich. Dennoch ist festzustellen, dass in nahezu allen Staaten eine besondere, **feierliche Verpflichtung** der Soldaten auf die Verfassung oder das Staatsoberhaupt stattfindet. Die jew. **Formel** weist allerdings **große Unterschiede** auf. 48

§ 10 Pflichten des Vorgesetzten

(1) Der Vorgesetzte soll in seiner Haltung und Pflichterfüllung ein Beispiel geben.

(2) Er hat die Pflicht zur Dienstaufsicht und ist für die Disziplin seiner Untergebenen verantwortlich.

(3) Er hat für seine Untergebenen zu sorgen.

(4) Er darf Befehle nur zu dienstlichen Zwecken und nur unter Beachtung der Regeln des Völkerrechts, der Gesetze und der Dienstvorschriften erteilen.

(5) ¹Er trägt für seine Befehle die Verantwortung. ²Befehle hat er in der den Umständen angemessenen Weise durchzusetzen.

(6) Offiziere und Unteroffiziere haben innerhalb und außerhalb des Dienstes bei ihren Äußerungen die Zurückhaltung zu wahren, die erforderlich ist, um das Vertrauen als Vorgesetzte zu erhalten.

Übersicht

	Rn		Rn
I. Allgemeines	1	bb) Mit Anspruch auf Gehorsam	55
1. Entstehung der Vorschrift	1	cc) Von einem militärischen Vorgesetzten einem Untergebenen erteilt	56
2. Änderungen der Vorschrift	10	c) Rechtmäßigkeit des Befehls	66
3. Bezüge zum Beamtenrecht bzw. zu sonstigen rechtl. Vorschriften	11	aa) Allgemeines	66
II. Erläuterungen im Einzelnen	13	bb) Dienstlicher Zweck	68
1. Zweck und Reichweite der Vorschrift	13	cc) Beachtung der Regeln des Völkerrechts	79
2. Adressatenkreis	15	dd) Gesetze	83
3. Absatz 1	17	ee) Dienstvorschriften	84
4. Absatz 2	24	d) Rechtsschutz gegen Befehle	85
a) Zweck und Inhalt	24	7. Absatz 5	88
b) Umfang der Dienstaufsichtspflicht	27	a) Satz 1	88
c) Ergänzende Vorschriften	36	b) Satz 2	95
d) Verhältnis zu anderen Pflichten	37	aa) Allgemeines	95
5. Absatz 3	38	bb) Befugnisse	97
a) Systematische Einordnung; Pflichtenkonkurrenzen	38	8. Absatz 6	106
b) Grundsätze	43	a) Zweck der Vorschrift	106
c) Einzelpflichten	44	b) Absatz 6 und Grundgesetz	107
6. Absatz 4	45	c) Adressatenkreis	108
a) Allgemeines	45	d) Pflichtenkonkurrenzen	113
b) Begriff und Rechtsnatur des Befehls	48	e) Äußerungen	114
aa) Anweisung zu einem bestimmten Verhalten	52	f) Zurückhaltung zu wahren	115
		g) Einzelfälle von Verstößen gegen Abs. 6 aus der Rechtsprechung	116

Walz 233

§ 10 Pflichten des Vorgesetzten

Literatur: *Alff, Richard*: Zur politischen Betätigung von Soldaten in der Öffentlichkeit, NZWehrr 1978, 143; *Burmester, Wilhelm*: Das militärische Vorgesetzten-Untergebenen-Verhältnis, NZWehrr 1990, 89; *Busch, Eckart*: Zur Frage der Befehle im außerdienstlichen Bereich, NZWehrr 1969, 56; *Deiseroth, Dieter*: Rechtliche Grenzen von Äußerungen militärischer Vorgesetzter bei dienstlichen Veranstaltungen der Bundeswehr, jurisPR-BVerwG 14/2005 Anm. 1; *ders.*: Rechtliche Grenzen der Gehorsamspflicht von Soldaten, jurisPR-BVerwG 4/2006 Anm. 1; *Doehring, Karl*: Befehlsdurchsetzung und Waffengebrauch, 1968; *Freudenberg, Dirk*: Das Spannungsverhältnis im operativen Einsatzrecht – Auftragstaktik, Rules of Engagement (ROE) und deutsche Strafrechtsordnung, NZWehrr 2007, 89; *Goerlich, Helmut*: Soldatische Pflichten, provokative Meinungsäußerungen und die Vereinigungsfreiheit der Soldaten, Jura 1993, 471; *Graßhof, Malte*: Einschränkungen der „freien Rede" durch das Soldatengesetz, NZWehrr 1995, 177; *Heuer, Knud*: Das Prinzip von Befehl und Gehorsam und der Einsatz von Kernwaffen, NZWehrr 1986, 98; *Huber, Emil*: Die Grenzen der Gehorsamspflicht des Soldaten, 1973; *Huth, Rüdiger*: Der sogenannte „gefährliche Befehl" im geltenden Wehrrecht, NZWehrr 1988, 252; *ders.*: Möglichkeiten eines militärischen Vorgesetzten, die außerdienstliche Freizeitgestaltung seines Untergebenen durch einen Befehl einzuschränken, NZWehrr 1990, 107; *Lehleiter, Gunther*: Der rechtswidrige verbindliche Befehl, 1995; *Lingens, Eric*: Die Überschreitung der Befehlsbefugnis und ihre Auswirkung auf die Vorgesetzteneigenschaft, NZWehrr 1978, 55; *ders.*: Fürsorge- und Dienstaufsichtspflicht in Konkurrenz mit sonstigen Dienstpflichten, NZWehrr 1989, 251; *ders.*: Militärischer Befehl und Gesetzesbefehl, NZWehrr 1992, 58; *ders.*: Befehlsbefugnis und Vorgesetzteneigenschaft, NZWehrr 1993, 19; *ders.*: Verleiten zu pflichtwidrigem Verhalten und Pflicht zur Kameradschaft, BWV 2001, 130; *ders./Marignoni, Hartmut*: Vorgesetzter und Untergebener, Ein Grundriss zum Befehlsrecht, 3. Aufl. 1987; *Oetting, Dirk*: Auftragstaktik, Geschichte und Gegenwart einer Führungskonzeption, 1993; *Paulus, Andreas L.*: Die Parlamentszustimmung nach dem Parlamentsbeteiligungsgesetz, in: Weingärtner, Dieter (Hrsg.): Einsatz der Bundeswehr im Ausland, 2007, 81; *Peterson, Detlef P.*: Der sogenannte „gefährliche Befehl" im geltenden Recht – Eine Erwiderung auf den Beitrag von Rüdiger Huth, NZWehrr 1989, 239; *ders.*: § 10 Abs. 6 SG – Die Pflicht zur Zurückhaltung bei Äußerungen, NZWehrr 1991, 12; *Poretschkin, Alexander*: Ist militärisches Befehlsrecht noch verfassungsgemäß?, NZWehrr 2007, 138; *Schmidt, Eberhard*: Befehlsdurchsetzung und Waffengebrauch, NZWehrr 1968, 161; *Schmidt-De Caluwe, Reimund*: Die verfassungsrechtliche Grenze der Meinungsäußerungsfreiheit der Soldaten – Art. 5 II oder Art. 17a I GG? NZWehrr 1992, 235; *Schreiber, Jürgen*: Unverbindliche Befehle – Versuch einer Systematik, NZWehrr 1965, 1; *ders.*: Treudienstpflicht, Vorgesetztenpflicht, NZWehrr 1991, 105; *Schwandt, Eberhard Ulrich*: Die unantastbare Würde des Menschen im Dienst- und Disziplinarrecht der Soldaten, in: Fs für Walther Fürst, 2002, 289; *Schwartz, Sebastian*: Handeln aufgrund eines militärischen Befehls und einer beamtenrechtlichen Weisung, 2007; *Seifert, Herbert*: Politische Betätigung von Soldaten im Dienst oder innerhalb militärischer Anlagen, NZWehrr 1988, 234; *Sohm, Stefan*: Rechtsfragen der Nothilfe bei friedensunterstützenden Einsätzen der Bundeswehr, NZWehrr 1996, 89; *ders.*: Vom Primat der Politik zum Primat des Gewissens?, NZWehrr 2006, 1; *Vitt, Elmar*: Rechtsprobleme des sogenannten „gefährlichen Befehls", NZWehrr 1994, 45; *Walz, Dieter*: Das Verhältnis von Innerer Führung und Recht, NZWehrr 1984, 133; *ders.*: Rechtsfragen des Erlasses „Erzieherische Maßnahmen", NZWehrr 1985, 177; *Widmaier, Ulrich*: Zum Grundrecht des Soldaten auf freie Meinungsäußerung aus disziplinarrechtlicher Sicht ..., in: Fs für Walther Fürst, 2002, 407; *Wilhelm, Alexander*: Das Mitverschulden von Vorgesetzten im Disziplinarrecht, ZBR 2009, 158.

Weitere Literaturhinweise bei § 11.

I. Allgemeines

1. Entstehung der Vorschrift.
§ 8 des **REntw**.[1] sah unter der Überschrift „Pflichten des Vorgesetzten" folgende Vorschrift vor:

(1) Der Vorgesetzte soll in seiner Haltung und Pflichterfüllung ein Beispiel geben.

(2) Er hat die Pflicht zur Dienstaufsicht und ist für die Disziplin seiner Untergebenen verantwortlich. Befehle hat er durchzusetzen.

(3) Er hat für seine Untergebenen zu sorgen.

(4) Befehle darf er zu dienstlichen Zwecken und nur unter Beachtung der Gesetze, der Regeln des Völkerrechts und der Dienstvorschriften erteilen. Er trägt für seine Befehle die Verantwortung.

Aus der amtl. **Begr.**[2] sind – da für die heutige Interpretation weiterhin von Bedeutung – folgende Passagen erwähnenswert:

Abs. 1 begründe keine neuen Pflichten; aus ihm ließen sich jedoch „schärfere Maßstäbe" bei der Ahndung von Pflichtverletzungen ableiten. Die Dienstaufsichtspflicht (Abs. 2) habe auch den „Charakter der Fürsorge". Als Mittel des Vorg., seine Befehle durchzusetzen werden genannt die persönliche Überwachung der Befehlsausführung, die Meldung der Ausführung, das Disziplinar- und Strafrecht und letztlich, „im Falle der äußersten Not" (in „kritischen Lagen im Kampf") ein „Notstandsrecht", den Gehorsam mit der Waffe zu erzwingen. Die Fürsorgepflicht (Abs. 3) sei in besonderem Maße geeignet, die Gemeinschaft zusammenwachsen zu lassen. Abs. 4 solle dem Missbrauch der Befehlsbefugnis vorbeugen.

In seiner Stellungnahme forderte der **BR**[3], in Abs. 1 die Wörter „ein Beispiel geben" zu ersetzen durch die Wörter „Vorbild sein". Zu Abs. 2 Satz 2 solle sichergestellt werden, dass der Grds. der Verhältnismäßigkeit der Mittel gewahrt werde.

Die **BReg** widersprach in ihrer Gegenäußerung[4] beiden Vorschlägen. Das Wort „Beispiel" in Abs. 1 lasse mehr Raum für die „Objektivität soldatischer Tugenden", während das Wort „Vorbild" irrige subjektive Vorstellungen in Richtung einer „Heroisierung" ermögliche.

In der **1. Lesung** des REntw. im BT am 12.10.1955 löste § 8 des Entw. keine Debatte aus. Der Abg. *Merten* (SPD) meinte lediglich, u. a. § 8 sei dahingehend zu prüfen, ob er so umformuliert werden könne, dass er als „Richtlinie für die Ausbildung" genutzt werden könne.[5]

Der **Rechtsausschuss des BT** widmete der Vorschrift in seiner Sitzung vom 18.11.1955[6] mehr Raum. Nach kontroverser Aussprache zu der Forderung des BR bzgl. Abs. 2 Satz 2 schlug der Vertreter des BMVg, *Dr. Barth*, folgende Fassung vor: „Befehle hat er in der durch die Umstände gebotenen Weise durchzusetzen." Diesem Vorschlag

---

1 BT-Drs. II/1700, 4.
2 BT-Drs. II/1700, 19.
3 BT-Drs. II/1700, 38.
4 BT-Drs. II/1700, 43.
5 Sten. Ber. 5786 (B).
6 Prot. Nr. 86, 23 ff.

stimmte der Rechtsausschuss mit großer Mehrheit zu.[7] In Abs. 4 stellte der Rechtsausschuss die Reihenfolge der dort aufgeführten Rechtsquellen um.[8]

7 In seiner Sitzung vom 28.11.1955 verschob der **Ausschuss für Beamtenrecht des BT** Abs. 2 Satz 2 des REntw. nach Abs. 4.[9] Außerdem schloss sich der Ausschuss einem nachgereichten Vorschlag des Rechtsausschusses[10] an, einen neuen Abs. 5 anzufügen, der im Wesentlichen dem späteren Abs. 6 entsprach.

8 Materiellrechtl. Änd. an diesen Vorschlägen nahm der **VertA**[11] nicht mehr vor. Zu Abs. 1 bis 4 wiederholte er überwiegend wörtlich die Begr. der Regierungsvorlage. Abs. 4 Satz 2 in der vom Rechtsausschuss geä. Fassung beschloss der VertA wegen der „Wichtigkeit dieser Vorschrift" als neuen Abs. 5. Der vom Rechtsausschuss vorgeschlagene Abs. 5 wurde mit einer geringfügigen Umformulierung der neue Abs. 6. Hierzu stellte der VertA fest, dass der Vorg. den „Forderungen der Toleranz und der Gerechtigkeit" entsprechen müsse. Von einem Vorg. müsse erwartet werden, dass er auch andere Meinungen gelten lasse. Im Übrigen betonte der VertA die **inhaltl. Nähe des Abs. 6 zu den §§ 15 und 10.**[12]

9 Das Plenum beschloss die vom VertA vorgelegte Fassung als § 10 in **2. und 3. Lesung** ohne weitere Änd.

10 **2. Änderungen der Vorschrift.** § 10 gilt seit der Erstfassung des SG **unverändert.** Änderungsvorschläge sind nicht bekannt geworden.

11 **3. Bezüge zum Beamtenrecht bzw. zu sonstigen rechtl. Vorschriften.** Eine mit § 10 vergleichbare Vorschrift kennt weder das Recht der Landesbeamten noch das Recht der Bundesbeamten. § 3 Abs. 2 bis 4 BBG bestimmt lediglich, wer Dienstvorg. bzw. Vorg. eines Beamten ist. **Besondere Pflichten** dieser Vorg. gegenüber den ihnen unterstellten Beamten hat der Gesetzgeber **nicht formuliert.**[13] Die soldatenrechtl. Sonderregelung lässt sich mit dem spezifischen mil. Prinzip von Befehl und Gehorsam, der gesetzl. normierten Pflicht zur Kameradschaft (§ 12) und der – zumindest grds. – engen räumlichen Nähe von Vorg. und Untergebenen in umschlossenen mil. Anlagen und Einrichtungen und – erst Recht – im Einsatz erklären.

12 Für **ZDL** enthält § 30a ZDG in Satz 1 die Sorgepflicht des Vorg., in Satz 2 die Pflicht zur Dienstaufsicht und in Satz 3 die mit § 10 Abs. 4 vergleichbaren Grenzen der Anordnungsbefugnis des Vorg.[14]

---

7 Prot. Nr. 86, 25a.
8 Drs. 18 des Ausschusses für Beamtenrecht, 1.
9 Prot. Nr. 37, 7.
10 Prot. Nr. 38 des Ausschusses für Beamtenrecht v. 5.12.1955, 4; Drs. 19 des Ausschusses für Beamtenrecht, 2.
11 Vgl. BT-Drs. II/2140.
12 BT-Drs. II/2140, 6.
13 Eine – beschränkte – Ausnahme hiervon enthält § 68 Abs. 2 Satz 2 BBG. Danach hat der Dienstvorg. einem Beamten „Schutz zu gewähren", wenn eine Aussagegenehmigung versagt worden ist.
14 § 30a ZDG wurde durch Art. 1 Nr. 26 des G v. 25.6.1973 (BGBl. I S. 669) in das ZDG eingefügt. Die amtl. Begr. für diese Änd. (BT-Drs. 7/177, 1, 13) beschränkt sich auf den Hinw., der „Eigenständigkeit des zivilen Ersatzdienstes gegenüber dem Wehrdienst" sei „verstärkt Rechnung zu tragen". Die neue Vorschrift (des § 30a) übernehme „im Wesentlichen die Regelung des § 10 Abs. 2, 3 und 4 des Soldatengesetzes."

II. Erläuterungen im Einzelnen

1. Zweck und Reichweite der Vorschrift. Die amtl. **Überschrift** „Pflichten des Vorgesetzten" **führt** z.T. **in die Irre:**[15] 13
- Abs. **1** begründet **keine spezielle Dienstpflicht** des Vorg.[16]
- Abs. **2 und 3** formulieren zwar besondere Dienstpflichten des Vorg., enthalten indes **keine abschließende Aufzählung** aller Vorgesetztenpflichten.
- Abs. **4 und 5** sind wesentliche Teile des Befehlsrechts und gehören strukturell **zu § 11.**
- Abs. **6** ist im Kontext mit **§ 15** Abs. **4** zu sehen. Während Abs. 6 unter der insoweit unzutr. Normüberschrift nur Offz und Uffz anspricht, ohne eindeutig auf deren Funktion als Vorg. abzustellen[17], richtet sich § 15 Abs. 4 – unabhängig von der Zugehörigkeit zu einer Laufbahngruppe – an alle Vorg. Beide Best. sind zusammenzufügen.[18]
- **Weitere Pflichten** des Vorg. finden sich z.B. in § 14 Abs. 2 Satz 2, § 17 Abs. 3 i.V.m. § 23 Abs. 2 Nr. 2, § 32 Abs. 1 Satz 2 und § 33 Abs. 1 Satz 2.
- Umfassender und konkreter als § 10 und die anderen o.g. Best. des SG definieren die **§§ 30 ff.** WStG die ebenfalls so bezeichneten „**Pflichten der Vorgesetzten**" und die daran geknüpften wehrstrafrechtl. Konsequenzen. Es wäre lohnenswert, die in diesen Best. enthaltenen weiteren Pflichten der Vorg. in den Pflichtenkatalog des SG aufzunehmen, soweit sie dort noch nicht unmittelbar enthalten sind. Die Auffassung, alle mil. Straftaten seien zugleich Dienstvergehen[19], trifft nur dann und insoweit zu, als diejenigen Wehrstraftaten, die im SG nicht spiegelbildlich zu finden sind, notfalls über die Generalklausel des § 7 disziplinar verfolgt werden können und Vorg. im Soldatenstatus betroffen sind.

Die Bedeutung der Vorschrift ist damit im Wesentlichen auf die in den Abs. 2 bis 6 14
enthaltenden Einzelpflichten **beschränkt**. Diese wiederum haben in der mil. und forensischen Praxis ein sehr **unterschiedliches Gewicht**.[20]

2. Adressatenkreis. „Vorgesetzter" i.S.d. § 10 ist (nur) der **(mil.) Vorg.** i.S.d. § 1 15
Abs. 3 und der VorgV.[21] Andere Vorg. von Soldaten[22], z.B. Beamte der Bundeswehrverwaltung oder der Rechtspflege der Bw, unterliegen keinen Pflichten aus dem SG, mithin auch nicht dem Pflichtenkatalog des § 10. Für sie sind z.B. die allg. Pflichten des Bundesbeamten gem. §§ 60 ff. BBG maßgeblich.

Die §§ 30 bis 41 WStG gelten auch für Straftaten, die durch **mil. Vorg.** begangen wer- 16
den, die **nicht Soldaten** sind (§ 1 Abs. 2 WStG). Dies sind zzt. der **Min.** und **sein Stell-**

---

15 Vgl. *Peterson*, NZWehrr 1991, 12 (13).
16 Vgl. u. Rn. 18.
17 Vgl. u. Rn. 109 ff.
18 Von der Logik her sind beide Best. zumindest gegeneinander zu tauschen.
19 *Lingens*, NZWehrr 1989, 252.
20 Dabei kommt es nicht auf die Anzahl der jew. gerichtl. Entsch. an. In IURIS waren Ende 2009 242 Entsch. zu Abs. 1, 27 zu Abs. 2, 224 zu Abs. 3, 62 zu Abs. 4, 71 zu Abs. 5 u. 46 zu Abs. 6 gespeichert. Gemessen an der realen Bedeutung des Abs. 1 ist die Zahl 242 zu Abs. 1 als überproportional zu bewerten.
21 GKÖD I Yk, § 10 Rn. 1; *Stauf* I, § 10 SG Rn. 1.
22 Vgl. im Einzelnen die Komm. zu § 1 Abs. 3.

vertreter sowie, nach der Verkündung des V-Falles (Art. 115b GG) der **BK**.[23] Andere Zivilpersonen sind keine mil. Vorg., da die VorgV von einer solchen Regelung bisher Abstand genommen hat.[24]

Soweit der Min., sein Stellvertreter und der BK dem WStG unterworfen sind, bedeutet dies nicht, dass ein Verstoß gegen § 10 für sie (auch) ein soldatenrechtl. Dienstvergehen wäre.[25] Einer disziplinaren Maßregelung steht bereits § 23 Abs. 1 SG entgegen; ein Dienstvergehen i. S. d. SG setzt stets voraus, dass der Täter Soldat ist oder gewesen ist. Eine mit § 1 Abs. 2 WStG vergleichbare Best. enthält das SG nicht; Politiker können nicht disziplinar i. S. d. WDO verfolgt werden.[26]

17 3. **Absatz 1.** Vorg. sollen in ihrer Haltung und Pflichterfüllung ein **Beispiel** geben. Mit dieser Formulierung hat sich der Gesetzgeber bewusst gegen den vermeintlich nur terminologischen Verbesserungsvorschlag des BR entschieden, der die Worte „ein Beispiel geben" durch die Worte „Vorbild sein" ersetzen wollte. Vorg. sollten nicht in ihrer Person als **Vorbild** hingestellt werden. Ziel war es, die Objektivität soldatischer Tugenden hervorzuheben, um irrige subjektive Vorstellungen in Richtung einer Heroisierung von Vorg. zu vermeiden.[27]

18 Abs. 1 konstituiert trotz der Überschrift des § 10 **keine eigenständige Pflicht**.[28] Der Gesetzgeber wollte lediglich klarstellen, dass er von Vorg. die Erfüllung ihrer soldatischen Pflichten in gesteigertem Maße erwartet, woraus schärfere Maßstäbe bei der Bewertung und Ahndung von Pflichtverletzungen abzuleiten sind.[29] Die Norm ergänzt somit § 38 WDO und § 58 Abs. 7 WDO.

19 Für die verschärfte Haftung der Vorg. ist es nicht erforderlich, dass die zu ahndende Pflichtverletzung in einer konkreten Vorg.-Untergebenensituation begangen wird.[30] Da schon der Dienstgrad Uffz innerhalb umschlossener mil. Anlagen Befehlsbefugnis gegenüber Mannschaften verleiht (§ 4 Abs. 3 VorgV) und Vorg. gem. Abs. 2 für die Einhaltung der Disziplin dieser Mannschaften verantwortlich sind, unterliegen **alle Uffz und Offz**[31] der verschärften Haftung des Abs. 1, Mannschaften regelmäßig nur, soweit sie in der konkreten Situation Befehlsbefugnis haben.[32]

---

23 Vgl. die Komm. zu § 1 Rn. 57.
24 *Schölz/Lingens*, WStG, § 1 Rn. 24 ff.
25 Dies übersieht *Lingens*, NZWehrr 1989, 252, wenn er meint, jeder Verstoß gegen die §§ 30 ff. WStG stelle zugleich disziplinarrechtl. eine Verletzung der Fürsorgepflicht dar.
26 BVerwGE 113, 158 = NZWehrr 1998, 26 hatte angenommen, der Min. habe „als höchster militärischer Vorgesetzter" des Soldaten u. nicht als Mitglied der BReg gehandelt; die vom Soldaten behaupteten Fürsorgepflichtverletzungen seien solche gem. § 10 Abs. 3 u. nicht solche gem. § 31. Die – materiellrechtl. – Voraussetzungen einer Pflichtverletzung hätten jedoch nicht vorgelegen. Es wäre interessant gewesen, welche disziplinare Maßregelung das BVerwG vorgenommen hätte, wäre es zu einem anderen Ergebnis gekommen.
27 Vgl. o. Rn. 3 u. 4.
28 So auch *Dau*, WDO, § 38 Rn. 2; GKÖD I YK, § 10 Rn. 5; *Scherer/Alff/Poretschkin*, SG, § 10 Rn. 2; *Weniger*, SG, § 10 Rn. 4.
29 Vgl. die Begr. zu § 8 Abs. 1 des REntw. sowie den Ber. des VertA (BT-Drs. II/2140).
30 Vgl. BVerwG 2 WD 16/08; *Dau*, WDO, § 38 Rn. 3; GKÖD I Yk, § 10 Rn. 6.
31 Vgl. *Dau*, WDO, § 38 Rn. 3; *Scherer/Alff/Poretschkin*, SG, § 10 Rn. 2.
32 Jedoch unabhängig davon wie Offz u. Uffz, wenn sie ausnahmsweise – z. B. als Gruppenführer in der Grundausbildung – Befehlsbefugnis nach § 1 VorgV haben (so auch *Scherer/ Alff/Poretschkin*, SG, § 10 Rn. 3).

Je höher Dienstgrad und Dienststellung eines Vorg. sind, desto mehr Ansehen und **20** Vertrauen werden benötigt. Je höher Vorg. also in den Dienstgradgruppen steigen, desto größere Anforderungen sind an ihre **Zuverlässigkeit**, ihr **Pflichtgefühl** und ihr **Verantwortungsbewusstsein** zu stellen, und umso schwerer wiegen folglich Pflichtverletzungen.[33] Die Wahrnehmung einer besonderen Dienststellung wie z. B. Kompaniefeldwebel oder die Zugehörigkeit zu den Feldjägern, also einer Truppe, die mil. Ordnungsaufgaben wahrzunehmen hat, wirken nur dann verschärfend, wenn ein konkreter Zusammenhang zwischen der Pflichtverletzung und der Dienststellung gegeben ist.[34]

Die Anwendung des Abs. 1 ist mangels einer dem § 46 StGB entspr. Norm auch bei **21** der Verletzung von Pflichten, die eine Vorgesetztenstellung als Tatbestandsmerkmal (§ 10 Abs. 2 bis 6, § 15 Abs. 4, § 17 Abs. 3, § 23 Abs. 2 Nr. 2) voraussetzen, nicht ausgeschlossen. Da eine verschärfte Haftung einen Vergleich mit einer Person voraussetzt, die nicht verschärft haftet, scheidet eine Anwendung des § 1 Abs. 1 VorgV im Verhältnis zu Personen, die keine Vorg. sind, bereits faktisch aus. Solche Personen können die gleiche Vorgesetztenpflicht nicht verletzen. Insoweit bedarf es keiner Herleitung eines Verbotes der **Doppelverwertung**.[35] Wenn und soweit nicht schematisch aufgrund der Stellung als Vorg. an sich eine verschärfte Haftung angenommen wird, sondern Dienstgrad und Dienststellung bzw. die Funktion des Vorg. betrachtet werden, wird lediglich die nach Abs. 1 gebotene Differenzierung bewirkt. Eine Doppelverwertung der Vorgesetzteneigenschaft stellt dies nicht dar. Vorg. mit höherem Dienstgrad sind auch bei der Verletzung von Vorgesetztenpflichten an höheren Maßstäben zu messen. Für die materiell gebotene Binnendifferenzierung auf allg. Normen wie § 7 oder § 38 WDO ausweichen zu müssen, widerspräche dem Sinn und Zweck des Abs. 1, Vorg. bei der Erfüllung aller Dienstpflichten zur Beispielhaftigkeit zu mahnen.

Ferner ist es möglich und geboten, bei der Bewertung eines Pflichtverstoßes dienst- **22** gradgleicher Vorg. auf deren unterschiedliche Funktion/Dienststellung abzustellen[36] (z. B. Verstoß gegen § 15 Abs. 4 durch zwei Hauptleute, von denen nur einer als KpChef die Stellung eines unmittelbaren Vorg. gem. § 1 VorgV hat und zugleich DiszVorg. ist). Auch dies spricht gegen die Annahme eines Doppelverwertungsverbotes.

Vorg., die ihren Dienst aufgrund der **WPfl** leisten, sind grds. nach den gleichen Maß- **23** stäben wie SaZ und BS zu behandeln.[37] Nichts anderes kann bei **Dienstleistungen** gem. §§ 59 ff. oder bei einer Eignungsübung nach § 87 oder einer DVag nach § 81 gelten, da selbst die Verleihung vorläufiger Dienstgrade der Mitwirkung der Betroffenen bedarf und sie sich somit nicht darauf berufen können, gegen ihren Willen verschärften Anforderungen gerecht werden zu müssen.

---

33 BVerwG NZWehrr 2004, 83; BVerwGE 93, 196 jew. m. w. N.
34 Vgl. auch GKÖD I Yk, § 10 Rn. 8; *Scherer/Alff/Poretschkin*, SG, § 10 Rn. 4; BVerwGE 43, 282.
35 So jedoch *Dau*, WDO, § 38 Rn. 4; *Scherer/Alff/Poretschkin*, SG, § 10 Rn. 5, verweisen auf Dau (a.a.O.).
36 Vgl. *Dau*, WDO, § 38 Rn. 5; *Scherer/Alff/Poretschkin*, SG, § 10 Rn. 4.
37 So auch *Scherer/Alff/Poretschkin*, SG, § 10 Rn. 6; *Weniger*, SG, § 10 Rn. 5; a.A. *Dau*, WDO, § 38 Rn. 5; GKÖD I Yk, § 10 Rn. 7.

24 **4. Absatz 2. – a) Zweck und Inhalt.** Abs. 2 verpflichtet die Vorg. zur **Dienstaufsicht**. Die **Verantwortung für die Disziplin ihrer Untergebenen** ist selbstverständliche Folge der Aufgabe und Dienststellung als Vorg. und der damit verbundenen Dienstaufsichtspflicht.[38] Verantwortung für die Disziplin Untergebener bedingt die Pflicht, zunächst **Selbstdisziplin** zu üben, da der für die Disziplin besonders wichtige Gehorsam das Vertrauen der Untergebenen voraussetzt.[39] Durch den Gesetzgeber besonders hervorgehobenes Instrument zur Disziplinwahrung ist die Pflicht zur Durchsetzung von Befehlen gem. Abs. 5 Satz 2.[40] Die den Vorg. zur Erfüllung ihrer Pflichten aus Abs. 2 und Abs. 5 Satz 2 zu Verfügung stehenden Mittel sind daher weitgehend identisch.

25 Da Funktionsfähigkeit und innerer Zustand der SK vor allem davon abhängen, wie Vorg. ihre Dienstaufsicht wahrnehmen, handelt es sich um ein vom Gesetzgeber geregeltes und eingefordertes **Führungsmittel**, dem im mil. Bereich grds. Bedeutung zukommt.

26 Dienstaufsicht hat nicht nur eine **Beobachtungs- und Überprüfungsfunktion**, sondern auch eine **Erziehungs- und Eingriffsfunktion**.[41] Neben der Wahrung der Disziplin ihrer Untergebenen durch Beobachten und Kontrolle sowie dem Anhalten zur Erfüllung ihrer Dienstpflichten bzw. zur Verhinderung von Pflichtverletzungen dient die Dienstaufsicht dazu, **Untergebene vor Nachteilen zu bewahren**, insbes. drohende Gefahren eines materiellen oder immateriellen Schadens von ihnen abzuwenden. Insoweit berühren sich die Dienstaufsichtspflicht und die **Fürsorgepflicht** der Vorg. gem. Abs. 3.[42]

27 **b) Umfang der Dienstaufsichtspflicht.** Der Umfang der Dienstaufsichtspflicht wird in erster Linie durch die **Dienststellung** der Vorg. bestimmt und setzt ein Vorg.–Untergebenenverhältnis voraus.[43]

Die Pflicht zur Ausübung der Dienstaufsicht obliegt den Vorg. allerdings gegenüber dem Dienstherrn und nicht gegenüber den Untergebenen. Soldaten haben daher **keinen subjektiven Anspruch auf Ausübung der Dienstaufsicht** zu ihren Gunsten.[44]

28 Mangelnde Dienstaufsicht kann jedoch gegen die Fürsorgepflicht der Vorg. nach Abs. 3 verstoßen und als Mitursache der dienstl. Verfehlung eines Untergebenen bei der **Bemessung der Disziplinarmaßnahme** dann mildernd berücksichtigt werden, wenn Kontrollmaßnahmen durch Vorg. aufgrund besonderer Umstände unerlässlich waren und pflichtwidrig unterlassen wurden. In einem solchen Fall kann dem Soldaten eine **Minderung der Eigenverantwortung** zugebilligt werden.[45]

---

38 Auch nach GKÖD I Yk § 10 Rn. 13; *Scherer/Alff/Poretschkin*, SG, § 10 Rn. 7, gehören die Begriffe Dienstaufsicht u. Verantwortung für die Disziplin untrennbar zusammen.
39 Vgl. BVerwGE 113, 279 = NZWehr 1999, 78.
40 Vgl. die amtl. Begr., BT-Drs. II/1700, 19.
41 BVerwG NJW 2001, 2343.
42 So schon die amtl. Begr., BT-Drs. II/1700, 19.
43 So auch GKÖD I Yk, § 10 Rn. 14; *Scherer/Alff/Poretschkin*, SG, § 10 Rn. 9.
44 St. Rspr.; vgl. BVerwG NZWehr 1991, 211 unter Hinw. auf BVerwG 1 WB 2/87; so auch GKÖD I Yk, § 10 Rn. 15; *Scherer/Alff/Poretschkin*, SG, § 10 Rn. 14; *Stauf* I, § 10 SG Rn. 6.
45 Vgl. hierzu *Dau*, WDO, § 38 Rn. 32; GKÖD I Yk, § 10 Rn. 15; BVerwG NZWehr 2005, 79 m.w.N.; BVerwG NVwZ-RR 2003, 574; zu allg. *Scherer/Alff/Poretschkin*, SG, § 10 Rn. 14; *Weniger*, SG, § 10 Rn. 10.

Dienstaufsicht umfasst die Pflicht, Untergebene zur treuen Erfüllung ihrer Pflichten anzuhalten und sie vor dem Begehen von Pflichtverletzungen sowie der Gefahr disziplinarer Maßregelung zu bewahren.[46] Es kann z. B. geboten sein, eine Untersuchung der weiteren Dienst- und Verwendungsfähigkeit zu veranlassen, wenn hinreichende Anzeichen für erhebliche persönliche und psychische Probleme vorliegen.[47] **29**

Vorg. haben nicht nur die Pflicht, sich über das Verhalten ihrer Untergebenen zu unterrichten, sondern sie müssen auch die erforderlichen Konsequenzen und die notwendigen Entscheidungen und Maßnahmen treffen. Die Entscheidung, wie und wann sie tätig werden, liegt zwar in ihrem pflichtgemäßen Ermessen und richtet sich nach den Umständen des Einzelfalles. Bleiben Vorg. jedoch untätig, obwohl sie an sich handeln oder einschreiten müssten, verletzen sie ihre Dienstaufsichtspflicht, wenn und soweit diese eine zielgerichtete Reaktion verlangt, um eigenes oder fremdes Fehlverhalten zu Lasten eines Untergebenen zu unterlassen oder zu unterbinden. Dies gilt insb. für Vorg. gem. § 1 VorgV, die für das mil. relevante Verhalten ihrer Untergebenen im und außer Dienst Verantwortung tragen und dem Dienstherrn für die Aufrechterhaltung der Disziplin ihrer Untergebenen zu garantieren haben.[48] Die Pflicht zur Dienstaufsicht endet daher ebensowenig wie die Pflicht zur Fürsorge mit dem Dienstschluss oder an den Toren dienstl. Unterkünfte und Anlagen.[46] **30**

Gegen das Ansehen der Bw schädigende Maßnahmen und Handlungen Untergebener ist mit geeigneten Mitteln einzuschreiten. Dies kann ein Verbot der Dienstausübung gem. § 22 gebieten oder rechtfertigen, wenn z. B. anderenfalls die Gefahr eines Vorwurfs in der Öffentlichkeit bestünde, es werde nationalsozialistischen Umtrieben junger Offz nicht entschieden entgegengetreten. Das daraus resultierende Gebot sofortigen Handelns macht keine zeitaufwändige und erschöpfende Aufklärung erforderlich.[49] **31**

Ein Vorg. kann nicht durch **aktive Verletzung eigener Dienstpflichten** zugleich der Pflicht zur Dienstaufsicht gegenüber ihm unterstellten Soldaten zuwiderhandeln.[50] Vorg., die ein entwürdigendes Aufnahmeritual leiten, verstoßen nicht dadurch gegen ihre Dienstaufsichtspflicht, dass sie selbst aktiv das tun, was sie bei Untergebenen unterbinden müssten.[51] DiszVorg., die ein entwürdigendes Aufnahmeritual nicht untersagen, sondern dulden, verstoßen als Vorg. gem. § 1 VorgV allerdings auch dann gegen ihre Aufsichtspflicht, wenn sie die Leitung dem Kompaniefeldwebel übertragen.[52] **32**

Ein Verstoß gegen Abs. 2 liegt auch vor, wenn unterstellte Soldaten in Abwesenheit des aufsichtspflichtigen Vorg. pflichtwidrig handeln und deren Fehlverhalten – z. B. die Anwendung entwürdigender Bestrafungsrituale – durch den Vorg. institutionalisiert wurde. Insoweit müssen Vorg. auch die **Ausweitung eigenen Fehlverhaltens verantworten**.[53] **33**

---

46 BVerwGE 83, 285 = NZWehr 1987, 120.
47 BVerwG NZWehr 2005, 79.
48 BVerwG NJW 2001, 2343.
49 BVerwGE 63, 250.
50 BVerwGE 113, 63.
51 BVerwG NJW 2001, 162 m.w.N.; a.A. *Stauf* I, § 10 SG Rn. 8 unter Hinw. auf *Lingens*, NZWehr 1989, 251.
52 BVerwG NJW 2001, 162.
53 BVerwGE 86, 362 = NZWehr 1991, 77.

34 In **gefahrenträchtigen Bereichen** reicht ein Dienst nach Vorschrift nicht aus. Gefordert ist vielmehr ein mitdenkender Gehorsam im Vollziehen von und Handeln nach Vorschriften. Es reicht nicht aus, sich auf die Mitarbeit von Kameraden zu verlassen und auf deren korrektes Verhalten zu vertrauen.[54]

35 Die Duldung befehlswidrigen Alkoholgenusses durch einen unterstellten Uffz ist ein Verstoß gegen die Dienstaufsichtspflicht.[55] Auch ein Vorg., dem gemeldet wird, dass in seinem Zuständigkeitsbereich ein Ausbildungsprogramm unter Einschluss der Zubereitung und des Verzehrs von Regenwürmern vorgesehen sei, und der nicht einschreitet, verstößt ebenso gegen Abs. 2[56] wie ein Vorg., der es zulässt, dass ein ihm unterstellter Soldat einen Untergebenen rechtswidrig vorläufig festnimmt.[57]

36 **c) Ergänzende Vorschriften.** Die Dienstaufsichtspflicht gem. Abs. 2 wird bestätigt und ergänzt durch
- § 8 Abs. 2 WBO, der klarstellt, dass Vorg. im Rahmen ihrer Dienstaufsicht Mängel auch bei Rücknahme einer Wehrbeschwerde abstellen müssen,
- § 12 Abs. 3 Satz 2 WBO, wonach verfristeten Beschwerden im Wege der Dienstaufsicht nachzugehen ist,
- § 13 Abs. 1 WBO, der dazu verpflichtet, bei begründeten Beschwerden für Abhilfe zu sorgen,
- § 14 WBO, wonach die Untersuchung im Rahmen eines Beschwerdeverfahrens stets darauf zu erstrecken ist, ob mangelnde Dienstaufsicht vorliegt, und
- § 46 WDO, der Vorgaben für die Dienstaufsicht über DiszVorg. in der Ausübung der Disziplinarbefugnis macht.

§ 41 WStG stellt die Unterlassung pflichtgemäßer Dienstaufsicht unter Strafe, sofern dadurch wenigstens fahrlässig eine schwerwiegende Folge i. S. d. § 2 Nr. 3 WStG verursacht wird.

37 **d) Verhältnis zu anderen Pflichten.** Abs. 2 verdrängt § 7, soweit Vorg. nicht selbst tun, was sie zu unterbinden hätten, oder dem Dienst unerlaubt fernbleiben und deshalb keine Dienstaufsicht ausüben können.[58] Das Unterlassen der Korrektur eigener Maßnahmen, insbes. rechtsfehlerhafter Befehle, stellt keinen Verstoß gegen Abs. 2 dar. Die Pflicht, eigene Fehler zu bereinigen, ergibt sich aus anderen Pflichten (insbes. § 7 oder § 10 Abs. 3 und § 12). Disziplinare Ermittlungsmaßnahmen eines DiszVorg. ohne hinreichenden Tatverdacht verstoßen nicht gegen die Pflicht zur Dienstaufsicht, wohl aber gegen § 10 Abs. 3, § 12 und ggf. § 7.[59]

38 **5. Absatz 3. – a) Systematische Einordnung; Pflichtenkonkurrenzen.** Die **dogmatische Zuordnung** des Abs. 3 zu anderen Einzelpflichten des Soldaten bzw. des Vorg. bzw. des Dienstherrn liegt nicht ohne Weiteres auf der Hand. Dies gilt insbes. für das Verhältnis des Abs. 3 zu § 31 Abs. 1. **Mehrere Deutungen** sind denkbar[60]:

---

54 BVerwGE 93, 100 = NZWehrr 1992, 34 unter Hinw. auf BVerwG 2 WD 16.90.
55 BVerwGE 93, 196; BVerwG 2 WD 20/82; BVerwG 2 WD 23/84.
56 BVerwGE 93, 108 = NZWehrr 1991, 254.
57 BVerwG NZWehrr 1984, 74.
58 So auch *Scherer/Alff/Poretschkin*, SG, § 10 Rn. 15.
59 Vgl. *Scherer/Alff/Poretschkin*, SG, § 10 Rn. 15; BVerwG NZWehrr 1999, 78.
60 Vgl. zu dem Folgenden BVerwGE 44, 52 = NZWehrr 1974, 73.

Abs. 3 könnte gegenüber § 31 Abs. 1 lex specialis sein mit der Folge, dass eine Verletzung des Abs. 3 stets die Verletzung des § 31 Abs. 1 ausschließen würde. Die Fürsorgepflicht des Vorg. könnte sich auch aus der des Dienstherrn ergeben und zwar dann, wenn der Vorg. im konkreten Fall als dessen Erfüllungsgehilfe handele.[61] Dies soll der Regelfall sein.[62] Nur dann, wenn die Fürsorgepflicht dem Vorg. „bei eigenständigem truppendienstlichem Bezug persönlich obliege", handele es sich – ausschließlich – um einen Fall des Abs. 3.[63] Schließlich könnte Abs. 3 „neben" der Fürsorgepflicht des Dienstherrn nach § 31 Abs. 1 stehen.[64]

Für die Praxis ist die Beantwortung dieser Problematik im Hinblick auf evtl. **Schadensersatzansprüche** und den dann einzuschlagenden **Rechtsweg** von Bedeutung. Handelt der Vorg. als Organ für den Dienstherrn, ist der Verwaltungsrechtsweg eröffnet; handelt er im mil. Über- und Unterordnungsverhältnis, muss der Soldat die Wehrdienstgerichte bemühen. Der Umstand, dass im Beamtenverhältnis mangels einer entspr. formulierten Vorgesetztenpflicht ausnahmslos nur die des Dienstherrn (gem. § 78 BBG) verletzt sein kann, lässt nicht den Schluss zu, dass die Rechtslage im soldatischen Dienstrecht die Gleiche sein muss. Wäre dies so, wäre Abs. 3 bedeutungslos. **39**

Angesichts dieser Situation kann die hier relevante Frage nur im **Einzelfall** gelöst werden. Hat der Vorg. gegen **Rechtsnormen** verstoßen, die in Ausformung des § 31 Abs. 1 erlassen worden sind, liegt eine **Verwaltungsangelegenheit** vor. Hat der Vorg. **ohne** einen derartigen **Normbezug** – z. B. im nicht-kodifizierten Bereich der Grds. der Inneren Führung[65] – gehandelt, ist allein Abs. 3 betroffen. Es liegt dann eine **truppendienstl. Angelegenheit** vor. **40**

Die Fürsorgepflicht des Vorg. folgt in solchen Fällen unmittelbar aus Abs. 3. Eines zusätzlichen Rückgriffs auf § 7 bedarf es **nicht**. Abs. 3 ist gegenüber der allg. Treuepflicht lex specialis.[66]

Die Pflicht zur Fürsorge und die **Pflicht zur Kameradschaft** (§ 12) stehen **gleichrangig** nebeneinander; sie schließen sich nicht gegenseitig aus.[67] Der Versuch des BVerwG[68], eine Verletzung des Abs. 3 auszuschließen und nur eine solche des § 12 anzunehmen, wenn der Vorg. „nicht als solcher tätig geworden ist", wirkt künstlich und ist mit der Logik der gesetzl. Pflichten eines Vorg. und dessen Rechtsstellung als solcher nicht in Einklang zu bringen.[69] **41**

---

61 So bereits BDHE 6, 189.
62 GKÖD I Yk, § 10 Rn. 18. Das BVerwG (E 44, 52, 55 = NZWehrr 1974, 73) hatte dies offen gelassen.
63 BVerwGE 63, 246.
64 *Scherer/Alff/Poretschkin*, SG, § 10 Rn. 17; *Weniger*, SG, § 10 Rn. 2.
65 Vgl. hierzu *Walz*, NZWehrr 1984, 133.
66 *Weniger*, SG, § 10 Rn. 3. A.A. *Scherer/Alff/Poretschkin*, SG, § 10 Rn. 19 (die dort zit. Entsch. des BVerwG – E 53, 272 = NZWehrr 1977, 180 – betraf den Fall, dass der Vorg. nicht nur seiner Sorgepflicht unzureichend nachgekommen war, sondern darüber hinaus seine dienstl. Aufgaben schlecht erfüllt hatte). Vgl. auch GKÖD I Yk, § 7 Rn. 21.
67 Vgl. bereits BVerwG 2 WD 98/78; Komm. zu § 12 Rn. 12; *Scherer/Alff/Poretschkin*, SG, § 10 Rn. 19 m.w.N.; *Weniger*, SG, § 10 Rn. 3. Vgl. auch GKÖD I Yk, § 12 Rn. 37.
68 Vgl. BVerwGE 103, 148 = NZWehrr 1995, 166.
69 So zutr. *Lingens*, NZWehrr 1989, 251; *Stauf* I, § 10 SG Rn. 10, gegen die h.M.

42 In Betracht kommt neben der Verletzung des Abs. 3 schließlich auch eine solche des § 17 Abs. 2 Satz 1.[70]

43 **b) Grundsätze.** In st. Rspr. entnimmt das BVerwG aus Abs. 3 die Pflicht des Vorg., von seinen Befugnissen gegenüber dem Untergebenen „unter angemessener Berücksichtigung der persönlichen Belange des Untergebenen Gebrauch zu machen und sich bei allen Handlungen vom **Wohlwollen** dem Soldaten gegenüber leiten zu lassen."[71] Der Vorg. muss z. B. stets bemüht sein, den Soldaten im Rahmen des Möglichen **vor Nachteilen und Schäden zu bewahren**.[72] Der Vorg. hat den Untergebenen **nach Recht und Gesetz zu behandeln**.[73] In Verwendungsentscheidungen hat der Vorg. auch die **persönlichen und familiären Belange** des Soldaten in seine Überlegungen **einzubeziehen**.[74]

44 **c) Einzelpflichten.** Aus diesen Grds. hat die **Rspr.**[75] z. B. folgende **Einzelpflichten** des Vorg. abgeleitet:

– Strikte **Achtung der körperlichen „Integrität"** des Untergebenen. Hinweis auf Art. 1 Abs. 1 und Art. 2 Abs. 2 Satz 1 GG sowie §§ 30, 31 WStG. Die Achtung der Würde des Untergebenen gehört zu den „vornehmsten Pflichten" des Vorg. (vgl. auch die Stichworte „Körperverletzung" und „Ehre des Untergebenen").[76]
– Verbot, Untergebene zum Genuss von **Betäubungsmitteln** zu verleiten.[77]
– Verbot, einen **Diebstahl** zum Nachteil von Untergebenen zu begehen.[78]
– Der Vorg. darf Untergebene nicht der Gefahr **disziplinarer oder strafrechtl. Maßregelung** aussetzen; er hat den Untergebenen vor der Begehung von Dienstpflichtverletzungen zu bewahren.[79]
– Verbot, Untergebene beleidigend, **ehrverletzend**, unwürdig zu behandeln.[80]
– Anspruch des Untergebenen auf „planbare **Freizeit**".[81]

---

70 Vgl. BVerwG NZWehr 2002, 254 (255); GKÖD I Yk, § 17 Rn. 8 f.
71 Vgl. BVerwG ZBR 2005, 346 m.w.N.; BVerwG DokBer B 2008, 323 (keine Verpflichtung des Vorg., einem studierenden Soldaten bei der Anfertigung einer Diplomarbeit zu helfen); *Lingens*, BWV 2001, 130; *Scherer/Alff/Poretschkin*, SG, § 10 Rn. 21 m. w. N.
72 BVerwG DokBer B 2007, 249.
73 Vgl. BVerwGE 120, 193 = NZWehr 2004, 213 (217); GKÖD I Yk, § 10 Rn. 19; *Scherer/Alff/Poretschkin*, SG, § 10 Rn. 20 m. w. N.
74 BVerwG ZBR 2005, 346 m.w.N.; *Scherer/Alff/Poretschkin*, SG, § 10 Rn. 24.
75 Im Mittelpunkt der nachfolgenden Übersicht steht die jüngere Rspr. des BVerwG – WDS. Zu früheren Entsch. vgl. GKÖD I Yk, § 10 Rn. 20 ff.; *Scherer/Alff/Poretschkin*, SG, § 10 Rn. 23 ff.; *Stauf* I, § 10 SG Rn. 12 ff.
76 BVerwG NZWehr 2003, 122 (123); NZWehr 2004, 83 (85); NZWehr 2005, 79 (80).
77 BVerwGE 93, 3 = NZWehr 1991, 118; BVerwGE 103, 148 = NZWehr 1995, 166; BVerwG Buchholz 236.1 § 7 SG Nr. 29.
78 BVerwG NZWehr 1995, 77.
79 BVerwGE 83, 285 = NZWehr 1987, 120 (121) – Weigerung wpfl Soldaten, das feierliche Gelöbnis abzulegen; BVerwGE 93, 265 = NZWehr 1993, 76 – Aufforderung an Untergebene, die Unwahrheit zu sagen; BVerwG DokBer B 2000, 151 – Werbung von Untergebenen für ein Glücksspiel; BVerwGE 120, 166 = NZWehr 2004, 209 (211) m.w.N.; BVerwG ZBR 2005, 425 – Mitgliedschaft in rechtsextremistischer Vereinigung.
80 BVerwG NZWehr 1989, 110 (113); BVerwGE 103, 321 = NZWehr 1997, 205; BVerwGE 113, 158 = NZWehr 1998, 26; BVerwG NZWehr 2001, 171 (172); BVerwG NZWehr 2005, 38; BVerwG DokBer B 2006, 305.
81 BVerwGE 93, 163 = NZWehr 1992, 70 (71).

- Beachtung des **Grds. der Verhältnismäßigkeit** bei allen Disziplinar- und Personalmaßnahmen.[82]
- Verbot, Untergebene **körperlich zu misshandeln**.[83]
- Verbot, Untergebene bzw. dienstl. Material zu **privaten Zwecken** einzusetzen.[84]
- Verbot, Untergebene „**anzupumpen**".[85]
- Verbot, Untergebene **sexuell zu belästigen**/intime Beziehungen zu Untergebenen aufzunehmen.[86]
- Gebot, bei **Verwendungsentscheidungen** die persönlichen/familiären Belange des Untergebenen ausreichend zu berücksichtigen.[87]
- Verbot, Untergebene durch **leichtfertigen Umgang mit Waffen und Munition** zu gefährden.[88]
- Gebot, die **Würde** des Untergebenen besonders zu achten.[89]

6. Absatz 4. – a) Allgemeines. Abs. 4 legt die rechtl. Grenzen der Befehlsbefugnis 45 fest. Aus der Art der Formulierung und der systematischen Stellung der Best. ergibt sich, dass der Gesetzgeber die Befehlsbefugnis mil. Vorg. im Grunde als **selbstverständlich** vorausgesetzt hat. Angesichts der militärspezifischen Hierarchie in der Organisation der SK sah er sich jedoch veranlasst, die Wahrung bestimmter rechtl. Vorgaben bei der Befehlsgebung ausdrücklich als Pflicht des mil. Vorg. zu normieren.[90] Demgegenüber findet sich im Beamtenrecht keine vergleichbare Best. über die rechtl. Grenzen der Weisungsbefugnis.

Dogmatisch weist Abs. 4 eine **Doppelnatur** auf. Er begründet zunächst eine **Dienst-** 46 **pflicht für den mil. Vorg.**, bestimmt also, was dieser bei der Erteilung von Befehlen zu beachten hat. Insoweit stellt Abs. 4 einen Maßstab für mögliche Dienstvergehen von Vorg. dar.[91] Im Zusammenspiel mit der Gehorsamspflicht des § 11 Abs. 1 Satz 1 und 2 ist er darüber hinaus auch als **Rechtsgrundlage für Befehle** zu verstehen, d. h. als allg. Rechtmäßigkeitsmaßstab für dieses mil. Führungsinstrument. Dabei legt Abs. 4 keine konkreten tatbestandlichen Voraussetzungen für einen Befehl fest, sondern stellt den Befehl unter den Vorbehalt allg. gehaltener Grenzen. Diese können i. d. R. nur in dem Sinne geprüft werden, ob sie durch den Befehl im Einzelfall überschritten werden. Ist dies nicht der Fall, ist der Befehl gem. Abs. 4 grds. rechtmäßig, ohne dass er einer wei-

---

82 BVerwGE 113, 148 = NZWehrr 1998, 119.
83 BVerwGE 83, 210 = NZWehrr 1987, 27; BVerwGE 86, 362 = NZWehrr 1991, 77 – „Bestrafungsritual"; BVerwGE 93, 19 = NZWehrr 1991, 163; BVerwGE 93, 140; BVerwGE 113, 70 = NZWehrr 1997, 212; BVerwG NZWehrr 1999, 208 (Betonung des tradierten Verbots, Untergebene anzufassen); BVerwGE 113, 272 = NZWehrr 1999, 121 (122) – „Erziehungsritual"; BVerwGE 113, 311 = NZWehrr 1999, 169 – Befragung als „Gefangener".
84 BVerwGE 86, 218 = NZWehrr 1990, 119; BVerwGE 103, 275 = NZWehrr 1996, 33.
85 BVerwG NZWehrr 1992, 261.
86 BVerwG NZWehrr 1995, 79; BVerwGE 103, 257 = NZWehrr 1996, 34; BVerwGE 113, 279 = NZWehrr 1999, 78; BVerwGE 113, 296 = NZWehrr 1999, 250; BVerwGE 2001, 30; BVerwGE 115, 174 = NZWehrr 2002, 79 (80); BVerwG NZWehrr 2002, 254 (255).
87 BVerwG NZWehrr 1993, 124; BVerwGE 103, 134 = NZWehrr 1996, 253; BVerwG NZWehrr 1995, 120; BVerwG NZWehrr 1996, 160; BVerwG NZWehrr 2000, 34; BVerwG NZWehrr 2000, 123; BVerwG NZWehrr 2001, 127; BVerwG ZBR 2005, 346.
88 BVerwGE 93, 100 = NZWehrr 1992, 34; BVerwG NZWehrr 1994, 75.
89 BVerwGE 113, 63; BVerwG DokBer B 2001, 162; BVerwG NZWehrr 2001, 247.
90 BT-Drs. II/1700, 10.
91 Exemplarisch BVerwG *Buchholz* 450.2 § 38 WDO 2002 Nr. 21.

teren rechtl. Legitimation bedarf. Zwischen diesen beiden Funktionen des Abs. 4 muss differenziert werden, da die konkrete Anwendung der Best. sich danach unterscheidet, ob es um die „quasi verwaltungsrechtl." Prüfung der Rechtmäßigkeit eines Befehls geht (z.b. im Beschwerdeverfahren) oder um die Feststellung eines Dienstvergehens.

47 Sind mit dem Befehl **Grundrechtseinschränkungen für den Untergebenen** verbunden, ist als materieller Maßstab für dessen Rechtmäßigkeit zusätzlich auf die im SG verankerten soldatischen Einzelpflichten abzustellen. Unter der Rechtsordnung des GG ist ein besonderes Gewaltverhältnis im klassischen Sinne nicht mehr begründbar (arg. für den soldatischen Bereich: Art. 17a Abs. 1 GG).[92] Grundrechtseinschränkungen müssen sich daher auch in Sonderstatusverhältnissen am Maßstab des jew. Grundrechts messen lassen und bedürfen einer gesetzl. Grundlage. Der Detaillierungsgrad diesbzgl. Regelungen kann aber wesentlich geringer ausgeprägt sein als bei einer Ermächtigungsgrundlage im allg. Staat-Bürger-Verhältnis, um so der Vielfalt und Situationsoffenheit des mil. Dienstverhältnisses gerecht zu werden.[93]

48 **b) Begriff und Rechtsnatur des Befehls.** Das SG definiert den Begriff des Befehls nicht. Nach ganz h.M. ist die Definition des **§ 2 Nr. 2 WStG** für das gesamte Wehrrecht zu Grunde zu legen.[94] Danach ist ein Befehl eine Anweisung zu einem bestimmten Verhalten, die ein mil. Vorg. einem Untergebenen schriftl., mündlich oder in anderer Weise, allg. oder für den Einzelfall und mit dem Anspruch auf Gehorsam erteilt. Bei einem Befehl handelt es sich somit um eine öff.-rechtl. Handlungsform innerhalb der SK. Vom VA unterscheidet sich der Befehl in erster Linie dadurch, dass er keine Rechtswirkungen nach außen entfaltet. Insoweit weist er starke Parallelen zur dienstl. Anordnung im Beamtenrecht (vgl. §§ 62, 63 BBG) auf. Hins. seiner rechtl. Grenzen und Folgewirkungen, insbes. was die Differenzierung zwischen Rechtswidrigkeit und Unverbindlichkeit betrifft, ist er stärker formalisiert. Das **Nichtbefolgen eines Befehls** ist unter bestimmten Voraussetzungen **strafbar** (§§ 19, 20, 21 WStG); andererseits ist die rechtl. Verantwortung eines Soldaten, der auf Befehl handelt, eingeschränkt (vgl. § 5 WStG, § 11 Abs. 2 Satz 2 SG, § 3 VStGB).

49 Die Definition des Befehls ist von Bedeutung, da rechtssystematisch zwischen der Frage nach dem Vorliegen eines Befehls und der Frage nach seiner Rechtswidrigkeit und Verbindlichkeit zu unterscheiden ist.[95] Nur wenn ein Befehl vorliegt, greift Abs. 4 ein. Nur ein Befehl im Rechtssinne kann unter den Voraussetzungen des § 11 unverbindlich sein. Ist schon begrifflich kein Befehl gegeben, wird – insoweit vergleichbar mit dem unverbindlichen Befehl – keine Gehorsamspflicht ausgelöst; es entfallen aber auch die Rechtswirkungen des unverbindlichen Befehls gem. § 5 WStG, § 11 Abs. 2 Satz 2 SG und § 3 VStGB.[96] Ebenso kann eine Dienstpflichtverletzung gem. Abs. 4 grds. nur angenommen werden, wenn ein Befehl im Rechtssinne erteilt wurde.

---

92 Grundlegend BVerfGE 33, 1 (11).
93 *Loschelder, Wolfgang*: Grundrechte im Sonderstatut, in: Isensee/Kirchhof (Hrsg.), HStR V, 2. Aufl. 2000, § 123 Rn. 52 ff.
94 BVerwGE 86, 349; BVerwG NZWehr 2006, 247 (248); GKÖD I Yk, § 10 Rn. 37; *Scherer/Alff/Poretschkin*, SG, § 10 Rn. 40; a.A. *Burmester*, NZWehrr 1990, 89 (97); *Stauf* I, § 10 SG Rn. 18.
95 Unklar BVerwGE 33, 108.
96 Zur Irrtumsproblematik in dieser Konstellation vgl. *Schölz/Lingens*, WStG, § 5 Rn. 3.

Die entscheidenden **Merkmale des Befehls** sind nach § 2 Nr. 2 WStG: **50**
– Anweisung zu einem bestimmten Verhalten
– mit dem Anspruch auf Gehorsam
– von einem mil. Vorg. einem Untergebenen erteilt.

Dagegen unterliegt der Befehl **keinen formalen Voraussetzungen.** Er kann schriftl., **51** mündlich und auf sonstige Weise, z. B. durch Zeichen, Signale, Pfiffe u. a. unmissverständliche Ausdrucksformen erteilt werden.[97] Auch in Dienstvorschriften[98], Erlassen und allg. dienstl. Weisungen, die dem staatlichen Innenrecht zuzuordnen sind, können Befehle enthalten sein, sofern sie klare Verhaltensweisen für bestimmte Situationen oder Lagen vorgeben (sog. Dauerbefehle).[99] Demgegenüber enthalten Gesetze und RVO, auch wenn aus ihnen unmittelbare Verhaltenspflichten folgen, keine Befehle, da es sich hierbei um andere rechtl. Handlungsformen handelt. Nicht erforderlich ist, dass der Befehl als solcher bezeichnet wird.[100]

aa) Anweisung zu einem bestimmten Verhalten. Ein Befehl liegt nur dann vor, **52** wenn dem Untergebenen ein **bestimmtes Verhalten** oder Unterlassen aufgegeben wird. Allg. Belehrungen oder Anweisungen, die weder eine Verhaltensweise noch ein zu erreichendes konkretes Ziel vorgeben, stellen keine Befehle dar. Die Vorgabe, sich an den Grds. der Wirtschaftlichkeit und Sparsamkeit auszurichten, fordert kein hinreichend konkret bestimmtes Verhalten, so dass sie nicht als Befehl qualifiziert werden kann.[101] Ebenso wenig sind Verlautbarungen mil. Vorg., die keine Pflichten begründen, z. B. Tages- oder Jahresbefehle des BMVg, Befehle im Rechtssinne.

Die Tatsache, dass dem Untergebenen ein großer Freiraum bei der Erfüllung des **53** Befehls gewährt wird, schließt den Befehlscharakter nicht aus.[102] Ausreichend ist, dass ihm vorgegeben wird, was er zu erreichen hat. Bei bloßen **Zielvorgaben** (z. B. eine gegnerische Stellung einzunehmen) liegt die Handlungsanweisung darin, die nach allg. Verständnis Erfolg versprechenden Maßnahmen zu treffen. Wird das Ziel nicht erreicht (z. B. der Angriff zurückgeschlagen), liegt kein Verstoß gegen den Befehl vor, sofern der Untergebene den Angriff unter Beachtung anerkannter taktischer Grds. geführt hat. Dies entspricht der in deutschen SK traditionellen **Auftragstaktik**[103], die sich im Befehlsrecht niederschlagen muss. Es schadet nicht, wenn der Befehl unter einer bestimmten **Bedingung** erteilt wird.

Kein eigenständiger Befehl liegt vor, wenn ein **Zwischenvorg.** lediglich die Entschei- **54** dung eines höheren Vorg. bekannt gibt, ohne dabei einen eigenen Entscheidungsspielraum zu haben. Es handelt sich dann nur um einen Befehl des höheren Vorg.[104]

---

97 *Schölz/Lingens*, WStG, § 2 Rn. 18.
98 Vgl. BVerwGE 93, 115; BVerwGE 113, 76; BVerwG NZWehrr 2006, 247; BVerwG NVwZ-RR 2008, 184.
99 *Dau*, WBO, § 1 Rn. 166.
100 BVerwGE 76, 122; BVerwGE 129, 181 = NZWehrr 2008, 76 (77).
101 BVerwG NZWehrr 2006, 247.
102 Vgl. BVerwG NZWehrr 1985, 200.
103 Hierzu umfassend *Oetting*, passim u. 210 f.
104 BVerwGE 46, 78; BVerwG 1 WB 97/78.

55 **bb) Mit Anspruch auf Gehorsam.** Dieses Merkmal folgt im Grunde bereits aus der Anweisung zu einem bestimmten Verhalten. Es grenzt den Befehl von bloßen **Bitten**, Empfehlungen und Ratschlägen ab. Der Vorg. muss seine Erwartung deutlich machen, dass seine Anweisung befolgt wird. Ist dies eindeutig, schließen Höflichkeitsfloskeln, wie die Form einer Bitte oder Frage, den Befehlscharakter nicht aus.[105] Der Anspruch auf Gehorsam ist nicht mit der Frage zu verwechseln, ob der Befehl tatsächlich verbindlich ist, also Gehorsam begründet. Es kommt nur darauf an, dass der Vorg. subjektiv erwartet, dass seine Anweisung ausgeführt wird, und dieses Verständnis klar zum Ausdruck bringt.

56 **cc) Von einem militärischen Vorgesetzten einem Untergebenen erteilt.** Vorg. und Untergebene können nach dem eindeutigen Wortlaut des § 1 Abs. 3 und den Best. der VorgV nur **natürliche Personen** sein. Mil. Dienststellen und Behörden haben weder die Stellung von Vorg. noch Untergebenen i. S. d. Befehlsrechts. Voraussetzung für einen Befehl ist somit immer ein persönliches Über-/Unterordnungsverhältnis.[106]

57 Um gleichwohl Weisungen von Behörden (insbes. des BMVg) als Befehle einstufen zu können, wird z.T. die Auffassung vertreten, Anordnungen, die ein Angehöriger einer Dienststelle „Im Auftrag" unterschreibt, seien dem jew. Dienststellenleiter als mil. Vorg. (im BMVg dem Min. als Inhaber der Befehls- und Kommandogewalt) zuzurechnen.[107] Dem hat das BVerwG mit seiner neuen Rspr. zumindest für den ministeriellen Bereich die Grundlage entzogen.[108] Danach haben im BMVg tätige Beamte und Soldaten keine Befugnis zum Erteilen von Befehlen. Sie sind lediglich berechtigt, im Rahmen ihres vom Min. erteilten Mandats, das durch Zeichnung „Im Auftrag" kundgetan wird, verbindliche Anordnungen zu treffen. Der BMin. kann seine Befehls- und Kommandogewalt nicht auf Angehörige seines Min. oder Dritte delegieren. Lediglich im Verhinderungsfall wird er in der Ausübung seiner Befehls- und Kommandogewalt vom beamteten Sts vertreten. Ministerielle Erlasse, Weisungen und Dienstvorschriften können somit nur dann als Befehl qualifiziert werden, wenn sie persönlich vom BMin. oder „In Vertretung" vom Sts schlussgezeichnet sind. Diese Rspr. ist unter dem Gesichtspunkt der Delegationsfeindlichkeit der Befehls- und Kommandogewalt nach Art. 65a GG folgerichtig.

58 Auch wenn bislang offen bleibt, inwieweit diese Rspr. auf andere mil. Dienststellen zu übertragen ist, ergeben sich hieraus u. U. Widersprüchlichkeiten zu der teilweise vertretenen Einstufung von Personalmaßnahmen (Versetzung/Kommandierung) als Befehle.[109] Da Versetzungen/Kommandierungen z.T. durch die DiszVorg., z.T. durch das BMVg, das Personalamt der Bw oder durch die Stammdienststelle der Bw erfolgen[110], fiele die Rechtsnatur dieser Maßnahmen je nach Zuständigkeit anders aus, z.T.

---

105 BVerwG 73, 293; BVerwG NZWehrr 2002, 76.
106 Ganz h.M. s. *Scherer/Alff/Poretschkin*, § 1 Rn. 30; BVerwGE 73, 222; BVerwG NZWehrr 2009, 69 ff.
107 So grundlegend *Lingens*, NZWehrr 1997, 248; *Dau*, WBO, § 1 Rn. 167.
108 BVerwGE 127, 1 = NZWehrr 2007, 79.
109 Str., vgl. ZDv 14/5 B 171 Nr. 1; bei BVerwG NZWehrr 1993, 71 ist unklar, ob sich der Befehlscharakter auf die Kommandierung o. lediglich auf eine daraus abzuleitende Folgepflicht beziehen soll; zum Diskussionsstand allg. *Scherer/Alff/Poretschkin*, § 3 Rn. 61 ff.; gegen den Befehlscharakter konsequent wohl BVerwG NZWehrr 2009, 69 ff.
110 Vgl. ZDv 14/5 B 171 C.

mit unterschiedlichen Folgen für den Rechtsschutz. Generell nicht in Frage kommt wohl die Qualifizierung als VA, da dann konsequenterweise der truppendienstl. Charakter von Versetzung und Kommandierung entfiele, der bislang in st. Rspr. angenommen wurde.[111] Unstr. um einen Befehl handelt es sich bei der vorzeitigen Beendigung eines Auslandseinsatzes durch den Kontingentführer.[112]

Ein schlüssiger Weg, die „Befehlsbefugnis von Dienststellen" zu begründen, könnte darin bestehen, mit einem weitgehenden Verständnis von § 3 VorgV den jew. Soldaten eine eigenständige Vorgesetztenstellung mit besonderem Aufgabenbereich zuzusprechen. Im BMVg käme es auf die Frage der Delegierbarkeit der Befehls- und Kommandogewalt bzw. der Zurechenbarkeit nicht mehr an.[113] Wird dieser Weg nicht für gangbar gehalten, sollten Maßnahmen nach Möglichkeit eindeutig definiert werden. So besteht nicht zwingend ein Bedürfnis, Versetzungen und Kommandierungen als Befehle zu qualifizieren. Ggf. ist hier der Gesetz- oder Verordnungsgeber gefragt. 59

Auch die Feststellung der **Vorgesetzteneigenschaft** weist rechtl. Probleme auf.[114] Dies hängt mit der Definition des mil. Vorg. zusammen. Nach § 1 Abs. 3 Satz 1 ist Vorg., wer befugt ist, einem Soldaten Befehle zu erteilen. Die Befehlsbefugnis begründet somit die Vorgesetzteneigenschaft. Nur insoweit, als ein Soldat befugt ist, Befehle zu erteilen, ist er auch Vorg. Der Befehl wiederum setzt u.a. voraus, dass ein mil. Vorg. handelt. Der Befehl ist seinerseits Tatbestandsmerkmal des Begriffs des Vorg. Ob diese gegenseitige gesetzl. Verweisung des § 1 Abs. 3 und des § 2 Nr. 2 WStG wirklich einen Zirkelschluss darstellt,[115] ist fraglich. Schließlich bestimmt § 1 Abs. 3 Satz 2, dass die Befehlsbefugnis und damit die Vorgesetzteneigenschaft durch RVO bestimmt werden. Dem BMVg obliegt es, festzulegen, wer aufgrund seiner Rechtsstellung, seines Dienstgrades, besonderer Anordnung oder eigener Erklärung unter welchen Voraussetzungen befehlen kann. Damit wird der vordergründig vorliegende Zirkelschluss durchbrochen.[116] Das Bestehen der Befehlsbefugnis stellt somit nicht etwa ein Element der Rechtmäßigkeit des Befehls dar, sondern ist Voraussetzung dafür, dass überhaupt ein Befehl vorliegt. 60

Bei strenger Betrachtung kommt damit jeder Anweisung, die durch einen Soldaten erteilt wird, der sich im konkreten Fall auf keine Bestimmung der VorgV berufen kann bzw. deren Grenzen überschreitet, nicht die Qualität eines Befehls zu; eine Gehorsamspflicht wird – unabhängig von den Unverbindlichkeitsgründen des § 11 – nicht begründet.[117] In der Lit. sind zu dieser Problematik unterschiedliche Auffassungen entwickelt worden. Nach einer Auffassung sollen Überschreitungen der zeitlichen, örtlichen und sachlichen Einschränkungen der VorgV den Befehlscharakter unberührt lassen. Entscheidend sei, dass ein **„abstraktes Vorgesetztenverhältnis"** zwischen den Soldaten bestehe.[118] Demgegenüber differenziert *Lingens*[119] zwischen den **zeitlichen** 61

---

111 Vgl. BVerwGE 63, 210; 73, 51; BVerwG NZWehr 2009, 32; *Dau*, WBO, Einf. Rn. 60, § 1 Rn. 137; offen gelassen bei *Scherer/Alff/Poretschkin*, § 3 Rn. 62.
112 *Lucks*, NZWehrr 2008, 25; BVerwG NZWehrr 2009, 69 ff.
113 Das BVerwG (NZWehrr 2007, 79) hat allerdings ohne nähere Begr. auch eine Vorgesetztenstellung nach § 3 VorgV verneint.
114 Vgl. die Komm. zu § 1 Abs. 3 u. der VorgV.
115 So *Burmester*, NZWehrr 1990, 89 (98).
116 So auch *Lehleiter*, 24.
117 *Lingens*, NZWehrr 1993, 19 m.w.N.
118 *Scherer/Alff/Poretschkin*, SG, § 10 Rn. 43.
119 *Schölz/Lingens*, WStG, § 2 Rn. 14 f.

("im Dienst" und "außer Dienst", vgl. § 1, § 2, § 4 Abs. 1 Satz 1 VorgV) und **räumlichen** (z. B. "innerhalb umschlossener militärischer Anlagen", § 4 Abs. 3 VorgV, "an Bord von Schiffen", § 4 Abs. 1 Satz 2 VorgV) **Voraussetzungen der Befehlsbefugnis** einerseits und ihren **inhaltl. Beschränkungen** nach der VorgV (z. B. "zur Erfüllung seiner Aufgaben notwendig", § 3 VorgV) andererseits. Ausschließlich die zeitlichen und örtlichen Voraussetzungen seien für das Vorliegen eines Befehls konstitutiv. Ein Überschreiten der inhaltl. Beschränkungen berühre die Vorgesetzteneigenschaft nicht und mache den Befehl lediglich rechtswidrig.

62 Gänzlich überzeugen kann keiner der genannten Ansätze. Nach der strengen Betrachtungsweise lässt jede Abweichung von der VorgV den Befehlscharakter und damit die Gehorsamspflicht entfallen. Ein Verstoß gegen die VorgV stünde somit hins. seiner Rechtsfolge (keine verbindliche Wirkung) einem Verstoß gegen dienstl. Zwecke, Strafgesetze oder die Menschenwürde (vgl. § 11) gleich. Hierin liegt zumindest ein Spannungsverhältnis zu der gesetzl. Systematik des Befehlsrechts, wonach nur bei besonders schweren Rechtsverstößen von der Unverbindlichkeit eines Befehls auszugehen ist.

63 Andererseits ist unklar, ob ein "abstraktes Vorgesetztenverhältnis" rechtslogisch überhaupt vorliegen kann bzw. wie es definiert werden soll. Ein Vorgesetztenverhältnis ist gem. § 1 Abs. 3 an die Befehlsbefugnis nach der VorgV gebunden. In der Sache kommt die Annahme eines abstrakten Vorgesetztenverhältnisses einer von § 2 Nr. 2 WStG losgelösten eigenständigen soldatenrechtl. Definition des Befehlsbegriffs gleich.[120] Dies ist aufgrund des Stufenverhältnisses zwischen disziplinarrechtl. und wehrstrafrechtl. Reaktion auf einen Gehorsamsverstoß – die nicht an jew. unterschiedlichen Befehlsbegriffen ansetzen kann – nicht überzeugend. Die Differenzierung von *Lingens* ist mit dem Wortlaut des § 1 Abs. 3 und den Best. der VorgV nicht in Einklang zu bringen. Vorg. ist nur, wer Befehlsbefugnis hat. Voraussetzung hierfür sind nicht allein die zeitlichen und örtlichen, sondern auch die in der VorgV festgelegten inhaltl. Vorgaben (z. B. in § 2 und § 3 VorgV).[121] Liegen diese nicht vor, besteht weder Befehlsbefugnis noch ein Vorgesetztenverhältnis. Auch die praktischen Folgen sprechen gegen diesen Ansatz. Träfe die Ansicht von *Lingens* zu, wären Vorg. mit besonderem Aufgabenbereich nach § 3 VorgV immer und theoretisch gegenüber jedem Soldaten Vorg., da ihre Befehlsbefugnis nur inhaltl., dagegen keinen zeitlichen und örtlichen Beschränkungen unterliegt.

64 Eine andere Möglichkeit, die zumindest mit dem Wortlaut von § 2 Nr. 2 WStG vereinbar wäre, bestünde darin, überhaupt nicht auf das Vorgesetztenverhältnis oder auf die Befehlsbefugnis abzustellen, sondern lediglich auf die Eigenschaft als Vorg. Nach § 2 Nr. 2 WStG ist nicht Voraussetzung, dass ein Vorg. "seinen" Untergebenen oder einen ihm unterstellten Untergebenen anweist, sondern lediglich "einen" Untergebenen. Es käme für das Vorliegen eines Befehls somit nicht darauf an, dass im konkreten Fall überhaupt ein Vorgesetzten-Untergebenen-Verhältnis besteht. Entscheidend wäre allein, dass der Befehlende wie auch der Befehlsempfänger jew. für sich eine Stellung als Vorg. und Untergebener innehaben. An Stelle des abstrakten Vorgesetztenverhältnisses könnte man von einer **abstrakten Vorgesetztenstellung** sprechen. Funktional wäre dies damit zu begründen, dass es bei der Befehlsdefinition weniger um die Rechtmäßigkeit des Befehls geht, sondern darum, den Befehl als spezifische Handlungsform auf den mil.

---

120 So konsequent *Burmester*, NZWehr 1990, 89; *Stauf* I, § 10 SG Rn. 18 f.
121 So auch die Komm. zu § 1 Rn. 73 f.

Bereich zu beschränken. Ähnlich wie der VA schon begrifflich voraussetzt, dass eine Behörde gehandelt hat (§ 35 VwVfG), unabhängig davon, ob sie überhaupt zuständig bzw. ermächtigt war, wäre für den Befehl nur entscheidend, dass ein Soldat, der eine wie auch immer begründete Vorgesetztenstellung innehat, einen anderen Soldaten anweist, der seinerseits in irgendeinem Untergebenenverhältnis steht. Abgesehen von der verfassungsrechtl. Sonderstellung des BMVg (Art. 65a GG) dürfen **Befehle nur von Soldaten an Soldaten** erteilt werden. Dies wird mit den Merkmalen Vorg. und Untergebener erreicht. § 1 Abs. 3 Satz 3, wonach eine Befehlsbefugnis außerhalb des Dienstes allein aufgrund des Dienstgrades nicht besteht, steht einer derartigen Interpretation nicht entgegen. Schließlich würde die Befehlsbefugnis nicht erweitert, sondern von einer begrifflichen Voraussetzung des Befehls auf die Ebene der Rechtmäßigkeit des Befehls verlagert. Eine derartige Abstrahierung des Vorgesetztenbegriffs von der konkreten Befehlsbefugnis steht allerdings zumindest in einem systematischen Widerspruch zu den §§ 23 bis 28 WStG, die Straftaten gegen Vorg. regeln und dabei immer ein konkretes Vorgesetztenverhältnis voraussetzen, wie sich aus § 29 WStG ergibt. Hält man diesen Einwand für durchschlagend, bleibt nur die strenge Auffassung.[122]

Zu weiteren Fragen des Vorgesetztenverhältnisses vgl. die Komm. zu § 1 und der VorgV.[123]

c) Rechtmäßigkeit des Befehls. – aa) Allgemeines. Abs. 4 stellt vier Kriterien auf, die bei der Erteilung von Befehlen zu berücksichtigen sind. Ein Befehl ist rechtswidrig, wenn er gegen einen dieser Maßstäbe verstößt. Dabei kommt es allein darauf an, ob **objektiv** ein Verstoß vorliegt. Die subjektive Seite des befehlenden Vorg. kann keine Rolle spielen, wenn es um die Rechtmäßigkeit des Befehls geht. Ein Anknüpfen an den zu § 113 Abs. 3 StGB entwickelten **strafrechtl. Begriff der Rechtmäßigkeit**[124] verbietet sich in diesem Zusammenhang. Dieser Begriff kann allenfalls – angesichts struktureller Parallelen zwischen Disziplinar- und Strafrecht – dann in Betracht kommen, wenn Abs. 4 in seiner Funktion als Grundlage für einen disziplinarrechtl. Vorwurf herangezogen wird.

Zumindest missverständlich ist die Auffassung, dass ein Befehl, der gegen Abs. 4 verstößt, nicht rechtswidrig sei, wenn ein **Rechtfertigungsgrund** (§§ 32, 34 StGB) vorliege.[125] Als öff.-rechtl. Handlungsform ist der Befehl nicht an strafrechtl. Rechtfertigungsgründen zu messen. Rechtfertigungsgründe stellen grds. keine Ermächtigungsgrundlage für hoheitliches Handeln dar[126], sondern schließen eine individuelle Strafbarkeit bzw. ein Dienstvergehen aus. Für die Rechtmäßigkeit des Befehls kommt es allein auf die Kriterien des Abs. 4 an. Lediglich bei der Prüfung eines Dienstvergehens wegen Verstoßes gegen Abs. 4 können Rechtfertigungsgründe eine Rolle spielen. Die Rechtswidrigkeit des Befehls bleibt davon unberührt.[127] So wird z. B. ein Befehl, der

65

66

67

---

122 Ebenso die Komm. zu § 1 Rn. 73.
123 Insbes. § 1 Rn. 56 ff.
124 Unklar *Schölz/Lingens*, WStG, § 2 Rn. 25; zum strafrechtl. Rechtmäßigkeitsbegriff vgl. BGHSt 21, 334 (363); *Eser*, in: Schönke-Schröder, StGB, 27. Aufl. 2006, § 113 Rn. 21f.
125 So aber *Schölz/Lingens*, WStG, § 2 Rn. 27; *Scherer/Alff/Poretschkin*, SG, § 10 Rn. 51.
126 So auch GKÖD I Yk, § 10 Rn. 55; zum diesbezüglichen Diskussionsstand insbes. im Polizeirecht s. *Amelung*, NJW 1977, 833; *Riegel*, NVwZ 1985, 639; *Heinen*, NZWehrr 1995, 138.
127 Anderenfalls entfiele durch den Rechtfertigungsgrund bereits der „Tatbestand" des Dienstvergehens, da kein rechtswidriger Befehl erteilt wurde.

nicht dienstl. Zwecken dient, nicht dadurch rechtmäßig, weil sich der erteilende Vorg. auf einen strafrechtl. Rechtfertigungsgrund berufen kann. Weicht dagegen ein Befehl von einer gesetzl. Best. oder einer Dienstvorschrift ab, und ist diese Abweichung im konkreten Fall – aus welchen Gründen auch immer – zulässig, liegt bereits kein rechtswidriger Befehl vor, dessen „Rechtswidrigkeit" durch einen Rechtfertigungsgrund entfallen könnte.[128]

68 **bb) Dienstlicher Zweck.** Der Befehl muss **dienstl. Zwecken** dienen. Als einziges Merkmal des Abs. 4 ist der dienstl. Zweck nicht nur Voraussetzung für die Rechtmäßigkeit eines Befehls, sondern gem. § 11 Abs. 1 Satz 3 auch für seine Verbindlichkeit. Der Begriff ist in beiden Best. identisch zu interpretieren.

69 Aus der **Entstehungsgeschichte** ergeben sich wenige Anhaltspunkte, was der Gesetzgeber konkret mit dieser Formulierung beabsichtigt hat. In der amtl. Begr. zu § 8 Abs. 4 des REntw. war allg. als Ziel der Best. genannt, dem Missbrauch der Befehlsbefugnis vorzubeugen und auszuschließen, dass der Untergebene durch rechtswidrige Befehle in seinen Rechten beeinträchtigt werde.[129] Der VertA nahm das Merkmal „dienstl. Zweck" als Unverbindlichkeitsgrund in § 9 des Entw. (heute: § 11) auf.[130] Nach Auffassung des Ausschusses sollten hiermit insbes. der schikanöse Befehl[131] und Befehle getroffen werden, die Vorg. in privaten Angelegenheiten erteilen. In Fällen, in denen Grundwerte verletzt oder Forderungen gestellt würden, die nichts mit der eigentlichen Aufgabe zu tun hätten, sollten die „menschlichen Grundrechte" wichtiger sein als das „rein mechanische Funktionieren eines Apparates".[132]

70 Nach h.M. ist ein dienstl. Zweck gegeben, wenn der Befehl im Rahmen der **verfassungsmäßigen Aufgaben der Bw** liegt.[133] Dazu gehört nicht nur der klassische Verteidigungsauftrag (Art. 87a Abs. 1 und 2 GG), sondern auch die im GG vorgesehenen sekundären Verwendungen der SK (Art. 87a Abs. 3 und 4, Art. 35 Abs. 2 und 3 GG) sowie der verfassungsrechtl. zulässige Einsatz im Rahmen internationaler Militäroperationen.[134] Alle mit der Erfüllung des Auftrages der SK zusammenhängenden Aufgaben, z. B. repräsentative Aufgaben, Öffentlichkeitsarbeit[135], die Teilnahme an dienstl. Veranstaltungen und Vorträgen[136] oder die Durchführung von Forschungsaufträgen[137], dienen ebenfalls dienstl. Zwecken.

71 Nicht dienstl. Zwecken dienen Befehle, die zu **privaten Zwecken** erteilt werden, die dienstl. Zwecken zuwiderlaufen oder nicht in den Aufgabenbereich der SK fallen.[138]

---

128 Vgl. BVerwG 1 WB 97/78.
129 BT-Drs. II/1700, 19.
130 BT-Drs. II/2140, 31 f.
131 Bezieht sich wohl auf den ebenfalls v. VertA eingefügten Unverbindlichkeitsgrund der Verletzung der Menschenwürde.
132 BT-Drs. II/2140, 7.
133 *Scherer/Alff/Poretschkin*, SG, § 10 Rn. 47; GKÖD I Yk, § 10 Rn. 46 ff.
134 Hierzu BVerfGE 90, 286; BVerwGE 103, 361.
135 BDH NJW 1962, 1319; BVerwGE 127, 1 = NZWehrr 2007, 79.
136 BVerwGE 120, 105 = NZWehrr 2004, 169.
137 BVerwG NZWehrr 1984, 37.
138 Lingens/Marignoni, 39.

Eine sehr enge Auslegung dieses Merkmals unter Rückgriff auf die rechtl. Kompetenzen der SK führt dazu, dass eine Vielzahl von (u. U. durchaus berechtigten) rechtl. und sachlichen Einwänden gegen einen Befehl bereits dessen dienstl. Zweck entfallen lassen. Das Merkmal des dienstl. Zwecks wird damit in letzter Konsequenz zu einem allg. Rechtmäßigkeitsvorbehalt. So soll nach Auffassungen in der Lit. ein Befehl, der die räumlichen, zeitlichen und gegenständlichen Beschränkungen der VorgV überschreitet, keinen dienstl. Zwecken dienen.[139] Gleiches soll für den Fall gelten, dass ein Befehl unter Missachtung der Pflichten des Untergebenen erteilt werde.[140] Das BVerwG[141] hat den dienstl. Zweck streng an die in der Verfassung festgelegten Aufgaben der Bw gebunden. Ein Befehl, der diesen Anforderungen nicht genüge und diesen Rahmen nicht einhalte (worunter das BVerwG u. a. die Vereinbarkeit eines Einsatzes mit der VN-Charta versteht), diene keinem dienstl. Zweck und müsse nicht befolgt werden. Ein Befehl sei „ausschließlich" dann „nur zu dienstlichen Zwecken" erteilt worden, wenn ihn der mil. Dienst erfordere, um die im GG (für Einsätze oder für sonstige zulässige Verwendungen) normierten Aufgaben der SK zu erfüllen.[142] Diese Grenze der Befehlsbefugnis sei für jeden Vorg. verbindlich.[143]

72

Angesichts der teilweise verfassungsrechtl. str. Reichweite des zulässigen Aufgabenspektrums der Bw (Reichweite der Amtshilfe, Auslandseinsätze außerhalb von Systemen gegenseitiger kollektiver Sicherheit, Evakuierungsoperationen) erscheint es fragwürdig, das Merkmal des dienstl. Zwecks hiermit inhaltl. aufzuladen. Konsequenterweise müsste jeder Vorg. – unabhängig von seiner Führungsebene – bewerten, ob er sich im Rahmen eines verfassungsrechtl. zulässigen Einsatzes befindet. Eine Verkennung der verfassungsrechtl. Lage durch die BReg würde jeden im Rahmen des Einsatzes gegebenen Befehl quasi „infizieren".

73

Einem derartigen Ansatz widerspricht der historische Befund, nach dem es in erster Linie darum ging, den Missbrauch der Befehlsbefugnis für private Zwecke zu verhindern. Auch aus rechtssystematischen Gründen kann der dienstl. Zweck nicht mit einem allg. Rechtmäßigkeitsvorbehalt gleichgesetzt werden. Sonst käme der Bindung des Befehls an Gesetze und Dienstvorschriften in Abs. 4 praktisch keine eigenständige Bedeutung mehr zu. Noch entscheidender ist, dass der dienstl. Zweck nicht nur Voraussetzung für die Rechtmäßigkeit, sondern gem. § 11 Abs. 1 Satz 3 auch für die Verbindlichkeit des Befehls ist. Ein Verständnis des Merkmals dienstl. Zweck unter Rückgriff auf reine Rechtmäßigkeitskategorien stellte die im SG angelegte Differenzierung zwischen Rechtmäßigkeit und Verbindlichkeit von Befehlen in Frage. Daher ist ein restriktiver Umgang mit der Kategorie des nicht dienstlichen Zwecken dienenden Befehls angezeigt.

74

Ein dienstl. Zweck liegt immer vor, wenn es um Aufgaben und Pflichten geht, die Angehörige der SK in ihrer Eigenschaft als Soldaten im Rahmen der Erfüllung der den SK zugewiesenen Aufträge wahrzunehmen haben.[144] Sofern in Gesetzen, Dienstvorschriften bzw. durch die polit. Führung allg. (z. B. in den Verteidigungspolit. RL,

75

---

139 *Scherer/Alff/Poretschkin*, SG, § 1 Rn. 34, § 11 Rn. 15.
140 *Huber*, 76.
141 BVerwGE 127, 302 = NJW 2006, 77 (juris Rn. 107 f.).
142 BVerwGE 127, 1 (Ls 1) = NZWehrr 2007, 79.
143 Ebd.
144 So ähnlich die Formulierung BVerwGE 76, 110.

der Konzeption der Bw oder in einem Weißbuch) oder im Einzelfall Aufträge der SK festgelegt werden, dienen diese grds. dienstl. Zwecken, unabhängig von verfassungsrechtl. Zweifeln, sofern sie nicht offenkundig gegen Best. des GG verstoßen. Die Soldaten können und müssen darauf vertrauen, dass Befehle insoweit auf einer verantwortlichen Bewertung der komplexen Rechtslage durch die dafür zuständige, demokratisch legitimierte BReg bzw. den BT beruhen. Hierin liegt nicht etwa ein Anknüpfen an vermeintlich vorkonstitutionellen Kategorien, wie einem „Wesen des Militärischen".[145] Vielmehr geht es um die ebenengerechte Zuweisung von Verantwortlichkeit. Hierzu hat das BVerfG schon vor Jahren festgestellt: „Die Verantwortung für die verfassungsrechtliche Zulässigkeit ... tragen nicht die an dem Einsatz beteiligten Soldaten, sondern die Bundesregierung. Das Gesetz stellt die Soldaten von dieser Verantwortung frei (§ 11 Soldatengesetz)."[146]

Auch ein Befehl, der etwas dienstl. Gebilligtes oder Billigenswertes nur mit falschen Mitteln oder unter Nichtbeachtung anderer Rechtsgrds. erstrebt, verliert dadurch nicht den dienstl. Zweck.[147] Die Rechtswidrigkeit eines Befehls wegen Verstoßes gegen Gesetze, einschl. verfassungsrechtl. Vorgaben, bleibt unberührt.[148]

76 Befehle, durch die Untergebene von möglichen Dienstpflichtverletzungen im außerdienstl. Bereich abgehalten werden sollen (**Präventivbefehle**), z. B. durch Untersagung einer gesundheitsgefährdenden sportlichen Betätigung oder durch das Verbot, an einer verfassungsfeindlichen Veranstaltung teilzunehmen, dienen dienstl. Zwecken. Ob sie rechtmäßig sind, hängt davon ab, ob dienstl. Pflichten in den privaten und außerdienstl. Bereich hineinwirken und die Anweisung zu einem bestimmten Verhalten in der konkreten Situation verhältnismäßig ist.

77 Weitere Beispiele für Befehle, die **dienstl. Zwecken dienen**, sind:
- Verbot, während eines Auslandseinsatzes ein bestimmtes Gebiet auch in der dienstfreien Zeit zu verlassen[149],
- Befehl zur Teilnahme an einem Fototermin zur Erstellung eines Erinnerungsfotos[150],
- Befehl an Flugzeugführer und Besatzungsmitglieder, zwölf Stunden vor Flugbeginn keinen Alkohol zu konsumieren[151],
- Befehl, bei Untergebenen keine Darlehen aufzunehmen, um nicht in Abhängigkeit zu gelangen[152],
- Befehl, der dazu dient, den haushaltsrechtl. Geboten der Wirtschaftlichkeit und Sparsamkeit zu entsprechen[153],
- Befehl zur Erleichterung der Abrechnung von Reisekostenrechnungen[154],

---

145 So aber wohl die Befürchtung in BVerwGE 127, 1 = NZWehrr 2007, 79.
146 BVerfGE 88, 173 = NZWehrr 1993, 116 (Zitat: juris Rn. 41).
147 *Schreiber*, NZWehrr 1965, 1.
148 Lingens/Marignoni, 40.
149 BVerwG NZWehrr 2004, 34.
150 BVerwG NZWehrr 2002, 76.
151 BVerwG NZWehrr 1995, 211.
152 BVerwG NZWehrr 1992, 261.
153 BVerwGE 73, 293. A.A. jetzt BVerwG NVwZ 2007, 475 (476), allerdings nicht wegen Verneinung des dienstl. Zwecks, sondern mangels Bestimmtheit der ZDv 43/2.
154 BVerwG 1 WB 230.77.

– Befehl zur Teilnahme an Abschiedsveranstaltungen (der Befehl, hierfür einen Unkostenbeitrag zu entrichten, diente ebenfalls dienstl. Zwecken, wäre aber mangels Rechtsgrundlage für einen derartigen Eingriff rechtswidrig)[155].

Als **dienstl. Zwecken nicht entspr.** wurden von der Rspr. u. a. folgende Befehle angesehen: **78**
– Kommandierung zu einer Diplomhauptprüfung nach bereits erfolgter Ablösung vom Studium[156],
– Grds. alle Befehle, die mit einer entwürdigenden oder abwertenden Behandlung von Untergebenen einhergehen[157],
– Befehl an eine Ordonanz, die aus Schabernack aus dem Fenster des Unteroffizierheims geworfene Mütze eines Uffz hereinzuholen[158],
– Befehl aus Spaß an Soldaten, „in Stellung zu gehen".[159]

cc) Beachtung der Regeln des Völkerrechts. Hierunter sind grds. alle einschlägigen **79** völkerrechtl. Best. und Vorgaben zu verstehen, wobei in erster Linie die Regeln des **humanitären Völkerrechts in bewaffneten Konflikten** (früher: Kriegsvölkerrecht) von Bedeutung sind. Ein Großteil dieser Regelungen ist gem. Art. 59 Abs. 2 GG in deutsches Recht transformiert worden, weist also zusätzlich Gesetzesqualität auf. Ebenso verhält es sich mit den Regelungen des VStGB.

Die wichtigsten Regelungen sind: **80**
– I. GA zur Verbesserung des Loses der Verwundeten und Kranken der SK im Felde,
– II. GA zur Verbesserung des Loses der Verwundeten, Kranken und Schiffbrüchigen der SK zur See,
– III. GA über die Behandlung der Kriegsgefangenen,
– IV. GA zum Schutze der Zivilpersonen in Kriegszeiten,
– ZP I und ZP II,
– Abkommen, betreffend die Gesetze und Gebräuche des Landkrieges (IV. Haager Abkommen) sowie dessen Anlage, die Haager Landkriegsordnung,
– Übereinkommen über das Verbot oder die Beschränkung des Einsatzes bestimmter konventioneller Waffen, die übermäßige Leiden verursachen oder unterschiedslos wirken können[160].

Auch **völkergewohnheitsrechtl. Grds.** sowie allg. Regeln des Völkerrechts, die über **81** Art. 25 GG geltendes Recht sind, werden von Abs. 4 erfasst. Friedensvölkerrechtl. Regelungen, insbes. der VN-Charta, dürfte im Rahmen des mil. Befehlsrechts eine geringere praktische Relevanz zukommen.

Angesichts der grds. völkerrechtl. Unterscheidung zwischen **ius in bello** und **ius ad bel- 82 lum**[161] könnte die Frage aufgeworfen werden, ob und inwieweit ein nach „Kriegsvölkerrecht" an sich zulässiger Befehl den Regeln des Völkerrechts i. S. v. Abs. 4 widersprechen kann, sofern er im Rahmen eines Einsatzes erteilt wird, der im Widerspruch

---

155 BVerwG DokBer B 1979, 19; hierzu auch *Lingens/Marignoni*, 40.
156 BVerwG NZWehrr 1993, 71.
157 BVerwG NVwZ-RR 2002, 514.
158 BVerwG NZWehrr 1984, 74.
159 BVerwG NVwZ-RR 2008, 184.
160 V. 10.10.1980 (BGBl. 1992 II S. 958).
161 S. ZDv 15/2 Humanitäres Völkerrecht in bewaffneten Konflikten – Handbuch Nr. 207.

zu friedensvölkerrechtl. Vorgaben steht. Es spricht einiges dafür, die völkerrechtl. Differenzierung für das nationale Befehlsrecht zu übernehmen und einen Verstoß gegen das Friedensvölkerrecht nicht auf den Befehl „durchschlagen" zu lassen.

83 **dd) Gesetze.** Unter Gesetzen sind **sämtliche Rechtsnormen** mit Außenwirkung zu verstehen, von RVO über einfache Gesetze bis hin zu den Bestimmungen des GG. Ob ein Befehl gegen ein Gesetz verstößt, ist nach dem jew. einschlägigen Gesetz zu bestimmen. Abs. 4 stellt insoweit keinen eigenständigen rechtl. Maßstab auf, sondern verweist auf die gesamte nationale Rechtsordnung. Inwieweit für einen Befehl eine besondere gesetzl. Eingriffsermächtigung gegeben sein muss, folgt ebenfalls aus der jew. Sach- und Rechtsmateric und nicht aus Abs. 4. Führt der Befehl zu Grundrechtseinschränkungen der Untergebenen, dürften als formelle gesetzl. Grundlage die allg. Gehorsamspflicht sowie die im SG normierten soldatischen Einzelpflichten ausreichend sein. Materieller Prüfungsmaßstab sind das einschlägige Grundrecht und seine ausdrücklichen oder immanenten Beschränkungsmöglichkeiten.[162] Zu den Gesetzen gehört auch der aus dem Rechtsstaatsprinzip abzuleitende Grds der Verhältnismäßigkeit. Befehle, die über das erforderliche Maß in die Freiheitssphäre des Untergebenen eingreifen, sind danach rechtswidrig[163]. Die Verhältnismäßigkeit spielt insbes. bei den Präventivbefehlen eine Rolle.[164]

84 **ee) Dienstvorschriften.** Dienstvorschriften sind allg. Weisungen und Anordnungen des BMVg. Rechtsdogmatisch gehören sie dem staatlichen Innenrecht an, entfalten also keine Außenwirkung. Sie sind daher vergleichbar mit AVV für den mil. Bereich. Da in Dienstvorschriften auch Befehle enthalten sein können, begründet Abs. 4 insoweit eine Hierarchie zwischen Befehlen. Befehle, die in Dienstvorschriften enthalten sind, schränken die Befehlsbefugnis des einzelnen Vorg. ein.

85 **d) Rechtsschutz gegen Befehle.** Da Befehle keine Außenwirkung haben, kommen unmittelbare Rechtsschutzmöglichkeiten nur für Soldaten in Betracht, denen ein Befehl erteilt wurde. Sind mit einem Befehl nachteilige Wirkungen für Dritte, insbes. für Personen außerhalb der Bw, verbunden, können diese nicht gegen den Befehl selbst vorgehen; ihnen stehen vielmehr die allg. Rechtsschutzmöglichkeiten gegenüber der ihnen nachteiligen Maßnahme zur Verfügung (Dienstaufsichtsbeschwerde, Feststellungs- und Unterlassungsklage, Folgenbeseitigungsanspruch u. a.).

86 Befehle sind ausnahmslos **truppendienstl. Maßnahmen.** Fühlt sich ein Soldat durch einen Befehl unrichtig behandelt, kann er hiergegen Beschwerde einlegen. Im Rahmen des Beschwerdeverfahrens wird nicht allein die Rechtmäßigkeit des Befehls, sondern auch seine Zweckmäßigkeit geprüft, vgl. § 13 Abs. 1 Satz 2 WBO.

87 Bleiben die Beschwerde und die weitere Beschwerde (§ 16 WBO) erfolglos, kann Antrag auf **Entsch. des TDG** gestellt werden. Das TDG ist lediglich zu einer Rechtskontrolle befugt (§ 17 Abs. 3 WBO). Dementspr. ist ein Antrag auf truppendienstgerichtl. Entsch. nur zulässig, sofern der betroffene Soldat geltend macht, in eigenen Rechten verletzt zu sein, oder wenn seine Beschwerde eine Verletzung der Pflichten eines Vorg. ihm gegenüber zum Gegenstand hat, die im Zweiten Unterabschnitt des

---

162 Zu den immanenten Grundrechtsschranken bei Soldaten vgl. *Sohm*, NZWehrr 2006, 1.
163 Grundlegend bereits BDE 4, 181.
164 Umfassend *Lingens/Marignoni*, 50 ff.; vgl. auch *Huth*, NZWehrr 1990, 107; BVerwG NZWehrr 1976, 20.

Ersten Abschnitts des SG geregelt sind (§ 17 Abs. 1 WBO). Die Vorgesetztenpflichten des Abs. 4 fallen hierunter. Ob damit eine Entsch. des TDG bei jeder Verletzung des Abs. 4 beantragt werden kann, ist dennoch fraglich. Vorgesetztenpflichten bestehen zunächst gegenüber dem Dienstherrn. Nicht jeder Verstoß eines Befehls gegen eine der Rechtmäßigkeitsvoraussetzungen des Abs. 4 muss gleichzeitig eine Pflichtverletzung gegenüber den Untergebenen darstellen. So mag der Befehl, Teilnehmer einer Mahnwache außerhalb des Kasernengeländes zu fotografieren, rechtswidrig sein[165]. Er verletzt aber nicht den Soldaten, dem der Befehl erteilt wird, in seinen Rechten. Vielmehr ist gesondert zu prüfen, ob die bei der Befehlsgebung missachteten Gesetze oder Dienstvorschriften ihrerseits überhaupt subjektive Rechte des Soldaten begründen oder wenigstens in seinem Interesse ergangen sind (z. B. Sicherheitsbest.). Auch wenn Befehle verfassungsrechtl. Best. oder völkerrechtl. Grds. zuwiderlaufen, begründet dies nicht zwingend eine Verletzung subjektiver Rechte des Soldaten.[166]

7. Absatz 5. – a) Satz 1. Satz 1 macht Vorg. für die von ihnen erteilten Befehle verantwortlich. Für Befehle anderer, insbes. höherer Vorg., können sie nach dem eindeutigen Wortlaut („seine") nicht verantwortlich gemacht werden. 88

Satz 1 konstituiert **keine Pflicht**, deren vorsätzliche oder fahrlässige Verletzung ein Dienstvergehen darstellen könnte[167], sondern hat nur **Klarstellungsfunktion**. 89

Die Pflicht, nur rechtmäßige Befehle zu erteilen, ergibt sich bereits umfassend aus Abs. 4.[168] Dieser ist insoweit lex specialis und verpflichtet Vorg. hins. der **Rechtmäßigkeit** der Diensthandlung Befehl ebenso persönlich, wie dies bei Beamten gem. § 63 Abs. 1 BBG für die Rechtmäßigkeit ihrer dienstl. Handlungen gilt. Satz 1 kann dies allenfalls klarstellend ergänzen. 90

Sinn und Zweck des Satzes 1 ist es auch nicht, den Dienstherrn in die Lage zu versetzen, bloße Schlechtleistungen der Vorg. durch unzweckmäßige Befehle als Dienstvergehen zu ahnden. Selbstverständlich sind Vorg. auch für die **Zweckmäßigkeit** ihrer Befehle verantwortlich. Unzweckmäßige Befehle sind aber erst dann ein Pflichtverstoß, wenn auch andere, dann vorrangige Pflichten (neben § 10 Abs. 3 oder § 12 insbes. die Pflicht aus § 7, dienstl. Material und Personal zum Wohle des Dienstherrn einzusetzen) berührt sind. Fälle, in denen bei einem Verstoß gegen anderweitige Pflichten noch die Rechtmäßigkeit und lediglich eine Unzweckmäßigkeit des Befehls angenommen werden kann, sind kaum denkbar. 91

Nur die zu weit gehende Annahme einer eigenständigen Dienstpflicht führt dazu, dass in der Lit.[169] mit Hinw. auf die Vorg. abverlangte „Tatfreudigkeit" und Entschlusskraft ein Pflichtverstoß verneint werden muss, wenn Vorg. ihre nachträglich als falsch erkannten Entschlüsse in der Lage, in der sie sich befunden haben, für zweckmäßig

---

165 BVerwG NZWehrr 1998, 26.
166 Weitergehend wohl *Dau*, WBO, § 17 Rn. 19, 28, der § 17 Abs. 1 WBO so interpretiert, dass hierdurch Vorgesetztenpflichten in subjektive öff. Rechte der Untergebenen erwachsen.
167 So wohl auch GKÖD I Yk, § 10 Rn. 56, der einen Pflichtverstoß nur bezogen auf Abs. 4 (Pflicht zur rechtmäßigen Befehlsgebung) annimmt; a.A. wohl *Scherer/Alff/Poretschkin*, SG, § 10 Rn. 53; *Stauf* I, § 10 SG Rn. 43.
168 Vgl. GKÖD I Yk, § 10 Rn. 56.
169 GKÖD I Yk, § 10 Rn. 57; *Scherer/Alff/Poretschkin*, SG, § 10 Rn. 53 f.; *Stauf* I, § 10 SG Rn. 43; *Weniger*, SG, § 10 Rn. 17.

halten durften. Richtigerweise müsste dann der objektive Pflichtverstoß angenommen und nur das für ein Dienstvergehen erforderliche Tatbestandsmerkmal des Vorsatzes oder der Fahrlässigkeit verneint werden. Verantwortung setzt jedoch schon tatbestandlich Vorwerfbarkeit voraus, so dass im vorgenannten Fall und damit generell die Möglichkeit der Pflichtverletzung ausgeschlossen werden muss.

92 Satz 1 stellt klar, dass Vorg. für die ordnungsgemäße – also auch zweckmäßige – Ausübung ihres **Ermessen bei der Befehlsgebung** persönlich einstehen müssen. Denn soweit Vorg. nicht durch G oder Befehle höherer Vorg. gebunden sind, liegt es in ihrem Ermessen, ob und in welcher Weise sowie mit welchem Inhalt sie das Führungsmittel des Befehls einsetzen. Wie sie dies tun, ist von besonderer Bedeutung im Hinblick auf die ihnen zukünftig zu übertragenden oder zu entziehenden Aufgaben, bei Verwendungsentscheidungen und insbes. für dienstl. Beurteilungen.

93 Satz 1 stellt ferner klar, dass der aus § 11 folgenden Gehorsamspflicht der Untergebenen die Verantwortung der die Anordnung erteilenden Vorg. entspricht. Schließlich wird mit der Ausführung von Befehlen bewirkt, was Vorg. mit Anspruch auf Gehorsam erreichen wollen. Die **Zurechnung der Befehlsausführung** ist die notwendige Folge. Soweit Untergebene einen rechtswidrigen Befehl erhalten, den sie nicht ausführen müssen oder nicht ausführen dürfen, können Vorg. sich hierauf nicht berufen und die Verantwortung auch nicht teilweise auf die Untergebenen abwälzen. Dies gilt auch dann, wenn die Untergebenen die Unverbindlichkeit des Befehls erkennen konnten oder erkannt haben. Insoweit sind die Vorg. wie Anstifter zu einer Straftat (vgl. § 26 StGB) als Täter für die Folgen ihrer Befehle zu belangen. Dies würde jedoch auch ohne die Regelung des Satzes 1 gelten.

94 Begehen Untergebene eine Straftat auf Befehl, handeln sie gem. § 5 WStG nur dann schuldhaft, wenn sie erkennen, dass es sich um eine rechtswidrige Tat handelt oder dies nach den ihnen bekannten Umständen offensichtlich ist. Auch unterhalb der Schwelle kriminellen Unrechts sind der Einsatz dienstl. Personals und Materials für nichtdienstl. Zwecke untersagt und Befehle hierzu nach § 11 Abs. 1 unverbindlich. Wird ein solcher unverbindlicher Befehl erteilt, ist den ausführenden Untergebenen trotz des Abs. 5 Satz 1 eine **Berufung auf die Verantwortung des Vorg.** verwehrt, auch wenn der Vorg. ihnen versichert, er werde die **Verantwortung übernehmen**. Die Pflicht zum treuen Dienen gebietet, pflichtwidrige Handlungen zu unterlassen, zu denen man nicht gezwungen ist.

95 **b) Satz 2. – aa) Allgemeines.** Satz 2 knüpft an § 10 Abs. 2 an. Vorg. müssen Gefährdungen der Disziplin und Verstößen von Soldaten gegen ihre Dienstpflichten durch den Einsatz ihrer Befehlsautorität begegnen. Dazu gehört zunächst, ihre eigenen Befehle in der den Umständen angemessenen Weise durchzusetzen.[170] Wäre diese Pflicht auf die eigenen Befehle beschränkt, wäre eine lückenlose Dienstaufsicht nicht gewährleistet. Schließlich müsste der Wortlaut des Satzes 2, an Satz 1 („seine Befehle") anknüpfend, mit einem bestimmten Artikel („Diese" bzw. „Die") beginnen. Deshalb erstreckt sich die Pflicht zur Durchsetzung von Befehlen auch auf solche **Befehle, die andere Vorg. erteilt haben**.[171] Insbes. gilt dies für Befehle, die in die mil. Ordnung regelnden Dienstvorschriften enthalten sind. Soweit **Dienstvorschriften**

---

170 BVerwGE 83, 60 (68).
171 So auch GKÖD I Yk, § 10 Rn. 58; *Scherer/Alff/Poretschkin*, SG, § 10 Rn. 56.

wegen fehlender Befehlsbefugnis des Erlassgebers keine Befehlsqualität haben, besteht die Pflicht aller Vorg. nach § 7, die in der Vorschrift enthaltene Anweisung durchzusetzen.

Mit der Formulierung „in der den Umständen angemessenen Weise" entspricht der Gesetzgeber deklaratorisch dem aus dem Rechtsstaatsprinzip (Art. 20 Abs. 3 GG) abgeleiteten Gebot, auch bei der Befehlsdurchsetzung den **Grds. der Verhältnismäßigkeit** der Mittel zu wahren. Danach muss das einsetzte Mittel geeignet und erforderlich sein, um den angestrebten Zweck zu erreichen. Von mehreren geeigneten Mitteln ist dasjenige einzusetzen, das die Betroffenen am wenigsten beeinträchtigt. Schließlich muss die Maßnahme in einem angemessenen Verhältnis zur Bedeutung des Befehls für die Erfüllung des mil. Auftrags oder die Aufrechterhaltung der Disziplin stehen.[172] Befehlsdurchsetzung ist somit nicht in jedem Fall und nicht um jeden Preis geboten. Auch § 6 Abs. 1 VorgV sieht die Erklärung zum Vorg. nur vor, wenn zur Aufrechterhaltung der Disziplin ein sofortiges Eingreifen für „unerlässlich" gehalten wird. Die Festnahmebefugnis gem. § 21 Abs. 2 Satz 1 Nr. 2 Buchst. a WDO besteht nur, wenn die Festnahme zur Aufrechterhaltung der Disziplin geboten ist. Insbes. in der Öffentlichkeit wird die Gefahr eines offenen Streits oder gar einer tätlichen Auseinandersetzung das Gegenteil gebieten.

96

bb) Befugnisse. Satz 2 stellt ein Gebot zur Befehlsdurchsetzung dar und hat daher den Charakter einer **Aufgabennorm**. Zweifelhaft ist, ob es sich darüber hinaus um eine **Befugnisnorm** handelt, die Eingriffsrechte in Grundrechte der Untergebenen vermittelt.

97

Der REntw.[173] nannte als Mittel zur Durchsetzung von Befehlen die Überwachung der Befehlsausübung („unmittelbare Dienstaufsicht"), die Möglichkeit, sich die Ausführung des Befehls melden zu lassen und, sofern der Vorg. sich anders nicht durchsetzen könne, ein Einschreiten mit Mitteln des Disziplinarrechts oder die Veranlassung einer strafrechtl. Verfolgung. Ferner wurde angenommen, Vorg. hätten in kritischen Lagen im Falle äußerster Not ein Notstandsrecht, das ihnen erlaube, den Gehorsam selbst **mit der Waffe** zu erzwingen. Inwieweit der Gesetzgeber sich diese Auffassung zu eigen gemacht hat, ist unklar, wenngleich die damals zeitliche Nähe zum 2. Weltkrieg diese Annahme nahe legen mag.[174] Die Formulierung der Begr. lässt jedoch auch die Deutung zu, dass dieses Notstandsrecht nicht durch die spätere Regelung des heutigen Satzes 2 begründet werden sollte, sondern allenfalls ein außerhalb der gesetzl. Regelung stehendes Notstandsrecht angenommen wurde.[175] Da es sich beim SG um nachkonstitutionelles Recht handelt, sind an die Formulierung einer Norm, die Eingriffe in Grundrechte, insbes. in Art. 2 Abs. 2 Satz 1 und 2 GG, vorsieht, rechtsstaatliche Maßstäbe anzulegen. Daran gemessen hat ein solcher Wille des Gesetzgebers – selbst wenn man ihn unterstellt – keinen Niederschlag im G gefunden.[176] Er wäre verfassungskonform nicht realisierbar (vgl. insb. Art. 102 GG).

98

---

172 Vgl. auch GKÖD I Yk, § 10 Rn. 61; *Scherer/Alff/Poretschkin*, SG, § 10 Rn. 58b.
173 BT-Drs. II/1700, 19.
174 Vgl. hierzu *Stauf* I, § 10 SG Rn. 45, der darauf hinweist, dass keine dem § 124 des Militärstrafgesetzbuchs v. 20.6.1872 entspr. Regelung geschaffen wurde.
175 *Rittau*, SG, 108, nimmt ein Recht auf Waffengebrauch gegen ungehorsame Untergebene aus § 10 Abs. 5 Satz 2 an, solange dieser nur verhältnismäßig sei; er sieht darin im Vergleich zu § 124 des Militärstrafgesetzbuchs eine Verschlechterung zu Lasten der Untergebenen.
176 So auch GKÖD I Yk, § 10 Rn. 60; *Scherer/Alff/Poretschkin*, SG, § 10 Rn. 58.

99 Eine **Befugnis zur Anwendung unmittelbaren Zwanges** durch körperliche Gewalt, ihre Hilfsmittel und durch Waffen kann Satz 2, der nicht annähernd die Eindeutigkeit im Polizeirecht als Auffangnorm bestehender Generalklauseln aufweist, nicht entnommen werden.[177] Der Gesetzgeber hat mit den §§ 10 ff. UZwGBw eine abschließende Regelung geschaffen, die mangels Analogiefähigkeit keine Grundlage für eine allg. Befehlsdurchsetzung darstellen kann.

100 Wollte man Satz 2 ein Recht zu Eingriffen in das Grundrecht auf körperliche Unversehrtheit durch Anwendung unmittelbaren Zwanges entnehmen, wäre die Vorschrift mangels Beachtung des **Zitiergebots** des Art. 19 Abs. 1 Satz 2 GG nichtig. Mit dem SG hat der Gesetzgeber neue Grundlagen für die SK geschaffen und nicht nur vorkonstitutionelles Recht geringfügig modifiziert in Kraft gesetzt. Körperliche Gewalt kann gleichwohl zur Durchsetzung eines Befehls eingesetzt werden, sofern die Schwelle zum Eingriff in die körperliche Unversehrtheit nicht überschritten wird.[178] Das BVerwG vertritt in st. Rspr. einerseits, **dass Vorg. ihre Untergebenen niemals anfassen dürfen**; andererseits soll dies zulässig sein, wenn zur Durchsetzung eines Befehls kein anderes Mittel bleibt.[179]

101 Aus Satz 2 lässt sich **keine Befugnis für eine präventive Durchsuchung** durch Feldjäger zu deren Eigensicherung ableiten.[180] Mit §§ 7 und 8 UZwGBw sowie § 20 WDO hat der Gesetzgeber spezielle Normen für streitkräftebezogene Durchsuchungsrechte geschaffen, die einen Rückgriff auf eine allg. Norm zur Befehlsdurchsetzung ausschließen.

102 Den Vorg. stehen zur Durchsetzung von Befehlen z. B. die Mittel des Erl. des BMVg „**Erzieherische Maßnahmen**" (ZDv 14/3 B 151) zur Verfügung.[181] Dieser Erl. unterscheidet zwischen allg. erzieherischen Maßnahmen, zu deren Anwendung alle Vorg. berechtigt sind (Belehrung, Zurechtweisung, Warnung oder Verlängerung eines einzelnen Teilabschnitts des Dienstes/der Ausbildung), zusätzlichen erzieherischen Maßnahmen, die dort näher bestimmten Vorg., und schließlich besonderen erzieherischen Maßnahmen, die DiszVorg. vorbehalten sind (Versagen von Nachtausgang an Tagen, auf die ein Dienst für den betroffenen Soldaten folgt; diese Maßnahme ist nur gegen Mannschaften während der allg. Grundausbildung zulässig; ferner können DiszVorg. die Befugnisse eines Vorg. zur selbstständigen Anwendung einzelner erzieherischer Maßnahmen einschränken).

103 Vorg. können einen Befehl wiederholen und auf die **Strafbarkeit** gem. § 20 WStG hinweisen.

104 Androhung und Durchführung einer **vorläufigen Festnahme** nach § 21 WDO kommen ebenfalls in Betracht, selbst wenn im Falle der tatsächlichen Festnahme die Befehlsdurchsetzung zumindest nicht unmittelbar erfolgt. Sie kann gleichwohl die Bereit-

---

177 So auch GKÖD I Yk, § 10 Rn. 60; *Scherer/Alff/Poretschkin*, SG, § 10 Rn. 58a; *Weniger*, SG, § 10 Rn. 18; Schmidt, NZWehr 1968, 161; a.A. *Stauf* I, § 10 SG Rn. 44,
178 Wohl a.A. *Scherer/Alff/Poretschkin*, SG, § 10 Rn. 58a, wenngleich unter Hinw. auf BVerwG 2 WD/81, wonach der Befehl, sich zum Zweck eines dienstl. Gesprächs hinzusetzen, mit körperlicher Gewalt durchgesetzt werden kann.
179 BVerwGE 113, 279 = NZWehr 1999,78; BVerwGE 103, 257; BVerwGE 93, 140; BVerwGE 86, 362 = NZWehr 1991, 77; BVerwGE 83, 300 jew. m. w. N.
180 So auch GKÖD I Yk, § 10 Rn. 60; vgl. zu dem Problem *Dahl*, NZWehr 1999, 106; *Heinen*, NZWehr 1992, 114.
181 Vgl. hierzu *Walz*, NZWehr 1985, 177.

schaft zur Befehlsbefolgung bewirken. In diesem Fall sind Festgenommene nach § 21 Abs. 4 WDO auf freien Fuß zu setzen, sofern die Festnahme dann nicht mehr aus anderen Gründen zur Aufrechterhaltung der Disziplin erforderlich ist.[182]

Schließlich bestehen die Möglichkeiten der **disziplinaren Ahndung** von Pflichtverletzungen mit den Mitteln der WDO sowie der **Abgabe an die Staatsanwaltschaft** zur Verfolgung krimineller Pflichtverletzungen Untergebener.   **105**

8. Absatz 6. – a) Zweck der Vorschrift. Seit der Entsch. des BVerfG zur Meinungsfreiheit von Soldaten[183] begründet das BVerwG nahezu formelhaft den **Normzweck** so: **106**

„Vorgesetzte brauchen das Vertrauen der Soldaten, die sie führen. Um sich dieses Vertrauen zu erhalten, verlangt § 10 Abs. 6 SG von jedem Offizier und Unteroffizier innerhalb und außerhalb des Dienstes Zurückhaltung bei Meinungsäußerungen. Besonnenheit, Unvoreingenommenheit und Toleranz und ein sachliches, abgewogenes Urteil sind für einen Vorgesetzten unerlässlich, um seinen Untergebenen Vorbild[184] sein zu können. Eine Armee kann ohne das Prinzip von Befehl und Gehorsam, ohne Disziplin nicht bestehen ... Wer Disziplin fordert, hat aber zuerst selbst Disziplin zu üben und die militärische Ordnung zu beachten. Gehorsam wiederum setzt Vertrauen zu Vorgesetzten voraus."[185]

In einer neueren Entsch.[186] wird diese Zweckbestimmung wie folgt verkürzt:

„Diese Vorschrift soll verhindern, dass Vorgesetzte durch unzulässige Äußerungen ihre dienstliche Autorität selbst untergraben und damit die Gehorsamsbereitschaft ihrer Untergebenen beeinträchtigen. Wer Disziplin fordert, hat zuerst selbst Disziplin zu üben und sich bei seinen Äußerungen die notwendige Zurückhaltung aufzuerlegen, um seiner militärischen Führungsaufgabe als Vorgesetzter gerecht zu werden."

Zusammenfassend lässt sich feststellen, dass Abs. 6 primär dazu beitragen soll, die **Autorität** des handelnden (vorg.) Soldaten zu **erhalten**, d. h. eine Gefährdung seiner Autorität zu verhindern.[187]

b) Absatz 6 und Grundgesetz. Die Vorschrift ist mit dem **GG**, insbes. Art. 5 Abs. 1 Satz 1 Halbs. 1, Art. 103 Abs. 2, **vereinbar**.[188]   **107**

Das BVerfG hat mit Urt. vom 10.7.1992[189] – unter Aufhebung eines Urt. des BVerwG[190] – entschieden, dass u. a. § 10 Abs. 6 ein **allg. Gesetz** i. S. v. Art. 5 Abs. 2 GG sei, das nicht eine bestimmte Meinung ihres Inhalts wegen verbiete, sondern „in Aus-

---

182 Vgl. hierzu *Dau*, WDO, § 21; Komm. zu § 1 Rn. 60 ff.
183 BVerfGE 28, 55 = NZWehr 1970, 177.
184 Gem. § 10 Abs. 1 soll der Vorg. ein „Beispiel" geben; er braucht nicht „Vorbild" zu sein.
185 BVerwGE 86, 188 (195); BVerwG NZWehr 1993, 206 (210); BVerwGE 113, 48 = NZWehr 1997, 161 (163).
186 BVerwG NZWehr 2001, 171 (172).
187 *Peterson*, NZWehr 1991, 12 (15).
188 BVerwGE 132, 179 (juris Rn. 33); *Scherer/Alff/Poretschkin*, SG, § 10 Rn. 60.
189 NZWehr 1992, 205 (206); bestätigt durch Kammerbeschl. des BVerfG NZWehr 2007, 157 mit Anm. *Lucks*, 159. Vgl. auch BVerwGE 127, 293 = NZWehr 2007, 167.
190 NVwZ-RR 1992, 558.

füllung"[191] des Art. 17a Abs. 1 GG die Freiheit der Meinungsäußerung beschränke, um dadurch die Funktionsfähigkeit der Bw[192] und die Erfüllung der ihr gestellten Verteidigungsaufgabe zu sichern. Für allg. Gesetze i.d.S. gelte das **Zitiergebot** des Art. 19 Abs. 1 Satz 2 GG **nicht**.

Ergänzend hat das BVerwG[193] Abs. 6 dahingehend konkretisiert, dass dieser dem Schutz eines „Gemeinschaftswertes" diene, der gegenüber der Freiheit der Meinungsäußerung Vorrang habe. Dieser Gemeinschaftswert sei der „Grundsatz der Disziplin" und dieser wiederum sei ein zu schützendes Rechtsgut.[194] In einer späteren Entsch. hat das BVerwG[195], dem BVerfG folgend, dieses Rechtsgut als zur Erhaltung der „Funktionsfähigkeit der Bw" notwendig bezeichnet.

108 c) **Adressatenkreis**[196]. Gegen Abs. 6 können nur **Offz** und **Uffz**, d. h. Soldaten ab dem Dienstgrad Lt bzw. Uffz, verstoßen. Der Wortlaut der Best. ist (nur) insoweit eindeutig. Mannschaften, auch UA oder OA, fallen nicht unter den Anwendungsbereich.

Der **Status** des Offz oder Uffz ist rechtl. **irrelevant**; es kann sich um wpfl, dienstleistungspflichtige, wiederverwendete, eignungsübende oder länger dienende Soldaten handeln.[197]

109 Der Wortlaut des Abs. 6 lässt keine eindeutige Antwort auf die Frage zu, in **welcher Funktion** die strittige Äußerung des Offz oder Uffz gefallen sein muss. So ist insbes. unklar, ob der Soldat als Vorg. aufgetreten, ob er für den/die Adressaten der Äußerung als Vorg. erkennbar gewesen, ob er überhaupt zum maßgeblichen Zeitpunkt Vorg. i. S. d. VorgV gewesen sein muss.

110 Die Rspr. vermeidet eine präzise Festlegung. So wird regelmäßig Abs. 6 – vom Wortlaut her einschränkend – dahingehend zitiert, dieser verpflichte „Offiziere und Unteroffiziere" zu allg. Zurückhaltung.[198] Der Kontext dieser Personengruppe zur Rechtsstellung als Vorg. wird selten[199] unmittelbar hergestellt, so wenn z. B. ausgeführt wird, aus der Zweckbestimmung des Abs. 6 folge, dass die Vorgesetzteneigenschaft nicht nur ein Vorgesetztenverhältnis aufgrund der Dienststellung voraussetze, sondern ein jedes in der VorgV geregelte Vorgesetztenverhältnis genüge.[200] Vollends unverständlich ist die Aussage, „der Vorgesetzte als Offizier

---

191 Auch diese rechtl. wenig greifbare Formulierung zeigt, dass das Verhältnis zwischen Art. 17a GG u. den Wehrgesetzen nach wie vor nicht völlig geklärt ist.
192 Den SK kommt die Verteidigungsaufgabe zu, nicht der Bw. Richtig dagegen BVerwGE 103, 81 = NZWehrr 2004, 249 (250).
193 NZWehrr 1993, 206 (210).
194 An dieser Stilisierung der Disziplin sind durchaus Zweifel angezeigt.
195 BVerwGE 113, 48 = NZWehrr 1997, 161 (162). Vgl. auch BVerwGE 132, 179.
196 An dem Befund von *Peterson*, NZWehrr 1991, 12 (14, Fn. 11), es sei überraschend, dass sich in Rspr. u. Lit. wenig Konkretes zum personellen Anwendungsbereich des § 10 finden lasse, hat sich bis heute nichts geändert.
197 *Peterson*, NZWehrr 1991, 12 (14).
198 BVerwGE 83, 60 = NZWehrr 1986, 161 (165); BVerwGE 86, 188 (194 f.); BVerwG NZWehrr 1993, 206 (210).
199 Besonders evident wird dieser Mangel in der Entsch. BVerwGE 86, 188 (194). Die Vorgesetzteneigenschaft des Soldaten (Flottillenadmiral) wird nicht einmal ansatzweise begründet o. erklärt.
200 BVerwGE 83, 60 = NZWehrr 1986, 161 (165).

bzw. Unteroffizier" sei zur Zurückhaltung bei Äußerungen verpflichtet.²⁰¹ Wenig hilfreich ist schließlich die differenzierende Bewertung einer Meinungsäußerung je nachdem, ob der Soldat diese „als Staatsbürger²⁰² oder als Angehöriger der Streitkräfte" abgegeben habe.²⁰³

Unterschiedliche Erkenntnisse vermittelt die Lit. *Scherer/Alff/Poretschkin*²⁰⁴ führen aus, es sei unerheblich, aufgrund welcher Best. der VorgV der Soldat Vorg. sei, unterstellen dabei wohl, dass der Soldat überhaupt als Vorg. aufgetreten ist. *Schreiber*²⁰⁵ bezeichnet als „Normadressaten" alle Offz und Uffz, lässt aber offen, ob diese im konkreten Fall mil. Vorg. waren. *Vogelgesang*²⁰⁶ betont, die „Vorgesetzteneigenschaft" sei Voraussetzung für die Anwendbarkeit des Abs. 6. Dies sei der Fall, wenn der Soldat bei Tatbegehung die Funktion eines mil. Vorg. innehatte. **111**

Bis zu einer **gesetzl. Klarstellung** ist von Folgendem auszugehen: **112**

Der systematische Zusammenhang des Abs. 6 mit der amtl. Überschrift des § 10 und der Wortlaut des Abs. 6 führen zu dem Schluss, dass ein Offz oder Uffz nur dann den Tatbestand des Abs. 6 erfüllen kann, wenn er im Zeitpunkt der Tat **konkret**²⁰⁷ die **Funktion eines mil. Vorg. i. S. v. § 1 Abs. 3 und der VorgV innehatte**. Die Art der Vorgesetzteneigenschaft ist unbeachtlich; eine solche gem. § 4 VorgV reicht aus.²⁰⁸ Wenn ein Offz oder Uffz insbes. außerhalb des Dienstes²⁰⁹ (und außerhalb umschlossener mil. Anlagen) nicht Vorg. ist, kann er nicht gegen Abs. 6 verstoßen. Seine dienstrechtl. Verantwortung gem. § 17 Abs. 2 Satz 2 bleibt hiervon unberührt. Dieses Resultat folgt der ratio legis: Nur wer Vorg. ist, kann durch unzulässige Äußerungen seine Autorität als Vorg. beschädigen.²¹⁰

d) Pflichtenkonkurrenzen. Unzulässige Äußerungen eines Offz oder Uffz als mil. Vorg. können sowohl gegen Abs. 6 als auch gegen § 7, § 8, § 12, § 15 Abs. 4 und § 17 Abs. 1 bis 3 verstoßen.²¹¹ Dies ist bei der Bemessung des Disziplinarmaßes zu berücksichtigen. **113**

---

201 BVerwGE 113, 48 = NZWehrr 1997, 161 (163).
202 Der Soldat ist auch als Angehöriger der SK Staatsbürger (in Uniform).
203 BVerwGE 83, 60 = NZWehrr 1986, 161 (166).
204 SG, § 10 Rn. 61.
205 NZWehrr 1991, 105 (109).
206 GKÖD I Yk, § 10 Rn. 63.
207 Insoweit a.A. GKÖD I Yk, a.a.O.
208 BVerwGE 128, 319.
209 Es sind durchaus Fallkonstellationen denkbar, in denen ein Offz o. Uffz auch innerhalb des Dienstes nicht mil. Vorg. ist. So ist ein Depotkommandant, dem lediglich Arbeitnehmer u. Beamte unterstellt sind, zwar deren Vorg., aber nicht mil. Vorg.
210 Ob die Äußerung objektiv geeignet sein muss, die Autorität zu beeinträchtigen, o. ob ein tatsächlicher Autoritätsverlust eingetreten ist (vgl. *Peterson*, NZWehrr 1991 , 12, 16) spielt in diesem Zusammenhang keine Rolle.
211 *Scherer/Alff/Poretschkin*, SG, § 10 Rn. 66 m.w.N.; BVerwGE 83, 136 (152) – zu § 17 Abs. 2 Satz 2, 2. Alt. A.A. *Peterson*, NZWehrr 1991, 12 (21 f.); *Stauf* I, § 10 SG Rn. 50. Der von diesen Autoren angenommene „originäre, eigenständige Normzweck" des Abs. 6 schließt eine gleichzeitige Verletzung der anderen in. Vorschriften nicht aus.

114 **e) Äußerungen.** „Äußerungen" i. S. d. Abs. 6 sind zunächst alle **Meinungsäußerungen** in Wort, Schrift und Bild i. S. v. Art. 5 Abs. 1 Satz 1 Halbs. 1 GG. Die Rspr. versteht hierunter Stellungnahmen auf allen Gebieten, die im **Meinungsstreit** stehen, bei denen eine „geistige Auseinandersetzung", ein „Kampf der Meinungen", stattfindet. Verbalbeleidigungen reichen daher für sich allein grds. nicht aus.[212]

Unzulässig sind nur solche Äußerungen, die Untergebenen „zu Gehör kommen" oder „in die **Öffentlichkeit** dringen" können. Gespräche im Kameradenkreis oder innerdienstl. Vorgänge fallen nicht hierunter.[213] Die Anwesenheit von Pressevertretern genügt.[214]

Unzulässig ist auch die Weitergabe von **Äußerungen Dritter** in Form von Zitaten, wenn nicht eindeutig zu erkennen ist, dass sich der Soldat von diesen distanziert.[215]

Zulässig ist, wenn der Soldat seiner im Übrigen nicht zu beanstandenden (schriftl.) Äußerung seinen **Dienstgrad** hinzufügt und damit seine Zugehörigkeit zu den SK offenbart.[216]

115 **f) Zurückhaltung zu wahren.** Bereits aus der Verwendung des Begriffes „wahren" folgt, dass der Offz oder Uffz nicht gehindert ist, aktiv am öffentlichen Willensbildungsprozess teilzunehmen.[217] Er hat dabei seine Meinung **„besonnen, tolerant und sachlich"** zu vertreten.[218] Offz und Uffz haben ihren Untergebenen ein „Vorbild" (gemeint ist ein Beispiel) durch Besonnenheit, Offenheit und ein sachliches Urteil zu sein.[219] Im Einzelfall kann dies durchaus eine schmale **Gratwanderung** zwischen dem Grundrecht auf freie Meinungsäußerung und dem soldatenrechtl. Verbot aus Abs. 6 bedeuten, wobei die Rspr. eine zunehmende Tendenz in Richtung des Grds. „in dubio pro libertate" erkennen lässt.[220]

g) Einzelfälle von Verstößen gegen Abs. 6 aus der Rechtsprechung.
116 – Verbale Angriffe gegen in Deutschland lebende **Ausländer** (hier: Türken)[221]
– Glorifizierung von Symbolen der **NS-Zeit**; Leugnung der Vernichtung der Juden; Bezeichnung von Widerstandskämpfern als „Verräter"[222]

---

212 Vgl. z. B. BVerwGE 63, 37 = NZWehrr 1978, 141 (142); BVerwGE 113, 48 = NZWehrr 1997, 161 (163); TDG Nord NZWehrr 2000, 40 (41). Anders jetzt bzgl. völlig unsachlicher, diffamierender Äußerungen BVerwGE 127, 293 = NZWehrr 2007, 167 mit Anm. *Deiseroth*, jurisPR-BVerwG 13/2007; BVerwGE 128, 319; BVerwG NZWehrr 2009, 33 (37 f.).
213 Vgl. BVerwGE 83, 60 = NZWehrr 1986, 161 (165); BVerwGE 83, 136 (149); BVerwGE 86, 188 (199) – „Flucht in die Öffentlichkeit"; BVerwGE 103, 81 = NZWehrr 1994, 249 (251); BVerwGE 132, 179; *Scherer/Alff/Poretschkin*, SG, § 10 Rn. 62.
214 BVerwGE 83, 60 = NZWehrr 1986, 161 (165).
215 *Peterson*, NZWehrr 1991, 12 (19 f.). A.A. BVerwGE 113, 57 = NZWehrr 1997, 165 (167) – „Asylbetrüger-Gedicht".
216 BVerwGE 113, 204 = NZWehrr 1998, 166 (167).
217 *Scherer/Alff/Poretschkin*, SG, § 10 Rn. 64 m. w. N.
218 St. Rspr. seit BVerfGE 28, 36 = NZWehrr 1970, 177. Vgl. z. B. BVerwGE 83, 60 = NZWehrr 1986, 161 (165).
219 Vgl. BVerwGE 86, 188 (195).
220 Vgl. BVerwG NZWehrr 2005, 254.
221 BVerwG NZWehrr 1984, 167.
222 BVerwGE 63, 69 = NZWehrr 1978, 147; BVerwGE 113, 13 = NZWehrr 1997, 83; BVerwGE 113, 48 = NZWehrr 1997, 161; BVerwGE 111, 25 = NZWehrr 2000, 126; BVerwG NZWehrr 2001, 171; BVerwG DokBer B 2002, 19.

- Zugehörigkeit zu einer rechtsextremistischen (**Republikaner**) bzw. einer verfassungsfeindlichen (**NPD**) Partei, differenzierend nach passiver und aktiver Mitgliedschaft[223]
- Beleidigende Äußerungen gegenüber Untergebenen; **sexuelle Belästigungen**; Verletzung der **Würde** von Mitarbeitern[224]
- **Schmähkritik** gegenüber der deutschen Generalität.[225]

§ 11 Gehorsam

(1) ¹**Der Soldat muss seinen Vorgesetzten gehorchen.** ²**Er hat ihre Befehle nach besten Kräften vollständig, gewissenhaft und unverzüglich auszuführen.** ³Ungehorsam liegt nicht vor, wenn ein Befehl nicht befolgt wird, der die Menschenwürde verletzt oder der nicht zu dienstlichen Zwecken erteilt worden ist; die irrige Annahme, es handele sich um einen solchen Befehl, befreit den Soldaten nur dann von der Verantwortung, wenn er den Irrtum nicht vermeiden konnte und ihm nach den ihm bekannten Umständen nicht zuzumuten war, sich mit Rechtsbehelfen gegen den Befehl zu wehren.

(2) ¹Ein Befehl darf nicht befolgt werden, wenn dadurch eine Straftat begangen würde. ²Befolgt der Untergebene den Befehl trotzdem, so trifft ihn eine Schuld nur, wenn er erkennt oder wenn es nach den ihm bekannten Umständen offensichtlich ist, dass dadurch eine Straftat begangen wird.

Übersicht

	Rn		Rn
I. Allgemeines	1	c) Satz 3	30
1. Entstehung der Vorschrift	1	aa) Halbsatz 1, 1. Alt	31
2. Änderungen der Vorschrift	13	bb) Halbsatz 1, 2. Alt	32
3. Bezüge zum Beamtenrecht bzw. zu sonstigen rechtl. Vorschriften	15	cc) Weitere Unverbindlichkeitsgründe	33
II. Erläuterungen im Einzelnen	18	dd) Halbsatz 2	35
1. § 11 und Grundgesetz	18	3. Absatz 2	36
2. Absatz 1	25	a) Satz 1	36
a) Satz 1	25	b) Satz 2	39
b) Satz 2	27		

Literatur: *Alff, Richard*: Zur Frage der Verbindlichkeit eines Befehls zur kostenpflichtigen Teilnahme an einem dienstlichen Abschiedsabendessen, NZWehrr 1978, 227; *Althaus, Uwe*: Zur Verbindlichkeit von Therapiebefehlen, NZWehrr 1996, 110; *Bachmann, Hans Georg*: Der Befehl, die während einer Gefechtsübung selbst beschaffte Verpflegung abzuliefern, ist unverbindlich, NZWehrr 1982, 156; *ders.*: Militärischer Gehorsam und Gewissensfreiheit, in: Zetzsche/Weber: Recht und Militär, 156; *Dau, Klaus*: Gehorsamspflicht und Gewissensfreiheit des Soldaten, NZWehrr 2005, 255; *Deiseroth, Dieter*: Grenzen der Gehorsamspflicht von Soldaten als Beschuldigte in einem Verfahren nach der Wehrdiszip-

---

223 BVerwGE 83, 136 (NPD); BVerwGE 114, 258 (Republikaner).
224 BVerwGE 103, 321 = NZWehrr 1997, 205; BVerwG NZWehrr 2000, 258; BVerwG NZWehrr 2001, 30; BVerwGE 128, 319; BVerwG NZWehrr 2009, 33 = *Buchholz* 449 § 10 SG Nr. 59.
225 BVerfG NVwZ-RR 2008, 330.

linarordnung, jurisPR-BVerwG 17/2007 Anm. 2; *Dillmann, Robert*: Über den Umgang mit einem Soldaten, der sich auf sein Gewissen beruft, NZWehrr 1986, 221; *Frister, Helmut/ Korte, Marcus/Kreß, Claus*: Die strafrechtliche Rechtfertigung militärischer Gewalt in Auslandseinsätzen auf der Grundlage eines Mandats der Vereinten Nationen, JZ 2010, 10; *Fritz, Wolfgang*: Verstößt die Bekanntgabe einer Verurteilung eines Soldaten wegen einer Wehrstraftat gegen die Menschenwürde (Art. 1 Abs. 1 GG)?, NZWehrr 1977, 53; *Gauder, Janina*: Das Opfer der Soldaten – über den Lebenseinsatz auf Befehl und das Recht auf Leben, NZWehrr 2009, 98; *Gramm, Christof*: Der wehrlose Verfassungsstaat?, DVBl. 2006, 653; *Kirchhof, Ferdinand*: Deutsche Verfassungsvorgaben zur Befehlsgewalt und Wehrverwaltung in multinationalen Verbänden, NZWehrr 1998, 152; *Kotzur, Markus*: Gewissensfreiheit contra Gehorsamspflicht oder: der Irak-Krieg auf verwaltungsgerichtlichem Prüfstand, JZ 2006, 25; *Ladiges, Manuel*: Das BVerwG und die Gewissensfreiheit der Soldaten, NJW 2006, 956; *Nolte, Georg/Krieger, Heike*: Vergleich Europäischer Wehrrechtssysteme, 2002, 71 ff.; *Schafranek, Frank*: Die Gewissensfreiheit des Soldaten – Anmerkung zum Urteil des Bundesverwaltungsgerichts vom 21. Juni 2005 – (WD 12.04) –, NZWehrr 2005, 234; *Schwenck, Hans-Günter*: Die Gegenvorstellung im System von Befehl und Gehorsam, in: Fs für Dreher, 1977, 495; *ders*.: Gesetzgeberische Konsequenzen aus den Verboten der Zusatzprotokolle, NZWehrr 1978, 199; *Sohm, Stefan*: Vom Primat der Politik zum Primat des Gewissens? NZWehrr 2006, 1; *Stauf, Wolfgang*: Befohlene Teilnahme am feierlichen Gelöbnis – ein Verstoß gegen Art. 1 Abs. 1 Satz 1 GG?, NZWehrr 1978, 92; *Wahlers, Wilhelm*: Das äußere Erscheinungsbild uniformierter Beamter, ZBR 2009, 116; *Wentzek, Boris*: Zur Geltung des deutschen Strafrechts im Auslandseinsatz, NZWehrr 1997, 25; *Wolff, Heinrich Amadeus*: Gewaltmaßnahmen der Vereinten Nationen und die Grenzen der strafrechtlichen Rechtfertigung der beteiligten deutschen Soldaten, NZWehrr 1996, 9.

Weitere Literaturhinweise bei § 10.

I. Allgemeines

1. Entstehung der Vorschrift. Mit § 11 wurde die Gehorsamspflicht des Soldaten in Deutschland **erstmals gesetzl.** geregelt.[1] Zahlreiche Entsch. des RMG vor 1945[2] belegen einen bereits früher existierenden gesetzgeberischen Handlungsbedarf. Auf dieser Judikatur und Erfahrungen anderer Staaten beruhten die Vorentw. des SG und der REntw. selbst.

Der **REntw.**[3] sah als § 9 folgende Vorschrift vor:

(1) Der Soldat muß seinen Vorgesetzten gehorchen. Er hat ihre Befehle nach besten Kräften, gewissenhaft, vollständig und unverzüglich auszuführen.

(2) Ein Befehl darf nicht befolgt werden, wenn dadurch ein Verbrechen oder Vergehen begangen würde. Befolgt der Untergebene den Befehl dennoch, so ist seine Schuld ausgeschlossen, wenn er nicht erkennt und wenn es nach den ihm bekannten Umständen auch nicht offensichtlich ist, daß dadurch ein Verbrechen oder Vergehen begangen wird.

---

1 Bis 1945 galt Nr. 4 der „Pflichten des deutschen Soldaten", mithin ein Erl. Vgl. *Rittau*, SG, 109 f.
2 Vgl. *Rittau*, SG, 111.
3 BT-Drs. II/1700, 5.

Gehorsam § 11

Aus der ungewöhnlich umfangreichen **Begr.**[4] sind, da für die heutige Interpretation noch von Bedeutung, folgende Aussagen erwähnenswert: **3**
- Das „Führungsmittel" des Befehls sei das **Kennzeichen** jeder „Wehrmacht".
- Der Untergebene könne **Gegenvorstellungen** erheben, wenn er sich hierzu „aus ernsthaften Gründen" genötigt sehe. Eine solche **Pflicht** werde jedoch **nicht** begründet.
- Der Untergebene habe Befehle, die auszuführen **unmöglich** sei, zu melden.
- Eine **strafrechtl. Norm** sei stets „**stärker**" als der mil. Befehl.
- „Übertretungen" (heute – überwiegend –: **Ordnungswidrigkeiten**) seien **auszuführen**.
- Mit Abs. 2 Satz 2 des Entw. werde – vor dem Hintergrund der Erfahrungen des 2. Weltkriegs – der Schritt von der sog. Gesinnungsethik zur sog. **Verantwortungsethik** vollzogen. Der Untergebene habe aber **keine „Prüfungspflicht"**.

In seiner Stellungnahme forderte der **BR**[5], Abs. 1 Satz 1 um den Zusatz „in dienstlichen Angelegenheiten" zu ergänzen. Gegen Abs. 2 Satz 2 erhob der BR Bedenken. Der dort vorgesehene Verbotsirrtum bedürfe „einer angemessenen Einengung". **4**

Die **BReg** schlug in ihrer Gegenäußerung[6] vor, Abs. 1 um folgenden Satz 3 zu ergänzen: **5**

Die irrige Annahme, der Befehl betreffe keine dienstliche Angelegenheit, befreit ihn nicht von der Verantwortung.

Zu Abs. 2 Satz 2 des Entw. hielt die BReg an ihrer Formulierung fest; eine weitere Einengung gefährde die „reibungslose Befehlsgebung".

Die Regelung des Abs. 2 wurde auch während der **1. Lesung** des Entw. im BT krit. angesprochen. Der Abg. *Merten* (SPD)[7] meinte, die Bedeutung des „verbrecherischen Befehls" sei in dem Entw. nicht gebührend gewürdigt worden. Konkrete Formulierungsvorschläge sind den Debattenbeiträge nicht zu entnehmen, allenfalls ein gewisses „Unbehagen" gegenüber der vorgesehenen gesetzgeberischen Lösung dieses Grundsatzproblems. **6**

Der **Rechtsausschuss** des BT folgte in seiner Sitzung vom 18.11.1955[8] zunächst der vom BMVg vorgeschlagenen Ergänzung des Abs. 1 Satz 1. Nach einer ausführlichen Aussprache zu Abs. 2 Satz 2 beschloss der Ausschuss folgende Neufassung: **7**

Befolgt der Untergebene den Befehl trotzdem, so trifft ihn eine Schuld nur, wenn er erkennt oder wenn es nach den ihm bekannten Umständen offensichtlich ist, daß dadurch ein Verbrechen oder Vergehen begangen wird.

Der **Ausschuss für Beamtenrecht** des BT[9] folgte mehrheitlich dem Votum des Abg. *Arnholz* (SPD), in Abs. 1 Satz 2 das Komma hinter „nach besten Kräften" zu streichen. **8**

Der **VertA** ergänzte Abs. 1 um Satz 3 mit der Begr., damit sollten der „schikanöse Befehl" und Befehle in privaten Angelegenheiten „getroffen" werden. Es seien Gren- **9**

---
4 BT-Drs. II/1700, 19 ff.
5 BT-Drs. II/1700, 38.
6 BT-Drs. II/1700, 43.
7 Sten. Ber. 5787 (D). Vgl. ergänzend die Abg. *Feller* (GB/BHE), Sten. Ber. 5791 (B) u. v. *Manteuffel* (FDP), Sten. Ber. 5794 (A).
8 Prot. Nr. 86, 26 ff.; Drs. 18 des Ausschusses für Beamtenrecht, 2.
9 Prot. Nr. 37 der 37. Sitzung v. 28.11.1955, 8; Ausschussdrs. 21, 6.

zen zu setzen, „wo Grundwerte verletzt oder Forderungen gestellt werden, die nichts mit der eigentlichen Aufgabe zu tun haben". Außerdem setzte sich der VertA eingehend mit Abs. 2 auseinander und formulierte diesen sprachlich nochmals um.[10]

10   In der **2. und 3. Lesung** des Entw. im BT am 6.3.1956 beantragte die DP, Abs. 1 Satz 3 i.d.F. des VertA zu streichen; die „Disziplinarstrafordnung" reiche aus, solche Vorkommnisse zu verhindern.[11] Dieser Antrag wurde von der Mehrheit abgelehnt.[12]

11   In der **Erstfassung** lautete der dann so bezifferte § 11 wie folgt:

(1) Der Soldat muß seinen Vorgesetzten gehorchen. Er hat ihre Befehle nach besten Kräften vollständig, gewissenhaft und unverzüglich auszuführen. Ungehorsam liegt nicht vor, wenn ein Befehl nicht befolgt wird, der die Menschenwürde verletzt oder der nicht zu dienstlichen Zwecken erteilt worden ist; die irrige Annahme, es handele sich um einen solchen Befehl, befreit nicht von der Verantwortung.

(2) Ein Befehl darf nicht befolgt werden, wenn dadurch ein Verbrechen oder Vergehen begangen würde. Befolgt der Untergebene den Befehl trotzdem, so trifft ihn eine Schuld nur, wenn er erkennt oder wenn es nach den ihm bekannten Umständen offensichtlich ist, daß dadurch ein Verbrechen oder Vergehen begangen würde.

12   **Zusammenfassend** lässt sich feststellen, dass sich alle am Gesetzgebungsprozess Beteiligten sach- und rechtskundig und redlich bemüht haben, eine rechtsstaatlich einwandfreie und anwendungssichere Regelung dieser zentralen Frage des soldatischen Dienstrechts zu schaffen. Dass dieses Bemühen letztlich nicht immer zu eindeutigen Subsumtionen führen konnte bzw. geführt hat, ist unter Abschnitt B. nachzulesen. Dies ändert nichts daran, dass die **Leistung des historischen Gesetzgebers** nach wie vor anzuerkennen ist. Letztlich wird dieser Befund dadurch bestätigt, dass § 11 seit 1956 nur einmal materiellrechtl. geändert worden ist.

13   **2. Änderungen der Vorschrift.** Art. 154 Nr. 1 des G vom **2.3.1974**[13] fasste Abs. 1 Satz 3 Halbs. 2 neu; in Abs. 2 wurden die Begriffe „Verbrechen oder Vergehen" durch „Straftat" ersetzt.[14] Auslöser für diese Änd. waren die Reformen des StGB der 60er und 70er Jahre des letzten Jh., hier insbes. der Irrtumstatbestände (§§ 16, 17 StGB).[15]

14   Mit der Neubekanntmachung des SG v. **14.2.2001**[16] wurde die Best. an die neue Rechtschreibung angepasst.

15   **3. Bezüge zum Beamtenrecht bzw. zu sonstigen rechtl. Vorschriften.** Das Begriffspaar „Befehl und Gehorsam" ist allen SK[17] **systemimmanent**. Der Befehl als Führungsmittel ist kennzeichnend für jede Armee.[18] Die Gehorsamspflicht ist „unerlässlich für das Funktionieren jeder militärischen Organisation".[19]

---

10   BT-Drs. II/2140, 7, 31 f.
11   Sten. Ber. 6840 (D) ff.
12   Sten. Ber. 6842 (A).
13   BGBl. I S. 469.
14   Aus heutiger Sicht u. im Hinblick auf die §§ 11, 12 StGB wäre diese Änd. besser unterblieben.
15   Vgl. allg. *Fischer*, StGB, 50. Aufl. 2008, Einl. Rn. 5 f.
16   BGBl. I S. 232.
17   Vgl. *Nolte/Krieger*, 71 ff. m. w. N.
18   Vgl. o. Rn. 3.
19   BT-Drs. II/2140, 6.

Dennoch unterscheiden sich die beamtenrechtl. Weisung, die **Folgepflicht (Weisungsgebundenheit) des Beamten** und seine Verantwortlichkeit (§§ 35, 36 BeamtStG; §§ 62, 63 BBG) inhaltl. von § 11 nicht wesentlich. Die formalen Unterschiede bestehen im Kern darin, dass der Soldat für sein Handeln disziplinar und (wehr-)strafrechtl. zur Rechenschaft gezogen werden kann, der Beamte nur dienstrechtl.[20] 16

Für **ZDL** bestimmt § 30 Abs. 1 ZDG, dass diese dienstl. Anordnungen der dort aufgeführten Personen zu befolgen haben. § 30 Abs. 2 und 3 ZDG unterscheiden sich von § 11 SG im Wesentlichen dadurch, dass im Recht der ZDL Straftaten und Ordnungswidrigkeiten auf eine Stufe gestellt werden, d. h. der ZDL darf auch eine Ordnungswidrigkeit nicht befolgen. Abw. vom Beamtenrecht und in Anlehnung an das Soldatenrecht kann der ZDL auch **bestraft** werden, wenn er eine dienstl. Anordnung nicht befolgt (§ 54 ZDG). Auf dieser – rechtspolit. verfehlten und sachlich nicht begründbaren – Vorschrift beruht die Vorstellung, das Zivildienstverhältnis sei „ebenso auf Befehl und Gehorsam aufgebaut" wie das Wehrdienstverhältnis.[21] Der gegenüber einem ZDL erteilte sog. **Dienstbefehl** ist von seiner Natur her mit einem mil. Befehl indes nicht vergleichbar. 17

II. Erläuterungen im Einzelnen

1. § 11 und Grundgesetz. Die Vorschrift weist vielfältige Bezüge zum GG, insbes. zu den Grundrechten aus Art. 1 Abs. 1, Art. 2, Art. 3, Art. 4 und Art. 5 GG sowie den Art. 17a, 19 und 65a GG auf. 18

Ein Befehl ist gem. Abs. 1 Satz 3 Halbs. 1, 1. Alt. unverbindlich, wenn er die Menschenwürde (**Art. 1 Abs. 1 GG**) verletzt. Insoweit kann auf die nachfolgende Komm. dieser Best. verwiesen werden. 19

Befehle können das Grundrecht der freien Entfaltung der Persönlichkeit (**Art. 2 Abs. 1 GG**) berühren. Dieses Grundrecht findet seine Schranken in der verfassungsmäßigen Ordnung, zu der unstr. das „Wehrwesen" gehört. Die „volle Einsatzbereitschaft der Truppe" als deren wesentliches Element fordert z. B., dass der (männliche?) Soldat bei der Ausübung seines Dienstes nicht in vermeidbarer Weise durch langes Haar behindert wird. Der sog. **Haarerlass** vom 5.2.1971[22] war und ist daher rechtmäßig.[23] Er verstößt nach Auffassung des BVerwG[24] auch weder gegen die **Menschenwürde** noch gegen den **Gleichheitssatz** des GG.[25] 20

---

20 Dies gilt auch für Grenzschutzdienstpflichtige gem. § 56 BGSG. Diese Best. findet nur Anwendung, wenn der BT zuvor durch Beschl. zugestimmt hat (Art. 3 Abs. 2 BGSNeuRegG v. 19.10.1994, BGBl. I S. 2978).
21 BVerwG NJW 1977, 1165; *Brecht*, ZDG, 147, 201.
22 Jetzt ZDv 10/5 Nr. 103; Anl. 1. Zur Frage, ob diese Vorschrift als Befehl zu werten ist, vgl. BVerwGE 127, 203 = NZWehr 2007, 160.
23 BVerwGE 43, 353 (355 f.); TDG Süd – 1. Kammer – NZWehr 2008, 40. Krit. TDG Süd – 4. Kammer – NZWehr 2005, 257; TDG Süd – 3. Kammer, Beschl. v. 3.8.2005. In beiden Fällen wurde der 25 bzw. 30 cm lange Pferdeschwanz eines Soldaten auch im Hinblick auf die Zulässigkeit längerer Haare bei Soldatinnen für zulässig angesehen. Befehle, diesen abschneiden zu lassen, seien rechtswidrig. Ähnlich BVerwGE 125, 85. Danach ist ein 15 cm langer Pferdeschwanz eines Polizeibeamten zulässig (vgl. hierzu *Wahlers*, ZBR 2009, 116). Zur Kritik des WBeauftr vgl. dessen JB 2007, BT-Drs. 16/8200, 30 f.
24 BVerwGE 43, 353; BVerwGE 103, 99 = NZWehr 1994, 161.
25 Die von *Lingens*, NZWehr 2008, 120, aufgeworfene Frage, ob dieser Erl. gegen Art. 2 Abs. 2 Satz 1 GG verstößt, bedarf weiterer Untersuchung.

Beide Vorschriften des GG sind zwar ebenfalls berührt, jedoch nicht verletzt, wenn durch Dienstvorschriften[26] für Soldaten der Bw eine **generelle Grußpflicht** gegenüber allen Generalen und Admiralen der deutschen und der alliierten SK befohlen wird.[27]

Problematisch war und ist das Verhältnis der soldatischen Gehorsamspflicht zum Grundrecht der Gewissensfreiheit aus **Art. 4 Abs. 1 GG**.[28]

21 Art. 4 Abs. 1 GG steht nicht wie andere Grundrechte unter Gesetzesvorbehalt. Art. 4 Abs. 3 GG verdrängt Art. 4 Abs. 1 nicht; Abs. 1 soll über Abs. 3 hinausreichen und jeden Dienst des Soldaten betreffen, auch soweit dieser nicht Dienst mit der Waffe ist. Von daher seien erteilte Befehle auch an ihrer Vereinbarkeit mit diesem Grundrecht zu messen; berufe sich ein Soldat auf Art. 4 Abs. 1 GG, sei der Befehl unverbindlich; dem Soldaten sei eine **„gewissensschonende Handlungsalternative"** bereit zu stellen.[29]

22 Diese Bezugnahme auf Art. 4 Abs. 1 GG ist insbes. aus zwei Gründen nicht frei von **Bedenken**:
– Der zwingend erforderliche Kausalzusammenhang zwischen dem konkreten Befehl, der „Gewissensnot" des Soldaten, und seiner Gewissensfreiheit ist im Einzelfall nur schwer herzustellen.
– Die isolierte, d. h. ohne das Grundrecht aus Art. 1 Abs. 1 GG einbeziehende, Berufung des Soldaten auf Art. 4 Abs. 1 GG ist mit dem insoweit eindeutigen Wortlaut des § 11 Abs. 1 Satz 3 Halbs. 1 nicht zu vereinbaren.[30]

23 Mit seinem Urt. vom 21.6.2005 (BVerwGE 127, 302) hat das BVerwG eine **Debatte angestoßen**, deren Ende und Ergebnisse zzt. noch nicht abzusehen sind. Möglicherweise wird der Gesetzgeber auch über eine Änd. des § 11 nachdenken müssen.

24 Die Informationsfreiheit des Soldaten aus **Art. 5 Abs. 1 Satz 1 GG** steht unter dem Vorbehalt des Art. 5 Abs. 2 GG, wonach dieses Grundrecht seine Schranken u. a. in den allg. Gesetzen und dem Recht der persönlichen Ehre findet. Der in der ZDv 10/5[31] enthaltene Verbotsbefehl, **NS-Propagandamaterial** in dienstl. Einrichtungen und Unterkünfte **einzubringen**, ist mit diesen Best. vereinbar.[32]

25 **2. Absatz 1. – a) Satz 1.** Satz 1 begründet die gesetzl. Verpflichtung des Soldaten zum Gehorsam. Er markiert damit eine der „zentralen Pflichten eines jeden Soldaten".[33] Fehlt dem Soldaten die Bereitschaft zum Gehorsam, kann die Funktionsfähigkeit der SK „gelähmt oder jedenfalls in Frage gestellt werden".[34]

---

26 Früher ZDv 10/4 „Gruß und Anrede", heute ZDv 10/8. Die heutige ZDv 10/4 (zE) „Lebenskundlicher Unterricht" steht mit der früheren ZDv 10/4 in keinerlei innerem Zusammenhang.
27 BVerwGE 43, 312.
28 Vgl. BVerwGE 127, 302 = DVBl. 2005, 1455 mit Anm. *Battis*, 1462 f.; NZWehrr 2005, 254 mit Anm. *Dau*, 255; RiA 2005, 288; *Lehmhöfer*, dorts., 292. Ablehnend *Sohm*, NZWehrr 2006, 1, u. a. unter Hinw. auf die abschließende Regelung des § 11 Abs. 2.
29 BVerwG, a.a.O.
30 Vgl. *Sohm*, NZWehrr 2006, 1.
31 Nr. 311.
32 BVerwGE 119, 206 (213 ff.).
33 BVerwG NZWehrr 1994, 75; BVerwG NZWehrr 2004, 34; NZWehrr 2004, 80 („zentrale Dienstpflicht eines jeden Soldaten"); BVerwG NZWehrr 2005, 83 („Kernpflicht des Soldaten").
34 BVerwG NZWehrr 1994, 75.

Der vom SG geforderte Gehorsam ist nicht, wie vor 1945, „blind" oder „unbedingt", **26** sondern ein **„mitdenkender Gehorsam"**.[35] § 11 Abs. 2 selbst definiert die Ausnahmen, unter denen ein Befehl nicht ausgeführt zu werden braucht oder nicht ausgeführt werden darf. Klarstellend ist Satz 1 daher so zu verstehen:

Der Soldat hat grundsätzlich seinen Vorgesetzten zu gehorchen.

Gehorsam bedeutet, ein Gebot auszuführen oder ein Verbot zu beachten.[36] Formale **Voraussetzungen** für das Auslösen der Gehorsamspflicht sind:
– Ein **Befehl** i. S. v. § 10 Abs. 4 und 5 sowie § 11 Abs. 1 Satz 2[37],
– der durch einen **mil. Vorg.** erteilt worden ist. Die Weisung eines anderen (ziv., alliierten) Vorg. löst die Gehorsamspflicht nicht aus. Ihr ist – lediglich – gem. § 7 Folge zu leisten.

b) Satz 2. Auszuführen hat der Soldat gem. Satz 2 „Befehle". Hierunter sind Anweisungen eines mil. Vorg. i. S. v. **§ 2 Nr. 2 WStG** zu verstehen.[38] **27**

Die bloße **Ankündigung** eines Soldaten, einen Befehl nicht ausführen zu wollen, verstößt **28** nicht gegen Satz 2, da dieser auf den Zeitpunkt der Befehlsausführung abstellt. Eine solche Ankündigung kann jedoch eine Verletzung der Treuepflicht (§ 7) darstellen.[39]

Satz 2 gibt dem Soldaten drei **Bedingungen** vor, unter denen er Befehle auszuführen **29** hat:
– „Nach besten Kräften **vollständig**". Der Soldat muss – unter Anspannung all seiner Kräfte – zumindest versuchen, den Befehl auszuführen. Objektiv Unmögliches wird nicht verlangt. Erkennt der Soldat, dass er einen Befehl nicht ausführen kann, muss er dies unverzüglich seinen Vorg. melden.[40] „Vollständig" meint den Wortlaut und den Sinn des Befehls sowie das mit ihm erstrebte Ziel.[41]
– „Nach besten Kräften **gewissenhaft**": Dies bedeutet ein höchstmögliches Maß an Sorgfalt[42], an verantwortlichem Handeln i. S. d. „mitdenkenden Gehorsams". Aus dieser Verpflichtung des Befehlsempfängers (und aus § 7) wird die **Pflicht**[43] abgeleitet, ggf. eine **Meldung** zu erstatten oder **Gegenvorstellungen** zu erheben.[44] Dies soll

---

35 BVerwGE 127, 302, Ls 2.
36 GKÖD I Yk, § 11 Rn. 1; *Scherer/Alff/Poretschkin*, SG, § 11 Rn. 2.
37 Die Wiederholung einer Verpflichtung des Soldaten, die sich bereits aus einer anderen Gesetzesnorm als aus § 11 ergibt, stellt lediglich einen Verstoß gegen diese dar; handelt es sich hierbei um eine im SG festgelegte Pflicht, geht dies als lex specialis dem § 11 vor. Vgl. BVerwG ZBR 2005, 132; *Scherer/Alff/Poretschkin*, SG, § 11 Rn. 2. A.A. *Lingens*, NZWehrr 1992, 58 (61 f.).
38 BVerwGE 127, 302 (4.1.1.). Vgl. im Übrigen die Komm. zu § 10 Rn. 48 ff. m. w. N. A.A. *Stauf* I, § 11 SG Rn. 2.
39 BVerwGE 103, 361 = NZWehrr 1997, 117; BVerwGE 120, 105 = NZWehrr 2004, 169.
40 BVerwGE 86, 18 = NZWehrr 1989, 35; GKÖD I Yk, § 11 Rn. 5; *Rittau*, SG, 115; *Scherer/Alff/Poretschkin*, SG, § 11 Rn. 3.
41 GKÖD I Yk, § 11 Rn. 6; *Rittau*, SG, 115; *Scherer/Alff/Poretschkin*, SG, § 11 Rn. 4.
42 GKÖD I Yk, § 11 Rn. 7; *Scherer/Alff/Poretschkin*, SG, § 11 Rn. 5.
43 *Rittau*, SG, 114, hielt nur ein Recht, nicht eine Pflicht, zur Gegenvorstellung für begründbar. So auch die amtl. Begr. (vgl. o. Rn. 3).
44 GKÖD I Yk, § 11 Rn. 9 f.; *Scherer/Alff/Poretschkin*, SG, § 11 Rn. 7 ff.; *Stauf* I, § 11 SG Rn. 18 f.

z. B. dann gelten, wenn die Ausführung eines Befehls unmöglich ist[45], wenn ein zweiter Befehl den ersten Befehl unmöglich macht[46] oder wenn sich die Lage so geändert hat, dass die Ausführung des Befehls „sinnwidrig" wäre.[47] Richtig ist, dass die Gegenvorstellung zu den „altüberkommenen" **Rechten** des Soldaten zählt.[48] Hinzuweisen ist jedoch darauf, dass die Gegenvorstellung im SG im Gegensatz zum Beamtenrecht (§ 63 Abs. 2 BBG) keine ausdrückliche Verankerung gefunden hat. Normativ-positivistisch lässt sie sich für das soldatische Dienstrecht folglich **nicht begründen**.[49]

– „Nach besten Kräften **unverzüglich**": Entspr. der Legaldefinition in § 121 Abs. 1 BGB bedeutet „unverzüglich" zunächst „ohne schuldhaftes Zögern"[50], d. h. nicht unbedingt „sofort". In vielen Fällen, insbes. bei schriftl. erteilten Befehlen, wird dem Befehlsempfänger ein exakter Termin gesetzt. Wird dieser eingehalten, ist das Merkmal „unverzüglich" erfüllt.

30 **c) Satz 3.** § 11 differenziert zwischen Befehlen, die befolgt werden müssen (**verbindliche Befehle**), solchen, die nicht befolgt zu werden brauchen, und solchen, die nicht befolgt werden dürfen (**unverbindliche Befehle**). Rechtmäßige Befehle i. S. v. § 10 Abs. 4 sind stets verbindlich. Dies gilt grds. auch für rechtswidrige Befehle. Diese sind unverbindlich, wenn sie die Menschenwürde verletzen, nicht zu dienstl. Zwecken erteilt worden sind oder die Begehung einer Straftat zur Folge haben. Weitere Unverbindlichkeitsgründe sind durch die Rspr. entwickelt worden. Im Einzelnen gilt Folgendes:

31 **aa) Halbsatz 1, 1. Alt.** Ein Befehl ist nicht verbindlich und muss daher nicht befolgt werden, wenn er die **Menschenwürde** verletzt.[51]

Unter der gem. Art. 1 Abs. 1 Satz 1 GG unantastbaren Würde des Menschen werden die elementaren Bedingungen des Menschseins verstanden. Hierzu gehören insbes. die körperliche Integrität, menschengerechte Lebensgrundlagen, Rechtsgleichheit und die personale Identität.[52] Geschützt wird der **Mensch als Subjekt**; unzulässig ist, ihn zum bloßen Objekt zu degradieren.[53]

Unter „Menschenwürde" i. S. d. Best. ist sowohl die Würde des Untergebenen als auch die eines Dritten zu verstehen, der durch den Befehl betroffen ist.[54]

32 **bb) Halbsatz 1, 2. Alt.** Ein Befehl ist ferner nicht verbindlich und braucht nicht befolgt zu werden, wenn er nicht zu **dienstl. Zwecken** erteilt worden ist.

---

45 BVerwGE 86, 18 = NZWehrr 1989, 35.
46 Vgl. BVerwGE 46, 108 = NZWehrr 1973, 228.
47 *Scherer/Alff/Poretschkin*, SG, § 11 Rn. 10. Vgl. auch BGHSt 19, 231 = NZWehrr 1964, 125.
48 *Stauf* I, § 11 SG Rn. 18.
49 Ein „Widerstandsrecht" des Soldaten gegen einen rechtswidrigen Befehl lässt sich noch weniger dogmatisch ableiten. Vgl. indes OVG Koblenz NJW 1971, 1582.
50 GKÖD I Yk, § 11 Rn. 8; *Scherer/Alff/Poretschkin*, SG, § 11 Rn. 6.
51 Dies ist z. B. der Fall, wenn dem Soldaten befohlen wird, Regenwürmer zu essen. Vgl. BVerwGE 93, 108 = NZWehrr 1991, 254.
52 *Höfling*, in: Sachs, GG, Art. 1 Rn. 19.
53 St.Rspr seit BVerfGE 30, 1 (26). Vgl. BVerwGE 127, 302 (4.1.2.1).
54 GKÖD I Yk, § 11 Rn. 15; *Scherer/Alff/Poretschkin*, SG, § 11 Rn. 14.

Zusammengefasst dient ein Befehl dann dienstl. Zwecken, wenn ihn der mil. Dienst erfordert, um die durch das GG festgelegten Aufgaben der SK zu erfüllen.[55] Primärer Anwendungsfall eines nicht-dienstl. Befehl sind private Angelegenheiten des Vorg. Eine scharfe Trennung beider Bereiche ist in der Praxis oft schwierig.[56]

cc) Weitere Unverbindlichkeitsgründe. § 22 Abs. 1 Satz 1 WStG bestimmt, dass ein Befehl nicht verbindlich ist, „insbesondere" wenn er nicht zu dienstl. Zwecken erteilt worden ist, die Menschenwürde verletzt oder durch ihn eine Straftat begangen würde. Aus dieser Formulierung wird allg.[57] gefolgert, dass die Unverbindlichkeitsgründe des § 11 **nicht erschöpfend** sind. Obwohl der Einwand von *Vogelgesang*[58], alle weiteren Unverbindlichkeitsgründe ließen sich „ohne Zwang" unter die nicht-dienstl. Zwecke einordnen, dogmatisch zutreffend ist, dienen diese doch der Klarstellung und damit der sicheren Handhabung in der Praxis. 33

Unverbindlich sind danach auch Befehle[59],
- deren Ausführung **objektiv unmöglich** ist,
- die sich inhaltl. **widersprechen**,
- die infolge einer grundlegenden **Änderung der Sachlage** sinnlos geworden sind,
- deren Ausführung dem Soldaten **nicht zugemutet** werden kann[60],
- die gegen **eine allg. Regel des Völkerrechts** verstoßen.

Der Auffassung, ein Befehl, der mit dem **Verbot des Angriffskrieges** gem. Art. 26 Abs. 1 Satz 1 GG kollidiere, sei unverbindlich, weil dieses Verbot ein (eigenständiger?) Unverbindlichkeitsgrund sei[61], kann nicht gefolgt werden. Ein derartiger Befehl verstieße gegen § 80 StGB und wäre damit gem. § 11 Abs. 2 Satz 1 unverbindlich.[62] 34

dd) Halbsatz 2. Irrt sich der Soldat über das Vorliegen der zit. Unverbindlichkeitsgründe, handelt er nicht pflichtwidrig, wenn er trotz „Anspannung aller seiner Erkenntniskräfte und seiner sittlichen Wertvorstellungen" zu keinem anderen Ergebnis kommen konnte.[63] 35

---

55 BVerwGE 127, 302 (4.1.2.2). Zu weiteren Einzelheiten vgl. die Komm. zu § 10 Rn. 68 ff.
56 Vgl. z. B. BDHE 6, 160 (Einsatz eines Musikkorps bei einer karnevalistischen Veranstaltung); BVerwG DokBer B 1979, 19 (Teilnahme an einem dienstl. Abschiedsabend); BVerwGE 76, 110 = NZWehr 1984, 76 (Teilnahme an einer Repräsentationsveranstaltung der Bw); BVerwG NZWehr 2007, 79 (Einsatz von Soldaten bei einem sog. Historienspektakel).
57 BVerwGE 127, 302 (4.1.2.4); *Scherer/Alff/Poretschkin*, SG, § 11 Rn. 16; *Schölz/Lingens*, WStG, § 2 Rn. 34, § 22 Rn. 4; *Stauf* I, § 11 SG Rn. 10 ff.
58 GKÖD I Yk, § 11 Rn. 14.
59 Vgl. BVerwGE 127, 302 (4.1.2.4 ff.); *Scherer/Alff/Poretschkin*, SG, § 11 Rn. 17 f.; *Schölz/Lingens*, WStG, § 2 Rn. 40 ff., jew. m. w. N.
60 Vgl. BVerwG NZWehr 2009, 119 (120) mit Anm. *Dreist*, NZWehr 2009, 125. In diesen Kontext soll z. B. die Berufung des Soldaten auf Art. 4 Abs. 1 GG eingeordnet werden. Vgl. BVerwGE 127, 302 (4.1.2.7).
61 Vgl. BVerwGE 127, 302 (4.1.2.5).
62 So wohl auch *Dau*, Anm. zum Urt. des BVerwG (vorstehende Fn.), NZWehr 2005, 255 (257).
63 BGHSt 2, 194 (201); GKÖD I Yk, § 11 Rn. 21; *Scherer/Alff/Poretschkin*, SG, § 11 Rn. 21; *Stauf* I, § 11 SG Rn. 16.

Dem Soldaten ist zuzumuten, vor einer entspr. Gehorsamsverweigerung **Rechtsbehelfe einzulegen**. Hierunter sind z. B. die Beschwerde nach der WBO, die Dienstaufsichtsbeschwerde, die Gegenvorstellung und die Eingabe zu verstehen.

36   3. **Absatz 2. – a) Satz 1.**   Unverbindlich ist ferner ein Befehl, dessen Begehung eine **Straftat** bedeuten würde. Ein solcher Befehl braucht nicht nur nicht befolgt zu werden; er darf nicht befolgt werden.

„Straftaten" i. S. d. Vorschrift sind alle **Verbrechen** und **Vergehen** gem. § 12 Abs. 1 und 2 StGB und entspr. Straftatbestände der strafrechtl. Nebengesetze.

Ordnungswidrigkeiten nach dem OWiG fallen **nicht** hierunter.[64] Befehle, welche die Begehung einer Ordnungswidrigkeit bedeuten, sind unter den Voraussetzungen des Abs. 1 Satz 3 verbindlich und müssen ausgeführt werden. Für die Folgen haftet der Vorg. grds. allein gem. § 10 Abs. 5 Satz 1.

37   Ein Befehl, dessen Befolgung die Gefahr einer fahrlässigen Straftat (insbes. im Straßenverkehr) bedeuten kann (sog. gefährlicher Befehl), ist als verbindlich auszuführen, wenn ein Schaden an einem strafrechtl. geschützten Rechtsgut realistischerweise nicht eintreten kann. Hierüber soll eine Gefahrenprognose entscheiden.[65] Ob das Handeln bzw. Unterlassen des untergebenen Soldaten an einer solchen perspektivischen Betrachtung gemessen werden kann, bleibt zweifelhaft. Handelt der Vorg. entspr. § 10 Abs. 4, treten solche Fälle in der Praxis nicht auf.

38   **Völkerrechtswidrige Befehle** sind dann wie strafrechtswidrige Befehle zu betrachten, wenn ihre Befolgung gegen eine allg. Regel des Völkerrechts oder gegen einen nationalen Straftatbestand, insbes. gegen die Vorschriften der §§ 6 ff. VStGB, verstieße. Seit dem Inkrafttreten des VStGB sind früher[66] gegen die Einbeziehung des völkerrechtswidrigen Befehls geltend gemachte Bedenken gegenstandslos geworden. Auf die Intensität der Rechtsverletzung[67] kommt es ebenfalls nicht mehr an.[68]

39   **b) Satz 2.**   Befolgt der Soldat einen gem. Satz 1 unverbindlichen, strafrechtswidrigen, Befehl, ist er grds. hierfür **nicht verantwortlich**.

Ausnahmsweise haftet der Soldat in solchen Fällen für sein Handeln, wenn er in der sog. Parallelwertung in der Laiensphäre[69] weiß, dass die Befehlsausführung einen Straftatbestand erfüllt. Dasselbe gilt für den Fall, dass der Befehl offensichtlich – für jedermann – strafrechtswidrig ist. Eine **Prüfungspflicht** obliegt dem Soldaten **nicht**.[70] Er darf sich grds. auf die Rechtmäßigkeit des Befehls verlassen.

---

64   GKÖD I Yk, § 11 Rn. 25.
65   Vgl. *Vitt*, NZWehrr 1994, 45 m. w. N.
66   *Stauf* I, § 11 Rn. 22.
67   GKÖD I Yk, § 11 Rn. 26; *Scherer/Alff/Poretschkin*, SG, § 11 Rn. 24 m. w. N.
68   Vgl. auch *Schölz/Lingens*, WStG, § 2 Rn. 40 a. E.
69   Vgl. GKÖD I Yk, § 11 Rn. 29; *Scherer/Alff/Poretschkin*, SG, § 11 Rn. 26.
70   Amtl. Begr. (vgl. o. Rn. 3); *Scherer/Alff/Poretschkin*, SG, § 11 Rn. 30.

§ 12 Kameradschaft

¹Der Zusammenhalt der Bundeswehr beruht wesentlich auf Kameradschaft. ²Sie verpflichtet alle Soldaten, die Würde, die Ehre und die Rechte des Kameraden zu achten und ihm in Not und Gefahr beizustehen. ³Das schließt gegenseitige Anerkennung, Rücksicht und Achtung fremder Anschauungen ein.

Übersicht

	Rn		Rn
I. Allgemeines	1	2. Satz 2	13
1. Entstehung der Vorschrift	1	a) Begriff des „Kameraden"	13
2. Änderungen der Vorschrift	3	b) Würde des Kameraden	16
3. Bezüge zum Beamtenrecht bzw. zu sonstigen rechtl. Vorschriften; ergänzende Dienstvorschriften und Erlasse	4	c) Ehre des Kameraden	17
		d) Rechte des Kameraden	18
		e) Beistandspflicht	19
II. Erläuterungen im Einzelnen	6	3. Satz 3	20
1. Satz 1 „Kameradschaft"	6	4. Einzelfälle von Verstößen gegen § 12 aus der Rechtsprechung	21
a) Begriff und Inhalt	6		
b) Verletzung der Kameradschaftspflicht	9		

Literatur: *Goerlich, Helmut*: Soldatische Pflichten, provokative Meinungsäußerungen und die Vereinigungsfreiheit des Soldaten, Jura 1993, 471; *Huth, Rüdiger*: Hände weg von der Kameradenehefrau, Wehrausbildung 1993, 340; *Höges, Theodor*: Rechtsfragen der sexuellen Belästigung am Arbeitsplatz in den Streitkräften, NZWehrr 2003, 221; *Küppers, Rudolf*: Wegnahme bundeswehreigener Sachen unter Soldaten, NZWehrr 1964, 103; *Laabs, Harald*: Rechtsstellung und Pflichtenkreis der Rechtsberater der Bundeswehr bei Auslandseinsätzen und im Verteidigungsfall, NZWehrr 1995, 61; *Lingens, Eric*: Fürsorge- und Dienstaufsichtspflicht in Konkurrenz mit sonstigen Dienstpflichten, NZWehrr 1989, 251; *ders.*: Hände weg vom Ehepartner des Kameraden, Truppenpraxis/Wehrausbildung 1999, 659; *ders.*: Verleiten zu pflichtwidrigem Verhalten und Pflicht zur Kameradschaft, BWV 2001, 130; *ders.*: Das Eindringen in die eheähnliche Lebensgemeinschaft eines Kameraden, NZWehrr 2006, 244; *Lutze, Christian*: Der Kameradenehebruch als Dienstvergehen, NZWehrr 2000, 200; *ders.*: Sexuelle Beziehungen und die Truppe, NZWehrr 2007, 192; *Scherer, Werner*: Über das Rauchen in den Kasernen, NZWehrr 1976, 121; *Schmidt-Radefeldt, Roman*: Streitkräfte und Homosexualität, NZWehrr 2000, 141; *Schreiber, Jürgen*: Treudienstpflicht, Vorgesetztenpflichten, NZWehrr 1991, 105; *Schwalm, Georg*: Die Streichung des Grundtatbestands homosexueller Handlungen und ihre Auswirkung auf das Disziplinarrecht, NZWehrr 1970, 81; *Schwandt, Eberhard Ulrich*: Dienst- und Disziplinarrecht der Soldaten, ZBR 1992, 298 ff.; 1993, 161; 2002, 297; *ders.*: Die unantastbare Würde des Menschen im Dienst- und Disziplinarrecht der Soldaten, in: Fs für Walther Fürst, 2002, 289; *Weingärtner, Dieter*: Zur disziplinaren Würdigung ehrverletzender Äußerungen zum Nachteil von Kameraden in Petitionen von Soldaten, NZWehrr 1987, 11; *Widmaier, Ulrich*: Zum Grundrecht des Soldaten auf freie Meinungsäußerung aus disziplinarrechtlicher Sicht unter Einbeziehung allgemeiner Aspekte des Europäischen Gerichtshofs für Menschenrechte und des Gerichtshofs der Europäischen Gemeinschaften, in: Fs für Walther Fürst, 2002, 407.

I. Allgemeines

1 **1. Entstehung der Vorschrift.** § 10 des REntw.[1] sah folgende Regelung vor:
Die Kameradschaft verbindet alle Angehörigen der Streitkräfte. Sie verpflichtet alle Soldaten, die Würde, die Ehre und die Rechte des Kameraden zu achten und ihm in Not und Gefahr beizustehen.

Die Kameradschaft wird in der **Begr.** des REntw.[2] als „alte gute Überlieferung des Soldatentums" bezeichnet. Gemeint sei damit die **„echte"** Kameradschaft, so wie sie sich besonders in der „alten Armee" (d. h. der Armee vor 1919) und in der Kaiserlichen Marine herausgebildet habe.[3] An diese tradierte Kameradschaft, das „band of brothers"[3], die gegenseitige Hilfsbereitschaft im Kampf und bis in den Tod[4], wollte der Gesetzgeber mit ihrer Verankerung im SG offenbar anknüpfen. Ob es dazu einer expliziten Normsetzung bedurft hätte[5], ist allerdings fraglich.

2 In den **Ausschussberatungen** war § 10 des REntw. grds. unbestritten. In der Sitzung des Rechtsausschusses vom 18.11.1955[6] schlug der Abg. *Schröter* (SPD) vor, den Satz „Das schließt gegenseitige Anerkennung, Rücksicht und Achtung fremder Anschauungen ein" anzufügen. Hierdurch solle der „schon etwas abgenutzte Begriff der Kameradschaft" konkretisiert und insbes. das Toleranzgebot hervorgehoben werden. Der Rechtsausschuss[7] wie auch anschließend der VertA folgte diesem Votum. Ebenfalls der VertA ersetzte in Satz 1 das Wort „Streitkräfte" durch „Bundeswehr"[8] und formulierte diesen Satz sprachlich um.

3 **2. Änderungen der Vorschrift.** § 12 ist seit der Erstfassung des SG bis heute **unverändert** geblieben. Das TDG Nord hatte in einem Urt. vom 15.2.2001[9] „bedauert", dass der Gesetzgeber bisher keine Veranlassung gesehen habe, § 12 insoweit zu ändern, als sich die Kameradschaftspflicht derzeit noch auf das Verhältnis der Soldaten der Bw untereinander beschränke. Es sei nicht einzusehen, weshalb der Marinesoldat in Flensburg und der Gebirgsjäger in Mittenwald Kameraden seien, nicht jedoch deutsche und **verbündete Soldaten**, die im gleichen Raum ihren Dienst versähen. Das

---

1 BT-Drs. II/1700, 5.
2 BT-Drs. II/1700, 22.
3 *Rittau*, SG, 121.
4 *Rittau*, SG, 121; BT-Drs. II/1700, 22. *Rittau* meint, dass Fahnenflucht ein besonders schwerer Verstoß gegen die Kameradschaftspflicht sei. Diese Konsequenz haben die Wehrdienstgerichte allerdings bisher nicht gezogen.
5 Der Gesetzgeber war sich dieser Fragestellung durchaus bewusst: Im Ber. des VertA zum SG (BT-Drs. II/2140, 7) wird betont, dass der Begriff Kameradschaft einen ethischen Gehalt habe, der in der Sprache des Ges. nicht zu fassen sei. In die gleiche Richtung argumentierte der Abg. *Dr. Kliesing* (CDU/CSU) bei der 1. Lesung des SG im BT (Sten. Ber. S. 5783). Mit Blick u. a. auf § 12 erinnerte er an die Verpflichtung des Gesetzgebers, „darüber nachzudenken, ob und inwieweit das Hineinzwängen sittlicher Normen in die Paragraphen eines Gesetzes notwendig und damit vertretbar ist".
6 Prot. Nr. 86, 30.
7 Ausschussdrs. 18, 2.
8 Vgl. hierzu die Komm. zu § 2 Rn. 2 u. 3. Gerade in diesem Zusammenhang hätte dem VertA eigentlich auffallen müssen, dass der Begriff „Streitkräfte" der treffendere gewesen wäre. Nur die Soldaten (der SK) sind in Kameradschaft verbunden, nicht die (ziv.) Angehörigen der Bundeswehrverwaltung (vgl. u. Rn. 14).
9 N 12 VL 38/00.

BMVg[10] hat es seinerzeit abgelehnt, eine entspr. Gesetzesinitiative[11] zu ergreifen. Zum Wesen der Kameradschaft gehöre die Gegenseitigkeit. Es bedürfe daher einer internationalen Pflichtenordnung, die für alle Soldaten über die nationalen Grenzen hinweg gelte. Diese ist bekanntlich (noch) nicht vorhanden.

3. Bezüge zum Beamtenrecht bzw. zu sonstigen rechtl. Vorschriften; ergänzende Dienstvorschriften und Erlasse. Eine mit § 12 vergleichbare Best. existiert für **ZDL** nicht. Die dem ZDL gem. § 27 Abs. 1 Satz 2 ZDG obliegende Integrationspflicht bezieht sich nicht auf alle anderen ZDL, sondern auf die Angehörigen seiner Beschäftigungsstelle.[12]

4

Grenzschutzdienstpflichtige sind dann den Regelungen des § 12 unterworfen, wenn der BT zuvor der Anwendung der §§ 48 bis 61 BGSG[13] (hier: § 59 BGSG) zugestimmt hat. Es ist daher nicht zutr., dass § 12 im gesamten öff. Dienstrecht die einzige Best. sei, die zu gegenseitiger Kameradschaft verpflichte.[14] Richtig ist, dass das BBG keine explizite Verpflichtung des **Beamten** zur Kameradschaft enthält. Dennoch wird der allg. Verhaltensklausel des § 61 Abs. 1 Satz 3 BBG entnommen, dass der Beamte gegenüber unterstellten und gleichrangigen anderen Beschäftigten zu achtungs- und vertrauenswürdigem Verhalten[15] oder „**Kollegialität**"[16] verpflichtet sei. Bemerkenswert daran ist indes, dass sich die Kommentarlit. zu § 54 Satz 3 BBG a. F. (jetzt: § 61 Abs. 1 Satz 3 BBG) auf *einen* Satz zu dieser Beamtenpflicht beschränkt und in der Rspr. des BVerwG keine einzige Entscheidung hierzu nachweisbar ist. Schon von daher wird erkennbar, dass zumindest in der täglichen Praxis des Umgangs miteinander wesentliche Unterschiede inhaltl. Art zwischen § 12 und § 61 Abs. 1 Satz 3 BBG bestehen. Ob der rechtl. und sittliche Gehalt der Begriffe „Kameradschaft" und „Kollegialität" tatsächlich kongruent ist[17], erscheint zweifelhaft. Möglicherweise sind die Dienst-/Arbeits- und Wohnbedingungen von Soldaten und Beamten so unterschiedlich, dass die Kameradschaft unter Soldaten eine weit größere Rolle spielt als unter Beamten.

Einzelfragen sind in der **ZDv 10/5** „Leben in der militärischen Gemeinschaft" geregelt. Maßnahmen zum Schutz der **Nichtraucher** regelt der Erl. des BMVg vom 15.8.2007.[18] Mit Fragen des **sexuellen Verhaltens** von und zwischen Soldaten befasst sich der Erl. des BMVg „Umgang mit Sexualität in der Bundeswehr" vom Juli 2004.[19]

5

---

10 BMVg – R I 1– Az 16-02-05/12 v. 4.10.2001.
11 Dieser bedarf es auch nicht. „Unkameradschaftliches" Verhalten gegenüber Soldaten verbündeter SK ist bereits jetzt über § 7, § 16, § 17 Abs. 2 disziplinar maßregelbar.
12 *Brecht*, ZDG, 143.
13 Vgl. hierzu o. die Komm. zu § 9 Rn. 9.
14 So jedoch GKÖD I Yk, § 12 Rn. 1.
15 *Plog/Wiedow/Lemhöfer*, BBG, § 54 Rn. 23.
16 *Battis*, BBG, § 61 Rn. 12. Für Richter gilt das Gleiche: *Geiger*, EuGRZ 1977, 479.
17 So *Laabs*, NZWehrr 1995, 65. A.A. GKÖD I Yk, § 7 Rn. 12.
18 VMBl. S. 106.
19 ZDv 14/3 B 173. Vgl. zu der Fassung 2002 TDG Süd NZWehrr 2003, 261.

II. Erläuterungen im Einzelnen

6 **1. Satz 1 „Kameradschaft". – a) Begriff und Inhalt.** Der Begriff „Kameradschaft", abgeleitet vom italienischen „camerata" = Stubengemeinschaft[20], hat trotz seiner gelegentlich auch außerhalb der SK anzutreffenden Verwendung[21] eine primär **militärspezifische Bedeutung**.

Kameradschaft ist das **Band der Zusammengehörigkeit**[22], das Soldaten untereinander zu einer Art verschworener Schicksalsgemeinschaft zusammenschweißt. Viele Berichte aus Kriegseinsätzen in jüngerer Zeit verweisen auf die sog. **kleine Kampfgemeinschaft**, die, auf der Basis der Kameradschaft, dem einzelnen Soldaten in Not und Gefahr geholfen hat, extreme Belastungen zu ertragen und durchzustehen.

Bestimmende Faktoren der Kameradschaft sind gegenseitiges Vertrauen, das Bewusstsein, sich in Krisensituationen bedingungslos aufeinander verlassen zu können[23], gegenseitige Achtung, Fairness[24] und Toleranz.[25] Ein Soldat, insbes. in Vorgesetztenstellung, der die Pflicht zur Kameradschaft verletzt, stört den Zusammenhalt der Soldaten und damit den Dienstbetrieb. Letztlich beeinträchtigt er durch ein derartiges Verhalten die **Einsatzbereitschaft der SK**.[26]

7 Die mit § 12 zum Rechtsinstitut erhobene Kameradschaftspflicht wird durch die Gesetzesvorschrift ethisch nicht voll ausgeschöpft. § 12 enthält nur die **Mindestanforderungen**, die an den Soldaten gestellt werden.[27]

8 Verpflichtung des Soldaten zur Kameradschaft und (Rechts-) Anspruch des Soldaten auf Kameradschaft entsprechen sich nicht. Die Pflicht zur Kameradschaft ist ein gerichtl. nicht durchsetzbares **Reflexrecht**.[28] Der Soldat kann sich gem. § 1 Abs. 1 Satz 1 WBO förmlich **beschweren**, wenn er glaubt, durch pflichtwidriges Verhalten von Kameraden verletzt zu sein. Nach erfolglos beschrittenem Beschwerdeweg wird ihm weiterer Rechtsschutz durch ein Wehrdienstgericht jedoch nicht gewährt.[29] Dies folgt aus Art. 19 Abs. 4 GG und den rechtspolit. Intentionen der WBO. Eine gerichtl. Überprüfung von Beschwerdeanlässen innerhalb der SK ist danach nur geboten, wenn

---

20 *Laabs*, NZWehrr 1995, 65 Fn. 80.
21 So wird beispielsweise in Satzungen gemeinnütziger Vereine die „Förderung der Kameradschaft" als Vereinszweck beschrieben. Rechtsextremistische Organisationen, z. B. die „Skinheads Sächsische Schweiz", bezeichnen sich oftmals als „Kameradschaften" (vgl. Verfassungsschutzber. 2001, passim).
22 *Schwandt*, ZBR 1992, 302; *Stauf* I, § 12 SG Rn. 1.
23 St. Rspr. des BVerwG. Vgl. NVwZ-RR 2002, 851 = NZWehrr 2003, 122; DokBer B 2007, 249.
24 *Stauf* I, § 12 SG Rn. 2.
25 Diese Inhaltsmerkmale begrenzen zugleich die Kameradschaftspflicht. So hat der Soldat „unter keinem denkbaren rechtlichen Gesichtspunkt" einen Anspruch darauf, dass anlässlich der Trauerfeier für einen verunglückten Kameraden eine Ehrenformation der Luftwaffe vorbeifliegt (BVerwG NZWehrr 2005, 252).
26 BVerwG NVwZ-RR 2002, 851 = NZWehrr 2003, 122.
27 *Bornemann*, RuP, 51; *Scherer/Alff/Poretschkin*, SG, § 12 Rn. 2. Die dort zit. Entsch. des BVerwG (E 63, 204 = NZWehrr 1979, 179) gibt dazu allerdings nichts her.
28 *Stauf* I, § 12 SG Rn. 4.
29 Unstr., vgl. BVerwGE 63, 204 = NZWehrr 1979, 179; BVerwG 1 WB 98/91; *Dau*, WBO, Einf. Rn. 43, § 1 Rn. 161, § 17 Rn. 15; GKÖD I Yk, § 12 Rn. 5; *Scherer/Alff/Poretschkin*, SG, § 12 Rn. 3.

es sich um Maßnahmen des mil. Über-/Unterordnungsverhältnisses handelt. Eine **Kameradenbeschwerde** ist dogmatisch die **Meldung eines Dienstvergehens**[30] – mehr nicht.[31]

b) Verletzung der Kameradschaftspflicht. Die Pflicht zur Kameradschaft kann nicht nur vorsätzlich, sondern auch **fahrlässig** verletzt werden.[32] Dies folgt bereits aus § 23 Abs. 1, wonach der Soldat ein Dienstvergehen begeht, wenn er schuldhaft seine Pflichten verletzt. „Schuldhaft" impliziert die Schuldformen Vorsatz und Fahrlässigkeit. Wenn ein Vorg. einen Flugzeugführer nicht davon abhält, entgegen dem Flugauftrag unter 100 Fuß zu fliegen, gefährdet er fahrlässig Leben und Gesundheit der anderen Besatzungsmitglieder und verstößt gegen § 12.[33] 9

§ 12 ist auch verletzt, wenn die durch Satz 2 und 3 geschützten Rechte des Kameraden lediglich **gefährdet** sind.[34] Dies kann beispielsweise dann der Fall sein, wenn ein Soldat ehewidrige Beziehungen zur Ehefrau eines anderen Soldaten unterhält.[35] 10

Rechtl. unbeachtlich ist, ob sich der in seiner Würde und Ehre missachtete Kamerad durch das Verhalten des Täters **subjektiv verletzt** gefühlt hat. Das Gebot, die Rechte des Kameraden zu achten, ist nicht um des einzelnen Soldaten willen, sondern im Interesse des mil. Zusammenhalts in das SG aufgenommen worden. Eine **objektive Pflichtverletzung** reicht aus.[36] Typisches Beispiel hierfür sind sog. Einstandsrituale. 11

Rspr.[37] und Lit.[38] sind sich weitgehend einig, dass die Pflicht zur Kameradschaft und die Pflicht des Vorg. zur **Fürsorge** gem. § 10 Abs. 3 durch ein und dieselbe Handlung verletzt werden können. Der Vorg., der einen (untergebenen) Kameraden entgegen § 12 Satz 2 behandelt, verstößt sowohl gegen § 12 als auch gegen § 10 Abs. 3. Dies gilt beispielsweise dann, wenn ein Vorg. einen Untergebenen zur Begehung von Straftaten oder Dienstvergehen verleitet[39] oder wenn ein Vorg. bei einem Untergebenen „leichtfertig" Schulden macht. 12

---

30 *Dau*, WBO, Einf. Rn. 42.
31 Auch aus diesem Grund ist die von dem *Verf.* bereits 1987 (NZWehrr, 236) aufgeworfene Frage, ob es der Kameradenbeschwerde überhaupt (noch) bedarf, stets aufs Neue zu untersuchen. Rechtspolit. ist die Kameradenbeschwerde ein Relikt aus dem letzten Jahrhundert.
32 Unstr. Vgl. BVerwGE 53, 272 = NZWehrr 1977, 180; BVerwG NZWehrr 2004, 209; *Bornemann*, RuP, 53; GKÖD I Yk, § 12 Rn. 19; *Scherer/Alff/Poretschkin*, SG, § 12 Rn. 10.
33 BVerwG NVwZ-RR 2002, 511.
34 St. Rspr. Vgl. BVerwG DokBer B 1980, 96; NZWehrr 1986, 246; NZWehrr 2002, 254; GKÖD I Yk, § 12 Rn. 14; *Scherer/Alff/Poretschkin*, SG, § 12 Rn. 8.
35 BVerwG NZWehrr 2002, 254.
36 St. Rspr. Vgl. BVerwGE 73, 187; 86, 362 = NZWehrr 1991, 77; BVerwGE 93, 269 = NZWehrr 1993, 72; BVerwGE 113, 272 = NZWehrr 1999, 121; GKÖD I Yk, § 12 Rn. 17. Bemerkenswert ist, dass diese Ansicht bisher keinen Widerspruch erfahren hat. Schließlich sind gem. § 12 Satz 2 die Rechte des Kameraden geschützt u. nicht die einer Organisation (d. h. der SK).
37 BVerwGE 76, 54 = NZWehrr 1984, 69; BVerwG NZWehrr 1992, 261; BVerwGE 93, 265 = NZWehrr 1993, 76; 103, 143 = NZWehrr 1995, 32; BVerwG NZWehrr 2004, 209; BVerwG DokBer B 2008, 1.
38 *Bornemann*, RuP, 51; GKÖD I Yk, § 12 Rn. 37; *Scherer/Alff/Poretschkin*, SG, § 12 Rn. 12; *Stauf* I, § 12 SG Rn. 5. Krit. *Lingens*, NZWehrr 1989, 251.
39 Vgl. *Lingens*, BWV 2001, 130.

13 2. Satz 2. – a) **Begriff des „Kameraden"**. Kameraden i. S. v. § 12 SG und § 1 Abs. 1 Satz 1 WBO[40] sind (nur) die **aktiven Soldaten der deutschen SK**, unabhängig von Dienstgrad und Dienststellung.[41]

Kameraden im Rechtssinne sind **nicht** ziv. Angehörige der Bw, Soldaten anderer SK, Res[42], Soldaten im Ruhestand und ehem. Angehörige der NVA. Auch der BMVg ist nicht Kamerad i. S. v. § 12, obwohl er als Inhaber der Befehls- und Kommandogewalt gem. Art. 65a GG an der Spitze der SK steht, da er nicht den Status eines Soldaten innehat. Dasselbe gilt für den BK im V-Fall nach Art. 115b GG.

Die Beschränkung des § 12 auf Soldaten der deutschen SK leitet sich aus dem Geltungsbereich des SG, dem Wortlaut von § 12 Satz 2 und dem Sinn und Zweck der gesetzl. Regelung ab.

14 Missverständlich[43] ist die Rspr. des BVerwG, die bei Dienstvergehen/Straftaten von Soldaten zum Nachteil von **Ang.**[44] oder **Beamten**[45] der Bw die gleichen Maßstäbe zu Grunde legt wie beim Kameradendiebstahl. Die Begr. des Gerichts, im Hinblick auf den Schutz des Zusammenhalts „in der Truppe" mache es keinen gravierenden Unterschied, ob die Tat gegenüber einem Soldaten oder einem „Zivilangestellten" begangen worden sei, verkennt den verfassungsrechtl. Rahmen der Art. 87a und 87b GG. Sie schafft eine rechtl. Einheit (= die „Bundeswehr"), die so nicht existiert.

15 Richtigerweise wird dagegen eine **Rechtsgemeinschaft von Soldaten**, z. B. eine OHG oder UHG, in den Schutzbereich des § 12 einbezogen, und zwar unbeschadet ihrer Rechtsform (Verein oder BGB-Gesellschaft).[46]

16 b) **Würde des Kameraden**. „Würde" meint die durch Art. 1 Abs. 1 GG geschützte **Menschenwürde**.[47] Das BVerfG hat bisher darauf verzichtet, eine positive Bestimmung dieses Begriffs zu formulieren. Stattdessen prüft es im konkreten Fall an Hand der von *Dürig* entwickelten sog. **Objektformel**[48], ob der konkrete Mensch zum Objekt, zu einem bloßen Mittel, zur vertretbaren Größe herabgewürdigt wird. Entspr. verfährt der 2. WDS des BVerwG.[49] Das Verfassungsgebot zur Achtung der Menschenwürde liegt auch der Wehrverfassung, dem SG (§ 6) und den Prinzipien der Inneren Führung zu Grunde.[50] Ein Verstoß hiergegen wiegt besonders schwer.

---

40 *Dau*, WBO, § 1 Rn. 64.
41 Unstr. Vgl. *Bornemann*, RuP, 51; GKÖD I Yk, § 12 Rn. 3; *Scherer/Alff/Poretschkin*, SG, § 12 Rn. 5; *Stauf* I, § 12 SG Rn. 5; *Wipfelder*, Wehrrecht, Rn. 534. Unklar *Schwandt*, ZBR 1992, 302: „Kamerad des Soldaten ist zumindest (!) jeder andere Soldat der Bundeswehr."
42 Die Bezeichnung von Untergliederungen des VdRBw als „Reservistenkameradschaft" ist de iure irreführend.
43 Krit. auch *Stauf* I, § 12 SG Rn. 12. Noch weniger verständlich ist die v. BVerwG (E 113, 40 = NZWehr 1997, 214; NJW 1997, 1456) bei einem Diebstahl zum Nachteil der Ehefrau eines Soldaten herangezogene Rspr. zum Kameradendiebstahl.
44 BVerwGE 103, 295 = NZWehr 1996, 257; BVerwG NVwZ-RR 2001, 43 = NZWehrr 2001, 30.
45 BVerwGE 86, 15 = NZWehrr 1989, 108.
46 BVerwGE 103, 172 = NZWehrr 1995, 125; *Stauf* I, § 12 SG Rn. 9.
47 GKÖD I Yk, § 12 Rn. 8; *Scherer/Alff/Poretschkin*, SG, § 12 Rn. 7. Vgl. zum Ehrenschutz im Beamtenrecht (gegen Angriffe von „außen") *Haas*, in: Fs für Fürst, 2002, 159.
48 Vgl. *Höfling*, in: Sachs, GG, Art. 1 Rn. 13; *Jarass*, in: Jarass/Pieroth, GG, Art. 1 Rn. 5; *Kunig*, in: v. Münch/Kunig, GGK I, Art. 1 Rn. 22 m. w. N.
49 Vgl. BVerwG NVwZ-RR 2002, 514.
50 BVerwG a.a.O.

c) Ehre des Kameraden. Der Begriff „Ehre" ist mit dem aus § **185 StGB** abgeleiteten **17**
Tatbestandsmerkmal „Ehre" identisch.[51] Für die Klärung der Frage, ob eine Äußerung die Ehre verletzt, muss zunächst der „objektive Bedeutungsgehalt" der Äußerung ermittelt werden. Maßgeblich ist der in ihr zum Ausdruck kommende erklärte Wille.[52] Verletzungen der Ehre sind im Übrigen mit Art. 2 Abs. 1 i. V. m. Art. 1 Abs. 1 GG nicht vereinbar. Hierher gehören persönliche Kränkungen, Herabwürdigungen und Missachtungen des berechtigten persönlichen Geltungsanspruchs.[53] Rechtfertigungen unter dem Blickwinkel von Art. 5 Abs. 1 GG sind im Einzelfall konkret zu untersuchen.[54] Eine exakte Abgrenzung zur „Würde" ist nicht zu ziehen und auch nicht erforderlich.

d) Rechte des Kameraden. Der Begriff „Rechte des Kameraden" ist vom Gesetzge- **18**
ber bewusst so weit gefasst worden, dass nahezu kein Bereich offen geblieben ist. Zu diesen Rechten gehören Leben, Gesundheit, körperliche Unversehrtheit, Freiheit, Eigentum und Besitz. Auch **Vermögensinteressen** anderer Soldaten sind durch § 12 Satz 2 geschützt.[55]

e) Beistandspflicht. Der Gesetzgeber hat mit der Verpflichtung des Soldaten, dem **19**
Kameraden in Not und Gefahr beizustehen, primär an **Notsituationen** in einem bewaffneten Konflikt gedacht. Die Best. gilt indes auch für den Friedensdienstbetrieb[56]. Als Richtschnur kann der Straftatbestand der unterlassenen Hilfeleistung des § **323c StGB** gelten, d. h. zumindest dann, wenn dieser verletzt ist, ist im Verhältnis zwischen Soldaten auch § 12 Satz 2 zu prüfen.

Aus der Rspr. sind zwei ältere Entsch. bekannt, die sich auf diese soldatische Beistandspflicht beziehen: In dem einen Fall[57] hatten zwei Soldaten gemeinsam gezecht. Während der Rückfahrt mit dem Dienst-Kfz. stellte der Beifahrer fest, dass der Fahrer nicht mehr verkehrstüchtig war. Er war verpflichtet, den Fahrer an der Weiterfahrt zu hindern. In dem anderen Fall[58] war ein Soldat bei einem Verkehrsunfall dadurch schwer verletzt worden, dass er einen betrunkenen Kameraden auf dem Heimweg in die Kaserne stützte und dabei von einem entgegenkommenden Kfz. erfasst wurde. Dieser Gesundheitsschaden ist vom Gericht als durch die dem Wehrdienst eigentümlichen Verhältnisse herbeigeführt (§ 81 Abs. 1 SVG) bewertet worden.

---

51 GKÖD I Yk, § 12 Rn. 9; *Scherer/Alff/Poretschkin*, SG, § 12 Rn. 7.
52 BVerwGE 123, 165 mit Anm. *Deiseroth*, jurisPR-BVerwG 14/2005 = NZWehrr 2005, 168.
53 *Murswiek*, in: Sachs, GG, Art. 2 Rn. 124.
54 Zum Verhältnis von § 12 Satz 2 u. § 7 Satz 2 WBeauftrG vgl. *Weingärtner*, NZWehrr 1987, 12.
55 St. Rspr. Vgl. BVerwGE 113, 40 = NZWehrr 1997, 214; BVerwG NVwZ 2001, 1410 (Dienstvergehen eines Rechnungsführers, der Verpflegungsgelder nicht in voller Höhe ausgezahlt hat, sich aber den ganzen Betrag quittieren ließ).
56 Die Meinung des OVG Koblenz, NJW 1966, 1476, die Beistandspflicht gelte für Soldaten auch dann, wenn sie sich im Urlaub befänden, geht zu weit. Eine nach Ort u. Zeit grenzenlose Verpflichtung zur Kameradschaft würde die beteiligten Soldaten überfordern. Ein Zusammenhang mit dem Dienst u. sich daraus ableitenden Aufgaben muss konstruierbar sein. Erholungsurlaub ist jedenfalls nicht „wehrdiensteigentümlich" i. S. v. § 81 Abs. 1 SVG. Vgl. grds. BSGE 37, 283, zit. bei *Stauf* III, § 81 SVG Rn. 5.
57 OVG Münster NZWehrr 1968, 234.
58 OVG Koblenz NJW 1966, 1475.

Wird gegen einen Soldaten disziplinar ermittelt, ist ein anderer Soldat nicht verpflichtet (und auch nicht befugt), ihn hierüber unter Verstoß gegen § 14 Abs. 1 zu informieren.[59]

20   **3. Satz 3.** Das **Toleranzgebot** des Satzes 3 folgt bereits aus Satz 2. Satz 3 hat daher lediglich deklaratorischen Charakter.[60]

Soweit der Soldat gem. § 12 Satz 2 und 3 verpflichtet ist, bei Meinungsäußerungen Zurückhaltung zu üben, wird das Grundrecht aus Art. 5 Abs. 1 GG in zulässiger Weise begrenzt.[61]

4. Einzelfälle von Verstößen gegen § 12 aus der Rechtsprechung[62].

21   – Ausländerfeindliche Äußerungen gegenüber Kameraden[63]
– Ausschank von **Alkohol** an Untergebene trotz Alkoholverbots[64]
– **Betäubungsmittel** – Weitergabe an Kameraden[65]
– **Betrug** zum Nachteil von Kameraden[66]
– Ehrverletzendes/**entwürdigendes Verhalten**[67]
– Glücksspiel – Verleiten von Kameraden (sog. Schneeballsystem)[68]
– **Homosexuelle Verhaltensweisen**[69]

---

59   BVerwGE 128, 295 = NZWehrr 2007, 253 (255).
60   GKÖD I Yk, § 12 Rn. 13.
61   BVerwGE 76, 267 = NZWehrr 1985, 113.
62   Vgl. auch die Übersichten bei GKÖD I Yk, § 12 Rn. 20–35; *Scherer/Alff/Poretschkin*, SG, § 12 Rn. 11.
63   BVerwG DokBer 1997, 79; BVerwGE 113, 48 = NZWehrr 1997, 161; BVerwGE 113, 57 = NZWehrr 1997, 165 („Asylbetrüger-Gedicht").
64   BVerwG NZWehrr 1995, 211.
65   BVerwGE 103, 148 = NZWehrr 1995, 166; *Buchholz* 236.1 § 7 SG Nr. 29; BVerwGE 113, 108 = *Buchholz* 235.0 § 34 WDO Nr. 33.
66   BVerwG DokBer B 1993, 231; BVerwGE 113, 249 = NZWehrr 2000, 165 (Computerbetrug).
67   BVerwG II WD 1.77; BVerwGE 73, 187; 76, 54 = NZWehrr 1984, 69; BVerwGE 83, 300 = NZWehrr 1987, 255; BVerwG 2 WD 21/87; BVerwG DokBer B 1990, 21; 1990, 275; BVerwGE 86, 305 = NVwZ-RR 1991, 204; BVerwGE 93, 19 = NZWehrr 1991, 163; BVerwGE 93, 56 = NVwZ-RR 1992, 33; BVerwGE 93, 108 = NZWehrr 1991, 254; BVerwGE 93, 196 = NVwZ-RR 1992, 366; BVerwGE 93, 269 = NZWehrr 1993, 73; BVerwG DokBer B 1992, 304; 1993, 123; BVerwGE 113, 13 = NZWehrr 1997, 83; BVerwGE 113, 19 = NJW 1997, 1520; BVerwGE 113, 63 = NVwZ-RR 1998, 118; BVerwGE 113, 182 = NVwZ-RR 1998, 763; BVerwGE 113, 187 = NZWehrr 1998, 209; BVerwG NZWehrr 1999, 208; BVerwG *Buchholz* 236.1 § 12 SG Nr. 8; BVerwG NZWehrr 2001, 168; BVerwG DokBer 2001, 158 = NZWehrr 2001, 247; BVerwG NVwZ-RR 2002, 851 = NZWehrr 2003, 122; BVerwG ZBR 2004, 207; BVerwG DokBer B 2006, 305. Einschränkend (unverständlicherweise!) BVerwG NZWehrr 2007, 32 (33) bzgl. des Wortes „Ratte" gegenüber Untergebenen.
68   BVerwG NVwZ 2000, 1187.
69   BVerwG DokBer B 1989, 119; BVerwGE 93, 143 = NZWehrr 1992, 78; BVerwGE 93, 227 = NZWehrr 1993, 34; BVerwG NZWehrr 1995, 79; BVerwGE 103, 192 = NZWehrr 1995, 213; BVerwG *Buchholz* 236.1 § 12 SG Nr. 4; BVerwG 113, 296 = NZWehrr 1999, 250. Aus der Lit.: *Schmidt-Radefeldt*, NZWehrr 2000, 141; *Schwalm*, NZWehrr 1970, 81; *Schwandt*, in: Fs für Fürst, 2002, 289.

- **Kameradendiebstahl**[70]
- **Kameradenehe** – Einbruch in die[71]
- **Misshandlung** von Kameraden[72]
- **Private Zwecke** – Einsatz von Untergebenen zu[73]
- **Rituale** – aus Anlass von Beförderungen und dgl.[74]
- **Schuldenmachen** bei Untergebenen (und verspätete Rückzahlung)[75]
- **Sexuelle Belästigung** von Untergebenen[76]
- **Unterschlagung** von Geldern oder anderer Sachen von Kameraden[77]
- **Verleitung** von Untergebenen zu Dienstvergehen/Straftaten[78]
- **Waffe, fahrlässiger Umgang** mit W.; Gefährdung von Kameraden.[79]

Zusammenfassend lässt sich feststellen, dass in der überwiegenden Zahl der disziplinar geahndeten Fälle der Rückgriff auf § 12 von **sekundärer Bedeutung** war. Im Regelfall reichten die Best. der § 7, § 10 Abs. 3 und 6, § 17 Abs. 1 und 2 aus, das Fehlverhalten zu ahnden. Die rechtl.-disziplinare Relevanz des § 12 sollte daher nicht überschätzt werden.

---

70 BVerwGE 53, 200; BVerwG II WD 59.76; BVerwGE 73, 203; 83, 186 = NZWehrr 1986, 257; BVerwG NZWehrr 1989, 82; BVerwGE 86, 15 = NZWehrr 1989, 108; BVerwG 2 WD 5/88; BVerwG DokBer B 1989, 194; 1990, 11; BVerwGE 86, 314 = NVwZ-RR 1991, 204; BVerwGE 93, 148 = NVwZ-RR 1992, 365; BVerwG NZWehrr 1995, 77; NZWehrr 2001, 217; BVerwG DokBer B 2008, 71 („Griff in die Kameradenkasse"). Aus der Lit.: *Küppers*, NZWehrr 1964, 103.

71 BVerwGE 43, 293; 46, 146; BVerwG DokBer B 1979, 245; BVerwGE 73, 15; BVerwG NZWehrr 1983, 28; 1991, 253; 1993, 73; BVerwG NZWehrr 2002, 254; TDG Süd NZWehrr 2001, 39. Aus der Lit.: *Huth*, Wehrausbildung 1993, 340; *Lingens*, Truppenpraxis/Wehrausbildung 1999, 659; *Lutze*, NZWehrr 2000, 200. Krit. *Stauf* I, § 12 SG Rn. 7. Nicht durch § 12 geschützt ist die eheähnliche Lebensgemeinschaft (so zutr. *Lingens*, NZWehrr 2006, 244).

72 BVerwG DokBer B 1980, 96; BVerwGE 83, 183 = NZWehrr 1986, 257; BVerwGE 83, 210 = NZWehrr 1987, 27; BVerwGE 83, 295 = NZWehrr 1987, 214; BVerwGE 93, 140 = NVwZ-RR 1992, 146; BVerwGE 113, 311 = NZWehrr 1999, 169; BVerwG ZBR 2000, 246; BVerwG *Buchholz* 236.1 § 10 SG Nr. 52; BVerwG NZWehrr 2005, 79.

73 BVerwGE 86, 218 = NZWehrr 1990, 119; BVerwGE 86, 366 = DokBer B 1991, 135; BVerwG DokBer B 1993, 248.

74 BVerwG 2 WD 17/84 („Fernmeldetaufe"); BVerwGE 86, 362 = NZWehrr 1991, 77 („Bestrafungsritual"); BVerwGE 113, 272 = NZWehrr 1999, 121 („Erziehungsritual"); BVerwG NJW 2001, 2343 („Unteroffizierprüfung").

75 BVerwG 2 WD 39/87; BVerwG NZWehrr 1992, 261; BVerwG ZBR 2002, 434.

76 BVerwGE 53, 223; BVerwGE 103, 257 = NZWehrr 1996, 34; BVerwGE 113, 279 = NZWehrr 1999, 78; BVerwG ZBR 2000, 425; BVerwG NVwZ-RR 2001, 43 = NZWehrr 2001, 30 (entwürdigende Behandlung von „Zivilang." der Bw durch StabsOffz); BVerwGE 115, 174 = NZWehrr 2002, 79 (Aufgabe der bisherigen Rspr. zu eheähnlichen Gemeinschaften); TDG Süd NZWehrr 2001, 218 (einverständlicher Geschlechtsverkehr zwischen HFw u. OG (w) als Dienstvergehen); BVerwG NZWehrr 2006, 127, 252; BVerwG NZWehrr 2007, 214. Aus der Lit.: *Schwandt*, in: Fs für Fürst, 2002, 295.

77 BVerwG DokBer B 1979, 51; BVerwG 2 WD 19/80; BVerwGE 83, 273 = NZWehrr 1987, 256; BVerwGE 103, 172 = NZWehrr 1995, 125; BVerwGE 103, 233 = NZWehrr 1996, 165; BVerwG NVwZ 2001, 1410; BVerwG DokBer B 2002, 189; BVerwGE 119, 206; BVerwG NVwZ 2004, 884.

78 BVerwGE 83, 216; BVerwGE 93, 52 = NZWehrr 1991, 161; BVerwGE 93, 265 = NZWehrr 1993, 76; BVerwGE 103, 143 = NZWehrr 1995, 32; BVerwG *Buchholz* 236.1 § 13 SG Nr. 5; BVerwG NZWehrr 2004, 209. Aus der Lit.: *Lingens*, BWV 2001, 130.

79 BVerwGE 53, 272; BVerwG DokBer B 1989, 93; BVerwGE 85, 180 = DokBer 1990, 26; BVerwGE 93, 100 = NZWehrr 1992, 34; BVerwG NZWehrr 1994, 75.

§ 13 Wahrheit

(1) Der Soldat muss in dienstlichen Angelegenheiten die Wahrheit sagen.
(2) Eine Meldung darf nur gefordert werden, wenn der Dienst dies rechtfertigt.

Übersicht

	Rn		Rn
I. Allgemeines	1	d) „in dienstlichen Angelegenheiten"	18
1. Entstehung der Vorschrift	1	e) „die Wahrheit"	24
2. Änderungen der Vorschrift	7	f) „sagen"	25
3. Bezüge zum Beamtenrecht bzw. zu sonstigen rechtl. Vorschriften; ergänzende Dienstvorschriften und Erlasse	9	2. Absatz 2	26
		a) Zweckbestimmung	26
		b) „Meldung"	27
II. Erläuterungen im Einzelnen	12	c) „der Dienst dies rechtfertigt"	29
1. Absatz 1	12	d) Folgen einer Verletzung der Meldepflicht	30
a) Zweckbestimmung	12		
b) § 13 und Grundgesetz	13	3. Einzelfälle von Verstößen gegen § 13 aus der Rechtsprechung	31
c) „Der Soldat"	14		

Literatur: *Deiseroth, Dieter*: Disziplinarrechtliche Ahndung der betrügerischen Erschleichung einer Mietentschädigung im Rahmen der Umzugskostenvergütung, jurisPR-BVerwG 26/2008 Anm. 4; *Lingens, Eric*: Sind die Aussagen des Soldaten im einfachen Disziplinarverfahren in anderen Verfahren verwertbar?, NZWehrr 2006, 150; *Schreiber, Jürgen*: Die Wahrheits- und Aussagepflicht des Soldaten, NZWehrr 1962, 6; *Schwandt, Eberhard Ulrich*: Dienstpflichten der Soldaten, ZBR 1993, 161; *ders.*: Ahndung von Dienstvergehen im Wehrdisziplinarverfahren, ZBR 2002, 382; *Walz, Dieter*: Ton und Inhalt von Bescheiden, NZWehrr 1974, 128; *Weingärtner, Dieter*: Zur disziplinaren Würdigung ehrverletzender Äußerungen zum Nachteil von Kameraden in Petitionen von Soldaten, NZWehrr 1987, 11.

I. Allgemeines

1. Entstehung der Vorschrift. Kurz und bündig bestimmte § 12 des **REntw.**[1]:
Der Soldat muß im dienstlichen Verkehr die Wahrheit sagen.

Die **Begr.** des REntw.[2] fiel demgegenüber – auf einer ganzen Spalte – wesentlich umfangreicher aus. Diese Pflicht sei in den REntw. aufgenommen worden, weil sie das Erfordernis jeder Gemeinschaft sei, „die für schwerste Bewährungen zusammengeschlossen" sei. Bei Vernehmungen in einem Strafverfahren brauche der Soldat sich jedoch nicht selbst zu belasten. Der „dienstliche Verkehr" umfasse nicht nur den Verkehr „von unten nach oben"; zu ihm gehörten auch Äußerungen außerhalb des Dienstes mit dienstl. Bezug. Diese Interpretationshinw. gelten bis heute fort.

Der **BR** forderte in seiner Stellungnahme[3], § 12 zu **streichen**. Das moralische Verhalten von Soldaten lasse sich nicht gesetzl. regeln.

Die **BReg**[4] hielt demgegenüber an ihrem Entw. fest. Es gehe um die Aufstellung einer **Rechtspflicht**. Von der Wahrheit könne im mil. Bereich „Entscheidendes" abhängen.

---
1 BT-Drs. II/1700, 5.
2 BT-Drs. II/1700, 22–23.
3 BT-Drs. II/1700, 38.
4 BT-Drs. II/1700, 44.

In den **Ausschussberatungen** nahm die Best. breiten Raum ein. Im **Rechtsausschuss** 4
schlug der Abg. *Dr. Kihn* (CDU/CSU)[5] vor, die Best. zu streichen. Die Mehrheit,
angeführt von dem Abg. *Schröter* (SPD)[6], folgte ihm darin nicht. Der Vertreter des
BMVg ergänzte die Notwendigkeit einer expliziten gesetzl. Regelung der Wahrheitspflicht dahingehend, dass der Soldat im Manöver mit Annahmen arbeite. Dies bringe
ihn in Versuchung, „es nicht ganz so genau mit der Wahrheit zu nehmen". Im Krieg
sei die höhere Führung völlig verraten, wenn sie sich nicht auf die Richtigkeit von
Meldungen verlassen könne.[7]

Die BReg wurde gebeten, eine neue Formulierung vorzulegen, die den Einwand des
Abg. *Dr. Arndt* (SPD)[8], es gebe keine unbeschränkte Wahrheitspflicht, berücksichtigen sollte.

Bereits in der nächsten Sitzung des Rechtsausschusses[9] schlug der Vertreter der BReg
vor, § 12 so zu fassen:

**Der Soldat muß in dienstlichen Angelegenheiten die Wahrheit sagen. Eine Meldung
darf nur gefordert werden, wenn der Dienst dies rechtfertigt.**

Nach längerer Debatte[10] über die Fragen, ob die Wahrheitspflicht des Untergebenen
mit einem entspr. **Fragerecht des Vorg.** korrespondiere, und ob auch der **Vorg.**
gegenüber dem Untergebenen **zur Wahrheit verpflichtet** sei, beschloss der Ausschuss, Satz 2 als **eigenen Abs. 2** zu platzieren. Damit sollte der Eindruck vermieden
werden, dass es sich nur um eine Pflicht des Untergebenen handele. Im Anschreiben
an den Sicherheitsausschuss, den späteren VertA, sollte zusätzlich hervorgehoben
werden, dass der Dienst nicht etwas rechtfertigen könne, was nach dem GG nicht
erlaubt sei. Unzulässige Befehle zur Abgabe einer Meldung sollten damit verhindert
werden. Aus Gründen, die den Materialien nicht zu entnehmen sind, ist dieser Hinw.
unterblieben.[11]

Der **Ausschuss für Beamtenrecht** folgte dem Votum des Rechtsausschusses.[12] 5

Der **VertA** und das **Plenum** des BT änderten am Text der Vorschrift nichts mehr. Der 6
VertA[13] legte nochmals dar, weshalb es einer gesetzl. Normierung der Wahrheitspflicht bedürfe. Von dienstl. Aussagen hänge u. a. die Erteilung von Befehlen mit
erheblicher Folgewirkung ab. Mit Abs. 2 sei ein unzulässiges Eindringen in die private
Sphäre des Soldaten verboten.

2. Änderungen der Vorschrift. Materiellrechtl. entspricht der heutige § 13 noch dem 7
seinerzeitigen § 12, so wie er vom Plenum des BT beschlossen worden war.

---

5   Prot. Nr. 86 des Rechtsausschusses v. 18.11.1955, 41.
6   Prot. Nr. 86 des Rechtsausschusses v. 18.11.1955, 42.
7   Prot. Nr. 86 des Rechtsausschusses v. 18.11.1955, 42; zit. auch bei *Rittau*, SG, 122.
8   Prot. Nr. 86 des Rechtsausschusses v. 18.11.1955, 42, 43.
9   Prot. Nr. 87 v. 19.11.1955, 2.
10 Prot. Nr. 87 des Rechtsausschusses v. 19.11.1955, 2-4.
11 Schreiben des Vors. des Rechtsausschusses an den Vors. des Sicherheitsausschusses v.
    21.11.1955, 2; Drs. 18 des Ausschusses für Beamtenrecht, 2.
12 Prot. Nr. 38 der 37. Sitzung des Ausschusses für Beamtenrecht v. 5.12.1955, 7; Ausschussdrs.
    21 v. 4.1.1956, 9; 23 v. 20.1.1956, 13.
13 BT-Drs. II/2140, 7.

8   Durch Art. 1 Nr. 12 des **SGÄndG** wurde die **Überschrift** „Wahrheitspflicht" durch „Wahrheit" ersetzt. Dies wurde mit der „sprachlichen Anpassung" der Überschrift des § 13 an die Überschriften der §§ 11 bis 19 begründet.[14]
Mit der Neubekanntmachung des SG vom 14.2.2001[15] wurde, der **neuen Rechtschreibung** folgend, das Wort „muß" in Abs. 1 durch das Wort „muss" ersetzt.

3. Bezüge zum Beamtenrecht bzw. zu sonstigen rechtl. Vorschriften; ergänzende
9   **Dienstvorschriften und Erlasse.** Das BeamtStG und das BBG kennen **keine spezielle Verpflichtung des Beamten** zur Wahrheit. Die Kommentarlit. vermittelt insoweit auch keine vertiefenden Erkenntnisse. Während der Beratungen des SG in den Ausschüssen des BT[16] wurde davon ausgegangen, die Wahrheitspflicht der Bundesbeamten ergebe sich aus ihrer Verpflichtung, die Vorg. zu beraten und zu unterstützen (§ 35 Satz 1 BeamtStG; § 55 Satz 1 BBG a. F. – jetzt: § 62 Abs. 1 Satz 1 BBG). Die Rspr. des BVerwG lässt keine klare Linie erkennen:

Der **1. Disziplinarsenat** bezog sich in seinen Entsch. bzgl. der Verletzung der Wahrheitspflicht i. d. R. auf die allg. Verhaltenspflicht gem. § 54 Satz 3 BBG a. F.[17] (jetzt: § 61 Abs. 1 Satz 3 BBG), während **der 2. Senat** des BVerwG[18] zur Begr. der Pflicht des Beamten zur „Wahrhaftigkeit" § 54 Satz 2 BBG a. F. (jetzt: § 61 Abs. 1 Satz 2 BBG) heranzog.

Vor diesem Hintergrund war es möglicherweise durchaus sinnvoll, für Soldaten als einziger Gruppe des öff. Dienstes eine konkrete gesetzl. Einzelpflicht zu **kodifizieren**.

10 Für **ZDL** bestimmt § 27 Abs. 1 Satz 1 ZDG, dass diese ihren Dienst „gewissenhaft zu erfüllen" haben. Zur Gewissenhaftigkeit gehören u. a. Gehorsam, Einhaltung der Arbeitszeit, Fleiß und Arbeitswilligkeit[19] sowie die Verpflichtung, bezogen auf das Zivildienstverhältnis, wahre Angaben zu machen.

11 Der Erl. des BMVg **ZDv 14/3 B 116** enthält eine ausführliche Darstellung der „Verletzung der Wahrheitspflicht bei Vernehmungen als Beschuldigter"; der Erl. **des BMVg ZDv 14/3 B 129** regelt die „Strafrechtliche und disziplinare Würdigung von Eingaben an die/den Wehrbeauftragte(n)".

II. Erläuterungen im Einzelnen

12 **1. Absatz 1. – a) Zweckbestimmung.** SK können nur dann rasch und sicher geführt werden, wenn die ihrer Führung vorliegenden Erkenntnisse ohne weitere – zeitaufwändige – Nachprüfung zuverlässig und sachlich richtig sind.[20] Dies gilt insbes. in einem bewaffneten Konflikt.

---

14 BT-Drs. 14/4062, 18.
15 BGBl. I S. 232.
16 Vgl. Prot. der 86. Sitzung des Rechtsausschusses v. 18.11.1955, 42; *Rittau*, SG, 122.
17 Vgl. BVerwG 1 D 29/97; 1 D 28/98; 1 D 48/98. Anders z.T. BDiG Frankfurt, 8. Kammer, XIII BK 9/98, das in diesem Zusammenhang neben § 54 Satz 3 BBG a. F. zusätzlich § 55 Satz 1 BBG a. F. zit.
18 DokBer B 2002, 207.
19 *Brecht*, ZDG, 143.
20 Ähnlich *Bornemann*, RuP, 53; *Dau*, WDO, § 32 Rn. 33; *Wipfelder*, Wehrrecht, 77.

Der 2. WDS des BVerwG[21] bedient sich folgender **Standardformel:**

„... kommt der Wahrheitspflicht im militärischen Bereich besondere Bedeutung zu. Dies ergibt sich schon daraus, daß die Wahrheitspflicht unter allen Pflichtenregelungen des öffentlichen Dienstrechts allein im Soldatengesetz ausdrücklich normiert ist. Es ist im übrigen evident, daß eine Armee bei der Durchführung ihres Auftrags sowohl im Frieden als auch im V-Fall[22] auf wahrheitsgemäße Meldungen und Angaben nicht verzichten kann. Jede Verletzung der Wahrheitspflicht ist daher ihrer Eigenart nach eine schwere Verfehlung."

Es mag dahinstehen, ob der Umstand, dass allein für Soldaten eine ausdrückliche gesetzl. Verankerung der Wahrheitspflicht erfolgt ist, eine solche **„Normüberhöhung"** zu begründen vermag. Im Übrigen ist durchaus zweifelhaft, ob der Wahrheitspflicht im Rahmen der Friedensadministration ein derartiges Gewicht zukommt. Im Regelfall ist es Vorg. in allen Bereichen des öff. Dienstes, auch in den SK, durchaus zuzumuten, in Zweifelsfällen zurückzufragen.

b) § 13 und Grundgesetz. § 13 berührt das **Grundrecht der Meinungsäußerungsfreiheit** gem. Art. 5 Abs. 1 Satz 1 GG. Soweit § 13 in dieses Grundrecht eingreift, ist dies entweder über den Gesetzesvorbehalt gem. Art. 5 Abs. 2 i. V. m. z. B. den §§ 185 ff. StGB oder Art. 17a Abs. 1 GG zulässig.

Oberstgerichtl. Entsch. sind hierzu bislang nicht ergangen. Dies lässt darauf schließen, dass diese Frage von geringer praktischer Relevanz ist.

c) „Der Soldat". „Der Soldat" ist jeder Soldat, unabhängig davon, in welcher Rolle er im konkreten Fall auftritt. Die Wahrheitspflicht gilt für **Vorg. und Untergebene** grds. gleichermaßen.[23]

Ausnahmen sind dann vorstellbar, wenn der Vorg. dem Untergebenen gegenüber aus Gründen des Datenschutzes oder weil andere Interessen Dritter betroffen sind, zur Verschwiegenheit verpflichtet ist. In diesen Fällen kann der Vorg. sogar verpflichtet sein, den genauen Sachverhalt zu „verschleiern".[24]

Der Soldat schuldet eine wahrheitsgemäße Äußerung als Dienstpflicht **gegenüber** seinem **Dienstherrn.** Die Wahrheitspflicht besteht nicht nur gegenüber den unmittelbaren Vorg., sondern in dienstl. Angelegenheiten „schlechthin"[25], d. h. beispielsweise auch gegenüber Dienststellen der Bundeswehrverwaltung.

Der Untergebene kann eine Verletzung des § 13 Abs. 1 ihm gegenüber **nicht mit der Beschwerde** geltend machen. Hinzu kommen muss eine behauptete Verletzung von Individualrechten, etwa aus den §§ 185 ff. StGB.[26]

---

21 NZWehrr 1991, 161 m. w. N. Aus jüngerer Zeit vgl. z. B. BVerwG NZWehrr 2001, 124, 128; BVerwG DokBer B 2006, 305.
22 Das Gericht meint wohl hiermit nicht den V-Fall gem. Art. 115a GG, sondern den Einsatz der SK in einem bewaffneten Konflikt.
23 BVerwGE 83, 242 = NZWehrr 1987, 77; *Bornemann*, RuP, 54; *Scherer/Alff/Poretschkin*, SG, § 13 Rn. 1 (ohne die Einschränkung „grundsätzlich").
24 GKÖD I Yk, § 13 Rn. 5.
25 BDHE 4, 147.
26 BVerwGE 83, 242 = NZWehrr 1987, 77. Unklar BVerwGE 93, 186 = NZWehrr 1992, 163.

17 Auch wenn im Falle einer bloßen Verletzung der Wahrheitspflicht gegenüber einem anderen Soldaten keine Dienstpflichtverletzung gesehen werden kann, soll dies eine Amtspflichtverletzung gem. § 839 BGB nicht ausschließen (sog. **Drittbezogenheit**).[27] Diese Auffassung verkennt, dass Dienstpflicht und Amtspflicht korrespondieren. Wenn der Soldat keine Dienstpflichtverletzung begangen hat, haftet er nicht gem. § 839 BGB.

18 d) „in dienstlichen Angelegenheiten". „Dienstliche Angelegenheiten" sind alle mit dem Dienst zusammenhängenden Vorgänge[28], die den Bereich der **Bw als Teil der Exekutive**[29] berühren. Hierzu rechnen auch Angelegenheiten privater Natur[30], sofern ihre Kenntnis dienstl. Zwecken dient, z. B. im Zusammenhang mit Personalmaßnahmen.

Besonderheiten gelten für folgende Verfahren:

19 – **Strafverfahren.** Wird der Soldat einer Straftat beschuldigt, ist er vor der Polizei, der Staatsanwaltschaft und den ordentlichen Gerichten **nicht verpflichtet**, wahrheitsgemäße Angaben zu machen, sofern er sich dadurch selbst belasten würde.[31] Dies folgt letztlich aus § 136 Abs. 1 Satz 2 StPO.
Sagt der Soldat als Zeuge in einem Strafverfahren über dienstl. Sachverhalte aus, ist er jedenfalls gem. § 13 Abs. 1 nicht verpflichtet, die Wahrheit zu sagen.[32] Strafverfolgungsbehörden sind keine Organe der Bw.

20 – **Gerichtl. Disziplinarverfahren.** Wie in einem Strafverfahren ist der beschuldigte Soldat in einem gegen ihn laufenden gerichtl. Disziplinarverfahren **nicht verpflichtet**, wahrheitsgemäß Angaben, die ihn selbst belasten würden, zu machen.[33] Richtig

---

27 BGH (3. Zivilsenat) NVwZ-RR 1996, 625.
28 BVerwG NZWehr 2001, 127; BVerwGE 119, 1 = ZBR 2004, 174.
29 H.M.; vgl. etwa *Scherer/Alff/Poretschkin*, SG, § 13 Rn. 2. Unscharf ZDv 14/3 B 116 Nr. 4 („Verteidigungsauftrag der Bundeswehr").
30 Nach Auffassung des Abg. *Feller* (GB/BHE) sollte die Wahrheitspflicht auch für den gesamten außerdienstl. Verkehr gelten. Vgl. Sten. Ber. v. 12.10.1955, 5792 B.
31 BVerwG NJW 1968, 857; ZDv 14/3 B 116 Nr. 6 d); *Bornemann*, RuP, 54; *Dau*, WDO, § 32 Rn. 38; *Rittau*, SG, 122; *Scherer/Alff/Poretschkin*, SG, § 13 Rn. 3; *Stauf* I, § 13 SG Rn. 2; *Wipfelder*, Wehrrecht, 77. Krit. GKÖD I Yk, § 13 Rn. 9–10.
32 A.A. BVerwG NZWehr 2001, 124.
33 Allg. zum „Schweigerecht" BVerfGE 56, 37; vgl. im Übrigen BVerwGE 33, 168; ZDv 14/3 B 116 Nr. 6 c); *Bornemann*, RuP, 54; *Dau*, WDO, § 32 Rn. 33, 37; *Scherer/Alff/Poretschkin*, SG, § 13 Rn. 3 f.; *Stauf* I, § 13 SG Rn. 2; *Wipfelder*, Wehrrecht, 77. A.A. GKÖD I Yk, § 13 Rn. 11–13. Zum Verwertungsverbot von wahrheitsgemäßen Aussagen eines Soldaten in einer Flugunfalluntersuchung in einem anschließenden gerichtl. Disziplinarverfahren vgl. *Dau*, WDO, § 106 Rn. 4 a. E.
In der BReg wird zzt. eine Gesetzesinitiative erwogen, § 13 Abs. 2 wie folgt zu ergänzen: „Der Soldat hat auf einen Befehl zur Meldung auch Tatsachen zu offenbaren, die geeignet sind, eine Verfolgung wegen eines Dienstvergehens, einer Straftat oder einer Ordnungswidrigkeit herbeizuführen. Jedoch darf eine Auskunft, die der Soldat aufgrund des Befehls zur Meldung und seiner Verpflichtung nach Absatz 1 erteilt, in einem Disziplinarverfahren, einem Strafverfahren oder einem Verfahren nach dem Gesetz über Ordnungswidrigkeiten gegen den Soldaten oder einen in § 52 Abs. 1 der Strafprozessordnung bezeichneten Angehörigen des Soldaten nur mit Zustimmung des Soldaten verwendet werden." Damit sollen das berechtigte Interesse des Dienstherrn u. der Vorg. an wahrheitsgemäßen, vollständigen Meldungen u. das berechtigte Interesse des Meldenden, sich durch ihm befohlene pflichtgemäße Aussagen nicht selbst bezichtigen zu müssen, in Einklang gebracht werden. Das Wort „verwendet" statt „verwertet" soll verdeutlichen, dass auch eine mittelbare Verwertung ausgeschlossen sein soll.

ist, dass die WDO, anders als in § 32 Abs. 4 Satz 4 WDO für das vorgerichtl. Verfahren, für das gerichtl. Verfahren selbst keine entspr. Vorschrift enthält. Dennoch ist von einem allg. Rechtsgrds. auszugehen, der besagt, dass niemand gezwungen werden darf, sich selbst zu beschuldigen („**Recht auf Lüge**").

- **Vorgerichtl. Disziplinarverfahren.** Ermittelt der DiszVorg. in seiner eigenen Funktion, hat der Soldat das Recht, die **Aussage zu verweigern.** Eine Aussage darf ihm auch nicht befohlen werden. Macht der Soldat von seinem Aussageverweigerungsrecht keinen Gebrauch, muss er wahrheitsgemäße Angaben machen (§ 32 Abs. 4 Satz 4 WDO).[34] 21

  Für Aussagen vor dem WDA gilt § 13 Abs. 1 nicht, da dieser als „Organ der Rechtspflege" und nicht als Exekutivorgan der Bw handelt.[35]

  Problematisch ist die Situation dann, wenn der DiszVorg. **im Auftrag des WDA** Vernehmungen durchführt. Auch für diesen Fall soll nach der h.M.[36] die Wahrheitspflicht nicht gelten. Hier wird die auf Art. 96 Abs. 4 GG beruhende Konstruktion der Rechtspflege der Bw überstrapaziert. Der im Auftrag des WDA ermittelnde DiszVorg. ist kein Organ der Rechtspflege der Bw. Für alle Ermittlungen des DiszVorg. gilt § 32 WDO, auch wenn er im Auftrag des WDA tätig wird. Dem i. d. R. juristisch wenig geschulten DiszVorg. und dem zu vernehmenden Soldaten ist eine gegenüber dem DiszVorg. „gespaltene" Wahrheitspflicht nicht zu verdeutlichen.

- **Gerichtl. Antrags-/Beschwerdeverfahren.** Auch insoweit ist der Soldat **nicht verpflichtet**, wahrheitsgemäß vorzutragen.[37] Andererseits hat der Soldat die tatsächlichen und rechtl. Folgen einer Falschaussage zu bedenken. Ein disziplinar nicht zu ahndender Verstoß gegen § 13 Abs. 1 schließt in solchen Fällen eine disziplinare Maßregelung wegen anderer Dienstvergehen (z. B. Verletzung des § 12) nicht aus.[38] 22

- **Förmliche Beschwerden/Eingaben.** In Beschwerden nach der WBO und Eingaben/Petitionen an Dienststellen der Bw hat der Soldat **wahrheitsgemäße Angaben** zu machen. Andernfalls verstößt er zumindest gegen seine Pflicht aus § 13 Abs. 1.[39] Das Benachteiligungsverbot des § 2 WBO steht dem nicht entgegen. 23

  Anders verhält es sich mit Eingaben an den **WBeauftr** und die **Parlamente.** Der WBeauftr und die Parlamente sind keine Organe der Bw; ihnen gegenüber ist der Soldat im Hinblick auf § 13 Abs. 1 nicht zur Wahrheit verpflichtet.[40] Die gegenteilige Erlassregelung[41] ist – unbeschadet von § 7 WBeauftrG – mit § 13 Abs. 1 nicht zu vereinbaren.

---

34 ZDv 14/3 B 116 Nr. 6 a), 1. Anstrich; *Dau*, WDO, § 32 Rn. 37; *Scherer/Alff/Poretschkin*, SG, § 13 Rn. 3. Vgl. auch BVerwG NVwZ-RR 2007, 197.
35 BVerwGE 33, 168; ZDv 14/4 B 116 Nr. 6 b); *Dau*, WDO, § 32 Rn. 37; *Scherer/Alff/Poretschkin*, SG, § 13 Rn. 3.
36 ZDv 14/3 B 116 Nr. 6 a), 3. Anstrich; *Dau*, WDO, § 32 Rn. 37; *Scherer/Alff/Poretschkin*, SG, § 13 Rn. 3; *Wipfelder*, Wehrrecht, 77.
37 BVerwG RiA 1968, 219; ZDv 14/3 B 116 Nr. 6 c); *Dau*, WDO, § 32 Rn. 37; *Scherer/Alff/Poretschkin*, SG, § 13 Rn. 3.
38 *Scherer/Alff/Poretschkin*, SG, § 13 Rn. 5.
39 *Dau*, WBO, § 2 Rn. 18.
40 *Weingärtner*, NZWehr 1987, 12.
41 ZDv 14/3 B 129 Nr. 4.

24 **e) „die Wahrheit".** Wahr ist eine Meldung, ein Bericht, eine Aussage usw., wenn der vorgetragene Sachverhalt mit der **Wirklichkeit übereinstimmt**.[42] Dies zu bewerten ist bei der Vorlage von Urkunden und anderen unbestreitbaren Tatsachen leichter als bei der Schilderung von Beobachtungen. Der DiszVorg. hat in solchen Fällen stets zu berücksichtigen, dass es eine „objektive"[43] Wahrheit nur selten gibt, insbes. dann nicht, wenn ein Zeuge Wertungen vornimmt.

25 **f) „sagen".** Die Pflichtverletzung kann in einer **falschen Darstellung** eines Sachverhalts, einem **Bestreiten** eines Sachverhalts[44], einem aktiven Tun oder in der Nichtbefolgung einer Melde- oder sonstigen Mitteilungspflicht[45] bestehen.

Der Soldat kann gegen die Wahrheitspflicht **vorsätzlich** oder **fahrlässig** verstoßen.[46]

26 **2. Absatz 2. – a) Zweckbestimmung.** Der Entstehungsgeschichte[47] folgend, ist § 13 Abs. 2 als **Schutzvorschrift** zu verstehen. Eine missbräuchliche Ausnutzung der Verpflichtung des Soldaten, die Wahrheit zu sagen, soll verhindert werden. Insbes. ist es dem Vorg. verwehrt, in die Privatsphäre des Soldaten einzudringen[48], soweit damit kein legitimer dienstl. Zweck verfolgt wird.

Verstößt der Vorg. gegen diese Zweckbestimmung, macht er sich ggf. gem. **§ 32 WStG** strafbar.

27 **b) „Meldung".** „Meldung" ist ein ursprünglich primär **militärtypischer Begriff**. Inzwischen finden sich Meldepflichten für Behörden und Einzelpersonen in zahllosen Bundes- und Landesgesetzen. Eine Meldung i. S. v. Abs. 2 ist eine Darstellung oder Behauptung von Tatsachen, die von dem Soldaten aufgrund von Gesetzen, Dienstvorschriften oder Einzelbefehlen zulässigerweise abverlangt werden darf.[49] Die durch eine Meldung zu bekundende Tatsache muss in irgendeiner **Beziehung zum Dienst** stehen[50].

28 **Melde-/Anzeigepflichten** finden sich z. B. in § 11 Abs. 1 Satz 2 („Pflicht" zur Gegenvorstellung), § 20 Abs. 5 und 6, § 25 Abs. 1; § 43 WStG; § 30 Abs. 3 WDO; ZDv 10/13 „Besondere Vorkommnisse"; ZDv 14/3 B 118 „Meldung nachrichtendienstlicher Verdachtsfälle an den Militärischen Abschirmdienst durch den Disziplinarvorgesetzten"; Erl. des BMVg „Meldung bei Verstoß gegen Geheimhaltung von NATO-Verschlußsachen"[51]; Erl. des BMVg „Mutterschutz für Soldatinnen – Meldepflicht bei Schwangerschaft"[52].

Die Meldung kann schriftl., mündlich, durch Zeichen oder durch schlüssiges Verhalten erfolgen.[53]

---

42 *Stauf* I, § 13 SG Rn. 4.
43 Vgl. hierzu *Schölz/Lingens*, WStG, § 42 Rn. 11; *Wipfelder*, Wehrrecht, 77.
44 *Bornemann*, RuP, 54; *Scherer/Alff/Poretschkin*, SG, § 13 Rn. 4.
45 BVerwG (1. Disziplinarsenat) 1 D 28/98; GKÖD I Yk, § 13 Rn. 4.
46 BVerwG (1. Disziplinarsenat) 1 D 48/98 (für Beamte); GKÖD I Yk, § 13 Rn. 18.
47 Vgl. o. Rn. 4.
48 *Rittau*, SG, 123; *Scherer/Alff/Poretschkin*, SG, § 13 Rn. 7.
49 GKÖD I Yk, § 13 Rn. 14; *Rittau*, SG, 123; *Scherer/Alff/Poretschkin*, SG, § 13 Rn. 8; *Schölz/Lingens*, WStG, § 42 Rn. 3.
50 Vgl. detailliert *Schölz/Lingens*, WStG, § 42 Rn. 5, 6.
51 VMBl. 1972 S. 129.
52 VMBl. 2001 S. 187.
53 *Schölz/Lingens*, WStG, § 42 Rn. 8.

c) „der Dienst dies rechtfertigt". Der Dienst rechtfertigt eine Meldung, wenn es im Interesse des **Dienstherrn** unerlässlich ist, über einen Vorgang mit dienstl. Bezug die Wahrheit zu erfahren.[54] Im Einzelfall kann die Ausfüllung dieser unbestimmten Rechtsbegriffe schwierig sein. Der Vorg. hat dann eine **Güterabwägung** anzustellen. Er hat zu prüfen, ob das Auskunftsinteresse des Staates höher einzustufen ist als etwa das Persönlichkeitsrecht oder das Selbstschutzinteresse des Soldaten.[55] Rechtswidrig wäre z. B. der Befehl an einen Sportsoldaten, eine Meldung abzugeben, in der Vergangenheit nicht **gedopt** zu haben.

29

Befiehlt der Vorg. die Abgabe einer Meldung ohne dienstl. Interesse, ist der Befehl wegen des Fehlens eines dienstl. Zwecks regelmäßig **unverbindlich** und braucht nicht befolgt zu werden (§ 11 Abs. 1 Satz 3).[56]

d) **Folgen einer Verletzung der Meldepflicht.** Eine unwahre dienstl. Meldung ist strafbar, sofern dadurch eine Gefahr für die Sicherheit der Bundesrepublik Deutschland, die Schlagkraft der Truppe, Leib oder Leben eines Menschen oder Sachen von bedeutendem Wert verursacht wird (§ 42 WStG i. V. m. § 2 Nr. 3 WStG).

30

Ebenfalls strafbar ist eine bei Meuterei oder Sabotage unterlassene unverzügliche Meldung (§ 43 WStG).

3. Einzelfälle von Verstößen gegen § 13 aus der Rechtsprechung.
- **Betrug** zum Nachteil des Dienstherrn[57]
- **Fälschung von Dienstplänen**[58]
- **Falschbeurkundung**/Urkundenfälschung[59]
- Falsche **Eintragungen in einem Fahrbefehl**[60]
- **Falsche Angaben über frühere Zugehörigkeit zum MfS der ehem. DDR**[61]
- **Manipulationen bei einer Prüfung**[62]
- **Meineid**[63]
- **Reisekostenbetrug**[64]
- **Falsche Eintragungen in eine Schießkladde/ein Schießbuch**[65]

31

---

54 *Schölz/Lingens*, WStG, § 42 Rn. 7.
55 Vgl. GKÖD I Yk, § 13 Rn. 16; *Scherer/Alff/Poretschkin*, SG, § 13 Rn. 11.
56 A.A. *Schölz/Lingens*, WStG, § 42 Rn. 7. Die dortige Begr. ist nicht nachvollziehbar.
57 BVerwG 2 WD 36/94; BVerwGE 103, 290 = NZWehrr 1996, 126; BVerwGE 113, 235.
58 BVerwG DokBer B 1999, 109.
59 BVerwGE 83, 182; BVerwG 2 WD 59/87; 2 WD 79/87; BVerwG DokBer B 1990, 13; BVerwGE 103, 265 = NZWehrr 1996, 164; BVerwG DokBer B 1999, 242; DokBer B 2001, 254; NZWehrr 2003, 172.
60 BVerwGE 86, 218 = NZWehrr 1990, 119; BVerwGE 93, 52 = NZWehrr 1991, 161.
61 BVerwGE 113, 131 = NZWehrr 1998, 31; BVerwG NZWehrr 1999, 255; BVerwGE 113, 376.
62 BDHE 4, 147; BVerwG DokBer B 2002, 119.
63 BVerwGE 117, 117; BVerwG ZBR 2005, 262.
64 BVerwG NZWehrr 1986, 74; BVerwG 2 WD 29/87; 2 WD 51/87; 2 WD 60/87; BVerwG DokBer B 1989, 237; DokBer B 1991, 77; BVerwGE 103, 12 = NZWehrr 1994, 27; BVerwGE 103, 140 = NZWehrr 1995, 78; BVerwG *Buchholz* 235.0 § 85 WDO Nr. 1; BVerwG DokBer B 1997, 105; BVerwG NZWehrr 1997, 210; BVerwG DokBer B 1998, 177; BVerwG NZWehrr 2001, 33, 79; BVerwG DokBer B 2002, 40; BVerwG NZWehrr 2002, 215; BVerwGE 119, 1 = ZBR 2004, 174.
65 BVerwG NZWehrr 1994, 75; BVerwG 1 WD 4/03.

- **Unterlassene/falsche Schuldenerklärung**[66]
- **Falsche Angaben in einer Erklärung im Rahmen einer Sicherheitsüberprüfung**[67]
- **Trennungsgeldbetrug**[68]
- **Umzugskostenbetrug**[69]
- **Unterschlagung von Eigentum des Dienstherrn**[70]
- **Untreue.**[71]

§ 14 Verschwiegenheit

(1) ¹**Der Soldat hat, auch nach seinem Ausscheiden aus dem Wehrdienst, über die ihm bei oder bei Gelegenheit seiner dienstlichen Tätigkeit bekannt gewordenen Angelegenheiten Verschwiegenheit zu bewahren.** ²Dies gilt nicht, soweit
1. Mitteilungen im dienstlichen Verkehr geboten sind,
2. Tatsachen mitgeteilt werden, die offenkundig sind oder ihrer Bedeutung nach keiner Geheimhaltung bedürfen, oder
3. gegenüber der zuständigen obersten Dienstbehörde, einer Strafverfolgungsbehörde oder einer von der obersten Dienstbehörde bestimmten weiteren Behörden oder außerdienstlichen Stelle ein durch Tatsachen begründeter Verdacht einer Korruptionsstraftat nach den §§ 331 bis 337 des Strafgesetzbuches angezeigt wird.

³Im Übrigen bleiben die gesetzlich begründeten Pflichten, geplante Straftaten anzuzeigen und für die Erhaltung der freiheitlichen demokratischen Grundordnung einzutreten, von Satz 1 unberührt.

(2) ¹**Der Soldat darf ohne Genehmigung über solche Angelegenheiten weder vor Gericht noch außergerichtlich aussagen oder Erklärungen abgeben.** ²Die Genehmigung erteilt der Disziplinarvorgesetzte, nach dem Ausscheiden aus dem Wehrdienst der letzte Disziplinarvorgesetzte. ³Die §§ 68 und 69 des Bundesbeamtengesetzes gelten entsprechend.

(3) ¹**Der Soldat hat, auch nach seinem Ausscheiden aus dem Wehrdienst, auf Verlangen seines Disziplinarvorgesetzten oder des letzten Disziplinarvorgesetzten dienstliche Schriftstücke, Zeichnungen, bildliche Darstellungen und, wenn es im Einzelfall aus Gründen der Geheimhaltung erforderlich ist, Aufzeichnungen jeder Art über dienstliche Vorgänge, auch soweit es sich um Wiedergaben handelt, herauszugeben.** ²Die gleiche Pflicht trifft seine Hinterbliebenen und seine Erben.

---

66 BDHE 4, 156; BVerwGE 43, 227.
67 BVerwG *Buchholz* 402.8 § 5 SÜG Nr. 15.
68 BVerwGE 103, 104 = NZWehrr 1994, 213; BVerwGE 120, 350.
69 BVerwG NZWehrr 1986, 211; BVerwGE 83, 339 = NZWehrr 1988, 167; BVerwG 2 WD 8/93; BVerwGE 103, 280 = NZWehrr 1996, 127; BVerwG *Buchholz* 262.1 § 5 ATGV Nr. 2 (kein Verstoß gegen § 13 trotz entspr. Strafbefehls).
70 BVerwG NZWehrr 1997, 256; BVerwGE 113, 99 = NZWehrr 1997, 257; BVerwG NZWehrr 1998, 252; BVerwG DokBer B 2001, 191.
71 BVerwG NZWehrr 2002, 211; BVerwG 2 WD 10/03.

§ 68 BBG

(1) Die Genehmigung, als Zeugin oder Zeuge auszusagen, darf nur versagt werden, wenn die Aussage dem Wohle des Bundes oder eines deutschen Landes Nachteile bereiten oder die Erfüllung öffentlicher Aufgaben ernstlich gefährden oder erheblich erschweren würde.

(2) Sind Beamtinnen oder Beamte Partei oder Beschuldigte in einem gerichtlichen Verfahren oder soll ihr Vorbringen der Wahrnehmung ihrer berechtigten Interessen dienen, darf die Genehmigung auch dann, wenn die Voraussetzungen des Absatzes 1 erfüllt sind, nur versagt werden, wenn die dienstlichen Rücksichten dies unabweisbar erfordern. Wird die Genehmigung versagt, haben die oder der Dienstvorgesetzte der Beamtin oder dem Beamten den Schutz zu gewähren, den die dienstlichen Rücksichten zulassen.

(3) Über die Versagung der Genehmigung entscheidet die oberste Dienstbehörde. Sie kann diese Befugnis auf andere Behörden übertragen.

§ 69 BBG

Die Genehmigung, ein Gutachten zu erstatten, kann versagt werden, wenn die Erstattung den dienstlichen Interessen Nachteile bereiten würde. § 68 Abs. 3 gilt entsprechend.

Übersicht

	Rn		Rn
I. Allgemeines	1	2. Zweckbestimmung	11
1. Entstehung der Vorschrift	1	3. § 14 und Grundgesetz	12
2. Änderungen der Vorschrift	3	4. Absatz 1 Satz 1	13
3. Bezüge zum Beamtenrecht bzw. zu sonstigen rechtl. Vorschriften; ergänzende Dienstvorschriften und Erlasse	4	5. Absatz 1 Satz 2	14
		6. Absatz 1 Satz 3	19
		7. Absatz 2 Satz 1	20
II. Erläuterungen im Einzelnen	7	8. Absatz 2 Satz 2	21
1. Adressatenkreis	7	9. Absatz 2 Satz 3	22
		10. Absatz 3	23

Literatur: *Buth, Matthias*: Zur Meinungsfreiheit von Soldaten und Reservisten der Bundeswehr, NZWehrr 1981, 216; *Dau, Klaus*: Unterlassene Mitwirkung bei Strafverfahren und Abgabe an die Staatsanwaltschaft, NZWehrr 1982, 1; *Deiseroth, Dieter*: Reichweite der Verschwiegenheitspflicht in dienstlichen Angelegenheiten, jurisPR-BVerwG 18/2007 Anm. 6; *Graßhof, Malte*: Einschränkungen der „freien Rede" durch das Soldatengesetz, NZWehrr 1995, 177; *Menzel, Eberhard*: Die Aussagegenehmigung für Beamte und Soldaten vor Gericht, DÖV 1965, 1; *Möhrenschlager, Manfred*: Erweiterung des strafrechtlichen Schutzes von Wehrdienstgeheimnissen, NZWehrr 1980, 81; *Nonninger, Michael*: Rechtliche Verantwortlichkeit für die Inhalte privater Seiten im Internet bzw. „World Wide Web", NZWehrr 1999, 62.

I. Allgemeines

1. Entstehung der Vorschrift. § 14 folgt einer deutschen (und internationalen) **Rechts-** 1 **tradition** und Staatspraxis.[1] Bereits § 25 WG 1935 verpflichtete den Soldaten zur besonderen Verschwiegenheit. So wie dieser § 11 des Reichsbeamtengesetzes (später § 8 des Deutschen Beamtengesetzes) nachgebildet war, folgte § 14 a. F. nahezu wortwörtlich den **§§ 61 und 62 BBG a. F.** Diese Absicht ergibt sich eindeutig aus dem REntw.[2] und dem Ber. des VertA zum SG.[3]

---

1 GKÖD I Yk, § 14 Rn. 1.
2 BT-Drs. II/1700, 5, 23.
3 BT-Drs. II/2140, 7.

2 § 13 des REntw. (später § 14 SG) war denn auch in den Ausschussberatungen **unstr.** Auf Vorschlag des Abg. *Arnholz* (SPD) fügte der Ausschuss für Beamtenrecht in seiner Sitzung vom 5.12.1955[4] dem REntw. lediglich § 61 Abs. 4 BBG in der damaligen Fassung als Abs. 4 an. In dieser vom VertA gebilligten Fassung[5] wurde § 14 vom Plenum des BT beschlossen.

3 **2. Änderungen der Vorschrift.** § 14 gilt substantiell seit 1956 bis heute **unverändert.** Durch Art. 154 Nr. 2 des G vom **2.3.1974**[6] wurden aus redaktionellen Gründen die Wörter „strafbare Handlungen" in Abs. 4 durch „Straftaten" ersetzt. Art. 10 Nr. 3 des **DNeuG**[7] fasste Abs. 1 – ohne grundlegende Änderung – neu und änderte Abs. 2 Satz 3 redaktionell. Abs. 4 wurde in Abs. 1 (als Satz 3) integriert.

4 **3. Bezüge zum Beamtenrecht bzw. zu sonstigen rechtl. Vorschriften; ergänzende Dienstvorschriften und Erlasse.** § 14 findet seine Entsprechung in einer **Vielzahl von Rechtsvorschriften** über die Verschwiegenheitspflicht bzw. die Erteilung/Versagung von Aussagegenehmigungen.

Als Beispiele seien hier genannt:
- §§ 67 bis 69 BBG
- § 46 DRiG
- § 44d AbgG
- § 10 WBeauftrG
- § 37 BeamtStG
- § 28 ZDG
- §§ 6, 7 BMinG
- § 10 BPersVG
- § 8 SBG
- § 5 ZDVG.

Insbes. die zu den §§ 61 und 62 BBG in der bisherigen Fassung (jetzt: §§ 67, 68 BBG) ergangene Rspr. des BVerwG ist auch zur Auslegung von § 14 heranzuziehen.

5 Bzgl. der **Strafbarkeit** der Verletzung des Dienstgeheimnisses durch Soldaten und frühere Soldaten[8] ist auf § 353b Abs. 1 StGB, § 48 WStG hinzuweisen.

6 Die **ZDv 2/30** „Sicherheit in der Bundeswehr" regelt u. a. die Behandlung von Verschlusssachen.

Ergänzend sind die **Erl.** des BMVg „Private Veröffentlichungen und Vorträge" (VMBl. 1982 S. 211), „Abgabe an die Staatsanwaltschaft" (ZDv 14/3 B 115) und „Erteilung einer Aussagegenehmigung nach § 14 Abs. 2 des Soldatengesetzes" (ZDv 14/3 B 166) zu beachten.

II. Erläuterungen im Einzelnen

7 **1. Adressatenkreis.** § 14 gilt zunächst (nur) für **aktive Soldaten.** Dies folgt auch aus seiner Stellung im 2. Unterabschnitt des 1. Abschnitts des SG „Pflichten und Rechte

---

4 Prot. der 37. Sitzung, 7. Vgl. Ausschussdrs. 21 v. 4.1.1956, 10.
5 BT-Drs. II/2140, 33.
6 BGBl. I S. 469.
7 Es handelte sich dabei um die mit BT-Drs. 16/2253 (Art. 3 Abs. 2) geplanten Änd. des SG
8 Vgl. *Schölz/Lingens*, WStG, § 48 Rn. 17.

der Soldaten". Ist der Soldat aus dem Wehrdienst[9] **ausgeschieden**, ist er nach Abs. 1 Satz 1, Abs. 2 Satz 2 weiterhin den Best. dieser beiden Abs. unterworfen. Verstößt er gegen diese, begeht er ein (fiktives) Dienstvergehen gem. § 23 Abs. 2 Nr. 1. Ob ein (ehem.) **faktischer Soldat**[10], der nicht nachträglich rechtswirksam in ein Wehrdienstverhältnis berufen worden ist[11], gegen § 23 Abs. 2 Nr. 1 verstoßen kann, muss bezweifelt werden. Die Spruchpraxis des BDH[12] zu § 23 Abs. 2 Nr. 2 ist nicht ohne Weiteres auf § 23 Abs. 2 Nr. 1 übertragbar. Dieser bezieht sich nach seinem klaren Wortlaut auf (ehem.) Soldaten. Nach der Legaldefinition des § 1 Abs. 1 Satz 1 ist „Soldat" nur derjenige, der in einem Wehrdienstverhältnis steht. Der faktische Soldat steht nach der noch h.M.[13] außerhalb eines solchen Rechtsverhältnisses.

Gegen die Ausdehnung der Verschwiegenheitspflicht auf nicht Wehrdienst leistende **Res** oder **Soldaten im Ruhestand**, die nicht mehr der WPfl unterliegen, sind **verfassungsrechtl. Bedenken** erhoben worden.[14] Richtig ist, dass Art. 17a Abs. 1 GG Ermächtigungsgrundlage für eine Einschränkung des Grundrechts aus **Art. 5 Abs. 1 Satz 1 GG** ausscheidet, da Art. 17a GG nur für die Zeit der aktiven Dienstleistung in den SK Anwendung findet. § 14 ist jedoch ein **allg. Gesetz** i. S. v. Art. 5 Abs. 2 GG.[15] Res u. a. ehem. Soldaten sind daher in zulässiger Weise Schranken in ihrer Meinungsäußerungsfreiheit auferlegt.[16] **8**

Gem. § 14 Abs. 3 Satz 1 hat auch der **ausgeschiedene Soldat** Schriftstücke usw. herauszugeben. Soweit hierdurch das **Eigentumsrecht** tangiert ist, wirkt § 14 Abs. 3 als Schranke i. S. v. Art. 14 Abs. 1 Satz 2 GG. **9**

Die Herausgabepflicht der **Hinterbliebenen** und **Erben** des Soldaten gem. § 14 Abs. 3 Satz 2 ist – ebenso wie im Beamtenrecht gem. § 67 Abs. 4 Satz 2 BBG – insoweit **problematisch**, als die Pflichten des Soldaten/Beamten höchstpersönlicher Natur sind und nicht der Erbfolge unterliegen. Rechtstheoretisch ist die Herausgabepflicht allenfalls i. V. m. den Versorgungsansprüchen konstruierbar. Dann gehörten diese Best. in das jew. Versorgungsrecht. Ein allg. Herausgabeanspruch des Staates gegenüber dem Bürger hätte, so er denn verfassungsrechtl. zu legitimieren ist, im VwVfG platziert werden müssen.[17] **10**

2. Zweckbestimmung. § 14 dient dem **Schutz des Staates** ebenso wie dem des **einzelnen Bürgers**.[18] Staatliche Interessen, hier die Funktionsfähigkeit der Bw[19], und persönliche Bedürfnisse des Einzelnen, beispielsweise bzgl. seiner Personalangelegenheiten, haben Verfassungsrang. Dieser Bedeutung folgend wird die Pflicht zur (Amts-)Ver- **11**

---

9 Gemeint ist das Wehrdienstverhältnis i. S. v. § 2 Abs. 2.
10 Vgl. hierzu o. § 1 Rn. 37 ff.
11 Vgl. hierzu BVerwGE 43, 200.
12 RiA 1966, 38, 80.
13 Vgl. o. § 1 Rn. 41 ff.
14 *Rauball*, in: v. Münch/Kunig, GGK I, Art. 17a Rn. 5; *Riehl*, Meinungsäußerung, 113.
15 BVerfGE 28, 282 = NJW 1970, 1837.
16 So zutr. *Buth*, 225.
17 Nach *Plog/Wiedow/Lemhöfer*, BBG, § 61 Rn. 26, resultiert der Herausgabeanspruch nach Beendigung des Beamtenverhältnisses gegenüber dem früheren Beamten u. Hinterbliebenen als öff.-rechtl. Anspruch aus dem früheren Beamtenverhältnis.
18 BVerfG 2 BvR 1093/07; *Bornemann*, RuP, 56; *Graßhof*, NZWehrr 1995, 190; *Scherer/Alff/Poretschkin*, SG, § 14 Rn. 1.
19 BVerfGE 28, 282.

schwiegenheit bei Beamten zu den hergebrachten Grds. des Berufsbeamtentums i. S. v. Art. 33 Abs. 5 GG[20] gerechnet.

12   3. **§ 14 und Grundgesetz.** Soweit nicht bereits in Rn. 8–10 angesprochen, ist noch auf folgende Zusammenhänge hinzuweisen:
- **§ 14 und Art. 5 GG**: Die Pflicht zur Verschwiegenheit schränkt das Grundrecht des (aktiven) Soldaten aus Art. 5 Abs. 1 Satz 1 GG ein. Dies ist verfassungsrechtl. zulässig, da § 14 (zumindest dessen Abs. 1) als „allgemeines Gesetz" i. S. v. Art. 5 Abs. 2 GG gilt.[21] Eines Rückgriffs auf Art. 17a Abs. 1 GG bedarf es dazu nicht.[22]
- **§ 14 und Art. 19 Abs. 1 Satz 2 GG**: Das SG zit. Art. 5 Abs. 1 GG im Zusammenhang mit § 14 nicht. Hierin liegt kein Verstoß gegen das Zitiergebot des Art. 19 Abs. 1 Satz 2 GG.[23] Wird ein Grundrecht durch „allgemeine Gesetze" i. S. v. Art. 5 Abs. 2 GG eingeschränkt, gilt das Zitiergebot nicht. Allg. Gesetze zeigen die Schranken auf, innerhalb deren das GG die Meinungsäußerungsfreiheit überhaupt gewähren will. Sie stellen keinen Eingriff in das Grundrecht dar.
- **§ 14 und Art. 17 GG**: Auch das Grundrecht der Petitionsfreiheit wird durch § 14 beschränkt, soweit es sich um geheimhaltungsbedürftige Sachverhalte handelt, die auch im dienstl. Verkehr nur an die hierzu befugten Personen/Dienststellen weitergegeben werden dürfen. Ansonsten dürfen Dienstinterna in Petitionen an das Parlament, den WBeauftr oder an einzelne Abg. geschildert werden.[24] In Einzelfällen muss der Soldat zwischen seiner Verpflichtung aus § 14 und seinem Petitionsrecht abwägen. Hierzu kann er bei Vorliegen der Voraussetzungen auf § 14 Abs. 1 Satz 3 zurückgreifen.[25]

13   4. **Absatz 1 Satz 1.** Die Pflicht zur Verschwiegenheit besteht nicht nur in dienstl. Angelegenheiten[26], mit denen der Soldat aufgrund seiner Funktion befasst ist. Es reicht aus, dass ein **Zusammenhang mit dem Dienst** des Soldaten feststellbar ist. Informationen, die der Soldat zufällig in die Hand bekommt, etwa durch unbeabsichtigtes Mithören eines Telefongesprächs oder durch ihm versehentlich zugeleitete Schriftstücke, werden durch § 14 genauso geschützt wie die Angelegenheiten, mit denen der Soldat von Amts wegen betraut ist. Unter die Verschwiegenheitspflicht fallen daher

---

20 BVerwG NJW 1983, 2343. Die Auffassung des BVerwG (IÖD 2006, 231 = DokBer B 2006, 183) u. ihm folgend *Plog/Wiedow/Lemhöfer*, BBG, § 61 Rn. 2, die Pflicht zur Amtsverschwiegenheit sei aus disziplinarrechtl. Sicht eine der Grund- o. Hauptpflichten, jedoch keine Kernpflicht des Beamten, stellt eine rechtl. u. praktisch nicht gebotene Überhöhung dieser Pflicht dar. Zutreffenderweise sollte die Verschwiegenheitspflicht in den Kreis der beamten- u. soldatenrechtl. Nebenpflichten eingeordnet werden.
21 So bereits BDH DÖV 1962, 831; BVerfGE 28, 282; *Bornemann*, RuP, 57; *Riehl*, Meinungsäußerung, 113; *Scherer/Alff/Poretschkin*, SG, § 6 Rn. 32, § 14 Rn. 1.
22 BVerfGE 28, 282. A.A. wohl BVerwGE 43, 48.
23 BVerfGE 28, 282; BVerwGE 43, 48.
24 BMVg– R I 1 – Az 16-02-05/14 v. 5.6.1998.
25 *Rittau*, SG, 125.
26 Die Grenze zu Privatangelegenheiten, die der Soldat im Rahmen seines Dienstes erfährt, ist nicht immer einfach zu ziehen. Wird ein Soldat in Vorgesetztenstellung von einem Untergebenen darüber informiert, dass dieser sich von seiner Ehefrau getrennt hat, ist dies noch keine dienstl. Angelegenheit. Dessen ungeachtet ist sie nach § 14 schützenswert. Im Ergebnis jetzt auch *Scherer/Alff/Poretschkin*, SG, § 14 Rn. 2. Allerdings muss zwischen der Kenntnis u. der dienstl. Tätigkeit ein Kausalzusammenhang bestehen (BT-Drs. 16/7076, 116).

auch dienstl. Angelegenheiten, die der Soldat außerhalb des Dienstes[27], z. B. anlässlich einer als privat bezeichneten Einladung durch seinen Vorg., erfährt. Geschützt sind Personal- und Disziplinarsachen, auch die des Soldaten selbst[28], Organisationsmaßnahmen, Entwürfe von Gesetzen, Inhalte von Konferenzen usw.[29] Ein Verstoß gegen § 14 ist nicht davon abhängig, ob ein Vorgang als **Verschlusssache** nach der ZDv 2/30 bezeichnet ist.[30] Diese Klassifizierung einer Angelegenheit kann allerdings von strafrechtl. Relevanz sein. Sie kann darüber hinaus die Höhe des Disziplinarmaßes beeinflussen.[31] Die Verschwiegenheitspflicht besteht gegenüber jedermann, d. h. sowohl gegenüber Personen, die außerhalb der Bw stehen, als auch Kameraden.[32]

5. Absatz 1 Satz 2. In den Schutzbereich der Norm nicht einbezogen sind nach Abs. 1 Satz 2 Mitteilungen im dienstl. Verkehr, offenkundige Tatsachen und solche, die keiner Geheimhaltung bedürfen.

„**Mitteilungen im dienstlichen Verkehr**" **(Nr. 1)** sind Auskünfte, Berichte, Meldungen und Vorlagen an Vorg./vorg. Dienststellen oder andere Personen und Dienststellen, die mit der Angelegenheit unmittelbar befasst sind.[33] Bei Geheimsachen gelten die hierfür maßgeblichen Dienstvorschriften/Befehle.[34]

Gerichte stehen **außerhalb** des „dienstlichen Verkehrs".[35] Dies gilt auch für die **Wehrdienstgerichte.**[36] § 14 Abs. 2 Satz 1 unterscheidet nicht zwischen „normalen" Gerichten und der Dienstgerichtsbarkeit. Daran ändert nichts, dass das BMVg für disziplinare Vorermittlungen des WDA und in allen Verfahren vor den Wehrdienstgerichten durch Erl.[37] eine **grds. Aussagegenehmigung** erteilt hat.

Den Gerichten gleichgestellt sind die Strafverfolgungsbehören, abgesehen von den Fällen der § 14 Abs. 1 Satz 3 SG, § 33 Abs. 3 WDO. „Leichtfertige" Strafanzeigen gegen andere Soldaten oder das Einschalten der Presse sind eine grds. unzulässige „**Flucht in die Öffentlichkeit**"[38], die auch gegen § 14 verstoßen kann.[39]

---

27 *Rittau*, SG, 124.
28 BDH DÖV 1962, 831.
29 Vgl. auch *Plog/Wiedow/Lemhöfer*, BBG, § 61 Rn. 8 f. (für Beamte).
30 *Bornemann*, RuP, 57; *Scherer/Alff/Poretschkin*, SG, § 14 Rn. 2; *Wipfelder*, Wehrrecht, Rn. 524.
31 BVerwG 1 D 37/97.
32 BVerwGE 73, 195; BVerwGE 128, 295 = NZWehrr 2007, 253.
33 ZDv 14/3 B 166 Nr. 2 Abs. 1.
34 BVerwGE 46, 303 = NJW 1975, 104.
35 GKÖD I Yk, § 14 Rn. 19.
36 Vgl. BVerwGE 46, 303 = NJW 1975, 104; *Scherer/Alff/Poretschkin*, SG, § 14 Rn. 9. Unter Aufgabe seiner bisherigen Auffassung so jetzt auch GKÖD I Yk, § 14 Rn. 9.
37 ZDv 14/3 B 166 Nr. 4.
38 Vgl. hierzu BVerfGE 28, 55 (Leserbrief eines Soldaten gegen öff. Rede seines Vorg. kein Verstoß gegen § 17 Abs. 1); BVerfGE 28, 191 (Einschalten der Presse verstößt gegen die Verschwiegenheitspflicht eines Beamten, sofern nicht vorher versucht worden ist, die Sache verwaltungsintern zu klären – sog. Stufentheorie); BVerwGE 76, 76 (Schreiben eines Beamten an einen Untersuchungsführer als unzulässige Flucht in die Öffentlichkeit); BVerwGE 86, 188 = NVwZ 1990, 762 (Kritik eines FltAdm am BMVg u. BK gegenüber der Presse als Verstoß gegen § 17 Abs. 1, 1. Alt.); BVerwG 1 D 65/98 (Strafanzeigen gegen andere Beschäftigte einer Behörde nur bei , besonders schweren Missständen in der Verwaltung" zulässig). Vgl. im Übrigen *Battis*, BBG, § 61 Rn. 11 m.w.N.; *Lemhöfer*, in: Fs für Fürst, 2002, 211.
39 BVerwGE 81, 365 = NJW 1990, 335.

16 **„Offenkundige Tatsachen" (Nr. 2)** sind Angelegenheiten, die allg. bekannt sind oder die jedermann auf allg. zugänglichen Wegen[40] (z. B. Fachlit., allg. Medien, Amtsblätter, Pressekonferenzen, elektronische Datenbänke wie IURIS) erfahren kann.[41] Vermutungen, die beispielsweise in der Presse verbreitet werden, sind noch keine Tatsachen, so dass es insoweit auf das Merkmal der Offenkundigkeit nicht ankommt. Ist eine dienstl. Angelegenheit unter Verletzung der Pflicht zur Verschwiegenheit offenkundig geworden, entfällt die Verschwiegenheitspflicht erst dann, wenn die Richtigkeit von einer zuständigen Stelle bestätigt wird[42] und eine Weiterverbreitung nicht gegen andere Rechtsnormen verstößt.

Für die Praxis von besonderer Bedeutung ist die **schriftstellerische** oder **referierende Nebenbeschäftigung** von Soldaten. Im Zusammenhang mit § 14 ist hierzu der Erl. des BMVg „Private Veröffentlichungen und Vorträge"[43] zu beachten. Hat der Soldat Zweifel, ob er gegen § 14 verstoßen würde, soll er die Genehmigung seines DiszVorg. einholen.[44] Die Genehmigung sollte unter Beachtung des hohen Ranges des hier maßgeblichen Grundrechts aus Art. 5 Abs. 1 Satz 1 GG großzügig erteilt werden.

17 **Vorgänge, die ihrer Bedeutung nach keiner Geheimhaltung bedürfen**, sind solche, durch deren Offenlegung keine dienstl. Interessen berührt werden.[45] Hierher gehören wahre und sachlich geschilderte Erlebnisse des Soldaten während seiner Dienstzeit bei den SK[46], etwa die in Buchform veröff. Tagebuchaufzeichnungen aus Auslandseinsätzen, soweit diese Schilderungen auch im Übrigen mit dem SG zu vereinbaren sind.[47]

18 Soweit der **Verdacht einer Korruptionsstraftat** angezeigt wird **(Nr. 3)**, überlagert eine solche Anzeige die Pflicht zur Verschwiegenheit.

19 **6. Absatz 1 Satz 3.** Mit Abs. 1 Satz 3 hat der Gesetzgeber eine Güterabwägung getroffen. Diese bedeutet, dass die Verschwiegenheitspflicht des Soldaten dann zurücktritt, wenn dieser einer gesetzl. Pflicht, Straftaten anzuzeigen, nachzukommen hat oder wenn die FdGO gefährdet ist.

Gesetzl. Anzeigepflichten für Jedermann oder nur Soldaten ergeben sich aus
- § 138 StGB (geplante besonders schwere Straftaten wie Hochverrat, Mord, Raub usw.)
- § 43 WStG (Meuterei, Sabotage)
- § 14 VStGB (Straftaten gegen das Völkerrecht)
- § 33 Abs. 3 WDO (Abgabe von Straftaten an die Staatsanwaltschaft durch den DiszVorg.).[48]

Die Verpflichtung des Soldaten, für die Erhaltung der FdGO einzutreten, folgt aus § 8.

---

40 ZDv 14/3 B 166 Nr. 2 Abs. 2.
41 BVerwGE 128, 295 = NZWehrr 2007, 253; *Plog/Wiedow/*Lemhöfer, BBG, § 61 Rn. 10; *Scherer/Alff/Poretschkin*, SG, § 14 Rn. 5.
42 GKÖD I Yk, § 14 Rn. 11.
43 VMBl. 1982 S. 211.
44 Nr. 4, 5 des zit. Erl.
45 BVerwGE 43, 48; ZDv 14/3 B 166 Nr. 2 Abs. 3.
46 *Bornemann*, RuP, 57.
47 *Scherer/Alff/Poretschkin*, SG, § 14 Rn. 6.
48 Ergänzend ZDv 14/3 B 115.

7. Absatz 2 Satz 1. Über „solche", d. h. die in Abs. 1 Satz 1 beschriebenen Angelegenheiten darf der Soldat nicht ohne **Genehmigung** aussagen. In welcher Eigenschaft (Zeuge, Kläger/Beklagter, Sachverständiger) oder vor welcher Stelle (Polizei, Staatsanwaltschaft, Gericht, Untersuchungsausschuss, Presseorgan) der Soldat aussagen will oder soll, ist unbeachtlich.[49]

20

Die Erteilung der Genehmigung wird durch das Gericht, die Staatsanwaltschaft oder die Polizei beantragt. Außerhalb gerichtl./behördlicher Verfahren hat der Soldat die Aussagegenehmigung selbst zu beantragen.[50] Dieser **Antrag** muss so **konkret** sein, dass der DiszVorg. und letztlich das Gericht prüfen können, ob der Soldat mit der von ihm angestrebten Aussage gegen § 14 oder andere Best. des SG verstoßen würde. Der Antrag eines Soldaten, das BMVg zu verpflichten, ihm die Genehmigung zu erteilen, „in Angelegenheiten der Dienststelle" gegenüber Parlamentariern aussagen zu dürfen, genügt diesen Anforderungen nicht.[51]

8. Absatz 2 Satz 2. Die Aussagegenehmigung erteilt grds. der **nächste DiszVorg.** des Soldaten. Nach dem Ausscheiden aus dem Wehrdienstverhältnis ist der **letzte DiszVorg.** zuständig. Ist dessen Dienststelle aufgelöst worden, hat der Kdr im Verteidigungsbezirk zu entscheiden.[52] Hat der DiszVorg. Bedenken, ist die Entscheidung des nächsthöheren DiszVorg. einzuholen.[53] Über die **Versagung** einer Aussagegenehmigung hatte bis zum DNeuG ausschließlich das **BMVg** zu entscheiden.[54] Dies folgte aus § 14 Abs. 2 Satz 3 i. V. m. § 62 Abs. 4 BBG a. F. Nunmehr ist gem. § 68 Abs. 3 Satz 2 BBG eine Delegation dieser Befugnis zulässig. Ist der frühere Soldat inzwischen Beamter oder Richter geworden, und soll/will er über Angelegenheiten aus dem Bereich der Bw aussagen, erteilt sein jetziger Dienstvorg. die Aussagegenehmigung.[55] Dieser hat vorher die Zustimmung des früheren DiszVorg. des Soldaten einzuholen (§ 37 Abs. 3 Satz 2 BeamtStG). Erteilung und Versagung der Aussagegenehmigung bedürfen der **Schriftform**.[56]

21

9. Absatz 2 Satz 3. Die Versagung einer Aussagegenehmigung oder Gutachtenerstattung ist gem. § 68, 69 BBG[57] an **enge Voraussetzungen** geknüpft. Wegen der Einzelheiten kann auf diese Best. verwiesen werden.

22

Die Versagung ist ein **VA** i. S. v. § 35 VwVfG.[58] Soweit von der Versagung ein Dritter, z. B. eine Prozesspartei, betroffen ist, handelt es sich um einen VA mit Drittwirkung.

---

49 *Scherer/Alff/Poretschkin*, SG, § 14 Rn. 9.
50 ZDv 14/3 B 166 Nr. 3 Abs. 2.
51 BVerwGE 93, 26 = NJW 1991, 114. Der Ast. muss darüber hinaus ein berechtigtes Interesse an der Erteilung der Genehmigung darlegen (BVerwG NVwZ-RR 2009, 343).
52 ZDv 14/3 B 166 Nr. 5 Abs. 1.
53 ZDv 14/3 B 166 Nr. 5 Abs. 2.
54 ZDv 14/3 B 166 Nr. 5 Abs. 3.
55 *Plog/Wiedow/Lemhöfer*, BBG, § 61 Rn. 19; *Scherer/Alff/Poretschkin*, SG, § 14 Rn. 10. Vgl. auch BVerwGE 46, 303 = NZWehrr 1975, 104 (Aussagegenehmigung bei Ressortwechsel ohne Dienstherrnwechsel – Bundeskanzleramt/BMVg).
56 ZDv 14/3 B 166 Nr. 5 Abs. 4.
57 Vgl. ZDv 14/3 B 166 Nr. 7.
58 GKÖD I Yk, § 14 Rn. 25; *Plog/Wiedow/Lemhöfer*, BBG, § 62 Rn. 17.

Der von der Versagung betroffene aktive oder frühere Soldat[59] kann hiergegen unmittelbar die **Entsch. des BVerwG – WDS** – beantragen (§ 21 Abs. 1 WBO), da, wie oben ausgeführt, nur das BMVg eine Versagung aussprechen darf. Eröffnet ist gem. § 17 Abs. 1 Satz 1 WBO der **Rechtsweg zu den Wehrdienstgerichten**.[60] Fällt der Beschwerdeanlass nicht mehr in die aktive Wehrdienstzeit eines ehem. Soldaten, muss dieser zunächst Widerspruch einlegen und kann dann vor dem VG klagen. Dies folgt aus § 14 Abs. 2 Satz 3, der Verweisung auf § 68 BBG und dem sich daraus ergebenden Rechtsweg für Beamte. Zum gleichen Ergebnis kommt man über § 82 Abs. 1 SG.

23 **10. Absatz 3.** Die in Abs. 3 beschriebenen Dokumente hat der Soldat **herauszugeben**, auch wenn sich diese in seinem Eigentum befinden. Es handelt sich um einen öff.-rechtl. Herausgabeanspruch, gegenüber dem – nach einer Güterabwägung – das Eigentumsrecht im Einzelfall zurückstehen muss.[61]

Befindet sich der Soldat noch im aktiven Dienstverhältnis, kann sein DiszVorg. die Herausgabe **befehlen**. Ist er ausgeschieden, ordnet der letzte DiszVorg. die Herausgabe durch **VA** an. Dieser ist ggf. nach dem VwVG durchzusetzen.[62] Ob parallel hierzu in einem solchen Fall eine nachwirkende Dienstpflichtverletzung gem. § 23 Abs. 2 Nr. 1 vorliegt[63], ist problematisch. Ein solches **Dienstvergehen** dürfte jedenfalls kaum konstruierbar sein.

Bzgl. der Herausgabepflicht der Hinterbliebenen und Erben vgl. oben Rn. 10.

§ 15 Politische Betätigung

(1) ¹Im Dienst darf sich der Soldat nicht zu Gunsten oder zuungunsten einer bestimmten politischen Richtung betätigen. ²Das Recht des Soldaten, im Gespräch mit Kameraden seine eigene Meinung zu äußern, bleibt unberührt.

(2) ¹Innerhalb der dienstlichen Unterkünfte und Anlagen findet während der Freizeit das Recht der freien Meinungsäußerung seine Schranken an den Grundregeln der Kameradschaft. ²Der Soldat hat sich so zu verhalten, dass die Gemeinsamkeit des Dienstes nicht ernstlich gestört wird. ³Der Soldat darf insbesondere nicht als Werber für eine politische Gruppe wirken, indem er Ansprachen hält, Schriften verteilt oder als Vertreter einer politischen Organisation arbeitet. ⁴Die gegenseitige Achtung darf nicht gefährdet werden.

(3) Der Soldat darf bei politischen Veranstaltungen keine Uniform tragen.

(4) Ein Soldat darf als Vorgesetzter seine Untergebenen nicht für oder gegen eine politische Meinung beeinflussen.

---

59 Sofern die Voraussetzungen des § 15 WBO vorliegen.
60 BVerwGE 46, 303 = NZWehrr 1975, BVerwGE 104; 93, 26 = NJW 1991, 114; BVerwG ZBR 2009, 103; *Dau*, WBO, § 10 Rn. 17.
61 GKÖD I Yk, § 14 Rn. 28; *Plog/Wiedow/Lemhöfer*, BBG, § 61 Rn. 26; *Rittau*, SG, 127; *Scherer/Alff/Poretschkin*, SG, § 14 Rn. 12.
62 GKÖD I Yk, § 14 Rn. 28; *Scherer/Poretschkin*, SG, § 14 Rn. 12.
63 *Stauf* I, SG, § 14 Rn. 5.

Politische Betätigung § 15

Übersicht

	Rn		Rn
I. Allgemeines	1	d) „bestimmte politische Richtung"	29
1. Entstehung der Vorschrift	1	e) „betätigen"	30
2. Änderungen der Vorschrift	8	4. Absatz 1 Satz 2	31
3. Bezüge zum Beamtenrecht bzw. zu sonstigen rechtl. Vorschriften; ergänzende Dienstvorschriften und Erlasse	9	5. Absatz 2 Satz 1 a) „Innerhalb der dienstlichen Unterkünfte und Anlagen"	32 32
II. Erläuterungen im Einzelnen	13	b) „Grundregeln der Kameradschaft"	33
1. § 15 und Grundgesetz	13		
a) § 15 Abs. 1, 2 und 4 und Art. 5 GG	13	6. Absatz 2 Satz 2	34
		7. Absatz 2 Satz 3	35
b) § 15 Abs. 3 und Art. 8, 9 Abs. 3 GG	17	8. Absatz 2 Satz 4	36
2. Zweckbestimmung	19	9. Einzelfälle von Verhaltensweisen i. S. v. § 15 Abs. 1 und 2 aus der Rechtsprechung	37
3. Absatz 1 Satz 1	23		
a) „Im Dienst"	23	10. Absatz 3	38
b) „Soldat"	25	a) „Politische Veranstaltungen"	38
c) „zugunsten/zuungunsten"	28	b) Ausnahmen	42
		11. Absatz 4	43

Literatur: *Apel, Hans*: Demonstration in Uniform?, Deutsches Allgemeines Sonntagsblatt, 2.6.1982; *Brozat, Thomas*: Die „Atomkraft – nein danke" – Plakette und das Verbot der politischen Betätigung im Sinne des § 15 Abs. 2 SG, NZWehrr 1980, 85; *Buth, Matthias*: Zur Meinungsfreiheit von Soldaten und Reservisten der Bundeswehr, NZWehrr 1981, 216; *Cuntz, Eckart*: Verfassungstreue der Soldaten, 1985; *Deiseroth, Dieter*: Rechtliche Grenzen von Äußerungen militärischer Vorgesetzter bei dienstlichen Veranstaltungen der Bundeswehr, jurisPR-BVerwG 14/2005 Anm. 1; *Giesen, Hermann*: Uniformverbot bei politischen Veranstaltungen reformbedürftig, NZWehrr 1982, 201; *ders.*: Meinungsfreiheit und Militärdisziplin – sind die Schranken politischer Betätigung für Soldaten noch zeitgemäß?, NZWehrr 1988, 221; *Goerlich, Helmut*: Soldatische Pflichten, provokative Meinungsäußerungen und die Vereinigungsfreiheit des Soldaten, Jura 1993, 471; *Graßhof, Malte*: Einschränkungen der „freien Rede" durch das Soldatengesetz, NZWehrr 1995, 177; *Hufen, Friedhelm*: Anm. zu BVerwGE 84, 292, JuS 1991, 1054; *Lecheler, Helmut*: Verfassungsrechtlich zulässige Einschränkung der Grundrechtsausübung von Beamten – BVerwGE 84, 292 und 287, JuS 1992, 473; *Lemhöfer, Bernt*: Die Loyalität des Beamten, in: Fs für Walther Fürst, 2002, 205; *Lucks, Ulrich*: Bedeutung und Grenzen der Meinungsfreiheit für Soldatinnen und Soldaten, UBwV 2008, 10; *Mutschler, Bernd*: Die Grundrechte der „Staatsbürger in Uniform", NZWehrr 1998, 1; *Plander, Harro*: Verteidigungsauftrag, Meinungsfreiheit und politische Betätigung im Kasernenbereich (§ 15 Abs. 2 SoldG), DVBl. 1980, 581; *Schmidt-de Caluwe, Reimund*: Die verfassungsrechtliche Grenze der Meinungsäußerungsfreiheit der Soldaten – Art. 5 II oder Art. 17a I GG?, NZWehrr 1992, 235; *Schoch, Friedrich K.*: Verfassungsrechtliche Grundlagen der Einschränkung politischer Betätigung von Soldaten, AöR 1983, 215; *Schreiber, Jürgen*: Nochmals: Zur Meinungsfreiheit von Soldaten, NZWehrr 1982, 205; *Schwabe, Jürgen*: Anm. zu BVerfGE 57, 29, DVBl. 1981, 1052; *Schwandt, Eberhard Ulrich*: Dienstpflichten der Soldaten, ZBR 1993, 161; *Seifert, Herbert*: Politische Betätigung von Soldaten im Dienst oder innerhalb militärischer Anlagen, NZWehrr 1988, 234; *Semmler, Harro*: Autoaufkleber als politische Betätigung nach § 15 Soldatengesetz, NZWehrr 1985, 102; *Spranger, Tade Matthias*: Uniformverbot und Versammlungsfreiheit, DöD 1999, 58; *Weiß, Hans-Dietrich*: Die Pflicht zur „Mäßigung" und „Zurückhaltung" bei „politischer Betätigung" – Zur disziplinarrechtlichen Aufbereitung des objektiven Tatbestandes des § 53

BBG, ZBR 1988, 109; *Widmaier, Ulrich*: Zum Grundrecht des Soldaten auf freie Meinungsäußerung aus disziplinarrechtlicher Sicht unter Einbeziehung allgemeiner Aspekte der Europäischen Gerichtshofs für Menschenrechte und des Gerichtshofs der Europäischen Gemeinschaften, in: Fs für Walther Fürst, 2002, 407.

I. Allgemeines

1 **1. Entstehung der Vorschrift.** § 36 Abs. 1 WG 1921 enthielt für die Soldaten der Reichswehr ein allg. **Verbot** der polit. Betätigung. Eine „politisierende Freiwilligentruppe" bilde für „Reich und Volk keinen zuverlässigen Schutz, sondern eine stete Gefahr".[1] Polit. Betätigung wurde mit „Agitation" gleichgesetzt.[2] Diese Gedankenwelt bestimmte zunächst auch den Gesetzgeber der Jahre 1955/1956. Zwar sollte der Soldat der Bw vor dem Hintergrund des § 6 das Grundrecht der freien Meinungsäußerung wahrnehmen dürfen, dies aber in sehr **engen Grenzen** und in der Annahme, dass „im Dienst keine Zeit für Zeitungslektüre und für den Austausch von Zeitungen sein wird".[3] Die Situation hat sich erfreulicherweise in eine andere Richtung entwickelt; der Gesetzestext des Jahres 1956 ist dennoch unverändert geblieben.

2 § 15 des **REntw.**[4] war folgendermaßen formuliert:

(1) Innerhalb des Dienstbereiches darf sich der Soldat nicht zugunsten einer bestimmten politischen Richtung betätigen.

(2) Außerhalb des Dienstbereiches hat der Soldat bei politischer Betätigung diejenige Mäßigung und Zurückhaltung zu wahren, die seine Stellung als Soldat fordert. Er darf nicht als aktiver Anhänger einer politischen Organisation hervortreten. Er darf während der Teilnahme an Veranstaltungen politischer Organisationen keine Uniform tragen.

(3) Außerhalb des Geltungsbereiches dieses Gesetzes darf sich der Soldat in bezug auf den Aufenthaltsstaat nicht politisch betätigen.

3 In der **Begr.** des REntw.[5] wird § 15 als „**Grenze**" der polit. Betätigung des Soldaten bezeichnet. Diese entspreche der des Beamten gem. § 53 BBG a. F. (jetzt: § 60 BBG).

4 In seiner Stellungnahme[6] zum REntw. schlug der **BR** vor, in Abs. 1 und 2 das Wort „Dienstbereich" durch die Wörter „im Dienst" bzw. „außerhalb des Dienstes" zu ersetzen. Damit sollte klar gestellt werden, dass der „Dienstbereich" sowohl räumlich als auch funktionell zu verstehen sei. Die BReg[7] schloss sich diesem Vorschlag an.

5 In der **1. Lesung** des REntw. im BT am 12.10.1955 unterstrich Min. *Blank* die von der BReg vorgesehenen **Einschränkungen** der „parteipolitischen aktiven Betätigung" und des passiven Wahlrechts der Soldaten.[8] Die „Notwendigkeit, Menschen der verschiedensten Berufsstände, der verschiedensten Herkunft und der verschiedensten politischen Anschauungen in Kasernen Tag und Nacht zusammenzuhalten", dürfe „nicht

---

1 Zit. nach *Rittau*, SG, 129.
2 *Rittau*, SG, 129.
3 *Rittau*, SG, 130.
4 BT-Drs. II/1700, 5.
5 BT-Drs. II/1700, 23.
6 BT-Drs. II/1700, 39.
7 BT-Drs. II/1700, 44.
8 Sten. Ber. 5781 B.

als Chance dafür benutzt werden, planmäßig den Andersdenkenden für eine eigene politische Richtung oder eine Partei zu gewinnen".

Kritik äußerte der Abg. *Merten* (SPD): Der Soldat werde gegenüber dem Beamten schlechter gestellt. Die in § 15 niedergelegten Regeln seien „außerordentlich unklar" und sähen Einschränkungen der polit. Betätigung vor, die in dieser Form nicht notwendig erschienen.[9]

In den **Fachausschüssen** des BT bemühten sich die Abg. redlich, zumindest konkretere Textformulierungen zu finden, ohne allerdings den konzeptionellen Denkansatz, dem Grundrecht der freien Meinungsäußerung Schranken aufzuerlegen, aus dem Auge zu verlieren.

Insbes. im **Rechtsausschuss** wurde Kritik an **„unpräzisen"**, „unklaren", „inhaltslosen", „abstrakten" und „schwer abgrenzbaren" Begriffen des REntw. laut.[10] Die BReg wurde aufgefordert, neue Formulierungsvorschläge vorzulegen.[11]

Vor welche Probleme sich BReg und BT gestellt sahen, ist beispielsweise daran zu erkennen, dass die mehrfach erhobene Forderung[12], auch ein Verbot polit. Betätigung **zuungunsten** einer polit. Richtung in das Gesetz aufzunehmen, mit dem Einwand beantwortet wurde, der Soldat müsse doch „eine klare Stellung gegenüber dem Kommunismus"[13] haben.

Mit Schreiben vom 21.11.1955 teilte der Vors. des Rechtsausschusses dem Vors. des Ausschusses für Fragen der europ. Sicherheit, des späteren VertA, mit, der Rechtsausschuss habe § 15 „sehr eingehend" erörtert, aber noch keine seinen Vorstellungen entspr. Formulierung finden können.

In der Sitzung des Rechtsausschusses vom 2.12.1955[14] legten sowohl der Vertreter des BMVg als auch der Abg. *Dr. Arndt* (SPD) **neue Textvorschläge** vor. Nach längerer Diskussion beschloss der Rechtsausschuss, **Abs. 1** wie folgt zu formulieren:

Im Dienst darf sich der Soldat nicht zugunsten oder zuungunsten einer bestimmten politischen Richtung betätigen. Das Recht des Soldaten, im Gespräch mit Kameraden seine eigene Meinung zu äußern, bleibt unberührt.[15]

Abs. 2 beschloss der Rechtsausschuss wie folgt:

Innerhalb des Dienstbereichs findet während der Freizeit das Recht der freien Meinungsäußerung seinen Schranken an den Grundregeln der Kameradschaft: der Soldat hat sich so zu verhalten, daß nicht die Gemeinsamkeit des Dienstes ernstlich gestört oder die einander geschuldete Achtung gefährdet wird. Insbes. darf der Soldat nicht als Werber für eine politische Gruppe wirken, indem er Ansprachen hält, Schriften verteilt oder als Vertreter einer politischen Organisation arbeitet.[16]

---

9 Sten. Ber. 5786 D.
10 Prot. der 86. Sitzung des Rechtsausschusses v. 18.11.1955, Prot. Nr. 86, 43–47.
11 Prot. der 87. Sitzung des Rechtsausschusses v. 19.11.1955, Prot. Nr. 87, 6.
12 Abg. *Dr. Kihn* (CDU/CSU), 86. Sitzung des Rechtsausschusses v. 18.11.1955, Prot. Nr. 86, 43; Abg. *Hoogen* (CDU/CSU), 87. Sitzung des Rechtsausschusses v. 19.11.1955, Prot. Nr. 87, 3.
13 *Barth* (BMVg), 87. Sitzung des Rechtsausschusses v. 19.11.1955, Prot. Nr. 87, 3.
14 Prot. Nr. 89, 8, 9.
15 Prot. Nr. 89, 12.
16 Prot. Nr. 89, 13.

Mit Mehrheit beschloss der Rechtsausschuss ferner folgenden **Abs. 3**:

Außerhalb des Dienstbereichs hat der Soldat bei politischer Betätigung die Mäßigung und Zurückhaltung zu wahren, die sich aus seiner Stellung gegenüber der Gesamtheit und aus der Rücksicht auf seine soldatischen Pflichten ergeben. Er darf bei politischen Veranstaltungen keine Uniform tragen.[17]

Als (neuen) § 15a schlug der Rechtsausschuss vor:

Offiziere und Unteroffiziere dürfen als Vorgesetzte ihre Untergebenen nicht für oder gegen eine politische Meinung beeinflussen.[18]

Der Vors. des Rechtsausschusses übermittelte diese Fassung der §§ 15 und 15a mit Schreiben vom 3.12.1955 an den Vors. des Ausschusses für Fragen der europ. Sicherheit.[19]

Der **Ausschuss für Beamtenrecht**[20] schloss sich zu § 15 Abs. 1 der Formulierung des Rechtsausschusses an. In Abs. 2 und 3 wurde das Wort „Dienstbereich" durch die Wörter „innerhalb der dienstlichen Unterkünfte und Anlagen" ersetzt. Der Begriff „Dienstbereich" sei „zu ungenau"[21], auch wenn er bereits in § 36 WG 1921 verwendet worden sei.

Die anschließend durch den **VertA**[22] vorgenommenen Änd. waren redaktioneller Natur. Dasselbe gilt für die durch das Plenum in der **2. Lesung**[23] verfügte andere **Absatzfolge**.

7 **Zusammenfassend** lässt sich feststellen, dass die schließlich Gesetz gewordene Fassung des § 15 zwar gegenüber dem REntw. an **terminologischer** und **struktureller Präzision** gewonnen hat; der „große Wurf" ist dennoch ausgeblieben. Nach wie vor leidet § 15 an „begrifflichen Unschärfen"[24]; *Giesen*[25] spricht gar von einem „innovativen Fehl". So berechtigt diese Kritik auf der einen Seite ist, so sehr muss auf der anderen Seite zugegeben werden, dass jede gesetzl. Regelung der polit. Betätigung nicht nur von Soldaten eine schmale Gratwanderung zwischen einem Grundrecht von hohem Rang und der Gewährleistung der Funktionsfähigkeit einer bedeutsamen staatlichen Institution ist. Der Gesetzgeber musste und muss sich hierbei unbestimmter Gesetzesbegriffe bedienen, die – notgedrungen – der Interpretation zugänglich sind.

8 **2. Änderungen der Vorschrift.** § 15 wurde bis heute **nicht geändert**. Der **DBwV** hatte auf seiner 12. Hauptversammlung (1985) beschlossen:

„Der DBwV fordert den Gesetzgeber auf, die vielfältigen politischen Bekenntnisse zum mündigen Staatsbürger in Uniform durch eine zeitgemäße Neuordnung der

---

17 Prot. Nr. 89, 13, 14.
18 Prot. Nr. 89, 14.
19 Vgl. auch Drs. 18 u. 19 des Ausschusses für Beamtenrecht.
20 39. Sitzung des Ausschusses für Beamtenrecht, Prot. Nr. 39, 2; Ausschussdrs. 21 v. 4.1.1956 u. 23 v. 20.1.1956.
21 Abg. *Arnholz* (SPD), Prot. Nr. 39, 2.
22 BT-Drs. II/2140, 7, 33.
23 BT-Drs. II/2186, 2.
24 *Riehl*, Meinungsäußerung, 113.
25 NZWehrr 1988, 230.

Bestimmungen über die politische Betätigung der Soldaten im Soldatengesetz in politische Wirklichkeit umzusetzen. Der § 15 des Soldatengesetzes ist deshalb zu ändern."[26] Initiativen der BReg[27] oder des Parlaments wurden hierauf nicht ergriffen.

3. Bezüge zum Beamtenrecht bzw. zu sonstigen rechtl. Vorschriften; ergänzende Dienstvorschriften und Erlasse. Wortgleich bestimmen § 33 Abs. 2 BeamtStG für die Landesbeamten und § 60 Abs. 2 BBG für die **Bundesbeamten**, dass diese bei polit. Betätigung diejenige Mäßigung und Zurückhaltung zu wahren haben, die sich aus ihrer Stellung gegenüber der Allgemeinheit und aus der Rücksicht auf die Pflichten ihres Amtes ergeben. **Richter** haben sich gem. § 39 DRiG lediglich so zu verhalten, dass das Vertrauen in ihre Unabhängigkeit nicht gefährdet wird.

9

Das Beamten- und das Richterrecht beruhen auf einer **anderen konzeptionellen Idee** als das Soldatenrecht: Die polit. Betätigung der Beamten und Richter erfährt Einschränkungen mit Blick auf ihre Amtsführung; der Schutzzweck der zit. Normen besteht darin, die sog. Funktionsfähigkeit des Beamten- bzw. Richtertums zu gewährleisten.[28] Im Soldatenrecht steht der innere, kameradschaftliche Zusammenhalt der SK im Vordergrund.[29] Richtig ist, dass die Detailliertheit der jew. gesetzl. Regelung differenziert ausfällt. Von einem „Zweiklassenrecht im öffentlichen Dienst"[30] in Bezug auf die polit. Betätigung der Staatsdiener kann jedoch keine Rede sein. Dies folgt bereits daraus, dass die Entscheidungspraxis der obersten Bundesgerichte, Beamtensenat[31] und WDS[32] des BVerwG einerseits und BAG[33] andererseits, in zentralen Fragen der polit. Betätigung von Angehörigen des öff. Dienstes[34] aufeinander abgestimmt erscheint. Bei der Auswertung der beamtenrechtl. Judikatur zeigt sich im Übrigen, dass, wie *Weiß*[35] zutr. festgestellt hat, aus § 53 BBG a. F. (jetzt: § 60 Abs. 2 BBG) „mehr an rational Bestimmbaren herauszuholen ist, als es zunächst den Anschein hat". Dieses Substrat ist mit der Auslegung von § 15 durch die Rspr. vielfach identisch.

10

Die Regelung der polit. Betätigung für **ZDL** in § 29 ZDG entspricht im Wesentlichen § 15 Abs. 1 und 2. Der ZDL befindet sich in einem öff.-rechtl. Dienstverhältnis[36] und ist von daher ähnlichen Einschränkungen wie der Soldat unterworfen. Das Verbot für ZDL, innerhalb der dienstl. Unterkünfte und Anlagen das Zusammenleben in der Gemeinschaft zu stören (§ 29 Abs. 2 Satz 1 ZDG), soll sich auch auf die Beschäftigungsstelle und andere Personen, z. B. Patienten, erstrecken.[36] Für die Praxis ist § 29

11

---

26 Zit. nach *Giesen*, NZWehrr 1988, 231 Fn. 41.
27 Der seinerzeitige BM *Apel* (Deutsches Allg. Sonntagsblatt v. 2.6.1982) hielt § 15 Abs. 3 weder für „antiquiert" noch für „überflüssig".
28 BVerwGE 84, 292 = NJW 1990, 2265 mit Anm. *Hufen*, JuS 1991, 1054, u. krit. Anm. *Lecheler*, JuS 1992, 473.
29 GKÖD I Yk, § 15 Rn. 1; *Lemhöfer*, in: Fs für Fürst, 211.
30 *Giesen*, NZWehrr 1988, 222.
31 BVerwGE 84, 292 = NJW 1990, 2265.
32 BVerwGE 73, 237 = NZWehrr 1982, 25.
33 BAGE 38, 85 = NJW 1982, 2888.
34 Hier: Tragen bzw. Aufkleben von „Atomkraft – nein danke" Zeichen im Dienst bzw. innerhalb dienstl. Unterkünfte u. Anlagen.
35 ZBR 1988, 121.
36 *Brecht*, ZDG, 146.

ZDG offenbar von geringer Bedeutung. In JURIS ist lediglich eine gerichtl. Entsch. zu finden.[37]

12 Zu § 15 sind folgende **Erl.** des BMVg[38] herausgegeben worden:
- „Politische Betätigung von Soldaten, insbesondere bei Europa-, Bundestags-, Landtags- und Kommunalwahlen" (VMBl. 1980 S. 533; 1988 S. 25).
- „Private Veröffentlichungen und Vorträge" (VMBl. 1982 S. 211).
- „Uniformtragen bei politischen Veranstaltungen" (ZDv 37/10 Nr. 113 und Anl. 2).

II. Erläuterungen im Einzelnen

13 1. **§ 15 und Grundgesetz.** – a) **§ 15 Abs. 1, 2 und 4 und Art. 5 GG.** Das Grundrecht auf freie Meinungsäußerung gem. Art. 5 Abs. 1 Satz 1 GG, das als Jedermannrecht auch den Soldaten zusteht, wird nach inzwischen h.m.[39] durch § 15 Abs. 1, 2 und 4 **begrenzt.** Dies soll verfassungsrechtl. zulässig sein, da es sich bei § 15 um ein **allg.** Gesetz i. S. v. Art. 5 Abs. 2 GG handele, für welches das **Zitiergebot** des Art. 19 Abs. 1 Satz 2 GG nicht gelte.

Der wissenschaftliche Streit über diese Frage und das rechtstheoretische Verhältnis von Art. 5 zu Art. 17a GG ist indes nicht beendet.[40] Für die Praxis ist diese Debatte von geringer Relevanz. Daher sind hier nur einige **Anmerkungen** angezeigt:

14 Das **BVerfG**[41] hatte bereits 1970 entschieden, dass der Zitierzwang dann nicht gegeben sei, wenn sich eine gesetzl. Regelung als allg. Gesetz i. S. v. Art. 5 Abs. 2 GG darstelle, selbst wenn diese Regelung „formal" auf die Einschränkungsermächtigung des Art. 17a Abs. 1 GG gestützt sei. § 15 Abs. 1 richte sich nicht gegen eine bestimmte Meinung. Schutzobjekt sei die Funktionsfähigkeit der Bw, die höheren Rang habe als das Interesse des Einzelnen an der polit. Auseinandersetzung im Dienst. Im Übrigen „berühre" § 15 Abs. 1 zwar den Schutzbereich von Art. 5 Abs. 1 Satz 1 GG, schränke diesen aber nicht ein. In einer Entsch. von 1977 hat das BVerfG[42] dieses Judiz auf § 15 Abs. 2 ausgedehnt.

15 Das **BVerwG**[43] ist der Rspr. des BVerfG gefolgt. Zweck der Abs. 1 und 2 des § 15 sei, „die Kameradschaft und gegenseitige Achtung als unerläßliche Voraussetzungen für die Sicherung der Disziplin und Schlagkraft der Truppe – auch um den Preis einer Einschränkung der Meinungsfreiheit – unbedingt zu gewährleisten". § 15 dürfe nicht allein „im Licht des Art. 5 Abs. 1 GG" gesehen werden. Jede Auslegung und Anwendung von § 15 hätten sich damit einerseits an dem Wertgehalt des Grundrechts der freien Meinungsäußerung und andererseits an dem Interesse an der Wirksamkeit der SK zu orientieren[44].

---

37 Bundesdisziplinargericht, 7. Kammer, VII ZK 2/82 (Verstoß gegen § 29 Abs. 1 ZDG durch Tragen der Plakette „Rock gegen § 129 – Frankfurt 81" im Dienst).
38 Der G 1-Hinweis, Grundwerk, 2510, ist überholt.
39 Vgl. *Buth*, NZWehr 1981, 218; GKÖD I Yk, § 15 Rn. 1; *Scherer/Alff/Poretschkin*, SG, § 6 Rn. 31 f.; *Schwandt*, ZBR 1993, 169.
40 Vgl. *Cuntz*, 189, 194; *Plander*, DVBl. 1980, 585; *Rauball*, in: v. Münch/Kunig, GGK I, Art. 17a Rn. 7; *Schoch*, AöR 1983, 215 (sehr eingehende Betrachtung).
41 BVerfGE 28, 36 = NZWehr 1970, 177; BVerfGE 28, 282 = NJW 1970, 1837.
42 BVerfGE 44, 197 = NJW 1977, 2205. Bestätigt durch BVerfG NZWehr 1992, 205.
43 BVerwGE 53, 327 = NZWehr 1978, 213.
44 BVerwGE 73, 237 = NZWehr 1982, 25.

Diese Rspr. ist in Teilen der Lit.⁴⁵ auf **Kritik** gestoßen. Diese beklagt – zu Recht – 16
insbes. das **„verfassungsdogmatische Begründungsdefizit"**⁴⁶ des BVerfG, ohne indes das vom BVerfG gefundene Ergebnis als solches in Frage zu stellen.

b) § 15 Abs. 3 und Art. 8, 9 Abs. 3 GG. Soweit § 15 Abs. 3 dem Soldaten untersagt, bei 17
polit. Veranstaltungen Uniform zu tragen, könnten das Grundrecht der Versammlungsfreiheit nach Art. 8 Abs. 1 GG und das Grundrecht der Koalitionsfreiheit nach Art. 9 Abs. 3 Satz 1 GG betroffen sein.

Nach Auffassung des BVerfG⁴⁷ und ihm folgend des BVerwG⁴⁸ werden Grundrechte durch ein Uniformverbot für Soldaten „von vornherein nicht berührt". Weder das **Recht der freien Meinungsäußerung** noch die **Versammlungs-**⁴⁹ und die **Vereinigungsfreiheit** umfassten die Befugnis, diese Rechte gerade in Uniform auszuüben. Das Persönlichkeitsrecht der Soldaten aus Art. 2 Abs. 1 GG sei durch § 15 Abs. 3 lediglich in einer „Randposition" berührt.

Auch diese Rspr. ist der **Kritik**⁵⁰ ausgesetzt. So wäre es zwar gem. Art. 17a Abs. 1 GG 18
zulässig, das Grundrecht aus Art. 8 GG durch ein Wehrgesetz zu beschränken. Es sei jedoch zweifelhaft, ob der einfache Gesetzgeber dieses Ziel mit § 15 Abs. 3 verfolgt habe und wenn ja, ob er nicht hierbei das **Zitiergebot** des Art. 19 Abs. 1 Satz 2 GG hätte beachten müssen. Art. 9 Abs. 3 Satz 1 GG sei über die Ermächtigung aus Art. 17a GG überhaupt nicht einschränkbar.

Für die Praxis ist diese Frage „ausgestanden". Hier gilt der Grds. „Roma (= Karlsruhe) locutat, causa finita est".⁵¹

2. Zweckbestimmung. Seit den zit. Entsch. des BVerfG⁵² und des BVerwG⁵³ wird der 19
Zweck von **§ 15 Abs. 1 und 2** darin gesehen, die **Kameradschaft** und gegenseitige Achtung als unerlässliche Voraussetzungen für die Sicherung der **Disziplin** und **Schlagkraft** der Truppe unbedingt zu gewährleisten. Insbes. § 15 Abs. 2 wolle jedes Verhalten ausschließen, das einen Kameraden in seiner dienstfreien Zeit in eine polit. Auseinandersetzung dränge. Polit. Aktivitäten anderer Soldaten sei er aufgrund der Besonderheiten des Wohnens in einer Kaserne ausgesetzt, ohne ihnen ohne Weiteres aus dem Wege gehen zu können. Sein Anspruch, „in Ruhe gelassen zu werden", sei besonders schützenswert. Kurz gefasst haben die durch § 15 Abs. 1 und 2 vorgenommenen Ein-

---

45 Vgl. *Cuntz*, 208; *Mutschler*, NZWehrr 1998, 3; *Plander*, DVBl. 1980, 581; *Schoch*, AöR 1983, 215.
46 *Schoch*, AöR 1983, 245.
47 NZWehrr 1979, 173 mit Anm. *Alff*, NZWehrr 1979, 174; BVerfGE 57, 29 = NZWehrr 1981, 186.
48 BVerwGE 76, 30 = NZWehrr 1983, 105. Vgl. VG Wiesbaden DöD 2004, 175 (Kleiderordnung der hessischen Polizei).
49 Vgl. hierzu § 3 Abs. 1 Versammlungsgesetz. Diese Vorschrift wirft die gleichen verfassungsrechtl. Fragen wie § 15 Abs. 3 SG auf (vgl. *Dietel, Alfred*: Demonstrations- und Versammlungsfreiheit, 13. Aufl. 2004, § 3 Rn. 1, 23).
50 Vgl. *Cuntz*, 208; *Giesen*, NZWehrr 1982, 201; *Plander*, DVBl. 1981, 1052; *Spranger*, DöD 1999, 58.
51 So auch GKÖD I Yk, § 15 SG Rn. 10; *Mutschler*, NZWehrr 1998, 5; *Rauball*, in: v. Münch/Kunig, GGK I, Art. 17a Rn. 11; *Scherer/Alff/Poretschkin*, § 15 Rn. 16.
52 BVerfGE 44, 197 = NJW 1977, 2205 m. w. N.
53 BVerwGE 53, 327 = NZWehrr 1978, 213; BVerwGE 73, 237 = NZWehrr 1982, 25.

schränkungen von Art. 5 Abs. 1 GG zum Ziel, „den einzelnen Soldaten vor Indoktrination zu schützen und den ‚Betriebsfrieden, in den SK zu wahren".[54]

20 Die **formelhafte Wiederholung** dieser Merksätze[55] vermag nichts daran zu ändern, dass sie zu Zeiten entstanden, als die Realitäten andere als heute waren. Im Friedensdienstbetrieb im Inland wohnen weit mehr Soldaten als in den 70er Jahren nicht mehr in der dienstl. Unterkunft. Mit der „Schlagkraft der Truppe" ist heute nur noch wenig anzufangen. Sie ist zumindest terminologisch zu „modernisieren" und bedarf ebenso wie die „Funktionsfähigkeit der SK/der Bw" der ständigen krit. Neuinterpretation.

21 Das Uniformverbot des § 15 Abs. 3 soll die Funktionsfähigkeit der SK sichern, indem Vorsorge getroffen wird, dass außerdienstl. polit. Aktivitäten von Bundeswehrsoldaten nicht der Bw zugerechnet werden können.[56]

22 § 15 Abs. 4 soll verhindern, dass Vorg. ihre dienstl. Stellung zur polit. Beeinflussung ihrer Untergebenen missbrauchen.[57]

23 3. Absatz 1 Satz 1. – a) „Im Dienst". Der „Dienst" i. S. v. Abs. 1 Satz 1 ist als **Gegensatz zur „Freizeit"** i. S. v. Abs. 2 Satz 1 zu verstehen.[58] „Dienst" meint nicht nur den **Ort**, an dem sich der Soldat aufhält, sondern auch dessen konkrete **Funktion**.[59] Die frühere Auslegung[60], die den Dienst i. S. d. Best. auf die „Verrichtung eines Soldaten innerhalb seiner Berufspflichten auf Grund militärischer Vorschrift oder militärdienstliches Grundsatzes oder Befehls" beschränkte, das Wort „Dienst" damit nur funktionell verstand, greift zu kurz. Es fehlte ihr das **zeitliche Element** des Dienstes. Dort, wo der Dienst durch Dienstpläne befohlen ist, sind Dienstbeginn und Dienstschluss eindeutig bestimmbar.[61] Dies ist insbes. bei Soldaten, die zum Wohnen in der Gemeinschaftsunterkunft verpflichtet sind, der Fall. In Stäben usw., deren Dienst sich nicht nach Dienstplänen richtet, bestimmt sich der Dienst nach Dienstanweisungen und/oder Dienstvereinbarungen mit den jew. Personalvertretungen. Zum „Dienst" der Soldaten rechnen auch die im Dienstplan vorgesehenen **Pausen**.[62]

24 Eine polit. Betätigung kann gem. Abs. 1 Satz 1 verboten sein, selbst wenn sie in der Freizeit innerhalb der dienstl. Anlagen stattfindet, aber unmittelbar in den Dienst „hineinwirkt".[63]

---

54 *Apel*, Deutsches Allg. Sonntagsblatt v. 2.6.1982. Ähnlich *Würzbach*, BT-Drs. 10/395, 15.
55 Vgl. GKÖD I Yk, § 15 Rn. 1; *Scherer/Alff/Poretschkin*, SG, § 15 Rn. 4.
56 BVerfGE 57, 29 = NJW 1981, 2112.
57 BVerfGE 28, 36 = NZWehrr 1970, 177.
58 GKÖD I Yk, § 15 Rn. 4; *Scherer/Alff/Poretschkin*, SG, § 15 Rn. 9; *Stauf* I, § 15 SG Rn. 6.
59 So die in Fn. 6 zit. Stellungnahme des BR zum REntw. des SG.
60 Vgl. *Rittau*, SG, 129 m. w. N.
61 ZDv 10/5 Nr. 210; Anl. 4.
62 Im konkreten Fall kann es durchaus zu Anwendungsproblemen kommen. „Dienst" i. S. d. SVG o. i. S. d. VO über die Vergütung für Soldaten mit besonderer zeitlicher Belastung v. 2.6.1989, BGBl. I S. 1075, muss nicht unbedingt deckungsgleich sein. Richtschnur auch für die Anwendung von § 15 kann Nr. 4 der Erl. über den Ausgleich bes. zeitlicher Belastungen der Soldaten (BMVg – Fü S I 1 – Az 19-02-20 v. 20.10.1998 in ab 1.2.2003 gültiger Fassung) sein („Dienstzeit ist ... die Zeit, in der ein Soldat gemäß Dienstplan oder auf Grund anderer Befehle zur Dienstleistung eingeteilt ist. Dienstfreie Zeit ist die Zeit, in der ein Soldat zu keinem Dienst eingeteilt ist.").
63 BVerwGE 53, 327 = NZWehrr 1978, 213 (Polit. Aufkleber an Privat-Kfz).

b) „Soldat". § 15 gilt nur für **aktive Soldaten**.[64] Dies folgt – unbeschadet der verfassungsrechtl. Ableitung des § 15 – bereits aus Art. 17a Abs. 1 GG. Die dort aufgeführten Grundrechte dürfen nur während der Zeit des Wehrdienstes eingeschränkt werden. **Angehörige der Res** und andere Personen gem. § 59 unterliegen den Best. des § 15, sobald sie Wehrdienst leisten (auch während der Teilnahme an einer DVag, § 81 Abs. 2 Satz 2). 25

Im Übrigen ist **§ 23 Abs. 2 Nr. 2** zu beachten. Verstößt die polit. Betätigung eines ausgeschiedenen Offz oder Uffz gegen die FdGO, ist dies ein Dienstvergehen. 26

Will ein aus dem Wehrdienst ausgeschiedener Soldat die **Uniform tragen**, bedarf er hierfür einer Genehmigung gem. § 1 Abs. 1 der UnifV. Da eine solche Genehmigung für polit. Veranstaltungen i. S. v. § 15 Abs. 3 nicht erteilt werden darf (§ 1 Abs. 2 Nr. 1 UnifV), können Angehörige der Res bei Einhaltung dieser Best. nicht gegen § 15 Abs. 3 verstoßen. 27

c) „zugunsten/zuungunsten". Wie bereits die Entstehungsgeschichte[65] gezeigt hat, ist der Versuch, aus Gründen der Parität eine Betätigung pro und contra einer bestimmten polit. Richtung zu untersagen, nicht ganz geglückt. 28

So liegt **kein Verstoß** gegen Abs. 1 Satz 1 vor, wenn sich ein Soldat zur **FdGO bekennt**. Dies schließt Äußerungen gegen verfassungsfeindliche und verfassungswidrige Parteien[66] ebenso ein wie das öff. Eintreten eines Soldaten für den Verteidigungsauftrag der Bw.[67]

Ebenfalls mit Abs. 1 Satz 1 vereinbar war der in den 80er Jahren vom BMVg verteilte **Aufkleber** mit dem Bild eines **Igels** und der Aufschrift „Bundeswehr mit Sicherheit Ja".[68] Das öff. Engagement für eine Verfassungsinstitution ist kein Eintreten zugunsten einer bestimmten polit. Richtung, sondern folgt letztlich aus der Grundpflicht des Soldaten gem. § 7.

d) „bestimmte politische Richtung". Unter das Verbot des Abs. 1 Satz 1 fällt in erster Linie eine **parteipolit**. Betätigung im Dienst.[69] „Politische Richtung" meint jedoch auch andere polit. Institutionen und Kräfte, beispielsweise eine außerparlamentarische Opposition, **Bürgerinitiativen**, die „Friedensbewegung". Maßgeblich ist, ob diese Gruppen oder Organisationen stark genug sind, um als Träger einer polit. Meinung zu gelten und im polit. Meinungskampf konfrontierend zu wirken.[70] Entscheidend ist mit *Riehl*[71] „das einer bestimmten Art von politischer Aktivität innewohnende Freund-Feind-Denken". 29

---

64 *Buth*, NZWehrr 1981, 224; *Jarass*, in: Jarass/Pieroth, GG, Art. 17a Rn. 3; *Scherer/Alff/ Poretschkin*, SG, § 15 Rn. 3.
65 Vgl. o. Rn. 7.
66 *Rittau*, SG, 129.
67 BVerwGE 76, 267 = NZWehrr 1985, 113; vgl. auch BVerwGE 86, 316 = NVwZ-RR 1991, 200.
68 *Graßhof*, NZWehrr 1995, 196; *Scherer/Alff/Poretschkin*, SG, § 15 Rn. 20; *Semmler*, NZWehrr 1985, 105. A. A. *Stauf* I, § 15 SG Rn. 10, der die Bedeutung der §§ 7 u. 8 in Bezug auf die Auslegung von § 15 verkennt.
69 So bereits *Blank* (o. Fn. 8).
70 BVerfGE 44, 197 = NJW 1977, 2205 (als obiter dictum); BVerwGE 76, 30 = NZWehrr 1983, 105; *Bornemann*, RuP, 93; *Seifert*, NZWehrr 1988, 237. Krit. *Giesen*, NZWehrr 1988, 225.
71 Meinungsäußerung, 114.

30 **e) „betätigen".** Unter „Politischer Betätigung" wird allg. „jede Handlungsweise verstanden, die darauf abzielt, für Fragen, deren Behandlung zum Tätigkeitsbereich des Staates oder der politischen Parteien gehört, eine **bestimmte Auffassung zur Wirksamkeit zu bringen**".[72] Diese Definition folgt der des Preuß. OVG.[73] In modernerer Sprache findet sie sich in § 1 Abs. 2 des Parteiengesetzes wieder.

Ob eine Betätigung **„politisch"** ist, bestimmt sich nicht nach politikwissenschaftlichen Kriterien, sondern primär nach dem **Schutzzweck** der Norm des Abs. 1 Satz 1. Dieser besteht, wie ausgeführt, darin, polit. Auseinandersetzungen im Bereich der SK einzuschränken, um die Kameradschaft und Gemeinsamkeit des Dienstes sowie die Erfüllung des Verteidigungsauftrages zu gewährleisten.[74] Daraus folgt jedenfalls, dass polit. **Agitation** und **Propaganda** im Dienst nicht zulässig sind.[75] Konkretere Festlegungen scheitern an der zu Recht kritisierten „begrifflichen Unschärfe"[76] des § 15 insgesamt.

Keine polit. Betätigung i. S. v. Abs. 1 Satz 1 ist die Erörterung polit. Angelegenheiten im Rahmen des staatsbürgerlichen Unterrichts i. S. v. **§ 33**.[77]

31 **4. Absatz 1 Satz 2.** Abs. 1 Satz 2 belässt dem Soldaten im Rahmen von Art. 5 Abs. 1 Satz 1 GG einen **„Freiraum"**.[78] Dadurch soll ein **Gedankenaustausch** unter Kameraden auch während des Dienstes[79] ermöglicht werden. Es muss sich um eine „kommunikative Interaktion"[80] handeln, einen **echten Dialog**, ein „wirkliches Gespräch".[81] Alle Teilnehmer einer solchen Diskussion müssen gleichberechtigt zu Wort kommen können. Dabei ist § 12 Satz 3 zu beachten. Ob ein Soldat anlässlich eines solchen Gesprächs fremdes oder eigenes Gedankengut wiedergibt, ist rechtl. dann irrelevant, wenn er sich fremdes Gedankengut zu eigen gemacht hat.[82]

Dieser Gedankenaustausch beschränkt sich nicht auf Soldaten gleichen Dienstgrades, sondern kann auch zwischen Vorg. und Untergebenen stattfinden.[80] Gerade dann ist von besonderer Bedeutung, dass der Vorg. den Untergebenen zu Wort kommen lässt und nicht versucht, diesen zu **indoktrinieren**. Andernfalls kann ein Verstoß gegen Abs. 4 vorliegen.

5. Absatz 2 Satz 1. – a) „Innerhalb der dienstlichen Unterkünfte und Anlagen".
32 „Dienstliche Unterkunft" ist zunächst die dem Soldaten gem. § 18 Satz 1 zugewiesene **Gemeinschaftsunterkunft**. „Anlagen" sind Einrichtungen, die zu **mil. Bereichen** i. S. v. § 2 Abs. 1 UZwGBw erklärt werden können.

---

72 St. Rspr. seit BVerwGE 43, 162 (164); *Bornemann*, RuP, 93; *Scherer/Alff/Poretschkin*, SG, § 15 Rn. 7; *Seifert*, NZWehrr 1988, 237; *Stauf* I, § 15 SG Rn. 2.
73 Urt. v. 16.12.1909, zit. bei *Rittau*, SG, 130: „Politisch ist die Betätigung dann, wenn sie darauf hinausgeht, auf Angelegenheiten des Staates einzuwirken und zu diesem behufe die Gesetzgebung und die Verwaltungsorgane in Tätigkeit zu setzen."
74 BVerfGE 44, 197 = NJW 1977, 2205; ihm folgend das BVerwG in st. Rspr., zul. BVerwGE 111, 51 = NZWehrr 2000, 125.
75 *Seifert*, NZWehrr 1988, 237.
76 *Stauf* I, § 15 SG Rn. 4.
77 *Riehl*, Meinungsäußerung, 116. Vgl. die Komm. zu § 33.
78 BVerwGE 73, 237 = NZWehrr 1982, 25.
79 *Rittau*, SG, 130, nennt als Beispiele das Waffenreinigen, die Putz- u. Flickstunde u. die Marschrast.
80 *Seifert*, NZWehrr 1988, 238.
81 GKÖD I Yk, § 15 Rn. 5.
82 GKÖD I Yk, § 15 Rn. 5; *Graßhof*, NZWehrr 1995, 192 Fn. 159.

Dienstl. Unterkünfte und Anlagen sind darüber hinaus andere dienstl. bereit gestellte Quartiere wie Biwaks[83], Feldlager, Bordunterkünfte[84], angemietete Hotels usw., unabhängig davon, ob sich diese im In- oder Ausland befinden.

Prüfmaßstab ist, ob der Soldat außerhalb des Dienstes durch die besonderen mil. Verhältnisse gezwungen ist, mit anderen Soldaten zusammenzuleben[85], in welcher Art und Weise auch immer dies geschieht. Insbes. bei Auslandseinsätzen ist der Soldat regelmäßig gezwungen, seine Freizeit auf engem Raum mit anderen Soldaten, z.T. in Notquartieren, zu verbringen. Auch diese sind „dienstliche Unterkünfte und Anlagen" i. S. v. Abs. 2 Satz 1.

b) „**Grundregeln der Kameradschaft**". Das Gesetz nimmt mit den „Grundregeln der Kameradschaft" Bezug auf § 12 Satz 2 und 3. Das Grundrecht der freien Meinungsäußerung ist innerhalb der dienstl. Unterkünfte und Anlagen während der Freizeit begrenzt durch die **Würde**, die **Ehre** und andere schützenswerte **Rechte** des Kameraden.[86] Konkret bedeutet dies, dass der Soldat der Persönlichkeit des Kameraden und dessen Anschauungen nicht die grds. Achtung versagen darf.[87] Ist das Grundrecht der freien Meinungsäußerung im Einzelfall gegenüber der Verpflichtung zur Kameradschaft zu gewichten, ist dem **Grundrecht** – jedenfalls im Zusammenhang mit § 15 Abs. 1 Satz 2 – der **Vorrang** einzuräumen.[88] Andernfalls wäre die mit den Abs. 1 und 2 vorgenommene Abstufung zwischen Dienst und Freizeit überflüssig. Sie macht nur Sinn, wenn dem Grundrecht der freien Meinungsäußerung in der Freizeit des Soldaten ein höherer Stellenwert als während des Dienstes zukommt.

33

Mehr gibt der generalklauselartige Gesetzeswortlaut nicht her. Die Wehrdienstgerichte haben es jedoch meist verstanden, sachgerechte Entscheidungen zu treffen.[89]

6. Absatz 2 Satz 2. Mit Abs. 2 Satz 2 hat der Gesetzgeber die Gratwanderung zwischen Art. 5 Abs. 1 Satz 1 GG einerseits, den (Grund-) Rechten des Kameraden und der Funktionsfähigkeit der SK andererseits fortgesetzt.

34

Die „**Gemeinsamkeit des Dienstes**" ist die wesentlich auf der **Kameradschaft** i. S. v. § 12 beruhende gemeinsame Erfüllung des Verfassungsauftrags der SK.

Die Störung der Gemeinsamkeit des Dienstes muss „**ernstlich**" sein. Insoweit sollte kein zu strenger Maßstab angelegt werden. Eine soldatische Kameradschaft muss einiges aushalten können. Deutliche und grobe Worte sind grds. hinzunehmen, soweit nicht Feindseligkeit und Gehässigkeit überwiegen.[90]

Die Gemeinsamkeit des Dienstes muss **nicht konkret** gestört sein. Ein Verstoß gegen Abs. 2 Satz 2 liegt bereits dann vor, wenn das Verhalten des Soldaten abstrakt, „**typi-**

---

83 *Graßhof*, NZWehrr 1995, 193; *Scherer/Alff/Poretschkin*, SG, § 15 Rn. 13;
84 GKÖD I Yk, § 15 Rn. 6; *Seifert*, NZWehrr 1988, 241 Fn. 35.
85 *Rittau*, SG, 130; *Stauf* I, § 15 Rn. 8.
86 Vgl. hierzu die Komm. zu § 12.
87 *Seifert*, NZWehrr 1988, 242.
88 Zutr. *Graßhof*, NZWehrr 1995, 193, Fn. 171, gegen *Riehl*, Meinungsäußerung, 119. Unklar BVerfGE 44, 197 = NJW 1977, 2205. Deutlicher im obigen Sinne *Rottmann/Geiger*, BVerfGE 44, 197 (205, 207).
89 Krit. *Stauf* I, § 15 SG Rn. 8.
90 GKÖD I Yk, § 15 Rn. 7; *Graßhof*, NZWehrr 1995, 194.

scherweise"[91], geeignet ist, die Gemeinsamkeit des Dienstes und damit die Verteidigungsbereitschaft der SK ernstlich zu gefährden.[92] Die h.M. folgt damit der sicher zutr. Annahme, dass sonst ex post und unter Berücksichtigung des subjektiven Empfindens der Kameraden des Soldaten festgestellt werden müsste, ob tatsächlich eine ernstliche Störung der Gemeinsamkeit des Dienstes eingetreten war. Eine grammatikalische Auslegung der Norm würde allerdings zu einem anderen Ergebnis führen. „Gestört wird" bedeutet eine konkrete Störung. Eine bloß abstrakte Störung wäre mit den Worten „gestört werden kann" zu formulieren.

35 **7. Absatz 2 Satz 3.** Abs. 2 Satz 3 konkretisiert die Sätze 1 und 2 des Abs. 2. Er nennt **beispielhaft**[93], nicht enumerativ, bestimmte Verhaltensweisen, die besonders geeignet erscheinen, die Gemeinsamkeit des Dienstes ernstlich zu gefährden.

Eine „**Ansprache**" ist nicht nur das Verlesen einer vorbereiteten Rede, sondern auch ein spontaner Diskussionsbeitrag, der darauf abzielt, andere Soldaten nicht zu Wort kommen zu lassen.[94]

Das „**Verteilen von Schriften**" bezieht sich auf Material polit. Inhalts, gleichgültig wer für diesen Inhalt verantwortlich zeichnet und mit Hilfe welchen Mediums es in die dienstl. Unterkünfte und Anlagen befördert worden ist.[95] Auch die kommentarlose Weiterleitung elektronischer polit. Propaganda an Kameraden im dienstl. Bereich verstößt gegen Abs. 2 Satz 3. Unzulässig sind ferner das Anschlagen von Plakaten, das Mitführen von Plaketten und **Aufklebern** polit. Inhalts und das **Sammeln von Unterschriften**.[96]

„Politische Organisation" sind die polit. Parteien, Bürgerinitiativen und andere Vereinigungen. Der Begriff ist im Wesentlichen identisch mit der „bestimmten politischen Richtung" in Abs. 1 Satz 1. Keine polit. Organisation i. S. d. Best. sind die Spitzenorganisationen der Soldaten i. S. v. § 35a i. V. m. § 118 BBG.

36 **8. Absatz 2 Satz 4.** Abs. 2 Satz 4 bekräftigt das in Abs. 2 Satz 1 niedergelegte Gebot, die Grundregeln der Kameradschaft zu beachten, und wiederholt das Achtungsgebot des § 12 Satz 2.

Abs. 2 Satz 4 ist – als eigenständige Norm – für die Praxis damit bedeutungslos.

9. Einzelfälle von Verhaltensweisen i. S. v. § 15 Abs. 1 und 2 aus der Rechtsprechung.
37 – **Aufforderung zur KDV** durch Anbringen einer Schrift am Informationsbrett der Einheit durch einen WPfl: Verstoß gegen Abs. 1[97]
 – **Aufkleber** polit. Inhalts auf Privat-Kfz innerhalb einer Kaserne: Verstoß gegen Abs. 1 und 2[98]

---

91 BVerfG NZWehrr 1992, 205.
92 BVerwGE 73, 237 = NZWehrr 1982, 25; *Bornemann*, RuP, 95; GKÖD I Yk, § 15 Rn. 8; *Graßhof*, NZWehrr 1995, 194; *Scherer/Alff/Poretschkin*, SG, § 15 Rn. 15; *Seifert*, NZWehrr 1988, 243.
93 GKÖD I Yk, § 15 Rn. 8; *Graßhof*, NZWehrr 1995, 193; *Scherer/Alff/Poretschkin*, SG, § 15 Rn. 14; *Seifert*, NZWehrr 1988, 243.
94 *Seifert*, NZWehrr 1988, 244.
95 Vgl. zur Verteilung per Post *Scherer/Alff/Poretschkin*, SG, § 15 Rn. 14; *Seifert*, NZWehrr 1988, 244.
96 Zu Beispielen aus der Rspr. vgl. u. Rn. 37.
97 BVerfGE 28, 282 = NJW 1970, 1837.
98 BVerwGE 53, 327 = NZWehrr 1978, 213.

- Aufkleber **„Atomkraft – nein danke"** auf Privat-Kfz innerhalb einer Kaserne: Verstoß gegen Abs. 1 und 2[99]
- **Aushang** mit Stellungnahmen eines StabsOffz zur allg. Wehrpflicht an der Tür von dessen Dienstzimmer: Verstoß gegen Abs. 1[100]
- Krit. **Leserbrief** eines Offz gegen die Ostpolitik der seinerzeitigen BReg: Kein Verstoß gegen Abs. 1 oder 2[101]
- **Posieren** eines OFw vor Hitler-Bild und **NS-Symbolen** im Kameradenkreis: Kein Verstoß gegen Abs. 2, da der Soldat nur „mitgemacht" habe[102]
- Einbringen einer **Schmähkritik** („Asylbetrüger-Gedicht") in den dienstl. Bereich und Weitergabe an Kameraden: Kein Verstoß gegen Abs. 1 (und Abs. 4), da der Soldat damit keine eigene Meinungsäußerung kundgetan habe[103]
- **Sammeln von Unterschriften** im Kreis von Kameraden gegen den Bau eines Kernkraftwerks: Verstoß gegen Abs. 2.[104]

10. Absatz 3. – a) „Politische Veranstaltungen". „Politische Veranstaltungen" sind **Versammlungen**, Kundgebungen oder Demonstrationen von polit. Parteien oder anderen Organisationen, die sich i. S. v. § 15 Abs. 1 Satz 1 polit. betätigen.[105] Rechtl. **unerheblich** ist, ob die Veranstaltung **öff.** und damit allg. zugänglich ist oder nur einem geladenen Teilnehmerkreis offen steht.[106] Die **Bezeichnung** der Veranstaltung ist ebenfalls **unwesentlich**.[107]   38

Veranstaltungen von **Vereinigungen**, die der Wahrung und Förderung der Arbeits- und Wirtschaftsbedingungen gem. **Art. 9 Abs. 3 Satz 1 GG** dienen, sind dann keine polit. Veranstaltungen, soweit und solange sie sich im Rahmen der Aufgabenstellung dieser Vereinigung halten.[108] Die Abgrenzung zwischen „politisch" und „unpolitisch" ist bei solchen Veranstaltungen nicht immer einfach.[109] Das BVerfG[110] **überfordert** den Soldaten, wenn es meint, es lasse sich im Allg. aus Gegenstand, Zielsetzung und Ablauf der Veranstaltung erkennen, ob es sich um eine Form kollektiver polit. Betätigung handle, für die das Uniformverbot gelte. Die Grenze zwischen berufspolit. und   39

---

99 BVerwGE 73, 237 = NZWehr 1982, 25. Vgl. dazu *Brozat*, NZWehr 1980, 85; *Buth*, NZWehr 1981, 216; *Schreiber*, NZWehr 1982, 205; *Semmler*, NZWehr 1985, 102 (mit Hinw. auf andere Aufkleber).
100 BVerwGE 111, 51 = NZWehr 2000, 125.
101 BVerwGE 46, 175 = NZWehr 1974, 107 (Fall Strachwitz).
102 BVerwG NZWehr 2001, 168.
103 BVerwGE 113, 57 = NZWehr 1997, 165. Die Entsch. ist im Hinblick auf die obigen Ausführungen in Nr. 7 krit. zu bewerten. Es bleibt unklar, weshalb die Weitergabe eines Schriftstücks polit. Inhalts nicht zugleich eine eigene Meinungsäußerung darstellen soll.
104 BVerfGE 44, 197 = NJW 1977, 2205 (Fall Wyhl).
105 ZDv 37/10 Anl. 2 Nr. 4.
106 ZDv 37/10 Anl 2 Nr. 5. Ebenso *Stauf* I, § 15 SG Rn. 12. A.A. GKÖD I Yk, § 15 Rn. 9.
107 ZDv 37/10 Anl Nr. 6.
108 ZDv 37/10 Anl. 2 Nr. 7. Ebenso BVerwGE 76, 30 = NZWehr 1983, 105; *Dietel* (Fn. 49), § 3 Rn. 13; *Scherer/Alff/Poretschkin*, SG, § 15 Rn. 17. Unklar *Stauf* I, § 15 SG Rn. 11.
109 Krit. *Giesen*, NZWehr 1982, 201. Die Auffassung von *Dietel* (Fn. 49), § 3 Rn. 13, die Uniformierung sei bei solchen Veranstaltungen nicht Ausdruck gemeinsamer polit. Gesinnung; sie solle lediglich besondere Aufmerksamkeit erzeugen, ist für eine praktische Handhabung u. Abgrenzung ungeeignet.
110 BVerfG NZWehr 1979, 173; BVerfGE 57, 29 = NZWehr 1981, 186 (Veranstaltung des DGB zum Gedenken an den Ausbruch des 2. Weltkriegs = polit. Veranstaltung i. S. v. § 15 Abs. 3).

sozialen Forderungen und der Propagierung allg., sicherheits- oder verteidigungspolit. Zielsetzungen ist im Einzelfall schwer zu ziehen. Bei Veranstaltungen, die aufgrund ihres Anlasses (z. B. eines bestimmten Gedenktages) oder ihres Programms „politisch" i. S. v. Abs. 3 sein oder werden könnten, sollten Soldaten daher im eigenen Interesse auf das **Tragen ihrer Uniform verzichten**.[111]

40 **Kirchliche Veranstaltungen** sind wie Veranstaltungen der Berufsverbände zu bewerten. Lässt sich von vornherein abschätzen, dass diese (z. B. ein Kirchentag) polit. Charakter einnehmen könnten, gilt das Uniformverbot.[112]

41 **Staatsakte**, z. B. Gedenkfeiern aus Anlass eines bestimmten historischen Ereignisses, sind keine polit. Veranstaltungen.[113]

42 **b) Ausnahmen.** Nach geltender Erlasslage[114] fällt die **dienstl.**, d. h. befohlene, **Teilnahme** von Soldaten an polit. Veranstaltungen im Rahmen der offiziellen Vertretung der SK bzw. des BMVg oder zur Wahrnehmung von Aufgaben der Presse- und Öffentlichkeitsarbeit der Bw nicht unter das Verbot des Abs. 3.

Mit dem insoweit eindeutigen **Wortlaut** der Best. ist diese Regelung **nicht zu vereinbaren**. Die historische Auslegung hilft nur bedingt weiter: Der VertA unterstrich in seinem zusammenfassenden Ber. zum SG[115], dass mit dem Uniformverbot nicht „politische Akte, die von Staats wegen durchgeführt werden", gemeint seien. Veranstaltungen der polit. Parteien, z. B. **Parteitage**, würden damit unter das Verbot fallen, da sie keine „Staatsakte" sind. Andererseits kann dem Gesetzgeber nicht unterstellt werden, er habe eine sichtbare Repräsentanz der SK bei bedeutsamen polit. Anlässen verhindern wollen. Dies hätte im Ergebnis zur Folge, dass sich eine Verfassungsinstitution vor der Öffentlichkeit zu verbergen hätte. Hierfür besteht dann kein Grund, wenn im Einzelfall deutlich wird, dass der uniformierte Repräsentant der SK sich inhaltl. nicht mit der jew. parteipolit. Zielsetzung einer Veranstaltung identifiziert – eine durchaus **sensible Angelegenheit**.

Zur Klarstellung sollte der **Gesetzgeber** Abs. 3 entspr. **ergänzen**.

43 **11. Absatz 4.** Abs. 4 konkretisiert die allg. Verhaltenspflichten von Offz und Uffz gem. **§ 10 Abs. 6**. Während mit § 10 Abs. 6 verhindert werden soll, dass Vorg. ihre Autorität selbst untergraben, bezweckt § 15 Abs. 4 insbes. den **Schutz des Untergebenen**.[116]

Einflussnahme ist jede Art von **Einwirkung** auf den Untergebenen, schriftl., mündlich, durch Zugänglichmachen von Büchern, Periodika, Einladung von Gastrednern usw.

Die Grenze zur unzulässigen polit. Einflussnahme wird überschritten, wenn dem Soldaten eine bestimmte polit. Meinung „aufgedrängt" wird. Dies ist dann der Fall, wenn „für den durchschnittlichen Betrachter bei objektiver Würdigung erkennbar wird, dass der Soldat ... für oder gegen eine politische Meinung eingenommen werden soll".[117]

---

111 ZDv 37/10 Anl. 2 Nr. 8.
112 *Scherer/Alff/Poretschkin*, SG, § 15 Rn. 17. „Unpolitisch" ist z. B. eine Fronleichnamsprozession (*Rittau*, SG, 133).
113 *Rittau*, SG, 133; *Scherer/Alff/Poretschkin*, SG, § 15 Rn. 17.
114 ZDv 37/10 Anl. 2 Nr. 9–15. Zust. *Bornemann*, RuP, 97; GKÖD I Yk, § 15 Rn. 10; *Scherer/ Alff/Poretschkin*, SG, § 15 Rn. 18. A. A. *Stauf* I, § 15 SG Rn. 17.
115 BT-Drs. II/2140, 8.
116 *Graßhof*, NZWehr 1995, 194; *Riehl*, Meinungsäußerung, 120.
117 BVerwGE 123, 165 = NZWehr 2005, 168.

Abs. 4 richtet sich an **alle Vorg**. nach der VorgV, unabhängig vom Dienstgrad[118], und nicht nur an Offz und Uffz wie § 10 Abs. 6.

Abs. 4 gilt **im Dienst** und **außer Dienst**.[119] Gegen die Pflicht nach Abs. 4 kann der Soldat nur „gezielt"[120], d. h. vorsätzlich, verstoßen. Eine zufällige oder unbewusste Verletzung des Verbots der Beeinflussung ist begrifflich und logisch nicht denkbar.

Der **Versuch** einer Beeinflussung genügt.[121]

Der Hinw. eines Vorg. auf den **Verfassungsauftrag** der SK oder sein öff. Bekenntnis zur **FdGO** ist keine unzulässige Beeinflussung von Untergebenen.[122]

§ 16 Verhalten in anderen Staaten

Außerhalb des Geltungsbereichs des Grundgesetzes ist dem Soldaten jede Einmischung in die Angelegenheiten des Aufenthaltsstaates versagt.

Übersicht

	Rn		Rn
I. Allgemeines	1	2. Soldat	7
1. Entstehung der Vorschrift	1	3. Einmischung	8
2. Änderungen der Vorschrift	2	4. Angelegenheiten des Aufent-	
3. Bezüge zum Beamtenrecht bzw. zu sonstigen rechtl. Vorschriften; ergänzende Dienstvorschriften	3	haltsstaates	9
		5. Dienstl. Obliegenheiten	10
		6. Äußerungen im Inland	11
		7. Verfassungsrechtl. Bewertung/	
II. Erläuterungen im Einzelnen	6	Praktisches Erfordernis	12
1. Geltungsbereich des Grundgesetzes	6		

Literatur: *Winkler, Markus*: Disziplinarrechtliche Probleme friedenssichernder Bundeswehreinsätze, NZWehr 1992, 153.

---

118 *Graßhof*, NZWehr 1995, 195.
119 BVerwGE 123, 346 = NZWehr 2006, 85; *Graßhof*, NZWehr 1995, 195; GKÖD I Yk, § 15 Rn. 11; *Riehl*, Meinungsäußerung, 120; *Rittau*, SG, 133; *Scherer/Alff/Poretschkin*, SG, § 15 Rn. 20; *Stauf* I, § 15 SG Rn. 20.
120 BVerfGE 28, 36 = NZWehr 1970, 177; BVerwGE 46, 134 (Auswahl eines Buchpreises); BVerwGE 53, 111 = NZWehr 1976, 98 (Truppeninformation durch Vorführung eines Videofilms); BVerwGE 86, 316 = NVwZ-RR 1991, 200 (Leitfaden des GenInspBw zur Sicherheitspolitik); BVerwGE 113, 48 = NZWehr 1997, 161 (Propagieren ausländerfeindlicher Thesen u. NS-Ideologie); *Graßhof*, NZWehr 1995, 195; GKÖD I Yk, § 15 Rn. 11; *Scherer/Alff/Poretschkin*, SG, § 15 Rn. 20; *Stauf* I, § 15 SG Rn. 20.
121 *Graßhof*, NZWehr 1995, 195; *Rittau*, SG, 133; *Scherer/Alff/Poretschkin*, SG, § 15 Rn. 20.
122 BVerwGE 76, 267 = NZWehr 1985, 113.

I. Allgemeines

1. Entstehung der Vorschrift. § 15 Abs. 3 des **REntw.**[1] sah vor: 1
Außerhalb des Geltungsbereichs dieses Gesetzes darf sich der Soldat in bezug auf den Aufenthaltsstaat nicht politisch betätigen.

In der **Begr.**[2] wurde auf das künftige Bündnissystem, mit dem wohl die NATO gemeint war, hingewiesen, das es mit sich bringen werde, dass sich der Soldat gelegentlich dienstl. im Ausland aufhalte. Es entspreche den Gepflogenheiten des internationalen Verkehrs, wenn sich der Soldat im Ausland nicht in die polit. Angelegenheiten des Aufenthaltsstaates einmische. Durch die Platzierung dieses Abs. in der Gesetzesnorm, welche die **polit. Betätigung** des Soldaten regeln sollte, wird die inhaltl. Dimension der Vorschrift deutlich. Interessant ist auch die Bezugnahme auf den **dienstl. Aufenthalt** des Soldaten im Ausland.

In seiner Stellungnahme zum REntw. schlug der BR vor[3], die Worte „Geltungsbereichs dieses Gesetzes" durch die Worte „Geltungsbereichs des Grundgesetzes" zu ersetzen, um die „Gleichstellung" von Berlin zu gewährleisten. Die BReg[4] schloss sich diesem Votum an. Der VertA[5] löste Abs. 3 des § 15 des REntw. aus diesem heraus und bildete einen neuen § 15a, den heutigen § 16. Er folgte damit einem Vorschlag der Abg. *Arnholz* (SPD) und *Burgemeister* (CDU/CSU).[6] In seiner Begr. verwies der VertA darauf, dass es dem Soldaten damit verboten sei, „sich in **irgendeine** Angelegenheit einzumischen, die den Aufenthaltsstaat betreffe". Dementspr. wurde die Vorschrift auch textlich umformuliert.

2. Änderungen der Vorschrift. § 16 ist bis heute **unverändert** geblieben. 2

3. Bezüge zum Beamtenrecht bzw. zu sonstigen rechtl. Vorschriften; ergänzende Dienstvorschriften. Eine mit § 16 vergleichbare Best. kennt das übrige öff. 3
Dienstrecht des Bundes nicht. Dies ist schon deswegen bemerkenswert, weil bereits vor 1956 beispielsweise Angehörige des **diplomatischen Dienstes** in anderen Staaten präsent waren. Für **Beamte des Auswärtigen Dienstes** bestimmt § 14 Abs. 2 des Gesetzes über den Auswärtigen Dienst vom 30.8.1990[7], dass diese im Ausland „das Ansehen und die Interessen der Bundesrepublik Deutschland nach besten Kräften zu schützen und zu fördern haben", eine weit allgemeinere und mehr auf das Wohl des deutschen Staates bedachte Regelung als die in § 16 für Soldaten enthaltene.

Im Übrigen muss auf die **allg. beamtenrechtl. Pflichten** (§§ 60, 61 BBG) zurückgegriffen werden. 4

---

1 BT-Drs. II/1700, 6.
2 BT-Drs. II/1700, 23–24.
3 BT-Drs. II/1700, 39.
4 BT-Drs. II/1700, 44.
5 BT-Drs. II/2140, 8, 34.
6 Prot. der 39. Sitzung des Ausschusses für Beamtenrecht v. 6.12.1955, Prot. Nr. 39, 3.
7 BGBl. I S. 1842.

Zunächst begnügte sich das BMVg mit **Richtlinien** für das Verhalten im Ausland[8], an deren Stelle später eine **ZDv 25/1** trat. Diese wird in der Lit.[9] teils bis in die heutige Zeit hinein zit., obwohl sie bereits 1992 ersatzlos aufgehoben wurde. In der Folgezeit bestand, von formalen Fragen abgesehen[10], offenbar kein genereller Regelungsbedarf mehr. So sucht man im **„Handbuch für Auslandseinsätze im Frieden"**[11] vergeblich nach solchen inhaltl. Vorgaben oder Verhaltensmustern. § 16 wird nicht einmal zit.

5

II. Erläuterungen im Einzelnen

1. Geltungsbereich des Grundgesetzes. Die auf Anregung des BR gewählte Formulierung knüpfte an die bis 1992 geltende Fassung des Art. 23 Satz 1 GG a. F.[12] an, der im Hinblick auf die Vorläufigkeit des GG dessen Reichweite auf die seinerzeitigen Bundesländer einschl. Berlin beschränkte. In moderneren Gesetzen erfolgt eine solche Reichweitenbestimmung entweder überhaupt nicht oder es wird die Bundesrepublik Deutschland genannt.

6

2. Soldat. Das Verbot des § 16 richtet sich an den Soldaten in seiner **dienstl. Funktion**. Es betrifft ihn nur, soweit er sich im Einsatz oder als Dienstreisender, Lehrgangsteilnehmer, Attaché usw. dienstl. in einem anderen Staat aufhält. Die von der h.M.[13] ohne Begr. vertretene Auffassung, § 16 gelte auch bei einem **privaten Auslandsaufenthalt** des Soldaten, z. B. während einer Urlaubsreise, ist abzulehnen. Die oben skizzierte Entstehungsgeschichte der Norm und ihr Wortlaut lassen einen solchen Schluss nicht zu. Es ist auch kein Grund erkennbar, weshalb Soldaten während ihres Urlaubs weitergehenderen Restriktionen als etwa Beamte unterliegen sollen. Im Übrigen wäre eine solche Ausdehnung verfassungsrechtl. (Art. 2 Abs. 1 GG) zweifelhaft. Für die Ahndung eines Fehlverhaltens des Soldaten, der sich privat außerhalb Deutschlands aufhält, ist § 17 Abs. 2 Satz 2 ausreichend.

7

3. Einmischung. Einmischung ist **jedes Verhalten** des Soldaten, eine Meinungsäußerung oder eine andere Handlung (Teilnahme an einer Demonstration o. dgl.), das dazu bestimmt oder geeignet ist, als Einflussnahme auf die Angelegenheiten des ausländischen Staates angesehen zu werden. Die Meinungsäußerung oder sonstige Handlung muss von einigem **Gewicht**[14] und konkret auf die inneren Angelegenheiten des

8

---

8 Zit. bei *Rittau*, SG, 136. In der Terminologie der damaligen Zeit wurde u. a. verfügt: „Deine Entsendung ins Ausland ist bevorzugte Behandlung und Übernahme großer Verpflichtung in einem. Du mußt aber Dein Land und Deine Kameraden würdig vertreten. Alles, was Du tust, wird gewertet und auf die Gesamtheit der Streitkräfte bezogen."
9 *Bornemann*, RuP, 102; GKÖD I Yk, § 16 Rn. 1; *Stauf* I, § 16 SG Rn. 3; *Wipfelder*, Wehrrecht, 75, Fn. 31.
10 Vgl. beispielsweise die RL für Besuche aus dienstl. Anlass im Ausland u./o. für das Tragen der Uniform im Ausland (dienstl. u. privat), VMBl. 2006 S. 157.
11 Allg. Umdruck 1/100.
12 Neufassung des Art. 23 durch G v. 21.12.1992, BGBl. I S. 2086.
13 *Bornemann*, RuP, 102; GKÖD I Yk, § 16 Rn. 1; *Scherer/Alff/Poretschkin*, SG, § 16 Rn. 2; *Stauf* I, § 16 SG Rn. 1; *Wipfelder*, Wehrrecht, Rn. 525.
14 GKÖD I Yk, § 16 Rn. 2.

fremden Staates bezogen sein. Eine Äußerung im **privaten Bereich** oder ausschließlich innerhalb der Bw genügt nicht.[15]

9   **4. Angelegenheiten des Aufenthaltsstaates.** Angelegenheiten des Aufenthaltsstaates sind nur solche, die dem fremden **Staat** selbst und nicht einzelnen Bürgern zuzuordnen sind. In Betracht kommen in erster Linie polit., wirtschaftliche oder kulturelle Fragen.[16]

10   **5. Dienstl. Obliegenheiten.** Mischt sich der Soldat dienstl., aufgrund eines **Befehls**, in die Angelegenheiten eines fremden Staates ein, verstößt er grds. nicht gegen § 16.[17] Ob ein derartiger Befehl seinerseits rechtmäßig ist, hängt von der jew. Situation ab. Der Vorg. darf Befehle nur unter Beachtung der Regeln des Völkerrechts erteilen (§ 10 Abs. 4). Die **Souveränität** der Staaten verbietet die Einmischung in deren innere Angelegenheiten. Es muss daher in jedem Einzelfall genau geprüft werden, ob ein in diesem Kontext erteilter Befehl völkerrechtskonform[18] wäre, mag er auch dienstl. noch so sehr begründet sein. Rechtmäßig kann ein solcher Befehl sein, wenn er aufgrund eines völkerrechtl. Abkommens mit dem Aufenthaltsstaat eine Einmischung in dessen Angelegenheiten expressis verbis vorsieht, z. B. im Rahmen einer **peace-keeping-Operation** der VN oder einer anderen Organisation.[19]

Im **bewaffneten Konflikt** mit einem anderen Staat wird § 16 durch die Regeln des humanitären Völkerrechts überlagert. Er ist dann im Regelfall nicht anwendbar. Insbes. in einer derartigen Fallkonstellation zeigt sich, dass es sich bei § 16 um reines „Friedensrecht" handelt, da der Soldat in einem bewaffneten Konflikt die zwangsläufig Aufgabe haben wird, sich in die Angelegenheiten des gegnerischen Staates einzumischen. Es wäre widersinnig, ihm seine eigentliche Funktion durch eine innerstaatliche Verbotsnorm unmöglich zu machen.

11   **6. Äußerungen im Inland.** Äußert sich ein Soldat im Inland über fremde Staaten oder im Ausland über einen dritten Staat in einer Art und Weise, welche die außenpolit. Beziehungen der Bundesrepublik zu diesem Staat beeinträchtigen würde, ist § 16 **nicht anwendbar.** Zu prüfen ist dann eine Verletzung von § 7[20], § 10 Abs. 6, § 17 Abs. 2 Satz 2. Bei Offz und Uffz d.R. kommt § 17 Abs. 3 in Frage.[21]

---

15   BVerwG I WB 208/72. Im konkreten Fall hatte der Soldat, ein Lt, in einem Beschwerdeschreiben an seinen DiszVorg. u. a. behauptet, große Teile des U.S. OffzKorps hätten in Vietnam an Kriegsverbrechen teilgenommen. Der Senat bewertete dies nicht als Verstoß gegen § 16, da dieses Schreiben außerhalb der zuständigen deutschen Stellen nicht publik geworden war. Ähnlich BVerwGE 46, 175 = NZWehrr 1974, 107. Hier hatte sich ein Maj, Angehöriger von AFCENT, in einem Leserbrief in einer deutschen Zeitung krit. mit dem seinerzeitigen deutschen BK auseinandergesetzt. Da dieser Brief nicht in den Niederlanden erschienen war u. keine Einmischung in deren Angelegenheiten enthielt, erfüllte er nach Meinung des Senats „in keiner Weise" die Voraussetzungen nach § 16.
16   So auch GKÖD I Yk, § 16 Rn. 3; *Scherer/Alff/Poretschkin*, SG, § 16 Rn. 4.
17   *Bornemann*, RuP, 102; GKÖD I Yk, § 16 Rn. 4; *Scherer/Alff/Poretschkin*, SG, § 16 Rn. 5.
18   Ist ein solcher Befehl völkerrechtswidrig, darf ihn der Soldat gem. § 11 Abs. 2 Satz 1 nicht befolgen, unbeschadet des Verbots des § 16.
19   Zu allg. *Scherer/Alff/Poretschkin*, SG, § 16 Rn. 5.
20   *Bornemann*, RuP, 102; GKÖD I Yk, § 16 Rn. 4; *Scherer/Alff/Poretschkin*, SG, § 16 Rn. 6.
21   *Bornemann*, RuP, 102.

7. Verfassungsrechtl. Bewertung/Praktisches Erfordernis. Der Vergleich mit anderen **12**
Angehörigen des öff. Dienstes hat gezeigt, dass nur Soldaten bei einem dienstl. Aufenthaltsaufenthalt einer über die allg. Wohnverhaltenspflicht hinausgehenden Auflage unterliegen. Die Materialien zum SG geben hierfür zumindest aus heutiger Sicht keine nachvollziehbare Begr. her. Gemessen an den Verfassungsprinzipien der **Verhältnismäßigkeit**, der **Geeignetheit** und der **Bestimmtheit** ist die verfassungsrechtl. Basis von § 16 nicht besonders ausgeprägt.

Berücksichtigt man ferner, dass § 16 seit 1956 nur in einem einzigen vor dem BVerwG verhandelten Fall[22] herangezogen wurde, ist ein **praktisches Bedürfnis** für diese Norm **nicht erkennbar**. In den vergangenen Jahren haben jew. ca. 10.000 deutsche Soldaten im Ausland Dienst geleistet. § 16 war dabei ohne jede Relevanz. Dies würde, wie oben beschrieben, erst Recht in einem internationalen bewaffneten Konflikt der Fall sein. Der Gesetzgeber sollte daher § 16 bei der nächsten Novellierung des SG ersatzlos **aufheben**. Ein Fehlverhalten deutscher Soldaten im Ausland kann mit dem allg. Regelwerk der § 7, § 10 Abs. 6, § 15 und § 17 Abs. 1 bis 3 geahndet werden.[23]

§ 17 Verhalten im und außer Dienst

(1) Der Soldat hat Disziplin zu wahren und die dienstliche Stellung des Vorgesetzten in seiner Person auch außerhalb des Dienstes zu achten.

(2) [1]Sein Verhalten muss dem Ansehen der Bundeswehr sowie der Achtung und dem Vertrauen gerecht werden, die sein Dienst als Soldat erfordert. [2]Außer Dienst hat sich der Soldat außerhalb der dienstlichen Unterkünfte und Anlagen so zu verhalten, dass er das Ansehen der Bundeswehr oder die Achtung und das Vertrauen, die seine dienstliche Stellung erfordert, nicht ernsthaft beeinträchtigt.

(3) Ein Offizier oder Unteroffizier muss auch nach seinem Ausscheiden aus dem Wehrdienst der Achtung und dem Vertrauen gerecht werden, die für seine Wiederverwendung in seinem Dienstgrad erforderlich sind.

(4) [1]Der Soldat hat alles in seinen Kräften Stehende zu tun, um seine Gesundheit zu erhalten oder wiederherzustellen. [2]Er darf seine Gesundheit nicht vorsätzlich oder grob fahrlässig beeinträchtigen. [3]Der Soldat muss ärztliche Eingriffe in seine körperliche Unversehrtheit gegen seinen Willen nur dann dulden, wenn es sich um Maßnahmen handelt, die der Verhütung oder Bekämpfung übertragbarer Krankheiten oder der Feststellung seiner Dienst- oder Verwendungsfähigkeit dienen; das Grundrecht nach Artikel 2 Abs. 2 Satz 1 des Grundgesetzes wird insoweit eingeschränkt. [4]Die Vorschrift des § 26 Abs. 2 Satz 3 des Infektionsschutzgesetzes vom 20. Juli 2000 (BGBl. I S. 1045) bleibt unberührt. [5]Lehnt der Soldat eine zumutbare ärztliche Behandlung ab

---

22 Vgl. Fn. 15.
23 Der Vorschlag von *Winkler*, 158, § 16 um einen Abs. zu ergänzen, der den Soldaten verpflichte, bei der Wahrnehmung friedenssichernder Aufgaben keiner Streitpartei einen Vorteil vor den anderen zu gewähren, geht fehl. Der auf das jew. völkerrechtl. Mandat abgestimmte Verhaltenskodex der Soldaten folgt aus den Rules of Engagement. An diese ist der deutsche Soldat über die Treuepflicht des § 7 gebunden. Flexibles Handeln ist gewährleistet. Einer gesetzl. Normierung der von *Winkler*, 155, so bezeichneten „gesteigerten Neutralitätserwartung an Friedensstreitkräfte" bedarf es nicht.

und wird dadurch seine Dienst- oder Erwerbsfähigkeit ungünstig beeinflusst, so kann ihm eine sonst zustehende Versorgung insoweit versagt werden. [6]Nicht zumutbar ist eine ärztliche Behandlung, die mit einer erheblichen Gefahr für Leben oder Gesundheit des Soldaten verbunden ist, eine Operation auch dann, wenn sie einen erheblichen Eingriff in die körperliche Unversehrtheit bedeutet. [7]Ärztliche Untersuchungsmaßnahmen, die einer ärztlichen Behandlung oder einer Operation im Sinne des Satzes 6 gleichkommen, dürfen nicht ohne Zustimmung des Soldaten vorgenommen werden. [8]Nicht als ärztliche Behandlung oder als Operation im Sinne des Satzes 6 und nicht als Eingriffe in die körperliche Unversehrtheit gelten einfache ärztliche Maßnahmen, wie Blutentnahmen aus dem Ohrläppchen, dem Finger oder einer Blutader oder eine röntgenologische Untersuchung.

§ 26 Abs. 2 Satz 1 bis 3 des Infektionsschutzgesetzes

(2) Die in § 25 Abs. 1 genannten Personen können durch das Gesundheitsamt vorgeladen werden. Sie können durch das Gesundheitsamt verpflichtet werden, Untersuchungen und Entnahmen von Untersuchungsmaterial an sich vornehmen zu lassen, insbesondere die erforderlichen, äußerlichen Untersuchungen, Röntgenuntersuchungen, Tuberkulintestungen, Blutentnahmen und Abstriche von Haut und Schleimhäuten durch die Beauftragten des Gesundheitsamtes zu dulden sowie das erforderliche Untersuchungsmaterial auf Verlangen bereitzustellen. Darüber hinausgehende invasive Eingriffe sowie Eingriffe, die eine Betäubung erfordern, dürfen nur mit Einwilligung des Betroffenen vorgenommen werden; § 16 Abs. 5 gilt nur entsprechend, wenn der Betroffene einwilligungsunfähig ist. Die bei den Untersuchungen erhobenen personenbezogenen Daten dürfen nur für Zwecke dieses Gesetzes verarbeitet und genutzt werden.

§ 16 Abs. 5 des Infektionsschutzgesetzes

(5) Wenn die von Maßnahmen nach den Absätzen 1 und 2 betroffenen Personen geschäftsunfähig oder in der Geschäftsfähigkeit beschränkt sind, hat derjenige für die Erfüllung der genannten Verpflichtung zu sorgen, dem die Sorge für die Person zusteht. Die gleiche Verpflichtung trifft den Betreuer einer von Maßnahmen nach den Absätzen 1 und 2 betroffenen Person, soweit die Sorge für die Person des Betroffenen zu seinem Aufgabenkreis gehört.

Übersicht

	Rn		Rn
I. Allgemeines	1	aa) „Ansehen der Bundeswehr"	39
1. Entstehung der Vorschrift	1		
2. Änderungen der Vorschrift	11	bb) „Achtung und Vertrauen"	43
3. Bezüge zum Beamtenrecht bzw. zu sonstigen rechtl. Vorschriften	19	cc) Einzelfälle von Verstößen gegen § 17 Abs. 2 Satz 1 aus der Rechtsprechung	45
II. Erläuterungen im Einzelnen	26		
1. Zweck und Bedeutung der Vorschrift	26		
2. § 17 und Grundgesetz	28	b) Satz 2	46
3. Absatz 1	32	aa) „Außer Dienst ... außerhalb der dienstlichen Unterkünfte und Anlagen"	46
a) Wahrung der Disziplin	32		
b) Achtung des Vorgesetzten	34		
4. Absatz 2	38		
a) Satz 1	39		

	Rn		Rn
bb) Ernsthafte Beeinträchtigung	48	5. Absatz 3	53
		6. Absatz 4	59
cc) Einzelfälle von Verstößen gegen § 17 Abs. 2 Satz 2 aus der Rechtsprechung		a) Satz 1 und 2	60
		b) Sätze 3 ff	63
	52		

Literatur: *Alff, Richard*: Zur Zulässigkeit des Befehls, sich einer ärztlichen Heilbehandlung zu unterziehen, NZWehrr 1980, 141; *Althaus, Uwe*: Zur Verbindlichkeit von Therapiebefehlen, NZWehrr 1996, 110; *Burmester, Wilhelm*: Drogenmissbrauch durch Soldaten, NZWehrr 1987, 151; *Deiseroth, Dieter*: Entwürdigende Behandlung Untergebener unter Alkoholeinfluss, jurisPR-BVerwG 1/2008 Anm. 4; *ders.*: Besitzerlangung von digitalen Bilddateien mit kinderpornographischen Inhalten, jurisPR-BVerwG 8/2008 Anm. 6; *ders.*: Sexuelle Belästigungen in der Bundeswehr, jurisPR-BVerwG 15/2008 Anm. 1; *ders.*: Wehrdisziplinarrechtliche Ahndung von außerdienstlichem und nachdienstlichem Fehlverhalten eines früheren Soldaten, jurisPR-BVerwG 2/2009 Anm. 2; *ders.*: Disziplinare Ahndung neonazistischer und sexistischer Äußerungen eines Bundeswehroffiziers, jurisPR-BVerwG 7/2009 Anm. 2; *Dillmann, Robert*: Achtbarkeit und Vertrauenswürdigkeit als Pflicht? Ein rechtsphilosophischer Denkanstoß zu § 17 Abs. 2 SG, NZWehrr 1981, 161; *Heinen, Johannes*: Außerdienstliches Fehlverhalten von Soldaten im Ausgang und an Entlassungstagen, NZWehrr 1996, 133; *Hennings, Jürgen*: Zur Verhältnismäßigkeit eines allgemeinen Mensurverbots für Soldaten der Bundeswehr, NZWehrr 1976, 94; *Hermsdörfer, Willibald*: Untersuchung, Behandlung und Körpereingriff durch einen Arzt auf der Grundlage des Soldatengesetzes, NZWehrr 1997, 177; *Hingott, Jörg*: Dienstliche Relevanz von Schönheitsoperationen, NZWehrr 2006, 201; *v. Lepel, Oskar-Matthias*: Die disziplinare Ahndung eines Verstoßes gegen die allgemeine Wohlverhaltenspflicht, NZWehrr 1975, 165; *Lingens, Eric*: Haartracht und körperliche Unversehrtheit, NZWehrr 2008, 120; *Lutze, Christian*: Sexuelle Beziehungen und die Truppe, NZWehrr 2007, 192; *v. Rechenberg, Falk*: Die außerdienstliche Wohlverhaltenspflicht des Soldaten im Spiegel der Rechtsprechung des Bundesverwaltungsgerichts, 2004 (vgl. dazu die Rezension von *Summer*, ZBR 2005, 283); *Schwandt, Eberhard Ulrich*: Ahndung von Dienstvergehen im Wehrdisziplinarverfahren – Teil IV, ZBR 2002, 297; Teil V, ZBR 2002, 382; *Walz, Dieter*: Das Dienstwegprinzip, BWV 1999, 147.

I. Allgemeines

1. Entstehung der Vorschrift. Der REntw.[1] sah als § 11 folgende Best. vor: **1**

(1) Der Soldat hat Disziplin zu wahren und die dienstliche Stellung seiner Vorgesetzten in ihrer Person zu achten.

(2) Sein Verhalten muß dem Ansehen der Streitkräfte sowie der Achtung und dem Vertrauen gerecht werden, die sein Dienst als Soldat erfordert.

(3) Der Soldat hat seine Wehrtüchtigkeit zu erhalten und zu fördern.

(4) Ein Offizier oder Unteroffizier muß nach seinem Ausscheiden aus dem Wehrdienst der Achtung und dem Vertrauen gerecht werden, die für seine Wiederverwendung als Vorgesetzter erforderlich sind.

---

1 BT-Drs. II/1700, 5.

§ 17 Verhalten im und außer Dienst

2   Die – recht ausführliche – **Begr.**[2], in der Sprache der damaligen Zeit formuliert („zuchtvolles Verhalten", „kameradschaftliche Achtungspflicht", „Wehrtüchtigkeit", „Ausschweifungen zu unterlassen"[3], „Unwürdigen den Dienstgrad zu nehmen"), setzte die **Unbestimmtheit** der in § 11 des Entw. verwendeten Begrifflichkeiten fort. Für die Auslegung der späteren Gesetzesnorm ist die amtl. Begr. **wenig hilfreich**.

3   In seiner Stellungnahme forderte der **BR**[4], in Abs. 1 den 2. Halbs. zu streichen, den bisherigen Abs. 2 als Satz 2 und dem Abs. 3 folgende Sätze 2 und 3 anzufügen:

Ärztliche Eingriffe braucht der Soldat nur mit seiner Zustimmung zu dulden, wenn damit Gefahren für sein Leben und seine Gesundheit verbunden sind. Soweit der Soldat hiernach ärztliche Eingriffe auch ohne Zustimmung zu dulden hat, wird das Grundrecht gemäß Art. 2 Abs. 2 Satz 3 GG eingeschränkt.

Zur Begr. der letztgenannten Ergänzung verwies der BR auf Art. 2 Abs. 2 Satz 1 und Art. 19 Abs. 1 GG.

4   In ihrer Gegenäußerung lehnte die **BReg**[5] die Änd. des Abs. 1 ab. Der Ergänzung des Abs. 3 stimmte die BReg mit der Maßgabe zu, dass nur der erste Satz übernommen werden sollte. Die Zitierung des eingeschränkten Grundrechts sei entbehrlich. Die Einschränkung ergebe sich „aus der Unterwerfung unter die dem Soldatenverhältnis wesensmäßig innewohnenden Beschränkungen".

5   Bei der **1. Lesung** des Gesetzentw. im BT wies der Abg. *Merten* (SPD) darauf hin, dass u. a. § 11 in eine Form gebracht werden müsse, „die dann nachher als Richtlinie für die Ausbildung brauchbar" sei.[6] Dieses Verlangen ist bei der weiteren Beratung des Entw. – leider – in Vergessenheit geraten.

6   Im **Rechtsausschuss** des BT löste § 11 eine breite und kontroverse Debatte aus.[7] Zu Abs. 1 beschloss der Ausschuss schließlich mehrheitlich, es bei der ursprünglichen Fassung des REntw. zu belassen. Abs. 2 wurde ohne Änd. angenommen.[8] Auf Vorschlag des Abg. *Dr. Arndt* (SPD) beschloss der Ausschuss, Abs. 3 Satz 1 wie folgt zu fassen:

Der Soldat darf seine Wehrtüchtigkeit nicht vorsätzlich beeinträchtigen oder leichtfertig gefährden.

Abs. 3 Satz 2 (neu) wurde, ebenfalls auf Vorschlag des Abg. *Dr. Arndt*, wie folgt beschlossen:

Eine ärztliche Behandlung, bei der mit einer Schädigung von Leben und Gesundheit des Soldaten zu rechnen ist, bedarf seiner Zustimmung, eine Operation dann, wenn sie einen erheblichen Eingriff in die körperliche Unversehrtheit bedeutet.[9]

---

2   BT-Drs. II/1700, 22.
3   Pate stand hierbei Art. 8 Satz 1 der Berufspflichten des deutschen Soldaten v. 22.3.1922: „Der Soldat soll ein bescheidenes und rechtschaffenes Leben führen und Ausschweifungen sowie den Umgang mit schlecht beleumdeten Personen vermeiden. Er darf weder Schulden machen noch sich dem Trunke oder Spiele ergeben."
4   BT-Drs. II/1700, 38.
5   BT-Drs. II/1700, 43 f.
6   Sten. Ber. 5786 (B).
7   Vgl. Prot. Nr. 86 der 86. Sitzung v. 18.11.1955, 31 ff.
8   Prot. Nr. 86, 32.
9   Prot. Nr. 86, 36.

Folgender Satz 3 wurde angefügt:

Soweit der Soldat hiernach ärztliche Eingriffe auch ohne Zustimmung zu erdulden hat, wird das Grundrecht gemäß Art. 2 Abs. 2 Satz 3 GG eingeschränkt.[10]

Die Fortsetzung der kontroversen Aussprache zu Abs. 4 wurde in die Diskussion des § 20 (des späteren § 23) verlagert.[11]

Auch der **Ausschuss für Beamtenrecht** des BT befasste sich eingehend mit der Entwurfsfassung. Er beschloss, in Abs. 1 die Wörter „in ihrer Person" zu streichen und die Wörter „auch außerhalb des Dienstes" hinzuzufügen. Die Abs. 3 und 4 wurden in ihrer Reihenfolge umgekehrt.[12]

Im VertA war § 11 des REntw. „Gegenstand längerer Erörterungen".[13] Der VertA beschloss, § 11 als § 15b (später § 17) neu zu platzieren. Inhaltl. übernahm der VertA im Wesentlichen die Vorschläge der beiden mitberatenden Ausschüsse.

In der **Erstfassung** von 1956 lautete § 17 demnach wie folgt:

(1) Der Soldat hat Disziplin zu wahren und die dienstliche Stellung des Vorgesetzten in seiner Person auch außerhalb des Dienstes zu achten.

(2) Sein Verhalten muß dem Ansehen der Bundeswehr sowie der Achtung und dem Vertrauen gerecht werden, die sein Dienst als Soldat erfordert.

(3) Ein Offizier oder Unteroffizier muß auch nach seinem Ausscheiden aus dem Wehrdienst der Achtung und dem Vertrauen gerecht werden, die für eine Wiederverwendung in seinem Dienstgrad erforderlich sind.

(4) Der Soldat hat alles in seinen Kräften Stehende zu tun, um seine Gesundheit zu erhalten oder wiederherzustellen. Er darf seine Gesundheit nicht vorsätzlich oder grobfahrlässig beeinträchtigen. Der Soldat muß ärztliche Eingriffe in seine körperliche Unversehrtheit gegen seinen Willen nur dulden, wenn es sich um Maßnahmen handelt, die der Seuchenbekämpfung dienen; das Grundrecht nach Artikel 2 Abs. 2 Satz 1 des Grundgesetzes wird insoweit eingeschränkt. Lehnt der Soldat eine zumutbare ärztliche Behandlung ab und wird dadurch seine Dienst- oder Erwerbsfähigkeit ungünstig beeinflusst, so kann ihm eine sonst zustehende Versorgung insoweit versagt werden. Nicht zumutbar ist eine ärztliche Behandlung, die mit einer erheblichen Gefahr für Leben oder Gesundheit des Soldaten verbunden ist, eine Operation auch dann, wenn sie einen erheblichen Eingriff in die körperliche Unversehrtheit bedeutet.

---

10 Vgl. Schreiben des Ausschussvorsitzenden an den Vorsitzenden des Ausschusses für Fragen der europ. Sicherheit v. 21.11.1955; Drs. 18 des Rechtsausschusses, 2. Die BReg hielt diese Ergänzung weiterhin für „unnötig", jedoch für „unschädlich" (Schreiben des Referatsleiters VIII/B/3 an den Min. v. Jan. 1956).
11 Prot. Nr. 86, 41.
12 Prot. Nr. 38 der 37. Sitzung v. 5.12.1955, 6; Ausschussdrs. 21 v. 4.1.1956, 7 f.; Ausschussdrs. 23 v. 20.1.1956, 12.
13 BT-Drs. II/2140, 8.

10 Die nachfolgend referierten **Änd. des § 17** waren nicht von besonders substantieller Bedeutung; geä. hat sich seit 1956 indes die Interpretation der in § 17 enthaltenen unbestimmten Gesetzesbegriffe.[14]

11 2. **Änderungen der Vorschrift.** Durch § 81 Abs. 1 des G vom **18.7.1961**[15] wurde in Abs. 4 Satz 3 das Wort „Seuchenbekämpfung" durch die Wörter „Verhütung und Bekämpfung übertragbarer Krankheiten" ersetzt. Außerdem wurde in Abs. 4 folgender Satz 5 angefügt:

Die Vorschriften des § 32 Abs. 3 Satz 4 des Bundes-Seuchengesetzes vom 18. Juli 1961 (Bundesgesetzbl. I S. 1012) bleiben unberührt.

12 Mit Art. IV Nr. 1 des G vom **21.8.1972**[16] wurde dem Abs. 2 folgender Satz 2 angefügt:

Außer Dienst hat sich der Soldat außerhalb der dienstlichen Unterkünfte und Anlagen so zu verhalten, daß er das Ansehen der Bundeswehr oder die Achtung und das Vertrauen, die seine dienstliche Stellung erfordert, nicht ernsthaft beeinträchtigt.

Mit dieser Ergänzung wurden die Änd. des § 45 Abs. 1 BRRG a. F. und des § 77 Abs. 1 BBG a. F. durch das G vom 1.10.1967[17] nachvollzogen. Ziel der Neuregelung war ferner, die Anforderungen an das außerdienstl. Verhalten des Soldaten herabzusetzen.[18] Ob diese Änd. des Abs. 2 tatsächlich und rechtl. erforderlich war, ist allerdings zu bezweifeln.[19]

13 Durch Art. 2 des G vom **24.2.1983**[20] wurde in Abs. 4 die Verweisung auf § 32 des Bundes-Seuchengesetzes aktualisiert.

14 Durch Art. 2 Nr. 2 des G vom **24.7.1995**[21] wurde Abs. 4 Satz 3 Halbs. 1 um die Wörter „oder der Feststellung seiner Dienst- oder Verwendungsfähigkeit" ergänzt. Der Gesetzgeber wollte damit eine Lücke im SG schließen und insbes. im Hinblick auf besondere Auslandsverwendungen sicherstellen, dass hierfür erforderliche Untersuchungen, z. B. im Hinblick auf die Tropentauglichkeit, auch ohne Einwilligung des Soldaten durchgeführt werden können.[22]

15 Mit Art. 1 Nr. 13 des **SGÄndG** wurde in Abs. 4 Satz 3 Halbs. 1 das Wort „und" durch „oder" ersetzt.

16 Durch Art. 2 § 20 des G vom **20.7.2000**[23] wurde die Verweisung in Abs. 4 Satz 4 geä. in: „§ 26 Abs. 2 Satz 3 des Infektionsschutzgesetzes vom 20. Juli 2000 (BGBl. I S. 1045)".

---

14 *Rittau*, SG, 139, leitete aus § 17 Abs. 2 z. B. die Pflicht des Soldaten ab, „für das Ansehen und den Ruf seiner Familien- und in gewissem Grade auch seiner Hausangehörigen zu sorgen, weil sonst sein eigener Ruf leidet. Das gilt insbesondere für ein geziemendes Verhalten seiner Ehefrau und der in seinem Haushalt lebenden Kinder". Diese Auslegung des Abs. 2 würde heute vor Gericht keinen Bestand haben.
15 BGBl. I S. 1012.
16 BGBl. I S. 1481.
17 BGBl. I S. 725.
18 BT-Drs. VI/1834, 71.
19 Vgl. *v. Rechenberg*, 81 ff. m. w. N.
20 BGBl. I S. 179.
21 BGBl. I S. 962.
22 BT-Drs. 13/1209, 14.
23 BGBl. I S. 1045.

Art. 2 Nr. 6 des **SkResNOG** schließlich fügte in Abs. 4 die Sätze 7 und 8 an. Damit sollte die bisherige analoge Anwendung des § 17 Abs. 6 und 7 WPflG auf (aktive) Soldaten gesetzl. klargestellt werden.[24]   17

Neben sprachlichen Korrekturen sollte im Zuge einer **Rechtsbereinigung** des SG die Verweisung auf das Infektionsschutzgesetz in Abs. 4 Satz 4 in eine „gleitende Fassung" gebracht werden. Dies erspart künftigen Folgeänderungsbedarf.   18

3. Bezüge zum Beamtenrecht bzw. zu sonstigen rechtl. Vorschriften. Abs. 1 findet im Beamtenrecht keine explizite Entsprechung. Die Pflicht des Beamten, seine Vorg. zu beraten und zu unterstützen (§ 35 Satz 1 BeamtStG; § 62 Abs. 1 Satz 1 BBG), reicht nicht an die Pflichten des Soldaten nach Abs. 1 heran.   19

Abs. 2 Satz 1 entspricht, wie sich bereits aus der Entstehungsgeschichte[25] ergibt, § 36 Satz 3 BRRG a. F. (jetzt: § 34 Satz 3 BeamtStG); § 54 Satz 3 BBG a. F. (jetzt: § 61 Abs. 1 Satz 3 BBG).[26]   20

Abs. 3 geht, zumindest in seiner Allgemeinheit, über die Regelung des § 47 Abs. 2 BeamtStG, § 77 Abs. 2 BBG hinaus. Die hierfür seinerzeit durch den VertA abgegebene Begr.[25], der Beamte müsse im V-Fall nicht mit einer Wiederverwendung rechnen, ist seit der Einfügung des § 133d in das BRRG a. F. (jetzt: § 58 BeamtStG) nicht mehr stichhaltig. Danach kann auch ein Ruhestandsbeamter unter bestimmten Voraussetzungen „für Zwecke der Verteidigung" bis zum 65. Lebensjahr erneut in ein Beamtenverhältnis berufen werden.   21

Eine ausdrückliche Verpflichtung zur Gesunderhaltung (**Abs. 4**) obliegt dem Beamten nicht. Eine solche wird jedoch allg. aus der Hingabepflicht des Beamten (§ 34 Satz 1 BeamtStG, § 61 Abs. 1 Satz 1 BBG) entnommen. Danach ist der Beamte z. B. verpflichtet, sich einer zumutbaren Heilbehandlung einschl. einer Operation zu unterziehen.[27] Eine Ermächtigung, insoweit das Grundrecht aus Art. 2 Abs. 2 Satz 1 GG einzuschränken, ist in das Beamtenrecht nicht aufgenommen worden.   22

Weitere Best. für ärztliche Untersuchungen von **Soldaten** enthalten bzgl. ihrer Dienstfähigkeit § 44 Abs. 4 (BS) und § 55 Abs. 2 (SaZ). Die ärztliche Untersuchung von **Dienstleistungspflichtigen** ist in §§ 71, 73, § 77 Abs. 4 Nr. 6 (Impfpflicht) und Abs. 6 Nr. 4 geregelt.   23

Ergänzende gesetzl. Vorschriften für ärztliche Untersuchungen von **WPfl** finden sich **im WPflG** bzgl. der Musterung in § 17 Abs. 4 und Abs. 6, bzgl. der Überprüfungsuntersuchung in § 20b und § 23, bzgl. der Wehrüberwachung in § 24 Abs. 6 Satz 1 Nr. 6 (Impfpflicht) und Abs. 7 Nr. 2.   24

Für **ZDL** gelten die Vorschriften des § 27 Abs. 1 und 2 ZDG, die im Wesentlichen § 17 Abs. 1 und 2 entsprechen. § 39 Abs. 2 ZDG geht auf § 17 Abs. 4 zurück. Die diesbezügliche Grundrechtseinschränkung enthält § 80 ZDG.   25

---

24 BT-Drs. 15/4485, 36.
25 BT-Drs. II/2140, 8.
26 Vgl. zur (eingeschränkten) Übernahme beamtenrechtl. Grds. auf die Anwendung von § 17 Abs. 2 *v. Rechenberg*, 91 ff.
27 *Battis*, BBG, § 61 Rn. 4.

II. Erläuterungen im Einzelnen

26 1. Zweck und Bedeutung der Vorschrift. § 17 normiert in **allg. Form** in seinen Abs. 2 und 3 das **Verhalten** des Soldaten bzw. ausgeschiedener Offz und Uffz im Dienst und außerhalb des Dienstes. Jeder Verstoß des Soldaten oder ehem. Soldaten gegen eine gesetzl. Pflicht, die dem § 17 vorangestellt ist oder ihm folgt, enthält zugleich einen Verstoß gegen § 17 Abs. 2 oder 3. Was kein Verstoß gegen eine dieser beiden Best. ist, kann auch sonst kein Dienstvergehen sein.[28] Die Einfügung des § 17 zwischen § 16, dem Verhalten in anderen Staaten, und § 18, der Gemeinschaftsunterkunft und -verpflegung, ist daher **rechtssystematisch verfehlt**. Folgt man der Logik, hätte die Regelung des § 17 entweder an § 6 oder § 11 anschließen müssen.

27 Die übergreifende Bedeutung des in § 17 normierten **Verhaltenskodexes** des Soldaten hat sich auch in zahlreichen **gerichtl. Entsch.** niedergeschlagen.

28 2. § 17 und Grundgesetz. Abs. 1 ist mit Art. 5 Abs. 1, Art. 17a Abs. 1, Art. 19 Abs. 1 Satz 2 und Art. 103 Abs. 2 GG vereinbar. Die Vorschrift verbietet nicht bestimmte Meinungen ihres Inhalts wegen. Sie konkretisiert die verfassungsmäßige Ordnung und füllt die den Grundrechten immanenten Schranken aus. Das Zitiergebot soll insoweit nicht gelten. Sie genügt auch den Anforderungen an die gesetzl. Bestimmtheit disziplinarrechtl. Tatbestände.[29]

29 Abs. 2 Satz 1 ist ebenfalls mit Art. 5 Abs. 1 und Art. 103 Abs. 2 GG vereinbar.[30] Die u. a. durch § 17 Abs. 2 Satz 1 normierten Pflichten seien „jedem Soldaten selbstverständlich".[31] Verfassungsrechtl. Bedenken hins. der „relativen Unbestimmtheit" der Vorschrift hat das BVerwG erstmals in einer kürzlich getroffenen Entsch. anklingen lassen.[32] Zu **Abs. 2 Satz 2** liegt jetzt eine Entsch. des BVerfG[33] zur Verfassungsmäßigkeit vor.

30 Die gleichen Feststellungen bzgl. der Verfassungsmäßigkeit hat das BVerwG zu **Abs. 3** getroffen.[34]

31 Die Pflicht des Soldaten zur Gesunderhaltung (**Abs. 4 Satz 1**) schränkt das Grundrecht aus Art. 2 Abs. 1 GG in zulässiger Weise ein.[35]

32 3. Absatz 1. – a) Wahrung der Disziplin. Die Vorschrift gehört zu den Best., die „den aus dem Wesen einer Armee sich ergebenden Grundsatz der Disziplin konkretisieren".[36] Sie setzt im Übrigen den Inhalt des Begriffes „Disziplin" voraus.[37]

---

28 GKÖD I Yk, § 17 Rn. 1.
29 BVerfGE 28, 55 = NZWehrr 1971, 61; BVerfG NZWehrr 1992, 205; BVerfG NZWehrr 2007, 157; BVerwGE 73, 187 = NZWehrr 1982, 68; BVerwGE 129, 181 = NZWehrr 2008, 76 (79).
30 BVerfGE 28, 51 = NZWehrr 1970, 218; BVerfG NVwZ-RR 2008, 330; BVerwG NZWehrr 1993, 206; BVerwGE 103, 81 = NZWehrr 1994, 249.
31 BVerfGE 28, 51. Zu der Frage, ob diese Pflichten dem Soldaten auch „verständlich" seien, hat sich das BVerfG nicht geäußert.
32 Vgl. BVerwGE 127, 302 (4.5 = juris Rn. 348).
33 NZWehrr 2007, 157 mit Anm. *Lucks*, ebd., 159.
34 BVerwGE 43, 9 = NZWehrr 1970, 132; BVerwG NZWehrr 1985, 205 mit Anm. *Walz*, NZWehrr 1986, 251.
35 BDHE 5, 231 = NZWehrr 1961, 85.
36 BVerfGE 28, 55 (63) = NZWehrr 1971, 61.
37 Vgl. hierzu die Komm. zu § 10 Abs. 2.

SK können ohne das Prinzip von Befehl und Gehorsam genauso wenig bestehen wie ohne Disziplin. Diese beruht auf der **Autorität** der Vorg. einerseits und dem **Gehorsam** der Untergebenen andererseits.[38] Persönliche Sympathien oder Antipathien haben dabei keine Rolle zu spielen.[39] Der Soldat hat sich insbes. der dienstl. Autorität von Vorg. „selbstbeherrscht" unterzuordnen.[40]   33

b) Achtung des Vorgesetzten. Als besonderen Teil/als Beispiel der Pflicht zur Wahrung der Disziplin führt Abs. 1 die dienstl. Stellung des Vorg. auch außerhalb des Dienstes an.[41]   34

Vorg. i. S. d. Best. sind **alle mil. Vorg.** nach der VorgV sowie der Min. selbst.[42] Die dienstl. Stellung des Vorg. ist durch seinen Dienstgrad und seine Dienststellung gekennzeichnet. Der Zusatz **„in seiner Person"** ist an sich **überflüssig**, soll aber die primäre Zweckbestimmung der Vorschrift, den Schutz der persönlichen Ehre des Vorg., unterstreichen. Vorsätzliche oder leichtfertige ehrverletzende Behauptungen sind danach genauso pflichtwidrig wie strafrechtl. relevante Beleidigungen gem. §§ 185 ff. StGB.   35

Ob Offz und Uffz auch außerhalb oder neben ihrer Pflicht zur Dienstaufsicht gem. § 10 Abs. 2 aus § 17 Abs. 1 verpflichtet sind, bei Disziplinlosigkeiten **einzuschreiten**, wie dies die h.M.[43] fordert, ist zu **bezweifeln**. Eine derart gesteigerte Pflicht ist dem Wortlaut des Abs. 1 nicht zu entnehmen.   36

In der **Rspr.** sind z. B. folgende Verhaltensweisen als **Verstoß** gegen die Pflicht zur Wahrung der Disziplin bewertet worden: 37

– Setzt ein Soldat den BMVg in einer in ihrer Form **anmaßenden öff. Kritik** herab, verhält er sich illoyal.[44] Im Gegensatz hierzu soll kein Verstoß gegen Abs. 1 vorliegen, wenn ein Soldat in einer öff. polit. Veranstaltung den **Rücktritt des Min.** fordert.[45]
– Wirft ein Soldat seinem Vorg. grundlos und wohlüberlegt vor, dieser habe die **Grundlagen** einer sachlichen Zusammenarbeit und des persönlichen Vertrauens **zerstört**, handelt er pflichtwidrig (und muss die „angemessene Reaktion" des Vorg. hinnehmen).[46]
– Bei der Ausübung des **Petitionsrechts** darf der Soldat sein Anliegen durchaus „pointiert" vertreten; er darf jedoch seinen Vorg. dabei nicht ungeprüft oder polemisch schwerwiegendes pflichtwidriges Verhalten vorwerfen.[47] Die Grenze des rechtl. Zumutbaren wird bei Beleidigungen oder **Schmähkritik** überschritten.[48]
– Die sog. **Flucht in die Öffentlichkeit** ist dem Soldaten (wie dem Beamten) versagt.[49]

---

38 BVerwGE 103, 321 = NZWehrr 1997, 205.
39 BVerfGE 28, 55 (63) = NZWehrr 1971, 61; BVerwGE 73, 187 = NZWehrr 1982, 68; BVerwG NZWehrr 2009, 33 (36).
40 BVerwG NZWehrr 2009, 33 (36).
41 GKÖD I Yk, § 17 Rn. 4.
42 GKÖD I Yk, § 17 Rn. 4; *Scherer/Alff/Poretschkin*, SG, § 17 Rn. 4.
43 GKÖD I Yk, § 17 Rn. 6; *Scherer/Alff/Poretschkin*, SG, § 17 Rn. 9.
44 BVerwGE 86, 188 = DVBl. 1990, 296.
45 BVerwGE 63, 37 = NZWehrr 1978, 141 mit krit. Anm. *Alff*, NZWehrr 1978, 143. Ebenfalls a.A. GKÖD I Yk, § 17 Rn. 5.
46 BVerwGE 83, 312 = NZWehrr 1980, 108.
47 BVerwG 2 WD 21/87.
48 BVerwGE 103, 81 = NZWehrr 1994, 249.
49 BVerwGE 86, 188 = DVBl. 1990, 296. Bzgl. der Einhaltung des Dienstwegs vgl. BVerwGE 33, 105; *Walz*, BWV 1999, 147.

38 **4. Absatz 2. Abs. 2** ist von **grundlegender Bedeutung.**[50] Die Vorschrift regelt in allg. Form das Verhalten des Soldaten im Dienst und außerhalb des Dienstes.[51] Sie findet dann Anwendung, wenn dem festgestellten Verhalten unabhängig von anderen Pflichtverstößen „die Eignung zur Ansehensminderung innewohnt".[52] Dies bedeutet an sich, dass ein Verstoß gegen eine **spezielle gesetzl. Pflicht** die Anwendung der **allg. Pflicht** aus Abs. 2 grds. **ausschließt**, zumindest dann, wenn man Abs. 2 als **Auffangtatbestand** ansieht. Der hiergegen geäußerten Kritik[53] ist zuzugeben, dass das BVerwG in zahlreichen Entsch. Pflichtverstöße gegen die §§ 7 ff. **kumulativ** neben einem Verstoß gegen Abs. 2 angenommen hat.[54] Dies gilt insbes. für die Festsetzung des Disziplinarmaßes. Die nahezu typische **„Pflichtenkonkurrenz"**[55], die das BVerwG seinen Entsch. in diesem Kontext zu Grunde legt, besteht aus § 7, § 10 Abs. 1 (§ 11, § 12, § 13, § 14, § 15) einerseits und § 17 Abs. 2 Satz 1 andererseits. Die mit der (zusätzlichen) Heranziehung des Abs. 2 verbundenen **dogmatischen Probleme** hat das BVerwG bisher offen gelassen; möglicherweise sind diese auch vor Gericht nicht thematisiert worden.[56] Zweifelhaft erscheint schließlich der Umstand, dass das BVerwG in der überwiegenden Zahl der nachstehend zit. Entsch. einen Verstoß gegen Abs. 2 lediglich unter **Wiederholung des Gesetzestextes** angenommen hat, ohne sich im Detail mit der rechtl. erforderlich Subsumtion zu befassen.

39 **a) Satz 1. – aa) „Ansehen der Bundeswehr".** Gemeint ist nicht die sog. Standesehre der Soldaten, sondern der **„gute Ruf"** der Bw[57], d. h. der SK als deren mil. OrgBereich.

40 Der Soldat darf diesen guten Ruf nicht „beeinträchtigen". Eine **Beeinträchtigung** des Ansehens der Bw liegt nur dann vor, wenn der betr. Soldat als „Repräsentant" der Bw anzusehen ist und sein Verhalten negative Rückschlüsse auf die Ausbildung, Integrität und Dienstauffassung sowie Disziplin der Truppe zulässt.[58] Dies ist nicht der Fall, wenn das persönliche Fehlverhalten eines Soldaten nicht der Bw als Institution zugerechnet werden kann.[59]

41 Nach der Rspr. des BVerwG[60], welcher die Lit.[61] gefolgt ist, kommt es **nicht** darauf an, ob das Ansehen der Bw **tatsächlich beeinträchtigt** worden ist. Es soll genügen, dass das pflichtwidrige Verhalten des Soldaten dazu **„geeignet"** war. Achtungs- und Vertrauenswürdigkeit eines Soldaten sollen durch sein Verhalten schon dann Schaden nehmen können, wenn dieses Zweifel an seiner Zuverlässigkeit weckt oder seine Eignung für die jew. Verwendung in Frage stellt.

---

50 Vgl. GKÖD I Yk, § 17 Rn. 9. Vgl. aktuell BVerwG DokBer B 2008, 164.
51 GKÖD I Yk, § 17 Rn. 7; *Scherer/Alff/Poretschkin*, SG, § 17 Rn. 11.
52 BVerwG NZWehrr 1972, 152.
53 GKÖD I Yk, § 17 Rn. 8 f.; *Stauf* I, § 17 SG Rn. 5.
54 Vgl. GKÖD I Yk, § 17 Rn. 8b; s. auch *Scherer/Alff/Poretschkin*, SG, § 17 Rn. 14.
55 Vgl. *Scherer/Alff/Poretschkin*, SG, § 17 Rn. 10.
56 Wenn das BVerwG in einer neueren Entsch. (NZWehrr 2009, 73 mit Anm. *Deiseroth*, jurisPR-BVerwG 2/2009 Anm. 2) § 17 Abs. 2 als lex specialis gegenüber § 7 bezeichnet, wird ein Dogmenwechsel damit noch nicht deutlich erkennbar.
57 GKÖD I Yk, § 17 Rn. 9a; *Scherer/Alff/Poretschkin*, SG, § 17 Rn. 16.
58 BVerwG 103, 257 = NZWehrr 1996, 34.
59 TDG Süd NZWehrr 1994, 37.
60 E 43, 149 = NZWehrr 1971, 214; BVerwGE 93, 287 = NZWehrr 1993, 169; BVerwGE 103, 257 = NZWehrr 1996, 34; BVerwGE 119, 164; BVerwGE 129, 181 = NZWehrr 2008, 76 (79).
61 GKÖD I Yk, § 17 Rn. 9b; *Scherer/Alff/Poretschkin*, SG, § 17 Rn. 19; *Stauf* I, § 17 SG Rn. 12.

Verhalten im und außer Dienst § 17

Der **Wortlaut** des Satzes 1 gibt weder für den auch im Zusammenhang mit Satz 1 häufig gebrauchten Zusatz der „Ernsthaftigkeit" noch für die bloße „Geeignetheit" etwas her. Die abstrakte Geeignetheit des Verhaltens eines Soldaten ohne weitere konkrete Erkenntnisse oder Folgen kann logischerweise nicht den guten Ruf der Bw schädigen, den diese in der Öffentlichkeit genießt. Es sind daher gegenüber der h.m. **erhebliche Zweifel**[62] anzumelden. 42

bb) „Achtung und Vertrauen". Maßstab sind der **geordnete Ablauf des Dienstes** des Soldaten und dessen dienstl. Umfeld. Dieses schließt die dienstgradgleichen Kameraden ebenso ein wie seine Vorg. und Untergebenen. Auch insoweit soll es nicht darauf ankommen, ob eine Beeinträchtigung der Achtungs- und Vertrauenswürdigkeit tatsächlich eingetreten ist, sondern nur darauf, ob das Verhalten des Soldaten dazu geeignet war.[63] 43

Das Verhalten des Soldaten muss dem Ansehen der Bw **sowie** der Achtung und dem Vertrauen gerecht werden, die für seinen Dienst erforderlich sind. „Sowie" bedeutet, dass der Soldaten beiden Elementen seines Dienstes gleichermaßen Rechnung tragen muss. 44

cc) Einzelfälle von Verstößen gegen § 17 Abs. 2 Satz 1 aus der Rechtsprechung.
- Verstoß gegen ein dienstl. verfügtes **Alkoholverbot**; Pflichtverletzungen unter Alkoholeinfluss[64] 45
- **Beleidigung** eines Vorg. (zugleich Verstoß gegen § 17 Abs. 1 Satz 1)[65]
- Verstoß gegen das **Betäubungsmittelgesetz**[66]
- **Betrug** zum Nachteil des Dienstherrn[67]
- **Diebstahl** von Eigentum des Bundes[68]
- **Eigenmächtige Abwesenheit**/Fahnenflucht[69]

---

62 V. Rechenberg, 115 ff., kritisiert zwar zunächst die Rspr. des BVerwG, folgt dieser aber im Ergebnis. Seine Begr., eine konkrete Ansehensschädigung lasse sich nur schwer feststellen, u. letztlich komme es auf die in dem Verhalten „offenbar werdende Willensrichtung" an, überzeugt nicht. Wenn der Gesetzgeber dies bezweckt hätte, wäre er gut beraten gewesen, die Vorschrift auch so zu formulieren.
63 BVerwGE 103, 257 = NZWehr 1996, 34; *Scherer/Alff/Poretschkin*, SG, § 17 Rn. 19.
64 BVerwG ZBR 1982, 220; BVerwGE 76, 25 = NZWehr 1983, 113; BVerwGE 83, 295 = NZWehr 1987, 214; BVerwGE 93, 196; BVerwGE 103, 9 = NZWehr 1994, 35; BVerwG NZWehr 1995, 211; BVerwG ZBR 2004, 262.
65 BVerwG DokBer B 1990, 21.
66 BVerwGE 73, 81 = NZWehr 1981, 144; BVerwGE 93, 3 = NZWehr 1991, 118; BVerwGE 103, 148 = NZWehr 1995, 166; BVerwGE 113, 169 = NZWehr 1998, 169; BVerwG *Buchholz* 236.1 § 7 SG Nr. 29; BVerwG NVwZ 2000, 1186.
67 BVerwG 2 WD 79/87; BVerwGE 86, 145 = NZWehr 1989, 203.
68 BVerwGE 83, 177 = NZWehr 1986, 247; BVerwG DokBer B 1989, 105; BVerwGE 86, 341 = NZWehr 1991, 79; BVerwG DokBer B 1993, 231 (Teilnahme an der Truppenverpflegung ohne Bezahlung); BVerwG NZWehr 1995, 77 (Diebstahl zum Nachteil v. Untergebenen); BVerwG DokBer B 1995, 289; BVerwGE 103, 246 = NZWehr 1996, 38 (Beihilfe zum Diebstahl).
69 BVerwG 2 WD 18/87; BVerwG DokBer B 1987, 53; BVerwG DokBer B 1990, 166; BVerwGE 86, 258 = NZWehr 1991, 76; BVerwGE 86, 300; BVerwG ZBR 2000, 279; BVerwG DokBer B 2001, 173; BVerwG DokBer B 2006, 196.

- Entwürdigende, **ehrverletzende Behandlung** von Untergebenen/Zivilpersonal der Bw[70]
- Verstoß gegen die **Gehorsamspflicht**[71]
- **Kameradendiebstahl**[72]
- **Missbrauch der Befehlsbefugnis**[73]
- **Körperliche Misshandlung** von Untergebenen[74]
- Ausübung einer **ungenehmigten Nebentätigkeit**[75]
- Verwendung von Symbolen der **NS**-Zeit; Sympathieäußerungen für den Nationalsozialismus[76]
- **Einsatz** von Untergebenen/Verwendung dienstl. Materials **zu privaten Zwecken**[77]
- **Reisekostenbetrug**[78]
- **Sexuelles Fehlverhalten**; sexuelle Belästigung von Untergebenen[79]
- Äußerung sog. **Schmähkritik** gegenüber Ausländern, Asylanten oder Vorgesetzten[80]
- **Umzugskostenbetrug**[81]

---

70 BVerwGE 73, 187 = NZWehrr 1982, 68; BVerwGE 86, 305; BVerwGE 93, 19 = NZWehrr 1991, 163; BVerwGE 93, 56; BVerwGE 93, 108 = NZWehrr 1991, 254; BVerwG DokBer B 1992, 304; BVerwGE 113, 19; BVerwGE 113, 63; BVerwGE 113, 187 = NZWehrr 1998, 209; BVerwG NZWehrr 1999, 208; BVerwG NZWehrr 2001, 30; BVerwG DokBer B 2001, 162 (unzulässiges Aufnahmeritual); BVerwG DokBer B 2002, 163; BVerwG NZWehrr 2003, 122; BVerwG NZWehrr 2005, 38; BVerwG NZWehrr 2009, 33 (36 f.).
71 BVerwGE 76, 313 (gesetzeswidriger Befehl); BVerwGE 85, 180; BVerwGE 86, 18 = NZWehrr 1989, 35; BVerwGE 103, 143 = NZWehrr 1995, 32; BVerwG NZWehrr 2002, 76; BVerwG NZWehrr 2004, 80 (während eines Auslandseinsatzes); BVerwGE 120, 105 = NZWehrr 2004, 169 (Ankündigung, einen Befehl nicht zu befolgen).
72 BVerwGE 53, 200; BVerwGE 83, 186 = NZWehrr 1986, 257; BVerwGE 2 WD 5/88; BVerwG DokBer B 1989, 194; BVerwGE 86, 145 = NZWehrr 1989, 203; BVerwGE 86, 314 (Versuch); BVerwG DokBer B 1990, 11; BVerwG NZWehrr 2001, 217.
73 BVerwG DokBer B 1989, 93.
74 BVerwGE 83, 200 = NZWehrr 1987, 255; BVerwGE 83, 210 = NZWehrr 1987, 27; BVerwGE 83, 384 = NZWehrr 1988, 167; BVerwGE 86, 362 = NZWehrr 1991, 163; BVerwG DokBer B 1990, 275; BVerwGE 93, 140; BVerwG DokBer B 1993, 123; BVerwGE 113, 272 = NZWehrr 199, 121; BVerwG NZWehrr 2006, 209.
75 BVerwG NZWehrr 1990, 37; BVerwG DokBer B 2004, 38.
76 BVerwGE 111, 45 = NZWehrr 2000, 255; BVerwGE 113, 48 = NZWehrr 1997, 161; BVerwG NZWehrr 2001, 171; BVerwG DokBer B 2002, 163; BVerwG NZWehrr 2002, 257.
77 BVerwG NZWehrr 1986, 249; BVerwG DokBer B 1990, 13; BVerwGE 86, 366; BVerwGE 86, 218 = NZWehrr 1990, 119; BVerwG DokBer B 1993, 248; BVerwG NZWehrr 1994, 78; BVerwGE 103, 226 = NZWehrr 1995, 252; BVerwGE 103, 275 = NZWehrr 1996, 33; BVerwG DokBer B 1999, 124.
78 BVerwGE 83, 26 = NZWehrr 1986, 74; BVerwG DokBer B 1989, 91; BVerwG DokBer B 1989, 237; BVerwGE 103, 12 = NZWehrr 1994, 27; BVerwGE 103, 140 = NZWehrr 1995, 78; BVerwG DokBer B 1996, 303; BVerwG DokBer B 1998, 177; BVerwG NZWehrr 2002, 215; BVerwGE 119, 1.
79 BVerwGE 53, 223; BVerwG DokBer B 1989, 119; BVerwGE 93, 143 = NZWehrr 1992, 78; BVerwG NZWehrr 1995, 79; BVerwGE 103, 192 = NZWehrr 1995, 213; BVerwGE 103, 257 = NZWehrr 1996, 72; BVerwGE 103, 321 = NZWehrr 1997, 205; BVerwGE 113, 290 = NZWehrr 1999, 166; BVerwGE 113, 296 = NZWehrr 1999, 250; BVerwG NZWehrr 2006, 127, 252; BVerwG NZWehrr 2007, 214.
80 BVerwGE 103, 81 = NZWehrr 1994, 249; BVerwGE 113, 48 = NZWehrr 1997, 161.
81 BVerwGE 83, 339 = NZWehrr 1988, 167.

– **Unterschlagung** von dienstl. Geldern/Material oder von Geldern der Kameraden; **Untreue**[82]
– **Urkundenfälschung** (im Dienst)[83]
– Verstoß gegen die **Wahrheitspflicht**.[84]

b) Satz 2. – aa) „**Außer Dienst ... außerhalb der dienstlichen Unterkünfte und Anlagen**". Die Bezugnahme auf den Dienst und den räumlichen dienstl. Bereich – beide Voraussetzungen müssen **kumulativ** vorliegen – bezweckt die Trennung der dienstl. von der privaten Lebensführung. Bei **Zweifeln**, ob eine **Verhaltensweise** dem **dienstl.** oder dem **privaten Bereich** zuzuordnen ist, ist diesem der Vorzug zu geben.[85] Ist ein Verhalten des Soldaten beiden Bereichen zuzuordnen, findet Abs. 2 Satz 1 Anwendung.[86]   **46**

„**Dienst**" bedeutet wie z. B. im Zusammenhang mit § 15 Abs. 1 und 2 die Zeit, in der sich der Soldat **nicht** in seiner **Freizeit** befindet.[87]   **47**

bb) **Ernsthafte Beeinträchtigung.** Die Rspr. und die Lit. lassen **keine eindeutige Interpretation** dieser unbestimmten Rechtsbegriffe erkennen. Ein „alltägliches Fehlverhalten" außerhalb des Dienstes soll nicht pflichtwidrig sein, sondern nur ein ausnahmsweise schwerwiegendes („wenn besonders erschwerende Faktoren hinzutreten").[88] Auch die Aussage, der Soldat müsse als „Repräsentant der Bw" anzusehen sein, und sein Verhalten müsse negative Rückschlüsse auf die SK zulassen[89], ist ausfüllungsbedürftig.[90] Das Gleiche gilt für die in Entsch. des 2. WDS des BVerwG häufig anzutreffende Formulierung, der Soldat habe durch sein Verhalten einen „**Charaktermangel**" offenbart, der es nicht zulasse, ihn in seiner Dienststellung/seinem Dienstgrad zu belassen. Letzten Endes laufen diese Auslegungsversuche darauf hinaus, dass ein Verstoß gegen Abs. 2 Satz 2 grds. dann anzunehmen ist, wenn der Soldat eine außerdienstl. Straftat oder andere Pflichtverletzung von **einigem Gewicht** begangen hat.   **48**

Der ratio legis folgend ist ein **privates (Fehl-)Verhalten** eines Soldaten i. d. R. **nicht** der Bw als Institution **zuzurechnen**[91]; ein solches Verhalten bedeutet daher nur ganz ausnahmsweise einen Verstoß gegen Abs. 2 Satz 2. Die Rspr. sollte sich auf diese **restriktive Anwendung** der Vorschrift zurückbesinnen.   **49**

---

82 BVerwGE 83, 52 = NZWehrr 1986, 173; BVerwGE 93, 126 = NZWehrr 1994, 254; BVerwGE 103, 172 = NZWehrr 1995, 125; BVerwGE 103, 265 = NZWehrr 1996, 164; BVerwGE 103, 273 = NZWehrr 1996, 163; BVerwG NZWehrr 2003, 127; BVerwG DokBer B 2004, 178; BVerwG DokBer B 2004, 299.
83 BVerwGE 86, 293; BVerwG NZWehrr 1992, 121.
84 BVerwG 2 WD 29/87.
85 GKÖD I Yk, § 17 Rn. 15.
86 BVerwGE 103, 148 = NZWehrr 1995, 166; *v. Rechenberg*, 106; *Scherer/Alff/Poretschkin*, SG, § 17 Rn. 22.
87 *V. Rechenberg*, 103; GKÖD I Yk, § 17 Rn. 14.
88 GKÖD I Yk, § 17 Rn. 18 m. w. N.
89 *Scherer/Alff/Poretschkin*, SG, § 17 Rn. 25 m. w. N.
90 Die Kritik von *Stauf* (I § 17 SG Rn. 7) an der Rspr. als „uneinheitlich" u. „dogmatisch wenig überzeugend" geht auf diese Analyse zurück. Vgl. auch *v. Rechenberg*, 108 f.
91 Vgl. *Scherer/Alff/Poretschkin*, SG, § 17 Rn. 25.

§ 17 Verhalten im und außer Dienst

50 Die Feststellung, letztlich komme es auf die **„Umstände des Einzelfalles"** an[92], hilft in der Praxis kaum weiter.

51 Im Unterschied zu Satz 1 muss durch ein außerdienstl. Verhalten das Ansehen der Bw **oder** das Vertrauen beeinträchtigt sein. Die bloße Geeignetheit der Beeinträchtigung genügt jedoch auch hier.

52 **cc) Einzelfälle von Verstößen gegen § 17 Abs. 2 Satz 2 aus der Rechtsprechung**[93]. Der wiederholt unternommene Versuch, die Rspr. der WDS des BVerwG in bestimmte **Fallkategorien** zusammenzufassen[94], muss letztlich **scheitern**, da das BVerwG selbst sich um eine solche – dogmatisch begründete – Bündelung nie bemüht hat. Ähnlich wie oben zu Satz 1 kann dem Anwender der Vorschrift möglicherweise eher ein **Stichwort** mit Quellenangaben weiterhelfen, den konkreten Einzelfall sachgerecht und juristisch zutr. zu lösen.

- Verstoß gegen das **Betäubungsmittelgesetz**[95]
- **Betrug**[96]
- **Diebstahl**[97]
- **Eigenmächtige Abwesenheit**[98]
- **Fahren ohne Fahrerlaubnis**[99]
- Uneidliche **Falschaussage**[100]
- Verstoß gegen die **Gehorsamspflicht**[101]
- **Hehlerei**[102]
- „Einbruch" in die **Ehe eines Kameraden**[103]
- Vorsätzliche **Körperverletzung**[104]
- **Misshandlung** von Untergebenen[105]
- Verbreitung von **NS**-Gedankengut[106]

---

92 V. *Rechenberg*, 111; *Scherer/Alff/Poretschkin*, SG, § 17 Rn. 26.
93 Der Schwerpunkt der nachfolgenden Auswertung liegt auf der jüngeren Rspr. des BVerwG.
94 Vgl. *v. Rechenberg*, 119 ff.
95 BVerwGE 93, 3 = NZWehrr 1991, 118; BVerwGE 103, 148 = NZWehrr 1995, 166; BVerwGE 113, 102 = NZWehrr 1998, 254; BVerwGE 113, 367 = NZWehrr 2000, 162.
96 BVerwGE 86, 296; BVerwGE 113, 45 = NZWehrr 1997, 167; BVerwG NZWehrr 2000, 253 (jew. Steuer- oder Versicherungsbetrug).
97 BVerwGE 86, 148 = NZWehrr 1989, 206 (Ladendiebstahl); BVerwG DokBer B 1993, 237; BVerwG DokBer B 1994, 273; BVerwG DokBer B 1995, 320; BVerwGE 113, 40 = NZWehrr 1997, 214 (Diebstahl zu Lasten der Ehefrau eines Kameraden); BVerwGE 113, 95 = NZWehrr 1997, 254; BVerwG NZWehrr 2001, 79 (Warenhausdiebstahl).
98 BVerwG ZBR 2000, 279 (zugleich fahrlässige außerdienstl. Trunkenheitsfahrt).
99 BVerwG *Buchholz* 236.1 § 17 SG Nr. 26 (im Wiederholungsfall).
100 BVerwGE 93, 171 = NZWehrr 1993, 78; BVerwG NZWehrr 2001, 124; BVerwG DokBer B 2003, 334.
101 BVerwG NZWehrr 2005, 83 (im Auslandseinsatz).
102 BVerwGE 93, 237 = NZWehrr 1992, 259; BVerwGE 113, 246 = NZWehrr 1998, 255; BVerwG NZWehrr 2006, 125.
103 BVerwG NZWehrr 1991, 252; BVerwGE 93, 269 = NZWehrr 1993, 72.
104 BVerwGE 103, 190 = NZWehrr 1995, 124; BVerwGE 113, 217; BVerwG DokBer B 2000, 137; BVerwG NZWehrr 2001, 35; BVerwG NZWehrr 2003, 170.
105 BVerwG NZWehrr 2005, 38.
106 BVerwGE 86, 321 = NZWehrr 1991, 32.

- **Schuldenmachen** zu Lasten eines Untergebenen[107]
- **Sexuelles Fehlverhalten**[108]
- **Straßenverkehrsgefährdung**[109]
- außerdienstl. **Trunkenheitsfahrt**[110]
- Unerlaubtes **Entfernen vom Unfallort**[111]
- **Unterschlagung**; Untreue.[112]

5. Absatz 3. Die Vorschrift **bezweckt**, die „moralische Integrität des Reserveoffizier- und Reserveunteroffizierkorps zu gewährleisten".[113] Darüber hinaus dient sie dazu, „eine eignungsgerechte personelle Besetzung von Offizier- und Unteroffizierstellen auch bei Wehrübungen und im V-Fall und damit die Erfüllung des Verteidigungsauftrages zu sichern".[114]   53

Ist das Verhalten des ehem. Soldaten **„unwürdig"**, gilt es gem. § 23 Abs. 2 Nr. 2, 2. Alt. als **Dienstvergehen**.[115]   54

Adressaten der Vorschrift sind alle ehem. Offz und Uffz, die aufgrund einer Rechtsvorschrift wieder verwendet, d. h. erneut zum Wehrdienst einberufen oder herangezogen werden können. Hierunter fallen, abw. vom Gesetzeswortlaut, **nicht nur** der Personenkreis des § 51, die eigentlichen „Wiederverwender", sondern alle Offz und Uffz, die noch der WPfl oder der Dienstleistungspflicht unterliegen, d. h. die erneut in ein Wehrdienstverhältnis berufen werden können.[116] Nur diese Auslegung trägt der Intention des Gesetzgebers Rechnung.   55

Ebenfalls abw. vom Wortlaut der Vorschrift soll es nicht darauf ankommen, ob der ehem. Soldat bereits als Offz oder Uffz aus dem Wehrdienst ausgeschieden ist. Betroffen sei auch derjenige, der **außerhalb eines Wehrdienstverhältnisses** zum Offz oder Uffz **ernannt** worden sei.[117] Eine solche Fallkonstellation kann sich **heute nicht mehr** ergeben, da eine (endgültige)[118] Ernennung zum Offz oder Uffz ausnahmslos die vorherige Leistung eines Wehrdienstes voraussetzt. Eine „faktische" Ernennung zum Offz oder Uffz ist ebenfalls nicht denkbar.   56

---

107 BVerwG DokBer B 2001, 177.
108 BVerwGE 86, 136 = NZWehrr 1989, 205 (pornographische Fotoaufnahmen); BVerwGE 93, 92 (Exhibitionismus); BVerwGE 103, 349 = NZWehrr 1996, 255 (Missbrauch eines Kleinkindes); BVerwGE 113, 340 = NZWehrr 1999, 258 (pornographische Selbstaufnahmen für ein Sexmagazin); BVerwGE 111, 201 = NZWehrr 2001, 36; BVerwG DokBer B 2002, 108; BVerwG DokBer B 2003, 214 (jew. Besitz/Verbreitung kinderpornographischer Bilder/Schriften).
109 BVerwGE 93, 284.
110 BVerwG NZWehrr 1999, 213; BVerwGE 117, 117 = DokBer B 2003, 85.
111 BVerwGE 93, 119 = NZWehrr 1992, 77.
112 BVerwG NZWehrr 1997, 85; BVerwG NZWehrr 1999, 38.
113 BVerwGE 103, 237 = NZWehrr 1995, 255.
114 BVerwG NZWehrr 2003, 81.
115 Vgl. BVerwGE 86, 309 = NZWehrr 1991, 116.
116 BVerwGE 130, 65 = DokBer B 2008, 113; *Scherer/Alff/Poretschkin*, SG, § 17 Rn. 39.
117 GKÖD I Yk, § 17 Rn. 23; *Scherer/Alff/Poretschkin*, SG, § 17 Rn. 37.
118 Ob Abs. 3 auf vorläufige o. zeitweilige Offz-/Uffz-Dienstgrade anwendbar ist, ist zumindest zw., da insoweit nicht von einer möglichen „Wiederverwendung" gesprochen werden kann.

§ 17 Verhalten im und außer Dienst

57 Wird dem Soldaten ein pflichtwidriges Verhalten während und außerhalb des Wehrdienste vorgeworfen, ist die disziplinare Beurteilung getrennt **nach dem jew. Status** vorzunehmen.[119]

58 In der **Rspr.** sind z. B. folgende Verhaltensweisen als **Verstoß** gegen Abs. 3 bewertet worden:
– Vorsätzliche **Körperverletzung** eines Polizeibeamten während einer öff. Veranstaltung[120]
– Vorsätzliche **Körperverletzung** eines amerikanischen Generals in der Öffentlichkeit[121]
– **Missbrauch** des Grundrechts der **Kriegsdienstverweigerung**[122]
– **Diebstahl** (durch einen Stabsapotheker d. R.)[123]
– **Exhibitionismus**[124]
– **Betrug**.[125]

59 6. Absatz 4. Abs. 4 ist trotz seines Umfangs zumindest für die gerichtl. Entscheidungspraxis von **nachrangiger Bedeutung**. Dennoch wäre es rechtssystematisch besser gewesen, die Pflicht zur Gesunderhaltung in einer **eigenständigen Vorschrift** zu verankern. Die jetzige Lösung ist wenig geglückt.[126] Es ist nicht nachvollziehbar, weshalb die Pflicht zur Gesunderhaltung und damit verbundene ärztliche Eingriffe in die Regelung des allg. Verhaltens des Soldaten einbezogen worden sind.

60 a) Satz 1 und 2. In Satz 1 und 2 ist die **Pflicht zur Gesunderhaltung** als besondere Ausformung der Pflicht zum treuen Dienen nach § 7[127] geregelt. Die Pflicht des Soldaten, nach Kräften seine Gesundheit zu erhalten oder wiederherzustellen und sie weder vorsätzlich noch grob fahrlässig zu beeinträchtigen, folgt der Erkenntnis früherer deutscher Armeen, dass die Einsatzfähigkeit von SK von der durch den Gesundheitszustand beeinflussten Dienstfähigkeit jedes einzelnen Soldaten abhängt und dass massenhaft auftretende Erkrankungen, wie geschichtliche Beispiele zeigen, zur Kampffähigkeit ganzer Armeen[128] und zum kriegsentscheidenden Faktor werden können. Die individuelle Gesunderhaltung ist Baustein der allg. Einsatzfähigkeit der SK.

Im Rahmen der Gesunderhaltungspflicht hat der Soldat z. B. zu unterlassen
– den Missbrauch von Alkohol und Betäubungsmitteln, der zur Sucht und damit zur vorübergehenden oder dauerhaften Dienstunfähigkeit führt,
– die Selbstverstümmelung, durch die sich der Soldat durch Verstümmelung oder auf andere Weise zum Wehrdienst untauglich macht (strafbar nach § 109 StGB, § 17 WStG),
– grds. (vgl. Rn. 61) eine **Organspende** zu Lebzeiten des Soldaten.

---

119 BVerwGE 46, 244 = NZWehrr 1975, 69; BVerwGE 130, 65 = DokBer B 2008, 113.
120 BVerwGE 76, 7 = NZWehrr 1983, 143.
121 BVerwGE 83, 1 = NZWehrr 1985, 205.
122 BVerwGE 83, 358.
123 BVerwGE 86, 262 = NZWehrr 1990, 169.
124 BVerwGE 86, 288.
125 BVerwGE 86, 309 = NZWehrr 1991, 116; BVerwGE 130, 65 = DokBer B 2008, 113.
126 Ebenso GKÖD I Yk, § 17 Rn. 26.
127 BT-Drs. II/1700, 22; s.a. BVerwGE 63, 278 (283); *Bornemann*, RuP, 66.
128 Während des 1. Weltkriegs war das Auftreten von Kriegsseuchen (Flecktyphus, Cholera) mit Zehntausenden von Opfern Hauptgrund für die mil. Untätigkeit Serbiens in den ersten neun Monaten des Jahres 1915.

Verstößt der Soldat gegen die ihm in Satz 1 auferlegte Rechtspflicht, ist er nach Maßgabe des Abs. 4 Satz 2 hierfür verantwortlich und begeht ein Dienstvergehen.[129] Die Grenze zur Dienstpflichtverletzung wird überschritten, wenn die gesundheitliche Schädigung des Soldaten den **Dienst nicht unwesentlich beeinträchtigt**.[130] Dies ist etwa bei einer (freiwilligen) Sterilisation nicht der Fall.[131]

Sozialadäquate Handlungsweisen oder Tätigkeiten, wie das Rauchen[132] oder die Ausübung gefahrgeneigter Sportarten, werden durch die Pflicht zur Gesunderhaltung nicht unterbunden. Nicht zu einer gesundheitlichen Schädigung führt eine **Blutspende**.

Eine **Organspende** durch einen Soldaten (z. B. Spende einer Niere, Knochenmarkspende) verstößt tatbestandlich gegen die Gesunderhaltungspflicht, weil der Soldat durch den ärztlichen Eingriff i. d. R. zumindest einige Tage seine dienstl. Pflichten nicht erfüllen kann und wegen des Eingriffs – abgesehen vom jew. gesundheitlichen Risiko an sich – ggf. sogar in seiner künftigen Verwendungsfähigkeit eingeschränkt sein könnte. Es liegt deshalb grds. ein Dienstvergehen vor. Etwas anderes ist jedoch unter dem Aspekt des rechtfertigenden Notstands[133] denkbar, wenn der Soldat ein Organ oder Organteile spendet, weil allein hierdurch das Leben eines Angehörigen oder einer anderen, ihm nahestehenden Person zu retten oder unter medizinischen Aspekten lebenswerter zu gestalten ist. In diesem Fall darf der Soldat bei Abwägung der widerstreitenden Interessen, namentlich der betroffenen Rechtsgüter und des Grades der ihnen drohenden Gefahren, die Organspende vornehmen, ohne seine dienstl. Pflichten unverhältnismäßig zu beeinträchtigen.

61

Liegt ein Verstoß gegen Satz 2 vor, ist für die Anwendung von § 7 kein Raum.[134] Hat der Soldat hingegen, z. B. durch den einmaligen Genuss von Haschisch, noch nicht gegen Satz 2 verstoßen, ist dennoch eine Pflichtverletzung gem. § 7 möglich.[135]

Satz 1 gibt dem Vorg. die Rechtsgrundlage, die Pflicht des Soldaten zur Gesunderhaltung durch **vorbeugende Einzelbefehle** näher zu konkretisieren, wobei solche auch den **außerdienstl. Bereich** erfassen können. Auf den nicht-dienstl. Bereich bezogen sind sie nur bei strikter Einhaltung des Verhältnismäßigkeitsgrds. rechtmäßig. Unverhältnismäßig ist ein Befehl, wenn durch ihn ein sozialtypisches Verhalten gänzlich verboten wird oder die drohende Gesundheitsschädigung nicht geeignet ist, den Soldaten bei der Erfüllung seiner dienstl. Aufgaben relevant zu beeinträchtigen.[136] Unter

62

---

129 Vgl. BVerwGE 53, 83.
130 GKÖD I Yk, § 17 Rn. 29; *Scherer/Alff/Poretschkin*, SG, § 17 Rn. 46 m. w. N.
131 BVerwGE 65, 87.
132 Noch 1993 hat das BVerwG (DöD 1993, 180 = BWV 1993, 233) entschieden, der Soldat habe aufgrund der Fürsorgepflicht des Dienstherrn nur Anspruch darauf, an seinem jew. Arbeitsplatz vor gesundheitlichen Beeinträchtigungen durch Tabakrauch geschützt zu werden. Ein Anspruch auf ein allg. Rauchverbot in der Bw stehe dem Nichtraucher nicht zu. Vgl. Erl. des BMVg „Maßnahmen zum Schutz der nichtrauchenden Beschäftigten im Geschäftsbereich des BMVg", VMBl. 2007 S. 106.
133 § 34 StGB.
134 *Scherer/Alff/Poretschkin*, SG, § 17 Rn. 44.
135 BVerwGE 93, 3 = NZWehrr 1991, 118; BVerwGE 103, 148 = NZWehrr 1995, 166.
136 BVerwGE 53, 83.

Beachtung des Grds. der Verhältnismäßigkeit kann dem Soldaten deshalb z. B. das Rauchen oder das Trinken von Alkohol nicht gänzlich untersagt werden.[137]
Aus den Pflichten des Soldaten, seine Gesundheit wiederherzustellen, sind z. B. die Gebote zu folgern[138],
– eingetretene gesundheitliche Schädigungen nicht unbeachtet zu lassen (insbes. Krankheiten nicht zu verschweigen),
– den Heilungsprozess nicht zu stören,
– ärztlichen Rat einzuholen und sich nicht über zumutbare, ärztlich erteilte Behandlungsvorschriften (z. B. Anordnung der Bettruhe) hinwegzusetzen.

63 **b) Sätze 3 ff.** Die von dem Soldaten im Rahmen der Pflicht zur Gesunderhaltung zu duldenden **ärztlichen Maßnahmen** lassen sich aus der Systematik der Sätze 3 bis 8 nur schwer ableiten. Es ist sinnvoll, die einzelnen Maßnahmen jew. aufgrund ihrer Tragweite für den Soldaten und für den Dienstherrn daraufhin zu untersuchen, ob sie für den Soldaten noch oder nicht mehr **zumutbar** sind und ob der Soldat sie dulden muss oder ablehnen darf.

64 Die für die Person des Soldaten am wenigsten belastende ärztliche Maßnahme ist die **Untersuchung**[139] als die Gesamtheit aller Methoden, die es dem Arzt ermöglichen, Krankheiten zu diagnostizieren und den Heilungsverlauf zu beurteilen. Ihrer kann sich der Truppenarzt insbes. bedienen, wenn nach **Satz 3 Halbs. 1** eine dienstl. Notwendigkeit zur **Feststellung der Dienst- oder Verwendungsfähigkeit** des Soldaten besteht. Die körperliche Routineuntersuchung (die Erhebung des körperlichen Status) umfasst die vier Grundelemente Betrachten mit dem bloßen Auge (Inspektion), Betasten mit den bloßen Händen (Palpation), Beklopfen der Körperoberfläche (Perkussion) und Abhören mit dem Stethoskop (Auskultation). Zusätzlich zur Erhebung des körperlichen Status sind ggf. Blutuntersuchungen und Röntgenaufnahmen vorzunehmen; tatbestandlich stellen sich diese ergänzenden Untersuchungen als Eingriffe in die körperliche Unversehrtheit dar und haben eine stärker belastende Intensität als die Grundelemente der Untersuchung.

65 Auch die **ärztliche Behandlung**[140] (Therapie) als Gesamtheit der Maßnahmen zur Wiederherstellung der Gesundheit, zur Linderung von Beschwerden und zur Vorbeugung von Krankheiten[141] ist nicht deckungsgleich mit juristischen Begriffskategorien in Einklang zu bringen. Dies erkennt der Gesetzgeber an, der in den **Sätzen 5 und 6** auf die **Zumutbarkeit** einer ärztlichen Behandlung abstellt und in **Satz 8** bestimmte einfache ärztliche Maßnahmen (die er ohne Weiteres für hinnehmbar hält) überhaupt nicht als Behandlungen wertet. Dies verwundert nicht, denn der Therapiebegriff ist medizinisch so breit angelegt, dass er auch äußerliche (nicht invasive) Anwendungen als Behandlungen ansieht (z. B. physiotherapeutische Behandlungsverfahren, etwa Wasseranwendungen), deren Verweigerung durch den Soldaten nicht plausibel begründ-

---

137 GKÖD I Yk, § 17 Rn. 31.
138 Vgl. *Bornemann*, RuP, 67.
139 Vgl. zum Folgenden: Der Gesundheits-Brockhaus, 5. Aufl. 1999, 1291 f. (Stichwort „Untersuchung"). S. a. *Hermsdörfer*, NZWehr 1997, 177.
140 Diesem Begriff entspricht die „Heilbehandlung" i. S. d. § 44 Abs. 4 Satz 5, vgl. *Hermsdörfer*, NZWehr 1997, 177 (179).
141 Vgl. Der Gesundheits-Brockhaus, 5. Aufl. 1999, 1240 (Stichwort „Therapie").

bar erscheint. Es kann dem Gesetzgeber nicht unterstellt werden, er habe z. B. die Durchführung ärztlich angeordneter Behandlungen in Form von Kneipp'schen Wassergüssen oder von Massagen in das Belieben des Soldaten stellen wollen. Spätestens seit der Anfügung von Satz 8 ist die auf Satz 5 gestützte Folgerung, der Soldat dürfe alle nicht auf Satz 3 zurückführbaren ärztlichen Behandlungen ablehnen[142], zu überdenken. Maßstab kann nicht der Begriff der ärztlichen Behandlung (entspr. gilt dies für die Untersuchung) sein. Ausschlaggebend ist vielmehr, ob der mit diesen Maßnahmen verbundene ärztliche Eingriff in die körperliche Unversehrtheit von seiner Schwere und Tragweite her für den Soldaten ohne Weiteres als hinnehmbar oder ihm noch **zumutbar** angesehen werden kann. Dies lässt sich der (wenn auch nicht leicht zu ergründenden) Systematik des Abs. 4 Satz 3 bis 8 entnehmen.

Hieraus lassen sich folgende Aussagen ableiten: **66**

Eine spezielle Pflicht, ärztliche **Untersuchungen** zu dulden, enthält § 44 Abs. 4 Satz 3 **67** für BS bzw. (über § 55 Abs. 2 Satz 2) für SaZ zur **Feststellung** der **Dienstunfähigkeit** im Hinblick auf eine mögliche Beendigung des Wehrdienstverhältnisses. **Abs. 4** enthält nur mittelbar eine Aussage über Untersuchungen. **Satz 7** macht bestimmte gravierende ärztliche Untersuchungsmaßnahmen (solche, die einer ärztlichen Behandlung oder einer Operation i. S. d. Satzes 6 gleichkommen) von der **Zustimmung** des Soldaten abhängig. Hieraus kann gefolgert werden, dass unter dieser Schwelle liegende, dienstl. notwendige Untersuchungen grds. ohne Rücksicht auf den Willen des Soldaten zulässig sind.[143] Der Soldat hat sie zu dulden. Dies gilt auch für die o.g. ergänzenden Untersuchungsmaßnahmen (Blut- und Röntgenuntersuchung). Obwohl sie an sich eine körperliche Einwirkung für den Soldaten darstellen, geht der Gesetzgeber in **Satz 8** (wie entspr. in § 17 Abs. 6 Satz 2 WPflG) davon aus, dass derart einfache ärztliche Maßnahmen nicht als Eingriffe in die körperliche Unversehrtheit gelten. Bei der Feststellung der Dienst- oder Verwendungsfähigkeit nach **Satz 3 Halbs. 1** lässt der Gesetzgeber ohnehin Untersuchungen, auch wenn sie Eingriffe in die körperliche Unversehrtheit sind, im verhältnismäßigen Rahmen zu.

Zulässig – auch ohne Einwilligung des Soldaten – sind daher z. B. **68**
– die Röntgen-Reihenuntersuchung zur **Tuberkulose-Früherkennung**[144],
– der Befehl an einen Soldaten im Dienst, bei dem Anhaltspunkte für eine **alkoholbedingte Einschränkung der Verwendungsfähigkeit** (z. B. zum Führen von Kraftfahrzeugen) erkannt werden, an einem Alkoholtest durch Blasen in ein Teströhrchen mitzuwirken[145],

---

142 So BVerwGE 63, 278 Ls 2.
143 Satz 5 bezieht sich nicht auf Untersuchungen.
144 BVerwGE 83, 191 = NZWehr 1986, 209. Krit. *Stauf* I, § 17 SG Rn. 27. Zu dulden ist auch die Verabreichung eines Kontrastmittels zur besseren Darstellung von Hohlräumen, Gewebestrukturen u. Krankheitsprozessen bei bildgebenden Untersuchungsverfahren, zumindest dann, wenn sie wasserlöslich sind u. geschluckt werden. Etwas anderes gilt bei Soldaten, bei denen (von harmlosen Kontrastmittelreaktionen abgesehen) unerwünschte Reaktionen des Körpers zu erwarten sind (z. B. Allergiker o. Personen, die an Nierenerkrankungen leiden).
145 Zur Blutentnahme in diesem Fall s.u. Rn. 70. S. a. *Hermsdörfer*, NZWehr 1997, 177 (178 Fn. 5).

– regelmäßige **zahnärztliche Vorsorgeuntersuchungen** bei Soldaten, die in Auslandseinsätzen verwendet werden können (BS und SaZ).[146]

Über regelmäßige zahnärztliche Vorsorgeuntersuchungen hinaus, deren Notwendigkeit sich aufgrund der Erfahrungen der bisherigen Auslandseinsätze als dringlich erwiesen hat, sind sonstige, durch Befehl angeordnete **regelmäßige ärztliche Vorsorgeuntersuchungen** zur Feststellung des allg. Gesundheitszustands der Soldaten **kritisch** zu sehen. Zwar hätten derartige Befehle einen dienstl. Zweck. Unter dem Blickwinkel der **Verhältnismäßigkeit** wäre aber ihre **Erforderlichkeit** zu prüfen. Insbes. müsste ermittelt werden, ob und inwieweit eine solche Prophylaxe bereits durch freiwillige Vorsorgeuntersuchungen[147] erreicht werden kann und welche Verbesserungen des Gesundheitszustandes der Soldaten ggf. durch befohlene Vorsorgeuntersuchungen erzielt werden könnten. Zu berücksichtigen wäre auch der Einsatzstatus der jew. Soldaten. Bei Angehörigen von für spezielle Einsatzaufgaben vorgesehenen Truppenteilen (z. B. bei Kommandosoldaten, die mit jederzeitigen weltweiten Einsätzen rechnen müssen) wäre die Erforderlichkeit für Vorsorgeuntersuchungen wohl leichter als bei anderen Soldaten zu begründen.

69 Blutentnahmen zur Bestimmung der **Blutgruppe** des Soldaten dienen nicht der Feststellung seiner Dienst- und Verwendungsfähigkeit, so dass **Satz 3** als Rechtfertigungsgrund nicht einschlägig ist. Die Blutgruppenermittlung ist eine medizinische Präventionsmaßnahme, die im Bedarfsfall dem Soldaten insbes. den Empfang gespendeten Bluts erleichtern soll. Diese Option ist der Erhaltung oder Wiederherstellung der eigenen Gesundheit zuzuordnen und steht in engem Zusammenhang zum Regelungszweck des Satzes 1. Spätestens durch Anfügung des **Satzes 8** hat der Gesetzgeber seine vorher bereits entspr. in § 17 Abs. 7 a. F. (jetzt: Abs. 6 Satz 2) WPflG geäußerte Auffassung klargestellt, dass er im Zusammenhang mit dem Regelungszweck des Satzes 1 stehende Blutentnahmen nicht als Eingriffe in die körperliche Unversehrtheit sieht. Eine Blutentnahme zur Bestimmung der Blutgruppe des Soldaten ist deshalb rechtl. zulässig.

70 Hat ein DiszVorg. bei einem im Dienst befindlichen Soldaten Anhaltspunkte, dass dieser unter Alkoholeinfluss steht, kann er in gravierenden[148] Fällen (etwa wenn der Soldat als Kraftfahrer eingesetzt werden soll und den Alkoholkonsum bestreitet) über den Alkoholtest durch Blasen in ein Teströhrchen hinaus[149] eine **Blutprobe** durch einen Truppenarzt **zur Feststellung der Verwendungsfähigkeit** anordnen. Dies folgt unbeschadet des Satzes 8 bereits aus **Satz 3**. Das Ergebnis der Blutprobe darf nicht in einem Disziplinarverfahren gegen den Soldaten verwertet werden. Dies folgt aus dem Grds., dass niemand (auch nicht durch Befehl) gezwungen werden darf, sich selbst zu belasten.[150] Aus der aus Satz 3 ableitbaren strikten Zweckbindung der Blutprobe an

---

146 Es hat sich herausgestellt, dass truppenzahnärztliche Untersuchungen unmittelbar vor Einsätzen wegen häufig zeitintensiven Behandlungsbedarfs, bedingt i. d. R. durch mangelnde Mundhygiene, nicht ausreichen, die Verwendungsfähigkeit der Soldaten rechtzeitig herzustellen. Zahnmedizinische Notfälle führen bei Einsatzkontingenten der SK außergewöhnlich häufig zu Personalausfällen. Dies begründet die Erforderlichkeit der Maßnahme, die nicht als unverhältnismäßig erscheint; ihr dienstl. Zweck ist zweifellos gegeben.
147 Das Angebot zu freiwilligen zahnärztlichen Vorsorgeuntersuchungen ist offensichtlich nicht ausreichend angenommen worden.
148 Ansonsten erscheint eine solche Maßnahme als unverhältnismäßig.
149 S. o. Rn. 68.
150 Vgl. die Komm. zu § 13 Rn. 20 f.

die Feststellung der Dienst- oder Verwendungsfähigkeit folgt im Übrigen, dass Satz 3 keine Grundlage für Blutproben zum Nachweis von Dienstvergehen darstellt. Der DiszVorg. darf die Entnahme einer Blutprobe zu diesem Zweck gegen den Willen des Soldaten nicht anordnen. Blutproben im Disziplinarverfahren sind nur nach Maßgabe der StPO zulässig.[151]

Ärztliche Eingriffe in die **körperliche Unversehrtheit** hat der Soldat zu dulden, wenn sie der **Verhütung oder Bekämpfung übertragbarer Krankheiten** dienen, **Satz 3 Halbs. 1**. Insoweit wird das Grundrechts nach Art. 2 Abs. 2 Satz 1 GG ausdrücklich eingeschränkt. Übertragbare Krankheiten sind nach § 2 Nr. 3 des Infektionsschutzgesetzes[152] durch Krankheitserreger oder deren toxische Produkte, die unmittelbar oder mittelbar auf den Menschen übertragen werden, verursachte Krankheiten. Welche dies im Einzelnen sind, kann insbes. § 6 Abs. 1 des Infektionsschutzgesetzes entnommen werden, der als meldepflichtige Krankheiten z. B. Cholera, Diphtherie, Masern, Milzbrand, Pest, Hepatitis oder Tollwut nennt. Gegen diese Krankheiten wären als prophylaktische Maßnahmen grds. **Impfungen** gegen den Willen des Soldaten zulässig. Dabei kommt dem Grds. der Verhältnismäßigkeit eine entscheidende Bedeutung zu. Die Notwendigkeit der Impfung muss sich – abgesehen von ihrer Geeignetheit – daran ausrichten, ob der Soldat wegen seiner konkreten Verwendung mit den genannten, z. T. nur noch in Staaten der dritten Welt vorkommenden Krankheiten voraussichtlich in Berührung kommen kann.[153] Daraus resultiert ggf. die Notwendigkeit eines differenziert ausgestalteten Impfprogramms. Die Rspr. hat demgemäß z. B. die **Impfpflicht gegen Wundstarrkrampf**[154] als zulässig angesehen. Zustimmungsbedürftig ist nach der Rspr. des BVerwG dagegen z. B. eine **Pockenschutzimpfung**.[155] Im Einzelfall besteht allerdings zusätzlich der Vorbehalt, dass Impfungen keine unzumutbaren Nebenwirkungen mit Krankheitswert haben dürfen. 71

Da den Soldaten aus Satz 3 eine gegenüber anderen Staatsbürgern gesteigerte Pflicht trifft, ärztliche Eingriffe in seine körperliche Unversehrtheit zu dulden, die der Verhütung oder Bekämpfung übertragbarer Krankheiten i. S. d. Infektionsschutzgesetzes dienen, war es notwendig, in **Satz 4** klarzustellen, dass trotz dieser gesteigerten Verpflichtung bestimmte schwerwiegende, vom Bürger nicht zu duldende Maßnahmen zur Bekämpfung übertragbarer Krankheiten **nach dem Infektionsschutzgesetz** auch Soldaten nicht abverlangt werden dürfen. Der Soldat kann, insbes. wenn er krank, krankheits- oder ansteckungsverdächtig ist, durch das Gesundheitsamt verpflichtet werden, vor allem Untersuchungen und Entnahmen von Untersuchungsmaterial (z. B. Röntgenuntersuchungen, Blutentnahmen, Abstriche von Haut und Schleimhäuten) durch die Beauftragten des Gesundheitsamtes zu dulden (§ 26 Abs. 2 Satz 2 des Infektionsschutzgesetzes). Darüber hinausgehende invasive Eingriffe sowie Eingriffe, die eine Betäubung erfordern, können von dem Soldaten ohne seine Einwilligung für Zwecke des Infektionsschutzgesetzes ebensowenig verlangt werden wie von anderen Staatsbürgern. 72

---

151 Vgl. Erl. des BMVg „Entnahme von Blutproben bei Soldaten" (ZDv 14/3 B 120).
152 Zu dessen Anwendbarkeit s. BVerwGE 233, 339 (zum früher geltenden Bundesseuchengesetz); *Scherer/Alff/Poretschkin*, SG, § 17 Rn. 52.
153 Dies ist bei GWDL, die an Auslandseinsätzen grds. nicht teilnehmen, derzeit nahezu ausgeschlossen.
154 BVerwGE 33, 339.
155 BVerwG I WB 108/80.

73 Bestimmte nach **Satz 8** genannte **einfache ärztliche Maßnahmen**, die tatbestandlich als ärztliche Behandlung, Operation (d. h. eine ärztliche Behandlung, die mit einem Eindringen in die körperliche Substanz eines Menschen verbunden ist[156]) oder als Eingriff in die körperliche Unversehrtheit anzusehen wären, stellen nach Auffassung des Gesetzgebers **keinen** Eingriff in das **Grundrecht nach Art. 2 Abs. 2 Satz 1 GG** dar. Sie werden als für den Soldaten nicht belastend und von diesem **ohne Weiteres hinzunehmen** angesehen.[157] Da die Aufzählung nicht abschließend, sondern beispielhaft ist, können ähnliche einfache ärztliche Maßnahmen mit entspr. geringer Einwirkung auf den Soldaten ebenfalls gegen dessen Willen vorgenommen werden. Hierzu müssen z. B. die in Rn. 65 genannten physiotherapeutischen Behandlungsverfahren (etwa Wasseranwendungen, Massagen) gezählt werden. Verweigert der Soldat ihre Ausführung, begeht er ein Dienstvergehen.

74 Bei ärztliche Behandlungen, die sich nach Auffassung des Gesetzgebers als **Eingriffe in die körperliche Unversehrtheit** darstellen (die damit nicht der Grenze des Satzes 8 unterfallen), die dem Soldaten **gleichwohl zugemutet**[158] werden können, wird es nach **Satz 5** hingenommen, dass der Soldat sie ablehnt. Dem Soldaten sollen auch keine zumutbaren Eingriffe in seine körperliche Unversehrtheit aufgezwungen werden. Damit kommt – so das Motiv des Gesetzgebers – die Achtung vor dem Soldaten zum Ausdruck, und das Vertrauensverhältnis zwischen Arzt und Patient soll gefördert werden.[159] Allerdings kann dem Soldaten eine ihm an sich zustehende Versorgung[160] versagt werden, wenn durch die Ablehnung der zumutbaren ärztlichen Behandlung seine Dienst- oder Erwerbsfähigkeit ungünstig beeinflusst worden ist. Von der **Ermessensregelung** wird zu Ungunsten des Soldaten vor allem dann Gebrauch zu machen sein, wenn die Ablehnung unvernünftig war. Davon ist auszugehen, wenn der Soldat eine Behandlung ablehnt, die ihm nach allg. Lebenserfahrung und nach den Regeln der ärztlichen Wissenschaft Heilung oder zumindest Verringerung seiner körperlichen Schädigung verschafft und die ihm keine erheblichen Gefahren für Leib oder Leben verursacht hätte.[161]

75 Die Gefahr der Versagung von Versorgungsansprüchen tritt nicht ein, wenn der Soldat, wie **Satz 6** zeigt, **ärztliche Maßnahmen ablehnt**, die ihm wegen ihrer Tragweite **nicht zugemutet** werden können. **Unzumutbar** sind ärztliche Behandlungen, die mit erheblicher Gefahr für Leben oder Gesundheit des Soldaten verbunden sind, Operationen[162] auch dann, wenn sie einen erheblichen Eingriff in die körperliche Unversehrtheit darstellen. Wann dies der Fall ist, ist im konkreten Einzelfall zu bewerten, wobei dem Dienstherrn eine Beurteilung nur unter Abstützen auf medizinischen

---

156 Vgl. GKÖD I Yk, § 17 Rn. 49 m. w. N.
157 Überzeugender wäre gewesen, die Maßnahmen als nach Art. 2 Abs. 2 Satz 3 GG zulässige Eingriffe in die körperliche Unversehrtheit anzusehen und dem Zitiergebot des Art. 19 Abs. 1 Satz 2 GG zu genügen.
158 Zur Unzumutbarkeit s. u. Rn. 75.
159 Vgl. BVerwGE 63, 278 (283 f. m. w. N.).
160 Gemeint ist nur die Versorgung wegen einer WDB, nicht die Dienstzeitversorgung, vgl. GKÖD I Yk, § 17 Rn. 51; *Scherer/Alff/Poretschkin*, SG, § 17 Rn. 61.
161 *Scherer/Alff/Poretschkin*, SG, § 17 Rn. 58.
162 Vgl. die Beispiele für erhebliche Eingriffe in die körperliche Unversehrtheit bei *Scherer/Alff/Poretschkin*, SG, § 17 Rn. 59: Öffnung von Leibeshöhlen, Amputation wichtiger Gliedmaße, entstellende Operationen.

Sachverstand möglich sein wird. Ein nur begrenzt gerichtl. überprüfbarer Beurteilungsspielraum wird nicht anzunehmen sein.

Satz 7 erstreckt diesen Maßstab der Unzumutbarkeit bestimmter ärztlicher Behandlungen auf ärztliche Untersuchungsmaßnahmen, die sich für den Soldaten als ebenso erhebliche Eingriffe in die körperliche Unversehrtheit darstellen. Auch ihre Vornahme ist von der Zustimmung des Soldaten abhängig. 76

§ 18 Gemeinschaftsunterkunft und Gemeinschaftsverpflegung

¹Der Soldat ist auf dienstliche Anordnung verpflichtet, in einer Gemeinschaftsunterkunft zu wohnen und an einer Gemeinschaftsverpflegung teilzunehmen. ²Die zur Durchführung erforderlichen Verwaltungsvorschriften erlässt das Bundesministerium der Verteidigung im Einvernehmen mit dem Bundesministerium des Innern.

Übersicht

	Rn		Rn
I. Allgemeines	1	II. Erläuterungen im Einzelnen	10
1. Entstehung der Vorschrift	1	1. § 18 und Grundgesetz	10
2. Änderungen der Vorschrift	3	2. Satz 1	16
3. Bezüge zum Beamtenrecht bzw. zu sonstigen rechtl. Vorschriften; ergänzende Dienstvorschriften und Erlasse	6	a) „Der Soldat ... ist verpflichtet"	16
		b) „auf dienstliche Anordnung"	21
		3. Satz 2	23
		4. Rechtsweg	24

Literatur: Dreber, Michael: Verpflichtungen der Soldaten, UBwV 2000, 57; *ders.*: Die Verpflichtungen der Soldaten zur Teilnahme an der Gemeinschaftsverpflegung und zum Wohnen in der Gemeinschaftsunterkunft, UBwV 2007, 389; *Eiben, Arnold*: Anm. zu TDG Süd, NZWehrr 2006, 257; *Lingens, Eric*: Die Einschränkung der Grundrechte für den Soldaten, Truppenpraxis 1979, 7; *ders.*: Probleme bei der Handhabung der Disziplinargewalt, NZWehrr 1980, 57; *ders.*: Beschwerde gegen Durchsuchung und Beschlagnahme?, NZWehrr 1998, 201; *ders.*: Anm. zu BVerwG NZWehrr 2000, 209, NZWehrr 2000, 212; *ders.*: Fragen zur Durchsuchung und Beschlagnahme, BWV 2003, 124; *Mutschler, Bernd*: Die Grundrechte der „Staatsbürger in Uniform", NZWehrr 1998, 1.

I. Allgemeines

1. Entstehung der Vorschrift. Im **REntw.**[1] war eine dem heutigen § 18 entspr. Regelung **nicht enthalten**. Der **VertA**[2] hielt es nach Abstimmung mit dem Ausschuss für Beamtenrecht dennoch für erforderlich, eine solche – im Gesetz – verankerte Verpflichtung des Soldaten zum gemeinsamen Wohnen und zur Teilnahme an der Gemeinschaftsverpflegung ausdrücklich zu normieren. § 9a[3], später § 15c[4], bestimmte unter der Überschrift „Gemeinsames Wohnen": 1

---

1 BT-Drs. II/1700.
2 BT-Drs. II/2140, 9.
3 Fassung des Entw. des SG v. 18.2.1956.
4 BT-Drs. II/2140, 35.

§ 18 Gemeinschaftsunterkunft und Gemeinschaftsverpflegung

Der Soldat ist auf dienstliche Anordnung verpflichtet, in einer Gemeinschaftsunterkunft zu wohnen und an einer Gemeinschaftsverpflegung teilzunehmen. Die zur Durchführung erforderlichen Verwaltungsvorschriften erläßt der Bundesminister für Verteidigung im Einvernehmen mit dem Bundesminister der Finanzen.

2   Mit dieser vom BT beschlossenen Fassung lehnte sich der Gesetzgeber an den seinerzeit geltenden § 4 des Gesetzes zur vorläufigen Regelung der Rechtsverhältnisse der Polizeivollzugsbeamten des Bundes vom 6.8.1953[5] an.

3   **2. Änderungen der Vorschrift.** Durch § 1 Abs. 1 Nr. 4 des G vom **20.8.1960**[6] wurde in Satz 2 der BMF durch den BMI ersetzt.

4   Mit der Neubekanntmachung des SG vom **22.4.1969**[7] wurde in Satz 2 aus dem Bundesminister *für* Verteidigung der Bundesminister *der* Verteidigung. Ein Gesetzesbeschl. des BT erging hierzu nicht.[8]

5   Art. 1 Nr. 3 des **SGÄndG** stellte die Bezeichnung des BMVg und des BMI in Satz 2 auf die sächliche Form um[9]; Art. 1 Nr. 14 des SGÄndG fasste die Gesetzesüberschrift neu. Diese sollte damit „vervollständigt" und „präzisiert" werden.[9]

6   **3. Bezüge zum Beamtenrecht bzw. zu sonstigen rechtl. Vorschriften; ergänzende Dienstvorschriften und Erlasse.** § 59 Abs. 1 BeamtStG eröffnet die Möglichkeit, **Beamte „für Zwecke der Verteidigung"** zu verpflichten, „vorübergehend in einer Gemeinschaftsunterkunft zu wohnen und an einer Gemeinschaftsverpflegung teilzunehmen". Gleiches gilt für **Beamte**, die dienstl. **im Ausland** verwendet werden und dabei erhöhten Gefahren ausgesetzt sind, soweit dienstl. Gründe dies erfordern (§ 60 Abs. 1 Satz 1 Nr. 1 BeamtStG).

7   Für **ZDL** bestimmt § 31 Satz 1 ZDG, dass diese auf dienstl. Anordnung verpflichtet sind, in einer dienstl. Unterkunft zu wohnen und an einer Gemeinschaftsverpflegung teilzunehmen.

8   **DBest.** zu § 18 sind:
   - ZDv 70/1 „Die Liegenschaften der Bundeswehr", Anl. 1 zu Anhang Teil A, VV über die Verpflichtung zum Wohnen in Gemeinschaftsunterkunft (zzt. vorläufige Neufassung).
   - AVV zu § 18 SG über die Verpflichtung zur Teilnahme an der Gemeinschaftsverpflegung im Frieden.[10]
   - ZDv 36/1 „Die Verpflegung der Bundeswehr im Frieden".

9   **Ergänzend** sind zu beachten:
   - § 39 Abs. 2[11], § 69 Abs. 3 und 4 BBesG
   - §§ 3 und 4 WSG
   - § 25 Abs. 2 Satz 2 WDO und der Erl. des BMVg ZDv 14/3 B 132

---

5   BGBl. I S. 899.
6   BGBl. I S. 705.
7   BGBl. I S. 313, 429.
8   Ein Erl. des BMVg (VMBl. 1962 S. 2) wurde als ausreichend angesehen. Vgl. *Walz*, NZWehrr 1996, 117.
9   BT-Drs. 14/4062, 18.
10 VMBl. 1997 S. 39.
11 Vgl. hierzu BVerwG 2 B 30/04.

- AVV zu § 3 WSG[12]
- ZDv 70/1, Anl. 2 zu Anhang Teil A, Best. über die Erlaubnis zum Wohnen in Gemeinschaftsunterkunft
- Erl. des BMVg „Unterkunftspauschale für freiwillige Inanspruchnahme von Gemeinschaftsunterkunft"[13]
- ZDv 10/5 „Leben in der militärischen Gemeinschaft", insbes. Nr. 214, 217, 312.

II. Erläuterungen im Einzelnen

1. § 18 und Grundgesetz. Von der Ermächtigung des **Art. 17a Abs. 2 GG**, für Soldaten durch Gesetz die Grundrechte der Freizügigkeit (Art. 11 GG) und der Unverletzlichkeit der Wohnung (Art. 13 GG) einzuschränken, hat der Gesetzgeber **keinen Gebrauch** gemacht. 10

Soweit der Soldat gem. § 18 Satz 1 verpflichtet ist, in einer Gemeinschaftsunterkunft zu wohnen, berührt dies seine **Grundrechte aus Art. 2 Abs. 1 GG und Art. 11 Abs. 1 GG**; soweit der Soldat verpflichtet ist, an einer Gemeinschaftsverpflegung teilzunehmen, ist jedenfalls Art. 2 Abs. 1 GG betroffen. 11

Die **Rspr.**[14] hat diese gesetzl. Verpflichtungen des Soldaten pauschal mit dem Verfassungsauftrag der SK gem. Art. 87a Abs. 1 GG begründet. Da die Bw nicht nach dem System einer Miliz aufgebaut sei, sondern „der gesamte Friedensbestand ständig unter Waffen steht", sei die Zusammenfassung der Soldaten in Gemeinschaftsunterkünften grds. von vornherein „vorgegeben". Die **Lit.**[15] ist dieser Auffassung gefolgt. 12

Die Begrenzung der zit. Grundrechte durch § 18 Satz 1 lässt sich indes nicht und zumindest nicht ausschließlich durch den Hinw. auf den Verteidigungsauftrag der SK erklären. Im Hinblick auf Art. 2 Abs. 1 GG bedarf es einer näherer Auseinandersetzung mit dem Schrankenvorbehalt der „verfassungsmäßigen Ordnung", im Hinblick auf Art. 11 Abs. 1 GG mit dem Gesetzesvorbehalt im Zusammenhang mit der Gefahr für den Bestand des Bundes. Eine **rechtl. zweifelsfreie Lösung** setzte voraus, dass der Gesetzgeber von der Ermächtigung des Art. 17a Abs. 2 GG Gebrauch machen (und dabei auch das Zitiergebot des Art. 19 Abs. 1 Satz 2 GG beachten) würde. 13

Str. ist, ob eine Gemeinschaftsunterkunft als (verfassungsrechtl. geschützte) **„Wohnung" i. S. v. Art. 13 Abs. 1 GG** zu verstehen ist. Die h.M.[16] verneint dies mit der Begr., insoweit stehe nur dem mil. Vorg. das Hausrecht zu. 14

---

12 VMBl. 2006 S. 155.
13 VMBl. 2009 S. 100.
14 BVerwG NZWehrr 1973, 68; BVerwG ZBR 1983, 167 (Gemeinschaftsunterkunft); BDHE 7, 187 (Gemeinschaftsverpflegung).
15 *Bornemann*, RuP, 70; GKÖD I Yk, § 18 Rn. 1; *Lingens*, Truppenpraxis 1979, 8; *Mutschler*, NZWehrr 1998, 6; *Rittau*, SG, 143; *Scherer/Alff/Poretschkin*, SG, § 6 Rn. 44; § 18 Rn. 3; *Wipfelder*, Wehrrecht, Rn. 537.
16 TDG Süd NZWehrr 2006, 255; *Bachmann*, NZWehrr 2001, 190; *Ipsen*, in: Bonner Komm. zum GG, Art. 17a Rn. 144; *Lingens*, Truppenpraxis 1979, 8 m.w.N.; *ders.*, NZWehrr 1998, 203; *ders.*, NZWehrr 2000, 213; *ders.*, BWV 2003, 124; *Scherer/Alff*, SG, 7. Aufl., § 18 Rn. 3. A.A. *Mutschler*, NZWehrr 1998, 6; *Scherer/Alff/Poretschkin*, SG, 8. Aufl., § 18 Rn. 3a. Offen gelassen in BVerwG NZWehrr 2009, 164.

Die h.M. übersieht dabei Folgendes:
Der Schutzbereich von Art. 13 Abs. 1 GG wird sehr weit gefasst. Als „Wohnung" werden u. a. angesehen Gast- und Hotelzimmer, Zimmer in Studentenwohnheimen, Arbeits-, Betriebs- und Geschäftsräume, soweit sie der Öffentlichkeit nicht zugänglich sind. Ausgenommen sind etwa Räume von Häftlingen oder Besucherräume in „Untersuchungsgefängnissen".[17]
Der Soldat ist verpflichtet, in der Gemeinschaftsunterkunft zu **„wohnen"** (§ 18 Satz 1), so dass auch grammatikalisch die Nähe zur „Wohnung" i. S. v. Art. 13 Abs. 1 GG gegeben ist.[18] Der Versuch, im Rahmen von § 20 Abs. 1 Satz 1 WDO zwischen Soldaten zu differenzieren, die einerseits freiwillig, andererseits auf dienstl. Anordnung in einer Gemeinschaftsunterkunft wohnen[19], ist dogmatisch kaum nachvollziehbar und führt zu erheblichen praktischen Problemen. Diese lassen sich vermeiden, wenn Gemeinschaftsunterkünfte ausnahmslos in den Schutzbereich von Art. 13 Abs. 1 GG einbezogen werden. § 20 WDO wäre dann entspr. zu ändern.

15 Die Verpflichtung zur Teilnahme an der Gemeinschaftsverpflegung ist in Bezug auf Art. 4 Abs. 1 und 2 GG „verfassungskonform" so auszulegen, dass sie für die Einhaltung **religiöser Speisevorschriften** Raum lässt.[20] Die Darlegung eines Soldaten, „ethischer Vegetarier" zu sein, gebietet noch keine von der Gemeinschaftsverpflegung abw. Beköstigung; eine solche Behauptung ist keine Gewissensentscheidung i. S. v. Art. 4 Abs. 1 GG.[21]

16 2. Satz 1. – a) **„Der Soldat ... ist verpflichtet".** Die oben in Rn. 8 zit. VV bestimmen – unter den Prämissen der Verhältnismäßigkeit und der Gleichbehandlung[22] – den **Personenkreis**, der zum Wohnen in der Gemeinschaftsunterkunft bzw. zur Teilnahme an der Gemeinschaftsverpflegung verpflichtet ist. Dies sind[23] grds. die Soldaten, die aufgrund der WPfl Wehrdienst leisten, SaZ während der Dauer des gesetzl. GWD sowie sonstige Mannschaften, Uffz, Lt und OLt bis zum 25. Lebensjahr und Soldaten, die aus dienstl. Gründen (z. B. während eines Lehrgangs) verpflichtet werden.

17 Auf Antrag können diese Soldaten durch einen Offz mit der Disziplinarbefugnis eines BtlKdr von diesen Verpflichtungen **befreit** werden. Über solche Anträge ist ermessensfehlerfrei[24] und formgerecht zu entscheiden.

---

17 Vgl. *Jarass*, in: Jarass/Pieroth, GG, Art. 13 Rn. 2.
18 Nach der ZDv 10/5 (Nr. 312) ist „die Stube in der Gemeinschaftsunterkunft der Wohnbereich (!) der Soldatin bzw. des Soldaten".
19 BVerwG NZWehr 2000, 209; BT-Drs. 14/4660, 26; *Bachmann*, NZWehr 2001, 190; vgl. *Dau*, WDO, § 20 Rn. 12; *Lingens*, BWV 2003, 125. Ablehnend insoweit TDG Süd NZWehr 2006, 255 mit ebenfalls krit. Anm. *Eiben*, NZWehr 2006, 257; BVerwG NZWehr 2009, 164.
20 BVerwGE 57, 215; *Scherer/Alff/Poretschkin*, SG, § 18 Rn. 3c.
21 OVG Schleswig NVwZ 1993, 702.
22 BVerwG NZWehr 1973, 68; GKÖD I Yk, § 18 Rn. 4.
23 Vgl. im Einzelnen *Dreber*, UBwV 2000, 57.
24 Vgl. JB 2003 des WBeauftr (BT-Drs. 15/2600, 38).

Die Verpflichtung zum Wohnen in der Gemeinschaftsunterkunft hat besoldungsrechtl. (§ 10, § 39 Abs. 2[25], § 69 Abs. 3 BBesG), steuerrechtl.[26] und reisekostenrechtl. Konsequenzen.[27] Die zum GWD einberufenen WPfl haben in Folge der Verpflichtung zum Wohnen in einer Gemeinschaftsunterkunft nur dann Anspruch auf **Mietbeihilfe** gem. § 7a Abs. 1 Satz 1 USG, wenn sie u. a. vor dem Diensteintritt selbst Mieter von Wohnraum waren. **18**

Die Verpflichtung zum Wohnen in der Gemeinschaftsunterkunft ist ferner von rechtl. Relevanz im Zusammenhang mit der Disziplinarmaßnahme der **Ausgangsbeschränkung**. Gem. § 25 Abs. 2 Satz 2 WDO darf eine Ausgangsbeschränkung nur gegen Soldaten verhängt werden, die aufgrund dienstl. Anordnung nach § 18 verpflichtet sind, in einer Gemeinschaftsunterkunft zu wohnen. Ggf. ist vor der Verhängung dieser Disziplinarmaßnahme eine Befreiung von der Verpflichtung aufzuheben.[28] Wer, ohne hierzu verpflichtet zu sein, freiwillig in der Kaserne wohnt, kann nicht mit dieser Disziplinarmaßnahme belegt werden.[29] **19**

Schließlich ist § 18 Satz 1 Rechtsgrundlage für den **Zapfenstreich**[30] und die **Ausgangsregelung**.[31] Dies gilt unabhängig davon, dass die ZDv 10/5 nur einen grds. Zusammenhang zwischen der Ausgangsregelung/dem Zapfenstreich und der Verpflichtung zum Wohnen in der Gemeinschaftsunterkunft herstellt, ohne die hierzu erlassenen VV komplett widerzuspiegeln. **20**

b) „auf dienstliche Anordnung". Der Begriff der „dienstlichen Anordnung" ist dem **Wehrrecht fremd**. Er ist im Kontext mit § 18 Satz 1 nur entstehungsgeschichtlich und wegen der Bezüge zum Besoldungsrecht verständlich. Soldatentypisch hätte es heißen müssen: „Soldaten kann allgemein oder im Einzelfall befohlen werden, ..." Die geltenden Best.[32] hätten vom BMVg auch als **Dauerbefehl**[33] erlassen werden können. **21**

Ob es angesichts der ständig geringer werdenden Anzahl von generell verpflichteten und der hohen Zahl von rechtl. oder faktisch[34] befreiten Soldaten noch erforderlich und zweckmäßig ist, an „dienstlichen Anordnungen" des BMVg festzuhalten, ist eine Frage, die im Rahmen dieses Komm. nicht zu beantworten ist. Bemerkenswert ist jedenfalls, dass dienstl. Anordnungen, die ZDL verpflichten, in einer dienstl. Unterkunft zu wohnen (§ 31 Satz 1 ZDG), nicht mehr allg. verfügt werden. Bei ZDL werden, einzelfallbezogen, die **Einberufungsbescheide** mit einem diesbezüglichen **Zusatz** versehen; nur ausnahmsweise ergeht eine solche Anordnung erst im Laufe der Dienstleistung.[35] **22**

---

25 Vgl. hierzu BVerwG 2 B 30/04.
26 Vgl. *Dreber*, UBwV 2000, 59.
27 Bzgl. der Befreiung von der Teilnahme an der Gemeinschaftsverpflegung vgl. AVV zu § 3 WSG.
28 Vgl. ZDv 14/3 B 132 Nr. 2.2.
29 ZDv 14/3 B 132 Nr. 2.2; *Dau*, WDO, § 25 Rn. 12; *Lingens*, NZWehr 1980, 58.
30 ZDv 10/5 Nr. 220 f.
31 ZDv 10/5 Nr. 217 ff.; *Scherer/Alff/Poretschkin*, SG, § 18 Rn. 2. Vgl. auch BVerwG ZBR 1983, 167.
32 Vgl. o. Rn. 8, 9.
33 Vgl. hierzu *Schölz/Lingens*, WStG, § 2 Rn. 11.
34 Vgl. OVG Münster NZWehr 1991, 170.
35 *Brecht*, ZDG, 149; VGH Mannheim 11 S 2580/93.

23 **3. Satz 2.** Die VV gem. Satz 2 sind oben in Rn. 8 und 9 zit.

Der „Ermächtigung"³⁶ gem. Satz 2 hätte es nicht bedurft. Sie folgt bereits aus der Ressortkompetenz des BMVg gem. Art. 65 Satz 2 GG. Das mit dem BMI herzustellende Einvernehmen ergibt sich aus § 69 Abs. 4 Satz 1 BBesG. Nicht erforderlich ist dieses beim Erl. von AVV zum WSG (§ 10 WSG).

24 **4. Rechtsweg.** Der Rechtsweg zu den **Wehrdienstgerichten** ist gegeben, soweit sich der Soldat gegen eine **Anordnung** wendet, die ihn zum Wohnen in einer Gemeinschaftsunterkunft oder/und zur Teilnahme an der Gemeinschaftsverpflegung verpflichtet.³⁷

Soweit der Soldat mit der **Art und Weise** einer Gemeinschaftsunterkunft nicht einverstanden ist, sind die **VG** zuständig, da sich Qualität und Umfang dieser Sachleistung nach § 30 bemessen.³⁸ Das Gleiche gilt für die **besoldungsrechtl. Folgen** des Wohnens in einer Gemeinschaftsunterkunft.³⁹

Ebenfalls die **VG** sind zuständig, soweit der Soldat Rechtsverletzungen im Zusammenhang mit der **Verpflegung** geltend macht.⁴⁰

Preiserhöhungen in einer privatrechtl. betriebenen Behördenkantine der Bw sind weder durch die TDG noch durch die VG überprüfbar.⁴¹

§ 19 Verbot der Annahme von Belohnungen oder Geschenken, Herausgabe- und Auskunftspflicht

(1) ¹Der Soldat darf, auch nach seinem Ausscheiden aus dem Wehrdienst, keine Belohnungen, Geschenke oder sonstigen Vorteile für sich oder einen Dritten in Bezug auf seine dienstliche Tätigkeit fordern, sich versprechen lassen oder annehmen. ²Ausnahmen bedürfen der Zustimmung der obersten oder der letzten obersten Dienstbehörde. ³Die Befugnis zur Zustimmung kann auf andere Stellen übertragen werden.

(2) ¹Wer gegen das in Absatz 1 genannte Verbot verstößt, hat auf Verlangen das auf Grund des pflichtwidrigen Verhaltens Erlangte dem Dienstherrn herauszugeben, soweit nicht im Strafverfahren der Verfall angeordnet worden oder es auf andere Weise auf den Staat übergegangen ist. ²Für den Umfang des Herausgabeanspruchs gelten die Vorschriften des Bürgerlichen Gesetzbuchs über die Herausgabe einer ungerechtfertigten Bereicherung entsprechend. ³Die Herausgabepflicht nach Satz 1 umfasst auch die Pflicht, dem Dienstherrn Auskunft über Art, Umfang und Verbleib des Erlangten zu geben.

---

36 *Scherer/Alff*, SG, 7. Aufl., § 18 Rn. 4.
37 BVerwG ZBR 1983, 167; BVerwG NZWehrr 1993, 32; *Dau*, WBO, § 17 Rn. 61.
38 BVerwG NZWehrr 1989, 199; BVerwG DokBer B 1989, 201.
39 OVG Hamburg NZWehrr 1980, 68.
40 BVerwG NZWehrr 1983, 75; *Weniger*, SG, § 18 Rn. 5.
41 BVerwG NZWehrr 1999, 76.

Verbot der Annahme von Belohnungen oder Geschenken § 19

Übersicht

	Rn		Rn
I. Allgemeines	1	b) „Belohnungen, Geschenke oder sonstige Vorteile"	19
1. Entstehung der Vorschrift	1		
2. Änderungen der Vorschrift	5	c) „in Bezug auf seine dienstliche Tätigkeit fordern, sich versprechen lassen oder annehmen"	20
3. Bezüge zum Beamtenrecht bzw. zu sonstigen rechtl. Vorschriften; ergänzende Erlasse	10		
II. Erläuterungen im Einzelnen	13	4. Absatz 1 Satz 2	23
1. Zweck der Vorschrift	13	5. Absatz 1 Satz 3	28
2. § 19 und Grundgesetz	14	6. Absatz 2 – Herausgabe- und Auskunftspflicht	29
3. Absatz 1 Satz 1	16		
a) Personenkreis	16		

Literatur: *Battis, Ulrich*: Anm. zu BVerwGE 100, 172, JZ 1996, 856; *Ebenroth, Carsten Thomas/Koos, Stefan*: Anm. zu BVerwGE 100, 172, Zeitschrift für Erbrecht und Vermögensnachfolge (ZEV) 1996, 344; *Zetzsche, Holger*: Zum Anspruch des Dienstherrn auf Herausgabe von Schmiergeldern, BWV 2003, 54.

I. Allgemeines

1. Entstehung der Vorschrift.
§ 14 des REntw.[1] war – unter der Überschrift „Annahme von Belohnungen" folgendermaßen gefasst: **1**

Der Soldat darf, auch nach seinem Ausscheiden aus dem Wehrdienst, Belohnungen oder Geschenke in bezug auf seine Dienststellung nur mit Zustimmung des Bundesministers für Verteidigung annehmen. Die Befugnis zur Zustimmung kann auf andere Dienststellen übertragen werden.

In der **Begr.**[2] wurde ausgeführt, die Vorschrift „lehne" sich an § 70 BBG a. F. „an". **2**

Der **BR** schlug in seiner Stellungnahme[3] vor, die Wörter „in bezug auf seine Dienststellung" durch die Wörter „in bezug auf seine dienstliche Tätigkeit" zu ersetzen. **3**

Damit sollten eine „Klarstellung" und eine (weitere) „Angleichung an das Beamtengesetz" erfolgen. Die **BReg** stimmte diesem Vorschlag zu.[4] **4**

Auf Antrag des Abg. *Dr. Kihn* (CDU/CSU) beschloss der **Rechtsausschuss** des BT in seiner Sitzung vom 18.11.1955[5] ebenfalls, der Anregung des BR zu folgen. Dasselbe galt für den **Ausschuss für Beamtenrecht**.[6]

Der **VertA**[7] platzierte § 14 des REntw. als neuen § 15d hinter den neu eingefügten § 15c „Gemeinsames Wohnen". In der Begr.[8] stellte der VertA klar, dass diese Best. § 70 BBG a. F. „entspricht", sich also nicht nur an diese Vorschrift „anlehnt".

---

1 BT-Drs. II/1700, 5.
2 BT-Drs. II/1700, 23.
3 BT-Drs. II/1700, 38.
4 BT-Drs. II/1700, 44.
5 Prot. Nr. 86, 43; vgl. auch Ausschussdrs. 18, 2.
6 Prot. der 39. Sitzung v. 6.12.1955, 2.
7 BT-Drs. II/2140, 35.
8 BT-Drs. II/2140, 9.

§ 19 Verbot der Annahme von Belohnungen oder Geschenken

5 2. **Änderungen der Vorschrift.** Die Angabe „Bundesminister für Verteidigung" im früheren Satz 1 wurde – ohne formale Gesetzesänd. – mit der Neubekanntmachung des SG vom **22.4.1969**[9] durch die Angabe „Bundesminister der Verteidigung" ersetzt.

6 Durch Art. 12 des G vom **13.8.1997**[10] erhielt § 19 folgende Fassung:
   Der Soldat darf, auch nach seinem Ausscheiden aus dem Wehrdienst, keine Belohnungen oder Geschenke in bezug auf seine dienstliche Tätigkeit annehmen. Ausnahmen bedürfen der Zustimmung des Bundesministeriums der Verteidigung. Die Befugnis zur Zustimmung kann auf andere Dienststellen übertragen werden.

7 Art. 1 Nr. 7 des **SGÄndG** ersetzte das Wort „Dienststellen" in Abs. 1 Satz 3 durch das Wort „Stellen"; Art. 1 Nr. 15 des gleichen Gesetzes ergänzte die Überschrift um die Wörter „oder Geschenken". Damit sollten eine „sprachliche Anpassung" an andere Best. des SG und eine „Vervollständigung und Präzisierung" der Überschrift erfolgen.[11]

8 Seit der Neubekanntmachung des SG vom **14.2.2001**[12] wird das Wort „Bezug" in Satz 1 groß geschrieben.

9 Durch Art. 10 Nr. 3 des **DNeuG** wurde § 19, in fast wörtlicher Übernahme des § 71 BBG, neu gefasst.

10 **3. Bezüge zum Beamtenrecht bzw. zu sonstigen rechtl. Vorschriften; ergänzende Erlasse.** In § 42 Abs. 1 BeamtStG ist das „Verbot der Geschenkannahme" für die **Landesbeamten** geregelt, in § 71 BBG für die **Bundesbeamten**. § 71 BBG findet gem. § 46 DRiG auf **Richter im Bundesdienst** entspr. Anwendung.

   § 70 BBG a. F. (jetzt: § 71 BBG) war entstehungsgeschichtlich[13] zunächst „Vorbild"[14] für § 19. Aus heutiger Sicht ist § 19 **inhaltl. identisch** mit dem nahezu wortgleichen § 71 BBG.[15] Der Versuch, das Verbot des § 71 BBG auf die „amtsbezogene Vorteilsannahme" und das des § 19 auf die „dienstliche Tätigkeit des amtslosen Soldaten" zu beziehen[16], wirkt künstlich und ist für die Praxis untauglich. Die Rspr. der Beamtendisziplinarsenate des BVerwG zu § 70 BBG a. F. ist vielmehr ohne Weiteres auf die Würdigung gleichgelagerter Dienstvergehen von Soldaten übertragbar.

11 Aufgrund der Globalverweisung des § 78 Abs. 2 ZDG ist § 19 auch auf **ZDL** anwendbar.[17]

12 Zu § 19 sind folgende **Erl. des BMVg** ergangen:
   – „Annahme von Belohnungen oder Geschenken" (Neufassung), VMBl. 2005 S. 126; Änd. VMBl. 2007 S. 53.
   – DBest. zur AVV der BReg zur Förderung von Tätigkeiten des Bundes durch Leistungen Privater (Sponsoring, Spenden und sonstige Schenkungen)[18], VMBl. 2004 S. 26.

---

9 BGBl. I S. 313.
10 BGBl. I S. 2038.
11 BT-Drs. 14/4062, 18.
12 BGBl. I S. 232.
13 Vgl. o. Rn. 2–4.
14 BVerwG NZWehr 1982, 63 (64); *Bornemann*, RuP, 58; *Stauf* I, § 19 SG Rn. 1.
15 So bereits *Rittau*, SG, 143.
16 GKÖD I Yk, § 19 Rn. 1.
17 BVerwGE 100, 172 (174); *Brecht*, ZDG, 230.
18 VMBl. 2004 S. 24.

Das RdSchr. des BMI zum Verbot der Annahme von Belohnungen oder Geschenken vom 8.11.2004[19] ist in den Erl. des BMVg VMBl. 2005 S. 126 eingearbeitet worden.

II. Erläuterungen im Einzelnen

1. Zweck der Vorschrift. Ziel des § 19 ist – unabhängig von einer evtl. strafrechtl. Verfolgung des Soldaten gem. §§ 331 ff. StGB –, den Anschein vermeiden zu helfen, „als wäre der Soldat ... in seiner dienstlichen Tätigkeit durch Gefälligkeiten u. ä. beeinflußbar oder verfolge bei seiner Dienstausübung persönliche Interessen. ... **Unbestechlichkeit** und **Uneigennützigkeit** gehören zu den Grundlagen eines jeden öff.-rechtl. Dienst- oder Treueverhältnisses".[20] § 71 BBG (und entspr. § 19 SG) soll die „Integrität der öffentlichen Verwaltung" schützen und „konstitutiv für eine ausschließlich an Recht und Gesetz gebundene vollziehende Gewalt" sein. Es handele sich gar um einen „Eckpfeiler eines rechtsstaatlichen öffentlichen Dienstes".[21] **13**

Ob eine derartige Hervorhebung des § 19 rechtspolit. begründbar ist, kann hier dahinstehen. Sicher ist jedenfalls, dass auch bestimmte Bereiche der dienstl. Tätigkeit von Soldaten latent korruptionsgefährdet sind. Mit § 19 will der Gesetzgeber daher auch einen Beitrag zur **Korruptionsprävention** leisten.[22]

2. § 19 und Grundgesetz. Die Zustimmungsbedürftigkeit der Annahme von Belohnungen oder Geschenken berührt die **allg. Handlungsfreiheit** (Art. 2 Abs. 1 GG) und ggf. die **Eigentumsgarantie** und das Erbrecht (Art. 14 Abs. 1 Satz 2 GG). Sie konkretisiert zulässigerweise die diesen Grundrechten durch die verfassungsmäßige Ordnung gesetzten Schranken.[23] **14**

Auf die **hergebrachten Grds. des Berufsbeamtentums** i. S. v. Art. 33 Abs. 5 GG braucht in diesem Kontext nicht zurückgegriffen zu werden[24], und zwar schon deswegen nicht, weil diese – zumindest unmittelbar – für Soldaten (und ZDL) nicht gelten.[25] Es ist unredlich und unlogisch, den Soldaten die hergebrachten Grds. des Berufsbeamtentums vorzuenthalten, soweit sich daraus Ansprüche des Einzelnen gegenüber dem Staat ableiten lassen, und sie andererseits diesen Grds. zu unterwerfen, soweit damit Pflichten des Einzelnen begründet werden sollen. **15**

3. Absatz 1 Satz 1. – a) Personenkreis. Nach dem eindeutigen Wortlaut des Abs. 1 Satz 1 gilt die Vorschrift für **aktive** und **ehem. Soldaten.** Das Verbot des § 19 wirkt über die Zeit der Beendigung des Dienstverhältnisses hinaus fort. Dem entspr. gilt ein Verstoß auch dann als Dienstvergehen, wenn der Soldat ausgeschieden ist (§ 23 Abs. 2 Nr. 1).[26] **16**

---

19 GMBl. S. 1074.
20 BVerwGE 100, 172 (175). Ebenso bereits BVerwGE 73, 194 (196) = NZWehrr 1982, 228; BVerwGE 86, 5 (8).
21 BVerwGE 106, 324 (325); BVerwG DVBl. 2000, 1130.
22 BVerwGE 115, 389 (391); GKÖD I Yk, § 19 Rn. 1; *Plog/Wiedow/Lemhöfer*, BBG, § 70 Rn. 1d; *Scherer/Alff/Poretschkin*, SG, § 19 Rn. 1.
23 BVerwGE 100, 172 (175 f.) mit zust. Anm. *Ebenroth/Koos*, ZEV 1996, 344.
24 A.A. BVerwGE 100, 172 (176) mit insoweit zust. Anm. *Battis*, JZ 1996, 856; *Ebenroth/Koos*, ZEV 1996, 344.
25 St. Rspr. seit BVerfGE 3, 288 (334); BVerwGE 21, 270 (274).
26 *Scherer/Alff/Poretschkin*, SG, § 19 Rn. 8.

17 Bei **ehem. Soldaten** ist besonders zu prüfen, ob eine Zuwendung noch in **Bezug** auf ihre frühere dienstl. Tätigkeit gewährt wird. Erhält ein früherer Soldat ein Geschenk im Rahmen einer neuen – privaten – Beschäftigung, ist dies belanglos.[27] In diesem Zusammenhang kann dem **zeitlichen Abstand** zwischen der Beendigung des Dienstverhältnisses und einer Anschlussbeschäftigung eine „besondere Bedeutung" zukommen.[28]
Zuständig für die Erteilung einer Zustimmung an einen ehem. Soldaten ist der **frühere nächsthöhere DiszVorg.**[29]

18 Nimmt ein **(künftiger) Soldat** *vor* der Begründung seines soldatischen Dienstverhältnisses Belohnungen oder Geschenke im Hinblick auf seine spätere dienstl. Tätigkeit an, verstößt er weder gegen § 19 noch gegen die §§ 331 ff. StGB. Für eine Pflichtverletzung gem. § 19 ist die (vorherige) Begründung des Dienstverhältnisses zwingende Voraussetzung; für einen Verstoß gegen die §§ 331 ff. StGB muss eine Amtsträgereigenschaft i. S. v. § 11 Abs. 1 Nr. 2 StGB belegt sein. Diese wiederum setzt einen öff.-rechtl. Bestellungsakt voraus.[30]

19 b) „**Belohnungen, Geschenke oder sonstige Vorteile**". Belohnungen, Geschenke oder sonstige Vorteile sind alle **wirtschaftlichen Vorteile**, die dem Soldaten unmittelbar oder mittelbar (z. B. seiner Familie oder einem anderen Dritten) gewährt werden, auf die kein Anspruch besteht und die den Empfänger materiell oder immateriell objektiv besser stellen. Zum Wesen einer solchen Leistung gehört das **Fehlen einer gleichwertigen Gegenleistung**.[31] Eine Differenzierung zwischen den Begriffen „Belohnung" und „Geschenk" ist nicht erforderlich; im Grunde handelt es sich um ein tautologisches Begriffspaar.[32] In Frage kommen Geld, Sachwerte, letztwillige Verfügungen[33], besondere Konditionen bei Verträgen aller Art, überhöhte Zahlungen bei Nebentätigkeiten, kostenlose oder verbilligte Überlassung von Fahrzeugen oder Unterkünften, Übernahme der Kosten einer Urlaubsreise, Auszeichnungen usw.[34] Auf den Wert der Belohnung oder des Geschenks kommt es in diesem Zusammenhang nicht an; auch sog. verkehrsübliche Zuwendungen wie Werbegeschenke sind grds. zustimmungspflichtig.[35]

20 c) „**in Bezug auf seine dienstliche Tätigkeit fordern, sich versprechen lassen oder annehmen**". Der Zusammenhang zwischen der Belohnung/dem Geschenk und der dienstl. Tätigkeit des Soldaten ist weit auszulegen. Die dienstl. Tätigkeit reicht zunächst **weiter als** der Begriff der „**Diensthandlungen**" i. S. d. §§ 331, 332 StGB.[36] Es genügt ferner eine „**mitkausale Beziehung**" zwischen der dienstl. Stellung des Soldaten und dem gewährten Vorteil.[37] Nicht notwendig ist, dass sich der Geber durch eine

---

27 Vgl. *Plog/Wiedow/Lemhöfer*, BBG, § 70 Rn. 11.
28 BVerwGE 100, 172 (177) – für ZDL.
29 Abschn. C. Abs. 1 Nr. 3 des Erl. des BMVg VMBl. 2005 S. 126 (129).
30 *Fischer*, StGB, 55. Aufl. 2008, § 11 Rn. 20 m. w. N.
31 BVerwGE 73, 194 (196) = NZWehrr 1982, 228; BVerwG DokBer B 2002, 169; GKÖD I Yk, § 19 Rn. 6; *Scherer/Alff/Poretschkin*, SG, § 19 Rn. 2.
32 Vgl. *Plog/Wiedow/Lemhöfer*, BBG, § 70 Rn. 2.
33 BVerwGE 100, 172 (175).
34 Vgl. Abschn. II. des RdSchr. des BMI VMBl. 2005 S. 126.
35 BDHE 5, 57; Nr. 1.2 der AusfBest BMVg; GKÖD I Yk, § 19 Rn. 7; *Rittau*, SG, 143 f.; a.A. *Scherer/Alff/Poretschkin*, SG, § 19 Rn. 2.
36 BVerwG DokBer B 2002, 169; GKÖD I Yk, § 19 Rn. 4.
37 Vgl. BDHE 7, 67.

bereits vorgenommene oder für die Zukunft erwartete Amtshandlung zu der Belohnung oder dem Geschenk hat bestimmen lassen. Ausreichend ist, dass der Geber die von dem Soldaten innegehabte Dienststellung allg. für seine Zwecke „honorieren" will. Daher fallen **Zuwendungen untergebener Soldaten** oder anderer Mitarbeiter an ihre mil. Vorg. unter das grds. Zustimmungserfordernis.[38] Auch wenn es in der Praxis gelegentlich schwer fallen wird, die richtige Grenze zwischen dem privaten und dem dienstl. Geschenk zu ziehen, sollte insbes. bei wertvollen Geschenken die Zustimmung eingeholt werden.

Der Soldat muss das Geschenk oder die Belohnung fordern, sich versprechen lassen oder „**annehmen**". Eine „Annahme" liegt vor, wenn er den angebotenen Vorteil – zumindest konkludent – ausnutzt.[39] Erhält der Soldat ohne sein Wissen eine Zuwendung, z. B. indem ein Familienangehöriger diese entgegennimmt, ist diese dem Soldaten erst dann zuzurechnen, wenn er hiervon erfährt und dies hinnimmt. 21

Die Zuwendung kann unter dem **Vorbehalt der Genehmigung** angenommen werden. Diese ist unverzüglich nachzuholen. 22

4. Absatz 1 Satz 2. Die Vorschrift geht von einem **Regel-Ausnahme-Verhältnis** aus: Grds. darf der Soldat keinerlei Belohnungen oder Geschenke annehmen. An die ausnahmsweise zu erteilende Zustimmung sind daher strenge Anforderungen zu stellen.[40] 23

Die Zustimmung ist **vor der Annahme** der Zuwendung schriftl. oder elektronisch einzuholen. Dies ergibt sich bereits daraus, dass der Gesetzgeber den Begriff „Zustimmung" und nicht „Genehmigung" verwendet. Eine Zustimmung ist vorher zu erklären; eine Genehmigung ist eine nachträgliche Zustimmung (§ 184 Abs. 1 BGB). 24

Die Zustimmung kann ausnahmsweise – als Genehmigung – nachgeholt werden.[41] Die Zustimmung kann mit einer **Auflage** verbunden werden.[42] Sie ist in jedem Fall **schriftl.** zu erteilen.[43] 25

An sich ist die Zustimmung für jeden **Einzelfall** gesondert auszusprechen.[44] Da dies mit einem erheblichen Verwaltungsaufwand verbunden wäre, gilt die Zustimmung in der Praxis für „geringwertige" und „übliche" Zuwendungen oder Geschenke aus dem Mitarbeiterkreis **allg.** als erteilt.[45] Man spricht dann von einer „stillschweigenden Zustimmung". 26

Die Entscheidung über eine beantragte Zustimmung ist ein **VA**.[46] 27

---

38 BVerwGE 113, 4 (5); *Plog/Wiedow/Lemhöfer*, BBG, § 70 Rn. 4. Die Ausführungen des BMI in seinem RdSchr. v. 8.11.2004 (II. a. E.), für die Annahme von Geschenken aus dem Kreis der Beschäftigten „im üblichen Rahmen" sei keine Zustimmung (wohl auch keine stillschweigende) erforderlich, sind mit dem G nicht in Einklang zu bringen.
39 *Plog/Wiedow/Lemhöfer*, BBG, § 70 Rn. 3.
40 *Plog/Wiedow/Lemhöfer*, BBG, § 70 Rn. 6.
41 Vgl. o. Rn. 22.
42 BVerwG ZBR 2000, 273.
43 Abschn. III Nr. 1 Abs. 3 der AusfBest. des BMVg, VMBl. 2005 S. 126 (128).
44 *Plog/Wiedow/Lemhöfer*, BBG, § 70 Rn. 8a.
45 Geringwertige Aufmerksamkeiten dürfen einen Handelspreis von 25,00 Euro nicht übersteigen. Vgl. Abschn. IV. des RdSchr. des BMI VMBl. 2005 S. 126 (127). In jedem Fall besteht eine Anzeigepflicht.
46 *Plog/Wiedow/Lemhöfer*, BBG, § 70 Rn. 9; *Rittau*, SG, 145.

28 5. **Absatz 1 Satz 3.** Von der Ermächtigung zur **Delegation** hat das BMVg mit den oben[47] zit. Erl. Gebrauch gemacht.

29 6. **Absatz 2 – Herausgabe- und Auskunftspflicht.** Mit Urt. vom 31.1.2002[48] hatte das BVerwG aus § 70 Satz 1 BBG a. F. einen Anspruch des Dienstherrn gegenüber dem Beamten auf Herausgabe von „Schmiergeldern" abgeleitet. Das Verbot der Annahme jedweder Vorteile in Bezug auf das Amt umfasse ein **„Behaltensverbot".** Der Senat setzte sich zwar mit dieser Entscheidung über sachgleiche Urt. des BGH hinweg; auch eine Begr. sucht man vergeblich. Dennoch hat das BVerwG in der Lit.[49] Zustimmung gefunden. Ein solcher Herausgabeanspruch kommt dann nicht mehr in Betracht, wenn der Beamte/der Soldat dem Dienstherrn Schadensersatz in Höhe des Bestechungsgeldes geleistet hat.[50] Ausgehend von dieser Rspr. hat der Gesetzgeber mit dem DNeuG in Abs. 2 nunmehr die Herausgabepflicht auch formell kodifiziert.

In welcher Form der zuständige DiszVorg. den Soldaten zur Herausgabe des erlangten (Vermögens-)Vorteils zu veranlassen hat, ist nach der Rspr. offen. Bei **aktiven** Soldaten kommt die Erteilung eines entspr. **Befehls** in Frage[51], bei **ehem.** Soldaten eine **Weisung** in Form eines VA.

30 Für den Herausgabeanspruch gilt die **regelmäßige Verjährungsfrist**, die seit dem 1.1.2002 drei Jahre beträgt.[52]

31 Neben der Pflicht aus § 19 Abs. 1 Satz 1 kann der Soldat gleichzeitig die Pflichten aus **§ 7, § 14** und **§ 17 Abs. 2 Satz 1** verletzt haben.[53]

32 Darüber hinaus können sich Offz und Uffz einer **Wehrstraftat** gem. § 48 Abs. 1 WStG i. V. m. §§ 331, 332 StGB und Mannschaften gem. § 48 Abs. 2 i. V. m. § 332 StGB strafbar gemacht haben. Die Zustimmung des Vorg. zur Annahme einer Zuwendung schließt grds. die Rechtswidrigkeit einer Tat nach § 332 StGB aus, nicht jedoch einer Tat nach § 331 StGB.

§ 20 Nebentätigkeit

(1) ¹Der Berufssoldat und der Soldat auf Zeit bedürfen zur Ausübung jeder entgeltlichen Nebentätigkeit, mit Ausnahme der in Absatz 6 abschließend aufgeführten, der vorherigen Genehmigung, soweit sie nicht nach Absatz 7 entsprechend § 98 des Bundesbeamtengesetzes zu ihrer Ausübung verpflichtet sind. ²Gleiches gilt für folgende unentgeltliche Nebentätigkeiten:
1. gewerbliche oder freiberufliche Tätigkeiten oder die Mitarbeit bei einer dieser Tätigkeiten und
2. Eintritt in ein Organ eines Unternehmens mit Ausnahme einer Genossenschaft.

---

47 Vgl. Rn. 12.
48 BVerwGE 115, 389.
49 *Scherer/Alff/Poretschkin*, SG, § 19 Rn. 9; *Zetzsche*, BWV 2003, 54.
50 OVG Münster IÖD 2008, 182 = NVwZ-RR 2009, 5.
51 A.A. *Scherer/Alff/Poretschkin*, SG, § 19 Rn. 9 (Leistungsbescheid); ebenso *Weniger*, SG, § 19 Rn. 5.
52 BVerwGE 115, 389 (392 f.).
53 BVerwGE 73, 194 (197) = NZWehr 1982, 228.

[3] Als Nebentätigkeit gilt nicht die Wahrnehmung öffentlicher Ehrenämter; ihre Übernahme hat der Soldat vor Aufnahme seinem Disziplinarvorgesetzten schriftlich anzuzeigen.

(2) [1] Die Genehmigung ist zu versagen, wenn zu besorgen ist, dass durch die Nebentätigkeit dienstliche Interessen beeinträchtigt werden. [2] Ein solcher Versagungsgrund liegt insbesondere vor, wenn die Nebentätigkeit
1. nach Art und Umfang den Soldaten in einem Maße in Anspruch nimmt, dass die ordnungsgemäße Erfüllung der dienstlichen Pflichten behindert werden kann,
2. den Soldaten in einen Widerstreit mit seinen dienstlichen Pflichten bringen, dem Ansehen der Bundeswehr abträglich sein kann oder in einer Angelegenheit ausgeübt wird, in der die Dienststelle oder Einheit, welcher der Soldat angehört, tätig wird oder tätig werden kann,
3. die Unparteilichkeit oder Unbefangenheit des Soldaten beeinflussen kann,
4. zu einer wesentlichen Einschränkung der künftigen dienstlichen Verwendbarkeit des Soldaten führen kann.

[3] Ein solcher Versagungsgrund liegt in der Regel auch vor, wenn sich die Nebentätigkeit wegen gewerbsmäßiger Dienst- oder Arbeitsleistung oder sonst nach Art, Umfang, Dauer oder Häufigkeit als Ausübung eines Zweitberufs darstellt. [4] Die Voraussetzung des Satzes 2 Nr. 1 gilt in der Regel als erfüllt, wenn die zeitliche Beanspruchung durch eine oder mehrere Nebentätigkeiten in der Woche acht Stunden überschreitet. [5] Soweit der Gesamtbetrag der Vergütung für eine oder mehrere Nebentätigkeiten 40 Prozent des jährlichen Endgrundgehalts des Dienstgrades des Soldaten übersteigt, liegt ein Versagungsgrund vor. [6] Der zuständige Disziplinarvorgesetzte kann Ausnahmen zulassen, wenn der Soldat durch Angabe bestimmter Tatsachen nachweist, dass die zeitliche Beanspruchung in der Woche acht Stunden nicht übersteigt oder die Versagung unter Berücksichtigung der Umstände des Einzelfalls nicht angemessen wäre oder wenn dienstliche Interessen die Genehmigung einer Nebentätigkeit rechtfertigen. [7] Bei Anwendung der Sätze 4 bis 6 sind genehmigungs- und anzeigepflichtige Nebentätigkeiten zusammen zu berücksichtigen. [8] Die Genehmigung ist auf längstens fünf Jahre zu befristen; sie kann mit Auflagen und Bedingungen versehen werden. [9] Ergibt sich eine Beeinträchtigung dienstlicher Interessen nach Erteilung der Genehmigung, ist diese zu widerrufen.

(3) [1] Der Soldat darf Nebentätigkeiten nur außerhalb des Dienstes ausüben, es sei denn, sie werden auf Verlangen seines Disziplinarvorgesetzten ausgeübt oder es besteht ein dienstliches Interesse an der Ausübung der Nebentätigkeit. [2] Das dienstliche Interesse ist aktenkundig zu machen. [3] Ausnahmen dürfen nur in besonders begründeten Fällen, insbesondere im öffentlichen Interesse, auf schriftlichen Antrag zugelassen werden, wenn dienstliche Gründe dem nicht entgegenstehen und die versäumte Dienstzeit nachgeleistet wird.

(4) [1] Der Soldat darf bei der Ausübung von Nebentätigkeiten Einrichtungen, Personal oder Material des Dienstherrn nur bei Vorliegen eines öffentlichen oder wissenschaftlichen Interesses mit dessen Genehmigung und gegen Entrichtung eines angemessenen Entgelts in Anspruch nehmen. [2] Das Entgelt ist nach den dem Dienstherrn entstehenden Kosten zu bemessen und muss den besonderen Vorteil berücksichtigen, der dem Soldaten durch die Inanspruchnahme entsteht.

§ 20 Nebentätigkeit

(5) ¹Die Genehmigung erteilt das Bundesministerium der Verteidigung; es kann diese Befugnis auf andere Stellen übertragen. ²Anträge auf Erteilung einer Genehmigung sowie Entscheidungen über diese Anträge bedürfen der Schriftform. ³Der Soldat hat die für die Entscheidung erforderlichen Nachweise zu führen, insbesondere über Art und Umfang der Nebentätigkeit sowie die Entgelte und geldwerten Vorteile hieraus; jede Änderung ist unverzüglich schriftlich anzuzeigen.

(6) ¹Nicht genehmigungspflichtig sind
1. die Verwaltung eigenen oder der Nutznießung des Soldaten unterliegenden Vermögens,
2. schriftstellerische, wissenschaftliche, künstlerische oder Vortragstätigkeiten,
3. mit Lehr- oder Forschungsaufgaben zusammenhängende selbstständige Gutachtertätigkeiten von Soldaten als Lehrer an öffentlichen Hochschulen und an Hochschulen der Bundeswehr sowie von Soldaten an wissenschaftlichen Instituten und Anstalten und
4. Tätigkeiten zur Wahrung von Berufsinteressen in Gewerkschaften oder Berufsverbänden oder in Selbsthilfeeinrichtungen der Soldaten.

²Tätigkeiten nach Satz 1 Nr. 2 und 3 sowie eine Tätigkeit in Selbsthilfeeinrichtungen nach Satz 1 Nr. 4 hat der Soldat der zuständigen Stelle schriftlich vor ihrer Aufnahme anzuzeigen, wenn für sie ein Entgelt oder ein geldwerter Vorteil geleistet wird. ³Hierbei hat er insbesondere Art und Umfang der Nebentätigkeit sowie die voraussichtliche Höhe der Entgelte und geldwerten Vorteile anzugeben. ⁴Der Soldat hat jede Änderung unverzüglich schriftlich mitzuteilen. ⁵Der zuständige Disziplinarvorgesetzte kann im Übrigen aus begründetem Anlass verlangen, dass der Soldat über eine ausgeübte nicht genehmigungspflichtige Nebentätigkeit schriftlich Auskunft erteilt, insbesondere über deren Art und Umfang. ⁶Eine nicht genehmigungspflichtige Nebentätigkeit ist ganz oder teilweise zu untersagen, wenn der Soldat bei ihrer Ausübung dienstliche Pflichten verletzt.

(7) § 97 Abs. 1 bis 3, §§ 98 und 102 bis 104 des Bundesbeamtengesetzes gelten entsprechend.

(8) ¹Einem Soldaten, der nach Maßgabe des Wehrpflichtgesetzes Wehrdienst leistet, darf die Ausübung einer Nebentätigkeit nur untersagt werden, wenn sie seine Dienstfähigkeit gefährdet oder den dienstlichen Erfordernissen zuwiderläuft. ²Gleiches gilt bei einem Soldaten, der zu einer Dienstleistung nach dem Vierten Abschnitt herangezogen worden ist.

§ 97 BBG   Begriffsbestimmungen

(1) Nebentätigkeit ist die Wahrnehmung eines Nebenamtes oder die Ausübung einer Nebenbeschäftigung.

(2) Nebenamt ist ein nicht zu einem Hauptamt gehörender Kreis von Aufgaben, der aufgrund eines öffentlich-rechtlichen Dienst- oder Amtsverhältnisses wahrgenommen wird.

(3) Nebenbeschäftigung ist jede sonstige, nicht zu einem Hauptamt gehörende Tätigkeit innerhalb oder außerhalb des öffentlichen Dienstes.

...

Nebentätigkeit § 20

§ 98 BBG Nebentätigkeit im öffentlichen Dienst

Beamtinnen und Beamte sind verpflichtet, auf Verlangen ihrer Dienstbehörde eine Nebentätigkeit im öffentlichen Dienst auszuüben, sofern diese Tätigkeit ihrer Vorbildung oder Berufsausbildung entspricht und sie nicht über Gebühr in Anspruch nimmt.

§ 102 BBG Regressanspruch für die Haftung aus angeordneter Nebentätigkeit

Beamtinnen und Beamte, die aus einer auf Verlangen, Vorschlag oder Veranlassung der oder des Dienstvorgesetzten ausgeübten Tätigkeit im Vorstand, Aufsichtsrat, Verwaltungsrat oder in einem sonstigen Organ einer Gesellschaft, Genossenschaft oder eines in einer anderen Rechtsform betriebenen Unternehmens haftbar gemacht werden, haben gegen den Dienstherrn Anspruch auf Ersatz des ihnen entstandenen Schadens. Ist der Schaden vorsätzlich oder grob fahrlässig herbeigeführt, ist der Dienstherr nur dann ersatzpflichtig, wenn die Beamtin oder der Beamte auf Verlangen der oder des Vorgesetzten gehandelt hat.

§ 103 BBG Erlöschen der mit dem Hauptamt verbundenen Nebentätigkeit

Endet das Beamtenverhältnis, enden, wenn im Einzelfall nichts anderes bestimmt wird, auch die Nebenämter und Nebenbeschäftigungen, die im Zusammenhang mit dem Hauptamt übertragen sind oder die auf Verlangen, Vorschlag oder Veranlassung der oder des Dienstvorgesetzten ausgeübt worden sind.

§ 104 BBG Erlass ausführender Rechtsverordnungen

Die zur Ausführung der §§ 97 bis 103 notwendigen weiteren Vorschriften zu Nebentätigkeiten von Beamtinnen und Beamten erlässt die Bundesregierung durch Rechtsverordnung. In ihr kann bestimmt werden,
1. welche Tätigkeiten als öffentlicher Dienst im Sinne dieser Vorschriften anzusehen sind oder ihm gleichstehen,
2. ob und inwieweit eine im öffentlichen Dienst ausgeübte oder auf Verlangen, Vorschlag oder Veranlassung der oder des Dienstvorgesetzten ausgeübte Nebentätigkeit vergütet wird oder eine Vergütung abzuführen ist,
3. unter welchen Voraussetzungen die Beamtin oder der Beamte zur Ausübung von Nebentätigkeiten Einrichtungen, Personal oder Material des Dienstherrn in Anspruch nehmen darf und in welcher Höhe hierfür ein Entgelt an den Dienstherrn zu entrichten ist; das Entgelt kann pauschaliert in einem Prozentsatz des aus der Nebentätigkeit erzielten Bruttoeinkommens festgelegt werden und bei unentgeltlich ausgeübter Nebentätigkeit entfallen,
4. dass die Beamtin oder der Beamte verpflichtet werden kann, nach Ablauf eines jeden Kalenderjahres der oder dem Dienstvorgesetzten die ihr oder ihm zugeflossenen Entgelte und geldwerten Vorteile aus Nebentätigkeiten anzugeben.

Eichen

**Verordnung
über die Nebentätigkeit der Bundesbeamten, Berufssoldaten und Soldaten auf Zeit
(Bundesnebentätigkeitsverordnung – BNV)**

vom 22.4.1964 (BGBl. I S. 299), neu gefasst durch Bekanntmachung
vom 12.11.1987 (BGBl. I S. 2377),
zuletzt geä. durch Art. 15 Abs. 21 G vom 5.2.2009 (BGBl. I S. 160)

Erster Abschnitt
Ausübung von Nebentätigkeiten

§ 1

(aufgehoben)

§ 2 Nebentätigkeit im öffentlichen Dienst

(1) Nebentätigkeit im öffentlichen Dienst ist jede für den Bund, ein Land oder andere Körperschaften, Anstalten oder Stiftungen des öffentlichen Rechts im Bundesgebiet (einschließlich des Landes Berlin) oder für Verbände von solchen ausgeübte Nebentätigkeit; ausgenommen ist eine Nebentätigkeit für öffentlich-rechtliche Religionsgesellschaften oder deren Verbände.

(2) Einer Nebentätigkeit im öffentlichen Dienst steht gleich eine Nebentätigkeit für
1. Vereinigungen, Einrichtungen oder Unternehmen, deren Kapital (Grund- oder Stammkapital) sich unmittelbar oder mittelbar ganz oder überwiegend in öffentlicher Hand befindet oder die fortlaufend ganz oder überwiegend aus öffentlichen Mitteln unterhalten werden,
2. zwischenstaatliche oder überstaatliche Einrichtungen, an denen eine juristische Person oder ein Verband im Sinne des Absatzes 1 Halbsatz 1 durch Zahlung von Beiträgen oder Zuschüssen oder in anderer Weise beteiligt ist,
3. natürliche oder juristische Personen, die der Wahrung von Belangen einer juristischen Person oder eines Verbandes im Sinne des Absatzes 1 Halbsatz 1 dient.

§ 3 Zulässigkeit von Nebentätigkeiten im Bundesdienst

Aufgaben, die für den Bund oder bundesunmittelbare Körperschaften, Anstalten oder Stiftungen des öffentlichen Rechts wahrgenommen werden, sind grundsätzlich in ein Hauptamt einzuordnen. Sie sollen nicht als Nebentätigkeit zugelassen werden, wenn sie mit dem Hauptamt in Zusammenhang stehen.

§ 4 Vergütung

(1) Vergütung für eine Nebentätigkeit ist jede Gegenleistung in Geld oder geldwerten Vorteilen, auch wenn kein Rechtsanspruch auf sie besteht.

(2) Als Vergütung im Sinne des Absatzes 1 gelten nicht
1. der Ersatz von Fahrkosten sowie Tagegelder bis zur Höhe des Betrages, den die Reisekostenvorschriften für Beamte in der höchsten Reisekostenstufe für den vollen Kalendertag vorsehen, oder, sofern bei Anwendung dieser Vorschriften ein Zuschuss zustehen würde, bis zur Höhe des Gesamtbetrages; Entsprechendes gilt für Übernachtungsgelder,
2. der Ersatz sonstiger barer Auslagen, wenn keine Pauschalierung vorgenommen wird.

Nebentätigkeit § 20

(3) Pauschalierte Aufwandsentschädigungen sind in vollem Umfang, Tage- und Übernachtungsgelder insoweit, als sie die Beträge nach Absatz 2 Nr. 1 übersteigen, als Vergütung anzusehen.

§ 5 Allgemeine Erteilung, Widerruf der Genehmigung

(1) Die zur Übernahme einer oder mehrerer Nebenbeschäftigungen gegen Vergütung erforderliche Genehmigung gilt allgemein als erteilt, wenn die Nebenbeschäftigungen insgesamt geringen Umfang haben, außerhalb der Dienstzeit ausgeübt werden und kein gesetzlicher Versagungsgrund vorliegt. Der Umfang einer oder mehrerer Nebenbeschäftigungen ist als gering anzusehen, wenn die Vergütung hierfür insgesamt 100 Euro im Monat nicht übersteigt und die zeitliche Beanspruchung durch eine oder mehrere Nebenbeschäftigungen in der Woche ein Fünftel der regelmäßigen wöchentlichen Arbeitszeit nicht überschreitet. In diesen Fällen ist die Nebenbeschäftigung dem Dienstvorgesetzten anzuzeigen, es sei denn, dass es sich um eine einmalige, gelegentliche Nebenbeschäftigung handelt.

(2) Eine als genehmigt geltende Nebenbeschäftigung ist zu untersagen, wenn ihre Ausübung dienstliche Interessen beeinträchtigt.

(3) Wird eine Genehmigung widerrufen oder eine als genehmigt geltende Nebenbeschäftigung oder eine nicht genehmigungspflichtige Nebentätigkeit untersagt, so soll dem Beamten eine angemessene Frist zur Abwicklung der Nebentätigkeit eingeräumt werden, soweit die dienstlichen Interessen dies gestatten.

§ 6 Vergütungen für Nebentätigkeiten und Ablieferungspflicht

(1) Für eine Nebentätigkeit im Bundesdienst (§ 3) wird grundsätzlich eine Vergütung nicht gewährt. Ausnahmen können zugelassen werden für
1. Gutachtertätigkeiten und schriftstellerische Tätigkeiten,
2. Tätigkeiten, deren unentgeltliche Ausübung dem Beamten nicht zugemutet werden kann.

Wird der Beamte für die Nebentätigkeit entsprechend entlastet, darf eine Vergütung nicht gewährt werden.

(2) Werden Vergütungen nach Absatz 1 Satz 2 gewährt, so dürfen sie im Kalenderjahr insgesamt nicht übersteigen

für Beamte in den Besoldungsgruppen	Euro (Bruttobetrag)
A 1 bis A 8	3 700
A 9 bis A 12	4 300
A 13 bis A 16, B 1, C 1, C 2 bis C 3, R 1 und R 2	4 900
B 2 bis B 5, C 4, R 3 bis R 5	5 500
ab B 6, ab R 6	6 100.

Innerhalb des Höchstbetrages ist die Vergütung nach dem Umfang und der Bedeutung der Nebentätigkeit abzustufen. Mit Ausnahme von Tage- und Übernachtungsgeldern dürfen Auslagen nicht pauschaliert werden.

(3) Erhält ein Beamter Vergütungen für eine oder mehrere Nebentätigkeiten im Bundesdienst oder für sonstige Nebentätigkeiten, die er im öffentlichen oder in dem ihm gleichstehenden Dienst oder auf Verlangen, Vorschlag oder Veranlassung seines Dienstvorgesetzten ausübt, so hat er sie insoweit an seinen Dienstherrn im Hauptamt abzuliefern, als sie für die in einem Kalenderjahr ausgeübten Tätigkeiten die in Absatz 2 Satz 1 genannten Bruttobe-

Eichen

§ 20 Nebentätigkeit

träge übersteigen. Vor der Ermittlung des abzuliefernden Betrages sind von den Vergütungen abzusetzen die im Zusammenhang mit der Nebentätigkeit entstandenen Aufwendungen für

1. Fahrkosten sowie Unterkunft und Verpflegung bis zur Höhe der in § 4 Abs. 2 Nr. 1 genannten Beträge,
2. die Inanspruchnahme von Einrichtungen, Personal oder Material des Dienstherrn (einschließlich Vorteilsausgleich),
3. sonstige Hilfeleistungen und selbst beschafftes Material.

Voraussetzung ist, dass der Beamte für diese Aufwendungen keinen Auslagenersatz erhalten hat.

(4) Vergütungen im Sinne des Absatzes 3 sind abzuliefern, sobald sie den Betrag übersteigen, der dem Beamten zu belassen ist.

(5) Die Verpflichtungen nach den Absätzen 3 und 4 treffen auch Ruhestandsbeamte und frühere Beamte insoweit, als die Vergütungen für vor der Beendigung des Beamtenverhältnisses ausgeübte Nebentätigkeiten gewährt sind.

§ 7 Ausnahmen von § 6

§ 6 ist mit Ausnahme des Absatzes 1 Satz 3 nicht anzuwenden auf Vergütungen für

1. Lehr-, Unterrichts-, Vortrags- oder Prüfungstätigkeiten,
2. Tätigkeiten als gerichtlicher oder staatsanwaltschaftlicher Sachverständiger,
3. Tätigkeiten auf dem Gebiet der wissenschaftlichen Forschung,
4. Gutachtertätigkeiten von Ärzten, Zahnärzten oder Tierärzten für Versicherungsträger oder für andere juristische Personen des öffentlichen Rechts sowie ärztliche, zahnärztliche oder tierärztliche Verrichtungen dieser Personen, für die nach den Gebührenordnungen Gebühren zu zahlen sind,
5. Tätigkeiten, die während eines unter Wegfall der Besoldung gewährten Urlaubs ausgeübt werden.

§ 8 Abrechnung über die Vergütung aus Nebentätigkeiten

Die Beamten haben nach Ablauf eines jeden Kalenderjahres ihrem Dienstvorgesetzten eine Abrechnung über die ihnen zugeflossenen Vergütungen im Sinne des § 6 vorzulegen, wenn die Vergütungen 500 Euro (brutto) im Kalenderjahr übersteigen. In den Fällen des § 6 Abs. 5 sind auch Ruhestandsbeamte und frühere Beamte hierzu verpflichtet.

Zweiter Abschnitt
Inanspruchnahme von Einrichtungen, Personal oder Material des Dienstherrn

§ 9 Genehmigungspflicht

(1) Der Beamte bedarf der vorherigen schriftlichen Genehmigung seiner obersten Dienstbehörde oder der von ihr beauftragten Behörde, wenn er bei der Ausübung einer Nebentätigkeit Einrichtungen, Personal oder Material seines Dienstherrn in Anspruch nehmen will.

(2) Einrichtungen sind die sächlichen Mittel, insbesondere die Diensträume und deren Ausstattung einschließlich Apparate und Instrumente, mit Ausnahme von Bibliotheken. Material sind die verbrauchbaren Sachen und die Energie.

(3) Aus Anlass der Mitwirkung an der Nebentätigkeit darf Mehrarbeit, Bereitschaftsdienst oder Rufbereitschaft nicht angeordnet, genehmigt oder vergütet werden. Vereinbarungen über eine private Mitarbeit außerhalb der Dienstzeit bleiben unberührt.

Nebentätigkeit § 20

(4) Die Genehmigung darf nur erteilt werden, wenn ein öffentliches oder wissenschaftliches Interesse an der Ausübung der Nebentätigkeit besteht. Die Genehmigung ist widerruflich; sie kann befristet werden. In dem Genehmigungsbescheid ist der Umfang der zugelassenen Inanspruchnahme anzugeben. Die Genehmigung darf nur unter der Auflage erteilt werden, dass ein Entgelt für die Inanspruchnahme von Einrichtungen, Personal oder Material gezahlt wird; § 10 Abs. 1 Satz 2 bleibt unberührt.

§ 10 Grundsätze für die Bemessung des Entgelts

(1) Für die Inanspruchnahme von Einrichtungen, Personal oder Material des Dienstherrn hat der Beamte ein angemessenes Entgelt zu entrichten. Auf die Entrichtung eines Entgelts kann verzichtet werden
1. bei einer unentgeltlichen Nebentätigkeit,
2. wenn die Nebentätigkeit auf Verlangen, Vorschlag oder Veranlassung des Dienstvorgesetzten ausgeübt wird oder
3. wenn der Betrag 100 Euro im Kalenderjahr nicht übersteigt.

(2) Die Höhe des Entgelts richtet sich nach den Grundsätzen der Kostendeckung und des Vorteilsausgleichs.

(3) Nehmen mehrere Beamte Einrichtungen, Personal oder Material des Dienstherrn gemeinsam in Anspruch, sind sie als Gesamtschuldner zur Entrichtung des Entgelts verpflichtet.

§ 11 Allgemeines Entgelt

(1) Das Entgelt außerhalb des in § 12 geregelten Bereichs wird pauschaliert nach einem Vomhundertsatz der für die Nebentätigkeit bezogenen (Brutto-)Vergütung bemessen. Es beträgt im Regelfall
5 v. H. für die Inanspruchnahme von Einrichtungen,
10 v. H. für die Inanspruchnahme von Personal,
5 v. H. für den Verbrauch von Material,
10 v. H. für den durch die Inanspruchnahme von Einrichtungen, Personal oder Material erwachsenen wirtschaftlichen Vorteil.

(2) Die oberste Dienstbehörde kann im Einvernehmen mit dem Bundesminister der Finanzen abweichend von Absatz 1 Gebührenordnungen und sonstige allgemeine Kostentarife, soweit sie die entstandenen Kosten abdecken und Vorteile ausgleichen, für anwendbar erklären; das Gleiche gilt für die Aufsichtsbehörde der Träger der Sozialversicherung, soweit der zuständige Fachminister ihr diese Belange übertragen hat.

(3) Wird die Nebentätigkeit unentgeltlich ausgeübt, ohne dass auf ein Entgelt nach § 10 Abs. 1 Satz 2 Nr. 1 verzichtet wird, so bemisst sich die Höhe des Entgelts nach dem Wert der Inanspruchnahme von Personal, Einrichtungen oder Material; das Entgelt für den wirtschaftlichen Vorteil entfällt.

(4) Wird nachgewiesen, dass das nach den Vomhundertsätzen des Absatzes 1 berechnete Entgelt offensichtlich um mehr als 25 v. H. niedriger oder höher ist als es dem Wert der Inanspruchnahme entspricht, so ist es von Amts wegen oder auf Antrag des Beamten nach dem Wert
1. der anteiligen Kosten für die Beschaffung, Unterhaltung und Verwaltung der benutzten Einrichtungen,
2. der anteiligen Kosten für das in Anspruch genommene Personal einschließlich der Personalnebenkosten und der Gemeinkosten,

Eichen

§ 20 Nebentätigkeit

3. der Beschaffungs- und anteiligen Verwaltungskosten für das Material,
4. des durch die Bereitstellung von Einrichtungen, Personal oder Material erwachsenen wirtschaftlichen Vorteils des Beamten (Vorteilsausgleich)

festzusetzen. Der Beamte muss den Nachweis innerhalb einer Ausschlussfrist von drei Monaten nach Festsetzung des Entgelts erbringen. Die Entscheidung trifft die oberste Dienstbehörde.

§ 12 Entgelt für ärztliche und zahnärztliche Nebentätigkeiten

(1) Das Entgelt (Kostenerstattung und Vorteilsausgleich) für ärztliche und zahnärztliche Nebentätigkeiten in Krankenhäusern und in den sanitätsdienstlichen Einrichtungen der Bundeswehr ist zu pauschalieren, soweit in den Absätzen 2 und 3 nichts anderes bestimmt oder zugelassen wird. Für ärztliche und zahnärztliche Nebentätigkeiten in anderen Tätigkeitsbereichen richtet sich die Höhe des Entgelts nach den allgemeinen Bestimmungen des § 11.

(2) Die Höhe der Kostenerstattung bemisst sich nach den vom zuständigen Fachminister zu erlassenden Bestimmungen, die den Grundsätzen der Kostendeckung entsprechen müssen; für die Träger der Sozialversicherung kann die Regelungsbefugnis der Aufsichtsbehörde übertragen werden. Soweit Ärzte oder Zahnärzte für die in Absatz 1 Satz 1 genannten Tätigkeiten bereits nach Rechtsvorschriften des Bundes eine den Grundsätzen der Kostendeckung entsprechende Kostenerstattung leisten, entfällt eine Kostenerstattung nach Satz 1.

(3) Der Vorteilsausgleich beträgt 20 vom Hundert der im Kalenderjahr aus der Nebentätigkeit erzielten Einnahmen bis 100 000 Euro, die dem Beamten nach Abzug der nach Absatz 2 zu erstattenden Kosten verbleiben, und 30 vom Hundert von dem darüber hinausgehenden Mehrbetrag. Bei einem Honorarverzicht ist ein Vorteilsausgleich nicht zu entrichten.

§ 13 Festsetzung des Entgelts

(1) Das zu zahlende Entgelt wird von der für die Genehmigung nach § 9 Abs. 1 zuständigen oder der von ihr mit seiner Berechnung beauftragten Stelle nach dem Ende der Inanspruchnahme, mindestens jedoch halbjährlich festgesetzt. Ist die Höhe des Entgelts bereits im Zeitpunkt der Genehmigung zu übersehen, so soll das Entgelt zugleich mit der Genehmigung festgesetzt werden. Das Entgelt wird einen Monat nach der Festsetzung fällig, im Falle des Satzes 2 einen Monat nach dem Ende der Inanspruchnahme, mindestens jedoch halbjährlich.

(2) Der Beamte ist verpflichtet, das Ende der Inanspruchnahme der nach § 9 Abs. 1 zuständigen Stelle unverzüglich schriftlich anzuzeigen. Er hat die für die Berechnung des Entgelts notwendigen Aufzeichnungen zu führen und mit den zur Glaubhaftmachung notwendigen Belegen unverzüglich nach Beendigung, bei fortlaufender Inanspruchnahme mindestens halbjährlich vorzulegen. Diese Unterlagen sind fünf Jahre, vom Tage der Festsetzung des Entgelts an gerechnet, aufzubewahren.

Dritter Abschnitt
Geltungsbereich; Berlin-Klausel; Inkrafttreten

§ 14 Geltung für Berufssoldaten und Soldaten auf Zeit

Diese Verordnung gilt für Berufssoldaten und Soldaten auf Zeit entsprechend.

§ 15

(aufgehoben)

§ 16

(Inkrafttreten)

Nebentätigkeit § 20

Übersicht

	Rn		Rn
I. Allgemeines	1	4. Absatz 4 Inanspruchnahme von Personal und Sachmitteln des Dienstherrn	77
1. Zweck der Vorschrift	1		
2. Entstehung der Vorschrift	3		
3. Änderungen der Vorschrift	5	5. Absatz 5 Genehmigungszuständigkeit, Formvorschriften und Nachweispflichten	84
4. Bezüge zum Beamtenrecht bzw. zu sonstigen rechtl. Vorschriften; ergänzende Dienstvorschriften	11	6. Absatz 6 Nicht genehmigungspflichtige Nebentätigkeiten	87
II. Erläuterungen im Einzelnen	18	7. Absatz 7 Entspr. Anwendung des BBG	114
1. Absatz 1 Genehmigungsbedürftige Nebentätigkeiten	18	8. Absatz 8 Nebentätigkeiten der nach Maßgabe des WPflG Wehrdienst leistenden und zu einer Dienstleistung nach dem Vierten Abschnitt herangezogenen Soldaten	129
2. Absatz 2 Versagung der Genehmigung	43		
3. Absatz 3 Nebentätigkeit außerhalb des Dienstes	71		

Literatur: *Badura, Peter*: Die Anzeigepflicht für eine schriftstellerische oder wissenschaftliche Nebentätigkeit von Beamten, ZBR 2000, 109; *Baßlsperger, Maximilian*: Nebentätigkeiten von Beamten: Rechtsprobleme – Lösungsansätze, ZBR 2004, 369; *Battis, Ulrich*: Das zweite Nebentätigkeitsbegrenzungsgesetz, NVwZ 1998, 34; *ders.*: Begrenzung und Kontrolle von Nebentätigkeiten, in: Fs für Walther Fürst, 2002, 45; *Bornemann, Peter*: Soldatenrecht und Nebentätigkeit, DöD 1985, 15; *Gärditz, Klaus Ferdinand*: Wissenschaftliche Nebentätigkeiten im Beamtenrecht, ZBR 2009, 145; *Günther, Hellmuth*: Nebenamt, ZBR 1986, 97; *ders.*: Unterbinden von Nebenbeschäftigung bei Kollision mit dienstlichen Interessen, DöD 1988, 78; *Keymer, Dietrich/Kolbe, Manfred/Braun, Thomas*: Das Nebentätigkeitsrecht in Bund und Ländern, 1988 (1993 eingestellt, gleichwohl in Teilen noch verwendbar); *Korte, Matthias*: Kampfansage an Korruption, NJW 1997, 2556; *Lippert, Hans-Dieter*: Neues aus dem Nebentätigkeitsrecht im öffentlichen Dienst, PersV 2000, 402; *Mirbach, Horst*: Der Umfang der Auskunftspflicht des Beamten bei genehmigten Nebentätigkeiten, ZBR 1995, 64; *Schnellenbach, Hellmut*: Das Gesetz zur Reform des öffentlichen Dienstes (Reformgesetz), NVwZ 1997, 521; *Summer, Rudolf*: Rechtes Augenmaß – rechtes Verfassungsmaß – eine Studie zum neuen Nebentätigkeitsrecht, ZBR 1988, 1; *Wagner, Erwin*: Die Vortragstätigkeit im Beamtenrecht, DöD 2007, 106; *v. Zwehl, Herwig*: Nebentätigkeitsrecht im öffentlichen Dienst, 2. Aufl. 2001.

I. Allgemeines

1. Zweck der Vorschrift. § 20 reglementiert die Nebentätigkeiten der Soldaten in enger **Anlehnung** an die entspr. Vorschriften des **Beamtenrechts** (dies verdeutlicht Abs. 7). Die Vorschrift schafft einen Ausgleich zwischen dem Interesse des Dienstherrn an der Aufrechterhaltung der ständigen Einsatzbereitschaft der Truppe, die durch die jederzeitige Heranziehbarkeit[1] der Soldaten zum Dienst (§ 7) gewährleistet wird, und dem individuellen Interesse der Soldaten, außerhalb des Dienstes die eigene Arbeitskraft frei zu verwerten, wie es die Grundrechte auf freie Entfaltung der Per-

---

[1] Zur soldatischen Pflicht, jederzeit Dienst zu leisten, vgl. BVerwGE 60, 118 (120) = NZWehr 1980, 234 (237).

sönlichkeit (Art. 2 Abs. 1 GG) und der Berufsfreiheit (Art. 12 Abs. 1 GG) zulassen.[2] § 20 gestaltet exemplarisch – am Beispiel der Nebentätigkeit – die in § 6 angelegte rechtl. Stellung des Soldaten als Staatsbürger in Uniform aus. Der Soldat muss die Beschränkung seiner staatsbürgerlichen Rechte – soweit es der mil. Dienst erfordert – durch seine gesetzl. begründeten Pflichten hinnehmen. Als Grds. zur Ausübung von Nebentätigkeiten hat die Rspr.[3] klargestellt, dass gegenüber dem in der Verfassung verankerten Gebot, funktionstüchtige SK zu unterhalten (Art. 87a Abs. 1 GG), das individuelle Interesse des Soldaten an einem möglichst wirtschaftlichen Einsatz der eigenen Arbeitskraft von ungleich geringerem Gewicht ist.

2 Keinen Fall der Nebentätigkeit, sondern der **Anschluss**tätigkeit nach dem Ausscheiden aus dem Wehrdienst regelt § 20a.

3 **2. Entstehung der Vorschrift.** Regelungen zur Nebentätigkeit der Soldaten enthielt bereits die Erstfassung des SG. Der damalige § 20 besaß sechs (aus den Ausschussberatungen des **§ 17 des REntw.** hervorgegangene) Absätze.[4] Er entsprach weitgehend den beamtenrechtl. Regelungen in den damaligen §§ 64 ff. BBG. Durch die in der Erstfassung des § 20 (im damaligen Abs. 4 [heute Abs. 7]) bestimmte entspr. Anwendbarkeit u. a. des § 69 BBG a. F. (heute: § 104 BBG) galt die dort erteilte Ermächtigung zum Erlass einer RVO über die Nebentätigkeit der Beamten entspr. für BS und SaZ.

4 Abs. 5 der Erstfassung des § 20, der dem heutigen Abs. 8 Satz 1 entsprach und die Nebentätigkeit für Soldaten, die aufgrund der WPfl Wehrdienst leisten, regelte, sollte nach dem bei den Beratungen des REntw. fast einstimmig bekundeten Willen des Rechtsausschusses[5] gestrichen werden. Der federführende VertA votierte jedoch – wie der Ausschuss für Beamtenrecht[6] – für die Belassung dieser Vorschrift (allerdings in modifizierter Fassung) in § 20.[7]

5 **3. Änderungen der Vorschrift.** § 20 ist erstmals durch Art. 3 Abs. 1 Nr. 2 des **Nebentätigkeitsbegrenzungsgesetzes**[8] im Gleichklang mit entspr. beamtenrechtl. Gesetzesänd. novelliert worden. Die Neuregelung legte für BS und SaZ – wie für Beamte im BRRG und im BBG – fest, dass sie zur Ausübung von Nebentätigkeiten grds. einer Genehmigung bedürfen. Ausnahmen werden abschließend gesetzl. aufgeführt. Die Grundlagen der Entscheidung über die Genehmigung der Nebentätigkeit wurden in Abs. 2 durch tatbestandliche Festlegungen konkretisiert, die Entscheidungsmöglichkeit der Vorg.

---

2 BVerfG ZBR 2009, 123 lässt offen, ob Nebentätigkeiten überhaupt in den Schutzbereich des Art. 12 Abs. 1 GG fallen.
3 Im Fall eines SanOffz durch BVerwGE 63, 99 (101) = NZWehrr 1979, 230.
4 Zum Folgenden BT-Drs. II/2140.
5 Vgl. die Stellungnahmen im Prot. der 87. Sitzung dieses Ausschusses, 14 – 20: Abs. 5 erscheine an dieser Stelle unsystematisch, außerdem seien die Voraussetzungen der Untersagung einer Nebentätigkeit nicht hinreichend präzise. Der Vertreter der BReg (*Dr. Barth*) hatte es hingegen als notwendig bezeichnet, den Grundgedanken, der Soldat dürfe in seiner Freizeit alles tun, was den Dienst nicht beeinträchtige, auch für GWDL ausdrücklich im SG auszusprechen (Prot. S. 18). Vgl. *Rittau*, SG, 152.
6 Vgl. Prot. der 39. Sitzung dieses Ausschusses am 6.12.1955, 7.
7 Vgl. BT-Drs. II/2140, 36.
8 G v. 21.2.1985 (BGBl. I S. 371).

wurde damit sachbezogen eingeengt.[9] Insbes. stellte der Gesetzgeber die sog. Fünftel-Regel (konkretisiert auf acht Stunden) auf.[10]

Eine weitere Änd. erfuhr § 20 im G vom **12.9.1990**[11] durch eine Ergänzung in Abs. 1 Satz 2 Halbs. 1, wonach eine unentgeltliche Vormundschaft, Betreuung oder Pflegschaft eines Angehörigen nicht als Nebentätigkeit gilt.   6

Gemeinsam mit den entspr. beamtenrechtl. Vorschriften wurde § 20 erneut umfangreich geä. durch Art. 3 des **Zweiten Nebentätigkeitsbegrenzungsgesetzes**.[12] Dieses G hatte eine weitere Eingrenzung von Nebentätigkeiten zur Folge. Hierzu wurden insbes. die Offenlegungspflichten zu Nebentätigkeiten erweitert (in Abs. 5 Satz 2 [jetzt: Satz 3]) sowie eine generelle Befristung von Nebentätigkeitsgenehmigungen und die Möglichkeit, diese Genehmigungen unter Auflagen und Bedingungen zu erteilen (in Abs. 2 Satz 5 – jetzt: Satz 8), eingeführt. In Abs. 2 Satz 3 wurde die Unzulässigkeit von Nebentätigkeiten mit dem Charakter eines Zweitberufs klargestellt.   7

Zwei weitere Änd. erfuhr § 20 durch Art. 2 Nr. 7 des **SkResNOG**[13]: Der bisherige Abs. 5a wurde aufgehoben, weil die in ihm enthaltene Übergangsvorschrift durch Zeitablauf gegenstandslos geworden war. In Abs. 8 wurden die Wörter „auf Grund der Wehrpflicht" durch die Wörter „nach Maßgabe des Wehrpflichtgesetzes" ersetzt.   8

Durch Art. 3 Nr. 4 des **WehrRÄndG 2008** wurde in Abs. 8 ein Satz 2 angefügt.   9

Durch Art. 10 Nr. 4 des **DNeuG** wurde § 20 infolge der materiellen Änd. im beamtenrechtl. Nebentätigkeitsrecht (§§ 97 ff. BBG)[14] neu gefasst.   10

4. Bezüge zum Beamtenrecht bzw. zu sonstigen rechtl. Vorschriften; ergänzende Dienstvorschriften. Die Regelungen des Nebentätigkeitsrechts der BS und der SaZ in § 20 sind im Wesentlichen sinngleich – z.T. wörtlich – den **Vorschriften des BBG** über Nebentätigkeiten der **Bundesbeamten** nachgebildet.[15]   11

Es entsprechen dem § 20
- Abs. 1 der § 99 Abs. 1 BBG und § 97 Abs. 4 BBG
- Abs. 2 der § 99 Abs. 2 bis 4 BBG
- Abs. 3 der § 101 Abs. 1 BBG
- Abs. 4 der § 101 Abs. 2 BBG
- Abs. 5 der § 99 Abs. 5 BBG
- Abs. 6 Satz 1 der § 100 Abs. 1 BBG
- Abs. 6 Satz 2 bis 4 der § 100 Abs. 2 BBG
- Abs. 6 Satz 5 der § 100 Abs. 3 BBG
- Abs. 6 Satz 6 der § 100 Abs. 4 BBG
- Abs. 7 die dort für anwendbar erklärten §§ 97 Abs. 1 bis 3, §§ 98 und 102 bis 104 BBG.

---

9 BT-Drs. 10/2542, 2. Der dort verwendete Begriff „Genehmigungsermessen des Dienstvorgesetzten" ist irreführend, denn der Vorg. hat **kein Ermessen** bei der Erteilung o. Versagung der Genehmigung, vgl. die Komm. zu Abs. 2 Rn. 46.
10 Vgl. Komm. zu Abs. 2 Satz 4 (s. Rn. 48).
11 BGBl. I S. 2002, durch Art. 7 § 37 Abs. 1 Nr. 1 des G.
12 V. 9.9.1997 (BGBl. I S. 2294 = VMBl. 1998 S. 14); vgl. BT-Drs. 13/8079.
13 Vgl. BT-Drs. 15/4485, 12, 36.
14 Vgl. BT-Drs. 16/7076, 172.
15 Daher sind gerichtl. Entsch. zur Nebentätigkeit der Beamten i. d. R. auf Soldaten übertragbar.

§ 20 Nebentätigkeit

Für § 20 Abs. 8 (Nebentätigkeit der Soldaten, die nach Maßgabe des WPflG Wehrdienst leisten oder zu einer Dienstleistung nach dem Vierten Abschnitt herangezogen werden) findet sich naturgemäß kein Pendant im BBG.

12 Über § 20 Abs. 7 findet die auf der Basis des § 104 BBG erlassene **Verordnung über die Nebentätigkeit der Bundesbeamten, Berufssoldaten und Soldaten auf Zeit** (Bundesnebentätigkeitsverordnung – BNV)[16] Anwendung. Sie gilt gem. § 14 BNV entspr. für BS und SaZ.

13 Eine Vorschrift zur Regelung des Nebentätigkeitsrechts der **Beamten** in den **Ländern** enthält § 40 BeamtStG.[17]

14 Spezielle nebentätigkeitsrechtl. Vorschriften für **Richter** im Bundesdienst[18] und im Landesdienst sind in §§ 40 bis 42 DRiG enthalten. Ansonsten gelten über § 46 DRiG für Richter im Bundesdienst vorbehaltlich besonderer Regelungen die nebentätigkeitsrechtl. Vorschriften für Bundesbeamte entspr.; über § 71 DRiG gilt für Richter im Landesdienst bis zu einer besonderen Regelung das BeamtStG (zum Nebentätigkeitsrecht also § 40 BeamtStG) entspr. Für Richter im Bundesdienst gilt die **Verordnung über die Nebentätigkeit der Richter im Bundesdienst**.[19] Nicht erfasst von dieser VO werden die Richter des BVerfG.[20]

15 Das BMVg regelt Einzelheiten zu Nebentätigkeiten (insbes. die Genehmigungsbefugnis, das Verfahren der Genehmigung, die Inspruchnahme von Einrichtungen, Personal oder Material des Dienstherrn) der Soldaten im Erl. **Nebentätigkeiten von Beamtinnen, Beamten, Soldatinnen, Soldaten, Arbeitnehmerinnen und Arbeitnehmern**.[21]

16 Außerdem gelten für besonders relevante Nebentätigkeiten seitens des BMVg u. a.[22] folgende **Erlasse**:
- Teilnahme von Angehörigen des Geschäftsbereiches des BMVg an Seminaren der Wirtschaft[23]
- Priv. Veröffentlichungen und Vorträge[24]
- Best. über die Krankenhausbehandlung von Zivilpersonen in Bundeswehrkrankenhäusern (BwKrhs) – Neufassung – (**Zivilpatientenerlass**)[25]
- RL für die Inanspruchnahme von Einrichtungen, Personal oder Material des Dienstherrn/Arbeitgebers und die Entrichtung des Entgelts durch Sanitätsoffiziere sowie beamtete und angestellte Ärzte, Zahnärzte, Tierärzte und Apotheker der Bw im Rahmen der Nebentätigkeit (sog. **InanspruchnahmeRL**).[26]

---

16 Vgl. den obigen Abdruck der BNV.
17 Der frühere § 42 BRRG ist mit Ablauf des 31.3.2009 außer Kraft getreten, vgl. § 63 Abs. 2 Satz 2 BeamtStG (BGBl. 2008 I S. 1010, 1023).
18 Damit auch für die Richter der Wehrdienstgerichte.
19 Vom 15.10.1965 (BGBl. I S. 1719) mit Änd.; diese VO geht der BNV vor.
20 Vgl. § 9 der VO.
21 Neufassung, VMBl. 2010, nachfolgend zit. als **NT-Erl. BMVg**
22 Sonstige einschlägige Erl./Dienstvorschriften werden im jew. Zusammenhang zit.
23 VMBl. 1997 S. 116, geä. durch VMBl. 1998 S. 244.
24 VMBl. 1982 S. 211.
25 BMVg – R I 2 – Az 42-40-15 v. 28.4.2008.
26 BMVg – InSan II 3 – Az 42-01-01/01 v. 1.3.1996, geä. durch BMVg – InSan II 3 – Az 42-01-01/02 v. 1.12.1997.

Für **nach Maßgabe des WPflG** Wehrdienst leistende **Soldaten** gilt der Erl. **Nebentätig- 17 keit wehrpflichtiger Soldaten, die Leistungen nach dem Unterhaltssicherungsgesetz (USG) erhalten.**[27]

II. Erläuterungen im Einzelnen

1. Absatz 1 Genehmigungsbedürftige Nebentätigkeiten. Nach **Satz 1** muss jede **ent- 18 geltliche** (ggf. auch eine unentgeltliche, vgl. Satz 2) Nebentätigkeit, die ein **BS** oder **SaZ** übernehmen will, **vorher genehmigt** werden[28], es sei denn, es handelt sich um eine in Abs. 6 abschließend aufgeführte, nicht genehmigungspflichtige Nebentätigkeit.

Entgeltlichkeit liegt vor, wenn der Soldat für seine Tätigkeit eine Gegenleistung (Ver- 19 gütung) in Geld oder geldwerten Vorteilen[29] erhält, auch wenn auf sie kein Rechtsanspruch besteht (§ 4 Abs. 1 BNV). Fließt der Nutzen Dritten zu, ändert dies an der Entgeltlichkeit nichts (Umgehungsverbot[30]). Keine Entgeltlichkeit begründen im Rahmen beamtenrechtl. Reisekostenvorschriften gezahlte Gelder[31] sowie der Ersatz sonstiger barer Auslagen (z. B. für Porto), wenn keine Pauschalierung vorgenommen wird.[32]

Nach dem eindeutigen Wortlaut der Vorschrift darf die Nebentätigkeit erst **nach** 20 Erteilung der **Genehmigung** aufgenommen werden, auch wenn diese problemlos zu erwarten ist.

Die Verpflichtung zur vorherigen Genehmigung einer Nebentätigkeit besteht für BS 21 und SaZ auch dann, wenn ihre **Dienstleistungspflicht** vorübergehend oder für längere Zeit **nicht besteht.** Deshalb bedarf der **erkrankte** oder **beurlaubte**[33] Soldat der Genehmigung. Ebenso ist die Nebentätigkeit eines Soldaten vorher zu genehmigen, dem nach § 22 die **Ausübung des Dienstes verboten** oder der nach § 126 Abs. 1 WDO **vorläufig des Dienstes enthoben**[34] ist; ansonsten liegt ein Pflichtenverstoß vor. Dies gilt erst Recht für einen Soldaten, der sich **pflichtwidrig dem Dienst entzieht** und stattdessen einer Erwerbstätigkeit nachgeht.[35]

Satz 1 definiert die **Nebentätigkeit** nicht. In dem nach Abs. 7 entspr. anwendbaren § 97 22 Abs. 1 BBG wird der Oberbegriff Nebentätigkeit in „**Nebenamt**" und „**Nebenbeschäftigung**" unterteilt. Zuordnung und Bedeutungsinhalt dieser Begriffe werden in § 97 Abs. 2 und 3 BBG (diese Regelungen gelten ebenfalls für BS und SaZ entspr.) klargestellt.[36] Die Definitionen in § 97 Abs. 1 bis 3 BBG sind nicht ohne Weiteres auf BS und

---

27 VMBl. 2004 S. 27. Vgl. Rn. 133.
28 Zur Zuständigkeit für die Genehmigung vgl. Rn. 84, zur Schriftform des Antrags u. dessen Genehmigung bzw. Ablehnung Rn. 85.
29 Vgl. Rn. 86.
30 *Battis*, BBG, § 99 Rn. 4 m. w. N.
31 Vgl. BVerwGE 40, 11 (13).
32 § 4 Abs. 2 BNV; vgl. GKÖD I Yk, § 20 Rn. 13; *Wagner*, NVwZ 1989, 515 (516).
33 Hierfür sprechen bereits § 28 Abs. 5 Satz 4, § 28a Abs. 2 Satz 3.
34 Vgl. *Dau*, WDO, § 126 Rn. 8.
35 Die gegenteilige Auffassung (BVerwGE 63, 167, 172 = NZWehrr 1979, 143, 146) führt zur unverständlichen Besserstellung des pflichtwidrig dem Dienst fernbleibenden Soldaten; im Ergebnis wie hier *Scherer/Alff/Poretschkin*, SG, § 20 Rn. 23.
36 Die Legaldefinitionen in dieser Vorschrift enthielt bisher § 1 BNV, so dass diese Regelung durch das DNeuG aufgehoben werden konnte, vgl. Art. 15 Abs. 21 DNeuG, BT-Drs. 16/7076, 179.

SaZ übertragbar, da dem Soldatenrecht der beamtenrechtl. Begriff des **Amtes**[37] fremd ist. Gleichwohl sind die Begriffe Hauptamt und Nebenamt in § 97 BBG (vgl. auch § 3 BNV) auf das Nebentätigkeitsrecht der Soldaten, wie von § 20 Abs. 7 vorgegeben, entspr. anwendbar.[38]

An die Stelle des **Hauptamtes**, unter dem i. S. d. beamtenrechtl. Nebentätigkeitsrechts das jew. bekleidete konkret-funktionelle Amt des Beamten (der ihm nach dem Organisations- und Geschäftsverteilungsplan einer Behörde speziell übertragene Aufgabenkreis = der **Dienstposten** des Beamten) zu verstehen ist[39], tritt für Soldaten die „**Hauptverwendung**".[40] Sie entspricht der Einweisung des Soldaten in einen ihm zur Ausübung übertragenen bestimmten soldatischen Aufgabenkreis[41] mit allerdings flexiblen Grenzen (vgl. Rn. 24 ff.). Dem **Nebenamt entspricht** die Einweisung des Soldaten aufgrund gesetzl. Anordnung oder auf Anordnung des Dienstherrn in einen **zusätzlichen**, nicht seiner Hauptverwendung zuzurechnenden **Aufgabenkreis** (man sollte bei Soldaten statt von Nebenamt daher von **Nebenverwendung** sprechen), den er **aufgrund seines öff.-rechtl. Dienstverhältnisses** als Soldat (die Begründung eines weiteren öff.-rechtl. Dienstverhältnisses, z. B. als Beamter oder Richter, ist für BS und SaZ i. d. R. gesetzl. ausgeschlossen, vgl. § 46 Abs. 3a, § 55 Abs. 1 Satz 2; § 4 Abs. 1 und § 21 Abs. 1 Satz 1 Nr. 3 DRiG[42]) wahrzunehmen hat.[43] Wegen des soldatischen Dienst- und Treueverhältnisses kann der Dienstherr von dem Soldaten außerhalb der Hauptverwendung die Übernahme weiterer Aufgaben als Nebenverwendung fordern. Die Nebenverwendung wird somit öff.-rechtl. begründet.[44] Ihre Wahrnehmung bestimmt sich gegenüber dem Dienstherrn nach den soldatischen Rechten und Pflichten.

Unter einer **Nebenbeschäftigung** der BS und SaZ sind sonstige Tätigkeiten inner- oder außerhalb des öff. Dienstes zu verstehen, die der Soldat außerhalb der ihm in Haupt- oder Nebenverwendung übertragenen dienstl. Aufgaben ausübt.[45] Anders als Nebenverwendungen werden Nebenbeschäftigungen nicht innerhalb eines öff.-rechtl. Dienstverhältnisses als Soldat ausgeübt. Das der Nebenbeschäftigung zugrunde liegende Rechtsverhältnis ist ausschließlich zivilrechtl. ausgestaltet. Dies kann eine abhängige Tätigkeit sein (z. B. ein arbeits-, dienst- oder werkvertragliches Rechtsverhältnis inner- oder

---

37 Im statusrechtl. u. im funktionellen Sinne, zu Einzelheiten vgl. Komm. zu § 3 Rn. 56 f.
38 BVerwG NZWehrr 1985, 25 Ls c = RiA 1984, 187 Ls 3. *Bornemann*, DVBl. 1984, 1215, (Anm. zu BVerwGE 69, 83 = BWV 1984, 231) stellt klar, dass der formallogisch richtige Satz „wo kein Hauptamt, da kein Nebenamt" (für Soldaten) nicht zur Unanwendbarkeit nebentätigkeitsrechtl. Vorschriften zum „Nebenamt" im soldatischen Bereich führen kann.
39 Vgl. *v. Zwehl*, 13 m.w.N.; grds. *Battis*, BBG, § 10 Rn. 12.
40 Vgl. zum Begriff „Verwendung" die Komm. zu § 3 Rn. 54 ff.
41 BVerwGE 69, 83 (86 f.). Während das BVerwG von „Pflichtenkreis" spricht, ist hier von „Aufgabenkreis" o. „Tätigkeitskreis" die Rede. „Pflichtenkreis" deutet auf den Pflichtenkatalog der §§ 7 ff. hin, was nicht gemeint ist.
42 Ausnahmen sind möglich bei einem nur nebenbei wahrzunehmenden öff.-rechtl. Dienstverhältnis, das die Arbeitskraft des Soldaten nur vorübergehend u. in engen Grenzen beansprucht. Der hierfür typische Fall des öff. Ehrenamtes wird in Abs. 1 Satz 3 speziell geregelt (zur Tätigkeit eines Soldaten als ehrenamtl. Richter bei den Wehrdienstgerichten u. als Schöffe s. Rn. 37).
43 Vgl. § 97 Abs. 2 BBG.
44 Vgl. entspr. zum Nebenamt *Battis*, BBG, § 97 Rn. 9
45 Vgl. § 97 Abs. 3 BBG; GKÖD I Yk, § 20 Rn. 9. Zum Begriff „öffentlicher Dienst" im Nebentätigkeitsrecht s. Rn. 117; § 2 BNV.

außerhalb des öff. Dienstes) oder eine freiberufliche Arbeit. Voraussetzung ist, dass die Nebenbeschäftigung im konkreten Einzelfall oder zumindest allg. Erwerbszwecken dient.[46] Sonst ließe sie sich nicht von vielen anderen außerdienstl., privaten Aktivitäten unterscheiden. Typische **Freizeitbeschäftigungen** (auch zu Gunsten Dritter und auch dann, wenn sie zeitaufwändig sind, z. B. Instandsetzung des Kraftfahrzeugs eines Freundes, nachbarschaftliche Hilfe beim Hausbau) sind keine Nebenbeschäftigungen.[47]

Die **Abgrenzung** im Einzelfall, ob ein Soldat einer **Hauptverwendung oder Nebentätigkeit** (Nebenverwendung oder Nebenbeschäftigung) nachgeht, kann für die Praxis wichtig werden. Nach § 2 Abs. 2 Satz 1 BBesG[48] sind Vereinbarungen, die dem Soldaten eine höhere als die gesetzl. zustehende Besoldung verschaffen sollen, unzulässig. Das Verbot bezieht sich auf alle Tätigkeiten, die der Soldat im Rahmen seiner Hauptverwendung ausübt.[49] Für Nebentätigkeiten darf der Soldat hingegen in bestimmten Fällen (vor allem bei Nebenbeschäftigungen) eine Vergütung (jede Gegenleistung in Geld oder geldwerten Vorteilen[50]) annehmen („entgeltliche Nebentätigkeit", vgl. § 20 Abs. 1 Satz 1). Allerdings schließt § 6 BNV[51] für Nebentätigkeiten **im Bundesdienst** die Gewährung einer Vergütung grds. aus.[52]   23

Wie beim Haupt- oder Nebenamt im Beamtenbereich obliegt die Zuordnung einer soldatischen Tätigkeit zur Haupt- oder Nebenverwendung (abgesehen von gesetzl. Festlegungen) insbes. der **organisatorischen Ausgestaltung** durch den Dienstherrn.[53] Maßgeblich ist vor allem, wie der BMVg aufgrund seiner Organisationsgewalt die Verwendungsmöglichkeiten der Soldaten allg. festsetzt (er tut dies, indem er in Aufgabenkatalogen bestimmte abstrakte soldatische Aufgabenkreise festlegt, die verschiedene, der Rechtsstellung des Soldaten entspr. Tätigkeitsfelder, z. B. die Tätigkeit eines KpChefs einer Instandsetzungskompanie[54], im Rahmen der Organisation der SK darstellen), und welche konkreten Verwendungen in Form bestimmter Dienstposten er hieraus ableitet und einrichtet.   24

Ähnlich wie bei Beamten, denen ein anderes Amt im konkret-funktionellen Sinn (ein anderer Dienstposten) innerhalb einer Behörde zugewiesen werden kann (Umsetzung[55]) oder bei denen die ihrem Dienstposten zugeordneten Aufgaben durch Anweisungen   25

---

46 Vgl. *Keymer/Kolbe/Braun*, Zweiter Teil, C Rn. 7. Übt ein Soldat eine Tätigkeit aus, die allg. Erwerbszwecken dient, bleibt sie i. d. R. eine Nebenbeschäftigung, auch wenn sie im Einzelfall unentgeltlich ausgeführt wird – es sei denn, es handelt sich um eine typische Freizeitbeschäftigung (vgl. dazu die folgenden Erl.).
47 Vgl. *v. Zwehl*, 16 f.
48 Die Vorschrift lautet: „Zusicherungen, Vereinbarungen und Vergleiche, die dem … Soldaten eine höhere als die ihm gesetzlich zustehende Besoldung verschaffen sollen, sind unwirksam".
49 Vgl. *Keymer/Kolbe/Braun*, Zweiter Teil, C Rn. 2.
50 Vgl. § 4 Abs. 1 BNV sowie o. Rn. 19.
51 Dieser wiederum aber mit gewichtigen Ausnahmen in § 7 BNV.
52 Vgl. BVerwGE 102, 29 (32) = ZBR 1997, 20 (21). § 6 Abs. 1 Satz 1 BNV verringert den Anreiz, vom Grds. des § 3 BNV abzuweichen.
53 Zum Folgenden BVerwGE 69, 83 (86); vgl. auch *Günther*, ZBR 1986, 97 (99) m. w. N.
54 Diese Tätigkeitsfelder entsprechen dem abstrakten Amt im funktionellen Sinne im Beamtenrecht (dies ist z. B. der Aufgabenkreis eines Regierungsdirektors im BMVg). Vgl. *Battis*, BBG, § 10 Rn. 11.
55 Vgl. *Battis*, BBG, § 28 Rn. 4.

zur Dienstausübung (§ 62 Abs. 1 Satz 2 BBG) ausgeweitet werden können, entscheidet über die konkrete Verwendung des Soldaten die zuständige mil. Stelle/der zuständige mil. Vorg. nach Maßgabe dienstl. Bedürfnisse im Wege einer **Ermessensentscheidung**.[56] Diese personelle Flexibilität ist für die Einsatzfähigkeit der Truppe nötig und bedingt bei dienstl. Bedürfnis die Ausnutzung der vollen Verwendungsbreite eines Soldaten, gemessen an seiner Eignung und Befähigung. Die Grenze des Ermessens wird erst überschritten, wenn dem Soldaten eine Verwendung unter Berücksichtigung aller Umstände des Einzelfalls objektiv nicht zugemutet werden kann.[57]

26 Die Verwendungsmöglichkeit eines Soldaten wird somit grds. einerseits durch allg. Festlegungen des BMVg organisatorisch ausgestaltet[58]; ggf. kann durch die zuständigen Stellen/Vorg. eine Änd. der Verwendung des Soldaten durch **Dienstpostenwechsel** angeordnet werden.[59] Andererseits kann die Verwendung, insbes. wenn der einzelne Soldat über besondere Eigenschaften oder Fähigkeiten (z. B. eine spezielle verwendungsbezogene Ausbildung) verfügt, individuell **erweitert** werden. Alle im Rahmen dieser allg. formulierten Verwendungsbreite dem Soldaten abverlangten Einsätze sind **grds. seiner Hauptverwendung zuzurechnen**.[60] Damit ist für Soldaten der Kreis der Nebenverwendungen aufgrund eines öff.-rechtl. Dienstverhältnisses sehr eng gezogen; diese sind jedoch nicht von vornherein ausgeschlossen. Es sind Fälle denkbar, in denen einem Soldaten über die beschriebene, sehr weit gefasste Verwendungsbreite hinausgehende Leistungen abverlangt werden können.[61]

27 Im Regelfall hat der Dienstherr aus Fürsorgegründen den Tätigkeitskreis der Soldaten möglichst eindeutig abzugrenzen. Er soll im Rahmen seiner Organisationsfreiheit **ausdrücklich**[62] regeln, wann zusätzliche soldatische Aufgaben im Rahmen einer **Nebenverwendung** zu übernehmen sind.[63] Fehlt eine ausdrückliche Festlegung, ist

---

56 BVerwGE 53, 23 (26); 69, 83 (86).
57 BVerwGE 53, 115 (117); 69, 83 (86).
58 Ein Anhaltspunkt für die Festlegung der Art der Verwendung eines Soldaten in einem bestimmten Aufgabenbereich (u. damit für bestimmte Dienstposten) ist die STAN, vgl. BVerwGE 69, 83 (87).
59 Zu Einzelheiten s. ZDv 14/5 B 171, Best. über die Versetzung, den Dienstpostenwechsel u. die Kommandierung von Soldatinnen u. Soldaten; vgl. auch Komm. zu § 3 Rn. 70.
60 Das BVerwG (E 69, 83; ebenso NZWehrr 1985, 25, 27) folgert dies aus § 3 BNV, wonach für den Bund wahrgenommene Aufgaben grds. „in ein Hauptamt einzuordnen" sind u. „nicht als Nebentätigkeit zugelassen werden" sollen, „wenn sie mit dem Hauptamt im Zusammenhang stehen".
61 BVerwGE 69, 83 (87). Vgl. auch Rn. 115 ff.
62 Oft ist die Unterscheidung Haupt- o. Nebenverwendung unklar geregelt (so im Erl. „Teilnahme von Angehörigen des Geschäftsbereiches des Bundesministeriums der Verteidigung an Seminaren der Wirtschaft", Teil B, wo für die Teilnahme aus dienstl. Interesse der reisekostenrechtl. Begriff „Dienstgeschäft" verwendet wird, obwohl eine Tätigkeit im Hauptamt/in Hauptverwendung gemeint ist).
63 Zivilpatientenerl. u. InanspruchnahmeRL (zit. in Rn. 16) bezeichnen die Behandlung v. Zivilpersonen in BwKrhs ausdrücklich als „Tätigkeiten im Nebenamt" o. als „Tätigkeiten der Nebenbeschäftigung". Dass der Begriff „Nebenamt" bei SanOffz zweifelhaft ist, zeigen die Erl. in Rn. 22. Vgl. grds. zur Problematik, dass SanOffz Zivilpersonen in BwKrhs im Rahmen einer Nebentätigkeit mit dem Recht der Eigenliquidation behandeln, das zu beamteten Ärzten ergangene, für SanOffz entspr. heranziehbare Urt. BVerwGE 59, 38 (40); GKÖD I K, § 65 Rn. 86 ff. Vgl. auch Rn. 121.

durch Auslegung zu ermitteln, ob eine Tätigkeit der Hauptverwendung zuzurechnen ist. Dies wird der Fall sein, wenn die Tätigkeit eine organische Einheit[64] mit den bereits übertragenen Pflichten bildet. Anders ist es, wenn die dem Soldaten zusätzlich übertragenen Pflichten einen von der Hauptverwendung abgegrenzten Kreis selbstständiger Aufgaben bilden, die in keinem Zusammenhang mit dem Pflichtenkreis der Hauptverwendung stehen oder aus sonstigen sachbezogenen Gründen nicht in diesen einbezogen werden können.[65] Indiz hierfür kann die organisatorische Trennung[66] der Aufgaben sein, nicht jedoch die Überlastung[67] des Soldaten, dem zusätzliche Pflichten übertragen werden. Dabei ist die Zuordnung einer Tätigkeit zur Haupt- oder zur Nebenverwendung nicht immer leicht zu ermitteln; das zeigen einschlägige Entsch. der Gerichte.[68]

Wann der BS oder SaZ einer **Nebenbeschäftigung** nachgeht, ist in der Praxis i. d. R. einfacher festzustellen (die Nebenbeschäftigung wird nicht innerhalb eines öff.-rechtl. Dienstverhältnisses als Soldat ausgeübt, das ihr zugrunde liegende Rechtsverhältnis ist ausschließlich zivilrechtl. ausgestaltet, vgl. o. Rn. 22), da hierzu üblicherweise außerhalb des öff. Dienstes arbeits-, dienst- oder werkvertragliche Rechtsverhältnisse (z. B. bei Wirtschaftsunternehmen) oder freiberufliche (selbstständige) Beschäftigungen eingegangen werden. 28

Der durch das DNeuG eingefügte **Satz 2** zieht bisher in Abs. 6 Satz 1 Nr. 1 Buchst. a und b als „Ausnahmen von der Ausnahme" konzipierte, trotz unentgeltlicher Ausübung genehmigungspflichtige Nebentätigkeiten systematisch richtig in den Abs. 1. Wie die in Satz 1 genannten entgeltlichen Nebentätigkeiten müssen die in Satz 2 aufgeführten unentgeltlichen Nebentätigkeiten vor ihrer Aufnahme grds. genehmigt werden. 29

Obwohl unentgeltlich, ist ausnahmsweise eine Nebentätigkeit genehmigungspflichtig, **Satz 2 Nr. 1**, die sich als Ausübung einer **gewerblichen** Tätigkeit, eines **freien Berufes** oder als **Mitarbeit** bei einer dieser Tätigkeiten darstellt. 30

Für den Begriff „**gewerbliche Tätigkeit**" i. S. d. Nebentätigkeitsrechts wird üblicherweise auf den der GewO zurückgegriffen.[69] Demnach wird jede erlaubte selbstständige Wirtschaftstätigkeit erfasst, die auf **Gewinnerzielung** gerichtet und **auf Dauer** angelegt ist[70], insbes. in der Industrie, im Handwerk, Handel, Gaststättenwesen und einfachen Dienstleistungsbereich, nicht in der sog. Urproduktion (Land- und Forst-

---

64 BVerwGE 29, 191 (193); GKÖD I K, § 64 Rn. 25.
65 So BVerwGE 29, 191 (193); GKÖD I K, § 64 Rn. 17; v. *Zwehl*, 15 f.; vgl. auch § 3 Satz 2 BNV.
66 BVerwGE 40, 104 (109); auch BVerwGE 69, 83 (88) berücksichtigt diesen Umstand.
67 So für Beamte *Plog/Wiedow/Lemhöfer*, BBG, vor § 64 Rn. 8 unter Hinw. auf BVerwG ZBR 1982, 274; GKÖD I K, § 64 Rn. 20. Anders noch für Soldaten BVerwGE 69, 83 (88) unter Hinw. auf BVerwGE 40, 104 (109). Diese Auffassung überzeugte nicht, weil Soldaten aus dienstl. Gründen bis an die Grenzen ihrer körperlichen u. geistigen Leistungsfähigkeit Dienst leisten müssen, BVerwGE 86, 18 = NZWehrr 1989, 35.
68 Vgl. das diskussionswürdige Urt. BVerwGE 69, 83 (mit Anm. *Bornemann*, DVBl. 1984, 1214), wonach der Einsatz eines technischen Offz (amtl. anerkannter Sachverständiger für den Kfz-Verkehr) als Prüfer v. Fahrlehreranwärtern grds. zur Hauptverwendung gehört.
69 Vgl. *Plog/Wiedow/Lemhöfer*, BBG, § 66 Rn. 10; GKÖD I K, § 66 Rn. 23.
70 Vgl. BVerwG NJW 1977, 772; nicht als gewerbliche Tätigkeit gelten die Verwaltung eigenen Vermögens – diese ist genehmigungsfrei, vgl. § 20 Abs. 6 Satz 1 Nr. 1 – u. die Ausübung eines freien Berufs.

wirtschaft, Garten- und Weinbau, Viehzucht, Jagd und Fischerei[71]). Da eine auf Gewinnerzielung gerichtete Tätigkeit kaum unentgeltlich vorstellbar ist[72], kommt dieser Fallgestaltung der Nr. 1 in der Praxis kaum Bedeutung zu[73], wohl aber der unentgeltlichen **Mitarbeit** bei der gewerblichen Tätigkeit eines Dritten (z. B. des Ehepartners).

Dies gilt entspr. für **freiberufliche Tätigkeiten**, deren eigene unentgeltliche Ausübung praktisch kaum relevant sein wird. Freie Berufe[74] erfassen **nicht gewerbliche**, durch bestimmte Merkmale (z. B. durch persönlichen Einsatz bei der Berufsausübung, den Charakter des Berufs in Ansehung der allg. rechtl. und besonderen berufsrechtl. Ausgestaltung und der Verkehrsanschauung, durch Stellung und Bedeutung des Berufs im Sozialgefüge) charakterisierte selbstständige Tätigkeiten, die vom Gesetzgeber in einzelnen Rechtsgebieten[75] als freiberuflich anerkannt werden können.[76]

31 Obwohl unentgeltlich, ist ausnahmsweise weiter eine Nebentätigkeit genehmigungspflichtig, **Satz 2 Nr. 2**, die sich als **Eintritt** in ein **Organ** eines (auch eigenen) **Unternehmens** darstellt (als genehmigungsfrei **ausgenommen** ist nur der Eintritt in ein Organ einer **Genossenschaft**).

32 Als Eintritt in ein **Organ eines Unternehmens** kommt die Berufung in den Vorstand, Aufsichtsrat, Verwaltungsrat oder in ein sonstiges Organ einer Gesellschaft (z. B. einer AG, GmbH) in Frage. Nicht ausreichend ist eine Tätigkeit als Gesellschafter in einer Gesellschaft, deren Vertretung und Geschäftsführung nicht durch ein hierzu eigens berufenes Organ, sondern (wie z. B. bei einer offenen Handelsgesellschaft) durch die Gesellschafter selbst wahrgenommen wird (selbstorganschaftliche Vertretung)[77]; hier wird nicht im eigentlichen Sinn „in ein Organ eingetreten".[78] Nicht entscheidend ist, dass das Unternehmen wirtschaftliche Ziele verfolgt.[79] Auch bei gemeinnützigen oder ideellen Zwecken des Unternehmens entsteht ein Genehmigungserfordernis.[80] Lediglich die Tätigkeit in einer **Genossenschaft**, bei deren Handeln nicht die Erzielung eigener Gewinne, sondern die Förderung der Mitgliederwirtschaften im Vordergrund steht[81], hat der Gesetzgeber ausdrücklich genehmigungsfrei gestellt.

---

71 Vgl. § 6 Abs. 1 GewO; GKÖD I K, § 66 Rn. 25; abw. *Summer*, ZBR 1988, 1 (8).
72 Vgl. *Keymer/Kolbe/Braun*, Dritter Teil, 2, BBG § 66 Rn. 5; *Wagner*, NVwZ 1989, 515 (517).
73 *Battis*, BBG, § 99 Rn. 5.
74 Hierzu GKÖD I K, § 66 Rn. 27 f.
75 Vgl. z. B. § 2 BRAO (Rechtsanwalt); zum Arztberuf als freier Beruf BVerfGE 9, 338 (351) u. § 1 Abs. 2 der Bundesärzteordnung.
76 So BVerfGE 46, 224 (241 f.).
77 Vgl. BGHZ 64, 72 (75).
78 So *Keymer/Kolbe/Braun*, Dritter Teil, 2, BBG § 66 Rn. 7; a. A. GKÖD I K, § 66 Rn. 31. Der Meinungsunterschied ist im Ergebnis kaum von Belang: jedenfalls dürfte eine gewerbliche Tätigkeit des Soldaten vorliegen.
79 Vgl. GKÖD I K, § 66 Rn. 30; *Wagner*, NVwZ 1989, 515 (517), jew. m. w. N. In der Praxis wird dies jedoch der Fall sein.
80 Ausdrücklich anders § 49 Abs. 1 Nr. 4 LBG NRW.
81 Vgl. § 1 Abs. 1 des Genossenschaftsgesetzes: „Gesellschaften von nicht geschlossener Mitgliederzahl, deren Zweck darauf gerichtet ist, den Erwerb oder die Wirtschaft ihrer Mitglieder oder deren soziale oder kulturelle Belange durch gemeinschaftlichen Geschäftsbetrieb zu fördern (Genossenschaften), ...".

Diese Fragestellungen werden selten praktisch: Eine unentgeltliche Nebentätigkeit im Organ eines Unternehmens erscheint kaum vorstellbar. Unentgeltlichkeit entfällt nicht durch die Zahlung von Reisekosten.[82]

Die bis zum DNeuG in § 20 Abs. 6 Satz 1 Nr. 1 Buchst. b angeführte, genehmigungspflichtige Übernahme einer **unentgeltlichen Treuhänderschaft** ist als Folgeänd. zur entspr. beamtenrechtl. Regelung (in § 99 Abs. 1 Satz 2 Nr. 3 BBG fehlt, anders als in § 66 Abs. 1 Nr. 1 Buchst. c BBG a. F., die unentgeltliche Treuhänderschaft) nicht in den Abs. 1 Satz 2 Nr. 2 übernommen worden. Der Gesetzgeber hat ein Regelungsbedürfnis für unentgeltliche Treuhänderschaften nicht mehr gesehen.[83] Eine entgeltliche Treuhänderschaft (ein rechtsgeschäftliches Treuhandverhältnis, bei dem eine Person [Treugeber] einem Treuhänder [Treunehmer] Vermögensrechte oder eine Rechtsmacht zur Verwaltung und Ausübung im eigenen Namen als selbstständiger Rechtsträger, unter Wahrung schuldrechtl. Bindungen im Innenverhältnis, überträgt) bleibt als entgeltliche Nebentätigkeit nach Abs. 1 Satz 1 genehmigungspflichtig. Sie ist weder ein öff. Ehrenamt (vgl. Rn. 34 ff.), noch unterfällt sie § 21.

33

Nach **Satz 3 Halbs. 1** gilt die Wahrnehmung **öff. Ehrenämter** nicht als Nebentätigkeit; ihre Übernahme ist vor Aufnahme dem DiszVorg. **schriftl. anzuzeigen**. Die bisher in Abs. 1 Satz 2 a. F. enthaltene Regelung zur ebenfalls nicht als Nebentätigkeit geltenden unentgeltlichen Vormundschaft, Betreuung oder Pflegschaft eines Angehörigen ist aus systematischen Gründen in den § 21 verschoben worden.

34

Zu den **öff. Ehrenämtern** gehören die als solche in Rechtsvorschriften bezeichneten Tätigkeiten, im Übrigen jede behördlich bestellte oder auf Wahl beruhende unentgeltliche Mitwirkung bei der Erfüllung öff. Aufgaben (vgl. § 1 Abs. 4 Satz 2 BNV a. F.). Somit wird nicht jede (laienhaft) „ehrenamtliche", aus privatem Antrieb und staatsbürgerlichem Pflichtgefühl heraus freiwillig übernommene Tätigkeit erfasst. Maßgeblich ist vielmehr die öff.-rechtl. Initiierung der Tätigkeit.[84]

35

Als **Rechtsvorschriften**, die eine Tätigkeit als öff. Ehrenamt bezeichnen[85] können, gelten nur **Rechtsnormen**. Dies sind Gesetze und RVO des Bundes und der Länder sowie Satzungen von juristischen Personen des öff. Rechts (wie z. B. der Gemeinden und Landkreise oder von Stiftungen).

Eine **behördlich bestellte** oder **auf Wahl beruhende Mitwirkung** bei der **Erfüllung öff. Aufgaben** erfasst Tätigkeiten für eine juristische Person des öff. Rechts, die in einem öff.-rechtl. Rechtsverhältnis[86] und ohne Vergütung ausgeübt werden; sie sind unentgeltlich, auch wenn eine Aufwandsentschädigung gezahlt[87] wird.

---

82 Vgl. BVerwGE 40, 11 (13).
83 BT-Drs. 16/7076, 123.
84 Zwar werden in § 1799 Abs. 1 Satz 2 BGB (i. V. m. § 1908i Abs. 1 Satz 1, § 1915 Abs. 1 BGB) die Vormundschaft, Betreuung u. Pflegschaft als „Amt" bezeichnet u. kann man diese Tätigkeiten „Ehrenämter" nennen; sie sind jedoch mangels Ausübung öff. Gewalt keine „öffentlichen Ehrenämter" (vgl. GKÖD I K, § 65 Rn. 21 m. w. N.) u. deshalb in § 21 zu Recht speziell geregelt.
85 Es reicht die bloße Benennung als solches aus; mit der Prüfung, ob dieses Ehrenamt wirklich als „öffentliches Ehrenamt" ausgestaltet ist, wäre die Exekutive überfordert, vgl. *Keymer/Kolbe/Braun*, Dritter Teil, 2a § 1 BNV Rn. 8; a.A. *Summer* ZBR 1988, 5 ff.
86 Ein solches ist hier neben dem Dienstverhältnis als BS o. SaZ wegen der geringfügigen Inanspruchnahme des Soldaten ausnahmsweise zulässig, vgl. o. Rn. 22; Fn. 42.
87 Vgl. GKÖD I K, § 65 Rn. 20.

Eichen

36 **Beispiele** für öff. Ehrenämter[88] sind:
37 – Schöffen (§§ 31 ff. GVG)[89] und mil. ehrenamtl. Richter bei den Wehrdienstgerichten (§ 74 WDO).[90]
38 – Tätigkeit als Schiedsmann.[91]
39 – ehrenamtl. Tätigkeit als Mitglied kommunaler Vertretungen (Kreistage, Stadt- und Gemeinderäte sowie deren Ausschüsse).[92,93]
40 – Beisitzer der Wahlausschüsse und Mitglieder der Wahlvorstände nach § 11 BWG.
41 – Mitglieder und Ersatzmitglieder des Wahlvorstandes für die Wahl der mil. Gleichstellungsbeauftragten und ihrer Stellvertreterin nach § 6 Abs. 1 SGleibWV.

42 Der Soldat hat nach **Satz 3 Halbs. 2** die (nach dessen Wortlaut ausdrücklich **vor** Aufnahme des Ehrenamtes abzugebende) **schriftl. Anzeige** an seinen DiszVorg., also den **nächsten DiszVorg.**, zu richten.[94]

43 **2. Absatz 2 Versagung der Genehmigung.** Nach **Abs. 2 Satz 1** muss eine Genehmigung versagt werden, wenn die Besorgnis besteht, dass die Nebentätigkeit zu einer Beeinträchtigung dienstl. Interessen führt.[95]

---

88 Beispielhaft wird auf die Aufzählung in § 5 der Nebentätigkeitsverordnung NRW v. 30.3.1990, zuletzt geä. durch VO v. 19.5.2009 (GVOBl. NRW S. 260), verwiesen.
89 Vgl. § 22 Nr. 4 VwGO, wonach BS u. SaZ nicht zu ehrenamtl. Richtern in der Verwaltungsgerichtsbarkeit berufen werden können.
90 GKÖD I Yk, § 20 Rn. 11; *Scherer/Alff/Poretschkin*, SG, § 20 Rn. 3a. Nach *Dau*, WDO, § 74 Rn. 1, handelt es sich um ein Nebenamt, zu dessen Übernahme der Soldat gem. § 20 Abs. 7 i. V. m. § 64 BBG a. F. (§ 98 BBG n. F.) dienstrechtl. verpflichtet sei. Warum dieses Nebenamt keine Nebentätigkeit sein soll – so *Dau*, a.a.O. –, ist (wenn man seiner Rechtsauffassung folgt) angesichts seiner Verweisung auf § 64 BBG a. F. nicht verständlich.
91 Vgl. z. B. das hessische G zur Regelung der außergerichtl. Streitschlichtung v. 6.2.2001 (Hess. GVBl. I S. 98) mit Änd.
92 Vgl. Erl. „Kommunalpolitische Tätigkeit und Übernahme von öffentlichen Ehrenämtern sowie Wahrnehmung ehrenamtlicher Tätigkeiten durch Soldaten", VMBl. 2001 S. 116.
93 Irrig GKÖD I Yk, § 20 Rn. 11; *Scherer/Alff/Poretschkin*, SG, § 20 Rn. 3a, welche die Tätigkeit der Abg. des BT (o. der Landtage) als öff. Ehrenamt ansehen. Der Abg. im BT übt einen Vollzeitberuf aus. Die „parlamentarische Demokratie ... verlangt vom Abgeordneten mehr als nur eine ehrenamtliche Nebentätigkeit. ... Aus der Entschädigung des Inhabers eines Ehrenamtes ist die Bezahlung für die im Parlament geleistete Tätigkeit geworden. ... Der Abgeordnete ... erhält nicht mehr bloß eine ... Aufwandsentschädigung, er bezieht aus der Staatskasse ein Einkommen ..." (BVerfGE 40, 296, 313 f.). Falsch *Scherer/Alff/Poretschkin* a.a.O., in der Vorauft. dieser Komm. sei die Mitgliedschaft im BT als Nebentätigkeit gewertet worden; davon kann keine Rede sein.
94 Vgl. NT-Erl. BMVg (s.o. Rn. 15), Nr. 2.1 Abs. 3.
95 Hier wird in der Praxis grds. nur die Nebenbeschäftigung (vgl. Rn. 22 u. 28) betroffen sein, weil die Nebenverwendung („Nebenamt") gesetzl. o. durch den Dienstherrn angeordnet wird. Als Sonderfall regelt § 5 Abs. 1 BNV, dass die zur Übernahme einer o. mehrerer **Nebenbeschäftigungen** gegen Vergütung erforderliche **Genehmigung allg.** als **erteilt** gilt, wenn die Nebenbeschäftigungen insgesamt geringen Umfang haben, außerhalb der Dienstzeit ausgeübt werden u. kein gesetzl. Versagungsgrund vorliegt. Der Umfang einer o. mehrerer Nebenbeschäftigungen ist als gering anzusehen, wenn die Vergütung hierfür insgesamt 100 Euro im Monat nicht übersteigt u. die zeitliche Beanspruchung durch eine o. mehrere Nebenbeschäftigungen in der Woche ein Fünftel der regelmäßigen wöchentlichen Arbeitszeit nicht überschreitet. In diesen Fällen ist die Nebenbeschäftigung anzuzeigen, es sei denn, es handelt sich um eine einmalige, gelegentliche Nebenbeschäftigung.

Die Besorgnis muss sich auf die Beeinträchtigung **dienstl. Interessen** beziehen. Diese **44** können nicht nur beeinträchtigt sein und zur Versagung einer Nebentätigkeitsgenehmigung führen, wenn die Unparteilichkeit oder Unbefangenheit des Soldaten bei der unmittelbaren Erledigung der ihm übertragenen konkreten dienstl. Aufgaben (insbes. der Aufgaben seines konkreten Dienstpostens) beeinflusst wird. Vielmehr ist der Begriff des dienstl. Interesses hier in einem weiteren Sinne zu verstehen.[96] Er umfasst alle wenigstens allg. auf die Dienstpflichten des Soldaten bezogenen Interessen des Dienstherrn. Zu diesen Pflichten gehört die aus dem öff.-rechtl. Dienst- und Treueverhältnis des Soldaten ableitbare allg. Wohlverhaltenspflicht, die von ihm verlangt, außerhalb seiner dienstl. Verwendung alles zu vermeiden, was seinem dienstl. Ansehen schadet. Bereits diese allg. Pflicht begründet einen dienstl. Bezug zur beantragten Nebentätigkeit des Soldaten. Hingegen **reicht es nicht aus**, dass **private** Interessen (z. B. der Schutz der Erwerbschancen möglicher Konkurrenten, mit denen der die Nebentätigkeit beantragende Soldat in Wettbewerb tritt) oder öff. Belange, die nicht zugleich dienstl. Interessen sind (z. B. die Vermeidung einer Beeinträchtigung erheblicher Belange des Arbeitsmarktes und des Wirtschaftslebens[97]), betroffen sein können. Dienstl. Interessen sind deshalb nicht mit öff. Interessen der Allgemeinheit gleich zu setzen.

Eine **Beeinträchtigung** dienstl. Interessen ist tatbestandlich bereits anzunehmen, wenn die bloße, nicht auszuschließende **Möglichkeit** ihrer Gefährdung bejaht werden kann. Erfasst werden **alle potentiellen Gefährdungen**, auch wenn sie nicht wahrscheinlich sind. Nur völlig abwegige, wirklichkeitsfremde Konstellationen sind auszuschließen; liegen nur sie vor, ist ausnahmsweise bereits das Tatbestandsmerkmal „Beeinträchtigung dienstl. Interessen" zu verneinen.

Eine **Besorgnis**, dass durch die Nebentätigkeit dienstl. Interessen beeinträchtigt werden, **45** verlangt dem gegenüber mehr als die bloße, nicht auszuschließende Möglichkeit einer fern liegenden Gefahr der Beeinträchtigung. Besorgnis ist gegeben, wenn „bei verständiger Würdigung der gegenwärtig erkennbaren Umstände unter Berücksichtigung der erfahrungsgemäß zu erwartenden Entwicklung eine Beeinträchtigung dienstl. Interessen wahrscheinlich ist, wenn ein vernünftiger Grund für die Annahme besteht, dass eine solche Beeinträchtigung voraussichtlich eintreten wird".[98] Die Beeinträchtigung muss nicht in hohem Maße wahrscheinlich sein, sie darf aber auch nicht völlig fern liegend sein.[99] Abstrakte und generelle Gesichtspunkte reichen nicht aus; **maßgeblich** sind die **konkreten Umstände des Einzelfalles**.[100]

Der gesetzl. Versagungsgrund der Besorgnis der Beeinträchtigung dienstl. Interessen **46** umfasst mehrere **unbestimmte Rechtsbegriffe**, bei deren Ausfüllung dem Dienstherrn kein Beurteilungsspielraum zusteht. Vielmehr sind dieses Begriffe **gerichtl. voll nach-**

---

96 Vgl. BVerwGE 60, 254 (257); 67, 287 (295 f.); *Battis*, BBG, § 99 Rn. 8; GKÖD I K, § 65 Rn. 31 ff. (33).
97 Ein solcher arbeitsmarkt- o. wirtschaftspolit. Versagungsgrund wurde wegen verfassungsrechtl. Bedenken bei den Beratungen des Nebentätigkeitsbegrenzungsgesetzes verworfen, vgl. BT-Drs. 10/2542, 14 f.; vgl. auch *Plog/Wiedow/Lemhöfer*, BBG, § 65 Rn. 10 m. w. N.
98 BVerwG ZBR 1977, 27 (28); BVerwGE 60, 254 (256 f.); *Plog/Wiedow/Lemhöfer*, BBG, § 65 Rn. 11; *v. Zwehl*, 43 f.
99 BVerwGE 60, 254 (257). An dieser – nicht leicht zu ziehenden – Grenze der Wahrscheinlichkeit des Eintritts einer Beeinträchtigung entscheidet sich, ob bereits von einer Besorgnis ausgegangen werden kann.
100 Vgl. BT-Drs. 10/1319, 9; BVerwGE 60, 254 (256); GKÖD I K, § 65 Rn. 37 m. w. N.

prüfbar[101] (**zuständig** für die Entscheidung über die Zulässigkeit einer Nebentätigkeit als **truppendienstl. Maßnahme** sind die **Wehrdienstgerichte**[102]). Ist eine Beeinträchtigung dienstl. Interessen zu besorgen, **muss** die Genehmigung nach dem eindeutigen Wortlaut des Abs. 2 Satz 1 **versagt werden**. Ist nach den Umständen des konkreten Einzelfalles keine Beeinträchtigung zu besorgen, besteht ein Rechtsanspruch auf Erteilung der Nebentätigkeitsgenehmigung.[103] Der Dienstherr hat dann **kein Ermessen**.[104]

47 Auch bei den in **Abs. 2 Satz 2** (und Satz 3) beispielhaft, nicht abschließend („insbesondere") aufgeführten Versagungsgründen, die sich teilweise überschneiden, ist die Annahme ihrer tatbestandlichen, in unbest. Rechtsbegriffen formulierten Voraussetzungen durch den Dienstherrn weitestgehend gerichtl. überprüfbar. Dies gilt selbst dann, wenn in die Einschätzung, ob eine Beeinträchtigung dienstl. Interessen zu besorgen ist, **künftige ungewisse Geschehensabläufe** einbezogen werden müssen (vgl. z. B. Satz 2 Nr. 4, in dem die künftige dienstl. Verwendbarkeit angesprochen wird). Aus **prognostischen** Inhalten unbest. Rechtsbegriffe allein kann noch nicht ohne Weiteres auf einen Beurteilungsspielraum geschlossen werden.[105] Jedenfalls wäre selbst dann, wenn man dem Dienstherrn einen gewissen Entscheidungsfreiraum zubilligte, zumindest gerichtl. überprüfbar, ob der Dienstherr (zum Zeitpunkt seiner Entscheidung) von einem zutr. Sachverhalt, aus dem er seine Besorgnis ableitet, ausgegangen ist und er die für die Entscheidung erheblichen Gesichtspunkte sachgerecht beurteilt oder offensichtlich falsch eingeschätzt hat.[106]

Allg. ist auch bei den Versagungsgründen nach Abs. 2 Satz 2 auf den Maßstab der Besorgnis (vgl. Rn. 45) abzustellen.

48 Nach **Satz 2 Nr. 1** liegt ein **Versagungsgrund** vor, wenn die Nebentätigkeit nach Art und Umfang den Soldaten dermaßen in Anspruch nimmt, dass die ordnungsgemäße Erfüllung seiner dienstl. Pflichten behindert werden kann. **Satz 4** nimmt dies **regelmäßig** an, wenn die zeitliche Beanspruchung durch eine oder mehrere Nebentätigkeiten in der Woche acht Stunden überschreitet (sog. **Fünftel-Regel**[107]). Auch eine Nebentätigkeit innerhalb dieses Rahmens kann nach Satz 2 Nr. 1 versagt werden, wenn sie wegen der besonderen Umstände des Einzelfalles etwa aufgrund der Art ihrer Ausübung einen ordnungsgemäßen Dienst des Soldaten beeinträchtigen kann (z. B. eine achtstündige, einmal in der Woche nachts ausgeübte Nebentätigkeit, die jew. am nächsten Arbeitstag wegen Übermüdung des Soldaten dessen Leistungsfähigkeit

---

101 Vgl. BVerwG ZBR 1977, 27, Ls 1; BVerwGE 60, 254 (255); *Battis*, BBG, § 99 Rn. 7; GKÖD I K, § 65 Rn. 28 („grundsätzlich gerichtlich nachprüfbar").
102 BVerwGE 73, 87 Ls 1; *Dau*, WBO, § 17 Rn. 62; *Scherer/Alff/Poretschkin*, SG, § 82 Rn. 12. Zu Ausnahmen s. Rn. 122.
103 Vgl. BT-Drs. 10/1319, 9.
104 BVerwG ZBR 1977, 27; *Plog/Wiedow/Lemhöfer*, BBG, § 65 Rn. 9.
105 Vgl. *Kopp/Schenke*, VwGO, § 114 Rn. 37.
106 Vgl. BVerfGE 88, 40 (60); *Kopp/Schenke*, VwGO, § 114 Rn. 37a. Nach GKÖD I K, § 65 Rn. 28, besteht nur bei der Gewichtung der dienstl. Interessen im konkreten Einzelfall ein gewisser Beurteilungsspielraum.
107 Die Fünftel-Regel leitet ihre Bezeichnung aus der beamtenrechtl. Regelung ab, die von einer Überbeanspruchung durch Nebentätigkeiten von mehr als einem Fünftel der regelmäßigen wöchentlichen Arbeitszeit ausgeht (§ 99 Abs. 3 Satz 1 BBG). Mangels einer gesetzl. Dienstzeitregelung für Soldaten konkretisiert Abs. 2 Satz 4 die Fünftel-Regel auf acht Stunden.

Nebentätigkeit § 20

erheblich herabsetzt). Andererseits kann in Einzelfällen abw. von der wochenbezogenen Fünftel-Regel auf die durchschnittliche zeitliche Belastung im Monat für solche Nebentätigkeiten abgestellt werden, mit denen notwendigerweise eine vorübergehend stärkere, unregelmäßige zeitliche Inanspruchnahme verbunden ist (z. B. Prüfungen, Wochenendveranstaltungen im Rahmen von Fortbildungen).[108]

Die Fünftel-Regel in Satz 4 gilt als **Obergrenze**, auch wenn mehrere Nebentätigkeiten ausgeübt werden. Sie **erstreckt sich** – dies stellt **Satz 7** ausdrücklich fest – **auf alle genehmigungs- und anzeigepflichtigen Nebentätigkeiten**, also alle Nebentätigkeiten, über die der Dienstherr zu informieren ist. Damit soll die volle Leistungskraft des Soldaten für die Dienstleistung in der Hauptverwendung erhalten und diese nicht durch übermäßige Beanspruchung durch Nebentätigkeiten gefährdet werden. Dafür ist es grds. unerheblich, ob eine genehmigungs- oder nur anzeigepflichtige Nebentätigkeit ausgeübt wird.[109] Sie soll keine Fahrzeiten berücksichtigen.[110] Besteht die Nebentätigkeit in Unterrichtserteilung, ist für jede Unterrichtsstunde ein zeitlich entspr. Aufwand für Vor- und Nachbereitung hinzuzurechnen.[111]

Befindet sich der Soldat im **Erholungsurlaub**, ist – trotz der in dieser Zeit wegfallenden Dienstleistungspflicht – eine längere als achtstündige wöchentliche Nebentätigkeit nicht zulässig, weil dies dem Zweck des Urlaubs zuwider liefe.[112] 49

Entfällt die **dienstl. Beanspruchung** eines Soldaten durch ein **Verbot der Ausübung des Dienstes** (§ 22) oder durch eine **vorläufige Diensttenthebung** (§ 126 Abs. 1 WDO) gänzlich, so kann der Soldat eine Nebentätigkeit – auch wenn sie genehmigungsbedürftig bleibt (vgl. o. Rn. 21) –ungehindert durch Satz 2 Nr. 1 und Satz 4 ausüben. Muss – nicht nur kurzzeitig – kein Dienst geleistet werden, kann er nicht durch eine Nebentätigkeit beeinträchtigt werden.[113] 50

Zur Versagung einer Nebentätigkeit während eines **Betreuungsurlaubs** (§ 28 Abs. 5 Satz 1) auf der Basis des § 20 Abs. 2 Satz 2 Nr. 1 und Satz 4 vgl. die Komm. zu § 28 Rn. 49. 51

Zur Versagung einer Nebentätigkeit während eines **Altersurlaubs** (Urlaub bis zum Beginn des Ruhestandes gem. § 28a Abs. 1) vgl. die Komm. zu § 28a Rn. 17 ff.

Zur Möglichkeit, während einer **Elternzeit** eine **Teilzeitbeschäftigung** als **Arbeitnehmer** aufzunehmen, vgl. § 4 EltZSoldV[114] i. V. m. Teil B Nr. 15 AusfBestEltZSoldV[115].

Zu Nebentätigkeiten während einer **Teilzeitbeschäftigung** vgl. die Komm. zu § 30a Rn. 21 ff.

Nach **Satz 2 Nr. 2** ist ein Versagungsgrund gegeben, wenn die Nebentätigkeit den Soldaten in Konflikt mit seinen dienstl. Pflichten bringen, dem Ansehen der Bw abträg- 52

---

108 Vgl. BT-Drs. 10/2542, 15.
109 BT-Drs. 16/7076, 123. Nicht erfasst werden somit nur wenige – auch nicht anzeigepflichtige – Nebentätigkeiten, z. B. nach § 20 Abs. 6 Satz 1 Nr. 1.
110 Vgl. NT-Erl. BMVg (s.o. Rn. 15), Nr. 2.2.3 Abs. 2.
111 Ebd.
112 Vgl. *v. Zwehl*, 91 f.
113 Vgl. GKÖD I K, § 65 Rn. 42; *Plog/Wiedow/Lemhöfer*, BBG, § 65 Rn. 16.
114 BGBl. 2004 I S. 2855 mit Änd.
115 VMBl. 2009 S. 49 (50 f.).

Eichen

lich sein kann oder in einer Angelegenheit ausgeübt wird, in der die Dienststelle oder Einheit des Soldaten tätig wird oder tätig werden kann.

53 Einen **Konflikt mit dienstl. Pflichten** hat das BVerwG z. B. angenommen im Falle eines SanOffz (Zahnarzt), der eine Nebentätigkeit als Kassenarzt angestrebt hatte, weil hierdurch eine weitgehende rechtl. Bindung über einen anderweitigen Einsatz der Arbeitskraft einzugehen sei, die mit der jederzeit notwendigen Einsatzbereitschaft als Arzt in den SK nicht in Einklang zu bringen sei und daher eine nicht nur abstrakte Gefahr einer Pflichtenkollision bewirken könnte.[116] Vorstellbar und ausreichend wäre z. B. auch die Besorgnis, dass ein Soldat interne Kenntnisse aus seiner dienstl. Tätigkeit im Rahmen einer Nebentätigkeit zum Nachteil des Dienstherrn verwerten könnte.[117] Es reicht bereits die objektive Möglichkeit eines Konflikts mit dienstl. Pflichten aus; für diese Annahme müssen allerdings vernünftige Anhaltspunkte bestehen. Unerheblich ist, ob der Soldat sich in einen Konflikt mit dienstl. Pflichten verstrickt fühlt oder ob er sich tatsächlich in diesem Konflikt befindet.[118]

54 Dem **Ansehen der Bw** abträglich können Nebentätigkeiten sein, die zwar noch legal sind, durch die aber der gute Ruf der Bw oder einzelner Truppenteile, der für die Erfüllung der Verteidigungsaufgabe unbedingt erforderlich ist[119], in Mitleidenschaft gezogen werden kann. In Frage kommen z. B. Tätigkeiten im Rotlicht- und Homosexuellenmilieu sowie in einem kriminalitätsnahen Umfeld. Hierbei wird es sich regelmäßig um Grenzfälle handeln, die angesichts sich ständig wandelnder gesellschaftlicher Anschauungen im Einzelfall eine einvernehmliche Einschätzung nur schwerlich zulassen.

55 Als ansehensschädigend sind z. B. folgende Nebentätigkeiten vorstellbar:
– Betreiben eines Bordells am Standort durch einen DiszVorg.[120]
– Betrieb einer Videothek mit vornehmlich gewaltverherrlichenden und pornographischen Filmen.[121]
– Tätigkeit eines StabsOffz als Pornomodell für ein Sexmagazin.[122]

56 In den Fällen, in denen nach Satz 2 Nr. 2 eine Nebentätigkeit einen Ansehensverlust für die Bw bewirken und deshalb versagt werden kann, statuiert § 17 Abs. 2 Satz 2 korrespondierend die Pflicht des Soldaten, auch außer Dienst jede ernsthafte Ansehensbeeinträchtigung der Bw zu unterlassen.

57 Problemlos kann eine Nebentätigkeit versagt werden, wenn die durch sie zu erwartende Beeinträchtigung des Ansehens der Bw auf einer rechtswidrigen oder sogar strafbaren Handlungsweise beruhte.[123]

---

116 BVerwGE 63, 99 = NZWehrr 1979, 230; die Anm. zu dieser Entsch. v. *Walz*, NZWehrr 1980, 26, betr. keine nebentätigkeitsrechtl. Aspekte.
117 Vgl. die beamtenrechtl. Entsch. BVerwGE 60, 254.
118 BVerwGE 60, 254 (259).
119 Vgl. *Dau*, WDO, § 16 Rn. 16 m. w. N.
120 Vgl. die Beispiele bei *Günther*, DöD 1988, 78, 90.
121 Vgl. VG Hannover NJW 1988, 1162 (in diesem Fall durch einen Strafvollzugsbeamten).
122 Vgl. BVerwGE 86, 136 = NZWehrr 1989, 205; BVerwGE 113, 340 = NZWehrr 1999, 258.
123 Vgl. GKÖD I K, § 65 Rn. 52.

Die Versagung einer Nebentätigkeit, die in einer Angelegenheit ausgeübt würde, in **58**
der die **Dienststelle oder Einheit des Soldaten selbst tätig wird oder werden kann**[124],
ist anschaulich an beamtenrechtl. Fallgestaltungen darstellbar.[125] Im soldatischen
Bereich sind derartige Konstellationen aber eher selten. Anders als bei ziv. Behörden,
denen bestimmte, in die Öffentlichkeit gerichtete Zuständigkeiten überwiegend „auf
die Stirn" geschrieben sind (z. B. eine Gemeindeverwaltung mit Bauamt und Sozialamt), gibt es derartige Zuständigkeiten bei mil. Dienststellen (z. B. bei einer Kompanie oder einem Bataillon) i. d. R. nicht. Das Bestreben des Gesetzgebers, zu verhindern, dass durch Nebentätigkeiten im Zuständigkeitsbereich der Dienststelle das
Vertrauen der Öffentlichkeit in die sachgemäße Behandlung dienstl. Vorgänge im
amtl. Bereich Schaden nehmen und eine Interessenkollision eintreten könnte, findet
daher im mil. Bereich weit weniger Ansatzpunkte. Nur in seltenen[126] Fällen, in denen
eine mil. Dienststelle wie eine ziv. Behörde eigene, nach außen gerichtete Zuständigkeiten besitzt, wäre zu prüfen, ob die Dienststelle in einer für die Nebentätigkeit eines
Soldaten relevanten Weise selbst tätig werden könnte, ob dann der Soldat (mit seiner
Nebentätigkeit) in derselben „Angelegenheit" befasst wäre.[127]

Der Versagungsgrund in **Satz 2 Nr. 3** greift ein, wenn die Nebentätigkeit die **Unparteilichkeit oder Unbefangenheit** des Soldaten **beeinflussen kann**. Er drückt bereits **59**
sprachlich aus, dass hier die objektive, nicht ausschließbare Möglichkeit der Beeinflussung des Soldaten, also eine entspr. Besorgnis, ausreicht. Die Vorschrift will allg. die
Gefahr einer Beeinträchtigung der dienstl. Interessen des Dienstherrn durch Zweifel
an der Neutralität des Soldaten ausschalten.[128] Notwendig sind nachvollziehbare
Anhaltspunkte für eine solche Gefährdung. Eine tatsächliche Beeinträchtigung der
Unparteilichkeit oder Unbefangenheit des Soldaten ist nicht erforderlich; vermieden
werden soll schon der Anschein möglicher Interessen- oder Loyalitätskonflikte.[129]

Gegenüber dem ersten Anwendungsfall in Satz 2 Nr. 2 (Widerstreit mit dienstl. Pflichten, vgl. o. Rn. 53) hat Satz 2 Nr. 3 keinen eigenständigen Anwendungsbereich.[130]

Der Versagungsgrund in **Satz 2 Nr. 4**, dass die Nebentätigkeit zu einer **wesentlichen** **60**
Einschränkung der künftigen dienstl. Verwendbarkeit des Soldaten **führen kann**, ist zu
bejahen, wenn die Nebentätigkeit zwar nicht aktuell zu einer Beeinträchtigung dienstl.

---

124 Der aus einer Nebentätigkeit erwachsenden Besorgnis eines Interessenkonflikts wird hier
   schon im Vorfeld Rechnung getragen: Bereits die (anhand der konkreten Umstände des
   Einzelfalls zu bewertende) Möglichkeit, dass die Dienststelle o. Einheit tätig werden
   kann, reicht aus, die Nebentätigkeit zu versagen.
125 Beispiel: Technischer Beamter, dessen in der Nebentätigkeit erstellte Bauunterlagen anschließend in seiner eigenen Baubehörde überprüft werden.
126 Dies auch deshalb, weil nach Art. 87b Abs. 1 GG die unmittelbare Deckung des Sachbedarfs der SK (insbes. Maßnahmen der Materialbeschaffung u. der Infrastruktur) grds. den
   Behörden der Bundeswehrverwaltung übertragen ist.
127 Vgl. für den Beamtenbereich *Plog/Wiedow/Lemhöfer*, BBG, § 65 Rn. 18. GKÖD I K, § 65
   Rn. 47, u. VGH Mannheim, NVwZ-RR 2003, 224, lassen für einen Interessenkonflikt das
   „schlichte Zusammentreffen von Behördenzuständigkeit und Nebentätigkeit" ausreichen
   (vgl. auch *Günther*, DöD 1988, 78, 87 f.). *Stauf* I, § 20 SG Rn. 11, spricht sich für eine restriktive Interpretation der Vorschrift aus.
128 Vgl. BVerwGE 60, 254 (257).
129 Vgl. GKÖD I Yk, § 20 Rn. 33; BVerwGE 84, 299 (302).
130 Vgl. *Keymer/Kolbe/Braun*, Dritter Teil, 2, BBG § 65 Rn. 26 m. w. N.

Interessen (z. B. aus den in Satz 2 Nr. 2 oder 3 genannten Gründen) führt, aber bei einem nicht unwahrscheinlichen und nicht fernliegenden[131], voraussehbaren[132] Verwendungswechsel mit der dann auszuübenden Tätigkeit kollidieren könnte. Da dies der zur Einsatzbereitschaft der SK notwendigen jederzeitigen Verwendbarkeit des Soldaten auf für ihn geeigneten Dienstposten widerspräche, muss in diesem Fall eine Nebentätigkeit zurückstehen.

61 Nach **Satz 3** liegt eine Besorgnis der Beeinträchtigung dienstl. Interessen und damit ein Versagungsgrund für eine Nebentätigkeit i. d. R. auch vor, wenn sich diese wegen gewerbsmäßiger Dienst- oder Arbeitsleistung oder sonst nach Art, Umfang, Dauer oder Häufigkeit als **Ausübung eines Zweitberufs** darstellt. Nach der amtl. Begr.[133] will die Vorschrift verhindern, dass sich der Soldat durch eine Nebentätigkeit allmählich einen Zweitberuf aufbaut, unabhängig davon, ob die in Satz 4 festgelegte zeitliche Begrenzung auf acht Stunden wöchentlich überschritten wird. Allerdings wird das gesetzgeberische Ziel, den Soldaten dazu anzuhalten, sich mit voller Kraft seinen soldatischen Pflichten zu widmen, bereits ausreichend konkret in den Versagungsgründen des Satzes 2 und durch Satz 4 und 5 umrissen. Diese Versagungsgründe werden durch Satz 3 nicht verdrängt, sondern allenfalls ergänzt.[134]

Ob sich eine Nebentätigkeit als unzulässige Ausübung eines Zweitberufs darstellt, soll, wie das BMI in einem RdSchr. vom 3.9.1997[135] anmerkt, im Einzelfall meist nur im Rahmen einer Gesamtbewertung zu beurteilen sein. Auf die Wiedergabe der hierzu vom BMI genannten Kriterien[136] wird verzichtet, weil sie zu keiner befriedigenden Konkretisierung des Gesetzeswortlauts verhelfen.[137]

Nicht als Ausübung eines Zweitberufs gilt die Tätigkeit als **Nebenerwerbslandwirt** oder **Nebenerwerbswinzer**, da hierin eine gewerbsmäßige Dienst- oder Arbeitsleistung, die regelmäßig auf ständige Gewinnerzielung gerichtet ist, nicht gesehen werden kann. Nebenerwerbslandwirte oder -winzer führen i. d. R. einen ererbten Betrieb fort. Ihre Tätigkeit zielt weniger auf Gewinn als auf eine angemessene Bewirtschaftung und Pflege von Grund und Boden.[138] Dass aus Gefälligkeit übernommene Tätigkeiten, die meist nur gelegentlich und aufgrund besonderer Verbindung zum „Auftraggeber" (z. B. Verwandtschaftsverhältnis) ausgeübt werden, keine gewerbsmäßige Dienst- oder Arbeitsleistung und damit keine Nebentätigkeit darstellen, wurde bereits dargestellt.[139]

62 Neben der begrenzenden Regelung in **Satz 4** (vgl. o. Rn. 48), die auf die zeitliche Beanspruchung abstellt, führt **Satz 5** zusätzlich eine **Vergütungsgrenze** ein.[140] Eine Nebentätigkeitsgenehmigung ist nunmehr grds. auch zu versagen, soweit der Gesamt-

---

131 BVerwGE 67, 287 (299).
132 *Stauf* I, § 20 SG Rn. 12.
133 BT-Drs. 13/8079, 18 (Begr. zu Art. 2 Nr. 1; sie gilt für Soldaten entspr., vgl. S. 19 a.a.O. [Begr. zu Art. 3 – § 20 SG]).
134 Vgl. GKÖD I K, § 65 Rn. 56.
135 Abgedruckt bei *v. Zwehl*, 259.
136 Vgl. hierzu *Stauf* I, § 20 SG Rn. 13 f.; *v. Zwehl*, 49 f.
137 Krit. zur entspr. Beamtenregelung GKÖD I K, § 65 Rn. 54 ff.; *Plog/Wiedow/Lemhöfer*, BBG, § 65 Rn. 21b.
138 Vgl. NT-Erl. BMVg (s.o. Rn. 15), Nr. 2.2.3 Abs. 4.
139 Vgl. o. Rn. 22 a. E.
140 Zum Folgenden BT-Drs. 16/7076, 123 (zu § 99 Abs. 3 BBG).

betrag der Vergütung (gemeint ist die Brutto-Vergütung, reduziert um die entspr. § 6 Abs. 3 Satz 2 BNV abzusetzenden Aufwendungen, die im Zusammenhang mit der Nebentätigkeit entstanden sind) für eine oder mehrere Nebentätigkeiten **40 Prozent des jährlichen Endgrundgehalts** des Dienstgrades des Soldaten übersteigt. Dies erschien dem Gesetzgeber angezeigt, weil zwischen der Höhe der Vergütung und zeitlicher Inanspruchnahme typischerweise ein enger Zusammenhang besteht. Wird die Vergütungsgrenze überschritten, kann vermutet werden, dass der Soldat durch die Nebentätigkeit(en) stark beansprucht wird und dies die ordnungsgemäße Erfüllung seiner dienstl. Pflichten beeinträchtigen kann. **Endgrundgehalt** des Dienstgrades des Soldaten ist bei aufsteigenden Gehältern das höchste erreichbare Grundgehalt in der dem jew. Dienstgrad zugeordneten Besoldungsgruppe (sind einem Dienstgrad, wie z. B. dem Dienstgrad OTL, mehrere Besoldungsgruppen zugeordnet, ist die Besoldungsgruppe maßgeblich, in die der Soldat eingewiesen ist), bei Festgehältern der Betrag des Grundgehalts in der dem Dienstgrad zugeordneten Besoldungsgruppe. Da **teilzeitbeschäftigte Soldaten** Nebentätigkeiten grds. im selben Umfang wie Vollzeitbeschäftigte ausüben dürfen (vgl. § 30a Abs. 2 Satz 3), sind auch bei ihnen 40 Prozent des vollen Endgrundgehalts zugrundezulegen.

Es handelt sich aus Gründen der Verhältnismäßigkeit nicht um eine starre Grenze. 63
Der für die Bewilligung oder Untersagung nach Abs. 5 Satz 1 zuständige DiszVorg. kann nach **Satz 6** bei Überschreiten der Vergütungsgrenze Ausnahmen zulassen. Sie sind möglich, wenn der Soldat durch bestimmte Tatsachen nachweist, dass eine übermäßige zeitliche Beanspruchung trotz des erheblichen Verdienstes nicht vorliegt oder im Einzelfall sonstige Gründe gegeben sind, die ausnahmsweise eine Genehmigung der Nebentätigkeit nicht als unangemessen erscheinen lassen. Dies ist z. B. der Fall, wenn der Soldat nachweist, dass die Höhe des Entgelts aus der Nebentätigkeit nicht den Rückschluss auf eine zusätzliche Inanspruchnahme seiner Arbeitskraft zulässt, oder wenn angelaufene Vergütungen für eine langjährige Nebentätigkeit pauschal in einem Jahr gezahlt werden.[141] Über § 99 Abs. 3 Satz 4 BBG hinaus stellt Satz 6 im letzten Halbs. klar, dass die Genehmigung einer Nebentätigkeit zulässig sein kann, wenn dienstl. Interessen sie rechtfertigen. Dieser Zusatz ist aufgenommen worden (ohne dass dies die beamtenrechtl. Regelung nicht auch abdeckte[142]), um die traditionell auch im mil. Bereich aus übergeordneten dienstl. Gründen gewährten privaten Liquidationsrechte für ärztliche und zahnärztliche Nebentätigkeiten der SanOffz[143] zu legitimieren.

Satz 7 geht (wie für Satz 4[144]) für die Ermittlung der Vergütungsgrenze nach den Sätzen 5 und 6 davon aus, dass genehmigungs- und anzeigepflichtige Nebentätigkeiten zusammen zu berücksichtigen sind. 64

Nach **Satz 8** ist eine Nebentätigkeitsgenehmigung auf längstens **fünf Jahre** zu **befristen** 65
und ggf. mit **Auflagen** oder **Bedingungen** zu erteilen. Die Vorschrift verdeutlicht, dass Nebentätigkeiten für Soldaten angesichts der Alimentationspflicht des Dienstherrn für

---
141 Vgl. *Battis*, BBG, § 99 Rn. 18.
142 Vgl. BT-Drs. 16/7076, 123.
143 S. Rn. 121.
144 S. o. Rn. 48 einschl. der dortigen Begr.

Eichen

die Soldaten und deren Familien[145] eine nur untergeordnete Rolle neben dem Hauptberuf spielen dürfen. Auch soll bei längerfristig angelegten Nebentätigkeiten der zuständige Vorg.[146] durch die Befristung gezwungen sein, die Nebentätigkeiten des Soldaten regelmäßig auf Vereinbarkeit mit den soldatenrechtl. Vorschriften zu prüfen.[147]

66 Die gesetzl. Befristung der Nebentätigkeitsgenehmigung (**Satz 8 Halbs. 1**) auf längstens fünf Jahre darf nicht überschritten werden. Sie ist für Nebentätigkeiten bedeutsam[148], die längerfristig ausgeübt werden sollen oder ihrer Natur nach nur über einen längeren Zeitraum möglich sind.

Im Einzelfall wird die Genehmigung auf weniger als fünf Jahre zu befristen sein, insbes. wenn
- die Nebentätigkeit für einen kürzeren Zeitraum beantragt ist oder ihrer Natur nach in einem kürzeren Zeitraum beendet werden kann oder
- absehbar ist, dass ihre Vereinbarkeit mit soldatenrechtl. Vorschriften, insbes. solchen zum Schutz konkreter dienstl. Interessen, vorzeitig zu überprüfen sein wird.[149]

67 Beginn und Ende der Fünfjahresfrist sind grds. nach den allg. Regeln zu berechnen. § 31 VwVfG i. V. m. §§ 187 ff. BGB ist entspr. heranzuziehen. Folglich beginnt der Lauf der Frist[150]
- bei Nebentätigkeiten, die der Antragsteller zu einem in seinem Antrag bestimmten und so bewilligten künftigen Datum aufnehmen will, an diesem Tag,
- im Übrigen mit dem Tag, der auf die Bekanntgabe der Genehmigungserteilung folgt.

68 Mit Ablauf der Frist **erlischt** die Genehmigung. Der Soldat darf die Nebentätigkeit erst fortsetzen, nachdem ihm auf seinen erneuten Antrag und nach Vorlage entspr. Nachweise eine Genehmigung erteilt ist. Auch ein rechtzeitiger und ordnungsgemäßer Antrag reicht für eine zulässige Fortsetzung der Nebentätigkeit nach Ablauf der Befristung nicht aus, solange keine neue Genehmigung erteilt ist.[151] Stehen der erneut beantragten Nebentätigkeit keine Versagungsgründe entgegen, was der zuständige Vorg. wie bei einem Erstantrag überprüfen muss, hat der Soldat einen Anspruch auf Genehmigung.

---

145 Das Alimentationsprinzip verpflichtet den Dienstherrn, u. a. Soldaten u. ihre Familien lebenslang angemessen zu unterhalten. Obwohl verfassungsrechtl. nicht aus Art. 33 Abs. 5 GG begründbar, hat die Rspr. Gewährleistungen aus dem Alimentationsprinzip auch auf Soldaten erstreckt (vgl. BVerwGE 93, 69, 73 m. w. N.); einfachgesetzl. ergibt sich die Alimentationspflicht aus § 31.
146 Zur Zuständigkeit vgl. Rn. 84.
147 Vgl. BT-Drs. 13/8079, 18 f.; die beamtenrechtl. Begr. gilt entspr. für § 20 Abs. 2 Satz 8.
148 Vgl. zu den folgenden Ausführungen NT-Erl. BMVg (s. o. Rn. 15), Nr. 2.2.5).
149 Letzteres kann z. B. der Fall sein, wenn absehbar eine dienstl. Tätigkeit des Soldaten in Angelegenheiten vorgesehen ist, in denen er Nebentätigkeiten ausübt (dann können insbes. Versagungsgründe nach Abs. 2 Satz 2 Nr. 2 bis Nr. 4 zur Anwendung kommen), o. wenn die Nebentätigkeit ihrer Art nach häufig Veränderungen unterliegt.
150 Vgl. GKÖD I K, § 65 Rn. 59.
151 Im Genehmigungsbescheid ist das Fristende ausdrücklich (datumsmäßig) anzugeben u. auf das Erfordernis einer frühzeitigen Antragstellung für den Fall einer gewünschten Fortsetzung der Nebentätigkeit hinzuweisen, vgl. NT-Erl. BMVg (s. o. Rn. 15), Nr. 2.4 Abs. 3.

Nebentätigkeit § 20

Die Genehmigung einer Nebentätigkeit kann mit **Auflagen** und **Bedingungen**[152] versehen werden (vgl. **Satz 8 Halbs. 2**). Der Genehmigung kann daher entweder eine zusätzliche, selbstständig erzwingbare Anordnung zu einem bestimmten Tun, Dulden oder Unterlassen beigefügt werden (Auflage[153]), oder es kann ihr Eintritt (aufschiebende Bedingung) oder ihr Ende (auflösende Bedingung) von einem zukünftigen ungewissen Ereignis abhängig gemacht werden.[154] So könnte z. B. eine Nebentätigkeitsgenehmigung an die auflösende Bedingung eines Dienstpostenwechsels geknüpft werden, mit dem die Genehmigung erlischt.

69

Ist im konkreten Einzelfall eine Beeinträchtigung dienstl. Interessen nicht zu besorgen, hat der Soldat auf die Erteilung einer Nebentätigkeitsgenehmigung einen Rechtsanspruch (vgl. o. Rn. 46). Einer Nebentätigkeitsgenehmigung darf eine **Auflage** oder **Bedingung** deshalb **nur zur Wahrung** dienstl. **Interessen** beigefügt werden, wenn andernfalls (ohne Auflage oder Bedingung) die Genehmigung versagt werden müsste.[155]

Nach **Satz 9** ist (ohne Ermessen) eine erteilte Nebentätigkeitsgenehmigung zu widerrufen, wenn sie zu einer Beeinträchtigung dienstl. Interessen führt. Dieser **gesetzl. Widerrufsvorbehalt** muss der Nebentätigkeitsgenehmigung nicht ausdrücklich als Nebenbestimmung beigefügt sein. Er bedarf keiner besonderen Erwähnung im Bescheid.[156]

70

Der Wortlaut der Vorschrift verdeutlicht, dass für den Widerruf – anders als nach Satz 1, der bereits die Besorgnis der Beeinträchtigung dienstl. Interessen ausreichen lässt – der tatsächliche Eintritt einer solchen Beeinträchtigung notwendig ist.[157] **Entschädigungspflichten** löst der Widerruf nicht aus, da der gesetzl. Widerrufsvorbehalt die Entstehung eines Vertrauensschutztatbestandes verhindert, auch wenn der Soldat hiervon keine Kenntnis hat.[158]

Bei **Streitigkeiten** über die **Zulässigkeit des Widerrufs** einer Nebentätigkeitsgenehmigung (als actus contrarius zur Genehmigung) entscheiden ebenfalls[159] die **Wehrdienstgerichte**.

---

152 Vgl. zu diesen Begriffen § 36 Abs. 2 Nr. 2 u. 4 VwVfG.
153 Vgl. *Kopp/Ramsauer*, VwVfG, § 36 Rn. 29 ff.
154 Vgl. *Kopp/Ramsauer*, VwVfG, § 36 Rn. 19 ff.
155 Vgl. GKÖD I K, § 65 Rn. 60; *Plog/Wiedow/Lemhöfer*, BBG, § 65 Rn. 21c.
156 Vgl. § 49 Abs. 2 Satz 1 Nr. 1 VwVfG; *Kopp/Ramsauer*, VwVfG, § 36 Rn. 25. Gleichwohl schreibt der Musterbescheid einer Genehmigung der Nebentätigkeit v. Soldaten einen solchen Hinw. vor, vgl. VMBl. 2001 S. 117, Anl. 2/Bw/2207.
157 Vgl. GKÖD I K, § 65 Rn. 61.
158 Vgl. § 49 Abs. 6 Satz 1 VwVfG, der rechtsgrds. herangezogen werden kann. Für eine ausnahmsweise Entschädigung in Fällen des VwVfG analog § 49 Abs. 6 VwVfG auch bei Vorliegen eines Widerrufsvorbehalts nach § 49 Abs. 2 Satz 1 Nr. 1 VwVfG treten *Kopp/Ramsauer*, VwVfG, § 49 Rn. 82, ein.
159 S. o. Rn. 46.

71 **3. Absatz 3 Nebentätigkeit außerhalb des Dienstes. Abs. 3 Satz 1 Halbs. 1** sieht als Regelfall vor, dass der Soldat Nebentätigkeiten (schon vom Wortlaut her jeder Art, auch nach Abs. 6 nicht genehmigungspflichtige) nur **außerhalb des Dienstes** (d. h. auch nur außerhalb dienstl. Unterkünfte und Anlagen[160]) ausüben darf.[161]

72 Ausnahmen gelten nach **Satz 1 Halbs. 2**, wenn der Soldat die Nebentätigkeit **auf Verlangen** seines DiszVorg.[162] übernommen hat oder wenn ein **dienstl. Interesse** an der Ausübung der Nebentätigkeit besteht.

73 **Satz 1 Halbs. 2, 1. Alt.** in der durch das DNeuG geä. Fassung spricht nicht mehr von Vorschlag oder Veranlassung zur Übernahme; entscheidend ist nicht mehr, dass der Soldat letztlich aufgrund eigener Entscheidung die Nebentätigkeit übernimmt. Vielmehr wird jetzt wie in der beamtenrechtl. Parallelvorschrift[163] nur noch die Ausübung einer Nebentätigkeit **auf Verlangen**[164] als Ausnahmegrund genannt[165], z. B. wenn der Soldat Prüfungs- oder Vortragstätigkeiten, die nicht seiner Hauptverwendung zuzurechnen sind, im Interesse des Dienstherrn auf dessen Verlangen im Dienst wahrnimmt. Den Fall, dass der Soldat sich zur Ausübung der Nebentätigkeit selbst (ohne Zwang) entschließt, erfasst Satz 1 Halbs. 2, 1. Alt. daher nicht mehr. Damit wird der Ausnahmecharakter dieser Regelung noch stärker als bisher betont. Ausgegrenzt werden Nebentätigkeiten, die dem Soldaten nicht abgefordert und auch nicht abverlangt werden dürfen.[166]

74 Obwohl aus dem Wortlaut des Satzes 1 Halbs. 2, 1. Alt. nicht ohne Weiteres erkennbar, muss dem Verlangen des DiszVorg. ein **dienstl. Interesse in Form eines dienstl. Zwecks**[167] zugrunde liegen. Die bloße (u. U. sogar privat motivierte) Aufforderung allein kann keine Ausnahme rechtfertigen. Evtl. Versagungsgründe nach Abs. 2 hat der DiszVorg. gegenüber dem dienstl. Interesse an der Nebentätigkeit gem. Satz 1 Halbs. 2, 1. Alt. abzuwägen, bevor er von dem Soldaten die Ausübung der Nebentätigkeit im Dienst fordert.

75 Eine Nebentätigkeit im Dienst darf der Soldat überdies ausüben, wenn der (zuständige, s. Rn. 84) DiszVorg. nach **Satz 1 Halbs. 2, 2. Alt. (aktenkundig**, also schriftl. begründet, vgl. **Satz 2**) ein **dienstl. Interesse** feststellt. Die Notwendigkeit zur Feststellung ist trotz des neuen Wortlauts des Satzes 1 („... oder es *besteht* ein dienstliches Interesse an der Ausübung") aus Satz 2 zu folgern.

---

160 Vgl. *Scherer/Alff/Poretschkin*, SG, § 20 Rn. 5.
161 Vgl. z. B. den Erl. „Handel und Gewerbeausübung im Bereich der Bundeswehr", VMBl. 2000 S. 9. Nach dessen Nr. 2.7 ist die an sich während des Dienstes zulässige Unterrichtung in Liegenschaften der Bw über Versicherungen (z. B. Nr. 2.5.1 o. Nr. 2.5.4 des Erlasses) durch einen Soldaten, der für eine nach dem Erl. berechtigte Versicherungsgesellschaft eine Nebentätigkeit ausübt, nicht zulässig, da sein Tätigwerden zumindest den Anschein einer Interessenkollision erweckt. Vgl. *v. Zwehl*, 55.
162 Vgl. Rn. 84.
163 § 101 Abs. 1 Satz 1 BBG.
164 Das Verlangen stellt die Verpflichtung zur Übernahme der Nebentätigkeit dar, vgl. u. Rn. 116 sowie *Plog/Wiedow/Lemhöfer*, BBG, § 64 Rn. 11.
165 Vgl. zur früheren Vorschriftenlage die 1. Aufl. dieser Komm.
166 Dies schließt auch, dass Soldaten für private Vereine Nebentätigkeiten im Dienst ausüben, die zwar aus sozialen Gründen im öff. Interesse sein mögen, aber mangels dienstl. Interesses für die Aufgaben der SK nicht befohlen/angeordnet werden dürfen.
167 Dies folgt aus der Rechtsnatur des Verlangens, das durch Befehl oder Weisung artikuliert wird; somit ist ein dienstl. Zweck nötig. Zur Koppelung der Begriffe dienstl. Interesse/ dienstl. Zweck vgl. Rn. 75.

Die Reichweite des dienstl. Interesses ist nicht nur durch Bezugnahme auf die dem Soldaten jew. übertragenen, konkreten dienstl. Aufgaben zu bestimmen. Ein dienstl. Interesse an der Nebentätigkeit kann nicht nur dann gegeben sein, wenn die Tätigkeit den Aufgaben des konkreten Dienstpostens oder der dem Soldaten speziell übertragenen Verwendung dienlich ist. Es kann auch bejaht werden, wenn die Nebentätigkeit objektiv nachvollziehbar für das sonstige dienstl. notwendige Tätigwerden der Dienststelle des Soldaten förderlich sein kann. Hierbei kann es sich auch um einen immateriellen Vorteil (z. B. um eine Ansehenssteigerung im Rahmen der Öffentlichkeitsarbeit) handeln.

Die **Grenze zwischen dienstl. und nur öff. Interesse** (dieses reicht nach Satz 3 aus) an der Ausübung der Nebentätigkeit ist jedoch dort zu ziehen, wo eine Tätigkeit nach außen erkennbar nicht mehr einsatz- oder verwendungsbezogen auf die verfassungsmäßig zugelassenen Aufgaben der Bw ausgerichtet und den SK deshalb nicht als eigene notwendige Aufgabe übertragen ist. Die Maßnahme muss, um ein dienstl. Interesse bejahen zu können, bei objektiver Betrachtung geeignet **und** erforderlich sein, um eine der durch das GG festgelegten Aufgaben der Bw zu unterstützen. Es liegt nahe, dass eine im so verstandenen dienstl. Interesse liegende Maßnahme stets einem dienstl. Zweck dient. Hieraus kann deshalb abgeleitet werden, dass der Begriff des dienstl. Interesses mit dem befehlsrechtl. erforderlichen dienstl. Zweck korrespondiert.[168] Diese strikte Eingrenzung ist notwendig. Denn nicht jede Tätigkeit, die eine positive Resonanz („Imagegewinn") in der Öffentlichkeit auslöst, dient dienstl. Zwecken und damit den nach der Verfassung zulässigen Aufgaben der Bw und ist geeignet und erforderlich, deren Auftrag erfüllen zu können.[169] Dieser Ansatz muss auch für die Ausübung von Nebentätigkeiten „im dienstlichen Interesse" während der Dienst-

---

168 Um den Begriff des dienstl. Interesses nicht konturenlos (für Missbrauch offen) auf alles erstrecken zu müssen, was der Bw irgendwie nützt, erscheint diese Koppelung (dem dienstl. Interesse korrespondiert ein dienstl. Zweck der Tätigkeit) zwingend. Handlungen, die außerhalb des Einsatzauftrags u. der den SK zugestandenen sekundären Verwendungen (hierzu: *Speth, Wolfgang*, Rechtsfragen des Einsatzes der Bundeswehr unter besonderer Berücksichtigung sekundärer Verwendungen, 1985) liegen, können – um eine missbräuchliche Nutzung der Dienstzeit zu verhindern – nebentätigkeitsrechtl. nicht im dienstl. Interesse sein.
Die zu leichtfertige mil. Praxis bei der Feststellung eines dienstl. Interesses zeigt folgendes Beispiel: Es besteht erkennbar **kein dienstl. Interesse** an der Unterstützung der Arbeit des Volksbundes Deutsche Kriegsgräberfürsorge e. V. durch Soldaten der Bw (obwohl dies im gleichnamigen Erl. in VMBl. 2009, 96 behauptet wird). Denn es ist keine aus dem verfassungsrechtl. Auftrag der Bw ableitbare Aufgabe der SK, Gefallene früherer Kriege zu bestatten. Diese **im öff. Interesse** liegende Aufgabe hat die BReg dem Volksbund zugewiesen. Dem trägt der Erl. letztlich dadurch Rechnung, dass hilfswillige Soldaten, denen die Hilfeleistung mangels dienstl. Zwecks nicht befohlen werden dürfte, Urlaub erhalten (nicht aber aus dienstl. Interesse auf eine Nebentätigkeit während des Dienstes zurückgreifen können – obwohl der Erl diese Aufgabe grds. ausdrücklich als im dienstl. Interesse liegend bezeichnet!). – Dass Soldaten, die im Urlaub für den Volksbund arbeiten, im Erl. ohne gesetzl. Grundlage Versorgungsschutz nach dem SVG bewilligt wird (vgl. Nr. 3 des Erl.), ist eine weitere Ungereimtheit.

169 So BVerwGE 127, 1 = NZWehr 2007, 79 zur Öffentlichkeitsarbeit der SK. Die Abgrenzung in diesem Urt. zeigt, dass im öff. Interesse liegende Hilfeleistungen der Truppe, auch wenn sie der Öffentlichkeit ein positives Bild der SK vermitteln, deshalb nicht zwangsläufig einem dienstl. Zweck dienen.

zeit gelten. Das den SK aufgrund spezifischer Mittelzuweisungen im Bundeshaushalt zur Verfügung stehende Personal und Material darf nicht für Aktivitäten eingesetzt werden, die objektiv nicht Aufgabe der SK sind, sondern allenfalls bei Gelegenheit wahrgenommen werden.

Die Zustimmung zur ausnahmsweisen Ausübung einer Nebentätigkeit während der Dienstzeit ist eine **Ermessensentscheidung**. Selbst wenn an sich ein dienstl. Interesse an der Ausübung einer Nebentätigkeit während des Dienstes besteht, kann diese letztlich untersagt werden, soweit das dienstl. Interesse daran, dass der Soldat in seiner Arbeitszeit ausschließlich den ihm dienstl. aufgegebenen Pflichten nachgeht, insbes. wegen eines Versagungsgrundes nach Abs. 2, überwiegt.[170]

76   Ausnahmsweise darf nach **Satz 3** in Einzelfällen eine Nebentätigkeit **während des Dienstes ohne** ein dienstl. Interesse wahrgenommen werden, wenn dies besonders – z. B. mit einem **öff. Interesse**[171], etwa mit sozialen, karitativen oder humanitären Erwägungen – begründet werden kann; jedoch dürfen dienstl. Gründe[172] nicht entgegenstehen; in jedem Fall muss die **versäumte Dienstzeit nachgeleistet** werden.

Die in Satz 3 genannten „besonders begründeten Fälle" und die ggf. entgegenstehenden „dienstlichen Gründe" sind **unbestimmte Rechtsbegriffe**, bei deren Ausfüllung dem Dienstherrn kein Beurteilungsspielraum zusteht. Diese Begriffe sind **gerichtl.**[173] voll **nachprüfbar**.[174] Auch wenn ihre Voraussetzungen vorliegen, steht die Erteilung einer Ausnahme im Ermessen des zuständigen Vorg. („Ausnahmen *dürfen*... zugelassen werden").

Anträge auf Zulassung einer Ausnahme nach Satz 3 und Entscheidungen über diese Anträge bedürfen der **Schriftform**, vgl. Abs. 5 Satz 2.[175]

77   **4. Absatz 4 Inanspruchnahme von Personal und Sachmitteln des Dienstherrn. Abs. 4 Satz 1** erlaubt es Soldaten in bestimmten Fällen und abweichend von dem Grds., dass Personal und Sachmittel des Dienstherrn nur für dienstl. Zwecke eingesetzt werden dürfen, **Einrichtungen, Personal oder Material des Dienstherrn** mit dessen (vorheriger) schriftl.[176]) Genehmigung (zur Zuständigkeit für die Genehmigung s.u. Rn. 84) im Rahmen von Nebentätigkeiten **in Anspruch zu nehmen**. Voraussetzung ist, dass hierfür ein öff. oder wissenschaftliches Interesse vorliegt und dass für den Gebrauch ein angemessenes Entgelt entrichtet wird.

Abs. 4 betrifft genehmigungspflichtige und (nach Abs. 6) nicht genehmigungspflichtige Nebentätigkeiten.[177] Die Vorschrift wird nach Abs. 7 i. V. m. § 104 Satz 2 Nr. 3 BBG ausgestaltet durch §§ 9 bis 13 BNV.[178]

---

170 So *Keymer/Kolbe/Braun*, BBG, § 65 Rn. 37.
171 Als Beispiele hierfür nennt die amtl. Begr. eine Prüfungs- o. Gutachtertätigkeit, BT-Drs. 10/2542, 15. Das Beispiel schafft keine Klarheit, kann doch z. B. eine Prüfungstätigkeit auch im dienstl. Interesse liegen.
172 Als solche kommen vor allem die Versagungsgründe nach Abs. 2 in Frage.
173 Durch die Wehrdienstgerichte, vgl. *Scherer/Alff/Poretschkin*, SG, § 82 Rn. 12.
174 Vgl. GKÖD I K, § 65 Rn. 65. Allg. zu Beurteilungsspielräumen *Kopp/Ramsauer*, VwVfG, § 40 Rn. 71 ff.
175 Vgl. Rn. 85.
176 Vgl. § 9 Abs. 1 BNV.
177 GKÖD I K, § 65 Rn. 69.
178 Vgl. allg. zur BNV; Rn. 128.

§ 9 Abs. 2 Satz 1 BNV konkretisiert **Einrichtungen** des Dienstherrn als die (nicht verbrauchbaren) sächlichen Mittel, insbes. die Diensträume und deren Ausstattung einschl. Apparate und Instrumente, mit Ausnahme von Bibliotheken. Die Herausnahme der Bibliotheken aus den Einrichtungen gilt auch dann, wenn ihre Nutzung nicht öff., sondern lediglich dem dienstinternen Gebrauch vorbehalten ist. Der Gesetzgeber unterstellt in diesen Fällen ein generelles wissenschaftliches Interesse.[179] **78**

Material sind die verbrauchbaren Sachen (z. B. Arznei- und Verbandsmittel) und die Energie, § 9 Abs. 2 Satz 2 BNV.

Personal des Dienstherrn setzt der Soldat i. S. d. Abs. 4 ein, wenn er Beschäftigte während ihrer Arbeitszeit für seine Nebentätigkeit nutzt. Hat er hierfür eine Genehmigung erhalten, sind die für seine Nebentätigkeit durch die Beschäftigten erbrachten Arbeiten als dienstl. Tätigkeiten anzusehen.[180] In jedem Fall unzulässig ist es, Beschäftigten aus Anlass der Mitwirkung an einer Nebentätigkeit Mehrarbeit, Bereitschaftsdienst oder Rufbereitschaft anzuordnen, zu genehmigen oder zu vergüten.[181]

Ein **öff. Interesse** kann bejaht werden, wenn die Nebentätigkeit und damit die in ihrem Rahmen erfolgende Nutzung von Personal und Sachmitteln des Dienstherrn dem Wohl der Allgemeinheit und nicht nur dem individuellen Vorteil des Soldaten dient. Ein **wissenschaftliches Interesse** kann insbes. dann vorliegen, wenn die Nebentätigkeit auf die wissenschaftliche Forschung und Lehre ausgerichtet ist.[182] Geschieht Letzteres im Interesse des staatlichen Gemeinwesens, können sich öff. und wissenschaftliches Interesse überschneiden. **79**

Die Genehmigung des Dienstherrn nach Satz 1 ist auch bei Vorliegen der tatbestandlichen Voraussetzungen eine **Ermessensentscheidung**.[183] Die Genehmigung kann vor allem bei Nebentätigkeiten in Form einer Nebenbeschäftigung versagt werden, wenn diese bei pflichtgemäßer Abwägung gegenüber anderen – dienstl. – Interessen nachrangig ist. **Rechtsschutz** gegen die Ablehnung einer Genehmigung als truppendienstl. Maßnahme kann vor den **Wehrdienstgerichten** gesucht werden.[184] **80**

Wann das nach Satz 1 zu entrichtende **Entgelt** angemessen ist, umschreibt **Satz 2** näher. Danach muss sich das Entgelt einerseits nach den dem Dienstherrn entstehenden **Kosten** richten („**Kostenerstattung**"); andererseits muss es den besonderen **Vorteil** berücksichtigen, der dem Soldaten durch die Inanspruchnahme entsteht („**Vorteilsausgleich**"). Dabei ist es grds. unerheblich, welche Kosten dem Dienstherrn im Einzelnen entstanden sind und in welchem Ausmaß Personal eingesetzt worden ist. Denn bei dem abzuführenden Entgelt handelt es sich um einen pauschalen Ausgleich für die – nicht exakt messbaren – wirtschaftlichen Vorteile, die der Soldat daraus zieht, dass er eigene Aufwendungen für die notwendige Einrichtung, das notwendige **81**

---

179 GKÖD I K, § 65 Rn. 73; *Plog/Wiedow/Lemhöfer*, BBG, § 69 Rn. 15.
180 Vgl. GKÖD I K, § 65 Rn. 75.
181 § 9 Abs. 3 Satz 1 BNV.
182 Vgl. *Keymer/Kolbe/Braun*, Dritter Teil, 2, BBG § 65 zu Abs. 5 Rn. 30 f.
183 Vgl. *Plog/Wiedow/Lemhöfer*, BBG, § 69 Rn. 18.
184 Vgl. *Dau*, WBO, Einf. Rn. 61. Auch wenn mit Erteilung der Nutzungsgenehmigung die Verpflichtung zur Entgeltzahlung dem Grunde nach feststeht (vgl. *Stauf* I, § 20 SG Rn. 23), begründet dies bei Streitigkeiten über die Genehmigung nicht den Rechtsweg zu den allg. VG. Diese entscheiden nur, wenn die Zahlung eines Entgelts für die Nutzung v. Personal o. Sachmitteln in Streit steht, vgl. hierzu BVerwG NVwZ 1984, 590 sowie u. Rn. 122.

Material und Personal erspart.[185] Das Nutzungsentgelt muss in einem ausgewogenen Verhältnis zu der aus der Nebentätigkeit erzielten Vergütung stehen. Die bisherige Rspr., wonach dem die Nebentätigkeit Ausübenden der eindeutig überwiegende Teil der Einnahmen aus der Nebentätigkeit verbleiben müsse[186], hat das BVerwG inzwischen allerdings relativiert.[187]

82 Über Abs. 7 i. V. m. § 104 Satz 2 Nr. 3 BBG gelten die in §§ 10 bis 12 BNV getroffenen Regelungen zur pauschaliert festgelegten Höhe des Entgelts auch für BS und SaZ.[188] Danach kann auf die Entrichtung eines Entgelts u. U. ganz verzichtet werde[189]; ansonsten bemisst sich grds. das Entgelt nach einem Prozentsatz der für die Nebentätigkeit bezogenen Bruttovergütung.[190] Diese pauschalierte Festsetzung des Entgelts ist rechtl. unbedenklich.[191]

Eine **Sonderregelung** zur Pauschalierung des Entgelts (Kostenerstattung und Vorteilsausgleich) trifft § 12 BNV für **ärztliche und zahnärztliche Nebentätigkeiten** in ziv. Krankenhäusern und sanitätsdienstl. Einrichtungen der Bw; diese Ausnahme findet auf SanOffz Anwendung. Danach richtet sich die Höhe der Kostenerstattung für den Bereich der Bw nach Best. des BMVg[192], die den Grds. der Kostendeckung entsprechen müssen.[193] Der Vorteilsausgleich bemisst sich nach bestimmten Prozentsätzen, bezogen auf die im Kalenderjahr aus der Nebentätigkeit erzielten Einnahmen.[194]

83 Soweit einem SanOffz an einem BwKrhs die Krankenhausbehandlung von Zivilpersonen „als Nebenamt"[195] (gemeint ist „als Nebenverwendung"[196]) übertragen[197] und ihm dabei das Recht zur Liquidation wahlärztlicher Leistungen abgetreten worden ist, kann von ihm neben der Kostenerstattung und dem Vorteilsausgleich zusätzlich die Entrichtung eines Betrags zur Beteiligung aller ärztlichen, nicht selbst liquidationsberechtigten Mitarbeiter, die im BwKrhs in die Behandlung von Zivilpersonen eingebunden sind, an seinen Honorareinnahmen verlangt werden (sog. **Pool-Abgabe**[198]). Die Erhebung dieses Betrages ist rechtmäßig.[199]

---

185 BVerwGE 109, 283 (291); 112, 170 (172) = DVBl. 2001, 737 f. Vgl. auch BT-Drs. 10/1319, 9.
186 So BVerwG ZBR 1999, 200 f. = DöD 1999, 233 f.; vgl. *Battis*, BBG, § 101 Rn. 3; *v. Zwehl*, 57, jew. m. w. N.
187 BVerwGE 130, 252 = IÖD 2008, 266; *Plog/Wiedow/Lemhöfer*, BBG, § 69 Rn. 20.
188 Vgl. § 14 BNV.
189 Einzelheiten in § 10 BNV.
190 Regelmäßig 5 Prozent für die Inanspruchnahme v. Einrichtungen, 10 Prozent für die Inanspruchnahme v. Personal, 5 Prozent für den Verbrauch v. Material u. 10 Prozent für den durch diese Inanspruchnahmen erwachsenen wirtschaftlichen Vorteil; vgl. hierzu u. zu Ausnahmen § 11 BNV.
191 So für das Entgelt wegen Inanspruchnahme v. Personal BVerwG DöD 1999, 233 Ls 1. Vgl. auch BVerwGE 130, 252 = IÖD 2008, 266.
192 Vgl. die InanspruchnahmeRL (s. o. Rn. 16).
193 § 12 Abs. 2 BNV.
194 Einzelheiten in § 12 Abs. 3 BNV.
195 So Nr. 3 des Zivilpatientenerl. (s. o. Rn. 16).
196 S. o. Rn. 22.
197 Vgl. hierzu Rn. 121.
198 Zu Einzelheiten s. Nr. 39 Abs. 5 i. V. m. Anl. 15 des Zivilpatientenerl. (s. o. Rn. 16).
199 BVerwGE 102, 29 = ZBR 1997, 20; vgl. auch GKÖD I K, § 65 Rn. 92.

5. Absatz 5 Genehmigungszuständigkeit, Formvorschriften und Nachweispflichten[200].
Nach **Abs. 5 Satz 1** ist für die **Genehmigung** (gemeint sind die Genehmigungen nach 84
Abs. 1 Satz 1 und 2, nach Abs. 3 und 4) das **BMVg zuständig**. Diese Befugnis kann
auf andere Stellen übertragen werden. Hiervon hat das BMVg Gebrauch gemacht
und **DiszVorg.** mit **mindestens** der **Disziplinarbefugnis** eines **BtlKdr** ermächtigt, BS
und SaZ die **Ausübung** oder **Fortführung** einer Nebentätigkeit zu **genehmigen**.[201]
Diesem DiszVorg. hat der nächste DiszVorg. des beantragten Soldaten, soweit er
nicht selbst genehmigungsbefugt ist, eine Stellungnahme vorzulegen.[202] Mit der
Genehmigungsbefugnis ist (als actus contrarius) die Befugnis des DiszVorg. mit mindestens der Disziplinarbefugnis eines BtlKdr verbunden, eine Nebentätigkeitsgenehmigung nach Abs. 2 Satz 1 zu **versagen** und ggf. nach Abs. 2 Satz 9 zu **widerrufen**
sowie – als milderes Mittel – nach Abs. 2 Satz 8 Halbs. 2 mit **Auflagen** oder **Bedingungen** zu versehen. Sachgerecht ist er der Vorg., der sonstige Maßnahmen und Entscheidungen im Zusammenhang mit Nebentätigkeiten zu treffen hat. Er kann z. B.
die Ausübung einer Nebentätigkeit verlangen (vgl. Abs. 3 Satz 1 Halbs. 2, 1. Alt.,
sowie den nach Abs. 7 entspr. anwendbaren § 98 BBG) oder ein dienstl. Interesse an
ihrer Ausübung anerkennen (Abs. 3 Satz 1 Halbs. 2, 2. Alt.) und aktenkundig machen
(Abs. 3 Satz 2). Er genehmigt die Inanspruchnahme von Personal und Sachmitteln
des Dienstherrn nach Abs. 4 Satz 1. Ihm sind die Nachweise nach Abs. 5 Satz 3 vorzulegen.[203] Ihm gegenüber besteht die Pflicht zur Anzeige genehmigungsfreier
Nebentätigkeiten und zur ergänzenden Auskunft nach Abs. 6 Sätze 2 bis 5; ihm ist
es vorbehalten, nach Abs. 6 Satz 6 eine nicht genehmigungspflichtige Nebentätigkeit
ganz oder teilweise zu untersagen.

Nach **Satz 2** muss eine Nebentätigkeitsgenehmigung nach Abs. 1 Satz 1 **schriftl.** bean- 85
tragt werden; alle Entscheidungen über diese Anträge (z. B. zur ausnahmsweisen Ausübung einer Nebentätigkeit während des Dienstes nach Abs. 3 Satz 3) müssen **schriftl.**
ergehen. Die Schriftform dient der Rechtssicherheit und -klarheit.[204]

Satz 3 Halbs. 1 verpflichtet den Soldaten, bei Anträgen auf Erteilung einer Nebentä- 86
tigkeitsgenehmigung die erforderlichen **Nachweise** insbes. über Art und Umfang der
Nebentätigkeit, über (Brutto-)Entgelte und geldwerte Vorteile (dieses Begriffspaar
entspricht der **„Vergütung"** i. S. d. § 4 Abs. 1 BNV, erfasst also jede Gegenleistung in
Geld[205] oder geldwerten Vorteilen[206], auch wenn kein Rechtsanspruch auf sie besteht)
beizubringen. Anzugeben sind Entgelte und geldwerte Vorteile auch dann, wenn sie
sich ggf. als nach § 4 Abs. 2 BNV unberücksichtigt bleibende Vergütungen darstellen,

---

200 Die Form- u. Verfahrensregelungen sind notwendige Grundlage einer wirksamen Miss-
 brauchsaufsicht u. effizienten Genehmigungspraxis, vgl. BT-Drs. 10/1319, 9.
201 Vgl. NT-Erl. BMVg (s. o. Rn. 15), Nr. 1.2, sowie § 28 Abs. 1 Satz 2 Nr. 2 WDO.
202 NT-Erl. BMVg a.a.O., Nr. 2.2.2 Abs. 3. In diesem Erl. finden sich weitere Verfahrensregelungen.
203 Eingereicht werden können Anträge o. Unterlagen auch (zur Weiterleitung) beim
 nächsten DiszVorg., der nicht die Disziplinarbefugnis eines BtlKdr besitzt (z. B. beim
 KpChef).
204 GKÖD I K, § 65 Rn. 82.
205 Bargeld, aber auch z. B. eine Kontogutschrift.
206 Als solche kommen Sach- u. Dienstleistungen o. deren verbilligte Abgabe (z. B. kostenlose o. vergünstigte Eintrittskarten, Reisen, Unterkunftsmöglichkeiten, Einkaufsgut-
 scheine) in Betracht.

da dies von dem zuständigen Vorg. zunächst zu prüfen ist; sie sind selbst dann anzugeben, wenn sie nicht dem Soldaten, sondern Dritten zufließen sollen.[207]

Bleiben Fragen offen, deren Klärung zur Erteilung einer beantragten Genehmigung notwendig ist, geht dies zu Lasten des antragstellenden Soldaten.[208] Nur ihm sind die Modalitäten der angestrebten Nebentätigkeit bekannt. Das BMVg gibt einen umfangreichen Fragenkatalog vor, durch dessen Beantwortung dem entscheidungsbefugten Vorg.[209] die notwendigen Entscheidungsgrundlagen zur Kenntnis gebracht werden sollen und der auch Stellungnahmen von weiteren Vorg. vorsieht.[210] Nach **Satz 3 Halbs. 2** muss der Soldat jede Änd. des Sachverhalts unverzüglich schriftl. anzeigen.

87   **6. Absatz 6 Nicht genehmigungspflichtige Nebentätigkeiten.** Abs. 6 Satz 1 führt die Nebentätigkeiten auf, zu deren Übernahme der BS oder SaZ **keine Genehmigung** braucht. Es besteht auch dann keine Genehmigungspflicht, wenn sie entgeltlich ausgeübt werden; dies unterstreicht die ausdrückliche Ausnahmeregelung in Abs. 1 Satz 1.[211]

88   Nach **Nr. 1** nicht genehmigungspflichtig ist die **Verwaltung eigenen** oder der **Nutznießung** des Soldaten **unterliegenden Vermögens**.

89   **Eigenes** Vermögen unterliegt ausschließlich (unter Ausschluss Dritter) der Verfügungsgewalt des Soldaten und ermöglicht ihm allein die Nutznießung.[212]

90   Bei der **Nutznießung** unterliegendem Vermögen handelt es sich um ein solches, an welchem dem Soldaten ein **Nießbrauch** nach §§ 1085 ff. BGB bestellt ist.[213]

91   Einerseits legt der Begriff „**Verwaltung**" von Vermögen nahe, dass es sich um Vermögen von einigem Umfang handeln muss. Die Betreuung eigener, im üblichen Rahmen verfügbarer Sparguthaben, Aktienpakete oder vermieteter Immobilien wird i. d. R. keine Nebentätigkeit darstellen[214], sondern vom Aufwand her den Freizeitaktivitäten[215] zuzurechnen sein.

92   Andererseits setzt „Verwaltung" Aktivitäten zur Vermögensbetreuung nach oben hin eine aufwandsmäßige Begrenzung. Der Soldat muss diese Aktivitäten selbst und eigenverantwortlich erledigen können. Bedient er sich hierzu in größerem Umfang der Hilfe Dritter, kann von einer (eigenständig gemeinten, d. h. nicht problemlos in der Freizeit zu erledigenden[216]) Verwaltung i. S. d. Abs. 6 Satz 1 Nr. 1 nicht die Rede sein.

93   Die persönliche Arbeit im eigenen Unternehmen, selbst wenn dieses ausschließlich der Vermögensverwaltung dient, auch die persönliche Führung des Betriebs, ist mehr als nur Verwaltung. Diese lässt keine aktive, auf Dauer angelegte Mitarbeit in einem

---

207 Vgl. *v. Zwehl*, 61 m. w. N. Vgl. zur Entgeltlichkeit Rn. 19.
208 Vgl. GKÖD I K, § 65 Rn. 84 m. w. N.
209 Zur Zuständigkeitsregelung s. Rn. 84.
210 S. NT-Erl. BMVg (s. o. Rn. 15), Nr. 2.2.1 u. Anl. 1 zu diesem Erl.
211 Dass keine Genehmigung für die in Abs. 6 Satz 1 genannten Nebentätigkeiten nötig ist, selbst wenn sie entgeltlich ausgeübt werden, lässt sich ebenso aus Abs. 6 Satz 2 folgern.
212 Macht ein Soldat geltend, er verwalte „Familienvermögen", sind die Vermögensverhältnisse offenzulegen. Die Verwaltung der Vermögensanteile von Familienangehörigen wird nicht durch Nr. 1 privilegiert.
213 GKÖD I K, § 66 Rn. 39.
214 Vgl. *Plog/Wiedow/Lemhöfer*, BBG, § 66 Rn. 13.
215 S. o. Rn. 22 a. E.
216 Vgl. GKÖD I K, § 66 Rn. 35.

eigenen Unternehmen zu.²¹⁷ Hierfür wäre, selbst wenn mit dieser Tätigkeit nicht ohnehin der zulässige Umfang einer Nebentätigkeit nach Abs. 2 Satz 2 Nr. 1, Satz 3 oder 4 überschritten oder durch die spezielle Regelung des Abs. 1 Satz 2 Nr. 2 (Eintritt in ein Organ eines – auch eigenen – Unternehmens) die Genehmigungspflicht ausgelöst wird, jedenfalls eine Genehmigung erforderlich.

Nach **Nr. 2** sind **schriftstellerische, wissenschaftliche, künstlerische** oder **Vortragstätigkeiten** eines Soldaten nicht genehmigungspflichtig. Diese Ausnahmen tragen dem weitgehenden verfassungsrechtl. Schutz der Grundrechte der Meinungsfreiheit (Art. 5 Abs. 1 Satz 1 Halbs. 1 GG), der Kunst- und der Wissenschaftsfreiheit (Art. 5 Abs. 3 Satz 1 GG) Rechnung, in deren Schutzbereiche die genannten Tätigkeiten regelmäßig fallen. **94**

Vorrangig ist zu prüfen, ob eine solche Tätigkeit wirklich als Nebentätigkeit ausgeübt wird oder ob sie dem Soldaten vielmehr im Rahmen seiner Hauptverwendung²¹⁸, beispielsweise als Lehrverpflichtung in Form von Vorträgen zur dienstl. Fortbildung von Soldaten, zur Ausübung übertragen ist. Denkbar ist auch, dass es sich nur um eine begrenzte Freizeitaktivität handelt. **95**

Als **schriftstellerische Tätigkeit** gilt die **selbstständig gestaltete, schriftl. Niederlegung** eigener Gedanken.²¹⁹ Dabei spielt es keine Rolle, ob der Inhalt wissenschaftlicher Natur (z. B. ein wissenschaftlicher Fachbeitrag) oder künstlerischen Inhalts (z. B. ein Roman) ist.²²⁰ Entscheidend ist die unabhängige, eigenständige geistige Leistung, die in dem schriftl. verfassten Text zum Ausdruck kommt. **96**

Keine schriftstellerische Tätigkeit ist deshalb z. B. die bloße Wiedergabe von Nachrichten oder die Herausgabe von Zeitschriften oder Büchern.²²¹

Soweit sich der Soldat als Autor für seine schriftstellerische Tätigkeit auf den Schutz der allg. Meinungsfreiheit beruft, hat er deren Beschränkung durch „allgemeine Gesetze"²²² i. S. v. Art. 5 Abs. 2 GG zu beachten. Im Soldatenrecht in diesem Zusammenhang einschlägige allg. Gesetze sind vor allem solche Vorschriften, welche die Funktionsfähigkeit der SK sichern sollen. Der Soldat hat daher bei schriftstellerischer Tätigkeit z. B. die Verschwiegenheitspflicht (§ 14) und die Pflicht zu achtungs- und vertrauenswürdigem Verhalten (§ 17 Abs. 2) zu respektieren.²²³ Im Einzelfall ist die Wechselwirkung zwischen diesen allg. Gesetzen und dem zu begrenzenden Grundrecht der Meinungsfreiheit zu beachten; dieses tritt als Folge einer Güterabwägung nur dann und insoweit zurück, als schutzwürdige Interessen von höherem Rang durch die Betätigung der Meinungsfreiheit verletzt würden.²²⁴

---

217 Vgl. GKÖD I Yk, § 20 Rn. 54; *Plog/Wiedow/Lemhöfer*, BBG, § 66 Rn. 13.
218 Vgl. o. Rn. 22 sowie Rn. 101.
219 Vgl. *Plog/Wiedow/Lemhöfer*, BBG, § 66 Rn. 14; *Wagner*, NVwZ 1989, 515 (517).
220 *Keymer/Kolbe/Braun*, Dritter Teil, 2, BBG § 66 Rn. 11.
221 Vgl. GKÖD I K, § 66 Rn. 44.
222 Allg. Gesetze i.d.S. sind Normen, „die sich weder gegen die Meinungsfreiheit an sich noch gegen bestimmte Meinungen richten, sondern dem Schutz eines schlechthin, ohne Rücksicht auf eine bestimmte Meinung, zu schützenden Rechtsgutes dienen", vgl. BVerfGE 97, 125 (146); *Jarass*, in: Jarass/Pieroth, GG, Art. 5 Rn. 56 m. w. N.
223 Vgl. zu Einzelheiten den Erl. des BMVg „Private Veröffentlichungen und Vorträge", VMBl. 1982 S. 211.
224 BVerfGE 7, 198 (208 ff.); *Jarass*, in: Jarass/Pieroth, GG, Art. 5 Rn. 55 ff.

97 Eine **wissenschaftliche** Tätigkeit ist anzunehmen, wenn sie „nach Inhalt und Form als ernsthafter und planmäßiger Versuch der Ermittlung der Wahrheit anzusehen ist".[225] Sie zielt im Wege der Forschung darauf, „in methodischer, systematischer und nachprüfbarer Weise neue Erkenntnisse zu gewinnen".[226] Sie erfasst außerdem die wissenschaftliche Lehre, d. h. die „wissenschaftlich fundierte Übermittlung der durch die Forschung gewonnenen Erkenntnisse".[227]

Entscheidende Merkmale der wissenschaftlichen Tätigkeit sind Selbstständigkeit und Unabhängigkeit. Dies ist insbes. bei Lehrveranstaltungen im Rahmen eines Lehrauftrags an wissenschaftlichen Hochschulen regelmäßig zu bejahen.[228] Eine bloße Zuarbeit, z. B. als Assistent, ist keine wissenschaftliche Tätigkeit[229], ebenso wenig die Erteilung sonstiger Unterrichte, auch wenn sie eine Hochschulausbildung voraussetzt.[230]

98 Als Nebentätigkeit nicht genehmigungspflichtig ist außerdem eine **künstlerische** Tätigkeit, also eine Tätigkeit, die auf die Schaffung eines Kunstwerks gerichtet ist. Sie ist geprägt durch die „freie schöpferische Gestaltung, in der Eindrücke, Erfahrungen, Erlebnisse des Künstlers durch das Medium einer bestimmten Formensprache zu unmittelbarer Anschauung gebracht werden".[231] Für ein Kunstwerk spricht außerdem, wenn es bei formaler, typologischer Betrachtung die Gattungsanforderungen eines bestimmten Werktyps erfüllt (z. B. des Malens, Bildhauens, Dichtens) oder sich das Werk im Wege einer fortgesetzten Interpretation immer neuen Deutungen erschließt.[232] Es sind weitere Merkmale zur Definition eines Kunstbegriffs möglich; insoweit ist von einem offenen Kunstbegriff auszugehen, der nicht an hergebrachten Ausdrucksformen festzumachen ist, sondern auch ungewöhnliche und überraschende Darbietungen umfassen kann.[233]

99 Zwar schützt die Kunstfreiheit neben der künstlerischen Betätigung, dem sog. Werkbereich, zusätzlich die Darbietung und Verbreitung des Kunstwerks (sog. Wirkbereich).[234] Das BVerfG bezeichnet dies als sachnotwendig für die Begegnung mit dem Werk und als einen ebenfalls kunstspezifischen Vorgang.[235] Gleichwohl wird das bloße Verbreiten (Vermarkten) von (auch eigenen) Kunstwerken, insbes., wenn dies gewerbsmäßig geschieht, im Rahmen einer Nebentätigkeit nur mit einer Genehmigung zulässig sein.[236]

---

225 BVerfGE 35, 79 (113) = NJW 1973, 1176 f.
226 BVerfGE 47, 327 (367).
227 BVerfGE 35, 79 (113).
228 Vgl. *Wagner*, NVwZ 1989, 515 (518). Dort auch Einzelheiten zur (bejahten) Frage, ob ein Lehrauftrag an einer Fachhochschule als wissenschaftliche Tätigkeit angesehen werden kann.
229 Vgl. *Battis*, BBG, § 100 Rn. 6; GKÖD I K, § 66 Rn. 57.
230 *Plog/Wiedow/Lemhöfer*, BBG, § 66 Rn. 16a; *Wagner*, NVwZ 1989, 515 (518) m. w. N.
231 BVerfGE 30, 173 (189) = NJW 1971, 1645.
232 BVerfGE 67, 213 (227).
233 GKÖD I K, § 66 Rn. 72.
234 Vgl. *Jarass*, in: Jarass/Pieroth, GG, Art. 5 Rn. 107 m. w. N.
235 BVerfGE 30, 173, 189.
236 Beispiel: Auftreten als Musiker o. Sänger gegen Entgelt; zum Meinungsstand vgl. *Battis*, BBG, § 100 Rn. 7 m.w.N.; *Rittau*, SG, 148.

Nebentätigkeit § 20

Auch wenn Art. 5 Abs. 3 GG keinem Gesetzesvorbehalt unterliegt[237], können Eingriffe in die Kunstfreiheit durch kollidierendes Verfassungsrecht gerechtfertigt sein.[238] Hierzu zählt die mit Verfassungsrang ausgestattete Funktionsfähigkeit der Bw.[239] Zu deren Aufrechterhaltung sind aus dem Soldatenverhältnis abzuleitende dienstrechtl. Beschränkungen einer künstlerischen Nebentätigkeit der Soldaten im Rahmen der Verhältnismäßigkeit zulässig. **100**

Als genehmigungsfreie **Vortragstätigkeit** gilt nur das Darbieten einzelner Vorträge oder Vortragsreihen; der Vortrag muss nicht auf wissenschaftliche Inhalte beschränkt sein[240], wie die Differenzierung in Nr. 2 zwischen wissenschaftlicher und Vortragstätigkeit nahe legt. Nicht erfasst wird die in einen festen Unterrichtsplan eingefügte Vermittlung von Lehrstoff z. B. als Dozent an einer Volkshochschule oder als Repetitor.[241] Die Vortragstätigkeit eines Soldaten zur Aus- oder Weiterbildung anderer Soldaten wird grds. seiner Hauptverwendung zuzuordnen sein. **101**

Nach **Nr. 3** ist eine mit Lehr- oder Forschungsaufgaben zusammenhängende selbstständige **Gutachtertätigkeit** von Soldaten als Lehrer vor allem an öff. Hochschulen genehmigungsfrei. Die Gutachtertätigkeit muss eine eigenständige wissenschaftliche Leistung[242] darstellen[243] oder zumindest eine anspruchsvolle Umsetzung bereits vorliegender wissenschaftlicher Erkenntnisse enthalten.[244] Bloße Routinemessungen oder -erhebungen (z. B. Bluttests) werden diesem Anspruch nicht gerecht.[245] **102**

Selbstständig ist die Gutachtertätigkeit nur, wenn der ihr zugrunde liegende Auftrag dem Soldaten selbst erteilt worden ist, nicht der ihn beschäftigenden Hochschule oder dem Institut, und wenn der Soldat die geforderte Tätigkeit im Wesentlichen selbst erbringt und verantwortet.[246] Die Tätigkeit darf nicht zu seinen dienstl. Aufgaben gehören, die er im Rahmen seiner Hauptverwendung zu erledigen hat. Dienstgutachten im Auftrag (auf Anordnung) des Dienstherrn werden von Nr. 3 nicht erfasst.[247]

Wirkungsstätten für mit Lehr- und Forschungsaufgaben der Soldaten zusammenhängende Gutachtertätigkeiten nach Nr. 3 können **öff. Hochschulen** i. S. d. § 1 des Hochschulrahmengesetzes (HRG) sein (insbes. Universitäten, Pädagogische Hochschulen, Fachhochschulen, sonstige Einrichtungen des Bildungswesens, die nach Landesrecht staatliche Hochschulen sind), zudem die in § 70 HRG genannten, staatlich anerkannten Hochschulen. Von Nr. 3 erfasst sind vor allem die Universitäten der Bw, aber auch sonstige wissenschaftliche Forschungseinrichtungen der Bw, z. B. das Flugmedizinische Institut der Luftwaffe.

---

237 BVerfGE 30, 173 (191 f.) lehnt die Anwendung des Art. 5 Abs. 2 GG u. des Art. 2 Abs. 1 Halbs. 2 GG ab.
238 Vgl. *Jarass*, in: Jarass/Pieroth, GG, Art. 5 Rn. 113 f. m. w. N.
239 So BVerfGE 28, 243 (261).
240 GKÖD I K, § 66 Rn. 73; a.A. *Battis*, BBG, § 100 Rn. 8.
241 Vgl. *Battis*, BBG, § 100 Rn. 8 m.w.N.; *Wagner*, NVwZ 1989, 515 (518).
242 In diesen Fällen kann es zu unschädlichen Überschneidungen mit der wissenschaftlichen Tätigkeit nach Nr. 2 (vgl. Rn. 97) kommen.
243 *Keymer/Kolbe/Braun*, Dritter Teil, 2, BBG § 66 Rn. 14.
244 Vgl. *Plog/Wiedow/Lemhöfer*, BBG, § 66 Rn. 19.
245 *Battis*, BBG, § 100 Rn. 9; *Wagner*, NVwZ 1989, 515 (518).
246 Vgl. *Battis*, BBG, § 100 Rn. 9; GKÖD I K, § 66 Rn. 77 u. Yk § 20 Rn. 62; *Wagner*, NVwZ 1989, 515 (518).
247 GKÖD I K, § 66 Rn. 78.

103 Die nach **Nr. 4** gewährleistete genehmigungsfreie Tätigkeit in **Gewerkschaften** und **Berufsverbänden** oder in **Selbsthilfeeinrichtungen** der Soldaten ist Folge der verfassungsrechtl. statuierten Koalitionsfreiheit. Das in Art. 9 Abs. 3 Satz 1 GG garantierte Recht, „zur Wahrung und Förderung der Arbeits- und Wirtschaftsbedingungen Vereinigungen zu bilden", gilt „für alle Berufe", auch für Soldaten.

104 Bedeutsamster Berufsverband der (aktiven und früheren) Soldaten ist der **DBwV**. Ebenso als Berufsverband kann, auch wenn er speziell die Interessen der Res vertritt, der **VdRBw** angesehen werden. Der VdRBw unterstützt insbes. im Rahmen der freiwilligen Reservistenarbeit nicht nur das Interesse der SK, sondern auch das Bestreben früherer Soldaten, sich sicherheitspolit. zu schulen und sich mil., körperlich und geistig fit zu halten.

Wichtige Selbsthilfeeinrichtung (auch[248]) der Soldaten ist das **BwSW**, das im Rahmen der Familienfürsorge Urlaubsmöglichkeiten vermittelt.

105 Nr. 4 verlangt, dass die Tätigkeit des Soldaten – über die Tatsache hinaus, dass sie in einer Gewerkschaft oder in einem Berufsverband stattfindet – **zur Wahrung von Berufsinteressen** ausgeübt wird. Es reicht nicht aus, wenn sich die Tätigkeit ausschließlich auf Gewinnerzielung durch den Berufsverband richtet oder wenn sich der betroffene Soldat selbst durch Mitarbeit z. B. in der Verwaltung des Verbandes ein Zubrot verdienen will.[249] Im Vordergrund muss stehen, dass die Tätigkeit unmittelbar der Wahrung oder Verbesserung der Arbeits- und wirtschaftlichen Interessen der als Berufsgruppe vertretenen Soldaten dient, wie dies z. B. bei einer Vorstandstätigkeit in einem Berufsverband der Fall sein wird. Tätigkeiten in der nur verwaltungsmäßigen oder technischen Abwicklung des Geschäftsverkehrs des Berufsverbandes gehören nicht dazu.[250]

Ebenso wenig reicht eine durch einen Soldaten für eine Selbsthilfeeinrichtung ausgeübte Tätigkeit als Kundenberater oder Vertragsvermittler („Vertrauensmann"), z. B. für Bausparverträge, Kranken- oder Altersversicherungen.[251] Auch wenn diese Tätigkeiten letztlich den Interessen der beratenen Soldaten dienen, steht i. d. R. die Wahrung von Berufsinteressen hinter dem Provisionsinteresse des beratenden Soldaten zurück. Solche Nebentätigkeiten sind daher genehmigungspflichtig, abgesehen davon, dass sie grds. **nicht während der Dienstzeit ausgeübt** werden dürfen. Ein dienstl. Interesse an der Ausübung im Dienst gem. Abs. 3 Satz 1 Halbs. 2, 2. Alt.[252] ist nicht begründbar, ebenso wenig kann nach Abs. 3 Satz 3 ausnahmsweise ein besonders begründeter Fall[253] (ein öff. Interesse an der Ausübung während der Dienstzeit wird sich kaum belegen lassen) bejaht werden.

106 Tätigkeiten nach Abs. 6 Satz 1 Nr. 1 bis 4 sind genehmigungsfrei, selbst wenn sie **entgeltlich** ausgeübt werden. Dies zeigt Abs. 1 Satz 1, wonach entgeltliche, in Abs. 6 ausdrücklich („abschließend") aufgeführte Nebentätigkeiten genehmigungsfrei gestellt

---

248 Unschädlich ist, dass die Selbsthilfeeinrichtung auch Nichtsoldaten betreut (vgl. GKÖD I K, § 66 Rn. 84).
249 Vgl. GKÖD I K, § 66 Rn. 82.
250 So für Beamte *Plog/Wiedow/Lemhöfer*, BBG, § 66 Rn. 20a, 23.
251 Vgl. *Plog/Wiedow/Lemhöfer*, BBG, § 66 Rn. 23a; *Wagner*, NVwZ 1989, 515 (518f. m. w. N.).
252 S. o. Rn. 72 ff.
253 S. o. Rn. 76.

Nebentätigkeit § 20

werden. Erschließen lässt sich dies auch aus **Abs. 6 Satz 2.** Er legt fest, dass der Soldat bestimmte, abschließend aufgezählte **entgeltliche** oder **gegen geldwerte Vorteile**[254] auszuführende genehmigungsfreie **Nebentätigkeiten**[255] vor ihrer **Aufnahme**[256]) der zuständigen Stelle[257] **schriftl. anzuzeigen** hat.[258] Dabei sind nach **Satz 3** insbes. Art und vor allem zeitlicher Umfang[259] der Nebentätigkeit sowie die voraussichtliche Höhe der Entgelte und geldwerten Vorteile anzugeben. Ein begründeter Anlass, die Höhe der Vergütung von dem Soldaten zu erfahren, ist nicht notwendig.[260] Das BMVg verlangt darüber hinaus mindestens die Nennung des Auftrag- bzw. Arbeitgebers.[261] Besteht im konkreten Einzelfall aus begründetem Anlass Bedarf an zusätzlichen Angaben, z. B. wegen Bedenken, durch die Nebentätigkeit könnten dienstl. Pflichten verletzt werden, kann der zuständige DiszVorg. weitere Informationen von dem Soldaten verlangen (vgl. **Satz 5**). Sind konkrete Mitteilungen vor Aufnahme der Nebentätigkeit noch nicht möglich, sind zumindest ungefähre Angaben zu machen. Nach Erfüllung der Anzeigepflicht kann die Nebentätigkeit aufgenommen werden; eine schriftl. Bestätigung ist dazu nicht notwendig.[262]

107 Nach **Satz 4** hat der Soldat jede **Änd.** unverzüglich zu **melden.** Dies hat unaufgefordert und **schriftl.** zu geschehen und betrifft auch die Konkretisierung der zunächst nur ungefähren Angaben. Maßgeblich für erzielte Einnahmen ist der Zeitpunkt des Eingangs der Zahlung oder des geldwerten Vorteils.[263]

108 Nach der amtl. Begr.[264] sollen die Pflichten zur rechtzeitigen Angabe der voraussichtlichen Vergütungshöhe und zur schriftl. Meldung einer diesbezüglichen Änd. dem Vorg. die Prüfung und Entscheidung erleichtern, ob dienstl. Pflichten verletzt werden. Insbes. könne – so die amtl. Begr. – die Höhe der Vergütung ein Indiz für den Umfang der tatsächlichen Inanspruchnahme des Soldaten durch die Nebentätigkeit sein.[265] Sie könne auch für die Einschätzung bedeutsam sein, ob die Nebentätigkeit dem Ansehen der Bw schade. Dabei trage das Wort „voraussichtlich" der Tatsa-

---

254 Vgl. zur Entgeltlichkeit o. Rn. 19.
255 Genannt werden Nebentätigkeiten nach Satz 1 Nr. 2 u. 3 sowie eine Tätigkeit in Selbsthilfeeinrichtungen der Soldaten nach Satz 1 Nr. 4.
256 Das bisherige Tatbestandsmerkmal „in jedem Einzelfall" ist als Folge des DNeuG entfallen, vgl. Rn. 109.
257 Zur Zuständigkeit vgl. Rn. 84.
258 Warum es im Hinblick auf den weiten Gestaltungsspielraum des Gesetzgebers im Nebentätigkeitsrecht u. unter Berücksichtigung des Grundrechts aus Art. 9 Abs. 3 GG von Verfassungs wegen eine nicht zu beanstandende, nicht gegen den allg. Gleichheitssatz verstoßende Differenzierung ist, wenn u. a. schriftstellerische u. wissenschaftliche Nebentätigkeiten anzeigepflichtig sind, während Tätigkeiten zur Wahrung von Berufsinteressen in Gewerkschaften weiterhin ohne vorherige Anzeige ausgeübt werden dürfen, erläutert BVerfG ZBR 2009, 123 (vgl. juris Rn. 26).
259 Angaben zum zeitlichen Umfang der Nebentätigkeit sind wegen der Fünftel-Regel (vgl. Abs. 2 Satz 4) notwendig. Diese erfasst nach Abs. 2 Satz 7 ausdrücklich auch lediglich anzeigepflichtige Nebentätigkeiten (s. o. Rn. 48).
260 BT-Drs. 13/8079, 19.
261 Einzelheiten im NT-Erl. BMVg (s. o. Rn. 15), Nr. 2.3.1 Abs. 1 u. 2 sowie Anl. 5 zum Erl.
262 Vgl. ebd., Nr. 2.3.1 Abs. 4.
263 Ebd., Nr. 2.3.1 Abs. 6.
264 BT-Drs. 13/8079, 19.
265 Krit. *Badura*, ZBR 2000, 109 (111).

che Rechnung, dass bei einzelnen (z. B. schriftstellerischen) Nebentätigkeiten erst nach deren Aufnahme die Vergütungshöhe endgültig feststehe. Was der Gesetzgeber als sein Ziel bisher in der amtl. Begr. (als Interpretationshilfe) nur angedeutet hatte, hat er im DNeuG durch die im Abs. 2 Satz 5 geschaffene Vergütungsgrenze[266] jetzt gesetzl. konkretisiert.

109 Die Anzeigepflicht nach Satz 2 und 3 verstößt unter Beachtung des Übermaßverbotes nicht gegen Grundrechte der anzeigepflichtigen Soldaten.[267] Allerdings erfordert es der Grds. der Verhältnismäßigkeit bei Nebentätigkeiten geringer Bedeutung oder bei regelmäßig wiederkehrenden gleichartigen Nebentätigkeiten[268], eine weniger stringente Anzeigepflicht als bisher verlangt zuzulassen.[269] In den genannten Fällen wird eine einmal jährlich zu erstattende Anzeige zur Erfüllung der Anzeigepflicht für die in diesem Zeitraum zu erwartenden Nebentätigkeiten genügen[270] und auf eine Anzeige dann ganz verzichtet werden können, wenn die Nebentätigkeiten insgesamt geringen Umfang haben; Bagatell-Anzeigen sind unnötig.[271]

110 Nach **Satz 5** kann der zuständige DiszVorg.[272] im Übrigen, d. h. über die von dem Soldaten nach Satz 2 und 3 anzuzeigenden Informationen hinaus, **weitere schriftl. Auskünfte** über von dem Soldaten ausgeübte genehmigungsfreie Nebentätigkeiten, vor allem über deren Art und Umfang, aber auch über andere Umstände (z. B. den Namen des Auftraggebers oder die Höhe der erzielten Einnahmen) **verlangen**. Das Nachfragerecht bezieht sich (über Satz 2 und 3 hinaus) auf Nebentätigkeiten nach Satz 1 Nr. 1 sowie auf Tätigkeiten zur Wahrung von Berufsinteressen in Gewerkschaften oder Berufsverbänden (Satz 1 Nr. 4). Es berechtigt auch zur Nachforderung ergänzender Auskünfte zu den in Satz 2 genannten Nebentätigkeiten. Jedenfalls bedarf es eines **begründeten Anlasses**. Dieser ist gegeben, wenn sich im Zusammenhang mit der Ausübung der Nebentätigkeit Anhaltspunkte für die Verletzung dienstl. Pflichten ergeben.[273] Rein vorsorgliche, stichprobenartige oder periodische Auskunftsverlangen zu nicht genehmigungspflichtigen Nebentätigkeiten sind unzulässig.[274]

111 Die nach **Satz 6** zwingend[275] vorgeschriebene **Untersagung** einer genehmigungsfreien Nebentätigkeit, wenn der Soldat bei ihrer Ausübung[276] **dienstl. Pflichten verletzt**, kann – anders als bei den genehmigungspflichtigen Nebentätigkeiten (vgl. Abs. 2

---

266 Vgl. o. Rn. 62.
267 So im Beamten- u. Richterbereich BVerfG ZBR 2009, 123 (Ablehnung einer VB gegen BVerwG NJW 2007, 3450 = DVBl. 2008, 114); BayVGH IÖD 2002, 2. Vgl. zur Verfassungsmäßigkeit der Anzeigepflicht auch GKÖD I K, § 66 Rn. 89 ff.
268 Z. B. wiederholte Beiträge in Fachzeitschriften mit gleichartigem Zeitaufwand u. Honorar.
269 Nach Wegfall des Tatbestandsmerkmals „in jedem Einzelfall" in Abs. 6 Satz 2 ist davon auszugehen, dass z. B. das periodische oder zumindest mehrmalige gleichartige Abfassen von Beiträgen in Fachzeitschriften nicht mehr jew. gesondert angezeigt werden muss.
270 Vgl. *Plog/Wiedow/Lemhöfer*, BBG, § 66 Rn. 24c.
271 S. ebd.
272 Zur Zuständigkeit vgl. Rn. 84.
273 Vgl. NT-Erl. BMVg (o. Rn. 15), Nr. 2.3.2.
274 *Plog/Wiedow/Lemhöfer*, BBG, § 66 Rn. 24e.
275 Ein Ermessen besteht allenfalls hins. einer nur teilweisen Untersagung (s. Rn. 113), vgl. GKÖD I K, § 66 Rn. 115.
276 Sinnvollerweise ist dieses Tatbestandsmerkmal bereits auf die Übernahme der Tätigkeit zu beziehen, vgl. GKÖD I K, § 66 Rn. 112.

Nebentätigkeit § 20

Satz 1) – nicht auf eine bloße Besorgnis[277], d. h. eine voraussichtliche Beeinträchtigung dienstl. Pflichten, gestützt werden. Vielmehr muss eine Verletzung dienstl. Pflichten durch die Ausübung der Nebentätigkeit eingetreten oder – bei noch nicht aufgenommener Nebentätigkeit – mit hoher Wahrscheinlichkeit zu erwarten sein[278], d. h. bei normalem Verlauf muss das Verhalten des Soldaten zu einer Verletzung von Dienstpflichten führen.[279]

Auch die Verletzung der Fünftel-Regel führt zu einer für Satz 6 relevanten Pflichtverletzung, wenn sie im Rahmen einer zumindest anzeigepflichtigen Nebentätigkeit (vgl. Abs. 6 Satz 2) eintritt.[280] Als Pflichtverletzung beachtlich ist zudem jeder durch die Ausübung der Nebentätigkeit[281] entstehende Verstoß gegen die üblichen soldatischen Pflichten, z. B. § 14 oder § 19. Es sind alle in Abs. 2 Satz 2 genannten Gründe als Untersagungsgründe entspr. zu berücksichtigen. **112**

Der Grds. der Verhältnismäßigkeit wird es (auf der Basis des Wortlauts der Vorschrift „ist ganz oder teilweise zu untersagen") soweit möglich verlangen, dass vor einer völligen Untersagung der Nebentätigkeit geprüft wird, ob diese in Teilen ohne Verletzung von Dienstpflichten ausgeübt werden kann. In diesem Fall ist nur ein Verbot für den die Pflichtwidrigkeit verursachenden Teil auszusprechen.[282] **113**

7. Absatz 7 Entspr. Anwendung des BBG. Nach Abs. 7 gilt § 97 Abs. 1 bis 3 BBG für das soldatische Nebentätigkeitsrecht entsprechend. Materiellrechtl. bedeutet diese neue Verweisung auf die Definitionen der Nebentätigkeit, des Nebenamtes und der Nebenbeschäftigung keine Änd. Sie ist Folge der Übernahme der Begriffsbest. aus § 1 Abs. 1 bis 3 BNV (diese galten über § 14 BNV für BS und SaZ) in den § 97 Abs. 1 bis 3 BBG. Zu den aus der entspr. Anwendung dieser Definitionen erwachsenden Notwendigkeiten s. Rn. 22 ff. **114**

Nach **Abs. 7** wird außerdem **§ 98 BBG** im soldatischen Nebentätigkeitsrecht entspr. angewendet. Für einen SaZ oder BS besteht daher auf Verlangen seiner Dienstbehörde[283] die Pflicht, eine Nebentätigkeit (Nebenverwendung, Nebenbeschäftigung[284]) im öff. Dienst auszuüben, die seiner Vor- oder Ausbildung entspricht und ihn nicht über Gebühr beansprucht. Die schuldhafte Ablehnung dieser Pflicht ist für den Soldaten ein Dienstvergehen (§ 23 Abs. 1). **115**

---

277 S. o. Rn. 45.
278 Vgl. NT-Erl. BMVg (o. Rn. 15), Nr. 2.3.1 Abs. 4.
279 So GKÖD I K, § 66 Rn. 109. In diesem Fall kann das Tatbestandsmerkmal „bei ihrer Ausübung" bereits auf die beabsichtigte Aufnahme einer Nebentätigkeit bezogen werden.
280 Dies folgt aus dem neu eingefügten Abs. 2 Satz 7.
281 Das Unterlassen einer Anzeige nach Abs. 6 Satz 2 bis 4 ist daher, obwohl ein Pflichtverstoß, hier nicht ohne Weiteres relevant (keine durch Ausübung entstehende Pflichtverletzung), sondern nur Indiz für eine Pflichtverletzung bei Ausübung der Nebentätigkeit, vgl. GKÖD I K, § 66 Rn. 110.
282 Dies setzt voraus, dass die Nebentätigkeit in einen zulässigen u. einen zu untersagenden Teil teilbar ist, GKÖD I K, § 66 Rn. 115.
283 Zur Zuständigkeit im soldatischen Bereich vgl. Rn. 84.
284 Vgl. zu diesen Begriffen o. Rn. 22.

§ 20 Nebentätigkeit

116 Das **Verlangen** gegenüber dem BS oder SaZ begründet dessen **Verpflichtung**[285], die Nebentätigkeit zu übernehmen. Die Übernahme wird gegenüber dem Soldaten (nicht mehr notwendig schriftl.[286]) angeordnet oder befohlen[287]; diese Anweisung impliziert die dienstl. Notwendigkeit zur Übernahme der Nebentätigkeit. Wegen des Verlangens bedarf es keiner weiteren Genehmigung der Nebentätigkeit.[288]

117 Die Verpflichtung entspr. § 98 BBG besteht nur zu einer Nebentätigkeit **im öff. Dienst**. Nach dem ebenfalls entspr. anwendbaren § 104[289] Satz 1 und 2 Nr. 1 BBG kann die BReg durch RVO bestimmen, **welche Tätigkeiten im Nebentätigkeitsrecht als öff. Dienst** anzusehen sind oder ihm gleichstehen. Deshalb definiert § 2 Abs. 1 BNV als Nebentätigkeit im öff. Dienst grds. jede für den Bund, ein Land oder andere Körperschaften, Anstalten oder Stiftungen des öff. Rechts im Bundesgebiet oder deren Verbände ausgeübte Nebentätigkeit. Nach § 2 Abs. 2 BNV stehen einer Nebentätigkeit im öff. Dienst gleich u. a. Tätigkeiten für Vereinigungen, Einrichtungen oder Unternehmen, deren Kapital sich unmittelbar oder mittelbar ganz oder überwiegend in öff. Hand befindet oder die fortlaufend ganz oder überwiegend aus öff. Mitteln unterhalten werden, außerdem Tätigkeiten für zwischenstaatliche oder überstaatliche Einrichtungen[290], an denen z. B. der Bund durch Zahlung von Beiträgen oder Zuschüssen oder in anderer Weise beteiligt ist.

Die mit der Forderung in § 98 BBG nach Tätigkeit im öff. Dienst verbundene Notwendigkeit, nach § 2 Abs. 1 BNV „für den Bund" etc. die Nebentätigkeit auszuüben, ist unproblematisch, wenn der Soldat auf Verlangen des Dienstherrn aufgrund seiner soldatischen Pflichten als Vertreter für die Bw tätig wird. Da der Soldat hierbei die ihm übertragenen Aufgaben auf der Basis seines Soldatenverhältnisses und der hieraus ableitbaren Befugnisse wahrnimmt, handelt es sich, sofern die Aufgabe nicht ohnehin der Hauptverwendung zuzuordnen ist[291], um eine Nebenverwendung (entspr. § 97 Abs. 2 BBG).

Komplizierter ist es, wenn der Soldat angewiesen wird, im dienstl. Interesse eine außerhalb des Geschäftsbereichs des BMVg wahrzunehmende Aufgabe in einer zivilrechtl. Form zu übernehmen. Der Dienstherr kann grds. nicht verlangen, dass der Soldat ein ziv. Dienst- oder Arbeitsverhältnis eingeht. Dies wäre unzumutbar, weil er zivilrechtl. Haftungsansprüchen aus der Verletzung vertraglicher Pflichten ausgesetzt sein könnte. Ausnahmsweise zumutbar wäre nur die Übernahme einer Tätigkeit im Vorstand oder in einem sonstigen Organ einer Gesellschaft, da der entspr. anwendbare § 102 BBG[292] dem Soldaten dann einen gesetzl. Rückgriff gegen den Dienstherrn

---

285 Vgl. entspr. *Battis*, BBG, § 102 Rn. 3; GKÖD I K, § 64 Rn. 40.
286 Das bisherige ausdrückliche Schriftformerfordernis in Abs. 5 Satz 1 ist entfallen, jedoch wird die Tatsache, dass eine Nebentätigkeit auf Verlangen ausgeübt wird, wegen ihrer Bedeutung aktenmäßig zu belegen sein.
287 Auch wenn der Soldat allgemeindienstl. einem Beamten der Bw unterstellt ist, ist die Anweisung zur Übernahme einer Nebenverwendung als eher personalrechtl., in ihrer Gewichtigkeit der Kommandierung vergleichbare Angelegenheit dem truppendienstl. Bereich zuzurechnen; zuständig zur Anordnung sind deshalb (mil.) vorg. Stellen.
288 Vgl. auch BVerwGE 102, 29 (30) = ZBR 1997, 20 (21).
289 Vgl. zu § 104 BBG u. Rn. 128.
290 Dabei ist z. B. an die NATO u. die WEU zu denken.
291 Vgl. § 3 Satz 1 BNV; Rn. 120.
292 Vgl. Rn. 124.

396 *Eichen*

Nebentätigkeit § 20

einräumte. Diese Tätigkeit beruhte im Innenverhältnis auf der dienstl. Anweisung zur Übernahme. Die zu übernehmenden Aufgaben würden im Außenverhältnis auf der Grundlage eines zivilrechtl. zu begründenden Vertragsverhältnisses ausgeübt. Diese Nebentätigkeit könnte mangels Wahrnehmung aufgrund des öff.-rechtl. Soldatenverhältnisses (vgl. entspr. § 97 Abs. 2 BBG) nur eine Nebenbeschäftigung (entspr. § 97 Abs. 3 BBG) sein. Diese wiederum dürfte, soll sie entspr. § 98 BBG dem Soldaten abverlangt werden, nur im öff. Dienst ausgeführt werden, wäre also in einer nach § 2 Abs. 2 BNV dem eigentlichen öff. Dienst vergleichbaren Einrichtung (z. B. in einer bundeseigenen ziv. Gesellschaft) zulässig.[293]

Die zu übernehmende Nebentätigkeit darf den Soldaten **bildungsmäßig nicht überfordern**. Der Soldat muss (ohne dass es auf seine persönliche Neigung ankommt, sondern unter Anlegung objektiver Maßstäbe[294]) sowohl von seinen vorbildungsmäßigen, an den laufbahnrechtl. Vorgaben für eine Einstellung als Soldat zu messenden Voraussetzungen als auch von seiner Ausbildung in seinen bisherigen Verwendungen in den SK her in der Lage sein, die Nebentätigkeit ordnungsgemäß auszuführen. Es erscheint sachgerecht, auch privat angeeignete, für die Ausübung der Nebentätigkeit förderliche Kenntnisse zu berücksichtigen, wenn ihr Erwerb in einem allg. verbindlichen Nachweis (z. B. in einem öff. oder in der Bw anerkannten Zeugnis) zertifiziert ist. **118**

Eine gewisse **Unterforderung** hat der Soldat, soweit sie nicht unverhältnismäßig und unzumutbar ist, im Rahmen mil. Notwendigkeiten hinzunehmen.[295]

Die **Beanspruchung** des Soldaten **über Gebühr** ist einerseits an den Modalitäten der Nebentätigkeit (z. B. an Ort und Zeitpunkt ihrer Ausübung), andererseits an der zeitlichen Inanspruchnahme zu messen. Mangels einer gesetzl. Dienstzeitregelung für Soldaten wird i. d. R. Maßstab für die zeitliche Überbeanspruchung die auf § 50a BBesG beruhende wöchentliche „Rahmendienstzeit" der Soldaten (derzeit 46 Stunden) sein. In Einzelfällen muss berücksichtigt werden, dass Soldaten aus dienstl. Gründen bis an die Grenzen ihrer körperlichen und geistigen Leistungsfähigkeit Dienst leisten müssen.[296] Grds. wird dem Soldaten aus Fürsorgegründen bei anhaltender unverhältnismäßiger Belastung durch eine ihm abverlangte Nebentätigkeit eine angemessene Entlastung in der Hauptverwendung zu gewähren sein. Eine finanzielle Vergütung kann der Soldat regelmäßig nicht verlangen[297]; dies ergibt sich grds. aus § 6 Abs. 1 Satz 1 BNV. **119**

---

293 Diese komplizierte Darlegung zeigt, dass der Gesetzgeber schlecht beraten war, das soldatische Nebentätigkeitsrecht z.T. durch Verweisung auf das Beamtenrecht zu regeln. Ist § 20 bereits komplex, so wird die Rechtsanwendung auf der zusätzlichen Basis der von der Terminologie her nur mit Vorbehalten auf mil. Fallgestaltungen anwendbaren §§ 97, 98 BBG, die ihrerseits auf § 2 BNV Bezug nehmen müssen, zur schwierigen Aufgabe. Zahlreiche Privatisierungen im mil. Bereich u. vielfältige Kooperationen mit ziv. Firmen machen es notwendig, dass die rechtl. Situation der in Nebentätigkeit für das BMVg tätigen Soldaten transparent ist u. diese ihre Rechte u. Pflichten kennen.
294 *Rittau*, SG, 150 f.
295 Vgl. o. Rn. 25.
296 BVerwGE 86, 18 = NZWehr 1989, 35. Deshalb kann *Scherer/Alff/Poretschkin*, SG, § 20 Rn. 14, die dem Soldaten zugestehen, eine ihn übermäßig beanspruchende Nebentätigkeit ablehnen zu dürfen, grds. nicht zugestimmt werden. Der Befehl zur Übernahme einer solchen Nebentätigkeit wäre möglicherweise rechtswidrig, jedoch i. d. R. verbindlich.
297 Vgl. *Scherer/Alff/Poretschkin*, SG, § 20 Rn. 14 m. w. N.

120 Wegen des nach Maßgabe des dienstl. Bedürfnisses bestehenden weiten Ermessens, das es dem Dienstherrn erlaubt, einem soldatischen Dienstposten weitere Aufgaben im Rahmen der Hauptverwendung zuzuordnen, und weil einem Soldaten zusätzlich befohlene Aufgaben grds. in dessen Hauptverwendung einzuordnen sind[298], wird § 98 BBG nur ausnahmsweise entspr. angewandt werden können.[299] Übrigens werden auch die Soldaten selbst, ohne dass dies im Rahmen des § 98 BBG beachtlich wäre, an den ihnen nach § 98 BBG abverlangten Nebentätigkeiten i. d. R. kaum Interesse haben, da sie hierfür nach § 6 Abs. 1 BNV grds. keine Vergütung erhalten können und wenn ja nur in begrenzten Beträgen.[300]

121 **Abweichend** von diesen Grundsätzen findet § 98 BBG im soldatischen Nebentätigkeitsrecht entspr. Anwendung auf **SanOffz**, denen in BwKrhs die Krankenhausbehandlung von Zivilpersonen obliegt. Diese Behandlung wird den SanOffz im Erlassweg[301] als Tätigkeit „im Nebenamt" zugewiesen.

Die Anordnung gegenüber SanOffz, Privatpatienten in BwKrhs im Rahmen einer Nebenverwendung zu behandeln, ist aus mehreren Gründen systemfremd: Einerseits ist kaum einsichtig, warum die Behandlung von Soldaten als Hauptverwendung, die von Privatpersonen als Nebenverwendung anzusehen sein soll, wo sich doch vom Zweck her die Behandlung nicht unterscheidet und die Versorgung von Patienten im BwKrhs generell zumindest im Zusammenhang zu sehen ist[302]. Andererseits wird diese Aufgabe für den Dienstherrn wahrgenommen, so dass sie grds. in die Hauptverwendung einzuordnen wäre.[303] Nebentätigkeitsrechtl. wird dieser atypische Zustand noch dadurch privilegiert, dass die in § 6 BNV grds. angeordnete Ablieferungspflicht in Bezug auf Vergütungen aus Nebentätigkeiten im Bundesdienst durch § 7 Nr. 4 BNV ausgeschlossen und zusätzlich den SanOffz das Recht zugestanden wird[304], bei wahlärztlichen Leistungen gegenüber Zivilpatienten selbst zu liquidieren.[305]

Gleichwohl hat die Rspr. diese speziellen Regelungen für beamtete leitende Krankenhausärzte[306] und für leitende SanOffz an BwKrhs[307] als zulässig angesehen.[308]

---

298 Dies folgt bereits aus § 3 BNV. S. o. Rn. 26; *Scherer/Alff/Poretschkin*, SG, § 20 Rn. 11.
299 So auch *Scherer/Alff/Poretschkin*, SG, § 20 Rn. 11.
300 Vgl. § 6 Abs. 2 BNV.
301 Vgl. Nr. 3 des o. in Rn. 16 zit. Zivilpatientenerl.
302 Hier wäre daher § 3 Satz 2 BNV einschlägig. Vgl. *Günther*, ZBR 1986, 97, 103.
303 Vgl. § 3 Satz 1 BNV. S. auch GKÖD I K, § 65 Rn. 86.
304 Durch Nr. 14 Abs. 2 des Zivilpatientenerl.
305 Wenn auch gegen Kostenerstattung u. Vorteilsausgleich nach § 20 Abs. 4 (vgl. § 12 BNV) u. gegen Zahlung einer „Pool-Abgabe", s. o. Rn. 82 f.
306 S. BVerwGE 59, 38 (40 m. w. N.): Die „Übertragung der stationären ärztlichen Behandlung von Privatpatienten als Nebentätigkeit" sei „mit dem geltenden Beamtenrecht zwar schwer, aber unter Berücksichtigung der Besonderheiten des atypischen Beamtenverhältnisses leitender Krankenhausärzte gerade noch zu vereinbaren". Vgl. BVerfGE 52, 303 = NJW 1980, 1327; BVerwG ZBR 2001, 437 = IÖD 2001, 218; BVerwGE 130, 252 = IÖD 2008, 266; BVerfG NVwZ-RR 2007, 185.
307 Vgl. z. B. BVerwGE 102, 29 = NVwZ 1997, 582 (auch zur Erhebung einer „Pool-Abgabe", s. o. Rn. 83).
308 Vgl. *Battis*, BBG, § 100 Rn. 12; GKÖD I K, § 65 Rn. 86 ff.; *Günther*, ZBR 1986, 97 (103).

Nebentätigkeit § 20

Für den **Rechtsschutz** in Bezug auf Nebentätigkeiten gilt Folgendes: **122**
In truppendienstl. Verfahren, in denen str. ist, ob ein Soldat gegen den Willen seiner Vorg. eine Nebentätigkeit ausüben darf oder ob der Soldat gegen seinen Willen eine Nebentätigkeit ausüben muss[309], in Streitigkeiten also, in denen die Frage der **Zulässigkeit** einer **Nebentätigkeit** zu klären ist, entscheiden grds. die **Wehrdienstgerichte**.[310] Ist eine **Geldforderung** des Dienstherrn[311] gegen den Soldaten aus der Ausübung einer Nebentätigkeit in Streit, geht es dem Soldaten insbes. darum, ihre Geltendmachung zu verhindern, ist nicht das besondere mil. Über-/Unterordnungsverhältnis, sondern das allg. Dienstverhältnis des Soldaten betroffen. Vorg. werden in diesem nicht als solche, sondern als Organe des Dienstherrn tätig. Für Klagen aus diesem Bereich ist der **allg. Verwaltungsrechtsweg** gegeben.[312] In diesem Fall wäre es unzulässig, Elemente eines solchen von den VG zu entscheidenden Anspruchs (z. B. als Tatbestandsmerkmal für einen Zahlungsanspruch die Frage, ob die ausgeübte Tätigkeit eine Nebentätigkeit i. S. v. § 20 sei) als Vorfrage zu verselbstständigen und zum Gegenstand eines wehrdienstgerichtl. Verfahrens zu machen. Hierfür fehlte ein Rechtsschutzbedürfnis, da das VG derartige Vorfragen (Sach- und Rechtsfragen) incidenter selbst entscheidet.[313]

Der Hinw. auf den bisher nach **Abs. 7** im soldatischen Nebentätigkeitsrecht entspr. **123** anzuwendenden **§ 65 Abs. 4 BBG a. F.** (Zuständigkeit für die Genehmigung von Nebentätigkeiten, jetzt: § 99 Abs. 5 Satz 1 und 2 BBG) ist wegen Aufnahme einer eigenen Regelung in Abs. 5 Satz 1[314] entbehrlich geworden.

Nach **Abs. 7** auf soldatische Nebentätigkeiten anwendbar ist außerdem § **102 BBG**. **124** Nach dessen Satz 1 hat entspr. ein Soldat, der auf Verlangen[315], Vorschlag oder Veranlassung[316] seines DiszVorg. mit mindestens der Disziplinarbefugnis eines BtlKdr[317] im dienstl. Interesse[318] eine (Neben-) Tätigkeit[319] im Vorstand, Aufsichtsrat, Verwaltungsrat oder in einem sonstigen Organ einer Gesellschaft (z. B. einer AG, GmbH), Genossenschaft oder eines in einer anderen Rechtsform betriebenen Unternehmens[320] übernommen hat (die Übernahme ist somit aus dem Innenverhältnis zwischen Dienstherrn

---

309 Vgl. *Dau*, WBO, Einf. Rn. 61.
310 BVerwGE 73, 87 (88); *Dau*, WBO, § 17 Rn. 61 f.
311 Etwa wegen eines Entgelts für die Nutzung v. Personal o. Sachmitteln des Dienstherrn im Rahmen einer Nebentätigkeit nach Abs. 4 (s. o. Rn. 77 ff.), vgl. z. B. BVerwG ZBR 1999, 200 = DöD 1999, 233.
312 BVerwG 1 WB 110/83; BVerwG NVwZ 1984, 590; BVerwGE 73 (87 ff.); *Scherer/Alff/Poretschkin*, SG, § 82 Rn. 12.
313 BVerwGE 73, 87 m.w.N.; *Scherer/Alff/Poretschkin*, SG, § 20 Rn. 15; *Stauf* I, § 20 SG Rn. 31.
314 Vgl. hierzu Rn. 84.
315 Vgl. zu diesem Begriff Rn. 116.
316 Der Rückgriffsanspruch des Soldaten entspr. § 102 BBG ist also nicht nur bei einer dienstl. angewiesenen Nebentätigkeit („auf Verlangen", vgl. Rn. 73), sondern auch bei Nebentätigkeiten, die auf dienstl. Anregung („Vorschlag", „Veranlassung") übernommen werden, möglich. Letztere Fälle sind entspr. Abs. 3 Satz 1 Halbs. 2, 2. Alt. (vgl. o. Rn. 75) in engen Grenzen vorstellbar.
317 Vgl. Rn. 84.
318 Vgl. *Battis*, BBG, § 102 Rn. 2.
319 Diese kann – vgl. § 20 Abs. 3 Satz 1 – auch während des Dienstes ausgeübt werden.
320 Die Formulierung verdeutlicht, dass es auf die gesellschaftsrechtl. Rechtsnatur des Unternehmens nicht ankommt, vgl. GKÖD I K, § 67 Rn. 10, ebenso wenig auf die Verfolgung eines wirtschaftlichen Zwecks.

Eichen 399

und Soldaten begründet) und aus dieser Tätigkeit im Außenverhältnis haftbar gemacht wird, gegen den Dienstherrn grds. Anspruch auf Ersatz des ihm entstandenen Schadens. Dieser muss daraus resultieren, dass der Soldat wegen seiner Tätigkeit für das Unternehmen selbst nach zivilrechtl., insbes. gesellschaftsrechtl. Vorschriften wegen Schäden Ersatz leisten muss. Der Soldat muss selbst haftbar gemacht worden sein.[321]

125 Der Ausgleich nach § 102 BBG ist regelmäßig auf Schäden beschränkt, die durch den Soldaten im Außenverhältnis allenfalls leicht fahrlässig verursacht worden sind. Grob fahrlässig oder vorsätzlich verursachte Schäden werden grds. durch den Dienstherrn nicht erstattet. Etwas anderes gilt nach § 102 Satz 2 BBG nur, wenn der Soldat die schadensverursachende Handlung bei einer Tätigkeit auf Verlangen (= Weisung) des Dienstherrn vorgenommen hat.

126 Der gesetzl. Rückgriffsanspruch des Soldaten gegenüber dem Dienstherrn analog § 102 BBG ist aus Gründen der **Fürsorge** geboten, weil der Soldat nicht im eigenen Interesse, sondern dienstl. motiviert in das Unternehmen eintritt. Er soll dann nicht für Schäden aufkommen müssen, die damit zusammenhängen. Da er für das Unternehmen privatrechtl. und nicht hoheitlich (nicht öff.-rechtl.) tätig wird, handelt er nicht „in Ausübung eines öff. Amtes".[322] Eine Staatshaftung gem. Art. 34 GG i. V. m. § 839 BGB, bei welcher der Staat anstelle des Soldaten gegenüber dem geschädigten Dritten eintritt, kommt somit nicht in Frage.[323] Vielmehr müsste der Soldat – wenn § 102 BBG nicht zu seinen Gunsten einträte – nach allg. bürgerlich-rechtl. Deliktsrecht (§§ 823 ff. BGB) oder den für das Unternehmen speziell geltenden (z. B. gesellschaftsrechtl.) Haftungsvorschriften[324] selbst allein für den Schaden eintreten, da ihm der Dienstherr auch nicht gem. §§ 823, 31, 89 BGB oder nach § 831 BGB zur Seite tritt.[325]

127 Nach dem gleichfalls entspr. anwendbaren § **103 BBG endet**, sofern im Einzelfall nichts anderes bestimmt ist, mit dem Ende des Soldatenverhältnisses auch eine **Nebentätigkeit**, die dem Soldaten im Zusammenhang mit seiner Hauptverwendung übertragen worden ist[326] oder die er auf Verlangen[327], Vorschlag oder Veranlassung[328] seines DiszVorg. übernommen hat. Die Nebentätigkeit endet dann kraft Gesetzes ohne weiteren Vollzugsakt. Aus welchem Grund das Soldatenverhältnis endet, ist nicht entscheidend; es muss aber zum Ende kommen (z. B. durch Eintritt oder Versetzung in den Ruhestand – es reicht die Versetzung in den einstweiligen Ruhestand nach § 50 aus – oder durch Entlassung). Daher genügt eine Beurlaubung (z. B. nach § 28a) oder ein Verbot der Ausübung des Dienstes nach § 22 nicht.

---

321 Vgl. *Battis*, BBG, § 102 Rn. 3.
322 Vgl. GKÖD I K, § 67 Rn. 17; *Plog/Wiedow/Lemhöfer*, BBG, § 67 Rn. 4.
323 Vgl. *Jarass*, in: Jarass/Pieroth, GG, Art. 34 Rn. 5 ff.
324 Vgl. GKÖD I K, § 67 Rn. 16.
325 Der Soldat ist im Außenverhältnis weder Vertreter noch Verrichtungsgehilfe des Dienstherrn, vgl. *Plog/Wiedow/Lemhöfer*, BBG, § 67 Rn. 4.
326 Es ist jew. zu prüfen, ob überhaupt eine Nebentätigkeit vorliegt: So kann z. B. nach der Dienstpostenbeschreibung eines Soldaten dessen Mitgliedschaft in einem Gesellschaftsorgan im Interesse des Dienstherrn zu den der Hauptverwendung zuzurechnenden Dienstpflichten gehören.
327 Vgl. Rn. 116.
328 Vgl. hierzu Fn. 316.

Etwas anderes gilt, wenn z. B. aufgrund zivilgesetzl. (etwa gesellschafts- oder arbeitsrechtl.) Vorschriften die Beendigung der Mitgliedschaft in einem privatrechtl. Unternehmen speziell geregelt ist.[329] Das Ende der Nebentätigkeit richtet sich dann nach diesen Vorschriften.

Nach Abs. 7 ist schließlich **§ 104 BBG** entspr. anwendbar. Diese Vorschrift enthält in Satz 1 die allg. Ermächtigungsgrundlage zum Erlass der BNV[330] durch die BReg; in ihrem Satz 2 sind – Art. 80 Abs. 1 Satz 2 GG folgend – wichtige Eckpunkte der erteilten Ermächtigung – nicht abschließend – gesetzl. festgelegt.[331] **128**

So findet sich die Best., welche Tätigkeiten nebentätigkeitsrechtl. als öff. Dienst anzusehen sind oder ihm gleichstehen (§ 104 Satz 2 Nr. 1 BBG), in § 2 BNV.[332]

Die Ausgestaltung der Annahme oder Abführung von Vergütungen für bestimmte Nebentätigkeiten (§ 104 Satz 2 Nr. 2 BBG) nehmen die §§ 4, 6 bis 8 BNV vor.[333]

Die Festlegung, unter welchen Voraussetzungen zur Ausübung von Nebentätigkeiten Personal und Sachmittel des Dienstherrn genutzt werden dürfen und welches Entgelt hierfür zu entrichten ist[334] (§ 104 Satz 2 Nr. 4 BBG), treffen die §§ 9 bis 13 BNV.[335]

Von der Ermächtigung des § 104 Satz 2 Nr. 4 BBG[336] (Verpflichtung des Beamten, jährlich die aus Nebentätigkeiten erhaltenen Entgelte und geldwerten Vorteile zu melden) hat die BReg bisher keinen Gebrauch gemacht.[337]

8. Absatz 8 Nebentätigkeiten der nach Maßgabe des WPflG Wehrdienst leistenden und zu einer Dienstleistung nach dem Vierten Abschnitt herangezogenen Soldaten. § 20 Abs. 1 bis 7 gilt nur für Nebentätigkeiten der BS und SaZ. Für die **Soldaten, die nach Maßgabe des WPflG Wehrdienst leisten,** trifft **Abs. 8 Satz 1** eine spezielle Regelung. Diese gilt auch für **FWDL**, die nunmehr durch den geänderten Wortlaut des Abs. 8 („nach Maßgabe des Wehrpflichtgesetzes", vgl. o. Rn. 8) ausdrücklich einbezogen werden. Sie leisten ihren zusätzlichen freiwilligen Wehrdienst nicht aufgrund der Wehrpflicht, sondern freiwillig nach Maßgabe des WPflG. Sie besitzen die Rechtsstellung eines Soldaten, der aufgrund der Wehrpflicht Wehrdienst leistet (§ 4 Abs. 3 Satz 2 und 3 WPflG). **129**

Die Privilegierung der von Abs. 8 erfassten Soldaten gegenüber BS und SaZ ist mit der unterschiedlichen Interessenlage zu erklären. Während BS und SaZ ihren Beruf als Soldat frei gewählt haben, „behält der Wehrpflichtige seinen alten Beruf bei. Gelegentliche Betätigung in seinem eigentlichen Beruf muß daher möglich bleiben".[338]

---

329 Vgl. *Battis*, BBG, § 103 Rn. 2; GKÖD I K, § 68 Rn. 11 f. m. w. N.
330 Vgl. o. Rn. 12 u. den obigen Abdruck der BNV.
331 Vgl. zur Frage, ob die Ausgestaltung des § 69 BBG a. F. (jetzt: § 104 BBG) den verfassungsrecht. Anforderungen des Art. 80 Abs. 1 Satz 2 GG genügt, BVerfGE 55, 207 = NJW 1981, 951; GKÖD I K, § 69 Rn. 3 ff. m.w.N.; *Plog/Wiedow/Lemhöfer*, BBG, § 69 Rn. 1 ff.
332 Vgl. o. Rn. 117 sowie *Plog/Wiedow/Lemhöfer*, BBG, § 69 Rn. 3.
333 Einzelheiten bei *Plog/Wiedow/Lemhöfer*, BBG, § 69 Rn. 4 ff.
334 S. o. Rn. 77 f., Rn. 82.
335 Hierzu *Plog/Wiedow/Lemhöfer*, BBG, § 69 Rn. 13 ff.
336 § 69 Satz 2 Nr. 3 BBG a. F. (Ausdehnung der Genehmigungspflicht auf bestimmte Beamtengruppen) ist mit dem DNeuG ersatzlos entfallen, da von dieser Vorschrift bisher kein Gebrauch gemacht wurde u. der Gesetzgeber auch für die Zukunft kein Regelungsbedürfnis gesehen hat, BT-Drs. 16/7076, 124.
337 *Battis*, BBG, § 104 Rn. 11.
338 Vgl. BT-Drs. II/1700, 24.

130 Soldaten, die nach Maßgabe des WPflG Wehrdienst leisten, dürfen grds. Nebentätigkeiten[339] jeder Art außerhalb des Dienstes und außerhalb dienstl. Unterkünfte und Anlagen (**ohne vorherige Anzeige- oder Genehmigungspflicht**[340]) nachgehen, sofern ihre Dienstfähigkeit dadurch nicht gefährdet wird und dies dienstl. Erfordernissen nicht zuwiderläuft. Ob der Gesetzgeber mit dem Begriff der Dienstfähigkeit auf die in § 8a Abs. 1 WPflG genannten Abstufungen der Wehrdienstfähigkeit (Tauglichkeit)[341] abstellen oder allg. jede Beeinträchtigung der Fähigkeit zur Dienstleistung (z. B. Übermüdung) erfassen wollte (der REntw. sprach in § 17 Abs. 5 noch von der Beeinträchtigung der „dienstlichen Leistungen"), kann dahinstehen, weil solche Beeinträchtigungen jedenfalls auch dienstl. Erfordernissen zuwiderlaufen. Ob im Übrigen diese in unbest. Rechtsbegriffe gekleideten Voraussetzungen vorliegen, kann **wehrdienstgerichtl.** im Beschwerdeverfahren **in vollem Umfang nachgeprüft** werden.[342] Dem zuständigen Vorg. (dies ist der **nächste DiszVorg.**, i. d. R. der KpChef[343]) steht hierbei **kein Beurteilungsspielraum** zu.

131 Da die Nebentätigkeit nicht vorher genehmigt werden muss, kann der zuständige Vorg. eine Gefährdung der Dienstfähigkeit oder eine Beeinträchtigung dienstl. Erfordernisse regelmäßig erst nachträglich feststellen, so z. B., wenn der Soldat übermüdet oder verspätet zum Dienst erscheint. Der Vorg. kann, wenn er von einer Nebentätigkeit vorher Kenntnis erhält, diese jedenfalls dann bereits im Vorfeld untersagen, wenn sie nach den konkreten Umständen des Einzelfalles voraussichtlich zu einer Beeinträchtigung dienstl. Interessen führen wird. Hier greifen dieselben Überlegungen wie im Rahmen des Abs. 2 Satz 1.[344]

132 Selbst wenn der Vorg. im Einzelfall von einer Beeinträchtigung der Fähigkeit zur Dienstleistung des Soldaten oder einer sonstigen Beeinträchtigung dienstl. Erfordernisse durch die Nebentätigkeit auszugehen hat, kann er im Wege einer **Ermessensabwägung**[345] gleichwohl von der Untersagung der Nebentätigkeit absehen, wenn dies wegen vorrangiger Interessen des Soldaten geboten ist. Zu denken ist insbes. an den Fall, dass durch die Nebentätigkeit eine ansonsten zu prüfende Entlassung des Soldaten wegen persönlicher Gründe, die eine besondere Härte bedeuten würden (§ 29 Abs. 4 Nr. 1 WPflG), vermieden werden kann.

---

339 Diese sind auf Nebenbeschäftigungen beschränkt u. von bloßen Freizeitbeschäftigungen (vgl. Rn. 22 – Beispiel: Reparatur des Kfz eines Kameraden am Wochenende) zu trennen.
340 GKÖD I Yk, § 20 Rn. 83. Rechtl. nicht nachvollziehbar sind die Fragen 5 bis 8 u. die Antworten der BReg hierzu in BT-Drs. 16/11687 (Antwort der BReg auf die Kleine Anfrage der BT-Fraktion der FDP – BT-Drs. 16/11482 – „Nebentätigkeiten von Soldatinnen und Soldaten der Bundeswehr"), zumal selbst Soldaten, die Leistungen nach dem USG erhalten, eine Anzeigepflicht nur gegenüber den Unterhaltssicherungsbehörden haben (vgl. Rn. 133).
341 Diese setzt die körperliche u. geistige Eignung für den Wehrdienst voraus, vgl. BVerwGE 31, 149; *Stauf* III, § 8a WPflG Rn. 1; *Steinlechner/Walz*, WPflG, § 8a Rn. 6.
342 So auch *Stauf* I, § 20 SG Rn. 32. Zuständig für die Entsch. über die Zulässigkeit einer Nebentätigkeit als truppendienstl. Maßnahme sind die Wehrdienstgerichte, vgl. BVerwGE 73, 87 Ls 1.
343 Der o. (Rn. 15) genannte Erl. regelt dies nunmehr ausdrücklich (vgl. Nr. 1.3 u. Nr. 4).
344 Vgl. Rn. 44; *Scherer/Alff/Poretschkin*, SG, § 20 Rn. 21; a. A. *Stauf* I, § 20 SG Rn. 32, der strengere Anforderungen an eine Versagung stellen will als nach Abs. 2.
345 Hierfür spricht der Wortlaut des Abs. 8: „… **darf** die Ausübung einer Nebentätigkeit nur untersagt werden …".

WPfl Soldaten, die Leistungen nach dem USG erhalten, sind nach § 20 Abs. 1 USG verpflichtet, auch **Einkünfte aus Nebentätigkeiten** während des Wehrdienstes den Unterhaltssicherungsbehörden **anzuzeigen**. Diese Gesetzeslage ist im Erl. „Nebentätigkeit wehrpflichtiger Soldaten, die Leistungen nach dem Unterhaltssicherungsgesetz (USG) erhalten"[346], wiedergegeben, um vor allem die entspr. Belehrung der Soldaten sicherzustellen. **133**

Der durch das WehrRÄndG 2008 angefügte **Satz 2** räumt Soldaten, die nach dem Vierten Abschnitt des SG zu einer Dienstleistung herangezogen werden, wegen der im Wesentlichen identischen persönlichen Interessenlage dieselben Möglichkeiten zur Ausübung von Nebentätigkeiten (d. h. ohne Anzeige- oder Genehmigungserfordernis) ein wie Soldaten, die nach Maßgabe des WPflG Wehrdienst leisten. Diese Regelung wäre bereits im Rahmen des SkResNOG angebracht gewesen.[347] **134**

§ 20a Tätigkeit nach dem Ausscheiden aus dem Wehrdienst

(1) ¹Ein Berufssoldat im Ruhestand oder ein früherer Soldat mit Anspruch auf Dienstzeitversorgung hat eine Erwerbstätigkeit oder sonstige Beschäftigung außerhalb des öffentlichen Dienstes, die mit seiner dienstlichen Tätigkeit in den letzten fünf Jahren vor seinem Ausscheiden aus dem Wehrdienst im Zusammenhang steht und durch die dienstliche Interessen beeinträchtigt werden können, vor ihrer Aufnahme schriftlich anzuzeigen. ²Die Anzeigepflicht endet fünf Jahre nach dem Ausscheiden aus dem Wehrdienst.

(2) ¹Die Erwerbstätigkeit oder sonstige Beschäftigung ist zu untersagen, soweit zu besorgen ist, dass durch sie dienstliche Interessen beeinträchtigt werden. ²Die Untersagung ist für den Zeitraum bis zum Ende der Anzeigepflicht auszusprechen, es sei denn, die Voraussetzungen für eine Untersagung liegen nur für einen kürzeren Zeitraum vor.

(3) ¹Die Anzeige nach Absatz 1 ist an das Bundesministerium der Verteidigung zu richten, das auch für die Untersagung nach Absatz 2 zuständig ist. ²Es kann seine Zuständigkeit auf andere Stellen übertragen.

	Übersicht		
	Rn		Rn
I. Allgemeines	1	II. Erläuterungen im Einzelnen	6
1. Zweck der Vorschrift	1	1. Absatz 1	6
2. Entstehung der Vorschrift	2	2. Absatz 2	18
3. Änderungen der Vorschrift	3	3. Absatz 3	26
4. Bezüge zum Beamtenrecht bzw. zu sonstigen rechtl. Vorschriften; ergänzende Dienstvorschriften	5		

---

346 VMBl. 2004 S. 27.
347 Vgl. BT-Drs. 16/7955, 32.

§ 20a Tätigkeit nach dem Ausscheiden aus dem Wehrdienst

Literatur:[1] *Günther, Hellmuth:* Beschränkung der Tätigkeit von Versorgungsberechtigten, DöD 1990, 129.

I. Allgemeines

1 1. Zweck der Vorschrift. § 20a führt für aus dem Dienstverhältnis ausgeschiedene BS und SaZ in Teilen die Restriktionen fort, die ihnen in der aktiven Dienstzeit bei der Aufnahme von Nebentätigkeiten durch § 20 auferlegt worden sind. § 20a regelt keinen Fall der Nebentätigkeit, sondern Anschlusstätigkeiten nach Beendigung des Wehrdienstes.[2] Die Vorschrift will verhindern, dass aus dem Wehrdienstverhältnis ausgeschiedene Soldaten anschließend in privaten Beschäftigungsverhältnissen dienstl. erworbenes Wissen und dienstl. geknüpfte Kontakte verwerten und dass hierdurch in der Öffentlichkeit Zweifel an der Integrität des öff. Dienstes hervorgerufen werden.

Außerdem will § 20a die Soldaten, die auf den Ruhestand zugehen, auch in den letzten Dienstjahren zu weiterer Unbefangenheit und Unparteilichkeit anhalten, ohne dass sie sich durch spätere „Karriereaussichten" in der Privatwirtschaft beeinflussen lassen.[3] Dies ist bei Soldaten besonders bedeutsam, da sie wegen der gegenüber Beamten vorgezogenen Altersgrenzen in jüngerem Alter ausscheiden und eher bereit sein werden, nach Beendigung des Wehrdienstverhältnisses eine ziv. Anschlusstätigkeit aufzunehmen.[4]

§ 20a **ergänzt** bei einer Anschlusstätigkeit nach dem Ausscheiden aus dem Wehrdienst die auch für ausgeschiedene Soldaten geltende[5] Verschwiegenheitspflicht des § 14, indem er frühere Soldaten von vornherein vor der Gefahr schützen will, in diesem speziellen Fall Auskünfte über dienstl. Angelegenheiten erteilen zu wollen, auf die sie eine besondere Einflussmöglichkeit hatten.

2 2. Entstehung der Vorschrift. § 20a ist 1985 durch das Nebentätigkeitsbegrenzungsgesetz (als Art. 3 Nr. 3 des G vom **21.2.1985**[6]) in das SG eingefügt worden.

3 3. Änderungen der Vorschrift. Die Vorschrift ist durch Art. 1 Nr. 3, 7 und 16 des **SGÄndG** novelliert worden. Neben redaktionellen Änd. sind in Abs. 1 die Wörter „oder auf Berufsförderung" gestrichen worden. Frühere Soldaten sind folglich nur noch anzeigepflichtig, solange sie Anspruch auf Dienstzeitversorgung haben. Besitzen sie nur noch einen Anspruch auf Berufsförderung, unterliegen SaZ[7] nicht länger den Voraussetzungen für eine Tätigkeitsversagung nach § 20a über den Rahmen der Dienstzeitversorgung hinaus.[8] Diese Änd. bewirkt, dass SaZ längstens für die Dauer von 36 Monaten nach Ende der Dienstzeit (dies ist der längste Zeitraum, für den Übergangsgebührnisse gezahlt werden, vgl. § 11 Abs. 2 Satz 1 Nr. 4 SVG) unter den Regelungsbereich des § 20a fallen.

---

1 Die nachstehend genannte Abhandlung ist auch soldatenrechtl. verwertbar.
2 Eine „Neben"tätigkeit setzte die Ausübung einer „Haupt"tätigkeit voraus. Eine Pflicht zur Dienstleistung besteht jedoch für frühere Soldaten nicht mehr.
3 *Günther,* DöD 1990, 129 (130 m. w. N.).
4 BT-Drs. 10/2542, 15.
5 Vgl. Komm. zu § 14 Rn. 7.
6 BGBl. I S. 371.
7 Diese werden regelmäßig betroffen sein, die Berufsförderung für BS (vgl. §§ 39, 40 SVG) ist eine Ausnahme.
8 Vgl. BT-Drs. 14/4062, 19 (zu Nr. 17 [§ 20a]).

Durch Art. 10 Nr. 5 des **DNeuG** ist § 20a unter Vornahme einiger Umstellungen neu 4 gefasst worden. Diese ändern die bisherige Rechtslage nicht, sondern dienen der Klarstellung.

4. Bezüge zum Beamtenrecht bzw. zu sonstigen rechtl. Vorschriften; ergänzende Dienstvorschriften. Im Nebentätigkeitsbegrenzungsgesetz sind dem § 20a entspr. Vor- 5 schriften für **Beamte** geschaffen worden; dies waren § 69a BBG a.F.[9] (jetzt: § 105 BBG) und § 42a BRRG (jetzt: § 41 BeamtStG). Nach § 46 DRiG gilt eine entspr. Regelung für **Richter** im Bundesdienst.[10]

Ausführliche Best. für Soldaten zur Aufnahme von Anschlusstätigkeiten gem. § 20a, die ausscheidenden BS und SaZ zur Information ausgehändigt werden, enthält der Erl. „Tätigkeit außerhalb des öffentlichen Dienstes nach Beendigung des Dienst- bzw. Arbeitsverhältnisses" vom 25.6.2009.[11]

II. Erläuterungen im Einzelnen

1. Absatz 1. Regelungsadressaten des **Abs. 1** sind nach **Satz 1** BS im Ruhestand und 6 frühere Soldaten mit Anspruch auf Dienstzeitversorgung. Als **BS im Ruhestand** gelten alle in den Ruhestand getretenen oder versetzten BS[12], auch solche, die in den einstweiligen Ruhestand versetzt worden (§ 50) oder die z. B. aufgrund des PersAnpassG[13] vorzeitig ausgeschieden sind.[14] Nicht erfasst, weil nicht im Ruhestand, werden frühere BS, die aus dem Dienstverhältnis entlassen worden sind (vgl. insbes. § 46)[15] oder die ihre Rechtsstellung als BS verloren haben (§ 48). **Frühere Soldaten mit Anspruch auf Dienstzeitversorgung** sind frühere SaZ, denen Zahlungen nach § 3 Abs. 4 SVG zustehen, und aus dem SK entlassene BS, denen ein Anspruch auf Unterhaltsbeitrag oder Übergangsgeld (§§ 36, 37 SVG) zukommt.[16]

BS und SaZ, die durch Entlassung, Verlust ihrer Rechtsstellung oder durch Entfernung aus dem Dienstverhältnis aufgrund eines Urt. im gerichtl. Disziplinarverfahren[17] Ansprüche auf Dienstzeitversorgung verlieren, werden tatbestandlich von § 20a nicht erfasst. Da derartige Fälle möglicherweise bewusst herbeigeführt werden können, wäre seitens des Gesetzgebers daran zu denken, diesen Personenkreis in den Anwendungsbereich der Vorschrift einzubeziehen, damit das Verbot des § 20a nicht umgangen wird.[18]

---

9 Wegen der gleichlaufenden Intention des Gesetzgebers für den gesamten öff. Dienst kann die beamtenrechtl. Rspr. zu § 69a a.F./§ 105 n. F. BBG grds. auf Soldaten übertragen werden.
10 *Battis*, BBG, § 105 Rn. 3. Für Landesrichter vgl. *Günther*, DöD 1990, 129 (132 m. w. N.).
11 BMVg – ES – Az 17-02-36/16-02-17 (VMBl. 2009 S. 82).
12 Bei diesen wird vorausgesetzt, dass sie einen Anspruch auf Ruhegehalt besitzen, der als wirtschaftliche Grundlage für die gesamte Lebensführung dient, vgl. BT-Drs. 14/4062, 19 (zu Nr. 17 [§ 20a]).
13 Zum PersAnpassG vgl. Anh. zu § 44.
14 Vgl. *Scherer/Alff/Poretschkin*, SG, § 20a Rn. 1. Die Geltung des § 20a bei Versetzung in den Ruhestand aufgrund des PersStruktG-SK ausdrücklich bestätigend BVerwG ZBR 1993, 27 = IÖD 1993, 15.
15 Sie können ggf. als frühere Soldaten mit Anspruch auf Dienstzeitversorgung gelten.
16 Vgl. *Scherer/Alff/Poretschkin*, SG, § 20a Rn. 1 a. E. Zwar wird auch das Ruhegehalt von der Dienstzeitversorgung der BS umfasst (§ 14 Abs. 1 SVG); aus den SK entlassene BS erhalten aber kein Ruhegehalt.
17 § 63 Abs. 1 WDO.
18 § 14 wird in diesen Fällen oft das notwendige Vertrauen der Öffentlichkeit in die Integrität des öff. Dienstes nicht ausreichend sichern können.

§ 20a   Tätigkeit nach dem Ausscheiden aus dem Wehrdienst

7   Die genannten früheren Soldaten trifft eine **Anzeigepflicht** gegenüber dem BMVg, wenn sie innerhalb eines Zeitraums von fünf Jahren nach ihrem Ausscheiden aus dem Wehrdienst (vgl. Satz 2, hierzu Rn. 9) außerhalb des öff. Dienstes eine Erwerbstätigkeit oder sonstige Beschäftigung aufnehmen wollen, die mit ihrer dienstl. Tätigkeit in den letzten fünf Jahren vor dem Ausscheiden aus dem Wehrdienst im Zusammenhang steht und durch die dienstl. Interessen beeinträchtigt werden können. Als **Form der Anzeige** hat der Gesetzgeber jetzt ausdrücklich die **Schriftform** angeordnet. Die Fünf-Jahres-Frist erfasst auch Verwendungen im integrierten und sonstigen internationalen Bereich, da der Soldat in dieser Zeit deutscher Soldat bleibt (das BMVg kann diese Verwendung jederzeit beenden) und er auch dort persönliche Verbindungen und Wissen erlangen kann, deren Ausnutzung zu Lasten des Dienstherrn § 20a verhindern will.

8   Aufgenommen werden muss eine **Erwerbstätigkeit** oder **sonstige Beschäftigung**. Eine klare Abgrenzung beider Begriffe ist nicht notwendig, weil die Beschäftigung der Oberbegriff ist.[19] Eine **Erwerbstätigkeit** ist jede entgeltliche, d. h. auf Vergütung oder Gewinnerzielung in Geld oder Geldeswert[20] gerichtete Tätigkeit, ohne dass es darauf ankommt, ob sie in einem abhängigen Beschäftigungsverhältnis oder selbstständig ausgeübt wird[21] und ob sich die Gewinnerwartung tatsächlich realisiert.[22] Tätigkeiten, die dieser Charakteristik nicht entsprechen, können gleichwohl nach Abs. 1 als **Beschäftigung** anzeigepflichtig sein, wenn sie die Arbeitskraft des früheren Soldaten nicht nur gelegentlich und nicht nur als Freizeitbeschäftigung[23] in Anspruch nehmen.[24] Als Beschäftigungen werden auch **unentgeltliche Tätigkeiten** erfasst, wenn sie zumindest typischerweise als auf Erwerb gerichtet ausgeübt werden, selbst wenn der Gewinn einem Dritten zugute kommen soll (z. B. Mitarbeit im Geschäftsbetrieb der Ehefrau).[25]

Nach der Zielrichtung der Vorschrift ist nicht entscheidend, ob eine selbstständige oder abhängige Beschäftigung unmittelbar für einen oder in einem Industrie- oder Gewerbebetrieb ausgeübt wird. Es reicht eine Tätigkeit für einen oder in einem Wirtschaftsverband (Dachverband) als einer privatrechtl. (z. B. als Verein) organisierten Vereinigung von Wirtschaftstreibenden zur Wahrnehmung gemeinschaftlicher Interessen aus, vor allem, wenn es sich im Kern um einen Lobbyistenverband handelt.

---

19   Die neue Formulierung „oder sonstige Beschäftigung" stellt klar, dass die Erwerbstätigkeit eine Beschäftigung ist; dadurch sollen Umgehungstatbestände erfasst werden (BT-Drs. 16/7076, 124). Vgl. *Günther*, DöD 1990, 129 (133 m. w. N.); *Scherer/Alff/Poretschkin*, SG, § 20a Rn. 4.
20   Grds. kann hier der Begriff der (Un)Entgeltlichkeit wie in § 20 Abs. 1 u. 6 Satz 2 (vgl. die dortige Komm.) bestimmt werden. Die Erstattung barer Aufwendungen (z. B. Fahrtkosten) u. die Zahlung von Tage- u. Übernachtungsgeldern im üblichen, angemessenen Rahmen (Maßstab können hier beamtenrechtl. Reisekostensätze sein; tägliche Sitzungsgelder von mehreren Hundert Euro wären nicht mehr verhältnismäßig) änderten daher nicht die Unentgeltlichkeit einer Tätigkeit. Die Frage der Entgeltlichkeit ist hier letztlich aber ohne Bedeutung (vgl. Fn. 25).
21   *Scherer/Alff/Poretschkin*, SG, § 20a Rn. 4.
22   Vgl. *Plog/Wiedow/Lemhöfer*, BBG, § 69a Rn. 4.
23   Typische Freizeitbeschäftigungen, die auch nach dem Nebentätigkeitsrecht keine Nebenbeschäftigung darstellten (vgl. die Komm. zu § 20 Rn. 22 a. E.), werden von § 20a nicht erfasst; vgl. entspr. *Battis*, BBG, § 105 Rn. 4.
24   *Scherer/Alff/Poretschkin*, SG, § 20a Rn. 4 m. w. N.
25   Vgl. *Plog/Wiedow/Lemhöfer*, BBG, § 69a Rn. 4. Die Frage, wann eine Beschäftigung noch unentgeltlich o. schon entgeltlich ist, ist hier also kaum entscheidungserheblich, weil i. d. R. auch unentgeltliche Beschäftigungen dem Regelungsbereich des Abs. 1 unterfallen.

Die **Art der ausgeübten Erwerbstätigkeit** oder **sonstigen Beschäftigung** schließt eine Anzeigepflicht nur aus, wenn es sich um subalterne Tätigkeiten (z. B. die rein verwaltungsmäßige oder technische Abwicklung des Geschäftsverkehrs in einem Gewerbebetrieb oder Wirtschaftsverband) handelt, bei denen prima facie der Anschein einer Interessenkollision zu verneinen ist.

Die Erwerbstätigkeit oder sonstige Beschäftigung muss, wie **Satz 2** zeigt, nur angezeigt werden, wenn sie **innerhalb eines Zeitraums von fünf Jahren nach dem Ausscheiden aus dem Wehrdienst** aufgenommen wird. Der Gesetzgeber geht realistischerweise davon aus, dass Anschlusstätigkeiten nach Ablauf dieser Zeit nicht mehr durch dienstl. erworbenes Wissen oder im früheren Dienstverhältnis geknüpfte Kontakte begünstigt werden. Da insbes. technisches Wissen heutzutage schnell veraltet und die Kenntnis mil. Ansprechstellen stark durch den im mil. Bereich besonders häufigen Personalwechsel beeinflusst wird, ist die Überlegung nachvollziehbar, dass dienstl. erworbene Detailkenntnisse früherer Soldaten für private Unternehmen nur von zeitlich begrenztem Wert sind.

9

Es muss sich um eine Beschäftigung oder Erwerbstätigkeit **außerhalb des öff. Dienstes** handeln. Der Gesetzgeber unterstellt, dass eine Beeinträchtigung dienstl. Interessen durch Anschlusstätigkeiten im öff. Dienst wegen der gemeinsamen Ausrichtung auf das Gemeinwohl nicht zu besorgen sei.

10

Was öff. Dienst i. S. d. § 20a ist, regelt die Vorschrift nicht. Es liegt nahe, dass der Gesetzgeber in § 20a an die Begriffsbestimmung des öff. Dienstes im beamtenrechtl. Nebentätigkeitsrecht, das für Soldaten in § 20 sinn- und z.T. wortgleich nachgebildet ist oder entspr. gilt (vgl. § 20 Abs. 7), anknüpfen wollte. Auch im Beamtenbereich kann aus systematischen Gründen dem einheitlich in verschiedenen Vorschriften desselben Gesetzes (§ 98 BBG, § 104 Satz 2 Nr. 1 BBG i. V. m. § 2 BNV, § 105 Abs. 1 Satz 1 BBG) verwendeten, gleich lautenden Begriff „öffentlicher Dienst" keine unterschiedliche Bedeutung beigemessen werden.[26]

Wird zum Begriff des öff. Dienstes auf das Nebentätigkeitsrecht verwiesen, gilt die Definition des § 2 Abs. 1 BNV.[27] Danach ist eine **Nebentätigkeit im öff. Dienst** vor allem eine solche für den **Bund** oder ein **Land**. Nach § 2 Abs. 2 Nr. 1 BNV steht einer Nebentätigkeit im öff. Dienst eine Nebentätigkeit für „Vereinigungen, Einrichtungen oder Unternehmen" gleich, „deren Kapital (Grund- oder Stammkapital) sich unmittelbar oder mittelbar ganz oder überwiegend in öff. Hand befindet oder die fortlaufend ganz oder überwiegend aus öff. Mitteln unterhalten werden".

Damit werden Anschlusstätigkeiten in einer bundeseigenen Gesellschaft wie der durch das BMVg als privatrechtl. organisiertes Unternehmen (als GmbH) gegründeten Gesellschaft für Entwicklung, Beschaffung und Betrieb (GEBB), die Aufgaben für den Geschäftsbereich des BMVg ausführt, nicht außerhalb des öff. Dienstes ausgeübt. Das gilt auch für Anschlusstätigkeiten in überwiegend in Bundeshand befindlichen Vereinigungen, Einrichtungen und Unternehmen, die für das BMVg tätig werden.

---

26 Vgl. GKÖD I K, § 69a Rn. 12 m. w. N.
27 Die BNV kann unbeschadet der Rangfolge zwischen G u. RVO zur Interpretation des gesetzgeberischen Willens herangezogen werden, vgl. GKÖD I K, § 64 Rn. 1.

Beschäftigungen in Unternehmen, an denen der Bund eine Minderheitsbeteiligung hält, sind nicht dem öff. Dienst zuzurechnen. Bei solchen Anschlusstätigkeiten wäre zu prüfen, ob sie im Rahmen eines Kooperationsmodells ausgeübt werden (vgl. Rn. 23).

11 Die Anschlusstätigkeit muss mit der **in den letzten fünf Jahren** vor dem Ausscheiden aus dem Wehrdienst geleisteten **dienstl. Tätigkeit im Zusammenhang** stehen.

Diese Tätigkeit muss **nicht** die gesamten letzten fünf Jahre **lückenlos** abgedeckt haben. Es reicht aus, wenn der Soldat sie irgendwann einmal innerhalb dieses Zeitraums, ggf. nur wenige Wochen oder Monate, ausgeübt hat.[28]

Ein **Zusammenhang** zwischen der dienstl. und der künftigen Tätigkeit besteht, wenn es einen (hinreichend nahen) qualitativen Bezug der Anschlusstätigkeit zu konkreten dienstl. Aufgaben der letzten fünf Dienstjahre gibt. Dazu muss der frühere Soldat nicht zwangsläufig auf die Gegenseite seiner früheren Tätigkeit treten[29]; der Zusammenhang zu einer Anschlusstätigkeit ist nicht auf Firmen beschränkt, mit denen er während seiner dienstl. Verwendung dienstbedingte Kontakte hatte. Es reicht vielmehr aus, wenn der frühere Soldat zu einem (ihm bisher unbekannten) von ihm zukünftig zu beratenden Unternehmen wechseln will, dessen wirtschaftliche Betätigungsfelder im weitesten Sinn Berührung zu den Projekten haben, mit denen er dienstl. befasst gewesen ist. Ein Zusammenhang zwischen dienstl. und künftiger Tätigkeit ist insbes. dann zweifellos anzunehmen[30], wenn der frühere Soldat in den letzten fünf Jahren seiner Tätigkeit mit Entscheidungen oder deren Vorbereitung befasst war, welche die wirtschaftlichen Interessen des Unternehmens[31] berührten, für das er tätig werden will. Dies ist vor allem zu bejahen, wenn sich die bisherige Tätigkeit auf die mil. Forderung an Wehrmaterial oder die Forschung, Entwicklung, Erprobung, Beschaffung oder Industrieinstandsetzung von Wehrmaterial bezog. Ein Zusammenhang liegt auch vor, wenn der frühere Soldat als Vorg. die Möglichkeit der Einflussnahme auf solche Entscheidungen hatte.

12 Die Rspr.[32] fordert, dass zwischen der Anschlusstätigkeit und der dienstl. Tätigkeit in den letzten fünf Jahren vor dem Ausscheiden aus dem Wehrdienst ein **erkennbar erheblicher Zusammenhang** besteht. Dieser ist anzunehmen, wenn der berechtigte Eindruck entstehen kann, ein Unternehmen wolle den früheren Soldaten vor allem deshalb einstellen, um sich dessen im Dienst erworbene spezielle Kenntnisse (Amtswissen, s.u. Rn. 15) über Verfahrensabläufe, Strukturen und sonstige Besonderheiten dienstl. Projekte nutzbar zu machen. Er liegt darüber hinaus vor, wenn der Soldat in Angelegenheiten, die z. B. die wirtschaftlichen Interessen des Unternehmens berührt haben, für das er tätig werden will, dienstl. enger eingebunden gewesen ist. Maßgebend ist die konkrete Möglichkeit der Einflussnahme auf Entscheidungen von nicht

---

28 OVG Berlin-Brandenburg – 6 S 16.08 – Juris Rn. 16.
29 Vgl. GKÖD I K, § 69a Rn. 14.
30 Zu den folgenden Ausführungen vgl. den o. zu Rn. 5 genannten Erl. in VMBl. 2009 S. 82, A.1.
31 Hierbei sind Firmenverflechtungen (verbundene Unternehmen) zu berücksichtigen, so dass eine Anschlusstätigkeit bei einem anderen Unternehmen untersagt werden kann, das demselben Konzern angehört, vgl. BVerwGE 91, 57 (59 f.); *Scherer/Alff/Poretschkin*, SG, § 20a Rn. 5.
32 BVerwGE 84, 194; 91, 57; 102, 326.

unerheblicher Bedeutung. Eine konkrete Möglichkeit kann auch für beaufsichtigend tätige Vorg. der eigentlichen Entscheidungsträger bestehen. Es reicht aus, wenn der Soldat „nur" mit der Vorbereitung einer Entscheidung befasst gewesen ist, sofern er auf die Entscheidung – zumindest in Einzelheiten mit nicht unerheblichem mil. oder wirtschaftlichen Gewicht[33] – Einfluss nehmen konnte. Davon ist auszugehen, wenn nicht nur eine, sondern eine Bandbreite rechtl., wirtschaftlich oder technisch möglicher oder vertretbarer (Detail-) Lösungen in Betracht kam[34], und wenn der Soldat derart in die Entscheidungsfindung eingebunden gewesen ist, dass seine Bewertung als eine auf seiner allg. oder speziellen Fachkenntnis und Sachkompetenz beruhende Beratung bei der Entscheidung jedenfalls mit zu berücksichtigen gewesen ist. Dem insgesamt gegenüberzustellen sind rein mechanische Vorbereitungstätigkeiten. Diese und diejenigen Tätigkeiten, die im Hinblick auf die zu treffende Entscheidung ganz untergeordnete Bedeutung haben, sind als unerheblich zu qualifizieren.[35]

Ein erheblicher Zusammenhang kann auch bestehen, wenn der frühere Soldat in den letzten fünf Jahren vor Beendigung des Dienstverhältnisses für eine Tätigkeit in einer zwischen- oder überstaatlichen Einrichtung (z. B. WEU, NATO) beurlaubt[36] war, an welcher der Bund durch Zahlung von Beiträgen oder Zuschüssen oder in anderer Weise beteiligt ist oder war, und wenn er dort mit Angelegenheiten befasst war, die z. B. die wirtschaftlichen Interessen des Unternehmens berührten, für das er tätig werden will.[37] **13**

Satz 1 setzt für die Anzeigepflicht zusätzlich voraus, dass durch die Anschlusstätigkeit **dienstl. Interessen beeinträchtigt werden können**. Als dienstl. Interessen gelten nur die Belange der SK. Öff. Interessen ohne dienstl. Bezug[38] reichen nicht aus.[39] **14**

Die **dienstl. Interessen**, die im Rahmen einer Anschlusstätigkeit betroffen sein können, lassen sich in **zwei Schwerpunkte** unterteilen:[40] **15**

Einerseits ist Schutzweck des § 20a die **Funktionsfähigkeit des Dienstes** in den SK. Dabei geht es um die **Erhaltung der Unbefangenheit und Unparteilichkeit der Soldaten**, namentlich bei ihrer in den letzten Jahren vor dem Ausscheiden ausgeübten Tätigkeit, und um das **Ansehen des öff. Dienstes**, soweit es das Vertrauen in die Integrität der SK betrifft. Mit der Integrität der Dienstleistung ist sowohl die frühere Tätigkeit desjenigen angesprochen, der sich nunmehr im Ruhestand befindet, als auch diejenige der gegenwärtig aktiven Soldaten, die sich in ihrer Amtsausübung nicht durch spätere „Karriereaussichten" beeinflussen lassen sollen.

---

33 Das wirtschaftliche Gewicht als maßgebliches Abwägungskriterium unterstreicht BVerwG *Buchholz* 236.1 § 20a SG Nr. 2 (Ls 2).
34 Vgl. auch BVerwGE 60, 254 (258).
35 So ausdrücklich BVerwGE 84, 194 (202 f.).
36 War der frühere Soldat bei einer solchen Einrichtung dienstl. eingesetzt, ist diese Tätigkeit voll auf den Fünf-Jahres-Zeitraum anzurechnen. Das (deutsche) Wehrdienstverhältnis besteht auch in einer internationalen mil. Funktion fort. Vgl. o. Rn. 7.
37 Vgl. VMBl. 2009, S. 82, A. 1.
38 Z. B. arbeitsmarkt- o. beschäftigungspolit. Gründe.
39 Vgl. entspr. bei der Nebentätigkeit BVerwGE 67, 287 (295); *Battis*, BBG, § 105 Rn. 5.
40 Zum Folgenden vgl. BVerwGE 84, 194 (195 f. m. w. N.); 102, 326 (328 m. w. N.); *Günther*, DöD 1990, 129 (134 m. w. N.); *Plog/Wiedow/Lemhöfer*, BBG, § 69a Rn. 7 ff.; *Scherer/Alff/ Poretschkin*, SG, § 20a Rn. 6 ff.; VMBl. 2009 S. 82, A. 1.

§ 20a   Tätigkeit nach dem Ausscheiden aus dem Wehrdienst

Andererseits soll – über § 14 hinaus – verhindert werden, dass **„Amtswissen"** eines früheren Soldaten bei Aufnahme einer Beschäftigung oder Erwerbstätigkeit außerhalb des öff. Dienstes eine Rolle spielt, insbes. **missbräuchlich für private Zwecke zum Schaden des Dienstherrn genutzt** wird. Amtswissen (der Begriff ist eng auszulegen) schließt die Kenntnis dienstl. Weisungen, Zusammenhänge und sonstiger dienstl. Vorgänge, die im Allg. der Öffentlichkeit nicht zugänglich sind, sowie kameradschaftliche und kollegiale Kontakte zu anderen Angehörigen der SK ein. Hiervon zu unterscheiden und zulässig ist die Nutzung der im Dienst erworbenen allg. und besonderen Fachkunde wie auch der Berufserfahrung in dem Fachgebiet.[41]

16   Vorausgesetzt wird, dass eine **Möglichkeit** zur Beeinträchtigung bestehen kann („durch die dienstliche Interessen beeinträchtigt werden können"). Es muss noch keine Besorgnis[42], dass dies geschieht (vgl. Abs. 2 Satz 1), eintreten, um die Anzeigepflicht auszulösen (für § 20 Abs. 2 Satz 1 – Untersagung einer Nebentätigkeit – ist eine Besorgnis notwendig[43]). Es sind daher bei der Feststellung der möglichen **Beeinträchtigung** dienstl. Interessen[44] durch eine Anschlusstätigkeit **alle potentiellen Gefährdungen** zu berücksichtigen, selbst wenn sie nicht sehr wahrscheinlich sind. Nur völlig abwegige, wirklichkeitsfremde Konstellationen sind auszuschließen.

Ob von der Möglichkeit einer Interessenbeeinträchtigung und einem erkennbar erheblichen Zusammenhang auszugehen ist, wird ein Betroffener (wenn er – was erwartet werden muss – solche Umstände berücksichtigt, die bei unvoreingenommener Bewertung den konkret begründeten Anschein einer Interessenkollision ergeben) i. d. R. zweifelsfrei entscheiden können. Die Beantwortung der Frage hängt zwar letztlich von seiner persönlichen Einschätzung ab. Gleichwohl ist von ihm grds. zu fordern, dass er in (allerdings seltenen) Zweifelsfällen seiner Anzeigepflicht nachkommt. Ob der Zusammenhang schließlich für eine Besorgnis der Beeinträchtigung dienstl. Interessen und damit für eine Untersagung ausreicht, ist im Rahmen des Abs. 2 notfalls durch die nach Abs. 3 zur Entscheidung zuständige Stelle (BMVg) zu ermitteln. Diese wird hierzu vorzugsweise zurückgreifen auf die Prüfung der Zuständigkeit der ehem. Dienststelle[45] des früheren Soldaten, auf Dienstpostenbeschreibungen, auf Akten einzelner Projekte oder Vorgänge in der Dienstzeit des früheren Soldaten sowie auf Stellungnahmen früherer Vorg. und Mitarbeiter. Diese Umstände sind i. d. R. auch dem betroffenen früheren Soldaten bekannt. Im Zweifel ist daher stets anzuzeigen.

17   Wer als früherer Soldat unter den beschriebenen Voraussetzungen eine dienstl. Interessen möglicherweise beeinträchtigende Anschlusstätigkeit **aufnehmen will**, hat diese **vor ihrer Aufnahme** anzuzeigen.[46] Die durch das DNeuG geänderte Wortwahl in Satz 1 lässt eine Anzeige erst nach Aufnahme der Erwerbstätigkeit oder sonstigen

---

41   Vgl. BVerwGE 60, 254 (259); *Scherer/Alff/Poretschkin*, SG, § 20a Rn. 8 a. E.
42   Vgl. *Battis*, BBG, § 105 Rn. 5; *Plog/Wiedow/Lemhöfer*, BBG, § 69a Rn. 11.
43   Vgl. die Komm. zu § 20 Rn. 44 f.
44   Ob die Beeinträchtigung dann „zu besorgen" ist, ist in einem weiteren Prüfungsschritt zu klären (vgl. Abs. 2).
45   Deren Größe sowie die Art u. Bedeutung der von ihr wahrzunehmenden Aufgaben können maßgeblich für eine Entscheidung über die Versagung einer Anschlusstätigkeit sein, vgl. BVerwG *Buchholz* 236.1 § 20a SG Nr. 2 (Ls 2).
46   Der Adressat dieser Anzeige (das BMVg) findet sich jetzt in Abs. 3 Satz 1. Zur Schriftform vgl. Rn. 7.

Beschäftigung nicht mehr zu. Damit soll in Fällen, in denen tatsächlich eine Beeinträchtigung dienstl. Interessen zu besorgen ist, eine Untersagung nach Abs. 2 rechtzeitig ausgesprochen werden können.[47] Eine Mindestfrist zwischen Anzeige und Beginn der Tätigkeit wird nicht vorgegeben, da grds. auch die kurzfristige oder spontane Aufnahme einer Beschäftigung i. S. v. Satz 1 möglich sein muss. Zudem kann die Anzeigepflicht erst nach Tätigkeitsbeginn entstehen, wenn erst zu einem späteren Zeitpunkt Umstände hinzutreten, welche die Möglichkeit der Beeinträchtigung dienstl. Interessen begründen. Anders als bei anzeigepflichtigen Nebentätigkeiten nach § 20 Abs. 6 Satz 2 ist im Rahmen der Tätigkeiten nach Beendigung des Wehrdienstverhältnisses aus Gründen der Verhältnismäßigkeit somit keine umfassende Präventivkontrolle durch den Dienstherrn vorgesehen, sondern nur eine anlassbezogene Informationspflicht, die eine Prüfung bei möglichen Interessenkonflikten erlaubt.[48]

Unterlässt der frühere Soldat schuldhaft die nach Abs. 1 gebotene Anzeige, gilt dies nach § 23 Abs. 2 Nr. 1 als **Dienstvergehen**.

2. Absatz 2. Nach **Abs. 2 Satz 1** ist die nach Abs. 1 anzuzeigende Erwerbstätigkeit **18** oder sonstige Beschäftigung (nur diese wird erfasst[49]) zu **untersagen**, soweit **zu besorgen** ist, dass durch sie dienstl. Interessen beeinträchtigt werden.

Diese Untersagungsmöglichkeit ist **verfassungsrechtl. unbedenklich**. Sie verstößt insbes. **19** nicht gegen das Grundrecht auf Berufsfreiheit nach Art. 12 GG.[50] § 20a berührt nicht die Freiheit der Berufswahl (Art. 12 Abs. 1 Satz 1 GG), da in den Versagungsfällen nicht in „besondere", „eigenständige" bzw. „selbstständige" Berufe[51] eingegriffen wird. Vielmehr regelt § 20a in zulässiger Weise die Berufsausübung (Art. 12 Abs. 1 Satz 2 GG). Die beschriebenen Schutzzwecke des § 20a sind hinreichende (sachgerechte und vernünftige) Gründe des Gemeinwohls, die diese zeitliche Einschränkung der Berufsausübung rechtfertigen. Der gesetzl. Eingriff ist auch zur Erreichung des verfolgten Zweckes geeignet.

Voraussetzung für die Untersagung einer Anschlusstätigkeit ist eine **Besorgnis**, die **20** genannte Schädigung (Beeinträchtigung dienstl. Interessen) werde eintreten.

Wie im Nebentätigkeitsrecht[52], ist bei einer Anschlusstätigkeit für die **Besorgnis der Beeinträchtigung** dienstl. Interessen mehr zu verlangen als die bloße, nicht auszuschließende Möglichkeit einer fern liegenden Gefahr der Beeinträchtigung. Nach der Rspr. des BVerwG[53] ist eine Beeinträchtigung dienstl. Interessen i. S. d. § 20a Abs. 2 Satz 1 zu besorgen, wenn bei verständiger Würdigung der erkennbaren Umstände unter Berücksichtigung der erfahrungsgemäß zu erwartenden Entwicklung eine solche **Beeinträchtigung wahrscheinlich** ist, wobei dies nicht beschränkt auf abstrakte und generelle Gesichtspunkte zu beurteilen ist. Vielmehr müssen die besonderen Umstände des konkreten Einzelfalls herangezogen werden.[54] Die Beeinträchtigung ist

---

47 BT-Drs. 16/7076, 124.
48 BT-Drs. 16/7076, 125.
49 BVerwGE 84, 194 (196).
50 Ausführlich hierzu BVerwGE 84, 194.
51 Vgl. zu diesen Begriffen die Nachweise zur Rspr. des BVerfG in BVerwGE 84, 194 (198).
52 Vgl. Komm. zu § 20 Rn. 45.
53 BVerwGE 91, 57 (60 f. m. w. N.).
54 Hier bezieht sich das BVerwG ausdrücklich auf die entspr. Rspr. zum Nebentätigkeitsrecht, vgl. BVerwG *Buchholz* 236.1 § 20a SG Nr. 2.

Eichen 411

wahrscheinlich, wenn ein vernünftiger Grund für die Annahme besteht, diese Entwicklung werde eintreten. Bezogen auf die in § 20a geschützten Interessen[55] muss die Tätigkeit z. B. untersagt werden, wenn die konkrete Möglichkeit der Beeinflussung der Unparteilichkeit oder Unbefangenheit aktiver Soldaten gegeben ist, mit denen der eine Anschlusstätigkeit ausübende frühere Soldat im Interesse seines neuen Arbeitgebers in Kontakt treten müsste. Im Hinblick auf den Willen des Gesetzgebers, in der Öffentlichkeit jeden Anschein einer missbräuchlichen Verwendung von Amtswissen und damit verbundener Interessenkonflikte zu unterbinden, sind zudem Tätigkeiten zu untersagen, bei denen der Eindruck entsteht, der frühere Soldat werde nur wegen seiner in einer herausgehobenen Dienststellung ausgeübten Funktion und der dort erworbenen Kenntnisse und Informationen von einem Unternehmen eingestellt, um damit firmenseitig zu erreichen oder zumindest zu dokumentieren, für Aufträge aus dem Verteidigungssektor auf mil. Sachverstand zurückgreifen zu können. Die dienstl. Interessen zuwiderlaufende Beeinträchtigung liegt hier in der möglichen Schädigung des Vertrauens der Allgemeinheit in eine gesetzestreue und unparteiische Dienstausübung im Wehrdienstverhältnis, die nachträgliche Interessen- und Loyalitätskonflikte verhindern soll[56], und in daraus resultierenden Zweifeln an pflichtgerechtem Verhalten im Ruhestand. Weitere Fälle aus der Rspr. sind die Beschäftigung eines früheren BS der Rüstungsabteilung des BMVg bei einer Waffenfirma oder die Tätigkeit eines früheren, mit Vorarbeiten für ein Raketensystem befasst gewesenen Hptm als Techniker in einer Firma, die eben solche Waffen entwerfen, produzieren und der Bw verkaufen will.[57] Zu denken wäre auch an den Fall der Anschlusstätigkeit eines früheren GenInspBw als des für die Gesamtplanung der SK verantwortlich gewesenen Soldaten als Berater einer Rüstungsfirma.[58]

21 Keinesfalls wäre in diesen Beispielsfällen entscheidungserheblich, dass an der persönlichen Integrität des früheren Soldaten keine Zweifel bestehen[59] oder die Höhe des vereinbarten Honorars für die Anschlusstätigkeit möglicherweise nicht geeignet ist, ihn in Loyalitätskonflikte zu bringen. Maßstab für die Bewertung derartiger Konstellationen ist vielmehr die **Sichtweise** eines **sachlich denkenden Bürgers**[60], wie er im konkreten Fall, anknüpfend an die äußeren Umstände, objektiv die Wahrscheinlichkeit für eine Besorgnis der Beeinträchtigung dienstl. Interessen durch die Anschlusstätigkeit des früheren Soldaten einschätzt.[61]

22 Ist bei verständiger Würdigung eine solche Gefährdung zu bejahen, **muss** die Beschäftigung oder Erwerbstätigkeit (dies belegt der Wortlaut des Abs. 2 Satz 1) **untersagt** werden, ohne dass es einer Abwägung mit den Interessen des früheren Soldaten bedarf.[62] Ein Ermessen besteht nicht.[63] Durch die Ersetzung des Wortes „wenn" durch das Wort „**soweit**" im jetzigen, dem bisherigen Abs. 2 entspr. Abs. 2 Satz 1 stellt der Gesetzgeber klar, dass ggf. statt einer völligen Untersagung auch **partielle Beschrän-**

---

55 S. o. Rn. 1, 15.
56 Vgl. GKÖD I K, § 69a Rn. 15.
57 Vgl. diese Beispiele bei *Günther*, DöD 1990, 129 (137 m. w. N.).
58 Vgl. OVG Berlin-Brandenburg – 6 S 16.08; VG Potsdam – 2 K 423/06.
59 VGH München – 15 ZB 08.1377 – juris Rn. 14.
60 BVerwGE 91, 57 (60 f. m. w. N.).
61 BVerwGE 84, 194, 202, 204.
62 *Scherer/Alff/Poretschkin*, SG, § 20a Rn. 18 m. w. N.
63 BVerwGE 102, 326 (330).

kungen in Betracht kommen. Kann die Besorgnis der Beeinträchtigung dienstl. Interessen durch eine Auflage[64] ausgeräumt werden, ist statt des Verbots eine Unbedenklichkeitsbestätigung unter Auflage (z. B. mit der Maßgabe, dass der frühere Soldat sich an bestimmten Firmenaktivitäten nicht beteiligen darf) zu erteilen.[65]

Das BMVg hat **Tätigkeiten im Rahmen von Kooperationsmodellen mit der Wirtschaft** ausdrücklich von der Besorgnis ausgenommen[66], sie könnten dienstl. Interessen beeinträchtigen. Diese durch Interpretation von Abs. 1 und 2 gewonnene Erkenntnis bezieht sich auf von der Bw und einzelnen Unternehmen der Wirtschaft partnerschaftlich betriebene, im beiderseitigen Interesse vertraglich konkretisierte Einzelprojekte. Für sie gilt: 23

- In einer derartigen Arbeitsgemeinschaft gestalten beide Vertragsparteien die Planung, Entwicklung, Bereitstellung und den Betrieb einzelner, von der Bw benötigter Sachgüter oder Dienstleistungen (z. B. im Bereich Materialerhaltung/Instandsetzung). Die Kooperation dokumentiert grds., dass die Interessen der Bw und des Partners aus der Wirtschaft zur Erreichung des Vertragszwecks gleichgerichtet sind. Diese Einschätzung ist i. d. R. auf die Tätigkeit der Personen übertragbar, die im dienstl. Auftrag in der Arbeitsgemeinschaft auf einem Dienstposten tätig werden und nach Beendigung ihres Dienstverhältnisses dort weiter beschäftigt bleiben wollen. Allerdings muss die Wahrung dienstl. Interessen im Rahmen der jew. vereinbarten Arbeitsgemeinschaft in der Vertragsgestaltung ihren konkretisierten Ausdruck finden. Die Geltung des § 20a wird nicht bereits durch die Vereinbarung eines konkreten Kooperationsmodells außer Kraft gesetzt.
- Trägt die konkrete Vertragsgestaltung eines Kooperationsmodells – auch hins. einzelner Tätigkeiten oder Tätigkeitsfelder – den dienstl. Interessen Rechnung, hindert § 20a nicht, dass Soldaten nach Ende ihres Dienstverhältnisses weiterhin innerhalb des Kooperationsmodells tätig bleiben. An dieser Kontinuität hat auch die Bw ein Interesse.
- Frühere Soldaten, die auf einem derart identifizierten Dienstposten eingesetzt waren und nach dem Ausscheiden aus dem Dienst in demselben Bereich weiter tätig bleiben wollen, müssen dies nicht anzeigen.
- Das BMVg legt im Einzelfall fest, welche vertragliche Zusammenarbeit mit einem Unternehmen der Wirtschaft als Kooperationsmodell anzusehen ist.

Nicht gerechtfertigt sind Forderungen, BS mit der besonderen Altersgrenze der Vollendung des 41. Lebensjahres nach § 45 Abs. 2 Nr. 6 (Besatzungen strahlgetriebener Kampfflugzeuge, sog. **BO 41**) und **frühere SaZ** von der Untersagung einer Anschlusstätigkeit **auszunehmen**. Entspr., noch weiter gehende Begehren waren im BT bereits 1984 diskutiert worden, als der VertA bei der parlamentarischen Beratung zum Nebentätigkeitsbegrenzungsgesetz gefordert hatte, auf § 20a ganz zu verzichten. Damals hatte der Innenausschuss des BT betont, ein Tätigkeitsverbot im SG entspr. der für Beamte getroffenen Regelung sei notwendig. Ein Bedürfnis hierfür ergebe sich aus der Natur der Sache vor allem im Soldatenbereich.[67] Bei der Beratung der Änd. des § 20a durch das SGÄndG[68] 24

---

64 Eine Best., durch die dem begünstigten Soldaten ein Tun, Dulden o. Unterlassen vorgeschrieben wird, vgl. § 36 Abs. 2 Nr. 4 VwVfG.
65 BT-Drs. 16/7076, 125. Vgl. VMBl. 2009 S. 82, A.2. Abs. 4.
66 Ebd., S. 83, C.
67 Vgl. Beschlussempfehlung u. Ber. des Innenausschusses, BT-Drs. 10/2542, 15 f.
68 S. o. Rn. 3.

Eichen

gab es erneut Bestrebungen, die BO 41 und SaZ aus dem Anwendungsbereich des § 20a auszunehmen. Zur Begr. wurde angeführt, ausgeschiedene SaZ mit Anspruch auf Dienstzeitversorgung erhielten anders als BS keine lebenslange Versorgung und seien auf einen reibungslosen Übergang in das ziv. Berufsleben angewiesen. Für BO 41 sei es trotz ihrer gegenüber SaZ lebenslangen Versorgung, die jedoch nicht die Vollversorgung der in höherem Lebensalter ausscheidenden BS erreiche, nach Beendigung des Wehrdienstverhältnisses notwendig, sich eine Anschlussbeschäftigung zu suchen. In beiden Fällen dürfe § 20a nicht hinderlich sein.

Diese Ansicht wurde 2002 im VertA zu Recht abgelehnt: Angesichts der durchaus angemessenen Versorgung der genannten Soldaten einerseits, des umfassend angelegten gesetzgeberischen Zwecks des Tätigkeitsverbots andererseits ist kein geeigneter sachlicher Grund für eine bevorzugende Ungleichbehandlung früherer BO 41 und SaZ erkennbar. Zudem sind diese Soldaten in der Praxis (mit Ausnahme einiger seltener, dann aber berechtigter Fälle) in der unbeschränkten Berufsausübung nicht beeinträchtigt, weil sie insbes. typischerweise nicht in Bereichen eingesetzt worden sind, in denen sie erheblichen, zur Untersagung einer Anschlusstätigkeit nach § 20a führenden Einfluss auf Wirtschaftsunternehmen ausüben könnten.[69]

25 Die bisherige Vorschrift zur **Bemessung der Untersagungsfrist** (in § 20a Abs. 3 Satz 1 Halbs. 2 a. F.) ist dem Abs. 2 als neuer, umformulierter **Satz 2** angefügt worden. Hiermit ist keine materiellrechtl. Änd. verbunden. Vielmehr wird durch den grds. geforderten Ausspruch der **Untersagung für den Zeitraum bis zum Ende der Anzeigepflicht** nur klargestellt, dass eine Untersagung, solange die tatbestandlichen Voraussetzungen im Übrigen vorliegen, immer für die Dauer von fünf Jahren auszusprechen und der untersagenden Stelle somit kein Ermessen eingeräumt ist.[70] Auch nach der bisherigen Regelung war das Verbot für den Zeitraum auszusprechen, für den seine Voraussetzungen absehbar vorlagen, d. h. eine Beeinträchtigung dienstl. Interessen zu besorgen war. Die Umformulierung bringt den Zusammenhang zwischen Dauer der Anzeigepflicht und Bemessung der Untersagungsfrist deutlicher zum Ausdruck.

Wie bei der Untersagung einer Anschlusstätigkeit (vgl. o. Rn. 22) hat das BMVg bei der Bestimmung der **Verbotsdauer** somit **kein Ermessen**.[71] Schon Abs. 3 Satz 1 Halbs. 2 a. F.,

---

69 Ist ein SaZ im Einzelfall von § 20b betroffen, ist auf eine Besonderheit der soldatischen Versorgungsansprüche hinzuweisen: dass nämlich die zu unterbindende Interessenkollision zwischen bisheriger dienstl. Tätigkeit u. angestrebter Anschlusstätigkeit nach dem Ausscheiden aus dem Dienst schon für Berufsbildungsmaßnahmen in betroffenen Betrieben, in denen der Soldat später zivilberuflich tätig werden will, also bereits zwei Jahre vor dem Dienstzeitende, Wirkung zeigen kann. In derartigen Fällen muss der sich abzeichnende Konflikt durch Versagung der Freistellung v. mil. Dienst für diese Bildungsmaßnahme frühzeitig verhindert werden.
Entspr. ist angeordnet, dass arbeitsplatzorientierte Berufsbildungsmaßnahmen, die auf ein nach § 20a zu untersagendes u. deshalb nicht zu realisierendes Eingliederungsziel vorbereiten, weder am Ende des Wehrdienstverhältnisses unter Freistellung vom mil. Dienst noch nach der Wehrdienstzeit als Maßnahme der beruflichen Bildung zu fördern sind, vgl. Erl. BMVg – PSZ III 5 – Az 37-70-00/06-1 v. 5.5.2009.
70 BT-Drs. 16/7076, 172. Nach der amtl. Begr. folgt dies insbes. aus dem Verzicht auf das Wort „spätestens", vgl. BT-Drs. 7076, 125.
71 BVerwGE 84, 194 (205).

wonach das Verbot „spätestens mit Ablauf von fünf Jahren[72] nach dem Ausscheiden aus dem Wehrdienst" endete, erlaubte es nicht, in Fällen, in denen von einer geringeren Intensität der möglichen Beeinträchtigung dienstl. Interessen durch eine Anschlusstätigkeit ausgegangen werden konnte, eine zeitlich verkürzte Untersagung auszusprechen.[73] Bereits diese Formulierung trug lediglich dem Umstand Rechnung, dass die Voraussetzungen für die Untersagung auch nur für einen kürzeren Zeitraum gegeben sein können. Zu denken ist etwa an ausscheidende SaZ, deren Dienstzeitversorgung nach drei Jahren endet und denen danach die Anschlusstätigkeit nicht mehr verwehrt werden darf.[74] Nur in solchen Fällen ist das Verbot für eine kürzere Zeit auszusprechen.[75] Diese Gesetzesinterpretation wird durch die Neuformulierung und deren amtl. Begründung nunmehr gestützt.

3. Absatz 3. Die Anzeige nach Abs. 1 Satz 1 ist, wie **Abs. 3 Satz 1 Halbs. 1** klargestellt, 26 unmittelbar an das BMVg zu richten. Nach **Satz 1 Halbs. 2** wird das Verbot durch das BMVg ausgesprochen. Zuständig ist das Referat ES.

Das BMVg hat von der ihm kraft Gesetzes nach **Satz 2** eingeräumten Möglichkeit, 27 seine **Entscheidungszuständigkeit** auf andere Stellen zu **übertragen**, bisher keinen Gebrauch gemacht. Das Verbot wird ausschließlich durch das BMVg ausgesprochen.[76] Dies ist im Interesse einer einheitlichen Rechtsausübung zweckmäßig.

Die Untersagungsverfügung ist ein VA. Für seine Anfechtung (nach Durchführung eines Beschwerdeverfahrens, vgl. § 23 Abs. 5 WBO[77]) ist der **Rechtsweg** zu den **allg. VG** gegeben; eine Zuständigkeit der Wehrdienstgerichte besteht nicht.[78] Für die Bewertung, ob die tatbestandlichen Voraussetzungen der unbest. Rechtsbegriffe einer Besorgnis der Beeinträchtigung dienstl. Interessen durch die Anschlusstätigkeit gegeben sind, steht dem Dienstherrn kein Beurteilungsspielraum zu. Die Auslegung dieser Begriffe und ihre Anwendung sind gerichtl. voll nachprüfbar.[79]

Übt der frühere Soldat schuldhaft entgegen dem ausgesprochenen Verbot die 28 Anschlusstätigkeit aus, gilt dies nach § 23 Abs. 2 Nr. 1 als **Dienstvergehen**.

---

72 Der Gesetzgeber hat in § 20a Abs. 1 Satz 2 von einer Verkürzung der Anzeigepflicht der Soldaten, die mit Erreichen der allg. Altersgrenze (§ 45 Abs. 1) in den Ruhestand treten, anders als für Beamte, die erst nach Erreichen der Regelaltersgrenze ausscheiden (für sie beträgt die Anzeigepflicht drei Jahre, § 105 Abs. 1 Satz 2 BBG), abgesehen. Denn die allg. Altersgrenze der Soldaten führt zu einem (immer noch) wesentlich früheren Ruhestand der Soldaten als der Beamten.
73 Es war u. ist z. B. nicht möglich, einem Soldaten, der bis zum letzten Tag seiner dienstl. Tätigkeit in Bereichen eingesetzt war, in denen er erheblichen Einfluss auf Wirtschaftsunternehmen ausüben konnte, u. einem Soldaten, der zwar noch innerhalb der Fünfjahresfrist vor seinem Ausscheiden aus dem Wehrdienst, aber nicht mehr in den letzten drei Jahren vor dem Ausscheiden solche Funktionen wahrgenommen hat, eine unterschiedlich lange Verbotsdauer aufzuerlegen.
74 Vgl. die Beispiele in VMBl. 2009 S. 82, A.2. Abs. 3 sowie o. Rn. 3.
75 BVerwGE 102, 326 (330 f.).
76 Vgl. VMBl. 2009 S. 82, A.2.(2).
77 Vgl. hierzu *Dau*, WBO, § 23 Rn. 53 f.
78 Ebd., § 23 Rn. 37 a. E. unter Hinw. auf BVerwG NZWehr 1986, 39; *Scherer/Alff/Poretschkin*, SG, § 20a Rn. 21.
79 Hier gilt dasselbe wie für die gerichtl. Prüfung der Untersagung einer Nebentätigkeit, vgl. die Komm. zu § 20 Rn. 46 m. w. N.

Eichen

§ 21 Vormundschaft und Ehrenämter

¹Der Soldat bedarf zur Übernahme einer Vormundschaft, Betreuung oder Pflegschaft sowie zur Übernahme des Amtes eines Testamentsvollstreckers der Genehmigung seines Disziplinarvorgesetzten. ²Sie ist zu erteilen, wenn nicht zwingende dienstliche Gründe entgegenstehen. ³Der Soldat darf die Übernahme eines solchen Amtes ablehnen. ⁴Einer Genehmigung nach Satz 1 bedarf es nicht bei einer unentgeltlichen Vormundschaft, Betreuung oder Pflegschaft eines Angehörigen; die Übernahme dieser Tätigkeiten hat der Soldat vor Aufnahme seinem Disziplinarvorgesetzten schriftlich anzuzeigen.

Übersicht

	Rn		Rn
I. Allgemeines	1	II. Erläuterungen im Einzelnen	8
1. Zweck der Vorschrift	1	1. Satz 1	8
2. Entstehung der Vorschrift	2	2. Satz 2	17
3. Änderungen der Vorschrift	3	3. Satz 3	18
4. Bezüge zum Beamtenrecht bzw. zu sonstigen rechtl. Vorschriften; ergänzende Dienstvorschriften	4	4. Satz 4	19

Literatur: Spezielle Literatur zu dieser Vorschrift ist nicht vorhanden.

I. Allgemeines

1. Zweck der Vorschrift. § 21 regelt die Übernahme einer Vormundschaft, Betreuung oder Pflegschaft sowie einer Testamentsvollstreckung. Da die bisher in § 20 Abs. 1 Satz 2 Halbs. 1 a. F. zu findende unentgeltliche Vormundschaft, Betreuung und Pflegschaft eines Angehörigen durch das DNeuG in den § 21 verschoben worden ist, wird nun auch systematisch klargestellt, dass die in § 21 aufgeführten genehmigungs- und anzeigepflichtigen Tätigkeiten keine Nebentätigkeiten sind.[1]

2. Entstehung der Vorschrift. § 21 war bereits im REntw. (als § 18) enthalten. Er war schon damals mit „Vormundschaft und Ehrenämter" überschrieben und damit systematisch getrennt von der Regelung der „Nebentätigkeit" in § 20 (§ 17 des REntw.).[2] Die Erstfassung des § 21 behandelte neben der „Übernahme des Amtes eines Vormundes, Gegenvormundes, Pflegers, Beistandes" auch die „Übernahme ... einer ehrenamtlichen Tätigkeit im öffentlichen Dienste", die inzwischen als „Wahrnehmung öffentlicher Ehrenämter" in § 20 Abs. 1 Satz 3 Aufnahme gefunden hat; sie gilt dort ausdrücklich nicht als Nebentätigkeit und ist deshalb nur schriftl. anzuzeigen.[3]

---

1 Vgl. § 97 Abs. 4 BBG. A.A. für in Satz 1 genannte entgeltliche Tätigkeiten GKÖD I Yk, § 21 Rn. 2.
2 Zwar enthielt die Begr. zu § 18 des REntw. noch den Hinw., die Vorschrift regele „die Nebentätigkeiten, deren Wahrnehmung einem Staatsbürger auferlegt werden" könne (vgl. BT-Drs. II/1700, 24). Der Begriff „Nebentätigkeiten" ist aber bereits in der Begr. des VertA zu § 18 (BT-Drs. II/2140, 9) nicht mehr zu finden; dort ist nur noch v. der „Übernahme staatsbürgerlicher Ehrenämter" die Rede. In den Ausschussberatungen hat die Frage, ob § 21 Nebentätigkeiten regelt, keine Rolle gespielt.
3 Vgl. die Komm. zu § 20 Abs. 1 Satz 3.

3. Änderungen der Vorschrift. Während die **Sätze 2 und 3** des § 21 seit der Erstfassung des SG **unverändert** geblieben sind, ist **Satz 1 mehrmals geändert** sowie **Satz 4** ergänzt worden.

- Durch Art. 3 Abs. 1 Nr. 4 des **Nebentätigkeitsbegrenzungsgesetzes**[4] wurden ehrenamtl. Tätigkeiten im öff. Dienst aus dem Regelungsbereich des § 21 entfernt und in den § 20 Abs. 1 Satz 2 aufgenommen.[5] Eingefügt wurde in Satz 1 die Übernahme des Amtes eines Testamentsvollstreckers.
- Durch Art. 7 § 37 Abs. 1 Nr. 2 des **Betreuungsgesetzes**[6] wurde Satz 1 zur Abgrenzung von der in den § 20 Abs. 1 Satz 2 Halbs. 1 a.F. aufgenommenen, unentgeltlichen Vormundschaft, Betreuung oder Pflegschaft eines Angehörigen, die nach dieser Vorschrift nicht als Nebentätigkeit galten, neu gefasst.
- Durch Art. 5 § 4 des **Beistandschaftsgesetzes**[7] ist die Übernahme des Amtes eines Beistandes aus Satz 1 entfallen.
- Durch Art. 10 Nr. 6 des **DNeuG** ist die bisher in § 20 Abs. 1 Satz 2 a. F. enthaltene Regelung zur nicht als Nebentätigkeit geltenden unentgeltlichen Vormundschaft, Betreuung oder Pflegschaft eines Angehörigen aus systematischen Gründen in den § 21 (in dessen neuen Satz 4) verschoben sowie in Satz 1 die Bezugnahme auf § 20 Abs. 1 Satz 2 gestrichen worden.

4. Bezüge zum Beamtenrecht bzw. zu sonstigen rechtl. Vorschriften; ergänzende Dienstvorschriften. Die **bundesbeamtenrechtl.** Regelungen zur Wahrnehmung einer Vormundschaft, Betreuung, Pflegschaft oder Testamentsvollstreckung sind in dem durch das DNeuG[8] neu gefassten BBG gestrafft worden. Das BBG a. F. unterschied zwischen

- einer **unentgeltlichen** Vormundschaft, Betreuung oder Pflegschaft eines **Angehörigen**, die nicht als Nebentätigkeit galt und nur **anzeigepflichtig** war (§ 65 Abs. 1 Satz 2 BBG a. F.),
- einer **unentgeltlichen** Vormundschaft, Betreuung oder Pflegschaft eines **Nichtangehörigen** sowie einer unentgeltlichen Testamentsvollstreckung, die als Nebentätigkeit **genehmigungspflichtig** waren (§ 66 Abs. 1 Nr. 1 Buchst. a BBG a. F.), und
- einer **entgeltlichen** Vormundschaft, Betreuung oder Pflegschaft, egal ob für einen Angehörigen oder nicht, sowie einer entgeltlichen Testamentsvollstreckung, die nach der allg. Regelung des § 65 Abs. 1 Satz 1 BBG a. F. als Nebentätigkeit **genehmigungspflichtig** waren.

Die Neufassung des BBG nennt die Testamentsvollstreckung nicht mehr ausdrücklich und enthält nur noch in § 97 Abs. 4 BBG eine nicht auf Angehörige beschränkte Regelung der **unentgeltlichen** Vormundschaft, Betreuung und Pflegschaft. Diese gelten nicht (mehr[9]) als Nebentätigkeiten und sind **nicht mehr anzeige- oder genehmigungs-**

---

[4] V. 21.2.1985 (BGBl. I S. 371).
[5] Vgl. BT-Drs. 10/2542, 10, 12, 16 sowie o. Rn. 2.
[6] V. 12.9.1990 (BGBl. I S. 2002).
[7] V. 4.12.1997 (BGBl. I S. 2846).
[8] Art. 1 des DNeuG.
[9] Bezogen auf die bisher als (genehmigungspflichtige) Nebentätigkeit geltende unentgeltliche Vormundschaft, Betreuung o. Pflegschaft eines Nichtangehörigen, § 66 Abs. 1 Nr. 1 Buchst. a BBG a. F.

Eichen

pflichtig.[10] Trotz dieser Vereinfachung wird die aus systematischen Gründen angezweifelte[11] Unterscheidung zwischen unentgeltlicher und entgeltlicher Vormundschaft, Betreuung oder Pflegschaft (erstere gilt nicht als Nebentätigkeit, § 97 Abs. 4 BBG, letztere schon, sie unterfällt § 99 Abs. 1 Satz 1 BBG) nicht beseitigt.[12]

5 Anders als noch in **§ 42 Abs. 1 Satz 2 und 3 Nr. 1 Buchst. a BRRG a. F.**, der für die beamtenrechtl. Gesetzgebung in den Ländern Regelungen in Bezug auf Vormundschaften, Betreuungen und Pflegschaften enthielt, findet sich hierzu in § 40 BeamtStG, der § 42 BRRG abgelöst hat[13], keine Aussage mehr.

6 Für **Richter im Bundesdienst** gelten zur Wahrnehmung einer Vormundschaft, Betreuung, Pflegschaft oder Testamentsvollstreckung über § 46 DRiG die Vorschriften für Bundesbeamte entspr.; die Nebentätigkeitsverordnung der Richter im Bundesdienst[14] enthält insoweit keine speziellen Regelungen.

7 § 21 wird nicht in RVO konkretisiert. In Erl. oder Dienstvorschriften des BMVg wird die Vorschrift nur marginal näher ausgestaltet. Im Erl. **Kommunalpolitische Tätigkeit und Übernahme von öffentlichen Ehrenämtern sowie Wahrnehmung ehrenamtl. Tätigkeiten durch Soldaten**[15] wird in Nr. 4 der Wortlaut des § 21 Satz 1 a. F. wiederholt. Für die in § 21 a. F. genannten Tätigkeiten gelten nach diesem Erl. einige urlaubsrechtl. Ausführungen entspr.; die in § 21 a. F. aufgeführten Tätigkeiten werden nicht als Nebentätigkeiten bezeichnet. Im Erl. **Nebentätigkeiten von Beamtinnen, Beamten, Soldatinnen, Soldaten, Arbeitnehmerinnen und Arbeitnehmern**[16] werden Tätigkeiten nach § 21 ausdrücklich aus den Nebentätigkeiten ausgeklammert.

II. Erläuterungen im Einzelnen

8 **1. Satz 1.** Satz 1 macht für **jeden Soldaten**, nicht nur den BS oder den SaZ, die Übernahme einer Vormundschaft, Betreuung oder Pflegschaft sowie einer Testamentsvollstreckung genehmigungspflichtig. Etwas anderes gilt nach **Satz 4**, wenn die Vormundschaft, Betreuung oder Pflegschaft **unentgeltlich** und **für einen Angehörigen** übernommen wird; sie ist dann nur anzeigepflichtig.

9 Eine **Vormundschaft** ist die vormundschaftsgerichtl. von Amts wegen angeordnete Übernahme der Fürsorge für die Person und das Vermögen eines **Minderjährigen**. Sie kann nur ausnahmsweise abgelehnt werden und ersetzt die fehlende Fürsorge der Eltern. Sie ist im Einzelnen in §§ 1773 ff. BGB geregelt.

10 Auch die Übernahme einer **Betreuung** (der Fürsorge für die Person und das Vermögen eines **Volljährigen**, soweit dieser wegen Krankheit oder Behinderung seine persönlichen oder vermögensrechtl. Angelegenheiten nicht selbst besorgen kann) wird durch das Vormundschaftsgericht angeordnet. Zu Einzelheiten der Betreuung vgl. §§ 1896 ff. BGB.

---

10 Vgl. BT-Drs. 16/7076, 123.
11 Vgl. *Plog/Wiedow/Lemhöfer*, BBG, § 66 Rn. 9, die auf die überzeugendere eigenständige Regelung des § 21 SG hinweisen.
12 S. *Battis*, BBG, § 97 Rn. 12.
13 Vgl. BT-Drs. 16/4027, 32 (zu § 41).
14 S. Komm. zu § 20 Rn. 14.
15 VMBl. 2001 S. 116.
16 Neufassung VMBl. 2010 (vgl. § 20 Rn. 15), Nr. 2.1 Abs. 4 Buchst. b.

Eine **Pflegschaft** gilt u. a. einer Person, die unter elterlicher Sorge oder unter Vormundschaft steht. Zu ihren Gunsten wird die Wahrnehmung der Fürsorge für einzelne Angelegenheiten oder einen Kreis von Angelegenheiten angeordnet, an deren Besorgung die Eltern oder der Vormund verhindert sind (Beispiel: Zu Gunsten eines Erben übernommene Pflegschaft zur Verwaltung eines ererbten Vermögens, für das der Erblasser testamentarisch die Verwaltung durch die Eltern des Erben ausgeschlossen hat). Die Pflegschaft, deren Einzelheiten in §§ 1909 ff. BGB geregelt sind, wird durch ein Vormundschaftsgericht angeordnet. **11**

Das Amt eines **Testamentsvollstreckers**[17] übernimmt, wer testamentarisch durch einen Erblasser oder auf dessen Wunsch durch einen Dritten – auch durch das Nachlassgericht – dazu berufen worden ist, die Verwaltung des Nachlasses zu übernehmen (vgl. zu Einzelheiten der Testamentsvollstreckung §§ 2197 ff. BGB). Der Testamentsvollstrecker kann für die Führung seines Amtes eine angemessene Vergütung verlangen, sofern nicht der Erblasser etwas anderes bestimmt hat (§ 2221 BGB). Der Erblasser kann also verbindlich festsetzen, dass der Testamentsvollstrecker überhaupt keine Vergütung erhält; diesem bleibt die Möglichkeit, die Übernahme der Testamentsvollstreckung abzulehnen (vgl. § 2202 BGB). **12**

§ 2202 BGB bezeichnet die Stellung des Testamentsvollstreckers zwar als ein „Amt"; es handelt sich jedoch lediglich um ein durch den Erblasser übertragenes **privates** Amt. Mangels Ausübung öff. Gewalt kann – wie im Fall der Vormundschaft, Betreuung oder Pflegschaft[18] – von einem öff. Ehrenamt nicht die Rede sein. **13**

Die nach Satz 1 (einschl. des Amtes eines Testamentsvollstreckers[19]) – und Satz 4 – zu übernehmenden Tätigkeiten sind **keine Nebentätigkeiten**. Dies folgt daraus, dass § 21 von Beginn an (schon in der Erstfassung des SG) systematisch von der Regelung der Nebentätigkeiten in § 20 getrennt war.[20] Dafür spricht weiter, dass durch die Verschiebung der unentgeltlichen Vormundschaft, Betreuung und Pflegschaft eines Angehörigen aus § 20 Abs. 1 Satz 2 a. F. in den § 21 Satz 4 die klare räumliche Trennung aller Arten der Vormundschaft, Betreuung oder Pflegschaft von der Nebentätigkeitsvorschrift[21] des § 20 vorgenommen worden ist.[22] **14**

Die Übernahme der in Satz 1 genannten Tätigkeiten hängt von einer **Genehmigung** ab. Anders als im Beamtenrecht, wo die Genehmigungs- und Anzeigepflicht bei Vormundschaften, Betreuungen und Pflegschaften weggefallen ist[23], hat der Gesetzgeber **15**

---

17 Anders als die beamtenrechtl. Regelungen (vgl. BT-Drs. 16/7076, 123) enthält § 21 noch einen ausdrücklichen Hinweis auf die Testamentsvollstreckung.
18 Vgl. Komm. zu § 20 Rn. 35 Fn. 84.
19 Auch wenn die unentgeltliche Testamentsvollstreckung in den nebentätigkeitsrechtl. Vorschriften des BBG nicht mehr ausdrücklich genannt wird (vgl. BT-Drs. 16/7076, 123; § 66 Abs. 1 Nr. 1 Buchst. a BBG a. F.), wird die Testamentsvollstreckung beamtenrechtl. weiterhin als Nebentätigkeit bewertet.
20 S. o. Rn. 2.
21 Beamtenrechtl. wird die systematische Trennung der Vormundschaft, Betreuung o. Pflegschaft von der Nebentätigkeit nur bei Unentgeltlichkeit klar vollzogen, § 97 Abs. 4 BBG (vgl. o. Rn. 4).
22 Nach GKÖD I Yk, § 21 Rn. 2, sind die in Satz 1 aufgeführten entgeltlichen Tätigkeiten als Nebentätigkeiten i. S. v. § 20 Abs. 7 i. V. m. § 97 Abs. 1 BBG anzusehen.
23 Vgl. hierzu die amtl. Begr. in BT-Drs. 16/7076, 123.

dies bei Soldaten – wie bisher differenzierend – beibehalten und mit mil. Besonderheiten begründet.[24]

Aus dem Begriff Genehmigung konnte bisher, ausgehend vom Wortlaut des § 20 Abs. 1 Satz 1, der ausdrücklich die „vorherige Genehmigung"[25] verlangt, auch angesichts der Tatsache, dass beide Formulierungen schon in der Erstfassung des SG zu finden waren, gefolgert werden, dass nach Satz 1 entspr. der zivilrechtl. Terminologie des § 184 Abs. 1 BGB (Genehmigung = nachträgliche Zustimmung) das **nachträgliche** Einverständnis zur Übernahme einer der in § 21 Satz 1 genannten Tätigkeiten ausreiche. Dies erschien deshalb gerechtfertigt, weil die Genehmigung nach Satz 2 regelmäßig zu erteilen sein wird.[26]

Diese Interpretation begegnet wegen des neuen Satzes 4 Bedenken, weil dort sogar bei Übernahme der privilegierten (nur anzeigepflichtigen) unentgeltlichen Vormundschaft, Betreuung oder Pflegschaft eines Angehörigen eine **vorherige** Anzeige verlangt wird. Wertet man Sinn und Zweck beider Regelungen (Genehmigungspflicht nach Satz 1, Anzeigepflicht nach Satz 4) gleichermaßen als das Bestreben, trotz Übernahme einer Vormundschaft, Betreuung oder Pflegschaft den mil. Dienstablauf durch rechtzeitige personelle Vorsorge sicherzustellen, führt eine teleologische Auslegung zu dem Schluss, dass auch die Genehmigung nach Satz 1 vorher einzuholen ist. Der Gesetzgeber sollte dies klarstellen.

16 Nach Satz 1 bedarf der Soldat der Genehmigung „**seines**" DiszVorg.[27] Damit ist kraft Gesetzes der **nächste** DiszVorg.[28] zuständig und nicht, wie für die Erteilung einer Nebentätigkeitsgenehmigung auf der Grundlage des § 20 Abs. 5 Satz 1 Halbs. 2 vom BMVg angeordnet, der DiszVorg. mit mindestens der Disziplinarbefugnis eines BtlKdr.[29]

17 **2. Satz 2.** Nach **Satz 2** ist die Genehmigung zu erteilen, es sei denn, dem stehen **zwingende dienstl. Gründe** entgegen. Ob der Vorg. ggf. solche in einem unbest. Rechtsbegriff auf der Tatbestandsseite geforderten Gründe zu Recht annehmen konnte, ist

---

24 Der jederzeitigen Verfügbarkeit der Soldaten komme ein anderer Stellenwert zu als der der Beamten. DiszVorg. müssten einen Überblick über die ehrenamtl. Tätigkeiten ihrer Untergebenen haben, um durch Planbarkeit des Personaleinsatzes die Funktionsfähigkeit der Truppe gewährleisten zu können (BT-Drs. 16/7076, 172). Auch wenn sich diese amtl. Begr. ausdrücklich auf die beibehaltene Anzeigepflicht (§ 21 Satz 4) bezieht, muss sie für die Genehmigungspflicht (§ 21 Satz 1) ebenso gelten.
25 Vgl. die Komm. zu § 20 Rn. 18. *Stauf* I, § 20 Rn. 3, sieht die Formulierung „vorheriger Genehmigung" im Hinblick auf § 184 Abs. 1 BGB terminologisch als verunglückt an.
26 S. u. Rn. 17.
27 Vgl. zum Begriff des (nächsten) DiszVorg. § 1 Abs. 4 i. V. m. § 27 WDO u. § 29 Abs. 1 Satz 2 WDO.
28 Dass mit „seinem" DiszVorg. der nächste DiszVorg. gemeint ist, lässt sich entspr. aus der amtl. Begr. zur Änd. des Wortlauts des damaligen § 20 Abs. 5 Satz 2 durch das Zweite Nebentätigkeitsbegrenzungsgesetz v. 9.9.1997 (BGBl. I S. 2294) herleiten. Dort (BT-Drs. 13/8079, 19) heißt es zur Ersetzung der Wörter „seines Disziplinarvorgesetzten" durch die Wörter „des zuständigen Disziplinarvorgesetzten", dadurch solle klargestellt werden, dass nicht zwingend der unmittelbare DiszVorg. (damit ist der nächste DiszVorg. gemeint) zur Entscheidung befugt sei.
29 Der in Rn. 7 a. E. zit. Erl. ist mangels einer Nebentätigkeit auch insoweit nicht anwendbar.

gerichtl. voll überprüfbar. Einen Beurteilungsspielraum hat er insoweit nicht.[30] Kommt es zum Streit über die Versagung der Genehmigung als einer truppendienstl. Maßnahme[31], entscheiden hierüber die Wehrdienstgerichte.[32] Der Begriff „zwingende dienstliche Gründe" ist schon aufgrund seines Wortlauts eng auszulegen.[33] Eine Versagung der Übernahme der in § 21 Satz 1 genannten Tätigkeiten ist deshalb regelmäßig nur zulässig, wenn durch ihre Ausübung überragend wichtige dienstl. Obliegenheiten des Soldaten beeinträchtigt würden und dadurch die Einsatzbereitschaft der Truppe ernstlich, in einem nicht mehr vertretbaren Maße gefährdet wäre.[34]

3. Satz 3. Nach **Satz 3** ist der Soldat, im Gegensatz zum Beamten[35], mit Rücksicht auf seine dienstl. Beanspruchung von der allg. staatsbürgerlichen Pflicht[36] befreit, gegen seinen Willen eine in Satz 1 genannte Tätigkeit übernehmen zu müssen. Er muss diese Ablehnung nicht begründen.[37] Es wird daher dem eigenen Entschluss des Soldaten anheim gestellt, die zusätzliche Belastung auf sich zu nehmen.[38] Dies gilt uneingeschränkt, auch wenn ansonsten die Übernahme einer der in Satz 1 genannten Tätigkeiten allg. gesetzl. angeordnet ist.[39] Satz 3 gewährt ein besonderes gesetzl. Ablehnungsrecht.[40]

18

4. Satz 4. Die aus § 20 Abs. 1 Satz 2 a. F. herausgelöste und als Satz 4 angefügte Regelung lässt für die Übernahme einer **unentgeltlichen** Vormundschaft, Betreuung oder Pflegschaft **eines Angehörigen** eine **vorherige schriftliche Anzeige** des Soldaten bei seinem DiszVorg.[41] ausreichen.

19

Dass in diesen privilegierten Fällen einer unentgeltlichen und für einen Angehörigen ausgeübten Tätigkeit (beide Voraussetzungen müssen kumulativ vorliegen) keine Genehmigung erforderlich ist, kann, wie es die amtl. Begr. zu § 99 Abs. 1 BBG klarstellt[42], damit gerechtfertigt werden, dass solche unentgeltlichen familienrechtl. Ämter ganz überwiegend innerhalb des Familien- und Verwandtschaftsbereichs auf der

---

30 Vgl. allg. zum Beurteilungsspielraum *Kopp/Ramsauer*, VwVfG, § 40 Rn. 71 ff., 80 (Vorliegen zwingender dienstl. Gründe).
31 Vgl. *Dau*, WBO, Einf. Rn. 61.
32 S. a. *Stauf* I, § 21 SG Rn. 3.
33 So auch GKÖD I Yk, § 21 Rn. 7; *Stauf* I, § 21 SG Rn. 3.
34 Insoweit kann nichts anderes gelten als bei der Versagung v. Urlaub wegen „zwingender dienstlicher Erfordernisse" (vgl. die Komm. zu § 28 Abs. 2 Rn. 23 u. die Komm. zu § 28a Abs. 3 Rn. 23; s. auch VMBl. 2001 S. 116, 117 Nr. 3.3, wo dieser strenge Maßstab bereits – wohl zu weit gehend – dienstl. Gründen zugeordnet wird).
35 GKÖD I K, § 66 Rn. 20.
36 Die Möglichkeit zur Ablehnung der Übernahme eines solchen Amtes kommt also nur zum Tragen, wenn die Übernahme eine gesetzl. Pflicht für den Staatsbürger ist, vgl. BT-Drs. II/2140, 9. Deshalb spielt sie z. B. bei der Testamentsvollstreckung keine Rolle, da hier ohnehin die gesetzl. eingeräumte Möglichkeit zur Ablehnung besteht, vgl. § 2202 BGB; GKÖD I Yk, § 21 Rn. 8.
37 Vgl. *Scherer/Alff/Poretschkin*, SG, § 21 Rn. 2; *Stauf* I, § 21 SG Rn. 4.
38 So BT-Drs. II/1700, 24.
39 Vgl. z. B. § 1785 BGB, wonach jeder Deutsche grds. eine Vormundschaft, für die er v. Vormundschaftsgericht ausgewählt wird, zu übernehmen hat. S. a. *Keymer/Kolbe/Braun*, Dritter Teil, 5, SG § 21.
40 Vgl. GKÖD I Yk, § 21 Rn. 8.
41 Zu diesem Begriff s. Rn. 16.
42 BT-Drs. 16/7076, 123.

Grundlage moralischer Verpflichtungen, die über Art. 6 GG auch einen verfassungsrechtl. Hintergrund haben, übernommen werden und damit der Privatsphäre zuzuordnen sind.

20 Den **Begriff des Angehörigen** konkretisiert Satz 4 nicht. Hierzu kann auf die Legaldefinition in § 20 Abs. 5 VwVfG zurückgegriffen werden. Angehörige sind demnach der Verlobte, der Ehegatte, Verwandte und Verschwägerte gerader Linie, Geschwister, Kinder der Geschwister, Ehegatten der Geschwister und Geschwister der Ehegatten, Geschwister der Eltern sowie Personen, die durch ein auf längere Dauer angelegtes Pflegeverhältnis mit häuslicher Gemeinschaft wie Eltern und Kind miteinander verbunden sind (Pflegeeltern und Pflegekinder). Als Angehöriger gilt auch der Lebenspartner.[43]

21 Die von Satz 4 erfasste Vormundschaft, Betreuung oder Pflegschaft muss **unentgeltlich** wahrgenommen werden. Dies ist grds. unproblematisch, da eine Vormundschaft und ihr folgend eine Betreuung und eine Pflegschaft nach bürgerlichem Recht[44] entspr. dem Prinzip eines staatsbürgerlichen Ehrenamtes ohnehin unentgeltlich ausgeführt werden. Unentgeltlichkeit wird durch den gesetzl. vorgesehenen Ersatz von **Aufwendungen**[45], der auch pauschaliert[46] gewährt werden kann, nicht ausgeschlossen. Keine Unentgeltlichkeit ist gegeben, wenn vom Vormundschaftsgericht für die Vormundschaft, Betreuung oder Pflegschaft eine **Vergütung** bewilligt wird.[47] In diesem Fall gilt, auch wenn ein Angehöriger durch die Tätigkeit begünstigt wird, Satz 1.

§ 22 Verbot der Ausübung des Dienstes

¹Der Bundesminister der Verteidigung oder die von ihm bestimmte Stelle kann einem Soldaten aus zwingenden dienstlichen Gründen die Ausübung des Dienstes verbieten. ²Das Verbot erlischt, sofern nicht bis zum Ablauf von drei Monaten gegen den Soldaten ein gerichtliches Disziplinarverfahren, ein Strafverfahren oder ein Entlassungsverfahren eingeleitet ist.

Übersicht

	Rn		Rn
I. Allgemeines	1	a) „Der Bundesminister der Verteidigung oder die von ihm bestimmte Stelle"	21
1. Entstehung der Vorschrift	1		
2. Änderungen der Vorschrift	5		
3. Bezüge zum Beamtenrecht bzw. zu sonstigen rechtl. Vorschriften; ergänzende Dienstvorschriften und Erlasse	10	b) „kann ... verbieten"	23
		c) „einem Soldaten"	27
		d) „aus zwingenden dienstlichen Gründen"	28
II. Erläuterungen im Einzelnen	14	e) „die Ausübung des Dienstes"	30
1. Rechtspolit. Bedeutung des § 22	14		
2. Abgrenzung des Verbots zu anderen Verfahren	19	4. Satz 2	32
		5. Anhörung des Soldaten	36
3. Satz 1	21	6. Rechtsschutz	38

---

43 Dies berücksichtigt der strafrechtl. Begriff des Angehörigen in § 11 Abs. 1 Nr. 1a StGB.
44 Gem. § 1836 Abs. 1 Satz 1 BGB, § 1908i Abs. 1 Satz 1 BGB, § 1915 Abs. 1 BGB.
45 Vgl. § 1835 BGB.
46 Vgl. § 1835a BGB.
47 Vgl. § 1836 BGB.

Verbot der Ausübung des Dienstes § 22

Literatur: *Alff, Richard*: Die Auswirkungen des Verwaltungsverfahrensgesetzes auf die Rechtsstellung des Soldaten, NZWehrr 1977, 41; *Hoyer, Christian*: Gedanken zur Beurteilung des Verhaltens wehrpflichtiger Totalverweigerer, NZWehrr 1985, 189; *Peterson, Detlef P.*: Die wehrrechtliche Stellung des Vertrauensmannes, NZWehrr 1986, 16; *ders.*: Zum Anwendungsbereich des § 22 Soldatengesetz, NZWehrr 1986, 149; *Schreiber, Jürgen*: Der Disziplinarvorgesetzte, NZWehrr 1969, 191; *Zenker, Christian*: Disziplinarmaßnahme und fristlose Entlassung gemäß § 55 Abs. 5 Soldatengesetz, NZWehrr 1980, 129.

I. Allgemeines

1. Entstehung der Vorschrift. § 19 des REntw.[1] war wie folgt formuliert: 1

Der Bundesminister für Verteidigung oder die von ihm bestimmte Dienststelle kann einem Soldaten aus zwingenden dienstlichen Gründen die Ausübung des Dienstes verbieten. Das Verbot erlischt, sofern nicht bis zum Ablauf von drei Monaten gegen den Soldaten ein disziplinargerichtliches, ein Strafverfahren oder ein Entlassungsverfahren eingeleitet ist. Der Soldat soll vor Erlaß des Verbotes gehört werden.

Zur **Begr.**[2] verwies die BReg lediglich auf die „**sachliche Übereinstimmung mit § 60 des Bundesbeamtengesetzes**" (von 1953). 2

Der **Rechtsausschuss** des BT billigte diese Fassung in seiner Sitzung vom 19.11.1955[3] „ohne Einwendungen". 3

Diesem Votum folgte der **Ausschuss für Beamtenrecht** in seiner Sitzung vom 6.12.1955.[4]

Auch der Entw. des abschließenden Ber. des **VertA** zum SG vom 16.2.1956 sah gegenüber der Regierungsvorlage keine Textänd. vor. Aus Gründen, die den veröff. Materialien nicht zu entnehmen sind[5], wurde das Manuskript danach nochmals redaktionell überarbeitet mit dem Ergebnis, dass das Wort „Dienststelle" in Satz 1 durch „Stelle" ersetzt und hinter dem Wort „disziplinargerichtliches" in Satz 2 das Wort „Verfahren" eingefügt wurden.[6]

Das **Plenum des BT** stimmte dieser Fassung des späteren § 22 in 2. und 3. Lesung am 6.3.1956 ohne Bemerkungen zu.[7] 4

2. Änderungen der Vorschrift. Mit der Neubekanntmachung des SG vom **22.4.1969**[8] wurde die Bezeichnung „Bundesminister **für** Verteidigung" in Satz 1 durch „Bundesminister **der** Verteidigung" ersetzt.[9] Ein entspr. Gesetzesbeschl. des BT lag hierzu nicht vor; Art. 65a GG gilt im Übrigen bis heute i.d.F. von 1956. Ob dieses Verfahren rechtsförmlich korrekt verlaufen ist, mag dahinstehen. Das SG wurde seither mehrfach novelliert, ohne dass der Gesetzgeber daran Anstoß genommen hätte. 5

---

1 BT-Drs. II/1700, 6.
2 BT-Drs. II/1700, 24.
3 Prot. Nr. 87, 20.
4 Prot. Nr. 39, 7. Ebenso Drs. 21 des Ausschusses für Beamtenrecht v. 4.1.1956, 16; Drs. 23 des Ausschusses für Beamtenrecht v. 20.1.1956, 22.
5 Vgl. BT-Drs. II/2140, 9.
6 Drs. 78 des VertA v. 23.2.1956; BT-Drs. II/2140, 37.
7 Sten. Ber. 6842 D.
8 BGBl. I S. 313.
9 Vgl. hierzu allg. den Erl. des BMVg VMBl. 1962 S. 2; *Walz*, NZWehrr 1996, 117.

6 Mit der Neubekanntmachung des SG vom 14.2.2001[10] wurde, der neuen Rechtschreibung folgend, das Wort „Erlaß" in Satz 3 durch das Wort „Erlass" ersetzt.

7 Durch Art. 2 Nr. 8 des **SkResNOG** wurden – als noch ausstehende Folgeänderung zum 2. Gesetz zur Neuordnung des Wehrdisziplinarrechts vom 18.8.2001[11] – in Satz 2 die Wörter „disziplinargerichtliches Verfahren" durch die Wörter „gerichtliches Disziplinarverfahren" ersetzt.

8 Durch Art. 10 Nr. 7 des **DNeuG** wurde Satz 3 aufgehoben. Es handelte sich dabei um eine Folgeänderung zu § 66 BBG n. F.[12]

9 **Materielle Änd.** sind seit der Erstfassung **nicht** erfolgt. Zwischenzeitliche Überlegungen, das Wort „Stelle" in Satz 1 wieder durch „Dienststelle" zu ersetzen oder/und die Bezeichnung des Bundesministeriums statt des Bundesministers zu verwenden, wurden nicht weiter betrieben.

10 **3. Bezüge zum Beamtenrecht bzw. zu sonstigen rechtl. Vorschriften; ergänzende Dienstvorschriften und Erlasse.** Im **Beamtenrecht** für Landesbeamte ist auf § 39 **BeamtStG** zu verweisen. Die Vorschrift ist im Wesentlichen sachgleich mit § 22.

Wie sich aus der Entstehungsgeschichte[13] ergibt, ist § 22 der Best. des seit 1953 nahezu unverändert gebliebenen **§ 60 BBG a. F.** (jetzt: § 66 BBG) nachgebildet worden. Zur Auslegung von § 22 kann daher weitgehend auf Rspr. und Lit. zu § 60 BBG a. F. zurückgegriffen werden.

11 Für **Richter** besteht nur nach Einleitung eines gerichtl. Verfahrens auf Feststellung der Nichtigkeit der Ernennung, Zurücknahme der Ernennung, Entlassung, Versetzung, Amtsenthebung oder Versetzung in den Ruhestand wegen Dienstunfähigkeit die Möglichkeit, durch das Gericht auf Antrag die Führung der Amtsgeschäfte vorläufig untersagen zu lassen. Die verfassungsrechtl. garantierte persönliche Unabhängigkeit der Richter (Art. 97 Abs. 2 Satz 1 GG) steht einer den § 66 BBG, § 22 SG entspr. Eingriffsmöglichkeit der Exekutive entgegen.[14]

12 Für **ZDL** sieht das ZDG **keine** mit § 22 vergleichbare Norm vor. Unter Berücksichtigung des Umstandes, dass § 22 für GWDL ebenso wie für SaZ und BS gilt[15], ist diese Lücke im ZDG rechtspolit. nicht begründbar.

13 Grds. **AusfBest** zu § 22 enthält der Erl. des BMVg „Verbot der Ausübung des Dienstes" (**ZDv 14/3 B 152**). Einen Sonderfall behandelt der Erl. des BMVg „Auswirkungen einer vorläufigen Dienstenthebung und eines Verbots der Ausübung des Dienstes auf die Berufsförderung" (**ZDv 14/3 B 169**). Der gelegentlich[16] zit. Erl. des BMVg ZDv 14/5 B 191, der inhaltsgleich mit dem Erl. ZDv 14/3 B 152 war, wurde bereits 1999 aus der ZDv 14/5 herausgenommen.

---

10 BGBl. I S. 232.
11 BGBl. I S. 2093.
12 BT-Drs. 16/7076, 172, 116. Das Verbot ist bei einem Beamten ein VA; die Pflicht zur Anhörung folgt bereits aus § 28 VwVfG. Bei einem Soldaten ist § 28 VwVfG analog anzuwenden, da das Verbot als Befehl nicht unmittelbar unter das VwVfG zu subsumieren ist. Eine echte „Folgeänderung" zu § 66 BBG liegt daher nicht vor.
13 Vgl. o. Rn. 2.
14 *Plog/Wiedow/Lemhöfer*, BBG, § 60 Rn. 16.
15 Vgl. u. Rn. 27.
16 *Stauf* I, § 22 SG Rn. 4.

II. Erläuterungen im Einzelnen

1. Rechtspolit. Bedeutung des § 22. Das Verbot der Ausübung des Dienstes, auch als „Zwangsbeurlaubung" oder „Amts-Suspension" bezeichnet, greift gravierend in das **Recht des Soldaten, (angemessen) verwendet**[17] zu werden, ein. Der Verbotsnorm kann ein korrespondierender Rechtsanspruch des Soldaten entnommen werden, dienstgradgerecht (amtsangemessen[18]) beschäftigt zu werden. Dem Soldaten ist nicht nur ein geeigneter Aufgabenbereich zuzuweisen; es ist ihm auch die Wahrnehmung der übertragenen Aufgaben zu ermöglichen. Es liegt nicht im Belieben des Dienstherrn, einem Soldaten die Ausübung seiner dienstl. Funktionen zu untersagen.[19]

Das Verbot nach § 22 lässt den **soldatenrechtl. Status** als solchen **unberührt**. Der Soldat behält seine **vollen Dienstbezüge**; die Zeit des Verbots wird auf die ruhegehaltfähige Dienstzeit angerechnet.[20] Amtszulagen gem. § 42 Abs. 2 BBesG werden weiter gezahlt. **Stellenzulagen**, z. B. die Ministerialzulage, **entfallen** dagegen. Dies folgt aus § 42 Abs. 3 Satz 1 BBesG, wonach solche Zulagen nur für die Dauer der (tatsächlichen) Wahrnehmung der herausgehobenen Funktion gewährt werden.[21]

Die Zeit des Verbots gilt **nicht als Urlaub**.[22] Der Soldat hat sich für eine Wiederaufnahme des Dienstes bereit zu halten. So ist auch die Best.[23] zu verstehen, dass dem Soldaten erlaubt werden kann, sich an einem anderen Ort als seinem Standort aufzuhalten. Seine grds. Freizügigkeit wird durch das Verbot gem. § 22 nicht berührt.

Bei Soldaten, die sich in der **Berufsförderung** befinden, ist die Verbotsverfügung mit der Maßgabe auszusprechen, dass sie weiterhin an der dienstzeitbeendenden Berufsförderung teilnehmen dürfen. Ausnahmen sind möglich, wenn im gerichtl. Disziplinarverfahren mit der Entfernung aus dem Dienstverhältnis zu rechnen ist.[24]

Inhaltl. handelt es sich bei dem Verbot um eine Maßnahme der **„Gefahrenabwehr"**.[25] Der zuständige Vorg. soll damit die Befugnis erhalten, objektive Störungen des Dienstbetriebes[26] zu unterbinden.

14

15

16

17

18

---

17 *Scherer/Alff/Poretschkin*, SG, § 22 Rn. 2.
18 Vgl. für das Beamtenrecht GKÖD I K, § 60 Rn. 5; *Plog/Wiedow/Lemhöfer*, BBG, § 60 Rn. 2 m. w. N.
19 Vgl. für das Beamtenrecht GKÖD I K, § 60 Rn. 1.
20 ZDv 14/3 B 152 Nr. 3.2.
21 H.M., vgl. GKÖD I K, § 60 Rn. 42; *Plog/Wiedow/Lemhöfer*, BBG, § 60 Rn. 10b. A.A. z. B. OVG Münster RiA 1982, 53.
22 ZDv 14/3 B 152 Nr. 4. Nach Auffassung des BVerwG (BVerwGE 103, 60 = NZWehr 1994, 114) kann das Verbot nach § 22 leicht als ‚bezahlter Urlaub' o. ‚Mitnehmen einer letzten Vergünstigung vor dem Rausschmiß' missverstanden werden. Dies ist beim Erl. einer solchen Verfügung zu beachten. Vgl. auch *Zenker*, NZWehr 1980, 132.
23 ZDv 14/3 B 152 Nr. 4.
24 ZDv 14/3 B 169. Der Erl. lässt offen, ob diese Ausnahmeregelung nur für die vorläufige Dienstenthebung nach § 126 Abs. 1 WDO gelten soll o. auch für das Verbot nach § 22 SG.
25 BVerwGE 63, 32 = NZWehr 1978, 144; BVerwGE 63, 250 = NZWehr 1980, 30.
26 Rspr. u. Lit. sind bzgl. der weiteren Konkretisierung sehr zurückhaltend. *Rittau*, SG, 154, nennt: Gefährdung der Disziplin, des Ansehens der Bw, der öff. Sicherheit u. Ordnung o. erhebliche Störung des Dienstes, insgesamt also unbest. Rechtsbegriffe, die der vollen gerichtl. Nachprüfung zugänglich sind. Diese Rechtsbegriffe finden sich bei der Definition der „zwingenden dienstlichen Gründe" (s. u. Rn. 28) wieder.

19 **2. Abgrenzung des Verbots zu anderen Verfahren.** Das Verbot nach § 22 kann grds. **vor** oder **während** eines gerichtl. **Disziplinarverfahrens**[27], eines Strafverfahrens oder eines Entlassungsverfahrens verfügt werden.

20 Das Verbot der Ausübung des Dienstes und die **vorläufige Dienstenthebung** gem. § 126 Abs. 1 Satz 1 WDO stehen selbstständig **nebeneinander** und ergänzen sich.[28] Das Verbot gem. § 22 ist eine soldatenrechtl. Maßnahme, die vorläufige Dienstenthebung eine disziplinarrechtl. Voraussetzungen und Rechtsfolgen **unterscheiden sich nicht unerheblich:** Für das Verbot gem. § 22 ist insbes. der **Verdacht eines Dienstvergehens nicht erforderlich**; es muss **kein rechtswidriges oder/und schuldhaftes Verhalten** des Soldaten vorliegen.[29] Zuständig für Entscheidungen gem. § 22 sind die DiszVorg., für solche gem. § 126 WDO ausschließlich die Einleitungsbehörden. Mit der vorläufigen Dienstenthebung kann eine teilweise Einbehaltung der Dienstbezüge angeordnet werden (§ 126 Abs. 2 Satz 1 WDO); während der Dauer des Verbots gem. § 22 laufen die Bezüge in voller Höhe weiter.

Wird ein Verbot gem. § 22 wegen des Verdachts eines Dienstvergehens verfügt, ist dieses mit der Einleitung eines sachgleichen gerichtl. Disziplinarverfahrens aufzuheben, sofern es damit nicht incidenter gegenstandslos wird. Nach der Einleitung eines solchen Verfahrens kann wegen desselben Tatvorwurfs nur noch gem. § 126 WDO vorgegangen werden.[30] Die Zuständigkeiten der Einleitungsbehörde haben dann Vorrang gegenüber denen der nachgeordneten DiszVorg.

21 **3. Satz 1. – a) „Der Bundesminister der Verteidigung oder die von ihm bestimmte Stelle".** Der BMVg hat seine Zuständigkeit zulässigerweise auf bestimmte DiszVorg. **delegiert**[31], abgestuft nach der Laufbahngruppenzugehörigkeit des Soldaten. Auch in **Notfällen** muss zumindest ein DiszVorg.[32] entscheiden; andere Vorg. sind nicht handlungsbefugt. Anzumerken bleibt, dass sich der BMVg selbst, zumindest ausdrücklich, nicht die Entscheidung in besonderen Fällen vorbehalten hat.

22 Für **VP** verbleibt es bei der **„normalen" Zuständigkeit** des für die jew. Laufbahngruppe zuständigen DiszVorg.[33], da eine andere gesetzl. Regelung fehlt. Gem. § 12 Abs. 1 Satz 1 SBG ruht das Amt der VP, solange ihr die Ausübung des Dienstes verboten ist. Nur für den Fall der disziplinaren Ahndung von Dienstvergehen der VP ist gem. § 14 Abs. 2 SBG ein Übergang der Zuständigkeit auf den nächsthöheren DiszVorg. vorgeschrieben, nicht auch für Maßnahmen anderer Art.

23 **b) „kann ... verbieten".** Es handelt sich um eine **Ermessensentscheidung**, selbst wenn beim Vorliegen der tatbestandlichen Voraussetzungen im Regelfall für eine andere Entscheidung als das Verbot kaum ein Raum bleibt.[34] Beim Erl. des Verbots ist

---

27 Vgl. ZDv 14/3 B 152 Nr. 1.3.
28 BVerwGE 63, 32 = NZWehrr 1978, 144.
29 OVG Münster DÖV 1962, 112; BVerwGE 63, 32 = NZWehrr 1978, 144; *Dau*, WDO, § 126 Rn. 11; GKÖD I K, § 60 Rn. 10; *Plog/Wiedow/Lemhöfer*, BBG, § 60 Rn. 7a f.; *Schreiber*, NZWehrr 1969, 191.
30 *Dau*, WDO, § 126 Rn. 11. A.A. *Scherer/Alff/Poretschkin*, SG, § 22 Rn. 5.
31 ZDv 14/3 B 152 Nr. 7.
32 ZDv 14/3 B 152 Nr. 8.
33 *Dau*, WDO, § 29 Rn. 10a. A.A. *Peterson*, NZWehrr 1986, 24.
34 BVerwG NZWehrr 2006, 209; *Plog/Wiedow/Lemhöfer*, BBG, § 60 Rn. 8.

der Grds. der **Verhältnismäßigkeit** zu beachten. Aus diesem Grund ist auch zu prüfen, ob ein **teilweises Verbot** möglich ist.[35]

Das Verbot der Dienstausübung ist der **Befehl** (i. S. v. § 2 Nr. 2 WStG), sich jeder dienstl. Tätigkeit zu enthalten.[36] Verstößt der Soldat hiergegen, liegt hierin ein **Dienstvergehen** und eine **Wehrstraftat**. Ob diese Qualifizierung des Verbots notwendig war, um seine Durchsetzung zu garantieren, ist nicht sicher. Das Verbot der Dienstausübung ist gegenüber einem **Beamten** ein **VA**.[37] Es hätte bei einem Soldaten genügt, das Verbot als Weisung ohne Befehlscharakter einzustufen. Ein Befehl ist kein VA i. S. v. §§ 9, 35 VwVfG mit der Folge, dass das **VwVfG** im Zusammenhang mit § 22 **nicht** unmittelbar zur Anwendung kommt.[38] Das Verbot ist dann **kein Befehl** im Rechtssinne, wenn es von einem DiszVorg. erlassen wird, der **nicht mil. Vorg.** des Soldaten i. S. d. VorgV ist.[39] 24

Das Verbot ist **schriftl.** zu verfügen; es ist zu **begründen**.[40] Die Begr. muss den Sachverhalt konkret angeben und einen klar erkenntlichen Vorwurf enthalten. Als Anhalt kann § 37 Abs. 3 Satz 2 WDO dienen.[41] 25

Die Verfügung ist dem Soldaten gegen Empfangsbekenntnis **auszuhändigen** oder **zuzustellen**.[42] 26

c) „einem Soldaten". Aufgrund seiner systematischen Stellung im SG gilt § 22 **für alle Laufbahngruppen** gleichermaßen.[43] Auch die Entstehungsgeschichte gibt nichts anderes her. Richtig ist, dass die dortige Verweisung auf § 60 BBG a. F. an sich nur eine Bezugnahme auf längerdienende Soldaten nahe legt. Hätte der Gesetzgeber WPfl vom Anwendungsbereich des § 22 ausschließen wollen, hätte er dies jedoch, wie in § 9, durch eine entspr. Differenzierung in der Norm selbst zum Ausdruck bringen müssen. In der Praxis spielt § 22 bei **GWDL keine große Rolle**. Aus diesem Grund hat der Gesetzgeber bisher davon abgesehen, den Katalog der Tatbestände des **Nachdienens** gem. § 5 Abs. 3 Satz 1 WPflG um die Zeit eines Verbots der Ausübung des Dienstes zu erweitern. Bei **wehrübenden** Offz d.R.[44] und Uffz d.R. kann § 22 durchaus von Bedeutung sein, wenn eine sofortige Entscheidung geboten ist. Für diesen Personenkreis kommt ein Nachdienen ohnehin nicht in Betracht, da sie keinen GWD leisten. 27

d) „aus zwingenden dienstlichen Gründen". Es handelt sich um einen **unbestimmten Rechtsbegriff**, der ausfüllungsbedürftig und gerichtl. **voll nachprüfbar** ist. 28

---

35 GKÖD I K, § 60 Rn. 32; *Plog/Wiedow/Lemhöfer*, BBG; § 60 Rn. 8a. Dieser Vorgabe folgt der Erl. des BMVg ZDv 14/3 B 169.
36 ZDv 14/3 B 152 Nr. 1.1; BVerwGE 63, 32 = NZWehr 1978, 144; *Scherer/Alff/Poretschkin*, SG, § 22 Rn. 1.
37 OVG Münster DÖV 1962, 112; *Plog/Wiedow/Lemhöfer*, BBG, § 60 Rn. 9.
38 *Alff*, NZWehr 1977, 43.
39 DiszVorg. nach Nr. 8 des Erl. ZDv 14/3 B 152 sind i. d. R. mil. Vorg. des Soldaten.
40 ZDv 14/3 B 152 Nr. 10.1.
41 TDG Süd NZWehr 1998, 212; *Stauf* I, § 22 SG Rn. 5, 6.
42 ZDv 14/3 B 152 Nr. 10.2.
43 GKÖD I Yk, § 22 Rn. 2; *Hoyer*, NZWehr 1985, 190 Fn. 11; *Stauf* I, § 12 SBG Rn. 3. A.A. *Peterson*, NZWehr 1986, 149.
44 Vgl. BVerwG NZWehr 1999, 75.

29 Solche Gründe liegen insbes. dann vor, wenn eine weitere Tätigkeit des Soldaten nicht verantwortet werden kann, weil sie die Disziplin, das Ansehen der Bw, die öff. Sicherheit und Ordnung gefährden oder sonst den Dienst erheblich stören würde.[45] Der Entzug des Vertrauens kann ein solcher Grund sein, wenn es sich um einen Offz handelt, der seine Dienststellung ohne das volle persönliche Vertrauen des BMVg nicht ausfüllen kann.[46]

Es müssen schwerwiegende **Nachteile** oder Gefahren zu besorgen sein.[47] Der zuständige DiszVorg. hat dabei zwischen dem Individualinteresse des Soldaten und den Belangen des Gemeinwohls **abzuwägen**. In Zeiten leerer öff. Kassen hat der Vorg. ferner zu berücksichtigen, dass der Soldat während einer Zwangsbeurlaubung seine vollen Bezüge behält. Ggf. fallen für die Dauer eines Verbots der Dienstausübung darüber hinaus zusätzliche Stellvertreterkosten an.[48] Vor einer Maßnahme nach § 22 ist daher z. B. zu prüfen, ob mit einer Ablösung von der bisherigen Funktion, einer Kommandierung oder Versetzung des Soldaten der gleiche Zweck erreicht werden kann.[49]

30 e) „die Ausübung des Dienstes". Dem Soldaten wird die Ausübung des Dienstes (dem Beamten die „Führung der Dienstgeschäfte") verboten. Ihm ist damit für die Dauer des Verbotes untersagt, die mit seiner dienstl. Funktion zusammenhängenden Pflichten und Rechte wahrzunehmen. Verstößt er gegen das Verbot, begeht er ein **Dienstvergehen**[50] und, sofern das Verbot Befehlscharakter hat, eine **Wehrstraftat**. Nicht zum Dienst i. S. v. § 22 Satz 1 zählen die allg. persönlichen Befugnisse und Pflichten des Soldaten.[51] So ist er weiterhin berechtigt, seinen Dienstgrad zu gebrauchen; er kann für seine Familie Beihilfeanträge stellen usw.

31 Mit dem Verbot der Ausübung des Dienstes können andere Maßnahmen verbunden werden, z. B. das **Verbot, Uniform zu tragen**[52] oder **die Dienststelle zu betreten**.[53] Auch insoweit ist der Grds. der Verhältnismäßigkeit zu beachten.

32 4. Satz 2. Das Verbot kann **befristet** oder **unbefristet** verfügt werden. Es **erlischt** mit dem Ablauf der gesetzten Frist, in jedem Fall nach Ablauf von drei Monaten, sofern nicht gegen den Soldaten ein gerichtl. Disziplinarverfahren, ein Strafverfahren oder ein Entlassungsverfahren eingeleitet worden ist.[54] Das Entlassungsverfahren schließt eine beabsichtigte Versetzung in den Ruhestand ein. Die Aufzählung ist **erschöpfend**.

33 Es handelt sich um eine gesetzl. Frist; eine **Verlängerung** ist **nicht zulässig**. Auf die Gründe, weshalb ein entspr. Verfahren nicht innerhalb von drei Monaten eingeleitet worden ist, kommt es nicht an.[55]

---

45 ZDv 14/3 B 152 Nr. 1.2; BVerwGE 63, 32 = NZWehr 1978, 144; BVerwGE 63, 250 = NZWehr 1980, 30.
46 BVerwGE 63, 32 = NZWehr 1978, 144 (aktiver GenLt).
47 BVerwG 2 WDB 2/03 m. w. N.
48 *Plog/Wiedow/Lemhöfer*, BBG, § 60 Rn. 7.
49 Vgl. GKÖD I K, § 60 Rn. 29.
50 BVerwGE 63, 32 = NZWehr 1978, 144.
51 GKÖD I K, § 60 Rn. 16.
52 ZDv 14/3 B 152 Nr. 6.
53 *Dau*, WDO, § 126 Rn. 11; *Scherer/Alff/Poretschkin*, SG, § 22 Rn. 9.
54 ZDv 14/3 B 152 Nr. 2.1, 2.2.
55 *Plog/Wiedow/Lemhöfer*, BBG, § 60 Rn. 12.

Das Verbot wird **gegenstandslos**, wenn die Einleitungsbehörde den Soldaten gem. 34
§ 126 WDO vorläufig des Dienstes enthebt.[56]

Nach der **Beendigung** des Verbots ist der Soldat verpflichtet, sofort wieder seinen 35
Dienst aufzunehmen. Einer besonderen schriftl. oder mündlichen Aufforderung an
den Soldaten bedarf es hierzu nicht. In Zweifelsfällen ist ein solcher Hinw. jedoch
angebracht.[57]

5. Anhörung des Soldaten. Dem Rechtsgedanken des § 28 Abs. 1 VwVfG folgend, hat 36
das BMVg verfügt, dass der Soldat zu hören „ist".[58] Dies ändert nichts daran, dass bei
Gefahr im Verzug oder im öff. Interesse ausnahmsweise von einer vorherigen Anhörung des Soldaten entspr. § 28 Abs. 2 Nr. 1, Abs. 3 VwVfG **abgesehen** werden darf.[59]

Eine weitere, zeitaufwändige und **erschöpfende Sachaufklärung** ist **nicht** geboten. Es 37
genügt, wenn der zuständige Vorg. aufgrund der ihm vorliegenden Erkenntnisse der
Überzeugung ist, dass er sofort handeln muss.[60]

6. Rechtsschutz. Gegen das Verbot kann sich der Soldat gem. § 1 Abs. 1 Satz 1 WBO 38
beschweren. Da diese Beschwerde keine aufschiebende Wirkung hat (§ 3 Abs. 1
WBO), bedarf es, anders als im Beamtenrecht, nicht der Anordnung der sofortigen
Vollziehung.

Bleiben Beschwerde und weitere Beschwerde ohne Erfolg, ist der Rechtsweg zu den 39
Wehrdienstgerichten gegeben.

§ 23 Dienstvergehen

(1) Der Soldat begeht ein Dienstvergehen, wenn er schuldhaft seine Pflichten verletzt.

(2) Es gilt als Dienstvergehen,
1. wenn ein Soldat nach seinem Ausscheiden aus dem Wehrdienst seine Pflicht zur Verschwiegenheit verletzt oder gegen das Verbot verstößt, Belohnungen oder Geschenke anzunehmen oder eine Tätigkeit nach § 20a nicht anzeigt oder entgegen einem Verbot ausübt,
2. wenn sich ein Offizier oder Unteroffizier nach seinem Ausscheiden aus dem Wehrdienst gegen die freiheitliche demokratische Grundordnung im Sinne des Grundgesetzes betätigt oder durch unwürdiges Verhalten nicht der Achtung und dem Vertrauen gerecht wird, die für seine Wiederverwendung als Vorgesetzter erforderlich sind,
3. wenn ein Berufssoldat nach Eintritt oder Versetzung in den Ruhestand einer erneuten Berufung in das Dienstverhältnis schuldhaft nicht nachkommt.

(3) Das Nähere über die Verfolgung von Dienstvergehen regelt die Wehrdisziplinarordnung.

---

56 ZDv 14/3 B 152 Nr. 2.2.
57 *Plog/Wiedow/Lemhöfer*, BBG, § 60 Rn. 12.
58 ZDv 14/3 B 152 Nr. 9. So auch GKÖD I Yk, § 22 Rn. 5.
59 GKÖD I K, § 60 Rn. 35; *Plog/Wiedow/Lemhöfer*, BBG, § 60 Rn. 9.
60 BVerwGE 63, 250 = NZWehrr 1980, 30; BVerwG NZWehrr 1999, 75; *Scherer/Alff/Poretschkin*, SG, § 22 Rn. 7.

§ 23 Dienstvergehen

Übersicht

	Rn		Rn
I. Allgemeines	1	c) § 23 und Art. 46 GG	18
1. Entstehung der Vorschrift	1	d) § 23 und Art. 6 MRK	19
2. Änderungen der Vorschrift	8	3. Absatz 1	20
3. Bezüge zum Beamtenrecht bzw. zu sonstigen rechtl. Vorschriften; ergänzende Dienstvorschriften	12	a) Adressatenkreis	20
		b) Pflichtverletzung	24
		c) Rechtswidrigkeit	27
		d) Schuld	29
II. Erläuterungen im Einzelnen	15	4. Absatz 2	30
1. Zweck der Vorschrift	15	a) Allgemeines	30
2. § 23 und Grundgesetz sowie MRK	16	b) Nr. 1	33
		c) Nr. 2, 1. Alt	34
a) § 23 und Art. 103 Abs. 3 GG	16	d) Nr. 2, 2. Alt	35
b) § 23 und Art. 103 Abs. 2 GG	17	e) Nr. 3	38
		5. Absatz 3	39

Literatur: *Dau, Klaus*: Das Gesetz zur Neuordnung des Wehrdisziplinarrechts, NZWehrr 1972, 163; *ders.*: Die Ahndung eines Dienstvergehens im Doppelstatus von Beamter und Soldat, ZBR 2004, 190; *Lingens, Eric*: Übermäßig lange Verfahrensdauer als Milderungsgrund?, NZWehrr 2005, 25; *Schwandt, Eberhard Ulrich*: Ahndung von Dienstvergehen im Wehrdisziplinarverfahren, Teil I, ZBR 1997, 301; Teil II, ZBR 1999, 77; Teil III, ZBR 2001, 269; Teil IV, ZBR 2002, 297; Teil V, ZBR 2002, 382; *Walz, Dieter*: Beamte der Bundeswehr im Auslandseinsatz – Statusrechtliche Problemstellungen, in: Fs für Dieter Fleck, 2004, 663; *ders.*: Anm. zu BVerwG NZWehrr 2006, 212, (213); *Widmaier, Ulrich*: Zur Bedeutung der EMRK – insbesondere aus der Sicht der Rechtsprechung des EGMR zu öffentlichen Bediensteten, ZBR 2002, 244; *ders.*: Zur Bedeutung der Europäischen Menschenrechtskonvention für öffentlich Bedienstete, Antrittsvorlesung vom 10.6.2009.

I. Allgemeines

1. Entstehung der Vorschrift. Unter der Überschrift „Bestrafung von Dienstvergehen" sah § 20 des **REntw.**[1] folgende Regelung vor:

(1) Der Soldat begeht ein Dienstvergehen, wenn er schuldhaft seine Pflichten verletzt.

(2) Es ist ein Dienstvergehen,

1. wenn ein Soldat nach seinem Ausscheiden aus dem Wehrdienst seine Pflicht zur Verschwiegenheit verletzt oder gegen das Verbot der Annahme von Belohnungen oder Geschenken verstößt;

2. wenn ein Offizier oder Unteroffizier nach seinem Ausscheiden aus dem Wehrdienst sich gegen die freiheitliche demokratische Grundordnung im Sinne des Grundgesetzes betätigt oder in seinem Verhalten nicht der Achtung und dem Vertrauen gerecht wird, die für seine Wiederverwendung als Vorgesetzter erforderlich sind.

(3) Das Nähere über die Bestrafung von Dienstvergehen regelt ein besonderes Gesetz.

---

1 BT-Drs. II/1700, 6.

Dienstvergehen § 23

In der **Begr.**[2] zu Abs. 1 wird auf § 77 BBG a. F. verwiesen. Die vom Beamtenrecht abw. Best. des Abs. 2 wird mit der Dauer der Wehrpflicht und den soldatenrechtl. Vorschriften über den Verlust des Dienstgrades und der Versorgungsansprüche (heute: § 48 Satz 1 Nr. 1, § 49 Abs. 2 und 3) erklärt.

Der **BR** forderte in seiner Stellungnahme[3], die Eingangsworte in Abs. 2 wie folgt zu fassen: „Es gilt als Dienstvergehen …", da der aus dem Wehrdienst Ausgeschiedene nicht mehr Soldat sei. In ihrer Gegenäußerung[4] stimmte die **BReg** diesem Vorschlag zu.

§ 20 des REntw. löste im **Rechtsausschuss** des BT[5] eine längere Debatte aus. Insbes. zu Abs. 2 wurden mehrere Versuche der Präzisierung der „kautschukartigen"[6] Formulierungen des REntw. unternommen. Nach einer Grundsatzdebatte über das Für und Wider der „Soldatenehre" schlug der Vors., der Abg. *Hoogen* (CDU/CSU) vor, den 2. Satzteil des Abs. 2 Nr. 2 mit den Wörtern „durch unwürdiges Verhalten" beginnen zu lassen.[7] Diese Ergänzung wurde ohne Gegenstimmen angenommen.[8]

Der **Ausschuss für Beamtenrecht** folgte diesem Votum.[9]

Der **VertA**[10] übernahm die Vorschläge des BR sowie des Rechtsausschusses und fügte – einer im Zusammenhang mit dem späteren § 51 durch den Ausschuss für Beamtenrecht[11] formulierten Ergänzung des § 20 des REntw. folgend – in Abs. 2 folgende Nr. 3 an:

wenn ein Berufssoldat nach Eintritt in den Ruhestand einer erneuten Berufung in das Dienstverhältnis schuldhaft nicht nachkommt.

In der **Erstfassung** lautete § 23 demnach wie folgt:

(1) Der Soldat begeht ein Dienstvergehen, wenn er schuldhaft seine Pflichten verletzt.

(2) Es gilt als Dienstvergehen,
1. wenn ein Soldat nach seinem Ausscheiden aus dem Wehrdienst seine Pflicht zur Verschwiegenheit verletzt oder gegen das Verbot verstößt, Belohnungen oder Geschenke anzunehmen,
2. wenn sich ein Offizier oder Unteroffizier nach seinem Ausscheiden aus dem Wehrdienst gegen die freiheitliche demokratische Grundordnung im Sinne des Grundgesetzes betätigt oder durch unwürdiges Verhalten nicht der Achtung und dem vertrauen gerecht wird, die für seine Wiederverwendung als Vorgesetzter erforderlich sind,
3. wenn ein Berufssoldat nach Eintritt in den Ruhestand einer erneuten Berufung in das Dienstverhältnis schuldhaft nicht nachkommt.

(3) Das Nähere über die Bestrafung wegen Dienstvergehen regelt ein Gesetz.

---

2 BT-Drs. II/1700, 24.
3 BT-Drs. II/1700, 39.
4 BT-Drs. II/1700, 44.
5 Prot. der 87. Sitzung v. 19.11.1955, Prot. Nr. 87, 20.
6 Abg. *Wittrock* (SPD), Prot. Nr. 87, 23.
7 Prot. Nr. 87, 26.
8 Prot. Nr. 87, 26. Vgl. auch Ausschussdrs. 18 des Ausschusses für Beamtenrecht, 4.
9 Prot. der 37. Sitzung v. 5.12.1955, Prot. Nr. 38, 7.
10 BT-Drs. II/2140, 37 f.
11 Prot. der 44. Sitzung v. 12.1.1956, Prot. Nr. 44, 3.

8 **2. Änderungen der Vorschrift.** Durch Art. IV Nr. 2 des G vom **21.8.1972**[12] wurden die Überschrift in „Dienstvergehen" geändert und in Abs. 3 die Wörter „Bestrafung wegen" durch die Wörter „Verfolgung von" ersetzt.

9 Durch Art. 3 Abs. 1 Nr. 5 des G vom **21.2.1985**[13] wurden – infolge der Einfügung des § 20a – in Abs. 2 Nr. 1 die Wörter „oder eine Tätigkeit nach § 20a nicht anzeigt oder entgegen einem Verbot ausübt" angefügt.

10 In der Neubekanntmachung des SG vom **15.12.1995**[14] wurde durch ein Versehen das Wort **„schuldhaft"** in Abs. 2 Nr. 3 **weggelassen**. Eine Berichtigung erfolgte in der Folgezeit nicht.[15] Als Begr. wird angeführt, das Verschuldenserfordernis fehle auch in Abs. 2 Nr. 1 und Nr. 2, ohne dass hieraus geschlossen werden dürfe, es bedürfe insoweit keines schuldhaften Verhaltens.[16] Dabei wird übersehen, dass die in Abs. 2 Nr. 3 enthaltene Pflicht, im Gegensatz zu den Pflichten gem. Abs. 2 Nr. 1 und Nr. 2, nicht im Pflichtenkatalog der §§ 7 bis 21 enthalten ist; § 23 Abs. 1 ist daher nicht auf Abs. 2 Nr. 3 übertragbar. Der Gesetzgeber sollte dieses Redaktionsversehen bei nächster Gelegenheit korrigieren.

11 Im Interesse der einheitlichen Zitierweise wurden durch Art. 1 Nr. 5 des **SGÄndG** in Abs. 3 die Wörter „ein Gesetz" durch die Wörter „die Wehrdisziplinarordnung" ersetzt. Klarstellend wurden durch Art. 3 Nr. 5 des **WehrRÄndG 2008** in Abs. 2 Nr. 3 die Wörter „oder Versetzung" eingefügt.

3. Bezüge zum Beamtenrecht bzw. zu sonstigen rechtl. Vorschriften; ergänzende
12 Dienstvorschriften. Abs. 1 entspricht den für die **Landesbeamten** geltenden Regelungen des § 47 BeamtStG und des für die **Bundesbeamten** einschlägigen § 77 BBG. Abs. 2 enthält besondere Best. für ehem. Soldaten, die von den beamtenrechtl. **abweichen**:

Abs. 2 Nr. 1 entspricht materiell § 77 Abs. 2 Nr. 3 BBG, stellt aber nicht auf den Status eines Versorgungsempfängers ab.

Abs. 2 Nr. 2 entspricht in der 1. Alt. § 77 Abs. 2 Nr. 1 BBG, begrenzt den Täterkreis jedoch auf ehem. Offz und Uffz. Für die 2. Alt. fehlt es im Beamtenrecht an einer Entsprechung.

Abs. 2 Nr. 3 entspricht § 77 Abs. 2 Nr. 4 BBG[17]; dieser verweist bzgl. der Pflichtenbindung auf § 46 Abs. 1 und 2 und § 57 BBG, wohingegen § 23 Abs. 2 Nr. 3 keine ausdrückliche Bezugnahme auf die §§ 50 und 51 enthält.

13 Für **ZDL** gilt § 58 ZDG. Dieser entspricht Abs. 1. Eine dem Abs. 2 vergleichbare Best. war im ZDG wegen des mit SaZ und BS nicht vergleichbaren Status des ZDL weitgehend entbehrlich. Offen geblieben ist dabei, ob ehem. ZDL disziplinar verfolgt werden können, wenn sie nach ihrem Ausscheiden aus dem Zivildienst gegen ihre (nach-

---

12 BGBl. I S. 1481.
13 BGBl. I S. 371.
14 BGBl. I S. 1737.
15 GKÖD I Yk, SG, Gesetzestext von § 23, verwendet – vermutlich unbeabsichtigt – noch die frühere Fassung. Richtig dagegen *Stauf* I, § 23 SG, und jetzt auch *Scherer/Alff/Poretschkin*, SG, § 23.
16 Vgl. hierzu BVerwGE 73, 148 (152).
17 Hinzuweisen ist auf das Erfordernis der „schuldhaften" Handlung (vgl. o. Rn. 10).

wirkende) Pflicht zur Verschwiegenheit (§ 28 Abs. 1 Satz 1 ZDG) verstoßen. Eine mit § 23 Abs. 2 Nr. 1 vergleichbare Vorschrift fehlt im ZDG jedenfalls.[18]

DBest. speziell zu § 23 sind nicht erlassen worden. Eine knappe Einf. findet sich in der ZDv 14/3 „Wehrdisziplinarordnung und Wehrbeschwerdeordnung"[19], Teil A, Nr. 21 ff. Ferner ist auf den Erl. des BMVg **ZDv 14/3 B 126** „Gebot der einheitlichen Ahndung mehrerer Dienstpflichtverletzungen" hinzuweisen. **14**

II. Erläuterungen im Einzelnen

1. Zweck der Vorschrift. Die Vorschrift stellt die **Brücke** zwischen den soldatischen Pflichten, dem **materiellen Disziplinarrecht** und dem Verfahrensgesetz (WDO), dem **formellen Disziplinarrecht**, dar. Ihr eigener Regelungsgehalt ist, insbes. in Abs. 1, **gering**.[20] Insoweit hätte auch die Best. des § 15 Abs. 1 Satz 1 WDO genügt. **15**

2. § 23 und Grundgesetz sowie MRK. – a) § 23 und Art. 103 Abs. 3 GG. Das verfassungsrechtl. **Verbot der Doppelbestrafung** (ne bis in idem) ist auf das Verhältnis von disziplinarer Verfolgung von Dienstvergehen und strafrechtl. Sanktion nicht anwendbar. Das **BVerfG**[21] hat diese alte Streitfrage mit mehreren Entsch. der 60er Jahre des letzten Jh. mit der Begr. beendet, beide Rechtsgebiete seien ihrem **„Wesen"** nach **nicht vergleichbar.** Das strafrechtl. Delikt erscheine als eine „Störung des allgemeinen Rechtsfriedens", das disziplinare Unrecht dagegen als „Nichtachtung besonderer Berufspflichten". Das Strafrecht diene der Vergeltung für begangenes Unrecht, das Disziplinarrecht der Gewährleistung von „Ordnung und Integrität innerhalb eines Berufsstandes". Die **Lit.**[22] ist überwiegend dieser Auffassung gefolgt. Der Gesetzgeber hat die durch die Rspr. erforderlich gewordenen Korrekturen im Disziplinarrecht mit den G vom **20.7.1967**[23] und vom **21.8.1972**[24] vollzogen. **16**

b) § 23 und Art. 103 Abs. 2 GG. Im Unterschied zum Strafrecht kennt das Disziplinarrecht keinen abschließenden Pflichtenkatalog und keine „Strafrahmen" für bestimmte Dienstvergehen. Dennoch genügen die Tatbestände des Disziplinarrechts dem **Bestimmtheitsprinzip** des Art. 103 Abs. 2 GG.[25] **17**

c) § 23 und Art. 46 GG. Unter Berücksichtigung der in Rn. 16 skizzierten Wesensunterschiede zwischen dem Straf- und dem Disziplinarrecht war es folgerichtig, dass das BVerwG[26] ein Dienstvergehen eines Soldaten oder ehem. Soldaten nicht als „mit Strafe bedrohte Handlung" i. S. v. Art. 46 Abs. 2 GG bewertet hat; ein Disziplinarver- **18**

---

18 Fraglich wäre auch, welche Disziplinarmaßnahmen für ehem. ZDL in Betracht kommen würden. Gerichtl. Disziplinarmaßnahmen kennt das ZDG nicht (vgl. § 59 ZDG).
19 Juli 1992; Stand: Oktober 2004.
20 Wohl aus diesem Grund findet man in den Komm. zu § 23 z.T. umfangreiche Ausführungen entweder zu Einzelvorschriften der WDO (GKÖD I Yk, § 23 Abschn. V) o. zum materiellen Disziplinarrecht (*Stauf* I, § 23 SG Rn. 16 ff.), die im Kontext zu § 23 nicht angezeigt sind.
21 BVerfGE 21, 391 (403 f.) bzgl. der gerichtl. Disziplinarmaßnahmen; BVerfGE 31, 378 bzgl. des Disziplinararrests. Vgl. auch BVerfGE 27, 180.
22 Vgl. *Dau*, WDO, § 18 Rn. 1; *Degenhart*, in: Sachs, GG, Art. 103 Rn. 84, jew. m. w. N.
23 BGBl. I S. 725.
24 BGBl. I S. 1481.
25 H.M.; vgl. BVerfGE 26, 186 (204); *Dau*, WDO, Vorb. zu § 15 Rn. 1 m. w. N.
26 BVerwGE 83, 1 = NZWehr 1985, 205 mit Anm. *Walz*, NZWehr 1986, 251. Vgl. zum Streitstand *Dau*, WDO, § 1 Rn. 42.

fahren ist mithin auch **kein „Strafverfahren"** i. S. v. Art. 46 Abs. 4 GG. Die **Immunität** eines Abg. steht deshalb der Durchführung eines solchen Verfahrens **nicht entgegen**.

19 **d) § 23 und Art. 6 MRK.** Art. 6 Abs. 1 Satz 1 MRK[27] gewährleistet allg. Verfahrensgrundsätze, u. a. eine angemessene Verfahrensdauer. Str.[28] ist, ob Art. 6 MRK auf das gerichtl. Disziplinarverfahren angewandt werden kann. I.d.R. reichen die innerstaatlichen Verfahrensregeln aus, um dem Soldaten Rechtsschutz in jeder Beziehung zu sichern. So ist bereits den Art. 2 Abs. 1 und 20 Abs. 3 GG ein Anspruch auf ein **faires gerichtl. Verfahren** zu entnehmen.[29]

20 **3. Absatz 1. – a) Adressatenkreis.** **Täter** eines Dienstvergehens ist immer der Soldat, der selbst pflichtwidrig handelt. Das Disziplinarrecht differenziert nicht zwischen **Täterschaft und Teilnahme**; die Best. der §§ 25 ff. StGB sind nicht entspr. anwendbar.[30]

21 Auch die strafrechtl. Kategorien des **Versuchs** und des **Rücktritts vom Versuch** (§§ 23 f. StGB) sind für das Disziplinarrecht ohne Bedeutung; dasselbe gilt für die **tätige Reue**.[31] Sie können allenfalls bei der Bemessung der Disziplinarmaßnahme eine Rolle spielen.

22 Von Abs. 1 erfasst werden **aktive Soldaten**, unabhängig von ihrem jew. Status. Die Vorschrift korrespondiert mit § 1 Abs. 2 Satz 1 WDO.[32] Von Abs. 2 erfasst sind **ehem. Soldaten**.

23 Ein besonderes Problem ergibt sich aus **§ 2 Abs. 3 BDG**. Danach gilt das BDG auch für solche Beamte, die Wehrdienst gem. §§ 6, 6a oder 6c WPflG oder Dienst nach dem Vierten Abschnitt des SG leisten und die während des Wehrdienstes Dienstvergehen begangen haben, das sowohl soldatenrechtl. als auch beamtenrechtl. ein Dienstvergehen darstellt. Diese mit dem BDG neu eingeführte und mit dem SkResNOG nur redaktionell geänderte Best. ist **verfassungsrechtl. zweifelhaft**, rechtspolit. verfehlt und für die Praxis untauglich.[33]

Maßgeblich für eine disziplinare Verfolgung ist (ausschließlich) der Status, den der Betreffende zzt. der Tat hatte, mit den sich aus § 1 Abs. 2 Satz 2 WDO ergebenden Besonderheiten.[34] Der Status des Beamten wird während einer Wehrdienstleistung von dem des Soldaten „überlagert".

24 **b) Pflichtverletzung.** Pflichten des Soldaten, die zu einem Dienstvergehen i. S. d. Abs. 1 führen können, sind primär in den **§§ 7 bis 21** normiert.[35] In Frage kommen ferner alle anderen gesetzl. Best. inbes. des Wehrrechts[36], die dem Soldaten in seiner besonderen Funktion und Eigenschaft Aufgaben zuweisen.

---

27 BGBl. 1952 II S. 685.
28 Vgl. BVerwG NZWehr 2002, 211 (213); BVerwG 2 WD 14/03; *Lingens*, NZWehrr 2005, 26 m.w.N.; *Widmaier*, ZBR 2002, 244 (254).
29 Vgl. *Flemming*, NZWehrr 2002, 64 (72).
30 BVerwGE 103, 246 = NZWehrr 1996, 38; *Dau*, WDO, Vorb. zu § 15 Rn. 14; *Scherer/Alff/ Poretschkin*, SG, § 23 Rn. 1; *Stauf* I, § 23 SG Rn. 6; *Wipfelder*, Wehrrecht, 112.
31 BVerwG NZWehrr 1990, 77; BVerwG NZWehrr 2001, 33; *Dau*, WDO, Vorb. zu § 15 Rn. 13; *Scherer/Alff/Poretschkin*, SG, § 23 Rn. 1; *Stauf* I, § 23 SG Rn. 5.
32 Einzelheiten bei *Dau*, WDO, § 1 Rn. 8 ff.
33 Vgl. *Dau*, ZBR 2004, 190; *Walz*, UBwV 2001, 441; *ders.*, in: Fs für Fleck, 681, 686.
34 Vgl. *Dau*, WDO, § 1 Rn. 45 ff.
35 BVerwGE 73, 148 (152); ZDv 14/3 Teil A Nr. 21.
36 *Dau*, WDO, Vorb. zu § 15 Rn. 2.

Pflichten des Soldaten, die durch **Dienstvorschriften**, Erlasse oder Befehle begründet werden, lösen die Pflichtenbindung gem. Abs. 1 nur aus, wenn es sich dabei um eine Ausfüllung gesetzl. Pflichten handelt; eine (inhaltl.) Bezugnahme auf § 7 genügt.[37] 25
Verletzt der Soldat mehrere Dienstpflichten, sind diese als ein Dienstvergehen zu ahnden (§ 18 Abs. 2 WDO – **Grds. der Einheit des Dienstvergehens**).[38] 26
c) Rechtswidrigkeit. Kein pflichtwidriges Dienstvergehen liegt vor, wenn sich der Soldat auf einen **Rechtfertigungsgrund** berufen kann. Ein solcher **schließt** i. d. R. bereits die **Tatbestandsmäßigkeit aus**.[39] Als Rechtfertigungsgründe kommen die des Straf- und des Zivilrechts in Betracht, z. B. §§ 32, 34 StGB, §§ 228, 229 BGB. 27

Der **Irrtum** über das Vorliegen der tatsächlichen Voraussetzungen eines Rechtfertigungsgrundes ist ein den Vorsatz ausschließender **Tatbestandsirrtum**[40]; der Irrtum über die rechtl. Voraussetzungen eines Rechtfertigungsgrundes ist ein **Verbotsirrtum**[41], der die Schuld nur ausschließt, wenn er unvermeidbar war.[42] 28

d) Schuld. Der subjektive Tatbestand eines Dienstvergehens liegt vor, wenn der Soldat eine ihm obliegende Pflicht schuldhaft verletzt hat. Üblicherweise unterscheidet man zwischen **vorsätzlichem** und **fahrlässigem** Handeln. Vorsatz bedeutet Handeln mit Wissen und Wollen; fahrlässig handelt der Soldat, wenn er die im Verkehr erforderliche Sorgfalt außer Acht lässt (§ 276 Abs. 2 BGB entspr.). Die **Schuldausschließungsgründe** des allg. Strafrechts (§§ 17, 20, 33, 35 StGB) gelten analog auch im Disziplinarrecht[43]; die bes. Vorschriften der §§ 5, 6 WStG sind zu beachten. 29

4. Absatz 2. – a) Allgemeines. Ein Dienstvergehen setzt begrifflich-logisch grds. voraus, dass sich der Täter zzt. der fraglichen Handlung in einem **Wehrdienstverhältnis** befand. Hiervon verfügt Abs. 2 Ausnahmen bzgl. der sog. nachwirkenden Pflichten. Der nach Abs. 2 in Betracht kommende Personenkreis ist auf **ehem.**[44] **Soldaten** beschränkt. Frühere **faktische Soldaten** können – entgegen der h.M.[45] – nicht gem. Abs. 2 gemaßregelt werden. 30, 31

Vordienstl. Verfehlungen sind nicht mit disziplinaren Mitteln zu ahnden.[46] 32

b) Nr. 1. Die für aktive Soldaten geltenden Best. der §§ 14, 19 und 20a gelten von Gesetzes wegen über die Beendigung des Wehrdienstverhältnisses hinaus. Inhaltl. kann auf die Komm. der genannten Vorschriften verwiesen werden. 33

Für die Praxis ist Nr. 1 von **geringer Bedeutung**.

---

37 *Dau*, WDO, Vorb. zu § 15 Rn. 2; GKÖD I Yk, § 23 Rn. 4; *Scherer/Alff/Poretschkin*, SG, § 23 Rn. 2 f.; *Wipfelder*, Wehrrecht, 111.
38 Vgl. ergänzend den Erl. des BMVg ZDv 14/3 B 126.
39 *Dau*, WDO, Vorb. zu § 15 Rn. 17; GKÖD I Yk, § 23 Rn. 7; *Stauf* I, § 23 SG Rn. 8.
40 BGHSt 17, 87 (91); BVerwG NZWehrr 1981, 231.
41 *Dau*, WDO, Vorb. zu § 15 Rn. 17.
42 *Dau*, WDO, Vorb. zu § 15 Rn. 25 m. w. N.
43 Zu Einzelheiten vgl. *Dau*, WDO, Vorb. zu § 15 Rn. 20 ff.; *Scherer/Alff/Poretschkin*, SG, § 23 Rn. 5 ff.
44 Die gesetzl. Formulierungen „Soldat" in Nr. 1 u. „Offizier oder Unteroffizier" in Nr. 2 sind unscharf. Richtigerweise müsste es heißen: „früherer/ehemaliger Soldat" bzw. „Offizier der Reserve oder Unteroffizier der Reserve".
45 Vgl. die Komm. zu § 14 Rn. 7.
46 ZDv 14/3 Teil A Nr. 22. Zum Sonderfall der Entlassung eines anderen Bewerbers wegen unwürdigen Verhaltens vor der Ernennung vgl. § 88 Satz 1.

34 **c) Nr. 2, 1. Alt.** Aus dem Wehrdienst ausgeschiedene Offz und Uffz dürfen sich nicht aktiv gegen die FdGO[47] betätigen. Die Pflicht zum **Eintreten** für die FdGO (§ 8) **wirkt nicht** über das Dienstzeitende **fort**.[48]

35 **d) Nr. 2, 2. Alt.** Diese Best. ist für die Praxis von **größerer Bedeutung**. Dies mag auch daran liegen, dass insbes. das Begriffspaar „unwürdiges Verhalten" interpretationsoffen ist[49] und der **Zweck der Vorschrift**, „die moralische Integrität des Reserveoffiziers- und Reserveunteroffizierkorps zu gewährleisten"[50] und zugleich „die Erfüllung des Verteidigungsauftrages zu sichern"[51], den jew. aktuellen tatsächlichen Verhältnissen innerhalb der SK anzupassen ist.

36 – Der ehem. Soldat muss sich „unwürdig" verhalten haben.

Unter einem **„unwürdigen Verhalten"** versteht die Rspr. ein „Fehlverhalten von besonderer Intensität, ein Sichhinwegsetzen über die unter Soldaten und von der Gemeinschaft anerkannten Mindestanforderungen an eine auf Anstand, Sitte und Ehre bedachte Verhaltensweise eines Reservisten mit Vorgesetztenrang".[52] Dieses Verhalten muss zu der **Pflichtverletzung nach § 17 Abs. 3** hinzutreten. Es kommt dabei nicht so sehr auf das „objektive Gewicht" der Pflichtverletzung an als auf die „in dem Gesamtverhalten des früheren Soldaten offenbarte Fehlhaltung".[53] Hierbei sind die Motive des Täters und in der Tat liegende Milderungs- und Erschwerungsgründe zu berücksichtigen.[54]

– Das Verhalten des ehem. Soldaten muss geeignet sein, seine Wiederverwendung als Vorg. zu hindern.

37 **„Wiederverwendung als Vorgesetzter"** meint – ebenso wie in § 17 Abs. 3 – die Verwendung **im bisherigen Dienstgrad**[55]; der ehem. Soldat muss vor seinem Ausscheiden aus dem Wehrdienst nicht zwangsläufig als Vorg. eingesetzt gewesen sein.

Kommt der ehem. Soldat z. B. aufgrund seines **Lebensalters** gem. § 51 Abs. 1 für eine Wiederverwendung nicht einmal theoretisch mehr in Betracht, ist die Verfolgung wegen eines Dienstvergehens gem. § 23 Abs. 2 Nr. 2 durch den Gesetzeszweck nicht mehr gedeckt.[56] „Wiederverwendung" i.d.S. ist – trotz des unterschiedlichen Gesetzeswortlauts – auch die grds. Heranziehbarkeit eines ehem. SaZ oder BS gem. § 59 Abs. 2.[57]

---

47 Zur Auslegung dieses Begriffes vgl. die Komm. zu § 8 Rn. 20.
48 GKÖD I Yk, § 23 Rn. 10; *Scherer/Alff/Poretschkin*, SG, § 23 Rn. 13.
49 Man kann durchaus bezweifeln, ob diese Formulierung mit dem Bestimmtheitsgrds. des GG in Einklang zu bringen ist. So auch BVerwGE 130, 65.
50 BVerwGE 73, 148 (151).
51 BVerwGE 73, 148 (150).
52 BVerwGE 43, 9 (19); BVerwG NZWehr 1983, 143 (Körperverletzung eines Polizeibeamten durch Lt d.R.); BVerwGE 83, 1 (15) = NZWehrr 1985, 205 (Bespritzen eines amerikan. Offz mit Blut durch einen Lt d.R.).
53 BVerwGE 46, 244 (250) = NZWehrr 1975, 69; BVerwGE 73, 148 (sexueller Missbrauch eines Kindes); BVerwG NZWehr 1983, 143; BVerwGE 86, 262 = NZWehrr 1990, 169 (Einbruchdiebstahl eines Stabsapothekers d.R.); BVerwGE 86, 309 = NZWehrr 1991, 116 (kein Verstoß gegen § 23 Abs. 2 Nr. 2 durch Betrug eines OTL d.R.).
54 BVerwGE 46, 244 = NZWehrr 1975, 69.
55 *Scherer/Alff/Poretschkin*, SG, § 23 Rn. 16 m. w. N. Vgl. im Übrigen die Komm. zu § 17 Abs. 3.
56 BVerwGE 73, 148 (151); BVerwGE 103, 237 = NZWehrr 1995, 255; BVerwG NZWehrr 2003, 81.
57 BVerwG DokBer B 2007, 57 = NZWehrr 2006, 212 mit Anm. *Walz*, NZWehrr 2006, 213.

e) **Nr. 3.** Der **BS im Ruhestand** kann gem. § 51 Abs. 1 und 4 unter den dortigen Voraussetzungen erneut in das Dienstverhältnis eines BS berufen werden. Kommt er einer solchen Aufforderung **schuldhaft**[58] nicht nach, begeht er ein Dienstvergehen.[59] Dasselbe gilt für einen BS im **einstweiligen Ruhestand** gem. § 50 Abs. 2 Satz 1 i. V. m. § 56 BBG[60] und für einen BS nach **Erreichen der bes. Altersgrenze** gem. § 45 Abs. 2. Dies folgt aus dem Sinn und Zweck der gesetzl. Regelung. Zur Klarstellung sollte Nr. 3 wie folgt gefasst werden: 38

„wenn ein Berufssoldat nach Eintritt oder Versetzung in den Ruhestand einer erneuten Berufung in das Dienstverhältnis **schuldhaft** nicht nachkommt."

5. Absatz 3. Abs. 3 bedarf keiner Komm. 39

§ 24 Haftung

(1) ¹Verletzt ein Soldat vorsätzlich oder grob fahrlässig die ihm obliegenden Pflichten, so hat er dem Dienstherrn, dessen Aufgaben er wahrgenommen hat, den daraus entstehenden Schaden zu ersetzen. ²Haben mehrere Soldaten gemeinsam den Schaden verursacht, so haften sie als Gesamtschuldner.

(2) Hat der Dienstherr Dritten Schadensersatz geleistet, gilt als Zeitpunkt, in dem der Dienstherr Kenntnis im Sinne der Verjährungsvorschriften des Bürgerlichen Gesetzbuchs erlangt, der Zeitpunkt, in dem der Ersatzanspruch gegenüber Dritten vom Dienstherrn anerkannt oder dem Dienstherrn gegenüber rechtskräftig festgestellt wird.

(3) Leistet der Soldat dem Dienstherrn Ersatz und hat dieser einen Ersatzanspruch gegen einen Dritten, so geht der Ersatzanspruch auf den Soldaten über.

Übersicht

	Rn		Rn
I. Allgemeines	1	ff) Wegfall der Bereicherung	29
1. Entstehung der Vorschrift	1	gg) Haftungsbeschränkungen	30
2. Änderungen der Vorschrift	6	b) Satz 2	32
3. Bezüge zum Beamtenrecht bzw. zu sonstigen rechtl. Vorschriften; ergänzende Erlasse	10	4. Absatz 2	35
II. Erläuterungen im Einzelnen	14	5. Absatz 3	38
1. Zweck der Vorschrift	14	6. Sonstiges	39
2. § 24 und Grundgesetz	17	a) Geltendmachung	39
3. Absatz 1	18	b) Beteiligung von Interessenvertretern	41
a) Satz 1	18	c) Schadensfälle von Vertrauenspersonen	42
aa) Personenkreis	18		
bb) Pflichtverletzung	21		
cc) Verschulden	23	d) Verhältnis Disziplinarrecht und Haftung	43
dd) Ersatz des Schadens	24	e) Rechtsweg	45
ee) Beweislast	27		

---

58 Vgl. o. Rn. 10.
59 Eine (wehr-)strafrechtl. Würdigung (§§ 15, 16 WStG) scheidet aus, da der Wiederverwender erst mit seinem Dienstantritt Soldat wird (§ 2 Abs. 1 Nr. 4). A.A. zur früheren Rechtslage *Rittau*, SG, 230.
60 Vgl. die Komm. zu § 50 Rn. 48; *Scherer/Alff/Poretschkin*, SG, § 23 Rn. 17.

§ 24 Haftung

Literatur: *Dietlein, Max* Josef: Anm. zu BVerwGE 18, 283, DVBl. 1964, 923; *Hingott, Jörg*: Dienstliche Relevanz von Schönheitsoperationen, NZWehrr 2006, 201; *Lingens, Eric*: Die Haftung des Soldaten auf Schadensersatz, UBwV 1984, 56; *Menger, Christian-Friedrich/Erichsen, Hans-Uwe*: Höchstrichterliche Rechtsprechung zum Verwaltungsrecht, VerwArch 1966, 377; *Peterson, Detlef P.*: Die wehrrechtliche Stellung des Vertrauensmannes, NZWehrr 1986, 16; *Raap, Christian*: Haftungsfragen bei der Behandlung durch Sanitätsoffiziere der Bundeswehr, DöD 2007, 49; *Rupp, Hans Heinrich*: Anm. zu BVerwGE 18, 283, JZ 1965, 180; *Schön, Wolfgang*: Verzugszinsen der öffentlichen Hand, NJW 1993, 961; *Steinkamm, Armin A.*: Das „janusköpfige" Dienstvergehen, NZWehrr 1983, 57; *Zetzsche, Holger*: Zur Beschränkung der Schadensersatzpflicht des öffentlich Bediensteten gegenüber seinem Dienstherrn, ZBR 2004, 130.

I. Allgemeines

1 1. **Entstehung der Vorschrift.** § 21 des **REntw.**[1] lautete:

(1) Verletzt ein Soldat schuldhaft seine Dienstpflichten, so hat er dem Bund den daraus entstandenen Schaden zu ersetzen. Ist der Schaden im Ausbildungsdienst oder im Einsatz entstanden, so haftet der Soldat nur insoweit, als ihm Vorsatz oder grobe Fahrlässigkeit zur Last fällt. Haben mehrere Soldaten gemeinsam den Schaden verursacht, so haften sie als Gesamtschuldner.

(2) Hat der Bund auf Grund der Vorschrift des Artikels 34 Satz 1 Grundgesetzes Schadensersatz geleistet, so ist der Rückgriff gegen den Soldaten nur insoweit zulässig, als ihm Vorsatz oder grobe Fahrlässigkeit zur Last fällt.

(3) Für die Verjährung der Ansprüche gegen den Soldaten und den Übergang von Ersatzansprüchen auf ihn gelten die Vorschriften des § 78 Abs. 3 und 4 des Bundesbeamtengesetzes entsprechend.

2 In der **Begr.**[2] wird zunächst auf § 78 BBG a. F. verwiesen. Es folgen detaillierte Erl. zu der früheren Differenzierung in der Innenhaftung zwischen hoheitlichem und nichthoheitlichem Handeln, die inzwischen[3] überholt sind und daher hier nicht referiert zu werden brauchen.

3 In seiner Stellungnahme brachte der **BR**[4] eine andere Fassung des Abs. 2 ein. Der BR hielt die Frage, „ob es sich bei der Dienstpflicht des Soldaten um ein Rechtsverhältnis handelt, das durch Art. 34 Satz 1 GG noch erfaßt wird", noch nicht für abschließend geklärt.

Unter Bezugnahme auf die Rspr. zu Art. 131 WRV hielt die **BReg**[5] an ihrer Entwurfsfassung fest.

4 Im **Rechtsausschuss** des BT schlug der Abg. *Dr. Arndt* (SPD)[6] vor, wpfl Soldaten nur für Vorsatz und grobe Fahrlässigkeit haften zu lassen, BS hingegen für jede Form des Verschuldens. Die Vertreter der BReg nahmen erneut zu dem Einwand des BR Stellung.[7] Ein förmlicher Beschl. des Rechtsausschusses zu § 21 des REntw. ist den Prot. nicht zu entnehmen.

---

1 BT-Drs. II/1700, 7.
2 BT-Drs. II/1700, 25 f.
3 Vgl. Rn. 8.
4 BT-Drs. II/1700, 39 f.
5 BT-Drs. II/1700, 44.
6 Prot. der 89. Sitzung v. 2.12.1955, 15.
7 Prot. der 89. Sitzung v. 2.12.1955, 15 f.

Der **Ausschuss für Beamtenrecht** stimmte der Regierungsvorlage ohne Änd. zu.[8] Nachdem auch der **VertA**[9] keine Änd. vorgenommen hatte, folgte das Plenum dem Votum dieser beiden Fachausschüsse.

In der Erstfassung des SG war infolgedessen § 24 mit § 21 des REntw. identisch. 5

2. Änderungen der Vorschrift. Durch Art. 1 Nr. 1 des G vom **28.3.1960**[10] erhielt Abs. 1 Satz 2 folgende Fassung: 6

Hat er seine Dienstpflicht in Ausübung von Hoheitsbefugnissen, im Ausbildungsdienst oder im Einsatz verletzt, so hat er den Schaden nur insoweit zu ersetzen, als ihm Vorsatz oder grobe Fahrlässigkeit zur Last fällt.

Damit wurde die seinerzeit geltende (Neu-)Regelung des § 78 Abs. 1 BBG a. F., die einen Haftungsausschluss für leicht fahrlässige Schädigungen „in Ausübung eines ihm (dem Beamten) anvertrauten öffentlichen Amtes" vorsah, in das Soldatenrecht übernommen. Der Wortlaut des BBG wurde entspr. angepasst, da nach der damaligen Rechtsauffassung Soldaten kein öff. Amt wahrnehmen.[11]

In § 30 des **Staatshaftungsgesetzes** vom 26.6.1981[12] war erstmals vorgesehen, den in Abs. 1 Satz 2 geregelten Haftungsunterschied zwischen hoheitlichem und nichthoheitlichem Handeln aufzuheben. Nachdem das Staatshaftungsgesetz wegen der fehlenden Gesetzgebungskompetenz des Bundes durch Urt. des BVerfG vom 19.10.1982[13] für nichtig erklärt worden war, blieb es zunächst bei der früheren Normierung. 7

Durch Art. 3 Nr. 1 des 9. G vom **11.6.1992**[14] erhielt § 24 die im Wesentlichen noch heute geltende Neufassung. Entspr. der mit dem Staatshaftungsrecht geplanten Regelung wurde die für hoheitliches und nichthoheitliches Handeln von Beamten bestehende **unterschiedliche Haftung beseitigt.** Die Inanspruchnahme von Beamten im Innenverhältnis wurde, der Kritik[15] in Lit. und Rspr. Rechnung tragend, einheitlich auf Vorsatz und grobe Fahrlässigkeit beschränkt. Mit der Neufassung des § 24 folgte der Gesetzgeber der des seinerzeitigen § 78 BBG.[16] 8

Durch Art. 10 Nr. 8 des **DNeuG** wurde Abs. 2, der Neufassung des § 75 Abs. 2 BBG folgend, ebenfalls neu gefasst. 9

3. Bezüge zum Beamtenrecht bzw. zu sonstigen rechtl. Vorschriften; ergänzende Erlasse. Die Haftung des Soldaten entspricht der des **Bundesbeamten** gem. § 78 BBG. Dieser ist auf **Bundesrichter** entspr. anzuwenden (§ 46 DRiG). Für **Beamte der Länder** findet sich die Haftungsvorschrift in § 48 BeamtStG. 10

---

8 Prot. der 39. Sitzung v. 6.12.1955, 8; Ausschussdrs. 23 v. 20.1.1956, 24.
9 BT-Drs. II/2140, 38.
10 BGBl. I S. 206.
11 BT-Drs. III/1424, 4.
12 BGBl. I S. 553.
13 BVerfGE 61, 149 = BGBl. I S. 1493.
14 BGBl. I S. 1030.
15 Vgl. GKÖD I Yk, § 24 Rn. 1.
16 BT-Drs. 12/544, 22.

11 Für **ZDL** gilt § 34 ZDG.[17]

12 Ergänzend ist die besondere Haftung von **WPfl** im Rahmen der **Wehrüberwachung** bzw. von Dienstleistungspflichtigen im Rahmen der Dienstleistungsüberwachung für Schäden und Verluste an ausgehändigten Bekleidungs- und Ausrüstungsstücken gem. § 24 Abs. 6a WPflG bzw. § 77 Abs. 5 SG zu beachten.

13 DBest. des BMVg zu § 24 enthalten die
– Best. über die Bearbeitung von Schadensfällen in der Bundeswehr (SB).[18]
– ZDv 14/3 B 127 „Disziplinare Würdigung bei Schadensfällen".

II. Erläuterungen im Einzelnen

14 **1. Zweck der Vorschrift.** Verletzt ein Soldat schuldhaft eine ihm gegenüber einem Dritten bestehende Amtspflicht, hat er dem Dritten den hieraus entstandenen Schaden zu ersetzen (sog. **Außenverhältnis**). **§ 839 Abs. 1 Satz 1 BGB** als „haftungsbegründende Vorschrift"[19] zielt zwar nach seinem Wortlaut nur auf „Beamte" ab, ist verfassungskonform auch auf Soldaten (und ZDL) anzuwenden. Diese sind ebenso wie Beamte Inhaber eines „öffentlichen Amtes" i. S. d. „haftungsverlagernden Norm"[20] des **Art. 34 Satz 1 GG**.[21]

15 Im **Innenverhältnis** ist die Haftung des Soldaten auf Vorsatz und grobe Fahrlässigkeit beschränkt, sowohl was den Rückgriff des Dienstherrn gem. Art. 34 Satz 2 GG als auch die unmittelbare Haftung des Soldaten aus Dienstpflichtverletzungen gegenüber dem Bund als Dienstherrn betrifft. Für diese Fälle enthält § 24 eine abschließende Regelung.[22]

Haftet der Dienstherr gegenüber einem Dritten aufgrund einer spezialgesetzl. Best. (§ 2 Abs. 2 Satz 1 Pflichtversicherungsgesetz, § 7 Straßenverkehrsgesetz für Kfz-Unfälle; § 53 Luftverkehrsgesetz für Flugunfälle; §§ 77, 78 Bundesleistungsgesetz für Manöver und Übungen), kommt ein Rückgriff gegenüber dem handelnden Soldaten ebenfalls nur nach § 24 in Betracht.

16 § 24 stellt die **Haftungsgrundlage** für die **Innenhaftung** des Soldaten dar – mehr nicht.[23]

17 **2. § 24 und Grundgesetz.** Außer zu Art. 34 GG weist § 24 insoweit eine verfassungsrechtl. Relevanz auf, als die dienstrechtl. **Haftung** des Soldaten auf sog. Messbeträge **beschränkt** werden kann. Das BAG[24] hat die Beschränkung der Arbeitnehmerhaftung verfassungsrechtl. aus Art. 12 Abs. 1 und Art. 2 Abs. 1 GG für „geboten" erklärt. Das BVerwG[25] ist dieser Ableitung zwar nicht gefolgt; es begründet die sog. innenrechtl.

---

17 § 34 ZDG beschränkt sich in der Praxis weitgehend auf die Schäden, die der ZDL an Bundeseigentum o. Eigentum Dritter während des Einführungsdienstes in den Schulen des Zivildienstes verursacht (vgl. *Brecht*, ZDG, 156).
18 VMBl. 2006 S. 40.
19 BVerfGE 61, 149 (Ls 1).
20 BVerfG ebd.
21 Allg. Meinung. Vgl. GKÖD I Yk, § 24 Rn. 3; *Jarass*, in: Jarass/Pieroth, GG, Art. 34 Rn. 6 m. w. N.
22 GKÖD I Yk, § 24 Rn. 2; *Scherer/Alff/Poretschkin*, SG, § 24 Rn. 1.
23 *Menger/Erichsen*, VerwArch 1966, 381.
24 BAGE 78, 56 (65).
25 ZBR 2004, 352.

Haftungsbeschränkung mit der Fürsorgepflicht des Dienstherrn. Diese wiederum lässt sich, zumindest für Beamte, auf die hergebrachten Grundsätze des Berufsbeamtentums gem. Art. 33 Abs. 5 GG stützen.[26]

3. **Absatz 1. – a) Satz 1. – aa) Personenkreis.** „Soldat" i. S. d. Best. sind alle Personen, die sich zur Tatzeit **in einem Wehrdienstverhältnis** befinden (§ 1 Abs. 1 Satz 1), also GWDL, FWDL, SaZ, BS, Eignungsübende, übende Res und Dienstleistungspflichtige. **Kein Soldat** im Rechtssinne ist der sog. **faktische Soldat**; er haftet nach den Best. des BGB.[27] Dies gilt auch für **ehem. Soldaten**, sofern sie nach ihrem Ausscheiden gem. § 23 Abs. 2 gegen ihre nachwirkenden Pflichten verstoßen.[28] **18**

Eine Haftung gem. § 24 setzt voraus, dass das schadensbegründende Ereignis **in die Wehrdienstzeit** fällt; „abgewickelt" werden kann es auch nach deren Beendigung, „soweit nicht das Gesetz oder die Natur der Sache entgegenstehen".[29] Stirbt der ersatzpflichtige Soldat vor dem Abschluss des Regressverfahrens, kann der Bund seine Ansprüche gegenüber den **Erben** geltend machen.[30] **19**

Verursacht ein **WPfl** während der **Wehrüberwachung** oder ein **Dienstleistungspflichtiger** während der **Dienstleistungsüberwachung** vorsätzlich oder grob fahrlässig Schäden und Verluste an ausgehändigten Bekleidungs- und Ausrüstungsstücken, haftet er hierfür nicht aus § 24, sondern aus der Spezialvorschrift des § 24 Abs. 6a WPflG[31] bzw. § 77 Abs. 5 SG. Hierfür genügte beim erstgenannten Personenkreis bis zum SkResNOG **einfache Fahrlässigkeit**. **20**

bb) Pflichtverletzung. „Die ihm obliegenden Pflichten" sind mit den **„Pflichten"** i. S. d. § 23 Abs. 1 identisch.[32] **21**

Dies bedeutet zusammengefasst:

Es muss sich um eine **gesetzl. begründete Pflicht** des Soldaten handeln. Solche Pflichten finden sich insbes. im SG, aber auch in anderen Gesetzen, z. B. der WDO (§§ 32 ff.). Dienstvorschriften, Erlasse oder Weisungen können nur dann eine Dienstpflicht des Soldaten konstituieren, wenn sie ihrerseits, notfalls im Auffangtatbestand des § 7[33], eine **gesetzl. Basis** haben.[34]

Eine (Dienst-)Pflicht ist dann verletzt, wenn der Soldat den objektiven Tatbestand einer ihm gesetzl. auferlegten Pflicht durch Handeln oder Unterlassen „verfehlt" hat.[35] **22**

---

26 Wenn *Zetzsche* (ZBR 2004, 136) die Fürsorgepflicht des Dienstherrn gegenüber allen öff.-rechtl. Beschäftigten für verfassungsmäßig begründet hält, ist dies wegen der begrenzten Reichweite von Art. 33 Abs. 5 GG nicht ohne Weiteres nachvollziehbar.
27 GKÖD I Yk, § 24 Rn. 7; *Scherer/Alff/Poretschkin*, SG, § 24 Rn. 2.
28 *Scherer/Alff/Poretschkin*, SG, § 24 Rn. 2. A.A. GKÖD I Yk, § 24 Rn. 7.
29 BVerwGE 27, 250 (252) = NJW 1967, 2425.
30 *Plog/Wiedow/Lemhöfer*, BBG, § 78 Rn. 16b; *Scherer/Alff/Poretschkin*, SG, § 24 Rn. 8.
31 Vgl. zu dieser Differenzierung OVG Münster RiA 1985, 144.
32 BVerwGE 39, 307 (310) = MDR 1972, 806.
33 Vgl. z. B. OVG Münster 12 A 7478/95.
34 GKÖD I Yk, § 24 Rn. 7; *Scherer/Alff/Poretschkin*, SG, § 23 Rn. 2.
35 Vgl. GKÖD I Yk, § 24 Rn. 7.

23 **cc) Verschulden.** Der Soldat haftet seit der Gesetzesänd. von 1992[36] für **Vorsatz** und **grobe Fahrlässigkeit.**

Bei der Auslegung dieser Schuldformen kann auf das Zivil- und Strafrecht und die Rspr. der ordentlichen Gerichte zurückgegriffen werden. Danach handelt **vorsätzlich**, wer mit Wissen und Wollen seine Dienstpflichten verletzt. Dies gilt auch dann, wenn eine Dienstpflichtverletzung billigend in Kauf genommen wird. **Fahrlässig** handelt, wer die im Verkehr erforderliche Sorgfalt außer Acht lässt (§ 276 Abs. 2 BGB). **Grob fahrlässig** handelt, wer die im Verkehr erforderliche Sorgfalt in besonders schwerem Maße verletzt, wer nicht beachtet, was im gegebenen Fall jedem einleuchten muss oder wer die einfachsten, ganz naheliegenden Überlegungen nicht anstellt.[37]

24 **dd) Ersatz des Schadens.** Der **Schadensbegriff** des soldatischen Dienstrechts entspricht demjenigen, der den §§ 249ff. BGB zu Grunde liegt.[38] Dies bedeutet z. B.: Wiederherstellung des früheren Zustandes (§ 249 Abs. 1 BGB), alternativ Geldersatz (§ 249 Abs. 2 BGB); Ersatz des entgangenen Gewinns (§ 252 BGB); Einbeziehung des Mitverschuldens (§ 254 BGB[39]).

Danach ist i. S. d. herkömmlichen sog. **Differenzmethode** als Schaden der Unterschied zwischen der Vermögenslage des Bundes, wie sie sich infolge der schuldhaften Dienstpflichtverletzung gestaltet hat, und seiner Vermögenslage, wie sie ohne dieses Ereignis bestehen würde, anzusehen.[40]

Ergänzend ist der Schaden zu ersetzen, der dem Bund durch die vorübergehende Entziehung der Nutzungsmöglichkeit von dienstl. Gerät/der Einsatzmöglichkeit von Soldaten zu dienstl. Zwecken entsteht (sog. **normativer Schadensbegriff**).[41] Voraussetzung ist, dass das Gerät/der Soldat über einen längeren Zeitraum dem dienstl. Zugriff entzogen wurde und eine wirtschaftliche Nutzung des mil. Gerätes in Frage gekommen wäre.[42]

25 Zwischen der Dienstpflichtverletzung und dem eingetretenen Schaden muss ein **Ursachenzusammenhang** bestehen. Dieser ist dem Soldaten nur dann zuzurechnen, wenn die Dienstpflichtverletzung nach allg. Lebenserfahrung für einen objektiven Betrachter geeignet war, den Schaden herbeizuführen (sog. **Adäquanztheorie**).[43] Ganz unwahrscheinliche Kausalabläufe sollen damit aus Gründen der Billigkeit ausgeschlossen werden.

---

36 Vgl. o. Rn. 8.
37 BVerwGE 19, 243; OVG Münster RiA 1985, 23; OVG Münster NZWehrr 1986, 170; OVG Lüneburg NZWehrr 1989, 260 (Verletzung der Sorgfaltspflicht eines Truppenarztes); OVG Lüneburg 5 LA 120/06 (Einfüllen von Motoröl in den Behälter für Kühlwasser eines Dienst-Kfz); OVG Berlin-Brandenburg 4 B 5/06; VG Minden 10 K 1365/07. Weitere Hinw. bei *Scherer/Alff/Poretschkin*, SG, § 24 Rn. 2.
38 GKÖD I Yk, § 24 Rn. 18; *Scherer/Alff/Poretschkin*, SG, § 24 Rn. 5 m. w. N.
39 Vgl. BVerwGE 27, 250 = NJW 1967, 2425; GKÖD I Yk, § 24 Rn. 20.
40 BVerwGE 69, 331 (333) = NJW 1985, 875; BVerwG ZBR 1991, 249.
41 BVerwG DokBer B 1979, 16; BVerwGE 56, 315 (319) = NJW 1979, 885; BVerwGE 69, 331 (333) = NJW 1985, 875.
42 Vgl. die vorstehenden Entsch.; *Scherer/Alff/Poretschkin*, SG, § 24 Rn. 5 m. w. N.
43 BVerwGE 69, 331 (334) = NJW 1985, 875; BVerwGE 70, 296 (300) = NJW 1985, 2602; BVerwG ZBR 1999, 278; BVerwG Buchholz 236.1 § 24 SG Nr. 18; BVerwG ZBR 2004, 352; GKÖD I Yk, § 24 Rn. 18; *Scherer/Alff/Poretschkin*, SG, § 24 Rn. 7 m. w. N. Dabei können selbst die mit der Einschaltung eines Detektivbüros verbundenen Kosten gegenüber dem Schädiger geltend gemacht werden (OVG Koblenz DÖV 2005, 670).

Str. ist, ob **Zinsaufwendungen** des Bundes für Kredite zur Deckung des Bundeshaushalts zu ersetzen sind. Das BVerwG[44] hatte dies zunächst verneint, da ein Nachweis zwischen den Aufwendungen des Bundes für Kreditzinsen und der zum Schaden führenden Dienstpflichtverletzung des Soldaten nicht habe erbracht werden können. Nach krit. Anmerkungen in der Lit.[45] hat das BVerwG in einer neueren Entsch.[46] eine Zinsforderung des Bundes (gegenüber einem Beamten) für begründet erachtet, wenn der Schädiger eine zinswirksame Verwendung des entzogenen Kapitals verhindert hatte. Eines konkreten Nachweises, dass der Pflichtverstoß ursächlich für eine bestimmte Kapitalmaßnahme (Kreditaufnahme) des Bundes war, bedarf es dann nicht.   26

ee) Beweislast. Grds. trägt der **Bund** die materielle Beweislast für den Kausalzusammenhang zwischen der Dienstpflichtverletzung und dem eingetretenen Schaden. Etwas **anderes** gilt, wenn der Soldat die Pflichtverletzung nicht zu vertreten hat (entspr. Anwendung von § 280 Abs. 1 Satz 2 BGB – früher § 282 Abs. 1 Satz 2 BGB)[47] oder wenn der Beweis des ersten Anscheins gegen den Soldaten spricht.[48]   27

Voraussetzung für die **Umkehr der Beweislast** ist, dass die Schadensursache aus einem Gefahrenbereich hervorgegangen ist, für den der Soldat die alleinige Verantwortung trägt. Dies ist beispielsweise dann nicht der Fall, wenn der Soldat Ausrüstungsstücke verloren hat, während der fraglichen Zeit (wegen eines Lehrgangs) aber nicht die ununterbrochene Verfügungsgewalt über diese hatte.[49] Ebenso ist zu verfahren, wenn der Soldat den mit einer Kassenführung verbundenen Gefahrenbereich nicht ausschließlich beherrscht hat, d. h. dieser nicht frei von fremder Einflussnahme war.[50]   28

ff) Wegfall der Bereicherung. Hat der Soldat durch eine vorsätzliche oder grob fahrlässige Verletzung seiner Mitteilungs- und Prüfungspflichten eine **Überzahlung mit Dienstbezügen** verursacht, haftet er (auch) aus § 24 auf Rückzahlung. Auf den Wegfall der Bereicherung entspr. § 818 Abs. 3 BGB kann er sich nicht berufen.[51]   29

gg) Haftungsbeschränkungen. Verursacht der Soldat mit einem Dienst-Kfz einen **Verkehrsunfall**, ist seine Haftung wie folgt geregelt: 30

Ist das Fahrzeug gem. § 2 Abs. 1 Pflichtversicherungsgesetz von der Versicherungspflicht befreit und tatsächlich nicht haftpflichtversichert, haftet der Bund für den Schaden des Dritten (**Fremdschaden**). Gem. § 2 Abs. 2 Satz 6 dieses Gesetzes darf der Bund insoweit den Soldaten nur ebenso in Anspruch nehmen wie ein Haftpflichtversicherer seinen Versicherungsnehmer. Der Rückgriff ist damit i. d. R. ausgeschlossen.[52] Für den **Eigenschaden** des Bundes haftet der Soldat gem. § 24.[53]

---

44 BVerwG NJW 1989, 1232.
45 Vgl. *Schön*, NJW 1993, 961.
46 BVerwGE 115, 15 = ZBR 2002, 315. Vgl. auch BVerwG ZBR 2003, 249.
47 St. Rspr. seit BVerwGE 37, 192 (199). Vgl. BVerwG ZBR 1999, 278.
48 VGH Mannheim BWV 1980, 35 (Verkehrsunfall in Folge alkoholbedingter Fahruntüchtigkeit).
49 BVerwG *Buchholz* 238.4 § 24 SG Nr. 11.
50 BVerwG DVBl. 1988, 1067; VG Hannover NVwZ-RR 2008, 331.
51 BVerwGE 39, 307 = MDR 1972, 806.
52 BVerwGE 70, 296 = NJW 1985, 2602. Vgl. jedoch BVerwG ZBR 2004, 130 zur Drittschadensliquidation.
53 *Scherer/Alff/Poretschkin*, SG, § 24 Rn. 10; *Zetzsche*, ZBR 2004, 130.

31 Die früher geltende Haftungsbeschränkung bei gefahrgeneigter Tätigkeit besteht seit 1994 nicht mehr.[54] Inzwischen wird eine allg. Haftungsbeschränkung des Soldaten gegenüber dem Bund aus der **Fürsorgepflicht des Dienstherrn** abgeleitet. Danach ist der Soldat zum Schadensersatz „nur insoweit heranzuziehen, als dies angemessen, verhältnismäßig und billig ist".[55] Insbes. bei besonders hohen Schäden kann nach pflichtgemäßem Ermessen von der Geltendmachung und Durchsetzung des Schadensersatzanspruchs ganz oder teilweise **abgesehen** werden, wenn der volle Ersatz die Lebensführung des Soldaten „in unerträglicher Weise beeinträchtigen" würde.[56] Dementspr. wird auch in der Praxis verfahren.[57]

32 **b) Satz 2.** In Anwendung von Satz 2 wird der **Rechtsgedanke der gesamtschuldnerischen Haftung** der § 421, § 830 Abs. 1, § 840 Abs. 1 BGB auf das soldatische Dienstrecht übertragen. Gem. § 830 Abs. 1 Satz 2 BGB haften mehrere beteiligte Soldaten und zwar jeder in voller Höhe dem Bund auch dann, wenn sich nicht ermitteln lässt, welcher von ihnen den Schaden durch seine Handlung verursacht hat. Hierfür müssen folgende Voraussetzungen vorliegen:

Bei jedem beteiligten Soldaten muss ein anspruchsbegründendes Verhalten mit Ausnahme des Nachweises der Ursächlichkeit gegeben sein; einer der Beteiligten muss den Schaden verursacht haben; es ist nicht feststellbar, welcher der Beteiligten den Schaden (ganz oder teilweise) verursacht hat.[58]

33 Die Inanspruchnahme eines Soldaten als Gesamtschuldner muss unter Berücksichtigung seines „Schuldbeitrages" **vertretbar** erscheinen.[59] Insofern kann sich der Soldat ausnahmsweise auf das **Mitverschulden** (§ 254 BGB) eines anderen beteiligten Soldaten berufen, wenn dieses dem Bund als Mitverschulden zuzurechnen ist.[60]

34 Die **Ausgleichung** der in Anspruch genommenen Soldaten untereinander bestimmt sich nach § 426 BGB.

35 **4. Absatz 2.** Die **Verjährung** der Schadensersatzansprüche gem. § 24 war bis zum DNeuG, anders als nach früherem Recht, nicht mehr § 852 Abs. 1 BGB a. F. nachgebildet.[61] Die maximal 30-jährige Verjährungsfrist fand sich bis zum Inkrafttreten des SkResNOG nur noch in § 24 Abs. 6 Satz 5 WPflG (Fassung 2002).[62] Mit dem DNeuG entfiel die vorherige Sonderregelung der Verjährung. Nunmehr gelten die **allg. Verjährungsvorschriften des BGB**; der Gesetzgeber sah keinen Grund (mehr), den öff. Dienstherrn von der grds. Vereinheitlichung des Verjährungsrechts auszunehmen.[63]

---

54 Vgl. BAGE 78, 56; *Zetzsche*, ZBR 2004, 133 m. w. N.
55 BVerwG ZBR 2004, 352. Vgl. *Zetzsche*, ZBR 2004, 130 ff.; im Ergebnis ebenso GKÖD I Yk, § 24 Rn. 16 f.
56 BVerwG ZBR 2004, 352; *Plog/Wiedow/Lemhöfer*, BBG, § 78 Rn. 50 f.
57 Vgl. § 59 BHO; Einziehungsrichtlinien des BMVg in der jew. geltenden Fassung. Die Höhe der Messbeträge orientiert sich am Maß des Verschuldens im konkreten Fall.
58 BVerwG ZBR 1999, 278.
59 GKÖD I Yk, § 24 Rn. 19.
60 BVerwGE 56, 315 = NJW 1979, 885; *Scherer/Alff/Poretschkin*, SG, § 24 Rn. 11 m. w. N.
61 Die Ausführungen von *Scherer/Alff/Poretschkin*, SG, § 24 Rn. 12 (vgl. auch OVG Münster NZWehrr 1994, 42), entsprechen insoweit nicht mehr der heutigen Rechtslage.
62 Nunmehr gilt gem. § 24 Abs. 6a Satz 2 WPflG n. F. eine maximal zehnjährige Verjährungsfrist.
63 BT-Drs. 16/7076, 117.

Haftung § 24

Problematisch ist gelegentlich der **Beginn der Verjährungsfrist**. Maßgeblich ist gem. 36
Abs. 2 der Zeitpunkt, in dem der „Dienstherr" von dem Schaden und der Person des
Ersatzpflichtigen Kenntnis erlangt hat. Im Bereich der Bw ist „Dienstherr" i. S. d. Vorschrift die „fachaufsichtführende Dienststelle", nicht der „nächste Vorgesetzte" i. S. d.
Nr. 7 Abs. 1 der SB.[64] Nur diese ist „innerbehördlich" zur Überprüfung der Rechtmäßigkeit des Handelns des Soldaten befugt bzw. berechtigt, einen Schadensersatzanspruch geltend zu machen.[65] Konkret bedeutet dies, dass es auf die **Kenntnis der
zuständigen WBV bzw. des BAWV**[66] ankommt.

„Kenntniserlangung" setzt nicht voraus, dass der Dienstherr alle Einzelheiten eines
Schadens überblickt. Es genügt, dass er den Hergang der Schädigung „in seinen
Grundzügen" kennt und weiß, dass der Sachverhalt „erhebliche Anhaltspunkte" für
eine Ersatzpflicht des Soldaten bietet,[67] so dass eine Schadensersatzklage mit „einigermaßen sicherer Aussicht auf Erfolg" erhoben werden kann.[68]

Die Verjährung kann nach den §§ 203 ff. BGB **gehemmt** sein; sie wird durch einen 37
Leistungsbescheid **unterbrochen**.[69]

5. Absatz 3. Abs. 3 bedarf keiner Komm.; er hat bisher in der Praxis keine Anwen- 38
dungsprobleme ausgelöst. Zur Durchführung ist u. a. auf die oben[70] zit. Erl. des BMVg
zu verweisen.

6. Sonstiges. – a) Geltendmachung. Der Bund kann mit seiner Schadensersatzforde- 39
rung entspr. §§ 387 ff. BGB **aufrechnen**; er kann vor den VG **Leistungsklage** erheben.[71]

Im Regelfall wird der Bund seinen Schaden gegenüber dem Soldaten (auch dem 40
ehem. Soldaten[72]) durch **VA** geltend machen. Während die früher h.M. die Geltendmachung eines solchen Schadens mittels des sog. Leistungsbescheides ablehnte, ist
diese Verfahrensweise inzwischen weitgehend unstr.[73] Der Leistungsbescheid kann
gem. § 3 Abs. 2a Verwaltungs-Vollstreckungsgesetz **vollstreckt** werden.[74]

b) Beteiligung von Interessenvertretern. Im Zuge der Geltendmachung eines Scha- 41
densersatzanspruchs gegen einen Soldaten findet eine **Beteiligung** von VP oder Soldatenvertretern im Personalrat **nicht** statt. Ein aufgrund von § 24 erlassener Leistungsbescheid ist eine Angelegenheit i. S. v. § 52 Abs. 1 Satz 1 SBG, die nur die Soldaten

---

64 BVerwG DVBl. 1990, 249; ZBR 1999, 278.
65 Vgl. ebd.
66 Nr. 9 ff. der SB.
67 BVerwG DVBl. 1990, 249.
68 BVerwG ZBR 2004, 352.
69 BVerwGE 34, 97 (99).
70 Rn. 13.
71 *Scherer/Alff/Poretschkin*, SG, § 24 Rn. 14, 16. Die frühere Möglichkeit der Inanspruchnahme mittels des Erstattungsgesetzes v. 18.4.1937 (RGBl. I S. 461) besteht seit dem 1.7.2002 nicht mehr (G v. 21.6.2002, BGBl. I S. 2138).
72 BVerwGE 27, 250 = NJW 1967, 2425; BVerwG ZBR 1999, 278.
73 Seit BVerwGE 18, 283 = NJW 1964, 2030 st. Rspr.; vgl. BVerwGE 21, 270 = NJW 1966, 364; BVerwGE 27, 245 = NJW 1967, 2423; BVerwGE 27, 250 = NJW 1967, 2425; *Plog/Wiedow/Lemhöfer*, BBG, § 78 Rn. 61 f. m. w. N. Krit. noch *Dietlein*, DVBl. 1964, 923; *Menger/Erichsen*, VerwArch 1966, 377 (381 ff.); *Rupp*, JZ 1965, 180.
74 Vgl. *Sadler*, Verwaltungs-Vollstreckungsgesetz/Verwaltungszustellungsgesetz, 5. Aufl. 2002, § 3 VwVG Rn. 7 ff.

betrifft. Das BPersVG[75] ist daher nicht einschlägig. Das SBG wiederum sieht eine Beteiligung von VP in diesem Zusammenhang nicht vor.[76]

42 **c) Schadensfälle von Vertrauenspersonen.** Vor dem Inkrafttreten des SBG wurde gefordert, die Zuständigkeit für die Bearbeitung von Schäden, die ein Vertrauensmann begangen hatte, auf den nächsthöheren DiszVorg. zu übertragen.[77] Weder das SBG noch die ZDv 10/2 „Beteiligung der Soldaten durch Vertrauenspersonen" haben diesen Gedanken aufgegriffen. Es bleibt daher bei der allg. **Zuständigkeit des nächsten DiszVorg.**

43 **d) Verhältnis Disziplinarrecht und Haftung.** Die disziplinare Maßregelung eines Dienstvergehens und die Inanspruchnahme eines Soldaten gem. § 24 wegen des gleichen Sachverhalts sind zu **trennen.** Es handelt sich um voneinander unabhängige Verfahren. Dies folgt bereits daraus, dass für die Ahndung eines Dienstvergehens einfache Fahrlässigkeit ausreicht.[78] Ein Leistungsbescheid vermag eine disziplinare Würdigung nicht zu ersetzen.[79] Es ist daher zumindest missverständlich, wenn das BVerwG in früheren Entsch.[80] ausgeführt hat, beim Erlass eines Leistungsbescheides seien auch „Erwägungen erzieherischer Art" zulässig.

44 Die gem. § 145 Abs. 2 WDO **bindende Wirkung** von Entscheidungen der DiszVorg. und der Wehrdienstgerichte für Schadensersatzprozesse erstreckt sich auf die tatsächlichen Feststellungen, d. h. den maßgeblichen Sachverhalt, und dessen disziplinare Würdigung.[81]

45 **e) Rechtsweg.** Für eine Anfechtungsklage gegen einen Leistungsbescheid ist der **Verwaltungsrechtsweg** gegeben. Dies schließt Verhaltensweisen eines Vorg. anlässlich der Abwicklung eines Schadensfalles ein.[82] Für Klagen des Bundes gem. Art. 34 Satz 1 GG sind die **ordentlichen Gerichte** zuständig.

§ 25 Wahlrecht; Amtsverhältnisse

(1) Stimmt ein Soldat seiner Aufstellung als Bewerber für die Wahl zum Deutschen Bundestag, zu der gesetzgebenden Körperschaft eines Landes oder zu einer kommunalen Vertretung zu, so hat er dies unverzüglich seinem nächsten Disziplinarvorgesetzten mitzuteilen.

(2) Für die Rechtsstellung der nach dem 1. Juni 1978 in die gesetzgebende Körperschaft eines Landes gewählten Berufssoldaten und Soldaten auf Zeit gelten die für in den Deutschen Bundestag gewählte Berufssoldaten und Soldaten auf Zeit maßgebenden Vorschriften in den §§ 5 bis 7, 8 Abs. 2, § 23 Abs. 5 und in § 36 Abs. 1 des Abgeordnetengesetzes entsprechend.

---

75 Vgl. § 76 Abs. 2 Satz 1 Nr. 9, Satz 2 BPersVG.
76 BVerwG *Buchholz* 236.1 § 24 SG Nr. 18.
77 *Peterson*, NZWehrr 1986, 26 f.
78 ZDv 14/3 B 127.
79 *Lingens*, UBwV 1984, 59.
80 BVerwGE 27, 245 (249) = NJW 1967, 2423; BVerwG 27, 250 (253) = NJW 1967, 2425.
81 Vgl. *Dau*, WDO, § 145 Rn. 7 m.w.N.; a.A. BVerwGE 69, 334 = DVBl. 1984, 1226; *Plog/Wiedow/Lemhöfer*, BBG, § 78 Rn. 22; *Steinkamm*, NZWehrr 1983, 57.
82 BVerwGE 63, 246 = NZWehrr 1980, 28.

(3) ¹Für die Tätigkeit als Mitglied einer kommunalen Vertretung, eines nach Kommunalverfassungsrecht gebildeten Ausschusses oder vergleichbarer Einrichtungen in Gemeindebezirken ist dem Soldaten der erforderliche Urlaub unter Belassung der Geld- und Sachbezüge zu gewähren. ²Satz 1 gilt auch für die von einer kommunalen Vertretung gewählten ehrenamtlichen Mitglieder von Ausschüssen, die auf Grund eines Gesetzes gebildet worden sind. ³Urlaub nach Satz 1 oder 2 kann nur versagt werden, wenn nach Abwägung den Interessen des Dienstherrn gegenüber den Interessen der kommunalen Selbstverwaltung ausnahmsweise der Vorrang einzuräumen ist; in diesen Fällen liegt die Entscheidung beim Bundesministerium der Verteidigung.

(4) ¹Wird ein Berufssoldat zum Mitglied der Bundesregierung oder zum Parlamentarischen Staatssekretär bei einem Mitglied der Bundesregierung ernannt, gelten § 18 Abs. 1 und 2 und § 20 des Bundesministergesetzes entsprechend. ²Das gilt auch für die Ernennung zum Mitglied der Regierung eines Landes oder für den Eintritt in ein Amtsverhältnis, das dem eines Parlamentarischen Staatssekretärs im Sinne des Gesetzes über die Rechtsverhältnisse der Parlamentarischen Staatssekretäre entspricht. ³Die Sätze 1 und 2 gelten für Soldaten auf Zeit entsprechend mit der Maßgabe, dass bei Anwendung des § 18 Abs. 2 des Bundesministergesetzes an die Stelle des Eintritts in den Ruhestand die Beendigung des Dienstverhältnisses tritt.

(5) ¹Tritt ein Berufssoldat in ein kommunales Wahlbeamtenverhältnis auf Zeit ein, ruhen mit dessen Beginn die in dem Dienstverhältnis als Berufssoldat begründeten Rechte und Pflichten mit Ausnahme der Pflicht zur Verschwiegenheit (§ 14) und des Verbots der Annahme von Belohnungen oder Geschenken (§ 19). ²Nach Beendigung des kommunalen Wahlbeamtenverhältnisses ruhen die in dem Dienstverhältnis als Berufssoldat begründeten Rechte und Pflichten für längstens weitere drei Monate. ³Sie leben auf Antrag des Berufssoldaten, der innerhalb von zwei Monaten nach Beendigung des kommunalen Wahlbeamtenverhältnisses zu stellen ist, wieder auf. ⁴Stellt der Berufssoldat den Antrag nicht oder nicht zeitgerecht, ist er nach Ablauf der drei Monate als Berufssoldat entlassen. ⁵Die Vorschriften über die Beendigung des Dienstverhältnisses eines Berufssoldaten bleiben unberührt. ⁶Die Sätze 1 bis 5 gelten für den Soldaten auf Zeit entsprechend.

§ 5 AbgG Ruhen der Rechte und Pflichten aus einem öffentlich-rechtlichen Dienstverhältnis

(1) Die Rechte und Pflichten aus dem Dienstverhältnis eines in den Bundestag gewählten Beamten mit Dienstbezügen ruhen vom Tage der Feststellung des Bundeswahlausschusses (§ 42 Abs. 2 Satz 1 des Bundeswahlgesetzes) oder der Annahme des Mandats für die Dauer der Mitgliedschaft mit Ausnahme der Pflicht zur Amtsverschwiegenheit und des Verbots der Annahme von Belohnungen und Geschenken. Das Gleiche gilt, wenn ein Mitglied des Bundestages in ein solches Dienstverhältnis berufen wird, von dem Tage an, mit dem seine Ernennung wirksam wird. Der Beamte hat das Recht, seine Amts- oder Dienstbezeichnung mit dem Zusatz „außer Dienst" („a.D.") zu führen. Bei unfallverletzten Beamten bleiben die Ansprüche auf das Heilverfahren und einen Unfallausgleich unberührt. Satz 1 gilt längstens bis zum Eintritt oder bis zur Versetzung in den Ruhestand.

(2) Für den in den einstweiligen Ruhestand versetzten Beamten gilt Absatz 1 längstens bis zum Eintritt oder bis zur Versetzung in den dauernden Ruhestand sinngemäß.

(3) Einem in den Bundestag gewählten Beamten auf Widerruf im Vorbereitungsdienst ist auf seinen Antrag Urlaub ohne Anwärterbezüge zu gewähren. Wird der Beamte nach

Bestehen der Laufbahnprüfung zum Beamten auf Probe ernannt, so ruhen seine Rechte und Pflichten aus diesem Dienstverhältnis nach Absatz 1 von dem Tage an, mit dem die Ernennung wirksam wird.

§ 6 AbgG Wiederverwendung nach Beendigung des Mandats

(1) Nach der Beendigung der Mitgliedschaft im Bundestag ruhen die in dem Dienstverhältnis eines Beamten begründeten Rechte und Pflichten für längstens weitere sechs Monate. Der Beamte ist auf seinen Antrag, der binnen drei Monaten seit der Beendigung der Mitgliedschaft zu stellen ist, spätestens drei Monate nach Antragstellung wieder in das frühere Dienstverhältnis zurückzuführen. Das ihm zu übertragende Amt muss derselben oder einer gleichwertigen Laufbahn angehören wie das zuletzt bekleidete Amt und mit mindestens demselben Endgrundgehalt ausgestattet sein. Vom Tage der Antragstellung an erhält er die Dienstbezüge des zuletzt bekleideten Amtes.

(2) Stellt der Beamte nicht binnen drei Monaten seit der Beendigung der Mitgliedschaft im Bundestag einen Antrag nach Absatz 1, so ruhen die in dem Dienstverhältnis begründeten Rechte und Pflichten (§ 5 Abs. 1) weiter bis zum Eintritt oder bis zur Versetzung in den Ruhestand. Die oberste Dienstbehörde kann den Beamten jedoch, wenn er weder dem Bundestag mindestens zwei Wahlperioden angehört noch bei Beendigung der Mitgliedschaft im Bundestag das 55. Lebensjahr vollendet hat, unter Übertragung eines Amtes im Sinne des Absatzes 1 Satz 3 wieder in das frühere Dienstverhältnis zurückführen; lehnt der Beamte die Rückführung ab oder folgt er ihr nicht, so ist er entlassen. Satz 2 ist nicht anzuwenden, wenn der Beamte während der Dauer seiner Mitgliedschaft im Bundestag Mitglied der Bundesregierung gewesen ist.

§ 7 AbgG Dienstzeiten im öffentlichen Dienst

(1) Abweichend von § 27 Abs. 3 Satz 3 des Bundesbesoldungsgesetzes und unbeschadet des § 23 Abs. 5 verzögert die Zeit der Mitgliedschaft im Bundestag den Aufstieg eines Bundesbeamten in den Grundgehaltsstufen in dem Umfang, der sich bei entsprechender Anwendung des § 28 Abs. 1 und 2 des Bundesbesoldungsgesetzes in der bis zum 30. Juni 2009 geltenden Fassung ergibt.

(2) Wird der Beamte nicht nach § 6 in das frühere Dienstverhältnis zurückgeführt, so wird das Besoldungsdienstalter um die Zeit nach Beendigung der Mitgliedschaft im Bundestag bis zum Eintritt des Versorgungsfalles hinausgeschoben. Wird der Bundesbeamte nicht nach § 6 in das frühere Dienstverhältnis zurückgeführt, verbleibt er bis zum Eintritt des Versorgungsfalles in der sich nach Absatz 1 ergebenden Stufe des Grundgehaltes.

(3) Die Zeit der Mitgliedschaft im Bundestag gilt unbeschadet der Regelung des § 23 Abs. 5 nicht als Dienstzeit im Sinne des Versorgungsrechts. Das Gleiche gilt für die Zeit nach der Beendigung der Mitgliedschaft im Bundestag, wenn der Beamte nicht nach § 6 in das frühere Dienstverhältnis zurückgeführt wird.

(4) Nach Beendigung der Mitgliedschaft im Bundestag ist die Zeit der Mitgliedschaft auf laufbahnrechtliche Dienstzeiten, mit Ausnahme der Probezeit, anzurechnen.

(5) Nach Beendigung der Mitgliedschaft im Bundestag ist die Zeit der Mitgliedschaft auf Dienst- und Beschäftigungszeiten bei Arbeitnehmern des öffentlichen Dienstes anzurechnen; im Rahmen einer bestehenden zusätzlichen Alters- und Hinterbliebenenversorgung gilt dies nur im Hinblick auf Vorschriften, die die Anwartschaft oder den Anspruch dem Grunde nach regeln.

Wahlrecht; Amtsverhältnisse § 25

§ 8 AbgG Beamte auf Zeit, Richter, Soldaten und Angestellte des öffentlichen Dienstes

(1) ...

(2) Die Rechte und Pflichten aus dem Dienstverhältnis eines Soldaten auf Zeit ruhen längstens für die Dauer der Verpflichtungszeit und eines Beamten auf Zeit längstens für die Zeit, für die er in das Beamtenverhältnis berufen worden ist.

(3) ...

§ 23 AbgG Versorgungsabfindung

(1) bis (4) ...

(5) Anstelle der Versorgungsabfindung nach Absatz 1 wird die Zeit der Mitgliedschaft im Bundestag auf Antrag als Dienstzeit im Sinne des Besoldungs- und Versorgungsrechts der Beamten, Richter und Soldaten berücksichtigt.

(6) bis (9) ...

§ 36 AbgG Übergangsregelung für die Angehörigen des öffentlichen Dienstes

(1) Der auf Grund des Gesetzes über die Rechtsstellung der in den ersten Deutschen Bundestag gewählten Angehörigen des öffentlichen Dienstes vom 11. Mai 1951 (BGBl. I S. 297) oder des Gesetzes über die Rechtsstellung der in den Deutschen Bundestag gewählten Angehörigen des öffentlichen Dienstes vom 4. August 1953 (BGBl. I S. 777), zuletzt geändert durch das Gesetz vom 21. August 1961 (BGBl. I S. 1557), sowie einer entsprechenden Regelung eines Landes in den Ruhestand getretene Beamte, der in den achten Bundestag gewählt worden ist oder in einen späteren Bundestag gewählt wird, gilt mit dem Tage der Annahme der Wahl, frühestens jedoch mit dem Inkrafttreten dieses Gesetzes, wieder als in das Beamtenverhältnis unter gleichzeitigem Ruhen der Rechte und Pflichten (§ 5 Abs. 1) berufen, sofern er die allgemeinen Voraussetzungen für die Berufung in das Beamtenverhältnis noch erfüllt. Im Übrigen bleiben die bis zum Inkrafttreten dieses Gesetzes nach den §§ 4 und 4a letzter Satz des Gesetzes über die Rechtsstellung der in den Deutschen Bundestag gewählten Angehörigen des öffentlichen Dienstes vom 4. August 1953 begründeten Ansprüche erhalten.

(2) bis (3) ...

§ 18 BMinG

(1) Wird ein Beamter oder Richter des Bundes zum Mitglied der Bundesregierung ernannt, so scheidet er mit dem Beginn des Amtsverhältnisses (§ 2 Abs. 2) aus seinem Amt als Beamter oder Richter aus. Für die Dauer der Mitgliedschaft ruhen die in dem Dienstverhältnis begründeten Rechte und Pflichten mit Ausnahme der Pflicht zur Amtsverschwiegenheit und des Verbots der Annahme von Belohnungen oder Geschenken. Bei unfallverletzten Beamten oder Richtern bleibt der Anspruch auf das Heilverfahren unberührt.

(2) Endet das Amtsverhältnis als Mitglied der Bundesregierung, so tritt der Beamte oder Richter, wenn ihm nicht innerhalb dreier Monate mit seinem Einverständnis ein anderes Amt übertragen wird, mit Ablauf dieser Frist aus dem Dienstverhältnis als Beamter oder Richter in den Ruhestand und erhält das Ruhegehalt, das er in seinem früheren Amt unter Hinzurechnung der Amtszeit als Mitglied der Bundesregierung erdient hätte.

(3) bis (4) ...

Eichen

§ 20 BMinG

(1) Steht einem Mitglied oder einem ehemaligen Mitglied der Bundesregierung auf Grund eines früheren Dienstverhältnisses als Beamter oder Richter oder eines früheren Amtsverhältnisses als Landesminister (§ 18 Abs. 4) ein Anspruch auf Ruhegehalt oder auf eine ruhegehaltähnliche Versorgung zu, so ruht dieser Anspruch für einen Zeitraum, für den Amtsbezüge (§ 11), Übergangsgeld oder Ruhegehalt aus dem Amtsverhältnis (§§ 14, 15, 17) zu zahlen sind, bis zur Höhe des Betrages dieser Bezüge.

(2) Wird ein ehemaliges Mitglied der Bundesregierung, das Übergangsgeld oder Ruhegehalt aus dem Amtsverhältnis bezieht, im öffentlichen Dienst wieder verwendet, so erhält es diese Bezüge nur insoweit, als das Einkommen aus der Verwendung hinter dem für denselben Zeitraum zustehenden Übergangsgeld oder Ruhegehalt zurückbleibt. Das Gleiche gilt für ein Ruhegehalt oder eine ruhegehaltähnliche Versorgung auf Grund der Wiederverwendung.

(2a) Ruhegehalt wird neben Erwerbs- und Erwerbsersatzeinkommen, das nicht nach Absatz 2 berücksichtigt wird, oder neben Renten nur in der Höhe gewährt, die sich bei sinngemäßer Anwendung der §§ 53 und 55 des Beamtenversorgungsgesetzes ergibt. § 55 des Beamtenversorgungsgesetzes ist mit der Maßgabe anzuwenden, dass an die Stelle der Höchstgrenze nach § 55 Abs. 2 Satz 1 Nr. 1 des Beamtenversorgungsgesetzes ein sich unter Berücksichtigung des Höchstsatzes nach § 15 Abs. 3 Satz 3 ergebendes Ruhegehalt tritt; § 21a Abs. 5 Satz 1 dieses Gesetzes sowie § 69e Abs. 3 Satz 3 des Beamtenversorgungsgesetzes gelten entsprechend. Auf das Übergangsgeld nach § 14 ist § 55 des Beamtenversorgungsgesetzes ab dem zweiten Monat mit der Maßgabe anzuwenden, dass an die Stelle der Höchstgrenze des § 55 Abs. 2 Satz 1 Nr. 1 des Beamtenversorgungsgesetzes der jeweilige Betrag nach § 14 Abs. 3 Satz 1 oder der nach Anwendung des § 14 Abs. 2 Satz 2 sich ergebende Betrag tritt. Der sich nach Anwendung der Sätze 1 und 2 ergebende Ruhensbetrag darf zusammen mit dem Anrechnungsbetrag nach § 14 Abs. 6 und dem Ruhensbetrag nach Satz 3 die nach Satz 1 zu berücksichtigenden Leistungen nicht übersteigen. Die Sätze 1 bis 4 sind nur auf Versorgungsfälle anzuwenden, denen ein nach dem 21. November 2005 begründetes öffentlich-rechtliches Amtsverhältnis zugrunde liegt.

(3) Die Absätze 1 bis 2a finden auf die Hinterbliebenen (§ 16) entsprechende Anwendung. § 54 Abs. 3 und Abs. 4 Satz 2 des Beamtenversorgungsgesetzes gilt sinngemäß.

(4) Für ein ehemaliges Mitglied der Bundesregierung oder seine Hinterbliebenen gilt *§ 160b des Bundesbeamtengesetzes*[1] einschließlich der dazu ergangenen Übergangsvorschriften sinngemäß.

(5) *(aufgehoben)*

Übersicht

	Rn		Rn
I. Allgemeines	1	II. Erläuterungen im Einzelnen	9
1. Zweck der Vorschrift	1	1. Absatz 1	9
2. Entstehung der Vorschrift	2	2. Absatz 2	13
3. Änderungen der Vorschrift	4	3. Absatz 3	28
4. Bezüge zum Beamtenrecht bzw.		4. Absatz 4	37
zu sonstigen rechtl. Vorschriften; ergänzende Dienstvorschriften	5	5. Absatz 5	42

---

1 Vorschrift aufgehoben durch § 92 Abs. 1 Nr. 5 des G v. 24.8.1976 (BGBl. I S. 2485) mit Wirkung v. 1.1.1977; vgl. jetzt § 56 BeamtVG i.V.m. § 90 BeamtVG.

Wahlrecht; Amtsverhältnisse § 25

Literatur: *Alff, Richard*: Zur Rechtsstellung der in ein Parlament gewählten Soldaten, NZWehrr 1980, 201; *Bornemann, Roland*: Soldatenpflichten und Abgeordnetenmandat, NZWehrr 1985, 133; *Braun, Werner/Jantsch, Monika/Klante, Elisabeth*: Abgeordnetengesetz, Kommentar, 2002; *Demandt, Ecke*: Zur Versetzung von Soldaten, die Mitglieder eines Personalrates, Vertrauensmann oder kommunale Mandatsträger sind, NZWehrr 1984, 105; *Eichen, Klaus*: Das „Gesetz zur Änderung des Soldatengesetzes und anderer Vorschriften (SGÄndG)" vom 19. Dezember 2000, NZWehrr 2001, 45; *Henkel, Joachim*: Die Rechtsstellung der in den Bundestag gewählten Beamten, ZBR 1977, 113; *Schmidt-Bremme, Götz*: Der Versetzungsschutz durch das kommunalpolitische Mandat, NZWehrr 1989, 68; *Sträter, Carl Ludwig*: Das Europaabgeordnetengesetz, ZBR 1979, 221; *ders.*: Zur Rechtsstellung der in ein Parlament gewählten Angehörigen des öffentlichen Dienstes – Bundesrechtliche Regelungen, RiA 1980, 81; *ders.*: Zur Rechtsstellung der in ein Parlament gewählten Soldaten und Professoren, RiA 1980, 181.

I. Allgemeines

1. Zweck der Vorschrift. § 25 regelt die Rechtsstellung der in ein Parlament zu wählenden oder gewählten BS und SaZ, in Abs. 1 und 3 auch der wpfl Soldaten, soweit deren Rechte und Pflichten nicht bereits in anderen Vorschriften ausgestaltet sind. **1**

Abs. 1 begründet eine **Anzeigepflicht** aller Soldaten gegenüber dem mil. Vorg. **Abs. 2** regelt die **dienstrechtl. Stellung** der in einen **Landtag** gewählten BS und SaZ, **Abs. 3** die Gewährung von **Urlaub** für **Mitglieder kommunaler Vertretungen** und sonstiger entspr. Einrichtungen auf dieser Ebene. **Abs. 4** befasst sich mit der **Rechtsstellung** von BS und SaZ, die im Bund oder auf Länderebene ein **Ministeramt** oder das Amt eines **ParlSts** antreten. **Abs. 5** definiert seit dem DNeuG erstmals im SG die rechtl. Stellung der BS und SaZ, die in ein **kommunales Wahlbeamtenverhältnis** auf Zeit eintreten.

2. Entstehung der Vorschrift. § 22 des REntw. sah in Abs. 1 ein **aktives Wahlrecht** aller Soldaten vor, das diesen ausdrücklich und in bewusster Abkehr von der Vergangenheit[2] unbeschränkt verliehen werden sollte.[3] Abs. 2 konzipierte Regelungen zum **passiven Wahlrecht**, die sich mit dem Schicksal des Dienstverhältnisses der BS und SaZ befassten, die sich auf Bundes- oder Länderebene als Wahlkandidaten aufstellen ließen. Dabei war ein Ausscheiden aus dem Wehrdienstverhältnis bereits zum Zeitpunkt der Aufstellung als Wahlbewerber vorgesehen. **2**

In der Erstfassung des SG wurde jedoch auf eine Vorschrift zum aktiven Wahlrecht der Soldaten verzichtet. Sie wurde als entbehrlich angesehen, nachdem den Soldaten in § 6 die gleichen staatsbürgerlichen Rechte wie jedem anderen Staatsbürger zugestanden worden waren.[4] In § 25 Abs. 1 wurde das **passive Wahlrecht der BS** in derselben Form geregelt wie bei den Beamten; für **SaZ** wurde in Abs. 2 eine Regelung getroffen, wie sie bei den Ang. im Dienst des Bundes vorgesehen war.[5] Die damals zulässige Weiterzahlung der Hälfte der Dienstbezüge war längstens bis zum Ablauf der Verpflichtungszeit als SaZ möglich. Ein Ausscheiden aus dem Wehrdienstverhält- **3**

---

2 Nach § 36 WG 1921 durften Soldaten weder polit. tätig werden noch polit. Vereinen angehören. Für sie ruhte das Recht zum Wählen o. zur Teilnahme an Abstimmungen im Reich, in den Ländern u. Gemeinden.
3 Vgl. BT-Drs. II/1700, 25.
4 BT-Drs. II/2140, 9; *Rittau*, SG, 165 f.
5 S. BT-Drs. ebd.

nis wurde, anders als im REntw. vorgesehen, erst für den Zeitpunkt der Annahme der Wahl durch den Soldaten festgelegt.

4 3. Änderungen der Vorschrift. § 25 wurde mehrmals so wesentlich geä., dass nur noch der heutige Abs. 1 dem Abs. 1 Satz 1 der Erstfassung in etwa gleicht:

- Durch Art. 1 Nr. 1 des G vom **9.7.1962**[6] wurde Abs. 1 neu gefasst. Auf die Pflicht zur Mitteilung bei einer Aufstellung für die Wahl zu einer kommunalen Vertretungskörperschaft wurde verzichtet.
- Durch Art. VI Abs. 1 Nr. 2 des G vom **18.2.1977**[7] erhielt § 25 für eine Übergangszeit eine neue Fassung. Mit ihr sollte erreicht werden, dass die damalige Rechtsstellung der in ein Landesparlament gewählten Soldaten bis zur Neuregelung der Rechtsstellung der Landtagsabg. erhalten bleiben konnte.[8] Auf eine Regelung der Rechtsverhältnisse der in den BT gewählten BS und SaZ in § 25 konnte – auch in Form einer Verweisung – verzichtet werden, weil diese Rechtsstellung im neuen AbgG für alle Angehörigen des öff. Dienstes einheitlich ausgestaltet wurde.
- Durch Art. 6 Abs. 1 Nr. 2 des G vom **30.7.1979**[9] wurde § 25 novelliert. Die damals formulierten Abs. 1 bis 3 finden sich im Wesentlichen in der aktuellen Fassung wieder. In Abs. 1 wurde die in der Erstfassung enthaltene, 1962 gestrichene Mitteilungspflicht für BS und SaZ bei einer Bewerbung zu einer kommunalen Vertretung wieder eingeführt und auf WPfl ausgedehnt. In Abs. 2 wurde die Rechtsstellung der in einen Landtag gewählten BS und SaZ geregelt. Abs. 3 regelte die dienstrechtl. Folgen der Wahl eines Soldaten in eine kommunale Vertretung.[10]
- Durch Art. 2 Nr. 2 des G vom **24.2.1983**[11] wurde Abs. 4 (Ernennung eines BS oder SaZ zum Min. oder ParlSts) angefügt; die Überschrift des § 25 wurde entspr. geä.
- Durch das **SGÄndG** wurde die Überschrift des § 25 erneut geä. Die Verweisung auf das AbgG in Abs. 2 Satz 1 wurde generalisiert, dem Abs. 3 ein Satz 3 angefügt.
- Durch Art. 2 Nr. 9 des **SkResNOG** wurde Abs. 2 Satz 2 aufgehoben und damit der bereits aufgrund des Diätenurt. des BVerfG[12] nicht mehr zulässigen Weitergewährung von Besoldungsanteilen an Soldaten, die in einen Landtag gewählt sind, auch die formalgesetzl. Grundlage entzogen.
- Durch Art. 10 Nr. 9 des **DNeuG** wurde Abs. 5 angefügt.

4. Bezüge zum Beamtenrecht bzw. zu sonstigen rechtl. Vorschriften; ergänzende
5 Dienstvorschriften. Eine identische Vorschrift findet sich für **Bundesbeamte** nicht. Abs. 2 korrespondiert weitgehend mit § 40 Abs. 1 Satz 3 BBG, Abs. 3 Satz 1 und 2 mit § 90 Abs. 4 BBG. Abs. 4, der mit § 40 Abs. 2 BBG vergleichbar ist, war für BS und SaZ notwendig, weil die §§ 18, 20 BMinG nur die rechtl. Stellung von Beamten und Richtern regeln. Abs. 5 entspricht im Wesentlichen § 40 Abs. 3 BBG.

Für **Richter im Bundesdienst** gelten § 36 Abs. 2, 121 DRiG.

---

6 BGBl. I S. 447.
7 BGBl. I S. 297. Durch dieses G wurden die Rechtsverhältnisse der Mitglieder des BT, wesentlich beeinflusst durch das sog. Diätenurteil des BVerfG v. 5.11.1975 (BVerfGE 40, 296), vor allem im AbgG neu geregelt.
8 Vgl. BT-Drs. 7/5903, 18.
9 BGBl. I S. 1301.
10 Vgl. BT-Drs. 8/819, 11 f.
11 BGBl. I S. 179.
12 V. 5.11.1975, BVerfGE 40, 296.

Wahlrecht; Amtsverhältnisse § 25

Für **Landesbeamte** und **Richter im Landesdienst** gelten landesrechtl. Vorschriften (vgl. z. B. § 22 bis 26 AbgG NRW; § 15 des LandesMinG NRW).

Wird ein Angehöriger des öff. Dienstes (auch ein BS oder SaZ) mit Dienstbezügen in das **Europ. Parlament** gewählt, gilt § 8 Abs. 3 EuAbgG insbes. i. V. m. §§ 5 bis 9 und 36 Abs. 1 und 2 AbgG sowie § 25 SG. 6

Hat ein **WPfl** seiner Aufstellung für die Wahl zum BT, zu einem Landtag oder zum Europ. Parlament zugestimmt, ist er bis zur Wahl vom Wehrdienst zurückzustellen. Hat er die Wahl angenommen, kann er für die Dauer des Mandats nur auf seinen Antrag einberufen werden (§ 12 Abs. 3 WPflG). Ein Soldat, der aufgrund der WPfl Wehrdienst leistet, ist zu entlassen, wenn er seiner Aufstellung für die Wahl zum BT, zu einem Landtag oder zum Europ. Parlament zugestimmt hat (§ 29 Abs. 1 Satz 3 Nr. 7 WPflG). 7

Für **ZDL** finden sich entspr. Regelungen in § 11 Abs. 3, § 43 Abs. 1 Nr. 6 ZDG.

Das **BMVg** hat ergänzende Regelungen in folgenden Erl. getroffen: 8
– „Politische Betätigung von Soldaten, insbesondere bei Europa-, Bundestags-, Landtags- und Kommunalwahlen" vom 18.11.1980[13]
– „Kommunalpolitische Tätigkeit und Übernahme von öffentlichen Ehrenämtern sowie Wahrnehmung ehrenamtlicher Tätigkeiten durch Soldaten" vom 30.3.2001[14]

II. Erläuterungen im Einzelnen

1. Absatz 1. Die Best. legt **für jeden Soldaten**, auch einen **WPfl**, die Pflicht fest, seinem nächsten DiszVorg. unverzüglich (d. h. ohne schuldhaftes Zögern) zu melden, wenn er seiner Aufstellung als Bewerber für die **Wahl zum BT**, zu einem **Landtag** oder zu einer **kommunalen Vertretung**[15] zugestimmt hat. Nicht erwähnt wird eine Bewerbung für die Wahl zum **Europ. Parlament**. Insoweit haben betroffene BS und SaZ jedoch dieselbe Meldepflicht. Dies ergibt sich aus § 8 Abs. 3 EuAbgG, der § 25 auf Angehörige des öff. Dienstes im Soldatenstatus bei Bewerbungen für die Wahl zum Europ. Parlament ausdrücklich für entspr. anwendbar erklärt. Dies gilt nicht für WPfl. Diese haben eine Bewerbung aufgrund der entspr. Weisung in Anl. 2 zu dem unter Rn. 8 genannten Erl. des BMVg vom 18.11.1980 ihrem nächsten DiszVorg. mitzuteilen. 9

Voraussetzung für die Meldepflicht ist die **Zustimmung** des Soldaten zur **Aufstellung als Wahlbewerber**. Wahlbewerbung ist nicht schon jede mit einer möglichen zukünftigen Wahl in Verbindung stehende Aktivität zu Gunsten einer polit. Partei oder Gruppierung.[16] Notwendig ist vielmehr ein **ernsthaftes**, dem Dienstherrn ggf. nachzuweisendes und auf Verlangen glaubhaft zu machendes[17] **Bemühen** um die eigene Wahl in eine gesetzgebende Körperschaft oder in eine kommunale Vertretung. Dieser Nachweis ist bei **Wahlkandidaten**, die sich mit ihrer schriftl. Zustimmung um einen Sitz im BT oder in einem Landtag bewerben, formal geführt, sobald sie von einer Partei oder 10

---

13 VMBl. 1980 S. 533; 1988 S. 25.
14 VMBl. 2001 S. 116.
15 Erfasst werden im Wesentlichen (vgl. z. B. § 1 Abs. 1 Kommunalwahlgesetz NRW) Wahlen zu Gemeinderäten, Kreistagen, zu Bezirksvertretungen, zum Bürgermeister o. Landrat.
16 Vgl. *Achterberg/Schulte*, in: vM/K/S, GG II, Art. 48 Rn. 1 m.w.N.; *Trute*, in: v. Münch/Kunig, GGK II, Art. 48 Rn. 4.
17 Achterberg/Schulte, ebd.

Eichen 453

Wählergruppe[18] dem Wahlleiter in einem Wahlvorschlag namhaft gemacht und vom Wahlausschuss zugelassen worden sind (vgl. für die Wahl zum BT §§ 19, 26 ff. BWG; für die Wahl zu einem Landtag z. B. §§ 19 ff. Landeswahlgesetz NRW).[19] Für Wahlen zu kommunalen Vertretungen gelten entspr. Best. über Wahlvorschläge und deren Zulassung (vgl. z. B. §§ 15 ff. Kommunalwahlgesetz NRW i. V. m. §§ 24 ff. Kommunalwahlordnung NRW).

11 Es ist zu eng, den Begriff des Wahlbewerbers erst an die Zulassung eines förmlichen Wahlvorschlags durch den Wahlausschuss zu knüpfen.[20] Zwar kann ab diesem formalen Akt zweifelsfrei von der Voraussetzung des Abs. 1 ausgegangen werden. Die Zustimmung des Soldaten zur Aufstellung als Wahlbewerber wird jedoch schon im Vorfeld der Einreichung und Zulassung von Wahlvorschlägen erteilt; sie reicht, wenn sie ernst gemeint ist, nach dem Wortlaut des Abs. 1 für die Meldepflicht aus. Die Ernsthaftigkeit ist i. d. R. zu bejahen, wenn jemand auf der **Kandidatenliste** einer polit. Partei aufgeführt oder von einem **Parteitag** als Bewerber gewählt worden ist.[21] Auch sonst sollten keine zu strengen Maßstäbe angelegt werden.[22] Der Verfassungsgesetzgeber selbst verbietet in Art. 48 Abs. 2 Satz 1 GG alle Maßnahmen, welche die Bewerbung um Übernahme eines Mandats erschweren, und sichert so die Möglichkeit einer ungehinderten Wahlkandidatur. Ausreichen muss deshalb eine konkrete, objektivierbare Möglichkeit, als Kandidat benannt werden zu können.[23] Nur so entsteht ausreichender Spielraum, vergleichend zu Parteibewerbern die Ernsthaftigkeit der Wahlbewerbung **parteiloser Wahlbewerber** bewerten zu können.[24] Bei ihnen lässt die Rspr.[25] in der Öffentlichkeit erkennbare, konkrete Anstrengungen genügen, die darauf abzielen, in den BT oder einen Landtag gewählt zu werden.[26] In keinem Fall darf die Ernsthaftigkeit von den Wahlchancen der sich bewerbenden Person abhängig gemacht werden.[27] Allerdings wird die Phase der Unsicherheit über eine Wahlbewerbung im Vorfeld der Wahl bis zur Zulassung der Wahlvorschläge relativ kurz sein. Nach den Wahlgesetzen müssen Kreiswahlvorschläge (zur Wahl von Direktkandidaten; für Landeslisten liegen die Fristen etwas näher am Wahltag) schon sehr frühzeitig (nach § 19 BWG spätestens 66 Tage; nach z. B. § 19 Abs. 1 Landeswahlgesetz NRW 48 Tage vor der Wahl) eingereicht werden. Entspr. kurz darauf

---

18 Parteilose Wahlbewerber benötigen für die Wahl zum BT mindestens 200 persönliche, handschriftl. Unterschriften, § 20 Abs. 3 BWG. Für die Wahl zu einem Landtag gilt dies entspr., vgl. z. B. § 19 Abs. 2 Satz 3 Landeswahlgesetz NRW (notwendig sind hier mindestens 100 Unterschriften).
19 Vgl. *Scherer/Alff/Poretschkin*, SG, § 25 Rn. 3; *Stauf* I, § 25 SG Rn. 3.
20 So aber BVerwG NZWehrr 1982, 154 sowie Teil C Nr. 16a der RL des BMVg zur Versetzung, zum Dienstpostenwechsel u. zur Kommandierung v. Soldaten, VMBl. 1988 S. 76, 77 mit Änd.
21 Vgl. *Achterberg/Schulte*, in: vM/K/S, GG II, Art. 48 Rn. 1 m. w. N.
22 So aber für Bewerber polit. Parteien vor der Nominierung *Trute*, in: v. Münch/Kunig, GGK II, Art. 48 Rn. 4.
23 Vgl. *Magiera*, in: Sachs, GG, Art. 48 Rn. 3; *Schulze-Fielitz*, in: Dreier II, Art. 48 Rn. 10, jew. m. w. N.
24 Deren grds. Anspruch auf Chancengleichheit gegenüber Parteibewerbern auch bei der Wahlvorbereitung betont BVerfGE 41, 399 (Ls 2).
25 Vgl. VG Köln DÖV 1972, 356 f.
26 Hierzu gehören bereits die Bemühungen, die z. B. nach § 20 Abs. 3 BWG für die Wahlzulassung notwendigen 200 Unterschriften v. Wahlberechtigten des Wahlkreises zu erlangen.
27 *Pieroth*, in: Jarass/Pieroth, GG, Art. 48 Rn. 2; *Trute*, in: v. Münch/Kunig, GGK II, Art. 48 Rn. 4.

werden diese Wahlvorschläge zugelassen oder zurückgewiesen (vgl. § 26 BWG u. z. B. § 21 Abs. 3 Landeswahlgesetz NRW).[28]

Macht der Soldat **schuldhaft nicht unverzüglich Meldung**, begeht er ein **Dienstvergehen** (§ 23 Abs. 1). Dies ergibt sich aus der zwingenden Formulierung des Abs. 1. Zwar sind es in erster Linie Rechte des Soldaten, die dieser durch seine verzögerte Mitteilung an seinen nächsten DiszVorg. vereitelt, z. B. das Recht auf Wahlvorbereitungsurlaub nach § 28 Abs. 6 oder das Recht von Wahlbewerbern (auch solchen für eine kommunale Vertretung), bis zum Wahltag nicht versetzt zu werden.[29] Es handelt sich aber nicht nur um die Verletzung einer **Obliegenheit**, bei deren Nichtbeachtung dem Soldaten lediglich eigene Rechte verloren gehen. Denn der Dienstherr hat ein schützenswertes Interesse, möglichst zeitnah über Wahlbewerbungen informiert zu werden. Dieses liegt zwar nicht darin, dass, wie der Abg. *Arnholz* (SPD)[30] meinte, der Soldat bei der Aufstellung als Wahlkandidat seine parteipolit. Neutralität im Dienst preisgebe und sich festlege.[31] Es darf nicht unterstellt werden, der Soldat werde seine Pflichten aus § 15 verletzen und bedürfe deshalb besonderer Beobachtung. Entscheidend für den Dienstherrn ist aber, möglichst frühzeitig für einen bei einer erfolgreichen Wahlbewerbung ganz oder zumindest zeitweilig ausfallenden Soldaten personellen Ersatz einplanen und entspr. Personalmaßnahmen vorbereiten zu können. Deshalb kann er auf die unverzügliche Meldung einer Wahlbewerbung nicht verzichten. **12**

2. Absatz 2. BS und SaZ, die in den BT oder in einen Landtag gewählt werden, sind Abg. wie andere Mitglieder dieser Parlamente. Ihre Rechte und Pflichten als Parlamentarier (z. B. Anspruch auf Abgeordnetenentschädigung, Versorgungsleistungen, Beihilfen in Krankheitsfällen, mit der Ausübung des Mandats zusammenhängende Pflichten [z. B. die Verschwiegenheitspflicht]) richten sich nach den für alle Parlamentsmitglieder geltenden Best. des AbgG des Bundes oder AbgG des jew. Landes. **13**

Eine Besonderheit ergibt sich für Angehörige des öff. Dienstes aus der möglichen Unvereinbarkeit der Mandatsausübung mit einer Verwendung als Beamter, Richter oder Soldat. Die Unvereinbarkeit (**Inkompatibilität**) von Abgeordnetenmandat und mil. Tätigkeit ist Ausdruck des **Gewaltenteilungsprinzips** (Art. 20 Abs. 2 Satz 2 GG). Die Ermächtigung zur gesetzl. Einschränkbarkeit der Wählbarkeit von BS und SaZ insbes. zum BT oder zu einem Landtag findet sich in **Art. 137 Abs. 1 GG**. **14**

Der **Bund** hat in seinem AbgG die Unvereinbarkeit einer Tätigkeit im öff. Dienst mit einem Mandat im BT in §§ 5 ff. AbgG geregelt. Nach **§ 5 Abs. 1 Satz 1 AbgG ruhen**[32] mit dem Tag der Feststellung des Bundeswahlausschusses nach § 42 Abs. 2 Satz 1 BWG oder der Annahme der Wahl zum BT (unter den Voraussetzungen des § 45 BWG) für die Dauer der Mitgliedschaft die **Rechte und Pflichten** aus einem öff.-rechtl. Beamtendienstverhältnis und (über § 8 Abs. 1 AbgG) auch aus einem **Wehrdienstverhältnis als BS oder SaZ**. Ausdrücklich ausgenommen sind für Soldaten nur deren Pflicht zur Verschwiegenheit (§ 14) und das Verbot, Belohnungen und **15**

---

28 Für Kommunalwahlen gelten ähnliche Fristen, vgl. z. B. §§ 15 Abs. 1, 18 Abs. 3 Kommunalwahlgesetz NRW.
29 Vgl. Nr. 16 Buchst. b der RL des BMVg zur Versetzung, zum Dienstpostenwechsel u. zur Kommandierung v. Soldaten v. 3.3.1988 (VMBl. S. 76) mit Änd.
30 In der 46. Sitzung des Beamtenrechtsausschusses des BT am 18.1.1956.
31 Vgl. *Rittau*, SG, 167.
32 Das Wehrdienstverhältnis erlischt nicht; der Soldat bleibt im öff. Dienst.

Eichen

Geschenke anzunehmen (§ 19). Weitere Beschränkungen (z. B. durch § 17 Abs. 3 im Hinblick auf die Wiederverwendung des Soldaten) bestehen somit nicht.[33] Auf besondere Regelungen über die rechtl. Stellung der **in den BT gewählten Soldaten** im SG konnte verzichtet werden, weil hierfür das **AbgG** gilt.

16 Die Bestimmung einer **Unvereinbarkeit eines Landtagsmandats** mit einem **öff.-rechtl. Dienstverhältnis** ist Sache des jew. **Landesgesetzgebers**. Gleichwohl hat der Bundesgesetzgeber (nur hierzu dient **Abs. 2**) die Rechtsstellung der **in einen Landtag gewählten BS und SaZ** in der Form geregelt, dass er durch eine Verweisung in Abs. 2 auf die entspr. Vorschriften des AbgG des Bundes eine **Unvereinbarkeit** der Ausübung eines Mandats **in einem Länderparlament** mit einer mil. Verwendung feststellt. Er ist hierfür zuständig, weil er sich auf die **dienstrechtl. Sicht** beschränkt, d. h. eine Regelung in Bezug auf das Wehrdienstverhältnis trifft.[34]

Angesichts der ausnahmslosen Unvereinbarkeitsregelung des Abs. 2 für BS und SaZ haben die Landesgesetzgeber in die Inkompatibilitätsbest. ihrer AbgG keine entgegenstehenden Vorschriften aufgenommen. Ein Nebeneinander von Mandat und soldatischem Dienst ist daher landesgesetzl. keinesfalls zugelassen. Es finden sich aber in einigen AbgG der Länder zusätzliche Best. zur Unvereinbarkeit von Landtagszugehörigkeit und Verwendung als BS oder SaZ.[35]

17 Abs. 2 verweist somit **für nach dem 1.6.1978**[36] **in einen Landtag gewählte** BS und SaZ auf entspr. anwendbare, bestimmte Vorschriften des AbgG des Bundes[37], die das Schicksal des mil. Dienstverhältnisses regeln. Diese Best. des AbgG kommen für BS und SaZ im BT und in einem Landtag deshalb einheitlich zum Zuge. Sie gestalten die Rechtslage entweder direkt (für in den BT gewählte BS und SaZ) oder über die Verweisung in Abs. 2 (für in einen Landtag gewählte BS und SaZ). Demnach gilt (über das Ruhen der Rechte und Pflichten aus dem Dienstverhältnis nach § 5 Abs. 1 Satz 1, § 8 Abs. 1 AbgG bzw. nach § 5 Abs. 1 Satz 1 AbgG i. V. m. Abs. 2 hinaus) u. a. Folgendes:

18 Wird ein Mitglied des BT oder eines Landtages zum BS oder SaZ ernannt, kommen die Rechte und Pflichten aus dem (durch die Ernennung wirksam begründeten, die Parlamentszugehörigkeit ist kein Ernennungshindernis) Wehrdienstverhältnis ebenfalls zum Ruhen (**§ 5 Abs. 1 Satz 2 AbgG**). Dieser Zustand hält nicht an, weil § 46 Abs. 2 Satz 1 Nr. 5/§ 55 Abs. 1[38] zwingend die **Entlassung** des Soldaten anordnet, wenn dieser sein **Mandat nicht** in angemessener Frist **niederlegt**.[39]

---

33 Vgl. GKÖD I Yk, § 25 Rn. 5 m. w. N., wo zum Entw. des § 7 (später: § 5 Abs. 1) AbgG auf die in BT-Drs. 7/5531, 15 herausgestellte Lösung des ein Mandat ausübenden Beamten/Soldaten v. der Pflicht zur Unparteilichkeit, v. der polit. Treuepflicht u. der Pflicht zur Mäßigung u. Zurückhaltung bei polit. Betätigung hingewiesen wird; a.A. *Scherer/Alff/Poretschkin*, SG, § 25 Rn. 5.
34 Vgl. BT-Drs. 8/819, 8.
35 Z. B. in § 5 Abs. 3 Nr. 1 des Niedersächsischen AbgG, § 34c des AbgG Sachsen-Anhalt.
36 Ob die Nennung des Stichtags 1.7.1978 – für vor diesem Datum in einen Landtag gewählte BS u. SaZ gilt die alte Rechtslage, vgl. Art. 10 Abs. 1 des G v. 30.7.1979 (BGBl. I S. 1903) – noch notwendig ist, ist zw. Auf der alten Rechtslage beruhende Versorgungsansprüche sind bestandskräftig anerkannt; der zit. Stichtag dürfte deshalb gegenstandslos sein.
37 Neben der in Abs. 2 getroffenen Regelung war die Nennung des § 8 Abs. 1 AbgG („Die §§ 5 bis 7 gelten für … Berufssoldaten und Soldaten auf Zeit entsprechend.") verzichtbar.
38 Für Beamte gilt entspr. § 32 Abs. 1 Nr. 3 BBG.
39 Vgl. die Komm. zu § 46 Abs. 2 Satz 1 Nr. 5.

Nach § 5 Abs. 1 Satz 3, § 8 Abs. 1 AbgG dürfen **BS und SaZ** ihren **Dienstgrad** mit dem 19
Zusatz „außer Dienst" („a.D.") führen. Eine Beschränkung dieses Rechts auf BS[40] wäre
mit dem eindeutigen Wortlaut des § 8 Abs. 1 AbgG und des Abs. 2, die jew. für SaZ den
gesamten § 5 AbgG für anwendbar erklären, nicht vereinbar. Obwohl SaZ nach der regulären Beendigung ihres Wehrdienstverhältnisses keinen Dienstgrad mit dem Zusatz
„a.D." führen können, handelt es sich hier um eine gesetzl. zugelassene Ausnahme während der Mandatsausübung. Dies entspricht der Intention des Gesetzgebers. Er wollte
durch die Dienstgradführung mit dem Zusatz „a.D." den Eindruck vermeiden, der Soldat – das gilt auch für den SaZ – sei neben dem Mandat weiterhin in der Exekutive tätig.[41]

Folge des Ruhens des Wehrdienstverhältnisses ist u. a., dass Ansprüche des Soldaten 20
auf Geld- und Sachbezüge, z. B. auf Umzugskostenvergütung und auf unentgeltliche
truppenärztliche Versorgung, nicht bestehen.[42] Entspr. **§ 5 Abs. 1 Satz 4 AbgG** bleiben
dem Soldaten Ansprüche auf **Heilbehandlungen** wegen eines Dienstunfalls und
Unfallentschädigungen (z. B. nach § 63 SVG) erhalten.

Die Rechte und Pflichten aus dem Dienstverhältnis ruhen längstens, bis der **BS** in den 21
Ruhestand tritt oder z. B. wegen Überschreitens einer besonderen Altersgrenze in den
Ruhestand versetzt wird (**§ 5 Abs. 1 Satz 5 AbgG**).[43] Für **SaZ** gilt dies längstens bis
zum Ablauf der festgesetzten Dienstzeit (**§ 8 Abs. 2 AbgG**). Trotz des Ausscheidens
aus dem Wehrdienstverhältnis unterliegen Soldaten, die Parlamentarier sind, weiterhin der Pflicht zur Verschwiegenheit und dem Verbot der Annahme von Belohnungen
und Geschenken (vgl. § 23 Abs. 2 Nr. 1). Eine Pflicht zur polit. Zurückhaltung der früheren Soldaten (nach § 17 Abs. 3 im Hinblick auf eine Wiederverwendung als Soldat)
besteht während der Mandatsausübung nicht.[44]

Der auf Beamte im einstweiligen Ruhestand bezogene **§ 5 Abs. 2 AbgG** ist auf in den 22
BT (entspr. gilt dies für in einen Landtag gewählte BS) gewählte, im **einstweiligen
Ruhestand** (§ 50) befindliche BS entspr. anwendbar.

Krit. zu sehen ist die **Verweisung in Abs. 2** (wie – bezogen auf BS und SaZ – in § 8 23
Abs. 1 AbgG) **auf § 5 Abs. 3 AbgG**. Für die Anwendung des § 5 Abs. 3 AbgG auf BS
und SaZ ist kein Raum. Einerseits ist es bei Soldaten – anders als bei Beamten (§ 90
Abs. 3 Satz 1 Nr. 1 BBG) – nicht möglich, dass neben dem Mandat ein aktives Dienstverhältnis als Soldat bestehen bleibt.[45] Andererseits ist die vom Gesetzgeber in § 5
Abs. 3 AbgG unterstellte Abgrenzung der Beamten auf Widerruf im Vorbereitungsdienst, denen während der Mitgliedschaft in einem Parlament die Ablegung ihrer
Laufbahnprüfung ermöglicht werden sollte, von den „anderen aktiven Beamten"[46] soldatenrechtl. nicht nachbildbar, weil Soldaten während ihrer Laufbahnausbildung

---

40 *Weniger*, SG, § 25 Rn. 9, hält eine Erstreckung auf SaZ für systemwidrig.
41 BT-Drs. 7/5903, 10.
42 *Scherer/Alff/Poretschkin*, SG, § 25 Rn. 6.
43 Auf den in ein Parlament gewählten Soldaten finden also weiterhin die Vorschriften über
    den Eintritt (z. B. wegen Erreichens einer Altersgrenze) o. die Versetzung in den Ruhestand (z. B. wegen Dienstunfähigkeit) Anwendung.
44 Vgl. GKÖD I Yk, § 25 Rn. 5. A.A. *Scherer/Alff/Poretschkin*, SG, § 25 Rn. 5; wohl auch
    Weniger, SG § 25 Rn. 8.
45 Der Gesetzgeber wollte für Beamte auf Widerruf im Vorbereitungsdienst neben dem Mandat das aktive Dienstverhältnis als Beamter bestehen lassen (BT-Drs. 7/5903, 10).
46 Vgl. ebd.

i. d. R.⁴⁷ regulären mil. Dienst leisten. Die Verweisung sollte daher vom Gesetzgeber korrigiert werden.

24 Nach **§ 6 AbgG i. V. m. Abs. 2** werden für in einen Landtag gewählte BS und SaZ Regelungen für die **Wiederverwendung nach Beendigung des Mandats** getroffen. Die Wiederverwendung kann vom Soldaten beantragt oder von Amts wegen veranlasst werden. Entspr. § 6 Abs. 2 Satz 2 AbgG ist, wenn die oberste Dienstbehörde (BMVg) aufgrund einer Ermessensentscheidung den Soldaten in sein früheres Wehrdienstverhältnis zurückführen will, weil die Voraussetzungen nach § 6 Abs. 2 AbgG vorliegen, und der Soldat dem nicht Folge leistet, dieser kraft Gesetzes entlassen. Ein konstitutiver VA (eine Entlassungsverfügung) ist nicht nötig. Lediglich die Voraussetzungen und der Zeitpunkt der Beendigung des Wehrdienstverhältnisses sind deklaratorisch festzustellen und dem Soldaten mitzuteilen; die Mitteilung ist ein feststellender VA, gegen den der Soldat verwaltungsgerichtl. Rechtsschutz suchen kann.⁴⁸

Ein in das Dienstverhältnis zurückgeführter Soldat ist dienstgrad- und besoldungsgerecht zur zuletzt wahrgenommenen Verwendung einzusetzen.

25 Nach **§ 7, § 23 Abs. 5 AbgG** werden die Auswirkungen der Zugehörigkeit zu einem Parlament auf das Besoldungsdienstalter, versorgungs- und laufbahnrechtl. Dienstzeiten des Soldaten geregelt. Für Richter, BS und SaZ sollte durch die Verweisung in § 8 Abs. 1 AbgG nur auf die **für Beamte** geltenden rechtl. Vorschriften in den §§ 5 bis 7 AbgG entspr. Bezug genommen werden⁴⁹, nicht auf Regelungen für Arbeitnehmer. Deshalb ist die pauschale **Bezugnahme** in Abs. 2 auf die §§ 5 bis 7 AbgG und damit auch **auf § 7 Abs. 5 AbgG** (er betr. Arbeitnehmer des öff. Dienstes) **verfehlt** und sollte insoweit beseitigt werden.

26 Gem. **§ 7 Abs. 4, § 8 Abs. 1 AbgG** ist nach Rückführung in das Wehrdienstverhältnis die Zeit der Mitgliedschaft eines Soldaten im BT (oder – über § 7 Abs. 4 AbgG und Abs. 2 – in einem Landtag) **auf laufbahnrechtl. Dienstzeiten** nach der **SLV anzurechnen.** Durch die Anrechnung soll verhindert werden, dass bestimmte zeitliche Sperren, z. B. für Beförderungen, durch die Parlamentszugehörigkeit noch weiter hinausgeschoben werden. Ein Anspruch auf Beförderung besteht nicht, ebensowenig auf eine fiktive Laufbahnnachzeichnung.⁵⁰

Auf vor einer Entlassung nach **§ 46 Abs. 3** von einem BS zu fordernde **Abdienzeiten** sind Zeiten einer Parlamentszugehörigkeit entspr. § 7 Abs. 4 AbgG anzurechnen. Zwar ist die nach § 46 Abs. 3 notwendige Stehzeit nicht zu den in § 27 und in der SLV veranlassten „laufbahnrechtl." Dienstzeiten zu zählen. Dieser Begriff hat in § 7 Abs. 4 AbgG aber keine materielle Bedeutung. Aus der Entstehung des § 7 Abs. 4 AbgG lässt sich erschließen⁵¹, dass der Gesetzgeber mit dieser Regelung grds. eine Anrechnung von Mandatszeiten auf alle **Beschäftigungszeiten** und damit auf soldatische Dienstzeiten erreichen wollte, ausgenommen die in § 7 AbgG ausdrücklich genannten besoldungs- und versorgungsrechtl. Zeiten und Probezeiten.

---

47 Etwas anderes gilt nur für studierende SanOA u. für Soldaten in einer zivilberuflichen Aus- u. Weiterbildung.
48 *Braun/Jantsch/Klante*, AbgG, § 6 Rn. 10 m. w. N.
49 Ebd., § 8 Rn. 3.
50 Ebd., § 7 Rn. 10 f.
51 Vgl. BT-Drs. 7/5531, 14, 17.

Ob in Abs. 2 (dies gilt entspr. für § 40 Abs. 1 Satz 3 BBG) noch auf die Übergangsvorschrift des § 36 **Abs. 1 AbgG** verwiesen werden muss, ist zw.[52] **27**

3. Absatz 3. Nach **Satz 1** ist Soldaten[53], die als Mitglied einer **kommunalen Vertretung**, eines **nach Kommunalverfassungsrecht gebildeten Ausschusses** oder **vergleichbarer Einrichtungen in Gemeindebezirken** tätig werden, (grds., vgl. Satz 3) der **erforderliche Urlaub** unter Belassung der Geld- und Sachbezüge zu gewähren. Dies gilt nach **Satz 2** auch für Soldaten, die von einer kommunalen Vertretung als ehrenamtl. Mitglieder von **aufgrund eines Gesetzes gebildeten Ausschüssen** gewählt worden sind. Soldaten sind für die Mitarbeit in diesen kommunalen Gremien auf die Gewährung von Urlaub angewiesen, weil ihr Wehrdienstverhältnis durch die kommunalpolit. Tätigkeit nicht zum Ruhen kommt.[54] **28**

Kommunale Vertretungen sind insbes. Gemeinderäte und Kreistage (sog. Kommunalparlamente[55]). **29**

Unter „**nach Kommunalverfassungsrecht gebildeten Ausschüssen**" sind Ausschüsse von kommunalen Vertretungen zu verstehen, so z. B. die nach § 57 Abs. 2 der Gemeindeordnung NRW in jeder Gemeinde zwingend zu bildenden Ausschüsse (Hauptausschuss, Finanzausschuss, Rechnungsprüfungsausschuss). Grds. können neben Ratsmitgliedern auch sachkundige Bürger, die dem Gemeinderat nicht angehören müssen, zu Mitgliedern von Ausschüssen bestellt werden.[56]

Vergleichbare Einrichtungen in Gemeindebezirken sind z. B. Bezirksvertretungen in kreisfreien Städten[57] oder Bezirksausschüsse in Gemeindebezirken der kreisangehörigen Gemeinden.[58]

Bei der nach Satz 2 gleichgestellten Tätigkeit in einem **Ausschuss**, der **aufgrund eines Gesetzes gebildet** und in den der Soldat durch eine kommunale Vertretung als ehrenamtl. Mitglied gewählt werden kann, handelt es sich nicht um einen nach Kommunalverfassungsrecht (hier ist Satz 1 einschlägig), sondern auf der Basis eines **Spezialgesetzes** gebildeten Ausschuss. Zu nennen sind z. B. die Mitgliedschaft im Verwaltungsrat einer städtischen Sparkasse nach dem Sparkassengesetz eines Landes oder in Gutachterausschüssen nach § 192 des Baugesetzbuchs, deren Besetzung kraft Landesrechts i. d. R. durch kommunale Gremien entschieden wird.[59] **30**

---

52 Auf der alten Rechtslage beruhende Versorgungsansprüche sind bestandskräftig anerkannt; selbst § 36 Abs. 1 Satz 2 AbgG ist deshalb gegenstandslos. Nach *Braun/Jantsch/ Klante*, AbgG, § 36 Rn. 1, ist die „aktuelle Bedeutung [des § 36] gering".
53 Erfasst werden auch wpfl Soldaten, vgl. BT-Drs. 8/819, 11 f.
54 Vgl. GKÖD I Yk, § 25 Rn. 7. Durch Abs. 3 erfasste Soldaten sind zu unterscheiden v. dem Personenkreis des Abs. 5 (BS u. SaZ, die in ein kommunales Wahlbeamtenverhältnis auf Zeit eintreten)!
55 Vgl. *Weber/Banse*, I/4, § 89 BBG Rn. 3.
56 Vgl. z. B. § 58 Abs. 3 Satz 1 der Gemeindeordnung NRW; s. a. *Weber/Banse* a.a.O.
57 Vgl. z. B. § 36 f. der Gemeindeordnung NRW.
58 Vgl. z. B. § 39 der Gemeindeordnung NRW.
59 S. die Zusammenstellung v. Ausschüssen, die unter Satz 2 fallen, bei *Weber/Banse*, I/4, § 89 BBG Rn. 5.

Eichen

31 Einem Soldaten, der in einem der genannten Gremien als Mitglied tätig werden will, **ist** hierzu (soweit nicht die Ausnahme nach Satz 3 eingreift) der **notwendige bezahlte** („unter Belassung der Geld- und Sachbezüge") **Urlaub zu gewähren.** Urlaub i. S. v. Abs. 3 ist weit zu verstehen: Er erfasst **jedes** von den zuständigen Vorg. **genehmigte Fernbleiben vom Dienst.**[60] Gewährt werden kann daher nicht nur der Urlaub im soldatenurlaubsrechtl. Sinne.[61] Erfasst wird auch die Dienstbefreiung als die Erlaubnis, dem Dienst für Stunden fernzubleiben.[62]

Der Gesetzgeber geht grds. davon aus, dass die Wahrnehmung einer kommunalpolit. Tätigkeit Vorrang vor der Erfüllung dienstl. Aufgaben besitzt.[63] Spätestens seit der Anfügung des Satzes 3 gilt die Zurückstellung dienstl. Aufgaben nicht absolut. Eine Einschränkung ergibt sich bereits aus Satz 1, weil nur der **erforderliche** Urlaub gewährt werden darf. Anlässlich der Beratungen zu § 89 Abs. 3 BBG a. F., der in Art. 2 Nr. 6 des G vom 30.7.1979[64] geä. worden ist, bestand Einvernehmen, die Freistellungsvorschrift solle nicht bewirken, dass „Bundesbeamte für ihre Tätigkeit in kommunalen Vertretungen vom Dienst gänzlich freigestellt" werden. Die Tätigkeit für eine Kommunalvertretung sei ein Ehrenamt, welches nicht dazu führen dürfe, dass „für den regulären Beruf keine Zeit mehr" bleibe. „Die Freistellung vom Dienst" dürfe „nur in dem erforderlichen Umfang erfolgen, und das Maß der Erforderlichkeit" sei „immer unter dem Gesichtspunkt der ehrenamtl. Tätigkeit zu sehen".[65] Der Soldat muss es daher hinnehmen, dass die Tätigkeit in kommunalen Gremien mit einem Opfer an Freizeit einhergeht[66], das grds. nicht durch Verlagerung dieser Tätigkeit in die mil. Arbeitszeiten zu Lasten des Dienstherrn verringert werden darf. Die Übernahme eines kommunalen Wahlamtes gibt einem Soldaten auch keinen Anspruch darauf, dass für ihn an einem Dienstort, der für die Ausübung des Mandats besonders günstig liegt, ein Dienstposten freigemacht wird.[67]

32 **Erforderlich** i. S. v. Satz 1 ist Urlaub nur insoweit[68], als eine zeitlich festgelegte Dienstleistungspflicht des Soldaten mit einer zeitlich festgelegten Ratstätigkeit, z. B. der Teilnahme an einer Sitzung, zeitlich zusammentrifft, so dass der Soldat ohne den Urlaub an der betreffenden Ratstätigkeit gehindert wäre. Soweit danach Dienst des Soldaten endgültig ausfällt, wird dies – in begrenztem Umfang – lediglich in Kauf genommen. Es ist nicht Ziel der Beurlaubungsvorschrift, bei Soldaten den Zeit- und Arbeitsaufwand für die Tätigkeit als Mitglied kommunaler Gremien ganz oder teilweise durch Verringerung der Dienstleistungspflicht auszugleichen. Die Vorschrift ist als Ausnahme vom Grds. der vollen Dienstleistungspflicht des Soldaten, dem die Alimentati-

---

60 Dies entspricht dem beamtenrechtl. Urlaubsbegriff, vgl. *Battis*, BBG, § 89 Rn. 2.
61 Vgl. die Komm. zu § 28 Rn. 19.
62 S. Nr. 1 Abs. 2 AusfBestSUV (ZDv 14/5 F 511).
63 S. *Weber/Banse*, I/4, § 89 BBG Rn. 3a. Nach BVerwGE 83, 19 = NZWehrr 1986, 73 f. wird die Ausübung eines polit. Mandats durch Soldaten als erwünscht angesehen. Vgl. schon BVerwG NZWehrr 1982, 154.
64 BGBl. I S. 1301.
65 So MdB *Berger* (CDU) in der 161. Sitzung des BT am 21.6.1979, zit. nach *Weber/Banse*, I/4, § 89 BBG Rn. 3. Die Ausführungen gelten für Soldaten entspr.
66 Vgl. *Weber/Banse*, ebd. Rn. 3a.
67 BVerwG NZWehrr 2000, 251 Ls 2 = ZBR 2000, 275.
68 Vgl. zum Folgenden die auf einen Beamten bezogene Entsch. BVerwGE 72, 289 f. = ZBR 1986, 269.

onspflicht des Dienstherrn als Korrelat gegenübersteht, eng auszulegen.⁶⁹ Sie lässt sich nur insofern rechtfertigen, als der Gesetzgeber davon ausgegangen ist, dass die ehrenamtl. Tätigkeit als Mitglied kommunaler Gremien zumindest in erster Linie in der Freizeit stattfindet, so dass der allenfalls erforderliche Urlaub im Rahmen der zulässigen kurzfristigen Dienstbefreiung⁷⁰ bleibt. Umstellungen des Dienstes mit dem Ziel, Beurlaubungen möglichst zu erübrigen, sind vom Dienstherrn und vom Soldaten vorrangig anzustreben.⁷¹

Der **unbestimmte Rechtsbegriff** des „erforderlichen" Urlaubs ist im Streitfall gerichtl. voll überprüfbar.⁷² Zum **Rechtsweg** s. Rn. 36.

Satz 3 Halbs. 1 soll insbes. **verhindern**, dass sich ein Soldat und kommunaler Mandatsträger **auf Dauer** einem **Auslandseinsatz** mit der Begr. **entzieht**, der mil. Einsatz mache ihm die Mandatsausübung unmöglich.⁷³ Die BReg sah die Notwendigkeit einer gesetzl. Regelung für den nicht auszuschließenden Fall, dass bei einem Auslandseinsatz ein Soldat als nicht ersetzbarer (z. B. ärztlicher) Spezialist für die Auftragserfüllung seines Verbandes unbedingt gebraucht wird, auch wenn er kommunaler Mandatsträger ist.⁷⁴ Notfalls sollte die Einsatzbereitschaft der SK Vorrang vor der kommunalen Betätigung von Soldaten erhalten. Die entspr. im Entw. des SGÄndG vorgesehene Ergänzung des § 89 Abs. 3 BBG a. F. wurde im Gesetzgebungsverfahren nicht weiter verfolgt. Damit ist die einheitliche Urlaubsgewährung zur Wahrnehmung eines kommunalen Mandats im SG und im BBG aufgegeben worden.

Satz 3 ist **verfassungsrechtl.** nicht zu beanstanden. Einrichtung und Funktionsfähigkeit der Bw besitzen Verfassungsrang.⁷⁵ Es ist sachlich gerechtfertigt, im Einzelfall zwischen der verfassungsrechtl. garantierten kommunalen Selbstverwaltung⁷⁶ und der ebenfalls verfassungsrechtl. geforderten Einsatzfähigkeit der SK abzuwägen. Die Situation, in der auf einen Soldaten nicht verzichtet werden kann, weil er als dringend benötigter Spezialist in den SK nicht ersetzbar ist, wird wegen des in den meisten Fällen möglichen Personalersatzes selten auftreten. Ggf. müsste im Rahmen des Verhältnismäßigkeitsgrds. geprüft werden, ob die ständige Präsenz des Soldaten im Auslandseinsatz unbedingt nötig ist oder ob es ausreicht, dass er sich im Inland für einen kurzfristigen Einsatz abrufbar hält. Wenn Leben und Gesundheit von Soldaten gefährdet sind, weil z. B. ein

33

---

69 Deshalb ist es gerechtfertigt, für Aufgaben, die nur mittelbar Mandatsausübung sind (z. B. Vor- u. Nachbereitung von Sitzungen), i. d. R. keinen Urlaub zu gewähren (vgl. den Erl. v. 30.3.2001, VMBl. 2001 S. 116, Nr. 2.2).
70 Mit „Dienstbefreiung" bezieht sich BVerwGE 72, 289 f. auf den beamtenrechtl. Urlaubsbegriff: Urlaub ist jedes vom Dienstvorgesetzten genehmigte Fernbleiben vom Dienst = Dienstbefreiung (vgl. *Battis*, BBG, § 89 Rn. 2). Diese entspricht nicht dem mil. Begriff „Dienstbefreiung" (vgl. Nr. 1 Abs. 2 AusfBestSUV – ZDv 14/5 F 511), die nicht als Urlaub gilt. „Urlaub" nach Abs. 3 soll jedoch (vgl. o. Rn. 31) dem Soldaten jede Möglichkeit bieten, statt der mil. Dienstleistung sein kommunales Mandat wahrzunehmen. Dies bestätigt der zu Rn. 8 zit. Erl. v. 30.3.2001, Nr. 2.1, wonach „zur Ausübung des Mandates regelmäßig Dienstbefreiung (stundenweise Freistellung vom Dienst) ausreichen" werde.
71 Beispiel: Tausch eines Wachdienstes mit einem Kameraden.
72 Vgl. GKÖD I Yk, § 25 Rn. 7.
73 Vgl. zu Einzelheiten *Eichen*, NZWehrr 2001, 45 (56 ff.).
74 BT-Drs. 14/4062, 19.
75 BVerfGE 48, 127 (160).
76 Art. 28 Abs. 2 GG.

ärztlicher Spezialist wegen der Ausübung seines kommunalen Mandats nicht zur sanitätsdienstl. Versorgung zur Verfügung stünde, muss aber der mil. Einsatz Vorrang haben.[77]

34 Der Befürchtung, der mil. Vorgesetzte vor Ort könne die Ausübung eines kommunalen Mandats durch einen Soldaten reglementieren, ist durch die in **Satz 3 Halbs. 2** verankerte Pflicht, **in jedem Einzelfall** vor einer Versagung die **Entscheidung des BMVg** einzuholen, Rechnung getragen worden. Ob diese Zuständigkeitsregelung praktikabel ist, erscheint zw., ist doch vor allem die u. U. kurzfristig nötige Prüfung der Erforderlichkeit einer Urlaubsgewährung i. d. R. nur vor Ort durch den nächsten DiszVorg. leistbar[78] (z. B. die konkrete Möglichkeit zum Tausch eines Dienstes, um an der Sitzung eines Gemeinderats teilnehmen zu können). Gleichwohl war die ausschließliche Zuständigkeit des BMVg der „Tribut" an krit. Stimmen[79] insbes. aus dem Innenausschuss des BT.

35 Dem BMVg ist für die Abwägung, ob den Interessen des Dienstherrn gegenüber den Interessen der kommunalen Selbstverwaltung der Vorrang gebührt, ein gewisser, **gerichtl. nicht voll überprüfbarer Beurteilungsspielraum** einzuräumen. Die Frage, ob durch das Fehlen eines mil. Spezialisten die Einsatzfähigkeit von Truppenteilen konkret gefährdet sein kann, obliegt einer fachl., planerisch und zukunftsorientiert ausgerichteten Einschätzung einsatzerfahrener, mil. geschulter Sachverständiger. Eine derart übertragene prognostische Risikoanalyse kann nicht in die Letztentscheidungskompetenz der Gerichte fallen.[80]

36 Zuständig für die Überprüfung der Entscheidung des BMVg müssten statt der VG die **WDS des BVerwG** sein, da es sich um eine truppendienstl. **Erstmaßnahme** des **BMVg** handelt (vgl. § 21 WBO). Allerdings ist § 25 in § 17 Abs. 1 Satz 1 WBO von den Vorschriften ausgenommen, die Rechte enthalten, deren Verletzung vor den Wehrdienstgerichten geltend gemacht werden kann. Anders als § 25 Abs. 2, 4 und 5 hat Abs. 3 jedoch keine statusrechtl. Auswirkungen. Er regelt ausschließlich die Gewährung von Sonderurlaub oder Dienstbefreiung, also eine Modalität der Dienstausübung. Will man zu einem vertretbaren Ergebnis gelangen, muss für die Bestimmung, ob es sich um eine truppendienstl. oder eine Verwaltungsangelegenheit handelt, auf die wahre Natur des geltend gemachten Anspruchs und auf die begehrte Rechtsfolge abgestellt werden.[81] Bei Abs. 3 sollte nicht von der Praxis abgewichen werden, Urlaubsentscheidungen einen truppendienstl. Charakter beizumessen. Vielmehr gilt der Grds., dass für die gerichtl. Überprüfung der Versagung von Urlaub bei Soldaten in den SK stets der Rechtsweg zu den Wehrdienstgerichten gegeben ist.[82] Der Gesetzgeber sollte berücksichtigen, dass Abs. 3 – als Urlaubsvorschrift – rechtssystematisch in den § 28 gehört (vgl. auch dessen Abs. 6).

---

77 S. BT-Drs. 14/4442, 30 (31).
78 Vgl. den Erl. v. 30.3.2001, VMBl. 2001 S. 116, Nr. 2.2 u. 2.3.
79 Diesen Bedenken sollte auch die aus den parlamentarischen Beratungen hervorgegangene, redundante Formulierung der Vorschrift („Urlaub … kann nur versagt werden, wenn … ausnahmsweise") Rechnung tragen.
80 Vgl. auch *Kopp/Ramsauer*, VwVfG, § 40 Rn. 77 f.
81 S. *Dau*, WBO, Einf. Rn. 57 a. E. m. w. N.; *Weniger*, SG, § 25 Rn. 26.
82 Vgl. BVerwG NZWehr 1996, 211 f.; s. a. die Komm. zu § 28 Rn. 25.

4. Absatz 4. Die **Sätze 1 und 2**[83] regeln die Fälle, in denen ein BS zum **Mitglied der** **37** **BReg** oder einer **Landesregierung** oder zum **ParlSts**[84] bei einem Mitglied der BReg oder einer Landesregierung[85] ernannt wird. Die Vorschriften sehen vor, dass die Übernahme eines Regierungsamtes oder des Amtes eines ParlSts für den BS dieselben statusrechtl. Folgen hat wie für vergleichbare Beamte und Richter des Bundes. Hierzu musste die entspr. Geltung der §§ 18 Abs. 1 und 2, 20 BMinG angeordnet werden, die sich unmittelbar nur auf Beamte und Richter beziehen.

Entspr. **§ 18 Abs. 1 BMinG scheidet ein BS**, der zum Mitglied der BReg oder einer **38** Landesregierung oder zum ParlSts ernannt wird, **mit dem Beginn des Amtsverhältnisses** (d. h. mit Aushändigung der Ernennungsurkunde oder, falls der Eid vorher geleistet worden ist, mit der Vereidigung, § 2 Abs. 2 BMinG) **aus seiner mil. Verwendung aus.** Das Wehrdienstverhältnis erlischt nicht, der BS bleibt im öff. Dienst. Es **ruhen** jedoch für die Dauer der Mitgliedschaft die im Wehrdienstverhältnis begründeten **Rechte und Pflichten** mit Ausnahme der Pflicht zur Verschwiegenheit (§ 14) und des Verbots, Belohnungen und Geschenke anzunehmen (§ 19). Wie im Rahmen des § 5 Abs. 1 Satz 4 AbgG[86] behält der Soldat auch hier Ansprüche auf **Heilbehandlungen** wegen eines Dienstunfalls (nicht die Rede ist allerdings von einem Unfallausgleich).

Ein Ruhen der Rechte und Pflichten aus dem Wehrdienstverhältnis entspr. § 18 Abs. 1 BMinG ist nur möglich, wenn ein solches Ruhen nicht bereits aufgrund anderer Vorschriften eingetreten ist.[87] § 18 Abs. 1 BMinG kann deshalb entspr. nur auf Soldaten angewendet werden, die nicht bereits bei der Ernennung Abg. des BT oder eines Landtages sind. Denn deren Rechte und Pflichten ruhen bereits nach § 5 Abs. 1 Satz 1, § 8 Abs. 1 AbgG bzw. nach § 5 Abs. 1 Satz 1 AbgG i. V. m. § 25 Abs. 2 SG.

Endet das Amt als Mitglied der BReg, einer Landesregierung oder als ParlSts, kann **39** dem Soldaten entweder unter den in **§ 18 Abs. 2 BMinG** beschriebenen Modalitäten eine neue dienstgradgerechte mil. Verwendung übertragen werden, oder er tritt aus dem Wehrdienstverhältnis in den Ruhestand. Dies hängt davon ab, ob sein Dienstverhältnis nicht bereits vorher in anderer Weise (z. B. wegen Erreichens der allg. Altersgrenze) beendet worden ist. Für die Berechnung des **Ruhegehalts** wird die Amtszeit als Regierungsmitglied oder als ParlSts berücksichtigt.

Durch die Bezugnahme auf § 20 BMinG wird bestimmt, dass unter den dort genann- **40** ten Voraussetzungen das Ruhegehalt oder eine ruhegehaltähnliche Versorgung ruht.[88]

Nach **Satz 3** gelten die in Satz 1 und 2 für BS getroffenen Regelungen entspr. für SaZ. **41** Bei der Anwendung des § 18 Abs. 2 BMinG endet das Dienstverhältnis des SaZ zu dem in dieser Vorschrift bestimmten Zeitpunkt, sofern es nicht bereits vorher durch Ablauf der festgesetzten Dienstzeit oder aus anderen Gründen beendet worden ist.[89] Der SaZ tritt nicht in den Ruhestand.[90]

---

83 Vgl. auch § 40 Abs. 2 BBG.
84 Vgl. das G über die Rechtsverhältnisse der ParlSts v. 24.7.1974 (BGBl. I S. 1538) mit Änd.
85 Vgl. z. B. das Baden-Württembergische G über die Rechtsverhältnisse der polit. Staatssekretäre v. 19.7.1972 mit Änd.
86 Vgl. Rn. 20.
87 Vgl. GKÖD I K, § 6 Rn. 59 a.E.; *Scherer/Alff/Poretschkin*, SG, § 25 Rn. 19.
88 Vgl. BT-Drs. 9/1897, 16 f.
89 Ebd. S. 17.
90 Vgl. GKÖD I Yk, § 25 Rn. 8.

Eichen

§ 25 Wahlrecht; Amtsverhältnisse

42 **5. Absatz 5.** Entspr. § 40 Abs. 3 BBG regelt der mit dem DNeuG angefügte **Abs. 5**, dass BS und SaZ nicht mehr automatisch kraft Gesetzes (nach § 125 BRRG a. F.[91], vgl. als Nachfolgevorschrift für BS jetzt § 46 Abs. 3a [für SaZ gilt die Vorschrift i. V. m. § 55 Abs. 1 Satz 2]) aus dem Dienstverhältnis entlassen sind, wenn sie in ein kommunales Wahlbeamtenverhältnis auf Zeit eintreten. Vielmehr ruhen nach **Satz 1** während dieses neuen Rechtsverhältnisses alle soldatischen Rechte und Pflichten. Ausdrücklich ausgenommen sind die Pflichten aus den §§ 14 und 19. Mangels einer anderweitigen Regelung darf während des kommunalen Wahlbeamtenverhältnisses auf Zeit der bisherige **Dienstgrad** nicht (auch nicht mit dem Zusatz „a.D.") geführt werden.

43 Angelehnt an § 6 AbgG hat es nach den **Sätzen 2 bis 4** der BS (oder SaZ, vgl. **Satz 6**) nach Beendigung des Wahlbeamtenverhältnisses grds. selbst in der Hand, eine Entlassung aus dem Wehrdienstverhältnis abzuwenden. Dies kann er durch einen fristgerechten (spätestens innerhalb von zwei Monaten nach Beendigung des kommunalen Wahlbeamtenverhältnisses zu stellenden) Antrag auf Rückführung in das soldatische Dienstverhältnis verhindern. Stellt er den Antrag nicht oder verspätet, ist er drei Monate nach dem Ende des Wahlbeamtenverhältnisses kraft Gesetzes entlassen. Ein Antrag hat nach **Satz 5** keine Wirkung mehr, wenn das Dienstverhältnis bereits aufgrund allg. Vorschriften, z. B. wegen Erreichens einer Altersgrenze, während des Wahlbeamtenverhältnisses geendet hat oder während des nachwirkenden Dreimonatszeitraums beendet wird.[92]

44 Die Neuregelung in Abs. 5 soll die früher durch Entlassung aus dem Wehrdienstverhältnis auch bei Eintritt in ein kommunales Wahlbeamtenverhältnis auf Zeit eintretende unerwünschte, weil ein kommunales Tätigwerden von Soldaten behindernde Folge vermeiden, dass der Soldat durch die Entlassung seinen Anspruch auf **Versorgung verliert** (vgl. § 49 Abs. 3 bzw. § 56 Abs. 3).[93] Allerdings hat der Gesetzgeber bisher für die Versorgung der BS noch keine dem § 6 Abs. 1 Satz 1 BeamtVG[94] entspr. Vorschrift im SVG geschaffen, welche die Zeiten im kommunalen Wahlbeamtenverhältnis auf Zeit als ruhegehaltfähige Dienstzeiten bestimmt (§ 20 SVG enthält keine tragfähige Rechtsgrundlage). Da die Ruhegehaltfähigkeit einer Beamten- oder Wehrdienstzeit allein durch den **Gesetzgeber** festzulegen ist[95], besteht hier dringender Handlungsbedarf.[96]

---

91 Entlassungen nach § 125 BRRG in der bis zum 11.2.2009 geltenden Fassung bleiben wirksam.
92 BT-Drs. 16/7076, 173.
93 Dies gilt entspr. für den durch das DNeuG eingefügten § 40 Abs. 3 BBG, vgl. *Battis*, BBG, § 40 Rn. 12.
94 Diese Vorschrift erklärt grds. auch Dienstzeiten, die der Bundesbeamte im Dienst eines anderen öff.-rechtl. Dienstherrn im Beamtenverhältnis zurückgelegt hat, als ruhegehaltfähig.
95 So eindeutig *Plog/Wiedow/Groeper/Tegethoff*, BeamtVG, § 6 Rn. 2.
96 Untergesetzl. Abhilfeversuche durch Analogie zum BeamtVG „mangels gegenteiliger (!) gesetzlicher Regelung" (Erl. BMVg – PSZ III 3 – Az 20-02-08/04 v. 20.3.2009) können das Problem nicht rechtsstaatlich lösen.

§ 26 Verlust des Dienstgrades

¹**Der Soldat verliert seinen Dienstgrad nur kraft Gesetzes oder durch Richterspruch.** ²**Das Nähere über den Verlust des Dienstgrades durch Richterspruch regelt die Wehrdisziplinarordnung.**

Übersicht

	Rn		Rn
I. Allgemeines	1	2. Satz 1	8
1. Entstehung der Vorschrift	1	a) Personenkreis/„Dienstgrad"	8
2. Änderungen der Vorschrift	3	b) Verlust des Dienstgrades	12
3. Bezüge zum Beamtenrecht bzw.		c) kraft Gesetzes	15
zu sonstigen rechtl. Vorschriften	4	d) durch Richterspruch	17
II. Erläuterungen im Einzelnen	6	3. Satz 2	18
1. Zweck der Vorschrift	6		

Literatur: *Hermsdörfer, Willibald*: Die Verleihung eines höheren Dienstgrades der Reserve an in der Bundeswehr ehemals weiterverwendete Soldaten der Nationalen Volksarmee, NZWehrr 1994, 55; *ders.*: Zur Verleihung eines höheren Dienstgrades. Gesetzeslage und Gesetzgebungsbedarf, NZWehrr 1996, 143; *Leonhard, Nina*: ‚Armee der Einheit,: Zur Integration von NVA-Soldaten in die Bundeswehr, in: Gareis/Klein, HdBMilSoWi, 61; *Lingens, Eric*: Entfernung aus dem Dienstverhältnis oder Beförderungsverbot?, ZBR 2003, 89; *Raap, Christian*: Die Dienstgradführung bei Vordienstzeiten in der ehemaligen Nationalen Volksarmee, NZWehrr 1993, 165; *Schattschneider, Gudrun/Weniger, Frank*: Ist die Zusammenführung von Bundeswehr und Nationaler Volksarmee inzwischen abgeschlossen?, NZWehrr 2004, 233; *Schreiber, Jürgen*: Kann der Soldat auf seinen Dienstgrad verzichten? NZWehrr 1960, 164.

I. Allgemeines

1. Entstehung der Vorschrift. § 23 des **REntw.**[1] sah unter der Überschrift „Dienstgrad" eine im Wesentlichen dem heutigen § 26 entspr. Regelung vor. In der **Begr.**[2] werden der Dienstgrad als **„geschützter Rechtsstand"** bezeichnet und die mit ihm verbundenen Rechte (nicht auch Pflichten!) herausgestellt. **1**

Die Beratungen in den **Ausschüssen** des BT führten zu einer Ergänzung der Überschrift („Verlust des Dienstgrades") und zur Ersetzung der Wörter „besonderes Gesetz" in Satz 2 durch „Gesetz".[3] Die im Abschlussber. des **VertA** gewählte Begr.[4] wiederholt die des REntw. und ergänzt diese um den Hinw., dass eine Degradierung durch DiszVorg. ausgeschlossen sei. **2**

2. Änderungen der Vorschrift. Mit Art. 1 Nr. 5 des **SGÄndG** wurden in Satz 2 die Wörter „ein Gesetz" durch die Wörter „die Wehrdisziplinarordnung" ersetzt. Damit erfolgte eine Angleichung an die an anderer Stelle des SG bereits gebräuchliche Zitierweise weiterführender Gesetze.[5] **3**

---

1 BT-Drs. II/1700, 7.
2 BT-Drs. II/1700, 25.
3 BT-Drs. II/2140, 39.
4 BT-Drs. II/2140, 10.
5 BT-Drs. 14/4062, 18.

4 **3. Bezüge zum Beamtenrecht bzw. zu sonstigen rechtl. Vorschriften.** Der Status des Soldaten ist – eine **Besonderheit des soldatischen Dienstrechts** – rechtl. und faktisch (an der Uniform erkennbar) durch den Dienstgrad gekennzeichnet.[6] Beamte führen eine Amtsbezeichnung (für **Bundesbeamte** vgl. § 86 Abs. 2 BBG). Aus dieser lassen sich bei Weitem nicht alle Rechte und Pflichten ableiten, wie sie sich aus dem Dienstgrad des Soldaten ergeben. Einer mit § 26 vergleichbaren Best. bedurfte es daher im Beamtenrecht nicht.

5 Die Soldgruppen der **ZDL** (§ 35 Abs. 2 ZDG) entsprechen in ihrer rechtl. und praktischen Bedeutung ebenfalls nicht den Dienstgraden der Soldaten. Es war daher gerechtfertigt, die Nichtgewährung einer höheren Soldgruppe (§ 59 Abs. 1 Nr. 4 ZDG) bzw. die Rückstufung in eine niedrigere Soldgruppe (§ 59 Abs. 1 Nr. 5 ZDG) den DiszVorg. (§ 61 Abs. 1 ZDG) und nicht einem Gericht zu übertragen.

II. Erläuterungen im Einzelnen

6 **1. Zweck der Vorschrift.** Aus der Entstehungsgeschichte der Vorschrift folgt, dass § 26 den Dienstgrad des Soldaten als „geschützten Rechtsstand" sicherstellen soll.[7] Verhindert werden soll insbes. eine Degradierung durch DiszVorg.[8] Diese war zwar auch in der Wehrmacht ausgeschlossen, was aber offensichtlich Missbräuche nicht verhindert hat.[9]

7 Die in der WDO detailliert geregelten Befugnisse der DiszVorg. lassen eine Degradierung durch DiszVorg. nicht zu. Eine rechtspolit. Notwendigkeit für den Fortbestand des § 26 besteht daher nicht mehr; er kann **ersatzlos wegfallen**. Rechtsstaatliche Selbstverständlichkeiten bedürfen nicht in jedem Fall einer einfachgesetzl. Norm.

8 **2. Satz 1. – a) Personenkreis/„Dienstgrad".** Einen Dienstgrad führen alle (aktiven) Soldaten und die Angehörigen d.R.[10] **Kein Dienstgrad** i. S. d. § 26 ist der des **Eignungsübenden** gem. § 87 Abs. 1 Satz 5.[11] Dasselbe gilt für andere **vorläufige** oder **zeitweilige Dienstgrade** und sog. **temporary ranks**, welche deutschen Soldaten für die Dauer ihrer Verwendung z. B. im integrierten Bereich oder bei den VN verliehen werden.[12]

9 Der nach § 26 geschützte Dienstgrad muss in der **Bw**, d. h. „in einem nach den Vorschriften des SG begründeten Dienstverhältnis"[13], erworben worden sein. Der in der ehem. **NVA** verliehene Dienstgrad darf nicht – auch nicht mit den Zusätzen „a.D." oder „d.R." – weitergeführt werden, selbst wenn der Betreffende Dienstzeiten als Soldat der Bw nachweisen kann (vgl. § 44 Abs. 7, § 49 Abs. 5 Satz 1; § 7 SLV).[14] Der frü-

---

6 GKÖD I Yk, § 26 Rn. 1.
7 BT-Drs. II/1700, 25. Ebenso *Rittau*, SG, 168; *Scherer/Alff/Poretschkin*, SG, § 26 Rn. 1; *Stauf* I, § 26 SG Rn. 1.
8 BT-Drs. II/2140, 10.
9 *Rittau*, SG, 169.
10 GKÖD I Yk, § 26 Rn. 1; *Scherer/Alff/Poretschkin*, SG, § 26 Rn. 1; *Steinlechner/Walz*, WPflG, § 30 Rn. 11.
11 ZDv 14/5 B 141 Nr. 3 Abs. 3; GKÖD I Yk, § 26 Rn. 2; *Scherer/Alff/Poretschkin*, SG, § 26 Rn. 2; *Stauf* I, § 26 SG Rn. 1.
12 Vgl. die in der vorstehenden Fn. zit. Lit.
13 BVerwG DVBl. 1999, 919.
14 BVerwG ebd.; OVG Magdeburg 3 L 305/03 (8 A 188/02 MD).

Verlust des Dienstgrades § 26

here Dienstgrad der ehem. NVA ist als solcher nicht gem. § 26 geschützt.[15] Letztlich folgt diese Rechtslage aus dem Einigungsvertrag[16] (Art. 20 Abs. 1 i. V. m. Anl. I Kap. XIX Sachgebiet B Abschn. II Nr. 2 § 4); die früher maßgeblichen Best. der §§ 2 und 7 der Reservistenordnung der DDR von 1982 waren mit dem Inkrafttreten des Einigungsvertrages erloschen. BS der früheren **Wehrmacht** dürfen den Zusatz „a.D." verwenden[17]; auch ihr Dienstgrad ist jedoch nicht gem. § 26 geschützt.

Der Dienstgrad des Soldaten der Bw wird durch Gesetz oder **Anordnung des BPräs**[18] festgesetzt (§ 4 Abs. 3 Satz 1). 10

Aus dem Dienstgrad leiten sich z. B. folgende **Rechte und Pflichten** ab: 11
- Anspruch auf – dienstgradbezogene – **Geld- und Sachbezüge** sowie Versorgung gem. § 30 Abs. 1 i. V. m. dem BBesG und dem SVG
- Anspruch auf – dienstgradbezogenen – **Erholungsurlaub** gem. § 28 Abs. 1 und 4 Satz 1 i. V. m. § 1 SUV und Nr. 32 Abs. 1 AusfBestSUV sowie § 5 Abs. 1 EUrlV
- Anspruch auf das **Führen der Dienstgradbezeichnung** im Dienst und außerhalb des Dienstes[19]
- **Vorgesetzteneigenschaften** gem. § 4 VorgV
- Anspruch auf **Anrede** mit dem Dienstgrad zwischen Vorg. und Untergebenen und umgekehrt[20]
- Besondere Behandlung als **Kriegsgefangene** entspr. dem jew. Dienstgrad gem. Art. 44 ff. III. GA
- Verbot, einen Kriegsgefangenen seines Dienstgrades zu „entheben", gem. Art. 87 Abs. 4 III. GA
- **Erhöhte Pflichtenbindung** gem. § 10 Abs. 1 und 6, § 17 Abs. 3, § 23 Abs. 2 Nr. 2
- Besondere Berücksichtigung des Dienstgrades bei **Wehrstraftaten** z. B. gem. §§ 29, 36 WStG.

b) **Verlust des Dienstgrades.** „Verlust" des Dienstgrades bedeutet, dass der Soldat 12 den früher verliehenen Dienstgrad **nicht mehr führen** darf. Andernfalls würde sich der Soldat gem. § 132a Abs. 1 Nr. 1 StGB **strafbar** machen.

Kein Verlust des Dienstgrades liegt vor, wenn ein OA (z. B. Fähnrich) gem. § 55 13 Abs. 4 Satz 3 wegen mangelnder Eignung **in seine frühere Laufbahn** (z. B. Fw) **zurückgeführt** wird (vgl. auch § 6 Abs. 5 SLV). Durch eine solche Personalmaßnahme ändert sich zwar die Dienstgradbezeichnung; der Dienstgrad als solcher bleibt indes unberührt.[21]

---

15 *Raap*, NZWehrr 1993, 166. Vgl. im Übrigen BT-Drs. 12/6566, 12/8525; *Leonhard*, 79; *Schattschneider/Weniger*, 246.
16 V. 23.9.1990, BGBl. II S. 885.
17 § 53 Abs. 5 G 131 (BGBl. I 1951 S. 307). Das Gesetz wurde mit G v. 20.9.1994 (BGBl. I S. 2442) aufgehoben. § 53 Abs. 5 wirkt jedoch nach.
18 Vgl. Anordnung des BPräs über die Dienstgradbezeichnungen u. die Uniform der Soldaten v. 14.7.1978, ZDv 14/5 B 181; Komm. zu § 4 Abs. 3.
19 GKÖD I Yk, § 26 Rn. 5; *Scherer/Alff/Poretschkin*, SG, § 26 Rn. 4.
20 ZDv 10/8 Kap. 6 „Gruß und Anrede". Vgl. hierzu *Walz*, IfdT 4/87, 41.
21 BVerwGE 22, 171 (172) = RiA 1966, 116.

14 Die **Rücknahme** einer Ernennung – und damit des Dienstgrades – mit dem Einverständnis des Soldaten ist mangels Rechtsgrundlage **nicht zulässig**.[22] Dasselbe gilt für einen (einseitigen) **Verzicht** auf den Dienstgrad.[23] Die früher für WPfl geltende gesetzl. Regelung des Verzichts auf den Dienstgrad (§ 37 WPflG a. F.) ist wegen Zeitablaufs weggefallen[24]; an dem Grds., dass ein Verzicht auf den Dienstgrad unzulässig ist, ändert dies nichts.

Ein **WPfl** verliert seinen Dienstgrad auch dann nicht, wenn er seine Beförderung durch Zwang, **arglistige Täuschung** oder Bestechung herbeigeführt hat. § 46 Abs. 2 Satz 1 Nr. 2 ist auf WPfl nicht anwendbar.[25]

15 c) **kraft Gesetzes.** „Gesetz" i. S. d. Best. sind nur **förmliche Rechtsnormen**, nicht allg. ungeschriebene Rechtsgrds.[26]

16 Kraft Gesetzes tritt der Dienstgradverlust ein bei **BS** gem. § 49 Abs. 2 i. V. m. § 46 Abs. 1 und Abs. 2 Satz 1 Nr. 1 bis 4 sowie Nr. 7 und 8 und § 48, bei **BS im Ruhestand** oder **früheren BS** gem. § 53 Abs. 1, bei SaZ gem. § 56 Abs. 2 i. V. m. § 46 Abs. 1 und Abs. 2 Satz 1 Nr. 1 bis 4 sowie Nr. 7 und 8 und § 55 Abs. 5, bei **früheren SaZ** gem. § 57 Abs. 2 i. V. m. § 53 Abs. 1 und § 48 Satz 1, bei **Dienstleistungspflichtigen** gem. § 76 Abs. 1 Satz 2 und Abs. 3 und bei **WPfl** gem. § 30 Abs. 1 Satz 2, Abs. 2 und 3 WPflG.

17 d) **durch Richterspruch.** Durch Richterspruch – heute würde man sagen „durch Urteil eines Wehrdienstgerichtes" – tritt der Dienstgradverlust ein in Folge der **gerichtl. Disziplinarmaßnahmen** der Dienstgradherabsetzung gem. § 62 Abs. 2 Satz 1 WDO, der Entfernung aus dem Dienstverhältnis gem. § 63 Abs. 1 Satz 2 WDO, der Aberkennung des Ruhegehalts gem. § 65 Abs. 1 Satz 3 WDO sowie der Aberkennung des Dienstgrades gem. § 66 Satz 1 WDO. Maßgeblich ist jew. die **Rechtskraft des Urteils** (§ 135 Abs. 4 bis 6 WDO).

18 3. Satz 2. Satz 2 bedarf **keiner Komm**. Wird, wie oben vorgeschlagen, das Wort „Richterspruch" in Satz 1 durch „Urteil eines Wehrdienstgerichtes" ersetzt, kann Satz 2 **wegfallen**.

§ 27 Laufbahnvorschriften

(1) Vorschriften über die Laufbahnen der Soldaten werden nach den Grundsätzen der Absätze 2 bis 6 durch Rechtsverordnung erlassen.

(2) Bei Berufssoldaten und Soldaten auf Zeit sind mindestens zu fordern
1. für die Laufbahnen der Unteroffiziere
   a) der erfolgreiche Besuch einer Hauptschule oder ein als gleichwertig anerkannter Bildungsstand,
   b) eine Dienstzeit von einem Jahr,
   c) die Ablegung einer Unteroffizierprüfung,

---

22 *Dau*, WDO, § 62 Rn. 1 m. w. N. A. A. *Stauf* I, § 26 SG Rn. 3.
23 BVerwG NZWehrr 1990, 174; *Bornemann*, RuP, 17; *Dau*, WDO, § 62 Rn. 1; GKÖD I Yk, § 26 Rn. 9; *Scherer/Alff/Poretschkin*, SG, § 26 Rn. 11. A. A. BDHE 5, 212 (215).
24 Art. 2 Nr. 7 des G v. 6.12.1990, BGBl. I S. 2588.
25 BVerwGE 45, 85 = *Buchholz* 238.4 § 26 SG Nr. 1.
26 BVerwGE 45, 85 (87) = *Buchholz* 238.4 § 26 SG Nr. 1.

2. für die Laufbahnen der Offiziere
   a) eine zu einem Hochschulstudium berechtigende Schulbildung oder ein als gleichwertig anerkannter Bildungsstand,
   b) eine Dienstzeit von drei Jahren,
   c) die Ablegung einer Offizierprüfung,
3. für die Laufbahn der Offiziere des Sanitätsdienstes die Approbation als Arzt, Zahnarzt, Tierarzt oder Apotheker.

(3) In der Laufbahngruppe der Unteroffiziere soll für die Laufbahnen der Feldwebel der Abschluss einer Realschule oder der erfolgreiche Besuch einer Hauptschule und eine förderliche abgeschlossene Berufsausbildung oder ein als gleichwertig anerkannter Bildungsstand nachgewiesen werden.

(4) [1]Für die Beförderungen von Soldaten sind die allgemeinen Voraussetzungen und die Mindestdienstzeiten festzusetzen. [2]Dienstgrade, die bei regelmäßiger Gestaltung der Laufbahn zu durchlaufen sind, sollen nicht übersprungen werden. [3]Über Ausnahmen entscheidet der Bundespersonalausschuss.

(5) [1]Der Aufstieg aus den Laufbahnen der Unteroffiziere in die Laufbahnen der Offiziere ist auch ohne Erfüllung der Eingangsvoraussetzungen möglich. [2]Für den Aufstieg ist die Ablegung einer Offizierprüfung zu verlangen.

(6) [1]Die Rechtsverordnung trifft ferner Bestimmungen für die Fälle, in denen für eine bestimmte militärische Verwendung ein abgeschlossenes Studium an einer wissenschaftlichen Hochschule oder Fachhochschule oder eine abgeschlossene Fachschulausbildung erforderlich ist, sowie darüber, inwieweit an Stelle der allgemeinen Vorbildung eine gleichwertige technische oder sonstige Fachausbildung gefordert werden kann. [2]Sie kann für einzelne Gruppen von Offizierbewerbern bestimmen, dass der erfolgreiche Besuch einer Realschule oder ein als gleichwertig anerkannter Bildungsstand genügt und dass die Dienstzeit nach Absatz 2 Nr. 2 Buchstabe b bis auf zwei Jahre gekürzt wird.

(7) Die besonderen Vorschriften für die Unteroffizierprüfungen und die Offizierprüfungen werden nach den Grundsätzen der Absätze 2 bis 6 in einer Rechtsverordnung bestimmt.

(8) [1]Auf den Bundespersonalausschuss in der Zusammensetzung für die Angelegenheiten der Soldaten sind die Vorschriften des Abschnittes 8 des Bundesbeamtengesetzes entsprechend anzuwenden, § 120 Abs. 2 und 3 mit folgender Maßgabe: [2]Ständige ordentliche Mitglieder sind der Präsident des Bundesrechnungshofes als Vorsitzender, der Leiter der Dienstrechtsabteilung des Bundesministeriums des Innern und der Leiter der Personalabteilung des Bundesministeriums der Verteidigung. [3]Nichtständige ordentliche Mitglieder sind der Leiter der Personalabteilung einer anderen obersten Bundesbehörde und drei Berufssoldaten. [4]Stellvertretende Mitglieder sind je ein Beamter des Bundesrechnungshofes und des Bundesministeriums des Innern, der Leiter der Personalabteilung einer anderen obersten Bundesbehörde, ein Beamter oder Berufssoldat des Bundesministeriums der Verteidigung und drei weitere Berufssoldaten. [5]Der Beamte oder Berufssoldat des Bundesministeriums der Verteidigung und die übrigen Berufssoldaten werden vom Bundespräsidenten auf Vorschlag des Bundesministers der Verteidigung bestellt.

Eichen

BBG – Abschnitt 8
Bundespersonalausschuss

§ 119 Aufgaben

(1) Der Bundespersonalausschuss dient der einheitlichen Handhabung beamtenrechtlicher Ausnahmevorschriften. Weitere als die in diesem Gesetz vorgesehenen Aufgaben können ihm durch Rechtsverordnung der Bundesregierung übertragen werden.

(2) Der Bundespersonalausschuss übt seine Tätigkeit unabhängig und in eigener Verantwortung aus.

§ 120 Mitglieder

(1) Der Bundespersonalausschuss besteht aus acht ordentlichen und acht stellvertretenden Mitgliedern.

(2) Ständige ordentliche Mitglieder sind die Präsidentin des Bundesrechnungshofes oder der Präsident des Bundesrechnungshofes als Vorsitzende oder Vorsitzender und die Leiterin der Dienstrechtsabteilung oder der Leiter der Dienstrechtsabteilung des Bundesministeriums des Innern. Nichtständige ordentliche Mitglieder sind die Leiterinnen der Zentralabteilungen und Leiter der Zentralabteilungen von zwei anderen obersten Bundesbehörden und vier weitere Beamtinnen und Beamte des Bundes. Stellvertretende Mitglieder sind je eine Beamtin oder ein Beamter des Bundes der in Satz 1 genannten Behörden, die Leiterinnen der Zentralabteilungen und Leiter der Zentralabteilungen von zwei weiteren obersten Bundesbehörden sowie vier weitere Beamtinnen oder Beamte des Bundes.

(3) Die nichtständigen ordentlichen Mitglieder sowie die stellvertretenden Mitglieder werden von der Bundespräsidentin oder vom Bundespräsidenten auf Vorschlag der Bundesministerin des Innern oder des Bundesministers des Innern für die Dauer von vier Jahren bestellt, davon vier ordentliche und vier stellvertretende Mitglieder aufgrund einer Benennung durch die Spitzenorganisationen der zuständigen Gewerkschaften.

(4) Der Bundespersonalausschuss wird zur Durchführung seiner Aufgaben durch eine Geschäftsstelle im Bundesministerium des Innern unterstützt.

§ 121 Rechtsstellung der Mitglieder

Die Dienstaufsicht über die Mitglieder des Bundespersonalausschusses führt im Auftrag der Bundesregierung die Bundesministerin des Innern oder der Bundesminister des Innern mit folgenden Maßgaben:
1. Die Mitglieder des Bundespersonalausschusses sind unabhängig und nur dem Gesetz unterworfen. Sie dürfen wegen ihrer Tätigkeit weder dienstlich gemaßregelt noch benachteiligt werden.
2. Sie scheiden aus ihrem Amt als Mitglied des Bundespersonalausschusses aus
   a) durch Zeitablauf,
   b) durch Ausscheiden aus dem Hauptamt oder aus der Behörde, die für ihre Mitgliedschaft maßgeblich sind,
   c) durch Beendigung des Beamtenverhältnisses oder
   d) unter den gleichen Voraussetzungen, unter denen Mitglieder einer Kammer oder eines Senats für Disziplinarsachen wegen einer rechtskräftigen Entscheidung in einem Straf- oder Disziplinarverfahren ihr Amt verlieren; § 66 ist nicht anzuwenden.

§ 122 Geschäftsordnung

Der Bundespersonalausschuss gibt sich eine Geschäftsordnung.

§ 123 Sitzungen und Beschlüsse

(1) Die Sitzungen des Bundespersonalausschusses sind nicht öffentlich. Der Bundespersonalausschuss kann von den Verwaltungen beauftragten Personen sowie Dritten die Anwesenheit bei der Verhandlung gestatten.

(2) Die oder der Vorsitzende des Bundespersonalausschusses oder die oder der stellvertretende Vorsitzende des Bundespersonalausschusses leitet die Sitzungen. Sind beide verhindert, tritt an ihre Stelle das dienstälteste Mitglied.

(3) Die von den Verwaltungen beauftragten Personen sind auf Verlangen zu hören.

(4) Beschlüsse werden mit Stimmenmehrheit gefasst. Zur Beschlussfähigkeit ist die Anwesenheit von mindestens sechs Mitgliedern erforderlich. Bei Stimmengleichheit entscheidet die Stimme der oder des Vorsitzenden.

(5) Beschlüsse des Bundespersonalausschusses sind bekannt zu machen, soweit sie allgemeine Bedeutung haben. Art und Umfang regelt die Geschäftsordnung.

(6) Soweit dem Bundespersonalausschuss eine Entscheidungsbefugnis eingeräumt ist, binden seine Beschlüsse die beteiligten Verwaltungen.

§ 124 Beweiserhebung, Auskünfte und Amtshilfe

(1) Der Bundespersonalausschuss kann zur Durchführung seiner Aufgaben in entsprechender Anwendung der Vorschriften der Verwaltungsgerichtsordnung Beweise erheben.

(2) Die beteiligten Verwaltungen haben dem Bundespersonalausschuss auf Verlangen Auskünfte zu erteilen und Akten vorzulegen, soweit dies zur Durchführung seiner Aufgaben erforderlich ist. Alle Dienststellen haben dem Bundespersonalausschuss unentgeltlich Amtshilfe zu leisten.

Übersicht

	Rn		Rn
I. Allgemeines	1	2. Absatz 2	11
1. Zweck der Vorschrift	1	3. Absatz 3	17
2. Entstehung der Vorschrift	2	a) Frühere Rechtslage	18
3. Änderungen der Vorschrift	3	b) Neue Rechtslage ab 1.4.2002	19
4. Bezüge zum Beamtenrecht bzw. zu sonstigen rechtl. Vorschriften; ergänzende Dienstvorschriften	4	4. Absatz 4	24
		5. Absatz 5	27
		6. Absatz 6	28
II. Erläuterungen im Einzelnen	8	7. Absatz 7	30
1. Absatz 1	8	8. Absatz 8	31

Literatur: *Dolpp, Thomas/Weniger, Frank*: Soldatenlaufbahnverordnung, Kommentar, Hrsg. *Kirsch, Ulrich*, 7. Aufl. 2009; *Klinkhardt, Volker*: Die Übernahme von Unteroffizieren mit 12jähriger Verpflichtungszeit in den zivilen öffentlichen Dienst, ZBR 1969, 297; *Steinkamm, Armin Arne*: Der Bundespersonalausschuss in der Soldatenbesetzung und das Benennungsrecht der Spitzenorganisationen, NZWehrr 1987, 58.

I. Allgemeines

1 1. Zweck der Vorschrift. § 27 gibt den gesetzl. Rahmen zur untergesetzl. Ausgestaltung der soldatischen Laufbahnen vor. Er ermächtigt in Abs. 1 zum Erlass der SLV, legt in den Abs. 2 bis 6 besonders wesentliche laufbahnrechtl. Merkmale fest und hält in Abs. 7 die Ermächtigung für eine Prüfungsverordnung zu soldatischen Laufbahnprüfungen bereit. Abs. 8 trifft Sonderregelungen für den BPA, wenn dieser in Angelegenheiten der Soldaten (betroffen sind nur BS und SaZ) tätig wird.

2 2. Entstehung der Vorschrift. Eine dem § 27 in seiner Detaillierung entspr. Vorschrift war im **REntw.** nicht vorgesehen. Dieser hatte in § 57 nur eine kurze, allg. gehaltene Verordnungsermächtigung vorgeschlagen.[1] Der **BR** hatte deshalb schon im ersten Durchgang gefordert, die Ermächtigung hins. ihres Ausmaßes entspr. den Vorschriften im Beamtenrecht näher abzugrenzen.[2] In ihrer Stellungnahme zu den Vorschlägen des BR war die **BReg** noch der Ansicht[3], die Ermächtigung sei ausreichend abgegrenzt, weil im mil. Bereich – anders als im Bundesbeamtenrecht – die Verhältnisse insofern einfacher lägen, „als die Laufbahn der Soldaten im Wesentlichen eine Einheitslaufbahn" darstelle. In den parlamentarischen Beratungen des SG forderte insbes. der **Ausschuss für Beamtenrecht** des BT[4] unter Hinw. auf entspr. beamtenrechtl. Vorschriften, dass sich bei der Festlegung der Laufbahnvorschriften der Soldaten auch das Parlament beteiligen müsse. Das BMVg wurde gebeten, einen neuen Entw. für eine laufbahnrechtl. Vorschrift zu erarbeiten. Der daraufhin vorgelegte § 23a[5] wurde vom Ausschuss für Beamtenrecht des BT erheblich überarbeitet und präzisiert (vor allem wurde bei Ausnahmen von den Beförderungsbest. erstmals die Beteiligung des BPA vorgesehen[6]). In dieser Fassung[7] hat die Vorschrift Eingang in das SG gefunden.

3 3. Änderungen der Vorschrift. § 27 ist mehrmals geändert worden:
– Durch Art. 1 des G vom **5.12.1958**[8] wurde in Abs. 2 Nr. 3 auf das Erfordernis eines abgeschlossenen Studiums an einer wissenschaftlichen Hochschule verzichtet. Dadurch wurde den Zahnärzten, die eine Ausbildung zum Dentisten[9] absolviert hatten, die Möglichkeit eröffnet, als SanOffz übernommen zu werden.

---

1 Vgl. BT-Drs. II/1700, 14.
2 Ebd., S. 41.
3 Ebd., S. 45.
4 Vgl. Prot. der 45. Sitzung dieses Ausschusses am 16.1.1956, 2.
5 Ebd., S. 7.
6 Ebd., S. 10.
7 Vgl. BT-Drs. II/2140, 39 f.
8 BGBl. I S. 898.
9 Dentist war die Bezeichnung für einen Zahnarzt ohne Hochschulausbildung. Seit den 50er Jahren des 20. Jahrhunderts gibt es diese Berufsform in Deutschland nicht mehr. Vgl. zur Eingliederung der Dentisten §§ 8 ff. des G über die Ausübung der Zahnheilkunde v. 31.3.1952 (BGBl. I S. 221) i.d.F. der Bekanntmachung v. 16.4.1987 (BGBl. I S. 1225) mit Änd. sowie zur entspr. Rechtslage bei Inkrafttreten der Erstfassung der SLV v. 21.3.1958 (BGBl. I S. 148) *Schroeder, Hans Ulrich*: Die Laufbahnen der Soldaten der Bundeswehr, 1958, 67 Rn. 2.

Laufbahnvorschriften § 27

- Durch § 2 Abs. 2 des G vom **20.8.1960**[10] wurde – angepasst an das BBG – der damalige Abs. 7 (heute Abs. 8) neu gefasst. Es wurde klargestellt, dass der für den Leiter der Personalabteilung des BMVg zu benennende Stellvertreter auch BS sein könne.[11]
- Durch Art. 1 Nr. 1 des G vom **21.7.1970**[12] wurde in Abs. 2 Nr. 3 zur Anpassung an die Terminologie der Bundesärzteordnung das Wort „Bestallung" durch das Wort „Approbation" ersetzt.
- Durch Art. 1 Nr. 2 des G vom **22.5.1980**[13] wurden Abs. 2, 3 und 6 neu gefasst, insbes. um die im SG bestimmten schulischen Mindestanforderungen an für den Beamtenbereich neu formulierte Bildungsstrukturen und Abschlüsse anzupassen.[14]
- Durch Art. 2 Nr. 3 des **BwNeuAusrG** wurde Abs. 3 erneut neu gefasst. Obwohl der Wortlaut nur marginal verändert wurde, verbergen sich hinter dieser Umformulierung die Einführung von Fachunteroffizieren und die faktische Aufteilung der Laufbahngruppe der Uffz in Fachunteroffizier- und Fw-Laufbahnen.[15]
- Durch Art. 2 Nr. 10 des **SkResNOG** wurde ein neuer Abs. 7 (Verordnungsermächtigung für eine Prüfungsverordnung[16]) eingefügt.
- Durch Art. 10 Nr. 10 des **DNeuG** wurde Abs. 8 an den neu gefassten Abschnitt 8 des BBG angepasst.[17]

4. Bezüge zum Beamtenrecht bzw. zu sonstigen rechtl. Vorschriften; ergänzende Dienstvorschriften. Auf die Laufbahnen der **Bundesbeamten** bezogene Vorschriften finden sich in §§ 16 ff. BBG. Auf der Grundlage des § 26 Abs. 1 Nr. 1 BBG i. V. m. §§ 16 bis 25 BBG hat die BReg die **Bundeslaufbahnverordnung** – BLV vom 12.2.2009[18] erlassen. 4

Das Laufbahnrecht der **Beamten in den Ländern** unterliegt nach Abschaffung der Rahmengesetzgebungskompetenz des Bundes durch Aufhebung des Art. 75 GG und wegen der Herausnahme des Laufbahnrechts aus der konkurrierenden Gesetzgebungskompetenz des Bundes (vgl. Art. 74 Abs. 1 Nr. 27 GG) der ausschließlichen Gesetzgebungskompetenz der Länder (Art. 70 GG). Die LBG enthalten Verordnungsermächtigungen zum Laufbahnrecht.[19] 5

Für **Richter im Bundesdienst** findet über § 46 DRiG grds. das Laufbahnrecht der Beamten entspr. Anwendung.[20] Von den im DRiG bestimmten Besonderheiten sind vor allem die Regelungen über die Befähigung zum Richteramt (§ 5 DRiG) zu nennen. **Für Richter im Landesdienst** gilt die in § 71 DRiG angeordnete grds. Bindung der Landesgesetzgebung an die Vorschriften des BeamtStG. 6

---

10 BGBl. I S. 705.
11 Vgl. BT-Drs. III/1080, 5.
12 BGBl. I S. 1120.
13 BGBl. I S. 581.
14 Vgl. BT-Drs. 8/3360, 7.
15 Vgl. BT-Drs. 14/6881, 27 f.
16 Vgl. BT-Drs. 15/4485, 36.
17 Vgl. BT-Drs. 16/7076, 173.
18 BGBl. I S. 284.
19 Vgl. die Zusammenstellung bei *Plog/Wiedow/Lemhöfer*, BBG, § 15 Rn. 18.
20 *Plog/Wiedow/Lemhöfer*, BBG, § 15 Rn. 3.

Eichen

7 Auf der Basis des § 27 Abs. 1 bis 6 hat die BReg[21] die **Soldatenlaufbahnverordnung** (SLV) erlassen, die neben der Ordnung der Laufbahnen der Soldaten insbes. die Einstellungs- und Beförderungsvoraussetzungen für SaZ und BS regelt. Sie wird durch zahlreiche Erl. ergänzt, insbes. durch die ZDv 20/7.[22]

II. Erläuterungen im Einzelnen

8 1. **Absatz 1. Abs. 1** ist die gesetzl. Ermächtigung zum Erlass der SLV (s. o. Rn. 7). Die nach Art. 80 Abs. 1 Satz 2 GG geforderte Festlegung von Inhalt, Zweck und Ausmaß der erteilten Ermächtigung im Gesetz wird durch die Verweisung auf die Abs. 2 bis 6 getroffen.[23] Eine weitere fakultative Vorgabe zur Ausgestaltung der SLV enthält § 92 (diese Regelung gehört systematisch in den § 27) für die Dauer des Spannungs- oder V-Falles. Nicht in Abs. 1 geregelt ist, wer die SLV erlassen darf. Dies legt § 93 Abs. 1 Nr. 2 fest (zuständig ist die BReg).

9 Abs. 1 macht durch den Hinw. auf die Laufbahnen der Soldaten deutlich, dass – wie das Dienstrecht der Beamten[24] – das soldatische Dienstrecht wesentlich durch das **Laufbahnprinzip** geprägt ist. Dieses beruht letztlich auf Art. 33 Abs. 2 GG, der jedem Deutschen nach seiner Eignung, Befähigung und fachl. Leistung (diese Kriterien werden in § 3 Abs. 1 wiederholt) gleichen Zugang zu jedem **öff. Amt** garantiert. Obwohl Soldaten kein Amt im beamtenrechtl. Sinne bekleiden[25], gilt Art. 33 Abs. 2 GG auch für sie. Denn der dort verwendete Begriff des öff. Amtes ist weit zu verstehen und umfasst alle beruflichen und ehrenamtl. Funktionen öff.-rechtl. Art vor allem beim Bund (damit auch den Zugang zum Soldatenberuf[26]). Das Laufbahnprinzip gibt dem in Art. 33 Abs. 2 GG festgelegten Grds. der Bestenauslese für Soldaten insoweit Konturen, als es von den für bestimmte soldatische Verwendungsbereiche nach ihrer ziv. Vor- und Ausbildung ausgewählten jungen Bewerbern regelmäßig weitere mil. geprägte Ausbildungsmaßnahmen verlangt, die zur Erlangung der Laufbahnbefähigung in der jew. Laufbahn erfolgreich abgeschlossen werden müssen.

10 Hierzu unterscheidet das soldatische Laufbahnrecht einerseits die sich hierarchisch zueinander verhaltenden **Laufbahngruppen** der Mannschaften, der Uffz und der Offz (§ 3 Abs. 1 SLV). Andererseits sind diesen Laufbahngruppen verschiedene **Laufbahnen** zugeordnet wie folgt (§ 3 Abs. 2 bis 4 SLV):
– der Laufbahngruppe der Mannschaften die Laufbahnen des Truppendienstes, des Sanitätsdienstes und des Militärmusikdienstes,
– der Laufbahngruppe der Uffz Fw- und Fachunteroffizierlaufbahnen. Fachunteroffizierlaufbahnen gibt es im Sanitätsdienst, im Militärmusikdienst, im Geoinformati-

---

21 S. § 93 Abs. 1 Nr. 2.
22 ZDv 20/7 „Bestimmungen für die Beförderung und für die Einstellung, Übernahme und Zulassung von Soldatinnen und Soldaten".
23 Das BVerwG (1 WB 48.07) hat zwar für die Einführung eines verbindlichen Richtwertesystems in das soldatische Beurteilungsverfahren nach dem Grds. des Vorbehalts des G u. der Wesentlichkeitstheorie eine normative Grundlage zumindest in der SLV gefordert, aber nicht thematisiert, ob § 27 Abs. 1 hierfür (gemessen an Art. 80 Abs. 1 Satz 2 GG) als gesetzl. Grundlage ausreicht.
24 Der Laufbahngrds. ist ein hergebrachter Grds. des Berufsbeamtentums, vgl. *Pieroth*, in: Jarass/Pieroth, GG, Art. 33 Rn. 50 m. w. N.
25 Vgl. Komm. zu § 3 Rn. 55 ff.
26 Vgl. *Jarass*, in: Jarass/Pieroth, GG, Art. 33 Rn. 9 m. w. N.

Laufbahnvorschriften § 27

onsdienst der Bw und im allg. Fachdienst, Fw-Laufbahnen in den gleichen Diensten sowie zusätzlich im Truppendienst.
– der Laufbahngruppe der Offz die Laufbahnen des Truppendienstes, des Sanitätsdienstes, des Militärmusikdienstes, des Geoinformationsdienstes der Bw und des militärfachl. Dienstes.

Zu diesen Laufbahnen gibt es jew. die entspr. Laufbahnen d.R.[27]

2. Absatz 2. Abs. 2 legt für BS und SaZ **Mindest**voraussetzungen (diese Anforderungen können in der SLV erhöht werden) für die Laufbahnen der Uffz, Offz und SanOffz fest. Genannt sind die **Mindestvoraussetzungen für eine Beförderung in den Eingangsdienstgrad**, also den untersten Dienstgrad, der nicht mehr an Anwärter verliehen wird[28] (z. B. bei Offz des Truppendienstes der Dienstgrad Lt), nicht nur für den Zugang[29] zur Laufbahn; dieser gehören bereits die Anwärter an.[30] **11**

Für den Zugang zu einer Laufbahn in der Laufbahngruppe der **Mannschaften** gelten die genannten Mindestvoraussetzungen nicht. Für die Laufbahnen der Mannschaften hat der Verordnungsgeber in § 8 SLV stark abgesenkte Bildungsvoraussetzungen festgelegt (verlangt wird seit 2002 nur noch die Erfüllung der Vollzeitschulpflicht, also nicht mehr der Abschluss einer Hauptschule, sondern lediglich der mindestens neunjährige Besuch der Volksschule – Grund- und Hauptschule). **12**

Für die Laufbahnen in der Laufbahngruppe der Uffz verlangt **Nr. 1 Buchst. a bildungsmäßig** den erfolgreichen Besuch einer Hauptschule oder einen als gleichwertig anerkannten Bildungsstand.[31] Zusätzlich nötig sind nach **Nr. 1 Buchst. b und c** eine **Dienstzeit** von (mindestens!) einem Jahr (für die Beförderung zum Fw ist eine Dienstzeit von mindestens 36 Monaten erforderlich) und das Bestehen einer **Unteroffizierprüfung** (Fachunteroffizierprüfung oder Fw-Prüfung) als Laufbahnprüfung.[32] Da Zweck der Laufbahnprüfung der generelle Nachweis ist, dass der Soldat die laufbahnspezifisch geforderten fachl. Leistungen erbringen kann, ist zwingend zu folgern, dass sich in allen Bereichen der SK die Prüfungsanforderungen auf vergleichbarem Niveau befinden und einheitlichen Maßstäben genügen müssen. Nur so ist gewährleistet, dass z. B. bei einem Wechsel der TSK der Soldat weiterhin in den seiner Laufbahn zugeordneten Verwendungen eingesetzt werden kann. Dies bedingt eine Harmonisierung der Ausbildungs- und Prüfungsinhalte für die Laufbahnprüfungen aller TSK und bedeutet den Verzicht auf die bisher auf die TSK bezogenen Festlegungen des Ausbildungsstoffs und der Ausbildungsgestaltung. **13**

---

27 Vgl. zur Laufbahngruppen- u. zur Laufbahnensystematik (auch der Reservelaufbahnen) die Schaubilder unter www.deutsches-wehrrecht.de. S. zu Einzelheiten des Laufbahnprinzips *Dolpp/Weniger*, SLV, § 3 Rn. 302 ff.
28 Vgl. *Dolpp/Weniger*, SLV, § 3 Rn. 305.
29 Dieser setzt noch keine Dienstzeit o. die Ablegung einer Laufbahnprüfung voraus.
30 *Dolpp/Weniger*, SLV, § 3 Rn. 304. BVerwG RiA 1989, 179 LS 1, betont, dass ein SanOA „soldatenrechtlich bereits zur Laufbahngruppe der Offiziere des Sanitätsdienstes" gehört; seine Beförderung zum SanOffz „führt ... nicht zu einem Laufbahnwechsel".
31 Vgl. § 11 Abs. 1 Nr. 2 SLV für Fachunteroffiziere, § 15 Abs. 1 Nr. 2 SLV mit höheren Bildungsvoraussetzungen für Fw-Laufbahnen. Zum Nachweis eines als gleichwertig anerkannten Bildungsstandes s. ZDv 20/7 Anl. 9.
32 Vgl. die einschlägigen Vorschriften in § 12 Abs. 1 Satz 2 u. 3 SLV sowie § 16 Abs. 1 u. 2 Satz 1 SLV.

Eichen 475

Es ist folgerichtig, dass § 12 Abs. 2 SLV für die Fachunteroffizierprüfung und § 16 Abs. 3 SLV für die Fw-Prüfung verbindliche Vorgaben zur inhaltl. und formalen Ausgestaltung der Laufbahnausbildung und der abschließenden Laufbahnprüfung, wenn auch nur in Form eines groben Rahmens, bestimmen.[33] Schon aus Gründen der Gleichbehandlung und der Beachtung des Leistungsgrds. dringend notwendig bleibt eine baldige substanzielle inhaltl. Festlegung von in den gesamten SK harmonisierten Ausbildungs- und Prüfungsinhalten zur einheitlichen Ausgestaltung der Anforderungen an die Laufbahnbefähigung. In der nach Abs. 7 zu erlassenden RVO wird jeder Soldat in der Laufbahnausbildung erstmals verbindlich ablesen können, welche allg. gültigen Anforderungen in der Laufbahnausbildung und -prüfung gestellt werden. Dass dies bisher nicht möglich gewesen ist, lässt sich weder mit mil. Besonderheiten noch mit für die mil. Ausbildung vorgegebenen Notwendigkeiten rechtfertigen. Abhilfe ist dringend geboten.

14 Die für die Laufbahnen der Offz (mit Ausnahme der SanOffz, vgl. Nr. 3) in **Nr. 2 Buchst. a** als **Bildungsvoraussetzung** verlangte, zu einem Hochschulstudium berechtigende Schulbildung wird in § 23 Abs. 1 Nr. 2 SLV konkretisiert durch die Forderung nach einem Zeugnis der allg. Hochschulreife, der fachgebundenen Hochschulreife oder der Fachhochschulreife; ersatzweise reicht ein als gleichwertig anerkannter Bildungsstand. Weiterhin ist grds. (vgl. aber Abs. 6 Satz 2) nach **Nr. 2 Buchst. b** eine **Dienstzeit** von drei Jahren notwendig.

15 Verlangt wird außerdem nach **Nr. 2 Buchst. c** stets die Ablegung **einer Offizierprüfung**. Kritisch zu sehen ist in diesem Zusammenhang § 25 Abs. 2 SLV, der die Beförderung zum Major von der erfolgreichen Teilnahme an einem **Stabsoffizierlehrgang** abhängig macht, ohne dass er auf eine gesetzl. Grundlage zurückgeführt werden kann. Zwar könnte der StOffz-Lehrgang nur als allg. Voraussetzung für die Beförderung von Offz nach Abs. 4 Satz 1 angesehen werden und deshalb gesetzl. von dieser Vorschrift gedeckt sein (§ 25 SLV trägt die Überschrift „Beförderung der Offiziere"). Faktisch ist für Offz der bestandene StOffz-Lehrgang jedoch **Zugangsvoraussetzung zum höheren Dienst** und damit eine auf einen Teil der Laufbahn (ab einem bestimmten Dienstgrad) bezogene zusätzliche Laufbahnprüfung.[34] Dies kollidiert mit dem auch auf Soldaten anwendbaren laufbahnrechtl. Grds., dass mit dem Bestehen der Laufbahnprüfung die **Befähigung für die gesamte Laufbahn** (z. B. für die Laufbahn der Offz des Truppendienstes) erworben wird.[35] Nr. 2 Buchst. c spricht entspr. auch nur von der Ablegung **einer** Offz-Prüfung. Zusätzliche Laufbahnprüfungen kann nach der Wesentlichkeitstheorie[36] nur der Gesetzgeber selbst zulassen, nicht der Verordnungsgeber ohne konkrete gesetzl. Ermächtigung. Der Gesetzgeber sollte daher bei nächster Gelegenheit für den StOffz-Lehrgang eine gesetzl. Grundlage schaffen (unbeschadet

---

33 Es ist daher zumindest nicht mehr möglich, Uffz-Anwärtern in einer vierwöchigen Ausbildung am Arbeitsplatz (AAP) die militärfachl. „Qualifikation" vermitteln zu können, die ihre Beförderung zum Uffz rechtfertigt, während andere Anwärter für dasselbe Ziel vielmonatige, schwierige Ausbildungsgänge zu durchlaufen haben.

34 *Dolpp/Weniger*, SLV, § 25 Rn. 2508, sprechen nicht von ungefähr von der „besonderen Bedeutung dieses Laufbahnlehrgangs für den Werdegang des Berufsoffiziers".

35 Es gibt auch keine gesonderte Prüfung für Stabsoffiziere, bevor sie zum General befördert werden können (der Lehrgang Generalstabs-/Admiralstabsdienst ist ein Verwendungslehrgang, dessen Fehlen kein Ausschlussgrund für eine Beförderung zum General sein darf).

36 Vgl. zu dieser allg. *Jarass*, in: Jarass/Pieroth, GG, Art. 20 Rn. 47 m. w. N. aus der Rspr.

Laufbahnvorschriften § 27

der weiteren Notwendigkeit, dass dieser Lehrgang in der nach Abs. 7 zu erstellenden RVO zu regeln sein wird).

Nr. 3 fordert für SanOffz die **Approbation** (= staatliche Zulassung zur Berufsausübung in den genannten akademischen Heilberufen[37]) als Arzt, Zahnarzt[38], Tierarzt oder Apotheker. Dies impliziert den Besitz der für das Studium dieser Heilberufe hochschulrechtl. vorausgesetzten Schulbildung (i. d. R. das Reifezeugnis eines Gymnasiums als Hochschulzugangsberechtigung), die nach den einschlägigen Approbations- und Prüfungsordnungen bei der Meldung zur ärztlichen Prüfung nachzuweisen ist (vgl. § 30 Abs. 1 Nr. 2 SLV, § 31 Abs. 3 und 4 SLV[39]). 16

3. Absatz 3. Die Neufassung des **Abs. 3**[40] durch Art. 2 Nr. 3 des BwNeuAusrG ist zwar der alten Fassung ähnlich. Sie gestaltet – gemeinsam mit der konstitutiven Neufassung der SLV zum 1.4.2002 – die Laufbahnausbildung in der Laufbahngruppe der Uffz jedoch grundlegend um. Um Abs. 3 verstehen zu können, ist eine nähere Betrachtung der Laufbahnausbildung in der Laufbahngruppe der Uffz notwendig. 17

a) Frühere Rechtslage. Bis zur o. g. Neufassung der SLV gab es einen regelmäßigen zweistufigen Aufstieg vom Uffz bis zum höchsten Feldwebeldienstgrad in der Laufbahngruppe der Uffz. Dieser waren durchgehend die Laufbahnen des Truppendienstes, des SanDienstes, des Militärmusikdienstes und des militärgeographischen Dienstes zugeordnet. Die letztgenannten drei Laufbahnen waren und sind Laufbahnen für Fachdienste. 18

UA (im Truppendienst) absolvierten ihre **mil.** Ausbildung (allg. Grundausbildung und Uffz-Lehrgang mil. Teil), sodann eine **militärfachliche** Uffz-Ausbildung. Diese reichte je nach Verwendung von einer Ausbildung am Arbeitsplatz („AAP" – etwa einen Monat) bis zu einem mehrmonatigen (fünf bis acht Monate dauernden) Uffz-Lehrgang (fachl. Teil – die Ausgestaltung der Laufbahnprüfung war dem BMVg durch die SLV a. F. weitgehend überlassen[41]). Hatte ein UA die mil. und militärfachl. Uffz-Ausbildung bestanden, besaß er die Laufbahnbefähigung und konnte – i. d. R. zeitnah nach zwölf Monaten Mindestdienstzeit – zum Eingangsdienstgrad Uffz befördert werden.

In den Laufbahnen für Fachdienste (insbes. im SanDienst) bestand die militärfachl. Ausbildung in einer dem jew. Fachgebiet entspr. Spezialausbildung, die zeitlich länger dauern konnte als die militärfachl. (u. U. nur vierwöchige) Ausbildung im Truppendienst. Selbst in den Fachdiensten war nach zwölf Monaten Mindestdienstzeit eine Beförderung zum Uffz regelmäßig möglich, weil eine nur an mil. Vorgaben ausgerichtete militärfachl. Ausbildung als Bestandteil der Laufbahnprüfung genügte. Das Ausbildungsniveau der ziv. Gesellenebene konnte, musste aber nicht erreicht werden.

Für die spätere Ausbildung zum Fw war (aufbauend auf der obligatorischen Ausbildung zum Uffz) neben der militärfachl. Feldwebelausbildung das Bestehen einer Fw-Prüfung als Abschluss eines Fw-Lehrgangs notwendig. Diese Fw-Prüfung war im SG

---

37 V. lateinischen approbatio = Billigung, Genehmigung.
38 Zur früheren Ausnahme für Dentisten s. o. Rn. 3.
39 Eingangsdienstgrad (vgl. o. Rn. 11) für SanOffz ist folglich der Dienstgrad Stabsarzt.
40 Vgl. o. Rn. 3.
41 Nach BVerwGE 63, 15 war die Ausgestaltung der Laufbahnprüfungen dem BMVg durch die SLV (a. F.) „weitgehend freigestellt". Sie hänge – so das BVerwG – in erster Linie von mil. Zweckmäßigkeitserwägungen ab, die der gerichtl. Nachprüfung entzogen seien.

Eichen 477

nicht vorgesehen. Das SG sprach (und spricht auch heute) für die Laufbahnen der Uffz in § 27 Abs. 2 Nr. 1c nur von **einer** Uffz-Prüfung. Die Feldwebelprüfung war jedoch als Laufbahnprüfung in § 14 Abs. 1 Nr. 2 SLV a. F. vorgesehen.[42] Das Bestehen des Fw-Lehrgangs und das Erreichen einer bestimmten militärfachl. Ausbildungshöhe („AH 6" = mil. Meisterebene) waren Nachweis der Laufbahnbefähigung und ermöglichten die Beförderung zum Fw. Dies war i. d. R. zeitnah nach der in der SLV a. F. vorgesehenen Mindestdienstzeit von vier Jahren möglich.

19 **b) Neue Rechtslage ab 1.4.2002.** Zur Attraktivitätssteigerung wurde die Laufbahngruppe der Uffz neu geordnet. Nicht mehr jeder Uffz sollte zum allseits einsetzbaren vorg. Truppenführer („Kämpfer") ausgebildet werden. Vielmehr sollten bestimmte Soldaten in militär**fachlichen** (z. B. technischen) Verwendungen von Vorgesetztenpflichten möglichst entlastet sein. Die bisher durch die Truppe und durch Ausbildungseinrichtungen der SK vermittelten militärfachl. Ausbildungsanteile sollten durch **zivilberufliche Aus- und Weiterbildung (ZAW)** i. d. R. bei ziv. Bildungsträgern ersetzt werden. Als Nebeneffekt wurde (bisher erfolglos) eine Straffung der mil. Schullandschaft erwartet. Allen UA sollte zum Anfang der Dienstzeit eine zivilberufliche Ausbildung vermittelt werden, die dem Dienstherrn nutzen und den SaZ den späteren Einstieg in das ziv. Berufsleben erleichtern sollte.

Deshalb wurde die Laufbahngruppe der Uffz faktisch in zwei Untergruppen geteilt: in „Fachunteroffizierlaufbahnen" (Uffz und StUffz) in der vergleichbaren Ausbildungshöhe „Geselle" und in „Feldwebellaufbahnen" (Fw bis OStFw) in der vergleichbaren Ausbildungshöhe „Meister".[43]

Neu eingeführt wurde eine Laufbahn des allg. Fachdienstes; die Laufbahn des Truppendienstes bei den Fachunteroffizieren wurde gestrichen. Die Laufbahn des militärgeographischen Dienstes wurde in Geoinformationsdienst der Bw umbenannt.

20 Schematisch stellen sich die Laufbahnen in der Laufbahngruppe der Uffz wie folgt dar:

Laufbahngruppe der Uffz

Fachunteroffiziere (Uffz; StUffz)	Fw
	Truppendienst
SanDienst	SanDienst
Militärmusikdienst	Militärmusikdienst
Geoinformationsdienst der Bw	Geoinformationsdienst der Bw
allg. Fachdienst	allg. Fachdienst

---

42 Hiergegen hätten dieselben rechtl. Vorbehalte geäußert werden können wie heute gegen den Stabsoffizierlehrgang als Voraussetzung zur Beförderung in die Dienstgradhöhe Major (s. o. Rn. 15). Das Problem hat sich durch die Aufteilung der Laufbahngruppe der Uffz entschärft, da nur noch die Uffz-Prüfung o. die Feldwebelprüfung u. damit eine Laufbahnprüfung verlangt wird.
43 Vgl. BT-Drs. 14/6881, 28. Die Laufbahnen der Fachunteroffiziere sind für Bewerber gedacht, die zwar eine fachl. Qualifikation einbringen, aber keine o. noch keine Führungsverantwortung übernehmen wollen. Sie schließen – so die amtl. Begr. zur konstitutiven Neufassung der SLV – ihre Laufbahnausbildung mit der Beförderung zum Uffz ab.

Fachunteroffizierlaufbahnen für Uffz ohne Portepee gibt es somit im SanDienst, im Militärmusikdienst, im Geoinformationsdienst der Bw und im neuen allg. Fachdienst, Feldwebellaufbahnen in den gleichen Diensten sowie zusätzlich im Truppendienst.[44]

Während der frühere Abs. 3 in einer Soll-Vorschrift für alle Laufbahnen in der Laufbahngruppe der Uffz (über die Mindestanforderungen des Abs. 2 Nr. 1 Buchst. a hinaus) den Abschluss einer Realschule oder den erfolgreichen Besuch einer Hauptschule und eine förderliche abgeschlossenen Berufsausbildung oder den Nachweis eines als gleichwertig anerkannten Bildungsstandes forderte, beschränkt die Neufassung des Abs. 3 dies auf die Laufbahnen der Fw. Damit sind die gesetzl. Voraussetzungen geschaffen worden, um in der SLV[45] für die Einstellung der Anwärter in den Laufbahnen der Fachunteroffiziere nur noch – wie es Abs. 2 Nr. 1 Buchst. a als Mindestvoraussetzung vorschreibt – den erfolgreichen Besuch einer Hauptschule genügen zu lassen. An die Stelle des im früheren Abs. 3 geforderten Berufsabschlusses treten für diese Anwärter in der Praxis eine erfolgreiche Berufseignungsfeststellung (im Rahmen des Annahmeverfahrens an den Zentren für Nachwuchsgewinnung) und die Zusage für eine ZAW. Dies trägt dem Umstand Rechnung, dass die Anzahl der Schulabgänger, die einen beruflichen Abschluss außerhalb des dualen Bildungssystems und damit keine Ausbildungsberufe nach dem Berufsbildungsgesetz oder nach der Handwerksordnung anstreben, in den letzten Jahren ständig gestiegen ist.[46] **21**

Für Anwärter in den Feldwebellaufbahnen gelten die bisherigen Einstellungsvoraussetzungen. Abs. 3 wird durch § 15 Abs. 1 Nr. 2 SLV ergänzt, wo stets ein Hauptschulabschluss nebst einem förderlichen Berufsabschluss oder ein Realschulabschluss verlangt wird. Nur ein Hauptschulabschluss oder ein als gleichwertig anerkannter Bildungsstand reicht nicht. Zu dieser Anhebung der Voraussetzungen war der Verordnungsgeber nach Abs. 2 Nr. 1 i. V. m. Abs. 3 berechtigt. Die nach Abs. 3 neben einem Hauptschulabschluss verlangte **förderliche** abgeschlossene **Berufsausbildung** ist eine solche, die eine bedarfsgerechte Einplanungsmöglichkeit in artverwandte Verwendungen in den SK erlaubt.[47] **22**

---

44 Die Laufbahn der Fw des Truppendienstes umfasst primär Führungs-, Ausbildungs- u. Erziehungskräfte der ersten Führungsebene. Die anderen Fw-Laufbahnen (SanDienst, Militärmusikdienst, Geoinformationsdienst der Bw u. allg. Fachdienst) führen fachl. spezialisierte Personen mit Vorgesetztenverantwortung „auf dem Qualifizierungsniveau der Meisterebene" zusammen (amtl. Begr. zur konstitutiven Neufassung der SLV, allg. Teil).
45 Dies ist in § 11 Abs. 1 Nr. 2 SLV umgesetzt.
46 So BT-Drs. 14/6881, 28.
47 So *Dolpp/Weniger*, SLV, § 15 Rn. 1503.

§ 27 Laufbahnvorschriften

23 Mit einer erneuten Änd. des § 12 SLV[48] ist der ab dem 1.4.2002 geforderte **Nachweis der Laufbahnbefähigung** in den **Fachunteroffizierlaufbahnen** nur durch einen in der ZAW erworbenen ziv. Berufsabschluss auf Gesellenebene wieder relativiert worden.[49] Nach § 12 Abs. 2 SLV reicht jetzt auch wieder eine rein militärfachl. Ausbildung[50] als fachl. Teil der Uffz-Prüfung aus. Die Änd. war spätestens dadurch notwendig geworden, dass die große Zahl der ansonsten erforderlichen ZAW-Maßnahmen nicht mehr finanzierbar gewesen wäre.[51]

24 **4. Absatz 4.** Satz 1 schreibt vor, dass im Verordnungsweg die allg. Voraussetzungen und Mindestdienstzeiten für die **Beförderungen**[52] von Soldaten festzusetzen sind. Dem ist die BReg in § 5 SLV, in dem **allg. Grundsätze** der Beförderung geregelt werden, und in zahlreichen anderen, auf verschiedene Laufbahnen bezogenen Vorschriften der SLV (z. B. §§ 9, 10, 12, 16, 18, 22, 24, 25, 31, 33 SLV) nachgekommen. Der **BPA** kann von diesen Vorgaben nach **Satz 3 Ausnahmen** zulassen; Satz 3 bezieht sich also nicht nur auf Satz 2.[53]

25 Die nach Satz 1 festzusetzenden **Mindestdienstzeiten** sind nur dort zulässig, wo sie den in Art. 33 Abs. 2 GG und in § 3 Abs. 1 festgeschriebenen **Leistungsgrundsatz**[54] absichern. Beförderungen als Verleihung eines höheren Dienstgrades bedingen eine

---

48 Durch Art. 1 Nr. 3 der VO zur Änd. der SLV u. zur Aufhebung der Dienstgradüberleitungsverordnung v. 21.3.2005 (BGBl. I S. 867).
49 Dieser ziv. Berufsabschluss kann den militärfachl. Teil der Fachunteroffizierprüfung aber nach wie vor ersetzen. Wichtig ist die zwischen BMVg u. BMI abgestimmte Möglichkeit, dass für FachUA in einer ZAW ausnahmsweise bereits nach einem Drittel der Ausbildungsmaßnahme durch die ziv. Ausbildungsstelle eine Einschätzung in Form einer fachl. Bewertung nebst Prognose abgegeben werden kann, ob der Soldat die ziv. Gesellenebene erreichen wird. Fällt diese perspektivische Betrachtung positiv aus, reicht sie zur Feststellung der Laufbahnbefähigung u. zur Beförderung zum Uffz aus. Die fachl. Bewertung nebst positiver Prognose ist dann Grundlage für die fachl. Komponente der Laufbahnbefähigung. Nur die Prognose ermöglicht es, FachUA in einer ZAW einigermaßen zeitgerecht zum Uffz befördern zu können. Die Prognoseentscheidung ist so ausgestaltet, dass sie einer gerichtl. Überprüfung standhält.
50 Die amtl. Begr. zur Anfügung des § 12 Abs. 2 SLV lautet: „Mit der Änderung werden die für eine Laufbahnbefähigung in den Laufbahnen der Fachunteroffiziere erforderlichen Voraussetzungen näher bestimmt. Neben der allgemeinmil. Befähigung, die durch eine allg. Grundausbildung u. einen mit einer Prüfung abschließenden Fachunteroffizierlehrgang vermittelt wird, bedarf es in den Fachunteroffizierlaufbahnen einer militärfachl. Befähigung. Diese wird in Verwendungen, in denen eine verwertbare zivilberufliche Ausbildung auf Gesellen- o. Facharbeiterebene erforderlich ist, durch eine solche Ausbildung erworben. Es hat sich allerdings gezeigt, dass nach wie vor in bestimmten Verwendungen ein Bedarf an einer rein militärfachl. Befähigung besteht. In solchen Verwendungen, in denen die militärfachl. Befähigung nicht durch eine verwertbare zivilberufliche Ausbildung auf Gesellen- oder Facharbeiterebene erworben werden kann, wird die militärfachl. Befähigung im Rahmen mehrmonatiger Lehrgänge vermittelt und durch das Bestehen einer Prüfung nachgewiesen."
51 Ein weiterer Grund war die Erkenntnis, dass Soldaten während der ZAW nicht für mil. Dienst zur Verfügung stehen (ZAW wird durch ziv. Bildungsträger vermittelt). ZAW verstärkt also den Personalmangel. Z.T. sind die strikten laufbahnrechtl. Vorgaben für Beförderungen zum Uffz auch einfach ignoriert worden.
52 Vgl. zum Begriff der Beförderung § 4 Abs. 1 Nr. 3 sowie die Komm. ebd.
53 Vgl. zu den zugelassenen Ausnahmen § 45 SLV.
54 Vgl. hierzu Komm. zu § 3 Abs. 1.

Bewerberauswahl zur Besetzung eines öff. Amtes i. S. d. Art. 33 Abs. 2 GG[55] und unterliegen den Kriterien der Eignung, Befähigung und fachl. Leistung der zur Auswahl stehenden Soldaten. Eine von Art. 33 Abs. 2 GG erfasste Auswahlentscheidung kann grds. nur auf Erwägungen gestützt werden, welche diese Kriterien unmittelbar betreffen.[56] Reine **Wartezeiten** – wie das Erreichen eines Lebens- oder Dienstalters – sind **keine** unmittelbar **leistungsbezogenen Gesichtspunkte**. „Mindestdienstzeiten" i. S. v. Satz 1 sind deshalb als Kriterien für Beförderungsentscheidungen nur rechtl. begründbar, wenn sie entweder den Charakter von **Bewährungszeiten** haben oder zur Verhinderung von Sprungbeförderungen (vgl. hierzu Satz 2) dienen. Die Rspr. des BVerwG[57] zur Unzulässigkeit der Berücksichtigung von nicht im verfassungsrechtl. Leistungsgrds.[58] verankerten Belangen (wie Mindestverweildauer oder Mindestdienstalter) bei einer Bewerberauswahl für eine Beförderung muss zur krit. Überprüfung der in der SLV und in Dienstvorschriften festgesetzten, z.T. in vielen Jahren[59] bemessenen Wartezeiten führen. Dies gilt vor allem für Beförderungen von Soldaten, die auf Dienstposten eingesetzt sind, welche einer gebündelten Dienstpostenbewertung unterliegen[60] und bei denen deshalb Bewährungszeiten nur begrenzt zu rechtfertigen sind. Es ist unzulässig, Mindestdienstzeiten in Form reiner Wartezeiten zur Schaffung eines altersgerechten Dienstgradgefüges, zur Verwirklichung eines allg. Laufbahnziels[61] oder zur Erleichterung der mil. Personalführung zu nutzen. Dies ist bei der Interpretation der gesetzl. Aufforderung in Abs. 4 Satz 1 an den Verordnungsgeber zu berücksichtigen.

Die **Sätze 2 und 3**[62] entsprechen inhaltl. § 22 Abs. 3 und 6 BBG. Sie haben die Aufgabe, die **Sprungbeförderung** (davon ist nicht nur eine Beförderung innerhalb eines bestehenden Wehrdienstverhältnisses, sondern auch eine Einstellung mit einem höheren als für „Seiteneinsteiger"[63] vorgesehenen Dienstgrad erfasst[64]) zu verhindern. Hierdurch soll der Leistungsgrds.[65] gesichert werden. Denn eine Sprungbeförderung geht regelmäßig zu Lasten der Soldaten, die sich bereits in einem höheren Dienstgrad für höher-

26

---

55 Vgl. zum weiten Begriff des öff. Amtes i. S. d. Art. 33 Abs. 2 GG o. Rn. 9.
56 BVerwG IÖD 2005, 74 (75) = DöD 2005, 162(163 f.).
57 Ebd., bestätigt durch BVerwG IÖD 2005, 158. Abw. Entsch. wie die des 1. WDS NZWehrr 1984, 214 – nur Ls = ZBR 1984, 193 – nur Ls – dürften der Vergangenheit angehören.
58 Etwas anderes gilt nur, wenn diesen Belangen außerhalb von Art. 33 Abs. 2 GG Verfassungsrang eingeräumt ist, vgl. BVerwG IÖD 2005, 158 Ls 3.
59 Die ZDv 20/7 Nr. 128 fordert z. B. für eine Beförderung zum StFw eine Wartezeit von 16 Jahren seit Ernennung zum Fw.
60 Es ist zweifelhaft, ob bei einer so breit gebündelten Dienstpostenbewertung wie im Bereich der Uffz mit Portepee (die Bündelung kann sich v. Fw bis zum Stabsfeldwebel erstrecken) der Grds. der funktionsgerechten Besoldung (§ 18 BBesG) noch ausreichend beachtet wird.
61 In diese Richtung ging BVerwG NZWehrr 1984, 214 (Ls) = ZBR 1984, 193 (Ls), wo ausgeführt wurde (zit. nach juris): „Die Festlegung eines die Lebenserfahrung würdigenden Mindestlebensalters ist angesichts der großen Zahl geeigneter HFw sachgerecht, weil nur so eine befriedigende Anzahl von ihnen rechtzeitig vor ihrem Ausscheiden aus der Bundeswehr zur Oberstabsfeldwebel befördert werden kann."
62 Abs. 4 Satz 3 bezieht sich auch auf Abs. 4 Satz 1, s. o. Rn. 24.
63 Gemeint sind andere Bewerber nach § 87, vgl. die Komm. ebd.
64 Vgl. § 45 Abs. 1 Nr. 4 SLV; *Scherer/Alff/Poretschkin*, SG, § 27 Rn. 7.
65 Vgl. o. Rn. 25.

wertige Aufgaben qualifizieren. Der Verhinderung der Sprungbeförderung dient insbes. das in § 5 Abs. 4 SLV angeordnete Verbot der Beförderung vor Ablauf eines Jahres nach der letzten Beförderung. Damit wird vermieden, dass eine Sprungbeförderung im Ergebnis doch – durch kurz aufeinander folgende Beförderungen – erreicht wird. Es erscheint diskussionswürdig, ob diese Frist nicht zu kurz bemessen ist. Denn grds. sollte zwischen zwei Beförderungen eine angemessene Zeit liegen, in welcher sich der Beförderte bewähren muss.[66]

Da eine Sprungbeförderung üblicherweise in die Nähe der rechtswidrigen „Ämterpatronage" gebracht wird[67], ist darauf hinzuweisen, dass auch eine noch so große polit. Nähe keinesfalls die im öff. Dienst geforderte Eignung, Befähigung und Leistung ersetzen kann.[68] Jedes Abweichen hiervon geht zu Lasten der Einsatzfähigkeit der SK, die auf die bestmögliche Auftragserfüllung vor allem in mil. Spitzenpositionen angewiesen sind. Die nach Satz 3 für den BPA möglichen Ausnahmeentscheidungen haben sich hieran zu orientieren.

27 **5. Absatz 5.** Die in **Satz 1** dem Verordnungsgeber verpflichtend (dies belegt der Wortlaut „ist ... möglich") aufgetragene Regelung, für Uffz den **Aufstieg** in die **Laufbahnen der Offz** ohne Erfüllung der Eingangsvoraussetzungen vorzusehen, beruht auf dem Wunsch, im Einsatz bewährten Uffz auch ohne Reifezeugnis einer höheren Schule oder einen entspr. Bildungsstand[69] die Zulassung zum Offizierstand zu ermöglichen.[70] Dies ist in § 29 SLV[71] näher geregelt worden. Demnach ist für Fw[72] aller Laufbahnen bei Eignung der Aufstieg in die Laufbahn der Offz des Truppendienstes möglich. Die Begrenzung auf den Truppendienst ist, obwohl der Wortlaut in Satz 1 („Aufstieg in die Laufbahnen" der Offz) eine weiter gehende Verpflichtung des Verordnungsgebers annehmen lässt, sachgerecht. Denn die restlichen Laufbahnen der Offz (SanDienst, Militärmusikdienst, Geoinformationsdienst der Bw[73]) sind nicht für

---

66 Hierauf verweisen für Beamte *Plog/Wiedow/Lemhöfer*, BBG, § 24 Rn. 6. Etwas anderes kann für Soldaten auf Dienstposten gelten, die einer gebündelten Dienstpostenbewertung unterliegen, weil hier Bewährungszeiten nur begrenzt begründbar sind (vgl. Rn. 25). Grds. ist aus rechtl. Sicht zu fordern, auf die im soldatischen Bereich verfügten reinen Wartezeiten zu verzichten u. stattdessen Bewährungszeiten von zwei o. drei Jahren (entspr. etwa einem Beurteilungszeitraum) anzuordnen (wo sie notwendig sind!). Nur vor Erreichung von Spitzendienstgraden erscheinen angemessen verlängerte Bewährungszeiten vertretbar.
67 Vgl. *Battis*, BBG, § 22 Rn. 12.
68 Dies gilt nicht nur für Beamte (s. hierzu *Battis*, BBG, § 9 Rn. 4), sondern auch für Soldaten. Vgl. BVerwGE 128, 329 Ls 3 = DokBer B 2007, 231 Ls 3.
69 Verfügt ein Soldat über diesen Bildungsstand, kann ihm ein Aufstieg nach Abs. 5 i. V. m. § 29 SLV zulässigerweise versagt werden, vgl. *Dolpp/Weniger*, SLV, § 29 Rn. 2903 m. w. N. aus der Rspr.
70 Vgl. BT-Drs. II/2140, 10.
71 Die Möglichkeit der Zulassung von Uffz zur Laufbahn der Offz des militärfachl. Dienstes beruht nicht auf Abs. 5, sondern auf Abs. 6 Satz 2 u. ist in § 40 SLV geregelt. Vgl. *Dolpp/Weniger*, SLV, § 40 Rn. 4004.
72 Die Beschränkung auf Uffz mit Portepee ist auch nach der faktischen Teilung der Laufbahngruppe der Uffz (vgl. Rn. 19 f.) – der Fachunteroffizier ist nicht mehr nur der noch nicht fertig ausgebildete Fw! – sachlich gerechtfertigt, weil der Fw nach Abs. 3 regelmäßig einen zumindest dem (ebenfalls privilegierten) Offizierbewerber nach Abs. 6 Satz 2 angeglichenen Bildungsstand (Realschule) aufweisen wird.
73 Zum militärfachl. Dienst s. Fn. 71.

Laufbahnvorschriften § 27

einen Aufstieg geeignet, weil für die Ausübung der in diesen Laufbahnen geforderten (z. B. ärztlichen) Tätigkeiten die laufbahnrechtl. vorgeschriebenen hohen Bildungs- und Ausbildungsvoraussetzungen unabdingbar sind.

In jedem Fall ist nach **Satz 2** vor dem Aufstieg eine Offz-Prüfung mit Erfolg abzulegen.

6. Absatz 6. Nach **Satz 1** sind in der SLV besondere Best. für Fälle zu treffen, in 28 denen für eine bestimmte mil. Verwendung besondere Bildungsvoraussetzungen verlangt werden können. Als **Beispiele** (weitere Anwendungsfälle finden sich in der SLV) für diese Fallgestaltungen sind zu nennen:

Einstellungserfordernis eines abgeschlossenen **Studiums**
- an einer **wissenschaftlichen Hochschule:** Truppenoffiziere mit wissenschaftlicher Vorbildung nach § 28 Abs. 1 SLV (erste Staatsprüfung) oder § 28 Abs. 3 SLV (zweite Staatsprüfung); Offz des Geoinformationsdienstes der Bw mit geowissenschaftlichem Universitätsstudium nach § 38 Abs. 1 und 2 SLV.
- an einer **Fachhochschule:** Offz für technische Verwendungen im Truppendienst nach § 26 Abs. 1 SLV sowie Offz für Verwendungen im Truppendienst nach § 26 Abs. 2 SLV, die eine natur-, sozial- oder wirtschaftswissenschaftliche Vorbildung erfordern, jew. mit einem der Verwendung entspr. Studium an einer Fachhochschule; Offz des Geoinformationsdienstes der Bw mit Studium in einem geotechnischen Fachgebiet an einer Fachhochschule nach § 39 Abs. 1 SLV.

Einstellungserfordernis einer abgeschlossenen **Fachschulausbildung**: Einstellung mit dem Dienstgrad Fw im Truppendienst, im Geoinformationsdienst der Bw und im allg. Fachdienst, wer eine für die vorgesehene Verwendung verwertbare Abschlussprüfung an einer mindestens zweijährigen Fachschule bestanden hat, § 17 Abs. 2 Satz 1 Nr. 1 Buchst. a SLV.[74]

Einstellungserfordernis einer an Stelle der allg. Vorbildung gleichwertigen technischen oder sonstigen **Fachausbildung**: Einstellung mit dem Dienstgrad Fw im Militärmusikdienst, wer das Grundstudium an einer Hochschule für Musik mit dem Vordiplom abgeschlossen hat, § 17 Abs. 2 Satz 1 Nr. 3 SLV.

Eine nach **Satz 2** in der SLV mögliche Regelung, für einzelne Gruppen von Offizierbewerbern den erfolgreichen Besuch einer Realschule oder einen als gleichwertig anerkannten Bildungsstand genügen zu lassen, findet sich in § 40 Abs. 1 und 2 SLV für die Zulassung zur Laufbahn der Offz des militärfachl. Dienstes.[75] Entsprechendes gilt für Anwärter für die Laufbahn der Offz des Truppendienstes im Dienstverhältnis eines SaZ nach § 23 Abs. 2 SLV. Darüber hinaus ermöglicht es Satz 2, in der SLV für einzelne Gruppen von Offizierbewerbern die Kürzung der (dreijährigen) Dienstzeit nach Abs. 2 Nr. 2 Buchst. b bis auf zwei Jahre anzuordnen. 29

---

74 Nach BVerwG DokBer B 2006, 278 = ZBR 2006, 393 (Ls) kann die Feststellung der fachl. Leistungsfähigkeit im Hinblick auf eine bestimmte Ausbildungs- u. Verwendungsreihe in einer Laufbahn der Fw auf einen aus Sicht der Bw verwertbaren ziv. Berufsabschluss gestützt werden.
75 Vgl. *Dolpp/Weniger*, SLV, § 40 Rn. 4004.

Eichen 483

§ 27 Laufbahnvorschriften

30 **7. Absatz 7.** Der 2005 durch das SkResNOG eingefügte **Abs. 7**[76] ist Folge der Rspr. des BVerwG[77] zu Laufbahnprüfungen bei Beamten. Nach dieser Judikatur bedarf die Regelung der Laufbahnprüfung von Beamtenanwärtern in ihren wesentlichen Teilen der Festlegung durch Gesetz oder RVO. Im Gleichklang mit den beamtenrechtl. Vorschriften gilt dies auch für soldatische Laufbahnprüfungen – dazu zählen die Uffz- und die Offz-Prüfung.[78] Deshalb ist die bisherige Mitteilung in der SLV (§ 12 Abs. 1 Satz 3 und Abs. 2, § 16 Abs. 2 und 3, § 22 Abs. 2 Satz 3, § 24 Abs. 2), dass eine Uffz-, Fw- oder Offz-Prüfung stattfindet, nicht ausreichend. Der Gesetzgeber hat nicht vorgesehen, wesentliche Fragen der genannten Prüfungen in der SLV (diese ist eine Regierungsverordnung, vgl. § 93 Abs. 1 Nr. 2) zu regeln, sondern hat sich in Abs. 7 für eine eigenständige Prüfungsordnung für die soldatischen Laufbahnen (sie ist eine RVO des BMVg, vgl. § 93 Abs. 2 Nr. 3) entschieden. Diese wird zzt. im BMVg erarbeitet. Sie sollte zu einer Vereinheitlichung der Laufbahnprüfungen in den verschiedenen TSK und zur Harmonisierung von Ausbildungsinhalten in den Laufbahnen führen und dürfte dadurch mehr Transparenz und Rechtssicherheit für UA, FA und OA bieten.

Durch ihre Bezugnahme auf die Grds. in den vorhergehenden Abs. 2 bis 6, welche die wesentlichen Eckpunkte der Ausgestaltung der soldatischen Laufbahnen markieren, genügt die Verordnungsermächtigung des Abs. 7 dem Bestimmtheitsgebot des Art. 80 Abs. 1 Satz 2 GG.[79]

31 **8. Absatz 8. Abs. 8** erklärt mit Modifikationen in der Besetzung des Gremiums die beamtenrechtl. Vorschriften über den **BPA** für anwendbar. Wie im Bereich der Beamten, ist auch der BPA in der Soldatenbesetzung ein unabhängiges Gremium, das der Objektivierung der Personalführung der BS und SaZ, der **Abwehr sachfremder Einflüsse auf Personalentscheidungen** und damit der Unparteilichkeit des öff. Dienstes dienen soll.[80] Dies dokumentiert sich vor allem in der gesetzl. zugewiesenen Entscheidungsbefugnis nach Abs. 4 Satz 3, über Ausnahmen zu ansonsten unzulässigen Sprungbeförderungen zu befinden. Gerade hier agiert der BPA an der Schnittstelle von Politik und mil. Personalführung, die auch bei Beförderungen dem in Art. 33 Abs. 2 GG und § 3 Abs. 1 festgelegten Prinzip der Bestenauslese verpflichtet ist.[81]

32 Rechtl. hat der BPA in der Soldatenbesetzung die Möglichkeit, durch sein Veto **Sprungbeförderungen** zu **verhindern**. Ob die Zusammensetzung des siebenköpfigen Gremiums[82], auf die der BMVg durch sein Vorschlagsrecht in Bezug auf die nichtstän-

---

76 S. o. Rn. 3.
77 Vgl. BVerwGE 98, 324 unter Bezug auf BVerfGE 84, 34 (49): „Vorschriften, die für die Aufnahme des Berufs eine bestimmte Vor- und Ausbildung sowie den Nachweis erworbener Fähigkeiten in Form einer Prüfung verlangen, greifen in die Freiheit der Berufswahl ein und müssen … den Anforderungen des Art. 12 Abs. 1 GG genügen … Die Leistungsanforderungen in einer solchen Prüfung und die Maßstäbe, nach denen die erbrachten Leistungen zu bewerten sind, bedürfen einer gesetzlichen Grundlage …"
78 Vgl. BT-Drs. 15/4485, 36 (zu Nr. 10 [§ 27]).
79 Vgl. ebd.
80 Vgl. *Steinkamm*, NZWehrr 1987, 58.
81 Vgl. für Beamte GKÖD I K, § 2 Rn. 26; *Scherer/Alff/Poretschkin*, SG, § 3 Rn. 13.
82 Die Zahl der Mitglieder weicht von der des BPA in Beamtensachen (acht Mitglieder) ab, vgl. *Scherer/Alff/Poretschkin*, SG, § 27 Rn. 11. Hinzu kommen sieben stellvertretende Mitglieder, vgl. Abs. 8 Satz 4.

Laufbahnvorschriften § 27

digen ordentlichen[83] und stellvertretenden Mitglieder aus seinem Geschäftsbereich[84] gegenüber dem BPräs Einfluss nehmen kann, hierfür eine Gewähr bietet, mag bezweifelt werden. Unter diesem Aspekt ist zu bedauern, dass das im Beamtenbereich gesetzl. verbriefte, auf ordentliche und stellvertretende Mitglieder des BPA bezogene, Benennungsrecht der zuständigen Gewerkschaften[85] (vgl. § 120 Abs. 3 BBG) in Abs. 8 keinen Niederschlag gefunden hat.[86]

Neben der gesetzl. eingeräumten Befugnis in Abs. 4 Satz 3 hat der BPA in der Soldatenbesetzung in der SLV zahlreiche **weitere Aufgaben** erhalten (vgl. den Katalog in § 45 Abs. 1 SLV zur **Zulassung laufbahnrechtl. Ausnahmen** für BS und SaZ in Einzelfällen oder für Gruppen von Fällen jew. auf Antrag des BMVg und die in § 22 Abs. 4 Satz 2 SLV vorgesehene Zustimmung des BPA). Keine Anwendung fand nach der bis zum Inkrafttreten des DNeuG geltenden Rechtslage wegen der in Abs. 8 Satz 1 a. F. bestimmten Nichtgeltung die Regelung des § 98 Abs. 1 BBG a. F. Damit entfiel für den BPA insbes. die interne Beratung des BMVg durch Vorschläge zur Beseitigung von Mängeln in der Handhabung soldatenrechtl. Vorschriften[87] und zur Durchsetzung der Chancengleichheit von Frauen und Männern sowie zur besseren Vereinbarkeit von Familien und Beruf.[88] Mit dem DNeuG ist § 98 Abs. 1 BBG a. F. weggefallen. Die BReg meinte, es sei (alleinige) Aufgabe der Dienstherren und sonstigen öff. Einrichtungen, derartige Vorschläge zu machen. Einer besonderen Zuweisung dieser Aufgabe an den BPA bedürfe es nicht.[89]   33

Die sonstigen Vorschriften in Abschnitt 8 des BBG (§§ 119 bis 124 BBG[90]) sind aus sich heraus verständlich und bedürfen keiner Komm. Zu erwähnen ist, dass ein Beschl. des BPA auch in Soldatenbesetzung keinen VA[91] gegenüber dem betroffenen Soldaten (oder Bewerber) darstellt, auch wenn der Beschl. für den BMVg Bindungswirkung entfaltet (vgl. § 123 Abs. 6 BBG). Die Entscheidung des BPA ist ein exekutives Internum ohne Außenwirkung (vgl. § 35 Satz 1 VwVfG) gegenüber dem Betroffenen.[92] Dieser kann sich erst gegen den die begehrte Personalmaßnahme versagenden Akt der personalbearbeitenden Stelle wehren (mit Beschwerde oder – bei noch nicht in einem Wehrdienstverhältnis stehenden Bewerbern – mittels Widerspruchs). Kommt   34

---

83 Die ständigen ordentlichen Mitglieder stehen kraft G fest, weil die Mitgliedschaft im BPA Teil ihres Hauptamtes/ihrer Hauptverwendung ist.
84 Auch das ständige ordentliche Mitglied des BPA in der Soldatenbesetzung aus dem Geschäftsbereich des BMVg, der Leiter der Personalabteilung des BMVg, wird grds. als einer der Leitung des BMVg polit. nahe stehende Person anzusehen sein.
85 Zur Nichtberücksichtigung dieser Regelung für den BPA in Soldatenbesetzung *Steinkamm*, NZWehr 1987, 58.
86 Die gerichtl. Durchsetzung dieses Rechts hatte mangels gesetzl. Grundlage für eine solche Mitwirkung keinen Erfolg, vgl. OVG Münster NZWehrr 1992, 215 = RiA 1992, 312.
87 Vgl. § 98 Abs. 1 Nr. 2 BBG a. F.
88 Vgl. § 98 Abs. 1 Nr. 3 BBG a. F. u. die vom GenInspBw am 21.5.2007 erlassene Teilkonzeption „Vereinbarkeit von Familie und Dienst in den Streitkräften" sowie das hierzu ergangene gleichnamige Handbuch (Allg. Umdruck 1/500, Januar 2010).
89 BT-Drs. 16/7076, 128.
90 Vgl. *Scherer/Alff/Poretschkin*, SG, § 27 Rn. 11 ff. u. die Komm. bei *Battis*, BBG.
91 Vgl. für Beamte *Battis*, BBG, § 119 Rn. 8.
92 Allg. zur Mitwirkung anderer Behörden beim Erlass eines VA *Kopp/Ramsauer*, VwVfG, § 35 Rn. 77 ff.

Eichen

es zur gerichtl. Überprüfung, entscheidet das Gericht (das VG oder – bei Entscheidungen truppendienstl. Natur[93] – das Wehrdienstgericht) incidenter auch über die Rechtmäßigkeit der Mitwirkung des BPA.[94]

§ 28 Urlaub

(1) Dem Soldaten steht alljährlich ein Erholungsurlaub unter Belassung der Geld- und Sachbezüge zu.

(2) Der Urlaub darf versagt werden, soweit und solange zwingende dienstliche Erfordernisse einer Urlaubserteilung entgegenstehen.

(3) Dem Soldaten kann aus besonderen Anlässen Urlaub erteilt werden.

(4) [1]Die Erteilung und die Dauer des Urlaubs regelt eine Rechtsverordnung. [2]Sie bestimmt, ob und inwieweit die Geld- und Sachbezüge während eines Urlaubs aus besonderen Anlässen zu belassen sind.

(5) [1]Einem Berufssoldaten oder Soldaten auf Zeit kann auf Antrag unter Wegfall der Geld- und Sachbezüge mit Ausnahme der unentgeltlichen truppenärztlichen Versorgung Urlaub bis zur Dauer von drei Jahren mit der Möglichkeit der Verlängerung auf längstens 15 Jahre gewährt werden, wenn er
1. mindestens ein Kind unter 18 Jahren oder
2. einen nach ärztlichem Gutachten pflegebedürftigen sonstigen Angehörigen

tatsächlich betreut oder pflegt. [2]Bei einem Soldaten auf Zeit ist die Gewährung nur insoweit zulässig, als er nicht mehr verpflichtet ist, auf Grund der Wehrpflicht Grundwehrdienst zu leisten. [3]Der Antrag auf Verlängerung einer Beurlaubung ist spätestens sechs Monate vor Ablauf der genehmigten Beurlaubung zu stellen. [4]Während der Beurlaubung dürfen nur solche Nebentätigkeiten genehmigt werden, die dem Zweck der Beurlaubung nicht zuwiderlaufen. [5]Ein bereits bewilligter Urlaub kann aus zwingenden Gründen der Verteidigung widerrufen werden.

(6) Stimmt ein Berufssoldat oder Soldat auf Zeit seiner Aufstellung als Bewerber für die Wahl zum Deutschen Bundestag, zum Europäischen Parlament oder zu der gesetzgebenden Körperschaft eines Landes zu, ist ihm auf Antrag innerhalb der letzten zwei Monate vor dem Wahltag der zur Vorbereitung seiner Wahl erforderliche Urlaub unter Wegfall der Geld- und Sachbezüge zu gewähren.

(7) [1]Soldaten haben Anspruch auf Elternzeit unter Wegfall der Geld- und Sachbezüge mit Ausnahme der unentgeltlichen truppenärztlichen Versorgung. [2]Das Nähere wird durch eine Rechtsverordnung geregelt, die die Eigenart des militärischen Dienstes berücksichtigt.

---

93 Z.B. im Fall der Nichtzulassung zur Laufbahn der Offz des militärfachl. Dienstes mangels einer Ausnahme des BPA in Bezug auf das Höchstalter des § 40 Abs. 2 Nr. 1 SLV, vgl. § 45 Abs. 1 Nr. 1 SLV. Allg. zur truppendienstl. Natur von Verwendungsentscheidungen (um eine solche handelt es sich z. B. bei der Zulassung zur Laufbahn der Offz des militärfachl. Dienstes) *Dau*, WBO, § 17 Rn. 57 m. w. N.
94 Vgl. *Scherer/Alff/Poretschkin*, SG, § 27 Rn. 19; für Beamte *Battis*, BBG, § 119 Rn. 8 m. w. N.

Urlaub § 28

Übersicht

	Rn		Rn
I. Allgemeines	1	II. Erläuterungen im Einzelnen	18
1. Zweck der Vorschrift	1	1. Absatz 1	18
2. Entstehung der Vorschrift	2	2. Absatz 2	23
3. Änderungen der Vorschrift	6	3. Absatz 3	26
4. Bezüge zum Beamtenrecht bzw. zu sonstigen rechtl. Vorschriften; ergänzende Dienstvorschriften	10	4. Absatz 4	30
		5. Absatz 5	37
		6. Absatz 6	54
		7. Absatz 7	64

Literatur: *Alff, Richard*: Zur Rechtsstellung der in ein Parlament gewählten Soldaten, NZWehrr 1980, 201; *Medding, Josef*: Der Wahlvorbereitungsurlaub eines Bewerbers um einen Sitz im Deutschen Bundestag, VerwRdsch. 1990, 161; *Oberkötter, Michael*: Sonderurlaub aus Billigkeitsgründen? NZWehrr 1985, 21; *Weber, Gerhard/Banse, Jürgen*: Das Urlaubsrecht des öffentlichen Dienstes, 1978 ff.

Frühere Kommentare, z. B. von *Schreiber, Jürgen/Folle, Kurt*: Das gesamte Urlaubsrecht der Soldaten der Bundeswehr, 3. Aufl. 1973, wurden nicht wieder aufgelegt. Sie sind durchweg veraltet.

I. Allgemeines

1. Zweck der Vorschrift. § 28 legt den gesetzl. Rahmen der wesentlichen Urlaubsarten für BS, SaZ und Soldaten, die aufgrund der WPfl Wehrdienst leisten, fest. **Abs. 1** und **Abs. 2** sprechen den **Erholungsurlaub** an. **Abs. 3** befasst sich mit Urlaub aus besonderen Anlässen (**Sonderurlaub**). Einzelheiten zu diesen Urlaubsarten sind nach **Abs. 4** in einer RVO zu regeln. **Abs. 5** ermöglicht zur **Betreuung** oder **Pflege** eines Kindes unter 18 Jahren oder eines pflegebedürftigen sonstigen Angehörigen die langfristige Beurlaubung eines BS oder SaZ (**Betreuungsurlaub**). Ebenfalls für BS und SaZ regelt **Abs. 6** die Gewährung von Urlaub zur Vorbereitung der Wahl in eine nationale oder internationale gesetzgebende Körperschaft (**Wahlvorbereitungsurlaub**). **Abs. 7** gewährt einen Anspruch auf **Elternzeit** (früher: Erziehungsurlaub), der in einer RVO zu konkretisieren ist. **1**

2. Entstehung der Vorschrift. Der Wortlaut des § 28 Abs. 1 bis 4 war im Wesentlichen bereits in der Erstfassung des SG enthalten. Die Regelung des Urlaubs der Soldaten in § 24 des REntw. **stimmte mit den Best. des Beamtenrechts überein**, wie sie damals in § 89 Abs. 1 und 2 BBG a. F. festgelegt waren.[1] **2**

Anders als in § 24 Abs. 1 des REntw., in dem von Fortgewährung der „Gebührnisse" die Rede war[2], sprach die Erstfassung des § 28 Abs. 1 (angelehnt an § 30 Abs. 1 Satz 1 – im REntw. § 26 Abs. 1 Satz 1) von Fortgewährung der „Geld- und Sachbezüge". Die Änd. beruhte auf einer Maßgabe des Ausschusses für Beamtenrecht des BT.[3] **3**

§ 24 Abs. 3 des REntw., in dem das Wort „Sonderurlaub" verwendet worden war[4], wurde ebenfalls auf Anregung des Ausschusses für Beamtenrecht in der Erstfassung des SG zu Gunsten des heutigen Wortlauts des Abs. 3 verändert. „Sonderurlaub" **4**

---

1 Vgl. BT-Drs. II/2140, 10.
2 Ebd., 40.
3 Vgl. Prot. der 41. Sitzung v. 12.12.1955, 5.
4 Vgl. BT-Drs. II/2140, 40.

wurde durch „Urlaub bei besonderen Anlässen" ersetzt, weil das BBG jenen Begriff nicht kenne.[5]

5   Dem § 24 Abs. 4 des REntw., der zunächst nur aus dem heutigen § 28 Abs. 4 Satz 1 bestand, wurde auf Verlangen des Rechtsausschusses des BT der Satz 2 angefügt. Der Ausschuss sah es für die Gewährung von Sonderurlaub nach Abs. 3 als zweckmäßig an, in der in Abs. 4 genannten RVO die Frage zu klären, „ob und inwieweit während eines Sonderurlaubs die Dienstbezüge belassen würden".[6] Der Ausschuss für Beamtenrecht des BT schloss sich diesem Votum an.[7]

Zur weiteren Entstehung der Vorschrift siehe nachstehend Nr. 3.

6   **3. Änderungen der Vorschrift.** In **Abs. 1** wurde durch Art. 1 Nr. 18 Buchst. a **SGÄndG** zur sprachlichen Anpassung an § 25 Abs. 3 Satz 1 das Wort „Fortgewährung" durch das Wort „Belassung" ersetzt.

7   **Abs. 5** wurde dem § 28 durch Art. 1 Nr. 3 des G vom **6.8.1975**[8] angefügt. Er ermöglichte es aus familienpolit. Gründen zunächst nur Frauen[9] in der Laufbahn der Offz des San-Dienstes, sich längstens sechs Jahre zur Betreuung eines Kindes unter 16 Jahren oder eines pflegebedürftigen Angehörigen beurlauben zu lassen.[10] Abs. 5 wurde durch Art. 4 Abs. 1 des G vom **12.7.1984**[11] (u. a. wurde das Alter des betreuten Kindes von 16 auf 18 Jahre heraufgesetzt) und durch Art. 4 Abs. 1 Nr. 1 des G vom **25.7.1984**[12] (die Höchstdauer der Beurlaubung wurde auf neun Jahre erhöht) geä. Durch Art. 1 Nr. 4 Buchst. a des G vom **6.12.1990**[13] wurde Abs. 5 neu gefasst, um den begünstigten Personenkreis auf alle BS und SaZ auszudehnen, zugleich die Höchstdauer der Beurlaubung auf zwölf Jahre angehoben. Durch Art. 5 Nr. 2 des G vom **11.6.1992**[14] wurde der Weitergewährung unentgeltlicher truppenärztlicher Versorgung während der Beurlaubung durch § 69 Abs. 2 Satz 1 BBesG[15] Rechnung getragen, indem der bis dato ausdrücklich angeordnete Wegfall der unentgeltlichen truppenärztlichen Versorgung gestrichen wurde. Dies (durch Einfügung der Worte „mit Ausnahme der unentgeltlichen truppenärztlichen Versorgung"[16]) nochmals klarzustellen war neben weiteren redaktionellen Anpassungen Grund der Neufassung des Abs. 5 Satz 1 durch Art. 1 Nr. 18 Buchst. b **SGÄndG**. Durch Art. 10 Nr. 11 Buchst. a des **DNeuG** wurde in Satz 1 das Wort „zwölf" durch die Zahl 15 ersetzt.

---

5   Vgl. Prot. der 41. Sitzung v. 12.12.1955, 5.
6   Prot. der 93. Sitzung v. 12.12.1955, 3 (Abg. *Dr. Kihn*).
7   Vgl. Prot. der 41. Sitzung v. 12.12.1955, 5; Prot. der 42. Sitzung v. 14.12.1955, 2.
8   BGBl. I S. 2113.
9   Die verfassungsrechtl. Bedenken des BVerwG wegen Verstoßes gegen Art. 3 Abs. 2 u. Art. 6 Abs. 2 GG führten zu einer Vorlage an das BVerfG nach Art. 100 Abs. 1 Satz 1 GG (vgl. BVerwG RiA 1985, 20 = NZWehrr 1984, 251). Nach Wegfall der Entscheidungserheblichkeit der Frage wurde der Vorlagebeschl. aufgehoben (BVerwGE 83, 320 = NZWehrr 1988, 163). Der Gesetzgeber hat die Ungleichbehandlung mit G v. 6.12.1990 (BGBl. I S. 2588) beseitigt.
10 Vgl. BT-Drs. 7/3505, 6.
11 BGBl. I S. 875.
12 BGBl. I S. 998.
13 BGBl. I S. 2588.
14 BGBl. I S. 1030.
15 Ebenfalls durch G v. 11.6.1992, Art. 3 Nr. 1 (BGBl. I S. 1030).
16 Dies war notwendig wegen der Einfügung des § 30 Abs. 1 Satz 2 durch das SGÄndG.

Urlaub § 28

Abs. 6 wurde durch Art. VI Abs. 1 Nr. 3 des G vom **18.2.1977**[17] angefügt. Durch Art. 2 **8**
Nr. 11 des **SkResNOG** wurde zur redaktionellen Klarstellung das Wort „Dienstbezüge" durch „Geld- und Sachbezüge" ersetzt. Zusätzlich wurde durch Art. 10 Nr. 11 Buchst. b des **DNeuG** die Bewerbung für die Wahl zum Europ. Parlament in den Regelungsbereich der Vorschrift aufgenommen.

Abs. 7 wurde durch Art. 1 Nr. 4 Buchst. b des G vom **6.12.1990**[18] angefügt. Sein Satz 1 **9**
wurde durch Art. 6 Nr. 1 des G vom **6.12.1991**[19] neu gefasst. Durch Art. 1 Nr. 18 Buchst. c **SGÄndG** wurde Satz 1 erneut neu gefasst, Satz 3 aufgehoben. Durch Art. 8 Nr. 1 des G vom **30.11.2000**[20] wurde in Satz 1 das Wort „Erziehungsurlaub" durch das Wort „Elternzeit" ersetzt.

4. Bezüge zum Beamtenrecht bzw. zu sonstigen rechtl. Vorschriften; ergänzende Dienstvorschriften. Weil die Urlaubsregelungen der Soldaten bereits in der Erstfassung des SG denen des **Beamtenrechts** entsprachen und auch später **weitgehende Übereinstimmung** angestrebt wurde, ergeben sich aktuell zahlreiche Parallelen in der gesetzl. Ausgestaltung des Urlaubs: **10**

Abs. 1 entspricht § 89 Satz 1 BBG[21], **Abs. 3** grds. § 90 Abs. 1 BBG. **Abs. 4 Satz 1** entspricht **11**
§ 89 Satz 2 und § 90 Abs. 1 Halbs. 1 BBG, **Abs. 4 Satz 2** dem § 90 Abs. 1 Halbs. 2 BBG.

Abs. 5 Satz 1, 3 und 4 bilden § 92 Abs. 1 Satz 1 und 2, Abs. 2 Satz 3 und Abs. 3 BBG[22] **12**
nach.

Abs. 6 entspricht § 90 Abs. 2 BBG[23], während der in **Abs. 7** den Soldaten gewährte **13**
Anspruch auf Elternzeit dem in § 79 Abs. 1 Satz 1 Nr. 2 BBG geregelten beamtenrechtl. Anspruch auf Elternzeit nachgebildet ist.

Außerhalb des § 28 sind insbes. folgende Urlaubsarten für Soldaten gesetzl. geregelt: **14**
1. Urlaub bis zum Beginn des Ruhestandes in § 28a (s. die Erl. ebd.);
2. Urlaub zur Ausübung eines Mandats oder einer ehrenamtl. Tätigkeit in einer kommunalen Vertretung in § 25 Abs. 3 (s. die Erl. ebd.);
3. bisher noch Urlaub für BS und SaZ zur Vorbereitung der Wahl zum Europ. Parlament in § 8 Abs. 2 EuAbgG[24]. Durch die Aufnahme der Wahl zum Europ. Parlament in den § 28 Abs. 6 (s. o. Rn. 8) hat sich dort eine fast wortgleiche (und als jüngere Vorschrift vorrangige) Doppelregelung ergeben, die den Gesetzgeber zu einer Streichung der BS und SaZ aus § 8 Abs. 2 EuAbgG veranlassen sollte;[25]
4. Sonderurlaub im Zusammenhang mit förmlichen Anerkennungen in § 11 Abs. 3, § 12 Abs. 2 WDO.[26]

---

17 BGBl. I S. 297.
18 BGBl. I S. 2588. Zuvor war Erziehungsurlaub in § 30 Abs. 5 geregelt.
19 BGBl. I S. 2142.
20 BGBl. I S. 1638.
21 Sowie dem § 44 BeamtStG; für **Richter** im Bundesdienst gelten gem. § 46 DRiG die beamtenrechtl. (u. a. Urlaubs-) Regelungen entspr., soweit nicht besonders geregelt.
22 Dem entspricht § 48a Abs. 1, 2 u. 4 DRiG.
23 Dem entspricht § 36 Abs. 1 DRiG.
24 V. 6.4.1979 (BGBl. I S. 413); spätere Änd. des G hatten keinen Einfluss auf § 8 Abs. 2 EuAbgG.
25 Vgl. Nr. 71 Abs. 1, Nr. 97 Abs. 7 AusfBest SUV.
26 Vgl. die einschlägige Komm. bei *Dau*, WDO.

Eichen

15 Keine Urlaubsregelungen für Soldaten, aber im Zusammenhang mit einer Wehrdienstleistung stehen z. B. folgende gesetzl. Beurlaubungsvorschriften:
1. § 7 Abs. 1 EÜG[27] (Beurlaubung eines Beamten oder Richters kraft Gesetzes für die Dauer der Eignungsübung[28]);
2. § 9 Abs. 1, 2 und 11, § 10, § 16 Abs. 4 und 5 ArbPlSchG[29] (Beurlaubung eines Beamten oder Richters für die Dauer des GWD oder einer Wehrübung oder von Personen, die zu Dienstleistungen nach dem IV. Abschnitt des SG herangezogen werden).

16 Kein Urlaub ist die Zeit, für die einem Soldaten nach § 22 die **Ausübung des Dienstes** aus zwingenden dienstl. Gründen **verboten** ist (vgl. die Komm. zu § 22). Ebenfalls keinen Urlaub, sondern ein Beschäftigungsverbot für Soldatinnen in bestimmten Zeiträumen während der Schwangerschaft und nach der Entbindung regeln **mutterschutzrechtl. Vorschriften** (§ 30 Abs. 5 i. V. m. der MuSchSoldV).

17 Ausführliche **Dienstvorschriften** des BMVg zum Urlaubsrecht der Soldaten enthält die ZDv 14/5 Teil F. Dort sind neben der SUV (F 501) insbes. die AusfBestSUV (F 511) abgedruckt.

II. Erläuterungen im Einzelnen

18 **1. Absatz 1.** **Abs. 1** gibt allen Soldaten einen gesetzl. Anspruch auf jährlichen **Erholungsurlaub** unter Belassung der Geld- und Sachbezüge.[30] „Jährlicher" Urlaub bedeutet, dass dem Soldaten grds. **im** jew. Urlaubsjahr (dieses beginnt am 1. Januar und endet mit Ablauf des 31. Dezember[31]), nicht nur **für** das Urlaubsjahr, der anteilige Erholungsurlaub zu bewilligen ist. Entspr. soll der Soldat den Erholungsurlaub möglichst im Laufe des Urlaubsjahres nehmen.[32] Urlaub, der nicht innerhalb von zwölf Monaten nach dem Ende des Urlaubsjahres genommen[33] worden ist, verfällt[34] stets ohne Rücksicht auf die Gründe des Nichtantritts **(ausnahmsweise** ist nunmehr aufgrund der **Rspr. des EuGH** in den Fällen, in denen ein Soldat **krankheitsbedingt** an der Urlaubsnahme gehindert war, **Erholungsurlaub** auch über den in § 7 Satz 2 EUrlV i. V. m. § 1 Satz 1 SUV festgelegten Zeitpunkt hinaus zu gewähren).[35] Gegen die Rechtmäßigkeit der Verfallsregelung bestehen keine Bedenken.[36]

---

27 V. 20.1.1956 (BGBl. I S. 13) mit Änd.
28 Vgl. *Plog/Wiedow/Lemhöfer*, BBG, § 89 Rn. 44.
29 I.d.F. der Bekanntmachung v. 16.7.2009 (BGBl. I S. 2055).
30 Siehe zu Geld- u. Sachbezügen § 30 Abs. 1 Satz 1.
31 Nr. 17 AusfBestSUV.
32 Nr. 23 Abs. 2 Satz 1 AusfBestSUV.
33 D. h. der Urlaub muss völlig abgewickelt, nicht nur angetreten sein, vgl. *Weber/Banse*, I/1 § 7 Rn. 3.
34 Nr. 37 Abs. 1 Satz 2 AusfBestSUV; wie für Beamte (vgl. *Weber/Banse*, I/1 § 7 Rn. 5 m. w. N.) kommt für Soldaten ein **Geldausgleich** nicht in Betracht.
35 Zu dieser im Anschluss an EuGH NJW 2009, 495 von den deutschen Gerichten übernommenen Rspr. vgl. im Beamtenbereich OVG Münster DöD 2009, 315 = ZBR 2010, 61. BVerwGE 73, 170, wonach Urlaub ausnahmsweise nicht verfallen soll, wenn ein Soldat einen ihm rechtmäßig zustehenden, zunächst rechtswidrig versagten Urlaub trotz fristgerechter Einlegung des zulässigen Rechtsbehelfs nur deshalb nicht nehmen konnte, weil das Rechtsbehelfsverfahren nicht innerhalb der Ausschlussfrist abgeschlossen werden konnte, war ansonsten bisher nach hiesiger Kenntnis die einzige gerichtl. Entsch., die der wohl einhelligen Rspr. des BVerwG widersprach, vgl. *Weber/Banse*, I/1 § 7 Rn. 3, 4 m. w. N.
36 BVerwG DÖV 1982, 196 f. unter Hinw. auf BVerwGE 73, 170.

Es ist nicht möglich, Erholungsurlaub im Vorgriff auf das nächste Urlaubsjahr zu gewähren.[37]

Urlaub ist die Erlaubnis, einen vollen Tag oder mehr dem Dienst fernzubleiben und sich auch an einem anderen Ort aufzuhalten.[38] Deshalb scheidet bei Wegfall der Dienstleistungspflicht (z. B. weil der Soldat wegen Krankheit verwendungsunfähig ist[39]) die Gewährung von Urlaub aus.[40] Folgerichtig erlöschen für den Soldaten mit dem Ausscheiden aus dem Wehrdienstverhältnis alle Urlaubsansprüche (die somit nicht – etwa in ein sich anschließendes Beamtenverhältnis – übertragen werden können).[41] 19

Urlaub wird vom **BMVg** oder der von ihm **bestimmten Stelle** erteilt, § 14 SUV.[42] Macht ein Soldat **ohne Erlaubnis** „Urlaub", so begeht er ein Dienstvergehen und u. U. eine Straftat (in Frage kommt eigenmächtige Abwesenheit[43]). 20

Erholungsurlaub wird nur **auf Antrag** und nur für **volle Tage** gewährt. Ein Urlaub für halbe Tage widerspräche dem Erholungszweck.[44] Entspr. soll Erholungsurlaub nur aufgeteilt werden, soweit dadurch der Urlaubszweck nicht gefährdet wird; Urlaubsteile sollen mindestens aus zehn zusammenhängenden Arbeitstagen bestehen.[45] 21

Zur Regelungssystematik der SUV in Bezug auf den Erholungsurlaub der Soldaten aller Statusgruppen sowie zu verschiedenen Formen des Erholungsurlaubs vgl. Rn. 31 ff. 22

---

37 Nr. 31 AusfBestSUV.
38 So die Definition in Nr. 1 AusfBestSUV. Reisebeschränkungen für Soldaten, die Geheimnisträger sind, bei Urlaubsfahrten in bestimmte Länder sind zulässig, vgl. BDH NZWehrr 1963, 77; BVerwGE 46, 190; 76, 363 = NZWehrr 1985, 242; BVerwG 1 WB 54/89.
39 Dem Soldaten wird bei Erkrankung im Erholungsurlaub diese Zeit nicht angerechnet, vgl. Nr. 28 Abs. 2 AusfBestSUV.
40 Vgl. GKÖD I Yk, § 28 Rn. 2.
41 Nr. 5 Abs. 1 Satz 1 AusfBestSUV. Die Übertragung v. als Soldat erworbenen nicht verbrauchten Urlaubstagen in ein Beamtenverhältnis hätte auch keine Stütze im Urlaubsrecht der Beamten. Die EUrlV, die neben § 89 BBG Grundlage für die Bemessung von Erholungsurlaub der Beamten ist (eine Ausweitung der Ansprüche im Erlassweg ist unzulässig), kennt keine Regelung, um im Wehrdienst nicht genommenen Urlaub in einem späteren Beamtenverhältnis „gutzuschreiben". § 6 EUrlV (Anrechnung früheren Urlaubs) bezweckt nur, eine ungerechtfertigte doppelte Urlaubsgewährung für denselben Zeitraum zu verhindern.
42 Einzelheiten in Nr. 97 AusfBestSUV. Die Ablehnung eines Urlaubs (dies gilt für alle Urlaubsarten) ist schriftl. zu begründen u. dem Soldaten mitzuteilen, vgl. Nr. 3 Abs. 2 AusfBestSUV.
43 § 15 Abs. 1 WStG. Ob bei nachträglicher Verrechnung mit Urlaub eigenmächtige Abwesenheit entfällt, ist str. (vgl. *Schölz/Lingens*, WStG, § 15 Rn. 19 m. w. N.); zur disziplinarrechtl. Relevanz bei Soldaten BVerwG 2 WDB 17/84 (kein Verstoß gegen Dienstleistungspflicht), anders BVerwG ZBR 2004, 146 (Ls) = NVwZ 2004, 886 (Ls); für Beamte BVerwG RiA 2001, 186 m. w. N. (nachträgliche Urlaubsbewilligung lässt Disziplinartatbestand nicht entfallen).
44 Vgl. Nr. 32 Abs. 1 u. 2 AusfBestSUV, wo von „Arbeitstagen" die Rede ist, u. *Weber/Banse*, I/1 § 5 Rn. 18. Dies gilt nur für die Gewährung, nicht für die Berechnung von Urlaub (vgl. auch § 5 Abs. 5a EUrlV). Allerdings weichen Nr. 4 u. 34 AusfBestSUV (Berechnung des Zusatzurlaubs nach § 125 SGB IX für schwerbehinderte Soldaten – dieser Urlaub wird dem Erholungsurlaub hinzugerechnet – in Bruchteilen von Tagen statt mittels Abrundung) insoweit davon ab, als dieser ggf. bruchteilsgenau berechnete Urlaub offenbar auch in diesem Umfang genommen werden kann.
45 Nr. 23 Abs. 2 Satz 2 AusfBestSUV.

Eichen

23 **2. Absatz 2. Abs. 2** setzt dem Anspruch auf Erholungsurlaub die für mil. Verhältnisse erforderliche Schranke. Der Anspruch kann gegenüber **zwingenden** dienstl. Notwendigkeiten („Erfordernissen") nicht durchgesetzt werden.[46] Die **Versagung** ist einem strengen Maßstab unterworfen und schriftl. zu begründen.[47] Sie ist i. d. R. nur zulässig, wenn durch die Nichtteilnahme des Soldaten am Dienst die Einsatzbereitschaft der Truppe ernstlich gefährdet oder eine wichtige dienstl. Obliegenheit beeinträchtigt würde. „Zwingend" sind dienstl. Erfordernisse nur, wenn die der Urlaubsgewährung entgegenstehenden Hindernisse so gewichtig sind, dass anderenfalls unaufschiebbare Dienstaufgaben nicht ordnungsgemäß erfüllt werden können; dabei ist auch zu prüfen, ob realisierbare Alternativen zur Urlaubsversagung praktisch zu Verfügung stehen.[48] Ob derartige tatbestandliche Voraussetzungen vorliegen, unterliegt nach den allg. Grds. zur Anwendung **unbestimmter Rechtsbegriffe** zwar grds. der vollen **gerichtl. Nachprüfung**. Es ist aber zu berücksichtigen, dass diese Bewertung je nach Fallgestaltung den Charakter einer Risikobewertung und Prognoseentscheidung annehmen kann, so dass ggf. (abhängig vom Sachverhalt) ein gewisser Beurteilungsspielraum der entscheidenden Stelle anzuerkennen ist.[49]

Sprechen zwingende dienstl. Erfordernisse gegen die Gewährung von Urlaub, ist zwar noch **eine Ermessensentscheidung** zu treffen. Die Formulierung „Urlaub *darf* versagt werden" deutet (wie „*kann* versagt werden") auf eine Ermessensermächtigung hin. I.d.R. wird aber wegen der hohen Messlatte zwingender dienstl. Erfordernisse und der besonderen Bedeutung der Einsatzbereitschaft der SK das Ermessen weitgehend reduziert sein.[50] Es ist kaum vorstellbar, dass bei einer Güterabwägung persönliche Interessen des Soldaten an einem Erholungsurlaub gegenüber zwingenden dienstl. Erfordernissen vorrangig sein könnten.

24 Erholungsurlaub kann ausnahmsweise **widerrufen** werden, wenn es der Dienst zwingend erfordert.[51] Für den Widerruf gelten mindestens ebenso strenge Maßstäbe wie für die Versagung. **Finanzielle Aufwendungen**, die dem Soldaten durch den Widerruf entstehen, kann er nach den Best. des Reisekostenrechts gegenüber dem Dienstherrn geltend machen.[52] Angemessene Aufwendungen für Dritte sind selbst dann zu ersetzen, wenn der Soldat zur Eingehung der Verbindlichkeit nicht gesetzl. (z. B. aufgrund einer Unterhaltspflicht) gehalten war.[53]

---

46 Vgl. BT-Drs. II/1700, 25 f. Diese Einschränkung gilt nur für die Gewährung v. Erholungsurlaub, nicht v. Betreuungsurlaub nach Abs. 5 o. v. Elternzeit nach Abs. 7. Vgl. BVerwGE 124, 187.
47 Vgl. Nr. 25 Satz 1 AusfBestSUV.
48 BVerwG *Buchholz* 236.1 § 28 SG Nr. 6; *Scherer/Alff/Poretschkin*, SG, § 28 Rn. 1. Wegen des Wortlauts des Abs. 2 ist die großzügige Formulierung in Nr. 3 Abs. 1 Satz 2 AusfBestSUV problematisch.
49 Allg. BVerfGE 84, 34 (49 f. m. w. N.); zum Beurteilungsspielraum vgl. *Kopp/Ramsauer*, VwVfG, § 40 Rn. 71 ff. m.w.N.; zum Rechtsweg s. Rn. 25.
50 Vgl. *Kopp/Ramsauer*, VwVfG, § 40 Rn. 30 m.w.N.; vgl. auch GKÖD I K, § 89 Rn. 22. Generell zu gerichtl. Überprüfbarkeit v. Ermessensentscheidungen (u. v. unbest. Rechtsbegriffen) im Rahmen der Urlaubsgewährung BVerwG NZWehrr 1978, 23 f.
51 § 1 SUV i. V. m. § 8 Abs. 1 Satz 1 EUrlV, vgl. Nr. 26 Abs. 1 Satz 1 AusfBestSUV.
52 § 1 SUV i. V. m. § 8 Abs. 1 Satz 2 EUrlV, vgl. Nr. 26 Abs. 1 Satz 1 AusfBestSUV.
53 BVerwG NZWehrr 1996, 78.

Urlaub § 28

Für die **gerichtl. Überprüfung** von Urlaubsentscheidungen der Soldaten **in den SK** ist stets der **Rechtsweg** zu den **Wehrdienstgerichten** gegeben, § 82 Abs. 1, § 17 Abs. 1 WBO.[54] Dies gilt auch, wenn nur str. ist, ob Urlaub unter Belassung oder Wegfall der Geld- und Sachbezüge zu gewähren ist.[55] Die Wehrdienstgerichte sind nicht zuständig, wenn Soldaten **außerhalb der SK** (z. B. in einer Dienststelle der Bundeswehrverwaltung) **eingesetzt** und in allgemeindienstl. Hinsicht einem nichtmil. Vorg. unterstellt sind. Dann beruht die Urlaubsgewährung nicht auf einem besonderen mil. Über-/ Unterordnungsverhältnis und ist keine truppendienstl. Angelegenheit.[56] Im Streitfall ist dann der Rechtsweg zu den **VG** gegeben. 25

3. Absatz 3. Nach **Abs. 3 kann** (im Wege pflichtgemäßer Ermessensentscheidung, unter Abwägung dienstl. und persönlicher Interessen) Soldaten **Sonderurlaub** gewährt werden. Für diesen gelten – wie für den Erholungsurlaub – die Vorschriften für Bundesbeamte entspr. (vgl. Rn. 34). 26

Könnte Sonderurlaub aus (dem dienstl. Interesse vorgehenden) besonderen persönlichen Gründen gewährt werden, ist im Rahmen der Ermessensentscheidung die Überlegung einzubeziehen, ob dem Soldaten bereits mit einer **Dienstbefreiung**, d. h. mit der Erlaubnis, dem Dienst für Stunden fernzubleiben, um aus persönlichem Anlass dringende Angelegenheiten zu erledigen[57], geholfen werden kann.[58] 27

Bewilligter Sonderurlaub **kann** aus zwingenden dienstl. Gründen **widerrufen** werden.[59] Hierdurch entstehende Mehraufwendungen werden nach den Best. des Reisekosten- und Umzugskostenrechts ersetzt.[60] Sonderurlaub **ist** zu widerrufen, wenn der Urlaub zu einem anderen als dem bewilligten Zweck verwendet wird oder wenn andere von dem Soldaten zu vertretende Gründe den Widerruf erfordern[61]; ein Ersatz von Mehraufwendungen scheidet in diesen Fällen aus. 28

Für die **gerichtl. Überprüfung** von Entscheidungen mil. Vorg. zum Sonderurlaub sind ebenfalls die **Wehrdienstgerichte** zuständig, § 82 Abs. 1, § 17 Abs. 1 WBO.[62] Ob ein besonderer, Sonderurlaub rechtfertigender Anlass tatbestandlich vorliegt oder ob zwingende dienstl. Gründe den Widerruf des Sonderurlaubs zulassen, unterliegt nach 29

---

54 BVerwG NZWehrr 1996, 211 f. („die Überprüfung von Urlaubsentscheidungen [ist] stets eine in den Zuständigkeitsbereich der Wehrdienstgerichte fallende Angelegenheit"); *Dau*, WBO, § 17 Rn. 62; *Scherer/Alff/Poretschkin*, SG, § 28 Rn. 10; *Stauf* I, § 28 SG Rn. 5, 7, 12; a. A. GKÖD I Yk, § 28 Rn. 14, sowie für Elternzeit *Scherer/Alff/Poretschkin*, SG, § 82 Rn. 13. Vgl. auch Komm. zu § 25 Rn. 36.
55 BVerwGE 53, 340 Ls 1.
56 Vgl. BVerwG DÖV 2005, 1047; die Aussage in dieser Entsch. (a.a.O. Nr. 6), die Urlaubsgewährung zu bestimmten Zeiten sei truppendienstl. Natur, bezieht sich nur auf entspr. Anordnungen v. Dienststellenleitern mit mil. Anordnungsbefugnis.
57 So die Definition in Nr. 1 Abs. 2 AusfBestSUV.
58 Vgl. Nr. 80 Abs. 3 Satz 1 AusfBestSUV.
59 § 9 SUV i. V. m. § 15 Abs. 1 SUrlV sowie Nr. 88 Abs. 1 AusfBestSUV. Zwar lässt § 15 Abs. 1 SUrlV bei unbefristetem Sonderurlaub als Widerrufsgrund einfache dienstl. Gründe zu, während Nr. 88 Abs. 1 AusfBestSUV stets zwingende dienstl. Gründe voraussetzt. Diese Abweichung ist aber unschädlich, weil Sonderurlaub (wie jeder Urlaub) grds. nur befristet vorstellbar ist.
60 § 9 SUV i. V. m. § 16 Abs. 1 SUrlV u. Nr. 89 Abs. 1 AusfBestSUV.
61 § 9 SUV i. V. m. § 15 Abs. 2 SUrlV u. Nr. 88 Abs. 2 AusfBestSUV.
62 Die Komm. zu Rn. 25 gilt entspr.

Eichen

den allg. Grds. zur Anwendung unbest. Rechtsbegriffe grds. (abhängig von der jew. Fallgestaltung) der vollen gerichtl. Nachprüfung.[63] Zulässig ist – trotz Zeitablaufs – der gerichtl. Antrag eines Soldaten, ihm **nachträglich** einen – abgelehnten – **Sonderurlaub** zu gewähren, wenn er damit den Verlust des stattdessen in Anspruch genommenen Erholungsurlaubs ausgleichen kann.[64] Rechtl. Hindernisse bestünden nicht, da Urlaub tatsächlich gewährt und genommen worden ist und nur seine rechtl. Qualifizierung und die davon abhängenden Rechtsfolgen nachträglich der ausjudizierten Rechtslage angepasst werden müssten.[65]

30   4. **Absatz 4. Abs. 4** ist als **Ermächtigung** für den Erlass einer **RVO** zum soldatischen Urlaubsrecht, gemessen an den Vorgaben des Art. 80 Abs. 1 Satz 2 GG, ausreichend. Zur Klärung von Inhalt, Zweck und Ausmaß der Verordnungsermächtigung sind – wie sonst bei der Auslegung einer Vorschrift – außer deren Wortlaut der Sinnzusammenhang mit anderen Normen und das gesetzgeberische Ziel zu berücksichtigen; zudem kann die Entstehungsgeschichte herangezogen werden.[66] Demnach ist Abs. 4 sowohl systematisch im Lichte der Abs. 1 bis 3 mit bestimmten Vorgaben für die Bewilligung und Ausgestaltung von Erholungs- und Sonderurlaub als auch im Hinblick auf die Entstehungsgeschichte, die eine vom Gesetzgeber gewollte enge inhaltl. Bindung an die damals bereits bestehenden beamtenrechtl. Urlaubsvorschriften belegt, hinreichend konkret.

Die nach **Abs. 4 Satz 1** zu erlassende **RVO** zur Erteilung und Dauer von Erholungs- und Sonderurlaub ist die als Regierungsverordnung[67] ergangene **Verordnung über den Urlaub der Soldatinnen und Soldaten (Soldatinnen- und Soldatenurlaubsverordnung – SUV)**.[68] Sie kommt dem Gebot des **Abs. 4 Satz 2**, zu bestimmen, ob und inwieweit dem Soldaten während eines Sonderurlaubs die Geld- und Sachbezüge[69] zu belassen sind, in § 9 SUV durch Bezugnahme auf die sonderurlaubsrechtl. Vorschriften der Beamten nach (vgl. Rn. 34).

31   Auch sonst löst die SUV regelungssystematisch die Ausgestaltung des Erholungs- und des Sonderurlaubs der Soldaten weitgehend durch Verweisungen, regelmäßig auf entspr. Vorschriften für Bundesbeamte.

Für **Erholungsurlaub** der **BS** und **SaZ** erklärt § 1 SUV grds. die **Verordnung über den Erholungsurlaub der Beamtinnen, Beamten, Richterinnen und Richter des Bundes (Erholungsurlaubsverordnung – EUrlV)**[70] für entspr. anwendbar, soweit nicht in der SUV selbst etwas anderes geregelt ist (dies ist insbes. in § 6 und 7 SUV geschehen[71]). Den Erholungsurlaub der Soldaten, die aufgrund des **WPflG** Wehrdienst leisten oder

---

63   Vgl. o. Rn. 23; BVerwGE 46, 173 f.; 63, 32 (35); GKÖD I Yk, § 28 Rn. 9. Eine sich – bei Vorliegen der tatbestandlichen Voraussetzungen – ggf. anschließende Ermessensbetätigung der Exekutive wäre hingegen nur auf Ermessensfehler hin überprüfbar, vgl. BVerwG *Buchholz* 236.1 § 28 SG Nr. 6.
64   BVerwG NZWehr 1999, 207 f. m. w. N..
65   Vgl. entspr. BVerwG ZBR 2005, 314.
66   Vgl. BVerfGE 8, 274 Ls 4; 38, 348 (358 m. w. N.).
67   Vgl. § 93 Abs. 1 Nr. 3.
68   I.d.F. der Bekanntmachung v. 14.5.1997 (BGBl. I S. 1134 = ZDv 14/5 F 501) mit Änd.
69   Vgl. zu Geld- u. Sachbezügen § 30 Abs. 1 Satz 1.
70   I.d.F. der Bekanntmachung v. 11.11.2004 (BGBl. I S. 2831) mit Änd.
71   Vgl. Rn. 33.

die nach dem IV. Abschnitt des SG Dienstleistungen erbringen, regelt § 5 SUV[72] durch Bezugnahme auf die Erholungsurlaubsvorschriften der BS und SaZ.

Nach § 1 SUV i. V. m. § 16 EUrlV werden im Ausland eingesetzte Soldaten durch das **Heimaturlaubsrecht nach der Verordnung über den Zusatz- und Heimaturlaub der in das Ausland entsandten Beamtinnen und Beamten des Auswärtigen Dienstes (Heimaturlaubsverordnung – HUrlV)**[73] erfasst. Sie können nach deren Maßgabe **Zusatzurlaub** und **Reisetage** beanspruchen. 32

Zusätzlichen soldatenspezifischen Erholungsurlaub unter Belassung der Geld- und Sachbezüge enthalten § 6 und § 7 SUV mit dem **Urlaub zur Erhaltung der Einsatzfähigkeit** sowie dem **Urlaub zur Wiederherstellung der vollen Dienstfähigkeit**. Jener kann Soldaten nach einem Einsatz, durch dessen Besonderheiten sie außergewöhnlichen Belastungen ausgesetzt waren, zur Erhaltung ihrer Einsatzfähigkeit im angemessenen Umfang, im Einzelfall bis zu einer Woche[74], dieser kann einem Soldaten zur Wiederherstellung der vollen Dienstfähigkeit aufgrund truppenärztlichen Vorschlags, u. U. aber unter Anrechnung auf den Erholungsurlaub[75], gewährt werden. 33

Auch für **Sonderurlaub** gelten die Vorschriften für Bundesbeamte entsprechend, § 9 SUV, soweit die SUV nicht (wie in § 10 bis § 12 SUV) spezielle Regelungen trifft. In erster Linie findet deshalb die **Verordnung über den Sonderurlaub für Bundesbeamtinnen, Bundesbeamte, Richterinnen und Richter des Bundes (Sonderurlaubsverordnung – SUrlV)**[76] Anwendung. Sie regelt die vielfältigen Anlässe, für die Sonderurlaub **zu gewähren ist**[77], **gewährt werden soll** oder **kann**, und bestimmt die Fortzahlung oder den Wegfall der Besoldung. 34

Um dem Anwender der SUV den Rückgriff auf die in Bezug genommenen Vorschriften der EUrlV und der SUrlV zu erleichtern und um deren gleichmäßige Handhabung sicherzustellen, hat das BMVg die **AusfBestSUV** (abgedruckt in der ZDv 14/5 F 511) erlassen. Einerseits wiederholen diese Best. die Vorschriften der EUrlV und der SUrlV wörtlich oder zumindest sinngleich für Soldaten. Andererseits enthalten sie als behördliche RL eine soldatenspezifische Interpretation dieser Vorschriften sowie weitere Regelungen (z. B. über die Zuständigkeiten zur Urlaubserteilung), die für den Geschäftsbereich des BMVg eine einheitliche Praxis der Urlaubsgewährung und -versagung gewährleisten sollen. 35

Als bloße **VV** können die AusfBestSUV keine weiter gehenden Ansprüche verleihen als die EUrlV, die SUrlV und die SUV, die als **Rechtsvorschriften** erlassen worden sind (**Vorrang des Gesetzes**). An diese **Rangfolge** ist das BMVg gebunden. Eine erweiternde Auslegung und Anwendung dieser RVO in den AusfBestSUV im Ermessenswege ist rechtl. ausgeschlossen.[78] Die Vorgaben der genannten RVO sind für den 36

---

72 Vgl. zur Neuregelung Art. 10 Nr. 1 SkResNOG.
73 V. 3.6.2002 (BGBl. I S. 1784 = VMBl. S. 291) mit Änd.
74 Zu den nach § 6 Abs. 2 SUV durch das BMVg zu regelnden Einzelheiten s. Nr. 47 bis 49 AusfBestSUV.
75 Nr. 50 bis 53 AusfBestSUV.
76 I.d.F. der Bekanntmachung v. 11.11.2004 (BGBl. I S. 2836) mit Änd.
77 Auch wenn nach Abs. 3 das Erteilen v. Sonderurlaub im Ermessen der zuständigen Stellen steht, ist der Verordnungsgeber (ohne Verstoß gegen den Grds. des Vorrangs des G) befugt, für bestimmte Fallgestaltungen das Ermessen zu Gunsten des Soldaten zu binden.
78 BVerwG NZWehrr 1997, 253 f.

soldatischen Bereich bindend und in den AusfBestSUV nachzubilden. So darf z. B. in den AusfBestSUV bei der Gewährung von Sonderurlaub an Soldaten die Belassung der Geld- und Sachbezüge nicht anders geregelt sein als die Fortzahlung der Dienstbezüge an Beamte, denen Sonderurlaub aus demselben Grund bewilligt wird.[79]

Aus der genannten Rangfolge ergibt sich, dass sonstiger Erholungs- oder Sonderurlaub, der weder in Gesetzen noch in der SUV noch in den von der SUV in Bezug genommenen urlaubsrechtl. RVO gewährt wird, nicht – auch nicht im Erlasswege – bewilligt werden darf. Mangels einer materiellgesetzl. Rechtsgrundlage ist deshalb die Praxis der Gewährung von **Quartalausgleichstagen**, um erhebliche „Einschränkungen in der allgemeinen Lebensführung" durch die „Anforderungen der Einsatzbereitschaft" und die „Besonderheiten des Ausbildungsauftrags"[80] zu kompensieren, **rechtswidrig** und **unzulässig**. Gleiches gilt z. B. für bezahlten Sonderurlaub an Soldaten – bis zu zehn Arbeitstage – zur freiwilligen Teilnahme am **Kriegsgräberpflege-Einsatz** oder – „im notwendigen Umfang" – zur Beteiligung an **Soldatenwallfahrten** beider Konfessionen.[81]

37   5. **Absatz 5.** Nach **Satz 1** können[82] aus familienpolit. Gründen[83] BS und SaZ (Frauen und Männer[84]) auf Antrag ohne Geld- und Sachbezüge, aber mit unentgeltlicher truppenärztlicher Versorgung (es sei denn, der Soldat hat Anspruch auf Familienhilfe nach § 10 SGB V, § 69 Abs. 2 Satz 1 Halbs. 2 BBesG[85]) und mit Anspruch auf Beihilfe für Familienangehörige (vgl. § 31 Abs. 3 i. V. m. § 92 Abs. 5 BBG), zunächst bis zur Dauer von drei Jahren mit der Möglichkeit der Verlängerung auf längstens **15 Jahre**[86] beurlaubt werden, um ein Kind unter 18 Jahren oder einen pflegebedürftigen sonstigen Angehörigen tatsächlich zu betreuen oder zu pflegen. Die früher geforderte **häusliche Gemeinschaft** des Soldaten mit dem Kind bzw. sonstigen Angehörigen ist **nicht** mehr **notwendig**.[87]

38   Die **Beschränkung** des Abs. 5 Satz 1 auf **BS** und **SaZ** trägt dem aus § 92 Abs. 1 Satz 1 BBG ableitbaren Gedanken Rechnung, dass Betreuungsurlaub nur einem in ein öff.-rechtl. Dienstverhältnis Berufenen gewährt werden soll. Eine Ausdehnung des

---

79 Vgl. zu den einzelnen Fallgestaltungen der Gewährung/Versagung v. Urlaub neben den AusfBestSUV die Komm. der EUrlV u. der SUrlV bei *Weber/Banse*, I/1 u. I/2 (mit Übersicht über die einschlägige Rspr.).
80 So die Begr. in der ZDv 14/5 B 196 Nr. 1.
81 Wenn das BMVg diese Veranstaltungen durch Sonderurlaub unterstützen will, darf es dies nicht nur in den AusfBestSUV (vgl. dort Nr. 74 Abs. 2, Nr. 76) regeln, sondern muss sich für eine Absicherung in der SUV einsetzen (s. § 9 SUV, der den Vorrang des G unterstreicht). Damit rückte allerdings diese extensive Sonderurlaubsgewährung in den Blick der anderen Bundesressorts (die SUV ist eine VO der BReg, vgl. § 93 Abs. 1 Nr. 3).
82 Zur Ermessensausübung vgl. Rn. 44.
83 Vgl. BT-Drs. 7/3505, 6.
84 Die frühere Beschränkung auf weibliche SanOffz ist 1990 aufgegeben worden, vgl. o. Rn. 7.
85 Diese Vorschrift ist für die Gewährung unentgeltlicher truppenärztlicher Versorgung lex specialis gegenüber den Vorschriften des SG, vgl. § 30 Abs. 1 Satz 1 („nach Maßgabe besonderer Gesetze") sowie BT-Drs. 14/4062, 19. Vgl. zur Belassung der unentgeltlichen truppenärztlichen Versorgung im Betreuungsurlaub ab 1992 o. Rn. 7.
86 Vgl. aber § 48a Abs. 2 Satz 1 DRiG: längstens zwölf Jahre.
87 Auf diese Voraussetzung wurde in der Neufassung des Abs. 5 durch Art. 1 Nr. 4 Buchst. a des G v. 6.12.1990 (BGBl. I S. 2588) verzichtet.

Anspruchs auf Soldaten, die aufgrund des WPflG Wehrdienst leisten, unterliefe § 12 Abs. 4 Satz 2 Nr. 1 WPflG und § 29 Abs. 4 Nr. 1 WPflG, die für diese Personen bei Vorliegen der übrigen gesetzl. Voraussetzungen eine Zurückstellung vom Wehrdienst oder eine Entlassung aus dem Wehrdienstverhältnis ermöglichen.[88]

Der in Satz 1 Nr. 1 nicht definierte Begriff **„Kind"** ist in erster Linie nach den bürgerlich-rechtl. Vorschriften über das Kindschaftsverhältnis zu bestimmen. Kinder sind demnach die nach § 1589 BGB im ersten Grad mit dem Soldaten verwandten (leiblichen) Kinder, auch nichteheliche Kinder. Kinder sind ebenso die durch Adoption als Kind angenommenen Minderjährigen (§§ 1741 ff. BGB). **39**

Es ist sachgerecht, den Begriff „Kind" weiter zu fassen.[89] Es wäre kaum verständlich, dass jemand zwar für die Betreuung von Kindern nach steuerrechtl. Vorschriften finanzielle Vergünstigungen erhält, aber gehindert ist, selbst die Betreuung zu übernehmen. Geboten ist deshalb, den nach dem EstG für die Gewährung von Kinderbetreuungskosten (§§ 9c, 32 Abs. 1 EStG) und von Kindergeld (§ 62 f. EStG) zu berücksichtigenden Personenkreis für den Begriff „Kind" in Satz 1 Nr. 1 mit heranzuziehen, soweit das Kind unter 18 Jahren ist (insoweit geht die Begrenzung in Abs. 5 Satz 1 Nr. 1 vor). Erfasst werden deshalb im Haushalt aufgenommene[90] Kinder des Ehegatten (Stiefkinder), Enkel und Pflegekinder. Berücksichtigt werden ferner die Kinder der mit dem Soldaten in einer eingetragenen Lebenspartnerschaft lebenden Person. Kinder können nach Vollendung des 18. Lebensjahres nur unter den Voraussetzungen von Satz 1 Nr. 2 betreut oder gepflegt werden.

Der Begriff **„Angehörige"** wird in Satz 1 Nr. 2 ebenfalls nicht konkretisiert. Zu seiner Ausgestaltung kann auf die Legaldefinition in § 20 Abs. 5 VwVfG zurückgegriffen werden. Angehörige sind demnach der Verlobte, der Ehegatte, Verwandte und Verschwägerte gerader Linie, Geschwister, Kinder der Geschwister, Ehegatten der Geschwister und Geschwister der Ehegatten, Geschwister der Eltern sowie Personen, die durch ein auf längere Dauer angelegtes Pflegeverhältnis mit häuslicher Gemeinschaft wie Eltern und Kind miteinander verbunden sind (Pflegeeltern und Pflegekinder). Ergänzend ist als Angehöriger der in einer eingetragenen Lebenspartnerschaft zu dem Soldaten stehende Lebenspartner anzusehen.[91] **40**

Die Beurlaubung nach Satz 1 Nr. 2 setzt voraus, dass der Angehörige nach **ärztlichem Gutachten** pflegebedürftig ist. Aus Gründen der Verfahrensvereinfachung ist ein amtsärztliches Gutachten nicht mehr erforderlich.[92] Es reicht die Bestätigung eines frei praktizierenden Arztes. Ein Amtsarzt soll nur noch in Zweifelsfällen eingeschaltet werden.[93] Nicht ausreichend ist ein bloßes ärztliches **Attest**. Vielmehr muss die Bestätigung gemäß dem Charakter eines Gutachtens als schriftl. Aussage eines (hier: medi- **41**

---

88 Vgl. BT-Drs. 11/6906, 14.
89 Vgl. *Plog/Wiedow/Lemhöfer*, BBG, § 72a Rn. 29. Vgl. auch § 3 Abs. 2 STzV.
90 Hier ist ausnahmsweise (vgl. grds. o. Rn. 37) das Merkmal der häuslichen Gemeinschaft unverzichtbar, weil die Berechtigung zur Gleichstellung der nachfolgend genannten Kinder mit leiblichen Kindern gerade aus diesem Umstand hergeleitet wird.
91 Dies berücksichtigt der strafrechtl. Begriff des Angehörigen in § 11 Abs. 1 Nr. 1 Buchst. a StGB. Vgl. auch § 3 Abs. 3 STzV.
92 Hierauf ist durch Art. 4 Abs. 1 Nr. 2 des G v. 12.7.1984 (BGBl. I S. 875) verzichtet worden. Vgl. *Plog/Wiedow/Lemhöfer*, BBG, § 72a Rn. 30b.
93 Vgl. BT-Drs. 10/1230, 1 f.

zinischen) Sachverständigen zumindest die tragenden Gründe für die Pflegebedürftigkeit im konkreten Fall enthalten. Die Notwendigkeit eines Gutachtens impliziert, dass die gutachtliche Stellungnahme der die Beurlaubung bewilligenden Stelle zur Prüfung vorzulegen ist. Datenschutzgründen wird dadurch genügt, dass Einsicht in das Gutachten auf Seiten der bewilligenden Stelle nur ein Arzt nehmen darf. Missverständlich ist daher die Aussage in BT-Drs. 13/3994, 36, zur seinerzeitigen Parallelvorschrift des § 72a Abs. 4 Satz 1 BBG, wonach das „zugrundeliegende ärztliche Gutachten ... nicht angenommen werden" dürfe.

42 Wer **pflegebedürftig** ist, regelt Satz 1 Nr. 2 nicht. Pflegebedürftig wird zumindest sein, wer nach dem SGB XI – Soziale Pflegeversicherung[94] – Leistungen der Pflegeversicherung beanspruchen kann. Nach § 14 SGB XI sind Personen pflegebedürftig, die wegen einer körperlichen, geistigen oder seelischen Krankheit oder Behinderung für die gewöhnlichen und regelmäßig wiederkehrenden Verrichtungen im Ablauf des täglichen Lebens auf Dauer, voraussichtlich für mindestens sechs Monate, in erheblichem oder höherem Maße der Hilfe bedürfen.[95] Es erscheint angemessen, dass auch kürzere Zeiträume einer Pflegebedürftigkeit einen Betreuungsurlaub rechtfertigen.

43 **Tatsächlich betreut oder gepflegt** wird ein Kind unter 18 Jahren, wenn es der Soldat im Rahmen der elterlichen Sorge insbes. körperlich betreut, erzieht und beaufsichtigt[96], wobei das Wort „tatsächlich" klarstellt, dass dies ganz oder zumindest überwiegend in der Zeit geschehen muss, die der Soldat – ohne Beurlaubung – im Dienst verbringen müsste. Eine Kinderbetreuung in der Freizeit, wie sie normalerweise von einem hauptberuflich tätigen Elternteil erwartet werden kann, genügt nicht.[97] Erst recht darf die ständige Kinderbetreuung nicht im Wesentlichen Dritten (z. B. den Großeltern) überlassen werden.[98]

Unschädlich ist, dass neben dem Soldaten auch der andere Elternteil die Kinderbetreuung wahrnimmt. Eine Betreuung oder Pflege gerade durch den Soldaten ist also nicht zwingend geboten[99]; es reicht aus, dass der Soldat ebenfalls den größten Teil seiner Zeit einbringt.

44 Im Rahmen der **Ermessensausübung**, ob dem Soldaten Betreuungsurlaub gewährt werden soll, können andere Möglichkeiten zur Betreuung berücksichtigt werden. Grds. darf Betreuungsurlaub versagt werden, wenn im Einzelfall ein aus dienstl. Notwendigkeit heraus sachlich begründbarer Umstand der Gewährung entgegensteht. Er muss allerdings über eine bloße Unannehmlichkeit oder ein allg. Erschwernis hinausgehen und gewichtige Interessen des Dienstherrn betreffen. Die Formulierung des Abs. 5 Satz 1 als „Kann"-Regelung ermöglicht es, bei der Entscheidung über einen Betreuungsurlaub Gründe des mil. Bedarfs ebenso einzubeziehen wie den Gesichtspunkt einer **Nutzen-Kosten-Relation** bei den Soldaten, die während der Dienstzeit

---

94 Art. 1 des G v. 26.5.1994 (BGBl. I S. 1014) mit Änd.
95 Zu weiteren Einzelheiten § 14 Abs. 2 bis 4, § 15 SGB XI.
96 Vgl. § 1626 Abs. 1, § 1631 Abs. 1 BGB.
97 Vgl. (für einen Landesbeamten) BVerwG DVBl. 1999, 316 f.
98 Vgl. Nr. 28.3.1.1 VwV zu § 28 Abs. 3 BBesG (VMBl. 1998 S. 58, 64). Eine zeitweilige Beteiligung Dritter an der Betreuung (z. B. in einem Kindergarten) steht Betreuungsurlaub nicht entgegen, wohl aber der Besuch eines Ganztagskinderhorts, einer Ganztagsschule o. eines Internats, vgl. *Stauf* I, § 28 SG Rn. 7.
99 Vgl. für den Beamtenbereich *Plog/Wiedow/Lemhöfer*, BBG, § 72a Rn. 31.

nach einem Studium oder einer Fachausbildung Betreuungsurlaub in Anspruch nehmen wollen.[100] Unter Hinw. auf die Nutzen-Kosten-Relation kann der Antrag eines SaZ, ihm trotz aller Voraussetzungen für die Gewährung von Elternzeit (siehe hierzu Rn. 64 ff.) Betreuungsurlaub zu bewilligen (damit vermeidet der Soldat die Verlängerung seiner Dienstzeit nach § 40 Abs. 4 Satz 1, vgl. Rn. 45), ermessensfehlerfrei abgelehnt werden, weil nur so die für die SK nutzlose Ausgabe von Ausbildungskosten verhindert werden kann.

Angesichts des Wortlauts des Abs. 5 Satz 1 als „reguläre" Ermessensvorschrift und seiner historisch-teleologischen Auslegung ist **kein Raum** für eine **Reduzierung** des pflichtgemäßen Ermessens auf **zwingende dienstl. Gründe**, die der Bewilligung eines Betreuungsurlaubs entgegenstehen könnten.[101] Die Beschränkung in Abs. 2 auf zwingende dienstl. Erfordernisse bezieht sich nur auf die Versagung von Erholungsurlaub.

Ein **Anordnungsgrund** für die Gewährung von **Betreuungsurlaub** im Wege einer **einstweiligen Anordnung** entfällt, wenn der antragstellende Soldat für den gewünschten Bewilligungszeitraum Anspruch auf **Elternzeit** nach Abs. 7 hat[102] und diese vorsorglich nehmen kann. Hier ist Rechtsschutz nur im Hauptsacheverfahren zu erreichen.

Geht ein SaZ nach Abs. 5 in einen Betreuungsurlaub, **verlängert** sich dadurch seine **Dienstzeit nicht**, selbst wenn seine mil. Ausbildung mit einem Studium oder einer Fachausbildung von mehr als sechs Monaten Dauer verbunden war (arg. § 40 Abs. 4 Satz 1 für den Fall der Gewährung von Elternzeit nach Abs. 7). **45**

Die Wehrdienstzeit, während der ein **BS** Betreuungsurlaub nach Abs. 5 genommen hat, ist grds. **nicht ruhegehaltfähig**, § 20 Abs. 1 Satz 2 Nr. 2 SVG. Der Soldat kann jedoch nach Maßgabe des § 70 SVG einen Kindererziehungszuschlag zum Ruhegehalt erwerben. Die Auswirkungen eines Betreuungsurlaubs auf **Berufsförderung** und **Dienstzeitversorgung** der **SaZ** regeln §§ 13b und 13c SVG. Zur Anrechenbarkeit von Zeiten der Kinderbetreuung und der tatsächlichen Pflege von Angehörigen auf das **Besoldungsdienstalter** vgl. § 28 Abs. 2, 3 BBesG sowie die dazu ergangenen VV.[103]

Der Antrag auf Betreuungsurlaub nach Abs. 5 ist tunlichst schriftl. beim nächsten DiszVorg. zu stellen. Den Urlaub bewilligt die Entlassungsdienststelle[104] des Soldaten.[105] **46**

Satz 2 versagt SaZ die Gewährung von Betreuungsurlaub insoweit, als sie noch **verpflichtet** sind, **aufgrund der Wehrpflicht Grundwehrdienst zu leisten**, d. h. innerhalb der ersten neun bzw. sechs Monate ihrer Wehrdienstzeit (vgl. § 5 WPflG). Dies schränkt die in Satz 1 vorgesehene Möglichkeit („kann") zum Betreuungsurlaub bei einem SaZ (nur) für diesen Sonderfall ein. Damit wird verhindert, dass SaZ, deren Wehrdienstzeit noch nicht die Grundwehrdienstdauer erreicht, gegenüber GWDL besser gestellt werden. Diese haben nur die Möglichkeit, beim Eintritt einer Betreuungssituation in der Familie ihre Entlassung wegen besonderer Härte nach § 29 Abs. 4 Nr. 1 WPflG zu beantragen. Die Entlassung kommt nur in Frage, wenn die Betreuung **47**

---

100 Vgl. BT-Drs. 11/6906, 14. So ausdrücklich BVerwG *Buchholz* 236.1 § 28 SG Nr. 5 = NZWehrr 2005, 213; ausführlich BVerwGE 124, 187 (195 f.). Krit. *Weniger*, SG, § 28 Rn. 18.
101 Vgl. BVerwGE 124, 187 Ls 1.
102 BVerwG NZWehrr 2005, 166 = ZBR 2005, 314.
103 Vgl. VMBl. 1998 S. 58, 64 f.
104 Vgl. ZDv 14/5 B 108.
105 Vgl. § 14 SUV i. V. m. Nr. 97 Abs. 3 AusfBestSUV.

ausschließlich durch den GWDL übernommen werden kann, also keine andere Lösung möglich ist. Die Rechtslage ist daher ungünstiger als bei SaZ (vgl. Rn. 43).[106] Dies gilt auch deshalb, weil die Entlassung nach § 29 Abs. 4 Nr. 1 WPflG zwar den Wehrdienst vorläufig beendet, den WPfl aber nicht von der Verpflichtung befreit, den restlichen GWD abzudienen.[107] Hingegen führt der Betreuungsurlaub beim SaZ nicht zur Verlängerung der Dienstzeit (vgl. Rn. 45). Weder aus dem Text noch aus dem Regelungszusammenhang oder der Entstehungsgeschichte von Satz 2 findet sich ein hinreichender Anhaltspunkt für die Annahme, bei SaZ, die nicht mehr verpflichtet sind, den GWD zu leisten, bestehe ein Rechtsanspruch auf Betreuungsurlaub nach Satz 1.[108]

48 Satz 3 macht die Verlängerung einer Beurlaubung von einem spätestens **sechs Monate** vor Ablauf der genehmigten Beurlaubung zu stellenden Antrag abhängig. Dies ist zwar **keine Ausschlussfrist**, nach deren Ablauf der Anspruch auf Betreuungsurlaub erlischt. Da die Frist eine vorausschauende Personalsteuerung erleichtern soll, wird der Dienstherr aber, wenn der Antrag verspätet gestellt wurde, bei seiner Ermessensentscheidung über die Verlängerung eines Betreuungsurlaubs personalplanerischen Notwendigkeiten ermessensfehlerfrei regelmäßig Vorrang beimessen können.[109] Unbeschadet dessen kann der Soldat nach Ablauf eines Betreuungsurlaubs einen **neuen Antrag** stellen, wenn der **Fünfzehnjahreszeitraum** (Abs. 5 Satz 1) noch **nicht ausgeschöpft** ist.

49 Nach **Satz 4** dürfen während der Beurlaubung nur solche **Nebentätigkeiten** genehmigt werden, die dem Beurlaubungszweck (Betreuung eines Kindes, Pflege eines Angehörigen) nicht zuwider laufen. Dies ist z. B. der Fall, wenn die Nebentätigkeit nur in Zeiten ausgeübt wird, in denen die Betreuung zulässigerweise durch Dritte (vgl. Rn. 43) wahrgenommen wird.

Satz 4 **ergänzt** als spezieller Grund für die Versagung von Nebentätigkeiten im Betreuungsurlaub die hier grds. ebenfalls zu beachtenden **Versagungsgründe** des **§ 20 Abs. 2**.[110] Auch sonst findet der allg. die Nebentätigkeiten der Soldaten regelnde § 20 Anwendung (vgl. zu Einzelheiten die Erl. ebd.). Die Ausübung der in § 20 Abs. 6 Satz 1 aufgelisteten **genehmigungsfreien Nebentätigkeiten** während eines Betreuungsurlaubs wird **nicht behindert**. Der Soldat ist im Betreuungsurlaub zwar von seiner Pflicht zur Dienstleistung, nicht aber von seinen sonstigen dienstl. Pflichten entbunden. Deshalb bleibt es einerseits bei der Anzeige- und Auskunftspflicht betr. nicht genehmigungspflichtige Nebentätigkeiten nach § 20 Abs. 6 Satz 2 bis 5 und der damit zusammenhängenden Untersagungsmöglichkeit nach § 20 Abs. 6 Satz 6. Andererseits ist es grds. möglich, eine Nebentätigkeit nach § 20 Abs. 2 aus den jew. genannten Gründen zu verbieten, unabhängig davon, ob die Nebentätigkeit dem Zweck der Beurlaubung zuwider liefe. Mangels einer Dienstleistungspflicht für den beurlaubten Soldaten kann allerdings die Versagung einer Nebentätigkeit im Betreuungsurlaub nicht auf Gründe gestützt werden, die zum Schutz der Dienstausübung vor übermäßiger Bean-

---

106 SaZ behalten überdies die unentgeltliche truppenärztliche Versorgung im Betreuungsurlaub.
107 Vgl. *Steinlechner/Walz*, WPflG, § 29 Rn. 28.
108 BVerwGE 124, 187 (192).
109 Vgl. zum Beamtenbereich *Plog/Wiedow/Lemhöfer*, BBG, § 72a Rn. 53.
110 So für Beamte (§ 92 Abs. 3, § 99 Abs. 2 BBG) *Plog/Wiedow/Lemhöfer*, BBG, § 72a Rn. 54.

spruchung der Arbeitskraft die Nebentätigkeit verbieten (vgl. § 20 Abs. 2 Satz 2 Nr. 1). **Zulässig** erscheint daher eine Nebentätigkeit im Betreuungsurlaub auch dann, wenn sie die in § 20 Abs. 2 Satz 4 regelmäßig auf **acht Stunden in der Woche** begrenzte Zeitdauer **überschreitet**, sofern kein sonstiger Versagungsgrund (insbes. die Gefährdung des Zwecks des Betreuungsurlaubs) vorliegt. Die Nebentätigkeit darf jedoch umfangmäßig auch dann nicht an die bisherigen Dienstzeiten heranreichen. Maßstab kann die Dauer der nach § 4 EltZSoldV während einer Elternzeit zulässigen Teilzeitbeschäftigung von höchstens 30 Stunden in der Woche sein.

Satz 5 gibt dem Dienstherrn die Möglichkeit, einen bewilligten Betreuungsurlaub aus **zwingenden Gründen der Verteidigung** zu widerrufen. Diese Formulierung ist enger als die in Abs. 2 und in § 28a Abs. 3 benutzte. Dort wird eine Urlaubsversagung bzw. ein -widerruf wegen zwingender dienstl. Erfordernisse bzw. Gründe gestattet (vgl. die Komm. ebd.). Auch wenn der Gesetzgeber in der amtl. Begr.[111] zur Einführung des Satzes 5[112] auf diesen Unterschied nicht eingeht, ist nach dem eindeutigen Wortlaut der Widerruf des Betreuungsurlaubs nur wegen solcher Einsätze[113] zulässig, die den SK im Rahmen der Landes- oder Bündnisverteidigung[114] befohlen werden, nicht wegen sonstiger Einsätze oder Hilfeleistungen.[115,116] **50**

Zwingende Gründe der Verteidigung sind nur zu bejahen, wenn der Soldat unverzichtbar ist, d. h. wenn ohne seine Teilnahme am Dienst bei objektiver Betrachtung die Einsatzbereitschaft der Truppe so stark gefährdet ist, dass der Einsatz nicht oder zumindest mit großer Wahrscheinlichkeit nicht erfolgreich durchgeführt werden kann.[117] Ob der unbest. Rechtsbegriff „zwingende Gründe der Verteidigung" zu bejahen ist, ist von den Gerichten grds. in vollem Umfang nachprüfbar. Für einen Beurteilungsspielraum der über die Urlaubsgewährung entscheidenden Stelle können sich nur ausnahmsweise bei bestimmten Fallgestaltungen (insbes. bei eine Risikobewer- **51**

---

111 Vgl. BT-Drs. 11/6906, 14; dort heißt es zu Satz 5 (genannt wird unzutr. Satz 4) nur, diese Vorschrift enthalte „eine Regelung, die einen Widerruf bereits bewilligten Urlaubes zuläßt, um jederzeit die Einsatzbereitschaft der Streitkräfte sicherzustellen".
112 Durch Art. 1 Nr. 4 Buchst. a des G v. 6.12.1990 (BGBl. I S. 2588).
113 Dazu gehört auch deren Vorbereitung.
114 Einsätze zur Landesverteidigung nach Art. 87a Abs. 1 GG, zur erweiterten Landesverteidigung (Bündnisverteidigung) nach Art. 87a Abs. 2 i. V. m. Art. 24 Abs. 2 GG (im Rahmen eines Systems gegenseitiger kollektiver Sicherheit wie der NATO [vgl. BVerfGE 90, 286 = NZWehr 1994, 202 ff.]), im V-Fall o. Spannungsfall (Art. 80a Abs. 3 GG) gem. Art. 87a Abs. 2 i. V. m. Art. 87a Abs. 3 GG u. wohl auch im inneren Notstand gem. Art. 87a Abs. 2 i. V. m. Art. 87a Abs. 4 GG.
115 Kein Grund, den Betreuungsurlaub zu widerrufen, sind deshalb z. B. Einsätze bei Naturkatastrophen gem. Art. 87a Abs. 2 i. V. m. Art. 35 Abs. 2 u. 3 GG, humanitäre Hilfeleistungen im Ausland o. Einsätze im Rahmen friedenssichernder Maßnahmen der VN nach Art. 87a Abs. 2 i. V. m. Art. 24 Abs. 2 GG.
116 Ungenau ist Nr. 13 AusfBestEltZSoldV (VMBl. 2009 S. 49) zu § 3 Abs. 2 EltZSoldV formuliert, wonach den Widerruf einer Elternzeit rechtfertigende zwingende Gründe der Verteidigung vorliegen sollen, wenn der V-Fall o. Spannungsfall festgestellt sei o. die Sicherstellung der Einsatzbereitschaft der SK bereits im Frieden besondere Maßnahmen erfordere. Vgl. *Stauf* I, § 28 SG Rn. 9.
117 Vgl. GKÖD I Yk § 28 Rn. 11, wo v. der „Grundvoraussetzung einer tatsächlichen Unabweisbarkeit der Notwendigkeit" die Rede ist.

tung enthaltenden Prognoseentscheidungen) Anhaltspunkte ergeben.[118] Vgl. zum **Rechtsweg** Rn. 25.

Sind auf der Tatbestandsseite zwingende Gründe der Verteidigung zu bejahen, hat der Dienstherr für den Widerruf des Betreuungsurlaubs faktisch **kein Ermessen** mehr. Trotz der Formulierung in Abs. 5 Satz 5 („kann ... widerrufen werden") ist die Vorschrift als Befugnisnorm mit strikt verpflichtendem Inhalt zu interpretieren.[119]

52 Nicht in Abs. 5 geregelt, aber höchstrichterlich geklärt[120] ist, dass der Soldat grds. **keinen Anspruch** auf **vorzeitige Beendigung** eines antragsgemäß gewährten Betreuungsurlaubs hat, wohl aber auf eine fehlerfreie Ermessensentscheidung. Eine einseitige Erklärung des Soldaten genügt nicht, weil die Gestaltung des Dienstverhältnisses nach allg. öff.-rechtl. Grds. nicht der alleinigen Disposition des Soldaten überlassen ist.[121] Der Dienstherr hat allerdings wegen seiner dem beurlaubten Soldaten gegenüber weiter bestehenden Fürsorgepflicht sorgfältig abzuwägen zwischen den personalwirtschaftlichen Möglichkeiten zur Wiederaufnahme des Dienstes und schwerwiegenden Gründen, die der Soldat vorbringt.[122] So kann z. B. eine unvorhersehbare Verschlechterung der finanziellen Situation des Soldaten eine Fortsetzung des Urlaubs ohne Geld- und Sachbezüge unzumutbar erscheinen lassen, nicht ein bloßer Sinneswandel des Soldaten.[123] Ist keine Planstelle verfügbar oder besteht kein personeller Bedarf, kann der Dienstherr den Antrag ermessensfehlerfrei ablehnen.[124]

Keinesfalls ist ein rückwirkender Widerruf einer erteilten und zeitlich bereits abgelaufenen Beurlaubung möglich.[125]

53 Bei **Kumulierung** von **Betreuungsurlaub, Urlaub bis zum Beginn des Ruhestandes** (§ 28a Abs. 1) sowie Zeiten einer **Teilzeitbeschäftigung** nach § 30a darf nach § 30b eine Gesamtzeit von 15 Jahren nicht überschritten werden.

Zum **Zusammentreffen** von **Betreuungsurlaub** für ein Kind nach Abs. 5 Satz 1 Nr. 1 und **Elternzeit** vgl. Rn. 67.

54 **6. Absatz 6.** Abs. 6 konkretisiert, soweit Wahlen zum BT betroffen sind, Art. 48 Abs. 1 GG und bildet § 3 AbgG nach. Art. 48 Abs. 1 GG gibt jedem Bewerber um einen Sitz im BT einen Anspruch auf den erforderlichen Urlaub zur **Wahlvorbereitung** (in den Landesverfassungen finden sich teilw. ähnliche Vorschriften[126]). § 3 AbgG ergänzt, dass zur Vorbereitung der Wahl innerhalb der letzten zwei Monate vor dem Wahltag auf Antrag Urlaub von bis zu zwei Monaten – ohne Anspruch auf Fortzahlung der Bezüge – zu gewähren ist.

---

118 Vgl. allg. zum Beurteilungsspielraum BVerfGE 84, 34 (49 f. m. w. N.); *Kopp/Ramsauer*, VwVfG, § 40 Rn. 71 ff.
119 Vgl. grds. *Sachs*, in: Stelkens/Bonk/Sachs, VwVfG, § 40 Rn. 23.
120 Vgl. BVerwG NZWehrr 1996, 211; *Scherer/Alff/Poretschkin*, SG, § 28 Rn. 6.
121 Entspr. für Beamte BVerwGE 79, 336.
122 Für Beamte regelt dies § 92 Abs. 4 Satz 1 BBG: „Die zuständige Dienststelle kann eine Rückkehr aus dem Urlaub zulassen, wenn die Fortsetzung des Urlaubs nicht zumutbar ist und dienstliche Belange dem nicht entgegenstehen."
123 Vgl. BVerwG NZWehrr 1996, 211 (212).
124 Vgl. BVerwGE 79, 336.
125 BVerwG NZWehrr 1996, 211.
126 Vgl. *Trute*, in: v. Münch/Kunig, GGK II, Art. 48 Rn. 3 m. w. N.

Urlaub § 28

Abs. 6 gewährt **nur BS und SaZ**[127] Wahlvorbereitungsurlaub. Ein Soldat, der aufgrund der WPfl Wehrdienst leistet, ist nach § 29 Abs. 1 Satz 3 Nr. 7 WPflG zu entlassen, wenn er seiner Aufstellung für die Wahl zum BT, zu einem Landtag oder zum Europ. Parlament zugestimmt hat.[128] **55**

Begünstigt werden (bei einer Kandidatur in einem Bundesland) nur Bewerber um ein Mandat in einer **gesetzgebenden** Körperschaft (Landtag). Abs. 6 gewährt Soldaten keinen Wahlkampfurlaub zur Vorbereitung einer Kandidatur zu kommunalen Vertretungskörperschaften (insbes. zu Kreistagen, Stadt- und Gemeinderäten).[129] Für die Urlaubsgewährung an gewählte Mitglieder kommunaler Vertretungskörperschaften gilt § 25 Abs. 3 (vgl. die Erl. ebd.).[130] **56**

Zur Voraussetzung der **Aufstellung als Wahlbewerber** vgl. die Komm. zu § 25 Abs. 1. Wahlbewerbung ist mehr als eine mit einer möglichen zukünftigen Wahl in Verbindung stehende Aktivität für eine polit. Partei oder Gruppierung.[131] Notwendig ist ein **ernsthaftes**, dem Dienstherrn ggf. nachzuweisendes und glaubhaft zu machendes[132] **Bemühen** um die eigene Wahl. Der Nachweis ist bei **Wahlkandidaten** geführt, die sich für den BT oder einen Landtag bewerben, sobald sie dem Wahlleiter in einem Wahlvorschlag namhaft gemacht und vom Wahlausschuss zugelassen worden sind (vgl. z. B. für die Wahl zum BT § 26 BWG).[133] **57**

Der Begriff des Wahlbewerbers darf nicht nur an einen förmlichen Wahlvorschlag und an die Zulassung des Wahlausschusses anknüpfen.[134] Die Ernsthaftigkeit ist i. d. R. zu bejahen, wenn jemand auf der **Kandidatenliste** einer polit. Partei aufgeführt oder von einem **Parteitag** als Bewerber gewählt worden ist.[135] Auch sonst sollten keine zu strengen Maßstäbe angelegt werden[136], weil der Verfassungsgesetzgeber selbst in Art. 48 **58**

---

127 Vgl. Nr. 71 Abs. 1 AusfBestSUV.
128 Vgl. *Alff*, NZWehrr 1980, 201 (205); *Steinlechner/Walz,* WPflG, § 29 Rn. 20. Ist ein WPfl noch nicht zum Wehrdienst herangezogen worden, ist er nach § 12 Abs. 3 Satz 1 WPflG ab seiner Zustimmung zur Aufstellung für die Wahl vom Wehrdienst zurückzustellen (vgl. *Steinlechner/Walz,* WPflG, § 12 Rn. 24 ff.).
129 Nach BVerwG NJW 1975, 1937 f. verlangt Art. 3 GG keine Gleichbehandlung beider Sachverhalte. Zur Vorbereitung der Wahl zu einer kommunalen Vertretungskörperschaft ist Soldaten in engen Grenzen Dienstbefreiung (s. o. Rn. 27) zu erteilen; reicht diese nicht aus, kann auf begründeten Antrag ebenfalls unter engen Voraussetzungen Sonderurlaub unter Wegfall der Geld- u. Sachbezüge gewährt werden, vgl. Nr. 71 Abs. 2 AusfBestSUV sowie *Scherer/Alff/Poretschkin,* SG, § 28 Rn. 7.
130 Vgl. Anl. 2 des Erl. „Politische Betätigung von Soldaten, insbesondere bei Europa-, Bundestags-, Landtags- und Kommunalwahlen", VMBl. 1980 S. 533 mit Änd.; Erl. „Kommunalpolitische Tätigkeit und Übernahme von öffentlichen Ehrenämtern sowie Wahrnehmung ehrenamtlicher Tätigkeiten durch Soldaten", VMBl. 2001 S. 116.
131 Vgl. *Achterberg/Schulte*, in: vM/K/S, GG II, Art. 48 Rn. 1 m.w.N.; *Trute*, in: v. Münch/Kunig, GGK II, Art. 48 Rn. 4.
132 Achterberg/Schulte, ebd.
133 Vgl. *Scherer/Alff/Poretschkin,* SG, § 25 Rn. 3; *Stauf* I, § 25 SG Rn. 3.
134 So aber BVerwG NZWehrr 1982, 154 sowie Teil C Nr. 16a der RL des BMVg zur Versetzung, zum Dienstpostenwechsel u. zur Kommandierung v. Soldaten, VMBl. 1988 S. 76, 77 mit Änd.
135 Vgl. *Achterberg/Schulte*, in: vM/K/S, GG II, Art. 48 Rn. 1 m. w. N.
136 So aber für Bewerber polit. Parteien vor der Nominierung *Trute*, in: v. Münch/Kunig, GGK II, Art. 48 Rn. 4.

Eichen

Abs. 1 GG durch die Ausgestaltung des Wahlvorbereitungsurlaubs als verfassungsunmittelbaren Anspruch die Bedeutung unterstrichen hat, die er oder der Möglichkeit von ungehinderten Wahlkandidatur beimisst. Es reicht eine konkrete objektivierbare Möglichkeit aus, als Kandidat benannt zu werden.[137] Nur so entsteht ausreichender Spielraum, vergleichend zu Parteibewerbern die Ernsthaftigkeit der Wahlbewerbung **parteiloser Wahlbewerber** bewerten zu können.[138] Bei ihnen lässt die Rspr.[139] in der Öffentlichkeit erkennbare, konkrete Anstrengungen genügen, die auf eine Wahl abzielen.[140] Zudem wird der Wegfall der Bezüge während der Beurlaubung (vgl. Rn. 61) i. d. R. ein verlässliches Indiz für die Ernsthaftigkeit der Wahlbewerbung sein.[141]

In keinem Fall darf die Bewertung der Ernsthaftigkeit von den Wahlchancen des Bewerbers abhängen.[142] Das Problem der Ernsthaftigkeit wird sich i. d. R. aber relativieren: Wegen der zeitlichen Eingrenzung des Wahlvorbereitungsurlaubs auf die dem Wahltag vorangehenden zwei Monate werden insbes. bei Wahlen zum BT aufgrund der im BWG gesetzten Fristen (nach § 19 BWG müssen Wahlvorschläge 66 Tage vor der Wahl beim Wahlleiter vorliegen) nur Soldaten diesen Urlaub beanspruchen können, die in einem beim Wahlleiter eingereichten Wahlvorschlag als Bewerber für einen Sitz im BT aufgestellt sind.

59 Urlaub nach Abs. 6 muss **„zur Vorbereitung seiner Wahl"** erforderlich sein. Die Beurlaubung, die eine Pflicht zur Dienstleistung entfallen lässt, ist folglich **zweckgebunden**. Sie dient dem persönlichen Wahlkampf („seiner Wahl") und darf nicht für andere, z. B. Freizeitaktivitäten, missbraucht werden.[143] Es ist unzulässig, sie zu einem Erholungsurlaub „vor der heißen Phase des Wahlkampfes" zu nutzen, um sich im Hinblick auf die kommende polit. Auseinandersetzung zu stärken.

60 Was als **erforderlicher** Urlaub anzusehen ist, legt der Gesetzgeber teilweise selbst fest: Er gewährt als **Höchstdauer** zwei Monate[144], und er begrenzt das Zeitfenster für die Urlaubsnahme auf die dem Wahltag vorangehenden zwei Monate.[145]

Eine **Mindestdauer** schreibt Abs. 6 nicht vor. Allg. wird zu Gunsten des Wahlbewerbers ein Wahlvorbereitungsurlaub von mindestens vier Wochen als angemessen angesehen.[146] Abzustellen ist letztlich auf das individuelle Interesse der sich bewerbenden

---

137 Vgl. *Magiera*, in: Sachs, GG, Art. 48 Rn. 3; *Schulze-Fielitz*, in: Dreier II, Art. 48 Rn. 10, jew. m. w. N.
138 Deren grds. Anspruch auf Chancengleichheit gegenüber Parteibewerbern auch bei der Wahlvorbereitung betont BVerfGE 41, 399 (Ls 2).
139 Vgl. VG Köln DÖV 1972, 356 f.
140 Hierzu gehören z. B. bereits die Bemühungen, die nach § 20 Abs. 3 BWG für die Wahlzulassung notwendigen 200 Unterschriften von Wahlberechtigten des Wahlkreises zu erlangen.
141 Vgl. *Schulze-Fielitz*, in: Dreier II, Art. 48 Rn. 13.
142 *Trute*, in: v. Münch/Kunig, GGK II, Art. 48 Rn. 4; *Pieroth*, in: Jarass/Pieroth, GG, Art. 48 Rn. 2.
143 *Trute*, a.a.O., Art. 48 Rn. 8. Ein solcher Missbrauch müsste zum sofortigen Widerruf der Beurlaubung führen u. wäre als Dienstvergehen disziplinar zu würdigen.
144 Dies ergibt der Wortlaut des Abs. 6, da eine Vorbereitung der Wahl nur bis zum Wahltag möglich ist, so dass die Wendung „innerhalb der letzten zwei Monate vor dem Wahltag" zugleich die Urlaubsdauer begrenzt; Zweifel beseitigt die Formulierung des § 3 Satz 1 AbgG, vgl. BT-Drs. 7/5531, 12.
145 Vgl. GKÖD I Yk, § 28 Rn. 12.
146 Vgl. *Achterberg/Schulte*, in: vM/K/S, GG II, Art. 48 Rn. 13; *Trute*, in: v. Münch/Kunig, GGK II, Art. 48 Rn. 8.

Person. Sie kann entscheiden, ob sie z. B. auch Erholungsurlaub für Wahlkampfzwecke einsetzt oder unter dem Gesichtspunkt der Erforderlichkeit nur tageweise Wahlvorbereitungsurlaub beantragt.[147]

Wahlvorbereitungsurlaub wird nur unter **Wegfall der Geld- und Sachbezüge** gewährt. Die frühere Regelung, die u. a. Bundesbeamten, BS und SaZ bezahlten Wahlvorbereitungsurlaub gewährt hatte, war aufgrund des Diätenurt. des BVerfG vom 5.11.1975[148] aufgegeben worden, um bei der Kandidatur Chancengleichheit zwischen Arbeitnehmern der Privatwirtschaft und Angehörigen des öff. Dienstes herzustellen.[149] § 3 Satz 2 AbgG sieht deshalb bei einer Wahlbewerbung generell keinen Anspruch auf Fortzahlung der Bezüge für die Dauer der Beurlaubung vor. 61

Die durch das SkResNOG[150] vorgenommene Ersetzung der Formulierung „unter Wegfall der Dienstbezüge" durch die sonst für den soldatischen Bereich üblichen „Geld- und Sachbezüge" stellt sicher, dass der Soldat im Wahlvorbereitungsurlaub auch auf die unentgeltliche truppenärztliche Versorgung verzichten muss. Nur so ist zu verhindern, dass Soldaten wegen ihrer auf die Besoldung anzurechnenden Sachbezüge gegenüber sonstigen Angehörigen des öff. Dienstes im Vorteil sind.

Wahlvorbereitungsurlaub wird **auf Antrag** gewährt. Der Dienstherr hat zu klären, ob die Voraussetzungen für den Urlaub vorliegen. 62

Zuständig für die Erteilung von Wahlvorbereitungsurlaub nach Abs. 6 ist das BMVg.[151] Es hat insbes. die Ernsthaftigkeit der Bewerbung und die Erforderlichkeit[152] des Urlaubs zu prüfen. Sind diese Merkmale zu bejahen, ist der Urlaub zu bewilligen, ohne dem zwingende dienstl. Erfordernisse entgegenhalten zu können.[153] Lehnt das BMVg einen Antrag ab, kann der Soldat den **Rechtsweg** beschreiten; zuständig sind auch hier die Wehrdienstgerichte.[154] Ein eigenmächtiges Fernbleiben vom Dienst ist nicht zulässig.[155]

Insbes. die Erforderlichkeit des Urlaubs ist (als unbest. Rechtsbegriff) gerichtl. voll nachprüfbar.[156] Die materielle Beweislast für die Richtigkeit anspruchsbegründender Tatsachen trägt der Antragsteller.[157] 63

---

147 Vgl. *Achterberg/Schulte*, a.a.O., Art. 48 Rn. 12.
148 BVerfGE 40, 296 = NJW 1975, 2331.
149 Vgl. BT-Drs. 7/5531, 12.
150 Durch Art. 2 Nr. 11, vgl. BT-Drs. 15/4485, 13, 36.
151 Vgl. § 14 SUV i. V. m. Nr. 97 Abs. 7 AusfBestSUV.
152 Zu großzügig ist daher die Aussage zur Prüfung, ob der Urlaub „erforderlich" ist, in Anl. 2 des Erl. „Politische Betätigung von Soldaten, insbesondere bei Europa-, Bundestags-, Landtags- und Kommunalwahlen", VMBl. 1980 S. 533 mit Änd.
153 § 28 Abs. 2 ist nicht anzuwenden.
154 Vgl. BVerwG NZWehrr 1996, 211 f. m. w. N. sowie o. Rn. 25; nach § 21 Abs. 1 WBO ist unmittelbar die Entsch. des BVerwG (WDS) zu beantragen.
155 Vgl. *Achterberg/Schulte*, in: vM/K/S, GG II, Art. 48 Rn. 20 ff. m. w. N.
156 Vgl. grds. *Dau*, WBO, Einf. Rn. 57.
157 Vgl. *Achterberg/Schulte*, in: vM/K/S, GG II, Art. 48 Rn. 25; *Dau*, WBO, § 18 Rn. 31.

§ 28   Urlaub

64   **7. Absatz 7.** Satz 1 gibt Soldaten aller Statusgruppen einen Rechtsanspruch auf **Elternzeit**[158] unter Wegfall der Geld- und Sachbezüge, mit Ausnahme der unentgeltlichen truppenärztlichen Versorgung[159], und ohne Leistungen zur Unterhaltssicherung.[160] Die Vorschrift tritt für den soldatischen Bereich an die Stelle von § 15 BEEG, der einen Anspruch auf Elternzeit nur Arbeitnehmern, nicht Soldaten[161], verleiht.

65   Die Verordnungsermächtigung in **Satz 2** (i. V. m. Satz 1) genügt den Anforderungen des Art. 80 Abs. 1 Satz 2 GG. Zwar bestimmt die Vorschrift nicht ausdrücklich Inhalt, Zweck und Ausmaß der Ermächtigung. Die Interpretation der Norm[162] (vgl. Rn. 30) ermöglicht aber eine hinreichende Konkretisierung der gesetzgeberischen Vorgaben. Mit den Begriffen Erziehungsurlaub und später Elternzeit war dem Verordnungsgeber ein in den Grundzügen klares, nach der Entstehungsgeschichte der Vorschrift eindeutig an die ziv. Rechtsetzung zum Erziehungsurlaub/zur Elternzeit angelehntes[163] Programm vorgezeichnet. Mit der Aufhebung des Abs. 7 Satz 3[164], der sich noch auf das (am 31.12.2008 außer Kraft getretene) BErzGG bezogen hatte, sollte dieses Gesetz lediglich als Rechtsgrundlage für die Gewährung von Elternzeit ausgeschlossen werden (die Rechtsgrundlage findet sich jetzt in Satz 1). Damit sollte nicht von der grds. dem ziv. Bereich entspr. inhaltl. Ausgestaltung der Elternzeit abgewichen werden.[165]

66   Auf der Grundlage des Satzes 2 ist die **Verordnung über die Elternzeit für Soldatinnen und Soldaten (Elternzeitverordnung für Soldatinnen und Soldaten – EltZSoldV)**[166] als RVO der BReg (vgl. § 93 Abs. 1 Nr. 4) erlassen worden. Der Eigenart des mil. Dienstes trägt sie vor allem in ihrem § 3 Abs. 2 dadurch Rechnung, dass das BMVg aus zwingenden Gründen der Verteidigung die Erteilung einer beantragten Elternzeit ablehnen oder eine bereits gewährte Elternzeit widerrufen kann.[167]

Zwingende Gründe der Verteidigung (dieser Begriff wird auch in Abs. 5 Satz 5 benutzt und ist deshalb wie dort zu interpretieren) sollen nach Nr. 13 der **AusfBest zur Elternzeitverordnung für Soldatinnen und Soldaten (AusfBestEltZSoldV**[168]**)** zu

---

158   Dieser Begriff ersetzte ab 2.1.2001 (vgl. Rn. 9) den des „Erziehungs*urlaubs*" aus sprachlichen Gründen wegen der Assoziation zu Urlaub, vgl. *Plog/Wiedow/Lemhöfer*, BBG, § 80 Rn. 8.
159   Deren Weitergewährung bestimmt auch § 69 Abs. 2 Satz 1 Halbs. 2 BBesG.
160   Vgl. § 14 Abs. 1 USG; GKÖD I Yk, § 28 Rn. 11a.
161   Vgl. für Beamte § 79 Abs. 1 Satz 1 Nr. 2 BBG i. V. m. § 6 der Mutterschutz- u. ElternzeitVO v. 12.2.2009 (BGBl. I S. 320).
162   Vgl. grds. BVerfGE 8, 274 Ls 4; 38, 348 (358 m. w. N.).
163   Mit Ausnahme der durch die Eigenart des mil. Dienstes begründbaren Sonderregelungen, vgl. Abs. 7 Satz 2.
164   Vgl. o. Rn. 9.
165   I.d.S. zu verstehen ist die nicht geglückte amtl. Begr. zur Aufhebung des Abs. 7 Satz 3 in BT-Drs. 14/4062, 19: „Die Regelung ist entbehrlich geworden, weil Soldaten Erziehungsurlaub nur noch nach der Erziehungsurlaubsverordnung für Soldaten erhalten." Für die Elternzeit im Arbeitnehmerbereich gelten unabhängig vom Zeitpunkt der Geburt eines Kindes ab 1.1.2007 die §§ 15 ff. BEEG.
166   Vgl. die Bekanntmachung der Neufassung v. 18.11.2004 (BGBl. I S. 2855) mit Änd.
167   Mit der Bewilligung v. Elternzeit hat das BMVg auch andere Stellen beauftragt, § 3 Abs. 1 EltZSoldV i. V. m. Nr. 11 AusfBestEltZSoldV, § 14 SUV u. Nr. 97 Abs. 3 AusfBestSUV.
168   VMBl. 2009 S. 49.

Urlaub § 28

§ 3 Abs. 2 EltZSoldV vorliegen, wenn der V-Fall oder Spannungsfall festgestellt sei oder die Sicherstellung der Einsatzbereitschaft der SK bereits im Frieden besondere Maßnahmen erfordere.[169]

Ein bereits **zur Betreuung** eines Kindes nach Abs. 5 Satz 1 Nr. 1 **beurlaubter Soldat** 67 kann nach der Geburt eines weiteren Kindes **Elternzeit** für dieses beanspruchen, wenn der **Betreuungsurlaub** vorzeitig **beendet** wird; die Entscheidung hierüber liegt im pflichtgemäßen Ermessen des Dienstherrn.[170] Er muss berücksichtigen, dass der Elternzeit – schon weil auf sie grds. ein Rechtsanspruch besteht und weil sie insgesamt günstiger ausgestaltet ist als der Betreuungsurlaub (so ist z. B. die Elternzeit nicht zeitlich begrenzt wie Urlaub nach Abs. 5 Satz 1 und wird anders als dieser nicht nach § 30b angerechnet) – gesetzl. ein **Vorrang** vor dem allg. zur Kinderbetreuung gewährten Urlaub zukommt.[171]

Zum Zusammentreffen von Betreuungsurlaub, Urlaub bis zum Beginn des Ruhestandes und Zeiten von Teilzeitbeschäftigung vgl. die Komm. zu § **30b** Rn. 4 f.

Zur Beantragung von Teilzeitbeschäftigung, wenn auch ein Anspruch auf Elternzeit besteht, vgl. die Komm. zu § **30a** Rn. 9.

War die mil. Ausbildung eines **SaZ** mit einem Studium oder einer Fachausbildung von 68 mehr als sechs Monaten Dauer verbunden und hat er danach Elternzeit nach Abs. 7 in Anspruch genommen, **verlängert** sich die **Zeitdauer der Berufung** des Soldaten um die Dauer der Elternzeit, § 40 Abs. 4 Satz 1 (vgl. die Erl. ebd.). Im entspr. Fall **verlängert** sich für einen **BS**, der nach § 46 Abs. 3 seine **Entlassung** verlangt, die in dieser Vorschrift vorausgesetzte **Dienstzeit** um die Dauer der Elternzeit, § 46 Abs. 4 Satz 1 (vgl. die Erl. ebd.).

Zeiten einer **Elternzeit** sind für BS nach § 20 Abs. 1 Satz 2 Nr. 2 SVG **nicht ruhegehaltfähig**. Nach § 70 SVG erhöht sich jedoch deren Ruhegehalt um einen **Kindererziehungszuschlag**.

Für **Streitigkeiten** der Soldaten über die Bewilligung von Elternzeit ist der Rechtsweg 69 zu den **Wehrdienstgerichten** gegeben.[172] Das **VG** ist **zuständig** für den **Streit über die Dienstzeitverlängerung** eines Soldaten wegen einer Elternzeit.[173]

---

169 Vgl. zur Kritik an dieser Umschreibung o. Fn. 116.
170 So für Beamte BVerwG 79, 336. Vgl. Nr. 5 AusfBestEltZSoldV.
171 BVerwG ZBR 1996, 215 f. (für die entspr. beamtenrechtl. Regelung). Zum Nachrang eines beantragten Betreuungsurlaubs bei Vorliegen der Voraussetzungen für die Gewährung einer Elternzeit vgl. Rn. 44.
172 Vgl. Rn. 25. Verfehlt *Scherer/Alff/Poretschkin*, SG, § 82 Rn. 13, die für Streitigkeiten über den Anspruch auf Elternzeit (unter Hinw. auf BVerwGE 83, 311 = BVerwG NZWehrr 1987, 252; diese Entsch. ist noch zum damals in § 30 Abs. 5 geregelten Erziehungsurlaub ergangen) die Zuständigkeit der allg. VG annehmen. Damit unterfielen familienpolit. gleichgerichtete (vgl. BVerwG ZBR 1996, 215 f.) Urlaubsarten (Betreuungsurlaub nach Abs. 5 Satz 1 Nr. 1, Elternzeit nach Abs. 7) unterschiedlichen Rechtswegen. Hiergegen spricht auch die amtl. Begr. (BT-Drs. 11/6906, 15), die unter Hinw. auf § 17 Abs. 1 Satz 1 WBO feststellt, durch die Verschiebung der Ermächtigung zur Gewährung v. Elternzeit aus dem § 30 Abs. 5 in den § 28 Abs. 7 sei bei Beschwerden gegen ablehnende Entscheidungen zur Elternzeit der Rechtsweg zu den Wehrdienstgerichten gegeben.
173 Vgl. VG München NZWehrr 2008, 127.

Eichen

§ 28a Urlaub bis zum Beginn des Ruhestandes

(1) ¹Einem Berufssoldaten kann nach einer Beschäftigung im öffentlichen Dienst von mindestens 20 Jahren und nach Vollendung des 50. Lebensjahres auf Antrag, der sich auf die Zeit bis zum Beginn des Ruhestandes erstrecken muss, Urlaub unter Wegfall der Geld- und Sachbezüge gewährt werden, wenn dienstliche Belange nicht entgegenstehen. ²Über den Urlaubsantrag entscheidet das Bundesministerium der Verteidigung.

(2) ¹Dem Antrag nach Absatz 1 darf nur entsprochen werden, wenn der Berufssoldat erklärt, während der Dauer des Urlaubs auf die Ausübung genehmigungspflichtiger Nebentätigkeiten zu verzichten und nicht genehmigungspflichtige Nebentätigkeiten nach § 20 Abs. 6 nur in dem Umfang auszuüben, wie er sie bei Vollzeitbeschäftigung ohne Verletzung dienstlicher Pflichten ausüben könnte. ²Wird diese Verpflichtung schuldhaft verletzt, ist der Urlaub zu widerrufen. ³Trotz der Erklärung des Berufssoldaten nach Satz 1 dürfen Nebentätigkeiten genehmigt werden, soweit sie dem Zweck der Gewährung des Urlaubs nicht zuwiderlaufen. ⁴Das Bundesministerium der Verteidigung kann in besonderen Härtefällen eine Rückkehr aus dem Urlaub zulassen, wenn dem Soldaten die Fortsetzung des Urlaubs nicht zugemutet werden kann.

(3) Das Bundesministerium der Verteidigung kann den Urlaub aus zwingenden dienstlichen Gründen widerrufen.

Übersicht

	Rn		Rn
I. Allgemeines	1	II. Erläuterungen im Einzelnen	5
1. Zweck und Entstehung der Vorschrift	1	1. Absatz 1	5
2. Änderungen der Vorschrift	2	2. Absatz 2	17
3. Bezüge zum Beamtenrecht bzw. zu sonstigen rechtl. Vorschriften; ergänzende Dienstvorschriften	3	3. Absatz 3	23

Literatur: Spezielle Veröffentlichungen zu § 28a sind nicht vorhanden.

I. Allgemeines

1. Zweck und Entstehung der Vorschrift. Die Möglichkeit zum **Altersurlaub** nach § 28a ist durch Art. 4 des G vom **25.7.1984**[1] parallel zu entspr. beamten- und richterrechtl. Vorschriften eingefügt worden. Sie sollte im Hinblick auf die angespannte Arbeitsmarktlage mit einer hohen Zahl Arbeitssuchender die Voraussetzungen schaffen, zusätzliche Stellen im öff. Dienst (konkret in den SK für junge Soldaten) anbieten zu können.[2] Um dieses Ziel effizient zu erreichen, wurde die durch § 28a ab einem bestimmten Lebensalter ermöglichte Beurlaubung bis zum Beginn des Ruhestandes einerseits von einem grds. Verzicht auf die Ausübung **entgeltlicher** Nebentätigkeiten (inzwischen werden **genehmigungspflichtige** Nebentätigkeiten ausgeschlossen) abhängig gemacht. Andererseits wurde sie durch den Wegfall der Geld- und Sachbezüge

---

1 BGBl. I S. 998 = VMBl. S. 130.
2 Vgl. zu Einzelheiten BT-Drs. 10/930, BT-Drs. 10/1619.

Urlaub bis zum Beginn des Ruhestandes § 28a

kostenneutral ausgestaltet. Auch wenn die Regelung von einer zunächst befristeten später in eine zeitlich unbegrenzte umgewandelt worden ist, hat sie den angestrebten Zweck (und ihre mögliche Funktion als Instrument zur Verbesserung der Altersstruktur in den SK[3]) letztlich nicht erreichen können, weil Altersurlaub ohne Geld- und Sachbezüge regelmäßig nur für vermögende Soldaten in Frage kommt.[4] Die Vorschrift ist daher im Geschäftsbereich des BMVg bisher kaum zur Anwendung gekommen.

2. Änderungen der Vorschrift. § 28a ist mehrmals geä. worden: 2
- Durch § 31 Abs. 1 Nr. 1 des G vom **6.12.1985**[5] ist **Abs. 2 Satz 1** redaktionell an die Neuregelung des § 20 angepasst worden.
- Durch Art. 4 Abs. 1 Nr. 2 des G vom **30.6.1989**[6] ist in **Abs. 1 Satz 1** die Geltungsdauer der Vorschriften über den Altersurlaub entspr. den Freistellungsvorschriften aus Arbeitsmarktgründen im Beamten- und Richterrecht bis zum 31.12.1993 verlängert worden; zugleich ist im damaligen **Abs. 4** (jetzt § 30b) die Höchstgrenze für Betreuungsurlaub nach § 28 Abs. 5 und für Altersurlaub nach § 28a zusammen auf zwölf Jahre erweitert worden.[7]
- Durch Art. 5 des G vom **20.12.1993**[8] wurde in **Abs. 1 Satz 1** die Antragsfrist erneut um drei Jahre bis zum 31.12.1996 verlängert.
- Durch Art. 5 des G vom **20.5.1994**[9] wurde **Abs. 1 Satz 1** unter Wegfall jeder zeitlichen Begrenzung der Antragsfrist für arbeitsmarktbezogenen Urlaub neu gefasst. **Abs. 2 Satz 3** wurde modifiziert.
- Durch Art. 1 Nr. 3, 4 und 19 des **SGÄndG** kam es zu redaktionellen Änd. in **Abs. 1**, **Abs. 2 Satz 4** und **Abs. 3** sowie zu einer Streichung in **Abs. 1 Satz 1**, mit welcher der zwangsläufige Wegfall der unentgeltlichen truppenärztlichen Versorgung als Teil der Sachbezüge der Soldaten im Altersurlaub klargestellt wurde.[10]
- **Abs. 4** wurde durch Art. 2 Nr. 2 des **SDGleiG** aufgehoben. Der Regelungsinhalt des bisherigen Abs. 4 ist in § 30b aufgegangen.
- Durch Art. 10 Nr. 12 des **DNeuG** wurden in Abs. 1 Satz 1 und Abs. 2 Satz 1 kleinere Ersetzungen vorgenommen.

3. Bezüge zum Beamtenrecht bzw. zu sonstigen rechtl. Vorschriften; ergänzende Dienstvorschriften. Eine dem § 28a entspr. Vorschrift enthält für **Bundesbeamte** § 95 3 BBG. Dieser Vorschrift ähnliche Best. finden sich in den LBG.[11]

Urlaub aus Arbeitsmarktgründen für **Richter** im Bundesdienst regelt § 48b DRiG.

Zur Ausgestaltung des § 28a hat das BMVg die **Best. über den Urlaub bis zum Beginn** 4 **des Ruhestandes der Berufssoldatinnen und Berufssoldaten**[12] erlassen.

---

3 Vgl. *Scherer/Alff/Poretschkin*, SG, § 28a Rn. 1.
4 Vgl. GKÖD I Yk, § 28a Rn. 4.
5 BGBl. I S. 2154.
6 BGBl. I S. 1282.
7 Vgl. BT-Drs. 11/2218, 8, 12.
8 BGBl. I S. 2136
9 BGBl. I S. 1078.
10 Vgl. BT-Drs. 14/4062, 19 f. (zu Nr. 20 [§ 28a] unter Hinw. auf Nr. 22 Buchst. b Doppelbuchst. bb).
11 Vgl. die Aufzählung der landesrechtl. Parallelvorschriften bei *Battis*, BBG, § 95 vor Rn. 1.
12 VMBl. 2006 S. 36.

Eichen

II. Erläuterungen im Einzelnen

5 **1. Absatz 1.** Die nach **Satz 1** mögliche Urlaubsgewährung bis zum Beginn des Ruhestandes besteht nur für **BS**. Voraussetzung für ihre Beurlaubung ist eine Beschäftigung im öff. Dienst von mindestens 20 Jahren. Als **Beschäftigung im öff. Dienst** i. S. d. Abs. 1 Satz 1 gelten der freiwillig oder aufgrund der WPfl abgeleistete Wehrdienst in den SK[13] und jede Tätigkeit als Beamter, Richter, Ang. oder Arbeiter im Dienst einer juristischen Person des öff. Rechts[14], d. h. des Bundes, der Länder, der Gemeinden und Gemeindeverbände sowie sonstiger Körperschaften, Anstalten und Stiftungen des öff. Rechts, somit bei einem öff.-rechtl. Dienstherrn.[15] Nicht im öff. Dienst i. S. d. Abs. 1 Satz 1 tätig sind Beschäftigte in Unternehmen der öff. Hand in privatrechtl. Form (z. B. einer AG oder GmbH), selbst wenn deren Kapital vollständig im Besitz der öff. Hand ist.[16] Hingegen sind[17] Zeiten einer Verwendung im Dienst einer **zwischenstaatlichen** oder **überstaatlichen Einrichtung**[18] als Soldat oder jede sonstige Tätigkeit in einem Dienst- oder Vertragsverhältnis zu einer solchen Einrichtung geeignete Vordienstzeiten i. S. d. Abs. 1 Satz 1.

6 Die Beschäftigung muss mindestens insgesamt **20 Jahre** lang ausgeübt worden sein, wobei Zeiten einer Beschäftigung im öff. Dienst durch sonstige Zeiten (z. B. durch eine Beschäftigung in der Privatwirtschaft) **unterbrochen** gewesen sein können. Nach der Änd. des Satzes 1 durch das DNeuG wird eine Vollzeitbeschäftigung nicht mehr vorausgesetzt; nach dem neuen Wortlaut der Vorschrift reichen **Teilzeitbeschäftigungen** aus.[19]

7 Den für die Urlaubsgewährung notwendigen **Antrag** kann nach dem ausdrücklichen Wortlaut des Satzes 1 nur ein BS stellen, der zum Zeitpunkt des beantragten Urlaubsantritts das **50. Lebensjahr** vollendet hat.[20] Ein **Unterlaufen** dieser Altersgrenze mit Hilfe sonstiger urlaubsrechtl. Vorschriften ist **nicht erlaubt**. Es wäre z. B. unzulässig, eine (selbst nur begrenzte) Zeit bis zur Vollendung des 50. Lebensjahres mit Hilfe von (vorgeschaltetem) Sonderurlaub[21] zu überbrücken.[22]

---

13 Vgl. Nr. 2 Abs. 2 Buchst. a der in Rn. 4 genannten Best. Nicht entscheidend ist, ob der Soldat Geld- u. Sachbezüge nach dem BBesG o. nach dem WSG (z. B. nach § 58a BBesG i. V. m. § 1 Abs. 2 WSG) erhalten hat.
14 Vgl. BVerfGE 55, 207 (230).
15 Vgl. § 29 Abs. 1 BBesG u. Nr. 2 Abs. 2 Buchst. b der in Rn. 4 genannten Best. sowie *Scherer/Alff/Poretschkin*, SG, § 28a Rn. 2. Zur Dienstherrnfähigkeit – dem Recht, Beamte zu haben – vgl. § 2 BBG; § 2 BeamtStG.
16 Diesen Unternehmen fehlt die Dienstherrnfähigkeit. Eine Vortätigkeit in einem solchen Unternehmen ist daher – anders als für das Nebentätigkeitsrecht, vgl. § 2 Abs. 2 Nr. 1 BNV – nicht anrechenbar.
17 In Anlehnung an § 20 Abs. 3 Satz 1 Nr. 3 SVG.
18 Beispiele: UNO, EU, WEU, NATO.
19 Der Gesetzgeber hat – wie in der Voraufl. dieser Komm. angeregt – mit der Neuregelung der Einführung der Teilzeitbeschäftigung für Soldaten durch § 30a u. dem grds. Benachteiligungsverbot bei Teilzeitbeschäftigung nach § 15 Abs. 1 Satz 2 SGleiG Rechnung getragen.
20 Der Antrag kann also schon vor Vollendung des 50. Lebensjahres gestellt werden.
21 Sonderurlaub nach § 13 Abs. 1 SUrlV i. V. m. § 9 SUV u. Nr. 83 AusfBestSUV wäre unzulässig.
22 Vgl. *Weber/Banse*, I/4, § 72e BBG Rn. 4 (zu a).

Die Antragsgrenze von 50 Jahren erklärt sich aus den niedrigen Altersgrenzen der BS[23] (vgl. § 45). Bei einer höheren Antragsgrenze bliebe z. B. BerufsUffz[24] der Altersurlaub weitgehend versagt.

Der Antrag des BS auf Altersurlaub muss sich auf die Zeit **bis zum Beginn des Ruhestandes** erstrecken. In Bezug genommen wird die besondere Altersgrenze, bis zum vollständigen Wirksamwerden des § 45 notfalls die allg. Altersgrenze.[25] Für die BS, die einer nach der Vollendung des 50. Lebensjahres festgesetzten besonderen Altersgrenze unterliegen[26], ist somit auf den Zeitpunkt des Überschreitens dieser Altersgrenze als des frühestmöglichen Datums der Versetzung in den Ruhestand abzustellen. Über diesen Zeitpunkt hinaus darf Altersurlaub nicht gewährt werden, auch wenn nicht auszuschließen ist, dass gem. § 44 Abs. 2 Satz 1 davon abgesehen wird, den BS nach Überschreiten der maßgeblichen besonderen Altersgrenze in den Ruhestand zu versetzen. In diesem Fall hätte der BS seinen Dienst wieder aufzunehmen, ohne erneut Altersurlaub beantragen zu können.[27]

8

Mit der Gewährung von Altersurlaub ist für den BS zwangsläufig der **Wegfall der Geld- und Sachbezüge** und damit der unentgeltlichen truppenärztlichen Versorgung[28] verbunden.

9

Die Bewilligung von Altersurlaub hängt davon ab, dass **dienstl. Belange nicht entgegenstehen**.[29] Damit will der Gesetzgeber dem Interesse des Dienstherrn an der ordnungsgemäßen Auftragserfüllung durch die SK Vorrang einräumen vor dem (aus der Entstehungsgeschichte der Vorschrift und ihrem Abs. 2 herauszulesenden) allg. öff. Interesse, die Situation des Arbeitsmarktes zu verbessern.[30] Anders als in § 28 Abs. 2, der die Versagung von Erholungsurlaub nur wegen **zwingender** dienstl. Erfordernisse ermöglicht, reicht nach Abs. 1 jeder aus dienstl. Notwendigkeit heraus sachlich begründbare Umstand aus. Er muss allerdings über eine bloße Unannehmlichkeit oder ein allg. Erschwernis hinausgehen. Eine Versagung des Urlaubs kann deshalb z. B. darauf gestützt werden, dass ohne den Soldaten die Einsatzbereitschaft der SK (konkret seiner Einheit/seines Verbandes/seiner Dienststelle) nicht unerheblich gemindert wäre oder ein Personalengpass einträte, der nicht oder nur mit Schwierigkeiten geschlossen werden könnte. Der Dienstherr kann somit bei der Ausfüllung des **unbestimmten Rechtsbegriffs** der entgegenstehenden dienstl. Belange einen weiteren Maßstab anlegen als im Fall zwingender dienstl. Erfordernisse nach § 28 Abs. 2. Ein

10

---

23 Vgl. BT-Drs. 10/1619, 19 (zu Art. 4 [= § 28 SG]). Maßgeblich sind die besonderen Altersgrenzen, vgl. Rn. 8. Für den Beamtenbereich ist das frühere Erfordernis der Vollendung des 55. Lebensjahres, um (dem Urlaub nach § 28a entspr.) Altersdauerurlaub zu erhalten, weggefallen, vgl. *Battis*, BBG, § 95 Rn. 1.
24 Vgl. § 45 Abs. 2 Nr. 5.
25 Die Übergangsregelungen in § 96 sind zu beachten.
26 Nicht betroffen vom Altersurlaub sind folglich Besatzungen strahlgetriebener Kampfflugzeuge, vgl. § 45 Abs. 2 Nr. 6.
27 Vgl. Nr. 3 Abs. 2 der in Rn. 4 genannten Best.; *Scherer/Alff/Poretschkin*, SG, § 28a Rn. 2.
28 Vgl. o. Rn. 2 sowie die Komm. zu § 30 Abs. 1 Satz 1 u. 2.
29 Vgl. GKÖD I Yk, § 28a Rn. 6.
30 Vgl. für den Beamtenbereich *Battis*, BBG, § 95 Rn. 4 i. V. m. § 91 Rn. 18.

Eichen

§ 28a Urlaub bis zum Beginn des Ruhestandes

Beurteilungsspielraum ist ihm hierbei nicht zuzugestehen.[31] Deshalb kann die Bewertung von den Gerichten (zuständig sind die Wehrdienstgerichte)[32] in vollem Umfang überprüft werden.[33]

11 Liegen die gesetzl. Voraussetzungen für die Bewilligung von Altersurlaub in der Person des Antragstellers vor und stehen dienstl. Belange nicht entgegen, hat der Dienstherr gleichwohl über die Beurlaubung nach pflichtgemäßem **Ermessen** zu entscheiden. Dafür spricht der Wortlaut des § 28a Abs. 1 Satz 1 („Einem Berufssoldaten *kann* ... Urlaub ... gewährt werden ..."), der hier nicht nur i. S. einer Ermächtigung gemeint ist.[34] Hierfür spricht weiter die Entstehungsgeschichte des § 28a und seiner beamten- und richterrechtl. Vorbilder, der zu entnehmen ist[35], dass arbeitsmarktpolit. Gründe für die Schaffung des Altersurlaubs maßgeblich waren, nicht persönliches Interesse des Antragstellers an der Beurlaubung. Obwohl § 28a Abs. 1 den Altersurlaub der BS nicht von einem tatbestandlich vorausgesetzten dringenden öff. Interesse aufgrund einer Notsituation auf dem Arbeitsmarkt abhängig macht, kann im Wege einer historischen Auslegung für die Urlaubsentscheidung nach § 28a die arbeitsmarktpolit. Zielsetzung bei einer Ermessensausübung berücksichtigt werden. Gleiches kann für die beamtenrechtl.[36] neu eingeführte Begründung eines Altersurlaubs gelten, in bestimmten Bereichen einen Stellenüberhang abzubauen. Dem Interesse des Soldaten wird dadurch Rechnung getragen, dass die Beurlaubung nur auf Antrag, nicht gegen seinen Willen, möglich ist. Trotz eines Antrags und auch dann, wenn dienstl. Belange nicht entgegenstehen, kann es sachgerecht sein, weitere Ermessenserwägungen anzustellen (z. B. Urlaub zu versagen, wenn das vom Gesetzgeber vorrangig verfolgte arbeitsmarktpolit. Ziel – etwa wegen einer Entspannung auf dem Arbeitsmarkt – in den Hintergrund tritt). Diese Entscheidung stellt auf den Gesetzeszweck ab. Als Ausnahmevorschrift von dem – wie für Berufsbeamte – grds. auf lebenslange Dienstleistung ausgerichteten Status der BS ist § 28a restriktiv auszulegen. Diese Ermessensentscheidung des Dienstherrn ist gerichtl. nur auf **Ermessensfehler** hin überprüfbar.[37]

12 Nach **Satz 2** ist für die Gewährung von Altersurlaub ausschließlich das BMVg zuständig. Eine Delegierung der Entscheidung auf nachgeordnete Stellen ist nicht zulässig.

13 Die **Zeit des Altersurlaubs** ist nach § 20 Abs. 1 Satz 2 Nr. 2, 1. Halbs. SVG **nicht ruhegehaltfähig**. Eine ausnahmsweise Berücksichtigung dieser Zeit nach § 20 Abs. 1 Satz 2 Nr. 2, 2. Halbs. SVG (aufgrund der Feststellung, der Urlaub diene öff. Belangen) scheidet aus[38], zumal damit eine kostenneutrale Ausgestaltung des Altersurlaubs vereitelt würde, der dann nicht mehr öff. Interessen entgegen käme.

---

31 Gegen eine Beurteilungsermächtigung hins. entgegenstehender dienstl. Belange auch GKÖD I Yk, § 28a Rn. 8. Es fehlt insoweit insbes. an dem typischen Prognosecharakter der Entscheidung, der ausnahmsweise einen Beurteilungsspielraum rechtfertigen könnte, vgl. z. B. BVerwGE 82, 295, 299 ff.
32 Vgl. BVerwG NZWehrr 1996, 211 f. („die Überprüfung von Urlaubsentscheidungen [ist] stets eine in den Zuständigkeitsbereich der Wehrdienstgerichte fallende Angelegenheit").
33 Vgl. *Dau*, WBO, § 17 Rn. 81a.
34 A.A. (kein Ermessen, wenn die Voraussetzungen gegeben sind) GKÖD I Yk, § 28a Rn. 8.
35 Vgl. z. B. BT-Drs. 10/930, 1, 8 ff.
36 § 95 Abs. 2 BBG.
37 Vgl. *Weniger*, SG, § 28a Rn. 8; grds. *Dau*, WBO, § 17 Rn. 79 ff.
38 So im Ergebnis für Beamte (Beurlaubung nach § 72e BBG a. F. aus arbeitsmarktbezogenen Gründen) *Plog/Wiedow/Groepper/Tegethoff*, BeamtVG, § 6 Rn. 17d.

§ 28a

Während sich bei einem BS, der nach **§ 2 PersStärkeG**[39] vorzeitig in den Ruhestand **14** versetzt worden war, die **ruhegehaltfähige Dienstzeit** noch um die **fiktive Dienstzeit** gem. § 6 Abs. 2 PersStärkeG **erhöhte**, auch wenn der BS bis zur Zurruhesetzung nach § 28a beurlaubt war[40], gilt dies nicht bei einer vorzeitigen Versetzung in den Ruhestand nach § 1 **PersAnpassG**.[41] Gem. § 3 Abs. 2 Satz 4 i. V. m. Satz 1 und 2 PersAnpassG hat der Gesetzgeber in diesem Fall eine Erhöhung der ruhegehaltfähigen Dienstzeit ausdrücklich ausgeschlossen, weil die Zeit der Beurlaubung bei Verbleiben im Dienst für den BS ebenfalls nicht als ruhegehaltfähig berücksichtigt worden wäre.[42]

Erhält ein BS Altersurlaub gem. § 28a, wird ihm bei Eintritt oder Versetzung in den **15** Ruhestand nicht der einmalige Ausgleich nach § 38 Abs. 1 SVG gezahlt.[43]

Zum Zusammentreffen von **Altersurlaub** nach Abs. 1, **Betreuungsurlaub** nach § 28 **16** Abs. 5 und Zeiten einer **Teilzeitbeschäftigung** nach § 30a vgl. § 30b.

2. Absatz 2. Nach **Satz 1** darf beantragter Altersurlaub nur bewilligt werden, wenn **17** der BS bereits im Urlaubsantrag[44] erklärt, während des Altersurlaubs auf genehmigungspflichtige (d. h. grds. auf alle entgeltlichen) **Nebentätigkeiten** zu **verzichten** und nicht genehmigungspflichtige **Nebentätigkeiten** nach **§ 20 Abs. 6** nur **in dem Umfang** auszuüben, wie er sie **bei Vollzeitbeschäftigung** ohne Verletzung dienstl. Pflichten ausüben könnte.[45] Damit soll verhindert werden, dass der Arbeitsmarkt letztlich doch nicht entlastet wird.

Die Einschränkung von Nebentätigkeiten durch Satz 1 ist – wie die entspr. beamtenrechtl. Regelung in § 95 Abs. 3 BBG[46] – auch für BS **verfassungsgemäß**, da keine andere Interessenlage des Dienstherrn anzunehmen ist als im ziv. Bereich.

BS dürfen im Altersurlaub ohne Ausnahme **keine genehmigungspflichtigen** Nebentä- **18** tigkeiten ausüben. Genehmigungspflichtig sind

1. alle **entgeltlichen** Nebentätigkeiten, es sei denn, es handelt sich um eine in § 20 Abs. 6 aufgeführte entgeltliche Nebentätigkeit oder um eine solche, zu deren Ausübung der BS nach § 20 Abs. 7 i. V. m. § 98 BBG verpflichtet ist, und
2. die in § 20 Abs. 1 Satz 2 genannten **unentgeltlichen** Nebentätigkeiten.

Ausnahmsweise sind **genehmigungsfreie Nebentätigkeiten** nach **§ 20 Abs. 6** für den BS **19** im Altersurlaub (wie Abs. 2 Satz 1 klarstellt) **zulässig** (wobei die Anzeige- und Auskunftspflichten nach § 20 Abs. 6 Satz 2 bis 5 zu beachten sind). Solche Tätigkeiten dürfen allerdings nur **in dem Umfang ausgeübt** werden, wie ihn ein nicht beurlaubter BS ohne Verletzung dienstl. Pflichten für eine Nebentätigkeit noch in Anspruch nehmen dürfte. Diese Einschränkung des Abs. 2 Satz 1, letzter Halbs. bezieht sich auf

---

39 PersStärkeG v. 20.12.1991 (BGBl. I S. 2376), zuletzt geä. durch Art. 6 des SGÄndG. Versetzungen von BS in den Ruhestand nach § 2 PersStärkeG waren nur in den Jahren 1992 bis 1994 möglich.
40 So BVerwG ZBR 1999, 283; vgl. *Stauf* I, § 28a SG Rn. 5.
41 V. 20.12.2001 (BGBl. I S. 4013, 4019), geä. durch G v. 7.12.2007 (BGBl. I S. 2807); vgl. zum PersAnpassG die Erl. im Anhang zu § 44.
42 Vgl. BT-Drs. 14/6881, 29 (zu § 3 Abs. 2).
43 Vgl. § 38 Abs. 3 SVG.
44 Vgl. *Scherer/Alff/Poretschkin*, SG, § 28a Rn. 3.
45 Vgl. hierzu Rn. 19.
46 Vgl. BVerwG DöD 1993, 179 f. unter Bezugnahme auf BVerwGE 82, 196 (200).

§ 20 Abs. 6 Satz 6. Daher sei grds. auf die dortigen Erl. verwiesen (vgl. aber die nachstehende Einschränkung).

Wegen der für beurlaubte BS nicht bestehenden Dienstleistungspflicht kann die Prüfung, ob eine in § 20 Abs. 6 aufgeführte genehmigungsfreie Nebentätigkeit bei einem aktiven BS dienstl. Pflichten verletzte und deshalb auch für den BS im Altersurlaub vollständig oder teilweise untersagt werden müsste, nicht auf eine Kollision der Nebentätigkeit mit einer Dienstleistungspflicht (also auf eine zeitliche oder körperliche Überbelastung) abstellen. Daraus folgt, dass der **Begriff des Umfangs**, in dem die Tätigkeit ausgeübt werden darf, nicht deren zeitlichen Umfang, sondern nur die Art und Weise ihrer Ausübung erfassen kann. Deshalb bleibt folgerichtig bei einem BS im Altersurlaub die Untersagung einer genehmigungsfreien Nebentätigkeit nach § 20 Abs. 6 wegen der durch ihre Ausübung verursachten Verletzung sonstiger (trotz Beurlaubung weiter bestehender) dienstl. Pflichten möglich (wenn sie z. B. das Ansehen der Bw in der Öffentlichkeit verletzt[47]).

20 Nach **Satz 2** ist ein Altersurlaub **zwingend** zu **widerrufen**, wenn der beurlaubte BS die ihm in Satz 1 auferlegten Verhaltensregeln schuldhaft verletzt. Der Soldat begeht damit ein Dienstvergehen (§ 23 Abs. 1).[48]

21 Satz 3 lässt als Ausnahme zu Satz 1 die Ausübung solcher Nebentätigkeiten zu, die dem **Zweck** der Gewährung des Altersurlaub **nicht zuwider laufen**. Damit sollen solche Nebentätigkeiten ermöglicht werden, die nur einen geringen Umfang annehmen (zur Bestimmung eines geringen Umfangs kann auf § 5 Abs. 1 Satz 2 BNV verwiesen werden) und schon deshalb nicht als Belastung für den deutschen Arbeitsmarkt gelten können. Da nur der nationale Arbeitsmarkt geschützt werden soll, dürfen auch solche Tätigkeiten genehmigt werden, denen der beurlaubte BS **im Ausland** nachgehen will[49] (Beispiel: Tätigkeit als Immobilienmakler in Kanada; nicht zulässig wäre es, wenn der BS Geschäfte mit kanadischen Immobilien aus Deutschland heraus betreiben wollte). In jedem Fall ist eine Nebentätigkeit nach Abs. 2 Satz 3 beim BMVg zu beantragen und durch dieses zu genehmigen.[50]

22 Nach **Satz 4** kann das BMVg im Wege einer Ermessensentscheidung in besonderen Härtefällen eine (von dem BS gewünschte und beantragte) Rückkehr aus dem Altersurlaub zulassen, wenn dem BS die Fortsetzung des Urlaubs nicht zumutbar ist. Dies kann insbes. der Fall sein, wenn die wirtschaftliche Existenz des BS ernsthaft bedroht ist.[51] Ob die beiden unbest. Rechtsbegriffe „besonderer Härtefall" und „Unzumutbarkeit" auf Seiten des BS als erfüllt anzusehen sein werden, ist gerichtl. in vollem Umfang nachprüfbar.[52] Die anschließende Ermessensbetätigung (Abwägung der Belange des BS, der die Rückkehr aus dem Altersurlaub anstrebt, mit den Interessen des Dienstherrn, der i. d. R. personalwirtschaftliche Vorkehrungen für die Zeit der Abwesenheit des BS getroffen haben wird) ist gerichtl. nur auf **Ermessensfehler** hin zu überprüfen.[53]

---

47 Vgl. § 20 Abs. 6 Satz 6 i. V. m. § 20 Abs. 2 Satz 2 Nr. 2.
48 Vgl. GKÖD I Yk, § 28a Rn. 9.
49 Vgl. *Weber/Banse*, I/4, § 72e BBG Rn. 5.
50 Vgl. Nr. 2 Abs. 3 der in Rn. 4 genannten Best.
51 Vgl. *Scherer/Alff/Poretschkin*, SG, § 28a Rn. 3, Nr. 4 der in Rn. 4 genannten Best.
52 Vgl. grds. *Dau*, WBO, § 17 Rn. 81a. Nicht gefolgt werden kann *Stauf* I, § 28a SG Rn. 3, der davon ausgeht, Abs. 2 Satz 4 stelle wegen der Anknüpfung an die beiden unbest. Rechtsbegriffe „praktisch eine Generalklausel mit entspr. geringer Kontrolldichte dar".
53 Vgl. *Dau*, WBO, § 17 Rn. 81, 84 ff.

3. Absatz 3. Das BMVg kann Altersurlaub aus **zwingenden dienstl. Gründen** widerrufen. Der Begriff „zwingende dienstliche Gründe" entspricht den „zwingenden dienstlichen Erfordernissen" in § 28 Abs. 2 und ist deshalb entspr. eng auszulegen. Insoweit kann zu den Voraussetzungen des Widerrufs von Altersurlaub auf die Komm. zu § 28 Abs. 2 zur Versagung von Erholungsurlaub verwiesen werden; auch die dortigen Ausführungen zur gerichtl. Nachprüfbarkeit der Annahme zwingender dienstl. Gründe gelten entspr.

23

Werden zwingende dienstl. Gründe für den Widerruf des Altersurlaubs bejaht, ist im Rahmen des Abs. 3 **keine** zusätzliche **Ermessensentscheidung** zu treffen. Die Formulierung „*kann* den Urlaub ... widerrufen", die ein Indiz für die Einräumung von Ermessen sein könnte, ist hier nur i. S. einer Ermächtigung mit strikt verpflichtendem Inhalt zu verstehen.[54] Es ist nicht vorstellbar, dass eine Ermessensbetätigung angesichts festgestellter zwingender dienstl. Gründe wegen arbeitsmarktpolit.[55] Ziele zu einem Verzicht auf den Widerruf der Beurlaubung des BS führen könnte.

24

§ 29 Personalakten

(1) [1]Über jeden Soldaten ist eine Personalakte zu führen; sie ist vertraulich zu behandeln und durch technische und organisatorische Maßnahmen vor unbefugter Einsichtnahme zu schützen. [2]Die Akte kann in Teilen oder vollständig automatisiert geführt werden. [3]Zur Personalakte gehören alle Unterlagen, die den Soldaten betreffen, soweit sie mit seinem Dienstverhältnis in einem unmittelbaren inneren Zusammenhang stehen (Personalaktendaten). [4]Nicht Bestandteil der Personalakte sind Unterlagen, die besonderen, von der Person und dem Dienstverhältnis sachlich zu trennenden Zwecken dienen, insbesondere Prüfungs-, Sicherheits- und Kindergeldakten. [5]Personalaktendaten dürfen ohne Einwilligung des Soldaten nur für Zwecke der Personalführung und -bearbeitung sowie der Personalwirtschaft verwendet werden. [6]Eine Verwendung für andere als die in Satz 5 genannten Zwecke liegt nicht vor, wenn Personalaktendaten im Rahmen einer Datenschutzkontrolle den mit ihrer Durchführung Betrauten bekannt werden. [7]Gleiches gilt, soweit im Rahmen der Datensicherung oder der Sicherung des ordnungsgemäßen Betriebes einer Datenverarbeitungsanlage eine nach dem Stand der Technik nicht oder nur mit unverhältnismäßigem Aufwand zu vermeidende Kenntnisnahme von Personalaktendaten erfolgt.

(2) [1]Der Dienstherr darf personenbezogene Daten über Bewerber, Soldaten und frühere Soldaten nur erheben und verwenden, soweit dies zur Begründung, Durchführung, Beendigung oder Abwicklung des Dienstverhältnisses oder zur Durchführung organisatorischer, personeller oder sozialer Maßnahmen, insbesondere zu Zwecken der Personalplanung und des Personaleinsatzes, erforderlich ist oder eine Rechtsvorschrift dies erlaubt. [2]Fragebogen, mit denen solche personenbezogenen Daten erhoben werden, bedürfen der Genehmigung durch das Bundesministerium der Verteidigung.

---

54 Vgl. grds. *Sachs*, in: Stelkens/Bonk/Sachs, VwVfG, § 40 Rn. 23; BVerwGE 108, 64 (70) (diese Entsch. schließt bei einer ähnlich gelagerten Fallgestaltung Ermessen aus: trotz „Kann"-Vorschrift ist ein Beamter zu entlassen, wenn das Festhalten an dem Beamtenverhältnis unzumutbar ist).
55 In der persönlichen Sphäre des Soldaten liegende Gründe scheiden aus, vgl. Rn. 11.

Eichen

(3) ¹Zugang zur Personalakte dürfen nur Personen haben, die für Personalangelegenheiten zuständig sind, und nur soweit dies zu Zwecken der Personalführung oder -bearbeitung erforderlich ist. ²Zugang zu entscheidungsrelevanten Teilen der Personalakte haben auch Gleichstellungsbeauftragte, soweit dies zur Wahrnehmung ihrer Aufgaben erforderlich ist. ³Auf Verlangen ist Beauftragten für den Datenschutz nach § 4f des Bundesdatenschutzgesetzes Zugang zur Personalakte zu gewähren. ⁴Zugang haben ferner die mit Angelegenheiten der Innenrevision beauftragten Beschäftigten, soweit sie die zur Durchführung ihrer Aufgaben erforderlichen Erkenntnisse nur auf diesem Weg und nicht durch Auskunft aus der Personalakte gewinnen können. ⁵Jede Einsichtnahme nach Satz 4 ist aktenkundig zu machen. ⁶Ohne Einwilligung des Soldaten darf die Personalakte an andere Stellen oder an Ärzte im Geschäftsbereich des Bundesministeriums der Verteidigung weitergegeben werden, soweit dies im Rahmen der Zweckbestimmung des Dienstverhältnisses erforderlich ist. ⁷Für Auskünfte aus der Personalakte gilt Entsprechendes. ⁸Soweit eine Auskunft ausreicht, ist von der Weitergabe der Personalakte abzusehen. ⁹Auskünfte an Stellen außerhalb des Geschäftsbereichs des Bundesministeriums der Verteidigung dürfen nur mit Einwilligung des Soldaten erteilt werden, es sei denn, dass zwingende Gründe der Verteidigung, die Abwehr einer erheblichen Beeinträchtigung des Gemeinwohls oder der Schutz berechtigter, höherrangiger Interessen Dritter dies erfordern. ¹⁰Inhalt und Empfänger sind dem Soldaten schriftlich mitzuteilen. ¹¹Ein automatisierter Datenabruf durch andere Behörden ist unzulässig, soweit durch besondere Rechtsvorschrift nichts anderes bestimmt ist.

(4) ¹Daten über medizinische und über psychologische Untersuchungen und Tests dürfen nur im jeweiligen Dienst der Bundeswehr in automatisierten Verfahren verarbeitet werden, soweit sie für die Beurteilung der Dienst- und der Verwendungsfähigkeit des Soldaten erforderlich sind. ²Nur die Ergebnisse solcher Untersuchungen und Tests dürfen an für Personalangelegenheiten zuständige Stellen der Bundeswehr weitergegeben und dort verwendet werden, soweit dies für Zwecke der Personalführung und -bearbeitung erforderlich ist. ³Daten über psychologische Untersuchungen und Tests dürfen, in der Regel in Form von Stichproben, durch den psychologischen Dienst auch automatisiert verarbeitet werden, soweit dies erforderlich ist, um die Aussagefähigkeit des psychologischen Eignungsfeststellungsverfahrens zu verbessern; zu diesem Zwecke dürfen ihm auf sein Ersuchen die erforderlichen Daten zur Verarbeitung übermittelt werden, soweit sie sich auf die Ergebnisse der Untersuchungen und Tests beziehen. ⁴§ 40 Abs. 2 des Bundesdatenschutzgesetzes gilt entsprechend. ⁵Die die Dienst- und die Verwendungsfähigkeit bestimmenden ärztlichen Informationen können einer zentralen Stelle zur Erfüllung der ärztlichen Dokumentationspflicht und zum Zwecke der Beweissicherung übermittelt und dort aufbewahrt werden.

(5) ¹Der Soldat ist zu Beschwerden, Behauptungen und Bewertungen, die für ihn ungünstig sind oder ihm nachteilig werden können, vor deren Aufnahme in die Personalakte zu hören. ²Seine Äußerung ist zur Personalakte zu nehmen. ³Die Vorgänge nach den Sätzen 1 und 2 sind mit Zustimmung des Soldaten nach zwei Jahren aus der Personalakte zu entfernen, es sei denn, sie sind in eine dienstliche Beurteilung aufgenommen oder unterliegen nach anderen gesetzlichen Bestimmungen einer längeren Tilgungsfrist. ⁴Die Frist für die Entfernung wird regelmäßig durch erneute Sachverhalte im Sinne dieser Vorschrift oder durch Einleitung eines Straf- oder Disziplinarverfahrens unterbrochen. ⁵Stellt sich der erneute Vorwurf als unbegründet oder falsch heraus, gilt die Frist als nicht unterbrochen.

Personalakten § 29

(6) ¹Die Personalakte des Soldaten ist nach Beendigung des Wehrdienstverhältnisses aufzubewahren, soweit dies insbesondere zur Erfüllung der Wehrpflicht, aus besoldungs- oder aus versorgungsrechtlichen Gründen erforderlich ist. ²Die für eine Heranziehung zum Wehrdienst erforderlichen Personalunterlagen abgelehnter Bewerber sind dem zuständigen Kreiswehrersatzamt zuzuleiten; gespeicherte Daten sind zu löschen, soweit sie nicht für eine erneute Bewerbung oder für eine Heranziehung zum Wehrdienst nach dem Wehrpflichtgesetz von Bedeutung sind.

(7) ¹Der Soldat hat, auch nach seinem Ausscheiden aus dem Wehrdienstverhältnis, ein Recht auf Einsicht in seine vollständige Personalakte. ²Einem Bevollmächtigten ist Einsicht zu gewähren, soweit dienstliche Gründe nicht entgegenstehen. ³Dies gilt auch für Hinterbliebene und deren Bevollmächtigte, wenn ein berechtigtes Interesse glaubhaft gemacht wird. ⁴Für Auskünfte aus der Personalakte gelten die Sätze 2 und 3 entsprechend.

(8) ¹Der Soldat hat ein Recht auf Einsicht auch in andere Akten, die personenbezogene Daten über ihn enthalten und für sein Dienstverhältnis verwendet werden, soweit gesetzlich nichts anderes bestimmt ist; dies gilt nicht für Sicherheitsakten. ²Die Einsichtnahme ist unzulässig, wenn die Daten des Betroffenen mit Daten Dritter oder geheimhaltungsbedürftigen, nicht personenbezogenen Daten derart verbunden sind, dass ihre Trennung nicht oder nur mit unverhältnismäßig großem Aufwand möglich ist. ³In diesem Fall ist dem Soldaten Auskunft zu erteilen.

(9) Näheres bestimmt eine Rechtsverordnung über
1. die Anlage und Führung von Personalakten des Soldaten während des Wehrdienstverhältnisses und nach seinem Ausscheiden aus dem Wehrdienstverhältnis,
2. das Verfahren der Weitergabe, Aufbewahrung und Vernichtung oder den Verbleib der Personalakten einschließlich der Übermittlung und Löschung oder des Verbleibs der in automatisierten Verfahren gespeicherten Informationen sowie die hieran beteiligten Stellen,
3. die Einrichtung und den Betrieb automatisierter Verfahren einschließlich der Zugriffsmöglichkeiten auf die gespeicherten Informationen,
4. die Einzelheiten der Art und Weise der Einsichtgewährung und Auskunftserteilung aus der Personalakte und
5. die Befugnis von Personen im Sinne des § 203 Abs. 1 Nr. 1 und 2 des Strafgesetzbuches, die im Rahmen der unentgeltlichen truppenärztlichen Versorgung des Soldaten tätig werden, vom Dienstherrn mit der Untersuchung des Soldaten oder mit der Erstellung von Gutachten über ihn beauftragt worden sind, dem Arztgeheimnis unterliegende personenbezogene Daten zu offenbaren.

§ 40 BDSG Verarbeitung und Nutzung personenbezogener Daten durch Forschungseinrichtungen

(2) Die personenbezogenen Daten sind zu anonymisieren, sobald dies nach dem Forschungszweck möglich ist. Bis dahin sind die Merkmale gesondert zu speichern, mit denen Einzelangaben über persönliche oder sachliche Verhältnisse einer bestimmten oder bestimmbaren Person zugeordnet werden können. Sie dürfen mit den Einzelangaben nur zusammengeführt werden, soweit der Forschungszweck dies erfordert.

Eichen

§ 203 StGB Verletzung von Privatgeheimnissen

(1) Wer unbefugt ein fremdes Geheimnis, namentlich ein zum persönlichen Lebensbereich gehörendes Geheimnis oder ein Betriebs- oder Geschäftsgeheimnis, offenbart, das ihm als
1. Arzt, Zahnarzt, Tierarzt, Apotheker oder Angehörigen eines anderen Heilberufs, der für die Berufsausübung oder die Führung der Berufsbezeichnung eine staatlich geregelte Ausbildung erfordert,
2. Berufspsychologen mit staatlich anerkannter wissenschaftlicher Abschlussprüfung,
3. Rechtsanwalt, Patentanwalt, Notar, Verteidiger in einem gesetzlich geordneten Verfahren, Wirtschaftsprüfer, vereidigtem Buchprüfer, Steuerberater, Steuerbevollmächtigten oder Organ oder Mitglied eines Organs einer Rechtsanwalts-, Patentanwalts-, Wirtschaftsprüfungs-, Buchprüfungs- oder Steuerberatungsgesellschaft,
4. Ehe-, Familien-, Erziehungs- oder Jugendberater sowie Berater für Suchtfragen in einer Beratungsstelle, die von einer Behörde oder Körperschaft, Anstalt oder Stiftung des öffentlichen Rechts anerkannt ist,
4a. Mitglied oder Beauftragten einer anerkannten Beratungsstelle nach den §§ 3 und 8 des Schwangerschaftskonfliktgesetzes,
5. staatlich anerkanntem Sozialarbeiter oder staatlich anerkanntem Sozialpädagogen oder
6. Angehörigen eines Unternehmens der privaten Kranken-, Unfall- oder Lebensversicherung oder einer privatärztlichen, steuerberaterlichen oder anwaltlichen Verrechnungsstelle

anvertraut worden oder sonst bekannt geworden ist, wird mit Freiheitsstrafe bis zu einem Jahr oder mit Geldstrafe bestraft.

(2) bis (5) ...

Verordnung über die Führung der Personalakten der Soldaten und der ehemaligen Soldaten (Personalaktenverordnung Soldaten – SPersAV)

Vom 31.8.1995 (BGBl. I S. 1159),
geä. durch Art. 15 Abs. 70 des G vom 5.2.2009 (BGBl. I S. 160, 267)

Auf Grund des § 29 Abs. 9 und des § 72 Abs. 2 Nr. 3[1] des Soldatengesetzes, die durch Art. 5 Nr. 3 des Gesetzes vom 11.6.1992 (BGBl. I S. 1030) eingefügt worden sind, verordnet das Bundesministerium der Verteidigung:

§ 1

[1]Diese Verordnung regelt gemäß § 29 Abs. 9 des Soldatengesetzes und in Anlehnung an §§ 106 bis 114 des Bundesbeamtengesetzes Einzelheiten zum Personalaktenrecht der Soldaten. [2]Sie gilt für die Personalakten der Bewerber für das Dienstverhältnis eines Berufssoldaten oder Soldaten auf Zeit, der Soldaten sowie der ehemaligen Soldaten.

---

1 Jetzt: § 93 Abs. 2 Nr. 4.

§ 2

(1) ¹Die Personalakte kann nach sachlichen Gesichtspunkten in Grundakte und Teilakten gegliedert werden. ²Teilakten können bei der für den betreffenden Aufgabenbereich zuständigen Dienststelle geführt werden.

(2) ¹Nebenakten dürfen nur geführt werden, soweit dies zur rechtmäßigen Aufgabenerledigung im Rahmen der Personalführung und Personalbearbeitung sowie der Personalwirtschaft der dafür zuständigen Dienststelle des Soldaten erforderlich ist. ²Die Nebenakten dürfen nur solche Unterlagen enthalten, die auch in der Grundakte oder in den Teilakten enthalten sind und deren Kenntnis zur rechtmäßigen Aufgabenerledigung der betreffenden Dienststelle erforderlich ist.

(3) In die Grundakte ist ein vollständiges Verzeichnis aller Teil- und Nebenakten aufzunehmen.

(4) Wird die Personalakte nicht vollständig in Schriftform oder vollständig automatisiert geführt, legt die personalverwaltende Stelle jeweils schriftlich fest, welche Teile in welcher Form geführt werden, und nimmt dies in das Verzeichnis nach Absatz 3 auf.

(5) Akten der Beschädigtenversorgung nach dem Soldatenversorgungsgesetz sind Sachakten, die nicht zu den Personalakten gehören.

§ 3

Kindergeldakten können mit Besoldungs- und Versorgungsakten verbunden geführt werden, wenn diese von der übrigen Personalakte getrennt sind und von einer von der personalbearbeitenden Stelle getrennten Organisationseinheit bearbeitet werden; § 35 des Ersten Buches Sozialgesetzbuch und die §§ 67 bis 78 des Zehnten Buches Sozialgesetzbuch bleiben unberührt.

§ 4

(1) ¹Die Gesundheitsunterlagen der Soldaten und ehemaligen Soldaten dienen der personenbezogenen Dokumentation ärztlicher Aufzeichnungen über Untersuchung, Behandlung und Begutachtung. ²Sie sind während des Wehrdienstverhältnisses stets als Teilakte zu führen und von der übrigen Personalakte getrennt aufzubewahren.

(2) ¹Während des Wehrdienstverhältnisses sind die Gesundheitsunterlagen vom zuständigen Truppenarzt zu führen. ²Zugang darf nur das fachlich zuständige Sanitätspersonal und das diesem fachaufsichtlich vorgesetzte Sanitätspersonal im Rahmen seiner Aufgabenerfüllung haben.

(3) ¹Über die Ergebnisse truppenärztlicher Untersuchungen zur Feststellung der Verwendungs- oder Dienstfähigkeit, einschließlich der aus diesem Anlass durchgeführten fachärztlichen Zusatzuntersuchungen, hat der die personalbearbeitende Stelle beratende Arzt in dem Maße Auskunft zu erteilen, wie es für die von dieser Stelle zu treffende Entscheidung erforderlich ist. ²Entsprechendes gilt für ärztliche Dienstfähigkeits- und Tauglichkeitsbeurteilungen durch das Kreiswehrersatzamt.

(4) ¹Unterlagen über Beihilfen für Soldaten sind als Teilakte zu führen. ²Diese ist von der übrigen Personalakte getrennt aufzubewahren. ³Sie wird in einer von der übrigen Personalverwaltung getrennten Organisationseinheit bearbeitet. ⁴Zugang sollen nur Beschäftigte der für die Bearbeitung zuständigen Organisationseinheit haben. ⁵Die Beihilfeakte darf für andere als für Beihilfezwecke nur genutzt oder weitergegeben werden, wenn der Beihilfeberechtigte und bei der Beihilfegewährung berücksichtigte Angehörige im Einzelfall einwilligen, die Einleitung oder Durchführung eines im Zusammenhang mit einem Beihilfeantrag

stehenden behördlichen oder gerichtlichen Verfahrens dies erfordert oder soweit es zur Abwehr erheblicher Nachteile für das Gemeinwohl, einer sonst unmittelbar drohenden Gefahr für die öffentliche Sicherheit oder einer schwerwiegenden Beeinträchtigung der Rechte einer anderen Person erforderlich ist. [6]Die Sätze 1 bis 5 gelten entsprechend für Unterlagen über Heilfürsorge und Heilverfahren.

(5) [1]Abweichend von Absatz 4 Satz 5 dürfen personenbezogene Daten aus der Beihilfeakte auch ohne Einwilligung der Betroffenen genutzt oder an eine andere Behörde weitergegeben werden, soweit sie für die Festsetzung und Berechnung der Besoldung oder Versorgung oder für die Prüfung der Kindergeldberechtigung erforderlich sind. [2]Dies gilt auch für Daten aus der Besoldungsakte und der Versorgungsakte, soweit sie für die Festsetzung und Berechnung der Beihilfe erforderlich sind.

§ 5

(1) [1]Mit der Beendigung des Dienstverhältnisses sind die Personalakten den dienstleistungsüberwachenden und wehrüberwachenden Kreiswehrersatzämtern zuzuleiten. [2]Besteht ein Anspruch auf Versorgungsbezüge, sind die Personalakten zunächst an die zuständige Wehrbereichsverwaltung abzugeben. [3]Die Personalakten ausscheidender Generale verbleiben im Bundesministerium der Verteidigung. [4]Teilakten können ihrer Zweckbestimmung entsprechend an anderer Stelle aufbewahrt werden. [5]Die Personalakten unanfechtbar anerkannter Kriegsdienstverweigerer sind bei Umwandlung in ein Zivildienstverhältnis dem Bundesamt für den Zivildienst zuzusenden.

(2) Die Personalakten – Teilakten nur, soweit nicht andere Aufbewahrungsfristen gelten – sind für folgende Zeiträume aufzubewahren:
1. für Berufssoldaten nach Beendigung des Dienstverhältnisses bis zum Ende des Jahres, in dem sie das 70. Lebensjahr vollendet haben,
2. für die übrigen Angehörigen der Reserve bis zum Ende des Jahres, in dem sie das 65. Lebensjahr vollendet haben,
3. für frühere Soldaten, die nicht mehr dienstfähig oder, soweit keine Dienstleistung nach dem Soldatengesetz in Betracht kommt, nicht mehr wehrdienstfähig sind, vom Wehrdienst ausgeschlossen oder befreit worden sind, aus anderen als aus Altersgründen aus der Dienstleistungspflicht oder der Wehrpflicht ausscheiden oder verstorben sind, bis zum Ablauf von fünf Jahren nach Eintritt des Ereignisses.

(3) [1]Unterlagen zu Anträgen auf Gewährung von Nebengebührnissen wie Beihilfen, Reisekosten oder Trennungsgeld sind fünf Jahre nach Ablauf des Jahres, in dem die Bearbeitung des einzelnen Vorgangs abgeschlossen ist, zu vernichten. [2]Für zahlungsbegründende Unterlagen nach Satz 1 beträgt die Aufbewahrungsfrist sechs Jahre. [3]Soweit diesen Anträgen Unterlagen beigefügt wurden, aus denen die Art einer Erkrankung ersichtlich ist, sind diese zurückzugeben, wenn sie für den Zweck, zu dem sie vorgelegt wurden, nicht mehr benötigt werden. [4]Die Gesundheitsunterlagen sind bis zum Ablauf des 90. Lebensjahres des Soldaten aufzubewahren und danach zu vernichten. [5]Nach Ablauf der Dienstzeit werden die Teile der Gesundheitsunterlagen, deren Inhalte die Verwendungs- oder Dienstfähigkeit oder die Tauglichkeit bestimmen, als Arztsache der übrigen Personalakte zugeführt. [6]Sie können nach Ende der Wehrüberwachung zentral beim Institut für Wehrmedizinalstatistik und Berichtswesen aufbewahrt werden.

(4) Die Besoldungs- und Versorgungsakten sind zehn Jahre nach Ablauf des Jahres aufzubewahren, in dem die letzte Zahlung geleistet worden ist; besteht die Möglichkeit eines Wiederauflebens des Anspruchs, sind die Akten 30 Jahre aufzubewahren.

Personalakten § 29

(5) ¹Personenbezogene Daten über psychologische Untersuchungen und Tests, die zur Überprüfung der getroffenen psychologischen Eignungsfeststellungen gespeichert bzw. aufbewahrt werden, sind zu löschen oder zu vernichten, wenn ihre Kenntnis nicht mehr erforderlich ist, spätestens aber nach zehn Jahren. ²Ausnahmen gelten insbesondere für fliegendes Personal, Flugsicherungspersonal oder Kampftaucher; in diesen Fällen verlängert sich die Frist auf 30 Jahre. ³Die Frist verlängert sich weiter, wenn Grund zu der Annahme besteht, dass durch die Löschung oder Vernichtung schutzwürdige Interessen des Betroffenen beeinträchtigt werden.

(6) ¹Nach Ablauf der Aufbewahrungsfristen sind die Personalakten dem Bundesarchiv-Militärarchiv zur Übernahme anzubieten. ²Personalakten, die nicht archiviert werden, sind zu vernichten, sofern nicht nach anderen Bestimmungen eine längere Aufbewahrungsfrist vorgesehen ist.

§ 6

¹Mitteilungen in Strafsachen, soweit sie nicht Bestandteil einer Disziplinarakte sind, sowie Auskünfte aus dem Bundeszentralregister sind mit Zustimmung des Soldaten nach zwei Jahren aus der Personalakte zu entfernen und zu vernichten. ²Die Frist für die Entfernung wird regelmäßig durch Einleitung eines weiteren Straf- oder Disziplinarverfahrens unterbrochen. ³Stellt sich der erneute Vorwurf als unbegründet oder als falsch heraus, gilt die Frist als nicht unterbrochen. ⁴Die Auskunft aus dem Bundeszentralregister über ehemalige Soldaten ist zu vernichten, wenn der damit beabsichtigte Zweck erfüllt ist.

§ 7

(1) ¹Personalakten dürfen nur für Zwecke der Personalführung, der Personalbearbeitung oder der Personalwirtschaft automatisiert verarbeitet werden. ²Ihre Übermittlung ist, soweit keine andere Rechtsvorschrift dies gestattet, nur nach Maßgabe des § 29 Abs. 3 und 4 des Soldatengesetzes und dieser Verordnung zulässig. ³Die Löschungsfristen richten sich nach § 5.

(2) ¹Personalaktendaten im Sinne des § 4 Abs. 1 und 4 in Gesundheitsunterlagen und Beihilfeakten dürfen nur im Rahmen ihrer Zweckbestimmung und nur von den übrigen Personaldateien technisch und organisatorisch getrennt und in dem jeweiligen Dienst automatisiert verarbeitet werden. ²Absatz 1 Satz 3 gilt entsprechend.

(3) Entscheidungen im Rahmen des Wehrdienstverhältnisses dürfen nicht ausschließlich auf eine automatisierte Verarbeitung personenbezogener Daten gestützt werden, die der Bewertung einzelner Persönlichkeitsmerkmale dienen.

(4) ¹Bei erstmaliger Speicherung ist dem Betroffenen die Art der über ihn gespeicherten Daten mitzuteilen, bei wesentlichen Änderungen ist er in derselben Weise zu benachrichtigen. ²Die Verarbeitungs- und Nutzungsformen automatisierter Personalverwaltungsverfahren sind zu dokumentieren und einschließlich des jeweiligen Verwendungszwecks sowie der regelmäßigen Empfänger und des Inhalts automatisierter Datenübermittlung allgemein bekanntzugeben.

§ 8

(1) ¹Einsicht in die Personalakten wird grundsätzlich nur bei einer Dienststelle der Bundeswehr gewährt. ²Die personalaktenführende Dienststelle bestimmt diese im Einzelfall. ³Auszüge, Abschriften, Ablichtungen oder Ausdrucke dürfen gefertigt werden, soweit dienstliche Gründe nicht entgegenstehen. ⁴Hinderungsgrund kann insbesondere ein besonderes Vertraulichkeitsbedürfnis hinsichtlich einzelner dienstlicher Vorgänge oder darin enthaltener Daten Dritter sein. ⁵Dem Soldaten ist auf Verlangen ein Ausdruck der zu seiner Person automatisiert gespeicherten Personalaktendaten zu überlassen.

Eichen

(2) ¹Auskünfte aus den Personalakten dürfen an Dritte, soweit nicht gesonderte Rechtsvorschriften einen entsprechenden Anspruch gewähren, nur unter den Voraussetzungen des § 29 Abs. 3 des Soldatengesetzes erteilt werden. ²Einsichtnahme in oder Auskunft aus Gesundheitsunterlagen darf Bevollmächtigten nur auf Grund ausdrücklicher Vollmacht des Soldaten gewährt werden. ³Entsprechendes gilt für Beihilfeakten mit der Maßgabe, daß auch die Einwilligung des bei der Beihilfegewährung berücksichtigten Angehörigen erforderlich ist.

§ 9

Personenbezogene medizinische Daten, die im Rahmen der unentgeltlichen truppenärztlichen Versorgung in zivilen medizinischen Einrichtungen oder von zivilen Ärzten erhoben werden, dürfen dem Truppenarzt und der Zahlung leistenden Stelle offenbart werden, soweit dies insbesondere zur Beurteilung der Verwendungs- oder Dienstfähigkeit des Soldaten oder zur Kostenabrechnung erforderlich ist.

§ 10
Diese Verordnung tritt am Tage nach der Verkündung in Kraft.

Übersicht

	Rn		Rn
I. Allgemeines	1	1. Absatz 1	9
1. Zweck der Vorschrift	1	2. Zu Absatz 2	29
2. Entstehung und Änderungen der Vorschrift	3	3. Absatz 3	37
		4. Absatz 4	56
3. Bezüge zum Beamtenrecht bzw. zu sonstigen rechtl. Vorschriften; ergänzende Dienstvorschriften	6	5. Absatz 5	62
		6. Absatz 6	79
		7. Absatz 7	84
		8. Absatz 8	95
II. Erläuterungen im Einzelnen	9	9. Absatz 9	100

Literatur:[2] *Battis, Ulrich*: Das Neunte Gesetz zur Änderung dienstrechtlicher Vorschriften, NVwZ 1992, 956; *Ehmann, Tobias*: Einführung in das Personalaktenrecht der Bundeswehr – Teil 1, www.deutsches-wehrrecht.de; *Engelien-Schulz, Thomas*: Die „Eingetragene Lebenspartnerschaft" als zweckgebundenes personenbezogenes Datum im Sinne des § 29 Abs. 1 SG und als ein personenbezogenes Datum besonderer Art im Sinne des § 3 Abs. 9 BDSG, NZWehrr 2007, 152; *Kathke, Leonhard*: Personalaktenrecht – Die Neuregelungen dargestellt am Beispiel Bayerns, 1994; *Kessler, Klaus*: Personalaktenrecht: Führung von Personalakten im öffentlichen Dienst, 1997; *Kunz, Wolfgang*: Personalaktenrecht des Bundes, ZBR 1992, 161; *Lopacki, Helmut*: Vorlage von Personalakten an Verwaltungsgerichte, DöD 2004, 237; ders.: Vorlage von Personalakten an das Strafgericht im Kontext mit Straftaten im Amt, DöD 2005, 125; ders.: Das Recht der parlamentarischen Untersuchungsausschüsse auf Personalaktenvorlage, DöD 2009, 85; ders.: Anspruch des Personalrats auf Einsicht in Personalakten?, PersV 2009, 168; *Schnupp, Günther*: Die Neuregelung des Personalaktenrechts, RiA 1993, 123; *Stauf, Wolfgang*: Das Neunte Gesetz zur Änderung dienstrechtlicher Vorschriften – Die Neuordnung des Personalaktenrechts, NZWehrr 1993, 21; *Streit, Christian*: Das neue Personalaktenrecht, DöD 1992, 269; *Walz, Dieter*: Einsichtnahme in Prüfungsunterlagen – auch für Soldaten?, NZWehrr 1975, 130.

---

2 Die angeführte beamtenrechtl. Lit. ist weitgehend für den soldatischen Bereich nutzbar.

Personalakten § 29

I. Allgemeines

1. Zweck der Vorschrift. § 29 ist der auf Soldaten[3], frühere Soldaten und Bewerber[4] **1** bezogene Teil einer umfassenden, kongruenten, gesetzl. Regelung, mit der eine möglichst weitgehende Übereinstimmung des Personalaktenrechts der Mitarbeiter aller Dienstherren im öff. Dienst geschaffen werden sollte.[5] § 29 enthält die Tatbestände, die unter Berücksichtigung der spezifischen mil. Besonderheiten erforderlich sind, um die grds. rechtl. Gleichstellung der Beamten und Soldaten zu gewährleisten.[6] Die Vorschrift stärkt den Persönlichkeitsschutz der Soldaten und beschränkt hierzu vor allem die Nutzung der PA allg. nur auf Zwecke der Personalführung, -bearbeitung und Personalwirtschaft.

§ 29 enthält Regelungen insbes. **2**
– zur Pflicht zur Führung von PA,
– zum Begriff, Inhalt, zur Gliederung und Gestaltung der PA,
– zum Zugang zur PA und zur Einsicht in die PA,
– zur Vorlage der PA und zur Auskunft aus derselben,
– zur Entfernung von Vorgängen aus der PA und zur Aufbewahrung von PA,
– zur Verarbeitung und Nutzung von Personalaktendaten in automatisierten Verfahren.[7]

2. Entstehung und Änderungen der Vorschrift. § 29 in der Erstfassung des SG[8] ent- **3** hielt unter der Überschrift „Personalakten und Beurteilungen" drei kurze Absätze, von denen die Abs. 1 und 3 dem damaligen § 90 BBG glichen. Abs. 1 sprach die Verpflichtung aus, den Soldaten über Behauptungen tatsächlicher Art, die für ihn ungünstig sind oder ihm nachteilig werden können, vor Aufnahme in die PA oder vor Verwertung in einer Beurteilung zu hören und seine Äußerung zur PA zu nehmen. Abs. 3 gewährte dem Soldaten – auch nach dem Ausscheiden aus dem Wehrdienst – ein Recht auf Einsicht in seine vollständige PA.

Der über das Beamtenrecht hinausgehende Abs. 2 machte es „aus Gründen der militärischen Erziehung" den DiszVorg. zur Pflicht, dem Soldaten seine Beurteilung in allen Punkten zu eröffnen, die sich auf seine Laufbahn, seine Beförderung oder sein Dienstverhältnis beziehen.[9]

Diese rudimentäre Regelung des Personalaktenrechts galt bis zu dessen umfassender **4** Neugestaltung ab dem **1.1.1993**.[10] Angelehnt an die ebenfalls umfangreiche Novellierung des BBG in dessen §§ 90 bis 90g a. F.,[11] wurde in § 29 detailliert das soldatische Per-

---

3 Auch für die Führung der PA ungedienter WPfl gelten §§ 29 u. 93 Abs. 2 Nr. 4 entspr., vgl. § 25 WPflG. S. Rn. 8.
4 Bewerbungsunterlagen werden dann Teil der PA, wenn ein Soldatenverhältnis begründet worden ist. Ausdrücklich auf Bewerber bezogen ist § 29 Abs. 2.
5 BT-Drs. 12/544, 11. Deshalb kann die amtl. Begr. zu §§ 90 bis 90g BBG a. F. (BT-Drs. 12/544, 15 ff.) für die entspr. Regelungen in § 29 weitestgehend herangezogen werden; s. a. GKÖD I Yk, § 29 Rn. 1, 3.
6 BT-Drs. 12/544, 22.
7 S. ebd., S. 11.
8 § 25 REntw.
9 BT-Drs. II/2140, 10.
10 Durch G v. 11.6.1992 (BGBl. I S. 1030).
11 Die für das Personalaktenrecht der Beamten entwickelten Grds. gelten für § 29 entspr. u. sind bei dessen Auslegung heranzuziehen, vgl. BVerwG ZBR 2000, 129 f., *Scherer/Alff/ Poretschkin*, SG, § 29 Rn. 1.

sonalaktenrecht neu geregelt. Es wurde auf eine breite und tragfähige, Rechtssicherheit vermittelnde Grundlage gestellt, um der – durch die bisherige Zurückhaltung des Gesetzgebers bewirkten – vermehrten Anrufung der Gerichte ein Ende zu setzen.[12] Im neu gefassten § 29 finden sich Regelungen zu dienstl. **Beurteilungen** nicht mehr. Die in § 29 Abs. 1 und 2 a.F. enthaltenen Regelungen betrafen ohnehin nur Teilaspekte dieser Materie.[13] Eine grundlegende Best. zur soldatischen Beurteilung enthält **§ 2 SLV**.

5 § 29 ist dreimal geä. worden, vorwiegend aus sprachlichen Gründen durch Art. 1 Nr. 3, 7 und 20 des **SGÄndG** sowie zur Anpassung der Verweisung in Abs. 4 Satz 4 durch das G vom **18.5.2001**.[14] Die umfangreiche Änd. des § 29 durch das **DNeuG** diente der Nachbildung von Änd. im Personalaktenrecht der Beamten in §§ 106 bis 114 BBG, insbes. zur ausdrücklichen Zulässigkeit der elektronischen PA und zur Anpassung an die neuere datenschutzrechtl. Terminologie.[15]

3. Bezüge zum Beamtenrecht bzw. zu sonstigen rechtl. Vorschriften; ergänzende
6 **Dienstvorschriften.** § 29 gibt für Soldaten – zusammengefasst in einer Vorschrift – die wesentlichen Regelungen der §§ 106 bis 114 BBG zum **Personalaktenrecht der Bundesbeamten**[16] entspr. wieder.[17] Diese beamtenrechtl. Vorschriften betreffen insbes. folgende Regelungsmaterien:

§ 106 BBG: Pflicht zur Führung einer PA; Vertraulichkeitsgrds.; Definition des materiellen Personalaktenbegriffs; PA und Sachakten; Grund-, Teil- und Nebenakten; Erhebung personenbezogener Daten
§ 107 BBG: Zugang zu PA
§ 108 BBG: Beihilfeakten
§ 109 BBG: Anhörungspflicht zu Beschwerden, Behauptungen, Bewertungen vor Aufnahme in die PA
§ 110 BBG: Recht zur Einsicht in die PA
§ 111 BBG: Vorlage der PA; Auskünfte an Dritte
§ 112 BBG: Entfernung von Inhalten aus der PA
§ 113 BBG: Aufbewahrungsfristen für PA
§ 114 BBG: Automatisierte Verarbeitung von Personalaktendaten

7 Gem. § 46 DRiG gelten für **Richter im Bundesdienst** die §§ 106 ff. BBG entspr.; für **Richter im Landesdienst** verweist § 71 DRiG bis zu einer besonderen Regelung auf die entspr. Anwendung der Vorschriften des BeamtStG (vgl. § 50 BeamtStG).

8 Ergänzend zu § 29 hat der BMVg aufgrund des § 29 Abs. 9 und des § 93 Abs. 2 Nr. 4 die **Personalaktenverordnung Soldaten (SPersAV** – oben abgedruckt) erlassen. Zusätzliche Einzelregelungen finden sich im Erl. des BMVg „**Bestimmungen über die Führung der Personalakten der Soldaten und der Personalunterlagen mit Personalaktenqualität**" (SPersAFüBest).[18]

---

12 BT-Drs. 12/544, 10.
13 Ebd., S. 22.
14 Art. 8c des G zur Änd. des BDSG u. anderer G v. 18.5.2001 (BGBl. I S. 904).
15 BT-Drs. 16/7076, 173.
16 Personalakten-RL für ziv. Personal im Geschäftsbereich BMVg finden sich in VMBl. 1994 S. 63 (mit Ergänzung S. 156).
17 Der im Unterabschnitt 4 – Personalaktenrecht – des BBG enthaltene § 115 BBG (Übermittlungen in Strafverfahren) findet sich soldatenrechtl. in § 89 Abs. 1 wieder.
18 BMVg – PSZ IV/Z – Az 16-26-01 v. 8.8.2001.

Personalakten § 29

Für **ungediente WPfl** enthielt – ergänzend[19] zu § 29 – § 25 WPflG a. F.[20] Vorschriften über die PA wpfl Soldaten. Zur Regelung des Personalaktenrechts der ungedienten WPfl nach § 25 WPflG a. F. ist auf der Basis der §§ 27 und 50 Abs. 1 Nr. 7 WPflG a. F. die **Personalaktenverordnung Wehrpflichtige** (WPersAV)[21] durch die BReg erlassen worden. Diese ist noch in Kraft, soll aber demnächst durch eine neue RVO, die für ungediente, dienende und gediente WPfl, Soldaten und Dienstleistungspflichtige gelten wird, abgelöst werden.[22]

Für **ZDL** ist das Personalaktenrecht in § 36 ZDG geregelt, der inhaltl. weitgehend § 29 SG entspricht.

II. Erläuterungen im Einzelnen

1. Absatz 1. Satz 1 Halbs. 1 verpflichtet den Dienstherrn zur Führung einer PA über jeden Soldaten. Zugleich wird zum Ausdruck gebracht, dass über jeden Soldaten nur **eine** PA zu führen ist („Verbot der geheimen PA"[23]). Dies schließt insbes. die Führung von Teilakten (hierzu Rn. 26) oder Nebenakten (hierzu Rn. 27) nicht aus.[23]   9

Satz 1 Halbs. 2 fasst in der Aussage, dass die PA vertraulich zu behandeln und durch technische und organisatorische Maßnahmen[24] vor unbefugter Einsicht zu schützen ist, das **Personalaktengeheimnis** zusammen.[25] Die Vorschrift, die in § 29 Abs. 3 konkret ausgestaltet wird, ist gesetzl. Folge aus dem in Art. 2 Abs. 1 i. V. m. Art. 1 Abs. 1 GG verbürgten allg. Persönlichkeitsrecht. Dieses gewährleistet die aus dem Gedanken der Selbstbestimmung folgende Befugnis des Einzelnen, grds. selbst zu entscheiden, wann und in welchen Grenzen persönliche Lebenssachverhalte offenbart werden.[26]

Zweck der PA ist es, ein möglichst vollständiges Bild über den beruflichen Werdegang und die Persönlichkeit des Soldaten zu geben, um daraus Erkenntnisse für den sachgemäßen Personaleinsatz und eine effektive Personalplanung zu gewinnen **(Grds. der Vollständigkeit)**.[27] Hieraus ist nicht die Befugnis abzuleiten, eine uferlose, persönliche   10

---

19 Vgl. BT-Drs. 12/7007, 11.
20 Die Vorschrift beruhte auf dem G v. 12.7.1994 (BGBl. I S. 1497); vgl. die Komm. zu § 25 WPflG a. F. bei *Steinlechner/Walz*, WPflG, 6. Aufl. 2003.
21 VO über die Führung der PA der ungedienten WPfl (WPersAV) v. 15.10.1998 (BGBl. I S. 3169 = VMBl. 1999 S. 17).
22 *Steinlechner/Walz*, WPflG, § 25 Rn. 2.
23 BT-Drs. 12/544, 15.
24 Vgl. hierzu § 9 BDSG u. die in der Anl. zu § 9 Satz 1 BDSG genannten Schutzmaßnahmen bei automatisierter Verarbeitung o. Nutzung personenbezogener Daten, z. B. Zutrittskontrollen für den Zutritt zu Datenverarbeitungsanlagen o. Zugangskontrollen für die Nutzung von Datenverarbeitungssystemen (Einzelheiten bei *Gola/Schomerus*, BDSG, Kommentar, 9. Aufl. 2007, § 9 Rn. 22 ff.).
25 BT-Drs. 12/544, 15. Vgl. *Kathke*, Personalaktenrecht, 54 Rn. 145. Die Pflicht zur vertraulichen Behandlung macht PA nicht zu Verschlusssachen nach der ZDv 2/30 „Sicherheit in der Bundeswehr". Sie betont vielmehr die notwendige besondere Sorgfalt beim Umgang mit diesen sensiblen Unterlagen, vgl. Nr. 1.5 SPersAFüBest.
26 BVerfGE 65, 1 (41 f. m. w. N.). S. a. GKÖD I K, Vorb. vor §§ 90 bis 90g Rn. 10; *Scherer/Alff/ Poretschkin*, SG, § 29 Rn. 2.
27 BT-Drs. 12/544, 11; BVerwGE 15, 3 (12); 19, 179 (185). Der Grds. der Vollständigkeit der PA verlangt, Vorgänge aus der PA, die vernichtet o. verloren gegangen sind, wieder zu beschaffen o. neu herzustellen (*Scherer/Alff/Poretschkin*, SG, § 29 Rn. 3 m. w. N.).

Lebensbereiche des Soldaten nicht aussparende Sammlung schriftlicher Unterlagen in einer PA anlegen zu dürfen. Für den notwendigen und zulässigen Inhalt der PA kommt es deshalb nicht auf den sog. **formellen Personalaktenbegriff** (als der Summe der Akten, Ordner, Hefter und Blattsammlungen, die vom Dienstherrn als PA aufbewahrt und gekennzeichnet worden sind[28]) an. Ansonsten hätte es der Dienstherr in der Hand, durch Aufnahme oder Nichtaufnahme einer Unterlage möglicherweise nach Gutdünken[29] über deren Zugehörigkeit zur PA zu entscheiden.

11 Der Gesetzgeber knüpft in **Satz 3** die Zugehörigkeit eines Vorgangs zur PA an dessen **Inhalt**. Er bezeichnet als PA im materiellen Sinn (**materieller Personalaktenbegriff**) in einer Legaldefinition[30] (**„Personalaktendaten"**) alle Unterlagen, die den Soldaten betreffen, soweit sie mit seinem Dienstverhältnis in einem **unmittelbaren inneren Zusammenhang** stehen. Als derartige **zwingende Bestandteile der PA** (dass sie aufzunehmen sind, folgt aus dem Grds. der Vollständigkeit der PA) sieht die Rspr. an

– die die Person betr. (persönlichen) Unterlagen und dienstl. Beurteilungen,
– die Vorgänge und Unterlagen, die den Inhalt des Dienstverhältnisses insgesamt oder einzelner aus ihm fließender Rechte oder Pflichten bestimmen oder verändern, und
– die Unterlagen, welche die Art und Weise erhellen, in der jew. das Dienstverhältnis betr. Entscheidungen vorbereitet worden sind oder die Aufschluss über die Gesichtspunkte und Erwägungen geben, die für die einzelne, das Dienstverhältnis berührende Maßnahme oder dafür, dass sie unterblieben ist, maßgebend waren.[31]

Für den inneren Zusammenhang zwischen dem angefallenen Aktenmaterial und dem konkreten Dienstverhältnis ist der **Zweck** entscheidend, dem die Vorgänge zu dienen bestimmt sind. Nicht ausreichend ist es, wenn das konkrete Dienstverhältnis eines einzelnen Soldaten zwar berührt ist, diese Berührung gegenüber einem außerhalb dessen liegenden prägenden Zweck, zu dem die Vorgänge angelegt worden sind, aber zurücktritt. Dienen Vorgänge nach dem Schwergewicht ihrer Zweckbestimmung einem über die Person des einzelnen Soldaten hinausgreifenden Zweck, kann eine im Einzelfall gegebene tatsächliche Beziehung der Vorgänge zu einem Dienstverhältnis deren Zuordnung zur PA des betreffenden Soldaten rechtl. nicht tragen.[32]

12 In der Praxis und im Einzelfall kann es schwierig sein, zu entscheiden, ob eine den Soldaten betreffende Unterlage noch oder schon in einem ausreichenden unmittelbaren inneren Zusammenhang mit seinem Dienstverhältnis steht, um sie als zur PA zugehörig anzusehen.

---

28 BVerwGE 36, 134 (138) = ZBR 1971, 60; BVerwGE 62, 135 (137 m. w. N.) = ZBR 1981, 341.
29 Vgl. GKÖD I K, § 90 Rn. 26; GKÖD I Yk, § 29 Rn. 10.
30 Diese entspricht inhaltl. der st. Rspr. des BVerwG zur Beantwortung der Frage, wann ein Vorgang als notwendiger Bestandteil zur PA im materiellen Sinn gehört, vgl. BVerwGE 67, 300 (302 m. w. N.).
31 BVerwGE 62, 135 (140 f.); 67, 300 (302 m. w. N.). Nach der erstgenannten Entsch. fehlt zur Vorbereitung einer dienstl. Beurteilung eingeholten Berichten u. Auskünften der unmittelbare innere Zusammenhang mit dem Dienstverhältnis.
32 BVerwGE 59, 355 (357); 67, 300 (302 f.); 93, 28 m. w. N. = NZWehrr 1991, 158. S. a. *Scherer/Alff/Poretschkin*, SG, § 29 Rn. 3; BT-Drs. 12/544, 16.

Nicht hilfreich ist der Versuch, das Problem durch den Hinweis entschärfen zu wollen[33], das SG verbiete es – anders als das Beamtenrecht[34] – nicht ausdrücklich, sonstige Vorgänge zur PA zu nehmen, denen es an einem inneren Zusammenhang mit dem Dienstverhältnis fehle; solche Vorgänge könnten Teil der PA werden, wenn sie „den Soldaten sonst wie"[35] angingen. Dieser Ansatz ist überholt. Die Aufnahme von Unterlagen, die eine nur mittelbare Beziehung zum Dienstverhältnis hatten oder erlangen konnten, war nach der Rspr. bis zur Novellierung des Personalaktenrechts zum 1.1.1993[36] als sog. **fakultativer Personalakteninhalt** zulässig. Sie wird heute beamtenrechtl. wegen des eindeutigen Gesetzeswortlauts[37] fast einhellig abgelehnt.[38] Diese inhaltl. Begrenzung der PA gilt – entgegen *Scherer/Alff/Poretschkin* – auch für die PA der Soldaten. Der Wortlaut des § 29 Abs. 1 Satz 3 und ein systematischer Vergleich mit § 106 Abs. 1 Satz 4 und 5 BBG können ein anderes Ergebnis nicht tragen. Aus den Materialien zur Erarbeitung des § 29 Abs. 1 Satz 2 a. F. ergibt sich kein Hinw., dass bewusst für die soldatische Regelung ein anderer Personalaktenbegriff als im Beamtenrecht verwendet werden sollte. Bei der unterbliebenen Ergänzung des § 29 Abs. 1 Satz 2 a. F. (jetzt: § 29 Abs. 1 Satz 3) um eine dem § 90 Abs. 1 Satz 2 Halbs. 2 BBG a. F. (jetzt: § 106 Abs. 1 Satz 5 BBG) entspr. Regelung (dieser Halbs. 2 wurde erst nachträglich in den Gesetzentw. eingefügt) handelte es sich nicht um ein Redaktionsversehen. Die verkürzte Fassung wurde ausweislich der Gesetzgebungsmaterialien bewusst beibehalten und seitens des BMVg damit begründet, anders als im BBG wolle man im SG **nicht** das gesamte Personalaktenrecht in Einzelheiten **gesetzl.**, sondern einiges auch **untergesetzl.** (insbes. in einer **RVO**) regeln.[39] An der an das Beamtenrecht angelehnten Definition der soldatischen PA sollte dies nichts ändern.[40]

Entschärft wird das Problem der inhaltl. Festlegung der PA dadurch, dass der Gesetzgeber selbst in einer umfangreichen, nicht abschließenden Aufzählung Vorgänge aufgelistet hat, die in die PA aufzunehmen sind, dass in vielen Fällen die Rspr. Klarheit über die Zugehörigkeit zur PA geschaffen hat und dass in § 29 Abs. 1 Satz 4 ausdrücklich Unterlagen genannt sind, die nicht Bestandteil der PA sind. **13**

Den für soldatische Personalaktendaten notwendigen unmittelbaren inneren Zusammenhang zum Dienstverhältnis besitzen (nach den Vorgaben des **Gesetzgebers**[41]) insbes. folgende Unterlagen: **14**

– der weiterzuführende Personalbogen als formularmäßige Zusammenfassung der PA, worunter eine ständig zu aktualisierende schriftl. Übersicht aller für das Dienstverhältnis wesentlichen Daten verstanden wird,

---

33 So aber *Scherer/Alff/Poretschkin*, SG, § 29 Rn. 3 a. E.
34 In § 106 Abs. 1 Satz 5 BBG heißt es: „Andere Unterlagen dürfen in die Personalakte nicht aufgenommen werden."
35 *Scherer/Alff/Poretschkin*, SG, § 29 Rn. 3.
36 S. o. Rn. 4.
37 S. Fn. 34.
38 Vgl. *Battis*, BBG, § 106 Rn. 9 m.w.N.; *Kathke*, Personalaktenrecht, 30 Rn. 84 f.; *Kessler*, Personalaktenrecht, 9; *Streit*, DöD 1992, 269 (270 Fn. 22 m. w. N.).
39 Dies war der Grund dafür, dass anders als im BBG das soldatische Personalaktenrecht in einer Vorschrift zusammengefasst wurde.
40 Die SPersAV enthält keine abw. Regelungen. Sie waren auch nicht beabsichtigt, wie BT-Drs. 12/544, 22 (zu § 29) nahe legt.
41 Vgl. die auf Beamte bezogene Zusammenstellung in BT-Drs. 12/544, 15 f.

§ 29 Personalakten

- die Bewerbungsunterlagen des auf die Bewerbung hin in ein Soldatenverhältnis übernommenen Bewerbers[42] (insbes. Bewerbungsschreiben, Lebenslauf, Lichtbild; teilweise gehören hierzu auch die nachfolgend genannten Unterlagen),
- Personenstandsurkunden[43], Staatsangehörigkeitsnachweis,
- Nachweise über Vor-, Aus- und Fortbildung[44] einschl. Prüfungszeugnisse[45] und anderweitige Befähigungsnachweise,
- Führungszeugnisse, Auskünfte aus dem Bundeszentralregister[46],
- Gesundheitszeugnisse, ärztliche Stellungnahmen zur gesundheitlichen Eignung für einen bestimmten Dienstposten, Unterlagen über Erkrankungen, Nachweise der Schwerbehinderteneigenschaft, Bescheinigung über Tropentauglichkeit,
- der Nachweis über (früheren) Wehrdienst,
- Unterlagen über Vereidigung, Ernennungen, Beförderungen, Kommandierungen, Versetzungen[47], Dienstpostenübertragungen, Urlaub, Dienstjubiläen, Nebentätigkeiten, ehrenamtl. Tätigkeiten, Ehrungen[48], amtl. Belobigungsschreiben, förmliche Anerkennungen, ausdrückliche Hinweise auf die fristlose Entlassung nach § 55 Abs. 5 bei erneuten Dienstvergehen[49],
- mit dem Dienstverhältnis zusammenhängende Beschwerden und Beschwerdebescheide[50], Behauptungen und Bewertungen, die nicht zu einem Disziplinarverfahren geführt haben, soweit sie sich als begründet oder zutr. erweisen,
- Disziplinarvorgänge nach Abschluss des Disziplinarverfahrens, Mitteilungen in Strafsachen[51] (z. B. Unterlagen über Ermittlungs- oder Strafverfahren) und über Bußgeldverfahren, soweit bei letzteren ein Bezug zur dienstl. Tätigkeit besteht,
- abschließende Entscheidungen in Rechtsstreitigkeiten aus dem Dienstverhältnis[52],
- abschließende Entscheidungen in Regress- und Schadensersatzverfahren,

---

42 Kommt es nicht zur Berufung in ein Wehrdienstverhältnis, handelt es sich bei diesen Unterlagen um eine Sachakte (die Unterlagen sind zweckmäßigerweise dem erfolglosen Bewerber zurückzugeben, vgl. GKÖD I K, § 90 Rn. 38b a. E.), die nach § 29 VwVfG der Akteneinsicht unterliegt.
43 Hierzu zählt der Nachweis einer eingetragenen Lebenspartnerschaft nach dem Lebenspartnerschaftsgesetz, vgl. BVerwG NVwZ 2004, 626 = ZBR 2004, 216 (Ls); hierzu RdSchr. des BMI, GMBl. 2004 S. 975.
44 Unterlagen über private Fortbildungsmaßnahmen werden in die PA aufzunehmen sein, wenn der Fortbildung eine enge dienstl. Sachnähe u. Nutzbarkeit beizumessen ist; dies gilt jedenfalls für dienstl. angebotene, freiwillige Weiterbildungen (z. B. Sprachkurse).
45 Zu Prüfungsakten s. Rn. 18.
46 § 6 Satz 1 SPersAV.
47 *Scherer/Alff/Poretschkin*, SG, § 29 Rn. 3 m. w. N.
48 Nachweise über die Verleihung staatlicher Orden u. Ehrenzeichen an Soldaten sind nur zur PA zu nehmen, wenn die Auszeichnung auf **dienstl.** Leistungen beruht, vgl. *Kathke*, Personalaktenrecht, Rn. 114.
49 Nr. 2.5.1 SPersAFüBest.
50 So *Scherer/Alff/Poretschkin*, SG, § 29 Rn. 3 m. w. N.
51 Vgl. Komm. zu § 89; § 6 Satz 1 SPersAV.
52 Z. B. aus Konkurrentenstreitverfahren.

Personalakten § 29

- dienstl. Beurteilungen (grds. nicht Beurteilungsbeiträge oder die Beurteilung vorbereitende Stellungnahmen)[53] und Dienstzeugnisse[54],
- Besoldungsunterlagen einschl. der Unterlagen über vermögenswirksame Leistungen, Abtretungen, Pfändungen und Gehaltsvorschüsse,
- Unterlagen über Trennungsgeld, Umzugskostenvergütungen und Reisekosten,
- Unterlagen über Beihilfen[55], Unterstützungen, Zuschüsse,
- Unterlagen über die Entlassung oder die Versetzung in den Ruhestand,
- Unterlagen über die Versorgung des Soldaten[56] und seiner Hinterbliebenen,
- Eingaben und Gesuche des Soldaten in persönlichen Angelegenheiten.

Die Rspr. hat z. B. **private Dankesschreiben** (etwa für die schnelle Erledigung einer Eingabe), wenn sie sich auf dienstl. Vorgänge und Bereiche beziehen, grds. nicht als zur PA zu nehmende Unterlagen angesehen, auch wenn der Schwerpunkt der Zweckbestimmung in einer persönlichen Dankesäußerung an den Soldaten liegt. Solche Schreiben sind nur zur Sachakte zu nehmen.[57]   **15**

Als zur PA gehörend und als Personalaktendaten, somit als von § 29 geschützt anzusehen sind Personalunterlagen ohne Rücksicht darauf, ob sie traditionell in Schriftform (d. h. als Papierakte) oder teilweise oder vollständig automatisiert („elektronisch"[58]) geführt werden (**Satz 2**[59]). Damit stellt der Gesetzgeber klar, dass eine elektronische PA nicht gegen das Verbot der geheimen PA (vgl. Rn. 9) verstößt. Im Zuge der Einführung moderner Systeme der Vorgangsbearbeitung im Personalaktenwesen besteht ein Bedürfnis für das Führen sog. **Hybridakten** (teils elektronisch, teils in Papierform). Auch in diesen Fällen gemischter Aktenführung verbleibt es begrifflich bei einer (ein-   **16**

---

53 Vgl. zu Beurteilungen BT-Drs. 12/544, 16; *Kathke*, Personalaktenrecht, Rn. 103. Beurteilungsbeiträge o. vorbereitende Stellungnahmen sind – soweit nicht förmlich in die Beurteilung integriert o. mit ihr eröffnet – nicht Bestandteil der PA (BVerwGE 62, 135 = ZBR 1981, 341). Sie sind nicht zur PA zu nehmen, sondern den Verfassern zurückzugeben o. zu vernichten (vgl. BT-Drs. 12/544, 18; GKÖD I K, § 90 Rn. 38l). S. ZDv 20/6 Nr. 1303, wonach die abgeschlossenen Beurteilungen – einschl. der hierzu entstandenen schriftl. Vorgänge mit Ausnahme von Beurteilungsnotizen, Beurteilungsbeiträgen u. Entwürfen – Bestandteil der PA werden. Die von *Scherer/Alff/Poretschkin*, SG, § 29 Rn. 3 zit. Entsch. BVerwGE 33, 183 = NZWehr 1969, 60 hätte heute im Ergebnis nur Bestand, weil es sich laut Sachverhalt bei den „vorbereitenden Beurteilungsnotizen" nicht um solche gehandelt hat, sondern um Nachfragen bei dem beurteilenden Vorg. nach Abgabe der Beurteilung. Sie wären heute gem. ZDv 20/6 Nr. 1303 zur Beurteilung entstandene sonstige schriftl. Vorgänge.
54 Vgl. Komm. zu § 32 Rn. 19.
55 § 4 Abs. 4 SPersAV.
56 Gem. § 2 Abs. 5 SPersAV sind Akten der Beschädigtenversorgung nach dem SVG (WDB-Akten) Sachakten u. gehören nicht zur PA. Anders als Versorgungsakten, die bei der für die Versorgung zahlenden WBV aufbewahrt werden, gehen WDB-Akten nach Ende des Wehrdienstverhältnisses zur Durchführung der weiteren Beschädigten- bzw. Hinterbliebenenversorgung in den Bereich der Versorgungsverwaltung über.
57 BVerwGE 93, 28 = NZWehrr 1991, 158. Wenn die Entsch. davon spricht, ein solches Schreiben sei „nicht rechtlich zwingend" zur PA zu nehmen, beruht diese Aussage noch auf der Auffassung eines zulässigen fakultativen Personalakteninhalts (s. o. Rn. 12). Heute ist eine Aufnahme in die PA rechtl. unzulässig. Vgl. *Kathke*, Personalaktenrecht, Rn. 113. Etwas anderes gilt für dienstl. Dank- u. Anerkennungsschreiben, die Soldaten für eine Tätigkeit in Kommissionen der BReg o. des BMVg erhalten, vgl. Nr. 2.4 SPersAFüBest.
58 Vgl. BT-Drs. 16/7076, 125.
59 Satz 2 stimmt wörtlich mit § 106 Abs. 1 Satz 3 BBG überein.

Eichen 529

zigen) PA, weil auf den materiellrechtl. Aktenbegriff abzustellen ist. Eine gemischte Aktenführung darf weder zu Zweifeln an der Eindeutigkeit der PA führen, noch dürfen damit Einschränkungen der Rechte der Soldaten, insbes. datenschutzrechtl. Art, verbunden sein. Eine parallele Führung gleicher Aktenteile in Papierform und in elektronischer Form ist daher zu vermeiden.[60] Aus zwingenden technischen Gründen vorzuhaltende Sicherungskopien (auch in Form elektronischer Datensicherung, sog. „Backups") verstoßen wegen des materiellen Begriffs der PA nicht gegen den Grds. der einen PA. Auch insoweit ist allerdings durch geeignete Maßnahmen jeder Zweifel an der Eindeutigkeit der PA auszuschließen. Sobald die erforderlichen technischen Voraussetzungen vorliegen, insbes. die Beweiskraft elektronisch gespeicherter Urkunden durch eine qualifizierte elektronische Signatur (§ 3a Abs. 2 VwVfG, § 2 Nr. 3 des Signaturgesetzes) gewährleistet ist, kann die PA auch ausschließlich elektronisch geführt werden.[61] Mit der elektronischen PA-Führung verbunden ist der Vorteil der automatisierten Verarbeitung (unter Einsatz von Datenverarbeitungsanlagen). Soweit § 29 als **bereichsspezifisches Datenschutzrecht**[62] keine vorrangigen (vgl. § 1 Abs. 3 Satz 1 BDSG) Regelungen für die Behandlung von PA trifft, gilt für deren automatisierte Verarbeitung, für PA in nicht automatisierten Dateien sowie hins. personenbezogener Daten, „die weder automatisiert verarbeitet noch in einer nicht automatisierten Datei gespeichert sind" (vgl. § 20 Abs. 6 BDSG), das BDSG ergänzend.

17 In **Satz 4** sind ausdrücklich Unterlagen benannt, die **nicht Bestandteile der PA** werden, sondern als sog. **Sachakten** besonderen, von der Person und dem Dienstverhältnis sachlich zu trennenden Zwecken dienen, auch wenn sie die dienstl. Verhältnisse des Soldaten berühren und personenbezogene Daten enthalten können.[63] Beispielhaft genannt sind Prüfungs-, Sicherheits- und Kindergeldakten.

18 Als **Prüfungsakten** sind nur Unterlagen über **Laufbahnprüfungen** der Soldaten (Uffz- und Offz-Prüfungen, vgl. § 27 Abs. 2) anzusehen. Sie werden als Sachakten in den diese Prüfung abnehmenden Dienststellen geführt. Zur PA gelangt nur eine Mitteilung über das Ergebnis der Prüfung (Urkunde, Nachweis[64]). Den Soldaten betreffende Ergebnisse von Auswahlverfahren sind keine Prüfungsakten. Sie sind zur PA zu nehmen.[65]

19 Als **Sicherheitsakte** i. S. v. Satz 4 gelten nicht nur die als solche bezeichneten Unterlagen, die nach § 18 Abs. 1 SÜG von der zuständigen Stelle (in den Dienststellen der Bw vom Sicherheitsbeauftragten[66]) als Sammlung aller die Sicherheitsüberprüfung einer Person betreffenden Informationen zusammengeführt werden[67] und die nach § 18 Abs. 3 Satz 1 SÜG ausdrücklich keine PA sind. Einbezogen sind auch Sicherheitsüberprüfungsakten, die nach § 18 Abs. 4 Satz 1 SÜG von der mitwirkenden Behörde (im

---

60 Vgl. § 2 Abs. 4 SPersAV; § 106 Abs. 2 Satz 5 BBG.
61 S. zum Vorstehenden BT-Drs. 16/7076, 125.
62 Vgl. *Battis*, BBG, § 106 Rn. 2; *Scherer/Alff/Poretschkin*, SG, § 29 Rn. 1.
63 Vgl. BT-Drs. 12/544, 11, 16. Die in Sachakten möglicherweise enthaltenen personenbezogenen Daten sind daher keine Personalaktendaten, vgl. auch Rn. 29, Rn. 95.
64 So GKÖD I K, § 90 Rn. 38d.
65 Vgl. *Battis*, BBG, § 106 Rn. 11; *Plog/Wiedow/Lemhöfer*, BBG, § 90 Rn. 19.
66 S. ZDv 2/30 (Sicherheit in der Bw) Nr. 111 f., 2901.
67 Als zeitlich jüngeres G konnte das SÜG bei der Neufassung des § 29 zum 1.1.1993 nicht berücksichtigt werden.

Geschäftsbereich des BMVg ist dies bei Sicherheitsüberprüfungen der MAD, § 3 Abs. 2 SÜG, § 1 Abs. 3 Satz 1 Nr. 1 Buchst. a und b MADG[68]) geführt werden. Die Einbeziehung dieser Unterlagen in den Begriff der Sicherheitsakten i. S. v. Abs. 1 Satz 4 ist sachgerecht. Denn der Gesetzgeber wollte bei der Neufassung des § 29 – aufbauend auf der bisherigen Rspr. des BVerwG[69] – alle personenbezogenen Vorgänge, die im Zusammenhang mit Sicherheitsüberprüfungen anfallen, als Sachakten ausweisen. Begründbar war dies mit dem Zweck der Unterlagen, deren sicherheitserhebliche Erkenntnisse und Informationen der Sicherheit des Staates und seiner Einrichtungen dienen und die, auch wenn sie die persönlichen oder dienstl. Verhältnisse eines Soldaten berühren, nicht das Soldatenverhältnis als solches zum Gegenstand haben.[70]

Kindergeldakten sind ebenfalls Sachakten. Nach § 3 SPersAV[71] können Kindergeldakten mit Besoldungs- und Versorgungsakten verbunden geführt werden, wenn diese von der übrigen PA getrennt sind und von einer von der personalbearbeitenden Stelle getrennten Organisationseinheit bearbeitet werden.[72] Diese mögliche Verbindung dient der Verwaltungseffizienz.[73] **20**

Sachaktenqualität misst der Gesetzgeber Unterlagen zu, die im Zusammenhang mit der Prüfung und Erteilung von **Ausnahmegenehmigungen** nach den Laufbahnvorschriften[74] bei den zuständigen Dienststellen entstehen. Zu nennen sind weiter Flugunfallakten.[75] Akten über Vorgänge der **Personalplanung** und der Stellenausschreibungen[76] sind Sachakten wie auch die Unterlagen eines **Ausleseverfahrens**. Letzteres dient in erster Linie der Entscheidung über die bestmögliche Besetzung eines Dienstpostens. Zwar können hiervon ggf. mehrere Soldaten betroffen sein, es wird dadurch aber nicht zum Hauptzweck der Vorgänge, Aussagen gerade über einen bestimmten Soldaten zu machen und speziell im Rahmen seines Dienstverhältnisses eine Entscheidung vorzubereiten. Solche Besetzungsvorgänge sind als auf die konkret zu besetzende Stelle bezogene Sachakten zu führen, ohne dass Auszüge zur PA aller Soldaten genommen werden, die sich um die fragliche Stelle beworben oder formlos ihr Interesse daran bekundet haben oder die von Amts wegen in Erwägung gezogen worden sind.[77] Sachakten sind weiter Unterlagen der Stellenbewertungen, der Wertungs- und Eignungslisten[78] und der Geschäftsverteilung, außerdem Prozessakten.[79] **21**

---

68 Es sei denn, der MAD führt Sicherheitsüberprüfungen bei Bewerbern u. Mitarbeitern des eigenen Dienstes allein durch, § 3 Abs. 3 Satz 1 SÜG.
69 Vgl. BVerwGE 55, 186 = NJW 1978, 1642; GKÖD I K, § 90 Rn. 44b.
70 Inzwischen stellen mehrere Landesgesetze (z. B. § 21 Abs. 6 Satz 1 des Brandenburgischen SÜG, § 19 Abs. 5 Satz 1 des Thüringer SÜG) klar, dass Sicherheits- u. Sicherheitsüberprüfungsakten keine PA sind.
71 Die Vorschrift entspricht § 106 Abs. 1 Satz 7 BBG.
72 Der Hinw. in § 3 Halbs. 2 SPersAV auf sozialgesetzl. Vorschriften sollte, wie in § 106 Abs. 1 Satz 7 BBG geschehen, entfallen. Die sozialgesetzl. Regelungen gelten ohnehin, so dass die gesetzl. Nennung entbehrlich ist, vgl. BT-Drs. 16/7076, 125.
73 Vgl. die Begr. zu § 3 SPersAV sowie *Battis*, BBG, § 106 Rn. 11.
74 Vgl. § 45 SLV.
75 *Scherer/Alff/Poretschkin*, SG, § 29 Rn. 4 m.w.N.; GKÖD I Yk, § 29 Rn. 20.
76 Diese kommen, wenn auch anders benannt, im mil. Bereich vor, s. § 6 SGleiG („Dienstpostenbekanntgabe").
77 BVerwGE 67, 300 (303).
78 *Scherer/Alff/Poretschkin*, SG, § 29 Rn. 4.
79 BT-Drs. 12/544, 16.

22 Nach **Satz 5 Halbs. 1** dürfen Personalaktendaten grds. nur für Zwecke der Personalführung und -bearbeitung sowie der Personalwirtschaft verwendet werden (**Grds. der Zweckbindung** der Personalaktendaten[80]). Eine Verwendung zu anderen Zwecken ist nur zulässig, wenn der Soldat einwilligt.[81] Unter mil. **Personalführung** sind alle Maßnahmen der personalbearbeitenden Stellen[82] und der dazu beauftragten Vorg. zu verstehen, die einer auf Eignung, Befähigung und Leistung aufbauenden Verwendung und Förderung der Soldaten dienen[83] und im Rahmen des Bedarfs einen chancengerechten Aufstieg in den SK ermöglichen.[84] Hierbei dient die PA des Soldaten der Einbeziehung seiner Interessen und seiner angemessenen Berücksichtigung im Rahmen dieser Maßnahmen. Dem Begriff **Personalbearbeitung** kommt daneben kein eigenständiger Regelungsgehalt zu, da jede sich auf den einzelnen Soldaten beziehende Aktivität im Rahmen der Personalbearbeitung[85] auch eine Maßnahme zu seiner Personalführung ist. **Personalwirtschaft**[86] („Personalmanagement", Personalentwicklung) umfasst über die individuelle Personalführung hinaus Tätigkeiten, die dazu dienen, die Planung, die Bereitstellung und den zielgerichteten und effizienten Einsatz von Soldaten in den mil. Tätigkeitsbereichen sicherzustellen. Wesentliche Aufgaben der Personalwirtschaft sind die Personalplanung, um für künftige Tätigkeitsanforderungen eine ausreichende Zahl qualifizierter Soldaten verfügbar zu haben, die hiermit verbundene Personalrekrutierung und hinsichtlich der Frage der Qualifikationen die Aufgabe einer den Fähigkeiten und Bedürfnissen aller Beteiligten möglichst gerecht werdenden Personalausbildungs- und -einsatzplanung.

Als **Verwenden** i. S. v. Satz 5 ist jedes Gebrauchmachen von den Personalaktendaten erfasst. Es ist umfassend angelegt und schließt das datenschutzrechtl. Verarbeiten und Nutzen personenbezogener Daten (vgl. § 3 Abs. 4 und 5 BDSG) ein. Entscheidend für die Verwendung personenbezogener Daten ist die Nutzung der in diesen Daten liegenden **persönlichen Informationen**, mit deren Hilfe die Daten einem bestimmten Soldaten zugeordnet werden können (Personenbezug). Bei rein **statistischen Erhebungen** auf der Grundlage von PA (z. B. Ermittlung des Durchschnittsalters von Bewerbern für eine bestimmte Verwendung) kann nicht von der Verwendung von Personalaktendaten gesprochen werden.[87]

---

80 Vgl. *Battis*, BBG, § 106 Rn. 8.
81 Ob Einwilligung hier – so *Scherer/Alff/Poretschkin*, SG, § 29 Rn. 5 – nur vorherige Zustimmung ist, erscheint angesichts des willkürlichen Sprachgebrauchs des SG zur Zustimmung fraglich (vgl. § 20 Abs. 1 Satz 1: „vorherige Genehmigung"). Sachgerecht ist es, bei nachträglicher Zustimmung (Genehmigung) des Soldaten zur Verwendung seiner Personalaktendaten zu anderen als den in Satz 5 genannten Zwecken eine Heilung der zunächst rechtswidrigen Verwendung entspr. § 45 Abs. 1 Nr. 1 VwVfG anzunehmen.
82 Vgl. Erl. Personalbearbeitende Stellen für Soldatinnen u. Soldaten sowie Reservistinnen u. Reservisten, ZDv 14/5 B 125.
83 Erfasst werden Maßnahmen der Personalauswahl, Stellenbesetzung, Personalentwicklung (Verwendungsplanung), ggf. der Personalausgliederung (z. B. Absehen von der Weiterverpflichtung eines SaZ).
84 S. ZDv 20/1 Nr. 101 f.
85 Z. B. das Verfügen einer Versetzung o. Kommandierung.
86 Der Begriff wurde durch das DNeuG aus dem BBG in den § 29 übernommen.
87 So entspr. für das Nutzen personenbezogener Daten gem. § 3 Abs. 5 BDSG *Dammann*, in: Simitis, Spiros (Hrsg.): Kommentar zum BDSG, 6. Aufl. 2006, § 3 Rn. 191.

Personalakten § 29

Die Zweckbindung der Personalaktendaten (Verwendung nur zur Personalführung, **23**
-bearbeitung oder Personalwirtschaft) gilt auch für deren automatisierte Verarbeitung
(vgl. § 7 Abs. 1 Satz 1 SPersAV). **Automatisierte Verarbeitung** ist die Erhebung, Verarbeitung oder Nutzung personenbezogener Daten unter Einsatz von Datenverarbeitungsanlagen.[88] Auch wenn § 29 bereichsspezifisches Datenschutzrecht[89] darstellt, das in seinem Regelungsbereich dem BDSG vorgeht, greift die Vorschrift bei Begriffsbestimmungen wie der Erhebung, Verarbeitung oder Nutzung auf die Definitionen des § 3 BDSG zurück. Demnach ist **Erheben** das Beschaffen von Daten über einen Betroffenen, **Verarbeiten** das Speichern, Verändern, Übermitteln, Sperren und Löschen personenbezogener Daten.[90] Im Einzelnen ist[91]:

- **Speichern** das Erfassen, Aufnehmen oder Aufbewahren personenbezogener Daten auf einem Datenträger zum Zwecke ihrer weiteren Verarbeitung oder Nutzung,
- **Verändern** das inhaltl. Umgestalten gespeicherter personenbezogener Daten,
- **Übermitteln** das Bekanntgeben gespeicherter oder durch Datenverarbeitung gewonnener personenbezogener Daten an einen Dritten in der Weise, dass die Daten an den Dritten weitergegeben werden oder der Dritte zur Einsicht oder zum Abruf bereitgehaltene Daten einsieht oder abruft,
- **Sperren** das Kennzeichnen gespeicherter personenbezogener Daten, um ihre weitere Verarbeitung oder Nutzung einzuschränken,
- **Löschen** das Unkenntlichmachen gespeicherter personenbezogener Daten.

Nutzen ist jede Verwendung personenbezogener Daten, soweit es sich nicht um Verarbeitung handelt.[92]

Grund der strikten Zweckbindung der automatisierten Personalaktendatenverarbei- **24**
tung und -nutzung ist die spezifische Gefährdung, die – anders als bei herkömmlicher manueller Personalaktenbearbeitung – aus einer praktisch unbegrenzten Menge von Speicherungs- und Verknüpfungsmöglichkeiten resultiert. Hierdurch können Informationspotentiale erschlossen und genutzt werden, die weit über die Daten hinausgehen, mit deren Hilfe das Persönlichkeitsbild eines Soldaten in einer PA wiedergegeben werden soll. Um den Soldaten hierüber von Anfang an in Kenntnis zu setzen[93], schreibt § 7 Abs. 4 SPersAV[94] vor, dass dem Soldaten bei erstmaliger Speicherung die Art der über ihn gespeicherten Daten (durch generelle Beschreibung der jew. gespeicherten Information, z. B. Name, Personenkennziffer[95]) mitzuteilen und er bei wesentlichen Änd. in ders. Weise zu benachrichtigen ist. Die Verarbeitungs- und Nutzungsformen automatisierter Personalverwaltungsverfahren sind (z. B. in einem Verfahrenshinweis) zu dokumentieren und einschl. des jew. Verwendungszwecks, der regelmäßigen Empfänger und des

---

88 Vgl. § 3 Abs. 2 Satz 1 BDSG.
89 Vgl. o. Rn. 16.
90 § 3 Abs. 3 u. 4 Satz 1 BDSG. Zum „Erheben" s. auch Rn. 31.
91 Gem. § 3 Abs. 4 Satz 2 Nr. 1 bis 5 BDSG.
92 § 3 Abs. 5 BDSG.
93 Der Gesetzgeber will für den Soldaten die erforderliche Transparenz von Personalverwaltungssystemen u. zugleich eine Kontrollmöglichkeit schaffen, vgl. BT-Drs. 12/544, 21.
94 Die Vorschrift bildet § 114 Abs. 5 BBG nach.
95 S. Nr. 8.13.1 SPersAFüBest.

Eichen 533

Inhalts automatisierter Datenübermittlung allg. (z. B. durch Hausmitteilung oder Aushang) bekannt zu geben.[96]

Krit. sind bei der automatisierten Personalaktendatenverarbeitung – neben der Frage der Erforderlichkeit der jew. Verarbeitung oder Nutzung personenbezogener Daten – die Gefahr mangelnder Transparenz und ein möglicher Verlust des Kontextes. Dieser kann sich daraus ergeben, dass die in einer PA vorhandenen Daten durch den Zwang zur Formalisierung verkürzt und damit ihres Zusammenhangs beraubt werden. Die hierdurch eintretende Vergröberung des Datenbildes kann zu Fehlbeurteilungen und -entscheidungen führen.[97] Zwar lässt der neu formulierte § 7 Abs. 3 SPersAV (wie § 114 Abs. 4 BBG) erkennen, dass sich Personalentscheidungen (z. B. Stellenbesetzungen, Beförderungen) bei (jetzt nach Abs. 1 Satz 2 zulässiger[98]) elektronischer Personalaktenführung ausschließlich auf Informationen und Erkenntnisse aus automatisierter Verarbeitung stützen können. Es bleibt aber weiterhin eine umfassende individuelle Würdigung dieser aus der PA resultierenden Erkenntnisse notwendig. Nach bestimmten Vorgaben automatisiert erstellte Datenbankauswertungen dürfen die individuelle Entscheidungsfindung nicht ersetzen. Keinesfalls dürfen Entscheidungen im Rahmen des Wehrdienstverhältnisses ausschließlich auf eine automatisierte Verarbeitung personenbezogener Daten gestützt werden, die der Bewertung **einzelner Persönlichkeitsmerkmale** dienen.[99]

25 Im SG ist – anders als im BBG[100] – die Zulässigkeit von **Grundakten** und **Teilakten** sowie **Nebenakten** nicht geregelt. Vorschriften hierzu finden sich in § 2 SPersAV.

Zwar darf nur **eine** PA geführt werden.[101] Gleichwohl kann sie nach sachlichen Gesichtspunkten in eine Grundakte und Teilakten **gegliedert** werden.[102] Die **Grundakte** (bei SaZ und BS als **Stammakte**, ansonsten als **Klarsichthülle** bezeichnet[103]) enthält insbes. Unterlagen über die Begründung des Dienstverhältnisses sowie den dienstl. Werdegang und den Einsatz des Soldaten.[104] In die Grundakte ist ein vollständiges Verzeichnis aller zu dieser Akte geführten Teil- und Nebenakten aufzunehmen.[105] Es sichert das Recht auf Einsicht in die vollständige PA (§ 29 Abs. 7 Satz 1). Für die Führung der Grundakte ist grds. die personalbearbeitende Stelle[106] verantwortlich. Die Bearbeitung der Klarsichthüllen kann den Einheiten und sonstigen Dienststellen, die für diese Aufgabe ausgestattet sind und bei denen die Soldaten Dienst leisten, übertragen werden.[107]

---

96 Nach Nr. 8.13.2 SPersAFüBest muss die Beschreibung der Verfahren so abgefasst sein, dass ein durchschnittlich verständiger Leser ohne DV-Kenntnisse die Sachzusammenhänge erkennen kann.
97 Vgl. BT-Drs. 12/544, 14.
98 S. o. Rn. 16.
99 So § 7 Abs. 3 SPersAV; entspr. § 114 Abs. 4 BBG. Vgl. BT-Drs. 16/7076, 127.
100 § 106 Abs. 2 BBG.
101 S. o. Rn. 9.
102 § 2 Abs. 1 Satz 1 SPersAV.
103 Vgl. Nr. 3.1 SPersAFüBest.
104 BT-Drs. 12/544, 16. Zu Einzelheiten der Grundakte vgl. Abschnitt 3 u. Anl. 2 SPersAFüBest.
105 § 2 Abs. 3 SPersAV.
106 Vgl. Erl. Personalbearbeitende Stellen für Soldatinnen u. Soldaten sowie Reservistinnen u. Reservisten, ZDv 14/5 B 125.
107 Vgl. Nr. 2.1.3 SPersAFüBest.

Personalakten § 29

Neben der Grundakte können aus praktischen Gründen – vor allem wegen der **26** Zuständigkeit einer anderen Stelle oder weil sie den Soldaten begleiten – **Teilakten** angelegt werden. Deren Inhalt ist grds. nicht nochmals in der Grundakte enthalten. Sie werden bei der für den jew. Aufgabenbereich zuständigen Dienststelle geführt.[108] Dies ist regelmäßig insbes. für solche Vorgänge ratsam, die nach einer bestimmten Zeit wieder aus der PA zu entfernen und zu vernichten sind.[109] Zulässig sind z. B. Teilakten über Nebengebührnisse wie Beihilfen[110], Reisekosten und Trennungsgeld. Teilakten sind die auf die einzelnen Soldaten bezogenen Karteiblätter im Disziplinarbuch[111], die der Registrierung insbes. von Disziplinarmaßnahmen und strafgerichtl. Strafen dienen, welche ggf. nach bestimmten Fristen getilgt werden können.[112] Bei Bedarf können als Teilakten angelegt[113] werden Unterlagen über Beurteilungen, Besoldung, Urlaub, Gesundheitszustand und Erkrankungen (Gesundheitsunterlagen[114] der Soldaten in Form der Gesundheitskarte – G-Karte) und Dienstunfälle. Teilakten sind insbes. auch die **Fliegerische Akte**, psychologische Unterlagen und Versorgungsakten (mit Ausnahme der Akten der Beschädigtenversorgung; diese sind Sachakten, § 2 Abs. 5 SPersAV).

Nach § 2 Abs. 2 SPersAV dürfen **Nebenakten** nur geführt werden, soweit sie von einer **27** Dienststelle zur rechtmäßigen Wahrnehmung ihrer Zuständigkeiten im Rahmen der Personalführung, -bearbeitung sowie Personalwirtschaft benötigt werden. Nebenakten dürfen nur Unterlagen enthalten, die auch in der Grundakte oder in den Teilakten enthalten sind, und einer Dienststelle (auch bezogen auf den Akteninhalt) nur überlassen werden, wenn und soweit es für die konkrete Aufgabenerledigung erforderlich ist.[115] Verglichen mit dem Beamtenbereich[116] können Nebenakten für Soldaten unter erleichterten Bedingungen geführt werden, so z. B. dann, wenn ein Soldat zeitweilig seiner personalaktenführenden Dienststelle, in der seine Grundakte bearbeitet wird, angehört.

Keine einwilligungspflichtige Verwendung von Personalaktendaten liegt nach den **28** (durch das DNeuG eingefügten) **Sätzen 5 und 6** vor, wenn Personalaktendaten bei einer **Datenschutzkontrolle** den mit ihrer Durchführung Betrauten bekannt werden oder soweit im Rahmen der **Datensicherung** oder der Sicherung des ordnungsgemä-

---

108 § 2 Abs. 1 Satz 2 SPersAV.
109 BT-Drs. 12/544, 17.
110 Nach § 4 Abs. 4 SPersAV sind Unterlagen über Beihilfen stets als Teilakte zu führen, die von der übrigen PA getrennt aufzubewahren ist. Die Vorschrift bildet § 108 Abs. 1 BBG nach; vgl. BT-Drs. 12/544, 17 (zu § 90a BBG a. F.). Die organisatorische Trennung der Beihilfeakten von sonstigen PA soll die i. d. R. höchstpersönlichen Daten in den Beihilfeakten gegen unbefugte Kenntnisnahme absichern. Vgl. jetzt die ergänzenden Regelungen in § 4 Abs. 4 Satz 4 u 5 sowie Abs. 5 SPersAV.
111 Vgl. § 7 WDO.
112 Zur Tilgung s. § 8 WDO; Erl. des BMVg „Einrichtung u. Führung des Disziplinarbuchs", ZDv 14/3 B 170. Zu tilgende Vorgänge sind aus den Personalunterlagen zu entfernen u. zu vernichten. Dies gilt auch für Disziplinarmaßnahmen u. strafgerichtl. Verurteilungen, die zur Grundakte (Stammakte) genommen worden sind.
113 So BT-Drs. 12/544, 16 f.
114 Vgl. § 4 Abs. 1 u. 2 SPersAV; zum Begriff der Gesundheitsunterlagen vgl. BVerwGE 119, 341 (345 f.) = NZWehrr 2004, 163 (165).
115 Zu Einzelheiten der Nebenakte vgl. Abschnitt 5 der SPersAFüBest.
116 Vgl. § 106 Abs. 2 Satz 3 BBG im Vergleich zu § 2 Abs. 2 SPersAV.

Eichen

ßen Betriebes einer Datenverarbeitungsanlage eine nach dem Stand der Technik nicht oder nur mit unverhältnismäßigem Aufwand zu vermeidende Kenntnisnahme von Personalaktendaten erfolgt. In diesen Fällen wird der Schutzzweck des personalaktenrechtl. Geheimhaltungsgebotes nicht berührt. Daher werden, entspr. dem Gedanken des § 14 Abs. 3 und 4 BDSG, klarstellend die Verwendung durch behördliche Datenschutzbeauftragte und die technisch unvermeidbare Einsichtnahme z. B. durch IT-Administratoren geregelt. Im Hinblick auf die besondere Schutzwürdigkeit der Personalaktendaten und zum Schutz der mit der technischen Administration Beauftragten sollten solche Einsichtnahmen protokolliert werden.[117]

29 2. Zu Absatz 2. Satz 1 regelt die **Erhebung** und **Verwendung** (Gebrauchmachen, vgl. Rn. 22) **personenbezogener Daten** über Bewerber, Soldaten und frühere Soldaten, soweit dies zur Begründung, Durchführung, Beendigung oder Abwicklung des Dienstverhältnisses oder zur Durchführung organisatorischer, personeller oder sozialer Maßnahmen erforderlich ist oder soweit eine Rechtsvorschrift dies erlaubt. Satz 1 ist in diesem Bereich eine spezifische Datenschutzbest.[118], die dem § 13 BDSG insoweit vorgeht.[119] Sie trifft für den dargestellten Sachverhalt eine dem BDSG deckungsgleiche Regelung.[120] Da der Wortlaut des Satzes 1 ausdrücklich nicht nur die Erhebung und Verwendung von Personalaktendaten[121] i. S. v. Abs. 1 Satz 3, sondern weiter gehend von **personenbezogenen Daten** anspricht, erlaubt die Vorschrift auch die Erhebung/ Verwendung personenbezogener Daten, die reine Sachaktendaten sind.[122]

30 Satz 1 ist (speziell für das soldatische Personalaktenrecht) die allg. vom BVerfG[123] für die Erhebung persönlicher Daten geforderte gesetzl. Grundlage. Satz 1 unterwirft das Recht auf informationelle Selbstbestimmung in diesem Bereich unter Beachtung des Grds. der Verhältnismäßigkeit Beschränkungen, deren Voraussetzungen und Umfang gesetzl. hinreichend klar umschrieben werden.

31 Unter Rückgriff auf allg. datenschutzrechtl. Begriffsbestimmungen sind **personenbezogene Daten** alle Einzelangaben über persönliche oder sachliche Verhältnisse einer bestimmten oder bestimmbaren natürlichen Person (Betroffener).[124] Erfasst werden sollen sämtliche Informationen, die über eine Bezugsperson etwas aussagen (auch Bild- und Tonaufnahmen sowie Werturteile, da auch sie der Darstellung der persönlichen und sachlichen Verhältnisse einer Person dienen können).[125]

---

117 BT-Drs. 16/7079, 126.
118 Sie ist erst in den abschließenden Ausschussberatungen (wie die beamtenrechtl. Parallelvorschriften, insbes. § 90 Abs. 4 BBG a. F., jetzt: § 106 Abs. 4 BBG) auf Forderung des Bundesbeauftragten für den Datenschutz in den § 29 aufgenommen worden, s. BT-Drs. 12/ 2201, 16, 23.
119 Vgl. § 1 Abs. 3 Satz 1 BDSG.
120 *Scherer/Alff/Poretschkin*, SG, § 29 Rn. 1.
121 Vgl. Rn. 11.
122 S. o. Rn. 17; *Battis*, BBG, § 106 Rn. 14.
123 BVerfGE 65, 1 (44); vgl. BVerfGE 92, 191 (197).
124 Vgl. § 3 Abs. 1 BDSG.
125 Vgl. *Dammann*, in: Simitis, Spiros (Hrsg.): Kommentar zum BDSG, 6. Aufl. 2006, § 3 Rn. 4, 7, 12.

Personalakten § 29

Erheben ist das Beschaffen von Daten über den Betroffenen.[126] Notwendig ist ein aktives Streben, sich Kenntnis von den betreffenden Daten zu verschaffen oder die Verfügung über sie zu begründen.[127] Eine unverlangte Zusendung oder Mitteilung von Daten durch Dritte reicht nicht aus.[128] Kein Erheben ist das Heraussuchen von Daten aus bereits vorhandenem Material.[129]

Satz 1 lässt die Erhebung personenbezogener Daten auch über **Bewerber** zu, die eine Berufung in ein Wehrdienstverhältnis anstreben, möglicherweise aber nicht Soldaten werden. Die Best. geht deshalb über den Personenkreis hinaus, der ansonsten dem Regelungsbereich der übrigen Vorschriften zum Personalaktenrecht in § 29 unterfällt. 32

Die Erhebung und das Verwenden personenbezogener Daten nach Satz 1 sind **zweckgebunden** und müssen **erforderlich** sein. 33

Einem **zulässigen Zweck** dienen solche Informationen, die
- zur Begründung des Dienstverhältnisses (als BS, vgl. § 39, oder als SaZ, vgl. § 40),
- zur Durchführung des Dienstverhältnisses (z. B. mittels Kommandierung oder Versetzung),
- im Rahmen der Beendigung des Dienstverhältnisses (durch Eintritt oder Versetzung in den Ruhestand oder durch Entlassung) oder
- zur Abwicklung des Dienstverhältnisses (z. B. mittels Informationen zur Nachversicherung eines ausgeschiedenen SaZ)

beschafft werden. Der Zweck ist gewahrt, wenn die Daten organisatorischen[130], personellen oder sozialen Maßnahmen, insbes. zur Personalplanung[131] und zum Personaleinsatz, dienen. Diese Zweckrichtungen lassen die Datenerhebung auch in Bezug auf personenbezogene Daten zu, die in Sachakten und nicht in PA aufgenommen werden sollen.[132]

Erforderlich ist die Erhebung personenbezogener Daten nur, wenn sie für die Erreichung des angestrebten Ziels durch kein anderes (den Betroffenen weniger belastendes) Mittel ersetzt werden kann. Diese Überlegung ist im Rahmen jeder **Verhältnismäßigkeitsprüfung** anzustellen. Nicht zulässig ist die Datenerhebung, um einen sich möglicherweise erst in Zukunft abzeichnenden Informationsbedarf zu decken. Es dürfen nur konkret notwendige Daten beschafft werden. 34

Erhebung und Verwendung personenbezogener Daten sind, ohne dass es auf die in Satz 1 genannten Zweckrichtungen ankommt, zulässig, soweit eine spezielle **Rechtsvorschrift** dies erlaubt. Fälle, in denen nicht auch ein in Satz 1 genannter Zweck zugrunde liegt, werden allerdings selten sein. So wird beispielsweise bei im Rahmen einer Sicherheitsüberprüfung (vgl. § 11 SÜG als spezielle Ermächtigungsnorm) erhobenen personenbezogenen Daten i. d. R. auch z. B. die Begründung eines Dienstverhältnisses bezweckt sein. 35

---

126 § 3 Abs. 3 BDSG.
127 *Dammann*, in: Simitis, Spiros (Hrsg.): Kommentar zum BDSG, 6. Aufl. 2006, § 3 Rn. 102.
128 Ebd., Rn. 104.
129 Ebd., Rn. 102.
130 Als organisatorische Maßnahme kommt z. B. die Erstellung von Geschäftsverteilungsplänen in Frage, vgl. *Kathke*, Personalaktenrecht, 16 Rn. 44.
131 Sie erfasst den Personalumfang der SK betreffende Planungen insbes. zur Personalstruktur, zum zahlenmäßigen Bedarf u. zu den Haushaltsmitteln.
132 Die Erhebung ist also nicht auf Personalaktendaten begrenzt, vgl. o. Rn. 29.

Eichen

36 Satz 2 macht die Verwendung von **Fragebogen**[133], mit deren Hilfe personenbezogene Daten erhoben werden, von der Einwilligung (trotz des Wortlauts nicht von der Genehmigung, d. h. nachträglichen Zustimmung[134]) des BMVg abhängig. Dabei spielt es keine Rolle, ob die erhobenen Informationen in die PA oder zu einer Sachakte genommen werden.[135] Die Zustimmung durch das BMVg als oberste Dienstbehörde soll einen einheitlichen Schutz aller Betroffenen vor der Erhebung tatsächlich nicht benötigter Daten sichern, einer Gefahr, die der Gesetzgeber offensichtlich vor allem bei der Datenerhebung mittels Fragebogen als begründet ansieht.[136]

37 **3. Absatz 3.** Die Sätze 1 bis 8 regeln den **Zugang zu PA** der Soldaten für Personen und Stellen im Geschäftsbereich des BMVg. Dieser Zugang kann in vielfältiger Weise verschafft werden:[137]

– Durch zeitweise **Weitergabe** und **Überlassung** der PA oder von Teilen davon,
– durch **Fotokopien** oder **Abschriften** aus den Akten,
– durch die tatsächliche Möglichkeit, selbst eine PA unmittelbar **einzusehen** oder sich bei automatisierter Speicherung vom Inhalt der Dateien durch Darstellung am Bildschirm, durch Kopien von Datenträgern, durch Ausdrucke oder mittels sonstiger Methoden in Kenntnis zu versetzen[138], sowie
– durch mündliche oder schriftl. **Auskünfte** aus den Akten.

Abs. 3 erfasst **nicht** die **Einsichtnahme des Soldaten** in die **eigene** PA oder die Einsicht durch Bevollmächtigte[139] in diese Akte. Dies wird in Abs. 7 geregelt. Ebenso wenig wird die Einsicht des Soldaten in fremde Akten behandelt, die ihn betreffende personenbezogene Daten enthalten; hierzu ist Abs. 8 die spezielle Vorschrift.

38 Aufgrund des weit gefassten Begriffsinhalts des Zugangs zur PA trifft Satz 1[140] eine umfassende Regelung. Sie konkretisiert den in Abs. 1 Satz 1 Halbs. 2 beschriebenen **Grds. der Wahrung der Vertraulichkeit der PA**[141] (als Teil des Personalaktengeheimnisses[142]) und legt den **Grds. der Zweckbindung** fest. Ergänzend regeln die Sätze 2 bis 7 die Weitergabe von und Auskünfte aus PA. Satz 8 konkretisiert den Grds. der

---

133 Vgl. Nr. 8.12 u. Anl. 3 SPersAFüBest.
134 Die „Genehmigung" ist als vorherige Zustimmung zu interpretieren (so auch *Kathke*, Personalaktenrecht, 20 Rn. 58). Gesetzgeberisch macht es keinen Sinn, eine nachträgliche Zustimmung zuzulassen. Damit liefe man Gefahr, dass im Vertrauen auf eine Genehmigung des Fragebogens Daten eingefordert werden, deren Erhebung im Falle der Verweigerung der Genehmigung rechtswidrig wäre.
135 Dies ergibt sich daraus, dass nicht nur Personalaktendaten erhoben werden dürfen, vgl. o. Rn. 29.
136 Vgl. *Kathke*, Personalaktenrecht, 20 Rn. 59; *Plog/Wiedow/Lemhöfer*, BBG, § 90 Rn. 27. In § 106 Abs. 4 BBG hat der Gesetzgeber auf den bisherigen § 90 Abs. 4 Satz 2 BBG a. F. verzichtet. Es sei davon auszugehen, „dass die Dienstbehörden die datenschutzrechtlichen Anforderungen bei der Erhebung personenbezogener Daten auch ohne eine solche einzelfallbezogene Aufsicht beachten" (BT-Drs. 16/7076, 126). Entspr. sollte daher Abs. 2 Satz 2 entfallen.
137 S. Anl. 5 Nr. 1.1 SPersAFüBest.
138 Vgl. *Kathke*, Personalaktenrecht, 55 Rn. 148.
139 Des Soldaten o. seiner Hinterbliebenen.
140 Entspr. § 106 Abs. 3 Satz 1 BBG.
141 Die Geheimhaltung des Inhalts der PA wird abgesichert, vgl. GKÖD I K, § 90 Rn. 22.
142 S. o. Rn. 9.

Personalakten § 29

Verhältnismäßigkeit. Zwar regelt Satz 6 vom Wortlaut her speziell die Weitergabe der PA; er erfasst als Erlaubnistatbestand nach Sinn und Zweck der Vorschrift aber auch andere, o.g. Formen des Zugangs zur PA[143] als gegenüber der Überlassung der Akte weniger einschneidende Maßnahmen. Wenn schon die Weitergabe der Akte zulässig ist, muss dies auch z. B. für die Bereitstellung von Aktenkopien oder für Auskünfte gelten. Satz 7 erhält daher vor allem in der Zusammenschau mit Satz 8 seine Bedeutung.

Nach **Satz 1** ist der Zugang (in allen o.g. Formen) zu PA Personen vorbehalten, die für die Bearbeitung von Personalangelegenheit zuständig sind (z. B. S 1-Personal). Berechtigt sind auch deren zuständige, in einer besonderen dienstl. Verantwortung für die Bearbeitung von Personalangelegenheiten stehende Vorg. bis zum Dienststellenleiter.[144] 39

Der Zugang wird nur soweit zugelassen, wie er konkret zur Personalführung oder -bearbeitung[145] **erforderlich** ist. Dies gebietet es generell, den Kreis der mit PA befassten Personen so klein wie möglich zu halten. Die Wendung „soweit ... erforderlich" macht grds. deutlich, dass derjenige, der in einer Grundakte dokumentierte allg. Personalangelegenheiten bearbeitet, keinen Zugang zu getrennten Teilakten (etwa Beihilfeakten) haben darf, für deren Inhalt er nicht zuständig ist.[146] Umgekehrt sind Bearbeiter spezieller Teilakten nicht ohne Weiteres zum Zugang zu anderen Teilakten oder zur Grundakte bzw. zu Nebenakten berechtigt.[147]

Die durch das DNeuG eingefügten **Sätze 2 bis 5** regeln bestimmte Zugangsberechtigungen zu PA. 40

Satz 2 erlaubt **Gleichstellungsbeauftragten** den Zugang zu entscheidungsrelevanten Teilen der PA, soweit dies zur Wahrnehmung ihrer Aufgaben erforderlich ist. Ob die Regelung überflüssig ist, weil der **mil. Gleichstellungsbeauftragten** dieses Recht möglicherweise bereits in § 20 Abs. 1 Satz 4 und 5 SGleiG durch **Einsicht** in PA gewährt wird, ist fraglich.

– Zum einen ist unklar, wie Satz 2 und § 20 Abs. 1 Satz 4 und 5 SGleiG zueinander stehen. Dies ist wichtig, weil der **Zugang** zur PA angesichts der vielfältigen Möglichkeiten der Zugangsverschaffung (vgl. Rn. 37) weiter reicht als nur die **Einsicht** in PA und weil § 20 Abs. 1 Satz 4 SGleiG **Gesundheitsunterlagen** ausdrücklich vom Einsichtsrecht ausnimmt, während Satz 2 den Zugang zur PA ohne diese Beschränkung zulässt. Die amtl. Begr. des DNeuG zur Einfügung des Abs. 3 Satz 2[148] gibt zu dessen Auslegung keine Hilfe. Satz 2 wird lediglich als Folgeänd. zur Änd. des § 107 Abs. 1 Satz 2 BBG bezeichnet. Gleichwohl kann nicht davon ausgegangen werden, dass der Gesetzgeber der mil. Gleichstellungsbeauftragten im SG weiter reichende Befugnisse einräumen wollte als in dem für deren rechtl. Stellung konstitutiven

---

143 Hierzu finden sich auch in der SPersAV keine ergänzenden Regelungen.
144 BVerwGE 19, 179 (185) = NJW 1965, 214 (215).
145 S. zu diesen Begriffen Rn. 22. Dass sich in Satz 1 der in Abs. 1 Satz 5 eingeführte Begriff „Personalwirtschaft" nicht findet, wird ein redaktionelles Versehen des Gesetzgebers sein. Zwecke der Personalwirtschaft reichen deshalb zum Zugang zur PA nach Abs. 3 Satz 1 aus.
146 Vgl. *Plog/Wiedow/Lemhöfer*, BBG, § 90 Rn. 26.
147 Vgl. *Kessler*, Personalaktenrecht, 22 f.
148 BT-Drs. 16/7076, 173.

SGleiG vorgesehen. Die gesetzl. Begrenzung im SGleiG nur auf das Einsichtsrecht und unter Aussparung der Gesundheitsunterlagen muss deshalb auch im Rahmen des § 29 Abs. 3 Satz 2 SG beachtet werden.
– Zum anderen lässt es Satz 2 vom Wortlaut her zu, dass auch **ziv. Gleichstellungsbeauftragte** – ergänzend zu § 20 Abs. 1 Satz 4 des Bundesgleichstellungsgesetzes – PA von Soldaten einsehen dürfen. Eine derartige Fallgestaltung wäre durchaus praxisnah, z. B. in gemischt ziv./mil. besetzten Dienststellen, wenn es um die Besetzung einer Wechselstelle (die sowohl mit einem Soldaten als auch mit einem Beamten besetzt werden könnte) geht und die ziv. Gleichstellungsbeauftragte in diesem Zusammenhang die PA eines Soldaten einsehen will. Gleichwohl ist auch hier eine restriktive Auslegung angebracht. Es wird dem Gesetzgeber nicht unterstellt werden können, dass er in Satz 2 ein Zugangsrecht für ziv. Gleichstellungsbeauftragte zu PA von Soldaten schaffen wollte, das weiter reicht (d. h. Gesundheitsunterlagen einschließt) als das der mil. Gleichstellungsbeauftragten. Dies lässt vielmehr den Schluss zu, dass eine Regelung ausschließlich in Bezug auf mil. Gleichstellungsbeauftragte ergehen sollte.

Der Gesetzgeber sollte zu diesen Fragen möglichst bald eine Klarstellung herbeiführen.

41 Satz 3 regelt den Zugang zur PA für behördliche **Datenschutzbeauftragte** nach § 4f BDSG. Diese Zugangsberechtigung gilt auch für Nichtsoldaten.

42 Satz 4 regelt den Zugang für mit Angelegenheiten der **Innenrevision** Beauftragte (auch sie können ziv. Mitarbeiter sein). Diese sind i. d. R. nicht mit der Bearbeitung von Personalangelegenheiten i. S. v. Satz 1 betraut, müssen aber in Ausnahmefällen Zugang zu PA erhalten können. Der Zugang ist an enge Voraussetzungen geknüpft. **Vorrang** hat die **Auskunft** durch die personalaktenführende Stelle. Erkenntnisse können z. B. nur dann durch Zugang in Form der Überlassung der PA gewonnen werden, wenn es gerade um die Überprüfung der Aktenführung durch die Personalbearbeiter geht. Sind diese Voraussetzungen nicht erfüllt, ist ein Zugang nur mit Einwilligung des betroffenen Soldaten zulässig.[149] Nach **Satz 5** ist jede Einsichtnahme gem. Satz 4 aktenkundig zu machen.

43 Satz 6[150] erlaubt ohne Einwilligung (vorherige Zustimmung[151]) des Soldaten die **Weitergabe**[152] seiner PA an andere Stellen oder an Ärzte **im Geschäftsbereich** des **BMVg**, soweit dies für Zwecke des Dienstverhältnisses erforderlich ist. Der Datenfluss zwischen Grundakte und Nebenakten ist von dieser Weitergaberegelung nicht berührt, da es sich dabei nur um eine Informationsverteilung innerhalb derselben PA ohne Außenwirkung handelt.[153]

44 Satz 6 lässt es zu, dass PA an **vorg. Stellen** ohne Einverständnis des Soldaten weitergeben werden dürfen, soweit sich dies im Rahmen einer auf das Wehrdienstverhältnis bezogenen Zweckbindung vollzieht. In diesem Fall ergibt sich bereits aus der Natur

---

149 BT-Drs. 16/7076, 126.
150 Ihm entspricht § 111 Abs. 1 Satz 1 u. 3 BBG.
151 Vgl. *Scherer/Alff/Poretschkin*, SG, § 29 Rn. 9.
152 Erfasst werden auch andere in Rn. 37 genannte Formen der Zugangsverschaffung, vgl. o. Rn. 38.
153 BT-Drs. 12/544, 19.

Personalakten § 29

der Sache, dass der nach dem hierarchischen Behördenaufbau höheren, im Rahmen der Dienstaufsicht weisungsbefugten Dienststelle auf deren Verlangen PA vorzulegen sind.[154] Unbedenklich ist es nach Satz 6, anderen **nicht weisungsbefugten Stellen** im Geschäftsbereich des BMVg ohne Einwilligung des Soldaten PA zu überlassen, soweit sich dies im Rahmen der genannten Zweckbindung abspielt, es vor allem zur Vorbereitung oder Durchführung einer Personalentscheidung notwendig ist. Dies gilt insbes. für Bewerbungen, Kommandierungen, Versetzungen und Ernennungen.[155]

Als Dienststellen im Geschäftsbereich des BMVg können auch TDG, der BWDA[156] und Wehrdisziplinaranwaltschaften[157] im Rahmen gerichtl. Disziplinarverfahren[158] die Übersendung von PA verlangen.[159]

Satz 6 lässt die Weitergabe von PA ohne Einwilligung des Soldaten an **Ärzte** im **Geschäftsbereich** des **BMVg** zu. Privilegiert werden SanOffz, ziv. Ärzte der Bw, Vertragsärzte sowie sonstige Ärzte, die (möglicherweise auch nur in einem Einzelfall) für den Dienstherrn gutachterlich tätig werden.[160] Reicht für die ärztliche Begutachtung von Soldaten die i. d. R. als Teilakte[161] geführte Gesundheitsakte aus, ist die Weitergabe der gesamten PA unzulässig.[162] Rechtl. zulässig ist die Übersendung von Gesundheitsunterlagen durch den Truppenarzt an ein BwKrhs, um dort einen Soldaten behandeln zu können.[163]

45

Nach § 9 SPersAV dürfen ohne Einwilligung des Soldaten personenbezogene medizinische Daten, die im Rahmen der unentgeltlichen truppenärztlichen Versorgung in ziv. medizinischen Einrichtungen oder von ziv. Ärzten erhoben werden, dem Truppenarzt und der Zahlung leistenden Stelle mitgeteilt werden, soweit dies insbes. zur Beurteilung der Verwendungs- oder Dienstfähigkeit des Soldaten oder zur Kostenabrechnung erforderlich ist. In diesen Fällen sind dem Arztgeheimnis unterliegende Informationen – z. B. Diagnosen – zu offenbaren.[164]

---

154 BT-Drs. 12/544, 19, 22. Die amtl. Begr. verweist auf § 4 Abs. 2 Nr. 1 VwVfG (es liegt keine Amtshilfe vor).
155 BT-Drs. 12/544, 19.
156 Eine spezielle Ermächtigung des BWDA, die Vorlage von PA durch den WDA zu verlangen, enthält § 81 Abs. 4 Satz 2 WDO.
157 Vgl. *Dau*, WDO, § 9 Rn. 10.
158 Deren auf das konkrete Dienstverhältnis bezogener Zweck ist nicht zw.
159 *Stauf* I, § 29 SG Rn. 9.
160 Dies kann trotz des Wortlauts („an Ärzte im Geschäftsbereich") u. der Formulierung der amtl. Begr., die von „Ärzten der Bundeswehr" spricht, die „im dienstlichen Auftrag gutachterlich tätig werden" (BT-Drs. 12/544, 22), aus Sinn u. Zweck der Vorschrift u. einem Vergleich mit der Interessenlage in § 111 Abs. 1 Satz 3 BBG, der auch sonstige Ärzte (nicht nur Amtsärzte) zulässt, hergeleitet werden. Die Ausnahme in Satz 6 zu Gunsten von Ärzten gründet sich sachlich nicht darauf, dass diese Angehörige des Geschäftsbereichs des BMVg sind, sondern auf die ärztliche Schweigepflicht, der alle Ärzte unterliegen.
161 S. o. Rn. 26.
162 Vgl. *Battis*, BBG, § 111 Rn. 4; *Plog/Wiedow/Lemhöfer*, BBG, § 90d Rn. 9.
163 *Scherer/Alff/Poretschkin*, SG, § 29 Rn. 9.
164 So die amtl. Begr. zu § 9 SPersAV.

Eichen

46 Die Weitergabe¹⁶⁵ von PA an Stellen im Geschäftsbereich des BMVg ohne Einwilligung des Soldaten kann **spezialgesetzl.** geregelt sein. So richtet sich die Zulässigkeit der Personalaktenanforderung durch den **MAD** zur Erfüllung seiner Aufgaben gem. § 1 Abs. 1 MADG nach § 10 Abs. 2 MADG i. V. m. § 18 Abs. 3 BVerfSchG.¹⁶⁶ Zum Zugang zur PA für **Gleichstellungsbeauftragte** siehe Abs. 3 Satz 2.

47 Ansonsten ist die Personalaktenweitergabe außerhalb der Zweckbestimmung des Wehrdienstverhältnisses im Geschäftsbereich des BMVg grds. nicht ohne Zustimmung des Soldaten und nur zulässig, wenn dienstl. Gründe nicht daran hindern. Bewirbt sich ein Soldat um Einstellung als Beamter oder Arbeitnehmer in die Bundeswehrverwaltung, sind seine PA nur mit seiner Einwilligung¹⁶⁷ auf Anforderung der personalbearbeitenden Stelle der Bundeswehrverwaltung an diese zu übersenden, wenn dienstl. Gründe nicht entgegenstehen.¹⁶⁸

48 Gesetzl. geregelt sind die Rechte von Vertretungen der Soldaten zum Zugang zu PA der Soldaten. Nur mit Zustimmung des Soldaten darf nach § 18 Abs. 3 Satz 3 SBG eine **VP** in PA des Soldaten Einsicht nehmen. Gleiches gilt nach § 52 Abs. 1 Satz 1 SBG für Soldatenvertreter in Personalvertretungen.

49 Eine Möglichkeit für Stellen im Geschäftsbereich des BMVg, von der personalbearbeitenden Dienststelle des Soldaten für eine Aufgabenerfüllung außerhalb der in Satz 1 und 2 genannten Zweckbindung die Übermittlung der PA im Wege der **Amtshilfe**¹⁶⁹ fordern zu können, ist grds. zu verneinen. Die Aktenübersendung für Zwecke außerhalb des Dienstverhältnisses verstieße i. d. R. gegen die Vertraulichkeit und Zweckbindung der PA (vgl. auch § 5 Abs. 2 Satz 2 VwVfG).¹⁷⁰ Bei Berücksichtigung des Grds. der Verhältnismäßigkeit können nur unabweisbare allg. oder öff. Interessen (Maßstab können hier die Ausnahmegründe nach Satz 9 bezüglich Stellen außerhalb des Geschäftsbereichs des BMVg sein) in eng begrenzten Ausnahmefällen die Überlassung der PA rechtfertigen, wenn die ersuchende Stelle ihre Aufgaben anders nicht sachgerecht durchführen kann und nach einer Güterabwägung das Interesse des Soldaten zurücktreten muss.¹⁷¹

50 Nach **Satz 7**¹⁷² gilt die Zweckbindung gem. Satz 6¹⁷³ in Bezug auf die Weitergabe der PA entspr. für **Auskünfte** aus der PA. Auskünfte dürfen daher ohne Einwilligung des Soldaten an Personen, Stellen und Ärzte **im Geschäftsbereich** des **BMVg** erteilt werden, die diese Informationen zweckgebunden im Rahmen des Wehrdienstverhältnisses benötigen.¹⁷⁴ Wie bereits (Rn. 38) angemerkt, müssen, wenn eine Weitergabe von PA ohne

---

165 O. andere Formen der Zugangsverschaffung zur PA, vgl. o. Rn. 37 f.
166 Vgl. *Scherer/Alff/Poretschkin*, SG, § 29 Rn. 9.
167 Auf diese kann nicht bereits aufgrund seiner Bewerbung geschlossen werden.
168 Vgl. Anl. 5 Nr. 5.4 SPersAFüBest.
169 Auf der Grundlage von Art. 35 Abs. 1 GG, § 5 Abs. 1 VwVfG.
170 Vgl. *Plog/Wiedow/Lemhöfer*, BBG, § 90d Rn. 5.
171 Vgl. BT-Drs. 12/544, 20.
172 Vgl. § 111 Abs. 1 Satz 4 BBG.
173 Satz 7 bezieht sich nicht auch auf Satz 1, weil der in Satz 1 geregelte Zugang zur PA Auskünfte einschließt u. zudem einen anderen Personenkreis begünstigt.
174 Soweit spezielle gesetzl. Best. die Erteilung von Auskünften zu besonderen Personalaktendaten regeln, gehen sie der soldatengesetzl. Regelung vor (vgl. z. B. § 9 WDO; s.a. *Scherer/Alff/Poretschkin*, § 29 Rn. 11).

Einwilligung des Soldaten zulässig ist, auch Auskünfte aus der PA nach denselben Maßgaben rechtl. möglich sein, weil aus der Rechtmäßigkeit der gravierenderen Maßnahme auf die Zulässigkeit des milderen Mittels zu schließen ist. Satz 7 verdeutlicht, dass, obwohl die Auskunft das mildere Mittel gegenüber der Aktenübersendung ist, auch bei jener auf die Zweckbindung und auf die Begrenzung des Kreises der Stellen, denen Auskünfte erteilt werden dürfen, nicht verzichtet werden darf. Diese Maßgaben für eine Auskunftserteilung gelten auch im Rahmen von Satz 8.

Satz 8[175] verbietet in Konkretisierung des Grds. der Verhältnismäßigkeit die Weitergabe der PA, wenn bereits eine auf sie bezogene **Auskunft ausreicht**. Gegenüber der mit der Aktenvorlage verbundenen Einsichtgewährung wird der Auskunftserteilung schon deshalb der Vorzug einzuräumen sein, weil der Auskunftsgebende die Information dosieren kann. Zumindest ist durch die ersuchte Stelle zu prüfen, ob die Weitergabe der Akte auf Teile beschränkt werden kann.[176] Erneut (vgl. Rn. 50) ist darauf hinzuweisen, dass nach Satz 7 ohne Einwilligung des Soldaten auch eine Auskunft nur im Rahmen der Zweckbestimmung des Dienstverhältnisses und nur im Geschäftsbereich des BMVg erteilt werden darf; Satz 8 wird insoweit durch Satz 7 ergänzt. 51

Satz 9 macht **Auskünfte** aus soldatischen PA **an Stellen außerhalb** des **Geschäftsbereichs** des **BMVg** grds. von der Einwilligung des Soldaten abhängig. Die Regelung bezieht sich nach ihrem Wortlaut nur auf Auskünfte, nicht auf andere Zugangsformen zur PA wie die **Weitergabe** und **Überlassung** der PA oder von Teilen davon. Da Auskünfte aus der PA gegenüber den sonstigen Zugangsformen zur Akte (auch gegenüber der Einsichtnahme) die am wenigsten einschneidende Maßnahme darstellen, ist aus Satz 9 zu schließen, dass sonstige Zugangsmöglichkeiten zu soldatischen PA für Dritte, soweit diese nicht nach Abs. 7 Satz 2 und 3 privilegiert sind, grds. versperrt sind, auch wenn der Soldat einverstanden ist.[177] Dies folgt aus dem Charakter der PA als dienstl. (amtl.) Akte und aus der Vertraulichkeit der in ihr enthaltenen Vorgänge. 52

Satz 9 spricht von **Stellen** außerhalb des Geschäftsbereichs. Hiervon werden neben Behörden und Gerichten auch private Organisationen (juristische Personen des Privatrechts), vor allem Vereine, und natürliche Personen (Privatleute) erfasst.[178] Diesen wird gegenüber dem Soldaten bei Vorliegen der in Satz 9 genannten, gravierenden Gründe das gleiche Interesse an der Durchbrechung der Vertraulichkeit der Personalaktendaten zugebilligt wie öff. Stellen.

Ausnahmsweise gilt für **Auskünfte** aus der PA – auch aus Gesundheitsunterlagen[179] – (nicht – wie dargelegt – für die Weitergabe und Überlassung der PA oder einzelner Personalaktenteile, die auch bei Vorliegen der nachfolgend genannten Gründe bereits nach dem Wortlaut von Satz 9 nicht zulässig sind) etwas anderes (d. h. kein Einwilligungserfordernis des Soldaten), wenn

---

175 Vgl. § 111 Abs. 1 Satz 5 BBG.
176 Vgl. BT-Drs. 12/544, 20.
177 BVerwGE 119, 341, 346 f. = NZWehrr 2004, 163 (165).
178 Zur möglichen Berechtigung von Hinterbliebenen s. Rn. 93. Nach der amtl. Begr. war die Regelung vor allem erforderlich, um Personalaktendaten dem VdRBw zur Erfüllung der ihm übertragenen Aufgaben übermitteln zu können (BT-Drs. 12/544, 22).
179 A.A. BVerwGE 119, 341 (Ls 2) = NZWehrr 2004, 163; vgl. Rn. 56 f.

– zwingende **Gründe** der **Verteidigung** (z. B. wichtige Geheimhaltungsinteressen der Bw),
– die Abwehr einer erheblichen **Beeinträchtigung** des **Gemeinwohls**[180] (diese liegt vor, wenn ohne Auskunft aus der PA wahrscheinlich ein nicht nur geringfügiger Schaden an einem Gemeinschaftsgut – in diesem Zusammenhang z. B. ein wertvoller Vermögensgegenstand im öff. Eigentum [etwa verteidigungswichtige Rüstungsgüter], der Schutz der Bevölkerung vor Katastrophen- oder Unglücksfällen, die Erhaltung der Volksgesundheit als Gemeinschaftswert[181], bei nicht auszuschließender Gefährdung auch der Schutz des Lebens oder der Gesundheit einer Einzelperson, da auch dies unter Beachtung der Art. 1 und 2 GG vorrangige Aufgabe der Allgemeinheit ist – einträte, der voraussichtlich durch die Auskunft verhindert werden könnte[182]) oder
– der Schutz berechtigter, **höherrangiger Interessen Dritter** (z. B. Durchsetzung eines vollstreckbaren Zahlungstitels eines Dritten gegen einen Soldaten[183]; Aufklärung der Identität eines Soldaten, gegen den eine Privatperson strafrechtl. Schritte wegen einer Straftat, deren Vorliegen glaubhaft gemacht[184] wird, einleiten will[185]; Auskunftsbegehren einer Privatperson, wenn die Anschrift eines Soldaten erfragt wird, um gegen ihn einen zivilrechtl. Schadensersatzanspruch geltend zu machen, wenn ein möglicher Schaden glaubhaft gemacht wird – hier muss der Eindruck vermieden werden, Dienststellen der Bw unterstützten das Bestreben einzelner Soldaten, sich der Erfüllung ihrer Verpflichtungen zu entziehen)

dies erfordern.

53 In vielen Fällen wird Dienststellen außerhalb des Geschäftsbereichs des BMVg der Zugang zu PA ohne Zustimmung des Soldaten **spezialgesetzl.**[186] ermöglicht. So sind gem. § 27 Abs. 8 Satz 1 SG i. V. m. § 124 Abs. 2 BBG dem **BPA** auf sein Verlangen PA vorzulegen, soweit dies zur Erfüllung seiner Aufgaben erforderlich ist. Die Vorlage von PA an **Gerichte** ist i. d. R. in den Verfahrensordnungen geregelt, z. B. für die VG in § 99 VwGO.[187]

---

180 Die Abwehr einer erheblichen Beeinträchtigung des Gemeinwohls stellt eine niedrigere Schwelle dar als die Abwehr erheblicher Nachteile für das Gemeinwohl, die ausnahmsweise eine Nutzung o. Weitergabe von Beihilfeakten nach § 4 Abs. 4 Satz 5 SPersAV zulässt (vgl. BT-Drs. 16/7076, 127).
181 Vgl. BVerfGE 13, 97 (107).
182 Der Maßstab einer erheblichen Beeinträchtigung (d. h. noch nicht eines erheblichen Nachteils) des Gemeinwohls sollte, auch gemessen am (nachfolgenden) Merkmal des Schutzes berechtigter, höherrangiger Interessen Dritter, selbst bei der gebotenen Beachtung des Grundrechts auf informationelle Selbstbestimmung nicht unangemessen hoch angesetzt werden. GKÖD I YK, § 29 Rn. 46, setzt die Abwehr einer erheblichen Beeinträchtigung des Gemeinwohls zutr. mit der Wahrung der Interessen der sozialen Gemeinschaft gleich, die unter bestimmten Voraussetzungen (bei gravierenden Gefährdungen) den Individualinteressen übergeordnet sind.
183 BT-Drs. 12/544, 20. Vgl. den Erl. des BMVg „Auskünfte an Gläubiger von Beamten, Richtern, Soldaten und Arbeitnehmern im Geschäftsbereich des BMVg", VMBl. 1998 S. 219.
184 Glaubhaft gemacht ist eine Straftat, wenn die ihr zu Grunde liegenden Tatsachen u. Umstände als überwiegend wahrscheinlich erscheinen, z. B. aufgrund von Zeugenaussagen.
185 Vor allem im Wege der Privatklage gem. §§ 374 ff. StPO.
186 Vgl. § 8 Abs. 2 Satz 1 SPersAV.
187 Zur Vorlage der PA eines Soldaten an das BVerwG – WDS – vgl. BVerwGE 130, 156 = DÖV 2008, 468.

Personalakten § 29

Dem Verlangen eines **Untersuchungsausschusses**[188] des **BT**, dem nach § 18 Abs. 1 des Untersuchungsausschussgesetzes[189] die BReg und die Behörden des Bundes vorbehaltlich verfassungsrechtl. Grenzen auf Ersuchen sächliche, den Untersuchungsgegenstand betreffende Beweismittel vorzulegen haben, auf Zugang zur PA eines Soldaten wird grds. nachzukommen sein. Allerdings ist den genannten verfassungsrechtl. Grenzen die Beachtung der Grundrechte, insbes. des aus dem allg. Persönlichkeitsrecht folgenden Grundrechts auf informationelle Selbstbestimmung des Soldaten, selbst über die Preisgabe und Verwendung persönlicher Daten zu bestimmen[190], zuzurechnen. Das Grundrecht auf informationelle Selbstbestimmung kann den Aktenherausgabeanspruch begrenzen, da es seinerseits nur im überwiegenden Allgemeininteresse und unter Beachtung des Grds. der Verhältnismäßigkeit auf gesetzl. Basis eingeschränkt werden darf. Da sich der grundrechtl. gewährte Schutz der PA und das aus dem gesetzl. Beweiserhebungsrecht des Untersuchungsausschusses ergebende Verlangen auf Herausgabe der PA gleichwertig gegenüberstehen, muss im Einzelfall eine Abwägung vorgenommen werden, so dass beide Rechte so weit wie möglich ihre Wirkung entfalten können. Die Abwägung (Verhältnismäßigkeitsprüfung) hat namentlich Art und Bedeutung des mit der beabsichtigten Beweiserhebung verfolgten Ziels im Rahmen des Untersuchungsauftrags (dessen Grenzen dürfen nicht überschritten werden) und die Schutzwürdigkeit und -bedürftigkeit der betroffenen Daten angemessen zu berücksichtigen.[191]

Gleiches gilt für ein entspr. Verlangen des **WBeauftr**, wenn er nach § 3 Nr. 1 WBeauftrG in Erfüllung der ihm übertragenen Aufgaben vom BMVg oder einer diesem unterstellten Dienststelle Auskunft oder Einsicht in eine PA verlangt.[192] Ob die Eingabe eines Soldaten an den WBeauftr in einer ihn betreffenden Personalangelegenheit zugleich die Einwilligung zur Einsicht in seine PA enthält, ist Tatfrage.

Das G zur Regelung des Zugangs zu Informationen des Bundes (**Informationsfreiheitsgesetz** – IFG[193]) gibt keinen Anspruch auf Zugang zu PA von Soldaten. Nach § 5 Abs. 2 IFG dürfen Informationen aus PA nur mit Einwilligung des betroffenen Soldaten zugänglich gemacht werden.[194]

Wird eine Auskunft nach Satz 9 erteilt, sind dem Soldaten nach **Satz 10** jedenfalls der Inhalt und der Empfänger schriftl. mitzuteilen, um ihm notfalls eine gerichtl. Überprüfung der Rechtmäßigkeit zu ermöglichen.[195] Da der Soldat im Rahmen einer solchen Überprüfung die Verletzung seines in Satz 9 konkretisierten Rechts auf informationelle Selbstbestimmung geltend machte, wäre nach § 17 Abs. 1 Satz 1 oder § 21 WBO eine Entsch. der Wehrdienstgerichte zu beantragen.

54

---

188 Die Rechte eines Untersuchungsausschusses kann auch der VertA haben, vgl. Art. 45a Abs. 2 GG.
189 V. 19.6.2001 (BGBl. I S. 1142).
190 Vgl. BVerfGE 65, 1 (43).
191 Vgl. *Lopacki*, DöD 2009, 85, 87 f.
192 BVerwGE 119, 341 (348) = NZWehr 2004, 163 (166) lässt die Frage des Zugangs des WBeauftr zu PA offen. Vgl. *Weniger*, SG, § 29 Rn. 17.
193 V. 5.9.2005 (BGBl. I S. 2722).
194 Vgl. *Rossi, Matthias*, Informationsfreiheitsgesetz, Kommentar, 2006, § 5 Rn. 13 f., 30.
195 *Scherer/Alff/Poretschkin*, SG, § 29 Rn. 13. Folglich ist die schriftl. Mitteilung nicht zu fordern, wenn der Soldat in die Auskunft eingewilligt hat.

Eichen 545

55 **Satz 11**[196] ist im Zusammenhang mit der in Abs. 1 Satz 2 legalisierten automatisierten (elektronischen) Führung von PA zu sehen.[197] Wenn schon der herkömmliche Zugang zur PA, z. B. durch eine Auskunft an Stellen innerhalb oder außerhalb des Geschäftsbereichs des BMVg nach Satz 7 bis 9, streng geregelt ist[198] und die Voraussetzungen für den Zugang vorher jew. sorgfältig zu prüfen sind, muss ein automatisierter Datenabruf durch eine andere Behörde noch wesentlich schärferen Voraussetzungen unterliegen. Automatisierter Abruf bedeutet, dass es die datenempfangende Behörde selbst in der Hand hätte, den Übermittlungsvorgang ohne vorherige rechtl. Prüfung der Zulässigkeit durch die personalaktenbearbeitende Stelle selbst im Wege eines elektronischen Datenzugriffs auszulösen.[199] Deshalb schließt der Gesetzgeber in Satz 11 eine solche „Selbstbedienung" grds. aus und lässt sie nur zu, wenn eine spezielle gesetzl. Ermächtigung sie ausdrücklich erlaubt.

56 **4. Absatz 4.** Auch wenn es sein Wortlaut nicht ohne Weiteres erkennen lässt, dient Abs. 4 Satz 1 bis 3 (Satz 3 ergänzt durch Satz 4) als bereichsspezifisches Datenschutzrecht speziell dem Schutz von Daten über medizinische und psychologische Untersuchungen und Tests, die **im Geschäftsbereich des BMVg** in **automatisierten Verfahren** verarbeitet werden. Dies unterstreicht für Satz 2 die Parallelvorschrift des § 114 Abs. 2 BBG.

57 **Satz 1** lässt die automatisierte Verarbeitung der genannten Daten im jew. Dienst der Bw (d. h. im SanDienst oder im psychologischen Dienst) nur zu, soweit sie für die Dienst- und Verwendungsfähigkeit des Soldaten erforderlich ist. Satz 1 will eine **automatisierte** Verarbeitung von solchen Daten außerhalb der Bereiche SanDienst und psychologischer Dienst im Rahmen von Personalführungs- und Personalbearbeitungssystemen verbieten.[200] Der Schutz der nicht automatisiert geführten Gesundheits- und psychologischen Unterlagen sollte nicht geregelt werden. Für diese Unterlagen gilt für Auskünften bereits der Grds. der Verhältnismäßigkeit (insbes. das Gebot der Erforderlichkeit von Auskünften). Sie sind durch die ärztliche Schweigepflicht geschützt und unterfallen außerdem im Rahmen herkömmlicher Personalaktenführung der strikten Zweckbindung des Abs. 1 Satz 5 und den Zugangsbeschränkungen des Abs. 3.[201] Ergänzend ordnet § 4 SPersAV eine strikte Trennung der Gesundheitsunterlagen (sie sind als Teilakte zu führen) von der übrigen PA an, begrenzt den Zugang auf SanPersonal und die Auskunftpflicht auf wesentliche und zur Entscheidungsfindung erforderliche Ergebnisse ärztlicher Untersuchungen. Der Schutz dieser Personalteilakten ist daher bereits effektiv gewährleistet.

Mit Satz 1 soll den spezifischen Gefährdungen der **automatisierten** Verarbeitung von Personalaktendaten[202] Rechnung getragen werden. Konsequent beschränkt Satz 1 das Verarbeiten[203] von Daten über medizinische und psychologische Untersuchungen und

---

196 Vgl. § 114 Abs. 1 Satz 3 BBG.
197 S. o. Rn. 16.
198 Vgl. z. B. o. Rn. 52.
199 Vgl. *Ehmann*, in: Simitis, Spiros (Hrsg.): Kommentar zum BDSG, 6. Aufl. 2006, § 10 Rn. 15.
200 Vgl. Nr. 8.7 SPersAFüBest.
201 A.A. BVerwGE 119, 341 (Ls 2) = NZWehr 2004, 163, das § 29 Abs. 4 als lex specialis gegenüber § 29 Abs. 3 Satz 9 ansieht; GKÖD I Yk, § 29 Rn. 50.
202 Vgl. zu diesen Gefährdungen o. Rn. 24 sowie BT-Drs. 12/544, 13 ff. (amtl. Begr. in Bezug auf automatisierte Personalverwaltungssysteme).
203 Zum Begriff s. o. Rn. 23.

Tests auf technisch und organisatorisch getrennte[204], selbstständige, „abgeschottete" Systeme des ärztlichen und psychologischen Dienstes und nur auf Fälle, in denen dies zur Beurteilung der Dienst- und Verwendungsfähigkeit[205] des Soldaten notwendig ist.

Satz 2 lässt nur die Weitergabe[206] der **Ergebnisse** medizinischer und psychologischer Untersuchungen und Tests an die für soldatische Personalangelegenheiten zuständigen Stellen zu, die lediglich diese Ergebnisse in Personalführungs- und -bearbeitungssystemen verwenden[207] dürfen. Verarbeiten (und damit die Weitergabe) und Nutzen hängen von der Erforderlichkeit (eine vorsorgliche Weitergabe ist unzulässig) für Zwecke der Personalführung und Personalbearbeitung[208] ab (ein solcher Zweck ist bereits die Eignungsfeststellung in einem Eignungsfeststellungsverfahren z. B. bei einem Zentrum für Nachwuchsgewinnung oder bei der Offizierbewerberprüfzentrale[209]). Der Grds. der Verhältnismäßigkeit verlangt ärztlicherseits auch bei der Bekanntgabe von Ergebnissen der Untersuchungen und Tests eine Beschränkung auf die unumgänglich notwendigen Informationen, die ausreichen, um eine Entscheidung der personalbearbeitenden Dienststelle zu ermöglichen.[210] 58

Satz 3 richtet sich an den psychologischen Dienst der Bw. Dieser darf zur Verifikation und Verbesserung seiner Eignungsfeststellungsverfahren Daten über entspr. Untersuchungen und Tests, regelmäßig (also nicht ausnahmslos, so dass im Einzelfall auch großflächigere Erhebungen möglich sind) in Form von Stichproben, automatisiert verarbeiten (**Halbs. 1**). Zu diesem Zweck dürfen nach **Halbs. 2** dem psychologischen Dienst auf dessen Ersuchen andere Stellen der Bw die notwendigen Daten zur Verarbeitung übermitteln, soweit sich diese auf die Ergebnisse der Untersuchungen und Tests beziehen. 59

Der in diesem Zusammenhang nach **Satz 4** entspr. anzuwendende § 40 Abs. 2 BDSG dient der Datenvermeidung und dem Schutz der von den Untersuchungen und Tests betroffenen Probanden vor der Preisgabe ihrer persönlichen Identität. Deren Kenntnis ist zur Verbesserung der Aussagefähigkeit der psychologischen Verfahren grds. nicht nötig. Der psychologische Dienst hat die in Satz 3 genannten personenbezogenen Daten daher nach § 40 Abs. 2 Satz 1 BDSG, sobald der Forschungszweck es zulässt, zu anonymisieren, d. h. so zu verändern, dass die Einzelangaben über persönliche und sachliche Verhältnisse nicht mehr oder nur mit einem unverhältnismäßig großen Aufwand an Zeit, Kosten und Arbeitskraft einer bestimmten oder bestimmbaren natürlichen Person zugeordnet werden können.[211] Lässt der Forschungszweck die Anonymisierung noch nicht zu, etwa bei Langzeitstudien, die wiederholte Befragungen von Soldaten erfordern, sind die Merkmale, die den betroffenen Soldaten auffindbar machen, nach § 40 Abs. 2 Satz 2 BDSG gesondert zu speichern.[212] Diese personen- 60

---

204 Dies bekräftigt § 7 Abs. 2 Satz 1 SPersAV.
205 Zu den Begriffen vgl. § 44 Rn. 26 ff., 36.
206 Als Anwendungsfall des Übermittelns gem. § 3 Abs. 4 Satz 2 Nr. 3 Buchst. a BDSG.
207 Zum Begriff „Verwenden" vgl. Rn. 22.
208 S. zu diesen Begriffen Rn. 22. Auch in Abs. 4 Satz 2 wird der neu in den Abs. 1 Satz 5 eingefügte Begriff der Personalwirtschaft als zulässiger Zweck zu ergänzen sein.
209 Nr. 8.7 SPersAFüBest.
210 § 4 Abs. 3 Satz 1 SPersAV.
211 So die entspr. Definition in § 3 Abs. 6 BDSG.
212 Die Verbindung kann z. B. durch eine Codierung hergestellt werden.

bezogenen Merkmale und die davon getrennten Forschungsergebnisse dürfen nur zusammengeführt werden, soweit der Forschungszweck dies erfordert.[213]

Ergänzend bestimmt § 5 Abs. 5 SPersAV u. a., dass personenbezogene Daten über psychologische Untersuchungen und Tests, die zur Überprüfung der getroffenen psychologischen Eignungsfeststellungen gespeichert bzw. aufbewahrt werden, zu löschen oder zu vernichten sind, wenn ihre Kenntnis nicht mehr erforderlich ist, spätestens (grds.) nach zehn Jahren.

61 **Satz 5** ermöglicht es dem BMVg, die die Dienst- und Verwendungsfähigkeit der Soldaten und früheren Soldaten bestimmenden Informationen zentral aufzubewahren, um der Pflicht zur ärztlichen Dokumentation nachzukommen und – vor allem zum Schutz vor unberechtigten Forderungen wegen angeblich im Wehrdienst oder durch das Wehrdienstverhältnis entstandener gesundheitlicher Schäden – um eine ausreichende Beweissicherung zu gewährleisten. § 5 Abs. 3 Satz 5 und 6 SPersAV regelt, dass nach Ablauf der Dienstzeit die Teile der Gesundheitsunterlagen, deren Inhalte die Verwendungs- oder Dienstfähigkeit bestimmen, als Arztsache der übrigen PA zugeführt werden und nach Ende der Wehrüberwachung zentral beim Institut für Wehrmedizinalstatistik und Berichtswesen aufbewahrt werden können.

62 **5. Absatz 5.** Nach **Satz 1** ist der Soldat zu Beschwerden, Behauptungen und Bewertungen, die für ihn ungünstig sind oder ihm nachteilig werden können, vor deren Aufnahme in die PA[214] zu hören. Seine Äußerung ist zur PA zu nehmen (**Satz 2**).[215] Dieses Verfahren entspringt der Fürsorgepflicht des Dienstherrn und gestaltet das Recht auf rechtl. Gehör (§ 28 VwVfG) aus.[216] Es ist Folge des Rechtsstaatsprinzips und der staatlichen Verpflichtung zur Achtung und Wahrung der Menschenwürde, die es verbietet, den Menschen zum Objekt staatlichen Handelns zu machen. Die Anhörung soll die Grundrechte des Soldaten, die durch die Maßnahme betroffen sein können, schützen. Sie dient der Aufklärung des Sachverhalts und der Erhaltung der Richtigkeit der PA.[217]

63 Eine **Beschwerde** ist eine Eingabe gegen ein bestimmtes Verhalten eines Soldaten, in der ihm gegenüber ein **persönlicher** Vorwurf erhoben wird.[218] Die Eingabe darf sich nicht nur gegen die Behandlung einer Sache und gegen die Sachentscheidung richten, sondern muss das persönliche Verhalten des Soldaten zum Gegenstand haben. Nur dann handelt es sich um **Personalaktendaten** des Soldaten und ist die Beschwerde der PA des Soldaten zuzuordnen; andernfalls verbleibt sie in der entspr. Sachakte.[219]

---

213 Vgl. § 40 Abs. 2 Satz 3 BDSG.
214 Es muss sich bei diesen Vorgängen um Personalaktendaten des Soldaten handeln, die mit seinem Dienstverhältnis in einem unmittelbaren inneren Zusammenhang stehen (s. o. Rn. 11); andernfalls kommt eine Aufnahme in die PA nicht in Frage. Deshalb ist bei Beurteilungsbeiträgen o. vorbereitenden Stellungnahmen für Beurteilungen eine Anhörung nach Abs. 5 Satz 1 grds. nicht vorstellbar (vgl. o. Rn. 14). Ebenso entspr. für Beamte *Battis*, BBG, § 109 Rn. 4 m. w. N.
215 Satz 1 u. 2 entsprechen § 109 BBG.
216 *Battis*, BBG, § 109 Rn. 2; GKÖD I Yk, § 29 Rn. 56.
217 *Scherer/Alff/Poretschkin*, SG, § 29 Rn. 20. Zum Grds. der Personalaktenrichtigkeit s. Rn. 78.
218 *Kathke*, Personalaktenrecht, 50 Rn. 138 m. w. N.
219 Vgl. zur Sachakte o. Rn. 17. S. a. *Battis*, BBG, § 109 Rn. 3.

Als **Behauptungen** sind alle Feststellungen tatsächlicher Art zu verstehen, die vom Dienstherrn selbst getroffen oder von anderen Stellen (z. B. als Mitteilungen in Strafsachen) übermittelt werden.[220] **64**

Bewertungen erfassen subjektive, nicht dem Beweis zugängliche Äußerungen, in denen ein Werturteil enthalten ist. **65**

Die früher schwierige Unterscheidung[221], ob eine Äußerung sich als Behauptung auf Tatsachen bezog oder nur Werturteile enthielt (mit der Folge, dass dann eine Anhörung unterbleiben konnte), ist durch die Einbeziehung von Bewertungen in den Satz 1 gegenstandslos geworden. Nicht unter das Anhörungsrecht fallen bloße rechtl. Schlussfolgerungen aus einem bereits in der PA enthaltenen Sachverhalt.[222] **66**

Eine Anhörung setzt voraus, dass die Beschwerden, die behaupteten Tatsachen oder die Werturteile für den Soldaten **ungünstig** sind oder ihm **nachteilig** werden können. Die Entscheidung, ob die zuständige Stelle die Voraussetzungen für diese unbest. Rechtsbegriffe und damit eine Anhörung zu Recht abgelehnt hat (nur dann wird eine Nachprüfung in Frage kommen), ist gerichtl. (zuständig sind die **Wehrdienstgerichte**, vgl. § 17 Abs. 1 und 2 WBO i. V. m. § 82 Abs. 1[223]) voll überprüfbar.[224] **67**

Nach dem Wortlaut des Satzes 1 ist der Soldat **vor** der Aufnahme von Vorgängen in die PA zu hören. Nur ein vorhergehendes rechtl. Gehör verhindert, dass bei einem unberechtigten Vorwurf oder einer falschen Sachverhaltsdarstellung die PA unrichtig wird oder dass, wenn der Sachverhalt zutrifft oder die Vorwürfe begründet sind, der Soldat den Vorgang ohne seine Stellungnahme in seiner PA vorfindet. Ergeben sich bereits aus anderen Vorschriften Anhörungspflichten wegen der beabsichtigten Aufnahme eines Vorgangs in die PA (z. B. nach § 2 Abs. 10 SLV in Bezug auf die Eröffnung und Aufnahme der dienstl. Beurteilung in die PA[225]), kann auf die in Abs. 5 Satz 1 vorgesehene Anhörung verzichtet werden.[226] Eine Anhörung entfällt auch, wenn ein Vorgang zur PA genommen wird, dessen Rechtmäßigkeit auf Beschwerde oder Antrag auf gerichtl. Entsch. des Soldaten hin bereits überprüft worden ist oder hätte überprüft werden können (Beispiel: Ein in einem förmlichen Prüfungsverfahren erzieltes Prüfungsergebnis wird in die PA aufgenommen; zu einer Überprüfung des Prüfungsergebnisses durch den die Anhörung (sofern eine solche stattfände) vornehmenden Vorg. unter Berücksichtigung der Stellungnahme des betroffenen Soldaten könnte es unter keinen Umständen kommen[227]). **68**

Ein bestimmtes **Verfahren zur Durchführung der Anhörung** schreibt Abs. 5 Satz 1 nicht vor. Der Soldat ist eindeutig darauf aufmerksam zu machen, dass er zu einem Vorgang Stellung nehmen soll, der danach in seine PA aufgenommen werden soll. **69**

---

220 Vgl. *Kathke*, Personalaktenrecht, 50 Rn. 138; *Kessler*, Personalaktenrecht, 25.
221 Vgl. z. B. BVerwGE 50, 301 (308); 60, 245 (248 ff.); GKÖD I K, § 90b Rn. 2 f.
222 *Plog/Wiedow/Lemhöfer*, BBG, § 90b Rn. 5.
223 Vgl. *Dau*, WBO, Einf. Rn. 62, § 17 Rn. 23.
224 So entspr. für das Beamtenrecht *Battis*, BBG, § 109 Rn. 4; GKÖD I K, § 90b Rn. 8 m. w. N.
225 Trotz des geänd. Wortlauts des § 2 Abs. 10 SLV gegenüber § 2 Abs. 1 SLV a. F. tritt keine materielle Änd. ein: Sowohl die Beurteilung als auch der Nachweis ihrer Eröffnung sind zur PA zu nehmen.
226 Vgl. *Scherer/Alff/Poretschkin*, SG, § 29 Rn. 20; *Weniger*, SG, § 29 Rn. 20. Für Beamte ist dies in § 109 Satz 1 BBG geregelt.
227 BVerwGE 83, 323 (Ls 2) = NZWehrr 1988, 33 (34).

Dieser verfahrensmäßige oder zeitliche Zusammenhang[228] mit der Aufnahme der Vorgänge in die PA muss klar erkennbar sein, damit der Soldat nicht irrtümlich davon ausgeht, es handele sich nur um eine dienstl. Stellungnahme im Rahmen einer Sachprüfung.
Der Soldat ist nicht zur Stellungnahme verpflichtet.[229] Sieht er hiervon ab, ist aus Beweisgründen ein Vermerk zur PA zu nehmen, dass er Gelegenheit hierzu hatte. Nimmt der Soldat Stellung, kann er dies ausreichend schriftl. dokumentieren. Wenn seine Gegenäußerung nicht dazu führt, dass auf die Aufnahme des Vorgangs in die PA verzichtet wird, sind auch umfangreichere begleitende Stellungnahmen ungekürzt zur PA zu nehmen.

70 Stellt sich in der Anhörung die Unrichtigkeit der Beschwerde, Behauptung oder Bewertung heraus, ist diese nicht in die PA einzuordnen, sondern unverzüglich zu vernichten. Ergibt die Anhörung Zweifel an der Begründetheit oder Richtigkeit der Beschwerde, Behauptung oder Bewertung und lässt sich diese nicht nachweisen, ist ebenfalls von einer Aufnahme in die PA abzusehen.[230] Dies gebietet der Grds. der Fürsorge für den Soldaten. Aus dem Wortlaut des Abs. 5 Satz 1 lässt sich nicht ableiten, dass der Soldat im Falle der nicht aufklärbaren Richtigkeit von Behauptungen und Werturteilen stets die Aufnahme dieser (möglicherweise sogar böswillig erhobenen) unbewiesenen Vorwürfe in seine PA zu dulden hat. Dies wäre zwar bei striktem Festhalten am Grds. der Vollständigkeit der PA[231] konsequent, widerspräche aber dem hier vorrangigen schutzwürdigen Interesse des Soldaten, dem i. d. R. nicht mit der Anheftung einer Gegenäußerung an eine unbewiesene Tatsache oder Bewertung geholfen ist.[232] Auch solche in der PA verbleibenden Vorgänge können, selbst wenn der Soldat sie bestreitet, sich erfahrungsgemäß gleichwohl nachteilig und folgenschwer für den Betroffenen auswirken.[233]

71 Ist die vorgeschrieben Anhörung unterblieben, ist sie unverzüglich (ohne schuldhaftes Zögern[234]) nachzuholen.[235] Sind zwischenzeitlich Vorgänge nach Satz 1 in die PA gelangt, gibt allein die fehlende Anhörung dem Soldaten nicht in jedem Fall einen Anspruch auf Entfernung der Vorgänge. Dieser Anspruch besteht dann, wenn die nachgeholte Anhörung zu einem Ergebnis führt, das, wäre rechtl. Gehör rechtzeitig gewährt worden, die Aufnahme der Vorgänge in die PA ausgeschlossen hätte (vgl. Rn. 70). Sind Teile der zur PA genommenen Unterlagen unbegründet oder unrichtig,

---

228 Vgl. BVerwGE 38, 336 (344 f.).
229 GKÖD I Yk, § 29 Rn. 62; *Scherer/Alff/Poretschkin*, SG, § 29 Rn. 20.
230 So die amtl. Begr. zum sachgleichen § 90b BBG a. F. (BT-Drs. 12/544, 18). Ebenso *Kathke*, Personalaktenrecht, 52 Rn. 141; *Kessler*, Personalaktenrecht, 24; a.A. GKÖD I Yk, § 29 Rn. 64; *Plog/Wiedow/Lemhöfer*, BBG, § 90b Rn. 11, unter Hinw. auf Wortlaut u. Sinnzusammenhang des § 90b BBG a. F. (jetzt: § 109 BBG); *Weniger*, SG, § 29 Rn. 21. Wie *Kathke* a.a.O. (Fn. 257) zutr. feststellt, wird damit der historische Wille des Gesetzgebers ignoriert.
231 S. o. Rn. 10.
232 Der vom BVerwG betonte Grds. der Personalaktenvollständigkeit wird durch die Fürsorgepflicht des Dienstherrn begrenzt, vgl. BT-Drs. 12/544, 12.
233 Vgl. zur Gesamtproblematik auch GKÖD I K, § 90b Rn. 13 m. w. N.
234 § 121 Abs. 1 BGB.
235 *Scherer/Alff/Poretschkin*, SG, § 29 Rn. 20; entspr. zum Beamtenrecht *Battis*, BBG, § 109 Rn. 5.

reicht es aus, die an sich zu entfernenden Teile durch Schwärzung unkenntlich zu machen.[236]

Werden auf der Basis unzutreffender oder unbewiesener Vorgänge, die ohne Anhörung in die PA des Soldaten gelangt sind, für diesen nachteilige Folgen bewirkt, insbes. Personalentscheidungen getroffen, kann dies für den Soldaten Ansprüche wegen Verletzung der nach § 31 ihm gegenüber bestehenden Fürsorge- und Schutzpflicht auslösen. Möglich wäre ein Amtshaftungsanspruch gem. Art. 34 Satz 1 GG, § 839 BGB.[237]

72

Nach **Satz 3** sind aufgrund von Satz 1 und 2 zu den PA genommene Vorgänge, soweit sie nicht bereits früher entnommen worden sind, grds. nach spätestens zwei Jahren aus der PA zu entfernen[238], wenn der Soldat dem zustimmt.[239] Werden die Vorgänge entfernt, sind sie unverzüglich zu vernichten, da Personalaktendaten außerhalb der PA nicht aufbewahrt werden dürfen. Stimmt der Soldat der Entnahme nicht zu, bleiben die Vorgänge in der PA, bis der Soldat die Entfernung beantragt. Auf den Vorgängen ist zu vermerken, dass sie tilgungsreif sind, der Soldat der Herausnahme und Vernichtung widersprochen hat und eine Verwertung der Unterlagen zu seinem Nachteil unzulässig ist.[240]

73

Ausnahmsweise verbleiben nach Satz 3 Vorgänge in der PA, wenn sie **in eine dienstl. Beurteilung aufgenommen** worden sind oder nach anderen gesetzl. Best. einer **längeren Tilgungsfrist** unterliegen.

74

Mit der Regelung zur Nichtentfernung von Unterlagen, die in eine dienstl. Beurteilung aufgenommen worden sind, wird implizit von der längerfristigen Aufbewahrung der dienstl. Beurteilung in der PA ausgegangen.[241] Bei den genannten Unterlagen kann es sich grds. nicht um Beurteilungsbeiträge oder vorbereitende Stellungnahmen handeln, da diese nicht Bestandteil der PA werden können.[242] Erfasst werden nur Vorgänge, die als Beurteilungsbeiträge oder vorbereitende Stellungnahmen zugeleitet wurden **und** ausnahmsweise förmlich in die Beurteilung integriert oder mit ihr eröffnet, also Teile der PA wurden.

---

236 Vgl. BVerwG ZBR 2000, 129 f. m. w. N.
237 Vgl. GKÖD I Yk, § 29 Rn. 66.
238 Die amtl. Begr. (BT-Drs. 12/544, 20) zur beamtenrechtl. Parallelvorschrift (§ 90e Abs. 1 Satz 1 Nr. 2 BBG a. F., jetzt: § 112 Abs. 1 Satz 1 Nr. 2 BBG) stützt die Entfernung auf den sich aus der Fürsorgepflicht ergebenden Resozialisierungsgedanken.
239 Die Zustimmung ist einzuholen, weil es schwerwiegende Gründe für den Soldaten geben kann, derartige Vorgänge in der PA zu belassen (BT-Drs. 12/544, 20 [zu § 90e Abs. 1 BBG a. F.]). Nach dem Wortlaut der Vorschrift muss der Soldat seine Ablehnung nicht begründen; im Ergebnis wohl ebenso („kann aus jedem Grund die Zustimmung verweigern") *Scherer/Alff/Poretschkin*, SG, § 29 Rn. 21.
240 So Nr. 2.5 SPersAFüBest.
241 Weder § 2 SLV noch die ZDv 20/6 noch die SPersAV enthalten spezielle Best. über Aufbewahrungsfristen für Beurteilungen in der PA. Es gelten daher die allg. Regelungen zur Aufbewahrung von PA (§ 29 Abs. 6; § 5 SPersAV). Nach § 112 Abs. 1 Satz 1 Nr. 2 Halbs. 2 BBG werden dienstl. Beurteilungen von Beamten nicht aus der PA entfernt.
242 Vgl. BVerwGE 62, 135 = ZBR 1981, 341 u. o. Rn. 14. Diesen Vorgängen fehlt der unmittelbare innere Zusammenhang zum Dienstverhältnis (vgl. o. Rn. 11), so dass sie außerhalb der PA aufbewahrt werden. Vgl. auch *Battis*, BBG, § 112 Rn. 6.

Eine gesetzl. Vorschrift, die längere Tilgungsfristen regelt, ist insbes. § 8 WDO. Eine spezielle, sich auf Mitteilungen in Strafsachen und auf Auskünfte aus dem Bundeszentralregister beziehende Regelung zur Entfernung aus der PA trifft § 6 SPersAV.[243]

75 Nach **Satz 4**[244] **unterbricht** die Einleitung eines Straf- oder Disziplinarverfahrens i. d. R. die **Frist** nach Satz 3. Gleiches gilt, wenn „**erneute Sachverhalte** im Sinne dieser Vorschrift", also neue Vorwürfe i. S. v. Satz 1, die zur PA genommen werden, bekannt werden. Dabei muss es sich nicht um gleiche oder ähnliche Vorwürfe wie den zur Tilgung heranstehenden handeln. Vielmehr soll der Resozialisierungsgedanke hinter den Grds. der Vollständigkeit der PA zurücktreten.[245]

Unter **Einleitung eines Strafverfahrens**[246] ist jede Maßnahme zu verstehen, die durch die Staatsanwaltschaft, ihre Hilfsbeamten oder einen Strafrichter mit dem erkennbaren Ziel ergriffen wird, gegen einen Soldaten wegen einer Straftat vorzugehen. Die Einreichung einer Anklageschrift durch die Staatsanwaltschaft bei Gericht gem. § 170 Abs. 1 StPO oder die gerichtl. Entsch. über die Eröffnung des Hauptverfahrens nach § 199 Abs. 1 StPO muss nicht abgewartet werden. Entscheidend ist, dass der Dienstherr in nachvollziehbarer Form Mitteilung (insbes. im Wege des § 89) von einer Maßnahme (z. B. einem richterlichen Haftbefehl nach § 128 Abs. 2 Satz 2 StPO) erhält. Bereits ab diesem Zeitpunkt ist es gerechtfertigt, von einer Unterbrechung der Frist auszugehen. Es wäre z. B. nicht vertretbar, einen nach Abs. 5 Satz 1 in die PA aufgenommenen Vorgang aus der PA eines Soldaten, der nach Kenntnis seiner Vorg. in Untersuchungshaft sitzt, nur deshalb entfernen zu müssen, weil noch keine Mitteilung in Strafsachen nach § 89 bei der Truppe eingegangen ist.

Daher ist unter **Einleitung eines Disziplinarverfahrens** i. S. v. Satz 4 nicht nur ein gerichtl. Disziplinarverfahren und für dieses nicht erst die Zustellung der Einleitungsverfügung an den Soldaten gem. § 93 Abs. 1 WDO zu verstehen. Auch sonstige Ermittlungen eines DiszVorg. zur Sachverhaltsaufklärung bei Verdacht eines Dienstvergehens (§ 32 WDO) oder andere in diesem Zusammenhang ergehende Maßnahmen (z. B. eine vorläufige Festnahme nach § 21 WDO) reichen aus, die Zweijahresfrist zu unterbrechen.

76 **Unterbrechung** der Frist bedeutet, dass die Zweijahresfrist in der Zeit von der Einleitung bis zum Abschluss des Verfahrens **nicht läuft**. Erweisen sich die neuen Vorwürfe als richtig und begründet, beginnt mit dem Abschluss des diesbezüglichen Verfahrens eine **neue Zweijahresfrist** zu laufen.[247] Schon aus diesem Grund ist der zeitlich möglichst weit vorgezogene Beginn der Unterbrechung der Zweijahresfrist für den Soldaten keine zusätzliche Beschwer.

---

243 Vgl. entspr. § 112 Abs. 2 BBG.
244 Die Vorschrift deckt den Regelungsinhalt des § 112 Abs. 1 Satz 2 BBG ab.
245 BT-Drs. 12/544, 20 (zu § 90e Abs. 1 BBG a. F.).
246 Die amtl. Begr. (BT-Drs. 12/544) gibt keine Interpretationshilfe.
247 *Kathke*, Personalaktenrecht, 111 Rn. 341; *Scherer/Alff/Poretschkin*, SG, § 29 Rn. 21 a. E. Die Unterbrechung führt somit zu einem völligen Neubeginn der Verjährung. Es tritt nicht nur eine Hemmung des Fristablaufs nach § 209 BGB ein (wie z. B. bei § 17 Abs. 5 WDO), wonach lediglich der Zeitraum, während dessen die Verjährung gehemmt ist, in die Verjährungsfrist nicht eingerechnet wird.

Stellen sich die erneuten Vorwürfe als unbegründet oder falsch heraus, gilt die Frist als nicht unterbrochen. Dies wird in **Satz 5**, wie schon im BBG[248], jetzt ausdrücklich geregelt.[249]

Anders als nach § 112 Abs. 1 Satz 2 BBG wird nach Satz 4 die Frist für die Entfernung nur **regelmäßig** unterbrochen. Es sind Ausnahmen möglich, in denen die Einleitung eines Straf- oder Disziplinarverfahrens oder das Bekanntwerden erneuter Sachverhalte nicht zur Unterbrechung der Zweijahresfrist führt. Vorstellbar ist dies z. b. dann, wenn es sich bei den neuen Vorwürfen um Bagatellfälle handelt. **77**

Eine entspr. Vorschrift zu § 112 Abs. 1 Satz 1 Nr. 1 BBG, der für Unterlagen in der PA über Beschwerden, Behauptungen und Bewertungen, die sich als unbegründet oder falsch erwiesen haben (ohne dass sie ungünstig sind oder nachteilig werden können, diesen Sonderfall regelt § 112 Abs. 1 Satz 1 Nr. 2 BBG entspr. zu § 29 Abs. 5), mit Zustimmung des Betroffenen eine unverzügliche **Entfernung und Vernichtung** vorsieht, enthält § 29 nicht. Auch in der SPersAV finden sich keine ergänzenden Best. **78**

Gleichwohl kann es für das soldatische Personalaktenrecht nicht zw. sein, dass (abgesehen von den in Abs. 5 ausdrücklich geregelten Fällen) Unterlagen mit unbegründeten oder falschen Behauptungen oder Bewertungen, die für den Soldaten sogar vorteilhaft sein können[250], von Amts wegen **unverzüglich aus der PA** zu **entnehmen** und zu **vernichten** sind, wenn der Soldat dem zustimmt. Dies folgt aus dem **Grds. der Personalaktenrichtigkeit**, der insbes. fordert, PA stets auf aktuellem Stand zu halten, sie ständig auf Richtigkeit und Vollständigkeit zu überprüfen, erkannte Fehler unverzüglich zu beseitigen und die entspr. Unterlagen zu vernichten. Das Zustimmungserfordernis soll den Soldaten in Fällen schützen, in denen es für ihn aus schwerwiegenden Gründen ratsam erscheint, unbegründete oder falsche Vorgänge in der PA zu belassen.[251] Dies ist dann in der Akte zu vermerken. Bei Unterlagen, die nur teilweise Angaben enthalten, die zu entfernen sind, im Übrigen aber Informationen wiedergeben, die in der PA zu verbleiben haben, reicht es aus, die zu tilgenden Feststellungen zu schwärzen.[252]

6. Absatz 6. PA[253] gehören traditionell zum langfristig aufzubewahrenden Schriftgut. Dadurch kann ein hoher Personal- und Sachaufwand entstehen. Die Aufbewahrung ist entspr. dem Gebot sparsamen Umgangs mit Finanzmitteln unter wirtschaftlichen Gesichtspunkten zu sehen. Ökonomische Gründe sprechen dafür, die Aufbewahrungsfristen für PA eindeutig zu regeln und möglichst abzukürzen. Andererseits sind Aufbewahrungsfristen unter dem Gesichtspunkt der Verjährung von Ansprüchen aus dem Dienstverhältnis zu beurteilen. Hinterbliebenen des Soldaten ist u. U. noch lange nach dessen Tod Einblick in die PA zu gewähren. Der Notwendigkeit einer angemessenen Aufbewahrungszeit trägt Abs. 6 Rechnung. **79**

---

248 S. § 112 Abs. 1 Satz 3 BBG.
249 Eine Satz 5 entspr. Vorschrift enthält bereits § 6 Satz 3 SPersAV.
250 Beispiel: Vermerk über angebliche, tatsächlich nicht vorhandene Sprachkenntnisse eines Soldaten.
251 So entspr. für das Beamtenrecht *Battis*, BBG, § 112 Rn. 5 m. w. N.
252 BVerwG ZBR 2000, 129 f. m. w. N.
253 Zum Folgenden BT-Drs. 12/544, 13.

Eichen

80 Satz 1 erlaubt es dem Dienstherrn, die PA des Soldaten nach Beendigung des Wehrdienstverhältnisses aufzubewahren, wenn dies sachlich gerechtfertigt ist. Beispielhaft („insbesondere") werden hierfür die weitere Erfüllung der WPfl, besoldungs- und versorgungsrechtl. Gründe angeführt. Entfällt die Notwendigkeit der Aufbewahrung der PA ganz oder für bestimmte Teile (für Teilakten oder Nebenakten[254]), ist sie oder der entspr. Teil zu vernichten. Dies fordert der Grds. der Verhältnismäßigkeit.

81 Satz 2 trifft spezielle Regelungen zur Behandlung der Personalunterlagen von Personen, die sich erfolglos um Einstellung als BS oder SaZ beworben haben. Werden deren Personalunterlagen noch für eine Heranziehung zum Wehrdienst aufgrund der WPfl benötigt, sind diese Unterlagen an das zuständige KWEA abzugeben. Dort werden sie in eine PA aufgenommen, die je nach den Umständen auf einer unterschiedlichen Rechtsgrundlage beruht: Entweder, wenn der abgelehnte Bewerber noch keinen Wehrdienst geleistet hat, in die nach § 25 WPflG i. V. m. § 29 Abs. 1 Satz 1 SG[255] und § 2 Abs. 1 Satz 1 WPersAV[256] über jeden (ungedienten) WPfl zu führende PA, oder, wenn der abgelehnte Bewerber bereits Soldat war, in die nach § 29 Abs. 6 Satz 1 für jeden früheren Soldaten aufzubewahrende PA.[257] Steht der abgelehnte Bewerber für einen Wehrdienst aufgrund der WPfl nicht zur Verfügung, wird mit den Bewerbungsunterlagen keine PA angelegt. Die persönlichen Unterlagen sind dem Bewerber nach Möglichkeit zurückzugeben; geschieht dies nicht, sind sie zu den Unterlagen des Bewerbungsverfahrens zu nehmen, die insgesamt eine Sachakte bilden. Gespeicherte Personaldaten über abgelehnte Bewerber sind zu löschen, soweit sie nicht für eine erneute Berufung oder eine Heranziehung zum Wehrdienst nach dem WPflG von Bedeutung sind.

82 Konkretisiert wird Abs. 6 durch **§ 5 SPersAV**.

Dieser regelt insbes.

- die **Aufbewahrungsfristen** der **PA** früherer BS und der übrigen Angehörigen der Reserve, für ehem., nicht mehr wehrdienstfähige oder verstorbene Soldaten (Abs. 2),
- das Schicksal von Unterlagen zu Anträgen auf Gewährung von **Nebengebührnissen** wie Beihilfen, Reisekosten oder Trennungsgeld (Abs. 3 Satz 1 bis 3[258]),
- den Verbleib der **Gesundheitsunterlagen**[259] (Abs. 3 Satz 4 bis 6),
- die Aufbewahrung der **Besoldungs**– und **Versorgungsakten** (Abs. 4[260]) sowie
- der personenbezogenen Daten über **psychologische Untersuchungen** und Tests, die zur Überprüfung der getroffenen psychologischen Eignungsfeststellungen gespeichert bzw. aufbewahrt werden (Abs. 5).

---

254 Vgl. o. Rn. 26, 27.
255 Auch § 29 Abs. 1 Satz 1 gilt für die PA ungedienter Wpfl entspr., vgl. § 25 WPflG.
256 Die WPersAV ist noch in Kraft, vgl. o. Rn. 8.
257 Abs. 6 Satz 2 regelt nicht den Fall, dass sich ein wpfl Soldat o. ein SaZ erfolglos um eine Berufung in das Dienstverhältnis eines SaZ o. BS bewirbt: Dessen Bewerbungsunterlagen werden zur Grundakte (Klarsichthülle o. Stammakte) genommen, die grds. in der personalbearbeitenden Stelle weitergeführt wird (vgl. Nr. 2.1.3 SPersAFüBest).
258 Vgl. § 113 Abs. 2 BBG.
259 S. o. Rn. 61.
260 Vgl. § 113 Abs. 3 BBG.

Personalakten § 29

Gem. § 5 Abs. 6 SPersAV[261] sind nach Ablauf der Aufbewahrungsfristen die PA dem **83**
BA-MA zur Übernahme anzubieten. Übernommen werden insbes. Akten, die Personen mit besonderer Biographie (z. B. Persönlichkeiten des öff. Lebens, Spitzensportler[262]) betreffen. PA, die nicht archiviert werden, sind zu vernichten, sofern nicht nach anderen gesetzl. Best. eine längere Aufbewahrungsfrist vorgesehen ist

7. Absatz 7. Satz 1[263] garantiert jedem in einem Wehrdienstverhältnis stehenden Soldaten und jedem früheren Soldaten ein **Recht auf Einsicht** in **seine** PA. **84**

Einbezogen werden einerseits Soldaten, die aufgrund der WPfl Wehrdienst leisten.[264] **85**
Andererseits zeigt der Wortlaut des Satzes 1 („nach seinem **Ausscheiden** aus dem Wehrdienstverhältnis") mit seinem umfassenden Regelungsinhalt, dass bei **früheren Soldaten** die Art der Beendigung des Wehrdienstverhältnisses nicht maßgeblich ist. Erfasst werden alle Gründe für die Beendigung eines Wehrdienstverhältnisses, z. B. der Verlust der Rechtsstellung als BS oder SaZ, die Entlassung oder die Entfernung aus dem Dienstverhältnis durch Urt. in einem gerichtl. Disziplinarverfahren. Auch hiervon betroffene frühere Soldaten haben ein Recht auf Einsicht in ihre PA. Dies gilt entspr. für Soldaten in einem **faktischen Dienstverhältnis**[265], für die ein wirksames Wehrdienstverhältnis nicht begründet worden ist. Hat der Dienstherr die Dienste des faktischen Soldaten, ohne dass dieser seine Eingliederung in die SK erschlichen hat, entgegengenommen und über den Soldaten eine PA angelegt, gibt es grds. keinen sachlichen Grund, dem faktischen Soldaten die Einsicht in diese Akte zu verwehren, selbst wenn für ihn die Verschwiegenheitspflicht als nachwirkende Pflicht (§ 14 Abs. 1 Satz 1, § 23 Abs. 2 Nr. 1) wohl nicht gilt.[266] Als Korrektiv zur fehlenden Verschwiegenheitspflicht kann in diesem Fall wie bei der Einsicht in die PA durch Bevollmächtigte nach Satz 2 (vgl. u. Rn. 91) die Einsicht davon abhängig gemacht werden, dass ihr dienstl. Gründe nicht entgegenstehen.

Das aus dem Fürsorgegrds. abgeleitete Recht auf Einsicht in die PA bezieht sich auf **86**
die **vollständige** PA.[267] Es erfasst alle Personalaktendaten[268] ohne Unterschied, ob sie in der Grundakte, in Teil- oder in Nebenakten[269] zu finden sind. In Verfahren nach der WDO gelten für das Akteneinsichtsrecht des Soldaten, seines Verteidigers, eines Betreuers oder Pflegers spezielle Vorschriften[270], die Abs. 7 vorgehen. Auch die Fürsorgepflicht kann im Einzelfall – unter Anlegung eines strengen Maßstabes – das Einsichtsrecht des Soldaten in ihn betreffende ärztliche Gutachten beschränken, wenn die Besorgnis besteht, dass der Soldat bei Kenntnisnahme des Befundes weiteren gesundheitlichen Schaden nimmt.[271] Ggf. ist durch den zuständigen SanOffz die notwendige

---

261 Entspr. § 113 Abs. 4 BBG.
262 Vgl. Abschnitt 7 SPersAFüBest.
263 Vgl. entspr. § 110 Abs. 1 BBG.
264 Über § 25 WPflG i. V. m. § 29 Abs. 7 Satz 1 werden ungediente WPfl u. deren PA entspr. erfasst. Auch diesen Personen steht ein Einsichtsrecht zu.
265 Vgl. zum faktischen Soldaten die Komm. zu § 1 Rn. 37 ff.
266 Vgl. die Komm. zu § 14 Rn. 7.
267 BT-Drs. 12/544, 18 zu § 90c BBG. Vgl. *Scherer/Alff/Poretschkin*, SG, § 29 Rn. 23.
268 S. o. Rn. 11.
269 Vgl. *Plog/Wiedow/Lemhöfer*, BBG, § 90c Rn. 2. S. zu Grund-, Teil- u. Nebenakten o. Rn. 25 ff.
270 Insbes. § 3, § 90 Abs. 3 WDO; vgl. die Komm. bei *Dau*, WDO.
271 BT-Drs. 12/544, 18 zu § 90c BBG. Vgl. *Plog/Wiedow/Lemhöfer*, BBG, § 90c Rn. 3.

Vorsorge (z. B. durch vorherige Aufklärung, ärztliche Betreuung bei der Akteneinsicht) zu treffen.[272]

87 Dem Soldaten steht ein **uneingeschränktes Recht** auf Einsicht in seine PA zu. Ein rechtl. Interesse unterstellt der Gesetzgeber[273]. Es entfällt nicht dadurch, dass der Soldat den Inhalt seiner PA kennt oder von Vorgängen, in die er Einsicht begehrt, schon auf andere Weise Kenntnis erlangt hat; er kann auch wiederholt Einsicht verlangen.[274] Der Soldat muss keine Begründung liefern. Macht er, was formlos geschehen kann, einen Anspruch auf Einsicht geltend, bedarf diese deshalb keiner besonderen Genehmigung. Sie ist ohne weitere Prüfung unverzüglich zu gewähren, ohne dass die personalaktenführende Stelle einen Abwägungsspielraum[275] (z. B. aus Sicherheitsgründen bei MAD-Angehörigen) geltend machen könnte.

Der Soldat unterliegt ebenso wie bei sonstigen, ihm bei seiner dienstl. Tätigkeit bekannt gewordenen Angelegenheiten auch in Bezug auf seine PA grds. der **Pflicht zur Verschwiegenheit**[276] (§ 14 Abs. 1 Satz 1). Er hat über die ihm durch die Einsicht in die PA bekannt gewordenen Einzelheiten zu schweigen, es sei denn, die Voraussetzungen des § 14 Abs. 2 liegen vor. Ein Soldat (z. B. im MAD oder BND), der verwendungsbedingt zu besonderer Verschwiegenheit verpflichtet ist, darf Einzelheiten seiner PA nicht weitergeben, da diese durchaus sicherheitsrelevant sein können.

Auch ein **früherer Soldat** unterliegt hins. des Inhalts seiner PA der Verschwiegenheitspflicht. Hat er die Akte erst nach Beendigung des Wehrdienstverhältnisses eingesehen, unterfällt er zwar vom Wortlaut her nicht § 14 Abs. 1 Satz 1, da er die Kenntnis nicht „bei" seiner dienstl. Tätigkeit erlangt hat; ihrem Sinn nach muss die nachwirkende Verschwiegenheitspflicht aber auch für diesen Fall gelten.[277]

88 Einsichtnahmen in PA sind nicht zu vermerken.[274] Die Häufigkeit der Einsicht[278] unterliegt nur unter dem Aspekt des Missbrauchs Grenzen.

89 Wird ein Antrag auf **Einsicht** in die PA **abgelehnt**, handelt es sich um eine beschwerdefähige truppendienstl. Maßnahme, gegen die der Soldat notfalls eine **wehrdienstgerichtl. Entsch.** (§§ 17, 21 WBO) beantragen kann.[279] Einem früheren Soldaten steht, soweit ihm nicht § 1 Abs. 3 WBO hilft, der Rechtsweg zu den VG (allg. Leistungsklage) offen.

90 Das Verfahren der Akteneinsicht wird konkretisiert durch § 8 Abs. 1 SPersAV.[280] Danach wird Einsicht grds. nur in den Diensträumen der personalaktenführenden Dienststelle oder einer im Einzelfall durch diese festgelegten Dienststelle der Bw jew. unter Aufsicht eines Bediensteten[281] gewährt. Im Ausland kann die Einsicht in einer

---

272 Anl. 5 Nr. 2.1 SPersAFüBest.
273 Hierzu u. zum Folgenden BT-Drs. 12/544, 18 (zu § 90c BBG a. F.).
274 *Scherer/Alff/Poretschkin*, SG, § 29 Rn. 23.
275 Vgl. *Plog/Wiedow/Lemhöfer*, BBG, § 90c Rn. 2.
276 *Scherer/Alff/Poretschkin*, SG, § 29 Rn. 23. Vgl. entspr. den Hinw. zu § 90c Abs. 1 BBG a. F. auf die Pflichten aus dem Dienstverhältnis in BT-Drs. 12/544, 18.
277 Vgl. *Plog/Wiedow/Lemhöfer*, BBG, § 90c Rn. 9.
278 Nach BT-Drs. 12/544, 19 „beliebig oft" möglich.
279 Vgl. *Dau*, WBO, Einf. Rn. 61, § 1 Rn. 155, § 17 Rn. 23.
280 Ergänzt durch Anl. 5 Nr. 1.2 f. SPersAFüBest.
281 Dies soll Manipulationen an der PA ausschließen, BT-Drs. 12/544, 19.

Personalakten § 29

deutschen diplomatischen oder konsularischen Vertretung stattfinden, wenn dies dem Soldaten bei einer Dienststelle der Bw nicht zugemutet werden kann. Reisekosten, die durch diese Akteneinsicht entstehen, werden dem Soldaten ebenso wenig wie im Inland erstattet.[282] Soweit dienstl. Gründe nicht entgegenstehen, dürfen im Einzelnen bezeichnete Auszüge, Abschriften, Ablichtungen oder Ausdrucke unter Aufsicht gefertigt werden.[283] Hinderungsgrund kann insbes. ein spezielles Vertraulichkeitsbedürfnis hins. einzelner dienstl. Vorgänge oder darin enthaltener Daten Dritter sein.[284] Die Abschrift oder Kopie der gesamten PA ist jedenfalls unzulässig.[285] Dem Soldaten ist – für ihn kostenfrei[286] – auf Verlangen ein unverschlüsselter Ausdruck der zu seiner Person automatisiert gespeicherten Personalaktendaten zu überlassen.[287] Einsicht in Gesundheitsunterlagen wird grds. nur unter Aufsicht eines der ärztlichen Schweigepflicht unterliegenden Bediensteten gewährt.[288]

Beantragt der Soldat statt einer Einsicht eine Auskunft oder eine Kopie eines bestimmten Vorgangs aus der PA, so ist dem – soweit dienstl. Gründe nicht entgegenstehen – zu entsprechen, wenn sich damit aus Sicht des Soldaten eine Einsichtnahme erübrigt.[289]

Das grds. unbeschränkte Recht des Soldaten auf Einsicht in seine PA findet seine Rechtfertigung in der Pflicht zur Verschwiegenheit, welcher der Soldat hierbei unterliegt.[290] Obwohl dritte Personen an diese Pflicht nicht gebunden sind und das Recht zur Einsicht in die PA grds. als höchstpersönliches Recht anzusehen ist, gestattet **Satz 2** einem **Bevollmächtigten** des Soldaten Einsicht in dessen PA. Um auszuschließen, dass der Bevollmächtigte von den erlangten Kenntnissen unsachgemäß Gebrauch macht, wird seine Einsicht davon abhängig gemacht, dass **dienstl. Gründe** nicht entgegenstehen.[291] Ob im konkreten Fall „dienstliche Gründe" (diese können z. B. in einem von der Dienststelle reklamierten Geheimhaltungsbedürfnis für die PA liegen oder mit der Person des Bevollmächtigten, etwa aus konkretem Anlass bestehenden Zweifeln an dessen Verschwiegenheit, begründet werden) bzgl. der Person des Bevollmächtigten zu Recht zur Versagung einer Akteneinsicht angenommen worden sind, kann – wie grds. bei der Anwendung unbest. Rechtsbegriffe – **gerichtl.** in vollem Umfang **überprüft** werden.[292] Zuständig sind die **Wehrdienstgerichte** (auf Beschwerde des bevollmächtigenden Soldaten, da der Bevollmächtigte dessen eigene Rechte wahrnehmen sollte). Wollte der Bevollmächtigte die PA für einen **früheren** Soldaten einse-

---

282 Vgl. ebd.; *Kathke*, Personalaktenrecht, 83 Rn. 245.
283 Ggf. kann für Ablichtungen etc. von dem Soldaten eine Kostenerstattung verlangt werden, so *Plog/Wiedow/Lemhöfer*, BBG, § 90c Rn. 18 unter Berufung auf BT-Drs. 12/544, 19. Vgl. ausdrücklich für Disziplinarverfahren § 3 Abs. 1 Satz 3 WDO.
284 § 8 Abs. 1 Satz 4 SPersAV.
285 Dies lässt BT-Drs. 12/544, 19 erkennen („Abschriften oder Ablichtungen einzelner Schriftstücke").
286 So für diesen Fall ausdrücklich BT-Drs. 12/544, 19 (entspr. zu § 90c Abs. 3 BBG a. F.).
287 § 8 Abs. 1 Satz 5 SPersAV.
288 Anl. 5 Nr. 1.2 SPersAFüBest.
289 Anl. 5 Nr. 2.1 SPersAFüBest.
290 S. o. Rn. 85.
291 Vgl. BT-Drs. 12/544, 18 (entspr. zu § 90c Abs. 2 BBG a. F.).
292 So entspr. zum Beamtenrecht *Kathke*, Personalaktenrecht, 76 Rn. 218.

Eichen 557

hen, steht diesem bei Verweigerung der Einsichtgewährung der **Verwaltungsrechtsweg** offen (allg. Leistungsklage).

92 Der **Bevollmächtigte**[293] ist **kein Dritter**, sondern er vertritt den einsichtsberechtigten Soldaten. Häufig wird Bevollmächtigter ein **Rechtsanwalt** sein. Wird er als Verteidiger oder Prozessvertreter in gesetzl. speziell geregelten Verfahren tätig, ist ihm die Einsicht in PA, die für das Verfahren beigezogen worden sind, nach spezifischen gesetzl., Satz 2 verdrängenden Vorschriften der einschlägigen Verfahrensordnungen möglich (z. B. nach § 90 Abs. 3 WDO als Verteidiger im gerichtl. Disziplinarverfahren, nach § 147 StPO als Verteidiger im Strafverfahren, nach § 100 VwGO als Bevollmächtigter im verwaltungsgerichtl. Verfahren [das Akteneinsichtsrecht der Beteiligten erstreckt sich auf deren nach § 67 VwGO zu bestellende Bevollmächtigte]).

Der Bevollmächtigte muss nicht Rechtsanwalt, sondern kann ein Soldat oder jede andere natürliche Person sein, die verfahrenshandlungsfähig ist.[294] Da die Person des Bevollmächtigten genau bestimmbar sein muss, ist die Vollmacht für eine Personenmehrheit (z. B. einen Verein, eine Gewerkschaft oder einen Berufsverband) unzulässig.[295]

Auch wenn Satz 2 – anders als § 14 Abs. 1 Satz 3 VwVfG – keine Regelung über den schriftl. **Nachweis einer Bevollmächtigung** enthält, ist in Zweifelsfällen, wenn der vertretene Soldat die Vollmacht nicht bestätigt, die Vorlage einer **schriftl. Vollmacht** zu fordern. Als spezielle Vorschrift verlangt § 8 Abs. 2 Satz 2 und 3 SPersAV, dass Bevollmächtigten die Einsicht in oder die Auskunft aus Gesundheitsunterlagen nur aufgrund ausdrücklicher Vollmacht des Soldaten (d. h. einer solchen, die sich ausdrücklich auf diese Gesundheitsunterlagen bezieht) gewährt werden darf. Diese Vollmacht ist regelmäßig schriftl. zu erteilen. Für Beihilfeakten gilt dies mit der Maßgabe, dass zusätzlich die Einwilligung des bei der Beihilfegewährung berücksichtigten Angehörigen erforderlich ist.

93 **Satz 3** erlaubt die Einsicht in die PA eines verstorbenen Soldaten dessen **Hinterbliebenen** (insbes. dem überlebenden Ehegatten, den Kindern oder sonstigen Personen, die nach §§ 41 ff. SVG als Hinterbliebene Ansprüche geltend machen können) und deren **Bevollmächtigten**[296], soweit dienstl. Gründe nicht entgegenstehen (dies folgt aus der Formulierung „Dies gilt auch für ...") und wenn zusätzlich ein **berechtigtes Interesse** an der Einsicht glaubhaft gemacht wird. Ein berechtigtes Interesse kann z. B. darin bestehen, konkrete Schadensersatzansprüche oder sonstige Forderungen gegen den Dienstherrn des verstorbenen Soldaten prüfen zu wollen. Das Einsichtsrecht geht nur so weit, wie das berechtigte Interesse reicht. Von diesem Interesse nicht berührte Teile der PA sind (dies verlangt der Grds. der Verhältnismäßigkeit) nicht einsehbar.

94 Stehen einer Einsichtnahme in die PA durch einen Bevollmächtigten oder durch Hinterbliebene dienstl. Gründe entgegen, muss in Erwägung gezogen werden, ob und inwieweit eine **Auskunft** an diese Personen in Betracht kommt.[297] Nach **Satz 4** ist zu

---

293 Zum Begriff des Bevollmächtigten im Verfahren der Einsicht in PA kann auf § 14 VwVfG zurückgegriffen werden.
294 Vgl. *Kopp/Ramsauer*, VwVfG, § 14 Rn. 11 m. w. N.
295 *Kathke*, Personalaktenrecht, 75 Rn. 214.
296 Dies stellt die Ergänzung in Satz 3 durch Art. 10 Nr. 13 Buchst. g des DNeuG jetzt klar.
297 So entspr. zu § 90c Abs. 2 BBG a. F. BT-Drs. 12/544, 18.

prüfen, ob auch bei Erteilung einer Auskunft an einen Bevollmächtigten dienstl. Gründe entgegenstehen, und ob bei einer Auskunft an Hinterbliebene oder deren Bevollmächtigte zusätzlich ein berechtigtes Interesse an der Auskunft glaubhaft gemacht wird.

Bei der Gewährung der Einsicht oder Auskunft sind Bevollmächtigte und Hinterbliebene darauf hinzuweisen, dass sie von der erlangten Kenntnis nur in dem zur Einsicht oder zur Auskunft berechtigenden Umfang Gebrauch machen dürfen, und dass eine darüber hinausgehende Verwertung der gewonnenen Informationen unzulässig ist.[298]

Andere als die genannten Privatpersonen (Bevollmächtigte, Hinterbliebene) haben keinen Anspruch auf Einsicht in die PA, auch wenn der Soldat zustimmt.[299] Auskünfte über Satz 4 hinaus sind nur nach Maßgabe des Abs. 3 Satz 9 zulässig.

8. Absatz 8. **Satz 1** gibt dem Soldaten, soweit gesetzl. nichts anderes bestimmt ist, ein Recht auf Einsicht in andere Akten, die personenbezogene Daten über ihn enthalten und die für sein Dienstverhältnis verwendet werden. Bei diesen Akten handelt es sich nicht um PA (eine Einsicht in seine PA wäre dem Soldaten bereits nach Abs. 7 Satz 1 rechtl. möglich), und die in sie aufgenommenen Daten sind keine Personalaktendaten.[300] Es handelt sich bei diesen Akten vielmehr um Sachakten[301] und bei den in diesen enthaltenen Daten um personenbezogene Sachaktendaten.[302] Als nach Satz 1 einsehbare Sachakten kommen z. B. Prüfungsakten über Laufbahnprüfungen der Soldaten[303], Kindergeldakten[304] oder Unterlagen über Auswahlverfahren zur Besetzung eines Dienstpostens[305] in Frage. Obwohl ebenfalls in Abs. 1 Satz 4 ausdrücklich als Sachakte aufgeführt, sind **Sicherheitsakten**[306] von einer Einsichtnahme nach Satz 1 letzter Halbs. expressis verbis ausgenommen. Diese ist vielmehr spezialgesetzl. geregelt: Eine Einsicht in die Sicherheitsakte, die nach § 18 Abs. 3 Satz 2 SÜG dem Betroffenen grds. nicht zugänglich gemacht werden darf, lässt § 23 Abs. 6 SÜG nur in eng begrenzten Ausnahmefällen zu, wenn eine Auskunft zur Interessenwahrnehmung nicht ausreicht. Wird einem Soldaten die beantragte Einsicht in seine Sicherheitsakte abgelehnt, steht ihm der Rechtsweg zu den VG offen.[307]

Nach seinem Wortlaut („Soldaten") gestattet Satz 1 Akteneinsicht in Sachakten nur Soldaten, also Personen, die **in einem Wehrdienstverhältnis** stehen. Anders als nach Abs. 7 Satz 1 sind **frühere Soldaten nicht berechtigt.**

Zur Frage der Häufigkeit der Einsichtsmöglichkeit in Sachakten kann (sachliche Gründe sprechen nicht dagegen) auf die entspr. Ausführungen zur Einsicht in PA verwiesen werden[308], ebenso zur Frage des Rechtsschutzes bei Verweigerung der Ein-

---

298 So entspr. BT-Drs. 12/544, 18 (zu § 90c Abs. 2 BBG a. F.).
299 Vgl. bereits o. Rn. 52; entspr. BT-Drs. 12/544, 18 (zu § 90c Abs. 2 BBG a. F.).
300 Hierzu o. Rn. 11. Die Einsicht in fremde PA regelt insbes. § 29 Abs. 3, nicht Abs. 8.
301 S. Abs. 1 Satz 4 u. o. Rn. 17.
302 So entspr. *Battis*, BBG, § 110 Rn. 7 m. w. N.
303 S. o. Rn. 18.
304 S. o. Rn. 20.
305 S. o. Rn. 21.
306 S. o. Rn. 19.
307 BVerwGE 113, 116 = NZWehr 1998, 25.
308 Vgl. Rn. 87, 88.

sicht.[309] Auch in Sachakten wird – wie in PA – ein Bevollmächtigter des Soldaten für diesen Einsicht nehmen können, wenn – entspr. Abs. 7 Satz 2 – dienstl. Gründe nicht entgegenstehen.

98 Nach **Satz 2** ist eine Einsichtnahme in Sachakten in den Fällen unzulässig, in denen die Daten des Soldaten **mit Daten Dritter** (dies können Soldaten, aber auch ziv. Bedienstete sein) oder mit geheimhaltungsbedürftigen, nicht personenbezogenen Daten derart **verbunden** sind, dass ihre Trennung nicht oder nur mit unverhältnismäßig großem Aufwand möglich ist. In diesen Fällen ist nach **Satz 3** dem Soldaten eine **Auskunft** aus der Sachakte zu erteilen.

Nicht trennen lassen sich die Daten des Soldaten von den ihm nicht zur Einsicht zu überlassenden Daten, wenn die Trennung oder Verhinderung der Kenntnisnahme mit einem unwiederbringlichen Informationsverlust verbunden wäre (z. B. bei Schwärzung von Daten Dritter).[310] Ansonsten signalisiert der Gesetzeswortlaut in Satz 2 mit dem Hinweis, dass nur ein **unverhältnismäßig** großer Verwaltungsaufwand für eine Trennung der Daten einen Hinderungsgrund für die Akteneinsicht darstellt, dass bei der Abwägung zwischen dem Aufwand des Dienstherrn und dem Interesse des Soldaten an der Akteneinsicht diesem ein erheblicher Stellenwert beizumessen ist.

99 Auf ein Recht zur Akteneinsicht nach **§ 29 VwVfG** kann sich der Soldat nicht berufen, wenn ihm ein Einsichtsrecht nach Abs. 8 in eine Sachakte zusteht; § 29 VwVfG wird insoweit verdrängt.[311]

Aus der Zusammenschau von Abs. 8 Satz 1 und 2, der sich nur auf die Einsicht in Sachakten beschränkt und in diesen ausschließlich die Kenntnisnahme eigener personenbezogener Daten erlaubt, ergibt sich, dass Abs. 8 einem Soldaten weder einen Anspruch auf **Einsichtnahme** in **fremde PA** einräumt[312] noch ein Recht auf Prüfung von **Sachakten** verleiht, bei dem er **personenbezogene Daten anderer Soldaten** zur Kenntnis nehmen kann.

100 **9. Absatz 9.** Die Vorschrift enthält die gesetzl. Ermächtigung zum Erlass der (oben abgedruckten) SPersAV, die nach § 93 Abs. 2 Nr. 4 als VO des BMVg ergangen ist. Abs. 9 entspricht in seinem Detaillierungsgrad den verfassungsrechtl. Anforderungen in Art. 80 Abs. 1 Satz 2 GG an Inhalt, Zweck und Ausmaß einer erteilten Ermächtigungsgrundlage.

Die in Abs. 9 angegebenen Regelungsgegenstände finden sich in der SPersAV wie folgt:
– Zu Nr. 1 in §§ 2 bis 4 SPersAV,
– zu Nr. 2 in §§ 5 und 6 SPersAV,
– zu Nr. 3 in § 7 SPersAV,
– zu Nr. 4 in § 8 SPersAV und
– zu Nr. 5 in § 9 SPersAV.

---

309 S. o. Rn. 89.
310 Vgl. hierzu u. zum Folgenden *Kathke*, Personalaktenrecht, 73 Rn. 207.
311 Vgl. GKÖD I Yk, § 29 Rn. 93; *Scherer/Alff/Poretschkin*, SG, § 29 Rn. 28. Dies gilt daher z. B. nicht, wenn ein früherer Soldat, dem § 29 Abs. 8 Satz 1 keine Rechte verleiht, in eine Kindergeldakte (= Sachakte) Einsicht nehmen will, um einen Anspruch auf Nachzahlung von Kindergeld verfolgen zu können. Ein Akteneinsichtsrecht nach § 29 VwVfG für Verfahrensbeteiligte besteht nur während des laufenden Verwaltungsverfahrens (BVerwGE 87, 300).
312 Diese Einsichtnahme richtet sich insbes. nach Abs. 3.

Hiervon ist insbes. die Regelung unter Nr. 5 zu erwähnen. Sie zielt darauf ab, durch eine ausdrückliche gesetzl. Ermächtigung ziv. Angehörige von Heilberufen (insbes. Ärzte) und Berufspsychologen, die im Rahmen der unentgeltlichen truppenärztlichen Versorgung oder sonst im Auftrag des Dienstherrn gegenüber Soldaten tätig werden und dabei personenbezogene medizinische Daten erheben, davor zu schützen, sich durch eine unbefugte Weitergabe dieser Daten wegen Preisgabe von Berufsgeheimnissen nach § 203 Abs. 1 Nr. 1 oder 2 StGB strafbar zu machen. Die Best. ist auf Anregung des Bundesbeauftragten für den Datenschutz in Abs. 9 als Nr. 5 eingefügt worden.[313] Sie hat zur Aufnahme des § 9 SPersAV geführt, der ausdrücklich die Offenbarung der genannten medizinischen Daten an Truppenärzte oder Zahlung leistende Stellen der Bw erlaubt, soweit dies zur Beurteilung der Verwendungs- oder Dienstfähigkeit von Soldaten oder zur Kostenabrechnung erforderlich ist. Damit liegt keine unbefugte Offenbarung i. S. v. § 203 Abs. 1 StGB vor.

101

§ 30 Geld- und Sachbezüge, Versorgung

(1) ¹**Der Soldat hat Anspruch auf Geld- und Sachbezüge, Versorgung, Reise- und Umzugskostenvergütung nach Maßgabe besonderer Gesetze.** ²**Zu den Sachbezügen gehört auch die unentgeltliche truppenärztliche Versorgung.** ³**Die Weiterführung der sozialen Krankenversicherung für seine Angehörigen, die Arbeitslosenversicherung und Versicherung in den gesetzlichen Rentenversicherungen werden gesetzlich geregelt.**

(2) ¹**Anwärter für die Laufbahn der Offiziere des Sanitätsdienstes (Sanitätsoffizier-Anwärter), die unter Wegfall der Geld- und Sachbezüge zum Studium beurlaubt sind, erhalten unentgeltliche truppenärztliche Versorgung, ein Ausbildungsgeld (Grundbetrag, Familienzuschlag) sowie Einmalzahlungen im Rahmen von Besoldungsanpassungen nach dem Bundesbesoldungsgesetz und haben Anspruch auf Erstattung der auf Grundlage der jeweiligen Landesgesetzgebung erhobenen Studienbeiträge oder Studiengebühren.** ²**Die Höhe des Ausbildungsgeldes wird durch Rechtsverordnung unter Berücksichtigung der Dienstbezüge derjenigen Dienstgrade festgesetzt, die die Sanitätsoffizier-Anwärter während ihrer Ausbildung durchlaufen.** ³**Die Rechtsverordnung regelt ferner das Nähere über die Gewährung des Ausbildungsgeldes sowie über die Anrechnung von Einkünften aus einer mit der Ausbildung zusammenhängenden Tätigkeit.**

(3) Die §§ 76 und 96 Abs. 2 des Bundesbeamtengesetzes gelten entsprechend.

(4) ¹**Den Soldaten kann bei Dienstjubiläen eine Jubiläumszuwendung gewährt werden.** ²**Das Nähere regelt eine Rechtsverordnung.**

(5) ¹**Soldatinnen haben Anspruch auf Mutterschutz in entsprechender Anwendung des Mutterschutzgesetzes.** ²**Das Nähere regelt eine Rechtsverordnung, die die Eigenart des militärischen Dienstes berücksichtigt.**

---

313 Im Regierungsentw. war diese Vorschrift nicht enthalten, vgl. BT-Drs. 12/2201, 18, 23.

§ 76 BBG   Übergang eines Schadensersatzanspruchs gegen Dritte

Werden Beamtinnen, Beamte, Versorgungsberechtigte oder ihre Angehörigen körperlich verletzt oder getötet, geht ein gesetzlicher Schadensersatzanspruch, der diesen Personen infolge der Körperverletzung oder der Tötung gegen Dritte zusteht, insoweit auf den Dienstherrn über, als dieser während einer auf der Körperverletzung beruhenden Aufhebung der Dienstfähigkeit oder infolge der Körperverletzung oder der Tötung zur Gewährung von Leistungen verpflichtet ist. Ist eine Versorgungskasse zur Gewährung der Versorgung verpflichtet, geht der Anspruch auf sie über. Der Übergang des Anspruchs kann nicht zum Nachteil der Verletzten oder der Hinterbliebenen geltend gemacht werden.

§ 96 Abs. 2 BBG   Fernbleiben vom Dienst

(2) Verliert die Beamtin oder der Beamte wegen unentschuldigten Fernbleibens vom Dienst nach dem Bundesbesoldungsgesetz den Anspruch auf Besoldung, wird dadurch die Durchführung eines Disziplinarverfahrens nicht ausgeschlossen.

Übersicht

	Rn		Rn
I. Allgemeines	1	II. Erläuterungen im Einzelnen	19
1. Zweck und Entstehung der Vorschrift	1	1. Absatz 1	19
2. Änderungen der Vorschrift	7	a) Satz 1	19
3. Bezüge zum Beamtenrecht bzw. zu sonstigen rechtl. Vorschriften; ergänzende Dienstvorschriften und Erlasse	15	b) Satz 2	20
		c) Satz 3	25
		2. Absatz 2	26
		3. Absatz 3	28
		4. Absatz 4	29
		5. Absatz 5	31

Literatur: *Hahnenfeld, Günter*: Wehrrecht und Verwaltungsgerichtsbarkeit, NZWehrr 1980, 121; *Höges, Theodor*: Die zivilrechtliche Haftung des Sanitätsoffiziers bei der stationären Krankenhausbehandlung von Soldaten und zivilen Patienten, RiA 1998, 167; *v. Lepel, Oskar-Matthias*: Der Rechtsweg bei Beschwerden in Heilbehandlungsangelegenheiten, NZWehrr 1980, 1; *Walz, Dieter*: Das Wehrrechtsänderungsgesetz 2008 – Anmerkungen für die Bundeswehrverwaltung, UBwV 2008, 361.

I. Allgemeines

1 **1. Zweck und Entstehung der Vorschrift.** Die Vorschrift fasst in den **Abs. 1 und 3** primär **Verweisungen** auf andere Gesetze, die Angehörigen des öff. Dienstes materielle Ansprüche zugestehen, in einer Rechtsnorm zusammen. **Abs. 2** begründet einen eigenständigen materiellrechtl. **Anspruch der SanOA** auf truppenärztl. Versorgung, Ausbildungsgeld und weitere Leistungen. Zugleich enthält Abs. 2 die Ermächtigung zum Erl. einer entspr. RVO. Die **Abs. 4 und 5** sind bloße **Ermächtigungsnormen** zum Erl. der dort bezeichneten RVO.

2 § 26 des REntw.[1] (später: § 30) sah folgende Best. vor:

(1) Die Rechte des Soldaten auf Geld- und Sachbezüge und Versorgung sowie der Einfluß des Wehrdienstes auf die Weiterführung der sozialen Krankenversicherung für seine Angehörigen und auf die Versicherung in den gesetzlichen Rentenversicherungen werden besonders geregelt.

---

1 BT-Drs. II/1700, 7.

(2) Die Vorschriften der §§ 73 Abs. 2, 83 Abs. 2, 84, 86 und 87 des Bundesbeamtengesetzes gelten entsprechend.

Die **Begr.**[2] vermittelt keine weiteren Erkenntnisse.

In der **1. Lesung** des REntw. im BT am 12.10.1955 meldete der Abg. *v. Manteuffel* (FDP)[3] Zweifel gegenüber der Formulierung des Abs. 1 a. E. an, weil zunächst offen gelassen worden war, wie die Rechte des Soldaten „besonders geregelt" werden sollten. Er forderte für seine Fraktion eine eigene Besoldungsordnung für Soldaten und eine „bundeseigene Kriegsopferverwaltung" mit evtl. einem eigenen „Versorgungsministerium".

Diesen Vorstellungen kam der **VertA** insoweit nach, als er auf Vorschlag des Ausschusses für Beamtenrecht mit § 57a[4] (später: § 62[5]) eine **Übergangsbest.** bzgl. der Geld- und Sachbezüge in den Entw. aufnahm und die endgültige Regelung durch besondere Gesetze auf einen späteren Zeitpunkt verschob. Auch die Umformulierung des Abs. 2 beruhte auf einem Vorschlag des Ausschusses für Beamtenrecht.[6]

In der **Erstfassung** lautete § 30 damit wie folgt:

(1) Der Soldat hat Anspruch auf Geld- und Sachbezüge, Heilfürsorge und Versorgung nach Maßgabe besonderer Gesetze. Die Weiterführung der sozialen Krankenversicherung für seine Angehörigen, die Arbeitslosenversicherung und Versicherung in den gesetzlichen Rentenversicherungen werden gesetzlich geregelt.

(2) Die Vorschriften über die Reise- und Umzugskostenvergütung der Beamten[7] sowie § 73 Abs. 2, § 83 Abs. 2, §§ 84, 86, 87 und 183 Abs. 1 des Bundesbeamtengesetzes gelten entsprechend.

2. Änderungen der Vorschrift. Durch Art. 1 Nr. 2 des G vom **28.3.1960**[8] wurde in Abs. 2 eine Verweisung auf § 87a BBG a. F. eingefügt.

Durch Art. 1 Nr. 2 des G vom **9.7.1962**[9] wurde Abs. 3 (heute: Abs. 4) angefügt.

Art. 1 Nr. 2 des G vom **21.7.1970**[10] fügte einen neuen Abs. 2 ein und verschob die bisherigen Abs. 2 und 3 nach Abs. 3 und 4.

Durch Art. 1 Nr. 4 des G vom **6.8.1975**[11] wurde Abs. 5 angefügt.

§ 98 Abs. 1 Nr. 1 und 2 des G vom **24.8.1976**[12] verlagerten den Anspruch des Soldaten auf Reise- und Umzugskostenvergütung von Abs. 3 nach Abs. 1 Satz 1.

---

2 BT-Drs. II/1700, 26.
3 Sten. Ber. 5794 f.
4 BT-Drs. II/2140, 10, 59.
5 Aufgehoben durch Art. 1 Nr. 12 des G v. 28.3.1960 (BGBl. I S. 206).
6 BT-Drs. II/2140, 10.
7 Damit galten für Soldaten zunächst das G v. 15.12.1933 (RGBl. I S. 1067) – bzgl. der Reisekostenvergütung – u. das G v. 3.5.1935 (RGBl. I S. 566) – bzgl. der Umzugskostenvergütung –. Vgl. *Rittau*, SG, 179.
8 BGBl. I S. 206.
9 BGBl. I S. 447.
10 BGBl. I S. 1120.
11 BGBl. I S. 2113.
12 BGBl. I S. 2485.

§ 30   Geld- und Sachbezüge, Versorgung

11   § 31 Abs. 1 Nr. 2 des G vom **6.12.1985**[13] fasste Abs. 5 neu (Einfügung des seinerzeitigen Erziehungsurlaubs). Durch Art. 1 Nr. 6 des G vom **6.12.1990**[14] wurden die Best. über den Erziehungsurlaub (heute: Elternzeit) aus Abs. 5 nach § 28 verlagert.

12   Durch das **SGÄndG** wurde in Abs. 1 die „**Heilfürsorge**" in einen neuen Satz 2 verschoben und durch den Begriff „**unentgeltliche truppenärztliche Versorgung**" ersetzt[15]; Abs. 2 Satz 1 wurde redaktionell geändert; der Geltungsbereich von Abs. 5 wurde auf alle Soldatinnen erweitert (vorher: Frauen im San- und Militärmusikdienst).

13   Art. 6 des G vom **29.7.2008**[16] änderte Abs. 2 Satz 1 zum 1.1.2009 geringfügig (Legalisierung von Einmalzahlungen an SanOA). Durch Art. 3 Nr. 6 des **WehrRÄndG 2008** wurde Abs. 2 Satz 1 und 2 neu gefasst, insbes. mit der Absicht, SanOA die von diesen zu entrichtenden Studiengebühren erstatten zu können. Diese Änd. trat gem. Art. 18 Abs. 3 des WehrRÄndG 2008 rückwirkend zum 1.7.2006 in Kraft. Durch Art. 10 Nr. 14 des **DNeuG** wurden in Abs. 3 die Verweisungen auf das BBG geä.

14   Im Zuge einer **Bereinigung** des SG sollte überlegt werden, **Abs. 5 aus § 30 herauszulösen** und z. B. als § 30c neu zu platzieren. Abs. 5 kann nur schwerlich mit der Überschrift („Geld- und Sachbezüge, Versorgung") in Kongruenz gebracht werden.

3. Bezüge zum Beamtenrecht bzw. zu sonstigen rechtl. Vorschriften; ergänzende
15   **Dienstvorschriften und Erlasse.** Für die **Bundesbeamten** gelten das BBesG und das BeamtVG. Abs. 4 entspricht **§ 84 BBG**. Abs. 5 ist der beamtenrechtl. Regelung des **§ 79 Abs. 1 Satz 1 Nr. 1 BBG** nachgebildet. Die etwas merkwürdig anmutende Begrifflichkeit der „Eigenart des militärischen Dienstes" in Abs. 5 Satz 2 entspricht der „Eigenart des öffentlichen Dienstes" in § 79 Abs. 1 Satz 1 BBG.

16   Auf **WPfl** sind ausschließlich die Abs. 1 und 3 anwendbar.

17   § 35 Abs. 1 ZDG erklärt „in Fragen" der Geld- und Sachbezüge und der Reisekosten die für WPfl im untersten Mannschaftsdienstgrad geltenden Best. für entspr. anwendbar. Grundzüge des Versorgungsrechts der **ZDL** finden sich in § 47 ZDG.

18   Zu § 30 ist eine Vielzahl von **Dienstvorschriften** und **Erl.** herausgegeben worden. Beispielhaft seien hier genannt:
– **Zu Abs. 1**: AVV zu § 69 Abs. 2 BBesG[17], AVV zu § 6 WSG[18], Erl. des BMVg über die unentgeltliche truppenärztliche Versorgung[19], Erl. des BMVg über die Weitergewährung unentgeltlicher truppenärztlicher Versorgung nach Beendigung des Wehrdienstverhältnisses[20], ZDv 60/7 DBest. für die unentgeltliche truppenärztliche Versorgung und für die Heranziehung von ziv. (zahn)ärztlichen und psychologi-

---

13 BGBl. I S. 2154.
14 BGBl. I S. 2588.
15 Für das SG sollte damit klar gestellt werden, dass die unentgeltliche truppenärztliche Versorgung Teil der Sachbezüge ist. In den auf dem SG beruhenden DBest. wird sie nur noch dann angesprochen, wenn ausnahmsweise eine abw. Regelung ergehen soll (BT-Drs. 14/4062, 20).
16 BGBl. I S. 1582.
17 VMBl. 2007 S. 54; 2009 S. 85.
18 VMBl. 2007 S. 60.
19 VMBl. 2001 S. 178.
20 VMBl. 1982 S. 42, 1984 S. 16.

schen Vertretungskräften[21], Erl. des BMVg über die Krankenversicherung der WPfl, die GWD leisten oder an einer Wehrübung teilnehmen.[22]
- **Zu Abs. 2**: VO über das Ausbildungsgeld für SanOA (SanOAAusbgV) vom 12.9.2000.[23]
- **Zu Abs. 3**: DBest. des BMVg zu den Vorschriften über den Verlust der Bezüge von Beamten und Richtern im Geschäftsbereich des BMVg sowie von Soldaten bei ungenehmigtem, schuldhaftem Fernbleiben vom Dienst.[24]
- **Zu Abs. 4**: VO über die Gewährung von Jubiläumszuwendungen an Soldatinnen und Soldaten (Soldatenjubiläumsverordnung – SJubV) vom 24.7.2002[25], DBest. des BMVg zur SJubV[26], Erl. des BMVg Anordnung über die Übertragung der Befugnis zu Entscheidungen über Jubiläumszuwendungen an Soldaten im Geschäftsbereich des BMVg.[27]
- **Zu Abs. 5**: VO über den Mutterschutz für Soldatinnen (Mutterschutzverordnung für Soldatinnen – MuSchSoldV) vom 18.11.2004[28], Erl. des BMVg über die Meldepflicht bei Schwangerschaft.[29]

II. Erläuterungen im Einzelnen

1. Absatz 1. – a) Satz 1. Die gesetzl. geregelten Ansprüche des Soldaten gem. Satz 1 sind in erster Linie im BBesG, WSG, SVG, BRKG und BUKG verankert. Ergänzend treten über § 31 Abs. 1 Satz 2 z. B. das ArbPlSchG und das USG hinzu.[30] Insgesamt handelt es sich um Rechtsmaterien, die aus der Natur der Sache heraus relativ **häufig gerichtsrelevant** sind. Die „Erfolgsquote" der Kläger liegt indes bei unter 1%.[31]   **19**

b) Satz 2. Die unentgeltliche truppenärztliche Versorgung, früher als „freie Heilfürsorge" bezeichnet, steht nur dem **(aktiven) Soldaten selbst** zu. Die **Familienangehörigen** des Soldaten sind i. d. R. privat zu versichern; für sie hat der Soldat einen **Beihilfeanspruch** nach Maßgabe der Beihilfevorschriften (BeihV) des Bundes.[32]   **20**

Aus Satz 2 folgt, dass die truppenärztliche Versorgung zu den **Sachbezügen** des Soldaten gehört. Sie wird grds. als Sachleistung mit eigenen Einrichtungen, eigenem Personal und eigenem Material gewährt.   **21**

Maßgeblich für die unentgeltliche truppenärztliche Versorgung sind primär die **AVV zu § 69 Abs. 2 BBesG**. Sie haben für die Soldaten dieselbe rechtl. Bedeutung wie die BeihV für die Beamten. Eine unterschiedliche rechtl. Behandlung der Anspruchsberechtigten nach den AVV und den BeihV ist nicht statthaft.[33] Die AVV regeln den   **22**

---

21 November 2007.
22 VMBl. 1969 S. 88, 1977 S. 182.
23 BGBl. I S. 1406, geä. durch Art. 15 Abs. 71 des DNeuG.
24 VMBl. 1977 S. 332.
25 BGBl. I S. 2806 = ZDv 14/5 G 601.
26 ZDv 14/5 G 611.
27 VMBl. 1997 S. 170 = ZDv 14/5 G 603.
28 BGBl. I S. 2859 (VMBl. 2005 S. 9 – Hinw.), zuletzt geä. durch Art. 3 Abs. 39 der VO v. 12.2.2009 (BGBl. I S. 320).
29 VMBl. 2001 S. 187.
30 GKÖD I Yk, § 30 Rn. 1; *Scherer/Alff/Poretschkin*, SG, § 30 Rn. 1.
31 Vgl. bereits *Hahnenfeld*, NZWehrr 1980, 121 (129).
32 Vgl. die Komm. zu § 31 Rn. 24 ff.
33 So u. auch zum Folgenden BVerwGE 119, 265 (juris Rn. 12) = ZBR 2004, 268.

Umfang der Leistungen, die zur Erhaltung und Wiederherstellung der Gesundheit der Soldaten erbracht werden. Die besondere Bedeutung der AVV zu § 69 Abs. 2 BBesG kommt darin zum Ausdruck, dass das BMVg ausdrücklich gesetzl. verpflichtet ist, sie im Einvernehmen mit dem BMI zu erlassen (§ 69 Abs. 4 BBesG). Durch einseitige Anweisungen, Erlasse, Hinw. oder RdSchr. des BMVg können die AVV nicht eingeschränkt, geändert oder authentisch interpretiert werden. Damit dürfen auch die von den AVV gewährten Leistungen nicht eigenmächtig durch das BMVg erweitert werden. Die durch einseitige Erl. des BMVg bewilligten, nicht in den AVV vorgesehenen Maßnahmen der vorbeugenden Gesundheitsfürsorge für „besonders belastete Soldaten", die aus einer Auslandsverwendung zurückkehren und denen „ohne Anzeichen einer spezifisch therapiepflichtigen psychischen Erkrankung ... im Rahmen eines Erholungskonzepts im vortherapeutischen Bereich eine in der Regel dreiwöchige **Präventivkur**"[34] bewilligt wird (die also nicht ärztlich indiziert ist!), muss als rechtswidrig und unzulässig bewertet werden.

23 Die AVV haben – so das BVerwG – (noch) **„quasi-normativen Charakter"**. Nachdem das BVerwG[35] inzwischen die als VV erlassenen BeihV als mit dem **Gesetzesvorbehalt des GG** unvereinbar qualifiziert und der Gesetzgeber hierauf durch den Erlass der Verordnung über Beihilfe in Krankheits-, Pflege- und Geburtsfällen (BBhV vom 13.2.2009[36]) reagiert hat, kann davon ausgegangen werden, dass dies nicht ohne Folgen für die AVV bleiben wird. Eine unterschiedliche rechtl. Behandlung der BeihV und der AVV zu § 69 Abs. 2 BBesG wäre nicht gerechtfertigt.[37]

24 Aus der umfangreichen **Rechtsprechung.** zu Satz 2 seien folgende Entsch. genannt:
 – Die unentgeltliche truppenärztliche Versorgung umfasst auch die durch einen SanOffz der Bw veranlasste Heilbehandlung eines WPfl in einem ausländischen Militärkrankenhaus.[38]
 – Die Kosten einer „Dienstbrille" werden nur insoweit übernommen, als diese zum Ausgleich der Sehschwäche erforderlich ist.[39]
 – Nicht erstattet werden Mittel zur Befreiung der Wohnumgebung eines allergiekranken Soldaten von Hausstaubmilden („Acarosan").[40]
 – Zu erstatten sind die Kosten einer künstlichen Befruchtung einer Soldatin im Wege der homologen In-vitro-Fertilisation (IVF).[41]
 – Aufgrund der noch nicht abschließend gesicherten medizinischen Erkenntnisse sind die Kosten einer intrazyto-plasmatischen Spermainjektion (ICSI) nicht zu erstatten.[42]

---

34 Vgl. BT-Drs. 16/2587 Antwort der BReg auf die Kleine Anfrage der Fraktion DIE LINKE – Drs. 16/2482 – Posttraumatische Belastungsstörungen von Soldatinnen und Soldaten, Antwort zu Frage 15.
35 BVerwGE 121, 103 = BWV 2005, 38.
36 BGBl. I S. 326 mit Änd.
37 So ausdrücklich BVerwGE 119, 265 (juris Rn. 12).
38 VG Hannover NZWehrr 1987, 39.
39 VGH München ZBR 1992, 94.
40 BVerwG *Buchholz* 236.1 § 30 SG Nr. 7.
41 BVerwGE 119, 265. Ebenso VG Sigmaringen 1 K 874/00. A.A. VG Koblenz NZWehrr 1998, 127; VGH Mannheim NVwZ-RR 2002, 290.
42 BVerwG DVBl. 2001, 1214. Vgl. jedoch BGH NJW 2005, 3783.

| Teilzeitbeschäftigung | § 30a |

– Für die Dauer des GWD ist der Soldat zivilrechtl. nicht unterhaltsberechtigt. Die Ansprüche des GWDL nach § 30 Abs. 1 sowie §§ 4 und 5 WSG schließen eine gesetzl. Unterhaltspflicht der Eltern gem. § 1601 BGB aus.[43]

c) Satz 3. Die Ansprüche des Soldaten nach Satz 3 sind im Einzelnen in den SGB geregelt. 25

2. Absatz 2. SanOA werden gem. Satz 1 unter Wegfall der Geld- und Sachbezüge zum Studium beurlaubt. **§ 11 Satz 1 SUV** bestimmt, welche Studiengänge von SanOA durchlaufen werden können (Medizin, Zahnmedizin, Veterinärmedizin, Pharmazie, Lebensmittelchemie). Die solchermaßen beurlaubten Soldaten erhalten gem. **Satz 2**[44] unentgeltliche truppenärztliche Versorgung und ein Ausbildungsgeld nach Maßgabe der **SanOAAusbgV** nebst Einmalzahlungen bei **Besoldungsanpassungen**. Das Ausbildungsgeld gehört nicht zu den Dienstbezügen i. S. v. § 1 Abs. 2 BBesG.[45] Es dient auch der Abdeckung der Kosten für Lernmittel und Studiengebühren.[46] Dennoch hat der Gesetzgeber mit dem WehrRÄndG 2008 entschieden, diese Kosten den SanOA zu erstatten. 26

Gem. § 49 Abs. 4 Satz 2 muss ein ehem. BS in der Laufbahn der Offz des SanDienstes, der vor Ablauf der Mindestdienstzeit entlassen worden ist, das ihm als SanOA gewährte **Ausbildungsgeld erstatten**. Die gleiche Verpflichtung trifft den ehem. SaZ gem. § 56 Abs. 4 Satz 2. Auf die entspr. Komm. kann verwiesen werden. 27

3. Absatz 3. Abs. 3 erklärt die §§ 76 und 96 Abs. 2 (früher: §§ 87a und 73) des BBG für entspr. anwendbar. Bzgl. deren Erl. kann auf die Komm. zum BBG verwiesen werden. 28

4. Absatz 4. Nach Abs. 4 kann „Soldaten" bei Dienstjubiläen eine Zuwendung gewährt werden. Gemeint sind nur **SaZ und BS**.[47] 29

Einzelheiten ergeben sich aus der oben zit. RVO und den hierzu ergangenen DBest. 30

Während eines **Straf- oder Disziplinarverfahrens** ist die Gewährung einer Jubiläumszuwendung zurückzustellen.[48]

5. Absatz 5. Der gesetzl. garantierte Mutterschutz für Soldatinnen ist im Einzelnen in der oben zit. RVO geregelt. Die „Eigenart des militärischen Dienstes" gem. Satz 2 hat ihren Niederschlag insbes. in den §§ 1 bis 3 MuSchSoldV gefunden. Eine Definition dieser „Eigenart" ist damit überflüssig (geworden). 31

§ 30a Teilzeitbeschäftigung

(1) Einem Berufssoldaten oder Soldaten auf Zeit kann grundsätzlich erst nach vier Jahren seiner Dienstzeit auf Antrag Teilzeitbeschäftigung im Umfang von mindestens der Hälfte der Rahmendienstzeit und bis zur jeweils beantragten Dauer, längstens für zwölf Jahre bewilligt werden, soweit wichtige dienstliche Gründe nicht entgegenstehen, wenn er mindestens ein Kind unter 18 Jahren oder einen nach ärztlichem Gutachten pflegebedürftigen sonstigen Angehörigen tatsächlich betreut oder pflegt.

---

43 BAG AP Nr. 1 zu § 29 BAT-O.
44 Die in Teilen wörtliche Wiederholung dieser Best. in § 11 Satz 2 SUV ist redundant.
45 BVerwG ZBR 1992, 154.
46 BR-Drs. 42/70, 6.
47 *Scherer/Alff/Poretschkin*, SG, § 30 Rn. 4.
48 Nr. 6 der DBest. Vgl. dazu VGH Mannheim 11 S 1221/88.

§ 30a Teilzeitbeschäftigung

(2) ¹Über den Antrag entscheidet das Bundesministerium der Verteidigung oder die von ihm beauftragte Stelle. ²Die Ablehnung von Anträgen ist im Einzelnen zu begründen. ³Einem Antrag darf nur entsprochen werden, wenn der Soldat sich verpflichtet, während des Bewilligungszeitraumes Nebentätigkeiten nur in dem Umfang einzugehen, in dem nach § 20 den in Vollzeit beschäftigten Soldaten die Ausübung von Nebentätigkeiten gestattet ist. ⁴Es dürfen nur solche Nebentätigkeiten genehmigt werden, die dem Zweck der Teilbewilligung nicht zuwiderlaufen. ⁵Wird die Verpflichtung nach Satz 3 schuldhaft verletzt, soll die Bewilligung widerrufen werden.

(3) ¹Die zuständige Stelle kann auch nachträglich die Dauer der Teilzeitbeschäftigung beschränken, den Umfang der zu leistenden Arbeitszeit erhöhen oder deren Bewilligung widerrufen, soweit zwingende dienstliche Gründe dies erfordern. ²Sie soll den Übergang zur Vollzeitbeschäftigung zulassen, wenn dem Soldaten die Teilzeitbeschäftigung nicht mehr zugemutet werden kann und dienstliche Belange nicht entgegenstehen.

(4) Bemessungsgrundlage für die Arbeitszeit im Sinne von § 6 Abs. 1 des Bundesbesoldungsgesetzes ist bei teilzeitbeschäftigten Soldaten die Rahmendienstzeit.

(5) Das Nähere zur Teilzeitbeschäftigung der Soldaten wird in einer Rechtsverordnung geregelt, in der auch bestimmte Verwendungen oder Truppenteile festgelegt werden können, für die Teilzeitbeschäftigung nicht in Frage kommt.

Verordnung über die Teilzeitbeschäftigung von Soldatinnen und Soldaten der Bundeswehr (Soldatinnen- und Soldatenteilzeitbeschäftigungsverordnung – STzV)

vom 9.11.2005 (BGBl. I S. 3157), geä. durch VO vom 7.9.2009 (BGBl. I S. 3014)

Auf Grund des § 30a Abs. 5 und des § 93 Abs. 2 Nr. 5 des Soldatengesetzes in der Fassung der Bekanntmachung vom 30. Mai 2005 (BGBl. I S. 1482) verordnet das Bundesministerium der Verteidigung:

§ 1 Antragsberechtigung

(1) Eine Teilzeitbeschäftigung nach § 30a des Soldatengesetzes zur Betreuung oder Pflege eines Kindes unter 18 Jahren kann von beiden in einem Wehrdienstverhältnis stehenden Eltern beantragt werden. Der Antrag kann sich auf eine anteilige, jeweils alleinige oder gemeinsame Teilzeitbeschäftigung beziehen.

(2) Ein Antrag auf Teilzeitbeschäftigung kann grundsätzlich erst für einen Zeitraum nach Ablauf einer Dienstzeit von vier Jahren beantragt werden. Hiervon kann insbesondere abgewichen werden, wenn kein Ausbildungsbedarf mehr besteht. Die Dienstzeit im Sinne dieser Verordnung beginnt mit dem Tag der Berufung in das Wehrdienstverhältnis. Ein vor der Berufung geleisteter früherer Wehrdienst wird angerechnet.

(3) Soweit ein Anspruch auf Elternzeit nach § 28 Abs. 7 des Soldatengesetzes besteht, kann schon vor Ablauf von vier Jahren der Dienstzeit anstelle der Elternzeit eine Teilzeitbeschäftigung als Soldatin oder Soldat beantragt werden.

§ 2 Antragsverfahren

(1) Die Teilzeitbeschäftigung ist grundsätzlich spätestens drei Monate vor ihrem beabsichtigten Beginn bei der oder dem nächsten Disziplinarvorgesetzten schriftlich zu beantragen. Dabei sind die Dauer und der Umfang der Teilzeitbeschäftigung anzugeben. Zusätzlich kann eine bestimmte Verteilung der Arbeitszeit während der Dauer der Teilzeitbeschäftigung gewünscht werden.

(2) Anträge sind der Entlassungsdienststelle über die nächsten und die nächsthöheren Disziplinarvorgesetzten mit deren begründeter Stellungnahme, die ein Votum für oder gegen eine Teilzeitbeschäftigung der Antragstellerin oder des Antragstellers zum Ausdruck bringt, sowie im Falle eines Antrages nach § 23 Abs. 1 Satz 1 Nr. 9 des Soldatenbeteiligungsgesetzes mit der Äußerung der Vertrauensperson vorzulegen. Ist die personalbearbeitende Stelle nicht Entlassungsdienststelle, ist sie durch die Disziplinarvorgesetzten gesondert zu unterrichten.

(3) Wer beabsichtigt, Teilzeitbeschäftigung außerhalb der Zuständigkeit der oder des nächsthöheren Disziplinarvorgesetzten wahrzunehmen, kann eine Versetzung unter dem Vorbehalt, auf dem neuen Dienstposten eine Teilzeitbeschäftigung wahrnehmen zu wollen, beantragen. Das Interesse der Antragstellerin oder des Antragstellers an der Teilzeitbeschäftigung ist bei der Prüfung des Versetzungsantrages angemessen zu berücksichtigen. Die im Falle einer Versetzung zuständigen nächsten und nächsthöheren Disziplinarvorgesetzten haben entsprechend Absatz 2 Satz 1 Stellung zu nehmen. Ist die Entlassungsdienststelle nicht die für die Versetzung zuständige Stelle, ist sie durch diese zu unterrichten.

(4) Die Verlängerung einer bewilligten Teilzeitbeschäftigung ist grundsätzlich spätestens drei Monate vor Ablauf des Bewilligungszeitraumes zu beantragen. Die Absätze 1 und 2 gelten entsprechend.

§ 3 Antragsvoraussetzungen

(1) Mit der Antragstellung ist darzulegen, dass mindestens ein Kind unter 18 Jahren oder eine pflegebedürftige sonstige Angehörige oder ein pflegebedürftiger sonstiger Angehöriger tatsächlich zu betreuen oder zu pflegen ist. Die Pflegebedürftigkeit einer oder eines sonstigen Angehörigen ist durch ein ärztliches Gutachten nachzuweisen.

(2) Als Kind nach Absatz 1 gilt neben einem leiblichen Kind ein Adoptivkind, ein Kind in Adoptivpflege oder Vollzeitpflege sowie ein Kind der Ehepartnerin, des Ehepartners, der Lebenspartnerin oder des Lebenspartners.

(3) Als Angehörige nach Absatz 1 gelten
1. Ehepartnerinnen und Ehepartner sowie deren Kinder,
2. Lebenspartnerinnen und Lebenspartner,
3. in gerader Linie verwandte oder verschwägerte Personen,
4. Geschwister und deren Kinder,
5. Ehepartnerinnen und Ehepartner der Geschwister und Geschwister der Ehepartnerinnen und Ehepartner,
6. Geschwister der Eltern,
7. Personen, die durch ein auf längere Dauer angelegtes Pflegeverhältnis mit häuslicher Gemeinschaft wie Eltern und Kind miteinander verbunden sind (Pflegeeltern und Pflegekinder).

§ 4 Zuständigkeit für die Entscheidung

(1) Über einen Antrag auf Bewilligung einer Teilzeitbeschäftigung entscheidet das Bundesministerium der Verteidigung für alle Soldatinnen und Soldaten, für die es als Entlassungsdienststelle zuständig ist.

(2) Im Übrigen entscheidet die Entlassungsdienststelle über einen Antrag aus dem Kreis des Personals, für das sie zuständig ist.

(3) Die Zuständigkeit nach den Absätzen 1 und 2 gilt entsprechend für die Entscheidung über
1. die Verlängerung,
2. die Änderung und
3. den Widerruf der Bewilligung sowie
4. die vorzeitige Beendigung

einer Teilzeitbeschäftigung.

§ 5 Ausgestaltung der Teilzeitbeschäftigung

(1) Die Teilzeitbeschäftigung kann auf bis zu vier Zeitabschnitte verteilt werden.

(2) Die Ausgestaltung der Teilzeitbeschäftigung kann nach flexiblen Arbeitszeitmodellen, insbesondere Blockzeitbildung, bewilligt werden, soweit wichtige dienstliche Gründe nicht entgegenstehen.

§ 6 Ausschlüsse

(1) Teilzeitbeschäftigung ist grundsätzlich nicht möglich
1. für Führungsverwendungen mit Disziplinarbefugnis,
2. bei besonderen Auslandsverwendungen einschließlich Vor- und Nachbereitungsphasen,
3. für Kompaniefeldwebel und in vergleichbarer Funktion mit Anspruch auf Stellenzulage für Kompaniefeldwebel,
4. auf Schiffen und Booten der Marine,
5. für Luftfahrzeugführerinnen und Luftfahrzeugführer sowie ständige Besatzungsangehörige in fliegenden Verbänden oder diesen gleichgestellten Einrichtungen, Einheiten und Dienststellen sowie in fliegerischen Ausbildungseinrichtungen,
6. im Kommando Spezialkräfte und im Kommando Schnelle Einsatzkräfte Sanitätsdienst,
7. bei Verwendungen, die den regelmäßigen Nachweis eines Einsatzbereitschaftsstatus oder einer Lizenz oder die Teilnahme an einem hierzu notwendigen Ausbildungsprogramm erfordern, und
8. während der Ausbildungsgänge zum Offizier, Stabsoffizier, Fachunteroffizier und Feldwebel sowie der Teilnahme an einem Studium an einer Hochschule, am Lehrgang Generalstabs-/Admiralstabsdienst, am Euro-Lehrgang an der Führungsakademie der Bundeswehr und an entsprechenden Lehrgängen an ausländischen Akademien.

(2) Für die Dauer der Teilnahme an einer besonderen Auslandsverwendung einschließlich der Vor- und Nachbereitungsphase oder an anderen dienstlichen Vorhaben kann eine bewilligte Teilzeitbeschäftigung durch befristete Rückkehr zur Vollzeitbeschäftigung unterbrochen werden. Die nach der Unterbrechung geleistete Teilzeitbeschäftigung gilt nicht als neuer Zeitabschnitt nach § 5 Abs. 1.

§ 7 Bewilligung oder Ablehnung des Antrages

(1) Die Entlassungsdienststelle kann die Teilzeitbeschäftigung oder ihre Verlängerung bewilligen, sofern wichtige dienstliche Gründe nicht entgegenstehen. Solche Gründe sind zum Beispiel anzunehmen, wenn eine Teilzeitbeschäftigung aus Gründen der Einsatzbereit-

schaft der Einheit oder der Dienststelle nicht in Frage kommt, insbesondere nach den Kriterien des § 6 Absatz 1 ausgeschlossen ist. Die Teilzeitbeschäftigung oder ihre Verlängerung soll nur bewilligt werden, wenn in den Stellungnahmen der Disziplinarvorgesetzten nach § 2 Absatz 2 Satz 1 ein Dienstposten benannt wird, auf dem die Teilzeitbeschäftigung wahrgenommen werden kann. Die Bewilligung einer Teilzeitbeschäftigung oder ihrer Verlängerung außerhalb eines Dienstpostens bedarf der vorherigen Zustimmung des Bundesministeriums der Verteidigung. Die zur Bewilligung einer Teilzeitbeschäftigung notwendige Erklärung der Soldatin oder des Soldaten über die Verpflichtung nach § 30a Abs. 2 Satz 3 des Soldatengesetzes ist aktenkundig zu machen.

(2) Vor der Ablehnung haben die in § 2 Abs. 2 Satz 1 genannten Disziplinarvorgesetzten unter Beteiligung der Soldatin oder des Soldaten die Möglichkeit einer Teilzeitbeschäftigung auf einem anderen Dienstposten zu prüfen. Die oder der nächsthöhere Disziplinarvorgesetzte hat die personalbearbeitende Dienststelle zu beteiligen.

(3) Die Entlassungsdienststelle teilt die Entscheidung unverzüglich der Soldatin oder dem Soldaten schriftlich über die nächste Disziplinarvorgesetzte oder den nächsten Disziplinarvorgesetzten mit. Ist die Entlassungsdienststelle nicht zugleich personalbearbeitende Stelle, hat sie diese zu unterrichten.

§ 8 Widerruf und Änderung der Bewilligung sowie vorzeitige Beendigung der Teilzeitbeschäftigung

(1) Bei Entscheidungen nach § 4 Abs. 3 Nr. 2 bis 4 hat die Entlassungsdienststelle, die nicht zugleich personalbearbeitende Stelle ist, diese zu unterrichten. Vor der Entscheidung über die vorzeitige Beendigung der Teilzeitbeschäftigung haben die in § 2 Abs. 2 Satz 1 genannten Disziplinarvorgesetzten Stellung zu nehmen.

(2) Die Teilzeitbeschäftigung ist zu beenden, wenn das tatsächliche Betreuungs- oder Pflegeerfordernis entfallen ist. Die Soldatin oder der Soldat hat der Entlassungsdienststelle über die nächste Disziplinarvorgesetzte oder den nächsten Disziplinarvorgesetzten den Wegfall des tatsächlichen Betreuungs- oder Pflegeerfordernisses unverzüglich schriftlich zu melden. § 2 Abs. 2 Satz 2 gilt entsprechend. Der Zeitpunkt für eine Rückkehr zur Vollzeitbeschäftigung soll innerhalb einer angemessenen Frist nach dem Zugang der Mitteilung nach Satz 2 und nach Stellungnahme der in § 2 Abs. 2 Satz 1 genannten Disziplinarvorgesetzten festgelegt werden.

§ 9 Inkrafttreten

Diese Verordnung tritt am Tag nach der Verkündung in Kraft.[1]

Übersicht

	Rn		Rn
I. Allgemeines	1	II. Erläuterungen im Einzelnen	6
1. Zweck der Vorschrift	1	1. Absatz 1	6
2. Entstehung der Vorschrift	3	2. Absatz 2	19
3. Bezüge zum Beamtenrecht bzw.		3. Absatz 3	26
zu sonstigen rechtl. Vorschriften	4	4. Absatz 4	31
		5. Absatz 5	37

---

1 **Anm. d. Verlages:**
Die Verordnung wurde am 18.11.2005 verkündet.

§ 30a Teilzeitbeschäftigung

Literatur: *Eichen, Klaus*: Das Gesetz zur Durchsetzung der Gleichstellung von Soldatinnen und Soldaten der Bundeswehr, UBwV 2005, 6; *Franke, Ingeborg*: Teilzeitbeschäftigung im Wandel, in: Fs für Walther Fürst, 2002, 101; *Kandler, Jutta*: Das neue Soldatinnen- und Soldatengleichstellungsgesetz, GiP 2005, 26.

I. Allgemeines

1 **1. Zweck der Vorschrift.** § 30a regelt erstmals die **Bewilligung von Teilzeitbeschäftigung im Soldatenstatus** für Soldatinnen und Soldaten der Bw. Während diese sich bisher aus familienbedingten Gründen nur für eine vollständige Beurlaubung vom mil. Dienst (nach § 28 Abs. 5 durch Betreuungsurlaub oder nach § 28 Abs. 7 i. V. m. der Elt-ZSoldV mittels Elternzeit[2]) entscheiden konnten, weil für eine Teilzeitbeschäftigung die erforderliche Rechtsgrundlage fehlte[3], gewährt § 30a eine teilweise Reduzierung der Arbeitszeit bis auf die Hälfte der Rahmendienstzeit.

2 § 30a steht in engem Zusammenhang mit §§ 12ff. SGleiG, in denen der Gesetzgeber dem Dienstherrn aufgibt, für Arbeitszeiten und sonstige Rahmenbedingungen in den mil. Dienststellen zu sorgen, welche die Vereinbarkeit von Familie und Dienst in den SK verbessern.[4] Da der Gesetzgeber unter den gewandelten sicherheitspolit. Vorgaben grds. keine Berechtigung mehr gesehen hat, für Soldaten auf die im sonstigen öff. Dienst mögliche Teilzeitbeschäftigung noch länger zu verzichten, hat er in § 30a hierfür die gesetzl. Grundlage geschaffen und auf diese in § 13 Abs. 1 SGleiG ausdrücklich Bezug genommen.

3 **2. Entstehung der Vorschrift.** § 30a ist gemeinsam mit § 30b durch Art. 2 Nr. 3 des **SDGleiG** in das SG eingefügt worden. Die Vorschrift ist am 1.1.2005 in Kraft getreten.

4 **3. Bezüge zum Beamtenrecht bzw. zu sonstigen rechtl. Vorschriften.** § 30a lehnt sich mit seinen Regelungsinhalten an die **beamtenrechtl. Vorschriften** zur familienbedingten Teilzeitbeschäftigung in **§ 92 Abs. 1 Nr. 1 BBG** an. Im Vergleich zu dieser Vorschrift setzt er allerdings strengere Maßstäbe für eine Bewilligung von Teilzeitbeschäftigung fest und lässt deren Versagung unter erleichterten Voraussetzungen zu. Zur Ermöglichung einer Teilzeitbeschäftigung für Beamte in den Ländern vgl. § 43 BeamtStG.

5 Zur inhaltl. Ausgestaltung und Konkretisierung der Teilzeitbeschäftigung für Soldaten ist die (vorstehend abgedruckte) **Soldatinnen- und Soldatenteilzeitbeschäftigungsverordnung – STzV** erlassen worden.

II. Erläuterungen im Einzelnen

6 **1. Absatz 1.** Abs. 1 legt fest, welchen Soldaten unter welchen Voraussetzungen eine Teilzeitbeschäftigung bewilligt werden kann. Ausdrücklich sind nur **BS** und **SaZ antragsberechtigt**.[5] Soldaten, die nach Maßgabe des WPflG[6] oder nach dem IV. Abschnitt des SG Wehrdienst leisten, sind ausgeschlossen.

---

2 Nach § 4 EltZSoldV war u. ist weiterhin während der Elternzeit eine Teilzeitbeschäftigung außerhalb des Soldatenverhältnisses möglich.
3 Vgl. noch VG Sigmaringen NVwZ 2004, 634.
4 Vgl. BT-Drs. 15/3918, 27.
5 Wie beim Betreuungsurlaub ist bei der Teilzeitbeschäftigung darauf zu verweisen, dass nur in ein öff.-rechtl. Dienstverhältnis Berufene privilegiert werden sollen, vgl. Komm. zu § 28 Rn. 38.
6 Dazu gehören auch die FWDL.

Das **Erfordernis der Antragstellung** verhindert, dass ein Soldat gegen seinen Willen gezwungen werden kann, seine Arbeitszeit zu reduzieren, weil dies z. B. aus strukturellen Gründen (etwa wegen notwendiger Dienstpostenreduzierungen) aus Sicht des Dienstherrn angezeigt sein könnte.

Die grds. einzuhaltende **Vierjahresfrist** in Abs. 1 bewirkt, dass länger dienende Soldaten in der Laufbahnausbildung i. d. R. von der Antragsberechtigung nicht erfasst werden. Die frühestmögliche Beantragung von Teilzeitbeschäftigung regelmäßig erst **nach vier Jahren**[7] **Dienstzeit**[8] ist damit zu begründen, dass sich die Soldaten vorher in den weitaus meisten Fällen in Ausbildungsgängen befinden, die nur team- oder organisationsbezogen stattfinden können. Mil. Ausbildung wird vorzugsweise im Kompanie-, Zug- oder Gruppenrahmen sowie an Ausbildungseinrichtungen der SK vermittelt. Halbtags- und Individualausbildung können hierbei nicht gewährleistet werden. Auch dort, wo eine auf die einzelne Person bezogene Ausbildung stattfindet, etwa bei den UA im Rahmen zivilberuflicher Aus- und Weiterbildung, kann eine Ausbildung in Teilzeit nicht bereitgestellt werden.[9]   7

Ausnahmsweise ist für BS und SaZ die Bewilligung einer Teilzeitbeschäftigung bereits in den ersten vier Dienstjahren vorstellbar, wenn **kein Ausbildungsbedarf** mehr besteht[10], z. B. wenn ein Soldat als sog. Seiteneinsteiger die laufbahnrechtl. geforderten Voraussetzungen für die Laufbahnbefähigung (etwa nach § 17 Abs. 2 SLV für die Einstellung mit dem Dienstgrad Fw) schon mitbringt und deshalb ohne Ausbildungsbedarf während einer Teilzeitbeschäftigung einsetzbar ist.   8

Soweit in den ersten vier Dienstjahren ein **Anspruch auf Elternzeit** gem. § 28 Abs. 7 i. V. m. der EltZSoldV besteht, ist es zulässig, statt der Elternzeit bereits in der Vierjahresfrist eine Teilzeitbeschäftigung im Soldatenstatus zu beantragen.[11] Dem Antrag kann dann nicht entgegen gehalten werden, die Frist von vier Jahren sei noch nicht verstrichen. Es handelt sich dabei um eine Ausnahme vom Grds. der regelmäßig vierjährigen Mindestwartezeit, die für die zur Bewilligung von Teilzeitbeschäftigung zuständigen Dienststellen der SK verbindlich ist. Die Möglichkeit zur frühzeitigen Teilzeitbeschäftigung im Soldatenverhältnis an Stelle der Elternzeit entspringt der Interessenlage des Dienstherrn, ggf. zumindest auf einen teilzeitbeschäftigten Soldaten zurückgreifen zu können. Über diese Erleichterung hinaus besteht kein Rechtsanspruch auf Bewilligung der beantragten Teilzeitbeschäftigung. Vielmehr sind deren sonstige Voraussetzungen im Übrigen zu prüfen.   9

---

7 Klarzustellen ist, dass sich ein Antrag auf Teilzeitbeschäftigung auf die Zeit nach Ablauf der ersten vier Jahre der Dienstzeit beziehen muss (so deutlich § 1 Abs. 2 Satz 1 STzV). Die Antragstellung ist bereits in den ersten vier Jahren zulässig.
8 Bei der Berechnung der Dienstzeit werden Zeiten, in denen vor der Berufung in ein Wehrdienstverhältnis bereits früher Wehrdienst (als SaZ o. nach Maßgabe des WPflG) geleistet worden ist, berücksichtigt (vgl. § 1 Abs. 2 Satz 4 STzV sowie entspr. § 40 Abs. 6).
9 S. BT-Drs. 15/3918, 27.
10 Vgl. § 1 Abs. 2 Satz 2 STzV.
11 Vgl. § 1 Abs. 3 STzV. Die Möglichkeit, nach § 4 EltZSoldV während der Elternzeit eine Teilzeitbeschäftigung außerhalb des Soldatenverhältnisses auszuüben, bleibt durch § 30a unberührt.

Eichen

10 Antragsberechtigt sind Soldaten, die ein **minderjähriges Kind** oder einen sonstigen, nach ärztlichem Gutachten pflegebedürftigen Angehörigen tatsächlich **betreuen** oder **pflegen**.[12] Der Regelungsinhalt dieser Tatbestandsmerkmale entspricht wegen der insoweit wortgleichen Formulierungen aus rechtssystematischen Gründen und wegen des ebenfalls familienpolit. geprägten Zwecks der Teilzeitbeschäftigung auch aus teleologischen Gründen den Voraussetzungen beim Antrag auf Betreuungsurlaub nach § 28 Abs. 5 Satz 1. Auf die dortige Komm. wird verwiesen.[13]

11 Der **Umfang** der Teilzeitbeschäftigung muss **mindestens die Hälfte der Rahmendienstzeit** betragen. Eine unterhälftige Teilzeitbeschäftigung ist unzulässig.[14] Zur Frage der **stundenmäßigen Berechnung der Teilzeitbeschäftigung** vgl. die Komm. zu Abs. 4.

12 Die Möglichkeit, Teilzeitbeschäftigung **bis zur jew. beantragten Dauer** bewilligen zu können, bedeutet, dass der Dienstherr nicht einseitig über die beantragte Dauer der Teilzeitbeschäftigung (z. B. über beantragte zwei Jahre) und/oder über den beantragten Umfang der Arbeitszeit (z. B. die Hälfte der wöchentlichen Rahmendienstzeit) hinausgehen darf. Will der Dienstherr dienstl. bedingt[15] eine Teilzeitbeschäftigung nur für eine längere Zeit und/oder für einen höheren Stundenanteil bewilligen, muss er den Antrag, sofern der Antragsteller nicht einwilligt, ablehnen. Entsprechendes muss, obwohl der Wortlaut hier nicht deutlich ist („bis zur ... beantragten Dauer"), dann gelten, wenn der Dienstherr weniger zu bewilligen bereit ist als vom Antragsteller gewünscht. Auch der Wortlaut des Abs. 3 Satz 1 darf nicht zu dem Schluss verleiten, der Dienstherr dürfe bereits im Antragsverfahren die Dauer der beantragten Teilzeitbeschäftigung einseitig gegen den Willen des Antragstellers reduzieren. Gegenstand der Entscheidung ist für den Dienstherrn vielmehr stets der Antrag mit den vom Antragsteller konkret gewünschten Modalitäten hins. der Dauer der Teilzeitbeschäftigung und des Umfangs der Arbeitszeit. Will der Dienstherr mehr oder weniger bewilligen, ist dies nur aufgrund eines neuen entspr. Antrags möglich, andernfalls ist der Antrag abzulehnen.

13 Der Gesamtzeitraum für die Bewilligung von Teilzeitbeschäftigung ist auf **längstens zwölf Jahre** begrenzt.[16] Diese Obergrenze begründet sich aus strukturellen Bedingungen und aus dem erheblichen Anteil von Zeitdienstverhältnissen (SaZ), die im sonstigen öff. Dienst grds. nicht vorzufinden sind. Zum **Zusammentreffen** von **Teilzeitbeschäftigung** und **Beurlaubungen** vgl. die Komm. zu **§ 30b**.

---

12 Unverständlich ist, dass Vorschläge bei der Erarbeitung des § 30a, einsatzverletzten Soldaten Teilzeitbeschäftigung zu ermöglichen, ohne tragfähige Begr. durch die mil. Führungsstäbe im BMVg abgelehnt worden sind, vgl. *Eichen*, UBwV 2005, 13. Diese Haltung hat sich als kurzsichtig erwiesen. Daran hat sich auch durch das inzwischen in Kraft getretene Einsatz-Weiterverwendungsgesetz (s. hierzu Komm. zu § 3 Rn. 93 ff.) nichts geä.
13 Vgl. Komm. zu § 28 Rn. 39 ff.; § 3 STzV.
14 Inzwischen wird im BMVg eine Initiative zur Änd. des § 30a Abs. 1 erwogen, angelehnt an die Ausnahme in § 1 Abs. 3 STzV eine „unterhälftige" Teilzeit zumindest während einer Elternzeit zuzulassen.
15 Nach dem Wortlaut des Abs. 1 muss ein wichtiger dienstl. Grund entgegenstehen.
16 Krit. *Weniger*, SG, § 30a Rn. 4. Im Beamtenbereich gibt es für den Parallelfall der familienbedingten Teilzeitbeschäftigung nach § 92 Abs. 1 Nr. 1 BBG keine gesetzl. Höchstdauer, vgl. *Battis*, BBG, § 92 Rn. 7.

Teilzeitbeschäftigung § 30a

Für **SaZ**, deren mil. Ausbildung mit einem Studium oder einer Fachausbildung von mehr als sechs Monaten Dauer verbunden war und denen danach Teilzeit gewährt wurde, verlängert sich nach **§ 40 Abs. 4 Satz 2 i. V. m. Satz 1** die Zeitdauer ihrer Berufung um die Differenz der Teilzeitbeschäftigung zur Vollzeitbeschäftigung (**Nachdienverpflichtung**). Bei **BS**, die nach § 46 Abs. 3 Satz 1 ihre Entlassung verlangen, deren mil. Ausbildung mit einem Studium oder einer Fachausbildung verbunden war und die danach Teilzeitbeschäftigung in Anspruch genommen haben, verlängert sich die **Bleibeverpflichtung** (grds. eine Dienstzeit, die der dreifachen Dauer des Studiums oder der Fachausbildung entspricht, längstens sich daran anschließende zehn Jahre) nach § 46 **Abs. 4 Satz 2 i. V. m. Satz 1** um die Differenz der Teilzeitbeschäftigung zur Vollzeitbeschäftigung, längstens um zehn Jahre nach Abschluss des Studiums oder der Fachausbildung.

Die Bewilligung von Teilzeitbeschäftigung ist möglich, **soweit wichtige dienstl. Gründe**[17] nicht entgegenstehen. Dies korrespondiert mit § 12 SGleiG, wonach die Dienststelle den Soldaten Arbeitszeiten und sonstige Rahmenbedingungen anzubieten hat, welche die Vereinbarkeit von Familie und Dienst erleichtern, soweit wichtige dienstl. Gründe nicht entgegenstehen. Trotz der gegenüber § 92 Abs. 1 BBG unterschiedlichen Wortwahl („soweit" statt „wenn"[18]) ist ein substantieller Bedeutungsunterschied nicht begründbar.[19] Andererseits reicht schon vom Wortlaut her für die Versagung von Teilzeitbeschäftigung nicht jeder dienstl. Grund aus. Der dienstl. Grund muss vielmehr von einiger Bedeutung und Tragweite sein. Wichtige dienstl. Gründe sind anzunehmen, wenn eine Teilzeitbeschäftigung wegen der Einsatzbereitschaft der Einheit oder Dienststelle nicht in Frage kommt. Dabei ist insbes. auf die in § 6 Abs. 1 STzV genannten Verwendungen und Tätigkeiten oder auf die Zugehörigkeit zu bestimmten Truppenteilen (z. B. zum Kommando Spezialkräfte, wobei ein genereller Ausschluss von Teilzeitbeschäftigung nur für die im Kernbereich dieses Verbandes eingesetzten Soldaten[20] gerechtfertigt sein dürfte) hinzuweisen.[21] Eine Mehrbelastung anderer Soldaten in der Dienststelle kann so lange nicht gegen eine beantragte Teilzeitbeschäftigung angeführt werden, wie sie sich noch in einem zumutbaren Rahmen hält (vgl. § 13 Abs. 3 SGleiG). Der Dienststelle mögliche organisatorische Maßnahmen[22] oder Umschichtungen von Aufgaben sind, selbst wenn ihre Realisierung für die Dienststellenleitung typischerweise mit Mühen und Verwaltungsaufwand verbunden ist, per se keine wichtigen Gründe, die gegen die Bewilligung von Teilzeitbeschäftigung sprechen.

14

---

17 § 92 Abs. 1 BBG lässt die Versagung von familienbedingter Teilzeitbeschäftigung nur zu, wenn dem zwingende dienstl. Belange entgegenstehen.
18 Dieser Unterschied findet sich auch zwischen § 92 BBG u. § 91 Abs. 1 BBG.
19 *Plog/Wiedow/Lemhöfer*, BBG, § 72a Rn. 8, kommentieren das Wort „soweit" in § 72a Abs. 1 BBG a. F. wie ein „wenn".
20 Maßstab kann hier die Gewährung der monatlichen Zulage an die Soldaten, die im Kommando Spezialkräfte für besondere Einsätze verwendet werden, sein, vgl. § 23m der Erschwerniszulagenverordnung.
21 Generell ist es trotz der Aufnahme eines Truppenteils, einer Verwendung o. Tätigkeit in den Katalog des § 6 Abs. 1 STzV nicht ausgeschlossen, einem Antragsteller gleichwohl Teilzeitbeschäftigung zu bewilligen. Es ist in jedem Fall eine Einzelfallprüfung nötig. Vgl. *Weniger*, SG, § 30a Rn. 15.
22 Unrealistisch ist im soldatischen Bereich – anders als in der öff. Verwaltung – die vom Gesetzgeber in diesem Zusammenhang angesprochene Option befristeter Neueinstellungen, vgl. BT-Drs. 15/3918, 21 (zu § 13 SGleiG).

15 Ob die tatbestandlichen Voraussetzungen für wichtige dienstl. Gründe vorliegen, unterliegt nach den allg. Grds. zur Anwendung unbest. Rechtsbegriffe grds. der vollen **gerichtl. Nachprüfung**[23] durch die **Wehrdienstgerichte**[24]. Die über einen Antrag auf Teilzeitbeschäftigung entscheidende Stelle wird sich insbes. auf das Votum des Einheitsführers vor Ort abstützen, um bewerten zu können, wie sich die beantragte reduzierte Dienstleistung auswirken wird. Sie wird auf dessen persönlichen Eindruck unter Berücksichtigung seiner besonderen Erfahrung und genauen Kenntnis der organisatorischen und fachl. Anforderungen und Arbeitsabläufe in seiner Dienststelle maßgeblich zurückgreifen. Je nach Fallgestaltung kann die Entscheidung den Charakter einer kaum nachvollziehbaren, höchstpersönlichen Prognose und eines Votums mit planerischem Einschlag annehmen. Daher wird ggf. ein gewisser **Beurteilungsspielraum** der entscheidenden Dienststelle anzuerkennen sein.[25]

16 Auch wenn wichtige dienstl. Gründe der Bewilligung von Teilzeitbeschäftigung nicht entgegenstehen, ist diese Entscheidung, wie es der Wortlaut („kann") des Abs. 1 verdeutlicht, immer noch im Wege einer **Ermessensentscheidung** zu treffen.[26] Welche Gründe einem Antrag auf Teilzeitbeschäftigung auch immer entgegengehalten werden können, sie sind von der entscheidenden Stelle jedenfalls an dem vor allem in § 13 Abs. 1 SGleiG zum Ausdruck kommenden Willen des Gesetzgebers zu messen, durch die neue gesetzl. Regelung zur Teilzeitbeschäftigung die Durchsetzung der Gleichstellung zu erreichen und die Vereinbarkeit von Familie und Dienst in den SK nach Möglichkeit zu verbessern.[27]

17 Nähere Erläuterungen zur Ermessensausübung sind der amtl. Begr. zu Abs. 1 nicht zu entnehmen, auch wenn deren Formulierung dies zunächst vermuten lässt. Denn der den Ausführungen zur Ermessensentscheidung folgende Passus[28] bezieht sich offensichtlich nur auf die Versagung von Teilzeitbeschäftigung aus wichtigen mil. Gründen und damit auf die Prüfung der Tatbestandsseite.

Soll die **Beschränkung auf wichtige dienstl. Gründe** im Tatbestand des Abs. 1, die allein eine Versagung der beantragten Teilzeitbeschäftigung ermöglichen, einen Sinn haben, dürfen sonstige dienstl. Gründe, die nicht als wichtig anzusehen sind, nicht im Wege einer Ermessensentscheidung („durch die Hintertür") doch noch zur Ablehnung eines Antrags auf Teilzeitbeschäftigung führen. Sonst wäre das Tatbestandsmerkmal der wichtigen dienstl. Gründe überflüssig. Sind diese nicht zu erkennen, kann eine Ablehnung des Antrags auf Teilzeitbeschäftigung nur noch auf sonstige sachliche Gründe

---

23 BVerfGE 84, 34 (49 f. m. w. N.).
24 Deren Zuständigkeit leitet sich aus § 82 Abs. 1 SG i. V. m. § 17 Abs. 1 WBO ab.
25 Vgl. entspr. zum Beamtenbereich *Battis*, § 91 Rn. 18.
26 Ausdrücklich erwähnt dies die amtl. Begr. zu § 30a, vgl. BT-Drs. 15/3918, 28.
27 Vgl. die amtl. Begr. zu § 13 SGleiG, BT-Drs. 15/3918, 21. Nicht zuletzt deshalb hatte der Gesetzgeber die BReg aufgefordert, im SDGleiG „verbindliche" Maßnahmen zur Verbesserung der Vereinbarkeit von Familie u. Dienst in den SK zu schaffen (BT-Drs. 15/3918, 15).
28 „Dies kann damit begründet werden, dass der militärische Dienst der Soldatinnen und Soldaten ... nicht ohne Weiteres mit sonstigen staatlichen Tätigkeiten im öffentlichen Dienst vergleichbar ist. Im Rahmen der staatlichen Daseinsvorsorge kommt der Verfügbarkeit der Soldatinnen und Soldaten ein besonderer Stellenwert zu. Dies rechtfertigt es, **aus wichtigen militärischen Gründen** die Ermöglichung von Teilzeitbeschäftigung grundsätzlich restriktiver zu gestalten als im sonstigen öffentlichen Dienst, etwa bei Beamten." (BT-Drs. 15/3918, 28).

gestützt werden, die eher auf die Person des Antragstellers bezogen und nicht dienstl. Natur sind. Solche Fallgestaltungen sind schwer vorstellbar. Sie könnten z. B. dann anzunehmen sein, wenn der Antragsteller sich mit der beabsichtigten Teilzeitbeschäftigung eigennützig eine Versetzung ersparen will oder wenn die Teilzeitbeschäftigung geeignet wäre, ihm sonstige Vorteile zu verschaffen.[29] Wegen dieser eher seltenen Situationen dürfte i. d. R. eine weitgehende Ermessensreduzierung[30] stattfinden. Überwiegend wird eine **gerichtl. Überprüfung** von Ermessensentscheidungen, die Teilzeitbeschäftigung ablehnen, obwohl keine wichtigen dienstl. Gründe entgegenstehen, deshalb zu dem Ergebnis führen, dass nur die Bewilligung der Teilzeitbeschäftigung als ermessensfehlerfreie Entscheidung zulässig gewesen wäre.

Die Bewilligung oder Ablehnung einer beantragten Teilzeitbeschäftigung ist **kein VA**. Eine Ablehnung ist eine **truppendienstl. Maßnahme**, die gem. § 82 Abs. 1 SG i. V. m. § 17 Abs. 1 WBO bzw. § 21 WBO vor den **Wehrdienstgerichten** angefochten werden kann. Vor der Ablehnung ist der Soldat **anzuhören**.[31]   18

2. Absatz 2. Satz 1 bestimmt als zuständige Stelle für die Entscheidung über einen   19
Antrag das BMVg; dieses kann die Entscheidung delegieren. Von dieser Möglichkeit ist in § 4 Abs. 2 STzV Gebrauch gemacht worden, wo Entscheidungszuständigkeiten in den weitaus meisten Fällen den sonstigen Entlassungsdienststellen[32] übertragen werden.

Satz 2 verpflichtet entspr. dem Rechtsgedanken des § 39 Abs. 1 VwVfG die entschei-   20
dungsbefugte Stelle, bei Ablehnung eines Antrags auf Teilzeitbeschäftigung die **Gründe** im Einzelnen **mitzuteilen**. Diese Regelung findet sich auch in § 92 Abs. 2 Satz 1 BBG. Sie dient dazu, dass sich die entscheidende Stelle – angesichts des hohen Stellenwertes, den der Gesetzgeber der Teilzeitbeschäftigung als Mittel zur besseren Vereinbarkeit von Familie und soldatischem Dienst zumisst – selbst nochmals der tragenden Gründe für die Versagung bewusst wird und deren Stichhaltigkeit kritisch hinterfragt.

Satz 3 macht die Bewilligung einer Teilzeitbeschäftigung zwingend von der Verpflich-   21
tung[33] des Antragstellers abhängig, im Bewilligungszeitraum **Nebentätigkeiten** nur in dem Umfang auszuüben, der einem vollzeitbeschäftigten Soldaten nach § 20 zugestanden wird. Damit ist klargestellt, dass, wie durch § 20 Abs. 2 Satz 2 Nr. 1 und Satz 4 vorgegeben[34], i. d. R. die Ausübung von Nebentätigkeiten nicht in Frage kommt, wenn die zeitliche Beanspruchung in der Woche acht Stunden überschreitet. Die Bewilligung einer Teilzeitbeschäftigung mit z. B. der Hälfte der wöchentlichen Rahmendienstzeit darf nicht zu dem Schluss verleiten, dass sich die zulässige wöchentliche Höchststundenzahl für Nebenbeschäftigungen halbiere, also nur noch vier Stunden betrage. Die

---

29 So die entspr. für den Beamtenbereich angeführten Beispiele im GKÖD I K, § 72a Rn. 6 a. E. Ob in diesen Fällen nicht auch ein dienstl. Interesse besteht, soll hier dahinstehen.
30 Vgl. allg. hierzu *Kopp/Ramsauer*, VwVfG, § 40 Rn. 30 ff.
31 Dieser aus § 28 Abs. 1 VwVfG ableitbare Grds. wird durch § 7 Abs. 2 Satz 1 STzV („unter Beteiligung ... des Soldaten") bestätigt.
32 Vgl. zu diesen ZDv 14/5 B 108.
33 Diese ist zur Beweissicherung u. wegen der gravierenden Folgen aus Satz 5 durch den Antragsteller, der auf die Konsequenzen einer Pflichtverletzung hinzuweisen ist, aktenkundig schriftl. zu erklären (vgl. § 7 Abs. 1 Satz 5 STzV).
34 Vgl. die Komm. zu § 20 Rn. 48.

sog. **Fünftel-Regel**[35] bezieht sich in diesem Fall daher weiterhin auf die regelmäßige wöchentliche Rahmendienstzeit. Dies kann aus dem Wortlaut des Satzes 3 geschlossen werden („Nebentätigkeiten nur in dem Umfang" wie bei „den in Vollzeit beschäftigten Soldaten").

22 Auch wenn Satz 3 nur den **Umfang** von Nebentätigkeiten anspricht, ergibt sich aus der Natur der Sache, dass alle sonstigen Restriktionen für die Ausübung von Nebentätigkeiten vollzeitbeschäftigter Soldaten nach § 20 entspr. bei der Prüfung und Bewilligung von Nebentätigkeiten teilzeitbeschäftigter Soldaten ihre Bedeutung behalten.[36] Dafür spricht die pauschale Bezugnahme in Satz 3 auf § 20. Deshalb bleibt es z. B. bei der Pflicht zur Genehmigung nach § 20 Abs. 1 Satz 1, den Untersagungsgründen für Nebentätigkeiten gem. § 20 Abs. 2 Satz 1, 2 und 5 und den Anzeigepflichten nach § 20 Abs. 6 Satz 2.[37]

23 Nach **Satz 4** dürfen nur dem Zweck der Teilzeitbeschäftigung nicht zuwider laufende Nebentätigkeiten genehmigt werden.[38] Diese Einschränkung entspricht der in § 28 Abs. 5 Satz 4 festgelegten. Wie neben einem Betreuungsurlaub darf deshalb neben einer Teilzeitbeschäftigung eine Nebentätigkeit vor allem dann nicht bewilligt werden, wenn diese zu Zeiten ausgeübt werden soll, in denen der Soldat, nähme er den familienpolit. Zweck der Teilzeitbeschäftigung ernst, durch die Betreuung eines minderjährigen Kindes oder die Pflege eines Angehörigen beansprucht würde.

24 **Satz 5** sieht bei einer schuldhaften, also vorsätzlichen oder fahrlässigen Verletzung der Verpflichtung aus Satz 3 (gem. § 23 Abs. 1 ein Dienstvergehen, das disziplinar geahndet werden kann) vor, dass die zuständige Stelle (das ist dieselbe Stelle, die nach Abs. 2 Satz 1 über den Antrag entscheidet[39]) die **Bewilligung der Teilzeitbeschäftigung widerrufen**[40] **soll.** Die „**Soll-Vorschrift**" bedeutet, dass ihr i. d. R. nachgekommen werden muss[41], es sei denn, besondere Gründe, wie ein nur geringes Verschulden in Form leichter Fahrlässigkeit, rechtfertigen eine Ausnahme. In einem solchen Fall ist eine Nebentätigkeit grds. ganz zu untersagen, zumindest ist auf die künftige strikte Beachtung der Grenzen einer zulässigen Nebentätigkeit hinzuwirken. Aus rechtsstaatlichen Gründen ist der betroffene Soldat in jedem Fall vor einer ihm nachteiligen Entscheidung **anzuhören** (entspr. § 28 Abs. 1 VwVfG).

25 Die Widerrufsmöglichkeit in Satz 5 bezieht sich nicht nur darauf, dass eine Nebentätigkeit in einem unzulässigen Umfang eingegangen wird. Sie erstreckt sich auch auf die Ausübung von aus anderen Gründen (insbes. aus den in § 20 Abs. 2 Satz 2 genann-

---

35 Vgl. die Komm. ebd.
36 Der amtl. Begr. (BT-Drs. 15/3918, 28) kann dies nicht ohne Weiteres entnommen werden. Wenn dort davon die Rede ist, Abs. 2 regele – neben dem Ausmaß – auch die Art der zulässigen Nebentätigkeiten, bezieht sich dies nur auf Satz 4.
37 Vgl. zu Einzelheiten die Komm. zu § 20.
38 S. entspr. für die familienbedingte Teilzeitbeschäftigung im Beamtenbereich § 92 Abs. 3 BBG.
39 Vgl. § 4 Abs. 3 Nr. 3 STzV.
40 Es ist nicht nur der Widerruf der Genehmigung der Nebentätigkeit gemeint! Dies zeigt der Wortlaut des Abs. 2 Satz 3 bis 5, der die Bewilligung stets auf die Teilzeitbeschäftigung bezieht. Für den dem Satz 5 sinngleichen § 91 Abs. 2 Satz 4 BBG ebenso *Battis*, BBG, § 91 Rn. 23.
41 Vgl. BVerwGE 106, 339; BVerwG DokBer B 2003, 281 (285 f.) = NZWehr 2003, 212.

ten sonstigen Gründen) unzulässigen Nebentätigkeiten. Es können daher sowohl der Umfang als auch die Art der Ausübung der Nebentätigkeit für den Widerruf der Teilzeitbeschäftigung entscheidend sein. Insoweit ist auf die Komm. zu Rn. 21 f. zu verweisen. Erfasst werden auch Fallgestaltungen, die durch die Begrenzung der Genehmigungsfähigkeit von Nebentätigkeiten nach Satz 4 verhindert werden sollen. Übt der Soldat eine dem Zweck der Teilzeitbewilligung zuwider laufende und deshalb **nicht genehmigungsfähige Nebentätigkeit** aus, soll dies ebenso zum Widerruf der Bewilligung der Teilzeitbeschäftigung führen. Wer durch eine Nebentätigkeit die Intention der Teilzeitbewilligung vereitelt, kann regulären Dienst leisten.

3. Absatz 3. Satz 1 gibt der nach Abs. 2 Satz 1 zuständigen Stelle die Möglichkeit, eine bewilligte Teilzeitbeschäftigung „auch[42] nachträglich", d. h. nach Erlass des die Teilzeitbeschäftigung bewilligenden Bescheides, zu verkürzen, ihren zeitlichen Umfang zu erhöhen oder sie ganz zu widerrufen.[43] Vorausgesetzt werden für diese Maßnahmen allerdings **zwingende dienstl. Gründe.**[44] Die gegenüber der Versagung von Teilzeitbeschäftigung nach Abs. 1 („wichtige dienstliche Gründe") verschärften Anforderungen sind damit zu rechtfertigen, dass der Soldat, dem eine Teilzeitbeschäftigung bewilligt worden ist und der auf dieser Grundlage seine familiären Planungen eingerichtet hat, einen stärkeren Vertrauensschutz verdient als der, der eine Teilzeitbeschäftigung erst beantragt. Gegenüber bereits teilzeitbeschäftigten Soldaten ist deshalb jede nachteilige Veränderung oder der vollständige Widerruf der Teilzeitbeschäftigung besonders strengen Maßstäben unterworfen. Andererseits begründet sich die aus zwingenden dienstl. Gründen notfalls unvermeidbare Widerrufsmöglichkeit aus dem besonderen Stellenwert der Verfügbarkeit der Soldaten, der dann der Vorrang vor der Fortsetzung der Teilzeitbeschäftigung zu gewähren ist. Ein zwingender dienstl. Grund für den vollständigen Widerruf einer Teilzeitbeschäftigung kann insbes. dann bejaht werden, wenn durch die nur eingeschränkte Dienstleistung des Soldaten die Einsatzbereitschaft der Einheit oder Dienststelle ernsthaft gefährdet wird. 26

Ob der **unbestimmte Rechtsbegriff** „zwingende dienstliche Gründe" zu bejahen ist, ist **von den Gerichten** grds. in vollem Umfang **nachprüfbar.** Für einen Beurteilungsspielraum der über die Einschränkung oder den Widerruf der Teilzeitbeschäftigung entscheidenden Stelle werden sich nur ausnahmsweise bei bestimmten Fallgestaltungen Gründe finden lassen.[45] Anders als bei der Bewilligung nach Abs. 1, bei der die möglichen Auswirkungen der Teilzeitbeschäftigung in der Einheit oder Dienststelle u. U. noch nicht genau abschätzbar sind, wird bei der nachträglichen Veränderung oder beim Widerruf der Teilzeitbeschäftigung i. d. R. ein konkreter, darstellbarer Anlass Beweggrund für diesen Schritt sein. 27

Vgl. zum **Rechtsweg** Rn. 15 und 18.

---

42 Das Wort „auch" an dieser Stelle im Gesetzestext ist irreführend, weil es zu dem unrichtigen Schluss verleitet, der Dienstherr könne bereits bei Antragstellung die vom Antragsteller begehrte Teilzeitbeschäftigung einseitig modifizieren. Vgl. hierzu o. Rn. 12.
43 Die Auswahl, welcher dieser Schritte erforderlich, aber auch ausreichend ist, hat sich am Grds. der Verhältnismäßigkeit (Stichwort: Auswahl des „mildesten" Mittels) zu orientieren.
44 Wobei bereits **ein** dienstl. Grund ausreicht.
45 Vgl. allg. zum Beurteilungsspielraum BVerfGE 84, 34 (49 f. m. w. N.); *Kopp/Ramsauer*, VwVfG, § 40 Rn. 71 ff.

28 Sind zwingende dienstl. Gründe für die Beschränkung, Modifizierung oder den Widerruf der Teilzeitbeschäftigung zu bejahen, wird der entscheidenden Stelle **kein Ermessen** mehr einzuräumen sein. Trotz der Formulierung des Satzes 1 („kann") ist die Vorschrift (insofern nicht anders als beim Widerruf bereits bewilligten Urlaubs nach § 28 Abs. 5 Satz 5[46]) als Befugnisnorm mit strikt verpflichtendem Inhalt zu interpretieren. Werden auf der Tatbestandsseite zwingende dienstl. Gründe festgestellt, ist nicht vorstellbar, dass angesichts solcher besonderer Umstände des Einzelfalls noch Raum für weitere Ermessenserwägungen bleibt.[47]

29 Ist dem Soldaten (weil sich z. B. seine Vermögensverhältnisse erheblich verschlechtert haben) eine **Teilzeitbeschäftigung nicht mehr zumutbar, soll** gem. **Satz 2** nach Möglichkeit, jedoch unter Berücksichtigung dienstl. Interessen, eine Rückkehr zur Vollzeitbeschäftigung zugelassen werden. Hierbei trifft den Dienstherrn eine aus seiner Fürsorgepflicht (§ 31) ableitbare Bemühensverpflichtung, wie es der Wortlaut der Vorschrift („soll ... zulassen"[48]) nahe legt. Voraussetzung ist ein frei besetzbarer und für die jew. Verwendung geeigneter Dienstposten. Fehlt ein solcher, stehen der Wiederaufnahme der Vollzeitbeschäftigung dienstl. Interessen entgegen. Die Rückkehr auf einen konkreten Dienstposten ist ebenso wenig garantiert wie ein Rechtsanspruch auf Schaffung eines neuen Dienstpostens. Satz 2 wird ergänzt durch § 14 Abs. 1 SGleiG, wonach teilzeitbeschäftigte Soldaten, die eine Vollzeitbeschäftigung beantragen, unter Beachtung ihrer Qualifikation bei der Rückkehr zur Vollzeitbeschäftigung vorrangig berücksichtigt werden müssen. Die Sicherstellung und Erleichterung des Wechsels zur Vollzeitbeschäftigung und des beruflichen Wiedereinstiegs wertet der Gesetzgeber als wichtige Voraussetzungen für die Akzeptanz familiengerechter Arbeitszeiten und Arbeitsbedingungen[49]; dies muss daher vor allem für die Teilzeitbeschäftigung gelten.

30 Entfällt das tatsächliche Betreuungs- oder Pflegeerfordernis, weil z. B. der pflegebedürftige Angehörige verstirbt, **ist** eine bewilligte Teilzeitbeschäftigung **zu beenden** (vgl. § 8 Abs. 2 STzV mit weiteren Einzelheiten). Hierzu ist die Bewilligung durch die zuständige Stelle förmlich zu widerrufen. Für den Zeitpunkt der Rückkehr zur Vollzeitbeschäftigung und den zu besetzenden Dienstposten gelten dieselben Maßgaben wie die zu Rn. 29 genannten.

31 4. Absatz 4. **§ 6 Abs. 1 BBesG** legt fest, dass für die **Besoldung bei Teilzeitbeschäftigung** die Dienstbezüge im gleichen Verhältnis wie die Arbeitszeit gekürzt werden. Zur Festlegung der täglichen oder wöchentlichen Arbeitszeit und darauf beruhend zur Berechnung der Dienstbezüge bei Teilzeitbeschäftigung sind zwei Angaben nötig: Eine **Berechnungsgröße** für die soldatische Vollzeitbeschäftigung, um auf deren Basis bei Teilzeitbeschäftigung die anteiligen verringerten Dienstbezüge ermitteln zu können, und eine entspr. **Prozentangabe**, die den von dem Soldaten beantragten Umfang der Teilzeit- (z. B. 50 Prozent) im Verhältnis zur Vollzeitbeschäftigung (100 Prozent)[50] nennt. Diese Berechnungsgrundlagen soll **Abs. 4** mit der **Rahmendienstzeit** liefern.

---

46 Vgl. die Komm. zu § 28 Rn. 51.
47 Reduktion des Ermessensspielraums auf Null, vgl. *Kopp/Ramsauer*, VwVfG, § 40 Rn. 30.
48 Auch hier ist das Wort „soll" grds. als „muss" zu lesen, vgl. BVerwGE 106, 339; BVerwG DokBer B 2003, 281 (285 f.) = NZWehrr 2003, 212.
49 Vgl. BT-Drs. 15/3918, 21 f.
50 Bei Beamten werden auf der Grundlage der gesetzl. Dienstzeitregelung Stundenzahlen angegeben.

Teilzeitbeschäftigung § 30a

Bei teilzeitbeschäftigten Beamten wird die anteilige Besoldung am Maßstab der durch die gesetzl. Dienstzeitregelung festgelegten Vollzeitbeschäftigung (eine nach Stunden bemessene, einheitliche wöchentliche Arbeitszeit) berechnet. Für Soldaten gibt es **keine gesetzl. Dienstzeitregelung**, die eine vergleichbare Einheitsdienstzeit bestimmt. Deshalb greift der Gesetzgeber in Abs. 4 hilfsweise zur Ermittlung der Dienstbezüge teilzeitbeschäftigter Soldaten auf die Rahmendienstzeit zurück. Diese Methode findet sich bereits entspr. in § 50a Satz 2 BBesG, der als Bemessungsgrundlage für die Vergütung und die Freistellung vom Dienst der Soldaten mit besonderer zeitlicher Belastung auf die tägliche Rahmendienstzeit als Bestandteil einer wöchentlichen Rahmendienstzeit abstellt. Dies bedeutet keine gesetzl. Festlegung der Dienstzeit. Vielmehr wird die wöchentliche Rahmendienstzeit im „Erlass über den Ausgleich besonderer zeitlicher Belastungen der Soldaten" (Dienstzeitausgleicherl.)[51] zzt. auf 46 Stunden einschl. Pausen[52] festgesetzt. **32**

Der Begriff „Rahmendienstzeit" für die im Dienstzeitausgleichserlass festgelegte Grenze von 46 Stunden mag für Zwecke der Gewährung von Ausgleichsmaßnahmen (Freizeit oder finanzielle Vergütungen) für mehrgeleisteten Dienst verständlich sein. Diese Grenze setzt den **äußersten Rahmen**, bis zu dem mehrgeleisteter Dienst ohne Kompensation zu erbringen ist. Zur **stundenmäßigen Festlegung** der soldatischen **Vollzeitbeschäftigung** als Basis für die Berechnung einer anteilmäßigen Teilzeitbeschäftigung ist der Rückgriff auf die **Rahmendienstzeit** von 46 Stunden **ungeeignet**. Dies beruht darauf, dass in den wenigsten Einheiten und Dienststellen der SK eine durchschnittliche Wochenarbeitszeit von 46 Stunden erreicht wird, dass in den Einheiten und Dienststellen, abhängig vom jew. Verwendungs- oder Einsatzprofil, die durchschnittliche wöchentliche Arbeitszeit sehr unterschiedlich sein kann und dass schließlich die im Dienstzeitausgleichserlass genannten 46 Stunden **Bruttoarbeitszeiten** (eingeschlossen sind unterschiedlich lange Pausen) darstellen. Es wäre deshalb grob benachteiligend und unzulässig, für teilzeitbeschäftigte Soldaten von einer wöchentlichen Regelarbeitszeit von 46 Stunden auszugehen und z. B. die hälftige Teilzeitbeschäftigung allg. mit 23 Stunden in der Woche anzusetzen.[53] **33**

Für den Soldaten muss im Einzelfall nachvollziehbar der **tatsächliche, durchschnittliche stundenmäßige Umfang seiner** Teilzeitbeschäftigung ermittelt werden. Erst das Wissen um seine tägliche Arbeitszeit gibt ihm die für die beabsichtigte familienpolit. Zielsetzung der Teilzeitbeschäftigung notwendige Plan- und Berechenbarkeit seiner dienstl. Belastung, die notwendig ist, um der Pflege und Betreuung eines Kindes oder Angehörigen angemessen nachgehen zu können. Grds. ist nicht zu bezweifeln, dass der soldatische Dienst sich an mil. Notwendigkeiten, insbes. an der Einsatzbereitschaft, zu orientieren hat und dass nicht vorhersehbare, zeitliche Mehrbelastungen **34**

---

51 BMVg – Fü S I 1 – Az 19-02-20 v. 20.10.1998 in der ab 1.2.2003 gültigen Fassung. Ob angesichts der großen dienstrechtl. u. finanziellen Bedeutung der Dienstzeitregelung deren ausnahmslose Festlegung in einem Erl. dem verfassungsrechtl. Gesetzesvorbehalt genügt (vgl. die einschlägigen Erwägungen in BVerwG DVBl. 2004, 1420), erscheint zw. Zumindest im Friedensdienstbetrieb (z. B. in den Ämtern der SK) haben sich die Dienstzeiten der Soldaten stark den regelmäßigen Arbeitszeiten der Beamten angenähert.
52 Die Länge der Pausen ist allerdings eine Variable.
53 Möglicherweise war dies die Vorstellung der Abg. des BT in den Beratungen des VertA zum SDGleiG. Das Fehlen einer gesetzl. Dienstzeitregelung der Soldaten müsste im VertA bekannt gewesen sein.

Eichen 581

hinzunehmen sind. Für den Bereich der Teilzeitbeschäftigung ist dies differenziert zu sehen. Wer an bestimmte Pflege- und Betreuungszeiten gebunden ist, kann nicht flexibel seine Arbeitszeit verlängern oder verlegen. Allenfalls für eine – im soldatischen Bereich gesetzl. nicht geregelte – voraussetzungslose Teilzeitbeschäftigung, wie sie § 91 Abs. 1 BBG vorsieht, kann eine derart weitgehende Pflicht zur Dienstleistung vertretbar sein. Für die familienpolit. begründete Teilzeitbeschäftigung hat der Gesetzgeber hiervon – wie es § 12 SGleiG verdeutlicht – bewusst Abstriche gemacht. Sind auf einem mil. Dienstposten ständig oder häufig wechselnde Arbeitszeiten zu erwarten, muss dies bereits bei der Bearbeitung eines Antrags auf Teilzeitbeschäftigung berücksichtigt werden. Notfalls ist ein solcher Dienstposten nicht teilzeitfähig. Wird anders entschieden, fällt eine Entscheidung für eine planbare Dienstgestaltung. Dies ergibt sich aus Sinn und Zweck der familienpolit. begründeten Teilzeitbeschäftigung.

35 Unter Auslegung des Begriffs der Rahmendienstzeit in Abs. 4 als einer je nach Einheit oder Dienststelle variablen Größe kann eine **sachgerechte Lösung** zur Ausgestaltung der Teilzeitbeschäftigung, die den Interessen des Soldaten und der Einsatzbereitschaft der Truppe Rechnung trägt und sich an der derzeitigen Praxis der Dienstzeitgestaltung in den SK orientiert, wie folgt aussehen:

– Die in die Dienstzeiten integrierten Pausen sind in den einzelnen Einheiten und Dienststellen der SK unterschiedlich lang und nicht quantifizierbar. Bei der Berechnung von Zeiten einer Teilzeitbeschäftigung sind sie auszuklammern. Es ist von Netto-Dienstzeiten auszugehen. Andernfalls wären insbes. Soldaten in hälftiger Teilzeitbeschäftigung unverhältnismäßig benachteiligt.

– Unter Berücksichtigung, dass die tatsächliche dienstl. Inanspruchnahme und damit die Dienstzeit des Soldaten von Einheit zu Einheit oder von Dienststelle zu Dienststelle variieren kann, ist, ausgehend von der konkreten Einheit oder Dienststelle, in welcher der Soldat teilzeitbeschäftigt werden will, die **wöchentliche**[54] **durchschnittliche Netto-Dienstzeit** zu ermitteln. Beträgt diese z. B. in einer Kompanie 39 Stunden, sind für die hälftige Teilzeitbeschäftigung wöchentlich 19,5 Stunden anzusetzen.[55] Kann der Soldat, bedingt durch die Betreuung eines Kindes, in der Kompanie z.B. nur 24 Stunden wöchentlich Dienst leisten, beträgt in diesem Fall die Arbeitszeit 61,538 Prozent der wöchentlichen durchschnittlichen Netto-Dienstzeit.[56]

– Leistet ein Soldat Dienst in einer gemischten Dienststelle, in der sich die Soldaten wegen der Gleichartigkeit ihrer Tätigkeit der ziv. Dienstzeitregelung angeschlossen haben (z. B. im BMVg), wird bei einer Teilzeitbeschäftigung des Soldaten auf die für Beamte geltende tatsächliche Arbeitszeit (ohne Pausen) abzustellen sein. Dies ist sinnvoll, weil ansonsten sachlich nicht zu rechtfertigende Ungleichbehandlungen einträten.

---

54 Wenn Netto-Dienstzeiten wöchentlich o. monatlich variieren, bietet es sich an, eine durchschnittliche Netto-Dienstzeit, bezogen auf das letzte halbe Jahr, zu ermitteln.
55 Folge ist, dass z. B. eine hälftige Teilzeitbeschäftigung für Soldaten verschiedener mil. Dienststellen, abhängig vom jew. Tätigkeits- u. Einsatzprofil, unterschiedlich lang sein könnte. Das ist sachlich gerechtfertigt, weil dies für die Soldaten in Vollzeitbeschäftigung entspr. gilt. Der gebührniszahlenden Dienststelle ist in diesem Fall nur der Prozentsatz der Teilzeitbeschäftigung (hier: 50 Prozent) mitzuteilen.
56 Diese Prozentzahl wäre für die gebührniszahlende Dienststelle ausreichend, um die monatlichen Bezüge zu errechnen.

Zusammentreffen von Urlaub und Teilzeitbeschäftigung § 30b

Die Ermittlung der konkreten monatlichen durchschnittlichen Netto-Dienstzeit in der Einheit oder Dienststelle fällt in die **Zuständigkeit** des zuständigen **Vorg**. (Dienststellenleiters). 36

5. Absatz 5. Abs. 5 enthält die Ermächtigung zum Erlass einer **RVO**, in der nach Maßgabe der Abs. 1 bis 3 die Einzelheiten der Bewilligung von Teilzeitbeschäftigung festgelegt werden können.[57] In der VO, die nach § 93 Abs. 2 Nr. 5 durch das BMVg zu erlassen ist, dürfen ausdrücklich bestimmte Verwendungen oder Truppenteile festgelegt werden, in denen aus Gründen der Einsatzbereitschaft der SK eine Teilzeitbeschäftigung nicht in Frage kommt.[58] Von der Ermächtigung ist mit der (oben abgedruckten) **STzV** Gebrauch gemacht worden. 37

§ 30b Zusammentreffen von Urlaub und Teilzeitbeschäftigung

Urlaube nach § 28 Abs. 5 und § 28a sowie Zeiten einer Teilzeitbeschäftigung nach § 30a dürfen zusammen eine Dauer von 15 Jahren nicht überschreiten.

Übersicht

	Rn		Rn
I. Allgemeines	1	3. Bezüge zum Beamtenrecht	3
1. Zweck der Vorschrift	1		
2. Entstehung und Änderung der Vorschrift	2	II. Erläuterungen im Einzelnen	4

Literatur: Vgl. die zu § 30a angegebenen Veröffentlichungen zum SDGleiG.

I. Allgemeines

1. Zweck der Vorschrift. § 30b stellt eine Kumulierungsregelung zur zeitlichen Begrenzung beim Zusammentreffen unterschiedlicher Arten der Beurlaubung und von Teilzeitbeschäftigung der Soldaten dar. 1

2. Entstehung und Änderung der Vorschrift. § 30b ist im Zusammenhang mit der Einfügung des § 30a zu sehen, der erstmals eine Teilzeitbeschäftigung für Soldaten ermöglicht. Die Vorschrift ist durch Art. 2 Nr. 3 **SDGleiG** in das SG eingefügt worden. Sie ist am 1.1.2005 in Kraft getreten. Durch Art. 10 Nr. 15 des **DNeuG** wurde das Wort zwölf durch die Zahl 15 ersetzt. 2

3. Bezüge zum Beamtenrecht. Dem § 30b vergleichbare Regelungen sind § 92 Abs. 1 Nr. 2 BBG und § 95 Abs. 4 Satz 1 BBG. Nach § 92 Abs. 1 Nr. 2 BBG ist die familienbedingte Beurlaubung ohne Besoldung, auch bei Zusammentreffen mit Urlaub ohne Besoldung wegen eines Überhangs an Bewerbern (Urlaub nach § 95 Abs. 1 BBG) und mit **unterhälftiger** familienbedingter Teilzeitbeschäftigung nach § 92 Abs. 1 Nr. 1 BBG (also einer solchen mit weniger als der Hälfte der regelmäßigen Arbeitszeit, vgl. § 91 Abs. 1 BBG), zeitlich auf 15 Jahre begrenzt. Gleiches gilt nach § 95 Abs. 4 Satz 1 BBG für arbeitsmarktpolit. Urlaub und Urlaub zum Stellenabbau nach § 95 Abs. 1 und 2 3

---

57 BT-Drs. 15/3918, 28.
58 Vgl. die in § 6 Abs. 1 STzV genannten Fälle, in denen grds. (nicht ausnahmslos!) Teilzeitbeschäftigung ausgeschlossen wird.

Eichen

BBG, auch wenn sie mit familienbedingter Teilzeitbeschäftigung oder Beurlaubung nach § 92 Abs. 1 BBG zusammentreffen. Die in § 91 Abs. 1 BBG geregelte sog. voraussetzungslose Antragsteilzeitbeschäftigung[1], die einen Dienst von mindestens der Hälfte der regelmäßigen Arbeitszeit voraussetzt, und die nach § 92 Abs. 1 Nr. 1 BBG mögliche familienbedingte Teilzeitbeschäftigung[2] sind **in ihrer Dauer** hingegen **nicht begrenzt** und können länger als 15 Jahre andauern.[3]

II. Erläuterungen im Einzelnen

4   Die Vorschrift hat den Regelungsinhalt des durch Art. 2 Nr. 2 SDGleiG aufgehobenen § 28a Abs. 4 übernommen und ergänzt ihn durch Einbeziehung der Teilzeitbeschäftigung. Schon nach § 28a Abs. 4 a. F. durften ein **Urlaub bis zum Beginn des Ruhestandes** nach § 28a Abs. 1 und ein **Betreuungsurlaub** nach § 28 Abs. 5 zusammen zwölf Jahre nicht überschreiten. In diese Regelung wird nunmehr in § 30b eine Teilzeitbeschäftigung (maßgeblich für die Anwendung ist deren bewilligte Dauer, nicht der Anteil an der Rahmendienstzeit) einbezogen, wobei es auch bei einem Zusammentreffen der genannten Urlaubsarten mit Teilzeitbeschäftigung bei einer **Höchstdauer** von **15 Jahren** bleibt. Obwohl der Umfang der soldatischen Teilzeitbeschäftigung mindestens die Hälfte der Rahmendienstzeit betragen muss (vgl. § 30a Abs. 1), hat der Gesetzgeber wegen der besonderen Bedingungen im Bereich der SK eine hälftige oder mehr als hälftige Teilzeitbeschäftigung nicht als Grund angesehen, diese grds. auf unbegrenzte Dauer bewilligen zu können.

Der Zeitraum von längstens 15 Jahren erhöht sich nicht dadurch, dass die Urlaube und/oder die Teilzeitbeschäftigung nicht zusammenhängend genommen worden sind, sondern der Soldat z. B. nach dem Ende eines Urlaubs wieder Dienst geleistet und später einen anderen Urlaub oder eine Teilzeitbeschäftigung angetreten hat. Sonst hätte es der Soldat unschwer in der Hand, durch kurzzeitige Wiedereintritte in den Dienst die Höchstgrenzenregelung zu umgehen.[4]

5   **Keine Auswirkungen** auf die Frist von 15 Jahren haben von einem Soldaten (u. U. für mehrere Kinder) in Anspruch genommene **Elternzeiten**. Sie unterliegen nicht der genannten Höchstgrenze.[5] Ebenfalls nicht angerechnet wird eine **Teilzeitbeschäftigung**, die ein Soldat nach § 4 EltZSoldV während der Elternzeit mit Zustimmung des BMVg oder der von diesem beauftragten Stelle **außerhalb des Soldatenverhältnisses** in einem Umfang bis zu 30 Stunden wöchentlich ausüben darf. Dies folgt aus der ausdrücklichen Bezugnahme in § 30b auf Teilzeitbeschäftigung nach § 30a.

---

1 Vgl. *Battis*, BBG, § 91 Rn. 17.
2 Ihr entspricht im Wesentlichen die Teilzeitbeschäftigung nach § 30a.
3 Anders in Bezug auf die Teilzeit nach § 91 BBG *Battis*, BBG, § 92 Rn. 7.
4 So entspr. zum Beamtenbereich OVG Münster PersR 2006, 425 (426) = ZBR 2007, 269.
5 Vgl. *Weniger*, SG, § 30b Rn. 1. Die Rechtslage entspricht der im Beamtenbereich, s. hierzu *Weber/Banse*, I/5, § 1 EltZSoldV Rn. 4.

§ 31 Fürsorge

(1) ¹Der Bund hat im Rahmen des Dienst- und Treueverhältnisses für das Wohl des Berufssoldaten und des Soldaten auf Zeit sowie ihrer Familien, auch für die Zeit nach Beendigung des Dienstverhältnisses, zu sorgen. ²Er hat auch für das Wohl des Soldaten zu sorgen, der nach Maßgabe des Vierten oder Fünften Abschnittes oder des Wehrpflichtgesetzes Wehrdienst leistet; die Fürsorge für die Familie des Soldaten während des Wehrdienstes und seine Eingliederung in das Berufsleben nach dem Ausscheiden aus dem Wehrdienst werden gesetzlich geregelt.

(2) ¹§ 80 des Bundesbeamtengesetzes und die auf der Grundlage von § 80 Abs. 4 des Bundesbeamtengesetzes erlassene Rechtsverordnung sind auf
1. Soldaten, die Anspruch auf Dienstbezüge oder Ausbildungsgeld haben oder Elternzeit in Anspruch nehmen, und
2. Versorgungsempfänger mit Anspruch auf Versorgungsbezüge nach dem Zweiten Teil des Soldatenversorgungsgesetzes

entsprechend anzuwenden. ²Dies gilt auch für einen Zeitraum, in dem nach § 11 Abs. 7 des Soldatenversorgungsgesetzes Übergangsgebührnisse nicht zustehen, weil Versorgungskrankengeld nach § 16 des Bundesversorgungsgesetzes oder nach anderen Gesetzen gewährt wird, die das Bundesversorgungsgesetz für anwendbar erklären.

(3) Auf Soldaten, die sich in Betreuungsurlaub nach § 28 Abs. 5 befinden, ist § 92 Abs. 5 des Bundesbeamtengesetzes entsprechend anzuwenden.

(4) Nicht beihilfefähig sind Aufwendungen von Berufssoldaten und Soldaten auf Zeit, denen auf Grund von § 69 Abs. 2 des Bundesbesoldungsgesetzes unentgeltliche truppenärztliche Versorgung zusteht.

(5) Beihilfe wird nicht gewährt
1. Soldaten, solange sie sich in einer Eignungsübung befinden, es sei denn, dass sie ohne Einberufung zur Eignungsübung im öffentlichen Dienst beihilfeberechtigt wären, und
2. Versorgungsempfängern für die Dauer einer Beschäftigung im öffentlichen Dienst, durch die eine Beihilfeberechtigung auf Grund beamtenrechtlicher Vorschriften begründet wird.

(6) Beim Zusammentreffen mehrerer Beihilfeberechtigungen schließt eine Beihilfeberechtigung auf Grund eines neuen Versorgungsbezuges die Beihilfeberechtigung aufgrund früherer Versorgungsbezüge aus.

(7) Abweichend von Absatz 5 Nr. 1 sind von Berufssoldaten und Soldaten auf Zeit, die nach der Eignungsübung in das Dienstverhältnis eines Berufssoldaten oder Soldaten auf Zeit berufen worden sind, auch die während der Eignungsübung entstandenen Aufwendungen beihilfefähig.

§ 31 Fürsorge

Übersicht

	Rn		Rn
I. Allgemeines	1	3. Absatz 1	16
1. Entstehung der Vorschrift	1	a) Satz 1	16
2. Änderungen der Vorschrift	2	aa) Adressatenkreis	16
3. Bezüge zum Beamtenrecht bzw. zu sonstigen rechtl. Vorschriften; ergänzende Erlasse	3	bb) Einzelfälle aus der Rechtsprechung	17
		b) Satz 2 Halbsatz 2 (SaZ, BS)	18
II. Erläuterungen im Einzelnen	8	c) Satz 2 Halbsatz 1	21
1. Zweck und Bedeutung der Vorschrift	8	d) Satz 2 Halbsatz 2 (WPfl)	23
		4. Absätze 2 bis 7	24
2. § 31 und § 10 Abs. 3	14	5. Schadensersatzanspruch wegen Verletzung der Fürsorgepflicht	29

Literatur: *Elsner, Wolfgang*: Die Rolle der Sozialarbeit in der Bundeswehr, BWV 1980, 181; *Schnellenbach, Helmut*: Die Fürsorgepflicht des Dienstherrn in der Rechtsprechung des Bundesverfassungsgerichts, VerwArch 2001, 2; *Steinkamm, Armin A.*: Die „janusköpfige" Fürsorge, NZWehr 1986, 32; *Talmon, Stefan*: Die Geltung deutscher Rechtsvorschriften bei Auslandseinsätzen der Bundeswehr mit Zustimmung des Aufenthaltsstaates, NZWehr 1997, 221.

I. Allgemeines

1. Entstehung der Vorschrift. Der **REntw.**[1] enthielt keine dem späteren § 31 entspr. Vorschrift. Auf Vorschlag des Ausschusses für Beamtenrecht des BT[2] fügte der **VertA** des BT einen § 26a in den Entw. ein[3], der so vom Plenum des BT beschlossen wurde. Die Differenzierung zwischen BS und SaZ einerseits und WPfl andererseits begründete der VertA damit, dass § 79 BBG a. F., dem der frühere Satz 1 nachgebildet war, auf WPfl keine Anwendung finde.[4]

2. Änderungen der Vorschrift. Die Erstfassung des § 31 galt unverändert bis zum **SkResNOG**. Art. 2 Nr. 12 desselben ersetzte in Satz 2 die Wörter „auf Grund der Wehrpflicht" durch die Wörter „nach Maßgabe des Wehrpflichtgesetzes". Damit sollte klar gestellt werden, dass auch den **FWDL** die Fürsorge des Dienstherrn „zuteil wird".[5] Eine materielle Änd. der Rechtslage war damit nicht verbunden. Das Gleiche gilt für die Ergänzung des Satzes 2 um die Wörter „des Vierten oder Fünften Abschnittes oder" durch das **WehrRÄndG 2008.**

Durch Art. 10 Nr. 15a des **DNeuG** wurde der bisherige Wortlaut des § 31 zu Abs. 1; die jetzigen Abs. 2 bis 7 wurden angefügt.[6]

3. Bezüge zum Beamtenrecht bzw. zu sonstigen rechtl. Vorschriften; ergänzende Erlasse. Abs. 1 Satz 1 entspricht § 45 Satz 1 BeamtStG, **§ 78 Satz 1 BBG**.[7] Die Komm. zu § 79 BBG a. F. (jetzt: § 78 BBG) sind infolgedessen auch für die Auslegung des

---

1 BT-Drs. II/1700.
2 Prot. der 48. Sitzung v. 1.2.1956, Prot. Nr. 48, 15.
3 BT-Drs. II/2140, 41.
4 BT-Drs. II/2140, 10.
5 BT-Drs. 15/4485, 36.
6 Damit wurden die mit BT-Drs. 16/2253 (Art. 3 Abs. 2) geplant gewesenen Änd. des SG übernommen.
7 § 78 BBG gilt gem. § 46 DRiG entspr. für Richter im Bundesdienst.

§ 31 Abs. 1 einschlägig.[8] Eine mit § 45 Satz 2 BeamtStG, § 78 Satz 2 BBG („Er (der Dienstherr) schützt die Beamtinnen und Beamten bei ihrer amtlichen Tätigkeit und in ihrer Stellung.") vergleichbare Best. fehlt im SG. Dennoch gilt der Erl. des BMI über die Gewährung von Rechtsschutz für Bundesbedienstete auch für Soldaten.[9]

Eine mit **Abs. 1 Satz 2** vergleichbare Best. kennt das Beamtenrecht nicht. **4**

Die **Abs. 2 bis 7** finden keine direkte Entsprechung im BBG. Während Abs. 2 und 3 **5** auf einzelne Vorschriften des BBG verweisen, regeln die Abs. 4 bis 7 soldatische Besonderheiten für die Beihilfegewährung.[10]

Auf **ZDL** findet „in Fragen der Fürsorge" Abs. 1 Satz 2 entspr. Anwendung (vgl. § 35 **6** Abs. 1 ZDG).[11]

Zu § 31 Abs. 1[12] ist eine **Vielzahl von Erl. des BMVg** herausgegeben worden. **Beispielhaft** seien hier genannt: **7**

- „Betreuung ehem. Angehöriger der Bundeswehr"[13]
- „Fürsorge für schwerbehinderte Menschen im Geschäftsbereich des BMVg (Fürsorgeerlass)"[14]
- „Maßnahmen zum Schutz der nichtrauchenden Beschäftigten im Geschäftsbereich des BMVg"[15]
- „Gewährung von Rechtsschutz für Bundesbedienstete"[16]
- „Richtlinie zur Aufstellung eines Sozialplans für Soldaten bei Neuaufstellungen, Verlegungen, Reduzierungen oder Auflösungen von Dienststellen der Bundeswehr"[17]
- „Sozialdienst in der Bundeswehr"[18]
- „Maßnahmen zur Förderung der Teilhabe am Arbeitsleben behinderter und von Behinderung bedrohter Soldatinnen und Soldaten (Reha-Erlass)".[19]

II. Erläuterungen im Einzelnen

1. Zweck und Bedeutung der Vorschrift. Die Pflicht zur Fürsorge des Dienstherrn **8** für die zu ihm in einem öff.-rechtl. Dienstverhältnis stehenden Beschäftigten folgt für Beamte aus den **hergebrachten Grundsätzen des Berufsbeamtentums** i. S. v.

---

8 BVerwG *Buchholz* 238.4 § 31 SG Nr. 3.
9 Vgl. Rn. 7.
10 Vgl. dazu im Einzelnen BT-Drs. 16/7076, 118 f., BT-Drs. 16/2253, 17 f.; Rn. 23 bis 27.
11 Vgl. im Einzelnen *Brecht*, 159 ff.
12 Eine Zuordnung einzelner Erl. zu § 31 Abs. 1 ist nicht immer ohne Weiteres möglich, da eine förmliche Bezugnahme i. d. R. fehlt.
13 VMBl. 1996 S. 210.
14 VMBl. 2007 S. 30.
15 VMBl. 2006 S. 137.
16 VMBl. 2006 S. 103. Diesem Erl. des BMVg liegt ein RdSchr. des BMI v. 2.12.2005 zu Grunde.
17 VMBl. 1994 S. 194, 1995 S. 259.
18 VMBl. 1983 S. 159.
19 VMBl. 2009 S. 39. Soweit dort (in Abschnitt A, Abs. 3) als Anspruchsnorm für Reha-Maßnahmen „vorbehaltlich spezialgesetzlicher Regelungen" auf § 31 verwiesen wird, ist dies rechtl. bedenklich. Wenn durch eine gesetzl. Vorschrift die Fürsorgepflicht des Dienstherrn konkretisiert worden ist, tritt § 31 SG als lex generalis zurück (vgl. BVerwGE 119, 265). Vgl. auch Rn. 12.

Art. 33 Abs. 5 GG.[20] § 78 BBG verleiht diesen Grds. – bezogen auf die Fürsorgepflicht – einfachgesetzl. Gestalt.

9 Für **BS** hat die höchstrichterliche Rspr. stets eine institutionelle Garantie entspr. Art. 33 Abs. 5 GG verneint.[21] Von daher war es angebracht, die Fürsorgepflicht des Dienstherrn für Soldaten in einem **Gesetz** zu verankern.

10 **Abs. 1 Satz 1** bezieht sich nur auf **BS** und **SaZ** sowie deren **Familien**. **Abs. 1 Satz 2 Halbs. 1** erfasst die **WPfl** (GWDL, FWDL, dienende Res), d. h. den Personenkreis, der Wehrdienst gem. § 4 Abs. 1 WPflG leistet, nach Maßgabe des IV. Abschnitts des SG **Dienstleistungspflichtige** sowie **Teilnehmer** an einer **DVag**. Vom Wortlaut des § 31 Abs. 1 nicht erfasst sind die Familien der WPfl und Dienstleistungspflichtigen nach Beendigung des Dienstverhältnisses. Der ratio legis folgend sind auch diese Personen nicht von der Fürsorge des Dienstherrn ausgenommen. **Abs. 1 Satz 2 Halbs. 2** steht mit Halbs. 1 in keinem direkten bzw. ausschließlichen Zusammenhang. Er bezieht sich auf die **Familien aller Soldaten** während des Wehrdienstes und die Eingliederung aller Soldaten[22] nach der Beendigung des Wehrdienstes in das Berufsleben.

11 Aus heutiger Sicht ist es zumindest **unverständlich**, weshalb der historische Gesetzgeber meinte, formal (nicht materiellrechtl.) zwischen BS und SaZ einerseits und WPfl andererseits differenzieren zu müssen. Die Bezugnahme auf § 79 BBG a. F. (jetzt: § 78 BBG) hätte so formuliert werden können ("entsprechende Geltung"), dass für alle Statusgruppen eine gemeinsame Best. hätte geschaffen werden können. Die Praxis und die Rspr. gehen seit langem davon aus, dass die Fürsorgepflicht des Dienstherrn für alle Statusgruppen gleichermaßen gilt.[23] Es würde den Bedürfnissen der Praxis völlig genügen, wenn § 31 Abs. 1 folgende Fassung erhalten würde:

Der Bund hat im Rahmen des Dienst- und Treueverhältnisses für das Wohl der Soldaten und ihrer Familien zu sorgen.

12 § 31 Abs. 1 ist eine typische gesetzl. **Generalklausel**. Sie „durchdringt" und ergänzt die Einzelregelungen des SG.[24] Ihre Konkretisierung und ihre Grenzen erfährt sie aus den besonderen gesetzl. Best. des BBesG, des WSG, des SVG, des ArbPlSchG, des USG, des BUKG, des BRKG usw. Aus § 31 Abs. 1 können daher **keine weiteren Ansprüche** abgeleitet werden, sofern die Rechtsstellung des Soldaten in dem jew. **Spezialgesetz** abschließend normiert ist.[25] Die Fürsorgepflicht des Dienstherrn geht nicht über das hinaus, was dem Soldaten oder früheren Soldaten durch spezialgesetzl. Regelung abschließend eingeräumt ist. Insbes. ist die Fürsorgepflicht im Hinblick auf die Krankheitsvorsorge des Soldaten grds. abschließend durch die AVV zu § 69 Abs. 2 BBesG

---

20 *Pieroth*, in: Jarass/Pieroth, GG, Art. 33 Rn. 49. Vgl. auch *Battis*, in: Sachs, GG, Art. 33 Rn. 71.
21 Vgl. BVerfGE 3, 288 (334); 31, 212 (221); BVerwGE 93, 69 (73).
22 So ausdrücklich (bzgl. eines SaZ) VGH Mannheim, Justiz 1980, 35; OVG Münster NZWehr 1990, 128 (129).
23 Vgl. *Scherer/Alff/Poretschkin*, SG, § 31 Rn. 17; *Stauf* I, § 31 SG Rn. 13; BVerwG *Buchholz* 238.4 § 31 SG Nr. 3.
24 BVerwG NZWehrr 1971, 77.
25 BVerwG *Buchholz* 238.4 § 31 SG Nr. 1; *Buchholz* 235 § 36 BBesG Nr. 3; GKÖD I Yk, § 31 Rn. 3; *Scherer/Alff/Poretschkin*, SG, § 31 Rn. 10; *Stauf* I, § 31 SG Rn. 2 f.

konkretisiert.²⁶ Nur wenn die Ausgestaltung der Fürsorgepflicht in nachrangigem Recht (**RVO, AVV**) erfolgt und dort ein bestimmter Sachverhalt überhaupt nicht oder nicht der gesetzl. Vorgabe entspr. geregelt ist, folgt ein evtl. Anspruch **unmittelbar aus § 31 Abs. 1**.²⁷ Nur in diesem Fall einer offensichtlich unbeabsichtigten Lücke steht es im **Ermessen** des Dienstherrn, wie er der Fürsorgepflicht nachkommt.²⁸

Auch wenn nahezu alle denkbaren Fallkonstellationen inzwischen durch einschlägige Best. erschöpfend und denkbar großzügig geregelt sind, **nimmt** die heutige **praktische Bedeutung** der Vorschrift, nicht zuletzt wegen einer unzulässigen großzügigen Interpretation, **wieder zu** (vor allem im Zusammenhang mit Maßnahmen als Folge von Auslandseinsätzen, vgl. z. B. die auf § 31 Abs. 1 gestützten „Präventivkuren" – s. hierzu die Komm. zu § 30 Rn. 22). **13**

2. § 31 und § 10 Abs. 3. Ein Verstoß gegen § 10 Abs. 3 wird als truppendienstl. Angelegenheit gerichtl. durch die TDG entschieden, ein Verstoß gegen § 31 als Verwaltungsangelegenheit durch die **VG**.²⁹ **14**

Formal ist zwischen beiden Best. einfach zu differenzieren: Während § 10 Abs. 3 die Fürsorgepflicht der Vorg. des Soldaten betrifft, regelt § 31 diejenige des Bundes, d. h. des Dienstherrn. Die Fürsorgepflicht der Vorg. leitet sich vielfältig auch aus der des Dienstherrn ab; dieser bedient sich der Vorg. des Soldaten als **Erfüllungsgehilfen** i. S. v. § 278 Satz 1 BGB.³⁰ Aus diesen Gründen ist die **materiellrechtl.** Abgrenzung zwischen beiden Pflichten im Einzelfall schwierig. Der Versuch des BVerwG³¹, auf den „eigenständigen truppendienstlichen Bezug" des Handelns des Vorg. abzustellen, hilft nicht immer weiter.³² Dies gilt auch für die Feststellung, § 10 Abs. 3 sei nicht lex specialis gegenüber § 31.³³ **15**

3. Absatz 1. – a) Satz 1. – aa) Adressatenkreis. Der Anwendungsbereich des Abs. 1 Satz 1 beschränkt sich auf BS und SaZ sowie deren Familien. Zur „**Familie**" i. d. S. sollen nicht alle Personen gehören, mit denen der Soldat durch familienrechtl. Beziehungen verbunden oder denen er unterhaltspflichtig ist. Die Alimentationspflicht des Dienstherrn soll sich auf die Familie im engeren Sinne, die sog. **Kleinfamilie**, beschränken, die nur den Soldaten selbst, seine Ehefrau und seine Kinder umfasst.³⁴ **16**

---

26 Vgl. BVerwGE 112, 308 = ZBR 2001, 295; die dort (vgl. juris Rn. 14) auf die Beihilfevorschriften der Beamten bezogene Aussage muss auch für die AVV zu § 69 Abs. 2 BBesG gelten, weil eine unterschiedliche rechtl. Behandlung der Beihilfevorschriften u. der AVV zu § 69 Abs. 2 BBesG nicht gerechtfertigt ist (so BVerwGE 119, 265 = ZBR 2004, 268 – juris Rn. 12). Deshalb ist ein Rückgriff auf die Generalklausel des § 31 Abs. 1 ausgeschlossen, um die durch Spezialvorschriften im Einzelnen nach Art u. Umfang begrenzten Ansprüche zu erweitern.
27 Vgl. z. B. BVerwGE 44, 52 (57) = NZWehr 1974, 73; OVG Koblenz DVBl. 1983, 1117.
28 VGH Kassel NZWehrr 1985, 130.
29 Zur Abgrenzung im vorliegenden Kontext vgl. z. B. BVerwG DokBer B 1990, 35; DokBer B 1994, 34 (Versetzung/Beförderung eines BS).
30 BVerwGE 44, 52 (55) = NZWehr 1974, 73; VGH Mannheim Justiz 1980, 35; *Scherer/Alff/ Poretschkin*, SG, § 31 Rn. 16.
31 BVerwGE 46, 153 = NZWehrr 1974, 31.
32 Vgl. ergänzend die Komm. zu § 10 Abs. 3.
33 Vgl. BVerwG NZWehrr 1984, 120.
34 BVerwGE 97, 255 = NJW 1995, 1847 (danach gehört die Verlobte eines Soldaten nicht zu dessen Familie).

Ob diese – für das BUKG[35] und das BBesG[36] entschiedene – enge Auslegung des Familienbegriffes haltbar ist, kann bezweifelt werden.[37] In jedem Fall müssen heute gem. § 1 des LebenspartnerschaftsG vom 16.2.2001[38] **eingetragene Lebenspartnerschaften** gleich behandelt werden. Im Übrigen ist zu beachten, dass der Familienbegriff im jew. Spezialgesetz eine jew. andere Ausprägung erfahren haben kann. So gehören z. B. gem. § 3 Abs. 1 USG zur Familie des WPfl die Ehefrau, der Lebenspartner, die Kinder, die Eltern, Großeltern und die Geschwister des WPfl.

bb) Einzelfälle aus der Rechtsprechung.

17 – Dem Dienstherrn obliegt gegenüber dem Soldaten keine umfassende **Belehrungs- und Aufklärungspflicht** über die ihn betreffenden rechtl. Regelungen. Er braucht auch i. d. R. nicht auf Gesetzesänd. oder rechtl. Konsequenzen eines Statuswechsels aufmerksam zu machen.[39]
– Aus § 31 Abs. 1 lässt sich kein Anspruch des Soldaten auf **Beförderung** herleiten.[40]
– Es ist unzulässig, wenn nach Abschluss eines Schuljahres die Verwaltungspraxis für die Gewährung von Fahrtkostenerstattung im Rahmen einer **Auslandsschulbeihilfe** nachträglich verschärft wird.[41]
– Der **Beihilfeanspruch** des Soldaten für seine Familienangehörigen leitet sich seit dem DNeuG aus § 31 Abs. 2 bis 7 ab. Er wird zulässigerweise begrenzt durch die Beihilfevorschriften des Bundes (vgl. auch Rn. 12). Nicht zu beanstanden ist z. B., dass die Aufwendungen zum Erwerb eines Kfz. für die gelähmte Ehefrau eines Soldaten nicht erstattet werden.[42]
– Auch die AVV zu § 69 Abs. 2 BBesG begrenzt die aus der Fürsorgepflicht des Dienstherrn abzuleitende unentgeltliche truppenärztliche Versorgung (s. Rn. 12). Die Erhaltung der „physischen und psychischen Integrität" des Soldaten ist ein Schutzgut von hohem Rang, dessen Wahrung auch die Fürsorgepflicht gebietet. Die truppenärztliche Versorgung ist nicht darauf beschränkt, die Wehrdienstfähigkeit zu erhalten und wiederherzustellen. Aus der damaligen Fassung der AVV (Stand 25.7.2001) hatte das BVerwG deshalb z. B. einen Anspruch des Soldaten auf **unentgeltliche truppenärztliche Versorgung** in Form einer In-vitro-Fertilisation abgeleitet.[43] Als Folge dieses Urt. hat das BMVg allerdings die AVV geä. und in ihrem § 2 Abs. 3 Maßnahmen, die nur der Familienplanung dienen, insbes. Maßnahmen der künstlichen Befruchtung, ausdrücklich von der unentgeltlichen truppenärztlichen Versorgung ausgenommen.

---

35 Selbst das BUKG geht inzwischen von einem anderen Familienbegriff aus. Gem. § 1 Abs. 3 BUKG setzt eine „häusliche Gemeinschaft" i. S. d. G „ein Zusammenleben in gemeinsamer Wohnung oder in enger Betreuungsgemeinschaft in demselben Haus" voraus. Dazu gehören der Ehegatte, der Lebenspartner, die Kinder, Verwandte bis zum 4. Grad, Verschwägerte bis zum 2. Grad, Pflegeeltern usw. (vgl. § 1 Abs. 2, § 6 Abs. 3 BUKG).
36 BVerfG ZBR 2008, 379 = IÖD 2008, 165 (Versagung des Verheiratetenzuschlags an Lebenspartner).
37 Krit. auch *Pieroth*, in: Jarass/Pieroth, GG, Art. 6 Rn. 4; *Schmitt-Kammler*, in: Sachs, GG, Art. 6 Rn. 15 ff.
38 BGBl. I S. 266 mit Änd.
39 BVerwG NVwZ 1998, 400; OVG Münster 12 A 1085/96 m.w.N.; VG München BWV 2001, 131.
40 St. Rspr. seit BDH DÖV 1963, 922.
41 OVG Münster 1 A 2470/03.
42 BVerwG ZBR 1991, 350.
43 BVerwGE 119, 265 = ZBR 2004, 268.

- Beiträge von SanOffz zu **berufsständischen Einrichtungen** sind nicht erstattungsfähig, da die Mitgliedschaft des Soldaten nicht dienstl. veranlasst ist.[44]
- **Entlassungsverfahren** sind mit der sachlich gebotenen **Beschleunigung** durchzuführen.[45]
- Die Fürsorgepflicht gebietet nicht, dass den Offz sämtliche mit der Selbsteinkleidung verbundenen Kosten erstattet werden. So müssen die Offz z. B. die Kosten einer sog. Umpaspelierung der **Uniform** selbst tragen.[46]
- Der Dienstherr muss stets bemüht sein, den Soldaten vor **Nachteilen und Schäden zu bewahren**.[47]
- Der Soldat kann nicht beanspruchen, dass sein Dienstherr (zu seinen Gunsten) eine **Gesetzesinitiative** unternimmt.[48]
- § 31 Abs. 1 gebietet, dass der Soldat nicht nur **vor Gesundheitsgefährdungen zu schützen ist**[49], sondern auch vor erheblichen Belästigungen. Der Soldat kann daher nicht gezwungen werden, als **Nichtraucher** eine Stube mit anderen, rauchenden Soldaten teilen zu müssen.[50] Dies folgt auch aus einer entspr. Anwendung des § 618 Abs. 1 BGB. Für welche Mittel der Dienstherr sich zum Schutz der Nichtraucher entscheidet, liegt indes in seinem pflichtgemäßen Ermessen.[51]
- Die Fürsorgepflicht ist verletzt, wenn die zuständige Dienststelle „**vorschnell**" ein **strafrechtl. Ermittlungsverfahren** gegen einen Soldaten veranlasst, obwohl sie bzgl. des subjektiven Tatbestandes erhebliche Zweifel hätte haben müssen.[52]
- Zwischen der Bekanntgabe einer **Versetzung** und dem Tag des Dienstantritts muss ein ausreichender Zeitraum liegen, so dass sich der Soldat entspr. einrichten kann.[53]

b) Satz 2 Halbsatz 2 (SaZ, BS). Die Fürsorge des Dienstherrn für die **Familie des SaZ und des BS** während des Wehrdienstes ist „gesetzlich geregelt" z. B. im BBesG und im SVG. Auch wenn der BS keinen verfassungsrechtl. **Anspruch auf Alimentation** gem. Art. 33 Abs. 5 GG hat, ist dieser – vergleichbar mit dem des Beamten – zumindest gesetzl. garantiert. Hieran würde sich auch nichts grds. ändern, wenn für Soldaten eine **eigene Besoldungsordnung** („S") eingeführt werden würde. **18**

Die **Eingliederung** des **BS** in das (ziv.) Berufsleben nach dem Ausscheiden aus dem Wehrdienst ist nicht gesondert geregelt. Es ist vielmehr davon auszugehen, dass die **Versorgungsansprüche** („Dienstzeitversorgung") des Soldaten gem. §§ 14 ff. SVG so ausreichend bemessen sind, dass dieser nach seiner Versetzung in den Ruhestand nicht gezwungen ist, einer neuen Berufstätigkeit nachzugehen. **19**

Die **(Wieder)Eingliederung des SaZ** in das (ziv.) Berufsleben wird durch seine Ansprüche auf **Berufsförderung** und **Dienstzeitversorgung** gem. §§ 3 ff. SVG wesentlich unterstützt. **20**

---

44 BVerwGE 66, 330 = DVBl. 1983, 803.
45 VG Schwerin NZWehrr 2001, 173.
46 BVerwG *Buchholz* § 36 BBesG Nr. 3.
47 BVerwG DÖV 1975, 791; *Steinkamm*, NZWehrr 1986, 32 (35).
48 BVerwGE 43, 261.
49 Vgl. zur Problematik der Geltung des § 31 bei Auslandseinsätzen der SK *Talmon*, NZWehrr 1997, 221 (225).
50 VG Hannover I A 171/74.
51 BVerwG NVwZ 1993, 692.
52 VG Koblenz DöD 1983, 231.
53 BVerwG I WB 107.76.

21 **c) Satz 2 Halbsatz 1.** GWDL, FWDL, dienende Res (und Dienstleistungspflichtige nach dem IV. Abschnitt) haben Ansprüche auf Wehrsold nach dem WSG, Leistungen nach dem USG und nach dem ArbPlSchG.[54] Die **Familien der GWDL** haben einen (eigenen) Anspruch auf allg. Leistungen gem. § 5 USG.

Diese Best. schließen weitergehende Ansprüche aus.[55]

22 Aus der Rspr. sind folgende **Entsch.** erwähnenswert:
- Es ist nicht zu beanstanden, wenn der Bund (nach der seinerzeitigen Erlasslage) WPfl für die kostenlose Familienheimfahrt nur eine Fahrkarte aushändigt, das sog. Benzingeld hingegen nicht erstattet.[56]
- Ein Wehrübender hat für seine Familienheimfahrt nur Anspruch auf die kostenlose Benutzung der Bahn; die Flugkosten sind nicht erstattungsfähig.[57]

23 **d) Satz 2 Halbsatz 2 (WPfl).** Die Wiedereingliederung dieses Personenkreises in das ziv. Berufsleben ist primär durch den **Kündigungsschutz** nach Maßgabe des ArbPlSchG gewährleistet. Daneben kommen z. B. Leistungen der Berufsförderung gem. § 3 Abs. 3 SVG in Betracht.

24 **4. Absätze 2 bis 7**[58]**.** Mit Urt. vom 17.6.2004[59] hatte das BVerwG festgestellt, dass die Beihilfevorschriften des Bundes nicht den Anforderungen des verfassungsrechtl. **Gesetzesvorbehalts** genügten. Das BVerwG gewährte dem Gesetzgeber eine „Übergangszeit", damit kein rechtloser Zustand eintrat. Mit dem **DNeuG** und der aufgrund von § 80 Abs. 4 BBG erlassenen **RVO**[60] liegen jetzt verfasssungskonforme Normen vor. Diese sind nach **Abs. 2 Satz 1** auf Soldaten mit Anspruch auf Dienstbezüge (BS, SaZ) oder Ausbildungsgeld (SanOA) sowie auf ehem. Soldaten mit Anspruch auf Versorgungsbezüge nach dem 2. Teil des SVG entspr. anzuwenden. Keinen Beihilfeanspruch haben wie bisher die Wehrsoldempfänger, also die GWDL, FWDL, Dienstleistungspflichtigen und Angehörigen d.R. während einer Wehrdienstleistung.

25 **Abs. 3** stellt klar, dass **Angehörige** von Soldaten, die sich im Betreuungsurlaub nach § 28 Abs. 5 befinden (diese Soldaten erhalten keine Geld- und Sachbezüge, jedoch unentgeltliche truppenärztliche Versorgung), Beihilfe nach der BBhV erhalten. Die Regelung soll sicherstellen, dass die familienpolit. Zwecksetzung des Betreuungsurlaubs nicht durch Wegfall des Beihilfeanspruchs für die Angehörigen des betreuenden Soldaten verfehlt wird.[61]

26 (Aktive) BS und SaZ haben für sich selbst keinen Beihilfeanspruch (vgl. **Abs. 4**), da ihnen gem. § 69 Abs. 2 BBesG unentgeltliche truppenärztliche Versorgung zusteht. Schon von seinem Wortlaut her ist Abs. 4 nicht so auszulegen, dass BS und SaZ im Fall des Nichteintritts der unentgeltlichen truppenärztlichen Versorgung ein subsidiärer (ergänzender) Beihilfeanspruch zustünde.

---

54 Eignungsübende haben Anspruch auf den besonderen Kündigungsschutz nach dem EÜG. Vgl. die Komm. zu § 87.
55 *Scherer/Alff/Poretschkin*, SG, § 31 Rn. 17.
56 VGH Kassel NZWehr 1985, 130.
57 VG Potsdam NVwZ-RR 1999, 450.
58 Vgl. hierzu BT-Drs. 16/2253, 17 f.
59 BVerwGE 121, 103 = BWV 2005, 38.
60 Bundesbeihilfeverordnung (BBhV) v. 13.2.2009 (BGBl. I S. 326); AVV zur BBhV v. 14.2.2009 (GMBl. S. 238).
61 Bgl. *Battis*, BBG, § 92 Rn. 11.

Abs. 5 Nr. 1 trägt den Besonderheiten des soldatischen Dienstes Rechnung. Allg. ist 27 vor Übernahme in das Dienstverhältnis als Soldat eine Übung zur Auswahl von freiwilligen Soldaten (**Eignungsübung**) abzuleisten. Diese beruht auf freiwilliger Verpflichtung. Die Teilnahme an einer Eignungsübung berührt eine bestehende Pflicht- oder freiwillige Versicherung bei einem Träger der gesetzl. Krankenversicherung nicht, ebenso wird eine bestehende Pflegeversicherung nicht berührt. Für die Zeit der Teilnahme an der Eignungsübung zahlt der Bund den zuständigen Trägern der Krankenversicherung einen Teil des Beitrags. Da die bestehende Krankenversicherung während der Eignungsübung fortgeführt wird, bedarf es keiner insoweit „zusätzlichen" Beihilfeberechtigung des Eignungsübenden. Anderweitige Ansprüche wären vor Berechnung der Beihilfe ohnehin in voller Höhe von den beihilfefähigen Aufwendungen abzuziehen. Erst zum Zeitpunkt der Übernahme in ein Wehrdienstverhältnis als BS oder SaZ nach Abschluss der Eignungsübung entsteht die aus der Fürsorgepflicht des Dienstherrn resultierende Beihilfeberechtigung. Abweichend hiervon lässt **Abs. 7** die Beihilfefähigkeit rückwirkend für die während der Eignungsübung entstandenen krankheitsbedingten Aufwendungen zu.

Abs. 5 Nr. 2 regelt die **Konkurrenzsituation** zwischen der Beihilfeberechtigung aufgrund eines **Versorgungsbezugs** und der Beihilfeberechtigung aus einem **aktiven Beamtenverhältnis**. Sie entspricht den bisherigen Regelungen der AVV zu § 31 SG vom 8.10.1985 i.d.F. vom 10.7.1995.

Abs. 6 regelt die **Konkurrenzsituation** zwischen Beihilfeberechtigungen aufgrund von 28 **Versorgungsbezügen**. Ein neuer/jüngerer Versorgungsbezug schließt die Beihilfeberechtigung aufgrund früherer Versorgungsbezüge aus. Die Vorschrift entspricht damit den bisherigen Regelungen der AVV zu § 31 SG.[62]

5. Schadensersatzanspruch wegen Verletzung der Fürsorgepflicht. Der Anspruch des 29 Soldaten ist zunächst auf **Erfüllung** der Pflicht zur Fürsorge gerichtet.[63] Kommt eine solche Realleistung nicht in Betracht, kann bei schuldhafter Verletzung der Fürsorgepflicht ein **Antrag auf Geldersatz** unmittelbar auf § 31 Abs. 1 oder auf Amtshaftung gem. Art. 34 Satz 1 GG gestützt werden.[64] Der entspr. **Antrag** ist eine im gerichtl. Verfahren nicht nachholbare **Klagevoraussetzung**.[65]

Beispiele aus der Rechtsprechung: 30
– Verwahrt eine mil. Dienststelle Geld eines Soldaten nicht mit der erforderlichen Sorgfalt, haftet der Bund auf Schadensersatz.[66] Etwaiges Verschulden eines Beschäftigten hat sich der Bund entspr. § 278 BGB zurechnen zu lassen.[67]
– Der Soldat hat zwar keinen Anspruch auf Beförderung. Dennoch darf der Dienstherr sein berufliches Fortkommen nicht ohne rechtl. Grund behindern. Ein Disziplinarverfahren muss daher ohne vermeidbare Verzögerung durchgeführt werden.[68]

---

62 BT-Drs. 16/2253, 18.
63 BVerwG NZWehrr 1977, 190; *Scherer/Alff/Poretschkin*, SG, § 31 Rn. 14.
64 BVerwG DÖV 1961, 870; BVerwGE 53, 12; *Scherer/Alff/Poretschkin*, SG, § 31 Rn. 15.
65 BVerwG DVBl. 1998, 191.
66 BVerwGE 52, 247 mit Anm. *Kreutzer*, NZWehrr 1979, 172.
67 VGH Mannheim Justiz 1980, 35.
68 BVerwG NVwZ-RR 1989, 32.

31 Im Übrigen sind für die Geltendmachung solcher Ansprüche die Best. der §§ 249 ff. **BGB** entspr. anzuwenden. Dies gilt insbes. auch für ein Mitverschulden des Soldaten (§ 254 BGB).

§ 32 Dienstzeitbescheinigung und Dienstzeugnis

(1) ¹Der Soldat erhält nach Beendigung seines Wehrdienstes eine Dienstzeitbescheinigung. ²Auf Antrag ist ihm bei einer Dienstzeit von mindestens vier Wochen von seinem nächsten Disziplinarvorgesetzten ein Dienstzeugnis zu erteilen, das über die Art und Dauer der wesentlichen von ihm bekleideten Dienststellungen, über seine Führung, seine Tätigkeit und seine Leistung im Dienst Auskunft gibt. ³Das Bundesministerium der Verteidigung kann die Zuständigkeit nach Satz 2 anders bestimmen.

(2) Der Soldat kann eine angemessene Zeit vor dem Ende des Wehrdienstes ein vorläufiges Dienstzeugnis beantragen.

Übersicht

	Rn		Rn
I. Allgemeines	1	aa) „Auf Antrag"	12
1. Entstehung der Vorschrift	1	bb) „von seinem nächsten	
2. Änderungen der Vorschrift	4	Disziplinarvorgesetzten"	14
3. Bezüge zum Beamtenrecht bzw.		cc) „ein Dienstzeugnis zu	
zu sonstigen rechtl. Vorschriften; ergänzende Dienstvorschriften und Erlasse	5	erteilen"	15
		dd) Inhalt des Dienstzeugnisses	20
II. Erläuterungen im Einzelnen	11	c) Satz 3	21
1. Absatz 1	11	2. Absatz 2	22
a) Satz 1	11	3. Sonstiges	23
b) Satz 2	12	a) Haftung	23
		b) Rechtsschutz	24

Literatur: *Braun, Stefan*: Das Arbeitszeugnis, RiA 2000, 113; *Hensing, Andreas*: Dienstzeugnisse der Bundeswehr, Personal 1988, 50; *Müssig, Peter*: Rechtsprobleme des Dienstzeugnisses, ZBR 1992, 136; *Walz, Dieter*: Das Dritte Zivildienstgesetzänderungsgesetz, NZWehrr 2009, 205.

I. Allgemeines

1 **1. Entstehung der Vorschrift.** § 27 des **REntw.**[1] sah für das „Dienstzeugnis" folgende Regelung vor:

(1) Dem Soldaten ist bei einer Dienstzeit von mehr als 30 Tagen nach dem Ende des Wehrdienstes ein Dienstzeugnis über die Art und Dauer der wesentlichen von ihm bekleideten Dienststellungen zu erteilen. Das Dienstzeugnis muß auf Verlangen des Soldaten auch über seine Führung, seine Tätigkeit und seine Leistung im Dienst Auskunft geben.

(2) Der Soldat kann angemessene Zeit vor dem Ende des Wehrdienstes ein vorläufiges Dienstzeugnis beantragen.

---

1 BT-Drs. II/1700, 8.

Die **Begr.**[2] hob auf die „Fürsorgepflicht der Streitkräfte" ab, dem Soldaten „den Weg 2
in das Zivilleben zu ebnen". Außerdem sei es „vielfach der Stolz des gedienten Soldaten gewesen, auf seine in Ehren abgeleistete Dienstzeit hinweisen zu können".

§ 27 des REntw. warf in den Ausschussberatungen des BT keine großen Probleme 3
auf. Der **Rechtsausschuss** erhob keine „Erinnerungen".[3] Der **Ausschuss für Beamtenrecht** beschloss die Einbeziehung des Anspruchs des Soldaten auf eine Dienstzeitbescheinigung in die Best. sowie die Verkürzung der Frist von 30 Tagen auf vier
Wochen, letzteres unter Hinw. auf die Wehrübungsdauer von WPfl.[4] Der **VertA**[5]
folgte diesem Votum. Zur Begr.[6] verwies er auf die bereits geltenden arbeitsrechtl.
Regelungen.

In der Erstfassung bestimmte der spätere § 32:

(1) **Dem Soldaten ist nach Beendigung seines Wehrdienstes eine Dienstzeitbescheinigung auszustellen. Auf Antrag ist ihm bei einer Dienstzeit von mindestens 4 Wochen
ein Dienstzeugnis zu erteilen, das über die Art und Dauer der wesentlichen von ihm
bekleideten Dienststellungen, über seine Führung, seine Tätigkeit und seine Leistung
im Dienst Auskunft gibt.**

(2) **Der Soldat kann eine angemessene Zeit vor dem Ende des Wehrdienstes ein
vorläufiges Dienstzeugnis beantragen.**

2. **Änderungen der Vorschrift.** Art. 1 Nr. 22 des **SGÄndG** fasste Abs. 1 Satz 1 sprach- 4
lich neu, änderte die Zahl „4" in Satz 2 in „vier" und nahm im selben Satz „in Angleichung an § 92 Satz 1 BBG"[7] die für die Erteilung eines Dienstzeugnisses zuständige
Stelle auf. Mit dem neu eingefügten Satz 3 wurde das BMVg ermächtigt, insbes. für
die im BMVg eingesetzten Soldaten eine andere Zuständigkeit als die des Min. als
nächstem DiszVorg. zu bestimmen.[7]

Weiterer Änderungsbedarf ist bisher von keiner Seite reklamiert worden.

3. **Bezüge zum Beamtenrecht bzw. zu sonstigen rechtl. Vorschriften; ergänzende
Dienstvorschriften und Erlasse.** (Historischer) Ausgangspunkt für die Pflicht zur 5
Erteilung eines Zeugnisses ist **§ 630 BGB**. Gem. Satz 1 dieser Best. kann der Verpflichtete bei der Beendigung eines dauernden Dienstverhältnisses ein schriftl. Zeugnis über das Dienstverhältnis und dessen Dauer fordern. Dieses Zeugnis ist auf Verlangen auf die Leistungen und die Führung im Dienst zu erstrecken (Satz 2).

Für **Arbeitnehmer** gilt § 109 GewO, für **Arbeitnehmer im öff. Dienst** § 35 TVöD. 6

Für **Bundesbeamte** ist § 85 BBG einschlägig. Das **BeamtStG** enthält für Beamte in 7
den Ländern und Kommunen keine entspr. Vorschrift. Für Landesbeamte finden sich
vergleichbare Regelungen in allen LBG.[8]

Auf **Richter** im Bundesdienst wird § 85 BBG entspr. angewandt (§ 46 DRiG). 8

---

2 BT-Drs. II/1700, 26.
3 Prot. Nr. 93 der Sitzung v. 12.12.1955, 9.
4 Prot. Nr. 42 der Sitzung v. 14.12.1955, 3; Ausschussdrs. 21 v. 4.1.1956, 22; Ausschussdrs. 23 v. 20.1.1956, 30.
5 BT-Drs. II/2140, 42.
6 BT-Drs. II/2140, 11.
7 BT-Drs. 14/4062, 20.
8 Vgl. die Übersicht bei *Plog/Wiedow/Lemhöfer*, BBG, § 92 Rn. 11.

Walz 595

9   ZDL erhalten vom BAZ eine Dienstzeitbescheinigung und von der Beschäftigungsstelle ein qualifiziertes Dienstzeugnis (§ 46 Abs. 1 ZDG i.d.F. des 3. ZDGÄndG). Der ZDL muss mindestens drei Monate Dienst geleistet haben (§ 46 Abs. 2 ZDG).

10 **AusfBest zu § 32 Satz 1** finden sich in dem Erl. des BMVg „Erfassung, Übermittlung und Nachweis der zur Rentenversicherung erforderlichen Daten für Soldaten im Wehrdienst nach dem Wehrpflichtgesetz und Soldaten/Soldatinnen im Wehrdienst nach dem Vierten und Fünften Abschnitt des Soldatengesetzes sowie Ausstellung und Verwendung der Wehrdienstzeitbescheinigung" vom 11.10.2005.[9]

AusfBest zum Dienstzeugnis enthält die ZDv 20/6 „Bestimmungen über die Beurteilungen der Soldatinnen und Soldaten der Bundeswehr" in Nr. 201 und 219 sowie in der Anl. 23.

II. Erläuterungen im Einzelnen

11 **1. Absatz 1. – a) Satz 1.** Die **Dienstzeitbescheinigung** ist **von Amts wegen** für jeden Soldaten auszustellen, unabhängig von der Dauer des geleisteten Wehrdienstes, des Anlasses der Beendigung des Dienstverhältnisses und dessen Rechtsnatur. Der ehem. Soldat benötigt eine solche Bescheinigung insbes. zur Vorlage bei Versicherungen und neuen Arbeitgebern.

Der Anspruch des Soldaten leitet sich unmittelbar aus Satz 1 ab; eines Rückgriffs auf die „Fürsorgepflicht des Staates"[10] gem. § 31 Abs. 1 bedarf es nicht. Dieser Anspruch steht nur **dem Soldaten selbst** zu, nicht (auch) einem Familienangehörigen.[11]

12 **b) Satz 2. – aa) „Auf Antrag".** Der Gesetzeswortlaut ist eindeutig: Die Erteilung eines **Dienstzeugnisses muss beantragt** werden. **Abw.** hiervon hat das **BMVg angeordnet**, ein Dienstzeugnis von Amts wegen zu erteilen, wenn der Soldat Wehrdienst von mindestens der Dauer des GWD geleistet hat.[12] Erklärt der Soldat, kein Dienstzeugnis zu wollen, ist diesem Begehren zu entsprechen. Ist die Dienstzeit kürzer oder handelt es sich um einen Soldaten der Besoldungsgruppe B 6 und höher, bleibt es beim Antragserfordernis.[13]

13 Der Soldat kann beantragen, dass das Zeugnis auf Art und Dauer der Dienststellungen **beschränkt** wird und Angaben über die Führung und Leistung unterbleiben.[14] Einem solchen Antrag ist analog § 85 Satz 1 BBG zu entsprechen. Ein Anspruch auf die Erteilung eines Zeugnisses mit einem bestimmten Inhalt besteht jedoch nicht.[15]

Der Antrag ist nicht form- oder fristgebunden; eine **Begr.** ist **nicht erforderlich**.[16]

---

9   VMBl. 2005 S. 134.
10 *Rittau*, SG, 181.
11 OVG Münster NZWehrr 1988, 41.
12 Dies ist zwar nicht rechtswidrig, aus Gründen der Wirtschaftlichkeit u. Sparsamkeit jedoch überprüfenswert.
13 ZDv 20/6 Anl. 23/1.
14 *Bornemann*, RuP, 23; GKÖD I Yk, § 32 Rn. 4; *Scherer/Alff/Poretschkin*, SG, § 32 Rn. 2.
15 Vgl. BVerwGE 12, 29 = NJW 1961, 1131.
16 *Plog/Wiedow/Lemhöfer*, BBG, § 92 Rn. 3.

Das (endgültige) Dienstzeugnis ist i. d. R. **„bei Beendigung"**[17] des Dienstverhältnisses zu erstellen und dem Soldaten gegen Empfangsbekenntnis auszuhändigen. Portokosten lassen sich damit einsparen. Hieraus folgt, dass der Soldat bereits kurze Zeit vor seinem Ausscheiden ein (endgültiges) Zeugnis beantragen kann.[18]

bb) „von seinem nächsten Disziplinarvorgesetzten". **Zuständig** ist der nächste DiszVorg., d. h. der unterste Vorg. mit Disziplinarbefugnis, dem der Soldat unmittelbar unterstellt ist (§ 29 Abs. 1 Satz 2 WDO). Eine Stellungnahme nächsthöherer DiszVorg. ist nicht vorgesehen.[17] Der nächste DiszVorg. behält seine Zuständigkeit auch für den Fall, dass der Soldat aus dem Wehrdienst ausgeschieden ist.[19]   **14**

Eine **Delegation** dieser Pflicht auf beurteilende Vorg., die nicht DiszVorg. sind, ist nach der durch das SGÄndG erfolgten Neuformulierung von Abs. 1 Satz 2 **nicht mehr zulässig**[20], es sei denn, das BMVg selbst verfügt gem. Satz 3 eine solche.[21]

cc) „ein Dienstzeugnis zu erteilen". Ausgehend von § 85 BBG unterscheidet die Lit.[22] zwischen dem **„einfachen"** (§ 85 Satz 1 BBG) und dem **„qualifizierten"** (§ 85 Satz 2 BBG) Dienstzeugnis. Entspr. gilt für das soldatenrechtl. Dienstzeugnis, sofern der Soldat beantragt, das Zeugnis auf Art und Dauer der Dienststellungen und die Tätigkeit zu beschränken (einfaches Zeugnis) und Aussagen über Führung und Leistung im Dienst (qualifiziertes Zeugnis) nicht aufzunehmen.   **15**

Das Dienstzeugnis des Soldaten ist **keine Beurteilung** i. S. v. § 2 SLV.[23] Dies folgt daraus, dass das Dienstzeugnis primär künftige Arbeitgeber informieren und damit eine Außenfunktion erfüllen soll, während die Beurteilung innerdienstl. Zwecken dient.[24]   **16**

Obwohl damit eine unmittelbare Anwendung von § 29 Abs. 5 nicht in Betracht kommt, ist der Soldat bei der Erstellung des Zeugnisses zu **beteiligen**; insbes. ist er, dem Rechtsgedanken des § 28 Abs. 1 VwVfG folgend, **anzuhören**.[25]

Im Beamtenrecht ist **str.**, ob das Dienstzeugnis als **VA** anzusehen ist oder ob es mit der allg. Leistungsklage angefochten werden kann.[26] Für Soldaten ist diese Frage von nachrangiger Bedeutung, da sich der Soldat gegen ein Dienstzeugnis, unabhängig von   **17**

---

17 ZDv 20/6 Anl. 23/1.
18 Vgl. *Müssig*, ZBR 1992, 137.
19 ZDv 20/6 ebd.
20 A.A. zur früheren Rechtslage BVerwG I WB 121/77; *Scherer/Alff/Poretschkin*, SG, § 32 Rn. 5.
21 Nach der Rspr. des BAG ist das Dienstzeugnis im öff. Dienst vom Leiter der Dienststelle, seinem Vertreter o. einem „ranghöheren" Vorg. zu unterschreiben. Vgl. BAG Arbeit und Recht 2005, 413.
22 *Müssig*, ZBR 1992, 137; *Plog/Wiedow/Lemhöfer*, BBG, § 92 Rn. 5 ff.
23 GKÖD I Yk, § 32 Rn. 1; *Scherer/Alff/Poretschkin*, SG, § 32 Rn. 5. Missverständlich ZDv 20/6 Überschrift zu Kap. 2 („Arten der Beurteilungen") u. Nr. 201.
24 *Plog/Wiedow/Lemhöfer*, BBG, § 92 Rn. 1.
25 ZDv 20/6 Anl. 23/1; GKÖD I Yk, § 32 Rn. 7 (Anhörung des Soldaten „zu ihm nachteiligen Tatsachen in einem Dienstzeugnis"); *Müssig*, ZBR 1992, 144; *Scherer/Alff/Poretschkin*, SG, § 32 Rn. 5.
26 Vgl. *Müssig*, ZBR 1992, 144; *Plog/Wiedow/Lemhöfer*, BBG, § 92 Rn. 1.

dessen Rechtsnatur, jedenfalls beschweren kann, auch wenn das Dienstverhältnis inzwischen geendet hat (§ 15 WBO).[27]

18 Eine Beteiligung des **Personalrates** oder der **VP** oder anderer Interessenvertretungen ist bei der Erstellung von Dienstzeugnissen nicht vorgesehen.

19 Dem Zweck des Dienstzeugnisses folgend ist dieses in **schriftl. Form** zu erteilen.[28] Es ist „auf festem, weißem Papier und im DIN-Format A 4 zu erstellen".[29] Eine Ausfertigung ist zu den **PA** zu nehmen.[30]

20 **dd) Inhalt des Dienstzeugnisses.** Der Gesetzeswortlaut („Art und Dauer der wesentlichen von ihm bekleideten Dienststellungen, seine Führung, seine Tätigkeit und seine Leistung im Dienst") wirft keine wesentlichen Interpretationsprobleme auf. Insoweit kann auf die Ausführungen und die Beispiele in der **ZDv 20/6**[31] verwiesen werden.

Das Zeugnis muss **wahrheitsgemäße Angaben** enthalten; es soll in „fürsorglichem Wohlwollen" erstellt sein.[32]

21 **c) Satz 3.** Von der durch das SGÄndG eingefügten Möglichkeit der **Delegation** ist erstmals mit Erl. des BMVg vom 19.12.2003[33] Gebrauch gemacht worden. Danach werden die Dienstzeugnisse für Soldaten des BMVg durch den nächsten Vorg. ab Referatsleiter an aufwärts erstellt.

22 **2. Absatz 2.** Das **vorläufige Dienstzeugnis** ist eine rechtl. Besonderheit des Soldaten- und des Zivildienstrechts.

„Angemessen" bedeutet, dass dem Soldaten rechtzeitig vor dem Ende seines Dienstverhältnisses Gelegenheit gegeben wird, sich zu bewerben. Der Begriff „angemessen" ist **weit auszulegen**.[34]

Im Übrigen gelten dies. Best. wie für das (endgültige) Dienstzeugnis.

23 **3. Sonstiges. – a) Haftung.** Hat der ehem. Soldat aufgrund eines schuldhaft falschen Dienstzeugnisses einen Vermögensschaden erlitten, kommen **Schadensersatzansprüche** gem. Art. 34 GG i. V. m. § 839 BGB oder gem. § 31 Abs. 1 SG in Frage.

Ist durch ein solches Zeugnis einem Dritten, z. B. dem neuen Arbeitgeber, ein Schaden entstanden, ist ebenfalls Art. 34 GG i. V. m. § 839 BGB gegeben.

Der Soldat, der das fehlerhafte Zeugnis ausgestellt hat, haftet dem Bund im Innenverhältnis gem. § 24.[35]

---

27 Es reicht aus, dass der Beschwerdeanlass in die Dienstzeit fällt (BVerwGE 46, 220 = NZWehrr 1974, 114; *Dau*, WBO, § 15 Rn. 8). Zur Frage des Rechtsweges bzgl. des Dienstzeugnisses vgl. Rn. 24.
28 *Müssig*, ZBR 1992, 143.
29 ZDv 20/6 Anl. 23/1.
30 ZDv 20/6 ebd.
31 Anl. 23/2 ff.
32 ZDv 20/6 Anl. 23/1; GKÖD I Yk, § 32 Rn. 5; *Scherer/Alff/Poretschkin*, SG, § 32 Rn. 4.
33 BMVg – PSZ I 1 (80) – Az 16-26-05/2 (R 9/03).
34 *Stauf* I, § 32 SG Rn. 3.
35 GKÖD I Yk, § 32 Rn. 5; *Scherer/Alff/Poretschkin*, SG, § 32 Rn. 4; *Stauf* I, § 32 SG Rn. 1.

b) Rechtsschutz. Zur Durchsetzung des Rechts aus § 32 ist der Rechtsweg zu den Wehrdienstgerichten gegeben.[36] Der Anspruch auf ein Dienstzeugnis gehört zu den Rechten des Soldaten gem. § 17 Abs. 1 Satz 1 WBO. Die gegenteilige Auffassung[37], das Dienstzeugnis sei im Zusammenhang mit dem Ausscheiden aus dem Dienstverhältnis zu sehen und Ausfluss der Fürsorgepflicht des Dienstherrn gem. § 31 Abs. 1, verkennt die eigenständige Regelung des § 32. Diese Best. ist nicht etwa ein Unterfall des § 31 Abs. 1. Die VG sind daher nicht zuständig.

24

§ 33 Staatsbürgerlicher und völkerrechtlicher Unterricht

(1) ¹Die Soldaten erhalten staatsbürgerlichen und völkerrechtlichen Unterricht. ²Der für den Unterricht verantwortliche Vorgesetzte darf die Behandlung politischer Fragen nicht auf die Darlegung einer einseitigen Meinung beschränken. ³Das Gesamtbild des Unterrichts ist so zu gestalten, dass die Soldaten nicht zu Gunsten oder zu Ungunsten einer bestimmten politischen Richtung beeinflusst werden.

(2) Die Soldaten sind über ihre staatsbürgerlichen und völkerrechtlichen Pflichten und Rechte im Frieden und im Krieg zu unterrichten.

Übersicht

	Rn		Rn
I. Allgemeines	1	II. Erläuterungen im Einzelnen	6
1. Entstehung der Vorschrift	1	1. Rechtsnatur der Bestimmung	6
2. Änderungen der Vorschrift	3	2. Ziele des Unterrichts	7
3. Bezüge zum Beamtenrecht bzw. zu sonstigen rechtl. Vorschriften; ergänzende Dienstvorschriften	4	3. Durchführung des Unterrichts	9
		4. Verbot der Beeinflussung	11
		5. Praxis	12

Literatur: *Baganz, Jens-Eugen*: Der Rechtsberater in der Bundeswehr, 1995; *Busch, Eckart*: Degen und Feder, NZWehr 1995, 230; *Dau, Klaus*: Der Rechtsberater der Bundeswehr – ein Berufsbild im Wandel, NZWehr 2005, 221; *Laabs, Harald*: Rechtsstellung und Pflichtenkreis der Rechtsberater der Bundeswehr bei Auslandseinsätzen und im Verteidigungsfall, NZWehr 1995, 1, 61, 98; 1997, 133, 163; *Prüfert, Andreas*: Politische Bildung mit und für Soldaten – Ein tragfähiges Handlungskonzept für die Zukunft, in: Hoffmann, Oskar/Prüfert, Andreas (Hrsg.): Innere Führung 2000, 119; *Reeb, Hans-Joachim*: Militär und Recht: Zur Rechtsausbildung für Soldaten der Bundeswehr, 1989; *ders.*: Wissenschaftliche Überlegungen zu einer Rechtsausbildung in den Streitkräften, NZWehr 1988, 24; *Reindl, Helmut*: Der Rechtsunterricht in der Bundeswehr, NZWehr 1976, 250; *Walz, Dieter*: Das Verhältnis von Innerer Führung und Recht – eine unlösbare konzeptionelle Fragestellung?, NZWehr 1984, 133; *ders.*: Die „Implementierung" des humanitären Völkerrechts in den Streitkräften der Bundeswehr – Anmerkungen zu § 33 Soldatengesetz, Humanitäres Völkerrecht-Informationsschriften 1991, 134; *ders.*: Auslandseinsätze deutscher Streitkräfte und Art 87b Grundgesetz, NZWehr 1997, 89; *Wipfelder, Hans-Jürgen*: Subsidiaritätsprinzip und Bundeswehr, BWV 1989, 199.

---

36 BVerwG I WB 99/72; *Dau*, WBO, § 17 Rn. 26; *Stauf* I, § 32 SG Rn. 3 (jew. zu § 32 Abs. 2); *Weniger*, SG, § 32 Rn. 10.
37 GKÖD I Yk, § 32 Rn. 9.

§ 33 Staatsbürgerlicher und völkerrechtlicher Unterricht

I. Allgemeines

1 1. Entstehung der Vorschrift. Der jetzige Abs. 2 des § 33 befand sich als § 28 bereits im **REntw**.[1] In der Sprache der damaligen Zeit sollte der staatsbürgerliche Unterricht der Erziehung des Soldaten zum „rechten Staatsbürger" dienen, der völkerrechtl. Unterricht zur „wirksamen Vorbeugung" gegen Rechtsverletzungen.[2] In der 1. Lesung des REntw. im BT am 12.10.1955 widmete lediglich der Abg. *Feller* (GB/BHE)[3] dieser Best. einige Ausführungen. Er verwies auf die notwendige „pädagogische Begleitung" dieses Unterrichts, damit „Kasernenhofblüten alter Art" vermieden würden, ein Hinw., der sich aus heutiger Sicht unverständlich anhört, wenn man bedenkt, mit welchem Ernst solche Ausbildungen – zumindest von den Vorgaben her – stattzufinden haben.

2 In den **Ausschussberatungen** kam § 28 des REntw. wiederholt zur Sprache: In der 93. Sitzung des Rechtsausschusses vom 12.12.1955[4] forderte der Abg. Dr. Arndt (SPD), der Unterricht sei „überparteilich" zu gestalten; der Lehrer müsse eine „weitergehende Freiheit" haben. Hieraus entwickelte der Ausschuss die jetzigen Sätze 1 und 2 des Abs. 1.[5] Der Ausschuss für Beamtenrecht[6] votierte gegen eine Aufnahme des Satzes 2 des Abs. 1, da dessen Inhalt bereits in den vorhergehenden Best. des SG geregelt sei. Im Gegensatz hierzu nahm der VertA die Überlegungen des Rechtsausschusses wieder auf und ergänzte diese um Satz 3 des Abs. 1.[7] Die Best. des § 28 (des REntw.) sei, so der VertA, von außerordentlicher Bedeutung, da sie wesentlich dazu beitragen solle, die Bw in die demokratische Ordnung der Bundesrepublik einzugliedern.[8] In der vom VertA formulierten Fassung des § 28 wurde dieser – als § 33 – vom BT beschlossen.

3 2. Änderungen der Vorschrift. § 33 entspricht im Wesentlichen noch der Erstfassung. Mit Art. 1 Nr. 23 des **SGÄndG** wurde – aus sprachlichen Gründen[9] – das Wort „**Kriege**" in Abs. 2 durch das Wort „**Krieg**" ersetzt.

4 3. Bezüge zum Beamtenrecht bzw. zu sonstigen rechtl. Vorschriften; ergänzende Dienstvorschriften. Eine mit § 33 vergleichbare Best. existiert im **Beamten- oder Richterrecht** nicht. Anders im Zivildienstrecht: Gem. § 25b Abs. 1 Satz 1 ZDG sind die **ZDL** zu Beginn ihrer Dienstzeit in einem eintägigen Seminar über ihre Rechte und Pflichten zu informieren. Darüber hinaus sind sie nach Satz 2 Nr. 1 verpflichtet, während ihrer Dienstzeit an einem viertägigen Seminar zur polit. Bildung teilzunehmen. § 25b Abs. 4 ZDG wiederholt die Best. des § 33 Abs. 1 Satz 2 und 3 SG. Hierzu sind entspr. RL erlassen worden.[10]

---

1 BT-Drs. II/1700, 8.
2 BT-Drs. II/1700, 27.
3 Sten.Ber. 5791.
4 Prot., 9.
5 Schreiben des Vorsitzenden des Rechtsausschusses v. 13.12.1955.
6 Prot. des 9. Ausschusses Nr. 42 v. 14.12.1955.
7 BT-Drs. II/2140, 42.
8 BT-Drs. II/2140, 11.
9 BT-Drs. 14/4062, 20.
10 Vgl. *Brecht*, ZDG, 139.

Andere Personengruppen, die an Stelle des Wehrdienstes einen Ersatzdienst außerhalb des Zivildienstes leisten, haben keinen Anspruch auf eine solche Unterrichtung. So verweist § 59 Abs. 1 BGSG[11] für **Grenzschutzdienstpflichtige** nach § 42a Satz 1 WPflG auf entspr. anwendbare Regelungen *dieses* Gesetzes, nicht jedoch des SG. § 33 gilt daher für Grenzschutzdienstpflichtige nicht.

Ergänzend zu § 33 ist auf folgende **Dienstvorschriften** hinzuweisen: 5
- **ZDv 12/1** „Politische Bildung in der Bundeswehr". Mit dieser Vorschrift soll die Forderung des § 33, staatsbürgerlichen Unterricht durchzuführen, erfüllt werden (Nr. 106).
- **ZDv 15/1** „Humanitäres Völkerrecht in bewaffneten Konflikten – Grundsätze". Nach Nr. 806 sind die Grds. des humanitären Völkerrechts umfassend zu verbreiten.
- **ZDv 15/2** „Humanitäres Völkerrecht in bewaffneten Konflikten – Handbuch". Die Nr. 136 verpflichtet die SK unter Bezugnahme auf § 33, die GA und die ZP in ihre Ausbildungsprogramme aufzunehmen. Nach Nr. 137 sind die Vorg. sowie die Rechtsberater und Rechtslehrer verpflichtet, im völkerrechtl. Unterricht ein „Bewusstsein für Recht und Unrecht" zu vermitteln.
- **ZDv 15/3** „Humanitäres Völkerrecht in bewaffneten Konflikten – Textsammlung". Nach Art. 82 des dort abgedruckten Zusatzprotokolls I vom 10.6.1977[12] haben Rechtsberater die mil. Führer über die Anwendung der Abkommen zu unterweisen. Art. 83 verpflichtet die Vertragsparteien, die GA und das ZP in die mil. Ausbildungsprogramme aufzunehmen.
- Die in den 80er Jahren geplante Heraugabe einer **ZDv 14/11** „Rechtsausbildung in den Streitkräften" – als Pendant zur ZDv 12/1 – wurde bedauerlicherweise nicht weiterverfolgt, so dass ein zusammenfassendes Vorschriftenwerk für dieses Ausbildungsgebiet bis heute fehlt.

II. Erläuterungen im Einzelnen

1. Rechtsnatur der Bestimmung. § 33 ist im 2. Unterabschnitt des 1. Abschnitts des 6 SG platziert, der mit „Pflichten und Rechte der Soldaten" überschrieben ist. Dementspr. wird allg.[13] aus Abs. 1 Satz 1 und Abs. 2 ein **(Rechts-)Anspruch** des Soldaten abgeleitet, staatsbürgerlichen und völkerrechtl. Unterricht zu erhalten. Dieser Anspruch soll indes für den einzelnen Soldaten **kein subjektives Recht** begründen, die Durchführung dieses Unterrichts ggf. gerichtl. zu erzwingen. Es handele sich um ein bloßes Reflexrecht.[14] Die hierzu angeführte Entsch. des BVerwG[15] kann indes nicht so verstanden werden, als hätte der Senat damit zum Ausdruck bringen wollen, die Nichtdurchführung des nach § 33 vorgeschriebenen Unterrichts stelle keine beschwerdefähige Maßnahme gem. § 17 Abs. 1 Satz 1 WBO dar. Hierfür gibt dieser Beschl. nichts her, da diese Frage nicht entscheidungserheblich war. Es wäre

---

11 V. 18.8.1972, BGBl. I S. 1834. Nach Art 3 Abs. 2 des BGSNeuregelungsG v. 19.10.1994, BGBl. I S. 2978, ist u. a. § 59 BGSG nur anwendbar, wenn der BT der Anwendung zuvor durch Beschl. zugestimmt hat.
12 BGBl. 1990 II S. 1551.
13 BVerwGE 43, 162; GKÖD I Yk, § 33 Rn. 2; *Schwenck*, 46; *Wipfelder*, Wehrrecht, Rn. 519.
14 *Dau*, WBO, § 17 Rn. 24; *Weniger*, SG, § 33 Rn. 1.
15 BVerwGE 43, 162.

mit dem klaren Wortlaut von § 17 Abs. 1 Satz 1 WBO nicht in Einklang zu bringen, wollte man § 33 zu den dort aufgeführten Ausnahmetatbeständen hinzufügen, ohne den Gesetzgeber zu bemühen. Auch § 33 selbst spricht für einen **gerichtl. durchsetzbaren Rechtsanspruch** des Soldaten. Nach Abs. 1 Satz 1 „erhalten" die Soldaten Unterricht. Gem. Abs. 2 „sind" sie zu unterrichten. Verpflichtung des Vorg. und Rechtsanspruch des Untergebenen korrespondieren. Die bloße Meldung eines Soldaten, er habe nie oder nicht ausreichend Unterricht dieser Art erhalten, entspricht nicht den Zielsetzungen des § 33. Der Soldat hat daher ein beschwerde- und klagefähiges Recht auf Durchführung des staatsbürgerlichen und völkerrechtl. Unterrichts.[16]

Wie bedeutsam eine ordentliche Rechtsausbildung von Soldaten ist, erhellt ein Urt. des BVerwG[17], mit dem einem Soldaten entlastende Umstände attestiert wurden, da er (als in die Bw übernommener Angehöriger der früheren NVA) keine Unterweisung in „Rechtskunde" und „Innerer Führung" erhalten hatte.

7 **2. Ziele des Unterrichts.** Der staatsbürgerliche Unterricht, seit vielen Jahren als **„Politische Bildung"** bezeichnet, „soll den Soldaten die freiheitliche demokratische Grundordnung der Bundesrepublik Deutschland verdeutlichen und ihnen helfen, als Staatsbürger in Uniform den Sinn und die Notwendigkeit ihres Dienstes für Frieden, Freiheit und Recht anzuerkennen".[18] Der Soldat „muss einen geistigen Standort gewinnen und die verteidigungswürdigen Werte unserer Lebensauffassung kennen, um sie vertreten zu können".[19]

8 Zweck des **völkerrechtl. Unterrichts** ist in erster Linie, den Soldaten in die Lage zu versetzen, bei der Befehlsgebung die Regeln des Völkerrechts zu beachten (§ 10 Abs. 4) und die Strafbarkeit eines völkerrechtswidrigen Befehls zu erkennen (§ 11 Abs. 2 Satz 1).[20]

9 **3. Durchführung des Unterrichts.** Abs. 1 Satz 2 richtet sich an den „für den Unterricht verantwortlichen" Vorg. Wer dieser ist, hat der Gesetzgeber nicht bestimmt. Für die **Politische Bildung** schreibt die ZDv 12/1 in Nr. 408 vor, dass diese „grundsätzlich" durch den **nächsten DiszVorg.** zu leiten ist. Dies schließt nicht aus, dass anderen Soldaten die Durchführung befohlen werden kann (ZDv 12/1 Nr. 409). Der DiszVorg. hat jedoch persönlich anwesend zu sein. Bei besonderen Ereignissen kann es geboten sein, dass der **nächsthöhere DiszVorg.** die Leitung übernimmt.

10 Für den **Rechtsunterricht** fehlt es an einer diesbezüglichen zentralen Regelung. Durch Erl. und Ausbildungsweisungen der TSK ist bestimmt, dass der Rechtsunterricht durch **mil. Vorg.** oder durch **Rechtslehrer** und **Rechtsberater** durchzuführen ist.

---

16 *Walz*, Implementierung, 135.
17 BVerwGE 113, 99 = NJW 1997, 257.
18 ZDv 12/1 Vorb. 6.
19 BVerwGE 43, 162.
20 GKÖD I Yk, § 33 Rn. 2; *Scherer/Alff/Poretschkin*, SG, § 33 Rn. 2.

An den Akademien der Bw, am Zentrum Innere Führung sowie den Schulen der SK sind **Rechtsdozenten** und **Rechtslehrer** eingesetzt. Es handelt sich dabei um beamtete oder angestellte Volljuristen. Ihre **Rechtsstellung** bestimmt sich nach der Dienstanweisung für Rechtslehrer an Schulen der Bundeswehr vom 15.12.1961[21], die grds. bis heute Gültigkeit besitzt. Rechtslehrer sind in allgemeindienstl. Hinsicht unmittelbar dem Kdr der Akademie/Schule unterstellt, fachl. dem Rechtsberater der mil. Dienststelle, die der Akademie/Schule vorgesetzt ist. Sie bilden im Wesentlichen Uffz mit Portepee und Offz im Verfassungsrecht, Wehrrecht und Völkerrecht aus.

Bei den Kommandobehörden der SK von der Division oder vergleichbar an aufwärts sind **Rechtsberater** tätig. Ihr Status gleicht dem der Rechtslehrer.[22] Rechtsberater haben neben ihren Hauptaufgaben als Nebenaufgabe zweimal jährlich im Rahmen der Offizierweiterbildung Rechtsunterricht auf der Ebene der Verbände durchzuführen.

Rechtslehrer und Rechtsberater üben ihre Tätigkeit im **zivilen Status** aus. Obwohl sie organisatorisch zu den SK gehören, erfüllen sie Aufgaben der Bundeswehrverwaltung gem. Art. 87b Abs. 1 Satz 2 GG.[23] Die Praxis des BMVg, diesen Personenkreis zu Auslandseinsätzen der SK aufgrund freiwilliger Meldung in Form von besonderen Auslandsverwendungen gem. § 6a Abs. 1 und 2 WPflG bzw. § 62 SG, mithin im **Soldatenstatus**, heranzuziehen, stößt auf **rechtl. Bedenken**.[24]

4. Verbot der Beeinflussung. Abs. 1 Satz 2 und 3 enthalten materielle Vorgaben für den Unterricht und dessen Gestaltung. Sie beschränken die **Meinungsäußerungsfreiheit** des durchführenden Vorg. nach Art. 5 Abs. 1 Satz 1 GG und gelten als allg. Gesetz i. S. v. Art. 5 Abs. 2 GG.

Als **„goldene Regel"** gilt, dass der Vorg. im Unterricht die sog. amtl. Meinung zu referieren und einen hiervon abw. persönlichen Standpunkt unter Angabe von Gründen deutlich zu machen hat.[25] Hierbei hat der Vorg. stets zu beachten, dass er seine Untergebenen nicht seinen Vorstellungen entspr. manipulieren darf (§ 15 Abs. 4, § 33 Abs. 1 Satz 3). Er hat „objektiv, tendenzlos und unter Bezeichnung des Standpunktes der Gegenmeinung zu berichten".[26] Eine „gezielt einseitige"[27] Beeinflussung hat der Vorg. in jedem Fall zu unterlassen. Ausbildungsunterlagen, die als „Hilfsmittel" bezeichnet sind, fallen nicht unter dieses Verbot.[28]

11

---

21 Vgl. *Reindl*, 252.
22 Für sie gilt immer noch die Vorläufige Dienstanweisung des BMVg v. 9.11.1956.
23 *Walz*, Auslandseinsätze, 96. Dies ist umstr. Vgl. etwa *Moritz*, NZWehrr 1976, 244; *Wipfelder*, Wehrrecht, Rn. 1407.
24 *Stauf* I, § 33 SG Rn. 7; *Walz*, Auslandseinsätze, 97–99 m. w. N.
25 *Bornemann*, RuP, 27; GKÖD I Yk, § 33 Rn. 3; *Scherer/Alff/Poretschkin*, SG, § 33 Rn. 3. Für die polit. Bildung gilt der sog. Beutelsbacher Konsens. Vgl. hierzu ZDv 12/1 Nr. 115.
26 BVerwGE 43, 162 (Befehl des BMVg zum 17.6.1953).
27 BVerwGE 53, 111 = DÖV 1976, 286 (info german).
28 BVerwGE 86, 316 = ZBR 1991, 94 (Leitfaden zur Sicherheitspolitik – Allg. Umdruck Nr. 310).

12 **5. Praxis.** Die Ausführung des Gesetzesbefehls ist seit Jahren der **öff. Kritik** ausgesetzt. Es wird zunehmend beklagt, dass der Rechtsunterricht und noch mehr die polit. Bildung entweder überhaupt nicht oder nicht ausreichend, von unqualifizierten Ausbildern oder methodisch-didaktisch nicht zeitgemäß durchgeführt werde. In nahezu allen JB der **WBeauftr** der jüngeren Zeit finden sich entspr. Hinw.[29] Als Ursachen werden dort u. a. genannt fehlende Zeit, unzureichende Haushaltsmittelzuweisungen für Seminare, Tagungen und dgl., mangelhafte Ausbildung der Ausbilder, lückenhafte Dienstpostenzuweisungen bzw. Nachbesetzungen freier Dienstposten.

Aus eigener Erfahrung des *Kommentators* kann dieser Mängelliste die oft fehlende Fantasie der Vorg. und der Durchführenden angefügt werden. In vielen Fällen ließe sich mit Improvisation und **persönlicher Motivation** auch bei unbefriedigenden Rahmenbedingungen noch ein vernünftiges Ergebnis erzielen.

§ 34 Beschwerde

¹**Der Soldat hat das Recht, sich zu beschweren.** ²**Das Nähere regelt die Wehrbeschwerdeordnung.**

Übersicht

	Rn		Rn
I. Allgemeines	1	II. Erläuterungen im Einzelnen	6
1. Entstehung der Vorschrift	1	1. Satz 1	6
2. Änderungen der Vorschrift	2	2. Satz 2	9
3. Bezüge zum Beamtenrecht bzw. zu sonstigen rechtl. Vorschriften; ergänzende Dienstvorschriften	3		

Literatur: *Dau, Klaus*: Wehrbeschwerdeordnung, Kommentar, 5. Aufl. 2009; *Stauf, Wolfgang*: Wehrrecht II, 2002.

Frühere Kommentare, z. B. von *Schreiber/Oetting*, 4. Aufl. 1973, wurden nicht wieder aufgelegt. Sie sind durchweg veraltet.

---

[29] JB 1992, BT-Drs. 12/4600, 9 (Polit. Bildung), 12 (Rechtsunterricht); JB 1993, BT-Drs. 12/6950, 12 (Polit. Bildung); JB 1995, BT-Drs. 13/3900, 8 (Polit. Bildung), 10 (Rechtspflege); JB 1996, BT-Drs. 13/7100, 5, 7 (Polit. Bildung), 9 (Rechtsunterricht); JB 1997, BT-Drs. 13/10000, 4, 9 (Polit. Bildung), 10 (Rechtsunterricht); JB 1998, BT-Drs. 14/500, 6, 10 (Polit. Bildung), 10 (Rechtsunterricht); JB 1999, BT-Drs. 14/2900, 9 (Polit. Bildung), 18 (fehlende Rechtskenntnisse); JB 2000, BT-Drs. 14/5400, 10 (Polit. Bildung); JB 2001, BT-Drs. 14/8330, 20 (Polit. Bildung); JB 2002, BT-Drs. 15/500, 23 (Polit. Bildung); JB 2003, BT-Drs. 15/2600, 33; JB 2004, BT-Drs. 15/5000, 37 (Polit. Bildung); JB 2006, BT-Drs. 16/4700, 21 f. (Polit. Bildung, Rechtsausbildung); JB 2008, BT-Drs. 16/12200, 23 f. (Rechtsausbildung); JB 2009, BT-Drs. 17/900, 28 (Rechtsausbildung).

Beschwerde § 34

I. Allgemeines

1. Entstehung der Vorschrift.

Der REntw.[1] sah als § 29 folgende Regelung vor: 1
Das Recht des Soldaten, sich zu beschweren, regelt ein besonderes Gesetz.
Bereits in der **amtl. Begr.**[2] zeigte sich, dass mit dieser Best. nicht sämtliche Beschwerdeanlässe erfasst werden sollten, sondern nur diejenigen, die sich aus dem „militärischen Dienstverhältnis" ergeben könnten. „Unabhängig hiervon" gewähre Art. 19 Abs. 4 GG dem Soldaten Rechtsschutz bei Verletzung seiner Rechte durch die öff. Gewalt. Zwischen dem scheinbar **allumfassenden Geltungsbereich** des § 34 und der rechtl. Realität besteht mithin möglicherweise eine Diskrepanz, auf die noch näher einzugehen sein wird.

In der Beratung des REntw. im Rechtsausschuss des BT am 12.12.1955[3] bat der Abg. *Dr. Arndt* (SPD) um Auskunft, weshalb man die Beschwerdeordnung nicht gleich in das Gesetz einfüge, dann brauche man § 29 (des REntw.) nicht. Der Vertreter des BMVg, *Dr. Scherer*, erwiderte hierauf, dies sei technisch nicht möglich gewesen. § 29 stelle „nur eine Art **Merkposten** dar" für die in kurzer Zeit vorzulegende Beschwerdeordnung. In der Tat mutet es aus heutiger Sicht[4] seltsam an, dass in einem einfachen Gesetz, dem SG, auf ein anderes noch zu erlassendes einfaches Gesetz[5], die spätere WBO, verwiesen wird. Solche „Merkposten" findet man im SG an mehreren Stellen: § 1 Abs. 4 Satz 2, § 23 Abs. 3 verweisen auf die heutige WDO, § 30 Abs. 1 u. a. auf das SVG, § 35 auf das SBG, § 58 Abs. 1 auf das WPflG und § 90 auf das (bis heute ausstehende) OrgG. Diese für Gesetze unterhalb des GG ungewöhnliche Zitierform erklärt sich aus der Entstehungsgeschichte der Wehrgesetze und der Eile, mit der seinerzeit gehandelt werden musste. Nicht alle Wehrgesetze lagen zum gleichen Zeitpunkt den gesetzgebenden Körperschaften vor. Mit dem SG, dem „Grundgesetz des Soldaten", sollte der Bogen um das gesamte Wehrrecht geschlagen werden. Sämtliche Verweisungen dieser Art hätten ohne Substanzverlust bei einer der zahlreichen späteren Novellierungen des SG **gestrichen** werden können.

Der **Ausschuss für Beamtenrecht**[6] schlug „aus sprachlichen Gründen" vor, § 29 wie folgt zu formulieren:
Das Beschwerderecht des Soldaten regelt ein besonderes Gesetz.
Der **VertA**[7] wiederum schuf, ebenfalls aus sprachlichen Gründen, die dann vom Plenum als § 34 beschlossene Fassung:
„Der Soldat hat das Recht, sich zu beschweren. Das Nähere regelt ein Gesetz."

---

1 BT-Drs. II/1700, 8.
2 BT-Drs. II/1700, 27.
3 Prot. Nr. 93, 11.
4 Auf diese Besonderheit hatten bereits die Abg. *Dr. Kliesing* (Sten.Ber., 5784) u. *Merten* (Sten.Ber., 5785) anlässlich der 1. Lesung des SG im BT am 12.10.1955 aufmerksam gemacht.
5 Die WBO ist ein G, auch wenn die Bezeichnung „Ordnung" auf eine RVO hinzudeuten scheint. Seit den sog. Reichsjustizgesetzen des ausgehenden 19. Jh. ist es üblich, Verfahrensgesetze als „Ordnungen" zu bezeichnen.
6 Prot., Nr. 42 v. 14.12.1955, 5; Ausschussdrs. 21 v. 4.1.1956, 23.
7 BT-Drs. II/2140, 42.

Gleichzeitig fügte der VertA einen zusätzlichen § 53a[8], den späteren § 59 (und jetzigen § 82), in das Gesetz ein mit der Begr.[9], der Rechtsweg entspr. § 172 BBG a. F. müsse auch dem Soldaten erhalten bleiben. Damit war die bis heute rechtspolit. und praktisch unbefriedigende[10] **Zweiteilung** der Soldatenbeschwerden in truppendienstl. Beschwerden und Verwaltungsbeschwerden vorgegeben.

2 2. **Änderungen der Vorschrift.** Inhaltl. gilt § 34 bis heute unverändert. Durch Art. 1 Nr. 24 des SGÄndG wurden in Satz 2 die Worte „**ein Gesetz**" durch die Worte „**die Wehrbeschwerdeordnung**" ersetzt. Der Gesetzgeber folgte damit, aus Gründen der Einheitlichkeit, der neuen Terminologie des SG.[11]

3 3. **Bezüge zum Beamtenrecht bzw. zu sonstigen rechtl. Vorschriften; ergänzende Dienstvorschriften.** Mit § 34 vergleichbar ist § **125 BBG**, allerdings nur im Ansatz. § 125 Abs. 1 Satz 2 BBG eröffnet dem **Beamten** den Beschwerdeweg bis zur obersten Dienstbehörde. Hierbei hat er den **Dienstweg** einzuhalten. Der weitere Rechtsweg – in Angelegenheiten des sog. **Betriebsverhältnisses** – zu einem unabhängigen **Gericht** ist dem Beamten verschlossen.

Der Soldat braucht bei der Einlegung einer Wehrbeschwerde keinen Dienstweg einzuhalten[12]; dies folgt bereits aus § 2 WBO. Abgesehen von der Kameradenbeschwerde[13] nach § 1 Abs. 1 Satz 1 WBO steht dem Soldaten in jedem Fall der Weg zu den Gerichten offen. Sein Rechtsschutz ist damit, gemessen an früheren militärrechtl. Regelungen[14] und allen anderen Angehörigen des öff. Dienstes, der bei Weitem **umfassendste**.[15]

Von der Beschwerde des Beamten nach § 125 BBG, die ihrem Wesen nach eher eine Dienstaufsichtsbeschwerde ist[16], müssen der Widerspruch/die Klage des Beamten gegen Maßnahmen im sog. **Grundverhältnis** unterschieden werden. Hierfür gelten §§ 68 ff. VwGO; § 54 BeamtStG; § 126 BBG. Der Rechtsschutz des Soldaten entspricht dieser Regelung (§ 23 WBO, § 82 SG) mit der Maßgabe, dass bei Soldaten an die Stelle des Widerspruchsverfahrens das Beschwerdeverfahren tritt (§ 23 Abs. 1 WBO).

4 Für **ZDL** sieht § 41 Abs. 1 ZDG vor, dass diese Anträge und Beschwerden vorbringen können. Auch sie haben hierbei den **Dienstweg** einzuhalten. § 41 ZDG lehnt sich mithin stark an § 125 BBG an. Lediglich § 41 Abs. 3 ZDG (Verbot der Sammelbeschwerde) ist § 1 Abs. 4 Satz 1 WBO entnommen. Widerspruch und Klage aus dem Betriebsverhältnis sind dem ZDL verwehrt.[17] Für Widersprüche und Klagen aus dem Grundverhältnis des ZDL sind die §§ 68 ff. VwGO, 72 ff. ZDG maßgeblich.

---

8 BT-Drs. II/2140, 57.
9 BT-Drs. II/2140, 14.
10 Vgl. *Dau*, WBO, Einf. Rn. 57 m. w. N.
11 BT-Drs. 14/4062, 20.
12 *Dau*, WBO, § 2 Rn. 11.
13 Vgl. hierzu *Dau*, WBO, Einf. Rn. 42 f.
14 *Wipfelder*, Wehrrecht, Rn. 519.
15 *Dau*, WBO, Einf. Rn. 36.
16 *Plog/Wiedow/Lemhöfer*, BBG, § 171 Rn. 11. Im Einzelfall ist jedoch zu klären, ob der Einwendungen vorbringende Beamte nicht doch einen Widerspruch einlegen will.
17 *Brecht*, ZDG, 183.

Beschwerde § **34**

Der Text der WBO, eine ausführliche Einf. zu dieser und mehrere ergänzende Erl. des 5
BMVg zur WBO, sind in der **ZDv 14/3** „Wehrdisziplinarordnung und Wehrbeschwerdeordnung"[18] veröffentlicht.

II. Erläuterungen im Einzelnen

1. Satz 1. § 34 **statuiert** das Beschwerderecht des Soldaten. 6

Die h.M.[19] reduziert den **Geltungsbereich** des § 34 auf Beschwerden in **truppendienstl.** 7
Angelegenheiten. Zur Begr. wird – unter Bezugnahme auf einen Beschl. des
BVerwG[20] – darauf verwiesen, dass die **Beschwerde in Verwaltungsangelegenheiten**
nur an die Stelle des verwaltungsrechtl. Vorverfahrens getreten sei. Sie bedürfe deshalb keines besonderen, gesetzl. normierten, Rechtsschutzes wie die truppendienstl.
Beschwerde.

Diese Auffassung wäre nur dann zutr., wenn sich der Regelungsgehalt der WBO auf
die truppendienstl. Beschwerde beschränken würde. Dies ist, wie sich aus § 23 WBO
ergibt, nicht der Fall. Der Soldat kann in Verwaltungsangelegenheiten eben nicht wie
jeder andere Bürger gegen einen VA Widerspruch einlegen. Auch insoweit hat er sich
des Rechtsbehelfs der Wehrbeschwerde, mit den sich aus § 23 Abs. 2 bis 6 WBO ergebenden Besonderheiten, zu bedienen (§ 23 Abs. 1 WBO). Zudem verweist § 34 Satz 2
pauschal auf die WBO und nicht nur auf deren §§ 1 bis 22. Der h.M. kann daher nicht
gefolgt werden. § 34 erstreckt sich auf **sämtliche Beschwerdearten** nach der WBO.[21]
Nicht unter § 34 fallen **Disziplinarbeschwerden** nach der WDO.

Von praktischer Relevanz ist diese Frage allerdings nicht. Seit dem Inkrafttreten der 8
WBO ist § 34 **ius nudum.**

Die Best. des § 34 wird zwar in älteren Entsch. des BVerwG[22] gelegentlich zit., stets aber im
Zusammenhang mit der jew. lex specialis der WBO. So wird in einem Beschl. vom
30.7.1980[23] ausgeführt, der Antrag sei zulässig, soweit der Antragsteller geltend mache,
durch den Beschwerdebescheid des BMVg als solchen in seinem Beschwerderecht verletzt
worden zu sein „(§ 17 Abs. 1 Satz 1 WBO i. V. m. § 34 SG)". Besonders deutlich wird die
lediglich deklaratorische oder akzessorische Funktion von § 34, wenn das BVerwG in
einem Beschl. vom 6.2.1979[24] die Feststellung trifft, im Wehrbeschwerdeverfahren sei dem
Grundrecht aus Art. 19 Abs. 4 GG mit „dem von § 17 Abs. 1 Satz 1 WBO erfassten Recht
des § 34 Satz 1 SG Genüge geleistet". Einer zusätzlichen Fundierung des Wehrbeschwerderechts nach der WBO durch eine Vorschrift im SG bedarf es infolgedessen nicht.

2. Satz 2. Derzeit gilt die WBO i.d.F. der **Bekanntmachung vom 22.1.2009.**[25] 9

---

18 Wird laufend aktualisiert.
19 *Dau*, WBO, Einf. Rn. 56; GKÖD I Yk, § 34 Rn. 2; *Scherer/Alff/Poretschkin*, SG, § 34 Rn. 2;
    Stauf I, § 34 SG. Im Grunde war diese Auffassung bereits mit dem REntw. zum SG angelegt.
    In der Beratung des Rechtsausschusses v. 12.12.1955, Prot. Nr. 93, 11, führte der Vertreter des
    BMVg, *Dr. Scherer*, aus, die Statusfrage bleibe aus § 29 des Entw. „ausgeklammert".
20 BVerwGE 73, 209 = ZBR 183, 74.
21 So auch *Weniger*, SG, § 34 Rn. 7.
22 BVerwGE 43, 140; BVerwG NZWehr 1978, 28; BVerwGE 63, 278 = NZWehrr 1980, 137; BVerwGE 73, 158 = ZBR 1983, 196.
23 1 WB 115/79.
24 BVerwGE 63, 189 = NZWehrr 1979, 179.
25 BGBl. I S. 81 = VMBl. 2009 S. 3.

§ 35 Beteiligungsrechte der Soldaten

Die Beteiligung der Soldaten regelt das Soldatenbeteiligungsgesetz.

Übersicht

	Rn		Rn
I. Allgemeines	1	3. Bezüge zum Beamtenrecht bzw.	
1. Entstehung der Vorschrift	1	zu sonstigen rechtl. Vorschriften; ergänzende Dienstvorschriften	11
2. Änderungen der Vorschrift	5		
		II. Erläuterungen im Einzelnen	17

Literatur: *Altvater, Lothar/Bacher, Eberhard/Hörter, Georg*: Bundespersonalvertretungsgesetz (mit Erl. des SBG), 1991; *Büge, Joachim*: Mitbestimmung der Soldaten in militärischen Dienststellen, PersV 2004, 364; *Gronimus, Andreas*: Die Beteiligungsrechte der Vertrauenspersonen in der Bundeswehr, 6. Aufl. 2009; *Höges, Theodor*: Die Soldatenbeteiligung im Auslandseinsatz der Streitkräfte, NZWehr 2006, 221; *ders.*: Soldatenbeteiligung und militärische Personalführung; ein Rechtsprechungsfeld in Bewegung, NZWehr 2008, 188; *Prüfert, Andreas D.*: Mitwirkung und Mitbestimmung in der Bundeswehr sowie anderen europäischen Streitkräften, in: Gareis/Klein, HdBMilSoWi, 51; *Rieger, Rudolf*: Anm. zum Ersten Gesetz zur Änderung des Soldatenbeteiligungsgesetzes vom 20. Februar 1997, NZWehr 1997, 53; *Stauf, Wolfgang*: Soldatenbeteiligung, in: Wehrrecht I, 2002, 211; *Walz, Dieter*: Beteiligungsrechte der Soldaten – Gedanken zur Reform des Vertrauensmännerrechtes, PersV 1982, 89, 501; *ders.*: Beteiligungsrechte der Soldaten der Bundeswehr in der politischen und rechtlichen Diskussion, PersV 1988, 101; *ders.*: Erweiterung der Beteiligungsrechte der Soldaten, PersV 1990, 329; *ders.*: Das Soldatenbeteiligungsgesetz – Eine Einführung, NZWehr 1991, 1; *ders.*: Die Anhörung der Vertrauensperson vor einfachen Disziplinarmaßnahmen, NZWehr 1991, 191; *ders.*: Rechtliche Formen der Beteiligung in den Streitkräften der Bundeswehr, in: Klein, Paul (Hrsg.): Mitbestimmung in den Streitkräften, 1991, 33; *Wolf, Rüdiger*: Soldatenbeteiligungsgesetz, Kommentar, Bearb. *Höges, Theodor*, Rechtsstand 11/2009.

I. Allgemeines

1. Entstehung der Vorschrift. § 35 hat eine recht wechselhafte Geschichte erlebt:

Mit § 30 des **REntw**.[1] sollte der **Vertrauensmann** „wieder eingeführt"[2] werden, der in der **Reichswehrzeit** bekannt war.[3] § 30 des REntw. lautete:

(1) In jeder Einheit werden aus den Reihen der Soldaten Vertrauensmänner gewählt, die zur verantwortungsvollen Zusammenarbeit zwischen Vorgesetzten und Untergebenen beitragen sollen.

(2) Die Vertrauensmänner sind mit ihren Vorschlägen in Fragen des inneren Dienstbetriebes, der Fürsorge, der Berufsförderung und des außerdienstlichen Gemeinschaftslebens zu hören. Ihre Beteiligung bei Disziplinar- und Beschwerdeangelegenheiten wird durch besondere Gesetze geregelt.

(3) Das Wahlverfahren, die Dauer des Amtes der Vertrauensmänner und das Ende ihrer Tätigkeit regelt eine Rechtsverordnung.

---

1 BT-Drs. II/1700, 8.
2 BT-Drs. II/1700, 27; BT-Drs. II/2140, 11.
3 Vgl. im Einzelnen *Walz*, PersV 1982, 89.

Im Hinblick auf die „große Bedeutung für das gesamte Innere Gefüge der Bundeswehr" war der **VertA** der Auffassung, dass die wesentlichen Best. über den Vertrauensmann im SG selbst und nicht in einer RVO geregelt werden müssten.[4] Die von ihm erarbeitete Fassung[5] wurde vom Plenum des BT (als § 35) beschlossen. § 35 in der **Erstfassung** bestimmte:

(1) Unteroffiziere und Mannschaften wählen in den Einheiten und in Lehrgängen von mindestens dreimonatiger Dauer aus ihren Reihen je einen Vertrauensmann und je zwei Stellvertreter. Die Offiziere wählen in einem Verband, in den Schulen, in Lehrgängen von mindestens dreimonatiger Dauer und in den Stäben der Verbände einen Vertrauensmann und zwei Stellvertreter.

(2) Der Vertrauensmann soll zur verantwortungsvollen Zusammenarbeit zwischen Vorgesetzten und Untergebenen sowie zur Erhaltung des kameradschaftlichen Vertrauens innerhalb des Bereichs, für den er gewählt ist, beitragen. Er ist mit seinen Vorschlägen in Fragen des inneren Dienstbetriebes, der Fürsorge, der Berufsförderung und des außerdienstlichen Gemeinschaftslebens zu hören. Geht der Vorschlag des Vertrauensmannes über die Zuständigkeit des Führers seiner Einheit hinaus, so hat dieser den Vorschlag seinem Vorgesetzten vorzulegen.

(3) Die Wahl ist geheim und unmittelbar. Die Wahlberechtigung, die Wählbarkeit, das Wahlverfahren, die Dauer des Amtes der Vertrauensmänner und die vorzeitige Beendigung ihrer Tätigkeit werden durch Gesetz geregelt.

(4) Soldaten in Dienststellen, die nicht Einheiten, Verbände oder Schulen sind, wählen Vertretungen nach den Vorschriften des Personalvertretungsgesetzes. Die Zahl der Vertreter muß im gleichen Verhältnis zur Zahl der Soldaten stehen wie die Zahl der Personalratsmitglieder zur Zahl der Beamten, Angestellten und Arbeiter; die Soldaten erhalten jedoch mindestens die in § 13 Abs. 3 und 5 des Personalvertretungsgesetzes bestimmte Zahl von Vertretern. In gemeinsamen Angelegenheiten treten diese Vertreter zu den Personalvertretungen hinzu; sie gelten als weitere Gruppe. In Angelegenheiten, die nur die Soldaten betreffen, haben sie die Befugnisse des Vertrauensmannes.

In Ausführung von Abs. 3 wurde am 26.7.1957[6] das **Vertrauensmänner-Wahlgesetz** (VMWG) erlassen.

An der historischen Ableitung des Vertrauensmannes ist **Kritik** geübt worden.[7] Der Vertrauensmann der Reichswehr sei kein „Kind" der Weimarer Republik gewesen, sondern sei im Kontext mit den **Soldatenräten** der ausgehenden Kaiserzeit zu sehen. Dem ist grds. zuzustimmen. Der Gesetzgeber von 1956 hat dies offenbar übersehen[8]; er hat andererseits mit der Zitierung von § 9 WG 1921 die **demokratische Legitimation** dieser Funktion zu Recht betont.

2. Änderungen der Vorschrift. Art. 1 Nr. 1 des G vom **1.4.1969**[9] fügte in Abs. 1 Satz 1 die Wörter „in den Hauptabschnitten (Divisionen) eines Schiffes" ein und ergänzte § 35 um folgenden Abs. 5:

---

4 BT-Drs. II/2140, 11.
5 BT-Drs. II/2140, 43.
6 BGBl. I S. 1052.
7 *Demandt*, NZWehrr 1989, 145.
8 So auch *Stauf* I, SBG, Einl. Rn. 3.
9 BGBl. I S. 277.

Erleidet ein Soldat anläßlich der ordnungsgemäßen Wahrnehmung von Rechten oder Erfüllung von Pflichten nach den Absätzen 1 bis 4 durch einen Unfall eine gesundheitliche Schädigung, die im Sinne der Vorschriften des Soldatenversorgungsgesetzes ein Dienstunfall oder eine Wehrdienstbeschädigung wäre, so finden diese Vorschriften entsprechende Anwendung.

6 Art. 1 Nr. 1 des G vom **25.4.1975**[10] fasste § 35 wie folgt neu:

(1) Unteroffiziere und Mannschaften
1. in Einheiten,
2. in Hauptabschnitten (Divisionen) eines Schiffes,
3. in Stäben der Verbände,
4. in Schulen,
5. in selbstständigem Vorauspersonal von Einheiten, von Stäben der Verbände und von Schulen, in selbstständigen oder abgezweigten Zügen oder in selbstständigen Trupps oder selbstständigen Gruppen, deren Führer Disziplinargewalt haben,
6. in Lehrgängen,
7. in der Grundausbildung

wählen aus ihren Reihen je einen Vertrauensmann und je zwei Stellvertreter.

(2) Die Offiziere
1. in Stäben der Verbände,
2. in Bootsgeschwadern der Marine,
3. auf Schiffen,
4. in Schulen,
5. in Lehrgängen

wählen einen Vertrauensmann und zwei Stellvertreter. Die Offiziere in den Einheiten der Verbände wählen den Vertrauensmann und dessen Stellvertreter in dem Stab ihres Verbandes mit.

(3) In den Einheiten, Stäben der Verbände und Schulen, die Lehrgänge oder eine Grundausbildung durchführen, wählen die auszubildenden Offiziere, Unteroffiziere und Mannschaften unabhängig vom Stammpersonal aus ihren Reihen je einen Vertrauensmann und je zwei Stellvertreter.

(4) Der Vertrauensmann soll zur verantwortungsvollen Zusammenarbeit zwischen Vorgesetzten und Untergebenen sowie zur Erhaltung des kameradschaftlichen Vertrauens innerhalb des Bereichs, für den er gewählt ist, beitragen. Der Vertrauensmann hat das Recht, dem Disziplinarvorgesetzten dieses Bereichs in Fragen des inneren Dienstbetriebes, der Fürsorge, der Berufsförderung, des außerdienstlichen Gemeinschaftslebens Vorschläge zu unterbreiten. Der Disziplinarvorgesetzte hat ihn zu diesen Vorschlägen zu hören und diese mit ihm zu erörtern. Geht ein Vorschlag des Vertrauensmannes über den Bereich hinaus, für den er gewählt ist, hat der Disziplinarvorgesetzte den Vorschlag mit einer Stellungnahme seinem nächsten Disziplinarvorgesetzten vorzulegen. Entspricht der zuständige Disziplinarvorgesetzte einem Vorschlag nicht oder nicht in vollem Umfange, teilt er dem Vertrauensmann seine Entscheidung unter Angabe der Gründe mit.

---

10 BGBl. I S. 1005.

(5) Der Disziplinarvorgesetzte hat den Vertrauensmann bei der Erfüllung seiner Aufgaben zu unterstützen. Der Vertrauensmann wird über Angelegenheiten, die seine Aufgaben betreffen, rechtzeitig und umfassend unterrichtet. Ihm ist während des Dienstes Gelegenheit zu geben, Sprechstunden innerhalb dienstlicher Unterkünfte und Anlagen abzuhalten, soweit dies zur Wahrnehmung seiner Aufgaben erforderlich ist und dienstliche Gründe nicht entgegenstehen.

(6) Bataillonskommandeure und Disziplinarvorgesetzte in entsprechenden Dienststellungen führen mindestens einmal im Quartal mit den Disziplinarvorgesetzten und Vertrauensmännern ihres Bereichs eine Besprechung über Angelegenheiten von gemeinsamem Interesse aus dem Aufgabenbereich des Vertrauensmannes durch.

(7) Die Wahl ist geheim und unmittelbar. Die Wahlberechtigung, die Wählbarkeit, das Wahlverfahren, die Dauer des Amtes der Vertrauensmänner und die vorzeitige Beendigung ihrer Tätigkeit werden durch Gesetz geregelt.

Ziel der seinerzeitigen Novellierung war, „die Interessen der Soldaten ... sicherzustellen und die Rechtsstellung der Interessenvertreter der Soldaten zu stärken".[11]

Für die Berufsverbände der Soldaten und die polit. Parteien war die Neufassung von § 35 nicht ausreichend.[12] Nachdem die sozialliberale BReg mit der **Regierungserklärung vom 24.11.1980**[13] angekündigt hatte, „die Stellung der gewählten Vertrauensmänner in der Truppe stärken" zu wollen, erließ das BMVg zum 1.7.1982 zunächst eine **neue ZDv 10/2** „Der Vertrauensmann". Diese schöpfte das geltende Recht extensiv aus.

Bis zur **nächsten Gesetzesinitiative** vergingen einige Jahre.[14] Der neue Gedanke, sämtliche Rechtsnormen für den Vertrauensmann (später geschlechtsneutral **„Die Vertrauensperson"**) in **einem** eigenen Gesetz **zusammenzufassen**[15] und die Wahlvorschriften in eine RVO zu verweisen, war für manche Beteiligte so revolutionär, dass es einiger Überzeugungsarbeit bedurfte, ehe er Eingang in einen Gesetzentw. finden konnte.

Am 5.6.1990 legte die BReg ihren Entw. eines Gesetzes über die Beteiligung der Soldaten und der ZDL (**Beteiligungsgesetz – BG –**) vor.[16] Mit Art. 3 Nr. 1a des nach längerer parlamentarischer Beratung beschlossenen G vom **16.1.1991**[17] erhielt § 35 die bis heute geltende Fassung:

Die Beteiligung der Soldaten regelt das Soldatenbeteiligungsgesetz.

Das SBG, als Art. 1 des BG beschlossen[18], wurde durch das G vom **18.4.1997**[19] „umfassend neu"[20] normiert.[21] An der Verweisungsvorschrift des § 35 änderte sich dadurch nichts.

---

11 BT-Drs. 7/1968, 1.
12 Vgl. *Walz*, PersV 1982, 89.
13 Bulletin v. 25.11.1980, 1051.
14 Vgl. im Einzelnen *Walz*, NZWehrr 1991, 1.
15 Vgl. bereits *Walz*, PersV 1982, 89.
16 BT-Drs. 11/7323.
17 BGBl. I S. 47.
18 Zum Inhalt vgl. *Walz*, NZWehrr 1991, 1.
19 BGBl. I S. 766. REntw. = BT-Drs. 13/5740.
20 BT-Drs. 13/5740, 16.
21 Vgl. *Rieger*, NZWehrr 1997, 53.

3. Bezüge zum Beamtenrecht bzw. zu sonstigen rechtl. Vorschriften; ergänzende
11 **Dienstvorschriften.** Die institutionelle Beteiligung der Beamten, Ang. und Arbeiter[22] des Bundes ist abschließend im **BPersVG** geregelt. Dieses gilt für das Zivilpersonal der Bundeswehrverwaltung ebenso wie für das Zivilpersonal bei den SK, das sog. STAN-Personal (§ 91 Abs. 1).

12 Das BPersVG ist auf Soldaten **nicht unmittelbar anwendbar**[23], da Soldaten nicht zu den Beschäftigten im öff. Dienst i. S. v. § 4 Abs. 1 BPersVG gehören, selbst wenn sie auf Dienstposten im Bereich der Bundeswehrverwaltung verwendet werden.[24] Damit das BPersVG auf Teile der SK und der Soldaten analog angewandt werden konnte, bedurfte es einer expliziten gesetzl. Normierung. Diese findet sich jetzt in den §§ 48 ff. SBG.

13 Die **ZDL** wählen Vertrauensmänner[25] auf der Grundlage des **ZDVG** vom 16.1.1991.[26] Auf dieses weist § 37 ZDG entspr. § 35 hin.

14 Das BGSG vom 18.8.1972[27] enthielt für die **Grenzschutzdienstpflichtigen** in den §§ 48 bis 61[28] keine besondere Interessenvertretung. Über die Vorschriften des § 71 BGSG und § 51 des seinerzeit geltenden Gesetzes über Personalvertretungen im BGS vom 16.3.1965[29] war jedoch gewährleistet, dass die Dienstpflichtigen Vertrauensmänner wählen konnten. Diese Sonderregelung für den früheren BGS findet sich für die Dienstpflichtigen heute in § 85 Abs. 3 Satz 1 BPersVG.

15 Zum SBG sind mehrere **RVO**[30] erlassen worden.

16 DBest. zum SBG enthält die **ZDv 10/2** „Beteiligung der Soldaten durch Vertrauenspersonen".

II. Erläuterungen im Einzelnen

17 § 35 hat jetzt nur noch **Verweisungscharakter** ohne materiellen Normgehalt.[31] Im Rahmen einer konstitutiven Neufassung des SG könnte er ohne Substanzverlust **gestrichen** werden.

18 Eine **Komm. des SBG** ist hier nicht angezeigt. Insoweit kann auf die in der Literaturübersicht zit. einschlägigen Kommentare verwiesen werden.

---

22 Gem. Art. 8 Nr. 1 des G v. 14.9.2005 (BGBl. I S. 2746) jetzt Beamte u. Arbeitnehmer.
23 Unstr.; vgl. etwa BVerwGE 88, 354 = PersV 1992, 85; GKÖD I Yk, § 35 Rn. 3.
24 BVerwGE 96, 28 = PersV 1995, 34.
25 Da nur Männer der WPfl unterliegen, leisten auch nur diese den Zivildienst. Es bedurfte daher nicht der Umbenennung der „Vertrauensmänner" in „Vertrauenspersonen".
26 Verkündet als Art. 2 des BG v. 16.1.1991 (BGBl. I S. 47).
27 BGBl. I S. 1834.
28 Gem. Art. 3 Abs. 2 BGSNeuRegG v. 19.10.1994 (BGBl. I S. 2978), sind diese Best. jetzt nur noch anwendbar, wenn der BT zuvor durch Beschl. zugestimmt hat.
29 BGBl. I S. 68.
30 Vgl. die Fundstellen bei *Scherer/Alff/Poretschkin*, SG, § 35 Rn. 1.
31 Vgl. BVerwG NZWehrr 2005, 29.

An dieser Stelle genügen einige **allg. Bemerkungen**: 19

Das SBG i.d.F. vom 15.4.1997[32] garantiert den Soldaten Beteiligungsrechte, die den Vergleich mit den Beteiligungsrechten der anderen Angehörigen des öff. Dienstes nach dem BPersVG nicht zu scheuen brauchen.[33] Solange es gute Gründe[34] gibt, die Soldaten nicht als weitere Gruppe in das BPersVG aufzunehmen, ist das SBG **mit Art. 3 Abs. 1 GG vereinbar**.[35] Das GG verlangt nicht eine „optimale" Lösung des Ausgleichs der Interessen des Dienstherrn und der Beschäftigten. Der einfache Gesetzgeber hat insoweit eine weit reichende **Gestaltungsfreiheit**.[36] Weder das Sozialstaatsprinzip noch die Grundrechte schreiben ihm vor, wie er die Beteiligung der Beschäftigten des öff. Dienstes im Einzelnen auszugestalten hat.[37] Das SBG bewegt sich im Rahmen dieser verfassungsrechtl. Parameter. Sollten eines Tages die SK nur noch aus BS und SaZ bestehen, wird jedoch erneut zu prüfen sein, ob diese als weitere Gruppe in das BPersVG aufzunehmen sind.[38]

§ 35a Beteiligung an der Gestaltung des Dienstrechts

Für die Beteiligung bei der Gestaltung des Dienstrechts der Soldaten gilt § 118 des Bundesbeamtengesetzes sinngemäß.

§ 118 BBG Beteiligung der Spitzenorganisationen

Die Spitzenorganisationen der zuständigen Gewerkschaften sind bei der Vorbereitung allgemeiner Regelungen der beamtenrechtlichen Verhältnisse zu beteiligen.

Übersicht

	Rn		Rn
I. Allgemeines	1	4. Sinngemäße Geltung von § 118 BBG	15
1. Entstehung der Vorschrift	1	a) Ableitung aus dem Grundgesetz	15
2. Änderungen der Vorschrift	6		
3. Bezüge zum Beamtenrecht bzw. zu sonstigen rechtl. Vorschriften; ergänzende Erlasse	7	b) Spitzenorganisationen der zuständigen Gewerkschaften	16
II. Erläuterungen im Einzelnen	12	c) Gerichtl. Durchsetzung des Beteiligungsanspruchs	17
1. Adressatenkreis („Soldaten")	12	d) Rechtsfolgen unterlassener Beteiligung	18
2. „Dienstrecht" (der Soldaten)	13		
3. „Beteiligung"	14		

---

32 BGBl. I S. 766, zuletzt geä. durch Art. 11 des G v. 5.2.2009 (BGBl. I S. 160).
33 *Stauf* I § 35 SG Rn. 4; Einl. SBG Rn. 6, meint sogar, das SBG enthalte „in einigen Punkten durchaus günstigere Regelungen als das BPersVG".
34 Vgl. zu diesen *Walz*, PersV 1982, 89; PersV 1990, 329; zit. in BVerwGE 88, 354 = PersV 1992, 85.
35 BVerwGE 88, 354 = PersV 1992, 85; BVerwG PersR 2002, 205; GKÖD I Yk, § 35 Rn. 3.
36 BVerwGE 93, 188 = NZWehrr 1994, 244; BVerwGE 96, 28 = PersV 1995, 34.
37 BVerfGE 51, 43 = PersV 1979, 328; BVerwGE 88, 354 = PersV 1992, 85; GKÖD I Yk, § 35 Rn. 4.
38 Vgl. den Hinw. in BVerwG PersR 2002, 205.

§ 35a Beteiligung an der Gestaltung des Dienstrechts

Literatur: *Büchner, Lutz Michael*: Zur Erweiterung gewerkschaftlicher Beteiligungsrechte auf der Grundlage der §§ 58 BRRG, 94 BBG unter Berücksichtigung beamtenrechtlicher Besonderheiten, ZTR 1993, 142, 185; *Fürst, Walther*: Die beamtenrechtliche Beteiligungsberechtigung des § 94 BBG aus verfassungsrechtlicher Sicht, ZBR 1989, 257; *Jekewitz, Jürgen*: Die Beteiligung der gewerkschaftlichen Spitzenorganisationen des öffentlichen Dienstes an der Regelung beamtenrechtlicher Verhältnisse, Der Staat 1995, 79; *Pfohl, Gerhard*: Koalitionsfreiheit und öffentlicher Dienst, ZBR 1997, 78; *Steinkamm, Armin Arne*: Der Bundespersonalausschuß in der Soldatenbesetzung und das Benennungsrecht der Spitzenorganisationen, NZWehrr 1987, 58; *Umbach, Dieter C.*: Der beamtenrechtliche Beteiligungsanspruch und seine Entwertung durch die verwaltungsgerichtliche Rechtsprechung, ZBR 1998, 8; *Wohlgemuth, Hans H.*: § 94 BBG als koalitionsrechtliche Mindestbeteiligung, ArbuR 1988, 308.

I. Allgemeines

1 **1. Entstehung der Vorschrift.** Eine mit § 94 BBG a. F. (jetzt: § 118 BBG) vergleichbare Best. enthielt das SG zunächst nicht. Trotzdem wurde insbes. der **DBwV** bereits in den 60er und 70er Jahren des letzten Jh. de facto immer intensiver in die Vorbereitung allg. Regelungen der soldatischen Verhältnisse eingeschaltet.[1] Mit dem Entw. eines 2. G zur Änd. dienstrechtl. Vorschriften vom **24.3.1976**[2] war geplant, u. a. diese Verwaltungspraxis (in § 59a) auch formal zu verankern. Der Gesetzentw. konnte wegen des Endes der Legislaturperiode nicht abschließend beraten werden.

2 Auf stetes Drängen des DBwV wurde in der 9. WP des BT ein **erneuter Anlauf** unternommen. Aus Anlass der Beratung des Entw. eines G zur Änd. des Wehrrechts und des Zivildienstrechts vom 16.10.1981[3] brachte Bayern in der 111. Sitzung des VertA des BR am 13.11.1981[4] den Antrag ein, in einem neuen (5.) Abschnitt des SG „Beteiligung an der Gestaltung des Dienstrechts" einen § 59a zu platzieren („Für die Beteiligung bei der Gestaltung des Dienstrechtes der Soldaten gilt § 94 des Bundesbeamtengesetzes entsprechend."). Das BMVg wehrte sich zunächst vehement gegen diesen Vorschlag mit der Begr., der DBwV sei keine Spitzenorganisation, da er kein Zusammenschluss mehrerer selbstständiger Organisationen sei. Außerdem bliebe im Falle seiner Anerkennung als Spitzenorganisation die Gewerkschaft ÖTV – Abteilung Soldaten – unberücksichtigt.

3 Nachdem diese Auffassung[5] von dem für das BBG zuständigen BMI nicht mitgetragen wurde, schlug das BMVg vor[6], nach § 35b folgenden **§ 35c** („Beteiligung der Berufsorganisationen") einzufügen:

Bei der Vorbereitung von Gesetzen und Rechtsverordnungen zur allgemeinen Regelung der dienstrechtlichen Verhältnisse der Soldaten sind die Berufsorganisationen der Soldaten zu beteiligen, die die Interessen der Gesamtheit der Soldaten vertreten und denen im Rahmen dieser Interessenvertretung erhebliche Bedeutung zukommt.

Auch diese Fassung setzte sich in den parlamentarischen Beratungen nicht durch.[1]

---

1 Vgl. *Steinkamm*, NZWehrr 1987, 60.
2 BT-Drs. 7/4922.
3 BR-Drs. 397/81; BT-Drs. 9/1897.
4 Prot. v. 16.11.1981, 7; Stellungnahme des BR zu dem Gesetzentw., BT-Drs. 9/1897, 24.
5 In ihrem Gesetzentw. v. 24.3.1976 (BT-Drs. 7/4922, 8) hatte die seinerzeitige BReg die gleiche Position vertreten wie jetzt Bayern u. der BR.
6 Kabinettvorlage v. 24.6.1982; Gegenäußerung der BReg zur Stellungnahme des BR, BT-Drs. 9/1897, 28.

Beteiligung an der Gestaltung des Dienstrechts § 35a

Mit Art. 2 Nr. 3 des G vom **24.2.1983**[7] wurde nach § 35b ein neuer § 35c i.d.F. des Antrags von Bayern/des BR eingefügt.[8] 4

Mit Art. 3 Nr. 1 des G **vom 16.1.1991**[9] wurde § 35c zu **§ 35a**. Der bisherige § 35a, der die Personalvertretung von Soldaten in sog. gemischten Dienststellen regelte, wurde aufgehoben und durch die §§ 35 ff. SBG ersetzt. 5

2. Änderungen der Vorschrift. Inhaltl. wurde § 35a seit seinem Inkrafttreten nicht geä. Es wurde auch von keiner Seite Änderungsbedarf angemeldet. Mit dem **DNeuG** wurde die Verweisung auf das BBG angepasst (jetzt: § 118 BBG). 6

3. Bezüge zum Beamtenrecht bzw. zu sonstigen rechtl. Vorschriften; ergänzende Erlasse. Aufgrund der Verweisung auf § 118 BBG sind die hierzu vorhandene umfangreiche Lit. und Rspr. „sinngemäß" heranzuziehen. 7

Gem. **§ 53 Satz 1 BeamtStG** haben die **obersten Landesbehörden** bei der Vorbereitung gesetzl. Regelungen der beamtenrechtl. Verhältnisse die Spitzenorganisationen der zuständigen Gewerkschaften und Berufsverbände zu beteiligen. 8

§ 118 BBG gilt entspr. für **Bundesrichter** (§ 46 DRiG). Die „Spitzenorganisationen der Berufsverbände der Richter" sind darüber hinaus in § 47 Satz 3 DRiG zit. Gemeint sind wohl der Deutsche Richterbund und der Bund Deutscher Verwaltungsrichter. 9

Für **ZDL** existiert eine mit § 35a vergleichbare Best. nicht. 10

Ergänzend heranzuziehen sind allg. und/oder speziell für das Ressort BMVg: 11

- **§ 70 Abs. 1 Satz 1 GOBT** (öff. Anhörung u. a. von Interessenvertretern durch einen Ausschuss des BT).
- **§ 22 Abs. 1 Satz 2 Nr. 4 GGO** (Aufnahme des Ergebnisses einer Verbandsbeteiligung in Kabinettvorlagen).
- **Vereinbarung des BMI** mit u. a. dem DBB, dem DGB und dem **DBwV** vom 17./19.5.1993 über die Verbesserung der Beteiligung der Spitzenorganisationen der Gewerkschaften bei allg. Regelungen der beamtenrechtl. Verhältnisse.[10] Die Vereinbarung galt gem. Nr. 6 zunächst für zwei Jahre. Sie wurde ersetzt durch die
- **Vereinbarungen zwischen dem BMI** und u. a. dem **DBwV** vom 1.7.1996 über die Beteiligung der Spitzenorganisationen der Gewerkschaften bei allg. Regelungen der beamtenrechtl. Verhältnisse. Gem. § 9 dieser Vereinbarungen können diese mit einer Frist von drei Monaten, frühestens zum 31.12.1998, gekündigt werden. Eine solche Kündigung ist bisher nicht erfolgt.
- Umsetzung dieser Vereinbarung für das BMVg durch Weisung des Sts vom 5.11.1996 („uneingeschränkte Anwendung im Rahmen des Beteiligungsverfahrens nach § 35a SG"). Diese Weisung war befristet bis zum 31.10.1997, gilt jedoch mangels entgegenstehender Erklärung weiterhin.
- AVV des BMI zur Beteiligung der Spitzenorganisationen ... vom 28.8.1996.[11]

---

7 BGBl. I S. 179.
8 Offenbar fiel in der Hektik nicht auf, dass in der Überschrift „an" der Gestaltung des Dienstrechts steht, im Text jedoch „bei" der Gestaltung des Dienstrechts. Inhaltl. ist dies zwar bedeutungslos, sollte aber bei nächster Gelegenheit sprachlich bereinigt werden.
9 BGBl. I S. 47 (vgl. BT-Drs. 11/7323, 14).
10 Abgedruckt in ZTR 1993, 329.
11 GMBl. 1996, 677.

Walz 615

– Erl. des BMVg vom 24.11.1971 „Zusammenarbeit der Bundeswehr mit dem Deutschen Bundeswehr-Verband und der Gewerkschaft Öffentliche Dienst, Transport und Verkehr – Abteilung Soldaten".[12]

II. Erläuterungen im Einzelnen

12 1. **Adressatenkreis ("Soldaten").** § 35a gehört zum Zweiten Unterabschnitt des Ersten Abschnitts des SG, der gemeinsame Vorschriften für alle Statusgruppen von Soldaten enthält. Als Ausnahmen sind die gesetzl. Differenzierung zwischen BS und SaZ einerseits und WPfl andererseits in § 9 und die von der h.M. im Hinblick auf § 8 behauptete[13] zu nennen.

Insbes. nachdem seinerzeit[14] der Versuch gescheitert war, die Beteiligung der Spitzenorganisationen in einem eigenen (5.) Abschnitt des SG (mit § 59a) zu regeln, ist kein Raum für eine auf BS und SaZ **beschränkte Anwendung** von § 35a. Das Argument, nur bei BS und SaZ könne mit § 118 BBG vergleichbar von gesetzgeberischen Konkretisierungen der Koalitionsfreiheit gesprochen werden, nicht hingegen bei WPfl[15], die einen Zwangsdienst leisten würden, verkennt die tatsächliche und rechtl. Situation der WPfl. Viele gesetzl. und administrativen Folgerungen insbes. der §§ 30 und 31 gelten auch oder nur für WPfl. WPfl sind ebenfalls im DBwV organisiert; der DBwV vertritt auch ihre Interessen gegenüber dem BMVg und der BReg.

13 2. **„Dienstrecht" (der Soldaten).** Das „Dienstrecht der Soldaten" ist ex lege nicht definiert. Die Verweisung in § 35a auf § 118 BBG legt nahe, auf die „allgemeinen Regelungen" (hier: der soldatenrechtl. Verhältnisse) zurückzugreifen. Hierunter sind die das Rechtsverhältnis der Soldaten gestaltenden **G, RVO, VV, allg. RL** und **allg. Erl.** zu verstehen.[16] Ob mit den AVV nur solche erfasst sind, die „bedeutsame Regelwerke" darstellen[17], ist für die Praxis belanglos. Ein Konflikt mit einer Spitzenorganisation wegen dieser Fragestellung wäre müßig.

Materiellrechtl. sind demnach beteiligungspflichtig z.B. das SG, das SBG, die WBO und die WDO, Teile des WPflG, das USG und das ArbPlSchG, die SLV und die SUV, das WSG und das SVG mit den jew. DBest. Soweit nicht das BMVg federführend ist, z.B. im Beihilferecht, im Reise- und Umzugskostenrecht, hat das zuständige Ressortmin. die Spitzenorganisationen der Soldaten zu beteiligen. Vorschriften, die der Mitbestimmung oder Mitwirkung der **Personalvertretungen** unterliegen, sind, sofern es sich um „allgemeine Regelungen ..." handelt, grds. allein nach § 118 BBG zu behandeln (§ 78 Abs. 1 Nr. 1 BPersVG). In Grenzfällen, z. B. beim Erl. von Beurteilungsbest.[18], kann es jedoch geboten sein, sowohl die Spitzenorganisationen als auch die jew. Personalvertretungen zu beteiligen. Str.[19] ist, ob auch Vorschriften über die Ausbildung, Prüfung und Fortbildung gem. § 118 BBG beteiligungspflichtig sind. Für Sol-

---

12 VMBl. 1971 S. 454; 1975 S. 318.
13 Vgl. die Komm. zu § 8 Rn. 12–19.
14 Vgl. o. Rn. 2.
15 *Plog/Wiedow/Lemhöfer*, BBG, § 94 Rn. 17. Es handelt sich hierbei offensichtlich um eine Einzelmeinung.
16 § 1 Abs. 1 der AVV v. 28.8.1996, GMBl. 677.
17 So *Scherer/Alff/Poretschkin*, SG, § 35a Rn. 3; a.A. GKÖD I Yk, § 35a Rn. 3.
18 *Stauf* I, § 35a SG Rn. 2.
19 Bejahend *Wohlgemuth*, ArbuR 1988, 310; verneinend *Plog/Wiedow/Lemhöfer*, BBG, § 94 Rn. 8.

daten dürfte insoweit regelmäßig eine sinngemäße Anwendung von § 118 BBG ausscheiden, da im Bereich des Befehlsrechts eine Beteiligung einer Spitzenorganisation nur ausnahmsweise vorstellbar erscheint.

3. „Beteiligung". „Beteiligung" soll mehr als bloße Anhörung, weniger als echte Mitbestimmung, sondern **angemessene Mitwirkung** bedeuten.[20] Die AVV vom 28.8.1996[21] schreibt dezidiert vor, in welcher Phase des Entscheidungsprozesses den Spitzenorganisationen Gelegenheit zur Stellungnahme zu geben und wie mit dieser zu verfahren ist. Das zuständige BMin. hat sich mit diesen Äußerungen auseinander zu setzen und sie gegen die eigenen Gesichtspunkte abzuwägen.[22] Dies hat zur Folge, dass eine fachl. Bewertung der Stellungnahmen der Spitzenorganisationen stattfinden muss. Je gründlicher und intensiver diese erfolgt, desto unwahrscheinlicher ist, dass sich die Spitzenorganisation übergangen fühlt und deswegen versucht, ihre Argumente über Angehörige des BT in das Gesetzgebungsverfahren einzubringen.

Zur Frage, ob Soldaten im Rahmen des § 35a ihre Interessen in **Uniform** oder in Zivil vertreten dürfen, wird auf die Komm. zu **§ 15 Abs. 3** verwiesen.

4. Sinngemäße Geltung von § 118 BBG. – a) Ableitung aus dem Grundgesetz. Unstr. gilt das Grundrecht aus **Art. 9 Abs. 3 Satz 1 GG**, zur Wahrung und Förderung der Arbeits- und Wirtschaftsbedingungen Vereinigungen zu bilden, die Koalitionsfreiheit, auch für Beamte und Soldaten.[23] Str. sind das Verhältnis von Art. 9 Abs. 3 und Art. 33 Abs. 4 und 5 GG sowie die damit zusammenhängende Frage, ob sich § 118 BBG (bzw. § 35a) **zwingend** aus Art. 9 Abs. 3 GG ergibt oder ob der einfache Gesetzgeber insoweit **Gestaltungsfreiheit** genießt. Sicher ist, dass diese gesetzl. Beteiligungsrechte nicht die für Beamte und Soldaten fehlende Tarifautonomie und das für sie geltende Streikverbot ersetzen können. § 118 BBG (und § 35a) haben vielmehr eine Art **Ausgleichsfunktion**.[24] Die verfassungsrechtl. Herleitung der § 118 BBG, § 35a SG ist für den Rechtsweg[25] und die Rechtsfolgen unterlassener Beteiligung[26] von Bedeutung.

b) Spitzenorganisationen der zuständigen Gewerkschaften. Ursprünglich ging der Gesetzgeber wohl davon aus, dass als Spitzenorganisationen der zuständigen Gewerkschaften nur deren Dachverbände, d.h. der **DGB** und der **DBB**, zu verstehen seien, nicht jedoch Fach- und ähnliche Verbände, die nur für Teile der Beamtenschaft zuständig sind.[27] Spätestens mit der Nennung des Deutschen Richterbundes in § 47 Satz 3 DRiG und der Einfügung des § 35a in das SG wurde erkennbar, dass diese restriktive Interpretation nicht zu halten war. Als Spitzenorganisation werden in jahrelanger Praxis inzwischen zumindest der DBB, der DGB, der Christliche Gewerkschaftsbund Deutschlands, der Deutsche Richterbund, der Bund Deutscher Verwal-

---

20 So GKÖD I Yk, § 35a Rn. 5; *Stauf* I, § 35a SG Rn. 1.
21 §§ 2 bis 5, GMBl. S. 677.
22 *Plog/Wiedow/Lemhöfer*, BBG, § 94 Rn. 10.
23 Vgl. z. B. *Jarass*, in: Jarass/Pieroth, GG, Art. 9 Rn. 30; *Löwer*, in: v. Münch/Kunig, GGK I, Art. 9 Rn. 90.
24 Vgl. zum Ganzen für das Beamtenrecht *Fürst*, ZBR 1989, 258; *Pfohl*, ZBR 1997, 79, 87; *Plog/Wiedow/Lemhöfer*, BBG, § 94 Rn. 1. Für das Soldatenrecht GKÖD I Yk, § 35a Rn. 1; *Scherer/Alff/Poretschkin*, SG, § 6 Rn. 41, § 35a Rn. 1.
25 Rn. 17.
26 Rn. 18.
27 *Plog/Wiedow/Lemhöfer*, BBG, § 94 Rn. 6.

tungsricher und der **DBwV** anerkannt.[28] Die Organisationsform des betr. Berufsverbandes ist demnach rechtl. nicht (mehr) relevant.[29] Der seinerzeit[30] anlässlich der Einfügung des § 35c in das SG geführte Streit, ob der DBwV eine Spitzenorganisation sei, ist nur noch von historischem Interesse.

17 **c) Gerichtl. Durchsetzung des Beteiligungsanspruchs.** Soweit nach § 118 BBG (und § 35a) eine Beteiligung von Spitzenorganisationen geboten ist, besteht hierauf ein **Rechtsanspruch.** Hat die BReg die Beteiligung versäumt oder ihr nur unzulänglich entsprochen, kann die betroffene Spitzenorganisation hiergegen gerichtl. Rechtsschutz in Anspruch nehmen. Als Klagearten kommen die **allg. Leistungsklage** und die **Feststellungsklage** in Betracht.[31]

Bzgl. des **vorläufigen Rechtsschutzes** einer Spitzenorganisation meint die h.M.[32], ein bereits anstehendes Gesetzesvorhaben könne nicht durch eine einstweilige Anordnung nach der VwGO gestoppt werden, da es sich um eine verfassungsrechtl. Streitigkeit handele. In der Praxis laufen entspr. Anträge von Spitzenorganisationen daher meist ins Leere.

18 **d) Rechtsfolgen unterlassener Beteiligung.** Nach h.M.[33] führt eine unterbliebene oder unzureichende Beteiligung der Spitzenorganisation(en) **nicht zur Nichtigkeit** der betreffenden Rechtsnorm. Zur Begr. wird teils auf die unscharfe Regelung der § 118 BBG, § 35a SG verwiesen, teils – im Zusammenhang mit Gesetzen – auf die Alleinentscheidungskompetenz des Gesetzgebers. Ganz konsequent ist dies – zumindest bezogen auf RVO und Erl. – nicht, wenn der hohe Stellenwert von Art. 9 Abs. 3 GG bedacht wird.[34] Letztlich bleibt der **Gesetzgeber** aufgerufen, diese Frage normativ zu lösen.

§ 36 Seelsorge

¹Der Soldat hat einen Anspruch auf Seelsorge und ungestörte Religionsausübung.
²Die Teilnahme am Gottesdienst ist freiwillig.

Übersicht

	Rn		Rn
I. Allgemeines	1	3. Bezüge zum Beamtenrecht bzw.	
1. Entstehung der Vorschrift	1	zu sonstigen rechtl. Vorschrif-	
2. Änderungen der Vorschrift	4	ten; ergänzende Dienstvor-	
		schriften und Erlasse	5

---

28 Vgl. BVerwGE 59, 48 = NJW 1980, 1763; GKÖD I Yk, § 35a Rn. 4; *Jekewitz*, Der Staat 1995, 97; *Scherer/Alff/Poretschkin*, SG, § 35a Rn. 2; *Stauf* I, § 35a SG Rn. 2; *Steinkamm*, NZWehr 1987, 61.
29 *Plog/Wiedow/Lemhöfer*, BBG, § 94 Rn. 7.
30 Vgl. o. Rn. 2.
31 *Plog/Wiedow/Lemhöfer*, BBG, § 94 Rn. 5, 12.
32 *Plog/Wiedow/Lemhöfer*, BBG, § 94 Rn. 12 m.w.N.; a.A. *Umbach*, ZBR 1998, 8.
33 Vgl. BVerwGE 59, 48 = NJW 1980, 1763; *Plog/Wiedow/Lemhöfer*, BBG, § 94 Rn. 12a; *Scherer/Alff/Poretschkin*, SG, § 35a Rn. 6.
34 So *Büchner*, ZTR 1993, 148; GKÖD I Yk, § 35a Rn. 6; *Wohlgemuth*, ArbuR 1988, 313.

	Rn		Rn
II. Erläuterungen im Einzelnen	8	b) Der Soldat hat einen	
1. Rechtsgrundlagen der Milseels/		Anspruch auf Seelsorge	17
Statistische Grundlagen	8	c) Der Soldat hat einen	
2. Satz 1	13	Anspruch auf ungestörte	
a) Der *Soldat* hat einen		Religionsausübung	20
Anspruch auf Seelsorge	13	3. Satz 2	23
		4. Durchsetzung/Rechtsweg	25

Literatur: *Baader, Peter*: Schutz religiöser Freiheitsrechte in den Streitkräften, Truppenpraxis/Wehrausbildung 2000, 744; *Blaschke, Peter H./Oberhem, Harald*: Bundeswehr und Kirchen, Bd. 11 der Reihe „Die Bundeswehr – Eine Gesamtdarstellung", 1985; *Böhler, Volker W.*: Der Soldat hat einen Anspruch auf Militärseelsorge, Auftrag 233/1998, 9; *Dörfler-Dierken, Angelika*: Militär und Religion, in: Gareis/Klein, HdBMilSoWi, 539; *Dokumentation*: Dokumentation zur Kath. und Ev. Militärseelsorge, hrsg. vom Ev. Kirchenamt für die Bw und vom Kath. Militärbischofsamt, 7. Aufl. 2002; *Ennuschat, Jörg*: Militärseelsorge, 1996; *Grüter, Stephan*: Kirchgang für Arrestanten?, NZWehr 1962, 120; *Illguth, Johannes*: Rechtliche Aspekte der Militärseelsorge, NZWehr 1972, 129; *Kruk, Volkmar*: Die rechtlichen Probleme der Militärseelsorge, NZWehr 1997, 1; *Michaelis, Peter/Theis, Walter*: Seelsorgerische Begleitung bei Auslandseinsätzen deutscher Soldaten, Truppenpraxis/Wehrausbildung 1999, 505; *Scheffler, Horst*: Militärseelsorge, in: Gareis/Klein, HdBMilSoWi, 190; *Simon, Joachim*: Militärseelsorge im Auslandseinsatz, in: Gareis/Klein, HdBMilSoWi, 344; *Spranger, Tade Matthias*: Der Große Zapfenstreich – Religionsfreiheit im Wehrdienstverhältnis, RiA 1997, 173; *ders.*: Militärseelsorge für Moslems?, BWV 1999, 174; *ders.*: Zeitliche und örtliche Beschränkungen der Religionsausübung im Wehrdienstverhältnis, NZWehr 2001, 235; *Tammler, Ulrich*: Das Katholische Militärbischofsamt als selbständige Bundesoberbehörde – eine verfassungs-, völker- und organisationsrechtliche Untersuchung, NZWehr 1988, 106; *Wirmer, Ernst*: Zum Begriff der Militärseelsorge, NZWehr 1973, 144.

I. Allgemeines

1. Entstehung der Vorschrift. § 31 des **REntw.**[1] sah unter der Überschrift „Seelsorge" folgende Regelung vor: **1**

In den Streitkräften werden besondere Einrichtungen für eine Seelsorge geschaffen.

Aus der **Begr.**[2] wird deutlich, dass an eine Art **Institutsgarantie** für die (Militär-)Seelsorge gedacht war. Die Regelung im Einzelnen sollte danach besonderen Vereinbarungen mit den Religionsgemeinschaften vorbehalten bleiben.

Im **Ausschuss für Beamtenrecht** des BT wurden keine grds. Bedenken gegen § 31 erhoben. Der Abg. *Kühn* (FDP) wies lediglich auf die „unglückliche Fassung" der Vorschrift hin.[3] Dem entspr. beschloss der Ausschuss, die BReg aufzufordern, den Text „redaktionell zu prüfen".[4] Das BMVg legte daraufhin folgende Neufassung vor: **2**

Für die evangelischen und katholischen Angehörigen der Streitkräfte wird eine ständige Militärseelsorge eingerichtet.[5]

---

1 BT-Drs. II/1700, 8.
2 BT-Drs. II/1700, 27. So auch *Dr. Scherer* in der 93. Sitzung des Rechtsausschusses des BT v. 12.12.1955, Prot., 16.
3 Prot. der 42. Sitzung v. 14.12.1955, 6.
4 Ausschussdrs. 21 v. 4.1.1956, 24.
5 Prot. der 47. Sitzung des Ausschusses für Beamtenrecht v. 19.1.1956, 5.

Auch diese Formulierung stieß im Ausschuss für Beamtenrecht auf keine große Zustimmung. Die Abg. *Kühn* (FDP), *Dr. Kleindinst* (CDU/CSU) und *Arnholz* (SPD) vermissten die Einbeziehung von religiösen und weltanschaulichen Minderheiten.[6] Der Abg. *Lotze* (CDU/CSU) hielt „den ganzen § 31 wegen der im Grundgesetz niedergelegten Vorschriften für überflüssig".[7] Ob insoweit eine Beschlussfassung erfolgte, lässt sich den Materialien nicht entnehmen.

3 Auch im **VertA** fanden die von der BReg erstellten Fassungen des § 31 keine Billigung. Nach dort vorgelegten Berichten der Prälaten *Kunst* und *Böhler* verwies der VertA die Fragen der Vereinbarungen mit den beiden Kirchen auf das später zu erlassende OrgG.[8] Das SG habe lediglich die Rechte der Soldaten in Bezug auf die Seelsorge und die Religionsausübung anzusprechen.[9]

Der VertA beschloss[10] danach die später durch das Plenum verabschiedete Fassung des heutigen § 36. Dieser ist damit eine der Best. des SG, die inhaltl. wesentlich vom REntw. abweichen.

4 **2. Änderungen der Vorschrift.** § 36 wurde bis heute **nicht geändert**. Über Änderungsvorschläge ist nichts bekannt.

5 **3. Bezüge zum Beamtenrecht bzw. zu sonstigen rechtl. Vorschriften; ergänzende Dienstvorschriften und Erlasse.** Die Milseels ist eine **Besonderheit des Soldatenrechts**.[11] Zwar leisten auch bei der Bundespolizei und den Länderpolizeien Seelsorger ihren Dienst; eine mit § 36 und der Organisation der Milseels vergleichbare Situation besteht jedoch nicht.

6 Das ZDG gewährt dem **ZDL** in § 38 einen Anspruch auf ungestörte Religionsausübung, nicht jedoch wie bei Soldaten auch einen Anspruch auf Seelsorge. Der Gesetzgeber ging wohl davon aus, dass der ZDL weiterhin die Angebote seiner Heimatkirchengemeinde oder der Kirchen am Dienstort in Anspruch nehmen kann.[12]

7 Hinw. auf § 36 und/oder die Milseels im Allg. finden sich in zahlreichen **Dienstvorschriften**[13]:
- **ZDv 66/1** „Militärseelsorge".
- **ZDv 10/4** (zE = zur Erprobung)[14] „Lebenskundlicher Unterricht – Selbstverantwortlich leben – Verantwortung für andere übernehmen können".
- **§ 13 BwVollzO** regelt die seelsorgerische Betreuung des Soldaten während des Vollzugs von Freiheitsstrafe, Strafarrest, Jugendarrest durch Behörden der Bw (§ 1 BwVollzO).

---

6 Prot. der 47. Sitzung des Ausschusses für Beamtenrecht, 5, 6.
7 Prot. der 47. Sitzung des Ausschusses für Beamtenrecht, 6.
8 BT-Drs. II/2140, 12. Zum OrgG vgl. die Komm. zu § 90.
9 BT-Drs. II/2140, 12.
10 BT-Drs. II/2140, 43.
11 GKÖD I Yk, § 36 Rn. 1.
12 *Brecht*, ZDG, 180.
13 Die meisten Best. sind in der *Dokumentation* nachzulesen. Diese soll wohl eine zu aktualisierende Fassung der ZDv 66/1 ersetzen. Nicht alle dort abgedruckten Auszüge aus ZDv usw. entsprechen indes der geltenden Vorschriftenlage.
14 Die seit 1959 geltende ZDv 66/2 ist mit Beginn der Erprobung der ZDv 10/4 (Januar 2009) vorläufig außer Kraft gesetzt worden. Sie soll nach deren Abschluss (Januar 2012) endgültig außer Kraft treten.

- **ZDv 14/10** „Vollzugsvorschrift für die Bundeswehr", (hier: Nr. 315 mit AusfBest zu § 13 Abs. 3 BwVollzO).
- **ZDv 14/3** „Wehrdisziplinarordnung und Wehrbeschwerdeordnung" B 135 „Seelsorgerische Betreuung und Religionsausübung während der Vollstreckung von Ausgangsbeschränkung".
- **ZDv 14/5** „Soldatengesetz" F 511 (AusfBestSUV), Nr. 74 (Urlaub bei Veranstaltungen der Milseels).
- **ZDv 40/1** VS-NfD „Aufgaben im Standortbereich" Kap. 16 „Militärseelsorge".
- **ZDv 15/2** „Humanitäres Völkerrecht in bewaffneten Konflikten – Handbuch" Kap. 8 „Seelsorgedienst".
- **Weisung des GenInspBw** vom 10.12.2003[15] „Weisung für die Zusammenarbeit mit den Angehörigen der Militärseelsorge".

II. Erläuterungen im Einzelnen

1. Rechtsgrundlagen der Milseels[16]/Statistische Grundlagen. Verfassungsrechtl. Basis 8
für die Milseels ist Art. 140 GG i. V. m. Art. 141 WRV.[17] Danach hat der Staat eine „Seelsorge im Heer" zuzulassen.

Für die **kath. Milseels** gilt im gesamten Bundesgebiet Art. 27 des Konkordats zwischen 9
dem Deutschen Reich und dem Heiligen Stuhl (RK) vom 20.7.1933.[18]

Die Institution der **ev. Milseels** in den alten Bundesländern folgt aus dem Vertrag zwi- 10
schen der Bundesrepublik Deutschland und der Ev. Kirche in Deutschland zur Regelung der ev. Militärseelsorge vom 22.2.1957.[19] In den neuen Bundesländern galt zunächst die „Rahmenvereinbarung zur Durchführung der ev. Seelsorge der Bundeswehr in den neuen Bundesländern" vom 12.6.1996.[20] Diese war bis zum 31.12.2003 befristet. An ihre Stelle trat die Protokollnotiz zur Auslegung des MSV vom 13.6.2002.[21] Diese bedeutete faktisch die Übertragung des MSV auf das ganze Bundesgebiet.[22]

Mit dem Stand von Anfang 2003 gehörten 33,6 % der Soldaten der Ev. Kirche und 11
27,3 % der Kath. Kirche an.

Der **OrgBereich** der Milseels umfasst 570 Personen. Auf der Ortsebene sind zzt. 210 12
Dienststellen der Milseels mit je einem Militärgeistlichen und einem Pfarrhelfer eingerichtet. Die durchschnittliche sog. **Betreuungsstärke** eines Standortpfarrers beträgt in den alten Bundesländern ca. 1000 konfessionsgebundene Soldaten, in den neuen Bundesländern ca. 500 ev. bzw. ca. 330 kath. Soldaten.

---

15 BMVg – Fü S I 6 – Az 36-01 v. 10.12.2003.
16 Zu Einzelheiten vgl. insbes. *Blaschke/Oberhem*, passim; *Illguth*, NZWehr 1972, 134 ff.; *Kruk*, NZWehrr 1997, 2 ff.
17 Str., vgl. *Jarass*, in: Jarass/Pieroth, GG, Art. 141 WRV Rn. 1 m. w. N.
18 RGBl. 1933 II S. 679; abgedruckt in *Dokumentation*, 10.
19 BGBl. 1957 II S. 1229; abgedruckt in *Dokumentation*, 12. Das Ratifizierungsgesetz v. 26.7.1957 (BGBl. II S. 701) ist abgedruckt in *Dokumentation*, 23.
20 Abgedruckt in *Dokumentation*, 53.
21 Abgedruckt in *Dokumentation*, 61.
22 Vgl. JB 2003 des WBeauftr (BT-Drs. 15/2600), 42.

13 2. Satz 1. – a) Der *Soldat* hat einen Anspruch auf Seelsorge. Bei rein grammatikalischer Interpretation bedeutet die Wortverbindung „Soldat/Seelsorge", dass **nur aktive Soldaten** eine besondere (Militär-)Seelsorge reklamieren können. Bereits während der Beratungen des REntw. wurde jedoch erkennbar, dass zumindest das BMVg dies nicht so ausschließlich sehen wollte. Der Vertreter des BMVg, *Dr. Scherer*, erklärte zunächst am 12.12.1955 im Rechtsausschuss des BT[23], man wolle Geistliche haben, deren Gemeinde eine „**Personalgemeinde**" sei, bestehend aus „den Angehörigen ihres Bekenntnisses etwa in einer Division sowie deren **Familienmitgliedern**". Auf Frage des Abg. *Kühn* (FDP) definierte *Dr. Scherer* am 19.1.1956 im Ausschuss für Beamtenrecht des BT[24] den Zuständigkeitsbereich der Milseels dahingehend, dass an „eine Betreuung in einer besonderen Militärgemeinde" gedacht sei. Dieser extensiven Auslegung des § 36 Satz 1 entspricht die Vertragsrechts- und Vorschriftenlage:

14 Gem. **Art. 27 Abs. 1 RK** wird der Deutschen Reichswehr für die zu ihr gehörenden kath. Offz, Beamten und Mannschaften sowie deren Familien eine exemte Seelsorge zugestanden. Nach **Art. 7 Abs. 1 MSV** gehören zu den personalen Seelsorgebereichen oder den Militärkirchengemeinden die BS, SaZ, WPfl während des GWD, im V-Fall auch die auf unbest. Zeit einberufenen Soldaten, die in der Bw tätigen Beamten und Ang., die der Truppe im V-Fall zu folgen haben sowie die Ehefrauen und Kinder dieser Personen. Die ZDv 40/1 zählt zu den Seelsorgebezirken der Militärgeistlichen die Soldaten, deren Familienangehörige und – auf deren Wunsch – „andere im Dienst der Bw stehende Personen".

15 Das **BVerwG**[25] hatte die Milseels definiert als „ihrer Natur nach Seelsorge in der Truppe", womit das Gericht dem Wortlaut von § 36 Satz 1 noch am Nächsten kam. Nachdem *Wirmer* diese Entscheidung – ohne nähere Begr. – heftig kritisiert und Milseels als „ihrer Natur nach Seelsorge für und an Soldaten und deren Familienangehörigen sowie bestimmten weiteren Zivilisten"[26] beschrieben hatte, ist die Lit.[27] dieser extensiven Deutung weitgehend gefolgt.

16 Grds. ist festzustellen, dass sich Milseels i. S. v. § 36 Satz 1 auf **Soldaten**, und zwar unabhängig von deren Laufbahngruppe oder Status, reduziert. Der MSV und das RK überlagern die soldatenrechtl. Norm und beziehen **weitere Personen** in den Zuständigkeitsbereich der Milseels ein. § 36 Satz 1 ist daher i.d.S. zu verstehen.

Unklar und damit lösungsbedürftig sind die nach ev. und kath. (Rechts-)Verständnis verschieden differenzierten weiteren Personen und Personengruppen, die ebenfalls zu der jew. Militärkirchengemeinde gehören sollen. Diese **Ungleichbehandlung** ist nicht nachvollziehbar. RK und MSV lassen darüber hinaus formal das Personal der **Bundeswehrverwaltung** unbeachtet, soweit es nicht (als STAN-Personal) in die Truppe eingegliedert ist.[28] Auch hierüber sollte nachgedacht werden. Schließlich sind beide Vereinbarungen aus ihrer ausschließlich auf **männliche** Soldaten bezogenen Verfasstheit zu lösen.

---

23 Prot. Nr. 93, 15.
24 Prot. Nr. 47, 6.
25 BVerwGE 46, 11 = NZWehrr 1973, 21. Zust. *Stauf* I, § 36 SG Rn. 1.
26 *Wirmer*, NZWehrr 1973, 145.
27 Vgl. *Bornemann*, RuP, 34; GKÖD I Yk, § 36 Rn. 3.
28 Die zit. Best. der ZDv 40/1 Nr. 1602 korrespondiert jedenfalls weder mit dem MSV noch dem RK.

Seelsorge § 36

b) Der Soldat hat einen *Anspruch* auf Seelsorge. Der Gesetzestext führt in die Irre: Das SG vermag allg. nur Ansprüche des Soldaten gegen seinen **Dienstherrn** und seine Vorg. zu begründen. Die Milseels ist Teil der **kirchlichen Arbeit der Religionsgesellschaften**; es ist nicht Aufgabe des Dienstherrn des Soldaten/der Bw, seelsorgerische Veranstaltungen durchzuführen. Dies folgt bereits aus Art. 140 GG i. V. m. Art. 141 WRV. § 36 Satz 1 begründet für den Soldaten daher nur den Anspruch gegenüber seinem Dienstherrn und seinen Vorg., die Milseels **organisatorisch** und **finanziell** zu garantieren und ihm selbst die Teilnahme an deren Veranstaltungen zu ermöglichen.[29]   17

Vor dem Hintergrund der Tatsache, dass sich der **Islam** in Deutschland inzwischen als drittgrößte Religion etabliert hat[30], stellt sich die Frage, ob für Soldaten muslimischen (und **jüdischen**) Glaubens eine Milseels einzurichten ist. § 36 Satz 1 ist für die Geltendmachung eines solchen Anspruchs nicht geeignet. Voraussetzung für eine solche Milseels wäre zunächst, dass sich die betreffenden Kirchen oder Glaubensgemeinschaften diesbezüglich artikulieren und sich an die BReg wenden mit der Bitte, ihrer organisatorischen und finanziellen Verpflichtung nachzukommen.[31] Dies ist bis heute nicht geschehen.[32]   18

Das **BVerwG** hatte sich mit diesem Problembereich bisher zweimal zu befassen: 19

Mit Beschl. vom 28.3.1979[33] entschied der 1. WDS, ein Soldat, der einer in der Bundesrepublik und damit in der Bw in einem zahlenmäßig geringen Umfang vertretenen Glaubensgemeinschaft angehöre, könne nicht beanspruchen, nur an einem Standort verwendet zu werden, in dem diese Glaubensgemeinschaft vorhanden sei. Eine Begr. für dieses Judiz findet sich nicht. Vor dem Hintergrund von Art. 4 Abs. 2 GG und § 36 Satz 1 ist diese Entsch. rechtl. höchst zweifelhaft.

Mit Urt. vom 10.1.1979[34] entschied der 8. Senat des BVerwG, die Verpflichtung eines WPfl islamischen Bekenntnisses, kein Schweinefleisch zu essen, begründe keinen Zurückstellungstatbestand nach § 12 Abs. 4 WPflG. Die „Bundeswehr" sei nämlich verpflichtet, einen solchen WPflG „von Verfassungs wegen und nach § 36 Satz 1 SG" vom Schweinefleischgenuss freizustellen und ihn anderweitig zu versorgen.

c) Der Soldat hat einen Anspruch auf ungestörte Religionsausübung. Insoweit wiederholt § 36 Satz 1 den Wortlaut von **Art. 4 Abs. 2 GG**, ist daher an sich überflüssig[35] und hat lediglich deklaratorischen Charakter. Der Soldat hat das Recht, sich religiös zu betätigen oder dies zu unterlassen. Vorg. dürfen weder unmittelbar noch mittelbar – durch Ansetzen eines als „lästig" empfundenen „Ersatzdienstes" – auf den Soldaten Druck ausüben, an Veranstaltungen der Milseels teilzunehmen.[36]   20

---

29 BVerwG NZWehr 1977, 31 = DÖV 1977, 449; BVerwGE 63, 215 = ZBR 1981, 215; *Bornemann*, RuP, 34; GKÖD I Yk, § 36 Rn. 3; *Scherer/Alff/Poretschkin*, SG, § 36 Rn. 1.
30 *Baader*, Truppenpraxis/Wehrausbildung 2000, 745; „Y" – Magazin der Bundeswehr –, 2004, 63.
31 So auch grds. *Hemmrich*, in: v.Münch/Kunig, GGK III, Art. 140 Rn. 43.
32 Vgl. *Baader*, Truppenpraxis/Wehrausbildung 2000, 745; *Scherer/Alff/Poretschkin*, SG, § 36 Rn. 3; *Spranger*, BWV 1999, 174. In den britischen SK sind 158 Militärseelsorger tätig, darunter ein jüdischer Rabbi u. ein Hindupriester. Die Forderung des Muslim Council nach eigenen Imanen für die SK wurde bisher abgelehnt („Berliner Zeitung" v. 6.8.2003).
33 BVerwGE 63, 215 = ZBR 1981, 215.
34 BVerwGE 57, 215 = *Buchholz* 448.0 § 12 WPflG Nr. 129.
35 *Bornemann*, RuP, 33.
36 BVerwGE 73, 247 = RiA 1981, 239 (Teilnahme an einer sog. Werkwoche der kath. Milseels).

Walz

21 Nimmt der Soldat an religiösen Veranstaltungen (freiwillig) teil, leistet er **keinen mil. Dienst** i. S. v. § 7.[37] Ihm ist daher für den Besuch des Gottesdienstes grds. **Dienstbefreiung**[38] und für andere Veranstaltungen der Milseels **Sonderurlaub**[39] zu gewähren. **Versorgungsrechtl.** können solche Veranstaltungen jedoch durchaus dienstl. Charakter i. S. d. § 27 Abs. 2, § 81 Abs. 1 SVG haben.[40]

22 **Einschränkungen** des Grundrechts aus Art. 4 Abs. 2 GG, wie sie sich – teils unvermeidlich – anlässlich von Manövern, bei Auslandseinsätzen oder auf Hoher See ergeben können, sind rechtl. nicht einfach einzuordnen und begründbar.

Im VertA bestand anlässlich der Beratungen des SG „Übereinstimmung darüber, dass der Anspruch auf ungestörte Religionsausübung dann nicht als eingeschränkt anzusehen ist, wenn dringende dienstl. Erfordernisse in einzelnen Fällen der Möglichkeit der ungestörten Religionsausübung entgegenstehen".[41] In der **Lit.** wird die verfassungsrechtl. Zulässigkeit dieser Beschränkungen z. T. aus Art. 2 Abs. 2 Satz 2 GG begründet[42], z. T. aus Art. 2 Abs. 2 Satz 3 GG.[43]

Diese Argumentation verkennt insbes., dass Art. 17a Abs. 1 GG das Grundrecht aus Art. 4 Abs. 2 GG nicht nennt. Überzeugender[44] ist der Hinw. von *Spranger*[45], dass sowohl die Freiheit der Religionsausübung als auch die Einrichtung und Funktionsfähigkeit der SK Verfassungsrang besitzen. Es liegt also ein Fall kollidierenden Verfassungsrechts vor. Dieser ist durch Güterabwägung so zu lösen, dass zwingende dienstl. Verpflichtungen einen Soldaten zulässigerweise vorübergehend an der Ausübung seiner Religion zu hindern vermögen. Im Übrigen ist zu beachten, dass das Grundrecht aus Art. 4 Abs. 2 GG **allen** Soldaten zusteht und der einzelne Soldat nicht beanspruchen kann, seine Glaubensüberzeugung sei die allein richtige.[46]

23 **3. Satz 2.** „**Gottesdienst**" i. S. v. § 36 Satz 2 sind sämtliche Amtshandlungen und anderen Veranstaltungen der Milseels, nicht nur der Gottesdienst i.e.S. Nach der ZDv 40/1[47] gehören dazu

– Gottesdienste
– Kirchliche Amtshandlungen
– Seelsorgerische Betreuung
– Lebenskundlicher Unterricht
– Rüstzeiten, Exerzitien und Werkwochen.

---

37 BVerwG NZWehrr 1977, 31 = DÖV 1977, 449.
38 ZDv 40/1 Nr. 1605.
39 ZDv 14/5 F 511 Nr. 74.
40 BSGE 80, 236 = NZWehrr 1997, 216.
41 BT-Drs. II/2140, 12.
42 GKÖD I Yk, § 36 Rn. 6. Es handelt sich offensichtlich um ein Falschzitat.
43 *Bornemann*, RuP, 34; *Scherer/Alff/Poretschkin*, SG, § 36 Rn. 6.
44 Letzte Zweifel bleiben jedoch bestehen. Eine klare u. rechtl. einwandfreie normative Regelung hätte durch Novellierung von Art. 17a Abs. 1 GG zu erfolgen.
45 NZWehrr 2001, 239.
46 BVerwG 1 WB 24/03 (Nichteignung eines OffzBewerbers mangels „religiöser und politischer Neutralität").
47 Nr. 1602. Anders wohl die Weisung des GenInspBw für die Zusammenarbeit mit den Angehörigen der Milseels v. 10.12.2003. Danach (Nr. 5) war der lebenskundliche Unterricht „nicht Bestandteil des seelsorgerischen Dienstes, sondern Teil der Gesamterziehung der Soldatinnen und Soldaten".

Der Soldat entscheidet in eigener Verantwortung, ob er sich hieran aktiv oder passiv oder überhaupt nicht beteiligen will.

Str. war, ob der nach der früheren ZDv 66/2 von Militärgeistlichen erteilte **lebenskundliche Unterricht** als „Gottesdienst" i. S. v. § 36 Satz 2 zu verstehen war. Die h.M.[48] bejahte dies. Lediglich *Scherer/Alff*[49] und – als obiter dictum – das BSG[50] qualifizierten den lebenskundlichen Unterricht als „Pflichtveranstaltung".

24

Der h.M. war zu folgen. Einerseits bestätigte die seinerzeitige Vorschriftenlage (noch) die Freiwilligkeit der Teilnahme[51]; andererseits wäre jeder Zwang zur Teilnahme verfassungswidrig gewesen und würde zudem gegen § 36 Satz 2 verstoßen haben. Nunmehr ist eine andere rechtl. Bewertung anzustellen: Nach der ZDv 10/4 Nr. 104 ist der lebenskundliche Unterricht ein für alle Soldaten religionsneutraler Pflichtunterricht. Dieser ist expressis verbis keine Religionsausübung i. S. v. § 36. Er wird von Militärgeistlichen und „im Bedarfsfall" von anderen „berufsethisch besonders qualifizierten Lehrkräften"[52] erteilt. Hiergegen kann rechtl. nichts eingewandt werden.

In der ZDv 66/2[53] war bestimmt:

„Soldaten, die nach gründlicher Überlegung am lebenskundlichen Unterricht nicht teilnehmen wollen, sind durch die Disziplinarvorgesetzten von der Teilnahme grundsätzlich zu befreien. Jedoch sollten sie, um sich ein Urteil bilden zu können, den Unterricht durch einmalige Anwesenheit kennengelernt haben."

Diese nicht ganz zweifelsfreie Passage war i. S. d. Weisung des GenInspBw für die Zusammenarbeit mit den Angehörigen der Militärseelsorge vom 10.12.2003 auszulegen. Dort[54] hieß es:

„Soldatinnen und Soldaten, die sich durch diesen Unterricht beeinträchtigt fühlen, werden auf Antrag von der Teilnahme befreit. Für sie ist eine angemessene Selbstbeschäftigung unter Aufsicht anzuordnen (beispielsweise die Lektüre von Schriften oder schriftl. Äußerungen dazu), jedoch kein anderer Dienst."

Jeder, auch nur psychologische, Druck, der auf einen Soldaten ausgeübt werden würde, am lebenskundlichen Unterricht in der früheren Form teilzunehmen, wäre mit Art. 4 Abs. 2 GG und § 36 Satz 2 nicht zu vereinbaren gewesen.[55]

---

48 *Bornemann*, RuP, 34; *Ennuschat*, 204; *Stauf* I, § 36 Rn. 6. Zw. die in der vorstehenden Fn. zit. Nr. 5 der Weisung des GenInspBw.
49 SG, 7. Aufl., § 36 Rn. 2.
50 BSGE 80, 236 = NZWehrr 1997, 216.
51 Überlegungen, den lebenskundlichen Unterricht als Pflichtveranstaltung in die mil. Ausbildung zu integrieren, sind zunächst durch die neue ZDv 10/4 abgeschlossen.
52 Vgl. hierzu ZDv 10/4 Nr. 104 Fn. 1.
53 Nr. 5.
54 Nr. 5. Vgl. JB 2003 des WBeauftr, BT-Drs. 15/2600, 43.
55 So auch *Ennuschat*, 203. Bzgl. der aus Art. 140 GG i. V. m. Art. 137 Abs. 1 WRV abgeleiteten grds. Kritik am seinerzeitigen lebenskundlichen Unterricht vgl. *Kruk*, NZWehrr 1997, 20.

25 **4. Durchsetzung/Rechtsweg.** Der Anspruch des Soldaten auf Seelsorge und ungestörte Religionsausübung ist formell über die **Wehrbeschwerde** durchsetzbar, soweit der Soldat ein Fehlverhalten/eine Unterlassung[56] seiner Vorg. beklagt. Liegt die Beschwer im kirchlichen Bereich, ist die WBO nicht einschlägig.

Nach erfolgloser Beschwerde und weiterer Beschwerde ist gem. § 17 Abs. 1 Satz 1 WBO der Rechtsweg zu den **TDG** eröffnet.[57]

Zweiter Abschnitt
Rechtsstellung der Berufssoldaten und der Soldaten auf Zeit

1.
Begründung des Dienstverhältnisses

§ 37 Voraussetzung der Berufung

(1) In das Dienstverhältnis eines Berufssoldaten oder eines Soldaten auf Zeit darf nur berufen werden, wer
1. Deutscher im Sinne des Artikels 116 des Grundgesetzes ist,
2. Gewähr dafür bietet, dass er jederzeit für die freiheitliche demokratische Grundordnung im Sinne des Grundgesetzes eintritt,
3. die charakterliche, geistige und körperliche Eignung besitzt, die zur Erfüllung seiner Aufgaben als Soldat erforderlich ist.

(2) Das Bundesministerium der Verteidigung kann in Einzelfällen Ausnahmen von Absatz 1 Nr. 1 zulassen, wenn dafür ein dienstliches Bedürfnis besteht.

Übersicht

	Rn		Rn
I. Allgemeines	1	2. Absatz 1 Nr. 2	19
1. Zweck der Vorschrift	1	a) Verhältnis zur politischen	
2. Entstehung der Vorschrift	4	Treuepflicht gem. § 8	19
3. Änderungen der Vorschrift	7	b) Verfassungsrechtl. Aspekte –	
4. Bezüge zum Beamtenrecht,		Inhalt	22
ergänzende Rechtsverordnun-		c) Verfahren der Verfassungs-	
gen und Dienstvorschriften	8	treueprüfung	27
II. Erläuterungen im Einzelnen	11	d) Konsequenzen	31
1. Absatz 1 Nr. 1	11	3. Absatz 1 Nr. 3	32
a) Inhalt und Funktion	11	a) Charakterliche Eignung	32
b) Vereinbarkeit mit europ.		b) Geistige Eignung	36
Recht	15	c) Körperliche Eignung	37
c) Konsequenzen und Ausnah-		4. Rechtsschutz	40
meentscheidung (Absatz 2)	16		

---

56 *Böhler*, Auftrag 233/1998, 14, spricht in diesem Zusammenhang von „Abnutzungserscheinungen" u. „Nachlässigkeiten" der „Truppenführer aller Ebenen".
57 BVerwGE 46, 11 = NZWehr 1973, 21; BVerwGE 57, 215 = *Buchholz* 448.0 § 12 WPflG Nr. 129; *Weniger*, SG, § 36 Rn. 8.

Voraussetzung der Berufung § 37

Literatur: *Cremer, Wolfgang/Kelm, Torsten*: Mitgliedschaft in sog. „neuen Religions- und Weltanschauungsgemeinschaften" und Zugang zum öffentlichen Dienst, NJW 1997, 832; *Cuntz, Eckart*: Verfassungstreue der Soldaten, Berlin 1985; *Häde, Ulrich/Jachmann, Monika*: Mitglieder extremistischer Parteien im Staatsdienst, ZBR 1997, 8; *Henschel, Volker*: Bundeswehr und AIDS, NZWehrr 1987, 194; *Höfling, Wolfram/Stockter, Ulrich*: Die gesundheitliche Eignung als Zugangskriterium für ein öffentliches Amt, ZBR 2008, 17; *Kathke, Leonhard*: Verfassungstreueprüfung nach der deutschen Wiedervereinigung – dargestellt anhand einiger Beispiele, ZBR 1992, 344; *Kirchhof, Ferdinand*: Verteidigung und Bundeswehr, in: HStR IV, § 84; *Kortz, Benedikt/Lubig, Sebastian*: Parteienprivileg und öffentlicher Dienst, ZBR 2006, 397; *dies.*: Parteienprivileg und Verfassungstreue von Beamten: Nur ein Scheinkollision?, ZBR 2006, 412; *Lecheler, Helmut*: Der öffentliche Dienst, in: HStR V, § 110; *Lindner, Josef Franz*: Verfassungstreue und Parteienprivileg – eine Scheinkollision, ZBR 2006, 402; *Lopacki, Helmut*: Die personalaktenrechtliche Datenerhebung bei Bewerbern um ein öffentliches Amt hinsichtlich der Unterstützung des DDR-Unrechtsregimes im Kontext mit der Verfassungstreue, DöD 2002, 1; *Makowski, Gösta Christian*: Zur Betätigung von Soldaten in Parteien mit verfassungsfeindlichen Tendenzen, NZWehrr 2000, 194; *Riegel, Reinhard*: Zu Recht und Praxis der Verfassungstreue- bzw. Einstellungsüberprüfung, ZRP 1989, 321; *Schafranek, Frank*: Art. 21 Abs. 2 GG und die disziplinare Ahndung der Betätigung von Soldaten in verfassungsfeindlichen, aber nicht verbotenen politischen Parteien, NZWehrr 1998, 79; *Sass, Wolfgang*: Zur Problematik der „körperlichen Eignung" nach § 37 Abs. 1 Satz 3 bei Dienstzeitverlängerungen, NZWehrr 1984, 89; *Walz, Dieter*: Ausländer zu den Waffen? Rechtliche Aspekte eines neuen Themas, NZWehrr 1982, 41.

I. Allgemeines

1. Zweck der Vorschrift. § 37 bestimmt die positiven rechtl. Grundvoraussetzungen (zu den negativen Grundvoraussetzungen vgl. § 38) für die Berufung in das Dienstverhältnis eines BS oder eines SaZ. An diese Voraussetzungen ist auch der Verordnungs- und Vorschriftengeber gebunden; er darf hiervon nicht abweichen. Dagegen ist die Aufstellung weiterer Berufungsvoraussetzungen durch RVO, Dienstvorschriften und Erlasse im Rahmen der allg. gesetzl. Best. ohne Weiteres zulässig und auch gängige Praxis.[1] Die in § 37 aufgestellten Berufungsvoraussetzungen sind daher nicht abschließend.

§ 37 kann als **statusrechtl. Leitsatz** bezeichnet werden, der nur für die Entscheidung, ob ein Bewerber BS oder SaZ werden kann bzw. ob die Dienstzeit eines SaZ gem. § 40 Abs. 2 verlängert werden darf[2], Vorgaben enthält. Für truppendienstl. Entscheidungen, wie die Zulassung zu einer bestimmten mil. Laufbahn oder Verwendung[3], ist er dagegen nicht unmittelbar einschlägig. Er wird aber auch dort Bedeutung entfalten, da zum einen einzelne Laufbahnentscheidungen die Zulässigkeit statusrechtl. Maßnahmen voraussetzen oder nur im Zusammenhang mit Statusänderungen getroffen werden können.[4] Zum anderen wird gerade die Eignungsfeststellung (Abs. 1 Nr. 3)

---

1 *Scherer/Alff/Poretschkin*, SG, § 37 Rn. 1; s. auch u. Rn. 9.
2 Auch wenn vom Wortlaut nicht ausdrücklich erwähnt, müssen die Voraussetzungen des § 37 für die Verlängerung der Dienstzeit ebenfalls vorliegen, so auch *Sass*, NZWehrr 1984, 89. Ausnahmen bestehen bei einer Dienstzeitverlängerung, wenn Dienstzeiten sukzessive festgesetzt worden sind, vgl. hierzu die Komm. zu § 40 Rn. 18 ff.
3 Vgl. § 6 Abs. 1, Abs. 2 SLV; zur truppendienstl. Natur des Laufbahnwechsels *Dau*, WBO, § 17 Rn. 57.
4 S. §§ 8, 11, 15, 23 SLV.

grds. nur im Hinblick auf eine bestimmte Laufbahn erfolgen.[5] Abgrenzungsschwierigkeiten, die über die allg. Problematik der Unterscheidung zwischen truppendienstl. Maßnahmen und Statusentscheidungen hinausgehen, dürften hieraus nicht erwachsen. Folge ist, dass die Voraussetzungen des § 37 nicht nur in Verfahren vor den für Statusangelegenheiten zuständigen VG, sondern auch in Verfahren der Wehrdienstgerichte eine Rolle spielen können.[6]

3 Von seiner Normstruktur ist § 37 weder auf eine bestimmte Rechtsfolge gerichtet, noch begründet er ein subjektives Recht für den Bewerber. Auch wenn die Voraussetzungen des § 37 vorliegen, steht die Berufung in den BS oder SaZ im Ermessen der zuständigen Dienststelle (vgl. §§ 3, 39, 40). Die Voraussetzungen des § 37 sind dabei – angesichts ihres zwingenden Charakters – nicht im Rahmen der Ermessensentscheidung zu berücksichtigen, sondern Bedingung dafür, dass überhaupt in eine Ermessensentscheidung über eine Bewerbung eingetreten werden kann. Wird ein Bewerber mit Hinw. auf das (angebliche) Fehlen einer der Eigenschaften des § 37 abgelehnt, kann er allerdings insoweit in seinen subjektiven Rechten verletzt sein, als hierdurch sein grds. Anspruch auf fehlerfreie Ermessensausübung über seine Bewerbung (Art. 33 Abs. 2 GG)[7] nicht erfüllt wurde.

4 **2. Entstehung der Vorschrift.** § 37 geht auf § 32 des **REntw.** zurück, der vom Wortlaut her bereits weitgehend identisch mit der jetzigen Best. war. In der amtl. Begr. wurde ausdrücklich auf die Anlehnung an den – bis heute gültigen – § 7 BBG hingewiesen, wobei der vom Beamtenrecht abw. Abs. 1 Nr. 3 „den Erfordernissen des militärischen Dienstes entspr. Nachdruck auf die charakterliche, geistige und körperliche Eignung" lege.[8]

5 Abs. 2 des REntw. (Ausnahme für Nichtdeutsche) wurde entspr. der damaligen polit. Lage ausschließlich mit bündnispolit. Erwägungen begründet. „Im Bereich der Streitkräfte, die mit den Streitkräften Westeuropas verbündet sein werden, wird gelegentlich Veranlassung bestehen, Ausländer in die eigenen Reihen aufzunehmen."[9]

6 In den Beratungen des **VertA** gab es direkt zu § 32 des REntw. unter Hinw. auf die vergleichbare Rechtslage im Beamtenrecht keine nennenswerten Erörterungen. Dagegen spielte die Vorschrift im Zusammenhang mit der Formulierung der polit. Treuepflicht (§ 7 des REntw., heute § 8) eine gewisse Rolle. Da die polit. Treuepflicht für Soldaten neben den BS und SaZ auch die aufgrund der WPfl Wehrdienst leistenden Soldaten erfasst, wurde in § 7 des REntw. im Hinblick auf die FdGO das Wort „bekennen" durch „anerkennen" in bewusster Abgrenzung zur Formulierung der beamtenrechtl. Treuepflicht in § 52 Abs. 2 BBG a. F. (jetzt: § 60 Abs. 1 Satz 3 BBG) ersetzt. Damit sollte zum Ausdruck gebracht werden, dass von den kraft Gesetzes eingezogenen WPfl nicht in gleichem Maße ein Bekenntnis zur FDGO erwartet werden könne wie von Personen, die sich freiwillig für eine Berufstätigkeit im Staatsdienst

---

5 S. die laufbahnbezogenen Bildungsvoraussetzungen in § 27 Abs. 2.
6 Vgl. BVerwGE 83, 255 = NZWehrr 1987, 120; BVerwG 1 WB 50/87; BVerwG 1 WB 16/94; BVerwG *Buchholz* 236.110 § 6 SLV 2002 Nr. 1; zu Einzelheiten betr. Rechtswegfragen s. Rn. 40 ff.
7 Art. 33 Abs. 2 GG gilt auch für Soldaten. Vgl. *Jarass*, in: Jarass/Pieroth, GG, Art. 33 Rn. 9; zum konkreten Inhalt des Art. 33 Abs. 2 vgl. *Lecheler*, § 110 Rn. 2, 6 ff.
8 BT-Drs. II/1700, 27.
9 BT-Drs. II/1700, 28.

entscheiden. Da andererseits einhellig die Auffassung vertreten wurde, dass BS und SaZ den gleichen Anforderungen unterlägen wie Beamte, wurde auf § 32 Abs. 1 Nr. 2 des REntw. hingewiesen, der dies zum Ausdruck bringe.[10]

3. Änderungen der Vorschrift. § 37 ist nur zweimal redaktionell geä. worden. 7
- Durch Art. 1 Nr. 7 des G vom **6.12.1990**[11] wurde Abs. 3 ersatzlos gestrichen. Dieser bestimmte, dass für die Berufung als BS oder SaZ eine besetzbare Planstelle erforderlich sei. Diese im Grunde haushaltsrechtl. Best. war spätestens mit Inkrafttreten der BHO[12] zum 1.1.1970, die in ihrem § 49 Abs. 1 i. V. m. § 115 BHO eine entspr. Regelung enthält, obsolet geworden.[13]
- Durch Art. 1 Nr. 3 des **SGÄndG**[14] wurde in Abs. 2 die Formulierung „Der Bundesminister der Verteidigung" durch „Das Bundesministerium der Verteidigung" ersetzt. Damit wurde der Vorgabe entsprochen, Behördennamen zu versachlichen.[15] Weiterhin folgt hieraus, dass die Ausnahmeentscheidung nicht vom Min. persönlich getroffen werden muss und nicht Ausfluss der Befehls- und Kommandogewalt ist.

4. Bezüge zum Beamtenrecht, ergänzende Rechtsverordnungen und Dienstvorschriften. § 37 wurde den §§ 7 BBG a. F., 4 BRRG a. F. nachgebildet. Der Bundesgesetzgeber hat nunmehr mit § 7 BeamtStG eine entspr. Best. für das Beamtenrecht der Länder erlassen. Hins. der Eignungsfeststellung und der Deutscheneigenschaft weisen die beamtenrechtl. Vorschriften allerdings aufgrund der europarechtl. und laufbahnrechtl. Vorgaben für das Beamtenrecht signifikante Unterschiede zu § 37 auf. 8

Die auf der Grundlage von § 27 erlassene SLV ergänzt die Einstellungsvoraussetzungen des § 37 in Bezug auf die einzelnen mil. Laufbahnen, insbes. hins. Bildungsvoraussetzungen, Höchst- und Mindestaltersgrenzen. 9

Durch eine Vielzahl von Dienstvorschriften und Erlassen werden darüber hinaus Zuständigkeitsregelungen, Verfahrensbest. und weitere Vorgaben für die Berufung in das Dienstverhältnis eines BS oder SaZ festgelegt. Als wichtige Best., die auch jenseits des Regelungsbereichs von § 37 Bedeutung haben, sind zu nennen: 10

Zuständigkeitsregelungen:
- Anordnung des BPräs über die Ernennung und Entlassung der Soldaten vom 10.7.1969, geä. durch Anordnung vom 17.3.1972 (ZDv 14/5 B 107)[16]
- Anordnung über die Ernennung und Entlassung von Soldatinnen und Soldaten und die Ernennung von Reservistinnen und Reservisten (ZDv 14/5 B 108)
- Personalbearbeitende Stellen der Soldatinnen und Soldaten (ZDv 14/5 B 125).

---

10 BT-Drs. II/2140, 5; vgl. auch *Cuntz*, 144 ff.
11 BGBl. I S. 2588.
12 G v. 19.8.1969, BGBl. I S. 1284 mit späteren Änd.
13 Dies wurde bereits im ursprünglichen Gesetzgebungsverfahren erkannt, vgl. BT-Drs. II/1700, S. 28; so schon *Rittau*, SG, 195.
14 S. auch BT-Drs. 14/4062, 18.
15 S. Beschl. der BReg v. 20.1.1993, GMBl. S. 46.
16 BGBl. I 1969 S. 775; 1972 S. 499.

Verfahrensbest.:
- Erl. „Berufung in das Dienstverhältnis einer Soldatin auf Zeit oder eines Soldaten auf Zeit und Festsetzung der Dienstzeit" (Berufungserlass, ZDv 14/5 B 127)
- Bestimmungen für die Beförderung und für die Einstellung, Übernahme und Zulassung von Soldatinnen und Soldaten (ZDv 20/7)
- Erl. „Bestimmungen über die Feststellung der körperlichen Eignung vor Berufung in das Dienstverhältnis eines Berufssoldaten oder eines Soldaten auf Zeit" (ZDv 14/5 B 130)
- Erl. „Eigenschaft als Deutsche oder Deutscher nach Artikel 116 des Grundgesetzes" (ZDv 14/5 B 131)
- Erl. „Einholen unbeschränkter Auskünfte aus dem Bundeszentralregister" vom 19.3.2004 (VMBl. S. 59), zul. geä. durch Erl. vom 12.6.2008 (VMBl. S. 147).

Hinzu kommen speziell für das Auswahlverfahren von Bewerbern und die Eignungsfeststellung die sog. „Annahmebestimmungen" als Verfahrensanweisungen für das Personalamt der Bw und die Zentren für Nachwuchsgewinnung.

II. Erläuterungen im Einzelnen

11 **1. Absatz 1 Nr. 1. – a) Inhalt und Funktion.** Voraussetzung für die Berufung als BS oder SaZ ist die Deutscheneigenschaft i. S. d. Art. 116 GG. Danach ist Deutscher, wer entweder die **deutsche Staatsangehörigkeit** besitzt oder als Flüchtling oder Vertriebener deutscher Volkszugehörigkeit oder als dessen Ehegatte oder Abkömmling in dem Gebiet des Deutschen Reiches nach dem Stande vom 31.12.1937 Aufnahme gefunden hat (**sog. Status-Deutsche**).

Seine innere Rechtfertigung findet Abs. 1 Nr. 1 darin, dass nur Personen BS oder SaZ werden sollen, die eine besonders enge Verbundenheit zum deutschen Staat aufweisen. Schließlich stehen BS und SaZ in demjenigen öff.-rechtl. Dienstverhältnis, das von allen Dienstverhältnissen die umfassendste und intensivste Pflichtbindung an den Dienstherrn aufweist. Von BS und SaZ wird bei der Erfüllung ihrer Dienstpflichten mehr Loyalität erwartet als von Soldaten, die aufgrund der WPfl Wehrdienst leisten.[17] Konsequenterweise bestimmen § 46 Abs. 1, § 55 Abs. 1, dass BS und SaZ kraft Gesetzes als entlassen gelten, wenn sie ihre Eigenschaft als Deutsche i. S. d. Art. 116 GG verlieren. Dagegen sah § 2 WPflG a. F. die – wenn auch theoretische – Möglichkeit vor, Ausländer und Staatenlose der Wehrpflicht zu unterwerfen.[18]

Die Eigenschaft als Deutscher muss im Zeitpunkt der Berufung vorliegen. Verfügt der Bewerber neben der Deutscheneigenschaft noch über eine weitere Staatsangehörigkeit, ist dies nach allg. Ansicht kein Hindernis für eine Berufung.[19]

---

17 *Scherer/Alff/Poretschkin*, SG, § 1 Rn. 14 m. w. N.
18 Zu den dabei auftretenden rechtl. Schwierigkeiten *Walz*, NZWehrr 1982, 41. Die Vorschrift wurde durch das SkResNOG aufgehoben.
19 *Scherer/Alff/Poretschkin*, SG, § 37 Rn. 3; GKÖD I Yk, § 37 Rn. 2; im Hinblick darauf, dass die Eigenschaft als Deutscher als besonderes loyalitätsbegründendes Merkmal gilt, ist dies nicht völlig unproblematisch, dürfte aber angesichts der zunehmenden Tendenz, doppelte Staatsbürgerschaften zu tolerieren, kaum mehr angreifbar sein.

Voraussetzung der Berufung § 37

Die deutsche Staatsangehörigkeit ist im StAG geregelt. Der bloße Anspruch auf die **12** deutsche Staatsangehörigkeit reicht nicht aus, es kommt auf die formale Rechtsstellung an (d. h. die Einbürgerungsurkunde muss ausgehändigt sein, § 16 StAG). Dabei ist unerheblich, auf welcher Rechtsgrundlage die Staatsangehörigkeit erlangt wurde.[20] Diese Anknüpfung an den formalen Status gilt auch für die Personengruppe, die unter die sog. **Optionsregelung** des § 29 StAG i. V. m. § 4 Abs. 3, § 40b StAG fällt. Nach dieser durch das G zur Reform des Staatsangehörigkeitsrechts eingeführten Regelung erwerben im Bundesgebiet geborene Kinder von Ausländern unter bestimmten Voraussetzungen die deutsche Staatsangehörigkeit auch dann, wenn sie die ausländische Staatsangehörigkeit ihrer Eltern beibehalten. Bis zur Volljährigkeit dieser Personen wird deren doppelte Staatsangehörigkeit in Kauf genommen. Danach haben sie sich für eine Staatsangehörigkeit zu entscheiden. Geben sie keine diesbezügliche Erklärung ab oder wird bei Entscheidung für die deutsche Staatsangehörigkeit der Verlust der ausländischen Staatsangehörigkeit nicht nachgewiesen, geht die deutsche Staatsangehörigkeit mit Vollendung des 23. Lebensjahres verloren. Im Einzelnen ist die Regelung äußerst kompliziert[21] und wird bei Bewerbungen eine genaue Prüfung erfordern.

Solange die deutsche Staatsangehörigkeit vorliegt, kann der Bewerber in das Dienstverhältnis eines BS oder SaZ berufen werden. Verliert er sie anschließend, weil er sich für die ausländische Staatsangehörigkeit entscheidet bzw. keine der erforderlichen Erklärungen abgibt, ist er gem. § 46 Abs. 1, § 55 Abs. 1 kraft Gesetzes entlassen.

Es wäre jedoch zu erwägen, ob bei Bewerbern, die gem. § 4 Abs. 3, § 40b StAG noch über beide Staatsbürgerschaften verfügen, die Berufung davon abhängig zu machen ist, dass die Erklärung zu Gunsten der deutschen Staatsbürgerschaft abgegeben wird. Dies ist zwar nicht unmittelbar mit § 37 Abs. 1 Nr. 1 zu begründen, denn dessen Voraussetzung wird auch mit doppelter Staatsangehörigkeit erfüllt. Als allg. Eignungskriterium muss aber berücksichtigt werden, dass es nicht sinnvoll wäre, einen Bewerber zu berufen, der sich die Entscheidung für die deutsche Staatsangehörigkeit und die damit verbundene Loyalitätsbekundung zum deutschen Staat bewusst vorbehält und sich jederzeit einen Entlassungsgrund gem. § 46 Abs. 1, § 55 Abs. 1 verschaffen kann.[22]

Nachdem durch das neue Staatsangehörigkeitsrecht fast alle Status-Deutschen zu **13** Staatsangehörigen wurden, dürfte die Kategorie der Status-Deutschen künftig keine große Bedeutung mehr haben.[23]

Die Eigenschaft als Deutscher wird durch den Reisepass oder Personalausweis nach- **14** gewiesen.[24]

b) Vereinbarkeit mit europ. Recht. Im Gegensatz zum Beamtenrecht ist die **Unions- 15 bürgerschaft** der EU gem. Art. 20 ff. AEUV, d. h. die Staatsangehörigkeit eines EU-Mitgliedstaates, nicht geeignet, die fehlende Deutscheneigenschaft zu kompensieren. Dies ist mit europ. Recht vereinbar.

---

20 So auch für das vergleichbare Beamtenrecht GKÖD I K, § 7 Rn. 5a.
21 Vgl. *Hailbronner, Kay/Renner, Günter*, Staatsangehörigkeitsrecht, 4. Aufl. 2005, § 29 Rn. 12 ff. passim.
22 So auch für das Beamtenrecht GKÖD I K, § 7 Rn. 6a.
23 Vgl. allg. *Jarass*, in: Jarass/Pieroth, GG, Art. 116 Rn. 3.
24 ZDv 14/5 B 131 Nr. 2.

Im Beamtenrecht wurde die Unionsbürgerschaft als gleichwertige Alt. durch das G vom 24.12.1993[25] eingeführt, um die beamtenrechtl. Best. mit dem Grds. der Freizügigkeit gem. Art. 39 EGV (jetzt: Art. 45 AEUV) in Übereinstimmung zu bringen. Vom Grds. der beruflichen Freizügigkeit sind nach Art. 45 Abs. 4 AEUV zwar „Tätigkeiten in der öffentlichen Verwaltung" ausgenommen. Hierunter sollen nach h.L. und Rspr. des EuGH nicht alle Verwendungen im öff. Dienst fallen, sondern nur spezifische Tätigkeiten in der öff. Verwaltung, die mit der Ausübung hoheitlicher Befugnisse und mit der Verantwortung für die Wahrung der allg. Belange des Staates betraut sind.[26]

Unbestritten ist jedoch, dass SK – auch wenn dies mit der Begrifflichkeit im deutschen öff. Recht nicht harmoniert[27] – insoweit als „öffentliche Verwaltung" zu qualifizieren sind.[28]

16 **c) Konsequenzen und Ausnahmeentscheidung (Absatz 2).** Das BMVg kann im Einzelfall **Ausnahmen von dem Erfordernis der Eigenschaft als Deutscher** zulassen, wenn dafür ein dienstl. Interesse besteht. Die Regelung zeigt, dass nach dem Willen des Gesetzgebers von Ausnahmen nur sehr begrenzt Gebrauch gemacht werden soll. Hierfür sprechen die Zuständigkeit der obersten Dienstbehörde und die Tatsache, dass neben dem dienstl. Interesse ein Einzelfall gegeben sein muss. Der bloße Mangel an deutschen Bewerbern dürfte folglich kein Grund für eine Ausnahmegenehmigung sein. Die allg. Anwerbung von Ausländern für den freiwilligen Dienst in den SK scheidet aus.[29]

Die ursprünglich mit der Ausnahmegenehmigung bezweckte Möglichkeit, auf bündnispolit. Erfordernisse reagieren zu können, dürfte angesichts der inzwischen entwickelten rechtl. Formen multinationaler Streitkräftestrukturen[30] keine praktische Bedeutung aufweisen.

17 Umstr. ist die **Rechtsfolge der Ernennung eines Nichtdeutschen** ohne eine Ausnahmeentscheidung des BMVg. Nach Ansicht des BVerwG ist eine solche Ernennung nichtig, was mit Verweis auf § 11 BBG a. F. (heute: § 13 BBG) begründet wurde. Das Fehlen einer entspr. Best. im SG stelle eine durch Redaktionsversehen verursachte Regelungslücke dar, die durch analoge Heranziehung der beamtenrechtl. Regelung geschlossen werden müsse.[31]

---

25 BGBl. I. S. 2136.
26 Vgl. *Oppermann, Thomas/Classen, Claus Dieter/Nettesheim, Martin*, Europarecht, 4. Aufl. 2009, § 28 Rn. 28 ff.
27 *Kirchhof*, Verteidigung und Bundeswehr, § 84 Rn. 7 ff.
28 *Randelzhofer/Forsthoff*, in: Grabitz/Hilf, Das Recht der Europäischen Union, 2000 ff., Art. 39 EGV Rn. 223; *Wölker*, in: von der Groeben, Thiesing, Ehlermann, Kommentar zum EU/EG-Vertrag, 5. Aufl. 1997, Art. 48 Rn. 120.
29 Überspitzt ließe sich formulieren, dass eine „deutsche Fremdenlegion" nach geltender Rechtslage ausgeschlossen ist.
30 Vgl. *Dau, Klaus*, Rechtliche Rahmenbedingungen einer deutsch-französischen Brigade, NZWehrr 1989, 177; *Fleck, Dieter*, Vertragsgrundlagen für multinationale Verbände, NZWehrr 1998, 133; *Kirchhof, Ferdinand*, Deutsche Verfassungsvorgaben zur Befehlsgewalt und Wehrverwaltung in multinationalen Verbänden, NZWehrr 1998, 152; *Stein, Thorsten*, Rechtsformen multinationaler Verbände, NZWehrr 1998, 143; *Wassenberg, Philipp*, Das Eurokorps: sicherheitspolitisches Umfeld und völkerrechtliche Bedeutung eines multinationalen Großverbandes, 1999.
31 BVerwGE 73, 216 = NZWehrr 1981, 234.

Dieses Ergebnis mag praktischen Bedürfnissen entsprechen, denn ohne Annahme der Nichtigkeit besteht keine Möglichkeit einer Korrektur der rechtswidrig vorgenommenen Ernennung. Eine Rücknahme, gestützt auf § 41 Abs. 3 Satz 2, käme nur im Falle von SaZ bei Aushändigung sog. Wirkungsurkunden in Betracht. § 46 Abs. 1 und § 55 Abs. 1 greifen ausschließlich im Fall des **nach Berufung** eingetretenen Verlustes der Eigenschaft als Deutscher ein.

Dennoch ist der Verweis des BVerwG auf das Beamtenrecht zur Schließung einer Regelungslücke nicht überzeugend. Das Fehlen einer ausdrücklichen Nichtigkeitsregelung ist seit den 50er Jahren bekannt. Bereits *Rittau*[32] hat auf den insoweit bestehenden Unterschied zum Beamtenrecht hingewiesen. Der Gesetzgeber hätte angesichts der seitdem häufig erfolgten Änd. des SG hierauf reagieren können. Zudem ist die Heranziehung des Beamtenrechts hier fragwürdig, da im BBG die Reaktionsmöglichkeiten auf fehlerhafte Ernennungen rechtstechnisch anders ausgestaltet sind als im SG. Während es im Beamtenrecht ausdrücklich normierte Nichtigkeits- und Rücknahmegründe gibt, kennt das Soldatenrecht lediglich die Entlassung. Dies spricht gegen ein redaktionelles Versehen.

Ausgangspunkt kann daher nur § 44 Abs. 1 VwVfG sein.[33] Und hierbei gilt der allg. rechtl. Grds.: **Es kommt auf den Einzelfall an!** Zweifelsohne ist die Berufung eines Nichtdeutschen in das Dienstverhältnis eines BS oder SaZ eine fehlerhafte Entscheidung, die gegen ein gesetzl. Verbot verstößt. Dabei kann und muss die Regelung der § 46 Abs. 1, § 55 Abs. 1 mit berücksichtigt werden. Wenn der nach Berufung eintretende Verlust der Deutscheneigenschaft zwingend die Entlassung kraft Gesetzes zur Folge hat, belegt dies die Absicht des Gesetzgebers, grds. keine Nichtdeutschen als BS und SaZ zuzulassen. Insoweit dürfte grds. die erste Voraussetzung des § 44 Abs. 1 VwVfG gegeben sein. Nicht in jedem Fall wird diese Fehlerhaftigkeit jedoch offensichtlich sein. Dies ist wohl nur in den (praktisch schwer vorstellbaren) Konstellationen denkbar, in denen Bewerber und zuständige Dienststelle im Bewusstsein und unter Inkaufnahme der Fehlerhaftigkeit die Begründung des Dienstverhältnisses vollziehen. Gehen beide dagegen irrig von der Deutscheneigenschaft aus, fällt es schwer zu sagen, der Berufungsentscheidung „stehe die Fehlerhaftigkeit auf die Stirn geschrieben".[34] Ist schon das Fehlen der Deutscheneigenschaft nicht offensichtlich, kann auch die Fehlerhaftigkeit der Berufung nicht offensichtlich sein. Eine generelle Annahme der Nichtigkeit gem. § 44 Abs. 1 VwVfG verbietet sich daher.[35]

Dagegen ist die Argumentation von *Alff*[36] und *Semmler*[37], die eine Nichtigkeit nach § 44 Abs. 1 VwVfG grds. unter Berufung auf § 44 Abs. 4 Nr. 4 VwVfG ausschließen, nicht überzeugend. Bei der Berufung handelt es sich nicht um einen sog. mehrstufigen VA, der erst nach erforderlicher Mitwirkung einer anderen Behörde erlassen werden kann. Derartige Mitwirkungsformen i. S. v. § 44 Abs. 4 Nr. 4 VwVfG sind typischer-

---

32 S. 194, der hieraus eine Art schwebender Unwirksamkeit folgert, die mit der Formenstrenge des öff. Dienstrechts nicht vereinbar sein dürfte.
33 So wohl auch GKÖD I Yk, § 37 Rn. 3; zur Anwendbarkeit des VwVfG im Soldatenrecht *Scherer/Alff/Poretschkin*, SG, Vorb. Rn. 9 f.
34 So das allg. Kriterium der Offensichtlichkeit, vgl. *Kopp/Ramsauer*, VwVfG, § 44 Rn. 12.
35 Anders wohl GKÖD I Yk, § 37 Rn. 3.
36 NZWehrr 1981, 238.
37 NZWehrr 1982, 152.

weise Anhörung, Einvernehmen, Benehmen, Beratung und Zustimmung.[38] Dagegen stellt die Ausnahmeentscheidung einen **selbstständigen VA** dar.[39]
Hinzu kommt, dass § 44 Abs. 4 Nr. 4 VwVfG schon vom Wortlaut nicht passt, wenn das BMVg – was theoretisch möglich ist – die Berufungsdienststelle ist. Dann wäre die erforderliche Ausnahmeentscheidung des BMVg nicht mehr die Mitwirkung einer anderen Behörde. Es kann nicht von der Berufungsdienststelle abhängig sein, ob § 44 Abs. 4 Nr. 4 VwVfG eingreift oder nicht[40].

18   Ein **ausländischer Bewerber hat keinen Anspruch auf eine Ausnahmegenehmigung**. Sie darf ausschließlich im dienstl. Interesse erteilt werden. Auch wenn man sie, wie hier, von ihrer Rechtsnatur her als selbstständigen VA qualifiziert, wird noch nicht einmal ein Anspruch auf fehlerfreie Ermessensausübung gegeben sein, da § 37 Abs. 2 keinerlei subjektive Rechte für ausländische Bewerber begründet.[41] Deren Verpflichtungsklage auf Erteilung einer Ausnahmegenehmigung ist nach § 42 Abs. 2 VwGO unzulässig.

19   **2. Absatz 1 Nr. 2. – a) Verhältnis zur politischen Treuepflicht gem. § 8.** Abs. 1 Nr. 2 ergänzt die polit. Treuepflicht des § 8. Der aktive Soldat ist nach § 8 verpflichtet, die FdGO anzuerkennen mit der Folge, dass er bei rechtswidrigem und schuldhaftem Verstoß ein Dienstvergehen begeht. Dagegen hat der Bewerber für ein Dienstverhältnis gem. § 37 Abs. 1 Nr. 2 die „Gewähr zu bieten, dass er jederzeit für die freiheitliche demokratische Grundordnung eintritt".

Abs. 1 Nr. 2 dient damit dem Zweck, keine Personen als BS oder SaZ zu berufen, denen nach ihrer Ernennung ein Dienstvergehen vorgeworfen werden müsste und die durch truppendienstgerichtl. Urt. oder Entlassung gem. § 55 Abs. 5 wieder aus dem Dienstverhältnis zu entfernen wären.[42]

Anders als bei der Prüfung eines Dienstvergehens, bei der eine bestimmte, i. d. R. abgeschlossene Verhaltensweise auf ihre Pflichtwidrigkeit hin zu untersuchen ist, bezieht sich die Bewertung, ob der Bewerber die Gewähr der Verfassungstreue bietet, auf sein künftiges Verhalten. Ihr kommt damit immer **Prognosecharakter** zu. Wie bei anderen Prognoseentscheidungen verfügt die zuständige Dienststelle hierbei über einen **Beurteilungsspielraum**, der gerichtl. nur eingeschränkt überprüfbar ist. Die verwaltungsgerichtl. Kontrolle ist darauf beschränkt, ob von einem unrichtigen Sachverhalt ausgegangen wurde, ob Verfahrensfehler vorliegen, ob die anzuwendenden Begriffe und die Grenzen des Beurteilungsspielraums verkannt, allg. gültige Wertmaßstäbe nicht beachtet oder willkürliche Erwägungen angestellt wurden.[43]

20   Damit geben Abs. 1 Nr. 2 und § 8 trotz ihres komplementären Charakters durchaus unterschiedliche Prüfungsmaßstäbe vor. Im Zusammenhang mit der Pflicht zur Ver-

---

38   *Sachs*, in: Stelkens/Bonk/Sachs, VwVfG, § 44 Rn. 184.
39   So für die insoweit vergleichbare Situation im Beamtenrecht VGH Kassel DVBl. 1981, 1069; *Battis*, BBG, § 7 Rn. 9.
40   In diese Richtung wohl auch *Schlegtendal*, NZWehr 1982, 104.
41   Anders *Rittau*, 194.
42   Vgl. *Scherer/Alff/Poretschkin*, SG, § 37 Rn. 5: „wem .. zuzutrauen ist".
43   Ganz h.M. in Lit. u. Rspr., vgl. *Battis*, BBG, § 7 Rn. 16; GKÖD I Yk, § 37 Rn. 5; GKÖD I K, § 7 Rn. 13c; BVerfGE 39, 334 (353); BVerwGE 61, 176 (190f); BVerwG DokBer B 2004, 234; VG München NVwZ-RR 2007, 789.

fassungstreue können daher vergleichbare Verhaltensweisen unterschiedlich bewertet werden, je nach dem, ob die Pflicht zur Verfassungstreue eines aktiven Soldaten oder das Vorliegen der Einstellungsvoraussetzungen Entscheidungsgegenstand ist.
So ist zumindest dogmatisch erklärbar, dass das BVerwG z. B. die Mitgliedschaft in der Partei „Die Republikaner" ausreichen ließ, um Zweifel an der Verfassungstreue eines Soldaten und damit einen Eignungsmangel für bestimmte Verwendungen zu begründen[44], während es andererseits Soldaten, die Spitzenfunktionen in dieser Partei wahrnehmen, vom Vorwurf des Verstoßes gegen die polit. Treuepflicht mit der Begründung freigesprochen hat, die Verfassungsfeindlichkeit der Partei „Die Republikaner" insgesamt stehe nicht fest. Es sei vielmehr möglich, sich auch in dieser Partei verfassungskonform zu engagieren.[45] Dem entspricht auch zumindest im Ergebnis die europ. Rechtslage, die kein Recht auf Zugang zum öff. Dienst kennt, aber durchaus strenge Kriterien für die Entfernung aus dem öff. Dienst wegen verfassungsfeindlicher Aktivitäten vorgibt[46].

Ob indes Verhaltensweisen, die bei aktiven Soldaten eindeutig kein Dienstvergehen begründen, im Rahmen des Abs. 1 Nr. 2 ohne weitere Erkenntnisse ausreichen, um die mangelnde Gewähr der Verfassungstreue eines Bewerbers zu belegen, erscheint im Hinblick auf den Schutzzweck der Best. (o. Rn. 19) sehr zweifelhaft.

Im Zusammenhang mit der polit. Treuepflicht ist ein zentraler Unterschied zwischen Soldaten- und Beamtenrecht zu beachten. **21**

Die **politische Treuepflicht** des § 8 gilt für **alle Soldaten**, unabhängig vom Status als GWDL, FWDL, Wehr- oder Eignungsübender, SaZ oder BS. Aus diesem Grund wurde die polit. Treuepflicht der Soldaten bewusst anders formuliert als die der Beamten in § 60 Abs. 1 Satz 3 BBG („anerkennen" statt „bekennen"). Die **Gewähr der Verfassungstreue** nach § 37 Abs. 1 Nr. 2 müssen dagegen **nur Bewerber für ein Dienstverhältnis** als BS oder SaZ bieten. Umfang und Maß der Pflichtenbindung sind gerade bei der polit. Treuepflicht davon abhängig, ob jemand freiwillig oder durch staatliche Verpflichtung in den SK dient. Da § 8 diese Differenzierung selbst nicht zum Ausdruck bringt, wird allg. auf § 37 verwiesen, um die inhaltl. Kongruenz der polit. Treuepflicht von BS und SaZ einerseits und Beamten andererseits zu begründen.[47] Angesichts der unterschiedlichen Zwecksetzungen der beiden Vorschriften ist diese Argumentation – so einleuchtend das Ergebnis auch sein mag – dogmatisch nicht völlig überzeugend.[48] § 37 regelt die Voraussetzungen für die Berufung in das Dienstverhältnis, nicht den Verbleib darin bzw. die nach Berufung zu erfüllenden Pflichten. Allein aus § 8 folgt, was von einem aktiven Soldaten zu erwarten ist. Gleichwohl dürfte es vertretbar sein, § 8 statusgruppenspezifisch auszulegen. Hierfür kann Abs. 1 Nr. 2 als unterstützendes Argument herangezogen werden.

---

44 BVerwGE 111, 22 = NZWehrr 2000, 82, wobei es im konkreten Fall um eine truppendienstl. Maßnahme (Versetzung) ging.
45 BVerwGE 114, 258 = NZWehrr 2002, 42.
46 So Urt. des EuGH für Menschenrechte NJW 1996, 375; hierzu *Häde/Jachmann*, ZBR 1997, 8 ff.; zur Beweislast der Verfassungstreue s. *Lecheler*, § 110 Rn. 73.
47 *Cuntz*, 149; ohne eine derartige Begr. kommt BVerwGE 83, 345 = NJW 1988, 2907 aus! Unklar auch BVerwG NJW 2005, 85 (87).
48 Vgl. auch Komm. zu § 8 Rn. 15 ff.

22 **b) Verfassungsrechtl. Aspekte – Inhalt.** Auch wenn die polit. Treuepflicht der Soldaten – anders als die der Beamten – nicht mit den Verfassungsrang (vgl. Art. 33 Abs. 5 GG) besitzenden hergebrachten Grds. des Berufsbeamtentums legitimiert werden kann[49], bestehen an der **Verfassungsmäßigkeit** von Abs. 1 Nr. 2 keine Zweifel.[50] Die Gewähr künftiger Verfassungstreue kann in jedem Fall als Eignungskriterium i. S. v. **Art. 33 Abs. 2 GG**, der auch für die SK gilt, angesehen werden.[51] Die Möglichkeit, einen Bewerber wegen mangelnder Gewähr der Verfassungstreue abzulehnen, steht mit den einschlägigen Grundrechten in Einklang.[52] Weder **Art. 5 GG** noch **Art. 12 GG** steht dem entgegen. Von Art. 5 Abs. 1 GG werden auch außerdienstl. polit. Meinungsäußerungen von (künftigen) Soldaten geschützt. Allerdings kann Abs. 1 Nr. 2 zumindest als allg. Gesetz qualifiziert werden, das verfassungsfeindlichen Meinungsäußerungen insoweit Grenzen setzt, als diese nicht von Soldaten erfolgen dürfen.[53] Bei genauer Betrachtung dürfte Abs. 1 Nr. 2 den Schutzbereich des Art. 5 GG nicht berühren. Schließlich untersagt er niemandem, bestimmte Meinungen zu äußern. Er knüpft nur unter bestimmten Voraussetzungen an Meinungsäußerungen die Folge einer Zugangsbeschränkung zu den SK. Insoweit ist zwar in jedem Fall der Schutzbereich des Art. 12 Abs. 1 GG berührt, da von ihm auch der Beruf des Soldaten umfasst wird.[54] Nach der Stufentheorie des BVerfG stellt Abs. 1 Nr. 2 jedoch nur eine subjektive Zulassungsvoraussetzung auf, die aus Gründen des Allgemeinwohls zulässig ist.[55] Dass danach die Verfassungstreue als Berufungsvoraussetzung für BS und SaZ, auf die der Staat gerade in Krisenzeiten besonders angewiesen ist, begründet werden kann, dürfte keine Zweifel hervorrufen.

23 Der **Begriff der freiheitlichen demokratischen Grundordnung** (also das, wofür der Bewerber einzutreten hat) in Abs. 1 Nr. 2 ist identisch mit dem in § 8 sowie mit dem in den entspr. beamtenrechtl. Best. (vgl. § 7 Abs. 1 Nr. 2 BBG) gebrauchten Begriff. Auf die Komm. zu § 8 kann daher verwiesen werden.[56] Zusammengefasst ist unter FdGO eine Ordnung zu verstehen, die auf den Grundprinzipien des GG, insbes. den grundrechtl. verankerten Menschenrechten sowie den auch Verfassungsänderungen nicht zugänglichen Staatsstrukturelementen des GG (Art. 79 Abs. 3 GG), beruht. Hierzu zählen der Ausschluss jeglicher Gewalt- und Willkürherrschaft, eine rechtsstaatliche Herrschaftsordnung auf der Grundlage der Selbstbestimmung des Volkes nach dem Willen der jew. Mehrheit und auf der Basis von Freiheit und Gleichheit, das Recht der

---

49 H.M. BVerfGE 3, 288 (334 f.); 16, 94 (111); 31, 212 (221); BVerwGE 93, 69 (73); *Kirchhof*, § 84 Rn. 71.
50 Zu den einzelnen verfassungsrechtl. Ableitungen der polit. Treuepflicht von Soldaten *Schafranek*, NZWehrr 1998, 79 ff.
51 So wurde früher auch für die polit. Treuepflicht der Beamten mit Art. 33 Abs. 2 GG begründet, vgl. BVerwGE 47, 330 (334).
52 Dies ist das dogmatisch entscheidende Kriterium für die Verfassungsmäßigkeit eines G; der Gesetzgeber benötigt für den Erlass eines G nicht zwingend eine materielle verfassungsrechtl. Ermächtigungsgrundlage, da Politik – auch Gesetzgebung gehört hierzu (!) – mehr ist als bloßer Verfassungsvollzug, sie darf nur die Grenzen der Verfassung nicht überschreiten!
53 Vgl. BVerfGE 39, 334 (335, 367).
54 Vgl. *Jarass*, in: Jarass/Pieroth, GG, Art. 12 Rn. 6.
55 Ebd., Art. 12 Rn. 26, 37 m.w.N.; s.a. BVerfGE 39, 334 (370).
56 S. Komm. zu § 8 Rn. 20 f.

Persönlichkeit auf Leben und freie Entfaltung, die Gewaltenteilung, die Verantwortlichkeit der Regierung, die Gesetzmäßigkeit der Verwaltung, die Unabhängigkeit der Gerichte, das Mehrparteienprinzip und die Chancengleichheit für alle polit. Parteien einschl. des Rechts auf Opposition.[57] Was unter FdGO zu verstehen ist, unterliegt dabei **umfassender gerichtl. Kontrolle**. Der Berufungsdienststelle kommt hins. dieses Rechtsbegriffs kein Beurteilungsspielraum zu. Diesen hat sie nur bzgl. des Merkmals des „Gewährbietens".[58]

Unter **Eintreten** für die FdGO ist eine Identifikation des Bewerbers mit der freiheitlichen, demokratischen, rechts- und sozialstaatlichen Ordnung zu verstehen. Eine formal korrekte, im Übrigen uninteressierte und innerlich distanzierte Haltung zu Staat und GG reicht nicht aus. Der Bewerber hat sich eindeutig von Gruppen und Bestrebungen zu distanzieren, die den Staat und seine verfassungsmäßige Ordnung diffamieren.[59] Hier zeigt sich der Unterschied zu dem, was von einem GWDL gem. § 8 verlangt wird. Bei diesem reicht aus, dass er die ihm obliegenden dienstl. und gesetzl. Verpflichtungen erfüllt. Dass er dabei aus innerer Überzeugung handelt und dieses nach außen dokumentiert, wird von ihm nicht erwartet. BS und SaZ müssen demgegenüber ein erhöhtes Maß an „Herzblut" für den Staat Bundesrepublik Deutschland, seinen Erhalt und seine Verteidigung aufweisen. Dabei ist zu betonen, dass das zu verlangende Engagement sich immer auf Staat und Verfassung, nicht auf konkrete polit. Vorstellungen oder vorherrschende Richtungen beziehen muss. Kritik an bestehenden Zuständen, Forderungen nach Veränderungen, die sich im verfassungsrechtl. Rahmen realisieren lassen, wozu auch Verfassungsänderungen gehören, die im GG angelegt sind, geben grds. keinen Anlass zu Zweifeln an der Verfassungstreue eines Bewerbers.[60] 24

Die **Gewähr, für die FdGO einzutreten**, bietet ein Bewerber, wenn davon auszugehen ist, dass er sich in seinem künftigen Status als BS oder SaZ entspr. den o.g. Vorgaben verhält. 25

Von vornherein verneint werden kann diese Voraussetzung nur bei Bewerbern, die aktiv die FdGO bekämpfen und dabei die Schwelle zur Strafbarkeit überschreiten. Aktivisten, die verbotene Parteien und Organisationen fortführen, wird man grds. ebenso einstufen müssen.[61]

Liegen Zweifel vor, ist eine einzelfallbezogene Beurteilung des Bewerbers durchzuführen, die zwar an gegenwärtigen oder vergangenen Verhaltensweisen anknüpft, aber in erster Linie seine zu erwartende **Persönlichkeitsentwicklung** bewertet. Hier setzt die bereits oben dargestellte **Prognoseentscheidung** an. Bleiben berechtigte Zweifel bestehen, reicht dies aus, um die Gewähr des Bewerbers zu verneinen.[62] Die Anknüpfungstatsachen müssen allerdings von einem gewissen Gewicht sein und nach allg. Verständnis die Besorgnis an der künftigen Erfüllung der polit. Treuepflicht zu begründen vermögen.

---

57 Eine griffige, aber selten zit. Legaldefinition findet sich in § 4 Abs. 2 BVerfSchG.
58 GKÖD I K, § 7 Rn. 19.
59 *Battis*, BBG, § 7 Rn. 15; ständige Formulierung seit BVerfGE 39, 334 (348 f.).
60 *Battis*, ebd.; *Weniger*, SG, § 37 Rn. 9.
61 Vgl. *Battis*, BBG, § 7 Rn. 18.
62 BVerwGE 111, 22 = NZWehrr 2000, 82 ff.

26 In Rspr. und Lit. – auch unter Berücksichtigung des hier weitgehend identischen Beamtenrechts – sind typischerweise auftretende Verhaltensweisen kategorisiert worden, die Ansatzpunkte für die zu treffende Prognoseentscheidung sein können und sein müssen:

– **Gegenwärtige oder frühere Mitgliedschaft in nicht verbotenen Parteien und Organisationen, die als verfassungsfeindlich eingestuft werden**

Von der Rspr. ist anerkannt, dass die Mitgliedschaft in einer nicht verbotenen Partei oder Organisation, die verfassungsfeindliche Ziele verfolgt, Zweifel begründen kann, ob ein Bewerber die Gewähr für die Verfassungstreue bietet.[63] Wenn die Mitgliedschaft in einer derartigen Organisation schon ein Dienstvergehen darstellen kann, muss es erst recht möglich sein, auf dieser Grundlage die Gewähr der Verfassungstreue in Frage zu stellen. Das Parteienprivileg des Art. 21 Abs. 3 GG steht dem nicht entgegen.

Die Mitgliedschaft ist nur ein – im Einzelfall widerlegbares – Indiz für fehlende Verfassungstreue, das nicht i. S. eines Automatismus die Gewähr der Verfassungstreue ausschließt. Dem Bewerber muss grds. die Möglichkeit eingeräumt werden, durch eine Mitgliedschaft entstandene Zweifel auszuräumen. Hierbei kommt es auch auf die Art der Partei oder Organisation an sowie auf die Stellung, die der Bewerber in ihr einnimmt. Hier werden die in den Verfassungsschutzberichten des Bundes und der Länder vorgenommenen Bewertungen eine entscheidende Rolle spielen müssen. Wird dort eine Partei über einen längeren Zeitraum hinweg als **eindeutig verfassungsfeindlich** qualifiziert, kann auch bereits die einfache Mitgliedschaft für die Ablehnung eines Bewerbers ausreichen.

Schwierigkeiten bereiten die Fälle, in denen Parteien und Organisationen lediglich sog. „**Anhaltspunkte für verfassungsfeindliche Bestrebungen**" aufweisen.[64] Letzteres reicht gem. § 3 Abs. 1 Nr. 1 BVerfSchG i. V. m. § 8 BVerfSchG aus, um eine Partei oder Organisation zu überwachen und sie im Verfassungsschutzbericht zu nennen.[65] Bei den Mitgliedern derartig eingestufter Vereinigungen ist eine genaue Bewertung im Einzelfall vorzunehmen. Tätigkeiten als Spitzenfunktionär oder Kandidaturen bei Wahlen sind anders zu beurteilen als die einfache Mitgliedschaft. Auch einem Funktionsträger muss der Einwand gestattet sein, er setze sich in der Partei für einen strikt verfassungskonformen Kurs ein. Will er damit die Zulässigkeit seiner Berufung in das Dienstverhältnis eines BS oder SaZ begründen, wird man von ihm hierfür jedoch Belege verlangen können; die betreffende Organisation darf nicht so strukturiert sein, dass seine Bemühungen von vornherein erfolglos erscheinen. Zweifel gehen hier zu seinen Lasten[66], anders als bei der Prüfung eines Dienstvergehens, wo der Grds. „in dubio pro reo" zumindest analog heranzuziehen ist.[67]

---

63 BVerfGE 39, 334; BVerwG NJW 1984, 813 = NZWehrr 1984, 39; BVerwGE 83, 345 = NJW 1988, 2907; *Lindner*, ZBR 2006, 402; krit. *Kortz/Lubig*, ZBR 2006, 397.
64 Dies dürfte derzeit in erster Linie für die Partei „Die Linke" gelten (vgl. Verfassungsschutzbericht 2008).
65 BVerwGE 110, 126; OVG Münster NVwZ 1994, 588; OVG Koblenz DÖV 2000, 258; VGH Mannheim NVwZ 1994, 794; anders VG Berlin, NJW 1999, 806; zur Veröffentlichung im Verfassungsschutzbericht BVerfGE 39, 334 (360); 40 (287, 291).
66 BVerwGE 61, 176 (189).
67 S. nur BVerwG NVwZ 2001, 1410; BVerwG NZWehrr 2004, 36.

Zu weit dürfte allerdings die – im Zusammenhang mit einer truppendienstl. zu bewertenden Versetzungsentscheidung geäußerte – Auffassung des BVerwG gehen, dass es überhaupt nicht darauf ankomme, ob der Bewerber selbst aktiv gegen die FdGO vorgehe oder sich entspr. betätigt habe. Ausreichend für die Annahme von Eignungszweifeln sei vielmehr – ohne dass es auf eine weitere Prüfung ankomme –, wenn der Soldat einer Partei angehöre, von der nicht mit Sicherheit angenommen werden könne, dass sie sich jederzeit zur FdGO bekenne, selbst wenn nicht feststehe, dass diese Partei insgesamt verfassungswidrig sei.[68] Dies mag bei der Besetzung eines sensiblen Dienstpostens so sein. Hierbei geht es auch streng juristisch betrachtet um ein allg. Eignungskriterium ohne konkrete Verbindung zu der polit. Treuepflicht, wobei dem Dienstherrn, wie bei jeder – truppendienstl. zu bewertenden – Dienstpostenbesetzung, ein weiter Entscheidungsspielraum zukommt. Bei der Verfassungstreueprüfung im Rahmen des Bewerbungsverfahrens muss dagegen eine sorgfältigere Prüfung verlangt werden, die zumindest einen gewissen Bezug zu den (künftigen) Pflichten des Bewerbers gem. § 8 aufweist.

Bereits vor der Bewerbung beendete Mitgliedschaften in entspr. Parteien oder Vereinigungen können Zweifel an der Verfassungstreue hervorrufen. Hier hängt es vom Einzelfall ab, insbes. wie lange die Mitgliedschaft gedauert hat und wie lange sie zurückliegt. Vieles wird hier davon abhängen, ob der Austritt „situationsbezogen" unmittelbar vor oder im Zusammenhang mit der Bewerbung erfolgt ist oder völlig unabhängig davon.[69] Das bewusste Verlassen einer verfassungsfeindlichen Partei, wenn es glaubhaft und nicht nur zur Tarnung geschieht, spricht grds. dafür, dass der Bewerber seiner künftigen polit. Treuepflicht genügen wird. Auch Aktivitäten als Jugendlicher, die beendet sind, dürften nur nach Prüfung im Einzelfall Zweifel an der künftigen Verfassungstreue begründen, wobei selbstverständlich zu berücksichtigen ist, dass bei Bewerbern für den Dienst in den SK aufgrund des üblicherweise relativ jungen Eintrittsalters die Berufung auf das Kriterium der sog. **zurückliegenden (!) Jugendsünde** nur eingeschränkt möglich sein kann.[70]

Ähnliche Grds. wie für Parteien und polit. Organisationen können für sog. **„neue Religions- und Weltanschauungsgemeinschaften"** herangezogen werden. Hier dürften die Schwierigkeiten im Einzelfall darin liegen, zu begründen, inwieweit diese vordergründig oft „unpolitischen" Gruppierungen wirklich verfassungsfeindlich ausgerichtet sind.[71]

- **Aktivitäten für derartige Organisationen, ohne Mitglied zu sein**
  Hier werden im Ergebnis vergleichbare Grundsätze wie bei der Mitgliedschaft gelten.
- **Frühere Funktionärstätigkeiten in Organisationen der ehem. DDR**
  Anerkannt ist, dass Tätigkeiten in Organisationen der früheren DDR, wie der SED, dem MfS und anderen staatlichen, mil. wie polit. Organisationen, die Gewähr der Verfassungstreue ausschließen können.[72] Aufgrund der seit der Wiedervereinigung vergangenen Zeit dürfte dieses Kriterium bei Bewerbern für den Dienst in den SK keine praktische Bedeutung mehr haben.

---

68 BVerwG NZWehrr 2000, 82.
69 Zu einer derartigen Konstellation BVerwG NZWehrr 2000, 158.
70 Exemplarisch VG München NVwZ-RR 2007, 789.
71 Hierzu *Cremer/Kelm*, NJW 1997, 832.
72 *Battis*, BBG, § 7 Rn. 22.

§ 37 Voraussetzung der Berufung

- **Sonstige bekannt gewordene Verhaltensweisen**
  Hierunter können unterschiedlichste Aktivitäten fallen, wie Veröffentlichungen in verfassungsfeindlichen Zeitschriften (wobei bei Namensartikeln der Inhalt der Veröffentlichung der entscheidende Maßstab sein muss und nicht das Organ, in dem er veröff. wird), die Teilnahme an Versammlungen, Demonstrationen und Konzerten (z. B. von Skinhead-Bands) sowie bekannt gewordene Äußerungen.
- **Äußerungen bzw. sonstige Auffälligkeiten im Bewerbungsverfahren**
  In diesem Zusammenhang sind Bemerkungen des Bewerbers im Eignungsfeststellungsverfahren gegenüber Mitbewerbern, auch äußere Kennzeichen, wie bestimmte Kleidungsstücke oder Tätowierungen, zu beachten. Allerdings verdient in diesen Fällen die Bewertung, ob aus der Momentaufnahme im Einstellungsverfahren auf Zweifel an der Verfassungstreue geschlossen werden kann, besondere Sorgfalt. Liegen erkennbar scherzhafte oder provokative Verhaltensweisen vor, ist dies nicht ausreichend. Die Ablehnung eines Bewerbers ist dann u. U. aufgrund seiner charakterlichen Nichteignung (Abs. 1 Nr. 3) geboten.

27 **c) Verfahren der Verfassungstreueprüfung.** Grundlage für die Entscheidung, ob einem Bewerber die Gewähr der Verfassungstreue abzusprechen ist, sind alle der Berufungsdienststelle vorliegenden Erkenntnisse bzw. alle Informationen, die sie sich zulässigerweise beschafft hat.

Das Verfahren, in dem die Verfassungstreueprüfung durchzuführen ist, orientiert sich auch in den SK an den von der BReg am 17.1.1979 in einer Neufassung veröffentlichten Grds. für die Prüfung der Verfassungstreue.[73] Diese lauten:

1. **Bei der Entscheidung, ob bei der Verfassungsschutzbehörde angefragt wird, gilt der Grundsatz der Verhältnismäßigkeit.**
1.1 Anfragen dürfen nicht routinemäßig erfolgen.
1.2 Anfragen haben zu erfolgen, wenn tatsächliche Anhaltspunkte darauf hindeuten, dass der Bewerber nicht die Voraussetzungen für die Einstellung in den öffentlichen Dienst erfüllt. (…)
1.3 Anfragen dürfen nur erfolgen, wenn eine Einstellung tatsächlich beabsichtigt und die Verfassungstreue nur noch die letzte zu prüfende Einstellungsvoraussetzung ist.
1.4 Anfragen erfolgen nicht, wenn der Bewerber das 18. Lebensjahr noch nicht vollendet hat.
2. Für die Mitteilung der Verfassungsschutzbehörde aufgrund von Anfragen der Einstellungsbehörden des Bundes ist zu beachten:
2.1 Den anfrageberechtigten Stellen dürfen nur solche gerichtsverwertbaren Tatsachen mitgeteilt werden, die Zweifel an der Verfassungstreue eines Bewerbers begründen können.
2.2 Erkenntnisse des Verfassungsschutzes, die Tätigkeiten vor der Vollendung des 18. Lebensjahres betreffen, dürfen nicht weitergegeben werden, es sei denn, sie sind Gegenstand eines anhängigen Strafverfahrens.
2.3 Erkenntnisse über abgeschlossene Tatbestände, die mehr als zwei Jahre zurückliegen, dürfen nicht weitergegeben werden, es sei denn, die Weitergabe ist im Hinblick auf das besondere Gewicht der Erkenntnisse nach dem Grundsatz der Verhältnismäßigkeit geboten.

---

73 Bulletin v. 19.1.1979.

2.4 Erkenntnisse, die unter eine gesetzlich geregelte Schweigepflicht fallen, dürfen nicht weitergegeben werden.
3. Die obersten Bundesbehörden stellen für ihren Geschäftsbereich sicher, dass die Prüfung der Relevanz der von der Verfassungsschutzbehörde evtl. mitgeteilten gerichtsverwertbaren Erkenntnisse durch eine von ihnen zu bestimmende zentrale Stelle erfolgt.
4. Die Einstellungsbehörden des Bundes sind verpflichtet, Bedenken, die gegen die Einstellung eines Bewerbers sprechen, und die dafür erhebliche Tatsachen schriftlich mitzuteilen.
5. Der Bewerber hat das Recht, sich hierzu mündlich oder schriftlich zu äußern.
6. Findet ein Anhörungsgespräch statt, ist ein Protokoll zu führen. Dem Bewerber ist auf Antrag Einsicht zu gewähren.
7. Die Mitwirkung eines Rechtsbeistandes ist auf Antrag des Bewerbers zu gestatten. Sie ist auf die Beratung des Bewerbers und auf Verfahrensfragen zu beschränken.
8. Die Entscheidungszuständigkeit in den Fällen, in denen die Eignung des Bewerbers nicht festgestellt werden kann, liegt bei der obersten Dienstbehörde. (...)
9. Ablehnende Entscheidungen dürfen nur auf gerichtsverwertbare Tatsachen gestützt werden.
10. Dem Bewerber ist die Ablehnungsbegründung unter Angabe der hierfür maßgeblichen Tatsache, jedenfalls auf seinen Antrag hin, schriftlich mitzuteilen. Der Bescheid enthält eine Rechtsmittelbelehrung.
11. Erkenntnisse, die von den Verfassungsschutzbehörden nicht an die Einstellungsbehörde weitergegeben werden dürfen (Ziff. 2.2, 2.3, 2.4), dürfen von ihr auch dann nicht verwertet werden, wenn sie ihr von anderer Seite mitgeteilt worden sind.
12. Wenn eine Einstellung trotz vorliegender Erkenntnisse des Verfassungsschutzes erfolgt ist, müssen alle aus dem Verfassungsschutzbereich vorgelegten Unterlagen aus den Personalakten entfernt werden.

Diese Grds. werden durch die bereits erwähnten Annahmebest. sowie einschlägige Sondererlasse des BMVg ergänzt. Eine sog. **Regelanfrage** bei den Verfassungsschutzbehörden, wie 1972 eingeführt, ist demnach nicht mehr vorgesehen.[74]

Praktisch wird so verfahren, dass die Bewerber eine Erklärung zu unterschreiben haben, in der sie sich zur FdGO i. S. d. GG bekennen und sich bereit erklären, für sie aktiv einzutreten. Weiterhin haben sie einen Fragebogen auszufüllen, in dem nach gegenwärtigen oder früheren Zugehörigkeiten zu bestimmten, als verfassungsfeindlich eingestuften Parteien oder Organisationen sowie zu Verbindungen in Länder mit besonderem Sicherheitsrisiko gefragt wird. Die Frage nach der Mitgliedschaft in Parteien und Organisationen, bei denen zumindest Anhaltspunkte für verfassungsfeindliche Tendenzen vorliegen, ist zulässig.[75]

Ergeben sich aus den Antworten im Fragebogen und den sonstigen Erkenntnissen der Berufungsdienststelle keine Zweifel, ist von der Gewähr der Verfassungstreue auszugehen. Informiert ein Bewerber über ehem. oder aktuelle Mitgliedschaften, sind – wenn nicht im Einzelfall bereits die Gewähr der Verfassungstreue ausgeschlossen wer-

---

74 Krit. hierzu *Kathke*, ZBR 1992, 344; vgl. auch *Lecheler*, § 110 Rn. 72 f.
75 BVerwG ZBR 1983, 181.

den kann – weitere Überprüfungen gem. den zit. Grds. angebracht bis hin zu Anfragen bei Verfassungsschutz und MAD. Rechtsgrundlagen hierfür sind § 3 Abs. 1 Nr. 1 BVerfSchG, § 1 Abs. 1 Nr. 1, § 11 MADG i. V. m. § 19 Abs. 1 BVerfSchG. Da der MAD in diesen Fällen nur Zuständigkeiten für Personen besitzt, die bereits im Geschäftsbereich des BMVg tätig sind, wird er ausschließlich bei Bewerbern aus der Truppe (z. B. GWDL) befragt werden können. Für ungediente Bewerber sind das Bundesamt bzw. die Landesämter für Verfassungsschutz zuständig.

29 Bis Ende 2006 konnte auf der Grundlage der bis 29.12.2006 geltenden Fassung des Stasi-Unterlagen-Gesetzes (StUG), sofern in Einzelfällen Anlass bestand, beim Bundesbeauftragten für die Unterlagen des Staatssicherheitsdienstes der ehem. DDR angefragt werden, ob der Bewerber hauptamtl. oder inoffiziell für den Staatssicherheitsdienst tätig war. Durch die Neufassung des StUG[76] ist diese Möglichkeit gem. § 20 Abs. 1 Nr. 6 Buchst. f nunmehr auf Soldaten beschränkt, die jederzeit in den einstw. Ruhestand versetzt werden können. Bei der Frage der Ernennung zum BS oder SaZ dürfte die Anfrage nach dem StUG daher keine Rolle mehr spielen.

30 Bewerber haben grds. ein **polizeiliches Führungszeugnis** (§§ 30 ff. BZRG) vorzulegen, in den meisten Fällen ist die Anforderung einer unbeschränkten **Auskunft** aus dem **Bundeszentralregister** vorgesehen (§ 41 BZRG).[77] Die in diesen Zentralregisterauszügen ggf. enthaltenen Informationen über Vorstrafen von Bewerbern können geeignet sein, Zweifel an seiner Verfassungstreue zu begründen, und Anlass für weitere Untersuchungen sein.

31 **d) Konsequenzen.** Ist ein Bewerber in das Dienstverhältnis eines BS oder SaZ berufen worden, obwohl die Gewähr der Verfassungstreue nicht gegeben war, berührt dies nicht die Wirksamkeit der Berufung. Auch in diesem Fall ist zu beachten, dass § 37 Abs. 1 nur die Voraussetzungen für die Berufung in das Dienstverhältnis regelt, nicht die Bedingungen für den Verbleib darin. Reaktionen können daher nur auf der Grundlage besonderer Best. über die Beendigung des Dienstverhältnisses erfolgen.[78] Hat ein Bewerber in dem o.g. Fragebogen falsche Angaben gemacht, beispielsweise die Mitgliedschaft in einer Partei verschwiegen, ist er grds. wegen **arglistiger Täuschung** gem. § 46 Abs. 1 Nr. 2, § 55 Abs. 1 zu entlassen. Ansonsten bleibt ausschließlich die Einleitung disziplinarrechtl. Ermittlungen wegen eines Dienstvergehens, sofern die verfassungsfeindliche Haltung des Soldaten fortdauert und damit einen Verstoß gegen die Treuepflicht gem. § 8 begründet. Auf den z.T. unterschiedlichen Maßstab bei der Prüfung eines Dienstvergehens gegenüber den Voraussetzungen bei § 37 Abs. 1 Nr. 2 wurde oben hingewiesen.[79]

32 **3. Absatz 1 Nr. 3. – a) Charakterliche Eignung.** Die **charakterliche Eignung eines Bewerbers** ist dann gegeben, wenn aufgrund seiner Lebenshaltung im Allg. und seiner Einstellung zum Soldatenberuf im Besonderen davon auszugehen ist, dass er den Anforderungen und Pflichten, die ihm als Soldat im Umgang mit Vorg., Kameraden und Untergebenen sowie gegenüber dem Dienstherrn obliegen, gerecht zu werden

---

76 BGBl. I 2007 S. 162.
77 Letzteres kann nur das BMVg als oberste Bundesbehörde; zu den Einzelheiten s. Erl. „Einholen unbeschränkter Auskünfte aus dem Bundeszentralregister" v. 19.3.2004 (VMBl. S. 59).
78 *Scherer/Alff/Poretschkin*, SG, § 37 Rn. 7.
79 Rn. 20.

Voraussetzung der Berufung § 37

vermag. Anders als die Gewähr der Verfassungstreue weist das Merkmal der charakterlichen Eignung einen inhaltl. Bezug nicht nur zu einer spezifischen, sondern zu einer Vielzahl soldatischer Pflichten auf. Hier ist insbes. an die Pflichten gem. §§ 7 und 10 bis 15 zu denken. Die gesetzl. verankerten Pflichten müssen dabei den Maßstab für die inhaltl. Interpretation des Begriffs der charakterlichen Eignung abgeben, der sonst in der Gefahr steht, zu unbest. zu werden.

Auch bei der Prüfung von Abs. 1 Nr. 3 ist i. d. R. aufgrund von Verhaltensweisen in der Gegenwart oder Vergangenheit eine **Prognose** über die künftige charakterliche Eignung vorzunehmen. Der Berufungsdienststelle kommt somit ein gerichtl. nur eingeschränkt überprüfbarer **Beurteilungsspielraum** zu. Unerheblich ist, ob das Verhalten des Bewerbers außerhalb der Bw (bei ungedienten Bewerbern) oder als Soldat (z. B. als GWDL), innerhalb oder außerhalb des Dienstes, gezeigt worden ist.[80] Dies folgt schon daraus, dass auch außerdienstl. Verhaltensweisen eine Dienstpflichtverletzung darstellen können.

Schwerwiegende disziplinare Verstöße sowie Straftaten von einigem Gewicht, die nicht allzu lange zurückliegen, werden regelmäßig eine charakterliche Nichteignung begründen. Dies wird bei Verurteilung zu Geldstrafe von mehr als 90 Tagessätzen oder Freiheitsstrafe von mehr als drei Monaten (vgl. § 32 Abs. 2 Nr. 5 BZRG) grds. der Fall sein. Bei Straftaten vor Eintritt in die SK spielt neben der im verhängten Strafmaß zum Ausdruck kommenden Schwere eine Rolle, ob den verletzten Rechtsgütern im Hinblick auf eine Verwendung des Bewerbers als BS oder SaZ besonderes Gewicht zukommt. Waffen- und Körperverletzungsdelikte von einigem Gewicht sind anders zu bewerten als Verkehrsstraftaten.[81] Liegt eine Straftat vor, die nicht grds. die charakterliche Eignung in Frage stellt, aber erst kurze Zeit vor der Bewerbung begangen wurde, liegt es im Rahmen des Beurteilungsspielraums, den Bewerber mit dem Hinw. abzulehnen, er könne sich zu einem späteren Zeitpunkt (üblicherweise ein bis zwei Jahre) erneut bewerben. Wird die Bewerbung zu dem späteren Zeitpunkt wiederholt, ist zu prüfen, ob er sich in der Zwischenzeit einwandfrei verhalten hat. 33

Zur Feststellung der charakterlichen Eignung haben Bewerber anzugeben, ob gegen sie strafrechtl. Ermittlungsverfahren anhängig sind. Weitere Informationen kann die Berufungsdienststelle aus dem polizeilichen Führungszeugnis bzw. der unbeschränkten Auskunft aus dem Bundeszentralregister entnehmen.[82] 34

Von der Rspr. wurde früher nicht beanstandet, die **gleichgeschlechtliche Orientierung** von Soldaten als Eignungsmangel zumindest für Vorg.- und Ausbilderverwendungen zu qualifizieren. Die Folge hiervon war, dass homosexuell veranlagte SaZ wegen ihrer damit eingeschränkten Verwendungsmöglichkeiten regelmäßig nicht zum BS ernannt wurden.[83] Dieser Rspr. hat der Gesetzgeber mittlerweile durch Aufnahme der sexuellen Identität als verpöntes Merkmal in § 3 Abs. 1 die Grundlage entzogen. Zudem sind inzwischen Benachteiligungen aus Gründen der sexuellen Identität für den Dienst als Soldat nach § 7 Abs. 1 Satz 1 SoldGG i. V. m. § 1 Abs. 1 SoldGG verboten. Nach der 35

---
80 Vgl. GKÖD I Yk, § 37 Rn. 8.
81 Zur charakterlichen Eignung als Voraussetzung für einen Laufbahnwechsel BVerwG 1 WB 61/92.
82 S. o. Rn. 30.
83 BVerwG NZWehrr 1998, 164; OVG Lüneburg DVBl. 1999, 933.

Erlasslage begründet die sexuelle Orientierung von Soldaten als solche keinen generellen Eignungsmangel mehr.[84]

36 **b) Geistige Eignung.** Die **geistige Eignung eines Bewerbers** kann nur individualisiert bewertet werden, je nach Laufbahn oder Fachrichtung, die er einzuschlagen wünscht. Diesbezüglich legt § 27 Abs. 2 bereits formalisierte Bildungsvoraussetzungen fest. An dieser Stelle zeigt sich deutlich das Ineinandergreifen von laufbahnrechtl.-truppendienstl. Vorgaben einerseits und statusrechtl. Berufungsvoraussetzungen andererseits. Darüber hinaus ist die geistige Eignung im Rahmen einer speziellen Eignungsfeststellung zu ermitteln, bei der u. a. Kriterien wie Verhaltensstabilität, Gruppenverhalten sowie Planungs- und Organisationsfähigkeiten eine Rolle spielen. Im Einzelnen kann die Abgrenzung schwierig sein, ob eines dieser Kriterien eher die geistige oder die charakterliche Eignung beschreibt. Für spezielle Verwendungen (fliegerischer Dienst, Radarführung) werden gesonderte Anforderungsprofile festgelegt. Die Gerichte sind angesichts ihrer beschränkten Überprüfungskompetenz an derartige Festlegungen grds. gebunden, es sei denn, diese wären grob sachwidrig oder willkürlich.[85]

37 **c) Körperliche Eignung.** Die **körperliche Eignung eines Bewerbers** ist durch ärztliche Untersuchung festzustellen. Das Verfahren richtet sich nach den „Bestimmungen über die Feststellung der körperlichen Eignung vor Berufung in das Dienstverhältnis einer Berufsoldatin oder eines Berufssoldaten oder einer Soldatin auf Zeit oder eines Soldaten auf Zeit" (ZDv 14/5 B 130). Die Untersuchung selbst und die Festlegung ihres Ergebnisses orientieren sich an den für die Musterung geltenden Vorgaben der ZDv 46/1; vgl. auch den Erl. „Militärärztliche Begutachtung bei Soldaten".[86] Entspr. der Rspr. zum Beamtenrecht fehlt es an der körperlichen Eignung, wenn häufige Erkrankungen die Dienstunfähigkeit vor Erreichen der Altersgrenze oder der Verpflichtungszeit erwarten lassen.[87]

Wie bei der Feststellung der geistigen Eignung ist die Festlegung von Sonderanforderungen für bestimmte Verwendungen und Waffengattungen möglich.[88]

Die gesundheitliche Eignung muss im Zeitpunkt der Berufung vorliegen. Ungediente Bewerber, deren Eignung im Rahmen der Eignungsprüfung in einer Annahmeuntersuchung festgestellt wurde, sind daher nach Dienstantritt vor Aushändigung der Ernennungsurkunde zu befragen, ob sich ihr Gesundheitszustand geändert hat. Ggf. ist eine erneute Einstellungsuntersuchung durchzuführen.

Hat die Annahmeuntersuchung ärztliche Bedenken ergeben, kann im Einzelfall eine Berufung erfolgen, wenn die zuständige militärärztliche Stelle eine sog. „militärärztliche Ausnahme" erteilt. Die Ausnahmegenehmigung ist nach den Annahmebest. von der jew. Berufungsdienststelle zu beantragen, allerdings nur, sofern ein besonderes dienstl. Interesse an der Berufung des Bewerbers vorliegt und der Bedarf in der vorgesehenen Verwendung anderweitig nicht gedeckt werden kann.[89]

---

84 ZDv 14/3 B 173; bei bestimmten Verwendungsentscheidungen wird die sexuelle Orientierung allerdings weiterhin zulässigerweise berücksichtigt werden dürfen, z. B. bei Attaché-Verwendungen (vgl. § 8 SoldGG).
85 Dies könnte z. B. dann angenommen werden, wenn einzelne TSK für an sich vergleichbare Verwendungen in ihren jew. Bereichen unterschiedliche Voraussetzungen festlegen.
86 VMBl. 1998 S. 110.
87 BVerfGE 92, 140 (151); BVerwG ZBR 1993, 243; BVerwG DöD 2002, 219.
88 Vgl. *Höfling/Stockter*, ZBR 2008, 18.
89 BVerwG ZBR 2005, 311.

Voraussetzung der Berufung § 37

Nicht gefolgt werden kann der Auffassung von *Sass*[90], dass der Begriff der körperlichen Eignung ein unbest. Rechtsbegriff sei, der – anders als die Prognose der Verfassungstreue – keinerlei **Beurteilungsspielraum** gewähre, sondern aufgrund seiner Faktengebundenheit der vollen Überprüfbarkeit durch die VG unterliege. Mag die Bewertung der körperlichen Eignung sich auch in erster Linie anhand medizinisch-naturwissenschaftlicher Kriterien vollziehen, hat die Entscheidung, ob einem Bewerber ein bestimmter mil. Ausbildungs- und Werdegang zugetraut und zugemutet werden kann, doch Wertungscharakter. Schließlich ist es eine Frage mil. Zweckmäßigkeitserwägungen, welches „Niveau" an körperlicher Leistungsfähigkeit von Soldaten und damit im Ergebnis von den SK insgesamt zu fordern ist.[91] Dies wird zwangsläufig auch vom Bewerberaufkommen abhängen. An rechtl. Grenzen dürfte dieser Spielraum erst stoßen, wenn Soldaten mit Aufgaben betraut werden, denen sie gesundheitlich in keiner Weise gewachsen sind und die dadurch[92] ihre Gefährdung oder Schädigung zur Folge haben können. Dann läge ein Verstoß gegen die Fürsorgepflicht vor. **38**

Keinen rechtl. Einwänden begegnet es, einen nur mit Bedenken geeigneten Bewerber – selbst wenn die medizinischen Voraussetzungen für eine Ausnahme vorliegen – mit dem Hinw. abzulehnen, der Bedarf könne mit uneingeschränkt geeigneten Bewerbern gedeckt werden. Da die gesundheitliche Eignung eine zwingende Berufungsvoraussetzung ist, die nicht durch Ermessenserwägungen übersteuert werden kann, gilt dies selbst dann, wenn die übrigen Bewerber beim sonstigen Leistungs- und Eignungsvergleich schlechter zu bewerten sind als der nur mit gesundheitlichen Bedenken Geeignete. **Ausnahmen** vom Erfordernis der körperlichen Eignung begründet **§ 7 Abs. 1 EinsatzWVG**.[93] **39**

4. Rechtsschutz. Fragen des Rechtsschutzes stellen sich, wenn ein Bewerber für das Dienstverhältnis als BS oder SaZ mit der Begr. abgelehnt wird, er erfülle nicht die Voraussetzungen des § 37. **40**

Will der abgelehnte Bewerber hiergegen vorgehen, ist grds. der **Rechtsweg zu den VG** gegeben, da es sich bei der Berufung in das Dienstverhältnis eines BS oder SaZ um statusrechtl. Maßnahmen handelt, die nicht in die Zuständigkeit der Wehrdienstgerichte fallen. Gleichwohl kann im Einzelfall das Vorliegen der Voraussetzungen des § 37 als Vorfrage auch in einer truppendienstl. zu beurteilenden Entscheidung von Bedeutung sein. Dies ist z. B. bei Anträgen auf Laufbahnwechsel oder besondere Ausbildungen der Fall, wenn diese ihrerseits eine Dienstzeitverlängerung oder Übernahme zum BS voraussetzen. Dann ist die truppendienstl. Maßnahme u. U. mit Hinw. auf § 37 zu verweigern. Beantragt beispielsweise ein Uffz und SaZ, der unter Verstoß gegen § 37 Abs. 1 Nr. 1 (Deutscheneigenschaft) ernannt wurde und dessen Ernennung nach den o.g. Grundsätzen[94] nicht nichtig ist, seine Übernahme in die Laufbahn der Offz des militärfachl. Dienstes, wäre dieser Antrag abzulehnen, weil Offz des militärfachl. Dienstes spätestens mit Abschluss ihrer Ausbildung in das Dienstverhältnis **41**

---

90 NZWehrr 1984, 89. Wie hier VGH München 15 ZB 05.2316.
91 BVerwG *Buchholz* 236.11 § 30 SLV Nr. 1; BVerwG *Buchholz*, 236. 1 § 3 SG Nr. 1; BVerwGE 73, 235; VGH München 15 ZB 05.2316.
92 Grds. gehört es zu den Pflichten von Soldaten, auch gefährliche Aufgaben zu erfüllen, die bis hin zum Einsatz des eigenen Lebens reichen; s. hierzu *Lingens*, NZWehrr 1982, 161.
93 Vgl. hierzu die Komm. zu § 3 Rn. 94 ff.
94 Vgl. o. Rn. 17.

Sohm

eines BS zu berufen sind (vgl. § 40 Abs. 1 SLV) und diese Möglichkeit bei dem Bewerber ausgeschlossen ist. Dennoch handelte es sich im Ergebnis um eine truppendienstl. Entscheidung. Maßgeblich für den Rechtsweg ist immer die Rechtsnatur der Entscheidung, die konkret beantragt wurde. Bei aktiven Soldaten kann dies nach allg. Grds. abgegrenzt werden.

42 Bei **Bewerbern, die noch nicht im Status eines SaZ stehen,** werden dagegen die Eignungsmerkmale regelmäßig in Bezug auf die gewünschte Laufbahn geprüft. Hier stellt sich die Frage nach dem Rechtsweg, wenn z. B. einem Bewerber die geistige Eignung für die Laufbahn der Offz des Truppendienstes, nicht aber für die Laufbahn der Fw des Truppendienstes abgesprochen wurde. Seinem „statusrechtlichen" Begehren, in das Dienstverhältnis eines SaZ berufen zu werden, soll schließlich stattgegeben werden. Hier wird man grds. den Verwaltungsrechtsweg für eröffnet halten müssen. Die Zulassung eines Bewerbers, der noch nicht Soldat ist, zu einer bestimmten Laufbahn kann immer nur im Zusammenhang mit einer Statusentscheidung erfolgen, so dass hier die statusrechtl. Maßnahme im Vordergrund steht. Dem Bewerber steht daher auch insoweit, als es um die Zulassung zu der gewünschten Laufbahn geht, gegen eine ablehnende Entscheidung der Widerspruch (nicht die Beschwerde, er ist kein Soldat!) und danach die Klage vor dem VG offen.[95]

43 Hat eine direkt dem BMVg nachgeordnete Dienststelle bei einem Bewerber das Fehlen der Voraussetzungen des § 37 festgestellt (was häufig der Fall sein dürfte, da eine Vielzahl statusrechtl. Entscheidungen vom Personalamt der Bw und der Stammdienststelle der Bw getroffen werden), wäre für die Beschwerdeentscheidung das **BMVg** zuständig, vgl. § 9 Abs. 2 Satz 2 WBO, der insoweit eine Ausnahmebest. zu § 73 Abs. 1 Satz 2 Nr. 2 VwGO darstellt. Von der Delegationsmöglichkeit des § 23 Abs. 4 WBO hat das BMVg insoweit Gebrauch gemacht, als es um Soldaten geht, die nicht seiner unmittelbaren Personalführung unterliegen.[96] Bewerbern, die nicht bereits Soldat sind, steht dagegen unmittelbar der Widerspruch nach §§ 68 ff. VwGO zu. In diesen Fällen greift § 73 Abs. 1 Satz 2 Nr. 2 VwGO ein, so dass die Ausgangsdienststelle selbst über den Widerspruch zu befinden hat. Um hier eine einheitliche Zuständigkeit für Beschwerde- und Widerspruchsverfahren zu erreichen, wäre eine analoge Anwendung von § 9 Abs. 2 Satz 2 WBO geboten und vertretbar.

Bei Klagen in Statusangelegenheiten vor den VG ist das **Personalamt der Bw** oder die **Stammdienststelle der Bw** für die Prozessvertretung zuständig. Das **BMVg** hat insoweit nur noch eine Zuständigkeit bei Klagen von Soldaten, die seiner Personalführung unterliegen.[97]

44 Da auch bei Vorliegen der Voraussetzungen des § 37 der Bewerber keinen Anspruch auf Berufung hat, sondern nur auf ermessensfehlerfreie Entscheidung über seine Bewerbung, wird die richtige Klageart regelmäßig die **Verpflichtungs-**

---

95 Offen gelassen von BVerwGE 83, 255 = NZWehrr 1987, 120.
96 Anordnung zur Änd. der Allg. Anordnung über die Übertragung von Zuständigkeiten zur Entscheidung über Beschwerden nach der WBO im Bereich des BMVg v. 4.4.2007 (BGBl. I S. 497).
97 Anordnung zur Änd. der Allg. Anordnung über die Übertragung von Zuständigkeiten im Widerspruchsverfahren u. über die Vertretung bei Klagen aus dem Beamten- o. Wehrdienstverhältnis im Geschäftsbereich des BMVg v. 29.3.2007 (BGBl. I S. 534).

klage in Form der sog. Bescheidungsklage sein.[98] Stellt sich im verwaltungsgerichtl. Verfahren heraus, dass die Berufungsdienststelle eine Voraussetzung des § 37 zu Unrecht verneint hat, dürfte die Bescheidungsklage Erfolg haben. Es ist dann davon auszugehen, dass die ablehnende Entscheidung unter dem Mangel des Ermessensnichtgebrauchs leidet. Werden nämlich die Voraussetzungen des § 37 nicht für gegeben erachtet, darf eine Ermessenserwägung über eine Bewerbung gar nicht stattfinden.

Maßgeblicher Entscheidungszeitpunkt bei einer (Bescheidungs-) Klage auf Berufung in das Dienstverhältnis eines BS oder SaZ ist aus prozessrechtl. Sicht grds. die letzte mündliche Verhandlung. Dagegen hängt es von der materiellen Rechtslage ab, in welchem Zeitpunkt die tatsächlichen und rechtl. Voraussetzungen für den vom Kläger begehrten Anspruch vorzuliegen haben.[99] Dies führt dazu, dass bei § 37 hins. der einzelnen Voraussetzungen zu differenzieren ist.   45

Die Deutscheneigenschaft (Abs. 1 Nr. 1) als ein gerichtl. voll überprüfbares Merkmal muss im **Zeitpunkt der letzten mündlichen Verhandlung** gegeben sein. Rechtl. oder tatsächliche Änd. in dieser Hinsicht haben – auch wenn sie erst nach der letzten behördlichen Entscheidung eingetreten sind – Auswirkungen auf die rechtl. Bewertung. Wurde ein nichtdeutscher Bewerber (zu Recht!) abgelehnt, der zwischenzeitlich die deutsche Staatsangehörigkeit erlangt hat und im Zeitpunkt der letzten mündlichen Verhandlung über sie verfügt, ist seiner Bescheidungsklage insoweit stattzugeben. Die Berufungsdienststelle könnte dem dadurch entgehen, dass sie vor dem Urt. über die Bewerbung erneut und ermessensfehlerfrei entscheidet. Dies gilt freilich auch umgekehrt. Hatte der Bewerber ursprünglich die deutsche Staatsangehörigkeit (wurde er also zu Unrecht abgelehnt!), hilft ihm dies nichts, wenn er sie im Zeitpunkt der letzten mündlichen Verhandlung nicht mehr besitzt.[100]

Anders ist dies bei den Voraussetzungen des Abs. 1 Nr. 2 und Nr. 3, die einen gerichtl. nur beschränkt überprüfbaren Prognosespielraum gewähren. Hier ist immer auf den **Zeitpunkt der letzten Behördenentscheidung** abzustellen, wobei das VG nur überprüfen kann, ob die zuständige Dienststelle im Zeitpunkt ihrer Entscheidung die Grenzen des Beurteilungsspielraums überschritten hat. Änd. bzgl. dieser Voraussetzungen, die zwischen der letzten behördlichen Ablehnungsentscheidung und der mündlichen Verhandlung eingetreten sind, kann der Bewerber nur im Rahmen eines neuen Bewerbungsverfahrens geltend machen.[101]   46

---

98 *Kopp/Schenke*, VwGO, § 42 Rn. 8 f.
99 Grundlegend *Schenke*, VwPR, Rn. 782 ff., Rn. 849 ff.
100 Eine Konstellation, die angesichts des neuen Staatsangehörigkeitsrechts durchaus denkbar erscheint, vgl. o. Rn. 12.
101 Vgl. BVerwGE 61, 176 (192); VGH Mannheim NVwZ 2001, 255; a.A. wohl *Kopp/Schenke*, VwGO, § 113 Rn. 217 ff.

§ 38 Hindernisse der Berufung

(1) In das Dienstverhältnis eines Berufssoldaten oder eines Soldaten auf Zeit darf nicht berufen werden, wer
1. durch ein deutsches Gericht wegen eines Verbrechens zu Freiheitsstrafe von mindestens einem Jahr oder wegen einer vorsätzlichen Tat, die nach den Vorschriften über Friedensverrat, Hochverrat, Gefährdung des demokratischen Rechtsstaates oder Landesverrat und Gefährdung der äußeren Sicherheit strafbar ist, zu Freiheitsstrafe verurteilt ist,
2. infolge Richterspruchs die Fähigkeit zur Bekleidung öffentlicher Ämter nicht besitzt,
3. einer Maßregel der Besserung und Sicherung nach den §§ 64 oder 66 des Strafgesetzbuches unterworfen ist, solange die Maßregel nicht erledigt ist.

(2) Das Bundesministerium der Verteidigung kann in Einzelfällen Ausnahmen von Absatz 1 Nr. 1 zulassen.

Übersicht

	Rn		Rn
I. Allgemeines	1	II. Erläuterungen im Einzelnen	9
1. Zweck und Entstehung der Vorschrift	1	1. Absatz 1 Nr. 1	9
		a) Allgemeines	9
2. Änderungen der Vorschrift	6	b) Absatz 1 Nr. 1, 1. Alt	14
3. Bezüge zum Beamtenrecht bzw. zu sonstigen rechtl. Bestimmungen	7	c) Absatz 1 Nr. 1, 2. Alt	16
		2. Absatz 1 Nr. 2	17
		3. Absatz 1 Nr. 3	18
		4. Absatz 2 a. F	19
		5. Absatz 2 n. F	20

Literatur: Spezielle Veröffentlichungen zu § 38 sind nicht vorhanden.

I. Allgemeines

1. Zweck und Entstehung der Vorschrift. § 38 normiert eine Reihe von Gründen, die eine Berufung in das Dienstverhältnis eines BS oder SaZ ausschließen. Die Best. ergänzt insoweit die Berufungsvoraussetzungen des § 37; es ließe sich im Zusammenhang mit § 38 auch von **negativen Berufungsvoraussetzungen** sprechen. Dennoch stehen die Berufungshindernisse des § 38 formal **selbstständig neben** der in § 37 Abs. 1 Nr. 3 aufgeführten Berufungsvoraussetzung der charakterlichen Eignung.[1] Dies zeigt bereits ein Blick auf die unterschiedlichen Rechtsfolgen bei Missachtung der Vorschriften. Wird ein Bewerber unter Verstoß gegen § 38 zum BS oder SaZ ernannt, stellt dies gem. § 46 Abs. 2 Satz 1 Nr. 1, § 55 Abs. 1 einen zwingenden Entlassungsgrund dar, wenn das Hindernis noch fortbesteht. Eine derartige Konsequenz ist bei § 37 nicht vorgesehen.

Darüber hinaus weist § 38 auch eine **andere Normstruktur** auf. Er leitet aus einer Reihe von Rechtsfolgen, die sich aus strafgerichtl. Verurteilungen ergeben, das Hindernis der Berufung i. S. eines Automatismus ab. Eine Prognoseentscheidung, wie sich

---
[1] A.A. GKÖD I Yk, § 38 Rn. 1, der § 38 als Konkretisierung von § 37 Abs. 1 Nr. 3 versteht. Vgl. auch Rn. 9 f.

Hindernisse der Berufung § 38

der Bewerber künftig verhalten wird, ist – anders als bei § 37 – nicht mehr angebracht. Die zu erwartende Persönlichkeitsentwicklung des Bewerbers kann allenfalls im Rahmen einer Ausnahmeentscheidung nach Abs. 2 eine Rolle spielen.

Gleichwohl dürften die Hindernisse des Abs. 1 i. d. R. auch Zweifel an der charakterlichen Eignung des Bewerbers begründen, so dass die Frage nach der praktischen Relevanz der Best. durchaus berechtigt ist.[2]   **2**

Aus systematischen Gründen spricht für die **Beibehaltung des** § 38 allerdings die Übereinstimmung mit dem WPflG, das in § 10 eine weitgehend identische Vorschrift hins. des Ausschlusses vom Wehrdienst enthält. Dort ist eine derartige Regelung als Handlungsanweisung für die Wehrersatzbehörden zwingend erforderlich; im SG schadet sie zumindest nicht.

Im Grunde geht § 38 auf die traditionelle Kategorie der sog. „**Wehrunwürdigkeit**" **3** zurück, die für Reichswehr und Wehrmacht Geltung hatte. In der **Begr.** zu § 33 des REntw. (später § 38) wurde dementspr. von den „klassischen Gründen, die für den Wehrdienst unfähig machen" gesprochen.[3] Das **WG 1921** enthielt allerdings selbst **keine vergleichbare Best.**; vielmehr stellte die „Wehrunwürdigkeit", die im Zusammenhang mit bestimmten strafgerichtl. Verurteilungen auszusprechen war, in erster Linie eine strafrechtl. Folge dar und war dementspr. gesetzl. nur im StGB bzw. MStGB geregelt.[4]

Zur spezifisch wehrrechtl. Kategorie wurde die „Wehrunwürdigkeit" erst durch § **13 WG 1935**, systematisch konsequent im Zusammenhang mit der Wiedereinführung der allg. WPfl, wenn auch nicht auf diese beschränkt. Obwohl der Begriff „Wehrunwürdigkeit" während des sog. Dritten Reiches ein Einfallstor für die „Aufladung" des Wehrrechts mit nationalsozialistischen Ideologismen darstellte[5], kann § 13 WG 1935 nicht als spezifische NS-Norm qualifiziert werden. Die Vorschrift war ausreichend bestimmt und knüpfte ebenfalls an strafrechtl. klar definierte Rechtsfolgen an. Unmittelbar nationalsozialistische Inhalte, wie der Ausschluss von Juden vom Wehrdienst, wurden bezeichnenderweise nicht als Teil der Wehrunwürdigkeit verstanden, sondern gesondert geregelt.[6] Es entspricht durchaus **rechtsstaatlichen Grundsätzen**, dass niemand staatliche Funktionen und staatliche Gewalt ausüben und repräsentieren kann, der zuvor selbst erheblich gegen die staatliche Rechtsordnung verstoßen hat. Eine Anlehnung an diese Best. bei Schaffung des SG verbot sich damit nicht, wobei der z.T. überfrachtete Begriff „Wehrunwürdigkeit" sicher zu Recht aufgegeben wurde.[7]

---

2 GKÖD I Yk, § 38 Rn. 1.
3 BT-Drs. II/1700, 28.
4 §§ 32, 34 Nr. 2 RStGB v. 15.5.1871 (RGBl. S. 127); § 31 MStGB i.d.F. v. 16.5.1926 (RGBl I S. 275).
5 Exemplarisch bei *Heckel, Johannes*, Wehrverfassung und Wehrrecht des Großdeutschen Reiches, 1939, 113 ff.
6 § 15 WG 1935.
7 An versteckten Stellen taucht er im SG in der praktisch nicht allzu bedeutsamen Regelung des § 46 Abs. 2 Satz 1 Nr. 3 u. des § 23 Abs. 2 Nr. 2, 2. Alt. sowie in der an sich überholten Regelung des § 88 auf, die auch Zweifel hins. ihrer Bestimmtheit aufwirft; vgl. die Komm. zu § 88 Rn. 12.

Sohm

4 Die Regelung des jetzigen **Abs. 2** wurde aufgenommen, um insbes. strafgerichtl. Verurteilungen aus der Zeit des sog. Dritten Reiches (die Begr. stellte auf **Verurteilungen „vor 1945"** ab) die Wirkung als Berufungshindernis nehmen zu können, wenn diese dem heutigen Rechtsbewusstsein widersprechen. Aber auch die Persönlichkeitsentwicklung, die ein Verurteilter durchgemacht hat, sollte im Einzelfall seine Zulassung zum Wehrdienst als SaZ oder BS – trotz schwerwiegender strafrechtl. Verurteilung – ermöglichen.[8]

5 Ausführlich erörtert wurde im **VertA** die Frage, ob das Hindernis des Abs. 1 Nr. 1 sich nur auf Verurteilungen durch **„deutsche Gerichte"** beschränken sollte. Im Ergebnis setzte sich die Position durch, dass Verurteilungen im Ausland, aber auch in Deutschland, z. B. durch die alliierten Militär- und Besatzungsgerichte, keinen zwingenden Hinderungstatbestand begründen sollten. Vielmehr wurde die Möglichkeit, einen Bewerber im Einzelfall ablehnen zu können, als ausreichend erachtet.[9] So sehr dies angesichts der Tatsache, dass die Urt. von Gerichten der Alliierten nicht generell den rechtsstaatlichen Maßstäben des GG entsprachen, nachvollziehbar ist, so schwer verständlich ist, warum nicht auch **Urt. von Gerichten der ehem. DDR** für grds. unerheblich eingestuft wurden. Rechtstechnisch wäre dies möglich gewesen, indem in Abs. 1 Nr. 1 nur auf Verurteilungen durch deutsche Gerichte im Geltungsbereich des GG oder des SG abgestellt worden wäre.[10] Da dies nicht geschah und Gerichte der DDR unstr. immer als „deutsche Gerichte" angesehen wurden, musste durch den VertA mit Abs. 2 a. F. eine Sonderregelung in den Entw. eingebracht werden, die zumindest Grenzen für die Heranziehung von Urt. der DDR-Gerichtsbarkeit aufstellte.

6 **2. Änderungen der Vorschrift.** § 38 wurde bisher wie folgt geä.:

Die ersten Änd.[11] betrafen Anpassungen der Vorschrift an die Entwicklung des Strafrechts und die damit verbundenen **neuen strafrechtl. Begriffe**. So war bis zum Inkrafttreten des 1. G zur Reform des Strafrechts[12] in Abs. 1 Nr. 1 noch der Verweis auf Verurteilung zu Zuchthaus oder Gefängnis enthalten.

Eine weitere Änd. des § 38 erfolgte durch Art. 1 Nr. 3 und 25 des **SGÄndG**; sie hatte redaktionellen Charakter. Durch Art. 3 Nr. 8 des **WehrRÄndG 2008** wurde Abs. 2 a. F. wegen Bedeutungslosigkeit aufgehoben; Abs. 3 a. F. wurde dadurch zu Abs. 2 n. F.

7 **3. Bezüge zum Beamtenrecht bzw. zu sonstigen rechtl. Bestimmungen.** Eine mit § 38 vergleichbare Best. findet sich **weder im Beamten- noch im Richterrecht**. Das Beamten- und Richterrecht kennt lediglich die Rücknahme der Ernennung bzw. den nachträglichen Verlust der Beamten- bzw. Richterrechte aufgrund strafgerichtl. Verurteilungen (vgl. § 12 Abs. 1 Nr. 2, § 24 BeamtStG; § 14 Abs. 1 Nr. 2, § 41 BBG; § 24 DRiG). Diesen Best. entspricht § 38. Allerdings ist im Beamten- und Richterrecht eine Ernennung nichtig, wenn der Ernannte im Zeitpunkt der Ernennung nicht die Fähigkeit zur Bekleidung öff. Ämter hatte (§ 13 Abs. 1 Nr. 3 Buchst. b BBG, § 18 Abs. 2 Nr. 3 DRiG).

---

8 BT-Drs. II/1700, 28.
9 BT-Drs. II/2140, 12.
10 Vgl. eine dementspr. Formulierung in § 48 Satz 1 BBG a. F.
11 Durch Art. 6 Nr. 6a des G v. 25.6.1968 (BGBl. I S. 741), durch Art. 61 Nr. 1 des G v. 25.1969 (BGBl. I S. 645) u. durch Art. 154 Nr. 3 des G v. 2.3.1974 (BGBl. I S. 469).
12 V. 25.6.1969 (BGBl. I S. 645).

Hindernisse der Berufung § 38

Im Grunde ist dies eine noch schärfere Form des Ernennungshindernisses als § 38, dessen Missachtung – wie oben bereits erwähnt – lediglich die Entlassung zur Folge hat.

Inhaltl. fast übereinstimmend mit § 38 regelt § 10 **WPflG** den Ausschluss vom Wehrdienst. Einzige Abweichungen zu § 38 sind einerseits, dass die Mindestfreiheitsstrafe, sofern es nicht um Verbrechen geht, sechs Monate betragen muss, und andererseits, dass ausdrücklich darauf hingewiesen wird, dass der Ausschluss vom Wehrdienst wegen bestimmter Straftaten nicht mehr erfolgt, wenn die Eintragung über die Verurteilung im Zentralregister getilgt ist. Letzteres hat die Konsequenz, dass die Anwendung von § 52 BZRG im Wehrpflichtrecht insoweit – anders als im SG – ausgeschlossen ist. 8

II. Erläuterungen im Einzelnen

1. Absatz 1 Nr. 1. – a) Allgemeines. Abs. 1 Nr. 1 enthält **zwei Alt.** Ein Berufungshindernis liegt zum einen dann vor, wenn der Betroffene wegen eines Verbrechens zu Freiheitsstrafe von mindestens einem Jahr verurteilt ist (1. Alt.). Weiterhin wird ein Berufungshindernis begründet bei Verurteilung wegen vorsätzlicher Tat zu Freiheitsstrafe aufgrund bestimmter Strafnormen (2. Alt.). 9

Die Verurteilung muss durch ein deutsches Gericht erfolgt sein, nicht zwangsläufig im ordentlichen Strafverfahren.[13] Dies bedeutet, dass auch ein **Strafbefehl**, gegen den nicht rechtzeitig Einspruch erhoben wurde (§ 410 Abs. 3 StPO), ausreicht. Allerdings kann im Rahmen des Strafbefehlsverfahrens nur unter engen Voraussetzungen überhaupt eine Freiheitsstrafe festgesetzt werden (§ 407 Abs. 2 Satz 2 StPO). 10

Unter der Verurteilung zu Freiheitsstrafe ist die **Freiheitsstrafe i. S. d. Erwachsenenstrafrechts** gem. §§ 38, 39 StGB zu verstehen. **Jugendstrafe** nach § 17 JGG ist keine Freiheitsstrafe; bei ihr steht der Erziehungscharakter im Vordergrund.[14] Ebensowenig fällt die vollzogene Ersatzfreiheitsstrafe gem. § 43 StGB unter § 38 Abs. 1 Nr. 1.[15] 11

Wird die Freiheitsstrafe zur **Bewährung** ausgesetzt, ändert dies nichts an ihrer Wirkung als Berufungshindernis. Auch bei Bewährung ist der Täter zu Freiheitsstrafe verurteilt; die Aussetzung stellt nur eine Modifikation der Freiheitsstrafe hins. ihrer Vollstreckung dar.[16] Wird die Freiheitsstrafe im **Gnadenwege** erlassen, bleibt es beim Berufungshindernis[17]; es kommt dann eine Ausnahmegenehmigung nach Abs. 2 in Betracht.

Obwohl der Wortlaut des Abs. 1 Nr. 1 auf vollendete Taten hindeutet, ist auch die Verurteilung wegen des **Versuchs** eines Verbrechens oder eines der sonstigen aufgeführten Delikte ein Berufungshindernis, sofern das entspr. Strafmaß verhängt wurde. Dies folgt daraus, dass der Versuchstäter seinen rechtsfeindlichen Willen manifestiert hat 12

---

13 Dies lässt sich im Umkehrschluss aus der anderslautenden Formulierung in § 48 Satz 1 BBG a. F. u. § 84 Abs. 1 WDO ableiten, dürfte aber durchaus str. sein, vgl. BVerwGE 118, 262.
14 Ganz h.M.; VG München NZWehr 1996, 41; GKÖD I Yk, § 38 Rn. 3; *Scherer/Alff/Poretschkin*, SG, § 38 Rn. 5.
15 *Scherer/Alff/Poretschkin*, SG, § 38 Rn. 4.
16 *Schönke-Schröder-Stree*, StGB, 27. Aufl. 2006, § 56 Rn. 4 ff.
17 *Scherer/Alff/Poretschkin*, SG, § 38 Rn. 3.

Sohm 651

§ 38 Hindernisse der Berufung

und daher hins. seiner Berufung als SaZ oder BS nicht anders behandelt werden kann als der Täter einer vollendeten Straftat.[18] Gleiches gilt für Verurteilungen wegen **Teilnahme** (Anstiftung und Beihilfe, §§ 26, 27 StGB), wegen der „**Verleitungstatbestände**" in § 33 WStG und § 357 StGB sowie der öff. Aufforderung zu Straftaten (§ 111 StGB), sofern sie sich auf Verbrechen bzw. die genannten Straftaten beziehen und eine entspr. Strafe verhängt wurde.

13   Hinw., ob ein Berufungshindernis i. S. v. Abs. 1 Nr. 1 vorliegt, erhält die zuständige Dienststelle durch das grds. anzufordernde polizeiliche **Führungszeugnis** bzw. die unbeschränkte Auskunft aus dem Bundeszentralregister. Ist die Verurteilung getilgt, kann sie gem. § 51 Abs. 1 BZRG grds. kein Berufungshindernis mehr darstellen, es sei denn, es liegen die besonderen Voraussetzungen des § 52 Abs. 1 Nr. 4 BZRG vor.

14   **b) Absatz 1 Nr. 1, 1. Alt.** Ein **Verbrechen** ist eine rechtswidrige Tat, die im Mindestmaß mit Freiheitsstrafe von einem Jahr oder darüber bedroht ist (§ 12 Abs. 1 StGB). Folglich wird i. d. R. jede Verurteilung wegen eines Verbrechens die Voraussetzung des Abs. 1 Nr. 1, 1. Alt. (Freiheitsstrafe von mindestens einem Jahr) erfüllen. Anderes kann nur in den Fällen eintreten, in denen die besonderen gesetzl. Milderungsgründe des § 49 StGB ausnahmsweise bei einem Verbrechen eine Mindeststrafe von weniger als einem Jahr vorgeben und dementspr. eine geringere Strafe verhängt wurde. Liegen **Milderungsgründe** vor, wird dennoch im Ergebnis eine Freiheitsstrafe von mindestens einem Jahr ausgesprochen, liegt das Berufungshindernis des Abs. 1 Nr. 1 vor, denn die Milderungsgründe ändern nichts daran, dass die jew. Tat als Verbrechen zu qualifizieren ist (§ 12 Abs. 3 StGB).

15   Wird durch ein Strafurt. auf eine **Gesamtfreiheitsstrafe** (§§ 53, 54 StGB) von mindestens einem Jahr erkannt, ist die Voraussetzung des Abs. 1 Nr. 1, 1. Alt. gegeben, wenn der Täter wegen mehrerer Verbrechen verurteilt wurde.[19] Wird die Gesamtfreiheitsstrafe wegen eines Verbrechens und eines Vergehens, das nicht unter die 2. Alt. des Abs. 1 Nr. 1 fällt, verhängt, kommt es darauf an, ob die für das Verbrechen angesetzte Einzelstrafe für sich bereits mindestens ein Jahr beträgt.[20] Ergibt sich aus dem vorliegenden Urt. hierüber keine Klarheit, ist dies zu Gunsten des Bewerbers zu werten.[21]

16   **c) Absatz 1 Nr. 1, 2. Alt.** Verurteilungen zu Freiheitsstrafe wegen besonderer Delikte begründen unabhängig von der Dauer der verhängten Freiheitsstrafe ein Berufungshindernis. Dabei handelt es sich um die Straftaten im Ersten (§§ 80 ff.) und Zweiten (§§ 93 ff.) Abschnitt des Besonderen Teils des StGB. In diesen Fällen ist es **unerheblich**, ob es sich um ein **Verbrechen** oder ein **Vergehen** handelt.

17   **2. Absatz 1 Nr. 2.** Der Verlust der Fähigkeit, öff. Ämter zu bekleiden, tritt infolge **Richterspruchs** automatisch ein, wenn wegen eines Verbrechens eine Freiheitsstrafe von mindestens einem Jahr verhängt wird (§ 45 Abs. 1 StGB). Insoweit hat das Berufungshindernis des Abs. 1 Nr. 1 1. Alt. zur Folge, dass auch ein Fall des Abs. 1 Nr. 2 vorliegt. Die Dauer der Amtsunfähigkeit beträgt fünf Jahre.

---

18   S. zur strafrechtstheoretischen Begr. der Versuchsstrafbarkeit *Schönke-Schröder-Stree*, StGB, 27. Aufl. 2006, Vorb. § 22 Rn. 17 ff.
19   Vgl. BGH NStZ 1981, 342; a.A. *Schönke-Schröder-Stree*, StGB, 27. Aufl. 2006, § 45 Rn. 3.
20   Vgl. zu § 48 Satz 1 Nr. 1 BBG a. F. BVerwGE 84, 1 = NJW 1990, 1865.
21   BVerwGE 107, 34 = NVwZ 1998, 1305.

Weiterhin kann ein Strafgericht ausdrücklich die Amtsfähigkeit für die Dauer von zwei bis fünf Jahren aberkennen, wenn das Gesetz es besonders vorsieht (§ 45 Abs. 2 StGB). Zum **Eintritt** und der jew. **Berechnung** der Amtsunfähigkeit siehe § 45a StGB; die Möglichkeit einer vorzeitigen **Wiederverleihung** der Amtsfähigkeit durch das Gericht regelt § 45b StGB.

Die Fähigkeit, öff. Ämter zu bekleiden, kann darüber hinaus durch das BVerfG im Verfahren zur **Verwirkung von Grundrechten** aberkannt werden (§ 39 Abs. 2 BVerfGG).

Die fehlende Amtsfähigkeit wirkt als Berufungshindernis immer nur für die **Dauer**, für die sie ausgesprochen worden ist. Wird sie im Gnadenwege aufgehoben[22], fällt – anders als bei Abs. 1 Nr. 1 – das Berufungshindernis weg.

3. Absatz 1 Nr. 3. Die **Maßregeln der Besserung und Sicherung**, die ein Berufungshindernis begründen, sind die Unterbringung in einer Entziehungsanstalt (§ 64 StGB) und die Unterbringung in der Sicherungsverwahrung (§ 66 StGB). Praktische Bedeutung hat dies nicht, da Personen, die diesen Maßregeln unterliegen, ohnehin nicht als Soldat Dienst leisten können.   18

4. Absatz 2 a. F. Abs. 2 a. F. bezog sich auf Urt. von Gerichten der ehem. DDR, die als deutsche Gerichte anzusehen waren. Die Vorschrift ist, wie in der Vorauf. angeregt wurde, mit dem WehrRÄndG 2008 aufgehoben worden.   19

5. Absatz 2 n. F. Das BMVg kann in Einzelfällen Ausnahmen von Abs. 1 Nr. 1 zulassen. Aufgrund der Entstehungsgeschichte der Best. ist davon auszugehen, dass die Möglichkeit der Ausnahmeentscheidung **subjektive Rechte** des jew. Antragstellers/Bewerbers begründet. Hierfür spricht auch der Wortlaut, der im Unterschied zur Ausnahmeentscheidung bei § 37 Abs. 2 nicht ausschließlich ein dienstl. Interesse voraussetzt.   20

Dies begründet **keinen Anspruch** auf eine Ausnahmegenehmigung. In der Praxis dürfte in erster Linie ein dienstl. Interesse an einem bestimmten Bewerber Anlass für eine Ausnahmegenehmigung sein. Der Betroffene kann verlangen, dass über seinen Antrag ermessensfehlerfrei entschieden wird, und hiermit ggf. eine verwaltungsgerichtl. Klage begründen.

Da Verurteilungen aus der NS-Zeit keine Rolle mehr spielen, wird eine Ausnahme dann in Betracht kommen, wenn der Bewerber trotz einer Vorstrafe eine **Persönlichkeitsentwicklung** durchlaufen hat, die auf eine künftig rechtstreue Gesinnung und Haltung schließen lässt. Dabei müssen die konkreten Umstände der jew. Straftat und der Verurteilung eine Rolle spielen.

Hins. der fehlenden Amtsfähigkeit (Abs. 1 Nr. 2) kann das BMVg dagegen keine Ausnahme erteilen. Dieses Berufungshindernis kann nur durch die Gerichte, die den Verlust der Amtsfähigkeit ausgesprochen haben, im Rahmen einer Wiederverleihung oder im Gnadenweg beseitigt werden.   21

---

22 Hierzu *Schönke-Schröder-Stree*, StGB, 27. Aufl. 2006, § 45 Rn. 16.

§ 39 Begründung des Dienstverhältnisses eines Berufssoldaten

In das Dienstverhältnis eines Berufssoldaten können berufen werden
1. Unteroffiziere mit der Beförderung zum Feldwebel,
2. Offizieranwärter nach Abschluss des für ihre Laufbahn vorgesehenen Ausbildungsganges mit der Beförderung zum Leutnant, Sanitätsoffizier-Anwärter jedoch erst mit der Beförderung zum Stabsarzt, Stabsveterinär oder Stabsapotheker sowie Militärmusikoffizier-Anwärter erst mit der Beförderung zum Hauptmann,
3. Offiziere auf Zeit,
4. Offiziere der Reserve.

Übersicht

	Rn		Rn
I. Allgemeines	1	II. Erläuterungen im Einzelnen	10
1. Zweck der Vorschrift	1	1. Nr. 1	10
2. Entstehung und Änderungen der Vorschrift	3	2. Nr. 2 bis 4	18
3. Bezüge zum Beamtenrecht, ergänzende Bestimmungen in Rechtsverordnungen, Dienstvorschriften und Erlassen	7	3. Rechtsschutz	22

Literatur: *Dautzenberg, Volker*: Differenzierungsmöglichkeiten bei Auswahlentscheidungen, NZWehrr 1999, 221; *Gertz, Bernhard*: Gestaltung von Auswahlverfahren für Soldaten unter besonderer Berücksichtigung des Verfassungsauftrages aus Art. 87a GG, NZWehrr 1987, 203; *Heller, Robert*: Die Berücksichtigung des allgemeinen Dienst- oder Lebensalters bei der Beförderung von Beamten und Soldaten, NZWehrr 1991, 133; *Lingens, Eric*: Entfernung aus dem Dienstverhältnis oder Beförderungsverbot, ZBR 2000, 89; *Püttner, Günter*: Altersgrenzen im Beamtenrecht, DVBl. 1997, 259; *Schreiber, Jürgen*: Rechtsanspruch auf Status- oder Laufbahnwechsel?, NZWehrr 1977, 139; *Steege, Friedrich-W.*: Eignung-Befähigung-Leistung. Zur Definition und Abgrenzung der Begriffe unter spezieller Berücksichtigung der militärischen Personalführung, NZWehrr 1978, 41.

I. Allgemeines

1. Zweck der Vorschrift. Durch § 39 werden **status- und dienstgradbezogene Voraussetzungen** festgelegt, die ein Bewerber aufweisen muss, um in das Dienstverhältnis eines BS berufen werden zu können. Die Best. verfolgt **zwei Ziele**:

Einerseits sollen nur Bewerber, die **bereits Soldat** sind, die Möglichkeit haben, BS zu werden. BS wachsen in erster Linie aus dem Kreis der SaZ hervor.[1] Ausgeschlossen ist, eine mil. Laufbahn als BS zu beginnen.

Andererseits wird mit dem Status des BS grds. auch ein **bestimmter mil. Dienstgrad** verbunden. Unterhalb des Dienstgrades Fw in den Laufbahnen der Uffz und unterhalb des Dienstgrades Lt in den Laufbahnen der Offz soll es keine BS geben.[2] Diesem Normzweck entspricht die Best. des § 62 Abs. 1 WDO, die bei BerufsUffz eine Dienstgradherabsetzung aus disziplinarrechtl. Gründen ebenfalls nur bis zum Fw zulässt. Hierdurch wird verhindert, dass z. B. ein StUffz im Dienstverhältnis eines BS stehen

---
1 So bereits *Rittau*, SG, 198.
2 *Rittau*, ebd.; *Scherer/Alff/Poretschkin*, SG, § 39 Rn. 2 f.

kann.³ Eine **Ausnahme** lässt jetzt § 7 **Abs. 1 Satz 1 EinsatzWVG** für die Berufung **einsatzgeschädigter Soldaten** zum BS zu. Hiernach können sogar Mannschaftsdienstgrade BS werden (vgl. § 7 Abs. 3 EinsatzWVG).

Wie § 37 und § 38 begründet § 39 **keinen Anspruch** auf Übernahme in das Dienstverhältnis eines BS, sondern legt nur weitere formale Mindestanforderungen fest. Die Übernahme steht **im Ermessen** der zuständigen Dienststellen. Ein Bewerber, der sämtliche Voraussetzungen erfüllt, hat lediglich einen Anspruch, dass über seine Bewerbung nach den Grundsätzen von Eignung, Leistung und Befähigung entspr. den Vorgaben von Art. 33 Abs. 2 GG, § 3 SG entschieden wird.⁴ 2

2. Entstehung und Änderungen der Vorschrift. § 39 ist von seiner Struktur her nahezu identisch mit § 34 des **REntw**.⁵ Die **Begr.** und die Erörterungen im **VertA** bestätigen die o.g. Zwecksetzung der Norm.⁶ Zu ausführlichen Diskussionen der Best. ist es im Rahmen des Gesetzgebungsverfahrens nicht gekommen. 3

Seit dem Inkrafttreten des SG ist § 39 zweimal **geändert** worden. Bei beiden Änd. ging es um die Einf. besonderer Übernahmevoraussetzungen für OA in den neu geordneten Laufbahnen des SanDienstes und des Militärmusikdienstes. 4

Durch Art. 1 Nr. 3 des G vom **21.7.1970**⁷ wurde in Nr. 2 die Regelung eingeführt, dass SanOA – abw. von Offz anderer Laufbahnen – erst mit der Beförderung zum Stabsarzt, Stabsveterinär oder Stabsapotheker BS werden können. Diese Änd. war erforderlich geworden, da mit diesem Gesetz die Laufbahn der Offz des SanDienstes neu geordnet wurde. Bis dahin rekrutierte sich das Sanitätsoffizierkorps ausschließlich aus bereits approbierten Ärzten und Apothekern, die ihre Ausbildung vor Einstellung in die Bw abgeschlossen hatten. Sie wurden im Dienstgrad Stabsarzt (Stabsveterinär, Stabsapotheker) eingestellt. Mit der Neuordnung wurde die Möglichkeit eröffnet, dass Bewerber bereits nach dem Abitur als SanOA eingestellt werden können und im Anschluss an eine mil. Ausbildung unter Gewährung eines Ausbildungsgeldes zum Studium beurlaubt und nach Erwerb der Approbation zum Stabsarzt ernannt werden. Die Neuregelung diente in erster Linie der Verbesserung der Nachwuchslage.⁸ Da die SanOA bereits während der Phase des Studiums befördert werden und dabei i. d. R. den Dienstgrad Lt (als Anwärterdienstgrad) erreichen, soll ihre Übernahme zum BS erst im Dienstgrad Stabsarzt erfolgen können. Die Verleihung dieses Dienstgrades setzt die Approbation voraus und beendet die Ausbildung zum SanOffz (vgl. § 31 Abs. 3 und 4 SLV). 5

Durch Art. 1 Nr. 8 des G vom **6.12.1990**⁹ wurde Nr. 2 um eine vergleichbare Sonderbest. für Militärmusikoffizier-Anwärter ergänzt. Deren Ausbildung endet mit der 6

---

3 Vgl. BT-Drs. III/2213, 22; *Dau*, WDO, § 62 Rn. 4; *Lingens*, ZBR 2000, 89 f.
4 Ganz h.M. u. Rspr., BVerfGE 39, 344 (354); BVerwGE 15, 3; BVerwGE 80, 123; BVerwG ZBR 1981, 228; *Schreiber*, NZWehrr 1977, 139; *Zängl*, GKÖD I K, § 8 Rn. 19 f. m. w. N. Hiervon abw. gibt § 7 Abs. 1 Satz 1 EinsatzWVG einsatzverletzten Soldaten auf Antrag einen **Anspruch** auf Übernahme als BS, wenn sie nicht dienstunfähig sind u. sich in einer Probezeit bewährt haben (BT-Drs. 16/6564, 19).
5 BT-Drs. II/1700, 9.
6 BT-Drs. II/1700, 28; BT-Drs. II/2140, 12.
7 BGBl. I S. 1120.
8 Vgl. BR-Drs. 42/70, 4.
9 BGBl. I S. 2588.

Beförderung zum Hptm, wobei dieser Dienstgrad das Kapellmeisterexamen voraussetzt (vgl. § 35 Abs. 3 und 4 SLV).

7 **3. Bezüge zum Beamtenrecht, ergänzende Bestimmungen in Rechtsverordnungen, Dienstvorschriften und Erlassen.** Eine § 39 unmittelbar entspr. Norm findet sich angesichts der anders gearteten Statusverhältnisse im Beamten- und Richterrecht (auf Probe, auf Lebenszeit, auf Widerruf) **weder in den Beamtengesetzen noch im DRiG**. Eingeschränkt vergleichbar mit § 39 sind von ihrer Zwecksetzung her § 10 BeamtStG und § 11 BBG, die ein bestimmtes Vorbereitungsstadium bzw. eine Probezeit für die Ernennung zum Beamten auf Lebenszeit voraussetzen. Dennoch wird hier ein zentraler **Strukturunterschied zwischen Soldatenrecht und Beamtenrecht** deutlich. Das Beamtenverhältnis ist grds. auf Dauer angelegt. Die lebenslängliche Anstellung stellt einen hergebrachten Grds. des Berufsbeamtentums i. S. v. Art. 33 Abs. 5 GG dar.[10] Auch die Beamtenverhältnisse auf Probe und mit Einschränkung die Beamtenverhältnisse auf Widerruf zielen darauf ab, in ein Beamtenverhältnis auf Lebenszeit überzugehen.[11] Im mil. Bereich ist dagegen der SaZ ein Regelstatus, der gleichberechtigt neben dem Status des BS steht. Nur ein Teil aller SaZ hat überhaupt die Möglichkeit, BS zu werden. Dies hängt mit der spezifisch mil. Notwendigkeit eines in der Altersstruktur ausgewogenen Personalkörpers zusammen.[12] Viele Verwendungen in den SK sind schon aufgrund der mit ihnen verbundenen körperlichen Anforderungen nur bis zu einem bestimmten Grenzalter auszufüllen. Die Einsatzfähigkeit der SK wäre bei einer Überalterung des Unteroffizier- und Offizierkorps nicht mehr gewährleistet. Dies bedingt, dass ein großer Teil aller länger dienenden Soldaten nur befristet im Dienstverhältnis verbleiben kann und noch vor Erreichen der besonderen oder allg. Altersgrenze aus den SK ausscheiden muss.

8 § 39 legt nicht abschließend alle formalen Voraussetzungen für die Berufung in das Dienstverhältnis eines BS fest. **Weitere Voraussetzungen** finden sich insbs. in **folgenden Best.**:
– SLV
– Best. für die Beförderung und für die Einstellung, Übernahme und Zulassung von Soldatinnen und Soldaten[13]
– RL für die Umwandlung des Dienstverhältnisses von Offz des Truppendienstes im Dienstverhältnis eines SaZ in das Dienstverhältnis eines BS[14]
– RL für die Umwandlung des Dienstverhältnisses von SanOffz im Dienstverhältnis einer/eines SaZ in das Dienstverhältnis einer/eines BS[15]
– RL für die Umwandlung des Dienstverhältnisses von Feldwebeln im Dienstverhältnis einer/eines SaZ in das Dienstverhältnis einer/eines BS.[16]

---

10 Vgl. BVerfGE 70, 251 (267); GKÖD I K, § 2 Rn. 51.
11 *Battis*, BBG, § 6 Rn. 7, 9.
12 So stehen auf der Grundlage des Personalstrukturmodells (PSM) 2010 58.000 BS insgesamt 137.000 SaZ gegenüber.
13 ZDv 20/7.
14 Erl. des BMVg – P II 1 – Az 16-02-09/1 v. 17.2.1997, zul. geä. durch Erl. v. 28.11.2007 – PSZ I 1 (40) – Az 16-26-0/8.
15 BMVg –Fü San II 3 – Az 16-02-09 v. 28.10.2002.
16 BMVg – PSZ I 1 – Az 16-02-09/7 v. 23.7.2002.

Diese Regelungen werden ergänzt durch z.T. jährlich aktualisierte teilstreitkraftspezifische Vorgaben über die Ergänzungsquoten, jew. bezogen auf Geburtsjahrgänge und Ausbildungs- und Verwendungsreihen.

Besondere Voraussetzungen für die Übernahme **einsatzgeschädigter Soldaten** in das Wehrdienstverhältnis eines BS enthält § 7 EinsatzWVG.

Zumindest **missverständlich** ist, wenn auch in aktuellen Komm. die Best. des **§ 87** als **Ausnahmeregelung** gegenüber den Voraussetzungen des § 39 qualifiziert wird.[17] Auch Bewerber, die nach Ableistung einer Eignungsübung gem. § 87 Abs. 2 zum BS ernannt werden sollen, müssen den jew. „Mindestdienstgrad" ihrer Laufbahn gem. § 39 spätestens mit der Berufung erlangen. Der Rechtsstatus der Eignungsübenden als SaZ wird für die Dauer der Eignungsübung durch § 87 Abs. 1 Satz 5 fingiert, so dass jedenfalls dogmatisch nicht von einer Ausnahmebest. auszugehen ist, nach der die Eignungsübung „an die Stelle der in § 39 genannten Voraussetzungen" tritt.[18]

9

II. Erläuterungen im Einzelnen

1. Nr. 1. Uffz können mit der Beförderung zum Fw BS werden. Als weitere Voraussetzung bestimmt § 21 SLV, dass der Soldat mindestens das 24. Lebensjahr vollendet hat. Gegen eine solche **Mindestaltersgrenze** ist materiellrechtl. nichts einzuwenden. Sie dient dem Zweck, dass die Rechtsstellung eines BS, die nur unter engen Voraussetzungen wieder entzogen werden kann, erst in einem Alter begründet wird, in dem sich die Berufswahl des Soldaten verfestigt hat und seine persönliche Entwicklung einen gewissen Abschluss erfahren hat, der durch die Personalführung beurteilt werden kann.[19] Zweifel könnten bestehen, ob die Festlegung des Mindestalters auf dem **Verordnungsweg** zulässig ist. Weder § 27 noch § 39 enthalten eine diesbezügliche Ermächtigungsgrundlage. Im Ergebnis dürften derartige Einwände jedoch unbegründet sein. Das Mindestalter von 24 Jahren kann als zulässiges Eignungskriterium i. S. v. Art. 33 Abs. 2 GG, § 3 Abs. 1 SG oder als Ermessenskriterium bei der Entscheidung über eine Bewerbung angesehen werden. Es ließe sich daher problemlos in einer Dienstvorschrift oder einem Erl. generell anordnen. Dann wäre die Festlegung des Alters von 24 Jahren als vorweg genommene Ausfüllung des Eignungsbegriffs, als „generalisierte Ermessensausübung" oder sog. „antizipierte Verwaltungspraxis" zu qualifizieren, die auch bei der Festlegung von Altersgrenzen im öff. Dienst zulässig ist.[20] Es kann folglich keinen Unterschied machen, dass hier die Altersgrenze in einer ansonsten gesetzl. umfassend ermächtigten RVO festgelegt wurde.

10

Sprachlich ungenau ist dagegen die Formulierung des **§ 21 SLV** insoweit, als der Soldat den Dienstgrad Fw erreicht haben muss. Dies könnte so verstanden werden, dass die Berufung in das Dienstverhältnis eines BS erst nach der Beförderung zum Fw erfolgen darf. Von § 39 Nr. 1 wäre eine derartige Regelung nicht gedeckt. Die Formulierung „... mit der Beförderung zum Feldwebel..." soll zum Ausdruck bringen, dass der geforderte Mindestdienstgrad zusammen mit der Ernennung zum BS verliehen werden kann und nicht bereits zuvor die entspr. Beförderung erfolgt sein muss.[21] Eine

11

---

17 Scherer/Alff/Poretschkin, SG, § 39 Rn. 4.
18 So aber Scherer/Alff/Poretschkin, ebd.
19 Vgl. BVerwG Buchholz 237.1 Art. 42 BG BY Nr. 6.
20 BVerwG Buchholz 232 § 15 BBG Nr. 11.
21 Unklar GKÖD I Yk, § 39 Nr. 1.

Bestätigung hierfür gibt § 41, wonach die Ernennungsurkunde für die Umwandlung des Dienstverhältnisses lauten kann „... unter Berufung in das Dienstverhältnis eines Berufssoldaten ..." Dies macht nur Sinn, wenn im Zusammenhang mit der Berufung auch eine Beförderung erfolgt. In der Praxis spielt dies jedoch kaum eine Rolle, da von den TSK – schon aus Gründen des Leistungs- und Eignungsvergleichs sowie der möglichst umfassenden „Potentialabschöpfung" – generell nur Soldaten, die bereits Fw sind, zur Bewerbung als BS aufgerufen werden. Gegenüber dieser Praxis bestehen **keine rechtl. Einwände.**

12 Obwohl in § 39 nicht ausdrücklich erwähnt, können auch **Reserveunteroffiziere** unter bestimmten Voraussetzungen in das Dienstverhältnis eines BS übernommen werden (§ 22 Abs. 3 SLV).

13 **Zuständig** für die Übernahme zum BS ist regelmäßig die **Stammdienststelle der Bw**[22], die aus den Stammdienststellen der TSK gebildet worden ist.

14 Die Übernahmeentscheidung wird i. d. R. im Rahmen jährlicher **Übernahmekonferenzen** getroffen. Unter Berücksichtigung der angemessenen Personalstruktur legen die TSK im Vorfeld fest, wie viele Fw pro Geburtsjahrgang und Ausbildungs- und Verwendungsreihe zum BS übernommen werden können. Dementspr. ergeht die Aufforderung zur Bewerbung. Die Bewerber werden in den Konferenzen vorgestellt und auf der Grundlage ihrer bisherigen Beurteilungen sowie TSK-spezifischer Kriterien nach dem Prinzip der Bestenauslese übernommen.[23] Hierbei ist eine ganzheitliche und vergleichende Betrachtung der Bewerber hins. ihrer Eignung für den angestrebten Statuswechsel vorzunehmen. Einzelheiten sind in den einschlägigen RL festgelegt.[24]

15 Keinen rechtl. Bedenken unterliegt es, **Übernahmequoten je Geburtsjahrgang** festzulegen und die Übernahme damit vom Lebensalter eines Bewerbers abhängig zu machen. Dies gilt selbst dann, wenn damit im Ergebnis ein im Vergleich der Beurteilungen schlechter bewerteter Bewerber einem besser beurteilten Konkurrenten allein aufgrund der Zugehörigkeit zu einem bestimmten Geburtsjahrgang vorgezogen wird. Hierin ist nicht ein Verstoß gegen das Leistungsprinzip (§ 3) oder gar die Anerkennung des im öff. Dienstrecht allg. als unzulässig angesehenen Ancienntätsprinzips[25] zu sehen. Vielmehr folgt dies aus den strukturellen Besonderheiten der SK. Der Verteidigungsauftrag der Bw erfordert, dass bei der Auswahl von BS auf einen durch verteidigungspolit. und mil. Zweckmäßigkeitserwägungen vorgegebenen Altersaufbau der SK Rücksicht genommen wird. Für das Personal in den SK ist das **Erfordernis einer strukturgerechten Altersschichtung** ungleich wichtiger als in allen anderen Bereichen des öff. Dienstes.[26] Die Einsatzfähigkeit der SK setzt einerseits ein Leistungs- und Fähigkeitsprofil voraus, das auch vom Lebensalter der Soldaten abhängig ist und Überalterungen verbietet. Andererseits besteht in der „Einheitslaufbahn" der BS nur sehr eingeschränkt die Möglichkeit, für Führungsverwendungen auf Seiteneinsteiger

---

22 Vgl. ZDv 14/5 B 108 Art. 4 Abs. 2.
23 Zum Grds. der Bestenauslese s. die Komm. zu § 3 Rn. 11, 70 ff.; *Dautzenberg*, NZWehrr 1999, 221; *Scherer/Alff/Poretschkin*, SG, § 3 Rn. 14 ff.
24 S. o. Rn. 8.
25 BVerwG DVBl. 1994, 118; OVG Saarlouis ZBR 1994, 81; VGH Kassel ZBR 1995, 109. Unbestr. ist, dass bei gleicher Eignung z. B. das Dienstalter als nicht leistungsbezogenes Hilfskriterium herangezogen werden kann. Vgl. *Gertz*, NZWehrr, 1987, 203 (205).
26 BVerwGE 33, 306; BVerwGE 43, 179; BVerwGE 86, 205.

zurückgreifen zu können. Nur durch der jew. Altersstruktur gerecht werdende Auswahlentscheidungen kann langfristig eine adäquate Dienstpostenbesetzung in der Zukunft gewährleistet werden. Es ist daher von der Rspr. anerkannt, dass es der Dispositionsbefugnis der Bw obliegt, festzulegen, wie viele BS für jeden Jahrgang übernommen werden sollen.[27]

Die Vereinbarkeit der vorstehend geschilderten Praxis mit Art. 33 Abs. 2 GG und § 3 Abs. 1 lässt sich dogmatisch auf zwei Wegen erreichen. Einerseits kann angesichts der besonderen Anforderungen der SK der Geburtsjahrgang als Eignungskriterium qualifiziert werden. Ein umfassender Eignungsbegriff enthält nicht nur die geistigen und charakterlichen Fähigkeiten, sondern alle Eigenschaften des Individuums, die Voraussetzung dafür sind, dass der Einzelne den Anforderungen seines Dienstpostens, seiner Laufbahn und seines Status gerecht wird.[28] Ein Bewerber, der einem bereits vollständig besetzten Geburtsjahrgang angehört, ist folglich für die Übernahme zum BS nicht mehr geeignet. Andererseits ist in der Festlegung von jahrgangsabhängigen Übernahmequoten eine planerisch-organisatorische Maßnahme der Bedarfsbestimmung zu sehen.[29] Anerkannt ist, dass der Zugang zu öff. Ämtern nur im Rahmen des jew. Bedarfs rechtl. geschützt ist.[30] Die organisatorischen Maßnahmen und die Festlegung des Bedarfs ihrerseits unterliegen grds. nicht der gerichtl. Kontrolle. Sie dienen ausschließlich dienstl. Interessen und begründen keine subjektiven Rechte für potentielle Bewerber. Eine gerichtl. Überprüfung ist daher nur in extremen Ausnahmefällen bei offensichtlich rechtsmissbräuchlichen Festlegungen vorstellbar.[31] **16**

Allerdings sieht die sog. **Erstbewerberregelung**[32] vor, dass Antragsteller aus nicht mehr aufgerufenen Geburtsjahrgängen, die sich in den vergangenen Jahren nicht bewerben konnten, einmal die Möglichkeit haben, an einem Auswahlverfahren teilzunehmen. **17**

2. Nr. 2 bis 4. BerufsOffz werden i. d. R. aus dem Kreis der Offz auf Zeit **(Nr. 3)** gewonnen. Ausnahmsweise dürfen OA bereits mit ihrer Beförderung zum Lt zum BS ernannt werden **(Nr. 2)**. Dies wird i. d. R. nur in den Fällen geschehen, in denen einem OA bereits bei der Einstellung gem. § 4 Abs. 4 SLV eine bindende Zusage erteilt wurde, ihn bei Erfüllen bestimmter Voraussetzungen zum BS zu übernehmen. **18**

---

27 BVerwG ZBR 1981, 228; BVerwGE 113, 76 = NZWehrr 97, 160; *Gertz*, NZWehrr 1987, 203 (207); einschränkend *Heller*, NZWehrr 1991, 133, der nicht ausreichend zwischen Beamten- u. Soldatenrecht differenziert; krit. auch, ohne zu berücksichtigen, dass sich die Rspr. des BVerwG nur auf die SK bezieht, *Püttner*, DVBl. 1997, 259.
28 *Steege*, NZWehrr 1978, 41; enger demgegenüber *Scherer/Alff/Poretschkin*, SG, § 3 Rn. 14 ff., die als Eignungsmerkmale anscheinend nur die Kategorien des § 37 Abs. 1 Nr. 2 u. Nr. 3 anerkennen.
29 So ist wohl BVerwGE 113, 76 = NZWehrr 1997, 160 zu verstehen; dogmatisch unklar BVerwG ZBR 1981, 228 f.
30 Allg. Ansicht. Vgl. BVerwGE 53, 265; BVerwG 1 WB 91/87; BVerwG 1 WB 125/89; *Gertz*, NZWehrr 1987, 203; GKÖD I K, § 8 Rn. 17; *Jarass*, in: Jarass/Pieroth, GG, Art. 33 Rn. 16 („kein Recht auf Schaffung von Stellen").
31 BVerwG 1 WB 125/89.
32 Nr. 28 ff. der RL des BMVg für die Umwandlung des Dienstverhältnisses von Fw im Dienstverhältnis eines SaZ in das Dienstverhältnis eines BS (BMVg – PSZ I 1 – Az 16-02-09/7 v. 19.12.2008).

§ 39 Begründung des Dienstverhältnisses eines Berufssoldaten

19 Der Mindestdienstgrad **Lt** für BerufsOffz ergibt sich daraus, dass nach § 24 Abs. 3 Satz 1 SLV mit der Beförderung zum Lt die Ausbildung zum Offz abgeschlossen ist. Bei SanOffz ist dies mit der Beförderung zum Stabsarzt, bei MilitärmusikOffz mit der Beförderung zum Hptm der Fall.[33]

20 Besondere Voraussetzungen für die Übernahme zum BS gelten für Offz, die aufgrund eines außerdienstl. erworbenen Fachhochschulstudiums bereits im Dienstgrad Lt z.S. oder OLt z.S. eingestellt werden. Sie müssen gem. § 26 Abs. 6 SLV mindestens ein Jahr Wehrdienst geleistet haben, bis sie zum BS übernommen werden können. Gleiches bestimmt § 32 Abs. 3 Satz 1 SLV für SanOffz, die ihre Approbation vor Diensteintritt erworben haben und im Dienstgrad Stabsarzt in die SK übernommen werden. Dagegen können Offz mit wissenschaftlicher Vorbildung, MilitärmusikOffz und Offz des Geoinformationsdienstes der Bw unmittelbar als BerufsOffz mit höherem Dienstgrad eingestellt werden (vgl. §§ 28, 37, 38 SLV). Dies stellt keine Ausnahme von dem Grds. dar, dass nur Bewerber, die sich bereits im Status eines Soldaten befinden, BS werden können; denn einer Ernennung zum BS muss in diesen Fällen zwingend eine Eignungsübung gem. § 87 vorangehen, die den Status als SaZ fingiert (vgl. § 28 Abs. 1 Satz 2 i.V.m. § 26 Abs. 1 Nr. 4 SLV; § 37 Abs. 1 Nr. 3 SLV und § 38 Abs. 1 Nr. 3 SLV).

21 Für die Übernahme zum BerufsOffz ist das **Personalamt der Bw** zuständig.[34] Das Verfahren folgt im Prinzip den gleichen Grds. wie bei Uffz. Die Anzahl der Offz, die in das Dienstverhältnis eines BS übernommen werden können, ist von den TSK verwendungsbezogen und nach Geburtsjahrgang entspr. dem jew. Bedarf festzulegen. Die endgültige Entscheidung wird in jährlichen Konferenzen auf der Basis ganzheitlicher, vergleichender Betrachtung der zur Auswahl stehenden Offz getroffen. Maßgeblich sind die bisherigen dienstl. Beurteilungen. Einzelheiten regeln die einschlägigen Richtlinien[35].

22 **3. Rechtsschutz.** Die Übernahme in das Dienstverhältnis eines BS ist eine **Statusentscheidung**, keine truppendienstl. Maßnahme i.S.v. § 17 Abs. 1 WBO.[36] Fühlt sich ein Bewerber zu Unrecht abgelehnt, kann er gem. § 23 WBO Verwaltungsbeschwerde einlegen[37] und im Falle der Zurückweisung Klage beim VG erheben. Da grds. kein Anspruch auf Übernahme besteht, sondern nur auf eine fehlerfreie Ermessensentscheidung, ist die **Verpflichtungsklage** in Form der Bescheidungsklage regelmäßig die richtige Klageart.

23 Der aus dem Beamtenrecht herrührende Begriff der **Konkurrentenklage**[38] ist im Soldatenrecht eher ungebräuchlich.[39] Dies mag mit den Besonderheiten des Übernahme-

---
33 S.o. Rn. 5.
34 ZDv 14/5 B 108 Art. 4 Abs. 1.
35 S.o. Rn. 8.
36 Allg. Ansicht. Vgl. BVerwGE 43, 258; BVerwGE 53, 289 = NZWehrr 1977, 185; VG Koblenz 9 K 1229/99. KO; *Dau*, WBO, Einf. Rn. 69.
37 Über die Beschwerde entscheidet – abw. von § 73 Abs. 1 Nr. 2 VwGO – gem. § 9 Abs. 1 i.V.m. § 9 Abs. 2 Satz 2 WBO das BMVg.
38 Vgl. GKÖD I K, § 8 Rn. 113 ff.; *Schöbener*, Verwaltungsgerichtlicher Rechtsschutz in beamtenrechtlichen Konkurrenzsituationen, BayVBl. 2001, 321.
39 Anders bei den von den Wehrdienstgerichten zu entscheidenden (truppendienstl.) Streitigkeiten um die Besetzung bestimmter Dienstposten. Hier werden Konkurrentenklagen nach der Rspr. zugelassen. Vgl. BVerwG NZWehrr 2001, 123; BVerwG ZBR 2001, 31.

verfahrens zusammenhängen, in dem nicht einzelne Stellen für BS ausgeschrieben[40] werden, sondern – wie oben dargestellt – Soldaten nach Jahrgang und Verwendung zur Bewerbung aufgerufen werden. Die Anzahl der Übernahmemöglichkeiten wird dabei im Vorfeld festgelegt. Mit der Übernahme ist nicht zwangsläufig ein Dienstpostenwechsel oder eine Versetzung verbunden. Da zudem die einzelnen Geburtsjahrgänge i. d. R. über mehrere Jahre immer wieder zur Bewerbung aufgerufen werden[41], ist mit der Ernennung eines Bewerbers die Übernahme seiner Mitbewerber häufig noch nicht endgültig ausgeschlossen. Der Rechtsschutz des Einzelnen fokussiert sich daher eher auf seine Position im Auswahlverfahren als auf ein konkretes Konkurrenzverhältnis um eine bestimmte Stelle. Gleichwohl stehen die Bewerber, sofern mehr Bewerbungen als Übernahmemöglichkeiten vorhanden sind, in einer Konkurrenzsituation nach Eignung, Leistung und Befähigung.

Bei Beschwerden und Klagen auf Übernahme zum BS werden daher regelmäßig weniger die formalen und relativ eindeutigen Voraussetzungen des § 39 in Streit stehen, sondern die dem Beurteilungsspielraum bzw. dem Ermessensbereich der zuständigen Dienststellen zuzuordnenden und damit nur eingeschränkt gerichtl. überprüfbaren (§ 114 VwGO) Fragen des **Bedarfs bzw. der Übernahmequote**[42], des Leistungs- und Eignungsvergleichs[43] sowie der Zulässigkeit besonders festgelegter Anforderungskriterien u.ä.[44]   24

Schwierigkeiten bereiten im Einzelfall die Konstellationen, in denen unterlegene Bewerber ihr Rechtsmittel mit der vermeintlichen Rechtswidrigkeit von Maßnahmen begründen, die dem Auswahlverfahren vorangegangen sind, denen ein entscheidender Einfluss auf die Auswahlentscheidung zugekommen ist, wie z. B. Beurteilungen, erfolgte oder unterbliebene Versetzungen auf bestimmte Dienstposten, Verwendungswechsel o. ä. Hierzu ist festzustellen, dass eine **incidente Prüfung truppendienstl. Maßnahmen** im Rahmen von Beschwerden und Klagen auf Übernahme zum BS jedenfalls dann **ausscheidet**, wenn der Bewerber die Möglichkeit hatte, gegen diese isoliert truppendienstl. Beschwerde einzulegen.[45]   25

Die Auswahlverfahren zum BS finden **jährlich** statt. Wird ein Bewerber abgelehnt und beschreitet er den Beschwerde- und Klageweg, ergeht eine gerichtl. Entsch. häufig erst zu einem Zeitpunkt, in dem das Bewerbungsverfahren, in dem der Kläger abgelehnt wurde, abgeschlossen ist. Möglicherweise läuft bereits das Auswahlverfahren des nächsten oder übernächsten Jahres, in dem aus Bedarfsgründen andere Übernahmequoten je Geburtsjahrgang und eine unterschiedliche Konkurrenzsituation gegeben sind.   26

---

40 Eine Ausschreibungspflicht für bestimmte Verwendungen o. Laufbahnen wie im Beamtenrecht (vgl. § 8 BBG) existiert im Soldatenrecht nicht.
41 Dies hängt damit zusammen, dass nicht alle Übernahmemöglichkeiten eines Jahrgangs auf einmal „verbraucht" werden sollen, sondern aus Gründen der möglichst besten Ausschöpfung des Gesamtpotenzials über mehrere Jahre die Möglichkeit zur Bewerbung offengehalten wird.
42 VG Münster 4 K 3883/96; VG Oldenburg 6 A 3006/00.
43 VG Kassel 7 E 662/01; VG Stuttgart 15 K 4373/00.
44 VG München M 12 K 99.4284.
45 BVerwG ZBR 1983, 167; OVG Münster 12 A 2336/98.

27 Damit stellt sich bei Klagen auf Übernahme zum BS die **Problematik des maßgeblichen Entscheidungszeitpunkts**.[46] Hierbei handelt es sich nicht um eine prozessrechtl., sondern um eine materiellrechtl. Kategorie.[47] Die generelle Regel, dass es bei Verpflichtungs- und Bescheidungsklagen auf die rechtl. und tatsächlichen Umstände im Zeitpunkt der gerichtl. Entsch. ankomme, kann, da es um den Übernahmeanspruch in einem bereits abgeschlossenen Auswahlverfahren geht, nicht uneingeschränkt gelten. Die Frage, ob die Ablehnung eines Bewerbers ermessensfehlerhaft war, ist vielmehr anhand der Sach- und Rechtslage im **Zeitpunkt der Übernahmeentscheidung** bzw. der letzten behördlichen Entscheidung zu beurteilen. Dies gilt jedenfalls für den heranzuziehenden **Beurteilungsmaßstab**. Verfehlt wäre, einer Klage auf Übernahme zum BS stattzugeben, wenn die Ablehnung aufgrund der damaligen Lage zwar ermessensfehlerfrei erfolgt ist, im Zeitpunkt der gerichtl. Entsch. Bedarf und Konkurrenzsituation sich aber zu Gunsten des Bewerbers verändert haben. In dieser Konstellation kann der Bewerber erneut einen Antrag auf Übernahme stellen. Seine Klage gegen die frühere Ablehnungsentscheidung ist dennoch abzuweisen.

28 Anderes muss dagegen u. U. für die vom VG auszusprechende **Rechtsfolge** gelten; diese kann durchaus von der Sachlage im Zeitpunkt der gerichtl. Entsch. abhängen. Zur Veranschaulichung soll folgendes **Beispiel** dienen:

OFw X, Geburtsjahrgang 1970 und Angehöriger der Ausbildungs- und Verwendungsreihe PanzergrenadierFw, beantragt Ende 2000 die Übernahme zum BS im Auswahlverfahren des Jahres 2001. In der Auswahlkonferenz 2001 wird er aufgrund des Eignungs- und Leistungsvergleichs abgelehnt. Nach erfolgloser Beschwerde erhebt er Klage beim VG. Die mündliche Verhandlung findet im Sommer 2003 statt.

Kommt das VG zu dem Ergebnis, dass die Ablehnung ermessensfehlerhaft war (dies bestimmt sich nach der Sach- und Rechtslage im Jahre 2001), kann es der Klage auf Übernahme zum BS oder auf diesbezügliche Neubescheidung nur unter der Voraussetzung stattgeben, dass im Jahre 2003, also im Zeitpunkt der gerichtl. Entsch., überhaupt noch ein Bedarf für BS-Übernahmen von Angehörigen des Geburtsjahrganges 1970 in der Ausbildung- und Verwendungsreihe des X gegeben ist. Ist der Jahrgang 1970 aufgrund der strukturellen Vorgaben bereits geschlossen, muss die Klage in jedem Fall abgewiesen werden. Eine Anfechtung der Ernennung eines Konkurrenten (echte **Konkurrentenklage**) ist im Hinblick auf die Ämterstabilität im Soldatenrecht genau so wenig anerkannt wie im Beamtenrecht.[48] Der Grds. der Ämterstabilität wurde, trotz geäußerter Zweifel in der Rspr.,[49] inzwischen bestätigt.[50] Allein die Tatsache, dass der Kläger in der Vergangenheit zu Unrecht abgelehnt wurde, führt jedenfalls nicht dazu, dass seiner Klage jetzt stattzugeben wäre.[51] Der Kläger hat nur die Möglichkeit, **Fortsetzungsfeststellungsklage** zu erheben und **Schadensersatz** zu verlangen. Erforderlichenfalls kann er im Wege des **einstweiligen Rechtsschutzes** gem. § 123 VwGO beantragen, dass für ihn eine Übernahmemöglichkeit bis zum rechtskräftigen Abschluss des Hauptsacheverfahrens offen gehalten wird. Ein Anordnungsgrund wird

---

46 Allg. hierzu *Kopp/Schenke*, VwGO, § 113 Rn. 217 ff.; *Schenke*, VwPR, Rn. 849 f.
47 *Kopp/Schenke*, VwGO, § 113 Rn. 220 ff. (227).
48 BVerwG 2 A 3/96.
49 BVerwGE 115, 89 = DVBl. 2002, 203; vgl. GKÖD I K, § 8 Rn. 119a.
50 BVerfG NJW-RR 2005, 998; BVerwGE 118, 370 = ZBR 2004, 101.
51 *Kopp/Schenke*, VwGO, § 113 Rn. 229.

vorliegen, wenn zu befürchten steht, dass ansonsten der Jahrgang besetzt ist, was nicht grds. der Fall sein muss.[52] Sind dagegen noch Übernahmemöglichkeit vorhanden, kann der Klage stattgegeben werden, selbst wenn sich inzwischen die Konkurrenzsituation zum Nachteil von X verändert hätte und sein Antrag im Jahr 2003 ermessensfehlerfrei zurückgewiesen werden könnte. Dies folgt daraus, dass es für den Beurteilungsmaßstab ausschließlich auf die Sach- und Rechtslage im Jahr 2001 ankommt. Darüber hinaus gebietet der Grds. der **Folgenbeseitigungslast**, dass eine in der Vergangenheit ergangene rechtswidrige Entscheidung korrigiert wird, wenn die zuständige Behörde über entspr. rechtl. und tatsächliche Möglichkeiten verfügt.[53]

Wird ein Bewerber zu Unrecht abgelehnt, und hat er keine Möglichkeit mehr, BS zu werden, kann er grds. **Schadensersatz** verlangen. Soldaten können Schadensersatz beanspruchen, wenn sie **statusrechtl. fehlerhaft behandelt** wurden. Dies gilt nicht nur bei rechtswidrig unterbliebenen Beförderungen, sondern auch bei der fehlerhaften Ablehnung der Übernahme zum BS. Dabei kommen drei Anspruchsgrundlagen in Betracht: 29

– Amtshaftung (Art. 34 GG i. V. m. § 839 BGB)
– Verletzung der Fürsorgepflicht (§ 31 Abs. 1)
– Anspruch sui generis aus dem öff.-rechtl. Dienstverhältnis.

Der **Amtshaftungsanspruch** ist gem. Art. 34 Satz 3 GG vor den ordentlichen Gerichten einzuklagen, während die Ansprüche wegen **Fürsorgepflichtverletzung** und aus dem **Dienstverhältnis** vor den VG geltend zu machen sind. Letzteres folgt zwar nicht unmittelbar aus § 40 Abs. 2 Satz 1 VwGO. Danach wäre in allen Fällen der ordentliche Rechtsweg gegeben. Wie für das Beamtenrecht (§ 40 Abs. 2 Satz 2 VwGO i. V. m. §§ 126 BBG, 54 BeamtStG) sieht § 82 insoweit eine Sonderregelung vor, nach der für alle Klagen aus dem Wehrdienstverhältnis der Verwaltungsrechtsweg gegeben ist.[54] 30

Inhaltl. haben die Ansprüche weitgehend identische Voraussetzungen.[55] Es kommt auf eine schuldhafte[56] Verletzung der dem Dienstherrn gegenüber dem Soldaten obliegenden Verpflichtung zur ermessensfehlerfreien Entscheidung auf der Grundlage des Leistungsgrds. und der Bestenauslese an. Der Dienstherr ist zur korrekten und richtigen Anwendung der für das Dienstverhältnis maßgeblichen Rechtsvorschriften verpflichtet. Diese Verpflichtung ist gleichermaßen eine Amtspflicht i. S. v. § 839 BGB[57] 31

---

52 S. o. Rn. 23.
53 *Schenke*, VwPR, Rn. 850.
54 So auch *Kopp/Schenke*, VwGO, § 40 Rn. 75 ff.
55 Zu beachten ist, dass der Amtshaftungsanspruch auf Ersatz in Geld beschränkt ist, während die anderen Anspruchsgrundlagen zumindest theoretisch auch auf Naturalrestitution gerichtet sein können, wenn dies auch im hier vorliegenden Zusammenhang kaum praktische Bedeutung haben dürfte. Ausnahmen sind denkbar bei der sog. Laufbahnnachzeichnung, z. B. um die „Langzeitfolgen" einer rechtswidrigerweise verweigerten Ernennung zum BS auszugleichen. Sie kann nicht auf Amtshaftung gestützt werden, da es sich bei der Laufbahnnachzeichnung um eine Art Naturalrestitution handelt. Vgl. hierzu u. zu Unterschieden zwischen den einzelnen Anspruchsgrundlagen hins. Beweislast u. Verjährung *Schenke, Wolf-Rüdiger*, Fälle zum Beamtenrecht, 2. Aufl. 1990, 133.
56 BVerwG ZBR 1996, 310; BVerwG ZBR 2001, 34; BVerwG ZBR 2003, 421.
57 BGHZ 29, 310 (313).

und ein Ausfluss der Fürsorgepflicht[58] bzw. Teil der quasi-vertraglichen Pflichten des Dienstherrn aus dem öff.-rechtl. Dienstverhältnis.[59] Die Pflichtverletzung muss bei dem Bewerber einen **Schaden** verursacht haben, der in der Nichtübernahme zum BS und – vermögensrechtl. – in dem damit verbundenen Verlust an Besoldungs- und Versorgungsansprüchen besteht. Selbst wenn ein Ermessensfehler der zuständigen Dienststelle vorgelegen hat, kann ein Schaden nur dann angenommen werden, wenn bei ermessensfehlerfreier Entscheidung der Bewerber mit an Sicherheit grenzender Wahrscheinlichkeit zum BS ernannt worden wäre, weil hins. seiner Person eine Ermessensreduzierung auf Null vorgelegen hat. Ansonsten fehlt es an der **haftungsausfüllenden Kausalität**.[60] Der bloße Ermessensfehler, der bei der Bescheidungsklage zur Aufhebung der Ablehnungsentscheidung und Verpflichtung zur Neubescheidung führt, kann allein noch keinen Schadensersatz begründen.

32 Anerkannt ist, dass bei allen genannten Schadensersatzansprüchen der Rechtsgedanke des **§ 839 Abs. 3 BGB** heranzuziehen ist. Danach scheidet ein Anspruch auf Schadensersatz aus, wenn der Bewerber es unterlassen hat, rechtzeitig um Primärrechtsschutz durch Beschwerde, Verpflichtungsklage und ggf. einstweiligen Rechtsschutz nachzusuchen.[61]

33 Zulässigkeitsvoraussetzung einer Leistungsklage auf Schadensersatz ist ferner, dass der Kläger vor Erhebung der Klage gegenüber seinem Dienstherrn sein Schadensersatzbegehren in einem **Antrag** konkretisiert hat. Eine ohne vorherigen Antrag erhobene Leistungsklage auf Schadensersatz ist unzulässig.[62]

§ 40 Begründung des Dienstverhältnisses eines Soldaten auf Zeit

(1) In das Dienstverhältnis eines Soldaten auf Zeit können berufen werden
1. Bewerber für die Laufbahnen der Mannschaften und der Unteroffiziere bis zu einer Dienstzeit von 20 Jahren, jedoch nicht über das 40. Lebensjahr hinaus,
2. Bewerber für die Laufbahnen der Offiziere mindestens bis zum Abschluss des für sie vorgesehenen Ausbildungsganges oder für eine fest bestimmte Zeit von mindestens drei Jahren und höchstens bis zu einer Dienstzeit von 20 Jahren, für die Laufbahn der Offiziere des Sanitätsdienstes bis zu eine Dienstzeit von 25 Jahren.

(2) Die Zeitdauer der Berufung kann auf Grund freiwilliger Weiterverpflichtung innerhalb der Grenzen des Absatzes 1 verlängert werden.

(3) Die Zeitdauer der Berufung eines Soldaten, der Inhaber eines Eingliederungsscheins (§ 9 Abs. 1 Satz 1 Nr. 1 des Soldatenversorgungsgesetzes) ist, verlängert sich ohne die Beschränkungen des Absatzes 1 bis zur Ernennung zum Beamten, längstens jedoch um eineinhalb Jahre.

(4) ¹Die Zeitdauer der Berufung eines Soldaten, dessen militärische Ausbildung mit einem Studium oder einer Fachausbildung von mehr als sechs Monaten Dauer ver-

---

58 BVerwGE 15, 3; OVG Münster ZBR 1986, 276.
59 BVerwGE 80, 123; BVerwG NJW 1992, 927; BVerwGE 107, 29.
60 Vgl. GKÖD I K, § 8 Rn. 138.
61 BVerwGE 107, 29; BVerwG DVBl. 2000, 1128.
62 BVerwG ZBR 1998, 46.

bunden war und der danach Elternzeit nach § 28 Abs. 7 in Anspruch genommen hat, verlängert sich ohne die Beschränkungen des Absatzes 1 um die Dauer der Elternzeit. ²Gleiches gilt für einen Soldaten, der eine Teilzeitbeschäftigung nach § 30a in Anspruch genommen hat; die Zeitdauer der Berufung verlängert sich um die Differenz der Teilzeitbeschäftigung zur Vollzeitbeschäftigung.

(5) ¹Ist ein Soldat auf Zeit während einer besonderen Auslandsverwendung zum Zeitpunkt des Ablaufs seiner Dienstzeit wegen Verschleppung, Gefangenschaft oder aus sonstigen mit dem Dienst zusammenhängenden Gründen, die er nicht zu vertreten hat, dem Einflussbereich des Dienstherrn entzogen, verlängert sich die Zeitdauer der Berufung ohne die Beschränkungen des Absatzes 1 bis zum Ablauf des auf die Beendigung dieses Zustands folgenden Monats. ²Dies gilt auch bei anderen Verwendungen im Ausland mit vergleichbarer Gefährdungslage.

(6) In die Dienstzeit wird der Wehrdienst eingerechnet, der in der Bundeswehr bis zur Berufung in das Dienstverhältnis eines Soldaten auf Zeit geleistet worden ist.

(7) ¹Die Dienstzeit eines Soldaten auf Zeit kann auf dessen Antrag verkürzt werden, wenn dies im dienstlichen Interesse liegt. ²Die verkürzte Dienstzeit soll die zur Durchführung der Berufsförderung notwendige Zeit der Freistellung vom militärischen Dienst umfassen.

Übersicht

	Rn		Rn
I. Allgemeines	1	3. Absatz 3	27
II. Erläuterungen im Einzelnen	5	4. Absatz 4	31
1. Absatz 1	5	5. Absatz 5	36
a) Grundlagen	5	6. Absatz 6	41
b) Stufenweise Dienstzeitfestsetzung	18	7. Absatz 7	44
		a) Entstehung der Vorschrift	44
2. Absatz 2	23	b) Einzelheiten	47

Literatur: *Alff, Richard*: Die Auswirkungen des Verwaltungsverfahrensgesetzes auf die Rechtsstellung des Soldaten, NZWehrr 1977, 41; *Baader, Peter*: Nochmals: Das Problem der nachträglichen Dienstzeitverkürzung bei Soldaten auf Zeit, NZWehrr 1985, 140; *Beyer, Jürgen*: Der Stellenvorbehalt für die Soldaten auf Zeit, ZBR 1997, 381; *Binne, Wolfgang*: Sozialpolitische und verfassungsrechtliche Probleme der Nachversicherung von Soldaten auf Zeit, DRV 1997, 428; *Dautzenberg, Volker*: Differenzierungsmöglichkeiten bei Auswahlentscheidungen, NZWehrr 1999, 221; *Engelien-Schulz, Thomas*: Zum Umfang der subjektiv-öffentlichen Rechte eines Antragstellers nach den §§ 2 bis 4 Personalstärkegesetz, NZWehrr 1993, 194; *Foge, Harald*: Anm. zur Unzulässigkeit der Dienstzeitherabsetzung von Soldaten auf Zeit, NZWehrr 1983, 137; *Sass, Wolfgang*: Die rechtliche Zulässigkeit langjähriger Dienstverhältnisse von Soldaten auf Zeit, NZWehrr 1983, 214; *Schmidt, Marlene*: §§ 9, 10 Soldatenversorgungsgesetz – eine verfassungs- und gemeinschaftswidrige Quotenregelung, ZBR 1997, 369; *Schreiber, Jürgen*: Faktisches Wehrdienstverhältnis bei Verzögerung der Mitteilung über die Neufestsetzung der Dienstzeit? NZWehrr 1963, 150.

I. Allgemeines

§ 40 ergänzt die allg. Berufungsvoraussetzungen der §§ 37, 38 um spezifische Regelungen für das Dienstverhältnis eines SaZ. Anders als im Beamtenrecht, wo die befristete Berufung in das Dienstverhältnis auf Ausnahmen beschränkt ist (vgl. § 6 Abs. 1 Satz 2

1

§ 40   Begründung des Dienstverhältnisses eines Soldaten auf Zeit

BBG), stellt der Status des **SaZ** in den SK einen **Regelstatus** dar. Grund hierfür ist das Erfordernis eines in der Altersstruktur ausgewogen zusammengesetzten mil. Personalkörpers. Dies ist keine Besonderheit der Bw, sondern galt bereits in früheren deutschen SK. Für Uffz der Reichswehr bestimmten § 19 Abs. 1 und § 20 WG 1921 eine grds. 12-jährige Dienstzeit. Der Soldatenberuf wurde in der Laufbahn der Uffz grds. nicht als Lebensberuf, sondern als „**Durchgangsberuf**" qualifiziert.[1] In der Begr. zu § 35 des **REntw.** (des späteren § 40) wurde daher die Möglichkeit einer zeitlich befristeten Berufung in das Soldatenverhältnis als selbstverständlich vorausgesetzt.[2]

2   Dies bedingt im Soldatenrecht einen besonderen Ausgleich zwischen den Interessen der Soldaten, die sich nur für einen bestimmten Abschnitt ihres Berufslebens dem Dienstherrn zur Verfügung stellen, und den Anforderungen der SK an ihr Personal. Die ansonsten im öff. Dienst **atypische befristete Beschäftigung** muss **attraktiv** ausgestaltet sein, um ausreichend Bewerber für ein Dienstverhältnis als SaZ zu interessieren. Hieraus folgen besondere Regelungen, die den Übergang von SaZ in eine spätere zivilberufliche Tätigkeit erleichtern sollen, z. B. die Gewährung eines Hochschulstudiums an den Universitäten der Bw für Offz mit einer Verpflichtungszeit von 13 Jahren, Ansprüche auf Berufsförderung[3] und Stellenvorbehalte im öff. Dienst.[4] Einige dieser Best. gehen auf Entwicklungen in der Reichswehr und der Wehrmacht zurück. Eine Art Berufsförderungsdienst war schon in § 23 WG 1921 vorgesehen in der Form von Fürsorgeoffizieren und des Truppenunterrichts an den Heeres- und Marinefachschulen für Verwaltung und Wirtschaft sowie für Gewerbe und Technik. Einen Vorläufer der heutigen Stellenvorbehaltsregelung enthielt § 32 WG 1935. Dies zeigt, dass das Dienstverhältnis auf Zeit eine **Eigentümlichkeit der SK** darstellt und rechtl. wie tatsächliche Folgewirkungen aufweist, die bei der Rechtsanwendung im Einzelfall berücksichtigt werden müssen.[5]

3   In seiner derzeitigen Fassung normiert § 40 eine **Vielzahl von statusrechtl. Besonderheiten** des Dienstverhältnisses eines SaZ, wie die Mindest- und Höchstdauer der Verpflichtung in den einzelnen Laufbahnen bzw. das Höchstalter (Abs. 1) sowie jew. die Verlängerung der Dienstzeit aufgrund freiwilliger Weiterverpflichtung (Abs. 2), wegen der Übernahme in das Beamtenverhältnis (Abs. 3), wegen Inanspruchnahme von Elternzeit (Abs. 4) und wegen einsatzspezifischer Besonderheiten im Ausland (Abs. 5). In Abs. 6 wird die Berechnung der Dienstzeit geregelt und durch Abs. 7 die Möglichkeit einer Dienstzeitverkürzung unter bestimmten Voraussetzungen eröffnet.

Angesichts dieser Regelungsvielfalt wird auf Zweck und Entstehungsgeschichte – soweit für das heutige Verständnis erforderlich – bei der Komm. der einzelnen Abs. eingegangen.

---

1 *Rittau, Martin,* Wehrgesetz, 1924, 67 f.; wogegen der Offizierberuf in der Reichswehr generell als Lebensberuf eingestuft wurde, da Offz gem. § 25 WG 1921 eine Verpflichtungszeit von 25 Jahren hatten. Vgl. *Rittau,* SG, 80 f.
2 BT-Drs. II/1700, 28 f.
3 § 3 Abs. 1 SVG.
4 § 10 SVG. Zur vermeintlich verfassungs- u. europarechtl. Problematik des Stellenvorbehalts vgl. *Schmidt,* ZBR 1997, 369. Hiergegen überzeugend *Beyer,* ZBR 1997, 381.
5 Zur Nachversicherung von ausgeschiedenen SaZ s. *Binne,* DRV 1997, 428; eine besondere Altersvorsorge für SaZ wird derzeit erwogen.

Begründung des Dienstverhältnisses eines Soldaten auf Zeit § 40

§ 40 wird durch die gleichen RVO, Erl. und Dienstvorschriften ergänzt, welche die 4
allg. Berufungsvoraussetzungen des § 37 konkretisieren. Auf die im Rahmen der dortigen Komm. aufgeführten Regelungen kann verwiesen werden. In erster Linie einschlägig für die Anwendung des § 40 sind die Erl. „Berufung in das Dienstverhältnis einer Soldatin auf Zeit oder eines Soldaten auf Zeit und Festsetzung der Dienstzeit (Berufungserlass)"[6] und „Berechnung der Dienstzeit von Soldaten auf Zeit"[7] sowie die „Richtlinie für die Einstellung früherer Soldatinnen und Soldaten der Bundeswehr in das Dienstverhältnis einer Berufssoldatin, eines Berufssoldaten, einer Soldatin auf Zeit oder eines Soldaten auf Zeit (Wiedereinstellungserlass – WEE)".[8]

II. Erläuterungen im Einzelnen

1. Absatz 1. – a) Grundlagen. Bei der Berufungsdauer differenziert Abs. 1 zwischen 5
den unterschiedlichen mil. Laufbahnen. Die **Höchstdauer der Berufung** als SaZ ist in allen Laufbahnen mit Ausnahme der Offz des SanDienstes der Zeitraum von **20 Jahren**. Für die Laufbahnen der Mannschaften und der Uffz ist zudem das 40. Lebensjahr als Grenze der Berufungsdauer festgelegt. Bei Bewerbern für die Laufbahnen der Offz kommt eine **Mindestdauer der Berufung** von **drei Jahren** oder bis zum Abschluss des für sie vorgesehenen Ausbildungsganges hinzu.[9] Eine Lebensaltersgrenze ist für Offz nicht festgelegt. Die maximale Berufungsdauer wurde seit dem Inkrafttreten des SG schrittweise erhöht. Nach der Erstfassung konnten SaZ nur bis zu einer Gesamtdienstzeit von zwölf Jahren in das Dienstverhältnis berufen werden und Uffz nicht über das 32. Lebensjahr hinaus. Durch Art. 1 Nr. 1 des G vom **6.4.1965**[10] wurde die Höchstdauer der Berufung zunächst auf 15 Jahre ausgedehnt und durch Art. 1 Nr. 4 des G vom **22.5.1980**[11] auf 20 Jahre. Seit 1996[12] besteht für SaZ aller Laufbahnen die Möglichkeit, bis zu 20 Jahren Dienst zu leisten. Diese Begrenzung wurde durch Art. 2 Nr. 13 des **SkResNOG** für Offz des SanDienstes auf 25 Jahre ausgedehnt.

Die Vorgaben des Abs. 1 stellen lediglich einen gesetzl. Rahmen dar. Die Bw ist nicht 6
gehindert, für bestimmte Laufbahnen oder mil. Ausbildungsgänge **Mindestverpflichtungszeiten** festzulegen.[13]

Verfassungsrechtl. ist die Berufung in ein Dienstverhältnis als SaZ für eine Dauer von 7
bis zu 20 bzw. 25 Jahren **unbedenklich**, auch wenn die betroffenen Soldaten damit über einen langen Zeitraum zur Dienstleistung verpflichtet sind und nur unter sehr engen Voraussetzungen die SK vorzeitig verlassen können. In der Vergangenheit vertretene Auffassungen, die unter Hinw. auf arbeitsrechtl. Best. und § 46 Abs. 3 eine Verpflichtungszeit von über sechs Jahren als mit Art. 12 GG nicht vereinbar gehalten haben[14], konnten sich nicht durchsetzen.

---

6 ZDv 14/5 B 127.
7 ZDv 14/5 B 127a.
8 VMBl. 2009 S. 57.
9 Die Ausbildung endet i. d. R. mit der Beförderung zum Lt (§ 24 Abs. 3 SLV) bzw. bei SanOffz mit der Beförderung zum Stabsarzt (§ 31 Abs. 4 SLV).
10 BGBl. I S. 305.
11 BGBl. I S. 581.
12 Durch Art. 3 des G v. 15.12.1995 (BGBl. I S. 1726).
13 ZDv 14/5 B 127 Nr. 2 Abs. 4.
14 Vgl. *Sass*, NZWehrr 1983, 214.

§ 40 Begründung des Dienstverhältnisses eines Soldaten auf Zeit

8 Ungeachtet seines eindeutigen Wortlauts wirft Abs. 1 z.T. **Anwendungsschwierigkeiten** auf, weil er die rechtl. komplexe Struktur der Begründung des Dienstverhältnisses eines SaZ nicht umfassend widerspiegelt.

Entscheidend für die juristische Betrachtung des Dienstverhältnisses eines SaZ ist die strikte Unterscheidung zwischen der **Berufung in das Dienstverhältnis** einerseits und der **Festsetzung der jew. Dienstzeit** andererseits. Beide Maßnahmen sind formal voneinander zu trennen. Bei der Berufung handelt es sich um einen **mitwirkungsbedürftigen VA in Form der Ernennung**, die nur durch Aushändigung einer Urkunde wirksam werden kann (§ 4 Abs. 1 Nr. 1, § 41 Abs. 1 Nr. 1). Die konkrete **Dienstzeit** wird dagegen nicht in der jew. Ernennungsurkunde[15], sondern durch einen **gesonderten VA** festgesetzt.[16]

9 Vom Wortlaut des Abs. 1 ausgehend könnte die Auffassung vertreten werden, dass die Berufung für eine **bestimmte Zeitdauer** erfolgt. Dies legt auch die Formulierung des § 54 Abs. 1 Satz 1 nahe, nach der das Dienstverhältnis eines SaZ mit Ablauf der Zeit endet, „für die er in das Dienstverhältnis berufen ist".

Hiergegen spricht allerdings Abs. 2, wonach die Zeitdauer der Berufung verlängert werden kann. Nach allg. Ansicht setzt die Dienstzeitverlängerung keine neue Berufung voraus. Die bloße **Verlängerung der Dienstzeit** stellt **keine Ernennung** dar und unterliegt nicht den formellen Anforderungen des § 41.[17] Dies wird durch die historische Auslegung bestätigt. Nach der Begr. zu § 35 Abs. 2 des REntw., der vom Wortlaut her mit dem heutigen § 40 Abs. 2 nahezu identisch ist, sollte die Möglichkeit geschaffen werden, die Dienstzeit zu verlängern, ohne damit ein neues Dienstverhältnis begründen zu müssen. Bei der Verlängerung sollte die Einheitlichkeit des ursprünglichen Dienstverhältnisses erhalten bleiben.[18] Die durch § 40 Abs. 7 eröffnete Möglichkeit, die Dienstzeit eines SaZ zu verkürzen, legt ebenfalls den Schluss nahe, dass die Begründung des Dienstverhältnisses und die Festsetzung der Dienstzeit gesondert zu betrachten sind. Daraus lässt sich allg. folgern, dass zwischen der Berufung in das Dienstverhältnis eines SaZ und der erstmaligen Festsetzung einer Dienstzeit zu unterscheiden ist und beide Maßnahmen durch voneinander formal unabhängige VA erfolgen dürfen, zumal anderenfalls die Berufungsdauer in der Ernennungsurkunde erwähnt werden müsste, was § 41 Abs. 1 Nr. 1 gerade nicht vorschreibt.[19] Auch praktische Gründe sprechen für diese Sichtweise.

10 Bei strenger juristischer Betrachtung enthält die Festsetzung der Dauer der Dienstzeit entspr. dem Musterbescheid der ZDv 14/5, Anl. 6 zu B 127, ihrerseits zwei VA: Einmal die **Festsetzung der Dienstzeit über einen bestimmten Zeitraum** gem. der Verpflichtungserklärung und andererseits die verbindliche Festlegung, mit Ablauf welchen Datums das Dienstverhältnis als SaZ endet (feststellender VA).

11 Das Dienstverhältnis eines SaZ basiert demnach auf insgesamt drei VA:
- der Ernennung/Berufung zum SaZ (§ 4 Abs. 1 Nr. 1 i. V. m. § 41 Abs. 1 Nr. 1)
- der Festsetzung der Dienstzeit in den Grenzen des § 40 Abs. 1
- der Festlegung des Datums, mit dessen Ablauf die Dienstzeit endet.

---

15 Vgl. die Musterurkunden in der ZDv 14/5 B 111, Anl. 1, B 112.
16 Vgl. ZDv 14/5 B 127 Nr. 4.
17 GKÖD I Yk, § 40 Rn. 6; *Scherer/Alff/Poretschkin*, SG, § 40 Rn. 2 f.
18 BT-Drs. II/1700, 29; vgl. *Rittau*, SG, 203.
19 BVerwGE 35, 150 (153 f.); BVerwG *Buchholz* 238.4 § 31 SG Nr. 14.

Diese klare Unterscheidung ist erforderlich, da jeder dieser VA unterschiedlichen materiellen und formellen Voraussetzungen unterliegt.

Die **Ernennung** ist ein antrags-, mitwirkungs- und formbedürftiger VA. Der Antrag auf Berufung ist in der Verpflichtungserklärung des Bewerbers zu sehen, für eine begrenzte Zeit Wehrdienst zu leisten.[20] Weigert sich der Betroffene, die Ernennungsurkunde entgegenzunehmen, kommt trotz eingegangener Verpflichtung ein Dienstverhältnis als SaZ nicht zustande. Wurde bei der Ernennung gegen Rechtsvorschriften verstoßen, ist eine Rücknahme nur unter den Voraussetzungen des § 41 Abs. 3 Satz 2 möglich. Im Übrigen kann das durch die Ernennung begründete Dienstverhältnis ausschließlich auf der Grundlage der Best. der §§ 54 ff. beendet werden, die insoweit als Spezialregelungen den §§ 48, 49 VwVfG vorgehen.[21] Die Ernennung ist ohne die Dienstzeitfestsetzung wirksam; der Soldat ist dann für unbest. Zeit in das Dienstverhältnis eines SaZ berufen. Die Dienstzeitfestsetzung muss unverzüglich nachgeholt werden.[22] 12

Bei der **Dienstzeitfestsetzung** handelt es sich um einen antragsbedürftigen VA[23], der seine Grundlage ebenfalls in der Verpflichtungserklärung findet. Ist die Verpflichtungserklärung wirksam, kann die Festsetzung der Dienstzeit auch gegen den Willen des bereits ernannten Soldaten erfolgen, was insbes. bei der stufenweisen Dienstzeitfestsetzung von Bedeutung ist. Die formellen Anforderungen an die Dienstzeitfestsetzung ergeben sich aus den einschlägigen Best. des VwVfG. 13

Bewerbern wird unter bestimmten Voraussetzungen die Möglichkeit eingeräumt, eine **widerrufliche Verpflichtungserklärung** abzugeben.[24] Erfolgt der Widerruf, wird entweder kein Dienstverhältnis als SaZ begründet oder – wenn der Widerruf nach der Ernennung erfolgt – die Eigenschaft als SaZ endet vorzeitig. 14

Rechtswidrig ist die Dienstzeitfestsetzung (nicht die Ernennung zum SaZ!), wenn die Vorgaben des Abs. 1 nicht beachtet werden oder die in der Verpflichtungserklärung angegebene Verpflichtungsdauer überschritten wird. Hieraus erhellt, dass Abs. 1 in erster Linie einen rechtl. Maßstab für die Dienstzeitfestsetzung und nicht für die Ernennung darstellt. Grds. die **Rücknahme** einer rechtswidrigen Dienstzeitfestsetzung gem. § 48 Abs. 1 VwVfG zuzulassen[25], erscheint zu pauschal. Regelmäßig wird eine überlange Dienstzeitfestsetzung als begünstigender VA anzusehen sein. Schließlich begründet sie eine längere Dienstzeit und damit die Voraussetzung für laufende Besoldungsleistungen (vgl. § 48 Abs. 2 Satz 1 VwVfG).[26] Die Rücknahme ist daher nur unter den Voraussetzungen des § 48 Abs. 2 VwVfG zulässig. Dabei kommt es auf die Zustimmung des Soldaten nicht an.[27] 15

---

20 Vgl. § 1 Abs. 2 Satz 2. Vgl. zu der Form der Verpflichtungserklärung ZDv 14/5 B 127, Anlage 1 ff.
21 *Alff*, NZWehr 1977, 41 (44) Zur vergleichbaren Rechtslage im Beamtenrecht *Battis*, BBG, § 13 Rn. 3; § 14 Rn. 2.
22 ZDv 14/5 B 128 Nr. 8; BVerwGE 35, 150 (154); *Scherer/Alff/Poretschkin*, SG, § 40 Rn. 6.
23 A.A. wohl *Sass*, NZWehrr 1983, 214.
24 Vgl. ZDv 14/5 B 127b.
25 So GKÖD I Yk, § 40 Rn. 3.
26 Vgl. zur Kategorie der gleichzeitig belastenden u. begünstigenden VA *Kopp/Ramsauer*, VwVfG, § 48 Rn. 72.
27 A.A. wohl *Scherer/Alff/Poretschkin*, SG, § 40 Rn. 1.

Eine vollständige Rücknahme der rechtswidrigen Dienstzeitfestsetzung und damit eine Rückführung der Dienstzeit auf den an sich zulässigen Zeitraum kommen nur dann in Betracht, wenn die bereits abgeleistete Dienstzeit des Soldaten diesen Zeitraum nicht überschritten hat. Ansonsten würde durch die Rücknahme unmittelbar das Dienstverhältnis rückwirkend beendet. Dies wäre unzulässig.[28] Ist dieser Zeitraum überschritten, kann die Rücknahme nur noch ex nunc bzw. auf einen in der Zukunft liegenden Zeitpunkt hin erfolgen.

16 Für den **Widerruf** einer rechtmäßigen Dienstzeitfestsetzung auf der Grundlage von § 49 VwVfG besteht angesichts der Möglichkeit, die Dienstzeit nach Abs. 7 verkürzen zu können, kein Bedarf. Da Abs. 7 dem Soldaten kein subjektives Recht auf fehlerfreie Ermessensausübung hins. einer Verkürzung der rechtmäßig festgesetzten Dienstzeit einräumt, sondern nur einen Anspruch auf willkürfreie Entscheidung in einem ordnungsgemäßen Verfahren[29], muss dies aus Gründen der systematischen Einheitlichkeit auch für einen Antrag auf Widerruf der rechtmäßigen Dienstzeitfestsetzung gelten.[30]

17 Die Festlegung des **Datums**, mit dem die Dienstzeit endet, kann, sofern sie infolge eines Rechenfehlers fehlerhaft war, grds. **korrigiert** werden. Ein entgegenstehender Vertrauensschutz des Soldaten dürfte i. d. R. nicht bestehen, da er an Hand der Dienstzeitfestsetzung sein Dienstzeitende selbst berechnen kann.

18 **b) Stufenweise Dienstzeitfestsetzung.** Von **großer praktischer Bedeutung** ist die stufenweise Festsetzung der Dienstzeit von SaZ. So wird für ungediente Bewerber trotz einer Verpflichtung auf mehrere Jahre regelmäßig zunächst eine Dienstzeit von sechs Monaten als Bewährungszeit festgesetzt.[31] Die Festsetzung auf die volle Verpflichtungszeit wird z.T. von der erfolgreichen Teilnahme an bestimmten Ausbildungsabschnitten abhängig gemacht.[32] Für Offizierbewerber, die ein Studium zu absolvieren haben, wird zunächst die Dienstzeit festgesetzt, die erforderlich ist, um das Vordiplom bzw. die medizinische oder pharmazeutische Vorprüfung absolvieren zu können.[33] Die Festsetzung auf die volle Verpflichtungszeit steht unter dem Vorbehalt der Bewährung oder des erfolgreichen Ausbildungs- bzw. Studienabschlusses. Werden diese Voraussetzungen nicht erfüllt, endet das Dienstverhältnis mit Ablauf der festgesetzten Zwischendienstzeit, ohne dass es einer Entlassungsverfügung bedarf. Wird die Dienstzeit versehentlich erst nach Ablauf der zunächst festgesetzten Dienstzeit verlängert, hat dies rückwirkenden Charakter. Das Dienstverhältnis hat über den Zeitraum der zunächst festgesetzten Dienstzeit hinaus nicht nur faktisch, sondern auch rechtl. Bestand gehabt.[34]

19 Dieses Verfahren dient allein den **Interessen des Dienstherrn**. Es begründet kein Recht des Soldaten, nach Ablauf der Zwischendienstzeiten bzw. vor Festsetzung der Gesamtdienstzeit eigenmächtig von der eingegangenen Verpflichtung Abstand zu

---

28 So auch OVG Münster 1 A 815/89.
29 Vgl. *Engelien-Schulz*, NZWehrr 1993, 194 (196).
30 Für ein subjektives Recht auf fehlerfreie Ermessensausübung bei der Entscheidung über den Widerruf der Dienstzeitfestsetzung OVG Münster 1 A 815/89.
31 ZDv 14/5 B 127 Nr. 4 Abs. 4.
32 ZDv 14/5 B 127 Nr. 2 Abs. 5.
33 Vgl. die Muster zur Verpflichtungserklärung in der ZDv 14/5 B 127, Anlage 3.
34 BVerwGE 35, 150; *Schreiber*, NZWehrr 1963, 150.

nehmen. Eine Verpflichtungserklärung bindet den Soldaten für die eingegangene Verpflichtungszeit, auch wenn seine Dienstzeit stufenweise festgesetzt wird.[35]

In der Verpflichtungserklärung wird der Bewerber über dieses Verfahren informiert und über die Voraussetzungen, unter denen seine Dienstzeit verlängert wird, unterrichtet. In diesem Hinw. ist rechtl. zugleich eine **Zusicherung** gegenüber dem Soldaten i. S. v. § 38 VwVfG zu sehen, dass er bei Erfüllen der festgelegten Voraussetzungen unabhängig von weiteren Bedingungen einen **Anspruch auf Festsetzung der Gesamtdienstzeit** hat.[36] 20

Dies ist dann von Bedeutung, wenn zwar die Bewährung festgestellt wird bzw. die Ausbildungsgänge erfolgreich absolviert wurden, inzwischen aber aufgetretene gesundheitliche Einschränkungen oder sonstige Mängel in der Person des Soldaten vorliegen, die an sich eine Dienstzeitverlängerung ausschließen würden. In diesen Fällen ist dennoch die Dienstzeitverlängerung zu verfügen; auf die neu eingetretenen Eignungsmängel kann nur durch Anwendung der einschlägigen Entlassungsvorschriften reagiert werden.[37]

Auf einen **Wegfall der Bindungswirkung** der Zusicherung gem. § 38 Abs. 3 VwVfG wird sich der Dienstherr nicht berufen können, da die Zusicherung unter dem Vorbehalt bestimmter Bedingungen erteilt wurde und damit für den Fall anderer, neu auftretender Hindernisse bewusst Gültigkeit behalten sollte.[38] Auch ein Widerruf oder eine Rücknahme der Zusicherung scheidet daher aus. Etwas anderes gilt, wenn der neu aufgetretene Eignungsmangel zusätzlich bewirkt, dass die festgelegten Bedingungen für die Dienstzeitverlängerung nicht erfüllt werden, z. B. wenn eine gesundheitliche Einschränkung zur Folge hat, dass eine bestimmte Ausbildung nicht zu Ende geführt werden kann. In diesem Fall bleibt es dabei, dass die Bedingung für die Dienstzeitverlängerung nicht erfüllt ist.[39]

Rechtl. ist diese Form der stufenweisen Dienstzeitfestsetzung **krit.** zu bewerten. Es stellt sich die Frage der Vereinbarkeit mit den allg. Eignungskriterien und den gesetzl. Berufungsvoraussetzungen. Zwar gelten die §§ 3, 37 und 38 vom Wortlaut her nur für die erstmalige Berufung in Form der Ernennung.[40] Es ist auch einzuräumen, dass es unter Berücksichtigung des Interesses des Soldaten problematisch wäre, nach mehreren Jahren eine weitere Dienstzeitfestsetzung unter Hinw. auf später eingetretene Eignungsmängel einseitig ablehnen zu können, während der Soldat an seine Verpflichtungserklärung gebunden bleibt. Gleichwohl ändert dies nichts daran, dass hier im Einzelfall die Dienstzeit eines nicht geeigneten Soldaten verlängert wird, ggf. um anschließend ein Entlassungsverfahren einzuleiten. Bei faktischer Betrachtung kommt die stufenweise Dienstzeitfestsetzung mit genau festgelegten Bedingungen, unter denen die Dienstzeit verlängert wird, **administrativ geschaffenen Entlassungstatbeständen** nahe. Hieraus resultieren z.T. Schwierigkeiten beim verwaltungsgerichtl. Rechtsschutz. De lege ferenda wäre daran zu denken, die Dienstzeit von SaZ von 21

---

35 BVerwG *Buchholz* 238.4 § 31 SG Nr. 14.
36 Erl. des BMVg – P II 1 – Az 16-02-08 /8 v. 6.3.1986; vgl. OVG Magdeburg 2 B 353/99.
37 Zu den Einzelheiten s. ZDv 14/5 B 127 Nr. 5 Abs. 5 ff. Vgl. auch VGH München NZWehrr 1979, 151; VG Bremen 6 KV 734/9.
38 Vgl. *Kopp/Ramsauer*, VwVfG, § 38 Rn. 38.
39 Vgl. VG München M 12 K 98/3392.
40 S. o. Rn. 11, 13.

vornherein auf die gesamte Verpflichtungszeit festzusetzen und dafür spezielle Entlassungsregelungen, wie das Nichtbestehen einer Probezeit, eines Ausbildungs- oder Studiengangs zu normieren.

22 Beim Rechtsschutz gegen die Ablehnung der Festsetzung weiterer Dienstzeiten liegt immer **eine Verpflichtungs- und keine Anfechtungskonstellation** vor. Da die Verpflichtungserklärung als Antrag auf entspr. Dienstzeitfestsetzung zu qualifizieren ist[41], stellt die Mitteilung an den SaZ, seine Dienstzeit werde nicht verlängert, die Ablehnung seines diesbezüglichen Antrages dar. Hiergegen kann mit der Beschwerde und der **Verpflichtungsklage** auf Festsetzung der nächsten oder vollen Verpflichtungszeit vorgegangen werden. Eine isolierte Anfechtung wäre unzulässig und würde der Zielsetzung des Soldaten nicht entsprechen. Einstweiliger Rechtsschutz kann in diesen Fällen über § 123 VwGO und nicht nach § 80 Abs. 5 VwGO erreicht werden.

23 **2. Absatz 2.** Abs. 2 regelt die Verlängerung der Dienstzeit aufgrund freiwilliger Weiterverpflichtung. **Weiterverpflichtung** bedeutet, dass der SaZ seine Bereitschaft erklärt, über die Zeit, für die er sich bereits verpflichtet hat, hinaus Dienst in den SK leisten zu wollen.[42] Rechtsgrundlage der Verlängerung der Dienstzeit ist die neue und nicht – wie bei der stufenweise festgesetzten Dienstzeit – die ursprüngliche Verpflichtungserklärung. Zu der gegen den Willen des Soldaten möglichen Verlängerung der Dienstzeit aus zwingenden Gründen der Verteidigung vgl. § 54 Abs. 3.

24 Von seinem Sinn und Zweck her behandelt Abs. 2 eine **Selbstverständlichkeit.** Wenn für Erstbewerber die Dienstzeit innerhalb der Grenzen des Abs. 1 festgesetzt werden kann, folgt daraus, dass die Dienstzeit bereits im Status von SaZ stehender Soldaten verlängerbar sein muss. Entscheidend ist, dass die Verlängerung der Dienstzeit nicht die Begründung eines neuen Dienstverhältnisses bewirkt, sondern das ursprünglich begründete fortsetzt.[43]

Abs. 2 ist bis auf eine unbedeutende redaktionelle Änd.[44] seit der Erstfassung unverändert geblieben.

25 Auf die Verlängerung der Dienstzeit gem. Abs. 2 besteht **kein Anspruch**. Die Verlängerung erfolgt unter Berücksichtigung der allg. Ernennungs- und Verwendungsgrds. Auch wenn die Verlängerung keine Ernennung darstellt, sind die §§ 3, 37 und 38 hier – anders als bei der Verlängerung aufgrund der Zusicherung in den Fällen der stufenweise festgesetzten Dienstzeit – angesichts der mit der Erstberufung identischen Interessenlage anzuwenden.[45]

Auch bei Vorliegen sämtlicher Voraussetzungen, insbes. charakterlicher, geistiger und körperlicher Eignung, kann der SaZ nur verlangen, dass nach pflichtgemäßem Ermessen über seinen Antrag entschieden wird. Dabei spielt der **Bedarf** eine entscheidende Rolle. Dessen Festlegung unterliegt auf der Basis ihrer Personal- und Organisationshoheit einem weitgespannten Beurteilungsspielraum der SK. Die TSK legen i. d. R.

---

41 S. o. Rn. 13.
42 Unklar insoweit ZDv 14/5 B 127 Nr. 5 Abs. 2.
43 S. o. Rn. 9.
44 Durch Art. 1 Nr. 26 des SGÄndG.
45 Allg. Ansicht. Vgl. BVerwG ZBR 1981, 228; OVG Lüneburg NVwZ-RR 1999, 772; VGH München 3 ZB 00.3309 zu M 12 K 98.4961; GKÖD I Yk, § 40 Rn. 7; *Scherer/Alff/Poretschkin*, SG, § 40 Rn. 7.

Begründung des Dienstverhältnisses eines Soldaten auf Zeit § 40

jährlich in sog. **Weisungen für die Personalsteuerung** fest, in welchen Laufbahngruppen und Verwendungsbereichen eine Verlängerung bis zu welcher maximalen Dienstzeit möglich ist. Dabei spielt wie bei der Übernahme zum BS die ausgewogene Altersstruktur in den SK eine besondere Rolle.[46] Diese Vorgaben sind für die personalführenden Stellen bei der Entscheidung über die Dienstzeitverlängerung verbindlich und können gerichtl. allenfalls auf Willkür oder Sachwidrigkeit überprüft werden.[47]

Demgegenüber spielen individuelle Interessen, wie persönliche und soziale Belange des Antragstellers, grds. keine Rolle. Die **Fürsorgepflicht** des Dienstherrn ist i. d. R. **kein Kriterium**, das bei der Entscheidung über die Verlängerung der Dienstzeit zu berücksichtigen ist, da sie sich auf das bestehende Dienstverhältnis und die ursprünglich festgesetzte Dienstzeit bezieht.[48]

Eine Verlängerung der Dienstzeit kommt rechtslogisch nur in Betracht, solange ein **26 Dienstverhältnis als Soldat besteht**. Hat dieses durch Ablauf der festgesetzten Dienstzeit bereits geendet (§ 54 Abs. 1), kann eine Verlängerung aus rechtl. Gründen nicht mehr erfolgen. Ein Antrag bzw. eine Beschwerde auf Verlängerung der Dienstzeit sind bzw. werden, weil auf ein rechtl. unmögliches Ziel gerichtet, unzulässig, in jedem Fall unbegründet. Der Soldat kann eine erneute Ernennung als Wiedereinsteller beantragen.

Endet die Dienstzeit während eines verwaltungsgerichtl. Verfahrens, in dem der Soldat auf Verlängerung klagt, tritt die Erledigung des Rechtsstreits ein; der klagende Soldat kann zur Fortsetzungsfeststellungsklage übergehen.[49] Die Klage gegen die Ablehnung der Weiterverpflichtung hemmt nicht den Ablauf der festgesetzten Dienstzeit.[50]

3. Absatz 3. Abs. 3 ist durch Art. 2 Nr. 1 des **Eingliederungsgesetzes** für SaZ[51] im **27** Zusammenhang mit der Schaffung des **Eingliederungsscheins** in das SG aufgenommen worden. Die Best. ist im Zusammenhang mit § 46 Abs. 3a, § 55 Abs. 1 Satz 2 und 3 zu lesen. Administrative Einzelheiten finden sich in dem Erl. „Ernennung von Soldaten auf Zeit zu Beamten auf Widerruf im Vorbereitungsdienst".[52]

Während der bereits früher bestehende **Zulassungsschein** nur noch für die Einstellung **28** als Ang. im öff. Dienst oder als Beamter **nach** einer zusätzlichen Ausbildung vorgesehen ist, soll durch den Eingliederungsschein der **unmittelbare** Übergang des SaZ in das Beamtenverhältnis ermöglicht werden. Der Inhaber eines Eingliederungsscheines erhält nach Beendigung seines mil. Dienstverhältnisses als Beamter an Stelle von Übergangsgebührnissen Ausgleichszahlungen, durch die ihm ein Einkommen in Höhe seiner letzten Besoldung gesichert wird (§ 11a SVG).[53] Sinn des Abs. 3 ist, dass der Inhaber eines Eingliederungsscheins nicht gezwungen werden soll, sich bis zu seiner Ernennung als Beamter, die häufig erst nach Ablauf der festgesetzten Dienstzeit

---

46 S. Komm. zu § 39 Rn. 7, 15.
47 VGH München 3 ZB 00.3309 zu M 12 K 98.4961.
48 VGH München ebd.; VG Gera 1 E 326/99 GE; vgl. auch BVerwG *Buchholz* 235, § 47a BBesG Nr. 1; *Scherer/Alff/Poretschkin*, SG, § 3 Rn. 41.
49 BVerwG *Buchholz* 238.4 § 40 SG Nr. 2; VG Greifswald 6 A 2190/98.
50 VGH München 15 ZB 06.3280.
51 V. 25.8.1969 (BGBl. I S. 1347); vgl. hierzu *Klinkhardt, Volker*, Die Übernahme von Unteroffizieren mit 12jähriger Verpflichtungszeit in den zivilen öffentlichen Dienst, ZBR 1969, 297.
52 ZDv 14/5 B 147.
53 Vgl. BT-Drs. V/4113, 6.

erfolgen kann, um eine zwischenzeitliche Beschäftigung zu bemühen. Daher bleibt er bis zur Ernennung zum Beamten im Dienstverhältnis als SaZ, längstens bis zur Dauer von eineinhalb Jahren über seine festgesetzte Dienstzeit hinaus. Praktische Bedeutung hat diese Regelung insbes. für diejenigen SaZ, die nicht während ihrer Dienstzeit unter Freistellung vom mil. Dienst im Beamtenverhältnis auf Widerruf den Vorbereitungsdienst beginnen können, weil ihnen **bildungsmäßige Voraussetzungen fehlen** (z. B. die Fachhochschulreife für den gehobenen Dienst).[54]

29 Voraussetzung für die Anwendung des Abs. 3 ist, dass der SaZ über einen Eingliederungsschein verfügt. Keine Verlängerung der Dienstzeit kommt für SaZ in Betracht, die sich über die Dienstzeitverlängerung erst die Voraussetzungen für die Erteilung eines Eingliederungsscheins verschaffen wollen.[55]

30 Das gem. Abs. 3 verlängerte Dienstverhältnis **endet** vor Ablauf der eineinhalb Jahre mit der Ernennung zum Beamten. Während sonst das Dienstverhältnis eines SaZ bestehen bleibt, wenn er zum Beamten auf Widerruf im Vorbereitungsdienst ernannt wird (vgl. § 55 Abs. 1 Satz 1), gilt der Inhaber eines Eingliederungsscheins mit seiner Ernennung zum Beamten auf Widerruf als entlassen, wobei die Entlassung nicht als Entlassung auf eigenen Antrag gilt (§ 55 Abs. 1 Satz 2 und 3 i. V. m. § 46 Abs. 3a). Außer durch die Ernennung zum Beamten endet das gem. Abs. 3 verlängerte Dienstverhältnis vorzeitig, wenn das Erlöschen des Rechts aus dem Eingliederungsschein (§ 9 Abs. 3 Satz 2 Nr. 1 bis 3 SVG) unanfechtbar festgestellt worden ist.[56] Damit kann die missbräuchliche Inanspruchnahme der Dienstzeitverlängerung durch SaZ, die nicht Beamte werden wollen, eingeschränkt werden.

31 **4. Absatz 4.** Abs. 4 wurde durch Art. 1 Nr. 9 des G vom **6.12.1990**[57] in das SG eingefügt. Durch Art. 1 Nr. 26 des **SGÄndG** wurde der Verweis auf § 28 Abs. 7 aufgenommen; durch Art. 8 Nr. 2 des G vom **30.11.2000**[58] wurde der Begriff „Elternzeit" eingeführt. Durch Art. 2 Nr. 4 des **SDGleiG** wurde im Zusammenhang mit der Teilzeitbeschäftigung für Soldaten Satz 2 angefügt, wonach die Inanspruchnahme von Teilzeitbeschäftigung nach § 30a zu einer entspr. Verlängerung der Dienstzeit führt.

32 Abs. 4 **bezweckt**, die in den SaZ investierte **Ausbildung** in dem gebotenen Umfang zeitlich zu **nutzen**. Es soll verhindert werden, dass die zu Ausbildungszwecken aufgewendeten Mittel ohne Nutzen für die SK und somit für die Allgemeinheit bleiben.[59] Für BS existiert eine parallele Regelung in § 46 Abs. 4. Vor dem Hintergrund dieses Normzwecks war es konsequent, mit der Einführung der Teilzeitbeschäftigung Abs. 4 zu ergänzen. Ein Soldat in Teilzeitbeschäftigung stünde bei ansonsten unveränderter Dienstzeit dem Dienstherrn nicht in demselben zeitlichen Umfang zur Verfügung, wie nach seiner Verpflichtungserklärung, die auf Vollzeitbeschäftigung abstellt, festgelegt war.[60] Die Bestimmung ist mit Art. 3 GG vereinbar.[61]

---

54 Vgl. BT-Drs. V/4113, 8.
55 VGH Mannheim 11 S 1664/84 = BWVPr 1987, 109.
56 BVerwG *Buchholz* 239.2 § 9 SVG Nr. 2.
57 BGBl. I S. 2588.
58 BGBl. I S. 1638.
59 BT-Drs. 11/6906, 15.
60 Vgl. BT-Drs. 15/3918, 28; BVerwGE 124, 187.
61 BVerwGE 124, 187; VG München NZWehrr 2008, 127.

Begründung des Dienstverhältnisses eines Soldaten auf Zeit § 40

Die Verlängerung der Dienstzeit tritt **kraft Gesetzes** unmittelbar ein, entspr. der in 33
Anspruch genommenen Elternzeit. Auf eine Verfügung der Dienstzeitverlängerung durch VA kommt es nicht an. Gegen den Erlass eines feststellenden VA durch die zuständige personalbearbeitende Dienststelle, mit dem die verlängerte Dienstzeit festgestellt wird, ist nichts einzuwenden. Je nachdem, ob ein derartiger VA vorliegt oder nur eine deklaratorische Information des Soldaten, ist **Rechtsschutz** durch Beschwerde und Anfechtungsklage oder durch Feststellungsklage gegeben.

Die Begriffe „**Fachausbildung**" und „**Studium**" sind angesichts der identischen Interessenlage so zu verstehen wie in § 46 Abs. 3 und § 56 Abs. 4.[62] Gleiches gilt für die zu diesen Vorschriften ergangenen Erl.[63] 34

Von der Verlängerung der Dienstzeit werden auch die Fälle erfasst, in denen der Soldat das Studium bzw. die Fachausbildung noch **nicht abgeschlossen** hatte, als er die Elternzeit in Anspruch nahm. Entscheidend ist, dass die Fachausbildung oder das Studium mindestens sechs Monate gedauert hat und in dieser Zeit Wissen oder Fähigkeiten vermittelt wurden, die für die Verwendung als Soldat nutzbar sind.[64]

Jede andere Auslegung, die für die Verlängerung der Dienstzeit den förmlichen Abschluss der Fachausbildung oder des Studiums voraussetzt, würde Missbrauchsmöglichkeiten eröffnen, indem Soldaten gezielt kurz vor Ende ihrer Fachausbildung/ ihres Studiums in Elternzeit gehen könnten, ohne dass hiermit eine Dienstzeitverlängerung verbunden wäre.

Eine Fachausbildung von mehr als sechs Monaten liegt auch dann vor, wenn die Ausbildung in einzelne, sich bedingende Abschnitte aufgeteilt ist, die zwar nicht jeder für sich, wohl aber kumuliert sechs Monate erreichen. Auch hier ermöglichte jede andere Auslegung eine Umgehung des Gesetzeszwecks, weil durch eine sachwidrige Verkürzung einzelner Ausbildungsabschnitte die Dienstzeitverlängerung vermieden werden könnte.

Administrative Schwierigkeiten wirft Abs. 4 bei Soldaten auf, deren Dienstzeit **stufen-** 35
weise festgesetzt wird. Wird in diesen Fällen Elternzeit in Anspruch genommen, bevor die endgültige Dienstzeit aus der Verpflichtungserklärung festgesetzt ist, tritt zunächst die Dienstzeitverlängerung gem. Abs. 4 kraft Gesetzes ein. Es stellt sich die Frage, auf welche Art und Weise bei der endgültigen Dienstzeitfestsetzung auf der Grundlage der Verpflichtungserklärung die bereits eingetretene Verlängerung nach Abs. 4 mit berücksichtigt werden kann. Erfolgte keine Berücksichtigung, würde der Soldat seine Elternzeit nicht ausgleichen, da die Dienstzeitverlängerung nach Abs. 4 in die ohnehin vorgesehene Dienstzeit gem. der Verpflichtungserklärung fallen würde. Dies ist nur dadurch zu lösen, dass die Verlängerung der Dienstzeit gem. Abs. 4 im Ergebnis **kumulativ** zu der Dienstzeitverlängerung aufgrund der Verpflichtungserklärung **hinzugerechnet** wird. Dies kann im Rahmen der endgültigen Festsetzung der Dienstzeit durch feststellenden VA erfolgen.

Als **Übergangsregelung** ist § 95 zu beachten.[65]

---
62 Vgl. die dortigen Komm.
63 ZDv 14/5 B 155 Nr. 4, 5. So ausdrücklich Nr. 24 der AusfBestEltZSoldV (VMBl. 2009 S. 49).
64 Vgl. *Weniger*, SG, § 40 Rn. 10; unklar VG München NZWehrr 2008, 127.
65 Vgl. die dortige Komm.

Sohm

§ 40 Begründung des Dienstverhältnisses eines Soldaten auf Zeit

36 **5. Absatz 5.** Die Best. wurde durch Art. 2 Nr. 3 des G vom **24.7.1995**[66] eingefügt.

37 Abs. 5 konkretisiert die **Fürsorgepflicht**[67] des Dienstherrn dadurch, dass Vorsorge für die Fälle geschaffen wird, in denen ein SaZ zum vorgesehenen Ende seiner Dienstzeit aus einsatzspezifischen Gründen nicht geordnet in das Zivilleben übertreten kann.[68] Vergleichbare Vorschriften gibt es für WPfl (§ 29b WPflG[69]), was insbes. für Res von Bedeutung ist, für BS (§ 44 Abs. 1 Satz 6) und für Dienstleistungspflichtige (§ 75 Abs. 5). Bei Anwendung der Best. wird der Entlassungszeitpunkt entspr. hinausgeschoben; das ursprüngliche Dienstverhältnis wird von Gesetzes wegen verlängert, ohne dass der Soldat zur üblichen Dienstleistung verpflichtet wäre.

38 Hins. des Begriffs „**besondere Auslandsverwendung**" ist auf die **Legaldefinition** in § 62 Abs. 1 zu verweisen. Es handelt sich um Verwendungen, die aufgrund eines Übereinkommens, eines Vertrages oder einer Vereinbarung mit einer über- oder zwischenstaatlichen Einrichtung oder mit einem auswärtigen Staat auf Beschl. der BReg im Ausland oder außerhalb des deutschen Hoheitsgebietes auf Schiffen oder Luftfahrzeugen stattfinden. Angesichts dieser Beschränkung der besonderen Auslandsverwendung auf im Wesentlichen multilaterale Einsätze ist von entscheidender Bedeutung, dass Abs. 5 Satz 2 die Dienstzeitverlängerung auch bei anderen Verwendungen im Ausland mit vergleichbarer Gefährdungslage eintreten lässt. Damit sind mil. Operationen in nationaler Verantwortung, z. B. Kommandounternehmen zur Geiselbefreiung, erfasst.

39 Die Begriffe **Verschleppung und Gefangenschaft** sind lediglich Beispiele für Ursachen, warum ein Soldat aus mit dem Dienst zusammenhängenden Gründen dem Einflussbereich des Dienstherrn entzogen ist, so dass grds. auch andere Fallkonstellationen während eines Auslandseinsatzes eine Verlängerung der Dienstzeit begründen können.[70]

40 In einer soldatenrechtl. Best., die auf einsatzspezifische Gefahrenlagen abstellt, erscheint das eher an klassischen Haftungsregelungen orientierte Tatbestandsmerkmal, dass der Soldat seine Lage „nicht **zu vertreten** hat", als Voraussetzung für die Dienstzeitverlängerung fragwürdig und mil. Szenarien nicht gerecht werdend. Einem Soldaten im Auslandseinsatz die Dienstzeitverlängerung sowie die damit verbundenen Rechte mit der Begr. abzusprechen, er habe seine Situation selbst zu vertreten, kann nur in extremen Ausnahmefällen gerechtfertigt sein. Allein schon schuldhaftes Handeln des Soldaten ausreichen zu lassen[71], ist dem Soldaten nicht zu vermitteln. Von ihm wird ein tapferes und bewusst risikobereites Handeln erwartet (§ 7), das Gefangenschaft oder sonstigen Freiheitsverlust in Kauf nimmt. Dies kann nicht mit rechtl. Nachteilen verbunden sein. Selbst wenn dem Soldaten ein unter mil.-operativen Kriterien als falsch zu bewertendes Vorgehen vorzuhalten ist und hierin die Ursache für seinen Freiheitsverlust liegt, kann dies grds. nicht dazu führen, ihm die Rechte aus Abs. 5 zu versagen. Das Merkmal „nicht zu vertreten hat" ist daher **restriktiv** zu inter-

---

66 BGBl. I S. 962.
67 So auch GKÖD I Yk, § 40 Rn. 12; *Scherer/Alff/Poretschkin*, SG, § 40 Rn. 13; *Weniger*, SG, § 40 Rn. 15.
68 BT-Drs. 13/1209, 12.
69 Vgl. hierzu *Steinlechner/Walz*, WPflG, § 29b Rn. 1 ff. insbes. zu der völkerrechtl. Dimension der Begriffe „Verschleppung" u. „Gefangenschaft".
70 Vgl. *Steinlechner/Walz*, WPflG, § 29b Rn. 4.
71 GKÖD I Yk, § 40 Rn. 12.

pretieren. Allenfalls bei grober Pflichtverletzung oder vorsätzlicher Missachtung einer geltenden Befehlslage kann von einem Vertretenmüssen ausgegangen werden. Alles andere würde der Zielsetzung des Abs. 5 nicht gerecht.

6. Absatz 6. Abs. 6 ist seit der Erstfassung **unverändert** geblieben. Der Gesetzgeber **bezweckte** mit dieser Best. in erster Linie, den i. d. R. vor der Ernennung zum SaZ auf der Grundlage der WPfl abgeleisteten GWD in die Dienstzeitberechnung einzubeziehen.[72] Die Anrechnung ist nicht auf den GWD beschränkt. Vielmehr wird **jede Art des Wehrdienstes** erfasst, die vor einer Ernennung zum SaZ geleistet wurde, z. B. eine Eignungsübung gem. § 87[73]; bei Wiedereinstellern ist der früher geleistete Dienst als SaZ anzurechnen.[74]

41

Für die **Berechnung** ist die AVV zu § 2 SVG[75] entspr. anzuwenden.[76]

42

Auf der Grundlage des Abs. 6 ist die Dienstzeit eines SaZ nicht nur im Hinblick auf das Ende der Dienstzeit zu berechnen, sondern in allen Fällen, in denen eine bestimmte Dienstzeit eine Rolle spielt, wie bei Mindestdienstzeiten für Beförderungen oder Laufbahnwechsel.[77]

43

7. Absatz 7. – a) Entstehung der Vorschrift. Die Regelung, wonach die Dienstzeit eines SaZ auf Antrag des Soldaten verkürzt werden kann, wenn dies im dienstl. Interesse liegt, wurde zunächst nicht im SG, sondern in § 4 des **PersStärkeG** vom 20.12.1991[78] verankert. Durch Art. 1 Nr. 26 des **SGÄndG** wurde § 4 des PersStärkeG als Abs. 7 in § 40 überführt. Inhaltl. Änd. waren damit nicht verbunden, so dass Rspr. und Lit. zu § 4 PersStärkeG für die Anwendung des Abs. 7 herangezogen werden können. Durch Art. 3 Nr. 9 des **WehrRÄndG 2008** wurde in Satz 2 das Wort „muss" durch „soll" ersetzt; Satz 3 wurde aufgehoben. Es handelte sich dabei um Folgeregelungen zum Berufsförderungsfortentwicklungsgesetz vom 4.5.2005.

44

Anlass für das PersStärkeG war die Verpflichtung der Bundesrepublik Deutschland aus dem „Zwei-plus-Vier-Vertrag"[79], im Zuge der Wiedervereinigung ihre SK bis zum 31.12.1994 auf 370 000 Soldaten zu reduzieren.[80] Obwohl dies allein durch Veränderung der Einberufungsquote von GWDL zu erreichen gewesen wäre, sollten aus Gründen des Erhalts eines strukturgerechten mil. Personalkörpers sowie der Wehrgerechtigkeit auch BS und SaZ von der Reduzierung erfasst werden.[81] Hierfür wurden besondere gesetzl. Instrumentarien benötigt. Mit § 4 PersStärkeG wurde der Tatsache Rechnung getragen, dass das soldatische Dienstrecht bis zu diesem Zeitpunkt keine Möglichkeit einer Verkürzung der einmal rechtmäßig festgesetzten Dienstzeit vorsah.[82]

45

---

72 BT-Drs. II/1700, 29.
73 *Rittau*, SG, 204; s.a. ZDv 14/5 B 127 Nr. 4.
74 Vgl. Nr. 4.1 WEE.
75 Fassung v. 10.5.1973 (VMBl. S. 206).
76 ZDv 14/5 B 127 Nr. 4 Abs. 2.
77 BVerwGE 113, 373; s.a. ZDv 20/7 Nr. 101 f.
78 BGBl. I S. 2376.
79 Vertrag über die abschließende Regelung in Bezug auf Deutschland v. 12.9.1990 (BGBl. II S. 1318).
80 Art. 3 Abs. 2 des Zwei-plus-Vier-Vertrages.
81 BT-Drs. 12/1269, 5.
82 BT-Drs. 12/1269, 8. Vgl. zur früheren Rechtslage *Foge*, NZWehrr 1983, 137; *Baader*, NZWehrr 1985, 140.

§ 40 Begründung des Dienstverhältnisses eines Soldaten auf Zeit

46 Nach der Fassung des **REntw.** des PersStärkeG[83] sollte die Verkürzung der Dienstzeit nur möglich sein, wenn die verkürzte Dienstzeit vor dem 1.1.1995 enden würde. Damit sollte erreicht werden, dass die Soldaten, die vorzeitig ausscheiden wollten und entbehrlich waren, so rechtzeitig die SK verlassen konnten, dass ihr Weggang noch Auswirkungen auf die am Stichtag zu erreichende Stärke hatte. Angesichts der Orientierung des REntw. am „Zwei-plus-Vier-Vertrag" war dies eine konsequente Vorgabe. Der für das Gesetzgebungsverfahren federführende **VertA** empfahl, die Befristung zu streichen, um der BReg eine flexiblere Personalbewirtschaftung über den 31.12.1994 hinaus zu ermöglichen.[84] Damit folgte er zumindest teilweise einem entspr. Entschließungsantrag der SPD-Fraktion.[85]

§ 4 PersStärkeG trat zum 1.1.1992 mit **unbefristeter Geltung** in Kraft. Es war konsequent, die Best. im Jahre 2000, als andere befristete Regelungen des PersStärkeG ausgelaufen waren, an der systematisch richtigen Stelle in das SG einzufügen.[86]

47 **b) Einzelheiten.** Nach Abs. 7 kann die Dienstzeit verkürzt werden, wenn dies im dienstl. Interesse liegt. Dabei kommt der zuständigen personalbearbeitenden Stelle ein gerichtl. nur eingeschränkt überprüfbarer **Beurteilungsspielraum** zu.[87] Dies folgt einerseits daraus, dass Bewertungen über die künftige Personalentwicklung in den SK zwangsläufig Prognosecharakter aufweisen und andererseits das Merkmal des dienstl. Interesses vom Gesetzgeber gerade deshalb aufgenommen wurde, um das Ausscheiden qualifizierten Personals zu verhindern und die Einsatzbereitschaft der SK aufrechtzuerhalten.[88] Auf das Interesse des Soldaten an der Dienstzeitverkürzung kommt es folglich bei der Bestimmung des dienstl. Interesses nicht an. Dies ergibt sich auch aus der Systematik des SG, da die Möglichkeit eines vorzeitigen Ausscheidens von SaZ aus persönlichen Gründen in § 55 Abs. 3 geregelt ist und nicht in § 40.

48 Die personalbearbeitenden Stellen können damit aus jedem denkbaren dienstl. Interesse eine Dienstzeitverkürzung **ablehnen**. Ein **Anspruch** des Soldaten auf Dienstzeitverkürzung i.S. einer Ermessensreduzierung auf Null ist **ausgeschlossen**, zumal rechtssystematisch in die Ermessensentscheidung erst eingetreten werden kann, nachdem das Tatbestandsmerkmal des dienstl. Interesses positiv festgestellt wurde. Bei Abs. 7 handelt es sich somit um eine „Koppelungsnorm",[89] die einen Beurteilungsspielraum auf der Tatbestandsebene und ein Ermessen auf der Rechtsfolgenseite gewährt, wobei in der Praxis der Schwerpunkt bei der Feststellung des dienstl. Interesses liegen wird. Theoretisch ist denkbar, dass ein dienstl. Interesse an der Dienstzeitverkürzung eines Soldaten vorliegt, diese im Rahmen der Ermessensausübung dennoch abgelehnt wird, z.B. weil mehr Antragsteller vorhanden sind, als entbehrt werden können. Besteht isoliert betrachtet für jeden an sich ein dienstl. Interesse an der Dienstzeitverkürzung, kann sich in dieser Fallkonstellation die Auswahl in den Ermessensbereich hineinverlagern. Die besonders herausragende Qualifikation eines Soldaten ist allerdings ein Grund, bereits ein dienstl. Interesse an der Verkürzung seiner Dienstzeit zu verneinen.[90]

---

83 BT-Drs. 12/1269, 5.
84 BT-Drs. 12/1564, 8.
85 BT-Drs. 12/1581; vgl. auch BT-Drs. 12/1567, 12/1583.
86 Ebenso § 3 PersStärkeG, der in § 45a SG eingefügt wurde.
87 VG Koblenz NZWehrr 1997, 172.
88 BT-Drs. 12/1269, S. 6.
89 Vgl. *Kopp/Ramsauer*, VwVfG, § 40 Rn. 21.
90 So auch VG Koblenz NZWehrr 1997, 172 (174).

Form der Begründung und der Umwandlung § 41

Im Interesse des Soldaten soll bei der Verkürzung so viel Dienstzeit übrig bleiben, dass die in die aktive Zeit fallende **Berufsförderung** noch gewährt werden kann.[91] 49

Verfahrensrechtl. handelt es sich bei der Verkürzung der Dienstzeit um eine **status-** 50 **rechtl. Angelegenheit.** Der antragstellende Soldat hat einen Anspruch darauf, dass vor der Entscheidung durch die personalbearbeitende Dienststelle seine **VP** gem. § 23 Abs. 1 Satz 1 Nr. 6 SBG angehört wird.[92]

Rechtsschutz ist mittels der Verwaltungsbeschwerde gegen den abgelehnten Antrag und anschließender Verpflichtungsklage – die Verkürzung der Dienstzeit ist ein VA[93] – vor dem VG gegeben.

Angesichts der Tatsache, dass Abs. 7 in erster Linie den Interessen des Dienstherrn zu dienen bestimmt ist, gewährt die Rspr. dem Antragsteller ausschließlich einen Anspruch darauf, dass „über seinen Antrag nach allgemeinen rechtsstaatlichen Grundsätzen in einem ordnungsgemäßen und den gesetzlichen Vorgaben ausgerichteten Verfahren ohne Willkür entschieden wird".[94]

§ 41 Form der Begründung und der Umwandlung

(1) ¹Die Begründung des Dienstverhältnisses und seine Umwandlung erfolgen durch Aushändigung einer Ernennungsurkunde. ²In der Urkunde müssen enthalten sein
1. bei der Begründung die Worte „unter Berufung in das Dienstverhältnis eines Berufssoldaten" oder „unter Berufung in das Dienstverhältnis eines Soldaten auf Zeit",
2. bei der Umwandlung die die Art des Dienstverhältnisses bestimmenden Worte nach Nummer 1.
³An Stelle der Worte „unter Berufung" können die Worte „ich berufe" verwendet werden.

(2) Die Begründung und die Umwandlung werden mit dem Tag der Aushändigung der Ernennungsurkunde wirksam, wenn nicht in der Urkunde ausdrücklich ein späterer Tag bestimmt ist.

(3) ¹Wird bei der Berufung in das Dienstverhältnis eines Soldaten auf Zeit ein späterer Tag als der Tag der Aushändigung der Urkunde für das Wirksamwerden der Ernennung bestimmt, so hat der Soldat an diesem Tag seinen Dienst anzutreten. ²Die Ernennung ist vor ihrem Wirksamwerden zurückzunehmen, wenn sich herausstellt, dass die Berufung in das Dienstverhältnis eines Soldaten auf Zeit nach § 37 Abs. 1 und § 38 unzulässig ist.

(4) ¹Die Ernennungen mehrerer Soldaten können in einer Urkunde verfügt werden. ²An die Stelle der Aushändigung der Ernennungsurkunde tritt die Aushändigung einer Ausfertigung des Teils der Urkunde, der sich auf den Soldaten bezieht.

---

91 Vgl. zur Kritik am sachgleichen § 45a Abs. 3 die Komm. zu § 45a Rn. 23.
92 BVerwGE 103, 65 = NZWehrr 1999, 117.
93 Vgl. BVerwG NZWehrr 1986, 130.
94 VG Koblenz NZWehrr 1997, 172 (173).

(5) Entspricht die Urkunde nicht der in Absatz 1 Satz 2 oder 3 vorgeschriebenen Form, gilt die Ernennung als von Anfang an in der beabsichtigten Form wirksam, wenn aus der Urkunde oder aus dem Akteninhalt eindeutig hervorgeht, dass die nach § 4 Abs. 2 für die Ernennung zuständige Stelle ein bestimmtes Soldatenverhältnis begründen oder ein bestehendes Soldatenverhältnis in ein solches anderer Art umwandeln wollte, für das die sonstigen Voraussetzungen vorliegen.

Übersicht

	Rn		Rn
I. Allgemeines	1	II. Erläuterungen im Einzelnen	8
1. Zweck der Vorschrift	1	1. Absatz 1	8
2. Entstehung und Änderungen der Vorschrift	3	2. Absatz 2	15
		3. Absatz 3	18
3. Bezüge zum Beamtenrecht, ergänzende Bestimmungen	6	4. Absatz 4	23
		5. Absatz 5	24

Literatur: Spezielle Veröffentlichungen zu § 41 sind nicht vorhanden.

I. Allgemeines

1. Zweck der Vorschrift. Während § 4 bestimmt, welche statusrechtl. Maßnahmen eine Ernennung voraussetzen, regelt § 41 Abs. 1 die **formalen Anforderungen an die Ernennung** in den Fällen der Begründung und der Umwandlung des Dienstverhältnisses. Da es sich bei der Ernennung um einen VA handelt, stellt Abs. 1 somit eine **Sonderregelung der Bekanntgabe** in Abweichung von der allg. Best. des § 41 VwVfG dar.[1]

Insoweit unterscheidet sich die Begründung des Dienstverhältnisses in den SK von der rechtl. Konstruktion des Soldatenverhältnisses in der **Reichswehr**. Nach § 18 Nr. 1 WG 1921 war Voraussetzung für das Entstehen der Soldateneigenschaft, dass eine vom zuständigen Kdr unterschriebene und gestempelte Ausfertigung der Verpflichtungserklärung dem Bewerber ausgehändigt wurde.[2] Dieses Verfahren hatte zwar äußerliche Ähnlichkeiten mit der Aushändigung einer Ernennungsurkunde, stellte rechtl. aber etwas anderes dar. Das Soldatenverhältnis in der Reichswehr wurde nicht durch VA begründet, sondern beruhte auf einer Art öff.-rechtl. Vertrag zwischen dem Soldaten und dem Dienstherrn (vgl. § 20 Abs. 2, § 21 WG 1921). Ähnliches galt für die sog. Militärbeamten, die zwar zu ernennen waren (§ 18 Nr. 2 WG 1921), bei denen die Entstehung des Beamtenverhältnisses jedoch nicht abhängig von der Ausstellung einer Ernennungsurkunde war.[3]

2. Entstehung und Änderungen der Vorschrift. § 41 geht auf § 36 des **REntw.** zurück.[4] Mit der Best. sollten die förmlichen Vorschriften über die Ernennung von Soldaten so ausgestaltet werden, wie es den Grds. des Beamtenrechts entspricht.[5] § 36 des REntw. war noch mit der – systematisch falschen – Überschrift „Form und Ernennung" versehen, obwohl schon damals ausschließlich die Berufung in das Dienstverhältnis eines BS oder SaZ geregelt wurde, während die formellen Voraussetzungen für die Beför-

---

1 So zu § 6 BBG a. F. BVerwG *Buchholz* 450.2, § 70 WDO 2002 Nr. 1; GKÖD I K, § 6 Rn. 8.
2 Vgl. *Rittau, Martin*, Wehrgesetz, 1924, § 18 Nr. 2.
3 *Rittau*, ebd., § 18 Nr. 4.
4 BT-Drs. II/1700, 9.
5 BT-Drs. II/1700, 29.

Form der Begründung und der Umwandlung § 41

derung in § 37 des Entw. enthalten waren. Die Umwandlung des Dienstverhältnisses als Sonderform der Begründung eines Dienstverhältnisses war in dem Entw. noch nicht gesondert aufgeführt.

Durch den **Ausschuss für Beamtenrecht** des BT, dem sich der **VertA** anschloss, wurde 4 § 36 dem damals ebenfalls vorliegenden Entw. des BRRG angepasst[6], womit er die Fassung erhielt, in der er als § 41 in Kraft getreten ist.

Seither ist § 41, von einigen zu vernachlässigenden redaktionellen Änd. abgesehen, drei- 5 mal inhaltl. ergänzt worden. Durch Art. 1 Nr. 4 des G vom **28.3.1960**[7] wurde Abs. 1 dahingehend ergänzt, dass an Stelle der Wörter „unter Berufung" die Wörter „ich berufe" verwendet werden können (Satz 3). Weiterhin wurde Abs. 4 angefügt, wonach die Ernennungen mehrerer Soldaten in einer Urkunde verfügt werden können. Abs. 3 wurde durch Art. 65 Nr. 2 des G vom **21.8.2002**[8] um die Best. ergänzt, dass die Rücknahme einer Ernennung in elektronischer Form ausgeschlossen ist (Abs. 3 Satz 3). Mit dem **DNeuG** wurde diese Ergänzung, dem Beamtenrecht (§ 14 Abs. 3 BBG) folgend, wieder gestrichen. Die elektronische Form soll nicht mehr grds. ausgeschlossen sein, da auch qualifizierte elektronische Signaturen in umfassender Weise die Sicherheit und Dauerhaftigkeit des elektronischen Verwaltungshandelns sichern.[9] Durch Art. 10 Nr. 17 Buchst. b des DNeuG wurde Abs. 5, ebenfalls dem Beamtenrecht (§ 13 Abs. 2 Nr. 1 Satz 1 BBG) entspr., angefügt. Die damit verbundenen Heilungsmöglichkeiten mangelhafter Urkunden wurden im Interesse der Rechtsklarheit eingeführt.[10] Die Besonderheit der Urkundenverleihung (Symbol und Form) wird damit jedoch in Frage gestellt.[11]

3. Bezüge zum Beamtenrecht, ergänzende Bestimmungen. Im **Beamten- und Richter-** 6 **recht** folgen die Best. über Erfordernis und Form der Ernennung einer **anderen Regelungssystematik** als im Soldatenrecht; dennoch sind sie inhaltl. weitgehend übereinstimmend.

Dem Abs. 1 entsprechen die § 8 Abs. 2 BeamtStG, § 10 Abs. 2 BBG sowie § 17 Abs. 3 und 4 DRiG, während Abs. 2 identisch ist mit § 12 Abs. 2 BBG.

Abs. 3 und Abs. 4 regeln dagegen soldatenrechtl. Besonderheiten und haben keine unmittelbaren Entsprechungen im Beamtenrecht.

Die Form, der Inhalt und die Art der Aushändigung der Ernennungsurkunden werden 7 in einer Reihe von Erl. und DBest. näher konkretisiert, die allerdings über § 41 hinausgehend i. d. R. auch die Entlassungsurkunden erfassen, die gesetzl. nicht vorgeschrieben sind.

Die wichtigsten ergänzenden Best. sind:
- DBest. zur Anordnung des BPräs über die Ernennung und Entlassung der Soldaten[12]
- Best. für das Verfahren bei der Ernennung von Soldaten durch Sammelurkunde[13]

---

6 Vgl. BT-Drs. II/2140, 12.
7 BGBl. I S. 206.
8 BGBl. I S. 3322.
9 BT-Drs. 16/7076, 192.
10 BT-Drs. 16/7076, 194.
11 Vgl. auch BVerwG DÖV 2007, 976 (jetzt wohl überholt).
12 ZDv 14/5 B 111.
13 ZDv 14/5 B 112.

- Gestaltung der Urkunden über die Ernennung und Entlassung der Soldaten[14]
- Übertragung der Befugnis zur Vollziehung der Ernennungs- und Entlassungsurkunden[15]
- Übertragung der Befugnis zur Vollziehung der Ernennungsurkunden, der Urkunden über die Beendigung des Dienstverhältnisses und der Beförderungs- und Entlassungsverfügungen im Ministerium[16]
- Verfahren bei der Ernennung von BS und SaZ sowie bei der Beendigung des Dienstverhältnisses von BS und SaZ[17]
- Ergänzung der Best. über das Verfahren bei Ernennungen und bei Beendigung des Dienstverhältnisses der Soldaten.[18]

II. Erläuterungen im Einzelnen

8 **1. Absatz 1.** Die in **Satz 1** vorgeschriebene Aushändigung der Ernennungsurkunde ist die **willentliche Verschaffung des körperlichen Besitzes der Originalurkunde durch die zur Ernennung zuständige Dienststelle an den zu Ernennenden.**[19] Das Merkmal „willentlich" ist erforderlich, um bei abhanden gekommenen oder entwendeten Urkunden, die in den Besitz des zu Ernennenden gelangt sind, die Wirkung der Aushändigung auszuschließen.[20]

9 Solange die Urkunde noch nicht ausgehändigt wurde, entfaltet sie **keinerlei Rechtswirkung**; die mit ihr beabsichtigte Ernennung kann jederzeit zurückgestellt oder aufgegeben werden, z. B. wenn kurz vor Aushändigung Erkenntnisse auftreten, die gegen eine Berufung in das Dienstverhältnis sprechen.[21]

10 Eine **persönliche Übergabe** der Urkunde ist jedoch rechtl. **nicht erforderlich**, wenn auch am zweckmäßigsten und angesichts der symbolischen Bedeutung und der Rechtsklarheit vorzuziehen. Gleichwohl kann die Aushändigung auch durch förmliche Zustellung oder sonstige Übersendung an den Adressaten, z. B. durch Einschreibebrief, erfolgen.[22] Nach der einschlägigen Vorschrift für die Bw[23] ist neben der persönlichen Übergabe die Aushändigung ausschließlich durch PZU zulässig. Entscheidend ist, dass der zu Ernennende **persönlichen Besitz** an der Urkunde erlangt. Eine Übergabe der Urkunde an einen Bevollmächtigten ist nach ganz h.M. nicht ausreichend für den Eintritt der Statusänd.; diese tritt vielmehr erst dann ein, wenn der Bevollmächtigte die Urkunde an den eigentlichen Adressaten weitergeleitet hat.[24] Aus diesem Grund ist bei Ernennungen durch PZU die Möglichkeit der Ersatzzustellung ausgeschlossen.[25]

---

14 ZDv 14/5 B 113.
15 ZDv 14/5 B 114.
16 ZDv 14/5 B 115.
17 ZDv 14/5 B 116.
18 ZDv 14/5 B 117.
19 Vgl. *Battis*, BBG, § 10 Rn. 5.
20 *Battis*, BBG, ebd.
21 BVerwGE 55, 212; GKÖD I Yk, § 41 Rn. 8; *Rittau*, SG, 204.
22 *Battis*, BBG, § 10 Rn. 5; GKÖD I K, § 6 Rn. 48.
23 ZDv 14/5 B 116 Nr. 5 Abs. 2.
24 *Battis*, BBG, § 10 Rn. 5; GKÖD I Yk, § 41 Rn. 4; GKÖD I K, § 6 Rn. 45.

Form der Begründung und der Umwandlung § 41

Die widerspruchslose Annahme der Urkunde ist zunächst ein reiner Realakt. Mit ihr dokumentiert der zu Ernennende zugleich sein Einverständnis mit der Ernennung als mitwirkungsbedürftigem VA. 11

Das bloße Angebot, eine Ernennungsurkunde auszuhändigen, reicht nicht aus, um eine Statusänd. zu bewirken. Auch ein ggf. bestehender Anspruch auf Ernennung wird nicht bereits durch das **Angebot**, die Urkunde **auszuhändigen**, erfüllt. Weigert sich der Betroffene allerdings, die Urkunde anzunehmen, fehlt ihm für eine Klage auf Ernennung das Rechtsschutzbedürfnis.[25] 12

Durch **Satz 2** wird der **Inhalt** der Ernennungsurkunde festgelegt. Dabei ist die Best. nicht abschließend, sondern regelt nur die soldatenrechtl. Besonderheiten bei der Begründung und Umwandlung des Dienstverhältnisses. Eine Urkunde, die nur aus den durch Abs. 1 Satz 2 vorgeschriebenen Angaben bestünde, wäre unvollständig. 13

Weitere erforderliche Inhalte folgen aus dem allg. **dienstrechtl. Urkundsbegriff**.[26] So muss jede Ernennungsurkunde vom zuständigen Vertreter des Dienstherrn eigenhändig unterschrieben sein (das Unterschreiben der Urkunde wird als „Vollziehen" der Urkunde bezeichnet) und die ausfertigende Dienststelle erkennen lassen. Der Adressat der Urkunde ist in ihr eindeutig zu benennen. Inhaltl. einschränkende Festlegungen darf die Urkunde angesichts der Bedingungsfeindlichkeit der Ernennung nicht enthalten. Die Musterurkunden in der ZDv 14/5 entsprechen diesen Anforderungen. Fehlt es an diesen Merkmalen bzw. an den durch Abs. 1 Satz 2 vorgegebenen Inhalten, liegt zwar keine wirksame Urkunde vor[27], es kann gleichwohl ein Soldatenverhältnis begründet werden, wenn die Voraussetzungen des Abs. 5 gegeben sind. Bei offenkundigen Schreibfehlern, die keine Auslegungszweifel entstehen lassen, kann von einer wirksamen Urkunde ausgegangen werden.[28] 14

2. Absatz 2. Nach Abs. 2 werden Begründung und Umwandlung des Dienstverhältnisses mit dem **Tag der Aushändigung der Urkunde**, d.h. um Null Uhr dieses Tages[29], wirksam, sofern nicht in der Urkunde ein späterer Tag bestimmt ist. Der Tag der Aushändigung wird i. d. R. durch das Empfangsbekenntnis dokumentiert. 15

Abs. 2 knüpft damit an die allg. verwaltungsrechtl. Unterscheidung zwischen **innerer und äußerer Wirksamkeit** von VA an.[30] Die äußere Wirksamkeit tritt grds. mit der Bekanntgabe des VA, bei Ernennungen somit immer mit Aushändigung der Urkunde, ein. Lediglich die innere Wirksamkeit, d. h. die mit dem VA intendierte Rechtsfolge, kann auf einen anderen Zeitpunkt festgelegt sein. Da Ernennungen nicht rückwirkend erfolgen dürfen[31], kann dies nur ein Zeitpunkt sein, der nach der Aushändigung der Urkunde liegt. Dementspr. darf eine Urkunde nicht zurückdatiert werden. Ist in einer 16

---

25 BVerwG ZBR 1999, 281.
26 Vgl. hierzu GKÖD I K, § 6 Rn. 40 ff.
27 BVerwGE 129, 52 = NZWehrr 2008, 73; *Dau*, WDO, § 1 Rn. 16; *Scherer/Alff/Poretschkin*, SG, § 41 Rn. 4.
28 OVG Schleswig NVwZ 1995, 1139: „Berufung in ein Beamtenverhältnis" statt „Berufung in das Beamtenverhältnis" ist unschädlich; dies dürfte auf das Soldatenrecht übertragbar sein.
29 GKÖD I Yk, § 41 Rn. 7.
30 Hierzu allg. *Kopp/Ramsauer*, VwVfG, § 43 Rn. 5 f.
31 In § 12 Abs. 2 Satz 2 BBG ist dies ausdrücklich bestimmt; im Soldatenrecht gilt nichts anderes.

Sohm 683

Urkunde ein Wirksamkeitsdatum festgelegt, das vor dem Tag der Aushändigung liegt, ist die Begründung oder Umwandlung des Dienstverhältnisses nicht nichtig, sondern kann mit dem Tag der tatsächlichen Aushändigung der Urkunde als wirksam angesehen werden.[32]

17 Soll die Wirksamkeit der Ernennung zu einem späteren Zeitpunkt eintreten, muss dieser Tag in der Ernennungsurkunde bestimmt sein. Eine Festlegung des Wirksamkeitstermins in einer Begleitverfügung reicht nicht aus. Enthält die Urkunde selbst kein Datum, bleibt es bei der allg. Regel, dass die Wirksamkeit mit der Aushändigung eintritt.[33]

18 **3. Absatz 3.** Satz 1 regelt eine Selbstverständlichkeit. Erst mit Erlangung des Status eines SaZ besteht die **Verpflichtung zum Dienstantritt**.[34] Dies gilt nicht in den Fällen, in denen bis zur Begründung des Dienstverhältnisses eines SaZ aus anderen Gründen, insbes. der WPfl, eine Verpflichtung zur Dienstleistung als Soldat besteht. Diese Verpflichtung bleibt durch die Aushändigung der Ernennungsurkunde zum SaZ bis zum Eintritt der Statusänderung unberührt.

19 Der Gesetzgeber beabsichtigte mit Satz 1 in erster Linie, den Bewerbern, die unmittelbar aus dem Zivilleben heraus SaZ werden wollen, ein gewisses Maß an **Sicherheit** zu gewähren.[35] Durch die Möglichkeit der vorzeitigen Aushändigung der Ernennungsurkunde können sie noch für eine bestimmte Zeit im Zivilleben verbleiben, haben jedoch die Gewissheit, zu dem in der Urkunde angegebenen Zeitpunkt ohne weiteren formalen Akt SaZ zu werden. In der Praxis dürfte davon allerdings nur selten Gebrauch gemacht werden. Für die Bw ist durch die Best. über die Feststellung der körperlichen Eignung vor Berufung in das Dienstverhältnis eines BS oder SaZ festgelegt worden, dass der Dienstantritt grds. vor der Aushändigung der Ernennungsurkunde stattzufinden hat, um vor der Ernennung Zweifel an der körperlichen Eignung ausschließen zu können.[36]

20 Nach **Satz 2** kann die Ernennung vor ihrem Wirksamwerden **zurückgenommen** werden, wenn die Berufung in das Dienstverhältnis eines SaZ nach § 37 Abs. 1 und § 38 unzulässig ist. Dabei handelt es sich um eine Ausnahmeregelung. Im Gegensatz zum Beamtenrecht (vgl. § 14 BBG) kennt das Soldatenrecht grds. keine Rücknahme einer Ernennungsentscheidung. Die allg. Rücknahme- und Widerrufsgründe der §§ 48, 49 VwVfG finden im öff. Dienstrecht insoweit keine Anwendung, auch nicht vor Eintritt der inneren Wirksamkeit einer Ernennung.[37] Das Dienstverhältnis eines SaZ oder BS kann grds. nur durch die gesetzl. geregelten Beendigungsgründe wie Entlassung, Umwandlung oder Verlust der Rechtsstellung (vgl. §§ 45a, 46, 48, 54, 55) aufgelöst werden.

21 Auch aufgrund des eindeutigen Wortlauts und des inhaltl. Zusammenhangs mit Satz 1 ist Satz 2 **eng auszulegen** und gilt **ausschließlich für Berufungsentscheidungen zum SaZ**. Für andere Ernennungen ist Satz 2 nicht anwendbar. Dies folgt rechtssystema-

---

32 *Battis*, BBG, § 12 Rn. 5.
33 *Battis*, BBG, § 12 Rn. 6.
34 *Scherer/Alff/Poretschkin*, SG, § 41 Rn. 6.
35 Vgl. BT-Drs. II/1700, 27.
36 ZDv 14/5 B 130 Nr. 2 Abs. 2.
37 Ganz h.M. Vgl. *Battis*, BBG, § 14 Rn. 2; *Kopp/Ramsauer*, VwVfG, § 48 Rn. 43; BVerwGE 55, 212; BVerwGE 81, 284.

tisch bereits aus der Existenz von Satz 2. Dieser Sonderfall der Rücknahme einer Ernennung müsste nicht ausdrücklich im SG geregelt werden, wenn grds. die Rücknahme von Ernennungsentscheidungen möglich wäre.

Inhaltl. stellt Satz 2 darauf ab, dass eine Berufung zum SaZ **noch nicht wirksam** geworden ist und die Berufung nach § 37 Abs. 1 und § 38 unzulässig „ist". Es kommt damit auf die Unzulässigkeit der Berufung im Zeitpunkt des vorgesehenen Eintritts der Wirksamkeit der Berufung an. Auch wenn bei der Aushändigung der Urkunde das Ernennungshindernis noch nicht gegeben war, sondern erst später eingetreten ist (z. B. Verlust der deutschen Staatsangehörigkeit, Rechtskraft einer strafgerichtl. Verurteilung), kann die Ernennung zurückgenommen werden. Hins. der Gründe des § 38 hat dies keine große praktische Bedeutung, da in diesen Fällen ansonsten die Entlassung (§ 55 Abs. 1 i. V. m. § 46 Abs. 2 Satz 1 Nr. 1) erfolgen müsste oder der Verlust der Rechtsstellung als SaZ einträte (§ 54 Abs. 2 Nr. 2 i. V. m. § 48 Nr. 1). Liegen die Voraussetzungen des Satzes 2 vor, muss die Ernennung zurückgenommen werden; ein **Ermessen besteht nicht.** Von der Rücknahme kann nur dann abgesehen werden, wenn im Fall des § 38 Abs. 1 Nr. 1 das BMVg eine Ausnahme gem. § 38 Abs. 2 zulässt. Dies folgt daraus, dass in Abs. 3 Satz 2 auf den gesamten § 38 und nicht nur auf dessen Abs. 1 verwiesen wird.[38] Die Rücknahme der Ernennung ergeht durch VA; sie ist nunmehr wie die Ernennung selbst (§ 4 Abs. 1) auch in elektronischer Form zulässig. 22

4. Absatz 4. Im Gegensatz zum Beamtenrecht kommen bei den SK durchaus **Massenernennungen** vor, insbes. bei der Berufung von jungen Soldaten in das Dienstverhältnis eines SaZ. Um die zuständigen Ernennungsdienststellen von der Erstellung und Aushändigung einer Vielzahl von Einzelurkunden zu entlasten, sieht Abs. 4 die Möglichkeit vor, durch eine Urkunde die Ernennung mehrerer Soldaten zu verfügen (sog. Sammelurkunde).[39] Zu den Einzelheiten und dem Anwendungsbereich dieser Möglichkeit vgl. die Best. für das Verfahren bei der Ernennung von Soldaten durch Sammelurkunden.[40] 23

An die Stelle der Aushändigung der Ernennungsurkunde tritt in diesem Fall die Ausfertigung des Teils der Ernennungsurkunde, der sich auf den Soldaten bezieht. Ansonsten bleiben die Voraussetzungen für die Ernennung identisch, d. h. auch in diesem Fall tritt die Wirksamkeit erst mit der Entgegennahme der jew. Ausfertigung ein.

5. Absatz 5. Im „Interesse der Rechtsklarheit"[41] sieht der neue Abs. 5 die Möglichkeit vor, Formfehler zu heilen, wenn aus der Urkunde selbst oder aus dem sonstigen Akteninhalt eindeutig ein entspr. Handlungswille der zuständigen Dienststelle hervorgeht. 24

---

38 Um diese Rechtsfolge zu erreichen, hatte der BR im Gesetzgebungsverfahren vorgeschlagen, die ursprünglich nur auf Abs. 1 bezogene Verweisung anders zu fassen; diesem Vorschlag wurde nachgekommen, vgl. BT-Drs. II/1700, 40, 45.
39 Vgl. BT-Drs III/1424, 4.
40 ZDv 14/5 B 112.
41 BT-Drs. 16/7076, 102. Die Anfügung des Abs. 5 kann im Übrigen nicht pauschal als „Folgeänderung" (BT-Drs. 16/7076, 174) zu § 13 Abs. 2 Nr. 1 BBG bezeichnet werden. Die Ergänzung folgt lediglich der jetzigen Fassung des § 13 Abs. 2 Nr. 1 *Satz 1* BBG.

2. Beförderung

§ 42 Form der Beförderung

(1) ¹Die Beförderung eines Berufssoldaten und eines Soldaten auf Zeit wird in einer Ernennungsurkunde verfügt, in der die Bezeichnung des höheren Dienstgrades enthalten sein muss. ²Die Beförderungen mehrerer Soldaten können in einer Urkunde verfügt werden.

(2) ¹Die Beförderung zu einem Mannschaftsdienstgrad, die Beförderung eines Offizieranwärters zu einem Unteroffizierdienstgrad und die Beförderung eines Feldwebelanwärters zum Unteroffizier und Stabsunteroffizier werden mit der dienstlichen Bekanntgabe an den zu Ernennenden, jedoch nicht vor dem in der Ernennungsurkunde bestimmten Tag wirksam. ²Dem Soldaten ist der Tag der dienstlichen Bekanntgabe seiner Beförderung zu bescheinigen.

(3) ¹Für die Beförderung durch Aushändigung einer Urkunde gilt § 41 Abs. 2 und, wenn die Beförderung mehrerer Soldaten in einer Urkunde verfügt wird, § 41 Abs. 4 Satz 2 entsprechend. ²In Ausnahmefällen, insbesondere bei Aufenthalt des zu Befördernden außerhalb des Bundesgebietes, kann die ernennende Stelle die dienstliche Bekanntgabe der Beförderung anordnen. ³Insoweit gilt Absatz 2 entsprechend mit der Maßgabe, dass dem Soldaten die Urkunde oder die Ausfertigung alsbald auszuhändigen ist.

Übersicht

	Rn			Rn
I. Allgemeines	1	II. Erläuterungen im Einzelnen		11
1. Zweck der Vorschrift	1	1. Absatz 1		11
2. Entstehung und Änderungen der Vorschrift	3	2. Absatz 2, Absatz 3 Satz 2		14
3. Bezüge zum Beamtenrecht; ergänzende Bestimmungen	9	3. Absatz 3 Satz 1		19

Literatur: Spezielle Veröffentlichungen zu § 42 sind nicht vorhanden.

I. Allgemeines

1. Zweck der Vorschrift. § 42 legt die **formellen Anforderungen** an die Beförderung von BS und SaZ fest. Für Soldaten, die nach Maßgabe des WPflG Wehrdienst leisten oder zu den in § 60 genannten Dienstleistungen herangezogen werden, gilt § 58 Abs. 2.

Die Vorschrift **ergänzt** damit § 4 Abs. 1 Nr. 3; dort ist auch der Begriff der Beförderung definiert. Materielle Maßstäbe oder Grds., nach denen Beförderungen vorzunehmen sind, stellt § 42 genau so wenig auf wie § 4 Abs. 1 Nr. 3; diese finden sich in § 3, in der SLV sowie in den Best. für die Beförderung und für die Einstellung, Übernahme und Zulassung von Soldatinnen und Soldaten.[1]

---

1   ZDv 20/7.

Da es sich bei der Beförderung um eine statusrechtl. Maßnahme und somit um einen VA i. S. v. § 35 VwVfG handelt[2], stellt § 42 rechtsdogmatisch – wie § 41 – eine Sonderbest. über die Bekanntgabe, abw. von § 41 VwVfG, dar.[3]

2. Entstehung und Änderungen der Vorschrift. § 42 geht auf § 37 des **REntw.**[4] zurück. Dieser hatte folgenden Wortlaut:

(1) Für die Beförderung eines Berufssoldaten oder eines Soldaten auf Zeit ist eine besetzbare Planstelle erforderlich.

(2) Die Beförderung eines Berufssoldaten wird mit dem Tage der Aushändigung der Ernennungsurkunde wirksam. Die Beförderung eines Soldaten auf Zeit wird mit ihrer dienstlichen Bekanntgabe wirksam; darüber ist ihm eine Urkunde auszuhändigen.

Während für BS die Beförderung auf die klassische Art durch Aushändigung einer Ernennungsurkunde erfolgen sollte, war für SaZ vorgesehen, von diesem Erfordernis abzusehen und stattdessen die Wirksamkeit der Beförderung an die dienstl. Bekanntgabe zu knüpfen. Dies wurde damit begründet, dass sich in den SK vor allem in den niedrigeren Dienstgraden Beförderungen an bestimmten Tagen oder zu bestimmten Anlässen häufen würden und folglich Anlass bestehe, sie von zu vielen Förmlichkeiten frei zu halten.[5]

Im Laufe des Gesetzgebungsverfahrens beschloss der **VertA** die vollständige Anlehnung des § 37 an § 6 BBG a. F.[6] mit der Konsequenz, dass für jede Beförderung die Aushändigung der Urkunde als Wirksamkeitsvoraussetzung festgeschrieben wurde. Der Entw. wurde wie folgt geändert:

(1) Die Beförderung eines Berufssoldaten und eines Soldaten auf Zeit erfolgt durch Aushändigung einer Ernennungsurkunde, in der die Bezeichnung des höheren Dienstgrades enthalten sein muß. (…)

(2) Für die Beförderung eines Berufssoldaten oder eines Soldaten auf Zeit ist eine besetzbare Planstelle erforderlich.[7]

In dieser Fassung ist die Best. als § 42 in Kraft getreten.

Durch Art. 1 Nr. 5 des G vom **28.3.1960**[8] erhielt § 42 im Wesentlichen seine heutige Fassung. Wie bereits durch die BReg in der Entwurfsbegr. vorausgesehen, stellte sich das Erfordernis der Aushändigung der Ernennungsurkunde in allen Fällen der Beförderung von BS und SaZ als zu schwerfällig heraus. Die strikte Orientierung am Beamtenrecht erwies sich insoweit nicht als zwingend, da Soldaten infolge ihres besonderen Laufbahnsystems jedenfalls in niedrigeren Dienstgraden und den Anfangsjahren ihres Dienstes häufiger befördert werden als Beamte.[9]

---

2 Vgl. BVerwG *Buchholz* 311, § 18 WBO Nr. 2.
3 Vgl. GKÖD I K, § 6 Rn. 8.
4 BT-Drs. II /1700, 9.
5 BT-Drs. II/1700, 30.
6 BT-Drs. II/2140, 12.
7 BT-Drs. II/2140, 46.
8 BGBl. I S. 206.
9 Vgl. BT-Drs. III/1424, 3, 5.

7 Dem wurde dadurch Rechnung getragen, dass die Wirksamkeit der Beförderung zu **Mannschaftsdienstgraden** – analog zum Verfahren der Beförderung von Soldaten, die nach Maßgabe des WPflG Wehrdienst leisten oder zu den in § 60 genannten Dienstleistungen herangezogen werden (vgl. § 58 Abs. 2) – an die dienstl. Bekanntgabe geknüpft wurde (Abs. 2). In Ausnahmefällen, worunter in der Begr. ausdrücklich „Feldverhältnisse" verstanden wurden[10], sollte auch für andere Beförderungen die dienstl. Bekanntgabe angeordnet werden können (Abs. 3 Satz 2). Weiterhin wurde – wie bei der Ernennung zum BS oder SaZ in § 41 Abs. 4 – die Möglichkeit der Beförderung mehrerer Soldaten in einer Sammelurkunde eingeführt (Abs. 1 Satz 2).

8 Durch Art. 1 Nr. 2 des G vom **6.4.1965**[11] wurde die Möglichkeit der Beförderung durch dienstl. Bekanntgabe auf die Beförderung von OA zu einem Unteroffizierdienstgrad (Fahnenjunker, Fähnrich, Oberfähnrich) ausgeweitet. Durch Art. 10 Nr. 42 des **DNeuG** wurden die Formerfordernisse bei der Beförderung von Feldwebelanwärtern denen der OA angepasst.[12]

9 **3. Bezüge zum Beamtenrecht; ergänzende Bestimmungen.** § 42 entspricht z.T. § 8 Abs. 2 (insbes. Satz 2 Nr. 3 BeamtStG) und z.T. den §§ 10, 12 BBG sowie § 17 Abs. 1 DRiG. Im Gegensatz zum Soldatenrecht ist dort die Beförderung durch **dienstl. Bekanntgabe nicht vorgesehen.**

10 Hins. der administrativen Vorgaben und der Ausgestaltung der Urkunden in den SK gelten die gleichen **Erl. wie zu § 41**.[13] Weiterhin sind die Best. für die Beförderung und für die Einstellung, Übernahme und Zulassung von Soldatinnen und Soldaten zu beachten.[14]

II. Erläuterungen im Einzelnen

11 **1. Absatz 1.** Voraussetzung für die Beförderung eines BS oder SaZ ist die entspr. Verfügung in einer **Ernennungsurkunde** unabhängig davon, ob die Wirksamkeit der Beförderung durch Aushändigung der Urkunde (Abs. 3 Satz 1) oder durch dienstl. Bekanntgabe (Abs. 2, Abs. 3 Satz 2) eintritt. Allein durch eine dienstl. Bekanntgabe ohne Vorliegen einer Ernennungsurkunde kann eine Beförderung nicht wirksam erfolgen.[15] In der Urkunde muss der zu verleihende **Dienstgrad** enthalten sein, sonst liegt keine Beförderung vor.

12 In der Urkunde kann ein in der **Zukunft** liegender Tag für das Wirksamwerden der Beförderung festgelegt werden, sonst wird die Beförderung mit der **Aushändigung** der Urkunde bzw. mit der **dienstl. Bekanntgabe** wirksam. Eine rückwirkende Beförderung ist unzulässig.[16] Von der Ernennung zu unterscheiden ist die Planstelleneinweisung, die grds. mit der Beförderung vorzunehmen ist. Sie kann gem. § 115, § 49 Abs. 2 BHO bis zu drei Monate rückwirkend erfolgen.

---

10 BT-Drs. III/1424, 5.
11 BGBl. I S. 305.
12 Vgl. BT-Drs. 16/7076, 174.
13 ZDv 14/5 B 111 bis B 117.
14 ZDv 20/7.
15 GKÖD I Yk, § 42 Rn. 2.
16 GKÖD I Yk, § 42 Rn. 4. Ist die Urkunde zurückdatiert, wird die Beförderung erst mit ihrer Aushändigung bzw. der dienstl. Bekanntgabe wirksam.

Form der Beförderung § 42

Ist die Beförderung verfügt, sind die zuständigen Dienststellen und Vorg. aufgrund der Fürsorgepflicht (§ 31 Abs. 1) verpflichtet, dafür Sorge zu tragen, dass die Aushändigung der Urkunde bzw. die dienstl. Bekanntgabe **so schnell wie möglich** erfolgt.[17] Einen Anspruch auf Beförderung erwirbt der betroffene Soldat mit der Ausfertigung der Urkunde nicht. Auch in der Phase zwischen der Ausstellung der Urkunde und vor deren Aushändigung bzw. dienstl. Bekanntgabe kann und muss geprüft werden, ob die materiellen Voraussetzungen für die Beförderung noch gegeben sind.[18] Bestehen hieran Zweifel, z. B. wenn der Soldat einen Antrag auf Entlassung oder auf Anerkennung als Kriegsdienstverweigerer gestellt hat, durch Einleitung disziplinarer Ermittlungen, infolge von Erkenntnissen aus Straf- oder Disziplinarverfahren, darf nicht befördert werden.[19] Diesbezüglich sind Prüfungen dann u. U. erforderlich, wenn Beförderungen schematisch zu einem bestimmten Zeitpunkt für eine ganze Gruppe von Soldaten vorgenommen werden, z. B. nach erfolgreichem Abschluss von vorgeschriebenen Ausbildungsgängen von OA.[20]

13

2. Absatz 2, Absatz 3 Satz 2. Die Beförderung zu einem Mannschaftsdienstgrad oder bei einem OA zu einem Unteroffizierdienstgrad oder bei einem FA zum Uffz oder StUffz erfolgt durch **dienstl. Bekanntgabe** an den betreffenden Soldaten. Unter dienstl. Bekanntgabe ist die mündliche Information des Soldaten zu verstehen. Dies kann in Form eines Tagesbefehls, einer persönlichen Unterrichtung oder auch fernmündlich geschehen.[21] Die Beförderung ist im Truppenausweis des Soldaten zu **bescheinigen;** dies gilt als Bescheinigung i. S. d. § 42 Abs. 2 Satz 2.[22] Dennoch sollen die beförderten Soldaten zusätzlich eine **Urkunde** über die dienstl. Bekanntgabe ihrer Beförderung erhalten.[23]

14

In Ausnahmefällen kann die zuständige ernennende Stelle[24] die dienstl. Bekanntgabe bei **anderen Beförderungen** anordnen. Nach der Erlasslage[25] ist dies jedoch – den Gesetzeswortlaut insoweit einschränkend – nur zulässig, wenn sich der zu befördernde Soldat aus dienstl. Gründen außerhalb des Gebiets der Bundesrepublik Deutschland aufhält.

15

Auch bei der dienstl. Bekanntgabe handelt es sich um eine **förmliche Ernennung**. Daraus folgt, dass die allg. Rechtsgrds. für Ernennungen Anwendung finden. Rechtl. problematisch ist daher die Erlassregelung[26] insoweit, als die dienstl. Bekanntgabe gegenüber einem dienstl. Vertreter erfolgen kann. Dies mag praktischen Bedürfnissen entgegenkommen, widerspricht aber allg. Ernennungsgrds.[27] Die dienstl. Bekanntgabe ist – wie die Aushändigung der Ernennungsurkunde – ein Realakt, bei dem aus Grün-

16

---

17 Allg. Ansicht. Vgl. BGH MDR 1984, 205; GKÖD I Yk, § 42 Rn. 2; *Scherer/Alff/Poretschkin*, SG, § 42 Rn. 4.
18 VGH Kassel DÖV 1975, 792.
19 ZDv 20/7 Nr. 131 ff.
20 Vgl. ZDv 20/7 Nr. 962 f.
21 GKÖD I Yk, § 42 Rn. 5.
22 ZDv 14/5 B 116 Nr. 2 Abs. 1.
23 ZDv 14/5 B 116 Nr. 2 Abs. 2, 3.
24 Vgl. die Anordnung über die Ernennung u. Entlassung von Soldatinnen u. Soldaten u. die Ernennung von Reservistinnen u. Reservisten v. 16.10.2008, ZDv 14/5 B 108.
25 ZDv 14/5 B 116 Nr. 6 Abs. 1.
26 ZDv 14/5 B 116 Nr. 7.
27 Vgl. Komm. zu § 41.

Sohm 689

den der Rechtsklarheit eine **Vertretung ausscheidet**.[28] Der Hinw. auf § 41 Abs. 1 Satz 2 VwVfG[29] überzeugt nicht. Zum einen wäre es nicht nachvollziehbar, ausschließlich bei der ohnehin schon formell sehr gelockerten Form der dienstl. Bekanntgabe eine Vertretung zuzulassen und nicht bei der Beförderung durch Aushändigung der Urkunde; dies würde die Formenstrenge bei der Beförderung übermäßig aufweichen. Zum anderen stellt § 42 insgesamt eine Spezialregelung für die Bekanntgabe der Beförderung dar, so dass nicht in einzelnen Aspekten auf die allg. Best. des § 41 Abs. 1 Satz 2 VwVfG zurückgegriffen werden kann.

17 Wird in den Fällen des Abs. 2 statt einer dienstl. Bekanntgabe eine Ernennungsurkunde ausgehändigt, ist dies unschädlich; vielmehr stellt dann die Aushändigung der Ernennungsurkunde die dienstl. Bekanntgabe dar.[30]

18 Ist eine Beförderung durch dienstl. Bekanntgabe wirksam geworden, scheidet eine **Rücknahme** aus (vgl. § 26). Auch in den Fällen, in denen die Wirksamkeit nach der Beförderungsurkunde erst zu einem späteren Zeitpunkt eintreten soll, kann die einmal erfolgte Bekanntgabe nicht rückgängig gemacht werden. Dies resultiert zwar nicht aus § 26, da der Soldat den höheren Dienstgrad noch nicht wirksam verliehen bekommen hat, ergibt sich aber aus allg. Grds. der Ernennung[31] und aus der Tatsache, dass § 42 nicht auf die Sonderregelung des § 41 Abs. 3 Satz 2 verweist.

19 **3. Absatz 3 Satz 1.** Abs. 3 Satz 1 bestimmt den Regelfall der Beförderung von BS und SaZ durch Aushändigung der Ernennungsurkunde. Hins. der formellen Einzelheiten verweist Abs. 3 Satz 1 auf § 41 Abs. 2 und 4 Satz 2. Für die Aushändigung der Beförderungsurkunde gelten damit die gleichen Grds. wie für die Aushändigung sonstiger Ernennungsurkunden. Insoweit kann auf die **Komm. zu § 41** verwiesen werden. Die Sonderbest. des § 41 Abs. 3 Satz 2 greift demgegenüber bei Beförderungen nicht ein, d. h. eine ausgehändigte Beförderungsurkunde kann auch vor Eintritt ihrer inneren Wirksamkeit nicht zurückgenommen werden.

20 Die Aushändigung einer Ernennungsurkunde an einen bevollmächtigten **Vertreter** ist aus o.g. Gründen[32] rechtl. nicht unproblematisch. Da gem. § 42 Abs. 3 Satz 2 in Ausnahmefällen bei allen Beförderungen die dienstl. Bekanntgabe und damit erforderlichenfalls die fernmündliche Unterrichtung angeordnet werden kann, besteht für eine Vertretungsmöglichkeit kein ernsthaftes Bedürfnis.

---

28 Vgl. *Battis,* BBG, § 10 Rn. 5.
29 GKÖD I Yk, § 42 Rn. 5.
30 *Scherer/Alff/Poretschkin,* SG, § 42 Rn. 7.
31 Vgl. § 14 BBG.
32 Vgl. o. Rn. 16.

3. Beendigung des Dienstverhältnisses

a) Beendigung des Dienstverhältnisses eines Berufssoldaten

§ 43 Beendigungsgründe

(1) Das Dienstverhältnis eines Berufssoldaten endet durch Eintritt oder Versetzung in den Ruhestand nach Maßgabe der Vorschriften über die rechtliche Stellung der Berufssoldaten im Ruhestand.

(2) Das Dienstverhältnis endet ferner durch
1. Umwandlung,
2. Entlassung,
3. Verlust der Rechtsstellung eines Berufssoldaten oder
4. Entfernung aus dem Dienstverhältnis durch Urteil in einem gerichtlichen Disziplinarverfahren.

Übersicht

	Rn		Rn
I. Allgemeines	1	II. Erläuterungen im Einzelnen	7
1. Zweck und Entstehung der Vorschrift; Bezüge zum Beamtenrecht	1	1. Absatz 1	7
		2. Absatz 2 Nr. 1	8
		3. Absatz 2 Nr. 2	9
2. Änderungen der Vorschrift	2	4. Absatz 2 Nr. 3	10
		5. Absatz 2 Nr. 4	11

Literatur: Spezielle Veröffentlichungen zu § 43 sind nicht vorhanden.

I. Allgemeines

1. Zweck und Entstehung der Vorschrift; Bezüge zum Beamtenrecht. § 43 normiert die Gründe für die Beendigung des Dienstverhältnisses eines BS. Er entspricht damit vom Regelungsgehalt her den beamtenrechtl. Best. des § 21 BeamtStG und des § 30 BBG. An das Beamtenrecht knüpfte der Gesetzgeber ausdrücklich an, als er in den REntw. einen § 38 aufnahm[1], auf den der heutige § 43 zurückgeht. Im Gesetzgebungsverfahren war die Vorschrift unstr.; lediglich der VertA spaltete die Entwurfsfassung, die aus einem Absatz mit vier Einzelnummern bestand, in zwei Absätze auf.[2]

2. Änderungen der Vorschrift. Seit dem Inkrafttreten des SG ist § 43 nur geringfügig und in erster Linie redaktionell geä. worden. Durch Art. 1 Nr. 10 des G vom **6.12.1990**[3] wurde in Abs. 1 Satz 1 der Passus „außer durch Tod" ersatzlos gestrichen. Eine inhaltl. Änd. war damit nicht verbunden. Es bedarf keiner ausdrücklichen Regelung, dass ein öff.-rechtl. Dienstverhältnis mit dem Tod endet.[4]

---
1 BT-Drs. II /1700, 38.
2 BT-Drs. II/2140, 47.
3 BGBl. I S. 2588.
4 Vgl. BT-Drs. 11/6906, 15. Seit dem DNeuG wird auch im Recht der Bundesbeamten (§ 30 BBG) der Tod nicht mehr als Beendigungsgrund aufgeführt.

3 Durch Art. 1 Nr. 1 des **SGÄndG** wurde Abs. 2 neu gefasst und in Nr. 1 die Umwandlung als weiterer Grund für die Beendigung des Dienstverhältnisses eines BS aufgenommen. Hierbei handelte es sich um eine Folgeänd. zu der Einführung des § 45a (vormals § 3 PersStärkeG).[5]

4 Seine bislang letzte (redaktionelle) Änd. hat § 43 durch Art. 2 Nr. 14 des **SkResNOG** erfahren. Neben dem Eintritt in den Ruhestand wird in Abs. 1 nun ausdrücklich die Versetzung in den Ruhestand aufgeführt. In Abs. 2 Nr. 4 wird statt vom „disziplinargerichtlichen Verfahren" vom „gerichtlichen Disziplinarverfahren" gesprochen.

5 § 43 ist eine reine **Aufzählungsnorm** ohne eigenständigen Regelungsgehalt. Die konkreten Voraussetzungen der jew. Beendigungsgründe und ihre z.T. unterschiedlichen Rechtsfolgen einschl. nachwirkender Rechte und Pflichten aus dem Dienstverhältnis ergeben sich nicht aus § 43, sondern aus den einschlägigen Sonderregelungen.

6 Da das SG im Gegensatz zum Beamtenrecht weder Rücknahme noch Widerruf einer Ernennung kennt (Ausnahme § 41 Abs. 3 Satz 2)[6], sind die in § 43 aufgeführten Gründe abschließend und stellen die einzigen Möglichkeiten dar, ein wirksam begründetes Dienstverhältnis eines BS zu beenden.[7]

II. Erläuterungen im Einzelnen

7 **1. Absatz 1.** Der Eintritt in den Ruhestand kraft Gesetzes (§ 44 Abs. 1) oder die Versetzung in den Ruhestand durch VA, sofern die besonderen Altersgrenzen überschritten sind (§ 44 Abs. 2), stellen die **Regelfälle** der Beendigung des Dienstverhältnisses eines BS dar. Darüber hinaus gibt es zwei weitere von Abs. 1 erfasste Formen der Versetzung in den Ruhestand: Die Versetzung in den **einstweiligen Ruhestand nach § 50** sowie die **Versetzung in den Ruhestand gem. § 1 Abs. 1 PersAnpassG**. Nach der letztgenannten Best. können in den Jahren 2007 bis 2011 bis zu 1200 BS mit ihrer Zustimmung vor Überschreiten der für sie maßgeblichen Altersgrenze in den Ruhestand versetzt werden, wenn sie u. a. das 50. Lebensjahr vollendet haben, ihre Zurruhesetzung der Schaffung von Jahrgangsstrukturen dient, welche die Einsatzbereitschaft der Bw nachhaltig verbessern, und eine adäquate Verwendungsmöglichkeit für sie nicht mehr besteht.[8] Zu den versorgungsrechtl. Konsequenzen vgl. §§ 2 ff. PersAnpassG.

Die vorzeitige Versetzung in den Ruhestand dient allein den Interessen des Dienstherrn und gewährt dem BS keinen Anspruch, auch nicht auf fehlerfreie Ermessensausübung hins. seiner persönlichen Belange.[9] Der BS kann gegen die Ablehnung seiner vorzeitigen Versetzung in den Ruhestand zwar Klage vor dem VG erheben; dabei wird er aber lediglich mit dem Vorbringen gehört, über seinen Antrag sei nach sachlich unzulässigen, willkürlichen Gesichtspunkten entschieden worden.[10] Dies ent-

---

5 BT-Drs. 14/4062, 20 f.
6 Zu den Hintergründen der gegenüber dem Beamtenrecht rechtstechnisch anderen Ausgestaltung der Beendigung des Soldatenverhältnisses vgl. die Komm. zu § 46 Rn. 2.
7 Die Nichtigkeit der Ernennung nach § 44 Abs. 1 VwVfG u. die denkbare Anfechtung der Zustimmung zur Ernennung haben rückwirkenden Charakter u. beenden damit jedenfalls rechtsdogmatisch kein wirksames Soldatenverhältnis, vgl. die Komm. zu § 4 Rn. 10.
8 Zu Einzelheiten des PersAnpassG s. die AusfBest des BMVg – PSZ I 8 – Az 16-37-00/4 v. 18.4.2008 sowie den Anh. zu § 44.
9 Vgl. im Einzelnen die Komm. zu § 50.
10 BVerwG ZBR 2005, 212.

spricht der Rechtslage bei der Verkürzung der Dienstzeit eines SaZ gem. § 40 Abs. 7. Eine Klage dürfte damit i. d. R. erfolglos sein.

2. Absatz 2 Nr. 1. Abs. 2 Nr. 1 verweist auf die ursprünglich durch § 3 PersStärkeG eingeführte und jetzt in § 45a geregelte Möglichkeit, das Dienstverhältnis eines BS in das eines SaZ umzuwandeln. Bei der Umwandlung handelt es sich um einen Unterfall der Berufung. Es muss daher eine Ernennung erfolgen (§ 4 Abs. 1 Nr. 2); die Formvorschriften des § 41 sind zu beachten. Materiellrechtl. Maßstab ist allein § 45a.   8

3. Absatz 2 Nr. 2. In Abs. 2 Nr. 2 wird die Entlassung als Beendigungsgrund für das Dienstverhältnis eines BS genannt. Damit sind **alle Entlassungen** erfasst, unabhängig davon, ob es sich um Entlassungen kraft Gesetzes (§ 46 Abs. 1; § 46 Abs. 3a), um zwingende Entlassungen (§ 46 Abs. 2), um Entlassungen auf Antrag (§ 46 Abs. 3 und 6) oder um Entlassungen aufgrund einer Ermessensentscheidung des Dienstherrn (§ 46 Abs. 8) handelt. Hins. der jew. Entlassungsvoraussetzungen wird auf die einschlägigen Komm. verwiesen.   9

4. Absatz 2 Nr. 3. Der Verlust der Rechtsstellung eines BS tritt unter den Voraussetzungen des § 48 ein. Die Rechtsfolgen ergeben sich aus § 49.   10

5. Absatz 2 Nr. 4. Nr. 4 verweist auf die schwerwiegendste Disziplinarmaßnahme, die § 58 WDO vorsieht. Die Folgen einer disziplinargerichtl. Entfernung aus dem Dienstverhältnis sind in § 63 WDO geregelt.   11

§ 44 Eintritt oder Versetzung in den Ruhestand

(1) ¹**Ein Berufssoldat tritt in den Ruhestand mit Ablauf des Monats, in dem er die nach § 45 Abs. 1 festgesetzte allgemeine Altersgrenze erreicht hat.** ²**Der Eintritt in den Ruhestand kann aus dienstlichen Gründen bis zum Ablauf des 31. März oder 30. September, der dem Erreichen der allgemeinen Altersgrenze folgt, hinausgeschoben werden.** ³**Wenn dringende dienstliche Gründe im Einzelfall die Fortführung des Dienstes erfordern, kann das Bundesministerium der Verteidigung den Eintritt in den Ruhestand hinausschieben, jedoch für nicht mehr als drei Jahre.** ⁴**Der Eintritt in den Ruhestand kann auf Antrag des Berufssoldaten um bis zu einem Jahr hinausgeschoben werden, wenn dies im dienstlichen Interesse liegt.** ⁵**Der Antrag soll spätestens drei Jahre vor dem Erreichen der allgemeinen Altersgrenze gestellt werden.** ⁶**Ist ein Berufssoldat während einer besonderen Auslandsverwendung zum Zeitpunkt des vorgesehenen Eintritts in den Ruhestand wegen Verschleppung, Gefangenschaft oder aus sonstigen mit dem Dienst zusammenhängenden Gründen, die er nicht zu vertreten hat, dem Einflussbereich des Dienstherrn entzogen, ist der Eintritt in den Ruhestand bis zum Ablauf des auf die Beendigung dieses Zustands folgenden Monats hinauszuschieben; dies gilt auch bei anderen Verwendungen im Ausland mit vergleichbarer Gefährdungslage.**

(2) ¹**Ein Berufssoldat kann mit Ablauf eines Monats in den Ruhestand versetzt werden, wenn er die nach § 45 Abs. 2 festgesetzte besondere Altersgrenze überschritten hat.** ²**Einem Antrag des Berufssoldaten, das Dienstverhältnis bis zu einem Zeitraum von zwei Jahren nach Überschreiten der besonderen Altersgrenze fortzusetzen, ist zu entsprechen, wenn dies im dienstlichen Interesse liegt.** ³**Für den Antrag gilt Absatz 1 Satz 5 entsprechend.** ⁴**Die Zurruhesetzung erfolgt auch in diesen Fällen zu dem in Satz 1 angegebenen Zeitpunkt.**

(3) ¹Ein Berufssoldat ist in den Ruhestand zu versetzen, wenn er wegen seines körperlichen Zustandes oder aus gesundheitlichen Gründen zur Erfüllung seiner Dienstpflichten dauernd unfähig (dienstunfähig) ist. ²Als dienstunfähig kann er auch dann angesehen werden, wenn auf Grund der in Satz 1 genannten Umstände die Wiederherstellung seiner Fähigkeit zur Erfüllung seiner Dienstpflichten nicht innerhalb eines Jahres zu erwarten ist.

(4) ¹Die Dienstunfähigkeit wird auf Grund des Gutachtens eines Arztes der Bundeswehr von Amts wegen oder auf Antrag festgestellt. ²Hat der Berufssoldat nicht selbst den Antrag auf Versetzung in den Ruhestand gestellt, so ist ihm unter Angabe der Gründe mitzuteilen, dass seine Versetzung in den Ruhestand beabsichtigt ist; er ist hierüber zu hören. ³Der Berufssoldat ist verpflichtet, sich von Ärzten der Bundeswehr oder von hierzu bestimmten Ärzten untersuchen und, falls sie es für notwendig erklären, beobachten zu lassen. ⁴Die über die Versetzung in den Ruhestand entscheidende Stelle kann auch andere Beweise erheben. ⁵Ob die Wiederherstellung der Dienstfähigkeit innerhalb eines Jahres nicht zu erwarten ist, soll, abgesehen von den Fällen, in denen dies offensichtlich ist, erst nach sechsmonatiger Heilbehandlung festgestellt werden.

(5) ¹Der Eintritt oder die Versetzung in den Ruhestand setzt voraus, dass der Berufssoldat
1. eine Dienstzeit von mindestens fünf Jahren abgeleistet hat oder
2. infolge einer Wehrdienstbeschädigung, die er sich ohne grobes Verschulden zugezogen hat, dienstunfähig geworden ist oder als dienstunfähig angesehen werden kann.

²Die Berechnung der Dienstzeit im Sinne der Nummer 1 regelt das Soldatenversorgungsgesetz.

(6) ¹Die Versetzung in den Ruhestand wird von der Stelle verfügt, die nach § 4 Abs. 2 für die Ernennung des Berufssoldaten zuständig wäre. ²Die Verfügung ist dem Berufssoldaten schriftlich zuzustellen. ³Sie kann bis zum Beginn des Ruhestandes widerrufen werden, wenn die Fortsetzung des Dienstverhältnisses unter Berücksichtigung der persönlichen, insbesondere häuslichen, beruflichen oder wirtschaftlichen Verhältnisse zumutbar ist oder wenn der Spannungs- oder Verteidigungsfall festgestellt ist. ⁴In den Fällen des Absatzes 2 ist dem Berufssoldaten wenigstens ein Jahr vor dem Tag des Ausscheidens mitzuteilen, dass seine Versetzung in den Ruhestand beabsichtigt ist; die Entscheidung, durch die er in den Ruhestand versetzt wird, muss ihm wenigstens drei Monate vor dem Tag des Ausscheidens zugestellt werden. ⁵In den Fällen des Absatzes 3 beginnt der Ruhestand mit dem Ende der drei Monate, die auf den Monat folgen, in dem die Versetzung in den Ruhestand dem Berufssoldaten mitgeteilt worden ist.

(7) Mit dem Eintritt oder der Versetzung in den Ruhestand hat der Berufssoldat das Recht, seine Dienstgradbezeichnung mit dem Zusatz „außer Dienst (a. D.)" weiterzuführen.

Eintritt oder Versetzung in den Ruhestand § 44

Übersicht

	Rn		Rn
I. Allgemeines	1	II. Erläuterungen im Einzelnen	8
1. Zweck der Vorschrift	1	1. Absatz 1	8
2. Entstehung der Vorschrift	2	2. Absatz 2	19
3. Änderungen der Vorschrift	4	3. Absatz 3	26
4. Bezüge zum Beamtenrecht bzw. zu sonstigen rechtl. Vorschriften; ergänzende Dienstvorschriften	5	4. Absatz 4	36
		5. Absatz 5	45
		6. Absatz 6	49
		7. Absatz 7	56
		III. Anhang	58

Literatur: *Eichen, Klaus*: Anmerkungen zur Änderung der soldatischen Altersgrenzen im Entwurf des Dienstrechtsneuordnungsgesetzes, NZWehrr 2008, 171; *Hermsdörfer, Willibald*: Untersuchung, Behandlung und Körpereingriff durch einen Arzt auf der Grundlage des Soldatengesetzes, NZWehrr 1997, 177; *ders.*: Rechtsvoraussetzung und Rechtsfolge der Dienstunfähigkeit eines Berufssoldaten und eines Soldaten auf Zeit, NZWehrr 1995, 202; *Loebel, Hans-Christoph*: Die Dienstunfähigkeit des Beamten, RiA 1999, 19; *Saalfeld, Michael*: Die Alternative zur Einsatzversorgung: Weiterbeschäftigung nach dem Einsatz-Weiterverwendungsgesetz, BWV 2008, 38; *Scherer, Werner*: Zum Gesetz über die Altersgrenzen der Berufssoldaten, NZWehrr 1961, 141.

I. Allgemeines

1. Zweck der Vorschrift. Die Vorschrift regelt in Grundzügen die Voraussetzungen und das Verfahren für den Eintritt oder die Versetzung in den Ruhestand, in Ausnahmefällen für das Hinausschieben des Ruhestands. Besonders ausgestaltet sind die Feststellung der Dienstunfähigkeit und die aus diesem Grund vorzunehmende Versetzung in den Ruhestand. Schließlich wird eine Rechtsgrundlage für die Weiterführung des Dienstgrades im Ruhestand geschaffen. **1**

2. Entstehung der Vorschrift. § 44 geht auf § 39 des REntw. zurück. Dieser war inhaltl. und vom Aufbau her (es fehlte lediglich der heutige Abs. 2) bereits weitgehend mit dem heutigen § 44 vergleichbar. Der wesentliche Unterschied bestand darin, dass § 39 des REntw. und § 44 in der Erstfassung von 1956 noch nicht zwischen Eintritt oder Versetzung in den Ruhestand unterschieden. Bei den parlamentarischen Beratungen zu § 40 des REntw., der die Altersgrenzen regeln sollte, war erkannt worden, dass es ohne hinreichende Erfahrungen der Truppe nicht möglich war, die aus mil. Sicht angemessenen vorgezogenen Altersgrenzen festzulegen. Deshalb wurde die Altersgrenze für alle BS vorläufig auf das vollendete 60. Lebensjahr festgesetzt.[1] Dem trug der Gesetzgeber in der Erstfassung des § 44 Rechnung. **2**

Ansonsten lehnte sich § 39 des REntw. eng an die Vorschriften des BBG an. Insbes. wurde in der amtl. Begr.[2] darauf hingewiesen, dass Abs. 3 „die in den §§ 42 Abs. 1 Satz 2, 43 des Bundesbeamtengesetzes niedergelegten Grundsätze für die Feststellung der Dienstunfähigkeit ohne sachliche Abweichung" zusammenfasse. Weiter wurde betont, der in Abs. 4 „verwendete Begriff der Wehrdienstbeschädigung" werde „in der **3**

---

1 Vgl. zu Einzelheiten die Komm. zu § 45 Rn. 2 bis 5.
2 BT-Drs. II/1700, 30.

dem § 106 des Bundesbeamtengesetzes entsprechenden Vorschrift eines Versorgungsgesetzes gesetzlich näher bestimmt werden".

4 **3. Änderungen der Vorschrift.** § 44 ist mehrmals geä. worden:
- Durch Art. 1 Nr. 1 des G vom **9.6.1961**[3] wurde § 44 neu gefasst. Insbes. wurde ein neuer Abs. 2 für die Versetzung in den Ruhestand bei Erreichen einer besonderen Altersgrenze eingefügt.
- Durch Art. 1 Nr. 1 des G vom **24.3.1969**[4] wurde in Abs. 2 ein Verweis auf die in § 45 Abs. 2 Nr. 3 aufgenommene verwendungsbezogene, besondere Altersgrenze für Offz in Verwendungen als Strahlflugzeugführer eingefügt.
- Durch § 98 Abs. 1 Nr. 3 des G vom **24.8.1976**[5] wurde in Abs. 5 Nr. 1 die Mindestdienstzeit, die ein BS geleistet haben muss, um in den Ruhestand gehen zu können, von zehn auf fünf Jahre reduziert.
- Durch Art. 1 Nr. 5 des G vom **22.5.1980**[6] wurde in Abs. 2 die Verweisung auf § 45 Abs. 2 der Neufassung dieser Vorschrift angepasst.
- Durch Art. 3 Abs. 1 Nr. 1 des G vom **18.12.1989**[7] i. V. m. Art. 5 Nr. 2 des G vom **6.12.1990**[8] und Art. 9 Nr. 2 des G vom **21.2.1992**[9] wurden mit Wirkung vom 1.1.1992 Abs. 1 und Abs. 2 um Regelungen erweitert, auf Antrag des BS den Eintritt in den Ruhestand über das Erreichen der allg. Altersgrenze hinaus um bis zu einem Jahr hinausschieben zu können sowie dem BS bis zu einem Zeitraum von zwei Jahren nach Überschreiten der besonderen Altersgrenze ein Verbleiben im Dienst zu ermöglichen, wenn es jew. im dienstl. Interesse liegt.[10]
- Durch Art. 2 Nr. 4 des G vom **24.7.1995**[11] wurde in Abs. 1 – parallel zur Regelung in diesem G über eine Dienstzeitverlängerung bei SaZ durch Einfügung eines entspr. neuen Abs. 5 in § 40[12] – ein Hinausschieben des Eintritts in den Ruhestand für den Fall der Verschleppung, Gefangenschaft oder bei ähnlichen Ursachen ermöglicht.[13]
- Durch Art. 4 Nr. 1 Buchst. c des G vom **29.6.1998**[14] wurde eine redaktionelle Ungenauigkeit in der Verweisung in Abs. 2 Satz 3 korrigiert.
- Durch Art. 1 Nr. 7 und 30 des **SGÄndG** wurden Abs. 1, 2 und 6 Satz 3 neu gefasst und Abs. 4 Satz 4 sprachlich angepasst. Vor allem die Änd. in Abs. 1 und 2 dienten der Flexibilisierung der mil. Personalführung durch Einführung der Möglichkeit zum monatlichen Eintritt bzw. zur monatlichen Versetzung des BS in den Ruhestand.[15]

---

3 BGBl. I S. 723.
4 BGBl. I S. 221.
5 BGBl. I S. 2485.
6 BGBl. I S. 581.
7 BGBl. I S. 2218.
8 BGBl. I S. 2588.
9 BGBl. I S. 266.
10 BT-Drs. 11/5136, 30 f.
11 BGBl. I S. 962.
12 Vgl. die Erl. ebd., Rn. 36 ff. Eine entspr. Regelung gilt für WPfl, vgl. § 29b WPflG, u. für Dienstleistungspflichtige, vgl. § 75 Abs. 5.
13 Vgl. BT-Drs. 13/1209, 14.
14 BGBl. I S. 1666.
15 Vgl. BT-Drs. 14/4062, 20 f.

Eintritt oder Versetzung in den Ruhestand § **44**

- Durch Art. 3 Abs. 1 Nr. 1 Buchst. a i. V. m. Art. 20 Abs. 2 des G vom **18.12.1989**[16], Art. 20 Abs. 2 i.d.F. des Art. 5 Nr. 2 des G vom **6.12.1990**[17] und i.d.F. des Art. 3 Nr. 1 des **SGÄndG** wurde in Abs. 1 Satz 3 die Möglichkeit des BMVg, den Eintritt des BS in den Ruhestand hinauszuschieben, von längstens fünf auf vier Jahre reduziert.
- Durch Art. 65 Nr. 3 des G vom **21.8.2002**[18] wurde in Abs. 6 Satz 2 die Zustellung der Verfügung über die Versetzung in den Ruhestand in elektronischer Form – wie in der entspr. beamtenrechtl. Vorschrift (§ 47 Abs. 1 Satz 2 BBG a. F., jetzt: § 47 Abs. 3 BBG) – ausgeschlossen.[19]
- Durch Art. 2 Nr. 15 des **SkResNOG** wurden die Überschrift sowie die Abs. 5 bis 7 geä., vor allem um klarzustellen, dass das Dienstverhältnis als BS außer durch Eintritt auch durch Versetzung in den Ruhestand endet.[20]
- Durch Art. 4 Nr. 2 i. V. m. Art. 24 Abs. 2 Nr. 7 des G v. **29.6.1998**[21] i.d.F. des Art. 2 Nr. 1 Buchst. b des SGÄndG wurde mit Wirkung **ab 1.1.2007** in Abs. 1 Satz 3 das Wort „vier" durch das Wort „drei" ersetzt.
- Durch Art. 3 Nr. 10 des **WehrRÄndG 2008** wurden Abs. 3 und Abs. 5 Satz 1 Nr. 2 zur sprachlichen Klarstellung der Dienstunfähigkeit und der vermuteten Dienstunfähigkeit neu gefasst.
- Durch Art. 10 Nr. 19 des **DNeuG** wurde Abs. 6 Satz 2 neu gefasst (Aufhebung des Verbots der Zustellung in elektronischer Form).

4. Bezüge zum Beamtenrecht bzw. zu sonstigen rechtl. Vorschriften; ergänzende Dienstvorschriften. § **44 entspricht** in weiten Teilen **beamtenrechtl. Vorschriften**[22] über den Eintritt oder die Versetzung in den Ruhestand, so im Wesentlichen

- **Abs. 1** dem § 51 Abs. 1 sowie § 53 Abs. 1 Satz 1 und Abs. 2 Satz 1 BBG (§ 25 BeamtStG; vgl. § 48 Abs. 1 und 2 DRiG),
- **Abs. 3** dem § 44 Abs. 1 BBG (§ 26 Abs. 1 Satz 1 und 2 BeamtStG; vgl. § 34 Satz 1 DRiG[23]),
- **Abs. 4** den §§ 44 Abs. 6, 47 Abs. 1, 48 Abs. 1 BBG,
- **Abs. 5** dem § 50 BBG i. V. m. § 4 BeamtVG (vgl. § 32 BeamtStG),
- **Abs. 6** dem § 59 BBG und
- **Abs. 7** dem § 86 Abs. 3 Satz 1 BBG.

Von Bedeutung für den Eintritt oder die Versetzung der BS in den Ruhestand sowie für deren Entlassung ist die aufgrund des § 4 Abs. 2[24] ergangene

5

6

---

16 BGBl. I S. 2218.
17 BGBl. I S. 2588.
18 BGBl. I S. 3322.
19 Vgl. BT-Drs. 14/9000, 39, 50.
20 Vgl. BT-Drs. 15/4485, 37.
21 BGBl. I S. 1666, 3128.
22 Dies betonte bereits die amtl. Begr. zu § 39 des REntw., s. BT-Drs. II/1700, 30.
23 Nach dieser Vorschrift kann ein Richter auf Lebenszeit o. auf Zeit ohne seine schriftl. Zustimmung nur aufgrund rechtskräftiger richterlicher Entsch. wegen Dienstunfähigkeit in den Ruhestand versetzt werden.
24 Vgl. die Komm. zu § 4 Abs. 2. Diese Vorschrift beruht auf Art. 60 Abs. 1 GG, wonach der BPräs Offz u. Uffz ernennt u. „entlässt". Funktionell erstreckt sich diese Kompetenz auf jede Begründung u. jede Beendigung dieser Wehrdienstverhältnisse, auch auf Ruhestandsversetzungen, vgl. *Pieroth*, in: Jarass/Pieroth, GG, Art. 60 Rn. 2 m. w. N.

Eichen 697

§ 44 Eintritt oder Versetzung in den Ruhestand

– Anordnung des BPräs über die Ernennung und Entlassung der Soldaten vom 10.7.1969[25] (ZDv 14/5 B 107).

Das BMVg hat aufgrund des Art. 2 dieser Anordnung die

– DBest. zur Anordnung des BPräs über die Ernennung und Entlassung der Soldaten vom 21.6.2007[26] (ZDv 14/5 B 111)

erlassen.

7 Das BMVg hat zur rechtl. Ausgestaltung des § 44 die

– Best. über das Verfahren bei altersgrenzenbedingter Beendigung des Wehrdienstverhältnisses (ZDv 14/5 B 151)

in Kraft gesetzt. Für Offz, die in strahlgetriebenen Kampfflugzeugen verwendet werden (§ 45 Abs. 2 Nr. 6), gelten die

– Best. über die Versetzung in den Ruhestand aufgrund der besonderen Altersgrenzen für BerufsOffz, die in strahlgetriebenen Kampfflugzeugen als Flugzeugführerin, Flugzeugführer oder WaffensystemOffz verwendet werden (ZDv 14/5 B 152).

Weiterhin sind zu beachten der Erl. des BMVg

– Beendigung des Dienstverhältnisses eines Soldaten wegen Dienstunfähigkeit (ZDv 14/5 B 153, sog. DU-Erlass)

sowie die

– RL für die Personalbearbeitung von Soldaten, deren Verwendungsfähigkeit eingeschränkt ist, und für das Verfahren zur Beendigung des Dienstverhältnisses wegen Dienstunfähigkeit (ZDv 14/5 B 153a).

Diese RL ergänzen den DU-Erlass hins. der Verfahrensabläufe zur Prüfung der Verwendung von Soldaten, die gesundheitlichen Einschränkungen unterliegen, und zur Durchführung eines Verfahrens zur Beendigung des Dienstverhältnisses von Soldaten wegen Dienstunfähigkeit.

II. Erläuterungen im Einzelnen

8 **1. Absatz 1.** Nach **Satz 1** tritt der BS – vorbehaltlich der Voraussetzungen des Abs. 5 – mit Ablauf des Monats[27] in den Ruhestand, in dem er die **allg. Altersgrenze** (§ 45 bzw. § 96 Abs. 1) erreicht. Die Regelung ist vor allem für die Soldaten bedeutsam, die grds. der allg. Altersgrenze unterliegen sollen: Generale, Admirale (vgl. § 45 Abs. 3) sowie die sonstigen in § 45 Abs. 1 Nr. 1 genannten Offz, soweit sie mindestens der Besoldungsgruppe B 3 angehören. Nach dem Willen des Gesetzgebers sollen diese Offz regelmäßig bis zur allg. Altersgrenze im Dienst bleiben, wenn nicht besondere Gründe dagegen sprechen.[28] Unberührt bleibt die Möglichkeit, BerufsOffz vom Brigadegeneral und den entspr. Dienstgraden an aufwärts nach § 50 jederzeit in den **einstweiligen Ruhestand** zu versetzen.

---

25 BGBl. I S. 775. Geä. durch Anordnung v. 17.3.1972 (BGBl. I S. 499, VMBl. S. 119).
26 VMBl. S. 82.
27 Der früher übliche halbjährliche Eintritt in den Ruhestand (mit Ablauf des 31.3. o. des 30.9. eines Jahres) wurde zur Flexibilisierung der mil. Personalführung durch Art. 1 Nr. 30 Buchst. a des SGÄndG geä.
28 Vgl. BT-Drs. 16/7076, 174. Die allg. Altersgrenze für diesen Personenkreis richtet sich bis zum Jahr 2023 nach § 96 Abs. 1, nicht nach § 45 Abs. 1 Nr. 1.

Eintritt oder Versetzung in den Ruhestand § 44

Für die Berechnung des **Termins der Beendigung des Dienstverhältnisses** ist maßgeblich, dass Satz 1 auf das **Erreichen der allg. Altersgrenze** (für die in § 45 Abs. 1 Nr. 1 genannten BS nach Maßgabe der Übergangsvorschrift in § 96 Abs. 1 bis 2012 das vollendete 62. Lebensjahr, dann – nach schrittweisem Anstieg von 2013 bis 2023 – ab 2024 das vollendete 65. Lebensjahr; für alle anderen BS nach § 45 Abs. 1 Nr. 2 das **vollendete 62. Lebensjahr**) abstellt.[29] Nach §§ 187 Abs. 2 Satz 2, 188 Abs. 2 Halbs. 2 BGB wird bei der Berechnung des Lebensalters der Tag der Geburt mitgerechnet. Somit wird ein Lebensjahr mit Ablauf des dem Geburtstag vorhergehenden Tages vollendet. BS, die nach Abs. 1 Satz 1 ausscheiden, treten daher grds.[30] mit Ablauf des Monats in den Ruhestand, in den der Tag fällt, **der dem Geburtstag vorhergeht**.[31] 9

Beispiele (vgl. ZDv 14/5 B 151 Nr. 12):
(1) Ein § 45 Abs. 1 Nr. 2 unterfallender BS, der am 15.12.1950 geboren wurde und sein 62. Lebensjahr damit am 14.12.2012 vollendet, erreicht seine allg. Altersgrenze am 14.12.2012. Er tritt mit Ablauf des 31.12.2012 in den Ruhestand.
(2) Ein § 45 Abs. 1 Nr. 2 unterfallender BS, der am 1.12.1950 geboren wurde, vollendet das 62. Lebensjahr am 30.11.2012 und erreicht an diesem Tage seine Altersgrenze. Da dieser Tag noch in den November 2012 fällt, tritt er mit Ablauf des 30.11.2012 in den Ruhestand.
(3) Ein Oberst, geboren am 15.12.1952, erreicht nach § 96 Abs. 1 die für ihn maßgebliche allg. Altersgrenze (62. Lebensjahr zuzüglich neun Monate) am 14.09.2015. Er tritt mit Ablauf des 30.9.2015 in den Ruhestand.
(4) Ein Oberst, geboren am 1.12.1952, erreicht nach § 96 Abs. 1 die für ihn maßgebliche allg. Altersgrenze (62. Lebensjahr zuzüglich neun Monate) am 31.8.2015. Er tritt mit Ablauf des 31.8.2015 in den Ruhestand.

Der Eintritt des BS in den Ruhestand erfolgt **kraft Gesetzes**, ohne dass es eines besonderen VA bedarf. Die dem BS bei Eintritt in den Ruhestand auszuhändigende Urkunde über die Beendigung des Wehrdienstverhältnisses[32] wirkt nicht konstitutiv. Sie hat nur deklaratorische Bedeutung.[33] 10

Nach **Satz 2** kann der Dienstherr den Eintritt in den Ruhestand aus **dienstl. Gründen** bis zum Ablauf des 31.3. oder 30.9., der dem Erreichen der allg. Altersgrenze folgt[34], hinausschieben. BS, die hiervon betroffen sein können, sind rechtzeitig – dies gebietet 11

---

29 Diese Regelung entspricht § 51 Abs. 1 BBG, wonach der Beamte auf Lebenszeit i. d. R. mit dem Ende des Monats in den Ruhestand tritt, in dem er das 67. Lebensjahr (= Regelaltersgrenze) vollendet.
30 Anderes gilt in den durch § 96 Abs. 1 geregelten Fällen (vgl. die Beispiele 3 u. 4).
31 BVerwGE 30, 167 (168 ff.); vgl. auch *Battis*, BBG, § 51 Rn. 6; GKÖD I K, § 41 Rn. 6, jew. m. w. N.
32 Vgl. ZDv 14/5 B 111 § 1 Abs. 2 Nr. 1 sowie Anl. 1 Muster 6.
33 GKÖD I Yk, § 44 Rn. 2; *Scherer/Alff/Poretschkin*, SG, § 44 Rn. 1. Die Rechtslage entspricht der für Beamte.
34 Der Dienstherr darf nicht einen der beiden Termine beliebig auswählen. Entscheidend ist stets das nächstliegende Datum nach Erreichen der allg. Altersgrenze. Wer diese im Januar erreicht, dem kann der Eintritt in den Ruhestand nach Satz 2 längstens bis zum 31.3. hinausgeschoben werden. Satz 2 soll nur (in dienstl. begründeten Einzelfällen) ermöglichen, den durch das SGÄndG eingeführten Zeitpunkt (monatlicher Eintritt in den Ruhestand) so weit nach hinten zu schieben, wie dies vor Änd. des § 44 Abs. 1 zulässig war. Der Eintritt in den Ruhestand fand aber zum Ende des jew. nächstliegenden 1. o. 3. Quartals nach Erreichen der allg. Altersgrenze statt. Dies sollte durch die Neuregelung für die BS nicht verschlechtert werden.

Eichen 699

die Fürsorge – unter Angabe der dienstl. Gründe für diese Absicht zu unterrichten[35] und anzuhören.[36] Ergibt die Prüfung, dass dienstl. Gründe die Fortführung des Dienstes erfordern, verfügt der Dienstherr einseitig – die Zustimmung des BS ist nicht notwendig[37] – das Hinausschieben des Eintritts in den Ruhestand. Dies geschieht durch einen **dem BS zuzustellenden VA**, der zu begründen und mit einer Rechtsbehelfsbelehrung[38] zu versehen ist. Angesichts der Tragweite der Maßnahme für den Betroffenen können ausreichende dienstl. Gründe nur angenommen werden, wenn über bloße Unannehmlichkeiten hinaus das zeitgerechte Ausscheiden des BS zu unverhältnismäßigen Erschwernissen im Dienstbetrieb führte, denen anders nicht angemessen begegnet werden könnte. Die notfalls **gerichtl. Prüfung** obliegt den **VG**[39]. Diese können grds. in vollem Umfang nachprüfen, ob tatbestandlich einen Aufschub des Eintritts in den Ruhestand rechtfertigende dienstl. Gründe gegeben sind. Die bei Vorliegen dienstl. Gründe dem Dienstherrn zugestandene **Ermessensentscheidung** („kann ... hinausgeschoben werden") darf gerichtl. nur auf Ermessensfehler, nicht auf die Zweckmäßigkeit der Maßnahme hin überprüft werden (vgl. § 114 VwGO).[40]

Allerdings legt die Tatsache, dass der Gesetzgeber[41] statt des halbjährlichen Eintritts in den Ruhestand den flexiblen monatlichen Eintritt zur Regel erhoben hat (Ausnahmen nur aus dienstl. Gründen), es nahe, dass dieses Regel-Ausnahme-Verhältnis durch die Exekutive nur selektiv verändert werden darf. Deshalb könnte der Dienstherr zwar wegen auf einzelne BS oder überschaubare Personengruppen bezogener dienstl. Gründe den Eintritt in den Ruhestand aufschieben. Unzulässig erschiene es hingegen, wenn dies pauschal unter dem Aspekt der Erleichterung der Personalführung (obwohl dies ein dienstl. Grund wäre) für größere Personalkörper angeordnet würde, ohne eine differenzierende Prüfung vorzunehmen. Damit würde der gesetzgeberische Wille unterlaufen.

12 Nach **Satz 3** kann das **BMVg**, wenn **dringende dienstl. Gründe** im Einzelfall die Fortführung des Dienstes durch einen BS erfordern[42], dessen Eintritt in den Ruhestand hinausschieben, jedoch nicht mehr als insgesamt drei[43] Jahre. Der Aufschub kann, wenn es erforderlich ist, wiederholt werden.[44]

Der Maßstab der **dringenden dienstl. Gründe** ist deutlich schärfer als bei den in Satz 2 geforderten dienstl. Gründen. Dies ist sachgerecht, weil der zeitliche Rahmen für die Verschiebung des Eintritts in den Ruhestand wesentlich weiter greift als die längstens fünf Monate nach Satz 2. Neben dem Wortlaut der Vorschrift, der ausdrück-

---

35 Die Mitteilung ist kein VA. Als lediglich vorbereitende Maßnahme ist sie nicht auf unmittelbare Rechtswirkungen nach außen gerichtet, vgl. BVerwG DVBl. 1990, 1232 f.; *Kopp/Ramsauer*, VwVfG, § 35 Rn. 50 m. w. N.
36 Vgl. zum Verfahren ZDv 14/5 B 151 Nr. 4.
37 *Scherer/Alff/Poretschkin*, SG, § 44 Rn. 2.
38 Einzelheiten hierzu in ZDv 14/5 B 151 Nr. 13.
39 Vgl. *Dau*, WBO, § 23 Rn. 36.
40 Vgl. entspr. Rn. 13, 17.
41 Im SGÄndG, s. o. Rn. 4 sowie *Eichen, Klaus*, Das „Gesetz zur Änderung des Soldatengesetzes und anderer Vorschriften (SGÄndG)" v. 19. Dezember 2000, NZWehrr 2001, 45 (53).
42 Vgl. für Beamte § 53 Abs. 2 BBG.
43 Geä. ab 1.1.2007: vorher vier Jahre.
44 Diese Maßgabe findet sich in ZDv 14/5 B 151 Nr. 4 Abs. 2.

lich auf **Einzelfälle** abstellt, legt die Notwendigkeit dringender dienstl. Gründe, die als zwingende dienstl. Rücksichtnahmen zu interpretieren sind, nahe, dass es sich nur um seltene Ausnahmefälle handeln kann (hierfür spricht auch die **alleinige Entscheidungszuständigkeit des BMVg** in diesen Fällen). Es kommt nicht auf die Interessen des betroffenen BS an.[45]

Dringende dienstl. Gründe für ein Hinausschieben sind ausnahmsweise anzunehmen, wenn durch den Eintritt des BS in den Ruhestand die Erfüllung wichtiger mil. Aufgaben schwer beeinträchtigt wäre.[46] Dies könnte z.B. bei gravierenden, nicht absehbaren Personalausfällen (Beispiel: der für ein wichtiges Projekt als Nachfolger eingearbeitete Soldat verstirbt) oder bei nicht zu erwartender Verzögerung einsatzwichtiger Spezialaufträge, bei denen die Einarbeitung eines Nachfolgers nicht mehr verhältnismäßig wäre, der Fall sein. Es reicht nicht aus, wenn nur das als lästig empfundene Nachfolgeproblem aufgeschoben werden soll.[47]

Bei der Feststellung der tatbestandlichen Voraussetzungen dringender dienstl. Gründe ist dem BMVg grds. **kein Beurteilungsspielraum** einzuräumen, so dass i. d. R. eine uneingeschränkte Überprüfung durch die VG stattfindet.[48] Liegen dringende dienstl. Gründe vor, ist die dem BMVg nach Satz 3 mögliche **Ermessensentscheidung** durch die VG nur auf Ermessensfehler überprüfbar (vgl. § 114 VwGO). **13**

Wie die Ankündigung des möglichen Hinausschiebens des Eintritts in den Ruhestand nach Satz 2, ist auch die entspr. Ankündigung über den Aufschub nach Satz 3 **kein VA**. Erst die Mitteilung an den BS über den endgültigen Aufschub seines Eintritts in den Ruhestand ist ein **nicht zustimmungsbedürftiger VA**, der einer vorherigen Anhörung des BS (§ 28 VwVfG) und einer Begr. (§ 39 VwVfG) bedarf und der dem BS bekannt zu geben ist (§ 41 VwVfG). Gegen den VA steht dem BS der **Rechtsweg zum VG** offen. **14**

Das **Wehrdienstverhältnis** darf zum Zeitpunkt der Bekanntgabe des VA an den BS **noch nicht** durch dessen Eintritt in den Ruhestand **beendet** sein.[49] Der VA, der erst im Zeitpunkt der Bekanntgabe wirksam wird (§ 43 Abs. 1 VwVfG), könnte dann keine Wirksamkeit entfalten. Die rückwirkende Begründung eines (auch erloschenen) Wehrdienstverhältnisses, egal ob es zu der Begründung einer Ernennung bedarf oder nicht, ist rechtl. unzulässig.[50] In dem VA eine erneute Ernennung zum BS mit Wirkung ex nunc zu sehen, verbietet sich bereits mangels Einhaltung der Formvorschriften des § 41. Es blieben dann nur die Möglichkeiten der Wiederverwendung des früheren BS nach § 51 oder seiner Heranziehung zu Dienstleistungen nach §§ 59 ff. **15**

Nach **Satz 4** kann der **BS selbst beantragen**, seinen Eintritt in den Ruhestand um bis zu einem Jahr hinauszuschieben. Dies **kann** der Dienstherr bewilligen, wenn es im dienstl. Interesse liegt. Den entspr. Antrag **soll** der BS nach **Satz 5** spätestens **drei** **16**

---

45 GKÖD I Yk, § 44 Rn. 4.
46 Weniger streng für Beamte § 53 Abs. 2 BBG: Er setzt voraus, dass die Fortführung der Dienstgeschäfte durch einen bestimmten Beamten das Hinausschieben erfordert.
47 So entspr. im Bereich der Beamten zu § 41 Abs. 3 BBG a. F. GKÖD I K, § 41 Rn. 15.
48 Vgl. Rn. 17. A.A. für den Beamtenbereich *Battis*, BBG, § 53 Rn. 3; *Plog/Wiedow/Lemhöfer*, BBG, § 41 Rn. 4c, die einen nur beschränkt gerichtl. überprüfbaren Beurteilungsspielraum der Exekutive annehmen.
49 Vgl. GKÖD I Yk, § 44 Rn. 5; *Scherer/Alff/Poretschkin*, SG, § 44 Rn. 2.
50 Vgl. die Komm. zu § 2 Rn. 10 a.E., Rn. 13.

§ 44 Eintritt oder Versetzung in den Ruhestand

Jahre vor dem Erreichen der allg. Altersgrenze stellen. Die Soll-Vorschrift bedeutet nicht, dass der BS verpflichtet wäre, den Antrag zeitgerecht zu stellen; die verspätete Antragstellung bedeutet nicht den Verlust des Antragsrechts. Der BS muss indes die Nachteile hinnehmen, die sich für ihn daraus ergeben, dass er die Dreijahresfrist versäumt, so z. B. wenn bei kurzfristiger Antragstellung der Personalbedarf bereits anderweitig gedeckt worden ist.

Die Entscheidung über den Antrag ergeht mittels **VA**[51], der **vor den VG angefochten** werden kann. Ist durch den VA der Antrag positiv beschieden worden, hat der BS es sich dann anders überlegt und nimmt seinen Antrag zurück, bleibt der VA rechtmäßig und wirksam. Die Antragsrücknahme hat dann nur die Wirkung eines Antrags an den Dienstherrn, seine Entscheidung aufzuheben.[52]

17 Ob ein dienstl. Interesse, vor allem wegen eines entspr. Personalbedarfs, am Hinausschieben des Eintritts in den Ruhestand besteht und damit das Vorliegen dieses unbest. Rechtsbegriffs zu Recht angenommen worden ist, ist von den VG grds. in vollem Umfang überprüfbar. In engen Grenzen, vor allem wenn sich der Dienstherr auf Vorgaben mit planerischem Einschlag beruft, ist allerdings ein gewisser Beurteilungsspielraum anzuerkennen.[53] Wird ein dienstl. Interesse festgestellt, bleibt dem Dienstherrn eine Ermessensentscheidung, die nur auf Ermessensfehler gerichtl. überprüfbar ist.

18 Das nach **Satz 6** vorgesehene Hinausschieben des Eintritts des BS in den Ruhestand[54] bei **besonderer Auslandsverwendung** wegen **Verschleppung, Gefangenschaft** o. Ä. entspricht den sinngleichen Regelungen in § 40 Abs. 5 und § 75 Abs. 5. Auf die Komm. zu diesen Best. wird verwiesen.

19 **2. Absatz 2. Satz 1** gibt dem Dienstherrn die Möglichkeit, den BS schon vor Erreichen der allg. Altersgrenze **einseitig durch VA nach Überschreiten der** für ihn nach § 45 Abs. 2 festgesetzten **besonderen Altersgrenze** mit Ablauf eines Monats **jederzeit in den Ruhestand zu versetzen**. Weitere tatbestandliche Voraussetzungen werden nicht genannt. Beachtlich sind nur die Vorgaben des Abs. 5 und bestimmte Verfahrensvoraussetzungen nach Abs. 6 Satz 4 (vgl. die Erl. ebd.). Auf dieser Grundlage hat der Dienstherr einen Ermessensspielraum.

Ein **Rechtsanspruch** des BS, mit Überschreiten der besonderen Altersgrenze **in den Ruhestand versetzt zu werden, besteht nicht**. Im Gegenteil hat jeder BS grds. bis zum Erreichen der allg. Altersgrenze Dienst zu leisten.[55] Der Dienstherr kann deshalb, ohne dass dem das Argument des Vertrauensschutzes entgegengehalten werden kann, von Versetzungen in den Ruhestand abgesehen, wenn sich dies im Rahmen des ihm zustehenden Ermessensspielraums (vgl. hierzu Rn. 20 ff.) hält. Hierüber ist jew. im

---

51 Zu Einzelheiten s. ZDv 14/5 B 151 Nr. 4 Abs. 5.
52 Vgl. für Beamte GKÖD I K, § 41 Rn. 11.
53 Für den Beamtenbereich nehmen GKÖD I K, § 41 Rn. 11; *Plog/Wiedow/Lemhöfer*, BBG, § 41 Rn. 4c, einen weiter gehenden Beurteilungsspielraum an. Grds. erscheint in den für den einzelnen Soldaten so wichtigen Bereichen seiner Personalplanung u. -führung eine möglichst weitgehende gerichtl. Überprüfung besonders dringlich, vor allem, wenn es im konkreten Einzelfall dem VG möglich ist, vorausgegangene organisatorische u. personelle Entscheidungen des Dienstherrn nachzuvollziehen.
54 Sofern sie praktisch wird, gilt die Vorschrift auch für Versetzungen in den Ruhestand. So zutr. *Weniger*, SG, § 44 Rn. 10.
55 So zutr. *Scherer/Alff/Poretschkin*, SG, § 44 Rn. 4.

Einzelfall zu entscheiden. Eine generell (z. B. für alle BerufsUffz) und schematisch durch die Exekutive angeordnete Zurruhesetzung ab einem bestimmten Alter nach Überschreiten der besonderen Altersgrenze kollidierte mit dem in § 45 Abs. 2 Satz 1 zum Ausdruck kommenden Erfordernis, Ermessenentscheidungen im Einzelfall treffen zu müssen.[56]

Der Dienstherr darf seine Ermessensentscheidung nicht beliebig treffen. Er hat wie bei jeder Ermessensausübung das Ermessen nur entspr. dem Zweck der Ermächtigung zu gebrauchen und die gesetzl. Grenzen des Ermessens einzuhalten (§ 40 VwVfG). Die Versetzung in den Ruhestand darf nicht willkürlich oder aus sachfremden Erwägungen verfügt, der Gleichbehandlungsgrds. nicht missachtet werden. Abgesehen von derartigen Ermessensfehlern sind die eigentlichen Ermessenserwägungen **durch die VG** nur eingeschränkt **überprüfbar** (vgl. § 114 VwGO). 20

Die im Ermessen stehende, flexible Zurruhesetzung kommt vorrangig dienstl. Interessen entgegen. Sie dient aber auch den Interessen der BS[57], die vor dienstl. Überforderung im Alter geschützt werden sollen. Stellt deshalb ein BS, vor allem wenn ihm nicht rechtzeitig nach Abs. 6 Satz 4 schriftl. mitgeteilt worden ist, seine Versetzung in den Ruhestand nach Überschreiten der besonderen Altersgrenze sei beabsichtigt, einen entspr. Antrag, hat er einen Anspruch auf **fehlerfreie Ermessensentscheidung.**

Der Gesetzgeber ist – geprägt durch die Erfahrungen des zweiten Weltkriegs – beim Erlass des G über die Altersgrenzen der BS vom 9.6.1961[58] davon ausgegangen, die Versetzung der BS in den Ruhestand mit Überschreiten der besonderen Altersgrenze diene dem Erhalt der Einsatzbereitschaft der SK. **Bestimmte**, insbes. bis zum Dienstgrad Oberst besetzte **Dienststellungen** erforderten körperliche Frische und Entschlusskraft, die nur bei jüngeren BS gewährleistet seien.[59] Schon damals hat der Gesetzgeber dies aber nicht generalisierend betrachtet (§ 44 Abs. 2 war schon 1961 eine „Kann"-Vorschrift), sondern zum Ausdruck gebracht, das Privileg einer früheren Zurruhesetzung solle nur ausgesuchten, speziellen Verwendungen in der Truppe zugeordnet und einzelnen Soldaten nach Ermessensbetätigung zugebilligt werden. Die mil. Personalführung hat diese gesetzl. Vorgaben bisher ignoriert, was gemessen am Grds. der Gesetzmäßigkeit der Exekutive bemerkenswert ist. Angesichts gänzlich gewandelter Einsatzbedingungen und Verwendungsformen der SK und der Anhebung der Lebensarbeitszeit in der gesamten Arbeitswelt ist es höchste Zeit, die Praxis aufzugeben, einige einem Grenzalter unterliegende mil. Verwendungen generell zur Begründung vorgezogener soldatischer Zurruhesetzungen heranzuziehen und diese sofort bei Überschreiten der jew. besonderen Altersgrenze undifferenziert umzusetzen. 21

Es **kann** deshalb eine sachlich vertretbare Ermessenserwägung sein, BS unter Berücksichtigung der Einsatzbereitschaft der SK zum Erhalt altersgerechter Strukturen des Offz- und Uffz-Korps in den Ruhestand zu versetzen. Dies gilt allerdings nur, soweit 22

---

56 Die mil. Personalführung hat in den vergangenen Jahrzehnten ohne diese im Einzelfall gebotene Ermessensausübung die besonderen Altersgrenzen generell wie allg. Altersgrenzen gehandhabt; vgl. *Eichen*, NZWehrr 2008, 171, 174 ff. Unkrit. sieht dies offenbar *Weniger*, SG, § 44 Rn. 12, 15.
57 BVerfGE 23, 295 (302): Eine „starre Festlegung der besonderen Altersgrenzen" würde „auch der gebotenen Rücksicht auf die persönlichen Belange" der Soldaten nicht gerecht.
58 BGBl. I S. 723.
59 Amtl. Begr. (BT-Drs. III/2391, 4) zu dem genannten G, zit. in BVerwG 23, 295 (300).

§ 44 Eintritt oder Versetzung in den Ruhestand

es wegen der Bedarfslage in einzelnen Verwendungen oder Truppenteilen notwendig ist. Es ist unzulässig in Bezug auf ganze Jahrgänge, vor allem, wenn diese unmittelbar nach Überschreiten der besonderen Altersgrenze schematisch in den Ruhestand versetzt werden.[60] Erwägungen hins. der Einsatzbereitschaft sind selektiv anzustellen; der Gesetzgeber will besondere Altersgrenzen nicht automatisch, sondern nur dort nutzen, wo ein lebensjüngerer Mann wirklich **erforderlich**[61] ist. Den Zweck der generellen Erhöhung der Einsatzbereitschaft der SK durch Zuruhesetzungen älterer BS verbindet der Gesetzgeber erst mit dem Erreichen der allg. Altersgrenze. In den Jahren 2000 bis 2008 ist jedoch kein einziger BerufsUffz bis zum Erreichen der **allg.** Altersgrenze im Dienst verblieben!

Als Grund für Versetzungen in den Ruhestand können ggf. auch Haushaltszwänge genannt werden. Kein dienstl., weil die Einsatzbereitschaft nicht erhöhender Aspekt und damit kein sachgerechter Grund ist das den Interessen jüngerer Soldaten dienende Streben der Personalführung, hoch dotierte Dienstposten durch Zuruhesetzungen möglichst rasch wieder zur Nachbesetzung frei zu machen, um einen angeblichen **Beförderungsstau**[62] abzubauen. Die Schaffung höherer Versorgungslasten auf Kosten der Steuerzahler liegt weder im dienstl. noch im öff. Interesse. Die Zuruhesetzungen sind regelmäßig ebenso wenig i. S. d. BS, die vorzeitig ausscheiden sollen: Sie müssen oft zu früh die vollen Dienstbezüge gegen die geringere Versorgung eintauschen.

23 BS, für deren Dienstzeitbeendigung eine **besondere Altersgrenze** genutzt werden soll, können in den Ruhestand erst versetzt werden, wenn sie diese besondere Altersgrenze **überschritten** haben.

Beispiele:[63]
(1) Ein am 30.11.1959 geborener, vor 1999 zum BS ernannter BerufsUffz vollendet das 53. Lebensjahr mit Ablauf des 29.11.2012; er überschreitet die besondere Altersgrenze am 30.11.2012 und kann frühestens mit Ablauf des 30.11.2012 in den Ruhestand versetzt werden.
(2) Ein am 1.12.1959 geborener, vor 1999 zum BS ernannter BerufsUffz vollendet das 53. Lebensjahr am 30.11.2012; er überschreitet die besondere Altersgrenze am 1.12.2012 und kann frühestens mit Ablauf des 31.12.2012 in den Ruhestand versetzt werden.
(3) Ein BerufsUffz, geboren am 1.1.1960, vollendet das 53. Lebensjahr mit Ablauf des 31.12.2012; er überschreitet dieses Alter erst am 1.1.2013. Ab 2013 sind die Anhebungen der besonderen Altersgrenzen durch das DNeuG zu beachten. 2013 wird die dann geltende Altersgrenze (54. Lebensjahr zuzüglich eines Monats) weder erreicht noch überschritten.

---

60 Die von der mil. Personalführung bisher verfolgte Begrenzung von Jahrgangsstärken mit dem Rechenschieber u. die mit Hilfe des PersAnpassG angestrebte schematische Zuruhesetzung von auf diese Weise ermittelten Personalüberhängen lassen sich, insbes. bei personellen Vakanzen in anderen Jahrgängen, nicht rechtfertigen. Zum PersAnpassG s. Rn. 58 ff.
61 Vgl. BT-Drs. III/2391, 4.
62 Das Wort „Stau" impliziert in unzulässiger Weise die Vorstellung, es gebe einen Rechtsanspruch auf Beförderung. Diese steht aber stets unter dem Primat der Bestenauslese. Nur der bestgeeignete u. leistungsstärkste Bewerber hat – eine Planstelle vorausgesetzt – einen Anspruch auf Beförderung, nicht schon der „grundsätzlich" geeignete Soldat. Dies verkennt der WBeauftr, vgl. z. B. JB 2008, BT-Drs. 16/12200, 28.
63 Vgl. ZDv 14/5 B 151 Nr. 12 Abs. 3.

Eintritt oder Versetzung in den Ruhestand § 44

Der BerufsUffz vollendet und überschreitet erst im Jahr 2014 die in diesem Jahr geltende besondere Altersgrenze des 54. Lebensjahres zuzüglich zweier Monate (Vollendung mit Ablauf des 28.2.2014, Überschreitung am 1.3.2014). Er kann daher mit Ablauf des 31.3.2014 in den Ruhestand versetzt werden.

(4) Ein am 1.8.1963 geborener BerufsUffz **erreicht** zum Jahresende
2016 53 Jahre und 5 Monate (besondere Altersgrenze 2016: 54 Jahre und 4 Monate)
2017 54 Jahre und 5 Monate (besondere Altersgrenze 2017: 54 Jahre und 5 Monate).
Die besondere Altersgrenze wird daher erst 2018 (Altersgrenze 2018: 54 Jahre und 6 Monate) **überschritten**.
Die Altersgrenze des Jahres 2018 wird am 31.1.2018 erreicht und am 1.2.2018 überschritten. Er kann daher mit Ablauf des 28.2.2018 in den Ruhestand versetzt werden.

Nach **Satz 2** kann der BS selbst initiativ werden. Er kann **beantragen**, das **Dienstverhältnis bis zu** einem Zeitraum von **zwei Jahren nach Überschreiten der besonderen Altersgrenze**[64] **fortzusetzen**. Dabei **soll** nach **Satz 3**, der auf Abs. 1 Satz 5[65] verweist, dieser Antrag spätestens **drei Jahre**[66] vor dem Überschreiten der besonderen Altersgrenze gestellt werden. Dem Antrag **ist** zu entsprechen, wenn dies im dienstl. Interesse liegt, vor allem wenn ein entspr. Personalbedarf besteht und sonstige dienstl. Gründe nicht entgegenstehen. Die Entscheidung über den Antrag ergeht durch **VA**, der ggf. **vor den VG anfechtbar** ist. Ob ein VG das dienstl. Interesse oder Desinteresse am Hinausschieben der Versetzung in den Ruhestand überprüfen darf, ist wie beim Hinausschieben des Eintritts in den Ruhestand nach Abs. 1 Satz 4 zu beantworten.[67]   24

Wird dem Antrag stattgegeben, ist dem BS die Fortsetzung des Dienstverhältnisses schriftl. zuzusichern (§ 38 VwVfG).[68]

Satz 4 stellt klar, dass der BS, dessen **Dienstzeit** antragsgemäß über die besondere Altersgrenze hinaus **verlängert** worden ist, spätestens mit Ablauf des Monats[69] **in den Ruhestand zu versetzen** ist, in dem er den Endzeitpunkt der zusätzlich bewilligten Dienstzeit überschritten hat, d. h. in den der Tag der Beendigung dieses Zeitraums   25

---

64 Es muss daher nicht der volle Zeitraum abgedeckt sein; der Antrag o. die Bewilligung kann auch einen kürzeren Zeitraum erfassen.
65 Vgl. die Erl. ebd.
66 Diese lange Terminierung ist eher unverständlich, da BS erst spätestens ein Jahr vor dem Beginn des Ruhestandes mitgeteilt wird, ihre Versetzung in den Ruhestand sei beabsichtigt (vgl. § 44 Abs. 6 Satz 4 Halbs. 1; ZDv 14/5 B 151 Nr. 7 Abs. 3).
67 Vgl. die Komm. zu Abs. 1 Satz 4 Rn. 17.
68 Die Sätze 2 u. 3 dürften grds. mit Satz 1 kollidieren. Nach dem Wortlaut sowie Sinn u. Zweck des Satzes 1 muss die mil. Personalführung schon von Amts wegen bei in jedem Einzelfall anzustellender Ermessensbetätigung aufgrund ggf. bestehender dienstl. Interessen entscheiden, wann das Wehrdienstverhältnis eines BS (mit Erreichen der allg. Altersgrenze o. vorher) enden soll. Satz 2 stellt das Regel-Ausnahme-Verhältnis des Satzes 1 in Frage. Nach Satz 1 hat der BS grds. Wehrdienst bis zur allg. Altersgrenze zu leisten (vgl. Rn. 19), es sei denn, dienstl. Interessen erfordern im Ausnahmefall ein früheres Ausscheiden. Satz 2 suggeriert das Gegenteil, nämlich die Fortsetzung des Wehrdienstverhältnisses nach Überschreiten der besonderen Altersgrenze (nur) auf Antrag, eine Vorstellung, mit welcher der Gesetzgeber bei der Anpassung der gesetzl. Altersgrenzen der BS durch das DNeuG aufgeräumt hat (vgl. BT-Drs. 16/7076, 175). Der Gesetzgeber sollte die Sätze 2 bis 4 daher streichen.
69 Vgl. *Scherer/Alff/Poretschkin*, SG, § 44 Rn. 3 a. E.

fällt. Die Dienstzeit endet jedoch nicht, wenn der Dienstherr zwischenzeitlich die Versetzung in den Ruhestand, gestützt auf weitere dienstl. Gründe, erneut aufschiebt. Dies kann aufgrund eines Antrags des BS **über** die in Satz 2 genannten **zwei Jahre hinaus** zulässig sein, wenn es im dienstl. Interesse liegt, denn der Dienstherr darf in diesem Fall sogar ohne Antrag das Hinausschieben anordnen. Jedoch wird dann selbst bei dienstl. Interesse – anders als nach Satz 2 – keine Verpflichtung bestehen, dem Antrag des BS zu entsprechen. Auch nach Ausschöpfen der in Satz 2 genannten zwei Jahre wird weiterhin ein Anspruch des BS auf **fehlerfreie Ermessensentscheidung** über seinen Antrag gegeben sein. Die grds. Möglichkeit der auch in seinem Interesse liegenden Verlängerung der Dienstzeit – über die gesetzl. zugestandenen zwei Jahre hinaus – muss sich für den BS (schon im Hinblick auf mögliche Konkurrenten für eine Dienstzeitverlängerung) zumindest in einem Anspruch niederschlagen, dass ermessensfehlerfrei entschieden wird.

26 **3. Absatz 3.** Abs. 3 regelt zwei Fallgestaltungen:

Nach **Satz 1** ist ein BS (unter den Voraussetzungen des Abs. 5) in den Ruhestand zu versetzen, wenn er

– wegen seines **körperlichen Zustandes** oder aus **gesundheitlichen Gründen**
– zur **Erfüllung seiner Dienstpflichten dauernd unfähig (dienstunfähig)** ist („**Dienstunfähigkeit**").

Nach **Satz 2** kann ein BS auch dann als dienstunfähig angesehen und in den Ruhestand versetzt werden, wenn aufgrund der in Satz 1 genannten Umstände die Wiederherstellung seiner Fähigkeit zur Erfüllung seiner Dienstpflichten **innerhalb eines Jahres nicht zu erwarten** ist („**vermutete Dienstunfähigkeit**").

„Dienstunfähigkeit" ist kein medizinischer, sondern ein (unbest.) **Rechtsbegriff**. Zur Feststellung der Dienstunfähigkeit ist daher der ärztliche Befund nur Entscheidungshilfe, maßgebend bleibt die Beurteilung des Dienstherrn. Keinen Einfluss hat, ob der BS selbst meint, seine dienstl. Pflichten erfüllen oder nicht erfüllen zu können.[70]

27 Die für eine Zurruhesetzung notwendige **Dienstunfähigkeit**[71] des BS wird in Satz 1 durch eine **Legaldefinition** bestimmt, die auch im Rahmen des § 55 Abs. 2 Satz 1 (Entlassung von SaZ wegen Dienstunfähigkeit) gilt.[72] Denn die inhaltl. Voraussetzungen der Entlassung eines SaZ wegen Dienstunfähigkeit nach § 55 Abs. 2 sind **identisch** mit den Voraussetzungen, die § 44 Abs. 3 für die Versetzung von BS in den Ruhestand aufstellt.[73]

---

70 So entspr. *Loebel*, RiA 1999, 19 (20).
71 Vgl. hierzu die Komm. zu § 55 Abs. 2; zum Verhältnis Dienst(un)fähigkeit/Wehrdienstfähigkeit insbes. in Bezug auf Dienstleistungspflichtige s. die Komm. zu § 64 Rn. 15 ff.
72 Die unnötige Wiederholung der Definition der Dienstunfähigkeit in § 55 Abs. 2 hat der Gesetzgeber, wie in der Voraufl. angeregt, mit Art. 3 Nr. 14 Buchst. b des WehrRÄndG 2008 beseitigt.
73 Die Beurteilung der Tauglichkeit nach dem WPflG richtet sich jedoch nach anderen Kriterien, vgl. BVerwG Buchholz 238.4 § 55 SG Nr. 7. Krit. ist deshalb BVerwG ZBR 2005, 311 = *Buchholz*, 236.110 § 29 SLV 2002 Nr. 2, zu sehen, weil in diesem Beschl. Tauglichkeitskriterien des WPflG zur Bewertung der gesundheitlichen Eignung eines SaZ herangezogen werden.

Die in Satz 1 definierte Dienstunfähigkeit wird seit der Neufassung des Abs. 3 durch Art. 3 Nr. 10 Buchst. a des WehrRÄndG 2008 wieder identisch mit den beamtenrechtl. Regelungen in § 44 Abs. 1 Satz 1 BBG und § 26 Abs. 1 Satz 1 BeamtStG formuliert.[74] Da nach allg. Ansicht der soldatenrechtl. Begriff der Dienstunfähigkeit grds. **deckungsgleich** mit dem beamtenrechtl. Begriff der Dienstunfähigkeit in § 44 Abs. 1 BBG ist[75], kann bei § 44 Abs. 3 auf Rspr. und Lit. zum Beamtenrecht zurückgegriffen werden. Die in Satz 1 BBG benutzten, sich teilweise in ihrer Bedeutung überschneidenden Kriterien wollen in bewusst weiter Interpretation alle für die Dienstunfähigkeit ursächlichen, leistungsverhindernden oder -verringernden körperlichen und geistig-seelischen Beeinträchtigungen erfassen, die über normale Beeinträchtigungen (z. B. lebensadäquate begrenzte Erkrankungen) hinausgehen.[76] Nicht erfasst werden sollen Sachverhalte, die nicht auf einem Nicht-Können, sondern auf einem Nicht-Wollen beruhen.[77]

28

Ergänzend zu diesen begrifflichen Festlegungen ist auf die in der ZDv 14/5 B 153 Nr. 1 Abs. 2 enthaltenen Definitionen[78] zu verweisen.

Weitere Voraussetzung für die Dienstunfähigkeit ist, dass der BS wegen der genannten Beeinträchtigung **dauernd zur Erfüllung seiner Dienstpflichten unfähig** ist.

29

Der BS ist zur Erfüllung seiner Dienstpflichten **unfähig**, wenn er den Anforderungen, die an ihn in seiner gegenwärtigen Dienststellung und in den wesentlichen Dienststellungen seines Dienstgrades gestellt werden, nicht ausreichend gerecht wird.[79] Welche körperliche Eignung und welche gesundheitlichen Voraussetzungen geistig-seelischer Art für bestimmte Verwendungen – auch im Hinblick auf Einsätze in Kriegs- und Konfliktfällen – zu verlangen sind, welche **Verwendungsfähigkeit** von dem BS zu fordern ist, kann der BMVg „im Rahmen des ihm insoweit zustehenden Ermessens" festlegen.[80]

30

Dauernd ist die Unfähigkeit zur Erfüllung der Dienstpflichten, wenn die Wiederherstellung der entspr. Fähigkeit **in absehbarer Zeit nicht zu erwarten** ist.[81] Nicht entscheidend ist, dass die Dienstunfähigkeit bis zum Ablauf der regulären Dienstzeit

31

---

74 Zur vorherigen abweichenden Formulierung vgl. die Komm. in der Voraufl.
75 BVerwG *Buchholz*, 238.4 § 55 SG Nr. 7; *Scherer/Alff/Poretschkin*, SG, § 44 Rn. 5. Allenfalls können Eigenarten des mil. Dienstes gewisse Nuancen bei der Auslegung des Begriffs zulassen, vgl. BVerwG *Buchholz*, 238.4 § 55 SG Nr. 10; so auch schon VGH Kassel NZWehr 1975, 155.
76 So im Beamtenrecht *Plog/Wiedow/Lemhöfer*, BBG, § 42 Rn. 7.
77 GKÖD I K, § 42 Rn. 9. Nach ZDv 14/5 B 153 Nr. 1 Abs. 4 muss die Unfähigkeit zur Erfüllung der Dienstpflichten auf die Gesundheitsstörung zurückzuführen sein.
78 „Zu den körperlichen Gebrechen zählen die Behinderungen und Erkrankungen, die nicht nur vorübergehender Natur sind. Eine Schwäche der körperlichen oder geistigen Kräfte liegt vor, wenn die Leistungsfähigkeit nicht nur geringfügig und auf Dauer beeinträchtigt ist."
79 ZDv 14/5 B 153 Nr. 1 Abs. 3. Vergleichbar orientiert sich der beamtenrechtl. Begriff der Dienstunfähigkeit an den jew. Anforderungen des abstrakt-funktionellen Amtes u. nicht allein des zuletzt innegehabten Dienstpostens, vgl. z. B. OVG Münster ZBR 2005, 101.
80 BVerwGE 73, 235 (236). Gemeint ist eher ein Beurteilungsspielraum.
81 *Battis*, BBG, § 44 Rn. 5; *Scherer/Alff/Poretschkin*, SG, § 44 Rn. 6; ZDv 14/5 B 153 Nr. 1 Abs. 5.

andauert[82], weil der BS bei Wiederherstellung seiner Dienstfähigkeit grds. erneut gem. § 51 Abs. 4 in das Dienstverhältnis berufen werden könnte. Da sich die Unfähigkeit zur Erfüllung der Dienstpflichten auf einen nicht absehbaren Zeitraum beziehen muss, darf dieser, um Dienstunfähigkeit nach Satz 1 bejahen zu können, naturgemäß nicht bestimmbar sein. Sind aus medizinischer Sicht die Besserung des Krankheitsbildes eines BS und die Wiederherstellung seiner Fähigkeit, seinen Dienstpflichten nachzukommen, wenn auch in weiter Ferne absehbar, kann eine Dienstunfähigkeit nach dem Wortlaut des Satzes 1 nicht festgestellt werden. In diesem Fall bleibt nur die Annahme einer vermuteten Dienstunfähigkeit nach Satz 2. Hiervon ausgehend ist die Einschätzung einer Dienstunfähigkeit nach Satz 1 gerechtfertigt, wenn der Dienstherr im Zeitpunkt seiner letzten Entscheidung[83] nach den ihm zur Verfügung stehenden Erkenntnissen annehmen durfte, der BS sei auf Dauer zur Erfüllung seiner Dienstpflichten unfähig.[84]

32 Kann der Dienstherr eine derart zuverlässige Prognose nicht abgeben, kann er sich nach **Satz 2** ein für eine Ruhestandsversetzung maßgebliches Urteil über die voraussichtliche Entwicklung der Dienstfähigkeit des BS zumindest auf der Basis seiner Bewertung für das kommende Jahr bilden. Ist **innerhalb eines Jahres** seit dem Verlust der Fähigkeit zur Erfüllung der Dienstpflichten die Wiederherstellung dieser Fähigkeit des BS **nicht zu erwarten** (es darf also kein nur vorübergehender Fähigkeitsverlust vorliegen), kann der BS (es handelt sich um eine Ermessensentscheidung[85]) als dienstunfähig angesehen und in den Ruhestand versetzt werden.[86] Satz 2 normiert insoweit eine gesetzl. Vermutung[87] und dient der Beweiserleichterung.[88] Aus der Ermessensregelung in Satz 2 folgt grds., dass eine Zuruhesetzung selbst dann zulässig wäre, wenn der BS absehbar bereits nach 13 oder 14 Monaten wieder dienstfähig würde. Für die in diesem Fall notwendige Ermessensausübung legt die ZDv 14/5 B 153[89] strenge Vorgaben fest, welche die Entlassungsdienststellen binden.

33 Anders als bei der vermuteten Dienstunfähigkeit, bei der die Versetzung in den Ruhestand im Ermessen des Dienstherrn steht, ist bei Dienstunfähigkeit nach Satz 1 diese Versetzung zwingend[90] vorgeschrieben.[91] Bedeutung hat dies für die **Anhörung der VP** vor der Zuruhesetzung. Die Anhörung soll nach § 23 Abs. 1 Satz 1 Nr. 6 SBG nur vor-

---

82 GKÖD I K, § 42 Rn. 14.
83 Danach eingetretene wesentliche Veränderungen sind unbeachtlich.
84 BVerwGE 105, 267 = ZBR 1998, 176. Vgl. *Plog/Wiedow/Lemhöfer*, BBG, § 42 Rn. 6.
85 So für das Beamtenrecht *Loebel*, RiA 1999, 19 (22 m. w. N.).
86 Der Begriff „dauernd dienstunfähig" in Satz 2 ist durch Art. 3 Nr. 10 Buchst. a des WehrRÄndG 2008 beseitigt worden. Per definitionem (§ 44 Abs. 3 Satz 1) kann es keine dauernde o. vorübergehende Dienstunfähigkeit geben. Letztere bedeutete, dass jemand „vorübergehend zur Erfüllung der Dienstpflichten dauernd unfähig" wäre, ein Widerspruch in sich. Im Hinblick auf § 44 Abs. 1 Satz 1 BBG krit. zu sehen ist daher § 96 Abs. 1 Satz 2 BBG.
87 *Hermsdörfer*, NZWehrr 1995, 202 (205); GKÖD I K, § 42 Rn. 17. Nach Auffassung des BVerwG (*Buchholz*, 2384.4 § 55 SG Nr. 10 a. E.) ist Satz 2 eine unwiderlegliche gesetzl. Vermutung zu entnehmen, das G stelle es jedoch in das Ermessen des Dienstherrn, sich auf die Vermutung zu berufen.
88 So *Battis*, BBG, § 44 Rn. 7; *Loebel*, RiA 1999, 19 (21) zur entspr. beamtenrechtl. Regelung.
89 In Nr. 2 Abs. 2.
90 Das folgt aus dem Wortlaut („ist ... zu versetzen").
91 BVerwG NZWehrr 1971, 77 f.; *Hermsdörfer*, NZWehrr 1995, 202 (205 f.).

gesehen werden, wenn das SG bei der vorzeitigen Beendigung des Dienstverhältnisses einen Ermessensspielraum einräumt.[92]

Stellt der Dienstherr im Verfahren zur Beendigung des Dienstverhältnisses die Dienstunfähigkeit eines BS fest, während dieser parallel hierzu seine Zurruhesetzung nach dem PersAnpassG beantragt, darf der Dienstherr nicht aus Fürsorgegründen die für den BS finanziell günstigere Möglichkeit auswählen.[93]   34

Zur Frage, ob der **unbestimmte Rechtsbegriff** der Dienstunfähigkeit **gerichtl. voll überprüfbar** ist oder dem Dienstherrn einen **Beurteilungsspielraum** gewährt, zum Verhältnis Dienstunfähigkeit/Eigenschaft als **schwerbehinderter Mensch** und zur **Belassung** von gem. Satz 1 dienstunfähigen BS im Dienst aus Fürsorgegründen vgl. die Komm. zu § 55 Rn. 12 bis 14.   35

Im Zusammenhang mit dem letztgenannten Punkt ist das **EinsatzWVG** zu erwähnen. § 4 Abs. 2 Nr. 1 EinsatzWVG schützt u. a. einsatzgeschädigte (zum Begriff vgl. § 1 EinsatzWVG) BS davor, **während der Schutzzeit** (§ 4 EinsatzWVG) wegen durch den Einsatzunfall bedingter Dienstunfähigkeit aus dem Dienstverhältnis ausscheiden zu müssen. Damit wird von der sonst gesetzl. vorgegebenen Zurruhesetzung wegen Dienstunfähigkeit nach Abs. 3 abgesehen, es sei denn, der BS beantragt diese.[94] (Vgl. die Komm. zu § 3 Rn. 93 ff.)

4. Absatz 4. Das in Abs. 4 geregelte Verfahren zur Feststellung der Dienstunfähigkeit[95] eines BS wird nach **Satz 1** von Amts wegen (seitens des Dienstherrn, z. B. des Vorg.) oder durch einen Antrag des BS initiiert. Es führt zu einer ärztlichen Begutachtung der Verwendungsfähigkeit des BS im Hinblick auf Zweifel an seiner Dienstfähigkeit. **Verwendungsfähigkeit** ist die Fähigkeit des Soldaten, die in dem ihm zugewiesenen Aufgabenkreis oder in einem ihm zumutbar übertragbaren Tätigkeitskreis anfallenden dienstl. Pflichten ausreichend erledigen zu können, ohne hieran durch körperliche oder gesundheitliche Beeinträchtigungen gehindert zu sein. Die Verwendungsfähigkeit bezieht sich auf die körperliche und gesundheitliche, nicht auf die charakterliche und geistige Eignung des Soldaten.[96] Sie kann **zeitlich** (wie bei Schwangerschaft, vorübergehender Erkrankung) oder **aufgabenbezogen** in Form von Verwendungsausschlüssen für bestimmte Tätigkeiten (partieller Verwendungsausschluss z. B. mangels notwendiger Tauglichkeitskriterien oder wegen des Ausfalls einzelner körperlicher Fähigkeiten oder Funktionen wie bei Verlust eines Körperteils oder bei durch Schlaganfall bedingten lokalen Lähmungen, etwa bei schwerbeschädigten Soldaten) **begrenzt** sein. Sie kann auch **dauerhaft**[97] bestehen. Nur die dauernde, erhebliche Verwendungsunfähigkeit kann zur Dienstunfähigkeit führen.   36

---

92 *Scherer/Alff/Poretschkin*, SG, § 44 Rn. 17; zu den Folgen einer unterlassenen Anhörung vgl. BVerwGE 86, 244 = NZWehr 1998, 248 f., abw. VG Mainz NZWehrr 2001, 82.
93 VGH Mannheim NZWehrr 1996, 81 mit Anm. von *Busch*. Die zum PersStärkeG ergangene Entsch. muss auch für das PersAnpassG gelten.
94 Vgl. BT-Drs. 16/6564, 17.
95 Steht die Dienstfähigkeit außer Frage, sondern geht es nur darum, ob der BS bestimmte Aufgaben o. Tätigkeiten noch wahrnehmen kann, darf ein Verfahren nach Abs. 4 nicht eingeleitet werden.
96 Der Verlust geistiger/intellektueller Fähigkeiten durch Erkrankungen (z. B. Verlust des Denko. Erinnerungsvermögens durch einen Schlaganfall) betrifft die gesundheitliche Eignung.
97 Dabei ist Abs. 3 Satz 2 zu beachten.

Das ärztliche Gutachten dient der Feststellung, ob der BS unter bestimmten körperlichen und/oder geistig-seelischen Beeinträchtigungen leidet und wenn ja, wie sich diese (in welchem Umfang, in welchem Zeitraum) auf seine Fähigkeit zur Erfüllung der Dienstpflichten auswirken.[98] Das Gutachten ist wesentliche, aber nicht alleinige Grundlage für die Entlassungsdienststelle zur Feststellung oder zur Verneinung der Dienstunfähigkeit des BS.

37   Das der Entscheidung über die Dienstunfähigkeit zugrunde liegende **Gutachten** muss das eines **Arztes der Bw** sein. Die Letztverantwortung für die medizinische Diagnose liegt also bei einem dem Geschäftsbereich des BMVg angehörenden Arzt, d. h. bei einem SanOffz oder einem Arzt der Bundeswehrverwaltung, nicht bei einem ziv. Vertragsarzt[99]. Dies lässt sich aus den unterschiedlichen Formulierungen in Satz 1 und Satz 3 folgern. Die Konzentration der medizinischen Verantwortung auf Ärzte der Bw folgt der Absicht, Gefälligkeitsdiagnosen frei praktizierender Ärzte als Grundlage für eine Entscheidung über die Dienstunfähigkeit eines BS auszuschließen.

38   Wenn der BS seine Versetzung in den Ruhestand nicht selbst beantragt hat, muss ihm nach **Satz 2 Halbs. 1 unter Angabe der Gründe** schriftl.[100] **mitgeteilt** werden, dass seine Versetzung in den Ruhestand beabsichtigt ist. Ihm ist Gelegenheit zur **Stellungnahme** zu geben (**Satz 2 Halbs. 2**[101]). Ist der BS zur Wahrnehmung seiner Rechte nicht in der Lage (z. B. weil er nach einem Unfall im Koma liegt), beantragt die Entlassungsdienststelle aufgrund ihrer Fürsorgepflicht[102] nach § 16 Abs. 1 Nr. 4 VwVfG beim Vormundschaftsgericht die Bestellung eines Vertreters (soweit kein Betreuer nach § 1896 BGB bestellt ist). Die Mitteilung nach Satz 2 Halbs. 1 ergeht dann an diesen. Im weiteren Verfahren vertritt der Vertreter/Betreuer den BS. Er ist an dessen Stelle anzuhören; ihm ist auch die Entscheidung zuzustellen.[103]

39   Die **Gründe**, die nach Ansicht des Dienstherrn die Versetzung in den Ruhestand rechtfertigen, sind dem BS verständlich darzulegen. Aus Fürsorgegründen ist es angebracht, ihn darauf hinzuweisen, dass er – über die Anhörung nach Satz 2 Halbs. 2 hinaus – zu den Gründen auch später noch in angemessener Frist Stellung nehmen kann. Der BS wird in der Anhörung oft nicht in der Lage sein, kurzfristig insbes. die der Entscheidung zugrunde liegende ärztliche Begutachtung bewerten und ggf. widerlegen zu können (das ärztliche Gutachten ist dem BS anlässlich der Anhörung zu eröffnen[104]). Gleichwohl ist die Mitteilung über die beabsichtigte Versetzung des BS in den Ruhestand – als eine die endgültige Entscheidung lediglich vorbereitende Maßnahme – **kein VA**[105]. Die Ankündigung ist deshalb **nicht selbstständig anfechtbar**.

---

98   *Scherer/Alff/Poretschkin*, SG, § 44 Rn. 12.
99   Diese können aber für Untersuchungen eingesetzt werden, vgl. Satz 3. Vgl. GKÖD I Yk, § 44 Rn. 18.
100 ZDv 14/5 B 153a Nr. 15 Abs. 1.
101 Eine Anhörung wäre ansonsten nach § 28 VwVfG vorzunehmen. Die Frage eines Verstoßes gegen die Anhörungspflicht ist ggf. vom VG zu entscheiden. BVerwGE 63, 269 = NZWehr 1980, 230.
102 Vgl. entspr. *Battis*, BBG, § 47 Rn. 5.
103 ZDv 14/5 B 153a Nr. 7 Abs. 2.
104 Ebd., Nr. 15 Abs. 2.
105 BDHE 4, 178 = NZWehr 1959, 104; entspr. für Beamte BVerwG ZBR 1990, 353.

Eintritt oder Versetzung in den Ruhestand § 44

Nach **Satz 3** ist der BS verpflichtet, sich von Ärzten der Bw oder von hierzu bestimmten Ärzten untersuchen und, falls sie es für notwendig erklären, beobachten zu lassen. Außer Ärzten, die dem Geschäftsbereich des BMVg angehören, sind **Vertragsärzte** der Bw und sonstige, **als Gutachter bestimmte Ärzte** zugelassen. Damit soll einerseits medizinischer Sachverstand außerhalb des öff. Dienstes nutzbar gemacht werden.[106] Andererseits kann bei unzureichenden ärztlichen Kapazitäten in der Bw eine Beschleunigung des Verfahrens bewirkt werden. Hierdurch soll die Gutachteraufgabe jedoch nicht auf den ziv. behandelnden Arzt des BS verlagert werden[107], denn der Gedanke der Verhinderung von Gefälligkeitsgutachten steht im Vordergrund. **40**

Die Verpflichtung des BS bezieht sich auf **ärztliche Untersuchungen** und ggf. **Beobachtung**. Für die Untersuchung gilt dies jedoch nur, wenn sie im Hinblick auf eine Ruhestandsversetzung angeordnet wird. Soll sie nur der Prüfung der weiteren Verwendungsfähigkeit dienen, ohne dass eine Dienstunfähigkeit im Raum steht, kann die Maßnahme nicht auf Abs. 4 gestützt werden.[108] Der Pflicht, sich untersuchen zu lassen, muss der BS bereits vor der Einleitung eines Zurruhesetzungsverfahrens nachkommen, damit die Eröffnung eines solchen Verfahrens notfalls auch unterbleiben kann.[109] Für die gerichtl. Überprüfung des Befehls, sich zur Untersuchung in ein BwKrhs zu begeben, ist der **Rechtsweg** zu den Wehrdienstgerichten gegeben, da es sich um eine Verwendungsentscheidung handelt. **41**

Untersuchungen und **Beobachtungen** nach Satz 3 sind – als grundlegende medizinische Erkenntnismittel – i. d. R. Maßnahmen, die, gemessen am Grds. der Verhältnismäßigkeit, den BS nur gering belasten und daher grds. zulässig und zu dulden sind. Allerdings dürfen nach § 17 Abs. 4 Satz 7 ärztliche Untersuchungsmaßnahmen, die einer ärztlichen Behandlung oder einer Operation i. S. d. § 17 Abs. 4 Satz 6 gleichkommen, nicht ohne Zustimmung des Soldaten vorgenommen werden. Nicht als ärztliche Behandlung oder Operation i. S. d. § 17 Abs. 4 Satz 6 und nicht als Eingriffe in die körperliche Unversehrtheit gelten jedoch einfache ärztliche Maßnahmen, wie Blutentnahmen aus dem Ohrläppchen, dem Finger oder einer Blutader oder eine röntgenologische Untersuchung. Für solche Maßnahmen ist deshalb die Zustimmung des BS nicht erforderlich; sie können ihm durch einen SanOffz befohlen werden. Im Weigerungsfall können disziplinare Maßnahmen – auch ein gerichtl. Disziplinarverfahren – angebracht sein. Allerdings ist dadurch dem Bestreben des Dienstherrn, rasch sachgerecht über die Dienstunfähigkeit des BS entscheiden zu können (die Untersuchung ist nicht erzwingbar), nicht gedient. Es erscheint angebracht und grds. zulässig, wie im Beamtenbereich eine ohne hinreichenden Grund **verweigerte** Duldung einfacher ärztlicher **Untersuchungsmaßnahmen** zur Feststellung der Dienstfähigkeit als ein **ausreichendes Indiz für** die **Dienstunfähigkeit** des BS anzunehmen.[110] Zumindest erscheint dies vertretbar, wenn auch sonstige Beweise (z. B. Zeugenbefragungen von Kameraden und Vorg. zu bestimmten Verhaltensweisen des BS oder in den Gesundheitsakten des BS verfügbare frühere ärztliche Stellungnahmen), welche die entscheidungsbe- **42**

---

106 BT-Drs. III/2391, 7.
107 Vgl. GKÖD I K, § 46a Rn. 2.
108 BVerwGE 63, 278 (282). In diesem Fall dürfte kein Verfahren nach Abs. 4 eingeleitet werden, s. o. Rn. 36.
109 BDHE 5, 235 = NZWehr 1962, 36.
110 Vgl. GKÖD I K, § 42 Rn. 24 m. w. N. aus der Rspr.; *Plog/Wiedow/Lemhöfer*, BBG, § 42 Rn. 10d.

Eichen

fugte Stelle nach **Satz 4** erheben kann, um zusätzlich zum ärztlichen Gutachten durch weitere Erkenntnisse eine breite Grundlage für ihre Entscheidung zu finden[111], die Erkenntnis verdichten, dass der BS dienstunfähig ist.

43 Nach **Satz 5** soll die Frage, ob die Wiederherstellung der Dienstfähigkeit innerhalb eines Jahres nicht zu erwarten ist, erst nach **sechsmonatiger Heilbehandlung**[112] beantwortet werden. Dieser Soll-Vorschrift muss i. d. R. nachgekommen werden, es sei denn, besonders wichtige Gründe fordern ausnahmsweise ein Absehen von der vorgeschriebenen Heilbehandlung.[113] Allerdings sieht der Gesetzeswortlaut selbst eine Ausnahme vor: In Fällen, in denen es vor allem aufgrund wissenschaftlicher Erkenntnisse und Erfahrungen offensichtlich ist, dass eine Wiederherstellung der Dienstfähigkeit innerhalb eines Jahres nicht erwartet werden kann, kann auf die Ergebnisse der Heilbehandlung und damit auf die sechsmonatige Frist verzichtet werden.[114]

44 Verstöße gegen die Verfahrensbest. nach Abs. 4[115] und die Verfahrensergebnisse sind **vor den VG anfechtbar**.[116]

45 **5. Absatz 5.** Nach **Satz 1** ist Voraussetzung für den Eintritt oder die Versetzung[117] in den Ruhestand, dass
– der BS mindestens **fünf Jahre Dienstzeit** abgeleistet hat – sog. **Wartezeit (Nr. 1)** oder
– wegen einer **WDB**, deren Eintritt er nicht grob fahrlässig (oder gar mit bedingtem Vorsatz[118]) verursacht haben darf, dienstunfähig geworden ist oder als dienstunfähig angesehen werden kann (**Nr. 2**).

Erfüllt der BS in den Fällen der Abs. 1 bis 3 weder die eine noch die andere dieser Voraussetzungen[119], muss er nach § 46 Abs. 2 Satz 1 Nr. 6 aus dem Wehrdienstverhältnis **entlassen** werden.

46 Nach **Satz 2** berechnet sich die fünfjährige Dienstzeit nach den Best. über die Dienstzeit im SVG. Nach § 15 Abs. 2 SVG werden als Dienstzeit i. S. d. § 44 Abs. 5 die Zeiten berücksichtigt, die ruhegehaltfähig sind. Diese Zeiten sind in §§ 20 ff., 64 ff. SVG festgelegt.

---

111 Vgl. GKÖD I Yk, § 44 Rn. 18; *Scherer/Alff/Poretschkin*, § 44 Rn. 13; ZDv 14/5 B 153 Nr. 6.
112 Der Begriff „Heilbehandlung" entspricht der „ärztlichen Behandlung" i. S. d. § 17 Abs. 4 Satz 5 u. 6, vgl. *Hermsdörfer*, NZWehr 1997, 177 (179).
113 Vgl. z. B. BVerwGE 106, 339.
114 Vgl. VG Hannover NZWehrr 1961, 188; BVerwG Buchholz 238.4 § 55 SG Nr. 10 – der in dieser Entsch. zit. Ls ist allerdings missverständlich („Die Heilbehandlung darf ... unterbleiben, wenn offensichtlich ist, dass eine Wiederherstellung der Dienstfähigkeit innerhalb eines Jahres nicht erwartet werden kann"), denn es geht in Satz 5 nicht um das Erfordernis o. Unterbleiben der Heilbehandlung – diese ist aus Fürsorgegründen jedenfalls durchzuführen –, sondern um die Pflicht, ob sechs Monate dieser Behandlung abgewartet werden sollen, um auf der Basis ihrer Ergebnisse eine Entscheidung zu fällen.
115 Über die Versetzung in den Ruhestand ist „zeitnah" zu entscheiden, sobald alle „Erkenntnismittel" vorliegen. Andernfalls kann ein Schadensersatzanspruch wegen Verletzung der Fürsorgepflicht entstehen. Vgl. OVG Koblenz DöD 2005, 282.
116 BVerwGE 63, 269 = NZWehrr 1980, 230.
117 Dass die Vorschrift auch für die Versetzung in den Ruhestand gilt, ist durch das SkResNOG klargestellt worden, s. o. Rn. 4.
118 Eine durch einen Soldaten mit direktem Vorsatz („absichtlich") herbeigeführte gesundheitliche Schädigung gilt nicht als WDB, § 81 Abs. 7 SVG.
119 *Scherer/Alff/Poretschkin*, SG, § 44 Rn. 20.

Nimmt ein Soldat **Teilzeitbeschäftigung** (§ 30a) in Anspruch, erhöht sich dadurch die mindestens fünfjährige Wartezeit nicht. Auch nach fünf Jahren Teilzeitbeschäftigung ist im Grds. eine Anwartschaft auf Versorgung entstanden, die unabhängig vom Umfang der Dienstleistung ist. § 64 Abs. 1 Satz 2 SVG, wonach Zeiten einer Teilzeitbeschäftigung nur zu dem Teil ruhegehaltfähig sind, der dem Verhältnis der ermäßigten zur regelmäßigen Arbeitszeit entspricht, ist nur eine Berechnungsvorschrift zum Umfang der erworbenen Anwartschaft. Dem Grunde nach ist die gesamte Zeit ruhegehaltfähig.[120]

Was als **WDB** anzusehen ist, richtet sich in erster Linie nach der Definition in § 81 Abs. 1 SVG[121]. Allerdings sprach bereits die Erstfassung des SG in § 44 von WDB, als es ein SVG noch nicht gab. Daher war in der amtl. Begr. zu § 39 des REntw.[122] die nähere Ausgestaltung des Begriffs „Wehrdienstbeschädigung" nach beamtenrechtl. Vorbild angekündigt. § 4 Abs. 1 Satz 1 Nr. 2 BeamtVG, der dem Abs. 5 Satz 1 Nr. 2 entspricht, lässt heute weit formulierend eine Dienstunfähigkeit genügen, die sich der Beamte infolge Krankheit, Verwundung oder sonstiger Beschädigung ohne grobes Verschulden bei Ausübung oder aus Veranlassung des Dienstes zugezogen hat. Entspr. zu diesem weiten beamtenrechtl. Anwendungsbereich[123] der Dienstbeschädigung ist es in Abs. 5 Satz 1 Nr. 2 gerechtfertigt, einer Dienstunfähigkeit, die durch eine WDB i. S. d. § 81 Abs. 1 SVG oder durch sonstige, der WDB gleichgestellte schädigende Ereignisse verursacht worden ist (vgl. z. B. § 81 Abs. 2 SVG), eine Dienstunfähigkeit gleichzusetzen, für die eine Versorgung wie für die Folgen einer WDB geleistet wird (z. B. eine gesundheitliche Schädigung bei dienstl. Verwendung im Ausland, die auf einen Unfall oder eine Erkrankung im Zusammenhang mit einer Verschleppung oder einer Gefangenschaft zurückzuführen ist, § 81d SVG). Auch eine solche Schädigung, die zur Dienstunfähigkeit geführt hat, ermöglicht, ohne dass eine Dienstzeit von mindestens fünf Jahren abgeleistet worden ist, den Eintritt oder die Versetzung des BS in den Ruhestand. 47

Die **Dienstunfähigkeit** ist, auch wenn möglicherweise noch andere Leiden für ihren Eintritt verantwortlich waren, **durch die WDB** dann **verursacht**, wenn diese der wesentliche oder zumindest ein gleichwertiger Grund gewesen ist und nicht nur eine untergeordnete Rolle gespielt hat.[124] 48

6. Absatz 6. Abs. 6 enthält Verfahrensvorschriften für **Versetzungen** von BS in den Ruhestand. Da der **Eintritt** in den Ruhestand kraft Gesetzes erfolgt, sind gesetzl.[125] Verfahrensregelungen hierzu überflüssig. 49

Satz 1 überträgt die Zuständigkeit für die Versetzung eines BS in den Ruhestand der Stelle, die nach § 4 Abs. 2 für die Ernennung des BS zuständig wäre. Vgl. hierzu die Komm. zu § 4 Rn. 21 ff. 50

---

120 Vgl. für Beamte *Plog/Wiedow/Groepper/Tegethoff*, BeamtVG, § 4 Rn. 13a.
121 Vgl. zur Feststellung einer WDB den Erl. des BMVg „Erfassung einer Wehrdienstbeschädigung (WDB) durch die Truppe und Feststellung ihrer gesundheitlichen Folgen (WDB-Erlass)" v. 22.1.1997 (VMBl. S. 32).
122 BT-Drs. II/1700, 30.
123 Vgl. *Plog/Wiedow/Groepper/Tegethoff*, BeamtVG, § 4 Rn. 21b.
124 GKÖD I Yk, § 44 Rn. 14; *Plog/Wiedow/Groepper/Tegethoff*, BeamtVG, § 4 Rn. 21g m.w.N.; *Scherer/Alff/Poretschkin*, SG, § 44 Rn. 21.
125 Vgl. allerdings die als Erl. ergangenen Verfahrensvorschriften in ZDv 14/5 B 151 Nr. 3.

51 Satz 2 schreibt den Erlass einer **schriftl.** Verfügung (eines **VA**) vor, die dem BS **zuzustellen** ist. Das bisherige ausdrückliche Verbot einer **elektronischen** Form und Übermittlung der Verfügung über die Versetzung in den Ruhestand ist (wie in § 59 Satz 2 BBG) aufgegeben worden.[126] Für die Schriftform der Verfügung wird die elektronische Form nicht mehr ausgeschlossen, weil inzwischen eine qualifizierte elektronische Signatur in umfassender Weise die Sicherheit und Dauerhaftigkeit des elektronischen Exekutivhandelns gewährleisten kann (vgl. § 3a Abs. 2 VwVfG).[127]

Beschwert sich der BS gegen die Verfügung mit dem Ziel ihrer verwaltungsgerichtl. Überprüfung, kann das VG auf Antrag des BS schon vor Klageerhebung die aufschiebende Wirkung der Beschwerde anordnen (§ 23 Abs. 6 Satz 2 und 3 WBO).

52 Nach **Satz 3 kann** die Verfügung über die Versetzung in den Ruhestand bis zu dessen Beginn widerrufen werden[128], wenn die Fortsetzung des Dienstverhältnisses dem BS **zumutbar** ist oder wenn der Spannungs- oder V-Fall festgestellt ist. Das Tatbestandsmerkmal der **Zumutbarkeit** unter Berücksichtigung „der persönlichen, insbesondere häuslichen, beruflichen oder wirtschaftlichen Verhältnisse" ist ein unbest. Rechtsbegriff, der gerichtl. voll nachprüfbar[129] ist. Er findet sich auch in § 51 Abs. 1; insoweit wird auf die dortige Komm. verwiesen.[130] Ergänzend ist darauf hinzuweisen, dass sich in § 67 Abs. 4 Satz 2 (unbeschadet des dort maßgeblichen Maßstabs der besonderen Härte) Beispiele finden lassen, wann möglicherweise häusliche (vgl. dort Abs. 4 Satz 2 Nr. 1), berufliche (Nr. 3) und wirtschaftliche (Nr. 2) Verhältnisse betroffen sein können.

Ist der **Spannungs- oder V-Fall** festgestellt, kommt es auf die Zumutbarkeit nicht an. Der Gesetzgeber unterstellt in diesen Fällen ein überragendes dienstl. Interesse am Verbleib des BS im Wehrdienst. Das der Exekutive eingeräumte Ermessen wird in diesem Fall auf Null reduziert sein, die Kann-Vorschrift wird grds. zur Muss-Vorschrift.

Der Widerruf einer bereits verfügten Versetzung in den Ruhestand wegen Dienstunfähigkeit bis zum Wirksamwerden der Verfügung[131] ist nur zulässig, wenn der BS zwischenzeitlich wieder dienstfähig geworden ist. Dies lässt sich im Gegenschluss aus Abs. 3 Satz 1 folgern. Auch bei erneuter Dienstfähigkeit bleibt der Widerruf eine Ermessensentscheidung.

Ist einem BS wegen Dienstunfähigkeit eine Verfügung über die Versetzung in den Ruhestand zugestellt worden, weil die Entlassungsdienststelle irrtümlich angenommen hat, er habe die nach Abs. 5 Satz 1 Nr. 1 notwendige fünfjährige Dienstzeit abgeleistet, ist diese Verfügung rechtswidrig, aber nicht nach § 44 VwVfG nichtig; sie kann bis zum

---

126 Die entspr. Änd. des SG enthält Art. 10 Nr. 19 des DNeuG.
127 So die Begr. zur Zulassung der Schriftform mittels elektronischer Signatur im DNeuG, vgl. BT-Drs. 16/7076, 101 (Begr. zu § 10 Abs. 2 BBG).
128 Die Widerrufsverfügung muss spätestens am Tag vor Beginn des Ruhestandes zugestellt werden.
129 Die Exekutive hat hier keinen Beurteilungsspielraum wie auch sonst bei Begriffen wie „unzumutbar", „unzumutbare Härte" usw., vgl. *Kopp/Ramsauer*, VwVfG, § 40 Rn. 79, 80; *Steinlechner/Walz*, WPflG, § 12 Rn. 30.
130 Vgl. § 51 Rn. 27.
131 Nach § 47 Abs. 3 Satz 2 BBG kann die Verfügung über die Versetzung in den Ruhestand wegen Dienstunfähigkeit bis zum Beginn des Ruhestands zurückgenommen werden.

Beginn des Ruhestandes zurückgenommen werden (insoweit gilt § 48 VwVfG). Mit Beginn des Ruhestandes ist eine Rücknahme nicht mehr möglich, auch wenn der BS das Fehlen dieser gesetzl. Voraussetzung kannte oder kennen musste.[132]

Satz 4 Halbs. 1 schreibt in den Fällen der Versetzung in den Ruhestand wegen Überschreitens der besonderen Altersgrenze vor, dem BS wenigstens **ein Jahr vor dem Tag des Ausscheidens** mitzuteilen, seine Versetzung in den Ruhestand sei beabsichtigt[133]; nach **Halbs. 2** muss ihm die Verfügung über seine Zurruhesetzung wenigstens **drei Monate** vor dem Tag des Ausscheidens zugestellt werden. 53

Die Jahresfrist nach Satz 4 Halbs. 1 und die Dreimonatsfrist nach Halbs. 2 sind (wie z. B. die in § 47 Abs. 4 vorgeschriebenen Fristen[134]) **Schutzmaßnahmen** zugunsten des BS, von denen mit seiner Zustimmung **abgewichen** werden kann. Verzichtet der BS unwiderruflich auf eine oder beide Fristen, ist es zulässig, ihn ohne sie in den Ruhestand zu versetzen.[135] Wird dem BS eine Zurruhesetzungsverfügung zugestellt, ohne sie rechtzeitig anzukündigen und/oder die Dreimonatsfrist einzuhalten, verschiebt sich nicht etwa der Zeitpunkt der Versetzung in den Ruhestand.[136] Vielmehr wird durch die Missachtung der gesetzl. Frist(en) die Verfügung **rechtswidrig**. Sie bleibt **wirksam**, solange sie nicht (insbes. aufgrund einer Beschwerde und Klage des BS vor dem VG) aufgehoben wird (§ 43 Abs. 2 VwVfG). 54

Nach **Satz 5** beginnt bei einer Versetzung in den Ruhestand wegen Dienstunfähigkeit der Ruhestand mit dem Ende der drei Monate, die auf den Monat folgen, in dem die Versetzung in den Ruhestand dem BS mitgeteilt worden ist.[137] 55

Beispiel: Die Zurruhesetzungsverfügung wird dem BS am 25.2.2009 zugestellt. Der Ruhestand beginnt am 1.6.2009.

Die Dreimonatsfrist soll verhindern, dass die Versetzung in den Ruhestand unvermittelt geschieht. Sie soll es dem BS ermöglichen, sich auf das Ende des Wehrdienstverhältnisses einzustellen.[138] Da es sich hierbei um eine Schutzvorschrift zugunsten des BS handelt, kann auf seinen unwiderruflichen Antrag ein früherer Zeitpunkt für das Wirksamwerden der Zurruhesetzung bestimmt werden.[139] In **keinem Fall** ist es zuläs-

---

132 So OVG Münster DÖV 1975, 67.
133 Die Mitteilung ist kein selbstständig anfechtbarer VA, weil sie als nur vorbereitende Maßnahme nicht auf unmittelbare Rechtswirkungen nach außen gerichtet ist, vgl. bereits BDHE 4, 178 = NZWehrr 1959, 104; BVerwG DVBl. 1990, 1232 f.; *Kopp/Ramsauer*, VwVfG, § 35 Rn. 50 m. w. N.
134 Vgl. die Komm. zu § 47 Rn. 17 f.
135 ZDv 14/5 B 151 Nr. 7 Abs. 3, Nr. 9 Abs. 2.
136 Ebenso wenig wie im Falle des § 47 Abs. 4, vgl. die Komm. ebd.
137 Für Beamte beginnt – ungünstiger – der Ruhestand mit dem Ende des Monats, in dem die Versetzung in den Ruhestand dem Beamten bekannt gegeben worden ist, § 47 Abs. 4 Satz 1 BBG. Warum diese durch Art. 2 Nr. 7 des VersorgungsreformG 1998 verschärfte Best. – vorher galt die Dreimonatsfrist – nicht entspr. auf BS erstreckt worden ist, ist nicht nachvollziehbar.
138 Ob diese Begr. in BVerwG *Buchholz* 238.4 § 55 SG Nr. 12, 16 f. angesichts der Monatsfrist bei Beamten noch berechtigt ist, ist zw., zumal die SK aus Gründen der Einsatzbereitschaft bemüht sein müssten, die frei werdenden Dienstposten möglichst rasch wieder zu besetzen.
139 ZDv 14/5 B 153 Nr. 14 Abs. 2.

sig, die Versetzung in den Ruhestand **rückwirkend** zu verfügen, d. h. auf einen Zeitpunkt vor der Zustellung der Verfügung über die Versetzung in den Ruhestand.[140] Unzulässig ist es, den zeitlichen Abstand zwischen der Zustellung der Verfügung über die Versetzung in den Ruhestand wegen Dienstunfähigkeit und dem Wirksamwerden der Verfügung über die Dreimonatsfrist hinaus aus Fürsorgegründen zu verlängern. Anders als § 55 Abs. 6 Satz 2 („wenigstens drei Monate ... vor dem Entlassungstag") setzt § 44 Abs. 6 Satz 5 keine Mindestfrist, sondern einen konkreten Termin fest.[141]

56   7. **Absatz 7**. In den Ruhestand eingetretene oder versetzte BS sind berechtigt, ihren letzten **Dienstgrad** mit dem **Zusatz „außer Dienst"** (a.D.) zu führen. Dies gilt auch für BS im einstweiligen Ruhestand (§ 50). Auf **BS** der ehem. **NVA**, deren Dienstverhältnis mangels Weiterverwendung in den SK der Bw aufgrund der Best. des Einigungsvertrages endete, findet Abs. 7 keine Anwendung[142], weil sie nicht als BS der Bw in den Ruhestand getreten sind oder versetzt worden sind.[143] Auch **§ 49 Abs. 5 Satz 1** ist auf diese früheren BS der NVA, für die kein Wehrdienstverhältnis in den SK der Bw begründet war, unanwendbar. Die Vorschrift ermöglicht es dem BMVg nur, solchen entlassenen BS das Weiterführen ihres Dienstgrades mit dem Zusatz „a.D." zu erlauben, die aus einem nach dem SG begründeten Wehrdienstverhältnis entlassen worden sind.[144]

57   Die Möglichkeit für frühere Soldaten nach § 7 SLV, neben ihren Dienstgrad mit dem Zusatz „a.D." ggf. auch einen **Dienstgrad der Reserve** („d.R.") führen zu können, bleibt unberührt.[145] Kein Dienstgradzusatz ist die Bezeichnung „i.G." (**im Generalstabsdienst**). Sie kennzeichnet eine bestimmte Verwendung, die mit dem Wehrdienstverhältnis endet, und darf deshalb danach nicht mehr geführt werden.[146]

---

140   Dies ist bei Soldaten nicht anders als bei Beamten, die Versetzung in den Ruhestand kann nicht rückwirkend angeordnet werden, vgl. *Battis*, BBG, § 59 Rn. 5; *Plog/Wiedow/Lemhöfer*, BBG, § 47 Rn. 10a a. E.
141   A.A. *Scherer/Alff/Poretschkin*, SG, § 44 Rn. 27 unter Berufung auf BVerwG *Buchholz* 238.4 § 55 SG Nr. 12, 16 ff. Dabei wird übersehen, dass sich diese Entsch. nur auf die Entlassung dienstunfähiger SaZ bezieht (sie ist allerdings missverständlich formuliert, vgl. S. 18). Eine Ausdehnung der Dreimonatsfrist in § 44 Abs. 6 Satz 5 verstieße gegen den eindeutigen Wortlaut dieser Best. Wie hier: *Hermsdörfer*, NZWehr 1995, 202 (206 f.).
142   Vgl. BVerwG IÖD 1999, 42 = DVBl. 1999, 919. Der diesen Soldaten zugeordnete vorläufige Dienstgrad erlosch mit der Beendigung des Dienstverhältnisses, vgl. *Thiemann, Rolf*: Die ehemaligen Soldaten der Nationalen Volksarmee und ihre Rechtsverhältnisse zum Dienstherrn Bundesrepublik Deutschland, NZWehr 1993, 147 (150).
143   Umfassend *Raap, Christian*, Die Dienstgradführung bei Vordienstzeiten in der ehemaligen Nationalen Volksarmee, NZWehr 1993, 165.
144   Vgl. BVerwG IÖD 1999, 42 = DVBl. 1999, 919 sowie die Komm. zu § 26 Rn. 9; § 49 Rn. 44.
145   Dieses Recht ist nicht durch das Ausscheiden aus der Wehrpflicht, aus der Pflicht zur Wiederverwendung nach § 51o. der Dienstleistungspflicht nach § 59 ff. zeitlich begrenzt (vgl. § 6 Satz 2 SLV in der bis 23.12.2000 geltenden Fassung, der durch Art. 4 Nr. 5 des SGÄndG nur aus redaktionellen Gründen geä. worden ist); zu eng daher *Dolpp/Weniger*, SLV, § 7 Rn. 704 f.
146   Ebd., Rn. 706.

Eintritt oder Versetzung in den Ruhestand § 44

III. Anhang

Gesetz zur Anpassung der Personalstärke der Streitkräfte
(Personalanpassungsgesetz – PersAnpassG)
vom 20.12.2001 (BGBl. I S. 4013, 4019)
i.d.F. des Ersten Gesetzes zur Änderung des Personalanpassungsgesetzes
vom 7.12.2007 (BGBl. I S. 2807)

ABSCHNITT 1
Dienstrecht

§ 1

(1) In den Jahren 2007 bis 2011 können bis zu 1200 Berufssoldaten mit ihrer 58
Zustimmung vor Überschreiten der für sie maßgeblichen Altersgrenze in den Ruhestand versetzt werden, wenn
1. sie das 50. Lebensjahr vollendet haben,
2. aus organisatorischen oder sonstigen dienstlichen Gründen eine anderweitige adäquate Verwendungsmöglichkeit im Geschäftsbereich des Bundesministerium der Verteidigung für sie nicht besteht, eine Umwandlung des Dienstverhältnisses eines Berufssoldaten in das eines Soldaten auf Zeit oder eine Versetzung in den Bereich einer anderen Bundesbehörde nicht möglich ist und
3. die Zurruhesetzung unter Berücksichtigung dadurch notwendiger personeller Folgemaßnahmen der Schaffung von Jahrgangsstrukturen dient, welche die Einsatzbereitschaft der Bundeswehr nachhaltig verbessern und keine vergleichbaren strukturellen Folgen in anderen Geburtsjahrgängen erwarten lassen.

(2) Die Versetzung in den Ruhestand hat zum Ablauf eines Monats zu erfolgen. Für die Versetzung in den Ruhestand gilt § 44 Abs. 5, 6 Satz 1 bis 3, Satz 4 zweiter Halbsatz und Abs. 7 des Soldatengesetzes entsprechend.

ABSCHNITT 2
Versorgung

§ 2 bis § 4

(vom Abdruck dieser versorgungsrechtl. Vorschriften wurde abgesehen)[147]

Das PersAnpassG[148] zielt auf den **Abbau personalstruktureller Überhänge** bei BS in 59
definierten Jahrgängen. Es soll die für die neuen Strukturen der SK notwendigen Verwendungsflüsse gewährleisten und der Überalterung auf einsatzwichtigen Dienstposten entgegenwirken.[149]

Nach **§ 1 Abs. 1 PersAnpassG können** im Zeitraum 2007 bis 2011 weitere 1200 BS 60
(nachdem dies von 2002 bis 2006 bereits für bis zu 3000 BS möglich war) mit ihrer Zustimmung vorzeitig in den Ruhestand versetzt werden. Vorausgesetzt wird weiterhin, dass diese BS die für sie maßgebliche (besondere) Altersgrenze noch nicht über-

---

147 Vgl. zu §§ 2 bis 4 PersAnpassG die Komm. bei *Stauf* I, §§ 2 bis 4 PersAnpassG, 205–209.
148 Das G wurde als Art. 4 des BwNeuAusrG erlassen.
149 So die amtl. Begr., BT-Drs. 14/6881, 20; BT-Drs. 16/6123, 6.

schritten und das 50. Lebensjahr vollendet haben (§ 1 Abs. 1 Nr. 1 PersAnpassG); außerdem müssen die Zuruhesetzungen dazu beitragen, durch Reduzierung überbesetzter Geburtsjahrgänge Jahrgangsstrukturen zu schaffen, welche die Einsatzbereitschaft der Bw nachhaltig verbessern[150] und keine vergleichbaren strukturellen Folgen in anderen Geburtsjahrgängen erwarten lassen (§ 1 Abs. 1 Nr. 3 PersAnpassG).

Gegenüber der Erstfassung des G wird jetzt in § 1 Abs. 1 Nr. 2 PersAnpassG die Versetzung in den Ruhestand an **zusätzliche Voraussetzungen** geknüpft, die Zuruhesetzungen nur ermöglichen sollen, wenn sie dienstl. geboten sind.[151] Faktisch entfalten diese angeblich einengenden Kriterien allerdings **keine Wirkung** (ohne dass dies dem Gesetzgeber bewusst gewesen sein dürfte):

a) Eine Weiterverwendung im Geschäftsbereich BMVg als Soldat scheitert grds. daran, dass eine (vom Gesetzgeber viel zu weit gehend mit einer Verbesserung der Einsatzbereitschaft gleichgestellte) Bereinigung der Jahrgangsstrukturen, die nach wie vor erklärtes Ziel der vorzeitigen Zuruhesetzung ist, durch den Verbleib des BS im Dienst der SK verhindert wird. Eine Weiterbeschäftigung in der Bundeswehrverwaltung im Beamtenstatus ist regelmäßig mangels notwendiger beamtenrechtl. Laufbahnvoraussetzungen nicht möglich.

b) Die Umwandlung des Dienstverhältnisses eines BS in das eines SaZ scheitert fast ausnahmslos (vom Antragserfordernis abgesehen) an § 45a Abs. 2, weil kaum einer der betroffenen BS eine Dienstzeit von 20 Jahren unterschreitet.

c) Eine Versetzung von BS in den Bereich einer anderen Bundesbehörde war (erinnert sei an das völlig wirkungslose Verwendungsförderungsgesetz vom 21.12.1992[152]) und ist (angesichts verstärkter Personaleinsparungen der Bundesressorts) aussichtslos.

Diese Feststellungen lassen nur den Schluss zu, dass diese „einschränkenden" Maßgaben als eine Art Placebo für den BT in den Gesetzestext Eingang gefunden haben müssen.

Zuruhesetzungen nach dem PersAnpassG sind nur im dienstl. Interesse möglich. Persönliche Interessen der BS sind nicht maßgeblich. Der BS hat keinen Rechtsanspruch auf die Versetzung in den Ruhestand.[153] Das PersAnpassG sieht kein Antrags-, sondern nur ein Zustimmungserfordernis vor. Das schließt im Einzelfall nicht aus, dass ein BS von sich aus initiativ wird und einen Antrag auf Versetzung in den Ruhestand stellt. Der BS kann dann zwar verlangen, dass über diesen Antrag ermessensfehlerfrei entschieden wird, eine verwaltungsgerichtl. Prüfung beschränkt sich aber auf die Beachtung des Gleichbehandlungssatzes.[154]

---

150 Wie die Nachhaltigkeit der Verbesserung der Einsatzbereitschaft der Bw bei einzelnen Zuruhesetzungsentscheidungen sachgerecht gemessen werden soll, ist unklar.
151 BT-Drs. 16/6123, 6.
152 BGBl. I S. 2091, zul. geä. durch Art. 15 Abs. 72 des DNeuG (die weitere Änd. durch § 56 Abs. 39 der VO v. 12.2.2009 – BGBl. I S. 284 – ist wegen Verstoßes gegen das Prinzip v. Vorrang des G nichtig).
153 BT-Drs. 14/6881, 20. Vgl. BVerwG DöD 2005, 247 = DÖV 2005, 696.
154 BVerwG a.a.O. A.A. war die Vorinstanz (OVG Koblenz IÖD 2004, 64), die (noch enger) selbst einen auf die Beachtung des Gleichheitssatzes beschränkten Anspruch des BS auf ermessensfehlerfreie Entscheidung verneint hatte.

Aus **verfassungsrechtl. Sicht** ist § 1 Abs. 1 PersAnpassG weiterhin, auch wenn die Vorschrift nicht grundrechtsrelevant ist und sie das Personalstrukturmodell (PSM) des BMVg nicht mehr ausdrücklich im Text erwähnt, unter Berücksichtigung des Grds. der Bestimmtheit eines förmlichen Gesetzes[155] **krit.** zu sehen. Die Anwendung einer gesetzl. Vorschrift in § 1 Abs. 1 Nr. 3 PersAnpassG von den mil. Planungen für (auf einem idealisierenden PSM beruhende[156]) Jahrgangsstärken und -strukturen abhängig zu machen, die – wie frühere PSM zeigen – mit den realen personellen Verhältnissen in den SK nicht annähernd deckungsgleich sind und ohne Weiteres – durch abweichende Planungen – ihre Gültigkeit verlieren können, die darüber hinaus verfassungsrechtl. höchst angreifbar sind[157], bedeutet im Ergebnis die Preisgabe der Festlegung gesetzl. Tatbestandsmerkmale durch den Gesetzgeber. Die Regelung gerät zu einer vagen Ermächtigung ohne bestimmbaren Gehalt zur Disposition der Exekutive. Dass der Haushaltsgesetzgeber hier ggf. nachträglich korrigierend eingreifen könnte, ändert an dieser grds. Einschätzung des PersAnpassG nichts.[158]

61

Nach **§ 1 Abs. 2 Satz 1 PersAnpassG** muss die Versetzung in den Ruhestand **zum Ablauf eines Monats** erfolgen. Diese Regelung entspricht der Monatsfrist in § 44 Abs. 1 Satz 1 und Abs. 2 Satz 1 und soll eine flexible Praxis der Zurruhesetzung möglich machen.

62

Nach **§ 1 Abs. 2 Satz 2 PersAnpassG** ist die Versetzung in den Ruhestand von den Voraussetzungen des § 44 Abs. 5 abhängig, d. h. von einer mindestens fünfjährigen Dienstzeit oder von einer Dienstunfähigkeit wegen einer WDB, die der BS ohne grobes Verschulden erlitten hat. Außerdem gelten die Verfahrensvorschriften des § 44 Abs. 6 Satz 1 bis 3 und Satz 4 Halbs. 2.[159] Schließlich hat der BS entspr. § 44 Abs. 7 auch hier das Recht, seinen Dienstgrad mit dem Zusatz „a.D." weiterzuführen.[160]

63

---

155 Der Bestimmtheitsgrds. gebietet, dass eine gesetzl. Ermächtigung der Exekutive zur Vornahme von VA nach Inhalt, Zweck u. Ausmaß hinreichend bestimmt **und begrenzt** ist, so dass das Handeln der Exekutive messbar u. in gewissem Ausmaß für den Bürger voraussehbar u. berechenbar wird (BVerfGE 8, 274 [325]; 9, 137 [147]).
156 Die amtl. Begr. legt für die planerischen Jahrgangsstärken das idealtypische PSM 2010 des BMVg zu Grunde, BT-Drs. 16/6123, 6.
157 So sieht z. B. die Soll-Struktur des PSM 2010 für die BerufsUffz in den gesamten SK vor, dass es keinen BerufsUffz im Dienstgrad HFw mehr geben soll, der älter als 44 Jahre ist – eine auf der Basis der Planstellenausstattung der SK offensichtlich mit Art. 33 Abs. 2 GG und § 3 Abs. 1 SG kollidierende Planung! Ihr zufolge wäre ein 50jähriger HFw strukturwidrig u. damit Kandidat für eine Zurruhesetzung nach dem PersAnpassG.
158 Schon bei den Beratungen im Haushaltsausschuss hätte mehr berücksichtigt werden müssen, dass das PersAnpassG (wie jede Frühpensionierung) eine erhebliche zusätzliche Belastung für den Bundeshaushalt bedeutet.
159 Auch hier kann der BS auf die Einhaltung dieser Frist schriftl. verzichten.
160 Ergänzende, Missbräuche bei der Zurruhesetzung nach § 1 PersAnpassG ausschließende Verfahrensbest. (z. B. über den notwendigen Zeitraum zwischen vorzeitiger Zurruhesetzung nach dem PersAnpassG u. frühestmöglicher Zurruhesetzung nach Erreichen der für den BS maßgeblichen Altersgrenze o. über Beförderungen u. Einweisungen in höhere Besoldungsgruppen trotz bevorstehender Zurruhesetzung nach dem PersAnpassG) enthalten die AusfBest zum PersAnpassG, BMVg – PSZ III 1 – Az 16-37-00/4 v. 14.12.2001. Die zusätzlichen 1200 Zurruhesetzungsmöglichkeiten durch das Erste G zur Änd. des PersAnpassG sollen vor allem BerufsUffz betreffen, vgl. die Ergänzenden AusfBest zum PersAnpassG, BMVg – PSZ I 8 – Az 16-37-00/4 v. 18.4.2008.

Eichen

64 Zum Verhältnis der Zurruhesetzung nach § 50 zu der nach dem PersAnpassG vgl. die Komm. zu § 50 Rn. 34 ff.

65 Auch **rechtspolitisch** ist das PersAnpassG kritisch zu sehen. Zu bemängeln ist, dass der Gesetzgeber offensichtlich den Unterschied zwischen strukturellen und bilanzierten Überhängen nicht ausreichend berücksichtigt hat. Trotz struktureller Überhänge in einigen Geburtsjahrgängen bestand im Jahre 2001 und auch 2007 insgesamt ein Mangel an BerufsUffz und BerufsOffz. Auch bei Soldaten kann die Zugehörigkeit zu einem Geburtsjahrgang und damit das Lebensalter für die Ausübung mil. Verwendungen und die Auftragserfüllung grds. nur dort eine Rolle spielen, wo erfahrungsgemäß nur in einem begrenzten Altersband von der notwendigen physischen und psychischen Eignung für die Ausübung einer Funktion (z. B. als KpChef) ausgegangen werden kann und daher das Lebensalter ein echtes Eignungsmerkmal ist. Ansonsten ist es bedeutungslos, ob z. B. ein Soldat, der als OTL und Referent in einem Stab verwendet wird, 48 oder 53 Jahre alt ist. Der Gesetzgeber hat durch die vorgezogenen besonderen Altersgrenzen in den SK den mil. Besonderheiten der Dienstausübung und -belastung bereits genügend Rechnung getragen. Auf eine „Berufszufriedenheit jüngerer Jahrgänge"[161] aufgrund verbesserter Beförderungsaussichten kann es nicht ankommen, da – wie im sonstigen öff. Dienst – auch in den SK kein Anspruch auf Beförderung besteht. Leider waren diese Gründe, die bereits 2007 beabsichtigte (und im DNeuG vollzogene) Anhebung auch der soldatischen Altersgrenzen und die krit. Haushaltslage des Bundes für den Gesetzgeber kein Anlass, von der Verlängerung der Geltungsdauer des PersAnpassG über 2006 hinaus abzusehen.

§ 45 Altersgrenzen

(1) Für Berufssoldaten werden folgende allgemeine Altersgrenzen festgesetzt:
1. **die Vollendung des 65. Lebensjahres für Generale und Oberste sowie für Offiziere in den Laufbahnen des Sanitätsdienstes, des Militärmusikdienstes und des Geoinformationsdienstes der Bundeswehr,**
2. **die Vollendung des 62. Lebensjahres für alle anderen Berufssoldaten.**

(2) Als besondere Altersgrenzen der Berufssoldaten werden festgesetzt:
1. **die Vollendung des 62. Lebensjahres für die in Absatz 1 Nr. 1 genannten Offiziere,**
2. **die Vollendung des 61. Lebensjahres für Oberstleutnante,**
3. **die Vollendung des 59. Lebensjahres für Majore und Stabshauptleute,**
4. **die Vollendung des 56. Lebensjahres für Hauptleute, Oberleutnante und Leutnante,**
5. **die Vollendung des 55. Lebensjahres für Berufsunteroffiziere,**
6. **die Vollendung des 41. Lebensjahres für Offiziere, die in strahlgetriebenen Kampfflugzeugen als Flugzeugführer oder Waffensystemoffizier verwendet werden, die Vollendung des 40. Lebensjahres, soweit sie wehrfliegerverwendungsunfähig sind.**

(3) Die Altersgrenzen nach den Absätzen 1 und 2 gelten auch für die Berufssoldaten der Marine mit entsprechenden Dienstgraden.

---

161 So die Aussage in Teil A der AusfBest zum PersAnpassG, BMVg – PSZ III 1 – Az 16-37-00/4 v. 14.12.2001.

Altersgrenzen § 45

(4) ¹Das durchschnittliche Zurruhesetzungsalter aller Berufssoldaten liegt ab 2024 um mindestens zwei Jahre über dem Zurruhesetzungsalter nach dem Stand vom 1. Januar 2007. ²Das Bundesministerium der Verteidigung berichtet hierüber alle vier Jahre dem Deutschen Bundestag, erstmals im Jahr 2018.

(5) § 147 Abs. 3 des Bundesbeamtengesetzes gilt entsprechend.

§ 147 BBG   Übergangsregelungen

(1) ...

(2) ...

(3) Die Bundesregierung überprüft die Anhebung der Altersgrenzen nach den §§ 51 und 52 unter Beachtung des Berichts nach § 154 Abs. 4 des Sechsten Buches Sozialgesetzbuch.

Übersicht

	Rn		Rn
I. Allgemeines	1	II. Erläuterungen im Einzelnen	21
1. Zweck der Vorschrift	1	1. Absatz 1	21
2. Entstehung und Änderungen der Vorschrift	2	2. Absatz 2	24
		3. Absatz 3	29
3. Bezüge zum Beamtenrecht bzw. zu sonstigen rechtlichen Vorschriften; ergänzende Dienstvorschriften	17	4. Absatz 4	30
		5. Absatz 5	33

Literatur: *Kugele, Dieter*: Zulässige Staffelung der Altersgrenzen von Polizeibeamten, jurisPR-BVerwG 13/2007 Anm. 3; *Eichen, Klaus*: Anmerkungen zur Änderung der soldatischen Altersgrenzen im Entwurf des Dienstrechtsneuordnungsgesetzes, NZWehrr 2008, 171.

I. Allgemeines

1. Zweck der Vorschrift. § 45 ergänzt § 43 Abs. 1 und § 44 Abs. 1 und 2, welche die 1
Beendigung des Dienstverhältnisses eines BS durch Eintritt oder Versetzung in den Ruhestand vom Erreichen/Überschreiten jew. gesetzl. festgelegter Lebensaltersgrenzen abhängig machen. Wird mit dem Erreichen/Überschreiten der Altersgrenze auf der einen Seite die Beendigung des Dienstverhältnisses kraft Gesetzes bewirkt oder (bei Versetzung in den Ruhestand) ermöglicht, so ist auf der anderen Seite die Altersgrenze eine Schwelle für den BS, ab der i. d. R. ein Anspruch auf Ruhegehalt entsteht (vgl. § 15 SVG).

2. Entstehung und Änderungen der Vorschrift. Die Vorschriften über die Altersgren- 2
zen der BS waren schon im Rahmen der Erarbeitung des REntw. **kontrovers**. Im Entw.[1] eines SG – Stand 7.5.1955 – war in § 40 als Altersgrenze für die BerufsUffz die Vollendung des 55. Lebensjahres, für BerufsOffz meist eine niedrigere Altersgrenze vorgesehen (für Hauptleute die Vollendung des 48., für Majore des 50., für Oberstleutnante des 52., für Obersten des 54. und für Generale des 60. Lebensjahres). Im Entw. der amtl. Begr. zu diesem § 40 wurden die gegenüber Beamten erheblich frühe-

---

1 Erarbeitet durch den Beauftragten des BK für die mit der Vermehrung der alliierten Truppen zusammenhängenden Fragen.

Eichen 721

ren Altersgrenzen damit begründet, dass mit zunehmendem Alter insbes. im Militärdienst die Verwendbarkeit nachlasse. Als mil. Besonderheiten wurden die „Verwendungsmöglichkeit für jeden Dienstgrad nach dem Stellenplan" und die „militärischen Forderungen an das Lebensalter, die sich aus den Kriegserfahrungen auch fremder Staaten ergeben", genannt. So seien z. B. bei etwa 55 Prozent der Hptm-Stellen (KpChef und entspr. Verwendungen) nur Hauptleute im Alter von 30 bis 40 Jahren verwendbar, während bei 45 Prozent der Hptm-Stellen (in höheren Truppenstäben usw.) keine besonderen Anforderungen an das Lebensalter gestellt würden. Bei Majoren und Oberstleutnanten erforderten etwa 65 Prozent der Stellen (stellvertretender RgtKdr, BtlKdr usw.) ein Lebensalter zwischen 35 und 45 Jahren, während 35 Prozent mit Offz höheren Lebensalters besetzt werden könnten. Setze man z. B. die Altersgrenze für Hauptleute herauf, verlängere „sich damit das Verbleiben in der Verwendungsgruppe ohne besondere Anforderungen" (an das Lebensalter), und „die Aufnahmefähigkeit in diese Gruppe hinein" reduziere sich. Folge sei – wegen verringerter „Umsetzmöglichkeit" – ein allg. Ansteigen des Durchschnittsalters in der Gruppe mit besonderen Anforderungen an das Lebensalter.

3   Schon in der Ressortabstimmung stießen die geplanten Altersgrenzen auf Widerstand des BMI und des BMF. Der BMF[2] stellte fest: „Der Eintritt in den Ruhestand in einem Lebensalter von 48 Jahren (Hauptleute) und von 50 Jahren (Majore) wirft Probleme von erheblicher Tragweite nicht nur in finanzieller Hinsicht auf. Eine derartig frühzeitige Versetzung in den Ruhestand hat sowohl beträchtliche Nachteile für den Einzelnen als auch für die gesamte Volkswirtschaft."

4   Ausgeräumt wurde das Problem der Altersgrenzen in einer Ministerbesprechung BMVg, BMF und BMI.[3] Ergebnis war, dass – angelehnt an § 16 des G zur vorläufigen Regelung der Rechtsverhältnisse der Polizeivollzugsbeamten des Bundes[4] – § 40 des REntw.[5] in der folgenden Fassung von der BReg beschlossen wurde:

(1) Für Berufsunteroffiziere bildet das vollendete 55. Lebensjahr, für Berufsoffiziere das vollendete 60. Lebensjahr die Altersgrenze.

(2) Für einzelne Gruppen von Berufssoldaten kann durch Rechtsverordnung eine frühere oder spätere Altersgrenze festgesetzt werden.

(3) Wenn zwingende dienstliche Gründe es fordern, kann der Bundesminister für Verteidigung in Einzelfällen den Eintritt in den Ruhestand um jeweils ein Jahr, jedoch für nicht mehr als drei Jahre hinausschieben.

In der amtl. Begr.[6] wurden, ergänzend zu den bereits zum Entw. des Beauftragten des BK genannten Gründen[7], für die Altersgrenzen allg. operative Überlegungen vorgebracht, „die zu so kurzen Fristen in der Marschbereitschaft der Truppe" führten, dass „eine Auswechslung überalterter Einheitsführer und Offiziere in gleichwertigen Dienststellungen im Ernstfall nicht durchführbar" sei.

---

2   Mit Schreiben v. 18.5.1955 – I B/1-BA 1901-9/55, S. 2.
3   So Min. Blank im Anschreiben v. 15.6.1955 – III/4-268/55 –, mit dem er dem Kanzleramt den Entw. der Kabinettvorlage zum SG vorlegte.
4   V. 6.8.1953 (BGBl. I S. 899). Vgl. BT-Drs. II/2140, 12.
5   S. 10.
6   REntw. S. 30 f.
7   Vgl. o. Rn. 2.

Altersgrenzen § 45

§ 40 des REntw. hatte in der parlamentarischen Beratung keinen Bestand. Im **Aus-** 5
schuss für Beamtenrecht[8] wurde[9] darauf verwiesen, eine mögliche Gefährdung der
Einsatzbereitschaft der SK wegen Überalterung der Soldaten sei mangels genügender Erfahrungen aktuell nicht bewertbar. Auch ein Vorschlag des BR[10], nur einen
gesetzl. Rahmen für die Altersgrenzen (z. B. für Hauptleute zwischen der Vollendung des 48. und 52. Lebensjahres) vorzugeben und die konkrete Festsetzung dem
Verordnungsgeber zu überlassen, fand keine Zustimmung.[11] Vielmehr beschloss der
BT, die Altersgrenze für alle BS vorläufig auf das vollendete 60. Lebensjahr festzusetzen und eine endgültige Regelung innerhalb von fünf Jahren nach Inkrafttreten
des SG zu treffen. Die Erstfassung der Regelung über die Altersgrenzen der BS
(inzwischen in § 45) lautete:

(1) **Innerhalb von fünf Jahren nach Inkrafttreten dieses Gesetzes werden die Altersgrenzen für die einzelnen Gruppen der Berufssoldaten gesetzlich bestimmt. Bis dahin ist das vollendete sechzigste Lebensjahr die Altersgrenze.**

(2) **Wenn zwingende dienstliche Gründe es erfordern, kann der Bundesminister für Verteidigung in Einzelfällen den Eintritt in den Ruhestand um jeweils ein Jahr hinausschieben, jedoch für nicht mehr als fünf**[12] **Jahre.**

Endgültig legte der Gesetzgeber die Altersgrenzen der BS in § 45 durch Art. 1 Nr. 2 6
des G über die Altersgrenzen der BS[13] fest. Abs. 1 bestimmte als allg. Altersgrenze für
BS das vollendete 60. Lebensjahr. In Abs. 2 wurden als besondere Altersgrenzen für
BerufsUffz in den Dienstgraden Fw, OFw, HFw die Vollendung des 52. Lebensjahres,
für Offz des Truppendienstes die Vollendung des 52. (Lt, OLt, Hptm), des 54. (Major),
des 56. (OTL) bzw. des 58. (Oberst) Lebensjahres festgesetzt.

Begründet[14] wurde die allg. Altersgrenze damit, dass allg. mit dem Überschreiten
des 60. Lebensjahres ein Leistungsabfall der körperlichen und geistigen Kräfte verbunden sei, der jeden weiteren Wehrdienst ausschließe. Die besondere Altersgrenze
der BerufsUffz in den genannten Dienstgraden wurde damit gerechtfertigt, dass
diese BS im Wesentlichen in Dienststellungen bei der Truppe verwendet würden, die
von ihnen ein hohes Maß auch körperlicher Leistungsfähigkeit forderten. Wegen der
besonderen Altersgrenzen für die genannten Offz im Truppendienst wurde ebenfalls
auf Dienststellungen verwiesen, die körperliche Frische und die Kraft zu entschlossenem Handeln in einem Maße erforderten, das nur in jüngeren Lebensjahren
gewährleistet sei. Ein generelles Verbleiben dieser Offz bis zur allg. Altersgrenze in
Dienststellungen, die eine solche Leistungsfähigkeit nicht erforderten, komme nicht
in Frage, da sonst ein Stau überalterter Offz dort eintrete, wo ein lebensjüngerer
Mann erforderlich sei.

---

8 Vgl. Prot. v. 12.1.1956 der 43. Sitzung dieses Ausschusses am 11.1.1956, 10 f.
9 Durch den Abg. *Dr. Kleindinst* (CDU/CSU).
10 BR-Drs. 211/55 – Beschl. – v. 22.7.1955.
11 Vgl. BT-Drs. II/1700, 45.
12 Die Verlängerung von drei auf fünf Jahre hatte der VertA des BT initiiert, vgl. BT-Drs. II/2140, 48.
13 V. 9.6.1961 (BGBl. I S. 723 f.).
14 Zum Folgenden BT-Drs. III/2391, 4 f.

Eichen

§ 45 Altersgrenzen

7   Spätere Gesetzesänderungen betrafen die Festlegung einer besonderen Altersgrenze für Offz in Verwendungen als **Strahlflugzeugführer**[15] und für Offz des **militärfachlichen Dienstes**[16].

8   Eine grundlegende Revision erfuhren die besonderen Altersgrenzen durch Art. 9 § 1 des Haushaltsstrukturgesetzes.[17] Hierdurch wurden in Abs. 2 **alle** besonderen **Altersgrenzen** (Ausnahme: die Altersgrenze für als wehrfliegerverwendungsunfähig erkannte Offz in der Verwendung als Strahlflugzeugführer) **um ein Jahr heraufgesetzt**. Angesichts der verstärkt eingetretenen Finanzdefizite der öff. Haushalte stand ausschließlich die Einsparung von Personalkosten im Vordergrund[18]; mil. Besonderheiten wurden nicht berücksichtigt.

9   1980 wurde[19] Abs. 2 Nr. 3 neu gefasst, um die **Kampfbeobachter** (= WaffensystemOffz, vgl. Rn. 11) in die besondere Altersgrenze für Strahlflugzeugführer einzubeziehen. Außerdem verdeutlichte die Umformulierung, dass nur Offz nach dieser Vorschrift in den Ruhestand versetzt werden können, die als Strahlflugzeugführer oder Kampfbeobachter in strahlgetriebenen Kampfflugzeugen auch tatsächlich verwendet werden.[20]

10 Durch Art. 3 Abs. 1 Nr. 2 und Art. 20 Abs. 2 des G vom 18.12.1989[21] wurde **mit Wirkung ab 1.1.2002** die allg. Altersgrenze auf das vollendete 61. Lebensjahr hochgesetzt; entspr. wurden die besonderen Altersgrenzen für die Offz des Truppendienstes gem. Abs. 2 Nr. 2 und für Offz des militärfachl. Dienstes gem. Abs. 2 Nr. 4 jew. um ein Jahr angehoben.

11 1990 wurde[22] in Abs. 2 Nr. 3 der Begriff „Kampfbeobachter" durch **„Waffensystemoffizier"** ersetzt; außerdem wurde ein neuer Abs. 3 angefügt.

12 Eine **zeitweilige Herabsetzung** der besonderen Altersgrenzen[23] des Abs. 2 und 3 (mit Ausnahme der besonderen Altersgrenze für Strahlflugzeugführer und WaffensystemOffz in Abs. 2 Nr. 3) um ein Jahr bewirkte für die Jahre 1993 bis 1998 **§ 1 PersStär-**

---

15 G v. 24.3.1969 (BGBl. I S. 221), Art. 1 Nr. 2.
16 G v. 1.4.1969 (BGBl. I S. 277), Art. 1 Nr. 2; durch dieses G wurden außerdem alle Berufs-Uffz der besonderen Altersgrenze unterworfen.
17 V. 18.12.1975 (BGBl. I S. 3091).
18 Vgl. BT-Drs. 7/4127, 30, 41, 43.
19 Durch Art. 1 Nr. 6 des G v. 22.5.1980 (BGBl. I S. 581).
20 Vgl. BT-Drs. 8/3360, 7; Rn. 27.
21 BGBl. I S. 2218. Das G sollte entspr. der Reform der gesetzl. Rentenversicherung die Alterssicherungssysteme der Beamten u. Soldaten an veränderte ökonomische u. demographische Rahmenbedingungen anpassen u. auch die Altersgrenzen neu regeln (vgl. BT-Drs. 11/4125). Deren Anhebung beruhte auch im mil. Bereich nur auf finanziellen Erwägungen (Entlastung der öff. Versorgungshaushalte [vgl. BT-Drs. 11/5136, 31]). Das späte Inkrafttreten der Änd. des § 45 (ab 1.1.2002) diente nicht dem Vertrauensschutz der betroffenen Soldaten (einen solchen Schutz kann es bei besonderen Altersgrenzen nicht geben, da die Versetzung in den Ruhestand im Ermessen des Dienstherrn steht, vgl. § 44 Abs. 2 Satz 1), sondern als ausreichende Übergangszeit zur strukturellen Anpassung des Personalbestandes der BerufsOffz.
22 Durch Art. 1 Nr. 11 des G v. 6.12.1990 (BGBl. I S. 2588).
23 Verwiesen sei hier noch auf die Möglichkeit zur vorzeitigen Versetzung in den Ruhestand auf Antrag u. unter weiteren bestimmten Voraussetzungen in den Jahren 1986 – 1991 durch § 1 PersStruktG-SK (G zur Verbesserung der Personalstruktur in den SK v. 30.7.1985 [BGBl. I S. 1621]).

Altersgrenzen § 45

keG.[24] Außerdem ermöglichte § 2 PersStärkeG in den Jahren 1992 bis 1994 bestimmten BS auf ihren Antrag ab dem 48. bzw. 50. Lebensjahr eine vorzeitige Versetzung in den Ruhestand, wenn dies im dienstl. Interesse lag.[25]

Im Jahr 1998 wurden[26] **mit Wirkung ab 1.1.2007**[27] erneut[28] die allg. Altersgrenze und die besonderen Altersgrenzen (ausgenommen die der als Kampfflugzeugführer und WaffensystemOffz verwendeten Offz) jew. um ein Jahr heraufgesetzt.[29] **13**

Im Jahr 2000 wurden[30] Abs. 2 und 3 redaktionell und rechtsförmlich überarbeitet. Es wurde klargestellt, dass die Offz des SanDienstes, des Militärmusikdienstes und des militärgeographischen Dienstes ausschließlich der allg. Altersgrenze unterlägen (vgl. jetzt aber § 45 Abs. 2 Nr. 1). Neu aufgenommen unter die besonderen Altersgrenzen wurden die Stabshauptleute[31], herausgenommen wurden die Offz des militärfachl. Dienstes, die damit nicht mehr laufbahnbezogen, sondern dienstgradbezogen einer besonderen Altersgrenze unterliegen. **14**

Mit Wirkung ab 1.3.2002 wurde[32] in Abs. 2 der Begriff „militärgeographischer Dienst" durch „Geoinformationsdienst der Bundeswehr" ersetzt. Diese Ersetzung war alleiniger Grund für die in Art. 11 des BwNeuAusrG enthaltene Änd. des § 45 (i.d.F. ab 1.1.2007).[33] **15**

In Art. 10 Nr. 20 des **DNeuG** wurde durch Neufassung des § 45 die von der BReg beschlossene Übertragung der Maßnahmen in der gesetzl. Rentenversicherung zur Anhebung der Altersgrenzen unter Berücksichtigung der Unterschiedlichkeit der Systeme in das Soldatenrecht vollzogen.[34] **16**

Vgl. zu der Möglichkeit, bis zum Jahr 2011 BS mit ihrem Einverständnis ab Vollendung des 50. Lebensjahres vorzeitig in den Ruhestand versetzen zu können, die Komm. zu § 1 PersAnpassG im Anh. zu § 44.

---

24 G über die Verminderung der Personalstärke der SK v. 20.12.1991 (BGBl. I S. 2376); das G sollte es der Bundesrepublik Deutschland ermöglichen, ihrer völkerrechtl. Verpflichtung zur Verminderung des Personalbestands der SK bis 31.12.1994 auf 370000 Soldaten nachzukommen.
25 Zu Einzelheiten BT-Drs. 12/1269 v. 9.10.1991.
26 Durch Art. 4 Nr. 2 i. V. m. Art. 24 Abs. 2 Nr. 7 des G v. 29.6.1998 (BGBl. I S. 1666; vgl. BT-Drs. 13/9527).
27 Das Inkrafttreten erst 2007 geschah nur im Interesse der Personalstruktur der SK (vgl. BT-Drs. 13/9527, 50).
28 Ziel war auch hier die Verringerung der Versorgungskosten (vgl. BT-Drs. 13/9527, 32).
29 Die damals festgelegten Ausnahmen für am 1.1.1999 vorhandene BS in § 96 i.d.F. ab 1.1.2007 wurden in § 96 n. F. weiterhin berücksichtigt (s. die Komm. zu § 96).
30 Durch Art. 1 Nr. 4 u. 31 SGÄndG. Die in der Art. 3 Nr. 2 SGÄndG enthaltene Neufassung des § 45 diente, obwohl § 45 Abs. 2 in voller Länge als zu ändernde Vorschrift wiedergegeben wurde, ohne inhaltl. Änd. nur der Umstellung der Zahlenangaben über „zwölf" von der Schreibweise in Buchst. auf die in Ziff. (vgl. BT-Drs. 14/4062, 24 – zu Art. 4). Demselben Zweck diente die Neufassung des § 45 ebenfalls im SGÄndG, Art. 2 Nr. 1; s. BT-Drs. 14/4062, 24 – zu Art. 2).
31 Vgl. BT-Drs. 14/4062, 21.
32 Durch Art. 2 Nr. 4 i. V. m. Art. 24 Abs. 2 Nr. 2 des BwNeuAusrG.
33 Obwohl nur diese Ersetzung in Abs. 2 notwendig war, wurde aus Gründen der Rechtsklarheit der vollständige Text wiedergegeben.
34 BT-Drs. 16/7076, 174. Zu Einzelheiten vgl. *Eichen*, NZWehr 2008, 171 f.

Eichen

3. Bezüge zum Beamtenrecht bzw. zu sonstigen rechtlichen Vorschriften; ergänzende
17 **Dienstvorschriften.** Für **Bundesbeamte** setzt § 51 Abs. 1 Satz 2 BBG das vollendete 67. Lebensjahr als Regelaltersgrenze fest. Nach der gleichen Best. kann gesetzl. für einzelne Gruppen von Beamten eine andere („besondere") Altersgrenze bestimmt werden. Diese muss jedoch sachlich begründbar sein. Sie wird sich i. d. R., wenn besonders beschwerliche amtl. Aufgaben wahrgenommen werden müssen, in einer vorgezogenen Altersgrenze niederschlagen.[35]

Daneben kennt das Beamtenrecht eine sog. **Voraltersgrenze** (die Vollendung des 63. Lebensjahres), ab deren Erreichen ein Beamter auf seinen Antrag hin ohne Nachweis einer Dienstunfähigkeit durch den Dienstherrn nach dessen pflichtgemäßem Ermessen in den Ruhestand versetzt werden kann (§ 52 Abs. 3 BBG).[36]

18 § 25 BeamtStG gibt für die **Beamten auf Lebenszeit in den Ländern** als Altersgrenze nicht mehr die Vollendung eines bestimmten Lebensalters vor.[37]

19 Für **Richter auf Lebenszeit im Bundesdienst** legt § 48 Abs. 1 DRiG als Altersgrenze (wie bei Beamten) die Vollendung des 67. Lebensjahres fest. Anders als ein Beamter kann ein Richter im Bundesdienst mit Erreichen der Voraltersgrenze (mit Vollendung des 63. Lebensjahres) verlangen, auf seinen Antrag hin in den Ruhestand versetzt zu werden (§ 48 Abs. 5 DRiG). Für **Richter auf Lebenszeit im Landesdienst** enthält § 76 Abs. 1 DRiG eine § 25 BeamtStG entspr. Regelung.

20 Der in der **ZDv 14/5** enthaltene Erl. **B 151** „Bestimmungen über das Verfahren bei altersgrenzenbedingter Beendigung des Wehrdienstverhältnisses" enthält eine Zusammenfassung der derzeitigen und zukünftig geltenden allg. und besonderen Altersgrenzen der BS.

II. Erläuterungen im Einzelnen

21 **1. Absatz 1.** Abs. 1 bestimmt **allg. Altersgrenzen** für die BS. Für Generale, Oberste und alle Offz in den Laufbahnen des SanDienstes, des Militärmusikdienstes und des Geoinformationsdienstes der Bw wird in **Abs. 1 Nr. 1 (allerdings mit Geltung erst ab dem Jahr 2024,** bis dahin gilt § 96 Abs. 1!) die Vollendung des 65. Lebensjahres, für alle anderen BS – d. h. die Offz des Truppendienstes bis zum OTL, die Offz des militärfachl. Dienstes und die BerufsUffz – in **Abs. 1 Nr. 2** die Vollendung des 62. Lebensjahres als allg. Altersgrenze festgesetzt. Diese Differenzierung wird getroffen, weil Ausbildung und Erfahrung von BS mit höheren Dienstgraden und in den „Fachlaufbahnen" länger genutzt werden sollen. Mit Erreichen der allg. Altersgrenze treten BS kraft Gesetzes in den Ruhestand (§ 44 Abs. 1). Bis zur Neuregelung im DNeuG bildete das vollendete 62. Lebensjahr die allg. Altersgrenze für alle BS.[38]

---

35 Z. B. gem. § 5 Abs. 1 BPolG, wonach für Polizeivollzugsbeamte das vollendete 62. Lebensjahr die Altersgrenze bildet; dies. Altersgrenze gilt für Beamte auf Lebenszeit im Feuerwehrdienst der Bw, vgl. § 51 Abs. 3 Satz 1 BBG.
36 Diese vorzeitige Versetzung in den Ruhestand ist mit erheblichen Versorgungsabschlägen verbunden, vgl. § 14 Abs. 3 Satz 1 Nr. 2 BeamtVG.
37 Vgl. entspr. § 76 Abs. 1 DRiG; Rn. 19.
38 BT-Drs. 16/7076, 174.

Altersgrenzen § 45

Die allg. Altersgrenzen nach Abs. 1 sind grds.[39] die **Höchstaltersgrenzen** für alle BS. Sie sind darüber hinaus die Regelaltersgrenzen[40].

Sinn der allg. Altersgrenzen nach Abs. 1 ist – wie im Beamtenrecht[41] –, eine Altersschwelle festzusetzen, ab deren Überschreiten der Eintritt der Dienstunfähigkeit des Soldaten vermutet werden kann.[42] Sie soll dem Soldaten Klarheit geben, bis zu welchem Zeitpunkt er unter normalen Verhältnissen längstens im aktiven Dienstverhältnis als BS verbleibt, und dem Dienstherrn eine vorausschauende Personalplanung ermöglichen. 22

Die Festlegung einer allg. oder besonderen Altersgrenze ist dem **Gesetzgeber vorbehalten**.[43] Dies kann (weil die Verlängerung des Dienstverhältnisses als BS durch Anhebung der Altersgrenze erhebliche Grundrechtsrelevanz für den BS besitzt – vgl. z. B. die weiter geltende Pflicht zur Duldung bestimmter ärztlicher Eingriffe während des Wehrdienstverhältnisses [§ 17 Abs. 4 Satz 3], anhaltende Einschränkungen der Meinungsfreiheit [etwa durch § 15] oder der Freizügigkeit [wie in § 18]) der „Wesentlichkeitstheorie" des BVerfG[44] entnommen werden, die für die Verwirklichung der Grundrechte wesentliche Entscheidungen dem Gesetzgeber vorbehält.[45] 23

2. Absatz 2. Das (zeitnah) bevorstehende Überschreiten einer in Nr. 1 bis 6 genannten besonderen Altersgrenze ist Anlass für eine Ermessensentscheidung nach § 44 Abs. 2 (vgl. die Erl. ebd.). Die Frist in § 44 Abs. 6 Satz 4 darf nicht unverhältnismäßig ausgedehnt werden. Erst in zeitlicher Nähe zur Altersgrenze kann der Dienstherr 24

---

39 Zu Ausnahmen s. z. B. § 44 Abs. 1 Satz 2 bis 4.
40 Vgl. Komm. zu § 44 Rn. 19. Die Feststellung des Gesetzgebers (BT-Drs. 16/7076, 174), die Abs. 1 Nr. 1 unterfallenden BS der Besoldungsgruppe B 3 u. höher sollten i. d. R. bis zur allg. Altersgrenze im Dienst bleiben, wenn nicht besondere Gründe dagegen sprächen, relativiert diesen Grds. für die in Abs. 1 Nr. 2 genannten BS nicht. Vielmehr handelt es sich bei diesem Hinweis für die Abs. 1 Nr. 1 unterfallenden BS um eine bei der Entscheidung nach § 44 Abs. 2 Satz 1 zu beachtende ermessensreduzierende Vorgabe, die ein Abweichen von der allg. Altersgrenze grds. ausschließen will.
41 Das Lebenszeitprinzip fordert weder von einem Beamten (vgl. BVerfGE 71, 255, 268) noch von einem BS, die übernommenen dienstl. Pflichten bis zum Tod zu versehen.
42 Von einer **unwiderleglichen** gesetzl. Vermutung der Dienstunfähigkeit kann bei BS – wie bei Beamten, vgl. § 53 BBG – nicht mehr die Rede sein, vgl. z. B. die Möglichkeit der Wiederverwendung des BS (§ 51) o. § 44 Abs. 1 Satz 2 bis 4; s.a. GKÖD I K, § 41 Rn. 4; *Plog/Wiedow/Lemhöfer*, BBG, § 41 Rn. 1b, unter Hinw. auf BVerfGE 71, 255 (268 ff.).
43 So für Beamte § 51 Abs. 1 Satz 2 BBG; die Vorschrift lässt die Bestimmung einer anderen Altersgrenze durch RVO nicht zu, vgl. GKÖD I K, § 41 Rn. 7. Da im SG ein solcher Totalvorbehalt (vgl. zur Abgrenzung, was der Gesetzgeber selbst zu regeln hat u. was er durch gesetzl. Ermächtigung dem Verordnungsgeber übertragen darf, BVerfGE 58, 257, 274 ff.) nicht formuliert ist, wäre aufgrund einer dem Art. 80 Abs. 1 Satz 2 GG genügenden Ermächtigung im SG eine Regelung der Altersgrenzen in einer RVO vorstellbar (s. o. Rn. 5 – Vorschlag des BR zur Formulierung des § 40 REntw.).
44 Vgl. BVerfGE 47, 46 (79); 49, 89 (126 f.); *Jarass*, in: Jarass/Pieroth, GG, Art. 20 Rn. 47 m. w. N.
45 Wesentlich bedeutet im grundrechtsrelevanten Bereich i. d. R. „wesentlich für die Verwirklichung der Grundrechte", vgl. BVerfGE 47, 46 (79) m.w.N.; 83, 130 (140). Maßgeblich ist die Intensität, mit der die Grundrechte der Regelungsadressaten durch die jew. Maßnahme betroffen sind, vgl. BVerfGE 58, 257 (274).

Eichen

sachgerecht bewerten, ob aus dienstl. Gründen eine vorzeitige Versetzung des BS in den Ruhestand vertretbar ist.

Abs. 2 i.d.F. des **DNeuG** setzt für **alle BS** (erstmals in **Nr. 1** für Generale und Offz in den Laufbahnen des SanDienstes, des Militärmusikdienstes und des Geoinformationsdienstes der Bw) **besondere Altersgrenzen** fest. Diese sind weiterhin erforderlich. Sie verschaffen der mil. Personalführung die nötige Flexibilität, um den Transformationsprozess der Bw zu gestalten und die Einsatzbereitschaft der SK zu erhalten.[46] Allerdings erlangt Abs. 2 (ausgenommen Nr. 6) **erst ab dem Jahr 2024 Bedeutung**. Bis dahin gilt § 96 Abs. 2 und 3.

25   Das DNeuG hebt in **Nr. 2 und 3** die bisherigen besonderen Altersgrenzen für Offz des Truppendienstes (OTL, Major) und für Stabshauptleute um **zwei** Jahre, in **Nr. 4 und 5** für Hauptleute, OLt, Lt und BerufsUffz um **ein** Jahr an.[47]

Die in **Nr. 1 bis 5** festgelegten besonderen Altersgrenzen sind **dienstgradbezogen** und berücksichtigen somit nicht, in welchen Verwendungen der BS im Laufe seines soldatischen Werdegangs eingesetzt war. Dies mag zur Zeit der Aufstellung der Bw und Anfang der 60er Jahre, als über die endgültige Festlegung der besonderen Altersgrenzen debattiert wurde[48], angemessen gewesen sein. Damals waren unter dem Eindruck der Erfahrungen des 2. Weltkriegs exemplarisch z. B. an der Dienststellung eines BtlKdr (Dienstgrad OTL) oder eines KpChefs (Dienstgrad Hptm) die körperlichen Anstrengungen im Gefecht messbar, denen nach dem damaligen Kriegsbild i. d. R. die Mehrzahl der Soldaten in dem jew. Dienstgrad ausgesetzt sein würde. Da die Zahl der Dienstposten mit geringeren körperlichen Anforderungen, die für diese Soldaten im selben Dienstgrad, aber in höherem Lebensalter verfügbar waren, nicht ausreichte, um eine strukturschädigende Überalterung zu verhindern[49], wurden die besonderen Altersgrenzen sowohl mit der Einsatzbereitschaft der SK als auch mit der Erhaltung ausgewogener Altersstrukturen begründet, die sich gegenseitig bedingten.

26   Die weitere Entwicklung hat gezeigt, dass die Erfahrungen des 2. Weltkriegs nur noch begrenzt Maßstab für die Festlegung soldatischer Altersgrenzen sind. Zu sehr hat sich das Gesicht bewaffneter Konflikte gegenüber damals gewandelt, und zu unterschiedlich haben sich verschiedene Formen soldatischer Dienstleistungen (diese können heute in reiner Bürotätigkeit bestehen) im Friedensdienstbetrieb entwickelt. So ist bei späteren Anpassungen von Altersgrenzen der Aspekt der körperlichen Belastung weitgehend in den Hintergrund getreten. Waren auf der einen Seite für Anhebungen der Altersgrenzen[50] nur Kostengründe (Einsparung von Versorgungslasten) maßgeblich, so hatten auf der anderen Seite zeitweilige Absenkungen der Altersgrenzen[51]

---

46   BT-Drs. 16/7076, 174.
47   In der BT-Drs. a.a.O. wird die Anhebung nur um ein Jahr damit gerechtfertigt, nach dem VersorgungsreformG 1998 würden die besonderen Altersgrenzen für Offz bis zum Dienstgrad Hptm am 1.1.2011 u. für BerufsUffz am 1.1.2013 bereits um ein Jahr erhöht. Diese Vorleistung müsse berücksichtigt werden. Die Begr. überzeugt nicht, wenn man das niedrige Ausgangsalter der Anhebung in Rechnung stellt.
48   S. o. Rn. 2, 6.
49   S. o. Rn. 2.
50   S. o. Rn. 8, 10, 13.
51   In § 1 PersStruktG-SK (vgl. Fn. 23), in §§ 1 u. 2 PersStärkeG (s. o. Rn. 12) u. in § 1 PersAnpassG (s. o. Rn. 16 u. Komm. zu § 44 Rn. 58 ff.).

Altersgrenzen § 45

neben den Zielen der Verringerung der Anzahl der Soldaten und der Bereinigung struktureller Verwerfungen im soldatischen Personalbestand den nicht unwillkommenen Nebeneffekt der Verbesserung der Beförderungssituation.[52] Weder das eine noch das andere wird jedoch einem verantwortungsvollen Umgang mit den Altersgrenzen gerecht. Ausgewogen erscheinen heute nur noch verwendungsbezogene, nicht aber undifferenzierte dienstgradbezogene Altersgrenzen.[53] Nur jene tragen einerseits dem mit zunehmendem Lebensalter einhergehenden körperlichen Leistungsabfall, andererseits dem fiskalischen Interesse an der Verhinderung unverhältnismäßiger Versorgungslasten angemessen Rechnung. Es sollte zu denken geben, dass z. B. – wie ein Rechtsvergleich mit Österreich[54] zeigt – ein BerufsUffz der Bw mit (zzt. meist immer noch) 53 Jahren seine besondere Altersgrenze überschreitet, der BerufsUffz im österreichischen Bundesheer dagegen der allg. beamtenrechtl. Ruhestandsregelung[55] unterliegt und vorzeitig frühestens mit 61 ½ Jahren ausscheiden kann. Diese Diskrepanz erscheint nicht mit dem formalen Hinw. begründbar zu sein, dass österreichische BS den Beamtenstatus besitzen.

Eine **verwendungsbezogene** besondere Altersgrenze legt **Nr. 6** fest. Sie orientiert sich an dem flugmedizinisch vertretbaren Grenzalter der besonderen Fliegerverwendungsfähigkeit.[56]

Waffensystemoffiziere („Kampfbeobachter") wurden 1980 in die besondere Altersgrenze für Strahlflugzeugführer einbezogen, weil seit der Festlegung dieser Altersgrenze im Jahre 1969[57] die SK ihre Kampfverbände in Luftwaffe und Marine von einsitzigen auf zweisitzige strahlgetriebene Kampfflugzeuge umgerüstet hatten und WaffensystemOffz nach flugmedizinischen Erkenntnissen den gleichen psychischen und physischen Belastungen wie Strahlflugzeugführer ausgesetzt sind.[58]

---

52 Dies gilt insbes. für § 1 PersAnpassG (s. o. Rn. 16 sowie Komm. zu § 44 Rn. 58 ff.), mit dem bis 2011 bis zu 1200 BS in überbesetzten Jahrgängen eine vorzeitige Versetzung in den Ruhestand ermöglicht wird. Dass die in einigen Jahrgängen vorhandenen strukturellen Überhänge an BS die Einsatzbereitschaft der SK gleichwohl eher förderten als beeinträchtigten, kam im Gesetzgebungsverfahren nicht zur Sprache. Hier wäre Anlass gewesen, die besonderen Altersgrenzen krit. zu hinterfragen.
53 Der Gesetzgeber ist zu unkrit., vgl. auch BVerwG NZWehrr 2005, 212. Wenn BT-Drs. 16/7076, 174 die Anhebung der besonderen Altersgrenze um nur ein Jahr für Offz bis zum Dienstgrad Hptm u. BerufsUffz mit häufigen körperlich fordernden Truppenverwendungen u. Teilnahme an Auslandseinsätzen begründet, wird ignoriert, dass Offz in niedrigeren Dienstgraden i. d. R. in jüngeren Jahren die genannten Verwendungen wahrnehmen u. nicht mit diesen Dienstgraden in den Ruhestand gehen; zudem nehmen an Auslandseinsätzen auch zahlreiche wehrübende/übende Beamte teil, ohne dass dies Einfluss auf ihre Altersgrenze hat.
54 Dessen Bundesheer ist mit der Bw sowohl von der mil. Ausbildung als auch von der Einsatzlage her (vgl. die zahlreichen Auslandseinsätze österreichischer Soldaten) durchaus vergleichbar.
55 In Österreich unterliegen BS dem Beamtenstatus u. damit grds. nach § 13 Abs. 1 des Beamten-Dienstrechtsgesetzes 1979 (BDG 1979) der allg. Altersgrenze für Beamte („... tritt mit Ablauf des 65. Lebensjahres nach dem Jahr seiner Geburt in den Ruhestand").
56 Vgl. BT-Drs. V/3336, 3 sowie BT-Drs. V/3731, 1.
57 S. o. Rn. 7.
58 Vgl. BT-Drs. 8/3360, 6.

Eichen

Da kein Soldat einen Anspruch auf eine bestimmte Verwendung hat[59], kann er auch nicht beanspruchen, ständig einer einmal erworbenen Befähigung entspr. verwendet zu werden. Strahlflugzeugführer oder WaffensystemOffz können deshalb bei dienstlicher Notwendigkeit jederzeit **in eine andere Verwendung übergeführt** werden, bei der sie dann nicht mehr der besonderen Altersgrenze der Nr. 6, sondern der besonderen Altersgrenze des jew. Dienstgrades unterliegen.[60] Aus dienstl. Gründen kann eine Rücküberführung in eine Verwendung als Strahlflugzeugführer oder WaffensystemOffz vorgenommen werden, so dass dann wieder die besondere Altersgrenze der Vollendung des 41. Lebensjahres gilt. Es liegt auf der Hand, dass dieser Verwendungswechsel nicht missbräuchlich, d. h. nur deshalb vollzogen werden darf, um dem Offz die frühzeitige Versetzung in den Ruhestand zu ermöglichen.

28 Die in **Nr. 6, 2. Alt.** festgesetzte besondere (verwendungsbezogene) Altersgrenze im Fall der **Wehrfliegerverwendungsunfähigkeit**, die durch das Haushaltsstrukturgesetz im Jahr 1975 eingefügt worden ist[61], erscheint sachlich wenig überzeugend. Die für die Ressortabstimmung zum Haushaltsstrukturgesetz hierzu erarbeitete Begr. hatte darauf hingewiesen, dass bei der auf flugmedizinischen Erkenntnissen beruhenden besonderen Altersgrenze für Strahlflugzeugführer eine Heraufsetzung auf das 41. Lebensjahr nur vertretbar sei, wenn über das 40. Lebensjahr hinaus Wehrfliegerverwendungsfähigkeit bestehe (hier blieb aber offen, wann die Verwendungsunfähigkeit eingetreten sein müsse). Da fluguntauglich gewordene Flugzeugführer in anderen als fliegerischen Funktionen nicht verwendet werden könnten, müsse es für diese Personen bei der besonderen Altersgrenze von 40 Jahren verbleiben.

Diese Begr. trägt nicht, denn Fluguntauglichkeit ist lediglich ein Ausschluss für die Verwendung als Flugzeugführer oder WaffensystemOffz, der nicht zwangsläufig zur Dienstunfähigkeit führt. Deshalb ist ein Verwendungswechsel, auch wenn er die besondere Altersgrenze der Nr. 6 durch eine dienstgradbezogene besondere Altersgrenze ersetzt, nicht ausgeschlossen (vgl. oben Rn. 27), und zwar sowohl in einem jüngeren als auch in einem fortgeschrittenen Dienstalter. Es wäre unverhältnismäßig, die betroffenen Soldaten auch bei frühzeitig eingetretener Wehrfliegerverwendungsunfähigkeit regelmäßig in den Ruhestand zu versetzen, insbes. dann, wenn Verwendungen offen stehen, für die fliegerischer Sachverstand vorausgesetzt wird. Unangemessen erschiene ein Verwendungswechsel nur, wenn der Soldat so kurz vor der besonderen Altersgrenze steht, dass er sich auf den Ruhestand bereits eingestellt hat. Maßstab hierfür kann die Jahresfrist des § 44 Abs. 6 Satz 4 sein. Wenn man die vorgezogene Altersgrenze der Vollendung des 40. Lebensjahres also in Betracht zieht, hätte zumindest außerhalb dieses engen zeitlichen Bezugs zur Versetzung in den Ruhestand (d. h. wenn der wehrfliegerverwendungsunfähige Soldat noch nicht das 39. Lebensjahr vollendet hat) die personalbearbeitende Stelle regelmäßig einen Verwendungswechsel zu prüfen. Es ist (zumal es sich nicht um ein Massenproblem handelt) nicht begründbar[62], warum durch die Neuregelung in Nr. 6, 2. Alt. eine Perspektive für eine vorgezogene Zurruhesetzung auch bei erheblich vor Erreichen dieser Altersgrenze eingetretener

---

59 St. Rspr., BVerwGE 53, 321 (324) = NZWehrr 1978, 26 (28); BVerwG NZWehrr 1983, 190.
60 Vgl. BVerwG NZWehrr 1983, 190 f.
61 S. o. Rn. 8.
62 Außer man sieht dies als ein Zugeständnis an die mil. Personalführung.

Altersgrenzen § 45

Fliegerverwendungsunfähigkeit eröffnet werden sollte.[63] Vielleicht ist die mangelnde Plausibilität der Regelung und ihrer zunächst vorbereiteten Begr. Grund gewesen, warum im Gesetzentw. der BReg[64] zu dieser Vorschrift nur noch davon die Rede war, die besonderen Erfordernisse für die Verwendung als Strahlflugzeugführer seien berücksichtigt.

3. Absatz 3. Mit der Vorschrift wird klargestellt, dass die besonderen Altersgrenzen 29 auch für **BS der Marine** mit entspr. Dienstgraden gelten. Bis zur Anfügung dieses Absatzes im Jahr 1990[65] war dieses Ergebnis nur im Wege einer Auslegung des § 45 zu gewinnen. BS in den Laufbahnen des **SanDst** mussten in Abs. 3 nicht genannt werden, weil die Dienstgrade der BerufsUffz in der Laufbahn des SanDst den Dienstgraden der Uffz des Truppendienstes entsprechen und es für SanOffz keine dienstgradbezogenen, sondern nur laufbahnbezogene Altersgrenzen gibt.

4. Absatz 4. Bei der Anpassung der gesetzl. Altersgrenzen der Abs. 1 und 2 wird auf 30 eine durchgängige, auf den Anhebungen durch das VersorgungsreformG 1998 aufbauende Erhöhung um zwei Jahre verzichtet, um unter flexibler Nutzung der Zeit zwischen besonderer Altersgrenze (frühestmöglicher Zeitpunkt) und allg. Altersgrenze bedarfs- und strukturgerechte Entscheidungen zu ermöglichen. Um Wirkungsgleichheit mit der Erhöhung des Renteneintrittsalters und den Anhebungen der Altersgrenzen für Beamte sicherzustellen, gibt **Abs. 4 Satz 1** vor, ab 2024 ein durchschnittliches Zuruhesetzungsalter zu erreichen, das um mindestens zwei Jahre über dem nach dem Stand vom 1.1.2007 liegen muss. Dieses wird u. a. dadurch erreicht, dass allein das Überschreiten der besonderen Altersgrenze nicht Anlass für eine Versetzung in den Ruhestand ist[66], sondern BS, insbes. qualifizierte Spezialisten, die überwiegend in wenig körperlich fordernden und belastenden Verwendungen eingesetzt sind, bedarfsbezogen deutlich über die besondere Altersgrenze hinaus im Dienst verbleiben. Das durchschnittliche Lebensalter aller wegen Überschreitens oder Erreichens einer Altersgrenze in den Ruhestand versetzten oder eingetretenen BS betrug im 1.1.2007 **55,2 Jahre**. Nach **Satz 2** ist **dem BT** zum Umsetzungsstand der Anhebung der Altersgrenzen **erstmals im Jahr 2018** alle vier Jahre **zu berichten**, um neben einer Bestandsaufnahme ggf. frühzeitig notwendige Nachsteuerungen veranlassen zu können.[67]

Das Berichtserfordernis beruht darauf, dass für BS nicht nur allg. Altersgrenzen gel- 31 ten, mit deren Erreichen die Betroffenen kraft Gesetzes in den Ruhestand treten, sondern dass flexible (besondere) Altersgrenzen vorzeitige Zuruhesetzungen ermöglichen. Die **Wirkungsgleichheit** der Anhebung der soldatischen Altersgrenzen mit der Erhöhung im Beamtenbereich wird deshalb überwiegend nicht durch den Gesetzgeber – durch zwingende Rechtsvorschriften – gewährleistet, sondern muss nach der Vorgabe in Abs. 4 Satz 1 **durch exekutives Handeln sichergestellt** werden. Es ist sachlich geboten und legitim, dass der Gesetzgeber dies kontrolliert.

---

63 Eine Ausnahme kann gelten, wenn der Offz eine Berufsförderung nach § 39 Abs. 1 Satz 4 u. 5 SVG beantragt.
64 Vgl. BT-Drs. 7/4127, 43.
65 S. o. Rn. 11.
66 Dass der Gesetzgeber in BT-Drs. 16/7076, 175 diese bereits aus § 44 Abs. 2 Satz 1 ableitbare Selbstverständlichkeit betont, ist bemerkenswert u. wohl der bisherigen gesetzeswidrigen Praxis der mil. Personalführung (s. Komm. zu § 44 Rn. 19 ff.) geschuldet.
67 BT-Drs. 16/7076, 175.

Eichen

32 Der erste Berichtstermin schon 2018 (vor der ab 2024 erstmals geforderten Anhebung des Zuruhesetzungsalters um mindestens zwei Jahre) verdeutlicht, dass der Gesetzgeber von der mil. Personalführung ein Tätigwerden spätestens ab 1.1.2013, wenn die ersten gesetzl. Anhebungen der soldatischen Altersgrenzen greifen, verlangt. Spätestens ab dann ist die Spanne zwischen besonderer und allg. Altersgrenze wesentlich effektiver als heute zu nutzen.[68]

33 **5. Absatz 5.** **Abs. 5** war im Entw. der BReg zum DNeuG nicht enthalten.[69] Er wurde durch den BT-Innenausschuss als Folgeänderung zum neuen § 147 Abs. 3 BBG eingefügt.[70] Entspr. hat die BReg daher die **Anhebung der soldatischen Altersgrenzen** in § 45 und § 96 unter Beachtung des Berichts nach § 154 Abs. 4 SGB VI[71] zu **überprüfen.** Nach dieser Revisionsklausel hat die BReg den gesetzgebenden Körperschaften vom Jahr 2010 an alle vier Jahre über die Entwicklung der Beschäftigung älterer Arbeitnehmer zu berichten und eine Einschätzung darüber abzugeben, ob die Anhebung der Regelaltersgrenze unter Berücksichtigung der Entwicklung der Arbeitsmarktlage sowie der wirtschaftlichen und sozialen Situation älterer Arbeitnehmer weiterhin vertretbar erscheint und die getroffenen gesetzl. Regelungen bestehen bleiben können. Je nach dem, wie dieser Bericht ausfallen wird, kann deshalb das Thema der soldatischen Altersgrenzen schon bald – bereits vor Abgabe des Berichts nach Abs. 4 Satz 2 – wieder aktuell werden.

§ 45a Umwandlung

(1) ¹**Beantragt ein Berufssoldat die Umwandlung seines Dienstverhältnisses in das eines Soldaten auf Zeit, kann dem Antrag bei Vorliegen eines dienstlichen Interesses stattgegeben werden.** ²**Dies gilt auch, wenn die Dienstzeit abweichend von § 40 Abs. 1 bei einem Unteroffizier über dessen 40. Lebensjahr hinaus festgesetzt werden muss.**

(2) **Die Umwandlung ist ausgeschlossen, wenn eine Dienstzeit von 20 Jahren überschritten wird.**

(3) **Die Dienstzeit soll die zur Durchführung der Berufsförderung notwendige Zeit der Freistellung vom militärischen Dienst umfassen.**

(4) **Bei der Umwandlung müssen die Voraussetzungen des § 46 Abs. 3 nicht vorliegen.**

Übersicht

	Rn		Rn
I. Allgemeines	1	II. Erläuterungen im Einzelnen	10
1. Zweck der Vorschrift	1	1. Absatz 1	10
2. Entstehung und Änderungen der Vorschrift	3	2. Absatz 2	22
		3. Absatz 3	23
3. Bezüge zum Beamtenrecht bzw. zu sonstigen rechtl. Vorschriften; ergänzende Dienstvorschriften	6	4. Absatz 4	26

---

68 Da vorzeitige Zuruhesetzungen nach § 1 PersAnpassG (s. Anh. zu § 44) nur bis 2011 zulässig sind, werden sie die geforderte statistische Anhebung des Zuruhesetzungsalters nicht beeinflussen.
69 Vgl. BT-Drs. 16/7076, 76.
70 BT-Drs. 16/10850, 75, 155, 230, 244.
71 Sechstes Buch Sozialgesetzbuch – Gesetzliche Rentenversicherung.

Umwandlung § 45a

Literatur: *Engelien-Schulz, Thomas*: Zum Umfang der subjektiv-öffentlichen Rechte eines Antragstellers nach den §§ 2 bis 4 PersStärkeG, NZWehrr 1993, 194; *Schmitz-Bremme, Götz*: Die Umwandlung als Rechtsinstitut zur Sicherung der militärischen Einsatzbereitschaft, NZWehrr 1988, 157; *Walz, Dieter*: Die Umwandlung des Dienstverhältnisses eines Berufssoldaten in das eines Soldaten auf Zeit – ein ungelöstes Problem des Soldatenlaufbahnrechts, NZWehrr 1973, 13.

I. Allgemeines

1. Zweck der Vorschrift. Das SG lässt in § 4 Abs. 1 Nr. 2[1] die **Umwandlung des Dienstverhältnisses eines BS in das eines SaZ** („und umgekehrt") grds. bereits seit seiner Erstfassung[2] zu. Ebenso lang werden in § 41 Abs. 1 und 2[3] schon die formalen Voraussetzungen einer Umwandlung festgelegt. Hingegen hatte der Gesetzgeber zunächst nicht detailliert geregelt[4], nach welchen Maßgaben die Umwandlung eines Dienstverhältnisses möglich sein sollte.[5] 1

Für die Umwandlung des Dienstverhältnisses eines BS in das eines SaZ finden sich nunmehr entspr. Vorgaben in § 45a. Die Vorschrift soll in weiterhin absehbaren Zeiten einer Verminderung der Personalstärke der SK dazu beitragen, strukturelle Überhänge bei den BS durch Umwandlung ihrer Dienstverhältnisse in solche von SaZ abzubauen. 2

2. Entstehung und Änderungen der Vorschrift. Eine dem § 45a entspr. Vorschrift enthielt bereits § 3 PersStärkeG[6]. Diese Regelung diente dazu, es der Bundesrepublik Deutschland zu ermöglichen, den Personalbestand der SK (insbes. in Form des für das Jahresende 1994 erwarteten erheblichen Überhanges an BS) bis zum 31.12.1994 auf 370 000 Soldaten zu vermindern.[7] Zwar war man sich schon bei der Erarbeitung des PersStärkeG darüber klar, dass die Umwandlung von Dienstverhältnissen der BS in solche der SaZ voraussichtlich nur unerheblich zur Herabsetzung der Personalstärke beitragen würde. Gleichwohl glaubte man in der Reduzierungsphase auf die Umwandlung nicht verzichten zu können, weil sie die rechtl. Handhabe biete, um nicht länger ausbildungsgerecht einsetzbare BS auf deren Wunsch vorzeitig ausscheiden zu lassen.[8] 3

§ 3 PersStärkeG wurde in redaktionell leicht veränderter Form[9] durch Art. 1 Nr. 32 des **SGÄndG** als § 45a[10] in das SG eingefügt. Zugleich wurde durch Art. 6 SGÄndG der § 3 PersStärkeG aufgehoben. Die Übernahme der zunächst im PersStärkeG (nur für eine Übergangszeit gedachten) konkret geregelten Möglichkeit zur Umwandlung von Dienstverhältnissen folgte der Erkenntnis, es sei sinnvoll, sich dieses Instruments auch auf Dauer im Interesse des Dienstherrn bedienen zu können. 4

Durch Art. 3 Nr. 11 des **WehrRÄndG 2008** wurde Abs. 3 neu gefasst. 5

---

1 Vgl. die Erl. ebd.
2 Die Vorschrift hat ihren Wortlaut bzgl. dieser Regelung nicht geä.
3 Vgl. hierzu die Erl. ebd.
4 Vgl. *Walz*, NZWehrr 1973, 13.
5 Vgl. BT-Drs. 12/1269, 7 (zu § 3 Abs. 1 u. 2).
6 V. 20.12.1991 (BGBl. I S. 2376).
7 Vgl. GKÖD I Yk, § 45a Rn. 1.
8 S. BT-Drs. 12/1269, 5.
9 Vgl. GKÖD I Yk, § 45a Rn. 2.
10 In Kraft ab 24.12.2000.

§ 45a Umwandlung

**3. Bezüge zum Beamtenrecht bzw. zu sonstigen rechtl. Vorschriften; ergänzende
6 Dienstvorschriften.** Das Beamtenrecht kennt die **Umwandlung eines Beamtenverhältnisses** als die Veränderung eines Beamtenverhältnisses in ein solches anderer Art.[11] Da ein Beamtenverhältnis auf Zeit jedoch auf sachlich begründete Ausnahmen – wie die in § 132 Abs. 1 BBG genannten Professoren oder die kommunalen Wahlbeamten nach Landesrecht[12] – beschränkt ist (im Regelfall ist das Beamtenverhältnis schon im Hinblick auf Art. 33 Abs. 5 GG auf Lebenszeit[13] angelegt[14]), wird die grds. mögliche Umwandlung eines Beamtenverhältnisses auf Lebenszeit in ein solches auf Zeit[15] selten vorkommen.

7 Grds. wäre, im Wege einer Ernennung, die Umwandlung eines **Richterverhältnisses** in ein solches anderer Art als Umwandlung in ein Richterverhältnis auf Zeit vorstellbar, vgl. §§ 8, 11 und § 17 Abs. 2 Nr. 2 DRiG. Allerdings ist bundesgesetzl.[16] die Ernennung zum Richter auf Zeit derzeit nur für Richter am BVerfG bestimmt. Handelt es sich bei dem zum Richter am BVerfG zu Ernennenden um einen Richter, gilt § 70 DRiG oder § 101 BVerfGG.

8 **§ 6b Abs. 3 Satz 2 bis 4 WPflG** trifft eine dem § 45a ähnliche Regelung zur nachträglichen Verkürzung der Gesamtdauer der festgesetzten Wehrdienstzeit eines **FWDL** erforderlichenfalls bis auf die Dauer des GWD.[17]

9 Ergänzende Vorschriften zu § 45a finden sich in § 6 Abs. 1 und § 46 SLV.[18] Durch Erl. des BMVg – PSZ I 1 – Az 16-02-02/7/10 R 2/03 vom 27.3.2003 sind u. a. AusfBest zur Umwandlung des Dienstverhältnisses eines BS in das eines SaZ auf der Basis des § 45a (nachfolgend „AusfBest § 45a" genannt) ergangen.

II. Erläuterungen im Einzelnen

10 **1. Absatz 1. Satz 1** bestimmt, dass der Dienstherr dem Antrag eines BS, sein Dienstverhältnis in das eines SaZ umzuwandeln, stattgeben kann, wenn hierfür ein dienstl. Interesse vorliegt.

11 Vorausgesetzt wird ein (schriftl. unmittelbar an die Entlassungsdienststelle zu richtender, die gewünschte Dienstzeitdauer als SaZ angebender[19]) **Antrag** des BS. Dieser hat es in der Hand, dem Dienstherrn sein Interesse an einer Umwandlung anzuzeigen; aus dem Antrag kann jedoch kein Anspruch auf ermessensfehlerfreie Entscheidung über

---

11 Vgl. § 10 Abs. 1 Nr. 2 BBG; § 8 Abs. 1 Nr. 2 BeamtStG.
12 Vgl. § 4 Abs. 2 BeamtStG sowie die einschlägigen Vorschriften in den LBG.
13 Vgl. zum Prinzip lebenslanger Dienstleistung des Beamten als hergebrachtem Grds. des Berufsbeamtentums BVerfGE 44, 249 (265).
14 Für die Ländergesetzgebung bestätigt dies insbes. § 4 Abs. 1 Satz 2 BeamtStG.
15 Das frühere Verfahren (erst Entlassung aus dem Beamtenverhältnis, dann Neubegründung eines Beamtenverhältnisses auf Zeit) ist allerdings überholt, vgl. *Plog/Wiedow/Lemhöfer*, BBG, § 6 Rn. 12.
16 Vgl. § 11 DRiG.
17 § 6b Abs. 3 WPflG ist durch Art. 1 Nr. 11c) des BwNeuAusrG wesentlich geä. worden, vgl. zu Einzelheiten BT-Drs. 14/6881, 22; *Steinlechner/Walz*, WPflG, § 6b Rn. 14.
18 S. Rn. 11, 20.
19 Vgl. zu diesen Einzelheiten die AusfBest § 45a C.1. Die jew. Entlassungsdienststelle ist in der ZDv 14/5 B 108 festgelegt.

Umwandlung § 45a

die Umwandlung abgeleitet werden.[20] Der Freiwilligkeit steht nicht entgegen, dass der Dienstherr initiativ wird und dem BS signalisiert[21], seinen Antrag auf Umwandlung des Dienstverhältnisses ggf. positiv zu bescheiden. Maßgeblich ist, dass die Zustimmung des BS nicht nur bei der Antragstellung, sondern auch noch im Zeitpunkt der Umwandlung selbst vorliegt (vgl. § 6 Abs. 1 SLV). Der BS muss deshalb noch bei der zur Umwandlung des Dienstverhältnisses notwendigen **Ernennung**[22], die formal durch Aushändigung einer Ernennungsurkunde erfolgt[23], mit der Maßnahme **einverstanden** sein. Ggf. kann der BS den Antrag daher vorher zurücknehmen.[24] Verweigert er die Annahme der Ernennungsurkunde, kommt die Umwandlung (als mitwirkungsbedürftiger VA[25]) nicht zustande.

Zur Möglichkeit der Umwandlung des Dienstverhältnisses bei **Offz des militärfachlichen Dienstes** vgl. Rn. 20.

Dem Antrag darf nur stattgegeben werden, wenn hierfür ein **dienstl. Interesse** besteht. **12**
Ein solches kann z. B. vorliegen[26], wenn der Dienstposten des BS wegfällt und strukturelle oder sonstige Gesichtspunkte einem Verwendungswechsel entgegenstehen, wenn die die bisherige Verwendung des BS bestimmende Qualifikation nicht mehr benötigt wird, im jew. Geburtsjahrgang ein Überhang besteht oder der BS auf einer Planstelle zbV geführt wird.

Das dienstl. Interesse an einer Umwandlung des Dienstverhältnisses ist für jeden Einzelfall gesondert zu prüfen.[27] Dies bedingt die Auslegung dieses **unbestimmten Rechtsbegriffs** durch die zuständige Entlassungsdienststelle. Grds. werden unbest. Rechtsbegriffe als in rechtl. und tatsächlicher Hinsicht gerichtl. voll überprüfbar angesehen.[28] Die Annahme eines dienstl. Interesses nach Satz 1 kann fallweise jedoch auch von einer Bewertung mit stark planerischem Einschlag[29] (der Abschätzung des künftigen Personalbedarfs und der voraussichtlichen Personalentwicklung) abhängen. Deshalb ist der Entlassungsdienststelle (allerdings nur[30] in solchen Fällen) ein gewisser **Beurteilungsspielraum** zuzubilligen, der gerichtl. nur eingeschränkt auf Beurteilungsfehler[31] (insbes. auf die Zugrundelegung eines unzutr. Sachverhalts[32] oder Verstöße gegen das Willkürverbot[33]) überprüft werden kann. **13**

---

20 Vgl. Rn. 17 f.
21 *Dolpp/Weniger*, SLV, § 6 Rn. 605.
22 § 4 Abs. 1 Nr. 2.
23 Vgl. § 41 Abs. 1; GKÖD I Yk, § 45a Rn. 8.
24 *Scherer/Alff/Poretschkin*, SG, § 45a Rn. 2.
25 Vgl. *Stauf* I, § 4 SG Rn. 4; *Weniger*, SG, § 45a Rn. 8.
26 Vgl. AusfBest § 45a B.1.
27 So VG Koblenz NZWehrr 1997, 172 (173).
28 Vgl. BVerwGE 118, 25 (27 m. w. N.); *Kopp/Schenke*, VwGO, § 114 Rn. 24a m. w. N.
29 Vgl. hierzu *Bader*, VwGO, § 114 Rn. 37 f.; *Kopp/Ramsauer*, VwVfG, § 40 Rn. 77.
30 Der Begriff „dienstl. Interesse" bedarf zu seiner Auslegung nicht immer einer prognostischen Entscheidung, so dass ein Beurteilungsspielraum nicht ausnahmslos besteht (vgl. z. B. BVerwGE 43, 215 f.); im Ergebnis ebenso differenzierend (bei einem Antrag auf Dienstzeitverkürzung nach § 4 PersStärkeG) VG Koblenz NZWehrr 1997, 172 (173).
31 Vgl. *Kopp/Ramsauer*, VwVfG, § 40 Rn. 86 ff.
32 *Bader*, VwGO, § 114 Rn. 47.
33 *Kopp/Schenke*, VwGO, § 114 Rn. 41.

14 Nach der amtl. Begr. zu § 3 PersStärkeG[34] findet „**keine Interessenabwägung**" zwischen dienstl. Interessen und Einzelinteressen des BS statt; diese seien „unerheblich".[35] Damit kommt zum Ausdruck, dass die Umwandlung von Dienstverhältnissen nach § 45a ausschließlich dem Interesse des Dienstherrn an der Verringerung der Zahl der BS, nicht persönlichen Belangen der betroffenen BS dient. Prüft man systematisch auf der Tatbestandseite ein dienstl. Interesse an der Umwandlung eines Dienstverhältnisses, können hierbei private Interessen eines BS keine Berücksichtigung finden. Ein dienstl. Interesse kann nur in der Sphäre des Dienstherrn begründet sein. Es ist nicht danach zu bewerten, wie gewichtig dem Dienstherrn gegenüber jew. individuelle Belange des Antragstellers sind, und unabhängig von der persönlichen Situation des BS zu ermitteln. Die amtl. Begr. hat dies nochmals unterstrichen.[36]

15 Die amtl. Begr. zu § 3 PersStärkeG hat auch für die bei Feststellung eines dienstl. Interesses an einer Umwandlung zu treffende **Ermessensentscheidung**[37] des Dienstherrn Bedeutung. Verneint dieser ein dienstl. Interesse an der Umwandlung, können ohnehin (vgl. Rn. 14) persönliche Belange des BS diese Bewertung nicht ändern. Bejaht der Dienstherr tatbestandlich ein dienstl. Interesse an der Umwandlung, ist die Frage, ob persönliche Interessen eines Antragstellers zumindest im Rahmen der Ermessensausübung (die es dem Dienstherrn erlaubt, dem Antrag nicht in jedem Fall stattgeben zu müssen) beachtlich sind, ebenfalls mit Hilfe der amtl. Begr. zu beantworten.

16 Der BS hat trotz dienstl. Interesses an der Umwandlung seines Dienstverhältnisses hierauf keinen Rechtsanspruch. Ob er wenigstens ein **subjektiv-öff. Recht auf fehlerfreie Ermessensausübung** besitzt, mit der Folge, sich gegenüber dem Dienstherrn darauf berufen zu können, dieser habe ihm gegenüber sein Ermessen fehlerhaft ausgeübt, ist unter Beachtung der sog. Schutznormtheorie[38] zu klären. Ihr zufolge gewähren Rechtsvorschriften, die der Exekutive ein Ermessen einräumen, dem Einzelnen einen Anspruch auf ermessensfehlerfreie Entscheidung nur, wenn und soweit sie zumindest auch einem individuellen Interesse dienen sollen. Regelungen, die ausschließlich öff. Interessen zu dienen bestimmt sind, gewähren dem Einzelnen weder einen Anspruch auf ein bestimmtes Handeln noch auf eine fehlerfreie Ermessensentscheidung.[39]

---

34 Diese ist zur Auslegung des § 45a entspr. heranzuziehen.
35 BT-Drs. 12/1269, 6, 7 (zu § 2 Abs. 1 u. 2). Diese auf Zurruhesetzungen im dienstl. Interesse bezogene Begr. zu § 2 PersStärkeG gilt entspr. für Umwandlungen des Dienstverhältnisses im dienstl. Interesse nach § 3 PersStärkeG (vgl. BT-Drs. 12/1269, 7 [zu § 3 Abs. 1 u. 2 a.E.]).
36 Die Begr. macht dies deutlich: „Die personalbearbeitenden Stellen prüfen lediglich, ob den militärischen Belangen besser durch eine [Umwandlung] oder durch eine Weiterverwendung [als Berufssoldat] gedient ist. Wenn der Bundeswehr einen Antragsteller zum Beispiel aus Gründen nicht anders zu deckenden ... Bedarfs weiterhin als Berufssoldaten benötigt, kann sein Begehren keinen Erfolg haben. Damit wird verhindert, dass gerade gut ausgebildete ... befähigte Soldaten die [Umwandlung ihres Dienstverhältnisses] in Anspruch nehmen und ... die Verteidigungsfähigkeit beeinträchtigende Lücken hinterlassen." So entspr. BT-Drs. 12/1269, 7 [zur Zurruhesetzungsmöglichkeit].
37 Das Ermessen wird durch das Wort „kann" in Satz 1 impliziert, vgl. VG Koblenz NZWehrr 1997, 172 (174).
38 So OVG Koblenz IÖD 2004, 64 (65) unter Hinw. auf BVerwGE 1, 83; vgl. auch BVerfGE 27, 297.
39 So VG Freiburg DVBl. 1986, 1168 (1169) unter Bezugnahme auf BVerwGE 39, 235 (237 m.w.N.), *Kopp/Ramsauer*, VwVfG, § 40 Rn. 32.

Sinn und Zweck aller Maßnahmen nach dem PersStärkeG und damit der Umwand- 17
lung von Dienstverhältnissen nach § 3 PersStärkeG/§ 45a war und ist eine beschleunigte Personalreduzierung im Interesse des Dienstherrn. Die **amtl. Begr.** hat ausdrücklich hervorgehoben, alle Maßnahmen nach dem PersStärkeG **dienten ausschließlich den Belangen der Bw** und gäben dem Soldaten keinen Rechtsanspruch auf die begehrte Maßnahme. Damit sollte gewährleistet werden, dass bei der Verfolgung des Reduzierungszieles keine personellen Lücken (auch nicht durch drohende Vakanzen aufgrund gerichtl. Verfahren) entstünden, die den Verteidigungsauftrag der Bw gefährden könnten.[40] Deshalb ist § 3 PersStärkeG/§ 45a so auszulegen[41], dass dem BS **kein Anspruch auf ermessensfehlerfreie Entscheidung** über seinen Antrag auf Umwandlung des Dienstverhältnisses zusteht.[42]

Einen Anspruch auf ermessensfehlerfreie Entscheidung kann der BS auch nicht 18
daraus ableiten, dass er die Prüfung des Umwandlungsverfahrens durch seinen **Antrag** ausgelöst hat. Das Antragserfordernis dient dem Schutz des BS davor, dass die Umwandlung des Dienstverhältnisses gegen seinen Willen in Erwägung gezogen wird. Ein subjektiv-öff. Recht auf Einbeziehung seiner persönlichen Lebenssituation erhält er dadurch nicht.[43] Dem vom Gesetzgeber benutzten Begriff des „Antrags" ist die Bedeutung einer „Zustimmung" zur Umwandlung des Dienstverhältnisses beizumessen.[44]

Auch wenn der BS keinen Anspruch auf ermessensfehlerfreie Entscheidung über sei- 19
nen Antrag hat, wäre er gegenüber einer ablehnenden Entscheidung des Dienstherrn **klagebefugt**. Eine Klagebefugnis wäre nur ausgeschlossen, wenn offensichtlich und eindeutig nach keiner Betrachtungsweise das von dem BS behauptete Recht verletzt sein könnte.[45] Hiervon kann schon deshalb nicht ausgegangen werden, weil die Auffassung, § 3 PersStärkeG/§ 45a räume keinen Anspruch auf ermessensfehlerfreie Entscheidung ein, zumindest umstr. ist.[46] Die gerichtl. Überprüfung (**zuständig** sind, weil es sich um eine Statusangelegenheit handelt, die **VG**) wäre im Wesentlichen auf die ordnungsgemäße Durchführung des zu der ablehnenden Entscheidung führenden Verfahrens, insbes. auf das Willkürverbot, beschränkt.[47]

Um den Antragstellern hierzu die nötige Transparenz zu vermitteln, müssen ablehnende Bescheide die wesentlichen tatsächlichen und rechtl. Gründe enthalten[48]; sie werden mit einer Rechtsbehelfsbelehrung versehen und zugestellt.[49]

---

40 Vgl. BT-Drs. 12/1269, 5.
41 Die Auslegung eines Rechtssatzes ermöglicht die Feststellung, ob die Vorschrift (auch) Individualinteressen schützt, vgl. BVerwG *Buchholz* 310 § 114 VwGO Nr. 40.
42 Vgl. *Kopp/Ramsauer*, VwVfG, § 40 Rn. 33 mit Beispielen aus der Rspr. in Fn. 103; *Engelien-Schulz*, NZWehrr 1993, 194 (196); VG Lüneburg 1 A 51/03; ähnlich für den in der Interessenlage vergleichbaren § 1 PersAnpassG OVG Koblenz IÖD 2004, 64; a.A. wohl *Kopp/Schenke*, VwGO, § 42 Rn. 91.
43 Vgl. *Engelien-Schulz*, NZWehrr 1993, 194 (196 f.); GKÖD I Yk, § 45a Rn. 6.
44 So entspr. zu § 1 PersStruktG-SK *Kirchhoff*, DVBl. 1986, 1169 f. (Anm. zu VG Freiburg DVBl. 1986, 1168). Vgl. § 6 Abs. 1 SLV, wo von „Zustimmung" die Rede ist.
45 Vgl. *Kopp/Schenke*, VwGO, § 42 Rn. 65 m. w. N. aus der Rspr.
46 Vgl. zum ähnlichen Fall des § 1 PersStruktG-SK *Kopp/Schenke*, VwGO, § 42 Rn. 91.
47 VG Koblenz NZWehrr 1997, 172 (173); *Stauf* I § 45a SG Rn. 5.
48 Vgl. § 39 Abs. 1 VwVfG.
49 AusfBest § 45a C.3.3.

20 Nach § 46 Abs. 1 SLV kann, wenn die Voraussetzungen des § 45a für die Umwandlung des Dienstverhältnisses eines BS in das eines SaZ vorliegen, auch für einen **Offz des militärfachlichen Dienstes** die Umwandlung vorgenommen werden. § 46 Abs. 1 SLV trägt einerseits dem Umstand Rechnung, dass die Zugehörigkeit zur Laufbahn der Offz des militärfachl. Dienstes das Dienstverhältnis eines BS fordert (§ 40 Abs. 1 SLV), dass andererseits die Umwandlung des Dienstverhältnisses keinen Einfluss auf die Laufbahnzugehörigkeit hat. Die Vorschrift lässt daher ausnahmsweise nach der Umwandlung des Dienstverhältnisses den Offz des militärfachl. Dienstes im Dienstverhältnis eines SaZ zu.[50]

21 Nach **Satz 2** ist die Umwandlung des Dienstverhältnisses eines BS zulässig, auch wenn die Dienstzeit bei einem Uffz über dessen 40. Lebensjahr hinaus (und damit abw. von § 40 Abs. 1 Nr. 1[51]) festzusetzen wäre. Der Gesetzgeber hat (wie in § 3 Abs. 1 Satz 2 PersStärkeG) diese Grenze bewusst erweitert, um lebensälteren BS in der Laufbahngruppe der Uffz und damit einem größeren Personenkreis die Umwandlung zu ermöglichen.[52]

22 **2. Absatz 2.** Die Vorschrift erklärt die Umwandlung des Dienstverhältnisses eines BS in das eines SaZ für unzulässig, wenn die insgesamt neu festzusetzende Dienstzeit (die alle Vordienstzeiten als GWDL, FWDL, SaZ und BS berücksichtigen muss, insoweit gilt § 40 Abs. 6[53]) **20 Jahre überschreitet**. Dies korrespondiert (heute) mit der grds. Begrenzung der Dienstzeit eines SaZ auf längstens 20 Jahre, die sich in § 40 Abs. 1 wiederfindet.[54] Anders als § 3 Abs. 1 Satz 2 PersStärkeG, der bei der Umwandlung eines Dienstverhältnisses eine Dienstzeit als SaZ über die damals in § 40 Abs. 1 grds. auf 15 Jahre festgesetzte Höchstdauer hinaus erlaubte (§ 3 Abs. 2 PersStärkeG legte die Grenze für eine Umwandlung auf zwanzig Jahre Dienstzeit fest; dies entsprach der zu dieser Zeit ausnahmsweise zugelassenen Dienstzeit für Offz in der Laufbahn des SanDienstes von längstens 20 Jahren), lässt Abs. 2 eine Überschreitung der in § 40 Abs. 1 (grds.) auf 20 Jahre festgesetzten zeitlichen Grenze nicht zu. Zwar konnte sich der Gesetzgeber bei der Einfügung des § 45a in das SG durch das SGÄndG[55] darauf berufen, dass für ihn trotz der zwischenzeitlichen Anhebung der Höchstdienstzeit als SaZ[56] von 15 auf 20 Jahre bei der Umwandlung eines Dienstverhältnisses keine längere Dienstzeit vorstellbar sei, weil dort die Grenze zu sehen sei, um einen hinreichenden Unterschied zum BS deutlich machen zu können.[57] Ob diese Begr. angesichts der zwischenzeitlich in § 40 Abs. 1 Nr. 2[58] durch das SkResNOG für die Laufbahn der Offz des SanDienstes längstens auf 25 Jahre angehobenen Dienstzeit noch gelten kann, erscheint aber zweifelhaft.

---

50 Vgl. *Dolpp/Weniger*, SLV, § 46 Rn. 4602.
51 Eine weitere Ausnahme findet sich in § 87 Abs. 3.
52 BT-Drs. 12/1269, 7.
53 Vgl. die Erl. ebd. sowie *Scherer/Alff/Poretschkin*, SG, § 45a Rn. 4.
54 Vgl. GKÖD I Yk, § 45a Rn. 7. Der Gesetzgeber hat die jetzt in § 40 Abs. 1 Nr. 2 für die Laufbahn der Offz des SanDienstes zugelassene Höchstdienstzeit von 25 Jahren in § 45a Abs. 2 nicht nachvollzogen.
55 S. o. Rn. 4.
56 Durch Art. 3 des G v. 15.12.1995 (BGBl. I S. 1726).
57 Vgl. zu dieser Argumentation in Bezug auf § 3 Abs. 2 PersStärkeG BT-Drs. 12/1269, 7.
58 S. die Komm. zu dieser Vorschrift, Rn. 5.

Vgl. zur Bedeutung des Abs. 2 im Rahmen des § 1 Abs. 1 Nr. 2 PersAnpassG die Komm. zu § 44 (Anhang) Rn. 60.

3. Absatz 3. Die Dienstzeit soll so festgesetzt werden, dass darin der nach dem SVG zustehende **Anspruch auf Berufsförderung** erfüllt werden kann. Dies liege im Interesse des Antragstellers, für den eine die Dienstzeit als SaZ beendende Berufsförderung i. d. R. notwendig sei, um ihm den Einstieg in das ziv. Berufsleben zu ermöglichen.[59]   **23**

Diese Regelung im (mit § 40 Abs. 7 Satz 2 sinn- und fast wortgleichen) **Abs. 3** ist **systemwidrig**. Kommt es bei der Umwandlung des Dienstverhältnisses ausschließlich auf die Interessen des Dienstherrn an (vgl. o. Rn. 14 ff.), ist nicht verständlich, warum bei der Festsetzung der Dienstzeit gleichwohl im Interesse des Soldaten Rücksicht auf notwendige Zeiten für die Berufsförderung genommen werden soll. Die statusverändernde Umwandlung nach § 45a ist nicht der richtige Ort, um dort versorgungsrechtliche Aspekte zu regeln. Wenn hierzu ein Bedürfnis besteht, ist das SVG hierfür das einschlägige Gesetz.

Nach **Satz 2 a. F.** konnte die Dienstzeit kürzer festgesetzt werden, wenn und soweit der Antragsteller **auf die Berufsförderung** während der Dienstzeit unwiderruflich verzichtete.[60] Diese **Verzichtsregelung entfiel** (s. o. Rn. 5) als Folgeänderung zum Wegfall der Verzichtsregelung in § 4 Abs. 2 Satz 2 SVG.[61]   **24**

Versorgungsrechtl. ist die gem. § 4 PersAnpassG bei Umwandlung eines Dienstverhältnisses i. S. d. § 45a und Festsetzung der neuen Dienstzeit auf mehr als 12 Jahre mögliche Zahlung einer erhöhten Übergangsbeihilfe wegen Zeitablaufs der gesetzl. Regelung (ihre Geltung war bis 31.12.2008 befristet) nicht mehr zulässig.[62]   **25**

4. Absatz 4. Abs. 4 stellt klar, dass für einen BS, dessen mil. Ausbildung mit einem **Studium** oder einer **Fachausbildung** verbunden war, die Umwandlung seines Dienstverhältnisses nicht deshalb ausgeschlossen ist, weil die dann festzusetzende Dienstzeit eines SaZ nicht die dreifache Dauer des Studiums oder der Fachausbildung erreicht, die § 46 Abs. 3 Satz 1 Halbs. 2 für die vorzeitige Entlassung des BS voraussetzt. Obwohl die Erstattung der Kosten des Studiums oder der Fachausbildung sowie – bei SanOffz – des gewährten Ausbildungsgeldes nicht aus § 46 Abs. 3 abzuleiten ist, sondern in § 49 Abs. 4 geregelt ist, so dass hierauf auch im Rahmen einer Umwandlung des Dienstverhältnisses nicht ohne Weiteres hätte verzichtet werden müssen, sind im Falle einer Umwandlung auch diese Kosten nicht zurückzuzahlen.[63] Der Dienstherr hat zur Konkretisierung des nach Abs. 1 Satz 1 geforderten dienstl. Interesses in solchen Fällen festgelegt, dass ein dienstl. Interesse an der Umwandlung grds. nur besteht, wenn zwischen Abschluss der Ausbildung und Beendigung des Dienstverhältnisses eine Verwendungsdauer von mindestens drei Jahren liegt.[64]   **26**

---

59 GKÖD I Yk, § 45a Rn. 7.
60 BT-Drs. 12/1269, 7.
61 Dieser Wegfall beruhte auf Art. 1 Nr. 7 des Berufsförderungsfortentwicklungsgesetzes v. 4.5.2005 (BGBl. I S. 1234), vgl. BT-Drs. 16/7955, 32.
62 Ein Versuch, auch die Geltungsdauer des § 4 PersAnpassG im Rahmen des Ersten G zur Änd. des PersAnpassG v. 7.12.2007 (BGBl. I S. 2807) zu verlängern, war von vornherein mangels Erfolgsaussicht unterblieben.
63 So ausdrücklich die amtl. Begr., BT-Drs. 12/1269, 7.
64 Vgl. AusfBest § 45a C.3.1.

§ 46 Entlassung

(1) ¹Ein Berufssoldat ist entlassen, wenn er die Eigenschaft als Deutscher im Sinne des Artikels 116 des Grundgesetzes verliert. ²Das Bundesministerium der Verteidigung entscheidet darüber, ob diese Voraussetzung vorliegt, und stellt den Tag der Beendigung des Dienstverhältnisses fest.

(2) ¹Ein Berufssoldat ist zu entlassen,

1. wenn er aus einem der in § 38 genannten Gründe nicht hätte ernannt werden dürfen und das Hindernis noch fortbesteht,
2. wenn er seine Ernennung durch Zwang, arglistige Täuschung oder Bestechung herbeigeführt hat,
3. wenn sich herausstellt, dass er vor seiner Ernennung eine Straftat begangen hat, die ihn der Berufung in das Dienstverhältnis eines Berufssoldaten unwürdig erscheinen lässt, und er deswegen zu einer Strafe verurteilt war oder wird,
4. wenn er sich weigert, den Eid abzulegen,
5. wenn er zur Zeit der Ernennung Mitglied des Europäischen Parlaments, des Bundestages oder eines Landtages war und nicht innerhalb der vom Bundesministerium der Verteidigung gesetzten angemessenen Frist sein Mandat niederlegt,
6. wenn in den Fällen des § 44 Abs. 1 bis 3 die Voraussetzungen des § 44 Abs. 5 nicht erfüllt sind,
7. wenn er als Kriegsdienstverweigerer anerkannt ist; diese Entlassung gilt als Entlassung auf eigenen Antrag, oder
8. wenn er ohne Genehmigung des Bundesministeriums der Verteidigung seinen Wohnsitz oder dauernden Aufenthalt außerhalb des Geltungsbereichs dieses Gesetzes nimmt.

²In den Fällen der Nummer 2 kann das Bundesministerium der Verteidigung wegen besonderer Härte eine Ausnahme zulassen.

(3) ¹Der Berufssoldat kann jederzeit seine Entlassung verlangen; soweit seine militärische Ausbildung mit einem Studium oder einer Fachausbildung verbunden war, gilt dies jedoch erst nach einer sich daran anschließenden Dienstzeit, die der dreifachen Dauer des Studiums oder der Fachausbildung entspricht, längstens nach zehn Jahren. ²In einer Rechtsverordnung kann für bestimme Verwendungen wegen der Höhe der mit dem Studium oder der Fachausbildung verbundenen Kosten oder auf Grund sonstiger studien- oder ausbildungsbedingter Besonderheiten eine längere als die dreifache Dauer bestimmt werden; die in Satz 1 genannte Höchstdauer darf nicht überschritten werden.

(3a) ¹Ein Berufssoldat ist entlassen, wenn er zum Beamten ernannt wird. ²Die Entlassung gilt als solche auf eigenen Antrag. ³Satz 1 gilt nicht, wenn der Berufssoldat

1. in ein Beamtenverhältnis als Ehrenbeamter oder
2. als Professor, Juniorprofessor, wissenschaftlicher oder künstlerischer Mitarbeiter an einer nach Landesrecht staatlich anerkannten oder genehmigten Hochschule, deren Personal im Dienste des Bundes steht, in ein Beamtenverhältnis auf Zeit

berufen wird. ⁴Satz 1 gilt ebenfalls nicht, solange das Bundesministerium der Verteidigung oder eine von ihm bestimmte Stelle in seinem Geschäftsbereich der Entlassung nach Satz 1 nicht zugestimmt hat. ⁵Die Zustimmung ist zu erteilen, wenn der Soldat nach Absatz 3 seine Entlassung verlangen könnte. ⁶Im Übrigen kann die Zustimmung

Entlassung § 46

unter Berücksichtigung der dienstlichen Interessen der Bundeswehr erteilt werden.

(4) ¹Hat der Berufssoldat Elternzeit nach § 28 Abs. 7 im Anschluss an ein Studium oder eine Fachausbildung in Anspruch genommen, verlängert sich die Dienstzeit nach Absatz 3 um diese Zeit entsprechend, soweit das Studium oder die Fachausbildung mehr als sechs Monate gedauert hat; die Höchstdauer von zehn Jahren bleibt unberührt. ²Gleiches gilt für einen Berufssoldaten, der eine Teilzeitbeschäftigung nach § 30a in Anspruch genommen hat; die Dienstzeit nach Absatz 3 verlängert sich um die Differenz der Teilzeitbeschäftigung zur Vollzeitbeschäftigung.

(5) Der Berufsoffizier kann auch dann, wenn er weder ein Studium noch eine Fachausbildung erhalten hat, seine Entlassung erst nach Ende des sechsten Dienstjahres als Offizier verlangen.

(6) Vor Ablauf der in den Absätzen 3, 4 und 5 genannten Dienstzeiten ist der Berufssoldat auf seinen Antrag zu entlassen, wenn das Verbleiben im Dienst für ihn wegen persönlicher, insbesondere häuslicher, beruflicher oder wirtschaftlicher Gründe eine besondere Härte bedeuten würde.

(7) ¹Das Verlangen auf Entlassung muss dem Disziplinarvorgesetzten schriftlich erklärt werden. ²Die Erklärung kann, solange die Entlassungsverfügung dem Soldaten noch nicht zugegangen ist, innerhalb zweier Wochen nach Zugang bei dem Disziplinarvorgesetzten zurückgenommen werden, mit Zustimmung der für die Entlassung zuständigen Stelle auch nach Ablauf dieser Frist. ³Die Entlassung ist für den beantragten Zeitpunkt auszusprechen; sie kann jedoch so lange hinausgeschoben werden, bis der Berufssoldat seine dienstlichen Obliegenheiten ordnungsgemäß erledigt hat, längstens drei Monate.

(8) ¹Ein Leutnant kann in Ausnahmefällen bis zum Ende des dritten Dienstjahres als Offizier, spätestens vor dem Ende des zehnten Jahres der Gesamtdienstzeit in der Bundeswehr, wegen mangelnder Eignung als Berufsoffizier entlassen werden. ²Die in diesen Fällen zu gewährende Dienstzeitversorgung regelt das Soldatenversorgungsgesetz.

Übersicht

	Rn		Rn
I. Allgemeines	1	d) Bestechung	43
1. Zweck der Vorschrift	1	e) Absatz 2 Satz 2	45
2. Entstehung und Änderungen der Vorschrift	3	4. Absatz 2 Satz 1 Nr. 3	48
		5. Absatz 2 Satz 1 Nr. 4	57
3. Bezüge zum Beamtenrecht, ergänzende Vorschriften und Bestimmungen	9	6. Absatz 2 Satz 1 Nr. 5	61
		7. Absatz 2 Satz 1 Nr. 6	69
		8. Absatz 2 Satz 1 Nr. 7	74
II. Erläuterungen im Einzelnen	16	9. Absatz 2 Satz 1 Nr. 8	80
1. Absatz 1	16	10. Absatz 3	90
2. Absatz 2 Satz 1 Nr. 1	21	11. Absatz 3a	108
3. Absatz 2 Satz 1 Nr. 2 und Absatz 2 Satz 2	23	12. Absatz 4	111
		13. Absatz 5	115
a) Allgemeines	23	14. Absatz 6	116
b) Zwang	32	15. Absatz 7	122
c) Arglistige Täuschung	33	16. Absatz 8	129

Sohm

§ 46 Entlassung

Literatur: *Böck, Wolfgang*: Kriegsdienstverweigerung von Sanitätern, NZWehrr 1997, 152; *Dau, Klaus*: Studium und Fachausbildung in der Bundeswehr und die Einführung von Stehzeiten, NZWehrr 1978, 51; *Foge, Harald*: Der Rechtsbegriff der „besonderen Härte" im Entlassungsverfahren nach § 46 Abs. 3 und § 55 Abs. 3 Soldatengesetz (SG) sowie nach § 29 Abs. 4 Nr. 1 Wehrpflichtgesetz (WPflG), NZWehrr 1985, 45; *Hahnenfeld, Günter*: Wehrrecht und Verwaltungsgerichtsbarkeit, NZWehrr 1980, 121; *Henschel, Volker*: Bundeswehr und Aids, NZWehrr 1987, 194; *Lingens, Eric*: Statusrecht und Disziplinarrecht, NZWehrr 1996, 233; *Peterson, Volker P.*: Die Entlassung gem. § 46 Abs. 1 SG – ein gestaltender VA mit Rückwirkung?, NZWehrr 1984, 112; *Schattschneider, Gudrun/Weniger, Frank*: Ist die Zusammenführung von Bundeswehr und Nationaler Volksarmee inzwischen abgeschlossen?, NZWehrr 2004, 233; *Semmler, Harro*: Kriegsdienstverweigerung und Erstattung von Ausbildungskosten, NZWehrr 1979, 221; *Walz, Dieter*: Die Soldatin und das Grundrecht auf Kriegsdienstverweigerung, NZWehrr 2002, 246; *ders.*: Die Neuregelung des Rechts auf Kriegsdienstverweigerung, NZWehrr 2003, 203.

I. Allgemeines

1 **1. Zweck der Vorschrift.** § 46 regelt mit der Entlassung einen der Gründe für die **Beendigung des Dienstverhältnisses von BS** (zu den übrigen Beendigungsgründen s. § 43). Die Entlassungstatbestände des § 46 lassen sich **systematisch** in die Entlassung kraft Gesetzes (Abs. 1, Abs. 3a), die zwingend vorgeschriebene Entlassung durch VA (Abs. 2), die Entlassung auf Antrag (Abs. 3, 4, 5, 6 und 7) sowie die fakultative Entlassung wegen mangelnder Eignung als BerufsOffz (Abs. 8) **unterteilen**.

Die **Rechtsfolgen** der Entlassung ergeben sich aus § 49.

2 § 46 stellt insbes. mit der Entlassung kraft Gesetzes (Abs. 1, Abs. 3a Satz 1) und den zwingenden Entlassungsgründen (Abs. 2) Voraussetzungen für die Beendigung des Dienstverhältnisses eines BS auf, die im Ergebnis mit den einschlägigen Regelungen des **Beamtenrechts vergleichbar** sind. Gleichwohl trägt § 46 soldatenrechtl. Besonderheiten Rechnung. Insbes. die Beendigung des Dienstverhältnisses von BS ist **rechtstechnisch anders ausgestaltet** als die Beendigung des Beamtenverhältnisses. Insbes. kennt das Soldatenrecht keine ausdrücklich normierten Nichtigkeits- und Rücknahmegründe für Ernennungen, um das Dienstverhältnis zu beenden. So führen die in Abs. 2 Satz 1 Nr. 2 und 3 genannten Voraussetzungen im Beamtenrecht zur Rücknahme der Ernennung (vgl. § 14 BBG), während sie im Soldatenrecht die Entlassung zur Folge haben. Hintergrund dieser unterschiedlichen Regelungstechnik war die Absicht des Gesetzgebers, klarzustellen, dass der Betroffene – anders als bei der grds. rückwirkend erfolgenden Rücknahme der beamtenrechtl. Ernennung – bis zu seiner Entlassung Soldat bleibt und insbes. den soldatischen Pflichten unterworfen ist. Auch völkerrechtl. soll der Soldat hierdurch ein verstärktes Maß an Schutz erhalten, z. B. durch die mit der Soldateneigenschaft verbundene Stellung als Kriegsgefangener. Die Rücknahme der Ernennung ist nicht vorgesehen. Eine Regelung entspr. § 15 Satz 3 BBG ist daher im Soldatenrecht nicht erforderlich.[1]

Soldatenrechtsspezifisch sind auch die besonderen Einschränkungen der Entlassung auf Antrag (Abs. 3, 4 bis 6).

---

1 Vgl. BT-Drs. II/1700, 31.

2. Entstehung und Änderungen der Vorschrift. § 46 geht zurück auf § 41 des **REntw.**[2] **3** Während des Gesetzgebungsverfahrens waren wegen ihrer inhaltl. Vergleichbarkeit zum Beamtenrecht weniger die Entlassung kraft Gesetzes und die zwingenden Entlassungsgründe Gegenstand vertiefter Erörterungen, sondern die Voraussetzungen und Bedingungen der **Entlassung des BS auf eigenen Antrag.** Hier gab es gegensätzliche Positionen. So enthielt § 41 Abs. 3 des REntw. die einschränkende Vorgabe, dass ein BS auf seinen Antrag entlassen werden soll, „wenn nicht zwingende dienstliche Gründe dem widersprechen".[3] Für BS, deren mil. Ausbildung mit einem Studium oder einer Fachausbildung verbunden war, sollte eine Entlassung auf eigenen Antrag darüber hinaus nur möglich sein, wenn im Anschluss an das Studium oder die Fachausbildung eine Dienstzeit von gleicher Dauer geleistet worden wäre.

Unter Hinw. auf Art. 12 Abs. 1 GG wurde diesen Einschränkungen der Entlassung auf eigenen Antrag vom BT **zunächst nicht zugestimmt.**[4] Lediglich eine Kostenerstattungspflicht wurde akzeptiert, falls der BS auf eigenen Antrag vor Beendigung einer Dienstzeit von gleicher Dauer wie der eines Studiums oder einer Fachausbildung auf eigenen Antrag entlassen wird. Ansonsten trat die Best. als § 46 ohne jegliche Beschränkung der Entlassung auf eigenen Antrag in Kraft. Dass dies nicht praktikabel war, belegt die weitere Entwicklung. Von den 16 Änd., die § 46 seit dem Inkrafttreten des SG erfahren hat, betrafen allein elf die Voraussetzungen der Entlassung auf eigenen Antrag!

So wurde durch Art. 1 Nr. 6 des G vom **28.3.1960**[5] Abs. 3 dahingehend neu gefasst, dass ein BerufsOffz vor dem Ende des sechsten Dienstjahres als Offz seine Entlassung nur verlangen kann, wenn das Verbleiben im Dienst wegen persönlicher, insbes. häuslicher, beruflicher oder wirtschaftlicher Gründe eine besondere Härte darstellt. Damit wurde auf die Tatsache reagiert, dass junge BerufsOffz die Möglichkeit der jederzeitigen Entlassung z.T. ausgenutzt hatten, um ihre Ausbildung bei der Bw anderweitig lohnender zu verwerten. Gleichzeitig sollte die Rechtslage für junge BerufsOffz insoweit derjenigen von SaZ angeglichen werden, die schon damals auf eigenen Antrag vor Ablauf der festgesetzten Dienstzeit nur entlassen werden konnten, wenn eine besondere persönliche Härte gegeben war.[6]

Durch Art. I des G vom **10.1.1968**[7] wurden hins. der Kostenerstattungspflicht die **4** „Abdienzeit" für Studium und Fachausbildung auf die dreifache Dauer des Studiums bzw. der Fachausbildung erhöht und gleichzeitig eine Härteklausel für einen ganzen oder teilweisen Verzicht auf die Kostenerstattung eingeführt. Durch Art. 1 Nr. 4 des G vom **21.7.1970**[8] wurde diese Erstattungspflicht auf SanOA bzgl. des gewährten Ausbildungsgeldes ausgedehnt.

Erst durch Art. 1 Nr. 1 des G vom **23.12.1977**[9] wurde in Abs. 3 eine **echte Stehzeitver- 5 pflichtung** für BS, deren Ausbildung mit einem Studium oder einer Fachausbildung verbunden war, eingeführt, mit der Folge, dass diese BS seither ihre Entlassung grds.

---

2 BT-Drs. II/1700, 10 f.
3 BT-Drs. II/1700, 11.
4 BT-Drs. II/2140, 49; *Rittau*, SG, 219 f.
5 BGBl. I S. 206.
6 Vgl. BT-Drs. III/1424, 5 f. Vgl. auch BVerwGE 35, 146.
7 BGBl. I S. 56.
8 BGBl. I S. 1120.
9 BGBl. I S. 3114.

§ 46 Entlassung

nicht mehr vor einer sich daran anschließenden Dienstzeit, die der dreifachen Dauer des Studiums bzw. der Fachausbildung entspricht, verlangen konnten. Damit war eine Regelung erreicht, die bereits der erste REntw. vorsah. Die Kostenerstattungspflicht wurde dagegen abgeschafft.[10] Mit Art. 2 Nr. 4 des G vom **24.2.1983**[11] wurde eine Härteregelung eingeführt, um trotz nicht abgedienter Stehzeit eine Entlassung in Ausnahmefällen zu ermöglichen. Eine damit korrespondierende Kostenerstattungspflicht bei vorzeitiger Entlassung wurde in § 49 Abs. 4 aufgenommen.

6 Eine völlige Neufassung der Best. über die Entlassung auf eigenen Antrag erfolgte durch Art. 1 Nr. 12 des G vom **6.12.1990**[12], durch das die Abs. 3, 4 bis 6 im Wesentlichen ihre aktuelle Gestalt, einschl. der Stehzeitverlängerung wegen Erziehungsurlaubs, erhielten. Die Möglichkeit, die Stehzeitverpflichtung in einzelnen Fällen durch RVO über die dreifache Dauer hinaus zu verlängern, wurde durch Art. 1 Nr. 33 des **SGÄndG** eingeführt.

7 Durch Art. 2 Nr. 4 des **SDGleiG** wurde die Stehzeitverlängerung gem. Abs. 4 auf die Fälle der Inanspruchnahme von Teilzeitbeschäftigung ausgedehnt.

8 Durch Art. 10 Nr. 21 des **DNeuG** wurden in Abs. 2 Satz 1 Nr. 5 die Mitglieder des Europäischen Parlaments eingefügt, mit dem neuen Abs. 3a die Entlassungsvorschriften des früheren § 125 BRRG in das SG übernommen und Abs. 7 Satz 1 neu gefasst.

Auf sonstige, oben nicht genannte Änd. in erster Linie redaktionellen Charakters wird – soweit erforderlich – im Rahmen der jew. Komm. eingegangen.

9 **3. Bezüge zum Beamtenrecht, ergänzende Vorschriften und Bestimmungen.** Die Voraussetzungen, die § 46 für die Entlassung nennt, stellen i. d. R. auch im Beamten- und Richterrecht Beendigungsgründe des Dienstverhältnisses dar.

10 Vom Regelungsgegenstand her sind folgende Best. **vergleichbar**:
- § 46 Abs. 1 mit § 22 Abs. 1 Nr. 1 BeamtStG, § 31 Abs. 1 Nr. 1, § 32 Abs. 2 BBG, § 21 Abs. 1 Satz 1 Nr. 1 DRiG
- § 46 Abs. 2 Satz 1 Nr. 1 mit § 14 Abs. 1 Nr. 2 BBG, § 18 Abs. 2 Nr. 3 DRiG
- § 46 Abs. 2 Satz 1 Nr. 2 mit § 12 Abs. 1 Nr. 1 BeamtStG, § 14 Abs. 1 Nr. 1 BBG, § 19 Abs. 1 Nr. 3 DRiG
- § 46 Abs. 2 Satz 1 Nr. 3 mit § 12 Abs. 1 Nr. 2 BeamtStG, § 14 Abs. 1 Nr. 2 BBG, § 19 Abs. 1 Nr. 4 DRiG
- § 46 Abs. 2 Satz 1 Nr. 4 mit § 23 Abs. 1 Satz 1 Nr. 1 BeamtStG, § 32 Abs. 1 Nr. 1 BBG, § 21 Abs. 2 Nr. 1 DRiG
- § 46 Abs. 2 Satz 1 Nr. 5 mit § 32 Abs. 1 Nr. 3 BBG, § 21 Abs. 2 Nr. 2 DRiG
- § 46 Abs. 2 Satz 1 Nr. 6 mit § 32 Abs. 1 Nr. 2 BBG i. V. m. § 4 BeamtVG, § 21 Abs. 2 Nr. 5 DRiG
- § 46 Abs. 2 Satz 1 Nr. 8 mit § 28 Nr. 3 BBG a. F. (seit dem DNeuG sieht das BBG eine vergleichbare Best. nicht mehr vor), § 21 Abs. 2 Nr. 6 DRiG
- § 46 Abs. 3 mit § 23 Abs. 1 Satz 1 Nr. 4 BeamtStG, § 33 BBG.

Bei Zweifelsfragen kann auf Rspr. und Lit. zu den zit. Best. zurückgegriffen werden; die jew. soldatenrechtl. Besonderheiten sind zu beachten.

---

10 Vgl. *Dau*, NZWehrr 1978, 51 (53).
11 BGBl. I S. 179.
12 BGBl. I S. 2588.

Einen weiteren, nicht im SG geregelten Grund für die Entlassung eines BS kraft 11
Gesetzes stellte § 125 Abs. 1 Satz 2 BRRG a. F. für den Fall auf, dass der BS zum
Beamten ernannt wurde.[13] Mit dem DNeuG wurde diese Regelung in das SG (vgl.
Abs. 3a) übernommen.

Ein grundlegender materiellrechtl. **Unterschied zwischen Beamten- und Soldatenrecht** 12
besteht darin, dass Beamte jederzeit einen unverzichtbaren **Anspruch auf Entlassung**
haben, wenn sie dies beantragen. Regelungen, nach denen Beamte für eine bestimmte
Zeit im Dienstverhältnis zu verbleiben haben, gibt es – anders als für Soldaten – nicht;
entspr. Vereinbarungen wären unwirksam.[14]

Gem. § 47 Abs. 1 ist für die Verfügung der Entlassung grds. die Stelle **zuständig**, die 13
nach § 4 Abs. 2 für die Ernennung des BS zuständig ist.

Im Gegensatz zur Ernennung ist für die Entlassung die Aushändigung einer **Entlas-** 14
sungsurkunde nicht gesetzl. vorgeschrieben und auch nicht konstitutiv.[15]

Hins. der Entlassung auf eigenen Antrag ist der Erl. des BMVg „Entlassung auf eige- 15
nen Antrag von Berufssoldaten, deren militärische Ausbildung mit einem Studium
oder einer Fachausbildung verbunden war"[16] zu beachten.

II. Erläuterungen im Einzelnen

1. Absatz 1. Nach **Satz 1** ist der Soldat kraft Gesetzes entlassen, wenn er seine Eigen- 16
schaft als Deutscher i. S. v. Art. 116 GG verliert.[17] Der Verlust der Eigenschaft als
Deutscher muss zu einem Zeitpunkt eintreten, in dem sich der Soldat im Status eines
BS befindet. Fehlte bereits vor der Ernennung zum BS die Eigenschaft als Deutscher,
greift Satz 1 nicht ein. Es wurde dann gegen § 37 Abs. 1 Nr. 1 verstoßen mit der Folge,
dass die Ernennung u. U. nichtig ist.[18] War die Ernennung eines Nichtdeutschen wirksam, gibt es keine Möglichkeit, allein aus diesem Grund eine Entlassung oder eine
sonstige Beendigung des Dienstverhältnisses herbeizuführen.[19]

Nach dem Gesetzeswortlaut tritt die Entlassung **kraft Gesetzes** ein und muss nicht 17
durch VA verfügt werden. Das BMVg hat gem. **Satz 2** jedoch darüber zu entscheiden,
ob die Voraussetzung des Verlustes der Eigenschaft als Deutscher vorliegt, und den
Tag der Beendigung des Dienstverhältnisses festzustellen. Materiellrechtl. besteht
eine Verpflichtung, nach dem Verlust der Deutscheneigenschaft die entspr. Entscheidung zu treffen und den Zeitpunkt der Beendigung des Dienstverhältnisses festzustellen; Ermessen oder Beurteilungsspielraum ist nicht gegeben.[20]

---

13 S. zur Neuregelung dieses Sachverhalts im SG Rn. 110a ff.
14 Vgl. *Battis*, BBG, § 33 Rn. 2. Lediglich unter sehr engen Voraussetzungen gibt es die Mög-
    lichkeit, Rückzahlungsvereinbarungen für bestimmte Leistungen abzuschließen bzw. gem.
    § 59 Abs. 5 BBesG die Gewährung von Anwärterbezügen, sofern die Anwärter ein Stu-
    dium absolvieren, von Auflagen abhängig zu machen. Eine mit dem Soldatenrecht ver-
    gleichbare Erstattungspflicht für die Kosten eines Studiums sieht § 12 BPolBG vor.
15 Vgl. im Einzelnen die Komm. zu § 47.
16 ZDv 14/5 B 155.
17 Zum Begriff der Deutscheneigenschaft nach Art. 116 GG vgl. die Komm. zu § 37. Die
    Gründe, die zum Verlust der deutschen Staatsangehörigkeit führen, sind im StAG geregelt.
18 S. Komm. zu § 37 Rn. 17.
19 *Scherer/Alff/Poretschkin*, SG, § 46 Rn. 3.
20 GKÖD I Yk, § 46 Rn. 3.

18 Nach allg. Ansicht sind andere Behörden und Gerichte an diese Entscheidung des BMVg gebunden. Bevor sie nicht ergangen ist, können sie nicht eigenständig von der Entlassung des Soldaten ausgehen und daran Rechtsfolgen knüpfen. Auch der betroffene Soldat und der Dienstherr können sich vor der Feststellung des BMVg nicht auf die Entlassung berufen.[21]

19 Im Gegensatz zu anderen kraft Gesetzes eintretenden Beendigungen des Dienstverhältnisses (vgl. § 48 SG, § 30 WPflG) kommt dem BMVg damit ein **Feststellungsmonopol** hins. der Entlassung nach Satz 1 zu.

Es erscheint daher nicht zutr., der Entscheidung des BMVg nach Satz 2 lediglich deklaratorischen Charakter zuzusprechen.[22] Vielmehr hat die Feststellung Regelungsgehalt i. S. v. § 35 VwVfG; es handelt sich bei ihr um einen **feststellenden VA**[23]. Hierfür spricht bereits, dass die Feststellung gesetzl. ausdrücklich vorgesehen ist.[24] Da der Eintritt der Entlassungswirkungen, insbes. die Feststellung des Tages der Beendigung des Dienstverhältnisses, die Entscheidung des BMVg voraussetzt, unterscheidet sich Abs. 1 von Regelungen, nach denen die normativ bestimmten Rechtsfolgen unabhängig von einer gesonderten Tatbestandsfeststellung eintreten (so z. B. bei § 48 SG, § 30 WPflG).[25] Die Feststellung des BMVg nach Satz 2 erschöpft sich nicht in der Bekanntgabe der Tatbestandswirkung eines Sachverhalts, sondern stellt das Vorliegen des Tatbestandes konstitutiv fest.

20 Konsequenzen hat dies für den **Rechtsschutz**. Bestreitet der Soldat den Verlust der Deutscheneigenschaft, kann er gegen die Feststellung des BMVg Beschwerde und anschließend Anfechtungsklage erheben.[26] Im umgekehrten Fall – wenn der Soldat davon ausgeht, die Eigenschaft als Deutscher verloren zu haben – wird man ihm einen Anspruch auf die entspr. Feststellung zubilligen müssen, den er mit der Beschwerde und der Verpflichtungsklage durchsetzen kann.

21 **2. Absatz 2 Satz 1 Nr. 1.** Der Entlassungsgrund der **Nr. 1** knüpft an eine **unzulässige Ernennung** an. Wurde trotz einer entspr. strafgerichtl. Verurteilung (§ 38 Abs. 1 Nr. 1), der mangelnden Fähigkeit zur Bekleidung öff. Ämter (§ 38 Abs. 1 Nr. 2) oder einer Maßregel der Besserung und Sicherung (§ 38 Abs. 1 Nr. 3) jemand zum BS ernannt, ist er gem. Nr. 1 **zwingend** zu entlassen. Ermessen und Beurteilungsspielraum kommen der Entlassungsdienststelle nicht zu.

22 Voraussetzung der Entlassung ist, dass das Ernennungshindernis im Entlassungszeitpunkt fortbesteht. Ist eine Verurteilung im Bundeszentralregister **getilgt**, kann sie gem. § 51 Abs. 1 BZRG grds. kein Berufungshindernis mehr darstellen mit der Folge, dass dann ein Soldat nicht mehr entlassen werden kann, es sei denn, die besonderen Voraussetzungen des § 52 Abs. 1 Nr. 4 BZRG liegen vor.

---

21 GKÖD I Yk, ebd.; *Scherer/Alff/Poretschkin*, SG, § 46 Rn. 5.
22 So aber wohl *Peterson*, NZWehrr 1984, 112; *Scherer/Alff/Poretschkin*, SG, § 46 Rn. 4; BVerwGE 73, 216 (nur obiter dictum!). Zu Recht einschränkend GKÖD I Yk, § 46 Rn. 3.
23 So auch GKÖD I Yk, § 46 Rn. 3.
24 Vgl. BVerwGE 75, 101.
25 Vgl. BVerwGE 117, 322.
26 Vgl. zur entspr. Rechtslage im Beamtenrecht *Battis*, BBG, § 32 Rn. 6.

Entlassung § 46

Eine Entlassung scheidet ebenfalls aus, wenn das BMVg nach § 38 Abs. 2 eine Ausnahme zulässt oder die Hindernisse des § 38 Abs. 1 Nr. 2 und 3 mittlerweile weggefallen sind.[27]

3. Absatz 2 Satz 1 Nr. 2 und Absatz 2 Satz 2. – a) Allgemeines. Die Entlassung wegen 23
Herbeiführung der Ernennung durch **Zwang, arglistige Täuschung oder Bestechung** bezweckt, die Entscheidungsfreiheit des Dienstherrn zu gewährleisten.

Voraussetzung für eine Entlassung nach Abs. 2 Satz 1 Nr. 2 ist, dass Zwang, arglistige Täuschung oder Bestechung **kausal** für die Ernennung zum BS waren. Wäre der Bewerber auch ohne entspr. Vorgehensweise zum BS ernannt worden, kann eine Entlassung nicht erfolgen.[28] Dabei kommt es bei der Kausalitätsprüfung auf die **tatsächliche Personalpraxis** im Zeitpunkt der Ernennung an und nicht darauf, wie bei richtiger Rechtsanwendung oder nach aktueller Bewertung zu verfahren gewesen wäre.[29] Hat der Bewerber z. B. über persönliche Eigenschaften arglistig getäuscht, die im Zeitpunkt seiner Bewerbung als Hinderungsgründe für eine Ernennung gewertet wurden, ist er auch dann zu entlassen, wenn die gleichen Eigenschaften zu einem späteren Zeitpunkt (dem der Entlassung), sei es aus Rechtsgründen, sei es infolge einer geänderten Personalpraxis, einer Ernennung nicht mehr entgegenstehen würden. Normzweck und Wortlaut der Best. lassen keine andere Auslegung zu. Ist ein Bewerber der Ansicht, dass er wegen bestimmter Eigenschaften zu Unrecht als BS abgelehnt wird, darf er darüber nicht arglistig täuschen, sondern kann gegen die Ablehnung den Rechtsweg beschreiten. Nicht ausgeschlossen ist, in derartigen Fällen eine besondere Härte zu bejahen und eine Ausnahme von der Entlassung zuzulassen.

Da Ernennungsentscheidungen im Ermessen der personalbearbeitenden Dienststelle 24
stehen und z.T. von unbest. Rechtsbegriffen mit Beurteilungsspielraum abhängen, kann die **Kausalitätsprüfung im Einzelfall schwierig** sein. Zu hohe Anforderungen dürfen nicht gestellt werden; i. d. R. wird die schlüssige Behauptung des Dienstherrn, dass bei ordnungsgemäßer Bewerbung eine Ernennung nicht erfolgt wäre, ausreichen.[30]

Die Kausalität ist ebenfalls gegeben, wenn ohne Zwang, Täuschung oder Bestechung 25
die Ernennung zwar im Ergebnis erfolgt wäre, aber erst **zu einem späteren Zeitpunkt**, weil bei ordnungsgemäßer Bewerbung umfangreichere Prüfungen durch die Ernennungsdienststelle vorgenommen worden wären.[31] Entscheidend ist, dass die Entscheidungsfreiheit des Dienstherrn beeinträchtigt war.

Im Unterschied zur beamtenrechtl. Parallelbest. des § 14 Abs. 1 Nr. 1 BBG muss nach 26
dem insoweit eindeutigen Wortlaut von Abs. 2 Satz 1 Nr. 2 die Ernennung durch unlautere Methoden von dem ernannten BS **persönlich herbeigeführt** worden sein

---

27 Vgl. hierzu Komm. zu § 38 Rn. 20 f.
28 BVerwGE 18, 276 = NZWehrr 1965, 41.
29 BVerwGE 16, 340; 17, 1; 31, 1; VG Meiningen NJ 1996, 386; *Battis*, BBG, § 14 Rn. 4.
30 Zu weitgehend *Battis*, BBG, § 14 Rn. 5, 8.
31 BVerwGE 16, 342; 31, 1; BVerwG ZBR 1964, 81; BVerwG NVwZ 2000, 447; GKÖD I K, § 12 Rn. 13; a.A. VG Potsdam ZBR 2000, 282.

("... wenn er seine Ernennung ... herbeigeführt hat ...").[32] Es dürfte allerdings ausreichen, wenn er sich hierfür eines Dritten bedient hat.[33] Dagegen ist im Beamtenrecht die Ernennung nach § 14 Abs. 1 Nr. 1 BBG selbst dann zurückzunehmen, wenn ein Dritter die Ernennung durch Zwang, Täuschung oder Bestechung ohne Wissen oder Mitwirkung des Ernannten herbeigeführt hat („... wenn sie ... herbeigeführt wurde ...").[34] Ob diese Differenzierung im SG wirklich gewollt war, erscheint fraglich. Da sich aus den Materialien keine Erkenntnisse ergeben, ist eher von einem redaktionellen Mangel auszugehen, der angesichts des eindeutigen Wortlauts aber nur durch den Gesetzgeber korrigiert werden kann.

27 Nach § 47 Abs. 3 muss die Entlassung in den Fällen der Nr. 2 innerhalb einer **Frist** von sechs Monaten verfügt werden, nachdem die Stelle, der die Befugnis zur Entlassung übertragen worden ist, von dem Entlassungsgrund Kenntnis erlangt hat.

28 War der zum BS Ernannte im Zeitpunkt seiner Bewerbung Soldat (was bei Ernennungen zum BS der Regelfall ist), hat er durch die Anwendung von Zwang, arglistiger Täuschung oder Bestechung regelmäßig auch ein **Dienstvergehen** begangen. In Betracht kommen Verstöße gegen § 7, § 13 Abs. 1 und § 17 Abs. 2 Satz 1, 2. Alt.[35] Damit stellt sich die Frage nach der **Konkurrenz zwischen der Entlassung** gem. Abs. 2 Satz 1 Nr. 2 **und einem gerichtl. Disziplinarverfahren**. Eine spezielle Konkurrenzregelung wie in § 143 Abs. 1 und 2 WDO zur Entlassung nach § 55 Abs. 5 gibt es nicht. Weder das Entlassungsverfahren noch das gerichtl. Disziplinarverfahren genießt daher uneingeschränkte Priorität. Zwar handelt es sich bei der Entlassung grds. um eine zwingende Maßnahme; unterbleibt sie jedoch, besteht kein Grund, wegen des Verhaltens des Bewerbers auf ein gerichtl. Disziplinarverfahren zu verzichten, in dem der gesamte Maßnahmenkatalog des § 58 Abs. 1 WDO zur Anwendung kommen kann. Dies gilt auch dann, wenn die Entlassung nach Abs. 2 Satz Nr. 2 aus Rechtsgründen wegen des Ablaufs der Frist nach § 47 Abs. 3 nicht mehr möglich ist.[36]

29 Die **Gegenauffassung** von *Lingens*[37], nach der die §§ 46, 47 leges speciales zur WDO darstellen und ein gerichtl. Disziplinarverfahren ausschließen, **überzeugt nicht**. Das (unrechtmäßige) Absehen von einer statusrechtl. Maßnahme begründet jedenfalls generell keinen Vertrauensschutz bei dem Soldaten, auch disziplinar nicht mehr belangt zu werden.[38]

30 Zuzustimmen ist allerdings der Auffassung[39], dass bei einer durch das BMVg zugelassenen Ausnahme von der Entlassung aufgrund besonderer Härte nach Abs. 2 Satz 2 ein gerichtl. Disziplinarverfahren unter dem Gesichtspunkt des **widersprüchlichen Verhaltens** grds. nicht mehr in Betracht kommt; jedenfalls darf dann die Entfernung

---

32 A.A. GKÖD I Yk, § 46 Rn. 8; *Scherer/Alff/Poretschkin*, SG, § 46 Rn. 9, wenn auch differenzierend hins. Zwang u. arglistiger Täuschung; beide ohne nähere Begr. u. ohne auf den unterschiedlichen Wortlaut zu § 14 Abs. 1 Nr. 1 BBG einzugehen.
33 Die strafrechtl. Kategorien von Täterschaft u. Teilnahme dürften entspr. heranzuziehen sein.
34 *Battis*, BBG, § 14 Rn. 5
35 BVerwGE 113, 131.
36 BVerwGE 103, 287; 113, 131 = NZWehrr 1998, 31; BVerwGE 113, 376; BVerwG ZBR 1999, 255.
37 NZWehrr 1996, 233. Ebenso *Schattschneider/Weniger*, NZWehrr 2004, 240.
38 So auch BVerwGE 103, 287; 113, 376.
39 So *Scherer/Alff/Poretschkin*, SG, § 46 Rn. 10.

aus dem Dienstverhältnis nicht mehr ausgesprochen werden. In diesem Fall wurde eine ausdrückliche Entscheidung zu Gunsten des Soldaten getroffen, die zumindest teilweise Vertrauensschutz begründet.

Auch bei einem Entlassungsverfahren nach Abs. 2 Satz 1 Nr. 2 folgt aus der Fürsorgepflicht des Dienstherrn ein **Beschleunigungsgebot**. Wird hiergegen verstoßen, ist eine „verspätete" Entlassung rechtswidrig.[40] Das Beschleunigungsgebot bezieht sich auf die Ermittlungstätigkeiten und steht selbstständig neben der Entlassungsfrist nach § 47 Abs. 3; letztere beginnt erst zu laufen, wenn die Ermittlungen abgeschlossen sind.

b) Zwang. Zwang bedeutet, dass der Bewerber mittels **Gewalt**, Drohung mit Gewalt bzw. einem sonstigen empfindlichen Übel einschl. psychischer Nötigung auf einen Beschäftigten einwirkt, der mit dem Bewerbungs-/Ernennungsverfahren betraut ist.

Große praktische Bedeutung dürfte der Best. nicht zukommen, gerichtl. Entsch. sind jedenfalls nicht bekannt geworden.

c) Arglistige Täuschung. Arglistige Täuschung ist der in der Praxis **bedeutsamste Grund** für Entlassungen nach Abs. 2 Satz 1 Nr. 2. Geradezu eine „Konjunktur" erlebte die Best. im Zuge der Wiedervereinigung Deutschlands und der Übernahme von Soldaten der ehem. NVA, die davon abhängig gemacht wurde, dass sie in keinem Dienst-, Arbeits- oder sonstigen Verhältnis zu **Nachrichtendiensten der ehem. DDR** gestanden hatten, das über ihre allg. dienstl. Verpflichtungen hinausging. Angesichts dieser relativ strikten Übernahmepraxis[41] erfolgten in vielen Fällen Falschangaben, die regelmäßig die Entlassung zur Folge hatten.[42] Dabei kam es nach der Rspr. grds. nicht auf den Grad der Verstrickung in das rechtsstaatswidrige System der DDR-Staatssicherheit an. Die Entlassung wurde wegen der Täuschungshandlung ausgesprochen und nicht unmittelbar wegen der Tätigkeit für das MfS.[43] Angesichts des Schutzzwecks der Norm ist dies eine durchaus konsequente, wenn auch mitunter zu Härten führende Rechtsauffassung. Die Umstände der Stasi-Verstrickung können ggf. bei der Anwendung von Satz 2 eine Rolle spielen. Insgesamt dürften sich diese Fallgruppen in nächster Zeit weitgehend erledigen[44]; die zu ihnen ergangene Rspr. behält jedoch weiter Bedeutung, da sie einige grundlegende Probleme des Abs. 2 Satz 1 Nr. 2 geklärt hat.

---

40 VG Schwerin NZWehrr 2001, 173; vgl. auch BVerwG ZBR 1999, 276.
41 Für die unmittelbar kraft Einigungsvertrages weiterverwendeten Soldaten der ehem. NVA galt hins. von Stasi-Verstrickungen gem. Anlage I, Kap. XIX Sachgebiet B, Abschnitt II Nr. 2 § 7 Abs. 2 Nr. 2 des Einigungsvertrages ein gesonderter Entlassungstatbestand, der auf die Unzumutbarkeit der Fortsetzung des Dienstverhältnisses abstellte. Dieses Kriterium wurde für die Übernahme auf der Grundlage des SG nicht herangezogen; so stehen die Entlassungstatbestände nach dem Einigungsvertrag u. § 46 Abs. 2 SG nebeneinander; vgl. BVerwGE 102, 178. Krit. zu der schematischen Übernahmepraxis zu Recht *Schattschneider/Weniger*, NZWehrr 2004, 239.
42 Vgl. BVerwGE 102, 178; OVG Greifswald ZBR 1999, 32; OVG Schleswig NZWehrr 1995, 259; VG Schwerin NZWehrr 2001, 173, VG Meiningen NJ 1996, 386; *Schattschneider/Weniger*, NZWehrr 2004, 239 m. w. N.
43 Vgl. nur VG Meiningen NJ 1996, 386.
44 Neben dem allg. Zeitablauf wird Grund hierfür sein, dass nach dem StUG in der aktuellen Fassung (§ 20 Abs. 6f, gültig ab 29.12.2006) Unterlagen nur noch insoweit verwendet werden können, als es um Soldaten geht, die jederzeit in den einstweiligen Ruhestand versetzt werden können. Bei der Ernennung zum BS dürften Anfragen bei der Stasi-Unterlagen-Behörde daher keine Rolle mehr spielen.

34 **Arglistige Täuschung** liegt vor, wenn der Bewerber durch Angaben, deren Unrichtigkeit ihm bewusst ist oder deren Unrichtigkeit er für möglich hält und in Kauf nimmt, oder durch Verschweigen oder Entstellen von Tatsachen bei einem an der Ernennung beteiligten Beschäftigten der Ernennungsdienststelle einen Irrtum hervorruft, von dem er weiß oder billigend in Kauf nimmt, dass er für die Entscheidung über die Ernennung von Bedeutung ist. Auch das Ausnutzen eines bereits vorhandenen Irrtums kann eine arglistige Täuschung darstellen, wenn eine Aufklärungspflicht besteht. Dies wird der Fall sein, wenn der Bewerber davon ausgehen muss, dass der vorhandene Irrtum sich auf für die Ernennung erhebliche Tatsachen bezieht. **Offenbarungspflichten** eines Bewerbers können auch gegeben sein, wenn er über einen Irrtum der Ernennungsdienststelle nichts weiß.[45] Da Bewerber für die Ernennung zum BS i. d. R. bereits Soldaten sind, unterliegen sie der Treuepflicht, die Grundlage der Offenbarungspflicht ist. Die z.T. einschränkenden Auffassungen hins. einer grds. Offenbarungspflicht im Beamtenrecht gehen davon aus, dass im Zeitpunkt des Bewerbungsverfahrens noch keine Treuepflicht besteht.[46]

Hins. der Unrichtigkeit der Angaben sowie ihrer Erheblichkeit für die Ernennung reicht **dolus eventualis** aus, um eine arglistige Täuschung annehmen zu können.[47]

35 Die **Beweislast** trifft die Behörde, wobei den Betroffenen im Hinblick auf die inneren Tatsachen eine Mitwirkungspflicht trifft, d.h. er muss erläutern, warum er die objektiv unzutr. Angaben gemacht hat. Vermag er dies nicht darzutun, kann dies zu seinem Nachteil verwendet werden und spricht für seine Arglist.[48]

36 Unzulässig ist es, wenn der Dienstherr das im Rahmen einer **Sicherheitsüberprüfung** erlangte Wissen dazu nutzt, den Soldaten nach Abs. 2 Satz 1 Nr. 2 zu entlassen. Die bei einer Sicherheitsüberprüfung gewonnenen Erkenntnisse dürfen gem. § 21 Abs. 1 SÜG nur für die mit der Sicherheitsüberprüfung verfolgten Zwecke genutzt werden, wozu Personalangelegenheiten nicht gehören.[49]

37 Eine Täuschung ist dann rechtl. unbeachtlich, wenn bzw. soweit die ihr zugrundeliegende Frage von der Ernennungsdienststelle nicht gestellt werden darf.[50] Wird eine **unzulässige Frage** unrichtig beantwortet, dürfen hieraus trotz objektiver Täuschungshandlung keine dienstrechtl. Konsequenzen gezogen werden.[51]

Die Frage nach einer früheren Mitarbeit bei der **Stasi** ist grds. zulässig.[52] Dies folgt bereits aus den entspr. Best. des Einigungsvertrages.[53] Fragen nach der Zusammenarbeit mit der Staatssicherheit, die sich auf Vorgänge beziehen, die vor Oktober 1970, also 20 Jahre vor der Wiedervereinigung, lagen, verletzen dagegen das allg. Persön-

---

45 S. OVG Lüneburg – 5 LA 479/07.
46 Vgl. *Wind, Ferdinand/Schimana, Rudolf/Wichmann, Manfred*, Öffentliches Dienstrecht, 4. Aufl. 1998, 129.
47 *Battis*, BBG, § 14 Rn. 6.
48 OVG Greifswald ZBR 1999, 32.
49 BVerwG *Buchholz* 236.1 § 47 SG Nr. 4.
50 In diese Richtung bereits BVerwGE 18, 276.
51 Vgl. BVerfGE 96, 171; OVG Lüneburg DVBl. 2001, 755.
52 BVerfGE 96, 171 (180).
53 BVerwGE 102, 178.

lichkeitsrecht.[54] Werden solche Fragen unzutr. beantwortet, bietet dies auch im Bereich des öff. Dienstrechts keine Grundlage für eine Entlassung.[55]
Die bei Bewerbungen übliche Frage nach **laufenden Straf- oder Ermittlungsverfahren** ist zulässig. Eingeschränkte Offenbarungspflichten, die § 53 BZRG vorsieht, greifen nicht ein, da Ausnahmen von der Offenbarungspflicht nur für Verurteilte gelten. Solange der Ausgang eines Straf- oder Ermittlungsverfahrens nicht feststeht, muss die Entschließungsfreiheit des Dienstherrn vor dem Persönlichkeitsschutz des Bewerbers Vorrang haben.[56]   **38**

Zulässig sind Fragen hins. folgender Umstände des Bewerbers: **39**
- wirtschaftliche Verhältnisse, welche die Ernennung zum BS unvertretbar erscheinen lassen[57]
- Krankheiten und gesundheitliche Beschwerden; bei nicht erkennbaren Krankheiten kann eine Offenbarungspflicht bestehen[58]; auch die Frage nach einer HIV-Infektion wird zulässig sein[59]
- aktuelle oder frühere Mitgliedschaft in verbotenen oder verfassungswidrigen Parteien und Organisationen, einschl. solcher, bei denen jedenfalls Anhaltspunkte dafür vorliegen, dass sie nicht auf dem Boden der FdGO stehen. Kriterium muss sein, dass der Mitgliedschaft zu einer derartigen Organisation jedenfalls eine Aussagekraft für die Prognoseentscheidung zukommt, ob der Bewerber die Gewähr künftiger Verfassungstreue bietet (vgl. § 37 Abs. 1 Nr. 2).[60]

Unzulässig sind Fragen nach gesetzl. ausgeschlossenen Differenzierungskriterien (Art. 33 Abs. 2 GG). Eine Sonderregelung enthält **§ 7 Abs. 2 SGleiG**. Danach sind Fragen nach   **40**
- Familienstand
- bestehender oder geplanter Schwangerschaft
- Sicherstellung der Betreuung von Kindern, behinderten oder pflegebedürftigen sonstigen Angehörigen neben der Berufstätigkeit

unzulässig.

Grds. keine Rechtfertigung für eine Falschangabe kann die Berufung auf den Grds. sein, niemand müsse sich selbst belasten oder unzumutbare Angaben über seine Person machen. Eine Selbstbelastung kann dadurch vermieden werden, dass auf eine Bewerbung verzichtet wird.[61] Der Bewerber kann die Antwort auf eine Frage verweigern, muss dann allerdings in Kauf nehmen, nicht ernannt zu werden.[62]   **41**

---

54 BVerfGE 96, 171.
55 Die Übertragung der zum Arbeitsrecht ergangenen Rspr. des BVerfG auf das öff. Dienstrecht war z.T. umstr.; bejahend OVG Greifswald ZBR 1999, 32; vgl. auch OVG Bautzen ZBR 1999, 233; ablehnend OVG Weimar ZBR 2000, 98; offen gelassen durch VG Berlin 5 A 224.03. Durch den Kammerbeschl. des BVerfG 2 BvR 331/01 dürfte klar sein, dass das BVerfG von der Übertragbarkeit seiner Rspr. auf das öff. Dienstrecht ausgeht.
56 BVerwGE 59, 366; OVG Bremen 2 B 45/96.
57 BVerwGE 13, 158.
58 *Battis*, BBG, § 14 Rn. 6; GKÖD I K, § 12 Rn. 12.
59 Vgl. EuGH NJW 1994, 3005. Vgl. auch die Komm. zu § 3 Rn. 21.
60 BVerfGE 39, 334 (358); BVerwGE 18, 276; BVerwG ZBR 1983, 181.
61 BVerwG ZBR 1970, 88.
62 So wird z. B. im Beamtenrecht hins. einer Befragung nach einer HIV-Infektion argumentiert; vgl. EUGH NJW 1994, 3005.

42 Unter **strafrechtl.** Gesichtspunkten kann sich ein Bewerber, der seine Ernennung durch falsche Angaben erschlichen hat, des Betruges gem. § 263 StGB (sog. Einstellungsbetrug) strafbar machen.[63]

43 **d) Bestechung.** Bestechung liegt vor, wenn der Bewerber einem für die Ernennung maßgeblichen Beschäftigten Vorteile für dessen positive Einflussnahme auf das Ernennungsverfahren gewährt. Dabei soll es nicht darauf ankommen, ob der Bestechungstatbestand des § 334 StGB erfüllt ist; eine bloße Vorteilsgewährung (§ 333 StGB)[64] oder sogar ein strafloses Verhalten[65] reiche aus.

44 Angesichts der klaren strafrechtl. Definition der Bestechung und ihrer tatbestandlichen Abgrenzung zur Vorteilsgewährung ist diese Auffassung nicht unproblematisch. Gleichwohl kommt sie dem Normzweck am Nächsten. Da Ernennungsentscheidungen fast immer im Ermessen stehen, ist bei der Gewährung von Vorteilen grds. von einer pflichtwidrigen Entscheidung, d. h. einer fehlerhaften Ermessensausübung, auszugehen mit der Folge, dass Bestechung auch im strafrechtl. Sinne vorliegt (vgl. § 334 Abs. 3 Nr. 2 StGB). Auf eine rechtskräftige Verurteilung kommt es nicht an. Ein rechtskräftiger Freispruch wird dagegen eine Entlassung nach dieser Best. ausschließen.

45 **e) Absatz 2 Satz 2.** Die Möglichkeit einer Ausnahmeentscheidung durch das BMVg war ursprünglich in Nr. 2 geregelt. Sie wurde durch Art. 1 Nr. 33 des **SGÄndG** in den neuen Satz 2 des Abs. 2 verlagert. Damit sollte die Form der Ausnahmeregelung an die §§ 37, 38 angepasst und gleichzeitig verdeutlicht werden, dass es sich bei der Zulassung einer Ausnahme um eine Ermessensentscheidung handelt.[66] Damit dürfte die früher z.T. umstr. rechtsdogmatische Einordnung der Regelung zu Gunsten der Auffassung entschieden sein, die darin die Einräumung eines Entschließungsermessens des BMVg auf der Rechtsfolgenseite erblickte und nicht nur eine gesetzl. Normierung des Grds. der Verhältnismäßigkeit.[67] Obwohl der Entlassungsgrund des Abs. 2 Satz 1 Nr. 2 systematisch in der Reihe der zwingenden Entlassungsgründe steht, handelt es sich bei ihm dann um eine Ermessensregelung, wenn eine besondere Härte vorliegt. Nur unter der Voraussetzung, dass eine besondere Härte gegeben ist, kann in eine Ermessensentscheidung eingetreten werden. Wird von der Entlassungsstelle eine besondere Härte zu Unrecht verneint und keine Entscheidung des BMVg herbeigeführt, ist die Entlassungsentscheidung wegen Ermessensnichtgebrauchs rechtswidrig.[68]

46 Eine **besondere Härte** liegt vor, wenn die Entlassung oder die mit ihr verbundenen Auswirkungen den Soldaten aufgrund besonderer Umstände in einer Weise treffen würden, die weit über die generellen Folgen einer Entlassung hinausgehen. Dabei können folgende Gesichtspunkte eine Rolle spielen:
– Tadelfreie oder herausragende dienstl. Leistungen, welche die mangelhaft herbeigeführte Ernennung in einem Maße kompensieren, dass sich die Entlassung als grober Undank des Dienstherrn darstellen würde[69]

---

63 Grundlegend BGHSt 45, 1.
64 *Scherer/Alff/Poretschkin*, SG, § 46 Rn. 9.
65 GKÖD I Yk, § 46 Rn. 8.
66 BT-Drs. 14/4062, 21.
67 Vgl. OVG Koblenz 10 B 10755/95; OVG Bremen 2 B 45/96.
68 Vgl. BVerwGE 102, 178.
69 Vgl. BT-Drs. II/1700, 31; VGH München NZWehrr 1999, 218.

– lange zurückliegende Ernennung mit der Folge, dass der Soldat atypisch hohe Schwierigkeiten hätte, sich zivilberuflich zu integrieren[70]
– mildernde Umstände, unter denen die Täuschungshandlung zustande kam
– eine Täuschung über Tatsachen, die aus aktueller Sicht nicht zwingend einer Ernennung entgegenstehen.

Grds. wird bei der Prüfung dieser Gesichtspunkte ein **strenger Maßstab** anzulegen sein.

Von vornherein kein Aspekt kann – bei einer Täuschung über Vorstrafen oder Ermittlungsverfahren – der Gedanke der Resozialisierung sein. Es ist nicht Aufgabe der Bw, Straftäter, die durch arglistige Täuschung ihre Ernennung erreicht haben, zu Zwecken der gesellschaftlichen Integration im Dienst zu belassen.

4. Absatz 2 Satz 1 Nr. 3. Dieser Entlassungstatbestand gewährleistet die Entscheidungsfreiheit des Dienstherrn und schützt das Interesse an achtungs- und vertrauenswürdigen BS.[71]

Die Straftat (Verbrechen oder Vergehen[72]) muss **vor der Ernennung zum BS** begangen worden sein. Auf Straftaten, die der ernannte BS begeht, kann nur mit der Einleitung eines gerichtl. Disziplinarverfahrens oder der Anwendung des § 48 reagiert werden. Da BS regelmäßig aus dem Kreis der SaZ ernannt werden, ist es denkbar, dass der Täter zum Tatzeitpunkt bereits Soldat war. In diesem Fall liegt auch ein Dienstvergehen vor. Für das Verhältnis von Entlassung und Dienstvergehen gelten die zu Nr. 2 dargestellten Grds. entspr.[73]

Die **rechtskräftige Verurteilung** (auch ein Strafbefehl reicht aus, vgl. § 410 Abs. 3 StPO) als weitere Voraussetzung für eine Entlassung nach Nr. 3 kann im Gegensatz zu der Straftat auch **nach der Ernennung** erfolgen.

Zum Zeitpunkt der Ernennung muss die Straftat der Ernennungsdienststelle unbekannt gewesen sein. Wurde der Betroffene in **Kenntnis** einer Straftat zum BS ernannt, ist eine Entlassung nach Nr. 3 ausgeschlossen. Dies ergibt sich aus dem Wortlaut („... wenn sich herausstellt ...") und dem Zweck der Best., gilt jedoch nur, wenn alle Umstände der Tat bekannt gewesen sind, die eine Unwürdigkeit des Ernannten begründen. Wurden irrtümlich mildernde Umstände angenommen, liegt keine Kenntnis vor, die eine Entlassung ausschließt.[74]

Die **Beweislast** für die Unkenntnis im Zeitpunkt der Ernennung trifft den Dienstherrn.

Das **Verwertungsverbot des § 51 Abs. 1 BZRG** gilt grds. auch gegenüber einer Entlassung nach Nr. 3. Nur in Ausnahmefällen kann wegen einer bereits gelöschten Tat eine Entlassung in Betracht kommen, wenn sie auch im Rahmen des Ernennungsverfah-

---

70 Vgl. VGH München 3 B 00.47.
71 Vgl. BVerwGE 16, 340; OVG Koblenz NVwZ 1994, 595.
72 In der ursprünglichen Fassung stellte Abs. 2 Nr. 3 noch ausdrücklich auf Verbrechen u. Vergehen ab. Durch Art. 154 Nr. 4 des G v. 2.3.1974 (BGBl. I S. 469) wurde „Verbrechen oder Vergehen" durch „Straftat" ersetzt; inhaltl. Bedeutung für das SG hatte dies nicht.
73 Vgl. o. Rn. 28.
74 Vgl. im Einzelnen BVerwGE 11, 64; 16, 342; OVG Münster NZWehrr 2000, 128; *Battis*, BBG, § 14 Rn. 11.

rens unter der Voraussetzung des § 52 Abs. 1 Nr. 4 BZRG hätte berücksichtigt werden dürfen.[75] Ist die Löschung im Zentralregister nach der Ernennung erfolgt, kann die Tat für eine Entlassung nach Nr. 3 verwertet werden.[76]

53 Die Straftat muss den Betroffenen als **unwürdig** erscheinen lassen. Kriterien für die Feststellung der Unwürdigkeit sind die Art der Straftat, die Person des Täters und sonstige Umstände des Einzelfalles.[75] Verurteilungen i. S. d. § 48 werden stets die Unwürdigkeit begründen.[77] Gleiches gilt für Sittlichkeits- und Eigentumsdelikte, wenn nicht besonders leichte Fälle vorliegen[78], sowie für Betäubungsmittelstraftaten.[79] Bei Fahrlässigkeitsdelikten wird i. d. r. eine Unwürdigkeit zu verneinen sein, sofern sich in ihnen nicht eine besonders rücksichtslose Gesinnung oder erhebliche Gleichgültigkeit gegenüber Sorgfaltspflichten widerspiegelt. Abstrakt kann auf eine „Quasi-Kausalitäts-Prüfung" abgestellt werden. Hätte die Ernennungsdienststelle den Bewerber in Kenntnis der Straftat zum BS ernannt, spricht dies gegen eine Unwürdigkeit, im gegenteiligen Fall kann von einer Unwürdigkeit ausgegangen werden.[80]

54 Die Unwürdigkeit muss im **Zeitpunkt der Ernennung** vorgelegen haben. Eine Nachbewährung oder sonstige nach der Ernennung eingetretene Umstände sind unbeachtlich.[81] Dagegen kann nach der begangenen Straftat, aber noch vor der Ernennung, durchaus eine Bewährung erfolgt sein (z. B. als SaZ), welche die Unwürdigkeit ausschließt.[82] Dies folgt aus dem Wortlaut der Nr. 3, wonach sich die Unwürdigkeit auf die Berufung in das Dienstverhältnis beziehen muss.

55 Die **Fristenregelung** des § 47 Abs. 3 gilt auch für Entlassungen nach Nr. 3.

56 Alternativ zu einer Entlassung nach Nr. 3 können BS, die nach § 87 Abs. 1 eingestellt wurden, aufgrund eines disziplinargerichtl. Feststellungsverfahrens gem. § 88 entlassen werden. Auf das Vorliegen einer Straftat und einer rechtskräftigen Verurteilung kommt es als Voraussetzung für die Unwürdigkeit insoweit nicht an.[83]

57 **5. Absatz 2 Satz 1 Nr. 4.** Die Leistung des Diensteides ist gem. § 9 Abs. 1 eine **soldatische Dienstpflicht**. Dementspr. entsteht die Pflicht zur Eidesleistung erst mit der wirksamen Berufung in das Dienstverhältnis. Davon zu unterscheiden ist die Frage, ob ein Eid vor der wirksamen Begründung des Dienstverhältnisses geleistet werden kann oder ob der Eid anschließend zu wiederholen ist. Praktische Bedeutung kann dies bei

---

75 OVG Koblenz NVwZ 1994, 595.
76 BVerwGE 59, 366.
77 Bedeutung hat dies aber nur, wenn die Verurteilung vor der Ernennung zum BS erfolgt ist. Ergeht sie später, greift § 48 unmittelbar ein. Wird ein SaZ i. S. v. § 48 verurteilt, verliert er ebenfalls seine Rechtsstellung (§ 54 Abs. 2 Nr. 2). Bleibt dies unerkannt u. wird er anschließend zum BS ernannt, kann sich die Erfordernis der Entlassung nach Nr. 3 stellen. Die Ernennung zum BS ist zwar rechtswidrig (mit dem Verlust der Rechtsstellung als SaZ wird gem. § 56 Abs. 2 der Dienstgrad verloren, der i. d. R. Voraussetzung für die Ernennung zum BS ist, vgl. § 39), aber nicht nichtig.
78 OVG Koblenz NVwZ 1994, 595; OVG Münster NZWehr 2000, 128.
79 VGH München NVwZ-RR 1994, 222.
80 Vgl. VGH München ebd.
81 BVerwG DöD 1966, 193; OVG Münster NZWehr 2000, 128.
82 *Battis*, BBG, § 14 Rn. 10.
83 Krit. im Hinblick auf die Bestimmtheit des Merkmals „Unwürdigkeit" in § 88 *Walz* in der Komm. zu § 88 Rn. 11.

Ernennungen durch Wirkungsurkunde haben, wenn der Eid unmittelbar nach Aushändigung der Ernennungsurkunde, aber noch vor der inneren Wirksamkeit der Ernennung abgenommen wird. Jedenfalls wird man dann, wenn der Eid auf ein konkretes Dienstverhältnis bezogen ist, seine wirksame Ableistung auch vor Beginn des Wehrdienstverhältnisses annehmen können. Dienstherr und Soldat haben durch Aushändigung bzw. Annahme der Ernennungsurkunde alles Erforderliche getan, um das Dienstverhältnis zu begründen. Unabhängig davon liegt eine **Weigerung** i. S. d. Vorschrift nur vor, wenn der Soldat zur Eidesleistung **aufgefordert** wird. Hierauf hat er keinen Anspruch. Eine Entlassung kann daher bei einer unterbliebenen oder fehlerhaften Vereidigung nur ausgesprochen werden, wenn der Dienstherr auf der Ableistung des Eides besteht. Dies folgt daraus, dass die Regelung ausschließlich dem Interesse des Dienstherrn dient.[84]

Auf wpfl Reservisten ist Nr. 4 nicht anwendbar.[85]

Da die Leistung des Eides grds. weder durch Befehl durchgesetzt noch die Eidesverweigerung disziplinar geahndet werden soll[86], bestimmt das Gesetz konsequenterweise die Entlassung als Rechtsfolge der Weigerung, den Diensteid zu leisten.

Für BS dürfte dieser Entlassungsgrund **keine große Bedeutung** haben, da sie i. d. R. 58 bereits nach ihrer Ernennung zum SaZ vereidigt werden und eine Wiederholung des Eides bei der Umwandlung des Dienstverhältnisses nicht vorgesehen ist.[87] Lediglich bei Eignungsübenden, die nach Ende der Übung gem. § 87 Abs. 2 zum BS ernannt werden, kann die Eidesverweigerung eine Rolle spielen.[88]

Aus welchen Motiven der Eid nicht geleistet wird, spielt für die Entlassung keine 59 Rolle.[89]

Da die Verpflichtung zur Eidesleistung mit dem GG vereinbar ist[90], bestehen gegen 60 den Entlassungsgrund der Nr. 3 keine verfassungsrechtl. Bedenken. Liegt im Einzelfall eine zulässige Einschränkung der Eidespflicht vor (Art. 4 Abs. 1 GG, Stichwort: Sektenprivileg), kann eine Verweigerung des Eides nicht die Entlassung begründen.

6. Absatz 2 Satz 1 Nr. 5. Nr. 5 ist die soldatenrechtl. **Parallelbest. zu § 32 Abs. 1 Nr. 3** 61 **BBG**, weist aber inhaltl. Unterschiede zum Beamtenrecht auf. So bezieht sich das BBG ausschließlich auf Mitglieder des BT und des Europ. Parlaments. Dies hängt damit zusammen, dass die Frage, ob die Mitgliedschaft in einem Landtag mit der Stellung als Bundesbeamter unvereinbar ist, nicht bundesrechtl. einheitlich durch Beamtenrecht geregelt wird, sondern von den jew. Landesgesetzen abhängt.[91]

Für Soldaten ist nicht nur die Wahrnehmung eines **Bundestagsmandats** oder eines 62 Mandats im Europ. Parlament, sondern auch die eines **Landtagsmandats**, unabhängig von den landesrechtl. Best., ausgeschlossen (vgl. für BS und SaZ § 25 Abs. 2). In der Erstfassung sah Nr. 5 die Entlassung zusätzlich bei der Mitgliedschaft in einer kommu-

---

84 Vgl. jedoch die Komm. zu § 9 Rn. 28 f.
85 BVerwG NZWehrr 1990, 319.
86 Vgl. die Komm. zu § 9 Rn. 27.
87 ZDv 14/5 B 193 Nr. 1 Abs. 2.
88 ZDv 14/5 B 193 Nr. 3 Abs. 2.
89 *Battis*, BBG, § 32 Rn. 2.
90 Vgl. die Komm. zu § 9 Rn. 22.
91 Vgl. *Battis*, BBG, § 40 Rn. 9.

nalen Vertretungskörperschaft vor. Dieser Zusatz wurde durch Art. I Nr. 3 des G vom **9.7.1962**[92] gestrichen. Soldaten können heutzutage ein kommunales Mandat wahrnehmen (vgl. § 25 Abs. 3).

63 Die Entlassung bei Weigerung der Mandatsniederlegung ist Ausdruck der grds. Unvereinbarkeit von parlamentarischem Mandat und aktivem Dienst in der Exekutive.[93]

Der **Regelfall**, in dem dieser Inkompatibilitätsgrds. praktische Bedeutung entfaltet, liegt vor, wenn ein Soldat in den BT oder einen Landtag gewählt wird. Die Rechtsfolgen ergeben sich in diesem Fall aus den §§ 5 ff. AbgG sowie aus § 25 Abs. 2, wonach die Rechte und Pflichten aus dem Dienstverhältnis vom Tag der Annahme der Wahl an **ruhen** (§ 5 Abs. 1 Satz 1, § 8 AbgG), der Soldat aber einen Anspruch hat, nach Beendigung des Mandats in das frühere Dienstverhältnis zurückgeführt zu werden (§ 6 Abs. 1 AbgG).

64 Nr. 5 regelt die – praktisch weniger bedeutsame – gegenteilige Konstellation, dass ein Bundes- oder Landtagsabg. **zum BS ernannt** wird. Denkbar ist dies, wenn ein SaZ in ein Parlament gewählt wurde und während des Ruhens seines Dienstverhältnisses die Übernahme zum BS beantragt.

65 Die Ernennung eines Abg. zum BS ist grds. wirksam (ein gesetzl. Ernennungsverbot wie in § 4 Abs. 4 besteht nicht). Der BS ist jedoch zu entlassen, wenn er nicht in einer durch das BMVg zu bestimmenden angemessenen Frist sein Mandat niederlegt. Die Frist muss durch das **BMVg** als oberste Dienstbehörde bestimmt werden; Fristsetzungen anderer Dienststellen, auch wenn sie für die Entlassung des Soldaten zuständig wären, sind nicht geeignet, die Voraussetzung für eine Entlassung zu begründen.[94] Entspr. der im Beamtenrecht überwiegend vertretenen Auffassung[95] wird man eine **Frist von mindestens einem Monat** als angemessen ansehen können. Besondere Umstände des Einzelfalles können Abweichungen zulassen.

Die gesetzl. Regelung gibt dem ernannten BS ein Wahlrecht, ob er sein Mandat weiterhin wahrnimmt oder Dienst als Soldat leistet. Erklärt ein Abg. im Vorfeld der Ernennung zum BS, dass er nicht bereit ist, auf sein Mandat zu verzichten, darf er nicht ernannt werden.[94]

66 Die gesetzl. Reaktion auf die grds. Unvereinbarkeit von BS-Status und Mandat fällt somit **unterschiedlich** aus, je nachdem, welche Rechtsstellung der Betroffene zuerst innehatte. Wird ein BS zum Abg. gewählt, führt dies lediglich zum Ruhen seines Dienstverhältnisses. War der Betroffene zuerst Abg. und wird er aus dieser Stellung heraus zum BS ernannt, muss er sich entscheiden, welche Funktion er wahrnimmt und welche Rechtsstellung er auf Dauer aufgibt. Diese Differenzierung ist berechtigt. Zum BS soll nur ernannt werden, wer als Soldat Dienst leistet. Da gem. § 5 Abs. 1 Satz 2 AbgG das Dienstverhältnis nach der Ernennung ruht, solange das Mandat nicht niedergelegt wird, ist die Entlassung die angemessene Rechtsfolge.[96] Dagegen kann von

---

92 BGBl. I S. 447.
93 Vgl. GKÖD I Yk, § 46 Rn. 15; für Beamte *Battis*, BBG, § 32 Rn. 4.
94 Vgl. GKÖD I K, § 28 Rn. 8.
95 *Battis*, BBG, § 32 Rn. 4; GKÖD I K, § 28 Rn. 8.
96 S. a. *Braun, Werner/Jantsch, Monika/Klante, Elisabeth*, Abgeordnetengesetz, 2002, § 5 Rn. 12.

Entlassung § 46

einem BS, der ein Abgeordnetenmandat wahrnehmen will, nicht erwartet werden, seine dienstrechtl. Stellung von vornherein auf Dauer aufzugeben. Dies würde eine Kandidatur für Soldaten ungerechtfertigt einschränken.[97]

Voraussetzung für eine Entlassung nach Nr. 5 ist, dass der BS zum **Zeitpunkt** seiner Ernennung Mitglied des Europ. Parlaments, des BT oder eines Landtages war. Hins. des Zeitpunkts der Ernennung kommt es auf die innere Wirksamkeit der Ernennungsurkunde an (vgl. § 41 Abs. 3). Besteht zu diesem Zeitpunkt die Mitgliedschaft in einem Parlament, greift Nr. 5 ein, auch wenn zum Zeitpunkt der Aushändigung der Urkunde der Betroffene noch kein Mandat innehatte. 67

Die Mitgliedschaft im BT wird mit der **Annahme der Wahl** unter den Voraussetzungen des § 45 BWG erworben; der Erwerb der Mitgliedschaft im Europ. Parlament richtet sich nach § 21 des Europawahlgesetzes (EuWG). War der BS im Zeitpunkt der Wirksamkeit seiner Ernennung zwar gewählt, hatte aber nach § 45 BWG bzw. den einschlägigen landesrechtl. Best. die Wahl noch nicht angenommen oder die Mitgliedschaft im Europ. Parlament nach § 21 Abs. 1 EuWG noch nicht erworben, kommt Nr. 5 nicht zum Zuge. Nimmt er erst nach Wirksamkeit der Ernennung die Wahl an bzw. begründet die Mitgliedschaft im Europ. Parlament, ist § 5 Abs. 1 Satz 1 i. V. m. § 8 AbgG (für Abg. des Europ. Parlaments nach § 8 Abs. 3 EuAbgG entspr.) einschlägig. 68

7. Absatz 2 Satz 1 Nr. 6. Die Best. ergänzt § 44 Abs. 1 bis 3 und hat in erster Linie **versorgungsrechtl. Bedeutung**. 69

BS treten mit Erreichen der allg. Altersgrenze in den Ruhestand (§ 44 Abs. 1). Mit Überschreiten der besonderen Altersgrenze können sie durch VA in den Ruhestand versetzt werden (§ 44 Abs. 2). Bei Dienstunfähigkeit ist ein BS in den Ruhestand zu versetzen (§ 44 Abs. 3). 70

Gem. § 15 SVG ist Voraussetzung für die Gewährung von Ruhegehalt der Eintritt oder die Versetzung in den Ruhestand. Da ein Anspruch auf Ruhegehalt entspr. § 4 BeamtVG nur unter der Voraussetzung einer Mindestdienstzeit von fünf Jahren oder einer nicht durch grobes Verschulden im dienstl. Bereich herbeigeführten Dienstunfähigkeit entstehen soll, setzt § 44 Abs. 5 für den Eintritt oder die Versetzung[98] in den Ruhestand eine Dienstzeit von fünf Jahren oder eine durch WDB ohne grobes Verschulden eingetretene Dienstunfähigkeit voraus. Liegen diese Voraussetzungen nicht vor, bestimmt Nr. 6, dass der BS an Stelle des Eintritts bzw. der Versetzung in den Ruhestand zu entlassen ist mit der Folge, dass er **keinen Anspruch auf Ruhegehalt** erwirbt. 71

---

97 Dass dies zu einer Begünstigung von Angehörigen des öff. Dienstes gegenüber anderen Berufsgruppen führt, ist nicht zu verkennen. Die oft krit. Tendenz zu „Beamtenparlamenten" (vgl. hierzu BVerfGE 40, 296/321; *Hess, Adalbert*, in: Schneider, Hans-Peter/Zeh, Wolfgang [Hrsg.], Parlamentsrecht und Parlamentspraxis, § 24) kann jedoch nicht durch gezielte Verschlechterungen der Rahmenbedingungen für Angehörige des öff. Dienstes zurückgedrängt werden, sondern nur dadurch, dass in der freien Wirtschaft die Möglichkeit polit. Engagements gefördert wird. Der gegenläufige Ansatz, die Wählbarkeit von Angehörigen des öff. Dienstes generell zu untersagen, wäre an sich mit demokratischen u. rechtsstaatlichen Prinzipien durchaus vereinbar, wäre aber von der grundgesetzl. Ermächtigung des Art. 137 GG jedoch nicht mehr gedeckt; vgl. *Magiera*, in: Sachs, GG, Art. 137 Rn. 6.
98 Dies stellt die Neufassung des § 44 Abs. 5 Satz 1 durch Art. 2 Nr. 15 Buchst. b des SkResNOG nunmehr klar.

Sohm

72 Gem. § 47 Abs. 4 muss die Entlassungsverfügung dem Soldaten bei Dienstunfähigkeit wenigstens **drei Monate** vor dem Entlassungstag zum Schluss eines Kalendervierteljahres unter schriftl. Angabe der Gründe zugestellt werden.

73 Die Entlassung nach Nr. 6 tritt jew. **an die Stelle des Eintritts bzw. der Versetzung in den Ruhestand.** Dies bedeutet, dass auch die Voraussetzungen von § 44 Abs. 1 bis 3 vorliegen müssen. So ist für eine Entlassung wegen Dienstunfähigkeit das Verfahren nach § 44 Abs. 4, bei einer Entlassung wegen Überschreitens der besonderen Altersgrenze das Verfahren nach § 44 Abs. 6 einzuhalten.[99] Bei einem Eintritt in den Ruhestand wegen Erreichens der allg. Altersgrenze sind **keine Fristen** oder besonderen Verfahrensbest. einzuhalten. Der BS kann die Aufschiebung des Eintritts in den Ruhestand um bis zu einem Jahr gem. § 44 Abs. 1 Satz 4 beantragen. Bei Verschleppung, Gefangenschaft o. ä. ist der Eintritt in den Ruhestand nach § 44 Abs. 1 Satz 6 hinauszuschieben.

74 **8. Absatz 2 Satz 1 Nr. 7.** Dieser Entlassungsgrund wurde durch Art. 2 Nr. 3 des G vom **13.6.1986**[100] eingeführt. Vorher wurden anerkannte KDV entweder wegen besonderer Härte oder ohne spezielle Rechtsgrundlage entlassen.[101]

75 Die Regelung folgt aus der Erkenntnis, dass auch freiwillig in einem Wehrdienstverhältnis stehende **BS** vom **Schutzbereich des Grundrechts nach Art. 4 Abs. 3 GG** erfasst werden.[102] Lediglich BS und SaZ, die im SanDienst oder im Militärmusikdienst eingesetzt werden, haben nach Auffassung des BVerwG kein Rechtsschutzbedürfnis für einen KDV-Antrag, da sie keinen Kriegsdienst mit der Waffe leisten.[103] Sie können jedoch wegen besonderer Härte einen Antrag auf Entlassung stellen. Dann lebt ihr Grundrecht auf KDV wieder auf.[104]

76 Durch das **KDVG** vom **9.8.2003**[105] ist im Gegensatz zur früheren Rechtslage ein **besonderes Anerkennungsverfahren** für im Dienst stehende Soldaten **nicht mehr vorgesehen**. Vielmehr reicht auch für diese Gruppe das grds. schriftl. Verfahren vor dem BAZ aus.[106]

77 Mit der bestands- oder rechtskräftigen Anerkennung **ist der BS zu entlassen.** Dies gilt auch dann, wenn die Anerkennung fehlerhaft ist, z. B. wenn entgegen der o.g. Rspr. ein SanOffz als KDV anerkannt wurde. Das Gesetz stellt lediglich auf die Anerkennung ab; der Entlassungsdienststelle kommt kein eigenes Prüfungsrecht mehr zu.[107]

---

99 So auch GKÖD I Yk, § 46 Rn. 17.
100 BGBl. I S. 873.
101 Vgl. BT-Drs. 10/4591, 15; *Semmler*, NZWehrr 1979, 221.
102 Ganz h.M. u. Rspr. Eine dogmatische Begr. hierfür findet sich bislang lediglich bei *Walz*, NZWehrr 2002, 246 (248 f.).
103 BVerwGE 72, 241; BVerwG NVwZ-RR 1995, 209; BVerwG NVwZ-RR 1997, 364; BVerwG NVwZ-RR 2010, 156.
104 BVerwG NZWehrr 1996, 217; VG Arnsberg 9 K 2860/05. Zur Gesamtproblematik vgl. *Böck*, NZWehrr 1997, 152; zu Recht krit. zur Rspr. des BVerwG *Walz*, NZWehrr 2002, 252.
105 BGBl. I S. 1593.
106 Ob diese Regelung mit der verfassungsrechtl. Vorgabe der Feststellung echter Gewissensgründe (vgl. *Kokott*, in: Sachs, GG, Art. 4 Rn. 102) noch vereinbar ist, darf durchaus bezweifelt werden.
107 OVG Münster 1 A 2016/88.

Entlassung § 46

Verfahrensrechtl. Einzelheiten – auch für die Phase zwischen Antrag und Entlas- 78
sung – regelt der Erl. des BMVg „Behandlung von Soldatinnen und Soldaten, die ihre
Anerkennung als Kriegsdienstverweigerin bzw. als Kriegsdienstverweigerer beantragt
haben" vom 10.10.2003.[108]

Durch die Festlegung, dass die Entlassung als solche auf eigenen Antrag gilt, ist § 49 79
Abs. 4 Nr. 1 anzuwenden, wonach der BS unter den dort aufgeführten Voraussetzungen ggf. **Studien- oder Ausbildungskosten erstatten** muss. Diese Erstattungspflicht ist
auch nach der neueren Rspr. mit Art. 4 Abs. 3 GG grds. vereinbar, lediglich die Höhe
der Erstattung muss im Lichte des Art. 4 Abs. 3 GG begrenzt werden.[109]

9. Absatz 2 Satz 1 Nr. 8. Die **Verlagerung des Wohnsitzes** oder des dauernden Aufent- 80
halts außerhalb des Geltungsbereichs des SG war gem. Abs. 1 Nr. 2 in der bis zum
31.7.1989 geltenden Fassung ein Fall der Entlassung kraft Gesetzes. Durch Art. 4
Abs. 1 Nr. 3 des G vom **30.6.1989**[110] wurde mit der Verlagerung in den Abs. 2 daraus –
parallel zu der entspr. Änd. des § 28 Nr. 3 BBG a. F.[111] – ein zwingender Entlassungsgrund durch VA. Anliegen des Gesetzgebers war, die nachträgliche Genehmigung
einer erfolgten Wohnsitz- oder Aufenthaltsverlagerung zu ermöglichen, während nach
der früheren Rechtslage die Entlassung kraft Gesetzes eintrat.[112]

Der Tatbestand der Nr. 8 besteht aus zwei Alt., dem **Nehmen des Wohnsitzes** oder des 81
dauernden Aufenthalts außerhalb des Geltungsbereichs des SG.

Unter **Wohnsitz** ist gem. § 7 Abs. 1 BGB der Ort zu verstehen, an dem sich jemand 82
ständig niederlässt.[113] Auf den gesetzl. Wohnsitz gem. § 9 Abs. 1 BGB[114] kommt es bei
Nr. 8 nicht an, sonst liefe die Best. leer, da der Soldat nicht in der Lage ist, seinen
gesetzl. Wohnsitz eigenständig zu ändern.[115] Auch die melderechtl. Festlegung des
Wohnsitzes ist nicht das entscheidende Kriterium.[116] Der Besitz mehrerer Wohnungen
begründet nicht automatisch mehrere Wohnsitze. Nur wenn der Schwerpunkt der
Lebensverhältnisse gleichmäßig auf verschiedene Orte verteilt ist, kann von mehreren
Wohnsitzen ausgegangen werden.[117] Liegt davon einer in Deutschland, ist eine Entlassung nach Nr. 8 nicht möglich. Allerdings können trotz Anmeldung eines Hauptwohnsitzes in Deutschland bei einer Wohnsitznahme im Ausland die Voraussetzungen einer
Entlassung nach Nr. 8 erfüllt sein.[118]

---

108 VMBl. S. 162 (mehrmals – redaktionell – geändert).
109 BVerwG ZBR 1996, 309; BVerwG DokBer B 2006, 295; zur durchaus krit. Entwicklung
 der Rspr. vgl. die Komm. zu §§ 49, 56.
110 BGBl. I S. 1282.
111 Im durch das DNeuG neu gefassten BBG ist eine entspr. beamtenrechtl. Regelung nicht
 mehr vorgesehen, vgl. BT-Drs. 16/7076, 109; *Battis*, BBG, § 32 Rn. 1.
112 Vgl. BT-Drs. 11/2218, 10; GKÖD I Yk, § 46 Rn. 19.
113 Vgl. VGH München ZBR 2002, 185.
114 I.d.F. des § 68 SG a. F. (gültig bis 29.4.2005).
115 *Scherer/Alff/Poretschkin*, SG, § 46 Rn. 21.
116 Vgl. BVerfG NJW 1990, 2193; BVerwGE 71, 309. Vgl. im Übrigen Erl. des BMVg „Meldepflichten der Soldaten" (VMBl. 1997 S. 42).
117 GKÖD I K, § 28 Rn. 14.
118 GKÖD I K, ebd.

Sohm

83 Der **dauernde Aufenthalt** ist im Gegensatz zum Wohnsitz eine rein faktische Kategorie. Auf einen rechtsgeschäftlichen Willen kommt es dabei nicht an, vielmehr muss der Aufenthalt dauerhaft erfolgen. Voraussetzung einer Entlassung nach Nr. 8 ist nicht, dass über einen längeren Zeitraum tatsächlich ein ständiger Aufenthalt im Ausland „vollzogen" worden ist, sondern das „Nehmen" des dauernden Aufenthalts außerhalb des Geltungsbereichs des SG. Damit wird ein tatsächlicher Wille des BS gefordert, dass der Aufenthalt im Ausland für unbest. Dauer erfolgen soll.[119] Ob sich dies realisieren lässt, ist unerheblich. Eine Rückkehr nach kurzer Dauer kann allerdings zu Beweisschwierigkeiten hins. des tatsächlichen Willens führen, wenn der BS freiwillig und nicht zwangsweise (z. B. infolge einer Ausweisung) zurückkehrt. Der Entlassungsgrund liegt vor, wenn der Soldat mit der entspr. Absicht das Bundesgebiet verlässt. Angesichts dieser Voraussetzung dürfte die Abgrenzung zwischen Wohnsitznahme und ständigem Aufenthalt in der Praxis keine große Rolle spielen. Lediglich dann, wenn der Soldat keinen bestimmten Aufenthaltsort und damit keinen Wohnsitz im Ausland anstrebt, sondern sich nur allg. außerhalb Deutschlands aufhalten will, kann auf den ständigen Aufenthalt abgestellt werden.

84 Unter dem **Geltungsbereich des SG** ist das Staatsgebiet der Bundesrepublik Deutschland zu verstehen.[120] Dagegen könnte zwar formal eingewandt werden, dass das SG im Rahmen von Auslandseinsätzen oder der Stationierung deutscher SK im Ausland zumindest in Teilen Anwendung findet (vgl. § 16 sowie § 1a Abs. 2 WStG). Die Formulierung „Geltungsbereich des Gesetzes" bezieht sich jedoch grds. nur auf das deutsche Staatsgebiet. Im Ausland ist das SG jew. nur aufgrund besonderer völkerrechtl. Grundlagen anzuwenden.[121]

85 Die Voraussetzungen der Nr. 8 liegen vor, wenn der Soldat sich auf Dauer ins Ausland begibt und gleichzeitig unerlaubterweise dem Dienst fernbleibt.

Leistet der Soldat dagegen weiterhin **im Inland** Dienst, hat aber seine Wohnung – bei grenznaher Stationierung – im Ausland und kehrt dorthin als **Pendler** täglich zurück, soll keine Verlegung des Wohnsitzes i. S. v. Nr. 8 gegeben sein.[122] Dem ist zu widersprechen.[123] Auch bei Pendlern liegt der rechtsgeschäftliche Wohnsitz gem. § 7 BGB an der Wohnung und nicht an dem Dienstort, sofern der Soldat täglich zurückkehrt. Es besteht auch kein Bedürfnis für eine derartige Einschränkung des Tatbestandes der Nr. 8, da ein ausländischer Wohnort in Grenznähe grds. genehmigungsfähig sein dürfte.

86 Auch **beurlaubte** oder aus sonstigen Gründen **vom Dienst freigestellte** Soldaten sind nach Nr. 8 zu entlassen, wenn sie ohne Genehmigung ihren Wohnsitz oder ständigen Aufenthalt in das Ausland verlagern. In derartigen Fällen ist zu prüfen, ob ein Auslandsaufenthalt, der für den Zeitraum der Beurlaubung oder Freistellung begrenzt ist, wirklich auf Dauer angelegt ist. Kriterien hierfür sind die tatsächliche Dauer, die Auflösung der inländischen Wohnung bzw. die Abmeldung u. ä.

---

119 GKÖD I Yk, § 46 Rn. 21.
120 *Scherer/Alff/Poretschkin*, SG, § 46 Rn. 20.
121 *Scherer/Alff/Poretschkin*, SG, Vorbem. Rn. 28.
122 GKÖD I Yk, § 46 Rn. 20; *Scherer/Alff/Poretschkin*, SG, § 46 Rn. 21.
123 So auch für das Beamtenrecht GKÖD I K, § 28 Rn. 19.

Entlassung § 46

Die Wohnsitznahme oder Aufenthaltsverlagerung muss ohne **Genehmigung des** 87
BMVg stattgefunden haben. Bei der Genehmigung handelt es sich um einen VA und nicht um eine truppendienstl. Maßnahme. Sie kann **zeitlich befristet** oder unter **Widerrufsvorbehalt** erteilt werden. Ist die Befristung abgelaufen und kehrt der Soldat nicht ins Inland zurück, kann dies zu seiner Entlassung führen.[124] Auch ohne Widerrufsvorbehalt kann die Genehmigung jederzeit nach § 49 Abs. 2 Satz 1 Nr. 3 VwVfG widerrufen werden. Bei Versetzung oder Kommandierung ins Ausland gilt die Genehmigung konkludent als erteilt; eines besonderen Bescheides bedarf es nicht.[125]

Beantragt ein Soldat eine Genehmigung, kann er verlangen, dass hierüber nach pflichtgemäßem Ermessen **entschieden** wird.[126] Die Genehmigung ist zu **versagen**, wenn ihr dienstl. Gründe entgegenstehen. Dem BMVg kommt ein weiter Ermessensspielraum zu. Gegen die Versagung der Genehmigung kann der Soldat Beschwerde einlegen und anschließend Verpflichtungsklage vor dem VG erheben. Die Genehmigung ist **vor** der Verlagerung des Wohnsitzes einzuholen. Zwar kann sie nachträglich erteilt werden; ein Soldat, der vor der Genehmigung die Bundesrepublik Deutschland verlässt, begeht jedoch – unabhängig davon, ob die Genehmigung nachträglich erteilt wird – grds. ein Dienstvergehen (Verstoß gegen § 7).[127]

Liegen die Voraussetzungen für eine Entlassung nach Nr. 8 vor, gebietet es die Fürsorgepflicht, von Amts wegen zu prüfen, ob die **Genehmigung nachträglich erteilt** werden kann.[124] Die Entlassungsdienststelle hat ggf. die Entscheidung des BMVg herbeizuführen. Dies wird insbes. bei beurlaubten oder freigestellten Soldaten eine Rolle spielen oder in den Fällen, in denen der Soldat trotz unerlaubten Auslandsaufenthalts weiterhin Dienst geleistet hat. Bei unerlaubter Verlagerung des Aufenthalts ins Ausland, verbunden mit unerlaubtem Fernbleiben vom Dienst, spricht die Fürsorgepflicht nicht gegen eine Entlassung.[128]

Die Genehmigung kann ohne Antrag des Soldaten **von Amts wegen** – u. U. gegen den 89
Willen des Soldaten – erteilt werden. Der Soldat hätte es sonst in der Hand, durch Verlagerung seines Aufenthaltes ins Ausland seine Entlassung zu erzwingen. Ein Interesse des Dienstherrn an einer Genehmigung kann gegeben sein, wenn die Mindestdienstzeit gem. Abs. 3 noch nicht abgeleistet wurde, da eine Entlassung nach Nr. 8 nicht zur Rückforderung von Studien- und Ausbildungskosten berechtigt. In einem derartigen Fall mag es angebracht erscheinen, den Soldaten über ein gerichtl. Disziplinarverfahren aus dem Dienst zu entfernen (mit der Folge der Rückerstattungspflicht, vgl. § 49 Abs. 4 Satz 1 Nr. 4).

10. Absatz 3. Satz 1 Halbs. 1 gewährt dem BS einen grds. **Anspruch auf jederzeitige** 90
Entlassung. Dies entspricht der Rechtslage im Beamtenrecht (§ 33 Abs. 2 BBG) und ist Ausfluss des Grundrechts auf Berufsfreiheit, das die Freiheit einschließt, einen bestimmten Beruf aufzugeben.

---

124 Vgl. VGH München ZBR 2002, 185.
125 *Scherer/Alff/Poretschkin*, SG, § 46 Rn. 20.
126 GKÖD I Yk, § 46 Rn. 19; GKÖD I K, § 28 Rn. 27.
127 So auch für das Beamtenrecht GKÖD I K, § 28 Rn. 25, 28.
128 Im Ergebnis ebenso *Scherer/Alff/Poretschkin*, SG, § 46 Rn. 20.

§ 46   Entlassung

91   Gem. **Satz 1 Halbs. 2** wird das Recht auf jederzeitige Entlassung **beschränkt**, soweit die mil. Ausbildung des BS mit einem Studium oder einer Fachausbildung verbunden war. Unter dieser Voraussetzung kann die Entlassung erst nach einer sich daran anschließenden Dienstzeit, die der dreifachen Studien- oder Ausbildungsdauer entspricht, spätestens jedoch nach zehn Jahren, verlangt werden. Diese sog. **Stehzeiten** wurden durch Art. 1 Nr. 1 des G vom **23.12.1977**[129] in das SG eingeführt, um gut ausgebildete BS in den SK für einen bestimmten Zeitraum halten zu können. Die bis dahin vorgesehene Möglichkeit, von vorzeitig ausscheidenden BS die Rückzahlung von Ausbildungskosten zu verlangen, hatte nicht ausgereicht, um Abwanderungstendenzen insbes. von kostenintensiv ausgebildeten Ärzten und Piloten erfolgreich entgegenzuwirken.[130]

92   **Verfassungsrechtl. Bedenken** begegnet diese Einschränkung der Entlassungsmöglichkeit **nicht**. Von entscheidender Bedeutung ist, dass es nicht um eine Art Vorteilsausgleich für die erhaltene Ausbildung oder allein um die Wahrung wirtschaftlicher Interessen der Bw geht (sonst würde in der Tat eine Rückzahlungsverpflichtung ausreichen), sondern um die **Sicherstellung der jederzeitigen Einsatzbereitschaft der SK**. Die Bw muss sich darauf verlassen können, dass BS, denen im dienstl. Interesse eine Fachausbildung oder ein Studium gewährt wurde und die nicht ohne Weiteres ersetzbar sind, die ihre Kenntnisse und Befähigungen für eine bestimmte Dauer dem Dienstherrn zur Verfügung stellen. Dies rechtfertigt eine Einschränkung der Berufsfreiheit von BS.[131] Die dreifache Dauer ist als verhältnismäßig anzusehen.[132] Zur Abmilderung von Härtefällen ermöglicht Abs. 6 eine Ausnahmeentscheidung. Von der gem. Abs. 3 **Satz 2** vorgesehenen Möglichkeit, durch RVO eine längere Dauer als die dreifache Dauer zu bestimmen, hat das BMVg bislang keinen Gebrauch gemacht.

93   Unter einem **Studium** ist die Ausbildung an einer Universität (einschl. Universität der Bw), Technischen Hochschule oder Fachhochschule (einschl. Fachhochschule der Bw) sowie an einer vergleichbaren ausländischen Bildungseinrichtung zu verstehen.[133]

94   **Fachausbildung** wird definiert als besondere, einheitliche Ausbildung außerhalb des allg. Truppendienstes mit einem bestimmten Ausbildungsziel, die in einem geregelten Ausbildungsgang durch qualifiziertes Personal vermittelt wird und die – sei es durch Prüfung oder nach einem planmäßigen Abschluss – zu einer zusätzlichen Befähigung oder Berechtigung führt.[134]

95   **Kriterien** für eine Fachausbildung sind:
– der formalisierte Ausbildungsgang[135]
– eine bestimmte Prüfung oder Abschlussqualifikation, die nicht jeder Soldat, der einer bestimmten TSK und Laufbahn angehört, absolvieren muss

---

129 BGBl. I S. 3114. Seine heutige Fassung erhielt Abs. 3 durch Art. 1 Nr. 3 des SGÄndG.
130 Vgl. *Dau*, NZWehrr 1977, 51.
131 BVerwGE 65, 203 sieht darin eine zulässige Berufsausübungsregelung.
132 BVerfGE 39, 128 (146).
133 ZDv 14/5 B 155 Nr. 4.
134 ZDv 14/5 B 155 Nr. 5.
135 Wobei es auf einen klassischen Lehrgang nicht ankommt; auch eine praktische Tätigkeit in einem Krankenhaus kann Teil einer Fachausbildung sein, wenn sie Ausbildungscharakter hat u. in der entspr. Ausbildungsordnung so vorgesehen ist. Vgl. BVerwGE 98, 187; OVG Hamburg ZBR 1985, 209.

Entlassung § 46

– sie muss aus dienstl. Gründen erforderlich sein, weil sie den Soldaten befähigt, eine mil. Funktion zu übernehmen, die er sonst nicht sachgerecht erfüllen könnte.[136]

Anerkannte Fachausbildungen sind demzufolge:
– die Ausbildung zum Gebietsarzt/Facharzt[137]
– der Ausbildungsabschnitt „Arzt im Praktikum" (AiP)[138]
– die Ausbildung in einem zivilberuflich anerkannten Beruf (z. B. Gesellen-/Meisterprüfung)[139]
– die Ausbildung, die zu einem ziv. anerkannten Bildungsabschluss (z. B. Fachhochschulreife) führt[140]
– die Ausbildung zum amtl. anerkannten Sachverständigen
– die fliegerische Ausbildung.[141]

Da es auf die zivilberufliche Nutzbarkeit nicht zwingend ankommt, wird auch die Ausbildung zum **Waffensystemoffizier in Strahlflugzeugen** als Fachausbildung angesehen.[142] Dies ist ein Beispiel für z.T. schwierig zu beurteilende **Grenzfälle**. Die Ausbildung von Soldaten an dem jew. Waffensystem wird grds. nicht als Fachausbildung gewertet. Allerdings kann auch eine mil. Spezialkenntnisse vermittelnde Ausbildung Fachausbildung sein. Ob eine rein militärspezifische oder waffensystembezogene Ausbildung als Fachausbildung zu qualifizieren ist, wird immer auch von der Komplexität der Ausbildung abhängen und von der Frage, ob die mit der Ausbildung vermittelten Fähigkeiten für sich allein ausreichen, einen bestimmten Dienstposten wahrzunehmen. Ist dies nicht der Fall, dürfte es sich i. d. R. um einen Bestandteil der allg. truppendienstl. Ausbildung handeln. Dieser Gesichtspunkt kommt in der Rspr. zum Ausdruck, wenn darauf abgestellt wird, dass allein der **Zweck der jew. Verwendung** eines BS Auskunft darüber geben kann, ob es sich bei einer bestimmten Ausbildung um eine Fachausbildung oder um einen Teil der allg. mil. Ausbildung handelt.[143] 96

Grds. **keine Fachausbildungen** trotz formalisierter Ausbildung und Abschlussprüfung sind die allgemeinmil. Lehrgänge und Prüfungen, die nach der SLV zu absolvieren sind. 97

Ob die Fachausbildung dem Dienstherrn **besondere Kosten** verursacht, die über die ohnehin zu gewährende Besoldung des BS hinausgehen, ist angesichts des Zwecks der Best. **unerheblich**.[144] 98

Für das Entstehen einer **Stehzeitverpflichtung** gem. Abs. 3 kommt es nicht darauf an, in welchem Status der Soldat das Studium oder die Fachausbildung erhalten hat. Auch Ausbildungen, die als SaZ absolviert wurden, begründen bei späterer Ernennung zum BS eine Stehzeitverpflichtung.[145] 99

---

136 BVerwGE 52, 85; 65, 203 (209).
137 BVerwGE 42, 233; 65, 203.
138 VGH Kassel ESVGH 53, 51. Die AiP-Ausbildungszeit ist zum 1.10.2004 abgeschafft worden.
139 BVerwGE 52, 84.
140 VGH Mannheim ZBR 1999, 280.
141 OVG Lüneburg NZWehrr 1995, 128.
142 OVG Münster 12 A 3792/96.
143 BVerwGE 69, 95.
144 BVerwGE 65, 203.
145 BVerwGE 52, 70; OVG Münster NZWehrr 1985, 164.

Sohm

§ 46 Entlassung

100 Soldaten werden grds. vor Beginn einer Fachausbildung über die damit verbundenen Folgen **belehrt**.[146] Unterbleibt die Belehrung, hat dies keine Auswirkungen auf die Stehzeit bzw. die Rückerstattungspflicht.[147]

101 **Str.** ist, ob der Soldat zu einem Studium oder einer Fachausbildung mit der Folge einer Stehzeit **verpflichtet** werden kann. Nach Auffassung des BVerwG setzt eine Fachausbildung immer die vorherige Zustimmung des Soldaten voraus.[148] Dagegen sehen *Scherer/Alff/Poretschkin* die Fachausbildung als Teil der mil. Verwendung an, welcher der Soldat nicht mit der Begr. widersprechen könne, er wolle jederzeit seine Entlassung verlangen können.[149]

Grds. ist der letztgenannten Auffassung zu folgen. Dies ergibt sich bereits aus der Überlegung, dass Studium und Fachausbildung häufig vor der Ernennung zum BS stattfinden. Für den SaZ folgt hieraus grds. keine Dienstzeitverlängerung, die über die ohnehin eingegangene Verpflichtungszeit hinausgeht; er könnte somit unter Berufung auf Abs. 3 Satz 1 Halbs. 2 nicht der Ausbildung widersprechen. Die Auffassung des BVerwG liefe somit darauf hinaus, dass von einem SaZ grds. die Teilnahme an einem Studium oder einer Fachausbildung verlangt werden kann, dagegen nicht von einem BS. Diese **Differenzierung** ist **unhaltbar**. Die Verpflichtung eines Soldaten zur Teilnahme an einer Fachausbildung ist eine truppendienstl. Maßnahme[150], für deren rechtl. Bewertung das **Befehlsrecht** und nicht Abs. 3 Satz 1 Halbs. 2 einschlägig ist. So kann es durchaus Fachausbildungen geben, zu denen ein Soldat – unabhängig von der Begründung einer Stehzeit – verpflichtet werden kann.

102 Voraussetzung für das Entstehen einer Stehzeitverpflichtung ist nicht, dass das Studium oder die Fachausbildung abgeschlossen ist oder erforderliche Prüfungen mit Erfolg abgelegt wurden. Sofern Wissen oder Fähigkeiten vermittelt wurden, die für die Verwendung als Soldat nutzbar sind, sei es auch nur im Rahmen einer zusätzlichen Ausbildung oder als Grundlage für eine noch abzulegende Prüfung, reicht dies aus.[151]

103 Die **Stehzeit beginnt** mit dem Abschluss des Studiums oder der Fachausbildung; hierfür ist grds. auf Prüfungs- und Lehrgangszeugnisse abzustellen.[152] Mit der Dauer des Studiums oder der Fachausbildung ist die **tatsächliche Dauer** der Ausbildung gemeint; auf Regelausbildungszeiten kommt es nicht an.[153] Unterrichtsfreie Zeiträume sind grds. Teil des Studiums oder der Fachausbildung, es sei denn, die mil. Verwendung des Soldaten während der ausbildungsfreien Zeit steht in keinem Zusammenhang mit der Ausbildung oder der künftigen Verwendung, auf die sich die Ausbildung bezieht.[154]

---

146 ZDv 14/5 B 156 Nr. 7.
147 BVerwGE 52, 76.
148 BVerwGE 65, 203. Ebenso GKÖD I Yk, § 46 Rn. 29.
149 *Scherer/Alff/Poretschkin*, SG, § 46 Rn. 32.
150 Grds. werden Soldaten durch Kommandierung o. Versetzung zum Studium o. einer Ausbildung entsandt. Vgl. VGH München 3 B 93.279.
151 Auf die in ZDv 14/5 B 155 Nr. 5 Abs. 3 in z.T. wörtlicher Anlehnung an BVerwGE 52, 84; 65, 203 vorausgesetzte ziv. Nutzbarkeit kommt es nicht an.
152 VG Gießen NZWehrr 2000, 173.
153 *Dau*, NZWehrr 1978, 52.
154 ZDv 14/ B 155 Nr. 9 unter Anlehnung an BVerwG II C 27.75.

Entlassung § 46

Nimmt ein Soldat ein Mandat im Europ. Parlament, ein Bundestags- oder ein Landtagsmandat an und ruhen damit die Pflichten und Rechte aus dem Dienstverhältnis (§ 8 Abs. 3 EuAbgG, § 5 AbgG, § 25 Abs. 2 SG), ist diese Zeit auf die Abdienung der Stehzeit anzurechnen (Rechtsgedanke aus § 7 Abs. 4 AbgG). **104**

Bei **mehreren Fachausbildungen** oder beim Zusammentreffen von Studium und Fachausbildung sind die Stehzeitverpflichtungen für jeden Ausbildungsgang gesondert zu berechnen. Dies gilt auch hins. der maximalen Stehzeitverpflichtung von zehn Jahren. **105**

Wird während des Abdienens einer Stehzeitverpflichtung eine **neue Fachausbildung** begonnen, ist für deren Dauer der weitere Ablauf der Abdienzeit gehemmt. Dies folgt daraus, dass nur Zeiten auf die Stehzeit anzurechnen sind, in denen der Soldat die erworbenen Kenntnisse dem Dienstherrn uneingeschränkt zur Verfügung stellt.[155] Nach der weiteren Fachausbildung läuft die Abdienzeit für die erste Ausbildung weiter; parallel beginnt die Stehzeit für die zweite Ausbildung. Mehrere Stehzeiten können somit gleichzeitig laufen und abgedient werden.[156] Beendet ist die Stehzeitverpflichtung spätestens zehn Jahre nach Abschluss der letzten Fachausbildung. **106**

§ 94 enthält eine **Übergangsregelung**, die allerdings heute keine Bedeutung mehr haben dürfte.[157] **107**

11. Absatz 3a. Nach **Abs. 3a Satz 1** ist der BS kraft Gesetzes entlassen, wenn er **zum Beamten ernannt** wird. Das Gesetz gibt damit dem später begründeten Beamtenverhältnis Vorrang vor dem bereits bestehenden Wehrdienstverhältnis. Dem entspricht die Rechtslage im Beamtenrecht bei Ernennung eines Beamten zum BS oder SaZ oder beim Eintritt des Beamten in ein öff.-rechtl. Dienst- oder Amtsverhältnis zu einem anderen Dienstherrn (§ 31 Abs. 1 Nr. 2 BBG). Im Beamtenrecht ist dies angesichts des Rechts des Beamten, jederzeit aus dem Beamtenverhältnis ausscheiden zu können (§ 33 Abs. 1 Satz 1 BBG), konsequent.[158] Im Soldatenrecht, das für SaZ und BS bestimmte Mindestdienstzeiten vorsieht, vor deren Ableistung nur unter engen Voraussetzungen eine Entlassung möglich ist (§ 46 Abs. 3, 4 bis 6, § 55 Abs. 3), stellt Abs. 3a Satz 1 zumindest eine systemfremde Regelung dar, da sie ungeachtet noch bestehender Dienstleistungspflichten die Entlassung ermöglicht. Der Ausgleich besteht darin, dass die Entlassung nach Abs. 3a Satz 1 als Entlassung auf eigenen Antrag gilt (Abs. 3a **Satz 2** – mit der Folge, dass ggf. Studien- und Ausbildungskosten gem. § 49 Abs. 4 Satz 1 Nr. 1 zurückzuerstatten sind) und dass – anders als nach § 125 Abs. 1 BRRG a. F. – das BMVg oder die von ihm bestimmte Stelle dieser Entlassung **zustimmen** muss (Abs. 3a **Satz 4 ff.**).[159] Dabei müssen die einschlägigen Stehzeitverpflichtungen beachtet werden. **108**

Voraussetzung einer Entlassung nach Abs. 3a Satz 1 ist die **wirksame Ernennung zum Beamten**, unabhängig bei welchem Dienstherrn (Bund, Land, kommunale Körperschaften u. a.). Ist die Ernennung unwirksam oder nichtig, erfolgt keine Entlassung, auch dann nicht, wenn der Soldat in Annahme einer wirksamen Ernennung über eine längere Zeit als faktischer Beamter Dienst leistet. Die im Beamtenrecht zu § 31 Abs. 1 **109**

---
155 BVerwG *Buchholz* 236.1 § 46 SG Nr. 17; VGH München 3 B 93.270.
156 OVG Lüneburg NZWehrr 1995, 128.
157 Vgl. die Komm. zu § 94.
158 S. GKÖD I K, § 29 Rn. 15.
159 Vgl. zu den Motiven des Gesetzgebers ausführlich BT-Drs. 16/10850, 245.

Nr. 2 BBG vertretene Auffassung, ein faktisches öff.-rechtl. Dienstverhältnis reiche für die Entlassung aus[160], kann angesichts des eindeutigen Wortlauts auf Abs. 3a Satz 1 nicht übertragen werden. Wird demgegenüber der wirksam zum Beamten Ernannte aus dem Beamtenverhältnis entlassen oder wird die Ernennung zurückgenommen, lebt das ursprüngliche Wehrdienstverhältnis (auch bei rückwirkender Rücknahme [ex tunc]) nicht wieder auf. Abs. 3a Satz 1 knüpft die Entlassung an die einmalige wirksame Ernennung und nicht an deren Fortbestand.[161]

110 **Ausnahmen** von der Entlassung ergeben sich aus Abs. 3a **Satz 3** lediglich für Ehrenbeamte und wissenschaftliches Personal im Beamtenverhältnis auf Zeit. Für weitere Einzelheiten ist – für SaZ – der Erl. des BMVg „Ernennung von Soldaten auf Zeit zu Beamten auf Widerruf im Vorbereitungsdienst"[162] heranzuziehen.

111 **12. Absatz 4.** Die Best. wurde durch Art. 1 Nr. 12 des G vom **6.12.1990**[163] unter Verweis auf § 28 Abs. 7 eingeführt. Sie ist bislang dreimal geändert worden. Abgesehen von einer redaktionellen Anpassung wurde durch Art. 8 Nr. 3 des G vom **30.11.2000**[164] der Begriff „Elternzeit" eingeführt. Durch Art. 2 Nr. 5 des **SDGleiG** wurde Satz 2 angefügt, wonach die Inanspruchnahme von Teilzeitbeschäftigung nach § 30a zu einer entspr. Dienstzeitverlängerung führt.

112 Der **Normzweck** von Abs. 4 ist identisch mit dem von § 40 Abs. 4. Auf die diesbezügliche Komm. kann erwiesen werden.[165]

113 Da es bei § 46 Abs. 4 – insoweit anders als bei § 40 Abs. 4 – nicht um die Verlängerung einer für eine bestimmte Dauer festgesetzten Dienstzeit geht, sondern um den Zeitpunkt, ab dem eine Entlassung verlangt werden kann, ist für einen feststellenden VA oder einen Bescheid über die Verlängerung der Dienstzeit kein Raum.

114 Die **Übergangsregelung** findet sich in § 95.[166]

115 **13. Absatz 5.** Unabhängig von einem Studium oder einer Fachausbildung kann ein BerufsOffz seine Entlassung erst nach dem Ende des sechsten Dienstjahres als Offz verlangen. Die Best. ist mit Art. 3 und Art. 12 **GG vereinbar**.[167] Die **Frist beginnt** mit der Beförderung zum ersten Offizierdienstgrad, was bei Bewerbern mit wissenschaftlicher Vorbildung auch ein höherer Dienstgrad als der des Lt sein kann (vgl. § 28 SLV). Bei der Berechnung sind die Offz-Dienstjahre zu berücksichtigen, die der Offz vor seiner Ernennung zum BS im Dienstverhältnis eines SaZ abgeleistet hat.[168]

116 **14. Absatz 6.** Abs. 6 regelt eine **Ausnahme von den Stehzeitverpflichtungen** der Abs. 3, 4 und 5, sofern das Verbleiben im Dienst für den Soldaten eine besondere Härte bedeutet. Die Regelung trägt dem verfassungsrechtl. Grds. der Verhältnismäßigkeit Rechnung.[169] Wenn eine besondere Härte vorliegt, hat der BS einen **Anspruch**

---

160 GKÖD I K, § 29 Rn. 16.
161 Vgl. GKÖD I K, ebd.
162 ZDv 14/5 B 147; vgl. auch die Komm. zu § 55 Rn. 8.
163 BGBl. I S. 2588.
164 BGBl. I S. 1638.
165 § 40 Rn. 31–34.
166 Vgl. die dortige Komm.
167 BVerwGE 35, 146.
168 *Scherer/Alff/Poretschkin*, SG, § 46 Rn. 34.
169 *Foge*, NZWehr 1985, 45.

Entlassung § 46

auf Entlassung. Dagegen steht die Entlassung wegen besonderer Härte bei Soldaten, die aufgrund der WPfl Wehrdienst leisten, nach § 29 Abs. 4 Nr. 1 WPflG im Ermessen des Dienstherrn.[170] Der Begriff der besonderen Härte ist ein unbest. Rechtsbegriff, der umfassender gerichtl. Überprüfbarkeit unterliegt.[171]

Mit Abs. 6 hat der Gesetzgeber die **Abwägung zwischen den Interessen** der Bw an einer bestimmten Mindestdienstzeit und den persönlichen Interessen der BS vorgenommen und die Grenzen der Zumutbarkeit einer Stehzeitverpflichtung abschließend bestimmt.[172] Stellt das Verbleiben im Dienst eine besondere Härte dar, kann die Entlassung verlangt werden. Für ergänzende Abwägungsentscheidungen und Zumutbarkeitskriterien ist kein Raum. Es kommt ausschließlich auf Gründe an, die in der Person des Soldaten liegen. Die Auswirkungen einer vorzeitigen Entlassung auf den Dienstherrn spielen demgegenüber keine Rolle. Unerheblich sind somit die Qualifikation des Soldaten oder die Frage, ob er in einem Bereich eingesetzt ist, in dem Personalmangel oder Personalüberhang gegeben ist. Auch auf die Tatsache, dass ein Soldat kurz vor Beendigung seiner Wehrdienstzeit steht oder nur noch eingeschränkt verwendbar ist, kann es nicht ankommen.[173]

117

Der Begriff der besonderen Härte ist **eng auszulegen**.[174] Voraussetzung ist eine im **persönlichen Lebensbereich** liegende **schwere Belastung** des Soldaten. Dabei darf es sich nicht um Lebensumstände handeln, die der Soldat selbst verursacht oder mittelbar herbeigeführt hat. In keinem Fall ist eine besondere Härte gegeben, wenn der Wunsch zum Berufswechsel wesentlich durch materielle Überlegungen bestimmt wird.[175]

118

Folgende **Kriterien** sind zu beachten:

119

- Es müssen schwerwiegende Umstände in der Lebenssituation des Soldaten vorliegen, die für ihn **existenzbedrohenden Charakter** haben oder ihm Verpflichtungen auferlegen, denen er sich nicht zu entziehen vermag. Eine berufliche Umorientierung oder geänderte Einstellung zum Soldatenberuf reicht nicht aus.
- Diese Umstände müssen **nach Beginn des Dienstverhältnisses eingetreten** sein.
- Sie müssen **unerwartet**, quasi schicksalhaft, entstanden sein.
- Für den Soldaten muss im Verhältnis zu anderen Soldaten eine **Ausnahmesituation** bestehen; Belastungen, die für jeden Soldaten in einer bestimmten Situation allein infolge der Pflicht zur mil. Dienstleistung typischerweise auftreten oder auftreten können, reichen nicht aus. Familiäre Probleme, z. B. infolge häufiger Versetzungen, stellen keine besondere Härte dar, da diese Belastung grds. jeden BS treffen

---

170 Verfassungsrechtl. Zweifel an dieser unterschiedlichen Rechtslage äußert *Foge*, NZWehrr 1985, 47 f.
171 So ausdrücklich VGH München 3 B 92.2123.
172 Vgl. BVerwGE 39, 60.
173 VGH München 3 B 92.2123. Die Gegenansicht (GKÖD I Yk, § 46 Rn. 34) liefe darauf hinaus, bei Anwendung des Abs. 6 die besondere Härte für den Soldaten mit der „besonderen Härte", welche die Entlassung für die Bw bedeutet, im Einzelfall abzuwägen. Dies entspricht nicht der Normstruktur des Abs. 6, der keine Abwägungsermächtigung enthält. Mit einer Abwägungsentscheidung wären auch erhebliche Schwierigkeiten hins. der Gleichbehandlung verbunden. So könnten bei identischer Betroffenheit je nach Interessenlage des Dienstherrn unterschiedliche Entscheidungen ergehen, obwohl die betroffenen Soldaten auf diese Interessenlage i. d. R. keinen Einfluss haben.
174 *Foge*, NZWehrr 1985, 47; *Hahnenfeld*, NZWehrr 1980, 125; krit. GKÖD I Yk, § 46 Rn. 35.
175 OVG Münster DÖV 1975, 68; VG Gießen NZWehrr 2000, 173.

kann.[176] Auch krankheitsbedingte Einschränkungen der persönlichen Laufbahnentwicklung liegen grds. nicht außerhalb jeder Wahrscheinlichkeit, so dass sie keine vorzeitige Entlassung zu rechtfertigen vermögen.[177]
- Die Entlassung muss der **einzige Weg** sein, diesen Umständen Rechnung zu tragen. Liegen schwerwiegende persönliche Belastungen vor, z. B. die plötzlich eingetretene Schwerbehinderung des Kindes eines alleinerziehenden Soldaten, ist eine besondere Härte dennoch zu verneinen, wenn den berechtigten Interessen des BS etwa durch Versetzung an einen anderen Standort entsprochen werden kann.

120 Anerkannt ist, dass BS im San- und Militärmusikdienst unter Berufung auf ihr **Grundrecht aus Art. 4 Abs. 3 GG** ihre Entlassung wegen besonderer Härte verlangen können.[178] Die besondere Härte liegt in diesen Fällen im Grunde darin, dass BS, solange sie im San- oder Militärmusikdienst Dienst leisten, keine Möglichkeit haben, einen KDV-Antrag zu stellen. Einleuchtend ist diese Rspr. nicht. Es ist **inkonsequent**, BS im San- oder Militärmusikdienst das Rechtsschutzinteresse für einen Antrag auf KDV abzusprechen und ihnen dennoch im Hinblick auf Art. 4 Abs. 3 GG die vorzeitige Entlassung wegen einer besonderen Härte zu ermöglichen.[179]

121 Inwieweit Abs. 6 aufgrund des **KDVG** noch große praktische Bedeutung entfalten wird, bleibt abzuwarten. BS, die vorzeitig aus der Bw ausscheiden wollen, dürften nach der neuen Rechtslage voraussichtlich vermehrt den Weg über die KDV-Anerkennung und die damit verbundene Entlassung gem. Abs. 2 Nr. 7 beschreiten. Die Folgen hins. der **Rückerstattungspflicht** von Studien- und Ausbildungskosten sind in beiden Fällen **identisch** (vgl. § 49 Abs. 4 Satz 1 Nr. 1), da auch die Entlassung wegen Anerkennung als KDV als Entlassung auf eigenen Antrag gilt. Lediglich für Angehörige des San- und Militärmusikdienstes wird Abs. 6 weiterhin die entscheidende Rechtsgrundlage bleiben.

122 **15. Absatz 7.** Abs. 7 regelt in erster Linie **formale Aspekte der Entlassung** auf eigenen Antrag. Die Best. entspricht weitgehend § 33 Abs. 1 BBG.

123 Bei dem Entlassungsverlangen handelt es sich um eine empfangsbedürftige, bedingungsfeindliche **Willenserklärung**, die in **schriftl.** Form abgegeben werde muss.[180] Durch die Neufassung von **Satz 1** im DNeuG ist die elektronische Form nicht mehr ausgeschlossen.

124 Der Entlassungsantrag muss **nicht begründet** werden. Verlangt der Soldat jedoch eine vorzeitige Entlassung nach Abs. 6, muss er hierfür Gründe angeben. Kann das Vorliegen einer besonderen Härte aufgrund der vorgebrachten Begr. nicht abschließend beurteilt werden, ist der Soldat aufzufordern, ergänzende Angaben zu machen; eine sofortige Ablehnung des Antrags verstieße gegen die Fürsorgepflicht. Die Fürsorgepflicht gebietet es ferner, den Antragsteller über die Folgen einer Entlassung zu belehren bzw. ihn zum Überdenken seines Antrags aufzufordern, wenn Anzeichen

---

176 BVerwG *Buchholz* 238.4 § 46 SG Nr. 16.
177 OVG Münster DÖV 1975, 68.
178 *Scherer/Alff/Poretschkin*, SG, § 46 Rn. 39; vgl. o. Rn. 79. Grundlegend BVerwGE 72, 241 = NJW 1986, 800; BVerwGE 80, 62 = NVwZ 1989, 1067; vgl. auch OVG Koblenz 10 A 11919/04; *Böck*, NZWehr 1997, 152; *Walz*, NZWehr 2002, 252.
179 Vgl. *Walz*, NZWehrr, ebd.
180 *Battis*, BBG, § 33 Rn. 3; GKÖD I Yk, § 46 Rn. 39.

dafür vorliegen, dass dieser aus einer augenblicklichen Überreaktion heraus gestellt wurde.[181]

Das Entlassungsverlangen ist nicht nur Rechtmäßigkeits-, sondern **Wirksamkeitsvoraussetzung** für die Entlassung gem. Abs. 3. Eine Entlassung ohne Antrag oder nach erfolgter Anfechtung des Entlassungsverlangens ist gem. § 44 Abs. 1 VwVfG i. d. R. nichtig.[182] 125

Nach verfügter Entlassung ist eine **Anfechtung des Entlassungsverlangens** gem. §§ 119, 123 BGB möglich. Es sind die entspr. Fristen einzuhalten (§§ 121, 124 BGB).[183] Folge einer erfolgreichen Anfechtung ist, dass die Entlassung rückwirkend als unwirksam anzusehen ist (§ 142 BGB). Prozessual kann dies durch Feststellungs- oder Anfechtungsklage[184] gegen die Entlassungsverfügung geltend gemacht werden. 126

Die **Rücknahme der Entlassungserklärung** gem. **Satz 2** kann so lange erfolgen, bis die Entlassungsverfügung dem Soldaten zugestellt wurde. Materielle Voraussetzungen für eine Rücknahme gibt es nicht. Eine **Rücknahme der Rücknahmeerklärung** mit der Folge, dass der ursprüngliche Entlassungsantrag wieder auflebt, ist ausgeschlossen. Es kann dann jedoch ein neuer Entlassungsantrag gegeben sein.[185] Grds. ist für die Rücknahme eine **Zwei-Wochen-Frist** einzuhalten. Hiervon kann die Entlassungsdienststelle eine Ausnahme zulassen. Verweigert die Entlassungsdienststelle eine Ausnahmeentscheidung, stellt sich die Frage des **Rechtsschutzes**. Nach im Beamtenrecht vertretener Auffassung kann auf Erteilung einer Ausnahmegenehmigung eine eigenständige Verpflichtungsklage erhoben werden.[186] Es dürfte auch möglich sein, die Entlassungsverfügung mit der Begr. anzufechten, die zugrunde liegende Erklärung sei wirksam zurückgenommen worden; ob die Entlassungsdienststelle zur Gewährung einer Ausnahme verpflichtet gewesen ist, muss dann durch das VG incidenter geprüft werden. Die Ausnahmemöglichkeit bezieht sich auf die Zwei-Wochen-Frist und nicht auf das Erfordernis, dass die Rücknahme vor Zustellung der Entlassungsverfügung erklärt werden muss.[187] 127

Nach **Satz 3 Halbs. 1** ist die Entlassung grds. für den beantragten Zeitpunkt auszusprechen; nach **Halbs. 2** kann sie aber so lange **hinausgeschoben** werden, bis der Soldat seine dienstl. Obliegenheiten ordnungsgemäß erledigt hat, längstens für drei Monate. Diese **Frist beginnt** mit dem beantragten Entlassungszeitpunkt, nicht bereits mit der Antragstellung.[188] Das Hinausschieben des Entlassungszeitpunktes muss sachlich begründet sein. Beantragt ein Soldat seine Entlassung zu einem mehrere Monate in der Zukunft liegenden Zeitpunkt, wird ein weiteres Hinausschieben der Entlassung unverhältnismäßig sein. 128

---

181 Vgl. BVerwGE 20, 35.
182 VGH Mannheim NVwZ 1987, 521; a.A. OVG Münster DöD 1985, 66.
183 BVerwGE 37, 19; BVerwG ZBR 1971, 88.
184 Auch gegenüber einem nichtigen VA ist die Anfechtungsklage zulässig. Vgl. § 43 Abs. 2 Satz 2 VwGO.
185 BVerwG RiA 1985, 167.
186 *Battis*, BBG, § 33 Rn. 5.
187 Der Entlassungsantrag kann stets nur vor Zugang der Entlassungsverfügung zurückgenommen werden, vgl. *Battis*, BBG, § 33 Rn. 5.
188 Ebenso *Battis*, BBG, § 33 Rn. 6. A.A. *Scherer/Alff/Poretschkin*, SG, § 46 Rn. 44.

§ 46 Entlassung

129 **16. Absatz 8.** Die Best. ist seit der Erstfassung von 1956 mit Ausnahme einer redaktionellen Anpassung[189] **unverändert** geblieben; wegen der häufigen Änd. des § 46 hat sich lediglich die Nummerierung des Absatzes mehrmals geändert. Zu Abs. 8 wurde die Best. durch Art. 65 Nr. 3 des G vom **21.8.2002**.[190]

130 Mit der Möglichkeit der Entlassung wegen Nichteignung hat der Gesetzgeber an die frühere Rechtslage angeknüpft. Nach § 26 Abs. 1 WG 1921 konnten grds. alle Offz und nach § 24 Abs. 2b WG 1935 alle freiwillig länger dienenden Soldaten wegen mangelnder Eignung entlassen werden. Abs. 8 begrenzt die Entlassungsmöglichkeit wegen mangelnder Eignung auf BS im Dienstgrad Lt. Der **REntw**. sah in § 41 Abs. 4 die Entlassung bis zum Dienstgrad OLt vor.[191] Der **VertA** begrenzte die Best. auf den Dienstgrad Lt.[192]

131 Die Entlassung ist nur innerhalb **bestimmter Zeitspannen** – vor dem Ende des dritten Dienstjahres als Offz (unabhängig vom Status) und vor dem Ende des zehnten Jahres der Gesamtdienstzeit in der Bw – zulässig. Da Abs. 8 ausdrücklich auf die Gesamtdienstzeit in der Bw abstellt, sind z. B. bei Wiedereinstellern Vordienstzeiten zu berücksichtigen.[193]

132 Grund für diese Einschränkungen war die Absicht des Gesetzgebers, den BS einen **vergleichbar** geschützten Status zu gewähren wie den **Beamten**.[194] Da Offz u. U. in einem relativ jungen Lebensalter zu BS ernannt werden, sollte jedoch gewährleistet bleiben, dass sie bei erkennbarer Nichteignung wieder entlassen werden können. Das Gesetz knüpft dabei nicht an ein bestimmtes Lebensalter an, sondern an den Dienstgrad. Es geht davon aus, dass eine Dienstgradhöhe, ab der die Entlassung ausgeschlossen ist, in einem Lebensalter erreicht wird, in dem Beamte üblicherweise den Status eines Lebenszeitbeamten erlangen.[195] Auch wenn Abs. 8 eine soldatenrechtsspezifische Regelung darstellt, ist sie von ihrem Sinn und Zweck her somit vergleichbar mit der vereinfachten Entlassung von Beamten auf Probe wegen mangelnder Bewährung (§ 34 Abs. 1 Satz 1 Nr. 2 BBG). Ein struktureller Unterschied besteht aber: Der Probebeamte muss im Rahmen seiner weiteren Laufbahn noch zum Beamten auf Lebenszeit ernannt werden; diese Ernennung unterliegt ihrerseits bestimmten rechtl. Voraussetzungen. Der i. S. d. Abs. 8 betroffene Soldat ist bereits BS und hat keine Statusänderung mehr zu erwarten; er verfügt damit über einen gefestigteren Status als der Beamte auf Probe. Dies muss bei der Anwendung von Abs. 8 berücksichtigt werden.

133 Voraussetzung der Entlassung nach Abs. 8 ist die mangelnde Eignung zum BerufsOffz. Allein die Eignung für den konkret als Lt wahrgenommenen Dienstposten schließt eine Entlassung nicht aus, wenn feststeht, dass der Soldat für weitere Verwendungen eindeutig ungeeignet ist. Auf ein **Verschulden** oder eine sonstige Verantwortlichkeit des Soldaten für die Nichteignung **kommt es nicht an** (Umkehrschluss zu § 49 Abs. 4 Satz 1 Nr. 2). Die Entlassung wegen Nichteignung ist nicht zwingend mit einem negati-

---

189 Durch Art. 1 Nr. 33 des SGÄndG wurde in Satz 2 des damaligen Abs. 7 der Begriff „Gesetz" durch „Soldatenversorgungsgesetz" ersetzt.
190 BGBl. I S. 3322.
191 BT-Drs. II/1700, 11.
192 BT-Drs. II/2140, 49 f.
193 So jetzt auch *Scherer/Alff/Poretschkin*, SG, § 46 Rn. 49.
194 BT-Drs. II/1700, 31 f.
195 Ebd.

Entlassung § 46

ven Werturteil über den Soldaten verbunden; die Nichteignung stellt vielmehr eine objektive Größe dar.

Bei der Nichteignung handelt es sich um einen **unbestimmten Rechtsbegriff**; er gewährt der Entlassungsdienststelle einen gerichtl. nur eingeschränkt überprüfbaren Beurteilungsspielraum.[196] In erster Linie wird auf die Kategorien des § 37 Abs. 1 Nr. 3 abzustellen sein, d. h. ob der Soldat die charakterliche, geistige und körperliche Eignung besitzt, die zur Erfüllung seiner Aufgaben als BerufsOffz erforderlich ist. Zweifel am Eintreten für die FdGO können eine Entlassung nach Abs. 8 rechtfertigen.[197] Im Grunde kommt es auf eine Prognoseentscheidung an, ob der Soldat in der Zukunft den Anforderungen eines BerufsOffz gerecht zu werden vermag.

134

Problematisch ist in diesem Zusammenhang die **körperliche Eignung**. Ist der BS nicht mehr dienstfähig, muss er entweder in den Ruhestand versetzt werden (§ 44 Abs. 3) oder er ist gem. § 46 Abs. 2 Satz 1 Nr. 6 zu entlassen. Die Entlassung bzw. Versetzung in den Ruhestand wegen Dienstunfähigkeit hat Vorrang vor der Entscheidung nach Abs. 8.[198] Auf der Grundlage von Abs. 8 kann eine Entlassung nur dann in Betracht kommen, wenn die körperliche oder gesundheitliche Beeinträchtigung die Schwelle zur Dienstunfähigkeit noch nicht überschritten hat, sie gleichwohl den Soldaten als BerufsOffz ungeeignet erscheinen lässt. Dies birgt die Gefahr von **Wertungswidersprüchen**. So ist ein dienstunfähiger Soldat bereits nach einer Dienstzeit von fünf Jahren nicht mehr zu entlassen, sondern in den Ruhestand zu versetzen (§ 44 Abs. 3 i. V. m. Abs. 5) mit der Folge, dass ihm ein Anspruch auf Ruhegehalt zusteht. Nach Abs. 8 könnte ein Soldat bis zum Ablauf des zehnten Dienstjahres wegen einer geringeren Beeinträchtigung ohne Anspruch auf Ruhegehalt entlassen werden.[199] In diesem Zusammenhang ist zu beachten, dass im Beamtenrecht die Entlassung eines Beamten auf Probe gem. § 34 Abs. 1 Satz 1 Nr. 3 BBG die Dienstunfähigkeit voraussetzt, während die mit Abs. 8 vergleichbare Entlassung mangels Bewährung (§ 34 Abs. 1 Satz 1 Nr. 2 BBG) nicht auf körperliche und gesundheitliche Aspekte abstellt. Die Entlassung eines BerufsOffz wegen mangelnder körperlicher Eignung dürfte daher nur in besonderen Ausnahmesituationen in Betracht kommen.[200]

135

---

196 Vgl. BVerwGE 32, 237; 43, 166; 85, 180; *Scherer/Alff/Poretschkin*, SG, § 46 Rn. 46.
197 Dieser Aspekt spielte im Beamtenrecht bei der Anwendung des § 31 Abs. 1 Satz 1 Nr. 2 BBG a. F. (jetzt: § 34 Abs. 1 Satz 1 Nr. 2 BBG) häufiger eine Rolle; vgl. *Battis*, BBG, § 34 Rn. 6 m. w. N.
198 *Scherer/Alff/Poretschkin*, SG, § 46 Rn. 47.
199 Die Zehn-Jahres-Frist wurde v. Gesetzgeber damit begründet, dass es sich hierbei um einen Zeitraum handele, in dem Versorgungsansprüche nicht entstünden (BT-Drs. II/1700, 32). Dies entspricht nicht mehr der aktuellen Rechtslage. Ruhegehaltsansprüche entstehen nach § 15 SVG i. V. m. § 44 Abs. 5 Satz 1 Nr. 1 SG grds. bereits ab einer Dienstzeit von fünf Jahren.
200 Zwar wird im Beamtenrecht z.T. die Entlassung eines Beamten auf Probe wegen Zweifeln an der physischen Befähigung nach § 34 Abs. 1 Satz 1 Nr. 2 BBG für zulässig erachtet (vgl. *Battis*, BBG, § 34 Rn. 5 m. w. N.); dies ist auf die Besonderheit des Beamtenverhältnisses auf Probe zurückzuführen, das nur einen Durchgangsstadium zum Beamtenverhältnis auf Lebenszeit darstellt. Auf den BS, der von Abs. 8 erfasst wird, lässt sich dies nicht ohne Weiteres übertragen. Zur Auslegung des Abs. 8 bei gesundheitlichen Eignungsmängeln vgl. auch GKÖD I Yk, § 46 Rn. 44.

§ 47   Zuständigkeit, Anhörungspflicht und Fristen bei der Entlassung

136 Ein gleichzeitig gegen den Soldaten eingeleitetes **gerichtliches Disziplinarverfahren** schließt eine Entlassung wegen Nichteignung nicht aus.[201] Dies kann auch in Fällen gelten, in denen es sich nicht um ein Dienstvergehen handelt, das zwingend zur Entfernung aus dem Dienstverhältnis führt, bei dem ein gerichtl. Disziplinarverfahren also z. B. mit dem Ziel einer Dienstgradherabsetzung eingeleitet worden ist.[202]

137 Beruht die Nichteignung auf Tatsachen, die dem Dienstherrn bei Ernennung des BS **bekannt** waren, ist eine Entlassung nach Abs. 8 unzulässig.[203]

138 Nach § 47 Abs. 4 muss die Entlassungsverfügung dem Soldaten wenigstens sechs Wochen vor dem Entlassungstag zum Schluss eines Kalendervierteljahres unter schriftl. Angabe der Gründe **zugestellt** werden.

139 Wenn der Soldat seine Entlassung vorsätzlich oder grob fahrlässig herbeigeführt hat, ist er bei einer Entlassung vor Ablauf der nach Abs. 3 geltenden Fristen ggf. verpflichtet, die **Kosten** für ein Studium oder eine Fachausbildung zu **erstatten** (§ 49 Abs. 4 Satz 1 Nr. 2). Dabei ist die **Übergangsregelung** des § 97 zu beachten.[204]

140 Abs. 8 Satz 2 verweist auf § 37 Abs. 1 Satz 1 Nr. 2 SVG. Der nach Abs. 8 entlassene Soldat erhält ein Übergangsgeld, das in der Höhe abhängig von der tatsächlichen Dauer der Wehrdienstzeit ist.

§ 47   Zuständigkeit, Anhörungspflicht und Fristen bei der Entlassung

(1) Soweit gesetzlich nichts anderes bestimmt ist, wird die Entlassung von der Stelle verfügt, die nach § 4 Abs. 2 für die Ernennung des Berufssoldaten zuständig wäre.

(2) Der Berufssoldat ist vor der Entscheidung über seine Entlassung zu hören.

(3) Die Entlassung muss in den Fällen des § 46 Abs. 2 Satz 1 Nr. 2 und 3 innerhalb einer Frist von sechs Monaten verfügt werden, nachdem das Bundesministerium der Verteidigung oder die Stelle, der die Ausübung der Befugnis zur Entlassung übertragen worden ist, von dem Entlassungsgrund Kenntnis erhalten hat.

(4) Die Entlassungsverfügung muss dem Soldaten in den Fällen des § 46 Abs. 2 Satz 1 Nr. 6 bei Dienstunfähigkeit wenigstens drei Monate vor dem Entlassungstag und in den Fällen des § 46 Abs. 8 wenigstens sechs Wochen vor dem Entlassungstag zum Schluss eines Kalendervierteljahres unter schriftlicher Angabe der Gründe zugestellt werden.

Übersicht

	Rn		Rn
I. Allgemeines	1	2. Absatz 2	7
II. Erläuterungen im Einzelnen	4	3. Absatz 3	11
1. Absatz 1	4	4. Absatz 4	17

Literatur: Spezielle Veröffentlichungen zu § 47 sind nicht vorhanden.

---

201 Vgl. BVerwGE 32, 237 = NZWehr 1970, 26.
202 *Scherer/Alff/Poretschkin*, SG, § 46 Rn. 47; s. auch GKÖD I Yk, § 46 Rn. 43.
203 Vgl. BVerwGE 61, 200.
204 Vgl. die Komm. zu § 97.

Zuständigkeit, Anhörungspflicht und Fristen bei der Entlassung § 47

I. Allgemeines

§ 47 legt **formelle und verfahrensrechtl. Vorgaben für die Entlassung** von BS fest. Diese sind im Wesentlichen den beamtenrechtl. Best. nachgebildet.[1] So entspricht die Zuständigkeitsregelung des Abs. 1 dem § 38 Satz 1 BBG; die Fristenregelungen der Abs. 3 und 4 finden ihre beamtenrechtl. Parallelen z. B. in § 14 Abs. 3 und § 34 Abs. 2 Satz 1 BBG. 1

Abgesehen von einzelnen redaktionellen Anpassungen, zul. durch Art. 65 Nr. 4 des G vom **21.8.2002**[2], durch Art. 3 Nr. 12 des **WehrRÄndG 2008** und Art. 10 Nr. 22 des **DNeuG**, ist die Vorschrift seit dem Inkrafttreten des SG **unverändert** geblieben. 2

Der **Anwendungsbereich** von § 47 bezieht sich ausschließlich auf Entlassungen, die **durch VA** verfügt werden. Entlassungen, die kraft Gesetzes eintreten (§ 46 Abs. 1 Satz 1, Abs. 3a Satz 1), werden von der Best. nicht erfasst[3], auch nicht hins. des VA, der die Voraussetzungen der Entlassung bzw. den Zeitpunkt der Entlassung feststellt (vgl. § 46 Abs. 1 Satz 2).[4] 3

II. Erläuterungen im Einzelnen

1. Absatz 1. Die Entlassung ist, soweit gesetzl. nichts anderes geregelt ist, von der Stelle zu verfügen, die nach § 4 Abs. 2 für die Ernennung des BS **zuständig** wäre. Dies ist entweder der BPräs, der BMVg oder die Dienststelle, der die Befugnis zur Ernennung (und Entlassung) übertragen worden ist. Hierzu kann auf die Komm. zu § 4 Abs. 2 verwiesen werden. 4

Wird die Entlassung durch eine **unzuständige Stelle** verfügt, ist sie lediglich unter den Voraussetzungen des § 44 Abs. 1 VwVfG **nichtig**, d. h. es muss ein besonders schwerwiegender und offensichtlicher Zuständigkeitsfehler gegeben sein. Dies ist bei einer „absolut" unzuständigen Stelle, also einer Dienststelle, die grds. überhaupt nicht über Entlassungen zu entscheiden hat, anzunehmen. Bei sonstigen Zuständigkeitsfehlern wird die Entlassung regelmäßig nur **rechtswidrig** sein.[5] 5

Die Entlassung ist als **VA** zu verfügen. Die Aushändigung einer **Entlassungsurkunde** ist dagegen weder gesetzl. vorgeschrieben noch für die Entlassung konstitutiv. Nach § 1 Abs. 2 der DBest. zur Anordnung des BPräs über die Ernennung und Entlassung der Soldaten[6] erhalten BS nur in den dort aufgeführten Fällen eine Entlassungsurkunde. Wird versehentlich keine Urkunde ausgehändigt, ändert dies an der Wirksamkeit der Entlassung nichts. 6

2. Absatz 2. Die Best. ist an sich **überflüssig** und historisch nur dadurch erklärbar, dass das SG älter als das VwVfG ist. Unabhängig von Abs. 2 ist der BS vor der Entlassung – wie vor dem Erl. anderer belastender VA – in jedem Fall gem. § 28 Abs. 1 VwVfG **anzuhören**. 7

---
1 Vgl. BT-Drs. II/1700, 32 zu § 42 des REntw.
2 BGBl. I S. 3322.
3 A.A. offenbar *Weniger*, SG, § 47 Rn. 1.
4 *Scherer/Alff/Poretschkin*, SG, § 47 Rn. 2.
5 *Kopp/Ramsauer*, VwVfG, § 44 Rn. 14 ff.
6 ZDv 14/5 B 111. Vgl. zur Vollziehung u. Aushändigung der Entlassungsurkunde ergänzend die Erl. des BMVg ZDv 14/5 B 115, B 116.

Sohm 773

Die Mitteilung über die Entlassungsabsicht ist dementspr. als lediglich vorbereitende Maßnahme auch nicht isoliert anfechtbar.[7]

8 Str. ist, ob eine Anhörung vor einer **Entlassung auf eigenen Antrag** erfolgen muss.[8] Im Grunde besteht die Anhörung des BS in diesem Fall in seinem Entlassungsantrag, in dem er die Gründe für die begehrte Entlassung – sofern erforderlich – darzulegen hat. Eine erneute Anhörung vor der antragsgemäßen Verfügung der Entlassung ist entbehrlich. Dies folgt aus dem Rechtsgedanken des § 28 Abs. 2 Nr. 3 VwVfG. Anderes gilt, wenn der Antrag auf Entlassung abgelehnt werden soll. In diesem Fall folgt die Anhörungspflicht unmittelbar aus § 28 Abs. 1 VwVfG. Grds. sind die sonstigen Ausnahmen von der Anhörungspflicht gem. § 28 Abs. 2 VwVfG analog anwendbar.

9 Eine bestimmte **Form** für die Anhörung ist nicht vorgeschrieben; sie kann schriftl., mündlich oder telefonisch durchgeführt werden.[9] Sie muss nicht notwendigerweise unmittelbar durch die Entlassungsdienststelle vorgenommen werden; je nach Sachlage kann die Anhörung durch den DiszVorg. ausreichen. Entscheidend ist, dass die Entlassungsdienststelle das Vorbringen des Soldaten zur Kenntnis genommen[10] und sich bei der Entlassungsentscheidung damit auseinandergesetzt hat. Anhörung bedeutet, dass der BS die Möglichkeit haben muss, auf den Gang und das Ergebnis des Entlassungsverfahrens **Einfluss zu nehmen**. Dies setzt voraus, dass dem Soldaten die Tatsachen zur Kenntnis gebracht werden, die aus Sicht des Dienstherrn für die Entlassungsentscheidung erheblich sind. Insoweit besteht gegenüber dem BS eine **Hinweis- und Informationspflicht**. Wird gegen diese verstoßen, erfüllt die Anhörung nicht die Voraussetzungen des Abs. 2. Hat der BS gegen seine beabsichtigte Entlassung Einwände erhoben, ist i. d. R. zu verlangen, dass in der Entlassungsverfügung hierauf eingegangen wird.[11]

10 Ist die Anhörung **unterblieben** oder nicht ordnungsgemäß durchgeführt worden, ist die Entlassungsverfügung rechtswidrig. Die Anhörung kann gem. § 45 Abs. 1 Nr. 3 VwVfG **nachgeholt** werden, und zwar nach § 45 Abs. 2 VwVfG bis zum Abschluss der letzten Tatsacheninstanz eines verwaltungsgerichtl. Verfahrens.[12] Das Nachholen der Anhörung kann regelmäßig im Rahmen eines Beschwerdeverfahrens stattfinden. Entscheidend ist, dass die Anhörung des Soldaten nachgeholt worden ist, solange die zuständige Stelle das Ergebnis der ordnungsgemäßen Anhörung noch in die Personalentscheidung einbeziehen kann. Wegen fehlender Anhörung dürfte daher in der Praxis kaum eine Entlassungsverfügung durch ein VG aufgehoben werden.[13]

11 **3. Absatz 3.** Abs. 3 entspricht der im Beamtenrecht für die Rücknahme einer Ernennung geltenden Fristbest. des § 14 Abs. 3 BBG. Die Vorschrift wurde in bewusster Anlehnung an die **beamtenrechtl. Regelung** geschaffen.[14]

---

7 BDHE 4, 178.
8 So *Scherer/Alff/Poretschkin*, SG, § 47 Rn. 2, unter Berufung auf VGH München ZBR 1983, 169; a. A. GKÖD I Yk, § 47 Rn. 2.
9 So bereits *Rittau*, SG, 222. Vgl. *Scherer/Alff/Poretschkin*, SG, § 47 Rn. 3.
10 Vgl. GKÖD I Yk, § 47 Rn. 3.
11 Zu den konkreten Anforderungen an die Anhörung vgl. *Kopp/Ramsauer*, VwVfG, § 28 Rn. 15 ff.
12 Vgl. OVG Münster 1 B 1659/05 – juris Rn. 11 m. w. N.
13 Vgl. *Scherer/Alff/Poretschkin*, SG, § 47 Rn. 4.
14 BT-Drs. II/1700, 34.

Zuständigkeit, Anhörungspflicht und Fristen bei der Entlassung § 47

Die Sechsmonatsfrist dient der **Rechtssicherheit**, ist aber auch Ausfluss des Gedankens der Verwirkung[15], welcher der verwaltungsrechtl. Fristbest. des § 48 Abs. 4 VwVfG zu Grunde liegt. Die Anwendung der allg. **Verwirkungsgrds.** ist damit nicht ausgeschlossen. So kann die Entlassung eines Soldaten vor Ablauf der Sechsmonatsfrist unzulässig sein, wenn die zuständige Dienststelle durch entspr. Verhalten den unmissverständlichen Eindruck hervorgerufen hat, aufgrund eines bestimmten Sachverhalts keine Entlassung verfügen zu wollen.[16]

Die Frist des Abs. 3 greift nur bei Entlassungen nach § 46 Abs. 2 Satz 1 Nr. 2 und 3 ein. 12
Eine analoge Anwendung auf andere Entlassungstatbestände scheidet aus.[17]

Die **Sechsmonatsfrist** steht selbstständig neben dem aus der Fürsorgepflicht abzuleitenden Beschleunigungsgebot bei der Ermittlung von Entlassungsvoraussetzungen.[18] 13
Sie beginnt, sobald die Ermittlungen abgeschlossen sind und feststeht, dass die Voraussetzungen für eine Entlassung nach § 46 Abs. 2 Satz 1 Nr. 2 oder 3 gegeben sind. Im Falle einer Entlassung gem. **§ 46 Abs. 2 Satz 1 Nr. 2** kommt es darauf an, ob Tatsachen, die eine besondere Härte i. S. v. § 46 Abs. 2 Satz 2 begründen, bekannt sind oder ausgeschlossen werden können. Solange noch Ermittlungen in dieser Hinsicht angebracht sind, beginnt die Frist nicht zu laufen. Die vom BMVg zu treffende Ermessensentscheidung, ob wegen der besonderen Härte eine **Ausnahme** zuzulassen ist, ist nicht Voraussetzung für den Beginn des Fristlaufs, sondern muss vielmehr innerhalb der Sechsmonatsfrist getroffen werden; insoweit handelt es sich um eine Entscheidungsfrist.[19]

Sofern im Falle des **§ 46 Abs. 2 Satz 1 Nr. 3** die zuständige Stelle von der Straftat erfährt, bevor die erforderliche rechtskräftige Verurteilung des Soldaten erfolgt ist, beginnt die Frist erst mit der Rechtskraft des Strafurteils.[20]

Voraussetzung für den Lauf der Frist ist, dass in der Entlassungsdienststelle ein für die 14
Entlassung oder jedenfalls für die Willensbildung in Personalsachen zuständiger Beschäftigter von den Entlassungsvoraussetzungen **Kenntnis erlangt** hat.[21] Ob andere Beschäftigte von den Entlassungsvoraussetzungen wissen, ist unerheblich; vorwerfbare Unkenntnis des zuständigen Beschäftigten reicht nicht aus.[22] Die Kenntniserlangung durch den MAD oder den Sicherheitsbeauftragten im Rahmen einer Sicherheitsüberprüfung setzt den Lauf der Frist nicht in Gang.[23]

Innerhalb der Sechsmonatsfrist muss die Entlassung dem Soldaten **bekannt gegeben** 15
worden sein. Dies muss grds. in Form einer Zustellung durch Empfangsbekenntnis geschehen.[24] Nicht ausreichend ist, dass der Entlassungsbescheid lediglich die Dienststelle verlassen hat.

---

15 Vgl. *Rittau*, SG, 223.
16 Vgl. *Kopp/Ramsauer*, VwVfG, § 48 Rn. 147.
17 Vgl. VGH Kassel NZWehrr 1985, 81; VG Augsburg Au 2 K 04.508.
18 Vgl. hierzu die Komm. zu § 46 Rn. 31; VG Schwerin NZWehrr 2001, 173.
19 Vgl. *Kopp/Ramsauer*, VwVfG, § 48 Rn. 154, 156.
20 *Scherer/Alff/Poretschkin*, SG, § 47 Rn. 5.
21 BVerwGE 102, 178; BVerwG *Buchholz* 238.4 § 46 Nr. 2.
22 Vgl. BVerwGE 17, 22.
23 BVerwG *Buchholz* 236.1 § 47 SG Nr. 4; vgl. die Komm. zu § 46 Rn. 36.
24 ZDv 14/5 B 116 Nr. 4 Abs. 1.

Sohm

§ 48　Verlust der Rechtsstellung eines Berufssoldaten

Die konkrete Berechnung der Frist erfolgt nach den § 187 Abs. 1, § 188 Abs. 2, 1. Alt. BGB.

16 Wird die Entlassung erst **nach Ablauf** der Sechsmonatsfrist verfügt, ist sie rechtswidrig, aber nicht nichtig. Der Soldat kann Beschwerde und anschließend Anfechtungsklage erheben.

17 **4. Absatz 4.** Für die Entlassung wegen Dienstunfähigkeit (§ 46 Abs. 2 Satz 1 Nr. 6) oder wegen mangelnder Eignung zum BerufsOffz (§ 46 Abs. 8) legt Abs. 4 **Fristen** fest, die zwischen der Zustellung der Entlassungsverfügung und dem festgesetzten Entlassungszeitpunkt liegen müssen. Diese Fristen haben eine vergleichbare Funktion wie Kündigungsfristen[25] und sollen den betroffenen Soldaten in die Lage versetzen, sich auf das Ausscheiden aus den SK vorzubereiten. Bei Entlassungen auf der Grundlage anderer Best. sind keine Fristen normiert. Sie können mit sofortiger Wirkung verfügt werden.

18 Wird die Zustellungsfrist **nicht eingehalten**, führt dies nicht dazu, dass sich der Entlassungszeitpunkt entspr. verschiebt; vielmehr ist die gesamte Entlassungsverfügung rechtswidrig und auf Beschwerde oder Klage aufzuheben. Dies ergibt sich aus dem unterschiedlichen Wortlaut des Abs. 4 und der vergleichbaren beamtenrechtl. Best. des § 47 Abs. 4 BBG.

19 Aus der Vorgabe, dass die Entlassungsverfügung unter schriftl. – seit dem DNeuG auch elektronischer – **Angabe der Gründe** zuzustellen ist, lässt sich nicht folgern, dass Entlassungsverfügungen in anderen Fällen als denen des § 46 Abs. 2 Satz 1 Nr. 6 und Abs. 8 keiner Begr. bedürften. Entlassungsverfügungen sind grds. im Rahmen der Vorgaben des § 39 VwVfG zu begründen.

§ 48　Verlust der Rechtsstellung eines Berufssoldaten

[1]Der Berufssoldat verliert seine Rechtsstellung, wenn gegen ihn durch Urteil eines deutschen Gerichts im Geltungsbereich des Grundgesetzes erkannt ist
1. **auf die in § 38 bezeichneten Strafen, Maßregeln oder Nebenfolgen,**
2. **auf Freiheitsstrafe von mindestens einem Jahr wegen vorsätzlich begangener Tat oder**
3. **auf Freiheitsstrafe von mindestens sechs Monaten wegen Bestechlichkeit, soweit sich die Tat auf eine Diensthandlung im Wehrdienst bezieht.**

[2]Entsprechendes gilt, wenn der Berufssoldat auf Grund einer Entscheidung des Bundesverfassungsgerichts gemäß Artikel 18 des Grundgesetzes ein Grundrecht verwirkt hat.

---

25 *Rittau*, SG, 223.

§ 48 Verlust der Rechtsstellung eines Berufssoldaten

Übersicht

	Rn		Rn
I. Allgemeines	1	c) Nr. 1: „auf die in § 38 bezeichneten Strafen, ...";	
1. Entstehung der Vorschrift	1	Nr. 2: „auf Freiheitsstrafe von mindestens einem Jahr wegen vorsätzlich begangener Tat"; Nr. 3: „auf Freiheitsstrafe von mindestens sechs Monaten wegen Bestechlichkeit ..."	19
2. Änderungen der Vorschrift	3		
3. Bezüge zum Beamtenrecht bzw. zu sonstigen rechtl. Vorschriften	7		
II. Erläuterungen im Einzelnen	11		
1. Zweck der Vorschrift	11		
2. § 48 und Grundgesetz	12		
3. Satz 1	13		
a) „verliert seine Rechtsstellung, ..."	13	d) „Maßregeln oder Nebenfolgen"	26
b) „Urteil eines deutschen Gerichts im Geltungsbereich des Grundgesetzes"	16	4. Satz 2	27
		5. Rechtsfolgen	28

Literatur: *Brauckmann, Arndt*: Anm. zu VG München, Urt. vom 12.7.1994, NZWehrr 1996, 43; *Fleig, M.*: Der Strafbefehl im Beamtenrecht und im Disziplinarrecht, ZBR 2000, 121; *Juncker, Wolfgang*: Der Verlust der Beamtenrechte, ZBR 1970, 219; *Lambrecht, Ute*: Der Verlust der Beamtenrechte als Folge einer Strafverurteilung, ZBR 2001, 194.

I. Allgemeines

1. Entstehung der Vorschrift. § 43 des REntw.[1] lautete: 1

Ein Berufssoldat verliert seine Rechtsstellung als Berufssoldat, wenn gegen ihn durch Urteil eines deutschen Gerichts im Geltungsbereich dieses Gesetzes oder im Lande Berlin erkannt ist
1. auf die in § 33 bezeichneten Strafen, Maßregeln oder Nebenfolgen;
2. auf Gefängnis von einem Jahr oder längerer Dauer wegen vorsätzlich begangener Tat.

Der REntw. folgte damit weitgehend der seinerzeitigen Fassung des damaligen **§ 48 BBG**. Mit den genannten Verurteilungen, die im Übrigen auch eine Ernennung zum BS hindern würden (§ 33 des REntw.), werde der BS „für den Soldatendienst unwürdig" gemacht.[2]

§ 43 des REntw. war in den Ausschussberatungen weitgehend unstr. Im **Rechtsausschuss** wurden keine Einwendungen erhoben.[3] Der **Ausschuss für Beamtenrecht** schlug vor, in der Überschrift statt „Verlust der Rechtsstellung eines Berufssoldaten" von „Verlust der Rechtsstellung des Berufssoldaten" zu sprechen und Satz 1 wie folgt zu beginnen: „Der Berufssoldat verliert seine Rechtsstellung, wenn ... ."[4] Der **VertA** ersetzte zunächst die Wörter „im Geltungsbereich dieses Gesetzes oder im Lande Berlin" durch die Wörter „im Geltungsbereich des Grundgesetzes".[5] Im Zuge einer redaktionellen Überarbeitung des Entw. des Abschlussber. des VertA zum SG trat an

---
1 BT-Drs. II/1700, 11.
2 BT-Drs. II/1700, 32.
3 Prot. der 93. Sitzung v. 12.12.1955, Prot. Nr. 93, 20.
4 Prot. der 43. Sitzung v. 11.1.1956, Prot. Nr. 43, 13; Ausschussdrs. 23 v. 20.1.1956, 48.
5 Beratungsstand VertA v. 18.2.1956.

§ 48 Verlust der Rechtsstellung eines Berufssoldaten

die Stelle der Wörter „längerer Dauer" in Nr. 2 das Wort „mehr", eine lediglich sprachlich bessere Formulierung.[6]

3   **2. Änderungen der Vorschrift.** Durch Art. 61 Nr. 2 des G vom **25.6.1969**[7] wurde in Nr. 2 der Begriff „Gefängnisstrafe" durch „Freiheitsstrafe" ersetzt.

4   § 98 Abs. 1 Nr. 4 des G vom **24.8.1976**[8] fügte den jetzigen Satz 2 an. In der Begr.[9] hierzu wird pauschal auf die „aus Gründen der Gleichbehandlung notwendigen Änderungen des Soldatengesetzes" verwiesen. Zumindest die zit. Ergänzung des SG steht mit dem sonstigen Inhalt des seinerzeitigen Gesetzgebungsvorhabens in keinerlei Kontext. Vermutlich wollte der Gesetzgeber eine legislative Lücke im Dienstrecht der Soldaten schließen, die bereits seit der am 1.9.1957 erfolgten Änd. des § 48 BBG a. F.[10] bestand.

5   Art. 1 Nr. 34 des **SGÄndG** ersetzte in der Überschrift das Wort „des" durch „eines". Damit sollte eine „sprachliche Angleichung"[11] der Überschrift an die der Zwischenabschnitte (vor § 43 und § 54) sowie des § 56 bewirkt werden. Ganz folgerichtig ist diese Änd. nicht; im Eingangssatz und in Satz 2 von § 48 wird nach wie vor „der" BS angesprochen.

6   Durch Art. 10 Nr. 23 des **DNeuG** wurde Satz 1 um die neue Nr. 3 ergänzt.

7   **3. Bezüge zum Beamtenrecht bzw. zu sonstigen rechtl. Vorschriften.** § 48 gilt für (aktive) **BS**. Gem. § 54 Abs. 2 Nr. 2 findet § 48 entspr. Anwendung auf SaZ. **WPfl**, und zwar aktiv Dienst leistende und Res[12], verlieren unter den materiellen Voraussetzungen von § 48 ihren Dienstgrad; sie werden von Gesetzes wegen degradiert (§ 30 Abs. 2 WPflG). **GWDL** werden unter den Voraussetzungen von § 10 WPflG „aus der Bundeswehr" ausgeschlossen (§ 30 Abs. 1 Satz 1 WPflG). GWDL können (nicht müssen) darüber hinaus gem. § 29 Abs. 4 Nr. 2 WPflG entlassen werden, wenn gegen sie auf Freiheitsstrafe oder Strafarrest von mindestens drei Monaten oder eine nicht zur Bewährung ausgesetzte Jugendstrafe erkannt ist. Für **Dienstleistungspflichtige** sind § 76 und § 75 Abs. 2 Nr. 2 einschlägig.

8   Das Dienstverhältnis eines **ZDL** endet automatisch mit Rechtskraft eines dem § 38 entspr. Urt. (§ 45 Abs. 1, § 9 Abs. 1 ZDG).

9   Ein **ehem. BS** verliert unter der Maßgabe von § 48 seinen Dienstgrad und seine Versorgungsansprüche mit Ausnahme der Beschädigtenversorgung (§ 53 Abs. 1). Gleiches gilt für **ehem.** SaZ (§ 57 Abs. 1).

10 Im Recht der Beamten der Länder und Kommunen ist **§ 24 Abs. 1 BeamtStG** einschlägig. Für Bundesbeamte gilt **§ 41 BBG**, für Ruhestandsbeamte **§ 59 Abs. 1 BeamtVG** und für Richter **§ 24 DRiG**.

---

6   BT-Drs. II/2140, 51.
7   BGBl. I S. 645.
8   BGBl. I S. 2485.
9   BT-Drs. 7/2505, 58.
10 Durch (den mittlerweile aufgehobenen) § 139 Abs. 1 Nr. 11 BRRG.
11 BT-Drs. 14/4062, 22.
12 *Steinlechner/Walz*, WPflG, § 30 Rn. 11.

Die Formulierungen der zit. Normen weichen jew. geringfügig voneinander ab; substantielle Unterschiede gelten lediglich zwischen aktiven und ehem. Soldaten bzw. Beamten insoweit, als bei aktiven Staatsdienern eine Freiheitsstrafe von mindestens einem Jahr wegen einer vorsätzlich begangenen Tat vorliegen muss, bei ehem. Staatsdienern von mindestens zwei Jahren.

II. Erläuterungen im Einzelnen

1. Zweck der Vorschrift. Die in Rn. 7 bis 10 zit. Vorschriften leiten sich aus den allg. Grundpflichten der Staatsdiener ab, sich innerhalb und außerhalb des Dienstes so zu verhalten, dass sie Achtung und Vertrauen gerecht werden, die ihr Beruf/ihr Dienstverhältnis erfordert.[13] Soldaten, die sich nach dem Urt. eines deutschen Strafgerichts oder des BVerfG besonders schwerwiegender Rechtsverstöße schuldig gemacht haben, werden als schlechthin untragbar, **unwürdig** für den öff. Dienst angesehen. Es tritt für sie von Gesetzes wegen ein „Integritätsverlust"[14] ein, der zum Verlust der Rechtsstellung führt. Ein sich an das Strafverfahren bzw. das Verfahren vor dem BVerfG anschließendes Entlassungs- oder Disziplinarverfahren erübrigt sich; es wäre auch nicht zulässig.[15]

2. § 48 und Grundgesetz. In der Lit.[16] ist vereinzelt **Kritik** an der sich aus § 41 BBG ergebenden **Automatik** geübt worden. Die Vorschriften über den Verlust der Beamtenrechte seien „sterile Versteinerungen" und im Hinblick auf Art. 33 Abs. 5 GG „fragwürdig".[17]

Die verfassungsrechtl. Prüfung ist am Grds. der Verhältnismäßigkeit[18] und dem Verbot der Doppelbestrafung festzumachen. Konkrete Ansatzpunkte für eine **Verfassungswidrigkeit** des § 48 lassen sich dabei **nicht** ermitteln. Solange für Beamte, Richter und Soldaten dienst- und disziplinarrechtl. Besonderheiten rechtspolit. nicht grds. in Frage gestellt werden, ist auch § 48 verfassungsrechtl./-polit. nicht angreifbar. Dies gilt insbes. dann, wenn der Strafrichter bei der **Strafzumessung** die dem Soldaten aus § 48 drohenden Rechtsfolgen **berücksichtigt**.[19]

3. Satz 1. – a) „verliert seine Rechtsstellung, ...". Der Verlust der Rechtsstellung tritt **von Gesetzes** wegen ein. Es bedarf dazu keines (konstitutiven) VA der jew. personalbearbeitenden Dienststelle (§ 47 Abs. 1).[20] Ein **(deklaratorischer) VA** ist **nicht** nur nicht **erforderlich**, sondern auch unzweckmäßig[21], da er dem ehem. Soldaten eine in die Irre führende Rechtsbehelfs- und Klagemöglichkeit eröffnen würde. Im Interesse der Rechtssicherheit ist es jedoch sinnvoll, dem Soldaten eine **schriftl. Mitteilung** über den Grund und den Zeitpunkt des Endes seines Dienstverhältnisses zukommen zu

---

13 GKÖD I K, § 48 Rn. 5.
14 GKÖD I Yk, § 48 Rn. 1.
15 GKÖD I K, § 48 Rn. 6 m. w. N.
16 *Juncker*, a.a.O.; *Lambrecht*, a.a.O.
17 *Juncker*, a.a.O., S. 226.
18 Vgl. in diesem Zusammenhang BVerwG 1 D 35/99; BVerwG NZWehr 2002, 211. Zum Verlust des Anspruchs auf Dienstbezüge u. Versorgung u. Art. 14 GG vgl. BDHE 2, 192.
19 *Lambrecht*, ZBR 2001, 198.
20 *Plog/Wiedow/Lemhöfer*, BBG, § 48 Rn. 11. A.A. z. B. VGH Mannheim 11 S 2127/85.
21 A.A. GKÖD I Yk, § 48 Rn. 1; *Scherer/Alff/Poretschkin*, SG, § 48 Rn. 1.

§ 48   Verlust der Rechtsstellung eines Berufssoldaten

lassen.[22] Dies gilt insbes. dann, wenn der Tenor des Urt. nicht zweifelsfrei ergibt, dass die Voraussetzungen von § 48 vorliegen.

14 **Kenntnis** erlangt der Dienstherr des Soldaten von einer einschlägigen gerichtl. Verurteilung gem. § 89 Abs. 1 i. V. m. § 115 BBG.

15 Der Verlust der Rechtsstellung tritt an dem Tag um **24 Uhr**[23] ein, an dem das (abschließende[24]) Urt. Rechtskraft erlangt. Dies folgt aus § 2 Abs. 2.

16 b) **„Urteil eines deutschen Gerichts im Geltungsbereich des Grundgesetzes".** § 48 Satz 1 BBG a. F. nannte als Voraussetzung das Urt. eines deutschen Gerichts „im Geltungsbereich dieses Gesetzes". § 41 Abs. 1 Satz 1 BBG n. F. und § 38 Abs. 1 Nr. 1 SG führen ein „deutsches Gericht" an, § 38 Abs. 2 a. F. nannte „Verurteilungen durch Gerichte außerhalb des Geltungsbereichs des Grundgesetzes".

Gemeint ist immer das Gleiche:

Es muss ein **„Urteil"** i. S. v. § 260 StPO vorliegen. Ein gem. §§ 407 ff. StPO erlassener **Strafbefehl** genügt weder formal noch inhaltl. den Anforderungen i. S. v. § 48.[25] Ein Strafbefehl ist kein in einem ordentlichen Strafverfahren ergehendes Urt. Er unterscheidet sich aufgrund der Art und Weise seines Zustandekommens so grundlegend von einem Urt., dass er **nicht geeignet** ist, den Verlust der Rechtsstellung eines Soldaten zu bewirken.

17 **Wo** die Straftat begangen wurde, ist **irrelevant.** Entscheidend ist allein, dass ein Urt. eines deutschen Gerichts vorliegt. Strafurt. **ausländischer Gerichte** führen nicht zur Anwendung von § 48, auch dann nicht, wenn es sich um Urt. eines Aufnahmestaates über einen deutschen Soldaten gem. Art. VII Abs. 2 Buchst. b) NTS handelt.[26] Eine Änd. des § 48 mit dem Ziel, Verurteilungen durch **Strafgerichte der EU-Staaten** einer Verurteilung durch deutsche Gerichte gleichzustellen, dürfte derzeit nicht durchsetzbar sein. Dazu müssten vorab die Rechtssysteme der EU-Staaten harmonisiert werden, damit eine Vergleichbarkeit gegeben wäre.

18 Mit der Formulierung „im Geltungsbereich des Grundgesetzes" sollten Verurteilungen auf **besatzungsrechtl. Grundlage** oder durch **Gerichte der früheren DDR** ausgeschlossen werden.[27] Diese Textpassage ist **zeitlich überholt** und sollte bei nächster Gelegenheit gestrichen werden.

---

22 § 1 Abs. 4 der DBest. zur Anordnung des BPräs über die Ernennung u. Entlassung der Soldaten (ZDv 14/5 B 111) schreibt eine solche Mitteilung vor. Für Bundesbeamte u. Bundesrichter findet sich eine entspr. Regelung in § 1 Abs. 4 der DBest. zur Anordnung des BPräs über die Ernennung u. Entlassung der Beamtinnen, Beamten, Richterinnen und Richter des Bundes v. 3.6.2005 (GMBl. S. 842).
23 *Scherer/Alff/Poretschkin*, SG, § 48 Rn. 4.
24 A.A. VGH Mannheim 11 S 2127/85, wonach auf das Datum des ersten Strafurt. abzustellen ist.
25 H.M., vgl. BVerwG NJW 2000, 3297; BVerwGE 118, 262 = NZWehrr 2004, 36; GKÖD I K, § 48 Rn. 11, 15; *Plog/Wiedow/Lemhöfer*, BBG, § 48 Rn. 3; *Scherer/Alff/Poretschkin*, SG, § 48 Rn. 3. A.A. BVerwGE 53, 236 = NZWehrr 1978, 102. Zw. *Fleig*, ZBR 2000, 122.
26 BVerwGE 115, 147 = DokBer B 2002, 101.
27 GKÖD I K, § 48 Rn. 12; *Plog/Wiedow/Lemhöfer*, BBG, § 48 Rn. 3.

c) **Nr. 1: „auf die in § 38 bezeichneten Strafen, ..."; Nr. 2: „auf Freiheitsstrafe von mindestens einem Jahr wegen vorsätzlich begangener Tat"; Nr. 3: „auf Freiheitsstrafe von mindestens sechs Monaten wegen Bestechlichkeit ...".** Mit der Verweisung in Nr. 1 sind gem. § 38 Abs. 1 Nr. 1 erfasst: Verurteilungen wegen eines Verbrechens zu einer **Freiheitsstrafe von mindestens einem Jahr** oder wegen einer **vorsätzlichen Tat** zu Freiheitsstrafe nach den Vorschriften der §§ 80, 80a, 81 bis 83, 84 bis 90b, 93 bis 100a StGB. 19

Nr. 2 erweitert den Geltungsbereich des § 48 auf **Vergehen**.

Nr. 3 bezieht „zur besseren Bekämpfung der Korruption"[28] den Tatbestand der Bestechlichkeit (§ 358 StGB) in den Katalog der Delikte ein, die zu einer Beendigung des Soldatenverhältnisses kraft Gesetzes führen. Damit wird das bisher nach der strafgerichtl. Verurteilung durchzuführende Disziplinarverfahren entbehrlich.

Die Verurteilung zu einer **Jugendstrafe** führt nicht zum Verlust der Rechtsstellung eines Soldaten.[29] Maßgeblich sind nur Urt. nach dem Erwachsenenstrafrecht. Dies folgt aus § 6 JGG, wonach im Jugendgerichtsverfahren nicht auf Nebenfolgen erkannt werden darf. 20

Die Rechtsfolgen des § 48 treten auch dann ein, wenn die Freiheitsstrafe nicht oder nur z.T. verbüßt wird. Eine Strafaussetzung zur **Bewährung** gem. § 56 StGB steht der Anwendung von § 48 schon deswegen nicht entgegen, weil der Gesetzgeber die Verbüßung der Strafe nicht in den Text des § 48 aufgenommen hat.[30] 21

Die Freiheitsstrafe von mindestens einem Jahr bzw. mindestens sechs Monaten muss nicht wegen einer einzigen Vorsatztat ausgesprochen worden sein. Es genügt eine – auch nachträgliche – **Bildung einer Gesamtstrafe** von mindestens einem Jahr wegen mehrerer Vorsatztaten. Der Gesamtstrafenbeschluss kann sich aus Geldstrafen und Freiheitsstrafen ergeben haben. Entscheidend ist das Ergebnis.[31] Ein eine Freiheitsstrafe festsetzender Strafbefehl (vgl. § 407 Abs. 2 Satz 2 StPO), der nach § 55 StGB bei der Bildung einer Gesamtfreiheitsstrafe einbezogen worden ist, darf aus den zu Rn. 16 genannten Gründen bei der Ermittlung der Dauer der Freiheitsstrafe im Rahmen des § 48 nicht berücksichtigt werden. 22

Erfolgt eine Verurteilung wegen einer **vorsätzlichen** und einer **fahrlässigen** Straftat, ist entscheidend, welcher Vorschrift das Gericht die Strafe entnommen hat. Dies ist gem. § 52 Abs. 2 Satz 1 StGB regelmäßig die Vorsatztat. Ist die Strafe dem Fahrlässigkeitsdelikt entnommen worden, scheidet eine Anwendung von § 48 aus.[32] Fehlende oder unpräzise Angaben eines Strafurt. dürfen nicht durch ergänzende Ermittlungen und Feststel- 23

---

28 BT-Drs. 16/7076, 110.
29 VG München NZWehrr 1996, 41 mit zust. Anm. von *Brauckmann*, NZWehrr 1996, 43; *Scherer/Alff/Poretschkin*, SG, § 48 Rn. 3; *Stauf* I, § 48 SG Rn. 2; *Weniger*, SG, § 48 Rn. 6. Missverständlich GKÖD I Yk, § 48 Rn. 3.
30 BVerwGE 53, 236 = NZWehrr 1978, 102; BVerwG ZBR 1980, 381; BVerwG 2 WD 47/86; GKÖD I K, § 48 Rn. 16; GKÖD I Yk, § 48 Rn. 2; *Plog/Wiedow/Lemhöfer*, BBG, § 48 Rn. 5.
31 BVerwGE 53, 236 = NZWehrr 1978, 102; BVerwG ZBR 1992, 314; *Plog/Wiedow/Lemhöfer*, BBG, § 48 Rn. 5; *Scherer/Alff/Poretschkin*, SG, § 48 Rn. 3.
32 VGH München VGHE BY 25, 9; BVerwGE 34, 353; BVerwG DokBer B 1979, 307; BVerwGE 84, 1; GKÖD I K, § 48 Rn. 18, 20; *Plog/Wiedow/Lemhöfer*, BBG, § 48 Rn. 6; *Scherer/Alff/Poretschkin*, SG, § 48 Rn. 3.

lungen der Dienstbehörde des Soldaten oder der VG ersetzt werden.[33] In solchen Fällen bleibt lediglich die Möglichkeit einer disziplinaren Bewertung der Straftat.[34]

24 Gleiches gilt für die Verurteilung zu einer Freiheitsstrafe nach den Vorschriften über Landesverrat und Gefährdung der äußeren Sicherheit. Das Strafgericht muss den Soldaten gerade wegen dieser Tatbestände zu einer Freiheitsstrafe verurteilt haben.[35]

25 Wird ein BS in einem sachgleichen Strafverfahren zu einer Freiheitsstrafe von mindestens einem Jahr wegen vorsätzlich begangener Tat verurteilt, ist wegen der Rechtsfolge des § 48 Satz 1 Nr. 2 ein gegen ihn anhängiges **Disziplinarverfahren einzustellen**.[36]

26 d) „**Maßregeln oder Nebenfolgen**". § 48 verweist in Satz 1 Nr. 1 bzgl. der Maßregeln oder Nebenfolgen auf § 38. Gemeint sind damit § 38 Abs. 1 Nr. 2 (Verlust der Fähigkeit zur Bekleidung öff. Ämter) und § 38 Abs. 1 Nr. 3 (Maßregeln der Besserung und Sicherung gem. § 64 oder § 66 StGB). Insoweit kann auf die Komm. zu § 38 Bezug genommen werden. Rechtspolit. bemerkenswert ist, dass die Unterbringung in einer Entziehungsanstalt (§ 64 StGB) und in der Sicherungsverwahrung (§ 66 StGB) zwar nach dem Soldatenrecht expressis verbis den Verlust der Rechtsstellung bewirken, nicht jedoch nach dem Beamtenrecht.[37]

27 **4. Satz 2.** Der Verlust der Rechtsstellung tritt auch ein, wenn der Soldat aufgrund einer Entsch. des BVerfG gem. Art. 18 GG ein **Grundrecht verwirkt** hat.

Das gerichtl. Verfahren in solchen Fällen ist in den §§ 36 ff. BVerfGG geregelt. Einzelheiten zur inhaltl. Ausgestaltung einer Verwirkungsentsch. finden sich in § 39 BVerfGG.

Für die **Praxis** ist § 48 Satz 2 i. V. m. Art. 18 GG bisher **bedeutungslos** gewesen. Die vier vom BVerfG entschiedenen Verwirkungsverfahren (die jew. für die staatlichen Antragsteller ohne Erfolg ausgegangen sind)[38] betrafen keine Soldaten.

28 **5. Rechtsfolgen.** Die Zugehörigkeit des BS zu den SK endet mit Eintritt der Rechtskraft des Urt. (§ 49 Abs. 1 Satz 1). Soweit der Soldat noch restlichen GWD zu leisten hat (was bei früheren BS kaum denkbar ist), bleibt er zunächst noch Soldat (§ 49 Abs. 1 Satz 2).

Der Soldat verliert seinen Dienstgrad (§ 49 Abs. 2) sowie seinen Anspruch auf Dienstbezüge und Versorgung mit Ausnahme der Beschädigtenversorgung (§ 49 Abs. 3).

Der Soldat hat unter den Voraussetzungen von § 49 Abs. 4 die Kosten seines Studiums oder seiner Fachausbildung zu erstatten.

Zur Wiederaufnahme des Verfahrens vgl. § 52 und die dortige Komm.; zur Entlassung anderer Bewerber vgl. § 88 und die dortige Komm.

Zum Gnadenrecht des BPräs hins. des Verlustes der Soldatenrechte vgl. § 5 und die dortige Komm.

---

33 BVerwGE 107, 34 = IÖD 1998, 262.
34 Vgl. BVerwG NZWehrr 2003, 259.
35 BVerwG *Buchholz* 232 § 52 BBG Nr. 7.
36 BVerwG NZWehrr 1993, 211. Diese für einen SaZ ergangene Entsch. gilt entspr. für BS; vgl. auch GKÖD I Yk, § 48 Rn. 4.
37 Vgl. GKÖD I Yk, § 48 Rn. 4.
38 *Pagenkopf*, in: Sachs, GG, Art. 18 Rn. 7.

§ 49 Folgen der Entlassung und des Verlustes der Rechtsstellung eines Berufssoldaten

(1) ¹Die Zugehörigkeit des Berufssoldaten zur Bundeswehr endet mit der Beendigung seines Dienstverhältnisses durch Entlassung nach § 46 oder durch Verlust seiner Rechtsstellung als Berufssoldat nach § 48. ²In den Fällen des § 46 Abs. 2 Satz 1 Nr. 1 bis 4 und Abs. 3 sowie des § 48 bleibt der Soldat in der Bundeswehr, soweit er auf Grund der Wehrpflicht hierzu verpflichtet ist.

(2) In den Fällen des § 46 Abs. 1 und Abs. 2 Satz 1 Nr. 1 bis 4, 7 und 8 und des § 48 verliert der Soldat seinen Dienstgrad.

(3) Nach dem Verlust seiner Rechtsstellung als Berufssoldat und nach der Entlassung hat der frühere Berufssoldat keinen Anspruch auf Dienstbezüge und Versorgung mit Ausnahme der Beschädigtenversorgung, soweit gesetzlich nichts anderes bestimmt ist.

(4) ¹Ein früherer Berufssoldat, der vor Ablauf der nach § 46 Abs. 3 sich bestimmenden Mindestdienstzeit
1. auf seinen Antrag entlassen worden ist oder als auf eigenen Antrag entlassen gilt,
2. seine Entlassung nach § 46 Abs. 8 vorsätzlich oder grob fahrlässig herbeigeführt hat,
3. seine Rechtsstellung verloren hat oder
4. durch Urteil in einem gerichtlichen Disziplinarverfahren aus dem Dienstverhältnis entfernt worden ist,

muss die entstandenen Kosten des Studiums oder der Fachausbildung erstatten. ²Unter den gleichen Voraussetzungen muss ein früherer Berufssoldat in der Laufbahn der Offiziere des Sanitätsdienstes das ihm als Sanitätsoffizier-Anwärter gewährte Ausbildungsgeld erstatten. ³Auf die Erstattung kann ganz oder teilweise verzichtet werden, wenn sie für den früheren Soldaten eine besondere Härte bedeuten würde.

(5) ¹Einem entlassenen Berufssoldaten kann das Bundesministerium der Verteidigung die Erlaubnis erteilen, seinen Dienstgrad mit dem Zusatz „außer Dienst (a. D.)" zu führen. ²Die Erlaubnis ist zurückzunehmen, wenn der frühere Berufssoldat sich ihrer als nicht würdig erweist.

Übersicht

	Rn		Rn
I. Allgemeines	1	b) Abs. 4 und Art. 12 Abs. 1 Satz 1, Art. 14 und Art. 20 Abs. 3 GG	19
1. Entstehung der Vorschrift	1		
2. Änderungen der Vorschrift	6		
a) Bis 1982	6	2. Absatz 1 Satz 1	21
aa) § 49	6	3. Absatz 1 Satz 2	22
bb) § 46 Abs. 4	7	4. Absatz 2	26
b) Ab 1983	10	5. Absatz 3	27
3. Bezüge zum Beamtenrecht bzw. zu sonstigen rechtl. Vorschriften; ergänzende Erlasse	15	6. Absatz 4	29
		a) Satz 1	29
		b) Satz 2	37
II. Erläuterungen im Einzelnen	18	c) Satz 3	38
1. § 49 und Grundgesetz	18	7. Absatz 5	43
a) Abs. 4 und Art. 4 Abs. 1 GG	18		

§ 49 Folgen der Entlassung und des Verlustes der Rechtsstellung

Literatur: *Dau, Klaus:* Studium und Fachausbildung in der Bundeswehr und die Einführung von Stehzeiten, NZWehrr 1978, 51; *Förster, Carlo*: Rückzahlung der Ausbildungskosten eines entlassenen Berufssoldaten, NZWehrr 1996, 147; *Waas, Bernd*: Ausbildungskosten – Erstattung bei Arbeitgeberkündigung, RdA 2005, 120.

I. Allgemeines

1 **1. Entstehung der Vorschrift.** Vorbemerkung:

Der heutige § 49 setzt sich aus Teilen früherer Fassungen der §§ 46 und 49 zusammen. Diese sind, soweit sie sich auf die geltende Fassung des § 49 beziehen, im Zusammenhang mit der Entstehungsgeschichte dieser Norm zu betrachten.

2 § 44 des **REntw.**[1] lautete:

(1) Mit der Beendigung seines Dienstverhältnisses durch Entlassung nach § 41 und durch Verlust seiner Rechtsstellung als Berufssoldat nach § 43 endet die Zugehörigkeit des Berufssoldaten zu den Streitkräften. Der Soldat bleibt jedoch in den Fällen des § 41 Abs. 2 Nr. 1 bis 4 und des § 43 in den Streitkräften, soweit er auf Grund der Wehrpflicht hierzu verpflichtet ist.

(2) In den Fällen des § 41 Abs. 1 und Abs. 2 Nr. 1 bis 4 und des § 43 verliert der Soldat seinen Dienstgrad.

(3) Nach dem Verlust seiner Rechtsstellung als Berufssoldat und, soweit gesetzlich nichts anderes bestimmt ist, nach der Entlassung hat der frühere Berufssoldat keinen Anspruch auf Dienstbezüge und Versorgung mit Ausnahme der Beschädigtenversorgung.

(4) Einem entlassenen Berufssoldaten kann der Bundesminister für Verteidigung die Erlaubnis erteilen, seinen Dienstgrad mit dem Zusatz „außer Dienst (a.D.)" zu führen. Die Erlaubnis kann zurückgenommen werden, wenn der frühere Berufssoldat sich ihrer als nicht würdig erweist.

3 Die **Begr.**[2] wiederholt im Wesentlichen den zit. Gesetzestext; zu den Abs. 3 und 4 verweist sie auf entspr. Regelungen des BBG.

4 Eine Verpflichtung zum **Ersatz von Ausbildungskosten** enthielt der REntw. weder in § 44 noch in der Entlassungsvorschrift des seinerzeitigen § 41[3] (des späteren § 46).

5 Der **Rechtsausschuss** und der **Ausschuss für Beamtenrecht** änderten § 44 des REntw. nur marginal.[4]

Der VertA fügte in § 41 des REntw. eine **Kostenerstattungsvorschrift** ein, zunächst als neuen Abs. 4[5], dann als neuen Abs. 3a.[6] Begründet wurde diese Ergänzung damit, dass dem Staat durch die Ausbildung der Soldaten erhebliche Kosten entstünden. „Erfahrungen anderer Bundesbehörden" hätten zu der getroffenen Regelung geführt.[7]

---

1 BT-Drs. II/1700, 11.
2 BT-Drs. II/1700, 32 f.
3 BT-Drs. II/1700, 10 f.
4 Prot. Nr. 43 des Ausschusses für Beamtenrecht v. 11.1.1956, 13 f.; Drs. 23 des Ausschusses für Beamtenrecht v. 20.1.1956, 49.
5 Drs. 73 des VertA v. 8.2.1956; Entw. des Ausschussber. v. 18.2.1956.
6 BT-Drs. II/2140, 50.
7 BT-Drs. II/2140, 13.

In § 44 Abs. 1 des REntw. ersetzte der VertA, der neuen Terminologie des Gesetzes folgend, das Wort „Streitkräfte" durch „Bundeswehr"; in Abs. 4 Satz 2 wurde aus der im REntw. vorgesehenen Ermessensentscheidung eine zwingende Vorschrift.[8]
In dieser geänd. Fassung wurde § 44 (danach: § 49) durch das Plenum des BT beschlossen. § 41 Abs. 3a (danach: § 46 Abs. 4) lautete in der Erstfassung:

Ein Berufssoldat, dessen militärische Ausbildung mit einem Studium oder einer Fachausbildung verbunden war und der auf eigenen Antrag vor Beendigung einer Dienstzeit von gleicher Dauer wie die des Studiums oder der Fachausbildung entlassen wird, muß die entstandenen Kosten des Studiums oder der Fachausbildung ersetzen.

2. Änderungen der Vorschrift. – a) Bis 1982. – aa) § 49. Seit der Neubekanntmachung des SG vom **22.4.1969**[9] wird in Abs. 4 a. F. – ohne förmlichen Gesetzesbeschl. – an Stelle der Bezeichnung „Bundesminister für Verteidigung" die Bezeichnung „Bundesminister der Verteidigung" verwendet.

bb) § 46 Abs. 4. Durch Art. 1 des G vom **10.1.1968**[10] erhielt Abs. 4 die folgende Fassung:

Ein Berufssoldat, dessen militärische Ausbildung mit einem Studium oder einer Fachausbildung verbunden war und der auf eigenen Antrag vor Beendigung einer Dienstzeit von dreifacher Dauer wie die des Studiums oder der Fachausbildung entlassen wird, muß die entstandenen Kosten des Studiums oder der Fachausbildung ersetzen. Auf die Erstattung der Kosten kann ganz oder teilweise verzichtet werden, wenn sie für den Soldaten eine besondere Härte bedeuten würde.

Zur Begr. führte die BReg aus, die Fassung von 1956 habe nicht verhindern können, dass allein im Jahr 1966 14 Jet-Piloten, deren Spezialausbildung ca. 25 Mio. DM gekostet habe, zu privaten Fluggesellschaften abgewandert seien.[11] Die neu formulierte Best. solle in erster Linie vorbeugend die **Abwanderung** solcher Kräfte **verhindern** und in zweiter Linie eine Rückforderung der Ausbildungskosten ermöglichen.[12]

Durch Art. 1 Nr. 9 des G vom **21.7.1970**[13] wurden ein neuer Satz 2

Unter den gleichen Voraussetzungen muß ein Sanitätsoffizier das ihm als Sanitätsoffizier-Anwärter gewährte Ausbildungsgeld erstatten; die Dienstzeit nach Satz 1 bemißt sich nach der Zeit, für die Ausbildungsgeld gewährt worden ist.

eingefügt und in Satz 3 die Wörter „der Kosten" gestrichen.

Durch Art. 1 Nr. 1 des G vom **23.12.1977**[14] wurde Abs. 4 gestrichen. Abs. 3 wurde durch folgende Sätze ersetzt:

Der Berufssoldat kann jederzeit seine Entlassung verlangen; soweit seine militärische Ausbildung mit einem Studium oder einer Fachausbildung verbunden war, jedoch erst nach einer sich daran anschließenden Dienstzeit, die der dreifachen Dauer des Studi-

---

8   BT-Drs. II/2140, 51.
9   BGBl. I S. 313, 429.
10 BGBl. I S. 56.
11 BT-Drs. V/1713.
12 BT-Drs. V/2214.
13 BGBl. I S. 1120.
14 BGBl. I S. 3114.

ums oder der Fachausbildung entspricht, längstens nach zehn Jahren. Der Berufsoffizier kann auch dann, wenn er weder ein Studium noch eine Fachausbildung erhalten hat, seine Entlassung erst nach Ende des sechsten Dienstjahres als Offizier verlangen. Vor Ablauf der in den Sätzen 1 und 2 genannten Dienstzeiten kann der Berufssoldat auf seinen Antrag nur entlassen werden, wenn das Verbleiben im Dienst für ihn wegen persönlicher, insbesondere häuslicher, beruflicher oder wirtschaftlicher Gründe eine besondere Härte bedeuten würde.

Zweck dieser Neuregelung war, die bisherige Best. auf alle BS auszudehnen und eine sog. **Abdienverpflichtung** für BS an Stelle der vorher möglichen Rückzahlung der Ausbildungskosten einzuführen. Man glaubte seinerzeit, damit die vorzeitige Entlassung dieses Personenkreises zu erschweren.[15] Die Erfahrung habe gezeigt, dass BS „ohne Rücksicht auf die Rückzahlungsverpflichtung ihre Entlassung beantragt" hätten.[16]

10 **b) Ab 1983.** Durch Art. 2 Nr. 4 des G vom **24.2.1983**[17] wurde § 46 Abs. 3 Satz 3 dahingehend geänd., dass der BS unter den dort genannten Voraussetzungen nunmehr zu entlassen *ist*.

Durch Art. 2 Nr. 5 des gleichen Gesetzes wurde in § 49 folgender Abs. 4 eingefügt:

Ein Berufssoldat, der vor Ablauf der in § 46 Abs. 3 Satz 1 genannten Dienstzeit auf seinen Antrag entlassen wird, muß die entstandenen Kosten des Studiums oder der Fachausbildung erstatten. Unter den gleichen Voraussetzungen muß ein Berufssoldat in der Laufbahn der Offiziere des Sanitätsdienstes das ihm als Sanitätsoffizier-Anwärter gewährte Ausbildungsgeld erstatten. Auf die Erstattung kann ganz oder teilweise verzichtet werden, wenn sie für den Soldaten eine besondere Härte bedeuten würde.

Damit wurde der bis zum 31.12.1977 geltende – in § 46 Abs. 4 geregelte – **Rechtszustand wiederhergestellt**.[18] Offenbar hatte die Abdienverpflichtung allein nicht die erforderliche abschreckende Wirkung entfaltet. Lediglich der Gesetzesbegr.[19], nicht dem Normtext selbst, ist der Hinw. zu entnehmen, dass die Kosten einer bundeswehrinternen Ausbildung nur bis zur Höhe vergleichbarer Aufwendungen einer öff. Ausbildungseinrichtung geltend gemacht werden sollen.

11 Durch Art. 1 Nr. 3 und 35 des **SGÄndG** wurden in der Überschrift der Norm das Wort „des" durch „eines" und in Abs. 5 Satz 1 der „Bundesminister der Verteidigung" durch „das Bundesministerium der Verteidigung" ersetzt. Abs. 3 erhielt – in Angleichung an § 49 Abs. 1 BBG a. F. – die noch geltende Fassung. Abs. 4 wurde erneut umformuliert. Die Kostenerstattungsregelungen der BS wurden an die der SaZ angepasst und vereinheitlicht.[20]

12 Art. 65 Nr. 6 des G vom **21.8.2002**[21] änderte die Verweisung in Abs. 4 Satz 1 Nr. 2.

---

15 BT-Drs. 8/370.
16 BT-Drs. 8/370, 4.
17 BGBl. I S. 179.
18 BT-Drs. 9/1897, 17. Zur Übergangsregelung vgl. § 94; OVG Münster RiA 1997, 145.
19 BT-Drs. 9/1897, 17.
20 BT-Drs. 14/4062, 22.
21 BGBl. I S. 3322.

Durch Art. 2 Nr. 16 des **SkResNOG** erhielt Abs. 4 Satz 1 Nr. 4 – als noch offene Folgeänderung des 2. G zur Neuordnung des Wehrdisziplinarrechts vom 16.8.2001[22] – die geltende Fassung. 13

Durch Art. 3 Nr. 13 des **WehrRÄndG 2008** wurden die Abs. 1 und 2 redaktionell geändert.[23] 14

3. Bezüge zum Beamtenrecht bzw. zu sonstigen rechtl. Vorschriften; ergänzende Erlasse. Abs. 2 und 3 entsprechen im Kern § **41 Abs. 2 BBG**. Abs. 5 entsprach § 81 Abs. 4 BBG a. F.[24] und entspricht jetzt § **39 Satz 2 und 3 BBG**. 15

Bezüglich Abs. 4 fehlt es an einer konkreten Entsprechung im Beamtenrecht. Die zu § 59 Abs. 5 BBesG erlassenen AusfBest setzen eine besondere **vertragliche Rückzahlungsverpflichtung** voraus.[25] Dies gilt insbes. für die Rückzahlung von Haushaltsmitteln, die einem Beamten im Rahmen von **Studienbeihilfen** zugeflossen sind.[26] 16

Folgende **Erl. des BMVg** sind zu beachten: 17

- „Nachversicherung in der gesetzlichen Rentenversicherung für ohne Versorgung ausgeschiedene Beamte, Richter, Soldaten und sonstige Beschäftigte der Bundeswehr" (Neufassung)[27]
- ZDv 14/5 B 155 „Entlassung auf eigenen Antrag von Berufssoldaten, deren militärische Ausbildung mit einem Studium oder einer Fachausbildung verbunden war"
- ZDv 14/5 B 156 „Kostenerstattungspflicht entlassener Berufssoldaten und Soldaten auf Zeit, deren militärische Ausbildung mit einem Studium oder einer Fachausbildung verbunden war"
- „Erstattung der Kosten des Studiums und der Fachausbildung sowie Rückzahlung des Ausbildungsgeldes bei vorzeitiger Beendigung des Dienstverhältnisses (**Bemessungsgrundsätze**)".[28]

II. Erläuterungen im Einzelnen

1. § 49 und Grundgesetz. – a) Abs. 4 und Art. 4 Abs. 1 GG. Beantragt ein BS seine Entlassung mit der Begr., er fühle sich zum **Geistlichen** berufen, hindert dies seine Inanspruchnahme bzgl. der Kosten des Studiums nicht. Das Grundrecht der Religionsfreiheit muss nicht zwingend zu einer vollständigen Freistellung von finanziellen Verpflichtungen aus einer früheren Berufsausbildung führen.[29] 18

b) Abs. 4 und Art. 12 Abs. 1 Satz 1, Art. 14 und Art. 20 Abs. 3 GG. Abs. 4 ist mit Art. 12 Abs. 1 Satz 1 GG vereinbar. Das Grundrecht der Berufsfreiheit stellt denjenigen, der seinen Beruf wechselt, nicht von der Erfüllung derjenigen Pflichten frei, die in Folge der Beendigung seines bisherigen Berufsverhältnisses aufgrund eines 19

---

22 BGBl. I S. 2093.
23 Vgl. den Hinw. in der 1. Aufl. an dieser Stelle.
24 Dieser Abs. 4 sollte eigentlich mit der Neufassung des BBG wegfallen, da für die Regelung kein praktisches Bedürfnis mehr gesehen wurde. Diese Absicht wurde nicht realisiert.
25 Vgl. zu Arbeitnehmern *Waas*, RdA 2005, 120.
26 Vgl. OVG Koblenz 10 A 11725/01; *Battis*, BBG, § 33 Rn. 7 f.
27 VMBl. 1994 S. 162; 1996 S. 388.
28 BMVg – PSZ I 8– Az 16-02-11 v. 22.7.2002 (nicht veröffentlicht).
29 BVerwG 2 PKH 1/98.

verfassungsmäßigen Gesetzes entstehen und der Abwicklung des früheren Berufes dienen.[30]

Verschärfungen des Rückzahlungsanspruchs unterliegen auch nur bedingt dem Vertrauensschutz. Der Soldat kann sich darauf als Ausprägung von **Art. 20 Abs. 3 GG** nicht berufen, wenn sein Vertrauen auf den Fortbestand einer (für ihn günstigeren) gesetzl. Regelung eine „Rücksichtnahme durch den Gesetzgeber billigerweise nicht beanspruchen kann". Hierzu sind die Interessen der Allgemeinheit und der Betroffenen gegeneinander abzuwägen.[31] Dieses Judiz des BVerfG schließt auch einen Verstoß des Abs. 4 gegen **Art. 14 GG** und die Fürsorgepflicht des Dienstherrn aus.[32]

20 Soweit in der Lit.[33] **verfassungsrechtl. Bedenken** gegen Abs. 4 Satz 1 Nr. 2 bis 4 erhoben werden, kann diesen nicht gefolgt werden. Ob das Dienstverhältnis durch Antrag des Soldaten oder ohne einen solchen Antrag, jedoch durch Verschulden des Soldaten, beendet worden ist, ist rechtl. ohne Bedeutung. In jedem Fall ist die Beendigung des Dienstverhältnisses kausal dem Soldaten zuzurechnen, d. h. von ihm zu verantworten.[34] Es ist daher gerechtfertigt, auch in diesen Fällen eine Rückzahlung der Ausbildungskosten zu verfügen.

21 **2. Absatz 1 Satz 1.** Satz 1 ist lediglich von **deklaratorischer Bedeutung**. Eine entspr. Best. fehlt im Beamtenrecht. Die „Zugehörigkeit des Berufssoldaten zur Bundeswehr" (richtigerweise: „zu den Streitkräften") beschreibt einen faktischen Zustand ohne rechtl. Relevanz. Dienstherr des Soldaten ist die Bundesrepublik Deutschland und nicht etwa (auch) „die Bundeswehr" oder der BMVg als Inhaber der Befehls- und Kommandogewalt i. S. v. Art. 65a GG. Die insoweit ebenfalls unsauber formulierte Vorschrift des § 2 Abs. 2 hätte bzgl. der Beendigung des Wehrdienstverhältnisses eines BS genügt.

Satz 1 kann daher **ersatzlos wegfallen.**

22 **3. Absatz 1 Satz 2.** In den in Satz 2 aufgeführten Fällen bleibt der ehem. BS in den SK, nachdem er seinen bisherigen Status verloren hat, soweit er noch einen (Pflicht-)Wehrdienst nach dem WPflG zu leisten hat.

Auf **Frauen** findet diese Best. **keine Anwendung,** da sie nicht der Wehrpflicht unterliegen.

Seinen restlichen Wehrdienst beginnt der ehem. BS grds. im **niedrigsten Mannschaftsdienstgrad** (vgl. Abs. 2).

23 Das Verbleiben in den SK ist dem ehem. BS schon aus Gründen der Rechtssicherheit **mitzuteilen.** Diese Mitteilung ist als **VA** zu qualifizieren. Zuständig hierfür ist das KWEA; die bisherige personalführende Dienststelle der SK ist nachrichtlich zu beteiligen.[35] Eine ausdrückliche gesetzl. Zuweisung dieser Zuständigkeit existiert allerdings nicht. Sie ist jedoch aus Art. 87b Abs. 2 Satz 1 GG und § 14 WPflG abzuleiten.

---

30 BVerfGE 39, 128 (141) zu § 46 Abs. 4 Fassung 1968.
31 BVerfGE 39, 128 (146); BVerwGE 65, 203 (207 f.).
32 BVerwG *Buchholz* 238.4 § 46 SG Nr. 12.
33 GKÖD I Yk, § 49 Rn. 9 f.
34 Vgl. BT-Drs. 14/4062, 22.
35 A.A. *Scherer/Alff/Poretschkin,* SG, § 49 Rn. 1.

In der Praxis ist Abs. 1 Satz 2 von **geringer Bedeutung**. In aller Regel – abgesehen z. B. 24
von Eignungsübenden gem. § 87 Abs. 1 – haben Soldaten vor ihrer Berufung in das
Dienstverhältnis eines BS eine Dienstzeit nachzuweisen, die länger dauert als der
gesetzl. GWD (vgl. § 27 Abs. 2 Nr. 1 und 2, § 39). Im Zeitpunkt der Berufung als BS
werden sie darüber hinaus meist die Regelaltersgrenze für die Heranziehung zum
GWD (§ 5 Abs. 1 WPflG) überschritten haben. In diesen Fällen darf eine zwangsweise
Ableistung des (restlichen) GWD nicht verlangt werden.[36] Die Verpflichtung zur
Ableistung eines Restgrundwehrdienstes folgt im Übrigen für alle Statusgruppen
unmittelbar aus dem WPflG; die Regelung des Abs. 1 Satz 2 ist daher **überflüssig**.
Abs. 1 Satz 2 wird daher durch das **WehrRÄndG 2010** aufgehoben.

Der bis zur Beendigung des Dienstverhältnisses freiwillig geleistete Dienst ist gem. § 7 25
Abs. 1 WPflG **auf den GWD anzurechnen**, soweit er mit diesem inhaltl. vergleichbar
war, also z. B. nicht bei der Freistellung eines SaZ für ein Studium.[37]

4. Absatz 2. In den in Abs. 2 aufgeführten Fällen **verliert** der ehem. BS von Gesetzes 26
wegen seinen **Dienstgrad**. Sofern er noch wpfl ist, wird er mit dem niedrigsten Mannschaftsdienstgrad zu den Wehrdienstarten des § 4 Abs. 1 WPflG einberufen.[38] Im Spannungs- und im V-Fall bleibt der ehem. BS bis zum 60. Lebensjahr wpfl (§ 3 Abs. 5
WPflG).[39]

5. Absatz 3. Der ehem. BS **verliert** ferner seine Ansprüche auf **Besoldung** und **Ver-** 27
sorgung mit Ausnahme der Beschädigtenversorgung. Seit dem SGÄndG kann der
Gesetzgeber sowohl für die Fälle des Verlustes der Rechtsstellung als auch der Entlassung eine andere gesetzl. Regelung treffen.[40] Dies ist durch § 46 Abs. 8 i. V. m. § 37
SVG für die Entlassung eines Lt wegen mangelnder Eignung als BerufsOffz geschehen.

Der ehem. BS ist vom Bund in der gesetzl. Rentenversicherung **nachzuversichern** (§ 8 28
Abs. 2 Satz 1 Nr. 1 SGB VI).[41]

6. Absatz 4. – a) Satz 1. Folgende ehem. BS, deren Dienstverhältnis vor Ablauf der 29
sich nach § 46 Abs. 3 bestimmenden Mindestdienstzeit geendet hat[42], unterliegen der
Erstattungspflicht:

– Entlassung wegen besonderer Härte gem. § 46 Abs. 6
– Entlassung nach Anerkennung als KDV gem. § 46 Abs. 2 Satz 1 Nr. 7
– Entlassung wegen Ernennung zum Beamten gem. § 46 Abs. 3a
– Entlassung eines Lt wegen mangelnder Eignung als BerufsOffz gem. § 46 Abs. 8
  Satz 1

---

36 Soweit der ehem. BS im Spannungs- u. V-Fall unbefristeten Wehrdienst zu leisten hat (§ 4
   Abs. 1 Nr. 7 WPflG), erlangt Abs. 1 Satz 2 eine größere Bedeutung.
37 BVerwG *Buchholz* 448.0 § 7 WPflG Nr. 2.
38 Vgl. BVerwGE 93, 364 = NZWehr 1993, 211.
39 *Steinlechner/Walz*, WPflG, § 3 Rn. 49. Für die Heranziehung zu Dienstleistungen nach dem
   SG vgl. § 59 Abs. 1 Satz 1.
40 Zutr. *Stauf* I, § 49 Rn. 3. Missverständlich, da wohl auf der früheren Rechtslage beruhend:
   GKÖD I Yk, § 49 Rn. 4.
41 Vgl. hierzu Erl. des BMVg VMBl. 1994 S. 162; 1996 S. 388.
42 Für BS, die vor dem Inkrafttreten des SGÄndG ein Studium o. eine Fachausbildung
   begonnen haben, vgl. die Übergangsvorschrift des § 97.

§ 49   Folgen der Entlassung und des Verlustes der Rechtsstellung

– Verlust der Rechtsstellung gem. § 48
– Entfernung aus dem Dienstverhältnis gem. § 63 WDO.

30 Zu erstatten sind die „entstandenen Kosten des Studiums oder der Fachausbildung".

Unter „Studium"/„Fachausbildung" sind zu verstehen[43]:
– **„Studium"** ist die Ausbildung an einer Universität, Technischen Hochschule, Fachhochschule oder einer vergleichbaren ausländischen Ausbildungseinrichtung.
– **„Fachausbildung"** ist die außerhalb des Truppendienstes oder der allg. mil. Ausbildung durchgeführte besondere Ausbildung, die zu einer zusätzlichen Befähigung oder einer Berechtigung führt, die inner- oder außerhalb der Bw anerkannt ist. „Fachausbildung" ist z. B. die Weiterbildung eines SanOffz zum Facharzt für Anästhesie[44] oder die Ausbildung zum Flugzeugführer.[45] Nicht zur Fachausbildung i. S. d. Vorschrift zählen die allg. Schulung der Soldaten der Luftwaffe in der englischen Sprache und die Auswahlschulung für die Flugzeugführerausbildung.[46]

31 Die zu Grunde zu legende Ausbildung **beginnt** mit dem ersten Tag des ersten Semesters usw. und **endet** mit dem letzten Prüfungstag.[47] Ausbildungsfreie Zeiträume, z. B. die Semesterferien, sind grds. einzubeziehen.[48]

32 Wurde die Ausbildung **abgebrochen**, sind Kosten nur dann und insoweit zu erstatten, als die Ausbildung Kenntnisse oder Fähigkeiten vermittelt hat, die für die weitere Verwendung inner- oder außerhalb der Bw nutzbar sein können.[49]

33 Zu erstatten sind alle **Kosten**, die in einem adäquaten Zusammenhang mit dem Studium oder der Fachausbildung stehen.[50] Dies sind insbes.[51]
– die auf den ehem. BS entfallenden Personal- und Sachkosten der Ausbildungseinrichtung; diese sind nach „betriebswirtschaftlichen Gesichtspunkten"[45] zu ermitteln;
– die Kosten der besonderen Ausbildung an Einrichtungen außerhalb der Bw, soweit der Bund diese an einen externen Kostenträger abgeführt hat;
– die während der besonderen Ausbildung entstandenen persönlichen Kosten (z. B. Reisekosten, Trennungsgeld, Umzugskosten).

34 Die Erstattungspflicht folgt unmittelbar aus dem Gesetz.[52] Geltend gemacht werden die Ansprüche des Bundes gegen den ehem. BS durch **Leistungsbescheid**.[53] Insoweit ist die hier beschriebene Rechtslage mit Leistungsbescheiden aufgrund von § 24[54] vergleichbar.

---

43 Zu Einzelheiten vgl. die Erl. des BMVg ZDv 14/5 B 155 Nr. 4, 5; PSZ I 8 v. 22.7.2002 Nr. 2.1; vgl. auch die Komm. zu § 46 Rn. 93 ff.
44 BVerwGE 42, 233. Vgl. auch BVerwG 6 B 13/83.
45 BVerwGE 52, 84.
46 BVerwGE 69, 95.
47 Erl. des BMVg – PSZ I 8 – v. 22.7.2002 Nr. 2.3.
48 BVerwG *Buchholz* 238.4 § 46 SG Nr. 11.
49 Erl. des BMVg – PSZ I 8 – v. 22.7.2002 Nr. 2.1.
50 BVerwGE 42, 233.
51 Vgl. Erl. des BMVg ZDv 14/5 B 156 Nr. 4; PSZ I 8 v. 22.7.2002 Nr. 2.4.
52 Vgl. Erl. des BMVg ZDv 14/5 B 156 Nr. 8.
53 So ausdrücklich z. B. BVerwGE 52, 84; OVG Münster RiA 1997, 145. Ebenso GKÖD I Yk, § 49 Rn. 15; *Scherer/Alff/Poretschkin*, SG, § 49 Rn. 12.
54 Vgl. o. § 24 Rn. 38 f.

Bzgl. der Hauptforderung kann ein **Zinsanspruch** geltend gemacht werden.[55]   35
Die **Höhe** des Rückforderungsbetrages hängt naturgemäß sehr vom Einzelfall ab. Ein   36
Betrag von 100 000 Euro kann durchaus erreicht oder gar überschritten werden.

b) Satz 2. War der ehem. BS Angehöriger der Laufbahn der Offz des SanDienstes,   37
hat er das ihm als SanOA gewährte **Ausbildungsgeld** zu erstatten.

Zu erstatten sind
- der Grundbetrag gem. § 4 SanOAAusbgV[56],
- der Familienzuschlag gem. § 5 der gleichen VO,

jew. in Höhe der Bruttobeträge.[57]

c) Satz 3. Die Auslegung von Satz 3 bereitet in der Praxis größere Schwierigkeiten.   38
Dies liegt einerseits daran, dass die „**besondere Härte**" als unbest. Rechtsbegriff
gerichtl. in vollem Umfang nachprüfbar ist[58], andererseits daran, dass die „besondere
Härte" auch Tatbestandsvoraussetzung für eine vorzeitige Entlassung des BS gem.
§ 46 Abs. 6 ist.

Die **Rspr.** lässt keine klare Linie erkennen: Das OVG Münster[59] meint, der Begriff der   39
besonderen Härte in § 49 Abs. 4 Satz 3 und der gleiche Begriff in § 46 Abs. 6 könnten
keinen identischen Inhalt haben. Ansonsten würde die Erstattungsvorschrift in solchen Fällen „praktisch leer laufen". Die auf das Verbleiben im Dienst bezogenen Härtegründe, welche die vorzeitige Entlassung des BS gerechtfertigt hätten, könnten
i. d. R. nicht zugleich den Wegfall der Erstattung der Ausbildungskosten bewirken.
Das BVerwG[60] hielt dagegen in einem Einzelfall eine Kostenerstattung aus den gleichen Gründen, die zur vorzeitigen Entlassung des Klägers geführt hatten, für zulässig.

Die Auffassung des OVG Münster überzeugt aufgrund der unterschiedlichen Regelungsinhalte der §§ 46 und 49.

Aufgrund der **Weisungslage**[61] werden z. B. folgende Konstellationen als besondere   40
Härte **anerkannt**:
- Stand der ehem. BS dem Bund mit den durch die besondere Ausbildung erworbenen Kenntnissen noch für eine nennenswerte Zeit zur Verfügung (sog. effektive Stehzeit), kann auf einen Teil der Kosten verzichtet werden.
- Wenn die Kosten einer vergleichbaren Ausbildung an einer ziv. Ausbildungseinrichtung erheblich niedriger als innerhalb der Bw gewesen wären, ist dies bei der Kostenfestsetzung zu berücksichtigen.[62]

---

55 OVG Münster RiA 1997, 145.
56 Vgl. die Komm. zu § 30 Rn. 18.
57 Erl. des BMVg – PSZ I 8 – v. 22.7.2002 Nr. 2.2.1.
58 OVG Schleswig 3 L 322/93.
59 RiA 1997, 145. Ebenso *Stauf* I, § 49 SG Rn. 6.
60 NZWehrr 1977, 73. Ähnlich BVerwGE 52, 84. Ebenso *Förster*, NZWehrr 1996, 150. Zur (reduzierten) Kostenerstattungspflicht eines ehem. SaZ, der nach Anerkennung als KDV entlassen worden war, vgl. BVerwG DokBer B 2006, 295; OVG Lüneburg DVBl. 2009, 531; VG München M 9 K 05.1964.
61 Erl. des BMVg – PSZ I 8 – v. 22.7.2002 Nr. 3.
62 BVerwGE 52, 70; 52, 84.

- Wenn die Rückforderung eines größeren Betrages (in einer Summe) die wirtschaftliche Existenz des ehem. BS ernsthaft gefährden oder den ehem. BS wirtschaftlich „knebeln"[63] würde.

41 Dagegen liegt **keine besondere Härte** vor, wenn z. B. dem ehem. BS vor seiner Entlassung im Rahmen eines Disziplinarverfahrens gem. § 126 Abs. 2 WDO ein Teil seiner Dienstbezüge einbehalten worden war.[64]

42 Kommt ein Verzicht auf die Kostenerstattung nicht in Betracht, kann eine **Stundung** (§ 59 Abs. 1 Nr. 1 BHO) oder eine **Niederschlagung** (§ 59 Abs. 1 Nr. 2 BHO) zu prüfen sein.

43 **7. Absatz 5.** Die nach **Satz 1** dem BMVg übertragene (und nicht weiter delegierte) Kompetenz kommt nur in **wenigen Einzelfällen** zum Tragen. Denkbar sind die Entlassung an Stelle des Eintritts oder der Versetzung in den Ruhestand gem. § 46 Abs. 2 Satz 1 Nr. 6, die Entlassung auf eigenen Antrag nach § 46 Abs. 3[65] oder die Entlassung wegen besonderer Härte gem. § 46 Abs. 6. Der Soldat hat dann seinen Dienstgrad nicht gem. Abs. 2 verloren. Die nach Satz 1 mögliche Erlaubnis bedeutet nur, dass § 44 Abs. 7 entspr. angewandt werden kann. Eine Dienstgradverleihung ist damit nicht verbunden.

44 Die Erlaubnis setzt einen **Antrag** des ehem. BS voraus.[66] Auf frühere BS der ehem. NVA, die in den SK der Bw nicht weiterverwendet worden sind, ist Satz 1 nicht anwendbar.[67]

45 Die nach **Satz 2** mögliche **Rücknahme der Erlaubnis** ist auf die Fälle beschränkt, in denen der BS nicht mehr der WPfl unterliegt. Ansonsten gilt für ihn der Schutzbereich des § 26[68] mit der Maßgabe, dass ausschließlich der Zusatz „a.D." nicht mehr geführt werden darf.

§ 50 Versetzung in den einstweiligen Ruhestand

(1) Der Bundespräsident kann die Berufsoffiziere vom Brigadegeneral und den entsprechenden Dienstgraden an aufwärts jederzeit in den einstweiligen Ruhestand versetzen.

(2) ¹Die für den einstweiligen Ruhestand der Beamten geltenden Vorschriften der §§ 56, 57 und 58 Abs. 1 des Bundesbeamtengesetzes finden entsprechende Anwendung. ²Der in den einstweiligen Ruhestand versetzte Berufsoffizier gilt mit Erreichen der Altersgrenze als dauernd in den Ruhestand versetzt.

---

63 OVG Münster RiA 1976, 77.
64 BVerwG *Buchholz* 238.4 § 46 SG Nr. 10.
65 Zur vorher abgeleisteten Dauer der Dienstzeit vgl. GKÖD I Yk, § 49 Rn. 16; *Scherer/Alff/Poretschkin*, SG, § 49 Rn. 15. I.d.R. muss die für SaZ geltende Höchstverpflichtungsdauer (zzt. 20 Jahre, für SanOffz 24 Jahre) absolviert sein.
66 *Scherer/Alff/Poretschkin*, SG, § 49 Rn. 15.
67 BVerwG IÖD 1999, 42.
68 GKÖD I Yk, § 49 Rn. 17; *Scherer/Alff/Poretschkin*, SG, § 49 Rn. 16.

§ 56 BBG Beginn des einstweiligen Ruhestands

Wenn nicht im Einzelfall ausdrücklich ein späterer Zeitpunkt festgesetzt wird, beginnt der einstweilige Ruhestand mit dem Zeitpunkt, zu dem die Versetzung in den einstweiligen Ruhestand der Beamtin oder dem Beamten bekannt gegeben wird, spätestens jedoch mit dem Ende des dritten Monats, der auf den Monat der Bekanntgabe folgt. Die Verfügung kann bis zum Beginn des Ruhestands zurückgenommen werden.

§ 57 BBG Erneute Berufung

Die in den einstweiligen Ruhestand versetzten Beamtinnen und Beamten sind verpflichtet, einer erneuten Berufung in das Beamtenverhältnis auf Lebenszeit Folge zu leisten, wenn ihnen im Dienstbereich ihres früheren Dienstherrn ein Amt mit mindestens demselben Endgrundgehalt verliehen werden soll.

§ 58 BBG Ende des einstweiligen Ruhestands

(1) Der einstweilige Ruhestand endet bei erneuter Berufung in das Beamtenverhältnis auf Lebenszeit.

...

Übersicht

	Rn		Rn
I. Allgemeines	1	d) Begründung; Anhörung	23
1. Zweck der Vorschrift	1	e) Verfahren	26
2. Entstehung der Vorschrift	5	f) § 50 und Grundgesetz	29
3. Änderungen der Vorschrift	7	g) Verhältnis Zurruhesetzung	
4. Bezüge zum Beamtenrecht bzw. zu sonstigen rechtl. Vorschriften	8	nach § 50/nach PersAnpassG	34
		2. Absatz 2	38
II. Erläuterungen im Einzelnen	13	a) Beginn des einstweiligen	
1. Absatz 1	13	Ruhestandes	38
a) Kompetenzen des Bundespräsidenten	13	b) Folgen der Versetzung in den einstweiligen Ruhestand	42
b) Personenkreis	18	c) Erneute Berufung	46
c) Gründe für den einstweiligen Ruhestand	19	d) Erreichen der Altersgrenze	50

Literatur:[1] *Eichen, Klaus*: Anmerkungen zur Änderung der soldatischen Altersgrenzen im Entwurf des Dienstrechtsneuordnungsgesetzes, NZWehr 2008, 171; *Franz, Wolfgang*: Staatssekretäre und das Leistungsprinzip, ZBR 2008, 236; *Kugele, Dieter*: Die politischen Beamten in der Bundesrepublik Deutschland, ZBR 2007, 109; *Masing, Johannes/Wißmann, Hinnerk*: Der praktische Fall – Öffentliches Recht: Personalspitzen, JuS 1999, 1204; *Nierhaus, Michael*: Die Versetzung politischer Beamter in den einstweiligen Ruhestand – BVerwGE 52, 33, JuS 1978, 596; *Schwidden, Frank*: Aktuelle Fragen zur Sonderstellung und finanziellen Absicherung der politischen Beamten, RiA 1999, 13; *Verlage, Christopher*: Die Versetzung eines Generals in den einstweiligen Ruhestand, VerwRdSch. 2006, 232.

---

1 Nachstehende beamtenrechtl. Abhandlungen sind wegen ihrer Parallelität zum Soldatenrecht in Teilen verwertbar.

I. Allgemeines

1 1. Zweck der Vorschrift. § 50 Abs. 1² bestimmt, dass BerufsOffz in Spitzenstellungen jederzeit in den einstweiligen Ruhestand versetzt werden können. Das entspricht dem gleichen Gedanken, der § 54 BBG für die sog. polit. Beamten zugrunde liegt.³

2 Ein **politischer Beamter** ist ein Beamter auf Lebenszeit in einem Amt, bei dessen Ausübung er in fortdauernder Übereinstimmung mit den grds. polit. Ansichten und Zielen der BReg stehen muss (§ 30 Abs. 1 Satz 1 BeamtStG). Entspr. dient die in § 54 Abs. 1 BBG vorgesehene Möglichkeit, diesen Beamten jederzeit in den einstweiligen Ruhestand versetzen zu können, dem Zweck, seine Amtsführung in ständiger Kongruenz mit der Regierungspolitik zu halten. Denn es handelt sich bei einem solchen Amt um eine polit. Schlüsselstellung, die das reibungslose Funktionieren des Übergangs von der polit. Spitze in die Beamtenhierarchie zu gewährleisten hat. Diesem Amt kommt eine „Transformationsfunktion" zu, welcher der Amtsinhaber jederzeit gerecht werden muss. Er bedarf deshalb des vollen Vertrauens der Regierung.⁴

3 Der Gesetzgeber hat diese Vorstellung in § 50 auf **Berufsoffiziere im Generalsrang** übertragen.⁵ Deren „Transformationsfunktion" bezieht sich auf die Nahtstelle zwischen der polit. Führungsspitze der SK und der mil. Hierarchie.⁶ Anders als im Beamtenrecht ist in § 50 der Kreis der Betroffenen nicht von der Dienststellung, sondern vom Dienstgrad aus beschrieben worden. Dies trägt der Tatsache Rechnung, dass das Gewicht und der Einfluss eines Soldaten mit dem Dienstgrad wachsen.³

4 Eine Versetzung in den einstweiligen Ruhestand nach § 50 ist nicht nur aus in der Person des Soldaten liegenden Gründen (Zweifel an der regierungskonformen Dienstausübung; sonstige Eignungsmängel) zulässig. Sie kann nach der bisherigen Rspr. auch auf allg. personalpolit. oder strukturelle Überlegungen gestützt werden (s.u. Rn. 21).

5 2. Entstehung der Vorschrift. § 50 war bereits in der **Erstfassung** des SG enthalten. Der **REntw.**⁷ hatte vorgesehen, BerufsOffz erst ab dem Dienstgrad **Generalmajor** in den einstweiligen Ruhestand versetzen zu können. Nur ihnen wurden bereits das Gewicht und der Einfluss beigemessen, um ihre Versetzung in den einstweiligen Ruhestand rechtfertigen zu können. Generalmajore seien u. a. für Verwendungen als DivKdr und in leitenden Stellungen in integrierten Stäben³, **Brigadegenerale** hingegen noch als Führer von Kampftruppen vorgesehen.⁸

6 Der **VertA** beschloss jedoch, die Möglichkeit zur Versetzung in den einstweiligen Ruhestand auf alle Angehörigen des Generalsranges auszudehnen. Dies bringe zum Ausdruck, dass der Umfang ihrer Verantwortung der des sog. polit. Beamten entspreche.⁹

---

2 Im REntw.: § 45 Abs. 1.
3 BT-Drs. II/1700, 33.
4 BVerwGE 52, 33 (34 f.).
5 BVerfG DVBl. 1994, 103; vgl. *Verlage*, VerwRdSch. 2006, 232 (233).
6 Gleichwohl gilt auch für den von § 50 betroffenen Personenkreis das Verbot gem. § 15 Abs. 4, Untergebene für o. gegen eine polit. Meinung zu beeinflussen.
7 BT-Drs. II/1700, 12.
8 So die BReg in der 43. Sitzung des Ausschusses für Beamtenrecht des BT am 11.1.1956.
9 BT-Drs. II/2140, 13, 51.

Versetzung in den einstweiligen Ruhestand § 50

3. Änderungen der Vorschrift. § 50 wurde **dreimal geä.**: 7
- Durch § 98 Abs. 1 Nr. 5 des G vom **24.8.1976**[10] wurde in Abs. 2 Satz 1 die Bezugnahme auf die §§ 37 bis 40 BBG wegen der Aufhebung des § 38 BBG (in Art. IV § 1 Nr. 3 des G vom **23.5.1975**[11]) durch die Verweisung auf §§ 37, 39 und 40 BBG ersetzt.
- Durch Art. 1 Nr. 36 des **SGÄndG** wurden in Abs. 1 nach dem Wort „Brigadegeneral" die Wörter „und den entsprechenden Dienstgraden" eingefügt.
- Durch Art. 10 Nr. 24 des **DNeuG** wurde in Abs. 2 Satz 1 die Verweisung auf beamtenrechtl. Vorschriften redaktionell angepasst.

4. Bezüge zum Beamtenrecht bzw. zu sonstigen rechtl. Vorschriften. Abs. 1 entspricht 8 § 54 Abs. 1 BBG (s. o. Rn. 1 f.). **Abs. 2 Satz 1** erklärt die §§ 56, 57 und 58 Abs. 1 BBG für entspr. anwendbar (zu Einzelheiten s. u. Rn. 38 ff.). **Abs. 2 Satz 2** bildet § 58 Abs. 2 BBG (Umwandlung des einstweiligen in einen dauernden Ruhestand) nach.

Ein sonstiger **politischer Beamter**, der außer den in § 54 Abs. 1 BBG Genannten in 9 den einstweiligen Ruhestand versetzt werden kann, ist gem. § 54 Abs. 2 BBG i. V. m. § 129 Abs. 2 BBG der **Direktor des BR**, soweit er Beamter auf Lebenszeit ist.

Für **politische Beamte in den Ländern** enthält § 30 BeamtStG eine Sondervorschrift 10 (der konkurrierenden Gesetzgebung, Art. 74 Abs. 1 Nr. 27 GG) über den einstweiligen Ruhestand, die den Ländern unbeschadet der insoweit eingetretenen inhaltl. Sperrwirkung (vgl. Art. 72 Abs. 1 GG) noch ergänzende Regelungen ermöglicht.

Nicht auf polit. Beamte beschränkt, sondern **bei Organisationsänderungen** auch für 11 **weitere Beamte** möglich ist die Versetzung in den einstweiligen Ruhestand bei Auflösung, Umgestaltung oder wesentlichen Aufgabenänderungen von Behörden im Bund nach § 55 BBG oder in den Ländern bei Auflösung, Umgestaltung oder Verschmelzung von Behörden nach Maßgabe des § 31 BeamtStG.

Richter auf Lebenszeit oder auf Zeit können in den einstweiligen Ruhestand versetzt 12 werden, wenn Tatsachen außerhalb der richterlichen Tätigkeit dies zwingend gebieten, um eine schwere Beeinträchtigung der Rechtspflege abzuwenden (§ 31 Nr. 2 DRiG).

II. Erläuterungen im Einzelnen

1. Absatz 1. – a) Kompetenzen des Bundespräsidenten. Der BPräs ist für die Verset- 13 zung in den einstweiligen Ruhestand zuständig. Diese Maßnahme ist ein **Anwendungsfall des Art. 60 Abs. 1 GG**. Nach dieser Vorschrift ernennt und **entlässt** der BPräs u. a. die Offz und Uffz. Zwar ist die Versetzung in den einstweiligen Ruhestand nach den soldatenrechtl. Vorschriften über die Beendigung von Dienstverhältnissen der BS (§§ 43 ff.) terminologisch nicht mit einer Entlassung gleichzusetzen. Dies zeigen die unterschiedlichen Regelungen in §§ 44 und 50 einerseits, § 46 andererseits. Gleichwohl ist verfassungsrechtl. der Begriff der Entlassung in Art. 60 Abs. 1 GG zumindest so weit auszulegen, dass er Versetzungen in den einstweiligen Ruhestand erfasst.[12] Vom

---

10 BGBl. I S. 2485.
11 BGBl. I S. 1173.
12 Wohl unstr., vgl. *Herzog*, in: Maunz/Dürig, GG, Art. 60 Rn. 16; *Hemmrich*, in: v. Münch/Kunig, GGK II, Art. 60 Rn. 13; OVG Münster NZWehrr 2009, 214 (215).

Eichen

§ 50 Versetzung in den einstweiligen Ruhestand

verfassungsrechtl. Schrifttum wird hierzu auf die Regelungen in § 54 BBG und in § 50 hingewiesen.[13]

14 Grds. steht die Kompetenz des BPräs zur Versetzung in den einstweiligen Ruhestand unter Gesetzesvorbehalt (Art. 60 Abs. 1 GG: „soweit gesetzlich nichts anderes bestimmt ist"[14]). Der Bundesgesetzgeber könnte diese Befugnis auf andere Entscheidungsträger verlagern. Andererseits hätte der BPräs gem. Art. 60 Abs. 3 GG die Kompetenz, diese Befugnis auf andere Behörden zu übertragen. Diese Delegationsermächtigung in Art. 60 Abs. 3 GG dürfte allerdings gegenstandslos sein, weil der Gesetzgeber in § 50 (und in § 54 BBG) die Zuständigkeit des BPräs ausdrücklich bestätigt.[15] Deshalb darf der BPräs **seine Zuständigkeit nicht** anderweitig **übertragen**.[16]

15 Obwohl der Wortlaut des § 50 eine alleinige Kompetenz des BPräs nahe legt, ist nach Art. 58 Satz 1 GG zur Versetzung eines BS in den einstweiligen Ruhestand die **Gegenzeichnung** durch den BMVg, den zuständigen Ressortminister, notwendig (der selbst vorab eine Stellungnahme des BK einzuholen hat, § 19 Satz 1 GOBReg[17]). Die rechtzeitige Einbindung des BPräs in das Verfahren stellt § 19 Satz 2 GOBReg sicher.

Damit kommt prinzipiell zum Ausdruck, dass der BPräs keine letztverantwortliche Entscheidungsbefugnis in Personalsachen besitzt. Er hat grds. im Rahmen des § 50 die ihm (gem. § 29 Abs. 2 Satz 1 GOBReg erst nach Gegenzeichnung durch den BMVg zur Vollziehung) vorgelegte Verfügung zur Versetzung in den einstweiligen Ruhestand zu unterzeichnen.[18]

16 Gleichwohl steht dem BPräs (wegen seiner Bindung an Gesetz und Recht, Art. 20 Abs. 3 GG) ein **formelles und** ein **materielles Prüfungsrecht** zu. Er hat die Rechtmäßigkeit des gewählten Verfahrens und die gesetzl. Voraussetzungen zur Versetzung in den einstweiligen Ruhestand zu überprüfen[19] und wird bei Mängeln seine Unterschrift verweigern.

17 Über die Beanstandung solcher Rechtsmängel hinaus steht dem BPräs **weder** ein **Initiativ- noch** ein **Ablehnungsrecht** betr. die Versetzung von BerufsOffz in den einstweiligen Ruhestand zu. Hierüber entscheidet ausschließlich der zuständige Ressortminister (BMVg). Nur dieser hat sich für die Umsetzung der Regierungspolitik in seinem Geschäftsbereich gegenüber dem Parlament zu verantworten.[20] Diese Einschätzung gilt auch unter Berücksichtigung der Rspr. des BVerwG, das mehrmals[21] von einem dem BPräs durch § 50 Abs. 1 (bzw. durch § 54 Abs. 1 BBG) eingeräumten (z.T. „weiten") Ermessen[22] spricht. Das BVerwG verlangt aber nicht, dem BPräs müsse dieses Ermessen kraft eigenen Rechts zukommen. Damit liegt der Schluss nahe, dass das Gericht ein materiell der BReg zustehendes Ermessen gemeint hat, das sich der BPräs

---

13 *Fink*, in: vM/K/S, GG II, Art. 60 Rn. 14.
14 Zu den inhaltl. Grenzen dieses Vorbehalts s. *Fink*, ebd., Art. 60 Rn. 22 m.w.N.
15 *Pernice*, in: Dreier II, Art. 60 Rn. 21.
16 GKÖD I Yk, § 50 Rn. 6; vgl. *Plog/Wiedow/Lemhöfer*, BBG, § 36 Rn. 23.
17 Diese Vorschrift ist auf den Personenkreis des § 50 entspr. anwendbar.
18 Unstr., vgl. *Nierhaus*, in: Sachs, GG, Art. 60 Rn. 7 m.w. N.
19 *Fink*, in: vM/K/S, GG II, Art. 60 Rn. 19 m.w.N.; *Verlage*, VerwRdSch. 2006, 232 (233 f.).
20 Vgl. *Pernice*, in: Dreier II, Art. 60 Rn. 20.
21 BVerwGE 19, 332 (335 ff.); 23, 295 (299); 52, 33 (40); BVerwG ZBR 1992, 284.
22 Ein „sehr weites Ermessen" bestätigt BVerfG DVBl. 1994, 103 (104). Vgl. GKÖD I Yk, § 50 Rn. 4.

als formaler Entscheidungsträger zu eigen macht und nach außen hin gegenüber dem betroffenen BS vertritt.[23] Die Aussage des BVerwG, für die Rechtmäßigkeit der Versetzungsmaßnahme komme es allein auf die Erwägungen an, die „für den Bundespräsidenten maßgeblich waren"[24], erfährt dann die begrenzte Deutung, dass der gegenzeichnende Bundesminister keine neuen oder in ihrer Gewichtung veränderten Ermessenserwägungen „am Bundespräsidenten vorbei"[25] nachschieben darf, da der BPräs sie nicht im Rahmen seiner Rechtmäßigkeitskontrolle[26] berücksichtigen konnte. Aus ihr kann nicht abgeleitet werden, der BPräs könne – über ein formelles und materielles Prüfungsrecht hinaus – aus eigenem Ermessen die Zurruhesetzung vornehmen oder ablehnen.[27]

b) Personenkreis. § 50 Abs. 1 erfasst **alle Generale** und (wie durch die Gesetzesänd. vom 19.12.2000 [im SGÄndG, s. o. Rn. 7] in Angleichung an § 45 Abs. 3 klarstellend[28] ergänzt worden ist) die **entspr. Dienstgrade** der **Marine** und des **Sanitätsdienstes**. **18**

c) Gründe für den einstweiligen Ruhestand. Nach Abs. 1 kann der BPräs Berufs- **19** Offz im Generalsrang „**jederzeit**" in den einstweiligen Ruhestand versetzen. Diese Formulierung verdeutlicht, dass der BPräs unter Gegenzeichnung des BMVg im Rahmen einer pflichtgemäßen Ermessensausübung das (grds. auf Lebenszeit angelegte) Dienstverhältnis dieser BS dann vorzeitig beenden kann, wenn an ihrer nach dem Willen des Gesetzgebers in **Übereinstimmung mit der Regierungspolitik** zu haltenden Dienstausübung sachlich begründbare **Zweifel** entstehen. Dabei ist entscheidend, dass diese BS die Politik der BReg nicht nur nicht behindern dürfen. Vielmehr haben sie diese Politik aktiv zu unterstützen. Hierzu bedürfen sie des fortdauernden vollen Vertrauens der BReg in ihre Bereitschaft und Fähigkeit, dieser Erwartung zu entsprechen.[29] Eine pauschal auszusprechende Zurruhesetzung einer größeren Zahl von BS nach § 50 (z. B. bei einem Regierungswechsel) wäre jedoch unzulässig. Denn die anzustellenden Ermessenserwägungen müssen der Bedeutung der jew. Dienststellung Rechnung tragen[30] und im Einzelfall die Nähe der wahrzunehmenden Aufgaben zur polit. Willensbildung berücksichtigen. So liegt es auf der Hand, dass z. B. an das Vertrauensverhältnis des GenInspBw zur BReg (die er mil. zu beraten hat) höhere Anforderungen zu stellen sind als an das eines Brigadegenerals, bei dessen Dienstausübung weitgehend noch die Truppenführung im Vordergrund steht.

---

23 Vgl. *Fink*, in: vM/K/S, GG II, Art. 60 Rn. 18.
24 BVerwGE 52, 33 (Ls 2), 40.
25 Ebd. S. 41.
26 S. o. Rn. 16.
27 Das BVerwG (E 52, 33) spricht von „staatsrechtlichen Bedenken, wenn sich der Bundespräsident bei seiner Entscheidung maßgeblich von anderen Erwägungen leiten ließe als denjenigen, die ihm die jedenfalls allgemein zuständige oberste Dienstbehörde vorgetragen hat".
28 Vgl. BT-Drs. 14/4062, 22.
29 BVerwG ZBR 1992, 284; OVG Münster, 1 B 1141/06 (juris Rn. 22 ff.). Die Forderung nach aktiver Unterstützung der Regierungspolitik rechtfertigt für den von § 50 betroffenen Personenkreis keine Ausnahme von dem Verbot des § 15 Abs. 4, Untergebene für o. gegen eine polit. Meinung zu beeinflussen.
30 BVerwGE 23, 295 (298).

Eichen

20 Als **Gründe für die Versetzung** von BS im Generalsrang **in den einstweiligen Ruhestand** reichen Bedenken des BMVg aus, dem Soldaten fehle die Fähigkeit oder Bereitschaft, den Dienst weiterhin in Übereinstimmung mit der Verteidigungspolitik der BReg auszuüben. Der **Vertrauensverlust** zwischen dem BMVg und dem Soldaten muss jedoch nicht stets auf mangelnder Übereinstimmung erklärter verteidigungspolit. Ansichten des Betroffenen mit denen der BReg, also auf **politischen Meinungsäußerungen**, beruhen. Er kann sich auf alle Handlungen (ohne dass es dabei darauf ankommt, ob das Verhalten des Soldaten bereits die Schwelle zu einem Dienstvergehen überschreitet) oder Geschehnisse stützen, die für die **fachliche und persönliche Eignung** des Soldaten zur Umsetzung der Regierungspolitik bedeutsam sind.[31] Der BMVg muss auf die Eignung des Soldaten zur Erfüllung der „Transformationsfunktion"[32] vertrauen können. Zweifel hieran können insbes. auch aus fehlender Sachkompetenz oder aus mangelnder Flexibilität entstehen. Ausschlaggebend können sogar außerdienstl. Vorfälle oder Verhaltensweisen sein.[33] „Unwägbarkeiten" („Imponderabilien"), die nicht genau zu umreißen sind, bei denen der zu Grunde liegende Sachverhalt daher nicht aufgrund tatsächlicher Umstände feststeht, reichen für eine Zurruhesetzung jedoch nicht aus.[34] Das Willkürverbot des GG gilt auch hier.

21 Über diese in der Person des betroffenen BS liegenden Gründe hinaus hat die Rspr. bisher die Versetzung in den einstweiligen Ruhestand zur **Anpassung struktureller Gegebenheiten** an moderne Verteidigungserfordernisse und damit aufgrund rein personalpolit. oder organisationsstruktureller Erwägungen zugelassen. Begründet wurde dies mit dem bewussten **Verzicht** des Gesetzgebers auf eine (eine flexible Personalpolitik ermöglichende) **besondere Altersgrenze** (vgl. hierzu die Komm. zu § 44 Abs. 2 und § 45 Abs. 2) für die Generalität, weil dieser Personenkreis nach § 50 jederzeit in den einstweiligen Ruhestand versetzt werden könne.[35] Dieser Rspr. wird durch die mit dem DNeuG eingeführte **besondere Altersgrenze für Generale/Admirale** in § 45 Abs. 2 Nr. 1 insoweit der Boden entzogen, als die Zurruhesetzung eine Änd. der Altersstruktur bezweckt.[36] Hierzu ist die Möglichkeit der Nutzung der besonderen Altersgrenze jetzt die speziellere, abschließende Regelung. Zuzulassen ist (bei struktureller Zielsetzung) nur noch die Versetzung in den einstweiligen Ruhestand analog

---

31 BVerfG DVBl. 1994, 103 (104).
32 Vgl. o. Rn. 3.
33 *Nierhaus*, JuS 1978, 596 (599).
34 So aber OVG Münster (s. o. Fn. 31); OVG Münster NZWehrr 2009, 214 (216).
35 BVerwGE 23, 295 (299 ff.); 52, 33 (37 f.); BVerfG DVBl. 1994, 103 (104). Enger ist die Rspr. im Beamtenbereich: Hier ist ausdrücklich (BVerwGE 52, 33 – Ls 1) die Versetzung eines Beamten in den einstweiligen Ruhestand nach § 36 (jetzt: § 54) Abs. 1 BBG als unzulässig angesehen worden, wenn sie nicht auf die Amtsführung im Einzelfall, sondern ausschließlich auf das Lebensalter des Beamten gestützt wird, um eine Verbesserung der Altersstruktur der Beamtenschaft zu erreichen. Der heutige § 55 BBG (einstweiliger Ruhestand bei organisatorischen Veränderungen, s. o. Rn. 11) wurde erst 2002 als § 36a BBG a. F. und zunächst befristet eingefügt.
36 Angesichts der von der Rspr. bestätigten Möglichkeit, BS im Generalsrang nach § 50 sogar aus strukturellen (auch Alters-)Gründen in den einstweiligen Ruhestand versetzen zu können, gab es für die Schaffung einer besonderen Altersgrenze für Generale/Admirale keine sachlich gerechtfertigten Gründe. Vgl. *Eichen*, NZWehrr 2008, 171 (175 f.). Die neue rechtl. Ausgangssituation einer besonderen Altersgrenze hatte OVG Münster NZWehrr 2009, 214 (216 f.) noch nicht zu berücksichtigen.

§ 55 BBG (d. h. bei organisatorischen Veränderungen von Truppenteilen unter Wegfall von Generaldienstposten).
Nur an den in Rn. 20 und (eingeschränkt) in Rn. 21 genannten Zielrichtungen hat sich somit künftig die Entscheidung über die Versetzung von BS in den einstweiligen Ruhestand nach § 50 zu orientieren. Ermessensfehlerhaft und **unzulässig** wäre es, diese Maßnahme unter Vorschieben polit. Gründe **auf eigenen Wunsch** eines BS hin zu verfügen, um ihm z. B. einen günstigen Wechsel in ein ziv. Beschäftigungsverhältnis in der Industrie zu ermöglichen.[37]

d) Begründung; Anhörung. Aus dem Tatbestandsmerkmal „**jederzeit**" leitet die h. M.[38] ab, die an den Soldaten gerichtete Verfügung über die einstweilige Zurruhesetzung bedürfe – obwohl VA – **keiner** ausdrücklichen **Begr**. Diese bei der Versetzung von polit. Beamten[39] in den einstweiligen Ruhestand gem. § 54 BBG als hergebrachter Grds. des Berufsbeamtentums bezeichnete Regel[40] hat das BVerwG[41] auch nach Schaffung des § 39 VwVfG für § 50 insoweit bestätigt, als es darum gehe, durch die einstweilige Zurruhesetzung dem Verlust des notwendigen Vertrauensverhältnisses des Soldaten zur BReg Rechnung zu tragen. In diesem Fall liege schon in der Maßnahme als solcher die Berufung auf diesen Grund. Die Rechtsschutzfunktion der Begr. werde dadurch gewahrt, dass vor Gericht die Dienstbehörde den Vertrauensverlust zu substantiieren habe. Zuvor hatte das OVG Münster[42] ergänzend argumentiert, § 50 stelle gegenüber § 39 VwVfG eine abschließende, eine Begr. bewusst nicht statuierende Sonderregelung dar.[43]

Die von der Rspr.[44] zugelassene Möglichkeit, eine einstweilige Zurruhesetzung von BS auch auf strukturelle Gründe zu stützen[45], macht deutlich, dass dem von der Maßnahme betroffenen Soldaten deren sachliche Gründe nicht ohne Weiteres erkennbar sein müssen.[46] Es ist deshalb von einer **grds. Pflicht zur Begr. der Zurruhesetzungsverfügung** auszugehen.[47] Der Verfügung muss zumindest zu entnehmen sein, ob die wesentlichen tatsächlichen Umstände, die für die Entscheidung ausschlaggebend waren, strukturell oder persönlich bedingt waren. Es erscheint wenig fürsorglich und darüber hinaus wenig verfahrensökonomisch, dem Soldaten die Gründe erst im Rahmen eines evtl. Gerichtsverfahrens nachzuliefern. Spätestens im verwaltungsgerichtl. Verfahren hätte das BMVg die Maßnahme so substantiiert zu begründen, dass das Gericht sich von einer insgesamt willkürfreien Ermessensausübung überzeugen kann.[48]

---

37 Vgl. *Plog/Wiedow/Lemhöfer*, BBG, § 36 Rn. 17a.
38 BVerwG DÖV 1993, 34 m.w.N.; GKÖD I Yk, § 50 Rn. 6, 8; *Scherer/Alff/Poretschkin*, SG, § 50 Rn. 3.
39 Vgl. hierzu Rn. 2.
40 BVerfGE 8, 332 (356); BVerwGE 19, 332 (336 f.).
41 BVerwG DÖV 1993, 34.
42 In der Vorinstanz, vgl. NZWehr 1992, 123 ff.
43 Hierzu grds. krit. *U. Stelkens*, in: Stelkens/Bonk/Sachs, VwVfG, § 39 Rn. 102 f. i. V. m. Rn. 68. Vgl. *Kopp/Ramsauer*, VwVfG, § 39 Rn. 50.
44 BVerwGE 23, 295 (299 ff.).
45 Vgl. o. Rn. 21.
46 Ein Absehen von einer Begr. kann dann auch nicht auf § 39 Abs. 2 Nr. 2 VwVfG gestützt werden.
47 Für den Beamtenbereich ebenso *Battis*, BBG, § 54 Rn. 9 m. w. N.
48 BVerwG DÖV 1993, 34; *Scherer/Alff/Poretschkin*, SG, § 50 Rn. 3.

25 Wegen der hier bejahten Pflicht zur Begr. der Versetzungsverfügung kann dem Automatismus der h.M.[49], die wegen der ihrer Ansicht nach fehlenden Notwendigkeit zur näheren Erläuterung der Gründe der Maßnahme auch auf eine **vorherige Anhörung** des von einer Maßnahme nach § 50 betroffenen Soldaten verzichten will, nicht gefolgt werden. Die Fürsorgepflicht des Dienstherrn[50], vor allem § 28 Abs. 1 VwVfG fordert, dem Soldaten vor der Versetzung in den einstweiligen Ruhestand grds.[51] Gelegenheit zur Äußerung zu geben.[52] Zwar schließt das OVG Münster[53] aus verschiedenen Vorschriften des SG, die vor der Beendigung eines Soldatenverhältnisses oder vor der Untersagung der Ausübung des Dienstes eine Anhörung **ausdrücklich** vorschreiben (§ 44 Abs. 4 Satz 2 Halbs. 2, § 47 Abs. 2, § 22 Satz 3), auf einen bewussten Verzicht des Gesetzgebers auf die Regelung einer Anhörungspflicht in § 50. Deshalb sei § 28 VwVfG nicht ergänzend anwendbar.[54] Der Parallelfall des § 87 Abs. 1 Satz 2 und 3, der bei vorzeitiger Entlassung aus einer Eignungsübung ebenfalls eine Anhörung nicht ausdrücklich anordnet, obwohl diese und auch eine Begr.[55] der Entlassungsverfügung als Teil eines rechtsstaatlichen Verfahrens unabdingbar erscheinen[56], spricht gegen die Subsidiarität des § 28 VwVfG und für die vorherige Anhörung auch im Rahmen des § 50. Unberührt bleibt ohnehin das aus der Fürsorgepflicht abzuleitende Gebot, betroffene Soldaten schon im Vorfeld frühzeitig zu Beschwerden oder sonst zu möglicherweise strittigen Tatsachenbehauptungen anzuhören, bevor daraus Folgerungen zu ihren Lasten in Erwägung gezogen werden.[57]

26 e) **Verfahren.** Ein **Rechtsanspruch** oder ein **Antragsrecht** des Soldaten besteht nicht. Wird gleichwohl von seiner Seite der Wunsch nach Versetzung in den einstweiligen Ruhestand an den Dienstherrn herangetragen, ist darin nur eine Anregung zu sehen, diesen Schritt zu prüfen.[58]

27 Die Versetzung in den einstweiligen Ruhestand ist, auch wenn sie vom BMVg vorgeschlagen und von ihm ggf. später dem Soldaten mitgeteilt wird, ein rechtsgestaltender (das aktive Soldatenverhältnis in ein Ruhestandssoldatenverhältnis verwandelnder) **VA des BPräs.** Dieser ist, wenn er einen VA auf dem Gebiet des Soldatenrechts erlässt, **oberste Bundesbehörde** i. S. d. § 68 Abs. 1 Satz 2 Nr. 1 VwGO. Deshalb kann gegen den Bescheid **ohne Vorverfahren**[59] **verwaltungsgerichtl.**[60] **Anfechtungsklage**

---

49 BVerwG DÖV 1993, 34.
50 Auf sie beruft sich für den Beamtenbereich *Battis*, BBG, § 54 Rn. 9 m. w. N.
51 Notwendige Ausnahmen lässt § 28 Abs. 2 u. 3 VwVfG zu.
52 So wohl auch GKÖD I Yk, § 50 Rn. 6, wonach es „fast immer angemessen sein" werde, „mit dem Betroffenen vor der Entscheidung zu sprechen".
53 NZWehrr 1992, 123.
54 Subsidiarität des VwVfG gem. § 1 Abs. 1 letzter Halbs. VwVfG.
55 GKÖD I Yk, § 87 Rn. 14.
56 Vgl. die Komm. zu § 87 Rn. 25. Warum *Scherer/Alff/Poretschkin*, SG, § 50 Rn. 3, bei Verfahren nach § 50 wegen des „bewusst politischen Charakter[s] dieser Sondernorm" die Rechtsstaatlichkeit zurücktreten lassen wollen, erschließt sich nicht.
57 BVerfGE 8, 332 (356); BVerwG DÖV 19, 93, 34.
58 GKÖD I Yk, § 50 Rn. 5; *Scherer/Poretschkin*, SG, § 50 Rn. 4.
59 Vgl. OVG Münster NZWehrr 2009, 214 (juris Rn. 56). § 23 Abs. 5 WBO als ein i. S. d. § 68 Abs. 1 Satz 2 Nr. 1 VwGO die Nachprüfung in einem Vorverfahren vorschreibendes Gesetz (vgl. *Dau*, WBO, § 23 Rn. 53 f.) ist nicht anwendbar, weil keine Entscheidung des BMVg vorliegt.
60 Vgl. § 82 Abs. 1. Vgl. auch die Komm. zu § 43 Rn. 7.

erhoben werden.[61] Der BPräs wird vor Gericht durch das BMVg oder die durch dieses beauftragte Stelle vertreten (§ 82 Abs. 3[62]).

Die Anfechtungsklage hat **aufschiebende Wirkung** (§ 80 Abs. 1 Satz 1 VwGO), die entfällt, wenn insbes. im öff. Interesse die sofortige Vollziehung der Zurruhesetzungsverfügung besonders angeordnet worden ist (§ 80 Abs. 2 Satz 1 Nr. 4 VwGO).

Als Streitwert im gerichtl. Verfahren über die Beendigung des Berufssoldatenverhältnisses durch Versetzung in den einstweiligen Ruhestand ist ein Jahresbetrag (13 Monatsbeträge) des Endgrundgehaltes des Soldaten zu berechnen.[63]   28

f) § 50 und Grundgesetz. § 50 Abs. 1 ist **verfassungsgemäß**.   29

Die Vorschrift legt (fast) keine tatbestandsmäßigen Voraussetzungen für die Zurruhesetzung eines BS fest. Deshalb könnte der Eindruck entstehen, es handele sich bei der Versetzung in den einstweiligen Ruhestand um eine „tatbestandslose Rechtsfolge".[64] Gleichwohl ist der Vorwurf, hier werde durch ein unklares oder unbest. Gesetz gegen den rechtsstaatlichen Grds. der Messbarkeit und Voraussehbarkeit staatlichen Handelns[65] verstoßen, nicht haltbar. Denn die Rspr. hat die Vorschrift, insbes. den Begriff „jederzeit", vor allem im Wege einer historischen und teleologischen Auslegung konturiert. Damit wird die Norm auf die Einhaltung ihrer Grenzen hin überprüfbar.

Wird nach Abs. 1 ein BS wegen einer öff. (z. B. polit.) Äußerung in den einstweiligen Ruhestand versetzt, berührt die Versetzungsverfügung den Schutzbereich des Art. 5 Abs. 1 Satz 1 Halbs. 1 GG (**Grundrecht der Meinungsfreiheit**). Sie ist aber **verfassungsrechtl. gerechtfertigt**. Denn § 50 Abs. 1 setzt als **allg. Gesetz** i. S. v. Art. 5 Abs. 2 GG[66] der Meinungsfreiheit Schranken.   30

Abs. 1 nennt (außer dem Dienstgrad) keine besonderen sachlichen Voraussetzungen für die einstweilige Zurruhesetzung. Diese knüpft tatbestandsmäßig insbes. nicht an Meinungsäußerungen an. Zwar können verteidigungspolit., von der Regierungsmeinung abw. Erklärungen des Soldaten Grund für den zur Versetzung in den einstweiligen Ruhestand führenden Vertrauensverlust sein. Dieser kann aber auch auf anderen Ursachen beruhen, die für die fachl. und persönliche Eignung des Soldaten zur Umsetzung der Regierungspolitik bedeutsam sein können (etwa ein Mangel an Flexibilität). Selbst wenn im Einzelfall regierungskrit. Äußerungen zur einstweiligen Zurruhesetzung führen, zielt § 50 Abs. 1 nicht auf die Sanktionierung einer bestimmten Meinungsäußerung. Die Zurruhesetzung ist vielmehr immer dann möglich, wenn die

---

61 Vgl. BVerwGE 23, 295 (297). Die Anfechtungsklage gegen eine Versetzung in den einstweiligen Ruhestand ist wegen der besoldungsrechtl. Auswirkungen der angefochtenen Maßnahme auch nach Erreichen der allg. Altersgrenze des betroffenen Offz statthafte Klageart. Nach dessen Tod kann das Verfahren von seinen Erben weitergeführt werden (OVG Münster NZWehrr 2009, 214 Ls 1).
62 Vgl. die Komm. zu § 82 Rn. 29.
63 Vgl. § 52 Abs. 5 des Gerichtskostengesetzes.
64 *Nierhaus*, JuS 1978, 596 (598).
65 Vgl. hierzu *Schnapp*, in: v. Münch/Kunig, GGK II, Art. 20 Rn. 27.
66 Dies sind gesetzl. Vorschriften, die sich nicht gegen die Meinungsfreiheit als solche o. gegen bestimmte Meinungen richten, sondern dem Schutz eines schlechthin, ohne Rücksicht auf eine bestimmte Meinung, zu schützenden Rechtsguts dienen u. dabei auch die Meinungsfreiheit berühren (vgl. BVerfGE 97, 125, 146).

§ 50   Versetzung in den einstweiligen Ruhestand

jew. polit. Meinungsäußerung mit der **jew.** Regierungspolitik nicht übereinstimmt – unabhängig vom Inhalt und Wert der geäußerten Meinung im Einzelnen.[67]

31 Letztlich wäre – kumulativ zur Schranke der allg. Gesetze in Art. 5 Abs. 2 GG[68] – eine Begrenzung der Meinungsfreiheit (Art. 5 Abs. 1 Satz 1 Halbs. 1 GG) als Folge einer einstweiligen Zurruhesetzung verfassungsrechtl. auch gem. **Art. 17a Abs. 1 GG** gerechtfertigt. Diese Vorschrift lässt für mil. Angehörige der SK (Soldaten) gesetzl. Einschränkungen der Meinungsfreiheit i. S. eines einfachen Gesetzesvorbehalts zu.[69]

32 Abs. 1 verletzt nicht das **Zitiergebot** des Art. 19 Abs. 1 Satz 2 GG. Soweit sich eine beschränkende Regelung inhaltl. als allg. Gesetz i. S. v. Art. 5 Abs. 2 GG darstellt (was bei Abs. 1 der Fall ist, vgl. o. Rn. 30), bedarf es keiner Angabe des eingeschränkten Grundrechts.[70] Dies gilt auch, wenn Abs. 1 als ein die Meinungsfreiheit einschränkendes Gesetz auf Art. 17a Abs. 1 GG (vgl. o. Rn. 31) gestützt wird.[71]

33 Eine Versetzung in den einstweiligen Ruhestand wegen von der Regierungsmeinung abw. Meinungsäußerungen verletzt nicht **Art. 3 Abs. 3 GG** (Benachteiligung wegen polit. Anschauungen). Eine Abberufung aus polit. Ämtern wegen einer bestimmten polit. Einstellung findet ihre Legitimation im Demokratieprinzip.[72]

34 **g) Verhältnis Zurruhesetzung nach § 50/nach PersAnpassG**[73]**.** Die Versetzung von BerufsOffz im Generalsrang in den einstweiligen Ruhestand nach § 50, um strukturelle Personalüberhänge abzubauen (s. hierzu o. Rn. 21), und die Regelung in § 1 Abs. 1 PersAnpassG, die in den Jahren 2007 bis 2011 die Zurruhesetzung von bis zu 1200 BS mit deren Zustimmung vor Überschreiten der für sie maßgeblichen Altersgrenze zulässt, wenn sie das 50. Lebensjahr vollendet haben und wenn weitere tatbestandliche Voraussetzungen erfüllt sind, stehen **rechtl. unabhängig** nebeneinander.

35 Die Vorschriften **unterscheiden** sich im persönlichen Geltungsbereich (alle BS/BS vom Brigadegeneral und den entspr. Dienstgraden an aufwärts), in den Tatbestandsmerkmalen (Zustimmungserfordernis und Vollendung eines bestimmten Lebensalters/Erreichen des Generalsranges), in ihrer Gültigkeitsdauer (befristet bis zum Jahr 2011/ständige Regelung) und in den mittelbaren Rechtsfolgen einer Versetzung in den Ruhestand (z. B. im Hinblick auf die Versorgung). Unterschiedlich ist auch jew. die Rechtsnatur der Versetzung in den Ruhestand. Nach dem PersAnpassG kann der Dienstherr eine Versetzung in den Ruhestand nicht einseitig verbindlich vornehmen, sie ist ein mitwirkungsbedürftiger VA. Versetzungen in den Ruhestand nach § 50 erfolgen hingegen stets einseitig verbindlich, sie sind nicht mitwirkungsbedürftig.

---

67 BVerfG DVBl. 1994, 103 f.
68 So *Jarass*, in: Jarass/Pieroth, GG, Art. 17a Rn. 1; ausführlich zum Verhältnis Art. 17a Abs. 1 GG/Art. 5 Abs. 2 GG als Schranke der soldatischen Meinungsfreiheit: *Riehl*, Meinungsäußerung, 63 ff.; *Schmidt-De Caluwe*, NZWehrr 1992, 235.
69 Vgl. *Pieroth/Schlink*, GR II Rn. 602; *Jarass*, in: Jarass/Pieroth, GG, Art. 17a Rn. 2, 3, 6.
70 BVerfGE 28, 282 (289); *Jarass*, in: Jarass/Pieroth, GG, Art. 5 Rn. 55 m. w. N.
71 BVerfG DVBl. 1994, 103 (104); *Jarass*, in: Jarass/Pieroth, GG, Art. 17a Rn. 6.
72 BVerfGE 7, 155 (171); BVerfG DVBl. 1994, 103 (104).
73 Art. 4 des BwNeuAusrG; geä. durch G v. 7.12.2007 (BGBl. I S. 2807); vgl. im Einzelnen zum PersAnpassG die Komm. im Anhang zu § 44.

Versetzung in den einstweiligen Ruhestand § 50

Auch der **Zweck beider Vorschriften** ist **unterschiedlich**. Das Ziel der Zurruhesetzung nach dem PersAnpassG hat der Gesetzgeber tatbestandlich in § 1 Abs. 1 PersAnpassG festgelegt. Danach soll das PersAnpassG dazu dienen, strukturelle Überhänge bei lebensälteren BS abzubauen. § 50 ermöglicht hingegen in erster Linie Zurruhesetzungen wegen einer Erschütterung des Vertrauens der polit. Führung zu bestimmten hochrangigen BS; daneben ist eine Versetzung in den Ruhestand zur Personalreduzierung bei an Verteidigungserfordernissen ausgerichteten organisatorischen Veränderungen im Truppenkörper zulässig.[74] **36**

Es mag auf den ersten Blick irritieren, dass ein BS, dessen Ruhegehalt mindestens aus der Besoldungsgruppe A 16 berechnet wird und der nach dem PersAnpassG in den Ruhestand versetzt wird, Abschläge bei der Versorgung hinzunehmen hat[75], ein nach § 50 in den einstweiligen Ruhestand versetzter General hingegen nicht. Dem ist entgegenzuhalten, dass niemand nach dem PersAnpassG „in den Ruhestand geschickt" werden kann, weil der Maßnahme zugestimmt werden muss. **37**

2. Absatz 2. – a) Beginn des einstweiligen Ruhestandes. Nach § 50 Abs. 2 Satz 1 i. V. m. § 56 Satz 1 BBG **beginnt der einstweilige Ruhestand** grds. sofort mit dem Zeitpunkt, in dem die **Versetzung** in den Ruhestand dem Soldaten **mitgeteilt** wird. Die hierzu notwendige Verfügung ist ihm nach § 44 Abs. 6 Satz 2 schriftl. zuzustellen. Deshalb wird die Versetzung in den einstweiligen Ruhestand in Form einer Urkunde[76] des BPräs verfügt. Die Urkunde wird nach den Vorschriften des VwZG zugestellt[77], also insbes. durch Aushändigung an den Soldaten gegen Empfangsbekenntnis[78] oder durch die PZU.[79] **38**

Zur Notwendigkeit der Begr. dieser Verfügung vgl. Rn. 23 f.; die Verfügung ist gem. § 59 VwGO mit einer Rechtsbehelfsbelehrung[80] zu versehen. **39**

Im Einzelfall kann in der Verfügung ausdrücklich ein **späterer Zeitpunkt** für den Beginn des einstweiligen Ruhestandes festgesetzt werden. Dieser muss **spätestens** mit dem Ende der drei Monate beginnen, die auf den Monat der Mitteilung an den Solda- **40**

---

74 Vgl. o. Rn. 21, wo dargelegt wird, dass eine Versetzung in den einstweiligen Ruhestand nach § 50 zur Veränderung der Altersstruktur keine Option mehr sein wird u. somit eine Konkurrenz zur vorzeitigen Entlassung nach dem PersAnpassG nicht mehr bestehen dürfte.
75 Vgl. § 3 Abs. 6 PersAnpassG.
76 Zu Einzelheiten dieser Urkunde u. ihrer Gestaltung s. die DBest. zur Anordnung des BPräs über die Ernennung u. Entlassung der Soldaten v. 21.6.2007 (VMBl. S. 82 = ZDv 14/5 B 111). Obwohl (in § 1 Abs. 2 der Best.) ausdrücklich von einer „Urkunde" über die Beendigung des Dienstverhältnisses die Rede ist u. andere als die den beigefügten Mustern vorgesehenen Angaben als unzulässig bezeichnet werden (in § 2 Abs. 1 Satz 2 der Best.), handelt es sich nicht um gesetzl. vorgeschriebene Formvorschriften (wie in § 41 Abs. 1), deren Nichtbeachtung gem. § 44 Abs. 2 Nr. 2 VwVfG zwingend zur Nichtigkeit der Verfügung führte (vgl. BayVGH IÖD 2000, 116, 117; *Sachs*, in: Stelkens/Bonk/Sachs, VwVfG, § 44 Rn. 135). Rechtmäßig wäre auch jede andere, den Anforderungen an einen VA genügende Fassung der Verfügung (vgl. *Plog/Wiedow/Lemhöfer*, BBG, § 47 Rn. 6).
77 Vgl. Nr. 4 des Erl. des BMVg „Erteilung von Rechtsbehelfsbelehrungen bei Verwaltungsakten im Geschäftsbereich des BMVg" (VMBl. 1998 S. 136; 2002 S. 170, 448).
78 Gem. § 5 Abs. 1 u. 3 VwZG.
79 § 3 VwZG.
80 Muster im RdSchr. des BMI v. 23.5.1997 (GMBl. S. 282, 283 [dort Muster 4]). Vgl. auch Anl. 1 des in Fn. 77 zit. Erl. des BMVg.

Eichen 803

ten folgen (§ 56 Satz 1 BBG).[81] Ein auf einen noch späteren Termin festgelegter Beginn des einstweiligen Ruhestandes wäre rechtswidrig, machte den VA aber noch nicht (jedenfalls nicht allein aus diesem Grund) nach § 44 Abs. 1 VwVfG nichtig.[82] Da der fehlerhafte VA wegen der für den Soldaten ungünstigeren Rechtsfolgen[83] nach § 47 Abs. 2 Satz 1 VwVfG nicht in eine Verfügung mit einem früher beginnenden einstweiligen Ruhestand umgedeutet werden kann, kämen nur die Rücknahme des ursprünglichen VA und der Neuerlass des ungünstigeren VA in Frage.

41 Die Verfügung über die Versetzung in den einstweiligen Ruhestand kann bis zu dessen Beginn gem. Abs. 2 Satz 1 i. V. m. § 56 Satz 2 BBG „zurückgenommen" werden. Daraus folgt im Gegenschluss, dass mit dem Beginn des einstweiligen Ruhestandes die Verfügung auch nicht mehr nach den allg. Regelungen der §§ 48, 49 VwVfG aufgehoben werden kann.[84] Diese Vorschriften werden durch § 56 Satz 2 BBG als speziellere Regelung verdrängt.[85] Dies gilt sowohl für die Rücknahme als auch für den Widerruf der Verfügung, denn § 56 Satz 2 BBG bezieht sich – als zeitlich vor dem VwVfG erlassene Vorschrift (§ 56 Satz 2 BBG ist lediglich eine wortgleiche Wiedergabe des § 37 Satz 2 BBG a. F.) – auf beide Arten der Aufhebung des VA.[86] Als Abhilfe kommt nach dem Beginn des einstweiligen Ruhestandes die erneute Berufung des früheren Soldaten in ein Berufssoldatenverhältnis in Betracht (vgl. nachfolgend Rn. 46 ff.).

42 b) Folgen der Versetzung in den einstweiligen Ruhestand. Mit der Versetzung in den einstweiligen Ruhestand endet das Wehrdienstverhältnis als BS (§ 43 Abs. 1).[87]

43 In den einstweiligen Ruhestand versetzte BS dürfen ihre Dienstgradbezeichnung mit dem Zusatz „außer Dienst" („a. D.") weiterführen (§ 44 Abs. 7). Andererseits gelten insbes. die nachwirkenden Pflichten aus §§ 14, 19 und 20a für sie fort.[88]

44 Der in den einstweiligen Ruhestand versetzte BS erhält für den Monat, in dem ihm die Versetzung in den einstweiligen Ruhestand mitgeteilt worden ist, und für die folgenden drei Monate die Bezüge weiter, die ihm am Tag vor der Versetzung zustanden (§ 4 Abs. 1 Satz 1 BBesG).

45 Auch im Hinblick auf die Versorgung bestehen für in den einstweiligen Ruhestand versetzte BS Sonderregelungen. Das Ruhegehalt beträgt für die Dauer der Zeit, welche der betroffene Soldat den Dienstgrad, mit dem er in den einstweiligen Ruhestand versetzt wurde, inne hatte, mindestens für die Dauer von sechs Monaten, längstens für die Dauer von drei Jahren, 71,75 Prozent[89] der ruhegehaltfähigen Dienstbezüge der

---

81   Von diesem Aufschub wird kaum Gebrauch zu machen sein, wenn der BMVg Zweifel an der regierungskonformen Dienstausübung des Soldaten hat, sondern allenfalls dann, wenn die Zurruhesetzung auf strukturellen Veränderungen (s. o. Rn. 21) beruht.
82   Vgl. zum Beamtenbereich *Plog/Wiedow/Lemhöfer*, BBG, § 37 Rn. 3. Der VA wäre deshalb rechtswirksam.
83   Der Soldat würde wegen des vorgezogenen Beginns des einstweiligen Ruhestandes wirtschaftlich ungünstiger gestellt, vgl. Rn. 44 f.; vgl. allg. *Sachs*, in: Stelkens/Bonk/Sachs, VwVfG, § 47 Rn. 50.
84   Vgl. *Plog/Wiedow/Lemhöfer*, BBG, § 37 Rn. 4.
85   *Battis*, BBG, § 56 Rn. 3.
86   Vgl. *Plog/Wiedow/Lemhöfer*, BBG, § 47 Rn. 8.
87   Damit erlöschen alle Urlaubsansprüche aus dem Wehrdienstverhältnis.
88   Vgl. die Komm. zu diesen Vorschriften sowie zu § 23 Abs. 2.
89   Sonstige Übergangsvorschriften sind nicht berücksichtigt.

Besoldungsgruppe, in der er sich zur Zeit der Versetzung in den einstweiligen Ruhestands befunden hat (§ 26 Abs. 9 SVG). Danach wird das nach den allg. Vorschriften des SVG ermittelte Ruhegehalt gewährt.

c) Erneute Berufung. Nach Abs. 2 Satz 1 i. V. m. **§ 57 BBG** muss ein in den einstweiligen Ruhestand versetzter BS auch gegen seinen Willen einer **erneuten Berufung in das Dienstverhältnis eines BS** Folge leisten, wenn er mit demselben Dienstgrad wie vor der Zurruhesetzung verwendet[90] und mit mindestens demselben Endgrundgehalt[91] besoldet[92] wird. Zunächst hat der Dienstherr ihm eindeutig mitzuteilen, ab welchem Zeitpunkt und in welcher Verwendung die Reaktivierung vorgesehen ist, und ihn aufzufordern, sich zu diesem Zweck im Wege einer Ernennung erneut in das Dienstverhältnis eines BS berufen zu lassen. 46

Eine solche Aufforderung ist kein VA[93], weil sie nur den beabsichtigten VA der erneuten Ernennung vorbereiten soll.[94] Diese Ernennung gem. § 4 Abs. 1 Nr. 1 i. V. m. § 41 Abs. 1 Satz 1 und 2 Nr. 1 – ein mitwirkungsbedürftiger VA unter Aushändigung und Entgegennahme der Ernennungsurkunde – kann dem Soldaten im einstweiligen Ruhestand nicht aufgezwungen werden. Gleichwohl leitet sich seine gesetzl. in Abs. 2 Satz 1 i. V. m. § 57 BBG festgelegte Pflicht zur Mitwirkung an der erneuten Ernennung aus dem früheren, freiwillig eingegangenen Dienstverhältnis als BS und aus seiner Rechtsstellung als Soldat im einstweiligen Ruhestand ab.[95] 47

Kommt der Soldat im einstweiligen Ruhestand dieser Mitwirkungspflicht schuldhaft nicht nach, gilt dies nach § 23 Abs. 2 Nr. 3 als Dienstvergehen; es führt für diese Zeit gem. § 57 SVG zum Verlust der Versorgungsbezüge. 48

Nach Abs. 2 Satz 1 i. V. m. **§ 58 Abs. 1 BBG** endet der einstweilige Ruhestand bei erneuter Berufung in das Dienstverhältnis eines BS.[96] Dies gilt allerdings nur, wenn die Voraussetzungen des § 57 BBG[97] erfüllt sind. Stimmte der Soldat ausdrücklich zu, unter Verzicht auf die Vorgaben des § 57 BBG als BS reaktiviert zu werden, endete der einstweilige Ruhestand nicht, sondern stünde dann neben dem (aktiven) Dienstverhältnis als Soldat.[98] 49

---

90 Vgl. GKÖD I Yk, § 50 Rn. 9; *Scherer/Alff/Poretschkin*, SG, § 50 Rn. 5.
91 Stellenzulagen (§ 42 Abs. 3 BBesG) sind diesem nicht zuzurechnen, wohl aber Amtszulagen als Bestandteil des Grundgehaltes (§ 42 Abs. 2 Satz 2 BBesG). Deshalb könnte der in den einstweiligen Ruhestand versetzte GenInspBw (Besoldungsgruppe B 10 mit Amtszulage nach Anl. I und IX zum BBesG) nur in seiner bisherigen Funktion nach § 50 Abs. 2 Satz 1 i. V. m. § 57 BBG reaktiviert werden.
92 Dem Hinw. auf das (statusrechtl.) Amt des Beamten in § 57 BBG entspricht für Soldaten die Bezugnahme auf den Dienstgrad, vgl. § 16 BBesG.
93 Ebenso wenig wie die Ankündigung der Versetzung in den Ruhestand (BVerwG DVBl. 1990, 1232 f.).
94 So zum Beamtenrecht BVerwG ZBR 1985, 223 f.; vgl. BVerwGE 111, 246.
95 So entspr. für den Beamtenbereich *Plog/Wiedow/Lemhöfer*, BBG, § 39 Rn. 9, § 45 Rn. 9.
96 Zur Wahrung des aus dem früheren Soldatenverhältnis erreichten Ruhegehalts vgl. § 94c SVG.
97 Vgl. Rn. 46.
98 Vgl. für den Beamtenbereich *Battis*, BBG, § 58 Rn. 2; bei Soldaten dürfte der Fall kaum praktisch werden.

50 **d) Erreichen der Altersgrenze.** Nach Abs. 2 Satz 2 **gilt** der in den einstweiligen Ruhestand versetzte BerufsOffz mit dem **Erreichen der Altersgrenze als dauernd in den Ruhestand versetzt.** Ab diesem Zeitpunkt entfällt die Pflicht, sich nach Abs. 2 Satz 1 i. V. m. § 57 BBG reaktivieren zu lassen.

Der Gesetzgeber hat trotz Einführung einer besonderen Altersgrenze für Soldaten im Generalsrang durch das DNeuG in § 45 Abs. 2 Nr. 1 nicht geregelt, ob Abs. 2 Satz 2 die allg. oder besondere Altersgrenze meint. Der Wortlaut der Vorschrift hilft nicht weiter.[99] Sinn und Zweck der Regelung legen nahe, dass hier nicht die von Ermessenserwägungen abhängige (vgl. § 44 Abs. 2 Satz 1) Ruhestandsversetzung bei Überschreiten der besonderen Altersgrenze, sondern der kraft Gesetzes erfolgende Eintritt in den Ruhestand mit Erreichen der allg. Altersgrenze (§ 44 Abs. 1 Satz 1) maßgeblich sein soll. Dies wird gestützt durch die Bezugnahme auf die Regelaltersgrenze in § 58 Abs. 2 BBG, der zu Abs. 2 Satz 2 sinngleichen beamtenrechtl. Regelung, und durch § 51 Abs. 1 Satz 2 BBG. Der Gesetzgeber sollte dies jedoch klarstellend regeln.

§ 51 Wiederverwendung

(1) Ein früherer Berufssoldat, der wegen Erreichens der Altersgrenze in den Ruhestand getreten ist oder versetzt worden ist, kann bis zum Ablauf des Monats, in dem das 65. Lebensjahr vollendet, unter erneuter Berufung in das Dienstverhältnis eines Berufssoldaten zu einer Wiederverwendung von wenigstens einem Jahr und höchstens zwei Jahren herangezogen werden, wenn die Wiederverwendung unter Berücksichtigung der persönlichen, insbesondere häuslichen, beruflichen oder wirtschaftlichen Verhältnisse zumutbar ist und seit Eintritt oder Versetzung in den Ruhestand noch keine fünf Jahre vergangen sind.

(2) In den Fällen des Absatzes 1 tritt der Berufssoldat mit Ablauf der für die Wiederverwendung festgesetzten Zeit in den Ruhestand.

(3) § 44 Abs. 1 Satz 6 gilt entsprechend.

(4) ¹Ist ein wegen Dienstunfähigkeit in den Ruhestand versetzter Berufssoldat wieder dienstfähig geworden, kann er erneut in das Dienstverhältnis eines Berufssoldaten berufen werden, wenn seit der Versetzung in den Ruhestand noch keine fünf Jahre vergangen sind und die allgemeine Altersgrenze noch nicht überschritten ist. ²Beantragt er seine erneute Berufung in das Dienstverhältnis eines Berufssoldaten, ist diesem Antrag stattzugeben, falls nicht zwingende dienstliche Gründe entgegenstehen. ³§ 44 Abs. 4 Satz 3 und 4 gilt entsprechend.

(5) In den Fällen der Absätze 1 und 4 endet der Ruhestand mit der erneuten Berufung in das Dienstverhältnis eines Berufssoldaten.

(6) Ein Berufssoldat, dessen Rechte und Pflichten auf Grund der §§ 5, 6, 8 und 36 des Abgeordnetengesetzes oder entsprechender Rechtsvorschriften ruhen, kann auf seinen Antrag zu Dienstleistungen nach § 60 bis zu drei Monaten Dauer herangezogen werden. *§§ 5, 6, 8 Abs. 2 und 36 Abs. 1 AbgG sind nach § 25 abgedruckt.*

---

99 „Mit Erreichen der Altersgrenze" deutet auf die allg. Altersgrenze hin (vgl. § 44 Abs. 1 Satz 1), die Wendung „gilt ... als dauernd ... versetzt" zeigt eher auf die besondere Altersgrenze (vgl. § 44 Abs. 2 Satz 1).

§ 51 Wiederverwendung

Übersicht

	Rn		Rn
I. Allgemeines	1	a) Absatz 1 und Grundgesetz	20
1. Entstehung der Vorschrift	1	b) Adressatenkreis	23
2. Änderungen der Vorschrift	6	c) Sonstige Voraussetzungen und Bedingungen für die Wiederverwendung	27
3. Bezüge zum Beamtenrecht bzw. zu sonstigen rechtl. Vorschriften; ergänzende Dienstvorschriften	15	d) Absatz 2	33
		e) Absatz 3	34
II. Erläuterungen im Einzelnen	18	3. Absatz 4	35
1. Zweck der Vorschrift	18	4. Absatz 5	40
2. Absätze 1 bis 3	20	5. Absatz 6	41

Literatur: *Alff, Richard*: Zur Rechtsstellung der in ein Parlament gewählten Soldaten, NZWehrr 1980, 201; *Heselhaus, Sebastian/Schmidt-De Caluwe, Reimund*: Ernstfall für die Gleichberechtigung – europa- und verfassungsrechtliche Aspekte der Novellierung des Soldatenrechts, NJW 2001, 263.

I. Allgemeines

1. Entstehung der Vorschrift. § 46 des **REntw.**[1] sah unter der Überschrift „Wiederverwendung" folgende Regelung vor: 1

(1) Ein Berufssoldat, der wegen Erreichens der Altersgrenze in den Ruhestand getreten ist, bleibt bis zur Vollendung des 65. Lebensjahres verpflichtet, Wehrdienst zu leisten. Er kann herangezogen werden

1. zu kurzfristigen Dienstleistungen bis zu einem Monat jährlich;

2. unter erneuter Berufung in das Dienstverhältnis eines Berufssoldaten

   a) zu einer Wiederverwendung von wenigstens einem und höchstens zwei Jahren, jedoch nur, wenn die Wiederverwendung unter Berücksichtigung der persönlichen, insbesondere häuslichen, beruflichen oder wirtschaftlichen Verhältnisse zumutbar ist, und nicht nach Ablauf von fünf Jahren seit Eintritt in den Ruhestand,

   b) im Kriege zu zeitlich unbegrenzter Wiederverwendung.

(2) In den Fällen des Absatzes 1 Nummer 2a tritt der Berufssoldat mit Ablauf der für die Wiederverwendung festgesetzten Zeit in den Ruhestand; in den Fällen des Absatzes 1 Nummer 2b kann er jederzeit in den Ruhestand versetzt werden.

(3) Ist ein wegen Dienstunfähigkeit in den Ruhestand versetzter Berufssoldat wieder dienstfähig geworden, so kann er erneut in das Dienstverhältnis eines Berufssoldaten berufen werden, jedoch nicht nach Ablauf von fünf Jahren seit der Versetzung in den Ruhestand und nach Überschreiten der Altersgrenze. Beantragt er vor diesem Zeitpunkt, ihn erneut in das Dienstverhältnis eines Berufssoldaten zu berufen, so ist diesem Antrag stattzugeben, falls nicht zwingende dienstliche Gründe entgegenstehen. § 39 Abs. 3 Satz 2 und 3 gilt entsprechend.

In der **Begr.** zu Abs. 1[2] wird darauf abgehoben, dass die ehem. BS den SK „mit ihren Kenntnissen und Erfahrungen, vor allem im Ernstfall", zur Verfügung stehen müssten. Die „innere Berechtigung" für diese Vorschrift ergebe sich aus dem „lebenslangen 2

---

1 BT-Drs. II/1700, 12.
2 BT-Drs. II/1700, 33.

Dienst- und Treueverhältnis". Die Verpflichtung zu kurzfristigen Dienstleistungen bezwecke, dass die Kenntnisse der ehem. BS auf dem neuesten Stand gehalten würden. Die unbegrenzte Verwendung im „Ernstfall" erlösche mit Ablauf des 65. Lebensjahres. Zu Abs. 3 wird auf die entspr. Regelung in § 45 BBG a. F. verwiesen.

3   Der **Ausschuss für Beamtenrecht** beschloss zunächst[3] marginale redaktionelle Änd. des Abs. 3 und fügte einen neuen Abs. 4 („§ 40 des Bundesbeamtengesetzes findet entsprechende Anwendung") ein. In einer weiteren Sitzung des Ausschusses[4] wurden die Abs. 2 und 3 nochmals redaktionell geändert. Abs. 4 erhielt folgende Fassung:
   In den Fällen des Abs. 1 Nr. 2 und Abs. 3 endet der Ruhestand mit der erneuten Berufung in das Dienstverhältnis eines Berufssoldaten.

4   Der **VertA**[5] übernahm diese Vorschläge weitgehend und ersetzte das Wort „Kriege" in Abs. 1 Satz 2 Nr. 2b) durch „Verteidigungsfalle". Die im Vergleich zum „normalen Reservisten" längere Heranziehungsdauer der ehem. BS begründete auch der VertA mit dem besonderen Treueverhältnis, der lebenslangen Dienstleistung und der entspr. Versorgung.[6]

5   In der **Erstfassung** lautete der spätere § 51 demnach wie folgt:
   (1) Ein Berufssoldat, der wegen Erreichens der Altersgrenze in den Ruhestand getreten ist, bleibt bis zur Vollendung des fünfundsechzigsten Lebensjahres verpflichtet, Wehrdienst zu leisten. Er kann herangezogen werden
   1. zu kurzfristigen Dienstleistungen bis zu einem Monat jährlich;
   2. unter erneuter Berufung in das Dienstverhältnis eines Berufssoldaten
      a) zu einer Wiederverwendung von wenigstens einem und höchstens zwei Jahren, jedoch nur, wenn die Wiederverwendung unter Berücksichtigung der persönlichen, insbesondere häuslichen, beruflichen oder wirtschaftlichen Verhältnisse zumutbar ist, und nicht nach Ablauf von fünf Jahren seit Eintritt in den Ruhestand,
      b) im Verteidigungsfalle zu zeitlich unbegrenzter Wiederverwendung.
   (2) In den Fällen des Absatzes 1 Nr. 2 Buchstabe a tritt der Berufssoldat mit Ablauf der für die Wiederverwendung festgesetzten Zeit in den Ruhestand. In den Fällen des Absatzes 1 Nr. 2 Buchstabe b ist er mit Beendigung der Wiederverwendung in den Ruhestand zu versetzen. Die Wiederverwendung kann jederzeit beendet werden.
   (3) Ist ein wegen Dienstunfähigkeit in den Ruhestand versetzter Berufssoldat wieder dienstfähig geworden, so kann er erneut in das Dienstverhältnis eines Berufssoldaten berufen werden, jedoch nicht nach Ablauf von fünf Jahren seit der Versetzung in den Ruhestand oder nach Überschreiten der Altersgrenze. Beantragt er vor diesem Zeitpunkt, ihn erneut in das Dienstverhältnis eines Berufssoldaten zu berufen, so ist diesem Antrag stattzugeben, falls nicht zwingende dienstliche Gründe entgegenstehen. § 44 Abs. 3 Satz 3 und 4 gilt entsprechend.

---

3   Prot. der 44. Sitzung v. 12.1.1956, Prot. Nr. 44, 3.
4   Prot. der 47. Sitzung v. 19.1.1956, Prot. Nr. 47, 8. Vgl. auch Ausschussdrs. 23 v. 20.1.1956, 51.
5   BT-Drs. II/2140, 52.
6   BT-Drs. II/2140, 13.

(4) **In den Fällen des Absatzes 1 Nr. 2 und des Absatzes 3 endet der Ruhestand mit der erneuten Berufung in das Dienstverhältnis eines Berufssoldaten.**

2. Änderungen der Vorschrift. § 51 ist – was angesichts seiner **geringen praktischen Bedeutung** erstaunlich ist – **oft geä.** worden:

Durch Art. 1 Nr. 4 des G vom **9.6.1961**[7] wurde in Abs. 3 Satz 3 die Angabe „§ 44 Abs. 3 Satz 3 und 4" durch die Angabe „§ 44 Abs. 4 Satz 3 und 4" ersetzt.

Art. 1 Nr. 3 des G vom **21.4.1965**[8] ergänzte Abs. 1 Satz 2 Nr. 1 um die Angabe „und zu Wehrübungen, die von der Bundesregierung als Bereitschaftsdienst angeordnet sind".

Im Zusammenhang mit der Zulassung von Frauen zur Laufbahn der Offz des San-Dienstes fügte Art. 1 Nr. 5 des G vom **6.8.1975**[9] einen neuen Abs. 5 an („Die Absätze 1 und 2 finden auf Frauen in der Laufbahn der Offiziere des Sanitätsdienstes keine Anwendung").

Durch Art. 1 Nr. 8 des G vom **22.5.1980**[10] wurde folgender neuer Abs. 2 eingefügt:

Ein Berufssoldat, dessen Rechte und Pflichten auf Grund der §§ 5, 6, 8 und 36 des Abgeordnetengesetzes oder entsprechender Rechtsvorschriften ruhen, kann auf seinen Antrag zu Wehrübungen bis zu drei Monaten Dauer herangezogen werden.

Der im Jahre 1975 eingefügte Abs. 5 (seit 1980 Abs. 6) wurde durch Art. 1 Nr. 13 des G vom **6.12.1990**[11] wieder gestrichen. Frühere verfassungsrechtl. Bedenken gegen die (nachwirkende) Pflicht ehem. Berufssoldatinnen zu weiteren Dienstleistungen wurden als nicht mehr begründbar angesehen.[12]

Mit Art. 2 Nr. 5 des G vom **24.7.1995**[13] wurden – vor dem Hintergrund der zunehmenden Auslandseinsätze der SK – Abs. 1 Satz 2 Nr. 1 erneut geä. („zu Übungen im Frieden bis zu einem Monat jährlich, zur Teilnahme an besonderen Auslandsverwendungen in entsprechender Anwendung des § 51a Abs. 3 Satz 3 und 4 und zu Übungen, die von der Bundesregierung als Bereitschaftsdienst angeordnet sind"), Abs. 1 Satz 3 eingefügt („Unterliegt er der Wehrpflicht (§§ 1 bis 3 des Wehrpflichtgesetzes), bleiben die dafür geltenden Bestimmungen unberührt. Nach dem Ausscheiden aus der Wehrpflicht und für nicht wehrpflichtige frühere Berufssoldaten gilt § 51a Abs. 1 Satz 2 entsprechend."), ein neuer Abs. 2a eingefügt („In den Fällen des Absatzes 1 Nr. 1 ist der Soldat mit Ablauf der für die Dienstleistung festgesetzten Zeit aus der Bundeswehr zu entlassen. Bei Entpflichtung von der Teilnahme an besonderen Auslandsverwendungen kann er entlassen werden, wenn dies im dienstlichen Interesse liegt. Ist er während einer besonderen Auslandsverwendung wegen Verschleppung, Gefangenschaft oder aus sonstigen mit dem Dienst zusammenhängenden Gründen, die er nicht zu vertreten hat, dem Einflußbereich des Dienstherrn entzogen, ist die Entlassung bis zum Ablauf des auf die Beendigung dieses Zustandes folgenden Monats hinauszuschieben; dies gilt auch bei anderen Verwendungen im Ausland mit vergleichbarer Gefährdungslage.") und Abs. 3 redaktionell ergänzt.

---

7 BGBl. I S. 723.
8 BGBl. I S. 305.
9 BGBl. I S. 2113.
10 BGBl. I S. 581. Vgl. dazu *Alff*, NZWehrr 1980, 201.
11 BGBl. I S. 2588.
12 BT-Drs. 11/6906, 15 f.
13 BGBl. I S. 962.

13 In dem Bemühen, die Vorschrift „anwenderfreundlicher" zu gestalten und deutlicher nach der Art der Dienstleistung zu differenzieren[14], erhielt § 51 durch Art. 1 Nr. 37 des SGÄndG folgende Neufassung:

(1) **Ein Berufssoldat, der wegen Erreichens der Altersgrenze in den Ruhestand getreten ist, bleibt bis zur Vollendung des 65. Lebensjahres verpflichtet, Wehrdienst zu leisten. Er kann nach Maßgabe der Absätze 2 und 3 herangezogen werden; unterliegt er der Wehrpflicht (§§ 1 bis 3 des Wehrpflichtgesetzes), bleiben die dafür geltenden Bestimmungen unberührt. Nach dem Ausscheiden aus der Wehrpflicht und für nicht wehrpflichtige frühere Berufssoldaten gilt § 51a Abs. 1 Satz 2 entsprechend.**

(2) **Eine Heranziehung ist möglich**
1. **zu Übungen im Frieden bis zu einem Monat jährlich,**
2. **zur Teilnahme an besonderen Auslandsverwendungen und**
3. **zu Übungen, die von der Bundesregierung als Bereitschaftsdienst angeordnet sind.**

Der Soldat ist mit Ablauf der für die Dienstleistung festgesetzten Zeit aus der Bundeswehr zu entlassen. Eine besondere Auslandsverwendung im Sinn der Nummer 2 ist für jeweils höchstens sieben Monate zulässig. Soweit die Dauer drei Monate übersteigt, wirkt die für die Heranziehung zuständige Stelle auf die Zustimmung des Arbeitgebers oder der Dienstbehörde hin. Bei Entpflichtung von der Teilnahme an besonderen Auslandsverwendungen kann der Soldat entlassen werden, wenn dies im dienstlichen Interesse liegt. Ist er während einer besonderen Auslandsverwendung wegen Verschleppung, Gefangenschaft oder aus sonstigen mit dem Dienst zusammenhängenden Gründen, die er nicht zu vertreten hat, dem Einflussbereich des Dienstherrn entzogen, ist die Entlassung bis zum Ablauf des auf die Beendigung dieses Zustands folgenden Monats hinauszuschieben; dies gilt auch bei anderen Verwendungen im Ausland mit vergleichbarer Gefährdungslage.

(3) **Unter erneuter Berufung in das Dienstverhältnis eines Berufssoldaten ist eine Heranziehung möglich**
1. **zu einer Wiederverwendung von wenigstens einem und höchstens zwei Jahren, jedoch nur, wenn die Wiederverwendung unter Berücksichtigung der persönlichen, insbesondere häuslichen, beruflichen oder wirtschaftlichen Verhältnisse zumutbar ist, und nicht nach Ablauf von fünf Jahren seit Eintritt in den Ruhestand,**
2. **im Verteidigungsfall zu zeitlich unbegrenzter Wiederverwendung.**

In den Fällen der Nummer 1 tritt der Berufssoldat mit Ablauf der für die Wiederverwendung festgesetzten Zeit in den Ruhestand. In den Fällen der Nummer 2 ist er mit der Beendigung der Wiederverwendung in den Ruhestand zu versetzen. Die Wiederverwendung kann jederzeit beendet werden. Sie endet spätestens mit dem Ende der Verpflichtung zur Wehrdienstleistung. § 44 Abs. 1 Satz 6 gilt entsprechend.

(4) **Ist ein wegen Dienstunfähigkeit in den Ruhestand versetzter Berufssoldat wieder dienstfähig geworden, so kann er erneut in das Dienstverhältnis eines Berufssoldaten berufen werden, jedoch nicht nach Ablauf von fünf Jahren seit der Versetzung in den Ruhestand oder nach Überschreiten der allgemeinen Altersgrenze. Beantragt er vor diesem Zeitpunkt, ihn erneut in das Dienstverhältnis eines Berufssoldaten zu berufen, so ist diesem Antrag stattzugeben, falls nicht zwingende dienstliche Gründe entgegenstehen. § 44 Abs. 4 Satz 3 und 4 gilt entsprechend.**

---

14 BT-Drs. 14/4062, 22.

(5) In den Fällen der Absätze 3 und 4 endet der Ruhestand mit der erneuten Berufung in das Dienstverhältnis eines Berufssoldaten.

(6) Ein Berufssoldat, dessen Rechte und Pflichten auf Grund der §§ 5, 6, 8 und 36 des Abgeordnetengesetzes oder entsprechender Rechtsvorschriften ruhen, kann auf seinen Antrag zu Übungen bis zu drei Monaten Dauer herangezogen werden.

Es mag dahinstehen, ob eine derart umfangreiche Einzelnorm überhaupt als „anwenderfreundlich" bezeichnet werden kann. Der Gesetzgeber – dies ist deutlich erkennbar – versuchte jedenfalls, jede vorstellbare Fallkonstellation aufzunehmen und zu kodifizieren.

Die mit dem **SkResNOG** bewirkte Neufassung hat den Umfang und im Wesentlichen auch den Inhalt der Vorschrift auf die Erstfassung von 1956 **reduziert**. Die Rechtsinstitute der **Wiederverwendung** und der **Dienstleistungen** sind systematisch deutlich voneinander **abgegrenzt** worden[15]; die für Dienstleistungen ehem. BS geltenden Regelungen wurden in den neu gefassten IV. Abschnitt „verschoben".[16] Dies gilt auch für den unbefristeten Wehrdienst im V-Fall. Die „Konkurrenzregelung" des § 51 Abs. 1 Satz 2 a. F. findet sich in § 80 n. F. wieder. Im Wesentlichen entspricht somit die jetzige Neufassung des § 51 den Best. des bisherigen § 51 Abs. 3 Satz 1 Nr. 1, Satz 2 und Satz 6 sowie Abs. 4, Abs. 5 und Abs. 6. **14**

3. Bezüge zum Beamtenrecht bzw. zu sonstigen rechtl. Vorschriften; ergänzende Dienstvorschriften. Für die Abs. 1 bis 3 und 6 fehlen vergleichbare Regelungen im sonstigen öff. Dienstrecht.[17] Lediglich **Abs. 4 und Abs. 5** (bzgl. der Verweisung auf Abs. 4) sind vom Ansatz her den für Bundesbeamte maßgeblichen Best. des **§ 46 Abs. 1 und 8 BBG** nachgebildet. In der Ausformung im Detail sind die Unterschiede zwischen den genannten Vorschriften allerdings gravierend. Dies gilt auch für die Regelungen des **§ 58 BeamtStG** („für Zwecke der Verteidigung"), die nur nach „Maßgabe des Art. 80a GG" anwendbar sind (§ 55 Satz 1 BeamtStG).[18] **15**

Die früheren **Verweisungen** auf § 51 Abs. 2 a. F. in § 1 WSG, §§ 14 und 16 ArbPlSchG, §§ 1 und 2 USG und § 15 SVG sind mit dem SkResNOG zusammenfassend auf den „Vierten Abschnitt des Soldatengesetzes" geändert worden, so dass eine Komm. an dieser Stelle nicht mehr angebracht ist. **16**

Zu Abs. 4 ist der Erl. des BMVg **ZDv 14/5 B 154** „Verfahren bei der Wiederverwendung von Berufssoldaten, die wegen Dienstunfähigkeit in den Ruhestand versetzt worden sind" herausgegeben worden. **17**

---

15 Der Gesetzgeber sollte bei nächster Gelegenheit § 51 Abs. 6 n. F. als neuen Abs. 6 an § 59 n. F. anfügen, damit das letzte Element der Dienstleistungen aus § 51 herausgelöst wird. Systematisch, dies zeigt die Verweisung auf § 60, gehört § 51 Abs. 6 nicht zur Wiederverwendung.
16 BT-Drs. 15/4485, 37.
17 Vgl. GKÖD I Yk, § 51 Rn. 1.
18 Die Interpretation der Begriffe „Zwecke der Verteidigung" u. „Maßgabe des Art. 80a GG" als „Spannungs- und Verteidigungsfall" (*Plog/Wiedow/Lemhöfer*, BBG, § 45 Rn. 19) stimmt zwar mit der Überschrift des 8. Abschnitts des BeamtStG überein, ist jedoch irreführend. Der V-Fall gem. Art. 115a GG muss nicht bedeuten, dass irgendeine Person für Zwecke der Verteidigung eingesetzt wird. Art. 80a GG umfasst nicht nur den Spannungsfall, sondern auch den Bündnisfall (Art. 80a Abs. 3 GG).

II. Erläuterungen im Einzelnen

18 **1. Zweck der Vorschrift.** Die ursprüngliche Zielsetzung der Best.[19] blieb – zumindest bezogen auf **Abs. 1 – weitgehend Theorie.** Im Frieden bestand und besteht kein messbarer Bedarf an ehem. BS jenseits der Altersgrenzen des § 45. Die Personallage insbes. der BerufsOffz war seit der Gründung der Bw durch erhebliche strukturelle Probleme gekennzeichnet, die z.T. durch die vom allg. Dienstrecht der Beamten abw. Altersgrenzen des § 45 gemildert wurden und werden. Im Regelfall wird eine Wiederverwendung daher an einer freien und besetzbaren Haushaltsstelle scheitern. Eine (freiwillige) Wiederverwendung ehem. BS, gelegentlich auch als „Reaktivierung" bezeichnet, kommt zzt. in Einzelfällen dann in Frage, wenn ehem. BS nach Eintritt oder Versetzung in den Ruhestand weiterhin Dienst als **Militärberater** in den Staaten des früheren Warschauer Paktes leisten sollen/wollen, in denen sie meist vorher als Militärattachés eingesetzt waren. Eine Wiedereinstellung von **BO 41** kommt nach dieser Vorschrift nicht in Betracht.

19 Auch die Anwendung des **Abs. 4** ist für die Praxis von **geringer Relevanz.** Aufgrund der engen Voraussetzungen des Satzes 1 ist eine zwangsweise Wiederverwendung nur ausnahmsweise vorstellbar.

20 **2. Absätze 1 bis 3. – a) Absatz 1 und Grundgesetz.** Abs. 1 ist im Wesentlichen aus einer Zusammenfassung des bisherigen Abs. 1 Satz 1 und des bisherigen Abs. 3 Satz 1 Nr. 1 entstanden.

21 Abs. 1 gilt für **ehem. männliche und weibliche BS.**[20] Dies ist mit **Art. 12 Abs. 2** und **Art. 12a Abs. 4 Satz 2 GG** vereinbar.[21] Die Verpflichtung, bis zum 65. Lebensjahr weitere Dienstleistungen zu erbringen, folgt aus dem ursprünglich begründeten freiwilligen Dienstverhältnis; es handelt sich um eine Art „Nachwirkung" des früheren Status.[22]

Unbeschadet der für Soldaten geltenden Altersgrenzen des § 45 ist die Vollendung des 67. Lebensjahres für den öff. Dienst die Regelaltersgrenze (vgl. § 51 Abs. 1 Satz 2 BBG). Die Verpflichtung ehem. BS, ggf. (nur) bis zum 65. Lebensjahr zur Verfügung zu stehen, verstößt daher auch nicht gegen **Art. 33 Abs. 5 GG**, unabhängig davon, dass hergebrachte Grds. des Berufssoldatentums nicht anerkannt sind.[23]

22 Bemerkenswert ist, dass Abs. 1 (und Abs. 4) – anders als § 58 BeamtStG – **keinerlei materielle Voraussetzungen** für eine Wiederverwendung/erneute Berufung in ein Lebenszeitverhältnis nennt. Dies könnte in einem Rechtsstreit vor dem BVerfG Probleme bzgl. des Bestimmtheitsgrds. und des Willkürverbots des GG aufwerfen.

23 **b) Adressatenkreis.** Die Best. ist **anwendbar** auf BS, die wegen **Erreichens** (konsequenterweise müsste der Gesetzgeber ergänzen: „oder wegen Überschreitens") **der Altersgrenze** in den Ruhestand getreten oder versetzt worden sind. Sie

---

19 Vgl. o. Rn. 2, 4.
20 GKÖD I Yk, § 51 Rn. 2.
21 *Scherer/Alff/Poretschkin*, SG, § 1 Rn. 17; § 51 Rn. 1. Krit. *Heselhaus/Schmidt-De Caluwe*, NJW 2001, 269.
22 Vgl. BT-Drs. 11/6906, 16.
23 St. Rspr. seit BVerfGE 3, 288 (334).

bezieht sich mithin nur auf die **Fälle des** § 44, unabhängig davon, ob der BS die allg. Altersgrenze erreicht (§ 45 Abs. 1) oder die besondere Altersgrenze (§ 45 Abs. 2) überschritten oder von einer gesetzl. Vorruhestandsregelung Gebrauch gemacht hatte.[24]

Nicht anwendbar ist Abs. 1 auf BS im **einstweiligen Ruhestand** gem. § 50 Abs. 2 Satz 1 und BS, die gem. § 46 Abs. 2 Satz 1 Nr. 6 entlassen worden sind.[25] 24

Ehem. BS, die noch **wpfl** sind, unterliegen auch den Best. des WPflG. Die Konkurrenzregelung des § 80 bezieht sich nur auf den Personenkreis des § 59, nicht auf die Wiederverwender des § 51. Die zuständigen Dienststellen entscheiden nach ihrem **Ermessen**, ob ein wpfl ehem. BS gem. § 51 oder nach den Best. des WPflG erneut herangezogen werden soll. Bei einer angestrebten Dienstzeit von mehr als drei Monaten scheidet im Frieden eine zwangsweise Heranziehung nach dem WPflG i. d. R. aus (vgl. § 6 Abs. 1 WPflG). 25

Eine Wiederverwendung setzt voraus, dass der ehem. BS noch (oder wieder) **dienstfähig** i. S. v. § 37 Abs. 1 Nr. 3 ist; hierbei ist sein Lebensalter zu berücksichtigen.[26] Die Verwendungsgrade des § 8a Abs. 2 WPflG sind insoweit unbeachtlich.[27] Die an einen BS zu stellenden gesundheitlichen Anforderungen sind in Erl. und Dienstvorschriften (z. B. ZDv 46/1) niedergelegt. Ob diese je nach Bedarf „jederzeit" geändert werden könnten[28], ist zu bezweifeln. Die Änd. einer ZDv ist erfahrungsgemäß ein langer und mühseliger Prozess. 26

c) Sonstige Voraussetzungen und Bedingungen für die Wiederverwendung. Die „Zumutbarkeit" unter Berücksichtigung „der persönlichen, insbesondere häuslichen, beruflichen oder wirtschaftlichen Verhältnisse" orientiert sich am **Einzelfall**. Die zit. unbest. Rechtsbegriffe finden sich in zahlreichen wehrrechtl. Best. (z. B. § 44 Abs. 6 Satz 3 SG, § 12 Abs. 4 Satz 1 WPflG) wieder. Generelle Interpretationen sind der hierzu ergangenen Rspr. nicht zu entnehmen. Diese – zu § 12 Abs. 4 Satz 1 WPflG – ist vielmehr durch eine umfangreiche Kasuistik gekennzeichnet.[29] 27

Von der **Frist von fünf Jahren** gem. Abs. 1 a. E. kann mit Zustimmung des ehem. BS abgewichen werden.[30] 28

Für die Heranziehung ehem. BS im Rahmen der Wiederverwendung sind die Vorschriften der **§§ 69 ff. nicht anwendbar**, da die Wiederverwendung nicht (mehr) zu den Dienstleistungen des neu gefassten IV. Abschnitts gehört, sondern ein hiervon zu trennendes Rechtsinstitut darstellt. 29

Die „Heranziehung" nach Abs. 1 erfolgt daher **nicht** (mehr) **mittels VA**. Folge der Trennung der Wiederverwendung von den Dienstleistungen ist, dass die Wiederverwendung gem. Abs. 1 in rechtl. gleicher Weise wie die Reaktivierung gem. Abs. 4 zu 30

---

24 *Scherer/Alff/Poretschkin*, SG, § 51 Rn. 2.
25 GKÖD I Yk, § 51 Rn. 5; *Scherer/Alff/Poretschkin*, SG, § 51 Rn. 2.
26 GKÖD I Yk, § 51 Rn. 6; *Scherer/Alff/Poretschkin*, SG, § 51 Rn. 3.
27 BVerwG *Buchholz* 238.4 § 55 SG Nr. 7; *Steinlechner/Walz*, WPflG, § 8a Rn. 14.
28 BVerwG NZWehrr 2003, 81.
29 Vgl. *Steinlechner/Walz*, WPflG, § 12 Rn. 30 ff.
30 *Scherer/Alff/Poretschkin*, SG, § 51 Rn. 8.

erfolgen hat.[31] Zuständig für die (formlose) **Aufforderung**, sich erneut berufen zu lassen, sind nicht die Wehrersatzbehörden gem. § 69, sondern die personalführenden Dienststellen der SK, letztlich das BMVg.

31 Das **Wehrdienstverhältnis** der Wiederverwender **beginnt** mit dem Zeitpunkt der **erneuten Ernennung** (§ 2 Abs. 1 Nr. 3), nicht bereits mit dem Dienstantritt (§ 2 Abs. 1 Nr. 4).[32]

Der ehem. BS wird nach seinem Dienstantritt – durch VA – gem. Abs. 1 erneut in das Dienstverhältnis eines BS berufen. Es war daher folgerichtig, ihn in jeder Hinsicht als BS zu behandeln. Die frühere Regelung, die den Personenkreis des § 51 Abs. 2 a. F. bzgl. des Arbeitsplatzschutzes, der Unterhaltssicherung und des Wehrsoldes mit WPfl gleichstellte, wurde konsequenterweise aufgegeben.

32 Der ehem. BS ist **verpflichtet**, der Aufforderung, sich erneut berufen zu lassen, **Folge zu leisten**. Weigert er sich schuldhaft, gilt dies gem. § 23 Abs. 2 Nr. 3 als **Dienstvergehen**.[33] Ein Verstoß gegen § 7 kommt genauso wenig in Betracht wie eine Wehrstraftat, da der Wiederverwender erst mit seiner Ernennung Soldat wird. Lehnt er die Annahme der Ernennungsurkunde ab, ist dies ebenfalls ein Dienstvergehen gem. § 23 Abs. 2 Nr. 3. Da ein neues Dienstverhältnis eines BS in einem solchen Fall nicht begründet werden kann (§ 41 Abs. 2), ist er nach Hause in Marsch zu setzen.[34]

33 d) **Absatz 2.** Abs. 2 entspricht dem bisherigen Abs. 3 Satz 2.

Nach Ablauf der zeitlich befristeten Wiederverwendung tritt der BS **erneut in den Ruhestand**. Theoretisch kann er danach nochmals, letztlich bis zu seinem 65. Lebensjahr, herangezogen werden, sofern die Voraussetzungen des Abs. 1 vorliegen oder er der Wiederverwendung zustimmt.

34 e) **Absatz 3.** Abs. 3 entspricht inhaltl. dem bisherigen Abs. 2 Satz 6. Aus Gründen der Kürzung des Gesetzestextes wird jetzt auf die ohnehin bestehende Vorschrift des § 44 Abs. 1 Satz 6 verwiesen.[35]

35 3. **Absatz 4.** Abs. 4 entspricht, abgesehen von redaktionellen Änd., dem bisherigen Abs. 4. Die zu § 45 BBG a. F. ergangene Rspr. ist insoweit heranziehbar, als Abs. 4 mit § 45 BBG a. F. (jetzt: § 46 Abs. 1 BBG) übereinstimmt.

36 Abs. 4 unterscheidet **zwei Fallkonstellationen**:
– Die Reaktivierung des ehem. BS **von Amts wegen** und ggf. gegen seinen Willen. Diese liegt im pflichtgemäßen Ermessen der zuständigen mil. Dienststelle.[36]
– Die Reaktivierung **auf Antrag** des ehem. BS. Diesem Antrag ist stattzugeben, es sei denn, zwingende dienstl. Gründe stünden entgegen.[37] Solche können sich daraus ergeben, dass die allg. Personallage oder die eingeschränkte Verwendbarkeit des

---

31 Klarstellend sollte der Gesetzgeber den Begriff „Wiederverwendung" durch den Begriff „erneute Berufung" ersetzen u. die Wörter „herangezogen werden" streichen.
32 GKÖD I Yk, § 51 Rn. 7; *Scherer/Alff/Poretschkin*, SG, § 51 Rn. 5.
33 Vgl. GKÖD I Yk, § 51 Rn. 28.
34 Eine Entlassung erfolgt nicht, da der ehem. BS nicht (wieder) Soldat geworden ist.
35 Vgl. die dortige Komm.
36 Vgl. Erl. ZDv 14/5 B 154 Nr. 2 Abs. 2. Vgl. für das Beamtenrecht *Battis*, BBG, § 46 Rn. 3 ff.; *Plog/Wiedow/Lemhöfer*, BBG, § 45 Rn. 7.
37 Vgl. Erl. ZDv 14/5 B 154 Nr. 2 Abs. 1.

ehem. BS gegen seine erneute Berufung als BS sprechen.[38] Ein Anspruch auf fehlerfreie Ermessensausübung soll insoweit nicht bestehen.[39] Der Reaktivierungsanspruch des ehem. BS ist nicht auf einen bestimmten Zeitraum, z. B. bis zum Überschreiten der besonderen Altersgrenze, beschränkt.[40]

Bzgl. der **Feststellung der Dienstfähigkeit** verweist Satz 3 auf § 44 Abs. 4 Satz 3 und 4.[41] **37**

Die **Aufforderung** an den ehem. BS, sich erneut in das Dienstverhältnis eines BS berufen zu lassen, ist, wie im Zusammenhang mit Abs. 1 erläutert, **kein VA**, sondern lediglich darauf gerichtet, den beabsichtigten VA der erneuten Ernennung vorzubereiten.[42] **38**

Folgt der ehem. BS der Aufforderung, sich erneut berufen zu lassen, nicht, oder weigert er sich, die Ernennungsurkunde anzunehmen, gilt dies gem. § 23 Abs. 2 Nr. 3 als **Dienstvergehen**.[43] Er ist dann nach Hause in Marsch zu setzen. **39**

4. Absatz 5. Abs. 5 entspricht inhaltl. dem bisherigen Abs. 5. **40**

Wird ein ehem. BS gem. Abs. 1 oder 4 reaktiviert, endet sein früherer Ruhestand mit der erneuten Berufung. Besoldungs- und versorgungsrechtl. bilden die jew. Teile der aktiven Dienstzeit **kein einheitliches Ganzes**.[44] Das frühere Dienstverhältnis lebt mit der erneuten Berufung nicht wieder auf; es wird vielmehr ein **neues Dienstverhältnis als BS** begründet.[45]

5. Absatz 6. Abs. 6 entspricht im Wesentlichen dem bisherigen Abs. 6. **41**

Während BS, deren Rechte und Pflichten wegen ihres Amtes als Abg. ruhen, auf Antrag bisher nur zu Übungen herangezogen werden konnten, verweist Abs. 6 n. F. nunmehr auf die Dienstleistungen des § 60. In Betracht kommen **alle** dort aufgeführten **Dienstleistungsarten**, mithin auch der Wehrdienst im Spannungs- und im V-Fall, allerdings mit der Einschränkung der Befristung auf drei Monate und der Freiwilligkeit der Dienstleistung.[46]

Während der Dienstleistung darf dem Abg. **kein höherer Dienstgrad verliehen** werden (§ 4 Abs. 4 Satz 3). **42**

Im Übrigen gelten die **Best. der §§ 61 ff.** Die früher vertretene Auffassung, der übende BS habe während der fälschlicherweise als „Wehrübung" bezeichneten Übung die Rechtsstellung eines WPfl, ist damit nicht mehr haltbar.[47] Der übende Abg. ist **wie andere Dienstleistende**, die in § 59 aufgeführt sind, zu behandeln. **43**

---

38 GKÖD I Yk, § 51 Rn. 23. Str. ist, ob bereits das Fehlen einer entspr. Planstelle als zwingender dienstl. Grund genügt (vgl. *Plog/Wiedow/Lemhöfer*, BBG, § 45 Rn. 14a). Das BVerwG (ZBR 2009, 93) hat für Beamte nunmehr entschieden, die mit der Wiederberufung eines Ruhestandsbeamten in das Beamtenverhältnis auf Lebenszeit regelmäßig verbundenen finanziellen u. personalorganisatorischen Auswirkungen seien regelmäßig keine entgegenstehenden zwingenden dienstl. Gründe, die eine Versagung der Wiederberufung durch den Dienstherrn rechtfertigen könnten.
39 BVerwG ZBR 2001, 143. Krit. *Plog/Wiedow/Lemhöfer*, BBG, § 45 Rn. 15.
40 BVerwG 2 B 74/07.
41 Vgl. die dortige Komm.
42 VGH Mannheim 11 S 2579/85; BVerwGE 111, 246 (zu § 45 Abs. 1 Satz 1 BBG a. F.).
43 Vgl. jedoch die Komm. zu § 23 Rn. 38 a. E.
44 A.A. *Scherer/Alff/Poretschkin*, SG, § 51 Rn. 13.
45 So jetzt auch GKÖD I Yk, § 51 Rn. 24. Ebenso für das Beamtenrecht *Plog/Wiedow/Lemhöfer*, BBG, § 45 Rn. 9.
46 Vgl. BT-Drs. 15/4485, 37.
47 So jetzt auch GKÖD I Yk, § 51 Rn. 25.

44 Hat der Abg. während der Dienstleistung an Sitzungen z. B. des BT teilzunehmen, ist er gem. § 9 SUV i. V. m. § 7 Satz 1 Nr. 7 SUrlV zu **beurlauben**. Die zeitweise Außervollzugsetzung des Heranziehungsbescheides kommt nicht in Betracht, da eine solche während der Dienstleistung als Soldat gesetzl. nicht vorgesehen ist.[48]

45 Die Begrenzung der Dienstleistung auf drei Monate bezieht sich auf die jew. **Einzeldienstleistung**. Auf Antrag des Abg. kann dieser während einer WP mehrmals zu jew. maximal dreimonatigen Dienstleistungen herangezogen werden.

46 Für Mandatsträger im Status eines **SaZ** enthält § 54 Abs. 4 eine entspr. Regelung.

§ 52 Wiederaufnahme des Verfahrens

Wird ein Urteil mit den Folgen des § 48 im Wiederaufnahmeverfahren durch ein Urteil ersetzt, das diese Folgen nicht hat, so gilt § 42 Abs. 1, 2 und 4 des Bundesbeamtengesetzes entsprechend.

§ 42 Abs. 1, 2 und 4 BBG

(1) Wird eine Entscheidung, die den Verlust der Beamtenrechte bewirkt hat, im Wiederaufnahmeverfahren durch eine Entscheidung ersetzt, die diese Wirkung nicht hat, gilt das Beamtenverhältnis als nicht unterbrochen. Beamtinnen und Beamte haben, sofern sie die Altersgrenze noch nicht erreicht haben und dienstfähig sind, Anspruch auf Übertragung eines Amtes derselben oder einer mindestens gleichwertigen Laufbahn wie ihr bisheriges Amt und mit mindestens demselben Endgrundgehalt. Bis zur Übertragung des neuen Amtes erhalten sie die Besoldung, die ihnen aus ihrem bisherigen Amt zugestanden hätte.

(2) Ist aufgrund des im Wiederaufnahmeverfahren festgestellten Sachverhalts oder aufgrund eines rechtskräftigen Strafurteils, das nach der früheren Entscheidung ergangen ist, ein Disziplinarverfahren mit dem Ziel der Entfernung aus dem Beamtenverhältnis eingeleitet worden, verliert die Beamtin oder der Beamte die ihr oder ihm nach Absatz 1 zustehenden Ansprüche, wenn auf Entfernung aus dem Beamtenverhältnis erkannt wird. Bis zur Rechtskraft der Entscheidung können die Ansprüche nicht geltend gemacht werden.

(4) Auf die Besoldung nach Absatz 1 Satz 3 wird ein anderes Arbeitseinkommen oder ein Unterhaltsbeitrag angerechnet. Die Beamtinnen und Beamten sind hierüber zur Auskunft verpflichtet.

Übersicht

	Rn		Rn
I. Allgemeines	1	II. Erläuterungen im Einzelnen	8
1. Entstehung der Vorschrift	1	1. Zweck der Vorschrift	8
2. Änderungen der Vorschrift	3	2. § 42 Abs. 1 BBG	10
3. Geltungsbereich; Bezüge zum Beamtenrecht bzw. zu sonstigen rechtl. Vorschriften	4	3. § 42 Abs. 2 BBG	17
		4. § 42 Abs. 4 BBG	18
		5. Rechtsschutz	22

Literatur: Spezialliteratur zu § 52 ist nicht vorhanden. Ergänzend ist die Komm. zu § 42 BBG heranzuziehen.

---

[48] A.A. *Alff*, NZWehrr 1980, 203; GKÖD I Yk, § 51 Rn. 25. *Scherer/Alff/Poretschkin*, SG, § 51 Rn. 14, sprechen lediglich die Möglichkeit zur Beurlaubung an. Im Übrigen wären die Wehrersatzbehörden (§ 69) auch nicht mehr befugt, den Heranziehungsbescheid nach Dienstantritt außer Vollzug zu setzen.

Wiederaufnahme des Verfahrens § 52

I. Allgemeines

1. Entstehung der Vorschrift. § 47 des REntw.[1] sah folgende Formulierung vor: **1**
Wird ein Urteil mit den Folgen des § 43 im Wiederaufnahmeverfahren durch ein Urteil ersetzt, das diese Folgen nicht hat, so gelten die Vorschriften des § 51 Abs. 1, 2 und 4 des Bundesbeamtengesetzes entsprechend.
Die amtl. **Begr.**[2] beschränkt sich auf die Wiedergabe des § 43 des REntw., des späteren § 48, und die Verweisung auf das BBG.

Im **Rechtsausschuss** des BT[3] und im **Ausschuss für Beamtenrecht**[4] wurden gegen die **2**
Fassung des REntw. **keine Einwendungen** erhoben.
Dies galt auch für den Entw. des abschließenden Ber. des **VertA** vom 18.2.1956. Dieser wurde, ohne nochmalige förmliche Abstimmung im VertA, anschließend **redaktionell überarbeitet**. Dabei wurden die Wörter „gelten die Vorschriften des" durch das Wort „gilt" ersetzt.[5]
Das **Plenum** des BT stimmte dieser Fassung am 6.3.1956 zu.

2. Änderungen der Vorschrift. § 52 gilt – abgesehen von der Verweisung auf das **3**
BBG – bis heute in der **Erstfassung**. Der entspr. heranzuziehende **§ 42 BBG** entspricht materiellrechtl. dem früheren § 51 BBG. Dieser wurde zum 1.1.2002 redaktionell dem neuen BDG angepasst. In Abs. 2 wurden die Wörter „aus dem Dienst" durch die Wörter „aus dem Beamtenverhältnis" ersetzt.[6]

3. Geltungsbereich; Bezüge zum Beamtenrecht bzw. zu sonstigen rechtl. Vorschriften.
§ 52 gilt unmittelbar für (aktive) **BS**. Entspr. Anwendung findet er gem. § 57 Abs. 1 **4**
auf **SaZ**, nach § 53 Abs. 1 Satz 3 auf **ehem. BS** und i. V. m. § 57 Abs. 1 auf **ehem. SaZ** sowie gem. § 59 Abs. 1 Satz 2 SVG auf Versorgungsbezüge der **Hinterbliebenen** eines Soldaten. Ebenfalls entspr. angewandt wird § 52, wenn die Entfernung eines Soldaten aus dem Dienstverhältnis oder die Aberkennung des Ruhegehalts im **Gnadenweg** (§ 19 Abs. 2 WDO) oder im disziplinargerichtl. **Wiederaufnahmeverfahren** (§ 134 Abs. 1 Satz 2 WDO) aufgehoben wird.
Wird der Verlust der Soldatenrechte im Gnadenweg in vollem Umfang beseitigt, findet § 52 keine entspr. Anwendung. § 5 Abs. 2 verweist unmittelbar auf § 42 Abs. 1, 2 und 4 BBG. Im Gegensatz zu § 52 wirkt eine Entscheidung nach § 5 Abs. 2 ex nunc; eine rückwirkende Wiederverleihung der Soldatenrechte gnadenhalber ist damit ausgeschlossen.[7]

Für **Bundesbeamte** gelten § 42 BBG, auf den § 52 ohnehin verweist, § 50 Abs. 2, § 59 **5**
Abs. 2 und § 61 Abs. 1 Satz 4 BeamtVG sowie § 76 Abs. 1 Satz 2 und § 81 Abs. 2 BDG.

Für Soldaten, die aufgrund der **WPfl** Wehrdienst leisten, gilt § 30 WPflG; für **ZDL** fin- **6**
det sich eine entspr. Regelung in § 45 Abs. 2 ZDG.

Im **Recht der Beamten der Länder** ist § 24 Abs. 2 BeamtStG einschlägig. **7**

---

1 BT-Drs. II/1700, 12.
2 BT-Drs. II/1700, 33.
3 93. Sitzung v. 12.12.1955, Prot. Nr. 93, 21.
4 44. Sitzung v. 12.1.1956, Prot. Nr. 44, 3; Ausschussdrs. 23 v. 20.1.1956, 53.
5 Ausschussdrs. VertA Nr. 78v. 23.2.1956; BT-Drs. II/2140, 53.
6 Art. 3 Nr. 3 des G zur Neuordnung des Bundesdisziplinarrechts v. 9.7.2001 (BGBl. I S. 1510).
7 *Scherer/Alff/Poretschkin*, SG, § 5 Rn. 5. Vgl. im Übrigen die Komm. zu § 5.

II. Erläuterungen im Einzelnen

8 **1. Zweck der Vorschrift.** Ein BS verliert gem. § 48 seine Rechtsstellung, wenn gegen ihn durch Urteil eines deutschen Gerichts erkannt ist auf die in § 38 bezeichneten Strafen, Maßregeln oder Nebenfolgen, auf Freiheitsstrafe von mindestens einem Jahr wegen vorsätzlich begangener Tat oder auf Freiheitsstrafe von mindestens sechs Monaten wegen Bestechlichkeit, soweit sich die Tat auf eine Diensthandlung im Wehrdienst bezieht. Gleiches gilt bei einer Verwirkung von Grundrechten gem. Art. 18 GG.

Wird in einem Wiederaufnahmeverfahren ein solches Urt. aufgehoben und der frühere Soldat entweder freigesprochen oder so verurteilt, dass er seine Rechtsstellung nicht verloren hätte, kommt eine **Wiedereinsetzung** des Soldaten in seine frühere Rechtsstellung in Betracht. Wegen der Einzelheiten verweist § 52 auf die **Regelungen des Beamtenrechts**. Diese werden hier kurz dargestellt.

9 Für die Praxis ist § 52 von **geringer Bedeutung**.

10 **2. § 42 Abs. 1 BBG.** Voraussetzung für die Anwendung des § 42 BBG ist, dass eine rechtskräftige strafgerichtl. **Verurteilung** des Soldaten auf dessen Antrag oder nach seinem Tod durch Antrag durch die in § 361 Abs. 2 StPO benannten antragsberechtigten Personen in einem Wiederaufnahmeverfahren gem. §§ 359 ff. StPO **aufgehoben** worden ist. Wenn das Dienstverhältnis des Soldaten vor einer solchen Entscheidung aus einem anderen Grund beendet worden ist, z. B. durch Entlassung von Amts wegen gem. § 46 Abs. 1 oder auf eigenen Antrag gem. § 46 Abs. 3, greift § 42 BBG nicht ein.[8]

11 Das Dienstverhältnis des Soldaten „gilt" mit der Wiederaufnahmeentscheidung „als nicht unterbrochen". Die Rechtsfolgen des § 42 BBG treten daher **per se** ein; eines Antrags des Soldaten und/oder eines neuen, den Status wiederherstellenden VA (Ernennung) bedarf es daher nicht.[9]

12 § 42 Abs. 1 BBG garantiert **keine vollständige Rehabilitierung** des Soldaten. So kann aus § 42 BBG insbes. nicht entnommen werden, dass zwischen den beiden gerichtl. Entsch. ansonsten stattgefundene Beförderungen oder andere den Status des Soldaten berührende VA als erfolgt zu fingieren seien.[10] Dies gilt selbst dann, wenn zwischen den beiden gerichtl. Entsch. Jahre gelegen haben. Da rückwirkende Beförderungen unzulässig sind und Schadensersatzansprüche gegen die Richter des ersten Urt. praktisch ausscheiden, ist insoweit ein weitergehender Anspruch des Soldaten nicht realisierbar. In Frage kommt ggf. ein **Entschädigungsanspruch** gem. §§ 1, 7 des Gesetzes über die Entschädigung für Strafverfolgungsmaßnahmen (**StrEG**) vom 8.3.1971.[11] Hierbei sind allerdings die §§ 5 und 6 StrEG (Ausschluss der Entschädigung, Versagung der Entschädigung) zu beachten.

13 Der Soldat, der noch dienstfähig ist und der die **allg. Altersgrenze**[12] (§ 45 Abs. 1, § 96 Abs. 1) noch nicht erreicht hat, hat Anspruch auf Wiederverwendung mit dem **zuletzt erreichten Dienstgrad**. Dies kann im Ergebnis dazu führen, dass der Soldat über die für seinen Dienstgrad geltende besondere Altersgrenze hinaus Dienst leistet.

---

8 GKÖD I Yk, § 52 Rn. 2; *Plog/Wiedow/Lemhöfer*, BBG, § 51 Rn. 3.
9 GKÖD I Yk, § 52 Rn. 2; *Plog/Wiedow/Lemhöfer*, BBG, § 51 Rn. 6.
10 *Dau*, WDO, § 134 Rn. 2; *Plog/Wiedow/Lemhöfer*, BBG, § 51 Rn. 5.
11 BGBl. I S. 157, zul gëa. durch G v. 30.7.2009 (BGBl. I S. 2478).
12 GKÖD I Yk, § 52 Rn. 2; *Scherer/Alff/Poretschkin*, SG, § 52 Rn. 2.

Ein Anspruch auf Übertragung der letzten innegehabten **Funktion** (z. B. DivKdr) oder/ **14**
und eine Verwendung am alten Standort besteht **nicht**.[13] Der Soldat kann unter den gleichen Voraussetzungen wie vor seiner ersten gerichtl. Verurteilung versetzt und einer anderen Verwendung zugeführt werden. Der damit ggf. verbundene soziale (Ansehens-)Verlust muss von ihm hingenommen werden und ist nicht durch eine gesetzl. Ausgleichsregelung kompensiert. Trotzdem wird die zuständige personalbearbeitende Dienststelle gut beraten sein, in solchen Fällen **besonders sensibel** vorzugehen.

Der Soldat erhält bis zu seiner Wiederverwendung die **Dienstbezüge (Besoldung)** **15**
nachbezahlt, die ihm nach seinem letzten Dienstgrad zugestanden hätten. Der Begriff „Dienstbezüge" umfasst die Dienstbezüge gem. § 1 Abs. 2 BBesG und die sonstigen Bezüge gem. § 1 Abs. 3 BBesG einschl. inzwischen erfolgter Besoldungserhöhungen. Nachzuzahlen sind ferner Beihilfen für Aufwendungen, die während der Zeit des Verlusts der Rechtsstellung als Soldat für die Familienangehörigen zustanden.[14] **Nicht** nachzuzahlen sind **Stellenzulagen**, z. B. die Ministerialzulage, da diese nur für die Zeit der tatsächlichen Wahrnehmung einer herausgehobenen Funktion zustehen (§ 42 Abs. 3 Satz 1 BBesG).[15] Ein **Zinsanspruch** besteht mangels entspr. gesetzl. Regelung **nicht**. Auch insoweit könnte eine Entschädigung aufgrund des StrEG in Betracht kommen.

Aus der Fiktion des nicht unterbrochenen Dienstverhältnisses und der daraus abgelei- **16**
teten Nachzahlung der Dienstbezüge kann nicht gefolgert werden, dass der Soldat für die Zeit der Unterbrechung seines Dienstverhältnisses an die soldatischen Pflichten gebunden war. Eine solche **nachträgliche Pflichtenbindung** würde bereits aus faktischen Gründen nicht herbeizuführen sein. So ist nicht vorstellbar, wie eine über einen längeren Zeitraum nicht erbrachte Dienstleistung nachträglich zu erfüllen wäre. Eine disziplinare Maßregelung eines fingierten Pflichtenverstoßes scheidet daher aus.[16]

3. § 42 Abs. 2 BBG. Wird der Soldat im Wiederaufnahmeverfahren nicht freigespro- **17**
chen oder wurde er nach der ersten strafgerichtl. Verurteilung **erneut verurteilt** ohne die Rechtsfolge des § 48, bleibt Raum für ein **Anschlussdisziplinarverfahren** mit dem Ziel der Entfernung aus dem Dienstverhältnis. Mit der Einleitung eines solchen Verfahrens bis zu dessen rechtskräftigem Abschluss können Ansprüche aus § 42 Abs. 1 BBG nicht geltend gemacht werden; es tritt eine gesetzl. Anspruchshemmung ein. In der **Einleitungsverfügung** ist das Ziel der Entfernung aus dem Dienstverhältnis **nicht** ausdrücklich anzugeben.[17] Dieses Ziel muss sich aber aus dem sonstigen Akteninhalt zweifelsfrei ergeben. Ist dies nicht der Fall, läuft § 42 Abs. 2 BBG ins Leere.

4. § 42 Abs. 4 BBG. Abs. 4 ist nur auf **(aktive) Soldaten** anwendbar, nicht auf Versor- **18**
gungsempfänger. Dies folgt schon daraus, dass Soldaten im Ruhestand keine „Dienstbezüge" i. S. d. Abs. 4 erhalten.[18]

---

13 Vgl. *Plog/Wiedow/Lemhöfer*, BBG, § 51 Rn. 6.
14 GKÖD I Yk, § 52 Rn. 3; *Plog/Wiedow/Lemhöfer*, BBG, § 51 Rn. 7.
15 *Plog/Wiedow/Lemhöfer*, BBG, § 51 Rn. 7. Die Rechtslage gleicht insoweit der nach § 22. Vgl. die Komm. zu § 22 Rn. 14.
16 BVerwG DVBl. 1997, 1005; *Plog/Wiedow/Lemhöfer*, BBG, § 51 Rn. 9; *Scherer/Alff/Poretschkin*, SG, § 52 Rn. 4. A.A. GKÖD I Yk, § 52 Rn. 5
17 *Dau*, WDO, § 93 Rn. 7; *Plog/Wiedow/Lemhöfer*, BBG, § 51 Rn. 15. A.A. GKÖD I Yk, § 52 Rn. 4.
18 Zu weiteren Erwägungen vgl. *Plog/Wiedow/Lemhöfer*, BBG, § 51 Rn. 10.

§ 53 Verurteilung nach Beendigung des Dienstverhältnisses

19 Für die Anrechnung eines anderen Einkommens ist neben § 42 Abs. 4 BBG auf § 9a Abs. 1 Satz 1 BBesG zurückzugreifen. Dies bedeutet, dass die Anrechnung **im Ermessen** des Dienstherrn steht.[19] Zu verrechnen sind die jew. **Bruttobeträge**.[20]

20 Anzurechnen ist auch ein **Unterhaltsbeitrag**. Ein solcher kann nur aufgrund von § 5 Abs. 1 **im Gnadenwege** gewährt worden sein[21], nicht gem. § 63 Abs. 2, § 65 Abs. 2 WDO. Voraussetzung für die Anwendung der genannten Regelungen der WDO ist eine disziplinargerichtl. Verurteilung. Auf eine solche nimmt § 52 nicht Bezug. Der Verlust der Rechtsstellung eines BS gem. § 48 beruht nicht auf einer Entsch. nach der WDO.[22]

21 Der Soldat ist verpflichtet, über das anrechnungsfähige Einkommen **Auskunft** zu erteilen.

22 5. Rechtsschutz. Entscheidungen im Rahmen von § 52 sind mit der (Verwaltungs-)-Beschwerde und der Klage vor dem **VG** anfechtbar.

§ 53 Verurteilung nach Beendigung des Dienstverhältnisses

(1) ¹Ein Berufssoldat im Ruhestand oder ein früherer Berufssoldat,

1. gegen den wegen einer Tat, die er vor der Beendigung seines Dienstverhältnisses begangen hat, eine Entscheidung ergangen ist, die nach § 48 zum Verlust seiner Rechtsstellung als Berufssoldat geführt hätte, oder
2. der wegen einer nach Beendigung seines Dienstverhältnisses begangenen Tat durch ein deutsches Gericht im Geltungsbereich des Grundgesetzes
   a) wegen einer vorsätzlichen Tat zu Freiheitsstrafe von mindestens zwei Jahren oder
   b) wegen einer vorsätzlichen Tat, die nach den Vorschriften über Friedensverrat, Hochverrat, Gefährdung des demokratischen Rechtsstaates oder Landesverrat und Gefährdung der äußeren Sicherheit strafbar ist, zu Freiheitsstrafe von mindestens sechs Monaten

verurteilt worden ist,

verliert seinen Dienstgrad und seine Ansprüche auf Versorgung mit Ausnahme der Beschädigtenversorgung. ²Entsprechendes gilt, wenn ein Berufssoldat im Ruhestand oder ein früherer Berufssoldat auf Grund einer Entscheidung des Bundesverfassungsgerichts gemäß Artikel 18 des Grundgesetzes ein Grundrecht verwirkt hat. ³§ 52 gilt entsprechend.

(2) § 30 Abs. 2 des Wehrpflichtgesetzes findet keine Anwendung.

§ 30 Abs. 2 WPflG

(2) Ein Wehrpflichtiger verliert seinen Dienstgrad, wenn gegen ihn durch ein deutsches Gericht erkannt wird
1. auf die in § 38 Abs. 1 des Soldatengesetzes bezeichneten Strafen, Maßregeln oder Nebenfolgen oder
2. wegen vorsätzlich begangener Tat auf Freiheitsstrafe von mindestens einem Jahr.

---

19 BVerwGE 104, 230; *Plog/Wiedow/Lemhöfer*, BBG, § 51 Rn. 10.
20 BVerwGE 45, 152.
21 *Plog/Wiedow/Lemhöfer*, BBG, § 51 Rn. 11.
22 *Dau*, WDO, § 63 Rn. 9.

Verurteilung nach Beendigung des Dienstverhältnisses § 53

Übersicht

	Rn		Rn
I. Allgemeines	1	2. Absatz 1 Satz 1 Nr. 1	16
1. Entstehung der Vorschrift	1	3. Absatz 1 Satz 1 Nr. 2	19
2. Änderungen der Vorschrift	5	4. Absatz 1 Satz 2	20
3. Bezüge zum Beamtenrecht bzw.		5. Verlust des Dienstgrades und	
zu sonstigen rechtl. Vorschriften	9	der Versorgungsansprüche	21
II. Erläuterungen im Einzelnen	15	6. Absatz 1 Satz 3	23
1. Zweck der Vorschrift	15	7. Absatz 2	24

Literatur: *Bachmann, Hans Georg*: Das Zweite Gesetz zur Neuordnung des Wehrdisziplinarrechts und zur Änderung anderer Vorschriften, NZWehrr 2001, 177; *Lingens, Eric*: Statusrecht und Disziplinarrecht, NZWehrr 1996, 233.

I. Allgemeines

1. Entstehung der Vorschrift. § 48 des REntw.[1] lautete: 1

(1) Ein früherer Berufssoldat,
1. gegen den wegen einer vor der Beendigung seines Dienstverhältnisses begangenen Tat eine Entscheidung ergangen ist, die nach § 43 zum Verlust seiner Rechtsstellung als Berufssoldat geführt hätte, oder
2. der wegen einer nach Beendigung seines Dienstverhältnisses begangenen Tat durch ein deutsches Gericht im Geltungsbereich dieses Gesetzes oder im Lande Berlin
   a) zu Zuchthaus oder
   b) zu Gefängnis mit Verlust der bürgerlichen Ehrenrechte auf die Dauer von mindestens drei Jahren oder
   c) wegen einer hochverräterischen, staatsgefährdenden oder vorsätzlichen landesverräterischen Handlung zu Gefängnis
   verurteilt worden ist,
verliert seinen Dienstgrad und seine Ansprüche auf Versorgung mit Ausnahme der Beschädigtenversorgung.

(2) Ein früherer Berufssoldat, gegen den, abgesehen von den Fällen des Absatzes 1 Nummer 2,
1. auf Verlust der bürgerlichen Ehrenrechte oder
2. auf Unfähigkeit zum Bekleiden öffentlicher Ämter oder
3. wegen vorsätzlich begangener Tat auf Gefängnis von einem Jahr oder längerer Dauer erkannt wird,
verliert seinen Dienstgrad.

(3) § 47 gilt entsprechend.

In der **Begr.**[2] wird mehrmals auf den seinerzeitigen § 162 BBG, den heutigen § 59 2 BeamtVG, Bezug genommen. Das SG sollte insoweit, wie auch in anderen Fällen, dem Beamtenrecht nachgebildet werden.

In den **Ausschussberatungen** war § 48 des REntw. im Wesentlichen unbestr. Im 3 **Rechtsausschuss** wurde die Frage aufgeworfen, welche Bedeutung Abs. 2 zukomme, der im Beamtenrecht keine Entsprechung finde. Der Vertreter des BMVg erklärte

---
1 BT-Drs. II/1700, 12.
2 BT-Drs. II/1700, 33 f.

dies damit, dass der ehem. BS andernfalls befugt sei, bei einer erneuten Verwendung den früheren Dienstgrad zu führen.[3] Der **Ausschuss für Beamtenrecht**[4] schlug vor, an Stelle der Wörter „ein früherer Berufssoldat" die Wörter „ein Berufssoldat im Ruhestand oder ein früherer Berufssoldat" zu verwenden.

4 Der VertA[5] griff die Empfehlung des Ausschusses für Beamtenrecht auf, änderte Abs. 1 Nr. 1 sprachlich, ersetzte in Abs. 1 Nr. 2 die Wörter „im Geltungsbereich dieses Gesetzes oder im Lande Berlin" durch die Wörter „im Geltungsbereich des Grundgesetzes" und änderte Abs. 2 Nr. 3 sprachlich. Dieser Fassung stimmte das **Plenum** zu. In seiner Begr.[6] verwies der VertA nochmals auf die entspr. Regelung des seinerzeitigen § 162 Abs. 1 BBG und die Besonderheiten für Soldaten in § 48 (jetzt: § 53) Abs. 2.

5 2. Änderungen der Vorschrift. Art. 6 Nr. 6a des G vom **25.6.1968**[7] brachte Abs. 1 Nr. 2c a. F. in die noch heute geltende Fassung (Übernahme der neuen Straftatbestände der §§ 80 ff. StGB).

6 Art. 61 Nr. 3 des G vom **25.6.1969**[8] passte Abs. 1 Nr. 2a und 2b sowie Abs. 2 Nr. 1 und 2 a. F. an die neuen strafrechtl. Begriffe („Freiheitsstrafe" an Stelle von „Zuchthaus" und „Gefängnis"; „Verlust der Fähigkeit zur Bekleidung öffentlicher Ämter" statt „Verlust der bürgerlichen Ehrenrechte") an.

7 § 98 Abs. 1 Nr. 6 des G vom **24.8.1976**[9] fügte den jetzigen Abs. 1 Satz 2 ein.[10]

8 Art. 4 des G vom **16.8.2001**[11] fügte den bisherigen Abs. 3 als Satz 3 an Abs. 1 an und ersetzte Abs. 2 durch die jetzt geltende Fassung. Begründet[12] wurde diese Änd. mit der **Rspr. der WDS**.[13] Diese habe § 53 Abs. 2 a. F. als **Verfahrenshindernis** für die Durchführung eines sachgleichen Disziplinarverfahrens angesehen, weil der Gesetzgeber mit dieser Vorschrift die dienstrechtl. Folgen einer strafgerichtl. geahndeten Tat abschließend geregelt habe. Die Gesetzesänd. ermögliche eine disziplinar flexiblere Handhabung strafrechtl. Sanktionen gem. § 23 Abs. 2. Dabei werde in Kauf genommen, dass eine von § 53 Abs. 1 nicht erfasste strafgerichtl. Verurteilung mangels eines unwürdigen Verhaltens dann ohne statusrechtl. Folgen bleibe, wenn der frühere Soldat für eine Wiederverwendung insbes. aus Altersgründen nicht mehr in Betracht komme.

Richtig ist, dass gem. § 53 Abs. 2 Nr. 2 a. F. bei einer Verurteilung wegen einer Vorsatztat zu einer Freiheitsstrafe von mindestens einem Jahr, aber weniger als zwei Jahren (§ 53 Abs. 1 Satz 1 Nr. 2a a. F.), nur der Verlust des Dienstgrades, nicht jedoch zugleich des Ruhegehalts, eintrat.[14] Diese Fallkonstellation, auch wenn sie in der Praxis selten

---

3 Prot. der 93. Sitzung v. 12.12.1955, Prot. Nr. 93, 22.
4 Prot. der 44. Sitzung v. 12.1.1956, Prot. Nr. 44, 3; Ausschussdrs. 23 v. 20.1.1956, 54.
5 BT-Drs. II/2140, 53 f.
6 BT-Drs. II/2140, 13.
7 BGBl. I S. 741.
8 BGBl. I S. 645.
9 BGBl. I S. 2485.
10 Zum rechtspolit. Kontext vgl. die Komm. zu § 48 Rn. 4.
11 BGBl. I S. 2093.
12 BT-Drs. 14/4660, 39. Vgl. auch BT-Drs. 14/6029; *Bachmann*, NZWehrr 2001, 193. Vgl. im Übrigen die Komm. zu § 57.
13 BVerwGE 103, 237 = NZWehrr 1995, 255; BVerwGE 118, 262 = NZWehrr 2004, 36 (zur früheren Rechtslage).
14 Zur Kritik hieran vgl. *Lingens*, NZWehrr 1996, 233 (dagegen *Stauf* I, § 53 SG Rn. 3).

gewesen sein dürfte[15], hat der Gesetzgeber mit der Änd. von 2001 nunmehr ausgeschlossen. Zugleich unterstreicht diese Gesetzesänd. jedoch, dass es **rechtspolitisch und systematisch zweifelhaft** ist, versorgungsrechtl. Best. der Soldaten außerhalb des SVG weiterhin z.T. im SG zu platzieren.

3. **Bezüge zum Beamtenrecht bzw. zu sonstigen rechtl. Vorschriften.** § 53 gilt für ehem. **BS**; gem. § 57 Abs. 1 findet er entspr. Anwendung auf **ehem. SaZ**.	9
WPfl verlieren ihren Dienstgrad unter den Voraussetzungen von § 30 Abs. 2 WPflG. Da sie keine Versorgungsbezüge außer einer evtl. Beschädigtenversorgung erhalten, bedurfte es einer dem § 53 Abs. 1 entspr. Regelung für sie und für **ZDL**[16] nicht.	10
Für **Ruhestandsbeamte** ist § 59 Abs. 1 BeamtVG einschlägig.	11
Lediglich deklaratorische Bedeutung hat § **56 Satz 1 SVG**. Danach verliert ein ehem. Soldat das Recht auf Berufsförderung und Dienstzeitversorgung in den Fällen der § 53 Abs. 1 und § 57 Abs. 1. Diese Rechtsfolge ergibt sich bereits aus § 53 Abs. 1 Satz 1.	12
Ein Anspruch auf **Unterhaltsleistung** bei Mithilfe zur Aufdeckung von Straftaten gem. § 110 Abs. 1 Satz 1 WDO erlischt u. a. in den Fällen, die bei einem BS im Ruhestand das Erlöschen der Versorgungsbezüge nach § 53 zur Folge hätten.	13
Zur **Auslegung** von § 53 kann ergänzend auf die z.T. text- und inhaltsgleichen Formulierungen in § 63 Abs. 1 Satz 2 und § 66 Abs. 1 Satz 1 WDO zurückgegriffen werden.	14

II. Erläuterungen im Einzelnen

1. Zweck der Vorschrift. Mit § 53 soll verhindert werden, dass der Zeitpunkt des Begehens einer Straftat oder die Beendigung des Dienstverhältnisses Einfluss auf die Führung des Dienstgrades und die versorgungsrechtl. Stellung eines ehem. BS haben könnten, sofern in gleich gelagerten Fällen aktiver Soldaten die entspr. schwerwiegenden Rechtsfolgen eintreten würden.[17]	15
2. Absatz 1 Satz 1 Nr. 1. Abs. 1 Satz 1 Nr. 1 entspricht der für aktive BS gem. § 48 geltenden Regelung. Insoweit kann auf die Komm. zu § 48 verwiesen werden.	16
Die fragliche Tat muss vor der Beendigung des Wehrdienstverhältnisses begangen worden sein. Dies schließt die Einbeziehung von **Taten vor der Begründung des Dienstverhältnisses** als Soldat schon aus praktisch/zeitlichen Erwägungen aus.[18]	17
„**Frühere BS**" sind nur diejenigen, die nach § 46 Abs. 2 Nr. 5 und 6 sowie Abs. 3 und 7 entlassen worden sind (arg. § 49 Abs. 2).[19]	18
3. Absatz 1 Satz 1 Nr. 2. Auch insoweit kann auf die Komm. zu § **48** (und § **38**) verwiesen werden.	19

---

15 GKÖD I Yk, § 53 Rn. 9. Die zit. Gesetzesänd. wurde nach jahrelanger Diskussion eines Einzelfalles (BVerwGE 103, 237 = NZWehrr 1995, 255) verfügt. Ob sich eine solche Fallkonstellation wiederholen wird, bleibt abzuwarten.
16 Da ZDL weder einen Dienstgrad noch eine Amtsbezeichnung führen, ist eine dem § 30 Abs. 2 WPflG entspr. Regelung im ZDG entbehrlich.
17 Vgl. *Rittau*, SG, 232.
18 A.A. GKÖD I Yk, § 53 Rn. 3; *Scherer/Alff/Poretschkin*, SG, § 53 Rn. 2. Im Ergebnis wie hier wohl *Weniger*, SG, § 53 Rn. 4.
19 GKÖD I Yk, § 53 Rn. 4; *Scherer/Alff/Poretschkin*, SG, § 53 Rn. 4.

Der in Bezug auf das Strafmaß **weniger scharfe Maßstab** bei Straftaten nach dem Ausscheiden aus dem Wehrdienst (Abs. 1 Satz 1 Nr. 2 Buchst. a: Freiheitsstrafe von mindestens zwei Jahren bei Vorsatztat gegenüber nur einem Jahr nach § 48 Satz 1 Nr. 2; Abs. 1 Satz 1 Nr. 2 Buchst. b: Freiheitsstrafe von mindestens sechs Monaten wegen der dort genannten Straftaten gegenüber jeder Verurteilung zu einer Freiheitsstrafe wegen derselben Straftaten gem. § 38 Abs. 1 Nr. 1, 2. Alt.) ist damit zu erklären, dass ehem. BS nur noch verminderten Anforderungen an aus dem früheren Wehrdienstverhältnis nachwirkende Dienstpflichten unterliegen.[20]

Abs. 1 Satz 1 Nr. 2 Buchst. a ist auch dann gegeben, wenn eine Verurteilung zu einer **Gesamtfreiheitsstrafe** von mindestens zwei Jahren aufgrund von Straftaten erfolgt ist, die der ehem. BS **teils vor, teils nach** Beendigung des Dienstverhältnisses begangen hat.[21]

20   **4. Absatz 1 Satz 2.**   Abs. 1 Satz 2 entspricht **§ 48 Satz 2**.

21   **5. Verlust des Dienstgrades und der Versorgungsansprüche.** Mit **Rechtskraft** der zu Grunde liegenden Entscheidung verliert der ehem. BS seinen **Dienstgrad** kraft Gesetzes. Eines entspr. VA bedarf es dazu **nicht**. Der ehem. BS darf seinen früheren Dienstgrad auch nicht mit dem Zusatz „außer Dienst" („a.D.") (§ 44 Abs. 7) führen. Ähnlich wie in den Fällen des § 49 Abs. 5 Satz 2 darf er sich nur noch als „**früherer** Berufssoldat" oder als „Berufssoldat **im Ruhestand**" bezeichnen.[22]

22   Der **Verlust der Versorgungsansprüche** bedeutet den Verlust des Anspruchs auf Ruhegehalt, der jährlichen Sonderzuwendung, des Ausgleichs nach § 38 SVG und der Hinterbliebenenversorgung nach §§ 45 ff. SVG. Erhalten bleibt lediglich die Beschädigtenversorgung nach §§ 80 ff. SVG. Der ehem. BS wird in der gesetzl. Rentenversicherung nachversichert.

23   **6. Absatz 1 Satz 3.** Der Dienstgrad und die Versorgungsbezüge leben rückwirkend wieder auf, wenn die Voraussetzungen von § 52 vorliegen.

24   **7. Absatz 2.** Unterliegt der ehem. BS noch der **Wehrpflicht**, verliert er nicht automatisch seinen Dienstgrad. Hierzu müsste ein **gerichtl. Disziplinarverfahren** mit dem Ziel der Dienstgradherabsetzung durchgeführt werden.[23]

b) Beendigung des Dienstverhältnisses eines Soldaten auf Zeit

§ 54   Beendigungsgründe

(1) ¹**Das Dienstverhältnis eines Soldaten auf Zeit endet mit dem Ablauf der Zeit, für die er in das Dienstverhältnis berufen ist.** ²**Das Dienstverhältnis endet auch mit Ablauf des Monats, in dem das Erlöschen des Rechts aus dem Eingliederungsschein (§ 9 Abs. 3 Satz 2 Nr. 1 bis 3 des Soldatenversorgungsgesetzes) unanfechtbar festgestellt worden ist.**

---

20   Vgl. *Weniger*, SG, § 53 Rn. 2.
21   BVerwGE 83, 379 = NZWehr 1988, 165; *Scherer/Alff/Poretschkin*, SG, § 53 Rn. 6.
22   BVerwGE 103, 237 = NZWehr 1995, 255; *Dau*, WDO, § 63 Rn. 5.
23   *Scherer/Alff/Poretschkin*, SG, § 53 Rn. 9.

(2) Das Dienstverhältnis endet ferner durch
1. **Entlassung,**
2. **Verlust der Rechtsstellung eines Soldaten auf Zeit entsprechend dem § 48,**
3. **Entfernung aus dem Dienstverhältnis eines Soldaten auf Zeit.**

(3) Wenn zwingende Gründe der Verteidigung es erfordern, kann die für das Dienstverhältnis festgesetzte Zeit
1. **allgemein durch Rechtsverordnung oder**
2. **in Einzelfällen durch das Bundesministerium der Verteidigung um einen Zeitraum von bis zu drei Monaten verlängert werden.**

(4) Ein Soldat auf Zeit, dessen Rechte und Pflichten auf Grund der §§ 5, 6, 8 und 36 des Abgeordnetengesetzes oder entsprechender Rechtsvorschriften ruhen, kann auf seinen Antrag zu Dienstleistungen nach § 60 bis zu drei Monaten Dauer herangezogen werden.

Übersicht

	Rn		Rn
I. Allgemeines	1	2. Absatz 2 Nr. 1	7
1. Zweck der Vorschrift	1	3. Absatz 2 Nr. 2	8
2. Entstehung und Änderungen		4. Absatz 2 Nr. 3	9
der Vorschrift	2	5. Absatz 3	10
II. Erläuterungen im Einzelnen	4	6. Absatz 4	11
1. Absatz 1	4		

Literatur: Spezielle Veröffentlichungen zu § 54 sind nicht vorhanden.

I. Allgemeines

1. Zweck der Vorschrift. § 54 ist in erster Linie die **Parallelbest.** für SaZ zu § 43 und zählt abschließend die Gründe auf, unter denen ein Dienstverhältnis als SaZ endet. Im Unterschied zu § 43 handelt es sich bei § 54 nicht um eine bloße Aufzählungsnorm, die nur auf andere Vorschriften Bezug nimmt. Vielmehr weist § 54 einen **eigenständigen Regelungsgehalt** auf. So ist die Beendigung des Dienstverhältnisses eines SaZ wegen Zeitablaufs ausschließlich in Abs. 1 geregelt. Die Verlängerung des Dienstverhältnisses aus zwingenden Gründen der Verteidigung in Abs. 3 stellt ebenfalls eine eigenständige Rechtsgrundlage dar. **1**

2. Entstehung und Änderungen der Vorschrift. § 54 geht zurück auf § 49 des **REntw.**[1], der weitgehend inhaltsgleich war und ausdrücklich an § 38 des REntw. (des späteren § 43) anknüpfte. Im parlamentarischen Verfahren war die Best. unumstr.; der **VertA** nahm lediglich einige redaktionelle Anpassungen vor.[2] **2**

Die seit der Erstfassung erfolgten **Änd.** weisen in erster Linie redaktionellen Charakter auf. Durch Art. 2 Nr. 2 des G vom **25.8.1969**[3] wurde Abs. 1 um Satz 2 ergänzt. Hierbei handelte es sich um eine Folgeänd. zu § 40 Abs. 3 im Zusammenhang mit der Einführung des Eingliederungsscheins. Die Zeitdauer der Berufung eines SaZ, der Inha- **3**

---

1 BT-Drs. II/1700, 13.
2 BT-Drs. II/2140, 54.
3 BGBl. I 1347.

ber eines Eingliederungsscheins ist, verlängert sich nach § 40 Abs. 3 bis zur Ernennung zum Beamten oder längstens um eineinhalb Jahre. Für diese Verlängerung besteht kein Anlass mehr, wenn das Recht aus dem Eingliederungsschein erloschen ist. Durch Art. 1 des G vom 22.5.1980[4] wurde Abs. 4 eingefügt, wonach Abg. zu Wehrübungen (heute zu Dienstleistungen nach § 60) herangezogen werden können. Ziel war, Abg., deren Rechte und Pflichten aus dem Soldatenverhältnis ruhen, die Möglichkeit zu geben, in gleicher Weise an Übungen teilnehmen zu können wie Abg., die Angehörige d. R. sind.[5] Durch Art. 2 Nr. 19 des **SkResNOG** wurde Abs. 4 insoweit angepasst, als nun auf Dienstleistungen i. S. d. § 60 abgestellt wird.

Wie bei § 43 wurde durch Art. 1 Nr. 15 des G vom **6.12.1990**[6] der Tod als ausdrücklich geregelter Grund für die Beendigung des Dienstverhältnisses in Abs. 1 gestrichen, da dies eine Selbstverständlichkeit ist. Durch das **SkResNOG** wurde schließlich der bisherige Abs. 5, der auf Dienstleistungspflichten nicht wpfl früherer SaZ Bezug nahm, gestrichen.

II. Erläuterungen im Einzelnen

4   1. **Absatz 1.** Der **Ablauf der Dienstzeit** ist der klassische Grund für die Beendigung des Dienstverhältnisses eines SaZ. Die Formulierung in Abs. 1 „Ablauf der Zeit, für die er (…) berufen ist", ist **ungenau** und missverständlich. Entscheidend ist der Ablauf der festgesetzten Dienstzeit. Die Berufung (Ernennung i. S. v. § 4 Abs. 1 Nr. 1) erfolgt ausschließlich in das Dienstverhältnis als SaZ, ohne eine bestimmte Zeitdauer festzulegen. Letztere wird vielmehr durch gesonderten VA, der keine Berufung/Ernennung darstellt, festgelegt (Dienstzeitfestsetzung).[7]

5   Für die Berechnung der Dienstzeit ist § 40 Abs. 6 zu beachten, d. h. Vordienstzeiten, die der SaZ in einem anderen (soldatischen) Statusverhältnis geleistet hat, sind zu berücksichtigen. Für die **Berechnung im Einzelnen** ist der Erl. des BMVg „Berechnung der Dienstzeit von Soldaten auf Zeit"[8] einschlägig. In der Praxis erhält der SaZ mit der Festsetzung seiner Dienstzeit eine **Mitteilung**, mit welchem Datum die Dienstzeit endet.[9] Ist dieser Tag abgelaufen, ist die Dienstzeit kraft Gesetzes beendet, ohne dass es eines VA bedarf. Ist die Dienstzeit für einen Bewerber für die Laufbahn der Offz bis zum Abschluss des vorgesehenen Ausbildungsganges festgesetzt (§ 40 Abs. 1 Nr. 2), endet dessen Dienstzeit mit der Beförderung zum Lt oder dem endgültigen Nichtbestehen der Wiederholungsprüfung (§ 24 Abs. 3 SLV). Die personalbearbeitenden Stellen sind verpflichtet, den SaZ auf das bevorstehende Ende der Dienstzeit **hinzuweisen**.[10] Unterbleibt dies, ändert sich grds. nichts am Ablauf der Dienstzeit und dem Ende des Dienstverhältnisses. Nach Ablauf der Dienstzeit kann das Dienstverhältnis grds. nur durch eine Ernennung (§§ 4, 41) neu begründet werden. Die Klage auf Verlängerung der Dienstzeit hemmt nicht den regulären Ablauf der Dienstzeit.[11]

---

4   BGBl. I 581.
5   BT-Drs. 8/3360, 7.
6   BGBl. I 2588.
7   Zum Ganzen s. Komm. zu § 40 Rn. 9 f.
8   ZDv 14/5 B 127a.
9   Vgl. das Muster in ZDv 14/5 B 127 Anl. 6.
10 ZDv 14/5 B 127 Nr. 6 Abs. 2.
11 VGH München 15 ZB 06.3280.

Lediglich in den Fällen, in denen eine Bewährungszeit für sechs Monate festgesetzt worden ist, soll diese Dienstzeit als verlängert angesehen werden, sofern der SaZ keine Mitteilung erhalten hat, dass die Verlängerung seiner Dienstzeit aus Gründen mangelnder Eignung, Befähigung oder Leistung abgelehnt werde.[12] Rechtsdogmatisch handelt es sich hierbei um eine interessante Konstruktion, den **fiktiven Erl.** eines VA (**Dienstzeitverlängerung**) durch Dienstvorschrift, die zumindest Zweifel an der Vereinbarkeit mit der gesetzl. Regelung aufwirft. Wird die Dienstzeitverlängerung erst nach Ablauf der Bewährungszeit bekannt gegeben, soll sie nach der Rspr. auf den Ablauf der Bewährungszeit zurückwirken mit der Folge, dass das Dienstverhältnis über den Ablauf der Bewährungszeit hinaus nicht nur faktisch, sondern auch rechtl. Bestand gehabt hat.[13]

Wurde die Dienstzeit eines SaZ gem. § 40 Abs. 3 infolge der Erteilung eines **Eingliederungsscheins** verlängert, endet das Dienstverhältnis entweder mit der Ernennung zum Beamten (§ 40 Abs. 3 i. V. m. § 55 Abs. 1 Satz 2, § 46 Abs. 3a)[14], nach Ablauf von einein-halb Jahren (§ 40 Abs. 3) oder wenn unanfechtbar feststeht, dass das Recht aus dem Eingliederungsschein nach § 9 Abs. 5 SVG erloschen ist.[15] Der bloße Verzicht auf das Recht aus dem Eingliederungsschein reicht nicht aus, wird aber i. d. R. Anlass sein, eine Feststellung gem. § 9 Abs. 5 Nr. 2 SVG zu treffen.[16]   6

2. Absatz 2 Nr. 1. Wie § 43 Abs. 2 Nr. 2 verweist Abs. 2 Nr. 1 auf die **Entlassung** als Grund für die Beendigung des Dienstverhältnisses. Dabei werden sämtliche Entlassungsgründe, Entlassungen kraft Gesetzes (§ 55 Abs. 1 i. V. m. § 46 Abs. 1; § 46 Abs. 3a[17]) oder durch VA (sonstige Fälle des § 55) erfasst. Die Voraussetzungen der Entlassung und ihre Rechtsfolgen sind in den jew. Sonderbest. geregelt.   7

3. Absatz 2 Nr. 2. Abs. 2 Nr. 2 enthält eine eigenständige Regelung und nicht nur eine Verweisung, indem er die Best. über den **Verlust der Rechtsstellung** eines BS (§ 48) für SaZ anwendbar erklärt. Die Rechtsfolge des Verlustes der Rechtsstellung ist für SaZ in § 56 geregelt. Ein gerichtl. Disziplinarverfahren ist mit dem Wirksamwerden des Verlusts der Rechtsstellung einzustellen.[18]   8

4. Absatz 2 Nr. 3. Hiermit wird auf die **Entfernung des SaZ aus dem Dienst** durch ein gerichtl. Disziplinarverfahren und die Best. der WDO verwiesen.   9

5. Absatz 3. Nach Abs. 3 kann die für das Dienstverhältnis festgesetzte Zeit um einen Zeitraum von bis zu drei Monaten **verlängert** werden, wenn **zwingende Gründe der Verteidigung** dies erfordern.   10

Die Entscheidung ergeht entweder generell (z. B. für alle SaZ nach Feststellung des Spannungs- oder V-Falles) durch RVO, für welche die BReg zuständig ist (§ 93 Abs. 1 Nr. 7), oder in Einzelfällen durch Entscheidung des BMVg. Materielle Voraussetzung sind in beiden Fällen zwingende Gründe der Verteidigung. Damit wollte der Gesetzgeber zum Ausdruck bringen, dass es sich um eine **Ausnahmemaßnahme** handeln

---

12 ZDv 14/5 B 127 Nr. 5 Abs. 5, Abs. 8. Vgl. jedoch VG Oldenburg 6a 4336/02.
13 BVerwGE 35, 150.
14 Hierbei handelt es sich dann um einen Fall der Entlassung i. S. v. § 54 Abs. 2 Nr. 1.
15 Vgl. BVerwG *Buchholz* 239.2 § 9 SVG Nr. 2.
16 *Scherer/Alff/Poretschkin*, SG, § 54 Rn. 3.
17 S. hierzu die Komm. zu § 46 Rn. 108 ff., § 55 Rn. 8.
18 BVerwG NZWehr 1993, 211.

soll.[19] Vor diesem Hintergrund und angesichts des eindeutigen Wortlauts wird eine Verlängerung nur in Situationen in Betracht kommen, die einen unmittelbaren Bezug zum Verteidigungsauftrag der Bw aufweisen. Um andere Aufgaben der Bw (Amts- und Katastrophenhilfe, Auslandseinsätze ohne Verteidigungszweck) erfüllen zu können, ist eine Verlängerung nach Abs. 3 nicht zulässig. De lege ferenda sollte ggf. über eine Anpassung des Wortlauts an den veränderten Einsatzrahmen der Bw nachgedacht werden. Im Hinblick auf die in § 59 Abs. 2 i. V. m. § 60 verankerten Pflichten ehem. SaZ zur Dienstleistung dürfte allerdings der ohnehin eher theoretische Anwendungsbereich des Abs. 3 in seiner derzeitigen Fassung von zu vernachlässigender Bedeutung sein. Wird das Dienstverhältnis nach Abs. 3 verlängert, hat der SaZ 2 Anspruch auf Kündigungsschutz und andere Leistungen nach dem ArbPlSchG (vgl. § 16a Abs. 5 ArbPlSchG).

11 **6. Absatz 4.** Die Best. entspricht § 51 Abs. 6. Entspr. Rechtsvorschriften zu denen des AbgG sind § 8 Abs. 3 EuAbgG sowie § 25 Abs. 2 mit der Folge, dass die Regelung auch für Abg. des Europ. Parlaments und der gesetzgebenden Körperschaften der Länder gilt. Die Heranziehung kann nur auf **Antrag des Abg.** erfolgen. Daraus folgt, dass der Abg. die Dienstleistung **jederzeit beenden** kann, wenn sie sich mit seinen Aufgaben als Parlamentarier nicht mehr vereinbaren lässt. Es kommt auch eine kurzfristige **Freistellung oder Beurlaubung** von der Dienstleistung in Betracht, um ihm die Teilnahme an Sitzungen zu ermöglichen. Ergänzt wird die Regelung durch das Beförderungsverbot während der Dienstleistung gem. § 4 Abs. 4 Satz 3.

Die Vorschrift sollte bei nächster Gelegenheit in § 59 eingefügt werden.[20]

§ 55 Entlassung

(1) ¹Für den Soldaten auf Zeit gilt § 46 Abs. 1 und 2 Satz 1 Nr. 1 bis 5 sowie 7 und 8 entsprechend. ²§ 46 Abs. 3a gilt mit Ausnahme des Satzes 5 mit der Maßgabe entsprechend, dass ein Soldat auf Zeit auch nicht entlassen ist, wenn er zum Beamten auf Widerruf im Vorbereitungsdienst oder zum Zwecke der Ausbildung zum Polizeivollzugsbeamten oder zum Beamten des Einsatzdienstes der Berufsfeuerwehr ernannt wird. ³Für einen Soldaten auf Zeit, der auf Grund eines Eingliederungsscheines zum Beamten ernannt wird, gelten Satz 2 und § 46 Abs. 3a Satz 2 nicht.

(2) ¹Ein Soldat auf Zeit ist zu entlassen, wenn er dienstunfähig ist. ²§ 44 Abs. 3 Satz 2 und Abs. 4 gilt entsprechend.

(3) Ein Soldat auf Zeit ist auf seinen Antrag zu entlassen, wenn das Verbleiben im Dienst für ihn wegen persönlicher, insbesondere häuslicher, beruflicher oder wirtschaftlicher Gründe eine besondere Härte bedeuten würde.

(4) ¹Ein Soldat auf Zeit kann in den ersten vier Jahren seiner Dienstzeit entlassen werden, wenn er die Anforderungen, die an ihn in seiner Laufbahn zu stellen sind, nicht mehr erfüllt. ²Ein Offizieranwärter, der sich nicht zum Offizier, ein Sanitätsoffizier-Anwärter, der sich nicht zum Sanitätsoffizier, ein Militärmusikoffizier-Anwärter, der sich nicht zum Militärmusikoffizier, ein Feldwebelanwärter, der sich nicht zum

---

19 BT-Drs. II/1700, 34.
20 Vgl. die Komm. zu § 51 Fn. 15.

Entlassung § 55

Feldwebel, und ein Unteroffizieranwärter, der sich nicht zum Unteroffizier eignen wird, soll unbeschadet des Satzes 1 entlassen werden. ³Ist er zuvor in einer anderen Laufbahn verwendet worden, soll er nicht entlassen, sondern in diese zurückgeführt werden, soweit er noch einen dieser Laufbahn entsprechenden Dienstgrad führt.

(5) Ein Soldat auf Zeit kann während der ersten vier Dienstjahre fristlos entlassen werden, wenn er seine Dienstpflichten schuldhaft verletzt hat und sein Verbleiben in seinem Dienstverhältnis die militärische Ordnung oder das Ansehen der Bundeswehr ernstlich gefährden würde.

(6) ¹Für die Zuständigkeit, die Anhörungspflicht und die Fristen bei der Entlassung gilt § 47 Abs. 1 bis 3 entsprechend. ²Die Entlassungsverfügung muss dem Soldaten in den Fällen des Absatzes 2 wenigstens drei Monate und in den Fällen des Absatzes 4 wenigstens einen Monat vor dem Entlassungstag unter schriftlicher Angabe der Gründe zugestellt werden. ³Für Soldaten, die einen Eingliederungsschein (§ 9 Abs. 1 Satz 1 Nr. 2 des Soldatenversorgungsgesetzes) erhalten können und die Erteilung beantragt haben, beträgt die Frist in den Fällen des Absatzes 2 ein Jahr. ⁴In den Fällen des Absatzes 3 gilt § 46 Abs. 7 entsprechend.

Übersicht

	Rn		Rn
I. Allgemeines	1	e) Tatbestandsmerkmale im Einzelnen	66
1. Zweck der Vorschrift	1	aa) Schuldhafte Dienst-	
2. Entstehung der Vorschrift	2	pflichtverletzung	67
3. Bezüge zum Beamtenrecht, ergänzende Vorschriften und Bestimmungen	3	bb) Militärische Ordnung und Ansehen der Bw	69
II. Erläuterungen im Einzelnen	7	cc) Ernstliche Gefährdung durch Verbleiben im	
1. Absatz 1	7	Dienst – Verhältnismä-	
2. Absatz 2	9	ßigkeit	73
3. Absatz 3	18	dd) Fallgruppen – Einzelbei-	
4. Absatz 4	23	spiele	78
a) Allgemeines	23	f) Verhältnis zu sonstigen Maß-	
b) Satz 1	26	nahmen	79
c) Satz 2 und 3	34	aa) Andere Entlassungs-	
aa) Grundsätzliches	34	gründe	79
bb) Entlassung	39	bb) Gerichtl. Disziplinarver-	
cc) Satz 3	43	fahren	80
5. Absatz 5	46	cc) Einfache Disziplinar-	
a) Allgemeines	46	maßnahmen	84
b) Dogmatische Einordnung – Zweck der Bestimmung	50	g) Verfahrensfragen; Rechts- schutz	88
c) Normstruktur	60	6. Absatz 6	92
d) Entlassung nur in den ersten vier Dienstjahren	64		

Literatur: *Busch, Richard*: Zur Verwaltungsrechtsprechung zu § 55 Abs. 5 des Soldatengesetzes, NZWehrr 2004, 196; *Deiseroth, Dieter*: Rückführung eines Feldwebelanwärters in eine frühere Laufbahn, jurisPR-BVerwG 21/2005 Anm. 2; *Heintzen, Markus*: § 55 Abs. 5 des Soldatengesetzes und der Grundsatz der Verhältnismäßigkeit, NZWehrr 1985, 192; *Hermsdörfer, Willibald*: Rechtsvoraussetzungen und Rechtsfolge der Dienstunfähigkeit eines Berufssoldaten und eines Soldaten auf Zeit, NZWehrr 1995, 202; *Hohenstein, Ernst*: Disziplinarmaßnahme nach der Wehrdisziplinarordnung und fristlose Entlassung nach § 55 Abs. 5 Soldatengesetz wegen desselben Dienstvergehens, NZWehrr 1979, 161; *Lingens, Eric*: Statusrecht und Disziplinarrecht, NZWehrr 1996, 233, *ders.*: NZWehrr 1994, 116 (Urteilsanm.); *Lucks, Ulrich*: Zum Umfang der Bindungswirkung disziplinarer Entscheidungen nach § 145 Abs. 2 WDO, NZWehrr 2006, 145; *Neumann, Hartmut*: Zur Zulässigkeit einer einfachen Disziplinarmaßnahme neben der fristlosen Entlassung nach § 55 Abs. 5 SG, NZWehrr 1999, 96; *Poretschkin, Alexander*: Disziplinararrest und Entlassung nach § 55 Abs. 5 SG, NZWehrr 1996, 235; *Stauf, Wolfgang*: Fristlose Entlassung nach § 55 Abs. 5 SG und Zurückstellung nach § 12 Abs. 5 WPflG, NZWehrr 1992, 189.

I. Allgemeines

1 **1. Zweck der Vorschrift.** § 55 regelt die Entlassung der SaZ. Die Entlassung ist – wie bei BS – einer der Beendigungsgründe für das Dienstverhältnis; zu den übrigen Beendigungsgründen siehe § 54.

Die Entlassungstatbestände in Abs. 1 und 2 sind quasi identisch mit Entlassungsgründen, die für BS gelten[1], während die Abs. 3 bis 5 Entlassungsvoraussetzungen aufstellen, die auf die Besonderheiten des Dienstverhältnisses eines SaZ bezogen sind. Verfahrensfragen regelt Abs. 6. Die Rechtsfolgen der Entlassung nach § 55 ergeben sich aus § 56.

2 **2. Entstehung der Vorschrift.** § 55 geht zurück auf § 50 des REntw.[2] Die Vorschrift war während des Gesetzgebungsverfahrens unumstr. und hat im Rahmen der Ausschussberatungen nur geringfügige redaktionelle Änd. erfahren.

Die Grundkonzeption des § 55 ist seither unverändert geblieben; auf Änd. der Abs. wird bei der entspr. Komm. eingegangen.

3 **3. Bezüge zum Beamtenrecht, ergänzende Vorschriften und Bestimmungen.** Was die vergleichbaren beamtenrechtl. Vorschriften zu den in **Abs. 1** in Bezug genommenen Entlassungstatbeständen des § 46 Abs. 1 und 2 betrifft, kann auf die Komm. zu § 46 verwiesen werden.[3]

Der Entlassung wegen Dienstunfähigkeit gem. **Abs. 2** entspricht im Beamtenrecht (sowie bei BS) die Versetzung in den Ruhestand gem. § 44 Abs. 1 BBG (bzw. § 44 Abs. 3 SG).

Beamtenrechtl. Parallelen zu **Abs. 3** gibt es nicht, da Beamte grds. nicht verpflichtet sind, für einen festgelegten Zeitraum Dienst zu leisten. Dagegen weisen die **Abs. 4 und 5**, die eine Entlassung wegen mangelnder Eignung oder wegen Dienstpflichtverletzung in den ersten vier Dienstjahren oder bei Anwärtern vorsehen, eine gewisse Vergleichbarkeit zu den Entlassungsmöglichkeiten von Beamten auf Probe gem. § 34 BBG auf; bei Abs. 5 orientierte sich der Gesetzgeber ausdrücklich an den beamtenrechtl. Best. der §§ 31 und 32 BBG a. F.[4]

---

1 Ein dienstunfähiger BS wird jedoch nur in den Fällen des § 46 Abs. 2 Satz 1 Nr. 6 entlassen, ansonsten wird er wegen Dienstunfähigkeit in den Ruhestand versetzt, vgl. § 44 Abs. 3 i. V. m. § 44 Abs. 5.
2 BT-Drs. II/1700, 13.
3 Dort Rn. 10.
4 BT-Drs. II/1700, 34.

Außerhalb des SG enthielt § 125 Abs. 1 Satz 2 BRRG a. F. einen weiteren Entlassungs- **4**
tatbestand. Danach war ein SaZ kraft Gesetzes entlassen, wenn er zum Beamten
ernannt wurde. Ausnahmen hiervon regelte § 125 Abs. 2 BRRG a. F. Nunmehr ist § 55
Abs. 1 Satz 2 f. einschlägig. Hins. der administrativen Einzelheiten ist der Erl. des
BMVg „Ernennung von Soldaten auf Zeit zu Beamten auf Widerruf im Vorbereitungsdienst" zu beachten.[5]

Für die Zuständigkeit, die Anhörungspflicht und die Fristen bei der Entlassung ver- **5**
weist Abs. 6 auf § 47 Abs. 1 bis 3.

Eine **Entlassungsurkunde**, die im Gegensatz zur Ernennungsurkunde keinen konstitu- **6**
tiven Charakter hat[6], erhält der SaZ nur, wenn er nach einer Dienstzeit von mindestens acht Jahren wegen Ablaufs seiner Dienstzeit kraft Gesetzes oder auf eigenen
Antrag oder wegen Dienstunfähigkeit entlassen wird oder gem. § 46 Abs. 3a als entlassen gilt oder wenn er wegen einer WDB entlassen wird.[7]

II. Erläuterungen im Einzelnen

1. Absatz 1. Abs. 1 ist seit der Erstfassung bis zum DNeuG im Wesentlichen unverän- **7**
dert geblieben. Lediglich die Einführung des zwingenden Entlassungsgrundes der
Anerkennung als KDV (§ 46 Abs. 2 Satz 1 Nr. 7)[8] und die Verlagerung der Entlassung
wegen Wohnsitz- oder Aufenthaltsnahme im Ausland aus § 46 Abs. 1 in den § 46 Abs. 2
Satz 1 Nr. 8[9] wurden in Abs. 1 nachvollzogen. Dass SaZ grds. aus den gleichen Gründen wie BS aus dem Dienstverhältnis zu entlassen sind, wurde vom Gesetzgeber
damit begründet, dass insoweit trotz der Verschiedenheit der beiden Dienstverhältnisse keine Abweichung gerechtfertigt sei.[10] Hins. der Einzelheiten ist auf die Komm.
zu § 46 zu verweisen. Eine redaktionelle Berichtigung erfolgte durch Art. 3 Nr. 14
Buchst. a des **WehrRÄndG 2008**. Mit dem **DNeuG** wurde **Abs. 1 neu gefasst**.[11]

Hins. der Entlassung von SaZ kraft Gesetzes gem. Abs. 1 Satz 2 f. kann auf die Komm. **8**
zu § 46 Abs. 3a verwiesen werden. Insbes. ist zu beachten, dass auch die Entlassung
eines SaZ grds. von der Zustimmung des BMVg oder der von diesem bestimmten
Stelle abhängig ist.

Ausnahmen für SaZ von der Entlassung wegen der Ernennung zum Beamten stellt
Abs. 1 Satz 2 f. für bestimmte Personenkreise auf. Wird ein SaZ zum Beamten auf
Widerruf im Vorbereitungsdienst oder zum Zwecke der Ausbildung zum Polizeivollzugsbeamten oder zum Beamten des Einsatzdienstes der Berufsfeuerwehr ernannt,
erfolgt keine Entlassung. Bis zum Ablauf der regulären Dienstzeit hat der Betroffene
einen Doppelstatus als Soldat und Beamter inne. Vom mil. Dienst ist er freigestellt;

---

5 ZDv 14/5 B 147. Der Erl. muss aktualisiert werden.
6 Vgl. die Komm. zu § 47 Rn. 6.
7 § 1 Abs. 3 der DBest. zur Anordnung des BPräs über die Ernennung u. Entlassung der Soldaten v. 21.6.2007 (ZDv 14/5 B 111).
8 Durch Art. 2 Nr. 3 des G v. 13.6.1986 (BGBl. I S. 873); § 55 Abs. 1 wurde durch Art 2 Nr. 5 dieses G angepasst.
9 Durch Art. 4 Abs. 1 Nr. 3 des G v. 30.6.1989 (BGBl. I S. 1282); § 55 Abs. 1 wurde durch Art. 4 Abs. 1 Nr. 5 dieses G angepasst.
10 BT-Drs. II/1700, 34.
11 Dies geschah wegen der Übernahme der (SaZ betr.) Entlassungsvorschriften aus § 125 BRRG a. F. in das SG, vgl. BT-Drs. 16/7076, 125.

die Tätigkeit als Beamter gilt als Ausbildung für das spätere ziv. Berufsleben. Einzelheiten regelt der Erl. des BMVg „Ernennung von Soldaten auf Zeit zu Beamten auf Widerruf im Vorbereitungsdienst".[12] Ein Bedürfnis für diese Ausnahme besteht nicht, wenn der SaZ Inhaber eines Eingliederungsscheines ist. Unter dieser Voraussetzung gilt er mit der Ernennung zum Beamten als entlassen, wobei die Entlassung nicht als Entlassung auf eigenen Antrag gilt.

9 **2. Absatz 2.** Durch das **WehrRÄndG 2008** wurde Abs. 2 wesentlich verkürzt und an die Neufassung des § 44 Abs. 3 angepasst. Im Gegensatz zu BS werden SaZ bei Dienstunfähigkeit nicht in den Ruhestand versetzt, weil es für SaZ einen Ruhestand nicht gibt[13], sondern aus dem Dienstverhältnis entlassen. Was die inhaltl. Voraussetzungen einer Entlassung wegen Dienstunfähigkeit betrifft, ist **Abs. 2 identisch** mit den Voraussetzungen, die § **44 Abs. 3** für die Versetzung von BS in den Ruhestand aufstellt. Nach allg. Ansicht ist der soldatenrechtl. Begriff der Dienstunfähigkeit **deckungsgleich** mit der Dienstunfähigkeit in § **44 Abs. 1 BBG** und den entspr. landesrechtl. Vorschriften.[14] Bei Abs. 2 kann daher nicht nur Rspr. und Lit. zu § 44 Abs. 3 SG, sondern auch zum Beamtenrecht zurückgegriffen werden. Ergänzend zur gesetzl. Regelung sind der Erl. des BMVg „Beendigung des Dienstverhältnis eines Soldaten wegen Dienstunfähigkeit"[15] und die „Richtlinien für die Personalbearbeitung von Soldaten, deren Verwendungsfähigkeit eingeschränkt ist, und für das Verfahren zur Beendigung des Dienstverhältnisses wegen Dienstunfähigkeit"[16] zu beachten. Speziell für die Entlassung von SaZ stellen die genannten RL besondere Fristen auf, die gewährleisten, dass ein SaZ nicht kurz vor dem Entstehen bestimmter versorgungsrechtl. Ansprüche aus dem Dienstverhältnis ausscheiden muss.[17]

10 Im Falle der vermuteten Dienstunfähigkeit nach § 44 Abs. 3 Satz 2 steht die Annahme einer Dienstunfähigkeit und damit die Entlassung im Ermessen der personalbearbeitenden Dienststelle[18], während bei Dienstunfähigkeit nach Abs. 2 Satz 1 die Entlassung zwingend vorgeschrieben ist. Bedeutung hat dies z. B. für die **Anhörung der VP** vor der Entlassung. Die Anhörung soll gem. § 23 Abs. 1 Satz 1 Nr. 6 SBG nur vorgesehen werden, wenn das Gesetz bei der vorzeitigen Beendigung des Dienstverhältnisses einen Ermessensspielraum einräumt.[19]

11 Ein Soldat ist zur **Erfüllung seiner Dienstpflichten unfähig**, wenn er den Anforderungen, die an ihn in seiner gegenwärtigen Dienststellung und in den wesentlichen Dienststellungen seines Dienstgrades gestellt werden, nicht ausreichend gerecht wird. Für OA

---

12 ZDv 14/5 B 147. Der Erl. muss aktualisiert werden.
13 *Rittau*, SG, 234.
14 BVerwG *Buchholz* 238.4 § 55 SG Nr. 7; OVG Magdeburg NVwZ-RR 2009, 485; *Scherer/Alff/Poretschkin*, SG, § 44 Rn. 5.
15 ZDv 14/5 B 153.
16 ZDv 14/5 B 153a.
17 ZDv 14/5 B 153a Nr. 18 Abs. 2.
18 Nach Auffassung des BVerwG (*Buchholz* 238.4 § 55 SG Nr. 10) besteht auch in diesem Fall die unwiderlegbare gesetzl. Vermutung für eine Dienstunfähigkeit, das G stelle es jedoch in das Ermessen des Dienstherrn, sich auf diese Vermutung zu berufen.
19 *Scherer/Alff/Poretschkin*, SG, § 44 Rn. 17; VG Mainz NZWehr 2001, 82; vgl. auch BVerwGE 86, 244 = NZWehr 1998, 248 f.

wird auf die wesentlichen Dienststellungen des ersten Offizierdienstgrades abgestellt.[20] Dauernd ist die Unfähigkeit zur Erfüllung der Dienstpflichten, wenn mit der Wiederherstellung dieser Fähigkeit auf absehbare Zeit nicht zu rechnen ist. Dabei kommt es nicht darauf an, dass diese Unfähigkeit bis zum Lebensende oder bis zum Ablauf der regulären Dienstzeit andauert[21], auch wenn bei SaZ die Möglichkeit einer erneuten Berufung in das Dienstverhältnis nach der Entlassung, wie sie bei BS gem. § 51 Abs. 4 möglich ist, nicht besteht.[22] Kann dagegen in absehbarer Zeit mit der Wiederherstellung der Fähigkeit zur Erfüllung der Dienstpflichten gerechnet werden, ist aufgrund der Verweisung in Abs. 2 Satz 2 (auf § 44 Abs. 3 Satz 2) eine Entlassung nur zulässig, wenn die Wiederherstellung nicht innerhalb eines Jahres zu erwarten ist. Hins. der in diesem Fall erforderlichen Ermessensentscheidung sind in Nr. 2 Abs. 2 des Erl. des BMVg „Beendigung des Dienstverhältnisses eines Soldaten wegen Dienstunfähigkeit"[23] Vorgaben festgelegt, an welche die Entlassungsdienststellen gebunden sind.

Aus dieser Definition folgt, dass der Begriff der Dienstunfähigkeit nicht allein an die **Person** anknüpft, sondern nur unter gleichzeitiger Heranziehung der einem Soldaten obliegenden **Dienstpflichten** bestimmt werden kann.[24] Dies hat Auswirkungen auf die **rechtsdogmatische Einordnung**. Nach h.M. soll es sich bei der Dienstunfähigkeit um einen **unbest. Rechtsbegriff** handeln, der voller gerichtl. Überprüfbarkeit unterliegt und der Entlassungsdienststelle keinerlei Beurteilungsspielraum gewährt.[25] Dies ist insoweit **nicht überzeugend**, als der Dienstherr anerkanntermaßen eine eigenständige Befugnis besitzt, die körperliche Eignung und die gesundheitlichen Voraussetzungen für eine bestimmte dienstl. Verwendung zu bestimmen. Konsequenterweise muss er in der Lage sein, generelle körperliche und gesundheitliche Anforderungen festzulegen, die von Soldaten in bestimmten Dienstgraden erfüllt werden müssen.[26] Die Gerichte haben solche Festlegungen des Dienstherrn im Rahmen der allg. Grenzen des Beurteilungsspielraums anzuerkennen. Der Dienstherr bestimmt, ab wann ein körperlicher Eignungsmangel die Dienstunfähigkeit auslöst. Bei der Entscheidung über die Dienstunfähigkeit kommt der Entlassungsdienststelle daher ein Beurteilungsspielraum zu.[27] Die Entscheidung, ob ein Soldat die vom Dienstherrn aufgestellten Anforderungen noch erfüllt, ist hingegen gerichtl. voll überprüfbar.[28]

12

Die Dienstunfähigkeit ist **unabhängig von der Eigenschaft als schwerbehinderter Mensch**. Soll ein schwerbehinderter Soldat wegen Dienstunfähigkeit entlassen werden, ist die Vertretung der schwerbehinderten Menschen anzuhören (vgl. § 95 Abs. 2 i. V. m. § 128 Abs. 4 SGB IX).[29] Einzelheiten regelt der Erl. des BMVg über die Fürsorge für schwerbehinderte Menschen im Geschäftsbereich des BMVg.[30]

13

---

20 Vgl. ZDv 14/5 B 153 Nr. 1.
21 GKÖD I K, § 42 Rn. 14.
22 Dies folgt im Umkehrschluss auch aus ZDv 14/5 B 153 Nr. 2 Abs. 2a.
23 ZDv 14/5 B 153. Vgl. im Übrigen die Komm. zu § 44.
24 So auch für das Beamtenrecht GKÖD I K, § 42 Rn. 4.
25 BVerwG *Buchholz* 238.4 § 55 SG Nr. 7; GKÖD I Yk, § 55 Rn. 4; *Scherer/Alff/Poretschkin*, SG, § 55 Rn. 3.
26 *Hermsdörfer*, NZWehrr 1995, 202 (204 m. w. N.); vgl. auch OVG Münster ZBR 1981, 38.
27 So für das Beamtenrecht *Battis*, BBG, § 44 Rn. 4.
28 Vgl. *Plog/Wiedow/Lemhöfer*, BBG, § 42 Rn. 3 (z.T. abw.).
29 Vgl. OVG Schleswig NZWehrr 1994, 262.
30 VMBl. 2007 S. 30.

14 Ist bei einem SaZ Dienstunfähigkeit gegeben, wäre es rechtswidrig, von seiner Entlassung abzusehen. Der z.T. unter Fürsorgeaspekten erörterte Gesichtspunkt eines „**Verkraftungsprozentsatzes**", wonach die Bw dienstunfähige Soldaten in einem gewissen Umfang im Dienst belassen und in ausgewählten Funktionen einsetzen können soll, findet im Gesetz keine Grundlage. Der Fürsorgegrds. rechtfertigt nicht, von zwingenden gesetzl. Best. abzuweichen.[31] Der Gesetzgeber hat mit § 3 Abs. 2 die Grundlage dafür geschaffen, bei Soldaten, die ohne grobes Verschulden unter bestimmten Voraussetzungen eine Schädigung im Zusammenhang mit dem Dienst erlitten haben, ein geringeres Maß an körperlicher Eignung zu verlangen. Darüber hinaus wurde mit dem **Einsatz-Weiterverwendungsgesetz**[32] eine ergänzende Regelung eingeführt, um Soldaten, die im Rahmen eines Auslandseinsatzes zu Schaden gekommen sind, eine weitere berufliche Perspektive in der Bw zu ermöglichen. Weitere Ausnahmen von der zwingenden Entlassung bei Dienstunfähigkeit lassen sich angesichts dieser eindeutigen gesetzl. Regelungen nicht begründen.

15 Der **Grds. von Treu und Glauben** spielt bei der Entlassung wegen Dienstunfähigkeit keine Rolle.[33] Eine zwingende Entlassung ist auch zu verfügen, wenn die personalbearbeitende Stelle bei der Neufestsetzung oder Verlängerung der Dienstzeit von den gesundheitlichen Einschränkungen des Soldaten Kenntnis hatte oder hätte haben können. Angesichts der Vorgaben für die Dienstzeitverlängerung von SaZ, bei denen zunächst eine Bewährungszeit festgelegt war oder deren Dienstzeit nur abschnittsweise festzusetzen ist[34], wäre jedes andere Ergebnis systemwidrig.

16 Für das Entlassungsverfahren gilt **§ 44 Abs. 4 entspr.** (Abs. 2 Satz 2).

17 Angesichts der Fristen für die Entlassung wegen Dienstunfähigkeit (§ 55 Abs. 6) schließt die festgestellte Dienstunfähigkeit eine schneller zu vollziehende **fristlose Entlassung** gem. § 55 Abs. 5 nicht aus.[35]

18 **3. Absatz 3.** Während BS grds. jederzeit ihre Entlassung aus dem Dienst verlangen können und nur durch Stehzeiten wegen einer Fachausbildung oder eines Studiums (§ 46 Abs. 3) oder als BerufsOffz (§ 46 Abs. 5) verpflichtet sind, für eine bestimmte Zeit Dienst zu leisten, haben SaZ nach der Konzeption des SG grds. **die eingegangene Verpflichtungszeit einzuhalten**.[36] Sie können nur in den gesetzl. geregelten Fällen vorzeitig aus dem Dienst ausscheiden. Die Entlassung wegen besonderer Härte stand dabei nach der ursprünglichen Fassung von Abs. 3 im Ermessen der Entlassungsdienststelle. Erfolgte eine Entlassung wegen besonderer Härte, traf den SaZ keine Erstattungspflicht wegen Ausbildungskosten. Durch Art. 2 Nr. 6 des G vom **24.2.1983**[37] wurde die Entlassung von SaZ parallel zu der Regelung über die Entlassung von BS gem. § 46 Abs. 6 in einen gebundenen VA umgewandelt. Im Zusammenhang damit wurde für SaZ, die wegen besonderer Härte vorzeitig entlassen werden, eine **Kostenerstattungspflicht** eingeführt, soweit ihre Ausbildung mit

---

31 OVG Münster ZBR 1981, 38.
32 Vom 12.12.2007 (BGBl. I S. 2861); zu Einzelheiten s. die Komm. zu § 3 Rn. 94 ff.
33 A.A. VGH München ZBR 1980, 291.
34 S. die Komm. zu § 40 Rn. 18 ff.
35 BVerwG ZBR 1981, 323.
36 Zur verfassungsrechtl. Zulässigkeit dieser Verpflichtung vgl. die Komm. zu § 40 Rn. 7.
37 BGBl. I S. 179.

einem Studium oder einer Fachausbildung verbunden war (§ 56 Abs. 4 Nr. 1). Die **Übergangsregelung** des § 94 hat angesichts des Zeitablaufs jedenfalls für SaZ heute keine Bedeutung mehr.[38]

Inhaltl. sind die Voraussetzungen einer vorzeitigen Entlassung eines SaZ nach Abs. 3 identisch mit den Voraussetzungen der entspr. Entlassung eines BS vor Ablauf seiner Stehzeiten. Hins. der Einzelheiten kann daher auf die **Komm. zu § 46 Abs. 6** verwiesen werden.[39] **19**

Beantragt ein SaZ seine vorzeitige Entlassung gem. Abs. 3, schließt dies seine fristlose Entlassung nach Abs. 5 nicht aus.[40]

Auch bei SaZ stellt sich die Frage, ob die Entlassung gem. Abs. 3 angesichts der jetzigen Regelung des **KDV-Rechts** noch eine große Bedeutung haben wird. Für SaZ ist danach kein besonderes Anerkennungsverfahren mehr vorgesehen. Infolgedessen könnte vermehrt der Weg über die Anerkennung als KDV beschritten werden, um eine vorzeitige Entlassung gem. § 55 Abs. 1 i. V. m. § 46 Abs. 2 Satz 1 Nr. 7 zu erreichen.[41] **20**

Die Entlassung nach Abs. 3 ist ein **VA**, auf den der SaZ bei Vorliegen der Voraussetzungen einen **Anspruch** hat. **Einstweiliger Rechtsschutz** – sofern eine Entlassung zwingend zu einem bestimmten Zeitpunkt erreicht werden soll und danach sinnlos wird – ist über § 123 VwGO zu erlangen. In diesem Verfahren kann nicht die Entlassung verlangt werden. Dies stellte eine unzulässige Vorwegnahme der Hauptsache dar. Eine ausreichende Maßnahme nach § 123 VwGO wird i. d. R. die vorläufige Befreiung vom mil. Dienst unter Wegfall der Geld- und Sachbezüge sein.[42] **21**

Durch die Verweisung in Abs. 6 Satz 4 auf § 46 Abs. 7 gelten für den Entlassungsantrag eines SaZ die gleichen Formerfordernisse wie bei BS. Die z.T. anderslautende Rspr.[43] basiert auf der früheren Rechtslage. **22**

4. Absatz 4. – a) Allgemeines. Abs. 4 enthält **zwei Entlassungstatbestände**: Die Entlassung eines SaZ in den ersten vier Dienstjahren wegen mangelnder Eignung, unabhängig von seinem Dienstgrad (Satz 1), sowie die Entlassung von SaZ, die sich im Anwärter-Status ihrer Laufbahn befinden, auch soweit sie bereits länger als vier Jahre in den SK Dienst geleistet haben (Satz 2). Für diese Laufbahnanwärter sieht Satz 3 die Rückführung in die frühere Laufbahn an Stelle der Entlassung vor. **23**

In seiner ursprünglichen Fassung bezog sich Abs. 4 ausschließlich auf die Entlassung von OA, sofern sich herausstellte, dass sie sich nicht zum Offz eignen würden. Die Regelung wurde durch Art. 1 Nr. 8 des G vom **28.3.1960**[44] um die Möglichkeit der Laufbahnrückführung ergänzt. Uffz, die zu einer Laufbahn der Offz zugelassen worden waren, sollten nicht aus den SK entlassen werden, nur weil sie die in sie gesetzten **24**

---

38 Vgl. die Komm. zu § 94.
39 Komm. zu § 46 Rn. 116 bis 121.
40 OVG Münster I A 769/65.
41 Vgl. die Komm. zu § 46 Rn. 121; OVG Koblenz 10 A 11919/04.
42 VGH Mannheim 11 S 1759/80.
43 VG München ZBR 1983, 169; VGH Kassel NZWehrr 1985, 254.
44 BGBl. I S. 206.

Erwartungen nicht erfüllen konnten.[45] Durch Art. 1 Nr. 5 des G vom **21.7.1970**[46] wurde die Entlassungsmöglichkeit auf SanOA und durch Art. 2 Nr. 16 des G vom **6.12.1990**[47] auf Militärmusikoffizier-Anwärter ausgedehnt.

25 Eine völlige **Neufassung** des Abs. 4 erfolgte durch Art. 1 Nr. 41 des **SGÄndG**. Hierdurch wurde die generelle Entlassungsmöglichkeit von SaZ in den ersten vier Dienstjahren wegen Nichteignung eingeführt. Damit sollten der mil. Personalführung ein Höchstmaß an Flexibilität verschafft und die Funktionsfähigkeit der SK gesteigert werden.[48] Gleichzeitig wurde die Möglichkeit zur Entlassung von Laufbahnanwärtern auf Uffz ausgedehnt. Die bis dahin zwingende Rückführung in eine frühere Laufbahn wurde in eine Soll-Best. umgewandelt und unter den Vorbehalt gestellt, dass der Soldat noch einen der früheren Laufbahn entspr. Dienstgrad führt. Die letzte Änd. erfolgte durch Art. 2 Nr. 6a des **BwNeuAusrG**. Mit der Einführung der Fw-Laufbahnen waren konsequenterweise die FA in die Entlassungsbest. des Abs. 4 Satz 2 aufzunehmen.

26 b) Satz 1. Nach dieser Vorschrift kann ein SaZ unabhängig von seinem Dienstgrad in den ersten vier Jahren seiner Dienstzeit entlassen werden, wenn er die an ihn in seiner Laufbahn zu stellenden Anforderungen nicht mehr erfüllt.

27 Die **Berechnung** der vierjährigen Dienstzeit richtet sich nach **§ 40 Abs. 6**, d. h. es kommt nicht darauf an, dass der Betroffene vier Jahre Dienst im Status eines SaZ geleistet hat. Auch eine vorausgehende Dienstzeit als GWDL ist einzubeziehen, ebenso bei Wiedereinstellern der früher geleistete Wehrdienst.[49]

28 Durch das Merkmal des **Nichterfüllens der Anforderungen** knüpft Abs. 4 Satz 1 an die allg. Kriterien der charakterlichen, geistigen und körperlichen Eignung i. S. v. § 37 Abs. 1 Nr. 3 an.[50] Er stellt damit Voraussetzungen auf, die aufgrund ihrer Abhängigkeit von Wertungsentscheidungen nur eingeschränkter gerichtl. Kontrolle unterliegen. Es kommt dabei nicht allein auf die konkrete Verwendung des SaZ an, sondern auf die üblichen, an Soldaten seiner Laufbahn zu stellenden Anforderungen. Weiterhin stellt die Vorschrift auf der Rechtsfolgenseite die Entlassung in das **Ermessen** der zuständigen Dienststelle, so dass auf zwei unterschiedlichen Ebenen Entscheidungsfreiräume des Dienstherrn gegeben sind. Wie bei derartigen „**Koppelungsnormen**" üblich, sollte dennoch klar unterschieden werden, welche Aspekte im Rahmen des Begriffs der Nichterfüllung eine Rolle spielen und welche Kriterien auf der Rechtsfolgenseite in die Ermessenserwägungen einzufließen haben.[51] Der Begriff der Nichterfüllung setzt eine bestimmte Dauer voraus. Ist erkennbar, dass ein Soldat auf absehbare Zeit wieder in der Lage sein wird, die an ihn gestellten Anforderungen zu erfüllen, liegt keine Nichterfüllung der dienstl. Anforderungen vor.[52] Als Anhaltspunkt kann auf die Einjahresfrist der vermuteten Dienstunfähigkeit gem.

---

45 BT-Drs. III/1424, 6.
46 BGBl. I S. 1120.
47 BGBl. I S. 2588.
48 BT-Drs. 14/4062, 22 f.
49 Vgl. Nr. 4.1 des Wiedereinstellungserl., VMBl. 2009 S. 57.
50 Vgl. hierzu die Komm. zu § 37.
51 *Kopp/Ramsauer*, VwVfG, § 40 Rn. 21.
52 Anders wohl BT-Drs. 14/4062, 23, wonach die Prognose über den weiteren Werdegang des Soldaten Teil der Ermessensentscheidung sein soll.

Abs. 2 Satz 2 i. V. m. § 44 Abs. 3 Satz 2 abgestellt werden. Dagegen wird die besondere persönliche Situation des Soldaten in erster Linie bei der Ermessenserwägung eine Rolle zu spielen haben.

Hins. der Sachverhaltsfeststellung bzgl. des Nichterfüllens der an einen Soldaten gestellten Anforderungen ist in analoger Anwendung der §§ 34, 84 Abs. 1 WDO von einer Bindungswirkung der Tatsachenfeststellungen rechtskräftiger Strafurteile, allerdings mit Lösungsmöglichkeit, auszugehen.[53] Bei einem Vorwurf aus einem Strafverfahren, das nach § 153a StPO eingestellt wurde, gilt dies nicht; hier sind selbstständige Sachverhaltsermittlungen erforderlich.[54] 29

Nach den Gesetzesmaterialien sollen die **Entlassungen nach Abs. 2 und Abs. 5 vorgehen**, wenn die Nichteignung auf den dort genannten Gründen beruht.[55] Die Nichteignung nach Abs. 4 kann sich auch aus einem einzelnen Dienstvergehen des Soldaten ergeben (vgl. insoweit § 145 Abs. 2 WDO); dies darf aber nicht zu Wertungswidersprüchen zu Abs. 5 führen, wonach eine Entlassung wegen eines Dienstvergehens nur unter bestimmten Voraussetzungen möglich ist. Die mangelnde Eignung muss daher in derartigen Fällen besonders begründet werden.[56] 30

Leichter als bei § 46 Abs. 8 kann eine Entlassung nach Abs. 4 Satz 1 wegen körperlicher Eignungsmängel, die keine Dienstunfähigkeit begründen, in Betracht kommen.[57] Die **Folgen** einer Entlassung wegen Dienstunfähigkeit und wegen mangelnder Eignung sind bei SaZ weitgehend **identisch**. Eine Verpflichtung zur Rückzahlung von Ausbildungskosten trifft den SaZ bei Entlassung wegen Eignungsmängeln nur unter der Voraussetzung, dass er die Entlassung vorsätzlich oder grob fahrlässig herbeigeführt hat (§ 56 Abs. 4 Satz 1 Nr. 2). Hieraus ergibt sich, dass die Entlassung nach Abs. 4 Satz 1 nicht zwingend mit einem negativen Werturteil über den SaZ verbunden sein muss. 31

Folgt die fehlende Eignung nicht aus plötzlich auftretenden charakterlichen oder gesundheitlichen Mängeln, sondern aus **Leistungsdefiziten**, die über eine längere Zeit andauern, gebietet es die Fürsorgepflicht, dass der Soldat hierauf **hingewiesen** wird und die Möglichkeit zur Verbesserung erhält, bevor er entlassen wird. Sofern nicht Beurteilungen, Prüfungsergebnisse oder Lehrgangsbescheinigungen vorliegen, sollten die entspr. Hinw. dokumentiert werden. Die Fürsorgepflicht gebietet es jedoch nicht, die Leistungen des Soldaten durch einen anderen Vorg. beurteilen zu lassen.[58] 32

Der Übergangsbest. des § 97 Abs. 2 kommt heute angesichts des Zeitablaufs keine praktische Bedeutung mehr zu.[59] 33

c) Satz 2 und 3. – aa) Grundsätzliches. Stellt sich heraus, dass ein Laufbahnanwärter für die entspr. Laufbahn ungeeignet ist, soll er entweder entlassen (Satz 2) oder – sofern er zuvor in einer anderen Laufbahn verwendet worden ist und noch einen entspr. Dienstgrad führt – in diese frühere Laufbahn zurückgeführt werden (Satz 3). 34

---

53 OVG Lüneburg NVwZ-RR 2007, 396.
54 BVerwG NZWehrr 2006, 246.
55 BT-Drs. 14/4062, 23. Vgl. VG Würzburg W 1 S 04.1552.
56 Vgl. VG Gera 1 K 2006/04. Ge.
57 Vgl. hierzu die Komm. zu § 46 Rn. 135.
58 So jedoch GKÖD I Yk, § 55 Rn. 9.
59 Vgl. die Komm. zu § 97.

Sohm

Dies gilt unbeschadet des Abs. 4 Satz 1, so dass es auf die **Vierjahresfrist nicht** ankommt. Anwärter werden in die Bw eingestellt in der Erwartung, dass sie später Offz, Fw oder Uffz werden. Erweisen sie sich dazu als ungeeignet, besteht keine Veranlassung, sie weiterhin im Dienstverhältnis zu belassen.[60] Entscheidend ist, dass sich der Betroffene noch im **Anwärter-Status** befindet. Dieser bestimmt sich nach den einschlägigen Regelungen der SLV. Danach endet der Anwärter-Status

– für OA des Truppendienstes und des militärfachl. Dienstes mit der Beförderung zum Lt (§ 24 Abs. 3 Satz 1, § 41 Abs. 3 Satz 1 SLV)
– für SanOA mit der Beförderung zum Stabsarzt, Stabsapotheker oder Stabsveterinär (§ 31 Abs. 4 SLV)
– für Militärmusikoffizier-Anwärter mit der Beförderung zum Hptm (§ 35 Abs. 4 SLV)
– für FA mit der Beförderung zum Fw (vgl. § 16 SLV)
– für UA mit der Beförderung zum Uffz (vgl. § 12 SLV).

35 Die **Rechtsfolgen**, die Abs. 4 an die Nichteignung von Laufbahnbewerbern knüpft (Entlassung und Zurückführung), weisen jew. eine unterschiedliche Rechtsnatur auf. Bei der Entlassung handelt es sich um eine **statusrechtl. Maßnahme** in Form eines VA. Demgegenüber stellt die Zurückführung in die frühere Laufbahn eine **truppendienstl. Maßnahme** dar. Die materielle Voraussetzung für beide Maßnahmen (Nichteignung) ist nach identischen Maßstäben zu prüfen. Hins. des Satzes 2 ist daher auf die Rspr. der VG und der Wehrdienstgerichte zurückzugreifen.

36 Satz 2 und 3 gelten auch für Angehörige der **Reservelaufbahnen**[61]; grds. erfolgt in diesen Fällen eine Zurückführung in die frühere Laufbahn.

37 Ob ein Laufbahnanwärter geeignet ist oder nicht, bestimmt sich nach einem Entscheidungsprozess, der sich an den mil. Anforderungen für die jew. Laufbahn orientiert. Der zuständigen Dienststelle kommt dabei ein gerichtl. nur eingeschränkt überprüfbarer **Beurteilungsspielraum** zu. Die gerichtl. Überprüfung hat sich darauf zu beschränken, ob von einem unrichtigen Sachverhalt ausgegangen oder der jew. gesetzl. Rahmen verletzt wurde bzw. allg. gültige Wertmaßstäbe missachtet oder sachfremde Erwägungen angestellt wurden.[62] Nichteignung liegt in jedem Fall bei endgültigem Nichtbestehen der Offizierprüfung vor (ZDv 20/7 Nr. 609). Gleiches wird bei endgültigem Nichtbestehen der Uffz- oder Feldwebelprüfung gelten sowie bei der nicht rechtzeitigen Erbringung generell vorgeschriebener Leistungen, z. B. des Sportabzeichens. Darüber hinaus wurde die Feststellung der Nichteignung von Laufbahnanwärtern von der Rspr. in folgenden Fällen **anerkannt**:

– Begehung von Straftaten wie Urkundenfälschung und Betrug[63]
– mangelnde gesundheitliche Eignung, auch wenn keine Dienstunfähigkeit gegeben ist[64]

---

60 BT-Drs. 14/4062, 23.
61 BVerwG *Buchholz* 236.11 § 34 SLV Nr. 1.
62 BVerwG NJW 1961, 1942; BVerwG *Buchholz* 236.1 § 55 SG Nr. 15; BVerwG ZBR 2002, 144; BVerwG NZWehr 2006, 246; *Scherer/Alff/Poretschkin*, SG, § 55 Rn. 11.
63 BVerwG DokBer B 1993, 239; BVerwG NZWehr 1989, 203; BVerwGE 83, 200 = NZWehr 1986, 256.
64 BVerwG *Buchholz* 236.1 § 10 SG Nr. 13.

Entlassung § 55

- Überschuldung, die aufgrund der Umstände auf die Unfähigkeit zur ordnungsgemäßen Wirtschaftsführung schließen lässt und damit die Prognose rechtfertigt, dass der Soldat auch in dienstl. Belangen den Überblick verlieren wird[65]
- Unfähigkeit, ein Studium ordnungsgemäß zu absolvieren, unabhängig aus welchen Gründen[66]
- Ablehnung, BerufsOffz zu werden, obwohl dies in der Laufbahn der Offz des militärfachl. Dienstes vorgesehen ist[67]
- wiederholte Dienstpflichtverletzungen wegen Alkoholmissbrauchs[68]
- mehrmaliges unentschuldigtes Fernbleiben vom Dienst[69]
- ernsthafte Zweifel an der Verfassungstreue.[70]

Bei fachl. Leistungsdefiziten wird eine endgültige Nichteignung erst festzustellen sein, wenn der Soldat rechtzeitig hierauf **hingewiesen** wurde und die Gelegenheit, seine Leistungen zu steigern, nicht erfolgreich genutzt hat. Die Nichteignung muss laufbahnbezogen festgestellt werden. Die bloße Nichteignung für einen konkreten Dienstposten erfüllt nicht die Voraussetzung für eine Entlassung oder Rückführung; es reicht somit nicht aus, wenn der Soldat lediglich für einzelne Verwendungen ungeeignet ist, auch wenn ausschließlich für diese Bedarf besteht.[71] **38**

Die mangelnde Eignung setzt **keine schuldhafte Pflichtverletzung** voraus und ist nicht zwingend mit einem negativen Werturteil über die charakterliche Integrität des Soldaten verbunden. Dies folgt aus § 56 Abs. 4 Satz 1 Nr. 2, wonach eine Rückzahlung von Ausbildungskosten nur in den Fällen in Betracht kommt, in denen der Soldat seine Entlassung nach Abs. 4 vorsätzlich oder grob fahrlässig herbeigeführt hat.

bb) Entlassung. Steht die mangelnde Eignung des Laufbahnbewerbers fest, **soll** er entlassen werden. Ein Absehen von der Entlassung, wie bei Soll-Vorschriften i. d. R. möglich, kommt nicht in Betracht. Das „soll" in Satz 2 bezieht sich nur auf Satz 3 und die Zurückführung in die frühere Laufbahn. **39**

Die Entlassung schließt nicht aus, dass wegen des gleichen Sachverhalts ein **gerichtl. Disziplinarverfahren** gegen den Soldaten eingeleitet wird.[72] Dies kann dann von Bedeutung sein, wenn der Soldat seinen bisherigen Dienstgrad nicht weiterführen soll; die Entlassung nach Abs. 4 führt nicht zum Dienstgradverlust (vgl. § 56 Abs. 2).[73] **40**

Mit der Entlassung des Anwärters verbunden ist seine **Überführung** in eine **Laufbahngruppe** je nach dem erreichten Dienstgrad (§ 6 Abs. 3 Satz 1 SLV). Die Zusätze zur Dienstgradbezeichnung von Anwärtern (OA, FA, UA) entfallen (§ 6 Abs. 5 Satz 1 SLV). Darüber hinaus werden die entlassenen Anwärter je nach Dienstgrad und Laufbahn ggf. in eine andere **Laufbahn** überführt (vgl. § 6 Abs. 3 SLV). Eine Übersicht über die Laufbahnüberführung enthält die Anl. 5 zur ZDv 20/7.[74] Die Überführung in **41**

---

65 BVerwG NZWehr 1986, 256.
66 OVG Münster 1 A 514/81; VG Regensburg RO 1 K 04.1893.
67 BVerwG NZWehr 1981, 144.
68 BVerwG *Buchholz* 236.1 § 55 SG Nr. 15.
69 BVerwG 1 WB 183/79.
70 VG Kassel 7 E 2622/02.
71 BVerwG ZBR 2006, 53 = DokBer B 2005, 306.
72 BVerwG NZWehr 1975, 69.
73 *Scherer/Alff/Poretschkin*, SG, § 55 Rn. 13.
74 Zur Unterscheidung zwischen Laufbahn u. Laufbahngruppe vgl. § 3 SLV; Komm. zu § 27 Rn. 10.

eine andere Laufbahngruppe und in eine andere Laufbahn stellen – anders als die Zurückführung nach Satz 3 – unselbstständige Begleitmaßnahmen zur Entlassung nach Satz 2 dar. Bei ihnen handelt es sich ebenfalls um truppendienstl. Maßnahmen, die zwingend vorgeschrieben sind; den personalbearbeitenden Stellen steht kein Ermessensspielraum zu. Eine Rückstufung im Dienstgrad, die statusrechtl. Charakter hätte[75], ist damit nicht verbunden.[76] Ergänzende Best. zur Laufbahnüberführung und für das Entlassungsverfahren nach Satz 2 enthält die ZDv 20/7 (Nr. 443 ff., 609, 626).

42 Ungeregelt ist, wie mit einem **SanOA im Dienstgrad Lt** zu verfahren ist, der sich als ungeeignet erweist. Er kann als Anwärter gem. Satz 2 entlassen werden; eine Überführung in die Laufbahngruppe der Uffz (vgl. § 6 Abs. 3 Satz 1 SLV; ZDv 20/7 Nr. 626 i. V. m. Nr. 609 Abs. 2) scheidet aus. Auch der Dienstgradzusatz (SanOA) entfällt gem. § 6 Abs. 5 Satz 1 SLV erst mit der Überführung. Richtigerweise wird dieser SanOA in die Laufbahn der Offz des Truppendienstes (im Dienstgrad Lt) überführt. Eine entspr. Ergänzung der SLV erscheint sinnvoll.

43 **cc) Satz 3.** Wurde der Laufbahnanwärter zuvor in einer anderen Laufbahn verwendet, soll er bei Nichteignung nicht entlassen, sondern in seine frühere Laufbahn **zurückgeführt** werden. Im Gegensatz zur oben erwähnten **Überführung** ist die **Zurückführung** davon abhängig, dass der Anwärter sich bereits einmal in dieser Laufbahn befunden hat. Voraussetzung ist, dass er über einen Dienstgrad verfügt, den es entspr. in seiner früheren Laufbahn gibt. Bei OA ist somit eine Zurückführung so lange möglich, wie sie den Dienstgrad Oberfähnrich innehaben, da dieser auch in Feldwebellaufbahnen seine Entsprechung hat.[77] Außerdem müssen sie zuvor in dieser Laufbahn verwendet worden sein. War dies nicht der Fall, bleibt es bei der Entlassung nach Satz 2, verbunden mit einer Überführung in die entspr. Laufbahn. Bei San- und Militärmusikoffizier-Anwärtern, die in den Dienstgraden Lt und OLt noch Anwärterstatus innehaben, ist eine Zurückführung in eine Laufbahn der Uffz nicht mehr möglich; sie sind zu entlassen.

44 Wie die Entlassung hat die Zurückführung in die frühere Laufbahn **keinen disziplinaren Charakter** und kann daher parallel zu einer disziplinaren Maßnahme erfolgen.[78]

45 Ist der zur Beendigung des Anwärterstatus führende Eignungsmangel so **erheblich**, dass der Anwärter den Anforderungen seiner früheren Laufbahn nicht mehr genügt, kann er in jedem Fall in den ersten vier Jahren seiner Dienstzeit nach Satz 1 entlassen werden.[79] Eine Entlassung nach dem vierten Dienstjahr soll in seltenen Ausnahmefällen auf der Grundlage von Satz 2[80] möglich sein, da es sich bei Satz 3 lediglich um eine „Soll-Vorschrift" handele. Dies erscheint aus systematischen Gründen fraglich, da die betreffenden Soldaten, wären sie von vornherein in ihrer ursprünglichen Laufbahn verblieben, nicht mehr entlassen werden könnten. Das „soll" in Satz 3 bezieht sich allein darauf, dass die Laufbahnrückführung unter dem Vorbehalt steht, dass der Soldat noch einen der früheren Laufbahn entspr. Dienstgrad führt.[81]

---

75 Vgl. Komm. zu § 4 Rn. 32.
76 Vgl. BVerwGE 22, 171.
77 ZDv 20/7 Nr. 609.
78 BVerwG DokBer 1993, 239.
79 BT-Drs. 14/4062, 23.
80 GKÖD I Yk, § 55 Rn. 18.
81 Vgl. BT-Drs. 14/4062, 23.

Entlassung § 55

5. Absatz 5. – a) Allgemeines. Nach Abs. 5 kann ein SaZ in den ersten vier Dienstjahren fristlos entlassen werden, wenn er seine Dienstpflichten schuldhaft verletzt hat und sein Verbleiben in seinem Dienstverhältnis die mil. Ordnung oder das Ansehen der Bw ernstlich gefährden würde. **46**

Die Best. wurde im **REntw.** mit dem Hinw. auf die Entlassungsmöglichkeiten von Beamten auf Probe und auf Widerruf begründet.[82] Die Beendigung des Dienstverhältnisses sollte bei SaZ in den ersten vier Jahren erleichtert und das Erfordernis eines gerichtl. Disziplinarverfahrens mit dem Ziel der Entfernung aus dem Dienstverhältnis vermieden werden. Erst bei einer längeren Dienstzeit seien die Versorgungsrechte der Soldaten höher zu gewichten, so dass dann nur noch eine disziplinargerichtl. Beendigung des Dienstverhältnisses gerechtfertigt sei. Auch in der aktuellen Lit. und Rspr. wird die **ratio legis** des Abs. 5 darin gesehen, dass die Rechtsstellung eines SaZ in den ersten vier Dienstjahren noch nicht so gefestigt sei, dass er nur im Wege eines gerichtl. Disziplinarverfahrens aus dem Dienst entfernt werden könne.[83]

Im Gesetzgebungsverfahren war die Best. unumstr. Seit der Erstfassung ist Abs. 5 nur durch Art. 2 Nr. 5b des **BwNeuAusrG** geänd. worden. Aus Gründen der Klarstellung wurde das Adjektiv „schuldhaft" eingefügt.[84] In der Sache hat dies nichts verändert. **47**

Auch wenn das Beamtenrecht als „Vorbild" für Abs. 5 herangezogen wurde, unterscheidet sich die Best. strukturell von § 34 Abs. 1 Satz 1 Nr. 1 BBG. Ein Beamter auf Probe kann grds. entlassen werden, wenn er ein Dienstvergehen begangen hat, das bei einem Beamten auf Lebenszeit mindestens eine Kürzung der Dienstbezüge zur Folge hätte. Dies hängt damit zusammen, dass das Beamtendisziplinarrecht gegen Beamte auf Probe und auf Widerruf als Disziplinarmaßnahmen ausschließlich Verweis und Geldbuße zulässt (§ 5 Abs. 3 BDG). Reichen diese nicht aus, um ein Dienstvergehen zu ahnden, bleibt nur die Entlassung. Demgegenüber können gegen SaZ in den ersten vier Dienstjahren alle einfachen Disziplinarmaßnahmen verhängt sowie gerichtl. Disziplinarverfahren durchgeführt werden, wenn damit ein anderes Ziel als die Entfernung aus dem Dienst verfolgt wird.[85] Das Verhältnis zwischen der Entlassung nach Abs. 5 und dem gerichtl. Disziplinarverfahren regeln § 143 WDO und der Erl. des BMVg über die „Durchführung des § 143 der Wehrdisziplinarordnung".[86] **48**

Für Soldaten, die aufgrund der **WPfl** Wehrdienst leisten, ist § 29 Abs. 1 Satz 3 Nr. 5 WPflG einschlägig. Dieser weist zwar vergleichbare Voraussetzungen auf, ist jedoch enger auszulegen. Dies folgt aus § 56 Abs. 1 Satz 2, wonach ein gem. Abs. 5 entlassener SaZ grds. in den SK verbleibt, sofern er noch GWD zu leisten hat. Das Wehrdienstverhältnis eines GWDL ist weniger „störempfindlich" als das auf freiwilliger Verpflichtung beruhende Dienstverhältnis eines SaZ.[87] **49**

---

82 BT-Drs. II/1700, 34 zu § 50 des Entw.
83 BVerwGE 103, 60 = NZWehr 1994, 104; GKÖD I Yk, § 55 Rn. 19; *Scherer/Alff/Poretschkin*, SG, § 55 Rn. 17.
84 BT-Drs. 14/6881, 28.
85 Bis zur Novelle der WDO durch G v. 9.6.1961 (BGBl. I S. 689) war dies anders; gerichtl. Disziplinarverfahren gegen SaZ in den ersten vier Dienstjahren waren gem. § 114 WDO a. F. ausgeschlossen; vgl. *Dau*, WDO, § 143 Rn. 1.
86 ZDv 14/3 B 165.
87 BVerwGE 42, 20 = NZWehr 1976, 32; *Stauf*, NZWehr 1992, 189.

50 **b) Dogmatische Einordnung – Zweck der Bestimmung.** Str. ist die rechtsdogmatische Qualität des Abs. 5, insbes. das Verhältnis der fristlosen Entlassung zu einer Disziplinarmaßnahme. Nach der überwiegenden Meinung stehen beide Maßnahmen rechtl. nebeneinander. Die fristlose Entlassung diene allein dem Schutz der Bw vor künftigem Schaden und sei keine Disziplinarmaßnahme zur Erhaltung der beruflichen Integrität von SaZ.[88]

51 Eine Mindermeinung[89] sieht den Unterschied zwischen Entlassung und Disziplinarmaßnahme nicht im Zweck der jew. Maßnahme, sondern in der jew. gebotenen Verfahrensweise (VA mit Anfechtungsmöglichkeit vor dem VG oder gerichtl. Disziplinarverfahren vor dem TDG).

52 Die **praktischen Folgen** dieser zunächst eher theoretisch anmutenden Differenz sind **erheblich** und wirken sich bei verschiedenen neuralgischen Punkten des Verständnisses von Abs. 5 aus.

53 Qualifiziert man die fristlose Entlassung als **eigenständige** und vom Disziplinarrecht unabhängige **Maßnahme**, ist es konsequent, bei der Auslegung der Voraussetzungen von Abs. 5 – abgesehen vom Vorliegen eines Dienstvergehens – auf andere Kriterien und Voraussetzungen abzustellen, als sie bei der Maßnahmebemessung im Disziplinarrecht eine Rolle spielen. So ist nach der Rspr. des BVerwG nicht jeder eine Entlassung nach Abs. 5 rechtfertigende Sachverhalt gleichzeitig Anlass für eine Disziplinarmaßnahme, wie umgekehrt nicht jedes disziplinarrechtl. erhebliche Verhalten im Rahmen des Abs. 5 relevant wird.[90] Von den VG werden daher grds. Entlassungen nach Abs. 5 für rechtmäßig gehalten, die auf Dienstvergehen beruhen, die im gerichtl. Disziplinarverfahren nicht zu einer Entfernung aus dem Dienst geführt hätten.[91] Als Beispiel ist die Rspr. zu Dienstvergehen wegen Verstoßes gegen das **Betäubungsmittelgesetz** zu nennen. Während jüngere SaZ in den ersten vier Dienstjahren schon wegen relativ geringfügigen Rauschgiftkonsums fristlos entlassen werden können[92], kommt in gerichtl. Disziplinarverfahren nur selten die Entfernung aus dem Dienstverhältnis in Betracht.[93] Dies wird auch im Erl. des BMVg „Mißbrauch von Betäubungsmitteln"[94] deutlich, wo für das gerichtl. Disziplinarverfahren nur in schweren Fällen von einer Dienstgradherabsetzung oder Entfernung aus dem Dienstverhältnis ausgegangen wird, für die Entlassung nach Abs. 5 dagegen keine derartige Einschränkung aufgestellt wird.[95]

54 Stellt die fristlose Entlassung dagegen lediglich die **„Ahndung eines Dienstvergehens im Verwaltungsweg"**[96] dar, liegt es nahe, sie inhaltl. an vergleichbare Voraussetzungen zu binden, wie sie im gerichtl. Disziplinarverfahren für die Entfernung aus dem

---

88 BVerwGE 38, 178 = NZWehrr 1972, 73; BVerwG NJW 1984, 938; BVerwGE 91, 62; BVerwGE 103, 60 = NZWehrr 1994, 114; BVerwGE 103, 212 = NZWehrr 1995, 121; *Neumann*, NZWehrr 1999, 96; *Scherer/Alff/Poretschkin*, SG, § 55 Rn. 18.
89 GKÖD I Yk, § 55 Rn. 20; *Heintzen*, NZWehrr 1985, 192.
90 BVerwGE 91, 62; BVerwGE 103, 212 = NZWehrr 1995, 121.
91 *Neumann*, NZWehrr 1999, 98.
92 BVerwGE 91, 62; BVerwG NVwZ 2000, 1186; VG München NZWehrr 2005, 84.
93 BVerwGE 113, 102 = NZWehrr 1998, 254; BVerwG *Buchholz* 236.1 § 7 SG Nr. 29.
94 ZDv 14/3 B 163.
95 Vgl. Nr. 4 des Erl.
96 So die Formulierung von *Dau*, WDO, § 143 Rn. 2, für die beamtenrechtl. Best. des § 31 Abs. 1 Nr. 1 BBG a.F.; ähnlich noch BVerwGE 17, 5, ausdrücklich korrigierend demgegenüber BVerwGE 38, 178 = NZWehrr 1972, 73.

Dienstverhältnis vorgesehen sind. Dies könnte dazu führen, dass eine fristlose Entlassung nur dann in Betracht kommt, wenn das zugrundeliegende Dienstvergehen in einem gerichtl. Disziplinarverfahren die Entfernung aus dem Dienstverhältnis zur Folge hätte.[97] Weiterhin spielt die dogmatische Einordnung bei der **Verhältnismäßigkeitsprüfung im Rahmen von Abs. 5** eine Rolle. Nur wenn fristlose Entlassung und Disziplinarmaßnahme denselben Zweck verfolgen, können sie in dem Sinne in einem **Stufenverhältnis** zueinander stehen, dass die fristlose Entlassung unverhältnismäßig sein kann, wenn eine mildere gerichtl. Disziplinarmaßnahme (z. B. Dienstgradherabsetzung oder Beförderungsverbot) angemessener wäre.[98] Auch die Beantwortung der Frage, inwieweit neben der fristlosen Entlassung eine einfache Disziplinarmaßnahme zulässig ist[99], hängt von der Qualifikation des Abs. 5 ab. Stellt die fristlose Entlassung eine „disziplinargleiche Maßnahme" dar, ist grds. neben ihr kein Platz für eine einfache Disziplinarmaßnahme. Ob die Vorgesetztenstellung des betroffenen Soldaten (§ 10 Abs. 1), die bei der disziplinaren Würdigung von Dienstvergehen einen Erschwernisgrund darstellt, bei der Entlassung nach Abs. 5 eine Rolle spielen kann, hängt ebenso von der Einordnung der fristlosen Entlassung ab.

Obwohl sie fast durchweg die **Eigenständigkeit der fristlosen Entlassung** unterstreicht, bietet die Rspr. hins. der aufgezeigten Konsequenzen **kein stringentes Bild**. So hat das BVerwG wiederholt darauf hingewiesen, dass bei der Auslegung des Begriffs der Ernstlichkeit der Gefährdung der Grds. der Verhältnismäßigkeit von Bedeutung und eine Entlassung nicht zulässig sei, wenn die Gefährdung durch ein einfacheres Mittel wie eine Disziplinarmaßnahme beherrscht werden könne.[100] Auch der Gesichtspunkt der besonderen Schwere der Dienstpflichtverletzung durch die Vorgesetzteneigenschaft des Soldaten wurde als Argument für das Erfordernis der fristlosen Entlassung angeführt.[101] Dies steht zumindest in einer Spannung zu der These, dass die fristlose Entlassung mit einer disziplinaren Sanktion nichts zu tun habe und es auf die Schwere des Dienstvergehens nicht ankomme. Lediglich zur Konkurrenz von fristloser Entlassung und der Verhängung von (einfachen) Disziplinarmaßnahmen hat das BVerwG bislang konsequent die Position aufrechterhalten, dass beide Maßnahmen nebeneinander bestehende Reaktionsmöglichkeiten auf Dienstpflichtverletzungen darstellten.

55

Für die **Zweckidentität von fristloser Entlassung und disziplinarer Ahndung** sprechen mehrere Gründe: Auch das gerichtl. Disziplinarverfahren dient allein den Interessen der Bw und ist insoweit dienstbezogen.[102] Es sichert die Aufrechterhaltung eines geordneten Dienstbetriebs und trägt dazu bei, dass die Bw ihre Aufträge erfüllen kann.[103] Die Schutzzwecke der fristlosen Entlassung, Ansehen der Bw und mil. Ordnung, spielen auch bei der Verhängung von Disziplinarmaßnahmen eine entscheidende Rolle. Dies folgt insbes. aus § 16 Abs. 1 Nr. 2 WDO. Einen bloßen Sanktions- oder Sühnezweck verfolgt das Disziplinarrecht demgegenüber nicht.[102] Insoweit

56

---

97 In diese Richtung tendiert wohl GKÖD I Yk, § 55 Rn. 20.
98 So *Heintzen*, NZWehr 1985, 194.
99 BVerwGE 103, 60; *Busch*, NZWehrr 2004, 196; *Hohenstein*, NZWehrr 1979, 161; *Neumann*, NZWehrr 1999, 96; *Poretschkin*, NZWehrr 1996, 235.
100 BVerwGE 91, 62; BVerwG NJW 1984, 938; im Grds. auch VG München NZWehrr 2005, 86.
101 VG München NZWehrr 2005, 86; VG Stade, IÖD 2004, 233.
102 *Dau*, WDO, § 38 Rn. 13.
103 GKÖD I Yk, § 55 Rn. 20.

steht es funktional einer „verwaltungsrechtlichen" Maßnahme wie der Entlassung durchaus nahe. Wenn von der Rspr. in Wiederholung des Gesetzeswortlauts abstrakt formuliert wird, für die Entlassung nach Abs. 5 komme es nicht auf die Art und Schwere des Dienstvergehens an, sondern auf die Ernsthaftigkeit der Bedrohung der mil. Ordnung oder des Ansehens der Bw ohne die fristlose Entlassung[104], drängt sich die Frage auf, was denn die Gefährdung der mil. Ordnung oder des Ansehens der Bw verursacht, wenn nicht die Eigenart oder Schwere des Dienstvergehens und seine Auswirkungen. Das individuelle Maß der Schuld, die bisherige Führung und die Beweggründe des Soldaten für die Dienstpflichtverletzung haben zwangsläufig einen Einfluss darauf, ob durch sein Verbleiben im Dienst die mil. Ordnung oder das Ansehen der Bw beeinträchtigt wird. Hierbei handelt es sich um Kriterien, die gem. § 38 Abs. 1 WDO für die Bemessung von Disziplinarmaßnahmen zu berücksichtigen sind. Dass die fristlose Entlassung keine Pflichtenmahnung entfaltet und somit nicht mehr zur beruflichen Integrität des SaZ beiträgt, hat sie mit reinigenden Disziplinarmaßnahmen gemein.

57 Darüber hinaus spricht die **historische Interpretation** für die Nähe von fristloser Entlassung und Disziplinarrecht. Vor der Novelle der WDO durch das Gesetz vom 9.6.1961 war gem. § 114 WDO a. F. die Durchführung eines gerichtl. Disziplinarverfahrens gegen SaZ in den ersten vier Dienstjahren unzulässig. Bei Dienstvergehen, deren Schwere eine einfache Disziplinarmaßnahme als nicht ausreichend erscheinen ließ, blieb somit nur die Entlassung nach Abs. 5, der damit zwangsläufig die Funktion der gerichtl. Disziplinarmaßnahme zukam. Dass mit der Änd. der WDO gerichtl. Disziplinarmaßnahmen gegen SaZ in den ersten vier Dienstjahren ermöglicht wurden, kann nicht zu einem funktionalen Bedeutungswandel des unverändert gebliebenen Abs. 5 geführt haben.

58 Würde mit der fristlosen Entlassung dagegen eine völlig unterschiedliche Zielsetzung verbunden, stellte sich auch aus systematischen Gründen die Frage, warum diese bei länger dienenden SaZ und BS keine Rolle spielt. Dabei muss berücksichtigt werden, dass das Verbleiben im Dienstverhältnis trotz eines Dienstvergehens bei länger dienenden Soldaten, die i. d. R. über einen höheren Dienstgrad und eine verantwortungsvolle Position verfügen, sich generell negativer auf die mil. Ordnung und insbes. das Ansehen der Bw auswirken dürfte, als wenn junge und in der mil. Hierarchie noch auf niedriger Ebene angesiedelte Soldaten im Dienst verbleiben.[105]

59 **Systematisch** ergibt Abs. 5 somit nur den Sinn, zu ermöglichen, das Dienstverhältnis eines SaZ in den ersten vier Dienstjahren wegen eines Dienstvergehens unter verfahrensrechtl. und ggf. materiellrechtl. einfacheren Voraussetzungen zu beenden als bei länger dienenden Soldaten. Dies entspricht der unumstr. ratio legis.[106] Damit handelt es sich bei der fristlosen Entlassung um eine dem Disziplinarrecht verwandte **„disziplinarähnliche Maßnahme"** in Form eines VA. Dies muss bei der Anwendung des Abs. 5 berücksichtigt werden.

---

104 BVerwG NJW 1984, 938; BVerwGE 59, 361.
105 Widersprüchlich daher BVerwG NJW 1984, 38; insoweit zu Recht krit. *Busch*, NZWehrr 2004, 207.
106 Entspr. wird auch in BT-Drs. 14/6881, 28 argumentiert.

c) **Normstruktur.** Bei Abs. 5 handelt es sich um eine Ermächtigungsnorm, die einen **60** Tatbestand, der **unbestimmte Rechtsbegriffe** enthält (ernstliche Gefährdung, mil. Ordnung, Ansehen der Bw), mit der Rechtsfolge einer **Ermessensentscheidung** (über die Entlassung) verbindet.

Unbestr. ist, dass Abs. 5 der Entlassungsdienststelle **keinen Beurteilungsspielraum** hins. der tatbestandsmäßigen Voraussetzungen gewährt.[107] Obwohl nicht allein auf einen in der Vergangenheit abgeschlossenen Sachverhalt abzustellen ist, sondern immer eine in die Zukunft gerichtete Bewertung vorgenommen werden muss, wie sich das Verbleiben des Soldaten im Dienst angesichts seiner Dienstpflichtverletzung auswirken würde, unterliegen die Voraussetzungen der fristlosen Entlassung der gerichtl. Überprüfbarkeit. Die VG haben im Rahmen einer „**objektiv nachträglichen Prognose**"[108] festzustellen, ob ohne die Entlassung eine ernstliche Gefährdung der mil. Ordnung oder des Ansehens der Bw gegeben wäre.

Liegen die tatbestandlichen Voraussetzungen des Abs. 5 vor, steht es grds. im **Ermes-** **61** **sen** der zuständigen Dienststelle, die Entlassung zu verfügen.

Ein **Ermessensnichtgebrauch** mit der Folge der Rechtswidrigkeit der Entlassung ist **62** nicht schon dann anzunehmen, wenn der Entlassungsbescheid keine ausdrücklichen Hinw. auf die für die Ermessensausübung maßgeblichen Gesichtspunkte enthält. Abs. 5 sieht – obwohl als „Kann-Vorschrift" und nicht als „Soll-Vorschrift" formuliert – eine sog. „**intendierte Entscheidung**" vor.[109] Dies bedeutet, dass bei Vorliegen der tatbestandsmäßigen Voraussetzungen die Entlassung grds. vorgegeben ist. Sofern keine atypische Konstellation vorliegt, dürften kaum Gründe ersichtlich sein, die gegen die Entlassung eines Soldaten in den ersten vier Dienstjahren sprechen, dessen Verbleiben im Dienst die mil. Ordnung oder das Ansehen der Bw ernstlich gefährden würde. Konsequenterweise ist es ausreichend, wenn die Entlassungsdienststelle auf das Gesetz verweist und sich darauf beschränkt, festzustellen, dass besondere Umstände des Einzelfalles, die eine andere Beurteilung nahe legen würden, nicht ersichtlich sind.[110]

Eine **Ermessensüberschreitung,** die nicht mehr dem Zweck des Abs. 5 entsprechen **63** würde, liegt z. B. vor, wenn das Dienstvergehen zum Anlass genommen würde, um den Soldaten aus fiskalischen Gründen zu entlassen (Vermeidung des Entstehens von Versorgungsleistungen).[111] Dies hindert jedoch nicht, einen SaZ kurz vor Ablauf seiner Dienstzeit aus anderen Gründen zu entlassen. Unter Berücksichtigung von Art. 3 Abs. 1 GG kann eine Entlassung ermessensfehlerhaft sein, wenn bei anderen Soldaten, die an der Dienstpflichtverletzung beteiligt waren, ohne ausreichende sachliche Gründe von der Entlassung abgesehen wird.[112] Gleiches gilt, wenn sich eine bestimmte Entlassungspraxis herausgebildet hat. Dass ein Soldat fristlos entlassen wird, ohne zuvor einen **Ausdrücklichen Hinweis** erhalten zu haben, ist dagegen kein Ermessensfehler. Schon nach

---

107 BVerwGE 17, 5; 42, 20; 59, 361.
108 BVerwGE 38, 178; BVerwG NJW 1984, 938.
109 Ausdrücklich VGH München 3 B 96.1876 unter Berufung auf BVerwGE 91, 62; OVG Münster ZBR 2005, 350; OVG Münster NZWehrr 2007, 171 (174).
110 Allg. *Kopp/Ramsauer,* VwVfG, § 40 Rn. 45.
111 BVerwGE 38, 178; vgl. auch VG Karlsruhe K 1634/98.
112 OVG Münster 1 A 1330/88; OVG Münster IÖD 2000, 105.

der entspr. Erlasslage[113] ist der Ausdrückliche Hinweis keine Voraussetzung für eine fristlose Entlassung.[114] Wird jedoch auf bestimmte erstmalige Dienstpflichtverletzungen grds. nur mit einem Ausdrücklichen Hinweis reagiert[115], kann hieraus auf eine Verwaltungspraxis geschlossen werden, die Bindungswirkung für vergleichbare Fälle erzeugt.

64 **d) Entlassung nur in den ersten vier Dienstjahren.** Die fristlose Entlassung ist nur in den ersten vier Dienstjahren zulässig. Für die Berechnung gelten die Grds. des § 40 Abs. 6. Auf die Dauer der festgesetzten Dienstzeit kommt es nicht an.[116] Entscheidend ist, dass die Entlassung in den ersten vier Dienstjahren verfügt und **wirksam** wird. Die Wirksamkeit tritt mit der Bekanntgabe (grds. gegen Empfangsbekenntnis) an den Betroffenen oder seinen Vertreter ein. Die Aushändigung muss innerhalb der ersten vier Dienstjahre erfolgt sein. Mit Abs. 5 wäre es nicht vereinbar, in dem Entlassungsbescheid ein der Bekanntgabe nachfolgendes Datum festzulegen, ab dem die Entlassung wirksam sein soll.[117]

65 **Rechtsbehelfe** hindern die Wirksamkeit der Entlassung nicht. Die Beschwerde hat zunächst keine aufschiebende Wirkung (§ 3 Abs. 1 WBO). Erreicht der Soldat über § 80 Abs. 5 VwGO die Anordnung der aufschiebenden Wirkung bzw. tritt diese durch Erhebung der Anfechtungsklage ein, ändert dies hieran nichts. Ergeht die Entscheidung über einen Rechtsbehelf zu einem Zeitpunkt, in dem der Soldat länger als vier Jahre im Dienst ist, ist der Entlassungsbescheid deshalb nicht rechtswidrig geworden. Dogmatisch kann dies mit der sog. eingeschränkten Wirksamkeitstheorie bzw. der Vollziehbarkeitstheorie zur aufschiebenden Wirkung erklärt werden, wonach diese lediglich Vollziehungs-, Folge- und Ausnutzungsmaßnahmen eines VA hemmt.[118]

66 **e) Tatbestandsmerkmale im Einzelnen.** Nach dem Wortlaut von Abs. 5 kommt es nicht darauf an, dass die ernstliche Gefährdung der mil. Ordnung oder des Ansehens der Bw unmittelbare Folge des Dienstvergehens selbst ist. Voraussetzung für die Entlassung ist, dass die Gefährdung dann eintritt, wenn der Soldat im Dienstverhältnis verbleibt. Hieraus ist gefolgert worden, dass es nicht auf die Art und Schwere der Dienstpflichtverletzung an sich ankomme, sondern auf die drohende Gefahr für die mil. Ordnung oder das Ansehen der Bw, wenn die fristlose Entlassung unterbleibe. Richtig ist, dass Abs. 5 die fristlose Entlassung nicht lediglich wegen eines Dienstvergehens ermöglicht, sondern **zusätzliche Voraussetzungen neben der Pflichtverletzung** aufstellt. Gleichwohl werden diese i. d. R. von der Art und Schwere sowie den konkreten Umständen des Dienstvergehens abhängen. In jedem Fall muss die Gefährdung der mil. Ordnung oder des Ansehens der Bw in einem rechtl. Zusammenhang mit dem Dienstvergehen stehen. Abs. 5 stellt nicht von der Dienstpflichtverletzung losgelöst zu betrachtende Gefährdungstatbestände auf[119], sondern bestimmt, unter welchen Voraussetzungen eine Dienstpflichtverletzung zur Entlassung führen kann.[120]

---

113 BMVg – PSZ I 7 – Az 16-02-11 570/08 v. 2.4.2009 („Hinweise zum Ausdrücklichen Hinweis auf die fristlose Entlassung gemäß § 55 Abs. 5 des Soldatengesetzes").
114 OVG Lüneburg NZWehrr 1983, 114.
115 So i. d. R. bei einfachen o. minderschweren Verstößen im Straßenverkehr ohne dienstl. Bezug.
116 *Dau*, WDO, § 143 Rn. 6.
117 Vgl. VGH Kassel NZWehrr 1985, 81; GKÖD I Yk, § 55 Rn. 39.
118 *Kopp/Schenke*, VwGO, § 80 Rn. 22 ff.
119 BVerwGE 17, 7; 38, 178.
120 *Dau*, WDO, § 143 Rn. 2.

aa) Schuldhafte Dienstpflichtverletzung. Voraussetzung ist, dass der Soldat ein **67** Dienstvergehen i. S. v. § 23 Abs. 1 begangen hat. Keine Rolle spielen die Schuldform und die Schwere der Dienstpflichtverletzung.

Fraglich ist, ob eine Dienstpflichtverletzung, die der Soldat **vor seiner Ernennung zum** **68** **SaZ** als GWDL begangen hat, Grundlage einer Entlassung nach Abs. 5 sein kann. Hiergegen sprechen der Wortlaut („Ein Soldat auf Zeit ... wenn **er** seine Dienstpflichten ... verletzt hat") und die Systematik. Ein Fehlverhalten vor der Ernennung zum SaZ kann nur unter den Voraussetzungen des § 55 Abs. 1 i. V. m. § 46 Abs. 2 Satz 1 Nr. 2 oder 3 zu einer Entlassung führen. § 55 Abs. 5 stellt hins. der Dienstpflichtverletzung auf die besondere Pflichtenbindung des SaZ ab.[121]

bb) Militärische Ordnung und Ansehen der Bw. Die amtl. Begr. zu § 55 enthält keine **69** Anhaltspunkte zur Auslegung dieser unbest. Rechtsbegriffe.

Allg. wird unter **mil. Ordnung** der Inbegriff der Elemente verstanden, die im Rahmen **70** der geltenden Rechtsordnung für die Gewährleistung der Verteidigungs- und Einsatzbereitschaft der Bw erforderlich sind.[122] Die mil. Ordnung entspricht damit der **Funktionsfähigkeit der SK**. Diese schließt die personelle und die materielle Funktionsfähigkeit ein. Letztere bezieht sich auf Bewaffnung, Ausrüstung, Gerät, Material und Versorgungsgüter. Die personelle Funktionsfähigkeit hängt von der individuellen Einsatzbereitschaft des einzelnen Soldaten und einem intakten inneren Ordnungsgefüge ab.[123] Das BVerwG hat die mil. Ordnung als den betriebsbezogenen Schutz der Bw qualifiziert, um deren Aufgaben gerecht zu werden.[124]

Das **Ansehen der Bw** meint den guten Ruf der Bw oder einzelner Truppenteile bei **71** außenstehenden Personen oder allg. in der Öffentlichkeit. Dabei ist hins. des Bewertungsmaßstabes darauf abzustellen, wie ein **vernünftiger Betrachter** das Verbleiben des Soldaten im Dienstverhältnis bewerten würde. Eine verzerrende oder verfälschende Presseberichterstattung über ein Dienstvergehen ist zwar durchaus geeignet, das Ansehen der Bw zu beeinträchtigen, kann aber dem Soldaten grds. nicht zugerechnet werden und steht nicht in einem rechtl. relevanten Zusammenhang mit dem Dienstvergehen.[125]

In der Rspr. wird nicht immer genau differenziert, ob im Einzelfall die mil. Ordnung oder **72** das Ansehen der Bw betroffen ist.[126] Infolge einer Dienstpflichtverletzung können die mil. Ordnung **und** das Ansehen der Bw gleichzeitig gefährdet werden.[127] Der Schwerpunkt der Prüfung liegt ohnehin weniger bei der Frage, ob die mil. Ordnung oder das Ansehen der Bw überhaupt betroffen ist, sondern ob eine **ernstliche** Gefährdung vorliegt. Soweit ersichtlich, hat die Rspr. auch in den Fällen, in denen sie eine fristlose Entlassung für unzulässig erachtet hat, nicht argumentiert, die mil. Ordnung oder das Ansehen der Bw sei nicht betroffen; lediglich eine ernstliche Gefährdung wurde ausgeschlossen.[128]

---

121 BVerwGE 42, 20.
122 BVerwG NJW 1984, 938; OVG Münster NZWehrr 1989, 122; GKÖD I Yk, § 55 Rn. 24; *Scherer/Alff/Poretschkin*, SG, § 55 Rn. 21.
123 BVerwGE 59, 361; 91, 62; *Dau*, WDO, § 16 Rn. 14.
124 BVerwG NJW 1984, 938; vgl. OVG Lüneburg IÖD 2006, 223.
125 BVerwGE 46, 41; BVerwG NJW 1984, 938; *Dau*, WDO, § 16 Rn. 16; GKÖD I Yk, § 55 Rn. 25.
126 OVG Münster IÖD 2000, 101.
127 BVerwG NVwZ 2000, 1168.
128 Exemplarisch OVG Münster 1 A 1330/88; OVG Lüneburg NVwZ-RR 2006, 708.

73 cc) Ernstliche Gefährdung durch Verbleiben im Dienst – Verhältnismäßigkeit. Der Begriff der Gefährdung wird im öff. Recht allg. von dem der Störung abgegrenzt. Während letztere den Eintritt eines konkreten Schadens voraussetzt, liegt eine Gefahr bereits dann vor, wenn eine Situation gegeben ist, die im Einzelfall erkennbar die **objektive Möglichkeit eines Schadens** in sich birgt.[129] Indem Abs. 5 auf eine Gefahr abstellt, setzt die Entlassung nicht voraus, dass ein Schaden für die mil. Ordnung oder das Ansehen der Bw eingetreten ist. Vielmehr reicht aus, dass mit hinreichender Wahrscheinlichkeit ein Schaden in absehbarer Zeit eintreten wird.[130]

74 Eine **ernstliche** Gefährdung liegt vor, wenn bei einer Belassung des Soldaten im Dienst **Kernbereiche** der mil. Ordnung oder des Ansehens der Bw gefährdet würden. Es dürfen nicht nur Randbereiche betroffen sein.[131] Bei einem außerdienstl. Fehlverhalten, auch bei Straftaten ohne Bezug zur Bw, ist der Kernbereich der mil. Ordnung weniger gefährdet, während Dienstvergehen zum Nachteil des Dienstherrn oder von Kameraden bzw. mit Auswirkungen auf die Einsatzbereitschaft grds. eine ernstliche Gefährdung befürchten lassen. Bei wiederholten Dienstpflichtverletzungen ohne dienstl. Bezug (i. d. R. strafrechtl. Verstößen) ist allerdings von einer ernstlichen Gefährdung auszugehen. Im Ergebnis kommt es bei der Bestimmung der ernstlichen Gefährdung damit auf die Art und Schwere des Dienstvergehens, seine konkreten Umstände, die Person des Soldaten, seine bisherige Führung und seine Beweggründe an, d. h. auf Kriterien, die auch bei der Bemessung von Disziplinarmaßnahmen gem. § 38 Abs. 1 WDO eine entscheidende Rolle spielen.

75 Eine ernstliche Gefährdung liegt insbes. in folgenden Fällen vor:
– Bei dem Dienstvergehen handelt es sich um das typische Teilstück einer als allg. Erscheinung auftretenden **Neigung zur Disziplinlosigkeit**, so dass ohne die fristlose Entlassung ein Anlass zu ähnlichem Verhalten für andere Soldaten gegeben wäre.[132]
– Es besteht die begründete Befürchtung, der Soldat werde **weitere Dienstpflichtverletzungen** – auch minderschweren Gewichts – begehen, was inbes. der Fall ist, wenn er bereits früher disziplinarrechtl. in Erscheinung getreten ist oder einen Ausdrücklichen Hinweis erhalten hat.[133]

76 Das Merkmal der ernstlichen Gefährdung ist nach h.M. zugleich die **Ausprägung des Verhältnismäßigkeitsgrundsatzes**. Liegt eine ernstliche Gefährdung vor, sei für weitere Erwägungen zur Verhältnismäßigkeit der fristlosen Entlassung kein Raum.[134] Die (verfassungsrechtl. vorgegebenen) Elemente der Geeignetheit, Erforderlichkeit und Zumutbarkeit[135] sind dann allerdings auch im Rahmen der ernstlichen Gefährdung zu prüfen.[136]

---

129 Allg. zum polizeilichen Gefahrenbegriff BVerwGE 116, 347 = DÖV 2003, 81.
130 Vgl. BVerwGE 59, 301.
131 BVerwG NJW 1984, 938; BVerwGE 42, 20.
132 BVerwGE 17, 5; 38, 178; 59, 361; BVerwG ZBR 1981, 323.
133 BVerwGE 59, 361; BVerwG NJW 1984, 938; OVG Lüneburg IÖD 2006, 223; VG München NZWehr 2005, 84; *Busch*, NZWehrr 2004, 196.
134 BVerwGE 91, 62; *Scherer/Alff/Poretschkin*, SG, § 55 Rn. 24.
135 Hierzu allg. *Jarass*, in: Jarass/Pieroth, GG, Art. 20 Rn. 83 ff; vgl. auch BVerwGE 103, 60.
136 So im Ergebnis auch GKÖD I Yk, § 55 Rn. 26; a.A. *Heintzen*, NZWehrr 1985, 192.

Entlassung § 55

Vor jeder Entlassung ist daher zu erwägen, ob nicht mit einer milderen Maßnahme zu reagieren ist.[137] Die Ansicht, eine derartige Prüfung sei auf die Fälle beschränkt, bei denen eine Wiederholungsgefahr nicht bestünde oder die Pflichtverletzung nicht als Neigung zu Disziplinlosigkeiten zu qualifizieren sei[138], ist dogmatisch nicht begründbar. Wenn trotz einer Disziplinarmaßnahme Wiederholungsgefahr besteht oder Anlass für andere Soldaten gegeben ist, sich ebenfalls pflichtwidrig zu verhalten, ist davon auszugehen, dass die ernstliche Gefährdung durch eine mildere Maßnahme nicht beseitigt werden kann. Dies stellt keine Ausnahme von der Verhältnismäßigkeitsprüfung dar, sondern bedeutet lediglich, dass die Entlassung in dem konkreten Fall verhältnismäßig ist.

Nicht erforderlich ist, dass eine Dienstpflichtverletzung von derartigem Gewicht vorliegt, dass ein BS oder SaZ, der von Abs. 5 nicht erfasst wird, in einem gerichtl. Disziplinarverfahren mit der **Entfernung aus dem Dienstverhältnis** belegt werden könnte.[139] Insofern ist nichts gegen die Praxis einzuwenden, SaZ in den ersten vier Dienstjahren wegen Pflichtverletzungen zu entlassen, die im disziplinaren Bereich mildere Maßnahmen zur Folge haben. Hierin liegt kein Widerspruch zu der Prüfung der Verhältnismäßigkeit. Das soldatische Dienstverhältnis soll in den ersten vier Dienstjahren verfahrenstechnisch einfacher und unter geringeren materiellrechtl. Anforderungen als bei länger dienenden SaZ und BS beendet werden können. Hierauf beruht schließlich die Konzeption des Gesetzes. 77

dd) Fallgruppen – Einzelbeispiele. Durch die Rspr. wurden z. B. folgende Fallgruppen als ernstliche Gefährdung der mil. Ordnung oder des Ansehens der Bw **akzeptiert**: 78
- Konsum von **Betäubungsmitteln**[140]
- **Entwendung dienstl. Materials**, Vergreifen an Eigentum des Dienstherrn auch ohne nachweisbare strafrechtl. Relevanz[141]
- **Kameradendiebstahl**[142]
- **Entwürdigende Behandlung Untergebener**[143]
- **Verfassungsfeindliche Betätigungen**, Verwendung nationalsozialistischer Symbole und Ausdrucksformen, rassistische Äußerungen[144]
- **Missbrauch von Bahnberechtigungsausweisen**[145]
- **Unerlaubte Abwesenheit** von einigem Gewicht.[146]

---

137 OVG Schleswig NZWehrr 1991, 85.
138 BVerwGE 91, 62; OVG Münster IÖD 2000, 101; OVG Lüneburg IÖD 2006, 223.
139 Missverständlich GKÖD I Yk, § 55 Rn. 20.
140 BVerwGE 91, 62; BVerwG NVwZ 2000, 1186; OVG Münster IÖD 2000, 101; OVG Münster ZBR 2005, 350; VGH München NZWehrr 2005, 260; VG München NZWehrr 2005, 84; OVG Münster NZWehrr 2006, 170.
141 BVerwGE 38, 178; 59, 361.
142 BVerwGE 86, 314.
143 BVerwGE 103, 60 = NZWehrr 1994, 114; VG Karlsruhe 2 K 1634/98; OVG Münster 1 B 1659/05; OVG Saarlouis NVwZ-RR 2006, 409.
144 OVG Münster 1 A 306/79; OVG Koblenz NVwZ-RR 1996, 401; OVG Münster NZWehrr 2007, 171.
145 VG Münster 10 L 1439/02; VG Regensburg RN 1 S02.744. Abgelehnt durch OVG Koblenz IÖD 2007, 3.
146 VG Münster 10 K 1372/02.

Abgelehnt wurde eine fristlose Entlassung u. a. in folgenden Fällen:
- **Außerdienstl. Straftat** (Rauschtat) ohne dienstl. Bezug[147]
- **Diebstahl** von Dosen aus einem Getränkeautomaten in der Kaserne[148]
- **Einmaliges Wachvergehen.**[149]

Allg. wird bei **außerdienstl. Straftaten** von geringerem Gewicht (Trunkenheitsfahrt, Ladendiebstahl, Körperverletzung) eine Entlassung erst bei Wiederholung in Betracht kommen.

79 **f) Verhältnis zu sonstigen Maßnahmen.** – **aa) Andere Entlassungsgründe.** Grds. gehen **zwingende Entlassungsbest.** (§ 55 Abs. 1 i. V. m. § 46 Abs. 1, Abs. 2 Satz 1 Nr. 1 bis 5, 7 und 8; § 55 Abs. 2 und 4 Satz 2) der fristlosen Entlassung vor. Da die zwingenden Entlassungsbest. häufig Fristen für die Entlassung vorsehen (§ 47, § 55 Abs. 6), kann dennoch eine fristlose Entlassung in Betracht kommen. So ist eine fristlose Entlassung möglich, wenn der Soldat im Zeitpunkt der Entlassung dienstunfähig ist und deshalb ohnehin – unter Einhaltung der Dreimonatsfrist (§ 55 Abs. 6) – entlassen werden muss.[150] Die Entlassung nach Abs. 5 geht auch der **Entlassung nach Abs. 4** vor.[151] Sind **mehrere Entlassungstatbestände** erfüllt, ist die Vorschrift anzuwenden, die der konkreten Situation am Besten gerecht wird. Ein Soldat, der die Voraussetzungen eines Entlassungstatbestandes erfüllt hat, der mit nachteiligen Konsequenzen verbunden ist (z. B. Rückzahlung von Ausbildungskosten gem. § 56 Abs. 4), sollte nicht deshalb begünstigt werden, wenn er auch ohne entspr. Konsequenzen entlassen werden könnte. Aus diesem Grund ist die Entlassung nach Abs. 5 nicht in der Sache erledigt, wenn das Dienstverhältnis während des Beschwerde- oder Klageverfahrens ohne die verfügte Entlassung durch Zeitablauf regulär beendet gewesen wäre.[152]

80 **bb) Gerichtl. Disziplinarverfahren.** Das Verhältnis der fristlosen Entlassung zum gerichtl. Disziplinarverfahren ist in § 143 WDO und im Erl. des BMVg „Durchführung des § 143 der Wehrdisziplinarordnung"[153] geregelt.

81 Aus § 143 WDO wird der **Vorrang der fristlosen Entlassung** vor dem gerichtl. Disziplinarverfahren abgeleitet. Dies ist formal richtig, wenn die materiellen Voraussetzungen des Abs. 5 vorliegen.[154] Wenn jedoch eine mildere (gerichtl.) Disziplinarmaßnahme ausreicht, muss die Entlassung unterbleiben. Ist die Entlassungsdienststelle nicht zugleich Einleitungsbehörde, hat sie zunächst zu prüfen, ob und wie sie zu handeln hat. Erst wenn sie von einer fristlosen Entlassung absieht, soll die Einleitungsbehörde das gerichtl. Disziplinarverfahren einleiten.[155]

82 Ist ein gerichtl. Disziplinarverfahren **lediglich eingeleitet** (§ 93 WDO), kann gleichwohl eine Entlassung nach Abs. 5 verfügt werden. Das gerichtl. Disziplinarverfahren ist dann gem. § 143 Abs. 1 WDO auszusetzen. Es kann fortgesetzt werden, wenn unan-

---

147 BVerwG NJW 1984, 938.
148 OVG Münster 1 A 1330/88.
149 OVG Lüneburg NVwZ-RR 2006, 708.
150 BVerwG ZBR 1981, 323.
151 BT-Drs. 14/4062, 23.
152 VG Karlsruhe 2 K 1634/98.
153 ZDv 14/3 B 165.
154 § 143 WDO stellt eine formale Kollisionsnorm dar. So zu Recht *Heintzen*, NZWehrr 1985, 192 (196).
155 ZDv 14/3 B 165 Nr. 2.3.

Entlassung § 55

fechtbar feststeht, dass die Entlassungsverfügung nicht zur Beendigung des Dienstverhältnisses führt. Dem TDG steht bei der Fortführung grds. der gesamte Maßnahmenkatalog zur Verfügung, es sei denn, die Entlassungsverfügung ist durch das VG aufgehoben worden. In diesem Fall ist eine Entfernung aus dem Dienst unzulässig (§ 143 Abs. 1 Satz 2 WDO). Wird die Entlassungsverfügung bestandskräftig, ist ein gerichtl. Disziplinarverfahren einzustellen.[156]

Ist das gerichtl. Disziplinarverfahren **bereits anhängig**, ist die fristlose Entlassung gem. **83**
§ 143 Abs. 2 WDO ausgeschlossen. Auf den Ausgang des gerichtl. Disziplinarverfahrens kommt es nicht an. Ein Verstoß gegen § 143 Abs. 2 WDO führt nicht zur Nichtigkeit der Entlassungsverfügung. Wird trotz Anhängigkeit eines gerichtl. Disziplinarverfahrens eine fristlose Entlassung verfügt, muss der Soldat Beschwerde bzw. Anfechtungsklage erheben, will er die Bestandskraft der Entlassung verhindern.[157] Begeht der Soldat nach Anhängigkeit eines gerichtl. Disziplinarverfahrens ein weiteres Dienstvergehen, bleibt seine fristlose Entlassung aus diesem Grund möglich.

cc) Einfache Disziplinarmaßnahmen. Keine gesetzl. Regelung besteht hins. des Verhältnisses der fristlosen Entlassung zu einfachen Disziplinarmaßnahmen. Die Rechtslage ist **str.**[158] Dies erklärt sich aus den unterschiedlichen dogmatischen Ansätzen zum Verhältnis von fristloser Entlassung und Disziplinarrecht und daraus, dass z.T. nicht scharf zwischen materiellrechtl. Erwägungen und deren Anwendung auf konkrete verfahrenspraktische Konstellationen differenziert wird. **84**

Ausgehend von der hier vertretenen Zweckidentität von fristloser Entlassung und **85**
Disziplinarrecht sind folgende **Grundsätze** maßgebend:
- Eine bereits **verhängte einfache Disziplinarmaßnahme schließt eine fristlose Entlassung nicht aus.** Dies erklärt sich aus der unterschiedlichen Schwere beider Maßnahmen und den für sie bestehenden verschiedenen Verfahren/Zuständigkeiten. Nur bei Maßnahmen, die in Verfahren und Qualität vergleichbar sind, kann die zuerst getroffene Maßnahme Vorrang haben. Bei der fristlosen Entlassung und dem gerichtl. Disziplinarverfahren liegt eine derartige Vergleichbarkeit vor, so dass § 143 WDO Vorrangverhältnisse festlegt. Zwischen einer einfachen Disziplinarmaßnahme und der fristlosen Entlassung ist diese Gleichrangigkeit nicht gegeben. Dies folgt auch aus § 96 Abs. 1 Satz 1 WDO. Wenn ein gerichtl. Disziplinarverfahren grds. selbst dann eingeleitet werden kann, nachdem ein DiszVorg. bereits eine einfache Disziplinarmaßnahme verhängt hat, muss es konsequenterweise auch der Entlassungsdienststelle möglich sein, nachträglich die fristlose Entlassung zu verfügen.
- Wurde eine fristlose **Entlassung wirksam verfügt, ist jede einfache Disziplinarmaßnahme ausgeschlossen.** Die fristlose Entlassung ist die schärfste Reaktion, die das Gesetz für eine Dienstpflichtverletzung vorsieht. Für weitere Maßnahmen ist bereits aus Gründen der Verhältnismäßigkeit kein Raum.[159] Sollte die Entlassung rechtskräftig aufgehoben werden, kann immer noch disziplinar reagiert werden

---

156 BVerwG *Buchholz* 235.0 § 104 WDO Nr. 6.
157 Vgl. BVerwG *Buchholz* 235.0 § 104 WDO Nr. 6.
158 BVerwGE 103, 60 mit Anm. *Lingens*, NZWehrr 1994, 116; TDG Nord NZWehrr 1998, 84; *Busch*, NZWehrr 2004, 196; *Hohenstein*, NZWehrr 1979, 161; *Poretschkin*, NZWehrr 1996, 235.
159 TDG Nord NZWehrr 1998, 84; *Lingens*, NZWehrr 1994, 116; *Scherer/Alff/Poretschkin*, SG, § 55 Rn. 27; a.A. *Neumann*, NZWehrr 1999, 96; *Poretschkin*, NZWehrr 1996, 235.

(§ 143 Abs. 1 WDO). Die entgegenstehende Entsch. des BVerwG[160] bezieht sich auf die Behandlung des Disziplinararrestes im Beschwerdeverfahren und nicht auf die Frage der erstmaligen Verhängung. Das BVerwG scheint aber grds. der Auffassung zu sein, dass nach einer bereits verfügten Entlassung noch eine einfache Disziplinarmaßnahme verhängt werden kann.

86 So klar die hier vertretenen Grds. sind, so werfen sie in der Praxis doch **Probleme** auf. Meist liegt ein Dienstvergehen vor, bei dem von vornherein mit einer fristlosen Entlassung gerechnet werden kann; häufig hat der zuständige DiszVorg. selbst die Entlassung beantragt. Bis die Entlassungsdienststelle entscheidet, vergeht i. d. R. eine gewisse Zeit. Hier stellt sich die Frage, ob der DiszVorg. in dieser Zwischenphase eine einfache Disziplinarmaßnahme verhängen darf. Die o.g. Grds. helfen hier nicht unmittelbar. Das Kernproblem besteht in dem **Verhältnis von laufendem Entlassungsverfahren und paralleler disziplinarer Reaktion.**

87 Für die **Zulässigkeit einer einfachen Disziplinarmaßnahme** in diesem Stadium spricht, dass die Entlassung noch nicht verfügt ist und nicht feststeht, ob es zur Entlassung kommen wird. Hiervon scheint auch im Grds. die Erlasslage auszugehen.[161] Dagegen spricht, dass grds. eine „doppelte" Ahndung eines Dienstvergehens durch fristlose Entlassung und disziplinare Reaktion jedenfalls nach der hier vertretenen Zweckidentität beider Maßnahmen ausgeschlossen ist. Dieser Grds. muss auch im Vorfeld einer Entlassung beachtet werden. Ein verfahrensrechtl. Argument kommt hinzu: Wird die fristlose Entlassung nach Verhängung einer einfachen Disziplinarmaßnahme verfügt, sieht das Gesetz im Unterschied zu § 96 Abs. 2 WDO keine Möglichkeit vor, die Disziplinarmaßnahme wieder aufzuheben. Jeder DiszVorg., der mit einem schweren Dienstvergehen konfrontiert ist, muss daher vor Verhängung einer einfachen Disziplinarmaßnahme prüfen, ob eine fristlose Entlassung angezeigt ist. Im Zweifel sollte zunächst die Entscheidung der Entlassungsdienststelle herbeigeführt werden. Im Rahmen des Arrestzustimmungsverfahrens gem. § 40 WDO haben die TDG einen Antrag zurückzuweisen, wenn Anlass für eine fristlose Entlassung besteht.[162] Erst wenn die Entlassungsdienststelle von einer fristlosen Entlassung absieht, kann wieder eine disziplinare Ahndung geprüft werden.[163] Nur dann, wenn zunächst lediglich das Dienstvergehen feststeht, aber nicht alle Umstände bekannt sind, die eine fristlose Entlassung nahe legen, kann eine einfache Disziplinarmaßnahme verhängt werden. Beschwert sich der Soldat gegen eine solche Disziplinarmaßnahme, und ist im Zeitpunkt der Beschwerdeentscheidung die Entlassung verfügt oder steht sie kurz bevor, muss die Disziplinarmaßnahme aufgehoben werden.[164]

---

160 BVerwGE 103, 60 = NZWehrr 1994, 114.
161 BMVg – PSZ I 7 – Az 16-02-11 767/08 v. 2.4.2009 ("Hinweise zur disziplinaren Entscheidung im Falle einer fristlosen Entlassung gemäß § 55 Abs. 5 des Soldatengesetzes").
162 TDG Nord NZWehrr 1998, 84.
163 Weiter gehend die aktuelle Erlasslage des BMVg (Fn. 161).
164 Im Falle der gerichtl. Beschwerdeentsch. ließe sich u. U. eine andere Position vertreten, wenn man diese Entsch. lediglich als Rechtskontrolle gegenüber der Maßnahme des DiszVorg. qualifiziert. Der maßgebliche Entscheidungszeitpunkt wäre dann die Verhängung der Disziplinarmaßnahme; zu diesem Zeitpunkt war die Verhängung rechtmäßig. Sieht man in der gerichtl. Beschwerdeentsch. dagegen die Ausübung von Disziplinarbefugnis, ist auf die Sachu. Rechtslage im Zeitpunkt der gerichtl. Entsch. abzustellen mit der Folge, dass die Disziplinarmaßnahme aufzuheben ist. BVerwGE 103, 160 konnte diese Frage aufgrund seines anderen dogmatischen Verständnisses offen lassen.

Entlassung § 55

g) Verfahrensfragen; Rechtsschutz. Besteht bei einem SaZ nach Art, Häufigkeit und Schwere von Dienstpflichtverletzungen die Gefahr, dass bei erneutem pflichtwidrigen Verhalten eine fristlose Entlassung in Betracht kommt, kann er hierauf schriftl. hingewiesen werden (**Ausdrücklicher Hinweis**).[165] Insbes. bei erstmaligen leichteren oder außerdienstl. Pflichtverletzungen, die noch keine fristlose Entlassung rechtfertigen, besteht Anlass für einen solchen Hinweis. Obwohl der Ausdrückliche Hinweis von der Entlassungsdienststelle zu erteilen und auf die statusrechtl. Maßnahme der fristlosen Entlassung bezogen ist, soll es sich bei ihm um eine truppendienstl. (erzieherische) Maßnahme handeln, gegen die der Rechtsweg zu den Wehrdienstgerichten gegeben sei.[166] 88

Vor der fristlosen Entlassung ist grds. die **VP** des Soldaten gem. § 23 Abs. 1 Satz 1 Nr. 6 SBG anzuhören, sofern dieser nicht widerspricht. Unterbleibt die Anhörung oder wird sie verfahrensfehlerhaft durchgeführt, ist die Entlassung rechtswidrig und muss aufgehoben werden.[167] 89

Rechtsschutz gegen die fristlose Entlassung ist durch Beschwerde bzw. Anfechtungsklage zu erreichen. Da die Anfechtungsklage im Gegensatz zur Beschwerde (§ 3 Abs. 1 WBO) aufschiebende Wirkung hat, wird i. d. R. die sofortige Vollziehung gem. § 80 Abs. 2 Satz 1 Nr. 4 VwGO angeordnet. Hiergegen steht dem Soldaten das Verfahren nach § 80 Abs. 5 VwGO zur Verfügung. **Örtlich zuständig** ist nach § 52 Nr. 4 VwGO das VG, an dem der Soldat seinen dienstl. oder in Ermangelung dessen seinen Wohnsitz hat. Fraglich ist, ob es nach verfügter Entlassung auf den dienstl. oder den privaten Wohnsitz des Soldaten ankommt. Maßgeblich ist der **dienstl. Wohnsitz**, d. h. der Standort der Dienststelle des Soldaten. Solange die Entlassung in Streit steht, können ihre Folgen (u. a. Verlust des dienstl. Wohnsitzes) nicht vorweggenommen werden, zumal es sonst von der aufschiebenden Wirkung eines Rechtsmittels abhinge, welches VG örtlich zuständig wäre.[168] Auch im Beamtenrecht wird immer auf den dienstl. Wohnsitz abgestellt.[169] 90

Tritt die aufschiebende Wirkung von Rechtsbehelfen gegen die fristlose Entlassung nicht ein und wird die Entlassungsverfügung vom VG aufgehoben, hat der Soldat in der Zwischenzeit rechtmäßigerweise keinen Dienst geleistet. Die **entgangene Besoldung** ist ihm zu erstatten; vom Soldaten in dieser Zeit erzielte Einkünfte können jedoch gem. § 9a BBesG angerechnet werden.[170] 91

6. Absatz 6. Für die Zuständigkeit, Anhörung und Fristen bei der Entlassung gilt § 47 Abs. 1 bis 3 entspr. (**Satz 1**). Auf die diesbezügliche Komm. wird verwiesen. 92

---

165 Einzelheiten regelt der Erl. BMVg – PSZ I 7 – Az 16-02-11 570/08 v. 2.4.2009 („Hinweise zum Ausdrücklichen Hinweis auf die fristlose Entlassung gemäß § 55 Abs. 5 des Soldatengesetzes"). Vgl. zum Ausdrücklichen Hinweis *Walz,* NZWehrr 1974, 61.
166 BVerwGE 86, 83 = NZWehrr 1989, 107.
167 Str., vgl. VG Mainz NZWehrr 2001, 82 einerseits, VGH München NZWehrr 2005, 260 andererseits. Bei truppendienstl. Versetzungen begründet die unterbliebene Anhörung der VP i. d. R. einen Ermessensfehler (BVerwGE 118, 25 ff.); dies dürfte auch für die Entlassung gelten.
168 VG Köln 27 K 3777/07; VG Ansbach AN 15 K 08.01896.
169 VG Darmstadt NVwZ-RR 1996, 162.
170 BVerwG DVBl. 1997, 1005.

93 Die Entlassungsverfügung wegen Dienstunfähigkeit muss dem Soldaten wenigstens drei Monate vor dem Entlassungstag zugestellt worden sein (**Satz 2 Halbs. 1**). Da es sich um eine Mindestfrist handelt, bestehen keine Bedenken, im Einzelfall eine Verlängerung vorzunehmen, wenn der Soldat noch eine Zeit im Dienst verbleiben muss, um bestimmte Versorgungsansprüche zu erwerben. Da die Frist ausschließlich im Interesse des Soldaten besteht, kann er auf ihre Einhaltung verzichten.[171] Hat der Soldat einen Eingliederungsschein beantragt, beträgt die Frist mindestens ein Jahr (**Satz 3**). Diese Regelung ist durch Art. 2 Nr. 3 des G vom 25.8.1969[172] eingeführt worden. Durch die Verlängerung der Frist auf ein Jahr wird erreicht, dass der Soldat die notwendigen Einstellungsvoraussetzungen erbringen und unmittelbar in das Beamtenverhältnis übertreten kann.[173] Bei der Entlassung in den ersten vier Dienstjahren wegen Nichterfüllens der Anforderungen sowie der Entlassung von Anwärtern beträgt die Zustellfrist einen Monat (**Satz 2 Halbs. 2**). Bei der fristlosen Entlassung gem. Abs. 5 kann es bereits aus Gründen der Rechtslogik keine Zustellfrist geben. Liegen die Voraussetzungen für eine fristlose Entlassung vor, ist der Soldat umgehend zu entlassen. Lässt die Entlassungsdienststelle einen längeren Zeitraum ohne erkennbaren Grund verstreichen, kann dies zur Verwirkung der Entlassungsmöglichkeit führen.[174]

§ 56 Folgen der Entlassung und des Verlustes der Rechtsstellung eines Soldaten auf Zeit

(1) ¹Mit der Beendigung seines Dienstverhältnisses durch Zeitablauf nach § 54 Abs. 1, durch Entlassung nach § 55 oder durch Verlust seiner Rechtsstellung als Soldat auf Zeit nach § 54 Abs. 2 Nr. 2 endet die Zugehörigkeit des Soldaten auf Zeit zur Bundeswehr. ²Der Soldat bleibt jedoch in den dem § 46 Abs. 2 Satz 1 Nr. 1 bis 4 und dem § 48 entsprechenden Fällen sowie in den Fällen des § 55 Abs. 4 und 5 in der Bundeswehr, soweit er auf Grund der Wehrpflicht Grundwehrdienst zu leisten hat.

(2) Mit der Entlassung entsprechend dem § 46 Abs. 1 und 2 Satz 1 Nr. 1 bis 4, 7 und 8 und nach § 55 Abs. 5 sowie mit dem Verlust seiner Rechtsstellung als Soldat auf Zeit verliert der Soldat seinen Dienstgrad.

(3) Nach dem Verlust seiner Rechtsstellung als Soldat auf Zeit und, soweit gesetzlich nichts anderes bestimmt ist, nach der Entlassung hat der frühere Soldat auf Zeit keinen Anspruch auf Dienstbezüge und Versorgung mit Ausnahme der Beschädigtenversorgung.

(4) ¹Ein früherer Soldat auf Zeit, dessen militärische Ausbildung mit einem Studium oder einer Fachausbildung verbunden war und der
1. auf seinen Antrag entlassen worden ist oder als auf eigenen Antrag entlassen gilt,
2. seine Entlassung nach § 55 Abs. 4 vorsätzlich oder grob fahrlässig herbeigeführt hat,
3. nach § 55 Abs. 5 entlassen worden ist,
4. seine Rechtsstellung verloren hat oder
5. durch Urteil in einem gerichtlichen Disziplinarverfahren aus dem Dienstverhältnis entfernt worden ist,

---

171 VG Köln 27 K 4371/02.
172 BGBl. I S. 1347.
173 BT-Drs. V/4113, 9.
174 GKÖD I Yk, § 55 Rn. 39; *Scherer/Alff/Poretschkin*, SG, § 55 Rn. 32.

Verlust der Rechtsstellung eines Soldaten auf Zeit § 56

muss die entstandenen Kosten des Studiums oder der Fachausbildung erstatten. ²Unter den gleichen Voraussetzungen muss ein früherer Soldat auf Zeit in der Laufbahn der Offiziere des Sanitätsdienstes das ihm als Sanitätsoffizier-Anwärter gewährte Ausbildungsgeld erstatten. ³Auf die Erstattung kann ganz oder teilweise verzichtet werden, wenn sie für den früheren Soldaten eine besondere Härte bedeuten würde.

Übersicht

	Rn		Rn
I. Allgemeines	1	1. Absatz 1	4
1. Zweck der Vorschrift	1	2. Absatz 2	8
2. Entstehung und Änderungen der Vorschrift	2	3. Absatz 3	9
		4. Absatz 4	11
3. Bezüge zum Beamtenrecht, ergänzende Vorschriften	3	a) Satz 1	11
		b) Satz 2	21
II. Erläuterungen im Einzelnen	4	c) Satz 3	22

Literatur: *Förster, Carlo*: Rückzahlung der Ausbildungskosten eines entlassenen Berufssoldaten, NZWehrr 1996, 147; *Stauf, Wolfgang*: Fristlose Entlassung nach § 55 Abs. 5 SG und Zurückstellung nach § 12 Abs. 5 WPflG, NZWehrr 1992, 189.

I. Allgemeines

1. Zweck der Vorschrift. Bei § 56 handelt es sich um die für SaZ geltende **Parallelbest. zu § 49**, der weitgehend identische Regelungen für BS trifft.[1] § 56 regelt die **Rechtsfolgen**, die sich aus den unterschiedlichen Beendigungsgründen für das Dienstverhältnis eines SaZ (vgl. § 54 Abs. 1 und 2) ergeben. Lediglich die status-, besoldungs- und versorgungsrechtl. Konsequenzen der Entfernung aus dem Dienstverhältnis durch truppendienstgerichtl. Urt. (§ 54 Abs. 2 Nr. 3) finden sich nicht in § 56, sondern sind unmittelbar in § 63 WDO geregelt. Die Verpflichtung, die Kosten einer Fachausbildung oder eines Studiums zu erstatten, findet auch für Soldaten, die aus dem Dienstverhältnis entfernt worden sind, ihre Grundlage in § 56 Abs. 4 Satz 1 Nr. 5. 1

2. Entstehung und Änderungen der Vorschrift. Die Abs. 1 bis 3 gehen auf § 51 des REntw. zurück. Sie gelten bis auf wenige redaktionelle Anpassungen und eine zwischenzeitlich wieder abgeschaffte Übergangsbest. seit der Erstfassung unverändert. Die Verpflichtung, die Kosten eines Studiums oder einer Fachausbildung zu erstatten (Abs. 4), wurde erstmals durch Art. 1 Nr. 6 des G vom **21.7.1970**[2] eingeführt. Sie galt zunächst nur bzgl. des Ausbildungsgeldes der SanOA. Eine generelle Erstattungspflicht für alle SaZ, deren Ausbildung mit einem Studium oder einer Fachausbildung verbunden ist, wurde durch Art. 2 Nr. 7 des G vom **24.2.1983**[3] eingeführt i. V. m. mit der Umgestaltung der vorzeitigen Entlassung wegen besonderer persönlicher Härte (§ 55 Abs. 3) von einer Kann-Best. zu einem verpflichtenden VA.[4] Durch Art. 1 Nr. 41 des **SGÄndG** wurde in Abs. 4 die Erstattungspflicht auf die Fälle der fristlosen Entlassung (§ 55 Abs. 5), des Verlustes der Rechtsstellung sowie der Entfernung aus dem Dienstverhältnis durch Urt. eines Disziplinargerichts ausgedehnt. Vorher kam eine Erstattungspflicht 2

---

1 Vgl. die dortige Komm.
2 BGBl. I S. 1120.
3 BGBl. I S. 179.
4 Vgl. hierzu die Komm. zu § 55 Rn. 18; s. allg. zur Rechtsentwicklung hins. von Erstattungspflichten wegen eines Studiums o. einer Fachausbildung die Komm. zu § 46 Rn. 3 ff.

von SaZ nur bei einer Entlassung auf eigenen Antrag oder bei Entlassung von Anwärtern wegen Nichteignung in Betracht. Art. 2 Nr. 20 des **SkResNOG** änderte Abs. 4 Satz 1 Nr. 5 redaktionell. Das Gleiche gilt für die mit Art. 3 Nr. 15 des **WehrRÄndG 2008** verfügten Änd. des Abs. 1 Satz 2 und des Abs. 2.

Für SaZ, die vor dem Inkrafttreten des SGÄndG eine Fachausbildung oder ein Studium begonnen hatten, ist gem. der **Übergangsbest.** des § 97 Abs. 1 die alte Rechtslage maßgeblich.

3   3. **Bezüge zum Beamtenrecht, ergänzende Vorschriften.** Im Beamtenrecht sind die besoldungs- und versorgungsrechtl. Folgen einer Entlassung bzw. eines Verlustes der Rechtsstellung vergleichbar geregelt (§§ 39, 41 BBG). Eine allg. gesetzl. Erstattungspflicht für Studien- und Ausbildungskosten kennt das Beamtenrecht nicht. Nur für Angehörige des Polizeivollzugsdienstes des Bundes sieht § 12 BPolBG eine vergleichbare Erstattungspflicht für Kosten eines Studiums vor. Im Übrigen gibt es im Beamtenrecht nur unter sehr engen Voraussetzungen die Möglichkeit, Rückzahlungsvereinbarungen für bestimmte Leistungen abzuschließen bzw. gem. § 59 Abs. 5 BBesG die Gewährung von Anwärterbezügen von Auflagen abhängig zu machen[5].

Unmittelbar ergänzenden Charakter zu § 56 Abs. 4 haben der Erl. des BMVg über die Kostenerstattungspflicht entlassener BS und SaZ, deren mil. Ausbildung mit einem Studium oder einer Fachausbildung verbunden war[6], sowie die **Bemessungsgrundsätze** des BMVg zur Erstattung der Kosten des Studiums und der Fachausbildung sowie Rückzahlung des Ausbildungsgeldes bei vorzeitiger Beendigung des Dienstverhältnisses.

II. Erläuterungen im Einzelnen

4   1. **Absatz 1.** Satz 1 bringt die **Selbstverständlichkeit** zum Ausdruck, dass mit dem Ende des Dienstverhältnisses durch Zeitablauf, durch Entlassung oder durch Verlust der Rechtsstellung als SaZ die Zugehörigkeit des Soldaten zur Bw endet.[7] Die Formulierung ist **ungenau**. Bei formal richtiger Betrachtung endet das Wehrdienstverhältnis nach Maßgabe der freiwilligen Verpflichtung (vgl. § 1 Abs. 1 und 2)[8]. Die Zugehörigkeit zur Bw ist kein rechtl. definierter Status und kann in den unterschiedlichsten Formen (als Beamter, Arbeitnehmer oder freier Mitarbeiter) bestehen. Aus der **Begr.** zum REntw. ergibt sich kein Aufschluss, warum der Gesetzgeber es für notwendig erachtete, das Ende der Zugehörigkeit zur Bw – im Gegensatz zum Beamtenrecht, das eine vergleichbare Regelung nicht kennt – ausdrücklich festlegen zu müssen. Vermutlich spielte die Überzeugung eine Rolle, es sei klarzustellen, ab welchem Zeitpunkt der SaZ nicht mehr der Pflichtenbindung eines aktiven Soldaten unterliege und die mit der Zugehörigkeit zu den SK einhergehenden völkerrechtl. Konsequenzen (z. B. Kombattantenstatus; Anspruch auf Behandlung als Kriegsgefangener) erlöschen würden.[9]

---

5   *Battis*, BBG, § 33 Rn. 7 f.
6   ZDv 14/5 B 156.
7   *Walz*, Komm zu § 49 Rn. 20, spricht bei der Parallelbest. des § 49 Abs. 1 Satz 1 daher auch von deklaratorischer Bedeutung.
8   Vgl. BT-Drs. II/1700, 32.
9   Diese Überlegungen spielten insbes. eine Rolle bei der andersartigen Ausgestaltung der Beendigungsgründe des Soldatenverhältnisses gegenüber der Beendigung des Beamtenverhältnisses, vgl. Komm. zu § 46 Rn. 2.

Nach **Satz 2** soll der Soldat in bestimmten Fällen in der Bw verbleiben, soweit er auf 5
Grund des Wpfl GWD zu leisten hat. Die Best. ist von Inhalt und Zielsetzung her einleuchtend, wirft jedoch **verfahrensrechtl. Fragen** auf. Die Verpflichtung zur Ableistung des GWD kann nicht kraft Gesetzes entstehen, sondern setzt einen Einberufungsbescheid (§§ 21, 23 WPflG) voraus. Allein durch das dem Einberufungsbescheid vorgeschaltete Verfahren kann überprüft werden, ob überhaupt eine solche Verpflichtung besteht. So können bei einem entlassenen SaZ Wehrdienstausnahmen (vgl. §§ 9 ff. WPflG) gegeben sein. Für die Einberufung sind gem. § 14 WPflG ausschließlich die Wehrersatzbehörden zuständig, während die Entlassung grds. durch mil. Dienststellen bzw. das BMVg zu verfügen ist (§ 55 Abs. 6 i. V. m. § 47).[10] Durch eine Entlassungsdienststelle kann im Zusammenhang mit einer Entlassungsverfügung gem. § 55 Abs. 5 nicht die Verpflichtung zur Ableistung des GWD begründet werden.[11] Satz 2 stellt somit keine eigenständige Rechtsgrundlage für die Anordnung der Ableistung des GWD dar, sondern nimmt in erster Linie deklaratorisch auf diese anderweitig zu begründende Verpflichtung Bezug. Anders ausgedrückt: Satz 2 begründet keine Verpflichtung zur Ableistung des GWD, sondern setzt diese voraus.

Verfahrensrechtl. hat dies **folgende Konsequenzen:** 6
- Ist der SaZ ursprünglich als GWDL einberufen worden und danach in den Status des SaZ gewechselt, lebt nach der Entlassung bzw. dem Verlust der Rechtsstellung als SaZ der Einberufungsbescheid wieder auf und stellt eine ausreichende Rechtsgrundlage für die weitere Ableistung des restlichen GWD dar. Der im Status SaZ geleistete Wehrdienst ist gem. § 7 WPflG **anzurechnen**, wenn er dem GWD inhaltl. gleichwertig war.[12] Der erlangte Dienstgrad bleibt erhalten, sofern nicht eine der Voraussetzungen des Abs. 2 vorliegt; in diesem Fall ist der restliche GWD im niedrigsten Mannschaftsdienstgrad abzuleisten. Sind Gründe vorhanden, dass der Soldat auch als GWDL zu entlassen ist oder entlassen werden kann (§ 29 WPflG), ist diese Entlassung gesondert zu verfügen; sie kann mit der Entlassung nach § 55 Abs. 4 oder 5 in einem Bescheid verbunden werden.[13]
- Ist der Soldat unmittelbar als SaZ in die SK eingetreten und hat er demzufolge nie einen Einberufungsbescheid erhalten, kann er nach der Entlassung oder dem Verlust der Rechtsstellung nur dann gem. Satz 2 in den SK verbleiben, wenn rechtzeitig ein **Einberufungsbescheid** ergeht, der verbindlich die Ableistung des GWD (unter Anrechnung des geleisteten Wehrdienstes) anordnet. Die mil. Dienststellen können beim KWEA auf ein entspr. Vorgehen hinwirken. Stellt das KWEA den entlassenen SaZ dagegen gem. § 12 Abs. 5 WPflG zurück[14], greift Satz 2 nicht ein. Der Soldat verlässt die Bw. Eine Entlassung gem. § 29 WPflG ist bei dieser Konstellation grds. entbehrlich.
- Liegt ein Einberufungsbescheid vor, bestehen keine Einwände, wenn die zuständige Dienststelle den Soldaten im Zusammenhang mit der Entlassung oder dem Verlust der Rechtsstellung auf sein Verbleiben in der Bw gem. Satz 2 **hinweist**. Da dies Folge des wirksamen Einberufungsbescheides ist, handelt es sich hierbei um einen deklaratorischen Hinw., nicht um einen feststellenden VA.

---

10 Vgl. die einschlägigen Erl. in der ZDv 14/5 B 107, B 108, B 125.
11 Ebenso *Scherer/Alff/Poretschkin*, SG, § 56 Rn. 2.
12 Also nicht, wenn der SaZ für ein Studium freigestellt war. Vgl. BVerwG NVwZ 1982, 507.
13 Vgl. *Scherer/Alff/Poretschkin*, SG, § 56 Rn. 2.
14 Vgl. hierzu *Stauf*, NZWehrr 1992, 189.

7   Der eigenständige **Regelungsgehalt** des Satzes 2 kann somit nur darin gesehen werden, dass der Soldat in allen nicht aufgeführten Konstellationen (insbes. in den § 46 Abs. 2 Satz 1 Nr. 5 bis 8 entspr.) die SK unabhängig von einem wirksamen Einberufungsbescheid zu verlassen hat (Umkehrschluss). Angesichts einer GWD-Dauer von neun, demnächst nur noch von sechs Monaten, dürfte die praktische Bedeutung der Best. gering sein. Sie wird durch das **WehrRÄndG 2010** neu gefasst werden.

8   **2. Absatz 2.** In den aufgeführten Fällen verliert der ehem. SaZ seinen Dienstgrad kraft Gesetzes (vgl. § 26 Satz 1). Ist er noch wpfl, wird er mit dem niedrigsten Mannschaftsdienstgrad Angehöriger d.R.[15]

9   **3. Absatz 3.** Der Wortlaut des Abs. 3 unterscheidet sich von dem der Parallelbest. für BS in § 49 Abs. 3. Durch Art. 1 Nr. 36 des **SGÄndG** wurde § 49 Abs. 3 insoweit geä., als der Gesetzgeber bei BS sowohl für Fälle des Verlustes der Rechtsstellung als auch der Entlassung eine Ausnahmeregelung von dem grds. Verlust der Besoldung und Versorgung treffen kann.[16] Begründet wurde dies mit der Angleichung der Rechtslage der BS an die der Beamten.[17] § 56 Abs. 3 wurde demgegenüber nicht entspr. geä., so dass SaZ mit dem Verlust der Rechtsstellung immer ihre Ansprüche auf Besoldung und Versorgung verlieren und lediglich in den Fällen der Entlassung eine Ausnahme möglich ist.[18]

Die für SaZ vorgesehenen Ausnahmen beziehen sich primär auf die Versorgung bei der Entlassung wegen Dienstunfähigkeit (§ 55 Abs. 2). So knüpfen die einschlägigen Best. des SVG die Versorgungsansprüche von ehem. SaZ daran an, dass das Dienstverhältnis durch Zeitablauf oder wegen **Dienstunfähigkeit, die nicht auf eigenes grobes Verschulden zurückzuführen ist**, beendet wurde (vgl. § 5 Abs. 2, § 9 Abs. 1, § 11 Abs. 1, § 13 SVG). Unter dieser Voraussetzung bleiben die Ansprüche auf Versorgung trotz Entlassung erhalten.

10 Unabhängig von der Art der Beendigung des Dienstverhältnisses besteht ein Anspruch auf **Nachversicherung** in der gesetzl. Rentenversicherung.[19]

11 **4. Absatz 4. – a) Satz 1.** Wie BS, die vor einem Abdienen ihrer Stehzeitverpflichtung gem. § 46 Abs. 3 die Kosten eines Studiums oder einer Fachausbildung zu erstatten haben (§ 49 Abs. 4), unterliegen SaZ unter den Voraussetzungen des Abs. 4 der Erstattungspflicht. Bei SaZ gibt es **keine Stehzeitverpflichtung** infolge bestimmter Ausbildungen; an ihre Stelle tritt die eingegangene Verpflichtungszeit, soweit eine Verpflichtungserklärung vorliegt, wobei unerheblich ist, ob diese bereits endgültig festgesetzt worden ist. Was das Vorliegen einer Fachausbildung oder eines Studiums anbelangt, ist Abs. 4 identisch mit § 46 Abs. 3[20], so dass auf die diesbezügliche Komm. verwiesen werden kann.[21] Allerdings ist der **Normzweck** der Erstattungspflicht ein anderer als

---

15 Vgl. *Walz*, Komm. zu § 49 Rn. 26.
16 *Walz*, Komm. zu § 49 Rn. 27.
17 BT-Drs. 14/4062, 22.
18 Dies hat in erster Linie deklaratorische Bedeutung. Abs. 3 würde den Gesetzgeber nicht hindern, eine abw. Sonderregelung zu treffen.
19 S. hierzu den Erl. des BMVg „Nachversicherung in der gesetzlichen Rentenversicherung für ohne Versorgung ausgeschiedene Beamte, Richter und Soldaten und sonstige Beschäftigte der Bundeswehr" (VMBl. 1994 S. 162; 1996 S. 388).
20 So auch ZDv 14/5 B 156 Nr. 3.
21 Komm. zu § 46 Rn. 93 ff.

der des § 46 Abs. 3. Geht es bei der Stehzeit darum, der Bw besonders ausgebildete Soldaten für einen bestimmten Zeitraum zu erhalten, hat die Erstattungspflicht für SaZ ausschließlich die Funktion eines Ausgleichs desjenigen Vorteils, den der Soldat durch die besondere Ausbildung erhalten hat.[22]

Die Erstattungspflicht entsteht in folgenden Fällen: 12
- Der SaZ wird auf eigenen Antrag entlassen (§ 55 Abs. 3) oder gilt als auf eigenen Antrag entlassen; letzteres ist bei der Entlassung nach Anerkennung als KDV gem. § 55 Abs. 1 i. V. m. § 46 Abs. 2 Satz 1 Nr. 7 sowie bei der Ernennung zum Beamten gem. § 46 Abs. 3a gegeben.
- Der SaZ hat seine Entlassung nach Abs. 55 Abs. 4 vorsätzlich oder grob fahrlässig herbeigeführt.
- Der SaZ ist gem. § 55 Abs. 5 entlassen worden.
- Der SaZ hat seine Rechtsstellung verloren.
- Der SaZ ist durch Urt. in einem gerichtl. Disziplinarverfahren aus dem Dienstverhältnis entfernt worden.

In den letzten drei Fällen ist die **Übergangsregelung** des § 97 Abs. 1 zu beachten. 13

Steht bestandskräftig oder rechtskräftig fest, dass das Dienstverhältnis des Soldaten 14 aus einem der genannten Gründe geendet hat, kann der ehem. Soldat im Rechtsstreit über die Erstattungspflicht hiergegen keine Einwände mehr vorbringen.[23]

Weist der Dienstherr einem SaZ eine bestimmte Ausbildung zu, bringt er damit kon- 15 kludent zum Ausdruck, dass die jew. Verpflichtungszeit des Soldaten ausreichend bemessen ist, um die Ausbildung zu rechtfertigen. Wird die Dienstzeit eines SaZ, nachdem dieser mit einer Fachausbildung oder einem Studium begonnen hat, aufgrund freiwilliger Weiterverpflichtung verlängert, trifft ihn **keine Rückzahlungspflicht**, wenn sein (verlängertes) Dienstverhältnis aus einem der Gründe des Abs. 4 vorzeitig endet, er aber zumindest die Dienstzeit abgeleistet hat, zu der er im Zeitpunkt der Entscheidung des Dienstherrn über die Fachausbildung oder das Studium verpflichtet gewesen ist.[24]

Die Erstattungspflicht eines SaZ, der als anerkannter **KDV** entlassen wurde, ist mit 16 **Art. 4 Abs. 3 GG vereinbar**, da sie sich nicht als Sanktion gegen die Gewissensentscheidung richtet und den KDV nicht hindert, sein Anliegen zu verfolgen. Durch die mit der Erstattung verbundene wirtschaftliche Belastung wird die Möglichkeit zur Verweigerung des Kriegsdienstes nicht eingeschränkt. Vor einer existenziellen Notlage des Soldaten schützt ihn die Härteklausel des Abs. 4 Satz 3.[25]

---

22 BT-Drs. 14/4062, 21 (23); BVerwG DVBl. 1996, 1152; z.T. widersprüchlich VG Bremen 6 K 1634/02 (aber dennoch lesenswerte Entsch.). BVerwG DokBer B 2006, 295 (Ls 1 u. 2) bezeichnet als aus der Ausbildung verbliebenen Vorteil die Ersparnis der Kosten der Fachausbildung, soweit diese für eine Berufstätigkeit außerhalb der Bw genutzt werden kann. Zu den ersparten Ausbildungsaufwendungen gehören auch die Kosten für die Lebenshaltung u. die Krankenversicherung während der Zeit der Fachausbildung.
23 Vgl. VGH Mannheim NVwZ 1987, 521.
24 Anders ist dies, wenn die Weiterverpflichtung von Seiten der SK als Bedingung für die Gewährung einer Fachausbildung gestellt wurde, OVG Münster 12 A 1828/98.
25 Grundlegend BVerwG DVBl. 1996, 1152; VG Bremen Az 6 K 1634/02; BVerwG DokBer B 2006, 295. Vgl. VG München M 9 K 05.1964.

17 Gegen die Ausdehnung der Erstattungspflicht durch das SGÄndG auf die Fälle der fristlosen Entlassung und der Entfernung aus dem Dienstverhältnis sind **verfassungsrechtl. Einwände** unter dem aus Art. 33 Abs. 5 GG abzuleitenden Alimentationsprinzip erhoben worden.[26] Die Erstattungspflicht stelle in diesen Fällen eine zusätzliche Sanktion für pflichtwidriges Verhalten dar. Dem ist entgegenzuhalten, dass die hergebrachten Grds. des Berufsbeamtentums für Soldaten nicht gelten.[27] Selbst wenn man das Alimentationsprinzip für Soldaten unter einen vergleichbaren Schutz stellte wie bei Beamten[28], bleibt festzuhalten, dass es sich bei einem Studium oder einer Fachausbildung nicht um besoldungsähnliche Leistungen handelt, die vom Alimentationsprinzip erfasst sind. Diese Ausbildungen werden dem Soldaten nicht in seinem Interesse, sondern im Interesse des Dienstherrn gewährt. Daher kann ein Soldat jedenfalls theoretisch auch gegen seinen Willen zu einer Fachausbildung befohlen werden.[29] Dass Studium und Fachausbildung zur Attraktivität des Soldatenberufes beitragen, ist lediglich ein faktischer Reflex, der keine rechtl. Konsequenzen hat.[30]

18 Zu erstatten sind grds. alle Kosten, die im Zusammenhang mit dem Studium oder der Fachausbildung entstanden sind. Dies sind:
- Kosten der besonderen Ausbildung an Ausbildungseinrichtungen der Bw; dabei sind die auf den Erstattungspflichtigen entfallenden Personal- und Sachkosten der Ausbildungseinrichtung nach betriebswirtschaftlichen Grds. zu ermitteln.
- Kosten der besonderen Ausbildung an Ausbildungseinrichtungen außerhalb der Bw; hierbei handelt es sich um die Beträge, die der Dienstherr in Bezug auf den Erstattungspflichtigen an den externen Ausbildungsträger entrichtet hat.
- Persönliche Kosten wie Reisekosten, Trennungsgeld und Umzugskosten.

19 Die Formulierung in dem einschlägigen Erl. des BMVg, dass die Erstattungspflicht **kraft Gesetzes** entsteht[31], ist **missverständlich**. Angesichts des Erfordernisses, den Umfang der erstattungspflichtigen Kosten genau zu berechnen und darüber zu entscheiden, ob und inwieweit von der Härtefallregelung des Abs. 4 Satz 3 Gebrauch gemacht wird, kann von einem Entstehen des Erstattungsanspruchs erst mit dem Wirksamwerden des Erstattungsbescheides ausgegangen werden. Abs. 4 Satz 1 selbst begründet nicht den Erstattungsanspruch, sondern stellt eine **Ermächtigungsgrundlage** dar, gegenüber dem Soldaten durch VA die Kosten geltend zu machen.[32]

20 Der Erstattungsanspruch setzt nicht voraus, dass die Fachausbildung oder das Studium abgeschlossen wurde. Es genügt, wenn Wissen oder Fähigkeiten vermittelt wurden, die sowohl für die Verwendung als Soldat als auch in ziv. Bereichen nutzbar sind, sei

---

26 GKÖD I Yk, § 49 Rn. 9.
27 BVerfGE 3, 288; 16, 94; 31, 212.
28 So BVerwGE 93, 69 (73).
29 Vgl. Komm. zu § 46 Rn. 101 m. w. N.
30 Anderes gilt für Ausbildungsleistungen des Dienstherrn im Rahmen der Berufsförderung, die nicht als Studium o. Fachausbildung zu qualifizieren sind u. die grds. erst a. E. der Dienstzeit gewährt werden.
31 ZDv 14/5 B 156 Nr. 8.
32 Praktische Auswirkungen kann dies haben, wenn der Soldat die Aufrechnung erklärt; diese macht den Erstattungsbescheid genauso wenig rechtswidrig wie die Erfüllung; bestehen hier unterschiedliche Auffassungen, kommt nur eine Feststellungsklage gem. § 43 VwGO in Betracht; vgl. *Kopp/Schenke*, VwGO, § 40 Rn. 46.

es im Rahmen einer zusätzlichen Ausbildung oder als Grundlage für eine noch abzulegende Prüfung.[33] Weiterhin ist nicht erforderlich, dass der Soldat über die Erstattungspflicht vor Beginn seiner Fachausbildung belehrt wurde.[34]

b) Satz 2. SanOA erhalten während ihres Studiums an einer Universität außerhalb der Bw auf der Grundlage von § 30 Abs. 2 i. V. m. der SanOA AusbgV vom 12.9.2000[35] Ausbildungsgeld. Sie haben, wenn ihr Dienstverhältnis vorzeitig aus einem der in Abs. 4 genannten Gründe endet, dieses in Höhe der jew. Bruttobeträge zu erstatten. 21

c) Satz 3. Nach Satz 3 kann auf die Erstattung ganz oder teilweise verzichtet werden, wenn sie für den früheren Soldaten eine besondere Härte bedeuten würde. Aus systematischen Gründen muss der Begriff der **besonderen Härte** in Satz 3 anders ausgelegt werden als in § 55 Abs. 3 oder in § 46 Abs. 3. Da die vorzeitige Entlassung wegen besonderer Härte gem. § 55 Abs. 3 die Erstattungspflicht begründet (Abs. 4 Satz 1 Nr. 1), wäre es widersinnig, aus den gleichen Gründen, die die vorzeitige Entlassung rechtfertigen, auf die Erstattung zu verzichten. Die Erstattungspflicht liefe dann in vielen Fällen leer.[36] 22

Die **Ausbildungs- und Studienkosten** sind bei rein betriebswirtschaftlicher Berechnung z.T. **sehr hoch** (bereits in den siebziger Jahren wurden für die Ausbildung eines Jet-Piloten Ausbildungskosten von 1,6 Mio. DM veranschlagt[37]; für die Ausbildung zum Luftfahrzeugführer auf Propeller-Maschinen fielen zu Beginn der neunziger Jahre des letzten Jahrhunderts 1,5 Mio. DM an[38]; für ein Studium an einer Universität der Bw können Kosten von über 100 000 Euro entstehen). In der Verwaltungspraxis hat sich die Härteklausel zum rechtl. Anknüpfungspunkt dafür entwickelt, die an sich zurückzufordernden Kosten auf einen für den ehem. Soldaten **angemessenen und verhältnismäßigen Betrag** zu reduzieren. Satz 3 stellt somit weniger eine Best. dar, um besonders gelagerten Einzelfällen gerecht zu werden (wie § 55 Abs. 3), sondern ist eine generelle Grundlage zur Berechnung des Erstattungsbetrages. In den **Bemessungsgrundsätzen des BMVg**[39] wird dies durch die Aufstellung von bestimmten Berechnungsmethoden, die unter dem Gesichtspunkt der besonderen Härte zu berücksichtigen sind, konkretisiert.

Als **besondere Härte** i.d.S. sind anerkannt: 23
– Der ehem. Soldat stand nach Abschluss seiner Fachausbildung oder seines Studiums mit den erworbenen Kenntnissen dem Dienstherrn noch für einen Zeitraum uneingeschränkt zur Verfügung (sog. **effektive Stehzeit**). Damit hat er einen Teil der Ausbildungskosten „abgedient". Der Rückforderungsbetrag ist entspr. zu reduzieren. Zur Berechnung des Reduzierungsbetrages wird die volle Dienstzeitverpflichtung des SaZ ins Verhältnis zu der tatsächlich abgedienten Dienstzeit gesetzt, wobei keine Bedenken bestehen, das erste Drittel der abgedienten Dienstzeitverpflichtung geringer zu veranschlagen als das zweite und das dritte Drittel.[40]

---

33 S. Komm. zu § 46 Rn. 102 m. w. N.
34 S. Komm. zu § 46 Rn. 100; VGH München BayVGH Entsch. 49, 105.
35 BGBl. I S. 1406; geä. durch Art. 15 Abs. 71 des G v. 5.2.2009 (BGBl. I S. 160).
36 OVG Münster 12 A 1828/98; OVG Münster RiA 1997, 145; unklar BVerwGE 52, 84.
37 Vgl. BVerwGE 52, 84.
38 VG Bremen 6 K 1634/02.
39 BMVg – PSZ I 8 – Az 16-02-11 v. 22.7.2002.
40 Einschränkend noch BVerwGE 52, 84. Zu der gestaffelten Bewertung der effektiven Stehzeit OVG Münster 12 A 1828/98.

- Die Ausbildung, die der Soldat an einer Einrichtung der Bw erhalten hat, wäre an einer deutschen **Ausbildungseinrichtung außerhalb der Bw** erheblich günstiger gewesen. In diesem Fall kann nur der geringere Betrag verlangt werden.[41]
- Die durch die Ausbildung vermittelten **zivilberuflich verwertbaren Kenntnisse** sind so **gering**, dass eine Erstattung der vollen Kosten unangemessen wäre. Bei einem abgeschlossenen Studium an einer Universität der Bw tritt dieser Härtegrund zurück, da ein abgeschlossenes Studium immer zivilberuflich verwertbar ist.
- Durch die Rückforderung wird die **wirtschaftliche Existenz** des früheren Soldaten **gefährdet**. I.d.R. bietet eine derartige Konstellation keinen Grund für die Annahme einer besonderen Härte, da den Interessen des Erstattungspflichtigen durch eine verzinsliche Stundung (§ 59 Abs. 1 Satz 1 Nr. 1 BHO), das Einräumen von Ratenzahlungen[42] oder durch Niederschlagung (§ 59 Abs. 1 Satz 1 Nr. 2 BHO) begegnet werden kann.
- Bei SaZ, die als **anerkannte KDV** entlassen werden, ist nach der neuerlich bestätigten Rspr. des BVerwG[43] die besondere Härte nach Satz 3 im Lichte des Art. 4 Abs. 3 GG zu interpretieren. Die Rückerstattungspflicht dürfe kein Druckmittel sein, um von einem KDV-Antrag abzuschrecken. Nach Abs. 4 Satz 3 könne auf die Erstattung ganz oder teilweise verzichtet werden, wenn sie für den Soldaten eine besondere Härte bedeute. Insoweit sei durch die Rspr. geklärt, dass die Erstattungsverpflichtung, der sich der wegen der Anerkennung als KDV entlassene Soldat gegenübersehe, eine besondere Härte i. S. d. Abs. 4 Satz 3 darstelle, die den Dienstherrn nach dieser Vorschrift zu Ermessenserwägungen über den vollständigen oder teilweisen Verzicht auf einen Ausgleich der Ausbildungskosten zwinge. Dabei sei Abs. 4 Satz 3 im Lichte des Art. 4 Abs. 3 GG dahin auszulegen, dass anerkannte KDV die Kosten ihrer Ausbildung nur im Umfang des geldwerten Vorteils erstatten müssten, der ihnen aus der genossenen Fachausbildung für ihr weiteres Berufsleben real und nachprüfbar verblieben sei. Der Dienstherr habe somit im Rahmen des bei einer besonderen Härte auszuübenden Ermessens wegen der Verflechtung von Tatbestand und Rechtsfolge in Abs. 4 Satz 3 für eine Reduzierung zu entscheiden.
Art. 4 Abs. 3 GG fordere, dass diese Reduzierung zu dem Betrag führe, den der als KDV anerkannte Soldat dadurch erspart habe, dass der Dienstherr den Erwerb von Spezialkenntnissen und Fähigkeiten, die ihm in seinem weiteren Berufsleben von Nutzen seien, finanziert habe. Durch die Beschränkung der zu erstattenden Kosten auf den durch die Fachausbildung erlangten Vorteil sei sichergestellt, dass die Erstattung nicht zu einer Maßnahme werde, die den Betroffenen von der Stellung des KDV-Antrages abschrecke. Durch den Vorteilsausgleich werde nur die Situation wieder hergestellt, die in wirtschaftlicher und finanzieller Hinsicht bestanden habe, bevor der Soldat die Fachausbildung absolviert habe. Ob der Betrag, zu dem die Ermessenserwägungen führten, von einem bestimmten ehem. SaZ verlangt werden könne, hänge schließlich von dessen individueller Vermögenslage ab. Entschließe sich der Dienstherr, Ratenzah-

---

41 BVerwG DVBl. 1996, 1152; VGH München BayVGH Entsch. 49, 105.
42 Vgl. VGH Mannheim 11 S 3031/92.
43 Bestätigung von BVerwG *Buchholz* 236.1 § 56 SG Nr. 2 durch BVerwG DokBer B 2006, 295; vgl. auch VG München M 9 K 05.1964.

lungen zu gewähren, dürfe die Zahlungspflicht grds. nicht während des gesamten weiteren Berufslebens des ehem. Soldaten andauern, sondern müsse zeitlich begrenzt sein.[44] Abgesehen von der u. U. bürokratisch aufwändigen Berechnung eines verbleibenden nachweisbaren Vorteils aus der Fachausbildung wirft diese Rspr. allerdings die Frage auf, ob hinsichtlich der Bemessung der Rückforderungsbeträge je nach Entlassungsgrund differenziert werden darf (also KDV bevorteilt werden dürfen). In der gesetzlichen Systematik ist eine derartige Unterscheidung nicht vorgesehen. Der Weg. die SK vorzeitig über einen KDV-Antrag zu verlassen, wird durch diese Rspr. jedenfalls attraktiver. Verstärkt wird diese Tendenz durch ein Urteil des VG Freiburg[45], das es unter Berufung auf die o. a. Aussage des BVerwG, die Zahlungspflicht müsse zeitlich begrenzt sein, für erforderlich hält, dass bei Einräumung von Ratenzahlung bereits im Leistungsbescheid deren zeitliches Ende bestimmt werde. Angesichts der durchaus Veränderungen unterliegenden Vermögensverhältnisse ist diese Vorgabe nicht nachvollziehbar. Es kommt hinzu, dass Ratenzahlungen und ggf. notwendige Niederschlagungen von Forderungen eher haushaltsrechtl. zu bewertende Erleichterungen (vgl. § 59 BHO) bei der Forderungsdurchsetzung darstellen. Sind derartige Hilfen im Interesse des Betroffenen geboten, wird hierdurch nicht zwingend die Rechtmäßigkeit der Forderung in Frage gestellt.

Keinen Einwänden unter dem Gesichtspunkt der besonderen Härte begegnet es, wenn die Hauptforderung **verzinst** wird.[46]   **24**

§ 57 Wiederaufnahme des Verfahrens, Verurteilungen nach Beendigung des Dienstverhältnisses

(1) Für die Wiederaufnahme des Verfahrens und für die Folgen von Verurteilungen nach Beendigung des Dienstverhältnisses als Soldat auf Zeit gelten die §§ 52 und 53 entsprechend.

(2) ¹Auf einen früheren Soldaten auf Zeit, der einen Mannschaftsdienstgrad führt, findet § 53 Abs. 2 keine Anwendung. ²Unterliegt er nicht der Wehrpflicht, so verliert er, abgesehen von den in § 53 Abs. 1 genannten Fällen, seinen Dienstgrad, wenn er die in § 59 Abs. 2 Satz 1 Nr. 2 bestimmte Altersgrenze nicht überschritten hat und gegen ihn auf eine der § 48 Satz 1 bezeichneten Strafen, Maßregeln oder Nebenfolgen erkannt wird.

Übersicht

	Rn		Rn
I. Allgemeines	1	II. Erläuterungen im Einzelnen	7
1. Entstehung der Vorschrift	1	1. Vorbemerkung	7
2. Änderungen der Vorschrift	4	2. Absatz 1, 1. Alt	8
3. Bezüge zum Beamtenrecht bzw.		3. Absatz 1, 2. Alt	9
zu sonstigen rechtl. Vorschriften	6	4. Absatz 2	10

Literatur: Spezielle Veröffentlichungen zu § 57 sind nicht vorhanden. Ergänzend kann auf den bei § 53 zit. Beitrag von *Lingens* zurückgegriffen werden.

---

44 So BVerwG DokBer B 2006, 295.
45 Az 3 K 825/08 (nicht rechtskräftig).
46 OVG Münster RiA 1997, 145.

I. Allgemeines

1 1. Entstehung der Vorschrift. § 52 des REntw.[1] sah folgende Regelung vor: **Für die Wiederaufnahme des Verfahrens und bei Verurteilungen nach Beendigung des Dienstverhältnisses eines Soldaten auf Zeit gelten die Vorschriften der §§ 47 und 48 entsprechend.**

2 Die **Begr.**[2] erschöpft sich in einer verkürzten Wiedergabe des Normtextes.

3 In den Ausschussberatungen war § 52 inhaltl. unstr.; in den abschließenden Ber. des **VertA**[3] wurde die Best. sprachlich etwas umformuliert und so vom **Plenum des BT** beschlossen.

4 2. Änderungen der Vorschrift. Durch Art. 4 Nr. 2 des G vom **16.8.2001**[4] wurde § 57 neu gefasst. Der vorherige § 57 wurde zu Abs. 1; ein neuer Abs. 2 wurde angefügt.

Auf die Begr.[5] wird im Rahmen der nachfolgenden Komm. eingegangen.

5 Durch Art. 2 Nr. 21 des **SkResNOG** wurde in Abs. 2 die Angabe „§ 54 Abs. 5 Satz 1" durch die Angabe „§ 59 Abs. 2 Satz 1 Nr. 2" ersetzt. Grund hierfür war die Streichung des § 54 Abs. 5 a. F.

6 3. Bezüge zum Beamtenrecht bzw. zu sonstigen rechtl. Vorschriften. Eine mit § 57 vergleichbare Best. kennt das Beamtenrecht nicht.

Wegen sonstiger **Querverweisungen** vgl. die **Komm. zu § 53**.[6]

II. Erläuterungen im Einzelnen

7 1. Vorbemerkung. § 57 ist – wie etliche andere Best. der Abschnitte II. ff. des SG – eine gesetzestechnisch **wenig geglückte** Rechtsnorm. Sie erschließt sich dem Anwender allenfalls dann, wenn dieser die darin zit. Verweisungen, die ihrerseits wieder Verweisungen enthalten, daneben legt. „Nutzerfreundlich" ist diese Art von Gesetzgebung jedenfalls nicht.

8 2. Absatz 1, 1. Alt. Für die **Wiederaufnahme des Verfahrens** ehem. SaZ verweist Abs. 1, 1. Alt., auf § 52, dieser wiederum auf § 48 und auf § 42 Abs. 1, 2 und 4 BBG.

Insoweit kann auf die Komm. zu § 52 Bezug genommen werden.

9 3. Absatz 1, 2. Alt. Gegen frühere SaZ in den Dienstgraden der **Offz** und **Uffz** kann seit der Neufassung des § 57 i. V. m. der in § 53 Abs. 2 getroffenen Neuregelung[7] unter den gleichen Voraussetzungen wie gegen ehem. BS ein **gerichtl.** Disziplinarverfahren durchgeführt werden, wenn die gerichtl. Verurteilung nicht bereits entspr. der in § 53 Abs. 1 getroffenen Regelung zum Verlust des Dienstgrades und – soweit vorhanden – der Versorgungsansprüche geführt hat.[5]

---

1 BT-Drs. II/1700, 13.
2 BT-Drs. II/1700, 34. Ebenso BT-Drs. II/2140, 14.
3 BT-Drs. II/2140, 56.
4 BGBl. I S. 2093.
5 BT-Drs. 14/4660, 40.
6 Dort Rn. 9 bis 14.
7 Vgl. die Komm. zu § 53 Rn. 8. Zur alten Rechtslage vgl. TDG Nord 10 VL 37/97.

4. Absatz 2. Frühere SaZ im **Mannschaftsdienstgrad** können nach Beendigung ihrer   10
Dienstzeit i. d. R. nicht mehr disziplinar verfolgt werden, da § 17 Abs. 3 und § 23 Abs. 2 Nr. 2
auf sie nicht anwendbar sind. Für diesen Personenkreis musste daher eine andere gesetzl.
Regelung geschaffen werden. Diese unterscheidet jetzt folgende **Fallkonstellationen**:
- Der frühere SaZ verliert seinen Dienstgrad und seine Versorgungsansprüche mit Ausnahme der Beschädigtenversorgung in den Fällen des **§ 53 Abs. 1**, unabhängig davon, welchen Dienstgrad er führt und ob er noch der Wehrpflicht unterliegt.
- Ist der frühere SaZ im Mannschaftsdienstgrad noch wpfl, kommt in anderen als in § 53 Abs. 1 aufgezählten Fällen unter den Voraussetzungen von **§ 30 Abs. 2 WPflG** nur ein Dienstgradverlust in Frage.
- Ist der frühere SaZ im Mannschaftsdienstgrad nicht mehr wpfl, verliert er außer in den Fällen des § 53 Abs. 1, d. h. in den Fällen des **§ 48 Satz 1**,[8] seinen Dienstgrad nur dann, wenn er bei Rechtskraft des Urt. die Altersgrenze des § 59 Abs. 2 Satz 1 Nr. 2 (d. h. das 45. Lebensjahr) noch nicht überschritten hat.

In anderen als diesen Fällen bleibt eine strafgerichtl. Verurteilung ohne dienstrechtl.   11
Konsequenz.[9]

Die jew. zuständigen Dienststellen der Bw haben zunächst die **Rechtskraft** einer straf-   12
gerichtl. Verurteilung oder die Entsch. des BVerfG gem. Art. 18 GG abzuwarten und
danach das Strafurt. im Detail **auszuwerten,** um zu entscheiden, welche disziplinaren,
status- und versorgungsrechtl. Maßnahmen zu treffen sind. Dies wird angesichts der
komplizierten Gesetzeslage nicht immer einfach sein.

Dritter Abschnitt
Rechtsstellung der Soldaten, die nach Maßgabe des Wehrpflichtgesetzes Wehrdienst leisten

§ 58 Regelung durch Gesetz; Form der Beförderung

(1) Die Begründung der Wehrpflicht, die Heranziehung der Wehrpflichtigen zum Wehrdienst und die Beendigung ihres Wehrdienstes regelt das Wehrpflichtgesetz.

(2) [1]Die Beförderung eines Soldaten, der nach Maßgabe des Wehrpflichtgesetzes Wehrdienst leistet, wird mit der dienstlichen Bekanntgabe an den Soldaten, jedoch nicht vor dem in der Ernennungsverfügung bestimmten Tag wirksam. [2]§ 42 Abs. 2 Satz 2 gilt entsprechend. [3]Die Sätze 1 und 2 gelten entsprechend für diejenigen, die zu den in § 60 genannten Dienstleistungen herangezogen werden.

Übersicht

	Rn		Rn
I. Allgemeines	1	II. Erläuterungen im Einzelnen	11
1. Entstehung der Vorschrift	1	1. Absatz 1	11
2. Änderungen der Vorschrift	5	2. Absatz 2 Satz 1	12
3. Bezüge zum Beamtenrecht bzw. zu sonstigen rechtl. Vorschriften; ergänzende Dienstvorschriften und Erlasse	8	3. Absatz 2 Satz 2	13
		4. Absatz 2 Satz 3	14
		5. Beförderungsgrundsätze	15

---

8 BT-Drs. 14/4660, 40.
9 *Scherer/Alff/Poretschkin*, SG, § 57 Rn. 4.

§ 58 Regelung durch Gesetz; Form der Beförderung

Literatur: *Boehm-Tettelbach, Wolfgang*: Wehrpflichtgesetz, Komm., Stand 2009; *Steinlechner, Wolfgang/Walz, Dieter*: Wehrpflichtgesetz, Komm., 7. Aufl. 2009.

I. Allgemeines

1 **1. Entstehung der Vorschrift.** § 53 des REntw.[1] (jetzt: § 58) sah folgende Regelung vor:

(1) Die Begründung der Wehrpflicht, die Heranziehung der Wehrpflichtigen zum Wehrdienst und die Beendigung ihres Wehrdienstes werden durch besonderes Gesetz geregelt.

(2) Die Beförderung eines Soldaten, der auf Grund der Wehrpflicht Wehrdienst leistet, wird mit der dienstlichen Bekanntgabe wirksam.

(3) Ein Soldat, der auf Grund der Wehrpflicht Wehrdienst leistet, verliert seinen Dienstgrad, wenn gegen ihn auf Gefängnis von einem Jahr oder längerer Dauer wegen vorsätzlich begangener Tat erkannt wird.

Die **Begr.**[2] verweist im Wesentlichen auf den Normtext.

2 In der **1. Lesung** im BT am 12.10.1955[3] beklagte der Abg. *Merten* (SPD), dass der REntw. darunter leide, dass versucht worden sei, „vier ganz verschiedene Personengruppen" (BS, SaZ, WPfl und Zivilpersonal) in einem Gesetz zusammenzufassen. Diese Kritik war und ist weiterhin berechtigt: Der **Dritte Abschnitt** ist im SG ein **Fremdkörper**. § 58 Abs. 1 verweist auf das später verabschiedete WPflG und hätte nach dessen Verkündung gestrichen werden sollen. § 58 Abs. 2 hätte in die §§ 42 ff. eingefügt werden können.

3 Die Eile, mit der seinerzeit versucht wurde, das SG zu verabschieden, wird auch an § 53 **Abs. 3** des REntw. deutlich. In der Beratung des REntw. im **Rechtsausschuss** des BT am 12.12.1955[4] schlug der Vertreter des BMVg, *Dr. Scherer*, selbst vor, auf diesen Abs. zu verzichten, weil er besser im WPflG zu platzieren sei. Der Ausschuss folgte diesem Votum; Abs. 3 wurde später als § 30 Abs. 2 in das WPflG übernommen.

4 Auch im **Ausschuss für Beamtenrecht** des BT wurde an § 53 des REntw. Kritik geübt: In der Sitzung vom 12.1.1956[5] stimmte der Ausschuss zwar der Regierungsvorlage zu, bat auf Anregung seines Vorsitzenden, des Abg. *Dr. Kleindinst* (CDU/CSU) jedoch um Prüfung einer evtl. Umstellung des Dritten Abschnitts in der Systematik des Gesamtentw.; auch erscheine der Umfang der in diesem Abschnitt enthaltenen Vorschriften zu „geringfügig". In der Tat ist es ungewöhnlich, lediglich *eine* **Norm als eigenen Abschnitt** eines Gesetzes auszuweisen.[6] In der weiteren Beratung des REntw. ist dieser Gedanke offenbar vergessen worden. Der **VertA**[7] und das **Plenum** stimmten dem REntw. mit Textänd. in den Abs. 1 und 2, bei Streichung des Abs. 3, zu. Der Vorschlag des Ausschusses für Beamtenrecht wurde aus nicht mehr feststellbaren Gründen nicht weiter verfolgt.

---

1 BT-Drs. II/1700, 14.
2 BT-Drs. II/1700, 35.
3 Sten.Ber., 5785.
4 Prot. Nr. 93, 23.
5 Prot. Nr. 44, 5.
6 Für moderne G verlangt das Handbuch der Rechtsförmlichkeit, hrsg. v. BMJ, 2. Aufl. 1999, Rn. 414, dass eine „übergeordnete Gliederungseinheit" mehrere Einzelvorschriften unter einer Bezeichnung wie „Abschnitt" zusammenzufassen hat.
7 BT-Drs. II/2140, 14, 56.

2. Änderungen der Vorschrift. Mit Art. 1 Nr. 17 des G vom **6.12.1990**[8] wurden Abs. 2   5
Satz 2 neu gefasst („§ 42 Abs. 2 Satz 2 gilt entsprechend") und an Abs. 2 ein neuer
Satz 3 angefügt („Sätze 1 und 2 geltend entsprechend für frühere Berufssoldaten oder
frühere Soldaten auf Zeit, die gem. § 51 Abs. 1 Nr. 1, § 51a oder § 54 Abs. 5 zu weiteren
Dienstleistungen herangezogen werden"). Die Änd. von Abs. 2 Satz 2 war redaktioneller Natur[9]; die Erstreckung des vereinfachten Beförderungsverfahrens auf nicht
wpfl frühere BS und SaZ wurde damit begründet, dass deren Dienstleistungen „nach
ihrer Art und Dauer" mit den Dienstleistungen von WPfl vergleichbar seien.[9] Diese
Regelung mag zwar „zweckmäßig und sinnvoll"[10] sein; sie gehört indes **nicht in den
Dritten Abschnitt**, da dieser Personenkreis eben nicht aufgrund der WPfl (weiterhin)
Dienst leistet.

Mit Art. 1 Nr. 42 des **SGÄndG** wurden in § 58 eine Überschrift („Regelung durch   6
Gesetz; Form der Beförderung") eingefügt, in Abs. 1 die Wörter „werden durch
Gesetz geregelt" durch die Wörter „regelt das Wehrpflichtgesetz" ersetzt und Abs. 2
Satz 3 neu gefasst („Die Sätze 1 und 2 gelten entsprechend für diejenigen, die zu
den in § 51 Abs. 2, §§ 51a, 54 Abs. 5 oder § 58a genannten weiteren Dienstleistungen
herangezogen werden oder aufgrund freiwilliger Verpflichtung nach § 4 Abs. 3
Satz 1 des Wehrpflichtgesetzes Wehrdienst leisten."). Mit der Überschrift und der
Zitierung des WPflG wurde § 58 an die übrigen Best. des SG angeglichen. Die
Ergänzung von Abs. 2 Satz 3 bezweckte in erster Linie die Erweiterung dieser Norm
auf Soldatinnen, die gem. § 58a a. F. zu Dienstleistungen herangezogen werden
konnten.[11] Spätestens hierbei hätte der Gesetzgeber entweder die **Überschrift** des
Dritten Abschnitts **ändern** oder die speziellen Beförderungsbest. des Abs. 2 an die
verschiedenen Statusgruppen anfügen müssen. Frauen dürfen auf keinen Fall zum
Dienst mit der Waffe verpflichtet werden (Art. 12a Abs. 4 Satz 2 GG). Die Rechtsstellung der freiwillig Dienst leistenden Frauen kann daher nicht unter die Überschrift „Rechtsstellung der Soldaten, die auf Grund der Wehrpflicht Wehrdienst leisten", subsumiert werden.

Durch Art. 2 Nr. 22 des **SkResNOG** erhielt die Überschrift des Dritten Abschnitts   7
die geltende Fassung. Die in Rn. 6 dargestellten Probleme wurden damit nur z.T.
gelöst. Durch Art. 2 Nr. 23 des SkResNOG wurde Abs. 2 in die geltende Fassung
gebracht. Die jetzige Formulierung berücksichtigt den Personenkreis der FWDL deutlicher als vorher.[12]

**3. Bezüge zum Beamtenrecht bzw. zu sonstigen rechtl. Vorschriften; ergänzende
Dienstvorschriften und Erlasse.** Eine mit § 58 Abs. 2 vergleichbare Rechtsnorm kennt   8
das **Beamtenrecht** nicht. Dies mag darin begründet sein, dass Beamte im Regelfall
nicht derart „massenhaft" befördert werden wie WPfl.

ZDL werden nicht befördert. Einem ZDL kann gem. § 35 Abs. 2 ZDG nach bestimm- 9
ten Dienstzeiten ein höherer Sold gewährt werden. Voraussetzung hierfür ist jedoch
keine einer Beförderung entspr. Laufbahnmaßnahme.

---

8 BGBl. I S. 2588.
9 BT-Drs. 11/6906, 17.
10 GKÖD I Yk, § 58 Rn. 2.
11 BT-Drs. 14/4062, 23.
12 Vgl. BT-Drs. 15/4485, 37.

10 Für die Beförderungen gem. § 58 Abs. 2 sind insbes. folgende **DBest.** zu beachten:
- § 1 Nr. 2 bis 7, §§ 10, 22 und 43 **SLV**. Danach finden auf diesen Personenkreis entweder die Vorschriften über SaZ oder über BS Anwendung.
- **ZDv 20/7** „Bestimmungen für die Beförderung und für die Einstellung, Übernahme und Zulassung von Soldatinnen und Soldaten".
- **ZDv 14/5 B 119** „Verfahren bei der Verfügung und Bekanntgabe der Beförderung von Soldaten, die nach Maßgabe des Wehrpflichtgesetzes Wehrdienst leisten, sowie derjenigen, die zu weiteren Dienstleistungen herangezogen werden, und von früheren Soldatinnen und Soldaten außerhalb des Wehrdienstes".

II. Erläuterungen im Einzelnen

11 **1. Absatz 1.** Abs. 1 enthält **keine materielle Regelung.**[13] Er hat lediglich – obsoleten – deklaratorischen Charakter. Im Übrigen gelten, wie sich aus § 1 Abs. 1 Satz 1 ergibt, insbes. die §§ 6 bis 36 auch für wpfl Soldaten mit der Besonderheit des § 9 Abs. 2.

12 **2. Absatz 2 Satz 1.** Abw. von § 42 Abs. 1 und Abs. 2 Satz 1, § 41 Abs. 2 bestimmt § 58 Abs. 2 Satz 1, dass die Beförderung eines WPfl durch **dienstl. Bekanntgabe** an den Soldaten und nicht durch Aushändigung einer Urkunde erfolgt. Voraussetzung hierfür ist eine Verfügung der zuständigen Dienststelle. Der konstitutive Akt ist die dienstl. Bekanntgabe an den Soldaten.[14]

13 **3. Absatz 2 Satz 2.** Die Verweisung auf § 42 Abs. 2 Satz 2 bedeutet, dass dem Soldaten die dienstl. Bekanntgabe seiner Beförderung zu **bescheinigen** ist. Die (urkundliche) Bescheinigung erfolgt durch Eintragung des neuen Dienstgrades in den **Truppenausweis** des Soldaten.[15] Zusätzlich soll bei der Beförderung zu einem Mannschaftsdienstgrad eine **Urkunde** über die dienstl. Bekanntgabe ausgehändigt werden.[16] Beide Maßnahmen haben lediglich **deklaratorischen Charakter**.[17]

14 **4. Absatz 2 Satz 3.** Das vereinfachte Beförderungsverfahren gilt auch für den Personenkreis des § 59.

Ob es sinnvoll ist, dieses Verfahren auf **Abg.** zu übertragen, die gem. § 54 Abs. 4, § 51 Abs. 6 zu Dienstleistungen gem. § 60 herangezogen werden, darf bezweifelt werden. Abs. 2 Satz 3 sollte auf den Personenkreis des § 59 begrenzt werden.

15 **5. Beförderungsgrundsätze.** Eine Beförderung wird nur wirksam, wenn der Soldat damit **einverstanden** ist.[18] Dieses Einverständnis wird unterstellt. Verwahrt sich ein Soldat unverzüglich nach der Bekanntgabe seiner Beförderung hiergegen, ist die Beförderung „wirkungslos".[19]

16 Auf einen in der Bw erworbenen Dienstgrad kann **nicht verzichtet** werden.[20]

---

13 Missverständlich BVerwGE 28, 193 = NZWehr 1968, 224, wenn es dort heißt, die Rechtsstellung eines Soldaten, der aufgrund der WPfl Wehrdienst leiste, werde durch § 58 „bestimmt". Die Rechtsstellung eines WPfl wird durch das WPflG bestimmt.
14 So auch GKÖD I Yk, § 58 Rn. 2; *Scherer/Alff/Poretschkin*, SG, § 58 Rn. 4.
15 ZDv 14/5 B 119 Nr. 7 Abs. 2.
16 ZDv 14/5 B 119 Nr. 7 Abs. 5.
17 So bereits *Rittau*, SG, 237.
18 BVerwG RiA 1986, 16 = NVwZ 1986, 128.
19 ZDv 14/5 B 119 Nr. 8 Abs. 2.
20 BVerwG NZWehr 1990, 174 = *Buchholz* 448.0 § 37 WPflG Nr. 1.

Eine Beförderung wird frühestens mit dem Tag der dienstl. Bekanntgabe wirksam.[21] **17**
Die **Unzulässigkeit einer rückwirkenden Beförderung** ist nicht nur „Ausdruck eines allgemeinen Rechtsgedankens"[22], sondern folgt bereits aus § 12 Abs. 2 Satz 2 BBG, der auf Soldaten analog anzuwenden ist. Mit der Neufassung des § 58 Abs. 2 Satz 1 durch das SkResNOG hat der Gesetzgeber auch insoweit für Rechtsklarheit gesorgt.

Zur (Nicht-)Beförderung von WPfl, die sich **weigern, das feierliche Gelöbnis abzulegen**, vgl. die Komm. zu § 9.[23] **18**

Vierter Abschnitt
Dienstleistungspflicht

1.
Umfang und Arten der Dienstleistungen

§ 59 Personenkreis

(1) ¹Ein früherer Berufssoldat, der wegen Erreichens der Altersgrenze in den Ruhestand getreten ist oder versetzt worden ist, kann bis zum Ablauf des Monats, in dem er das 65. Lebensjahr vollendet hat, zu den in § 60 genannten Dienstleistungen herangezogen werden. ²Zu den in § 60 Nr. 2 bis 4 genannten Dienstleistungen kann er nur mit seiner freiwilligen schriftlichen Verpflichtung herangezogen werden.

(2) ¹Ein früherer Berufssoldat oder ein früherer Soldat auf Zeit, der mindestens zwei Jahre in einem Dienstverhältnis als Berufssoldat oder Soldat auf Zeit gestanden hat, kann
1. bis zum Ablauf des Monats, in dem er das 60. Lebensjahr vollendet hat,
2. außerhalb des Spannungs- und Verteidigungsfalles bis zum Ablauf des Monats, in dem er das 45. Lebensjahr vollendet hat, wenn er einen Mannschaftsdienstgrad führt, und
3. mit seiner freiwilligen schriftlichen Verpflichtung und nach Zustimmung durch das Bundesministerium der Verteidigung auch bis zum Ablauf des Monats, in dem er das 65. Lebensjahr vollendet hat,

zu den in § 60 genannten Dienstleistungen herangezogen werden. ²Absatz 1 Satz 2 gilt entsprechend.

(3) ¹Eine Person, die nicht als Berufssoldat oder als Soldat auf Zeit in einem Wehrdienstverhältnis gestanden hat, kann auf Grund freiwilliger schriftlicher Verpflichtung bis zum Ablauf des Monats, in dem sie das 65. Lebensjahr vollendet hat, zu den in § 60 genannten Dienstleistungen herangezogen werden. ²§ 9 Abs. 2 gilt entsprechend. ³Wird ihr ein höherer Dienstgrad nicht nur für die Dauer der Verwendung verliehen, kann sie auch ohne freiwillige Verpflichtung
1. bis zum Ablauf des Monats, in dem sie das 60. Lebensjahr vollendet hat, zu den in § 60 Nr. 1, 5 und 6 genannten Dienstleistungen und

---

21 ZDv 14/5 B 119 Nr. 4 Abs. 1.
22 BVerwG *Buchholz* 448.0 § 40 WPflG Nr. 3 = ZBR 1980, 357.
23 § 9 Rn. 42.

2. **außerhalb des Spannungs- und Verteidigungsfalles bis zum Ablauf des Monats, in dem sie das 45. Lebensjahr vollendet hat, wenn sie einen Mannschaftsdienstgrad führt, zu den in § 60 Nr. 1 und 5 genannten Dienstleistungen herangezogen werden.**

(4) ¹Vor Bestandskraft des Heranziehungsbescheides kann die gemäß Absatz 1 Satz 2, Absatz 2 oder Absatz 3 Satz 1 abgegebene freiwillige schriftliche Verpflichtung allgemein oder für den Einzelfall jederzeit und ohne Angabe von Gründen widerrufen werden. ²Der Widerruf ist schriftlich gegenüber der für die Heranziehung zuständigen Stelle zu erklären.

(5) ¹Nach Bestandskraft des Heranziehungsbescheides ist der Widerruf der Verpflichtungserklärung ausgeschlossen. ²Die auf Grund einer freiwilligen Verpflichtung Herangezogenen können beantragen, von der Teilnahme entpflichtet zu werden, soweit sie ihren Dienst noch nicht angetreten haben; dem Antrag ist stattzugeben, wenn die Heranziehung zur Dienstleistung für sie wegen persönlicher, insbesondere häuslicher, wirtschaftlicher oder beruflicher Gründe eine besondere, im Bereitschafts-, Spannungs- und Verteidigungsfall eine unzumutbare Härte bedeuten würde.

Übersicht

	Rn		Rn
I. Allgemeines	1	II. Erläuterungen im Einzelnen	15
1. Entstehung der Vorschrift	1	1. Absatz 1	15
a) § 1 Abs. 3 a. F	3	2. Absatz 2	19
b) § 51a a. F	4	3. Absatz 3	21
c) § 58a a. F	9	4. Absatz 4 und 5	31
2. Änderungen der Vorschrift	13	5. Sonstiges	32
3. Bezüge zum Beamtenrecht	14	a) Finanzielle Ansprüche	32
		b) Übergangsregelung	33

Literatur: Zu § 1 Abs. 3 a. F.: *Knoche, Sebastian*: „Zwangsweise" Diensterfüllung bei Auslandseinsätzen? NZWehrr 1996, 21; *Schwandt, Eberhard Ulrich*: Einsatz der Bundeswehr „out of area", in: Fs für Klaus Dau, 1999, 219; *Walz, Dieter*: Wehrpflicht und „Landes"verteidigung, NZWehrr 1998, 110.

Weitere Lit. bei *Boehm-Tettelbach,* WPflG, § 6a Rn. 3 ff.

Zu § 51a a. F.: *Heselhaus, Sebastian/Schmidt-De Caluwe, Reimund*: Ernstfall für die Gleichberechtigung – europa- und verfassungsrechtliche Aspekte der Novellierung des Soldatenrechts, NJW 2001, 263.

Zu § 58a a. F.: *Eichen, Klaus*: Erosion der deutschen Wehrverfassung durch sekundäres Gemeinschaftsrecht? NZWehrr 2000, 45; *ders.*: Das „Gesetz zur Änderung des Soldatengesetzes und anderer Vorschriften (SGÄndG)" vom 19.12.2000, NZWehrr 2001, 45; *Kümmel, Gerhard*: Frauen im Militär, in: Gareis/Klein: HdBMilSoWi, 51; *Walz, Dieter*: Auslandseinsätze deutscher Streitkräfte und Art. 87b Grundgesetz, NZWehrr 1997, 89; *ders.*: Die verfassungsrechtlichen Grundlagen der Bundeswehrverwaltung – Abschied von der Zwei-Säulen-Theorie? in: Fs für Klaus Dau, 1999, 301; *ders.*: Die Bundeswehrverwaltung im Auslandseinsatz, in: Klein, Paul/Walz, Dieter: Die Bundeswehr an der Schwelle zum 21. Jahrhundert, 2000, 111; *ders.*: Die Soldatin und das Grundrecht auf Kriegsdienstverweigerung, NZWehrr 2002, 246; *ders.*: Beamtinnen und Beamte der Bundeswehr im Auslandseinsatz – Statusrechtliche Problemstellungen, in: Fs für Dieter Fleck, 2004, 663; *ders.*: Die Besonderheiten des gesetzlichen Status des Soldaten, in: Gareis/Klein: HdBMilSoWi, 482.

Zu § 59 n. F.: *Walz, Dieter:* Verfassungsrechtliche Implikationen des Streitkräftereserve-Neuordnungsgesetzes, NZWehr 2005, 191; ders.: Das Streitkräftereserve-Neuordnungsgesetz, BWV 2005, 73.

I. Allgemeines

1. Entstehung der Vorschrift. Bis zum Inkrafttreten des SkResNOG regelte § 59 im V. Abschnitt „Rechtsweg" die „Zuständigkeiten". Mit dem SkResNOG wurde diese Vorschrift in den neu gefassten VI. Abschnitt „Rechtsschutz" verschoben und als § 82 „Zuständigkeiten" **neu platziert**. 1

Der **jetzige § 59** setzt sich wie folgt zusammen[1]: 2
- Abs. 1 entspricht § 51 Abs. 1 und Abs. 2 a. F.
- Abs. 2 entspricht im Wesentlichen § 51a a. F. und § 54 Abs. 5 a. F.
- Abs. 3 entspricht im Wesentlichen § 58a a. F.
- Abs. 4 und 5 entsprechen § 1 Abs. 3 Satz 3 bis 6 a. F.

Bzgl. der Entstehung des § 51 Abs. 1 und 2 a. F. kann auf die Komm. zu § 51 n. F. verwiesen werden.

Bzgl. der Entstehung von § 1 Abs. 3, § 51a und § 58a ist in Kürze Folgendes auszuführen:

a) § 1 Abs. 3 a. F. Die hier maßgebliche Fassung des Abs. 3 geht auf Art. 2 Nr. 1 des G vom **24.7.1995**[2] zurück. Mit diesem Gesetz wurden u. a. soldatenrechtl. Vorschriften im Hinblick auf die Teilnahme von Soldaten an besonderen Auslandsverwendungen in das SG eingestellt. 3

Abs. 3 Satz 3 bis 6 erhielt folgende (Erst-)Fassung:

Vor Bestandskraft des Heranziehungsbescheides kann der nicht wehrpflichtige frühere Soldat seine Erklärung zur Teilnahme an einer besonderen Auslandsverwendung allgemein oder für den Einzelfall jederzeit und ohne Angabe von Gründen widerrufen. Der Widerruf ist schriftlich gegenüber der für die Heranziehung zuständigen Stelle zu erklären. Nach Bestandskraft des Heranziehungsbescheides ist der Widerruf ausgeschlossen. Auf seinen Antrag ist der nicht wehrpflichtige frühere Soldat von der Teilnahme an besonderen Auslandsverwendungen zu entpflichten, wenn wichtige persönliche Gründe dies rechtfertigen.

Diese Fassung des Abs. 3 Satz 3 bis 6 galt bis zum Inkrafttreten des SkResNOG ohne Änd.

b) § 51a a. F. Durch Art. 1 Nr. 14 des G vom **6.12.1990**[3] wurde mit § 51a[4] folgende Best. eingefügt: 4

(1) Ein früherer Berufssoldat, der nicht wehrpflichtig ist und dessen Dienstverhältnis aus den in § 46 Abs. 3 genannten Gründen geendet hat, kann bis zum Ablauf des Jahres, in dem er das sechzigste Lebensjahr vollendet hat, zu weiteren Dienstleistungen herangezogen werden, wenn er mindestens zwei Jahre in einem Dienstverhältnis als Berufssoldat oder Soldat auf Zeit gestanden hat. Er ist verpflichtet, Änderungen seines ständigen Aufenthalts oder seiner Wohnung binnen einer Woche der zuständigen Stelle anzuzeigen.

---

1 Vgl. BT-Drs. 15/4485, 37 f.
2 BGBl. I S. 962.
3 BGBl. I S. 2588.
4 Auf die gleichzeitige Neufassung des § 54 Abs. 5 a. F. wird hier nicht weiter eingegangen.

(2) Dienstleistungen im Sinne des Absatzes 1 sind zeitlich befristete Übungen im Frieden, unbefristete Übungen, die als Bereitschaftsdienst von der Bundesregierung angeordnet worden sind, sowie unbefristeter Wehrdienst im Verteidigungsfall.

(3) Eine Übung im Frieden dauert höchstens einen Monat. Die Gesamtdauer der Übungen im Frieden beträgt bei Unteroffizieren höchstens fünf und bei Offizieren höchstens sechs Monate.

(4) Ein früherer nicht wehrpflichtiger Berufssoldat wird auf seinen Antrag von seinen weiteren Dienstleistungspflichten zeitlich befristet oder völlig befreit, wenn unter Berücksichtigung aller Umstände zwingende Interessen der militärischen Verteidigung nicht entgegenstehen.

5   Zur **Begr.**[5] führte die BReg aus, ein „gleichberechtigter und chancengleicher Dienst" von wpfl und nicht wpfl Soldaten sei nur möglich, wenn sichergestellt sei, dass auch der nicht wpfl Soldat als Res zur Verfügung stehe und für eine Verwendung im V-Fall eingeplant werden könne. Dies sei „zur Herstellung der vollen Verteidigungsfähigkeit" erforderlich. Eine Konkretisierung des betr. Personenkreises fehlt sowohl im Gesetzestext als auch in der amtl. Begr.; aus dem Kontext des Gesetzgebungsvorhabens mit der „Öffnung aller Verwendungen im Sanitäts- und Militärmusikdienst für Frauen"[6] ist zu vermuten, dass in erster Linie die **nicht wpfl Soldatinnen** als **Zielgruppe** gemeint waren.

6   Durch Art. 2 Nr. 5 des G vom **24.7.1995**[7] wurden die Abs. 2 und 3 um Best. zu den besonderen Auslandsverwendungen ergänzt.

7   Durch Art. 1 Nr. 38 des **SGÄndG** wurde Abs. 3 redaktionell und sprachlich an die Neufassung des § 51 angepasst.

8   Bis zum Inkrafttreten des SkResNOG galt demnach folgende Fassung des § 51a:

(1) Ein früherer Berufssoldat, der nicht wehrpflichtig ist und dessen Dienstverhältnis aus den in § 46 Abs. 3 genannten Gründen geendet hat, kann bis zum Ablauf des Jahres, in dem er das 60. Lebensjahr vollendet hat, zu weiteren Dienstleistungen herangezogen werden, wenn er mindestens zwei Jahre in einem Dienstverhältnis als Berufssoldat oder Soldat auf Zeit gestanden hat. Er ist verpflichtet, Änderungen seines ständigen Aufenthalts oder seiner Wohnung binnen einer Woche der zuständigen Stelle anzuzeigen.

(2) Dienstleistungen im Sinne des Absatzes 1 sind zeitlich befristete Übungen im Frieden, unbefristete Übungen, die als Bereitschaftsdienst von der Bundesregierung angeordnet worden sind, sowie unbefristeter Wehrdienst im Verteidigungsfall. Dienstleistung im Sinne des Absatzes 1 ist auch die Teilnahme an besonderen Auslandsverwendungen.

(3) Eine Übung im Frieden dauert höchstens einen Monat. Die Gesamtdauer der Übungen im Frieden beträgt bei Unteroffizieren höchstens fünf und bei Offizieren höchstens sechs Monate. Für die Teilnahme an einer besonderen Auslandsverwendung gilt § 51 Abs. 2 Satz 3 und 4 entsprechend; sie ist auf die Gesamtdauer der Übungen nach Satz 2 anzurechnen. Für die Entlassung aus dem Wehrdienst gilt § 51 Abs. 2 Satz 2, 5 und 6 entsprechend.

---

5   BT-Drs. 11/6906, 12.
6   BT-Drs. 11/6906, Deckblatt sowie S. 12.
7   Vgl. o. Fn. 2.

(4) Ein nicht wehrpflichtiger früherer Berufssoldat wird auf Antrag von seinen weiteren Dienstleistungspflichten zeitlich befristet oder völlig befreit, wenn unter Berücksichtigung aller Umstände zwingende Interessen der militärischen Verteidigung nicht entgegenstehen.

c) **§ 58a a. F.** § 58a a. F. wurde durch Art. 1 Nr. 43 des **SGÄndG** in das SG eingefügt. **9**

Zur **Begr.**[8] verwies die BReg auf die allg. Zielsetzung des G, Frauen und Männer im **10** Hinblick auf den Dienst in den SK gleichzustellen. Zugleich wurde damit auch der Entsch. des EuGH in der Rechtssache *Tanja Kreil*[9] entsprochen. Gedacht war primär an **(ungediente) Rechtsberaterinnen, Truppenverwaltungsbeamtinnen** und **Truppenpsychologinnen**[10], möglicherweise auch an **zivile Ärztinnen**.[11] Diesem Personenkreis war es bis dato verwehrt gewesen, insbes. (freiwillig) an besonderen Auslandsverwendungen teilzunehmen, nachdem im BMVg entschieden worden war, solche grds. nur im Soldatenstatus zuzulassen.[12]

Bis zu seiner Aufhebung durch das SkResNOG bestimmte § 58a a. F.: **11**

(1) Eine Frau, die nicht als Berufssoldat oder als Soldat auf Zeit in einem Wehrdienstverhältnis gestanden hat, kann auf Grund freiwilliger Verpflichtung bis zum Ablauf des Jahres, in dem sie das 60. Lebensjahr vollendet hat, zu Dienstleistungen im Sinne des § 51a Abs. 2 herangezogen werden; § 1 Abs. 3 Satz 2 bis 6 gilt entsprechend. Sie hat dabei die Rechtsstellung eines früheren Soldaten auf Zeit, der zu Dienstleistungen nach § 54 Abs. 5 herangezogen wird; § 9 Abs. 2 gilt entsprechend. Wird der Soldatin ein Dienstgrad nur für die Dauer der Verwendung verliehen, gelten die Vorschriften über die Gesamtdauer der Übungen im Frieden nicht.

(2) Wird der Soldatin ein höheren Dienstgrad nicht nur für die Dauer der Verwendung verliehen, kann sie in entsprechender Anwendung der §§ 51a, 54 Abs. 5 zu weiteren Dienstleistungen herangezogen werden.

Bereits aufgrund ihrer zahlreichen Verweisungen und Weiterverweisungen war die **12** Vorschrift **wenig anwenderfreundlich** gefasst; eine **grundlegende Überarbeitung** war geboten. Diese erfolgte mit dem SkResNOG. § 59 Abs. 3 ist eher geeignet, auch durch nicht ausgewiesene Kenner des soldatischen Dienstrechts verstanden zu werden.

2. Änderungen der Vorschrift. Durch Art. 3 Nr. 16 des **WehrRÄndG 2008** wurden **13** Abs. 1 Satz 2 und Abs. 3 Satz 3 redaktionell (Einfügung der Wehrdienstart „Hilfeleistung im Ausland") geändert. Mit der nächsten Novellierung des SG sollten **§ 51 Abs. 6** und **§ 54 Abs. 4** als **§ 59 Abs. 6** eingefügt werden.[13] Zur Änd. des **Abs. 5 Satz 2** vgl. unten Rn. 31.

3. Bezüge zum Beamtenrecht. Eine mit § 59 vergleichbare Rechtsvorschrift existiert **14** im Beamtenrecht und im sonstigen öff. Dienstrecht nicht.

---

8 BT-Drs. 14/4062, 17.
9 Urt. v. 11.1.2000, C-285/98. Vgl. dazu *Eichen*, NZWehrr 2000, 45.
10 BT-Drs. 14/4062, 23.
11 *Eichen*, NZWehrr 2001, 53.
12 Vgl. *Walz*, in: Fs für Fleck, 663.
13 Vgl. die Komm. zu § 51 Fn. 15.

II. Erläuterungen im Einzelnen

15 **1. Absatz 1.** Die Verpflichtung ehem. BS, bis zum 65. Lebensjahr (nachwirkende) Dienste zu erbringen, beruht, ebenso wie die Regelung des § 51 Abs. 1, auf dem freiwillig begründeten **lebenslangen Dienst- und Treueverhältnis**.[14] Die Begrenzung auf das 65. Lebensjahr ist nicht unzumutbar, da diese Altersgrenze (noch) die im sonstigen öff. Dienst übliche ist. Die gem. Abs. 2 Satz 1 Nr. 3 erforderliche Zustimmung des BMVg ist für diesen Personenkreis nicht vorgesehen. Eine **zwangsweise Heranziehung** zu Dienstleistungen ist gem. Satz 2 nur zulässig zu befristeten Übungen (§ 61), zu unbefristeten Übungen als Bereitschaftsdienst und zum unbefristeten Wehrdienst im Spannungs- und im V-Fall. Diese Beschränkung entspricht den **Best. des WPflG** (§ 4 Abs. 1, § 6, § 6a, § 6c, § 6d); sie ist mit dem Grds. der Verhältnismäßigkeit vereinbar.

16 **Anwendbar** ist Abs. 1 auf frühere BS (Männer und Frauen), die nicht mehr oder nicht der WPfl unterliegen. Dies folgt aus der Konkurrenzregelung des § 80 und aus § 3 Abs. 4 WPflG. Konkret betroffen sind damit **ehem. Berufssoldatinnen** sowie **ehem. Berufssoldaten**, die insbes. wegen ihres Lebensalters oder – theoretisch – ihres Gesundheitszustandes **nicht mehr wpfl** sind.

17 **Nicht anwendbar** ist Abs. 1 auf **BS im einstweiligen Ruhestand** und BS, die gem. § 46 Abs. 2 Satz 1 Nr. 6 **entlassen** worden sind.

18 Erwähnenswert ist, dass Abs. 1, ebenso wie bereits § 51 Abs. 1 Satz 1 a. F., keinerlei weitere materielle Voraussetzungen nennt, die für eine Heranziehung zu Dienstleistungen gegeben sein müssen. Aus allg. rechtsstaatlichen Erwägungen ist davon auszugehen, dass eine (zwangsweise) Heranziehung nur zulässig sein dürfte, wenn die **sicherheitspolit. Lage** und/oder der **Personalbedarf der SK** eine solche zwingend erforderlich machen sollte.

19 **2. Absatz 2.** Abs. 2 hat die Best. der aufgehobenen § 51a, § 54 Abs. 5 übernommen. Neu ist, dass Mannschaftsdienstgrade im Spannungs- und im V-Fall bis zum 60. Lebensjahr dienstleistungspflichtig sind (Umkehrschluss aus Abs. 2 Satz 1 Nr. 2). Dies entspricht der jetzigen Regelung des § 3 Abs. 5 WPflG. In Angleichung an § 4 Abs. 3 Satz 4 und 5 WPflG a. F. wurde die Best. des Abs. 2 Satz 1 Nr. 3 formuliert.[15] Nur für diesen Personenkreis ist für diejenigen früheren BS oder SaZ, die älter als 60 Jahre sind, eine Zustimmung des BMVg erforderlich. Dies kann damit begründet werden, dass diese früheren BS und SaZ, anders als frühere BS nach Abs. 1 oder Personen nach Abs. 3, aufgrund ihrer Stehzeiten und Vorverwendungen noch am ehesten mit WPfl vergleichbar sind.

20 **Anwendbar** ist Abs. 2 auf nicht wpfl ehem. BS und SaZ, die mindestens zwei Jahre in einem solchen Dienstverhältnis „gestanden" haben, und die nicht wegen Erreichens der Altersgrenze in den Ruhestand getreten oder versetzt worden sind. Konkret betroffen sind mithin insbes. **ehem. Berufssoldatinnen und Soldatinnen auf Zeit**, die gem. § 46 Abs. 3 bzw. § 55 Abs. 3 entlassen worden sind, sowie entspr. **Männer**, die wegen ihres Lebensalters oder – theoretisch – ihres Gesundheitszustandes **nicht (mehr) der WPfl unterliegen**.[16]

---

14 Vgl. BT-Drs. 11/6906, 12; Komm. zu § 51 Rn. 21.
15 Vgl. BT-Drs. 15/4485, 37 f.
16 Nicht wpfl Personen, die weniger als zwei Jahre gedient haben, werden von § 59 nicht erfasst (*Weniger*, SG, § 59 Rn. 3). Bei diesen hat der Dienstherr kein Interesse an einer Dienstleistungspflicht.

§ 59 Personenkreis

3. Absatz 3. Abs. 3 ersetzt den aufgehobenen § 58a. Neben redaktionellen Änd. dieser Vorschrift ist auf die mit Abs. 2 verfügten **Neuerungen** (Dienstleistungen von Mannschaftsdienstgraden im Spannungs- und im V-Fall bis zum 60. Lebensjahr; freiwillige Dienstleistungen bis zum 65. Lebensjahr) hinzuweisen.[17] Eine Zustimmung des BMVg für diese Dienstleistungen zwischen dem 60. und dem 65. Lebensjahr ist, anders als in Abs. 2 Satz 1 Nr. 3, nicht erforderlich. Die Personalsteuerung erfolgt über den Bedarf der SK. 21

Abs. 3 Satz 1 und 2 ist primär auf **ungediente Frauen** anwendbar, die sich zu Dienstleistungen freiwillig verpflichten. Die Ersetzung des Wortes „Frau" (§ 58a Abs. 1 Satz 1 a. F.) durch „Person" (Abs. 3 Satz 1 n. F.) hat indes zur Folge, dass sich auch **Männer**, die nicht oder nicht mehr der WPfl unterliegen, entspr. verpflichten können, z. B. Auslandsdeutsche (§ 1 Abs. 2 WPflG), vom Wehrdienst Befreite (§ 11 WPflG), Ausländer (mit Zustimmung des BMVg) oder – theoretisch – Wehrdienstunfähige (§ 8a Abs. 2 WPflG), jew. vorausgesetzt, die SK haben an diesen Personen einen **Bedarf**.[18] Die Frage, ob wpfl Männer nach Ableistung des GWD ein **Wahlrecht** haben, ob sie z. B. zu Wehrübungen oder zu Übungen herangezogen werden wollen, ist im Hinblick auf § 80 zu **verneinen**. 22

Die Heranziehung erfolgt grds. **im untersten Mannschaftsdienstgrad** (§ 4 Abs. 2 Satz 1 SLV). Ausnahmen bestimmen sich nach § 5 Abs. 3 SLV. Bei Beamtinnen der Bw werden i. d. R. die Voraussetzungen des § 5 Abs. 3 Satz 1 Nr. 2 SLV für die Heranziehung mit einem vorläufigen höheren Dienstgrad erfüllt sein.[19] 23

Das **Wehrdienstverhältnis** dieser Personen **beginnt** wie das der ehem. BS und SaZ gem. Abs. 1 und 2 mit dem **Diensteintritt** (§ 2 Abs. 1 Nr. 2) mit der Konsequenz, dass der Personenkreis der Abs. 1 bis 3 dienst- und strafrechtl. wie WPfl behandelt werden kann, die dem Einberufungsbescheid keine Folge leisten. 24

Personen gem. Abs. 3 werden auch im Übrigen mit Diensteintritt **Soldat mit allen Rechten und Pflichten.** Statusrechtl. sind sie weder den BS noch den SaZ noch den GWDL zuzuordnen. Sie stehen zwischen SaZ und GWDL mit einem **Status sui generis**.

Gem. Abs. 3 Satz 2 haben diese Personen wie Soldaten, die nach Maßgabe des WPflG Wehrdienst leisten, ein **feierliches Gelöbnis** abzulegen. Rechtspolit. ist diese Lösung fragwürdig; sie kann Probleme erzeugen, die bereits im Zusammenhang mit der Komm. zu § 9 angesprochen worden sind.[20] Es wäre besser gewesen, diese Personen in anderer Form **feierlich zu verpflichten**, um so die „Nähe" zu WPfl nicht weiter zu verstärken. 25

Ist der Person ein **höherer Dienstgrad nur für die Dauer der Verwendung** verliehen worden, erwachsen daraus für sie keine nachwirkenden Verpflichtungen i. S. d. des IV. Abschnitts. Dieser „Dienstgrad" ist im Übrigen **nicht** gem. § 26 Satz 1 **besonders geschützt**.[21] 26

---

17 Vgl. BT-Drs. 15/4485, 38.
18 Für diese extensive Auslegung sprechen der Wortlaut („Person") u. die systematische Stellung der Vorschrift. Der Gesetzgeber hat an diese Weiterungen möglicherweise nicht gedacht. Die amtl. Begr. (BT-Drs. 15/4485, 38) beschränkt sich insoweit auf eine Bezugnahme auf § 58a a. F.
19 *Eichen*, NZWehrr 2001, 52; GKÖD I Yk, § 59 Rn. 17.
20 § 9 Rn. 14, 38. Vgl. auch GKÖD I Yk, § 59 Rn. 18.
21 Vgl. die Komm. zu § 26 Rn. 8.

27 Ist der Person – nach einer Wehrdienstleistung! – ein höherer Dienstgrad **endgültig verliehen** worden, kann sie auch gegen ihren Willen zu weiteren Dienstleistungen herangezogen werden (Abs. 3 Satz 3). Für die Teilnahme an einer besonderen Auslandsverwendung (§ 62), an einer Hilfeleistung im Innern (§ 63) und an einer Hilfeleistung im Ausland (§ 63a) ist allerdings stets ihr – nochmaliges – Einverständnis erforderlich.[22]

28 Die endgültige Verleihung des höheren Dienstgrades entspricht einer Beförderung (§ 4 Abs. 1 Satz 1 Nr. 3). Für sie gelten daher gem. § 5 Abs. 3 Satz 2 SLV die **Mindestdienstzeiten** der § 10 Abs. 2 Satz 1, § 22 Abs. 2 Satz 5 und § 43 Abs. 5 Satz 2 SLV. Die Beförderung erfolgt durch **dienstl. Bekanntgabe** (§ 58 Abs. 2 Satz 3).

29 Mit § 58a Abs. 2 a. F., der durch Abs. 3 Satz 3 ersetzt worden ist, sollte ein „Verfügbarkeitstatbestand geschaffen werden, der die Einsatzbereitschaft der Streitkräfte sicherstellt."[23] Dies ist im Hinblick auf Art. 12 Abs. 2 und Art. 12a Abs. 4 Satz 2 GG **nicht unproblematisch**.[24] Es bleibt zweifelhaft, ob die einmal erklärte freiwillige Verpflichtung, gefolgt von der dienstl. Bekanntgabe der Beförderung[25], incidenter die „nachwirkende" Verpflichtung der Person auszulösen vermag, weitere Dienstleistungen zu erbringen. In jedem Fall sind diese Personen vor der Beförderung **aktenkundig** darüber **zu belehren**, dass sie als Folge der Beförderung den Pflichten aus Abs. 3 Satz 3 unterliegen.

30 Frauen, die gem. Abs. 3 Satz 3 zu weiteren Dienstleistungen verpflichtet sind, werden wie ehem. Berufssoldatinnen und Soldatinnen auf Zeit als **„Reservistinnen"** der Bw bezeichnet. Sie sind berechtigt, gem. Art. 4 Abs. 3 Satz 1 GG ihre Anerkennung als **Kriegsdienstverweigerin** zu beantragen.[26]

31 **4. Absatz 4 und 5.** Mit Abs. 4 und 5 sind die bisher in § 1 Abs. 3 Satz 3 bis 6 enthaltenden Regelungen bzgl. der besonderen Auslandsverwendung in den IV. Abschnitt verlagert worden. Einbezogen wurden der Bereitschafts-, der Spannungs- und der V-Fall sowie die Hilfeleistung im Innern.[27] Inhaltl. erfolgte eine weitgehende Angleichung an die Best. der § 6a Abs. 3 und § 6c Abs. 4 WPflG.

Im Unterschied zu § 6a Abs. 3 Satz 4 WPflG kann der Dienstleistende gem. Abs. 5 Satz 2 nur entpflichtet werden, soweit er seinen Dienst (in der Auslandsverwendung selbst – nicht in einer vorbereitenden Übung gem. § 62 Abs. 3 Satz 1 –) noch nicht angetreten hat. Theoretisch kommt eine Entpflichtung auch dann in Betracht, wenn der Herangezogene dem Heranziehungsbescheid keine Folge geleistet hat. Er ist dann zwar de iure Soldat geworden (§ 2 Abs. 1 Nr. 2), hat jedoch „den Dienst noch nicht angetreten". Um diese vom Gesetzgeber nicht beabsichtigte Beendigung der Verpflichtung auszuschließen, sollte dieser Teilsatz des Abs. 5 Satz 2 Halbs. 2 gestrichen werden.

---

22 Vgl. *Eichen*, NZWehrr 2001, 52.
23 BT-Drs. 14/4062, 24.
24 Vgl. *Walz*, NZWehrr 2005, 196. *Vogelgesang*, in: GKÖD I Yk, § 1 Rn. 12, hält die nachwirkende Verpflichtung für rechtl. zulässig.
25 Ohne Übergabe einer Urkunde. Vgl. die Komm. zu § 58 Rn. 13.
26 Vgl. *Heselhaus/Schmidt-De Caluwe*, NJW 2001, 263; *Walz*, NZWehrr 2002, 246; VG Arnsberg 9 K 2860/05. Vgl. BVerwG NVwZ-RR 2010, 156.
27 Vgl. BT-Drs. 15/4485, 38.

Dem Antrag auf Entpflichtung ist gem. Abs. 5 Satz 2 Halbs. 2 im Frieden stattzugeben, wenn Gründe vorliegen, die bei einem BS oder SaZ zur Entlassung auf Antrag (§ 46 Abs. 6, § 55 Abs. 3) führen würden. Mit der jetzigen Fassung der Vorschrift ist der Gesetzgeber der entspr. Komm.[28] des § 1 Abs. 3 Satz 6 a. F. gefolgt.

5. Sonstiges. – a) Finanzielle Ansprüche. Der in den Abs. 1 bis 3 aufgeführte Personenkreis hat Anspruch auf Arbeitsplatzschutz (§ 14 Abs. 3, § 16 Abs. 4 ArbPlSchG), Leistungen nach dem USG (§ 1 Abs. 1 Satz 2 USG) und Wehrsold (§ 1 Abs. 2 WSG) **wie ein WPfl.** Versorgungsempfängern werden die Versorgungsbezüge fortgezahlt; diese werden ggf. um Leistungen nach dem USG aufgestockt (§ 13c Abs. 3 USG). 32

b) Übergangsregelung. Gem. § 98 finden die Vorschriften des IV. Abschnitts nur auf Personen Anwendung, die nach dem Inkrafttreten des 14. ÄndG in das Dienstverhältnis eines Soldaten berufen worden sind.[29] 33

§ 60 Arten der Dienstleistungen

Dienstleistungen sind
1. **befristete Übungen (§ 61),**
2. **besondere Auslandsverwendungen (§ 62),**
3. **Hilfeleistungen im Innern (§ 63),**
4. **Hilfeleistungen im Ausland (§ 63a),**
5. **unbefristete Übungen, die von der Bundesregierung als Bereitschaftsdienst angeordnet worden sind, und**
6. **unbefristeter Wehrdienst im Spannungs- und Verteidigungsfall.**

Übersicht

	Rn		Rn
I. Allgemeines	1	II. Erläuterungen im Einzelnen	4
1. Entstehung der Vorschrift	1	1. Allgemeines	4
2. Änderungen der Vorschrift	2	2. Nr. 1, 2, 3 und 4	6
3. Bezüge zum Beamtenrecht	3	3. Nr. 5	7
		4. Nr. 6	10
		5. Sonstiges	13

Literatur: *Walz Dieter:* Verfassungsrechtliche Implikationen des Streitkräftereserve-Neuordnungsgesetzes, NZWehrr 2005, 191.

I. Allgemeines

1. Entstehung der Vorschrift. Bis zum Inkrafttreten des SkResNOG war § 60 mit „Einstellung von anderen Bewerbern" überschrieben. Mit dem SkResNOG wurde diese Vorschrift als **§ 87 neu** platziert. Eine mit dem jetzigen Inhalt des § 60 vergleichbare Best. war bis zum SkResNOG im SG nicht vorhanden. In **Anlehnung an § 4 Abs. 1 WPflG** wollte der Gesetzgeber den einzelnen Dienstleistungen eine zusammenfassende Übersicht voranstellen. Eine solche erleichtert den Zugang zu den Dienstleistungen und vereinfacht Querverweise in anderen gesetzl. Vorschriften. 1

---

28 *Scherer/Alff*, SG, 7. Aufl., § 1 Rn. 32.
29 Vgl. die Komm. zu § 98.

§ 60   Arten der Dienstleistungen

2   **2. Änderungen der Vorschrift.** Durch Art. 3 Nr. 17 des **WehrRÄndG 2008** wurde nach Nr. 3 die neue Nr. 4 „Hilfeleistungen im Ausland" eingefügt. Bei einer künftigen Novellierung des SG (und des WPflG) wird zu prüfen sein, ob die Best. über den **Bereitschaftsdienst zu streichen** oder in einer Vorschrift analog der §§ 61 bis 63 **zusammenzufassen** und zu konkretisieren sind.¹ Außerdem sollte untersucht werden, ob **weitere Wehrdienstarten**² in den Katalog des § 60 (und des § 4 Abs. 1 WPflG) aufgenommen werden können. Schließlich ist der Klammerzusatz in Nr. 1 um die Angabe „Abs. 1 und 2" zu ergänzen; an Nr. 5 ist der Klammerzusatz „§ 61 Abs. 3" anzufügen.

3   **3. Bezüge zum Beamtenrecht.** Eine mit § 60 vergleichbare Best. existiert im Beamtenrecht und im sonstigen öff. Dienstrecht **nicht**.

II. Erläuterungen im Einzelnen

4   **1. Allgemeines.** Die Aufzählung der einzelnen Arten von Dienstleistungen in den Nrn. 1 bis 6 hat **abschließenden** Charakter. Eine Erweiterung dieses Katalogs z. B. durch Weisung des BMVg wäre unzulässig.³

5   Die Dienstleistungen nach Nr. 1, 2, 3, 4 und 5 sind auf den völkerrechtl. **Friedenszustand** bezogene Wehrdienstarten. Sie können – von verschiedenen Dienstleistenden – zur gleichen Zeit und an gleichen Orten im Inland (Nr. 1, 3 und 5) bzw. im Ausland (Nr. 2 und 4) stattfinden. Im **Spannungs-** und im **V-Fall** kann die BReg Dienstleistungen nach Nr. 1, 2, 3 und 4 parallel zur Dienstleistung nach Nr. 6 zulassen bzw. anordnen, sofern dies die sicherheitspolit. Situation gebietet und eine räumliche sowie funktionsbezogene Trennung der verschiedenen Dienstleistenden garantiert ist.⁴

6   **2. Nr. 1, 2, 3 und 4.** Komm. zu § 61 (Übungen), § 62 (besondere Auslandsverwendungen), § 63 (Hilfeleistungen im Innern) und § 63a (Hilfeleistungen im Ausland) erfolgen bei den zit. Vorschriften.

7   **3. Nr. 5.** Eine zusammenfassende **Spezialvorschrift** bzgl. der unbefristeten Übungen als Bereitschaftsdienst **fehlt** im SG ebenso wie im WPflG (vgl. lediglich § 6 Abs. 6 WPflG).

8   **Ergänzend** sind zu Nr. 5 **heranzuziehen**:
- § 59 Abs. 5 Satz 2 (Entpflichtung von Herangezogenen),
- § 61 Abs. 3 Satz 2 (keine Anrechnung auf die Gesamtdauer von befristeten Übungen),
- § 67 Abs. 4 Satz 1 (Zurückstellung von Dienstleistungspflichtigen),
- § 70 Abs. 3 Satz 3 (Zustellung von Heranziehungsbescheiden),
- § 72 Abs. 1 Satz 3 (Inhalt des Heranziehungsbescheides),
- § 75 Abs. 1 Satz 2 Nr. 1 und 2, Abs. 2 Nr. 1 (Entlassung aus Dienstleistungen).

9   Der Bereitschaftsfall oder Bereitschaftsdienst findet im **GG keine ausdrückliche Ermächtigung**.⁵ Es handelt sich um einen Akt der BReg, der auf der Einschätzung einer **außenpolit. Krisenlage** beruht. Ein solcher Kabinettsbeschl. ist nach Auffassung des BVerwG gerichtl. nicht nachprüfbar.⁶

---

1 Vgl. Rn. 9.
2 Vgl. Rn. 13.
3 Vgl. GKÖD I Yk, § 60 Rn. 2.
4 *Steinlechner/Walz*, WPflG, § 4 Rn. 10.
5 Vgl. zum Folgenden *Walz*, NZWehr 2005, 191.
6 BVerwGE 15, 63 = NZWehr 1964, 79 mit krit. Anm. von *Czermak*, DÖV 1963, 235. Vgl. GKÖD I Yk, § 61 Rn. 7.

Die BReg hat von der einfachgesetzl. Ermächtigung des § 6 Abs. 6 WPflG durch Kabinettsbeschlüsse vom 20.9. und 21.9.1961 (Auslöser war die Berlinkrise des 13.8.1961) sowie vom 29.10.1962 (Auslöser war die Kubakrise) Gebrauch gemacht.[7] Die **verfassungsrechtl. Grundlage** für solche Kabinettsbeschlüsse ist **im Dunkeln** geblieben. Auch die Notstandsverfassung von 1968 hat hieran nichts geändert. Aus heutiger Sicht ist die lediglich einfachgesetzl. Lösung für derartige Notstandsmaßnahmen zweifelhaft. Im Übrigen bedürfen Kabinettsbeschlüsse von einer solchen Tragweite jedenfalls der **Mitwirkung der Legislative**.[8]

Fraglich ist ferner, ob die Voraussetzungen für eine Anordnung des Bereitschaftsdienstes nicht i. d. R. identisch mit den Voraussetzungen für die Feststellung des Spannungsfalles sind. Wenn dies so ist, kann auf die wehrrechtl. Sonderbest. zum Bereitschaftsdienst **verzichtet** werden.

4. Nr. 6. Der auch nach dem SG bisher schon mögliche unbefristete Wehrdienst im V-Fall wurde um den **Spannungsfall erweitert**.[9] Ursache hierfür waren u. a. die terroristischen Angriffe auf Einrichtungen in den USA am 11.9.2001. Überall dort, wo das SG (und das WPflG) Sonderregelungen für den V-Fall vorsahen, sind diese um den Spannungsfall ergänzt worden. Dies hat zur Folge, dass diese Vorschriften gem. **Art. 80a Abs. 1 Satz 1 GG** nur angewandt werden dürfen, wenn der BT den Eintritt des Spannungsfalles festgestellt oder er deren Anwendung besonders zugestimmt hat. Die Voraussetzungen für die Feststellung des Spannungsfalles sind im GG „wohlweislich"[10] nicht näher definiert worden. Allg. wird jedoch davon ausgegangen, dass für den Spannungsfall wie für den Bereitschaftsfall eine **außenpolit. Konfliktlage** erforderlich ist.[11]

Ergänzend sind zu Nr. 6 **heranzuziehen**:
- § 44 Abs. 6 Satz 3 (Widerruf der Versetzung in den Ruhestand),
- § 59 Abs. 2 Satz 1 Nr. 2, Abs. 3 Satz 3 Nr. 2 (Heranziehung zu Dienstleistungen),
- § 59 Abs. 5 Satz 2 (Entpflichtung von Herangezogenen),
- § 67 Abs. 4 Satz 1 (Zurückstellung von Dienstleistungspflichtigen),
- § 72 Abs. 1 Satz 3 (Inhalt des Heranziehungsbescheides),
- § 72 Abs. 3 Satz 2 Nr. 3 (Fristen bei der Heranziehung),
- § 75 Abs. 1 Satz 2 Nr. 1 bis 3, Abs. 2 Nr. 1 (Entlassung aus Dienstleistungen),
- § 77 Abs. 4 Nr. 1 und Nr. 5 (Dienstleistungsüberwachung),
- § 92 (Übergangsvorschriften für die Laufbahnen).

Der **V-Fall** kann festgestellt und verkündet werden, wenn das Bundesgebiet mit Waffengewalt angegriffen wird oder ein solcher Angriff unmittelbar droht (Art. 115a Abs. 1 Satz 1, Abs. 3 GG). Erst **danach** ist unbefristeter Wehrdienst gem. Nr. 5 zu leisten.

5. Sonstiges. Auch nach dem SkResNOG und dem WehrRÄndG 2008 ist im SG – wie im WPflG – **offen** geblieben, auf **welche Wehrdienstarten** zurückgegriffen werden kann

---

7 Vgl. *Meyer*, NZWehrr 1962, 97.
8 Vgl. BVerfGE 90, 286.
9 Vgl. BT-Drs. 15/4485, 38.
10 *Lücke/Mann*, in: Sachs, GG, Art. 80a Rn. 2.
11 *Jarass*, in: Jarass/Pieroth, GG, Art. 80a Rn. 1.

– im sog. isolierten **Bündnisfall** (Art. 80a Abs. 3 Satz 1 GG), d. h., wenn die Voraussetzungen von Art. 80a Abs. 1 oder Art. 115a Abs. 1 Satz 1 GG nicht vorliegen. Die Heranziehung zu einer befristeten Übung (§ 61) dürfte bereits vom Wortsinn der „Übung" her nicht in Frage kommen. Der Gesetzgeber hat mit der durch das SkRes-NOG vorgenommenen Verkürzung der bisherigen Formulierung „Übungen im Frieden" auf „Übungen" nicht bezweckt, dieser Dienstleistungsart einen anderen Inhalt zuzuweisen. Eine besondere Auslandsverwendung (§ 62) ist ebenso wie eine Hilfeleistung im Ausland (§ 63a) verfassungsrechtl. kein Einsatz, wie er in einem Bündnisfall wahrscheinlich sein dürfte. Ein „Einsatz" (bewaffneter SK) liegt vor, wenn die SK in **bewaffnete Unternehmen** involviert sind oder dies zu erwarten ist.[12] Die bloße „**Verwendung**" von SK im Ausland aufgrund einer internationalen oder binationalen Vereinbarung ist **kein Einsatz** i.d.S.[13] Im Übrigen kann zu einer besonderen Auslandsverwendung und einer Hilfeleistung im Ausland nur derjenige herangezogen werden, der sich **freiwillig** hierzu bereit erklärt hat (§ 59 Abs. 1 Satz 2, Abs. 2 Satz 2, Abs. 3 Satz 1). Es bietet sich an, die auf den Spannungsfall bezogenen Best. um den Bündnisfall zu **ergänzen**. Solange dies nicht erfolgt ist, kommt – unter Zurückstellung verfassungsrechtl. Zweifel – nur die besondere Auslandsverwendung in Betracht.
– bei einem Einsatz der SK zur **Verteidigung gem. Art. 87a Abs. 2 GG**, sofern die Voraussetzungen von Art. 115a Abs. 1 GG nicht vorliegen. Dies kann etwa der Fall sein, wenn das Bundesgebiet selbst nicht angegriffen oder bedroht ist und stattdessen ein völkerrechtl. geschütztes Rechtsgut der Bundesrepublik außerhalb des deutschen Territoriums tangiert ist.[14] Hier gelten die obigen Ausführungen zum Bündnisfall sinngemäß.

§ 61 Übungen

(1) ¹Befristete Übungen dauern grundsätzlich höchstens drei Monate. ²Über Ausnahmen entscheidet das Bundesministerium der Verteidigung.

(2) Die Gesamtdauer der Übungen beträgt bei Mannschaften höchstens sechs, bei Unteroffizieren höchstens neun und bei Offizieren höchstens zwölf Monate.

(3) ¹Übungen, die von der Bundesregierung als Bereitschaftsdienst angeordnet werden, sind unbefristet. ²Auf die Gesamtdauer der Übungen nach Absatz 2 werden sie nicht angerechnet; das Bundesministerium der Verteidigung kann eine Anrechnung anordnen.

Übersicht

	Rn		Rn
I. Allgemeines	1	II. Erläuterungen im Einzelnen	6
1. Entstehung der Vorschrift	1	1. Allgemeines	6
2. Änderungen der Vorschrift	4	2. Absatz 1	18
3. Bezüge zum Beamtenrecht	5	3. Absatz 2	21
		4. Absatz 3	25

Literatur: Spezielle Veröffentlichungen zu § 61 liegen noch nicht vor.

---

12 § 2 Abs. 1 des Parlamentsbeteiligungsgesetzes v. 18.3.2005 (BGBl. I S. 775). Krit. hierzu *Weiß*, NZWehrr 2005, 103.
13 Vgl. § 2 Abs. 2 des Parlamentsbeteiligungsgesetzes (Fn. 12).
14 Vgl. *Dau*, NZWehrr 1998, 89.

Übungen § 61

I. Allgemeines

1. Entstehung der Vorschrift. Bis zum Inkrafttreten des SkResNOG regelte § 61 a. F. die Entlassung von anderen Bewerbern. Diese Best. wurde als **§ 88 neu platziert.**

Mit dem jetzigen § 61 wurden Teile der § 51, § 51a, § 54 Abs. 5 und § 58a a. F. **zu einer Vorschrift zusammengefasst.** Gem. § 51 Abs. 2 Satz 1 Nr. 1 und Nr. 3 a. F. konnten BS, die wegen Erreichens der Altersgrenze in den Ruhestand getreten waren, bis zum 65. Lebensjahr zu Übungen im Frieden bis zu einem Monat jährlich bzw. zu Übungen, die von der BReg als Bereitschaftsdienst angeordnet waren, herangezogen werden. Gem. § 51a Abs. 2 Satz 1 a. F. konnten ehem. BS, die gem. § 46 Abs. 3 entlassen worden waren, bis zum 60. Lebensjahr u. a. zu zeitlich befristeten Übungen und zu unbefristeten Übungen als Bereitschaftsdienst herangezogen werden. § 51a Abs. 2 Satz 1 und 2 a. F. sowie § 54 Abs. 5 Satz 2 a. F. legten die Höchstdauer dieser Übungen fest. § 58a Abs. 1 Satz 1 und Abs. 2 a. F. erweiterte den betroffenen Personenkreis auf ungediente Frauen.

§ 61 n. F. lehnt sich eng an **§ 6** Abs. 1, 2 und 6 **WPflG** n. F. an.

2. Änderungen der Vorschrift. Änderungsbedarf besteht zzt. **nicht.**[1]

3. Bezüge zum Beamtenrecht. Eine mit § 61 **vergleichbare Vorschrift** existiert im Beamtenrecht und im sonstigen öff. Dienstrecht **nicht.**

II. Erläuterungen im Einzelnen

1. Allgemeines. Zur Auslegung von § 61 kann ergänzend auf die **Komm.** zu **§ 6 WPflG** zurückgegriffen werden. Beide Best. sind seit dem SkResNOG weitgehend wort- und inhaltsgleich. Die „Übung" des SG entspricht der „Wehrübung" des WPflG.

§ 61 differenziert zwischen befristeten Übungen (Abs. 1) und unbefristeten Übungen (Abs. 3).

Beiden Übungsarten liegen die gleichen **Zielsetzungen** zu Grunde:

Die in § 46 Abs. 1 Satz 2 Nr. 1 des REntw. des SG[2] vorgesehen gewesenen „kurzfristigen Dienstleistungen bis zu einem Monat jährlich" wurden damit begründet, dass die Kenntnisse der ehem. BS „auf dem neuesten Stand gehalten" werden sollten.[3] Die seit dem ÄndG vom 24.7.1995[4] verwendete Formulierung „Übungen im Frieden bis zu einem Monat jährlich" hat an dieser Zweckbestimmung nichts geändert. Eine **Übung** i. S. v. § 61 soll den betreffenden Personenkreis bereits im Frieden für den unbefristeten Wehrdienst **im Spannungs- und im V-Fall „fit"** halten.

Die gleiche Absicht verfolgt der Gesetzgeber mit **Wehrübungen**. An diesen haben „gediente Wehrpflichtige nach dem Grundwehrdienst zur Erhaltung und Erweiterung ihres militärischen Ausbildungsstandes teilzunehmen".[5] Wehrübungen sollen die Einsatzfähigkeit der SK für den V-Fall sicherstellen. Hierfür sind insbes. gediente WPfl aus- und fortzubilden.[6]

---

1 Zum evtl. Änderungsbedarf der §§ 10, 16 ArbPlSchG vgl. Rn. 23.
2 BT-Drs. II/1700, 12.
3 BT-Drs. II/1700, 33.
4 Vgl. dazu o. § 51 Rn. 12; Fn. 13.
5 BT-Drs. II/2303, 17; BT-Drs. 15/4485, 30.
6 *Boehm-Tettelbach*, WPflG, § 6 Rn. 1; *Steinlechner/Walz*, WPflG, § 6 Rn. 4.

Walz 881

§ 61 Übungen

10 Eine Übung nach dem SG lässt sich mithin nur legitimieren, wenn, auf einem i. d. R. bereits vorhandenen mil. Kenntnisstand aufbauend, weitere mil. Fähigkeiten erworben werden sollen. Dies ist z. B. bei der Urlaubsvertretung eines aktiven Soldaten durch eine übende Person oder wenn der Übende eine im Spannungs- oder im V-Fall überhaupt nicht vorgesehene Funktion ausübt oder wenn die Übung allein der Wiederherstellung der Gesundheit z. B. in Form einer **Reha-Maßnahme** dienen soll, nicht der Fall.

11 Dienstrechtl. **ohne Bedeutung** ist, ob es sich um eine **Pflichtübung** oder um eine **freiwillige Übung** handelt.[7]

12 Übungen finden grds. nur **im Friedensbetrieb** der SK und **im Inland** statt. Wenn es die Lage zulässt und gebietet, sind Übungen im Inland auch zulässig, wenn sich die SK zeitgleich in einem internationalen bewaffneten Konflikt befinden. Ein Einsatz von Übenden in einem solchen Konflikt selbst wäre hingegen nicht statthaft. Hierzu sind andere Dienstleistungsarten zu verwenden.

13 **Zwangsweise** (und freiwillig) zu Übungen herangezogen werden können
- frühere BS, die sich wegen Erreichens der Altersgrenze im Ruhestand befinden, bis zum 65. Lebensjahr (§ 59 Abs. 1 Satz 1),
- frühere BS und SaZ, die entlassen worden sind, sowie Personen, die nicht BS oder SaZ waren, soweit ihnen ein höherer Dienstgrad auf Dauer verliehen worden ist, bis zum 60. Lebensjahr, Mannschaftsdienstgrade bis zum 45. Lebensjahr, soweit nicht der Spannungs- oder der V-Fall festgestellt worden ist (§ 59 Abs. 2 Satz 1 Nr. 1 und 2; § 59 Abs. 3 Satz 3 Nr. 1 und 2).

14 **Freiwillig** können zu Übungen ferner herangezogen werden
- frühere BS und SaZ bis zum 65. Lebensjahr (§ 59 Abs. 2 Satz 1 Nr. 3),
- Personen, die nicht BS und SaZ waren, bis zum 65. Lebensjahr (§ 59 Abs. 1 Satz 1).

15 Unterliegen die oben aufgeführten Personen der **Wehrpflicht**, erfolgt „vorrangig" (§ 80) eine Heranziehung zu Wehrübungen gem. § 6 WPflG.

16 Der Übende muss **dienstfähig** sein (§ 64). Die Heranziehung erfolgt durch einen **Heranziehungsbescheid** des örtlich zuständigen KWEA (§ 69). Im Übrigen gelten die Best. der §§ 65 ff.

17 Der **Status** des Übenden ist mit dem des Wehrübenden vergleichbar.[8] Er hat Anspruch auf Arbeitsplatzschutz, Leistungen nach dem USG, Wehrsold, unentgeltliche truppenärztliche Versorgung, Unterkunft und Verpflegung **wie ein WPfl.** Versorgungsempfängern werden die Versorgungsbezüge fortgezahlt; diese werden ggf. um Leistungen nach dem USG aufgestockt (§ 13c Abs. 3 USG).

---

7 Vgl. *Steinlechner/Walz*, WPflG, § 6 Rn. 3.
8 Im Entw. eines Strukturreformgesetzes war vorgesehen, § 20 Abs. 8 dahingehend zu ergänzen, dass ein Soldat, der eine befristete Übung gem. § 61 Abs. 1 leistet, bzgl. einer Nebentätigkeit wie ein Soldat behandelt wird, der nach Maßgabe des WPflG Wehrdienst leistet. Nunmehr ist § 20 Abs. 8 i.d.F. des DNeuG maßgeblich.

2. Absatz 1. Die frühere **Befristung** von Übungen auf „bis zu einem Monat jährlich" ist, entspr. der Neuregelung des § 6 Abs. 1 Satz 1 WPflG, auf „grundsätzlich höchstens drei Monate" **erweitert** worden. Gemeint ist damit eine **einzelne Übung**, unabhängig davon, ob im laufenden Kalenderjahr bereits eine solche stattgefunden hat.[9] Die Jahresbegrenzung ist weggefallen. 18

Über **Ausnahmen** entscheidet das BMVg. Dieses hat dabei auf die „Wahrung eines einheitlichen Maßstabs" zu achten.[10] Eine **Delegierung** dieser Kompetenz auf nachgeordnete Dienststellen ist vom Gesetzgeber **nicht vorgesehen** worden. Sinnvollerweise holt das BMVg oder der übende Truppenteil vor der Erteilung der Ausnahmegenehmigung hierzu das **Einverständnis des Übenden** ein. 19

Ein Sonderfall der befristeten Übung ist die in § 62 Abs. 3 Satz 1 geregelte **„vorbereitende Übung"** für eine besondere Auslandsverwendung.[11] 20

3. Absatz 2. Mit Abs. 2 ist die Gesamtdauer der Übungen von früher drei Monaten bei Mannschaften (§ 54 Abs. 5 Satz 2 a. F.), fünf Monaten bei Uffz und sechs Monaten bei Offz (§ 51a Abs. 3 Satz 2 a. F.) wegen der „Gleichbehandlung aller Statusgruppen"[10] auf die entspr. abgesenkten Zeitspannen des § 6 Abs. 2 WPflG n. F. **angehoben** worden. 21

Die Grenzen des § 6 Abs. 2 WPflG beziehen sich lediglich auf **Pflichtwehrübungen**. Freiwillige Wehrübungen sind darüber hinaus – statusrechtl. unbegrenzt – zulässig.[12] Diese Auffassung wird allg. der Regelung des § 4 Abs. 3 WPflG entnommen.[13] Eine entspr. Best. fehlt im IV. Abschnitt des SG. Die in Abs. 2 fixierten Zeiten markieren daher eine **Obergrenze** sowohl für Pflichtübungen als für freiwillige Übungen. Diese darf auch mit dem Einverständnis des Übenden und des BMVg nicht überschritten werden. 22

Arbeitsplatzschutz wird im Rahmen der Höchstgrenzen des Abs. 2 gewährt. § 10 ArbPlSchG findet nunmehr auf Übungen entsprechende Anwendung (§ 16 Abs. 4 Satz 2 ArbPlSchG). Dies kann nur bedeuten, dass **freiwillige** Übungen wie freiwillige Wehrübungen behandelt werden, da andernfalls die Übenden gegenüber den Wehrübenden schlechter gestellt wären. 23

Abs. 2 schreibt **keine Mindestdauer** einer Übung vor. Im Wehrpflichtrecht lag diese bis zur Novelle von 1965 bei einem Tag. Seither werden selbst Wehrübungen von **einigen Stunden** Dauer als **zulässig** angesehen.[14] Gleiches gilt für Übungen. Aufwand und Nutzen müssen sich dennoch in einem vernünftigen Verhältnis bewegen. Der mit der Heranziehung zu einer Übung verbundene administrative Aufwand ist grds. von der Dauer der Übung unabhängig hoch. Ggf. sollte auf eine DVag (§ 81) ausgewichen werden. 24

4. Absatz 3. Die Möglichkeit, ehem. BS und SaZ sowie ungediente Frauen zu Übungen als Bereitschaftsdienst heranzuziehen, bestand bereits nach dem bisherigen Recht (§ 51 Abs. 1 Satz 1 Nr. 3, § 51a Abs. 2 Satz 1, § 54 Abs. 5 Satz 1, § 58a Abs. 1 Satz 1, Abs. 2, jew. a. F.). 25

---

9 Vgl. auch BT-Drs. 15/4485, 38 (zu § 63).
10 BT-Drs. 15/4485, 38.
11 Vgl. BT-Drs. 15/4485, 38.
12 Hierbei ist allerdings § 10 ArbPlSchG zu beachten. Vgl. dazu Rn. 23.
13 *Boehm-Tettelbach*, WPflG, § 4 Rn. 5b; *Steinlechner/Walz*, WPflG, § 4 Rn. 11.
14 *Boehm-Tettelbach*, WPflG, § 6 Rn. 9.

Abs. 3 schließt insofern eine „Regelungslücke"[15], als diese Übungen nunmehr als **„unbefristet"** bezeichnet werden und eine **Anrechnung** auf die Gesamtdauer der Übungen nach Abs. 2 grds. **untersagt** wird.

26 Bzgl. der verfassungsrechtl. und –polit. Bewertung des Bereitschaftsdienstes/des Bereitschaftsfalles kann auf die Komm. zu § 60 verwiesen werden.[16] Das Gleiche gilt für die im SG enthaltenen ergänzenden Best. zum Bereitschaftsdienst.[17]

27 Abs. 3 entspricht der bereits vor dem SkResNOG geltenden Regelung des **§ 6 Abs. 6 WPflG**. Die grds. **Nichtanrechung** des Bereitschaftsdienstes auf die Dauer der Pflichtwehrübungen ist damit begründet worden, dass der WPfl andernfalls nach Ablauf der Gesamtdauer der Wehrübungen einen Anspruch auf Entlassung aus dem Bereitschaftsdienst hätte. Dies sei mit Sinn und Zweck dieses Dienstes nicht vereinbar.[18] Andererseits hat das BMVg in den beiden Fällen, in denen die BReg einen Bereitschaftsdienst angeordnet hatte[19], die **Anrechnung verfügt**[20], so dass zumindest insoweit ein Ausgleich erfolgte.

§ 62 Besondere Auslandsverwendungen

(1) Besondere Auslandsverwendungen sind Verwendungen, die auf Grund eines Übereinkommens, eines Vertrages oder einer Vereinbarung mit einer über- oder zwischenstaatlichen Einrichtung oder mit einem auswärtigen Staat auf Beschluss der Bundesregierung im Ausland oder außerhalb des deutschen Hoheitsgebietes auf Schiffen oder in Luftfahrzeugen stattfinden.

(2) ¹Eine besondere Auslandsverwendung ist grundsätzlich jeweils für höchstens sieben Monate zulässig. ²Sie wird auf die Gesamtdauer der Übungen nach § 61 Abs. 2 nicht angerechnet. ³Soweit die Dauer drei Monate übersteigt, wirkt das für die Heranziehung zuständige Kreiswehrersatzamt auf die Zustimmung des Arbeitgebers oder der Dienstbehörde hin.

(3) ¹Ist ein Soldat auf seinen Antrag von der Teilnahme an besonderen Auslandsverwendungen allgemein oder für den Einzelfall entpflichtet worden (§ 59 Abs. 5), kann er aus vorbereitenden Übungen entlassen werden, wenn dies im dienstlichen Interesse liegt. ²§ 75 Abs. 1 Satz 2 Nr. 9 bleibt unberührt.

(4) § 75 Abs. 2 Nr. 1 ist mit der Maßgabe anzuwenden, dass der Soldat zu entlassen ist.

Übersicht

	Rn		Rn
I. Allgemeines	1	II. Erläuterungen im Einzelnen	13
1. Entstehung der Vorschrift	1	1. Absatz 1	13
2. Änderungen der Vorschrift	8	2. Absatz 2	16
3. Bezüge zum Beamtenrecht bzw. zu sonstigen rechtl. Vorschriften; ergänzende Dienstvorschriften und Erlasse	9	3. Absatz 3	24
		4. Absatz 4	27

---

15 BT-Drs. 15/4485, 38.
16 § 60 Rn. 9.
17 § 60 Rn. 8.
18 *Boehm-Tettelbach*, WPflG, § 6 Rn. 4.
19 Vgl. die Komm. zu § 60 Rn. 9.
20 *Steinlechner/Walz*, WPflG, § 6 Rn. 2, 17.

Besondere Auslandsverwendungen § 62

Literatur: Vgl. die Literaturübersichten bei den §§ 7 und 9 sowie bei *Boehm-Tettelbach*, WPflG, § 6a Rn. 3.

I. Allgemeines

1. Entstehung der Vorschrift. Bis zum Inkrafttreten des SkResNOG regelte § 62 a. F. 1
die Mitteilungen in Strafsachen. Diese Best. wurde als **§ 89 neu platziert.**

Der jetzige § 62 setzt sich aus Teilen des vorherigen § 1 Abs. 3 Satz 2 (jetzt: § 62 Abs. 1; 2
§ 59 Abs. 1 Satz 2, Abs. 2 Satz 2, Abs. 3 Satz 1) und des vorherigen § 51 Abs. 2 Satz 3
und 4 (jetzt: Abs. 2) zusammen. Abs. 3 enthält eine Neuregelung; Abs. 4 entspricht
dem „Regelungskern" des § 6a Abs. 5 WPflG.[1]

Bzgl. der Entstehung des § 51 kann auf die dortige Komm. verwiesen werden.[2] Die 3
Entstehungsgeschichte des § 6a Abs. 5 WPflG ist für die nachstehende Komm. ohne
wesentliche Bedeutung.

Bzgl. der **Entstehung des § 1 Abs. 3 Satz 2 a. F.** ist Folgendes anzumerken: 4

Durch Art. 1 Nr. 3 des G vom 28.7.1993[3] wurde das **BBesG** um § 58a ergänzt. Gem.
Abs. 2 Satz 1 dieser – bis heute insoweit unverändert gebliebenen – Best. wird ein
Auslandsverwendungszuschlag „für eine besondere Verwendung gewährt, die auf
Grund eines Übereinkommens, eines Vertrages oder einer Vereinbarung mit einer
über- oder zwischenstaatlichen Einrichtung oder mit einem auswärtigen Staat auf
Beschluss der Bundesregierung im Ausland oder außerhalb des deutschen Hoheitsgebietes auf Schiffen oder in Luftfahrzeugen stattfindet". Potentielle Empfänger dieses
Zuschlags sind u. a. Soldaten, „die im Ausland im Rahmen von **humanitären und
unterstützenden Maßnahmen** tätig werden" (§ 58a Abs. 1 BBesG). „Humanitäre und
unterstützende Maßnahmen" sollen „in partnerschaftlicher Zusammenarbeit mit den
anderen Mitgliedsstaaten der Europäischen Gemeinschaft, der VN und anderer zwischenstaatlicher Einrichtungen" durchgeführt werden.[4]

Auf der „in der Praxis bewährten" Formulierung des § 58a BBesG aufbauend wurde 5
durch Art. 2 Nr. 1 des G vom **24.7.1995**[5] § 1 Abs. 3 neu gefasst. Abs. 3 Satz 2 erhielt folgende Fassung:

Zu Verwendungen, die auf Grund eines Übereinkommens ... im Ausland oder außerhalb des deutschen Hoheitsgebietes auf Schiffen oder in Luftfahrzeugen stattfinden (besondere Auslandsverwendung), werden nicht wehrpflichtige frühere Soldaten nur herangezogen, wenn sie sich dazu schriftlich bereiterklärt haben.

In der **Begr.** des Gesetzentw. führte die BReg u. a. aus, mit der zit. Formulierung des 6
§ 58a Abs. 1 BBesG seien alle nach der Entsch. des BVerfG vom 12.7.1994[6] möglichen
Verwendungen der Bw **im Rahmen von VN-Missionen** abgedeckt. Mit dem vorliegenden Entw. sollten der Bw die Heranziehung Freiwilliger erleichtert und die Einberu-

---

1 BT-Drs. 15/4485, 38.
2 Vgl. insbes. § 51 Rn. 12 ff.
3 BGBl. I S. 1394.
4 BR-Drs. 221/93, 15.
5 BGBl. I S. 962.
6 BVerfGE 90, 286.

Walz 885

fung von Res zu Auslandsverwendungen (§ 6a WPflG) ermöglicht werden.[7] Es bestand offenbar seinerzeit Konsens, dass die besondere Auslandsverwendung **Einsätze der SK im Bündnisfall und im V-Fall nicht abdecken** würde.[8]

7   In dieser Fassung galt § 1 Abs. 3 Satz 2 bis zum Inkrafttreten des SkResNOG. Mit diesem wurde u. a. § 1 Abs. 3 aufgehoben; sein Regelungsinhalt wurde in die §§ 59 und 62 verlagert.

8   **2. Änderungen der Vorschrift. Änderungsbedarf** besteht zzt. nicht.

9   **3. Bezüge zum Beamtenrecht bzw. zu sonstigen rechtl. Vorschriften; ergänzende Dienstvorschriften und Erlasse.** § 58a BBesG gilt für Bundesbeamte, Richter im Bundesdienst genauso wie für Soldaten.

Sonderregelungen anderer Art für Beamte, die im Ausland oder außerhalb des deutschen Hoheitsgebietes auf Schiffen oder in Luftfahrzeugen verwendet werden, finden sich in **§ 60 BeamtStG**.

10 Zu § 58a BBesG ist die VO über die Gewährung eines Auslandsverwendungszuschlags (**Auslandsverwendungszuschlagsverordnung – AuslVZV**) i.d.F. vom 8.4.2009[9] erlassen worden.

11 VV zu besonderen Auslandsverwendungen enthält die **ZDv 20/3, Kap. 4**.

12 Zu Abs. 2 Satz 1 ist ergänzend der Erl. des BMVg vom 1.4.2005 – PSZ I 1 – „Weisung für die Einplanung von Reservisten und Reservistinnen zur Teilnahme an besonderen Auslandsverwendungen" herausgegeben worden. Danach sind zwischen einzelnen besonderen Auslandsverwendungen sog. **Karenzzeiten** einzuhalten, die grds. mindestens die gleiche Dauer wie die vorangegangene Auslandsverwendung haben.

II. Erläuterungen im Einzelnen

13 **1. Absatz 1.** Die zu Unrecht meist als „**Legaldefinition**" bezeichnete[10] Umschreibung der besonderen Auslandsverwendung in Abs. 1 (und § 58a Abs. 2 Satz 1 BBesG; § 6a Abs. 1 WPflG) gibt **inhaltl. nicht viel** her. Sie beschränkt sich im Wesentlichen auf die formalen Voraussetzungen. Danach muss eine irgendwie geartete völkerrechtl. Vereinbarung bi- oder multilateraler Natur vorliegen; verfassungsrechtl. genügt der Abschluss eines **Verwaltungsabkommens** i. S. v. Art. 59 Abs. 2 Satz 2 GG. Diese Vereinbarung muss dokumentiert sein; sie wird zweckmäßigerweise der nachfolgenden Kabinettvorlage beigefügt. Beide Varianten (Verwendung im Ausland bzw. außerhalb des deutschen Hoheitsgebietes auf Schiffen oder in Luftfahrzeugen[11]) müssen durch die **BReg** beschlossen werden. Erst **ab diesem Zeitpunkt** und nicht etwa rückwirkend liegen die formalen Voraussetzungen für eine besondere Auslandsverwendung vor. Davor ist bei „Gefahr im Verzug" ausnahmsweise eine Heranziehung zu einer freiwilligen befristeten Übung gem. § 61 Abs. 1

---

7   BT-Drs. 13/1209, 12.
8   Die SPD-Fraktion des BT äußerte lediglich verfassungsrechtl. Bedenken bzgl. der (freiwilligen) Teilnahme von GWDL an VN-Einsätzen, die nicht der Landes- o. Bündnisverteidigung dienen (BT-Drs. 13/1634, 28).
9   BGBl. I S. 809.
10 *Boehm-Tettelbach*, WPflG, § 6a Rn. 6; GKÖD I Yk, § 62 Rn. 2.
11 Es muss sich hierbei nicht um deutsche Schiffe o. Luftfahrzeuge handeln.

§ 62 Besondere Auslandsverwendungen

Satz 1 (bzw. zu einer freiwilligen Wehrübung gem. § 4 Abs. 3 Satz 1, § 6 Abs. 1 Satz 1 WPflG) zulässig, sofern die BReg nicht von einer Hilfeleistung im Ausland gem. § 63a Gebrauch machen will. Nach dem maßgeblichen Kabinettsbeschl. ist der **Heranziehungsbescheid** entspr. zu **ändern**.

Die besondere Auslandsverwendung ist **materiellrechtl.** nur im Rahmen von humanitären und unterstützenden Maßnahmen im Ausland statthaft (§ 58a Abs. 1 BBesG). Diese Begriffe sind möglicherweise „bewusst weit gefasst".[12] Dennoch gibt es Grenzen, die sich bereits grammatikalisch aus den Wörtern „humanitär" und „unterstützend" ableiten lassen. Originäre **Kampfeinsätze** z. B. im **Bündnisfall** gem. Art. 80a Abs. 3 GG oder im **V-Fall** gem. Art. 115a Abs. 1 GG außerhalb des Bundesgebietes gehören **nicht** dazu.[13] Andernfalls hätte der Gesetzgeber die besondere Auslandsverwendung nicht an die Freiwilligkeit der Dienstleistenden und an die Zustimmung der Arbeitgeberseite (bei über dreimonatiger Dauer) gekoppelt. Ergänzend ist auf § 2 Abs. 2 Satz 3 des Parlamentsbeteiligungsgesetzes vom 18.3.2005[14] hinzuweisen. Danach sind „humanitäre Hilfsdienste und Hilfsleistungen der Streitkräfte, bei denen Waffen lediglich zum Zweck der Selbstverteidigung mitgeführt werden", kein „Einsatz" i. S. d. Gesetzes. Wird der Dienstleistende während einer besonderen Auslandsverwendung unvorhergesehen in eine bewaffnete Auseinandersetzung hineingezogen (vgl. § 75 Abs. 5; § 2 Nr. 2.4 AuslVZV), ändert dies am Charakter der Auslandsverwendung nichts.[15] Ein – besoldungsrechtl. – Instrumentarium für originäre mil. Einsätze der deutschen SK außerhalb des eigenen Territoriums wäre bei Bedarf ggf. noch zu schaffen.

14

Auslandseinsätze[16] unter **Beteiligung der Bw** begannen bereits im März 1960 anlässlich eines Erdbebens in Agadir. Heute ist die Bw insbes. bei ISAF (Afghanistan und Usbekistan), KFOR (Kosovo), EUFOR (Bosnien und Herzegowina), EF (Horn von Afrika), UNIFIL (Mittelmeer), ATALANTA sowie UNOMIG (Georgien) mit insgesamt 7.500 Soldatinnen und Soldaten (einschl. Angehörigen d.R. und Dienstleistungspflichtigen) engagiert.

15

2. Absatz 2. Zu einer besonderen Auslandsverwendung i. S. d. § 62 können die in § 59 aufgeführten Personen nur herangezogen werden, wenn sie sich dazu **freiwillig schriftl. verpflichtet** haben (§ 59 Abs. 1 Satz 2, Abs. 2 Satz 2, Abs. 3 Satz 1). **Auf Antrag heranziehbar** ist ein SaZ/BS, der Mitglied einer gesetzgebenden Körperschaft ist (§ 54 Abs. 4, § 51 Abs. 6). Erklärungen sind an das örtlich zuständige KWEA zu richten.[17]

16

Für **aktive Soldaten** ist § 62 nicht einschlägig. Ihre Pflicht, an Auslandseinsätzen auch in Form von besonderen Auslandsverwendungen, teilzunehmen, folgt aus § 7, soweit der jew. Einsatz verfassungsrechtl. legitimiert ist.[18]

17

---

12 *Summer*, Komm. zum BBesG, März 2004, § 58a Rn. 2.
13 Ebenso *Scherer/Alff/Poretschkin*, SG, § 62 Rn. 2. Zu mil. Evakuierungsmaßnahmen vgl. *Dau*, NZWehr 1998, 89.
14 BGBl. I S. 775.
15 *Steinlechner/Walz*, WPflG, § 6a Rn. 4.
16 Der Begriff „Einsatz" ist in diesem Kontext mil., nicht verfassungsrechtl., zu verstehen.
17 *Steinlechner/Walz*, WPflG, § 6a Rn. 13.
18 Vgl. zum Einsatz von GWDL die Komm. zu § 7 Rn. 16 ff.

18 Die Heranziehung erfolgt „grundsätzlich"[19] jew. für maximal **sieben Monate**. Eingerechnet ist die auf wenige Tage fixierte Zeit für die **Vor- und Nachbereitung**.[20] Erfordert die Auslandsverwendung eine **Ausbildung** z. B. in Lehrgangsform, erfolgt i. d. R. zunächst eine Heranziehung zu einer **befristeten Übung** (vgl. Abs. 3 Satz 1) und durch einen **zweiten VA** erst danach die Heranziehung zu der **besonderen Auslandsverwendung** selbst.[21] Dabei ist zu beachten, dass die befristete Übung auf die Gesamtdauer der Übungen anzurechnen ist, die besondere Auslandsverwendung hingegen nicht.

19 Soldatenrechtl. **beginnt** die besondere Auslandsverwendung mit dem im Heranziehungsbescheid verfügten **Diensteintritt** im Inland (§ 2 Abs. 1 Nr. 2). Sie **endet** mit **Ablauf** der festgesetzten Zeit wiederum im Inland (§ 75 Abs. 1 Satz 2 Nr. 1).

20 Das **ArbPlSchG findet Anwendung** (§ 16 Abs. 4 ArbPlSchG); die Beschränkung auf eine sechswöchige Übungsdauer gem. § 10 ArbPlSchG ist für diese Fälle der besonderen Auslandsverwendung ausgeschlossen (§ 16 Abs. 4 Satz 2 ArbPlSchG). Aus der Erkenntnis, dass diese Rechtslage zu einer „erheblichen Belastung des Arbeitgebers oder der Dienstbehörde" führen kann[22], ist bereits mit § 6a Abs. 2 Satz 2 WPflG verfügt worden, dass das KWEA bei einer mehr als drei Monate dauernden besonderen Auslandsverwendung auf die Zustimmung des Arbeitgebers oder der Dienstbehörde „hinzuwirken" hat. Diese Regelung ist in § 62 Abs. 2 Satz 3 übernommen worden. In der Praxis bedeutet dies, dass eine **Heranziehung über drei Monate** zu **unterbleiben** hat, sofern der Arbeitgeber oder die Dienstbehörde **nicht einverstanden** ist.[22] Umgekehrt hat die erteilte Zustimmung der Dienstbehörde z. B. zur Folge, dass diese bei einem Beamten die **Bezüge** wie bei einem Erholungsurlaub für die Dauer von maximal sieben Monaten **fortzuzahlen** hat (§ 9 Abs. 2 Satz 2, § 16 Abs. 4 Satz 1 ArbPlSchG). Eine **Erstattung** dieser Kosten aus Haushaltsmitteln des Bundes und insbes. des Einzelplans 14 (BMVg) ist **nicht vorgesehen**.

21 Ferner hat der Dienstleistende **Anspruch** auf Leistungen nach dem **USG**, dem **WSG** und der **AuslVZV**.

22 Bis zum Inkrafttreten des SkResNOG war die besondere Auslandsverwendung auf die Gesamtdauer der Übungen bzw. Wehrübungen **anzurechnen** (§ 51a Abs. 3 Satz 3 a. F.; § 6a Abs. 2 Satz 3 WPflG a. F.). Dies ist nun **nicht mehr der Fall** (§ 62 Abs. 2 Satz 2; § 6a Abs. 2 Satz 3 WPflG). Begründet wurde diese Änd. mit dem „notwendigen Ausbildungsbedarf des Führungs- und Funktionspersonals unter den Reservisten". Dieser sei gefährdet, wenn diejenigen Res nicht mehr in Wehrübungen fortgebildet werden könnten, die an Auslandsverwendungen teilgenommen hätten.[23] Die künftige

---

19 Gem. § 6a Abs. 2 Satz 1 WPflG ist die besondere Auslandsverwendung von WPfl auf sieben Monate pro Einsatz begrenzt. Weshalb der Gesetzgeber hiervon für Dienstleistungspflichtige Ausnahmen zulassen wollte, ist nicht erkennbar. Schon im Interesse der Arbeitgeber wird die Begrenzung auf sieben Monate auch bei Dienstleistungspflichtigen die Regel sein müssen.
20 Diese Zeit wird z. B. für administrative Angelegenheiten, ärztliche Untersuchungen u. Impfungen, Ausstattung mit Sonderbekleidung usw. benötigt.
21 Die Grenzen zwischen der Vor- u. Nachbereitung u. einer vorbereitenden befristeten Übung sind fließend.
22 BT-Drs. 13/1209, 13.
23 BT-Drs. 15/4285, 30.

Entwicklung wird zeigen, ob diese Neuregelung zu einer nachlassenden Motivation der Dienstleistenden oder deren Arbeitgebern/Dienstbehörden führt. In diesem Fall wird der Gesetzgeber korrigierend eingreifen müssen.

Der Heranzuziehende muss **dienstfähig** sein (§ 64). Die Heranziehung erfolgt durch einen **Heranziehungsbescheid** des KWEA (§ 69). 23

3. Absatz 3. Abs. 3 entspricht ansatzweise § 51 Abs. 2 Satz 5 a. F. Im Unterschied zu dieser früheren Best. und im Übrigen auch zu § 6a Abs. 4 Satz 1 WPflG erstreckt sich die mit Abs. 3 Satz 1 geschaffene „**spezielle Entlassungsmöglichkeit**" nicht auf den Auslandseinsatz selbst, sondern lediglich auf eine diesem vorausgehende „**vorbereitende befristete Übung**".[24] Damit wird klar gestellt, dass eine besondere Auslandsverwendung i. d. R. aus zwei Teilen besteht, einem Inlandsteil und einem Auslandsteil (einschl. weniger Tage der Vor- und Nachbereitung), die nicht zwangsläufig unmittelbar aneinander anschließen. Die Entlassung aus der vorbereitenden Übung bestimmt sich nach Abs. 3 Satz 1. Da eine Entpflichtung von der Teilnahme an einer besonderen Auslandsverwendung selbst nach dem Dienstantritt nicht mehr zulässig ist (§ 59 Abs. 5 Satz 2), bedurfte es hierfür einer eigenen Regelung (vgl. Abs. 4). 24

Voraussetzung für die Entlassung aus einer vorbereitenden Übung gem. Abs. 3 Satz 1 ist, dass die Entlassung im **dienstl. Interesse** liegt. Wenn es im dienstl. Interesse liegt, das zeitweilige Dienstverhältnis (im Inland) in anderer Funktion fortzuführen, wird der Soldat nicht entlassen.[25] Dies dürfte allerdings kaum praktisch vorkommen. 25

Gem. Satz 2 i. V. m. § 75 Abs. 1 Satz 2 Nr. 9 ist der herangezogene Soldat ferner zu entlassen, wenn der **Zweck der Dienstleistung entfallen** ist (z. B. wenn die Auslandsmission vorzeitig beendet wird) und eine andere Verwendung nicht erfolgen kann. Analog § 29 Abs. 7 WPflG sollten diese Feststellungen durch einen Vorg. mit der Disziplinarbefugnis eines **BtlKdr** getroffen werden. 26

4. Absatz 4. Abs. 4 hat zur Folge, dass der dienstleistende Soldat auf Antrag abw. von der Ermessensvorschrift des § 75 Abs. 2 Nr. 1 **zu entlassen ist**, wenn das Verbleiben in der Bw für ihn eine besondere, im Bereitschafts-, Spannungs- und V-Fall eine unzumutbare **Härte** bedeuten würde. Da eine besondere Auslandsverwendung, ihrem Zweck entspr., i. d. R. nicht im Bereitschafts-, Spannungs- oder V-Fall stattfinden wird, ist für die Praxis die 1. Alt. von größerer Bedeutung. 27

Der unbestimmte Gesetzesbegriff der „besonderen Härte" ist der gleiche wie z. B. in § 46 Abs. 6, § 55 Abs. 3 oder § 67 Abs. 4. Insoweit wird auf die Komm. zu §§ 46 und 55 verwiesen. 28

§ 63 Hilfeleistungen im Innern

(1) Hilfeleistungen im Innern sind Verwendungen der Streitkräfte im Rahmen der Amtshilfe oder bei einer Naturkatastrophe oder einem besonders schweren Unglücksfall nach Artikel 35 des Grundgesetzes.

---

24 BT-Drs. 15/4485, 38.
25 Vgl. *Boehm-Tettelbach*, WPflG, § 6a Rn. 13.

(2) ¹Die Hilfeleistung im Innern ist grundsätzlich jeweils für höchstens drei Monate jährlich zulässig. ²Das Bundesministerium der Verteidigung kann mit Zustimmung der zur Dienstleistung heranzuziehenden Person und ihres Arbeitgebers oder ihrer Dienstbehörde Ausnahmen zulassen. ³Hilfeleistungen im Innern werden auf die Gesamtdauer der Übungen nach § 61 Abs. 2 nicht angerechnet.

(3) Als Hilfeleistungen im Innern gelten auch vorbereitende Übungen im Rahmen der zivil-militärischen Zusammenarbeit.

Übersicht

	Rn		Rn
I. Allgemeines	1	a) Allgemeines; verfassungs-	
1. Entstehung der Vorschrift	1	rechtl. Hintergrund	5
2. Änderungen der Vorschrift	2	b) Adressatenkreis	10
3. Bezüge zum Beamtenrecht;		c) Sonstiges	12
ergänzende Erlasse	3	2. Absatz 2	15
II. Erläuterungen im Einzelnen	5	3. Absatz 3	18
1. Absatz 1	5		

Literatur: Spezielle Veröffentlichungen zu § 63 liegen noch nicht vor.

Zur aktuellen Interpretation von Art. 35 Abs. 2 und 3 GG können z. B. herangezogen werden: *Baldus, Manfred:* Streitkräfteeinsatz zur Gefahrenabwehr im Luftraum, NVwZ 2004, 1278; *Dreist, Peter:* Terroristenbekämpfung als Streitkräfteauftrag – zu den verfassungsrechtlichen Grenzen polizeilichen Handelns der Bundeswehr im Innern, NZWehrr 2004, 89; *Fiebig, Jan-Peter:* Der Einsatz der Bundeswehr im Innern – Verfassungsrechtliche Zulässigkeit von innerstaatlichen Verwendungen der Streitkräfte bei Großveranstaltungen und terroristischen Bedrohungen, Diss., 2004; *Gramm, Christof:* Bundeswehr als Luftpolizei – Aufgabenzuwachs ohne Verfassungsänderung? NZWehrr 2003, 89; *Linke, Tobias:* Zur Rolle des Art. 35 GG in dem Entwurf eines Gesetzes zur Neuregelung von Luftsicherheitsaufgaben, NZWehrr 2004, 115; *Lutze, Christian:* Abwehr terroristischer Angriffe als Verteidigungsaufgabe der Bundeswehr, NZWehrr 2003, 101; *Meyer, Anton:* Wirksamer Schutz des Luftverkehrs durch ein Luftsicherheitsgesetz? ZRP 2004, 203; *Pawlik, Michael:* § 14 Abs. 3 des Luftsicherheitsgesetzes – ein Tabubruch? JZ 2004, 1045; *Sattler, Henriette:* Terrorabwehr durch die Streitkräfte nicht ohne Grundgesetzänderung, NVwZ 2004, 1286; *Stober, Rolf/Eisenmenger, Sven:* Katastrophenverwaltungsrecht – Zur Renaissance eines vernachlässigten Rechtsgebietes, NVwZ 2005, 121; *Wiefelspütz, Dieter:* Sicherheit vor den Gefahren des internationalen Terrorismus durch den Einsatz der Streitkräfte? NZWehrr 2003, 45.

I. Allgemeines

1 1. Entstehung der Vorschrift. Die mit dem **SkResNOG** in das SG eingeführte Vorschrift ist dem ebenfalls mit dem SkResNOG in das **WPflG** eingefügten **§ 6c nachgebildet**. Sicherheitspolit. beruht diese Best. auf den terroristischen Angriffen auf Einrichtungen in den USA vom **11.9.2001** und der Verteidigungspolit. RL des BMVg vom 31.5.2003. Die „Beibehaltung der Wehrpflicht in angepasster Form"[1] wird darin legitimiert mit dem „Schutz Deutschlands und seiner Bürgerinnen und Bürger einschließlich der Befähigung zur Rekonstitution" sowie der evtl. „Unterstützung bei Naturkatastrophen und Unglücksfällen". Dem sich hieraus abgeleiteten gesetzl. Regelungsbedarf im Wehrrecht wurden mit dem SkResNOG und der **neuen Wehrdienstart**

---

1 BT-Drs. 15/4485, 30.

Hilfeleistungen im Innern § 63

(vgl. § 4 Abs. 1 Nr. 5 WPflG) der Hilfeleistung im Innern entsprochen. Für diese Form der Wehrdienstleistung im Rahmen des Art. 35 GG gab es **bisher keine eigenständige gesetzl. Regelung**.² Mangels einer solchen behalf man sich mit der Wehrdienstart der Wehrübungen i. S. d. WPflG bzw. der Übungen i. S. d. SG. Mit der Zweckbestimmung dieser Wehrdienstarten, der Aus- und Fortbildung für den V-Fall, war dies nicht zu vereinbaren.² Das SkResNOG hat diese **Lücke** im WPflG und im SG **klarstellend geschlossen**.

2. Änderungen der Vorschrift. Durch das **WehrRÄndG 2008** wurde der jetzige Abs. 3 angefügt. Es handelte sich dabei um eine Folgeänderung zur entspr. Ergänzung des § 6c WPflG.³   2

3. Bezüge zum Beamtenrecht; ergänzende Erlasse. Eine mit § 63 **vergleichbare Vorschrift existiert** im Beamtenrecht und im sonstigen öff. Dienstrecht **nicht**.   3

Zur Anwendung von Art. 35 GG sind zahlreiche **Erl. des BMVg** herausgegeben worden. Bedeutsam sind insbes. die Erl. über   4
– „Hilfeleistungen der Bundeswehr bei Naturkatastrophen oder besonders schweren Unglücksfällen und im Rahmen der dringenden Nothilfe".⁴
– „Hilfeleistungen der Bundeswehr im Rahmen der technischen Amtshilfe".⁵
– „Nutzung von Rettungsmitteln der Bundeswehr im Rahmen ziviler Rettungsmaßnahmen".⁶

II. Erläuterungen im Einzelnen

1. Absatz 1. – a) Allgemeines; verfassungsrechtl. Hintergrund. Mit § 63 (und § 6c WPflG) wurde **erstmals gesetzl.** eine explizite Grundlage für die Heranziehung von Angehörigen d. R. im Rahmen von Art. 35 GG geschaffen. Der aktive Personalbestand der SK kann dadurch in einer innerstaatlichen Notsituation durch Freiwillige verstärkt werden. (Einfach-)gesetzl. AusfBest zu Art. 35 GG haben bis Ende 2004 nicht bestanden. Die Exekutive im Allg. begnügte sich insoweit mit Art. 35 GG selbst und das BMVg im Besonderen mit seinen oben⁷ bezeichneten Erlassen.   5

Eine erste **gesetzl. Konkretisierung** von Art. 35 Abs. 2 Satz 2 und Abs. 3 GG für den Bereich der SK erfolgte mit den §§ 13 und 14 **LuftSiG** vom 11.1.2005.⁸ Gem. § 13 Abs. 1 LuftSiG kann ein „erheblicher Luftzwischenfall" einen „bevorstehenden" besonders schweren Unglücksfall i. S. d. GG begründen. Zur „Verhinderung des Eintritts" eines solchen Unglücksfalles dürfen die SK im Luftraum Luftfahrzeuge abdrängen, zur Landung zwingen, den Einsatz von Waffengewalt androhen oder Warnschüsse abgeben (§ 14 Abs. 1 LuftSiG).⁹ Eine über das Beispiel des erheblichen Luftzwischenfalles hinausgehende allg. Definition des „besonders schweren Unglücksfalles" enthält das LuftSiG nicht.   6

---

2 BT-Drs. 15/4485, 30.
3 Vgl. BT-Drs. 16/7955, 33.
4 VMBl. 2008 S. 2.
5 VMBl. 2008 S. 8.
6 VMBl. 2008 S. 6.
7 Vgl. Rn. 4.
8 Art. 1 des G zur Neuregelung von Luftsicherheitsaufgaben (BGBl. I S. 78). Ein SeesicherheitsG wird zzt. vorbereitet.
9 Zur verfassungsrechtl. Problematik u. zum Streitstand in der Lit. vgl. die obige Literaturübersicht. § 14 Abs. 3 LuftSiG ist verfassungswidrig (BVerfGE 115, 118).

7   § 63 (und § 6c WPflG) konkretisieren nicht Art. 35 GG als solchen, sondern den aufgrund der Verfassungsbest. (und des § 13 Abs. 1 LuftSiG) **heranziehbaren Personenkreis**; sie definieren mithin z.T. den dort gebrauchten Begriff „Streitkräfte".

8   Nicht in diesen Kontext gehört das **Parlamentsbeteiligungsgesetz** vom 18.3.2005.[10] Dieses behandelt zwar das Zustimmungsverfahren des BT bei „humanitären Hilfsdiensten" und „Hilfsleistungen" der SK (§ 2 Abs. 2 Satz 2 des G); das Gesetz gilt jedoch nur für den Einsatz der SK im **Ausland** (§ 1 Abs. 1 Satz 1 des G) bzw. außerhalb des Geltungsbereichs des GG (§ 1 Abs. 2 des G).

9   § 63 unterscheidet zwischen **drei Verwendungsoptionen** der SK:
    – Im Rahmen der **Amtshilfe**.
    „Amtshilfe" meint die gegenseitige Rechts- und Amtshilfe i. S. v. Art. 35 Abs. 1 GG. „Behörden" i. S. d. Best. sind auch die **Dienststellen der Bw** (SK und Bundeswehrverwaltung).[11]
    Amtshilfe als „ergänzende Hilfe" (§ 4 Abs. 1 VwVfG) leisten Dienststellen der Bw insbes. in Form von **logistischer** und **technischer Unterstützung**.[12] Eine Heranziehung von Dienstleistenden im Rahmen der Amtshilfe ist z. B. als (mil.) Fahrer von Fahrzeugen der SK bei Großereignissen denkbar.[13]
    – Bei einer **Naturkatastrophe**.
    Art. 35 GG differenziert zwischen dem **regionalen** (Abs. 2 Satz 2) und dem **überregionalen** (Abs. 3) Katastrophennotstand.
    Naturkatastrophen sind Gefahrenzustände oder Schädigungen von erheblichem Ausmaß, die durch **Naturereignisse** wie Erdbeben, Hochwasser, Eisgang, Lawinenabgänge, Unwetter, Wald- und Großbrände durch Selbstentzündung oder Blitze, Dürre oder Massenerkrankungen ausgelöst werden.[14] Beispiele hierfür waren die sog. Schneekatastrophe in Norddeutschland, Waldschäden durch Wirbelstürme, Heidebrände, Hochwasser des Rheins, der Oder und der Elbe. Hierbei wurden zahlreiche Angehörige der Res eingesetzt.
    – Bei einem **besonders schweren Unglücksfall**.
    Unglücksfälle gehen i. d. R. auf **menschliches Einwirken** zurück.[15] Es handelt sich um Schadensereignisse von großem Ausmaß und von Bedeutung für die Öffentlichkeit, die durch Unfälle, technisches oder menschliches Versagen ausgelöst oder von Dritten absichtlich herbeigeführt werden. Hierunter fallen besonders schwere Verkehrsunfälle, schwere Flugzeug- oder Eisenbahnunglücke, Stromausfall mit Auswirkungen für lebenswichtige Einrichtungen, Großbrände durch Brandstiftung, Unfälle in Kernenergieanlagen und andere Unfälle mit Strahlenrisiko.[16] Auch ein von Terroristen vorsätzlich herbeigeführter **Flugzeugabsturz** kann ein besonders schwerer Unglücksfall sein.[17]

---

10   BGBl. I S. 775. Krit. hierzu *Weiß*, NZWehr 2005, 103.
11   Vgl. im Übrigen zum Behördenbegriff § 1 Abs. 4 VwVfG.
12   Zu den Voraussetzungen u. Grenzen vgl. allg. § 5 VwVfG.
13   Vgl. auch Erl. des BMVg VMBl. 1988 S. 279 Nr. 7.
14   Erl. des BMVg VMBl. 1988 S. 279 Nr. 2.
15   *Erbguth*, in: Sachs, GG, Art. 35 Rn. 38.
16   Erl. des BMVg VMBl. 1988 S. 279 Nr. 3.
17   *Wiefelspütz*, NZWehr 2003, 61.

Vor dem Hintergrund dieser im Wesentlichen unstr. Definition war es verfassungsrechtl. unproblematisch, den „erheblichen Luftzwischenfall" gem. § 13 Abs. 1 LuftSiG unter den besonders schweren Unglücksfall des Art. 35 Abs. 2 Satz 2 oder Abs. 3 GG zu subsumieren. **Fraglich** bleibt jedoch, ob ein Einsatz der SK bereits **vorbeugend** („bevorstehender" Unglücksfall) zulässig ist. Auch hierüber wird das BVerfG zu entscheiden haben.

Str. ist ferner, welche **Kompetenzen** den SK bei einer Anwendung von Art. 35 Abs. 2 und 3 GG erwachsen[18] und welches Recht sie anzuwenden haben.[19]

b) Adressatenkreis. Zu einer Hilfeleistung im Innern ist nur heranziehbar, wer sich vorher hierzu **freiwillig schriftl. verpflichtet** hat (§ 59 Abs. 1 Satz 2). Unter dieser Voraussetzung kommen in Betracht   10
- ehem. BS im Ruhestand bis zum 65. Lebensjahr (§ 59 Abs. 1),
- entlassene ehem. BS oder SaZ nach mindestens zweijähriger Dienstzeit bis zum 60. Lebensjahr bzw. mit Zustimmung des BMVg bis zum 65. Lebensjahr (§ 59 Abs. 2),
- Personen, die nicht BS oder SaZ gewesen sind, bis zum 65. Lebensjahr (§ 59 Abs. 3 Satz 1).

Unterliegen diese Personen (Männer) noch der **WPfl**, gehen die Best. des WPflG vor   11
(§ 80). Ein **„Wahlrecht"** zwischen einer Wehrdienstleistung nach dem WPflG und einer solchen nach dem SG besteht **nicht**.

c) Sonstiges. Der Hilfeleistende muss **dienstfähig** sein (§ 64). Die Heranziehung   12
erfolgt durch einen **Heranziehungsbescheid** des örtlich zuständigen **KWEA** (§ 69). Dieser kann auch unmittelbar durch die **Truppe zugestellt** werden (§ 70 Abs. 3 Satz 3). Das Wehrdienstverhältnis des Dienstleistenden **beginnt** mit dem in diesem Bescheid für den **Diensteintritt** festgesetzten Zeitpunkt (§ 2 Abs. 1 Nr. 2).

Der **Status** des Hilfeleistenden ist mit demjenigen, der zu einer besonderen Auslands-   13
verwendung herangezogen wird, im Wesentlichen identisch.[20] Er hat Anspruch auf Arbeitsplatzschutz, Leistungen nach dem USG, Wehrsold, unentgeltliche truppenärztliche Versorgung, Unterkunft und Verpflegung **wie ein WPfl**. Versorgungsempfängern werden die Versorgungsbezüge fortgezahlt; diese werden ggf. um Leistungen nach dem USG aufgestockt (§ 13c Abs. 3 USG).

Administrativ ist zzt. noch nicht entschieden, ob dem Hilfeleistenden nach Abgabe   14
seiner Verpflichtungserklärung – formlos – **mitgeteilt** wird, für welchen Truppenteil er für den Fall einer Katastrophe **eingeplant** („beordert") ist. Dies dürfte zweckmäßig sein, da die Einberufung zu einer Hilfeleistung im Innern ohne Einhaltung einer Frist erfolgen kann (§ 72 Abs. 3 Satz 2 Nr. 5).

2. Absatz 2. Satz 1 bestimmt, dass der Dienstleistende **innerhalb von zwölf Mona-**   15
ten[21] grds. nur für maximal **drei Monate** herangezogen werden darf. Der ratio legis folgend ist eine kumulative Verbindung von Übungen i. S. v. § 61, einer besonderen Auslandsverwendung (§ 62) und Hilfeleistungen im Innern nur dann zulässig, wenn

---

18 *Dreist*, NZWehrr 2004, 103.
19 *Erbguth*, in: Sachs, GG, Art. 35 Rn. 41.
20 Vgl. die Komm. zu § 62 Rn. 19, 20.
21 BT-Drs. 15/4485, 38.

die Begrenzung auf drei Monate in dem Jahreszeitraum **nicht umgangen** wird. Satz 1 dient in erster Linie den Interessen des Arbeitgebers/der Dienstbehörde des Dienstleistenden.

16 **Ausnahmen** von der Drei-Monats-Begrenzung sind gem. Satz 2 nur zulässig, wenn der Dienstleistende und sein Arbeitgeber bzw. seine Dienstbehörde **zustimmen**. Ihnen muss dabei bewusst sein, dass sie in einem solchen Fall den sich aus dem ArbPlSchG ergebenden Verpflichtungen, z. B. der Fortzahlung der Bezüge bei Beamten gem. § 9 Abs. 2 ArbPlSchG, unterliegen. Die Kompetenz zur Bewilligung dieser Ausnahme ist dem BMVg zugewiesen worden und darf von diesem **nicht** an nachgeordnete Dienststellen **delegiert** werden. Gemessen an der Dauer bisheriger Katastrophen sind drei Monate ausreichend bemessen.

17 Hilfeleistungen im Innern werden ebenso wie eine besondere Auslandsverwendung **nicht** auf die Gesamtdauer der Übungen nach § 61 Abs. 2 **angerechnet** (Satz 3). Damit soll verhindert werden, dass die primär auf den Spannungs- und V-Fall bezogenen Pflichtübungen des § 61 Abs. 2 durch freiwillige Dienstleistungen in möglicherweise anderen Funktionen ersetzt werden können.

18 **3. Absatz 3.** Durch Abs. 3 soll gewährleistet werden, dass sich insbes. die Beauftragten der Bw für ziv.-mil. Zusammenarbeit ausreichend auf ihre Aufgaben in einem Katastrophenfall vorbereiten können.

§ 63a Hilfeleistungen im Ausland

(1) Hilfeleistungen im Ausland sind Verwendungen der Streitkräfte im Rahmen von humanitären Hilfeleistungen.

(2) ¹Die Hilfeleistung im Ausland ist grundsätzlich jeweils für höchstens drei Monate jährlich zulässig. ²Das Bundesministerium der Verteidigung kann mit Zustimmung der zur Dienstleistung heranzuziehenden Person und ihres Arbeitgebers oder ihrer Dienstbehörde Ausnahmen zulassen. ³Hilfeleistungen im Ausland werden auf die Gesamtdauer der Übungen nach § 61 Abs. 2 nicht angerechnet.

Literatur: Spezielle Veröffentlichungen zu § 63a liegen noch nicht vor.

Die mit dem **WehrRÄndG** in das SG eingefügte Vorschrift ist dem jetzigen § 6d WPflG nachgebildet. Beide Best. schließen an die mit dem SkResNOG geschaffenen Regelungen über die Hilfeleistung im Innern (§ 6c WPflG, § 63 SG) an. Sie schließen eine **Gesetzeslücke**, auf die in der Vorauf. dieses Komm. aufmerksam gemacht worden war.[1] Sie beruhen auf der Erkenntnis, dass die formalen Voraussetzungen für eine besondere Auslandsverwendung im Eilfall oft nicht zu erbringen sind und dass daher eine **eigenständige Norm** für humanitäre Hilfen im Ausland vonnöten ist. Auf eine Komm. im Einzelnen wird zunächst verzichtet, bis praktische Erfahrungen vorliegen.

---

1 [1] § 60 Rn. 13; § 62 Rn. 14; § 63 Rn. 2.

2.
Dienstleistungsausnahmen

§ 64 Dienstunfähigkeit

Zu Dienstleistungen wird nicht herangezogen, wer dienstunfähig ist.

Übersicht

	Rn		Rn
I. Allgemeines	1	II. Erläuterungen im Einzelnen	9
1. Entstehung der Vorschrift	1	1. Wehrdienstfähigkeit/Wehr-	
2. Änderungen der Vorschrift	4	dienstunfähigkeit	9
3. Bezüge zum Beamtenrecht bzw. zu sonstigen rechtl. Vorschriften; ergänzende Dienstvorschriften und Erlasse	5	2. Dienstfähigkeit/Dienstunfähigkeit	15
		3. Sonstiges	21

Literatur: Spezielle Veröffentlichungen zu § 64 liegen noch nicht vor. Zu §§ 8a und 9 WPflG vgl. die Literaturübersichten bei *Steinlechner/Walz*, WPflG, 112, 125.

I. Allgemeines

1. Entstehung der Vorschrift. Die mit dem **SkResNOG** in das SG eingeführte Vorschrift **entspricht** dem seit 1990 unverändert gebliebenen § 9 WPflG.[1] Während § 9 WPflG die wehrdienstunfähigen WPfl von der Ableistung des Wehrdienstes nach dem WPflG befreit, bezieht sich § 64 auf die dienstunfähigen Dienstleistungspflichtigen. **1**

Dienstleistungspflichtige sind gem. § 64 entweder dienstfähig oder dienstunfähig. Dienstunfähige Dienstleistungspflichtige dürfen zu keinen Dienstleistungen herangezogen werden; es liegt eine **zwingende Dienstleistungsausnahme** vor. Die „**vorübergehende Dienstunfähigkeit**" entspr. der vorübergehenden Wehrdienstunfähigkeit („T 4") des § 8a Abs. 1 WPflG führt auch bei Dienstleistungspflichtigen zu einer Zurückstellung von Amts wegen gem. § 67 Abs. 1 Nr. 1. **2**

Eine mit § 64 vergleichbare gesetzl. Regelung bestand bisher nicht. Die vor dem Inkrafttreten des SkResNOG mit Erl. des BMVg für Dienstleistungspflichtige verfügte analoge Anwendung der für WPfl geltenden Best. hätte einer gerichtl. Überprüfung vermutlich nicht Stand gehalten. **3**

2. Änderungen der Vorschrift. Durch Art. 3 Nr. 20 des **WehrRÄndG 2008** wurde die frühere Formulierung „dauerhaft nicht dienstfähig" durch die jetzige („dienstunfähig") ersetzt. Es handelte sich dabei um eine Folgeänderung zu § 44 Abs. 3 n. F. Weiterer **Änderungsbedarf** besteht zzt. **nicht**. Inwieweit es rechtl./rechtspolit. zulässig ist, den für aktive Soldaten entwickelten Begriff der „Dienstfähigkeit" auf nicht dienende **4**

---

1 BT-Drs. 15/4485, 38.

Dienstleistungspflichtige und Teilnehmer an DVag i. S. d. § 81 zu erstrecken, ist indes fraglich. Sinnvoller erscheint, für Personen des § 59 von der „**Dienstleistungsfähigkeit**" zu sprechen. Auch hierbei zeigt sich, dass die historisch und verfassungsrechtl.[2] begründete Teilung des Dienstrechts der Soldaten in das WPflG und das SG nahezu zwangsläufig eindeutige Differenzierungen zwischen den verschiedenen Statusgruppen kaum zulässt.[3]

5   **3. Bezüge zum Beamtenrecht bzw. zu sonstigen rechtl. Vorschriften; ergänzende Dienstvorschriften und Erlasse.** Eine mit § 64 vergleichbare Vorschrift existiert im Beamtenrecht nicht.

6   Für **WPfl** gilt, wie oben erwähnt, § 9 WPflG (i. V. m. § 8a WPflG).

7   Für **ZDL** bestimmt § 8 ZDG, dass zum Zivildienst nicht herangezogen wird, wer nicht zivildienstfähig ist. Nicht Wehrdienstfähige wiederum gelten als nicht zivildienstfähig (§ 7 Satz 2 ZDG). Dies erklärt sich daraus, dass für den Zivildienst ein „eigenes System der Bestimmung der Tauglichkeit" nicht vorgesehen ist.[4] Die Wehrersatzbehörden mustern auch potentielle Kriegsdienstverweigerer. Ein KDV-Antrag kann erst dann durch das BAZ beschieden werden, wenn der Musterungsbescheid (des KWEA) unanfechtbar geworden ist (§ 2 Abs. 6 Satz 2 KDVG).

8   Für die Anwendung von § 64 sind insbes. folgende **Erl. des BMVg** von Bedeutung:
–   ZDv 46/1 „Bestimmungen für die Durchführung der ärztlichen Untersuchung bei Musterung und Diensteintritt von Wehrpflichtigen, Annahme und Einstellung von freiwilligen Bewerbern sowie bei der Entlassung von Soldaten".
–   ZDv 14/5 B 153 „Verfahren bei Beendigung des Dienstverhältnisses eines Soldaten wegen Dienstunfähigkeit" (DU-Erlass).
–   ZDv 14/5 B 153a „Richtlinien für die Personalbearbeitung von Soldaten, deren Verwendungsfähigkeit eingeschränkt ist, und für das Verfahren zur Beendigung des Dienstverhältnisses wegen Dienstunfähigkeit".
–   Staatssekretär vom 2.5.2005 – R I 3 – Az 24-01-01 „**Allgemeine Weisung** zu §§ 6 Abs. 7, 6a Abs. 6, 6c Abs. 4 WPflG".

II. Erläuterungen im Einzelnen

9   **1. Wehrdienstfähigkeit/Wehrdienstunfähigkeit.** Im Hinblick auf die amtl. Bezugnahme des § 64 auf § 9 WPflG[5] sind einige Anm. zu den einschlägigen Best. des WPflG angezeigt.

10 **§ 9 WPflG**, die kürzeste Vorschrift des WPflG, wurde seit 1990 nicht mehr geändert.[6] Die Formulierung „wird nicht herangezogen" macht deutlich, dass die Wehrdienstunfähigkeit eine **zwingende Wehrdienstausnahme** darstellt. **Administrative Ausnahmegenehmigungen**, die in Einzelfällen die Einberufung eines Wehrdienstunfähigen z. B. zu einer Wehrübung ermöglichen, wurden bis zum Inkrafttreten des SkResNOG ohne ausdrückliche gesetzl. Ermächtigung erteilt. Sie waren **rechtl.** zweifelhaft; daran änderte auch das Einverständnis des Betroffenen nichts.[7]

---
2   Art. 12a Abs. 1 GG einerseits u. Art. 33 Abs. 2 GG andererseits.
3   Vgl. die Komm. zu §§ 1, 58.
4   *Brecht*, ZDG, 68.
5   BT-Drs. 15/4485, 38.
6   Vgl. *Steinlechner/Walz*, WPflG, § 9 Rn. 1.
7   *Steinlechner/Walz*, WPflG, § 9 Rn. 3.

Die Vorschrift **bezweckt** primär, die WPfl vor einer Gesundheitsschädigung in Folge des Wehrdienstes zu bewahren.[8] Die Wahrscheinlichkeit, dass ein schwerer Gesundheitsschaden eintreten könnte, reicht im Allg. aus.[9] Weiterer Zweck der Vorschrift ist, den Staat vor vermeidbaren Versorgungsansprüchen zu verschonen.[10]   **11**

Wer als wehrdienstunfähig ausgemustert wird, bleibt weiterhin wpfl, darf aber i. d. R. zu keinem Wehrdienst i. S. v. § 4 Abs. 1 WPflG herangezogen werden.[11]   **12**

Als wehrpflichtrechtl. Besonderheit legt **§ 8a Abs. 2 WPflG „Verwendungsgrade"** fest. Ist ein WPfl „nach Maßgabe des ärztlichen Urteils" keinem Verwendungsgrad zuzuordnen – so die Logik der gesetzl. Best. –, ist er nicht wehrdienstfähig (vgl. § 8a Abs. 2 Satz 2 WPflG).[12]   **13**

Seit dem **2. ZDGÄndG** vom 27.9.2004[13] waren nur noch diejenigen WPfl, die „voll verwendungsfähig" („T 1") oder „verwendungsfähig mit Einschränkung" („T 2") gemustert wurden, wehrdienstfähig i. S. v. § 8a WPflG.[14] Auf Initiative der seinerzeitigen Koalitionsparteien wurde im Zuge der Beratungen des SkResNOG[15] an § 6 WPflG ein neuer Abs. 7 angefügt, demzufolge das BMVg für WPfl, die (freiwillig)[16] zu Wehrübungen[17] herangezogen werden sollen, **Ausnahmen** von § 8a Abs. 2 Satz 1 WPflG zulassen kann. Angehörige der Res sind demnach im Rahmen von freiwilligen Dienstleistungen im Frieden nach dem WPflG heranziehbar mit den Verwendungsgraden T 1, T 2 und dem **neuen Verwendungsgrad** „verwendungsfähig als Reservist" („**T 6**"), der nur für diesen Personenkreis gilt. Das jahrzehntelang geltende Prinzip der für alle Wehrdienst- und Zivildienstleistenden einheitlich angewandten Verwendungsgrade[18] wurde damit aufgegeben.[19]   **14**

---

8   *Steinlechner/Walz*, WPflG, § 9 Rn. 4.
9   BVerwGE 38, 310.
10 Vgl. *Boehm-Tettelbach*, WPflG, § 9 Rn. 1.
11 *Steinlechner/Walz*, WPflG, § 9 Rn. 8.
12 *Boehm-Tettelbach*, WPflG, § 8a Rn. 7, 17. Die Verwendungsgrade „konkretisieren" (*Steinlechner/Walz*, WPflG, § 8a Rn. 9) u. definieren letztlich die Wehrdienstfähigkeit.
13 BGBl. I S. 2358.
14 Das BVerwG (NZWehr 2005, 126 mit Anm. *Walz*, NZWehrr 2005, 129) hat u. a. diese Novellierung des WPflG als „sachgerecht" u. verfassungsgemäß bewertet.
15 Vgl. BT-Drs. 15/4872.
16 Der Wortlaut von § 6 Abs. 7 WPflG würde auch eine zwangsweise Heranziehung zu Wehrübungen zulassen. Dies entspricht aber nicht dem erklärten Willen des Gesetzgebers (vgl. BT-Drs. 15/4872).
17 Gleiches gilt für besondere Auslandsverwendungen (§ 6a Abs. 6 WPflG n. F.) u. Hilfeleistungen im Innern (§ 6c Abs. 4 WPflG) sowie Hilfeleistungen im Ausland (§ 6d Abs. 4 WPflG).
18 BVerwG *Buchholz* 448.0 § 9 WPflG Nr. 6; *Steinlechner/Walz*, WPflG, § 8a Rn. 12.
19 Erstaunlich ist, dass der mit dem 2. ZDGÄndG abgeschaffte Verwendungsgrad „T 3" („verwendungsfähig mit Einschränkung in der Grundausbildung und für bestimmte Tätigkeiten") jahrzehntelang auch auf Angehörige der Res angewandt worden war, die i. d. R. ihre Grundausbildung längst absolviert hatten. Mit der durch das SkResNOG zugelassenen Ausnahmeregelung soll den Angehörigen der Res, die vor dem 1.10.2004 mit „T 3" beurteilt waren u. die weiterhin freiwillige Dienstleistungen erbringen wollen, entgegengekommen werden. Dies entspricht der praktischen Erfahrung. Angehörige der Res sind i. d. R. alters- u. funktionsgerecht geringeren körperlichen Belastungen ausgesetzt als GWDL u. längerdienende Soldaten.

15 **2. Dienstfähigkeit/Dienstunfähigkeit. Wehrdienstfähigkeit** nach dem WPflG und **Dienstfähigkeit** gem. § 29 Abs. 2 WPflG und dem SG sind **unterschiedliche Begriffe** mit unterschiedlichen Inhalten. Bei der Dienstfähigkeit eines Soldaten spielen die **Verwendungsgrade** des § 8a Abs. 2 WPflG **keine Rolle** (mehr).[20]

16 In der Praxis ist diese Differenzierung **schwer zu vermitteln**. Die pauschale Feststellung des BVerwG, die Tauglichkeit nach dem WPflG und die Dienstunfähigkeit nach dem SG seien „auch unter Berücksichtigung der voneinander abweichenden Ziele und Zwecke der jeweiligen Vorschrift und des jeweiligen Gesetzes unabhängig voneinander auszulegen" und seien „nicht vergleichbar", ist selbst unter Juristen **erklärungsbedürftig**. Sie wirkt künstlich und akademisch-theoretisch. Der Vergleich der Wehrdienstfähigkeit und der Dienstfähigkeit mit der Erwerbsfähigkeit und der Arbeitsfähigkeit[21] oder der Hinw. darauf, dass der Begriff der Dienstunfähigkeit des Soldatenrechts ders. sei wie der Begriff der Dienstunfähigkeit im Beamtenrecht[22], hilft nicht viel weiter.

17 Das SG verwendet in **zahlreichen Best.** den Begriff der Dienstfähigkeit/Dienstunfähigkeit[23]; eine aussagekräftige gesetzl. Definition findet sich weder im soldatischen Dienstrecht noch im Dienstrecht der Beamten. Die **Legaldefinition der Dienstunfähigkeit** in § 44 Abs. 3 ist recht **allg. gehalten**. Sie lässt lediglich den Umkehrschluss zu, dass der Soldat dienstfähig ist, wenn er nicht wegen seines körperlichen Zustandes oder aus gesundheitlichen Gründen zur Erfüllung seiner Dienstpflichten dauernd unfähig ist.[24] Ergänzend ist auf § 37 Abs. 1 Nr. 3 hinzuweisen. Danach ist derjenige dienstfähig, der „die körperliche Eignung besitzt, die zur Erfüllung seiner Aufgaben als Soldat erforderlich ist". Diese Eignung wird in der Annahmeuntersuchung freiwilliger Bewerber nach den gleichen Grundsätzen festgestellt wie sie für die Musterung von WPfl gelten.[25]

18 Soweit es sich um **BS** oder **SaZ** handelt, lässt sich deren Dienstfähigkeit aufgrund dieser Vorgaben von der Wehrdienstfähigkeit noch relativ einfach abgrenzen. Bei diesem Personenkreis ist wie bei Beamten auf das zuletzt übertragene **„abstrakt-funktionelle Amt"** abzustellen, nicht auf den innegehabten Dienstposten.[26] WPfl üben **kein „Amt"** aus. Im Übrigen ist die Schutz- und Fürsorgepflicht des Staates gegenüber denjenigen, die einen Zwangsdienst leisten, stärker ausgeprägt als gegenüber denjenigen, die ein Dienstverhältnis freiwillig eingegangen sind.

---

20 BVerwG *Buchholz* 238.4 § 55 SG Nr. 7; *Weniger*, SG, § 64 Rn. 1.
21 *Steinlechner/Walz*, WPflG, § 8a Rn. 14.
22 *Scherer/Alff/Poretschkin*, SG, § 44 Rn. 5.
23 Vgl. z. B. § 3 Abs. 2, § 44 Abs. 3, § 55 Abs. 2, § 64, § 67 Abs. 1 Nr. 1, § 71, § 77 Abs. 2 Nr. 1, § 81 Abs. 2 Satz 1.
24 Nach dem Erl. des BMVg ZDv 14/5 B 153 Nr. 1 Abs. 1 liegt Dienstunfähigkeit vor, „wenn der Soldat infolge einer Gesundheitsstörung entweder keinen Dienst leisten kann oder in seiner Leistungsfähigkeit so beeinträchtigt ist, dass er die Anforderungen, die an ihn in seiner gegenwärtigen Dienststellung und in den wesentlichen Dienststellungen seines Dienstgrades gestellt werden, nicht ausreichend erfüllt".
25 ZDv 46/1 Nr. 125.
26 St. Rspr., vgl. zuletzt BVerwG NVwZ 2005, 458.

Problematischer ist die **Differenzierung** zwischen der **Wehrdienstfähigkeit eines WPfl** nach dem WPflG und der **Dienstfähigkeit eines Dienstleistungspflichtigen/Teilnehmers an einer DVag** nach dem SG aus folgenden Gründen: 19
- Die „**Dienstfähigkeit**" nach dem SG bezieht sich außerhalb des IV. und des V. Abschnitts nur auf **aktive Soldaten**. Nicht dienende Angehörige der Res und andere Personen, die gem. § 59 zu Dienstleistungen oder gem. § 81 zu DVag herangezogen werden können, können logischerweise nicht auf ihre gesundheitliche Eignung für ein bereits **bestehendes** soldatisches Dienstverhältnis hin untersucht werden. Ihre körperliche und geistige Tauglichkeit ist an den Anforderungen ihrer **geplanten** Verwendung zu messen. Diesen Vorgang bezeichnet das WPflG als „Musterungsuntersuchung" (§ 17 Abs. 4 Satz 1 WPflG) bzw. als „Überprüfungsuntersuchung" (§ 20b WPflG). Als Ergebnis wird ein Tauglichkeitsgrad festgesetzt (§ 8a Abs. 1 WPflG), mit dem zugleich über die „**Wehrdienstfähigkeit**" entschieden wird. Wenn der Gesetzgeber außerhalb des IV. und des V. Abschnitts des SG diesen Begriff verwendet, meint er **nicht dienende Personen**. Die Erstreckung der „Dienstfähigkeit" auf den Personenkreis der (noch) nicht dienenden Dienstleistungspflichtigen markiert daher einen **Systembruch**. Dieser lässt sich nur damit erklären, dass der Gesetzgeber des SkResNOG die Statusbereiche des WPflG und des SG klarer als bisher voneinander abgrenzen wollte.
- Zu Dienstleistungen gem. § 60 Nr. 1, 5 und 6 können die in § 59 aufgeführten Personen auch **zwangsweise** herangezogen werden. Sie stehen daher den WPfl verhältnismäßig nahe. Die ursprünglich eingegangene freiwillige Verpflichtung[27] kann, insbes. bei ehem. BS, viele Jahre zurückliegen. Sie spielt in der Motivationslage dieser Personen keine große Rolle mehr. Es ist davon auszugehen, dass Dienstleistungspflichtige sich eher als WPfl „fühlen" werden denn als ehem. Längerdiener.
- Wpfl Angehörige der Res und Dienstleistungspflichtige werden für die Zeit ihrer Wehrdienstleistung auf mil. Dienstposten eingesetzt, die für die zeitweilige Besetzung mit diesen Personen offen stehen, ohne dass zwischen den verschiedenen gesetzl. Heranziehungsgrundlagen unterschieden werden kann. Die von WPfl und Dienstleistungspflichtigen wahrgenommenen **Aufgaben** sind grds. **identisch**. Auch optisch, durch die Uniform, ist nicht erkennbar, ob es sich um einen Angehörigen der Res nach dem WPflG oder um einen Dienstleistungspflichtigen nach dem SG handelt.

An die **gesundheitlichen Anforderungen** beider Personenkreise sind daher – zumindest bis auf Weiteres – die **gleichen Maßstäbe** anzulegen. Dies bedeutet u. a., dass die gem. § 6 Abs. 7 WPflG n. F. erlassenen **Ausnahmeregelungen** zunächst analog **auch für Dienstleistungspflichtige**, die **freiwillige Dienstleistungen** erbringen, und Personen, die 20

---

27 Eine vertiefende Betrachtung des Elements der Freiwilligkeit hätte auch die Frage zu beantworten, ob der Einzelne auf das Grundrecht auf körperliche Unversehrtheit (Art. 2 Abs. 2 Satz 1 GG) verzichten kann bzw. in potentielle Gefahren für seine körperliche Unversehrtheit einwilligen darf. Vgl. hierzu grds. *Jarass*, in: Jarass/Pieroth, GG, Vorb. vor Art. 1 Rn. 36, Art. 2 Rn. 89, 100.

zu DVag gem. § 81 zugezogen werden wollen, gelten.[28] Ihre Anwendung wird zeigen, ob für den Personenkreis des § 59 oder des § 81 z. B. in der ZDv 46/1 spezielle Best. zu verfügen sind, die insbes. eine flexiblere und großzügigere Handhabung zulassen als die aus den §§ 8a und 9 WPflG abgeleiteten Vorschriften. Sollte dies nicht möglich oder nicht erforderlich sein, sind § 64 und § 81 ggf. sinngemäß entspr. § 8a WPflG zu ergänzen, damit die Kongruenz zwischen den nachwirkenden Pflichten aus dem WPflG und dem SG wieder hergestellt wird.

21 **3. Sonstiges.** Wer dauerhaft nicht dienstfähig ist[29], unterliegt **nicht der Dienstleistungsüberwachung** (§ 77 Abs. 2 Nr. 1). Während der Dienstleistungsüberwachung haben Dienstleistungspflichtige den Eintritt von Tatsachen, die ihre Dienstfähigkeit gefährdet erscheinen lassen, unverzüglich dem KWEA **mitzuteilen** (§ 77 Abs. 6 Nr. 1 bis 3). Ist der Dienstleistungspflichtige bereits Soldat, ist er zu **entlassen** (§ 75 Abs. 1 Satz 2 Nr. 4).

---

28 Dabei soll nicht verschwiegen werden, dass diese Analogie rechtl. anzweifelbar ist. Die für WPfl nach dem WPflG zugelassene Ausnahmemöglichkeit erstreckt sich nur auf diesen Personenkreis. Für Dienstleistungspflichtige fehlt eine entspr. Vorschrift im SG. Diese Lücke lässt sich in der Praxis schließen, indem diejenigen Dienstleistungspflichtigen, die nach dem WPflG wehrdienstunfähig wären, dann als dienstfähig beurteilt werden, wenn sie die Voraussetzungen der für WPfl erlassenen Ausnahmeregelung erfüllen.
29 Diese Wortwahl ist noch der jetzigen Fassung des § 64 („dienstunfähig") anzupassen.

§ 65 Ausschluss von Dienstleistungen

Von Dienstleistungen ist derjenige ausgeschlossen, gegen den durch ein deutsches Gericht auf die in § 38 Abs. 1 bezeichneten Strafen, Maßregeln oder Nebenfolgen erkannt worden ist.

Übersicht

	Rn		Rn
I. Allgemeines	1	II. Erläuterungen im Einzelnen	5
1. Entstehung der Vorschrift	1	1. § 65 und § 10 WPflG	5
2. Änderungen der Vorschrift	3	2. Verfahrensfragen	9
3. Bezüge zu sonstigen rechtl. Vorschriften	4		

Literatur: Spezielle Veröffentlichungen zu § 65 liegen noch nicht vor.
Zu § 10 WPflG vgl. die Literaturhinweise bei *Steinlechner/Walz*, WPflG, 139.

I. Allgemeines

1 **1. Entstehung der Vorschrift.** § 65 erweitert den Kreis der **zwingenden Dienstleistungsausnahmen** um den Tatbestand der früher so bezeichneten „Wehrunwürdigkeit". Der Geltungsbereich des § 65 beschränkt sich auf die nicht dienenden Dienstleistungspflichtigen. Für dienende Dienstleistungspflichtige ist § 76 maßgeblich.

2 Die mit dem **SkResNOG** in das SG eingeführte Vorschrift **entspricht** „dem Regelungsgehalt"[1] des **§ 10 WPflG**. Im Unterschied zu § 10 WPflG, der die Voraussetzungen für einen Ausschluss vom Wehrdienst enumerativ aufführt, beschränkt sich § 65 auf eine **bloße Bezugnahme auf § 38 Abs. 1**.

---

1 BT-Drs. 15/4485, 39.

2. Änderungen der Vorschrift. Änderungsbedarf kann sich ggf. dann ergeben, wenn § 38 in der geltenden Fassung noch längere Zeit fortbestehen sollte. Es wäre dann zu überlegen, in § 65 auf § 38 insgesamt und nicht nur auf dessen Abs. 1 zu verweisen. Sinnvoller dürfte jedoch sein, § 38 an die jetzige Fassung des § 10 WPflG anzugleichen. Abs. 2 des § 38 ist mittlerweile überholt.

3. Bezüge zu sonstigen rechtl. Vorschriften. Für **ZDL** gilt **§ 9 ZDG**. Dieser stimmt mit § 10 WPflG überein.

II. Erläuterungen im Einzelnen

1. § 65 und § 10 WPflG. Inhaltl. **unterscheiden** sich § 10 WPflG und § 38 Abs. 1, auf den § 65 verweist, nur insoweit, als § 10 Nr. 1 WPflG in der 2. Alt. auf eine Freiheitsstrafe von sechs Monaten oder mehr abstellt und im letzten Teilsatz die Tilgung im Zentralregister anspricht. Diese Zusätze fehlen in § 38 Abs. 1. Für die Praxis sind die voneinander abw. Formulierungen **weitgehend bedeutungslos**.

Ist ein WPfl zu einer **Freiheitsstrafe von weniger als sechs Monaten** (vgl. § 38 Abs. 2 StGB) verurteilt worden, kann eine **Zurückstellung** gem. § 12 Abs. 5, 2. Alt. WPflG in Betracht kommen.[2] Für Dienstleistungspflichtige gilt § 67 Abs. 5.

Ist ein WPfl zu **Jugendstrafe** oder Jugendarrest verurteilt worden, wird er gem. § 12 Abs. 1 Nr. 2 WPflG **zurückgestellt**. Die entspr. Regelung für Dienstleistungspflichtige findet sich in § 67 Abs. 1 Nr. 2.

Gem. § 38 Abs. 2 kann das BMVg in Einzelfällen **Ausnahmen** von Abs. 1 Nr. 1 zulassen. Die gleiche Best. war früher auch in § 10 WPflG enthalten. Sie wurde mit dem BwNeuAusrG **gestrichen**, da für sie kein praktisches Bedürfnis mehr gesehen wurde.[3] § 38 blieb von dieser Änd. verschont. Dies bedeutet **nicht**, dass nunmehr im Rahmen des § 65 unter Bezugnahme auf § 38 Abs. 2 **Ausnahmen** von § 38 Abs. 1 Nr. 1 **zugelassen** werden könnten. § 65 verweist nur auf § 38 Abs. 1 und nicht (auch) auf § 38 Abs. 2. Der „Schutz der Streitkräfte vor Dienstleistungen durch Personen, denen besonders schwere Straftaten zur Last gelegt werden"[4], wäre nicht mehr gewährleistet, wenn das BMVg – eine praktische mil. Notwendigkeit unterstellt – nach seinem Ermessen abw. Entscheidungen treffen könnte.

2. Verfahrensfragen. Das KWEA erfährt von der Verurteilung eines Dienstleistungspflichtigen entweder durch Einholung eines **Behördenführungszeugnisses** (§ 31 BRZG) oder durch eine **MiStra** gem. § 89 oder durch (pflichtgemäße) **Meldung** des Dienstleistungspflichtigen selbst (§ 77 Abs. 6 Nr. 1). Diese Verpflichtung ist bußgeldbewehrt (§ 86 Abs. 1 Nr. 2).

Der Ausschluss von Dienstleistungen ist dem Dienstleistungspflichtigen mittels **VA** mitzuteilen.[5] Dieser VA wird in der Praxis der Wehrersatzbehörden als **„Ausschlussbescheid"** bezeichnet.

Der Ausschluss von Dienstleistungen gem. § 65 bewirkt i. d. R. eine **dauerhafte Dienstleistungsausnahme**. Dies gilt **nicht**, wenn die Verurteilung im Bundeszentralregister

---

2 Vgl. *Boehm-Tettelbach*, WPflG, § 10 Rn. 8.
3 BT-Drs. 14/6881, 22.
4 BT-Drs. 15/4485, 39.
5 Vgl. für WPfl *Steinlechner/Walz*, WPflG, § 10 Rn. 17.

gem. **§§ 45 ff.** BZRG **getilgt** ist (vgl. § 51 BZRG), es sei denn, ein Ausnahmefall des § 52 BZRG würde vorliegen.[6] Ob nach der Tilgung einer Verurteilung noch ein dienstl. Interesse der SK besteht, den dann meist lebensälteren früheren Dienstleistungspflichtigen wieder heranzuziehen, dürfte jedoch wenig wahrscheinlich sein.

12 Ein bereits zugestellter **Heranziehungsbescheid** ist rechtswidrig und muss von Amts wegen **widerrufen** werden. Ist der Dienstleistungspflichtige **Soldat**, ist er gem. § 75 Abs. 1 Satz 2 Nr. 4 zu **entlassen**; er ist von weiteren Dienstleistungen gem. § 76 Abs. 1 Satz 1 ausgeschlossen. Der entspr. verurteilte Dienstleistungspflichtige unterliegt nicht mehr der Dienstleistungsüberwachung (§ 77 Abs. 2 Nr. 2).

13 Im Übrigen kann auf die **Komm. zu § 38** verwiesen werden.

---

6 Zur Rechtslage bei WPfl vgl. *Steinlechner/Walz*, WPflG, § 10 Rn. 18.

§ 66 Befreiung von Dienstleistungen

Von Dienstleistungen sind befreit
1. **ordinierte Geistliche evangelischen Bekenntnisses,**
2. **Geistliche römisch-katholischen Bekenntnisses, die die Diakonatsweihe empfangen haben,**
3. **hauptamtlich tätige Geistliche anderer Bekenntnisse, deren Amt dem eines ordinierten Geistlichen evangelischen oder eines Geistlichen römisch-katholischen Bekenntnisses, der die Diakonatsweihe empfangen hat, entspricht,**
4. **schwerbehinderte Menschen und**
5. **Dienstleistungspflichtige, die auf Grund eines völkerrechtlichen Vertrages für die Dauer einer Tätigkeit in einer internationalen Behörde eine entsprechende Befreiung genießen.**

Übersicht

	Rn		Rn
I. Allgemeines	1	2. Nr. 1	7
1. Entstehung der Vorschrift	1	3. Nr. 2	8
2. Änderungen der Vorschrift	3	4. Nr. 3	10
3. Bezüge zu sonstigen rechtl. Vorschriften	4	5. Nr. 4	14
II. Erläuterungen im Einzelnen	6	6. Nr. 5	18
1. Nr. 1 bis 3 und Grundgesetz	6	7. Verfahrensfragen	19

Literatur: Spezielle Veröffentlichungen zu § 66 liegen noch nicht vor.

Zu § 11 WPflG vgl. die umfangreichen Literaturhinweise bei *Steinlechner/Walz*, WPflG, 144 f.; zum sog. Geistlichenprivileg vgl. ergänzend *Boehm-Tettelbach*, WPflG, § 11 Rn. 6g.

I. Allgemeines

1 1. **Entstehung der Vorschrift.** Die mit dem **SkResNOG** in das SG eingeführte Vorschrift **entspricht**[1] wörtlich **§ 11 Abs. 1 WPflG.** Mit ihr werden die zwingenden Dienstleistungsausnahmen abgeschlossen.

---

1 BT-Drs. 15/4485, 39.

Gesetzessystematisch gehört § 66 (ebenso wie § 11 Abs. 1 WPflG) zum Bereich der **Uk-Stellung** (§ 68).[2] Da diese wiederum bis zum WehrRÄndG 2008 nicht vom Dienstleistungspflichtigen (WPfl) selbst eingeklagt werden konnte, bedurfte es für den in § 66 (§ 11 Abs. 1 WPflG) aufgeführten Personenkreis einer eigenständigen gesetzl. Regelung. **2**

2. Änderungen der Vorschrift. Durch Art. 3 Nr. 21 des **WehrRÄndG 2008** wurde die neue Nr. 5 angefügt. Weiterer **Änderungsbedarf** kann sich ggf. dann ergeben, wenn Dienstleistungspflichtige versuchen sollten, in entspr. Anwendung von **§ 11 Abs. 2 WPflG** auf Antrag befreit zu werden. Diese Best., die mit dem 2. ZDGÄndG neu gefasst und wesentlich erweitert worden ist, wurde – als systemfremd – nicht in das SG übernommen. Eine **analoge Anwendung** auf Dienstleistungspflichtige **scheidet aus**, weil § 66 als lex specialis den Vorschriften des WPflG vorgeht. Ob eine antragsabhängige Befreiung z. B. der **verheirateten** (§ 11 Abs. 2 Satz 1 Nr. 3a WPflG) Dienstleistungspflichtigen im Hinblick auf Art. 6 Abs. 1 GG[3] zugelassen werden muss, wird die weitere Entwicklung zeigen. Bis dahin kann im Einzelfall ein Widerruf der Verpflichtungserklärung (§ 59 Abs. 4 Satz 1) oder eine Entpflichtung (§ 59 Abs. 5 Satz 2) in Frage kommen. **3**

Als weitere Ergänzung wäre zu überlegen, die Anerkennung als KDV in den Katalog der Befreiungstatbestände aufzunehmen. Bis dahin ist für nicht-dienende Dienstleistungspflichtige[4] das Verbot der Heranziehung zum Wehrdienst unmittelbar aus Art. 4 Abs. 3 Satz 1 GG zu entnehmen.

3. Bezüge zu sonstigen rechtl. Vorschriften. Eine mit § 66 vergleichbare Vorschrift existiert im **Beamtenrecht nicht**. **4**

Für **ZDL** gilt **§ 10 ZDG**. Dieser stimmt mit § 11 WPflG überein. **5**

II. Erläuterungen im Einzelnen

1. Nr. 1 bis 3 und Grundgesetz. Das sog. Geistlichenprivileg **verstößt nicht gegen das GG**. Die zit. Befreiungsbest. dienen im Gegenteil der Gewährleistung der ungestörten Religionsausübung gem. Art. 4 Abs. 2 GG. Eine Verletzung des speziellen Gleichheitssatzes des Art. 3 Abs. 3 GG ist ebenfalls nicht erkennbar.[5] **6**

2. Nr. 1. Ev. „**Geistlicher**" ist, wer nach der Ordnung einer der Gliedkirchen der EKD im kirchenrechtl. Sinne als Geistlicher gilt. „Ordination" meint die **ordinatio generalis**, d. h. die Berufung und Einsegnung in den Berufsstand. Da die entspr. Ausbildung mehrere Jahre dauert, ist eine Ordination i. d. R. erst mit dem **24. Lebensjahr** möglich.[6] Für den GWD ist daher die Best. des § 11 Abs. 1 Nr. 1 WPflG kaum von Bedeutung. Da Dienstleistungspflichtige meist lebensälter sind, wird § 66 Nr. 1 für sie eher zur Anwendung kommen. **Missionare** und Angehörige ev. **Orden** und Bruderschaften sind dann befreit, wenn sie ordiniert worden sind.[7] **Diakone** sind keine Geistlichen. **7**

---

2 Vgl. *Boehm-Tettelbach*, WPflG, § 11 Rn. 7.
3 Vgl. BT-Drs. 15/3279, 9.
4 Für Dienstleistungspflichtige im Soldatenstatus gilt § 75 Abs. 1 Satz 2 Nr. 6.
5 BVerfG NVwZ 1990, 1064; *Steinlechner/Walz*, WPflG, § 11 Rn. 17 m. w. N.
6 *Boehm-Tettelbach*, WPflG, § 11 Rn. 2b.
7 Vgl. *Steinlechner/Walz*, WPflG, § 11 Rn. 20.

8 3. Nr. 2. Die Befreiungsbest. der Nr. 1 bis 3 sind insgesamt durch **Art. 6 RK**[8], der wiederum auf Canon 121 des Corpus iuris canonici beruht, ausgelöst worden.[9] Danach nimmt die kath. Kirche für sich in Anspruch, ihre Geistlichen keinen Militärdienst leisten zu lassen. Mit dem Empfang der **Diakonatsweihe** wird man in der kath. Kirche Geistlicher. Einbezogen in die Befreiungsregelung sind auch kath. **Ordensleute**; maßgeblich ist die Ablegung der Ordensprofess. Kath. **Pastoralassistenten** sind **nicht** von Dienstleistungen befreit.

9 Für die Praxis ist Nr. 2 von **nachrangiger Bedeutung**, da die meisten Dienstleistungspflichtigen Frauen sind, die kein geistliches Amt in der kath. Kirche ausüben dürfen.

10 4. Nr. 3. Andere Religionsgemeinschaften sind Zusammenschlüsse mehrerer Personen mit einem **Minimum an Struktur**, die auf eine **gewisse Dauer** angelegt sind.[10] Kennzeichnend ist eine gemeinsame, gedanklich formulierte **Glaubensvorstellung**.[11]

Beide Voraussetzungen treffen z. B. auf den Hinduismus, den Buddhismus, den Islam, das Judentum, aber auch auf die Zeugen Jehovas zu.

11 Der Geistliche eines anderen Bekenntnisses muss sich seiner (seelsorgerischen) Tätigkeit mit einer der ev. oder kath. Kirche vergleichbaren **Intensität** und Nachhaltigkeit widmen. Maßstab hierfür ist der **zeitliche Aufwand** für eine neben dem geistlichen Amt ausgeübte andere Erwerbstätigkeit.[12] Das „Religiöse" muss der „bestimmende Mittelpunkt" des Amtes des Geistlichen sein.[13] Auf die Prediger der **„Gemeinde Gottes"**[11] oder den sog. Sonderpionierverkünder der **Zeugen Jehovas** treffen diese Voraussetzungen zu[14], nicht hingegen auf die sog. Betheldiener und Diakone dieser Glaubensgemeinschaft.[13] Diese sind nicht „hauptamtlich" i. S. d. Nr. 3 tätig.

12 Angehörige der **Scientology Kirche** können nicht befreit werden, da es sich um eine Weltanschauungsgemeinschaft handelt.[15]

13 Kann der Geistliche eines anderen Bekenntnisses nicht gem. Nr. 3 von Dienstleistungen befreit werden, kommt ggf. eine **Zurückstellung** gem. § 67 Abs. 6 in Betracht.[16]

14 5. Nr. 4. Gem. § 2 Abs. 1 Satz 1 SGB IX sind Menschen behindert, „wenn ihre körperliche Funktion, geistige Fähigkeit oder seelische Gesundheit mit hoher Wahrscheinlichkeit länger als sechs Monate von dem für das Lebensalter typischen Zustand abweichen und daher ihre Teilhabe am Leben in der Gemeinschaft beeinträchtigt ist". Schwerbehindert sind Menschen, wenn bei ihnen ein **Grad der Behinderung von wenigstens 50** vorliegt (§ 2 Abs. 2 SGB IX).

---

8 Art. 6 Satz 1 RK lautet: „Kleriker und Ordensleute sind frei von der Verpflichtung zur Übernahme öffentlicher Ämter und solcher Obliegenheiten, die nach den Vorschriften des kanonischen Rechtes mit dem geistlichen Stande bzw. dem Ordensstande nicht vereinbar sind."
9 Vgl. zur Entstehungsgeschichte *Steinlechner/Walz*, WPflG, § 11 Rn. 2.
10 BVerwG NVwZ 1985, 114.
11 BVerwGE 25, 338.
12 BVerfG DÖV 1987, 393. Das BVerwG (NVwZ 1994, 174) hat eine Nebentätigkeit dann als unwesentlich eingestuft, wenn diese ein Fünftel der regelmäßigen wöchentlichen Arbeitszeit des öff. Dienstes nicht übersteigt.
13 BVerfG NVwZ 1990, 1064.
14 BVerwGE 34, 291.
15 BVerwGE 61, 152.
16 Vgl. *Boehm-Tettelbach*, WPflG, § 11 Rn. 7.

„Gleichgestellte", d. h. Menschen mit einem Grad der Behinderung von weniger als 50, mindestens 30 (§ 2 Abs. 3 SGB IX), fallen **nicht** unter Nr. 4.[17]

15

Zum **Nachweis der Schwerbehinderung** ist eine Kopie des Ausweises, des Versorgungsbescheides oder des Bescheides einer Entschädigungsbehörde vorzulegen. Eine ärztliche Untersuchung gem. § 71 oder eine sonstige Einschaltung des ärztlichen Dienstes des KWEA– die i. d. R. die Dienstunfähigkeit gem. § 64 ergeben würde –, hat nach der Vorlage einer solchen Bescheinigung zu unterbleiben.

16

Ändert sich nach der verfügten Befreiung des Dienstleistungspflichtigen dessen Grad der Behinderung, bleibt die Befreiung hiervon unberührt.[18]

17

6. Nr. 5. Nr. 5 entspricht der Ergänzung des § 11 Abs. 1 WPflG. Sie trägt der Tatsache Rechnung, dass solche Befreiungen in mehreren völkerrechtl. Verträgen vorgesehen sind.

18

7. Verfahrensfragen. Die Befreiung von Dienstleistungen bedeutet die gesetzl. Freistellung von der Verpflichtung, Dienstleistungen nach dem SG zu erbringen. Eine **freiwillige Dienstleistung** ist – außer für kath. Geistliche[19] – dennoch **möglich**.

19

Die Befreiung erfolgt **von Amts wegen**, sobald das KWEA Kenntnis von dem maßgeblichen Sachverhalt hat. Ein Antrag des Dienstleistenden ist nicht erforderlich. Das KWEA erlässt einen so bezeichneten **„Befreiungsbescheid"**; es handelt sich dabei um einen deklaratorischen VA.[20]

20

Dienstleistungspflichtige, welche die Voraussetzungen für eine Befreiung gem. § 66 Nr. 1 bis 3 noch nicht erbringen, werden, sofern sie sich auf das geistliche Amt **vorbereiten**, auf Antrag **zurückgestellt** (§ 67 Abs. 2 Satz 1).

21

Leistet ein Dienstleistungspflichtiger Wehrdienst und erfüllt er während dieser Zeit die Voraussetzungen für eine Befreiung, ist er nach deren Feststellung durch das KWEA zu **entlassen** (§ 75 Abs. 1 Satz 2 Nr. 4).

22

Zeitgleich mit der Befreiung **entfällt** die **Dienstleistungsüberwachung** (§ 77 Abs. 2 Nr. 3).

23

Die Befreiung vom Wehrdienst gem. § 11 Abs. 1 WPflG impliziert die Befreiung von Dienstleistungen gem. § 66 und umgekehrt.

24

Der **KDV-Antrag** eines befreiten ehem. Dienstleistungspflichtigen ist mangels eines Rechtsschutzbedürfnisses als **unzulässig** zurückzuweisen.[21]

25

---

17 Vgl. *Brecht*, ZDG, 76; *Boehm-Tettelbach*, WPflG, § 11 Rn. 8g.
18 Vgl. *Steinlechner/Walz*, WPflG, § 11 Rn. 39.
19 Vgl. *Boehm-Tettelbach*, WPflG, § 11 Rn. 3.
20 Vgl. *Steinlechner/Walz*, WPflG, § 11 Rn. 15.
21 Zur hiervon abw. Rechtslage bei der Vorbereitung auf das geistliche Amt vgl. BVerwG *Buchholz* 448.6 § 13 KDVG Nr. 8.

§ 67 Zurückstellung von Dienstleistungen

(1) Von Dienstleistungen wird zurückgestellt,
1. wer vorübergehend nicht dienstfähig ist oder
2. wer, abgesehen von den Fällen des § 65, Freiheitsstrafe, Strafarrest, Jugendstrafe oder Jugendarrest verbüßt, sich in Untersuchungshaft befindet oder nach § 63 des Strafgesetzbuches in einem psychiatrischen Krankenhaus untergebracht ist.

(1a) Von Dienstleistungen wird ferner zurückgestellt, wer auf Grund eines völkerrechtlichen Vertrages für die Dauer einer Tätigkeit in einer internationalen Behörde nicht zum Wehrdienst herangezogen werden kann.

(2) ¹Von Dienstleistungen werden Dienstleistungspflichtige, die sich auf das geistliche Amt (§ 66) vorbereiten, auf Antrag zurückgestellt. ²Hierzu sind beizubringen:
1. der Nachweis eines ordentlichen theologischen Studiums oder einer ordentlichen theologischen Ausbildung und
2. eine Erklärung des zuständigen Landeskirchenamtes, der bischöflichen Behörde, des Ordensoberen oder der entsprechenden Oberbehörde einer anderen Religionsgemeinschaft, dass sich der Dienstleistungspflichtige auf das geistliche Amt vorbereitet.

(3) ¹Hat ein Dienstleistungspflichtiger seiner Aufstellung für die Wahl zum Deutschen Bundestag, zu einem Landtag oder zum Europäischen Parlament zugestimmt, ist er bis zur Wahl zurückzustellen. ²Hat er die Wahl angenommen, kann er für die Dauer des Mandats nur auf seinen Antrag herangezogen werden.

(4) ¹Auf Antrag soll ein Dienstleistungspflichtiger von einer Dienstleistung zeitlich befristet zurückgestellt werden, wenn und solange die Heranziehung zur Dienstleistung für ihn wegen persönlicher, insbesondere häuslicher, wirtschaftlicher oder beruflicher Gründe eine besondere, im Bereitschafts-, Spannungs- und Verteidigungsfall eine unzumutbare Härte bedeuten würde. ²Eine besondere Härte liegt in der Regel vor, wenn
1. im Fall der Heranziehung des Dienstleistungspflichtigen
   a) die Versorgung seiner Familie, hilfsbedürftiger Angehöriger oder anderer hilfsbedürftiger Personen, für deren Lebensunterhalt er aus rechtlicher oder sittlicher Verpflichtung aufzukommen hat, gefährdet würde oder
   b) für Verwandte ersten Grades besondere Notstände zu erwarten sind,
2. der Dienstleistungspflichtige für die Erhaltung und Fortführung eines eigenen Betriebes unentbehrlich ist,
3. die Heranziehung des Dienstleistungspflichtigen
   a) eine zu einem schulischen Abschluss führende Ausbildung,
   b) ein Hochschulstudium, bei dem zum vorgesehenen Diensteintritt das dritte Semester erreicht ist,
   c) einen zum vorgesehenen Diensteintritt begonnenen dualen Bildungsgang (Studium mit studienbegleitender betrieblicher Ausbildung), dessen Regelstudienzeit acht Semester nicht überschreitet und bei dem das Studium spätestens drei Monate nach Beginn der betrieblichen Ausbildung aufgenommen wird,
   d) einen zum vorgesehenen Diensteintritt zu einem Drittel absolvierten sonstigen Ausbildungsabschnitt oder

e) eine bereits begonnene Berufsausbildung unterbrechen oder die Aufnahme einer rechtsverbindlich zugesagten oder vertraglich gesicherten Berufsausbildung verhindern würde.

(5) Von Dienstleistungen kann ein Dienstleistungspflichtiger ferner zurückgestellt werden, wenn gegen ihn ein Strafverfahren anhängig ist, in dem Freiheitsstrafe, Strafarrest, Jugendstrafe oder eine freiheitsentziehende Maßregel der Besserung und Sicherung zu erwarten ist, oder wenn seine Heranziehung die militärische Ordnung oder das Ansehen der Bundeswehr ernstlich gefährden würde.

(6) ¹Von einer Dienstleistung soll ein Dienstleistungspflichtiger auf Antrag auch zurückgestellt werden, wenn er für die Erhaltung und Fortführung des elterlichen Betriebes oder des Betriebes seines Arbeitgebers oder für die ordnungsgemäße Aufgabenerfüllung seiner Dienstbehörde unentbehrlich ist. ²In diesem Fall sind die Eltern, der Arbeitgeber oder die Dienstbehörde des Dienstleistungspflichtigen antragsberechtigt und verpflichtet, den Wegfall der Voraussetzungen für die Unentbehrlichkeit der zuständigen Wehrersatzbehörde anzuzeigen. ³Die Zurückstellung bedarf der Zustimmung des Dienstleistungspflichtigen. ⁴Die Heranziehung des Dienstleistungspflichtigen ist bis zur Entscheidung über den Antrag auszusetzen.

Übersicht

	Rn		Rn
I. Allgemeines	1	3. Absatz 1a	14
1. Entstehung der Vorschrift	1	4. Absatz 2	15
2. Änderungen der Vorschrift	4	5. Absatz 3	20
3. Bezüge zum Beamtenrecht bzw. zu sonstigen rechtl. Vorschriften	5	a) Satz 1	20
		b) Satz 2	24
II. Erläuterungen im Einzelnen	8	6. Absatz 4	26
1. Zweck der Vorschrift; Verfahrensfragen	8	a) Härte	28
		b) Soll-Vorschrift	31
2. Absatz 1	12	7. Absatz 5	32
a) Nr. 1	12	8. Absatz 6	40
b) Nr. 2	13		

Literatur: Spezielle Veröffentlichungen zu § 67 liegen noch nicht vor. Zu § 12 WPflG vgl. die umfangreiche Literaturübersicht bei *Steinlechner/Walz*, WPflG, 165 f.

I. Allgemeines

1. Entstehung der Vorschrift. Die Zurückstellung von Dienstleistungspflichtigen war vor dem SkResNOG weder gesetzl. noch administrativ geregelt. 1

Die mit dem **SkResNOG** in das SG eingeführte Vorschrift **entspricht** im Wesentlichen § 12 WPflG unter Einschluss von dessen Novellierungen durch das 2. ZDGÄndG, das SkResNOG und nachfolgend durch das WehrRÄndG 2008. 2

Soweit die Vorschriften des § 12 Abs. 1 bis 5 WPflG für Dienstleistungen keine „Bedeutung entfalten"[1], wurden sie nicht in das SG übernommen. Hinter dieser etwas missverständlichen Formulierung der amtl. Begr. zum SkResNOG verbergen sich zwei **vom Wehrpflichtrecht abweichende Entscheidungen** des Gesetzgebers des SG:

---

1 BT-Drs. 15/4485, 39.

Der Einschub in § 67 Abs. 4 Satz 1 „im Bereitschafts-, Spannungs- und Verteidigungsfall eine unzumutbare Härte …" findet sich nicht in § 12 Abs. 4 Satz 1 WPflG, sondern in § 48 Abs. 1 Nr. 1 (Bereitschaftsfall) bzw. in § 48 Abs. 2 Nr. 3 WPflG (Spannungs- und V-Fall). § 12 Abs. 6 WPflG findet im SG keine Entsprechung, da die Altersgrenzen des § 5 WPflG im SG keine Rolle spielen.

3   Verfahrensrechtl. ist anzumerken, dass im SG eine Vorschrift über **Frist und Form** von Zurückstellungsanträgen (vgl. § 20 WPflG) **fehlt**. Eine solche ist auch entbehrlich, da Dienstleistungspflichtige weder erfasst noch im wehrpflichtrechtl. Sinne gemustert werden (vgl. § 71). Die Pflicht zur Begründung von Zurückstellungsanträgen (vgl. § 20 Satz 2 WPflG) ergibt sich aus der Natur der Sache.

4   **2. Änderungen der Vorschrift.** Die Vorschrift wurde durch das **WehrRÄndG 2008** wie folgt geändert: Abs. 1a wurde eingefügt; in Abs. 4 Satz 2 wurden die Nr. 2 und 3 neu gefasst; Abs. 6 wurde angefügt. Weiterer **Änderungsbedarf** besteht zzt. **nicht**. Die Praxis muss zeigen, ob eine **kürzere Fassung** der Norm angezeigt ist. So könnte es sich als zweckmäßig herausstellen, Abs. 4 Satz 2 dann zu streichen, wenn für diese Detailregelung keine Notwendigkeit mehr gesehen werden sollte.

5   **3. Bezüge zum Beamtenrecht bzw. zu sonstigen rechtl. Vorschriften.** Eine mit § 67 **vergleichbare Vorschrift** existiert im **Beamtenrecht nicht**.

6   Für **WPfl** gilt, wie oben erwähnt, **§ 12 WPflG**.

7   Für **ZDL** ist **§ 11 ZDG**, der wiederum § 12 WPflG nachgebildet ist, einschlägig.

II. Erläuterungen im Einzelnen

8   **1. Zweck der Vorschrift; Verfahrensfragen.** Die Zurückstellung gehört zu den **fakultativen Dienstleistungsausnahmen**. Aus Gründen, die in der Person des Dienstleistungspflichtigen liegen, wird seine Heranziehung grds. **befristet**[2] aufgeschoben. Die Befristung muss so bestimmt werden, dass noch eine Heranziehung möglich ist.[3] Theoretisch ist daher eine Zurückstellung bis kurz vor dem Erreichen der Lebensaltersgrenzen des § 59 Abs. 1 bis 3 statthaft.

9   Eine Zurückstellung wird entweder **von Amts wegen** (Abs. 1, 1a, 3 und 5) oder **auf Antrag** (Abs. 2, 4 und 6) verfügt. Korrespondierend hierzu sind die **Mitteilungspflichten** gem. § 77 Abs. 6 Nr. 2 bis 5 zu beachten.

10 Zurückstellungen können grds. von **jeder Art der Dienstleistung** (§ 60) verfügt werden. Bei Dienstleistungen, die eine freiwillige Meldung voraussetzen (besondere Auslandsverwendungen gem. § 62; Hilfeleistungen im Innern gem. § 63 und im Ausland gem. § 63a), kommt eine Zurückstellung nicht in Betracht, da sich die Freiwilligkeit und die Zurückstellung widersprechen würden.[4] In diesen Fällen ist eine **Entpflichtung** von der Dienstleistung gem. § 59 Abs. 5 Satz 2 zu prüfen. Deren Voraussetzungen entsprechen einer Zurückstellung gem. § 67 Abs. 4 Satz 1.

11 Die Zurückstellung bzw. die Ablehnung eines Zurückstellungsantrages wird mit **VA** beschieden.

---

2   Vgl. § 6 Abs. 1 WPflV a. F. Zurückstellungen auf Dauer sind unzulässig (BVerwG NZWehrr 1960, 138).
3   Vgl. *Steinlechner/Walz*, WPflG, § 12 Rn. 4.
4   Vgl. *Steinlechner/Walz*, WPflG, § 12 Rn. 5.

2. Absatz 1. – a) Nr. 1. „**Vorübergehend**" ist ein Dienstleistungspflichtiger **nicht** **12** **dienstfähig**, wenn nach dem Ergebnis der ärztlichen Untersuchung (§ 71) eine akute Erkrankung oder eine bevorstehende Operation oder eine behebbare Unfallfolge vorliegt.[5] Ist dieser Hinderungsgrund weggefallen, ist der Dienstleistungspflichtige erneut ärztlich zu untersuchen; je nach dem Ergebnis dieser Untersuchung steht er dann für eine Heranziehung zur Verfügung.

b) Nr. 2. Wer „**einsitzt**" oder gem. § 63 StGB **untergebracht** ist, steht, zumindest vorü- **13** bergehend, für eine Dienstleistung nicht zur Verfügung. Der Strafanspruch des Staates bzw. der Schutz der Allgemeinheit haben Vorrang vor einer Dienstleistungspflicht.

§ 63 StGB bestimmt:

Hat jemand eine rechtswidrige Tat im Zustand der Schuldunfähigkeit (§ 20) oder der verminderten Schuldfähigkeit (§ 21) begangen, so ordnet das Gericht die Unterbringung in einem psychiatrischen Krankenhaus an, wenn die Gesamtwürdigung des Täters und seiner Tat ergibt, daß von ihm infolge seines Zustandes erheblich rechtswidrige Taten zu erwarten sind und er deshalb für die Allgemeinheit gefährlich ist.

3. Absatz 1a. Die Zurückstellung für eine internationale Behörde entspricht der seit Jah- **14** ren bestehenden völkerrechtl. Situation. Für die Praxis ist sie von **geringer Bedeutung**.

4. Absatz 2. Künftige Geistliche werden auf Antrag zurückgestellt. Dies ist im Hin- **15** blick auf die Befreiungsvorschriften des § 65 Nr. 1 bis 3 schon aus praktischen Überlegungen sinnvoll.

Der Dienstleistungspflichtige muss die **theologische Ausbildung aufgenommen** haben[6]; **16** die bloße Überlegung oder Absicht, ein solches Studium zu beginnen, reicht nicht aus.

Die Zurückstellung wird bis zum **Ende dieser Ausbildung** verfügt. Aus ihr wird eine **17** Befreiung, sobald die Voraussetzungen von § 65 Nr. 1 bis 3 vorliegen.

Bricht der Dienstleistungspflichtige die Ausbildung **ab**, hat er dies der Wehrersatzbe- **18** hörde unverzüglich **mitzuteilen** (§ 77 Abs. 6 Nr. 4). Diese widerruft die Zurückstellung gem. § 49 Abs. 2 Satz 1 Nr. 2 VwVfG. Eine erneute Zurückstellung gem. § 67 Abs. 4 Satz 2 Nr. 3 muss gesondert beantragt werden.

Dem Antrag auf Zurückstellung sind die in Satz 2 aufgeführten **Nachweise beizufü-** **19** **gen**. Diese Vorschrift war bis zum SkResNOG in § 6 Abs. 2 WPflV a. F. enthalten; mit der Aufhebung der WPflV wurde sie in § 12 Abs. 2 WPflG eingefügt und dem entspr. als § 67 Abs. 2 Satz 2 formuliert.

5. Absatz 3. – a) Satz 1. Bewerber um ein **Abgeordnetenmandat** müssen bis zum **20** Wahltag zurückgestellt werden. Sie können auf diesen Zurückstellungsgrund **nicht** verzichten.[7]

Die Zurückstellung wird von dem Zeitpunkt an verfügt, in dem der Bewerber seine **21** Zustimmung – schriftl. und unwiderruflich (vgl. z. B. § 20 Abs. 1 Satz 3 BWG) – zu dem Wahlvorschlag erklärt hat.

---

5 Vgl. *Steinlechner/Walz*, WPflG, § 12 Rn. 10.
6 Vgl. BVerwG NVwZ 1988, 937.
7 Vgl. *Boehm-Tettelbach*, WPflG, § 12 Rn. 12; GKÖD I Yk, § 67 Rn. 11; *Steinlechner/Walz*, WPflG, § 12 Rn. 25.

22 Bewerber um ein **kommunales Mandat** fallen **nicht** unter diese Best., da kommunale Vertretungskörperschaften zur Exekutive im weiteren Sinne gehören.[8]

23 Ist der Dienstleistungspflichtige bereits **Soldat**, und stimmt er einem Wahlvorschlag zu, ist er zu **entlassen** (§ 75 Abs. 1 Satz 2 Nr. 7).[9]

24 **b) Satz 2.** Hat der Bewerber nach erfolgreicher Kandidatur die **Wahl angenommen**, darf er nur auf seinen Antrag zu einer Dienstleistung herangezogen werden.[10] Den hierfür notwendigen **Urlaub**, auch während der Parlamentsferien, erteilen die zuständigen parlamentarischen Gremien.

25 War der Mandatsträger vor seiner Wahl **BS**, gilt § 51 Abs. 6; war er vorher **SaZ**, ist § 54 Abs. 4 einschlägig.

26 **6. Absatz 4.** Für die Praxis dürfte sich die Zurückstellung aus Härtegründen als **häufigster Zurückstellungsgrund** herauskristallisieren. Im Rahmen dieser Komm. genügt es zunächst, auf einige **grds. Aussagen** hinzuweisen. Wegen weiterer Einzelheiten ist zu empfehlen, die monographischen Komm. des § 12 Abs. 4 WPflG in den beiden Standardkomm. zum WPflG[11] beizuziehen. In diesen ist die kasuistische Rspr. erschöpfend ausgewertet worden.

27 Zu beachten ist, dass § 12 Abs. 4 Satz 2 Nr. 2 und Nr. 3 WPflG durch das **2. ZDGÄndG** und das **WehrRÄndG 2008** geändert bzw. neu gefasst worden sind. Viele Streitfälle zur früheren sog. **Drittellösung** in § 12 Abs. 4 Satz 2 Nr. 3a WPflG a. F. sind mit der jetzigen Regelung („Erreichen des dritten Semesters") in pragmatischer Weise gelöst worden.

28 **a) Härte.** Das Gesetz geht davon aus, dass jede Dienstleistung eine **allg. Härte** mit sich bringt. Diese ist von jedem Dienstleistungspflichtigen hinzunehmen.[12]

29 Eine **besondere Härte** liegt vor, wenn die Heranziehung den Dienstleistenden besonders hart treffen würde. Dies kann nur unter Berücksichtigung der Umstände des Einzelfalles geprüft werden.[13]

30 Die **unzumutbare Härte** setzt eine Steigerung der besonderen Härte voraus[14]; sie kann nur in krassen Ausnahmefällen angenommen werden.

31 **b) Soll-Vorschrift.** Grds. bedeutet „soll", wie auch im sonstigen Rechtsverkehr, „muss". Der solchermaßen **eingeschränkte Ermessensspielraum** der Wehrersatzbehörden kann zur Ablehnung einer beantragten Zurückstellung trotz vorliegender besonderer Härtegründe führen, wenn z. B. eine **Verschiebung der Heranziehung** möglich ist oder der Dienstleistungspflichtige den Härtegrund **rechtsmissbräuchlich herbeigeführt** hat.[15] In die-

---

8 BVerwGE 51, 49; GKÖD I Yk, § 67 Rn. 13.
9 Für BS u. SaZ vgl. § 25.
10 Ob für die Zeit des Mandats eine weitere Zurückstellung auszusprechen ist (vgl. *Steinlechner/Walz*, WPflG, § 12 Rn. 26) o. ob ein gesetzl. Einberufungshindernis vorliegt (vgl. *Boehm-Tettelbach*, WPflG, § 12 Rn. 13), kann hier dahinstehen.
11 *Boehm-Tettelbach*, WPflG, § 12 Rn. 16 ff.; *Steinlechner/Walz*, WPflG, § 12 Rn. 30 ff. Vgl. auch GKÖD I Yk, § 67 Rn. 21 ff.
12 Vgl. BVerwGE 41, 160.
13 Vgl. BVerwG *Buchholz* 448.0 § 12 WPflG Nr. 134.
14 Vgl. BVerwG NVwZ-RR 1997, 423.
15 Vgl. *Steinlechner/Walz*, WPflG, § 12 Rn. 45 ff. m. w. N.

sem Zusammenhang werden die speziellen Rahmenbedingungen von Dienstleistungen sicher eine Rolle spielen. Wer sich **freiwillig** der Dienstleistungspflicht unterwirft, wird anders zu behandeln sein als derjenige, der **zwangsweise** herangezogen werden soll. Die **Dauer** der Dienstleistung ist ebenfalls ein Parameter, der diese Wehrdienstarten i. d. R. von der Ableistung des GWD unterscheiden wird. So wird bei einer befristeten Übung gem. § 61 Abs. 1 die Dauer der Dienstleistung weniger zu berücksichtigen sein als andere Gründe, die für den Dienstleistungspflichtigen eine besondere Härte bedeuten.[16]

7. **Absatz 5.** Nach dem **1. Halbs.** ist eine Zurückstellung möglich, wenn in absehbarer Zeit eine strafgerichtl. Verurteilung des Dienstleistungspflichtigen zu erwarten ist. Strafprozessual ist Voraussetzung, dass jedenfalls ein **staatsanwaltschaftliches Ermittlungsverfahren** eingeleitet worden ist[17], von dem das KWEA z. B. über eine MiStra Kenntnis erlangt hat.[18] 32

Das für die Zurückstellung zuständige KWEA holt zweckmäßigerweise eine amtl. **Auskunft der Staatsanwaltschaft** zum möglichen Ausgang des Strafverfahrens ein. Ergänzend kann das BMVg Auskunft aus dem **Zentralregister** erbitten (§ 41 Abs. 1 Nr. 2 BZRG). 33

Befindet sich der Dienstleistungspflichtige in **Untersuchungshaft**, erfolgt die Zurückstellung gem. Abs. 1 Nr. 2. 34

Erfährt das KWEA von dem anhängigen Strafverfahren nach Zustellung des Heranziehungsbescheides, ist dieser zu **widerrufen**.[19] 35

Ist der Dienstleistungspflichtige bereits **Soldat**, kommt unter den dort genannten Voraussetzungen eine **Entlassung** gem. § 75 Abs. 2 Nr. 2 in Betracht. 36

Nach dem **2. Halbs.** ist eine Zurückstellung ferner möglich bei Gefährdung der mil. Ordnung oder des Ansehens der Bw.[20] 37

Für eine solche Entscheidung können Erkenntnisse aus Vorstrafen, Strafverfahren oder der ärztlichen Untersuchung (§ 71) oder des MAD oder der Presse herangezogen werden.[21] So wird insbes. darauf zu achten sein, dass Dienstleistungspflichtige mit **extremistischen Verhaltensweisen** (Funktionäre der Republikaner oder der NPD[22]) nicht herangezogen werden. 38

Die getroffene Entscheidung ist in einem behördeninternen **Aktenvermerk** festzuhalten. Zusätzlich sollte der Dienstleistungspflichtige mittels eines förmlichen **Zurückstellungsbescheides** informiert werden.[23] Dies ist schon aufgrund von Art. 19 Abs. 4 GG geboten. Bescheide aufgrund des 2. Halbs. sind besonders sorgfältig zu formulieren und zu begründen. 39

---

16 Vgl. *Steinlechner/Walz*, WPflG, § 12 Rn. 59 ff.
17 Vgl. *Steinlechner/Walz*, WPflG, § 12 Rn. 142; a.A. GKÖD I Yk, § 67 Rn. 49.
18 Vgl. die Komm. zu § 89.
19 Vgl. *Steinlechner/Walz*, WPflG, § 12 Rn. 144.
20 Vgl. zu diesen Begriffen die Komm. zu § 55 Abs. 5.
21 Die Vorschriften des § 17 Abs. 8 u. des § 20a WPflG sind nicht in das SG übernommen worden. Aus diesem Grund kann im vorliegenden Kontext nicht auf Resultate einer EUF zurückgegriffen werden.
22 Zur Entlassung eines GWDL, der Funktionär der NPD war, gem. § 29 Abs. 1 Nr. 6 WPflG (Fassung 2004) vgl. BVerwG NJW 2005, 85. Vgl. auch GKÖD I Yk, § 67 Rn. 53.
23 Vgl. *Steinlechner/Walz*, WPflG, § 12 Rn. 147.

40 **8. Absatz 6.** An die Stelle des Uk-Verfahrens in Friedenszeiten ist mit dem **WehrRÄndG 2008** eine neue Art der Zurückstellung getreten. Das jetzige Verfahren entspricht eher als das tradierte dem Anspruch auf rechtl. Gehör (Art. 19 Abs. 4 GG) und dem VwVfG.

§ 68 Unabkömmlichstellung

(1) Zum Ausgleich des personellen Kräftebedarfs für die Aufgaben der Bundeswehr und andere Aufgaben kann ein Dienstleistungspflichtiger im Spannungs- und Verteidigungsfall im öffentlichen Interesse für Dienstleistungen unabkömmlich gestellt werden, wenn und solange er für die von ihm ausgeübte Tätigkeit nicht entbehrt werden kann.

(2) [1]**Über die Unabkömmlichstellung entscheidet die Wehrersatzbehörde auf Vorschlag der zuständigen Verwaltungsbehörde.** [2]**Das Vorschlagsrecht steht auch den Kirchen und Religionsgemeinschaften, soweit sie Körperschaften des öffentlichen Rechts sind, für ihre Bediensteten zu.** [3]**Die Zuständigkeit und das Verfahren regelt eine Rechtsverordnung.** [4]**In der Rechtsverordnung kann die Befugnis zur Bestimmung der zuständigen Behörden auf oberste Bundesbehörden oder auf die Landesregierungen mit der Befugnis zur Weiterübertragung auf oberste Landesbehörden übertragen werden; die nach dieser Verordnung vorschlagsberechtigte oberste Bundesbehörde oder die Landesregierung kann, soweit Landesrecht dies zulässt, das Vorschlagsrecht auch durch allgemeine Verwaltungsvorschrift regeln.** [5]**Die Rechtsverordnung regelt auch, wie Meinungsverschiedenheiten zwischen der Wehrersatzbehörde und der vorschlagenden Verwaltungsbehörde unter Abwägung der verschiedenen Belange auszugleichen sind.** [6]**Die Rechtsverordnung regelt ferner, für welche Fristen die Unabkömmlichstellung ausgesprochen werden kann und welche sachverständigen Stellen der öffentlichen Verwaltung und Wirtschaft zu hören sind.**

(3) [1]**Die Dienstbehörde oder der Arbeitgeber des Dienstleistungspflichtigen ist verpflichtet, den Wegfall der Voraussetzungen für die Unabkömmlichstellung der zuständigen Wehrersatzbehörde anzuzeigen.** [2]**Dienstleistungspflichtige, die in keinem Arbeits- oder Dienstverhältnis stehen, haben den Wegfall der Voraussetzungen selbst anzuzeigen.**

Verordnung über die Zuständigkeit und das Verfahren bei der Unabkömmlichstellung (Unabkömmlichstellungsverordnung – UkV)

vom 24.8.2005[1]

Auf Grund des § 13 Abs. 2 in Verbindung mit § 50 Abs. 1 Nr. 2 und § 50 Abs. 2 des Wehrpflichtgesetzes in der Fassung der Bekanntmachung vom 30. Mai 2005 (BGBl. I S. 1465) sowie des § 68 Abs. 2 in Verbindung mit § 93 Abs. 1 Nr. 9 und § 93 Abs. 4 des Soldatengesetzes in der Fassung der Bekanntmachung vom 30. Mai 2005 (BGBl. I S. 1482) verordnet die Bundesregierung:

---

1 BGBl. I S. 2538, zul. geä. durch Art. 15 Abs. 2 des WehrRÄndG 2008.

§ 1 Vorschlagsrecht

(1) Die Unabkömmlichstellung von Wehrpflichtigen oder Dienstleistungspflichtigen im Spannungs- oder Verteidigungsfall können der zuständigen Wehrersatzbehörde vorschlagen:
1. für die im öffentlichen Dienst des Bundes oder bei einer der Aufsicht einer Bundesbehörde unterstehenden Körperschaft, Anstalt oder Stiftung des öffentlichen Rechts Beschäftigten die oberste Bundesbehörde;
2. für die im öffentlichen Dienst eines Landes, einer Gemeinde, eines Gemeindeverbandes oder bei einer anderen der Aufsicht einer Landesbehörde unterstehenden Körperschaft, Anstalt oder Stiftung des öffentlichen Rechts Beschäftigten die oberste Landesbehörde;
3. für die im Zivilschutz Beschäftigten, die Angehörigen des Technischen Hilfswerks oder einer Hilfsorganisation des Katastrophenschutzes die oberste Bundes- oder Landesbehörde;
4. für Angehörige freier Berufe mit Aufgaben von besonderer Bedeutung die oberste Bundes- oder Landesbehörde;
5. für Angehörige von Betrieben, die der Aufsicht der Bergbehörden unterstehen die oberste Landesbehörde;
6. für die in der Seefischerei Beschäftigten die oberste Landesbehörde;
7. für die Beschäftigten bei den nichtbundeseigenen Eisenbahnen, in der Hafenschifffahrt sowie bei See- oder Binnenhäfen, Flugplätzen oder den unmittelbar hierzu gehörenden Umschlagsbetrieben die oberste Landesverkehrsbehörde;
8. für die im gewerbsmäßigen Güterkraft- oder Straßenpersonenverkehr Beschäftigten die oberste Landesbehörde;
9. für die in gewerblichen Betrieben der Ernährungswirtschaft Beschäftigten die oberste Landesbehörde;
10. für diejenigen, die bei Unternehmen beschäftigt sind, die Telekommunikationsdienste für die Öffentlichkeit oder Postdienstleistungen für die Öffentlichkeit erbringen das Bundesministerium für Wirtschaft und Arbeit;
11. für die im überregionalen gewerblichen Güterkraftverkehr Beschäftigten, für die in der Seeschifffahrt, Binnenschifffahrt (außer Hafenschifffahrt) oder bei einem Luftfahrtunternehmen Beschäftigten, für die bei Eisenbahnen des Bundes Beschäftigten sowie für die bei der Deutsche Flugsicherung GmbH Beschäftigten das Bundesministerium für Verkehr, Bau- und Wohnungswesen;
12. in allen anderen Fällen die von der Landesregierung bestimmte Behörde.

(2) Die Landesregierungen oder die in Absatz 1 Nr. 1 bis 12 genannten Stellen können das Vorschlagsrecht auf nachgeordnete Behörden oder der Aufsicht des Landes unterstehende Stellen der öffentlichen Verwaltung übertragen.

(3) Die obersten Bundes- oder Landesbehörden können in Fällen von besonderer Bedeutung unabhängig von der Regelung nach Absatz 1 die Unabkömmlichstellung von Wehrpflichtigen oder Dienstleistungspflichtigen vorschlagen.

(4) Die örtliche Zuständigkeit der vorschlagsberechtigten Behörde richtet sich nach dem Ort, an dem der Dienstherr oder der Arbeitgeber oder die Arbeitgeberin, für den oder die unabkömmlich gestellt werden soll, seinen oder ihren Sitz hat.

(5) Die Vorschläge sind zu begründen.

§ 2 Gutachtliche Stellungnahmen

(1) Wer, ohne selbst vorschlagsberechtigt zu sein, als Dienstherr, Arbeitgeber oder Arbeitgeberin die Unabkömmlichstellung von Wehrpflichtigen oder Dienstleistungspflichtigen anstrebt, benennt diese mit Begründung der nach § 1 vorschlagsberechtigten Behörde.

§ 68 Unabkömmlichstellung

(2) ¹Die Behörde schlägt der zuständigen Wehrersatzbehörde die Unabkömmlichstellung der ihr nach Absatz 1 benannten Wehrpflichtigen oder Dienstleistungspflichtigen vor, wenn diese begründet erscheint. ²In den Fällen des § 1 Abs. 1 Nr. 12 holt sie gutachtliche Stellungnahmen ein, und zwar

1. von der Landwirtschaftskammer oder, soweit eine solche nicht besteht, von der Dienststelle der landwirtschaftlichen oder forstlichen Verwaltung für die in der Land- und Forstwirtschaft Beschäftigten,
2. von der Industrie- und Handelskammer oder der Handwerkskammer für die in der gewerblichen Wirtschaft Beschäftigten,
3. von sachverständigen Stellen, soweit die Behörde nicht selbst sachverständig ist, für die übrigen Beschäftigten in anderen Bereichen.

(3) In den Fällen des Absatzes 2 Satz 2 Nr. 2 ist für nachstehend aufgeführte Wehrpflichtige oder Dienstleistungspflichtige außerdem eine gutachtliche Stellungnahme einzuholen:

1. für die Beschäftigten für den Bau, die Unterhaltung oder die Instandsetzung von Anlagen und Einrichtungen
   a) der Eisenbahnen des Bundes vom Eisenbahn-Bundesamt,
   b) der nichtbundeseigenen Eisenbahnen von der für die nichtbundeseigenen Eisenbahnen zuständigen obersten Landesbehörde oder der von ihr bestimmten Behörde,
   c) der Flugsicherung vom Luftfahrt-Bundesamt,
   d) der Flugplätze von der für den Luftverkehr zuständigen obersten Landesbehörde oder der von ihr bestimmten Behörde,
   e) der Bundeswasserstraßen und bundeseigenen Häfen von den Wasser- und Schiffahrtsdirektionen, der Elbe im Bereich des Hamburger Hafens von der Wirtschaftsbehörde der Freien und Hansestadt Hamburg,
   f) der nichtbundeseigenen Wasserstraßen von den höheren Wasserbehörden der Länder,
   g) der nichtbundeseigenen Häfen von der für Häfen zuständigen obersten Landesbehörde oder der von ihr bestimmten Behörde;
2. für die Beschäftigten für den Bau, die Unterhaltung oder die Instandsetzung von Straßen von der für den Straßenbau zuständigen obersten Landesbehörde oder von der von ihr bestimmten Behörde.

(4) Die Behörde beteiligt, soweit erforderlich, die Agentur für Arbeit.

§ 3 Verfahrensgrundsätze

(1) Vorschläge zur Unabkömmlichstellung können eingereicht werden, wenn die Bundesregierung den Bereitschaftsdienst angeordnet hat oder der Spannungs- oder der Verteidigungsfall festgestellt worden ist.

(2) ¹Über die Vorschläge, Wehrpflichtige oder Dienstleistungspflichtige unabkömmlich zu stellen, entscheidet das für den Wohnsitz zuständige Kreiswehrersatzamt. ²Vorschläge oberster Landesbehörden sind der Wehrbereichsverwaltung, Vorschläge oberster Bundesbehörden dem Bundesamt für Wehrverwaltung zur Entscheidung vorzulegen, wenn dem Kreiswehrersatzamt die Vorschläge nicht begründet erscheinen.

(3) Vor Ablehnung einer Unabkömmlichstellung soll die vorschlagsberechtigte Behörde gehört werden.

(4) Die Einberufung von Wehrpflichtigen oder die Heranziehung von Dienstleistungspflichtigen, deren Unabkömmlichstellung vorgeschlagen wird, ist bis zur Entscheidung über die Unabkömmlichstellung auszusetzen.

(5) Unabkömmlichstellungen können ausgesprochen werden
1. für begrenzte Zeit,
2. für unbegrenzte Zeit.

(6) In der Entscheidung über die Unabkömmlichstellung sind die Tätigkeit und die Dauer, für welche die Unabkömmlichstellung ausgesprochen wird, und bei nicht selbständig Tätigen der Dienstherr, der Arbeitgeber oder die Arbeitgeberin anzugeben.

(7) Die Entscheidung ist der vorschlagsberechtigten Behörde schriftlich mitzuteilen.

§ 4

(weggefallen)

§ 5 Widerruf der Unabkömmlichstellung

(1) Die Unabkömmlichstellung ist bei Wegfall ihrer Voraussetzungen schriftlich zu widerrufen.

(2) Zuständig für den Widerruf ist für Vorschläge
1. einer obersten Bundesbehörde das Bundesamt für Wehrverwaltung,
2. einer obersten Landesbehörde die zuständige Wehrbereichsverwaltung,
3. im Übrigen das für den Wohnsitz des Wehrpflichtigen oder des oder der Dienstleistungspflichtigen zuständige Kreiswehrersatzamt.

(3) Vor dem Widerruf einer Unabkömmlichstellung soll die vorschlagsberechtigte Behörde gehört werden.

§ 6 Ausgleich von Meinungsverschiedenheiten

(1) Lehnt die Wehrersatzbehörde eine Unabkömmlichstellung ab oder widerruft sie diese nach § 5, kann die vorschlagsberechtigte Behörde innerhalb einer Woche nach Zugang der Entscheidung einen bei der Wehrersatzbehörde gebildeten Ausschuss anrufen.

(2) [1]Der Ausschuss beim Kreiswehrersatzamt und bei der Wehrbereichsverwaltung besteht aus der Leitung der Behörde oder deren Vertretung als Vorsitzender oder Vorsitzende sowie jeweils einem oder einer von der Landesregierung und von dem Vorstand der Bundesagentur für Arbeit zu benennenden Beisitzer oder Beisitzerin. [2]Die Landesregierung kann das Recht zur Benennung der Beisitzer und Beisitzerinnen auf eine andere Behörde übertragen. [3]Der Vorstand der Bundesagentur für Arbeit kann das Recht zur Benennung der Beisitzer und Beisitzerinnen auf die Geschäftsführungen der Regionaldirektionen übertragen. [4]Der Ausschuss beim Bundesamt für Wehrverwaltung besteht aus der Leitung der Behörde oder deren Vertretung als Vorsitzender oder Vorsitzende sowie jeweils einem oder einer von dem Bundesministerium für Wirtschaft und Arbeit und von der obersten Bundesbehörde, die die Unabkömmlichstellung der Wehrpflichtigen oder der Dienstleistungspflichtigen vorgeschlagen hat, zu benennenden Beisitzer oder Beisitzerin.

(3) [1]Zuständig ist der Ausschuss bei der Wehrersatzbehörde, die die Unabkömmlichstellung abgelehnt oder widerrufen hat. [2]Befinden sich der Sitz der vorschlagsberechtigten Behörde und der Sitz des Kreiswehrersatzamtes in verschiedenen Ländern, ist diejenige Landesregierung für die Entsendung des Beisitzers oder der Beisitzerin zuständig, in deren Zuständigkeitsbereich das Kreiswehrersatzamt seinen Sitz hat.

§ 7 Inkrafttreten, Außerkrafttreten

[1]Diese Verordnung tritt am Tag nach der Verkündung in Kraft. [2]Gleichzeitig tritt die Verordnung über die Zuständigkeit und das Verfahren bei der Unabkömmlichstellung in der im Bundesgesetzblatt Teil III, Gliederungsnummer 50-1-3, veröffentlichten bereinigten Fassung[2], zuletzt geändert durch Artikel 46 des Gesetzes vom 23. Dezember 2003 (BGBl. I S. 2848), außer Kraft.

---

2 V. 24.7.1962 (BGBl. I S. 524).

Übersicht

	Rn		Rn
I. Allgemeines	1	II. Erläuterungen im Einzelnen	11
1. Entstehung der Vorschrift	1	1. Absatz 1	11
2. Änderungen der Vorschrift	3	a) Zweck der Uk-Stellung; Allgemeines	11
3. Bezüge zum Beamtenrecht bzw. zu sonstigen rechtl. Vorschriften; ergänzende Rechtsnormen	5	b) Satz 2 a. F. – AVV	16
		2. Absätze 2 und 3	18

Literatur: Spezielle Veröffentlichungen zu § 68 liegen noch nicht vor.
Zu § 13 WPflG vgl. die Literaturübersichten bei *Boehm-Tettelbach*, WPflG, § 13 Rn. 1a; *Steinlechner/Walz*, WPflG, 228.

I. Allgemeines

1 **1. Entstehung der Vorschrift.** § 68 i.d.F. von 1956 enthielt bis 1996 die in § 9 Abs. 1 BGB erfolgte Regelung des gesetzl. Wohnsitzes des BS und SaZ. Die Uk-Stellung von Dienstleistungspflichtigen war vor dem SkResNOG weder gesetzl. noch administrativ geregelt.

2 Die mit dem **SkResNOG** in das SG eingeführte Vorschrift **entspricht** auch nach dem WehrRÄndG 2008 vollinhaltl. **§ 13 WPflG**.[3]

3 **2. Änderungen der Vorschrift.** Durch Art. 3 Nr. 23 des **WehrRÄndG 2008** wurde – entspr. der Änderung des § 13 WPflG – die Uk-Stellung auf den Spannungs- und V-Fall beschränkt. Wegen der gleichzeitigen Ergänzung des § 67 um den neuen Abs. 6 besteht für eine Uk-Stellung in Friedenszeiten keine Notwendigkeit mehr.[4]

4 **Abs. 2 Satz 4 ff.** sollten an das **VwVfG** angeglichen werden.[5]

5 **3. Bezüge zum Beamtenrecht bzw. zu sonstigen rechtl. Vorschriften; ergänzende Rechtsnormen.** Eine mit § 68 **vergleichbare Vorschrift** existiert im **Beamtenrecht nicht**.

6 Für **WPfl** gilt, wie oben erwähnt, **§ 13 WPflG**.

7 Für **ZDL** ist **§ 16 ZDG** einschlägig. Die gem. § 16 Abs. 1 Satz 2 ZDG a. F. für den Bereich des Zivildienstes zu erlassenden **AVV** sind **nicht ergangen**, die gem. § 16 Abs. 2 Satz 3 ZDG zu erlassende **RVO ebenfalls nicht**. Die allg. Auffassung, „die für den Wehrdienst erlassenen Vorschriften" seien „entsprechend" anzuwenden[6], ist abzulehnen. Dieses Vorgehen ist durch die geltenden gesetzl. VO-Ermächtigungen nicht abgedeckt. Zwar war durch Art. 2 § 3 des G zur Änd. des G über den ziv. Ersatzdienst vom **28.6.1965**[7] bestimmt worden, dass bis zum Inkrafttreten der Uk-VO/UkV und der AVV für den Bereich des Zivildienstes die **Uk-VO vom 24.7.1962**[8] und die **AVV vom 31.1.1964** „entsprechend anzuwenden sind". Dieses Vorgehen war bereits damals im Hinblick auf Art. 80 GG **verfassungsrechtl. zweifelhaft**. Auf die als „Übergangsvorschriften" bezeichnete zit. Best. konnte man sich nur kurze Zeit berufen. In

---

3 BT-Drs. 15/4485, 39.
4 BT-Drs. 16/7955, 28.
5 Vgl. Rn. 20 f.
6 *Boehm*-Tettelbach, WPflG, § 13 Rn. 28; *Brecht*, ZDG, 109.
7 BGBl. I S. 531.
8 BGBl. I S. 524.

Folge der starren Verweisung auf die Uk-VO von 1962 sind deren spätere Änd. von 1994[9], 1997[10], 1999[11], 2002[12] und 2003[13] nicht einbezogen worden. Spätestens mit der Ersetzung der Uk-VO durch deren konstitutive Neufassung von 2005 ist deren entspr. Anwendung auf ZDL nicht mehr möglich geworden. Für **ZDL** bedeutet das Fehlen von AusfBest zu § 16 ZDG, dass ihre **Uk-Stellung** – rechtl. korrekt – **nicht mehr verfügt werden** darf. Mit der Verlagerung der Uk-Stellung auf Krisenzeiten hat sich dieses Problem zunächst weitgehend erledigt.

Zu § 13 Abs. 1 Satz 2 a. F. WPflG sind formal noch in Kraft die **AVV** über die Grundsätze, die dem Ausgleich des personellen Kräftebedarfs zugrunde zu legen sind, vom **31.1.1964**.[14]   8

Die gem. § 13 Abs. 2 Satz 3 WPflG und § 68 Abs. 2 Satz 3 SG zu erlassende RVO, die seit ihrer Neufassung von 2005 mit „**UkV**" abgekürzt wird, ist eingangs abgedruckt.   9

Die gelegentlich noch zit. **VO zur Übertragung von Zuständigkeiten im Verfahren bei der Unabkömmlichstellung vom 2.8.1963**[15] ist durch Art. 5 der VO zur Änd. von Rechtsvorschriften zum Verkehrssicherstellungsgesetz und zum WPflG vom 1.9.1999[11] **aufgehoben** worden. Es ist jetzt Sache der einzelnen Bundesressorts und Landesregierungen, für ihre jew. Geschäftsbereiche gesonderte Delegierungen zu verfügen.[16]   10

II. Erläuterungen im Einzelnen

1. Absatz 1. – a) Zweck der Uk-Stellung; Allgemeines. Die Uk-Stellung dient dem sog. **Kräfteausgleich** und bezweckt eine Aufteilung der Potentiale der WPfl und jetzt auch der Dienstleistungspflichtigen auf die SK und andere Bedarfsträger. Sie wird ausschließlich **im öff. Interesse** verfügt. Ihre **Bedeutung** im Zusammenhang mit der WPfl hatte bereits vor dem WehrRÄndG 2008 **kontinuierlich abgenommen**.   11

Eine Uk-Stellung wird aus Gründen verfügt, die nicht in der Person des WPfl/Dienstleistungspflichtigen liegen, sondern die sich aus seiner Funktion und Bedeutung für die Allgemeinheit ergeben. Bei einer **Parallelität** von Zurückstellung gem. § 67 und Uk-Stellung gem. § 68 hat das **Zurückstellungsverfahren Vorrang**.[17] Grds. kommt eine Uk-Stellung erst dann in Betracht, wenn der Dienstleistungspflichtige zu einer Dienstleistung heranziehbar ist.   12

Dienstleistungen gem. § 60 Nr. 1 sind immer zeitlich befristet. In diesen Fällen erfolgt auch grds. nur eine **zeitlich begrenzte Uk-Stellung** für die Dauer der geplanten Dienstleistung.[18]   13

---

9 BGBl. I S. 2325.
10 BGBl. I S. 3108.
11 BGBl. I S. 1909.
12 BGBl. I S. 1130.
13 BGBl. I S. 2304, 2848.
14 Bundesanzeiger Nr. 25 = VMBl. S. 134. Die ursprüngliche Absicht, diese AVV formell außer Kraft zu setzen, wird zzt. nicht weiter verfolgt. Da eine gesetzl. Grundlage für sie inzwischen fehlt, sind sie ius nullum.
15 BGBl. I S. 621.
16 Vgl. *Steinlechner/Walz*, WPflG, 6. Aufl., Anh. 4.
17 Vgl. *Steinlechner/Walz*, WPflG, § 13 Rn. 3; VG Meiningen NVwZ-RR 1994, 404.
18 Vgl. *Steinlechner/Walz*, WPflG, § 13 Rn. 7.

14 Nur die in § 59 Abs. 1 bis 3 aufgeführten Personen dürfen gem. § 68 uk-gestellt werden. Eine Uk-Stellung insbes. **aktiver Soldaten verbietet sich** aus der Natur der Sache; ein aktiver Soldat darf neben der Wehrdienstleistung keine andere Tätigkeit ausüben, die eine die Uk-Stellung begründende Kollision auslösen könnte (vgl. § 20 Abs. 2).

15 Der uk-gestellte Dienstleistungspflichtige unterliegt weiterhin der **Dienstleistungsüberwachung**.

16 **b) Satz 2 a. F. – AVV.** Von der Ermächtigung zum Erl. von **AVV** für den Personenkreis der **Dienstleistungspflichtigen** hat die BReg **keinen Gebrauch gemacht**.

17 Die gem. § 13 Abs. 1 Satz 2 a. F. (früher Satz 3) WPflG erlassenen **AVV vom 31.1.1964**[19] sind überholt und für die Praxis **bedeutungslos** geworden. Dies zeigt sich bereits daran, dass sie nicht einmal begrifflich („Spannungszeiten" statt „Spannungsfall") an die Notstandsverfassung von 1968 angepasst worden waren.

18 **2. Absätze 2 und 3.** Das Uk-Verfahren – im Einzelnen in der vorstehend abgedruckten UkV geregelt – ist ein **behördeninternes Verfahren**, an dem Arbeitgeber/Dienstherren der Dienstleistungspflichtigen nicht formal beteiligt sind; diesen steht nur das Recht zu, einen Vorschlag der zuständigen Verwaltungsbehörde anzuregen. Der Dienstleistungspflichtige selbst ist überhaupt nicht Verfahrensbeteiligter.

19 Die in diesem Verfahren getroffenen Entscheidungen sind **nicht gerichtl. überprüfbar**; der gem. § 6 UkV einzurichtende Ausschuss zum Ausgleich von Meinungsverschiedenheiten erlässt **keinen VA**.[20] Ein Rechtsbehelf gegen die Ablehnung eines Uk-Vorschlags ist nicht statthaft.[21] Der Dienstleistungspflichtige kann sich nicht einmal dagegen wehren, uk-gestellt zu werden.[22]

20 Es mag sein, dass sich dieses Verfahren seinerzeit durch seine „unbürokratische Gestaltung"[23] ausgezeichnet hat. Spätestens mit dem Inkrafttreten des VwVfG hätte es, auch im Hinblick auf die **Rechtsweggarantie** des Art. 19 Abs. 4 GG, krit. hinterfragt werden müssen. Aus heutiger Sicht ist es nicht nur verfassungsrechtl. bedenklich, sondern auch zu langwierig und unwirtschaftlich. Auch aus diesen Gründen war es sinnvoll, es zunächst für Friedenszeiten durch eine Zurückstellung gem. § 67 Abs. 6 zu ersetzen.

3.
Heranziehungsverfahren

§ 69 Zuständigkeit

Zuständig für die Heranziehung von Dienstleistungspflichtigen zu Dienstleistungen und das damit in Zusammenhang stehende Verfahren nach diesem Abschnitt sind die Wehrersatzbehörden.

---

19 Vgl. o. Fn. 14.
20 Vgl. zur Entstehung dieser Praxis *Boehm-Tettelbach*, WPflG, § 13 Rn. 9 Fn. 1.
21 Vgl. *Steinlechner/Walz*, WPflG, § 13 Rn. 30, 32 m. w. N.
22 Vgl. *Steinlechner/Walz*, WPflG, § 13 Rn. 33.
23 *Steinlechner/Walz*, WPflG, § 13 Rn. 2.

Übersicht

	Rn		Rn
I. Allgemeines	1	II. Erläuterungen im Einzelnen	7
1. Entstehung der Vorschrift	1	1. § 69 und Grundgesetz	7
2. Änderungen der Vorschrift	3	2. Organisation	10
3. Bezüge zum Beamtenrecht bzw. zu sonstigen rechtl. Vorschriften	4		

Literatur: Spezielle Veröffentlichungen zu § 69 liegen noch nicht vor.
Zu § 14 WPflG vgl. die umfangreichen Literaturübersichten bei *Boehm-Tettelbach*, WPflG, § 14 Rn. 6; *Steinlechner/Walz*, WPflG, 255 f.

I. Allgemeines

1. Entstehung der Vorschrift. § 69 **schließt** eine früher im SG bestandene **Lücke**.[1] Die mit Erl. des BMVg den Wehrersatzbehörden zugewiesenen Zuständigkeiten für Dienstleistungspflichtige waren schon deswegen rechtl. zweifelhaft, weil soldatenrechtl./dienstrechtl. Zuständigkeiten der Wehrersatzbehörden nicht im Wege einer Gesetzesanalogie aus dem Wehrpflichtrecht in das Soldatenrecht transferiert werden durften. 1

Die mit dem **SkResNOG** in das SG eingeführte Vorschrift lehnt sich an **§ 14 WPflG** an, auch wenn die amtl. Begr. hierauf nicht Bezug nimmt. 2

2. Änderungen der Vorschrift. Änderungsbedarf kann sich ggf. daraus ergeben, dass § 69 lediglich auf „diesen" Abschnitt, d. h. auf den IV. Abschnitt, verweist. Zuständigkeiten der Wehrersatzbehörden finden sich auch im VI. Abschnitt (§ 82 Abs. 3, § 83) und im VII. Abschnitt (§ 86 Abs. 3). Es wäre zu überlegen, in § 69 die Wörter „nach diesem Abschnitt" zu streichen. 3

3. Bezüge zum Beamtenrecht bzw. zu sonstigen rechtl. Vorschriften. Zuständigkeitszuweisungen im **Beamtenrecht** sind vielfach gesetzl. verankert. Eine **Sammelvorschrift** entspr. § 69 **existiert nicht**; § 3 BBG legt nur die beamtenrechtl. Hierarchien fest, ohne eine materielle Zuständigkeit zu begründen. 4

Für **WPfl** gilt, wie oben erwähnt, § 14 WPflG. 5

Für **ZDL** bestimmt **§ 2 Abs. 1 ZDG** die Organisation des Zivildienstes. 6

II. Erläuterungen im Einzelnen

1. § 69 und Grundgesetz. Verfassungsrechtl. Grundlage für den Aufbau und den Erhalt der Wehrersatzbehörden ist **Art. 87b Abs. 1 Satz 2, Abs. 2 Satz 1 GG**. Danach sind die Aufgaben des „Personalwesens" einschl. des Wehrersatzwesens durch (ziv.) Behörden der Bundeswehrverwaltung durchzuführen. Diese besitzen im Rahmen der verfassungsrechtl. Aufgabenzuweisung ein sog. **Wahrnehmungsmonopol**. Mil. Dienststellen dürfen insoweit keine Entscheidungskompetenzen übertragen werden. Die Organisationsgewalt des BMVg ist durch Art. 87b GG begrenzt.[2] 7

Gem. **Art. 36 Abs. 2 GG** haben die Wehrgesetze die Gliederung des Bundes in Länder und ihre besonderen landsmannschaftlichen Verhältnisse zu berücksichtigen.[3] 8

---

1 BT-Drs. 15/4485, 39.
2 Vgl. *Walz*, NZWehrr 2000, 189 m. w. N.
3 Vgl. *Walz*, BWV 1993, 205.

9 Einzige gesetzl. Ausprägung dieser verfassungsrechtl. Vorgaben war bisher § 14 Abs. 1 WPflG. Mit § 69 wird den Wehrersatzbehörden eine weitere institutionelle Garantie verliehen, die so lange Gültigkeit hat, wie diese Behörden überhaupt benötigt werden.

10 **2. Organisation.** § 69 erweitert den Kompetenzbereich der Wehrersatzbehörden um den Personenkreis der Dienstleistungspflichtigen. Das tradierte Verständnis vom „Wehrersatzwesen" als Sicherstellung der **personellen Ergänzung der SK mit WPfl**[4] muss nunmehr um die Dienstleistungspflichtigen ergänzt werden. Für die Wehrersatzbehörden bedeutet dies eine **zusätzliche gesetzl. Legitimationsbasis**; eine „Ewigkeitsgarantie" und/oder eine gesetzl. fixierte Anzahl von Dienststellen verbergen sich dahinter indes nicht.

11 Der **dreistufige Verwaltungsaufbau** der dem BMVg nachgeordneten Wehrersatzbehörden, wie er in § 14 Abs. 1 WPflG angelegt ist, gilt nunmehr auch für die Dienstleistungspflichtigen. Diese Behörden sind u. a. zuständig für die ärztliche Untersuchung (§ 71), die Heranziehung (§§ 72, 73), die Dienstleistungsüberwachung (§ 77), die Durchführung von Verwaltungsstreitverfahren (§§ 82 ff.) und für Ordnungswidrigkeitenverfahren (§ 86 Abs. 3). Ergänzend zu den Best. des SG sind insbes. die Vorschriften des VwVfG und der VwGO einschlägig.

12 Nicht eindeutig beantworten lässt sich die Frage, ob die gem. § 14 Abs. 2 Satz 1 und 2 WPflG festgelegte **örtliche Zuständigkeit** der Mittel- und Unterbehörden (WBV, KWEA) und das Einvernehmen der beteiligten Länder bei deren Abweichung von den Ländergrenzen auch im Hinblick auf die Dienstleistungspflichtigen zu gelten haben. Die Verweisung in § 69 auf „die Wehrersatzbehörden" und damit incidenter auf § 14 WPflG spricht für eine **entspr. Anwendung** der zit. Vorschrift.

§ 70 Verfahren

(1) ¹Das Verfahren nach diesem Abschnitt ist kostenfrei. ²Notwendige Auslagen sind zu erstatten. ³Zu den notwendigen Auslagen gehören auch die Kosten für die Beschaffung von Unterlagen, deren Beibringung dem Dienstleistungspflichtigen aufgegeben wird. ⁴Einem Arbeitnehmer, der nicht unter das Arbeitsplatzschutzgesetz fällt, wird auch der durch eine angeordnete ärztliche Untersuchung oder eine angeordnete sonstige Vorstellung bei der Wehrersatzbehörde entstehende Verdienstausfall erstattet. ⁵Einem Dienstleistungspflichtigen, der nicht Arbeitnehmer ist, werden notwendige Aufwendungen, die ihm durch die Bestellung eines Vertreters entstehen, erstattet. ⁶Das Nähere über die Erstattung von notwendigen Auslagen, Verdienstausfall und Vertretungskosten regelt eine Rechtsverordnung.

(2) Anträge nach diesem Abschnitt sind schriftlich oder elektronisch zu stellen und durch die Wehrersatzbehörde schriftlich zu bescheiden.

(3) ¹Ein Bescheid, der in Ausführung dieses Abschnitts ergeht, ist zuzustellen. ²Dies gilt nicht für begünstigende Verwaltungsakte. ³Ein Heranziehungsbescheid zu Hilfeleistungen im Innern (§ 63), zu Hilfeleistungen im Ausland (§ 63a), zu einer Übung, die von der Bundesregierung als Bereitschaftsdienst angeordnet ist (§ 61 Abs. 3) oder die als Alarmübung nicht länger als drei Tage dauert, kann auch mit gewöhnlichem

---

[4] Vgl. *Boehm-Tettelbach*, WPflG, § 14 Rn. 7.

Verfahren   § 70

Standardbrief mit dem Vermerk „Vorrangpost" oder in entsprechender Anwendung des § 5 des Verwaltungszustellungsgesetzes unmittelbar durch die Truppe zugestellt werden.

Verordnung über die Erstattung von notwendigen Auslagen, Verdienstausfall und Vertretungskosten der Wehrpflichtigen und Dienstleistungspflichtigen im Rahmen der Wehrüberwachung und Dienstleistungsüberwachung (Wehrdienst-Erstattungsverordnung – WDErstattV)

vom 9.6.2005[1]

Auf Grund des § 19 Abs. 5 Satz 6 und des § 50 Abs. 1 Nr. 4 des Wehrpflichtgesetzes in der Fassung der Bekanntmachung vom 30. Mai 2005 (BGBl. I S. 1465) sowie des § 70 Abs. 1 Satz 6 und des § 93 Abs. 1 Nr. 8 des Soldatengesetzes in der Fassung der Bekanntmachung vom 30. Mai 2005 (BGBl. I S. 1482) verordnet die Bundesregierung:

§ 1 Fahrtkosten, Wegstreckenentschädigung

(1) Wehrpflichtigen oder Dienstleistungspflichtigen werden auf Antrag die notwendigen Fahrtkosten erstattet. Notwendig sind die Fahrtkosten, die für die Benutzung regelmäßig verkehrender Beförderungsmittel der niedrigsten Beförderungsklasse zwischen der Wohnung und dem Ort, an dem die Wehrpflichtigen oder Dienstleistungspflichtigen sich einzufinden haben, tatsächlich entstehen. Reisen die Wehrpflichtigen oder Dienstleistungspflichtigen von einem anderen Ort als dem Wohnort an oder dorthin zurück, werden hierdurch entstehende Mehrkosten nur erstattet, wenn die Wehrersatzbehörde vorher zugestimmt hat. Die Kosten für die Benutzung einer höheren Beförderungsklasse werden auch dann nicht erstattet, wenn ein Zug benutzt wird, der nur eine höhere Beförderungsklasse führt.

(2) Wer ein Kraftfahrzeug benutzt, erhält die niedrigste Wegstreckenentschädigung nach dem Bundesreisekostengesetz, jedoch höchstens den Betrag, der bei Benutzung regelmäßig verkehrender Beförderungsmittel der niedrigsten Beförderungsklasse nach Absatz 1 erstattet würde. Parkgebühren werden nicht erstattet.

§ 2 Tagegeld, Übernachtungsgeld

Tage- und Übernachtungsgeld wird nach dem Bundesreisekostengesetz gewährt.

§ 3 Sonstige notwendige Auslagen

(1) Den Wehrpflichtigen oder Dienstleistungspflichtigen werden auf Antrag auch die notwendigen Transportkosten für das Übernehmen, Vorlegen oder Zurückgeben der Bekleidungs- und Ausrüstungsstücke nach dem Bundesreisekostengesetz erstattet.

(2) Zu den notwendigen Auslagen gehören auch die Kosten für die Beschaffung von Unterlagen, deren Beibringung den Wehrpflichtigen oder Dienstleistungspflichtigen aufgegeben wird.

§ 4 Verdienstausfall, Vertretungskosten

(1) Soweit Arbeitnehmerinnen oder Arbeitnehmer keinen Anspruch auf Weiterzahlung des Arbeitsentgelts nach § 14 Abs. 1 oder Abs. 3 des Arbeitsplatzschutzgesetzes haben, wird auf Antrag eine Entschädigung für den Verdienstausfall gewährt. Sie richtet sich nach dem regel-

---
1 BGBl. I S. 1621.

mäßigen Bruttoarbeitsentgelt zuzüglich des Arbeitgeberanteils zur Sozialversicherung. Die letzte begonnene Stunde wird voll gerechnet. Die Arbeitnehmerinnen oder Arbeitnehmer haben eine Bescheinigung der Arbeitgeberin oder des Arbeitgebers beizubringen, aus der die Dauer der ausgefallenen Arbeitszeit und die Höhe des Verdienstausfalls ersichtlich sind.

(2) Wehrpflichtige, die nicht Arbeitnehmer sind, oder Dienstleistungspflichtige, die nicht Arbeitnehmerinnen oder Arbeitnehmer sind, erhalten die notwendigen Vertretungskosten nur erstattet, soweit sie nachgewiesen werden und die Vertretung die beruflichen Aufgaben der Wehrpflichtigen oder Dienstleistungspflichtigen in vollem Umfang wahrnehmen kann. Erstattungsfähig ist die angemessene und in gleich oder ähnlich gelagerten Fällen übliche Vergütung.

§ 5[2] Inkrafttreten

Diese Verordnung tritt am Tag nach der Verkündung in Kraft.

Übersicht

	Rn		Rn
I. Allgemeines	1	II. Erläuterungen im Einzelnen	11
1. Entstehung der Vorschrift	1	1. Absatz 1	11
2. Änderungen der Vorschrift	3	2. Absatz 2	16
3. Bezüge zum Beamtenrecht bzw. zu sonstigen rechtl. Vorschriften	4	3. Absatz 3	20

Literatur: Spezielle Veröffentlichungen zu § 70 liegen noch nicht. Zu § 19 WPflG vgl. die Literaturübersicht bei *Steinlechner/Walz*, WPflG, 302; zu § 44 WPflG vgl. die Literaturübersicht bei *Steinlechner/Walz*, WPflG, 459.

I. Allgemeines

1 **1. Entstehung der Vorschrift.** Eine mit § 70 vergleichbare Vorschrift war bis zum SkResNOG im SG nicht enthalten.

2 **Abs. 1 entspricht § 19 Abs. 5 WPflG** i.d.F. des SkResNOG; **Abs. 2 entspricht** ansatzweise **§ 20 WPflG**; **Abs. 3 entspricht** im Wesentlichen **§ 44 Abs. 1 WPflG**.[3]

3 **2. Änderungen der Vorschrift.** Durch Art. 3 Nr. 24 des **WehrRÄndG 2008** wurde Abs. 3 Satz 3 um die Hilfeleistungen im Ausland ergänzt. Weiterer **Änderungsbedarf** besteht zzt. **nicht**. In Abs. 3 Satz 3 ist die „Alarmübung von nicht länger als drei Tagen" zu streichen, sobald diese Übungsform in den Planungen der SK nicht mehr vorkommt.

4 **3. Bezüge zum Beamtenrecht bzw. zu sonstigen rechtl. Vorschriften.** Eine mit § 70 vergleichbare Vorschrift existiert im **Beamtenrecht nicht**.

5 Für **WPfl** gelten, wie oben erwähnt, **§ 19 Abs. 5**, **§ 20 und § 44 Abs. 1 WPflG**.

6 **KDV-Antragsteller** können im Falle einer mündlichen Anhörung Auslagenersatz gem. § 6 Abs. 5 **KDVG** beantragen. Einzelheiten sind in der KDV-Erstattungsverordnung vom 3.11.2003[4] geregelt.

---

2 Die Verordnung ist am 17.6.2005 in Kraft getreten.
3 Vgl. BT-Drs. 15/4485, 39.
4 BGBl. I S. 2162.

Verfahren **§ 70**

Für **anerkannte KDV** verweist § 18 ZDG auf die für „die Musterung bei den Wehrersatzbehörden geltenden Vorschriften". Dies ist jetzt die vorstehend abgedruckte WDErstattV. 7

Für **ZDL** sind § 12 Abs. 1 und § 71 ZDG einschlägig. 8

Mit dem Inkrafttreten des SkResNOG wurde die **WPflV aufgehoben**. Deren §§ 10 bis 15 über die Erstattung von Auslagen und Verdienstausfall bilden nunmehr – in aktualisierter Fassung – die **WDErstattV**. Diese wiederum wird – ebenso wie die KDV-Erstattungsverordnung – gelegentlich an das **BRKG** i.d.F. des G vom 26.5.2005[5] anzupassen sein. 9

Die Diensteintrittsreise und die Heimreise nach Beendigung der Dienstleistung werden nicht nach der WDErstattV abgerechnet. Hierfür wird eine Reisekostenvergütung gem. bzw. analog § 11 Abs. 3 Satz 1 Nr. 1 und 2 BRKG gewährt. 10

II. Erläuterungen im Einzelnen

1. Absatz 1. Satz 1 entspricht der Regelung des § 80 Abs. 1 Satz 3 Nr. 2 VwVfG. Selbst bei offensichtlicher Unzulässigkeit oder Unbegründetheit von Anträgen eines Dienstleistungspflichtigen hat dieser **keine Missbrauchsgebühr** zu entrichten. 11

Satz 2 und 3 i. V. m. § 3 WDErstattV regeln die Erstattung **notwendiger Auslagen** des Dienstleistungspflichtigen.[6] Dazu gehören insbes. die Fahrtkosten (§ 1 WDErstattV) und ein evtl. Tage- und Übernachtungsgeld (§ 2 WDErstattV). 12

Kosten, die dem Dienstleistungspflichtigen durch die Vorlage **ärztlicher Atteste** entstehen, werden nur erstattet, wenn die Wehrersatzbehörde diese von ihm **abverlangt** hat.[7]

Gebühren eines Bevollmächtigten, insbes. eines **Rechtsanwalts**, im Antragsverfahren sind **nicht** gem. Abs. 1 **erstattungsfähig**. Insoweit ist eine Vertretung des Dienstleistungspflichtigen weder üblich noch erforderlich.[8] Der Verordnungsgeber hat daher zu Recht solche Kosten des Dienstleistungspflichtigen nicht in die gem. § 3 WDErstattV erstattungsfähigen sonstigen Auslagen des Dienstleistungspflichtigen aufgenommen. Bzgl. der Gebühren eines Bevollmächtigten im Widerspruchsverfahren kann auf die Komm. zu § 83 verwiesen werden.

Ist ein Dienstleistungspflichtiger **Arbeitnehmer**, ist der Arbeitgeber gem. § 14 Abs. 3 ArbPlSchG verpflichtet, das **Arbeitsentgelt weiterzuzahlen**. Unterliegt der Arbeitgeber nicht dem ArbPlSchG, wird dem Arbeitnehmer der **Verdienstausfall** gem. Satz 4 i.V.m. § 4 Abs. 1 WDErstattV erstattet. Dies kann bei **Grenzgängern** der Fall sein.[9] In der Praxis läuft diese Best. weitgehend ins Leere, da auch Firmen mit Sitz im benachbarten Ausland über Art. 19 Abs. 4 der Europ. Sozialcharta[10] und deutsche Firmen, die Ausländer beschäftigen, seit dem WehrRÄndG 2008 über § 16 Abs. 6 ArbPlSchG an die Standards des deutschen ArbPlSchG gebunden sind. 13

---

5 BGBl. I S. 1418.
6 Die RVO ist nicht analog anwendbar auf Personen, die an einer DVag gem. § 81 teilnehmen, o. für die Dienstleistungen verwendeten Dienstleistungspflichtigen bzw.
7 § 3 Abs. 2 WDErstattV. Vgl. *Steinlechner/Walz*, WPflG, § 19 Rn. 36.
8 Vgl. *Steinlechner/Walz*, WPflG, § 19 Rn. 37, § 33 Rn. 53 m.w.N.
9 Vgl. *Steinlechner/Walz*, WPflG, § 19 Rn. 37.
10 BGBl. 1964 II S. 1261.

14 **Freiberuflich Tätige** erhalten keine Verdienstausfallentschädigung. Sie können unter den Voraussetzungen von Satz 5 i. V. m. § 4 Abs. 2 WDErstattV **Vertretungskosten** geltend machen. Nach allg. Auffassung verstößt dies weder gegen den Gleichheitsgrundsatz noch gegen das Sozialstaatsprinzip.[11] Dies wird damit begründet, dass Selbstständige durch „geeignete Vorkehrungen" einen Verdienstausfall entweder vermeiden oder gering halten könnten. Die Arbeitsmarktsituation war zum Zeitpunkt der zit. gerichtl. Entsch. sicher eine andere als heute: Mit zunehmender Spezialisierung dürfte es immer schwerer fallen, für einige Stunden eine fachkundige Vertretung zu gewinnen. Es sollte angestrebt werden, auch den Verdienstausfall in Höhe der Vertretungskosten zu erstatten, wenn keine geeignete Vertretung gefunden werden konnte.

15 Die Erstattung von Kosten eines **Widerspruchsverfahrens** bestimmt sich nach § 80 Abs. 1 Satz 1 VwVfG. Die **Zuziehung eines Bevollmächtigten** im Widerspruchsverfahren dürfte im vorliegenden Zusammenhang regelmäßig **nicht notwendig** i. S. v. § 80 Abs. 2 VwVfG sein.[12] Dienstleistungspflichtige sind aufgrund ihrer Lebens- und Berufserfahrung i. d. R. in der Lage, ihre Interessen selbst wahrzunehmen.

16 **2. Absatz 2.** Anträge von Dienstleistungspflichtigen sind schriftl. oder elektronisch zu stellen. Abw. von § 20 Satz 1 WPflG ist eine Antragstellung zur **Niederschrift** beim KWEA **nicht zulässig**. Eine Antragsfrist wie in § 20 Satz 1 WPflG ist nicht normiert.

17 **Ergänzend** zu Abs. 2 gelten die Vorschriften des **VwVfG**, z. B. § 23.

18 Der Antrag muss, unabhängig davon, in welcher Form er gestellt wird, vom Dienstleistungspflichtigen eigenhändig **unterschrieben** sein.[13]

19 **Bescheide** der Wehrersatzbehörden müssen den Vorschriften des **VwVfG**, insbes. den §§ 37, 39 und 41, entsprechen. Belastende VA sind mit einer **Rechtsbehelfsbelehrung** zu versehen (§ 59 VwGO).

20 **3. Absatz 3.** Abs. 3 ist dem durch das SkResNOG neu gefassten § 44 Abs. 1 WPflG nachgebildet. Ein begünstigender VA ist nicht mehr zuzustellen (Satz 2); damit sollen Zustellungskosten eingespart werden.[14]

21 „Bescheid" meint eine schriftl. Mitteilung der **Wehrersatzbehörde**[15], d. h. i. d. R. einen von ihr erlassenen **VA**. Dies ist nach dem IV. Abschnitt insbes. ein Bescheid
 – im Zurückstellungsverfahren gem. § 67,
 – im Uk-Verfahren gem. § 68[16],
 – über die Erstattung von Auslagen usw. gem. § 70 Abs. 1,
 – über die ärztliche Untersuchung gem. § 71 Satz 5,
 – über die Heranziehung zu Dienstleistungen gem. §§ 72, 73.

22 Ein belastender VA diesen Inhalts ist nach den Vorschriften des **VwZG zuzustellen**. Häufigste Form ist die Zustellung durch die Behörde gegen Empfangsbekenntnis (§ 5 Abs. 1 VwZG).

---

11 BVerwGE 32, 158; BVerfGE 29, 51; *Boehm-Tettelbach*, WPflG, § 19 Rn. 46; *Brecht*, ZDG, 117; *Steinlechner/Walz*, WPflG, § 19 Rn. 36.
12 Vgl. BVerwG NVwZ-RR 2002, 446.
13 Vgl. zu Telefax *Steinlechner/Walz*, WPflG, § 20 Rn. 15.
14 BT-Drs. 15/4485, 26.
15 Bescheide mil. Dienststellen, z. B. gem. § 75 Abs. 3, gehören formal nicht in den Regelungsbereich der Abs. 2 u. 3. Sie sind jedoch analog zu behandeln.
16 Hierbei handelt es sich allerdings nicht um einen VA (vgl. die Komm. zu § 68 Rn. 19).

Zugestellt wird an den **Dienstleistungspflichtigen selbst**. Hat der Dienstleistungspflichtige durch schriftl. Vollmacht einen **Vertreter** bestellt, ist (nur) an diesen zuzustellen (§ 7 Abs. 1 Satz 2 VwZG). 23

Für Zustellungen an **Soldaten** ist ergänzend der Erl. des BMVg „Zustellungen, Ladungen, Vorführungen und Zwangsvollstreckungen bzgl. Soldaten in der Bundeswehr"[17] zu beachten. 24

---

17 VMBl. 1998 S. 246, 2003 S. 95, 2004 S. 109.

§ 71 Ärztliche Untersuchung, Anhörung

[1]Ungediente Personen, die sich gemäß § 59 Abs. 3 Satz 1 freiwillig zu Dienstleistungen verpflichten wollen, sind vor der Annahme ihrer Verpflichtung hinsichtlich ihrer Dienstfähigkeit zu untersuchen. [2]Ungediente Dienstleistungspflichtige, die nicht innerhalb von zwei Jahren nach dieser oder nach einer erneuten ärztlichen Untersuchung zu einer Dienstleistung herangezogen worden sind, sind vor ihrer Heranziehung zu hören und auf Antrag oder, wenn Anhaltspunkte für eine Veränderung des Gesundheitszustandes vorliegen oder dies für eine vorgesehene Verwendung im Wehrdienst erforderlich ist, erneut ärztlich zu untersuchen. [3]Sie haben sich hierzu nach Aufforderung durch die Kreiswehrersatzämter vorzustellen und ärztlich untersuchen zu lassen. [4]Auf die Untersuchung findet § 17 Abs. 4 Satz 3 und 6 bis 8 entsprechende Anwendung. [5]Das Ergebnis der Untersuchung und die sich daraus ergebenden Rechtsfolgen sind durch einen schriftlichen Untersuchungsbescheid mitzuteilen. [6]Das gilt auch dann, wenn eine beantragte Überprüfung der Dienstfähigkeit ohne ärztliche Untersuchung durchgeführt wird.

Übersicht

	Rn		Rn
I. Allgemeines	1	II. Erläuterungen im Einzelnen	9
1. Entstehung der Vorschrift	1	1. Zweck der Vorschrift	9
2. Änderungen der Vorschrift	3	2. Satz 1	10
3. Bezüge zum Beamtenrecht bzw. zu sonstigen rechtl. Vorschriften; ergänzende Dienstvorschriften	5	3. Satz 2	13
		4. Satz 3	17
		5. Satz 4	21
		6. Satz 5	23
		7. Satz 6	24

Literatur: Spezielle Veröffentlichungen zu § 71 liegen noch nicht vor.
Zu § 20b WPflG vgl. die Literaturübersicht bei *Steinlechner/Walz*, WPflG, 324.

I. Allgemeines

1. Entstehung der Vorschrift. § 71 **schließt** eine vor dem SkResNOG im SG bestandene **Regelungslücke**.[1] 1

Die Vorschrift lehnt sich eng an **§ 20b WPflG** in der durch das SkResNOG ergänzten Fassung an. Der Unterschied zwischen beiden Rechtsnormen ist in erster Linie in der Zielgruppe zu finden: 2

---

1 BT-Drs. 15/4485, 39.

§ 20b WPflG richtet sich an **ungediente WPfl**, die im Rahmen der (Erst-)Musterung gem. § 17 WPflG bereits einmal ärztlich untersucht worden waren. Deren erneute Untersuchung wird nicht als „Musterung", sondern als „Überprüfungsuntersuchung" (gelegentlich fälschlicherweise als „Nachmusterung") bezeichnet.

§ 71 richtet sich an **ungediente Personen**, die sich gem. § 59 Abs. 3 Satz 1 freiwillig verpflichten wollen. Diese sind i. d. R. noch nicht gemustert oder sonst im Hinblick auf ein Wehrdienstverhältnis hin untersucht worden. Diese Untersuchung wird nicht als „Musterung", sondern als „ärztliche Untersuchung" bezeichnet.

3   2. **Änderungen der Vorschrift.** **Änderungsbedarf** besteht zzt. **nicht.** Die Praxis muss erweisen, ob die ärztliche Untersuchung gem. § 71 um eine **Eignungsuntersuchung** und **Eignungsfeststellung** entspr. § 20a WPflG zu ergänzen ist.

4   Redaktionell ist in Satz 2 das Komma nach dem Wort „oder" in der 2. Alt. zu streichen.

   3. Bezüge zum Beamtenrecht bzw. zu sonstigen rechtl. Vorschriften; ergänzende
5 **Dienstvorschriften.** Eine mit § 71 vergleichbare Vorschrift existiert im **Beamtenrecht nicht.**

6   Für **WPfl** gilt, wie oben erwähnt, **§ 20b WPflG.**

7   Für **ZDL** gelten **§ 19 Abs. 4 ZDG** bzgl. der Anhörung und **§ 39 Abs. 1 Nr. 1 ZDG** bzgl. der Überprüfungsuntersuchung.

8   Für den Ablauf der ärztlichen Untersuchung gem. § 71 ist bis auf Weiteres die **ZDv 46/1**[2] einschlägig.

II. Erläuterungen im Einzelnen

9   **1. Zweck der Vorschrift.** Die ärztliche Untersuchung dient dem Ziel, diejenigen „auszumustern", die dienstunfähig sind (§ 64). Freiwillig Dienst leistende Personen sollen vor vermeidbaren gesundheitlichen Schäden bewahrt werden; Versorgungsansprüche sollen verhindert werden. Die ärztliche Untersuchung gem. § 71 verfolgt damit den gleichen Zweck wie die Musterung/Überprüfungsuntersuchung der WPfl.

10 **2. Satz 1.** **Adressaten** der Vorschrift sind nur die in **§ 59 Abs. 3 Satz 1** genannten Personen.[3]

11 Dienstleistungspflichtige, die als BS oder SaZ bereits in den SK **gedient** haben, unterliegen der Best. des § 73. **Ungediente WPfl**, die als wehrdienstunfähig gemustert worden sind und noch keinen Wehrdienst geleistet haben, sind ebenfalls gem. Satz 1 zu untersuchen, wenn sie eine freiwillige Dienstleistung erbringen wollen. Damit wird den Wehrersatzbehörden die Möglichkeit eröffnet, einen an sich unanfechtbaren Musterungsbescheid faktisch gegenstandslos werden zu lassen.[4]

12 Ist der Dienstleistungswillige **dienstfähig**, und ist ihm das Ergebnis der Untersuchung gem. Satz 5 schriftl. **mitgeteilt** worden, ist er „verfügbar"; er wird in der Sprache des Gesetzes zum **Dienstleistungspflichtigen** (vgl. § 72 Abs. 1 Satz 1), unbeschadet der Möglichkeit des Widerrufs der Verpflichtungserklärung gem. § 59 Abs. 4.

---

2 Vgl. die Komm. zu § 64 Rn. 8.
3 Vgl. die Komm. zu § 59 Rn. 22.
4 Vgl. *Steinlechner/Walz*, WPflG, § 20b Rn. 6. Einschränkend BVerwG *Buchholz* 448.0 § 20b WPflG Nr. 2.

§ 71 Ärztliche Untersuchung, Anhörung

3. Satz 2. Satz 2 verpflichtet die Wehrersatzbehörden, den Dienstleistungspflichtigen **anzuhören**, wenn seit seiner ärztlichen Untersuchung zwei Jahre verstrichen sind. Die Pflicht zur Anhörung folgt im Übrigen aus § 38 Abs. 1 VwVfG. **13**

Eine erneute ärztliche Untersuchung findet dann statt, wenn der Dienstleistungspflichtige diese **beantragt** oder wenn das KWEA eine solche für **erforderlich** hält. **14**

Die Anhörung erfolgt i. d. R. durch Übersendung eines **Formblattes** an den Dienstleistungspflichtigen, mit dem dieser aufgefordert wird, insbes. evtl. Veränderungen seines Gesundheitszustandes mitzuteilen. **Reagiert** der Dienstleistungspflichtige hierauf innerhalb der gesetzten Frist **nicht**, ist ein danach ergangener **Heranziehungsbescheid rechtmäßig.**[5] Eine unterlassene **Anhörung** kann während eines Widerspruchsverfahrens **nachgeholt** werden.[6] **15**

Beantragt der Dienstleistungspflichtige keine erneute ärztliche Untersuchung, kann das KWEA **von Amts wegen** eine solche anordnen. Der bloße Ablauf der Zwei-Jahres-Frist reicht hierfür nicht aus. Dem KWEA müssen irgendwelche **schlüssigen Hinweise** für eine Veränderung des Gesundheitszustandes vorliegen. Diese können sich ergeben aus Mitteilungen des Dienstleistungspflichtigen z. B. gem. § 77 Abs. 6 Nr. 3, aus anonymen Schreiben[7] oder aus früheren Untersuchungen im Rahmen der Wehrpflicht. **16**

4. Satz 3. Die Dienstleistungspflichtigen haben sich nach Aufforderung **vorzustellen** und ärztlich **untersuchen** zu lassen. **17**

Notwendig ist zunächst eine „Aufforderung" durch das KWEA. Hierbei handelt es sich um ein **bloßes Schreiben**, keine förmliche Ladung oder einen VA.[8] **18**

Mit diesem Schreiben werden die Dienstleistungspflichtigen gebeten, sich zu melden. Folgen sie dieser Aufforderung nicht, sollten sie förmlich – mit Zustellung – **geladen** werden. Reagieren sie hierauf erneut nicht, ist ein **Ordnungswidrigkeitsverfahren** gem. § 86 Abs. 1 Nr. 1 einzuleiten. Darüber hinaus können sie **polizeilich vorgeführt** werden (§ 79 Abs. 1). **19**

Eine Feststellung der Dienstfähigkeit **„nach Aktenlage"** analog § 17 Abs. 10 WPflG ist nur zulässig, wenn der Dienstleistungspflichtige die Überprüfungsuntersuchung beantragt hatte, und das KWEA das persönliche Erscheinen nicht für angezeigt hält (Satz 6). **20**

5. Satz 4. Wegen der Art und Weise der ärztlichen Untersuchung und der von dem Dienstleistungspflichtigen zu duldenden Eingriffe in seine körperliche Unversehrtheit verweist Satz 4 auf § 17 Abs. 4 Satz 3 und Satz 6 bis 8.[9] **21**

Im Übrigen gelten § 70 Abs. 1 über die Erstattung der notwendigen Auslagen, § 70 Abs. 3 über die Zustellung von Bescheiden und § 83 über das Widerspruchsverfahren. **22**

---

5 Vgl. BVerwG *Buchholz* 448.0 § 12 WPflG Nr. 113.
6 Vgl. *Steinlechner/Walz*, WPflG, § 20b Rn. 13 m. w. N. Zur Erstattung von Anwaltskosten im Rahmen des Überprüfungsverfahrens vgl. BVerwG NVwZ-RR 2002, 446.
7 Vgl. *Steinlechner/Walz*, WPflG, § 20b Rn. 14 m. w. N.
8 Vgl. *Steinlechner/Walz*, WPflG, § 20b Rn. 18; GKÖD I Yk, § 71 Rn. 16.
9 Vgl. die Komm. zu § 17.

23 **6. Satz 5.** § 20b Satz 5 WPflG, dem § 71 Satz 5 entspricht, wurde mit dem **SkResNOG** in das WPflG **eingefügt**. Pate hierfür standen § 17 Abs. 5 WPflG[10] und § 5 Satz 1 WPflV a. F. Mit diesen Best. wird klargestellt, dass der Tauglichkeitsüberprüfungsbescheid/Untersuchungsbescheid die gleiche Rechtsnatur wie ein Musterungsbescheid hat. Es handelt sich um einen **selbstständig anfechtbaren VA**.[11] Der **Widerspruch** gegen einen solchen Bescheid hat **keine aufschiebende Wirkung** (§ 83 Abs. 2 Satz 2); dasselbe gilt für die **Anfechtungsklage** (§ 85 Satz 1). Über den Widerspruch **entscheidet** die **WBV** (§ 83 Abs. 2 Satz 1).

24 **7. Satz 6.** Die Vorschrift entspricht § 20b Satz 6 WPflG i.d.F. des **SkResNOG**. Dieser wiederum übernahm § 5 Satz 2 WPflV a. F., der § 15a Abs. 1 der früheren Musterungsverordnung ersetzt hatte.[12]

25 Trotz dieser langen Historie ist **Vorsicht** geboten: Die Feststellung der Dienstfähigkeit eines Dienstleistungspflichtigen setzt i. d. R. dessen persönliche/körperliche Untersuchung durch den Arzt des KWEA voraus, auch wenn der Dienstleistungspflichtige die Überprüfung der Dienstfähigkeit selbst beantragt hatte. Eine **Ausnahme** von diesem Grds. kann dann zulässig sein, wenn der bisher dokumentierte Gesundheitszustand **umfassend** und **aktuell** ist und der Dienstleistungspflichtige **keine neuen Erkrankungen** schlüssig vorgetragen hat.

§ 72 Heranziehung von ungedienten Dienstleistungspflichtigen

(1) ¹Ungediente Dienstleistungspflichtige (§ 59 Abs. 3 Satz 1), die nach § 71 verfügbar sind, werden durch die Kreiswehrersatzämter zu Dienstleistungen herangezogen. ²Die Art der Dienstleistung sowie Ort und Zeit des Diensteintritts werden durch Heranziehungsbescheid bekannt gegeben. ³Im Heranziehungsbescheid ist die Dauer der zu leistenden Dienstleistung anzugeben; dies gilt nicht für die Heranziehung zum Wehrdienst im Spannungs- oder Verteidigungsfall nach § 60 Nr. 6 und zu Übungen als Bereitschaftsdienst nach § 61 Abs. 3.

(2) Die Dienstleistungspflichtigen haben sich entsprechend dem Heranziehungsbescheid zu Dienstleistungen in der Bundeswehr zu stellen.

(3) ¹Der Heranziehungsbescheid soll vier Wochen vor dem Beginn der Dienstleistung zugestellt sein. ²Dienstleistungspflichtige können ohne Einhaltung einer Frist einberufen werden, wenn
1. Übungen als Bereitschaftsdienst angeordnet sind,
2. die Heranziehung zu einer nach den Umständen gebotenen Erhöhung der Einsatzbereitschaft der Streitkräfte notwendig ist,
3. der Spannungs- oder Verteidigungsfall eingetreten ist,
4. das Bundesministerium der Verteidigung oder die von ihm bestimmte Stelle Übungen von kurzer Dauer als Alarmübungen angeordnet hat oder
5. Hilfeleistungen im Innern zu erbringen sind.

---

10 BT-Drs. 15/4485, 32.
11 Vgl. *Steinlechner/Walz*, WPflG, § 20b Rn. 21.
12 Vgl. BR-Drs. 628/01, 11.

§ 72 Heranziehung von ungedienten Dienstleistungspflichtigen

Übersicht

	Rn		Rn
I. Allgemeines	1	b) Satz 2	12
1. Entstehung der Vorschrift	1	c) Satz 3	18
2. Änderungen der Vorschrift	3	2. Absatz 2	21
3. Bezüge zum Beamtenrecht bzw. zu sonstigen rechtl. Vorschriften	5	3. Absatz 3	23
		a) Satz 1	23
II. Erläuterungen im Einzelnen	8	b) Satz 2	26
1. Absatz 1	8	4. Rechtsschutz	27
a) Satz 1	8		

Literatur: Spezielle Veröffentlichungen zu § 72 liegen noch nicht vor. Zu § 21 WPflG vgl. die Literaturübersicht bei *Steinlechner/Walz*, WPflG, 332 f.

I. Allgemeines

1. Entstehung der Vorschrift. § 72 bestimmt den **Inhalt** des Heranziehungsbescheides einschl. der maßgeblichen **Schutzfrist** und insoweit geltender Ausnahmen. Diese für die Heranziehung von ungedienten Dienstleistungspflichtigen maßgeblichen Vorgaben waren bisher administrativ verfügt. 1

Die mit dem **SkResNOG** in das SG **eingeführte** Vorschrift schließt eine „Regelungslücke"[1]; sie lehnt sich inhaltl. eng an § **21 WPflG** i.d.F. des SkResNOG an. 2

2. Änderungen der Vorschrift. Durch Art. 3 Nr. 25 des **WehrRÄndG 2008** wurde Abs. 1 Satz 3 redaktionell geä. In Abs. 3 Satz 2 Nr. 2 wurden die Wörter „oder zur Sicherung der Operationsfreiheit" gestrichen. Weiterer **Änderungsbedarf** kann sich dann ergeben, wenn das BMVg über die Streichung der in Abs. 3 Satz 2 Nr. 4 genannten „Alarmübungen" entscheiden sollte. Außerdem ist Abs. 3 Satz 2 (Nr. 5) um die Hilfeleistungen im Ausland zu ergänzen. 3

Redaktionell ist in Abs. 3 Satz 2 das Wort „einberufen" durch „herangezogen" zu ersetzen. Damit wird der jetzt im SG verwendeten Terminologie entsprochen. 4

3. Bezüge zum Beamtenrecht bzw. zu sonstigen rechtl. Vorschriften. Eine mit § 72 vergleichbare Vorschrift existiert im **Beamtenrecht nicht**. 5

Für **WPfl** gilt, wie oben erwähnt, § **21 WPflG**. 6

Für **ZDL** enthält § **19 ZDG** in den Abs. 1, 5 und 6 die für die Einberufung zum Zivildienst maßgeblichen Best. 7

II. Erläuterungen im Einzelnen

1. Absatz 1. – a) Satz 1. Wichtigste Voraussetzung für die Einberufung eines **ungedienten WPfl** ist ein **vollziehbarer Musterungsbescheid**.[2] Bei einem **ungedienten Dienstleistungspflichtigen** i. S. v. § 59 Abs. 3 Satz 1 tritt an die Stelle des Musterungsbescheides der **schriftl. Untersuchungsbescheid** gem. § 71 Satz 5. Liegt dieser vor, ist der Dienstleistungspflichtige verfügbar und kann zu Dienstleistungen herangezogen werden. 8

---

1 BT-Drs. 15/4485, 39.
2 BT-Drs. 15/4485, 32.

9   Da ein Widerspruch gegen den Untersuchungsbescheid keine aufschiebende Wirkung hat (§ 83 Abs. 2 Satz 2), ist dieser trotz eines eingelegten Widerspruchs vollziehbar. Es bedarf hierzu nicht der Anordnung der sofortigen Vollziehung gem. § 80 Abs. 2 Satz 1 Nr. 4 VwGO.

10 Bringt der Dienstleistungspflichtige nach Erlass des Untersuchungsbescheides **neue gesundheitliche Einwendungen** vor, hat das KWEA zu prüfen, ob es den Vollzug des Heranziehungsbescheides **auszusetzen** oder den Dienstleistungspflichtigen auf die **Einstellungsuntersuchung** bei der Truppe zu verweisen hat.[3]

11 Stehen dem KWEA für eine bestimmte Verwendung mehrere gleich geeignete Dienstleistungspflichtige zur Verfügung, bestimmt es im Rahmen seines **Auswahlermessens**,[4] welcher der Dienstleistungspflichtigen heranzuziehen ist. Hierbei spielen der Grds. der Verhältnismäßigkeit und der Personalbedarf der SK eine entscheidende Rolle.[5]

12 **b) Satz 2.** Der Heranziehungsbescheid ist wie der Einberufungsbescheid für einen WPfl ein **belastender VA**. Auch wenn damit den Wünschen eines Dienstleistungspflichtigen entsprochen wird, handelt es sich **nicht** um einen **mitwirkungsbedürftigen VA**.[6]

13 Ein **Anspruch** des Dienstleistungspflichtigen **auf Heranziehung** besteht mangels einer entspr. gesetzl. Grundlage **nicht**.[7]

14 Der VA hat eine **doppelte Wirkung**: Er hat **befehlenden** (vgl. Abs. 2) und **gestaltenden** Charakter, da er unabhängig von der Mitwirkung des Dienstleistungspflichtigen ein Wehrdienstverhältnis begründet (§ 2 Abs. 1 Nr. 2).[8]

15 Erlassende **Behörde** ist ausschließlich das örtlich zuständige **KWEA**. Dienstantrittsaufforderungen durch Dienststellen der SK sind unzulässig und nichtig. Der Heranziehungsbescheid muss **schriftl.** ergehen[9]; er muss u. a. die gesetzl. Grundlagen der Heranziehung aufführen und eine **Rechtsbehelfsbelehrung** enthalten (§ 59 VwGO).

16 **Wesentliche Bestandteile** des Heranziehungsbescheides sind gem. Satz 2 ferner die **Art der Dienstleistung** (vgl. § 60) sowie der **Gestellungsort** und die **Zeit** des Diensteintritts. Wenn das Gesetz hier von der „Zeit" und in § 2 Abs. 1 sowie in § 21 Abs. 1 Satz 2 WPflG n. F. vom **„Zeitpunkt"** spricht, ist, bezogen auf den Diensteintritt, das Gleiche gemeint. Es handelt sich i. d. R. um eine im Heranziehungsbescheid genannte **Zeitspanne**, bis zu welcher der Dienstleistungspflichtige sich spätestens gemeldet haben muss.[10]

17 **Fehlt** ein solcher Bestandteil, ist der Heranziehungsbescheid nicht nichtig, sondern lediglich **anfechtbar**. Dieser Teil kann im Widerspruchsverfahren **nachgeholt** werden.

---

3   Vgl. *Steinlechner/Walz*, WPflG, § 21 Rn. 8.
4   Dieses Ermessen wird ausschließlich im öff. Interesse ausgeübt. St.Rspr. seit BVerwGE 45, 197. Vgl. BVerwG NZWehrr 2005, 126; *Walz*, NZWehrr 2004, 158; *ders.*, NZWehrr 2005, 129.
5   Vgl. *Boehm-Tettelbach*, WPflG, § 21 Rn. 5; *Steinlechner/Walz*, WPflG, § 21 Rn. 11.
6   Vgl. *Steinlechner/Walz*, WPflG, § 21 Rn. 19.
7   Vgl. *Steinlechner/Walz*, WPflG, § 21 Rn. 18.
8   Vgl. *Steinlechner/Walz*, WPflG, § 21 Rn. 18 f. mit Hinw. auf die Rspr. des BVerwG zu § 21 WPflG.
9   Bei elektronisch erstellten Bescheiden ist eine Unterschrift entbehrlich. Vgl. BVerwGE 45, 189.
10 Vgl. die Komm. zu § 2 Rn. 10.

c) Satz 3. Mit dem SkResNOG ist § 21 Abs. 1 WPflG um einen neuen Satz 3 ergänzt worden. Die Pflicht, im Einberufungsbescheid auch die **Dauer** des zu leistenden Wehrdienstes anzugeben, war bisher in § 9 WPflV a. F. geregelt. 18

§ 72 Abs. 1 Satz 3 entspricht dieser Ergänzung des § 21 WPflG durch das SkResNOG. 19

Die Dauer der Dienstleistung ist anzugeben bei **befristeten Übungen, besonderen Auslandsverwendungen, Hilfeleistungen im Innern** und **im Ausland**. Dies ist sowohl für den Dienstleistungspflichtigen (und seine finanziellen Ansprüche z. b. nach dem USG) als auch für seinen Arbeitgeber von großer Bedeutung. Diese Dauer ist i. d. R. für alle Beteiligten **bindend**. Eine Verkürzung kommt insbes. gem. § 75 Abs. 1 Satz 2 Nr. 9 oder Abs. 2 Nr. 1 in Betracht. 20

2. Absatz 2. Abs. 2 begründet die gesetzl. **Verpflichtung** des Dienstleistungspflichtigen, **sich zu „stellen"**. Die Vorschrift ergänzt Abs. 1 Satz 1 und § 2 Abs. 1 Nr. 2. 21

Folgt der Dienstleistungspflichtige dieser Pflicht **nicht**, kann dieses Versäumnis ein **Dienstvergehen** (§ 23 Abs. 1) oder/und eine **Wehrstraftat** (§§ 15, 16 WStG) darstellen. 22

Die Formulierung „Dienstleistungen in der Bundeswehr", die § 21 Abs. 2 WPflG nachgebildet ist, ist so zu verstehen, dass damit Wehrdienst in den (deutschen) SK gemeint ist.

3. Absatz 3. – a) Satz 1. „Beginn der Dienstleistung" meint wie in § 21 Abs. 3 Satz 1 WPflG den Diensteintrittstermin. Für die Berechnung der vierwöchigen Schutzfrist ist dieses Datum und nicht der tatsächliche Beginn der Dienstleistung maßgeblich. Die Frist beginnt mit der Zustellung des Heranziehungsbescheides an zu laufen. 23

Wird die **Frist** aus Gründen, die ausschließlich im Bereich der Exekutive zu suchen sind, **unterschritten**, ist der Heranziehungsbescheid **rechtswidrig** und im Widerspruchsverfahren aufzuheben.[11] „Wichtige Gründe" für geringe Fristunterschreitungen, deren Ursache außerhalb des Verantwortungsbereichs des KWEA liegen, z. B. Versäumnisse bei der Zustellung, ändern an der Rechtswidrigkeit des Heranziehungsbescheides nichts.[12] Das KWEA hat i. d. R. ausreichend Zeit, den Bescheid so früh abzuschicken, dass er rechtzeitig eintrifft. Die ordnungsgemäße Frist kann schon aus praktischen Gründen **nicht nachgeholt** werden. 24

Der Dienstleistungspflichtige – nur dieser – kann auf die Einhaltung der Frist **verzichten**.[13] 25

b) Satz 2. Die Schutzfrist muss **nicht eingehalten** werden bei 26
– Übungen als Bereitschaftsdienst (§ 61 Abs. 3 Satz 1),
– befristeten Übungen (§ 61 Abs. 1 und 2), die zur Erhöhung der Einsatzbereitschaft der SK notwendig sind[14],
– unbefristetem Wehrdienst im Spannungs- oder V-Fall (§ 60 Nr. 6),
– befristeten Übungen (§ 61 Abs. 1 und 2), die als Alarmübungen angeordnet sind,
– Hilfeleistungen im Innern (§ 63).

Dennoch sollte das KWEA, wann immer möglich, dem Dienstleistungspflichtigen ausreichend Zeit und Gelegenheit geben, sich auf die Heranziehung einzustellen.

---

11 Vgl. BVerwGE 42, 26; BVerwG *Buchholz* 448.11 § 19 ZDG Nr. 1.
12 A.A. BVerwGE 42, 26. Vgl. im Übrigen VG Köln 8 L 2077/05.
13 Vgl. *Brecht*, ZDG, 123.
14 Diese Wortwahl geht auf die frühere NATO-Doktrin der flexible response zurück. Es wird zu überlegen sein, diese Best. an die heutige sicherheitspolit. Lage anzupassen.

27 4. Rechtsschutz. Der Widerspruch gegen den Heranziehungsbescheid hat keine aufschiebende Wirkung (§ 83 Abs. 2 Satz 2). Über den Widerspruch entscheidet die WBV (§ 83 Abs. 2 Satz 1). Die Anfechtungsklage gegen den Heranziehungsbescheid hat keine aufschiebende Wirkung (§ 85 Satz 1). Das VG kann auf Antrag die aufschiebende Wirkung anordnen (§ 85 Satz 2). Vor der Anordnung ist die WBV zu hören (§ 85 Satz 3).

§ 73 Heranziehung von gedienten Dienstleistungspflichtigen

¹Dienstleistungspflichtige, die bereits in der Bundeswehr gedient haben, werden nach Feststellung ihrer Verfügbarkeit durch die Wehrersatzbehörden zu Dienstleistungen herangezogen. ²Sie sind zu hören, wenn seit dem Ausscheiden aus dem Wehrdienst mehr als zwei Jahre verstrichen sind, und auf Antrag oder, wenn Anhaltspunkte für eine Veränderung des Gesundheitszustandes vorliegen oder dies für eine vorgesehene Verwendung im Wehrdienst erforderlich ist, erneut ärztlich zu untersuchen. ³Auf die Untersuchung finden § 17 Abs. 4 Satz 3 und 6 bis 8 sowie § 71 Satz 5 und 6 entsprechende Anwendung. ⁴Die Dienstleistungspflichtigen haben sich nach Aufforderung durch die Kreiswehrersatzämter vorzustellen und ärztlich untersuchen zu lassen. ⁵Sie haben sich entsprechend dem Heranziehungsbescheid zu Dienstleistungen in der Bundeswehr zu stellen. ⁶§ 72 Abs. 1 und 3 gilt entsprechend.

Übersicht

	Rn		Rn
I. Allgemeines	1	II. Erläuterungen im Einzelnen	6
1. Entstehung der Vorschrift	1	1. Adressatenkreis	6
2. Änderungen der Vorschrift	3	2. Anwendbare Vorschriften	7
3. Bezüge zu anderen rechtl. Vorschriften	4		

Literatur: Spezielle Veröffentlichungen zu § 73 liegen noch nicht vor. Zu § 23 WPflG vgl. die Literaturübersicht bei *Steinlechner/Walz*, WPflG, 348 f.

I. Allgemeines

1 **1. Entstehung der Vorschrift.** Mit § 73 wird eine bis zum SkResNOG im SG bestandene „**Regelungslücke**" geschlossen.[1]

2 Die Vorschrift lehnt sich eng an **§ 23 WPflG** i.d.F. des SkResNOG an.[1]

3 **2. Änderungen der Vorschrift.** (Folge-)**Änderungsbedarf** entsteht dann, wenn die zu § 71[2] und § 72[3] formulierten Änderungsvorschläge aufgegriffen werden sollten.

4 **3. Bezüge zu anderen rechtl. Vorschriften.** Für **WPfl** gilt, wie oben erwähnt, § 23 **WPflG**.

5 Für **ZDL** existiert eine entspr. Vorschrift **nicht**, da „gediente" ZDL in Friedenszeiten zu keinen weiteren Dienstleistungen einberufen werden. Über eine Ergänzung der Vorschriften des § 79 ZDG für den Spannungs- und V-Fall müsste zeitgerecht entschieden werden.

---

1 BT-Drs. 15/4485, 39.
2 Rn. 4.
3 Rn. 3, 4.

II. Erläuterungen im Einzelnen

1. Adressatenkreis. Während die §§ 71 und 72 auf **ungediente Personen** gem. § 59 Abs. 3 Satz 1 abzielen, erweitert § 73 den Geltungsbereich dieser Vorschriften auf Dienstleistungspflichtige, die in den SK **gedient** haben. Gemeint sind damit ehem. BS und SaZ gem. § 59 Abs. 1 und 2 sowie Personen i. S. v. § 59 Abs. 3 Satz 1, denen nach einer freiwilligen Dienstleistung ein höherer Dienstgrad auf Dauer verliehen worden ist (§ 59 Abs. 3 Satz 3), die zu einer Dienstleistung herangezogen werden sollen. Sie findet keine Anwendung beim Erlass eines (bedingten) Einberufungsbescheides für den Spannungs- oder den V-Fall.[4] 6

2. Anwendbare Vorschriften. Satz 1 entspricht **§ 72 Abs. 1 Satz 1**. 7

Satz 2 entspricht **§ 71 Satz 2**. 8

Satz 3 entspricht **§ 71 Satz 4**.[5] 9

Satz 4 entspricht **§ 71 Satz 3** (einschl. der Bußgeldbewehrung gem. § 86 Abs. 1 Nr. 1). 10

Satz 5 entspricht **§ 72 Abs. 2**. 11

Satz 6 verweist im Übrigen auf **§ 72 Abs. 1 und 3**. 12

Die **Komm.** der zit. Best. gilt **sinngemäß**.

---
4 Vgl. BVerwG *Buchholz* 448.0 § 23 WPflG Nr. 11.
5 Der Aufbau des § 73 in Satz 3 u. 4 weicht vom Aufbau des § 71 ohne erkennbaren Grund ab.

4.
Beendigung der Dienstleistungen und Verlust des Dienstgrades

§ 74 Beendigung der Dienstleistungen

Die Dienstleistungen enden
1. durch Entlassung (§ 75),
2. durch Ablauf der für den Wehrdienst festgesetzten Zeit, wenn der Endzeitpunkt kalendermäßig bestimmt ist oder
3. durch Ausschluss (§ 76).

Übersicht

	Rn		Rn
I. Allgemeines	1	II. Erläuterungen im Einzelnen	5
1. Entstehung der Vorschrift	1	1. Nr. 1	7
2. Änderungen der Vorschrift	2	2. Nr. 2	8
3. Bezüge zu anderen rechtl. Vorschriften	3	3. Nr. 3	11

Literatur: Spezielle Veröffentlichungen zu § 74 liegen noch nicht vor. Zu § 28 WPflG sind keine Literaturnachweise bekannt.

I. Allgemeines

1. Entstehung der Vorschrift. Die mit dem **SkResNOG** in das SG **eingeführte** Vorschrift ist **§ 28 WPflG nachgebildet**, auch wenn dies die amtl. Begr. nicht ausdrücklich erwähnt.[1] 1

---
1 Vgl. BT-Drs. 15/4485, 39.

§ 74   Beendigung der Dienstleistungen

2   **2. Änderungen der Vorschrift.** Im Zuge einer konstitutiven Neufassung des SG sollte überlegt werden, zumindest auf die **Nr. 1 und 3** dieser Best. ersatzlos zu **verzichten**. Ihr „Regelungsinhalt" erschöpft sich in einer bloßen Aufzählung der Beendigungstatbestände.[2]

3   **3. Bezüge zu anderen rechtl. Vorschriften.** Für **WPfl** gilt, wie oben erwähnt, **§ 28 WPflG**. § 74 Nr. 1 entspricht § 28 Nr. 1 WPflG. § 74 Nr. 2 entspricht ansatzweise § 28 Nr. 2 WPflG i.d.F. des WehrRÄndG 2008. § 74 Nr. 3 entspricht § 28 Nr. 4 WPflG.

4   Für **ZDL** ist **§ 42 ZDG** einschlägig. Dieser besticht durch seine Kürze („Der Zivildienst endet durch Entlassung oder Ausschluss"), ist aber genauso inhaltsleer wie § 28 Nr. 1 und 4 WPflG und § 74 Nr. 1 und 3.

II. Erläuterungen im Einzelnen

5   Die Vorschrift ist gewissermaßen **vor die Klammer** gezogen. Sie fasst in Nr. 1 und 3 die Beendigungsgründe der §§ 75 und 76 zusammen. Eine Beendigung von Dienstleistungen aus anderen als den in § 74 genannten rechtl. Gründen ist ausgeschlossen.

6   Das Wehrdienstverhältnis endet auch durch den **Tod** des Dienstleistungspflichtigen. Dies ist so selbstverständlich, dass dies nicht im Gesetz ausgesprochen werden muss. Aus diesem Grund wurden die Wörter „außer durch Tod" in den §§ 43 und 54 durch Art. 1 Nr. 10 und 15 des G vom 6.12.1990[3] gestrichen.

7   **1. Nr. 1.** Die Entlassung ist die Beendigung des Dienstverhältnisses durch VA. Die Einzelheiten ergeben sich aus **§ 75**.

8   **2. Nr. 2.** Aus Nr. 2 folgt, dass es einer **förmlichen Entlassung** gem. § 75 **nicht** bedarf, wenn der für die Dienstleistung festgesetzte Endzeitpunkt kalendermäßig bestimmt ist. An diesem Tag scheidet der Dienstleistungspflichtige aus der Bw aus (§ 2 Abs. 2), ohne dass dies nochmals ausdrücklich verfügt werden müsste. Gem. § 72 Abs. 1 Satz 3 ist im Heranziehungsbescheid auch die Dauer der Dienstleistung anzugeben. Daraus ergibt sich ohne Weiteres deren letzter Tag.

Werden diese Best. eingehalten, erübrigt sich eine Entlassung gem. § 75 Abs. 1 Satz 2 Nr. 1. Die Entlassungsverfügung hat in diesen Fällen lediglich deklaratorische Bedeutung.

9   Mit dem SkResNOG war **§ 28 Nr. 2 WPflG** im Zuge der Deregulierung[4] **gestrichen** worden. Dies führte dazu, dass ein wpfl Soldat immer eine Entlassungsverfügung ausgehändigt erhielt, es sei denn, der Endzeitpunkt war kalendermäßig bestimmt (§ 29 Abs. 1 Satz 2 Nr. 1 WPflG) oder einer der anderen Ausnahmetatbestände des § 29 Abs. 1 Satz 2 WPflG lag vor.[5] Da sich diese Regelung als unzweckmäßig erwies, wurde mit dem WehrRÄndG 2008 der frühere Rechtszustand wieder eingeführt.

10   Im Interesse der Rechtsangleichung und -vereinfachung sollte sowohl für Dienstleistungspflichtige als WPfl auf eine **Entlassungsverfügung** generell **verzichtet** werden, wenn sich das Dienstzeitende eindeutig aus dem Heranziehungs-/Einberufungsbescheid ergibt.

11   **3. Nr. 3.** Der Ausschluss von Dienstleistungen ist in § 76 geregelt.

---

2 Vgl. Rn. 7, 11.
3 BGBl. I S. 2588.
4 BT-Drs. 15/4485, 33.
5 Die Wörter „Dies gilt nicht ..." in § 29 Abs. 1 Satz 2 WPflG beziehen sich auf den 1. Halbs. des Abs. 1 Satz 1.

§ 75 Entlassung aus den Dienstleistungen

(1) ¹Der Soldat ist entlassen mit Ablauf des Monats, in dem er das für ihn nach § 59 Abs. 1, 2 oder 3 festgesetzte Höchstalter für eine Heranziehung erreicht hat. ²Im Übrigen ist er zu entlassen, wenn
1. die für die Dienstleistung festgesetzte Zeit abgelaufen ist, es sei denn, Bereitschaftsdienst nach § 61 Abs. 3 wird angeordnet oder der Spannungs- oder Verteidigungsfall ist eingetreten,
2. die Anordnung des Bereitschaftsdienstes nach § 61 Abs. 3 aufgehoben wird, es sei denn, dass der Spannungs- oder Verteidigungsfall eingetreten ist,
3. seine Verwendung während des Spannungs- oder Verteidigungsfalles endet,
4. der Heranziehungsbescheid aufgehoben wird, eine zwingende Dienstleistungsausnahme vorliegt – in den Fällen des § 66 erst nach Befreiung durch das Kreiswehrersatzamt – oder wenn innerhalb des ersten Monats der Dienstleistung im Rahmen der Einstellungsuntersuchung festgestellt wird, dass der Soldat wegen einer Gesundheitsstörung dauernd oder voraussichtlich für einen Zeitraum von mehr als einem Monat, bei kürzerer Verwendung für den Zeitraum dieser Verwendung, vorübergehend zur Erfüllung seiner Dienstpflichten unfähig ist,
5. nach dem bisherigen Verhalten durch sein Verbleiben in der Bundeswehr die militärische Ordnung oder die Sicherheit der Truppe ernstlich gefährdet würde,
6. er als Kriegsdienstverweigerer anerkannt ist,
7. er seiner Aufstellung für die Wahl zum Deutschen Bundestag, zu einem Landtag oder zum Europäischen Parlament zugestimmt hat,
8. er unabkömmlich gestellt ist,
9. der mit der Dienstleistung verfolgte Zweck entfallen ist und im Fall einer befristeten Übung eine andere Verwendung im Hinblick auf die Ausbildung für die bestehende oder eine künftige Verwendung nicht erfolgen kann,
10. er dienstunfähig ist oder die Wiederherstellung seiner Dienstfähigkeit innerhalb der Wehrdienstzeit nicht zu erwarten ist. ³§ 44 Abs. 4 Satz 1 und 3 gilt entsprechend, oder
11. er nach § 67 Abs. 6 zurückgestellt ist.

(2) Der Soldat kann entlassen werden, wenn
1. das Verbleiben in der Bundeswehr für ihn wegen persönlicher, insbesondere häuslicher, beruflicher oder wirtschaftlicher Gründe eine besondere, im Bereitschafts-, Spannungs- und Verteidigungsfall eine unzumutbare Härte bedeuten würde und er seine Entlassung beantragt hat,
2. gegen ihn auf Freiheitsstrafe oder Strafarrest von drei Monaten oder mehr oder auf eine nicht zur Bewährung ausgesetzte Jugendstrafe erkannt ist oder
3. die Aussetzung einer Jugendstrafe zur Bewährung widerrufen wird.

(3) Die Entlassung wird von der Stelle verfügt, die nach § 4 Abs. 2 für die Ernennung des Soldaten zuständig wäre.

(4) Ein Soldat, der sich schuldhaft von seiner Truppe oder Dienststelle fern hält, gilt mit dem Tag als entlassen, an dem er hätte entlassen werden müssen, wenn er Dienst geleistet hätte.

(5) ¹Ist ein Soldat während einer besonderen Auslandsverwendung wegen Verschleppung, Gefangenschaft oder aus sonstigen mit dem Dienst zusammenhängenden

§ 75 Entlassung aus den Dienstleistungen

Gründen, die er nicht zu vertreten hat, dem Einflussbereich des Dienstherrn entzogen, ist die Entlassung bis zum Ablauf des auf die Beendigung dieses Zustandes folgenden Monats hinauszuschieben. ²Dies gilt auch bei anderen Verwendungen im Ausland mit vergleichbarer Gefährdungslage.

(6) Befindet sich ein Soldat, der eine Dienstleistung erbringt, im Entlassungszeitpunkt in stationärer truppenärztlicher Behandlung, endet der Wehrdienst, zu dem er herangezogen wurde, wenn
1. die stationäre truppenärztliche Behandlung beendet ist, spätestens jedoch drei Monate nach dem Entlassungszeitpunkt, oder
2. er innerhalb der drei Monate schriftlich erklärt, dass er mit der Fortsetzung des Wehrdienstverhältnisses nicht einverstanden ist, mit dem Tag der Abgabe der Erklärung.

Übersicht

	Rn		Rn
I. Allgemeines	1	ee) Nr. 6	22
1. Entstehung der Vorschrift	1	ff) Nr. 7	23
2. Änderungen der Vorschrift	5	gg) Nr. 8	24
3. Bezüge zum Beamtenrecht bzw.		hh) Nr. 9	25
zu sonstigen rechtl. Vorschriften	6	ii) Nr. 10	26
II. Erläuterungen im Einzelnen	9	jj) Nr. 11	29
1. Allgemeines	9	3. Absatz 2	30
2. Absatz 1	12	a) Nr. 1	31
a) Satz 1	13	b) Nr. 2 und Nr. 3	35
b) Satz 2	14	4. Absatz 3	38
aa) Nr. 1	14	5. Absatz 4	39
bb) Nr. 2 und Nr. 3	16	6. Absatz 5	40
cc) Nr. 4	17	7. Absatz 6	46
dd) Nr. 5	19		

Literatur: Spezielle Veröffentlichungen zu § 75 liegen noch nicht vor. Zu § 29 WPflG vgl. die Literaturübersicht bei *Steinlechner/Walz*, WPflG, 382.

I. Allgemeines

1 **1. Entstehung der Vorschrift.** Mangels entspr. Grundlagen im SG musste bis zum **SkResNOG** für die vorzeitige Beendigung von Dienstleistungen auf das VwVfG zurückgegriffen werden. Zuständig für die Entlassung (von dienstleistenden Soldaten) war – systemfremd – das KWEA.[1] Mit den Abs. 1 bis 3 wurden diese Mängel behoben.

2 Die **Abs. 1 bis 4** übernehmen im Wesentlichen den Aufbau und den Regelungsgehalt des § 29 WPflG i.d.F. des SkResNOG.[2]

3 **Abs. 5** entspricht § 51 Abs. 2 Satz 6 a. F. bzw. § 29b WPflG.

4 **Abs. 6** lehnt sich eng an § 29a WPflG an.

5 **2. Änderungen der Vorschrift.** § 75 weist – ebenso wie § 29 WPflG – einen Umfang und einen **Detaillierungsgrad** auf, die kaum mehr zu überbieten sind. Der mit dem SkRes-

---

1 Vgl. BT-Drs. 15/4485, 39.
2 Vgl. Fn. 1.

NOG unternommene Versuch, § 29 WPflG praxisgerechter und nutzerfreundlicher zu formulieren[3], musste zwangsläufig scheitern. Rechtsstaatliche Erwägungen gebieten eine umfassende **Katalogisierung** der Entlassungstatbestände. Dennoch konnte auf einige traditionelle unbestimmte Rechtsbegriffe (z. B. in Abs. 1 Satz 2 Nr. 5 oder in Abs. 2 Nr. 1) nicht verzichtet werden. Die durch Art. 3 Nr. 26 des **WehrRÄndG 2008** in Abs. 1 Satz 2 vorgenommenen Änd. waren im Wesentlichen redaktioneller Natur.

3. Bezüge zum Beamtenrecht bzw. zu sonstigen rechtl. Vorschriften. Eine mit § 75 vergleichbare Vorschrift existiert im **Beamtenrecht nicht**.   6

Für **WPfl** gelten, wie oben erwähnt, die **§§ 29, 29a** und **29b WPflG**.   7

Für **ZDL** sind die **§§ 43** und **44 ZDG** einschlägig.   8

II. Erläuterungen im Einzelnen

1. Allgemeines. Die Entlassung eines Dienstleistungspflichtigen aus dem Wehrdienst-   9
verhältnis ist der **Regelfall** der Beendigung einer Dienstleistung (§ 74 Nr. 1).

Die Entlassung wird, abgesehen von den Fällen des § 74 Nr. 2, des § 75 Abs. 1 Satz 1   10
und Abs. 4, durch **VA** verfügt. In diesem ist der Tag der Beendigung des Dienstverhältnisses ausdrücklich zu nennen. Eine **rückwirkende** Entlassung ist **unzulässig**.[4]

Der VA ist – i. d. R. gegen Empfangsbekenntnis – **zuzustellen** (§ 70 Abs. 3).   11

2. Absatz 1. Abs. 1 führt die zwingenden Entlassungsgründe auf.   12

a) Satz 1. Der Dienstleistungspflichtige ist – ohne förmliche Verfügung – **kraft Geset-**   13
zes entlassen mit dem Erreichen der für seine Heranziehung maßgeblichen **Höchstaltersgrenze**. Gem. § 59 Abs. 1 Satz 1 ist dies das 65. Lebensjahr; gem. § 59 Abs. 2 und Abs. 3 sind dies das 45. oder das 60. oder das 65. Lebensjahr.

Aus Gründen der Rechtssicherheit ist zu empfehlen, dem Dienstleistungspflichtigen eine **formlose Mitteilung** über sein Ausscheiden aus den SK zukommen zu lassen.

b) Satz 2. – aa) Nr. 1. Nr. 1 ist der **Regelfall** der Entlassung bei der Beendigung einer   14
Dienstleistung.[5] Der Entlassung bedarf es nicht, wenn der Endzeitpunkt der Dienstleistung kalendermäßig bestimmt ist (§ 74 Nr. 2).[6]

Befindet sich der Dienstleistungspflichtige noch im Status eines Soldaten, und wird   15
während dieser Zeit **Bereitschaftsdienst** gem. § 61 Abs. 3 angeordnet oder tritt der **Spannungs- oder der V-Fall** ein (vgl. § 60 Nr. 6), muss das KWEA einen **Umwandlungsbescheid** erlassen.[7]

bb) Nr. 2 und Nr. 3. Nr. 2 und 3 sind die logische Konsequenz aus Nr. 1, 2. Satzteil. Für   16
den Fall der Nr. 2, dass der **Bereitschaftsdienst aufgehoben** wird, weil der Spannungs- oder der V-Fall eingetreten ist, ist ebenfalls ein (Rück-)**Umwandlungsbescheid** zu erlassen.

Spätestens mit Vollendung des 65. Lebensjahres tritt der Fall des Abs. 1 Satz 1 ein.

---

3 Vgl. *Walz*, BWV 2005, 75.
4 Vgl. GKÖD I Yk, § 75 Rn. 4; *Steinlechner/Walz*, WPflG, § 29 Rn. 3 m. w. N.
5 Vgl. *Boehm-Tettelbach*, WPflG, § 29 Rn. 4.
6 BT-Drs. 15/4485, 39.
7 Vgl. *Steinlechner/Walz*, WPflG, § 29 Rn. 10.

17 cc) **Nr. 4.** In Nr. 4 sind **drei** unterschiedliche **Entlassungstatbestände** „versteckt". Entgegen einer verbreiteten Ansicht muss zwischen der **Aufhebung des Heranziehungsbescheides** und einer **zwingenden Dienstleistungsausnahme** kein Junktim bestehen. Außer bei Vorliegen einer zwingenden Dienstleistungsausnahme gem. §§ 64 ff. kommt eine Aufhebung des Heranziehungsbescheides auch in Betracht durch gerichtl. oder behördliche Entscheidungen im Widerspruchs- oder Klageverfahren gem. §§ 83 ff., weil die Heranziehung aus anderen Gründen rechtsfehlerhaft war.

18 Die Entlassung als Folge der **Einstellungsuntersuchung** wird i. d. R. mit der Entlassung gem. Nr. 10 korrespondieren. Ob die Gesundheitsstörung während der Einstellungsuntersuchung oder danach festgestellt wird, ist rechtl. grds. irrelevant. Die Entlassung im Rahmen der Einstellungsuntersuchung ist deswegen gesondert geregelt worden, weil diese administrativ „einfacher" vollzogen werden kann als die Entlassung nach Nr. 10.

19 dd) **Nr. 5.** Die Vorschrift entspricht § 29 Abs. 1 Satz 3 Nr. 5 WPflG. Die zu § 29 Abs. 1 Nr. 6 WPflG (Fassung 2004) ergangene Rspr.[8] ist daher grds. auch für die Auslegung von Nr. 5 einschlägig. Soweit die Dienstleistung eines Dienstleistungspflichtigen auf freiwilliger Basis beruht, muss Nr. 5 nicht so eng ausgelegt werden wie § 29 Abs. 1 Satz 3 Nr. 5 WPflG. Die der Truppe zuzumutende **„Toleranzschwelle"** dürfte bei einem Dienstleistungspflichtigen **niedriger** anzusetzen sein als bei einem WPfl. Auf die **Strafbarkeit** eines Verhaltens **kommt** es bei beiden Personengruppen **nicht an**.

20 Zu beachten ist, dass die „militärische Ordnung" und die „Sicherheit der Truppe" als **unbestimmte Rechtsbegriffe** gerichtl. in vollem Umfang nachgeprüft werden können.[9]

21 In der Praxis wird Nr. 5 vor allem dann zur Anwendung kommen, wenn der Dienstleistungspflichtige durch sein **extremistischen Verhalten** das Klima in dem betr. Truppenteil wesentlich negativ beeinflusst.[10]

22 ee) **Nr. 6.** Wird ein Dienstleistungspflichtiger auf seinen Antrag gem. § 5 KDVG als **Kriegsdienstverweigerer** anerkannt, ist er unverzüglich zu entlassen. Die Vorschrift folgt damit den Regelungen des § 46 Abs. 2 Satz 1 Nr. 7 und des § 55 Abs. 1. Bzgl. der Behandlung von KDV-Antragstellern vor und nach ihrer Anerkennung ist der Erl. des BMVg „Behandlung von Soldatinnen und Soldaten, die ihre Anerkennung als Kriegsdienstverweigerin bzw. als Kriegsdienstverweigerer beantragt haben"[11] zu beachten.

23 ff) **Nr. 7.** Die zwingende Entlassung von **Wahlkandidaten** entspricht dem Zurückstellungsgrund des § 67 Abs. 3 Satz 1.

24 gg) **Nr. 8.** Die Regelung korrespondiert mit § 68. Sie wird in der Praxis kaum anzuwenden sein, da die Heranziehung von Dienstleistungspflichtigen, deren **Uk-Stellung** vorgeschlagen wurde, bis zur Entscheidung über die Uk-Stellung auszusetzen ist (§ 3 Abs. 4 UkV).

Ob das KWEA bei Uk-Vorschlägen für aktive Dienstleistungspflichtige vor seiner Entscheidung die **Truppe hört**[12], obliegt seinem Ermessen. Gesetzl. vorgeschrieben ist diese Anhörung nicht.

---

8 Vgl. *Steinlechner/Walz*, WPflG, § 29 Rn. 17 f. m. w. N. Vgl. BVerwG NJW 2005, 85.
9 Vgl. BVerwGE 42, 20 = NZWehrr 1976, 32.
10 Vgl. *Steinlechner/Walz*, WPflG, § 29 Rn. 18.
11 VMBl. 2003 S. 162. Seither mehrmals redaktionell geä.
12 Vgl. *Steinlechner/Walz*, WPflG, § 13 Rn. 24.

hh) Nr. 9. Nr. 9 ist Ausfluss des **Grds. der Verhältnismäßigkeit**.[13] 25
Im Unterschied zu der Parallelregelung des § 29 Abs. 7 WPflG ist die Entlassung nach Nr. 9 **zwingend** vorzunehmen. Die Feststellung des Wegfalls des mit der Dienstleistung verbundenen Zweckes ist nach Nr. 9 nicht an eine bestimmte Vorgesetztenebene gebunden. Dennoch sollte analog § 29 Abs. 7 WPflG hierüber mindestens ein **BtlKdr** entscheiden.

Ergänzend ist auf § 62 Abs. 3 Satz 1 hinzuweisen.

ii) Nr. 10. Nr. 10 entspricht der Best. des § 29 Abs. 2 WPflG. 26
Ist der dienstleistende Soldat **dienstunfähig**, liegt gem. § 64 eine **zwingende Dienstleistungsausnahme** vor. Damit ist der Entlassungstatbestand der Nr. 4, 2. Alt. gegeben.

Nr. 10 ist daher rechtl. **überflüssig**.

Die Entlassung wegen Dienstunfähigkeit schließt unter den Voraussetzungen des § 73 27
eine spätere **erneute Dienstleistung** nicht aus.[14]

Der Soldat ist befugt, seine Entlassung **anzuregen**; ein förmliches Antragsrecht entspr. 28
§ 29 Abs. 2 Satz 2 WPflG steht ihm nicht zu.

jj) Nr. 11. Die Zurückstellung aus betrieblichen/behördlichen Gründen muss zwangs- 29
läufig zur Entlassung aus dem Wehrdienst führen.

3. Absatz 2. Abs. 2 fasst die fakultativen Entlassungsgründe zusammen. 30

a) Nr. 1. Die Entlassung wegen **besonderer Härte** entspricht an sich der Zurückstel- 31
lungsvorschrift des § 67 Abs. 4. Da zwischen der Zurückstellung und der Entlassung verschiedene Interessenlagen bestehen, müssen Gründe hinzutreten, die über die des § 67 Abs. 4 hinausgehen.[15]

Die Gründe für die Entlassung müssen **nach dem Diensteintritt entstanden** sein.[16] 32

Die Entlassung erfolgt nicht von Amts wegen, sondern nur **auf Antrag** des Dienstleis- 33
tungspflichtigen.

Das KWEA muss, abw. von § 29 Abs. 4 Nr. 1 WPflG, vor der Entscheidung der Truppe 34
nicht angehört werden.

Ergänzend ist auf § 62 Abs. 4 hinzuweisen.

b) Nr. 2 und Nr. 3. Nr. 2 und 3 ergänzen § 67 Abs. 1 Nr. 2. 35

Die Vollstreckung der in Nr. 2 und 3 aufgeführten **Strafmaßnahmen** soll Vorrang vor der weiteren Ableistung einer Dienstleistung haben.

Es ist unerheblich, wann der Dienstleistende die Straftat begangen hat, vor oder wäh- 36
rend der Dienstleistung.[17]

Bei einer Bestrafung unter drei Monaten kann eine Entlassung gem. Abs. 1 Satz 2 37
Nr. 5 in Betracht kommen.

---

13 Vgl. *Steinlechner/Walz*, WPflG, § 29 Rn. 47.
14 Vgl. *Steinlechner/Walz*, WPflG, § 29 Rn. 26.
15 Vgl. *Steinlechner/Walz*, WPflG, § 29 Rn. 29 m. w. N.
16 Vgl. BVerwGE 32, 243; 37, 62. Vgl. GKÖD I Yk, § 75 Rn. 25.
17 Vgl. *Boehm-Tettelbach*, WPflG, § 29 Rn. 20.

38 **4. Absatz 3.** Die **Zuständigkeit** für die Entlassung gem. § 75 liegt immer bei einer **mil. Dienststelle**. Welche dies im konkreten Fall ist, bestimmt sich nach § 4 Abs. 2 und den hierzu ergangenen DBest.[18]

Von den in § 29 Abs. 5 Satz 2 WPflG verfügten Delegationen auf die Ebene des nächsten DiszVorg. ist in § 75 Abs. 3 nicht Gebrauch gemacht worden. Dies ist angemessen, da die meisten Dienstleistungspflichtigen aufgrund ihres Dienstgrades ohnehin nicht der Personalführung des nächsten DiszVorg. unterstehen.

39 **5. Absatz 4.** Die **Entlassungsfiktion** des Abs. 4 musste in das Gesetz aufgenommen werden, weil die Entlassungsverfügung grds. nur wirksam wird, wenn sie dem Dienstleistenden zugestellt worden ist.[19]

Die Best. des Abs. 4 gilt für den Fall, dass der Dienstleistungspflichtige schuldhaft seinen Dienst überhaupt **nicht angetreten** hat, wie auch für den, dass er sich **unerlaubt** von der Truppe **entfernt** hat.

Die **Nachdienregelung** des § 29 Abs. 6 Satz 2 i. V. m. § 5 Abs. 3 WPflG gilt für Dienstleistungspflichtige **nicht**.

40 **6. Absatz 5.** Abs. 5 entspricht § 51 Abs. 2 Satz 6 a. F. und § 29b WPflG.

Diese Best. waren mit dem G vom **24.7.1995**[20] **eingefügt** worden. Sie fußten auf den Erfahrungen der Bw aus den ersten Auslandseinsätzen.

41 **Satz 1** bezieht sich auf die **besondere Auslandsverwendung** gem. § 62; **Satz 2** erweitert diese als Auffangtatbestand auf **andere Verwendungen im Ausland**.[21] Dies schließt Einsätze in einem internationalen bewaffneten Konflikt ein.[22]

42 Der Soldat ist **verschleppt**, wenn er – gegen seinen Willen – in das Gebiet eines anderen Staates verbracht wird (vgl. Art. 49 IV. GA).

43 Der Soldat befindet sich in (Kriegs-)**Gefangenschaft**, wenn er in Feindeshand gefallen ist (Art. 4 A. III. GA).

44 Der Soldat ist aus sonstigen Gründen dem **Einflussbereich des Dienstherrn** entzogen, wenn er z. B. vermisst ist (Art. 33 ZP I) oder wenn er in die Hände von Terroristen geraten ist.[23]

45 Solange diese Zustände andauern, hat der Dienstleistungspflichtige u. a. alle **Ansprüche** nach dem **ArbPlSchG**, dem **USG** und dem **WSG**.

46 **7. Absatz 6.** Abs. 6 übernimmt die seit 1961 geltende Best. des § 29a WPflG in das SG.

Mit Abs. 6 wird der **Entlassungszeitpunkt hinausgeschoben**; der Wehrdienst als solcher bleibt hiervon unberührt. Auf die **Gesamtdauer** der Übungen gem. § 61 Abs. 2 wird die

---

18 Vgl. die Komm. zu § 4 Abs. 2.
19 Vgl. BVerwG NVwZ-RR 1991, 250. Einschränkend GKÖD I Yk, § 75 Rn. 6.
20 BGBl. I S. 962.
21 Wird der Soldat im Inland im Zuge eines bewaffneten Konflikts verschleppt o. gefangen genommen, fehlt eine entspr. Vorschrift. Eine analoge Anwendung von Abs. 5 scheidet wegen des eindeutigen Wortlauts aus.
22 Vgl. *Steinlechner/Walz*, WPflG, § 29b Rn. 4.
23 Vgl. *Steinlechner/Walz*, WPflG, § 29b Rn. 7.

Zeit der Verlängerung **nicht angerechnet**.[24] Das mit der Dienstleistung verbundene ursprüngliche Dienstverhältnis bleibt von der Verlängerung unberührt[25]; dies gilt auch für die damit verbundenen finanziellen Ansprüche des Dienstleistungspflichtigen.

Eine „**truppenärztliche Behandlung**" liegt vor bei stationärer Behandlung in einer Einrichtung der Bw oder bei Einweisung in eine ziv. Einrichtung durch einen Truppenarzt. **47**

Die **erneute Heranziehung** eines Dienstleistungspflichtigen während der stationären Behandlung z. B. zu einer befristeten Übung oder eine **Verlängerung** der ursprünglich verfügten Heranziehung über die Grenze von drei Monaten hinaus wäre **rechtswidrig**. Dasselbe gilt für medizinisch indizierte **Kuren** o. Ä. nach einer besonderen Auslandsverwendung, sofern diese erst nach der Entlassung des Soldaten stattfinden sollen. Dies schließt unter bestimmten Voraussetzungen die **Weitergewährung der truppenärztlichen Versorgung** und den nachwirkenden Einsatz des Sozialdienstes der Bw nicht aus.[26] **48**

Abs. 6 ist bei **Einsatzunfällen** gem. § 6 Abs. 1 Satz 2 EinsatzWVG nicht anzuwenden. **49**

§ 76 Ausschluss von Dienstleistungen und Verlust des Dienstgrades

(1) ¹Ein Soldat ist von Dienstleistungen ausgeschlossen, wenn gegen ihn durch ein deutsches Gericht auf die in § 38 Abs. 1 bezeichneten Strafen, Maßregeln oder Nebenfolgen erkannt wird. ²Er verliert seinen Dienstgrad; dies gilt auch, wenn er wegen schuldhafter Verletzung seiner Dienstpflichten nach § 75 Abs. 1 Satz 2 Nr. 5 entlassen wird.

(2) Wird ein Urteil mit der Folge des Dienstgradverlustes nach Absatz 1 Satz 2 im Wiederaufnahmeverfahren durch ein Urteil ersetzt, das diese Folgen nicht hat, gilt der Verlust des Dienstgrades als nicht eingetreten.

(3) Ein Soldat verliert seinen Dienstgrad ferner, wenn er als Kriegsdienstverweigerer anerkannt wird.

Übersicht

	Rn		Rn
I. Allgemeines	1	II. Erläuterungen im Einzelnen	9
1. Entstehung der Vorschrift	1	1. Absatz 1	9
2. Änderungen der Vorschrift	2	a) Satz 1	9
3. Bezüge zum Beamtenrecht bzw. zu sonstigen rechtl. Vorschriften	4	b) Satz 2	12
		2. Absätze 2 und 3	15

Literatur: Spezielle Veröffentlichungen zu § 76 liegen noch nicht vor. Zu §§ 30 und 31 WPflG sind keine Veröffentlichungen nachgewiesen.

---

24 Vgl. *Boehm-Tettelbach*, WPflG, § 29a Rn. 6.
25 Vgl. § 29a Abs. 2 WPflG. Dieser ist hier analog anzuwenden.
26 Vgl. den Erl. des BMVg „Weitergewährung unentgeltlicher truppenärztlicher Versorgung nach Beendigung des Wehrdienstverhältnisses", VMBl. 1982 S. 42, 1984 S. 16.

§ 76 Ausschluss von Dienstleistungen und Verlust des Dienstgrades

I. Allgemeines

1   1. **Entstehung der Vorschrift.** Die mit dem **SkResNOG** in das SG **eingeführte** Vorschrift ist § 30 Abs. 1 und § 31 Satz 1 WPflG nachgebildet.[1]

2   2. **Änderungen der Vorschrift.** Durch Art. 3 Nr. 27 des **WehrRÄndG 2008** wurde die in der Voraufl. (Rn. 2) beklagte Regelungslücke in Abs. 1 Satz 2 (und Abs. 3) geschlossen.

3   Abs. 1 Satz 2 sollte entspr. § 30 Abs. 2 WPflG – ggf. durch Schaffung eines neuen Abs. 2 – so ergänzt werden, dass der **Dienstgradverlust auch bei nicht dienenden Dienstleistungspflichtigen** eintritt.

4   3. **Bezüge zum Beamtenrecht bzw. zu sonstigen rechtl. Vorschriften.** Bzgl. der für **Beamte** geltenden Vorschriften wird auf die **Komm. zu § 48**[2] verwiesen.

5   Für **BS** gelten § 48 Satz 1, § 49 Abs. 2 und § 52. Der Begriff „Ausschluss" wird nur im Zusammenhang mit Dienstleistungspflichtigen/WPfl verwendet.

6   Für **SaZ** sind § 54 Abs. 2 Nr. 2, § 56 Abs. 2 und § 57 Abs. 1 einschlägig.

7   Für **WPfl** gelten § 30 Abs. 1 und 3 sowie § 31 Satz 1 WPflG.

8   Die für **ZDL** maßgeblichen Vorschriften finden sich in § 45 ZDG.

II. Erläuterungen im Einzelnen

9   1. **Absatz 1. – a) Satz 1.** Der „Ausschluss von Dienstleistungen" des Satzes 1 entspricht dem „Ausschluss aus der Bundeswehr" des § 30 Abs. 1 Satz 1 WPflG. Ein materieller Unterschied zwischen beiden Formulierungen ist nicht erkennbar.

10 Satz 1 **erweitert** das für nicht dienende Dienstleistungspflichtige geltende **Heranziehungsverbot des** § 65 auf dienende Dienstleistungspflichtige. Welche Vorschrift anzuwenden ist, bestimmt sich nach dem Eintreten der **Rechtskraft** der Verurteilung.[3] Die Rechtsfolgen sind in jedem Fall die gleichen. War das Strafurt. nach Erlass des Heranziehungsbescheides und vor dem Diensteintritt rechtskräftig geworden, ist der Heranziehungsbescheid zu widerrufen.

11 Bzgl. der weiteren Auslegung des Satzes 1 kann auf die **Komm. zu §§ 38 und 48** verwiesen werden.

12 b) **Satz 2.** Satz 2 bezieht sich auf **dienende Dienstleistungspflichtige**. Dies folgt aus dem systematischen Zusammenhang mit Satz 1 und dessen Eingangswörtern „Ein Soldat".

13 Unterliegt ein **nicht dienender Dienstleistungspflichtiger** nicht der WPfl und damit der Vorschrift des § 30 Abs. 2 WPflG, und handelt es sich bei ihm auch nicht um einen früheren BS oder SaZ, verliert er mangels einer diesbezüglichen Regelung im SG seinen Dienstgrad nicht (vgl. § 26 Satz 1). Begünstigt werden hierdurch insbes. Personen, denen gem. § 59 Abs. 3 Satz 3 ein höherer Dienstgrad nicht nur für die Dauer der Verwendung verliehen worden ist. Diese sind zwar unter den Voraussetzungen des § 65 von (weiteren) Dienstleistungen ausgeschlossen, dürfen aber ihren Dienstgrad weiter führen. Für die Praxis ist diese **Gesetzeslücke** zwar wenig relevant; sie sollte dennoch alsbald geschlossen werden.

---

1   BT-Drs. 15/4485, 40.
2   Rn. 9.
3   Vgl. *Steinlechner/Walz*, WPflG, § 30 Rn. 4.

Die zum Verlust des Dienstgrades führende Verurteilung muss während der Dauer der Dienstleistung rechtskräftig geworden sein. Auf den Zeitpunkt der Tat kommt es nicht an.[4] 14

2. Absätze 2 und 3. Einer besonderen Komm. der Abs. 2 und 3 bedarf es nicht. Bezüglich Abs. 2 kann auf § 52 verwiesen werden. 15

5.
Überwachung und Durchsetzung der Dienstleistungspflicht

§ 77 Dienstleistungsüberwachung; Haftung

(1) ¹Der Dienstleistungsüberwachung unterliegen die in § 59 Abs. 1 bis 3 genannten Personen. ²Die Dienstleistungsüberwachung beginnt im Anschluss an das Dienstverhältnis als Berufssoldat oder Soldat auf Zeit, im Fall des § 59 Abs. 3 Satz 1 mit der Annahme der Verpflichtung, und endet zu dem in § 59 Abs. 1 bis 3 genannten, jeweils einschlägigen Zeitpunkt.

(2) Von der Dienstleistungsüberwachung sind diejenigen Dienstleistungspflichtigen ausgenommen, die
1. dauerhaft nicht dienstfähig sind (§ 64),
2. von Dienstleistungen dauernd ausgeschlossen sind (§ 65),
3. von Dienstleistungen befreit sind (§ 66) oder
4. als Kriegsdienstverweigerer anerkannt sind.

(3) *(aufgehoben)*

(4) Während der Dienstleistungsüberwachung haben die Dienstleistungspflichtigen
1. jede Änderung ihrer Wohnung binnen einer Woche, im Spannungs- und Verteidigungsfall binnen 48 Stunden, der zuständigen Wehrersatzbehörde zu melden,
2. Vorsorge zu treffen, dass Mitteilungen der Wehrersatzbehörde sie unverzüglich erreichen,
3. sich auf Aufforderung der zuständigen Wehrersatzbehörde persönlich zu melden,
4. ausgehändigte Bekleidungs- und Ausrüstungsstücke ohne Entschädigung jederzeit erreichbar sorgfältig aufzubewahren und zu pflegen, sie nicht außerhalb des Wehrdienstes zu verwenden, ihre missbräuchliche Benutzung durch Dritte auszuschließen, den Weisungen zur Behandlung der Gegenstände nachzukommen, sie der zuständigen Dienststelle auf Aufforderung vorzulegen oder zurückzugeben und ihr Schäden sowie Verluste unverzüglich zu melden,
5. die Dienstleistungsbescheide für Hilfeleistungen im Innern nach § 63 Abs. 1, für den Wehrdienst im Spannungsfall und für den Wehrdienst im Verteidigungsfall sorgfältig aufzubewahren, nicht missbräuchlich zu verwenden, auf Aufforderung der zuständigen Dienststelle vorzulegen sowie der Wehrersatzbehörde einen Verlust unverzüglich zu melden,
6. sich zur Verhütung übertragbarer Krankheiten impfen zu lassen und insoweit ärztliche Eingriffe in ihre körperliche Unversehrtheit zu dulden; das Grundrecht nach Artikel 2 Abs. 2 Satz 1 des Grundgesetzes wird insoweit eingeschränkt,

---

4 Vgl. *Steinlechner/Walz*, WPflG, § 30 Rn. 8.

7. sich auf Verlangen der zuständigen Wehrersatzbehörde im Hinblick auf eine für sie vorgesehene sicherheitsempfindliche Tätigkeit in der Bundeswehr einer erstmaligen Sicherheitsüberprüfung und weiteren Sicherheitsüberprüfungen zu unterziehen, deren Durchführung sich nach dem Sicherheitsüberprüfungsgesetz bestimmt und für die es einer Zustimmung des Dienstleistungspflichtigen nicht bedarf.

(5) ¹Die Dienstleistungspflichtigen haben für vorsätzlich oder grob fahrlässig verursachte Schäden und Verluste an ausgehändigten Bekleidungs- und Ausrüstungsstücken Geldersatz zu leisten. ²Die Schadensersatzansprüche verjähren in drei Jahren von dem Zeitpunkt an, in dem die zuständigen Behörden von dem Schaden Kenntnis erlangen, ohne Rücksicht auf diese Kenntnis in zehn Jahren von der Begehung der Handlung an.

(6) Während der Dienstleistungsüberwachung haben die Dienstleistungspflichtigen ferner der zuständigen Wehrersatzbehörde unverzüglich schriftlich, elektronisch oder mündlich zu melden:
1. den Eintritt von Tatsachen, die eine Dienstleistungsausnahme nach den §§ 64 bis 66 begründen,
2. den Eintritt von Tatsachen, die eine vorübergehende Unfähigkeit zur Erfüllung der Dienstpflichten von voraussichtlich mindestens neun Monaten begründen,
3. Erkrankungen und Verletzungen sowie Verschlimmerungen von Erkrankungen und Verletzungen seit der Untersuchung gemäß § 71 Satz 1, der letzten Überprüfungsuntersuchung gemäß § 71 Satz 2 und § 73 Satz 2, der Prüfung der Verfügbarkeit oder der Entlassungsuntersuchung, von denen der Dienstleistungspflichtige oder sein Arzt annimmt, dass sie für die Beurteilung seiner Dienstfähigkeit von Belang sind, soweit sie hierzu von der zuständigen Wehrersatzbehörde aufgefordert werden,
4. den vorzeitigen Wegfall der Voraussetzungen für eine Zurückstellung,
5. den Abschluss und einen Wechsel ihrer beruflichen Ausbildung, einen Wechsel ihres Berufes sowie eine weitergehende berufliche Qualifikation; hierüber in ihrem Besitz befindliche Nachweise haben die Dienstleistungspflichtigen auf Aufforderung unverzüglich vorzulegen.

Übersicht

	Rn		Rn
I. Allgemeines	1	b) Nr. 2	27
1. Entstehung der Vorschrift	1	c) Nr. 3	29
2. Änderungen der Vorschrift	3	d) Nr. 4	33
3. Bezüge zum Beamtenrecht bzw.		e) Nr. 5	39
zu sonstigen rechtl. Vorschriften	4	f) Nr. 6	42
II. Erläuterungen im Einzelnen	7	g) Nr. 7	45
1. Allgemeines	7	6. Absatz 5	47
2. Absatz 1	13	7. Absatz 6	49
3. Absatz 2	16	a) Nr. 1 a. F.	50
4. Absatz 3 a. F.	21	b) Nr. 1 und Nr. 2	52
5. Absatz 4	24	c) Nr. 3	54
a) Nr. 1	25	d) Nr. 4 und Nr. 5	56

Literatur: Spezielle Veröffentlichungen zu § 77 liegen noch nicht vor.
Zu § 24 WPflG vgl. die Literaturübersicht bei *Steinlechner/Walz*, WPflG, 360.

Dienstleistungsüberwachung; Haftung § 77

I. Allgemeines

1. Entstehung der Vorschrift. Vor dem Inkrafttreten des SkResNOG waren Dienstleistungspflichtige gem. § 51a Abs. 1 Satz 2, § 54 Abs. 5 Satz 1 und § 58a Abs. 1 Satz 2 lediglich gehalten, Änd. ihres ständigen Aufenthalts oder ihrer Wohnung binnen einer Woche „der zuständigen Stelle" anzuzeigen. Diese Best. erwiesen sich zunehmend als unzureichend. „Für verlässliche Einplanungen und Beorderungen zur Sicherung der Einsatzbereitschaft und Durchhaltefähigkeit der Streitkräfte"[1] mussten alle Pflichten normiert werden, die sich – außerhalb eines Wehrdienstverhältnisses – aus der eigentlichen Dienstleistungspflicht ableiten lassen. Die „zuständige Stelle" war im Gesetz konkret zu bezeichnen. 1

Mit § 77 wurden Aufbau und Regelungsgehalt des **§ 24 WPflG** und z.T. des **§ 48 Abs. 2 Nr. 1 WPflG** i.d.F. des SkResNOG übernommen. 2

2. Änderungen der Vorschrift. Die neben den §§ 20 und 29 umfangreichste Vorschrift des SG ist – in Anlehnung an die zit. Best. des WPflG – aus dem Bemühen heraus entstanden, jede Einzelpflicht im Rahmen der Dienstleistungsüberwachung **detailgenau** und so **konkret wie möglich** zu definieren. Dies dient der Rechtssicherheit der Betroffenen und derjenigen, die in den Wehrersatzbehörden über die Einhaltung dieser Pflichten zu wachen haben. Dennoch sollte permanent der Versuch fortgesetzt werden, **obsolete** Einzelpflichten zu **streichen**. So ist z. B. Abs. 4 Nr. 2 dann überflüssig, wenn Abs. 4 Nr. 1 eingehalten wird. Abs. 6 Nr. 5 begründet einen nicht notwendigen erheblichen administrativen Aufwand, der im Zuge der Anhörung gem. § 73 Satz 2 auf das Mindestmaß reduziert werden kann. Abs. 4 und Abs. 6 sind zusammenzufassen. Durch Art. 3 Nr. 28 des **WehrRÄndG 2008** wurden immerhin Abs. 3, Abs. 6 Nr. 1 a. F. und Abs. 7 aufgehoben. 3

3. Bezüge zum Beamtenrecht bzw. zu sonstigen rechtl. Vorschriften. Eine mit § 77 vergleichbare Vorschrift existiert im **Beamtenrecht nicht**. 4

Für **WPfl** gelten, wie oben erwähnt, die §§ 24 und 48 WPflG. 5

Die Zivildienstüberwachung der **ZDL** ist in **§ 23 Abs. 1 bis 6 ZDG** geregelt. 6

II. Erläuterungen im Einzelnen

1. Allgemeines. Die Dienstleistungsüberwachung ist mit dem SkResNOG als **neue Aufgabe** zum Wehrersatzwesen hinzugetreten. 7

Ihr **primärer Zweck** besteht darin, sicherzustellen, dass die Wehrersatzbehörden jederzeit auf die Dienstleistungspflichtigen zurückgreifen können.[2] Die zahlreichen **Auskunfts- und Meldepflichten** sollen einen möglichst aktuellen Datenbestand gewährleisten, damit insbes. in Krisensituationen nur tatsächlich und rechtl. verfügbare Dienstleistungspflichtige kurzfristig herangezogen werden. 8

Der **Durchsetzung** der in § 77 normierten Pflichten dienen 9
– die Schadensersatzpflicht gem. Abs. 5,
– das Aufenthaltsfeststellungsverfahren gem. § 78,
– die polizeiliche Vorführung gem. § 79 Abs. 1 Satz 1,
– die Bußgeldbewehrung der in § 86 Abs. 1 aufgeführten Pflichtverstöße,
– die Möglichkeit der Verfolgung als Dienstvergehen gem. § 23 Abs. 2 Nr. 2, 2. Alt.

---

1 BT-Drs. 15/4485, 40.
2 Vgl. *Boehm-Tettelbach*, WPflG, § 24 Rn. 1.

10 Letzten Endes muss sich das KWEA im Zweifel darauf verlassen, dass der Dienstleistungspflichtige seine nachwirkenden Pflichten kennt und diese gewissenhaft beachtet.

11 Mit der Dienstleistungsüberwachung sind **grds. keine grundrechtsrelevanten Einschränkungen** verknüpft. So ist insbes. das Grundrecht auf Freizügigkeit gem. Art. 11 Abs. 1 GG nicht berührt; die Melde- und Anzeigepflichten schränken die Freizügigkeit nicht ein.[3]

Bzgl. der Impfpflicht ist das insoweit eingeschränkte Grundrecht nach Art. 2 Abs. 2 Satz 1 GG in Abs. 4 Nr. 6 entspr. Art. 19 Abs. 1 Satz 2 GG zit.

Bzgl. der Sicherheitsüberprüfungen gem. Abs. 4 Nr. 7 ist das aus Art. 2 Abs. 1 GG abgeleitete Recht auf informationelle Selbstbestimmung verfassungskonform eingeschränkt.[4]

12 **Zuständig** für die Dienstleistungsüberwachung ist das **KWEA**, in dessen Bereich der Dienstleistungspflichtige seinen **gewöhnlichen Aufenthalt** hat (vgl. § 3 Abs. 1 Nr. 3a VwVfG).

13 **2. Absatz 1.** **Beginn** und **Ende** der Dienstleistungsüberwachung korrespondieren gem. Satz 2 mit dem Beginn und dem Ende der in § 59 Abs. 1 bis 3 normierten Dienstleistungspflicht.

14 Soweit der Dienstleistungspflichtige noch der **WPfl** unterliegt, ist § 24 Abs. 1 Satz 2 und 3 WPflG maßgeblich. Dies folgt aus der Konkurrenzregelung des § 80.

15 Ist der Dienstleistungspflichtige **Soldat, ruhen** während dieser Zeit seine Pflichten aus § 77.[5]

16 **3. Absatz 2.** Abs. 2 entspricht § 24 Abs. 3 WPflG.

Nicht in die Dienstleistungsüberwachung einbezogen sind diejenigen Personen, die auf Dauer für eine Dienstleistung nicht (mehr) in Betracht kommen.

17 Die **Nrn. 1 bis 3** bedürfen keiner Komm.; insoweit kann auf die §§ 64 bis 66 verwiesen werden.

18 **Nr. 4** wirft die Frage auf, ob diese Best. überhaupt praktisch werden kann. Soweit ein Dienstleistungspflichtiger noch der WPfl unterliegt, geht (arg. § 80) die Wehrüberwachung mit seiner Anerkennung als KDV auf das BAZ über. Dieses übernimmt die Zivildienstüberwachung bis zur Vollendung des 32. Lebensjahres (§ 23 Abs. 1 Satz 2 ZDG). Handelt es sich bei dem als KDV anerkannten Dienstleistungspflichtigen um eine Person des § 59 Abs. 3, findet kein Übergang der Zuständigkeit auf das BAZ statt. Ihre Dienstleistungspflicht und damit auch die Dienstleistungsüberwachung enden automatisch mit der Anerkennung als KDV. Nr. 4 hat damit lediglich **deklaratorischen Charakter**.

19 Personen, die gem. § 67 **zurückgestellt** sind, sind nicht von der Dienstleistungsüberwachung ausgenommen. Dies gilt insbes. auch für § 67 Abs. 6.

20 Die Mitteilung an den Dienstleistungspflichtigen über die Herausnahme aus der Dienstleistungsüberwachung ist ein **VA**.[6]

---

3 Vgl. *Steinlechner/Walz*, WPflG, § 24 Rn. 6.
4 Vgl. *Steinlechner/Walz*, WPflG, § 24 Rn. 18.
5 Vgl. *Steinlechner/Walz*, WPflG, § 24 Rn. 12.
6 Vgl. *Steinlechner/Walz*, WPflG, § 24 Rn. 13.

4. Absatz 3 a. F.. Abs. 3 a. F. entsprach § 24 Abs. 4 a. F. WPflG. 21

Eine Befreiung von der Dienstleistungsüberwachung kam in Betracht
- im Zusammenhang mit einer Uk-Stellung,
- bei einer Zurückstellung von Amts wegen gem. § 67 Abs. 1 Nr. 1 und 2,
- bei einer Zurückstellung wegen eines anhängigen Strafverfahrens oder wegen der Gefährdung der mil. Ordnung oder des Ansehens der Bw gem. § 67 Abs. 5.

Voraussetzung war in jedem Fall, dass der Dienstleistungspflichtige **nicht** für eine 22
bestimmte Verwendung im Spannungs- oder im V-Fall eingeplant (**„beordert"**) war.[7]

Die Befreiung erfolgte **von Amts wegen** oder **auf Antrag** des Dienstleistungspflichti- 23
gen.

5. Absatz 4. Abs. 4 entspricht im Wesentlichen § 24 Abs. 6 Satz 1 WPflG. 24

a) Nr. 1. Nr. 1 fasst § 24 Abs. 6 Satz 1 Nr. 1 WPflG und § 48 Abs. 2 Nr. 1 WPflG zusammen. 25

Auch wenn der 2. Halbs. des § 24 Abs. 6 Satz 1 Nr. 1 WPflG nicht in das SG übernommen wurde, ist dennoch davon auszugehen, dass es im Frieden genügt, wenn der Dienstleistungspflichtige seiner landesrechtl. **Meldepflicht nachkommt**.

Die Meldepflicht ist **bußgeldbewehrt** (§ 86 Abs. 1 Nr. 2). 26

b) Nr. 2. Die Vorsorge für die unverzügliche (gemeint ist die **jederzeitige**) **Erreichbar-** 27
keit ist i. d. R. durch die Pflicht nach Nr. 1 abgedeckt.[8] Ob es wirklich **zumutbar** ist, dass ein Dienstleistungspflichtiger sich – gebührenpflichtig – seine Post in den Urlaub nachschicken lassen muss, um für das KWEA erreichbar zu sein[9], muss bezweifelt werden.

Die Pflicht ist ebenfalls **bußgeldbewehrt** (§ 86 Abs. 1 Nr. 3). 28

c) Nr. 3. Außerhalb ärztlicher Untersuchungen wird die Aufforderung an den Dienst- 29
leistungspflichtigen, sich beim KWEA persönlich zu melden, die **Ausnahme** sein.

Die Vorschrift ist **bußgeldbewehrt** (§ 86 Abs. 1 Nr. 4). 30

Erscheint der Dienstleistungspflichtige unentschuldigt nicht, kann er **polizeilich vorge-** 31
führt werden (§ 79 Abs. 1 Satz 1).

Auslagen des Dienstleistungspflichtigen sind diesem zu **erstatten** (§ 70 Abs. 1 i. V. m. 32
der WDErstattV).

d) Nr. 4. Die im Zusammenhang mit der Aushändigung von dienstl. Bekleidung und 33
Ausrüstung normierten Einzelpflichten dienen der beschleunigten Einsatzbereitschaft der Truppe und dem Schutz von Bundeseigentum.[10]

Eine **laufende Kontrolle** der Einhaltung z. B. der Pflegebestimmungen, des Miss- 34
brauchsverbots usw. ist **nicht durchführbar**. Insbes. seitdem Uniformteile und komplette Uniformen im Handel ohne Probleme zu kaufen sind, lässt sich auch das Verbot, dienstl. ausgehändigte Sachen außerhalb des Wehrdienstes zu verwenden, nicht mehr durchsetzen.

---

7 Vgl. *Steinlechner/Walz*, WPflG, § 29 Rn. 14.
8 Vgl. o. Rn. 3.
9 Vgl. *Boehm-Tettelbach*, WPflG, § 24 Rn. 23.
10 Vgl. *Steinlechner/Walz*, WPflG, § 24 Rn. 23.

35 Übernahme und Aufbewahrung müssen dem Dienstleistungspflichtigen (nicht seiner Familie!) **zuzumuten** sein.[11]

36 Die **Haftung** für Schäden und Verluste bestimmt sich nach Abs. 5.

37 Die Vorschrift ist **nicht bußgeldbewehrt**.[12]

38 **Auslagen** des Dienstleistungspflichtigen (Transportkosten) werden gem. § 3 Abs. 1 WDErstattV **ersetzt**.

39 e) **Nr. 5.** Mit dem SkResNOG wurden die gem. § 24 Abs. 6 Satz 1 Nr. 5 WPflG a. F. aufzubewahrenden Bescheide auf den Spannungsfall und den V-Fall reduziert.[13] Mit dem WehrRÄndG 2008 ist der Dienstleistungsbescheid für Hilfeleistungen im Innern hinzugekommen.

Die Vorschrift sollte ursprünglich den vertraulichen Umgang mit diesen Bescheiden und den anderen früher dort aufgeführten Unterlagen gewährleisten, weil in ihnen Informationen enthalten waren, die nicht für jedermann bestimmt waren; sie dienten darüber hinaus als Fahrausweise für die Dienstantrittsreise und als Ausweispapier gegenüber der Truppe.[14]

40 Mit der jetzigen Fassung hat die wehrpflichtrechtl. Best. an **Bedeutung verloren**. Für Dienstleistungspflichtige wird Nr. 5 erst dann relevant werden, wenn die dort aufgeführten Bescheide auch tatsächlich an die entspr. eingeplanten Personen versandt werden. Dies ist nach jetziger Planung (noch) nicht vorgesehen.

41 Die Vorschrift ist **bußgeldbewehrt** (§ 86 Abs. 1 Nr. 5).

42 f) **Nr. 6.** Der **Impfzwang** von wpfl Angehörigen d. R. – **außerhalb eines Wehrdienstverhältnisses**! – wurde bei seiner Einführung im Jahre 1965 damit begründet, dass der volle Impfschutz durch „Auffrischungsimpfungen" im Hinblick auf den V-Fall sichergestellt werden müsse.[15]

43 Mit der Übernahme dieser Pflicht in die Dienstleistungsüberwachung ist zzt. nicht vorgesehen, hiervon in nennenswertem Umfang Gebrauch zu machen.[16] Es handelt sich lediglich um eine gesetzgeberische **Vorsorgemaßnahme**.

44 Die Vorschrift ist **nicht bußgeldbewehrt**.[17]

45 g) **Nr. 7.** Die Vorschrift geht auf das **SÜG** zurück. Sie bedeutet, dass der Dienstleistungspflichtige auf Verlangen des KWEA eine Sicherheitserklärung abzugeben und die im Rahmen von Sicherheitsüberprüfungen gestellten Fragen zu beantworten hat.

46 Die Vorschrift ist **bußgeldbewehrt** (§ 86 Abs. 1 Nr. 1).

---

11 Vgl. *Boehm-Tettelbach*, WPflG, § 24 Rn. 25a ff. m. w. N.
12 Anders noch gem. § 45 Abs. 1 Nr. 1b WPflG Fassung 2004. Ergänzend ist das VwVG anwendbar, z. B. wenn Bekleidungs- u. Ausrüstungsstücke durch unmittelbaren Zwang weggenommen werden sollen (vgl. *Steinlechner/Walz*, WPflG, § 44 Rn. 4).
13 Vgl. BT-Drs. 15/4485, 33.
14 Vgl. BT-Drs. 10/4591, 13.
15 BT-Drs. IV/2346, 15.
16 Allenfalls käme eine Impfung vor einer besonderen Auslandsverwendung in Frage, die aber ihrerseits auf Freiwilligkeit beruht.
17 Anders noch gem. § 45 Abs. 1 Nr. 6 WPflG a. F.

6. Absatz 5. Die **vermögensrechtl. Haftung** der WPfl gegenüber dem Bund – außerhalb des § 24 SG – war bis zum SkResNOG in § 24 Abs. 6 Satz 4 und 5 WPflG geregelt. Das SkResNOG hat insoweit in § 24 WPflG einen neuen Abs. 6a eingefügt. Mit diesem erfolgten eine **Haftungsbeschränkung** auf Vorsatz oder grobe Fahrlässigkeit sowie eine **Verkürzung der Verjährungsfristen**.[18] In dieser Fassung wurde § 24 Abs. 6a WPflG in das SG übernommen. **47**

Bzgl. der Komm. zu Abs. 5 im Einzelnen kann auf die **Komm. zu § 24** verwiesen werden. **48**

7. Absatz 6. Abs. 6 enthält – entspr. **§ 24 Abs. 7 WPflG** – weitere Einzelpflichten des Dienstleistungspflichtigen. Anlässlich einer Novellierung des WPflG und des SG sollten diese in den Katalog der vorstehend komm. Pflichten eingefügt werden; **Redundanzen** lassen sich so **vermeiden**. Dabei wird auch zu prüfen sein, ob es gerechtfertigt ist, die Pflichten gem. § 77 Abs. 6 Nr. 1, 2 und 3 mit einem Bußgeld zu bewehren (§ 86 Abs. 1 Nr. 2), während im WPflG i.d.F. des SkResNOG insoweit auf die frühere **Bußgeldbewehrung verzichtet** worden ist. **49**

a) **Nr. 1 a. F..** Die Vorschrift war **überholt** und praxisfern. Im Allg. genügt die Generalklausel des Abs. 4 Nr. 2. Aus diesen Gründen wurde Nr. 1 a. F. mit dem WehrRÄndG 2008 aufgehoben. **50**

Die Vorschrift war **nicht bußgeldbewehrt**. **51**

b) **Nr. 1 und Nr. 2.** Der Dienstleistungspflichtige wird i. d. R. ein **eigenes Interesse** daran haben, dem KWEA die Umstände mitzuteilen, die eine Dienstleistungsausnahme gem. §§ 64 bis 66 oder eine längere vorübergehende Dienstunfähigkeit begründen. Nr. 2 stellt auf eine vorübergehende Dienstunfähigkeit von voraussichtlich mindestens neun Monaten ab und unterscheidet sich damit von § 29 Abs. 7 Nr. 3 WPflG (sechs Monate). Die neun Monate erklären sich aus der Regeldauer einer Schwangerschaft. **52**

Die Vorschriften sind **bußgeldbewehrt** (§ 86 Abs. 1 Nr. 2). **53**

c) **Nr. 3.** Die Vorschrift ist **nicht unproblematisch**, da sie auf das subjektive Empfinden des Dienstleistungspflichtigen bzw. auf die Diagnose eines Arztes, der i. d. R. nicht Wehrmediziner ist, abstellt. Sie schafft einen **sehr weiten Interpretationsspielraum**. **54**

Dennoch ist sie **bußgeldbewehrt** (§ 86 Abs. 1 Nr. 2). **55**

d) **Nr. 4 und Nr. 5.** Beide Einzelpflichten sollen dem KWEA möglichst aktuelle Informationen verschaffen, damit es in der Lage ist, den Dienstleistungspflichtigen **eignungsgerecht einzuplanen** und seine Einplanung fortzuschreiben. Der hiermit verbundene erhebliche administrative Aufwand soll minimiert werden. **56**

Ob diese Best. noch zeitgemäß sind, kann bezweifelt werden.[19] **57**

Diese Pflichten sind nicht bußgeldbewehrt. **58**

---

18 Vgl. BT-Drs. 15/4485, 33.
19 Vgl. o. Rn. 3.

§ 78 Aufenthaltsfeststellungsverfahren

(1) ¹Kann die für die Dienstleistungsüberwachung zuständige Wehrersatzbehörde (ausschreibende Behörde) den ständigen Aufenthaltsort eines Dienstleistungspflichtigen nicht feststellen, übermittelt sie dem Bundesverwaltungsamt zum Zweck der Feststellung des Aufenthaltsortes folgende Daten zur Person des Dienstleistungspflichtigen:

1. Familienname, frühere Namen, Vornamen,
2. Geburtsdatum und Geburtsort,
3. letzte, der ausschreibenden Behörde bekannte Anschrift und
4. das Geschäftszeichen.

²Das Bundesverwaltungsamt hat diese Daten jeweils unter Angabe der ausschreibenden Behörde zu speichern.

(2) ¹Das Bundesverwaltungsamt hat die Daten zu dem in Absatz 1 genannten Zweck in regelmäßigen Abständen in einer Datei zusammengefasst folgenden Stellen zu übermitteln:

1. den Wehrersatzbehörden,
2. dem Bundesamt für den Zivildienst,
3. dem Auswärtigen Amt, das sie zu dem in Absatz 1 genannten Zweck an die Auslandsvertretungen weiterübermittelt,
4. den Behörden, die für die polizeiliche Kontrolle des grenzüberschreitenden Verkehrs zuständig sind.

²Diese Stellen dürfen die Daten zu dem Zweck, zu dem sie ihnen übermittelt worden sind, speichern und nutzen. ³Wird diesen Stellen der Aufenthaltsort eines Dienstleistungspflichtigen bekannt, haben sie ihn der ausschreibenden Behörde mitzuteilen, soweit keine besonderen Verwendungsregelungen entgegenstehen. ⁴Sodann löschen sie unverzüglich die ihnen vom Bundesverwaltungsamt übermittelten Daten des Betroffenen. ⁵Die ausschreibende Behörde unterrichtet das Bundesverwaltungsamt sowie die übrigen Stellen nach Satz 1 davon, dass der Aufenthaltsort festgestellt worden und eine weitere Speicherung nicht mehr erforderlich ist. ⁶Diese Stellen haben die Daten des Betroffenen nach der Unterrichtung zu löschen.

(3) ¹Die ausschreibende Behörde unterrichtet das Bundesverwaltungsamt rechtzeitig, wenn für einen Betroffenen die Dienstleistungspflicht nach § 59 Abs. 1 bis 3 endet. ²Das Bundesverwaltungsamt hat die Daten des Betroffenen spätestens mit Ende der Dienstleistungspflicht zu löschen; Gleiches gilt für die übrigen Stellen nach Absatz 2 Satz 1, die durch das Bundesverwaltungsamt über das Ende der Dienstleistungspflicht unverzüglich zu unterrichten sind.

(4) Sobald das Bundesverwaltungsamt eine Datei nach Absatz 2 Satz 1 übermittelt, haben die in Absatz 2 Satz 1 Nr. 1 bis 4 genannten Stellen die ihnen zuvor übermittelte Datei zu löschen.

Aufenthaltsfeststellungsverfahren § 78

Übersicht

	Rn		Rn
I. Allgemeines	1	3. Bezüge zum Beamtenrecht bzw.	
1. Entstehung der Vorschrift	1	zu sonstigen rechtl. Vorschriften	8
2. Änderungen der Vorschrift	6	II. Erläuterungen im Einzelnen	11

Literatur: Spezielle Veröffentlichungen zu § 78 liegen noch nicht vor.
Zu § 24b WPflG ist keine aktuelle Literatur nachgewiesen.

I. Allgemeines

1. Entstehung der Vorschrift. Die mit dem **SkResNOG** in das SG **eingeführte** Vorschrift lehnt sich eng an den mit dem SkResNOG neu gefassten **§ 24b WPflG** an.[1]   1

Der **REntw.** des SkResNOG hatte dieses als **nicht zustimmungsbedürftig** eingestuft. Auf   2
Antrag des Landes Schleswig-Holstein beschloss der **BR** in seiner 806. Sitzung vom 26.11.2004[2], das Gesetz sei wegen der in § 24b und § 44 WPflG vorgesehenen Änd. sowie wegen der Ergänzung des SG um § 78 gem. Art. 84 Abs. 1 GG **zustimmungsbedürftig**. Diese Best. „berühren" das Verwaltungsverfahren von Landesbehörden.

Die BReg folgte in ihrer Gegenäußerung[3] der Rechtsauffassung des BR weitgehend   3
nicht, sagte aber zu, zu prüfen, ob § 78 gestrichen werden sollte.

Diese Prüfung führte letztlich zu einem **Änderungsantrag** der Fraktionen der SPD   4
und Bündnis 90/Die Grünen, dem sich der VertA des BT in seiner Sitzung vom 16.2.2005[4] mehrheitlich anschloss. In § 78 des Entw. wurde in Abs. 2 Satz 1 die **Nr. 1** („den Meldebehörden oder den von ihnen beauftragten Stellen") **gestrichen**, um so eine mögliche Betroffenheit von Landesbehörden zu vermeiden. Dies hinderte den BR zwar nicht, weiterhin die Zustimmungsbedürftigkeit des Gesetzes zu reklamieren; er stimmte ihm am 18.3.2005 dennoch zu.[5]

Unabhängig hiervon waren bereits in der Ressortbeteiligung die in § 24b Abs. 1 Satz 2   5
WPflG a. F. aufgeführten **Erfassungsbehörden** (der Länder) aus dem Aufenthaltsfeststellungsverfahren **herausgenommen** worden.[6]

2. Änderungen der Vorschrift. Die Praxis muss erweisen, ob es dieser **Norm** im SG   6
überhaupt **bedarf**. Da Dienstleistungspflichtige – sofern sie nicht der WPfl unterliegen oder unterlagen – nicht erfasst werden, ist der Transfer ihrer Daten administrativ noch zu erproben. Dies gilt auch für ihre **Einbeziehung** in die **Wehrerfassungsverwaltungsvorschrift**.

Überflüssig ist die Nennung des **BAZ** in Abs. 2 Satz 1 Nr. 2. Dieses verfügt bzgl. der   7
Dienstleistungspflichtigen über keinerlei Zuständigkeiten.

---

1 Vgl. BT-Drs. 15/4485, 40, 46.
2 BR-Drs. 782/1/04.
3 BT-Drs. 15/4485, 47.
4 BT-Drs. 15/4872.
5 PlProt. 809. Vgl. zur Entstehungsgeschichte *Walz*, BWV 2005, 74.
6 Begründet war dies in erster Linie damit, dass nach der alten Gesetzeslage Personen bereits vor der Vollendung des 18. Lebensjahres, d. h. vor Beginn der WPfl, in das Aufenthaltsfeststellungsverfahren einbezogen waren. Dies war verfassungsrechtl. nicht unproblematisch (vgl. *Steinlechner/Walz*, WPflG, Einl. Rn. 57 m. w. N.).

8 **3. Bezüge zum Beamtenrecht bzw. zu sonstigen rechtl. Vorschriften.** Eine mit § 78 vergleichbare Vorschrift existiert im **Beamtenrecht nicht.**

9 Für **WPfl** gilt, wie oben erwähnt, **§ 24b WPflG.**

10 Für **ZDL** verweist § 23 Abs. 8 ZDG auf § 24b WPflG.

II. Erläuterungen im Einzelnen

11 § 24b WPflG war durch G vom **12.7.1994**[7] zusammen mit anderen datenschutzrechtl. Best. (§§ 25 bis 27) in das WPflG eingefügt worden. Das Ermittlungsverfahren von WPfl, die sich unter Verstoß gegen die Melde- und Wehrüberwachungsvorschriften an einem unbekannten Ort aufhalten, war vorher lediglich in **Erl.** des BMI und des BMVg geregelt gewesen.[8] Diese entsprachen weder den Belangen des Datenschutzes noch dem Gesetz über die Errichtung des Bundesverwaltungsamtes vom 28.12.1959.[9] Darüber hinaus war zu berücksichtigen, dass Aufgaben der Länder z.T. dem Bund übertragen werden sollten.

12 Mit der durch das SkResNOG erfolgten **Neufassung** wurde § 24b WPflG sprachlich und rechtsterminologisch an das inzwischen weiterentwickelte Datenschutzrecht **angepasst.**[10] Die Regelungen wurden insgesamt **gestrafft;** der Datenaustausch zwischen den in Abs. 2 Satz 1 genannten Stellen wurde auf den absolut notwendigen Umfang reduziert.

13 Eine **Komm.** zu § 78 im Einzelnen **erübrigt sich** angesichts der für die Praxis **geringen Bedeutung** der Vorschrift.

§ 79 Vorführung und Zuführung

(1) [1]**Bei Dienstleistungspflichtigen, die einer angeordneten ärztlichen Untersuchung (§ 71 Satz 3 oder § 73 Satz 4) fernbleiben oder einer Aufforderung der Wehrersatzbehörde, sich persönlich zu melden (§ 77 Abs. 4 Nr. 3), unentschuldigt nicht nachkommen, kann die Vorführung angeordnet werden.** [2]**Die Polizei ist um Durchführung zu ersuchen.**

(2) **Die Polizei kann ersucht werden, Dienstleistungspflichtige, die ihrer Heranziehung unentschuldigt nicht Folge leisten, dem nächsten Feldjägerdienstkommando zuzuführen.**

(3) [1]**Die Polizei ist befugt, zum Zweck der Vorführung oder Zuführung die Wohnung und andere Räume des Dienstleistungspflichtigen zu betreten und nach ihm zu suchen.** [2]**Das Gleiche gilt, außer zur Nachtzeit, für andere Wohnungen und Räume, wenn sich der Dienstleistungspflichtige einem unmittelbar bevorstehenden Zugriff der Polizei durch Betreten solcher Wohnungen und Räume entzieht.** [3]**Maßnahmen nach den Sätzen 1 und 2 bedürfen einer durch die Wehrersatzbehörde einzuholenden richterlichen Anordnung.** [4]**Dabei kann das Gericht von einer vorherigen Anhörung des Dienstleistungspflichtigen oder Wohnungsinhabers absehen, wenn es dies für erforderlich hält, um den Zweck der Maßnahme nicht zu gefährden.** [5]**Personen, die Mitge-**

---

7 BGBl. I S. 1497.
8 Vgl. BT-Drs. 12/7007, 16; *Steinlechner/Walz*, WPflG, § 24b Rn. 1.
9 BGBl. I S. 829.
10 BT-Drs. 15/4485, 33.

Vorführung und Zuführung § 79

wahrsam an der Wohnung des Dienstleistungspflichtigen haben, haben das Betreten und Durchsuchen der Wohnung und anderer Räume zu dulden. ⁶Unbillige Härten gegenüber Mitgewahrsamsinhabern sind zu vermeiden. ⁷Die Anordnung ist bei der Durchsuchung vorzuzeigen. ⁸Für die richterliche Anordnung einer Durchsuchung ist das Verwaltungsgericht zuständig, in dessen Bezirk die Durchsuchung vorgenommen werden soll. ⁹Das Grundrecht der Unverletzlichkeit der Wohnung (Artikel 13 des Grundgesetzes) wird insoweit eingeschränkt.

Übersicht

	Rn		Rn
I. Allgemeines	1	2. § 79 und Grundgesetz	8
1. Entstehung der Vorschrift	1	3. Absatz 1	9
2. Änderungen der Vorschrift	3	a) Satz 1	9
3. Bezüge zum Beamtenrecht bzw. zu sonstigen rechtl. Vorschriften	4	b) Satz 2	15
		4. Absatz 2	19
II. Erläuterungen im Einzelnen	7	5. Absatz 3	22
1. Zweck der Vorschrift	7		

Literatur: Spezielle Veröffentlichungen zu § 79 liegen noch nicht vor. Zu § 44 WPflG vgl. die Literaturübersicht bei *Steinlechner/Walz*, WPflG, 459. Aktuell *Göbel, Daniel H.*: Fahndungskooperation zwischen Polizei und Feldjägern, NZWehrr 2004, 18.

I. Allgemeines
1. Entstehung der Vorschrift. Die mit dem **SkResNOG** in das **SG eingeführte** Vorschrift lehnt sich eng an **§ 44 Abs. 2 bis 4 WPflG** an.¹ Die polizeiliche Vorführung von Personen, die der **Erfassung** unentschuldigt **fernbleiben** (§ 44 Abs. 2 Satz 1 Halbs. 2 WPflG) kommt für **Dienstleistungspflichtige nicht** in Betracht, da diese – sofern sie nicht (auch) der WPfl unterliegen – nicht erfasst werden. **1**

Vor dem Inkrafttreten des SkResNOG existierte eine vergleichbare Regelung im SG nicht. **2**

2. Änderungen der Vorschrift. Durch das **WehrRÄndG 2008** wurde Abs. 3 um die Sätze 3 bis 8 erweitert. Es handelte sich dabei um eine Folgeänderung zur Ergänzung des § 44 Abs. 4 WPflG. Weiterer **Änderungsbedarf** ist zzt. **nicht** erkennbar. **3**

3. Bezüge zum Beamtenrecht bzw. zu sonstigen rechtl. Vorschriften. Eine mit § 79 vergleichbare Vorschrift kennt das **Beamtenrecht nicht**. **4**

Für **WPfl** gilt, wie oben erwähnt, **§ 44 Abs. 2 bis 4 WPflG**. **5**

Für **ZDL** ist **§ 23a ZDG** einschlägig. **6**

II. Erläuterungen im Einzelnen
1. Zweck der Vorschrift. Die Vorschrift dient der Durchsetzung des staatlichen Anspruchs auf Erfüllung der Dienstleistungspflichten, insbes. der Dienstleistung selbst¹ Sie ist neben der Verhängung von Bußgeldern das **letzte behördliche Mittel**, den Dienstleistungspflichtigen zur Einhaltung seiner gesetzl. Pflichten zu bewegen, ehe ggf. eine strafrechtl. Verfolgung in Betracht kommt.² **7**

---

1 BT-Drs. 15/4485, 40.
2 Die §§ 15 bis 18 WStG sind auch auf Dienstleistungspflichtige anwendbar, nicht hingegen die §§ 109, 109a StGB, da diese ausdrücklich auf die Erfüllung der „Wehrpflicht" abzielen (vgl. *Fischer*, StGB, 55. Aufl. 2008, § 109 Rn. 2).

8 2. **§ 79 und Grundgesetz.** § 79 berührt mehrere **Grundrechte bzw. grundrechtsgleiche Rechte**, insbes. Art. 2 Abs. 2, Art. 13 Abs. 2 und Art. 104 Abs. 2. Hierauf wird in der nachfolgenden Komm. einzugehen sein.

9 3. **Absatz 1. – a) Satz 1.** Die Vorführung ist eine **besondere Form des unmittelbaren Zwanges**, die in § 44 Abs. 2 WPflG und jetzt auch in § 79 Abs. 1 spezialgesetzl. geregelt ist.[3]

10 Noch präziser und enger als in § 44 Abs. 2 WPflG lässt § 79 Abs. 1 die Vorführung nur dann zu, wenn einer der Fälle des § 71 Satz 3, des § 73 Satz 4 oder des § 77 Abs. 4 Nr. 3 gegeben ist. Eine **analoge Anwendung** auf andere Pflichtverstöße von Dienstleistungspflichtigen ist **nicht statthaft**.[4]

11 Die vom KWEA angeordnete Vorführung ist eine **Freiheitsbeschränkung** i. S. v. Art. 104 Abs. 1 Satz 1 GG; sie ist **keine Freiheitsentziehung** i. S. v. Art. 104 Abs. 2 Satz 1 GG.[5]

Die Vorführung unterliegt deswegen **nicht dem Richtervorbehalt**, weil sie sich vom Zweck und von der Dauer her von anderen Freiheitsbeschränkungen wesentlich unterscheidet. Sie endet mit dem Erscheinen des Dienstleistungspflichtigen im KWEA. Dennoch ist – vor dem Hintergrund der **Verhältnismäßigkeit des Mittels** – stets zu prüfen, ob die Vorführung des Dienstleistungspflichtigen geeignet und angemessen ist.[6]

12 Der Dienstleistungspflichtige sollte, z. B. in der Ladung zur ärztlichen Untersuchung, über die Folgen eines Fernbleibens ausreichend **belehrt** werden.[7]

13 Eine vorherige **schriftl. Androhung** der Vorführung ist **nicht erforderlich**; sie ist zulässig, jedoch abw. von § 13 VwVG, nicht zwingend vorgeschrieben. Vollzogen wird die nach Abs. 1 Satz 1 getroffene Anordnung der Vorführung.[8] Dieser Verwaltungsvollzug ist **kein** isoliert anfechtbarer **VA**.

14 Erlässt das KWEA eine solche **Androhung** außerhalb des Ladungsschreibens o. ä., ist dies ein mit einer Rechtsbehelfsbelehrung zu versehender **VA**.[9]

15 **b) Satz 2.** Das Ersuchen um die Durchführung der Vorführung ist an die örtlich zuständige **Landespolizeibehörde** zu richten. Diese handelt nach **§ 6 Abs. 2 VwVG**[10] und den für sie geltenden **landespolizeirechtl. Vorschriften**, nicht nach dem UZwGBw.[11]

16 Die **Kosten** der Vorführung hat, sofern diese nach Landesrecht dem Grunde und der Höhe nach berechtigt sind, das **KWEA** zu tragen, da dieses die Vorführung durch die Polizei ausgelöst hat.[12]

---

3 Vgl. zu § 44 Abs. 2 WPflG BVerwGE 82, 243 = NZWehrr 1990, 126.
4 Vgl. *Boehm-Tettelbach*, WPflG, § 44 Rn. 12.
5 BVerwGE 82, 243 = NZWehrr 1990, 126 unter Hinw. auf BGH NJW 1982, 753; *Boehm-Tettelbach*, WPflG, § 44 Rn. 14; *Steinlechner/Walz*, WPflG, § 44 Rn. 31. A.A. die bei *Steinlechner/Walz*, WPflG, a.a.O., zit. Lit.
6 Vgl. *Steinlechner/Walz*, WPflG, § 44 Rn. 31.
7 Vgl. *Steinlechner/Walz*, WPflG, § 44 Rn. 34.
8 Vgl. BVerwGE 82, 243 = NZWehrr 1990, 126.
9 Vgl. *Steinlechner/Walz*, WPflG, § 44 Rn. 36.
10 Vgl. *Sadler*, VwVG/VwZG, 5. Aufl. 2002, § 6 VwVG Rn. 149.
11 Vgl. *Steinlechner/Walz*, WPflG, § 44 Rn. 39.
12 Vgl. *Boehm-Tettelbach*, WPflG, § 44 Rn. 13; *Steinlechner/Walz*, WPflG, § 44 Rn. 39.

Konkurrenzregelung § 80

Diese Auslagen des KWEA können, anders als dies die Lit.[13] meint, **nicht** im Wege des **Regresses** beim WPfl/Dienstleistungspflichtigen geltend gemacht werden. Für einen entspr. Leistungsbescheid **fehlt** es an einer **Grundlage** im WPflG oder/und im SG. Diese ist auch nicht im VwVfG oder im VwVG zu finden, da § 79 als lex specialis diesen allg. Best. vorgeht. Wer den Dienstleistungspflichtigen zur Kostenerstattung heranziehen will, muss eine Ergänzung des § 79 Abs. 1 initiieren. 17

Str. ist, ob die KWEA zusätzlich **andere Zwangsmittel** einsetzen dürfen, z. B. ein Zwangsgeld gem. § 11 VwVG oder unmittelbaren Zwang gem. § 12 VwVG.[14] Der Grds. der Gesetzmäßigkeit der Exekutive (Art. 20 Abs. 3 GG) lässt einen Rückgriff auf solche allg. Best. nur zu, wenn in dem Spezialgesetz eine derartige Verweisungsvorschrift enthalten ist. Dies ist weder im WPflG noch im SG der Fall. Hierfür besteht im Übrigen auch kein praktisches Bedürfnis. 18

4. Absatz 2. Die **Zuführung** durch die Polizei beschränkt sich auf die zwangsweise Durchsetzung eines Heranziehungsbescheides. 19

Der Dienstleistungspflichtige ist mit dem im Heranziehungsbescheid festgesetzten Zeitpunkt **Soldat** geworden (§ 2 Abs. 1 Nr. 2). Danach kann er durch die Feldjäger seinem Truppenteil überstellt werden. Da nur die Polizei zum Zweck der Vorführung oder Zuführung die Befugnisse nach Abs. 3 hat, mussten deren Aufgaben im Rahmen der Amtshilfe in den Abs. 2 und 3 gesetzl. normiert werden. 20

Mit der Zuführung durch die Polizei an das nächste Feldjägerdienstkommando gilt der dienstleistungspflichtige Soldat als **in die Truppe eingegliedert**.[15] 21

5. Absatz 3. Die Polizei (nur diese!) ist unter den Voraussetzungen des Abs. 3 Satz 1 und 2 befugt, die **Wohnung** und andere Räume des Dienstleistungspflichtigen zu **betreten** und dort nach ihm zu **suchen**. 22

Das Grundrecht der Unverletzlichkeit der Wohnung gem. **Art. 13 Abs. 1 GG** wird insoweit – gem. Art. 17a Abs. 2 GG verfassungskonform – **eingeschränkt**. Dies folgt für Dienstleistungspflichtige expressis verbis aus Satz 3, für WPfl aus § 51 WPflG. 23

Dem **Richtervorbehalt** des Art. 13 Abs. 2 GG wird seit dem **WehrRÄndG 2008** durch die Ergänzungen des Abs. 3 voll Rechnung getragen. 24

Abs. 3 ist zumindest seit dem **WehrRÄndG 2008** mit dem **GG vereinbar**. 25

6.
Verhältnis zur Wehrpflicht

§ 80 Konkurrenzregelung

Unterliegen die in § 59 genannten Personen der Wehrpflicht (§§ 1 und 3 des Wehrpflichtgesetzes), sind die dafür geltenden Bestimmungen vorrangig anzuwenden.

---

13 Vgl. Fn. 12. Wie hier *Scherer/Alff/Poretschkin*, SG, § 79 Rn. 3.
14 Bejahend *Boehm-Tettelbach*, WPflG, § 44 Rn. 16 m. w. N. Verneinend *Scherer/Alff/Poretschkin*, SG, § 79 Rn. 2; *Steinlechner/Walz*, WPflG, § 44 Rn. 40.
15 Vgl. *Steinlechner/Walz*, WPflG, § 44 Rn. 44.

§ 80 Konkurrenzregelung

Übersicht

	Rn		Rn
I. Allgemeines	1	3. Bezüge zu anderen rechtl. Vorschriften	6
1. Entstehung der Vorschrift	1		
2. Änderungen der Vorschrift	5	II. Erläuterungen im Einzelnen	8

Literatur: Spezielle Veröffentlichungen zu § 80 liegen noch nicht vor.
Zu § 51 Abs. 1 Satz 2 a. F. sind keine Literaturnachweise bekannt.

I. Allgemeines

1   **1. Entstehung der Vorschrift.** Mit Art. 2 Nr. 5 des G vom **24.7.1995**[1] wurde in § 51 a. F. folgender Abs. 1 Satz 3 eingefügt:

Unterliegt er der Wehrpflicht (§§ 1 bis 3 des Wehrpflichtgesetzes), bleiben die dafür geltenden Bestimmungen unberührt.

2   Die amtl. **Begr.**[2] lässt **keine Rückschlüsse** auf die mit dieser Vorschrift verknüpften **Motive** des Gesetzgebers zu. Die Absicht der BReg, „klarzustellen", „dass für die wehrpflichtigen Soldaten im Ruhestand neben der Verpflichtung, auf Grund des Soldatengesetzes erneut Wehrdienst zu leisten, die Bestimmungen des Wehrpflichtgesetzes unberührt bleiben", folgt bereits aus dem zit. Gesetzestext.

3   Aufgrund des **SGÄndG** wurde aus § 51 Abs. 1 Satz 3 – ohne textliche Änd. – § 51 Abs. 1 Satz 2 Halbs. 2.

4   Mit dem **SkResNOG** wurde diese Best. als § 80 **verselbstständigt** und **neu gefasst**.

5   **2. Änderungen der Vorschrift. Änderungsbedarf** besteht zzt. **nicht**.

6   **3. Bezüge zu anderen rechtl. Vorschriften. Dienstrechtl.** (Pauschal-)**Verweisungen** sind im öff. Dienstrecht **nicht ungewöhnlich**. So gelten gem. § 46 DRiG die Vorschriften für Bundesbeamte für Bundesrichter entspr., soweit das DRiG nichts anderes bestimmt.

7   Für **ZDL** bestimmt § 78 **Abs. 2 ZDG**, dass der Zivildienst bei Anwendung der Vorschriften des öff. Dienstrechts dem Wehrdienst gleich steht, soweit sich aus dem ZDG nichts anderes ergibt.

II. Erläuterungen im Einzelnen

8   Dienstleistungspflichtige i. S. d. § 59 Abs. 1 bis 3 können **auch der WPfl unterliegen**. Dies gilt insbes. für **Männer**, die zumindest auch die deutsche Staatsangehörigkeit besitzen, zwischen dem vollendeten 18. und dem 60. Lebensjahr (§ 1 Abs. 1, § 3 Abs. 3 bis 5 WPflG), die wehrdienstfähig sind und für die auch keine andere Wehrdienstausnahme vorliegt. Für diesen Personenkreis bestimmt § 80 die nachrangige Geltung der Abschnitte IV und VI des SG. Die **nachrangige Geltung des SG** hat nicht etwa zur Folge, dass diese WPfl sowohl den sich aus dem WPflG als auch dem SG ergebenden Pflichten unterliegen würden.[3] Ein **doppelter** und belastender **Status** mit einer Häufung sich daraus ableitender Verpflichtungen wäre mit dem Verbot des Übermaßes und dem **Grds. der Verhältnismäßigkeit nicht vereinbar**.

---

1   BGBl. I S. 962.
2   BT-Drs. 13/1209.
3   Ebenso *Scherer/Alff/Poretschkin*, SG, § 80 Rn. 2; *Weniger*, SG, § 80 Rn. 2.

„Vorrangige" Anwendung des WPflG heißt vielmehr, dass das **SG** insoweit **zurücktritt** 9
und keinerlei Bedeutung für diese WPfl hat, solange sie dem Geltungsbereich des
WPflG unterworfen sind.[4] Die mit der Dienstleistungspflicht verbundenen Pflichten
und Rechte leben wieder auf, wenn der Betreffende aus der WPfl ausgeschieden ist,
z. B., wenn er das 60. Lebensjahr vollendet hat.

Ein **„Wahlrecht"** zwischen beiden Regelungskomplexen besteht **nicht**, weder für den 10
wpfl Dienstleistungspflichtigen noch für Dienststellen der SK oder die Wehrersatzbehörden.

Rechtspolit. lässt sich die Konkurrenzregelung des § 80 mit der verfassungsrechtl. Verankerung der WPfl **begründen**. Die **WPfl ist eine „verfassungsrechtliche Pflicht"** im 11
„Rahmen der verfassungsrechtlichen Grundentscheidung für die militärische Verteidigung".[5] Diesen hohen Stellenwert nehmen das freiwillige Dienstverhältnis eines Soldaten und insbes. die Dienstleistungspflicht nicht ein. Im Gegenteil: Das GG untersagt
ausdrücklich den zwangsweisen Waffendienst für Frauen (Art. 12a Abs. 4 Satz 2).

Aus dieser **verfassungsrechtl. Priorität** für die Erfüllung **der WPfl** – und nicht allein 12
aus der Entstehungsgeschichte des SG und des WPflG – lassen sich zahlreiche **Verweisungen des SG auf das WPflG** erklären:

§ 1 Abs. 1 nennt vor dem freiwilligen Wehrdienstverhältnis dasjenige aufgrund der
Wehrpflicht. Gem. § 49 Abs. 1 Satz 2 bleibt ein aufgrund des § 46 Abs. 2 Satz 1 Nr. 1
bis 4 und Abs. 3 entlassener BS als Soldat in der Bw, soweit er noch der WPfl unterliegt. Das Gleiche gilt für einen BS, der seine Rechtsstellung gem. § 48 verloren hat.
Die für SaZ vergleichbare Regelung enthält § 56 Abs. 1 Satz 2. Wesentliche statusrechtl. Best. für wpfl Soldaten (Heranziehung zum Wehrdienst, Beendigung des Wehrdienstes) folgen nicht aus dem SG, sondern aus dem WPflG (§ 58 Abs. 1 SG).

Fünfter Abschnitt
Dienstliche Veranstaltungen

§ 81 Zuziehung zu dienstlichen Veranstaltungen

(1) Dienstliche Veranstaltungen sind dienstliche Vorhaben der Streitkräfte insbesondere zur militärischen Aus-, Fort- und Weiterbildung, zu denen Personen mit ihrem Einverständnis zugezogen werden können.

(2) ¹**Zu dienstlichen Veranstaltungen können Personen, die dienstfähig sind und das 65. Lebensjahr noch nicht vollendet haben, durch das Bundesministerium der Verteidigung oder die von ihm bestimmte Stelle zugezogen werden.** ²**Während der Wehrdienstleistung stehen sie in einem Wehrdienstverhältnis.**

---

4 A.A. GKÖD I Yk, § 80 Rn. 3.
5 So bereits BVerfGE 28, 243 (261).

Übersicht

	Rn		Rn
I. Allgemeines	1	2. Absatz 1	19
1. Entstehung der Vorschrift	1	a) Definition	19
2. Änderungen der Vorschrift	12	b) Dauer	21
3. Bezüge zum Beamtenrecht bzw. zu sonstigen rechtl. Vorschriften; ergänzende Dienstvorschriften	13	c) Freiwilligkeit	23
		3. Absatz 2	27
		a) Satz 1	27
		aa) Personenkreis	27
II. Erläuterungen im Einzelnen	17	bb) Zuziehung	32
1. Bedeutung der Vorschrift	17	b) Satz 2	34
		4. Sonstige Rechtsfolgen	38

Literatur: *Walz, Dieter*: Dienstliche Veranstaltungen gem. § 81 des Soldatengesetzes, NZWehrr 2006, 103; *ders.*: Der „Ehrensoldat" – ein Modell für die Zukunft? NZWehrr 2007, 69; *ders.*: Anm. zu VG Aachen NZWehrr 2009, 172 (174).

Zu § 4 Abs. 4 WPflG a. F. und § 1 Abs. 4 SG a. F. sind keine Literaturnachweise bekannt.

I. Allgemeines

1 **1. Entstehung der Vorschrift.** In die **Erstfassungen** des SG und des WPflG war **keine** Best. über DVag aufgenommen worden.

2 Durch Art. 1 Nr. 3 des G zur Änd. des WPflG vom **28.11.1960**[1] wurde in § 4 WPflG folgender Abs. 4 eingefügt:

Außerhalb der Wehrübungen können Angehörige der Reserve zu dienstlichen Veranstaltungen durch den Bundesminister für Verteidigung oder die von ihm bestimmte Stelle zugezogen werden. Während der Dienstleistung sind sie Soldat. § 2 des Soldatengesetzes findet keine Anwendung.

3 Der REntw. dieses G[2] hatte eine derartige Ergänzung des WPflG nicht vorgesehen. Im Zuge der parlamentarischen Beratungen des Entw. fügte der **VertA** die zit. Best. ein mit der Begr., damit werde ein „Bedürfnis der Bundeswehr" anerkannt.[3] Wer dieses „Bedürfnis" wo und weshalb artikuliert hat, lässt sich den veröff. Materialien nicht entnehmen.

4 Art. 1 Nr. 2 des G vom **24.2.1983**[4] fügte in § 4 Abs. 4 Satz 1 WPflG hinter dem Wort „Angehörige" die Wörter „und ehemalige Angehörige" sowie nach dem Wort „Reserve" die Wörter „die wehrdienstfähig sind und das fünfundsechzigste Lebensjahr noch nicht vollendet haben" ein.

5 Auch bei dieser Gesetzesänd. fällt auf, dass der REntw.[5] eine solche Ergänzung nicht enthielt. Diese wurde vielmehr ebenfalls über den **VertA** eingebracht. Zur Begr. führte der VertA die „spezifischen Erfordernisse der Mandatsträger und Organisati-

---

1 BGBl. I S. 853.
2 BT-Drs. III/1423.
3 BT-Drs. III/1893, 3, 9.
4 BGBl. I S. 179.
5 BT-Drs. 9/1897.

onsleiter im VdRBw"[6] an. Diese hätten auch als ehem. Res den „verständlichen Wunsch", den SK verbunden zu bleiben. Ferner sei es notwendig, den Personenkreis auf Wehrdienstfähige zu begrenzen, um Versorgungsansprüche zu vermeiden.[7]

Durch Art. 2 Nr. 2 des G vom **6.12.1990**[8] wurde § 4 Abs. 4 WPflG gestrichen. An seiner Stelle wurde folgender Abs. 4 in § 1 SG eingefügt: 6

Angehörige der Reserve im Sinne des § 4 Abs. 2 Satz 2 und Satz 3 des Wehrpflichtgesetzes, ehemalige Angehörige der Reserve sowie frühere nicht wehrpflichtige Soldaten auf Zeit und Berufssoldaten, die wehrdienstfähig sind und das fünfundsechzigste Lebensjahr noch nicht vollendet haben, können mit ihrem Einverständnis zu dienstlichen Veranstaltungen durch den Bundesminister der Verteidigung oder die von ihm bestimmte Stelle zugezogen werden. Während der Dienstleistung sind sie Soldat. Absatz 2 Satz 3 gilt entsprechend.

Die Herauslösung der DVag aus dem WPflG und deren Einfügung in das SG wurden damit erklärt, dass das Wehrdienstverhältnis im Rahmen einer DVag nur freiwillig begründet werden könne. Die Regelung müsse zudem für die Angehörigen d.R. aller Statusgruppen und jeden Geschlechts gelten.[9] 7

Durch Art. 1 Nr. 3, 4 und 8 des **SGÄndG** wurde der „Bundesminister der Verteidigung" durch das „Bundesministerium der Verteidigung" ersetzt. Die Altersangabe „65" trat an die Stelle von „fünfundsechzig". Der zuziehbare Personenkreis wurde um Frauen aller Laufbahnen erweitert.[10] § 1 Abs. 4 erhielt damit folgende Fassung: 8

Frühere Soldaten der Bundeswehr sowie Angehörige der Reserve im Sinne des § 4 Abs. 2 Satz 3 des Wehrpflichtgesetzes, die wehrdienstfähig sind und das 65. Lebensjahr noch nicht vollendet haben, können mit ihrem Einverständnis zu dienstlichen Veranstaltungen durch das Bundesministerium der Verteidigung oder die von ihm bestimmte Stelle zugezogen werden. Während der Dienstleistung sind sie Soldat. Absatz 2 Satz 3 gilt entsprechend.

Mit Art. 2 Nr. 1 des **BwNeuAusrG** wurde die Verweisung in Abs. 4 Satz 3 aufgehoben. Die BReg wollte damit klarstellen, dass auch Frauen nur dann zu einer DVag zugezogen werden können, wenn sie zuvor in einem Wehrdienstverhältnis gestanden hatten.[11] 9

Die geltende Fassung erhielt die jetzt als § 81 neu platzierte Vorschrift unter gleichzeitiger Herauslösung aus dem vorherigen § 1 durch das **SkResNOG**. 10

In Abs. 1 wurde erstmals eine **Legaldefinition der DVag** formuliert. Abs. 2 entspricht – unter **Erweiterung des Personenkreises** „u.a." um den des § 59 Abs. 3 Satz 1 – im Wesentlichen dem bisherigen § 1 Abs. 4.[12] 11

---

6 Es spricht einiges dafür, dass diese Gesetzesergänzung durch den VdRBw selbst initiiert worden ist.
7 BT-Drs. 9/2279, 19.
8 BGBl. I S. 2588.
9 BT-Drs. 11/6906, 14.
10 Vgl. BT-Drs. 14/4062, 18.
11 BT-Drs. 14/6881, 27.
12 Vgl. BT-Drs. 15/4485, 40.

Walz

§ 81 Zuziehung zu dienstlichen Veranstaltungen

12　**2. Änderungen der Vorschrift. Änderungsbedarf** besteht zzt. **nicht.** Sollte sich die **hohe Nachfrage nach DVag**, insbes. auch zu periodisch stattfindenden Dienstleistungen im Bereich der ziv.-mil. Zusammenarbeit im Inland, fortsetzen, wird über eine **andere zusätzliche Wehrdienstart** nachgedacht werden müssen. Hierfür könnten sich Regelungen analog § 5 BeamtStG, § 6 Abs. 5 BBG anbieten. Für diesen „**Ehrensoldaten**" wäre ein neuer Abschnitt in das SG einzurücken.

13　**3. Bezüge zum Beamtenrecht bzw. zu sonstigen rechtl. Vorschriften; ergänzende Dienstvorschriften.** Im **Beamtenrecht** existiert eine mit § 81 vergleichbare Vorschrift **nicht.**

14　Für **WPfl** ist § 81, unbeschadet der mit dem SkResNOG vollzogenen Aufhebung des § 4 Abs. 2 WPflG a. F., **unmittelbar anwendbar.**

15　Für **ZDL** sieht das ZDG **keine** solche **Regelung** vor; diese wäre auch mit dem Charakter dieses Pflichtdienstes nicht zu vereinbaren.

16　Zur Ausführung des § 81 ist der Erl. des BMVg

„Dienstliche Veranstaltungen im Rahmen der Reservistenarbeit der Bundeswehr",
ZDv 20/3, Kap. 6,

herausgegeben worden.

II. Erläuterungen im Einzelnen

17　**1. Bedeutung der Vorschrift.** Bereits mit der Ergänzung des WPflG im Jahre 1960 hat der Gesetzgeber mit der DVag eine neue, **zusätzliche Wehrdienstart** geschaffen, die neben den Katalog der Wehrdienstarten des § 4 Abs. 1 WPflG trat. Diese Absicht ist durch die mit dem SkResNOG geschaffene Einbettung der DVag in einen **eigenen Abschnitt des SG** verstärkt worden, auch wenn dieser nur aus einem Paragraphen besteht.

18　Die DVag ist damit eine Form der Wehrdienstleistung, die **rechtl. verselbstständigt** neben dem Dienstverhältnis des SaZ und BS, den Wehrdienstarten gem. § 4 Abs. 1 WPflG und den Dienstleistungsarten gem. § 60 rangiert. Dieser auch für die Praxis bedeutsame Stellenwert wird zwar nunmehr durch § 81 unterstrichen; die dortige gesetzl. Regelung erweist sich dennoch bei genauerem Hinsehen als äußerst **rudimentär.**

19　**2. Absatz 1. – a) Definition.** Die Begriffsbestimmung der DVag im ersten Teilsatz des Abs. 1 ist dem Erl. **ZDv 14/5 B 132 entnommen.**[13] Sie wird dort ergänzt um die „Verteidigungspolitische Arbeit", die offizielle Vertretung der SK in der Öffentlichkeit und die Festigung der dienstl. Kontakte zu Soldaten der Bw, der verbündeten sowie der befreundeten SK. Stets muss es sich um Vorhaben der „**Streitkräfte**" handeln. Dazu gehören z. B. **Veranstaltungen von Vereinen** (Verband der Reservisten der deutschen Bundeswehr e. V., Bundeswehrsozialwerk e. V., DBwV e. V., Heimgesellschaften usw.) **nicht.** Auch herausgehobene Funktionen in diesen Vereinen sind ausschließlich privatrechtl. und nicht hoheitlicher Natur.

20　Besonders gut gelungen war und ist der Begriff der DVag nicht. Eine „Veranstaltung" lässt vom Wortsinn her auf ein **zeitlich und räumlich umgrenztes Einzelvorhaben**

13　Nr. 2 (inzwischen aufgehoben).

schließen, eine für die Praxis ungenügende Einengung. Hinzu kommt, dass im mil. Sprachgebrauch die **„dienstliche Veranstaltung" mehrfach belegt** ist:
- Auch **interne Vorhaben der SK** – ohne Beteiligung von Personen gem. §81 – werden häufig als „dienstliche Veranstaltung" bezeichnet.
- Seit vielen Jahren ist es darüber hinaus üblich, Gemeinschaftsveranstaltungen, die auch der „Kontaktpflege zum zivilen Bereich" dienen können, als **„Dienstliche Veranstaltungen geselliger Art"** zu betiteln.[14] Für diese besteht Versorgungsschutz gem. §81 Abs.3 Nr.3 SVG[15], obwohl diese Vorschrift nur von der „Teilnahme eines Soldaten an dienstlichen Veranstaltungen" spricht, ohne auf deren besonderen Charakter zu verweisen.[16] Auch in der Lit. wird nicht immer eindeutig zwischen beiden Formen dieser Veranstaltungen differenziert.[17]

b) Dauer. Der Begriff „Veranstaltung" und deren inhaltl. Zweckbestimmung (s. o. Rn. 19) zwingen zu einer **zeitlichen Begrenzung**. Nach der Vorschriftenlage beträgt die Dauer i.d.R. **maximal drei Tage**. Vorhaben von über fünf Tagen bedürfen der Zustimmung des SKA.[18] Ist von vornherein eine längere Dauer absehbar, ist die Einberufung zu einer **Wehrübung** oder einer Hilfeleistung im Innern bzw. zu einer befristeten Übung angezeigt.[19] 21

Eine wiederholte oder **regelmäßige Zuziehung** zu einer DVag, die jew. dem gleichen Zweck, z.B. der Katastrophenhilfe und deren Vorbereitung, dienen soll, ist mit dem Zweck einer DVag **nicht zu vereinbaren**. 22

c) Freiwilligkeit. Die Teilnahme an einer DVag setzt in jedem Fall das **Einverständnis** der betreffenden Person voraus, unbeschadet, ob sie der WPfl oder der Dienstleistungspflicht unterliegt. 23

Erscheint die Person trotz vorher erklärten Einverständnisses nicht oder verspätet oder verlässt sie die DVag vorzeitig, dürfen ihr hieraus **keine dienstl. Nachteile** entstehen.[20] 24

Mit der Teilnahme an einer DVag wird infolgedessen ein **atypisches Wehrdienstverhältnis** begründet; der Pflichtenkatalog des SG und das WStG werden faktisch teilweise außer Kraft gesetzt. 25

Auf der anderen Seite folgt aus Abs.2 Satz 1 („können"), dass ein **Anspruch** auf Teilnahme **nicht besteht**.[21] Die zuständige mil. Dienststelle handelt bei der Auswahl der Teilnehmer nach ihrem pflichtgemäßen Ermessen. 26

---

14 Vgl. den Erl. des BMVg „Dienstliche Veranstaltungen geselliger Art", VMBl. 2005 S.155.
15 Erl. VMBl. 2002 S.123 Nr.9.1.
16 *Stauf* III, §81 SVG Rn.8, geht als offenbar selbstverständlich davon aus, dass die „dienstliche Veranstaltung" i.S.d. §81 Abs.3 Nr.3 SVG (nur) eine solche geselliger Art sein kann. Der Gesetzestext nimmt diese Beschränkung jedenfalls nicht vor. DVag i.S.d. §81 Abs.3 Nr.3 SVG ist z.B. auch der sog. Ausgleichssport (Erl. des BMVg VMBl. 1991 S.465 Nr.4).
17 So nimmt *Stauf* I, §1 SG Rn.13, im Kontext mit §1 Abs.4 a.F. Bezug auf den Erl. über dienstl. Veranstaltungen geselliger Art u. meint irrtümlicherweise, dieser regele Einzelheiten zu den DVag i.S.d. §1 Abs.4 a.F.
18 ZDv 20/3 Nr.604.
19 Vgl. ZDv 14/5 B 133 Nr.5.1 (inzwischen aufgehoben).
20 *Scherer/Alff/Poretschkin*, SG, §81 Rn.7. Die Best. des früheren Erl. ZDv 14/5 B 133 Nr.4, das vorzeitige Verlassen der DVag bedürfe der Erlaubnis, war rechtl. fragwürdig.
21 GKÖD I Yk, §81 Rn.10; *Scherer/Alff/Poretschkin*, SG, §81 Rn.7; VG Gießen 4 E 2173/06.

§ 81   Zuziehung zu dienstlichen Veranstaltungen

27 3. **Absatz 2.** – **a) Satz 1.** – **aa) Personenkreis.** Gesetzl. Voraussetzungen sind die **Dienstfähigkeit** und das **Lebensalter** (vor Vollendung des 65. Lebensjahres).

28 Bzgl. der Interpretation des Begriffes „**dienstfähig**" kann auf die **Komm. zu § 64**[22] verwiesen werden.

29 Grundlage für die Feststellung der Dienstfähigkeit ist die **letzte**, in der Bw stattgefundene, **ärztliche Untersuchung.** Eine **aktuelle Prüfung** der Dienstfähigkeit findet nur statt, wenn die Person oder die zuziehende mil. Dienststelle **Zweifel** an der Dienstfähigkeit geltend macht.[23]

Das mit diesem Verfahren verbundene (geringe) Risiko wird angesichts des sonst zu betreibenden (hohen) administrativen, personellen und zeitlichen Aufwands in Kauf genommen.

30 Zugezogen werden können nach jetzigem Recht „**Personen**". Der Teilnehmerkreis ist daher nicht mehr wie gem. § 1 Abs. 4 a. F. auf frühere Soldaten der Bw und Angehörige d.R. beschränkt. „Personen" sind Männer und Frauen, Gediente und Ungediente, Deutsche und Ausländer. „Auswüchsen" kann mit Hilfe der Ermessensregelung des Satzes 1 begegnet werden. Eine gewisse „**Affinität**" **zu den SK** wird aus der Natur der Sache zu fordern und i. d. R. vorauszusetzen sein. Schließlich zwingen nicht zuletzt die mit einer DVag verbundenen Kosten zu einer begrenzten Teilnahme von Interessenten; ein **dienstl. Interesse** an der Person muss belegbar sein.

31 Personen, die z. B. vom Wehrdienst oder von Dienstleistungen ausgeschlossen sind, wegen Gefährdung der mil. Ordnung entlassen worden sind, wegen Dienstunfähigkeit in den Ruhestand versetzt oder entlassen worden sind, wegen Verlustes ihrer Rechtsstellung aus der Bw ausgeschieden oder aus dem Dienstverhältnis entfernt worden sind, dürfen zu DVag **nicht zugezogen** werden.[24]

32 **bb) Zuziehung.** Die Zuziehung zu einer DVag erfolgt durch ein sog. „**Zuziehungsschreiben**". Es handelt sich dabei **nicht** um einen **VA**, da es per se kein Wehrdienstverhältnis begründet.[25] Für diese Auffassung spricht im Übrigen, dass die §§ 83 ff. nur für VA gelten, die nach dem IV. Abschnitt ergehen. Wäre das „Zuziehungsschreiben" ein VA, hätte der Gesetzgeber die §§ 83 ff. auf den V. Abschnitt erstrecken müssen. Daran änderte das mit Erl. des BMVg[26] angeordnete Zustellung eines solchen „Schreibens" nichts. Diese ist entbehrlich; die Kosten einer Zustellung können eingespart werden. Das „Zuziehungsschreiben" ist nichts anderes als ein **formloses Einladungsschreiben**.[27]

33 **Zuständig** für ein solches Schreiben ist das BMVg für Generale/Admirale oder die von ihm bestimmte Stelle für niedrigere Dienstgrade und andere Personen.[28] Soweit eine zuzuziehende Person bisher keinen Kontakt zur Bw hatte, sollte im Zweifel mit der vorg. Dienststelle Rücksprache gehalten werden.

---

22 Dorts. Rn. 19.
23 ZDv 20/3 Nr. 602.
24 Vgl. ZDv 20/3 Nr. 602; VG Gießen 4 E 2173/06 (Angehöriger der „rechten Szene").
25 Ebenso GKÖD I Yk, § 81 Rn. 18; *Scherer/Alff/Poretschkin*, SG, § 81 Rn. 6; VG Gießen 4 E 2173/06. Die Zuziehung kann nicht ex post in eine Einberufung zu einer Wehrübung „umgewandelt" werden (VG München 15 K 06.3714).
26 ZDv 14/5 B 133 Nr. 10.4; inzwischen aufgehoben.
27 Ähnlich *Boehm-Tettelbach*, WPflG, § 4 Rn. 8a. Ebenso VG Gießen 4 E 2173/06.
28 Zu Einzelheiten vgl. ZDv 20/6 Nr. 606.

b) Satz 2. Das Wehrdienstverhältnis **beginnt** mit dem (tatsächlichen) **Dienstantritt** (§ 2 Abs. 1 Nr. 4). Es **endet**, da § 2 Abs. 2 nicht anwendbar ist, mit der **Beendigung der DVag** oder zu dem Zeitpunkt, zu dem die Person dieselbe (vorzeitig) verlässt.[29]

Während der Teilnahme an der DVag ist die Person **Soldat**. Ihre truppendienstl. und disziplinare Unterstellung sind durch Erl. geregelt.[30] Ein **feierliches Gelöbnis** wird **nicht** abgelegt, da die Person keinen Wehrdienst nach Maßgabe des WPflG (§ 9 Abs. 2) leistet und § 59 Abs. 3 Satz 2 auf den V. Abschnitt nicht analog anwendbar ist.

Während der Dauer der DVag tragen die Teilnehmer **Uniform** wie andere (aktive) Soldaten. § 4a findet keine Anwendung.

Trägt die Person während der **Hin- und/oder Rückreise Uniform**, ist dies nur über eine Genehmigung und entspr. **Kennzeichnung** gem. § 4a Satz 1 zulässig.[31]

4. Sonstige Rechtsfolgen. Während der Teilnahme an der DVag besteht Anspruch auf unentgeltliche **truppenärztliche Versorgung, Gemeinschaftsverpflegung, Gemeinschaftsunterkunft** und **Bekleidung.**

Kein Anspruch besteht auf **Geldbezüge** nach dem WSG (§ 1 Abs. 6 WSG) und – mangels einer gesetzl. Grundlage – auf Leistungen nach dem **USG**[32] und Kündigungsschutz usw. nach dem **ArbPlSchG**.

Die **Fahrtkosten** zwischen der Wohnung der Person und dem Ort der DVag sollen „nach Maßgabe des BRKG" erstattet werden.[33] Das BRKG sieht indes die Gewährung einer **Reisekostenvergütung** in diesen Fällen **nicht** vor. § 11 Abs. 3 BRKG ist nicht anwendbar, da es sich nicht um eine „Reise vor dem Wirksamwerden der Ernennung zum Soldaten" oder „aus Anlass des Ausscheidens aus dem Dienst wegen Ablaufs der Dienstzeit" handelt.

Die Zeit der DVag wird **laufbahnrechtl.** als **Dienstzeit** gewertet (§ 1 Nr. 7 SLV), nicht jedoch als **Beförderungszeit** (§ 10 Abs. 2 Satz 3 SLV, § 22 Abs. 2 Satz 6 SLV, § 22 Abs. 5 Satz 2 SLV, § 43 Abs. 8 SLV).

Bundesbeamten und Richtern des Bundes soll für die Teilnahme an einer DVag **Urlaub** unter Fortzahlung der Besoldung gewährt werden, soweit keine dienstl. Gründe entgegenstehen (§ 5 Satz 1 SUrlV).

Versorgungsrechtl. steht die Teilnahme an einer DVag dem **Wehrdienst** gleich (§ 81 Abs. 3 Nr. 1 SVG). Dies schließt die Hin- und Rückreise ein.[33]

---

29 ZDv 20/3 Nr. 603; *Scherer/Alff/Poretschkin*, SG, § 81 Rn. 8.
30 ZDv 20/3 Nr. 605.
31 Zur Erlaubnis des Uniformtragens auf dem Hin-/Rückweg zu/von einer DVag s. nunmehr Nr. 2 Abs. 3 UnifB (s. Komm. zu § 4a Rn. 6) u. ZDv 20/3 Nr. 609.
32 VG Aachen NZWehrr 2009, 172 mit Anm. *Walz*, NZWehrr 2009, 174.
33 ZDv 20/3 Nr. 610.

Sechster Abschnitt
Rechtsschutz

1.
Rechtsweg

§ 82 Zuständigkeiten

(1) Für Klagen der Soldaten, der Soldaten im Ruhestand, der früheren Soldaten, der Dienstleistungspflichtigen gemäß § 59 Abs. 3 Satz 1 und der Hinterbliebenen aus dem Wehrdienstverhältnis ist der Verwaltungsrechtsweg gegeben, soweit nicht ein anderer Rechtsweg gesetzlich vorgeschrieben ist.

(2) Für Klagen des Bundes gilt das Gleiche.

(3) ¹Der Bund wird durch das Bundesministerium der Verteidigung vertreten. ²Dieses kann die Vertretung durch allgemeine Anordnung anderen Stellen übertragen; die Anordnung ist im Bundesgesetzblatt zu veröffentlichen.

Übersicht

	Rn		Rn
I. Allgemeines	1	aa) Rechtsweg zu den Wehrdienstgerichten	17
1. Entstehung der Vorschrift	1	bb) Soldatenbeteiligungsgesetz	19
2. Änderungen der Vorschrift	4	cc) Versorgung	20
3. Bezüge zum Beamtenrecht bzw. zu sonstigen rechtl. Vorschriften; ergänzende Dienstvorschriften und Erlasse	7	dd) Schadensersatz	21
		ee) Vollzug von Freiheitsstrafen	22
II. Erläuterungen im Einzelnen	12	ff) Wehrpflichtrecht	23
1. Verfassungsrechtl. Hintergrund	12	gg) Kriegsdienstverweigerung	24
2. Absatz 1	13	d) Abgrenzung der Rechtswege	25
a) „Klagen"	13	e) Einzelfälle aus der Rechtsprechung	27
b) „Soldaten"	14	3. Absatz 2	28
c) „soweit nicht ein anderer Rechtsweg gesetzlich vorgeschrieben ist"/Besonderheiten des Verwaltungsrechtswegs für Soldaten	16	4. Absatz 3	29

Literatur: *Becker, Joachim:* Allgemeine soldatendienstrechtliche Probleme und Schwerpunkte im Spiegel der neueren Rechtsprechung des Bundesverwaltungsgerichts, RiA 1985, 104; *Deiseroth, Dieter:* Konkurrenten-Rechtsschutz für Soldaten bei Stellenbesetzungen und anderen Verwendungsentscheidungen, jurisPR-BVerwG 25/2007 Anm. 5; *ders.:* Gerichtliche Kontrolldichte bei Entzug der Luftfahrerlaubnis wegen charakterlicher oder geistiger Mängel, jurisPR-BVerwG 17/2008 Anm. 4; *ders.:* Aussagegenehmigung für einen beabsichtigten Strafantrag, jurisPR-BVerwG 3/2009 Anm. 4; *Giesen, Hermann:* Die Wehrdienstgerichtsbarkeit – der unbekannte Rechtsweg, NJW 1988, 1709; *Hahnenfeld, Günter:* Wehrrecht und Verwaltungsgerichtsbarkeit, NZWehrr 1980, 121; *Kugele, Dieter:* Rechtsweg zu den Verwaltungsgerichten für Streitigkeiten um den Umfang der Dienstzeit von Soldaten, jurisPR-BVerwG 24/2005 Anm. 4; *v. Lepel, O.M.:* Der Rechtsweg bei Beschwerden in Heilbehandlungsangelegenheiten, NZWehrr 1980, 1; *Lingens, Eric:* Weiterhin Rechtsweg des Soldaten zu den Verwaltungsgerichten? DVBl. 1988, 426; *ders.:* Für besseren Rechtsschutz des Soldaten vor dem Truppendienstgericht, NZWehrr 1995, 207; *Maiwald, Joachim*: Schnittstellen zwischen Wehrdienstrecht, allgemeinem Verfahrensrecht und öffentlichem Dienstrecht, in: Fs für Walther Fürst, 2002, 233; *Seide, Herbert*: Zur Frage der Auslegung und Anwendung des § 17 Abs. 3 WBO im wehrdienstgerichtlichen Verfahren, NZWehrr 1988, 12.

I. Allgemeines

1. Entstehung der Vorschrift. Der **REntw.**[1] enthielt **keine Best.** über den Rechtsweg für Klagen von Soldaten aus ihrem Dienstverhältnis. Auch die mitberatenden Ausschüsse des BT forderten keine entspr. Ergänzung. Erst der **VertA** „legte Wert darauf, dass das im Bundesbeamtengesetz vorgesehene Verfahren auch den Soldaten erhalten bleibt".[2] Sein Textvorschlag eines § 53a wurde – als § 59 – Gesetz.

In der **Erstfassung** lautete § 59:

(1) Für Klagen der Soldaten aus dem Wehrdienstverhältnis ist der Verwaltungsrechtsweg gegeben, soweit nicht ein anderer Rechtsweg gesetzlich vorgeschrieben ist.

(2) Für Klagen des Bundes gilt das gleiche.

(3) Der Bund wird durch den Bundesminister der Verteidigung vertreten. Dieser kann die Vertretung durch allgemeine Anordnung anderen Behörden übertragen; die Anordnung ist im Bundesgesetzblatt zu veröffentlichen.

Die **ratio legis**, so wie sie vom VertA formuliert wurde, erschließt sich nur vor dem historischen Hintergrund. Zum Zeitpunkt des Inkrafttretens des SG war die VwGO[3] noch nicht erlassen; z.T. galt für das Verwaltungsverfahren Besatzungsrecht, z.T. Länderrecht.[4] Gem. **§ 40 Abs. 1 Satz 1 VwGO** ist jetzt der Verwaltungsrechtsweg in allen öff.-rechtl. Streitigkeiten nichtverfassungsrechtl. Art gegeben, soweit die Streitigkeiten nicht durch Bundesgesetz einem anderen Gericht ausdrücklich zugewiesen sind. Eine rechtspolit. oder gesetzestechnische Begr. für § 59 a. F. (jetzt: § 82) existiert daher heute nicht mehr.

2. Änderungen der Vorschrift. Durch Art. 1 Nr. 9 des G vom **28.3.1960**[5] erhielt Abs. 1 die folgende Fassung:

Für Klagen der Soldaten, der Soldaten im Ruhestande, der früheren Soldaten und der Hinterbliebenen aus dem Wehrdienstverhältnis ist der Verwaltungsrechtsweg gegeben, soweit nicht ein anderer Rechtsweg gesetzlich vorgeschrieben ist.

Mit der Neufassung sollte klar gestellt werden, dass nicht nur der Soldat selbst, sondern auch der frühere Soldat, der Soldat im Ruhestand und die Hinterbliebenen von Soldaten den Verwaltungsrechtsweg zu beschreiten haben, soweit nicht ein anderer Rechtsweg gesetzl. vorgeschrieben ist.[6] Der Gesetzgeber folgte mit dieser Änd. der in § 126 Abs. 1 BRRG a. F. (jetzt: § 54 BeamtStG) enthaltenen Regelung.

Mit Art. 1 Nr. 45 des **SGÄndG** erhielt § 59 eine eigene Überschrift („Zuständigkeiten"). In Abs. 1 wurde das Wort „Ruhestande" durch „Ruhestand" ersetzt; in Abs. 3

---
1 BT-Drs. II/1700.
2 BT-Drs. II/2140, 14.
3 V. 21.1.1960 (BGBl. I S. 17).
4 Vgl. hierzu im Einzelnen *Rittau*, SG, 238.
5 BGBl. I S. 206.
6 Amtl. Begr., zit. nach *Rittau*, SG, Nachtrag II, 1960, 11.

Satz 2 wurden das Wort „Dieser" durch „dieses" und das Wort „Behörden" durch „Stellen" ersetzt. Es handelte sich dabei um redaktionelle und sprachliche Anpassungen.[7]

Durch Art. 1 Nr. 3 desselben Gesetzes wurde aus dem „Bundesminister der Verteidigung" in Abs. 3 Satz 1 das „Bundesministerium der Verteidigung". Der Gesetzgeber griff damit einen Beschl. der BReg vom 20.1.1993[8] auf, wonach die Bezeichnung der obersten Bundesbehörden auf die sächliche Form umzustellen war.[9]

In der **Neubekanntmachung des SG vom 14.2.2001**[10] wurde, der neuen Rechtschreibung folgend, das Wort „gleiche" in Abs. 2 durch das Wort „Gleiche" ersetzt.

6   Durch Art. 2 Nr. 24 des SkResNOG wurde der mit dieser Vorschrift erfasste Personenkreis um die Dienstleistungspflichtigen gem. § 59 Abs. 3 Satz 1 erweitert. Zugleich wurde die Vorschrift als § 82 platziert.

3. Bezüge zum Beamtenrecht bzw. zu sonstigen rechtl. Vorschriften; ergänzende
7   **Dienstvorschriften und Erlasse. Beamte**, Ruhestandsbeamte, frühere Beamte und Hinterbliebene von Beamten der **Länder** werden durch § 54 BeamtStG auf den Verwaltungsrechtsweg verwiesen. Für das Vorverfahren gelten gem. § 54 Abs. 2 und 3 BeamtStG einige Besonderheiten.

8   Für die **Bundesbeamten** verweist § 126 BBG[11] insoweit auf die Regelungen der VwGO.

9   Für **WPfl** gilt gem. § 32 WPflG ebenfalls der Verwaltungsrechtsweg, soweit es sich um VA auf der Grundlage des WPflG handelt. § 33 WPflG normiert Besonderheiten für das Vorverfahren. Diese Best. gelten, soweit die Wehrersatzbehörden einen VA erlassen haben. Entscheidungen von mil. Dienststellen, etwa über eine Entlassung gem. § 29 WPflG, fallen nicht unter § 33 Abs. 1 WPflG. Sie sind, als dienstrechtl. Maßnahmen, die an sich dem SG zuzuordnen wären, gem. § 34 SG i. V. m. § 23 Abs. 1 WBO mit der Wehrbeschwerde (und anschließend der Klage vor dem VG) anfechtbar.

10 Für **ZDL** finden sich verfahrensrechtl. Besonderheiten in den §§ 71 ff. ZDG. Eine ausdrückliche Verweisung auf den Verwaltungsrechtsweg fehlt im ZDG; sie ist auch wegen § 40 Abs. 1 Satz 1 VwGO entbehrlich.[12]

11 Von der **Delegationsermächtigung** des § 82 Abs. 3 Satz 2 hat das BMVg mit der Allgemeinen Anordnung über die Übertragung von Zuständigkeiten im Widerspruchsverfahren und über die Vertretung bei Klagen aus dem Beamten- oder Wehrdienstverhältnis im Geschäftsbereich des BMVg vom 16.1.2006[13], zul. geä. durch die Anordnung vom 29.3.2007[14], Gebrauch gemacht.

---

7   BT-Drs. 14/4062, 24.
8   GMBl. S. 46.
9   BT-Drs. 14/4062, 18. Vgl. zu dieser „Versächlichung" krit. *Walz*, NZWehr 1996, 117.
10 BGBl. I S. 232.
11 Bis zum DNeuG galt § 172 BBG a. F.
12 Vgl. *Brecht*, ZDG, 224.
13 BGBl. I S. 273 = VMBl. S. 34 = ZDv 14/3 C 203. Vgl. hierzu auch den Erl. des BMVg VMBl. 2009 S. 121.
14 BGBl. I S. 534.

II. Erläuterungen im Einzelnen

1. Verfassungsrechtl. Hintergrund. § 82 beruht letztlich auf der **Rechtsweggarantie** 12
des Art. 19 Abs. 4 Satz 1 GG. Die **Einrichtung der Wehrdienstgerichte** folgt aus der in
Art. 96 Abs. 4 GG für den Bund niedergelegten Ermächtigung. „Beschwerdeverfahren" i. S. v. Art. 96 Abs. 4 GG sind alle Klagen des Dienstnehmers gegen den Dienstherrn aus dem Dienstverhältnis.[15] Der einfache Gesetzgeber hat hiervon z.T. extensiv
Gebrauch gemacht, z. B. durch die §§ 5 und 11 SBG.

2. Absatz 1. – a) „Klagen". „Klagen" sind alle gerichtl. **Streitverfahren**, unabhängig 13
von der jew. Instanz. Auch **internationale Gerichte** sind unter § 82 zu subsumieren,
sofern Soldaten auf gesetzl. Grundlage dort um Rechtschutz nachsuchen können.

b) „Soldaten". Der **persönliche Geltungsbereich** von § 82 ist nicht auf aktive Soldaten beschränkt. Entscheidend ist, dass der Klageanlass in die Wehrdienstzeit eines Soldaten fällt. § 34 steht dem, unabhängig vom Wortlaut des § 82 Abs. 1, nicht entgegen. 14
Die besonderen Vorschriften der §§ 83 bis 85 beziehen sich lediglich auf VA, die von
den Wehrersatzbehörden aufgrund des IV. Abschnitts ergehen. Das SG verwendet den
Begriff „Soldat" im Übrigen nicht ausschließlich für aktive, in einem Wehrdienstverhältnis stehende Soldaten.[16]

Für Soldaten, die im Bereich des **BND** („Amt für Militärkunde") eingesetzt sind, gilt 15
die Sonderregelung des § 50 Abs. 1 Nr. 4 VwGO. Danach entscheidet das BVerwG in
erster und letzter Instanz „über Klagen, denen Vorgänge im Bereich des BND
zugrunde liegen"[17], unabhängig davon, ob diese Klagen sonst einem VG oder einem
TDG zuzuweisen wären. Voraussetzung ist jedenfalls, dass es sich um eine öff.-rechtl.
Streitigkeit handelt.[18]

Der 6. Senat des BVerwG[19] begründete die Entscheidungskompetenz der Verwaltungsgerichtsbarkeit in diesen Fällen zunächst damit, dass der Präsident des BND
kein mil. Vorg. sei und damit das Wehrbeschwerdeverfahren auch dann ausscheide,
wenn truppendienstl. Vorgänge zu Grunde lägen. In späteren Entsch.[20] nahm der 6.
Senat nur noch Bezug auf § 50 Abs. 1 Nr. 4 VwGO. Der 1. WDS des BVerwG[21] ist dieser Entscheidungspraxis gefolgt.

Kritik gegenüber dieser Judikatur ist nicht aufgekommen. Da § 50 Abs. 1 Nr. 4 VwGO
nur pauschal „Vorgänge im Geschäftsbereich des BND" anspricht, könnte man durchaus die Auffassung vertreten, § 34 und § 82 Abs. 1 sowie die WBO seien dem gegenüber leges speciales mit der Folge, dass den beim BND eingesetzten Soldaten dieselben Rechtsbehelfe zustünden wie anderen Soldaten. Es ist nicht erkennbar, weshalb

---

15 *Meyer*, in: v. Münch/Kunig, GGK III, Art. 96 Rn. 12.
16 *Becker*, RiA 1985, 105.
17 Durch G v. 20.12.2001 (BGBl. I S. 3987) wurde das Wort „dienstrechtlich" gestrichen.
18 *v. Albedyll*, in: Bader, VwGO, § 50 Rn. 6. Vgl. auch BVerwG *Buchholz* 310 § 50 VwGO
   Nr. 19.
19 E 81, 258 = NVwZ 1989, 1055 (Entziehung des Sicherheitsbescheides; vgl. hierzu auch
   BVerwG NVwZ 1989, 1056).
20 Vgl. etwa *Buchholz* 236.1 § 29 SG Nr. 1 (Beurteilung eines im BND tätigen Soldaten);
   BVerwG DokBer B 1991, 102 (Umsetzung innerhalb des BND).
21 Vgl. NZWehrr 1998, 29 (Beurteilung eines im BND tätigen Soldaten). Ebenso BVerwG
   1 WB 77/08 (Beurteilung eines Soldaten des BMVg durch ziv. Vorg.).

dies den „verfassungs- und rechtspolitischen Zielen"²² des Gesetzes über den BND widersprechen würde. Die jetzige Verfahrensweise führt dazu, dass die beim BND eingesetzten Soldaten prozessrechtl. wie die dort tätigen Beamten behandelt werden. Das SG gibt hierfür nichts her.

16 c) „soweit nicht ein anderer Rechtsweg gesetzlich vorgeschrieben ist"/Besonderheiten des Verwaltungsrechtswegs für Soldaten. Ein anderer als der Verwaltungsrechtsweg ist für Klagen aus dem Wehrdienstverhältnis in folgenden Fällen vorgeschrieben:

17 aa) Rechtsweg zu den Wehrdienstgerichten. Der Hauptanwendungsfall eines anderen Rechtswegs ist der zu den Wehrdienstgerichten (TDG, BVerwG – WDS –). Dieser ist dann gegeben, wenn der Soldat eine Verletzung seiner Rechte oder eine Verletzung von Pflichten eines Vorg. ihm gegenüber geltend macht, die in den §§ 6 bis 23, 26 bis 29, 30a und 30b sowie 32 bis 36 geregelt sind. Für eine Verletzung der §§ 24, 25²³, 30 und 31 bleibt es bei der Zuständigkeit der VG (§ 17 Abs. 1 Satz 1, § 21 Abs. 2, § 22 WBO). Klarstellend wird diese von § 82 Abs. 1 abw. Rechtswegzuweisung in § 17 Abs. 2 WBO ausdrücklich genannt.

Wegen der **Einzelheiten** der Abgrenzung zwischen dem Rechtsweg zu den VG und den Wehrdienstgerichten wird auf Rn. 25 f. verwiesen.

18 Ein **Sonderfall** des Rechtswegs zu den Wehrdienstgerichten sind gem. § 145 Abs. 1 WDO die Entsch. in gerichtl. **Disziplinarverfahren**, die richterliche Nachprüfung der Entscheidungen von DiszVorg. sowie die sonst in der WDO vorgesehenen richterlichen Entsch. Diese besondere Gerichtsbarkeit ist verfassungsrechtl. unproblematisch (Art. 96 Abs. 4 GG).²⁴

19 bb) **Soldatenbeteiligungsgesetz**²⁵. Das TDG entscheidet gem. § 5 Abs. 2 Satz 1 SBG über eine **Anfechtung der Wahl der VP** unter entspr. Anwendung der Verfahrensvorschriften der WBO; das Gleiche gilt gem. § 11 Abs. 2 SBG für die **Abberufung einer VP**.

Nach § 36 Abs. 4 Satz 1 SBG kann das BVerwG ein **Mitglied des GVPA abberufen**; das BVerwG entscheidet hierbei unter entspr. Anwendung der Vorschriften der WDO (§ 36 Abs. 4 Satz 2 SBG).

Die **verfassungsrechtl. Herleitung** dieser Zuständigkeiten der Wehrdienstgerichte aus Art. 96 Abs. 4 GG ist nicht ohne Weiteres möglich. Die zit. Best. des SBG berühren das Dienst- und damit das Beschwerderecht der Soldaten nicht unmittelbar.

20 cc) **Versorgung**. Bei Streitigkeiten in Angelegenheiten der **Dienstzeitversorgung** ist der Verwaltungsrechtsweg gegeben (§ 87 Abs. 3 Satz 1 SVG).²⁶

Bei Streitigkeiten in Angelegenheiten der **Beschädigtenversorgung** ist der Rechtsweg zu den Sozialgerichten gegeben (§ 88 Abs. 7 Satz 1 SVG).

---

22 BVerwG NZWehrr 1998, 31.
23 Abw. hiervon ist der Rechtsweg zu den Wehrdienstgerichten eröffnet, wenn der Soldat eine Verletzung seiner Rechte aus § 25 Abs. 3 Satz 3 geltend macht. Vgl. die dortige Komm.
24 GKÖD I Yk, § 82 Rn. 2 m. w. N.
25 Vgl. hierzu auch GKÖD I Yk, § 82 Rn. 3.
26 Bis zum DNeuG galt insoweit § 172 BBG a. F.

dd) Schadensersatz. Für Klagen auf Schadensersatz wegen schuldhafter **Amtspflicht-** 21
verletzung steht dem Soldaten der ordentliche Rechtsweg (zu den Zivilgerichten)
offen (Art. 34 Satz 3 GG).

ee) Vollzug von Freiheitsstrafen. Maßnahmen im Zusammenhang mit dem **Vollzug** 22
von Freiheitsstrafen, Strafarrest, Jugendarrest und Disziplinararrest von Soldaten
durch Vorg. oder Dienststellen der Bw können neben der Beschwerde gem. § 20
BwVollzO auch mit einem Antrag bei den ordentlichen Gerichten gerügt werden
(§§ 23 ff. EGGVG).[27]

ff) Wehrpflichtrecht. Gem. § 32 WPflG gilt für Streitigkeiten bei der Ausführung die- 23
ses Gesetz der Verwaltungsrechtsweg. Diese Vorschrift unterstreicht klarstellend die
allg. Regelung des § 40 Abs. 1 Satz 1 VwGO. Sie bezieht sich ausschließlich auf **VA der**
Wehrersatzbehörden. Die VwGO gilt hierfür, soweit sich nicht aus den §§ 33 bis 35
WPflG etwas anderes ergibt. Haben mil. Dienststellen gem. § 29 WPflG einen VA
erlassen, ist der Verwaltungsrechtsweg über § 82 Abs. 1 eröffnet.[28]

gg) Kriegsdienstverweigerung. Soldaten (und Soldatinnen) können nach **Ablehnung** 24
ihres KDV-Antrags Widerspruch einlegen (§ 9 KDVG) und nach dessen Zurückweisung Klage vor dem VG erheben (§ 10 Abs. 1 KDVG). Mit der im Jahre 2003 erfolgten
Novellierung des KDV-Rechts[29] ist u. a. das frühere In-Sich-Verfahren weggefallen.
Allen Antragstellerinnen und Antragstellern stehen jetzt die gleichen Rechtsschutzmöglichkeiten offen.

d) Abgrenzung der Rechtswege. Die Abgrenzung insbes. der truppendienstl. Angele- 25
genheiten, für welche die Wehrdienstgerichte zuständig sind, und der Verwaltungsangelegenheiten, für welche der Verwaltungsrechtsweg eröffnet ist, war[30] **nicht immer**
einfach. Die von der Rspr.[31] entwickelte **Kurzformel**[32] oder **Faustregel**[33] lautet: Die
Wehrdienstgerichte entscheiden im Wesentlichen über eine Verletzung solcher Rechte
und Pflichten, die das Rechtsverhältnis Vorg. – Untergebener betreffen; die VG sind
zuständig, wenn das Verhältnis Dienstherr – Soldat in Rede steht. Dabei ist auf die
„wahre Natur" des geltend gemachten Anspruchs oder auf die begehrte Rechtsfolge
abzustellen.[34] In Zweifelsfällen ist die Entscheidungskompetenz der VG gegeben.[35]
Der Wortlaut von § 82 Abs. 1 jedenfalls weist den anderen Gerichtsbarkeiten eine sub-
sidiäre Priorität zu.

An der **Zweigleisigkeit des Rechtswegs**, die in Wirklichkeit eine Vielgleisigkeit ist, ist 26
in der Vergangenheit **Kritik** geübt worden.[36] Nachdem Ansätze zu einer diesbezüglichen Novellierung der WBO[37] regelmäßig gescheitert sind und die Rspr. eine inzwi-

---

27 Einzelheiten bei *Dau*, WBO, § 1 Rn. 52.
28 *Steinlechner/Walz*, WPflG, § 32 Rn. 3.
29 KDVNeuRG v. 9.8.2003 (BGBl. I S. 1593).
30 Auch *Stauf* I, § 595 Rn. 3, verwendet die Vergangenheitsform.
31 Vgl. zuletzt BVerwG NZWehr 1999, 119 m. w. N.
32 *Hahnenfeld*, NZWehr 1980, 122.
33 *Giesen*, NJW 1988, 1709.
34 BVerwG NZWehr 1999, 119.
35 *Maiwald*, in: Fs für Fürst, 238.
36 *Becker*, RiA 1985, 109; GKÖD I Yk, § 82 Rn. 10 ff.; *Lingens*, DVBl. 1988, 426; *Seide*, NZWehr 1988, 12.
37 Vgl. *Lingens*, DVBl. 1988, 426.

schen gefestigte Kasuistik entwickelt hat, hat die Praxis gelernt, im Einzelfall vernünftige und im Regelfall verfahrensrechtl. korrekte Entscheidungen zu treffen.[38]

e) Einzelfälle aus der Rechtsprechung[39].

27
- **Anfechtung eines VA** einer mil. Dienststelle durch **ausgeschiedenen Soldaten**, unabhängig vom Streitgegenstand → VG.[40] Begr.: § 17 Abs. 1 WBO gilt nur für aktive Soldaten.
- **Anzugordnung**; Ausstattung mit Dienstkleidung → TDG.[41] Begr.: Die Verpflichtung des Soldaten zum Tragen einer bestimmten Uniform folgt aus § 7. Rechtsverletzungen aus diesem Bereich unterliegen der Rechtskontrolle durch die Wehrdienstgerichte.
- „**Ausdrücklicher Hinweis**"[42] auf fristlose Entlassung bei weiteren Dienstvergehen → TDG.[43] Begr.: Der Ausdrückliche Hinweis steht einer Erzieherischen Maßnahme[44] gleich.
- Verletzung der **ärztlichen Schweigepflicht** durch SanOffz in einem Zurruhesetzungsverfahren → VG.[45] Begr.: Der Arzt wird insoweit für den Dienstherrn tätig. Damit ist dessen Fürsorgepflicht gem. § 31 Abs. 1 berührt.
- Erteilung einer **Aussagegenehmigung** → TDG.[46] Begr.: Es handelt sich um eine dienstl. Maßnahme i. S. v. § 17 Abs. 3 Satz 1 WBO.
- Einweisung in eine höherwertige Planstelle und **Beförderung** → VG.[47] Begr.: Der Anspruch auf Beförderung richtet sich gegen den Dienstherrn und ist allenfalls aus dessen Fürsorgepflicht gem. § 31 Abs. 1 begründbar.
- Versetzung auf einen **Beförderungsdienstposten** → TDG.[48] Begr.: Die Versetzung ist eine Verwendungsentscheidung, die im Rahmen des Über-/Unterordnungsverhältnisses getroffen wird.
- Anordnung eines Vorg., auf einer Dienstreise ein bestimmtes **Beförderungsmittel** zu benutzen → TDG.[49] Begr.: Diese Anordnung ist ein mil. Befehl und nicht reisekostenrechtl. Natur.
- **Besoldung** → VG.[50] Begr.: Rechtsgrundlage für die Besoldung ist § 30 Abs. 1 Satz 1 i. V. m. dem BBesG.

---

38 *Maiwald*, in: Fs für Fürst, 237, 239; *Scherer/Alff/Poretschkin*, SG, § 82 Rn. 9.
39 Vgl. auch die Übersichten bei *Dau*, WBO, § 17 Rn. 52 ff.; GKÖD I Yk, § 82 Rn. 13 ff.; *Scherer/Alff/Poretschkin*, SG, § 82 Rn. 12 ff. Die Kürzel „TDG" u. „VG" stehen im Folgenden für die Wehrdienstgerichtsbarkeit bzw. die Verwaltungsgerichtsbarkeit, unabhängig davon, welche Instanz jew. entschieden hat.
40 BVerwG NZWehrr 1989, 203 = NVwZ-RR 1989, 391; NZWehrr 1999, 119.
41 BVerwG NZWehrr 1983, 74; BVerwGE 118, 21 = NZWehrr 2003, 169.
42 Früher ZDv 20/6 Nr. 1530; jetzt Erl. des BMVg, zit. bei der Komm. zu § 55 Abs. 5.
43 BVerwGE 86, 83 = NZWehrr 1989, 107.
44 Früher ZDv 14/3 B 160; jetzt ZDv 14/3 B 151.
45 BVerwG NZWehrr 1984, 120; *v. Lepel*, NZWehrr 1980, 11.
46 BVerwG ZBR 2009, 103 = NVwZ-RR 2009, 342 mit Anm. *Deiseroth*, jurisPR-BVerwG 3/2009 Anm. 4.
47 BVerwG DokBer B 1990, 35; DokBer B 1993, 49; DokBer B 1994, 34; BVerwG *Buchholz* 311 § 18 WBO Nr. 2.
48 BVerwG 1 WB 85/90.
49 BVerwGE 93, 163 = NZWehrr 1992, 70.
50 BVerwG DokBer B 1996, 135.

- **Beurteilung** → TDG.[51] Begr.: Es handelt sich um Maßnahmen der mil. Vorg. Die VG sollen dagegen zuständig sein, wenn die Beurteilung bzw. die Stellungnahme eines höheren Vorg. von **ziv. Vorg.** erstellt worden war.[52]
- Beschaffung einer **Dienstbrille** → VG.[53] Begr.: Der Anspruch leitet sich aus der freien Heilfürsorge ab; diese folgt aus § 30 Abs. 1 Satz 2.
- Gesetzl. **Dienstzeitregelung** für Soldaten → TDG.[54] Begr.: Die geltende Regelung ist durch einen Befehl des BMVg erfolgt.
- Ausstellung eines (vorläufigen) **Dienstzeugnisses** → TDG.[55] Begr.: § 32 gehört zu den Rechten des Soldaten und ist nicht etwa Ausfluss von § 31 Abs. 1.
- Verleihung der **Einsatzmedaille** der Bw → VG.[56] Begr.: Die Aberkennung/Entziehung einer Auszeichnung ist gem. § 4 Satz 2 des Gesetzes über Titel, Orden und Ehrenzeichen vom 26.7.1957[57] durch die VG überprüfbar. Dies muss auch für den umgekehrten Fall gelten.
- **Einsichtnahme in die Sicherheitsakte** → VG.[58] Begr.: Die Sicherheitsakte ist keine Personalakte i. S. v. § 29. Dann wären die TDG zuständig. Für die Einsichtnahme in die Sicherheitsakte ist § 23 Abs. 6 SÜG einschlägig.
- **Einweisung** in eine höherwertige Planstelle → VG.[59] Begr.: Der begehrte Statusakt zielt auf höhere Geldbezüge und leitet sich damit aus § 30 Abs. 1 Satz 1 ab.
- Gewährung von **Erziehungsurlaub** (jetzt: Elternzeit) → Früher: VG[60], jetzt: TDG. Begr.: Seinerzeit war der Erziehungsurlaub in § 30 Abs. 5 geregelt. Nachdem die Elternzeit für Soldaten in § 28 Abs. 7 aufgenommen wurde[61], sind nunmehr die TDG zuständig.
- Erteilung einer **fliegerärztlichen Sondergenehmigung** → TDG.[62] Begr.: „Verselbstständigter Teil" der Entscheidung des mil. Vorg. über den fliegerischen Einsatz eines Soldaten.
- **Freistellung vom mil. Dienst** zur Durchführung berufsfördernder Maßnahmen gem. § 39 SVG → VG.[63] Begr.: Rechtswegzuweisung gem. § 87 Abs. 2 SVG. Hilfsarg.: § 30 Abs. 1 Satz 1.
- **Freizeitausgleich** (aufgrund einer Dienstreise) → VG.[64] Begr.: Keine „militärspezifische" Angelegenheit, da für Beamte auch der Verwaltungsrechtsweg gegeben wäre.

---

51 Hinw. bei *Dau*, WBO, § 1 Rn. 190.
52 BVerwG NVwZ-RR 2009, 541.
53 VGH München ZBR 1992, 94.
54 BVerwGE 86, 159 = NVwZ 1990, 161.
55 BVerwG I WB 99/72.
56 BVerwGE 113, 94 = NZWehrr 1997, 205.
57 BGBl. I S. 844.
58 BVerwGE 113, 116 = NZWehrr 1998, 25.
59 BVerwG DokBer B 1996, 59; BVerwG *Buchholz* 236.1 § 3 SG Nr. 10; BVerwG DokBer B 1996, 163.
60 BVerwGE 1983, 311 = NZWehrr 1987, 252.
61 Durch das 14. ÄndG zum SG v. 6.12.1990, BGBl. I S. 2588. Ausdrücklich auf den Rechtsweg zu den Wehrdienstgerichten Bezug nehmend BT-Drs. 11/6906, 15.
62 BVerwG NZWehrr 2004, 259.
63 BVerwG 1 WB 2/84.
64 BVerwG DÖV 2005, 1047. Die Begr. des 2. Senats, der Soldat sei in die „zivile Bundeswehrverwaltung" eingegliedert, und auch aus diesem Grund sei eine truppendienstl. Angelegenheit „ausgeschlossen", ist allerdings wenig stichhaltig. Auch in der Bundeswehrverwaltung verfügt der Soldat über einen (mil.) DiszVorg.

- Verletzung des Grundrechts auf **körperliche Unversehrtheit** durch Truppenarzt → VG.[65] Begr.: Verletzung der Fürsorgepflicht nach § 31 Abs. 1 Satz 1 als Verwaltungsangelegenheit.
- **Konkurrentenklage** → TDG.[66] Begr.: Versetzungs-/Verwendungsentscheidungen sind truppendienstl. Maßnahmen.
- Erteilung einer **Mitfluggenehmigung** in einem Luftfahrzeug der Bw → VG.[67] Begr.: Mitfluggenehmigung ist Teilelement einer Dienstreise und gehört damit zum Regelungsbereich von § 30 Abs. 1 Satz 1.
- Erteilung einer **Nebentätigkeitsgenehmigung** → TDG.[68] Begr.: Das Nebentätigkeitsrecht der Soldaten ist in § 20 geregelt.
- Versetzung eines Soldaten, der Mitglied eines **Personalrats** ist → VG.[69] Begr.: Sonderzuständigkeit der VG in Angelegenheiten des BPersVG. „Fiktive" Versetzung eines freigestellten Soldaten, der Mitglied eines Personalrats ist → TDG.[70] Begr.: Versetzungen/Verwendungen unterliegen der Nachprüfung durch die Wehrdienstgerichte.
- **Rückführung in eine andere Laufbahn** → TDG.[71] Begr.: Es handelt sich dabei um keine statusberührende, sondern um eine laufbahnbezogene Entscheidung.
- **Versetzung in den einstweiligen Ruhestand** → VG.[72] Begr.: Statusakt.
- Verletzung der **ärztlichen Schweigepflicht** → TDG/VG, abhängig von dem Charakter des Arzt-Patienten-Verhältnisses.[73]
- Verpflichtung zur Abgabe einer **Schuldenerklärung** → TDG.[74] Begr.: Es handelt sich „im Wesentlichen" um eine truppendienstl. Angelegenheit, da die Abgabe einer Schuldenerklärung in Erl. des BMVg geregelt ist.
- Entziehung des **Sicherheitsbescheides** (eines BS/SaZ) → TDG.[75] Begr.: Die Überprüfung von Angehörigen der Bw auf Sicherheitsbedenken ist eine „vorbeugende Maßnahme" und als solche truppendienstl. Natur.
- Gewährung von **Sonderurlaub** (mit oder ohne Belassung der Bezüge) → TDG.[76] Begr.: Regelung des Urlaubsrechts in § 28.
- **Speicherung** personenbezogener Daten → TDG.[77] Begr.: Solche Dateien sind wie Personalakten gem. § 29 zu behandeln.

---

65 VG München M 21 K 07.1873.
66 BVerwGE 76, 336 = NZWehrr 1985, 203; BVerwG RiA 2004, 35.
67 BVerwGE 46, 11.
68 BVerwGE 63, 99 = NZWehrr 1979, 230 (mit Anm. *Walz*, NZWehrr 1980, 26); BVerwGE 73, 87 = DokBer B 1981, 115; BVerwG NZWehrr 1985, 25 = RiA 1984, 187.
69 BVerwG DokBer B 1988, 274.
70 BVerwG DokBer B 1997, 325.
71 OVG Koblenz NVwZ-RR 1988, 103; BVerwG DokBer B 1993, 239; *Buchholz* 236.1 § 55 SG Nr. 15.
72 BVerwGE 23, 295 = DÖV 1966, 791.
73 OVG Magdeburg DVBl. 2009, 136.
74 BVerwGE 73, 39.
75 BVerwGE 86, 166 = NZWehrr 1990, 32 (mit abl. Anm. *Alff*, NZWehrr 1990, 34). Wehrt sich der Soldat gegen Wertungen des MAD (Einstufung als Rechtsextremist), ist der Rechtsweg zu den VG gegeben, weil der MAD nicht als Vorg. des Soldaten gehandelt hat (BVerwG NZWehrr 2007, 217).
76 BVerwGE 53, 340 = DokBer B 1978, 33; DokBer B 1992, 31; DokBer B 1993, 197.
77 BVerwGE 83, 323 = NVwZ 1988, 156; DokBer B 1990, 74.

- Gewährung einer dienstl. **Sprachausbildung** → TDG.[78] Begr.: Es handelt sich um eine Verwendungsentscheidung.
- Zulassung zum **Studium** (an einer Universität der Bw) → TDG.[79] Begr.: Es handelt sich um eine Verwendungsentscheidung.
- **Umwandlung des Dienstverhältnisses** eines SaZ in das eines BS → VG.[80] Begr.: Es handelt sich um eine Statusangelegenheit.
- Befehl an ein Personalratsmitglied zum **Uniformtragen** → TDG.[81]
- **Untätigkeitsbeschwerde in Verwaltungsangelegenheiten** → VG.[82] Begr.: Hier wird die zur Entscheidung berufene Dienststelle nicht als mil. Vorg. tätig, sondern handelt für den Dienstherrn. § 34 gilt nur für truppendienstl. Beschwerden.
- **Übernahme in die Laufbahn** der Offz des Truppendienstes → TDG.[83] Begr.: Es liegt eine Verwendungsentscheidung vor; diese ist truppendienstl. Natur.
- **Verbot der Ausübung des Dienstes** gem. § 22 → TDG.[84] Begr.: Das Verbot ist ein Befehl und (für Soldaten!) kein VA.
- **Verkürzung der Dienstzeit** eines SaZ → VG.[85] Begr.: Der geltend gemachte Anspruch richtet sich gegen den Dienstherrn und betrifft das Statusverhältnis.
- Feststellung des **Verlusts der Dienstbezüge** → VG.[86] Begr.: Angelegenheit der Besoldung; fällt damit in den Bereich von § 30 Abs. 1 Satz 1.
- **Versetzung** → TDG.[87] Begr.: Wird aus der Rspr. nicht deutlich.[88] Offenbar wird auf die aus § 7 abgeleitete Pflicht des Soldaten, einer Versetzungsverfügung Folge zu leisten, abgestellt.
- **Verwendungsentscheidungen** → TDG.[89] Begr.: Werden im Rahmen des Über-/Unterordnungsverhältnisses getroffen und sind damit truppendienstl. Natur. Eine explizite gesetzl. Grundlage besteht nicht.
- **Wechsel der TSK** → TDG.[90] Begr.: Es handelt sich um eine Verwendungsentscheidung (s. o.).
- Gewährung einer **Wegstreckenentschädigung** → VG.[91] Begr.: Die Wegstreckenentschädigung ist Teil der Reisekosten und damit in § 30 Abs. 1 Satz 1 begründet. Eine in diesem Zusammenhang behauptete Fürsorgepflichtverletzung bemisst sich nach § 31 Abs. 1, nicht nach § 10 Abs. 3.
- Verpflichtung zum **Wohnen in der Gemeinschaftsunterkunft** → TDG.[92] Begr.: Die maßgeblichen Erl. sind in § 18 begründet.

---

78 BVerwG I WB 266.77.
79 BVerwG NZWehrr 1994, 201.
80 BVerwGE 43, 258; BVerwGE 53, 289; BVerwG DokBer B 1996, 75.
81 OVG Greifswald NVwZ-RR 2009, 437.
82 BVerwGE 73, 209 = ZBR 1983, 74.
83 BVerwGE 53, 265; BVerwG 1 WB 165.76.
84 BVerwGE 63, 32 = NZWehrr 1978, 144; BVerwGE 63, 250; BVerwG NZWehrr 1999, 75.
85 BVerwG DokBer B 1996, 33.
86 BVerwGE 43, 197.
87 BVerwGE 43, 342; BVerwGE 53, 173 (st. Rspr.).
88 Vgl. hierzu *Scherer/Alff/Poretschkin*, SG, § 3 Rn. 62 m. w. N.
89 St. Rspr. seit BVerwGE 43, 38; BVerwG *Buchholz* 238.4 § 59 SG Nr. 1. Zuletzt BVerwG RiA 2004, 35.
90 BVerwG NZWehrr 2009, 31.
91 BVerwG ZBR 1982, 95.
92 BVerwG ZBR 1983, 167; BVerwG NZWehrr 1993, 32.

– **Zustand der Gemeinschaftsunterkunft** → VG.[93] Begr.: Wird nicht die Verpflichtung zum Wohnen in einer Gemeinschaftsunterkunft als solche angegriffen, sondern deren baulicher und sonstiger Zustand, steht eine „(Sach-)Leistung des Dienstherrn nach § 30" in Rede.
– **Zurruhesetzung wegen Dienstunfähigkeit** → VG.[94] Begr.: Statusakt.
– **Vorzeitige Zurruhesetzung** (nach dem Personalstrukturgesetz) → VG.[95] Begr.: Statusakt.

28 3. **Absatz 2.** Abs. 2 bedarf keiner Komm., da er im Grunde nur – **deklaratorisch** – das regelt, was sich im Umkehrschluss aus Abs. 1 ergibt.

29 4. **Absatz 3.** Auch Abs. 3 Satz 1 ist an sich **überflüssig**. Der Bund wird prozessrechtl. immer durch das jew. Ressort vertreten.

Von der **Delegationsermächtigung** des Abs. 3 Satz 2 hat das BMVg Gebrauch gemacht durch die Allgemeine Anordnung über die Übertragung von Zuständigkeiten im Widerspruchsverfahren und über die Vertretung bei Klagen aus dem Beamten- oder Wehrdienstverhältnis im Geschäftsbereich des BMVg vom 16.1.2006.[96] Diese wird durch die Anordnung über die Vertretung der Bundesrepublik Deutschland in Prozessen und anderen Verfahren im Geschäftsbereich des BMVg (Vertretungsanordnung BMVg) vom 19.12.2002[97] ergänzt.

2.
Rechtsbehelfe und Rechtsmittel gegen Verwaltungsakte nach dem Vierten Abschnitt

§ 83 Besondere Vorschriften für das Vorverfahren

(1) ¹Der Widerspruch gegen Verwaltungsakte, die auf Grund des Vierten Abschnitts dieses Gesetzes durch die Wehrersatzbehörden ergehen, ist binnen zwei Wochen nach Zustellung des Bescheides schriftlich oder zur Niederschrift bei der Behörde zu erheben, die den Verwaltungsakt erlassen hat. ²Die Frist wird auch durch Einlegung bei der Behörde, die den Widerspruchsbescheid zu erlassen hat, gewahrt.

(2) ¹Über den Widerspruch gegen den Heranziehungsbescheid (§ 72 Abs. 1 Satz 1 und § 73 Satz 1), den Widerspruch gegen die Aufhebung eines Heranziehungsbescheides und den Widerspruch gegen den Untersuchungsbescheid (§ 71 Satz 5 und § 73 Satz 3) entscheidet die Wehrbereichsverwaltung. ²Der Widerspruch gegen den Heranziehungsbescheid der Widerspruch gegen die Aufhebung eines Heranziehungsbescheides und der Widerspruch gegen den Untersuchungsbescheid haben keine aufschiebende Wirkung.

---

[93] BVerwG DokBer B 1989, 201; BVerwG NZWehrr 1989, 199.
[94] BVerwG I WB 188/77.
[95] BVerwG NZWehrr 1986, 130.
[96] Vgl. Rn. 11.
[97] VMBl. 2003 S. 2 mit Änd.

Besondere Vorschriften für das Vorverfahren § 83

Übersicht

	Rn		Rn
I. Allgemeines	1	2. Unterschiede zu § 33 WPflG	11
1. Entstehung der Vorschrift	1	3. Absatz 1	15
2. Änderungen der Vorschrift	3	a) Geltungsbereich	15
3. Bezüge zum Beamtenrecht bzw. zu sonstigen rechtl. Vorschriften	4	b) Allgemeine Verfahrensbestimmungen	18
II. Erläuterungen im Einzelnen	7	4. Absatz 2	28
1. Zweck der Vorschrift; Verhältnis zur VwGO	7	a) Satz 1	28
		b) Satz 2	32

Literatur: Spezielle Veröffentlichungen zu § 83 liegen noch nicht vor.

Zu § 33 WPflG vgl. die Literaturübersicht bei *Steinlechner/Walz*, WPflG, 418.

I. Allgemeines

1. Entstehung der Vorschrift. Die mit dem **SkResNOG** in das SG **eingeführte** Vorschrift entspricht dem Regelungsgehalt des **§ 33 WPflG** i.d.F. des SkResNOG, „soweit er im Rahmen des Vierten Abschnitts des Soldatengesetzes Bedeutung entfaltet".[1]   1

Mit dem **SkResNOG** wurde **§ 33 WPflG** wie folgt **geändert**:   2

– In Abs. 1 Satz 1 wurden nach dem Wort „Gesetzes" die Wörter „durch die Wehrersatzbehörden" eingefügt. Damit wurde klargestellt, dass das **Widerspruchsverfahren** nur für diejenigen **VA** gilt, die von den **Wehrersatzbehörden** erlassen werden. VA, die von mil. Dienststellen aufgrund des WPflG ergehen, sind mit der Beschwerde nach der WBO anfechtbar.

– Die Verweisung in Abs. 3 Satz 2 wurde wegen der Aufhebung des § 22 WPflG a. F. geändert.

– Abs. 6 wurde gestrichen, da sich die Pflicht zur Anfügung einer Rechtsbehelfsbelehrung bereits aus § 59 VwGO ergibt.[2]

Der erste Anstrich ist auch für das SG von Bedeutung (vgl. die Komm. zu § 82 Rn. 9 und 23).

2. Änderungen der Vorschrift. Die **Verweisungsvorschrift** des § 33 Abs. 3 Satz 2   3
WPflG wurde **nicht in das SG übernommen**. Dadurch kann im Kontext des § 83 nicht unmittelbar auf die Verfahrensvorschriften des **§ 70** zurückgegriffen werden. Insoweit ist eine **klarstellende Ergänzung** des § 83 anzustreben.

3. Bezüge zum Beamtenrecht bzw. zu sonstigen rechtl. Vorschriften. Besondere Vor-   4
schriften für das verwaltungsrechtl. Vorverfahren für VA aus dem **Beamtenverhältnis** finden sich in **§ 54 BeamtStG**[3] und **§ 126 BBG**.

Für **WPfl** gilt, wie oben erwähnt, **§ 33 WPflG**.   5

Für **ZDL** sind die **§§ 72 bis 74 ZDG** einschlägig.[4]   6

---

1 BT-Drs. 15/4485, 40.
2 BT-Drs. 15/4485, 34.
3 Gem. § 54 Abs. 4 BeamtStG haben Widerspruch u. Anfechtungsklage gegen eine Abordnung o. Versetzung keine aufschiebende Wirkung.
4 Eine vergleichbare Verfahrensbest. enthält § 27 Abs. 2 Arbeitssicherstellungsgesetz.

II. Erläuterungen im Einzelnen

7 **1. Zweck der Vorschrift; Verhältnis zur VwGO.** Die Best. des § 83 gehen den allg. Regeln für das Widerspruchsverfahren gem. § 68 ff. VwGO **vor**. Diese gelten insoweit, als § 83 nichts anderes bestimmt. Abw. von § 23 Abs. 1 WBO tritt das Beschwerdeverfahren nach der WBO in den Fällen des § 83 nicht an die Stelle des Widerspruchsverfahrens.

8 Das Vorverfahren gem. § 83 ist durch **zwei Ziele** geprägt:

Es dient dem **Schutz des Dienstleistungspflichtigen** vor unberechtigten Eingriffen der Exekutive in Gestalt der Wehrersatzbehörden in seine Privatsphäre, und es soll **beschleunigt** abgewickelt werden.[5] Dem Beschleunigungsgrds. folgend ist die **Widerspruchsfrist** des § 70 Abs. 1 Satz 1 VwGO auf **zwei Wochen** verkürzt worden (§ 83 Abs. 1 Satz 1). Die gem. § 80 Abs. 1 Satz 1 VwGO übliche **aufschiebende Wirkung** des Widerspruchs ist in den in § 83 Abs. 2 Satz 2 aufgeführten Fällen entspr. § 80 Abs. 2 Satz 1 Nr. 3 VwGO **ausgeschlossen** worden.

9 Das Vorverfahren gem. § 83 ist **zwingend** (§ 68 Abs. 1 Satz 1 VwGO) der Anfechtungsklage vorgeschaltet.

10 Unabhängig von dem förmlichen Rechtsbehelf des Widerspruchs kann der Dienstleistungspflichtige sich auch sämtlicher anderer, **formloser Rechtsbehelfe** bedienen, z. B. der Petition, der Dienstaufsichtsbeschwerde und der Gegenvorstellung.[6]

11 **2. Unterschiede zu § 33 WPflG.** **Abs. 1** stimmt mit **§ 33 Abs. 1 WPflG** überein.

12 § 33 Abs. 2 WPflG wurde nicht übernommen, da Dienstleistungspflichtige nicht „gemustert" werden und infolgedessen für sie kein „Musterungsbescheid" erlassen wird.

13 In **Abs. 2** sind die **Abs. 3 und 4 des § 33 WPflG** zusammengefasst worden. Die **Verweisungsvorschrift** des § 33 Abs. 3 Satz 2 WPflG wurde, wie oben ausgeführt, **nicht** in das **SG übernommen**. Bis zu einer entspr. Ergänzung des § 83 bestehen indes keine Bedenken, die allg. Verfahrensvorschriften des § 70 im Rahmen des § 83 **analog anzuwenden**.

14 Für eine Übernahme des § 33 Abs. 5 WPflG in das SG bestand keine Veranlassung, da ein VA nach allg. Verwaltungsrecht ohnehin nur dann isoliert anfechtbar ist, wenn mit ihm eine eigenständige Beschwer begründet wird.

15 **3. Absatz 1. – a) Geltungsbereich.** Satz 1 **begrenzt** den Geltungsbereich des § 83 in drei Richtungen:

Es muss sich um einen **VA** handeln. Dieser muss aufgrund des **IV. Abschnitts** ergangen sein. Herausgeber muss eine **Behörde des Wehrersatzwesens** sein.

16 In Betracht kommen damit insbes. **folgende Bescheide**:
– Entpflichtung gem. § 59 Abs. 5 Satz 2
– Entscheidung über Dienstleistungsausnahmen gem. §§ 64 bis 68
– Untersuchungsbescheid gem. § 71 Satz 5, § 73 Satz 1
– Heranziehung zu Dienstleistungen i. S. v. § 60 gem. § 72 Abs. 1 Satz 1, § 73 Satz 1
– Kostenerstattung gem. § 70 Abs. 1
– Entscheidungen im Rahmen der Dienstleistungsüberwachung und Haftung gem. § 77.

---

5 Vgl. *Steinlechner/Walz*, WPflG, § 33 Rn. 2.
6 Vgl. *Boehm-Tettelbach*, WPflG, § 33 Rn. 2.

Entscheidungen **mil. Dienststellen**, insbes. gem. § 75, sind mit der Beschwerde nach der **WBO** anfechtbar. 17

b) Allgemeine Verfahrensbestimmungen. Der Widerspruch ist schriftl. oder zur Niederschrift einzulegen. 18

Schriftl. bedeutet, dass der Widerspruch die **Unterschrift** des Dienstleistungspflichtigen oder seines Bevollmächtigten enthalten muss. Bei Einlegung durch **Fax** muss das Original unterzeichnet sein.[7] 19

Die gebotene Schriftform ist **(noch) nicht** durch die **elektronische** Form ersetzbar. Abw. von der Generalklausel des § 3a Abs. 2 Satz 1 VwVfG (und anders als in § 70 Abs. 2 geregelt) lässt § 83 (ebenso wie § 70 Abs. 1 Satz 1 VwGO) die elektronische Form der Erhebung eines Widerspruchs erst dann zu, wenn die technischen Voraussetzungen für die qualifizierte **elektronische Signatur** gem. § 2 Nr. 3 des Signaturgesetzes vom 16.5.2001[8] und damit des § 3a Abs. 2 Satz 2 VwVfG gegeben sind.[9] 20

Die Einlegung des Widerspruchs zur **Niederschrift** eröffnet auch die Möglichkeit, den Widerspruch **telefonisch** (zur Niederschrift) zu erheben. Die Wehrersatzbehörde ist verpflichtet, ein solches Telefonat entgegenzunehmen und zu protokollieren.[10] 21

VA i. S. d. IV. Abschnitts sind zuzustellen (§ 70 Abs. 3 Satz 1). Die **Widerspruchsfrist** von zwei Wochen **beginnt** mit erfolgter **Zustellung** (§ 57 Abs. 1 VwGO). Spätestens nach zwei Wochen muss der Widerspruch beim KWEA oder der WBV eingegangen sein. Für die Berechnung der Frist und das **Fristende** verweist § 57 Abs. 2 VwGO auf die entspr. Vorschriften der **ZPO**. 22

Die Widerspruchsfrist kann durch die Wehrersatzbehörde **nicht verlängert** werden.[11] 23

Bei schuldloser Versäumung der Widerspruchsfrist kann unter den Voraussetzungen von § 70 Abs. 2 i. V. m. § 60 VwGO **Wiedereinsetzung in den vorigen Stand** gewährt werden. 24

Das KWEA hat zunächst eine **Abhilfeprüfung** durchzuführen (§ 72 VwGO). Hilft das KWEA nicht ab, legt es den Vorgang der WBV zur Entscheidung vor. 25

Erledigt sich der angefochtene VA inzwischen, z. B. durch vollständige Ableistung des Wehrdienstes, ist das Widerspruchsverfahren **einzustellen**.[12] 26

Im Widerspruchsbescheid ist auch über die **Kosten** zu entscheiden (§ 73 Abs. 3 Satz 3 VwGO). War der Widerspruch erfolgreich, bemisst sich die Erstattung der Kosten des Dienstleistungspflichtigen im Vorverfahren nach § 80 **VwVfG**.[13] Dabei ist davon auszugehen, dass die **Zuziehung eines Bevollmächtigten** im Widerspruchsverfahren grds. 27

---

7 Vgl. *Steinlechner/Walz*, WPflG, § 33 Rn. 6.
8 BGBl. I S. 876.
9 Vgl. § 37 Abs. 4 VwVfG; *Kopp/Ramsauer*, VwVfG, § 3a Rn. 15; *Schmitz*, DÖV 2005, 885 (889).
10 Vgl. *Steinlechner/Walz*, WPflG, § 33 Rn. 7. A.A. *Funke-Kaiser*, in: Bader, VwGO, § 70 Rn. 39 m. w. N.
11 Vgl. *Steinlechner/Walz*, WPflG, § 33 Rn. 11.
12 Vgl. *Steinlechner/Walz*, WPflG, § 33 Rn. 25.
13 Die frühere Bezugnahme auf § 19 Abs. 5 Satz 1 WPflG a. F. ist überholt.

nicht notwendig i. S. v. § 80 Abs. 2 VwVfG ist.[14] In den meisten Fällen ist der Dienstleistungspflichtige selbst im Stande, das Widerspruchsverfahren zu betreiben. Rechtl. oder tatsächlich komplizierte Fallgestaltungen werden die Ausnahme sein.

28 **4. Absatz 2. – a) Satz 1.** Über den Widerspruch gegen den Heranziehungsbescheid, gegen dessen Aufhebung und gegen den Untersuchungsbescheid entscheidet die **WBV**. Dies gilt auch für sämtliche anderen VA, die ein KWEA erlässt (vgl. § 73 Abs. 1 Satz 2 Nr. 1 VwGO). Die drei genannten VA werden in Satz 1 nur wegen ihrer besonderen Bedeutung für den Dienstleistungspflichtigen ausdrücklich aufgeführt.

29 Legt der Dienstleistungspflichtige den Widerspruch direkt bei der WBV ein (Abs. 1 Satz 2), muss diese ihn zunächst an das KWEA zur Abhilfeprüfung abgeben.[15]

30 Der Widerspruchsbescheid ist zu **begründen**[16] und mit einer **Rechtsmittelbelehrung** zu versehen; er ist nach den Vorschriften des VwZG **zuzustellen** (§ 73 Abs. 3 Satz 1 und 2 VwGO). Im Widerspruchsbescheid ist eine **Kostengrundentscheidung** zu treffen (§ 73 Abs. 3 Satz 3 VwGO). Diese bildet die Grundlage für die anschließend durch isolierten VA zu treffende **Kostenfestsetzung** gem. § 80 Abs. 3 VwVfG.

31 Wird dem Widerspruch gegen einen Heranziehungsbescheid **abgeholfen** oder wird ihm **stattgegeben**, ist der inzwischen Dienst leistende Soldat gem. § 75 Abs. 1 Satz 2 Nr. 4 **zu entlassen**.

32 **b) Satz 2.** Der Widerspruch gegen den Heranziehungsbescheid, gegen dessen Aufhebung und gegen den Untersuchungsbescheid haben **keine aufschiebende Wirkung** (vgl. § 80 Abs. 2 Satz 1 Nr. 3 VwGO).

33 Auf Antrag kann das **KWEA** oder die WBV die **Vollziehung** dieser VA **aussetzen** (§ 80 Abs. 4 Satz 1 VwGO), was in der Praxis nur selten vorkommen dürfte.

Häufiger wird der Fall eintreten, dass auf Antrag des Dienstleistungspflichtigen das **VG** die **aufschiebende Wirkung** des Widerspruchs **anordnet** (§ 80 Abs. 5 Satz 1 VwGO).

§ 84 Rechtsmittel gegen Entscheidungen des Verwaltungsgerichts

¹**Die Berufung gegen ein Urteil und die Beschwerde gegen eine andere Entscheidung des Verwaltungsgerichts sind ausgeschlossen.** ²**Das gilt nicht für die Beschwerde gegen die Nichtzulassung der Revision nach § 135 in Verbindung mit § 133 der Verwaltungsgerichtsordnung und die Beschwerde gegen Beschlüsse über den Rechtsweg nach § 17a Abs. 2 und 3 des Gerichtsverfassungsgesetzes.** ³**Auf die Beschwerde gegen Beschlüsse über den Rechtsweg findet § 17a Abs. 4 Satz 4 bis 6 des Gerichtsverfassungsgesetzes entsprechende Anwendung.**

---

14 Vgl. *Steinlechner/Walz*, WPflG, § 33 Rn. 53 m.w.N.; zuletzt BVerwG NVwZ-RR 2002, 446.
15 Vgl. *Steinlechner/Walz*, WPflG, § 33 Rn. 31.
16 Auch begünstigende Widerspruchsbescheide sind zu begründen. Vgl. *Funke-Kaiser*, in: Bader, VwGO, § 73 Rn. 28.

§ 135 VwGO

Gegen das Urteil eines Verwaltungsgerichts (§ 49 Nr. 2) steht den Beteiligten die Revision an das Bundesverwaltungsgericht zu, wenn durch Bundesgesetz die Berufung ausgeschlossen ist. Die Revision kann nur eingelegt werden, wenn das Verwaltungsgericht oder auf Beschwerde gegen die Nichtzulassung das Bundesverwaltungsgericht sie zugelassen hat. Für die Zulassung gelten die §§ 132 und 133 entsprechend.

§ 132 VwGO

(1) ...

(2) Die Revision ist nur zuzulassen, wenn
1. die Rechtssache grundsätzliche Bedeutung hat,
2. das Urteil von einer Entscheidung des Bundesverwaltungsgerichts, des Gemeinsamen Senats der obersten Gerichtshöfe des Bundes oder des Bundesverfassungsgerichts abweicht und auf dieser Abweichung beruht oder
3. ein Verfahrensmangel geltend gemacht wird und vorliegt, auf dem die Entscheidung beruhen kann.

(3) Das Bundesverwaltungsgericht ist an die Zulassung gebunden.

§ 133 VwGO

(1) Die Nichtzulassung der Revision kann durch Beschwerde angefochten werden.

(2) Die Beschwerde ist bei dem Gericht, gegen dessen Urteil Revision eingelegt werden soll, innerhalb eines Monats nach Zustellung des vollständigen Urteils einzulegen. Die Beschwerde muss das angefochtene Urteil bezeichnen.

(3) Die Beschwerde ist innerhalb von zwei Monaten nach der Zustellung des vollständigen Urteils zu begründen. Die Begründung ist bei dem Gericht, gegen dessen Urteil Revision eingelegt werden soll, einzureichen. In der Begründung muss die grundsätzliche Bedeutung der Rechtssache dargelegt oder die Entscheidung, von der das Urteil abweicht, oder der Verfahrensmangel bezeichnet werden.

(4) Die Einlegung der Beschwerde hemmt die Rechtskraft des Urteils.

(5) Wird der Beschwerde nicht abgeholfen, entscheidet das Bundesverwaltungsgericht durch Beschluss. Der Beschluss soll kurz begründet werden; von einer Begründung kann abgesehen werden, wenn sie nicht geeignet ist, zur Klärung der Voraussetzungen beizutragen, unter denen eine Revision zuzulassen ist. Mit der Ablehnung der Beschwerde durch das Bundesverwaltungsgericht wird das Urteil rechtskräftig.

(6) Liegen die Voraussetzungen des § 132 Abs. 2 Nr. 3 vor, kann das Bundesverwaltungsgericht in dem Beschluss das angefochtene Urteil aufheben und den Rechtsstreit zur anderweitigen Verhandlung und Entscheidung zurückverweisen.

§ 17a GVG

(1) ...

(2) Ist der beschrittene Rechtsweg unzulässig, spricht das Gericht dies nach Anhörung der Parteien von Amts wegen aus und verweist den Rechtsstreit zugleich an das zuständige Gericht des zulässigen Rechtsweges. Sind mehrere Gerichte zuständig, wird an das vom Kläger oder Antragsteller auszuwählende Gericht verwiesen oder, wenn die Wahl unterbleibt, an das vom Gericht bestimmte. Der Beschluss ist für das Gericht, an das der Rechtsstreit verwiesen worden ist, hinsichtlich des Rechtsweges bindend.

§ 84 Rechtsmittel gegen Entscheidungen des Verwaltungsgerichts

(3) Ist der beschrittene Rechtsweg zulässig, kann das Gericht dies vorab aussprechen. Es hat vorab zu entscheiden, wenn eine Partei die Zulässigkeit des Rechtsweges rügt.

(4) Der Beschluss nach den Absätzen 2 und 3 kann ohne mündliche Verhandlung ergehen. Er ist zu begründen. Gegen den Beschluss ist die sofortige Beschwerde nach den Vorschriften der jeweils anzuwendenden Verfahrensordnung gegeben. Den Beteiligten steht die Beschwerde gegen einen Beschluss des oberen Landesgerichts an den obersten Gerichtshof des Bundes nur zu, wenn sie in dem Beschluss zugelassen worden ist. Die Beschwerde ist zuzulassen, wenn die Rechtsfrage grundsätzliche Bedeutung hat oder wenn das Gericht von der Entscheidung eines obersten Gerichtshofes des Bundes oder des Gemeinsamen Senats der obersten Gerichtshöfe des Bundes abweicht. Der oberste Gerichtshof des Bundes ist an die Zulassung der Beschwerde gebunden.

(5) Das Gericht, das über ein Rechtsmittel gegen eine Entscheidung in der Hauptsache entscheidet, prüft nicht, ob der beschrittene Rechtsweg zulässig ist.

(6) Die Absätze 1 bis 5 gelten für die in bürgerlichen Rechtsstreitigkeiten, Familiensachen und Angelegenheiten der freiwilligen Gerichtsbarkeit zuständigen Spruchkörper in ihrem Verhältnis zueinander entsprechend.

Übersicht

	Rn		Rn
I. Allgemeines	1	2. § 84 und Grundgesetz	10
1. Entstehung der Vorschrift	1	3. Satz 1	12
2. Änderungen der Vorschrift	2	4. Satz 2 und 3	15
3. Bezüge zum Beamtenrecht bzw.		a) Revision	15
zu sonstigen rechtl. Vorschriften	3	b) Beschwerden	21
II. Erläuterungen im Einzelnen	8		
1. Geltungsbereich	8		

Literatur: Spezielle Veröffentlichungen zu § 84 liegen noch nicht vor.
Zu § 34 WPflG vgl. die Literaturübersicht bei *Steinlechner/Walz*, WPflG, 438.

I. Allgemeines

1 1. **Entstehung der Vorschrift.** Die mit dem **SkResNOG** in das SG **eingeführte** Vorschrift entspricht vollinhaltl. **§ 34 WPflG**.[1] Dieser wiederum gilt seit dem 4. G zur Änd. der VwGO vom **17.12.1990**[2] unverändert.

2 2. **Änderungen der Vorschrift. Änderungsbedarf** ist zzt. **nicht** erkennbar.

3 3. **Bezüge zum Beamtenrecht bzw. zu sonstigen rechtl. Vorschriften.** Aus § 54 BeamtStG folgt, dass für Klagen der Beamten der Länder aus ihrem Dienstverhältnis das übliche dreistufige gerichtl. Verfahren anzuwenden ist. Die Berufung ist nicht ausgeschlossen; für die Revision gelten einige geringfügige Besonderheiten.

4 Für **WPfl** gilt, wie oben erwähnt, **§ 34 WPflG**.

5 Für **ZDL** ist **§ 75 ZDG** einschlägig. Dieser ist insgesamt § 34 WPflG nachgebildet.

---

1 BT-Drs. 15/4485, 41.
2 BGBl. I S. 2809.

Im **KDV-Anerkennungsverfahren** sind die Berufung und die Beschwerde ebenfalls ausgeschlossen. **§ 10 Abs. 2 KDVG** entspricht § 34 WPflG und § 75 ZDG. 6

Für den Personenkreis des Art. 12a Abs. 1 und 2 GG ist damit eine **übereinstimmende Rechtslage** geschaffen worden.[3] Wegen der weitreichenden Vergleichbarkeit der Dienstleistungspflichtigen mit den WPfl lag es nahe, für diese auf die zit. Best. zurückzugreifen. 7

II. Erläuterungen im Einzelnen

1. Geltungsbereich. Für Klagen der **(aktiven) Soldaten** – dies schließt Wehrdienst leistende Dienstleistungspflichtige ein – und der anderen in **§ 82 Abs. 1** aufgeführten Personen ist wie bei Beamten der **dreistufige Gerichtsaufbau** eröffnet. 8

Die besonderen verfahrensrechtl. Vorschriften des § 84 gelten nur für Rechtsstreitigkeiten der Dienstleistungspflichtigen über **VA** der **Wehrersatzbehörden**, die aufgrund des **IV. Abschnitts** des SG ergangen sind.[4] § 84 schließt unmittelbar an die Best. des § 83 über das verwaltungsrechtl. Vorverfahren an. 9

2. § 84 und Grundgesetz. Satz 1 schließt die Berufung und die Beschwerde gegen Entsch. der VG aus. Diese Beschränkung oder Verkürzung des Rechtswegs ist **mit dem GG vereinbar**. **Art. 19 Abs. 4 Satz 1 GG** garantiert nur den Rechtsweg als solchen; die Ausgestaltung im Einzelnen bleibt dem einfachen Gesetzgeber überlassen. Es genügt den Anforderungen des Art. 19 Abs. 4 GG, wenn der Gesetzgeber **eine einzige gerichtl. Instanz** eröffnet, gegen deren Entsch. ein Rechtsmittel nicht mehr gegeben ist. Art. 19 Abs. 4 GG gewährleistet **keinen Instanzenzug**.[5] Wenn, wie im Rahmen des § 84, zwei gerichtl. Instanzen zugelassen worden sind, besteht erst Recht kein Zweifel an der Verfassungsmäßigkeit der gesetzl. Regelung, auch wenn von diesen beiden Instanzen nur die erste, das VG, eine Tatsachenprüfung durchzuführen hat.[6] 10

§ 84 steht auch mit **Art. 3 Abs. 1 GG** und dem Willkürverbot in Einklang. Die Beschränkung des Rechtswegs in den Fällen des § 83 Abs. 1 auf zwei Instanzen ist erforderlich, um die **beschleunigte Durchführung** von Verwaltungsstreitverfahren zu ermöglichen, damit die SK und die Wehrersatzbehörden so schnell wie vertretbar **Planungssicherheit** gewinnen. Die Einbeziehung der Dienstleistungspflichtigen in die für WPfl geltenden Best. war, wie oben ausgeführt, wegen der grds. Vergleichbarkeit beider Personenkreise vertretbar.[7] Dies gilt auch im Hinblick darauf, dass dem (aktiven) Soldaten der dreistufige Gerichtsaufbau zur Verfügung steht, dem nicht dienenden WPfl und Dienstleistungspflichtigen hingegen nur zwei Instanzen. 11

3. Satz 1. Der **Ausschluss der Berufung und der Beschwerde**, ausgenommen der Nichtzulassungsbeschwerde gem. Satz 2 und der Rechtswegbeschwerde gem. Satz 3, ist **umfassend** und **abschließend**. Dies bedeutet, dass im Verfahren gem. § 84 z. B. eine **Beschwerde in Kostenangelegenheiten** einschl. der Beschwerde gegen einen Kosten- 12

---

3 Das war mit dem 4. G zur Änd. der VwGO auch beabsichtigt. Vgl. *Steinlechner/Walz*, WPflG, § 34 Rn. 2.
4 BVerwG 2 B 21/07; BVerwG 2 B 64/07.
5 *Sachs*, in: Sachs, GG, Art. 19 Rn. 120 m. w. N. auf die st. Rspr. des BVerfG in Fn. 358.
6 Vgl. *Steinlechner/Walz*, WPflG, § 34 Rn. 5 m. w. N.
7 Dabei soll nicht verhehlt werden, dass die rechtspolit. Nähe der Dienstleistungspflichten zur WPfl nicht ganz unproblematisch ist. Vgl. die Komm. zu § 59 Rn. 29.

festsetzungsbescheid **nicht statthaft** ist.[8] Ebenfalls nicht zulässig ist eine Beschwerde gegen gerichtl. Entsch. im Rahmen der §§ 80 und 123 VwGO.

13 Eine „**außerordentliche**" **Beschwerde** ist allenfalls dann vorstellbar, wenn eine an sich unanfechtbare gerichtl. Entsch. „jeder gesetzlichen Grundlage entbehrt und inhaltlich dem Gesetz fremd ist".[9]

14 Die **Rechtsmittelbelehrung** muss der Gesetzeslage entsprechen. Wird in ihr auf eine – nicht existierende – Berufungsmöglichkeit verwiesen, setzt dies die Frist zur Einlegung der Revision nicht in Lauf.[10]

15 **4. Satz 2 und 3. – a) Revision.** Gegen das erstinstanzliche Urt. kann Revision eingelegt werden. Diese muss entweder durch das VG oder nach erfolgreicher Nichtzulassungsbeschwerde durch das BVerwG **zugelassen** sein (§ 135 Satz 2 VwGO).

16 Für die **Zulassung** gelten die **§§ 132 und 133 VwGO** entspr. (§ 135 Satz 3 VwGO). Die Zulassung ist geboten, wenn sie grds. Bedeutung hat (§ 132 Abs. 2 Nr. 1 VwGO), das Urt. des VG von einer höchstrichterlichen Entsch. abweicht, sog. Divergenzrüge, (§ 132 Abs. 2 Nr. 2 VwGO) oder auf einem Verfahrensmangel beruht (§ 132 Abs. 2 Nr. 3 VwGO).

17 **Grds. Bedeutung** hat eine Rechtsfrage, wenn die Klärung einer bisher höchstrichterlich ungeklärten, in ihrer Bedeutung über den Einzelfall hinausgehenden Frage des revisiblen Rechts zu erwarten ist.[11]

18 Eine **Divergenz** liegt vor, wenn das Urt. mit einem seine Entsch. tragenden abstrakten Rechtssatz von einem in der Rspr. eines Divergenzgerichts aufgestellten gleichen Rechtssatz abweicht.[12]

19 Ziel der **Verfahrensrüge** ist die Sicherstellung einer ordnungsgemäßen Entscheidungsfindung.[13]

20 Zu Fallbeispielen zum Wehrpflichtrecht kann auf die Kommentarlit. zu § 34 WPflG verwiesen werden.[14]

21 **b) Beschwerden.** § 84 lässt zwei Beschwerden gegen erstinstanzliche Entsch. zu:
 – Die **Nichtzulassungsbeschwerde.** Insoweit gelten die Verfahrensbest. des § 133 Abs. 2 bis 6 VwGO.
 – Die **Rechtswegbeschwerde.** Einzelheiten folgen aus § 17a Abs. 2 und 3 sowie Abs. 4 Satz 4 bis 6 GVG. In der Praxis wird eine mögliche Konkurrenz zwischen einem VG und einem TDG die Gerichte beschäftigen. Es ist nicht auszuschließen, dass ein VG gem. § 17a Abs. 2 Satz 3 GVG in einer truppendienstl. Angelegenheit zu entscheiden hat oder ein TDG in einer Verwaltungsangelegenheit. Die Grenzen zwischen beiden Rechtswegen sind, wie sich aus der Komm. zu § 82 ergibt, unscharf und fließend.

---

8 Vgl. *Steinlechner/Walz*, WPflG, § 34 Rn. 23 m.w.N.; zuletzt OVG Magdeburg F 3 S 213/96.
9 Vgl. BVerwG *Buchholz* 310 § 152 VwGO Nr. 12.
10 Vgl. BVerwGE 71, 359.
11 *Bader*, in: Bader, VwGO, § 132 Rn. 9 m. w. N.
12 *Bader*, in: Bader, VwGO, § 132 Rn. 18 m. w. N.
13 *Bader*, in: Bader, VwGO, § 132 Rn. 26 m. w. N.
14 Vgl. *Steinlechner/Walz*, WPflG, § 34 Rn. 13 bis 15.

§ 85 Besondere Vorschriften für die Anfechtungsklage

¹**Die Anfechtungsklage gegen den Untersuchungsbescheid (§ 71 Satz 5 und § 73 Satz 3), die Anfechtungsklage gegen den Heranziehungsbescheid (§ 72 Abs. 1 Satz 1 und § 73 Satz 1) und die Anfechtungsklage gegen die Aufhebung des Heranziehungsbescheides haben keine aufschiebende Wirkung.** ²**Das Gericht kann auf Antrag die aufschiebende Wirkung anordnen.** ³**Vor der Anordnung ist die Wehrbereichsverwaltung zu hören.**

Übersicht

	Rn		Rn
I. Allgemeines	1	II. Erläuterungen im Einzelnen	5
1. Entstehung der Vorschrift	1	1. Zweck der Vorschrift; Satz 1	5
2. Änderungen der Vorschrift	2	2. Satz 2	7
3. Bezüge zu anderen rechtl. Vorschriften	3	3. Satz 3	14

Literatur: Spezielle Veröffentlichungen zu § 85 liegen noch nicht vor. Zu § 35 WPflG vgl. die Literaturübersicht bei *Steinlechner/Walz*, WPflG, 444 f.

I. Allgemeines

1. Entstehung der Vorschrift. Die mit dem **SkResNOG** in das SG **eingeführte** Vorschrift entspricht dem Regelungsgehalt des **§ 35 WPflG**¹ i.d.F. des BwNeuAusrG. **1**

2. Änderungen der Vorschrift. Änderungsbedarf ist zzt. nicht erkennbar. **2**

3. Bezüge zu anderen rechtl. Vorschriften. Für **WPfl** gilt, wie oben erwähnt, **§ 35 WPflG**. **3**

Für **ZDL** enthält **§ 74 Abs. 2 ZDG** die dem Wehrpflichtrecht nachgebildete Regelung.² **4**

II. Erläuterungen im Einzelnen

1. Zweck der Vorschrift; Satz 1. Der Widerspruch gegen den Heranziehungsbescheid, gegen dessen Aufhebung sowie gegen den Untersuchungsbescheid haben keine aufschiebende Wirkung (§ 83 Abs. 2 Satz 2). Es ist daher nur konsequent, dass dies in den drei genannten Fällen auch für die Anfechtungsklage gilt. Der für den Regelfall mit einem Widerspruch und einer Anfechtungsklage eintretende **Suspensiveffekt** (§ 80 Abs. 1 Satz 1 VwGO) **entfällt** ausnahmsweise (vgl. § 80 Abs. 2 Satz 1 Nr. 3 VwGO). Dies lässt sich hier, wie bereits im Rahmen des § 83, mit der besonderen **Eilbedürftigkeit** des Vollzugs dieser Bescheide und der notwendigen **Planungssicherheit** der SK und der Wehrersatzbehörden begründen. **5**

Widerspruch und Anfechtungsklage können daher i. d. R. die Heranziehung des Dienstleistungspflichtigen nicht verhindern. Dieser bleibt **verpflichtet**, seinen **Dienst anzutreten**. Im Zeitpunkt des im Heranziehungsbescheid festgesetzten Diensteintritts wird er – unbeschadet eines Widerspruchs oder einer Klage gegen den Bescheid – **Soldat** (§ 2 Abs. 1 Nr. 2). **6**

---

1 BT-Drs. 15/4485, 41.
2 Die Anfechtungsklage gegen eine beamtenrechtl. Abordnung o. Versetzung hat ebenfalls keine aufschiebende Wirkung (§ 54 Abs. 4 BeamtStG). Dasselbe gilt für dienstrechtl. Maßnahmen im Rahmen des Arbeitssicherstellungsgesetzes (§ 27 Abs. 2 Arbeitssicherstellungsgesetz).

7 **2. Satz 2.** Die Regelung des Satzes 2 stimmt mit der des § 80 Abs. 5 Satz 1 VwGO überein. Infolgedessen sind die Best. der VwGO ergänzend heranzuziehen.

8 Voraussetzung für einen Antrag auf Anordnung der aufschiebenden Wirkung der Klage ist, dass überhaupt einer der drei genannten **VA** einer Wehrersatzbehörde vorliegt. „Existenzvoraussetzung" für einen VA ist, dass dieser **ordnungsgemäß zugestellt** worden ist.[3]

9 Das **Widerspruchsverfahren** muss **abgeschlossen** sein; der Widerspruchsbescheid und damit der Ausgangsverwaltungsakt dürfen noch **nicht bestandskräftig** geworden sein.[4]

10 Der Antrag ist bereits **vor Klageerhebung** zulässig (§ 80 Abs. 5 Satz 2 VwGO); diese muss aber spätestens zum Zeitpunkt der gerichtl. Entsch. über den Antrag nachgeholt worden sein.[5]

11 Der Antrag ist **nicht** an eine bestimmte **Frist** gebunden, kann daher während des gesamten gerichtl. Verfahrens einschl. der Revision gestellt werden.[6]

Mit der rechtkräftigen Abweisung der Klage erledigen sich unerledigte Anträge auf Anordnung der aufschiebenden Wirkung.[7]

12 Der Umstand, dass der Dienstleistungspflichtige den **Wehrdienst** bereits **angetreten** hat, steht einem Antrag auf Anordnung der aufschiebenden Wirkung der Klage gegen den Heranziehungsbescheid **nicht entgegen**.[8] Wird dem Antrag stattgegeben, ist der Soldat in entspr. Anwendung von § 75 Abs. 1 Satz 2 Nr. 4 zu **entlassen**.

13 Die aufschiebende Wirkung ist **anzuordnen**, wenn entweder bereits im Anordnungsverfahren festgestellt werden kann, dass der Dienstleistungspflichtige die ihm durch den Heranziehungsbescheid auferlegte Pflicht mit **überwiegender Aussicht auf Erfolg** bestreitet, oder wenn die Heranziehung den Dienstleistungspflichtigen so **hart treffen** würde, dass demgegenüber dem öff. Interesse ein geringeres Gewicht zukommt.[9] Abzuwägen sind daher die **widerstreitenden Interessen** des Klägers und des Staates. Überwiegen die des Klägers eindeutig, ist die aufschiebende Wirkung anzuordnen.[9] Ergibt die **summarische Prüfung** durch das VG, dass z. B. ernsthafte Zweifel an der Dienstfähigkeit des Klägers bestehen, hat das öff. Interesse an der Wehrdienstleistung zurückzutreten.[10]

14 **3. Satz 3.** Das Gericht hat vor seiner Entscheidung die **WBV** zu **hören**. An die Äußerung der WBV ist das Gericht **nicht gebunden**.

15 Das Gericht entscheidet durch **Beschl.**. In **dringenden Fällen** trifft die Entscheidung der Kammervorsitzende (§ 80 Abs. 8 VwGO). Die Vorschrift wird wegen des Kammerprinzips restriktiv ausgelegt.[11]

16 Die Entscheidung ist **unanfechtbar** (§ 84 Satz 1).

---

3 Vgl. BVerwG NVwZ-RR 2002, 586.
4 Vgl. *Funke-Kaiser*, in: Bader, VwGO, § 80 Rn. 66.
5 Vgl. *Funke-Kaiser*, in: Bader, VwGO, § 80 Rn. 78 m. w. N.
6 Vgl. BVerwG *Buchholz* 448.0 § 35 WPflG Nr. 16.
7 Vgl. BVerwG *Buchholz* 448.0 § 33 WPflG Nr. 10.
8 Vgl. BVerwG *Buchholz* 448.0 § 35 WPflG Nr. 9.
9 Vgl. BVerwG *Buchholz* 448.11 § 74 ZDG Nr. 1.
10 Vgl. *Steinlechner/Walz*, WPflG, § 35 Rn. 9 m. w. N.
11 Vgl. *Funke/Kaiser*, in: Bader, VwGO, § 80 Rn. 140.

Jeder Verfahrensbeteiligte kann die **Änd.** oder Aufhebung der gerichtl. Entsch. wegen veränderter oder ohne Verschulden nicht geltend gemachter Umstände beantragen (§ 80 Abs. 7 Satz 2 VwGO). Anlass hierfür kann z. B. die höchstrichterliche Klärung einer strittigen Rechtsfrage sein.[12] **17**

---

12 Vgl. *Funke-Kaiser,* in: Bader, VwGO, § 80 Rn. 135.

Siebter Abschnitt
Bußgeldvorschriften; Übergangs- und Schlussvorschriften

§ 86 Bußgeldvorschriften

(1) Ordnungswidrig handelt, wer vorsätzlich oder fahrlässig
1. entgegen § 71 Satz 3, § 73 Satz 4 oder § 77 Abs. 4 Nr. 7 sich einer dort genannten Untersuchung oder Überprüfung nicht oder nicht rechtzeitig unterzieht,
2. entgegen § 77 Abs. 4 Nr. 1 oder Abs. 6 Nr. 1, 2 oder 3 eine Meldung nicht oder nicht rechtzeitig macht,
3. entgegen § 77 Abs. 4 Nr. 2 keine Vorsorge trifft,
4. entgegen § 77 Abs. 4 Nr. 3 sich nicht oder nicht rechtzeitig meldet oder
5. entgegen § 77 Abs. 4 Nr. 5 einen dort genannten Bescheid nicht sorgfältig oder nicht für die vorgeschriebene Dauer aufbewahrt, ihn missbräuchlich verwendet oder nicht oder nicht rechtzeitig vorgelegt oder eine Meldung nicht oder nicht rechtzeitig macht.

(2) Die Ordnungswidrigkeit kann mit einer Geldbuße geahndet werden.

(3) Verwaltungsbehörde im Sinne des § 36 Abs. 1 Nr. 1 des Gesetzes über Ordnungswidrigkeiten ist das Kreiswehrersatzamt.

Übersicht

	Rn		Rn
I. Allgemeines	1	II. Erläuterungen im Einzelnen	8
1. Entstehung der Vorschrift	1	1. Zweck der Vorschrift; Abgrenzung zu anderen Maßnahmen	8
2. Änderungen der Vorschrift	3	2. Absatz 1	12
3. Bezüge zu anderen rechtl. Vorschriften; ergänzende Erlasse	4	3. Absatz 2	16
		4. Absatz 3	18

Literatur: Spezielle Veröffentlichungen zu § 86 liegen noch nicht vor. Zu § 45 WPflG vgl. die Literaturübersicht bei *Steinlechner/Walz,* WPflG, 474.

I. Allgemeines

1. Entstehung der Vorschrift. Die mit dem **SkResNOG** in das SG **eingeführte** Vorschrift eröffnet erstmals die Möglichkeit, Pflichtverstöße der Dienstleistungspflichtigen im Rahmen der Dienstleistungsüberwachung als Ordnungswidrigkeit zu verfolgen. Die Bußgeldbewehrung bestimmter Pflichten ist erforderlich, weil sich der betroffene Personenkreis nicht in einem Wehrdienstverhältnis befindet und die in § 86 aufgeführten Pflichten daher nicht „im Wege von Befehl und Gehorsam" durchgesetzt werden können.[1] **1**

---

1 BT-Drs. 15/4485, 41.

2   Die Vorschrift **entspricht**, auch wenn dies der amtl. Begr. nicht zu entnehmen ist, im Wesentlichen vollinhaltl. **§ 45 WPflG** i.d.F. des SkResNOG (und jetzt des WehrRÄndG 2008), soweit dieser auf Dienstleistungspflichtige übertragbar war.

3   **2. Änderungen der Vorschrift.** Durch Art. 3 Nr. 30 des WehrRÄndG 2008 wurde Abs. 1 Nr. 2 redaktionell geändert. Weiterer dringender **Änderungsbedarf** ist zzt. **nicht erkennbar.** Im Zuge einer gelegentlichen Rechtsbereinigung des WPflG und des SG sollte eine Anpassung des Abs. 1 Nr. 2 an § 45 Abs. 1 Nr. 3 WPflG geprüft werden. Die Meldepflichten gem. § 77 Abs. 6 Nr. 1, 2 und 3 bedürfen keiner Bußgeldbewehrung.[2]

4   **3. Bezüge zu anderen rechtl. Vorschriften; ergänzende Erlasse.** Für **WPfl** gilt, wie oben erwähnt, **§ 45 WPflG.**

5   Für **ZDL** ist **§ 57 ZDG** einschlägig.

6   Die Durchführung des Bußgeldverfahrens in der Bw ist in den Richtlinien über die Verfolgung und Ahndung von Ordnungswidrigkeiten durch Behörden im Geschäftsbereich des BMVg (**RL OWi-BMVg**)[3] geregelt.

7   Verstöße gegen Auskunfts- und Anzeigepflichten nach dem **USG** werden gem. § 24 USG als Ordnungswidrigkeit verfolgt.

II. Erläuterungen im Einzelnen

8   **1. Zweck der Vorschrift; Abgrenzung zu anderen Maßnahmen.** § 86 soll helfen, sicherzustellen, dass der Dienstleistungspflichtige bestimmte ihm im Rahmen der Dienstleistungsüberwachung obliegende Pflichten befolgt.[4]

9   Die Vorschrift tritt damit ergänzend neben die Möglichkeit, Offz und Uffz nach ihrem Ausscheiden aus dem Wehrdienst wegen unwürdigen Verhaltens gem. § 23 Abs. 2 Nr. 2 **disziplinar** zu verfolgen (vgl. § 58 Abs. 2 und 3 WDO).

10 Stellt das Verhalten des Dienstleistungspflichtigen zugleich eine **Straftat** (z. B. gem. § 109a StGB) dar, wird das Strafgesetz angewandt, es sei denn, eine Strafe wird nicht verhängt (§ 21 OWiG). Das dann verbleibende sog. Verwaltungsunrecht wird als Ordnungswidrigkeit geahndet.

11 **Schadensersatz** und Bußgeld schließen sich nicht aus. Dasselbe gilt für die **polizeiliche Vorführung** sowie andere **Zwangsmittel** nach dem VwZG und ein Ordnungswidrigkeitsverfahren.[5] Beim Bußgeldverfahren steht dessen erzieherische Funktion im Vordergrund.

12 **2. Absatz 1.** Die in den Nrn. 1 bis 5 enumerativ aufgeführten Nebenpflichten müssen **vorsätzlich** oder **fahrlässig** verletzt worden sein. Der Gesetzgeber hat damit von der ihm gem. § 10 OWiG eingeräumten Möglichkeit Gebrauch gemacht, ausnahmsweise auch fahrlässiges Handeln mit Geldbuße zu bedrohen.

13 Der **Versuch** kann nicht geahndet werden, da § 86 dies nicht ausdrücklich bestimmt (§ 13 Abs. 2 OWiG). Dasselbe gilt für die **Beteiligung Mehrerer** an der Ordnungswidrigkeit (§ 14 Abs. 2 OWiG).

---

2 Vgl. die Komm. zu § 77 Rn. 49.
3 BMVg – R II 5 – Az 39-50-01/90 v. 7.7.2006.
4 BT-Drs. 15/4485, 41.
5 Vgl. *Steinlechner/Walz*, WPflG, § 45 Rn. 9.

Bußgeldvorschriften § 86

Die Einzeltatbestände des § 45 WPflG a. F. waren zu Recht wegen ihres „Wustes von 14
Zitaten" als „bürgerunfreundlich" kritisiert worden.[6] Mit dem SkResNOG wurde § 45
WPflG komplett überarbeitet. Zahlreiche Pflichtverstöße wurden eliminiert; die verbliebenen wurden konkretisiert und verständlicher gefasst.[7] § 86 entspricht diesem
„Muster"; seine Anwendung dürfte damit leichter fallen als dies im Kontext mit § 45
WPflG a. F. zu beobachten war.

Die Tatbestände der Nrn. 1 bis 5 sind bei der Komm. zu §§ 71, 73 und 77 erläutert wor- 15
den. Hierauf kann an dieser Stelle verwiesen werden.

3. Absatz 2. Die Geldbuße beträgt **mindestens fünf** und **höchstens eintausend Euro** 16
(§ 17 Abs. 1 OWiG), bei fahrlässigem Handeln höchstens 500 Euro (§ 17 Abs. 2
OWiG).[8]

Hinzu kommen **Gebühren** und **Auslagen.** Die Gebühr beträgt 5 % des festgesetzten 17
Betrags, mindestens 20 und im vorliegenden Kontext höchstens 50 Euro (§ 107 Abs. 1
Satz 3 OWiG).

4. Absatz 3. Das KWEA ist die gem. § 36 Abs. 1 Nr. 1 OWiG **sachlich zuständige** Ver- 18
waltungsbehörde.

Örtlich zuständig ist das KWEA, in dessen Zuständigkeitsbereich der betroffene 19
Dienstleistungspflichtige seinen **Wohnsitz** hat, weil er auch i. d. R. dort die Ordnungswidrigkeit begangen haben dürfte (§ 37 Abs. 1 OWiG).

Dem Dienstleistungspflichtigen ist zunächst Gelegenheit zu geben, sich zu der 20
Beschuldigung zu **äußern** (§ 55 Abs. 1 OWiG). Gleichzeitig kann bei geringfügigen
Verfehlungen eine **Verwarnung** mit (fünf bis 35 Euro) oder ohne **Verwarnungsgeld**
ausgesprochen werden (§ 56 Abs. 1 OWiG). Hiergegen kann **gerichtl. Entsch.** beantragt werden (§ 62 Abs. 1 OWiG).

Ist der Dienstleistungspflichtige mit der Verwarnung nicht einverstanden oder zahlt er 21
das Verwarnungsgeld nicht oder hält das KWEA eine Verwarnung nicht für angemessen, kann ein **Bußgeldbescheid** ergehen. Dieser muss die in § 66 Abs. 1 und 2 OWiG
aufgeführten Angaben enthalten.

Gegen den Bußgeldbescheid kann innerhalb von zwei Wochen nach Zustellung **Einspruch** 22
beim KWEA eingelegt werden (§ 67 Abs. 1 Satz 1 OWiG). Über den Einspruch entscheidet – nach einem Zwischenverfahren gem. § 69 OWiG – das **Amtsgericht** (§ 68 OWiG).

Die **Verfolgungsverjährung** beträgt sechs Monate (§ 31 Abs. 2 Nr. 4 OWiG). Sie 23
beginnt mit Beendigung der Handlung (§ 31 Abs. 3 Satz 1 OWiG). Anwendbar ist
diese Regelung auf die Fälle des § 86 Abs. 1 Nr. 1 und 2. Bei sog. **Dauerordnungswidrigkeiten** beginnt die Verjährungsfrist mit der Beendigung des rechtswidrigen
Zustands (§ 31 Abs. 3 Satz 2 OWiG). Solche Dauerordnungswidrigkeiten sind Verstöße entspr. § 86 Abs. 1 Nr. 2, 3, 4 und 5.

Die **Vollstreckung** einer rechtskräftig festgesetzten Geldbuße **verjährt** i. d. R. nach drei 24
Jahren (§ 34 Abs. 2 Nr. 3 OWiG).

---

6 *Steinlechner/Walz*, WPflG, § 45 Rn. 11.
7 Vgl. BT-Drs. 15/4485, 35.
8 Der Bußgeldrahmen bestimmt sich im Einzelnen nach den RL OWi-BMVg. Vgl. hierzu KG
  Berlin 2 Ss 61/97.

§ 87 Einstellung von anderen Bewerbern

(1) ¹Ein Bewerber, der die für einen höheren Dienstgrad erforderliche militärische Eignung durch Lebens- und Berufserfahrung außerhalb der Bundeswehr erworben hat, kann auf Grund freiwilliger Verpflichtung zu einer Eignungsübung von vier Monaten einberufen werden; er kann die Eignungsübung freiwillig fortsetzen. ²Während der Übung kann er mit dem 15. oder Letzten eines jeden Monats entlassen werden. ³Die Entlassungsverfügung ist ihm wenigstens zwei Wochen vor dem Entlassungstag bekannt zu geben. ⁴Auf seinen Antrag muss er jederzeit entlassen werden. ⁵Im Übrigen hat er für die Dauer der Eignungsübung die Rechtsstellung eines Soldaten auf Zeit mit dem Dienstgrad, für den er nach erfolgreicher Ableistung der Eignungsübung vorgesehen ist.

(2) Nach der Eignungsübung kann der Bewerber zum Berufssoldaten oder zum Soldaten auf Zeit ernannt werden.

(3) Für die Ernennung zum Soldaten auf Zeit findet die Beschränkung auf ein Lebensalter von 40 Jahren keine Anwendung.

Übersicht

	Rn		Rn
I. Allgemeines	1	aa) „Lebens- und Berufserfahrung außerhalb der Bundeswehr"	17
1. Entstehung der Vorschrift	1		
2. Änderungen der Vorschrift	6		
3. Bezüge zum Beamtenrecht bzw. zu sonstigen rechtl. Vorschriften; ergänzende Dienstvorschriften und Erlasse	12	bb) „auf Grund freiwilliger Verpflichtung ... einberufen"	18
		b) Satz 5	23
II. Erläuterungen im Einzelnen	16	c) Sätze 2 bis 4	24
1. Zweck der Vorschrift	16	3. Absatz 2	29
2. Absatz 1	17	4. Absatz 3	30
a) Satz 1	17		

Literatur: *Brigmann, Wolfgang*: Wehrdienst und Sozialversicherung, Soziale Sicherheit 1962, 167; *Gumbel, Karl*: Der Sozialversicherungsschutz des Soldaten, Sozialversicherung 1964, 33.

Aktuelle Veröffentlichungen zu § 87 sind nicht vorhanden. Dies gilt auch für das EÜG.

I. Allgemeines

1. Entstehung der Vorschrift. § 54 des **REntw.**[1] lautete:

(1) Ein Soldat oder ein Wehrmachtbeamter der früheren Wehrmacht kann auf Grund freiwilliger Verpflichtung zu einer Eignungsübung von vier Monaten einberufen werden. Er kann während der Übung mit dem 15. oder letzten eines jeden Monats entlassen werden. Die Entlassungsverfügung ist ihm wenigstens zwei Wochen vor dem Entlassungstag bekanntzugeben. Auf seinen Antrag muß er jederzeit entlassen werden. Im übrigen hat er die Stellung eines Soldaten auf Zeit. Neben der Einberufung bedarf es keiner Ernennung.

---

1 BT-Drs. II/1700, 14.

(2) Nach der Eignungsübung kann der Soldat oder der Wehrmachtbeamte der früheren Wehrmacht zum Berufssoldaten oder zum Soldaten auf Zeit ernannt werden.

(3) Ein Berufssoldat oder Wehrmachtbeamter der früheren Wehrmacht kann, wenn dienstliche Gründe dies fordern, innerhalb von drei Jahren nach Beginn der Aufstellung auf die Dauer von fünf Jahren auch dann zum Berufssoldaten ernannt werden, wenn er die Altersgrenze (§ 40) überschritten hat oder in dieser Zeit überschreiten würde. Es muß von ihm jedoch eine mindestens dreijährige Dienstleistung erwartet werden können. Für die Anwendung des § 39 Abs. 1 tritt an die Stelle des Erreichens der Altersgrenze der Ablauf der in Satz 1 bezeichneten Dienstzeit.

(4) Für die Ernennung zum Soldaten auf Zeit finden die altersmäßigen Beschränkungen des § 35 Abs. 1 Nr. 1 keine Anwendung.

In der **Begr.**[2] des REntw. wird der Zweck dieser Regelung als „Übergangsbestimmung für den Neuaufbau der Streitkräfte" mit dem Ziel, „auf militärfachliches Können aus der Vergangenheit zurückzugreifen", umschrieben. Die Übernahme ehem. Wehrmachtsangehöriger erfordere ein „sorgfältiges Verfahren, in dem die Eignung des Bewerbers für seine Übernahme als Soldat auf Zeit oder Berufssoldat geprüft" werde. An „andere Bewerber", d. h. an Personen, die nicht in der früheren Wehrmacht gedient hatten, war zunächst nicht gedacht.   2

In seiner Stellungnahme[3] forderte der **BR** die BReg auf, § 54 Abs. 1 noch mit dem EÜG abzustimmen. Die BReg sagte zu, diesem Petitum „im Laufe des weiteren Gesetzgebungsverfahrens Rechnung" zu tragen.[4]   3

Der krit. Einwand des Abg. *Merten* (SPD) anlässlich der **1. Lesung** des SG im BT am 12.10.1955[5], die Frage der Übernahme der ehem. Wehrmachtangehörigen bedürfe „noch einer eingehenden Prüfung", fand in den **Ausschussberatungen** keine erkennbare Resonanz. Der Rechtsausschuss billigte § 54 des REntw. „ohne Bemerkungen".[6] Der Ausschuss für Beamtenrecht forderte die BReg auf, Abs. 1 um eine dem BBG entspr. Vorschrift über „andere Bewerber" zu ergänzen. Im Übrigen änderte er die Abs. 3 und 4 sprachlich/redaktionell.[7] Der VertA schloss sich den Änderungswünschen des Ausschusses für Beamtenrecht an.[8] Die wesentlichste Änd. gegenüber der Formulierung des REntw. bestand in der **Aufnahme der „anderen Bewerber"**, auch **„Seiteneinsteiger"** oder **„Außenseiter"** genannt[9], in die vom Plenum beschlossene **Erstfassung** des späteren § 60:   4

(1) Ein Soldat oder ein Beamter der früheren Wehrmacht oder ein Bewerber, der sich die für einen höheren Dienstgrad erforderliche militärische Eignung durch Lebens- und Berufserfahrung außerhalb der früheren Wehrmacht oder der Bundes-   5

---

2 BT-Drs. II/1700, 35.
3 BT-Drs. II/1700, 40.
4 BT-Drs. II/1700, 45.
5 Sten. Ber. 5788 (A).
6 Prot. Nr. 93 v. 12.12.1955, 27.
7 Prot. Nr. 44 v. 12.1.1956, 6; Ausschussdrs. 23 v. 20.1.1956, 63.
8 BT-Drs. II/2140, 14, 57.
9 BT-Drs. II/2140, 14; *Rittau*, SG, 245. *Rittau* (SG, 246) zit. in diesem Zusammenhang einen Beschl. des BPA v. 2.8.1956. Danach war insbes. an Angehörige des Polizeivollzugsdienstes, des Zollgrenzdienstes, des früheren Reichsarbeitsdienstes u. der ehem. Waffen-SS (!) gedacht.

§ 87   Einstellung von anderen Bewerbern

wehr erworben hat, kann auf Grund freiwilliger Verpflichtung zu einer Eignungsübung von vier Monaten einberufen werden; er kann die Eignungsübung freiwillig fortsetzen. Während der Übung kann er mit dem 15. oder Letzten eines jeden Monats entlassen werden. Die Entlassungsverfügung ist ihm wenigstens zwei Wochen vor dem Entlassungstag bekanntzugeben. Auf seinen Antrag muß er jederzeit entlassen werden. Im übrigen hat er für die Dauer der Eignungsübung die Stellung eines Soldaten auf Zeit mit dem Dienstgrad, für den er nach erfolgreicher Ableistung der Eignungsübung vorgesehen ist.

(2) Nach der Eignungsübung kann der Bewerber zum Berufssoldaten oder zum Soldaten auf Zeit ernannt werden.

(3) Ein Bewerber nach Absatz 1 kann, wenn dienstliche Gründe dies erfordern, innerhalb dreier Jahre nach Beginn der Aufstellung auf die Dauer von fünf Jahren auch dann zum Berufssoldaten ernannt werden, wenn er die Altersgrenze überschritten hat oder in dieser Zeit überschreiten würde. Es muß von ihm jedoch eine mindestens dreijährige Dienstleistung erwartet werden können. Für die Anwendung des § 44 Abs. 1 tritt an die Stelle des Erreichens der Altersgrenze der Ablauf der in Satz 1 bezeichneten Dienstzeit.

(4) Für die Ernennung zum Soldaten auf Zeit findet die Beschränkung auf ein Lebensalter von 32 Jahren keine Anwendung.

6   **2. Änderungen der Vorschrift.** Soweit sich § 87 auf andere Bewerber bezieht, war von Anfang an, trotz der Abschnittsüberschrift („Übergangs- und Schlußvorschriften") nicht an eine zeitliche Begrenzung dieser Vorschrift gedacht.[10] In einem gewissen Widerspruch hierzu stand die ursprünglich auf drei Jahre **begrenzte Geltungsdauer**[11] des **EÜG**.[12]

7   Durch Art. 1 Nr. 10 des G vom **28.3.1960**[13] wurde in Abs. 4 die Zahl „32" durch die Zahl „40" ersetzt.

8   Durch Art. 1 Nr. 18 des G vom **6.12.1990**[14] erhielt § 87 die jetzige Überschrift; Abs. 1 Satz 1 wurde zur geltenden Fassung umformuliert; Abs. 3 wurde gestrichen, und Abs. 4 wurde zu Abs. 3. Begründet[15] wurden diese Änd. mit dem Umstand, dass die weiteren Einstellungsmöglichkeiten für Soldaten und Beamte der früheren Wehrmacht wegen Zeitablaufs inzwischen gegenstandslos geworden seien. Unterstellt, die SK hätten noch bis 1990 einen Bedarf an ehem. Soldaten oder Beamten der früheren Wehrmacht – im Durchschnittsalter von 65 Jahren – gehabt, ist wenig verständlich, dass diese Änd. nicht bereits zu einem weit früheren Zeitpunkt vollzogen worden waren.

9   Durch Art. 1 Nr. 44 und 46 des **SGÄndG** wurde die Abschnittsbezeichnung geändert; in Abs. 1 Satz 5 wurde das Wort „Stellung" durch das Wort „Rechtsstellung" ersetzt.

---

10   *Rittau*, SG, 246.
11   Diese wurde mehrfach verlängert, obwohl die praktische Bedeutung des EÜG bereits in den 60er Jahren des letzten Jh. „verhältnismäßig gering" war (*Gumbel*, Sozialversicherung 1964, 44).
12   Das EÜG gilt gem. § 11 i.d.F. des G v. 17.12.1970 (BGBl. I S. 1741) nunmehr unbegrenzt.
13   BGBl. I S. 206.
14   BGBl. I S. 2588.
15   BT-Drs. 11/6906, 17.

Einstellung von anderen Bewerbern § 87

Die Begr.[16] hierfür, damit solle eine sprachliche Angleichung an die Gesetzesüberschrift erfolgen, ist nicht schlüssig. „Einstellung", „Stellung" und „Rechtsstellung" sind durchaus differenziert verwendbare Begrifflichkeiten.

Durch Art. 2 Nr. 27 des **SkResNOG** wurde der bisherige § 60 als § **87** neu platziert. **10**

De lege ferenda sollte § 87 aus dem Abschnitt „Bußgeldvorschriften; Übergangs- und **11** Schlussvorschriften" herausgelöst und wegen das Sachzusammenhangs mit dem Laufbahnrecht der Soldaten **in § 27 integriert** werden.

3. Bezüge zum Beamtenrecht bzw. zu sonstigen rechtl. Vorschriften; ergänzende Dienstvorschriften und Erlasse. Das frühere **Rahmenrecht der Beamten** (§ 16 Abs. 1, **12** § 61 Abs. 1 BRRG a. F.) kannte zwar sog. **andere Bewerber**, definierte diese aber nicht.

Für den **Bundesdienst** bestimmt § 19 BBG, dass andere als Laufbahnbewerber in das **13** Beamtenverhältnis berufen werden dürfen, wenn sie die erforderliche Befähigung durch Lebens- und Berufserfahrung erworben haben und der Bundespersonalausschuss oder ein von ihm bestimmter unabhängiger Ausschuss dies feststellt.

Zusammenfassend lässt sich feststellen, dass andere Bewerber als Laufbahnbewerber **14** eine bestimmte **Lebens- und Berufserfahrung** und in diesem Zusammenhang meist auch einen bestimmten **(Aus-)Bildungsstand** nachweisen müssen.[17]

Für den Bereich der **SK** sind zu § 87 ergänzend heranzuziehen: **15**
- Das **EÜG** vom 20.1.1956[18]
- die **VO zum EÜG** vom 15.2.1956[19]
- **§ 15 SUV** und Nr. 100 der AusfBest SUV[20]
- § 4 Abs. 3, §§ 13, 17, 26, 28, 32, 37 bis 39 und 47 **SLV**
- sowie die Erl. des BMVg
- **ZDv 14/5 B 141** „Einberufung zu Eignungsübungen".
- **ZDv 14/5 C 211** „Einstellung von Bewerberinnen und Bewerbern als Unteroffiziere, Stabsunteroffiziere oder Feldwebel".
- **ZDv 14/5 C 212** „Einstellung von Bewerberinnen und Bewerbern mit einer wissenschaftlichen oder sonstigen fachlichen Vorbildung in die Laufbahnen der Offiziere".

II. Erläuterungen im Einzelnen

1. Zweck der Vorschrift. Soldaten werden für alle Laufbahnen **i. d. R. im untersten** **16** **Mannschaftsdienstgrad** eingestellt (§ 4 Abs. 2 Satz 1 SLV). Kann von diesem Grds. aufgrund einer Rechtsvorschrift abgewichen werden, hat der Bewerber seine Eignung durch eine Eignungsübung unter Beweis zu stellen (§ 13 Abs. 2, § 17 Abs. 3, § 26 Abs. 1 Nr. 4, § 28 Abs. 1 Satz 2, § 32 Abs. 1 Nr. 3, § 37 Abs. 1 Nr. 3, § 38 Abs. 1 Nr. 3, § 39 Abs. 1 Nr. 3, § 47 SLV). In der Eignungsübung hat der Bewerber seine Eignung für den höheren Dienstgrad als den untersten Mannschaftsdienstgrad nachzuweisen.[21]

---
16 BT-Drs. 14/4062, 24.
17 Vgl. VGH Mannheim 4 S 1764/91; BVerwG 2 A 5/96.
18 BGBl. I S. 13 mit Änd.
19 BGBl. I S. 71, zuletzt geä. durch VO v. 10.5.1971 (BGBl. I S. 450).
20 ZDv 14/5 F 511.
21 ZDv 14/5 B 141 Nr. 3 Abs. 1.

2. Absatz 1. – a) Satz 1. – aa) „Lebens- und Berufserfahrung außerhalb der Bundes-
17 **wehr".** Eine **Definition** dieser unbestimmten Rechtsbegriffe findet sich weder im Beamtenrecht noch im Soldatenrecht. Die **SLV differenziert** zwischen Bewerbern, die dem Bundesgrenzschutz, der Bundespolizei oder einer Bereitschaftspolizei der Länder angehört haben (§ 4 Abs. 3 Satz 1 SLV), und Bewerbern mit einer bestimmten fachl., schulischen oder wissenschaftlichen Ausbildung, die für den Dienst in den SK dienlich sein kann. Für die Annahme, es käme auch eine Vorverwendung „in einem ausländischen Militärdienst"[22] in Frage, geben die zit. Best. nichts her.

„Außerhalb der Bundeswehr" meint auch hier „außerhalb der (deutschen) Streitkräfte".

18 bb) **„auf Grund freiwilliger Verpflichtung ... einberufen".** Der Einberufungsbescheid zu der Eignungsübung ist ein **antragsbedürftiger VA**.[23] Der Antrag kann bis zum Dienstantritt ohne Begr. zurückgenommen werden.

19 Die Eignungsübung **beginnt** mit dem **Dienstantritt** (§ 2 Abs. 1 Nr. 4), frühestens an dem im Einberufungsbescheid genannten Tag.[24]

20 Tritt der Bewerber den Dienst **nicht an**, wird **kein Wehrdienstverhältnis** begründet. Rechtl. Konsequenzen anderer Art, z. B. nach dem WStG, löst der unterlassene Dienstantritt nicht aus.[25] Eine Entlassung des Bewerbers kommt in solchen Fällen nicht in Betracht[26], da ein solcher Rechtsakt die vorherige Begründung eines Dienstverhältnisses voraussetzt.

21 Wird ein **Arbeitnehmer** zu einer Eignungsübung einberufen, ruht sein Arbeitsverhältnis bis zur Dauer von vier Monaten (§ 1 Abs. 1 Satz 1 EÜG). Setzt der Arbeitnehmer die Eignungsübung gem. § 87 Abs. 1 Satz 1 Halbs. 2 über die Dauer von vier Monaten fort[27], endet sein Arbeitsverhältnis grds. mit Ablauf der ersten vier Monate (§ 3 Abs. 2 Satz 1 EÜG). Vor einer Verlängerung der Eignungsübung ist der Bewerber über diese Rechtsfolge aktenkundig zu belehren.[28]

22 Vergleichbare Best. für **Beamte** und **Richter** finden sich in § 7 EÜG.

23 **b) Satz 5.** Während der Eignungsübung hat der Bewerber die **Rechte** und **Pflichten** eines **SaZ**. Im Gegensatz zu allen anderen Soldaten legt der Bewerber weder einen Diensteid noch ein feierliches Gelöbnis ab.[29]

Für die Dauer der Eignungsübung erhält der Bewerber den **Dienstgrad**, für den er nach erfolgreichem Abschluss der Eignungsübung vorgesehen ist. Dieser Dienstgrad wird – mit der stillschweigenden oder ausdrücklichen – Zustimmung des Bewerbers vorläufig festgesetzt; er darf bei einem Scheitern der Eignungsübung nicht mehr geführt werden.[30]

---

22 GKÖD I Yk, § 87 Rn. 2.
23 GKÖD I Yk, § 87 Rn. 7; *Scherer/Alff/Poretschkin*, SG, § 87 Rn. 3.
24 ZDv 14/5 B 141 Nr. 5 Abs. 1. Missverständlich *Schölz/Lingens*, WStG, § 1 Rn. 4 („Das Wehrdienstverhältnis ... beginnt mit dem in der Einberufung zur Eignungsübung angegeben Zeitpunkt.").
25 *Stauf* I, § 60 SG Rn. 3.
26 A.A. GKÖD I Yk, § 87 Rn. 7.
27 Die Eignungsübung kann auf Antrag o. mit Zustimmung des Bewerbers um mindestens einen u. höchstens vier Monate verlängert werden (ZDv 14/5 B 141 Nr. 6 Abs. 1).
28 ZDv 14/5 B 141 Nr. 4 a Abs. 3.
29 ZDv 14/5 B 193 Nr. 3 Abs. 2. Vgl. krit. hierzu die Komm. zu § 9 Rn. 36.
30 ZDv 14/5 B 141 Nr. 3 Abs. 3.

c) Sätze 2 bis 4. Die Eignungsübung **endet** durch Entlassung von Amts wegen oder auf eigenen Antrag, durch Zeitablauf oder durch Ernennung zum SaZ oder BS. 24

Die **Entlassung von Amts wegen** kann wegen mangelnder Eignung oder schuldhafter Dienstpflichtverletzung erfolgen.[31] Dabei sind die Fristen des Satzes 2 zu beachten. Der Soldat ist gem. § 28 Abs. 1 VwVfG **anzuhören**. Die Entlassungsverfügung ist gem. § 39 VwVfG schriftl. zu **begründen** und mit einer **Rechtsbehelfsbelehrung** zu versehen. Für eine **fristlose Entlassung** gem. § 55 Abs. 5 ist neben § 87 Abs. 1 Satz 2 **kein Raum**.[32] § 87 ist gegenüber § 55 Abs. 5 lex specialis. § 55 Abs. 5 ist auch deswegen nicht anwendbar, weil sich der Eignungsübende (noch) nicht in den „ersten vier Dienstjahren" befindet. 25

Der **Entlassungsantrag** des Bewerbers bedarf **keiner Begr.**; ihm ist unverzüglich zu entsprechen.[33] 26

Wird der Bewerber über die Dauer von vier Monaten **im Dienst belassen**, gilt die Eignungsübung als stillschweigend verlängert; der Bewerber ist weiterhin de iure und nicht nur de facto Soldat.[34] 27

Endet die Eignungsübung wegen **Zeitablaufs** ohne eine Ernennung zum SaZ oder BS gem. Abs. 2, endet das Wehrdienstverhältnis von Gesetzes wegen entspr. § 54 Abs. 1 Satz 1. Eines förmlichen Bescheides, der lediglich deklaratorischen Charakter hätte[35], bedarf es hierzu nicht. Der Bewerber scheidet ohne einen statusbeendenden VA aus den SK aus. Wird dem Bewerber vor Ablauf der Eignungsübung mitgeteilt, dass er wegen **mangelnder Eignung** nicht übernommen werden könne[36], ist dies jedoch ein anfechtbarer **VA**.[37] 28

3. Absatz 2. Nach **erfolgreichem**[38] **Abschluss** der Eignungsübung kann der Bewerber zum **SaZ** oder **BS** ernannt werden. Aus der Formulierung „kann" wird geschlossen, dass der Bewerber keinen Rechtsanspruch auf Ernennung habe; die Entscheidung hierüber stehe vielmehr im pflichtgemäßen **Ermessen** der zuständigen Stelle.[39] Dies ist zwar grds. richtig. Eine Ablehnung der Ernennung trotz nachgewiesener Eignung ist jedoch nur in seltenen Ausnahmefällen denkbar[40], so etwa, wenn sich die Haushaltslage während der Eignungsübung so dramatisch verändert hat, dass die für eine Übernahme des Bewerbers erforderliche Planstelle nicht (mehr) zur Verfügung steht. 29

4. Absatz 3. Abs. 3 lässt eine Ausnahme von der **Altersgrenze** des § 40 Abs. 1 Nr. 1 zu. 30

---

31 *Scherer/Alff/Poretschkin*, SG, § 87 Rn. 6.
32 A.A. GKÖD I Yk, § 87 Rn. 10.
33 ZDv 14/5 B 141 Nr. 7 Abs. 2.
34 Vgl. GKÖD I Yk, § 87 Rn. 17.
35 Vgl. *Stauf* I, § 54 SG Rn. 1.
36 Nach der ZDv 14/5 B 141 Nr. 7 Abs. 4 ist eine solche Mitteilung für den Fall vorgeschrieben, dass die Eignungsübung ohne Erfolg enden wird o. wenn der Bewerber eine Verlängerung der Eignungsübung ablehnt.
37 Vgl. VG Göttingen 3 A 3163/99; VG Köln NZWehrr 1962, 91; VG Lüneburg 1 A 45/97.
38 Abs. 2 kann sich nur auf den Fall beziehen, dass ein Bewerber die Eignungsübung mit Erfolg absolviert hat (so auch *Scherer/Alff/Poretschkin*, SG, § 87 Rn. 7). Dies ergibt sich aus der Gesetzessystematik. Konnte der Bewerber seine Eignung nicht unter Beweis stellen, ist er entweder gem. Abs. 1 Satz 2 zu entlassen o. es ist ihm mitzuteilen, dass seine Dienstzeit am Schluss der Eignungsübung endet.
39 *Scherer/Alff/Poretschkin*, SG, § 87 Rn. 7.
40 Im Ergebnis ebenso GKÖD I Yk, § 87 Rn. 18. Auch nach der Erlasslage (ZDv 14/5 B 141 Nr. 7 Abs. 5) ist von einer Ermessensreduzierung auf Null auszugehen.

§ 88 Entlassung von anderen Bewerbern

¹Ein Bewerber nach § 87 Abs. 1, der in das Dienstverhältnis eines Berufssoldaten oder eines Soldaten auf Zeit berufen ist, kann auf Grund eines Verhaltens vor der Ernennung, das ihn der Berufung in sein Dienstverhältnis unwürdig erscheinen lässt, entlassen werden, nachdem ein Disziplinargericht den Sachverhalt festgestellt hat. ²Die Entlassung hat dieselben Folgen wie eine Entlassung nach § 46 Abs. 2 Satz 2 Nr. 3.

Übersicht

	Rn		Rn
I. Allgemeines	1	3. Satz 1	16
1. Entstehung der Vorschrift	1	a) Adressatenkreis	16
2. Änderungen der Vorschrift	4	b) Unwürdigkeit	17
3. Bezüge zum Beamtenrecht bzw. zu sonstigen rechtl. Vorschriften; ergänzende Dienstvorschriften und Erlasse	8	c) „nachdem ein Disziplinargericht den Sachverhalt festgestellt hat"	18
		d) „kann entlassen werden"	21
II. Erläuterungen im Einzelnen	11	4. Satz 2	22
1. Zweck der Vorschrift	11	5. Sonstiges	24
2. Verhältnis zu § 46 Abs. 2 Satz 1 Nr. 2 und 3	13		

Literatur: *Laabs, Harald*: Voraussetzungen der „Unwürdigkeit" im Sinne des § 61 SG, NZWehrr 1960, 97; *Lingens, Eric*: Statusrecht und Disziplinarrecht, NZWehrr 1996, 233; *Schreiber, Jürgen*: Sprechsaal 1/1959, NZWehrr 1959, 28.

I. Allgemeines

1. Entstehung der Vorschrift. § 55 des REntw.¹ sah folgende Regelung vor: 1

Ein Soldat oder Wehrmachtbeamter der früheren Wehrmacht, der in das Dienstverhältnis eines Berufssoldaten oder eines Soldaten auf Zeit berufen ist, kann auf Grund eines Verhaltens vor der Ernennung, das ihn der Berufung in sein Dienstverhältnis unwürdig erscheinen läßt, nach Feststellung des Tatbestandes durch ein Disziplinargericht entlassen werden.

In der **Begr.** des REntw.² wird der Charakter dieser Vorschrift als „**Übergangsbestimmung**" betont. Damit werde den Zeitverhältnissen Rechnung getragen, die es vielfach ausgeschlossen hätten, dass strafbare Handlungen strafgerichtl. abgeurteilt worden seien. Als Beispiel für ein „grob ehrenrühriges Verhalten" wird ein „unwürdiges Verhalten in der Kriegsgefangenschaft" genannt. 2

Die **krit. Anm.** des Abg. *Merten* (SPD) anlässlich der **1. Lesung** des SG am 12.12.1955³, § 55 öffne letztlich dem „Denunziantentum Tür und Tor", und es sei nicht hinzunehmen, dass für Soldaten und Beamte „ungleiches Recht geschaffen" werde, fanden bei der weiteren Beratung keinen Widerhall. Der **Rechtsausschuss**⁴ empfahl lediglich eine sprachliche Neufassung des 2. Halbs., der sich der **Ausschuss für Beamtenrecht**⁵ 3

---

1 BT-Drs. II/1700, 14.
2 BT-Drs. II/1700, 35.
3 Sten. Ber. 5788 (A).
4 Schreiben des Vors. des Rechtsausschusses an den Vors. des VertA v. 13.12.1955, 2.
5 Prot. der 44. Sitzung v. 12.1.1956, Prot. Nr. 44, 7; Ausschussdrs. 23 v. 20.1.1956, 64.

anschloss. Der **VertA**[6] ergänzte den Text der Regierungsvorlage um die sog. **anderen Bewerber** und formulierte ihn nochmals sprachlich um. Auch der VertA bezog sich in seiner Begr.[7] auf das (ehrenrührige) Verhalten in der Kriegsgefangenschaft. Bedeutsam ist ferner sein Hinw. darauf, dass ein Disziplinargericht zwar den Sachverhalt festzustellen habe; die Entlassung selbst bleibe jedoch „Verwaltungsakt des Dienstherrn".[8]

2. Änderungen der Vorschrift. Durch Art. 1 Nr. 11 des G vom **28.3.1960**[9] wurde der jetzige Satz 2 angefügt.   **4**

Durch Art. 1 Nr. 19 des G vom **6.12.1990**[10] wurde die Überschrift in die noch geltende Fassung gebracht. Zur Begr.[11] wurde auf den bzgl. der Soldaten und Beamten der früheren Wehrmacht inzwischen eingetretenen Zeitablauf verwiesen.   **5**

Durch das **SGÄndG** wurde in § 46 Abs. 2 ein Satz 2 angefügt. Als Folgeänd. hätte in § 61 a. F. Satz 2 die Verweisung auf „§ 46 Abs. 2 **Satz 1** Nr. 3" geä. werden müssen. Dieses Redaktionsversehen wurde durch Art. 2 Nr. 88b des **SkResNOG** behoben.   **6**

Ferner wurden durch das **SkResNOG** die Verweisung in Satz 1 geä. und § 61 als § **88** neu platziert.   **7**

3. Bezüge zum Beamtenrecht bzw. zu sonstigen rechtl. Vorschriften; ergänzende Dienstvorschriften und Erlasse. § 88 fand und findet **keine Entsprechung** im Beamten- und Richterrecht.[12] Eine Begr. für die soldatenrechtl. Sonderregelung ist den Materialien nicht zu entnehmen. Die Vermutung, eine entspr. beamtenrechtl. Regelung sei nicht notwendig (gewesen), da der Bund und die Länder aufgrund der Nachkriegsgesetzgebung eine „eingehende Hintergrundüberprüfung ihrer Beamten" vor der Einstellung hätten durchführen können[13], ist, unabhängig von ihrer zeitlich überholten Geltung, wenig schlüssig. Die Einstellungsverfahren für Beamte und Soldaten sind zumindest heute praktisch deckungsgleich.   **8**

Das Verfahren des „Disziplinargerichts" i. S. v. § 88 Satz 1 ist in **§ 144 WDO** geregelt.   **9**

DBest. zu § 88 wurden **nicht** erlassen.   **10**

II. Erläuterungen im Einzelnen

1. Zweck der Vorschrift. § 88 soll für BS und SaZ, die nach § 87 in ihr Dienstverhältnis berufen worden sind, einen zusätzlichen (besonderen?) Entlassungstatbestand schaffen, der neben die allg. Entlassungsvorschriften tritt. Wie die Entstehungsgeschichte[14] zeigt, dachte der Gesetzgeber hierbei primär an **ehem. Soldaten und Beamte der früheren Wehrmacht**, deren „Ehrenhaftigkeit" in der Kürze der beim   **11**

---

6 BT-Drs. II/2140, 58.
7 BT-Drs. II/2140, 14.
8 BT-Drs. II/2140, 15. Diese Zweistufigkeit des Entlassungsverfahrens betont – aus damaliger Sicht – auch *Rittau*, SG, 249.
9 BGBl. I S. 206.
10 BGBl. I S. 2588.
11 BT-Drs. 11/6906, 17.
12 Vgl. *Laabs*, NZWehrr 1960, 98; *Merten*, o. Fn. 3.
13 *Laabs*, NZWehrr 1960, 98 unter Hinw. auf einen unveröff. Beschl. des BDH WDB 4/59.
14 Vgl. o. Rn. 1 bis 3.

Aufbau der Bw zur Verfügung stehenden Zeit und angesichts des rechtl. Instrumentariums bis 1945 und von 1945 bis zur Gründung der Bw nicht immer ausreichend überprüft werden konnte. Die wenigen zu § 88 ergangenen gerichtl. Entsch.[15] und die Lit.[16] beziehen sich denn auch ausschließlich auf diese Situation.[17]

12 Spätestens mit der im Jahre 1990 erfolgten Änd. des § 61 a. F.[18] bestand für diese Vorschrift **keine rechtspolit. und praktische Begr.** mehr. Genauso wie „andere Bewerber" i. S. d. Beamtenrechts sind solche des Soldatenrechts nach den für alle Statusgruppen geltenden Best., insbes. den allg. Entlassungsvorschriften, zu behandeln.

Eine **ersatzlose Streichung des § 88** (und des § 144 WDO) ist auch deswegen angezeigt, weil diese Vorschriften zahlreiche schwierige Rechtsfragen aufwerfen; der unbestimmte Rechtsbegriff „unwürdig" dürfte in diesem Kontext wohl kaum den an die Bestimmtheit einer Norm zu stellenden Anforderungen gerecht werden.[19]

13 2. **Verhältnis zu § 46 Abs. 2 Satz 1 Nr. 2 und 3.** Von einem Teil der Lit.[20] wird die Auffassung vertreten, das Verfahren nach § 88 trete **neben** die Entlassungstatbestände des § 46 Abs. 2 Satz 1 Nr. 2 und 3; es liege im Ermessen der zuständigen Dienststellen, zu entscheiden, nach welcher Best. vorgegangen werde. Zur Begr. wird auf ein Urt. des BVerwG[21] verwiesen. Das Gericht hatte sein Votum darauf abgestellt, dass die Entlassung gem. § 61 a. F. im Gegensatz zu der gem. § 46 Abs. 2 auch bewirke, dass der Betroffene die Rechte aus dem G zu Art. 131 GG verliere. Nachdem die hierfür maßgebliche Best. des § 137 WDO a. F. mit dem 2. G zur Neuordnung des Wehrdisziplinarrechts vom 21.8.2001[22] gestrichen wurde, ist zumindest dieses Argument hinfällig geworden.

14 Die gegenteilige Auffassung[23] meint, § 88 sei **lex specialis** gegenüber § 46 Abs. 2. In den Fällen des § 87 sei neben § 88 für andere Entlassungstatbestände kein Raum.

15 Die Diskussion zeigt, dass § 88 „im Grunde weitgehend überholt ist".[24] Auch für andere Bewerber reichen die allg. Entlassungstatbestände aus. Der Umstand, dass andere Bewerber in die SK mit einem höheren Dienstgrad eingestellt werden, bedingt nicht, dass für sie ein besonderes Entlassungsverfahren Platz zu greifen hat.

---

15 BDHE 4, 150; 5, 205 (Verhalten in der Kriegsgefangenschaft); BDHE 5, 209 = NZWehr 1962, 27 (Täuschung über Beförderung u. Auszeichnung); BVerwGE 43, 62 = NZWehrr 1970, 145; BVerwG 46, 39 (Verhalten als KpChef in Russland); BVerwGE 53, 290 = NZWehrr 1977, 215 (Bigamie); BVerwG 2 WD 11/83 (Erschießung eines deutschen Soldaten während der Internierung in Norwegen).
16 *Laabs*, NZWehrr 1960, 97 (104); *Scherer/Alff/Poretschkin*, SG, § 88 Rn. 4; *Schreiber*, NZWehrr 1959, 28.
17 Die Anregung von *Lingens* (NZWehrr 1996, 235 Fn. 14), das Verfahren gem. § 61 auf ehem. Soldaten der NVA anzuwenden, die als sog. IMS Spitzeldienste geleistet hatten, ist von der Praxis nicht aufgegriffen worden. Solche Fälle wurden u. werden als Einstellungsbetrug (§ 46 Abs. 2 Satz 1 Nr. 2) abgehandelt.
18 Vgl. o. Rn. 5.
19 Vgl. allg. hierzu *Sachs*, in: Sachs, GG, Art. 20 Rn. 126 m. w. N. in Fn. 480.
20 *Dau*, WDO, § 144 Rn. 2; *Scherer/Alff/Poretschkin*, SG, § 88 Rn. 2.
21 BVerwGE 53, 290 = NZWehrr 1977, 215.
22 BGBl. I S. 2093.
23 Vgl. GKÖD I Yk, § 88 Rn. 7.
24 GKÖD I Yk, § 88 Rn. 7.

3. Satz 1. – a) Adressatenkreis. Der für eine Entlassung nach § 88 in Betracht kom- **16**
mende Personenkreis ist in zwei Richtungen **begrenzt**:

Einerseits gilt § 88 ausschließlich für die nach § 87 eingestellten anderen Bewerber; andererseits kann er schon begrifflich-logisch lediglich auf Soldaten Anwendung finden, die in einem **aktiven Wehrdienstverhältnis** stehen.[25] Gegen Soldaten im Ruhestand, im einstweiligen Ruhestand oder Res ist ein solches Verfahren nicht statthaft. Auch bei einem aktiven Soldaten ist vor der Einleitung eines Verfahrens nach § 88 aus prozessökonomischen Gründen zu prüfen, ob dieses voraussichtlich noch vor dem Ende seiner Dienstzeit abgeschlossen werden kann.[26]

Etwas anderes gilt im **Wiederaufnahmeverfahren** gem. §§ 129 ff. WDO. Ein solches, der Feststellung der Unwürdigkeit nach § 88 dienendes, ist auch nach der Beendigung des Dienstverhältnisses zulässig.[27]

b) Unwürdigkeit. „Unwürdig" ist ein **unehrenhaftes Verhalten** vor der Ernennung, **17**
das, gemessen an den „zeitlosen Forderungen, die an den Soldaten zu stellen sind"[28], unter Berücksichtigung von dessen Dienststellung als nicht achtungswürdig zu beurteilen ist. Gemeint ist also ein schuldhaftes Verhalten, das den Soldaten in seiner Ehre, Achtung und Wertschätzung durch seine Umwelt so wesentlich herabsetzt, dass sein Verbleiben in den SK mit deren Ansehen schlechthin nicht zu vereinbaren wäre.[29]

Wegen weiterer Einzelheiten kann auf die Komm. zu § 46 Abs. 2 Satz 1 Nr. 3 verwiesen werden.

Insgesamt kann man sich des Eindrucks nicht erwehren, als ob hier ein unbestimmter Rechtsbegriff durch andere unbestimmte Rechtsbegriffe ersetzt werde, ohne dass weitere Klarheit zu gewinnen wäre.

c) „nachdem ein Disziplinargericht den Sachverhalt festgestellt hat". Das Feststel- **18**
lungsverfahren, auf das sich § 88 Satz 1 bezieht, ist in **§ 144 WDO** geregelt. § 144 WDO „ergänzt"[30] § 88 Satz 1 nicht nur, sondern **ändert** dessen **gesetzl. Vorgabe**[31]: Gem. § 88 Satz 1 hat das Disziplinargericht den „Sachverhalt" festzustellen; § 144 Satz 2 WDO verpflichtet das richtigerweise als „Wehrdienstgericht" bezeichnete Gericht zugleich zu einer Bewertung des festgestellten Sachverhalts dahingehend, ob dieser den Soldaten als unwürdig erscheinen lässt. Dies ist zumindest gesetzestechnisch keine gute Lösung.

Das Urt. des Wehrdienstgerichts ist für das **VG bindend** (§ 145 Abs. 2 WDO), sofern **19**
der entlassene Soldat die Entlassungsverfügung gerichtl. anfechten sollte.[32]

---

25 BVerwGE 46, 39; BVerwGE 53, 290 = NZWehrr 1977, 215; BVerwG 2 WD 11/83; *Dau*, WDO, § 144 Rn. 3; *Scherer/Alff/Poretschkin*, SG, § 88 Rn. 3.
26 *Dau*, WDO, § 144 Rn. 3.
27 BVerwGE 53, 290 = NZWehrr 1977, 215.
28 BDHE 5, 205.
29 Vgl. BVerwGE 53, 290 = NZWehrr 1977, 215; GKÖD I Yk, § 88 Rn. 5; *Laabs*, NZWehrr 1960, 97; *Scherer/Alff/Poretschkin*, SG, § 88 Rn. 4.
30 *Scherer/Alff/Poretschkin*, SG, § 88 Rn. 1.
31 Vgl. GKÖD I Yk, § 88 Rn. 1.
32 *Dau*, WDO, § 144 Rn. 7.

20 Das Wehrdienstgericht gibt dem Feststellungsantrag statt oder weist ihn ab (§ 144 Satz 2 WDO). Eine **teilweise** Stattgabe oder Zurückweisung ist **nicht zulässig**.[33]

21 d) „**kann entlassen werden**". Der Gesetzeswortlaut führt in die Irre. Hat das Wehrdienstgericht rechtskräftig über einen Feststellungsantrag gem. § 144 WDO entschieden, wird die anschließende Entlassungsverfügung zu einem „reinen Formalakt".[34] Die Entlassungsdienststelle entscheidet nach ihrem Ermessen, ob sie einen Antrag gem. § 144 WDO stellen will. Hat sie diesen gestellt, und hat das Gericht antragsgemäß geurteilt, reduziert sich das **Ermessen** der Entlassungsdienststelle **auf Null**, sofern sich an den Fakten nichts geändert hat.[35] Sie **hat** den Soldaten **zu entlassen**. Würde die Entlassungsdienststelle anders verfahren, würde sie ihre Glaubwürdigkeit verlieren.

22 **4. Satz 2.** Bzgl. der **Rechtsfolgen** einer Entlassung gem. § 88 Satz 1 verweist Satz 2 auf § 46 Abs. 2 Satz 1 Nr. 3.

Dies bedeutet, dass der Soldat, sofern er nicht Wehrdienst nach dem WPflG zu leisten hat, aus der Bw **ausscheidet** (§ 49 Abs. 1). Er **verliert** seinen **Dienstgrad** (§ 49 Abs. 2) und seine Ansprüche auf **Dienstbezüge** und **Versorgung** mit Ausnahme der Beschädigtenversorgung (§ 49 Abs. 3).

23 Str. ist, ob die **Ausschlussfrist** des § 47 Abs. 3 für die Fälle des § 88 gilt. Die h.M.[36] **verneint** dies. Sofern dies überhaupt begründet wird, geschieht dies unter Hinw. auf die „Sonderstellung" des § 88 und den Umstand, dass nur einer Entlassung gem. § 46 Abs. 2 Satz 1 Nr. 1 „eindeutige" strafrichterliche Feststellungen zu Grunde lägen.[37] An die Stelle der Frist des § 47 Abs. 3 soll das zeitlich nicht näher bestimmte Prinzip von Treu und Glauben oder der Verwirkung treten.[38]

Dieser Auffassung kann nicht gefolgt werden. Zwar verweist § 88 Satz 2 nur wegen der Rechtsfolgen auf § 46 Abs. 2 Satz 1 Nr. 3 und nicht – auch – weitergehend ausdrücklich auf § 47 Abs. 3. Diese Best. ist jedoch **analog anzuwenden**, um einen Missbrauch zu verhindern.[39] Die Frist von sechs Monaten beginnt in den Fällen des § 88 mit der Kenntnisnahme der Entlassungsdienststelle von dem unehrenhaften Verhalten des Soldaten.

24 **5. Sonstiges.** Das Verfahren gem. § 88 SG, § 144 WDO kann mit einem **gerichtl. Disziplinarverfahren verbunden** werden.[40]

25 Eine **Einbehaltung der Dienstbezüge** gem. § 126 Abs. 2 WDO ist im Rahmen dieses Verfahrens nicht zulässig.[41]

26 Die Einleitung eines Verfahrens gem. § 88 SG, § 144 WDO **gegen sich selbst** ist nicht statthaft (§ 95 Abs. 3 WDO).

---

33 *Dau*, WDO, § 144 Rn. 8.
34 GKÖD I Yk, § 88 Rn. 1.
35 *Dau*, WDO, § 144 Rn. 7; GKÖD I Yk, § 88 Rn. 9; *Scherer/Alff/Poretschkin*, SG, § 88 Rn. 5. A.A. BVerwG 2 WD 11/83; *Laabs*, NZWehr 1960, 101.
36 *Dau*, WDO, § 144 Rn. 2; *Laabs*, NZWehr 1960, 105; *Lingens*, NZWehr 1996, 235 Fn. 14; *Scherer/Alff/Poretschkin*, SG, § 88 Rn. 2. A.A. GKÖD I Yk, § 88 Rn. 8.
37 *Laabs*, NZWehr 1960, 105.
38 BDH WDB 4/59; *Dau*, WDO, § 144 Rn. 2; *Laabs*, NZWehr 1960, 106.
39 GKÖD I Yk, § 88 Rn. 8; *Schreiber*, NZWehr 1959, 29; *Weniger*, SG, § 88 Rn. 3.
40 BDHE 5, 209 = NZWehr 1962, 27; BDHE 6, 139 = NZWehr 1963, 157.
41 BVerwGE 43, 62 = NZWehr 1970, 145.

§ 89 Mitteilungen in Strafsachen

(1) In Strafsachen gegen Soldaten gilt § 115 des Bundesbeamtengesetzes entsprechend.

(2) ¹In Strafsachen gegen Berufssoldaten im Ruhestand, frühere Berufssoldaten und frühere Soldaten auf Zeit sollen personenbezogene Daten außer in den Fällen des § 14 Abs. 1 Nr. 6 des Einführungsgesetzes zum Gerichtsverfassungsgesetz übermittelt werden, wenn deren Kenntnis für Disziplinarmaßnahmen mit anderen als versorgungsrechtlichen Folgen erforderlich ist, soweit nicht für die übermittelnde Stelle erkennbar ist, dass schutzwürdige Interessen des Betroffenen an dem Ausschluss der Übermittlung überwiegen. ²§ 14 Abs. 2 des Einführungsgesetzes zum Gerichtsverfassungsgesetz ist anzuwenden.

(3) ¹Die Mitteilungen sind zu richten
1. bei Erlass und Vollzug eines Haftbefehls oder Unterbringungsbefehls an den nächsten Disziplinarvorgesetzten des Soldaten oder dessen Vertreter im Amt,
2. in den übrigen Fällen zum Zwecke der Weiterleitung an die zuständige Stelle an den Befehlshaber des Wehrbereichs, in dem die mitteilungspflichtige Stelle liegt.

²Die Mitteilungen sind als „Vertrauliche Personalsache" zu kennzeichnen. ³Im Fall des Satzes 1 Nr. 2 dürfen nur die Personendaten des Beschuldigten, die für die Ermittlung der zuständigen Stelle erforderlich sind, dem Befehlshaber im Wehrbereich zugänglich gemacht werden; die übrigen Daten sind ihm zur Weiterleitung in einem verschlossenen Umschlag zu übermitteln.

§ 115 BBG

(1) Das Gericht, die Strafverfolgungs- oder die Strafvollstreckungsbehörde hat in Strafverfahren gegen Beamtinnen und Beamte zur Sicherstellung der erforderlichen dienstrechtlichen Maßnahmen im Fall der Erhebung der öffentlichen Klage
1. die Anklageschrift oder eine an ihre Stelle tretende Antragsschrift,
2. den Antrag auf Erlass eines Strafbefehls und
3. die einen Rechtszug abschließende Entscheidung mit Begründung

zu übermitteln. Ist gegen die Entscheidung ein Rechtsmittel eingelegt worden, ist die Entscheidung unter Hinweis auf das eingelegte Rechtsmittel zu übermitteln. Der Erlass und der Vollzug eines Haftbefehls oder eines Unterbringungsbefehls sind mitzuteilen.

(2) In Verfahren wegen fahrlässig begangener Straftaten werden die in Absatz 1 Satz 1 bestimmten Übermittlungen nur vorgenommen, wenn
1. es sich um schwere Verstöße handelt, namentlich Vergehen der Trunkenheit im Straßenverkehr oder der fahrlässigen Tötung, oder
2. in sonstigen Fällen die Kenntnis der Daten aufgrund der Umstände des Einzelfalls erforderlich ist, um zu prüfen, ob dienstrechtliche Maßnahmen zu ergreifen sind.

(3) Entscheidungen über Verfahrenseinstellungen, die nicht bereits nach Absatz 1 oder 2 zu übermitteln sind, sollen übermittelt werden, wenn die in Absatz 2 Nr. 2 genannten Voraussetzungen erfüllt sind. Dabei ist zu berücksichtigen, wie gesichert die Erkenntnisse sind, die der zu übermittelnden Entscheidung zugrunde liegen.

(4) Sonstige Tatsachen, die in einem Strafverfahren bekannt werden, dürfen mitgeteilt werden, wenn ihre Kenntnis aufgrund besonderer Umstände des Einzelfalls für dienstrechtliche Maßnahmen gegen eine Beamtin oder einen Beamten erforderlich ist und soweit nicht für die übermittelnde Stelle erkennbar ist, dass schutzwürdige Interessen der Beamtin oder

§ 89 Mitteilungen in Strafsachen

des Beamten an dem Ausschluss der Übermittlung überwiegen. Erforderlich ist die Kenntnis der Daten auch dann, wenn diese Anlass zur Prüfung bieten, ob dienstrechtliche Maßnahmen zu ergreifen sind. Absatz 3 Satz 2 ist entsprechend anzuwenden.

(5) Nach den Absätzen 1 bis 4 übermittelte Daten dürfen auch für die Wahrnehmung der Aufgaben nach dem Sicherheitsüberprüfungsgesetz oder einem entsprechenden Gesetz verwendet werden.

(6) Übermittlungen nach den Absätzen 1 bis 3 sind auch zulässig, soweit sie Daten betreffen, die dem Steuergeheimnis (§ 30 der Abgabenordnung) unterliegen. Übermittlungen nach Absatz 4 sind unter den Voraussetzungen des § 30 Abs. 4 Nr. 5 der Abgabenordnung zulässig.

(7) Mitteilungen sind an die zuständigen Dienstvorgesetzten oder deren Vertretung im Amt zu richten und als „Vertrauliche Personalsache" zu kennzeichnen.

§ 30 Abs. 4 Nr. 5 Abgabenordnung

(4) Die Offenbarung der nach Absatz 2 erlangten Kenntnisse ist zulässig, soweit

...

5. für sie ein zwingendes öffentliches Interesse besteht; ein zwingendes öffentliches Interesse ist namentlich gegeben, wenn
   a) Verbrechen und vorsätzliche schwere Vergehen gegen Leib und Leben oder gegen den Staat und seine Einrichtungen verfolgt werden oder verfolgt werden sollen,
   b) Wirtschaftsstraftaten verfolgt werden oder verfolgt werden sollen, die nach ihrer Begehungsweise oder wegen des Umfangs des durch sie verursachten Schadens geeignet sind, die wirtschaftliche Ordnung erheblich zu stören oder das Vertrauen der Allgemeinheit auf die Redlichkeit des geschäftlichen Verkehrs oder auf die ordnungsgemäße Arbeit der Behörden und der öffentlichen Einrichtungen erheblich zu erschüttern,
   oder
   c) die Offenbarung erforderlich ist zur Richtigstellung in der Öffentlichkeit verbreiteter unwahrer Tatsachen, die geeignet sind, das Vertrauen in die Verwaltung erheblich zu erschüttern; die Entscheidung trifft die zuständige oberste Finanzbehörde im Einvernehmen mit dem Bundesministerium der Finanzen; vor der Richtigstellung soll der Steuerpflichtige gehört werden.

§ 14 Abs. 1 Nr. 6 EGGVG

(1) In Strafsachen ist die Übermittlung personenbezogener Daten des Beschuldigten, die den Gegenstand des Verfahrens betreffen, zulässig, wenn die Kenntnis der Daten aus der Sicht der übermittelnden Stelle erforderlich ist für

...

6. Dienstordnungsmaßnahmen mit versorgungsrechtlichen Folgen oder für den Entzug von Hinterbliebenenversorgung, falls der Betroffene aus einem öffentlich-rechtlichen Amts- oder Dienstverhältnis oder aus einem Amts- oder Dienstverhältnis mit einer Kirche oder anderen öffentlich-rechtlichen Religionsgesellschaft Versorgungsbezüge erhält oder zu beanspruchen hat,

...

Mitteilungen in Strafsachen § 89

§ 14 Abs. 2 EGGVG

(2) In Privatklageverfahren, in Verfahren wegen fahrlässig begangener Straftaten, in sonstigen Verfahren bei Verurteilung zu einer anderen Maßnahme als einer Strafe oder einer Maßnahme im Sinne des § 11 Abs. 1 Nr. 8 des Strafgesetzbuches, oder wenn das Verfahren eingestellt worden ist, unterbleibt die Übermittlung in den Fällen des Absatzes 1 Nr. 4 bis 9, wenn nicht besondere Umstände des Einzelfalles die Übermittlung erfordern. Die Übermittlung ist insbesondere erforderlich, wenn die Tat bereits ihrer Art nach geeignet ist, Zweifel an der Zuverlässigkeit oder Eignung des Betroffenen für die gerade von ihm ausgeübte berufliche, gewerbliche oder ehrenamtliche Tätigkeit oder für die Wahrnehmung von Rechten aus einer ihm erteilten Berechtigung, Genehmigung oder Erlaubnis hervorzurufen. Die Sätze 1 und 2 gelten nicht bei Straftaten, durch die der Tod eines Menschen verursacht worden ist, und bei gefährlicher Körperverletzung. Im Falle der Einstellung des Verfahrens ist zu berücksichtigen, wie gesichert die zu übermittelnden Erkenntnisse sind.

§ 11 Abs. 1 Nr. 8 StGB

(1) Im Sinne dieses Gesetzes ist
...
8. Maßnahme:
   jede Maßregel der Besserung und Sicherung, der Verfall, die Einziehung und die Unbrauchbarmachung;
...

Übersicht

	Rn		Rn
I. Allgemeines	1	II. Erläuterungen im Einzelnen	10
1. Entstehung der Vorschrift	1	1. § 89 und Grundgesetz	10
2. Änderungen der Vorschrift	4	2. Zweck der Vorschrift	13
3. Bezüge zum Beamtenrecht bzw. zu sonstigen rechtl. Vorschriften; ergänzende Erlasse	6	3. Inhalt der Vorschrift	14

Literatur: *Krumsiek, Rolf*: Die unendliche Geschichte des Justizmitteilungsgesetzes, DVBl. 1993, 1229; *Schütz, Charlotte*: Das Justizmitteilungsgesetz, BWV 1997, 275; *Schnupp, Günther*: Übermittlung personenbezogener Daten durch die Justiz, PersV 1998, 110; *Wollweber, Harald*: Justitias langer Arm – Analyse und Kritik des Justizmitteilungsgesetzes, NJW 1997, 2488.

I. Allgemeines

1. Entstehung der Vorschrift. Im früheren § 62 war unter der Überschrift „Vorläufige Regelung der Geld- und Sachbezüge" in der Erstfassung des SG die Verweisung der Besoldung der BS und SaZ auf das BBesG normiert. 1

Mit Nr. 12 des G vom **28.3.1960**[1] wurde § 62 a. F. **aufgehoben**. 2

Art. 20 des **JuMiG** und G zur Änd. kostenrechtl. Vorschriften und anderer Gesetze vom 18.6.1997[2] fügte den früheren § 62 in der seither geltenden Fassung ein. Die **Begr.**[3] für diese „bereichsspezifische" Regelung für Soldaten verweist primär auf die für Beamte entwickelten Grundsätze der Datenübermittlung in Strafsachen. 3

---

1 BGBl. I S. 206.
2 BGBl. I S. 1430.
3 BT-Drs. 13/4709, 33.

4   **2. Änderungen der Vorschrift.** § 89 gilt inhaltl. **unverändert** i.d.F. von 1997. Änderungsbedarf wurde bisher nicht angemeldet.

5   Durch Art. 2 Nr. 29 des **SkResNOG** wurde § 62 als **§ 89** neu platziert. Durch Art. 10 Nr. 27 des **DNeuG** wurde die Verweisung in Abs. 1 geä.

3. Bezüge zum Beamtenrecht bzw. zu sonstigen rechtl. Vorschriften; ergänzende
6   **Erlasse.** Für die **Beamten** in den Ländern ist § 49 BeamtStG einschlägig. Für Bundesbeamte gilt § 115 BBG.

7   Für **ZDL** ist § 45a ZDG maßgeblich.

8   In Ausführung des JuMiG (vgl. § 12 Abs. 5 Satz 1 EGGVG) hat das BMJ mit Zustimmung des BR die **MiStra** vom 29.4.1998[4] erlassen. Für Soldaten sind insbes. die Nr. 19 (Strafsachen gegen Soldatinnen und Soldaten der Bw) und 20 (Strafsachen gegen Soldatinnen und Soldaten im Ruhestand, frühere Berufssoldatinnen und Berufssoldaten und frühere Soldatinnen und Soldaten auf Zeit) heranzuziehen.[5]

9   **Ergänzend** zu § 89 sind § 9 WDO, § 10 MADG und § 15 BDSG zu beachten.

II. Erläuterungen im Einzelnen

10 **1. § 89 und Grundgesetz.** Vor dem Inkrafttreten des JuMiG waren die Mitteilungspflichten der Dienststellen der Strafrechtspflege gegenüber anderen Behörden nur in der MiStra[6] geregelt. Es handelte sich dabei um eine vom BMJ und den Justizministern/-senatoren der Länder erlassene **VV**. Rechtsgrundlage für die MiStra sollte die Amtshilfe gem. Art. 35 Abs. 1 GG sein.[7] Für die meisten Mitteilungspflichten fehlte es an einer expliziten gesetzl. Grundlage.[8]

11 Nach dem Urt. des BVerfG zum **Volkszählungsgesetz** 1983[9] wurden mehrere Anläufe unternommen, die überkommenen MiStra verfassungsgemäß zu kodifizieren. Auszugehen war dabei vom dem (Grund-)**Recht auf informationelle Selbstbestimmung**, welches vom BVerfG aus Art. 2 Abs. 1 i. V. m. Art. 1 Abs. 1 GG abgeleitet worden war. Das Recht auf freie Entfaltung der Persönlichkeit, so das BVerfG[10], gewährleiste die Befugnis des Einzelnen, grds. selbst über die Preisgabe und Verwendung seiner persönlichen Daten zu bestimmen. Dieses Recht könne nur im überwiegenden Allgemeininteresse auf der Grundlage eines **Gesetzes**, das dem **Gebot der Normenklarheit** entspreche, und unter Beachtung des **Grds. der Verhältnismäßigkeit**, eingeschränkt werden.[11]

12 Sicher ist, dass das JuMiG, auch in Gestalt des neu eingefügten § 89, jetzt eine formal korrekte gesetzl. Basis für die Übermittlung personenbezogener Daten von Soldaten und ehem. Soldaten an die zuständigen mil. Dienststellen geschaffen hat. Ob dieses Regelwerk angesichts seiner **Kompliziertheit** und seiner ungewöhnlichen **Verweisungsvielfalt**, seiner zahlreichen unbestimmten Rechtsbegriffe und Sollvorschriften

---

4   Bundesanzeiger Nr. 99.
5   Für ZDL gilt die Nr. 21 der MiStra.
6   Für die Straf- u. Jugendgerichtsbarkeit zuletzt i.d.F. v. 15.3.1985, Bundesanzeiger Nr. 60.
7   BT-Drs. 13/4709, 16.
8   *Krumsiek*, DVBl. 1993, 1230.
9   BVerfGE 65, 1.
10 BVerfGE 65, 1 (43).
11 BVerfGE 65, 1 (44).

noch dem Gebot der „Normenklarheit" zu dienen in der Lage ist[12], muss bezweifelt werden. Die übermittelnden Gerichte und Behörden werden gut daran tun, die jew. maßgeblichen gesetzl. Best. zu Gunsten des Schutzes des Betroffenen eng auszulegen; die empfangenden mil. Dienststellen werden sich in Zweifelsfällen ohnehin an ihren Rechtsberater wenden.

2. Zweck der Vorschrift. Die Kenntnis von Strafsachen gegen Soldaten und ehem. Soldaten, insbes. die Kenntnis strafgerichtl. Verurteilungen, ist für die DiszVorg., die Personal bearbeitenden Dienststellen und die Wehrersatzbehörden im Hinblick auf die §§ 22, 48, 52, 53, 54 und 57 SG, die §§ 30 und 31 WPflG sowie § 126 WDO von essentieller Bedeutung. Zahlreiche dienstrechtl. Maßnahmen können die Folge von Straftaten sein. Es wäre praxisfremd, wollte man annehmen, der Soldat selbst würde in jedem Fall seine Vorg. informieren. Der behördeninterne Informationsverkehr ist demgegenüber zuverlässiger.   13

3. Inhalt der Vorschrift. Abs. 1 sieht für **(aktive) Soldaten** die Übernahme der beamtenrechtl. Mitteilungspflichten vor. 14
Abs. 2 erweitert diese auf **ehem. BS und SaZ**, da eine vergleichbare beamtenrechtl. Vorschrift nicht existiert. Mit Abs. 2 soll den nachwirkenden Pflichten aus § 17 Abs. 3, § 23 Abs. 2 Nr. 2 Rechnung getragen werden.[13] Wohl aus diesem Grund ist der an sich nicht dienstgradbezogene Anwendungsbereich des Abs. 2 in Nr. 20 der MiStra auf frühere Offz und Uffz beschränkt worden.

§ 89 und die entspr. heranzuziehenden Best. des § 115 BBG, des EGGVG sowie der AO richten sich primär an die **Stellen außerhalb der Bw**, die Daten an Stellen der Bw übermitteln und an diese lediglich in zweiter Linie oder mittelbar. Für die Dienststellen der Bw ist von Bedeutung, dass eine Mitteilung in Strafsachen grds. zu den **PA** des Soldaten zu nehmen ist.[14] 15

§ 90 Organisationsgesetz

Die Organisation der Verteidigung, insbesondere die Spitzengliederung der Bundeswehr und die endgültige Organisation des Bundesministeriums der Verteidigung, bleiben besonderer gesetzlicher Regelung vorbehalten.

Übersicht

	Rn		Rn
I. Allgemeines	1	a) Erster Entw. eines OrgG	10
1. Entstehung der Vorschrift	1	b) Zweiter Entw. eines OrgG	11
2. Änderungen der Vorschrift	4	3. Umsetzung des Gesetzesbefehls	
3. Bezüge zum Beamtenrecht bzw. zu sonstigen rechtl. Vorschriften	6	durch Erlasse	15
II. Erläuterungen im Einzelnen	7	4. Einzelfragen der Spitzengliederung	16
1. Sinn und Zweck des Gesetzesbefehls	7	a) Vorgesetzteneigenschaft des GenInspBw	16
2. Umsetzung des Gesetzesbefehls durch Gesetz	10	b) Vertretung des Ministers	17

---

12 So jedoch *Scherer/Alff/Poretschkin*, SG, § 89 Rn. 3.
13 BT-Drs. 13/4709, 34.
14 Nr. 2.5.2 SPersAFüBest. Zur möglichen Entfernung einer solchen Mitteilung aus den PA vgl. § 6 SPersAV u. Nr. 2.5.3 SPersAFüBest.

Literatur: *Böckenförde, Ernst-Wolfgang:* Die Organisationsgewalt im Bereich der Regierung, 2. Aufl. 1998; *Bundesminister der Verteidigung:* Erlass „Umgliederung des militärischen Bereichs im BMVtg" (sog. *Blankeneser Erlass*) vom 21.3.1970; *Dau, Klaus:* Der Generalinspekteur der Bundeswehr im Kräftedispositiv der Befehls- und Kommandogewalt (Art. 65a GG), in: Fs für Knut Ipsen, 2000, 599; *ders.:* Der Parlamentarische Staatssekretär – Stellvertreter im Oberbefehl? in: Fs für Dieter Fleck, 2004, 81; *Deiseroth, Dieter:* Komm. zu Art. 65a GG, in: Umbach/Clemens (Hrsg.), GG, Bd. II, 2002; *Franke, Peter:* Zur Stellvertretung des Bundesministers der Verteidigung in der Befehls- und Kommandogewalt, NZWehrr 1977, 45; *Hornung, Klaus:* Staat und Armee, 1975; *Klein, Eckart:* Ministerielle Weisungsbefugnis und Stellvertretung in der Befehls- und Kommandogewalt, JuS 1974, 362; *Kuhn, Helmut* (Hrsg.): Stellvertretung im Oberbefehl, 1966; *Lingens, Eric:* Zur Disziplinarbefugnis des Bundesministers der Verteidigung, NZWehrr 2004, 248; *Loosch, Gerhard:* Die gesetzlichen Grundlagen der Bundeswehr und ihrer Organisation, DÖV 1961, 206; *Lorse, Jürgen:* Die Befehls- und Kommandogewalt des Art. 65a GG im Lichte terroristischer Herausforderungen, DÖV 2004, 329; *de Maizière, Ulrich:* Führen – im Frieden, 1974; *ders.:* In der Pflicht, 3. Aufl. 1997; *Mann, Siegfried:* Das Bundesministerium der Verteidigung, 1971; *Stein, Horst:* Verteidigungsfunktion und Grundgesetzordnung, 1990; *ders.:* Militärgeschichtliche, verfassungsgeschichtliche und verfassungsrechtliche Aspekte der Spitzengliederung deutscher Streitkräfte, in: Fs für Klaus Dau, 1999, 229; *v .Unruh, Georg Christoph:* Befehls- und Kommandogewalt, in: Fs für Hans J. Wolff, 1973, 109; *Wagemann, Ernst/Busch, Eckart:* Staat und Armee. Bemerkungen zum gleichnamigen Buch von *Klaus Hornung,* Der Staat 2/77, 239; *Walz, Dieter:* Verfassungsrecht und Verfassungswirklichkeit der parlamentarischen Kontrolle der Streitkräfte, in: K.E. Schulz (Hrsg.), Streitkräfte im gesellschaftlichen Wandel, 1980, 143.

I. Allgemeines

1. Entstehung der Vorschrift. Die gesetzl. Fixierung der (Spitzen-)Organisation des BMVg war bereits zu Beginn der Debatte um die deutsche Wiederbewaffnung eine der wesentlichen **Streitfragen.** Sie erlebte einen polit. und rechtswissenschaftlichen Höhepunkt in den 50er und 60er Jahren des letzten Jahrhunderts. In den bisherigen **Komm. des SG** hat dies keinen Niederschlag gefunden: Im GKÖD[1] findet man vier Zeilen und die zumindest irreführende[2] Verweisung auf den Haushaltsplan; dasselbe galt bisher für *Scherer/Alff*.[3] *Stauf*[4] äußert lediglich die Vermutung, es sei „aus politischen Gründen" kein OrgG ergangen.

Eine derart zurückhaltende Betrachtung verdient § 90 nicht.

§ 90 vorangegangen war – wortgleich – § 7 des bis zum Inkrafttreten des SG geltenden **Freiwilligengesetzes** vom 23.7.1955.[5] Diese Best. war als **Kompromiss** zwischen der Forderung der Oppositionsparteien und Abg. der Regierungskoalition nach Verankerung

---
1 I Yk, § 90.
2 *Hornung,* 159, merkt zu Recht an, dass die in dem G gem. § 66 zu regelnden Fragen nicht unter die bloße Haushaltsvorschrift des Art. 87a Abs. 1 Satz 2 GG subsumiert werden können.
3 SG, § 66 Rn. 1. Jetzt (8. Aufl., § 90 Rn. 1 ff.) ist eine gründlichere Komm. erfolgt.
4 I, § 66 SG.
5 BGBl. I S. 449.

eines Organisationsvorbehalts für den BMVg im GG[6] und der ursprünglichen Absicht der BReg entstanden, diese Frage überhaupt (noch) nicht gesetzl. zu regeln.[7] „Geistiger Vater" des § 2c (des späteren § 7) des Entw. des Freiwilligengesetzes war der Abg. *Richard Jaeger* (CSU). Dieser setzte sich zusammen mit der Opposition mit seinem Vorschlag gegen die eigene Regierung und insbes. gegen den eigenen Verteidigungsmin. durch, die einen solchen gesetzl. Vorbehalt bis zum Schluss mit allen Mitteln bekämpften. Man kann daher durchaus die parlamentarische Behandlung des Freiwilligengesetzes als Geburtstunde einer „informellen **großen Wehrkoalition**"[8] bezeichnen.

Der Streit zwischen der BReg und dem Parlament über die gesetzl. Verankerung der Spitzengliederung des BMVg setzte sich anlässlich der **Beratungen zum SG** fort. Der REntw. zum SG[9] sah keine diesbezügliche Norm vor. Bereits in der ersten Beratung dieses Entw. im BT am 12.10.1955[10] flammte die Diskussion wieder auf. Der Abg. *Merten* (SPD) forderte dabei u. a. ein Gesetz über die Organisation der Verteidigung, die Spitzengliederung der SK und die endgültige Organisation des BMVg, „bevor der erste Soldat eingestellt wird".[11] Für die FDP drückte der Abg. *von Manteuffel* seine Hoffnung aus, die BReg werde bald den Entw. eines OrgG vorlegen.[12] Diesen Überlegungen folgend fügte der **VertA** den Text von § 7 des Freiwilligengesetzes als § 57e in den REntw. des SG ein, „um dessen Fortgeltung zu sichern".[13]   3

2. Änderungen der Vorschrift. § 90 entspricht noch der Erstfassung. Seitdem der damalige BMVg *Franz Josef Strauß* nach der Bildung der neuen BReg im November 1957 die Auffassung vertreten hatte, es sei auch zu prüfen, „ob gegebenenfalls der Gesetzesvorbehalt des (früheren) § 66 des Soldatengesetzes aufgehoben werden sollte"[14], ist öff. nicht mehr über eine **Änd.**[15] oder **Streichung** von § 90 nachgedacht worden.   4

Durch Art. 2 Nr. 30 des **SkResNOG** wurde § 66 als § 90 **neu platziert**.   5

3. Bezüge zum Beamtenrecht bzw. zu sonstigen rechtl. Vorschriften. § 90 weist **Bezüge zum Verfassungsrecht** (Art. 65a, 115b GG) auf. Vergleichbare gesetzl. Vorgaben für andere Ressorts und Einrichtungen des Bundes, z. B. für die Bundespolizei, bestehen nicht.   6

---

6 In der Koalitionsvereinbarung v. 26.2.1954 u. in der Regierungserklärung v. 27.6.1955 war vorgesehen, folgende „Tatbestände" verfassungsrechtl. zu regeln: Oberbefehl, landsmannschaftliche Gliederung, Wehrverwaltung. Mit Art. 65a, 36 Abs. 2 u. 87b GG sind diese Versprechen erfüllt worden. Weitere Details wollte die BReg zumindest nicht im GG kodifizieren.
7 Zu weiteren Einzelheiten vgl. *Hornung*, 152 (155).
8 *Hornung*, 157.
9 BT-Drs. II/1700.
10 Sten.Ber. 5780 A.
11 Sten.Ber. 5785 A. Nahezu prophetisch wies *Merten* auf die Notwendigkeit hin, dieses G an den Anfang der Entwicklung u. nicht an ihr Ende zu stellen. Andernfalls müsse man damit rechnen, dass die „Verwaltung" vollendete Tatsachen schaffe, ehe der Gesetzgeber agiert habe.
12 Sten.Ber. 5792 D.
13 BT-Drs. II/2140, 15, 61.
14 Zit. nach *Hornung*, 176. Vgl. auch *Loosch*, DÖV 1961, 207, der meint, der frühere § 66 könne durch die GG-Änd. v. 19.3.1956 u. die übrige Wehrgesetzgebung überholt sein.
15 *Hernekamp*, in: v. Münch/Kunig, Art. 65a Rn. 27, regt zwar eine Novellierung des früheren § 66 an, lässt aber offen, in welche Richtung diese konkret zielen sollte.

Walz

II. Erläuterungen im Einzelnen

7 1. Sinn und Zweck des Gesetzesbefehls. Mit dem nach § 90 geplanten OrgG sollte eine Art „**Äquivalent**"[16] für die Kompetenzen des BMVg als Inhaber der Befehls- und Kommandogewalt nach Art. 65a GG gefunden werden. Da die Befehls- und Kommandogewalt unstr. die mil. Organisationsgewalt einschließt, sollte – als Ausfluss der besonderen **parlamentarischen Kontrolle** des Ressorts BMVg – in Gestalt des OrgG ein Korrelat geschaffen werden.

8 Der Gesetzesvorbehalt ist allerdings solange **rechtl. wirkungslos**, wie das nach § 90 zu erlassene OrgG nicht ergangen ist. § 90 ist seinem rechtl. Gehalt nach eine bloße „Ermahnung des Gesetzgebers an sich selbst".[17] Trotzdem wäre es falsch, von einer lex nullum zu sprechen. Dabei würde die **polit. Wirkung**[18] dieser Norm, so wie sie sich auch in zahlreichen OrgErl. des BMVg niedergeschlagen hat, übersehen.

9 Verfassungsrechtl. zweifelhaft ist, ob mit einem solchen OrgG überhaupt zulässigerweise in die grundgesetzl. verbriefte Organisationskompetenz des BMVg eingegriffen werden dürfte. Würde ein solches Gesetz als **Organisationssperre** für den BMVg wirken, wäre es wegen Verstoßes gegen das Prinzip der Gewaltenteilung verfassungswidrig.[19]

2. Umsetzung des Gesetzesbefehls durch Gesetz. – a) Erster Entw. eines OrgG.

10 Bereits kurze Zeit nach dem Inkrafttreten des SG legte die BReg einen (ersten) **Entw. eines G über die Organisation der mil. Landesverteidigung vom 26.4.1956**[20] vor. Der Entw. wurde aufgrund vielfältiger Divergenzen zwischen den beteiligten Ressorts einerseits und dem BT und seinen Ausschüssen andererseits mehrfach „nachgebessert". Die letzten Änd. datieren von Mitte März 1957. Sie wurden wegen des Endes der Legislaturperiode nicht mehr im BT beraten. Es mag sein, dass dabei auch die Einsicht eine Rolle gespielt hat, dass eine gesetzl. Detailregelung einer künftigen Fortentwicklung der Organisation des BMVg im Weg stehen könnte.[21] Eine inhaltl. Betrachtung dieses Entw. erübrigt sich hier, da er nicht wieder aufgegriffen wurde.

11 b) Zweiter Entw. eines OrgG. In der 4. WP wurde erneut versucht, der Maßgabe des § 90 Folge zu leisten: Am 13.1.1965 forderte der VertA – nach einem Entschließungsantrag der FDP-Fraktion vom 14.4.1964 – die BReg auf, bis zum 1.4.1965 den Entw. eines OrgG vorzulegen.[22] Die BReg kam dieser Aufforderung am **18.6.1965**[23] nach. Zu diesem Zeitpunkt musste allen Beteiligten klar sein, dass auch dieser Entw. wegen des bevorstehenden Endes der WP nicht mehr verabschiedet werden konnte.[24] Mit den Parlamentsferien war denn auch die parlamentarische Befassung dieses Entw. beendet.

---

16 *Hornung*, 151.
17 *Böckenförde*, 163.
18 *Hornung*, 152.
19 *Böckenförde*, 163, 317; *Hernekamp*, in: v. Münch/Kunig, Art. 65a Rn. 27; *Klein*, JUS 1974, 367; *Walz*, 148.
20 BT-Drs. II/2341 (sog. Cartellieri-Entw.). Zur Vorgeschichte u. parlamentarischen Behandlung dieses Entw. vgl. *Hornung*, 159–175.
21 *Hornung*, 175.
22 *Mann*, 71.
23 BT-Drs. IV/1965. Zu Einzelheiten vgl. *Hornung*, 239–253.
24 Vgl. *Hornung*, 247.

Weitere Anläufe, doch noch den Gesetzesbefehl des § 90 zu erledigen, wurden mit **Referentenentwürfen vom 8.6. und 15.9.1966**[25] unternommen. Diese stießen bereits in der Ressortabstimmung auf solche Widerstände, dass sie nicht wieder aufgegriffen wurden. **12**

Schließlich war es noch einmal die **FDP**, die sich in der 5. WP mit einem **Antrag vom 7.6.1968**[26] bemühte, Bewegung in diese Sache zu bringen. Ihr Gesetzentw. sah eine Zusammenfassung der mil. und der ziv. Verteidigung unter dem BK vor. Der GenInspBw sollte truppendienstl. Vorg. aller Soldaten werden. Diese Ansätze waren wohl so radikal, dass der Entw. nicht parlamentarisch behandelt wurde. **13**

Letztlich waren und sind es jedoch in erster Linie **Zweckmäßigkeitsüberlegungen**, eine gesetzl. Lösung der nach § 90 zu entscheidenden Fragen nicht weiter zu favorisieren. Zutr. wird auf die auch ohne ein solches Gesetz vorhandene besondere parlamentarische Kontrolle der SK verwiesen sowie auf die im GG enthaltenen Organisationsgrundsätze[27], so dass für weitergehende gesetzl. Regelungen kein zwingender materieller Bedarf mehr gegeben ist. Das Argument, ein OrgG würde es dem BMVg erschweren, „schnell, elastisch und flexibel" z. B. auf Änd. der strategischen Konzepte zu reagieren[28], verkennt allerdings die Realitäten. Die Änd. eines OrgErl. erfordert ebenfalls einen beachtlich langen Zeitaufwand und steht gelegentlich der Bearbeitungsdauer eines Gesetzentw. nicht nach. **14**

3. Umsetzung des Gesetzesbefehls durch Erlasse. Nach mehreren vergeblichen Anläufen, die Org des BMVg per Erl. umfassend zu regeln, und hierüber öff. ausgetragenen Querelen[29] bildete der neue Min. (*Helmut Schmidt*) am 16.12.1969 eine Kommission mit dem Auftrag, in Klausur mehrere OrgModelle zu erarbeiten. Die Leitung dieser Kommission hatte *Siegfried Mann*. Mitte März 1970 setzte sich eine Gruppe von Gutachtern an der FüAkBw in Hamburg-Blankenese mit den Ergebnissen der Kommissionsarbeit auseinander. Hieraus entstand der am 21.3.1970 vom Min. unterschriebene Erl. „Umgliederung des militärischen Bereichs im BMVtdg", der wegen des Ortes der Schlusszeichnung den Namen **„Blankeneser Erlass"** erhielt.[30] Nach diesem Erl. war der GenInspBw höchster mil. Repräsentant der Bw, Gesamtverantwortlicher für die Bw-Planung und Vorsitzender des Militärischen Führungsrates. Gegenüber den mit truppendienstl. Befugnissen ausgestatteten Insp der TSK hatte er als „ministerielle Instanz" ein Weisungsrecht. **15**

Der Blankeneser Erl. mit seinen vier Anl. galt bis zum 20.1.2005. Dem auf S. 1 des Erl. ausdrücklich aufgeführten Gesetzesvorbehalt und dem Hinw. auf die mit diesem Erl. verfügte „Teilregelung" waren keine Taten gefolgt. So lehnte die BReg beispielsweise nach wie vor einen **„Generalstab"** ab.[31]

---

25 *Mann*, 71.
26 BT-Drs. V/2994.
27 *Mann*, 47–48. Nach *Deiseroth* (Art. 65a Rn. 59) ist ein solches G „rechtlich notwendig".
28 *Hernekamp*, in: v. Münch/Kunig, GGK II, Art. 65a Rn. 27; *Mann*, 48; *Stein*, Verteidigungsfunktion, 108.
29 *Hornung*, 317–339, schildert eindrucksvoll die Bundeswehrkrise von 1966, die letztlich Anlass für den Blankeneser Erl. war.
30 Zu weiteren Einzelheiten vgl. *de Maizière*, In der Pflicht, 317; *Mann*, 74–75; *Stein*, Aspekte der Spitzengliederung, 239; Weißbuch 1970, Zur Sicherheit der Bundesrepublik Deutschland und zur Lage der Bundeswehr, Nr. 216.
31 Antw. der ParlSts'in *Schulte* v. 29.12.1999 auf die Frage des Abg. *Hohmann*, BT-Drs. 14/2553, 18. Vgl. auch den Antrag der FDP-Fraktion v. 10.3.2004, BT-Drs. 15/2662, 3.

Weisungen des BMVg aus der Zeit nach 1970 hatten an den Grundaussagen des Blankeneser Erl. zunächst nichts geändert. Sie waren als Ergänzungen[32] zu verstehen. Als beschränkte Weiterentwicklung der Erlasslage konnte eine Ministerweisung vom 26.8.2002[33] verstanden werden. Mit ihr wurde ein **„Einsatzrat"** unter dem Vorsitz des GenInspBw gebildet. Gleichzeitig wurde der Befehlshaber des Einsatzführungskommandos dem GenInspBw für den Einsatz unterstellt (ZDv 1/50[34] Nr. 203). An der truppendienstl. Unterstellung (ZDv 1/50 Nr. 202) unter den Insp der Streitkräftebasis änderte sich nichts. Bei Einsätzen der Bw im Frieden sollte danach die Befehls- und Kommandogewalt vom Min. „über den jeweils zuständigen Sts und den GenInspBw gegenüber dem Befehlshaber des Einsatzführungskommandos ausgeübt" werden.

An die Stelle des Blankeneser Erl. traten mit Wirkung vom 21.1.2005 die inoffiziell als **„Berliner Erlass"** bezeichneten „Grundsätze für Aufgabenzuordnung, Organisation und Verfahren im Bereich der militärischen Spitzengliederung". Sie bezwecken eine „nachhaltige Stärkung" der Position des GenInspBw.

4. Einzelfragen der Spitzengliederung. – a) Vorgesetzteneigenschaft des GenInspBw.
16 Dreh- und Angelpunkt aller Debatten über die Spitzengliederung des BMVg war und ist die Frage nach der Vorgesetzteneigenschaft des GenInspBw. Absichten früherer Min.[35], den GenInspBw als truppendienstl. Vorg. der Insp der TSK gem. § 1 VorgV zu installieren und ihm insoweit Disziplinarbefugnisse zu erteilen, wurden nicht realisiert. Der Berliner Erl. (Nr. 2.1.1) verweist den GenInspBw stattdessen auf **§ 3 VorgV**, d. h. er ist Vorg. mit besonderem Aufgabenbereich.[36]

Eine Verleihung der Vorgesetzteneigenschaft des § 1 VorgV an den GenInspBw wird einhellig als rechtspolit. zweifelhaft und überwiegend als verfassungsrechtl. unzulässig angesehen.[37] *Dau*[38] und *Stein*[39] haben demgegenüber überzeugend nachgewiesen, dass rechtl. Argumente gegen eine Delegation solcher ministerieller Befugnisse auf den GenInspBw nicht vorgebracht werden können. Der Min. bliebe oberster DiszVorg. gem. § 27 Abs. 1 Satz 2 WDO; auch ein GenInspBw mit Befugnissen nach § 1 VorgV würde im Auftrag des Min. handeln; Art. 65a GG und die parlamentarische Verantwortlichkeit des Min. blieben unberührt.

---

32 Vgl. etwa die Führungsweisung v. 2.7.2003.
33 Mit ergänzenden Weisungen des Sts v. 28.9.2002 u. der Bestätigung in der Führungsweisung v. 2.7.2003. Vgl. auch die Führungsweisung v. 30.5.2008 über die Einrichtung des Einsatzführungsstabes im BMVg.
34 „Grundbegriffe zur militärischen Organisation; Unterstellungsverhältnisse; Dienstliche Anweisungen".
35 Vgl. *Dau*, 601; *Stein*, Spitzengliederung, 239.
36 Daneben ist der GenInspBw innerhalb des Führungsstabes der SK Vorg. mit Befehlsbefugnis gem. § 4 Abs. 2 VorgV u. innerhalb umschlossener mil. Anlagen, z. B. des BMVg, Vorg. gem. § 4 Abs. 3 VorgV. Dies wird in der Lit. meist übersehen (vgl. jedoch *Walz*, 148). Voraussetzung hierfür ist allerdings, dass die VorgV innerhalb des Min. überhaupt gilt. Dies ist nicht eindeutig zu beantworten. In der ZDv 1/50 (Nr. 122) u. im Berliner Erl. (Nr. 2.1.1) wird der GenInspBw lediglich als der „ranghöchste Soldat der Bundeswehr" bezeichnet.
37 Zum Meinungsstand s. *Dau*, 602; *Hornung*, 228; *Stein*, Verteidigungsfunktion, 107 m.w.N.
38 610–611.
39 Spitzengliederung, 246.

b) Vertretung des Ministers. Die Vertretung des Min. in der Befehls- und Komman- **17** dogewalt war in den 60er und 70er Jahren des letzten Jahrhunderts kontrovers diskutiert worden.[40] § 14 Abs. 1 der **GeschOBReg**[41] bestimmt jetzt als Vertreter eines Min. „in der Regierung" einen anderen Bundesminister. Dies ist für den BMVg seit vielen Jahren[42] „einschl. der Vertretung in der Befehls- und Kommandogewalt" der Bundesminister des Auswärtigen. Als Leiter einer obersten Bundesbehörde wird der BMVg gem. § 14 Abs. 3 GeschOBReg durch einen der Sts[43] vertreten.

Das BVerwG hat diese Regelung mit Beschl. vom 10.1.1973[44] für vereinbar mit Art. 65a GG angesehen. Der Sts handele bei der Erteilung von Befehlen als **„alter ego"** des Min.

Dennoch bleiben wesentliche Fragen, die einer weiteren Vertiefung bedürften, offen: Als Leiter einer obersten Bundesbehörde übt der BMVg keine Befehls- und Kommandogewalt nach innen aus.[45] Art. 65a GG begrenzt seine Befehlsgewalt auf die (dem BMVg nachgeordneten) SK; seine Befugnisse gegenüber dem eigenen Min. leiten sich insoweit aus Art. 65 Satz 2 GG ab. Für die Leitung des BMVg bedarf es daher keiner Übertragung von Befehlsbefugnissen auf einen Sts. Gegen eine solche nach außen spricht bereits der Kabinettsbeschl., mit dem jew. die Befugnisse nach Art. 65a GG dem Bundesmin. des Auswärtigen zugewiesen werden. Dies macht auch rechtspolit. Sinn, denn dieser ist wie der BMVg dem Parlament gegenüber verantwortlich, was auf den Sts nicht zutrifft.[46] Andererseits ist es praxisfremd, zu erwarten, etwa eine Dienstvorschrift für das Ressort BMVg durch einen anderen Min. schlusszeichnen zu lassen.[47]

Eine **gesetzl. Regelung** der Frage der Vertretung des BMVg ist demgegenüber vorzuziehen.[48] Hierfür bietet sich das OrgG nach § 90 an.

---

40 Vgl. *Deiseroth*, Art. 65a Rn. 41 ff.
41 Fassung v. 6.1.1970, GMBl. S. 14.
42 Vgl. Kabinettsbeschl. v. 22.11.2005.
43 Dies muss einer der beamteten Sts sein. Einem ParlSts steht diese Kompetenz nicht zu (vgl. *Dau*, in: Fs für Fleck, 96).
44 BVerwGE 46, 55.
45 H.M. Vgl. *Schölz/Lingens*, WStG, § 1 Rn. 24. Eine Differenzierung zwischen dem Min. u. dem nachgeordneten Bereich würde zu dem merkwürdigen Ergebnis führen, dass der BMVg nur gegenüber den Soldaten des nachgeordneten Bereichs als mil. Vorg. mit Befehlsbefugnis auftreten dürfte, gegenüber Soldaten seines Min. lediglich als Vorg. mit Weisungsbefugnis. Auch einfachgesetzl. ist die Rechtslage unscharf: Gem. § 1 Abs. 4 Satz 1 ist DiszVorg., wer Disziplinarbefugnis über Soldaten seines „Befehlsbereichs" hat. Da der Min. keine Befehlsbefugnis über Soldaten des BMVg haben soll, könnte er folglich auch nicht deren DiszVorg. sein. Dies würde nicht nur § 27 Abs. 1 Satz 2 WDO zuwiderlaufen, sondern auch für die Soldaten des BMVg einen disziplinarrechtsfreien Raum schaffen.
46 *Klein*, 365.
47 Der Versuch, den Kabinettsbeschl. über die Vertretung in der Befehls- u. Kommandowalt auf die Befugnisse des BMVg „als Mitglied des Kollegiums Bundesregierung" (*Klein*, 367) zu begrenzen, ist bereits mit dem eindeutigen Wortlaut desselben nicht zu vereinbaren, auch wenn § 14 Abs. 1 GeschOBReg in diese Richtung deutet. Krit. auch *Franke*, NZWehrr 1977, 52, Fn. 323. Unklar *Wipfelder*, Wehrrecht, 19, der meint, der den BMVg vertretende andere Min. sei nicht zur Vertretung in der Befehls- u. Kommandogewalt befugt, u. der dabei die maßgeblichen Kabinettsbeschl. außer Acht lässt.
48 *Walz*, 148. Ebenso *Deiseroth*, Art. 65a Rn. 43.

§ 91 Personalvertretung der Beamten, Angestellten und Arbeiter

(1) Für die bei militärischen Dienststellen und Einrichtungen der Bundeswehr beschäftigten Beamten, Angestellten und Arbeiter gilt das Bundespersonalvertretungsgesetz.

(2) § 53 Abs. 2 des Soldatenbeteiligungsgesetzes gilt entsprechend.

(3) [1]§ 76 Abs. 2 Satz 1 Nr. 4 des Bundespersonalvertretungsgesetzes gilt entsprechend bei der Bestellung von Soldaten zu Vertrauens- oder Betriebsärzten. [2]Hierbei ist nach § 38 Abs. 1 des Bundespersonalvertretungsgesetzes zu verfahren.

(4) § 78 Abs. 1 Nr. 2 des Bundespersonalvertretungsgesetzes findet bei der Auflösung, Einschränkung, Verlegung oder Zusammenlegung von militärischen Dienststellen und Einrichtungen oder wesentlichen Teilen von ihnen keine Anwendung, soweit militärische Gründe entgegenstehen.

§ 53 Abs. 2 SBG

(2) Das Bundesministerium der Verteidigung wird ermächtigt, durch Rechtsverordnung die den Behörden der Mittelstufe nach § 6 Abs. 2 Satz 2 des Bundespersonalvertretungsgesetzes entsprechenden militärischen Dienststellen zu bestimmen, bei denen Bezirkspersonalräte gebildet werden.

§ 6 Abs. 2 Satz 2 BPersVG

Behörden der Mittelstufe im Sinne dieses Gesetzes sind die der obersten Dienstbehörde unmittelbar nachgeordneten Behörden, denen andere Dienststellen nachgeordnet sind.

§ 38 Abs. 1 BPersVG

(1) Über die gemeinsamen Angelegenheiten der Beamten und Arbeitnehmer wird vom Personalrat gemeinsam beraten und beschlossen.

§ 76 Abs. 2 Satz 1 Nr. 4 BPersVG

Der Personalrat hat, soweit eine gesetzliche oder tarifliche Regelung nicht besteht, gegebenenfalls durch Abschluss von Dienstvereinbarungen mitzubestimmen über Bestellung von Vertrauens- oder Betriebsärzten als Beamte,

§ 78 Abs. 1 Nr. 2 BPersVG

Der Personalrat wirkt mit bei Auflösung, Einschränkung, Verlegung oder Zusammenlegung von Dienststellen oder wesentlichen Teilen von ihnen,

Übersicht

	Rn		Rn
I. Allgemeines	1	2. Absatz 1	19
1. Entstehung der Vorschrift	1	a) „Militärischen Dienststellen	
2. Änderungen der Vorschrift	5	und Einrichtungen" (der	
3. Bezüge zum Beamtenrecht bzw.		Bundeswehr)	19
zu sonstigen rechtl. Vorschriften; ergänzende Dienstvorschriften und Erlasse	10	b) „Beamten, Angestellten und Arbeiter"	22
		3. Absatz 2	24
II. Erläuterungen im Einzelnen	15	4. Absatz 3	25
1. Bedeutung von § 91	15	5. Absatz 4	26

§ 91

Literatur: *Altvater, Lothar:* Beteiligungslücken im militärischen Bereich, PersR 1987, 146; *Gronimus, Andreas:* Besonderheiten des Personalvertretungsrechts in der Bundeswehr, PersV 2003, 124; *Heiland, Claus-Peter:* Probleme der Personalvertretung im militärischen Bereich der Bundeswehr, PersV 1977, 321; *Ilbertz, Wilhelm/Widmaier, Ulrich:* Bundespersonalvertretungsgesetz, Komm., 11. Aufl. 2008; *Widmaier, Ulrich:* Die beteiligungsrechtliche Behandlung des „Divisionsstabes" in der personalvertretungsrechtlichen Rechtsprechung, NZWehrr 2005, 1.

I. Allgemeines

1. Entstehung der Vorschrift. Der REntw.[1] enthielt **keine** dem heutigen § 91 entspr. Vorschrift. Allerdings sah § 56 des REntw. u. a. ein Verbot der polit. Betätigung von Arbeitnehmern in den SK vor, eine Best., die ebenso wie der noch geltende § 91 die Frage aufwarf, was sie „in diesem Gesetz zu suchen hat".[2] **1**

Aus Gründen, die sich aus den zugänglichen Materialien nicht erschließen, forderte der **Ausschuss für Beamtenrecht** des BT die BReg im Zuge der Beratungen des REntw. auf, einen Vorschlag für eine Regelung der Personalvertretung der „Zivilbediensteten" der SK einzubringen. Nach kurzfristiger Abstimmung mit den anderen Ressorts schlug das BMVg vor, hierfür einen § 56a „Personalvertretung für Zivilbedienstete" vorzusehen. Hierüber beriet der Ausschuss für Beamtenrecht in seiner Sitzung vom 19.1.1956.[3] Auf Vorschlag des Abg. *Arnholz* (SPD)[4] erhielt § 56a dabei folgende Fassung: **2**

Für die bei den Einheiten, Verbänden und Schulen der Streitkräfte Bediensteten, die nicht Soldaten sind, gilt das Personalvertretungsgesetz. § 73 des Personalvertretungsgesetzes findet hinsichtlich der Mitwirkung bei der Auflösung, Einschränkung, Verlegung oder Zusammenlegung von Dienststellen oder wesentlichen Teilen von ihnen keine Anwendung, soweit dies die militärischen Aufgaben der Streitkräfte erfordern.[5]

Der **VertA** folgte dem Votum des Ausschusses für Beamtenrecht.[6] § 56a wurde zu § **57i**; am Text änderte sich nichts. Die Begr. des VertA für diese neue Norm[7] gibt zur Auslegung wenig her: Das Personalvertretungsgesetz gelte auch für die „zivilen Arbeitnehmer der Bundeswehr". Jedoch dürften sich die Personalvertretungen nicht in die mil. Angelegenheiten einmischen. **3**

Das **Plenum** des BT nahm die zit. Fassung des § 57i, des späteren § **70** und heutigen § 91, ohne weitere Debatte an.[8] So blieben manche Fragen offen, z. B. die Geltung von § 70 der Erstfassung für Beamte oder die Definition dessen, was „militärische Aufgaben der Bundeswehr" (!) sein sollten. **4**

---

1 BT-Drs. II/1700.
2 So der Abg. *v. Manteuffel* (FDP) anlässlich der Beratung des SG im BT am 12.10.1955 (Sten. Ber. 5795 C).
3 Prot. Nr. 47, 2.
4 Prot. Nr. 47, 3.
5 Prot. Nr. 47, 5. Vgl. auch Drs. 23 des Ausschusses für Beamtenrecht v. 20.1.1956, 66.
6 Ausschussdrs. 78 v. 23.2.1956; BT-Drs. II/2140, 62.
7 BT-Drs. II/2140, 15.
8 Sten. Ber. 6844 B.

5 2. **Änderungen der Vorschrift.** Mit Art. 1 Nr. 3 des G vom **25.4.1975**[9] erhielt der frühere § 70 folgende Neufassung:

> (1) Für die bei militärischen Dienststellen und Einrichtungen der Bundeswehr beschäftigten Beamten, Angestellten und Arbeiter gilt das Bundespersonalvertretungsgesetz.
> (2) § 35a Abs. 5 gilt entsprechend.
> (3) § 76 Abs. 2 Nr. 4 des Bundespersonalvertretungsgesetzes gilt entsprechend bei der Bestellung von Soldaten zu Vertrauens- oder Betriebsärzten. Hierbei ist nach § 38 Abs. 1 des Bundespersonalvertretungsgesetzes zu verfahren.
> (4) § 78 Abs. 1 Nr. 2 des Bundespersonalvertretungsgesetzes findet bei der Auflösung, Einschränkung, Verlegung oder Zusammenlegung von militärischen Dienststellen und Einrichtungen oder wesentlichen Teilen von ihnen keine Anwendung, soweit militärische Gründe entgegenstehen.

Die amtl. Begr.[10] erweckt den Eindruck, die Neufassung des seinerzeitigen § 70 entspräche dem bisherigen Recht. Dies ist nicht ganz zutr. Mit der neuen Gesetzesüberschrift und der neuen Fassung des Abs. 1 wurde klar gestellt, dass Beamte, Angestellte und Arbeiter gemeint waren; die „militärischen Aufgaben der Bundeswehr" wurden durch „militärische Gründe" ersetzt, was zumindest eine sprachliche Verbesserung darstellte. Die über den REntw. vom 8.4.1974 hinausreichenden weiteren Änd. des § 70 a. F. ergaben sich aus dem zwischenzeitlichen Inkrafttreten des BPersVG vom 15.3.1974.[11]

6 Durch Art. 3 Nr. 1 des G vom **22.1.1991**[12] wurde der frühere § 70 Abs. 2 wie folgt gefasst:

§ 39 des Soldatenbeteiligungsgesetzes gilt entsprechend.

Es handelte sich dabei um eine Folgeregelung der Übernahme der §§ 35, 35a und 35b a. F. in das SBG.[13]

7 Mit Art. 2 Abs. 1 des G vom **20.2.1997**[14] wurde wegen der geänderten Paragraphenfolge des SBG im früheren § 70 Abs. 2 die Angabe „§ 39" durch die Angabe „§ 53 Abs. 2" ersetzt.

8 Durch Art. 2 Nr. 31 des **SkResNOG** wurde § 70 als **§ 91** neu platziert. Gleichzeitig wurde die Verweisung auf § 76 Abs. 2 Satz 1 Nr. 4 BPersVG korrigiert.

9 Forderungen der **Berufsverbände** der Soldaten, § 91 insgesamt aus dem SG herauszunehmen und im BPersVG zu platzieren, wurden bisher nicht aufgegriffen.[15]

---

9 BGBl. I S. 1005.
10 BT-Drs. 7/1968, 10.
11 BGBl. I S. 693.
12 BGBl. I S. 47.
13 BT-Drs. 11/7323, 25.
14 BGBl. I S. 298.
15 Der betr. Personenkreis ist aufgrund von Art. 8 des G v. 14.9.2005 (BGBl. I S. 2746) jetzt in „Beamte und Arbeitnehmer" umzuformulieren.

3. Bezüge zum Beamtenrecht bzw. zu sonstigen rechtl. Vorschriften; ergänzende Dienstvorschriften und Erlasse.
Für die Beamten und Arbeitnehmer der **Bundeswehrverwaltung** gilt das **BPersVG** mit den wenigen Besonderheiten des § 92 BPersVG. Es sind zu keiner Zeit Bedenken gegen die Anwendbarkeit des Personalvertretungsrechts auf diesen Teil des Ressorts BMVg vorgebracht worden. Die gem. Art. 87b Abs. 1 Satz 1 GG eingerichteten Dienststellen der Bundeswehrverwaltung sind unstr. solche i. S. v. § 6 Abs. 1 BPersVG.

10

Auch das ziv. Personal der SK, das sog. **STAN-Personal**, hat einen Rechtsanspruch auf institutionelle Beteiligung. Diesem wird mit § 91 Abs. 1 Rechnung getragen.[16]

11

Die Beteiligung der **ZDL** richtet sich nach dem ZDVG. Dieses gilt nur für die ZDL; diese zählen nicht zum Personal der Beschäftigungsstellen.

12

Zu Abs. 2 ist die **VO über die Bildung von Bezirkspersonalräten** bei mil. Dienststellen vom 8.2.1991[17], zuletzt geä. durch VO vom 28.8.2001[18], erlassen worden.

13

Veröff. Erl. zu § 91 existieren **nicht**.

14

II. Erläuterungen im Einzelnen

1. Bedeutung von § 91.
§ 91 ist ein rechtl. **Kuriosum**: Im SG ist das Dienstrecht der **Soldaten** kodifiziert worden. Das Personalvertretungsrecht von Personen, die statusrechtl. nicht Soldaten sind, mögen diese in einem noch so engen Beziehungsgefüge zu den Soldaten stehen, hat in einem solchen Gesetzeswerk nichts zu suchen. Die Entstehungsgeschichte gibt keine Hinw. auf die Überlegungen des historischen Gesetzgebers, die für die Einfügung des späteren § 70 in das SG maßgeblich waren. Möglicherweise war man seinerzeit von einer nur kurzen Übergangszeit ausgegangen. Nach einem Erl. des BMVtg vom 18.2.1957[19] war geplant, das Zivilpersonal der SK nach dessen „Verselbstständigung" im OrgG[20] eigene Personalvertretungen wählen zu lassen.[21] Der seinerzeitige § 70 wäre damit obsolet geworden. Nach dem Scheitern des G zu § 90 ist § 91 offensichtlich weitgehend in Vergessenheit geraten. Der Feststellung von *Gronimus*[22], diese Norm sei ebenso alt wie systematisch **im SG deplaziert**, stimmt der **Komm.** zu.

15

§ 91 soll (zusammen mit den §§ 5 und 36 ff. SBG) nach Auffassung des BVerwG die rechtl. Basis für die Bildung von Personalvertretungen in den SK sein. Die Bw sei **keine „Verwaltung"** des Bundes i. S. v. § 1 Satz 1 BPersVG; es habe daher einer entspr. gesetzl. Klarstellung bedurft, da andernfalls eine **„Beteiligungslücke"** entstanden wäre.[23] Offen bleibt, wie von einer „Klarstellung"[24] die Rede sein kann, wenn § 91

16

---

16 Einzelheiten vgl. Rn. 15.
17 BGBl. I S. 424.
18 BGBl. I S. 2289.
19 VMBl. S. 99; zit. auch bei *Rittau*, SG, 268.
20 Vgl. die Komm. zu § 90 Rn. 10.
21 Erl. v. 18.2.1957 Abschn. II. Nr. 3.
22 PersV 2003, 126.
23 Vgl. z. B. BVerwG PersV 1992, 117; BVerwG NZWehrr 1994, 83; *Gronimus*, PersV 2003, 125. Zur Unterscheidung zwischen „echten" u. „rechtspolitischen" Beteiligungslücken vgl. *Altvater*, PersR 1987, 146.
24 *Scherer/Alff*, SG, 7. Aufl., § 70 Rn. 1; GKÖD I Yk, § 91 Rn. 1.

§ 91 Personalvertretung der Beamten, Angestellten und Arbeiter

gleichzeitig eine „eigenständige Rechtsgrundlage"[25] bilden soll. Im Übrigen hat der einfache Gesetzgeber selbst mit § 48 Satz 2 SBG die SK weitgehend „der Verwaltung gleichgestellt".

17 § 91 erklärt sich heute – inhaltl. – nur noch daraus, dass sich das Zivilpersonal der SK, das sog. STAN-Personal, in einer **verfassungsrechtl. Grauzone** bewegt. Etwa 50.000 Beamte und Arbeitnehmer leisten Dienst auf Dienstposten, die organisatorisch in den SK, in der STAN, ausgebracht sind. Die verfassungsrechtl. Problematik[26] ist an Art. 87b Abs. 1 Satz 1 GG festzumachen. Danach ist die Bundeswehrverwaltung in bundeseigener Verwaltung mit eigenem Verwaltungsunterbau zu führen. Eine derartige ziv. Behördenstruktur haben die Territoriale Wehrverwaltung und der Rüstungsbereich inne, nicht jedoch Dienststellen der SK. Langfristig führt kein Weg daran vorbei, das ziv. STAN-Personal funktionsbezogen entweder in die vorhandenen Dienststellen der Bundeswehrverwaltung aufzunehmen oder es – im Soldatenstatus – in die mil. Dienststellen zu integrieren. Spätestens dann wird § 91 hinfällig.

18 Solange dies nicht der Fall ist, und das BVerwG die SK weiterhin nicht als Bundesverwaltung i. S. v. § 1 Satz 1 BPersVG klassifiziert, sollte § 91 rechtssystematisch aus dem SG herausgelöst und **in das BPersVG eingefügt** werden.

2. Absatz 1. – a) „Militärischen Dienststellen und Einrichtungen" (der Bundeswehr).
19 Die VG mussten sich in der Vergangenheit mehrfach[27] mit der Frage befassen, welche **Voraussetzungen** eine mil. Dienststelle erfüllen muss, um „personalratsfähig" zu sein. Danach ist eine mil. Dienststelle dann personalratsfähig, wenn sie nach Aufgabenbereich und Organisation **selbstständig** ist. Dies ist der Fall, wenn ihr Leiter die Entscheidungszuständigkeit für die überwiegende Mehrzahl der gem. §§ 75 und 76 BPersVG mitbestimmungspflichtigen Angelegenheiten hat. Dabei kann im Bereich der SK an die Stelle der Entscheidungszuständigkeit die entscheidungserhebliche vorbereitende und mitwirkende Tätigkeit in personellen Angelegenheiten treten.[28]

20 Gem. § 91 Abs. 1 erstreckt sich der Geltungsbereich des BPersVG nur auf das bei mil. Dienststellen **„der Bundeswehr"** beschäftigte Zivilpersonal. Bei „militärischen" Dienststellen kann es sich im Zusammenhang mit dem SG nicht um solche außerhalb der Bw handeln. Der Zusatz „der Bundeswehr" hat daher tautologischen Charakter und ist überflüssig.

21 Für das **deutsche Zivilpersonal** der in der Bundesrepublik stationierten **fremden SK** gilt ein eigenes **Betriebsvertretungsrecht**, nicht das BPersVG, zumindest nicht unmittelbar und ohne Einschränkung. Die hierfür maßgeblichen völkerrechtl. Grundlagen

---

25 BVerwG, zit. nach *Gronimus*, PersV 2003, 125.
26 Vgl. hierzu *Walz*, in: Fs für Fleck, 659.
27 BVerwG *Buchholz* 238.3 A § 6 BPersVG Nr. 1 (bejahend für Stabsstaffel, VersStaffel u. Abt. eines HFlgRgt); BVerwG *Buchholz* 238.3 A § 6 BPersVG Nr. 2 u. 3 (bejahend für Staffeln, Depots, Kp u. Werften eines LwVersRgt); BVerwG *Buchholz* 250 § 6 BPersVG Nr. 13 (zu Stab u. StabsKp eines TerrKdo); VGH Mannheim NZWehr 1993, 215 (Stab u. StabsKp eines TerrKdo = eine Dienststelle); VGH Mannheim ZBR 1992, 286 (Stab u. StabsKp eines WBK = eine Dienststelle); BVerwG NZWehr 1994, 83 (Maßnahmen eines KasKdt sind personalvertretungsrechtl. dem vorg. VKK zuzurechnen); OVG Münster BWV 2003, 204 (verneinend für RadarführungsKp).
28 Zuletzt BVerwG NZWehr 1994, 83.

(ZA-NTS) sind mit dem GG vereinbar.²⁹ Ein Rückgriff auf § 91 ist schon deswegen nicht möglich, weil die Anwendung des SG und des BPersVG auf deutsche Behörden beschränkt ist.

b) „Beamten, Angestellten und Arbeiter". § 91 Abs. 1 folgt mit dieser Terminologie der von 1974 bis 2005 geltenden des § 4 Abs. 1 BPersVG. Der frühere Begriff **„Zivilbedienstete"**, wie er auch in § 70 i.d.F. von 1956 verwendet worden war, wurde damit aufgegeben. In der Umgangssprache³⁰, selbst im amtl. Schrifttum³¹, ist er leider weiterhin anzutreffen.

22

Obwohl § 91 in das SG aufgenommen wurde, erstreckt sich die (entspr.) Anwendung des BPersVG **nicht auf Soldaten**. Das BVerwG hält in st. Rspr.³² an dieser Position fest; die daran geübte Kritik³³ hat bisher insoweit nichts bewirkt.

23

§ 91 Abs. 1 und damit die Anwendung des BPersVG kommen selbst dann nicht in Betracht, wenn Soldaten auf Dienstposten der Bundeswehrverwaltung eingesetzt werden.³⁴

Der 6. Senat des BVerwG bezieht sich zur Begr. stets auf den Wortlaut von § 4 BPersVG.³⁵ Solange dort die Soldaten nicht als weitere Gruppe von Beschäftigten des öff. Dienstes genannt seien, hätten die Sonderregelungen des SBG Gültigkeit. Gegen diese Argumentation ist rechtl. nichts einzuwenden.

3. Absatz 2. § 53 Abs. 2 SBG, auf den Abs. 2 verweist, ermächtigt das BMVg, durch RVO die mil. Kommandobehörden zu bestimmen, bei denen **Bezirkspersonalräte** zu bilden sind. Von dieser Ermächtigung hat das BMVg durch die oben³⁶ zit. RVO Gebrauch gemacht. Diese ist, zumindest in der aktuellen Fassung³⁷, mit dem grds. Verbot von Beteiligungslücken vereinbar.³⁸

24

An die Stelle der allg. Zuständigkeitsregelung des § 82 Abs. 5 BPersVG tritt für den Bereich des BMVg diejenige nach **§ 92 BPersVG.**

4. Absatz 3. Gem. § 75 Abs. 3 Nr. 10 BPersVG hat der Personalrat mitzubestimmen über die Bestellung von Ang. zu Vertrauens- oder Betriebsärzten; das Gleiche gilt gem. § 76 Abs. 2 Satz 1 Nr. 4 BPersVG für Beamte.

25

---

29 BVerfGE 95, 39 = BGBl. I 1997 S. 154. Vgl. auch BAG AP Nr. 2 zu Art. 56 ZA-NTS; *Etzel*, RiA 2003, 271.
30 Vgl. etwa „Der Spiegel" v. 8.12.2003, 19.
31 Vgl. z. B. „Unterrichtungen des Parlaments" über die Auslandseinsätze der Bundeswehr, hrsg. v. BMVg, Spalte: „Zivilbedienstete". Es ist zumindest ein Ärgernis, wenn das BVerfG (BVerfGE 195, 39) § 70 (heute: § 91) dahin gehend zit., dass danach das BPersVG „auch für die Zivilangestellten der Bundeswehr" gelte. „Militärangestellte" gab u. gibt es nicht; Beamte u. Arbeiter sind in § 91 Abs. 1 ebenfalls aufgeführt.
32 BVerwGE 88, 354; 96, 28; 96, 35; BVerwG PersR 1999, 451; BVerwG PersR 2002, 205.
33 Vgl. *Gronimus*, PersV 2003, 125. Soldaten sind, anders als dies *Stauf* I, § 48 SBG Rn. 2, meint, noch nicht Beschäftigte i. S. v. § 4 BPersVG.
34 BVerwGE 96, 28. Vgl. jedoch BVerwGE 130, 165 („Kontaktsoldaten" im KWEA).
35 Jetzt i.d.F. des G v. 14.9.2005 (BGBl. I S. 2746). Danach sind Beschäftigte i. S. d. G Beamte u. Arbeitnehmer.
36 Rn. 13.
37 Zur Rechtmäßigkeit der Fassung v. 22.1.1976 (BGBl. I S. 234) vgl. BVerwG *Buchholz* 238.3 A § 92 BPersVG Nr. 4. Krit. *Altvater*, PersR 1987, 146.
38 *Gronimus*, PersV 2003, 126.

§ 91 Abs. 3 Satz 1 erstreckt diese Mitbestimmungstatbestände auf die Bestellung von Soldaten (**SanOffz**).

Nach Abs. 3 Satz 2 handelt es sich um eine gemeinsame Angelegenheit, über die alle Gruppen des Personalrats zu beraten und zu beschließen haben (§ 38 Abs. 1 BPersVG).

26   **5. Absatz 4.** Gem. Abs. 4 scheidet eine personalvertretungsrechtl. Beteiligung bei Organisationsmaßnahmen aus, „soweit militärische Gründe entgegenstehen".

Eine **Definition** des unbestimmten Rechtsbegriffs „**militärische Gründe**" findet sich an keiner Stelle. Dies mag daran liegen, dass diese Best. seit dem Inkrafttreten des BPersVG im Jahre 1974 noch in keinem Fall angewandt worden ist. Organisationsbefehle sind i. d. R. nicht als Verschlusssache klassifiziert; sie wären dann ohnehin gem. § 93 BPersVG zu behandeln.

Abs. 4 ist daher **totes Recht**.[39]

---

39 *Gronimus,* PersV 2003, 126. Die Annahme von *Stauf* I, § 70 SG Rn. 3, Abs. 3 schließe die Anwendung von § 78 Abs. 1 Nr. 2 BPersVG „praktisch aus", verkennt die tatsächliche Situation.

§ 92   Übergangsvorschriften für die Laufbahnen

In der Rechtsverordnung nach § 27 Abs. 1 kann für die Dauer des Spannungs- oder Verteidigungsfalles bestimmt werden, dass für die bei Eintritt des Spannungs- oder Verteidigungsfalles vorhandenen Berufssoldaten und Soldaten auf Zeit die Dienstzeit nach § 27 Abs. 2 Nr. 1 Buchstabe b bis auf sechs Monate und die Dienstzeit nach Nr. 2 Buchstabe b bis auf ein Jahr verkürzt wird.

Übersicht

		Rn			Rn
I.	Allgemeines	1	3.	Bezüge zu anderen rechtl. Vor-	
	1. Entstehung der Vorschrift	1		schriften	13
	2. Änderungen der Vorschrift	12	II.	Erläuterungen im Einzelnen	14

Literatur: Spezielle Veröffentlichungen zu § 92 (§ 71 a. F.) liegen nicht vor.

I. Allgemeines

1   **1. Entstehung der Vorschrift.** § 92 ist aus dem bis zum Inkrafttreten des **SkResNOG** mit „Übergangsvorschriften für die Laufbahnen" betitelten § 71 hervorgegangen.

2   Eine mit dem späteren § 71 vergleichbare Best. sah der **REntw.** des SG[1] nicht vor.

3   Der **VertA**[2] fügte folgenden § 57k in den Entw. ein:

In der Rechtsverordnung nach § 23a Abs. 1 kann für die Dauer von fünf Jahren nach Inkrafttreten dieses Gesetzes bestimmt werden, daß die Dienstzeit nach § 23a Abs. 2 Nr. 2 Buchstabe b bis auf vierzehn Monate verkürzt wird.

---

1   BT-Drs. II/1700.
2   BT-Drs. II/2140, 62.

Begründet wurde diese Best. mit der **„Aufbauzeit der Bundeswehr"**. Die in § 57k vor- 4
gesehene Möglichkeit ende fünf Jahre nach dem Inkrafttreten des SG.³

In der **Erstfassung** des SG lautete der dann so bezeichnete § 71 wie folgt: 5
In der Rechtsverordnung nach § 27 Abs. 1 kann für die Dauer von fünf Jahren nach Inkrafttreten dieses Gesetzes bestimmt werden, daß die Dienstzeit nach § 27 Abs. 2 Nr. 2 Buchstabe b bis auf vierzehn Monate verkürzt wird.

§ 27 Abs. 1 war seinerzeit und ist noch heute die Ermächtigungsgrundlage für die **SLV;** 6
§ 27 Abs. 2 Nr. 2b regelte und regelt die Zeit der **Ausbildung zum Offz** (vgl. heute § 24 Abs. 1 SLV).

Mit Art. 1 Nr. 13 des G vom **28.3.1960**⁴ wurde die Geltungsdauer des § 71 von fünf auf 7
zehn Jahre verlängert. An die Stelle einer Mindestdienstzeit von 14 Monaten trat eine solche von 18 Monaten.

Durch Art. I Nr. 4 des G vom **21.4.1965**⁵ erhielt § 71 folgende Fassung: 8

(1) **In der Rechtsverordnung nach § 27 Abs. 1 kann bestimmt werden, daß die Dienstzeit nach § 27 Abs. 2 Nr. 2 Buchstabe b**
1. **für die Zeit bis zum 31. März 1966 bis auf achtzehn Monate,**
2. **für die Zeit vom 1. April 1966 bis zum 31. März 1970 bis auf zwei Jahre verkürzt wird.**

(2) **In der Rechtsverordnung kann für die Dauer des Verteidigungsfalles bestimmt werden, daß für die bei Eintritt des Verteidigungsfalles vorhandenen Berufssoldaten und Soldaten auf Zeit die Dienstzeit nach § 27 Abs. 2 Nr. 1 Buchstabe b bis auf sechs Monate und die Dienstzeit nach Nummer 2 Buchstabe b bis auf ein Jahr verkürzt wird.**

Art. 1 des G vom **21.12.1970**⁶ verlängerte die Geltungsdauer des Abs. 1 bis zum 9
31.12.1974 und setzte die Mindestdienstzeit auf 21 Monate fest.

Durch Art. 1 Nr. 2 des G vom **20.12.1974**⁷ wurde die Geltungsdauer des Abs. 1 bis zum 10
31.12.1977 verlängert.

In dieser Fassung galt § 71 **bis zum Inkrafttreten des SkResNOG** ohne weitere materielle Änd.⁸

Zusammenfassend lässt sich feststellen, dass der Gesetzgeber von 1956 bis 1974 mit 11
der jew. Fassung des § 71 bzw. seit 1965 des § 71 Abs. 1 flexibel auf die **aktuelle Personalbedarfslage** der SK reagiert hat. Nach dem Auslaufen der Übergangsvorschrift des § 71 Abs. 1 am 31.12.1977 scheint die Vorschrift – bis zum SkResNOG – in Vergessenheit geraten zu sein.

---

3 BT-Drs. II/2140, 15.
4 BGBl. I S. 206.
5 BGBl. I S. 305.
6 BGBl. I S. 1778.
7 BGBl. I S. 3649.
8 Durch Art. 1 Nr. 4 des SGÄndG wurde das Wort „einundzwanzig" in Abs. 1 durch die Zahl „21" ersetzt.

12 2. **Änderungen der Vorschrift.** Inhaltl. **Änderungsbedarf** ist zzt. **nicht** erkennbar. Es stellt sich allerdings die Frage, ob es der Vorschrift heute überhaupt noch bedarf.[9]

13 3. **Bezüge zu anderen rechtl. Vorschriften.** Übergangs- und Ausnahmevorschriften, auch zum jew. Laufbahnrecht, sind im Recht des öff. Dienstes **nicht ungewöhnlich.** Laufbahnrechtl. Sonderregelungen für den Spannungs- und den V-Fall gibt es im Beamtenrecht jedoch nicht (vgl. §§ 55 ff. BeamtStG).

II. Erläuterungen im Einzelnen

14 Mit dem SkResNOG ist der bisherige § 71 Abs. 1 – endlich – „wegen Zeitablaufs"[10] **gestrichen** worden. Dies bedeutet, dass die Ausbildung zum Offz grds. mindestens drei Jahre dauert (§ 24 Abs. 1 Satz 1 SLV), und eine Beförderung zum Lt erst nach 36 Monaten zulässig ist (§ 24 Abs. 1 Satz 2 Nr. 5 SLV). **Ausnahmen** hiervon sind ausschließlich in der **SLV** geregelt (vgl. § 24 Abs. 1 Satz 3, § 29 Abs. 3, § 45 Abs. 1 Nr. 3 SLV).

15 § 71 Abs. 2 (jetzt: § 92) ist, entspr. der mit dem SkResNOG erfolgten **Einfügung des Spannungsfalles** in das SG, um den Spannungsfall erweitert, im Übrigen jedoch nicht geändert worden.[11]

16 Von der seit 1965 bestehenden Möglichkeit, in der SLV eine laufbahnrechtl. Sonderbest. für den V-Fall vorzusehen, wurde **zu keiner Zeit Gebrauch** gemacht. Hierfür bestand und besteht auch **kein** rechtspolit. oder praktisches **Bedürfnis.** Es ist nicht zu erwarten, dass sich eine solche Notwendigkeit kurzfristig ergeben könnte. Die Vorschrift kann daher **ersatzlos entfallen.**

17 Eine „Übergangsvorschrift" ist § 92 in seiner jetzigen Fassung ohnehin nicht (mehr). Sollte an dieser Best. festgehalten werden müssen, sollte sie als **Satz 2 in § 27 Abs. 2** eingefügt werden.

§ 93 Zuständigkeit für den Erlass der Rechtsverordnungen

(1) Die Bundesregierung erlässt die Rechtsverordnungen über
1. die Nebentätigkeit der Soldaten nach § 20 Abs. 7,
2. die Laufbahnen der Soldaten nach § 27,
3. den Urlaub der Soldaten nach § 28 Abs. 4,
4. die Regelungen zur Elternzeit der Soldaten nach § 28 Abs. 7 Satz 2,
5. die Jubiläumszuwendung nach § 30 Abs. 4,
6. die Regelungen zum Mutterschutz für Soldatinnen nach § 30 Abs. 5 Satz 2,
7. die Verlängerung der Dienstzeit von Soldaten auf Zeit nach § 54 Abs. 3 Nr. 1,
8. die Erstattung von Auslagen, Verdienstausfall und Vertretungskosten nach § 70 Abs. 1 Satz 6,
9. die Zuständigkeit und das Verfahren bei der Unabkömmlichstellung nach § 68 Abs. 2 Satz 3.

---

9 Vgl. Rn. 16.
10 BT-Drs. 15/4485, 41.
11 Vgl. BT-Drs. 15/4485, 41.

(2) Das Bundesministerium der Verteidigung erlässt die Rechtsverordnungen über
1. die Regelung des Vorgesetztenverhältnisses nach § 1 Abs. 3,
2. die Berechtigung zum Tragen der Uniform außerhalb eines Wehrdienstverhältnisses nach § 4a,
3. die Unteroffizierprüfungen und die Offizierprüfungen nach § 27 Abs. 7,
4. die Ausgestaltung des Personalaktenwesens nach § 29,
5. die Ausgestaltung der Teilzeitbeschäftigung nach § 30a,
6. die verwendungsbezogenen Mindestdienstzeiten nach § 46 Abs. 3.

(3) Das Bundesministerium der Verteidigung erlässt im Einvernehmen mit den Bundesministerien des Innern und der Finanzen die Rechtsverordnung über das Ausbildungsgeld nach § 30 Abs. 2.

(4) Die Rechtsverordnung nach Absatz 1 Nr. 9 bedarf der Zustimmung des Bundesrates.

Übersicht

	Rn		Rn
I. Allgemeines	1	g) Nr. 7	30
1. Entstehung der Vorschrift	1	h) Nr. 8	31
2. Änderungen der Vorschrift	14	i) Nr. 9	32
3. Bezüge zu anderen rechtl. Vorschriften	15	j) Nr. 10 a. F	33
		3. Absatz 2	34
II. Erläuterungen im Einzelnen	17	a) Nr. 1	34
1. Verfassungsrechtl. Hintergrund	17	b) Nr. 2	35
2. Absatz 1	22	c) Nr. 3	36
a) Nr. 1	23	d) Nr. 4	37
b) Nr. 2	25	e) Nr. 5	38
c) Nr. 3	26	f) Nr. 6	39
d) Nr. 4	27	4. Absatz 3	40
e) Nr. 5	28	5. Absatz 4	41
f) Nr. 6	29		

Literatur: *Walz, Dieter*: Die soldatenrechtlichen Rechtsverordnungen, UBwV 2006, 135.

I. Allgemeines

1. Entstehung der Vorschrift. § 93 ist mit dem **SkResNOG** aus dem bisherigen **§ 72** hervorgegangen.

In der **Erstfassung** lautete § 72:

(1) Die Bundesregierung erlässt die Rechtsverordnungen über
1. die Nebentätigkeit der Soldaten nach § 20 Abs. 4,
2. die Laufbahnen der Soldaten nach § 27,
3. den Urlaub der Soldaten nach § 28 Abs. 4,
4. die Verlängerung der Dienstzeit von Soldaten nach § 54 Abs. 3 Nr. 1.

(2) Der Bundesminister für Verteidigung erlässt die Rechtsverordnung über die Regelung des Vorgesetztenverhältnisses nach § 1 Abs. 4.

Durch Art. 1 Nr. 4 des G vom **9.7.1962**[1] wurde in Abs. 1 folgende Nr. angefügt:
5. die Jubiläumszuwendung nach § 30 Abs. 3.

---

1 BGBl. I S. 447.

4 Durch Art. 1 Nr. 7 des G vom **21.7.1970**[2] wurde folgender Abs. 3 angefügt:
Der Bundesminister der Verteidigung erlässt im Einvernehmen mit dem Bundesminister des Innern und der Finanzen die Rechtsverordnung über das Ausbildungsgeld nach § 30 Abs. 2.

5 Mit Art. 1 Nr. 7 des G vom **6.8.1975**[3] wurde folgende neue Nr. 5 eingefügt:
den Mutterschutz für Frauen in der Laufbahn der Offiziere des Sanitätsdienstes nach § 30 Abs. 5.

6 § 31 Abs. 1 Nr. 4 des G vom **6.12.1985**[4] fügte in Nr. 5 nach dem Wort „Mutterschutz" die Wörter „und den Erziehungsurlaub" ein.

7 Abs. 2 wurde durch Art. 2 Nr. 7 des G vom **13.6.1986**[5] wie folgt neu gefasst:
Der Bundesminister der Verteidigung erlässt die Rechtsverordnungen über
1. die Regelung des Vorgesetztenverhältnisses nach § 1 Abs. 4,
2. die Berechtigung zum Tragen der Uniform außerhalb eines Wehrdienstverhältnisses nach § 4a.

8 Die mit Art. 1 Nr. 20 des G vom **6.12.1990**[6] erfolgte Neufassung des Abs. 1 war redaktioneller Natur.

9 Art. 5 Nr. 4 des G vom **11.6.1992**[7] fügte in Abs. 2 folgende Nr. 3 ein:
die Ausgestaltung des Personalaktenwesens nach § 29.

10 Art. 1 Nr. 3 und 47 des **SGÄndG** änderten Abs. 1 und 3 redaktionell und fügten in Abs. 2 folgende Nr. 4 ein:
die verwendungsbezogenen Mindestdienstzeiten nach § 46 Abs. 3.

11 Mit Art. 2 Nr. 6 des **SDGleiG** wurde aus dieser Nr. 4 die Nr. 5. Folgende neue Nr. 4 wurde in Abs. 2 eingefügt:
die Ausgestaltung der Teilzeitbeschäftigung nach § 30a.

12 Art. 2 Nr. 33 des **SkResNOG** fügte in Abs. 1 die neuen Nrn. 8 bis 10 an, änderte Abs. 2 Nr. 1 redaktionell, fügte in Abs. 2 die jetzige neue Nr. 3 ein und nach Abs. 3 den neuen Abs. 4. Durch Art. 3 Nr. 31 des **WehrRÄndG 2008** wurden Abs. 1 Nr. 8 und 9 redaktionell geä. und Nr. 10 aufgehoben. Abs. 4 wurde neu gefasst.

13 **Zusammenfassend** lässt sich feststellen, dass die zahlreichen Änd. des bisherigen § 72 ein rechtsgeschichtliches Dokument und zugleich ein Beleg für die **zunehmende Verrechtlichung** auch des soldatischen Dienstrechts sind. Sie markieren die von Jahr zu Jahr zunehmende Normendichte anschaulich. Während das SG in seiner Erstfassung noch mit fünf Verordnungsermächtigungen, von denen nur vier umgesetzt wurden, auskam, sind es heute 16, von denen immerhin 13 realisiert worden sind. Ein Weg, zumindest die Anzahl der RVO zu reduzieren, könnte sein, deren Kernpunkte in das SG selbst aufzunehmen und die verbleibenden Teile in Erlassen zu regeln.

---

2 BGBl. I S. 1120.
3 BGBl. I S. 2113.
4 BGBl. I S. 2154.
5 BGBl. I S. 873.
6 BGBl. I S. 2588.
7 BGBl. I S. 1030.

2. Änderungen der Vorschrift. Weiterer Änderungsbedarf besteht zzt. nicht. **14**

3. Bezüge zu anderen rechtl. Vorschriften. Sammelvorschriften, die von ihrer Anlage **15**
her mit § 93 vergleichbar sind, finden sich in zahlreichen Gesetzen.

Für **WPfl** ist **§ 50 WPflG** einschlägig. **16**

II. Erläuterungen im Einzelnen

1. Verfassungsrechtl. Hintergrund. Gem. **Art. 80 Abs. 1 Satz 1 GG** können durch **17**
Gesetz die **BReg**, ein **Bundesminister** oder die Landesregierungen ermächtigt werden,
RVO zu erlassen. Ob die BReg oder ein einzelner Min. oder mehrere Min. als „Kollektiv" ermächtigt werden, hängt von der Bedeutung des Regelungsgegenstandes ab.[8]

Der **Zustimmung des BR** bedürfen gem. Art. 80 Abs. 2, 3. Alt. GG RVO aufgrund von **18**
Bundesgesetzen, die der Zustimmung des BR bedürfen oder die von den Ländern im
Auftrag des Bundes oder als eigene Angelegenheit ausgeführt werden (vgl. Art. 84
Abs. 1 GG).

Auf diesen verfassungsrechtl. Vorgaben beruhen die Kompetenzverteilungen der **19**
Abs. 1 bis 4. Für den Erlass der RVO des **Abs. 1** ist die **BReg** (Art. 62 GG) zuständig,
d. h. für diese ist ein **Kabinettsbeschl.** erforderlich.[9] Die RVO des **Abs. 2** erlässt das
BMVg[10], die RVO des **Abs. 3** das **BMVg** im Einvernehmen mit dem **BMI** und dem
BMF. Für die RVO des **Abs. 4** ist die **Zustimmung des BR** vonnöten.

Vorbereitung, Ausfertigung und Verkündung einer RVO bestimmen sich im Wesentli- **20**
chen nach den Best., die für die Vorbereitung und Fassung von Gesetzentw. gelten
(§ 62 Abs. 2 GGO).

Die Aufzählung der RVO in § 93 ist für das SG **abschließend**. „Stillschweigende" oder **21**
konkludente Ermächtigungen zum Erlass von RVO sind verfassungsrechtl. nicht
zulässig.[11]

2. Absatz 1. Abs. 1 führt die nach dem SG möglichen RVO auf, die von der BReg zu **22**
erlassen sind. Bzgl. der Nrn. 1 bis 8 bedarf es lediglich eines Kabinettsbeschl.; bzgl. der
Nr. 9 ist zusätzlich die Zustimmung des BR erforderlich (Abs. 4).

a) Nr. 1. Bei der RVO nach Nr. 1 handelt es sich um die VO über die Nebentätigkeit **23**
der Bundesbeamten, Berufssoldaten und Soldaten auf Zeit (Bundesnebentätigkeitsverordnung – **BNV**) i.d.F. der Bekanntmachung vom 12.11.1987[12], zul. geä. durch
Art. 15 Abs. 21 des G vom 5.2.2009.[13]

An sich hätte es der Nr. 1 **nicht bedurft**.[14] § 20 Abs. 7 verweist u. a. auf § 104 BBG und **24**
damit incidenter auf die dortige VO-Ermächtigung. Das SG enthält jedenfalls keine
gesonderte Ermächtigung zum Erlass einer RVO für BS und SaZ. Die BNV ist daher

---

8 Vgl. *Lücke/Mann*, in: Sachs, GG, Art. 80 Rn. 15.
9 Die Urschrift einer solchen RVO ist durch den Min. gegenzuzeichnen u. durch den BK zu unterzeichnen.
10 Dabei mag hier dahinstehen, ob das BMVg als „Bundesminister" i. S. v. Art. 80 Abs. 1 Satz 1 GG zu qualifizieren ist. In jedem Fall muss der Min. die RVO unterzeichnen.
11 Vgl. *Pieroth*, in: Jarass/Pieroth, GG, Art. 80 Rn. 11.
12 BGBl. I S. 2377.
13 BGBl. I S. 160 (DNeuG).
14 *Stauf* I, § 72 SG Rn. 2.

nicht, wie das BVerwG meint, „auf Grund der Ermächtigung der § 20 Abs. 7, § 72 Abs. 1 Nr. 1 des Soldatengesetzes"[15] erlassen worden.

Aus Gründen der Rechtsklarheit war es dennoch sinnvoll, die Zuständigkeit der BReg für die Regelung der Nebentätigkeit der BS und SaZ im SG festzulegen.

25 **b) Nr. 2.** Nr. 2 betr. die VO über die Laufbahnen der Soldatinnen und Soldaten (Soldatenlaufbahnverordnung – **SLV**) i.d.F. der Bekanntmachung vom 8.6.2007[16], zul. geä. durch VO vom 23.9.2009.[17]

26 **c) Nr. 3.** Nr. 3 betr. die VO über den Urlaub der Soldatinnen und Soldaten (Soldatinnen- und Soldatenurlaubsverordnung – **SUV**) i.d.F. der Bekanntmachung vom 14.5.1997[18], zul. geä. durch VO vom 25.1.2008.[19]

27 **d) Nr. 4.** Nr. 4 betr. die VO über die Elternzeit für Soldatinnen und Soldaten (**EltZSoldV**) i.d.F. der Bekanntmachung vom 18.11.2004.[20]

28 **e) Nr. 5.** Nr. 5 betr. die VO über die Gewährung von Jubiläumszuwendungen an Soldatinnen und Soldaten (Soldatenjubiläumsverordnung – **SJubV**) i.d.F. vom 24.7.2002.[21]

29 **f) Nr. 6.** Nr. 6 betr. die VO über den Mutterschutz für Soldatinnen (Mutterschutzverordnung für Soldatinnen –**MuSchSoldV**) i.d.F. der Bekanntmachung vom 18.11.2004.[22]

30 **g) Nr. 7.** Von der gesetzl. Ermächtigung zum Erlass einer RVO nach § 54 Abs. 3 Nr. 1 wurde seit 1956 **kein Gebrauch** gemacht. Die gesetzl. Ermächtigung – und damit Nr. 7 – sollte **gestrichen** werden.

31 **h) Nr. 8.** Nr. 8 betr. die VO über die Erstattung von notwendigen Auslagen, Verdienstausfall und Vertretungskosten der WPfl und Dienstleistungspflichtigen im Rahmen der Wehrüberwachung und Dienstleistungsüberwachung (Wehrdienst-Erstattungsverordnung – **WDErstattV**) vom 9.6.2005.[23]

32 **i) Nr. 9.** Nr. 9 betr. die VO über die Zuständigkeit und das Verfahren bei der Unabkömmlichstellung (Unabkömmlichstellungsverordnung – **UkV**) vom 24.8.2005.[24]

33 **j) Nr. 10 a. F.** Nr. 10 betraf die VO über die Übertragung von Aufgaben der Wehrersatzbehörde bei der Wehrüberwachung von WPfl und der Dienstleistungsüberwachung von Dienstleistungspflichtigen auf die **See-Berufsgenossenschaft**. Diese VO wurde durch das WehrRÄndG 2008 aufgehoben.

34 **3. Absatz 2. – a) Nr. 1.** Nr. 1 betr. die VO über die Regelung des militärischen Vorgesetztenverhältnisses (Vorgesetztenverordnung – **VorgV**) vom 4.6.1956[25], zul. geä. durch VO vom 7.10.1981.[26]

---

15 BVerwG ZBR 1999, 200.
16 BGBl. I S. 1098.
17 BGBl. I S. 3128.
18 BGBl. I S. 1134.
19 BGBl. I S. 97.
20 BGBl. I S. 2855, zul. geä. durch Art. 2 der VO vom 12.2.2009 (BGBl. I S. 320).
21 BGBl. I S. 2806.
22 BGBl. I S. 2858, zul. geä. durch Art. 3 Abs. 39 der VO vom 12.2.2009 (BGBl. I S. 320).
23 BGBl. I S. 1621.
24 BGBl. I S. 2538, zul. geä. durch Art. 15 Abs. 2 des WehrRÄndG 2008.
25 BGBl. I S. 459.
26 BGBl. I S. 1129.

b) Nr. 2. Nr. 2 betr. die VO über die Berechtigung zum Tragen der Uniform außerhalb 35
eines Wehrdienstverhältnisses (Uniformverordnung – **UnifV**) i.d.F. vom 25.4.2008.[27]

c) Nr. 3. Die Ermächtigung zum Erlass einer RVO über **Unteroffizier- und Offizier-** 36
prüfungen (§ 27 Abs. 7) wurde durch Art. 2 Nr. 10 des SkResNOG in das SG eingeführt. Die RVO wird seit längerer Zeit **vorbereitet**.

d) Nr. 4. Nr. 4 betr. die VO über die Führung der Personalakten der Soldaten und der 37
ehemaligen Soldaten (Personalaktenverordnung Soldaten – **SPersAV**) vom 31.8.1995.[28]

e) Nr. 5. Nr. 5 betr. die VO über die **Teilzeitbeschäftigung** von Soldatinnen und Solda- 38
ten der Bw (Soldatinnen- und Soldatenteilzeitbeschäftigungsverordnung – **STzV**) vom
9.11.2005.[29]

f) Nr. 6. Die gem. § 46 Abs. 3 zulässige RVO ist bisher **nicht erlassen** worden. 39

4. Absatz 3. Abs. 3 betr. die VO über das Ausbildungsgeld für Sanitätsoffizier-Anwär- 40
ter (**SanOAAusbgV**) vom 12.9.2000.[30]

5. Absatz 4. Abs. 4 bedarf keiner weiteren Komm. 41

---

27 BGBl. I S. 778.
28 BGBl. I S. 1159, zul. geä. durch Art. 15 Abs. 70 des DNeuG.
29 BGBl. I S. 3157, geä. durch VO vom 7.9.2009 (BGBl. I S. 3014).
30 BGBl. I S. 1406, zul. geä. durch Art. 15 Abs. 71 des DNeuG.

§ 94 Übergangsvorschrift aus Anlass des Änderungsgesetzes vom 24. Februar 1983 (BGBl. I S. 179)

Auf Berufssoldaten und Soldaten auf Zeit, die vor dem 2. März 1983 ein Studium oder eine Fachausbildung im Rahmen ihrer militärischen Ausbildung abgeschlossen haben, sind die bisherigen Vorschriften anzuwenden.

Übersicht

	Rn		Rn
I. Allgemeines	1	2. Änderungen der Vorschrift	4
1. Entstehung der Vorschrift	1	II. Erläuterungen im Einzelnen	5

Literatur: Spezielle Veröffentlichungen zu § 94 (§ 73 a. F.) liegen nicht vor.

I. Allgemeines

1. Entstehung der Vorschrift. § 94 entspricht § 73 in der bis zum Inkrafttreten des 1
SkResNOG maßgeblichen Fassung des SG. Inhaltl. wurde § 73 a. F. mit dem SkResNOG nicht geändert.[1]

In der **Erstfassung** regelte § 73 das **Inkrafttreten des SG** („Dieses Gesetz tritt am 2
1. April 1956 in Kraft").

Mit Art. 2 Nr. 8 des G vom **24.2.1983**[2] wurde § 73 **neu belegt**.[3] Eingerückt wurde die bis 3
heute geltende Fassung des § 73 (jetzt: § 94).

---

1 Vgl. BT-Drs. 15/4485, 21.
2 BGBl. I S. 179.
3 Die BReg hielt die ursprüngliche Inkrafttretensvorschrift für „entbehrlich" (BT-Drs. 9/1897, 17).

4 **2. Änderungen der Vorschrift.** Die Vorschrift kann im Zuge einer Rechtsbereinigung des SG ersatzlos **entfallen.**[4]

II. Erläuterungen im Einzelnen

5 Bei den „**bisherigen Vorschriften**", die „im Hinblick auf den zustehenden Vertrauensschutz"[5] weiterhin gelten sollen, handelt es sich um die Entlassungstatbestände des **§ 46 Abs. 3** und des **§ 55 Abs. 3** in der jew. Fassung, wie sie bis 1983 Bestand hatte. Darüber hinaus gilt die Vorschrift des **§ 56 Abs. 4** über die Rückzahlung des Ausbildungsgeldes der SanOA i.d.F. vor 1983 weiter. Schließlich ist die Übergangsvorschrift des **Art. 3 § 1 des 12. G zur Änd. des SG vom 23.12.1977**[6] für BS, die bis zum 31.3.1978 ein Studium oder eine Fachausbildung abgeschlossen haben, weiterhin anwendbar.[7]

6 Im Ergebnis bedeutet § 94:
– Für **BS**[8], die vor dem **2.3.1983** ein Studium oder eine Fachausbildung abgeschlossen haben:
Vor Ablauf der Mindestdienstzeiten des § 46 Abs. 3 Satz 1 a. F. hat ein solcher BS keinen Anspruch auf Entlassung trotz Vorliegens einer besonderen Härte. Wird er dennoch – bei Ausübung des Ermessens – entlassen, muss er die Kosten des Studiums oder der Fachausbildung nicht erstatten.
Die Mindestdienstzeit von dreifacher Dauer des Studiums oder der Fachausbildung ist für diesen Personenkreis spätestens im Jahre 1995 absolviert gewesen. Anwendungsfälle für die Zeit danach sind nicht vorstellbar.
– Für **BS**, die vor dem **31.3.1978** ein Studium oder eine Fachausbildung abgeschlossen haben:
Ein solcher BS kann jederzeit seine Entlassung verlangen, bis zum Ende des sechsten Dienstjahres nur bei Vorliegen einer besonderen Härte, muss aber bei einer Entlassung die Kosten des Studiums oder der Fachausbildung oder das gewährte Ausbildungsgeld für SanOA erstatten.
Der für diese Übergangsregelung in Betracht kommende Personenkreis dürfte altersbedingt und angesichts des mit einer Entlassung verbundenen Verlusts der Versorgungsbezüge (§ 49 Abs. 3) bei Null liegen. Eine Erstattung der Kosten des Studiums oder der Fachausbildung ist wegen der seit der Beendigung der Ausbildung zurückgelegten Dienstzeit heute ohnehin nicht mehr möglich.

Der im Jahre 1983 (bzw. 1978) gewährte Vertrauensschutz erfordert heute keine weitere Geltung der früheren Vorschriften mehr. Es ist vertretbar, auf diese BS nunmehr die §§ 46 und 49 in der aktuellen Fassung anzuwenden, zumal sie dadurch keine Benachteiligung gegenüber dem früheren Rechtszustand mehr erfahren können. Rechtshistorisch Interessierten steht der Zugang zum BGBl. offen.

---

4 Vgl. Rn. 6.
5 BT-Drs. 9/1897, 17.
6 BGBl. I S. 3114. Die Best. ist verfassungsgemäß (BVerwGE 65, 204).
7 Vgl. zu den Texten der zit. Vorschriften *Scherer/Alff/Poretschkin*, SG, § 94 Rn. 1 ff.
8 Für SaZ gelten die folgenden Ausführungen entspr.

§ 95 Übergangsvorschrift aus Anlass des Änderungsgesetzes vom 6. Dezember 1990 (BGBl. I S. 2588)

Die Vorschriften des § 40 Abs. 4, § 46 Abs. 4 finden nur auf Soldaten auf Zeit und Berufssoldaten Anwendung, die Elternzeit nach Inkrafttreten des Vierzehnten Gesetzes zur Änderung des Soldatengesetzes vom 6. Dezember 1990 (BGBl. I S. 2588) beantragt haben.

Übersicht

	Rn		Rn
I. Allgemeines	1	2. Änderungen der Vorschrift	5
1. Entstehung der Vorschrift	1	II. Erläuterungen im Einzelnen	6

Literatur: Spezielle Veröffentlichungen zu § 95 (§ 74 a. F.) liegen nicht vor.

I. Allgemeines

1. Entstehung der Vorschrift. Durch Art. 1 Nr. 21 des G vom **6.12.1990**[1] wurde folgender § 74 in das SG eingefügt: 1

(1) Die Vorschriften der §§ 51a, 54 Abs. 5 finden nur auf Soldaten Anwendung, die nach Inkrafttreten des Vierzehnten Gesetzes zur Änderung des Soldatengesetzes vom 6. Dezember 1990 (BGBl. I S. 2588) in das Dienstverhältnis eines Soldaten berufen worden sind.

(2) Die Vorschriften der § 40 Abs. 4, § 46 Abs. 4 finden nur auf Soldaten auf Zeit und Berufssoldaten Anwendung, die Erziehungsurlaub nach Inkrafttreten des Vierzehnten Gesetzes zur Änderung des Soldatengesetzes vom 6. Dezember 1990 (BGBl. I S. 2588) beantragt haben.

Begründet wurde diese Best. mit dem „**Vertrauensschutz**" der SaZ und BS. Abs. 2 sollte bewirken, dass Soldaten, die vor dem Inkrafttreten der zit. Neuregelungen Erziehungsurlaub beantragt hatten, keiner weiteren „Kompensationspflicht" unterworfen würden.[2] 2

Mit Art. 8 Nr. 5 des G vom **30.11.2000**[3] wurde in Abs. 2 der Begriff „Erziehungsurlaub" durch „Elternzeit" ersetzt. 3

Das **SkResNOG** platzierte § 74 als **§ 95 neu** und hob den bisherigen Abs. 1 wegen des Wegfalls der § 51a und § 54 Abs. 5 a. F. auf.[4] 4

2. Änderungen der Vorschrift. Im Zuge einer **Rechtsbereinigung** des SG sollte geprüft werden, ob dann noch ein **Bedarf** für diese Vorschrift besteht. Jedenfalls sollte die **Verweisung** in der ersten Zeile **korrigiert** werden. Rechtsförmlich und sprachlich korrekt muss es heißen: „Die Vorschriften des § 40 Abs. 4 und des § 46 Abs. 4 ..."[5] 5

---

1 BGBl. I S. 2588.
2 BT-Drs. 11/6906, 17.
3 BGBl. I S. 1638.
4 Vgl. BT-Drs. 15/4485, 41.
5 Am Rande bemerkenswert ist, wie § 95 (§ 74 Abs. 2 a. F.) in Veröffentlichungen zit. wird. In der Textsammlung „Wehrrecht" des C.H. Beck-Verlages heißt es: „Die Vorschriften des § 40 Abs. 4, § 46 Abs. 4 ...". Ebenso bei *Scherer/Alff/Poretschkin*, SG, § 95. Bei *Stauf* I, § 74 SG, wie v. Verf. dieser Komm. vorgeschlagen.

§ 96 Übergangsvorschrift aus Anlass des Dienstrechtsneuordnungsgesetzes

Im Übrigen ist hinter „Abs. 4" jew. zu setzen **„Satz 1"**, da beide Vorschriften aufgrund von Art. 2 Nr. 4 und Nr. 5 des SDGleiG einen Abs. 2 erhalten haben. Die entspr. Folgeänderung in § 74 a. F. ist seinerzeit unterblieben.

II. Erläuterungen im Einzelnen

6   Das 14. G zur Änd. des SG ist am **13.12.1990** in Kraft getreten.

7   Hat ein SaZ oder BS **nach diesem Zeitpunkt** Elternzeit beantragt, finden auf ihn die Vorschriften des § 40 Abs. 4 Satz 1 und des § 46 Abs. 4 Satz 1 in der geltenden Fassung Anwendung, d. h. ihre **Dienstzeit verlängert sich** um die Dauer der Elternzeit.

8   Hat ein SaZ oder BS **vor dem 13.12.1990** Elternzeit (Erziehungsurlaub) beantragt – entscheidend ist nach dem eindeutigen Gesetzeswortlaut das **Datum der Antragstellung** –, gelten diese Best. für ihn nicht; ihre **Dienstzeit verlängert sich nicht**.

9   Gem. § 1 Abs. 2 Satz 2 EltZSoldV i. V. m. § 28 Abs. 5 Satz 1 Nr. 1 SG kann Elternzeit bis zur Vollendung des 18. Lebensjahres eines Kindes genommen werden. Aus diesem Grund besteht jedenfalls zzt. noch ein **Bedarf** an der Übergangsvorschrift des § 95, auch wenn dieser allenfalls in wenigen Fällen relevant sein dürfte.

§ 96 Übergangsvorschrift aus Anlass des Dienstrechtsneuordnungsgesetzes

(1) Abweichend von § 45 Abs. 1 Nr. 1 wird die allgemeine Altersgrenze in den Jahren 2008 bis 2012 auf das vollendete 62. Lebensjahr festgesetzt und ab dem Jahr 2013 wie folgt angehoben:

im Jahr	Anhebung um Monate	Anspruch ab Alter	
		Jahr	Monat
2013	3	62	3
2014	6	62	6
2015	9	62	9
2016	12	63	0
2017	15	63	3
2018	18	63	6
2019	21	63	9
2020	24	64	0
2021	27	64	3
2022	30	64	6
2023	33	64	9

(2) Abweichend von § 45 Abs. 2 werden die besonderen Altersgrenzen wie folgt festgesetzt:
1. für Generale sowie für Offiziere in den Laufbahnen des Sanitätsdienstes, des Militärmusikdienstes und des Geoinformationsdienstes der Bundeswehr wird bis zum 31. Dezember 2012 keine besondere Altersgrenze festgesetzt,

Übergangsvorschrift aus Anlass des Dienstrechtsneuordnungsgesetzes § 96

2. für nicht von Nummer 1 erfasste Oberste
   a) in den Jahren 2008 bis 2012 die Vollendung des 61. Lebensjahres, hiervon abweichend des 60. Lebensjahres für vor dem 1. Januar 1999 zum Berufssoldaten ernannte Oberste in der Besoldungsgruppe A 16,
   b) ab dem Jahr 2013 die Vollendung des 61. Lebensjahres mit folgenden Anhebungen:

im Jahr	Anhebung um Monate	Erreichen mit Alter	
		Jahr	Monat
2013	1	61	1
2014	2	61	2
2015	3	61	3
2016	4	61	4
2017	5	61	5
2018	6	61	6
2019	7	61	7
2020	8	61	8
2021	9	61	9
2022	10	61	10
2023	11	61	11

Dies gilt mit der Maßgabe, dass vor dem 1. Januar 1999 zum Berufssoldaten ernannte Oberste in der Besoldungsgruppe A 16 die besondere Altersgrenze
aa) in den Jahren 2013 und 2014 mit Vollendung des 60. Lebensjahres,
bb) in den Jahren 2015 bis 2023 mit Vollendung des 61. Lebensjahres mit folgenden Anhebungen erreichen:

im Jahr	Anhebung um Monate	Erreichen mit Alter	
		Jahr	Monat
2015	0	61	0
2016	1	61	1
2017	2	61	2
2018	3	61	3
2019	4	61	4
2020	5	61	5
2021	6	61	6
2022	8	61	8
2023	10	61	10

Hucul

§ 96 Übergangsvorschrift aus Anlass des Dienstrechtsneuordnungsgesetzes

3. für nicht von Nummer 1 erfasste Oberstleutnante
   a) in den Jahren 2008 bis 2012 die Vollendung des 59. Lebensjahres, hiervon abweichend des 58. Lebensjahres für vor dem 1. Januar 1999 zum Berufssoldaten ernannte Oberstleutnante in der Besoldungsgruppe A 14,
   b) ab dem Jahr 2013 die Vollendung des 59. Lebensjahres mit folgenden Anhebungen:

im Jahr	Anhebung um Monate	Erreichen mit Alter	
		Jahr	Monat
2013	2	59	2
2014	4	59	4
2015	6	59	6
2016	8	59	8
2017	10	59	10
2018	12	60	0
2019	14	60	2
2020	16	60	4
2021	18	60	6
2022	20	60	8
2023	22	60	10

Dies gilt mit der Maßgabe, dass vor dem 1. Januar 1999 zum Berufssoldaten ernannte Oberstleutnante in der Besoldungsgruppe A 14 die besondere Altersgrenze
aa) in den Jahren 2013 und 2014 mit Vollendung des 58. Lebensjahres,
bb) in den Jahren 2015 bis 2023 mit Vollendung des 59. Lebensjahres mit folgenden Anhebungen erreichen:

im Jahr	Anhebung um Monate	Erreichen mit Alter	
		Jahr	Monat
2015	0	59	0
2016	2	59	2
2017	4	59	4
2018	6	59	6
2019	8	59	8
2020	10	59	10
2021	12	60	0
2022	16	60	4
2023	20	60	8

Übergangsvorschrift aus Anlass des Dienstrechtsneuordnungsgesetzes § 96

4. für nicht von Nummer 1 erfasste Majore und Stabshauptleute
   a) in den Jahren 2008 bis 2012 die Vollendung des 57. Lebensjahres, hiervon abweichend des 56. Lebensjahres für vor dem 1. Januar 1999 zum Berufssoldaten ernannte Majore,
   b) ab dem Jahr 2013 die Vollendung des 57. Lebensjahres mit folgenden Anhebungen:

im Jahr	Anhebung um Monate	Erreichen mit Alter	
		Jahr	Monat
2013	2	57	2
2014	4	57	4
2015	6	57	6
2016	8	57	8
2017	10	57	10
2018	12	58	0
2019	14	58	2
2020	16	58	4
2021	18	58	6
2022	20	58	8
2023	22	58	10

Dies gilt mit der Maßgabe, dass vor dem 1. Januar 1999 zum Berufssoldaten ernannte Majore die besondere Altersgrenze
aa) in den Jahren 2013 und 2014 mit Vollendung des 56. Lebensjahres,
bb) in den Jahren 2015 bis 2023 mit Vollendung des 57. Lebensjahres mit folgenden Anhebungen erreichen:

im Jahr	Anhebung um Monate	Erreichen mit Alter	
		Jahr	Monat
2015	0	57	0
2016	2	57	2
2017	4	57	4
2018	6	57	6
2019	8	57	8
2020	10	57	10
2021	12	58	0
2022	16	58	4
2023	20	58	8

§ 96　Übergangsvorschrift aus Anlass des Dienstrechtsneuordnungsgesetzes

5. für nicht von Nummer 1 erfasste Hauptleute, Oberleutnante und Leutnante
   a) in den Jahren 2008 bis 2012 die Vollendung des 55. Lebensjahres, hiervon abweichend in den Jahren 2008 bis 2010 des 54. Lebensjahres für vor dem 1. Januar 1999 zum Berufssoldaten Ernannte,
   b) ab dem Jahr 2013 die Vollendung des 55. Lebensjahres mit folgenden Anhebungen:

im Jahr	Anhebung um Monate	Erreichen mit Alter	
		Jahr	Monat
2013	1	55	1
2014	2	55	2
2015	3	55	3
2016	4	55	4
2017	5	55	5
2018	6	55	6
2019	7	55	7
2020	8	55	8
2021	9	55	9
2022	10	55	10
2023	11	55	11

6. für Berufsunteroffiziere
   a) in den Jahren 2008 bis 2012 die Vollendung des 54. Lebensjahres, hiervon abweichend des 53. Lebensjahres für vor dem 1. Januar 1999 zum Berufssoldaten ernannte Berufsunteroffiziere,
   b) ab dem Jahr 2013 die Vollendung des 54. Lebensjahres mit folgenden Anhebungen:

im Jahr	Anhebung um Monate	Erreichen mit Alter	
		Jahr	Monat
2013	1	54	1
2014	2	54	2
2015	3	54	3
2016	4	54	4
2017	5	54	5
2018	6	54	6
2019	7	54	7
2020	8	54	8
2021	9	54	9
2022	10	54	10
2023	11	54	11

(3) Die Altersgrenzen nach Absatz 2 gelten auch für die Berufssoldaten der Marine mit entsprechenden Dienstgraden.

Übersicht

	Rn		Rn
I. Allgemeines	1	II. Erläuterungen im Einzelnen	11
1. Entstehung der Vorschrift	1	1. Vorbemerkung	11
2. Bezüge zum Beamtenrecht bzw. zu sonstigen rechtl. Vorschriften	2	2. Zu Absatz 1	12
		3. Zu Absatz 2	14
3. Übersichtstabellen	7	4. Zu Absatz 3	17
		5. Beispiele	18

Literatur: *Eichen, Klaus*: Anmerkungen zur Änderung der soldatischen Altersgrenzen im Entwurf des Dienstrechtsneuordnungsgesetzes, NZWehrr 2008, 171; *Schrader, Peter/Straube, Gunnar*: Anhebung der Regelaltersgrenze, NJW 2008, 1025; *Schwahn, Florian*: Entwicklungen im öffentlich-rechtlichen Alterssicherungssystem, Wirtschaft und Statistik 2009, 84; *Summer, Rudolf*: Die Altersgrenze für den Wechsel aus dem aktiven Beamtenverhältnis in den Ruhestand und die individuellen Abweichungen, PersV 2009, 164.

I. Allgemeines

1. Entstehung der Vorschrift. Die Norm wurde durch Art. 10 Nr. 28 des **DNeuG** mit Wirkung vom 12.2.2009 neu gefasst. Zuvor enthielt § 96 die bis zum **SkResNOG** zunächst als § 75 in das SG eingereihte Übergangsregelung des **Versorgungsreformgesetzes 1998**[1] für am 1.1.1999 vorhandene BS . Die Regelung des Versorgungsreformgesetzes 1998 blieb unangetastet und wurde zu Lasten der Lesbarkeit der Norm in die Neufassung eingearbeitet, um z. B. den Großteil der OTL und Oberste bis zum Jahr 2016 von einer Modifikation auszunehmen.

2. Bezüge zum Beamtenrecht bzw. zu sonstigen rechtl. Vorschriften. Die Neufassung des § 96 hat ihre Ursache im RV-Altersgrenzenanpassungsgesetz[2] vom 20.4.2007, durch das die **Regelaltersgrenze der gesetzl. Rentenversicherung** auf das 67. Lebensjahr angehoben worden ist. Eines der Ziele des DNeuG war die wirkungsgleiche Übertragung[3] des RV-Altersgrenzenanpassungsgesetzes auf die Bundesbeamten und die BS. Die **Regelaltersgrenze für Bundesbeamte** wurde hierzu auf das **67. Lebensjahr** angehoben (§ 51 Abs. 1 BBG) und eine auf den Geburtsjahrgang bezogene Übergangsregelung zur Hebung der früheren Altersgrenze (65. Lebensjahr) geschaffen. § 51 Abs. 2 BBG sieht hierzu für die Geburtsjahrgänge ab 1947 Hebungen in Monatsschritten vor. Für alle ab dem 1.1.1964 Geborenen gilt die Regelaltersgrenze von 67 Jahren.

Abweichende Altersgrenzen/Übergangsregelungen gelten nach § 51 Abs. 3 BBG für den **Feuerwehrdienst der Bw** sowie nach § 5 Abs. 1 und 2 BPolG für Polizeivollzugsbe-

1 2 3

---

1 Gesetz zur Umsetzung des Versorgungsberichts vom 29.6.1998 (BGBl. I S. 1666, 3128).
2 Gesetz zur Anpassung der Regelaltersgrenze an die demografische Entwicklung und zur Stärkung der Finanzierungsgrundlagen der gesetzlichen Rentenversicherung (BGBl I 2007 S.554); vgl. zu diesem G Schrader/Straube, NJW 2008, 1025.
3 Vgl. BT-Drs. 16/7076 (Gesetzentwurf der BReg).

§ 96 Übergangsvorschrift aus Anlass des Dienstrechtsneuordnungsgesetzes

amte der **Bundespolizei** (jew. stufenweise Steigerung ab Geburtsjahrgang 1952[4] vom 60. auf das **62. Lebensjahr**, das für alle ab dem 1.1.1964 Geborenen die Altersgrenze bildet).

Die gebotene Annäherung der Altersgrenzen der BS an die Altersgrenzen der Beamten hat der Gesetzgeber unterlassen. Nach Umsetzung der Reform durch das DNeuG werden z. B. BerufsUffz unabhängig von ihrer Verwendung mit Überschreiten des 55. Lebensjahres, also unverändert sieben Jahre früher als Feuerwehrleute und Polizeivollzugsbeamte des Bundes sowie **12 Jahre früher** als sonstige Bundesbeamte, in den Ruhestand versetzt werden können. Für die wie Beamte des gehobenen Dienstes besoldeten Offz des militärfachl. Dienstes (ausschließlich Aufsteiger aus den Uffz-Laufbahnen) beträgt die Differenz zum Beamtenbereich sechs Jahre (Feuerwehr/Bundespolizei) bzw. 11 Jahre.[5] Der Großteil der StOffz (OTL) wird ein Jahr früher als Feuerwehrleute und Polizeivollzugsbeamte des Bundes sowie sechs Jahre[6] früher als sonstige Bundesbeamte in den Ruhestand versetzt werden können.

4   Unbeschadet des § 96 können in den Jahren 2007 bis 2011 nach § 1 Abs. 1 **PersAnpassG** bis zu 1200 BS mit ihrer Zustimmung bereits vor Überschreiten der für sie maßgeblichen Altersgrenze in den Ruhestand versetzt werden, wenn sie das **50. Lebensjahr** vollendet haben.

5   Nach § 7 Abs. 3 **EinsatzWVG** gilt für **Mannschaften** die Vollendung des **54. Lebensjahres** als Altersgrenze im Sinne des § 45 SG, die vom DNeuG unberührt geblieben ist.

6   Mit Ausnahme der verwendungsbezogenen Altersgrenze des § 45 Abs. 2 Nr. 6[7] für Offz, die in strahlgetriebenen Kampfflugzeugen als Flugzeugführer oder WaffensystemOffz verwendet werden, und der praktisch bedeutungslosen Regelung des § 7 Abs. 3 EinsatzWVG enthält § 96 die bis zum Jahr 2024 **an die Stelle des § 45** tretenden Altersgrenzen für BS.

7   **3. Übersichtstabellen.** Der Aufbau der Norm folgt aus Gründen der Einheitlichkeit den beamtenrechtl. Regelungen des DNeuG. Eine Zusammenfassung enthalten die nachfolgenden Tabellen:

---

4   Aufgrund der bisherigen Zurruhesetzungspraxis des BMVg sind die Uffz dieses Geburtsjahrganges mit wenigen Ausnahmen nach Überschreiten des 53. Lebensjahres bereits 2007 in den Ruhestand versetzt worden. Für Uffz sieht das DNeuG den ersten Steigerungsschritt (ein Monat) im Vergleich zur bisherigen Rechtslage im Jahr 2013 vor, also für ab dem 1.12.1958 Geborene.

5   Hauptleute. Für Stabshauptleute ist die Differenz drei Jahre geringer.

6   Aufgrund der allg. Altersgrenze (62. Lebensjahr) im Falle der Offz des Truppendienstes mindestens fünf Jahre statt bisher drei Jahre früher.

7   Vollendung des 41. Lebensjahres für Offz, die in strahlgetriebenen Kampfflugzeugen als Flugzeugführer o. WaffensystemOffz verwendet werden, die Vollendung des 40. Lebensjahres, soweit sie wehrfliegerverwendungsunfähig sind.

Übergangsvorschrift aus Anlass des Dienstrechtsneuordnungsgesetzes § 96

Allgemeine Altersgrenze für BS[8]: [8]

	bis 2012	2013	2014	2015	2016	2017	2018
Generale, Oberste und Offz in den Laufbahnen des SanDienstes, des Militärmusikdienstes und des Geoinformationsdienstes der Bw	62	62 + 3 Monate	62 + 6 Monate	62 + 9 Monate	63	63 + 3 Monate	63 + 6 Monate
Sonstige Berufssoldaten	62	62	62	62	62	62	62

	2019	2020	2021	2022	2023	ab 2024
Generale, Oberste und Offz in den Laufbahnen des SanDienstes, des Militärmusikdienstes und des Geoinformationsdienstes der Bw	63 + 9 Monate	64	64 + 3 Monate	64 + 6 Monate	64 + 9 Monate	65
Sonstige Berufssoldaten	62	62	62	62	62	62

Besondere Altersgrenze für Soldaten, die vor 1999 BS[9] geworden sind: [9]

Kalenderjahr	Alter + Monate	Unteroffiziere	Leutnante bis Hauptleute	Stabshauptleute	Majore	Oberstleutnante BesGr A 14	Oberstleutnante BesGr A 15	Oberste BesGr A 16	Oberste BesGr B 3	Generale und OffzFachDstBw[10]
bis 2010	Alter	53	54	57	56	58	59	60	61	keine
2011	Alter	53	55	57	56	58	59	60	61	keine
	+ Monate	0	0	0	0	0	0	0	0	
2012	Alter	53	55	57	56	58	59	60	61	keine
	+ Monate	0	1	0	0	0	0	0	0	
2013	Alter	54	55	57	56	58	59	60	61	62
	+ Monate	1	1	2	0	0	2	0	1	
2014	Alter	54	55	57	56	58	59	60	61	62
	+ Monate	2	2	4	0	0	4	0	2	
2015	Alter	54	55	57	57	59	59	61	61	62
	+ Monate	3	3	6	0	0	6	0	3	
2016	Alter	54	55	57	57	59	59	61	61	62
	+ Monate	4	4	8	2	2	8	1	4	

---

8 Unabhängig vom Zeitpunkt der Berufung in das Dienstverhältnis eines BS o. des Beginns des Wehrdienstverhältnisses.
9 Entscheidend ist die Berufung in das Dienstverhältnis eines BS, nicht der Beginn des Wehrdienstverhältnisses.
10 Offz in den Laufbahnen des SanDienstes, des Militärmusikdienstes u. des Geoinformationsdienstes der Bw.

§ 96 Übergangsvorschrift aus Anlass des Dienstrechtsneuordnungsgesetzes

Kalenderjahr Alter + Monate		Unteroffiziere	Leutnante bis Hauptleute	Stabshauptleute	Majore	Oberstleutnante BesGr A 14	Oberstleutnante BesGr A 15	Oberste BesGr A 16	Oberste BesGr B 3	Generale und OffzFachDstBw[11]
2017	Alter	54	55	57	57	59	59	61	61	62
	+ Monate	5	5	10	4	4	10	2	5	
2018	Alter	54	55	58	57	59	60	61	61	62
	+ Monate	6	6	0	6	6	0	3	6	
2019	Alter	54	55	58	57	59	60	61	61	62
	+ Monate	7	7	2	8	8	2	4	7	
2020	Alter	54	55	58	57	59	60	61	61	62
	+ Monate	8	8	4	10	10	4	5	8	
2021	Alter	54	55	58	58	60	60	61	61	62
	+ Monate	9	9	6	0	0	6	6	9	
2022	Alter	54	55	58	58	60	60	61	61	62
	+ Monate	10	10	8	4	4	8	8	10	
2023	Alter	54	55	58	58	60	60	61	61	62
	+ Monate	11	11	10	8	8	10	10	11	
ab 2024	Alter	55	56	59	59	61	61	62	62	62

10 Besondere Altersgrenze für Soldaten, die seit 1999 BS[12] geworden sind:

Kalenderjahr Alter + Monate		Unteroffiziere	Leutnante bis Hauptleute	Stabshauptleute	Majore	Oberstleutnante BesGr A 14	Oberstleutnante BesGr A 15	Oberste BesGr A 16	Oberste BesGr B 3	Generale und OffzFachDstBw[11]
bis 2012	Alter	54	55	57	57	59	59	61	61	keine
2013	Alter	54	55	57	57	59	59	61	61	62
	+ Monate	1	1	2	2	2	2	1	1	
2014	Alter	54	55	57	57	59	59	61	61	62
	+ Monate	2	2	4	4	4	4	2	2	
2015	Alter	54	55	57	57	59	59	61	61	62
	+ Monate	3	3	6	6	6	6	3	3	
2016	Alter	54	55	57	57	59	59	61	61	62
	+ Monate	4	4	8	8	8	8	4	4	

---

12 Entscheidend ist die Berufung in das Dienstverhältnis eines BS, nicht der Beginn des Wehrdienstverhältnisses.
11 Offz in den Laufbahnen des SanDienstes, des Militärmusikdienstes u. des Geoinformationsdienstes der Bw.

Übergangsvorschrift aus Anlass des Dienstrechtsneuordnungsgesetzes § 96

Kalenderjahr Alter + Monate		Unteroffiziere	Leutnante bis Hauptleute	Stabshauptleute	Majore	Oberstleutnante BesGr A 14	Oberstleutnante BesGr A 15	Oberste BesGr A 16	Oberste BesGr B 3	Generale und OffzFachDstBw[13]
2017	Alter	54	55	57	57	59	59	61	61	62
	+ Monate	5	5	10	10	10	10	5	5	
2018	Alter	54	55	58	58	60	60	61	61	62
	+ Monate	6	6	0	0	0	0	6	6	
2019	Alter	54	55	58	58	60	60	61	61	62
	+ Monate	7	7	2	2	2	2	7	7	
2020	Alter	54	55	58	58	60	60	61	61	62
	+ Monate	8	8	4	4	4	4	8	8	
2021	Alter	54	55	58	58	60	60	61	61	62
	+ Monate	9	9	6	6	6	6	9	9	
2022	Alter	54	55	58	58	60	60	61	61	62
	+ Monate	10	10	8	8	8	8	10	10	
2023	Alter	54	55	58	58	60	60	61	61	62
	+ Monate	11	11	10	10	10	10	11	11	
ab 2024	Alter	55	56	59	59	61	61	62	62	62

II. Erläuterungen im Einzelnen

1. Vorbemerkung. Die Altersgrenzenregelungen (Hebungsschritte) sind im Gegensatz zu den o.g. Regelungen für Beamte **nicht mit Geburtsjahrgängen verknüpft**. Ob eine Zurruhesetzung tatsächlich erfolgen kann, hängt wie in der vor dem Inkrafttreten des DNeuG geltenden Übergangsvorschrift von der Altersgrenze im jew. **Kalenderjahr** ab. Da die bisherigen Anpassungsregelungen immer Jahresschritte vorgesehen haben, waren die Auswirkungen auf alle Soldaten eines Geburtsjahrganges bislang gleich. Die monatsweisen Hebungen mit Bezug auf das Kalenderjahr machen die Bestimmung der individuell geltenden besonderen Altersgrenze und für Offz i. S. d. § 45 Abs. 1 Nr. 1 die Bestimmung der individuell geltenden allg. Altersgrenze rechnerisch komplizierter. Aus dem Gesetz lassen sie sich nicht ablesen. Eine Abkehr von der rechtswidrigen Praxis der durchgängigen Versetzung in den Ruhestand unmittelbar mit Überschreiten einer besonderen Altersgrenze hin zur gebotenen Ermessensausübung zur Bestimmung eines Zeitpunkts zwischen der besonderen und der allg. Altersgrenze[14] bringt zudem mit sich, dass sich die Altersgrenze bei einem Verbleib im Dienst über ein bestimmtes Kalenderjahr hinaus ändert (vgl. die Beispiele a. E.).

2. Zu Absatz 1. Abs. 1 schreibt für die dort genannten Offz[15] bis zum Jahr 2012 die Rechtslage vor dem DNeuG fort. Zur Wahrung von Vertrauensschutz[16] wird erst ab

---
14 Vgl. hierzu die Komm. zu § 44.
15 Generale, Oberste u. alle Offz in den Laufbahnen des SanDienstes, des Militärmusikdienstes u. des Geoinformationsdienstes der Bw.
16 BT-Drs. 16/7076, 175.

§ 96 Übergangsvorschrift aus Anlass des Dienstrechtsneuordnungsgesetzes

dem Jahr 2013 mit jährlichen Steigerungen um drei Monate eine **spezielle allg. Altersgrenze** für diese Offz eingeführt. Bislang unterlagen sie allein der für alle BS geltenden und als § 45 Abs. 1 Nr. 2 für alle anderen BS unverändert bleibenden allg. Altersgrenze (62. Lebensjahr). Der Gesetzgeber geht davon aus, dass die von Abs. 1 erfassten Offz, soweit sie der Besoldungsgruppe B 3 und höher angehören, ab dem Jahr 2024 regelmäßig bis zum 65. Lebensjahr (Zielaltersgrenze nach § 45 Abs. 1 Nr. 1) im Dienst verbleiben[17], wenn nicht besondere Gründe dagegensprechen. Daher muss für solche Offz auch in der Übergangsphase vom Jahr 2013 bis zum Jahr 2023 das Erreichen der jeweils geltenden speziellen allg. Altersgrenze die Regel für den Eintritt in den Ruhestand bilden und die Versetzung in den Ruhestand nach Überschreiten der besonderen Altersgrenze (62. Lebensjahr) die Ausnahme bleiben.

13   Die in der Tabelle verwendete Formulierung „Anspruch mit Alter" drückt lediglich aus, dass der Eintritt in den Ruhestand mit Erreichen dieser Altersgrenze kraft Gesetzes erfolgt (§ 44 Abs. 1 Satz 1). Die Möglichkeiten des Hinausschiebens des Ruhestandseintritts nach § 44 Abs. 1 Satz 2 bis 4 bleiben unberührt.

14   **3. Zu Absatz 2.** Abs. 2 enthält die **Übergangsvorschriften für die Anhebung der besonderen Altersgrenzen.** Nach Nr. 1 wird die in § 45 Abs. 2 Nr. 1 vorgesehene besondere Altersgrenze für Generale, Offz in den Laufbahnen des SanDienstes, des Militärmusikdienstes und des Geoinformationsdienstes der Bw erst am 1.1.2013 eingeführt. Einer vorherigen Einführung bedarf es nicht, weil für diese Offz erst ab diesem Zeitpunkt eine höhere allg. Altersgrenze als das 62. Lebensjahr gilt und sich erst dann ein Anwendungsbereich für eine frühere besondere Altersgrenze ergeben kann.

15   Die Nr. 2 bis 6 schreiben die bisherigen besonderen Altersgrenzen unter Berücksichtigung der für die am 1.1.1999 vorhandenen BS bestehenden Übergangsregelungen (§ 96 a.F.) nach dem Versorgungsreformgesetz 1998 fort und heben sie schrittweise an. Erste Eingriffe in die bestehenden besonderen Altersgrenzen erfolgen im Jahr 2013.[18] Dies gibt der Personalführung und -planung hinreichende Zeit, um sich auf die neue Rechtslage einzustellen. Da das Vertrauen, mit Überschreiten einer besonderen Altersgrenze in den Ruhestand versetzt zu werden, nicht geschützt ist und es der Regelung zur Hebung des Ruhestandseintrittsalters nicht bedurft hätte, wenn der Dienstherr tatsächlich eine wirkungsgleiche Übertragung des RV-Altersgrenzenanpassungsgesetzes auf die BS wollte, hat die Regelung für die Betroffenen nur Hinweischarakter. Sie können sich mit einem hinreichenden Vorlauf auf die neue Rechtslage einstellen. Für die Personalführung hingegen enthält die Regelung Mindestvorgaben für die Anpassung der bisherigen Zurruhesetzungspraxis.

16   Die in den Tabellen des Abs. 2 verwendete Formulierung „Erreichen mit Alter" bezieht sich allein auf die Festlegung der besonderen Altersgrenze als lex specialis zu § 45. Für die Versetzung in den Ruhestand bleibt nach § 44 Abs. 2 Satz 1 das Überschreiten der besonderen Altersgrenze maßgeblich.

17   **4. Zu Absatz 3.** Abs. 3 stellt sicher, dass die in Abs. 2 festgesetzten Altersgrenzen auch für **BS der Marine** mit abweichenden Dienstgradbezeichnungen gelten. Eines

---

17   BT-Drs. 16/7076, 174 (Begr. zu § 45 Abs. 1).
18   Für Leutnante bis Hauptleute, die vor 1999 BS geworden sind, erfolgt im Kalenderjahr 2011 eine Hebung um ein Jahr auf das 54. Lebensjahr. Dieser Hebungsschritt resultiert jedoch bereits aus dem Versorgungsreformgesetz 1998 u. hat somit 13 Jahre Vorlauf.

Übergangsvorschrift aus Anlass des Dienstrechtsneuordnungsgesetzes § 96

Verweises auf Abs. 1 bedurfte es nicht, da dieser keine Dienstgrade enthält, sondern allg. auf § 45 Abs. 1 Bezug nimmt. **Admirale** und **Kapitäne zur See** werden daher über § 45 Abs. 3 erfasst. Hinzu kommen Offz der Marine, deren Altersgrenze nach § 45 Abs. 1 über ihre Laufbahnzugehörigkeit geregelt ist.

5. Beispiele. (1) OStFw, BS vor 1999, geb. am 15.10.1959, überschreitet im Jahr 2012 das 53. Lebensjahr. Er könnte frühestens mit Ablauf des 31.10.2012 in den Ruhestand versetzt werden. Wenn die Versetzung in den Ruhestand nicht im Jahr 2012 erfolgt, sind die besonderen Altersgrenzen der Folgejahre maßgeblich. Im Jahr 2013 (54 plus 1 Monat) ergibt sich als neues „frühestes" DZE[19] der 30.11.2013. Im Jahr 2014 (54 plus 2 Monate) ist die Versetzung in den Ruhestand jederzeit möglich, da die besondere Altersgrenze bereits am 16.12.2013 überschritten wird. Entsprechendes ergibt sich für die weiteren Folgejahre.

18

Die für BerufsUffz geltende allgemeine Altersgrenze (62) wird im Jahr 2021 erreicht. Er tritt spätestens am 31.10.2021 in den Ruhestand ein.

Zeitfenster für Ermessensentscheidung nach § 44 Abs. 2: 31.10.2012 bis 31.10.2021 (ausgenommen der Zeitraum 1.1.2013 bis 29.11.2013).

(2) Stabshauptmann, BS vor 1999, geb. am 12.1.1963, hätte die besondere Altersgrenze nach altem Recht (57) im Jahr 2020 überschritten. Im Jahr 2020 gilt eine neue besondere Altersgrenze (58 plus 4 Monate), die in diesem Jahr nicht überschritten wird. Überschritten wird erst im Jahr 2021 die dann maßgebliche besondere Altersgrenze (58 plus 6 Monate). Der Offz kann frühestens mit Ablauf des 31.7.2021 in den Ruhestand versetzt werden.

Die für Stabshauptleute geltende allgemeine Altersgrenze (62) wird im Jahr 2025 erreicht. Er tritt spätestens am 31.1.2025 in den Ruhestand ein.

Zeitfenster für Ermessensentscheidung nach § 44 Abs. 2: 31.7.2021 bis 31.1.2025.

(3) OTL, Laufbahn Offz des Geoinformationsdienstes der Bw, BS vor 1999, geb. am 19.1.1958. Für Offz seiner Laufbahn bestand nach altem Recht nur eine allgemeine Altersgrenze (62). Ab 2013 gilt eine besondere Altersgrenze (ebenfalls 62), die der Offz im Jahr 2022 überschreitet. Er kann frühestens mit Ablauf des 31.1.2020 in den Ruhestand versetzt werden.

Die für Offz seiner Laufbahn geltende allgemeine Altersgrenze erreicht er im Jahr 2022 (64 plus 6 Monate). Er tritt spätestens am 31.7.2022 in den Ruhestand ein.

Zeitfenster für Ermessensentscheidung nach § 44 Abs. 2: 31.1.2020 bis 31.7.2022.

(4) Oberst A 16, BS vor 1999, geb. am 15.10.1959, hätte die besondere Altersgrenze nach altem Recht (61)[20] im Jahr 2020 überschritten. Im Jahr 2020 gilt eine neue besondere Altersgrenze (61 plus 5 Monate), die in diesem Jahr nicht überschritten wird. Überschritten wird erst im Jahr 2021 die dann geltende besondere Altersgrenze (61 plus 6 Monate). Der Offz kann frühestens mit Ablauf des 30.4.2021 in den Ruhestand versetzt werden.

---

19 Dienstzeitende (Tag, mit dessen Ablauf das Dienstverhältnis endet).
20 Schon das Versorgungsreformgesetz 1998 hatte für das Jahr 2015 die Hebung auf das 61. Lebensjahr vorgesehen.

Hucul 1037

§ 97 Übergangsvorschrift aus Anlass des ÄndG vom 19.12.2000

Er tritt spätestens am 31.10.2024 mit Erreichen der für Oberste im Jahr 2024 geltenden allgemeinen Altersgrenze (65) in den Ruhestand ein.
Zeitfenster für Ermessensentscheidung nach § 44 Abs. 2: 30.4.2021 bis 31.10.2024.
(5) Wird der Oberst aus dem vorangehenden Beispiel 4 in die Besoldungsgruppe B 3 eingewiesen, hat er grds. bis zur allgemeinen Altersgrenze (65) Dienst zu leisten. Für eine Versetzung in den Ruhestand vor Ablauf des 31.10.2024 müssten daher besondere Gründe vorliegen (vgl. Rn. 12).

§ 97 Übergangsvorschrift aus Anlass des Änderungsgesetzes vom 19. Dezember 2000 (BGBl. I S. 1815)

(1) Auf Berufssoldaten und Soldaten auf Zeit, die vor Inkrafttreten des Gesetzes zur Änderung des Soldatengesetzes und anderer Vorschriften vom 19. Dezember 2000 (BGBl. I S. 1815) ein Studium oder eine Fachausbildung begonnen haben, sind § 49 Abs. 4 und § 56 Abs. 4 in der bisherigen Fassung anzuwenden.

(2) Auf die bei Inkrafttreten des Gesetzes zur Änderung des Soldatengesetzes und anderer Vorschriften vom 19. Dezember 2000 (BGBl. I S. 1815) vorhandenen Soldaten auf Zeit ist § 55 Abs. 4 in der bisherigen Fassung anzuwenden.

§ 49 Abs 4 i.d.F. vom 15.12.1995 (BGBl. I S. 1737)

¹Ein Berufssoldat, der vor Ablauf der in § 46 Abs. 3 Satz 1 genannten Dienstzeit auf seinen Antrag entlassen wird, muß die entstandenen Kosten des Studiums oder der Fachausbildung erstatten. ²Unter den gleichen Voraussetzungen muß ein Berufssoldat in der Laufbahn der Offiziere des Sanitätsdienstes das ihm als Sanitätsoffizier-Anwärter gewährte Ausbildungsgeld erstatten. ³Auf die Erstattung kann ganz oder teilweise verzichtet werden, wenn sie für den Soldaten eine besondere Härte bedeuten würde.

§ 55 Abs. 4 i.d.F. vom 15.12.1995 (BGBl. I S. 1737)

¹Ein Offizieranwärter, der sich nicht zum Offizier, ein Sanitätsoffizier-Anwärter, der sich nicht zum Sanitätsoffizier oder ein Militärmusikoffizier-Anwärter, der sich nicht zum Militärmusikoffizier eignen wird, soll entlassen werden. ²Ist der Offizieranwärter als Unteroffizier zur Laufbahn der Offiziere zugelassen worden, so wird er nicht entlassen, sondern in seine frühere Laufbahn zurückgeführt.

§ 56 Abs. 4 i.d.F. vom 15.12.1995 (BGBl. I S. 1737)

¹Ein Soldat auf Zeit, dessen militärische Ausbildung mit einem Studium oder einer Fachausbildung verbunden war, muß die entstandenen Kosten des Studiums oder der Fachausbildung erstatten, wenn er auf seinen Antrag entlassen worden ist oder er seine Entlassung nach § 55 Abs. 4 Satz 1 vorsätzlich oder grob fahrlässig verursacht hat. ²Ein Sanitätsoffizier-Anwärter muß das ihm gewährte Ausbildungsgeld erstatten, wenn er
1. seiner Berufung in das Dienstverhältnis eines Berufssoldaten nicht zugestimmt hat, es sei denn, daß seine Dienstzeit im Dienstverhältnis eines Soldaten auf Zeit auf Grund freiwilliger Verpflichtung auf die Dauer von fünfzehn Jahren festgesetzt wird,
2. auf seinen Antrag entlassen worden ist oder
3. seine Entlassung nach § 55 Abs. 4 Satz 1 vorsätzlich oder grob fahrlässig verursacht hat.

³Auf die Erstattung kann ganz oder teilweise verzichtet werden, wenn sie für den Soldaten eine besondere Härte bedeuten würde.

Übergangsvorschrift aus Anlass des ÄndG vom 19.12.2000 § 97

Übersicht

	Rn		Rn
I. Allgemeines	1	II. Erläuterungen im Einzelnen	5
1. Entstehung der Vorschrift	1	1. Absatz 1	6
2. Änderungen der Vorschrift	4	2. Absatz 2	8

Literatur: Spezielle Veröffentlichungen zu § 97 liegen nicht vor.

I. Allgemeines

1. Entstehung der Vorschrift. Durch Art. 1 Nr. 48 des **SGÄndG** wurde ein neuer § 76 mit dem seither unverändert gebliebenen obigen Text in das SG eingefügt. **1**

Begründet wurde auch diese Best. mit dem „**Vertrauensschutz**" der BS und SaZ.[1] **2**

Das **SkResNOG** platzierte § 76 als § 97 neu. **3**

2. Änderungen der Vorschrift. Als Übergangsvorschrift bedarf § 97 der ständigen Prüfung, ob noch Anwendungsfälle denkbar sind oder eine (Teil-)Aufhebung zur **Rechtsbereinigung** möglich ist. **4**

II. Erläuterungen im Einzelnen

Das SGÄndG ist am **24.12.2000** in Kraft getreten. **5**

1. Absatz 1. Hat ein BS oder SaZ **vor dem 24.12.2000** ein **Studium** oder eine **Fachausbildung** aufgenommen, sind auf ihn § 49 Abs. 4 bzw. § 56 Abs. 4 i.d.F. vom 15.12.1995[2] anzuwenden. Dies bedeutet, dass die für BS und SaZ seinerzeit normierten **differenzierenden Regelungen** weiterhin **maßgeblich** sind und die mit dem SGÄndG in die Erstattungsbest. eingeführten zusätzlichen Fallgruppen außer Betracht bleiben.[3] Keine zusätzliche Fallgruppe bilden die mit dem SGÄndG nur klarstellend in § 49 Abs. 4 Satz 1 Nr. 1 aufgenommenen Entlassungen, die kraft Gesetzes als solche auf eigenen Antrag gelten. Diese Fälle fielen auch ohne ausdrückliche Nennung schon nach alter Rechtslage unter die Regelungen für **Entlassungen auf eigenen Antrag** und lösen deshalb auch bei Soldaten, für die § 97 die Fortgeltung alten Rechts anordnet, die Kostenerstattungspflicht aus.[4] **6**

§ 56 Abs. 4 a. F. verweist auf die in § 46 Abs. 3 Satz 1 a. F. genannte Dienstzeit (dreifache Dauer des Studiums oder der Fachausbildung, längstens zehn Jahre). Dies bedeutet, dass ein Studium und eine Fachausbildung, die spätestens am 23.12.2000 begonnen wurden, noch lange eine Kostenerstattungspflicht auslösen können. Darüber hinaus ist die Übergangsregelung als Rechtsgrundlage für die anschließende Realisierung des Erstattungsanspruchs (Kostenermittlung und Erlass eines Leistungsbescheides innerhalb der Verjährungsfrist) sowie für ggf. gebotene Anpassungen erlassener Erstattungsanordnungen im Rahmen der Anwendung der Härteklausel des § 49 Abs. 4 Satz 3 **7**

---

1 BT-Drs. 14/4062, 24.
2 BGBl. I S. 1737 (letzte Bekanntmachung vor der Übergangsvorschrift); Regelung bereits durch das G zur Änd. des Wehrrechts u. des Zivildienstrechts v. 12.2.1983 (BGBl. I S. 179).
3 Vgl. die Komm. zu § 49 Abs. 4 u. zu § 56 Abs. 4; BT-Drs. 14/4062, 22, 23.
4 Umkehrschluss aus der Begr. der Änd. der §§ 49, 56 (BT-Drs. 14/4062, 22 f.), in der die materiellen Änd. (Fallgruppen) ausdrücklich genannt sind. Vgl. BVerwG *Buchholz* 236.1 § 46 SG Nr. 17; *Scherer/Alff*, SG, 6. Aufl., § 56 Rn. 5 (zur alten Rechtslage).

§ 98 Übergangsvorschrift aus Anlass des ÄndG vom 22.4.2005

a. F. oder § 56 Abs. 4 Satz 3 a. F. (regelmäßig kommt es mit Blick auf die Leistungsfähigkeit der Entlassenen zu Stundungen mit Ratenzahlungsregelung) auf unbest. Zeit erforderlich.

8   2. **Absatz 2.** Für SaZ, die am **24.12.2000** in ihr Dienstverhältnis **berufen** waren, gilt § 55 Abs. 4 i.d.F. vom 15.12.1995[5] weiter.

9   Die mit dem SGÄndG vorgenommene **Erweiterung** der Entlassung wegen Nichteignung auf alle SaZ in den ersten vier Dienstjahren und die **Einbeziehung der UA** in die gesetzl. Regelung[6] finden erst auf diejenigen Soldaten Anwendung, die nach dem 24.12.2000 in das Dienstverhältnis eines SaZ berufen worden sind.

10 Wer sich bereits am 24.12.2000 im Status SaZ befand, dürfte heute nicht mehr OA oder SanOA sein. Die Vorschrift kann daher **zur Rechtsbereinigung aufgehoben** werden.

---

5 BGBl. I S. 1737 (letzte Bekanntmachung vor der Übergangsvorschrift); Regelung bereits durch das Neunte G zur Änd. des SG v. 21.7.1970 (BGBl. I S. 1120).
6 Vgl. im Einzelnen BT-Drs. 14/4062, 22 f.

§ 98 Übergangsvorschrift aus Anlass des Änderungsgesetzes vom 22. April 2005 (BGBl. I S. 1106)

Die Vorschriften des Vierten Abschnitts sind nur auf Personen anzuwenden, die nach Inkrafttreten des Vierzehnten Gesetzes zur Änderung des Soldatengesetzes vom 6. Dezember 1990 (BGBl. I S. 2588) in das Dienstverhältnis eines Soldaten berufen worden sind.

Übersicht

	Rn		Rn
I. Allgemeines	1	II. Erläuterungen im Einzelnen	4
1. Entstehung der Vorschrift	1	1. Wortlaut und amtl. Begründung	4
2. Änderungen der Vorschrift	3	2. Weitere Überlegungen des Gesetzgebers	6

Literatur: Spezielle Veröffentlichungen zu § 98 sind (noch) nicht vorhanden.

I. Allgemeines

1   **1. Entstehung der Vorschrift.** Die Vorschrift wurde mit dem **SkResNOG** in das SG eingefügt.

2   **Begründet** wurde sie mit dem **Vertrauensschutz** derjenigen Soldaten, die vor dem Inkrafttreten „dieses Gesetzes" ein Dienstverhältnis als Soldatin oder Soldat auf freiwilliger Basis begründet hatten.[1]

3   **2. Änderungen der Vorschrift.** Die Praxis, ggf. die **Rspr.**, muss erweisen, ob die Vorschrift in der geltenden Fassung **Bestand** haben kann.

---

1 BT-Drs. 15/4485, 41.

Übergangsvorschrift aus Anlass des ÄndG vom 22.4.2005 § 98

II. Erläuterungen im Einzelnen

1. Wortlaut und amtl. Begründung. Der Gesetzestext ist **eindeutig** und nur einer Auslegung zugänglich: 4

Die Vorschriften des IV. Abschnitts, d. h. die §§ 59 bis 80, sind auf diejenigen Personen (Männer und Frauen) anzuwenden, die nach dem Inkrafttreten des 14. Gesetzes zur Änd. des SG, d. h. **ab dem 13.12.1990**, in das Dienstverhältnis eines Soldaten (SaZ, BS) **berufen** worden sind.

Die **amtl. Begr.**[2] scheint eine solche **rückwirkende Geltung** des IV. Abschnitts **auszuschließen**. Die Formulierung „Für Dienstverhältnisse, die bereits vor Inkrafttreten dieses Gesetzes begründet worden sind, gilt die bisherige Rechtslage" zielt auf das Inkrafttreten des SkResNOG ab. Damit würde auch der Absicht der BReg, „mit Blick auf den notwendigen Vertrauensschutz eine Übergangsregelung" zu schaffen, Rechnung getragen. Dann allerdings hätte § 98 wie folgt formuliert werden müssen: 5

„Die Vorschriften des Vierten Abschnitts sind nur auf Personen anzuwenden, die nach Inkrafttreten des Gesetzes über die Neuordnung d. r. der Streitkräfte und zur Rechtsbereinigung des Wehrpflichtgesetzes vom 22. April 2005 (BGBl. I S. 1106) in das Dienstverhältnis eines Soldaten berufen worden sind."

Dieser Text hätte konzeptionell den §§ 94, 95 und 97 entsprochen; er hätte mit der amtl. Begr. korrespondiert und wäre eine „echte" Übergangsregelung gewesen.

Solche Überlegungen haben hier allerdings gegenüber der klaren grammatikalischen Auslegung zurückzustehen.

2. Weitere Überlegungen des Gesetzgebers. Der Gesetzgeber hatte folgende **Problematik** zu bewältigen: 6

Mit dem **14. G zur Änd. des SG** waren u. a. **§ 51a a. F.** in das SG **eingefügt** und **§ 54 Abs. 5 a. F.** entspr. angepasst worden. Danach konnten BS und SaZ, die nicht der WPfl unterlagen, nach ihrem Ausscheiden aus dem Dienstverhältnis zu weiteren Dienstleistungen nach dem SG herangezogen werden. Diese ehem. BS und SaZ waren u. a. verpflichtet, Änd. ihres ständigen Aufenthalts oder ihrer Wohnung binnen einer Woche der zuständigen Stelle anzuzeigen (§ 51a Abs. 1 Satz 2 a. F., § 54 Abs. 5 Satz 1 a. F.). Für diesen Personenkreis wurde mit dem 14. G zur Änd. des SG zugleich in **§ 74 Abs. 1 a. F.** eine Übergangsvorschrift eingerückt, der zufolge § 51a und § 54 Abs. 5 nur auf Soldaten Anwendung finden sollten, die nach dem Inkrafttreten des 14. G zur Änd. des SG in das Dienstverhältnis eines Soldaten berufen worden waren. 7

Mit Art. 2 Nr. 18 bzw. Nr. 19b des **SkResNOG** wurden § 51a a. F. und § 54 Abs. 5 a. F. **aufgehoben**. Ihr Inhalt wurde in den neu gefassten IV. Abschnitt verlagert. Konsequenterweise musste auch § 74 Abs. 1 a. F. aufgehoben werden. 8

Ohne ein neues Handeln des Gesetzgebers hätte dies in der Folge bedeutet, dass diejenigen nicht wpfl ehem. BS und SaZ, die in der Zeit vom Inkrafttreten des 14. G zur Änd. des SG am 13.12.1990 bis zum Inkrafttreten des SkResNOG am 30.4.2005 berufen worden waren, **keinerlei nachwirkenden Verpflichtungen** mehr unterlägen hätten, selbst denen gem. § 51a, § 54 Abs. 5 a. F. nicht. 9

---

2 BT-Drs. 15/4485, 41.

§ 98 Übergangsvorschrift aus Anlass des ÄndG vom 22.4.2005

Diese **Lücke** musste geschlossen werden.

10 Eine „**gespaltene**" **Übergangsregelung**, in der zwischen BS und SaZ vor dem 13.12.1990, nach dem 13.12.1990 und nach dem 30.4.2005 differenziert worden wäre, hätte für die Praxis und die Personalplanung der SK erhebliche Schwierigkeiten bereitet. Die mit der geltenden Fassung des § 98 bewirkte Einbeziehung aller Personen, die nach dem 13.12.1990 berufen worden sind, in die Vorschriften des IV. Abschnitts ist **vertretbar**, da die meisten Dienstleistungen gem. § 60 im Frieden **freiwillig** erbracht werden und die sich aus der Dienstleistungsüberwachung ergebenden Pflichten den Einzelnen **nicht übermäßig belasten**.

11 Anders stellt sich die Rechtslage für **ungediente Frauen** dar:

Mit dem **SGÄndG** wurde nach § 58 a. F. ein IV. Abschnitt mit dem neuen **§ 58a a. F.** eingefügt. Danach konnten sich ungediente Frauen zu weiteren Dienstleistungen verpflichten. Auf sie war dann u. a. § 54 Abs. 5 a. F. entspr. anzuwenden (§ 58a Abs. 1 Satz 2 a. F.).

§ 58a a. F. wurde durch Art. 2 Nr. 24 des SkResNOG neu gefasst; er ging im Wesentlichen in § 59 Abs. 3 auf.

12 Auf diese Frauen ist **§ 98 nicht anwendbar**. Sie wurden nicht in das „Dienstverhältnis eines Soldaten berufen". Ihre Verpflichtung erfolgte durch Annahme ihrer Verpflichtungserklärung. Ein **Berufungsakt** i. S. d. §§ 39, 40 war dies **nicht**.

13 Dies bedeutet für ungediente Frauen, die sich zwischen dem 24.12.2000 und dem 30.4.2005 freiwillig verpflichtet haben und deren Verpflichtung angenommen wurde, dass sie – **ohne Übergangsregelung** – nunmehr sämtlichen Vorschriften des IV. Abschnitts unterworfen sind. Dies ist rechtl. **nicht unproblematisch**.[3] Man darf gespannt sein, welche Folgerungen die Rspr. hieraus ziehen wird.

---

3 Besonders krit. ist die Einbeziehung dieser Frauen in die bußgeldbewehrte Dienstleistungsüberwachung zu bewerten. Insoweit kann wegen Art. 103 Abs. 3 GG durchaus auch ein Verfassungsverstoß vorliegen, wenn man das Recht der Ordnungswidrigkeiten in das Verbot der Doppelbestrafung einbeziehen (vgl. *Pieroth*, in: Jarass/Pieroth, GG, Art. 103 Rn. 44 m. w. N.).

Stichwortverzeichnis

Zahlen in Fettdruck verweisen auf die Paragraphen des SG, magere Zahlen auf die Randnummern

Abdienzeiten 25 26
Abgeordnete
– Beförderungssperre **4** 43 ff.
– Dienstleistungen **51** 41; **54** 11
– Dienstvergehen **23** 18
– Entlassung aus Dienstleistungen **75** 23
– Entlassung von BS **46** 64 ff.
– Führen des Dienstgrades **25** 19
– Inkompatibilität **25** 14 ff.
– Meldepflicht **25** 9 ff.
– Urlaub für kommunale Vertretung **25** 28 ff.
– Wahlkandidaten **25** 10 ff.
– Wahlurlaub **28** 54 ff.
– Wiederverwendung **25** 24
– Zurückstellung von Dienstleistungen **67** 20
Ablauf der Dienstzeit eines Soldaten auf Zeit 54 4
Abolition 5 9
Abstammung 3 39
Aids-Test 3 21
Alkohol
– Befehl, keinen - zu trinken **10** 77; **17** 62
– (Nicht-)Eignungsmerkmal **55** 37
– Test **17** 68
– Verstoß gegen Alkoholverbot **7** 36; **10** 35; **12** 21; **17** 45
Allg. Handlungsfreiheit 19 14
Altersgrenze
– allgemeine **96** 12
– allgemeine bis 2024 **96** 8
– Beispiele **96** 18
– besondere bis 2024 **96** 9 f.
– Ermessensausübung **96** 11, 18
– Kalenderjahr **96** 11
– spezielle allgemeine **96** 12
Altersgrenzen 3 26 ff.; **45**; **96**
– allgemeine - **1** 32; **45** 21 ff.
– besondere - **1** 32; **45** 24 ff.
– dienstgradbezogene **3** 24
– Festlegung durch den Gesetzgeber **45** 23
– Übergangsregelung aus Anlass des DNeuG **96**
– und Dienstleistungen **59** 15
– und Eignungsübende **87** 30
– und einstweiliger Ruhestand **50** 50
– und Eintritt in den Ruhestand **44** 8 ff.
– und Tätigkeit gem. § 20a **20a** 24 f.

– und Versetzung in den Ruhestand **44** 19 ff.
– und Wiederverwendung **51** 23
Altersurlaub
– Nebentätigkeit **28a** 17
– Widerruf **28a** 23
Amnestiegesetz 5 10
Amt
– öffentliches **3** 11
Amt des Beamten
– im abstrakt-funktionellen Sinne **3** 57; **20** 24
– im funktionellen Sinne **3** 54, 57
– im konkret-funktionellen Sinne **3** 57; **20** 22
– im statusrechtlichen Sinne **3** 56; **4** 30
Ämterpatronage 3 42; **27** 26
Amtsangemessene Tätigkeit (Beamte) 3 56
Andere Bewerber
– Arbeitsverhältnis **87** 21
– Beginn des Wehrdienstverhältnisses **2** 14
– Diensteid/feierliches Gelöbnis **9** 36; **87** 23
– Dienstgrad **26** 8; **87** 23
– Eignungsübung **39** 20; **87** 19
– Einstellung **87** 16 f.
– Entlassung wegen eines Verhaltens vor der Ernennung **46** 56; **88**
– Entlassung wegen mangelnder Eignung **87** 25
– Ernennung **87** 29
– Status **39** 9
Anfechtungsklage 85
Angehörige 28 40; **30a** 10
Anhörung
– bei Aufschub des Eintritts in den Ruhestand **44** 14
– bei Entlassung von Berufssoldaten **47** 7 ff.
– bei Entlassung von Soldaten auf Zeit **55** 92
– bei Verbot der Ausübung des Dienstes **22** 36
– der Vertrauensperson **44** 33; **55** 10, 89
– von Dienstleistungspflichtigen **71** 13
– vor Aufnahme von Vorgängen in die Personalakte **29** 6, 62 ff.
Anlage s. *Militärische Anlage*
Annahmeuntersuchung
– medizinische - **3** 15
Anordnungsbefugnis
– gegenüber Arbeitnehmern **1** 68
– gegenüber Beamten **1** 66 f.

1043

- gegenüber nachgeordneten Stellen **1** 48
- von Nichtsoldaten über Soldaten **1** 69 ff.

Anrede 4 36; **26** 11
Anschauungen
- politische - **3** 42
- religiöse - **3** 41

Ansehen der Bundeswehr (Begriff) 55 71
Anspruch auf Seelsorge 36 13
Anzug
- Anzugarten **4** 39 f.; **4a** 14
- Pflicht zum Tragen des - **7** 36
- Rechtsweg **82** 27
- Zuständigkeit des BPräs **4** 38

Approbation 27 16
Arbeitsplatzschutzgesetz 1 33; **28** 15; **59** 32; **61** 23; **62** 20; **70** 13
Ärztliche Untersuchung
- im Dienstunfähigkeitsverfahren **44** 41 f.
- im Rahmen der Pflicht zur Gesunderhaltung **17** 64 ff.
- im Rahmen der Versetzung in den Ruhestand **44** 26 ff., 36 ff.
- im Rahmen von Betreuungsurlaub **28** 41
- im Rahmen von DVag **81** 29
- im Rahmen von Teilzeitbeschäftigung **30a** 10
- von Bewerbern für den freiwilligen Dienst **37** 37 ff.
- von Dienstleistungspflichtigen **77** 42

Aufenthalt im Ausland
- dienstlich **16** 7
- privat **16** 7

Aufschiebende Wirkung
- der Anfechtungsklage **50** 27; **55** 90 f.; **85**
- der Beschwerde **44** 51
- der Beschwerde bei Entlassung **55** 65
- des Widerspruchs **71** 23; **72** 9, 27; **83** 28

Auftrag
- Handeln im **1** 48, 59

Ausbildungsgeld für SanOA 30 26; **93** 40
- Erstattung des - **46** 33; **49** 37; **56** 21; **94** 6
- Erstattung des Ausbildungsgeldes **30** 27

Ausdrücklicher Hinweis 55 63, 88; **82** 27
Ausland *s.a. Besondere Auslandsverwendung*
- Einsicht in PA im - **29** 90
- Heimaturlaub **28** 32
- Hilfeleistungen im - **63a**
- Katastrophenhilfe im - **60** 13; **63** 2
- Rückversetzung aus dem - **3** 65
- Schulbeihilfe **31** 17
- Verhalten im - **16**
- Verurteilungen im Ausland **38** 5; **48** 17
- Wohnsitz im - **46** 80 ff.

Ausländer
- als Dienstleistungspflichtige **59** 22
- als Teilnehmer von DVag **81** 30
- als Vorgesetzte **1** 56, 69 f.; **7** 26 ff.
- Berufung als SaZ/BS **37** 11 ff., 16 ff.

Ausschluss von Dienstleistungen 38 2, 8
Autorität des Vorg. 17 33

Barttracht *s. Haar- und Barttracht*
Beamte
- und Kollegialität **12** 4

Befähigung 3 12
Befehl
- anderer Vorgesetzter **10** 95
- Dauerbefehl **10** 51; **18** 21
- Definition **1** 50; **10** 48 ff.; **11** 27
- dienstl. Zweck **10** 68 ff.
- Durchsetzung von - **10** 95 ff.
- eines faktischen Soldaten **1** 45
- gefährlicher - **11** 37
- Grundsatz der Verhältnismäßigkeit **10** 96
- Handeln auf - **1** 70
- letzter - **nach § 1 (VorgV) 55**
- Präventivbefehl **10** 76; **17** 62
- Rechtmäßigkeit **10** 66 f., 83 ff.
- Rechtsschutz **10** 85 ff.; **82** 27
- und Einberufungsbescheid **2** 10
- und feierliches Gelöbnis **9** 42
- und Uniformtrageerlaubnis **4a** 15
- Verantwortung für - **10** 88 ff.
- Zurechnung **1** 48
- Zurechnung der Ausführung **10** 93
- Zweckmäßigkeit **10** 91

Befehle
- unverbindliche **11** 30
- verbindliche **11** 30

Befehlsbefugnis
- ausländischer Soldaten **1** 56; **7** 26
- Begrenzung **1** 73
- des Bundesministers der Verteidigung **1** 57 ff.; **7** 27
- des Festnehmenden **1** 60 ff.
- Missbrauch der - **7** 36; **10** 69; **17** 45
- und Vorgesetzteneigenschaft **1** 47 ff., 51, 72 ff.; **nach § 1 (VorgV)** 1 ff.; **10** 56, 61 f.
- wechselseitige **nach § 1 (VorgV) 55**

Beförderung *s.a. Ernennung*
- Anspruch auf - **31** 17
- Begriff **4** 17 f.
- dienstliche Bekanntgabe **4** 8; **42** 4, 7 f., 11 ff.; **58** 12; **59** 28
- eines faktischen Soldaten **1** 42
- Form **41 f.**; **58**
- Mindestvoraussetzungen **27** 11 ff., 24 ff.

- Rechtsweg 82 27
- Sammelurkunde 42 7
- und Begründung des Dienstverhältnisses eines BS 39 10 ff.
- Verbot der - 9 45

Beförderungen 3 7
Beförderungssperre 4 43 ff.
Beförderungsstau 3 72; 44 22
Begnadigungsrecht des BPräs 5
Begründung des Dienstverhältnisses
- eines Berufssoldaten s. Berufssoldat
- eines Soldaten auf Zeit s. Soldat auf Zeit
- Form 41

Behandlung, ärztliche 17 65
Behinderung 3 45 f.
Beihilfeakte 29 26
Beihilfeanspruch 25 13; 30 20; 31 17, 24
Beihilfeunterlagen 29 14
Beispiels-/Vorbildfunktion des Vorg. 10 3 f., 17 ff., 115
Belohnungen
- Abg. 25 15, 21, 38
- ausgeschiedene Soldaten 23 33
- Begriff 19 13, 19
- Genehmigung/Zustimmung 19 23 ff.
- Herausgabepflicht 19 29 f.
- Korruptionsprävention 14 18; 19 13; 48 19

Belohnungen u. Geschenke 19
Bereitschaftsdienst
- Übungen als - 59 15; 60 7; 61 25 f.; 72 26; 75 15 f.

Berliner Erlass nach § 1 (VorgV) 11, 25; 90 15 f.
Berufsförderung
- und Betreuungsurlaub 28; 45
- und Tätigkeit gem. § 20a 20a 3
- und Umwandlung 45a 23 f.
- und Verbot der Ausübung des Dienstes 22 17
- und Verkürzung der Dienstzeit 40 49

Berufsfreiheit 49 19
Berufssoldat
- als Mitglied einer Regierung 25 37
- als Parlamentarischer Staatssekretär 25 37
- Beendigung des Dienstverhältnisses 43 ff.
- Beginn des Dienstverhältnisses 2 13
- Begründung des Dienstverhältnisses 39
- Entlassung 46
- Ruhestand 44
- Verlust der Rechtsstellung 48

Berufsverbände 15 40; 20 103 ff.; 29 92
Berufung
- Begriff 4 12
- Hindernisse der - 38
- politische Treuepflicht 37 19 ff.
- Rechtsschutz 37 40 ff.
- Regelanfrage 37 27
- Voraussetzungen 37 11 ff.

Berufung zum BS
- nach Einsatz WVG 3 96

Beschwerde 34
Besoldung
- Grundsatz der funktionsbezogenen - 3 56

Besoldungsunterlagen 29 14
Besondere Auslandsverwendung 62
- Ansprüche des Dienstleistungspflichtigen 62 20 f.
- Begriff 62 13
- Verlängerung der Dienstzeit 40 38; 44 18; 75 41

Besondere Härte
- und Entlassung von Berufssoldaten 46 45 ff.
- und Entlassung von Berufssoldaten auf eigenen Antrag 46 116 ff.
- und Entlassung von Soldaten auf Zeit auf eigenen Antrag 55 18 ff.
- und Erstattung der Kosten eines Studiums/ einer Fachausbildung 49 38; 56 22 ff.
- und Heranziehung zu Dienstleistungen 59 31; 62 28; 67 26, 29; 75 31
- und KDV-Antragstellung 46 74 ff.

Besonderes Gewaltverhältnis 6 11; 10 47
Bestenauslese 3 11, 71 ff., 75, 89
Betäubungsmittel
- Besitz/Weitergabe als Dienstpflichtverletzung 7 36; 10 44; 12 21; 17 45, 52, 61; 55 53, 78

Beteiligung 35a 14
Beteiligungsrechte 35
- Vertrauensmann 35 1
- Vertrauensperson 3 65; 24 42; 35 8

Betreuer 44 38
Betreuung 20 34; 21 10
Betreuungsurlaub 28 37 ff.
- Angehörige, pflegebedürftige 28 40
- Anspruch auf Beendigung 28 52
- Kinder 28 39
- Pflegebedürftigkeit 28 42
- rückwirkender Widerruf 28 52
- Verlängerung 28 48
- Versagung 28 44
- Widerruf 28 50

Betrug
- als Dienstpflichtverletzung 7 36; 12 21; 13 31; 17 45, 52, 58; 55 37

Beurteilung 3 47 ff.
- außerdienstl. Geschehnisse 3 51
- Beschwerde gegen - 3 49
- Beurteilungsbeitrag 3 51; 29 14, 74

1045

- Beurteilungszeitraum **3** 51
- Beurteilungszuständigkeit **3** 50
- Förderungswürdigkeit **3** 51
- frühere - **3** 76
- gerichtliche Prüfung **3** 51
- Internationale - **3** 51
- Potenzialabschätzung **3** 51
- Rechtsweg bei - **3** 51
- Richtwerte **3** 51
- Unterscheidung nach Tätigkeitsbereichen/ TSK **3** 51
- Unzureichende Differenzierung **3** 51
- Verschlechterung, geringfügige **3** 51

Beurteilungen 29 14
Bewährungszeit 3 79, 81; **27** 25
Bewerber 3 9, 16, 20, 26 ff., 45, 48, 71; **29** 32, 81
Bewerbungen
- Benachteiligung bei **3** 9

Bewerbungsunterlagen 29 14
Blankeneser Erlass 90 15
Blutgruppe 17 69
Blutprobe 17 70
Blutspende 17 60
BO 41 51 18
Bundeslaufbahnverordnung 27 4
Bundesminister der Verteidigung
- als mil. Vorg. **1** 65; **10** 16; **17** 35
- Inhaber der Befehls- und Kommandogewalt **1** 48, 57 ff.
- Organisationsgewalt nach **§ 1 (VorgV)** 5, 23
- Vertretung **1** 59; **90** 17

Bundesnachrichtendienst 1 69; **29** 87; **82** 15
Bundesnebentätigkeitsverordnung 93 23
Bundespersonalausschuss 27 31 ff.
Bundespolizei 36 5; **87** 17; **90** 6; **96** 3
Bundespräsident
- Anordnung von Dienstgradbezeichnungen, Uniform **4** 28
- Ausübung des Gnadenrechts **5**
- Gegenzeichnungspflicht **4** 26
  - bei Anordnung von Dienstgradbezeichnungen **4** 28
  - bei Anordnung von Uniformen **4** 28
  - bei Ernennungen **4** 22
- Versetzungen in den einstweiligen Ruhestand **50** 13, 27
- Zuständigkeit für Dienstgradbezeichnungen **4** 26
- Zuständigkeit für Ernennungen **4** 20

Bundeswehrverwaltung 1 67
Bündnisfall 60 13; **62** 6, 14
Bußgeldvorschriften 86

Datenschutzbeauftragte 29 41
Datenschutzkontrolle 29 28
De-facto-Soldat s. *Faktischer Soldat*
Deutscher 37 11 ff.; **46** 16 ff.
Deutsches Volk 9 9, 34 f.
deutsches Volk **7** 33
Diebstahl
- als Dienstpflichtverletzung **7** 36; **10** 44; **12** 21; **17** 45, 52, 58; **55** 78

Dienstalter 3 78 ff.
Dienstantritt 2 1, 10 f., 14; **41** 18; **81** 34; **87** 19
Dienstantrittsanordnung 2 10; **72** 15
Dienstaufsichtspflicht 10 24, 98; **17** 36; **29** 44
- eigener Pflichtverstoß des Vorg. **10** 32
- Funktion **10** 26
- Umfang **10** 27

Dienstbefehl
- im Zivildienstverhältnis **1** 23; **11** 17

Dienstbefreiung 25 32; **28** 27
Diensteid
- Dokumentatioin **9** 39
- Eignungsübende **9** 36; **87** 23
- Entlassung bei Weigerung **46** 57 ff.
- Funktion **9** 19 ff.
- Rechtsnatur **9** 26 ff.
- unter Vorbehalt **9** 37
- Verweigerung **9** 30 ff.
- Widerruf **9** 38

Diensteid und feierliches Gelöbnis 9
Diensteintritt 2 1, 10 ff.; **62** 19; **72** 16, 23
- Zeit/Zeitpunkt **2** 10

Dienstfähigkeit
- Dienstleistungsfähigkeit **64** 4

Dienstgrad nach **§ 1 (VorgV)** 47, 50; **25** 42
- Bedeutung **3** 56; **4** 30 f.
- der Eignungsübenden **26** 8; **88** 22
- der NVA **26** 9
- temporary rank **26** 8
- u. Vorgesetztenstellung **1** 54; **10** 20
- und Status der Soldaten **4** 30
- und Vorgesetztenverhältnis **nach § 1 (VorgV)** 30 ff.
- Verlust des - **26** 12; **48** 9; **49** 26; **53** 21; **56** 8; **57** 10; **76** 13
- Zusatz „a.D." **44** 56 f.

Dienstgradabzeichen 4 34
Dienstgradbezeichnungen 4 27 f.
- Anordnung des BPräs **4** 28, 31
- Anrede mit der - **4** 36
- Führen der - **4** 35; **26** 11
- unbefugtes Führen von - **4** 37; **4a** 18
- weibliche Form **4** 32
- Zusatz „a.D." **44** 56 f.

Dienstgradgefüge
– altersgerechtes - **3** 81
Dienstgradgerechte Verwendung *s. Verwendung*
Dienstgradgruppe nach § 1 (VorgV) 37
Dienstgradstufe nach § 1 (VorgV) 32
Dienstgradverlust
– Kraft Gesetzes **26** 15
Dienstgradzusätze 4 33; **44** 57; **55** 41
Dienstleistungen 10 23
Dienstleistungsausnahmen 64
Dienstleistungspflichtige
– Aufenthaltsfeststellungsverfahren **78**
– Ausschluss von Dienstleistungen **65**; **76**
– Befreiung von Dienstleistungen **66**
– Dienstleistungsüberwachung **77**
– Entlassung aus Dienstleistungen **75**
– Entpflichtung von Dienstleistungen **59** 31
– Personenkreis **59** 15 ff.
– Übergangsregelung **98**
– Unabkömmlichstellung von - **68**
– Vorführung/Zuführung von - **79**
– Zurückstellung von - **67**
Dienstliche Veranstaltungen 81
– Dienstbeginn/-ende **2** 14 f.; **81** 34
– Dienstfähigkeit **81** 27
– Finanzielle Ansprüche **81** 38
– Freiwilligkeit **81** 23
– Personenkreis **81** 27
– Uniform **81** 36
– Zuziehung **1** 27; **81** 32
Dienstliche Veranstaltungen geselliger Art 81 20
Dienstlicher Zweck 11 32
Dienstposten 3 57, 59, 63
Dienstpostenbündelung 3 80; **27** 25
Dienstpostenwechsel 3 60, 70; **20** 26
Dienstrecht der Soldaten 35a 13
Dienstreise 3 68 ff.
Dienststelle 1 48, 67; **nach § 1 (VorgV)** 8 ff.
Dienststellung 1 51; **nach § 1 (VorgV)** 4, 17, 21 ff.
Dienstunfähigkeit 64
– Begriff **44** 27 ff.; **64** 9
– Feststellung - **44** 36 ff.
– nach dem SG **64** 17
– Rechtsweg **82** 27
– und Wehrdienstunfähigkeit **64** 9
– vermutete – **44** 26, 32 f.
– von Berufssoldaten **44** 26 ff.
– von Dienstleistungspflichtigen **64** 9; **67** 12; **75** 26
– von Soldaten auf Zeit **55** 9 ff.

– vorübergehende - **44** 36; **55** 11, 28; **64** 2; **67** 12; **75** 26; **77** 52
– Wiederverwendung nach - **51** 17
Dienstvergehen 23
– faktische Soldaten **23** 31
– nachwirkende Pflichten **14** 23; **23** 34; **29** 85, 87; **50** 43; **89** 14
– Rechtswidrigkeit **23** 27
– Schuld **23** 29
– und Beamtendisziplinarrecht **23** 23
– und GG **23** 16
– und MRK **23** 19
Dienstvorgesetzter 1 66; **28** 30
Dienstvorgesetzter von Beamten 10 11
Dienstvorschrift 1 59; **10** 84, 95
Dienstweg 7 36
Dienstzeitberechnung 2 16; **40** 41; **54** 5
Dienstzeitbescheinigung 32 11
Dienstzeitfestsetzung 40 13 ff.
– Rücknahme **40** 15
– stufenweise - **40** 18, 35
– Widerruf **40** 15
Dienstzeitverlängerung 28 44 f.; **40** 9
– Anspruch **40** 25
Dienstzeugnis 29 14; **32** 12
– vorläufiges - **32** 22; **82** 27
Direktionsrecht 1 68
Disziplinarbuch 29 26
Disziplinarvorgänge 29 14
Disziplinarvorgesetzter 1 75 ff.; **14** 21
Doping 13 29
Doppelbestrafung 23 16; **48** 12
Doppelverwertung 10 21

Ehrenamt *s. Vormundschaft*
Ehrverletzende Behandlung
– als Dienstpflichtverletzung **7** 36; **10** 44; **12** 21; **17** 35, 45
Eigenmächtige Abwesenheit
– als Dienstpflichtverletzung **7** 36; **17** 45, 52
– und Urlaub **28** 20
Eigentumsgarantie 19 14
Eignung
– charakterliche - **3** 24; **37** 32 ff.
– geistige - **3** 23; **37** 36
– gesundheitliche - **3** 16
– im engeren Sinne **3** 14
– im weiteren Sinne **3** 11
– körperliche - **3** 15 ff., 27, 87 ff.; **37** 37; **44** 30; **46** 135
Eignungsmangel
– Beziehungen **3** 4
– Geschlecht **3** 3
– Verfassungstreue als - **3** 42; **37** 19 ff.

1047

Eignungsmerkmal
- Alter **3** 82
- Ethnische Herkunft **3** 5
- Geschlecht **3** 5
- sexuelle Identität **3** 5
- Sprache **3** 33
- Weltanschauung **3** 5

Eignungsübende
- Anhörung **50** 25
- Beginn **87** 19
- Dienstgrad **26** 8; **87** 23
- Einstellung anderer Bewerber **87**
- Ende **87** 24
- Entlassung **88**
- Ernennung **4** 15; **39** 20
- feierliches Gelöbnis **9** 36
- Pflichtenbindung **10** 23
- Urlaub von Arbeitnehmern **28** 15

Eignungsübung *s. Andere Bewerber*
Einberufungsbescheid **1** 38; **2** 10; **56** 5; **87** 18
Eingangsdienstgrad **27** 11
(eingetragene) Lebenspartnerschaft **28** 39 f.; **31** 16
Eingliederungsschein **40** 27; **54** 6
Einheit nach § 1 (VorgV) 6
Einheitlichkeit des öff. Dienstrechts
- Grundsatz der - **3** 10

Einmischung
- Begriff **16** 8

Einsatz
- Weiterverwendungsgesetz **96** 5

Einsatz-Weiterverwendungsgesetz **3** 94 f.; **44** 35; **55** 14
- Dienstfähigkeit **3** 96

Einsatzgebiet **3** 69
Einsatzunfall **3** 91; **75** 49
Einsatzversorgungsgesetz **3** 96

Einstellung als Soldat
- kein Rechtsanspruch auf - **3** 72 f.
- keine - mangels Bedarfs **3** 72

Einstweiliger Ruhestand
- Anhörung **50** 23 ff.
- Antragsrecht **50** 26
- Beginn **50** 38 ff.
- Begründung **50** 23
- Dienstgradführung **44** 56
- erneute Berufung **4** 9; **23** 38; **50** 46 ff.
- Folgen **50** 42 ff.
- Gründe **50** 19 ff.
- Heranziehung zu Dienstleistungen **59** 17
- Rechtsanspruch **50** 26
- Rechtsschutz **82** 27
- und GG **50** 29
- und Mandat **25** 22
- und Tätigkeit gem. § 20a **20a** 6

- und Wiederverwendung **51** 24
- Urkunde des Bundespräsidenten **50** 38

Eintritt in den Ruhestand **44** 8 ff.

Elternzeit **28** 64 ff.
- Elternzeitverordnung **28** 66; **93** 27
- Rechtsweg **28** 69; **82** 27
- und Dienstzeitverlängerung **28** 68; **40** 31 ff.; **95** 7 f.
- und Entlassung von Berufssoldaten **46** 111 ff.; **95** 7 f.
- und Nebentätigkeit **20** 51
- und Teilzeitbeschäftigung **30a** 9

Entlassung
- auf eigenen Antrag **97** 6
- wegen arglistiger Täuschung **46** 33
- wegen Bestechung **46** 43

Entlassung von Berufssoldaten **44** 45; **46**
- auf eigenen Antrag **46** 90 ff.
- Formvorschriften **46** 122 ff.
- wegen Anerkennung als Kriegsdienstverweigerer **46** 74 ff.
- wegen besonderer Härte **46** 116 ff.
- wegen Eidesverweigerung **46** 57 ff.
- wegen eines Ernennungshindernisses **46** 21 f.
- wegen Ernennung zum Beamten **46** 108
- wegen erschlichener Ernennung **46** 23 ff.
- wegen mangelnder Eignung **46** 129 ff.
- wegen Mitgliedschaft in einer gesetzgebenden Körperschaft **46** 61 ff.
- wegen nicht erfüllter Wartezeit **46** 69 ff.
- wegen Straftaten vor der Ernennung **46** 48 ff.
- wegen Verlagerung des Wohnsitzes **46** 80 ff.
- wegen Verlusts der Deutscheneigenschaft **46** 16 ff.

Entlassung von Soldaten auf Zeit **55**
- Rechtsfolgen der - **56**
- Rechtsschutz **55** 21, 88 ff.
- Rückführung in die frühere Laufbahn **55** 43 ff.
- und Disziplinarverfahren **55** 81
- wegen besonderer Härte **55** 18 ff.
- wegen Dienstpflichtverletzung **55** 46 ff.
- wegen Dienstunfähigkeit **55** 9 ff.
- wegen Ernennung zum Beamten **55** 8
- wegen mangelnder Eignung **55** 23 ff.

Entlassungsurkunde **41** 7; **47** 6; **55** 6
Entpflichtung von Dienstleistungen **60** 8; **62** 24

Ernennung **3** 53
- Begriff **4** 7
- Erforderlichkeit bei Beförderung **4** 17
- Erforderlichkeit bei Berufung **4** 12

- Form **41**
- keine – bei Heranziehung zur Eignungsübung **4** 15
- Mitwirkungsbedürftigkeit **4** 8 ff.
- Nichtigkeit **4** 11
- Rechtsschutz **4** 19
- Rücknahme **41** 20
- Übertragung von Zuständigkeiten **4** 25
- zum Beamten **46** 103, 105 f.; **55** 8
- Zuständigkeit des BMVg **4** 25
- Zuständigkeit des BPräs **4** 20 ff., 25
- Zuständigkeit für - **4** 20 ff.
- Zustimmung zur - **4** 8 ff.

Ernennungsurkunde 41
- Ablehnung der Annahme der - **4** 9; **40** 12; 45a 11; **51** 32, 39
- Aushändigung der - **2** 7, 13; **4** 8; **37** 37; **41** 8 ff.
- Inhalt der - **41** 13 f.
- und Beförderung **42** 11 ff.
- und Diensteid **9** 29
- Wirksamkeit der - **41** 15 ff.

Erstattung
- von Ausbildungskosten **56** 12

Erstattung der Auslagen von Dienstleistungspflichtigen 70 9; **71** 22; **77** 32, 38

Erstattung der Kosten
- der polizeilichen Vorführung **79** 16
- eines Studiums/einer Fachausbildung **49** 5, 30; **55** 18; **56** 2; **94** 6; 97
- eines Widerspruchsverfahrens **70** 15; **83** 27
- Höhe der Kosten **49** 33
- im Rahmen von Nebentätigkeiten **20** 81 ff.

Erstattung von Verdienstausfall der Dienstleistungspflichtigen 70 13 f.

Erstattung von Vertretungskosten der Dienstleistungspflichtigen 70 14

Erstbewerberregelung 3 28; **39** 17

Erzieherische Maßnahmen 10 102

Ethnische Herkunft 3 44; *s.a. Herkunft* ethnische Herkunft **3** 7

Europ. Parlament 4 43, 51; **28** 8, 14, 55; **46** 63

Exhibitionismus
- als Dienstpflichtverletzung **7** 36; **17** 58

Fachdienst nach § 1 (VorgV) 12, 17 ff.
Fachschulausbildung 27 28
Fahnenflucht
- als Dienstpflichtverletzung **7** 36; **17** 45
Faktischer Soldat 1 24, 37 ff., 41; **14** 7; **23** 31; **29** 85
Feierliches Gelöbnis
- Befehl zur Ablegung **9** 41
- Dienstleistungspflichtige **9** 14; **59** 25

- Dienstpflicht **9** 41
- Eignungsübende **87** 23
- Frauen, ungediente **9** 14
- unter Vorbehalt **7** 36
- Verweigerung **9** 43 ff.
Feldjäger
- als mil. Vorg. nach **§ 1 (VorgV)** 23; **10** 20, 101
- Durchsuchung durch - **10** 101
- Vorführung/Zuführung durch - **79** 19
Feldwebelanwärter 42 8
Fernbleiben vom Dienst 25 31
Fiktive Nachzeichnung
Fliegerische Akte 29 26
Flucht in die Öffentlichkeit 17 37
Flugunfallakten 29 21
Folgen der Entlassung
- eines Berufssoldaten **49**
- eines Soldaten auf Zeit **56**
Förderungswürdigkeit 3 51
Frauen 1 10 f., 35 f.; **3** 18, 35; **9** 14; **59** 16, 22, 30; **61** 25; **80** 11; **81** 30; **98** 11
Frauenförderung 3 37
Freie Heilfürsorge *s. Unentgeltliche truppenärztliche Versorgung*
Freiheitliche demokratische Grundordnung
- achten **8** 8
- anerkennen **8** 12 ff.; **37** 6, 18 ff.
- bekennen **8** 7
- Definition **8** 20; **37** 23
- eintreten **37** 25
- eintreten für die **8**
- Entlassung bei Verstoß gegen die - **46** 134
- und politische Betätigung **15** 26, 28
- Verstoß gegen die – als Dienstpflichtverletzung **8** 24; **23** 34
Fristen
- Aufbewahrung von Personalakten **29** 79 ff.
- Befristung einer Nebentätigkeitsgenehmigung **20** 65 ff.
- bei der Entlassung von Soldaten auf Zeit **55** 92
- bei der Heranziehung zu Dienstleistungen **72** 23
- bei Entlassung von Berufssoldaten **47** 11 ff., 17 ff.
- bei Verbot der Ausübung des Dienstes **22** 32
- bei Versetzung in den Ruhestand **44** 53 ff.
- bei Wiederverwendung **51** 28
- im Zusammenhang mit § 20a **20a** 7
- Tilgungsfrist für Vorgänge in Personalakten **29** 73 ff.
Führungsstäbe im BMVg nach § 1 (VorgV) 11

1049

Führungsweisung — *Stichwortverzeichnis*

Führungsweisung nach § 1 (VorgV) 25
Führungszeugnis 29 14; 65 9
Fürsorgepflicht
– Generalklausel 31 12
– Präventivkuren 31 13
Fürsorgepflicht des Dienstherrn 24 17, 31;
  29 62, 86; 31 8; 40 37; 42 13; 44 39; 46 124;
  50 25; 82 27
Fürsorgepflicht des Vorgesetzten 10 38 ff.;
  12 12

G-Karte 29 26
Geburtsjahrgang 96 11
Gefangenschaft *s. Verschleppung*
Gegenvorstellungen
– als Rechtsbehelf 83 10
– gegen Befehle 1 70; 11 3, 29
Gehorsamspflicht 11
– Ankündigung der Verweigerung des - 7 36
– der Beamten gegenüber Soldaten 1 66
– gegenüber Weisungen von Nichtsoldaten
  1 59, 70
– gesetzl. Verpflichtung 11 25
– Inhalt 11 26, 29
– Verstoß gegen die - als Dienstpflichtverletzung 17 45, 52
Geistliche 66 6 f.; 67 15
Geld- und Sachbezüge 30
– Anspruchsbeginn 2 11
– und Altersurlaub 28a
– und Urlaub 28
– und Versorgung *s. Versorgung*
Gelöbnis 59 25
– Vorbehalt zum 3 24
Geltungsbereich des GG 16 6; 38 5; 48 16
Geltungsbereich des SG 12 13; 38 5; 46 84
Gemeinschaftsunterkunft 18
– als Wohnung 18 14
– Ausgangsbeschränkung 18 19
– Ausgangsregelung 18 20
– Rechtsweg 18 24; 82 27
– und DVag 81 38
– und GG 18 10
– und politische Betätigung 15 23, 32
Gemeinschaftsverpflegung 18
– Rechtsweg 18 24
– religiöse Speisevorschriften 18 15
– und DVag 81 38
– und GG 18 10
Generalinspekteur
– einstweiliger Ruhestand 50 19, 46
– Vorgesetztenstellung **nach § 1 (VorgV)** 11,
  25 f.; 90 15 f.
Generalstab 90 15

Generalstabsdienst 3 51
Geoinformationsdienst der Bw
– Laufbahnen 27 20, 27
– Studium 27 28
Geschenke *s. Belohnungen*
Geschlecht 3 3, 35 ff.
Gesunderhaltung, Pflicht zur - 17 60
Gesundheitsüberprüfung 3 20
Gesundheitsunterlagen 29 26
Gesundheitszeugnis 29 14
Gewerkschaften 20 103 f.; 27 32
Gewissensfreiheit 11 21
Glauben 3 41
Gleichgeschlechtliche Orientierung 3 25, 38;
  37 35
Gleichstellung 3 37
Gleichstellungsbeauftragte 3 85; 29 40
Gnadenerweis
– ex nunc 5 20, 22
– in vollem Umfang 5 19
– rückwirkender 5 21
– Wirksamwerden 5 20 f.
**Gnadengesuch, gerichtliche Überprüfbarkeit
  der Ablehnung** 5 9
Gnadenrecht, soldatengesetzliches 5
– Begriff 5 1, 9
– BPräs als Träger 5 1, 7 ff.
– Einzelfallentscheidung 5 10
– Ermessenentscheidung 5 9
– Gegenstand 5 17
– gerichtliche Kontrolle 5 9
– Grenzen 5 12
– Personenkreis, begünstigter 5 16
– Reichweite 5 1
– Übertragung der Ausübung 5 18
– verfassungsrechtliche Grundlage 5 7 ff.
– Verwirkung von Grundrechten 5 15
Grenzen der Befehlsbefugnis 10 46
Grundakten 29 25
Grundpflicht 7
Grundrecht auf informationelle Selbstbestimmung 89 11
Grundrechtsgeltung 6
Grußpflicht 4a 15; 11 21

Haar- und Barttracht 4 39; 11 20
Haftung 24
– Adäquanztheorie 24 25
– Außenhaftung 24 14
– Beschränkungen der - 24 30
– Differenzmethode 24 24
– faktischer Soldat 24 18
– Gesamtschuldner 24 32
– Innenhaftung 24 15 f.

- Leistungsbescheid **24** 40
- normativer Schadensbegriff **24** 24
- Verjährung **24** 35
- Verschulden **24** 23
- Zinsen **24** 26

Heilbehandlung 44 43
Heilung von Formfehlern 41 24
Heimat 3 43
Heranziehung zu Dienstleistungen
- Ärztliche Untersuchung/Anhörung **71**
- Verfahren **70**
- von gedienten Dienstleistungspflichtigen **73**
- von ungedienten Dienstleistungspflichtigen **72**
- Zuständigkeit **69**

Heranziehungsbescheid 2 6; **72** 12
- und besondere Auslandsverwendung **62** 13, 19
- und Entpflichtung von Dienstleistungen **59** 31
- und faktisches Dienstverhältnis **1** 37
- und polizeiliche Zuführung **79** 19
- Widerruf des - **75** 17; **76** 10
- Widerspruch gegen den - **83** 28

Herkunft 3 44
Hilfeleistungen im Ausland 63a
Hilfeleistungen im Innern 63
- Personenkreis **63** 10

Hilfskriterium 3 51, 76 f., 83
- Frauenförderung als - **3** 37

HIV-Infektion 3 21
Höchstaltersgrenzen 3 26 ff.
Höchstdienstzeit 40 5; **45a** 22; **87** 23
Homosexuelle 3 38
Hybridakten 29 16

Impfpflicht 6 16; **17** 64 f., 71; **77** 11, 42 f.
Imponderabilien 50 20
Innere Führung
- Konzeption **6** 19
- sui-generis-Debatte **7** 8
- ZDv 10/1 **6** 10

Jahrgangsweise Übernahme zum Berufssoldaten 3 28, 31; **39** 14 ff.
Jahrsgangsweise Zulassung von Bewerbern 3 28
Jubiläumszuwendung 30 29; **93** 28

Kamerad
- Begriff **12** 6, 13 ff.
- Beistandspflicht **12** 19

- Ehre des - **12** 17
- Grundregeln der Kameradschaft **15** 34
- Politische Meinungsäußerung **15** 31
- Rechte des - **12** 18
- Würde des - **12** 16

Kameradenbeschwerde 12 8; **34** 3
Kameradenbetrug 7 36
Kameradendiebstahl 17 45; **55** 78
Kameradenehe 17 52
Kameradschaft
- und verbündete Soldaten **12** 3

Kameradschaftspflicht 12
- und Fürsorgepflicht **10** 41

Karenzzeiten 62 12
Kindergeldakten 29 17, 20
Kindersoldaten 4 10
Klarsichthülle 29 25
Kombattantenstatus 4 39
Kommandierung 3 60, 66 ff.
Kommandogewalt 1 57; **90** 17
Kommunales Wahlbeamtenverhältnis auf Zeit 4 13; **25** 42 ff.
Konfessionszugehörigkeit
- Frage nach der - **3** 41

Konkurrentenklage 3 75; **39** 23, 28; **82** 27
Konkurrenzregelung 2 14; **51** 14, 25; **59** 16, 22; **77** 14; **80**
Kooperationsmodell 20a 23
Körperliche Unversehrtheit 10 100; **17** 65 f.
Kosten-Nutzen-Relation *s. Nutzen-Kosten-Relation*
Kreiswehrersatzamt *s. Wehrersatzbehörden*
Kriegsdienstverweigerung
- Missbrauch des Grundrechts auf - **17** 58
- Rechtsweg **82** 24
- und Beförderung **42** 13
- und Dienstleistungspflicht **59** 30
- und Entlassung von Berufssoldaten **46** 74 ff.
- und Entlassung von Dienstleistungspflichtigen **75** 22
- und Entlassung von Soldaten auf Zeit **56** 23

L-Term-Regelung 3 84
Laufbahnausbildung 27 13
Laufbahnbefähigung 3 12; **27** 13, 18, 23
Laufbahngruppen 27 10 ff.
Laufbahnprinzip 27 9
Laufbahnprüfung 27 15
Laufbahnprüfungen 27 30
Laufbahnvorschriften 27
Laufbahnziel 3 78
Lebensalter 3 26 ff., 78

1051

Lebenskundlicher Unterricht *s. Seelsorge*
Leistung, fachliche 3 13
Leistungsfähigkeit, körperliche 3 18
Leistungsgrundsatz 3 11, 33, 71, 89; **27** 25
Lobbyisten 20 117; **20a** 8
Luftsicherheitsgesetz 63 6

Meinungsfreiheit 6 12, 17; **7** 12; **8** 10; **9** 25;
  10 106 f., 114; **11** 24; **12** 17, 20; **13** 13;
  14 8, 12, 16; **15** 13 ff., 31; **17** 28 f.; **20** 94, 96;
  33 11; **37** 22; **50** 30 ff.
Meldepflichten 13 26 ff.; **25** 9 ff.; **77** 8, 25 f.
Menschenwürde 7 35; **8** 24; **11** 19, 31; **12** 16 f.;
  29 9, 62
Militärberater 51 18
Militärische Anlage nach § 1 (VorgV) 36,
  38 f.
Militärische Ordnung (Begriff) 55 70
Militärmusikdienst
– Altersgrenze **45** 14, 21
– Eintritt in den Ruhestand **44** 8
– KDV-Antragstellung **46** 75, 120 f.
– Laufbahnen **27** 10, 18, 20, 27 f.; **39** 4
– Zulassung von Frauen **1** 10 f.
Militärseelsorge *s.a. Seelsorge*
– Rechtsgrundlagen **36** 8
Mindestdienstzeit 3 78 f.; **27** 24 f.; **40** 43; **46** 20,
  71, 89, 117; **49** 28
Mindestverpflichtungszeit 40 6
Mitteilungen in Strafsachen 29 14; 89
Mutterschutz 28 16; **30** 31
Mutterschutzverordnung 93 29

Nachdienen 49 24
Nachversicherung 49 17, 28; **53** 22; **56** 10
Nachzeichnung 3 85 f.
Nationalsozialismus
– Leugnung/Verbreitung/Verwendung von
  Gedankengut/Symbolen des - **7** 36; **8** 24;
  10 116; **11** 24; **17** 45, 52
Nebenakten 29 25, 27
Nebentätigkeit 20
– Eintritt in Organ eines Unternehmens
  20 31 f.
– Entgeltlichkeit **20** 19
– freier Beruf **20** 30
– Fünftel-Regel **20** 5, 48, 112; **30a** 21
– für WPfl **20** 129 ff.
– Genehmigung **20** 18, 21 f., 43 ff.
– Genossenschaft **20** 32
– gewerbliche Tätigkeit **20** 30
– Gutachtertätigkeit **20** 102
– Hauptverwendung **20** 22 f., 26

– Inanspruchnahme von Personal u. Sachmitteln des Dienstherrn **20** 77 ff.
– Kostenerstattung **20** 81
– künstlerische Tätigkeit **20** 98
– Nebenamt **20** 22
– Nebenbeschäftigung **20** 22
– Nebenerwerbslandwirt **20** 61
– Nebenerwerbswinzer **20** 61
– Nebenverwendung **20** 27
– öff. Ehrenämter **20** 34 ff.
– Rechtsweg **20** 46, 122; **82** 27
– Rechtsweg bei Widerruf **20** 70
– SanOffz **20** 121
– schriftstellerische Tätigkeit **20** 94 ff.
– Tätigkeit in Berufsverbänden **20** 103 ff.
– Tätigkeit in Gewerkschaften **20** 105
– Treuhänderschaft **20** 33
– und Altersurlaub **28a** 17 ff.
– und Betreuungsurlaub **28** 49
– und Teilzeitbeschäftigung **30a** 21 ff.
– Vergütungsgrenze **20** 62 f., 108
– Verhältnis zu § 20a **20a** 1
– Verhältnis zu § 21 **21** 1, 14
– Versagung der Genehmigung **20** 43 ff.
– Verstöße gegen § 20 **7** 36; **17** 45
– Verwaltung von Vermögen **20** 88
– Vortragstätigkeit **20** 101
– wissenschaftliche Tätigkeit **20** 97
Nicht-Soldat 1 39; **2** 13
Nichtraucherschutz 31 17
Nutzen-Kosten-Relation 3 31, 74; **28** 44
NVA
– Entlassung **46** 33
– Führen des Dienstgrades **26** 9
– Kameraden **12** 13
– Zusatz „a.D." zum Dienstgrad **44** 56; **49** 44

Offizierprüfung 27 15, 27
Operation 17 73
Ordnungswidrigkeiten
– bei Dienstleistungspflichtigen **86** 1
– im Befehlsrecht **11** 3, 36
– im Zivildienstverhältnis **11** 17
Organisationsbereiche nach § 1 (VorgV) 5
Organisationsgesetz 90
Organspende 17 60 f.
out of area 7 16; **9** 35

Parlamentsbeteiligungsgesetz 60 13; **62** 14;
  63 8
Personalakten 29
– Aufbewahrung von - **29** 79 ff.
– Aufbewahrungsfristen **29** 82

– Aufnahme in - **29** 62 ff.
– Auskünfte aus - **29** 50 ff.
– automatisierte Dateien **29** 23, 57
– Beurteilung **29** 74
– Einsicht durch Bevollmächtigte **29** 91
– Einsicht durch Hinterbliebene **29** 93
– Einsicht durch Vertrauensperson **29** 48
– Einsicht in - **29** 25, 53, 84 ff.
– Fragebögen **29** 36
– Gesundheitsunterlagen **29** 82
– Grund-/Hauptakten **29** 25
– Grundsatz der Verhältnismäßigkeit **29** 10
– Hybridakten **29** 16
– Informationsfreiheitsgesetz **29** 53
– Innenrevision **29** 42
– Kindergeldakten **29** 20, 95
– Klarsichthülle **29** 25
– MAD **29** 46
– Nebenakten **29** 9, 25, 27, 39, 80, 86
– papierlose (elektronische) - **29** 16, 55
– Personalaktendaten **29** 11, 14
– Personalaktengeheimnis **29** 9
– Prüfungsakten **29** 18, 95
– Sachakten **29** 17 ff.
– Sicherheitsakte **29** 19, 95; **82** 27
– Untersuchungsausschuss **29** 53
– Wehrbeauftragter **29** 53
Personalaktenbegriff
– formeller **29** 10
– materieller **29** 11
Personalaktendaten
– Zweckbindung **29** 22 f.
Personalakteninhalt
– fakultativer **29** 12
Personalaktenrichtigkeit
– Grundsatz der - **29** 78
Personalaktenverordnung 93 37
Personalamt der Bundeswehr 37 10, 43; **39** 21
Personalanpassungsgesetz 44 34, 59 ff.; **50** 34
Personalbearbeitung 29 22
Personalführung 29 22
Personalunterlagen
– Mitteilungen in Strafsachen **89** 15
Personalvertretung der Beamten und Arbeitnehmer 91
Personalwirtschaft 29 22
Personen
– als Dienstleistungspflichtige **59** 22
Personenbezogene Daten 29 29, 31
Pflegschaft 20 34; **21** 11
Pflichten des Vorgesetzten 10
Planstelle
– bei Eignungsübung **87** 29
– bei Wiederverwendung **51** 36

– Einweisung in eine - **4** 17; **5** 21; **42** 12
– Rechtsweg **82** 27
Politische Anschauungen 3 42
Politische Betätigung 15
– Aufkleber **15** 35
– Begriff **15** 29 f.
– Dienstbegriff **15** 23 f.
– dienstl. Unterkünfte u. Anlagen **15** 32
– Einzelfälle aus der Rspr. **15** 37
– Grundregeln der Kameradschaft **15** 33
– Plakate **15** 35
– Politische Veranstaltungen **15** 38 ff.
– Sammeln von Unterschriften **15** 35
– und GG **15** 13 ff.
– Uniformverbot **4a** 11; **15** 27, 38 ff.
– Zurückhaltung von Vorgesetzten **15** 43
– Zweck der Vorschrift des § 15 **15** 19
Politische Bildung 33 11
– Staatsbürgerlicher Unterricht **33** 7
– ZDv 12/1 **6** 10; **8** 9; **33** 5
Polizei 6 16; **79** 15
Polizeiliche Vorführung 77 31
Posttraumatische Belastungsstörung 3 95
Potenzialabschätzung s. *Beurteilung*
Präventivbefehl s. *Befehl*
Privater Einsatz von Personal/Material des Dienstherrn
– als Dienstpflichtverletzung **7** 36; **10** 44; **11** 32; **12** 21; **17** 45
Prüfungsakten 29 17 f.
Prüfungszeugnis 29 14

Qualifikation
– für öff. Amt **3** 11
Quartalausgleichstage 28 36

Rahmendienstzeit 30a 31 ff.
Rasse 3 40
Recht und Freiheit 7 32
Rechtsbefehle gegen Verwaltungsakte 83
Rechtsbehelfe
– gegen Befehle **11** 35
Rechtsmittel gegen Entscheidungen des Verwaltungsgerichts 84
– Berufung/Beschwerde **84** 12
– Nichtzulassungsbeschwerde **84** 21
– Rechtswegbeschwerde **84** 21
– Revision **84** 15
Rechtsschutz
– bei Statusentscheidungen **37** 39 ff.
– bei Übernahme zum BS **39** 23 ff.
– gegen Versetzungen **3** 64
– gegen Verwendungsentscheidungen **3** 64

1053

Rechtsverordnungen 93
Rechtswegzuweisung 34 3; 82
– Abgrenzung der Rechtswege 82 25
– bei Versetzungen 3 64
– bei Verwendungsentscheidungen 3 64
– Einzelfälle 3 64; 28 25, 29; 29 67; 30a 18; 37 29; 82 27
– für Angehörige des BND 82 15
– in truppendienstlichen Angelegenheiten 82 17
– in Verwaltungsangelegenheiten 82 17
– Rechtsweggarantie 82 12
Regelaltersgrenze 96 2
Reha-Maßnahmen 61 10
Religionsfreiheit 49 18
Religiöse Anschauungen 3 41
Ressortchef 1 59; 90 17
Restdienstzeit 3 29, 31, 74
Rückversetzung aus dem Ausland 3 65
Rückzahlung von Kosten eines Studiums/einer Fachausbildung s. *Erstattung der Kosten*
Ruhen des Dienstverhältnisses 25 15
Ruhestand 3 29, 93; 96 3
– Einsatzgeschädigter (nach Einsatz-WVG) 3 94
– Eintritt in den - 44 8 ff.; 45 1
– Erreichen der allg. Altersgrenze 44 9
– Hinausschieben 96 13
– Hinausschieben des - 44 11 f.
– Überschreiten der besonderen Altersgrenze 44 23
– Versetzung in den - 44 19 ff., 26; 45 1
– Versetzung in den - wegen Dienstunfähigkeit 44 28
– Versetzung in den einstweiligen - 50

Sachakten 29 17
Sammelurkunde 41 7, 23; 42 7
Sanitätsdienst
– Altersgrenze 45 14, 21
– Eintritt in den Ruhestand 44 8
– Entlassung wegen besonderer Härte 46 120
– Erstattung des Ausbildungsgeldes 49 37
– Fachvorgesetzte **nach § 1 (VorgV)** 12, 17 ff.
– Höchstdauer der Berufung von SaZ 40 5
– KDV-Antragstellung 46 75, 120 f.
– Laufbahnen 27 10, 18, 20, 27; 39 4
– Urlaub 28 7
– Waffendienst 1 43
– Zulassung von Frauen 1 10 f.
Schadensersatzanspruch
– bei Verletzung der Fürsorgepflicht 31 29

Schadensersatzanspruch des Soldaten
– bei Verletzung der Fürsorgepflicht 10 39; 29 93; 39 29 ff.
Schadensersatzpflicht des Soldaten 24; 77 47
Schmuck zur Uniform s. *Uniform*
Schwangerschaft 13 28
– Eignungsfeststellung bei - 3 19
– Pflicht zur Meldung der - 3 19
Schwerbehinderte Menschen 3 16, 45 f.; 55 13; 66 14
Seelsorge 36
– Befreiung von Geistlichen 66 7
– Gottesdienst 36 23
– Islam 36 18
– Judentum 36 18
– lebenskundlicher Unterricht 36 24
– Religionsausübung 36 20
Seiteneinsteiger 27 26; 39 15; 87 4
Selbstverstümmelung 17 60
Sexuelle Belästigung
– als Dienstpflichtverletzung 7 36; 10 44, 116; 12 21; 17 45, 52
Sexuelle Identität 3 7, 38
Sexuelle Orientierung 37 35
Sicherheitsakten 29 17, 19
Sicherheitsrisiko 3 25
Sicherheitsüberprüfung
– als Bestandteil der Dienstleistungsüberwachung 77 11, 45
– als Bestandteil der Sicherheitsakte 29 19
– falsche Angaben als Dienstvergehen 13 31
– falsche Angaben als Entlassungsgrund 46 36
– Sicherheitsrisiko als Eignungsmangel 3 25
Soldat auf Zeit
– Beendigung des Dienstverhältnisses 54
– Beginn des Dienstverhältnisses 2 14
– Begründung des Dienstverhältnisses 40
– Entlassung 55
– Folgen der Entlassung 56
Soldatenbeteiligungsgesetz s. *Beteiligungsrechte*
Soldatenlaufbahnverordnung 27 7 f.; 93 25
Soldatenurlaubsverordnung 93 26
Spannungsfall
– und Dienstleistungspflichtige 59 15
– und Dienstzeitverlängerung von Soldaten auf Zeit 54 10
– und Laufbahnrecht 27 8; 92
– und Versetzung in den Ruhestand 44 52
Spannungsfall u. V-Fall
– und Dienstleistungspflichtige 59 19
Spannungsfall und V-Fall
– und Dienstleistungspflichtige 72 26; 75 15; 77 22

Spitzengliederung s. *Organisationsgesetz*
Spitzenorganisationen der Soldaten 35a 16
Sprungbeförderung 3 81; **27** 25 f., 32
Staatsbürgerlicher Unterricht s. *Politische Bildung*
Staatssekretär 1 59
Stabsoffizierlehrgang 27 15
Stammakten 29 25
Stammdienststelle der Bundeswehr 37 43; **39** 13
STAN 3 59
STAN-Personal 91 11, 17
Stehzeit 46 99; **56** 11, 23
Stehzeiten
– im Zusammenhang mit der Entlassung gem. § 46   **46** 20, 91 ff., 116 ff.
– im Zusammenhang mit der Erstattung von Ausbildungskosten **49** 40
Stichauswahlkriterium 3 42
Straftaten
– Anzeigepflicht von - **14** 23
– Entlassung von BS/SaZ **46** 48 ff., 69; **55** 37
– Mitteilungen in Strafsachen **89**
– und Dienstvergehen **10** 13
– und Gehorsamspflicht **11** 13, 32, 36 f.
– Verleiten zu - **10** 44; **12** 21
– Verlust der Rechtsstellung bei - **48** 16; **53**
– von Bewerbern **37** 33; **38** 12 ff.
Streitkräfte
– Begriff **2** 2 f.
Studiengebühren 30 26
Studium 27 28

Tapferkeitspflicht
– Dienstpflicht **7** 9 f.
– Eides-/Gelöbnisformel **9** 10, 35
– im Frieden u. Krieg **7** 14
– Inhalt **7** 34 f.
– territoriale Reichweite **7** 20 f.
Tätigkeit nach dem Ausscheiden aus dem Wehrdienst 20a
– Anzeigepflicht **20a** 7 ff.
– Entscheidungszuständigkeit des BMVg **20a** 26 f.
– Kooperation mit der Wirtschaft **20** 117; **20a** 23
– Rechtsweg bei Untersagung **20a** 27
– unter Auflagen **20a** 27
– Untersagung **20a** 18 ff.
– Untersagungsfrist **20a** 25
– Zeitpunkt der Anzeige **20a** 17
Tätigkeits- und Verwendungsbezeichnungen 4 33
Teilakten 29 25 f.

Teilzeitbeschäftigung 30a
– Antragsstellung **30a** 6
– gerichtl. Prüfung **30a** 15, 17
– Rechtsweg **30a** 18
– und Altersurlaub **30b**
– und Besoldung **30a** 31 ff.
– und Betreuungsurlaub **28** 49; **30b**
– und Dienstzeitverlängerung **30a** 13; **40** 31 f.
– und Elternzeit **30a** 9
– und Nebentätigkeit **20** 51; **30a** 21 ff.
– und Stehzeit **46** 111
– und Wartezeit **44** 46
– unterhälftige **30a** 11
– Widerruf der Bewilligung **30a** 24 f.
Teilzeitbeschäftigungsverordnung 93 38
temporary rank 4 17
Testamentsvollstrecker 21 12
Treu und Glauben 55 15
Treuepflicht 1 31; **9** 35; **10** 40; **37** 19 ff.
Treuhänderschaft 20 92
Truppenausweis 42 14; **58** 13
Tuberkulose-Früherkennung 17 68

Übergangsvorschriften 92; **94** ff.
Übernahmequoten 39 15, 24, 26
Überschreiten der besonderen Altersgrenze 44 23
Übertragbare Krankheiten 17 71
Übungen
– befristete - **61** 18 ff.; **62** 24
– Dauer von - **61** 21 ff.
– Personenkreis **59** 15 ff.
– unbefristete - als Bereitschaftsdienst **60** 7; **61** 25 f.
– vorbereitende - **63** 2, 18
Umsetzung 3 57
Umwandlung des Dienstverhältnisses 2 13; **4** 16 ff.; **39** 8, 11; **41**; **45a**; **75** 15; **82** 27
Umwandlungsbescheid für Dienstleistungspflichtige/Wehrpflichtige 2 8
Unabkömmlichstellung 75 24
Unabkömmlichstellungsverordnung 93 32
Unentgeltliche truppenärztliche Versorgung 30 20; **81** 38
– Präventivkuren **30** 22
Uniform 4 38 ff.
– Anordnung des BPräs **4** 38
– Erkennbarkeit als Kombattant durch - **4** 39
– Pflicht zum Dienst in - **4** 39
– Schmuck zur - **4** 28, 39
– Tragen der – außerhalb des Dienstes **4** 40
– Trageverbote **4** 40
Uniform, Tragen außerhalb eines Wehrdienstverhältnisses 4a

1055

- Antrag **4a** 10
- dienstrechtliche Folgen der Genehmigung **4a** 15 ff.
- Genehmigungsbescheid **4a** 12
- ohne Genehmigung, strafrechtliche Folge **4a** 18
- Personenkreis **4a** 9
- Rechtsweg in Streitfällen **4a** 19
- Uniform, Begriff **4a** 14
- Uniformbestimmungen **4a** 6
- Uniformverordnung **4a** 6
- Verbot bei politischen Veranstaltungen **4a** 11
- Verbote **4a** 11
- Verordnungsermächtigung für die Uniformverordnung **4a** 20
- Zuständigkeiten für Genehmigung **4a** 13

Uniformverordnung 93 35
Unmittelbarer Zwang **10** 99; **79** 9
Unterhaltssicherungsgesetz 59 32
Unteroffizierprüfung 27 13
Unterschlagung
- als Dienstpflichtverletzung **7** 36; **12** 21; **13** 31; **17** 45, 52

Unterschriftsbefugnis **1** 48
Unterstellung
- fachdienstliche **nach § 1 (VorgV)** 17 ff.
- für den Einsatz **nach § 1 (VorgV)** 26
- im besonderen Aufgabenbereich **nach § 1 (VorgV)** 3, 21 ff.
- truppendienstliche **nach § 1 (VorgV)** 3 f.
- unmittelbare **nach § 1 (VorgV)** 3 f.

Untreue/Veruntreuung
- als Dienstpflichtverletzung **7** 36; **13** 31; **17** 45, 52

Unzumutbare Härte
- und Heranziehung zu Dienstleistungen 59 31; 62 27; 67 30; 75 31

Urkundenfälschung
- als Dienstpflichtverletzung **17** 45; **55** 37

Urlaub 28
- Altersurlaub **28a**
- Ausführungsbestimmungen **28** 35
- Betreuungsurlaub **28** 37 ff.
- Elternzeit **28** 64 ff.
- Erholungsurlaub **28** 18 ff., 31
- für kommunale Vertretung **25** 28 ff.
- Heimaturlaub **28** 32
- Kriegsgräberpflege-Einsatz **28** 36
- Quartalausgleichstage **28** 36
- Rechtsweg **28** 25, 29, 62; **82** 27
- Soldatenwallfahrten **28** 36
- Sonderurlaub **28** 26 ff., 34
- Übertragung von - **28** 19
- und DVag **81** 42

- und Teilzeitbeschäftigung **30b**
- Verordnungsermächtigung **28** 30
- Versagung **28** 23
- Wahlvorbereitungsurlaub **25** 12; **28** 1, 14, 54 f., 58, 60 ff.
- Widerruf **28** 24, 28
- zur Erhaltung der Dienstfähigkeit **28** 33
- Zwangsbeurlaubung **22** 14

Verband nach § 1 (VorgV) 7
Verbot der Ausübung des Dienstes 22
- Rechtscharakter **22** 24
- Rechtsweg **82** 27
- und Berufsförderung **22** 17
- und Nebentätigkeit **20** 21, 50, 127
- und Urlaub **22** 16; **28** 16
- und § 126 WDO **22** 20

Verbot des Angriffskrieges **11** 34
Verfassungstreue **3** 42; **8** 14; **37** 19 ff., 26
Verhaltenspflicht 17
- Achtung des Vorg. **17** 34 ff.
- Achtung und Vertrauen **17** 43 ff.
- Angehörige der Res **17** 53, 55
- Ansehen der Bw **17** 39, 41
- außer Dienst **17** 46
- ernsthafte Beeinträchtigung des Ansehens der Bw **17** 48
- Pflicht zur Gesunderhaltung **17** 59
- Pflichtenkonkurrenzen **17** 38
- Verstöße gegen die - **17** 45
- Wahrung der Disziplin **10** 24, 26; **17** 32 f.

Verhältnismäßigkeit
- Grundsatz der - **3** 20

Verletzung der Kameradschaftspflicht **12** 9
Verlust der Rechtsstellung s. *Berufssoldat*
Verlust des Dienstgrades s. *Dienstgrad*
Vermutete Dienstunfähigkeit s. *Dienstunfähigkeit*

Verordnungsermächtigung **1** 52
Verschleppung **40** 39; **44** 18, 47; **46** 73; **75** 42
Verschwiegenheitspflicht **14**; **20** 96
- Anzeigepflicht im Rahmen der - **14** 23
- Aussagegenehmigung **14** 20 ff.
- Flucht in die Öffentlichkeit **10** 37, 114; **14** 15
- für Abg. **25** 15, 21, 38
- für ausgeschiedene Soldaten **20a** 1; **23** 33
- für faktische Soldaten **14** 7; **29** 85
- Herausgabepflicht von Dokumenten **14** 23
- Herausgabepflicht von Dokumenten durch Erben **14** 10
- in Bezug auf PA **29** 87
- Mitteilungen im dienstl. Verkehr **14** 15

- offenkundige Tatsachen **14** 16
- und Verschlusssachen **14** 13
Versetzung 3 60
- Begriff **3** 61
- dienstliches Bedürfnis **3** 63
- Gleichstellungsbeauftragte **3** 65
- Kommunales Mandat **3** 65
- Personalratsmitglied **3** 65
- Rechtsschutz **3** 64
- rückwirkende - **3** 62
- Situation der Ehefrau **3** 65
- und Ehrenamt **3** 65
- verfassungsrechtliche Zulässigkeit **3** 60
- Vertrauensperson **3** 65
Versetzung in den Ruhestand
- wegen Dienstunfähigkeit **44** 26 ff.
- wegen Überschreitens der besonderen Altersgrenze **44** 19 ff.
Versorgung 30
- und Dienstgrad **26** 11
- Verlust der Ansprüche auf - **5** 17; **48** 9, 28; **49** 27; **50** 48; **53** 22; **56** 9 ff.
- Verlust des Anspruchs auf - **25** 44
Versorgungsbezüge
- Verlust der - **57** 10
Versorgungslasten, unnötige 3 84
Versorgungsunterlagen 29 14
Verteidigungsfall *s. Spannungsfall*
Vertrauensmann *s. Beteiligungsrechte*
Vertraulichkeit der Personalakte 29 38
Verwendung
- Begriff **3** 54 ff.
- dienstgradgerechte **3** 56; **25** 39
- kein Anspruch auf bestimmte - **3** 63
Verwendungsfähigkeit 44 36
Verwirkung von Grundrechten 5 15 ff.; **38** 17; **48** 27
Vetternwirtschaft 3 39
Völkerrecht
- Beachtung im Ausland **16** 10
- Kombattantenstatus **4** 39
- Regeln des - **10** 79 ff.
- völkerrechtl. Unterricht **33** 5, 8
- völkerrechtl. Vereinbarung **62** 13
- völkerrechtswidriger Befehl **11** 38; **16** 10
Völkerrechtlicher Unterricht *s. Völkerrecht*
Vorbereitung auf das geistliche Amt *s. Geistliche*
Vorbild 10 3 f.
Vorführung 6 16
Vorgesetztenverordnung 1 51 f.; **nach § 1 (VorgV); nach § 1 (VorgV)** 1; **93** 34
Vorgesetzter
- an Bord von Schiffen **nach § 1 (VorgV)** 33

- aufgrund besonderer Anordnung **nach § 1 (VorgV)** 43
- aufgrund des Dienstgrades **nach § 1 (VorgV)** 30 ff.
- aufgrund eigener Erklärung **1** 55; **nach § 1 (VorgV)** 49 ff.
- Befehlsbefugnis **1** 47 ff., 72 ff.
- Begriff **1** 47 ff.
- BMVg als - **1** 57 ff.; **90** 16 f.
- Fachvorgesetzter **nach § 1 (VorgV)** 17 ff.
- GenInspBw als - **nach § 1 (VorgV)** 11, 25; **90** 16
- mit besonderem Aufgabenbereich **nach § 1 (VorgV)** 21 ff.
- Nichtsoldaten als - **1** 64 f.
- Soldaten anderer SK als - **1** 56
- truppendienstlicher - **nach § 1 (VorgV)** 3 f.
- unmittelbarer - **nach § 1 (VorgV)** 2 ff.
- Verantwortung für Befehle **10** 88
- verschärfte Haftung **10** 18
- vorläufige Festnahme durch - **1** 60 ff.
Vorläufige Festnahme 1 60 ff.; **29** 75
Vormundschaft 20 34; **21** 9
Vormundschaft und Ehrenämter 21
Vorrang des Gesetzes 28 36
Vorsorgeuntersuchung 17 68

Wachverfehlung
- als Dienstpflichtverletzung **7** 36
Wachvorgesetzter 1 63; **nach § 1 (VorgV)** 23
Waffendienst 1 30; **3** 35; **80** 11
Waffensystemoffizier 44 7; **45** 9, 11 ff., 27 f.; **46** 96
Wahlbewerber 25 3, 10 ff.; **28** 57 f., 60
Wahlrecht 25; *s.a. Abgeordnete*
Wahlvorbereitungsurlaub 28 54 ff.
Wahrheitspflicht 13
- Verstöße gegen die - **17** 45; **20** 112
Wahrheitspflicht und
- Beschwerdeverfahren **13** 19
- Disziplinarverfahren **13** 19
- Eingaben **13** 19
- Strafverfahren **13** 19
Wartezeiten 3 79, 83; **27** 25
(Wehr-)Unwürdigkeit 17 2, 54; **23** 35 f.; **38** 3; **46** 51 ff.; **48** 11; **65** 1; **88** 12, 17 f.
Wehrdienst-Erstattungsverordnung 93 31
Wehrdienstbeschädigung 3 87 ff.
Wehrdienstverhältnis
- als Sonderrechtsverhältnis **1** 25
- als Treueverhältnis **1** 31
- Beendigung des - **43**; **74**
- Beginn und Ende **2**
- Begründung des - **37** ff.

- Begründung durch VA **1** 27
- bei einer DVag **81**
- bei Wiederverwendung **51**
- Dauer **2**
- der Eignungsübenden **87 f.**
- Dienstvergehen außerhalb eines - **23** 30
- faktisches - **1** 38
- Geltung der Grundrechte im - **6** 11 ff.
- Inhalt **1** 30
- Klagen aus dem - **82**
- Personalakten **29**
- Tragen der Uniform außerhalb eines - **4a**
- und Mandat **25** 15 f.

Wehrdienstverhältnis besonderer Art 3 95
Wehrdienstverrichtung 3 91
Wehrersatzbehörden 69; **70** 20; **84** 12
Wehrfliegerverwendungsfähigkeit 45 28
Wehrsoldgesetz 59 32
Wehrübungen
- und feierliches Gelöbnis **9** 46
- und Übungen **59** 22; **61** 6, 9; **63** 1
- von Mandatsträgern **4** 43 ff.; **51** 10, 41

Weisungsrecht 1 48, 59, 66; **nach § 1 (VorgV)** 24
Weiterverpflichtung 40 23
Weltanschauung 3 7, 41
Wesentlichkeitstheorie 45 23
Wiederaufnahme des Verfahrens 52; **57**
Wiedereinstellung 40 4
Wiederverwendung 23 37; **51**
- Beginn des Dienstverhältnisses **51** 31
- Zumutbarkeit **51** 27

Wohnsitz
- Begriff **46** 82
- dienstlicher - **55** 90

- Residenzpflicht **7** 36
- Verlagerung des – als Entlassungsgrund **46** 80 ff.

Zinsen
- im Rahmen des § 49 **49** 35
- im Rahmen des § 56 **56** 24

Zitiergebot 10 100
Zitiergebot des GG 6 15 ff.; **9** 25; **10** 107; **14** 12; **15** 13, 18; **17** 28; **18** 13; **50** 32
Zivilberufliche Aus- und Weiterbildung 27 19
Zuführung 6 16
Zulassungsschein 40 27
Zurückhaltung bei Meinungsäußerungen 10 106 f.; **12** 20; **25** 15, 21
Zustellung
- der Ernennungsurkunde **41** 10 f.
- der Ladung zur ärztlichen Untersuchung von Dienstleistungspflichtigen **71** 19
- der Verfügung über die Entlassung eines Berufssoldaten **47** 15
- der Verfügung über die Entlassung eines Dienstleistungspflichtigen **75** 11
- der Verfügung über die Versetzung in den Ruhestand **44** 51
- von Bußgeldbescheiden **86** 22
- von Verwaltungsakten an Dienstleistungspflichtige **70** 20

Zustimmung zur Ernennung 4 8 ff.
- Anfechtung **4** 10

Zuziehung zu einer DVag 1 27
Zwang s. *Unmittelbarer Zwang*
Zweckbindung der Personalakte 29 38